NANNING YEARBOOK
2010

《南宁年鉴》编纂委员会编

广西人民出版社

主　　编　林小静
责任编辑　韦洁琳

南宁年鉴
(2010)
《南宁年鉴》编纂委员会编
地址:广西南宁市竹塘路13号
电话:0771-5847659　5847661
邮编:530022
E-mail:nanningnianjian@sina.com
nj4661@sina.com

出版发行　广西人民出版社
社　　址　广西南宁市桂春路6号
邮　　编　530028
网　　址　http://www.gxpph.cn
印　　刷　广西南宁华侨印务有限责任公司
开　　本　890mm×1240mm　1/16
印　　张　45.125
字　　数　2180千字
版　　次　2010年9月　第1版
印　　次　2010年9月　第1次印刷

ISBN　978-7-219-07090-1/Z·202
定　价:198.00元

南宁市政区图

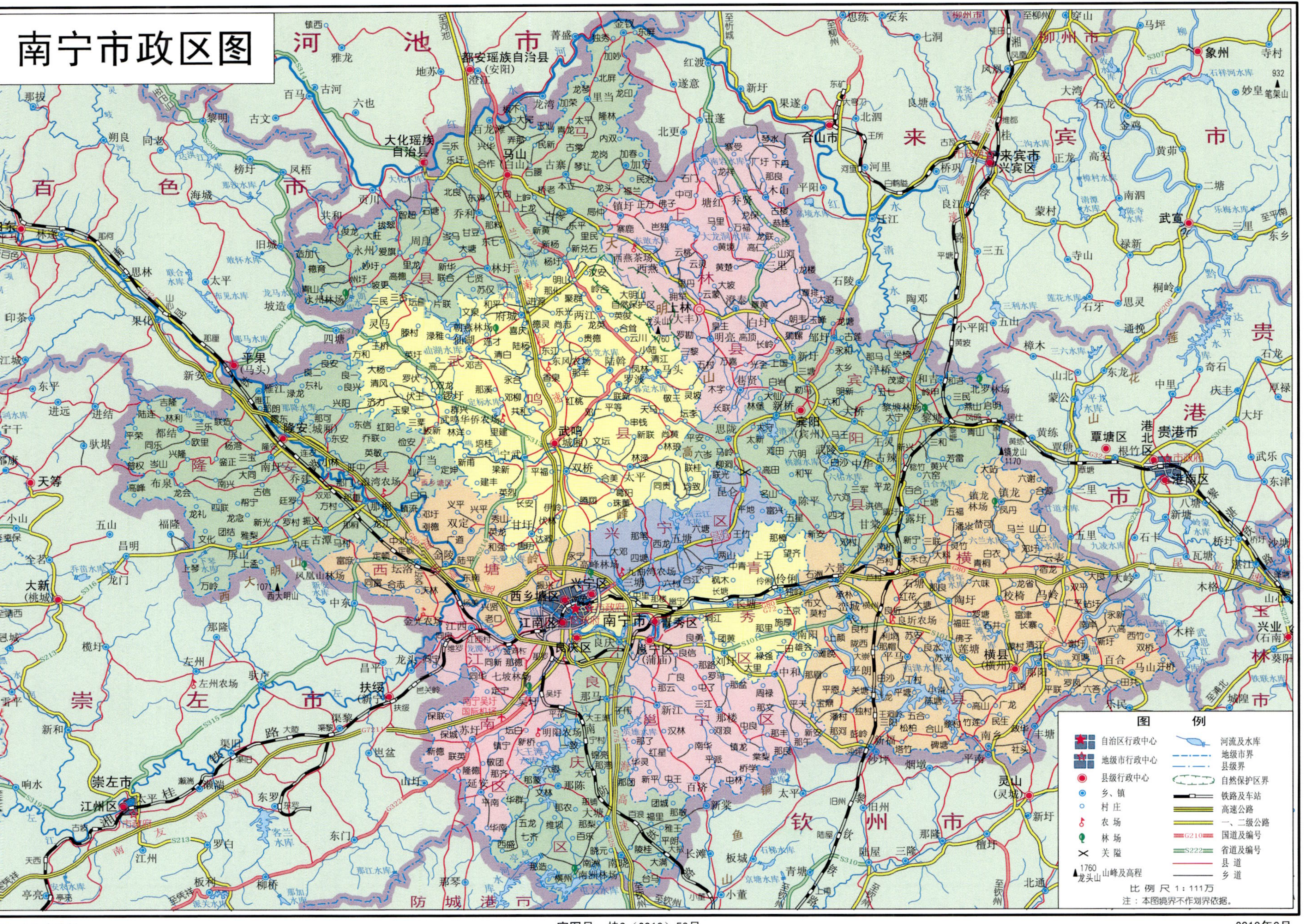

广西地图院编制

审图号：桂S（2010）50号

2010年6月

南宁市街道图
图　例
自治区政府
市政府
城区政府
党委 人大 政协
汽车站
学校 医院
景点
市 场
其他单位
街 区
公园 绿地
立交桥
河 流
比例尺1∶90 000
安吉收费站
李村
大塘
安吉街道办事处
安吉客运站
北湖
那赖
心圩街道办事处
大王水库
罗文村
罗文水库
陆晚水库
至隆安
金沙湖风景区
那沙水库
市委党校
南宁职业技术学院
广西工商职业技术学院
石埠收费站
石埠街道办事处
相思湖新区
广西民族中学
广西民族大学
广西航运学校
市公安局（新址）
西乡塘客运站（规划）
广西农科院
广西医科大一附院西院
广西大学
南宁动物园
清川大桥
上尧街道办事处
西乡塘街道办事处
西乡塘区
邕 江
雅津
南乡
邕津
三津
下灵湾
上灵湾
大巷
巷口
太阳岛
金鸡
湘 桂 铁 路
江南街道办事处
新秀公园
广西外运南宁储运公司
同乐
那莲
沙井街道办事处
沙井派出所
江南区
南宁南站
岭头坡
南宁有色基础工程勘察院
沙井收费站
杨村
友谊客运站
南宁国家经济技术开发区
富源新城
广西财经学院南校区
那洪收费站
高岭收费站
罗村
大坡
那头
良凤江国家森林公园
罗坪
古思
至吴圩机场、凭祥
至宁明
绕城高速
牛头水库
清水塘
市机动车辆培训中心
那洪街道办事处
江南公路局
南宁铝厂
南化集团公司
淡村市场
海鲜批发市场
华联超市
南宁供电局
江南区法院
南宁工人疗养院

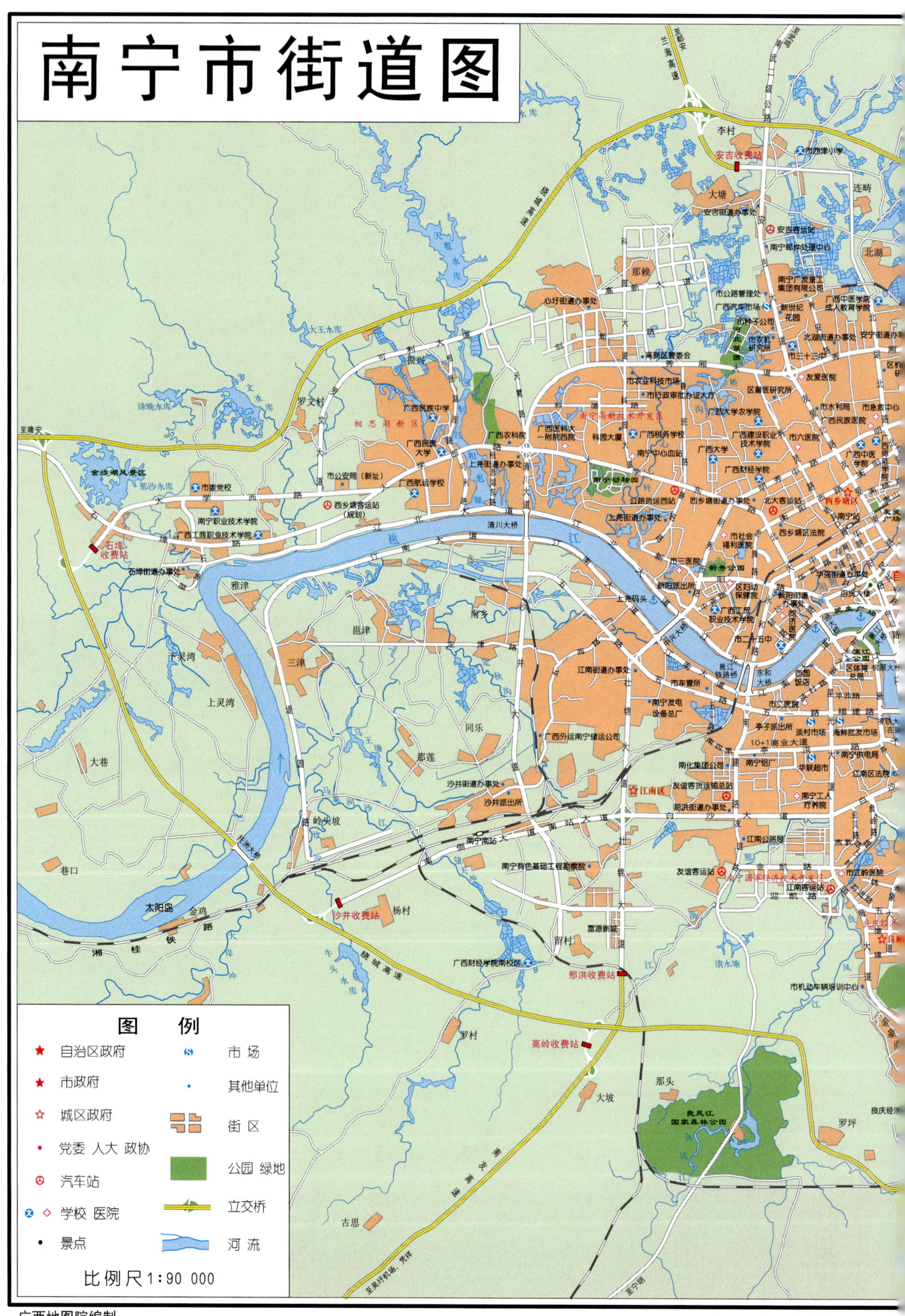

广西地图院编制

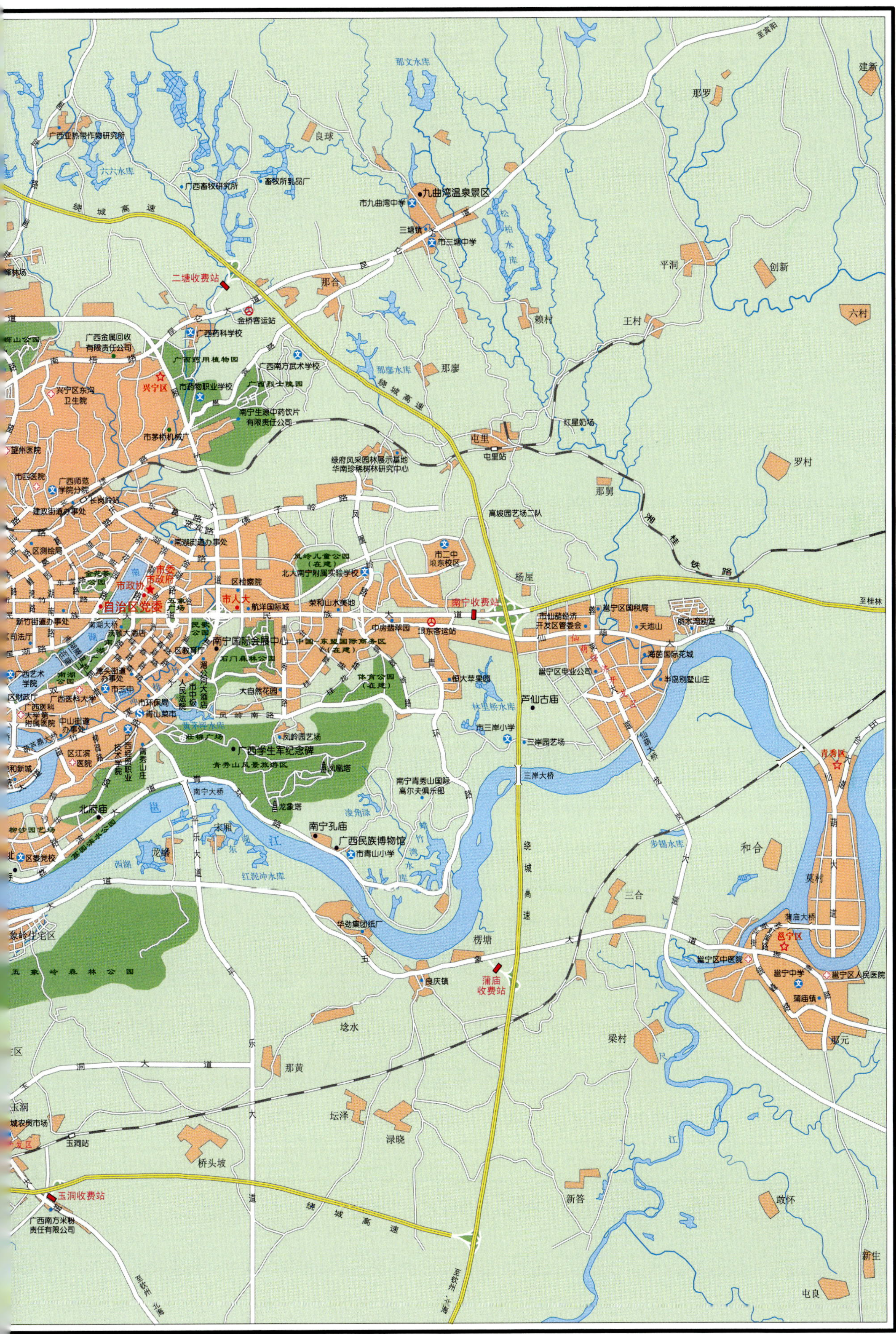

审图号：桂S（2010）50号　　2010年6月

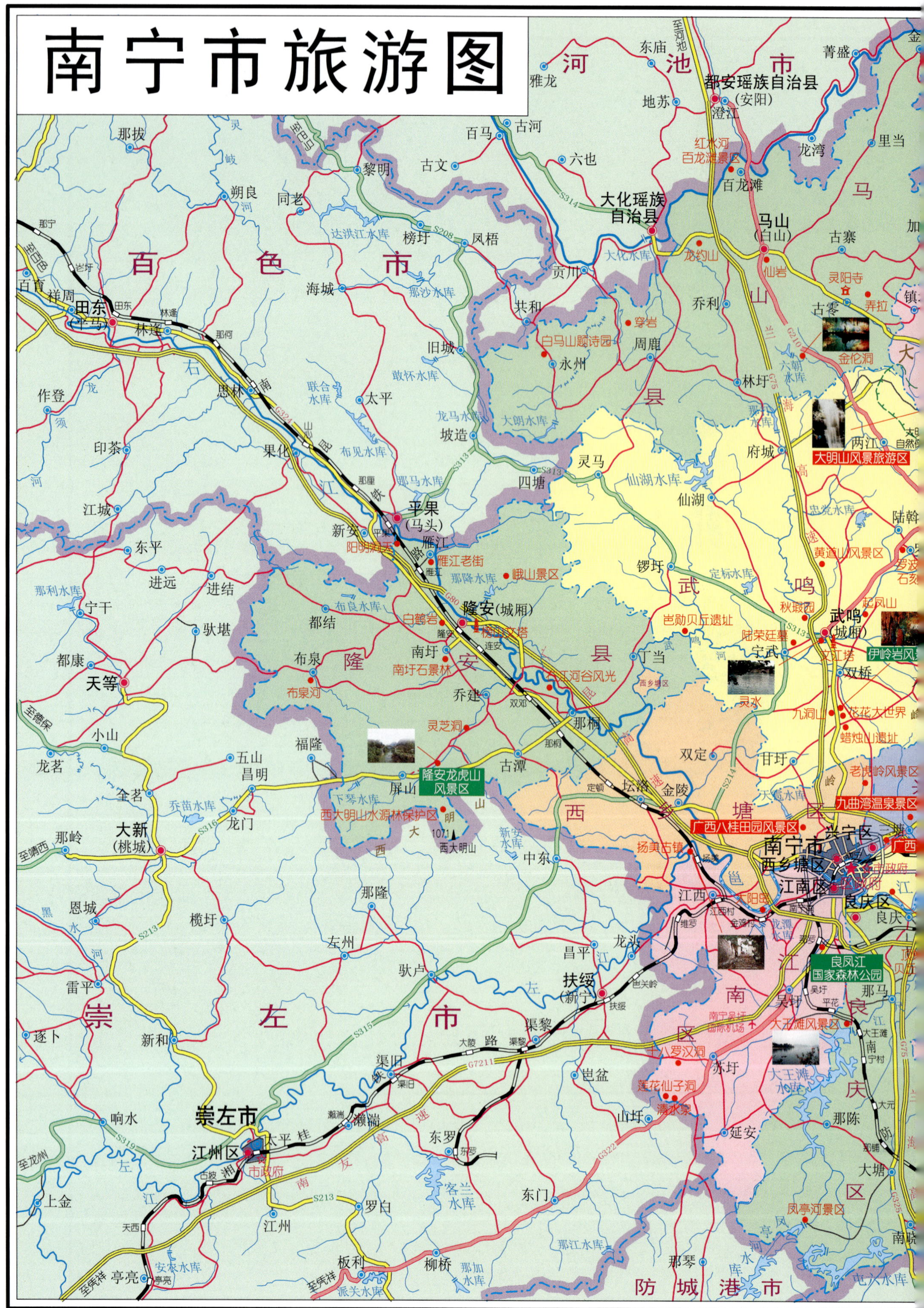

南宁市旅游图
百色市
河池市
都安瑶族自治县
(安阳)
大化瑶族自治县
马山
(白山)
马山县
隆安
(城厢)
隆安县
平果
(马头)
武鸣
(城厢)
武鸣县
天等
大新
(桃城)
崇左市
江州区
扶绥
(新宁)
崇左市
南宁市
兴宁区
西乡塘区
江南区
良庆区
西乡塘区
江南区
良庆区
防城港市
田东
(平马)
红水河百龙滩景区
灵阳寺
金伦洞
大明山风景旅游区
白马山题诗园
穿岩
龙钓山
仙岩
弄拉
黄道山风景区
起凤山
伊岭岩风景区
文江塔
花花大世界
蜡烛山遗址
老虎岭风景区
九曲湾温泉景区
广西八桂田园风景区
扬美古镇
大王滩风景区
良凤江国家森林公园
十八罗汉洞
莲花仙子洞
凤亭河景区
隆安龙虎山风景区
西大明山水源林保护区
南圩石景林
布泉河
灵芝洞
右江河谷风光
白鹤岩
阳明洞天
雁江老街
峨山景区
芭勋贝丘遗址
陆荣廷墓
秋暇园
灵水
九洞山
大化水库
六朝水库
仙湖水库
定标水库
那降水库
布良水库
下琴水库
客兰水库
安农水库
派关水库
那江水库
屯六水库
达洪江水库
那沙水库
敢怀水库
联合水库
布见水库
那马水库
大朗水库
乔苗水库
那利水库
新安水库
龙马水库
天雹水库
忠党水库
西大明山
1071
市政府
南宁吴圩国际机场
广西地图院编制

审图号：桂S（2010）50号

2010年6月

南宁高新技术产业开发区

南宁高新技术产业开发区成立于1988年，1992年经国务院批准为国家级高新区，现有规划面积19.51平方公里。高新区管委会是南宁市政府派出机构，行使市一级规划、土地、建设、工商、税务、财政、劳动人事、项目审批、外事审批等经济管理权限和部分行政管理职能。园区实行“封闭式管理、开放式运行”的管理机制。

交通便捷。高新区位于南宁市的西北部，大学路、科园大道、城市快速环道及外环高速路等交通干道都穿过高新区辖区范围，与城市交通网络紧密相连，交通十分便利。高新区离南宁火车站3公里，离南宁国际机场20公里，距离钦州、防城、北海3个港口距离分别为104公里、173.50公里和204公里。

基础设施完善。至2009年已累计完成全社会固定资产投资220多亿元，在园区内建成了水厂、变电站、程控电话分局等基础配套服务设施。园区内实行“双回路”供电，园区企业电力供应充足。园区内还配套有多个商务住宅区，餐饮、银行、网球场、高尔夫练习场等生活及休闲配套设施齐全。

南宁高新区党工委书记、管委会主任李晓东（中）到企业现场办公

人力资源密集。园区内有31所综合大学以及17所省级科研院所。大专以上科技人才及科研人员超过12万人，是广西智力及人才最密集的区域。

政策优惠。符合条件的入区企业可以享受国家高新技术产业优惠政策、西部地区优惠政策、民族区域自治优惠政策、以及南宁高新区独有的优惠政策。对科技人员创业、科技创新给予资金扶持，对企业重点技术改造项目配套贴息，对科技型中小企业技术创新给予配套资金等专项扶持。

产业聚集高。入区企业总数累计达4000多家。已形成生物工程及制药、电子信息、汽车配件、现代农业等主导产业。南宁高新区是南宁外资企业最集中的园区，有来自美国、德国、英国、日本、新加坡、印尼、韩国、澳大利亚等国家和中国香港、台湾地区的外商投资企业。可口可乐、德固萨、富士胶卷、AMD、西门子等世界五百强企业在园区投资设厂或开展项目合作。

科技创新体系完善。有专业的服务机构，南宁新技术创业者中心被科技部认定为国家级创业服务中心，2006年获国家科技型中小企业创新基金创业项目服务机构资格，是广西惟一获此资格的创业服务机构。有实用的创业平台。高新区投资建设了留学人员创业园、大学创业园、软件园、生物产业孵化园、中国—东盟科技企业孵化基地等一批专业孵化园区，搭建了生物中试基地和软件开发等创业平台，联合大学、科研院所建立起产学研转化科技成果的新机制，拓展孵化空间。

南宁高新区中国—东盟企业总部基地

南宁高新区中心商务区

美国东方生物技术有限公司下属的全资子公司——AOBO广西博科药业有限公司

国家863产业化基地

南宁高新区行政中心——火炬大厦

广西康华药业有限责任公司

广西田园生化股份有限公司

国家软件产业基地、广西软件研发人才小高地——南宁软件园

南宁八菱科技股份有限公司

广西皇氏甲天下乳业股份有限公司

高新区生物产业孵化园

丰达电机(南宁)有限公司

兴宁区

2009 年 3 月 12 日，区委书记(现任市政协副主席)李勤(前左四)和区长(现任区委书记)刘为民(前左一)陪同自治区党委常委、市委书记车荣福(前左三)视察旧城改造工作

2009 年 4 月 28 日，区委书记(现任市政协副主席)李勤(左四)、区长(现任区委书记)刘为民(左五)、区人大常委会主任罗思义(左三)为万达商业广场首届购物节揭幕

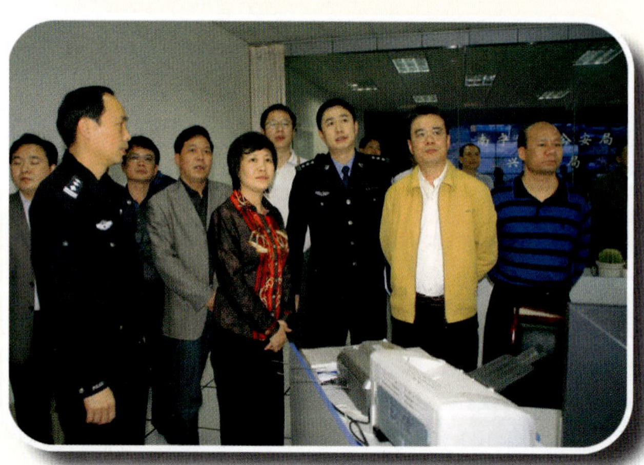

2010 年 2 月 2 日，区委书记刘为民(前右二)、区人大常委会主任罗思义(前右一)、区长高虹(前右四)视察城区综合治理工作

兴宁区位于南宁市东北部，是老城区之一，也是传统的商业中心区。2009 年，辖 3 个镇，2 个街道，面积 751 平方公里，总人口 29.79 万,其中城镇人口 14.98 万,农村人口 14.81 万。兴宁区全面实施朝阳商贸中心区、东沟岭新区、三塘工业集中区、南梧—昆仑大道经济带的“三区一带”发展思路，开展“项目建设年”、“服务企业年”等活动，着力推进重大项目建设，努力提升服务水平，千方百计扩大内需，促进城区经济平稳较快增长。全年实现地区生产总值 75.16 亿元，比上年增长 15.88%；财政总收入 14.50 亿元，比上年增长 15.47%；全社会固定资产投资 55.83 亿元，增长 53.55%；城镇居民人均可支配收入 18075 元和农民人均纯收入 4956 元，分别增长 12.37%和 13.51%。年内，兴宁区被评为全国群众体育先进单位、全国计划生育优质服务先进单位，民生街道、望州南社区分别被评为全国和谐社区建设示范街道、全国和谐社区建设示范社区。

兴宁区具有得天独厚的区位和资源优势。以朝阳路为轴线的 3 平方公里范围内形成了首府第一商圈——朝阳商贸中心区，汇集了上千家商场、商店、宾馆，有引进世界 100 强和全国 50 强企业的万达商业广场，有具有南方骑楼特色的步行街，有新朝阳商业广场、交易场、新旧和平商场、大和平、盛世联邦广场、民族商场和金朝阳等构成繁华的商业“金三角”，每天人流量超过 20 万人次，是集购物、休闲、饮食为一体的核心商业区。与朝阳商贸中心区同步进行的是东沟岭新区的建设。东沟岭新区作为朝阳商圈的拓展地，是集城市商务、住宅、物流为一体的新兴区域。新区规划总用地面积为 14.12 平方公里，规划建设用地 975.80 公顷，规划人口规模约为 7.50 万。2009 年，金禾湾、阳光绿城、橘子郡和保利·山水怡城等房地产项目开工近 100 万平方米；兴宁区机关办公楼入驻办公；金源国际汽车城 12 家 4S 店建成经营；东盟—川桂商贸物流园和金桥农产品物流园项目开工建设；景观大道、中兴大道等主要路段建成通车等。昔日的“东沟岭棚户区”已成为和谐人居的示范区，获“迪拜国际改善居住环境良好范例奖”。

三塘工业集中区建设成为新的经济增长点。三塘工业集中区位于南宁市东北部三塘镇，2003 年末筹建，2004 年 7 月正式挂牌成立。集中区规划总用地面积 4 平方公里，一期控制性规划用地面积约 2.95 平方公里，主要以高新技术，一类环保型都市工业为主，重点发展汽车及配件产业、印刷包装产业等一类工业。几年来，工业集中区共投入 1.30 亿元用于工业区基础设施开发建设，基础设施正逐步完善。一期入区企业有 5 个，已全部开工，其中已投产 2 个，投资总额约 6 亿元，用地约 17.33 公顷。二期入区项目 7 个，项目总投资 8 亿元，用地约 30

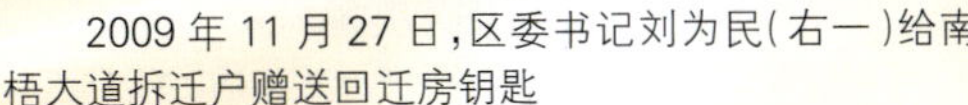

2009 年 11 月 27 日，区委书记刘为民（右一）给南梧大道拆迁户赠送回迁房钥匙

2009 年，兴宁区获全国计划生育优质服务先进单位。图为市人口和计划生育委员会主任黄海（左一）、区委书记刘为民（右一）参加揭幕仪式

公顷。已完成 28.60 公顷的征收工作，正在向国土交易中心移交其中 4 个项目共约 14.67 公顷“招拍挂”出让。辖区昆仑大道作为连接东沟岭新区和三塘工业集中区的纽带，以及作为南宁市中心区向东北面延伸的重要主干道，集中了人流、物流、信息流等众多优势，拓宽后的昆仑大道沿线独特的地理优势加上良好的生态环境吸引了众多商家的眼球，金源国际汽车城、乡村大世界、东盟—川桂商贸物流园、金桥农产品批发市场等一大批项目相继落户该大道沿线，为该地段汇聚了大量的人气、商机。2003 年至 2009 年，昆仑大道沿线外来投资逐年上升，该地段重点发展区域已累计引进项目 83 个，总投资额 16.40 亿元；其中，外商投资项目 5 个，合同外资额 1551 万美元。尤其是皇龙新城、金禾湾小区、嘉和城等房地产项目的引进，使得周边土地不断升值，土地使用效率也进一步提高，土地资源从而得以更好地、最大化地利用。昆仑大道扩建通车后，带动了沿线房地产业和沿线物流业，还使嘉和城温泉、九曲湾温泉、乡村大世界、昆仑关抗战遗址等特色旅游景点逐步升温。昆仑大道也是南宁市放射式道路网之一，是与贵港、梧州等方向路网相连的东西向主干道，大道建成通车后，进一步优化了南宁市道路网络，改善交通条件，缓解城市交通压力，提高市政道路功能，强化与周边地区的联系作用，极大地促进沿线工业、商贸、旅游、房地产等产业的发展。

2009 年 10 月 19 日，兴宁区与广西北部湾银行举行战略合作协议签字仪式

2009 年 4 月 30 日，兴宁区又一个大型综合零售批发市场——大和平商贸批发城开业

兴宁区留肖壮族新村农家旅游点

青秀区

2009年1月15日，市长黄方方（前中）在区委书记（现任南宁市副市长）肖志钢（前左）、区长（现任区委书记）赵禹鹏（前右）的陪同下视察长塘镇冬修水利情况

壮乡首府的心脏，广西北部湾经济区的核心地带，中国—东盟博览会主要活动地和自治区、南宁市承办重大经贸和文化活动的主要场所，世界500强、中国500强区域性总部聚集区，东盟国家领事馆聚集区……这个地方就是广西壮族自治区首府南宁的核心城区——青秀区。

青秀，青春俊秀。近年来，依托独一无二的区位优势和前所未有的发展机遇，这个年轻而充满活力的新兴城区正高举科学发展的大旗阔步向前，以建设更高水平广西第一强区为目标，誓做南疆城市名片和发展引擎。2009年，获全国平安先进县（区）、科技进步先进县（区）、和谐社区建设示范城区等荣誉称号。

因为"核心"，所以"率先"

建设更高水平广西第一强区——这是自治区党委常委、市委书记车荣福在青秀区调研时，对青秀区提出的殷切希望；率先解放思想、率先发展、率先突破、率先提升——这是市委、市政府对青秀区提出的明确要求；富裕青秀、和谐青秀、魅力青秀——这是青秀区干部群众齐心奋斗的共同追求。青秀区正以其核心的地位迅速崛起，"率先"发展的标杆日益显现。

作为自治区、南宁市党政军首脑机关所在地、首府南宁的政治、经济、文化、科技、教育、金融、信息和会展中心，以及自治区、南宁对外展示改革开放成果的城市名片，青秀区面临着前所未有的发展机遇。特别是广西北部湾经济区开放开发上升为国家战略，仙葫经济开发区被纳入《广西北部湾经济区发展规划》的范畴，为城区加快发展提供更加有利的条件。2009年，完成地区生产总值105.33亿元，比上年增长18.45%；财政收入41.68亿元，增长44.20%；城镇居民人均可支配收入21005元，增长10.02%。其中，财政收入和城镇居民人均可支配收入两项指标居广西各县区前列，凸显核心城区的实力、魅力、活力。

科学发展成就"首善"之区

埌东新区是青秀区最繁华的商业区，高楼大厦鳞次栉比，车流人流往来不息，这里汇集着国内外各大银行办事处、东盟国家领事馆、大型高档购物中心和高档娱乐场所。而七八年前，这里还是一个杂草丛生、偏僻落后的郊区。这是青秀区坚持走科学发展之路，善于把握机遇，加快发展的结果。2009年，青秀区坚持以"项目建设年"和"服务企业年"活动为载体，大力推动产业优化升级，积极扩大产业规模，提高产业层次，逐步形成了以第三产业为主导，三次产业协调发展、产业布局合理、可持续发展的具有城区特色的现代产业体系。全年共安排投资50万元以上的项目794个，其中新开工527个，竣工382个（含上年结转项目），项目计划总投资234.53亿元，市级完成189.83亿元，协助配合推进自治区、南宁市层面统筹新开工、预备开工、续建的重大项目达17个。在第三产业方面，特别是服务业，是青秀区重点发展的产业。近年来，青秀区坚持"大力发展现代服务业，巩固提升传统服务业"的思路，着重在建设特色商圈、发展专业街区、引进商业名企、丰富商业业态上下功夫，加大了凤岭商圈、五象广场商圈等商圈周边市政基础设施建设的力度，使这些区域逐步成为南宁市新兴商贸中心。在此基础上，大力发展总部经济，积极创造条件吸引企业总部、分支机构、研发中心等机构在辖区内落户，引进了箭牌糖果、拜耳医药保健、西门子、联想集团等世界500强、国内500强企业及一批知名大企业相继在城区设立总部或办事机构，浦发银行、华夏银行、新加坡星展银行、香港南洋银行等金融机构的落户，也使青秀区成为国内外金融机构的集聚区。而餐饮、旅游业等传统服务业也通过开展"月月美食节"、"魅力青秀一日游"等主题活动得到不断提升。2009年，城区第三产业增加值79.78亿元，比上年增长17.90%；社会消费品零售总额153.54亿元，增长18.89%，总量在全市各县区排名第一。在工业方面，按照一区多园的管理模式，积极推进工业集中区建设，完善园区规划，加大基础建设投入，千方百计增强工业发展后劲，初步构筑了工业发展的集群优势，实现了工业经济发展的新突破。2009年，城区全部工业

2009年11月9日，区委书记赵禹鹏（右二）、区长（现任防城港市副市长）胡晶波（右三）到伶俐镇调研

总产值 21.35 亿元，比上年增长 11.18%；其中规模以上工业总产值 8.24 亿元，增长 20.07%。亿元产值工业企业有 3 家。在“三农”（农业、农村、农民）工作方面，不断加大投入，抓好农业产业结构调整和农村基础设施建设，着力推进品牌农业、特色农业发展，新年农村建设迈上新台阶。2009 年，农民人均纯收入 4982.07 元，比上年增长 10.23%，总量比全市人均高 461 元，比自治区人均高 1002 元。刘圩镇团黄村被自治区农业厅命名为“香芋村”，中国—东盟（南宁）现代农业园落户长塘镇。在城市建设和管理方面，坚持以“城乡清洁工程”为载体，加大城市建设与管理力度，加大生态环境建设力度，不断增强城乡基础设施服务功能，改善城乡人居环境。长塘镇被列为南宁市“城乡清洁工程”示范镇。

大战略催生大机遇，昂首迈向“更高水平广西第一强区”

当前，青秀区深入贯彻落实科学发展观，认真落实国务院关于进一步促进广西经济社会发展的若干意见，紧紧抓住国家实施新一轮西部大开发和中国—东盟自由贸易区启动实施的机遇，围绕南宁区域性国际城市和广西首善之区建设，以调结构、促转变、增实力、重民生、建和谐为着眼点和着力点，深入开展“项目建设年”、“服务企业年”、“发展环境建设年”等主题活动。深入实施三产富区、项目立区、综治稳区、环境美区、服务兴区、人才强区等六大工程，推进社会经济全面发展。按照市委、市政府关于打好“五场攻坚战”的要求，突出抓好项目攻坚、征地拆迁、产业园区建设、产业优化升级、城市管理、“三农”发展等重点工作，统筹城乡协调发展，全面完成“十一五”规划和科学发展三年计划各项工作任务，保持和扩大经济社会发展良好势头，加快建设更高水平广西第一强区。提出在新的发展形势下，一定要充分发挥广大干部群众的主体作用，坚持解放思想，2008～2010 年连续三年开展全民创新全民创业活动，以全民创新推动全民创业，以全民创业激发全民创新，全面增强经济社会发展的活力。加快仙葫经济开发区建设步伐，大力推进园区建设，加快工业发展进程。抓住自治区优先发展、率先发展广西北部湾经济区的契机，积极融入广西北部湾经济区开放开发，形成加快发展的新优势。不断拓展对外开放的广度和深度，加大与东盟、港澳台、珠三角、长三角等地区的合作，参与泛北部湾和西南地区经济合作，利用中国—东盟博览会、中国—东盟商务与投资峰会和南宁国际民歌艺术节的平台，构筑互利共赢的开放合作新格局，加快城区国际化进程。

2009 年 7 月 5 日，区委书记赵禹鹏（前中）视察汛情

2009 年 9 月 9 日，区委书记赵禹鹏（右）到长塘镇定西小学看望教师

2010 年 2 月 3 日，区委书记赵禹鹏（左二）、代区长（现任区长）王永超（左一）慰问辖区部队

2010 年 1 月 25 日，代区长（现任区长）王永超（右二）看望老同志

昆仑关风景区

2009年12月18日，管委会主任方建诠（前左三）向参加公祭活动的领导嘉宾介绍昆仑关战役旧址

巍巍昆仑，千古雄关。矗立在南宁市境内的昆仑关是我国著名的关隘，举世闻名古今战场。昆仑关位于兴宁区与宾阳县交界处，距离市区50多公里，为桂南地区通往桂中地区的咽喉。秦始皇时期开始设关，宋代始建关楼，后历代不断重修重建。历史上有不少名人和文人墨客为昆仑关题词题字。

“倭师几处留残垒，汉帜依然卷大风。”1939年冬发生的昆仑关战役是中国军民抗击日本侵略军的一场惨烈的攻坚战大捷，是南宁有史以来最能感动中国的壮丽篇章，成为与台儿庄大战、平型关战役同享盛誉的中华民族伟大的抗战名篇。昆仑关大捷是南宁人民的骄傲，是中华民族的宝贵精神财富。

昆仑关战役旧址现为全国重点文物保护单位、全国首批国家国防教育示范基地、国家AAA级旅游景区、自治区爱国主义教育基地和南宁市最具历史纪念意义的景区。保存有昆仑关战役阵亡将士墓园，计有南门牌坊、北门牌坊、阵亡将士纪念塔、烈士公墓、纪念碑亭及侵华日军中村正雄少将墓和古关楼、古驿道以及白凿山、仙女山及441、653高地等多处昆仑关战役中的阵地、工事遗迹点等，至今保存比较完整。在墓园的各个建筑上，同时保留着15名国民党军政要员的题词和题联真迹，这在国内是极为罕见的，留下了不可多得的抗战文化遗产。昆仑关风景区不仅有深厚丰富的人文资源，而且有丰富的自然资源。全景区地处桂南最高峰大明山余脉，周边峰岑逶迤、溪涧纵横、气候温和，一年四季树常绿、花常开、风光壮丽。是历史人文资源和自然资源完美结合的旅游胜地。

为了密切海峡两岸关系，促进祖国和平统一和民族复兴，中共南宁市委、市政府在昆仑关风景区新建昆仑关战役博物馆，由中国工程院院士、抗日民族英雄戴安澜将军长子戴复东设计，于2008年12月18日建成开放。建筑面积3500多平方米，全面展示1939年12月中国军民英勇抗击日本侵略者，取得震惊中外的昆仑关大捷的战斗场景。分为序厅、浴血昆仑厅、支前厅、缅怀厅4个展厅，共展示文物实物500多件、图片史料展示200多张，有触摸屏、影像屏、电子感应翻历书、电子献花、互动打飞机等亮点，还采用先进的科技手段制作了一幅巨大的、视听结合的昆仑关战役全景画，再现了当年的激战场景。昔日抗日旧战场，今天正成为旅游新景观，成为文化南宁的新亮点。

温馨提示：

一、乘车地点：

1. 南宁市朝阳广场小金山旅游专线
2. 南宁市金桥客运站搭乘前往昆仑关的班车

二、昆仑关战役博物馆逢每周一休馆不开放，其他时间均开馆；收取门票10元/人

三、旅游咨询电话：0771-5511302

2009年12月17日，抗日将领郑洞国将军之孙郑建邦(左)接受新闻媒体采访

2009年12月19日，在纪念昆仑关大捷70周年书画展上，管委会主任方建诠(左)向民革中央副主席修福金(右一)、自治区人大常委会副主任、民革自治区委主委刘新文(居中)介绍书画展情况

昆仑关阵亡将士纪念塔

修缮一新的昆仑关古关楼

昆仑关战役博物馆

南宁市城乡数字化建设办公室

2009年5月16日，市长黄方方(前左一)代表南宁市政府与中国电信广西公司签署信息化战略合作协议

2009年2月11日，市长黄方方(右)作为首席嘉宾出席南宁政务信息网在线访谈栏目开通仪式

2009年，南宁市城乡数字化建设办公室(原南宁市信息化工作办公室)大力实施"信息化带动"战略，加快信息交流中心、固定资产投资和项目建设，实现信息产业和信息服务业发展新突破，逐步提升政府资源整合共享力度，推进"数字南宁"建设取得新成效，为南宁市经济社会又好又快发展和广西北部湾经济区建设发挥强有力的信息化支撑和带动作用。

"信息化带动"战略实施初现成效。大力推进信息化与工业化融合，加快企业信息化建设进程；编制完成《南宁市电子商务建设与发展专项规划(2009—2012)》，拓展城市信息服务业，带动区域性信息市场体系的初步形成；加快"光缆进村"基础网络覆盖工程，完成农村光缆覆盖率96%；初步建成新农村基础数据库系统，构建面向"三农"(农业、农村、农民)服务的信息资源共享、交换和服务平台；推进农村信息化示范工程，树立了一批信息化示范村，带动城乡社会经济协调发展。

区域性信息交流中心取得新进展。完成《南宁市区域性信息交流中心建设规划》编制，并由市委、市政府审定通过；推进交流中心工程前期工作开展，加快信息化大楼、电子信息产业基地等中心基础设施建设；与中国电信广西公司、与中国移动广西公司签署战略合作框架协议，促进"信息惠民"，打造"无线城市"，合力推进南宁市区域性信息交流中心建设进程。

信息化项目建设进展顺利。完成信息化重点项目固定资产投资16.35亿元；加快城市3G通信基础设施建设，实现3G通信网络开通运行，进一步提高了城市通信服务水平；持续推进电子政务三期项目建设，进一步增强政府行政执政能力和为民服务水平；防汛应急指挥决策支持系统二期一阶段项目、领导决策支持与分析系统、固定资产投资监督统计系统、地税信息系统升级改造工程等一批信息化项目建成并投入使用，有力推动了服务型政府建设。

南宁政务信息网
该网在"第三届中国政府网站国际化程度测评"中，荣获优秀外文版奖。

2009年，南宁市政府网站获第三届中国政府网站国际化程度评比优秀外文版奖

城市公共信息服务能力提升。加快数字化城管系统扩容与完善，加强对县区数字城管系统建设指导、协调；顺利完成"两会一节"及"泛珠合作论坛"通信保障任务，有效提升城市通信保障服务能力。完成南宁市政府门户网站升级改造，完善网上互动应用平台建设，推进了"一站式"政务服务平台构建。市政府网站在"第八届(2009)中国政府网站绩效评估"中排第32位(全国333个地级市)，排名较上年提升6位，实现连续五年全国排名提升，继续保持广西第一。

信息资源整合共享加强。完成人口基础信息共享平台建设，建立市人口基础信息数据库；政务地理信息共享服务平台建设进展顺利，提升政务地理信息共享和服务能力；加快市信用办信用信息系统一期项目建设，建设统一规范的企业、个人信用信息基础数据库，实现全市信用信息基础数据的集中、统一、规范管理，有效推进"诚信南宁"建设。

政策法规建设不断优化。编制出台《南宁市政府信息资源管理办法》，为全市信息资源管理提供基础；草拟《南宁市政务网站建设管理暂行办法》，加强对南宁市政务网站的建设与管理，使信息化政策法规环境日趋完善。举办CIO管理高层次紧缺人才、政府网站管理人才、信息安全与网络管理人才等应用培训10多次，培训2900多人次，优化了信息化建设环境。

2009年6月25日，《南宁市区域性信息交流中心建设规划》通过专家评审

编辑说明

一、《南宁年鉴》是南宁市人民政府主办的综合性地方年鉴，是系统地记述南宁市自然、政治、经济、文化和社会等方面情况的年度资料性文献，是社会各界和海外人士认知南宁的窗口、成就事业的助手。

二、《南宁年鉴》于1996年创刊，每年出版一卷。本年鉴为2010年卷（总第15卷），着重记载2009年度南宁市的基本情况。

三、本年鉴的基本内容，分为综合情况、动态信息、辅助资料三大部分。综合情况部分分设特载、特辑、南宁概貌、专题调研与经济分析4个专栏。动态信息部分分设中国—东盟博览会·峰会·民歌节、南宁与东盟、党政机关、人民团体、法制、军事、开发区·新区、城市建设与管理、环境保护·园林绿化、国有资产监管与运营、工业、农业、交通运输业、信息业、商业贸易、对外经济贸易、旅游业、会展业、个体私营经济、财政·税务、金融、经济管理与监督、教育、科学、文化、新闻出版、卫生、体育、社会生活、区县、人物31个类目。辅助资料有大事记、城市竞争力、图片专辑、附录4个类目；并在各类目中穿插相关小知识、小资料、图表及黑白照片；图片专辑以彩色照片集中反映全市物质文明、政治文明、精神文明建设的成就。内容层次的设置，利于读者分类系统阅读和检索，并表示类目与条目之间的层次关系，不反映严格的科学分类体系，机构、企事业单位等排序和层次一般亦不表示其地位和规模。

四、本年鉴采用分类编辑法，按类目、分目、条目三个层次的体例编辑，以不同字体、字号及版式设计区分不同层次，条目标题均加【 】表示。

五、本年鉴所记述的“自治区”或“广西”指广西壮族自治区；“自治区党委”指中国共产党广西壮族自治区委员会；“邕”指南宁市；“六县六城区”指南宁市辖武鸣、横县、宾阳、上林、马山、隆安6个县及兴宁、江南、青秀、西乡塘、邕宁、良庆6个城区；“两会一节”指第六届中国—东盟博览会、第六届中国—东盟商务与投资峰会、南宁国际民歌艺术节；相关单位名称在首次出现时用全称，以后均用简称，如“南宁市安全生产监督管理局”简称为“市安监局”。

六、本年鉴涉及历史纪年，清及清以前使用朝代帝王纪年，括注公元纪年；民国纪年用阿拉伯数字，括注公元纪年。数字、计量、用法按国家法定规定书写，面积单位有的地方使用亩；数据一般保留小数点后两位。

七、本年鉴所载资料主要由南宁市各部、委、办、局、县区、开发区及有关单位供稿并审核。

八、本年鉴主要数据以市统计局编印的《南宁市情统计手册》所公布的数据为准；其他数据以供稿部门提供的为准。

九、本年鉴图片专辑、特载、特辑、附录所记述的内容不受年度限制；为了保持内容的连贯性和完整性，个别条目记述时间适当上溯或下延。

十、本年鉴配备双重检索系统：书前刊有中英文目录，书后备有索引。索引采用内容分析法，款目按汉语拼音字母顺序（同音字按声调）排列，索引范围详及条目、文献、图片、表格等。

十一、本年鉴出有电子版（光盘），主要内容在南宁市政府门户网站——南宁政务信息网推出。光盘采用先进的多媒体和全文检索技术。

十二、2010年卷《南宁年鉴》的编纂出版得到社会各界的大力支持。在此，编委会表示衷心感谢。由于编辑水平有限，本年鉴的差错和疏漏之处，恳请读者批评指正，以利今后改正提高。

《南宁年鉴》编纂委员会

主　　任	车荣福	自治区党委常委、市委书记
	黄方方	市长
副 主 任	吴　炜	市委常委、市委秘书长
	吕　洁	市委常委、宣传部部长，副市长
	周如斯	市人大常委会秘书长
	阮兆丰	市政府秘书长
	侯小兵	市政协秘书长
	林小静	市政协教科文卫体委员会副主任 （市政府地方志编纂办公室原主任）
委　　员	彭　健	市委副秘书长
	邓卫民	市政府副秘书长
	王艳珍	市纪委副书记、监察局局长
	吴朝晖	市委组织部副部长
	禹延庆	市委宣传部副部长
	农　冰	市发展和改革委员会主任
	陈世平	市工业和信息化委员会主任
	夏建军	市教育局局长
	傅隆政	市科学技术局局长
	苏绍荣	市民政局局长
	刘志烈	市财政局局长
	马南萍	市人力资源和社会保障局局长
	谭玫瑰	市国土资源局局长
	杨　敏	市环境保护局局长
	高　新	市城乡建设委员会主任
	封　宁	市规划管理局局长
	冯炳浩	市住房保障和房产管理局局长

邓国付　市园林管理局局长
李　耕　市交通运输局局长
叶　盛　市水利局局长
唐波文　市农业局局长
周异助　市商务局局长
陈晓玲　市文化新闻出版局局长
汤晓斌　市卫生局局长
黄　海　市人口和计划生育委员会主任
梁桦中　市体育局局长
谢小萍　市统计局局长
黄永久　市旅游局局长
林国开　市政府国有资产监督管理委员会主任
杨德辉　市社会科学院院长
宋日正　武鸣县县长
黄国健　横县县长
张先进　宾阳县县长
尹建华　上林县县长
黄丽娟　马山县县长
陈　竑　隆安县县长
高　虹　兴宁区区长
黄建宁　江南区区长
王永超　青秀区区长
廖伟福　西乡塘区区长
蓝建东　邕宁区区长
孙志强　良庆区区长
梁新莲　市政府地方志编纂办公室副主任
许杨群　市政府地方志编纂办公室副主任
宁光荣　市政府地方志编纂办公室副主任
王笑貌　市政府地方志编纂办公室调研员

主　　编　林小静

副 主 编　梁新莲　许杨群　宁光荣　王笑貌

总　　纂　林小静

副 总 纂　梁新莲

《南宁年鉴》编辑部

主　　任　余朝霞

责任编辑　李志楠　余朝霞　孙贵寿　黄善秋　梁笑飞　方　明　李敬江　周　红　梁　坤　卢景林

图片策划　林小静　梁新莲

图片编辑　李志楠　余朝霞　孙贵寿　黄善秋　梁笑飞　方　明　李敬江　周　红　梁　坤　卢景林

装帧设计
封面设计　林小静

封面题字　卢定山

印章篆刻　杨宇云

英文翻译　彭国光

地图绘制　广西地图院

《南宁年鉴》编写人员（编写组）

（排名不分先后）

中共南宁市委办公厅
陈晓东　吕　吉
中共南宁市委组织部
编写组
中共南宁市委宣传部
朱球香
中共南宁市委统一战线工作部
李丹妮
中共南宁市直属机关工作委员会
林　涛
中共南宁市委政策研究室
李耿民
中共南宁市委老干部局
黄　飚
南宁市精神文明建设委员会办公室
温金华
南宁市人民代表大会常务委员会办公厅
黄世邕
南宁市政府办公厅
伍光清　罗　宁
中国人民政治协商会议南宁市委员会
畦国庆　农凌云
中共南宁市纪委、市监察局
廖　军
民革南宁市委员会
雷协培
民盟南宁市委员会
李德仁
民建南宁市委员会
黄凤敏
民进南宁市委员会
刘瀚钟
农工民主党南宁市委员会
扈　倩
致公党南宁市委员会
蔡涓涓
九三学社南宁市委员会
刘潇潇
南宁市工商业联合会
李增群
南宁市总工会
刘缅熙　蒋建坤
共青团南宁市委员会
陈佳璐
南宁市妇女联合会
李永清　谭静宇
南宁市文学艺术界联合会
陆雅婷
南宁市归国华侨联合会
廖嗣松
南宁市科学技术协会
莫秋碧
南宁市社会科学界联合会
李国燕
中国国际贸易促进委员会南宁市支会
彭国光
南宁市残疾人联合会
袁建萍
南宁市红十字会
陈　菁
南宁市关心下一代工作委员会
雷　纪
南宁市民政局
王其辉　胡小民　申广富　梁玉军
李群峰　黄　伟　何　文　韦　琨
崔建国　徐海芳　康超辰
南宁市人力资源和社会保障局
韦火清　陈　玲　陆　焕　彭　涛
曾　丹
南宁市机构编制委员会办公室
黄振生　陈　宏
南宁市政府行政审批管理办公室
吴宝树
南宁市外事侨务办公室
张　艳　何　俊
中共南宁市委、市政府信访局
办公室
南宁市民族事务委员会
刘建安
中共南宁市委台湾工作办公室
张居松
中共南宁市委政法委员会

南宁市法制办公室
黄　玲
南宁市中级人民法院
周　军
南宁市人民检察院
蒙　旗
南宁市公安局
黎　柱　李泽泰　李　金　杨　梅
南宁市司法局
王琦汕
中国人民解放军广西南宁警备区
杨爱平
中国人民武装警察部队南宁市支队
李小权
南宁市人民防空办公室
邓　谦
南宁高新技术产业开发区管理委员会
李绍华
南宁经济技术开发区管理委员会
冯梅丽

南宁—东盟经济开发区管理委员会
张向新
广西良庆经济开发区管理委员会

南宁江南工业园区管理委员会

南宁仙葫经济开发区管理委员会
杨贵甜
南宁市相思湖新区管理委员会
唐欣也
南宁五象新区开发建设指挥部

南宁市城乡建设委员会
陈　琳
南宁市重点工程建设办公室
刘　倩
南宁市规划管理局
雷泽识
南宁市勘测院
莫惠荃
南宁市住房保障和房产管理局
丁昌峰
广西首府南宁住房制度改革委员会办公室

南宁住房公积金管理中心

南宁市国土资源局
谭世明
南宁市邕江防洪防涝工程管理处
吴明全
南宁市环境保护局

南宁市城市管理局
蒋舒建
南宁市园林管理局
黄品文
南宁市工业和信息化委员会
朱丹江　潘彩献　朱政军　唐亚亚
彭远利　农　刚　陈岳龙　黄春霞
程　雁　马祥琼
南宁市人民政府国有资产监督管理委员会
黄道琪

南宁振宁资产经营有限责任公司
黄正斌
南宁壮宁资产经营有限责任公司
董良胜
南宁沛宁资产经营有限责任公司
龙文原　卢永恒
南宁威宁资产经营有限责任公司
苏益林　陈　岚
南宁市食品药品监督管理局
韦永敏
南宁市散装水泥办公室

南宁供电局
苏维富
南宁市二轻集体工业联社
李晓琳
南宁市烟草专卖局
黄健超
广西中烟工业有限责任公司
周丽霞
南宁国际会议展览有限责任公司
韦　珍
南宁市农业局
杜　勇　陈喜平　黄荣芳　邝伟生
甘保杰　梁玉珍　黄树生　黄武杰
田乙凤　宋桂荣　周冠群　曾建国
兰张红　粟继军　黄士壮　刘永秀
廖　芹　李富益　黄兰芳　马　战
南宁市水产畜牧兽医局
张　超　黄剑峰　黄　琦　曾绍军
韦兰锋
南宁市扶贫开发办公室
陆仁健
南宁市林业局
苏　萍　陆安俊　林志武　韦丽娟
梁月芳　李青兰　覃　标　雷秀峰
张海琳
南宁市农业机械化管理中心
陆凤婵
南宁市水利局
傅美湖
南宁农工商集团有限责任公司
黄励勤
南宁铁路局史志办公室
桑开焕

南宁市交通运输局
鲁晓凡
南宁吴圩国际机场
许　康
南宁市邮政局
方　平
南宁市城乡数字化建设办公室
钟　冰
中国电信股份有限公司南宁分公司
农荣生
中国移动通信集团广西有限公司南宁分公司
黄　英
中国联合网络通信有限公司南宁市分公司
曾建强
南宁市无线电管理处
覃　巍
南宁市商务局
何发枝　杨户芬　唐宇雯　黄小蓉
黎　剑　韦　敏　梁　槟　刘　军
欧阳玮　阳　柳　王永红　梁　明
冯立芳　李　锋　贺　晖　阮兆剑
南宁市供销合作联社
蓝　蔚
南宁市粮食局
董红兵　陆兆强
南宁盐业分公司（南宁盐务管理局）
崔玉善
中石化南宁石油分公司
陈启慧
南宁市旅游局
周思伶
青秀山风景名胜旅游区管理委员会
戚　浩　张余佳　覃　华
广西大明山国家级自然保护区管理局

南宁昆仑关战役遗址保护管理委员会
徐晓芳
南宁市财政局
曾肄业　庞　照　李燕妮
南宁市国家税务局
邓有侃

南宁市地方税务局
李玉露　孙炳清
中国人民银行南宁中心支行
陈恒丹
中国工商银行广西分行营业部
王圆圆
中国农业银行广西分行营业部
曾　敬
中国银行南宁市邕州支行
岑晓曦
中国建设银行股份有限公司广西分行
杨　茜
交通银行南宁分行
潘　闽
中国光大银行南宁分行
刘　杨
广西北部湾银行
范桂桃
广西壮族自治区农村信用社联合社南宁办事处
李继宁
中国保险监督管理委员会广西监管局
吴年冬
中国证券监督管理委员会广西监管局
高瑞启
南宁市发展和改革委员会
杨华伟
南宁市投资促进局
张　旭　梁振宇　黄振卿　吕昭民
韦　晖　闭耕毓　彭金红　刘　玲
徐春伟　李　兴　廖一春　文建宁
南宁市物价局
王荣姣
南宁市审计局
张启杰
南宁市工商行政管理局
麻加宁　李凤玲
南宁市质量技术监督局
唐向荣
南宁市安全生产监督管理局
龚德定

南宁市统计局

南宁海关
黄伟文
南宁海事局
黄荣丹
广西出入境检验检疫局
谭业军　包拥军
南宁市文化新闻出版局
黎彦彤　潘雨茜　邵发建　韦思私
吴朝霞　李舒琳　姚　彧　陈晓钰
周　凝　李　霞　蒲晓东　梅晓光
黄小蔺
南宁市新华书店有限责任公司
谭继来
南宁市档案局
邓淑华
南宁日报社
苏贤庆
南宁市广播电影电视局
佚双穗
南宁市教育局
苏　静
中共南宁市委党校
农　瑛
南宁职业技术学院
周树芳
南宁市科学技术局
伍美新　谢倚宁　覃　燕
南宁市气象局
江　雪
南宁市地震局
庞小立
广西水文水资源南宁分局
黄召生
南宁市社会科学院
黄浩邦
南宁市人民政府地方志编纂办公室
林小静　梁新莲　许杨群　宁光荣
王笑貌　李志楠　佘朝霞　孙贵寿
黄善秋　梁笑飞　方　明　李敬江
周　红　梁　坤　卢景林
中共南宁市委党史研究室
蒋运华

南宁市卫生局
梁晓杨
南宁市爱国卫生运动委员会办公室
覃　丹
南宁市体育局
编写组
南宁市城市应急联动中心
黄呈华
南宁市人口和计划生育委员会
林建耀
国家统计局南宁调查队
覃宏珍
南宁市老龄工作委员会办公室
谭邕生　甘丹妮
南宁市机关事务管理局
办公室
南宁市政府宗教事务局
李军武
兴宁区政府办公室
徐曼春
青秀区政府办公室
蔡光燊
西乡塘区政府办公室
陆永龙　陆寿成
江南区政府办公室
韦艳玲
邕宁区政府地方志编纂委员会办公室
奚少婷
良庆区政府地方志编纂办公室
潘艳明
武鸣县史志办公室
潘致岗
横县地方志编纂委员会办公室
李清俏
宾阳县地方志编纂委员会办公室
唐瑞龙
上林县地方志编纂委员会办公室
林　春
马山县地方志编纂委员会办公室
蓝振福
隆安县地方志编纂委员会办公室
黄永清

《南宁年鉴》照片摄影及提供人员

（按姓氏笔画排列）

王永红　韦　珍　韦良华　尤　扬　文建宁　邓　忠　邓江宁　邓　宇　叶　广
邝海玲　冯汝君　刘　广　刘　宇　刘　杨　刘　胜　闭耕毓　农　敏　孙炳清
苏维富　杜　勇　杨继龙　李小权　李军武　李军武　李如卿　李好那　李志楠
李绍华　李显英　李敬江　何发枝　何运斌　何姿连　余朝霞　余德海　张　杏
张向新　陈　峰　陈卓凡　周　红　周剑波　周家志　庞小立　赵云勃　耿国华
夏海平　徐海芳　唐向荣　唐欣也　黄　英　黄　飚　黄善秋　梁笑飞　梁基欢
梁敏聪　梁新莲　扈　倩　彭国光　谢立华　蓝　蔚　雷　纪　雷协培　谭柳军
潘　浩　潘彩献等

《南宁年鉴》照片提供单位

（排名不分先后）

青秀区
兴宁区
西乡塘区
良庆区
横县
宾阳县
南宁高新技术产业开发区管理委员会
南宁经济技术开发区管理委员会
南宁市相思湖新区管理委员会
广西良庆经济开发区管理委员会
中共南宁市委统一战线工作部
南宁市人大办公厅
民进南宁市委会
民建南宁市委会
九三学社南宁市委会
南宁市外事侨务办公室
南宁市卫生局
南宁市教育局
南宁市园林管理局
南宁市人民政府国有资产监督管理委员会
南宁铁路局史志办公室
江南区委宣传部
南宁威宁资产经营有限责任公司
南宁市总工会
南宁市妇女联合会
共青团南宁市委员会
南宁市文学艺术界联合会
南宁市归国华侨联合会
南宁市红十字会
南宁市关心下一代工作委员会
中国国际贸易促进委员会南宁市支会
南宁市残疾人联合会
南宁市城市应急联动中心
南宁市科技局
南宁市气象局
南宁市民政局

南宁市民族事务委员会
南宁市宗教事务管理局
南宁市地震局
南宁市社会科学院
南宁职业技术学院
南宁供电局
南宁吴圩国际机场
广西壮族自治区水文水资源南宁分局
南宁市人民防空办公室
南宁市旅游局
南宁市公安局
广西大明山国家级自然保护区管理局
南宁市公安消防支队
南宁市司法局
南宁市工商行政管理局
南宁市国土资源局
南宁市交通局
南宁市安全生产监督管理局
南宁市城市管理监督中心
南宁市城市管理局
南宁市社会医疗保险管理中心
南宁振宁资产经营有限责任公司
中国电信股份有限公司南宁分公司
广西万昌房地产开发有限公司
广西银泉化工有限公司
南宁市手表厂
南宁市劲源电机有限责任公司
南宁糖业股份有限公司
南宁桂格精工科技有限公司
南宁燎旺车灯有限责任公司
广西中烟工业有限责任公司
中国移动通信集团广西有限公司南宁分公司
南宁市国家税务局
南宁市财政局
南宁市发展和改革委员会
南宁市劳动和社会保障局
南宁市散装水泥办公室
南宁建筑管理处
南宁市房产管理局
首府南宁住房制度改革委员会办公室
南宁市邮政局
南宁警备区
武警广西总队南宁市支队
广西壮族自治区南宁监狱
广西陆军预备役师高炮团
南宁海事局
南宁市中级人民法院
南宁市人民检察院
南宁市法制办公室
南宁市工业和信息化委员会
南宁市经济委员会
南宁市质量技术监督局
南宁市残疾人联合会
南宁市农业局
南宁市总工会
南宁市地震局
南宁建宁水务投资集团有限责任公司
南宁鸿基水泥制品有限责任公司
大唐岩滩水力发电有限责任公司
南宁大唐广源水力发电有限公司
石门森林公园
兴宁区民生街道办事处
南宁市房屋产权交易中心
南宁市妇幼保健院
中国银行南宁市邕州支行
南宁市柳沙企业有限责任公司
广西玉柴物流集团有限公司
南宁市城市建设投资发展总公司
南宁市储备粮管理有限责任公司
南宁锦虹棉纺织有限责任公司
宾阳县人口和计划生育委员会
宾阳县教育局
宾阳高中
宾阳县疾病预防控制中心
横县地方志编纂委员会办公室

目　　录

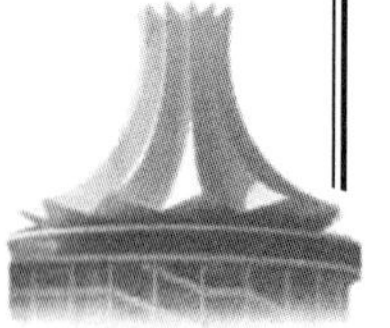

中国—东盟博览会·峰会·民歌节

南宁与东盟

党 政 机 关

人民团体

法　制

军　事

开发区·新区

城市建设与管理

环境保护·园林绿化

国有资产监管与运营

工　业

农 业

交通运输业

信 息 业

商业贸易

对外经济贸易

旅　游　业

会　展　业

个体私营经济

财政·税务

金　融

经济管理与监督

教　育

科　　学

文　化

新闻出版

卫　　生

体　　育

社会生活

区　　县

人　　物

专题调研与经济分析

城市竞争力

图 片 专 辑

附　　录

索　　引

CONTENTS

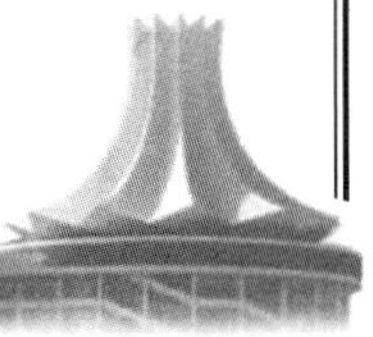

Special Publication

Special Editing

Major Events

Nanning General Situation

China-ASEAN Expo, Summit & Folk Song Festival

Nanning & ASEAN

Party & Government Organizations

Mass Organizations

Legal System

Military

Development Zones & New Districts

Urban Construction & Administration

Environment Protection & Garden Forestation

Supervision and Engagement for State-Owned Assets

Industry

Agriculture

Transportation

Information Industry

Commerce and Trade

Foreign Economic & Trade

Tourism

Meeting & Exhibition Industry

Individual & Private Economy

Finance & Taxation

Banking

Economic Management & Supervision

Education

Science

Culture

News & Publishing

Health

Sports

Social Life

Districts & Counties

Personage

Spocial Study & Economic Analysis

City Competition

Special Photos Collection

Appendix

Index

南宁青秀山风景名胜旅游区

图：周家志

市树——扁桃树

1986年6月，市第八届人大常委会第四次会议确定扁桃树为市树。扁桃树为常绿阔叶乔木。树干通直，最高可达30米，胸径最大可达1米以上。树冠圆整呈广卵状，外形美丽，冠大荫浓，四季常青。其果味似杧果，营养丰富，为亚热带名果。

图：周家志

市花——朱槿花

1986 年 12 月，市第八届人大常委会第七次会议确定朱槿花为市花。朱槿为常绿灌木，又称扶桑、假牡丹、大红花。四季常开，五彩缤纷。其根、叶、花均可入药，具有清热解毒、利尿消肿之功能。易繁殖，既可地栽、盆栽，又可做花篱之用。南宁市栽种的朱槿约有 16 个品种，常见的有大红花、粉喇叭、泰国黄、假牡丹、大红朱槿、黑牡丹、黄朱槿、吊钟、拱手花等。

图：李志楠

领　导

2009 年 10 月 19 日，在第六届中国—东盟博览会开幕前夕，中共中央政治局常委、国务院副总理李克强（前中）来到南宁国际会展中心参观展馆

2009 年 10 月 11 日，全国人大常委会副委员长韩启德率全国人大常委会执法检查组，对南宁市贯彻落实《中华人民共和国食品安全法》情况开展检查。图为韩启德（左三）到广西皇氏甲天下乳业股份有限公司检查指导工作

视　察

2009年11月22日，全国人大常委会副委员长、民革中央主席周铁农在南宁参观考察。图为周铁农（前中）视察邕江大学

2009年8月5日，自治区党委书记、自治区人大常委会主任郭声琨（左二），自治区主席马飚（左一）拜会前来出席2009泛北部湾经济合作论坛的全国人大副委员长陈昌智（右二）

领 导

2009 年 8 月 5 日，自治区党委书记、自治区人大常委会主任郭声琨（左二），自治区主席马飚（左一）拜会前来出席 2009 泛北部湾经济合作论坛的全国政协副主席郑万通（右二）

2009 年 5 月 6 日，全国人大常委会副委员长、全国妇联主席陈至立（前左三）到西乡塘区金陵镇金陵村大林新村（坡）视察妇女工作

视　察

2009年6月3日，自治区党委书记、自治区人大常委会主任郭声琨（前左三）在南宁大桥建设工地考察指导工作

2009年3月15日，自治区主席马飚（前左一）在南宁五象新区考察指导工作

图：刘　宇　邓江宁　陈卓凡　叶　广　南宁高新区管委会

友 

2009 年 10 月 20 日上午，广西壮族自治区党委书记、自治区人大常委会主任郭声琨（左九）与老挝总理波松·布帕万（右七）共同为老挝驻南宁总领事馆开馆剪彩

2009 年 10 月 12 日，南宁领事馆区（一期）工程竣工暨领事馆馆舍移交仪式在南宁·中国—东盟国际商务区举行，柬埔寨、老挝驻南宁总领事馆成为进驻南宁领事馆办公的第一批领事机构

往　　来

2009年10月20日，广西壮族自治区主席马飚（左二）出席缅甸驻南宁总领事馆开馆仪式，并为缅甸驻南宁总领事馆揭牌

2009年10月21日，法国马恩河谷省在南宁举行推介会，广西壮族自治区党委常委、南宁市委书记车荣福（二排右四）出席推介会。图为项目签约仪式

2009年10月21日，2009南宁市荣誉市民称号授予·南宁市国际友好城市签约仪式暨南宁国际民歌艺术节国（境）外嘉宾招待宴会举行。在友好城市签约仪式上，南宁市市长黄方方代表南宁市分别与缅甸仰光市市长昂登林准将、美国商业市市长保罗·纳塔尔签署《建立友好城市关系协议书》，与老挝占巴塞省省长颂尼塞·西潘敦签署《建立友好城市关系意向书》。图为黄方方（前右）与保罗·纳塔尔（前左）签署《建立友好城市关系协议书》

2009年7月7～14日，南宁市市长黄方方（右）率市代表团对缅甸进行友好访问。7月11日上午，南宁市与仰光市签订《建立友好城市关系备忘录》仪式在仰光市仙都纳酒店举行。黄方方代表南宁市与仰光市副市长芒帕共同签署了两市《建立友好城市关系备忘录》

友

2009年6月，广西壮族自治区党委常委、南宁市委书记车荣福率南宁市代表团赴法国、瑞士进行友好访问。图为18日车荣福（中左三）出席南宁市法国巴黎招商推介会

2009年10月20日，南宁市市长黄方方（前右）会见韩国果川市副市长洪完杓（前左）率领的果川市政府代表团一行，双方签订了2010年友好交流计划书

2009年10月21日，南宁市市长黄方方会见澳大利亚班达伯格市代表团一行。图为班达伯格市副市长托尼·西里雅迪（左二）向黄方方（右三）赠送市旗

2009年10月21日，南宁市市长黄方方（右五）会见马来西亚怡保市代表团一行

往　来

2009年10月27日，南宁市市长黄方方（二排右五）会见智利伊基克市市长米尔塔·杜波斯特·西梅内斯（一排右五）率领的伊基克市代表团一行，并在南宁市滨湖广场共同种下象征双方友谊长青的友谊树

2009年9月，南宁市政协主席黄家仁（左一）率南宁市代表团出访印度尼西亚

2009年7月29日，日本宇城市市长筱崎铁男率领宇城市考察团一行到南宁市第十四中学开展教育交流活动

2009年10月21日，南宁市委常委、常务副市长刘长林（右）会见越南海防市工商厅副厅长范文芳（左）等海防市参加“中国—东盟博览会、中国—东盟商务与投资峰会、南宁国际民歌艺术节”代表团一行

图：刘　宇　陈卓凡　市外事侨务办公室

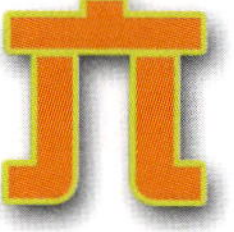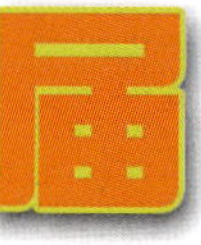

2009年10月20日上午，第六届中国—东盟博览会在南宁国际会展中心朱槿花厅开幕。由中国商务部和东盟国家经贸主管部门及东盟秘书处共同主办，广西壮族自治区人民政府承办。中共中央政治局常委、国务院副总理李克强，老挝总理波松·布帕万，菲律宾众议长诺格拉雷斯，缅甸国家和平与发展委员会第一秘书长丁昂敏乌，越南常务副总理阮生雄，东盟秘书长素林，中国与东盟国家有关部长、地方政府行政长官、商协会会长，国际组织负责人、世界知名企业家、区域经济研究专家，参展参会客商代表及广西壮族自治区有关领导出席开幕式。博览会由老挝出任主题国，重点主题是:海关与商界合作，设商品贸易、投资合作、先进技术和“魅力之城”四大专题；共设展位4000个，参展企业2450家；206名部长及贵宾、4187万名客商参展参会；商品贸易成交总额16.54亿美元；签订国际经济合作项目136个、总投资64.40亿美元，签订国内经济合作项目204个、总投资618.45亿元。除专题展览和经贸活动外，还举办了中国—东盟海关与商界合作主题论坛等11个高层次论坛。博览会于10月24日闭幕。

2009年10月20日，第六届中国—东盟博览会在广西南宁市开幕。图为博览会剪彩仪式

中共中央政治局常委、国务院副总理李克强宣布第六届中国—东盟博览会开幕

东盟秘书长素林致辞

老挝总理波松·布帕万致辞

一东盟博览会

中国商务部部长陈德铭致辞

广西壮族自治区主席马飚致辞

2009 年 10 月 20 日，中共中央政治局常委、国务院副总理李克强（右）在南宁会见老挝总理波松·布帕万（左）

2009 年 10 月 20 日，中共中央政治局常委、国务院副总理李克强（右）在南宁会见缅甸国家和平与发展委员会第一秘书长丁昂敏乌上将（左）

2009 年 10 月 20 日，中共中央政治局常委、国务院副总理李克强（右）在南宁会见越南常务副总理阮生雄（左）

2009 年 10 月 20 日，中共中央政治局常委、国务院副总理李克强（前排左七）在南宁会见中国—东盟海关与商界合作主题论坛部分代表

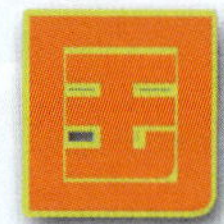

2009年10月19日，中共中央政治局常委、国务院副总理李克强（前右三）在南宁国际会展中心巡视博览会展馆

2009年10月22日，广西壮族自治区党委书记、自治区人大常委会主任郭声琨（左三）在南宁国际会展中心巡视博览会展馆

2009年10月22日，广西壮族自治区主席马飚（左三）在南宁国际会展中心巡视博览会展馆

2009年10月20日，2009年南宁投资贸易洽谈会暨重大项目签约仪式在南宁市政府会议中心举行

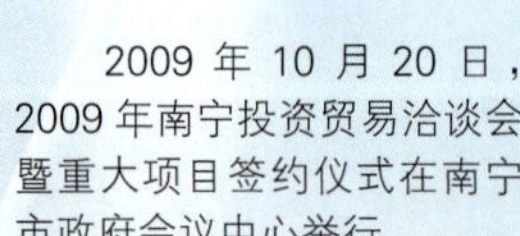

第六届中国—东盟博览会外景

一东盟博览会

"魅力之城"专题展区

①新加坡——新加坡城
②文莱——斯里巴加湾
③缅甸——木姐
④泰国——沙没巴干府
⑤中国——深圳
⑥老挝——沙湾拿吉省
⑦菲律宾——怡朗市和卡加廷德奥罗市
⑧越南——芹苴
⑨印度尼西亚——西加里曼丹省
⑩柬埔寨——西哈努克省
⑪马来西亚——古晋

博览会开放日

图：刘　宇　何运斌　周家志　陈卓凡　文建宁

第六届中国—东盟

2009年10月20～21日，第六届中国—东盟商务与投资峰会在南宁市举办。由中国商务部、中国国际贸易促进委员会、广西壮族自治区人民政府主办，东盟工商会、中国—东盟商务理事会和东盟10国国家工商会协办。主题是：中国—东盟自由贸易区与东盟一体化合作共进。举办开幕式、越南政府领导人与中国企业CEO圆桌对话会、2场专题论坛和2场“10+1”工商领袖洽谈会、商务早餐会、欢迎宴会等8场活动。20日上午，在广西人民会堂举行开幕式。中共中央政治局常委、国务院副总理李克强，老挝总理波松·布帕万，菲律宾众议长诺格拉雷斯，缅甸国家和平与发展委员会第一秘书长丁昂敏乌，越南常务副总理阮生雄，东盟秘书长素林，中国商务部部长陈德铭，中国国际贸易促进委员会会长万季飞，广西壮族自治区党委书记、自治区人大常委会主任郭声琨，广西壮族自治区主席马飚，中国国务院副秘书长尤权，中国、东盟以及世界10多个国家和地区的政府高官、商界领袖、企业精英、区域组织代表、知名专家学者和媒体代表约1500人出席。20日下午，在广西人民会堂举行越南政府领导人与中国企业CEO圆桌对话会；在明园饭店分别举行2场专题论坛。之后，又举行2场“10+1”工商领袖洽谈会，有16名中国与东盟工商界领袖分别出席2场访谈会，并就其时的经贸热点问题接受记者提问。近60家中国与东盟新闻媒体进行现场采访、提问。21日上午，在明园新都酒店举行商务早餐会。至此，第六届中国—东盟商务与投资峰会各项议程圆满结束。

第六届中国—东盟商务与投资峰会开幕会场

商务与投资峰会

中共中央政治局常委、国务院副总理李克强发表主旨演讲

老挝总理波松·布帕万致辞

中国国际贸易促进委员会会长万季飞致辞

广西壮族自治区党委书记、自治区人大常委会主任郭声琨致辞

广西壮族自治区主席马飚主持开幕式

图:刘　宇

南宁国际

2009 年，由南宁市人民政府主办的第 11 届南宁国际民歌艺术节在南宁市举办。主题是：新十年·新民歌。主要内容包括：“大地飞歌·2009”第六届中国—东盟博览会暨南宁国际民歌艺术节开幕式晚会；2009 南宁·东南亚国际旅游美食节；广西民族歌舞秀《绣球飞》晚会；“绿城歌台”广场文化活动；“和谐南宁·欢乐绿城”巡游活动；卢权智红陶艺术精品展；外国艺术家专场演出；中国—东盟国际摄影节；广西本地民歌歌曲创作大赛。

2009 年 10 月 20 日晚，“大地飞歌·2009”第六届中国—东盟博览会暨南宁国际民歌艺术节开幕式晚会在南宁民歌广场举行。图为晚会现场

广西武鸣妮达妮合唱团与世界名团“布拉格之春”在开幕式晚会上合作演出《猜调》

歌手廖鸿飞、李卫红在开幕式晚会上演唱《拦路酒歌》

广西歌手陈春燕在开幕式晚会上演唱《飘飘谣》

壮族嘹啰山歌传承人刘正城家庭在开幕式晚会上演唱

歌手韩红与母亲雍西在开幕式晚会上共同演唱《母亲》

陕北安塞腰鼓团在开幕式晚会上表演腰鼓

开幕式晚会序幕曲舞蹈《欢聚》

歌手宋祖英在开幕式晚会上演唱压轴曲目《唱起来》

全体演员齐聚舞台欢庆晚会圆满结束

民 歌 艺 术 节

2009年10月21~22日，2009南宁国际民歌艺术节“绿城歌台”广场文化活动在南宁举行，共在全市各大广场、社区、学校、企业设置歌台18个。图为朝阳歌台歌舞表演现场

2009年10月17~25日，2009南宁·东南亚国际旅游美食节在南宁举行。图为开幕式上号称“世界第一”的超长绿叶糍粑品尝会现场

2009年10月22日，“和谐南宁·欢乐绿城”国(境)外嘉宾大联欢在南宁举行

2009年10月18日晚，广西大型民族歌舞秀《绣球飞》在南宁人民会堂首演

2009年10月23日，2009年南宁国际民歌艺术节“和谐南宁·欢乐绿城”大巡游在民族大道举行

图：周家志　陈卓凡　市外事侨务办公室

南宁市获中华

2010年2月2日下午，第六届中华宝钢环境奖颁奖典礼在北京人民大会堂举行，南宁市成为此届3个中华宝钢环境奖获得者之一，是继沈阳、杭州之后全国第3个获此荣誉的省会城市。2月3日下午，南宁市荣获第六届中华宝钢环境奖揭牌仪式在市政府举行。揭牌仪式上，自治区党委常委、市委书记车荣福在讲话中指出：近年来，南宁市的生态环境不断优化，环境质量明显改善，生态文明建设迈上了新的台阶。2009年，全年空气优良天数达到362天，优良率达到99.18%，创10年来最好成绩；城市环境噪声达标区覆盖率达到80%以上；水环境质量持续改善，主要河流水质保持二至三类，环境质量达到了近20年来的最好水平。

中华宝钢环境奖设立于2000年，由全国人大环境与资源保护委员会、全国政协人口资源环境委员会、国家环境保护部、国家民政部等13个部委和单位共同组织，是中国环境保护领域的最高社会性奖励。此届中华宝钢环境奖评选活动以"绿色经济，持续发展"为主题，围绕环境管理、城镇环境、企业环保、生态保护、环保宣传5个方面设立5项中华宝钢环境奖。2009年9月，经第六届中华宝钢环境奖专家评选委员会第一轮评选，产生入围候选单位（个人）名单，南宁市获得城镇环境类奖项提名，并于2009年9月28日至10月22日在《人民日报》、《中国环境报》、网易网站和中华环境保护基金会网站公示。经第六届中华宝钢环境奖专家评选委员会第二轮评选，南宁市获得城镇环境类奖项惟一提名。经第六届中华宝钢环境奖评选委员会评选，南宁市最终获得第六届中华宝钢环境奖。

2010年2月3日，自治区党委常委、南宁市委书记车荣福（右）与自治区政协副主席李彬（左）共同为中华宝钢环境奖奖牌揭牌

2010年2月2日，市长黄方方（左）在第六届中华宝钢环境奖颁奖典礼上领取奖杯

2009年11月25日，中华宝钢环境奖组委会检查组到南宁市调研检查，副市长李国忠（二排左三）、市环保局局长农冰（二排左二）向检查组汇报南宁市申报中华宝钢环境奖工作情况

宝钢环境奖

2010 年 3 月 6 日，环保志愿者在埌西社区开展环保宣传活动

2010 年 6 月 18 日，埌西社区居委会联合埌西小学组织学生参观南宁市环境教育馆

埌东污水处理厂

南湖广场亲水步道

南湖名树博览园

民族大道人行道

图：邓江宁　陈卓凡　周家志　韦良华　杨继龙　李好那

首府各界庆祝中华人民

2009 年 10 月 1 日上午，广西壮族自治区首府各界在南宁民族广场举行庆祝中华人民共和国成立 60 周年大会。自治区党政军领导郭声琨、马飚、马铁山、陈际瓦、刘晓琨、李金早、沈北海、车荣福、温卡华、陈武、石生龙、陈向群、余远辉和首府各界群众 3300 多人参加庆祝大会。庆祝大会的举办，正式拉开了首府各界群众庆祝中华人民共和国成立 60 周年系列活动的序幕。

2009 年 10 月 1 日上午，自治区领导和首府各界群众在升旗仪式上一起高唱中华人民共和国国歌——《义勇军进行曲》，共同祝福新中国 60 华诞

2009 年 10 月 1 日上午，自治区党委书记、自治区人大常委会主任郭声琨（右）在庆祝大会上发表重要讲话，自治区主席马飚（左）主持庆祝大会

共和国成立60周年

2009 年 9 月 24 日晚，由市委宣传部、市直机关工委、市广播电视局联合举办的“市直机关庆祝新中国成立 60 周年‘祖国万岁’诵读·歌咏晚会”在南宁电视台 8 号演播厅举行。图为晚会现场

中华人民共和国成立 60 周年前夕，南宁市一批重大项目相继竣工。图为 2009 年 9 月 21 日南宁大桥通车剪彩仪式

首府各界群众欢庆中华人民共和国成立 60 周年

2009 年 9 月 20 日，广西壮族自治区庆祝新中国成立 60 周年“爱国歌曲大家唱”万人大合唱暨歌咏大赛颁奖演出在南宁国际会展中心举行

2009 年 10 月 1 日晚 8 时 30 分至 9 时，首府举办庆祝中华人民共和国成立 60 周年焰火晚会

图：何运斌　陈卓凡　邓　忠

深入学习实践

2009年，市委在全市开展深入学习实践科学发展观活动。学习对象为全体党员，重点是县处级以上领导班子和党员领导干部。参加学习实践活动的单位共有5460个，参加的党员干部共有22.53万人。学习时间从2009年3月开始，至2010年2月基本结束。学习分两批进行，每批时间半年左右。学习实践活动分为学习调研、分析检查、整改落实共三个阶段。通过学习实践活动，全市上下进一步树立了科学发展的理念，增强了推动科学发展的紧迫感、责任感和使命感；凝聚了发展共识，理清了科学发展的思路，实现了经济社会的平稳快速增长。

①2009年11月17日，自治区党委常委、市委书记车荣福（前中）到青秀区长塘镇检查指导学习实践活动

②2009年4月20日，市人大常委会主任谢寿堂（右一）在深入学习科学发展观、开展问计于民活动中，带队在青秀区长塘镇调研现代农业科技种植情况

③2009年11月5日，市长黄方方（前右五）到马山民族乡调研，并向马山县古寨民族初级中学捐赠电脑

④2009年3月25日，市政协机关召开开展深入学习实践科学发展观活动动员大会。图为市政协主席黄家仁（右一）在大会上发言

科学发展观活动

2009年4月10日，市直机关学习实践科学发展观专题报告会在南宁大王滩风景区举行。广西社科联副主席、广西大学党委书记阳国亮为近300名市直各机关党组织负责人及工会负责人作专题辅导报告

2009年3月27日，市公安局召开开展深入学习实践科学发展观活动动员大会

2009年，市宗教界开展一系列"科学发展观与和谐宗教"活动。图为5月8日宗教界人士"科学发展与和谐宗教"演讲会

2009年4月13日，南宁职业技术学院开展学习实践科学发展观活动之"万计问民谋发展"学院领导接待日活动

2010年3月15日，武警南宁市支队召开第三批学习实践科学发展观活动总结暨主题教育活动部署会

图：邓江宁　李军武　何姿连　刘　胜　耿国华　梁基欢

项目建设年活动

2009年2月8日，市委、市政府决定在全市开展项目建设年活动。围绕实施科学发展三年计划，以扩大内需和保持经济平稳较快增长为首要任务，以"保增长、保民生、保稳定"为目标，以科学发展、加快发展、率先发展、和谐发展为主题，按照"快、重、准、实"四字方针要求，积极统筹城乡发展，强力推进投资项目建设，不断扩大投资规模，推动全市经济结构改善、布局优化、总量增加、发展后劲增强，为把南宁市建设成为区域性国际城市和广西"首善之区"、在自治区率先实现全面建设小康社会打下坚实基础、提供强大动力。至年末，全市首次实现年度固定资产投资突破千亿元，在基数较高的情况下投资增速创14年来新高，比上年提高26.76个百分点，比预期目标高30.54个百分点，提前一年达到"十一五"规划和科学发展三年计划投资目标。年内施工项目4691个，新开工项目3713个，续建项目978个。其中，推进自治区层面统筹重大项目65个，完成投资97.85亿元；获国家下达四批扩大内需中央投资项目774个，开工项目772个，年内竣工项目301个，完成投资17.63亿元。

2009年5月8日，自治区主席马飚(前中)赴驻邕台湾企业调研

2009年5月12日，自治区党委常委、市委书记车荣福(前右二)率队到南宁经济技术开发区调研

2009年6月23日，市人大常委会主任谢寿堂(前左二)带队对市政府开展项目建设年、服务企业年活动情况进行调研

2009 年 11 月 16 日，市长黄方方（前右）到南宁五菱桂花车辆有限公司服务企业

2009 年 7 月 8 日，市政协主席黄家仁（前中）率凤岭片区规划建设、五象新区项目建设视察组在竹排冲视察

2009 年，市质监局深入广西皇氏甲天下乳业股份有限公司、广西田园生化股份有限公司等企业进行现场办公

2009 年 5 月 23 日，南宁市推进“项目建设年”活动 2009 年 5 月份重大建设项目开竣工仪式暨南宁楠熙鞋业有限公司高级女装皮鞋生产等 3 个项目开工仪式在南宁—东盟经济开发区举行

图：邓江宁　陈卓凡　唐向荣　梁基欢

南宁建筑掠影

①南宁国际会展中心。位于民族大道与竹溪立交桥东南侧，一期工程于 2003 年 10 月建成启用

②南宁地王大厦。位于金湖路，2006 年 12 月建成

③南宁人民会堂。位于凤翔路，2004 年建成

④南宁航洋国际城。位于民族大道，2006 年建成

⑤广西沃顿国际大酒店。位于民族大道，1995 年竣工开业

⑥广西体育中心。位于五象大道，一期主体育场于2010 年 8 月竣工

⑦广西民族博物馆。位于青环路，2008 年 12 月开馆

⑧广西科技馆。位于民族大道，2008 年 12 月新馆竣工开馆

⑨南宁大桥。北起青山路，跨越邕江，南接五象新区平乐大道。2009 年 9 月建成通车

埌东建筑群

图：周家志　邓　宇

西乡塘区

西乡塘区位于南宁市中西北部，行政区域总面积 1298 平方公里，成立于 2005 年 3 月 18 日，管辖 3 个镇、10 个街道（心圩街道由南宁高新技术产业开发区托管）、69 个行政村、76 个社区、372 个自然村（坡、屯）。2009 年末，户籍常住总人口 77.97 万（农业人口 26.21 万，非农业人口 51.76 万），流动人口约 30 万。居住有汉族、壮族等 10 多个民族。地区生产总值完成 90.35 亿元；全社会固定资产投资完成 70.77 亿元，全部财政收入 16.50 亿元，城镇居民人均可支配收入 14426 元，农民人均纯收入 4647 元。先后获 2008 年度广西招商引资工作先进县区一等奖和 2008～2009 年度全国科普示范县（市、区）、2009 年度全国科技进步先进县区、2009 年度全国征兵工作先进单位及 2009 年度广西社会主义新农村建设科技示范区等称号。

经济建设快速健康发展。2009 年，地区生产总值、全社会固定资产投资和全部财政收入分别为 2005 年的 2.17 倍、6.41 倍和 2.31 倍。建设特色农业“八个基地”，包括香蕉规模生产基地、无公害蔬菜规模生产基地、甜瓜规模生产基地、花卉苗木规模生产基地、肉鸡规模生产基地和淡水鱼规模生产基地，并建成超级稻、香蕉、甜瓜、木薯、糖蔗、蔬菜 6 个万亩高产优质农产品种植示范基地。完成农林牧渔业总产值 20.68 亿元，第一产业增加值 12.46 亿元。建设特色工业“一区三基地”，包括北湖工业集中区、石埠高科技研发基地、双定工业基地和金坛工业基地。拥有规模以上工业企业 72 家，年产值亿元以上企业 13 家，规模以下工业企业 580 家。全部工业总产值完成 70.16 亿元（规模以上工业企业总产值 48.56 亿元），第二产业增加值 28.67 亿元（工业增加值 24.43 亿元）。建设特色三产“一园一带一中心六商圈”，包括：安吉物流园、邕江北岸经济开发带，城北餐饮娱乐休闲中心（友爱路、衡阳路、北湖路、明秀东路等区域）以及安吉路商业圈、秀灵路商业圈、北大北路商业圈、南棉街商业圈、“三华路”（中华路、华强路、华西路）商业圈和人民西路商业圈。实现社会消费品零售总额 151.46 亿元，第三产业增加值 48.98 亿元。此外，接待游客 90.50 万人次，旅游综合收入 1500 多万元。

科技教育等社会事业全面进步。充分利用辖区得天独厚的极其丰富的科技、教育及其成果资源，创造性地走出一条科企科农“联婚“的新路子。至 2009 年，已建立科企联合工作站 3 个，科企联合工作站运行之后，科技兴企成效显著。2006～2009 年，与广西大学共同组织实施《西乡塘区香蕉专业型科技新农村建设关键技术开发与应用》项目，建成香蕉无公害标准化生产示范基地面积 56.26 公顷，平均亩产无公害香蕉 3436 公斤，无公害率达 100%，果实商品率达 99%，项目已顺利通过专家评审组的鉴定验收。同期，西乡塘区科技局与广西农科院植保所共同承担实施《香蕉主要病害发生规律及防治技术研究与应用》的任务，通过调查发现广西香蕉生产区分布有香蕉叶部病害 14 种，其中 3 种病害为世界首次发现。经进行系统观察，初步掌握了香蕉病害的发生规律，在此基础上，科研人员筛选出 3 种高效药剂组合，防治效果达 82%，且药剂成本每亩仅 10 元。上述两个科技项目成果，为西乡塘区乃至广西的香蕉无公害生产起到示范作用和提供了技术支持。2009 年，拥有公办、企事业办、民办小学（幼儿园）344 所，教师 6147 人，在校生 13.41 万人。五年来，西乡塘区教育坚持“巩固基础、规范管理、提高

质量、加快发展”的工作思路，创出了“德育为首、学科创新、科研发展、科技领先、艺术见长”的五大教育特色，先后获全国第五届小学语文发展与创新教育研究“杰出组织奖”、中国和联合国儿童基金会远程协作学习课题研究项目作品全国一等奖等荣誉。拥有全国中华传统文化诵读工程实验基地 1 所、全国中小学棋类教学实验课题基地 2 所、全国红领巾示范学校 2 所、全国绿色学校 2 所、全国科学教育基地学校 3 所，促进了教育事业的蓬勃发展。

节庆文化丰富多彩。创新打造具有本地特色的水街美食节、香蕉旅游美食节和唐人文化节。以“邕江之滨、美食飘香”为主题，先后在民生广场举办两届南宁水街美食节并推出水街系列传统美食，同时开展美食节开幕式、邕江之滨校园音乐盛典、大型时尚文艺演出、庆祝“五一”劳动节、“五四”青年节青年歌手大赛、拳击擂台赛等一系列文体活动。在连续几年举办香蕉节的基础上，2009 年西乡塘区香蕉旅游美食节先后在民生广场主会场和唐人街文化园、坛洛镇、石埠“美丽南方”分会场举行。唐人文化节主要有唐人文化演出、唐人文化讲座、唐人文化展示以及文化艺术品展销等活动。

民生建设稳步推进。建立城区疾控中心，完善公共卫生突发事件应急处理机制，积极做好甲型 H1N1 流感防控工作，有效控制甲型 H1N1 流感疫情。人口和计划生育整体工作水平进一步提高，2009 年区间人口出生 8932 人，人口出生率 9.52‰，人口自然增长率 7.16‰，符合政策生育率 93.46%。五年新增城镇就业人数 7.50 万人。积极实施就业援助，扶持就业困难群体就业，使公益性岗位的“4050”人员稳定在 1000 人以上。解决零就业家庭的就业问题实现动态为零。通过建立解决返乡创业基地、就地转移基地和创业示范社区，激发全民创业热情。每年新增个体私营企业 560 家，培育各类小企业法定代表人或业主共 1.55 万人，带动就业人数 4.56 万人。社会保障制度不断完善，21 万村民和 12 万城镇居民参加基本医疗保险，实现了城镇职工、城镇居民、新农合三个制度层面上的全覆盖，并着手解决失地农民的养老保险问题，全民社会保障水平进一步提高。

城乡建设成效显著。2009 年，以项目为载体，加大旧城改造和城乡风貌改造力度，加快实施台湾街、永宁片区、壮志小区、五里亭四街、雅里下坡等旧城改造项目。目前在建的北湖北路延长线道路、可利大道东段、云星·城市春天配套道路、嘉汇馨源配套道路等，道路建成后，可联结安吉物流园与北湖工业集中区，加快改善城区投资发展环境。西乡塘区重视建设生态文明村、生态家园、新农村示范村以及实施“城乡风貌改造”工程，五年来，累计投资 7000 多万元，建成金陵镇金陵村大林新村(坡)、安宁街道办路西村老直坡、坛洛镇群南村定力坡和中北村公交坡、石埠办忠良村等具有代表性的生态文明村、生态家园和新农村示范村共 15 个，修建通村水泥路 21 条共 87.08 公里，通屯水泥路 43 条共 136.77 公里，户用沼气池 1.42 万座。城乡风貌改造工程完成民宅外立面装饰面积 53 万平方米、坡屋顶改造面积 3 万平方米以及 5 个村坡环境综合整治任务，工程涉及 2 个镇 1 个街道办 9 个村 30 个坡(组)和 2 个单位共 2030 户。

① 2009 年 5 月 30 日，中共中央政治局委员、中央书记处书记、中组部部长李源潮(前右二)到西乡塘区金陵镇金陵村大林新村(坡)开展农村基层组织建设调研活动

② 2009 年 5 月 6 日，全国人大常委会副委员长、全国妇联主席陈至立(左三)在区委书记(现任市委常委、宣传部部长、副市长)吕洁(前左二)陪同下到金陵镇金陵村大林新村(坡)视察妇女工作

③ 2009 年 3 月 27 日，中国关工委主任顾秀莲(前左三)在区长廖伟福(左一)陪同下到西乡塘区衡阳路小学视察

④ 2009 年 4 月 30 日，华润水泥(南宁)有限公司在西乡塘区双定镇厂区举行新型干法水泥生产线全面竣工仪式，自治区主席马飚(左七)，自治区党委常委、市委书记车荣福(左六)等出席仪式

⑤ 2009 年 11 月 3 日，自治区党委副书记陈际瓦(前右三)，自治区党委常委、市委书记车荣福(前右二)在区委书记(现任市委常委、宣传部部长、副市长)吕洁(前左一)陪同下到西乡塘区城乡风貌改造示范村(坡)检查指导工作

⑥ 2009 年 9 月 2 日，自治区副主席高雄(前左一)在区长廖伟福(前右一)陪同下到西乡塘区城乡风貌改造示范村坡视察

⑦ 2009 年 12 月 1 日，中国电信集团从西乡塘区坛洛镇援购 500 吨“爱心香蕉”，发往黑龙江、河北、湖南等省，自治区副主席陈章良(左五)出席发车仪式

⑧ 2009 年 3 月 10 日，自治区党委常委、市委书记车荣福(右二)在区委书记(现任市委常委、宣传部部长、副市长)吕洁(右三)陪同下到西乡塘区坛洛镇千亩现代有机农业示范园视察

良庆区

良庆区位于南宁市区南部，东邻邕宁区，南毗上思县、钦州市钦北区，西连江南区，北临邕江与青秀区相望，面积 1379 平方公里。处于南宁市城市发展"重点向南、重点建设五象新区、再造一个新南宁"发展战略的核心区域。辖区有广西最大的私营企业工业园、南宁保税物流中心、广西体育中心等。农业生产以种植粮食（主要是水稻）、甘蔗、水果为主；工业主要有饲料生产、有色金属加工、建材生产、医药生产、食品加工等。主要旅游景区景点有五象岭森林公园、大王滩、凤亭湖、绿温泉、竹泉岛、那兰生态自然村(白鹭村)、蕾帽岭摩崖石刻等。地方土特产有南晓土鸡、芝麻鸭、龙眼、荔枝、杧果、西瓜、红龙果、菠萝、柠檬、淮山、彩色蚕茧等。辖良庆、那马、那陈、大塘、南晓 5 个镇和大沙田街道以及良庆经济

① 2009 年 6 月 7 日，区委书记储朝晖（左七）、区长孙志强（左五）陪同客商考察五象新区
② 2009 年 12 月 20 日，位于玉洞的南宁保税物流中心管委会举行成立揭牌仪式
③ 南晓镇荔枝园一角
④ 那马镇火龙果生产基地一角
⑤ 那马镇八尺江竹泉岛风光
⑥ 流传于良庆镇缸瓦窑的香火龙活动
⑦ 那马镇壮族歌手在歌圩对歌
⑧ 南晓镇红陶工艺品
⑨ 南宁德燊电子有限公司工厂车间一角

开发区，共 57 个行政村、12 个社区。2009 年末，总人口 23.19 万。居住着壮、汉、瑶、苗、侗、仫佬、毛南等 18 个民族。耕地面积 1.74 万公顷，其中水田 1.10 万公顷；林业用地面积 7.31 万公顷，有林面积 5.80 万公顷，森林覆盖率 42.10%。

2009 年，良庆区实现地区生产总值 58.54 亿元，工业总产值 86.23 亿元，农林牧渔业总产值 20.60 亿元，全社会固定资产投资 61.23 亿元，社会消费品零售总额 13.84 亿元；规模以上工业总产值 78.02 亿元，比上年增长 11.53%；全部财政收入 3.88 亿元；城镇居民人均可支配收入 13813 元，比上年增长 12.60%；农民人均纯收入 4799 元，比上年增长 9.20%；人口自然增长率 13.42‰；良庆区工业基础扎实，良庆经济开发区是广西最大的民营企业工业园，管理面积 54 平方公里，累计引进项目 538 个，实际投入 159 亿元，入园工业企业 203 家，年产值超亿元企业 22 家，规模口企业 75 家。积极推进五象新区建设工作，共完成征地 1216.50 公顷，完成房屋拆迁 16.11 万平方米。社会事业全面进步。实施“中小学校舍安全工程”，完成 532 栋校舍的安全排查和 498 栋校舍的安全鉴定工作。免收农村义务教育阶段学生书费 284.14 万元，对义务教育阶段家庭经济困难寄宿生提供生活补助 381.08 万元，安排城区本级中小学公用财政经费 244.33 万元；新型农村合作医疗参合率 92%，社区卫生服务覆盖率 80.30%，组建城区疾控中心；城镇新增就业 4334 人；成功举办良庆区首届香火龙民俗文化旅游节；城区获全国科技先进县（市）、广西科学发展进步县称号，创建市级文明单位 3 个。

⑤

⑥

⑦

⑧

⑨

横县

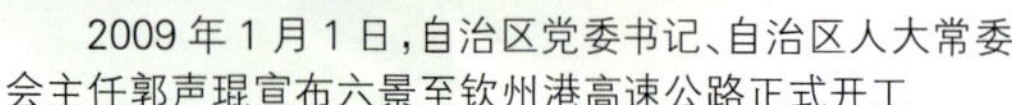
2009年1月1日，自治区党委书记、自治区人大常委会主任郭声琨宣布六景至钦州港高速公路正式开工

2009年4月8日，自治区党委常委、市委书记车荣福（前左三）视察南宁港六景港区规划

横县位于广西东南部、南宁市东部。东邻贵港市覃塘区，南接钦州市灵山县、浦北县，西界邕宁区，北与宾阳县接壤。县城距南宁市区100公里，距北海市区190公里，距钦州市区120公里，距防城港市区180公里。辖14个镇和3个乡，总面积3464平方公里。2009年末，总人口116万。

资源丰富。境内河流纵横交错，以郁江为主干，大小河流共有34条，地表水面积170平方公里；已探明的矿产资源主要有金、芒硝、膨润土、石灰石、三水铝等20多种；有国家二级、三级重点保护植物和穿山甲、山瑞、蛤蚧、蟒蛇等国家重点保护动物等9种。

交通便利。湘桂铁路、黎钦铁路、南柳高速公路、粤桂高速公路、国道209线、省道101线过境，郁江水道上通南宁、百色，下达梧州、广州、深圳至香港、澳门等地。

旅游景点众多。已开发并对外开放的自然景观17个，人文景观12个。主要景点有中华茉莉园、九龙瀑布群国家森林公园、西津湖风景区、宝华山应天寺、伏波庙、海棠历史文化公园、六景泥盆系标准剖面保护区、岭脚木祥生态旅游村等。

地方特产丰富。主要有优质谷、果蔗、茉莉花茶、甜玉米、桑蚕、蘑菇、三月红荔枝、大头菜、大粽、芝麻饼等，尤其是作为全国最大的茉莉花种植基地和茉莉花茶生产基地，被誉为“中国茉莉之乡”。

县委书记　欧波

县长　黄国健

经济社会发展迅速。2009年，全县实现地区生产总值113.10亿元，全部财政收入7.10亿元，全社会固定资产投资77.71亿元，社会消费品零售总额37.73亿元，城镇居民人均可支配收入14927元，农民人均纯收入4441元。被评为全国文明县城、全国科技进步先进县、全国粮食生产先进县、全国特色产茶县、全国基本农田保护工作先进单位及国家级生态示范区等。

2009 年 5 月，横县县城获全国文明县城称号

2009 年 8 月 15 日，第六届全国茉莉花茶交易会暨 2009 年广西横县茉莉花节在横县举行

位于南宁六景工业园广西集盛食品有限公司的蘑菇生产车间

甜玉米加工

茉莉花采摘

九龙瀑布群国家森林公园景观

海棠历史文化公园

宾阳县

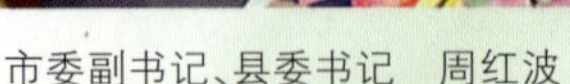

市委副书记、县委书记　周红波

县长　张先进

中国炮龙之乡—宾阳县位于广西中南部，南宁市东北部。是全国人大常委会原副委员长程思远的家乡。土地面积 2308 平方公里。辖 15 镇 1 乡。2009 年末，总人口 103.25 万。地区生产总值 90.54 亿元，全部财政收入 6.03 亿元，规模以上工业实现利税 4.91 亿元，农民人均纯收入 4519 元。

宾阳县具有优越的地理环境，区位优势和交通优势明显。境内大部为平原。西南临自治区首府南宁市，东邻贵港市区，北接来宾市区。湘桂铁路、黎湛铁路、黎钦铁路交会于黎塘镇；桂海高速公路、南梧二级公路（国道 324 线）、南柳二级公路（国道 322 线）以及宾阳上林、宾阳横县二级公路贯通县境。所有乡镇通柏油路。

宾阳县属南亚热带季风气候区，农业资源丰富，是国家商品粮生产基地县、自治区优质粮生产县。名特优农产品主要有莲藕、香米、香芋、夏阳菜、甜竹笋等。黎塘镇是广西有名的“莲藕之乡”。

① 2009 年 11 月 10 日，中国工程院院士、杂交水稻之父袁隆平（前中）等 10 名院士在自治区党委副书记陈际瓦（右三）等陪同下到黎塘莲藕套种水稻基地考察

② 2010 年 3 月 24 日，自治区投资促进局局长杨静华（左一）率调研组到芦圩工业集中区南宁佳达纸业公司考察调研，市委副书记、县委书记周红波（前右一），县长张先进（左二）汇报建设情况

③ 宾阳县城文化广场

宾阳县是民营经济强县。民营经济、建材业、制糖业优势突出，成为三大经济支柱。有“红水河”牌、“美洁”牌、“广力”牌、“翠蕊”牌、“黎雪”牌、“意德”牌、“飞力”牌、“百娇”牌、“劲豹” 牌等9件广西著名商标，是“全国质量兴县先进县”。全县有个体工商户2.70万多户，私营企业836家，已形成30多个优势行业，主要从事陶瓷、小五金、毛笔毛刷、竹编、皮革、纸品、香粉加工等。传统手工业比较发达，产品久负盛名，壮锦、竹编、陶瓷堪称宾阳“三宝”，是“广西小五金之乡”。全县各类集贸市场齐全，商品交易活跃，年集市成交额近30亿元，是桂中南重要商品集散地。

宾阳县拥有黎塘工业集中区和芦圩工业集中区。黎塘工业集中区创建于2006年，位于广西工业重镇黎塘镇东面，2009年4月晋升为广西A类产业园区，规划总面积16.13平方公里，已开发面积3平方公里，至2009年末园区已引进工业项目39个，总投资13.82亿元，其中规模以上企业18家。芦圩工业集中区成立于2006年，位于县城宾州镇东面10公里，规划总面积5.37平方公里，已开发面积0.80平方公里。至2009年末，已落户工业企业18家，总投资8.64亿元。

近年来，宾阳县按照国家批准实施的《广西北部湾经济区发展规划》，紧紧围绕“打造民营经济强县，构建现代化商贸名城，建设中等城市”三个发展定位，加快以宾州、黎塘镇为重点的城镇建设，投资9.50亿元，实施城镇基础设施建设“213”工程项目，进行县城、黎塘街道路网改造硬化路面，进一步完善市政基础设施。全县城镇化水平已由2005年的25.60%提高至35%，县城城区面积扩大到16平方公里。

④ 2010年1月15日，宾阳县2010年“开门红”重点项目开竣工仪式在黎塘镇举行，市委副书记、县委书记周红波（左四），市委常委、宣传部部长、副市长肖莺子（右三），市人大常委会副主任赖贵寿（左二），副市长温守荣（右一）为项目开竣工剪彩

⑤ 2010年4月24日，县长张先进（前左一）陪同市国土局领导视察宾州古城建设

⑥ 2010年3月30日，广西四川商会投资考察团到宾阳县考察，市委副书记、县委书记周红波（右二）向考察团介绍黎塘工业园区情况

⑦ 县城昆仑大道

⑧ 宾阳商贸城

2009 年 5 月 30 日，中共中央政治局委员、中央书记处书记、中央组织部部长李源潮（右一）在自治区党委常委、市委书记车荣福（右二）陪同下到供电局视察

2009 年 4 月 1 日，中央纪委副书记张惠新（右一）到供电局调研

2009 年 9 月 2 日，自治区主席马飚（前右二）出席南宁电网 2009 年第一批城乡电网建设项目开工仪式

南宁供电局

南宁供电局是中国南方电网公司下属的特大型供电企业，担负着南宁市六县六区及大化、都安、平果县经济社会发展和人民群众生产生活供电任务。2003～2009 年，连续 7 年供售电量超过百亿千瓦时，是南宁市首家年收入过 60 亿元的企业，管辖网区内有 9 个县级供电企业，管理 35 千伏及以上变电站 63 座，输电线路长度 2610 公里，配电线路长度 2610 公里。

2009 年，该局秉持“主动承担社会责任，全力做好电力供应”的企业使命，在服务南宁社会经济又好又快发展中不断做强做优。面对国际金融危机的冲击和复杂多变的经济形势，以科学发展观为指导，不断解放思想、开拓进取，收获了丰硕的成果。5 月 30 日，中共中央政治局委员、中央书记处书记、中央组织部部长李源潮在广西考察工作时，对其与南宁市委组织部联合开展的支部联建活动给予了“实现了双赢，很有生命力，很有成效”的高度评价。快速响应国家扩内需保增长政策，全力服从和服务于首府经济建设大局，积极投身“项目建设年”、“企业服务年”活动。全年南宁电网投资规模达 45.35 亿元，年度计划完成投资 23.11 亿元，实际完成投资 23.57 亿元，实现供电能力再提高 50%。售电量完成 148.70 亿千瓦时。以“提高供电可靠率，科学发展上水平”为活动主题，通过“三抓三要”工作法系统地改进和加强电网规划、建设、运行、管理和服务，努力减少客户停电时间，最大限度地保证安全、可靠、不间断供电，让电网发展成果惠及人民群众。全年供电可靠率 99.93%，同比提高 0.027 个百分点，位居南方电网公司前列。积极开展创建国内先进水平供电局工作，牢固树立“以客户为中心”理念，不断推动优质服务迈上新台阶，第四次蝉联南宁市窗口服务行业创城达标竞赛第一名。成立青秀、兴宁、城西、江南、五象 5 个供电分局，建立服务重心前移、面向客户、反应快速、执行高效的服务机制，向“电网坚强、管理先进、人才一流、服务优良”的战略目标不断迈进。为南宁市建设区域性国际城市和广西

2009 年 8 月 12 日，自治区党委常委、市委书记车荣福（右五），市长黄方方（右四）会见南方电网公司党组书记、董事长袁懋振（左四）

"首善之区"提供坚强的电力支撑。近年来圆满完成百项特级保供电任务，确保 4000 多场次重要活动供电万无一失。全年累计保供电 200 天，完成特级保供电 20 项，一级保供电 205 项，确保建国 60 周年大庆、泛珠三角合作论坛、"两会一节"等重大活动供电服务。至年末连续安全生产天数 1672 天。

年内，该局获全国五一劳动奖状、全国精神文明建设工作先进单位、中央企业先进集体、全国电力行业用户满意服务单位、全国五四红旗团委、中央企业"金牌服务迎奥运"活动先进单位、广西优秀企业、南方电网公司迎峰度夏暨国庆 60 周年庆典保供电先进集体以及南宁市明星企业、窗口行业"创城达标竞赛"活动先进单位、服务"两会一节"先进集体、先进基层党组织、劳动关系和谐优秀企业、党建工作优胜单位一等奖等称号。

2008 年 3 月 3 日，市人大常委会主任谢寿堂（左二）到供电局现场办公

2009 年 8 月 12 日，南方电网公司党组书记、董事长袁懋振（前右二）到供电局视察

局领导班子成员合影

2009 年 6 月 8 日，南宁市推进"项目建设年"活动，"2009 年 6 月份重大建设项目开竣工仪式暨南宁电网 2009 年第二批城乡电网建设项目开工仪式"在横县举行

南宁吴圩国际机场

2008年1月28日，自治区党委书记、自治区人大常委会主任郭声琨（右一）到南宁机场视察

南宁吴圩国际机场位于南宁市西南32公里的吴圩镇，占地面积259.70公顷。1962年11月建成使用，属于民航和军航共同使用。航站楼于1998年4月启用，设有5个登机廊桥，总建筑面积2.59万平方米，设计能力为年旅客吞吐量250万人次，高峰小时人数为1000人次。2008年，南宁机场按照4E等级完成飞行区扩建。扩建后的新跑道长3200米、宽45米、厚34厘米，两侧道肩各宽7.50米，于当年11月3日正式投入使用，可满足B747飞机及其同类机型的全载起降。同时，将原跑道由2700米延长至3200米后改作滑行道。停机坪面积12.42万平方米，可同时停放14架客机，现场过夜飞机每天有12～13架次。深圳航空公司和南方航空公司广西分公司分别于2002年和2004年在南宁机场设立分公司和基地。

随着广西社会经济的快速发展，南宁机场的运输生产也进入了一个快速发展的时期。2009年，共执行航线45条，其国内航线38条、地区航线2条、国际航线5条。通航城市40个，其中国内城市33个、地区城市2个、国际城市5个。平均每日起降航班150班次。执飞航空公司18个。旅客吞吐量逐年增加，2002年100万人次，2006年200万人次，2008年339.5万人次，2009年450万人次。为满足南宁航空运输快速发展的需要，2008年12月，自治区政府常务会议确定，在机场现跑道东侧新建一座13万～15万平方米的航站楼，同时配套建设相应的停机坪、滑行道、联络道、货运物流园区、宾馆、航空加油站、航管楼等，总投资55亿多元，工程正在筹备当中，计划于2012年底竣工。

南宁机场坚持开展安全教育、应急救援演练和安全专项整治等工作，确保飞行安全和空防安全，实现第25个安全年。2009年10月，顺利通过民航局组织的安全审计，取得

2009年2月11日，自治区主席马飚（左一），自治区党委常委、市委书记车荣福（左二）与广西机场管理集团有关部门负责人共同研究机场新航站区扩建工程各项工作

2009年4月，自治区党委常委、市委书记车荣福（右二），自治区人大常委会副主任刘新文（右一）到南宁机场视察

总体符合率97.64%的成绩。

南宁机场坚持抓好服务工作，2004年10月被自治区文明委授予文明机场称号。同年，组建服务专业公司——南宁顺旅航空商务服务有限责任公司。根据旅客的不同需求，把公务客、商务客与普通旅客进行市场细分，开设专门贵宾通道，力争使服务体现人性化、个性化。2005年被全国文明委授予精神文明建设工作先进单位。2007年推行服务工作“首问负责制”，开展空港服务明星评比活动。与此同时，加强了对机场环境的美化绿化，对候机楼商业场所的改造，为旅客创造舒适的候机环境。

2009年9月27日，自治区副主席杨道喜（左一）到南宁机场视察工作

2009年10月29日，市长黄方方（前排左三）听取南宁机场工作汇报并作指示

2008年11月，广西机场管理集团公司副总经理兼南宁机场公司总经理胡俊华在南宁机场新跑道竣工典礼暨试飞仪式上致辞

2009年10月14日，中共广西机场管理集团南宁吴圩国际机场第二代表大会召开，选举产生新 届党委成员。主席台就座的党委成员左：苏金波、瞿协葵、萧平、丁文洋、冯吉彦、胡俊华、胡爱国、刘丹、曾宪平

2009年7月16日，南宁机场总体规划获国家民航局和自治区联合批复

广西壮族自治区水

2009 年 12 月 28 日，局长夏立（中）、副局长廖向真（右一）、滕培宋（左一）在水口水文站成立揭牌仪式现场

广西壮族自治区水文水资源南宁分局、南宁水环境监测中心实行两块牌子、一套人员的管理体制。2009 年 5 月经批准成为自治区水利厅直属的副处级参照公务员法管理单位。内设综合（人事教育）、计划财务、站网监测（水资源评价）、建设管理、水情、水质监测 6 个科，在编人员 105 人，其中高级工程师 8 人，工程师 25 人。管辖南宁、龙州、隆安、武鸣、上林、邹圩、镇龙、宁明、崇左、大新、平而、水口、扶绥、硕龙等 19 个水文(位)站，213 个雨量站，14 个水质监测断面，6 个泥沙站，11 个蒸发站和 2 个土壤墒情监测站。取得《水文、水资源调查评价证书》、《建设项目水资源论证证书》、《水土保持监测资格证书》等。主要承担南宁市、崇左市行政区域范围内的江河湖库的水文测验、水文情报预报、水文分析计算、水质监测以及水资源调查评价、建设项目水资源论证等工作。

南宁水文事业历史悠久，龙州水文站建站已有 112 年，南宁水文站建站已有 102 年。近年来，在各级政府的大力支持下，分局注重人才培养和制度建设，水文基础设施得到改善，测报技术日益现代化，水文测报工作取得明显成效，水文服务领域日益扩大，在防汛抗旱、防灾减灾、水资源开发利用管理、生态建设与环境保护、重大工程项目规划建设、取水许可水质检测、突发性水污染调查和农村饮水安全规划调查等方面发挥了重要作用。2009 年，分局在做好日常水文测报工作的基础上，大规模推进基本建设，相继建成横县、峦城、邕宁、宁明等 4 个重要防洪城镇自记水位监测点；新建隆安水文站办公楼；水口水文站正式挂牌成立，开展对跨国河流水口河水量、水质的监测工作；广西水环境监测中心暨南宁水文巡测基地举行了开工奠基仪式；新增 90 个山洪易发区雨量监测站。分局 2005～2009 年连续获自治区水文系统综合评比一等奖。南宁水文站 2009 年获西乡塘区文明单位称号。

2008 年 4 月 1 日，国家水利部副部长鄂竟平（前左二）在南宁水文站视察工作

2009 年 12 月 28 日，水口水文站揭牌

文水资源南宁分局

2009 年 9 月 20 日，广西水环境监测中心暨南宁水文巡测基地开工奠基仪式举行

2009 年 12 月 15 日，贵州省水文水资源局考察组一行参观南宁水文站观测场设备

水文职工紧张抢测洪水

国家防汛指挥系统南宁水情分中心机房

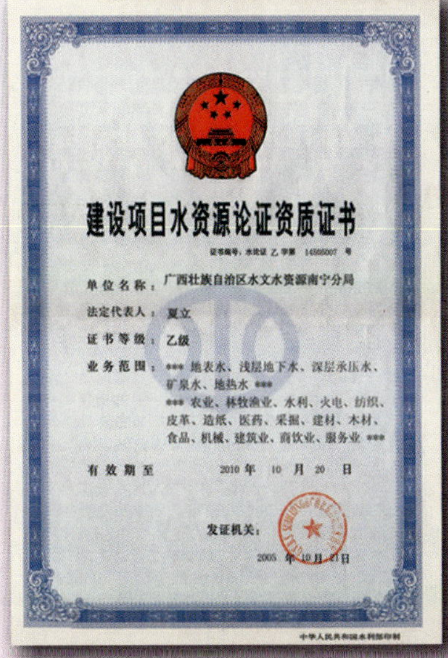

建设项目水资源论证资质证书

单位名称：广西壮族自治区水文水资源南宁分局

法定代表人：夏立

证书等级：乙级

业务范围：*** 地表水、浅层地下水、深层承压水、矿泉水、地热水 ***
*** 农业、林牧渔业、水利、火电、纺织、皮革、造纸、医药、采掘、建材、木材、食品、机械、建筑业、商饮业、服务业 ***

有效期至　2010 年 10 月 20 日

发证机关：

2005 年 10 月 21 日

中华人民共和国水利部印制

水文、水资源调查评价资质证书

水文证 乙 字第200905号

单位名称：广西壮族自治区水文水资源南宁分局

资质等级：乙级

业务范围：水文水资源监测：地表水水量监测、地下水水量监测、水质监测、水文调查、水文测量、水平衡测试、水能勘测。
水文水资源情报预报：水文情报预报、水质预测预报、地下水预测预报。
水文测报系统设计与实施。
水文分析与计算。
水资源调查评价：地表水水资源调查评价、地下水水资源调查评价、水质评价。
（以下空白）

证书有效期：自 2009 年10月16日至 2014 年10月15日止

发证机关：

2009 年10月15日

中华人民共和国水利部制

水土保持监测资格证书

单位名称：广西壮族自治区水文水资源南宁分局

证书等级：乙级

证书编号：水保监资证 乙 字 第 123 号

有 效 期：自 2009年 04 月至2012年 04月

发证单位：

二〇〇九年 四月十七日

中华人民共和国水利部制

资质(格)证书

南宁市人民防空

2009年8月，自治区党委常委、市委书记车荣福（右二）视察市人防指挥通信工作

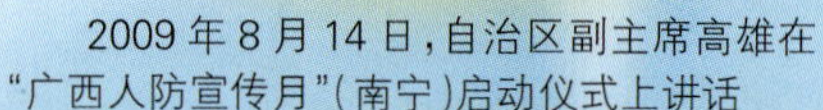

2009年8月14日，自治区副主席高雄在“广西人防宣传月”（南宁）启动仪式上讲话

2009年8月14日，广西军区副司令员肖石桥少将在“广西人防宣传月”（南宁）启动仪式上讲话

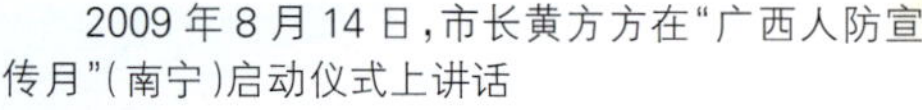

2009年8月14日，市长黄方方在“广西人防宣传月”（南宁）启动仪式上讲话

办公室

2009年8月，主任邱全芳（左二），副主任陈仕龙（左三）、王春（右一）在南宁电视台“政风行风”栏目接受热线访谈

南宁市人民防空办公室，位于科园大道68—1号，是市政府主管人民防空工作的职能部门、市国防动员委员会的常设办事机构。内设指挥通信科、工程科、政策法规科、综合科、计划财务科、人事教育科6个职能科室；下辖市人防通信站、市人防平战管理处、市人防监察所、市人防培训中心、南宁人防科研设计院5个事业单位和市人防新华经营公司1个企业单位；市辖12个县区都独立设置了行政编制为正科级的人民防空办公室。

近年来，市人防办认真贯彻落实《中华人民共和国人民防空法》，解放思想，开拓创新，科学谋划，真抓实干，全市人防建设取得了显著成绩。南宁市先后两次被评为全国人防先进城市，市人防办两次被评为全国人防机关“准军事化”建设先进单位，先后被评为全国、广州军区、自治区人防工作先进单位。2009年，市人防办连续第四次被评为全国人防宣传报道先进单位；获全自治区人防宣传月活动特等奖、人防工作目标管理考核优秀奖。

2009年8月14日上午，自治区人防应急指挥车首次亮相南宁市民族广场

奇山秀水绿南宁
Fantastic Landscapes,Green Nanning

南宁简称“邕”，广西壮族自治区的首府。自东晋大兴元年(318年)建制，已有1690多年的历史。现辖兴宁、江南、青秀、西乡塘、邕宁、良庆6个区和武鸣、横县、宾阳、上林、马山、隆安6个县，全市总面积2.21万平方公里，总人口698万。主要居住有壮、汉、苗、瑶等12个世居民族，是一个以壮族为主体多民族聚居的城市，中国最具壮民族文化特色的城市。

南湖

南宁市，中国绿城，天下民歌眷恋的地方，中国—东盟博览会举办地，广西北部湾经济区核心城市，西南出海大通道枢纽城市，“联合国人居奖”城市，全国文明城市、国家园林城市，中国优秀旅游城市……一系列的关键词，勾勒出南宁这个昔日西南边陲小城、今日区域性国际城市的传奇轨迹。

南宁地处北回归线以南，属湿润的亚热带季风区，年均气温21.4℃，气候宜人、阳光充足、雨量充沛，一年四季满城皆绿、花果飘香，山、河、湖、溪与绿树鲜花交相辉映，绿化、美化、彩化、果化与亚热带风光融为一体，形成“青山环城、碧水绕城、绿树融城”的城市风格，独具魅力的奇山秀水，多姿多彩的民俗风情，交织成一幅绚丽迷人的绿城壮锦，全市拥有18家国家3A以上景区、17家自治区级以上工农业旅游示范点。美丽的城市，靓丽的倩影尽情展现在每一位海内外游人面前，宜旅宜居宜商，让人流连忘返。

国家4A级景区大明山风景旅游区冬雪

南湖名树博览园

南宁市旅游局

埌东新貌

壮乡竹杠阵

南宁旅游宣传板报

青秀山风景名胜旅游区

南宁市公安局

2009 年，南宁市公安局以开展深入学习实践科学发展观活动为主线，开展“一教育（理想信念教育）三整顿”（思想、纪律、作风整顿）活动，围绕“保增长、保民生、保稳定”的大局，立足本职，求真务实，扎实推进信息化、执法规范化、构建和谐警民关系三项建设，不断提高公安行政管理效能和综合服务水平。全市公安机关紧密结合全市的实际，以中华人民共和国成立 60 周年、“两会一节”安全保卫工作为切入点，精心组织，周密部署，强化措施，深入开展打黑除恶、命案攻坚、打击防范涉枪涉爆犯罪、“两抢一盗”、拐卖妇女儿童犯罪、经济犯罪及扫除黄赌毒等专项行动，遏制了各种违法犯罪活动，增强了人民群众安全感。各级公安机关始终坚持开展“大接访”活动，认真处理涉法涉诉问题，对信访当事人坚持“一个回访”，对刑事、治安案件坚持“一个回馈”，做到辨析法理、化解矛盾、减少怨气、解决问题，扎实推进社会矛盾化解，妥善处置群体性突发事件，切实加强反恐处突工作，确保首府社会治安和政治大局的稳定。全年立刑事案件 5.21 万件，破 1.39 万件（涉命案件 136 件），逮捕犯罪嫌疑人 5567 人，刑事拘留 7551 人，劳动教养 154 人；受理治安案件 6.09 万件，查处 5.51 万件，查处违法人员 2.68 万人；抓获网上在逃人员 1281 人（抓获外省网上在逃人员 306 人，自治区内市外网上在逃人员 202 人，命案逃犯 174 人）。

2009 年 11 月 10 日，自治区党委书记、自治区人大常委会主任郭声琨（左排右一），自治区党委常委、市委书记车荣福（左排中），自治区副主席、公安厅厅长梁胜利（左排右三）接见市公安局援疆反恐归来的特警队员

2009 年 10 月 22 日，自治区党委书记、自治区人大常委会主任郭声琨（前中），自治区党委常委、副主席陈武（后中），自治区副主席、公安厅厅长梁胜利（后左）等领导接见参加“两会一节”安保工作的安保执勤民警

2009 年 9 月 23 日，自治区党委常委、政法委书记温卡华（前中），自治区副主席、公安厅厅长梁胜利（后中）等在市委常委、政法委书记、市公安局局长赵波（左一）陪同下接见市公安局反恐演练民警

2009 年 7 月 8 日，举行 2009 执法执勤规范演示考核大会

① 2009 年 6 月 23 日，承办“泛珠三角”警务协作会议

② 2009 年 4 月 30 日，举行侦破“2·16”（覃氏三姐妹被害）特大杀人碎尸案新闻发布会

③ 2009 年 12 月 10 日，在民族广场举行安全防范宣传暨破案追缴物品返还活动

④ 2009 年 4 月 14 日，民警在学习实践科学发展观活动中，走进市人民东小学听取师生意见

⑤ 2009 年 11 月 11 日，在马山县举行解救被拐卖儿童认亲仪式

⑥ 2009 年 2 月 16 日，在全市开展打击传销“猎狼行动”

南宁市公安消防支队

支队党委班子

2008 年 9 月 26 日，自治区党委常委、市委书记车荣福看望"爱国为民好战士"黄胜新

2009 年，南宁市公安消防支队以“四化建设”为工作主线，以防重特大火灾事故为目标，以“打造南疆消防铁军”为动力，大力加强党委班子作风建设，培养高效、公正、廉洁的工作作风，充分发挥党委班子的服务功能和指导作用。年内，南宁市累计发生火灾 173 起，直接财产损失 321.50 万元，市消防支队参与抢救和保护财产价值 6000 多万元。与上年同期相比，火灾起数下降了 2.74%，直接财产损失下降 60.14%。全年全市消防部队共参加灭火和抢险救援 1664 起（其中灭火出动 219 起，抢险救援 1445 起），出动车 2511 辆次、人员 1.41 万人次，抢救人员 554 人。年内，支队被公安部消防局评为“国庆六十周年全国消防部队消防安全保卫先进支队”，被市委、市政府评为南宁市创建全国文明城市活动先进单位、服务“两会一节”先进集体，被自治区公安厅记集体嘉奖 1 次，共有 2 人立二等功、14 人立三等功；10 个党（总）支部、20 名党务工作者和 31 名党员受表彰。培育了“爱国为民的好战士”黄胜新先进典型。

2009 年 11 月 7 日，消防战士处理 30 吨乙醇车翻车事故

支队大楼

耗资 1780 万元从芬兰购进的 78 米曲臂登高消防车

南宁市司法局

2008 年 8 月 14 日，自治区党委常委、市委书记车荣福（前右一）视察市司法行政工作

2008 年 10 月 8 日，开展打黑除恶法制宣传活动。图为法制宣传员给农民讲解法律知识

南宁市司法局是市政府组成部门，在市委、市政府和自治区司法厅的领导下，主管全市司法行政工作。机关内设办公室、法制宣传科（市依法治市领导小组办公室）、律师管理科、公证管理科、基层工作科、法制科、计财装备科、政治处（内设人事警务科、组织宣传科），在公证管理科挂市公证处牌子，直属单位市法律援助中心。管辖兴宁、青秀、西乡塘、江南、邕宁、良庆 6 个区及武鸣、横县、宾阳、上林、马山、隆安 6 个县司法局和 102 个乡镇、22 个街道司法所。主要工作职能：指导全市法制宣传教育和依法治理工作；指导全市人民调解工作；协调全市各单位做好刑释解教人员安置帮教工作；指导社区矫正工作；指导和管理法律服务工作；承担国家司法考试南宁市考区工作。2009 年，市司法局努力践行科学发展观，以“保增长，保民生，保稳定”为工作中心，切实履行法制宣传、法律服务、人民调解等各项工作职能，服务全市经济平稳较快发展，为建设富裕、文明、和谐南宁营造良好的法治环境。全市司法行政系统有 1 人立二等功；5 个单位、17 人立集体、个人三等功；2 个单位、2 人获得部级表彰；8 个单位、14 人获得自治区级表彰；25 个单位、84 人获得市级表彰。其中，市司法局获全国“五五”普法工作先进集体，市法律援助中心获司法部“法律服务和法律援助工作为构建社会主义和谐社会服务”主题实践活动先进集体。

2008 年 12 月 5 日，在江南区吴圩镇开展服务 50 大庆司法行政大接访活动

地址：明秀西路 108 号（火炬路一支路与农院路交汇处），13、15、31、36、43、44、62、222、602 路公共汽车可达

2009 年 1 月 13 日，与市政协在隆安县古潭镇联合开展送法下乡活动

2008 年 5 月 6 日，给全市各乡镇授匾建立法律辅导站

奇山仙境　养生天堂

——广西大明山国家级自然保护区

2008 年 8 月 16 日，自治区党委书记、自治区人大常委会主任郭声琨（右二）、自治区党委常委、市委书记车荣福（左三）考察大明山

2009 年 5 月 6 日，中共中央台湾工作办公室、国务院台湾事务办公室主任王毅（左二）在大明山考察

广西大明山国家级自然保护区（生态旅游风景区）位于南宁市区东北部，地处上林、马山、宾阳、武鸣四县交界处，距南宁市区 76 公里，北回归线横贯中心，平均海拔 1200 米，主峰龙头山海拔 1761 米，为桂中南第一高峰。大明山总面积约 1.70 万公顷，地处北回归线，山上森林密布，森林覆盖率 98.90%，药用植物种类 1300 多种，具有良好的自然生态和旅游度假资源。由于地形复杂，气候独特，形成了明显而奇特的四季景观，春花、夏瀑、秋云、冬雪是大明山四季景观的缩写。大明山年均气温为 15.10℃，凉爽的气候使得大明山成为中国南方避暑的理想胜地。由于地形地貌特殊，温度适宜，雨量充沛，水源充足，据自治区环境保护科学研究院最新检测数据表明，大明山的空气负离子含量均达到或超过 1000 个 / 立方厘米，负氧离子平均含量高达 7 万个 / 立方厘米，最高达 19 万个，俗称“天然氧吧”。由于地形复杂，气候独特，相对温差大，动植物资源丰富等，塑造了其风光无限、多姿多彩的自然景观，大明山因而被誉为“奇山仙境，养生天堂”，是广西乃至岭南地区一处不可多得的养生旅游胜地。良好的生态造就了优越的养生环境，使大明山周边居民大多健康长寿。据初步统计，在大明山周边三县（武鸣、马山、上林）的 164.40 万人中，90～99 岁有 3188 人，100 岁以上的有 172 人，目前最高寿的达 112 岁，每 10 万人中拥有百岁老人 10.46 人（超过联合国规定长寿之乡每 10 万人中有百岁老人 7.50 人的标准）。

大明山风景旅游区利用丰富的自然资源和养生文化底蕴，积极拓展生态养生旅游，创新推出骆越养生旅游文化产品，并分别于在 2008 年 6 月、2009 年 8 月成功举办了两届养生旅游节，大明山夏至养生旅游节被国家旅游局列入 2009 年生态旅游年的主要节庆活动之一，大明山生态养生旅游品牌初显成效。因此，大明山被相关部门确定为中国东盟博览会接待基地、中国东盟形象大使培训基地、中国少数民族宗教研究基地、中国少数民族文学研究基地、广西生态学教学基地。近两年先后被评为广西最好玩的十个地方之一和南宁最具休闲养生特色的景区。2009 年 12 月，经国家旅游局评审，大明山被授予国家 4A 级景区。同期，大明山被国际生态合作组织命名为“国际生态安全旅游示范基地”。

2009 年 12 月，国家旅游局《北部湾旅游发展规划》明确将南宁大明山国际山地生态度假旅游区列入 2009～2012 年北部湾旅游发展重点突破阶段的重点地区。2010 年 1 月 24 日，自治区主席马飚在加快广西北部湾经济区发展工作会上提出，2012 年要建成南宁大明山国际山地生态度假旅游区。下一步，大明山景区将充分利用丰厚的骆越文化底蕴和独特的自然生态资源，重点打造大明山国际山地生态度假旅游区，同时加快建设“骆越古都文化博览城”，打造国际生态安全旅游示范基地，大明山将逐步成为“中国—东盟文化交流的活动基地”、国际生态安全交流基地、国际山地生态度假旅游区，从而开创中国与东盟文化交流及与国际生态安全交流的新局面，塑造广西文化旅游名片，提升中国的旅游品牌形象。

大明山龙湖雪景

大明山云龙佛光天梯

2010 年 6 月，第三届大明山养生旅游节开幕式上，大明山老寿星畅谈养生之道

南宁市工商行政管理局

2009 年 2 月，自治区工商局局长朱军（右一）在南宁食品监测中心了解情况

销毁假冒伪劣商品现场

2009 年 5 月，执法人员到学校给师生宣传讲解《中华人民共和国食品安全法》

2009 年南宁市工商局坚持以“三个代表”重要思想为指导，全面贯彻落实科学发展观，狠抓制度化、规范化、程序化、法治化“四化”建设；实现监管领域由低端向高端转变，监管方式由粗放向精细转变，由突击性、专项性治理向日常规范监管转变，监管手段由传统向现代化转变“四个转变”。做到监管与发展、监管与服务、监管与维权、监管与执法“四个统一”，在服务发展、食品安全、消费维权、商标广告、打击传销、队伍建设、法制建设、廉政建设、基层建设等方面工作取得了显著成绩。全市工商系统获自治区级以上奖励 13 项、南宁市级奖励 16 项。

2009 年 7 月，市工商局参加全市打击传销违法犯罪“猎狼”专项行动

2009 年 10 月 30 日至 11 月 1 日，第十六届中国国际广告节在南宁举行。图为开幕式现场

南宁市国土资源局

① 2009年11月12日，国土资源部部长徐绍史（前左二）在自治区主席马飚（前右二）、自治区国土资源厅厅长肖建刚（前右一）、副市长周家斌（后右一）陪同下到市国土资源局视察，局长谭玫瑰（前左一）介绍南宁市土地有形市场建设情况

② 2009年7月8日，局长谭玫瑰（左一）深入基层开展调研

③ 2009年12月1日，局"加强党性修养，弘扬良好作风"演讲比赛获奖者上台领奖并合影

④ 2009年8月21日，2009年第二十二期国有建设用地使用权公开出让拍卖会举行

南宁市国土资源局前身为南宁市土地管理局，成立于1986年7月。是主管全市土地资源、矿产资源等自然资源的规划、管理、保护、开发与合理利用以及测绘行业等工作的市政府工作组成部门。

该局机关内共设15个职能科室，在6个城区和4个开发区派出10个国土资源分局，在29个乡镇派出国土资源管理所，同时管理市政府征地拆迁办公室、市土地交易中心、市土地储备中心等7个直属事业单位。负责指导武鸣、宾阳、横县、上林、马山、隆安六县的国土资源管理业务。全系统共有干部职工1231人，其中局机关和直属事业单位404人，本科以上学历占67.30%，拥有硕士学位和研究生学历的人员44人，高级工程师13人。35岁以下干部有132人，占全局人数的32.70%。

该局认真贯彻执行国务院、国土资源部、自治区关于国土资源的方针政策以及法律法规，在市委、市政府和上级国土资源管理部门的领导下，紧跟国土资源制度改革不断深化的步伐，适应新形势的需要，努力学习外地先进经验，积极做好国土资源管理各项工作，取得了较好的成效。2001～2009年，先后获全国国土资源管理系统先进集体、地籍管理工作先进单位、基本农田保护工作先进单位、土地资产管理先进单位、土地登记和土地调查工作先进单位、建设用地审查报批工作先进单位及中国地理信息系统优秀工程金奖等称号。

南宁市交通局

2009 年，市交通局围绕构建区域性国际综合交通枢纽中心和推动南宁市经济社会平稳较快发展的目标，解放思想，抢抓机遇，抓好交通各项工作的落实。全年完成固定资产投资 12 亿元，为目标任务的 100.17%；完成技术更新改造 8.40 亿元，为目标任务的 101.20%。完成道路运输客运量 7700 万人次、客运周转量 143 亿人公里，货运量 1.32 亿吨、货运周转量 196 亿吨公里，分别比上年增长 10%、12%、20% 和 15%。完成水路货运量 1575 万，吨，货运周转量 53 亿吨公里，比上年增长 14% 和 76%。完成港口吞吐量 430 万吨，比上年增长 84%，其中港口集装箱吞吐量完成 1.60 万标准箱，增长 191%。市交通局被评为 2008 年度首府南宁创建全国文明城市活动先进单位，2009 年被国家交通运输部评为交通依法行政示范单位。

2009 年 11 月 19 日，自治区党委常委、市委书记车荣福（左七），自治区交通厅厅长潘巍（左八）、市长黄方方（左六）等领导参加南宁市西江黄金水道建设工作领导小组办公室挂牌仪式

从 2009 年 3 月 1 日零时起，市交通局将全市涉及降低公交票价的 122 条公交线路的 2385 辆公交车票价全部由 1.20 元 / 人次降低至 1 元 / 人次。组织实施“村村通工程”项目建设，至年末，50 个行政村通水泥路项目已全部完工，累计完成投资 1.32 亿元，完成目标任务 100%。10 个便民候车亭项目全部完工并投入使用，累计完成投资 40 万元，完成目标任务 100%。全力推进南宁市黄金水道建设工作，加快将在 2010 年开工建设的南宁港中心城港区牛湾作业区一期工程项目和六景港区一期工程项目的前期工作，计划新建 3 个 1000 吨级泊位和 18 个 2000 吨级泊位，项目建成后，南宁港总吞吐能力将突破 1000 万吨。完成人大建议和政协提案办理工作，共收到人大建议和政协提案 67 件，办结率 100%。此外，共收到市长公开电话、网上信访、政民互动等案件 368 起，办复率 100%。

2009 年 11 月 19 日，自治区党委常委、市委书记车荣福（右三），市长黄方方（右五）等领导到市交通局检查指导工作

2009 年 4 月 10 日，局长李耕（右一）到马山县检查指导农村公路建设

南宁市安全生产监督管理局

2009年8月5日，南宁市安全生产重大隐患治理工作会议召开

局长黄南方（右二）陪同自治区安监局、市领导检查安全生产工作

2009年是“安全生产年”，市安全生产监督管理局认真贯彻落实国家、自治区关于安全生产工作的一系列指示精神，坚持“安全发展”和“安全第一，预防为主，综合治理”的方针，紧紧围绕《南宁市2009年安全生产工作要点》，组织开展“安全生产年”活动，扎实推进“项目建设年”、“服务企业年”、“党组织服务年”各项工作，加强安全生产执法、治理和宣传教育“三项行动”，加强安全生产法制体制机制、安全保障能力和安全监督监察队伍“三项建设”。以“安全生产月”、泛珠三角区域合作与发展论坛暨经贸洽谈会、“百日安全无事故”、中华人民共和国成立60周年大庆和中国—东盟博览会、中国—东盟商务与投资峰会和南宁国际民歌艺术节等重大节日活动为契机，抓好安全生产各项工作，确保全市各重点时期、重要节日时期实现“大事不出，中事不出，小事少出”的目标，全市安全生产形势总体稳定好转。

2009年6月3日，局长黄南方（前中）到企业检查安全生产工作

开展安全生产宣传活动

南宁市城市管理监督中心

第三批数字化城市管理监督员接受岗前培训

2009 年 5 月 31 日，中共中央政治局委员、中央书记处书记、中组部部长李源潮（前右）到市城市管理监督中心与指挥中心考察，自治区党委常委、市委书记车荣福（中）陪同考察

南宁市城市管理监督中心于 2007 年 9 月 23 日正式运行，是市数字化城市管理系统的重要职能单位。2009 年，该中心切实推进数字化“大城管”建设，稳步提升监督管理水平，充分发挥数字化城市管理“科学化、严格化、数字化、精细化、网格化、长效化”的建设优势，为南宁市经济社会又好又快发展和广西北部湾经济区发展做出了积极的贡献。一是加强巡查监督，有效发挥城市管理监督保障职能。对城市管理的 7 大类 96 小类部件、8 大类 92 小类事件开展全面监督，并重点加强对井盖、街面秩序、公用设施等案件的上报力度。监督员有效上报案件 33.54 万件，座席大厅共受理立案 35.03 万件，办结案件 34.92 万件，结案率 99.68%。二是提高服务质量，打造公众参与城市管理平台。市民通过“12319”城市管理服务热线平台，可以在第一时间、第一现场将城市管理问题直接反馈至数字化城管系统，直接参与和监督全市的城市管理工作。全年接受市民咨询及投诉的城市管理类问题 14954 起，转为城市管理案件立案的 14948 起，处置办结 14847 起，办结率 99.32%。三是完善考核评价，促进城市管理工作效率稳固提升。根据市委、市政府提出的继续深入开展“城乡清洁工程”及治理“五乱”工作的总体要求，对全市“五乱”（摊点乱摆、车辆乱停、垃圾乱扔、广告乱贴、工地乱象），特别是“三车”（人力三轮车、残疾车、二轮摩托车）案件处置情况的统计分析，并将结果以周报、月报、季报的形式，结合政府公文、政务公开网站、新闻媒体等渠道向各责任单位和社会公众发布，以舆论监督推进城管案件处置效率的提升。四是围绕中心，服务大局，全面整治“五乱”工作。有计划针对“五乱”案件开展专项治理，提出“统一思想，提高认识，坚决防止‘五乱’现象回潮；突出重点，不怕困难，加强对重点区域监督巡查力度；加强协调，强化联动，建立和完善数字化城市管理快速反应和部门联动机制；强化管理，创新方法，加强对座席员和监督员的队伍管理建设”的四项再掀“城乡清洁工程”高潮的工作方针。5～12 月，立案“五乱”类案件 13.13 万件，结案 12.42 万件，结案率 94.59%。五是顺利完成第三批监督员培训上岗及拓展系统覆盖面工作。下半年面向社会公开招聘第三批数字化城市管理监督员 90 名。完成邕宁区、良庆区、高新技术产业开发区、经济技术开发区、相思湖新区等城区网格划分，新增工作网格 20 个，覆盖面积增加 73 平方公里。

监督员使用“城管通”PDA 手机拍摄“广告乱贴”类案件并上报

座席员在处理市民投诉的城市管理问题

南宁市城市管理局
南宁市城市管理综合行政执法局

2008 年 12 月 12 日，参加庆祝广西壮族自治区成立 50 周年活动的中央代表团副团长、第三分团团长、全国人大常委会副委员长司马义·铁力瓦尔地(前排中)率领中央代表团第三分团，到南宁市数字化城市管理监督中心和指挥中心慰问

2008 年 12 月 3 日，自治区党委常委、市委书记车荣福(左三)视察南宁市城市管理工作

局领导班子成员在研究工作

南宁市城市管理局(南宁市城市管理综合行政执法局)是主管全市城市综合管理、城市市政基础设施维护、市容环境卫生、城市环境综合整治，城市管理综合行政执法工作的市政府工作部门，是行使城市管理相对集中行政处罚权的行政机关。

2009 年，该局紧紧围绕市委、市政府的决策部署，克服了种种困难和不利因素,扎实开展深入学习实践科学发展观活动，形成了科学发展的新共识；抓和谐城管建设，促进工作作风的进一步转变；抓项目建设，促进市政公用设施建设上了新水平；抓服务保障，促进服务重大活动能力上了新台阶；抓巩固深化，促进“城乡清洁工程”品牌进一步夯实；抓法规建设，促进城市管理法制化建设得到提升。营造了洁齐美的市容环境，提升了市政公用设施档次，提高了城市管理服务水平，为加快建设区域性国际城市和广西“首善之区”做出新的贡献。

2009 年 5 月 12 日，南宁市数字化城市管理指挥和监督系统通过国家城乡住房与建设部验收。图为指挥中心一瞥

南宁市的路灯亮灯率常年保持在 98%。图为市城市照明管理处工作人员在清洗南湖大桥灯罩

南宁经济技术开发区

2009年2月7日，国务院调研组工业与高技术产业调研小组到园区考察调研

2009年2月10日，南宁市2009年2月份重大建设项目开竣工仪式，广西盛虎金属、塑料制品生产基地项目开工仪式在经开区银凯工业园举行，自治区党委常委、市委书记车荣福（右九）、市长黄方方（右七）等四家班子领导出席仪式

2009年5月12日，自治区党委常委、市委书记车荣福（前右二）率队到园区调研

南宁经济技术开发区于2001年5月经国务院批准为国家级经济技术开发区。位于南宁市南部，规划控制面积110平方公里。基础设施完善，通信网络畅通，能源供应充足，城市配套齐备，服务体系健全，发展势头强劲，至2009年末，已有美国、德国、荷兰、澳大利亚、日本、韩国、新加坡、马来西亚、台湾和香港等国家和地区的企业及国内一批上市公司和知名企业500多家。形成了以机电、日用消费品、纸制品和精细化工等为主导产业群的四大支柱产业。

开发区管理委员会是市政府派出机构，行使市一级规划、土地、建设、工商、税务、财政、劳动人事、项目审批、外资审批等经济管理权限和行政管理职能。开发区实行“特区式”封闭管理，以“小政府，大服务”为宗旨，为企业实行“一站式”审批、“一条龙”服务，提供廉洁、高效的政务服务环境。“一站式”审批办证大厅实行“绿色通道”联合审批制度、项目审批代办制度、服务承诺制、首问负责制、一次告知制、限时办结制、否定报告制、责任追究制。出台《南宁经济技术开发区条例》，明确了开发区的主体地位、职责权限，理顺了其在建设和发展、管理与服务上的关系，是保护境内外投资者合法利益的有力保障。

2009年4月1日，缅甸内比都市代表团到园区参观考察

2009年1月13日，南宁经济技术开发区举行“支部联建促发展，非公企业党旗红”主题实践活动启动仪式

南宁市社会医疗保险管理中心

2009年8月26日，市城镇居民基本医疗保险工作领导小组召开大学生参保工作布置会

南宁市社会医疗保险管理中心成立于2001年6月，是南宁市社会医疗保险业务经办机构，具体负责办理统筹地区内城镇职工、城镇居民基本医疗保险及企业职工生育保险待遇申报业务。内设九科一室，有工作人员104人。

2009年，该中心紧紧围绕“加快医疗保险多平台建设，努力构建和谐医保”工作目标，认真落实《中共中央、国务院关于深化医疗卫生体制改革的意见》和自治区人民政府为民办实事“社会保障惠民工程”之“全面实施城镇居民基本医疗保险制度”等工作要求，以大学生参保为重点积极扩大医保覆盖面，大力加强定点服务管理，持续完善医保政策体系，不断提高医疗待遇水平，努力优化经办服务，有效推进城镇职工医保和城镇居民医保巩固发展，全市参保人数151.95万人，其中参保职工60.39万人，参保居民91.56万人。

随着基本医疗保险各项政策的不断完善和医、保、患三方制约机制的逐步完成，一个新型的城镇基本医疗保险制度体系已经在南宁市建立，为实现“人人享有基本医疗保障”目标奠定了坚实基础。

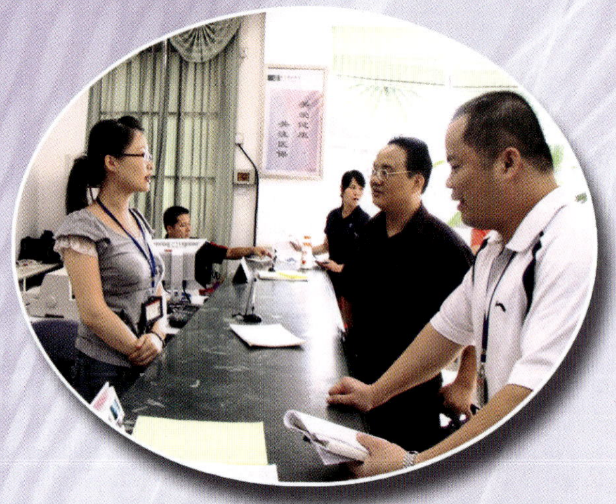

2009年8月14日，自治区劳动和社会保障厅副厅长雷震（右二）在医保中心主任唐明（右一）陪同下考察调研南宁市城镇居民医保工作

办公地址：葛村路10号

邮政编码：530022

2009年8月18日，医保中心党支部书记庞继明（左一）组织干部职工到北湖安居小区开展“政策宣传日”活动

为确保学习实践科学发展观活动取得实效，医保中心组建党员义工服务小分队，定期开展主题服务活动

南宁振宁资产经营有限责任公司

2009年12月5日，振宁房产项目获“广厦奖”暨振宁·现代鲁班红木棉组团二期开盘典礼

南宁振宁资产经营有限责任公司始建于1997年6月，位于古城路。由市轻工总会、市纺织总会、市化学医药工业局、市工业投资经营公司4家单位组建而成，是南宁市第一家国有资产经营管理公司，直属市政府和市国有资产管理委员会领导，注册资本18亿元。经过十几年的改革改制，至2009年，拥有子公司5户：南宁振宁工业投资管理有限责任公司、南宁振宁开发有限责任公司、南宁振宁物业管理有限责任公司和南宁振宁商贸投资有限责任公司、南宁锦虹棉纺织有限责任公司；授权企业1户：南宁市自行车总厂；参股子公司5户：南宁振宁西南薄板钢管有限公司、南宁美恒安兴纸业有限责任公司、南宁美时纸业有限责任公司、南宁金浪浆业有限公司、南宁百会制药集团公司软袋分公司。主要经营业务有国有资产投资参股、产权经营、房地产开发、物业管理、租赁业务、国内贸易和咨询服务等。

振宁公司的子公司振宁工业投资公司先后投资了南宁锦虹棉纺织有限责任公司、软袋大输液、年产5.10万吨涂布白纸板、年产1.50万吨高级文化用纸、振宁·西南薄板钢管、金浪浆业等多个项目，投资的金额和资产3.90亿多元；南宁振宁开发有限责任公司先后开发了振宁花园、振宁公寓、振宁雅苑、振宁康乐园、振宁翠峰、振宁商厦、振宁阳光康城、振宁白龙铭居和振宁现代鲁班等9个楼盘，2009年实现销售收入3.50亿元。振宁·翠峰楼盘荣获国家级房地产开发行业最高荣誉奖——“广厦奖”，成为南宁市首家获此殊荣的公司。振宁商贸公司先后投资开发振宁·江南商贸园、振宁大酒店、振宁商厦等多个项目，成功引进了肯德基餐厅、中国电信、南城百货、甘家界柠檬鸭、朝阳大药房等名牌商家，年收入3599万元。振宁物业公司获物业管理二级资质资格，先后组建了振宁花园、振宁公寓、振宁翠峰、振宁阳光康城、南宁棉纺厂、南宁罐头食品厂和振宁雅苑7个管理处，管理住户1万多户，所辖小区振宁花园获自治区第五批“文明小区”、爱国卫生先进单位，南宁市物业管理优秀小区、第三批“绿色环保小区”称号；振宁公寓获自治区“绿色环保”小区、爱国卫生先进单位、物业管理优秀住宅小区称号，南宁市“文明单位”、优秀住宅小区称号；振宁翠峰获南宁市花园式小区、优秀住宅小区等称号；南宁锦虹棉纺织有限责任公司已发展成为西南最大的纺织企业，2009年产值、销售收入连续第八年保持增长，先后获中国纺织服装企业竞争力500强、中国棉纺织行业经济效益指标排序中“社会贡献率”为前50名、中国纺织品牌文化创新奖。

2009年4月，振宁公司“控成本、讲贡献、守纪律、促廉政”活动表彰大会召开

2009年10月，公司董事长丁学斌(前右二)、总经理杨远立(前右三)在锦虹搬迁项目现场办公

2009年10月，公司领导视察振宁现代鲁班售楼部

公司2009年运动会气排球比赛现场

中国电信股份有限公司南宁分公司

南宁分公司党委书记、总经理　班兆林

2009 年 4 月 21 日，自治区副主席杨道喜（左二）、自治区信息产业局局长杨京凯（左一）、中国电信广西公司总经理赵强（右二）和客户代表共同按下天翼 3G 互联网手机正式商用启动按钮

中国电信股份有限公司南宁分公司，是中国电信广西公司的下属分支机构、境外上市的中国电信股份有限公司的组成部分，南宁市的主导电信运营商。2009 年，持续推进企业从传统电信运营商向综合信息服务提供商转型，在做好固定电话、小灵通等传统语音业务发展的同时，致力于信息化基础设施建设，实施了城市信息化、政务信息化、行业信息化、社区信息化、家庭信息化的“蓝色天空”信息化工程，和百乡千村万户上宽带工程。1 月 7 日，中国电信获基于 CDMA2000 技术制式的 3G 业务经营许可证后，加快网络建设速度；4 月 21 日 3G 业务正式在南宁商用。至 6 月 30 日，全面完成 2009 年一期移动网络建设，3G 网络覆盖所有县城以上区域以及乡镇、村庄；8 月 13 日实现了全国县以上城市自动漫游。市民使用中国电信的 3G 手机可随时随地通话与上网，10 月 1 日又推出手机单向收费，凡加入“商务领航”、“我的 E 家”和“天翼商旅”（189、133、153）的新老客户，在全国接听免费（不含台、港、澳地区），促进了南宁市经济和社会发展。

2009 年 5 月 16 日，南宁市政府与中国电信签署信息化战略合作框架协议，市长黄方方（前左）与中国电信广西分公司总经理赵强（前右）在协议上签字

2009 年 6 月 5 日，中国电信集团公司党委书记尚冰（右一）到南宁分公司视察

2009 年 7 月 2 日，在西乡塘区举行新农村信息化建设启动仪式

广西万昌房地产开发有限公司

2005年6月19日，公司董事长杨松寿在南湖景园项目活动现场讲话

广西万昌房地产开发有限公司成立于2001年。从万昌·溪园项目开始，到南湖水景名宅——万昌·南湖景园，再到七星路海派豪宅——万昌·上海滩公馆，至即将面世的十年里程碑巨作——万昌·邕江明珠项目，万昌公司参与和见证了南宁城市化的十年进程。

该公司坚持以“开百年老店，创万里品牌”为目标，坚持以“心存致远，厚德载物”的思想打造企业文化，建成磁铁工程、风筝计划、基础工程三大理论，形成“务实、自信、成功、最大化”的万昌文化核心价值。关注业主的居住配套建设，通过多种方式着力于改善业主居住环境，建立公益形象、回馈市民、服务社会。2001～2009年期间，万昌公司、项目及万昌人多次获来自政府、行业、媒体等多项奖励，如：2007～2008年度中国宜居城市精品楼盘、董事长杨松寿获青秀区政府颁发的2007年度优秀企业家称号、2009年获得广西电视台颁发的广西房地产优秀品牌企业称号等。

2007年8月，新组建成立独立法人子公司——玉林万昌，开发建设万昌·东方巴黎项目。万昌公司“立足南宁，面向广西”的战略开发布局正在稳步向前迈进。

万昌南湖景园架空层园林实景图

万昌上海滩公馆园林实景图

万昌邕江明珠江景透视图

广西银泉化工有限责任公司

公司董事长兼总经理　周兴初

广西银泉化工有限责任公司位于邕宁区蒲庙镇巴平村。公司组建于 1999 年 1 月，注册资金 2000 万元，是一家集生产、销售、仓储、贸易、物流、港口、进出口业务于一体的民营企业，法人代表：周兴初。

该公司下辖蒲庙硫酸厂、银泉码头、广西银泉物流有限责任公司、广西银泉贸易有限责任公司、吉泰化工(防城港)有限公司和防城港银泉化工有限公司，有员工 380 多人。拥有年产 12 万吨硫酸的先进生产装置；南宁市第一座高桩联系梁结构，集装、卸、储、运于一体，年货物吞吐能力 60 万吨的综合性千吨级内河货运码头；储存 10 万吨硫酸和 10 万吨液碱库容的储存罐库；自治区内同行业最具规模，配备 GPS 监控系统的运输硫酸、烧碱、黄磷、柴油等危险化学品专业运输车 108 辆。具备《全国工业产品生产许可证》、《危险化学品经营许可证》、《危险品运输许可证》、《安全生产许可证》、《港口经营许可证》、《煤炭经营资格证》、《中华人民共和国进出口企业资格证书》等证照，通过了 ISO9001 质量管理体系认证，被国家农业部评定为全国质量管理达标企业。生产浓度为 98%的硫酸被评为广西乡企优质产品。销售网络覆盖广西、广东、云南、贵州等省区。被自治区工商局连年评为重合同守信用企业，获全国诚信守法乡镇企业、广西诚信企业、广西优秀企业、广西五一劳动奖状、南宁市明星私营企业等称号。

公司领导集体

化学危险品专业运输车队

银泉码头

蒲庙硫酸厂

南宁市手表厂

手表厂大门

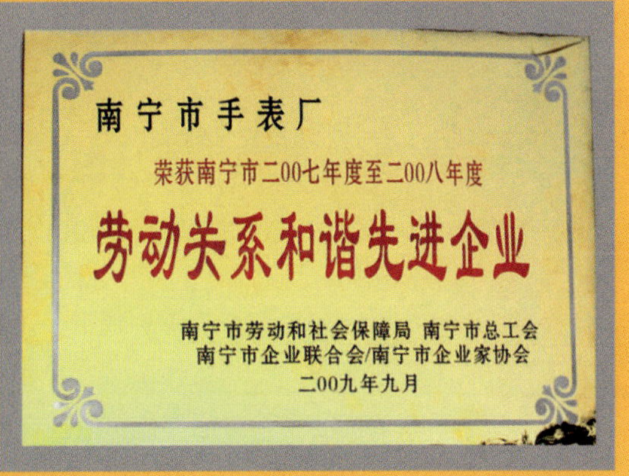

南宁市手表厂

荣获南宁市二00七年度至二00八年度

劳动关系和谐先进企业

南宁市劳动和社会保障局 南宁市总工会
南宁市企业联合会/南宁市企业家协会
二00九年九月

荣誉牌匾

南宁市手表厂是中国少数民族地区惟一专业生产手表的企业，始建于 1970 年，位于园湖南路。现有员工 800 多人，拥有钟表专业进口和国产先进设备及检测仪器 1210 台(套)，设有销售公司、生产部、技术部等部室和 6 个生产车间，是一家现代化的中型企业。早在 1984 年生产的“桂花”牌手表已通过部级鉴定，走时质量和“三防”(防水、防磁、防震)性能取得 4 个满分的成绩，1985 年又获“广西名牌产品”称号。

该厂于 1994 年获自营出口权；1995 年获南宁市出口创汇先进单位；连续 19 年被自治区工商局评为“守合同重信用”企业；2008 年被评为南宁市纳税信用等级 A 级企业；2005～2008 年连续 4 年获南宁市先进单位和振兴南宁“创新经济效益杯”劳动竞赛铜杯奖；并获南宁市“2007～2008 年度劳动关系和谐先进企业”称号。

动件车间生产现场

装配车间装表场景

地　　址： 园湖南路 18 号
邮政编码： 530022
电　　话： 0771-5851781(办公室)
业务电话： 0771-5853724　5851930
传　　真： 0771-5860501
电子邮箱： nnsb1970@163.com
网　　址： www.nnsbc.cn

南宁市劲源电机有限责任公司

公司董事长　刘海东

南宁市劲源电机有限责任公司，前身系始建于 1966 年的南宁市电机厂，属原机电部系统生产中小型电机的专业企业。2000 年整体改制改称现名。有职工 280 人，工程技术人员 60 人，加工设备 190 台（套），固定资产 2000 万元，电机年生产能力 30 万千瓦。

该公司生产的主要产品有：Y 系列电动机（机座号 Y80~355）、Y2 系列电动机（中心高 H80 ~ 355 毫米、0.18 ~ 355 千瓦）、YD 型系列油冷式电动滚筒、YWD 型系列油冷外装式电动滚筒（直径 320~1000 毫米，可装逆止器，筒体包胶）、YZD 系列振动源电动机（0.12~3 千瓦）、YVP 系列变频电动机、YTC 齿轮减速电动机、YD 系列变极多速电动机、YCT 系列电磁调速电动机、YEJ 系列电磁制动电动机以及各种系列齿轮减速机。产品严格按照国家标准设计、制造和试验，并通过了 ISO 9001：2000 质量管理体系认证。因生产工艺先进、质量稳定可靠、品种规格齐全，曾多次得到自治区、市的嘉奖。其中“劲源”牌油冷式电动滚筒获 2000 年度自治区政府颁发的自治区级优质产品荣誉证书。产品为平果铝业公司、岩滩电站等多个国家重点工程配套，辐射全国，并出口东南亚国家。公司被自治区科技厅授予广西制造业信息化工程示范企业。

该公司积极开拓经营渠道，在搞好主导产品生产的同时，努力发展其他业务，先后成立了精工电梯公司、溢澜焊接技术公司和鹰腾机电维修公司 3 个分公司。为扩大企业规模，实行强强联合，与香港创荣发科技有限公司共同投资 3000 万元，成立广西强源电机有限公司，位于南宁高新技术产业开发区内，占地面积 2.30 万平方米，已完成厂房建设，目前正在进行设备的安装调试。计划将公司打造成为西南地区生产、销售电机、电动滚筒等产品的区域性龙头企业。

地址：北湖南路 30 号　　电话：0771-3323089

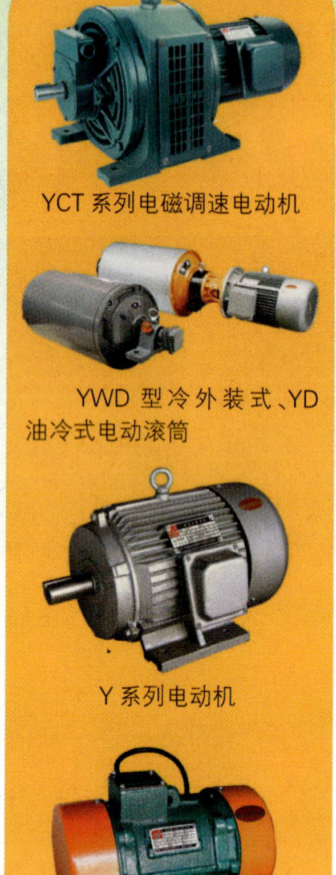

YCT 系列电磁调速电动机

YWD 型冷外装式、YD 油冷式电动滚筒

Y 系列电动机

YZD 振动电机

荣誉牌匾

科技人员在工作

公司办公楼

生产基地

南宁糖业股份有限公司

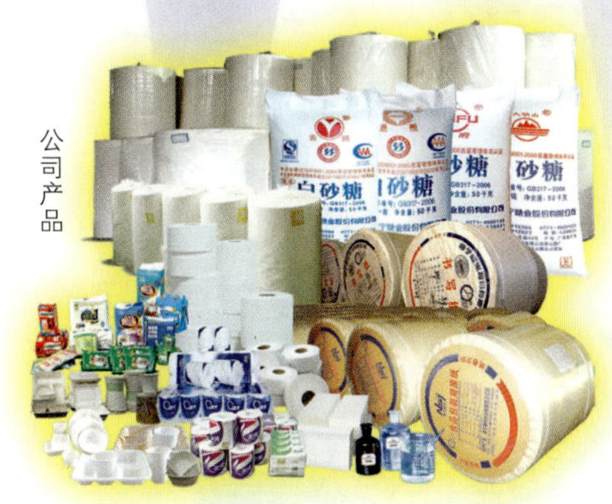
公司产品

公司循环经济产业链示意图

南宁糖业股份有限公司成立于 1996 年 7 月，由原南宁市、邕宁县、武鸣县的 6 家糖厂联合组建而成，1999 年 5 月改制上市，是以制糖生产为核心、多元化经营的大型企业，目前国内制糖行业最大的国有控股上市公司。主营机制糖、各类文化用纸、生活用纸制品、蔗渣浆、酒精、复合肥等产品。下辖 7 个直属厂和 9 个控股公司，具备日榨甘蔗 3.50 万吨，年生产机制糖 70 万吨，年产糖量约占广西食糖总量 10%，全国食糖总量 5%；年产机制纸 20 万吨(含控股公司)、蔗渣浆 12 万吨、食用酒精 3 万吨的生产能力，固定资产 38 亿元，年销售收入 40 亿元(含子公司)。有员工 6621 人，其中各类专业技术人员 696 人，具有中高级职称资格的 221 人。

2000 年，该公司整体通过 ISO9000 质量管理体系认证，是广西第一家以集团形式整体通过认证的企业。生产的白砂糖连续多年在全国同行业质量评比中名列前茅，其中“云鸥”牌和“明阳”牌白砂糖分别于 2004 年、2007 年被评为中国名牌产品；“古府”牌、“大明山”牌白砂糖，“美时”牌书写纸、静电复印纸和“八鲤”牌漂白蔗渣浆、食用酒精被评为广西名牌产品。国内众多知名饮料、食品生产企业如可口可乐、百事可乐、娃哈哈、王老吉等，均指定使用公司生产的白砂糖。先后获全国轻工业卓越绩效先进企业、广西农业产业化十大龙头企业、广西优秀企业、广西诚信企业等称号，1997～2007 年连续 11 年获振兴南宁“创新经济效益杯”劳动竞赛金杯奖，2008 年营业收入位列广西企业 100 强的第 23 位。

该公司成立以来，坚持发展与治污并重，走可持续发展道路。通过“稳糖进纸”工程、对酒精生产系统实施“停五合一”工程、“变废为宝”循环利用开发、打造“造纸产业集群”等一系列产业结构调整工程项目的实施，综合利用产业发展迅速。形成甘蔗——制糖——废糖蜜制酒精——酒精废液制复合肥(或酒精废液浓缩燃烧——钾灰制复合肥)和甘蔗——制糖——蔗渣——制浆——造纸两条工业生态链，构建资源——产品——再生资源的循环经济生产模式，公司生产结构基本实现循环经济产业链的格局。在一系列的结构调整中，共投入新建和扩建项目的资金近 20 亿元，其中包括 1999 年公司上市以来进行的四次融资所募集的资金 8.09 亿元。通过结构调整，资产质量不断优化和提升，规模效益显现，综合实力不断加强。年销售收入从 1996 年组建时的 7 亿多元，到 2008 年突破 40 亿元大关，2009 年，努力消除金融危机所带来的不良影响，年销售收入仍达到 40 亿元，其中机制纸的年销售收入约占 23%。

公司总部厂房一瞥

公司东江糖厂新貌

南宁桂格精工科技有限公司

公司董事长兼总经理　旷林昌

公司办公楼

荣誉证书

南宁桂格精工科技有限公司：

在2009年度发展成绩突出，被授予综合实力二十强企业。

特发此证，以资鼓励。

南宁高新技术产业开发区管理委员会

二〇一〇年元月

荣誉证书

南宁桂格精工科技有限公司于 2002 年在南宁高新技术产业开发区注册成立，是一家专业从事全塑汽车灯具的研发、生产、销售、服务于一体的高新技术企业。具有一批高科技专业技术研发队伍和高素质、高学历的营销团队。自创立以来，凭借品质优良、设计新颖、光学性能优越的技术优势，以及大批量生产的能力，赢得了国内各大主机厂的好评与肯定。生产的“瞭望”牌系列车灯，多次被评为广西名牌产品。主要为上汽通用五菱、重庆力帆、东风柳汽等大型汽车公司独家配套车灯产品。2004～2009 年连续 5 年被上汽通用五菱授予“优秀供应商”称号；被中国汽车工业协会授予“2009 年中国汽车灯具行业龙头企业之一”。2005 年先后通过 ISO 9002、QS 9000 质量管理体系认证，2006 年通过并实施 ISO/TS16949：2002 质量管理体系认证，生产的产品均通过国家认鉴委 3C 认证，为产品品质提供了强有力的保障。

工作人员在检验光源

灯具岛式生产线

南宁燎旺车灯有限责任公司

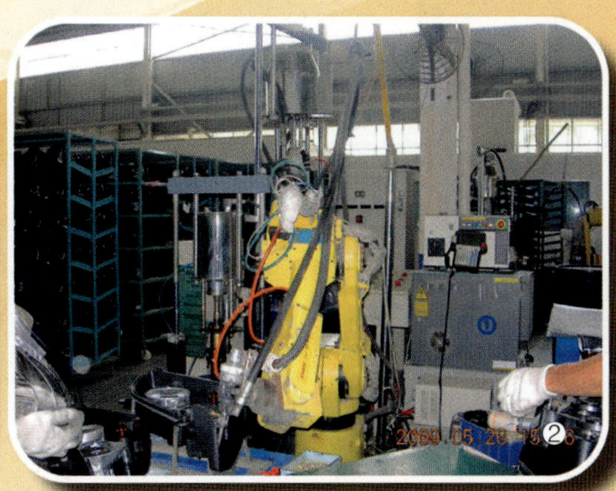

① 国家汽车工业协会领导在公司考察
② 机器人布胶
③ 工作人员在装配检查
④ 镀膜产品下线
⑤ 荣誉证书

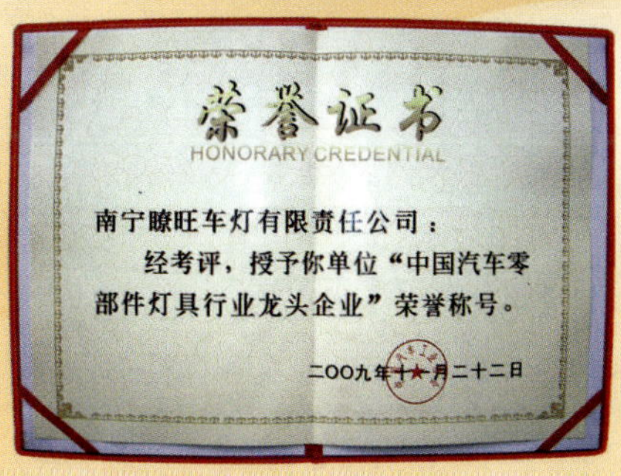

荣誉证书

HONORARY CREDENTIAL

南宁瞭旺车灯有限责任公司：

经考评，授予你单位“中国汽车零部件灯具行业龙头企业”荣誉称号。

二OO九年十一月二十二日

⑤

南宁燎旺车灯有限责任公司是于2004年由南宁市汽车配件一厂改制成立的股份制公司，2002年在南宁高新技术产业开发区全资注册成立南宁桂格精工科技有限公司。有30多年生产各类汽车灯具的历史，是中国西南地区规模最大、实力最强的专业生产汽车、摩托车灯具的企业。是广西专利工作试点企业之一，企业技术中心于2008年升级为省级技术中心，能独立自主设计、研发和制造各种低、中、高档汽车、摩托车灯具，自主创新能力达到国内同行领先水平，在国内汽车公司的车灯设计开发和制造中有着举足轻重的地位和市场竞争力，是国内内资企业产销量排名第三的车灯企业；是中汽协会车用灯具委员会理事单位，也是中国灯具标准起草委员会委员单位。2009年被中国汽车工业协会授予“中国汽车部件灯具行业龙头企业”称号。生产的“瞭望”牌系列机动车灯具产品，主要为上汽通用五菱、东风柳州汽车有限公司、重庆长安汽车有限公司、中国嘉陵工业集团公司、重庆力帆乘用车公司和江西昌河汽车有限公司等大型汽车公司配套车灯产品。

广西中烟工业有限责任公司

公司主要负责人　张雨夏

广西中烟南宁工业园区

广西中烟工业有限责任公司是全国卷烟工业骨干企业，也是全国500强、全国制造企业500强、全国纳税百强与广西强优企业，拥有总资产近80亿元，在岗职工2200余人，年产卷烟规模150万箱。下辖南宁、柳州2个非法人实体的卷烟分厂。主要生产“真龙”和“甲天下”两个品牌的系列产品，其中“真龙”品牌获“中国驰名商标”称号，位列全国性卷烟重点骨干品牌20强。通过ISO 9001（质量）、ISO 14001(环境)、OHSAS 18001(职业健康与安全)以及ISO 1002(测量)管理体系认证，拥有国家博士后科研工作站、国家级实验室和行业级技术中心。

2009年，该公司围绕行业“卷烟上水平”的主要任务和广西烟草“百亿税利”目标，积极推进真龙品牌发展上水平、技术创新上水平，原料保障上水平、基础管理上水平，克服了金融危机和卷烟消费税改革等不利因素影响，卷烟销售较好实现自治区外市场平稳发展、自治区内市场加快发展，全年生产卷烟137.25万箱，销售收入105亿元，实现税利69.50亿元，与广西烟草商业企业共同携手提前一年实现广西烟草“百亿税利”目标。

制丝生产车间

技术中心实验室

荣誉牌匾、奖杯

特　　载

车荣福书记在中共南宁市委十届九次全会第一次全体(扩大)会议上的讲话(摘要)

(2010年1月11日)

一、市委常委会2009年的工作

2009年是新世纪以来我市外部发展环境最为复杂严峻的一年。面对国际金融危机和旱涝灾害不时发生带来的困难和挑战,我们全面贯彻党的十七大和十七届三中、四中全会精神以及自治区党委九届十次全会精神,坚持以邓小平理论和“三个代表”重要思想为指导,深入贯彻落实科学发展观,以开展“项目建设年”、“服务企业年”和“党组织服务年”活动为载体,以非常办法、非常措施、非常力度、非常政策,攻坚克难,迎难而上,实现了“保增长、保民生、保稳定,保持发展良好势头”的目标。经济逆势上扬,生产总值达到1492.38亿元,增长15%,连续八年保持两位数增长,继续保持高于上年、高于全区、高于全国平均水平的增长态势。经济运行质量稳步提高,财政收入达到231.37亿元,创历史新高,增长21.03%。工业生产企稳向好,全部工业总产值完成1175.76亿元,增长12.13%。传统服务业和以房地产、保险、证券、信息、会展等为重点的现代服务业发展加速。投资、消费、出口持续走强,全社会固定资产投资突破千亿元大关,完成1043.91亿元,增长50.54%,高于预期目标30.54个百分点。市场消费持续攀升,社会消费品零售总额达757.01亿元,增长19.84%。对外贸易增势强劲,外贸出口23.84亿美元,增长50.28%。人民群众得到更多实惠,城镇居民人均可支配收入16254元,增长12.52%;农民人均纯收入4521元,增长12.99%;居民消费价格总水平下降1.80%。在全区的经济首位度进一步提升,与2008年相比,我市生产总值、财政收入、全社会固定资产投资、社会消费品零售总额等主要经济指标占全区的比重均有所上升,推进广西“首善之区”建设又迈出了新步伐。与此同时,政治建设、文化建设、社会建设、生态文明建设和党的建设全面推进,相继荣获了“全国文明城市”、“全国社会治安综合治理优秀市”、“国家科技进步示范市”、“全国未成年人思想道德建设工作先进城市”和“第六届中华宝钢环境奖”等荣誉称号,呈现出经济持续快速发展、社会事业全面进步、民族团结和睦、人民安居乐业的良好局面。

一年来,我们主要抓好了以下几方面工作:

(一)扎实开展深入学习实践科学发展观活动,形成加快建设区域性国际城市和广西“首善之区”的新共识

一是加强组织领导。市委常委会高度重视学习实践活动,多次召开会议研究部署全市学习实践活动。各级领导干部充分发挥表率作用,带头学习调研、带头问计于民、带头落实整改、带头解决问题,有力地推动了全市学习实践活动的深入开展。

二是选准活动主题和载体。我们明确以“推动科学发展,加快建设区域性国际城市和广西‘首善之区’”为主题,以“实施科学发展三年计划,着力打造‘三基地三中心’”为载体,不断创新全市学习实践活动形式和方式,增强学习实践活动的实效性。

三是注重分类指导。根据不同批次、不同类型单位、不同党员层次,分别提出了活动的不同具体要求,使学习实践活动更加贴近实际,更具有针对性。

四是解决突出问题。在第二批学习实践活动中,全市通过开展专题调研、走访社区(村委)及企业、发放征求意见调查问卷、设立意见箱、召开座谈会等形式,征求到意见建议3.5万多条,提出整改措施6700多条;开展法规、规章、规范性文件清理工作,共清理地方性法规40件、政府规章54件、政府规范性文件557件;为群众办实事14300多件,解决涉及群众利益问题9100多个。第三批学习实践活动开展以来,共征求到意见1.3万多条,梳理出问题3400多个,解决实际问题1590多件。

五是凝聚发展共识。我们认真审视国际国内形势,全面把握南宁在广西、全国乃至中国—东盟开放合作大格局中的突出位置和面临的重大机遇,通过对学习实践活动主题的深入调研和分析查摆,使广大干部群众深刻认识到,加快建设区域性国际城市和广西“首善之区”,是我市深入贯彻落实科学发展观的具体实践,是用更高的要求、更宽的视野、更科学的思维建设南宁、发展南宁的客观要求,是推进大开放、大开发、大发展,全面提升城市国际化水平,成为全区推进科学发展排头兵的必然选择。全市上下形成了加快建设区域性国际城市和广西“首善之区”的共识,并制定出台了《中共南宁市委关于加快建设区域性国际城市和广西“首善之区”的决定》,明确了当前和今后一个时期的发展思路、奋斗目标、工作重点和主要措施,形成了推动科学发展、加快发展、率先发展、和谐发展的强大合力。

(二)全力以赴“保增长”,经济发展迈上新台阶

一是狠抓项目建设。为了保持投资对经济增长的强力拉动,我们及时开展了“项目建设年”活动,大力推进项目建设。专门成立了市固定资产投资工作领导小组办公室,负责组织协调重点项目的实施。创新项目推进机制,统筹推动项目建设,重点解决项目征地拆迁问题,制定出台了《南宁市农民拆迁安置房建设管理暂行办法》等政策文件,促进了和谐征地、和谐拆迁。突出抓好重点项目和重点领域建设,南宁电厂一期、南广快速铁路、南宁火车东站等一批重大产业、基础设施项目开工建设,世界首座大跨径斜吊拱曲线桥梁——南宁大桥竣工通车,南宁保税物流中心通过国家验收,创造了当年获批建设、当年封关验收的“北部湾速度”。全年项目建设和全社会固定资产投资取得重大突破,是我市历史上项目建设规模最大、数量最多、力度最强的一年。

二是高度重视企业发展。为了更好地帮助企业应对危机、渡过难关，我们及时开展了“服务企业年”活动，成立了“服务企业年”活动领导小组及其办公室，完善工作机制和工作制度，积极为企业解决发展中的突出困难和问题。市四家班子领导及市直有关部门领导深入我市250多家重点企业进行走访、调研和服务，帮助企业解决生产经营中的融资、土地、劳动用工、煤电油运等突出问题258个。加大扶持力度，出台了《关于支持工业企业应对当前国际金融危机的若干意见》等政策措施，完善和健全企业融资服务平台，帮助中小企业争取银行信用贷款33.60亿多元，推动皇氏乳业公司成功上市，有效帮助企业回升向好、健康发展。

三是加快结构调整步伐。我们注重转变发展方式，实施“壮二提三强一”战略，促进优势产业发展壮大。强化工业主导地位，制定了《南宁市区域性加工制造基地建设规划》，深入实施“亿元工业企业建设工程”、“工业扶优扶强工程”和“百项工业项目建设工程”，一批重点企业发展壮大，全年新增亿元企业28家，亿元企业达到199家，加快培育形成了农产品加工、铝加工等优势产业集群，工业对经济增长的带动作用进一步增强。加快产业园区发展，重点加强园区基础设施建设，推进园区土地集约利用，开发区产值保持较快增长；探索运用“市统贷、县（区）用县（区）还”的资金筹措方式，加快县区工业集中区建设，宾阳黎塘工业集中区晋升为自治区A类工业园区。积极发挥消费拉动作用，认真落实国家鼓励消费政策，大力培育消费热点，继续开展月月旅游美食节、汽车展、房产展等活动，商品房、汽车、家电等消费品销售持续旺盛，城市消费保持较快增长势头。积极扩大农村消费，进一步实施“万村千乡市场工程”和“双百市场工程”，落实专项补贴，推进“家电下乡”、“农机下乡”、“汽车下乡”，农村消费品市场快速增长。促进农业稳定发展，围绕稳粮、增收、强基础，落实各项惠农政策，千方百计促进农业提质增效。加大投入力度，将公共财政和新增财力向农村倾斜，市财政全年实际安排支农资金17.79亿元，同比增长35.53%。加快调整农业产业结构，积极发展超级稻、桑蚕、糖料蔗、水果、花茶等特色优势产业，大力发展农产品加工业，现代农业发展水平进一步提高。认真贯彻落实胡锦涛总书记的重要批示精神，采取有效措施解决了我市香蕉滞销问题。实施“百村示范工程”，加快推进新农村建设，农村基础设施不断完善。

（三）千方百计“保民生”，社会事业发展取得新成效

坚持全力保障和改善民生，加快发展各项社会事业，确保人民群众得到更多实惠。更加注重改善民生。全年市本级财政一般预算安排社保、教育、医疗卫生、文化等涉及民生方面的支出33.90亿元，是历年来民生投入最多、力度最大的一年。特别是将公共汽车票价由1.20元下调到1元，让市民群众全年在公交费用上减少支出1亿多元；对助力车进行了规范管理，拨出专款为40多万市民改装超标电动自行车；城市月低保标准提高了20元、农村年低保标准提高了300元、五保户月供养定补金标准提高了20元；20项为民办实事项目基本完成。更加注重发展社会事业。公共就业服务体系不断完善，就业形势保持稳定。社会保障体系加快完善，把在校大学生纳入城镇居民基本医疗保险覆盖范围，启动了新型农村养老保险试点工作，基本实现社会保障政策全覆盖。经济适用房、廉租房等保障性住房建设加快推进。优先发展教育事业，大力推进义务教育、素质教育、职业教育，加快推进了一批大专院校和职教学校新校区开工建设，推动与民革广西区委共办邕江大学。发展壮大文化事业和文化产业，加强公共文化服务体系建设，成功举办了第11届南宁国际民歌艺术节及民歌节系列文化活动，打造了《旅店夜话》、《绣球飞》、“邕州神韵天天演”等一批文化精品。加快发展公共卫生事业，大力开展“国家卫生城市”创建活动，基层医疗卫生服务体系进一步完善，新型农村合作医疗农民参合率达到92.54%，甲型H1N1流感疫情传播得到了有效控制。加快发展体育事业，成功举办了南宁国际龙舟邀请赛、南宁国际半程马拉松比赛等重大体育赛事，广西体育中心、李宁体育公园等重大体育基础设施项目顺利推进。实施“百村脱贫工程”，第三批整村推进扶贫开发工作稳步推进。

（四）坚持不懈“保稳定”，平安南宁建设取得新进展

全面落实维护稳定工作领导责任制，大力推进“大防控”体系建设，进一步提高预警能力，及时消除安全隐患和各种不稳定因素，有效预防、依法严厉打击各种违法犯罪活动，加强对重大活动安保工作、重点地区综合治理工作、重大案件侦破工作和敏感性突发事件处理的领导，实现了“大事不出、中事不出、小事少出，并及时把问题解决在基层，消除在萌芽状态”。坚持开展矛盾纠纷“大排查”、“大调处”、“大化解”和县区委书记“大接访”、领导干部“公开大接访”等活动，畅通群众诉求渠道，设立了群众信访救助专项资金，有效化解了一批群众反映强烈的突出问题。不断完善应急管理体系建设，应对突发公共事件能力进一步提高。加强重大安全事故防控，安全生产形势总体稳定好转，各类安全生产事故比上年下降12.51%，直接经济损失比上年下降31.18%。

（五）着力提升城市建设管理水平，宜居城市建设取得新突破

一是城市建设加快推进。按照“以邕江为轴线，西建东扩，完善江北，提升江南，重点向南”的城市发展布局，拉开城市框架，完善城市功能，加快中心城市建设，城市主、次干道和跨江大桥建设加快，南宁大桥、长湖立交桥等一批重点城建项目建成通车；城市新区建设加快推进，五象新区“三纵三横”框架主干路网建设取得重大进展，中国—东盟国际商务区、凤岭新区、相思湖新区等新区建设继续推进；旧城改造工作有序开展。六县县城、重点镇建设加快，县城污水处理等基础设施项目建设加快推进。

二是城市管理水平进一步提高。按照巩固提高、拓展延伸的思路，深入开展“城乡清洁工程”，及时整治个别地方“五乱”回潮现象，保持了市容环境的优美整洁。城乡风貌改造试点启动并扎实推进。“数字城管”的快速反应功能充分发挥，城市管理工作迈上新台阶。

三是生态文明建设有力推进。继续做好“树”的文章，开展创建国家生态园林城市和国家森林城市活动，深入推进“百里环城森林生态圈”建设，持续开展“大种树、种大树”活动，全年植树212.30万棵，“中国绿城”建设向全域覆盖；着力做好“水”的文章，扎实推进城市水系建设，加快18条城市内河综合整治，南湖—竹排冲核心圈项目建设启动，“中国水城”建设开局良好；注重做好“山”的文章，城市建设特别是五象新区开发坚持依山傍水、显山露水，山体自然风貌得到保护。节能减排取得新成效，二氧化硫排放量和化学需氧量排放量分别下降0.50%和4.10%。空气环境质量显著改善，全年空气优良天数达到362天，优良率达到99.18%，空气质量创十年来最好成绩。城市环境噪声达标区覆盖率达到80%以上。水环境质量持续改善，主要河流保持二至三类水质。

四是城市文明水平继续提升。以获得“全国文明城市”为契机，继续巩固、拓展创建成果，制定了2009—2011年创建全国文明城市工作规划，掀起了新一轮文明城市创建活动的热潮。大

力推进公民道德建设，及时总结表彰在创建活动中涌现出来的各个方面的先进人物，率先开展了向“爱国为民的好战士”黄胜新同志学习的活动，围绕庆祝新中国成立60周年，组织开展了内容丰富、形式多样的主题活动和群众性精神文明创建活动，韩素云同志入选“100位新中国成立以来感动中国的英雄模范人物”。扎实推进社会主义核心价值体系建设，进一步弘扬了“能帮就帮”的城市精神，市民文明素质不断提高。大力开展净化社会文化环境专项行动，引导积极向上的社会文化进校园、进社区、进乡镇，营造了有利于未成年人健康成长的氛围。

（六）全力推进改革创新，城市发展增添新活力

继续深化行政审批制度改革，建立和完善项目审批并联制，实施“一窗受理、告知相关、同步审批、限时办结”的快速并联审批模式。继续深化投融资体制改革，建立投资项目部门集中审批制度，开辟了项目审批“绿色通道”。继续深化财政体制改革，推进部门预算改革，部门预算范围进一步扩大。推动建立了各级财政对民生和公共服务领域投入稳定增长的机制。继续深化国有企业改革，对振宁、壮宁等6家公司重新进行授权调整，建宁水务集团发债工作顺利完成，南宁城投公司发债工作取得实质性进展。进一步深化医药卫生体制改革，制定出台了改革工作实施方案。加快推进公共资源市场化改革。深化农村综合改革，农村集体土地流转加快推进，集体林权制度改革全面推进，统筹城乡改革试点启动。扎实推进创新型城市建设，以科技引领经济建设为中心，全面实施自主创新战略，取得了一批先进技术成果，技术创新能力不断提高，科技支撑作用日益突出，科技综合实力显著增强。

（七）主动融入多区域合作，对外开放迈开新步伐

一是与东盟的交流合作进一步深化。全力服务好第六届中国—东盟博览会和中国—东盟商务与投资峰会，“两会”平台作用进一步发挥。第六届中国—东盟博览会我市共签订招商引资项目合同160个，引进资金418.07亿元。积极组织企业赴东盟参加展会，先后参加了广西（印尼）商品博览会、广西（越南）商品博览会等展会。组织南宁市友好代表团出访缅甸，加强了与缅甸重要城市的交流合作。推动与东盟的旅游文化交流，组团参加了2009越南下龙市旅游节。配合自治区开展对东盟国家货物贸易人民币结算试点工作。加快南宁·中国—东盟商务区建设，商务核心区等各功能区建设顺利推进。南宁领事馆区第一期工程竣工，老挝、缅甸等总领事馆入驻，各国驻邕领事馆达到5家。

二是与泛珠三角、长三角及台湾等区域的合作进一步加强。实施“引进来”战略，密切与粤港澳的经济联系，利用桂港、桂澳、桂台和泛珠三角省会城市经贸合作平台，扩大港澳台和珠三角地区企业在我市的投资规模，成功引进了华润中心等一批项目落户南宁，南宁东盟国际工业原料产品物流城、广西海吉星国际农产品物流中心等一批重大项目陆续开工。成功举办了第五届泛珠三角省会（首府）城市市长论坛。赴台开展了经贸合作交流和考察访问活动，与台湾的产业合作务实推进。

三是全面投入广西北部湾经济区开发建设。成立了市北部湾办，积极落实广西北部湾经济区发展规划，编制了“三基地三中心”专项规划，制定了《对接北钦防重大产业促进南宁市产业快速发展工作方案》。推进与“北钦防”三市的全面合作，重点做好项目对接，积极配合钦州炼油厂输油管道等一批跨区域重大项目建设。加快发展总部经济，吸引了中石油广西销售分公司、建行信用卡中心、南方航空广西分公司等总部机构落户南宁。

（八）推进社会主义民主法制建设，依法治市开创新局面

坚定不移地走中国特色社会主义政治发展道路，进一步发展社会主义民主政治，健全社会主义法制，推进科学执政、民主执政、依法执政。进一步加强人大工作，全力支持和保证各级人大及其常委会依法行使职权，隆重纪念南宁市地方人大设立常委会30周年。切实加强政协工作，听取了各民主党派、工商联和无党派人士课题调研成果，并就经济社会发展中的重大问题向各民主党派、工商联和无党派人士通报情况、征求意见，进一步完善了政治协商的内容、形式和程序。不断加强统一战线工作，进一步巩固和发展了我市团结、和谐、开拓、活跃的政治局面。进一步加强和改善党的群众工作，更好地发挥工会、共青团、妇联等人民团体的作用。进一步加强基层民主工作，坚持和完善基层群众自治制度，扩大公民有序政治参与。全面推进依法治市进程，坚持依法办事、依法行政。认真落实党管武装原则，加强国防动员和国防后备力量建设，深入开展“双拥”工作，支持驻邕军队和武警部队建设。

（九）坚持德才兼备、以德为先选拔任用干部，选人用人公信度和满意度有了新提高

我们坚持德才兼备、以德为先的选人用人导向，大力深化干部人事制度改革，着力构建让优秀人才脱颖而出的选人用人机制。按照《干部任用条例》规定，严格执行民主推荐程序、考察程序、酝酿程序、集体讨论决定程序选拔任用干部。注重各级领导班子的选配，调整充实了一批市直部门和县区领导班子。扎实推进后备干部队伍建设和干部队伍“两个源头”建设，开展了公开推荐副处级后备干部和优秀年轻干部工作，为县区换届遴选储备了百名优秀年轻干部。在市与县区、乡镇之间互派干部挂职锻炼。加强了选调生选拔培养以及新农村建设指导员选派、公务员录用、大学生村官选聘等工作。积极推进干部人事制度改革，继续试行干部工作“十公开”、“四差额”、“二次推荐”等创新做法，在全市范围推行干部选拔任用“一报告两评议”制度和群团组织换届“311”工作法。

（十）着力加强和改进党的建设，各级党组织的战斗力、凝聚力、创造力有了新提升

一是着力加强思想政治建设。坚持把思想政治建设放在领导班子建设的首要位置，结合深入学习实践科学发展观活动，引导各级领导班子和党员干部队伍树立科学的发展观和正确的政绩观。始终坚持并不断完善中心组学习制度，围绕学习贯彻党的十七届四中全会精神、深入学习实践科学发展观等方面内容，先后召开了6次专题学习会。积极组织实施了中央组织部“万名组织部长下基层”活动，并开展了“领导干部谈心月”活动，共访谈干部8481名，各级领导班子的思想政治建设得到进一步加强。

二是着力加强党的基层组织和党员队伍建设。以开展“党组织服务年”活动为总抓手，扎实开展了“攻坚克难先锋行”、“八桂先锋行”、“绿城党旗红”、“党员奉献日”等活动，深入实施“领头雁”工程，突出抓好农村基层党组织、城市街道社区党组织、国企和“两新组织”党组织、机关和事业单位党组织建设，做好党员发展、管理与服务工作，积极探索城乡基层党组织互帮互助新机制，探索基层党组织和广大党员发挥作用的新途径，党的创造力、凝聚力和战斗力不断增强。

三是全面加强人才队伍建设。我们坚持党管人才原则，以实施“人才强市”战略为总抓手，以开发“两高一新”人才为重点，全面推进人才队伍建设，为全市经济社会又好又快发展提供了坚强的人才保证和智力支撑。

四是着力加强干部队伍作风建设和机关行政效能建设。深入开展创学习型机关、文明机关、服务型机关活动和争当“五好”机关党组织、“五好”机关党员活动，严格落实首问负责制、限时办结制、行政过错责任追究制等"三项制度",机关党员干部的服务意识和能力进一步增强。推动各级党员领导干部加强党性修养,大力弘扬"言必责实、行必责实、功必责实"的工作作风,党员干部想干事、会干事、干成事的素质和能力有了进一步提高。在不建新办公楼的前提下,通过整合资源,将市委机关搬迁到□东新区,与市政府同址办公,降低了行政成本,缓解了交通压力,提高了行政效能,方便了市民群众。

五是着力加强党风廉政建设。坚持标本兼治、综合治理、惩防并举、注重预防的方针,认真落实《中共南宁市委关于贯彻落实建立健全惩治和预防腐败体系2008—2012年工作规划的具体意见》,严格执行党风廉政建设责任制,有首府特色的惩防腐败体系进一步健全。加强领导干部廉洁从政教育,深入开展廉政文化建设。进一步强化反腐倡廉源头治理,在实行国库制度改革的预算单位推行使用了"公务卡",从源头上堵住现金支付漏洞。加大案件查处力度,重点查处了医药购销、工程建设等领域的商业贿赂案件,以及"小金库"、失职渎职等方面的案件,惩治腐败工作取得明显成效。

一年来,市委常委会高度重视加强自身建设,坚持认真贯彻民主集中制,严格执行有关会议制度和工作规则,定期召开常委会,集体讨论重大问题。坚持常委会班子中心组学习制度,就重大理论课题和重大实践问题进行深入学习研讨,努力提高运用科学理论指导实际工作的能力和水平。坚持定期召开务虚会,促进解放思想、敞开言路、统一认识、推动工作。坚持科学决策、民主决策、依法决策,加强党委决策咨询工作,做好重大问题前瞻性、对策性研究。坚持提高民主生活会质量,大兴批评与自我批评之风,深入开展交心谈心活动。坚持加强制度建设,进一步完善常委会集体领导和分工负责的具体制度和运行机制。按照"统揽全局、协调各方"的原则,充分发挥人大、政府、政协、各民主党派和工商联、各人民团体的职能作用,调动了方方面面积极性。面对复杂多变的国际国内形势和艰巨繁重的改革发展任务,常委会全体同志高举旗帜、坚定信心,迎难而上、开拓创新,密切配合、互相支持,形成了务实、团结、民主、和谐的良好局面。

在充分肯定成绩的同时,我们也要清醒地看到去年我市各项工作还存在一些问题和不足。主要表现在:一是促进工业发展的有效办法和手段不够多,工业发展不够快,对全市经济的拉动作用不够突出;二是项目前期工作不够到位,轨道交通、老口水利枢纽、铁路等一些重大项目建设与预期进展有较大差距;三是县域经济较弱,城乡区域发展不够协调;四是发展环境不够完善,少数干部作风不实、效能不高;五是干部选拔任用机制还不够完善,干部交流的渠道还不够顺畅,激励干部的措施还不够健全;六是民生保障及社会事业等方面的工作与加快发展的要求还不相适应。对这些问题和不足,我们必须高度重视,采取有力措施加以解决。同时,我们也衷心希望同志们对市委常委会的工作多提宝贵意见和建议,支持和帮助我们把工作做得更好。

二、准确把握发展环境,主动适应形势变化

一方面,要看到我市经济发展面临的复杂因素仍然较多,我们必须主动应对,增强忧患意识、风险意识和责任意识。从国际看,国际金融危机持续扩散的影响仍然存在,实现全面复苏将是缓慢和曲折的过程。从国内看,当前我国经济出现了回升向好的局面,但经济回升的基础还不够牢固,经济运行中的新老矛盾和问题相互交织,民间投资意愿不强,外需不振在较长时期仍然存在,部分领域产能过剩问题比较突出,国家宏观调控面临的形势十分复杂。从全区看,制约我区经济社会发展的长期性矛盾和深层次问题更加显现,综合实力不强、工业化城镇化水平低、市场化程度不高、经济外向度不高、城乡居民生活水平不高、生态环境保护与经济发展矛盾突出的状况没有根本改变。从我市看,我们的经济总量较小,产业结构不够合理,工业短腿现象比较突出,支柱产业、特色优势产业、主导产业发展不够理想,企业和产品竞争力不够强,项目建设的瓶颈制约问题突出,城乡区域发展不够平衡,社会事业发展与经济发展不够协调,体制、机制还不够完善,等等,这些都给我们的发展带来了较大压力。

另一方面,要看到我市经济发展面临的积极因素增多,必须牢牢把握,增强加快发展的信心。

第一,国际国内经济总体趋稳向好。当前,世界经济逐步趋稳,步入了复苏进程。今年世界经济形势总体上会好于去年,一些新兴经济体和发展中国家经济增速将加快。国内经济逐步回升,市场需求好转,主要工业行业市场进一步回暖,有利于我市产业加快发展。从我区经济发展形势来看,全区经济连年保持高速增长,特别是2009年在国内外经济面临较大困难的形势下,经济逆势而上,增速在全国名列前茅,预计今年全区经济仍将保持平稳较快的增长势头。国际国内经济环境的改善,有利于我市经济加快发展。

第二,中国—东盟开放合作进入新阶段。中国—东盟自由贸易区已如期启动,区域各方在货物贸易、服务贸易和相互投资领域的合作将不断拓展深化,尤其是货物交易成本大幅下降,将有利于南宁的优势产品更加便利地进入东盟市场,进一步深化南宁与东盟的合作,促进双方投资与贸易的增长,有利于推动经济发展。

第三,国家和自治区政策支持力度加大。国家将实施新一轮西部大开发战略,继续坚持中央财政转移支付、中央投资、重大产业布局等向西部倾斜。继广西北部湾经济区开放开发上升为国家战略之后,国务院又出台了《关于进一步促进广西经济社会发展的若干意见》;自治区也在加紧研究制定进一步加快南宁市经济社会发展的综合性政策。这些政策和措施力度大、实效性强、含金量高,对加快我市当前和今后一个时期经济社会发展,必将发挥强有力的推动作用。

第四,我市已奠定加快发展的坚实基础。我市经济连续多年保持两位数快速增长,推动经济增长的内生动力增强。财政收入持续增加,集中财力办大事的能力进一步提高。我市工业化已进入快速发展的新阶段,有利于产业结构优化升级,带动农业和服务业向现代产业方向演变。城镇化进入快速推进的新时期,二、三产业加速向城镇聚集发展,农村劳动力加快向城镇转移,有利于推进城乡一体化进程。近年来我市牢牢抓住项目和投资工作不动摇,一批产业项目逐步建成投产,一批城市基础设施项目建成使用,一批重大项目逐步进入投资高峰期,项目建设可持续性增强,必将有力推动经济增长。中国—东盟博览会长期举办地、广西北部湾经济区核心城市、"中国绿城"、"联合国人居奖"城市、全国文明城市、南宁国际民歌艺术节等亮丽的城市名片,塑造了南宁的良好形象,提升了南宁知名度和影响力,增强了全市人民加快发展的自信心和责任感。去年,通过开展深入学习实践科学发展观活动,全市上下形成了加快建设区域性国际城市和广西"首善之区"的共识。这些,都为保持我市经济平稳较快发展良好势头奠定了坚实的基础。

三、加快转变发展方式,保持和扩大经济社会发展良好势头

中央经济工作会议提出了今年经济工作的总体要求,强调

要坚持五个“更加注重”,全区经济工作会议也提出了六个“更加着力”的工作要求。根据中央和全区经济工作会议精神,结合我市实际,2010年我市经济工作的总体要求是:**全面贯彻党的十七大和十七届三中、四中全会精神以及中央和全区经济工作会议精神,以邓小平理论和“三个代表”重要思想为指导,深入贯彻落实科学发展观,认真落实国务院《关于进一步促进广西经济社会发展的若干意见》,紧紧抓住国家实施新一轮西部大开发和中国—东盟自由贸易区建成等机遇,以调结构、促转变、增实力、重民生、建和谐为着眼点和着力点,深入开展“项目建设年”、“服务企业年”、“发展环境建设年”、“党组织建设年”四个主题活动,全力打好工业经济振兴、五象新区开发、产业园区建设、交通基础设施完善、打造“中国水城”五场攻坚战,加快推进“三基地三中心”建设,统筹城乡协调发展,全面完成“十一五”规划和科学发展三年计划各项工作任务,保持和扩大经济社会发展良好势头,加快建设区域性国际城市和广西“首善之区”。**

根据对我市经济社会发展面临形势的分析判断,结合全面完成“十一五”规划和实施科学发展三年计划目标任务的要求,今年我市经济社会发展的主要预期目标是:生产总值增长14%;财政收入增长18%;全社会固定资产投资增长30%;全部工业总产值增长16%;社会消费品零售总额增长17%;外贸出口总额增长10%,外商直接投资增长15%;万元生产总值能耗降低2%;化学需氧量排放总量削减2%,二氧化硫排放总量不增加;城镇居民人均可支配收入增长12%,农村居民人均纯收入增长10%;居民消费价格指数涨幅控制在5%左右;城镇新增就业6万人,城镇登记失业率控制在4.50%以内;人口自然增长率控制在10‰以内。

主要工作目标是:生产总值增长15%以上;财政收入增长22%,突破280亿元,努力达到300亿元;全社会固定资产投资增长40%;全部工业总产值增长20%;社会消费品零售总额增长18%。

为此,2010年要突出抓好以下七个方面的工作:

(一)加大经济结构调整力度,继续推进经济发展方式转变

一要牢牢把握主导方向,做大做强工业。坚定不移地把做大、做强、做优工业作为我市转变经济发展方式、加快产业结构优化升级、增强可持续发展能力的核心战略和主导方向。要制定扶持促进工业发展的新政策,力争实现工业发展新突破。要进一步调整和优化工业布局,推进产业集群化发展和优化升级。要扶持壮大优势产业,继续加快培育农产品加工、机械装备与制造、铝加工、生物工程与制药、电子信息、化工、建材、纸及纸制品等八个重点产业。要坚持以重大项目支撑优势产业,组织推进实施一批重大产业项目,重点推进南南铝加工公司20万吨大规格高性能铝板带型材项目,努力打造成为我市第一家百亿元企业。要深入实施“工业扶优扶强工程”和“亿元工业企业建设工程”,推动优势企业特别是亿元企业向10亿元、50亿元乃至更大规模、更高层次发展。要大力实施中小企业成长计划,鼓励中小企业向“专精特新”发展,力争今年新增100家规模工业企业。要大力发展园区经济,加快园区用地规划修编,推动园区基础设施和配套设施建设。加快重点优势产业向园区集聚发展,推动产品深加工、上下游集聚,拉长产业链。进一步改革创新工业园区的管理体制和运行机制,积极探索以企业为主体的园区开发机制,推行园区经营性项目的市场化运作、企业化管理,鼓励创建“园中园”等开发建设模式。要继续开展“服务企业年”活动,帮助企业解决生产经营中的突出问题。

二要继续发挥优势,大力发展现代服务业。我市发展服务业具有较好的基础和优势,要坚持市场化、产业化、社会化方向,大力培育发展现代服务业。要加快发展现代物流业,着力培育扶持一批物流龙头企业,加强江南、玉洞、金桥、安吉物流园等重点物流园区建设,加快南宁东盟国际工业原料产品物流城、广西海吉星国际农产品物流中心等一批重大物流项目建设。完善南宁保税物流中心运行机制,加快推动后续建设,力争年内完成二期工程建设,构建大通关、大物流模式,推动建设成为综合保税区,打造南宁“无水港”。要大力发展现代商贸业,优化商贸业布局,培育建设邕江沿岸商贸带、快速环道沿线商贸带,完善提升朝阳商圈,加快建设埌东凤岭商圈,规划建设五象新区商圈,推进建设南宁·中国—东盟国际商务区商业街等特色商业街。鼓励发展新型商业业态,改造和提升传统商贸业。建设一批规模较大的专业市场,形成辐射带动能力更强的区域性大宗消费品集散地和交易中心。要大力发展现代金融业,加快制定支持金融业发展的政策措施,配合人民银行做好前期工作,积极申请成为跨境贸易人民币结算试点城市,打造区域性金融中心。要推进“数字南宁”建设,进一步完善信息基础设施,完善信息化平台,加强区域信息资源的开发和利用,建设中国—东盟信息大厦等一批重大项目,大力发展信息服务业,推进建设区域性信息交流中心。要加快发展旅游业,加快旅游基础设施建设,培育精品旅游路线,推动旅游产品多样化发展。要加快发展现代会展、保险服务、研发设计、信息咨询等其他服务业。

三要积极参与区域产业链分工合作,大力发展总部经济。南宁作为多区域合作交汇处和广西北部湾经济区核心城市,加快发展总部经济,有利于提高经济发展质量和效益,增强城市聚集力、辐射力和影响力。要主动承接制造业和服务业高端企业的转移,出台优惠政策,积极引进国内外大企业大集团到南宁设立区域性总部,建设总部经济集聚区,使我市成为大企业大集团的总部集聚地。要坚持引进总部与培育总部相结合,支持综合实力强的本市总部企业进一步做大做强。要突出重点,加快建设五象新区总部基地。各城区、开发区要根据自身优势,合理分工,错位发展,形成高效、有序的总部经济发展态势。

四要优化发展环境,大力发展非公有制经济。要认真贯彻落实放宽市场准入的各项政策,建设有利于非公有制经济公平竞争的市场环境。要加强对非公有制经济发展的政策扶持。要优化非公有制经济发展的产业环境,构建良好的创业平台。要改善非公有制经济的融资环境,加大对非公有制企业信贷扶持力度。要进一步改善服务,努力为非公有制企业解决生产经营等方面遇到的困难和问题。

五要加大工作力度,推进节能减排。要全面完成国家和自治区“十一五”污染减排项目。大力推进循环经济和清洁生产,创建环境友好型企业。加快淘汰立窑水泥、造纸等重污染行业落后产能,强化节能、节水、节地、节材和资源综合利用,抓好重点能耗行业及企业节能降耗。树立低碳理念,发展低碳经济。积极发展环保科技和环保产业,推广水煤浆集中供热。加快建设城镇、开发区和园区污水、垃圾处理设施,促进污染减排。要强化节能减排目标评价考核制度和责任追究制度,推进节能减排各项措施的落实。

(二)着力扩大内需,保持经济平稳较快发展势头

一要保持投资强力拉动。扩大投资是促进今年经济平稳较快发展的关键和最直接、最有力、最有效的举措,要在2009年的基础上加大投资力度,确保全社会固定资产投资增长30%,力争达到40%,保持投资对经济增长的强劲拉动。要按照国家和自治

区确定的投资方向和重点，积极争取中央和自治区资金，继续加大力度申请中央新增投资。要加强政银企合作，做好衔接，争取更多的银行信贷。要加大融资平台建设力度，加快推进城投公司的发债工作。鼓励各种社会资本参与社会事业和其他公益性项目的开发建设，消除限制民间投资进入的不合理障碍，形成政府投资引导、社会投资参与的良性循环。

二要大力推进项目建设。项目是投资的载体，能不能完成投资量，关键是看项目的实施情况。去年我市项目建设取得了突破性进展，形成了狠抓投资促增长的良好氛围，结转今年的在建项目还有相当大的投资规模。要更加重视项目建设，继续开展"项目建设年"活动，做到措施不变、力度不减、劲头不松。要以重大项目为重点，加快项目建设，提高重大项目开竣工率。切实抓好在建项目建设，促使未开工项目尽快开工并形成投资量。推进城市轨道交通、六景港区一期工程、青山路南湖连接线等一批项目新开工。要加强对项目建设工作的协调服务和检查督促，建立完善项目建设协调机制，及时解决资金、土地、征地拆迁等瓶颈问题。全力抓好项目审批工作，强化落实联合审批制度，提高项目建设效率。加强项目前期工作，做好项目储备，尽早推动为"十二五"筹划的重大项目前期工作。要积极完善投资项目库，超前研究和策划对投资带动作用明显的重大项目。要认真学习研究国务院《关于进一步促进广西经济社会发展的若干意见》，主动加强与国家和自治区有关部门的衔接，使《意见》提出的涉及南宁市的重大项目尽快落地、加快推进、早出成效。

三要重视扩大消费。消费需求是拉动南宁经济发展的持久动力，要坚持开展"周周有会展"、"月月有节庆"等活动，带动居民消费。稳步推动住房、汽车等大宗消费，继续扩大住宿、餐饮、商贸等传统消费。要适应群众生活多样化、个性化的需要，着力培育文化娱乐、教育培训、旅游休闲、体育健身、家政护理等新兴消费热点，不断拓展居民消费领域。要认真落实好国家鼓励消费的各项政策，继续开展家电、汽车下乡及以旧换新工作。进一步改善农村消费环境，继续推进"万村千乡市场工程"、"双百市场工程"，推动大型连锁企业到农村建立网点。要努力提高城乡居民特别是低收入群体的收入，增强市民的消费能力。要引导居民转变消费观念，倡导科学的消费观念和合理的消费方式。

（三）着力做好"三农"工作，推进城乡统筹协调发展

一要全面落实各项支农惠农政策，提高农民生产积极性。要落实粮食直补、良种补贴、农机具购置补贴和农资综合直补等政策，扩大良种补贴范围，增加农机具购置补贴种类，提高补贴标准。落实粮食、油料、生猪、奶牛生产扶持政策以及粮食最低收购价政策。推进建立政策性农业保险制度，提高农业抵御风险的能力。开展"一事一议"财政奖补试点，积极探索建立国家扶持和支持下的农村劳动积累制度。

二要加快发展现代农业，增强农业综合生产能力。利用工业化手段和产业化经营方式促进农业结构优化升级和创新转型，加快现代农业发展进程。做大做强农业优势产业，重点发展壮大粮食、甘蔗、水果、蔬菜、桑蚕、食用菌、木薯、花茶八大优势产业，大力发展畜牧水产业，提高养殖业比重。要推进农业产业化经营，扶持、培育壮大一批成长性好、带动力强的龙头企业，提高龙头企业带动能力。要加快发展农业经济合作组织，提高农业组织化程度。要抓好长塘现代农业示范园等一批示范园区建设。要围绕服务中心城市，发展生态农业、休闲农业等城郊型农业。要加快林业发展，建设林业强市。

三要发挥比较优势，壮大县域经济。围绕富民、强县、奔小康目标，依托县域资源优势和产业特色，加快县域产业发展，增强县域经济实力。要加快县区工业集中区发展，推动县区工业向园区集中，打造特色鲜明、比较优势突出的县区产业园区和工业集中区。加快发展配套经济，支持发展与大中城市、大型企业集团相配套的产业集群，推动大企业与县城中小企业开展协作。鼓励城市工商企业到农村建设原料生产、加工基地，促进城市资金、技术、人才等生产要素向县域流动。培育壮大乡镇企业，有序推进小城镇建设，积极发展农村商贸、物流、旅游等服务业。鼓励发展劳务经济，推动农村劳动力转移。

四要加大农村基础设施建设力度，改善生产生活条件。要加大投入力度，以病险水库除险加固、灌区节水改造、小型农田水利和农村人饮工程建设为重点抓好农田水利建设，以通乡、通村、通屯道路为重点抓好农村交通基础设施建设，以农产品市场为重点抓好农产品流通体系建设，以改善村容村貌为重点抓好新农村生态家园建设，引导新农村建设在更高水平上开展。

（四）加快建设现代宜居城市，提升城市承载能力

一要加快建设独具特色的宜居城市。要树立"特色立城"的建设理念，加强城市规划，继续做好"树、水、山"的文章，在城市建设中彰显个性，充分展现南宁独特的南国风光、文化内涵和人文精神，推进现代宜居城市建设。要注重人与自然和谐，坚持"不砍树、不推山、不填水"，最大限度地保护自然环境和生态环境。要巩固"中国绿城"建设成果，加快建设"百里环城森林生态圈"，继续在市区开展"大种树、种大树"活动，全年要种植260万株树木。要打造"中国水城"，扎实推进城市水系建设，重点推进竹排冲水系环境综合整治工程，完成民歌湖建设，推进心圩江与可利江连通渠工程，加快打造现代亲水城市。要继续推进新区建设和旧城改造，加快南宁·中国—东盟国际商务区、凤岭北区等新区建设，有序推进"城中村"改造，改善城市人居环境。要加强城市管理，深入持久有效实施"城乡清洁工程"，推进数字化城管，提高城市管理现代化水平。要加强市容景观综合整治和美化亮化，不断改善城市景观。

二要加快五象新区建设。进一步完善五象新区规划，加快基础设施和公共服务设施建设，突出抓好五象新区堤路园等重要基础设施项目建设。要优化新区功能区设置，提升综合服务能力。要强化产业支撑，培育发展高端服务业，加快发展总部经济。要集中力量打造核心区、总部基地和金融中心区，续建和新建广西体育中心、广西艺术中心等一批重大项目。

三要加快城镇化进程。按照循序渐进、节约土地、集约发展、合理布局的原则，进一步优化区域城镇布局。加强城镇规划工作，发挥规划的引导、规范和约束作用，提高城镇发展水平。要继续实施中心城市带动战略，做大中心城市，增强规模效应。要加快推进六县县城三级城镇建设，加快把宾阳、横县、武鸣三县县城建设成为人口规模20万以上的中等城市；积极推进吴圩、六景、黎塘、那桐等四级城镇建设区建设，争取建成一批人口规模超10万的城镇。全面提升城镇公共服务和市场服务能力，充分吸纳农村剩余劳动力。推进户籍制度改革，放宽城镇户口限制，有序推动在城镇稳定就业、居住的农民转变为城镇居民。

四要加强生态环境建设。要全面实施《生态广西建设规划纲要》，推进生态南宁建设。要争创国家环保模范城市，努力实现创建国家生态园林城市目标。要加强造林绿化工作，提高全市森林覆盖率，推动国家森林城市创建工作。要抓好城市机动车、饮食服务业、建筑施工噪声和工地扬尘等污染防治工作。要加强自然保护区及生态公益林建设管理，加快推进防护林体系

建设、石漠化治理、湿地保护和恢复等重点生态工程。要加强村庄环境整治，因地制宜治理生活污水、垃圾和畜禽养殖污染。要加大城乡风貌改造工作力度，不断改善城乡整体形象。要加快建设环境监测与预警体系，提高环境监测水平。

五要加快以交通为重点的基础设施建设。加快城市公共设施建设，做好路、水、电、气等各种规划之间的衔接，统一规划、同步实施。重点加快推进城市轨道交通建设，配合做好南宁火车东站、南柳城际铁路、南广快速铁路、云桂铁路、广西沿海铁路南钦段等项目建设，协助做好新建金南铁路、南凭铁路等项目前期工作。积极推进南宁外环高速公路东扩、埌东客运站外迁等工作。协助做好南宁机场新航站区配套工程建设，做好空港经济圈规划及配套基础设施建设，打造面向东盟、面向世界的"魅力之窗"。加快西江黄金水道项目建设，建设老口和邕宁梯级水利工程、南宁港六景港区和牛湾港区及疏港通道。要在城镇和农村重点建设一批通讯、广播、供水、供电、燃气等设施项目。配合推进国道、省道干线公路提级改造，加强县域公路网络化建设。

（五）进一步推动改革创新，激发发展活力

一要继续推进重点领域和关键环节的改革。深化行政审批制度改革，推进审批授权和集中审批，加强"一站式"服务。加快实施新一轮政府机构改革。深化投融资体制改革，缩减核准范围，下放核准权限。组建新的投融资平台，推动产业结构调整和产业发展。深化财政体制改革，进一步扩大部门预算范围，建立各级财政对民生和公共服务领域投入稳定增长的机制。深化农村综合改革，扎实推进统筹城乡改革试点工作，稳步推进土地承包经营权流转，加快集体林权制度改革。深化社会领域改革，全面落实医药卫生体制改革实施方案，启动公立医院改革试点。推进文化体制改革，促进文化事业和文化产业协调发展。

二要推进创新型城市建设。要以建设区域性科技创新基地为目标，以实施科技计划项目为载体，优化自主创新环境，突出发展创新型产业，充分依靠创新要素驱动城市发展。抓好第四轮创新计划的组织实施和收尾工作，打造一批优秀科技成果，开发应用一批科技含量高、市场前景广、示范效果好的创新计划项目。加强创新平台建设，实施一批重大科技攻关计划项目。积极培育创新组织，完善技术市场和技术中介服务体系。推动全民创新，开展"创新型企业"和"创新能手"等创新系列主题活动。

（六）主动融入多区域合作，提升对外开放水平

一要大力开展"发展环境建设年"活动。目前，发展环境问题仍然是制约我市加快发展的主要因素，特别是发展的软环境亟待进一步改善。随着中国—东盟自贸区如期建成，我市的对外开放进入了新的历史时期，改善发展环境的要求更为迫切。与此同时，进一步巩固和深化创建全国文明城市的成果，也对改善发展环境提出了更高的要求。为适应新形势、新任务的要求，市委决定今年在全市大力开展"发展环境建设年"活动。全市上下要牢固树立"发展环境就是吸引力、就是竞争力、就是生产力"的观念，找准优化发展环境的切入点，创新方式方法，扎扎实实地解决发展环境中存在的突出问题，积极营造廉洁高效的政务环境、民主公正的法治环境、规范守信的市场环境、健康向上的人文环境、舒适便利的生活环境、安全稳定的社会环境和可持续发展的生态环境。通过改善发展环境，巩固、拓展和深化文明城市创建成果，提高城市文明程度，提升市民文明素质，在全方位、宽领域、多层次的开放合作中充分展示南宁开放包容的城市形象，展示文明诚信的市民形象。

二要加快对外开放步伐。充分发挥"两会"平台作用，加大招商引资力度，创新招商引资机制，优化投资环境，吸引更多的国内外客商来南宁投资发展。充分利用我市作为国家加工贸易梯度转移重点承接地的优势，积极承接产业、资金、技术、人才转移，进一步扩大我市利用外资规模，提高利用外资水平。进一步优化外来资本结构，重点引进国内外大型企业、成长型科技企业。扶持引导更多企业"走出去"，到境外特别是东盟国家投资办厂、设立营销网点和售后服务机构。调整优化出口产品结构，发展外贸出口、转口贸易、加工贸易和境外工程承包。

三要进一步深化区域合作。拓宽与东盟的合作领域，积极参与中国—东盟开放合作，推进南宁—新加坡经济走廊建设，积极参与泛北部湾经济合作及大湄公河次区域合作。要加快东盟各国联络部（办事处）基地和南宁领事馆区建设，把南宁·中国—东盟国际商务区打造成为对外交流合作的示范区。依托中国—东盟青少年培养基地、中国—东盟妇女培训中心等平台，完善与东盟的交流合作机制。进一步加强与港澳台、泛珠三角等区域的交流与合作，重点加强经贸、文化等各领域的对接。

四要积极投入广西北部湾经济区开放开发。加快编制完善我市投入广西北部湾经济区开放开发的相关规划，完善重大产业项目和重大基础设施项目布局。主动对接"北钦防"沿海城市群建设，加强与广西北部湾经济区各城市在交通与公共基础设施等方面的合作，推动区域基础设施、重大产业、信息交流等领域的合作与对接。进一步做好"北钦防"石化、钢铁、造纸、能源等产业的延伸和服务，积极发展配套产业，提高产业协作能力，拉长产业链。

（七）着力改善民生，推进各项社会事业全面发展

一要加快完善公共就业体系，积极促进就业。就业是民生之本。要实施更加积极的就业政策，大力开发就业岗位，建立健全公共投资带动就业增长的机制，进一步完善公共就业服务体系。建立健全面向困难群体的就业援助制度，重点解决零就业家庭、残疾人、低保对象、破产企业失业职工、就业困难人员和返乡农民工就业再就业问题。要完善鼓励创业的优惠政策，推进全民创业，以创业带动就业。鼓励大学毕业生到基层、企业就业和自主创业。要加大职业培训工作力度，实施特别培训计划。要加强失业调控和失业预警，建立失业预警应急预案和动态报告制度，充分发挥失业基金稳定就业和促进就业的作用。

二要加强社会保障体系建设，提高社会保障能力。社会保障是民生之基。要继续扩大社会保障覆盖范围，进一步完善城镇居民基本养老保险、基本医疗保险、新型农村合作医疗制度，积极推进农村养老保险工作。加快建立和完善"人人享有社会保险"的机制，努力提高城镇职工基本养老保险、基本医疗保险和失业保险覆盖率。加强社会救助、社会福利和优抚安置工作。不断完善救灾救济和社会救助机制，解决好受灾群众和特困群体生活困难问题。继续组织实施农村新型养老保险试点，完善并落实被征地农民的社会保障政策措施，完善城乡居民最低生活保障制度，稳步提高各项社会保障水平。

三要更加注重发展社会事业，提高公共服务水平。继续优先发展教育，推进义务教育均衡发展，全面实施素质教育，大力发展职业教育，全面完成三年职教攻坚任务。抓紧研究编制我市高等教育规划，继续推进一批大专院校新校区建设，加快推进邕江大学新校区建设前期工作。要积极吸引更多的东盟学子来邕就读，打造面向东盟的国际教育基地。要繁荣文化事业，发展文化产业，推动公共文化服务体系建设，兴起文化建设新高潮。加强文化基础设施建设，做好民歌博物馆项目前期工作，争取年内开工建设；加快推进市艺术博物馆、市民族艺术基地、市群众艺术馆改造等一批公共文化设施项目，完善县区和乡镇图

书馆、文化站网络，满足人民群众日益增长的文化需求。积极发展卫生事业，进一步提高公共卫生服务水平。要推进县、乡镇、村和社区医疗卫生服务机构建设。巩固新型农村合作医疗制度，逐步提高参合农民受益水平。深入开展“健康城市”创建活动，努力实现创建国家卫生城市目标。大力发展体育事业，积极开展群众性体育运动，进一步提高竞技体育发展水平。做好人口和计生工作，稳定低生育水平，不断提高人口素质。认真落实各项民族政策，加快民族地区经济社会发展。

四要深入推进文明城市建设，提升城市文明水平。要不断巩固深化全国文明城市创建成果，以全国文明城市文明指数测评为抓手，完善长效机制，增强创建合力，把文明城市建设活动向农村拓展、延伸，进一步提升全市文明水平。继续开展“讲文明、树新风”活动，深入开展社会公德、职业道德、家庭美德、个人品德教育，努力提升市民文明素质。大力弘扬“能帮就帮”城市精神，广泛开展多种形式的志愿服务活动。进一步发挥道德模范的榜样作用，切实加强未成年人思想道德建设，扎实推进群众性精神文明创建工作。

五要推进“平安南宁”建设，维护社会和谐稳定。稳定是硬任务，各级领导干部要切实担负起稳定这个第一责任。要集中力量解决影响社会和谐稳定的源头性、根本性、基础性问题。要继续完善矛盾纠纷排查调处机制，深入开展矛盾纠纷“大排查、大接访、大调处”活动和县（区）委书记大接访活动，把矛盾、纠纷及时化解在基层，消除在萌芽状态。要深入推进社会管理创新，进一步完善与社会主义市场经济相适应的社会管理体系，重点解决好流动人口服务管理、特殊人群帮教管理、社会治安重点地区综合治理、网络“虚拟社会”管理、社会组织管理和服务问题。积极构建“打防控”一体的立体化社会治安防控体系，有效提升对动态社会的管控能力。依法严厉打击危害国家安全、社会治安的刑事犯罪及各种黑恶势力，坚决扫除“黄赌毒”等社会丑恶现象。实施“政法民生工程”，提高群众安全感。要深入推进公正廉洁执法，进一步提高执法公信力。要始终强化安全生产管理和监督。

六要坚持为民办实事，继续解决好事关人民群众切身利益的突出问题。要把为民办实事工作制度化，坚持每年为群众办一批好事实事。今年继续实施20件为民办实事项目。加快推进城市保障性住房、农村危房改造和农村安全饮水工程建设。继续实施“减贫脱困”工程，加快实施第三批贫困村整村推进扶贫工作。

四、加强和改进党对经济工作的领导，确保全面完成2010年各项工作任务

一要把握发展大局。经济工作是党的中心工作，全市各级党委必须把领导经济建设作为头等大事抓紧抓好。特别是在当前经济发展面临较多困难的情况下，更要集中精力抓经济，真正做到把方向、抓大事、作决策，保增长、保民生、保稳定。要切实改进党委对经济工作的领导，科学研判形势，完善发展思路，明确发展目标，制定政策措施，加强检查落实，做到总揽全局、协调各方，不断提高推动科学发展、加快发展、率先发展、和谐发展的本领。

二要转变工作作风。各县区各部门各单位要增强执行中央、自治区和市委、市政府决策部署的自觉性和坚定性，紧密结合本县区、本部门、本单位实际，扎实开展工作，做到政令畅通、上下同心、步调一致。要坚持求真务实的工作作风，增强工作的责任感和紧迫感，做到戒空、戒虚、戒假、戒骄、戒懒、戒奢，全力完成好各项任务，使我们的每一项工作都经得起群众和历史的检验。要心系人民、服务群众，牢固树立马克思主义的群众观点，始终坚持党的群众路线，时刻摆正自身的位置，在感情上贴近人民群众，千方百计解决好群众反映强烈的突出问题，多办顺应民意、化解民忧、为民谋利的实事。

三要选好用好干部。要把德才兼备、以德为先的用人标准贯彻到选拔任用干部工作的全过程，体现到干部教育培养、管理监督、激励约束等各个方面，进一步形成注重品行、科学发展、崇尚实干、重视基层、鼓励创新、群众公认的用人导向，真正让想干事的人有机会、能干事的人有平台、干成事的人有地位，为推动我市科学发展、加快发展、率先发展、和谐发展提供坚强的组织保证。

四要加强协调配合。要树立全市“一盘棋”的观念，齐心协力，密切配合，相互支持，形成强大合力。各级党委和政府要切实加强组织领导，调动各方面的积极性、主动性、创造性，形成竞相发展的良好态势。各级各部门各单位要按照职责分工，高标准、高效率、高质量地完成各项工作任务。要加强沟通协作，做到遇事不推诿、不扯皮，分工不分家、补台不拆台，共同把工作做好。

（市委办公厅）

谢寿堂主任在南宁市第十二届人民代表大会第八次会议上作的工作报告（摘要）

（2010年2月24日）

2009年的主要工作

一、围绕中心、突出重点，行使重大事项决定权和监督权取得新成效

常委会紧紧围绕“保增长、保民生、保稳定，保持发展良好势头”的工作大局，认真行使重大事项决定权和监督权，着力谋划发展、服务发展、保障发展、促进发展，全力支持市人民政府应对国际金融危机的冲击，人大工作的针对性和实效性更加明显。

促进经济发展。常委会在全市开展的“项目建设年”和“服务企业年”主题活动中，认真组织代表开展调研和视察。先后有105名代表参加了年中专题调研活动，有138名代表参加了年终视察活动，有155名代表参加了专题检查活动，切实推动 “两个年”活动深入开展。在市人民政府贯彻实施积极的财政政策，广筹资金，加大投入的工作中，主动按照中央和自治区应对金融危机的总体要求和部署，及时召开会议，依法审查批准市人民政府《关于南宁建宁水务投资集团有限责任公司以投资建设与转让收购模式建设南宁市水环境综合整治工程项目的议案》、《关于调整忻城周安至宾阳新桥二级公路等三个工程项目贷款承贷银行的议案》、《关于将36个项目贷款偿还资金列入市本级同期财政预算的议案》、《关于将部分城建项目贷款偿还资金列入市本级同期财政预算的议案》、《关于南宁市城市建设投资发展总公司发行企业债券的议案》等5个筹融资议案，筹融资

金额达到143.54亿元，有效地缓解了项目建设融资难问题，有力地推动了重大建设项目顺利进行。在贯彻中央扩内需、保增长政策中，常委会认真听取和审议了2009年上半年国民经济和社会发展计划执行情况的报告，听取和审议了2008年市本级决算草案的报告和2008年市本级预算执行和其他财政收支情况审计工作的报告，听取和审议了2009年上半年财政预算执行情况的报告，审查批准了2008年市本级决算，审查批准了2009年市本级预算调整方案，对市本级128个一级预算单位的年度预算进行了审查，对市本级部门预算执行情况和政府性债务情况进行了专项检查，先后提出了完善预算编制、保证重点支出、强化预算执行、加强债务管理、大力培植财源、狠抓增收节支等建议，促进了中央和自治区系列政策的落实，推动了我市财政资金的高效安全运行。在贯彻中央1号文件精神，推动“三农”工作中，常委会认真听取和审议了我市农业生产安排和春耕生产情况的报告，适时作出了有关决议，督促政府采取措施，加大投入，调整结构，优化产业，确保粮食增产、农业增效、农民增收、农村发展。在帮助中小企业应对金融危机的冲击中，常委会认真组织对中小企业促进法开展执法检查，有力推动各级人民政府采取措施，解决中小企业发展中遇到的实际困难和问题。此外，常委会领导还按照市委的统一部署，经常深入挂点联系的重点项目和重点企业，加强调查研究，协调督促解决各种困难和问题，在推动项目建设，促进企业发展中发挥了积极作用。

推动民生改善。常委会高度关注民生，维护民利，对市人民政府“就业再就业工程”实施情况进行专项工作评议，使就业工作在金融危机冲击下出现的新矛盾和新问题得到有效解决，就业再就业工程得以顺利实施。对农村中小学校饮用水安全问题开展专题调研，引起政府高度重视，从2010年起，农村中小学校饮用水安全及工程建设，将全部列入南宁市2010—2013年农村饮用水安全工程规划中，并统一由水利部门规划建设。对华侨农林场归难侨职工的危旧房改造工作开展专题视察，推进了危旧房改造的建设步伐，到2009年底，华侨农林场归难侨职工危旧房改造任务已基本完成。对农产品质量安全问题进行专题调研，推动政府和相关部门及时制定农产品生产基地标准化生产管理制度、农贸批零市场和超市农产品质量安全检测管理制度等五个制度，农产品质量安全法在我市得到认真实施。对市人民政府为民办实事项目进展情况进行视察，推动为民办实事项目加快实施，按期完成。对市十届人大常委会第21次会议作出的关于搬迁南宁市中医院的决定进行跟踪督办，促使市中医院于2009年12月28日搬入新址。

维护社会和谐稳定。常委会把司法调解看作是事关社会和谐的重要工作，在认真调研的基础上，对市中级人民法院司法调解工作进行专项评议，有效推进司法调解工作深入开展。把信访工作看作是维护群众切身利益的重要途径，不断加强与政府信访工作部门以及法院、检察院的沟通联系，调整力量，完善制度，加大投入，信访工作的基础进一步打牢，全年共受理群众来信来访2654件(次)，协调和督促有关部门解决了一批信访群众反映强烈的问题。

关注法律法规实施。常委会先后组织开展对民事诉讼法、国务院住房公积金管理条例、南宁市公益林条例等7件法律法规的执法检查，作出审议意见书7份，提出审议意见27条，有力推动相关部门认真解决法律法规实施中存在的突出问题，确保法律法规在我市的正确实施。常委会注重创新监督方式，不断增强监督实效。在对青秀山风景名胜区管理条例开展执法检查时，将执法检查情况录制成电视专题片，真实直观地反映风景区内成功的做法和一些违法建设的情况，为组成人员的审议提供了形象素材。在加强规范性文件备案审查工作中，坚持被动审查与主动审查相结合，制定出台市人大常委会规范性文件备案审查办法，加强对各县区人大常委会备案审查工作的指导，备案审查工作逐步走上规范化轨道。

二、提高质量、突出特色，立法工作取得新进展

常委会坚持把立法工作摆在重要位置，坚持科学立法、民主立法和开门立法，立法的质量不断提高。一年来，常委会颁布实施了社会急救医疗管理条例、饮用水水源保护条例、养犬管理条例、城乡容貌和环境卫生管理条例等4部地方性法规。先后对9部法规草案进行了审议，其中，展会管理条例、河道与堤防建设管理条例经常委会三审表决通过，已报请自治区人大常委会审批。去年常委会的立法工作有几个特点：

首次开展委托立法工作。常委会通过公开招标的形式，将《南宁市志愿服务条例》委托给广西政法管理干部学院起草，迈出了委托立法的第一步，有效地解决了立法的专业性、公正性以及立法工作队伍力量不足的问题，为今后加快立法步伐创造了经验。

首次开展立法后评估工作。立法后评估是立法活动中的一个重要过程。常委会对《南宁经济技术开发区条例》进行立法后评估，填补了南宁市立法中的空白。这次评估，使立法机关既能及时掌握地方性法规实施后取得的成效，又能及时发现地方性法规在实施中存在的问题，为今后改进立法工作，提高立法质量，促进科学立法，提供了借鉴和指导。

不断推进开门立法常态化。常委会注重坚持和完善立法工作中成功的做法和经验，继续面向社会公开征集立法建议项目；继续开好立法论证会、听证会、座谈会，对法规草案进行反复论证；继续实行重要法规草案公开征集意见制度，全文公布户外广告设置管理条例（修订草案）、农村集体资产管理条例(草案)，公开征求意见，其中征集到对农村集体资产管理条例(草案)的意见、建议470多条，接待群众来访超过220人次；继续实行法规颁布施行新闻发布会制度，对新颁布施行的地方性法规进行大力宣传，进一步扩大了地方性法规的社会宣传效果；继续开展立法调研工作，先后组织开展了对爱国卫生管理、征用集体土地、房地产开发项目配套设施建设管理等7个项目的立法调研，为下一步地方性法规的制定打下基础。

三、完善程序、发扬民主，依法做好人事任免工作

常委会坚决贯彻市委的人事安排意图，主动加强与党委组织部门及提请任免机关的沟通与联系，充分发扬民主，严格依法办事，不断完善人事任免程序，认真行使人事任免权。去年，共任免地方国家机关工作人员61人次，其中，任命25人次，免职31人次，接受辞职5人次。坚持任命书颁发制度，安排新任命人员代表作履职表态发言，强化了新任命人员的法治意识、公仆意识和国家意识，实现了党管干部原则和人大依法任免的有机统一。

四、拓宽渠道、强化服务，代表主体作用得到进一步发挥

常委会把密切联系代表、增强代表履职能力、充分发挥代表作用作为经常性和基础性的工作，不断丰富代表活动内容，

拓宽代表知情知政渠道，支持和保障人大代表依法履行职责、行使职权。

继续扎实开展“三个一”活动。按照常委会的工作安排，届内每位代表至少列席一次常委会会议，参加一次常委会组织的执法检查活动，参加一次常委会组织的视察或调研活动。一年来，常委会共邀请192名代表列席常委会会议，组织96名代表参加执法检查，组织287名代表参加视察和调研活动，此外，还组织150名代表到北海、钦州、防城港三市参观考察北部湾经济区重大项目建设，组织399名代表参观考察第六届中国—东盟博览会，代表的视野得到进一步拓宽，代表的主体作用得到进一步发挥和加强。

积极为代表参政提供新平台。常委会坚持为代表征订和赠送《中国人大》、《广西人大》、《南宁人大》、《南宁政报》等杂志和学习资料，让代表及时了解国家的法律法规和政策，了解经济社会发展状况，了解市人大及其常委会工作情况。认真组织市人大代表参加相关的听证会、论证会和座谈会；支持并协助“两院”邀请市人大代表担任执法监督员，旁听法院的庭审等活动；通过代表“绿色通道”，及时向市委、“一府两院”通报代表反映的社情民意。

进一步加强与代表的联系。常委会坚持驻会常委会组成人员联系走访代表制度，共走访慰问代表200人次，及时了解代表的工作和生活情况。共召开19次代表座谈会，认真听取代表对市人大常委会工作的意见和建议，征求到有建设性意见、建议36条，推动工作不断改进。

进一步加强对代表的培训。2009年，常委会共培训代表398人次。同时，举办全市乡镇人大主席培训班，对102个乡镇的人大主席或副主席、12个县区的人大常委会分管领导进行了培训。人大代表以及基层人大工作者的素质得到新的提高。

切实加强对代表议案建议办理的督促检查。十二届人大第七次会议期间，大会共收到代表议案90件，其中主席团决定交由市人大有关专委调研的议案8件，其余82件转为代表建议、意见。常委会会议对这8件议案的调查结果进行了认真审议，作出了相关决定，并及时转交市人民政府办理。对七次会议以来收到的287件代表建议、批评和意见，也及时交市人民政府或有关组织办理。现在，陈小萍等10名代表提出的《关于加快建设南宁市体育运动学校的议案》，已经列入南宁市2010年建设项目计划；郑扬生等13名代表提出的《关于从根本上解决我市看守所超量关押问题的议案》，市人民政府和有关部门正制定方案，积极解决。去年，常委会共收到代表对办理情况的反馈意见表211份，代表对办理结果表示满意和基本满意的有201份，占反馈意见总数的95.26%。对代表不满意的办理工作，常委会将督促有关承办单位重新办理。

做好为全国、自治区人大常委会和人大代表服务工作。常委会先后为全国人大常委会、解放军的全国人大代表、台湾省的全国人大代表、驻桂的全国人大代表到南宁检查和视察提供了服务。受自治区人大常委会委托，认真组织我市选出的自治区人大代表到百色市开展年中调研。同时，为百色市选出的自治区人大代表到我市调研提供服务。此外，还认真组织区、市人大代表开展年终联合视察，为代表出席大会、审议报告和提出议案建议奠定了基础。

五、求真务实、与时俱进，自身建设得到进一步加强

深入学习实践科学发展观活动取得实效。常委会按照市委的部署和要求，突出人大特色和实践特色，精心组织，狠抓落实，扎实推进，做到以学习实践活动推进人大工作，在推动工作中深化学习实践活动。学习实践活动中提出需要整改的22个问题，已经全部整改落实，一些影响常委会职能作用发挥的突出问题得到解决，学习实践活动取得了较好成效。

业务学习取得新成效。常委会认真按照建设“学习型、创新型、服务型、法制型”机关的要求，组织常委会组成人员和机关干部学习法律知识、人大工作知识和经济、文化、科技等方面的知识。去年共举办8期法制讲座，对预算法等8部法律进行灌输式的学习培训；出版学习和宣传专栏32期，常委会组成人员和机关干部的综合素质得到提高。

人大工作得到进一步加强和改进。在市委的高度重视和市人大常委会的努力下，全市人大工作会议于2009年12月23日胜利召开，市委还作出了《关于进一步加强和改进人大工作的决定》，从而使人大常委会的工作走上了一个新台阶。会议召开以来，全市人大系统的干部培训工作已列入市委2010年干部的培训计划，人大工作的经费、代表活动的经费及市人大各专委业务经费标准普遍得到了提高，常委会组成人员的履职经费和县区人大代表活动的专用车，已经得到了落实，南宁人民会堂的表决系统、电子计票系统已经进行了全面改造。

队伍活力有了新的增强。常委会机关先后选送20多名干部到自治区党校、市党校及各类培训班进行培训，安排机关干部到基层挂职锻炼，同时接纳基层干部到市人大机关挂职锻炼或跟班学习。加大机关干部选拔任用力度，按照德才兼备原则，提拔了一批干部分别到处、科级岗位任职，向市委推荐了一批后备干部，机关干部队伍焕发了蓬勃生机。

人大宣传工作得到新加强。常委会精心组织，召开了纪念地方人大设立常委会30周年座谈会，召开了全市人大新闻宣传工作座谈会，举办了纪念地方人大设立常委会30周年文艺汇演。在继续办好《南宁人大》和《人大信息》的同时，在《南宁日报》、南宁电视台和南宁电台成功开辟《人大之窗》等专版专栏，人大宣传主阵地作用得到加强，人大制度和人大工作进一步深入人心，全社会的人大意识和民主法制意识也进一步增强。

与兄弟省区市人大的联系和交流进一步密切。常委会积极参加兄弟城市主办的人大工作座谈会、研讨会和有关交流活动，承办环北部湾城市人大工作研讨会，组织召开全市人大工作座谈会和有关专项工作座谈会，积极探讨做好新形势下的地方人大工作，认真交流加强人大监督工作的经验和做法。同时通过建立健全联系机制、工作机制、研讨机制、培训机制，加强了对县区人大工作的联系与指导，不断提高全市人大工作整体水平。

对外交往得到新拓展。常委会采取组团或参团的方式，先后到南非、摩洛哥、日本、韩国以及东盟国家和台湾地区进行友好访问。同时还接待了越南、柬埔寨等国家的地方议会代表团的来访。通过对外友好交往，开拓了视野，增进了友谊，宣传了南宁，促进了合作。

2010年的主要工作任务

一、坚持围绕发展大局，进一步增强监督工作实效

要坚持抓大事、抓重点、抓关键，把推进科学发展、促进社会和谐、全面改善民生作为监督主线，紧紧围绕市委的重大决策部署和全市工作大局进行监督。

围绕“三个活动年”和“五场攻坚战”，组织开展“两个100”的大参与、大支持和大监督活动。今年将组织常委会组成人员、市人大代表对我市100个重点企业发展情况开展专题调研；对我市100个重大投资项目的实施情况进行视察，通过调研和视察，进一步支持和促进市人民政府把这次会议确定的目标任务和工作部署贯彻好、落实好。

加强对经济运行情况的监督。重点是加强对国民经济和社会发展计划执行情况的监督，加强对财政预算和执行情况的监督，确保财政资金安排得当，投向正确。要进一步深化财政资金使用绩效的监督，支持审计机关充分发挥职能作用，促进政府预算编制和管理水平的提高。要认真听取和审议政府的专项工作报告。近期要听取和审议市人民政府关于农业生产安排和当前春耕生产、对生活和建筑垃圾以及工地土石方实施密闭化运输工作、为民办实事项目的部署、政府投资性资金使用、实施职业教育攻坚计划等专项工作报告。要对市人民政府的住房公积金管理、新型农村合作医疗开展专项工作评议，不断推进相关工作。

加强对“两院”的工作监督。重点是组织常委会组成人员听取和审议市中级人民法院行政审判工作的专项工作报告，组织市人大代表听审市中级人民法院的庭审工作，对市人民检察院的公诉工作开展专项工作评议，进一步促进公正司法。

加强法律法规实施情况的检查。要对企业国有资产法、气象法、档案法以及南宁市环境噪声污染防治条例的实施情况进行执法检查，确保法律法规在我市的贯彻实施。

加强规范性文件备案审查。认真执行市人大常委会规范性文件备案审查办法，加强督促与检查，提高规范性文件的报备率，切实维护法制的统一。

进一步创新监督方式。深入研究和把握监督工作的特点和规律，综合运用调查研究、专项审议、执法检查、代表视察等监督形式，努力推动一批涉及全局性、普遍性、倾向性问题的有效解决；建立跟踪问效督办制度，对“一府两院”落实审议意见情况，以及办理代表建议、批评和意见的情况，进行跟踪督办；建立人大监督公开制度，重视人民群众对人大监督工作的直接参与，通过将监督计划、监督过程和监督结果向社会公开等方式，接受人大代表和广大群众对常委会工作的监督；建立会议通报制度，凡规定应由“一府两院”主要领导和政府职能部门正职向常委会会议作报告的，都要求到会作报告，并将有关情况向代表大会通报，切实增强监督工作实效。

二、坚持以提高质量为重点，进一步加强和改进地方立法工作

今年常委会拟安排审议的法规有19件。其中，新制定的有爱国卫生管理条例、房地产开发项目配套设施建设管理条例等2件；计划修订的有青秀山风景名胜区管理条例、公共食(饮)具卫生管理条例、燃气管理条例、献血条例等4件；继续审议的有户外广告设置管理条例、南宁—东盟经济开发区条例、特种行业治安管理条例、城市桥梁管理条例、志愿服务条例、农村集体资产管理条例、城市园林绿化条例等7件；审议废止的有户外广告登记管理条例、城市房屋拆迁管理办法、邮政管理条例、城镇企业从业人员养老保险条例、职工失业保险条例、道路货物运输管理条例等6件。还将对南宁市地名管理、统计管理、水资源管理、地下管线管理、中小企业发展、社会医疗机构管理、城市民族工作、粮食流通管理等8个项目进行立法调研，为今后立法工作储备项目。

常委会还将根据全国人大常委会关于做好地方性法规清理工作，确保到2010年形成中国特色社会主义法律体系的要求，对我市现行的41件地方性法规进行全面清理，并在年底前基本完成清理工作。

在具体工作中，我们要正确处理法规制定和清理的关系，坚持“立改废”相结合，一手抓法规制定，一手抓法规清理，确保立法任务完成。要进一步完善立法程序，改进法规草案审议工作，提高立法的质量和效率。要继续开展和深化立法后评估工作，认真总结立法工作经验。要继续推进民主立法和开门立法，建立和完善县区人大、人大代表参与立法的工作机制；重要法规草案经过一审后，要通过人大网站和新闻媒体等多种途径，向社会公示，并征求意见；对人民群众普遍关注的法规，要召开立法听证会，反映民意，集中民智。要加强立法宣传，既注重法规草案审议过程的宣传，又要加大法规出台时的宣传力度，为法规的实施营造良好的舆论氛围。

三、坚持以推动科学发展为目标，进一步行使好决定权和任免权

要站在践行科学发展观，推动全市经济社会又好又快发展的高度，认真谋划大事、议决大事。要认真领会和把握市委的决策意图，顺应民主法制建设和经济社会发展的形势需要，加强调查研究，充分反映民意，广泛凝聚共识，通过法定程序，及时把市委的主张转化为全市各族人民的自觉行动。

要坚持党管干部和依法任免的原则，正确行使人事任免权，确保市委的人事安排得以实现。要加强对政府组成部门主要负责人任职材料的审核，加强对法官、检察官的任前资格审查，严格把关。今年对新任命的法官和检察官要试行任前法律知识考试制度；对被任命满一年的政府组成部门负责人要试行向市人大常委会作履职报告制度。要通过“两个试行”，不断增强被任命人员的法治意识、公仆意识和国家意识。

四、坚持以发挥代表作用为主线，进一步加强和改进代表工作

坚持代表的主体地位，把支持和保障代表依法履行职责作为工作的重点，不断丰富活动内容，创新活动方式，充分发挥代表作用。继续深入开展“三个一”活动，继续组织代表到北海、钦州、防城港考察北部湾经济区建设发展情况，继续组织代表参观考察中国—东盟博览会，进一步增强代表的主体意识、参与意识。积极探索开展常委会组成人员联系市人大代表，市人大代表联系人民群众的“双联”活动，进一步密切与人大代表和人民群众的联系。加强代表培训，不断提高代表履职能力和水平。认真组织代表活动，加强对代表小组活动的检查指导。继续开展代表“创先争优”活动，激励代表为我市经济社会发展建功立业。健全完善服务保障机制，适度提高代表活动经费，并做到专款专用。加强代表建议意见的督促办理，使代表意见建议中提出的问题得到有效解决。加强对代表履职成效的宣传，着力营造人大代表执行职务、发挥作用的良好氛围。

五、坚持以提高素质能力为核心，进一步加强常委会的自身建设

深入学习实践科学发展观，自觉运用马克思主义中国化的

最新理论成果武装头脑，指导实践，推动工作。要坚持和加强党的领导，切实保证党的路线方针政策和市委决策部署在人大工作中的贯彻落实。要认真贯彻落实市委《关于进一步加强和改进人大工作的决定》和全市人大工作会议精神，推动全市人大工作上新台阶。

要认真抓好培训工作。今年重点办好市人大常委会组成人员和县区人大常委会主任培训班、县区人大常委会副主任培训班、乡镇人大主席培训班，通过培训，不断提高人大代表和人大工作者依法履职的能力。

要继续加强制度建设。认真总结实践经验，适时把行之有效的做法上升为制度，不断促进人大工作制度化、程序化、规范化。继续完善常委会、各专门委员会的工作制度和议事制度，规范工作程序，提高工作效率。

要综合运用多种宣传手段，加大人大宣传和理论研究工作力度。特别是加强与市属新闻媒体的协调，充分利用各种舆论阵地，加大对民主法制建设的宣传。要继续办好《南宁人大》、《人大信息》，为做好人大工作创造良好的舆论环境。

进一步密切与自治区人大的联系，自觉接受自治区人大常委会的工作指导，积极配合全国人大和自治区人大在南宁开展的各项活动。加强对县区人大和乡镇人大工作的指导，加强与区内外兄弟城市人大的学习交流，积极开展对外议会交流工作，不断提高人大工作整体水平。（市人大办公厅）

黄方方市长在南宁市第十二届人民代表大会第八次会议上作的政府工作报告（摘要）

（2010年2月23日）

一、2009年工作回顾

过去的2009年，是进入新世纪以来发展环境和经济形势极为严峻复杂的一年，也是我市逆势而上取得辉煌成就的一年。在自治区党委、政府和市委的坚强领导下，在市人大、市政协的监督支持下，我们团结和带领全市各族人民，坚持以邓小平理论和“三个代表”重要思想为指导，以开展深入学习实践科学发展观活动为统领，以开展“项目建设年”、“服务企业年”和“党组织服务年”活动为载体，把“保增长、保民生、保稳定，保持发展良好势头”作为最大的政治和最紧要的任务，以“四个非常”克服国际金融危机蔓延加深、旱涝灾害不时发生等困难，在应对挑战中化危为机，在推进创新中破解难题，在抢抓机遇中加快发展，较好地完成了市十二届人大七次会议确定的预期目标，全市呈现经济发展好于预期、人民生活持续改善、民族团结社会和谐的良好局面，在广西的城市首位度进一步提升。

——生产总值1492.38亿元，比上年增长15%，高于预期目标2个百分点，连续8年实现两位数增长，占全区比重由上年的18.35%提高到19.38%。

——财政收入231.37亿元，增长21.03%，高于预期目标3.03个百分点，在全区各市中率先突破两百亿元，占全区比重由22.67%提高到23.93%。

——全社会固定资产投资1043.91亿元，增长50.54%，高于预期目标30.54个百分点。

——全部工业总产值1175.76亿元，增长12.13%，低于预期目标10.87个百分点。

——社会消费品零售总额757.01亿元，增长19.84%，高于预期目标1.84个百分点。

——万元生产总值能耗降低2.42%，比预期目标多降0.42个百分点；化学需氧量排放量削减4.1%，比预期目标多削减0.1个百分点；二氧化硫排放量实现零增长，完成预期目标。

——外贸出口23.84亿美元，增长50.28%，高于预期目标25.28个百分点。

——直接利用外资2.78亿美元，增长23.36%，高于预期目标8.36个百分点。

——城镇居民人均可支配收入16254元，增长12.52%，高于预期目标0.52个百分点；农民人均纯收入4521元，增长12.99%，高于预期目标2.99个百分点。

——居民消费价格总水平下降1.8%（预期目标为上涨5%左右）。

——城镇新增就业7.38万人，比预期目标多增1.38万人；城镇登记失业率3.86%，低于预期目标0.64个百分点。

——人口自然增长率8.45‰，低于预期目标1.55个千分点。

去年，我们主要抓了十个方面工作：

（一）抓项目，固定资产投资突破千亿大关。

我们在全区率先开展“项目建设年”活动，成立专门机构，千方百计落实项目，下大力气破解征地拆迁等难题，通过项目集中审批对接协调会和月月组织重大项目开(竣)工仪式等“非常措施”，加快推进重大项目建设，首次实现年度固定资产投资突破千亿元，在基数较高的情况下投资增速创14年来新高，比上年提高26.76个百分点，比预期目标高30.54个百分点，提前一年达到“十一五”规划和科学发展三年计划投资目标。年内施工项目4691个，新开工项目3713个，续建项目978个。其中，推进自治区层面统筹重大项目65个，完成投资97.85亿元；获国家下达四批扩大内需中央投资项目774个，开工项目772个，年内竣工项目301个，完成投资17.63亿元。

（二）抓内需，城乡消费保持全区首位优势。

我们紧紧抓住国家扩大内需的机会，营造商业氛围，规范市场秩序，培育消费热点。通过开展月月美食节、房产展、汽车展、消费购物节等活动，实施“万村千乡市场工程”和“双百市场工程”，推进“家电下乡”、“农机下乡”、“汽车下乡”、“乡村旅游”，促进了城乡消费快速增长，社会消费品零售总额占全区的四分之一强（其中汽车零售额114.56亿元）。全年销售商品房731.74万平方米，增长50.90%，销售额333.45亿元，增长74.26%，销售面积和销售额均创历史纪录；接待入境游客12.27万人次、境内游客3071.13万人次。物流体系初具规模，中国—东盟国际物流基地、南宁东盟国际工业原料产品物流城（华南城）、广西海吉星国际农产品物流中心等建设加快。

（三）抓出口，对外贸易逆势而上异军突起。

我们贯彻落实国家和自治区支持出口的有关政策，克服国际市场低迷外需萎缩带来的困难，帮助企业协调解决发展中遇到的问题，降低出口成本，增强抗风险能力。鼓励企业创建自主品牌、参加广交会等国内外展览会，开拓国际新市场。优化出口产品结构，扩大机电、高新技术等高附加值产品出口。去年新增出口企业200多家，全市（属地）外贸进出口总额27.88亿美元，增长49.34%。其中市属企业完成进出口24.78亿美元，增长79.81%；出口21.10亿美元，增长83.71%，占全区出口的28.48%，比上年提高6.9个百分点，为广西外贸出口增幅首次在全国领先作出了重要贡献。

（四）抓工业，完成技改投资刷新历史纪录。

我们及时出台扶持工业发展的优惠政策，安排3.50亿元工业发展资金、7亿元工业用地储备资金，用于保增长、调结构和帮助企业平稳渡过金融危机，有效遏制工业生产下滑趋势，产值增速持续回升。去年头两个月规模以上工业总产值增幅仅为5.88%，比上年同期回落18.97个百分点，到12月当月增幅回升到27.18%。全年完成规模以上工业总产值976.97亿元，增长13.49%。开展“服务企业年”活动，对250多家企业实行“一对一”、“一盯一”贴身服务，帮助企业找市场、谋发展；加大对重点区域、重点行业和重点企业的扶持力度，促进企业技术产品升级换代，提升装备技术水平，做大做强支柱产业，全年新增亿元企业31家，全市亿元企业达到224家；加大银企合作的协调力度，工业技改投资快速增长，完成191.02亿元，增长54.84%，刷新历史纪录。工业园区发展加快，全市14个工业园区（集中区）完成规模以上工业总产值506.58亿元，增长28.71%，占全市规模以上工业总产值的52%　。工业企业效益逐步好转，规模以上工业主营业务收入845.53亿元，增长16.11%；实现利税89.70亿元，增长18.67%；实现利润33.99亿元，增长14.29%。工业节能降耗成效显著，规模以上万元工业增加值能耗下降12.80%，超额完成自治区下达3.92%的任务。

（五）抓三农，农民收入增幅首超城镇居民。

我们进一步落实支农惠农政策，加大农业投入力度，将公共财政和新增财力向“三农”倾斜，市财政安排农林水支出18.20亿元，增长36.74%，高于全市经常性收入增幅24.51个百分点。农林牧渔业总产值349.48亿元，增长5.82%；农民人均纯收入增幅超过城镇居民人均可支配收入增幅0.47个百分点，实现历史性突破。农业产业结构调整力度加大，在稳定粮食播种面积、扩大良种覆盖面的同时，大力发展林业、水果、畜牧水产、食用菌等优势产业。全年粮食播种面积43.21万公顷（其中超级稻8.38万公顷），增长1.10%，粮食总产量207.60万吨，增长2.87%，再创历史新高，粮食播种面积和总产均居全区第一；水果产量104.52万吨，增长42.96%；肉类产量58.36万吨，增长6.46%。积极发展劳务经济，全市农村劳动力职业技能培训5.20万人，转移就业新增9.90万人，均超额完成全年任务。农村基础设施建设力度加大，建成农村公路566公里，实施水利建设项目871项，66座病险水库除险加固工程全部动工，完成农村饮水工程370项。城乡风貌改造一期工程进展顺利，落实资金2.21亿元，完成南百高速和机场高速公路沿线73个行政村、1个园艺场共7934户的房屋外墙改造202.73万平方米、坡屋顶改造10.52万平方米。

（六）抓城建，提升中国绿城建设中国水城。

我们加快城市基础设施建设，全年城建投资完成243.93亿元，其中基础设施建设完成132.81亿元，增长69.30%，为历史最好成绩。完善城市规划体系，《南宁市城市总体规划（2008—2020年）》通过自治区审查，上报国务院待批；《南宁市土地利用总体规划（2006—2020年）》大纲已获国土资源部批复；《南宁港总体规划》通过交通运输部和自治区政府联合审查；中国水城、城市综合交通、电力、铁路枢纽等重点专项规划编制完成。城市路桥、供电供水等基础设施建设加快，南宁大桥、长湖立交桥建成通车，城市轨道交通工程试验段开工建设；电网建设完成投资23亿元，供电能力较上年提高近50%；供水技改力度加大，供水能力和可靠性得到提高。五象新区建设加快，广西体育中心主体育场基本建成；广西城市建设规划展示馆、铜鼓博物馆、美术馆等重大公益性项目开工建设。凤岭片区建设初具规模，中国—东盟国际商务区基本建成；火车东站等一批重大项目动工建设。生态文明建设扎实推进，进一步做好“树文章”和“绿文章”，植树212.30万株，创建“国家森林城市”，提升中国绿城形象；启动“中国水城”建设，做好“水文章”，18条城市内河综合整治持续推进，南湖—竹排冲水系环境综合整治、民歌湖工程动工建设；市县污水处理和垃圾无害化处理项目扎实推进，制糖、淀粉、酒精、造纸等行业节能减排成效明显，荣获环境保护领域最高社会性奖励——中华宝钢环境奖。城市管理机制进一步健全，充分发挥“数字城管”功能，深入开展“城乡清洁工程”，城市管理工作迈上新台阶。

（七）抓改革，投融资平台建设实现新突破。

我们积极探索发展新思路、新办法，推进体制机制改革，不断增强经济社会发展的活力和动力。深化投融资体制改革，组建建宁水务投资集团、城建投资集团、交通水利公司、产业投资公司等投融资平台，全年项目融资362.98亿元，比上年多222.40亿元；建宁水务集团成功发行7年期8.50亿元企业债券，实现我市企业发债零的突破；城投总公司10年期15亿元企业债券发行工作按计划推进。创新工业园区（集中区）基础设施建设资金筹措模式，采取“市统贷、县（区）用县（区）还”方式，获批19.06亿元贷款。创新城建工作理念，以BT、BOT模式引入大企业参与城市基础设施和拆迁安置房建设，开展政府投资项目利用社会资金试点；推行非经营性政府投资项目代建制。深化财政体制改革，扩大部门预算范围，加强政府非税收入收缴管理；加快财税库银横向联网建设，推进国库集中支付改革，在市本级预算单位全面推行公务卡结算方式；创新政府采购管理体系；建立各级财政对民生和公共服务领域投入稳定增长机制。深化农村综合配套改革，积极发展多种形式的适度规模经营，增加农民土地收益和财产性收入；扩大集体林权制度改革试点，完成外业勘界43.40万公顷、发证26.67万公顷，超额完成自治区下达的任务。

（八）抓开放，区域性国际城市迈出新步伐。

我们仅用不到一年时间，建成南宁保税物流中心并通过国家验收，实现封关运作，使我市发展外向型经济翻开了崭新的一页。深化多区域合作，利用中国—东盟博览会平台，扩大与东盟国家经贸往来；利用桂港、桂澳、桂台和泛珠三角省会城市经贸合作平台，扩大港澳台和珠三角地区企业在我市的投资规模，成功引进华润中心等一批大项目落户南宁。全市共引进内外资合同项目889个，合同引进资金848.70亿元，实际到位资金451.91亿元。深化对外交流，国际城市重要标志之一的外国领事机构增多，驻邕总领事馆达5个，在国内城市排第五位，领事馆区一期工程竣工，柬埔寨、老挝和缅甸总领事馆入驻办公；组团到缅甸等国进行友好访问，赴印尼和越南参加商品博览会和旅游节，推动与东盟国家的经贸旅游文化交流；与缅甸仰光市、美国商业市缔结国际友好城市关系，与缅甸内比都市等4个外国城市建立友好交往城市关系；2009泛北部湾经济合作论坛、“走进北部湾—2009年海外华商合作开发广西北部湾经济区大型活动”、中国—东盟自由贸易区论坛等国际性活动先后在南宁举行。

（九）抓民生，各项社会事业取得新进展。

我们坚持以民为本，努力让全市人民享受到更多的发展成果。一是深入实施民生工程，市本级安排民生支出资金33.90亿元，占一般预算支出的34.42%。基本完成20件为民办实事项目；加强就业信息发布和就业指导，开展职业培训和职业介绍，公共就业服务体系进一步完善；加强社会保障体系建设，把在校大学生纳入城镇居民基本医疗保险范围，启动新型农村养老保险试点，基本实现社会保险政策上的全覆盖，首创住房公积金可用于重大疾病治疗补助；加大扶贫开发力度，第二批"整村推进"帮助4.5万名贫困农民脱贫；加强库区移民安置点基础设施建设，移民生产生活条件得到改善。二是科技支撑作用日益突出，组织实施产业重大科技专项10项，新增国家高新技术企业33家，列入广西创新型企业8家，取得科技成果692项、增长29.59%，有15项获自治区科学技术进步奖，连续五次被评为全国科技进步先进市，被确定为全国科技进步示范市。三是教育事业得到优先发展，义务教育的保障能力得到提高，全市有62.73万名农村、18.83万名城市义务教育阶段学生和2.58万名进城务工农民子女享受国家"两免一补"政策；学校办学条件进一步改善，校舍安全工程全面启动，10所学校新校区陆续开工建设；大力实施职业教育攻坚计划，中等职业教育基础能力明显增强。四是文化建设成绩显著，成功举办"大地飞歌晚会"等多场重大演出活动，《旅店夜话》荣获第三届全国小戏小品大赛专业组一等奖；实施文化惠民工程，丰富群众文化生活；文化遗产保护得到加强，举办南宁兵变纪念展；文化市场健康发展。五是卫生事业不断发展，创建国家卫生城市通过自治区复检；三级医疗卫生网络基本建立，覆盖城乡的医药卫生服务体系基本形成；较好应对了甲型H1N1流感疫情。六是体育事业进一步发展，公共体育设施得到改善；成功举办了国际龙舟邀请赛、第九届少数民族传统体育运动会等体育赛事；我市运动员在第十一届全运会上夺得1.5枚金牌、1枚银牌和0.5枚铜牌。七是人口计生工作稳步推进，人口自然增长率低于年度控制指标。

（十）抓和谐，首府社会稳定城市再获殊荣。

一是精神文明建设成效显著，荣获"全国文明城市"和"全国未成年人思想道德教育工作先进城市"等称号，文明创建活动不断延伸和拓展。二是"平安南宁"建设扎实推进，坚持开展矛盾纠纷"大排查"、"大调处"、"大化解"和领导干部"公开大接访"活动，坚持24小时开通"12345"市长公开电话，加强行政复议工作，畅通群众诉求渠道，设立群众信访救助专项资金；有效预防、依法严厉打击各种违法犯罪活动；确保了新中国60周年大庆、"两会一节"等重大活动圆满举办，荣获"全国社会治安综合治理优秀地市"称号，社会保持和谐稳定。三是依法行政工作得到加强，严格按照规定程序起草、审议、发布文件，提请审议地方性法规草案3件，出台政府规章7件、规范性文件46件。对市政府制发现行的54件政府规章、500多件规范性文件进行清理，废止政府规章3件、规范性文件181件。公布了市、县（区）、乡镇（街道办）三级行政审批项目目录。办复市人大议案及代表建议268件、市政协提案425件。四是安全生产形势平稳，全市各类伤亡事故起数、死亡人数分别下降13.07%、7.47%，控制在自治区下达的事故指标内，未发生重大及重大以上生产安全事故。五是应急管理得到加强，建设应急管理体系和组织体系，落实应急管理"一案三制"，应对突发公共事件能力得到提高。

一年来，我市民族、侨务、宗教、监察、审计、统计、人防、农机、供销、地震、新闻出版、档案、地方志、老龄、社会科学、机关事务管理、工会、共青团、妇联、科协、残联等部门和单位都做了大量工作。国家安全、金融、保险、税务、通信、邮政、供电、烟草专卖、工商、食品药品监督、质量技术监督、气象、铁路、民航、海关、海事、边防、检验检疫等中央、自治区驻邕单位，为我市经济社会发展提供了有力保障，做出了积极贡献。

在充分肯定成绩的同时，我们也清醒地看到存在的问题：一是经济总量规模不够大，工业发展不够快，对全市经济的拉动力不够强；二是项目前期工作不够到位，轨道交通、老口航运枢纽、铁路等一些重大项目建设与预期进展有较大差距；三是县域经济较弱，各县区发展不平衡，城乡差距比较大；四是发展环境不够完善，少数干部作风不实、效能不高，激励干部的措施还不够健全；五是民生保障及社会事业等方面的工作与加快发展的要求还不相适应，特别是在新区建设中，教育、卫生等配套设施跟不上，优质资源严重不足。对这些问题和不足，我们要高度重视，努力用创新的思维、实干的作风、扎实的措施，认真加以解决。

二、2010年工作总体要求和目标任务

2010年市政府工作的总体要求是：**全面贯彻党的十七大和十七届三中、四中全会精神以及中央和自治区经济工作会议、市委十届九次全会精神，以邓小平理论和"三个代表"重要思想为指导，深入贯彻落实科学发展观，认真落实国务院关于进一步促进广西经济社会发展的若干意见，紧紧抓住国家实施新一轮西部大开发和中国—东盟自由贸易区建成等机遇，以调结构、促转变、增实力、重民生、建和谐为着眼点和着力点，深入开展"项目建设年"、"服务企业年"、"发展环境建设年"等主题活动，全力打好工业经济振兴、五象新区开发、产业园区建设、交通基础设施完善、"中国水城"建设五场攻坚战，加快推进"三基地三中心"建设，统筹城乡协调发展，全面完成"十一五"规划和科学发展三年计划各项工作任务，保持和扩大经济社会发展良好势头，加快建设区域性国际城市和广西"首善之区"。**

2010年我市经济社会发展的主要预期目标是：**生产总值增长14%；财政收入增长18%；全社会固定资产投资增长30%；全部工业总产值增长16%；社会消费品零售总额增长17%；外贸出口总额增长10%，外商直接投资增长15%；万元生产总值能耗降低2%；化学需氧量排放量削减2%，二氧化硫排放量不增加；城镇居民人均可支配收入增长12%，农民人均纯收入增长10%；居民消费价格涨幅控制在5%左右；城镇新增就业6万人，城镇登记失业率控制在4.50%以内；人口自然增长率控制在10‰以内。**在实际工作中，我们提出了更高要求，朝着更高的工作目标去努力。

三、2010年主要工作部署

实现今年经济社会发展目标，我们必须全力做好以下十个方面工作。

（一）以项目建设为载体，保持投资对经济增长的强劲拉动

深入开展"项目建设年"活动，采取"四个非常"，全力推进项目建设，拓展投资领域，优化投资结构，形成以项目带投资、以投资促增长的良好局面。今年要确保全社会固定资产投资增长30%，力争增长40%，完成投资1480亿元，充分发挥投资对经济增长的拉动作用。

一要着力抓好协调推进。推行"四级协调机制"（市委市政府主要领导、市政府分管领导、市固投办、非常驻工作组），落实"五项工作责任制"（市领导联系重点项目、年度投资工作、职能部门工作、投资项目业主、征地拆迁安置工作责任制），完善"九大工作机制"（项目建设协调推进、前期统筹、并联审批、资金筹措、用地保障、招标投标、项目评估、领导联系、督查问责工作机制），坚持项目推进会、对接会、协调会等例会制度，及时解决项目建设过程中遇到的问题，全力推进　100个重点建设项目、100个重点前期项目建设。实行项目动态管理和梯次推进，月月组

织重大项目开(竣)工仪式,确保当年项目按期或提前竣工、分年度项目每月有形象进度。

二要着力抓好用地保障。争取土地利用总体规划早日获批,为经济社会发展提供用地规划依据。强化项目落地服务,加强征地拆迁和清理闲置土地,加大用地报批和批后实施力度,提高供地率。进一步完善统筹推进征地拆迁工作制度,强化城区、开发区的征地拆迁主体责任,加强部门协调联动,探索业主与政府配合开展征地工作新模式。继续完善拆迁安置补偿政策,创新安置模式,积极引进社会资金加快安置房建设,努力做到"先安置、后拆迁"。建立征地拆迁争议调处和裁决机制,妥善解决征地拆迁历史遗留问题。坚决制止违法占地、违法建设。

三要着力抓好项目储备。加大项目前期工作经费投入,成立固定资产投资前期工作服务中心,提高项目申报、审批效率。准确把握投资方向和重点,加强投资项目的筹划、选择、组织、上报工作,积极储备城市基础设施建设、产业发展、社会事业发展、民生改善等方面的重大项目,推动市、行业主管部门以及县区(开发区)三级投资项目库建设,充实、完善重点项目库,做到重点项目建设一批、申报一批、论证一批、储备一批。

四要着力抓好项目融资。高度重视项目资金的落实,保障重大项目建设资金需求。加大申请扩大内需新增中央投资项目的工作力度,积极争取中央和自治区资金。深化政银企合作,筛选一批重大基础设施项目、产业项目向银行推荐,争取银行增加贷款投放。推进国有投融资平台建设,进一步完善机制,着力提高其投融资能力;拓宽投融资渠道,抓好城投总公司发债等融资工作。加强政府引导,鼓励各种社会资本参与市政项目、社会事业和其他公益性项目建设。

五要着力抓好项目招商。创新招商理念、招商方法和招商模式,增强项目招商的针对性和实效性。采取"点、面"结合,推进大招商、招大商。在"点"上,紧盯有投资意向的大公司、大集团,积极沟通、寻求合作,提高招商成功率;在"面"上,依托我市区位和资源优势,根据园区产业发展方向,推进产业园区、产业链整体招商,着力引进产业关联度大的好项目,促进产业集聚和产业结构优化升级。抓好已签约项目"大兑现",并形成常态化管理,不断提高项目的履约率、开竣工率和资金到位率。

六要着力抓好制度建设。加强政策研究,进一步规范项目建设和管理。建立和完善政府投资项目管理、项目资金管理、项目评估咨询、施工单位招投标采购、管线迁移补偿等办法,加强对政府投资项目业主和中介机构的规范管理,建立施工、监理单位企业诚信考评体系,完善政府投资项目代建制。

(二)以构建区域性先进制造业基地为核心,打好工业经济振兴和产业园区建设攻坚战

把做大做强做优工业作为我市调整经济结构、转变经济发展方式、增强可持续发展能力的核心战略和主导方向,深入开展"服务企业年"活动,加快构建区域性先进制造业基地,实现工业发展新突破。今年全部工业总产值要达到1460亿元,亿元企业达250家,力争工业技改投资完成268亿元。

一要大力提质量。实施质量兴市战略,贯彻国务院《质量振兴纲要》,以企业为主体,以深入实施技术标准战略和名牌发展战略为载体,加强公共检验检测平台、质量诚信体系、质量法制和人才队伍建设,强化质量工作在转变经济发展方式、应对市场竞争、提高自主创新能力、节约资源能源等方面的基础保障功能,提升产品质量、工程质量和服务质量。鼓励争创中国名牌、广西名牌。

二要大力增投入。今年除继续安排7亿元工业用地储备资金、3.50亿元工业发展资金外,新安排30~40亿元资金支持工业重大项目建设。探索重大产业项目投资新模式,以产业投资公司为载体,通过财政资金三年共100亿元的引导性投入,培育战略产业,加快铝加工、机械装备制造等重点产业的结构调整和优化升级。

三要大力壮产业。坚持以大项目带动大产业,继续实施"百项工业项目建设工程",重点推进南南铝加工公司20万吨大规格高性能铝板带型材、广发重工和南化公司整体搬迁、五菱桂花公司中重型专用车等重大工业项目建设。着力抓好一批项目前期工作,加快推进广西中烟公司80万箱卷烟、玉柴专用汽车公司重型作业车等项目开工建设;继续推进绿洲化工30万吨氯碱、南宁电厂2×66万千瓦发电机组、劲达兴公司20万吨纸和9.80万吨桑枝浆、永凯大桥纸业公司20万吨纸、锦虹公司搬迁改造等一批在建项目;确保广发重工公司提高加工能力一期工程、八菱科技公司15万套中冷器、燎望车灯公司100万(台)套汽车灯具总成等项目年内建成投产,形成工业新的增长点。

四要大力强企业。深入实施"工业扶优扶强工程"和"亿元工业企业建设工程",推进我市重点行业企业联合重组,支持引进中央企业和国内外知名企业与我市企业联合重组,打造产业旗舰;推动优势企业上规模、向更高层次发展,加速培育年销售收入超100亿元、超50亿元的大集团、大公司。大力实施中小企业成长计划,在信贷贴息、技改投入、自主创新等方面加大扶持力度,鼓励中小企业向"专、精、特、新"及为大企业配套发展,力争今年新增100家规模以上工业企业。

五要大力建园区。抓好工业发展规划,优化工业布局,本着"突出特色、错位发展"的原则,推进开发区、工业集中区和特色园区建设。今年工业园区全部工业总产值要突破720亿元(其中高新区突破250亿元,经开区突破120亿元),增长35%以上。鼓励创建"园中园",积极探索以企业为主体的园区开发机制,完善"市统贷、县(区)用县(区)还"的融资模式,加快园区基础设施和标准厂房建设。全年园区基础设施建设完成投资60亿元以上,建成工业标准厂房40万平方米以上。加快推进2个自治区重点支持工业园区和8个特色产业园区建设,力争铝加工、生物制药、农副产品加工、轻纺加工等园区年内初具规模;启动机械制造和光电产业园的规划建设,争取一批企业落户;完成化工产业园前期工作,争取中国留学人才创业园落户南宁。切实保障园区工业用地,安排园区工业项目用地指标500公顷以上。

六要大力降消耗。积极发展低碳经济,推进节能技术改造,切实抓好节能减排工作。严格控制高污染及高耗能源、资源项目,严格执行固定资产投资项目合理用能评估审查制度,积极推进规划和项目环境影响评价,从源头控制增加落后产能,防止环境污染和生态破坏。加快关闭、淘汰落后产能,60家重点耗能企业节约标准煤15万吨以上,规模以上工业增加值能耗下降3.92%以上。大力发展循环经济,建设再生资源基地,创建国家循环经济示范区。推动使用新型墙体材料。

(三)以建设现代宜居宜商城市为方向,打好"中国水城"建设和五象新区开发攻坚战

要集中力量,重点突破,力争完成城建投资270亿元,加快打造"水城"景观,进一步提升"绿城"形象。

一是抓规划,促管理。进一步加强新区规划,完善旧区改建规划,注重人与自然和谐,做好"树、水、山"的文章,坚持"不砍树、不填水、不推山",最大限度地保护自然风貌和生态环境,在城市建设中彰显个性,充分展现南宁独特的南国风光、民族特色和城市文化。完成一批专项规划、控制性规划、修建性详细规划。加强规划管理,强化规划执法。深化数字化城管工作,深入持久有效地实施"城乡清洁工程",加强市容景观综合整治,防

止“五乱”反弹。

二是建“水城”，造景观。深化“中国水城”专题规划研究，整治河道、连通水系、开挖湖泊，提高水面率，搞好水环境建设。加快江、河、湖、塘环境的综合整治，重点推进“中国水城”建设项目一、二期工程，确保南湖—竹排冲—民歌湖、心圩江—可利江连通蓄水，构建“水畅、湖清、岸绿、景美”的城市核心水系景观，年内完成投资23.84亿元。加快18条城市内河综合整治。抓好邕江两岸改造建设，绿化、美化、彩化邕江河道。加强水源地保护，加大水源地及其汇水区污染治理力度，保证城市用水安全。建立健全城市防洪排涝减灾体系，新建邕宁防洪工程。

三是拓新区，改旧城。安排53亿元集中建设五象新区基础设施，迅速形成投资量，形成大工地。推进平乐大道、玉洞大道、八尺江大桥等一批重点路网续建项目和蟠龙片区、龙岗片区路网新开工项目建设；推进广西体育中心(二期)、广西艺术中心、北部湾国际总部大厦、沿海铁路总部基地、温州商会工业基地总部、中石油生活基地等一批重大项目建设，掀起总部基地开发、蟠龙片区房地产开发和龙岗片区整体开发新高潮；加快新区电力、给排水、电信等公共基础设施建设，为中国—东盟物流园区尽快投入使用及各企业、机构总部入驻提供配套服务。同时，加快凤岭北片区路网建设，完成中国—东盟国际商务区路网工程。按照“综合改造、统筹发展，政府主导、市场运作”原则，积极推进以骑楼城为中心的朝阳片区和邕江两岸重要景观带的旧区改建；对没有保护利用价值的其他旧城逐步实施成片改造；推进“城中村”改造试点。

四是治生态，美环境。加大环境综合整治与保护力度，积极推进“生态南宁”建设，争创“国家环保模范城市”，努力实现创建“国家生态园林城市”和“国家森林城市”目标。实施邕江环境综合整治，抓好城市机动车、饮食服务业、建筑施工噪声和工地扬尘、泥头车等污染防治工作。续建城镇生活垃圾综合处理工程，完成埌东污水处理厂三期工程，加快雨污分流管网建设，市区污水集中处理率达85%。加快园林绿化建设，抓好住宅小区、机关庭院的绿化美化工作，续建青秀山营造林工程、凤岭儿童公园、体育休闲公园，新建青秀山森林植物园，年内增种260万株树木，巩固提高“中国绿城”建设成果。

(四)以构建区域性国际综合交通枢纽为目标，打好交通基础设施完善攻坚战

推进立体化现代交通体系建设，加快完善我市对外交通、北部湾经济区内交通、市域及市区交通基础设施，打造便捷、畅通的交通网络，力争年内完成投资230亿元以上，全面掀起交通建设新高潮。

推进城市交通基础设施建设。重点抓好南宁至武鸣城市大道、长堽路、青山路南湖连接线、凤岭南路、物流大道等内连外畅的14个城市主干道项目建设，力争完成年度投资28.70亿元。加快推进凌铁大桥等跨江桥梁项目、快环综合交通整治三期、部分道路交通设施完善等工程建设。继续推进城市轨道交通试验段建设，力争年内一号线全线开工。实施公交优先战略，增加和改造公交场站及服务设施；增加公交车数量，发展空调公交车，试点推行燃油公交车改用压缩天然气。

推进公路及运输场站建设。配合推进新外环高速、六景至钦州港高速公路项目建设，开工建设来宾至马山、马山至平果、武鸣至平果二级公路、柳南高速公路扩建等项目。推进建设通乡油路、通村水泥路、渡改桥、客运站等农村公路项目，在6个城区实现村村通水泥路目标，在6个县建设250公里通屯水泥路；实施农村公路基础设施安全隐患专项治理工程，完善农村公路的安全配套设施，改造重点路段危桥。加快西乡塘客运站、货运南站等公路主枢纽运输场站项目建设，新开工建设六景汽车客运服务中心。

推进铁路、民航建设。配合推进南宁市境内铁路项目建设。续建柳州至南宁客运专线、南宁至广州铁路、广西沿海铁路南宁至钦州段、黎塘至钦州段4个项目，新建云桂铁路、南宁东站、南宁至金城江铁路和南宁至凭祥铁路4个项目，力争完成年度投资133.50亿元。配合加快南宁吴圩国际机场新航站区一期工程续建，力争完成年度投资15亿元。

推进黄金水道建设。加快完成郁江老口航运枢纽、南宁港中心城港区牛湾作业区一期工程、六景港区六景转运站作业区和八联联营厂作业区工程等10个项目前期工作，力争下半年全面开工建设；继续推进邕宁水利枢纽工程项目前期工作。力争完成年度投资6.50亿元。

(五)以打造区域性特色农业基地为抓手，推进社会主义新农村建设

加快发展现代农业。落实粮食直补、良种补贴、农机具购置补贴和农资综合直补等各项支农惠农政策，充分调动农民发展农业生产的积极性。重点发展粮食、甘蔗、水果、蔬菜、桑蚕、食用菌、木薯、花茶等八大产业。始终把粮食生产放在首位，确保粮食播种面积稳定在42.80万公顷以上，产量达206万吨以上，优质稻占粮食总播种面积85%以上。发展特色产业，以“一乡一业”、“一村一品”为目标，做大做强林业、水产畜牧业、农产品加工业三个百亿元产业。推进农业产业化经营，扶持、培育壮大一批成长性好、带动力强的龙头企业。大力发展农民专业合作社、农业农村各种社会化服务组织，提高农业生产经营组织化程度。围绕服务中心城市，积极发展生态农业、休闲农业等城郊型农业，重点抓好长塘示范园等一批现代农业示范园区建设。鼓励蔗区提高甘蔗砍收的机械化水平。做好动植物防疫防灾和抗旱防涝防冻工作。

加快发展县域经济。大力发展县域工业，推动县区工业向园区集中，打造特色鲜明、比较优势突出的县区产业园区和工业集中区。大力发展配套经济，支持为城市服务和大型企业配套的产业集群发展，推动大企业与县域中小企业开展协作；鼓励城市工商企业到农村建设原料生产、加工基地，促进城市资金、技术、人才等生产要素向县域流动。大力发展劳务经济，推动农村劳动力转移。培育壮大乡镇企业，积极发展农村商贸、物流、旅游等服务业。推进沿西江经济带建设，按照“整体规划、分步实施，基础先行、产业集聚”的思路，逐步将其打造成为全市经济新的增长带。

加快建设农村基础设施。突出新农村建设，科学编制新农村建设规划，全面实施产业培育、农村公益事业、环境卫生整治、农村社会管理等工程，采取“一村(屯)一策”办法，改造100个自然村，使之成为新农村建设的示范村。突出农村水利建设，对100座小型病险水库进行除险加固，实施600公里中小型灌区渠道防渗和节水改造，解决18万农村人口饮水安全问题。突出农村危房改造，在马山、隆安、宾阳、横县进行试点，筹措7000万元改造农村危房。加大农村电网改造力度。加强库区移民安置点基础设施建设。

加快推进城镇化步伐。开展乡镇总体规划和土地利用总体规划编制工作，加强村屯建设规划。加大对城镇建设的资金投入，重点推进道路、供水、通信、电力等基础设施建设。放宽城镇户籍限制，把符合条件的农业人口逐步转移到城镇就业和落户，提高城镇化水平。继续实施城乡风貌改造，按照“政府引导、群众参与、规划先行、示范带动”原则，继续推进南百高速公路沿线城乡风貌和土地整治工程，同时对柳南、南北、南梧、都南高速公路沿线500米可视范围内135个村屯的农民房屋实施外立面、坡屋顶改造，建设30个城乡风貌改造示范村，营造和谐宜人的城乡环境。

（六）以中国—东盟自贸区建成为契机，打造商贸物流基地和金融、信息交流中心

推进商贸基地建设。加快发展现代商贸业，优化商贸业结构和布局。进一步提升朝阳商圈，完善埌东凤岭商圈，规划建设五象新区商圈，加快建设邕江沿岸商贸带、快速环道商贸带；扶持中国—东盟国际商务区商业街建设，使之充分体现12国特色，成为“永不落幕的中国—东盟博览会”。鼓励发展电子商务、连锁经营等新型业态，改造和提升传统商贸业。加快培育一批面向东盟市场的大型商贸企业，建设农产品、林产品、工业产品、工业原料等一批大型专业市场，形成区域性大宗消费品集散地和交易中心。统筹城乡市场发展，建设现代农村商贸流通网络。

推进物流基地建设。加快发展现代物流业，整合中小物流企业，培育第三方物流，着力培育一批辐射国际市场的物流龙头企业。加强中国—东盟国际物流基地和江南、安吉物流园等重点物流园区建设，加快南宁东盟国际工业原料产品物流城、广西海吉星国际农产品物流中心等一批重大物流项目建设。下大力气抓好南宁保税物流中心建设，力争年内完成二期工程；完善运行机制，加快招商入区、产业聚集，尽快形成物流规模；申请设立邕州海关和南宁检验检疫局，抓好28平方公里的保税物流基地建设，力争两到三年实现向综合保税区过渡。

推进金融中心建设。制定促进金融业发展的政策措施，进一步优化金融业发展环境。深入实施“引金入邕”战略，大力引进银行、保险、证券、期货、基金等各类机构入驻；积极发展小额贷款公司、村镇银行和农村资金互助社等地方金融机构，进一步完善金融服务体系。加强国有投融资平台建设，推动企业上市和债券融资工作，鼓励支持场外交易市场建设，活跃区域初级资本市场。抓住中国—东盟自贸区机遇，积极争取成为跨境贸易人民币结算试点城市，打造区域性货币结算中心。

推进信息交流中心建设。打造“数字南宁”，建设“无线城市”，提升城乡信息基础设施水平。加快基础性公共信息平台建设，加强区域信息资源的开发、整合和利用，推动跨部门、跨行业、跨领域信息共享与应用。加快物流公共信息平台建设，推进物流电子数据交换的普及和应用，争取成为“国家电子商务城市”。加快电子口岸平台建设，提高口岸监管效率和通关速度。推进城乡综合信息网络和服务中心、中国—东盟信息大厦、政务地理信息共享平台等一批重大项目建设，推进电子政务、信息交流等信息技术标准规范建设，建立信息安全测评中心。

推进消费扩大和结构升级。围绕重要节日、重大活动、消费热点及消费旺季，积极开展各类促销活动。落实国家鼓励消费的政策，做好“家电下乡”、“汽车下乡”工作；实施“万村千乡”、“双百市场”等工程，推动现代流通方式向农村延伸，进一步激活农村消费市场。充分发挥农村农产品流通协会的作用，拓宽农产品流通渠道，有效解决农产品销售难问题。

推进房地产、旅游、会展业发展。严格执行房地产市场准入和退出制度，加强房地产项目批后监管和闲置土地处置，增加住房供应，改善供给结构，促进房地产市场平稳健康发展。加强旅游基础设施建设，推进大明山、昆仑关、青秀山等一批重点景区改造升级，抓好旅游线路开发、旅游产品营销，大力发展特色旅游，打造区域性国际旅游目的地和集散中心。积极发展会展业，开展系列大型专业会展活动，力争引进1~2个品牌展会。

（七）以深化改革创新为推手，进一步增强发展动力和活力

深化行政事业管理体制改革。抓好新一轮政府机构改革，切实转变政府职能。深化行政审批制度改革，推进审批授权和集中审批。加强政务服务中心建设，完善重大项目引进“绿色通道”、重大项目并联审批制度和“一站式”服务，逐步推行审批管理“零收费”制度。推进事业单位分类改革，创新事业单位管理机制。推进文化体制改革，促进文化事业和文化产业协调发展。全面落实医药卫生体制改革实施方案，启动公立医院改革试点。

深化经济管理体制改革。推进国有资产管理体制改革，完善国有资产监管和授权经营制度，加大国有企业改革改制工作力度，完成一批困难国企的改革任务。深化财政体制改革，进一步扩大部门预算范围，建立各级财政对民生和公共服务领域投入稳定增长机制。全面启动县区公务卡结算方式改革。推进投融资体制改革，推动国有投融资平台公司稳健运营。

深化统筹城乡改革。打破城乡分割格局，实行城乡一体规划的管理新体制，建立城乡统一的户籍管理制度。推动城市基础设施及公共服务向农村延伸，逐步建立城乡一体的劳动用工和社会保障体制。推进城乡社会事业发展一体化，深化农村卫生体制改革，推进新型农村合作医疗建设。深化农村综合改革，稳步推进土地承包经营权流转，加快集体林权制度改革。

深化创新型城市建设。编制实施《国家科技进步示范市建设发展规划》，充分依靠创新要素驱动城市发展。抓好第四轮创新计划的组织实施和收尾工作，开发应用一批科技含量高、市场前景广、示范效果好的创新计划项目。加快区域科技创新基地和创新体系建设，优化自主创新环境，培育创新型企业和产业。继续实施工业产业科技创新、农业产业科技创新、民生发展科技支撑、节能减排科技攻关和知识产权战略工程，突破一批核心技术和关键共性技术，提高产业技术水平。开展“创新型企业”、“创新能手”主题活动，推动全民创新。

（八）以扩大开放合作为依托，努力提升城市竞争力和影响力

加快“引进来、走出去”步伐。优化发展环境，创新招商机制，以招大引强为中心，吸引更多实力雄厚的国内外大企业和大商家来邕发展。发挥我市作为中国—东盟自贸区节点城市、国家加工贸易梯度转移重点承接地的优势，积极承接产业、资金、技术、人才转移，千方百计扩大我市利用外资规模；抓住桂台经贸合作论坛再次在台北举办之机，加大入岛招商引资力度，提升邕台经贸合作水平。引导扶持更多的企业“走出去”，到境外特别是东盟国家投资办厂、设立营销网点和售后服务机构，开展境外承包工程等国际经济合作业务。积极调整优化出口产品结构，提高机电产品、高新技术产品出口比重，加快发展加工贸易和转口贸易，不断扩大市场份额与出口规模。

深化多区域合作。依托中国—东盟青少年培养基地、妇女培训中心等平台，进一步深化与东盟各国的交流合作。完善南宁领事馆区基础设施建设，为更多国家驻邕领事机构入驻创造条件。完成中国—东盟国际商务区12国商务联络部基地建设，将其打造成为对外交流合作的示范区，培育区域性国际商务市场，拉动对外贸易快速增长。积极推动南宁—新加坡经济走廊建设，参与泛北部湾经济区合作及大湄公河次区域合作。放大中国—东盟博览会效应，深化与港澳台、泛珠三角等区域及日、韩等发达国家和地区的交流合作。进一步做好友城工作。

引领广西北部湾经济区开放开发。加快打造区域性国际化总部基地，吸引大型企业和企业集团等在邕设立企业总部、研发机构、营销机构、采购中心、培训中心等各类总部机构，大力发展总部经济。抓好南宁保税物流中心运行管理，构建大通关、大物流模式，将北、钦、防港口功能延伸到南宁，打造“无水港”，把南宁建设成为通向东南亚的物流中转站。完善重大产业和重大基础设施项目布局，加强与广西北部湾经济区各城市在基础设施、重大产业、信息交流等领域的对接与合作。做好北钦防石化、钢铁、林浆纸、能源等产业的延伸和服务，积极发展配套产业，提高产业配套协作能力，拉长产业链，共同打造区域性先进制造业基地。

（九）以改善民生为根本，全力促进社会和谐

夯实民生之本，积极促进就业。加快创建“国家级创业型城市”，不断完善鼓励创业的优惠政策，推进全民创业，以创业带动就业。实施更加积极的就业政策，大力开发就业岗位，建立健全公共投资带动就业增长的机制。加快基层就业服务平台和城乡职业技能培训网络建设，进一步完善公共就业服务体系。继续把高校毕业生就业放在首位，完善面向困难群体的就业援助制度，重点解决零就业家庭、残疾人、低保对象、破产企业失业人员、复员转业军人和返乡农民工的就业再就业问题。加强失业调控和失业预警，建立失业预警应急预案和动态报告制度，充分发挥失业基金稳定就业和促进就业的作用。

打牢民生之基，完善社会保障体系。加快建立“人人享有社会保险”体制，不断扩大社会保障覆盖范围。进一步提高城镇职工基本养老保险、基本医疗保险和失业保险覆盖率，以非公企业从业人员、个体工商户、灵活就业人员和农民工为重点，加大扩面征缴力度。做好被征地农民社会保障和关闭破产企业退休人员医疗保障工作。进一步完善城镇居民医疗保险和新型农村合作医疗制度。积极推进农村新型养老保险试点。完善城乡居民最低生活保障制度，加强社会救助、社会福利和优抚安置工作，帮助解决受灾群众和特困群体生活困难。

加快保障住房建设，完善住房保障体系。编制“十二五”住房保障建设规划。抓好廉租住房、经济适用住房、限价普通商品住房项目建设，落实廉租住房保障任务，解决城市低收入家庭住房困难，实现“应保尽保”。抓好危旧房改房改造工作。加快环卫工人集体公寓建设。启动公共租赁住房、棚户区（含老企业）危旧住房改造、农民工集体宿舍等试点建设。

发展社会事业，提高公共服务水平。一是优先发展教育事业，全面实施素质教育。扩大优质教育资源，普及高中阶段教育，推进义务教育均衡发展。继续实施校舍安全工程，确保年内完成工程总量60%。大力发展职业教育，全面完成三年职教攻坚任务。加快发展高等教育，推进邕江大学等一批大专院校新校区建设，打造面向东盟的国际教育基地。二是繁荣文化事业，发展文化产业。加强文化基础设施建设，推进南宁艺术博物馆、广西文化艺术中心等一批公共文化设施项目。加强县（区）图书馆、文化馆和乡镇文化站建设，进一步完善公共文化服务体系。加强文化市场监管，扶持和推动文化产业发展。加强文化遗产保护工作。三是发展广播电影电视事业。继续实施“万场电影下农村”和广播电视“村村通”工程。大力推进广播影视产业化，建立多功能广播影视发展基地，扩大与东盟各国的交流与合作。四是发展卫生事业。加强传染病的防控，提高公共卫生服务水平。推进县、乡镇、村和社区医疗卫生服务机构建设，健全基层医疗卫生服务体系。广泛开展爱国卫生运动，全力争创“国家卫生城市”。五是发展体育事业。加大体育基础设施建设力度，推进南宁市体育运动学校等项目建设。精心组织好市八运会和2010年国际田联世界半程马拉松锦标赛等重大赛事，促进群众体育和竞技体育协调发展。六是实施人才强市战略。重点组织实施产业领军人才、学术和技术带头人、创新型人才等高层次人才培养工程。依托重点项目，提升“人才小高地”建设水平和支撑能力。探索人才集聚新途径，加大海内外高层次创新创业人才引进和储备力度。七是完善计划生育利益导向机制，抓好人口和计划生育工作。

抓好安全生产，维护社会稳定。严格实行安全生产目标管理考核、责任追究和行政问责制，深化“三项行动”、“三项建设”。加强建设工程等重点行业和领域的安全监管，强化各种安全隐患排查治理，切实提高防范重特大事故的能力。加强食品药品安全监管，深入开展食品药品安全专项整治，严厉打击制售假劣食品药品违法行为，有效防范和坚决遏制重特大食品药品安全事件发生。加强和改进信访工作，畅通群众诉求渠道，坚持领导干部接访制度和包案制度，完善信访信息系统和“网上信访”工作机制，积极预防和有效化解社会矛盾和纠纷，防止各类矛盾叠加升级。加强应急管理体系建设，不断提升应急处置能力和水平。扎实推进 “大防控”体系建设，加强社会治安综合治理，深入开展新一轮禁毒“防艾”人民战争和平安创建活动，依法惩处各种违法犯罪行为，维护公共安全。

推进精神文明建设，提升城市文明水平。巩固“全国文明城市”创建成果，完善长效机制，增强创建合力，把文明城市建设活动向县乡村拓展、延伸。加强民族团结宣传教育，把民族团结进步创建活动与精神文明建设有机结合起来。广泛开展群众性精神文明创建活动，大力弘扬“能帮就帮”的南宁精神，褒扬见义勇为行为。扎实推进未成年人思想道德建设。

坚持为民办实事，解决群众困难。今年继续实施20件为民办实事工程，各级财政投入33.14亿元（其中市本级17.65亿元），办20件71个子项涉及群众切身利益的实事。

（十）以增强执行力为重点，切实加强政府自身建设

一要在统一思想、坚定信心上抓落实。我们既要看到当前经济形势的复杂多变性，更要看到去年卓有成效的项目投资工作为今年打下的良好基础，将全市广大干部群众的思想统一到科学发展观上来，统一到中央和自治区对形势的判断和重大决策上来，统一到市委对全市工作总体部署上来，增强时不我待的紧迫感，真正做到一心一意干事业、群策群力求发展。要在统一思想的基础上进一步坚定发展信心，特别是增强干部的工作信心、企业家的投资信心、群众的消费信心。干部有了工作信心，就能动脑筋想办法攻坚克难；企业家有了投资信心，就能积极捕捉商机增加投入；群众有了消费信心，就能有效扩大消费需求。

二要在依法行政、强化执行上抓落实。自觉接受市人大法律监督、工作监督和市政协民主监督，认真听取各民主党派、工商联、无党派人士及各人民团体的意见，主动接受公众和舆论监督。积极推进法治政府建设，健全公众参与、专家论证和政府决策相结合的决策机制，提高政府立法质量，规范行政执法行为。深入推进机关效能建设，健全目标管理责任体系，完善绩效考核评价机制，落实首问负责制、限时办结制、责任追究制，加大政务督查力度。健全工作机制，明确目标任务、时限要求、责任主体，落实工作措施，加强上下、左右、条块之间的衔接协调，形成多方联动、协力合作的良好局面。深入推进政务公开，继续加大“农事村办”力度，进一步办好市长公开电话、政风行风热线和政府网站。

三要在攻坚克难、推动创新上抓落实。扎实推进学习型政府建设，增强适应新形势、新任务、新要求的本领，提高履行职责的能力。弘扬求真务实的实干精神、争分夺秒的抢先精神、迎

难而上的攻坚精神、敢想敢干的拼搏精神、埋头苦干的务实精神,做到既会出题、又会破题,既有想法、更有办法。始终保持强烈的发展意识,多思发展之法,多谋发展之策,多出发展之力,多求发展之效。着力营造鼓励创新、宽容失败的干事创业氛围,及时调整与形势发展要求不相适应的体制、机制、规则。大力改进文风、会风,精简文件、会议,倡导开短会、行短文。加强电子政务建设,积极推行网上办事、网上审批和电子监察,进一步降低行政成本,提高工作效率。

四要在廉洁勤政、克己奉公上抓落实。进一步健全教育、制度、监督并重的惩治和预防腐败体系,认真落实党风廉政建设责任制和领导干部廉洁自律预警机制,努力从源头上预防和治理腐败。加强对领导干部、关键岗位以及人财物使用管理的监督和制约,严格执行经济责任审计,实行任中与离任相结合、重大事项报告等制度,防止权力失控、决策失误、行为失范。完善全市集中统一的招标采购监管体制,规范招标采购行为,深入开展工程建设领域突出问题专项治理,进一步加强对新增中央投资项目实施的监督检查。按照"节俭、高效、廉洁"的原则,大力削减行政成本,把有限的资金和资源更多地用在发展经济、改善民生上。全体政府工作人员特别是领导干部一定要勤政廉政、自警自励,堂堂正正做人,清清白白做事,努力树立为民、务实、清廉、高效的政府形象。 (市政府办公厅)

张国环副主席
在政协第九届南宁市委员会
第五次会议上作的工作报告(摘要)

(2010年2月22日)

2009年工作回顾

一、抓好政治理论学习,夯实科学履职思想基础

我们始终把政治理论学习摆在突出位置,用中国特色社会主义理论武装头脑、指导实践、推动工作。按照市委的统一部署,认真开展深入学习实践科学发展观活动,采取党组学习中心组带头学习、常委会集中学习与个人自学、专家辅导与座谈交流等多种形式,深入学习科学发展观, 全面把握科学发展观的深刻内涵、精神实质和根本要求。市政协领导深入群众问计于民、问谏于民、问需于民,共征求到意见建议237条,凝聚科学履职新共识,增强了用科学发展观统领政协工作的自觉性和坚定性。结合形势任务,认真学习中共十七大和十七届三中、四中全会精神以及中央经济工作会议精神,深化对新形势新任务特别是中央保增长扩内需调结构一揽子计划的认识,强化忧患意识、机遇意识和责任意识,增强了应对国际金融危机、全力服务大局的信心和决心。同时,我们还及时组织政协委员和机关干部认真学习、深刻领会胡锦涛总书记在庆祝中华人民共和国成立60周年和庆祝人民政协成立60周年大会上的重要讲话精神,深入学习贯彻全区政协工作会议精神,并紧密联系政协工作实际,开展以提高履职水平、促进科学发展为主题,谈政协职能作用发挥、谈服务项目建设、谈服务企业发展、谈党组织服务、谈服务文明城市建设"一主题五谈"讨论活动,增强科学履职的使命感和责任感。通过学习讨论,深刻认识,进一步筑牢科学履职的思想基础,确保了在思想上、行动上始终与党中央保持高度一致。

二、发挥政协独特优势,为科学发展建言献策

积极开展课题调研。我们坚持以专委会为基础,以课题调研为纽带,以各民主党派、工商联、人民团体和无党派人士以及委员活动小组为依托,组织委员紧密围绕全市中心工作,选定发展总部经济、中国—东盟自由贸易区建成运行、生态文明建设、基层治安网络建设、返乡农民工就业等20多个课题,先后深入200多家企业和60多个街道社区、乡镇农村摸实情、寻对策,汇集真知灼见,形成了20多篇调研报告或建议案,报送市委、市政府及有关职能部门。其中,关于"加快发展总部经济"、"推进生态文明建设"、"对邕江沿岸开发建设用地实行控制性保护"、"提升生态园林景观绿化水平"、"推进征地和房屋拆迁安置工作"、"加快推进危旧房改造"、"竞技体育人才培养"、"促进返乡农民工就业"、"申报全国历史文化名城"、"建设壮族特色街区"、"在城区设置社会保险经办机构"、"加快社会治安基层网络建设"、"加快乡村旅游发展"、"推行公开办理政协提案工作"和"与民革广西区委会合办邕江大学,提升我市高等教育办学层次和城市综合竞争力"的建议共15份调研报告或建议案得到自治区党委常委、市委书记车荣福、市长黄方方等市领导的批示;《关于南宁市发展总部经济的建议》、《关于提升南宁市生态园林景观绿化水平的建议》、《关于南宁市竞技体育人才培养的调研报告》、《关于南宁市积极应对中国—东盟自由贸易区建成运行的对策建议》等调研报告作为市委《参阅文件》印发各县区、各单位,不少调研成果已转化为推动工作的政策措施。

精心组织视察活动。我们积极采取多种形式,组织市政协委员围绕重大项目建设、支柱产业发展、生态文明建设、民族地区经济发展、为民办实事项目建设等事关全市经济社会发展大局以及与人民群众生产生活密切相关的问题进行视察,让委员了解全市经济社会发展情况,拓宽委员知情明政渠道,为委员更好地履行职责提供帮助。同时,根据自治区政协的部署,组织驻邕自治区政协委员赴百色对铝加工产业发展和旅游资源开发利用进行视察。全年共形成有情况、有分析、有建议的视察报告20多篇,为推动工作落实发挥了积极作用。

认真做好民主监督工作。坚持把民主监督贯穿于履职活动的全过程,在运用委员视察、提案督办、报送信息等经常性民主监督形式的同时,还通过选派监督员、开展民主评议等方式,加大监督力度。先后向市政府有关部门和政法系统推荐近100名政协委员担任特邀监督员,开展民主监督工作。组织委员参与市中级人民法院百案庭审观摩活动,参加劳动争议、合同纠纷等案件的庭审监督;对《南宁市财政项目支出评审管理办法》、《南宁市收回国有土地使用管理规定》、《南宁市特种行业治安管理条例》等10多部法规、规章进行协商论证。组织委员对一些"窗口"部门的工作作风、规范化管理进行评议,对户外广告管理立法、征地拆迁补偿等群众关心的问题进行听证,维护群众利益,提高了民主监督的实效。

三、加强与党派团体联系,凝聚力量共谋发展

加强与各民主党派、工商联和人民团体的联系与合作。充分利用全体会议、常委会议和主席会议等形式,就事关全市改革发展稳定的全局性工作进行协商,为各民主党派、工商联和各界人士参政议政搭建平台。定期召开各民主党派、工商联、人

民团体负责人座谈会，学习领会市委、市政府的决策部署，通报全市经济社会发展情况，共商发展之计，共谋发展良策，为密切党群关系、干群关系、凝聚各方力量、促进和谐社会建设作出积极贡献。同时，我们还建立各专委会与各民主党派、工商联联合开展课题调研、视察机制，汇集智慧力量，撰写质量较高的调研、视察报告，形成了合作共事的良好氛围。

加强界别工作。建立专委会联系委员小组制度和委员小组活动规则。以小组活动为载体，促进界别密切与群众联系，及时反映群众诉求，为市委、市政府掌握社情民意、把握社会动态提供信息源。注重发挥界别作用与社会团体作用，积极参与各社会团体重大活动，支持他们开展各项公益活动，服务群众。关注宗教事务，市政协领导及有关专委会经常深入宗教场所了解情况，帮助宗教界人士和信教群众解决困难和问题，支持和鼓励他们在促进经济社会发展中发挥积极作用。

加强与新社会阶层的联系。市政协领导及各专委会采取召开座谈会、个别走访等多种形式，加强与驻邕商会、私营企业联系，深入了解他们的投资置业情况，积极为他们排忧解难，使他们感受到南宁爱商、亲商、扶商的浓厚氛围，较好地发挥了新的社会阶层人士在我市经济社会发展中的作用。

四、全力服务中心工作，为推动经济社会发展尽责作为

积极参与“项目建设年”和“服务企业年”活动。按照市委的统一部署，市政协领导及各专委会多次深入所负责联系的59个重点项目和90多家企业，调查了解重点项目建设进展情况和企业生产经营情况，为项目建设和企业发展出谋献策，协调解决问题。邀请武鸣县、高新区、经开区、广西银监局以及人民银行、工商银行等6家银行代表座谈讨论，广泛听取意见，为建立和完善我市中小企业融资机制提供有价值的研究成果。据不完全统计，市政协领导为有关企业和项目建设协调解决征地拆迁、原料基地拓展、货物运输等60多个具体问题，为帮助企业渡过难关、实现保增长目标作出了积极贡献。

主动为招商引资牵线搭桥。充分发挥政协联系广泛的优势，为我市招商引资做好宣传推介服务工作。邀请海外社团、友好人士到我市考察，积极牵线搭桥，引进台湾广西景皇房地产有限公司到东盟经济园区投资置业。市政协领导先后率队赴深圳、东莞、广州等地开展招商活动，走访企业，洽谈经贸合作事宜，促成一批项目签订投资协议。

积极参与重大节庆活动服务工作。积极配合市委、市政府做好庆祝中华人民共和国成立60周年和人民政协成立60周年、“两会一节”等重大节庆活动筹备工作。市政协领导全力以赴，全程参与各项活动，机关干部职工按工作分工参加有关专门工作组，全力配合抓好招商引资、外宾接待等工作，为“两会一节”成功举办作出了应有的贡献。

密切关注民生。围绕市委、市政府各项民生工程的实施，通过提案、建议案、信息等渠道，着力推动民生问题的解决，推动改革发展成果惠及民众。涉及民生问题的提案、建议案100多件，都得到有关职能部门的及时办理。注重发挥桥梁纽带作用，发动政协委员、各界人士开展捐资助学、扶贫济困、敬老助残活动；联合科技、卫生、文教、司法等市直相关部门的专家、学者，开展送医、送药、送法、送科技下乡活动，向农民赠送种养知识丛书、发放药品。据不完全统计，一年来，政协委员先后开展各类咨询服务3500多人次，共为贫困村、中小学校、社会公益事业捐款600多万元。

五、创新方式方法，切实做好提案工作

开展提案工作是政协履行职能的重要形式。我们坚持务实创新，不断增强提案工作活力。加大政协提案管理系统开发力度，增设提案办理公开查询、公众评价等功能，让市民在网上既可以看到政协提案目录、提案内容和办理结果，又可以对提案及办理工作提出评价意见。制定《提案办理工作考评试行办法》，推进提案办理考评工作规范化、制度化、程序化建设。加强提案办理理论研究，先后两次召开县区政协提案工作座谈会，深入探讨提案办理工作新方法，编印《南宁市政协提案工作探索与实践》，其中《推行提案办理公开，强化提案办理监督》荣获自治区政协提案工作理论研讨论文评比一等奖。采取市政协领导牵头督办重点提案、会同职能部门现场督办热点提案等方式，提高提案办理效果。2009年，市政协各参加单位和政协委员共提交提案453件，经审查立案448件，提案办复率达100%，满意率达98.87%，充分发挥了政协提案参政议政的主渠道作用。

六、广泛联系交往，积极推进合作交流

加强与海内外友好人士的联系。充分发挥港澳政协委员、海外联谊顾问和特邀嘉宾的作用，广泛与海外华侨、华人、工商社团交往，协助日本广西同乡会组团到南宁开展纪念中日文化交流节活动和越南华侨、华人组团到南宁考察投资活动的相关工作；积极参加“五侨”部门组织的各种联谊活动，主动与台办、外事侨务办等涉外单位联系沟通，互通情况，促进合作。2009年，共接待港澳台地区和海内外客商及友好人士600多人次。在交往联系中，大力宣传推介南宁，让更多的海内外朋友了解南宁，为加快南宁发展营造良好环境。

加强与上级和同级政协的交流。主动加强与自治区政协的联系，争取得到指导和帮助。认真做好全国政协、自治区政协视察团、调研组到我市调研视察活动的服务工作，配合全国政协、自治区政协调研组开展广西北部湾经济区开放开发、农村土地经营权流转、林权制度改革等方面的专题调研。先后接待上级政协、兄弟城市政协来邕考察4000多人次。积极参加政协系统经验交流、理论研讨、横向联谊等活动，加强与兄弟城市政协的联系交往。

加强对县区政协工作的指导。市政协保持与县区政协的密切联系，市政协领导经常深入县区调查研究、指导工作。邀请县区政协主席列席市政协常委会议，联合县区政协开展重大课题调研。坚持定期召开县区政协工作经验交流会制度，总结推广经验，促进平衡发展。加强对县区政协在调研视察、议政建言、工作研讨和文史资料征集出版等方面的指导，为县区政协更好地履行职能、发挥作用提供帮助。

七、做好文史、宣传工作，为“文化南宁”建设献计出力

积极推动创建全国历史文化名城工作。组织专家学者对我市创建全国历史文化名城的可行性进行深入调研，多次座谈研讨，收集大量资料，广聚各方意见，借鉴外地经验，提出我市创建全国历史文化名城的对策建议，形成《南宁市申报全国历史文化名城的可行性研究报告》，得到市委、市政府领导的批示。深入到智城城址、雷家大屋、广西省土改工作第二团团部旧址

等文化遗产保护单位进行视察，形成《关于加强保护和利用“智城城址”的建议》以及提出“以项目推动文化遗产保护与利用向前发展”、“物质文化遗产与非物质文化遗产相互结合保护”等建设性意见，得到市委、市政府领导的重视和采纳。注重搜集各县区有关资料，编写了《申报全国历史文化名城资料汇编》。

做好文史资料征集编辑工作。开展建国后南宁市“三反”、“五反”、“反右”、“文化大革命” 和改革开放以来南宁市民营企业、商业发展等有关史料的征集工作。编辑出版《南宁风物志》、《南宁知识青年上山下乡》、《文史集萃话南宁》等文史专辑。同时，对历年出版的5万余册《文史专辑》、《学习参考》、《心桥》等文史刊物分类整理、建立档案，较好地发挥了文史资料存史资政、团结育人的独特作用。

做好政协宣传工作。充分利用市“两报”、“两台”、“一网”等新闻媒体，对政协全体会议、常委会议、调研视察、重点提案办理等重要会议、重大活动进行宣传报道。大力开展庆祝人民政协成立60周年宣传活动，配合新闻单位办好专栏、专版、专刊，深入宣传政协的地位和作用，总结推广政协工作新经验。2009年，《广西日报》、《广西政协报》、《南宁日报》、南宁电视台、南宁电台等新闻单位宣传报道南宁市政协各类稿件达230多篇（次）。市政协荣获2009年度全区政协报刊宣传工作一等奖和“红旗·团结杯”山歌大赛组织奖。

八、加强自身建设，提高履职能力和水平

高度重视委员队伍建设。始终把加强委员队伍建设摆在重要议事日程，常抓不懈。开展委员履职“四个一”活动，组织委员集中培训，印发学习资料，指导委员学习，努力提高委员队伍的综合素质和履职能力。开展走访委员活动，定期召开政协委员座谈会，加强市政协与委员及委员之间的联系，不断增强委员队伍的凝聚力，发挥委员的主体作用。

完善各项规章制度。先后制定了《政协南宁市委员会委员小组活动规则（试行）》、《政协南宁市委员会委员视察办法（试行）》、《政协南宁市委员会委员小组活动经费管理办法（试行）》、《政协南宁市委员会秘书长办公会议规则》、《南宁市政协办公厅关于提案办理工作考评试行办法》、《南宁市政协办公厅关于提案办理信息公开暂行办法》六项制度，不断推进政协工作规范化、制度化、程序化建设。

加强政协机关建设。结合学习实践科学发展观活动，举办专题讲座，组织机关干部学习讨论，深刻领会科学发展观的丰富内涵、精神实质和根本要求，根据新形势新任务新要求，组织学习政协理论及业务知识，提高机关干部队伍素质，增强科学履职的紧迫感、责任感和自觉性。开展市政协领导与机关各级干部之间的谈心活动，领导与机关工作人员之间的感情更加融洽，机关凝聚力进一步增强。不断完善机关的规章制度，规范管理，严格督查，进一步提高了机关办事效率和服务水平。

2010年主要工作

一、坚持用科学发展观指导政协工作，着力增强服务科学发展的能力

我们要深入学习领会科学发展观的科学内涵、精神实质和根本要求，深入学习贯彻中共十七届四中全会精神、胡锦涛同志在庆祝人民政协成立60周年大会上的重要讲话、中央、自治区经济工作会议和中共南宁市委十届九次全会精神，充分运用座谈会、报告会、研讨会等形式开展学习活动，使政协组织成为学习型组织、政协领导班子成为学习型领导班子。通过加强学习，把思想和行动统一到科学发展观的具体要求上来，统一到中共中央对当前国际国内形势的分析判断上来，统一到自治区党委和市委的决策部署上来，充分调动广大政协委员的积极性、主动性、创造性，为我市科学发展、加快发展、率先发展、和谐发展作出贡献。

二、认真履行政协职能，为保持和扩大经济发展良好势头建言献策

认真搞好会议协商和专题协商。围绕中共南宁市委的总体部署，把协商的着力点放在对全市经济社会发展趋势的把握上来，放在对统筹兼顾、科学发展的思考上来，放在对全市工作大局的维护上来，切实围绕进一步参与中国—东盟自由贸易区建设、推动总部经济基地建设、加快生态文明建设等事关建设区域性国际城市和广西“首善之区”的目标任务，开展协商活动，积极建言献策。要选择一些重点工作、重大事项进行专题协商，充分发挥政协议政建言的作用，促进协商形成的共识及时转化为工作成果。

深入开展调研和视察活动。要联系经济社会发展实际，从把握发展规律、创新发展理念、转变发展方式、破解发展难题等方面，积极出谋献计，增强应势而谋、顺势而为的能力。围绕国务院《关于进一步促进广西经济社会发展若干意见》的贯彻落实和市委、市政府提出的年度经济、社会发展重大目标和人民群众关注的热点难点问题，以“三基地三中心”建设、“四个年”主题活动、“五场攻坚战”和确保“四保”目标实现为重点课题，组织委员开展调研视察，提出具有综合性、全局性、前瞻性的意见和建议，谋发展之计，建睿智之言，献务实之策。

切实加强民主监督工作。要进一步改进方式，拓展渠道，围绕人民群众普遍关注的重点问题，加强对行政执法部门及其工作人员依法行政、行风建设和廉政建设的情况，开展民主监督工作。切实加强对民主监督队伍的建设和管理，充分发挥政协委员担任特邀监督员、行风评议员的积极作用，推进民主监督的规范化、制度化建设。

全力做好提案工作。深入贯彻落实市委办公厅、市政府办公厅转发的《南宁市政协关于加强和改进提案工作的实施意见》（南办发[2008]121号）文件精神，进一步完善制度，继续推进提案工作创新。积极引导和鼓励政协各参加单位和广大政协委员，围绕全市建设和发展中的重要问题，提出有质量的提案，特别是有质量的集体提案。进一步加强协调服务，督促提案的办理和落实，抓好定期催办、跟踪督办和办案反馈等环节，认真做好提案办理考评工作，不断提高提案落实率和提案办复满意率。要探讨与新闻媒体联合，加大提案办理公开工作的报道，推动政协委员的建议意见落到实处。

继续抓好文史资料编纂工作。做好文史资料的征集工作，编辑出版《南宁文史资料》。继续对物质文化遗产和非物质文化遗产的保护与开发利用进行专题研究，提出有价值的意见和建议；组织专家学者就我市创建全国历史文化名城进行考察论证、献计出力。

三、扩大联谊交往，积极推进开放合作

加强与港澳台侨的联系。充分发挥港澳政协委员的作用，积极为招商引资牵线搭桥，促进南宁与港澳地区经济合作。加强与台商的联系，引进台商来邕投资置业，推动台商工业集中区、台商总部基地建设，积极为南宁承接台资产业转移搭建平台。加强与华侨社团联系，多做凝聚侨心、汇聚侨智、发挥侨力、维护侨益的工作。

密切与各界人士的联系。要进一步加强同各民主党派、工商联、人民团体和无党派人士联系，定期开展学习座谈交流活动，深刻领会中央的大政方针和自治区党委、市委的决策部署，交流思想、互通情况、增进了解、增强凝聚力。要进一步加强与新的社会阶层联系，积极为他们搭建参政议政平台，更好地发挥他们在我市经济社会建设中的作用。

积极推动开放合作。抓住中国—东盟自由贸易区建成等新机遇，积极参与对外交往工作，宣传推介南宁，牵线搭桥，推进我市对外经贸、科技、教育、文化等领域的交流与合作。发挥海外联谊顾问的桥梁纽带作用，多形式、多渠道、多领域地加强对海外各界人士的工作，更好地发挥他们在促进邕港、邕澳经济技术文化交流与合作中的重要作用，为推动我市进一步参与中国—东盟自由贸易区建设、广西北部湾经济区开放开发作出新贡献。

四、关注民生反映民意，为和谐社会建设凝心聚力

切实关注民生。要发挥联系渠道畅通优势，把实现好、维护好、发展好最广大人民群众的根本利益作为政协工作的出发点和落脚点，多做保障民生、改善民生工作，不断拓展履职为民的内容和方法，积极反映和帮助解决人民群众最关心、最直接、最现实的利益问题。要围绕劳动就业、社会保险、医疗卫生、文化教育、住房保障、环境保护、支农惠农政策落实、农村生产生活条件改善等群众普遍关注的民生问题，深入基层开展调查研究，倾听群众呼声，反映社情民意，积极为保障民生、改善民生献计出力。要拓宽信息渠道，整合信息资源，健全信息网络，提高信息质量，使政协成为党委、政府联系人民群众的“连心桥”。

广泛汇聚力量。发挥政协作为大团结大联合的组织优势，把发扬民主、增进团结作为履行职能的重要着力点，努力为促进政党关系、民族关系、宗教关系、阶层关系、海内外同胞关系的和谐发挥积极作用。认真贯彻党的民族政策和宗教政策，充分发挥民族、宗教界代表人士在人民政协中的作用，引导宗教团体和信教群众为构建和谐社会多作贡献。加强对台经济文化交流和民间交往，深入宣传中央对台方针政策，维护和促进两岸关系和平稳定发展。加强与社会各界人士的联系，关注不同阶层利益诉求，协助党和政府妥善处理好各方面利益关系，增进社会各阶层不同群体的和谐共处。

积极协调关系。充分发挥界别作用，积极通过界别渠道密切联系群众。针对群众思想认识上的“困惑点”、矛盾“易发点”，主动配合有关部门多做说服教育、理顺情绪工作，努力把市委的决策和主张转化为政协履行职能的广泛共识，转化为全体委员及所联系群众的共同意志。广大政协委员要从维护人民群众的根本利益出发，多做协调关系、化解矛盾、构建和谐的工作，以减少阻力、增加助力、形成合力，维护社会和谐稳定。

五、注重改革创新，不断推进政协事业蓬勃发展

重视理论创新。要建立健全政协理论研究机构和研究队伍。组织开展关于人民政协理论的课题调研、专题研讨、征文比赛等活动，形成良好的政协理论研讨氛围，以新的理论成果指导工作实践，不断推动人民政协事业的发展。

推进工作创新。要进一步解放思想、更新观念，拓宽工作领域、丰富工作内容、创新工作方法。加强纵向、横向联系，推进交流与合作。要在改进专题调研、视察、提案、反映社情民意等经常性工作方面，进行新的实践和探索，不断拓展工作实践的广度和深度，增强工作的实效性和科学性。

抓好制度创新。继续完善委员管理制度，建立健全委员履行职责的考勤、考核激励机制，更好地发挥委员的主体作用。进一步规范完善全体会议、常委会议、主席会议、专委会议的协商和例会制度；完善常委会议通报情况制度；完善提案、视察、调研工作制度；健全反映社情民意、网上交流和市民座谈会制度；建立常委联系委员制度和委员学习培训制度等。通过有效的制度创新，不断增强履行职责的能力和实效。

六、继续抓好自身建设，努力提升科学履职水平

加强委员队伍建设。要在继续深入开展委员履职“四个一”活动的同时，组织开展“委员民情月记”活动，激励委员访民情、解民忧、顺民意，调动委员履职积极性。加强委员培训工作，增强委员履职责任感，提高委员履职能力。进一步完善委员活动制度，注重把界别活动与委员小组活动结合起来，推进委员活动正常化、规范化、制度化建设，充分发挥委员的主体作用。

加强常委会建设。要加强常委会的思想建设、组织建设、制度建设和作风建设，进一步增强常委会议的议政深度，提高工作效率，把常委会建设成为团结民主、求真务实、奋发有为、委员信赖的领导集体。继续加强对县区政协工作的指导，坚持市政协领导联系县区政协工作制度，开展市、县区政协联合调研视察活动，推动全市政协工作深入开展。

加强专门委员会建设。重视发挥专门委员会的基础性作用。各专门委员会要加强与党政工作部门的对口联系，加强对委员小组的联系与指导，进一步拓宽调研视察的广度与深度，不断改进工作方式，提高工作效率。

加强政协机关建设。努力创建学习型、服务型、创新型、和谐型政协机关，树立机关新形象。组织机关干部深入学习中共中央、自治区党委关于进一步加强人民政协工作的意见等文件，以及现代科技、经济、法律等知识，不断提高政治理论素质和工作实践能力。大力倡导爱岗敬业、严谨细致、团结协作的工作作风，努力做到戒空、戒虚、戒假、戒骄、戒懒、戒奢，形成争先创优，开拓进取、清正廉洁的良好氛围。

认真做好全市政协工作会议的筹备工作。为贯彻自治区党委去年召开的全区政协工作会议精神以及《自治区党委关于进一步加强人民政协工作的意见》，我们要积极主动配合市委做好召开全市政协工作会议的筹备工作，特别是要深入调查研究，探讨新形势下政协工作的新思路、新方法，为进一步加强党对政协工作的领导，推动我市人民政协事业蓬勃发展提供保障。

（市政协办公厅）

责任编辑　孙贵寿

特　　辑

南宁市"中国水城"规划与建设

概　　况

南宁市位于珠江流域西江水系最大支流郁江干流的中下游，贯穿南宁市城区的河段为"邕江"，将市区划分为江南、江北片。城区内支流发达，主要内河有18条，其中：江北片有石灵河、石埠河、西明江、可利江、心圩江、二坑溪、朝阳溪、竹排冲、那平江、四塘江10条；江南片有马巢河、凤凰江、亭子冲、良凤江（水塘江）、良庆河、楞塘冲、八尺江、大岸冲8条，均属邕江一级支流，发源于南宁盆地周边的低山丘陵区，由南、北两侧汇入邕江。2009年5月31日，中共中央政治局委员、中央书记处书记、中央组织部部长李源潮在广西和南宁市调研时指出：南宁建成"水城"的条件得天独厚，一定要把水文章做好。6月3日，自治区党委书记、自治区人大常委会主任郭声琨视察南宁，作出"做好'水的文章'"的指示；6月7日，又作出关于加快推进南宁"中国水城"建设的重要批示。6月4日，市政府成立城市内河综合整治工作指挥部，启动南宁"中国水城"建设。7月，由自治区建设厅组成调研组对南宁市"中国水城"（规划）等项目进行现场考察、专题调研，完成《广西南宁市"中国水城"规划建设指导意见》等文件编制工作；市委、市政府也作出《关于加快城市水环境综合整治的决定》，为南宁市城市内河水系综合整治和相关规划研究提供了重要指导依据。8月27日，自治区党委常委、市委书记车荣福主持召开南宁市建设"中国水城"规划汇报会，进一步研究和部署南宁市建设"中国水城"工作。根据《南宁市"水城"建设规划》，南宁市打造"中国水城"的总体建设规划为"一江、两库、六环、十八（内）河、八十湖"城市水网规划结构。主要以邕江水系为主轴和核心，建设老口梯级水库和邕宁梯级水库，构建城市中心城区内的环城水系——石灵湖环、大相思湖环、南湖环、凤凰湖环、亭子冲环及五象湖环6个水系环，同时对18条内河进行环境综合整治，形成"绿水绿城"的城市内河水系和生态景观系统结构。11月28日，南宁市建设"中国水城"的第一个"水环"整治工程南湖—竹排冲水系环境综合整治工程正式开工，为南宁市打造"中国水城"迈出了第一步。

南宁市"中国水城"规划

南宁城市水系整治规划项目研究工作从2007年5月开始启动，经市政府同意，市规划管理局委托广西珠委南宁勘测设计院、市规划设计院等开展《涉水规划》的编制工作，至2009年末，完成《南宁市水系整治规划》、《南宁市防洪规划》、《南宁市水资源保护规划》、《南宁市节约用水规划》、《南宁市供水水源保护规划》以及《南宁·中国水城建设规划》、《南宁市南湖—竹排冲水系环境综合整治总体规划》、《城市内河水系补水工程专项规划》、《南宁市民歌广场综合改造规划方案》等推进"中国水城"规划建设的规划编制工作。其中：4月，委托市规划院和珠委南宁院合作完成《南宁市水环境综合整治规划—内河水系补水工程选线方案规划》；7月，市规划局与南宁建宁水务集团共同委托市规划设计院编制《南宁市南湖—竹排冲水系环境综合整治总体规划》，11月23日该规划获市政府批复实施。7月12日邀请市城市规划设计院、广西华蓝设计（集团）有限公司、广西城乡规划设计院3家设计单位开展《民歌广场综合改造初步方案》的征集工作；8月27日在中国"水城"方案汇报会上确定在市城市规划设计院设计的1号方案基础上进一步深化完善；11月11日该方案获市政府同意，11月19日，市政府常务会议最终确定民歌广场综合改造的总平面布局，正式命名该湖为"汇歌湖"。

《南宁"中国水城"建设规划》简介

根据《南宁市城市总体规划（2008-2020）》，结合南宁市实际情况，规划到2020年，按照中心城区规划控制区范围约360平方公里计算，水面率将达到约12.50%（包含邕江城区段，若不含邕江则约为6%），将超过水利部《导则》划分的第一分区10%的目标。

规划坚持以人为本的思想，突出生态治河的理念，注重构建合理的城市环状水网体系，实现"水畅、水清、岸绿、景美"，努力将城市内河水系及沿线区域建设成为畅通的行洪道、水清岸绿的滨水生态住区、风景秀丽的景观带、经济繁荣的产业带、内涵丰富的文化带、人水和谐的休憩园，实现人与水、自然与文化的和谐，形成独具地域和民族特色的"中国绿城"、"中国南方水城"景观生态环境，提升城市整体形象，为加快南宁建设区域性国际城市提供重要保障。

城市水网规划结构为："一江、两库、六环、十八(内)河、八十湖"。一江：以邕江水系为主轴和核心，形成以邕江为主的防洪、生态、景观、旅游多功能为一体的城市滨水区域，同时达到邕江与各内河水系相互连通；建设两岸防洪排涝体系、开展邕江两岸岸线整治，营造城市滨水景观。两库：老口梯级水库和邕宁梯级水库。规划利用邕江上游老口水库壅水解决南宁市主要内河补水水源，利用下游邕宁梯级水库壅水改善市中心城区水系和景观环境。六环：构建市中心城区内的五大环城水系—石灵湖环、大相思湖环(可利江—心圩江—二坑溪—朝阳溪环)、南湖环、凤凰湖环、亭子冲环以及五象湖环。十八(内)河：江南片，大岸冲、马巢河、凤凰江、亭子冲、良凤江、良庆河、楞塘冲和八尺江；江北片，石灵河、石埠河、西明江、可利江、心圩江、二坑溪、朝阳溪、竹排冲、那平江、四塘江共18条内河进行环境综合整治，构筑"蓝脉绿羽"的城市内河水系和绿地景观系统结构(形成18条景观生态廊道)，建设水、景、人和谐共存的"绿城"和"水城"。八十湖：5个大湖，23个中湖，52个小湖，湖泊总面积约12.08平方公里。

内河补水规划：江北片石灵河、石埠河、西明江、可利江、心圩江、二坑溪、朝阳溪、竹排冲共8条内河需要从老口水库引用优质水源补水，总引水流量17.50立方米每秒；江南片区规划凤凰江从老口水库引水或引用马巢河上游水库和大岸冲上游龙潭水库联合补水，采取远近结合、分期实施的方式，远期从老口水库引水补水流量8立方米每秒。

江北贯城渠：重点解决江北片区8条内河远期从老口水库引入优质水源——"西水东调"和内河补水，形成江北核心的"五江三湖两环"(可利江、心圩江、二坑溪、朝阳溪、竹排冲；相思湖、可利江湖、南湖；大相思湖环、南湖环)的水网结构。

大相思湖环城水系：结合江北贯城渠走线，规划建设可利江、心圩江、二坑溪、朝阳溪内河之间连通水系，构筑大相思湖环城水系，达到内河生态景观补水及景观、通航游览双重功能目标。

《南宁市南湖—竹排冲水系环境综合整治总体规划》简介

根据《南宁市内河水系整治专项规划》，南湖—竹排冲连通水系是城市水系总体结构"一江、两库、六环、十八河、八十湖"中重要的核心环，在"十八清流、八十湖"中具有举足轻重的作用。《南宁市南湖—竹排冲水系环境综合整治总体规划》的重点范围为竹排冲上游沙江河、药用植物园两支流汇合口至竹排冲邕江出水口段，长约9.20公里。

《南宁市南湖—竹排冲水系环境综合整治总体规划》(以下简称《规划》)结合南宁特有的自然生态环境和水资源条件基础，以挖潜和提升城市"水文化"为主要线索，以构建"人与自然和谐"和城市水网体系为目标，提出"生态水城"、"文化水城"的核心主题。通过水系规划、游线设计和功能分区，着重强调河岸景观设计中的生态理念，体现集文化、休闲、游乐、科教、生态、艺术展示于一体的城市核心水网体系的设计思想。

南湖　　　　周家志　摄

(1)目标定位:生态水城、文化水城、活力水城、魅力水城;

南湖—竹排冲连通水系将打造为一条集水上旅游、休闲、绿化、亮化为一体的高档次人文景观河。

(2)主题形象定位:绿城新明珠、魅力南湖环。

(3)旅游品牌策划:"以水亮景、以景促游、以游兴商、以商活城"的开发建设和经营思路,重点为打"两张牌——生态牌和文化牌"、唱"三台戏——科技创新戏、民俗文化与民族风情戏、现代都市生活戏"。

(4)景观规划设计主题:都市·水韵。

(5)规划结构:"一轴两带三段七节点"。

(6)景观分区:生态科普游憩区、时尚休闲区、居住休憩区。

(7)投资估算与分期建设重点:工程静态总投资估算约14.08亿元(规划研究区域可纳入储备用地和改造后可纳入储备用地面积分别为68公顷和84公顷,土地出让收益分别约为20亿元和25亿元。)

第一阶段2009~2010年:南湖补水管工程按期实施完毕;南湖及周边地区雨污水截流工程;南湖生态修复工程前期工作;南湖—竹排冲连通水系工程;汇歌湖景区工程(湖泊、建构筑物及景观工程);竹排冲河道改造及景观工程(南湖至汇歌湖段);茅桥湖生态治理示范工程前期工作;雍水坝与船闸工程。

第二阶段2011~2015年:全面实施南湖生态修复工程;竹排冲河道改造与景观工程(其余段);邕江水位提升后竹排冲泵站改造工程;南湖—竹排冲连通水系沿线及主要节点配套工程(尤其是配套的休闲活动与旅游服务设施);全面实施茅桥湖生态治理工程;竹排冲沿线区域截污工程、水质改善工程以及生态修复工程。

《南湖竹排冲连通运河规划方案》简介

为提高城市水面率,将"南湖—竹排冲水系"打造成一条集水上旅游、休闲、绿化、亮化为一体的高档次人文景观河,根据《南宁市南湖—竹排冲水系环境综合整治总体规划》,南湖—竹排冲水系全线将通过增加青竹湖、汇歌湖、贤宾湖及茅桥湖等湖泊和增设3座拦河坝形成三级水面,并依托南湖—竹排冲连通运河实现水体连通,运河中将通行小型游船,实现南湖—竹排冲水上精品旅游线路布设和加强水体连通流动功能。

2009年9月16日,市规划局组织召开《南宁市南湖—竹排冲环城水系工程子项——连通运河工程河道部分、民歌广场改造工程地下停车库设计方案评审会》,确定连通运河采用平面线形方案1,即:运河西起南湖东端,下穿碧湖路后,利用碧湖北路挖掘而成连通渠,向东下穿长湖路,经中鼎温馨家园商铺及埌东污水处理厂二期用地西北角到达竹排冲,全长752米,河道水面宽10~20米。从而使南湖与竹排冲形成贯穿水系,该运河满足小型游船(乘坐25人以下)通行要求。

一、河道工程设计

1.充分利用现有碧湖北路道路用地进行运河建设,为保护运河两岸现状建筑物基础稳定,减少工程占地,运河两岸均采用C25钢筋混凝土护壁桩加以防护。

2.由于存在水位高差,在运河西端埌东污水处理厂与中鼎温馨家园小区之间的空地上配置船闸一座,呈南北向布置,为双线、单级、整体式省水船闸。船闸由上游引航段、船闸主体段、下游引航道组成,总长152米。闸室净宽6米,闸底高程为6.70米,船闸边墙顶高程为7.40米。船闸设计通过的最大游船尺寸(长×宽×吃水深×水线以上高度×干舷高)为:15×3.70×0.50×2.30×0.80米。船闸上闸首采用人字门,出于防止汛期竹排冲洪水倒灌入南湖的防洪考虑,下闸首采用横拉式闸门。

二、景观工程设计

1.桥梁工程概况

根据实际需要,南湖连通渠沿线共设置4座桥,分别为:

(1)南湖环道拱桥

南湖连通渠在桩号K0+016.919处与南湖环道相交,设南湖环道拱桥。本桥上构采用单孔净跨27米现浇钢筋混凝土变截面圆弧板拱,全桥长39.60米。拱圈采用无铰拱形式,拱顶拱圈厚度0.70米,拱脚拱圈厚度1.40米。本桥计算跨径27.33米,计算矢高3.416米,计算矢跨比1/8,拱轴线采用半径29.03米圆弧。下部结构桥台采用重力式U型桥台,接承台钻孔灌注摩擦桩基础。

该桥建设规模:桥梁全长39.60米,桥梁宽8.60米,桥面面积340.60平方米。

(2)碧湖桥

南湖连通渠在桩号QK0+46.398处与碧湖路相交,设碧湖桥。本桥上部结构:采用1×16米现浇预应力混凝土变高度箱梁。下部结构:桥台采用薄壁式台,接承台,钻孔灌注桩基础;全桥一联。

该桥建设规模:桥梁全长22米,桥梁宽20.50米,桥面面积451平方米。

(3)碧湖北路人行拱桥

南湖连通渠在桩号K0+340处设碧湖北路人行拱桥。本桥上部结构采用1×10.80米现浇钢筋混凝土板拱桥,拱轴线为圆弧,半径8.44米,净跨径10.80米,净矢高2米,矢跨比f/L=1/5.40;下部结构桥台为桩柱式台,钻孔灌注桩承台基础,两个承台之间设置支撑板。

该桥建设规模:桥梁全长14.08米,桥梁宽5米,桥面面积70.40平方米。

(4)长湖桥

南湖连通渠在桩号QK0+485.983处与长湖路相交,交角48.33°,设长湖桥。本桥上部结构采用1×33.50米现浇预应力混凝土变截面箱梁刚构。下部结构:桥台采用薄壁式台,接承台,钻孔灌注桩基础;全桥一联。该桥建设规模:桥梁全长36.847米,桥梁宽43.60米,桥面面积1606.50平方米。

2.景观工程概况

连通运河河面宽度10~15米,两侧休闲平台、绿地宽度约3~8米。景观水位线约70.08米,水位线与两岸陆地高程相差约2~5米。设计上运用景观绿化手法将硬质的连通渠进行柔化和美化,岸顶种植悬垂植物,行船其中时,就如同在花的瀑布中穿行,形成"船在水中,人在画中"的美丽景致。

《民歌广场综合改造工程方案》简介

民歌广场是南湖—竹排冲核心环的重要节点，方案设计范围北至民族大道，南至规划路，西至金浦路，东至竹排冲东侧景观控制线，总面积24.30公顷，其中水面面积约10.20公顷。规划目标是将民歌广场打造成为以“都市水岸，音乐生活”为主题的现代大型城市滨水公园，倡导时尚、休闲的生活方式，弘扬民歌文化。设计中运用弧形台地、岸线、声光塔等元素将水和音乐构图成一个抽象的音乐符号，在场地每一个重要的功能区域和设计细节中，都着重打造水和音乐的文章，让人感受到水的美、音乐的美、生活的美。入口广场中心的是一个环状的大型景观跌水，暗示整个公园的“水”的主题。中心舞台区是公园民歌演绎的中心，可开展各种歌舞演出活动。原民歌广场看台分为上中下三层，各层标高分别为81米、77米、74米。以原地形为依托设计的台阶式大看台面积983.50平方米，可同时容纳约900人观看演出。公园的中心位置设酒吧娱乐区，休憩观赏区穿插在公园区内，滨水活动区在整个民歌湖沿岸以各种形式分布，10公顷的宽阔湖面为公园的水上活动区。

南宁市“中国水城”项目建设

2009年，南宁市区水环境及内河整治工程计划总投资5.80亿元，实际完成投资5.12亿元，完成率98.42%。新开工项目有南湖—竹排冲水系工程、南湖补水工程、二坑溪综合整治工程、朝阳溪综合整治三期工程、凤岭冲沟改造一、二期和三岸片雨水渠一期工程。此外，竹排冲上游沙江河段综合整治一期工程完成部分征地拆迁工作；三岸片雨水渠二期开展环境影响报告表的编制、地形修测、地质钻探单位的选定、设计红线及用地红线的上报；老口—南宁引水干渠工程取得规划红线。2010年，南宁市“中国水城”建设项目共36个，其中：建设项目23个，总投资142.28亿元，计划完成投资23.34亿元；前期工作项目13个，总投资104.71亿元，计划完成投资5000万元。重点项目共分两期进行。一期工程为南宁建宁水务集团负责承建的南湖—竹排冲水系环境综合整治工程，总投资19.80亿元，2010年计划完成投资3.20亿元，计划完成时间为9月30日；二期工程为南宁轨道交通有限责任公司承建的心圩江综合整治工程，以及相思湖新区投资建设有限责任公司承建的可利江环境综合整治工程、江北环城水系一期工程，总投资31.85亿元，2010年计划完成6.50亿元，主体计划完成时间为12月30日。

南湖—竹排冲水系环境综合整治工程 2009年7月，市规划管理局与南宁建宁水务集团共同委托市规划设计院编制《南宁市南湖—竹排冲水系环境综合整治总体规划》，11月23日该规划获市政府批复实施。为南宁市2009年第三批城建计划项目之一，总投资19.80亿元。项目总体设计规划：在南湖北端修建连通明渠使南湖与竹排冲连通，并修筑船闸和拦水坝，通过南湖补水工程及对污水进行截流，改善竹排冲水质。水系规划为“一轴两带三段七节点”，将以竹排水系为轴，将南湖—竹排冲水系建设为3个景观区域，依据各段周边的城市功能，规划建设包括茅桥晨影、绿屿迷踪、繁灯夜雨、水岸情怀、汇歌唱游、假日都市和竹影余辉7个景观节点。规划范围为竹排冲上游沙江河、药用植物园两支流汇合口至竹排冲邕江出水口段，长约9.20公里。建设项目北起长堽路，南至邕江出河口，项目全长约10公里，其中竹排冲河道长度约9.19公里，南湖—竹排冲连通明渠752米，规划用地面积约2.01平方公里。11月28日，南湖—竹排冲水系环境综合整治工程正式动工，建设内容包括南湖—竹排冲水系沿岸景观改造、民歌广场改造、竹排冲河道改造及泵站、南湖竹排冲连通明渠、南湖竹排冲排水管改造及市政道路跨连通明渠桥梁等工程。工程计划2010年9月竣工，项目竣工后将成为南宁市打造“中国水城”的标志性区域。

南湖补水工程 2009年4月初，市规划管理局委托南宁建宁水务集团开展《南湖水质改善工程子项——南湖补水工程方案设计》，同月24日补水工程方案获得市规划工作委员会第五次会议审议原则通过。工程于5月10日开工建设，建设补水管道总长2600米，利用凌铁水厂取水泵从邕江抽水，通过沿江北大道、复康路敷设补水管道向南湖补水，补管为DN1000－1200球墨铸铁管，补水能力每日14万立方米，可实现15日左右更换一次南湖水体。补水后的南湖水体与竹排冲形成一个流动水系，从根本上改善南湖水体环境，至年末对南湖水体的测定，水质稳定达到国家地表水环境质量4类景观用水标准。9月15日全线管道安装完毕并试水。

二坑溪综合整治工程 2009年4月20日开工建设，计划总投资7.10亿元。河道整治长2.80公里，宽度30~190米，占地21.40公顷，总景观绿化面积约16万平方米；建设雨污水管线4.20公里、防洪道路3.50公里，新、改建桥梁5座，收集和截留二坑溪流域范围内的污水，并将污水引至下游的江宾路二坑污水主干线，进入大坑口污水泵站输送到江南污水处理厂进行处理。

朝阳溪综合整治三期工程 朝阳溪综合整治工程总投资11.52亿元，经过朝阳溪一、二期工程对河道整治、河道截污、补水、沿岸景观绿化等方面建设，河道得到了拓宽，流域内的内涝问题得到了基本控制，一期两岸及二期暗渠顶部的景观绿化工程形成一个绿化长廊。三期工程于2009年7月22日开工建设，工程起点是市重型机械厂铁路涵洞下游，终点为市第二十八中学，全长约2.40公里，总投资5.28亿元，整治内容包括河道清淤、河床砌筑、沿溪截污和景观绿化等，将与中下游的景观连成一体，完成朝阳溪全线的河道环境综合整治。

可利江等内河水环境综合整治工程 2009年，相思湖新区全力推进可利江、西明江、凤凰江、石埠河、石灵河等内河水环境综合整治工程。至年末，可利江生态环境综合整治工程建设已进入后期阶段，项目开工至今累计完成投资7.20亿元，占工程概算总投资9.15亿元的78%；凤凰江沙井大道段生态环境综合整治工程累计完成投资8640万元；石埠河生态环境综合整治工程累计完成投资7037万元；石埠堤工程完成投资8494万元。此外，凤凰江生态环境综合整治工程、可利江环境综合整治工程二期景观工程、西明江生态环境综合整治工程、石灵河生态环境综合整治工程、江北环城水系一期工程等项目正在开展前期工作。

（梁一家）

责任编辑　梁笑飞

大 事 记

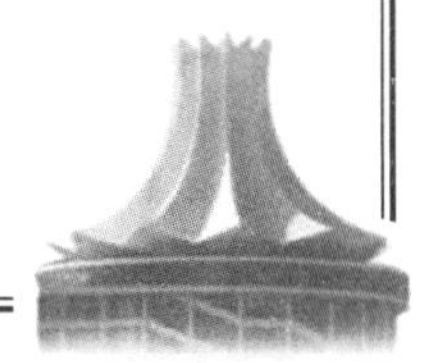

2009年大事记

1月

1日　国电南宁电厂项目启动仪式在横县六景工业园区举行。

△　南宁至河内(嘉林)首趟国际旅客列车开行。

9日　市长黄方方在市政府会见缅甸外交部副部长吴貌敏一行，双方就在南宁设立缅甸总领事馆和推动南宁市与缅甸仰光市建立友好城市关系等问题达成共识。

10日　南宁市2009年就业服务系列活动暨就业援助周活动正式启动。

△　工业和信息化部发布第七届中国政府网站绩效评估结果，南宁市政府门户网站(www.nanning.gov.cn)在333个地市级政府网站中排名第38位，排西部城市第二名、省会城市第十五名，保持自治区第一名。

14日　南宁市实施畅通工程获全国一等模范管理水平城市授牌仪式在市政府会议中心前举行。

15日　市委、市政府与中国工商银行广西区分行举行政银座谈会，并共同签订了《2009—2011年扩大内需、促进增长全面合作协议》。

17日　2009年南宁市工业工作会议在市政府会议中心举行。

19日　南宁市党外人士情况通报会在红林大酒店举行。市长黄方方代表市委、市政府向各民主党派、工商联、无党派人士代表通报了南宁市2008年国民经济和社会发展情况及2009年主要工作目标和任务。

△　南宁建宁水务投资集团有限责任公司挂牌成立。

20日　全国精神文明建设工作表彰大会在北京举行，南宁获“全国文明城市”称号。

21日　首府南宁获“全国文明城市”庆祝大会在南宁人民会堂召开。

2月

6日　自治区主席马飚到南宁市项目建设年活动领导小组办公室（市“1180”办公室)检查工作。

10日　全市开展“项目建设年”、“服务企业年”工作会议在市政府会议中心召开。

△　南宁市2009年重大建设项目开竣工仪式分别在南宁经济技术开发区、相思湖新区举行。

11日　南宁市政务信息网正式推出“在线访谈”栏目。市长黄方方作为栏目的首期访谈嘉宾，与广大网民进行在线交流。

14日　中国著名提琴演奏大师盛中国偕夫人到市虎邱小学，对农民工子弟乐团进行艺术指导。

16~19日　南宁市政协第九届委员会第四次会议在南宁饭店召开。

17~20日　南宁市第十二届人民代表大会第七次会议在南宁人民会堂举行。自治区党委常委、市委书记车荣福出席会议。市长黄方方代表市政府向大会作政府工作报告。

22日　2009年南宁市春季招商引资重大项目集中开竣工仪式分别在南宁—东盟经济开发区、南宁高新技术产业开发区、西乡塘区、良庆区举行。

23日　全市科技表彰奖励大会暨

2月28日，南宁轨道交通有限责任公司揭牌暨南宁市城市轨道交通试验段工程项目启动仪式在大学明秀路口举行　周　红提供

2009年科技工作会议在市政府会议中心召开。

26日　市政府与广西有色金属集团有限公司在广西沃顿国际大酒店举行《战略合作框架协议》签约仪式。

27日　招商银行南宁分行在民族大道92-1号新城国际大厦正式开业。

28日　南宁轨道交通有限责任公司揭牌暨南宁市城市轨道交通试验段工程项目启动仪式在大学明秀路口举行。

△　市政府举行新闻发布会，从3月1日起，南宁市城区内原执行1.20元/人次的普通公共汽车零售票价降低为1.00元/人次，其他公共汽车零售票价标准维持现行水平不变。

3月

3日《南宁市饮用水水源保护条例》颁布施行新闻发布会在市人大常委会办公楼会议厅举行。

5日　南宁市2009庆“三八”缤纷欢乐节暨首届妇女运动会开幕式在青秀山风景名胜旅游区环山秀坪举行。

12日　全市林业工作暨推进集体林权制度改革动员会在市政府举行。

13日　南宁(北京)投资环境推介会暨项目签约仪式在北京西苑饭店举行。

15日　自治区主席马飚到南宁五象新区以及广西体育中心、南宁大桥等重大工程建设工地考察指导工作。

27日至4月4日　第七届中国壮乡·武鸣“三月三”歌圩在武鸣县城举行。

28日　2009年南宁市为了明天工程——流动少年宫关爱直通车活动启动仪式在友爱广场举行。

△　广西南宁国际灵长类动物模型与医药产业化示范基地项目竣工暨国际灵长类动物模型与医药科技研发中心揭牌仪式在南宁高新技术产业开发区举行。

4月

1日　全市民政工作会议在市政府会议中心召开。宣布当年市区城镇低保标准将提高到每人280元/月，农村提高到1000元/年。

2日　市政府与广西地质矿产勘查开发局合作勘查开发矿产资源框架协议签约仪式在广西沃顿国际大酒店举行。

3日　南宁市与国家开发银行广西分行、中国银行广西分行、交通银行南宁分行、农业银行广西分行、光大银行南宁分行、广西农村信用社联合社6家金融部门共签署81.6亿元贷款协议，以加快五象新区和凤岭片区城市基础设施项目建设。

10日　南宁市“党旗飘扬·引凤还巢”工程启动仪式在马山县人民广场举行。

12日　南宁市投资环境推介会在红林大酒店召开，向广东省广西商会、中山大学博学(MBA)同学会商务考察团介绍南宁市的投资环境和发展情况。

14日　南宁市首批以特级教师本人姓名命名的市特级教师工作室在市第三中学揭牌。

△　中国社会科学院在北京举行2009年《城市竞争力蓝皮书》发布暨中国城市竞争力研讨会。在《中国城市政府管理竞争力报告》的分项竞争力“政府社会凝聚力”名单中，南宁市名列第七。

15日　自治区林业局和南宁市政府共同举行五象岭国家森林公园交接仪式。

△　南宁市2009年为民办实事项目——民族乡帮扶工程开工启动仪式在上林县镇圩瑶族乡举行。

19日　自治区党委常委、市委书记车荣福在红林大酒店会见中国国民党副主席蒋孝严。

20日　南宁市“项目建设年”4月份建设项目开竣工仪式分别在市区、武鸣县、宾阳县、南宁—东盟经济开发区4个会场同时举行。

24日　南宁市首次项目对接协调会在市政府会议中心召开。年内，全市共召开8次对接协调会，审批项目807个，计划总投资1482.58亿元；审批事项815项。

24日　由国家环保部主持召开的《南宁市轨道交通线网及建设规划环境影响报告书》审查会在南宁举行。市轨道交通规划环评获通过。

29日　南宁市“百万市民科学发展建言献策”活动在朝阳广场启动。

30日　华润水泥(南宁)有限公司年产400万吨新型干法水泥生产线竣工投产。

△　南宁市首届性健康文化节暨计划生育生殖健康博览会在南宁国际会展中心举行。

5月

1~3日　2009首届广西—北部湾(南宁)汽车展在南宁民歌广场举行。

△　粤剧天天演项目——“邕州神韵”首演仪式在新会书院举行。

8日　南宁市委、市政府与中国光大银行南宁分行举行政银座谈会。双方签订了总额100亿元的《银政合作协议》。

△　自治区主席马飚到南宁市考察调研台资企业经营情况和项目建设进展情况，协调解决有关的困难和问题。

10日　自治区统筹推进建设重大项目的广西农业职业技术学院新校区开工仪式在相思湖新区鹏飞路项目建设工地举行。

16日　南宁市政府与中国电信广西公司《信息化战略合作框架协议》签约仪式在中国电信南宁分公司举行。正式启动“无线南宁”项目的建设。

17日　中国—东盟女企业家商会(南宁)论坛在南宁开幕，来自国内18个省、港澳台地区和东盟各国的120多名女企业家出席。18日，市委、市政府举行南宁市投资环境推介会，向中国—东盟女企业家推介投资环境。

△　“关爱女性，帮助女大学生就业”主题招聘签约仪式在南宁明园新都酒店举行。

20日　首府南宁创建全国文明城市工作总结表彰暨创建国家卫生城市再动员大会在市政府会议中心召开。

△　南宁市被授予“2005—2008年度全国社会治安综合治理优秀市”称号揭牌仪式在市政府1号办公楼大厅举行。

21~26日　市长黄方方率经贸考察团赴台开展经贸考察活动，拜会台湾知名人士和工商界企业家代表，推进台企在邕投资项目建设，期间，南宁市政府在台北喜来登大饭店举行2009年桂台经贸合作论坛·南宁(台北)联谊会。

22日　南宁市北部湾（广西）经济区规划建设管理委员会办公室（南宁五象新区开发建设指挥部）现场指挥部在市政府举行挂牌仪式。

△　南宁市政府门户网站——南宁政务信息网在第三届中国政府网站国际化程度测评结果发布暨亚运网络传播研讨会上获得省会城市、计划单列市政府网站国际化程度第三名。

23日　南宁市推进“项目建设年”活动5月份重大建设项目开竣工仪式分别在市区和青秀区、南宁—东盟经济开发区等会场举行。

30日　第六届南宁国际龙舟邀请赛在南湖开赛。

6月

2日　南宁市纪念《中华人民共和国禁毒法》颁布实施一周年和南宁市禁毒宣传活动启动仪式在朝阳广场举行。

3日　自治区党委书记郭声琨、自治区主席马飚带队到南宁市，就进一步认清形势、抢抓机遇，深化拓展、完善定位，推进南宁科学发展、和谐发展、跨越发展进行考察调研。

5日　市长黄方方在市政府会见新任的泰王国驻南宁总领事馆代总领事谊可吉。

△　南宁市“邕城创业行”主题实践活动暨南宁市大型创业项目推介会在南宁国际会展中心举行。向城乡劳动者推介500多个创业项目，达成创业意向1075人次，推荐成功人数405人。

8日　南宁市推进“项目建设年”活动6月份重大建设项目开竣工仪式分别在横县和兴宁区会场举行。

9–13日　第五届泛珠三角区域合作与发展论坛暨经贸洽谈会在南宁举行。10日，泛珠城市青年营开营仪式暨青年创业论坛在南宁电视台8号演播厅举行。11日，举办以“泛珠与北部湾，我们共同的家园”为主题的第五届泛珠三角省会（首府）城市市长论坛，并在南湖名树博览园举行市长论坛植树活动。

15日　南宁仲裁委员会在广西沃顿国际大酒店举行台籍仲裁员聘任仪式，4名台湾籍专业人士被聘为仲裁员，参与广西南宁的经济案件仲裁工作。

17日　2009年全国省会城市暨部分大中城市侨联工作经验交流会在南宁召开。

△　南宁市纪念《人民调解委员会组织条例》施行20周年暨人民调解专项活动启动仪式在朝阳广场举行。

23日　自治区重大交通建设项目开工仪式南宁分会场——四塘镇三叉村建设工地举行南宁外环高速公路暨黎塘至南宁高速铁路开工仪式。

27日　首届全国各地潮汕商会会长2009年会议在南宁市召开。同日，南宁市召开投资环境推介会，向与会的潮汕商会会长介绍南宁市的投资政策、环境及重点项目。

28日　南宁市第二中学风岭新校区落成，占地面积30.20公顷，为广西目前占地面积最大的中学。

29日　宾阳县黎塘工业集中区广丰龙马钢构有限公司钢架结构生产等8个项目同时开工。

7月

6日　南宁市向河池、柳州、桂林灾区援助救灾物资发车仪式在市政府会议中心门前举行。

7~14日　市长黄方方率南宁市代表团对缅甸进行友好访问。南宁市与仰光市签订《建立友好城市关系备忘录》仪式在仰光市仙都纳酒店举行。

11日　南宁市银企项目投融资洽谈会暨金融消费推介会在南宁国际会展中心举行。

△　自治区人口计生委、市政府在南湖广场联合举行纪念第20个世界人口日大型系列宣传活动。

13~14日　台湾璨圆光电股份有限公司及台湾东巨集团一行到南宁市进行投资考察，为LED（发光二极管）项目落地选址。14日，共同举行了南宁市政府与台湾璨圆光电股份有限公司、台湾东巨集团投资建设南宁光电产业园项目合作协议签约仪式。

15~18日　自治区党委常委、市委书记车荣福率南宁市党政、经贸代表团赴广州、惠州两市开展学习考察和招商推介活动，并举行工作交流座谈会。

18日　由央视著名主持人组成的央视明星足球队对阵中国—东盟博览会足球联队的爱心慈善足球赛在广西民族大学开赛，通过现场捐赠方式，为第六届中国—东盟博览会加油助威，向广西贫困学子奉献爱心。

21日　市长黄方方、中国移动通信集团广西有限公司总经理吴唯宁分别代表南宁市政府和中国移动通信集团广西有限公司在南宁签署《战略合作框架协议》，双方将在无线政务、无线应用、无线生活、无线新村等领域开展深度合作，中国移动通信集团广西有限公司承诺在未

7月21日，南宁市政府与中国移动通信集团广西有限公司签署《战略合作框架协议》

周　红提供

来5年内在南宁投入至少50亿元，打造南宁特色的“无线城市”。

22日 南宁市推进“项目建设年”活动7月份重大项目开竣工仪式分别在市区、南宁—东盟经济开发区举行。

28日 自治区党委常委、市委书记车荣福和市委组织部副部长、市人事局局长马南萍被广州军区评为第四届“国防之星”。

29日 日本宇城市市长筱崎铁男率领日本宇城市考察团一行到南宁市第十四中学开展教育交流活动。

△ 南宁市商贸投资环境介绍会暨东盟国际商贸港项目推介会举行，来自成都、义乌、广州、汕头等国内主要小商品市场的数百名商家参加推介会。

30~31日 中共南宁市委十届七次全会召开。自治区党委常委、市委书记车荣福受市委常委会委托向全会报告常委会2009年上半年主要工作，对下半年全市工作作了总体部署。

31日 市长黄方方与自治区人大常委会副主任、民革自治区委主委刘新文分别代表市政府和民革自治区委签订双方合作共办邕江大学协议。

△ 全市经济工作先进表彰大会在南宁人民会堂举行，表彰2008年度市经济发展“十佳乡镇”，市“经济发展进步奖”乡镇，劳动模范、先进单位、先进集体和先进生产(工作)者，振兴南宁“创新·经济效益杯”劳动竞赛获奖单位和个人，招商引资先进单位、先进集体和先进个人。

8月

3日 南宁市政府与中国石油广西销售公司签署《战略合作框架协议》。

5日 自治区党委常委、市委书记车荣福，市长黄方方等领导率市有关职能部门负责人到广西投资集团有限公司上门服务，并举行合作交流座谈会。

6日 “南宁·北部湾之夜”——2009泛北部湾经济合作论坛文艺晚会在南宁国际会展中心举行。全国人大常委会副委员长、民建中央主席陈昌智，全国政协副主席郑万通，泰国商务部副部长AlongkornPonlaboot，菲律宾财政部副部长Hon.RobertoB.Tan，自治区领导马飚等和出席2009泛北部湾经济合作论坛的近400名中外嘉宾观看了晚会。

8日 首届广西体育节开幕式在南宁国际会展中心广场举行。

12日 南宁市政府与国家开发银行、中国银行、建设银行、工商银行、农业银行、交通银行广西分行、光大银行、浦发银行南宁分行及自治区农村信用社联合社、广西北部湾银行所组成的银团共同签署《南宁轨道交通1号线一期工程120亿元银团贷款协议》。

14~17日 自治区党委常委、市委书记车荣福率市党政代表团到山东省济南、青岛两市考察。

15日 第六届全国茉莉花茶交易会暨2009年广西横县茉莉花节在横县开幕。

18日 李宁体育园在南宁·中国—东盟国际商务区凤岭南路项目建设现场正式开工。

20日 南宁市“项目建设年”活动8月份重大项目开竣工仪式分别在南南铝业股份有限公司和邕宁区消费品工业基地建设工地举行。

27日 南宁市建设“中国水城”规划汇报会召开，进一步研究和部署建设“中国水城”工作。

31日 第六届中国—东盟博览会、第六届中国—东盟商务与投资峰会“携手共进50天”活动启动仪式在南宁国际会展中心举行。

9月

2日 《南宁市城乡容貌和环境卫生管理条例》颁布施行新闻发布会举行。10月1日正式施行。

4日 第十一届全国运动会火炬传递活动广西火炬传递起跑仪式在五象广场举行。

5~6日 以《俄罗斯报》副总编弗拉基米尔·费多罗维奇·思鲁扎科夫为团长的俄罗斯新闻代表团一行访问南宁。

5日至10月15日 南宁市举办“2009南宁消费购物节”。

8日 第四届全国救助站站长论坛在南宁召开。

13日 市财政局干部、闻名全国的好军嫂韩素云到北京参加“100位新中国成立以来感动中国人物”座谈会并领取奖项。

18~21日 2009中国·东盟(南宁)国际教育展览会暨第13届南宁国际学生用品交易会在南宁国际会展中心举行。

21日 南宁市庆祝新中国成立60周年重大项目开竣工仪式之一、沟通市区和五象新区的标志性工程——南宁大桥正式建成通车。

23日 南宁市召开庆祝人民政协成立60周年暨南宁市统一战线庆祝新中国成立60周年座谈会。

△ 首府南宁创建国家卫生城市自治区级考核反馈会召开。自治区级考核鉴定专家组宣布：南宁市基本达到《国家卫生城市标准》的要求。

24日 南宁市庆祝中华人民共和国成立60周年民族乡“国旗工程”竣工暨升国旗唱国歌仪式在马山县古寨瑶族乡民兴村举行。

25日 南宁市政府与中国石化广西石油分公司在南宁国际会展中心签署《战略合作框架协议》。

28日 西南地区最大的成品油库——南宁屯里新油库开工奠基典礼举行。

10月

11日 全国人大常委会副委员长韩启德率全国人大常委会执法检查组，对南宁市贯彻落实《食品安全法》情况开展检查。

12日 南宁领事馆区一期工程竣工暨领事馆馆舍移交仪式在南宁·中国—东盟国际商务区内举行，柬埔寨、老挝驻南宁总领事馆成为首批进驻南宁领事馆区办公的领事馆。

17~25日 由自治区商务厅、南宁市政府共同主办的2009南宁·东南亚国际旅游美食节在青秀山东南亚美食城举行。旅游美食节分会场暨西乡塘区香蕉旅游美食节美食街活动在民生广场江滨亲水平台同期举行。

18日 2009年“两会一节”重大项目开竣工活动重要项目之一的南宁华南城

项目一期工程在市区会场正式开工，同时举行开竣工仪式的还有市区会场的东盟国际商贸港以及9个县区、开发区会场共33个项目，涉及投资总额1485亿元。

△　南宁—长春经济技术合作交流座谈会暨签约仪式在明园饭店举行。两市签订了《南宁—长春区域经济技术合作框架协议》。

19日　老挝人民民主共和国驻南宁总领事馆在南宁·中国—东盟国际商务区开馆。

20日　晚，"大地飞歌·2009"第六届中国—东盟博览会暨南宁国际民歌艺术节开幕晚会在南宁民歌广场举行。自治区主席马飚宣布开幕。自治区党委常委、南宁市委书记、南宁国际民歌艺术节组委会主任车荣福致开幕辞。由南宁市市长、南宁国际民歌艺术节组委会主任黄方方主持开幕晚会仪式。

△　缅甸联邦驻南宁总领事馆在南宁·中国—东盟国际商务区开馆。

△　2009年南宁投资贸易洽谈会暨重大项目签约仪式在市政府会议中心举行。现场签约40项，项目总投资1765亿元。

20～21日　第六届中国—东盟商务与投资峰会在南宁举行。20日在广西人民会堂举行开幕式，中共中央政治局常委、国务院副总理李克强出席开幕式并发表主旨演讲。

20~24日　第六届中国—东盟博览会在南宁举行。由中国商务部和东盟国家经贸主管部门及东盟秘书处共同主办、广西壮族自治区政府承办。20日，中国—东盟博览会在南宁国际会展中心开幕。中共中央政治局常委、国务院副总理李克强出席并宣布开幕。

21日　2009"南宁市荣誉市民"称号授予仪式暨国际友好城市签约仪式举行。在友好城市签约仪式上，市长黄方方代表南宁市分别与缅甸仰光市市长昂登林准将、美国商业市市长保罗·纳塔尔签署《建立友好城市关系协议书》，与老挝占巴塞省省长颂尼塞·西潘敦签署《建立友好城市关系意向书》。

△　法国马恩河谷省在南宁举行推介会，介绍马恩河谷省的经济发展状况以及投资环境、巴黎大区工业园的规划等有关情况，以及与南宁的合作项目的有关情况。

△　第六届中国—东盟博览会暨第十一届南宁国际民歌艺术节"大地飞歌·激情之夜"在民歌广场举行。

△　2009南宁市人才活动月在高新技术产业开发区举行启动仪式。

△　首届中国—东盟工艺美术大师精品展在市邕江湾美术馆开幕。

△　中国南宁市—日本熊本县经济贸易交流会暨南宁·日本园合作商签约仪式在南宁市举行。

22日　2009年全国省（自治区）、市社科联中国—东盟博览会观摩会暨中国—东盟经济发展研讨会在南宁召开。

23日　2009南宁国际民歌艺术节活动之一——外国艺术家专场晚会在南宁剧场举行。

△　2009南宁国际民歌艺术节"和谐南宁·欢乐绿城"大巡游活动在民族广场举行，32支巡游方队和22辆花车参加巡游。

28日　南方航空广西分公司南宁基地机场建设项目奠基仪式在南宁吴圩国际机场举行。

30日至10月1日　第十六届中国国际广告节在南宁国际会展中心举行。30日，在南宁国际会展中心101国际会议厅举行2009年中国艾菲奖颁奖典礼。1日，举行第十六届中国国际广告节中国广告长城奖颁奖典礼。

31日　南宁大厦落成暨南宁驻京联络处入驻典礼在北京举行。

11月

1日　市政府在新落成的北京南宁大厦分别与中国中铁股份有限公司、中国建筑股份有限公司就投资建设南宁市城市基础设施项目签署《框架协议书》，标志着南宁市利用社会资金投资建设城市基础设施工作正式启动。

7日　2009年广西民营企业投融资（宾阳）洽谈会暨宾阳制造商品展销会在宾阳县开幕。

△　国内金融业单体规模最大的信用卡客服中心中国建设银行信用卡中心南宁运行中心正式运行。

12日　南宁市政府在广州东方宾馆举行南宁市投资环境推介会。

15日　"亲情中华——2009南宁国际华人粤剧文化节"开幕式在南宁剧场举行。

17日　2009年世界（南宁）越南各侨校校友联谊恳亲大会在南宁召开。

17~21日　南宁市第九届少数民族传统体育运动会在横县举办。

19日　南宁市西江黄金水道建设工作领导小组办公室揭牌。

21日　金融机构向南宁市"两台一会"中小企业贷款平台授信签约暨第一批诚信中小企业发布仪式举行。

22日　全国人大常委会副委员长、民革中央主席周铁农视察邕江大学。

24日　自治区主席马飚率自治区、南宁市相关部门负责人在南宁市调研香蕉生产销售问题。

26日　南宁市首家小额贷款公司——市信义小额贷款股份有限公司开业。标志着南宁市小额贷款公司试点工作迈出实质性步伐。

27日　南宁市"侨法宣传角"挂牌启动仪式在江南区金沙湾社区举行。

28日　南宁市推进"项目建设年"11月份重大项目开竣工仪式举行，南湖—竹排冲水系环境综合整治工程和凤岭北路南面廉租房一、二期工程、南宁市防洪石埠堤工程等同时开工。

29日　由南宁市艺术剧院创作演出的小品《旅客夜话》在第三届中国戏剧奖·小戏小品大赛中获中国戏剧最高奖项——优秀剧目奖。

30日　南宁市被中央文明委授予第二届全国未成年人思想道德建设工作先进城市称号。

12月

1日和9日　自治区党委书记郭声琨、自治区主席马飚先后到隆安县雁江镇联隆村古佳屯等地检查指导城乡风貌改造工作。

4日　《南宁区域性金融中心建设规划》通过终期成果评审会。

△　纪念南宁解放60周年老同志座谈会举行。

4~8日　2009第二届中国—东盟（南

宁）国际汽车展览会在南宁国际会展中心举行。

7~14日 自治区党委常委、市委书记车荣福率团赴台湾展开经贸合作交流和考察访问活动。

9日 亚洲投资基金（广西）峰会在南宁举行。

10日 “南宁兵变纪念展”开展仪式在市图书馆举行。

12日 第四届南宁国际半程马拉松比赛暨第27届南宁解放日长跑活动在南宁五象广场举行开赛仪式。

12~27日 “2009飞天壮歌——中国首次太空漫步航天展（南宁站）”在南宁国际会展中心举行。

13日 “2009可持续畅通南宁规划国际论坛”在南宁国际会展中心开幕。市长黄方方等市领导以及来自美国、英国、法国等国家和地区及国内的知名学者、专家出席开幕式。

17日 “2009中国政府网站绩效评估暨第四届中国特色政府网站评选发布会”在北京梅地亚中心召开，南宁市政府门户网站以79.2分获2009年中国省会及计划单列市政府门户网站绩效第八名。

18日 由民革中央、民革自治区委、南宁市政府共同举办的纪念昆仑关大捷70周年公祭抗战民族忠烈大典在昆仑关战役旧址举行。全国人大常委会副委员长、民革中央主席周铁农，中国国民党副主席蒋孝严，自治区政协主席马铁山，海协会副会长王在希，全国侨联原主席庄炎林，全国政协副秘书长、民革中央副主席修福金，自治区党委常委、南宁市委书记车荣福，自治区人大常委会副主任、民革广西区委主委刘新文，自治区政协副主席、九三学社广西区委主委李彬，湖北省政协副主席、民革湖北省委主委郑心穗，以及民革中央、民革广西区委会有关领导，南宁市四家班子领导、抗战将领后裔代表、抗日老兵代表、民革广西区委、民革南宁市委成员、南宁市机关干部、学校师生、群众代表等千余人参加公祭大典。市长黄方方主持公祭大典。

△ 自治区惟一的超五星级国际管理品牌酒店——南宁鑫伟万豪酒店在航洋国际城开业。

20日 南宁保税物流中心管理委员会揭牌仪式在南宁保税物流中心综合大楼前举行。22日，中国西南地区最大的“无水港”——南宁保税物流中心正式通过国家验收。

24日 南宁市与联合国工业发展组织举行项目合作签字仪式。联合国工业发展组织大厦与联合国工业发展组织南宁生态工业园区两项目将落户南宁。

25~27日 中国黑山羊之乡——广西南宁·马山第三届文化旅游美食节在马山县城举行。

27日 南宁市推进“项目建设年”12月份88个重大项目开竣工仪式分别在南宁东站施工现场以及市区会场、相思湖新区及邕宁区会场举行。

28日 共青团南宁市第十七次代表大会在自治区党校会议中心开幕。

△ 科技部授予南宁市“2007~2008年度全国科技进步先进市”称号。所辖武鸣县、横县、良庆区、青秀区、西乡塘区被授予“2007~2008年度全国科技进步先进县（区）”称号。市长黄方方、市政协党组书记岑可成、原副市长黄焕升、市科技局局长傅隆政等16人被授予“2007~2008年度全国科技进步先进个人”称号。

29日 南宁机场新航站区配套工程暨桂林机场航站楼扩建工程建设动员大会在南宁吴圩国际机场举行。

30日 广西城市规划建设展示馆、广西铜鼓博物馆、广西美术馆三个重大公益性项目建设启动仪式在五象新区平乐大道项目建设现场举行。

△ 广西旅游投资集团有限公司和广西城建投资集团有限公司同时在南宁揭牌成立。

（周 红 罗 宁）

2009年南宁十大新闻

（2010年1月1日起，中共南宁市委宣传部和南宁市新闻工作者协会在全社会范围内开展2009年南宁十大新闻事件有奖评选活动。通过网络、短信以及媒体等途径对征集来的30件备选新闻进行了公众投票与专家评选，最终评选出2009年南宁十大新闻事件。）

1. 2009年市委、市政府深入学习实践科学发展观，积极应对国际金融危机，全市经济平稳较快发展，实现地区生产总值预计增长15%，财政收入增长20.93%。

2. 7月30日，市委十届七次全会审议通过《中共南宁市委关于加快建设区域性国际城市和广西“首善之区”的决定》，吹响了向区域性国际城市和广西“首善之区”迈进的号角。

3. 从3月1日开始，南宁市将城区内公共汽车票价从“1.20元”调整为“1元”。

4. 12月27日，南宁火车站东站开工建设，建成后将成为中国南方最大的火车站。

5. 9月21日，南宁市标志性建筑之一的南宁大桥正式通车，这是世界首座大跨径、曲线梁、非对称外倾拱桥。

6. 7月，《南宁市城市水系整治控制规划》通过专家评审，按照规划，南宁市将通过三期工程至2020年建成“中国水城”。11月28日，南湖—竹排冲水系环境综合整治工程正式动工，建成后将成为南宁市打造“中国水城”的标志性区域。

7. 9月13日，好军嫂韩素云荣获“100位新中国成立以来感动中国人物”称号。自治区、南宁市主要领导亲切接见韩素云。

8. 12月22日，中国西南地区最大的“无水港”——南宁保税物流中心通过国家综合验收，正式封关运行。

9. 12月29日，总投资60亿元的南宁机场新航站区配套工程启动建设。

10. 7月31日，市政府和民革广西区委签订合作协议，合作共办邕江大学。

（周 红）

责任编辑 周 红

南宁概貌

基本情况

【地理位置】 南宁市是广西壮族自治区的首府，位于广西南部，地处亚热带，北回归线以南，介于东经107°45′~108°51′，北纬22°13′~23°32′之间，地理坐标东经108°22′，北纬22°48′。土地面积22112平方公里，市区面积6479平方公里。建成区面积190平方公里。处于中国华南、西南和东南亚经济圈的结合部，是环北部湾沿岸重要经济中心。面向东南亚、背靠大西南，东邻粤港澳琼、西接印度半岛，具有得天独厚的区位优势和地缘优势，是华南沿海和西南腹地两大经济区的结合部以及东南亚经济圈的连接点，是新崛起的大西南出海通道枢纽城市。具有“两近两沿”的特点。“两近”：一是近海，市区距钦州港、防城港、北海港分别为104公里、173公里和204公里；二是近边，距中越边境的东兴市、凭祥市分别为204公里和230公里。“两沿”：一是沿线，湘桂、黔桂、黎湛和南昆铁路在南宁交汇，是西南地区重要的铁路枢纽；二是沿江，邕江是西江的支流，而西江又是珠江的干流，西江二期整治工程完工后，1000吨级内河船舶可以从南宁直达港澳。南宁市对广西沿海城市发挥着中心城市的依托作用，对华南、西南经济圈发挥着枢纽城市的连接作用，对东南亚各国发挥着中国前沿城市的开放作用。

（市统计局）

【建置沿革】 南宁古属百越之地。秦始皇帝三十三年（前214），秦统一岭南地区，设南海、桂林、象郡，南宁属桂林郡辖地。汉高祖元年至元鼎元年（前206~前116）为南越国地，元鼎六年（前111）属郁林郡领方县地。三国时，属吴国辖地，属广州郁林郡临浦县地，一直延续到西晋。东晋大兴元年（318），从郁林郡析出晋兴郡，隶属广州，治所晋兴县，晋兴县成为南宁的第一个地名。隋开皇十八年（598），改晋兴县为宣化县，治所宣化城（今南宁市区）。唐武德四年（621），以宣化县地设南晋州，领宣化一县；五年，宣化县分出宣化、武缘（今武鸣县）、朗宁、晋兴、横山5个县，隶属南晋州；贞观六年（632），南晋州改称邕州，为邕州都督府，这是南宁成为桂西南地区行政中心的开始，也是南宁简称“邕”之始（“邕”字来自唐《元和郡县志》“因州西南邕溪水为名”的记述）；天宝元年（742）改邕州为朗宁郡；乾元元年（758）复为邕州，撤销朗宁郡建制，由州领县；咸通三年（862），邕州属岭南西道，治所宣化县，这是南宁相当于今省级政权治所开始。元至元十六年（1279），改邕州为邕州路，辖宣化县、武缘县，置邕州路总管府，兼左右两江溪峒镇抚，隶属湖广行中书省；泰定元年（1324）九月，为庆南疆绥服，邕州路改称南宁路（取南疆安宁之意），宣化县隶属南宁路，南宁得名始于此；至正二十三年（1363），湖广行中书省分置广西行中书省，南宁路隶属广西行中书省。明洪武元年（1368）废南宁路，置南宁府，宣化县隶属南宁府，治所在今南宁城。清朝承袭明朝建置，清朝初年，南宁府隶属广西省，宣化县隶属南宁府，府、县治均在今南宁市。

民国元年（1912）7月，废宣化县并南宁府，同年10月，广西军政府从桂林迁至南宁，南宁成为广西省会；2年6月，废府留县，南宁府改为南宁县，同时置邕南道，领邕宁、武鸣、扶南（今属扶绥县）、那马（今属马山县）、上思、横、宾阳、永淳（今属横县）、上林、隆安10个县，归德（今属柳江县）、果化（今属平果县）、土忠（今属扶绥县）3个土州，都阳（今属都安县）、安定（今属都安县）、白山（今属马山县）、古零（今属马山县）、兴隆（今属东兰县）、旧城（今属平果县）、定罗（今属马山县）、迁隆峒（今属宁明县）8个土司，治所均在今南宁市；3年6月，为避云南省的南宁县同名而改名邕宁县。同年置南宁道，领邕宁、永淳、横、宾阳、上林、武鸣、隆山（今属马山县）、那马、都安、果德（今属平果县）、隆安、扶南、绥渌（今属扶绥县）、上思14个县和定罗土司；15年废道，由省直接领县；18年7月设南宁市政府，与邕宁县合署办公，同年11月，撤市建制；19年置南宁民团区，23年置南宁行政监督区，24年置第九区，均领邕宁、宾阳、横、永淳、扶南、绥渌、同正（今属扶绥县）、隆安、上思9个县；25年10月，广西省会从南宁迁至桂林；29年置南宁行政监督区（又叫第九区）；31年4月，将第八区（武鸣）、第九区合并称第四行政区，治所南宁，领邕宁、永淳、横、宾阳、上林、武鸣、隆山、都安、那马、平治（治今平果县）、果德、隆安、同正、扶南、绥渌、上思16个县；38年10月，广西省会再次从桂林迁至南宁。

1949年12月4日，南宁解放。1950年1月，南宁建市。同年2月8日，广西省人民政府成立，确定南宁市为省会。1952年12月，南宁亦为桂西壮族自治区（1956年改为桂西壮族自治州）驻地。1958年3月，广西壮族自治区成立，南宁市为首府。

（梁新莲）

【土地资源】 2009年，南宁市土地总面积221.02万公顷。其中：耕地面积69.19万公顷，林地面积97.62万公顷，建设用地（城镇村及工矿用地、交通运输用地）14.29万公顷，水域10.86万公顷，其他土地面积29.06万公顷。市区土地总面积64.47万公顷，其中耕地面积21.29万公顷，林地面积25.58万公顷，建设用地（城镇村及工矿用地、交通运输用地）5.74万公顷，水域3.73万公顷，其他土地面积8.13万公顷。

（谭世明）

南宁市各种地类面积结构

单位：万公顷

地类	总计	耕地	林地	建设用地(城镇村及工矿用地、交通运输用地	水域	其他用地
南宁市本级	64.47	21.29	25.58	5.74	3.73	8.13
市辖六县	156.55	47.90	72.04	8.55	7.13	20.93
总计	221.02	69.19	97.62	14.29	10.86	29.06
所占比例(%)	100	31.31	44.17	6.47	4.91	13.14

【植物资源】 南宁市地形地貌为典型的山地、丘陵和盆地，水热条件好，孕育了丰富的植物资源。2009年，全市维管束植物有209科764属2023种。其中：蕨类植物42科84属250种；裸子植物7科9属18种；被子植物160科671属1755种。乔木树种有600种以上，以壳斗科、茶科、杜鹃花科、樟科、胡桃科、木兰科、大戟科为优势。中国公布保护的一、二级野生植物主要分布在广西大明山国家级自然保护区、龙山自治区级自然保护区、龙虎山自治区级自然保护区、武鸣三十六弄—陇均自治区级自然保护区、弄拉自治区级自然保护区。2007年在龙虎山自然保护区首次发现中国特有植物，被《中国物种红皮名录》收录的极危树种——龙州锥。

【动物资源】 2009年，南宁市自然分布的野生脊椎动物有31目90科208属294种。其中：两栖类19种，主要有大鲵、棘胸蛙、虎纹蛙、泽蛙、大绿蛙、斑腿树蛙等；爬行类42种，主要有蟒蛇、山瑞鳖、大壁虎、大头平胸龟、乌龟、百花锦蛇、金环蛇、银环蛇、眼镜王蛇、五步蛇、滑鼠蛇等；鸟类151种，主要有原鸡、林三趾鹑、凤头鹃隼、雀雕、猛隼、小鸦鹃、草鸮、长尾阔嘴鸟等；哺乳类60种，主要有黑叶猴、猕猴、小灵猫、大灵猫、林麝、苏门羚、黑熊、穿山甲等。中国公布保护的一、二级野生动物主要分布在广西大明山国家级自然保护区、龙山自治区级自然保护区、龙虎山自治区级自然保护区、武鸣三十六弄—陇均自治区级自然保护区、弄拉自治区级自然保护区、西津湖水库。 (林志武)

【水资源】 南宁市地处亚热带，气候湿润，雨量充沛，多年平均降雨量在1241~1753毫米之间，其中南宁市区为1310毫米，上林县为1753.20毫米。南宁市辖区河系发达，河流众多，流域集水面积在200平方公里以上的河流有郁江、右江、左江、武鸣河、八尺江、清水河、良凤江、香山河、东班江、沙江、镇龙江等39条。市内最大的河流是郁江，流过南宁市区、邕宁、横县。右江的下游经过隆安县，在南宁市宋村与左江汇合形成郁江。郁江(南宁水文站)年平均天然径流量375.10亿立方米。熔岩地区地下伏流发育，地下水资源丰富，根据地下水调查和分析，市辖区多年平均地下水量模数为每平方公里11.10万立方米，南宁市多年平均浅层地下水资源补给量为25亿立方米。市辖区内的多年平均水资源总量约139.90亿立方米（区域水资源总量是指当地年内降水量形成的地表、地下水总量，不含过境水量）。2009年，郁江(南宁水文站)天然径流量为267.10亿立方米，比多年平均值偏少28.80%；区域内的左江、右江、郁江水质尚好，大部分河段的水质符合饮水用水标准。部分小支流由于受沿河工矿企业的排污影响，河水受污染严重。全市有大、中、小型水库779座，其中：库容1亿立方米以上的大型水库5座，1千万立方米以上的中型水库25座，小型水库749座，总库容38亿立方米左右。水库的水质基本上符合饮水用水标准。南宁市人均拥有可利用水量约8000立方米，水资源总量比较丰富。但由于降水和河川径流的时空分布很不均匀，并非所有的水资源量都能为人所控制利用，致使一些地区仍然水旱灾害频繁，农业产量不稳定和水资源供需矛盾日益突出。

(黄召生)

【矿产资源】 2009年，南宁市已勘察发现矿产资源63种，主要有：能源矿产资源褐煤、无烟煤、石煤、地热(热矿水)；黑色金属矿产铁、锰、钒、钛；有色金属矿产铜、铅、锌、铝土矿、镍、钴、钨、铋、钼、锑；贵金属矿产有金、银；化工原料非金属矿产有磷、硫铁矿、芒硝、砷、泥炭、重晶石；冶金辅助原料非金属矿产萤石、耐火粘土；建材和其他非金属矿产压电水晶、熔炼水晶、滑石、叶腊石、石膏、水泥用石灰岩、建筑石料用灰岩、高岭土、膨润土、陶粒用粘土、砖瓦用粘土、玻璃用砂、玻璃用砂岩、水泥配料用砂岩、粉石英、水泥配料用粘土、砖瓦用页岩、水泥配料用页岩、饰面用花岗岩、建筑用花岗岩、方解石、石灰岩、建筑用砂(河砂)；水汽矿产矿泉水等。优势矿产有钨、银、钒、铜、金、石灰岩、花岗岩、芒硝、耐火粘土、滑石、水晶、砂岩。平势矿产有煤、锰、铝、铅、锌、硫、铁矿、膨润土、高岭土、石膏。探明矿床有590处，其中大型矿床9处、中型矿床9处、小型矿床28处，共有矿山564个。已开发利用的大型矿床4处、中型矿床9处、小型矿床557处，外业从业人员1万人，年产矿石2000万吨，矿业产值5.33亿元(不含矿业冶炼加工)。 (谭世明)

【气 候】 2009年，南宁市气候呈气温偏低、降水略偏多、日照时数正常特点。年平均气温22.40℃，较常年偏高0.90℃，偏高程度居1960年以来第1位；年平均降水量1173.90毫米，偏少1.7成，偏少程度为1960年以来第6位。平均日照时数1668小时，较常年偏多7%，属正常年份。年内影响南宁市热带气旋比常年偏少。冬季和秋季降水量比常年同期偏少，出现严重干旱；5~7月局部地区暴雨洪涝频繁发生，3月、4月和7月，部分县区出现暴雨或短时雷雨大风天气，个别县出现冰雹强对流天气；7月、9月、10月，受0906号台风“莫拉菲”、0915号台风“巨爵”、0917号热带风暴“芭玛”3个热带气旋影响。后两个热带气旋的影响有利于缓解旱情和水库蓄水。2月平均气温异常偏高，≥35.0℃的高温天气比常年同期偏多，主要出现在8~9月，偏多程度为1960年以来同期的第二位，高温少雨导致秋季旱情发展。气象灾害频发，主要有：4月隆安的冰雹大风天气、9月的强雷电天气，7月的台风“莫拉菲”、9月台风“巨爵”、10月台风“芭玛”以及汛期的强降水、春旱、秋旱和11月中旬的罕见低温等灾害性天气，造成人员和经济的重大损失。 (江 雪)

【水 文】

降 水 2009年1~3月，南宁市各江河主要控制水文站的降水量与历年均值比较偏少。汛期雨季来临时间属于正常，结束时间提前，发生局地暴雨普遍，大范围强降雨少。4~9月，市辖区主要江河的各控制站降水量在710.00~1248.80毫米之间，汛期降水总量与历年相比，除隆安水文站接近多年同期平均值，属平水年景；其他各水文站的降水量比多年平均值偏少1~2成。整个汛期有两次较大的降雨过程，分别是5月15日8时至20日8时，7月3日8时至6日8时。8月至年末，大部分水文站连续5个月降水量比多年平均值偏少，属严重干旱年景。入汛后洪水在前汛期来得比较正常，但结束提前。各江河于5月10日左右就出现第一次涨水过程，而在7月下旬以后，除水口河水口站和平而河平而站在8月中旬各出现一次低洪水过程外，其他各站水位都处在低水位。全年各水文站年最高洪水位偏低，次洪变幅小。从9月至年末，郁江以上流域降水量严重偏少，各江河水位均在低洪以下。郁江（南宁水文站）12月31日24时水位为61.69米。

水　质　2009年，按照《国家地表水环境质量标准》（GB3838-2002），对归春河的硕龙河段共监测12次，其中三类水质9次，四类水质3次。对平而河的平而关河段共监测12次，其中二至三类水质10次，四类水质2次。对水口河水口桥河段共监测12次，其中三类水质9次，四类水质3次。龙州站河段基本达到三类水质。对崇左站河段共监测12次，除7月为四类水质外，其他测次为二至三类水质。扶绥站河段全年水质为三至四类之间。对南宁站河段共监测12次，其中三类水质11次、四类水质1次。对右江的下颜河段共监测12次，其中二至三类水质6次，四类水质6次。对郁江蒲庙河段共监测12次，三类水质7次，四类水质5次。对豹子头河段共监测6次，全部是三至四类水质；对邕江河南水厂河段监测12次，三类水质2次，其余为四类水质。对六景河段共监测6次，全部为三类至四类水质。监测河段主要污染（超标）物为粪大肠菌群、铁、氨氮、溶解氧等。造成水质变差的主要原因是由于非汛期降水量普遍偏少，河流流量偏少，致使河流的纳污容量很小，点源污染容易使河流的水质变劣。邕江主要污染源来自大坑口、二坑口、亭子冲、竹排冲、水塘江等排污口排放的污水以及雨水冲刷流域地面上的污染物流入所致。（黄召生）

【人　口】2009年末，全市常住户籍总户数206.24万户，总人口697.90万，比上年增加6.21万，增长0.90%。其中市区人口267.14万，增加3.25万，增长1.23%；全市非农业人口190.88万，增加1.94万，增长1.03%；农业人口507.02万，增加4.27万，增长0.85%；全市出生人数9.67万，出生率11.38‰，死亡人数3.98万，死亡率2.93‰，人口自然增长率8.40‰。

【行政区划】2009年，南宁市行政区划为兴宁区、江南区、青秀区、西乡塘区、邕宁区、良庆区六城区和武鸣县、横县、宾阳县、上林县、马山县、隆安县六县，共84个镇、15个乡、3个民族乡、22个街道。

【民　族】南宁市是一个以壮族为主体、多民族聚居的首府城市。居住着壮、汉、瑶、苗、回、满、侗、水、仫佬、布依、毛南、京、蒙古、傣、黎、傈僳、拉祜、俄罗斯、彝、土、仡佬、高山、土家、朝鲜、白、藏、纳西、畲、锡伯、维吾尔、哈尼、景颇、普米、阿昌、德昂、柯尔克孜、哈萨克、鄂温克、达斡尔、鄂伦春、布朗、保安、东乡、裕固、佤、羌、塔塔尔、基诺等48个民族成分，其中人口总数超过1000人以上的依次为壮族、汉族、瑶族、苗族、仫佬族、侗族、回族、满族、毛南族、土家族等10个民族。壮族是世代居住在本地的土著民族；汉族为秦汉以后陆续迁入；回族为元朝以后迁入；瑶族和苗族大多为清代以后迁入；其余民族多于解放后陆续从全国各地迁来。截至2009年末，全市总人口697.90万人，其中少数民族人口403.30万人，占总人口57.79%，少数民族人口总数居全国五个少数民族自治区首府城市之首。市区少数民族人口占总人口的比例为58.03%，各城区少数民族人口占总人口比重的排序为：邕宁区（94.84%）、良庆区（91.19%）、兴宁区（63.04%）、江南区（50.73%）、青秀区（47.99%）、西乡塘区（42.19%）；各县少数民族人口占总人口的比例为57.87%，少数民族人口占总人口比重的排序为：隆安县（96.97%）、武鸣县（87.07%）、马山县（82.99%）、上林县（84.83%）、横县（38.50%）、宾阳县（19.80%），其中隆安县是壮族人口比例最高的县。汉族在各地均有分布，以宾阳县、横县和除邕宁区、良庆区以外的城区较为集中；瑶族主要聚居在马山县和上林县；苗族在各地均有分布，以城区较为集中；回族、满族、侗族等其他少数民族主要居住在城区；全市有3个民族乡，分

2009年南宁市各县区乡镇、街道情况

县　区	乡镇（街道）数				乡　镇	街　道
	镇	乡	民族乡	街道		
兴宁区	3			2	三塘镇、五塘镇、昆仑镇	朝阳、民生
江南区	4			4	吴圩镇、苏圩镇、延安镇、江西镇	江南、福建园、那洪、沙井
青秀区	4			5	伶俐镇、长塘镇、刘圩镇、南阳镇	建政、新竹、中山、津头、南湖
西乡塘区	3			10	坛洛镇、金陵镇、双定镇	西乡塘、衡阳、北湖、安吉、安宁、新阳、华强、上尧、石埠、心圩
邕宁区	3	2			蒲庙镇、那楼镇、新江镇、百济乡、中和乡	
良庆区	5			1	良庆镇、那马镇、那陈镇、大塘镇、南晓镇	大沙田
武鸣县	13				城厢镇、太平镇、双桥镇、宁武镇、锣圩镇、仙湖镇、府城镇、罗波镇、陆斡镇、两江镇、甘圩镇、灵马镇、马头镇	
横县	14	3			横州镇、石塘镇、云表镇、马岭镇、百合镇、那阳镇、峦城镇、六景镇、陶圩镇、校椅镇、新福镇、莲塘镇、南乡镇、平马镇、镇龙乡、马山乡、平朗乡	
宾阳县	15	1			芦圩镇、思陇镇、新桥镇、新圩镇、邹圩镇、大桥镇、和吉镇、洋桥镇、武陵镇、中华镇、古辣镇、露圩镇、甘棠镇、黎塘镇、王灵镇、陈平乡	
上林县	7	3	1		大丰镇、巷贤镇、白圩镇、三里镇、明亮镇、乔贤镇、西燕镇、澄泰乡、木山乡、塘红乡、镇圩瑶族乡	
马山县	7	2	2		白山镇、周鹿镇、百龙滩镇、古零镇、金钗镇、永州镇、林圩镇、乔利乡、加方乡、古寨瑶族乡、里当瑶族乡	
隆安县	6	4			城厢镇、乔建镇、那桐镇、雁江镇、丁当镇、南圩镇、都结乡、布泉乡、屏山乡、古潭乡	

（胡小民）

别为马山县古寨瑶族乡、里当瑶族乡和上林县镇圩瑶族乡。

【语言文字】 2009年，居住在南宁市的少数民族中，除回族、满族已全部转用汉语外，其他少数民族都保留有自己的语言，部分少数民族保留有自己的传统文字。普通话和规范汉字为公务用语用字，国家机关工作人员、教师从业实施普通话水平测试。全社会推广普通话和推行规范汉字，公共服务行业基本以普通话为服务用语。

汉语方言 主要有白话（粤语）、平话、桂柳话（西南官话）3种。近郊农村汉族普遍使用平话，城区内汉族多使用白话，部分使用桂柳话（西南官话）。中心城区贸易及社会交往的汉语方言以南宁白话为主。

壮 语 壮语是壮族主要的语言交际工具，使用较为广泛的区域为武鸣县、横县、上林县、马山县、隆安县、邕宁区、良庆区和西乡塘区、兴宁区、江南区、青秀区的边远乡镇。壮语分为南部方言区和北部方言区，大致以邕江为界，并向西北伸展连接右江，江的南部地区属南部方言区，江的北部地区属北部方言区，俗称“南壮”和“北壮”。南宁壮语分属“南壮”和“北壮”两大方言及其接合区，即邕江和右江以北为壮族北部方言的邕北土语区，以南为壮族南部方言的邕南左江土语区。北部方言区的壮话与武鸣壮话大同小异；南部方言区的壮话则与邕宁壮话基本相同。壮语南部方言和北部方言语法结构、基本词汇大致相同，而语音差异则比较明显。如南部方言有一套送气的清音声母ph、th、kh等，北部方言一般无送气声母；此外，北部方言有独立的r声类（有多种方音变体，多数地方读Y），而南部方言多无此独立声类。在词汇方面，南部方言区的壮语与北部方言区的壮语大约有30%~40%的词汇不相同，在语法上也存在一些差异。南宁市壮族聚居的村庄、圩镇，日常交际用语为当地壮语方言，壮族聚居的县城及乡镇行政驻地集市贸易的主要用语为当地壮语方言，其周边及杂居的汉族居民多数也兼通壮语。由于壮汉民族长期和睦相处，普通话的推广使用，以及广播、电视的普及和覆盖面的日益扩大，南宁市城乡壮族兼通普通话或白话的现象也较为普遍。

壮 文 古壮字和壮语拼音文字的简称。古壮字也称土俗字，壮语称为Sawndip，萌芽于秦汉时期，产生于唐代，是由壮族一些受汉文化教育的文人（包括巫师）借助汉字或汉字的偏旁部首创造的，其构字方式大体有形声字（即利用汉字的偏旁部首和意符组合而成的字）、会意字（即利用汉字本体的意义，加上一些特殊的符号，或者是以两个以上的汉字合并而成的字）、借汉字（即直接借用汉字音或义，借音是借用汉字的正音或谐音记录壮语字，一经借用，其原来汉语语义不复存在，表示的是壮语语义；另一种是既借音又借义的字）、象形字（即依物赋形，依事描样，以简单而富有概括力的笔画，勾画出物体的基本形象的字）。古壮字兴于唐宋，盛于明清，民间普遍用于记录或书写神话、故事、传说、歌谣、谚语、剧本、楹联、碑刻、药方、家谱、家族、契约、讼诉、经文、记财等。目前，南宁市各县区壮族地区民间仍流传有使用古壮字记录、抄录的山歌唱本和师公唱本，大部分的民间老艺人、师公（师公戏）传承人在抄录、创作唱本时也仍然在使用古壮字和沿用古壮字的创字方法。壮文拼音文字是以拉丁字母为基础拼音创制的文字，1957年经政务院批准并公布实施，共有28个字母，并以z、J、x、q、h等字母分别作第二、三、四、五、六调的调号标注于字尾，20世纪50年代中后期，开始在壮族地区推行使用壮文拼音文字。“文革”期间壮文推行工作中断十余年。1980年5月，自治区党委和政府决定在壮族地区恢复使用壮文。1981年9月起，壮文开始陆续进入壮族地区的小学进行壮汉双语教学试点实验。2004年，南宁市政府颁布实施《南宁市社会用字管理暂行规定》，明确壮文的使用纳入社会用字管理范畴。南宁市党政机关、社会团体、企事业单位名称牌匾、公章大都使用壮汉两种文字，公共场所设置的挂牌、路牌、标志牌有的也按规定同时标注有壮文拼音文字。

瑶 语 主要属汉藏语系苗瑶语族苗语支或瑶语支，也有一些属壮侗语族（瑶族居地广阔，支系繁多，各语支差异颇大，所以不同语支的瑶族之间语言不通。由于瑶族长期与壮族、汉族杂居，共同相处，交往密切，故受到其民族语言影响较深）。瑶语受汉语、壮语影响很大，瑶语中借入了大量的汉语、壮语词。居住在马山县古寨瑶族乡、里当瑶族乡、上林县镇圩瑶族乡一带的瑶族和宾阳县、隆安县的瑶族，从语言上，他们基本属于汉藏语系苗瑶语支，大都兼通壮语，他们以瑶语、壮语为日常语言交际工具。居住在城区的瑶族兼通汉语，也有部分使用瑶语作为日常语言交际工具。 （刘建安）

【华 侨】 2009年，南宁市有归侨侨眷11万人，其中归侨1.80万人，主要是20世纪六七十年代从印度尼西亚、越南等国家回国定居。南宁市旅居海外的华侨、华人约9万人，主要分布在越南、菲律宾、马来西亚、泰国、缅甸、新加坡、印度尼西亚、巴基斯坦、美国、英国、加拿大、澳大利亚、危地马拉、德国、巴西、智利、新西兰、瓦努阿图、瑞士等35个国家和地区。从事的职业包括商贸、教育、科研、文化等。 （何 俊）

【宗 教】 2009年，南宁市有佛教、伊斯兰教、天主教、基督教4种宗教，经政府批准开放的宗教活动场所44处，其中：佛教15处，伊斯兰教1处，天主教4处，基督教24处，分布在兴宁区、青秀区、西乡塘区、江南区、邕宁区、良庆区及武鸣县、横县、宾阳县、上林县、马山县等11个县区。宗教教职人员122人，教徒约5.80万人，信教群众近20万人。成立有市佛教协会、市伊斯兰教协会、市天主教爱国会、市基督教“三自”爱国运动委员会、市基督教协会5个市级宗教团体。各宗教团体坚持独立自主自办教会的方针，先后开展“宗教和谐与社会和谐”主题活动和创建“和谐寺观教堂”活动，团结广大信教群众，爱国爱教，遵循国家有关法律法规和教义教规，宗教活动有序开展。10月，市天主教爱国会召开第六届代表会议，选举产生新一届领导班子，谭燕全当选市天主教爱国会主席。12月，佛教协会召开第七届代表会议，选举产生了新一届佛教领导班子，释镛如法师当选市佛教协会会长。 （李军武）

【自然灾害】

春季抗旱 2009年春季，南宁市气温偏高，降水量偏少（与常年同期相比，偏少8-10成），各县区已不同程度出现旱情。至3月9日，全市共有4.55万公顷农作物受旱，其中轻旱3.09万公顷，重旱1.11万公顷，干枯4666.67公顷；水田缺水1.71万公顷，因旱造成18.96万人，牲畜9.14万头饮水困难。

局部冰雹 4月12日下午，隆安县在强对流天气影响下，局部遭受罕见暴雨冰雹袭击，造成大面积农作物受损，受灾乡镇4个，其中雁江、城厢两镇最为严重，其次是南圩镇和那桐镇。4个镇的农作物受灾面积2906.67公顷，其中760公顷春玉米因灾绝收，直接经济损失1630万元。

强降雨 受高空槽、切变线和地面弱冷空气共同影响，5月16日晚到20日，市部分县区出现大雨，部分暴雨，局部大暴雨的天气过程。降雨过程主要集中在宾阳、横县、武鸣、上林、马山等县区，由于降雨持续时间长，范围大，部分县已不同程度受灾。至5月20日，全市有5个县区

30个乡镇180个村屯受灾，受灾农业人口2.41万人，全市农作物受灾面积1706.67公顷，其中粮食作物1400公顷，经济作物306.67公顷；成灾面积860公顷，其中粮食作物673.33公顷，经济作物186.67公顷，绝收面积13.33公顷。因灾毁坏水利渠道0.35公里，因灾损失鱼类32.14吨，因灾减少粮食647.02吨，造成农业直接经济损失153.85万元，其中种植业直接经济损失99.85万元。

水稻"两迁"虫害　2009年上半年全市水稻病虫害发生程度为中等(3级)，累计发生面积37.67万公顷次，水稻"两迁"害虫(稻飞虱、稻纵卷叶螟)发生略轻于去年同期。主要病虫害包括：属局部中等偏重发生的病虫害主要有稻飞虱、稻纵卷叶螟和稻纹枯病；病虫害属中等偏轻发生的有三化螟、稻瘟病；上林、宾阳、横县等部分县区鼠害较往年偏重发生。第三代稻飞虱后期(6月下旬至7月上旬)有一明显迁入高峰，对迟熟早稻及中稻稻田发生危害。

强对流天气　8月25日中午，地处南宁—东盟经济开发区的正安农场遭受强对流天气(龙卷风、冰雹、暴雨)灾害。强对流天气自13时25分左右开始，至45分左右结束，持续约20分钟。受灾人口2650人，无人员伤亡；房屋倒塌4间，房屋损坏82间；农业温室大棚损坏12座；农作物损毁面积654.20公顷，其中香蕉绝收面积328.53公顷；直接经济损失3208.06万元(农作物损失3200.32万元、农业温室大棚损失5万元、受灾房屋损失2.74万元)。

夏秋抗旱　8月后，由于持续高温少雨天气，南宁市已出现不同程度的旱情，降雨量偏少，加上市部分水库正在除险加固施工中，无法蓄水，导致部分县区旱情形势较为严峻。至8月下旬，全市水库有效蓄水量为9.30亿立方米，占有效库容的56%，比上一旬少0.81亿立方米，比历年同期少0.15亿立方米，比去年同期少2.89亿立方米。干旱已经造成全市7座水库干涸，48眼机电井出水不足。全市有13个县区107个乡镇、1703个村屯出现旱情，受旱农业人口达180万人；其中9.78万人、3.42万头大生畜饮水发生困难，农作物受灾面积13.39万公顷，其中粮食作物5.58万公顷，经济作物7.81万公顷；农作物成灾面积4.11万公顷，绝收面积1880公顷。全市农业经济损失1.27亿元，其中种植业经济损失1.22亿元，因灾造成粮食减产1.96万吨以上。　　（杜　勇）

经济与社会发展

【经济发展概况】　2009年，南宁市贯彻落实中央、自治区应对国际金融危机的一系列决策部署，在自治区率先开展"项目建设年"、"服务企业年"活动，实现了"保增长、保民生、保稳定，保持发展良好势头"的目标，经济持续较快发展。生产总值1492.38亿元，比上年增长15%，增速提高0.5个百分点。三次产业中，第一产业增加值211.24亿元，增长5.80%；第二产业增加值527.46亿元，增长17%；第三产业增加值753.68亿元，增长16.30%。人均生产总值21479元，增长13.80%。全年施工项目4691个，增长49.49%，其中新开工项目3713个，增长65.17%。全社会固定资产投资1043.91亿元，增长50.54%。城镇固定资产投资977.24亿元，增长50.34%。其中，基本建设投资451.41亿元，增长62.20%；更新改造投资265.58亿元，增长86.44%；房地产开发投资226.73亿元，增长13.76%。社会消费品零售总额757.01亿元，增长19.84%。在国家扩大内需和惠农政策的有力推动下，城乡市场共同发展，城市和农村市场同步较快增长，城市市场增长19.86%，农村市场增长19.74%。"家电下乡"、"汽车下乡"、消费购物节等活动有效促进消费，节庆经济带动消费品市场繁荣活跃，汽车零售增长31.18%，以旅游、餐饮、购物、娱乐为主要特征的节庆经济对消费市场的拉动作用明显。商品房销售额增长74.26%，保险保费收入增长18.15%，邮电业务总量增长13.81%，旅游总收入增长26.13%，年末金融机构各项存款余额比上年末增长39.25%，贷款余额比上年末增长41.50%。规模以上工业总产值981.65亿元，增长13.49%；规模以上工业企业主营业务收入845.53亿元，增长16.11%；利税89.7亿元，增长18.67%，其中利润33.99亿元，增长14.29%；全部工业总产值1175.76亿元，增长10.94%；全部工业增加值395.80亿元，增长13.50%。建筑业增长速度快，建筑业增加值131.66亿元，增长28.70%。农林牧渔业总产值349.48亿元，增长5.82%。其中，水产畜牧业产值138.58亿元，增长5.80%。粮食总产量207.60万吨，再创历史新高，增长2.87%；蔬菜产量337.96万吨，增长5.30%；水果产量104.52万吨，增长42.96%；肉类产量58.36万吨，增长6.46%；水产品产量17.77万吨，增长7.30%。出口23.84亿美元，增长50.28%。抓住广西北部湾经济区开放开发上升为国家战略的有利时机，推进全方位、多层次、宽领域开放，深化桂台、桂澳、桂港经贸合作。外商直接投资2.78亿美元(商务部口径)，增长23.36%。城镇居民人均可支配收入16254元，增长11.90%；其中城市居民人均可支配收入16813元，增长12.13%。农村居民人均纯收入4385元，增长8.76%。年末城乡居民储蓄存款余额1116.20亿元，比上年末增长25.61%。居民消费价格总水平下降1.80%。在岗职工年均工资32596元，增长10.96%。

【经济结构调整】　2009年，南宁市经济结构调整取得新成效。经济结构调整出现新变化。三次产业比重分别由上年的15.44∶34.65∶49.91调整为14.16∶35.34∶50.50。第一产业比重明显下降，第二产业、第三产业比重均有所上升。重点产业较快发展。在经济总量中占一半的服务业增速高于经济增速1.30个百分点，成为带动全市经济较快增长的最主要方面。服务业中的支柱产业批零贸易、餐饮住宿、交通运输、房地产等优势地位进一步巩固，旅游、物流、保险证券、信息服务、会展等新兴现代服务业获得较大发展。重点工业产业中，机械、医药、建材规模以上工业产值增速分别为26.76%、22.01%、21.15%，明显高于全市规模以上工业产值增速。生物能源、声光电一体化、精细化工等高新技术产业迅速发展，南宁国家高技术生物产业基地建设积极推进。

【区域经济发展】　2009年，南宁市继续加强区域合作。以东南亚为重点，积极面向世界参与国际分工。"三基地三中心"建设规划编制工作基本完成，一批重大基础设施和产业项目竣工投入使用或加紧建设。南宁领事馆区一期工程竣工，柬埔寨、老挝驻南宁总领事馆已进驻领事馆区。招商银行等金融机构落户南宁。与港澳台、东南亚及珠三角、长三角的经济合作进一步加强，承接产业转移取得新突破。积极投入北部湾经济区建设，主动对接北钦防产业延伸和服务，成功举办2009北部湾经济合作论坛。生产总值，青秀、兴宁、西乡塘、江南、良庆、邕宁6个城区分别增长18.40%、15.90%、17%、15.20%、14.50%、9%，武鸣、横县、宾阳、上林、马山、隆安6个县分别增长17.10%、15.20%、9.40%、5.70%、11.70%、4.80%。全社会固定资产投资，青秀、兴宁、西乡塘、江南、良庆、邕宁6个城区分别增长68.23%、53.51%、61.99%、50.99%、69.25%、36.52%，武鸣、横县、宾阳、上林、马山、隆安6个县分别增长73.57%、86.70%、72.44%、50.89%、48.64%、49.72%。县域产业结构继续调整，工业克服经济大环境的影响仍然呈现不同程度的增长。规模以上工业增加值，青秀、兴宁、西乡塘、江南、良庆、邕宁6个城区分别增长24.50%、14.02%、18.73%、12.46%、13.60%、9.44%，武鸣、横县、宾阳、马山4个县分别增长39.73%、23.42%、14.63%、14.89%，上林、隆安两个县分别下降9.37%、0.27%。县域经济发展效益良好。财政收入，青秀、兴宁、西乡塘、江南、良庆5个城区分别增长44.20%、15.47%、25.71%、9.93%、5.19%，邕宁区下降21.01%，武鸣、横县、宾阳、上林、马山、隆安6个县分别增长24.10%、22.18%、20.13%、1.51%、15.01%、0.45%。

【循环经济发展与节能减排】 2009年，南宁市进一步加强节能减排工作，生态建设和环境保护取得新进展，获第六届中华宝钢环境奖。万元生产总值能耗下降2.42%，化学需氧量排放量削减4.10%，二氧化硫排放量不增加。全社会节能特别是企业节能工作大力开展，规模以上万元工业增加值能耗下降12.80%。城市内河综合整治、污水和垃圾处理、废气和噪声治理持续推进。内河整治开工项目7个。隆安县城污水处理设施一期投入试运行，埌东污水处理厂三期和5个县城污水处理厂开工，五象污水处理厂一期完成项目初步设计。城乡风貌改造试点工作积极开展。

【经济体制改革】 2009年，南宁市改革创新工作逐步推进。行政审批制度改革继续深化。投资项目审批并联制建立，《南宁市重大建设项目报建和其他项目并联审批实施细则》出台。对投资1亿元以上重点工业项目开辟"绿色通道"。创新产业园区基础设施建设项目投融资机制，实行"市统贷县用县还"政策。广西皇氏甲天下乳业股份公司A股在深圳证券交易所上市，南宁建宁水务集团成功发行7年期8.50亿元企业债券。财政体制改革继续深化，各级财政对民生和公共服务领域投入稳定增长机制加快建立。深化国有企业改革，对南宁振宁资产经营有限责任公司、南宁壮宁资产经营有限责任公司、南宁沛宁资产经营有限责任公司、南宁威宁资产经营有限责任公司、南宁农工商集团有限责任公司、中房集团南宁房地产开发公司等6家公司重新进行授权调整。制定南宁市深化医药卫生体制改革工作2009~2011年实施方案。统筹城乡改革试点工作已启动。创新工作进一步推进。第四轮（2008~2010年）创新计划累计组织实施项目773个，计划总投资44.62亿元，新增产值27.61亿元。工业技术创新成效突出。完成技术创新项目301个，计划总投资7.61亿元；规模以上工业企业新产品产值增长15.16%；围绕重点产业建设技术创新项目，取得28项技术成果，其中1项达到国际先进水平；两家技术中心通过中国合格评定国家认可委员会的实验室认可，实现南宁市企业国家级认可实验室"零的突破"。农业技术创新取得新进展。开发农产品深加工新技术13项、新产品20个，建立新品种新技术示范基地35个。

【社会发展概况】 2009年，南宁市各项社会事业得到新发展，改善民生和发展社会事业成果显著。财政安排民生支出的力度明显加大，其中社会保障和就业支出增长29.94%，环境保护支出增长67%，医疗卫生支出增长41.11%，教育支出增长25.72%，农林水支出增长36.74%。利用新增中央资金实施了重大基础设施、生态环境及廉租房、教文卫、农林水等一大批改善民生和社会公益建设项目。用好地方财政资金实施为民办20件实事项目，降低了城市公交票价，提高城市居民最低生活保障标准、农村低保标准、五保户供养定补金标准，完善廉租房、公共租赁房、经济适用房、限价商品房和危旧房改造、农民工住房的政府保障体系。

科学技术　科技支撑作用日益突出，科技综合实力显著增强。组织实施产业重大科技专项10个，新增国家高新技术企业33家，列入广西创新型企业8家，取得科技成果692项，增长29.59%，有15项获自治区科学技术进步奖。获国家科技进步示范市称号，连续五次被评为全国科技进步先进市。

教　育　职业教育攻坚全面开展，年度招生和财政经费投入任务全面完成，项目建设按计划推进，生均面积、投入、设备、图书4项指标有较大提高，为完成三年攻坚任务打下良好基础。高中教育进一步发展。高等教育实现新发展，邕江大学完成南宁市控股改制工作。城乡义务教育工作继续加强，经费保障机制运行良好，62.73万名农村义务教育阶段学生免交学杂费和课本费，18.83万名城市义务教育阶段学生免交学杂费，4.78万名进城务工人员子女免交学杂费和借读费。教育投入增加，一批建设项目开工，校舍安全工程启动。全市中小学固定资产投资完成8.25亿元。

文　化　文化建设成绩显著，大地飞歌晚会等多场重大演出活动成功举办，《旅店夜话》获第三届全国小戏小品大赛专业组一等奖；文化惠民工程积极实施，群众文化生活丰富多彩；文化遗产保护得到加强，举办南宁兵变纪念展；文化市场健康发展。文化公共服务体系建设和文化公益性设施继续建设。

卫　生　三级医疗卫生网络基本建立，城乡医药卫生服务体系基本形成，一批公共卫生设施继续建设，疾病防治能力进一步增强，医疗保障覆盖人口逐步扩大，为深化医药卫生体制改革打下了良好基础。新农合工作成效显著，参合率92.54%，比上年提高5.23个百分点，比自治区高1个百分点。人民群众健康状况进一步改善，居民主要健康指标高于全国水平。

体　育　体育事业进一步发展，公共体育设施得到改善；龙舟等国际邀请赛、第九届少数民族传统体育运动会等体育赛事成功举办；南宁市运动员在第十一届全运会上夺得1.50枚金牌、1枚银牌和0.50枚铜牌。一批体育基础设施项目继续实施，广西体育中心一期工程主体育场基本建成。城乡文体娱乐健身活动丰富多彩。

人口和计划生育　人口和计划生育工作稳步推进。人口自然增长率8.40‰。

就业　就业信息发布、职业介绍、职业培训工作积极开展，就业公共服务不断完善。对就业困难人员、农民工职业技能培训的政策扶持和高校毕业生就业引导工作进一步加强，返乡农民工创业和就业工作成绩突出。城镇新增就业7.38万人，城镇登记失业率3.86%。农村劳动力转移就业新增9.98万人。

社会保障　社会保险实现整体推进，基本实现社会保险政策全覆盖。在实施城镇居民基本医疗保险的基础上，把在校大学生纳入城镇居民基本医疗保险覆盖范围，启动新型农村养老保险试点工作。年末，全市5项保险参保总人数313.34万，其中养老保险55.70万、失业保险37.25万、医疗保险151.95万、工伤保险34.72万、生育保险33.72万，分别超额8.16%、14.26%、16.44%、7.23%、7.05%完成年度计划。

其　他　未解决温饱问题贫困人口减少1.50万。社会稳定工作坚持不懈，平安南宁建设广泛深入推进。依法治市工作继续加强，依法办事、依法行政环境不断改善。安全生产情况良好。获全国文明城市、全国社会治安综合治理优秀地市称号。

【经济与社会发展主要问题】 2009年，南宁市经济与社会发展面临和存在的主要困难及问题是：从经济大环境看，受国际金融危机的影响，世界经济复苏缓慢。尽管国内经济迅速回升，但回升的内在动力仍然不足，结构性矛盾仍然突出，农业基础仍不稳固，就业形势依然严峻。广西作为后发展欠发达地区面临的困难仍然很大，经济社会发展水平和城乡居民生活水平不高，市场化程度和经济外向度比较低，生态环境保护与经济发展的矛盾比较突出。从南宁市经济社会发展需要解决的主要困难和问题看，主要是：第一，产业发展水平、企业和产品竞争力还不能很好适应发展需要。优势特色产业规模小，主导产业带动力较弱，缺少大企业带动；工业总量较小，加快发展困难多；高附加值产业、高技术产业比重低；企业在金融危机情况下经营较为艰难；农业现代经营程度低。第二，招商引资、扩大投资、新区建设面临不少困难。外来投资项目、外来投资数量和规模仍比较小，缺少大项目带动；投资项目瓶颈制约因素较多；扩大投资规模压力大；五象等新区建设还不够快。第三，加快经济发展、促进投资增长、推动产业升级的软硬环境还不够完善。城乡基础设施和城市功能不够完善；产业配套条件不够理想；体制机制不够完善；新的城市总体规划尚未获批，城市发展空间不足；部分重点开发区土地面积不足；开放程度和非公有经济发展程度不够高。第四，城乡区域发展不够协调。城乡发展差异大，县域经济发展不平衡。第五，促进社会和谐的任务比较艰巨。社会事业发展水平不高，社会保障水平较低，就业压力较大，部分居民住房条件需进一步改善，部分劳动者收入分配不够合理。（杨华伟）

固定资产投资

【概　况】 2009年，南宁市全社会固定资产投资继续快速增长。在自治区率先开展“项目建设年”活动，成立专门机构，千方百计落实投资项目及建设资金，下大力气破解征地拆迁等难题，通过每月召开投资项目集中审批对接协调会和每月组织投资项目开竣工活动等措施，加快推进重大投资项目建设。施工项目比上年明显增加。施工项目4691个，增长49.49%；其中投资额5000万元以上项目679个，增长48.25%。施工项目中，当年新开工项目3713个，增长65.17%；其中投资额5000万元以上项目310个，增长1.17倍。续建项目978个，增长9.89%；其中投资额5000万元以上项目369个，增长17.14%。全社会固定资产投资1043.91亿元，提前一年实现“十一五”规划和科学发展三年计划目标；增长50.54%，增速为近14年来新高，比上年提高26.76个百分点。城镇固定资产投资977.24亿元，增长50.34%。其中，基本建设投资451.41亿元，增长62.20%；更新改造投资265.58亿元，增长86.44%；房地产开发投资226.73亿元，增长13.76%。城镇基本建设投资和更新改造投资的较大幅度增长支撑了全社会固定资产投资的持续快速增长。

【“项目建设年”活动】 2009年，共组织全市性的投资项目开竣工活动12次，投资项目共1089个，计划总投资1038亿元。

城乡基础设施项目　分三批实施城市建设计划，建设项目334个，年度计划投资221.98亿元。开工项目212个，开工率63.47%；竣工项目42个。城建投资132.81亿元，增长69.30%。凤岭新区、五象新区等重点区域路网加快建设，南宁大桥、长湖立交桥等建成通车，有效缓解城市交通压力。保税物流中心通过国家验收封关运作。农村公路建成566公里，66座病险水库除险加固工程动工，农村饮水工程完成370项，50个生态家园和8个新农村示范村建设完成。

产业项目　工业方面，麦斯鞋业综合鞋业制造等在建，中烟南宁制造部年产80万箱卷烟扩建等开展前期工作。商贸物流方面，华南城等在建，13个农贸市场新建改造完成。房地产方面，中铁凤岭山语城等续建，华润·万象城等开工。农业方面，建成生猪标准化养殖棚舍6.23万平方米、家禽标准化养殖棚舍2.21万平方米。

社会公益项目　廉租房和经济适用房建设方面，凤岭北路南面廉租房等13个项目开工。风景旅游方面，生态园林城增种210万株树木等11个项目在建，南湖亲水步道等7个项目竣工。

其　他　南宁市推进的自治区层面新开工、预备开工、续建重大项目共65个，计划总投资775.71亿元，年度计划投资70.30亿元。完成投资97.85亿元，为年度投资计划的1.40倍。其中，18个计划新开工项目全部开工。21个中央、自治区直属重点建设项目着力推进。包括10个新建项目，11个续建项目。年度计划投资112亿元。实际开工建设项目17个。全年南宁市共获得国家下达资金计划的四批项目774个，年度计划投资23.30亿元，其中中央预算内投资8.78亿元。已开工项目772个，竣工项目301个，完成投资17.63亿元。项目建成后将解决4469家低收入户廉租住房，23.19万农村人口饮水安全，1.20万农户使用沼气，6.34万户农村人口享受读书、听广播、看电视等基本文化服务，42.70万农村人口体育健身娱乐休闲等问题。

【县区开发区投资】 2009年，南宁市各县区开发区全社会固定资产投资情况：武鸣县86.90亿元，增长73.57%；横县77.71亿元，增长86.70%；宾阳县52.08亿元，增长72.44%；上林县17.44亿元，增长50.89%；马山县20.91亿元，增长48.64%；隆安县29.56亿元，增长49.72%。青秀区194.05亿元，增长68.23%；兴宁区55.83亿元，增长53.51%；西乡塘区70.77亿元，增长61.99%；江南区42.92亿元，增长50.99%；良庆区61.23亿元，增长69.25%；邕宁区14.45亿元，增长36.52%。南宁高新技术产业开发区68.75亿元，增长53.64%；南宁经济技术开发区42.81亿元，增长37.89%；南宁—东盟经济开发区35.10亿元，增长75.38%；南宁相思湖新区19.07亿元，增长154.96%；南宁青秀山风景旅游区7.63亿元，增长3.73%。

【投资结构】 2009年，南宁市固定资产投资结构继续调整变化。在全社会固定资产投资总额中，第一产业投资占1.57%，所占比重比上年降低0.02个百分点。第二产业投资占23.59%，所占比重降低0.90个百分点；其中工业投资占23.13%，所占比重降低0.33个百分点。第三产业投资占74.78%，所占比重提高0.86个百分点；其中商业投资占7.67%，所占比重降低0.82个百分点。投资热点主要集中在城乡基础设施、制造业、社会事业领域。全社会固定资产投资中，按产业划分：第一产业投资16.72亿元，增长48.73%；第二产业投资250.84亿元，增长45.36%（工业投资241.54亿元，增长48.37%）；第三产业投资776.35亿元，增长52.19%（商业投资80.11亿元，增长199.62%）。按投资构成划分：建筑工程587.71亿元，增长48.03%，占56.30%；安装工程41.21亿元，增长105.12%，占3.95%；设备、工具、器具购置197.88亿元，增长46.51%，占18.96%。按经济类型划分：国有经济380.70亿元，增长54.59%，占36.47%；集体经济21.35亿元，增长93.09%，占2.05%；私营个体300.48亿元，增长238.33%，占28.78%；其他经济341.38亿元，下降1.71%，占32.70%。按投资性质划分：城镇固定资产投资977.24亿元，占93.61%；其他投资66.67亿元，占6.39%。城镇固定资产投资中，基本建设投资451.41亿元，占全社会固定资产投资43.24%；更新改造投资265.58亿元，占25.44%；房地产开发投资226.73亿元，占21.72%。按社会行业划分：农林牧渔业16.71亿元，增长51.63%，占1.60%；采矿业8.12亿元，增长38.55%，占0.78%；制造业187.47亿元，增长38.24%，占17.96%；电力、燃气及水的生产和供应业45.96亿元，增长115.40%，占4.40%；建筑业4.77亿元，下降28.23%，占0.46%；交通运输、仓储及邮政业95.58亿元，增长95.29%，占9.16%；信息传输、计算机服务和软件业21.48亿元，增长

79.73%,占2.06%;批发和零售业58.97亿元,增长211.59%,占5.65%;住宿和餐饮业21.14亿元,增长170.62%,占2.03%;金融业10.07亿元,增长196.73%,占0.96%;房地产业338.71亿元,增长39.36%,占32.45%;租赁和商务服务业6.09亿元,增长3.15%,占0.58%;科学研究、技术服务和地质勘察业3.85亿元,下降23.95%,占0.37%;水利、环境和公共设施管理业144.28亿元,增长68.02%,占13.82%;居民服务和其他服务业1.16亿元,增长72.98%,占0.11%;教育29.10亿元,增长30.64%,占2.79%;卫生、社会保障和社会福利业11.31亿元,增长120.06%,占1.08%;文化、体育和娱乐业15.99亿元,增长8.79%,占1.53%;公共管理和社会组织22.63亿元,下降42.40%,占2.17%。

【投资资金来源】 2009年,南宁市全社会固定资产投资资金来源总计1223.37亿元,增长58.25%。资金来源总计中,上年末结余资金67.73亿元,下降2.07%,占资金来源的5.54%;本年资金来源1155.64亿元,增长64.17%,占94.46%。本年资金来源中,按来源渠道划分为:国家预算内资金46.68亿元,下降4.93%,占本年资金来源的4.04%;国内贷款151.43亿元,增长60.49%,占13.10%;债券1.81亿元;利用外资10.82亿元,下降8.50%,占0.94%(外商直接投资9.12亿元,增长1.83%,占0.79%);自筹资金605.71亿元,增长79.33%,占52.41%(中央部门自筹12.87亿元,增长106.2%,占1.11%;自治区自筹10.23亿元,下降16.51%,占0.89%;市自筹29.78亿元,增长17.52%,占2.58%;县自筹43.40亿元,增长185.23%,占3.76%;企、事业单位自筹489.24亿元,增长83.65%,占42.33%);其他资金来源339.20亿元,增长60.85%,占29.35%(集资39.38亿元,下降17.08%,占3.41%;定金及预付款90.29亿元,增长71.55%,占7.81%)。

【非国有经济投资】 2009年,南宁市非国有经济投资活跃,投资额继续大幅度增长,比重继续上升。随着非公有经济的继续加快发展,进一步激发非国有经济的投资活力。全年全市非国有经济投资663.21亿元,增长52.99%,比重为63.53%,上升1.01个百分点;私营个体投资300.48亿元,增长238.33%,比重为28.78%,降低0.06个百分点;其他经济投资341.38亿元,下降1.71%,比重为32.70%,上升0.72个百分点。

【房地产开发投资】 2009年,南宁市房地产开发投资在国内外经济大环境较为困难的情况下,投资平稳增长,与上年相比对全社会固定资产投资和经济增长的支撑力有所恢复。全年房地产开发投资226.73亿元,增长13.76%,增长幅度比上年提高7.44个百分点。其中,住宅投资158.46亿元,增长21.22%。住宅投资中,经济适用房投资4.63亿元,下降9.11%;办公楼投资5.44亿元,增长120.26%;商业营业用房投资17.64亿元,增长9.08%;其他投资45.18亿元,下降9.53%。自年初累计资金来源367.54亿元,增长48.19%;其中本年资金来源322.07亿元,增长53.80%。本年资金来源中,按来源渠道划分:国内贷款49.88亿元,下降2.02%;利用外资0.20亿元,下降87.94%;自筹资金76.04亿元,增长29.77%(企、事业单位自有资金55.85亿元,增长20.68%);其他资金195.96亿元,增长99.39%(定金及预付款90.29亿元,增长71.55%)。土地购置面积和成交价款有不同程度下降。年度购置土地面积136.56万平方米,下降51.71%,降幅为32.39个百分点。年度土地成交价款35.71亿元,下降2.80%,降幅缩小31.88个百分点。商品房屋施工量、竣工量均有不同程度增长,商品房销售面积、销售额大幅度增长。商品房屋施工面积2620.22万平方米,增长19.64%。其中住宅施工面积1952.83万平方米,增长16.95%。住宅施工面积中,经济适用房施工面积88.12万平方米,下降5.60%。商品房屋竣工面积439.71万平方米,增长0.72%。其中住宅竣工面积361.03万平方米,增长2.55%。住宅竣工面积中,经济适用房竣工面积6万平方米,下降83.08%。商品房销售面积731.74万平方米,增长50.90%,增降幅相差73.79个百分点。商品房销售额333.45亿元,增长74.26%,增降幅相差84.87个百分点。商品房每平方米平均销售价格4557元,增长17.14%,增幅与上年相比上升3.66个百分点;其中住宅每平方米平均销售价格4463元,增长19.88%,增幅与上年相比上升7.47个百分点。廉租房投资额2.32亿元,增长309.01%;廉租房施工面积25.46万平方米,增长607.37%。

【主要投资项目】 2009年,南宁市固定资产投资额超过3亿元的建设项目有34个:五象大道延长线8.10亿元,南宁国际综合物流园一期7.53亿元,南宁至钦州北铁路改造南宁段7.11亿元,民发房地产大观天下小区6.90亿元,广西体育中心主体育场6.11亿元,平乐大道5.53亿元,永凯大桥纸业年产20万吨高档文化用纸5.30亿元,隆安华侨管理区水电路排水沟等基础设施建设5.20亿元,龙光房地产普罗旺斯小区5.11亿元,勤建置业翰林华府和翰林雅筑小区4.99亿元,南铁凤岭小区4.99亿元,荣和置业山水绿城小区4.90亿元,利海房地产亚洲国际小区4.50亿元,永凯六景糖纸年产12万吨高档文化纸4.36亿元,凌铁大桥4.16亿元,南宁金桥农产品批发市场3.98亿元,南宁绿洲化工聚氯乙烯和烧碱生产3.90亿元,嘉和置业嘉和城小区3.86亿元,南广高速铁路宾阳段3.75亿元,劲达兴纸业厂房建设3.65亿元,六景至钦州港高速公路南宁段3.49亿元,南柳城际快速铁路南宁市区段3.49亿元,盛东房地产盛天国际小区3.45亿元,南宁电厂3.23亿元,南柳城际快速铁路宾阳段3.22亿元,玉洞大道3.15亿元,大方盛房地产绿海云天小区3.12亿元,恒大集团恒大苹果园小区3.09亿元,海田房地产天池山小区3.09亿元,黎塘至南宁铁路改造3.06亿元。 (杨华伟)

招商引资

【概　况】 2009年,南宁市大力推进承接东部产业转移招商工作,共引进东部地区投资项目390个,合同引进资金459.29亿元,比上年增长30.99%,实际到位资金248.23亿元,占自治区外境内到位资金的86.25%,同比增长34.04%。直接利用外资(自治区全口径)3.03亿美元,主要来源于香港(1.74亿美元)和维尔京(9495万美元),分别占57.32%和31.36%。第三产业项目占全市内资项目投资的首位,引进第三产业内资项目490个,合同引进资金520.97亿元,占合同引进内资总额64.15%,到位资金287.14亿元,占到位内资总额66.67%。以"项目建设年"和"服务企业年"为抓手,本着"政府兑现承诺,企业兑现投资"、以政府兑现承诺为主的原则,推进招商引资项目大兑现工作。全市列入大兑现的内资项目157个,项目履约率97.45%、开工率83.44%、资金到位率39.39%;外资项目6个,项目履约率100%、开竣工率83.33%、资金到位率79.95%。年内,全市共引进内、外资合同项目889个,合同引进资金848.70亿元,比上年增长28.18%;实际到位资金451.91亿元,比上年增长27.14%。其中:实际到位内资430.71亿元。

(吕昭民　韦　晖　闭耕毓)

【国内招商引资】 2009年,南宁市抢抓东部沿海地区加快产业结构调整与优化升级、东部地区产业加快向中西部地区转移的机遇,创新招商引资方式,着力引进战略投资者、中央企业和国内知名企业，着力引进投资规模大、产业带动力强的大项目。3月，在北京举办南宁（北京）投资环境推介会暨项目签约仪式，中国电子信息产业集团、中国保利集团、中海油集团、摩托罗拉（中国）电子公司等80多家世界500强、国内500强企业和国内知名企业负责人应邀参会，共签约投资项目9个，投资总额37.75亿元。加大对珠三角地区产业转移招商工作力度，3月和5月，南宁市先后两次组织相关部门和各县区、开发区赴广州、东莞、深圳等珠三角发达城市开展各种形式的产业招商、产业链招商和专题招商活动，做好在谈项目推进、签约项目组织、国内外客商邀请等前期筹备工作。7月，由自治区党委常委、市委书记车荣福率领的党政代表团赴广州开展学习考察和招商推介活动，举办南宁—广州经贸合作共赢暨南宁投资环境介绍会和合作项目签约仪式，来自南宁各县、城区、开发区的代表和珠三角地区的企业家代表签订南宁（广东）环保涂料工业园区、南宁豪爵摩托车配件仓储中心、华润万家、恒大绿洲等合作项目39个，涉及机械制造、农产品加工、生物制药、食品加工、房地产、高科技等投资领域，总额104.08亿元。年内，共邀请和接待上海广西商会、清华大学深圳研究生院总裁班、中山大学MBA同学会、浙江绍兴企业家、中国—东盟女企业家、佛山经贸代表团、广东商业联合会以及全国潮汕商会会长2009（南宁）大会等东部地区企业和商（协）会商务考察团共50多批次，近2000人来邕开展投资考察与洽谈。

【境外招商引资】 2009年，南宁市克服国际金融危机对利用外资工作的不利影响，抢抓全球产业转移加速的机遇，坚持以东盟、日本、韩国、港澳台地区等南宁利用外资主要来源地为重点区域，努力扩大加工制造业和商贸、物流、旅游、金融等服务业利用外资的规模。1.加强与境外使领馆和国际投资促进机构的联系。2月，市领导带领有关部门赴广州专程拜会和联络印度尼西亚等东盟国家，日本、韩国驻广州使领馆及经商处，香港驻粤办事处，日本贸易振兴机构和韩国贸易振兴公社驻广州办事处等国际投资促进机构，就共同推进产业投资合作、组织企业考察交流等方面达成初步协议。2.加大对日本、韩国及中国台湾的招商活动力度。5月，南宁市组织小分队赴日本、韩国开展机械、电子产业专题招商活动，推进重点在谈项目。同月，南宁市代表团随自治区代表团一道，赴台参加2009年桂台经贸合作论坛，期间，南宁市除参加自治区举办的各项活动外，还举办南宁（台北）联谊会，邀请台湾商界企业和知名人士近100人参加会议，走访拜会璨圆光电股份有限公司、味丹集团等10多家企业。3. 继续巩固和加大对香港的招商引资力度。市政府与香港桂江公司签订委托招商协议，并多次对接项目。2~5月，南宁市先后接待或登门拜访香港特区政府驻粤办事处，香港贸发局驻广州办事处，香港工业协会驻广州、佛山办事处，香港华润集团及其旗下的华润万家、华润五丰行等多家政府机构和商协会及公司，促成一批项目落户南宁。6月，在第五届泛珠三角区域合作与发展论坛暨经贸洽谈会和第五届泛珠三角省会（首府）城市市长论坛召开期间，先后接待包括香港贸发局组织的53人经贸代表团和香港九龙商会组织的10余家企业考察团在内的多批客人，并组织召开专场投资推介会，重点向香港客商介绍南宁投资环境。4.加大对欧美招商工作力度。共邀请和接待美国驻广州总领事馆、美国华南商会、德国勃林格殷格翰生物医药企业、美国沙伯特公司、美国花旗银行等欧美地区企业和商会代表团10多批次100余名企业负责人前来南宁开展投资环境考察和项目洽谈活动。同时，走出去开展境外招商，先后组织招商小分队赴英国、德国、荷兰、西班牙、奥地利等欧美地区开展制造业专题、商贸物流专题招商活动，拓宽对外联系渠道，扩大南宁的对外影响力。

（闭耕毓）

【珠三角地区集中招商】 2009年4~7月，南宁市加强对珠三角地区承接产业转移招商工作力度，由市领导带队，重点对广州、深圳等珠三角地区开展产业转移集中招商活动。活动分三个阶段进行：第一阶段：4月8~14日，组织5个招商小分队前往珠三角地区的广州、深圳、中山、佛山、东莞5个城市，采取拜会、走访和举办座谈会等形式开展招商推介活动。各小分队先后拜会15家国外驻穗商协会和20家行业商协会，了解当地政府应对金融危机具体措施和开展产业转移和劳动力转移的具体政策办法，与有关商协会洽谈加强委托招商和“请进来”招商活动的合作，加强贸易投资双向合作；走访世界500强企业近20家，国内500强企业和行业龙头企业近100家，其他工商企业近200家。第二阶段：组织4个招商小分队赴珠三角地区的广州、深圳、珠海、顺德开展招商推介活动。各小分队分别重点拜会了恒大地产集团、广州中新塑料有限公司、广东恒信香料有限公司和广东省商业联合会顺德分会、深圳一致药业股份有限公司、深圳美鹏机械设备有限公司和华润万家公司、珠海中富食品有限公司、广东江门大长江集团、润泰集团康城投资有限公司、广州云星房地产开发集团、东莞市金阳车业设备有限公司、华夏投资集团有限公司和深圳市鼎昌实业有限公司；走访其他已在南宁市投资或有意向到南宁投资的企业56家；在广州、深圳两地举办4场企业和商协会小型投资项目座谈会。第三阶段：7月14~17日，经贸代表团和党政代表团赴广州开展学习考察和招商推介活动，走访广州的部分世界500强企业、国内500强企业、行业龙头企业和商协会机构；7月16日，举办南宁—广州经贸合作共赢暨南宁投资环境介绍会，举行合作项目的签约仪式。美国、瑞典、法国、日本、韩国等驻穗总领事和商协会负责人，中外企业家600多人参加介绍会。来自南宁各县区、开发区的代表和广州等珠三角地区的企业家代表签订了南宁（广东）环保涂料工业园区、南宁豪爵摩托车配件仓储中心、华润万家、恒大绿洲等合作项目39个，涉及机械制造、农产品加工、生物制药、食品加工、房地产、高科技等投资领域，总额104.08亿元。其中，合同项目12个，投资金额36.97亿元；协议项目17个，投资金额53.66亿元；意向项目10个，投资金额13.45亿元。

（梁振宇）

【投资促进服务】 2009年，南宁市招商促进局贯彻《南宁市重大招商项目绿色通道工作实施细则》及其3个配套文件，建立市绿色通道联席会议制度，研究审定进入绿色通道项目，并通过跟踪服务、审批办证、督查工作等3个操作规程，确保解决重大的外来投资项目在申办、审批、建设施工中出现的困难和重大问题。对要求进入绿色通道的重大招商项目，经市招商促进局初审，确认材料齐全、规范、合法、有效，即与审批办及时启动绿色通道，相关职能部门通力配合，快速并联审批。同时，启动督办督查机制，确保重大招商项目无障碍进入和无障碍畅通。对进入绿色通道的项目，市招商局还全程免费予以代办服务。为投资者提供项目行政审批代办“一条龙”服务，包括100%免费为投资者提供政策法规咨询服务；100%免费为投资者代拟外商投资企业合同、章程；100%免费为符合国际产业政策、环保规定并达到一定规模的重大项目办理相关手续。协调解决南宁海关处理马来西亚特浓商贸公司西安展销货物在防城被扣事宜；协调市工商局、技术监督局办理项目前置审批和刻制公章事宜；协助自治区招商局、商务厅、技术监督局特事特办国电广西水电有限公司企业代码证等证照；协调市国土资源局、南宁经济技术开发区解决外来投资企业广西普乐维美有限公司投资强度问题。

（黄振卿）

区域经济合作

【泛北部湾经济区区域经济合作】 2009年，东盟国家在南宁新批设立的企业2家，投资总额4316万美元，合同外资额1714万美元；实际投入（自治区全口径）966万美元。东盟国家累计实际投入资金4.80亿美元，占南宁市实际利用外资的15.04%。东盟在南宁市投资的国家有：新加坡、马来西亚、泰国、越南、柬埔寨、印度尼西亚、菲律宾、缅甸、文莱9个国家共72家企业。其中：新加坡27家，马来西亚17家，泰国9家，越南3家，柬埔寨3家，印度尼西亚4家，菲律宾1家，缅甸2家，文莱5家。东盟国家投资的主要行业有：制造业，房地产业，建筑业，批发零售，娱乐业，农业等。生产的主要产品有：纸浆，服装，陶瓷，玻璃制品，食品加工，水产品，饲料，塑料制品，化工产品。（刘 玲）

【泛珠三角区域经济合作】 2009年4月7~14日，南宁市组织各县区、开发区及市直部门负责人前往珠三角地区开展招商引资、承接产业转移活动。走访了广东省商业联合会、广东省物流行业协会等多家商协会和珠江实业集团、美的集团等国内知名企业，就有关项目招商引资事项进行了对接。4月11~12日，中山大学博学（MBA）同学会赴南宁市商务考察团一行120人参观考察横县、南宁经济技术开发区，开展慈善捐助活动，召开项目推介会。5月11~13日，南宁市组织县区、开发区及有关部门在市分管领导的带领下赴珠三角开展招商引资、承接产业转移活动。并就有关项目签约，签署委托招商协议等事项进行具体的对接。在深圳期间，走访美鹏机械、华润万家、深圳国际商会、华侨城集团。并邀请商会负责人召开项目投资座谈会。5月19日，佛山市经贸代表团一行43人到南宁市参观考察建材市场，并举行两地经贸合作座谈会。5月31至6月1日，南宁市组织市委统战部、市工商联、市招商局有关人员前往厦门、泉州开展招商活动。走访厦门福信集团、恒安国际集团、盼盼集团、三友集团。6月9~12日，第五届泛珠三角经贸合作大会在南宁市举行。7月15~17日，南宁市党政经贸代表团赴广州开展承接产业转移大型招商活动。并组织300多名企业参加投资推介会，组织40个项目进行现场签约。9月8~11日，南宁市组队参加在厦门市举行的第十三届中国国际投资贸易洽谈会。并组织70多名厦门、泉州当地知名企业、商协会的负责人参加南宁市投资环境说明会。9月12~15日，南宁市组队参加广州博览会，组织120名当地知名企业、商协会的负责人召开投资推介会。

（彭金红）

群众性精神文明建设

【概 况】 2009年，南宁市以获得全国文明城市为契机，开展新一轮全国文明城市创建活动。举办首府南宁荣获全国文明城市庆祝大会、全国文明城市奖牌巡游活动、创建全国文明城市总结表彰暨创建国家卫生城市再动员大会，营造新一轮全国文明城市创建活动氛围。研究制定《南宁市2009-2011年深化全国文明城市创建工作规划》，对新一轮全国文明城市创建活动作出总体部署和规划。开展“文明城市·文明市民”系列活动，通过开展“排队推动日”、“文明行车”、“城乡清洁工程”等宣传教育实践活动，广泛开展文明礼仪培训、志愿服务活动、窗口行业文明服务竞赛、城乡环境和公共秩序整治、文明乡风建设和基层群众文化活动，组织开展文明县区、文明社区、文明村镇和军（警）民共建先进（标兵）单位的评选考评工作，不断提升市民文明素质和城乡文明程度。在全国城市公共文明指数测评中，南宁市在全国省会、副省级城市中排第12名。围绕庆祝新中国成立60周年主题，开展系列群众性精神文明创建活动。举办全国“迎国庆讲文明树新风”礼仪知识电视竞赛南宁分赛区活动和“激情广场—爱国歌曲大家唱·南宁篇”歌咏活动。开展“爱国歌曲大家唱”群众性歌咏活动和“祝福祖国”文明公益短信传递活动。开展评选推荐和学习宣传道德模范、“能帮就帮”志愿服务、“百家企业践行道德承诺”、“我们的节日”、读书月等系列主题活动，推进公民思想道德建设。开展“能帮就帮·做一个有道德的人”系列未成年人思想道德教育实践活动。

【城市公共文明指数测评】 2009年，南宁市围绕《全国文明城市测评体系》的标准和要求，制定《南宁市公共文明指数测评任务分解表》及工作实施方案、宣传方案、督查方案等，聘请国家统计局广西调查总队的专业人员及市民代表担任测评员，组织开展测评迎检工作。通过实地考察、问卷调查、材料审核等方式，对公共环境、公共秩序、人际交往、重点工作等内容进行测评。针对检查发现市民行为、公共设施、交通秩序、环境卫生等方面存在的突出问题，加大宣传和整治力度。围绕提升城市文明程度和市民文明素质，组织开展“文明城市·文明市民”系列活动，开展“文明行车 和谐交通”、“排队推广日”、“红绿灯下见文明”等活动；开展“我与文明城市同行”活动，印发《致全市驾驶员的一封信》、《来邕建设者文明公约》、《南宁市市民公约》；深入实施“城乡清洁工程”主题宣传教育和实践活动，开展“公共设施大清洁、文明劝导大行动”志愿服务活动，抓好薄弱环节的整改落实，让广大市民群众享受到创建全国文明城市带来的实惠。7~8月，中央文明办委托国家统计局对114个城市（区）公共文明指数进行测评。8月14~19日，全国城市公共文明指数测评组对南宁市进行全方位的测评。10月11日，全国城市公共文明指数测评结果公布，南宁市在全国35个省会、副省级城市中排第12位。

【迎国庆讲文明树新风主题系列活动】 2009年，围绕庆祝新中国成立60周年，南宁市广泛开展以“迎国庆讲文明树新风”为主题的系列群众性精神文明创建活动。一是开展“迎国庆讲文明树新风”礼仪知识竞赛活动，各基层单位及行业系统突出爱国主义教育主题，强化礼仪知识宣传普及。8月6日，南宁市成功承办全国“迎国庆讲文明树新风”礼仪知识电视竞赛南宁分赛区活动。二是开展“爱国歌曲大家唱”群众性歌咏活动，把红歌唱遍

10月，开展“歌颂祖国 唱响文明”——首府南宁文明单位庆祝新中国成立60周年文艺演出活动 陈峰 摄

村屯、社区和基层单位。举办“祖国万岁·爱国歌曲大家唱”歌咏大赛决赛、庆祝新中国成立60周年“爱国歌曲大家唱”群众歌咏广场晚会、“激情广场—爱国歌曲大家唱·南宁篇”歌咏活动、自治区“万人大合唱暨颁奖演出”活动等大型广场群众歌咏活动。广泛开展群众性歌咏活动，从7~9月，全市共举办歌咏比赛活动680余场次，参与群众超过290万人次。三是开展“祝福祖国”文明公益短信传递活动，逾10万市民群众踊跃参与。四是开展文体活动“周周进广场进社区”活动、“歌颂祖国　唱响文明”文艺演出活动。

【南宁市被评为全国未成年人思想道德建设工作先进城市】 2009年，南宁市开展“祖国发展我成长”、“寻觅邕城足迹”、“三说一咏”(“图说邕城60年”摄影展、“话说邕城60年”书画展、“文说邕城60年”征文比赛和全市少儿歌咏比赛)、“向国旗敬礼，做一个有道德的人”网上签名寄语、“全区优秀少年儿童歌曲演唱大赛”等系列未成年人爱国主义教育活动，增强和激发青少年的爱国情感。以“能帮就帮·做一个有道德的人”为主题，开展孝敬父母、和谐校园、爱心奉献等活动，增强青少年道德意识，提高道德素质。编印《南宁市开展“做一个有道德的人”未成年人思想道德建设活动剪影》画册，免费发送全市各中小学校。开展“缅怀先烈、继承遗志、发愤图强、振兴中华”主题祭扫活动和“网上祭先烈”活动、民俗专家讲述传统习俗等校园文化主题活动，将思想道德教育融入文化活动中。发挥社区文体活动中心、未成年人科技活动中心、未成年人校外活动中心等阵地作用，组织未成年人学唱传唱爱国歌曲、诵读中华经典等爱国主义教育和社会实践活动。大力推进净化社会文化环境专项行动。召开全市净化社会文化环境工作会议，制定专项行动方案，公布“黑网吧”有奖举报电话，设立举报奖励基金，展开净化社会文化环境集中整治行动。在3~6月的集中整治行动中，查处取缔黑网吧111户，暂扣从事非法经营活动的电脑379台，查处违法电子游艺等娱乐场所72处。开展“快乐暑期大行动”、健身游戏大赛活动、“未成年人流动剧场”百场公益巡演活动，丰富未成年人的课余文化生活。12月，南宁市被评为第二届全国未成年人思想道德建设工作先进城市。

【“能帮就帮”志愿服务活动】 2009年，南宁市倡导“能帮就帮”城市精神，践行“党员带头帮、群众相互帮、机制创新帮”的帮扶机制，开展志愿服务活动，推进“和谐建设在基层”活动。一是制定《南宁市志愿服务活动工作规程》，从志愿服务工作机构及其职责、志愿服务机构工作规程、志愿者招募和注册、志愿服务和志愿者培训、志愿服务活动原则及内容、志愿服务保障激励机制等六个方面加强对市志愿服务工作进行指导、规范。二是建立志愿服务示范点，推广志愿者注册活动。市卫生局、司法局、总工会、妇联、团市委、科协等市文明委成员单位在社区建立志愿者服务站，结合工作职能特点，组织制定志愿者服务站的各项管理制度，实行志愿者注册登记管理制度，组织开展各项志愿服务活动。三是立足于群众所需、志愿者所能开展全年志愿服务。广泛开展“能帮就帮·人人都是志愿者—志愿服务满绿城”、“能帮就帮·服务‘三农’春风行动”、“能帮就帮·百万市民支援地震灾区重建”“两会一节”志愿服务、志愿服务进社区、进村屯和春节、端午节、国庆节、中秋节节假日志愿慰问等主题活动。7月1日，在横县马岭镇龙山村启动南宁市“能帮就帮，城乡联动共建文明”活动，发动各级各类文明单位与共建村镇、村屯结对子，通过开展思想道德建设、文化惠民工程、环境卫生整治等共建帮扶工作，把文明城市创建活动向农村拓展、延伸。

【道德模范宣传】 2009年，南宁市组织发动市民群众评选推荐“自治区道德模范”，把评选推荐活动作为学习宣传道德模范的过程，动员广大人民群众关心支持和积极参与道德建设。南宁市评选推荐的滕大韶、卢义贞、李祥军、覃秀诚4名候选人获“自治区道德模范”称号，蓝栋华获自治区道德模范提名奖。滕大韶获“第二届全国助人为乐道德模范提名奖”称号。在国庆、中秋节前夕，市四家班子领导和市有关部门、各县区的领导走访慰问南宁市的全国及自治区级道德模范、身边好人代表共43人。（温金华）

【“感动南宁·文明和谐”十佳市民评选】 2009年，南宁市为弘扬首府南宁“能帮就帮”城市精神，市文明委组织开展“感动南宁·文明和谐”十佳市民评选活动。通过采取自下而上推荐、媒体互动、群众投票、评选小组联席会审定，良庆区大沙田街道办玉洞村计生专干丁祖兰、横县云表镇六河村踏路自然村村民韦进裕、市公安局江南分局民警刘珂、隆安县都结乡天隆村小学教师农喜耀、兴宁区朝阳劳动保障事务所所长周知宁、江南区江南街道办东南村周家坡六组村民周瑞雄、市五一中路学校教师封红群、武鸣县供电公司职工黄捷飞、邕宁区环卫站工人梁士河、上林县大丰镇皇周村温边庄村民蓝金星10人评为2009年“感动南宁·文明和谐”十佳市民。（周　红）

【文明县区单位村镇社区创建活动】 2009年，南宁市调整完善第七轮(2009~2011年)创建文明县区活动的考评细则，深入开展文明县区、单位、村镇、社区和

市第二十四批文明单位(32个)

中共武鸣县委党校　武鸣县太平镇中心校　横县百合镇人民法庭　横县工商行政管理局陶圩工商所　横县博物馆　宾阳县地方税务局甘棠分局　宾阳县机关后勤服务中心　上林县教育局　上林县民族实验小学　马山县白山镇同富小学　马山县审计局　隆安县卫生局　隆安县南圩镇杨湾中心小学　隆安县疾病预防控制中心　隆安县城厢镇中心小学　隆安县乔建镇初级中学　广西体育运动学校　兴宁区鸡村第一小学　广西华侨学校　广西水文水资源局南宁水文站　西乡塘区扶壮学校　广西建筑材料科学研究设计院　市农工商集团有限责任公司　青秀区南湖街道办保利凤翔小区　广西三月花国际大酒店有限公司　市第十中学　市第三十八中学　江南污水处理厂　邕宁区气象局　良庆区大塘镇司法所　南宁通威饲料有限公司　广西方略药业有限公司

市第二十四批文明村(镇)(8个)

武鸣县太平镇凤阳村大本自然村　武鸣县府城镇德灵村覃颂自然村　横县云表镇旺庄村镇东自然村　横县陶圩镇平林村山塘自然村　上林县木山乡木山社区岜前庄　上林县镇圩乡东罗村里东庄　马山县古寨乡古寨村古荒屯　西乡塘区安宁街道办路西村

市第九批文明社区(3个)

西乡塘区北湖街道办明秀北社区　青秀区南湖街道办桂雅路社区　青秀区津头街道办秀山社区

2009年度市军(警)民共建先进单位、标兵单位

先进单位(12对)

上林县国家税务局—上林县人民武装部　上林县财政局—武警上林县中队　马山县国家税务局—武警马山县中队　兴宁区民生街道办新华社区—兴宁消防大队朝阳中队　广西水利电力学校—武警边防总队教导大队　西乡塘区北湖路学校—解放军63760部队　西乡塘区新阳路小学—武警南宁市消防支队新阳中队　市第二十九中学—中国人民解放军61373部队　南宁船舶检验局—南宁边防检查站　江南区新屋小学—武警南宁市支队警通中队　中国移动邕宁分公司—邕宁区人民武装部　南北二级公路大塘收费站—广西武警总队崇左支队

标兵单位(3对)

市沛鸿民族中学—解放军95169部队　市粮食局—广州军区空军后勤南宁周转库　市青少年活动中心—武警南宁市消防支队北湖中队

重新确认为市级文明单位

市国家税务局车辆购置税征收管理分局　　（周　红）

军警民共建先进标兵（单位）的创建活动。组织开展2009~2011年度创建文明县区活动第一年的测评工作，第一次结合公共文明指数测评，市文明办委托国家统计局南宁调查队组织实施，并在《南宁日报》公布测评排名结果。开展南宁市第九批文明社区，第二十四批文明村镇、单位和2009年度军警民共建精神文明先进标兵(单位)的申报推荐工作。12月，评选32个单位为南宁市第二十四批文明单位、8个村(镇)为南宁市第二十四批文明村(镇)、3个社区为南宁市第九批文明社区、12对军（警）民共建单位为南宁市2009年度军(警)民共建先进单位、3对军（警）民共建单位为南宁市2009年度军(警)民共建标兵单位。

【百家企业践行道德承诺活动】 2009年，为推进企业道德建设，结合创建"百城万店无假货"示范街(店)工作，南宁市开展"百家企业践行道德承诺"活动。10月16日，市文明办在江南区香格里拉广场举行"百家企业践行道德承诺"签名仪式，来自南南铝业公司的企业代表宣读《企业践行道德承诺书》，来自南化集团公司的企业代表作企业道德承诺发言，百家企业的代表现场签名向社会做出庄严的践行道德承诺。

【"我们的节日"主题系列文化活动】 2009年，南宁市组织开展"我们的节日"——春节、清明、端午、中秋主题活动。春节期间，以"欢乐·稳定·和谐"为主题，开展优秀春联征集评选、免费书写赠送春联、文化科技卫生"三下乡"等活动。清明节开展祭扫先烈、"中华经典诵读"、"网上祭英烈"等活动。4月2日，市文明办、教育局、园林局、团市委等单位和中小学师生代表1800多人分别在昆仑关战役博物馆广场和人民公园人民英雄纪念碑进行祭扫活动。端午节举办国际龙舟赛、"我爱祖国"新诗会朗诵比赛、在社区开展包粽子、扎香包比赛等活动。中秋节举办"绿城中秋诗咏会"、"能帮就帮·和谐邻里"志愿服务及中秋赏月等活动。

（温金华）

2009年政治机构党派团体市直属事业单位及领导人

中共南宁市委员会

书　记：车荣福　2008.05~
副书记：黄方方　2008.05~
　　　　岑可成　2008.08~
　　　　刘长林　2009.12~
　　　　周红波　2009.11~
　　　　覃孟征（挂职）2006.03~
常　委：翟宗华　2008.08~
　　　　周家斌　2009.12~
　　　　秦敬德（女）2006.08~2009.04
　　　　赵　波　2002.07~2009.11
　　　　朱育兆　2009.11~
　　　　胡建华　2004.11~
　　　　肖莺子（女）2006.09~
　　　　邓金玉（女）2009.04~
　　　　雷应敏　2008.11~
　　　　吴　炜　2009.11~
　　　　尹　纯（挂职）2009.11~
　　　　范　力（挂职）2009.12~
秘书长：周红波　2007.07~2009.11
　　　　吴　炜　2009.11~

市人民代表大会常务委员会

主　任：谢寿堂　2006.09~
副主任：封家骥　2006.09~2009.01
　　　　刘南生　2003.10~
　　　　陈瑞深　2006.09~2009.08
　　　　卢丽芬（女）2000.09~
　　　　赖贵寿　2006.02~
　　　　邓其新　2006.02~
　　　　卫自光　2009.02~
秘书长：周如斯　2006.09~

市人民政府

市　长：黄方方　2008.06~
副市长：刘长林　2007.07~2010.03
　　　　肖莺子（女）2004.09~
　　　　石文怀　2009.11~
　　　　黄焕升　2006.09~2009.11
　　　　温守荣　2007.08~
　　　　李志勇　2009.11~
　　　　文海兴（挂职）2008.09~2009.11
　　　　潘和钧（挂职）2008.09~
　　　　李国忠（挂职）2008.09~
　　　　周家斌　2008.10~
　　　　尹　纯（挂职）2009.11~
　　　　范　力（挂职）2009.12~
　　　　吴　炜　2008.12~2009.11
市长助理：肖志钢　2009.03~
秘 书 长：卫自光　2006.09~2009.02
　　　　　阮兆丰　2009.02~

政协南宁市委员会

主　　席：黄家仁　2006.09~
党组书记：岑可成　2009.12~
副 主 席：张国环　2004.02~
　　　　　唐济武　2006.09~
　　　　　崔建国（兼）2000.09~
　　　　　李秋明　2004.02~
　　　　　梁峰林　2006.02~
　　　　　颜石廉　2006.09~
　　　　　袁曼虹（女）2006.09~
　　　　　黎四龙　2009.02~
秘 书 长：侯小兵　2006.09~

中共南宁市纪律检查委员会

书　记：秦敬德（女）2006.08~2009.04
　　　　邓金玉（女）2009.04~

市中级人民法院

党组书记：莫建芳（女）2006.09~2009.12
　　　　　周　腾　2009.12~
院　　长：莫建芳（女）2006.09~

市人民检察院

党组书记：马日梧　2006.09~2009.12
　　　　　黄建波　2009.12~
检 察 长：马日梧　2006.12~

南宁警备区

司 令 员：周　平　2008.03~
政治委员：翟宗华　2006.05~

中共南宁市委办公厅

秘 书 长：周红波　2007.07~2009.11
　　　　　吴　炜　2009.11~
秘书长、副秘书长领导办公厅工作

中共南宁市委组织部

部　　长：雷应敏　2008.11~

中共南宁市委老干部局

局　　长：王民粮　2006.09~2009.08
　　　　　赵红明　2009.11~

中共南宁市委宣传部

部　　长：肖莺子（女）2006.09~

中共南宁市委统战部

部　　长：胡建华　2006.09~

中共南宁市委政法委员会

书　　记：赵　波　2002.07~2009.11
　　　　　朱育兆　2009.11~

中共南宁市委政策研究室

主　　任：范善齐　2000.08~2009.04
　　　　　黄宗成　2009.04~2009.11
　　　　　李海光　2009.11~

市机构编制委员会办公室

主　　任：郑进新　1999.05~

市直属机关工作委员会
书　　记：周红波　2007.07~2009.11
　　　　　吴　炜　2009.11~

市人大常委会办公厅
秘 书 长：周如斯　2006.09~
秘书长、副秘书长领导办公厅工作

市人大常委会调查研究室
主　　任：施扬汉　2006.09~

市人大常委会选举联络工作委员会
主　　任：崔桂静（女）2006.09~

市人大常委会法制工作委员会
主　　任：钟建国　2006.09~

市人大法制委员会
主任委员：冯　山　2006.09~

市人大内务司法委员会
主任委员：马金安　2006.09~

市人大财政经济委员会
主任委员：连精昌　2006.09~

市人大农业委员会
主任委员：卢学智　2006.09~

市人大城乡建设环境保护委员会
主任委员：周志波　2006.09~

市人大教育科学文化卫生委员会
主任委员：周凯声　2006.09~

市人大民族华侨外事宗教委员会
主任委员：梁秀霞（女）2006.09~

市人民政府办公厅
秘 书 长：卫自光　2006.09~2009.02
　　　　　阮兆丰　2009.02~
秘书长、副秘书长领导办公厅工作

市发展和改革委员会
党组书记：刘　雄　2004.08~
主　　任：刘　雄　2004.09~

市经济委员会（市中小企业局）
党组书记：陈世平　2006.09~
主任（局长）：陈世平　2006.09~

市教育局
党委书记：夏建军　2001.11~
局　　长：夏建军　2003.09~

市科学技术局（市知识产权局）
党组书记：傅隆政　2003.08~
局　　长：傅隆政　2003.09~

市民族事务委员会
党组书记：韦藤贤（女）2006.09~2009.02
　　　　　苏志刚　2009.02~
主　　任：韦藤贤（女）2006.09~2009.02
　　　　　苏志刚　2009.02~

市公安局
党委书记：赵　波　2006.09~2009.11
　　　　　廖洪涛　2009.11~
局　　长：赵　波　2006.09~2009.11
　　　　　廖洪涛　2009.11~

市监察局
局　　长：王艳珍（女）2006.09~

市民政局
党组书记：徐邦兴　2006.06~2009.03
　　　　　苏绍荣　2009.03~
局　　长：徐邦兴　2000.10~2009.03
　　　　　苏绍荣　2009.03~

市司法局
党组书记：覃宾生　2004.03~
局　　长：覃宾生　2004.03~

市财政局
党组书记：秦赣江（女）2006.09~2009.02
　　　　　刘志烈　2009.02~
局　　长：秦赣江（女）2006.09~
　　　　　刘志烈　2009.02~

市人事局
党组书记：马南萍（女）2006.08~
局　　长：马南萍（女）2006.09~

市劳动和社会保障局
党组书记：董秀银（女）2006.08~
局　　长：董秀银（女）2001.11~

市国土资源局
党组书记：阮兆丰　2002.03~2009.02
　　　　　谭玫瑰　2009.02~
局　　长：阮兆丰　2001.11~2009.02
　　　　　谭玫瑰　2009.02~

市建设委员会
党组书记：高　新　2006.08~
主　　任：高　新　2006.09~

市规划管理局
党组书记：封　宁　2007.06~
局　　长：封　宁　2007.06~

市城市管理局（市城市管理综合行政执法局、市城市管理指挥中心）
党组书记：陈　竑　2007.12~2009.12
　　　　　杨玉山　2009.12~
局　　长(主任)：陈　竑　2007.12~

市房产管理局
党组书记：冯炳浩　2006.06~
局　　长：冯炳浩　2006.09~

市园林管理局
党组书记：邓国付　2006.09~
局　　长：邓国付　2006.09~

市交通局
党组书记：雷德贵　2006.09~2009.02
　　　　　李　耕　2009.02~
局　　长：雷德贵　2000.10~2009.02
　　　　　李　耕　2009.02~

市水利局
党组书记：黄礼新　2006.09~2009.11
　　　　　叶　盛　2009.11~
局　　长：黄礼新　2006.09~2009.12
　　　　　叶　盛　2009.12~

市农业局
党组书记：唐波文　2006.06~
局　　长：唐波文　2006.09~

市商务局（市口岸办公室）
党组书记：唐志喜　2004.07~2009.02
　　　　　周异助　2009.02~
局　　长：唐志喜　2004.08~2009.02
　　　　　周异助　2009.02~

市文化局
党组书记：陈晓玲（女）2006.06~
局　　长：陈晓玲（女）2000.01~

市卫生局
党委书记：汤晓斌　2006.09~
局　　长：汤晓斌　2006.09~

市人口和计划生育委员会
党组书记：黄　海　2004.07~
主　　任：黄　海　2004.07~

市审计局
党组书记：朱林玉（女）2001.11~2009.08
　　　　　边作新　2009.08~
局　　长：朱林玉（女）2000.10~2009.09
　　　　　边作新　2009.09~

市环境保护局

党组书记：农　冰　2006.09~
局　　长：农　冰　2006.09~

市广播电视局

党组书记：韦秉中　2001.11~2009.05
　　　　　魏永泉　2009.05~
局　　长：韦秉中　2000.10~2009.05
　　　　　魏永泉　2009.05~

市体育局

党组书记：井穗军　2001.11~
局　　长：井穗军　2001.11~

市统计局

党组书记：谢小萍（女）2006.09~
局　　长：谢小萍（女）2000.10~

市新闻出版局（市版权局）

党组书记：唐本开　2006.08~2009.02
　　　　　张伦书　2009.02~
局　　长：唐本开　2006.09~2009.02
　　　　　张伦书　2009.02~

市林业局

党组书记：韦志鹏　2006.09~2009.12
　　　　　陈咸华　2009.12~
局　　长：韦志鹏　2006.09~

市安全生产监督管理局（市煤矿安全监督局、市安全生产委员会办公室）

党组书记：黄南方　2004.07~
局　　长：黄南方　2004.08~

市旅游局

党组书记：贾玉成　2006.08~2009.11
　　　　　黄永久　2009.11~
局　　长：贾玉成　2003.06~2009.12
　　　　　黄永久　2009.12~

市粮食局

党组书记：蒙祝宁　2006.06~
局　　长：蒙祝宁　2003.01~

市水产畜牧兽医局

党组书记：梁兆强　2007.06~
局　　长：梁兆强　2007.06~

市外事办公室

党组书记：黄菊如（女）2004.02~
主　　任：黄菊如（女）2004.02~

市侨务办公室

党组书记：郑小嘉（女）2004.02~
主　　任：郑小嘉（女）2004.03~

市法制办公室

党组书记：范卫东　2006.09~
主　　任：范卫东　2006.09~

市委、市人民政府信访局

党组书记：易　坚(女)2001.11~2009.02
　　　　　李宝臣　2009.02~
局　　长：易　坚(女)2001.04~2009.02
　　　　　李宝臣　2009.02~

市人民政府国有资产监督管理委员会

党委书记：林国开　2004.07~
主　　任：林国开　2004.07~

市人民防空办公室

党组书记：邱全芳　2006.08~
主　　任：邱全芳　2006.09~

市扶贫开发领导小组办公室

党组书记：林暄辉　2001.11~2009.07
　　　　　覃思源　2009.07~
主　　任：林暄辉　2001.11~2009.08
　　　　　覃思源　2009.08~

市信息化工作办公室

党组书记：钱　健　2003.08~
主　　任：钱　健　2003.09~

南宁高新技术产业开发区管理委员会

党工委书记：李晓东　2006.09~
主　　　任：李晓东　2006.09~

南宁经济技术开发区管理委员会

党工委书记：熊可范　2004.07~2009.12
　　　　　　韦志鹏　2009.12~
主　　　任：熊可范　2004.07~2009.12
　　　　　　韦志鹏　2009.12~

南宁—东盟经济开发区管理委员会(南宁华侨投资区管理委员会)

党工委书记：李　斌　2006.09~
主　　　任：李　斌　2006.09~

南宁青秀山风景名胜旅游区管理委员会

党工委书记：文光琪　2006.09~
主　　　任：文光琪　2006.09~

南宁市相思湖新区管理委员会

党 组 书 记：胡书文　2006.09~
主　　　任：胡书文　2006.09~

市北部湾（广西）经济区规划建设管理委员会办公室（南宁五象新区指挥部、南宁保税物流中心管理委员会）

党组书记：肖志钢　2009.05~
主　　任（指挥长）：肖志钢　2009.03~

市固定资产投资工作领导小组办公室

主　　任：刘长林　2009.03~

市铁路建设办公室

主　　任：周家斌　2009.12~

市政协办公厅

秘 书 长：侯小兵　2006.09~
秘书长、副秘书长领导办公厅工作

市政协提案委员会

主　　任：梁晓明　1998.07~

市政协经济委员会

主　　任：古培康　2006.09~

市政协文史学习委员会

主　　任：刘银宾　2006.09~

市政协教科文卫体委员会

主　　任：陆益斌　2006.09~

市政协海外联谊民族宗教委员会

主　　任：阳伟红（女）2006.09~

市政协人口资源环境与城乡建设委员会

主　　任：郑本炼　2005.10~

市政协社会法制委员会

主　　任：咸建媛（女）2002.11~

市总工会

党组第一书记：李秋明2004.02~2009.08
党组书记：蔡霓虹(女)2003.08~2009.08
　　　　　伦　建　2009.08~
主　　席：李秋明　2004.03~2009.08
　　　　　梁峰林　2009.08~

市妇女联合会

党组书记：高　虹（女）2006.09~
主　　席：高　虹（女）2006.09~

共青团南宁市委员会

党组书记：胡晶波(女)2005.03~2009.11
　　　　　邓娟娟（女）2009.11~
书　　记：胡晶波(女)2005.03~2009.12
　　　　　邓娟娟（女）2009.12~

市科学技术协会
党组书记：余桂华　2005.01~
主　　席：余桂华　2004.12~

市归国华侨联合会
党组书记：谭　漓（女）2006.09~
主　　席：谭　漓（女）2006.11~

市残疾人联合会
党组书记：梁朝东　2004.07~2009.02
　　　　　李永华　2009.02~
理 事 长：梁朝东　2000.02~2009.02
　　　　　李永华　2009.02~

市文学艺术界联合会
党组书记：林万里　2006.09~2009.07
　　　　　张耀民　2009.07~
主　　席：林万里　2002.03~2009.11
　　　　　鲁　利　2009.11~

市工商业联合会
党组书记：黄秋娣（女）2007.11~
主　　席：黎四龙　2006.10~

市社会科学界联合会
党组书记：谭耀山　2006.06~
主　　席：谭耀山　2006.08~

中国国际贸易促进委员会南宁市支会
会　　长：邓卫民　2006.09~

市红十字会
会　　长：郑军健　2004.12~

中国国民党革命委员会南宁市委员会
主任委员：唐济武　2000.01~

中国民主同盟南宁市委员会
主任委员：崔建国（兼）2000.04~

中国民主促进会南宁市委员会
主任委员：陈自力　2000.04~2009.08
　　　　　黄均宁　2009.08~

中国民主建国会南宁市委员会
主任委员：钱学明　2006.11~2009.09
　　　　　卢秋凌（女）2009.09~

中国农工民主党南宁市委员会
主任委员：袁曼虹（女）2001.06~

中国致公党南宁市委员会
主任委员：张　渊　2006.09~

九三学社南宁市委员会
主任委员：邓明政　2006.08~

市委党校（市经济干部学院、市行政学院、市社会主义学院）
校长（院长）：岑可成2009.01~2009.12
　　刘长林　2009.12~

市档案局（市档案馆）
党组书记：黄桂成　1998.07~2009.02
　　　　　廖茂隆　2009.02~
局长（馆长）：黄桂成1998.07~2009.02
　　　　　　　廖茂隆　2009.02~

市委党史研究室
主　　任：廖运山　2003.08~

南宁日报社
党组书记：梁繁峰　2006.06~
社　　长：梁繁峰　2005.01~
总 编 辑：梁繁峰　2005.01~

市接待办公室
主　　任：谢宗务　2006.08~

市大型活动办公室
主　　任：方　仲（女）2009.11~

市招商促进局（市投资投诉中心）
党组书记：黄　毅(女)2004.07~2009.02
　　　　　李伟时　2009.02~
局长(主任)：黄毅(女)2004.07~2009.02
　　　　　李伟时　2009.02~

市农业机械化管理中心（市农业机械化管理局）
党组书记：李天绍　2001.11~
主　　任（局长）：李天绍　2001.11~

市地震局
党组书记：蒋维松　2004.07~
局　　长：蒋维松　2004.04~

市城市应急联动中心
党组书记：孙乡平　2006.09~2009.05
　　　　　黄展邦　2009.05~
主　　任：孙乡平　2006.09~2009.05
　　　　　黄展邦　2009.05~

市市直机关后勤服务中心（市机关事务管理局）
党组书记：覃善开　2006.06~
主任（局长）：覃善开　2002.12~

南宁住房公积金管理中心
党组书记：杨国球　2004.07~
主　　任：杨国球　2003.10~

市人民政府地方志编纂办公室
党组书记：林小静　2004.07~
主　　任：林小静　2004.07~

市二轻集体工业联社
党组书记：空缺
主　　任：空缺
常务副主任：王涌　2002.02~

市社会科学院
党组书记：杨德辉　2006.09~
院　　长：杨德辉　2004.07~

市广东商业街、香港商业街、澳门商业街、中国—东盟国际商务区建设管理办公室
主　　任：郭维宁　2007.08~

南宁昆仑关战役遗址保护管理委员会（南宁昆仑关旅游风景区管理委员会）
党组书记：方建诠　2006.06~
主　　任：方建诠　2006.03~

南宁市城市管理监督中心
主　　任：钱　健　2007.09~

南宁市水库移民管理局
局　　长：邓健民　2009.03~

南宁职业技术学院
党委书记：朱朝霞（女）2007.04~
院　　长：陈建新　2003.05~

市政府集中采购中心
主　　任：陆　勤（女）2005.03~

广西大明山国家级自然保护区管理局（南宁大明山风景旅游区管理委员会）
党委书记：罗世敏　2005.06~
局　　长：罗世敏　2005.06~
主　　任：罗世敏　2006.03~

首府住房制度改革委员会办公室
党总支书记：周井光　2005.09~
主　　任：周井光　2002.02~

市供销合作联社
党组书记：何达生　2006.09~
主　　任：何达生　2004.08~

中共武鸣县委员会
书　　记：苏绍荣　2002.10~2009.03
　　　　　杨维超　2009.03~

武鸣县人大常委会
主　　任：潘祖乐　2006.09~

武鸣县人民政府
县　　长：杨维超　2005.01~2009.06
　　　　　宋日正　2009.06~

政协武鸣县委员会
主　　席：李　宁　2006.09~

中共横县委员会
书　　记：吴　炜　2007.08~2009.01
　　　　　欧　波　2009.01~

横县人大常委会
主　　任：陈保金　2002.11~

横县人民政府
县　　长：黄国健　2008.01~

政协横县委员会
主　　席：梁达溪　2002.11~

中共宾阳县委员会
书　　记：施汉飞　2001.02~2009.11
　　　　　周红波　2009.11~

宾阳县人大常委会
主　　任：覃作福　2006.09~

宾阳县人民政府
县　　长：陈咸华　2006.09~

政协宾阳县委员会
主　　席：胡乃高　2006.09~

中共上林县委员会
书　　记：陈文儒　2006.06~2009.01
　　　　　苏德明　2009.01~

上林县人大常委会
主　　任：陆　康　1999.01~

上林县人民政府
县　　长：尹建华　2006.09~

政协上林县委员会
主　　席：韦日兴　2002.11~

中共马山县委员会
书　　记：张光廷　2004.07~2009.11
　　　　　李　兵　2009.11~

马山县人大常委会
主　　任：杨盛稳　2006.09~

马山县人民政府
县　　长：李　兵　2006.09~

政协马山县委员会
主　　席：林永立　2006.09~

中共隆安县委员会
书　　记：容康社　2006.06~2009.11
　　　　　李振林　2009.11~

隆安县人大常委会
主　　任：韦才团　2006.09~

隆安县人民政府
县　　长：欧　波　2006.09~2009.01
　　　　　李振林　2009.01~

政协隆安县委员会
主　　席：隆成碧　2006.09~

中共兴宁区委员会
书　　记：李　勤　2004.11~

兴宁区人大常委会
主　　任：罗思义　2006.09~

兴宁区人民政府
区　　长：刘为民　2005.04~

政协兴宁区委员会
主　　席：李乃玲　2005.04~

中共江南区委员会
书　　记：魏凤君　2005.03~

江南区人大常委会
主　　任：陈　尧（女）2006.09~

江南区人民政府
区　　长：黄建宁（女）2004.02~

政协江南区委员会
主　　席：杜惠南　2002.10~2009.03
　　　　　潘长能　2009.03~

中共青秀区委员会
书　　记：肖志钢　2007.01~2009.04
　　　　　赵禹鹏　2009.04~

青秀区人大常委会
主　　任：黄素萍（女）2005.04~

青秀区人民政府
区　　长：赵禹鹏　2007.03~2009.05
　　　　　胡晶波（女）2009.05~

政协青秀区委员会
主　　席：张宝昌　2005.04~

中共西乡塘区委员会
书　　记：吕　洁（女）2006.09~

西乡塘区人大常委会
主　　任：黄福仁　2005.04~

西乡塘区人民政府
区　　长：廖伟福　2009.01~

政协西乡塘区委员会
主　　席：谢坪芝（女）2005.04~

中共邕宁区委员会
书　　记：温达勤　2005.03~2009.11
　　　　　容康社　2009.11~

邕宁区人大常委会
主　　任：许文贤　2005.04~

邕宁区人民政府
区　　长：黄　宁　2005.04~

政协邕宁区委员会
主　　席：黄济法　2005.04~

中共良庆区委员会
书　　记：储朝晖　2007.08~

良庆区人大常委会
主　　任：郑国健　2005.04~

良庆区人民政府
区　　长：孙志强　2006.09~

政协良庆区委员会
主　　席：任宁生　2005.04~

（市委组织部）
责任编辑　周　红

中国—东盟博览会·峰会·民歌节

第六届中国—东盟博览会

【概　况】 2009年10月20~24日，第六届中国—东盟博览会在南宁市举办。由中国商务部和东盟国家经贸主管部门及东盟秘书处共同主办，广西壮族自治区人民政府承办。10月20日上午在南宁国际会展中心朱槿花厅举行开幕式。中共中央政治局常委、国务院副总理李克强，老挝总理波松·布帕万，菲律宾众议长诺格拉雷斯，缅甸国家和平与发展委员会第一秘书长丁昂敏乌，越南常务副总理阮生雄，东盟秘书长素林，中国与东盟国家有关部长、地方政府行政长官、商协会会长，国际组织负责人、世界知名企业家、区域经济研究专家，参展参会客商代表及广西壮族自治区有关领导出席开幕式。开幕仪式由此届中国—东盟博览会主题国老挝工贸部部长南·维亚吉主持。广西壮族自治区主席马飚、东盟秘书长素林、中国商务部部长陈德铭、老挝总理波松·布帕万先后致辞，对中国—东盟博览会推动中国—东盟自由贸易区的建设给予高度评价。中共中央政治局常委、国务院副总理李克强宣布：第六届中国—东盟博览会开幕！中共中央政治局常委、国务院副总理李克强，老挝总理波松·布帕万，菲律宾众议长诺格拉雷斯，缅甸国家和平与发展委员会第一秘书长丁昂敏乌，越南常务副总理阮生雄，柬埔寨国务兼商业大臣占蒲拉西，文莱工业和初级资源部部长叶海亚，东盟秘书长素林，马来西亚财政部副部长拿督曹智雄，泰国商业部副部长阿隆功·本拉布，印度尼西亚贸易发展研究署主席穆斯达尔，新加坡贸易与工业部兼新闻、通讯及艺术部政务次长陈振泉，中国商务部部长陈德铭，广西壮族自治区党委书记郭声琨等共同为第六届中国—东盟博览会开幕剪彩。10月19日下午，出席博览会的中国和东盟各国政要分别到南宁国际会展中心，巡视了第六届中国—东盟博览会展馆。

此届博览会由老挝出任主题国。重点主题是："海关与商界合作"，设商品贸易、投资合作、先进技术和"魅力之城"4大专题；共设展位4000个，参展企业2450家；206名部长级贵宾、4.86万名客商参展参会；商品贸易成交总额16.54亿美元；签订国际经济合作项目136个、总投资64.40亿美元，签订国内经济合作项目204个、总投资618.45亿元。除专题展览和经贸活动之外，此届博览会前后，举办了中国—东盟海关与商界合作主题论坛、中国—东盟金融合作与发展领袖论坛、中国—东盟电视交流论坛、中国—东盟农业产业发展高端论坛、中国—东盟自由贸易区法律事务论坛、2009海外华商相聚中国—东盟博览会暨广西北部湾经济区项目推介会、亚洲商品发展圆桌会议、中国—东盟智库战略对话、中国与东盟打击跨国犯罪执法合作研讨会、中国广西与越南部分地方法院法官研讨会、中国—东盟传统医药高峰论坛等11个高层次论坛。主题国老挝举办了国家馆开馆仪式、老中商业投资论坛、文艺演出等主题国活动。10月24日，博览会专门设置了公众开放日。博览会期间还举办了包括东南亚国际旅游美食节、"和谐南宁·欢乐绿城"大巡游等在内的南宁国际民歌艺术节、第六届CAEXPO"网球之友"联谊活动、第六届CAEXPO高尔夫国际名人邀请赛、中国—东盟青年艺术品创作大赛等活动。有171家媒体1419名记者到会采访；中国内地发稿1.80万多篇（条、幅），港澳台媒体200多篇（条、幅），外国媒体240多篇（条、幅），网络媒体涉及博览会的新闻页面约计4490个、各种相关新闻转载与报道页面约计5290个。10月24日下午，在南宁荔园山庄举行了第六届中国—东盟博览会高官会议暨第七届中国—东盟博览会国家专题展区抽签仪式。同日下午，在南宁荔园山庄召开的新闻发布会上，中国—东盟博览会组委会副主任兼秘书长、广西壮族自治区党委常委、广西壮族自治区副主席陈武宣布：第六届中国—东盟博览会胜利闭幕！

【专题展览】 2009年10月20~24日，第六届中国—东盟博览会在南宁国际会展中心（主会场）和广西展览馆（分会场）设商品贸易、投资合作、先进技术、"魅力之城"4个专题展览。参展企业2450家，比上届增长16.70%。参展商约1.03万人。共设展位4000个，比上届增长21.20%。其中，东盟10国及其他国家、地区使用展位1267个，占总展位的31.70%；东盟10国使用展位1168个，比上届增长1.20%，占总展位数的29.20%。商品贸易专题展设在南宁国际会展中心室内4~15号展厅、室外展区和广西展览馆。内容包括工程机械及运输车辆展、加工与包装机械展、东盟商品展、农业展（设在分会场广西展览馆）。投资合作专题展设在南宁国际会展中心室内1号和16号展厅。内容包括国际经济合作展、金融服务展。先进技术专题展设在南宁国际会展中心室内3号展厅。内容包括农业先进技术和高新技术。"魅力之城"专题展设在南宁国际会展中心室内2号展厅。中国和东盟10国"魅力之城"的展位实际排列顺序为：新加坡的新加坡城、文莱的斯里巴加湾、缅甸的木姐、泰国的沙没巴干府、中国的深圳、老挝的沙湾拿吉、菲律宾的怡朗和卡加延德奥罗、越南的芹苴、印度尼西亚的西加里曼丹、柬埔寨的西哈努克、马来西亚的古晋。此届博览会专题展首次设立分会场，展位总数增多，为更多的企业提供参与机会。东盟国家参展规模增大，印度尼西亚、老挝、马来西亚、缅甸、泰国、越南6个东盟国家包用独立展馆。新增设农业展和金融服务展。深圳市单独包下电子电器馆，规模展示省市的优势产业，实现国内省市首次包馆。区域外国家参展有突破，匈牙利、马达加斯加等国家首次参加博览会，日本、韩国、法国等国家继续参展。企业重复参展也有突破，国际经济合作展区重复参展率由40%提高到50%，电力设备展区由36%提高到45%，工程机械和运输设备展区由60%提高到80%。

【经贸活动】 2009年10月20~24日在南宁市举办的第六届中国—东盟博览会，经贸活动取得新成效。有参展企业2450家，参展参会客商4.86万人。其中，专业观众3.84万人，比上届增长5%；境外专业观众比上届增长8%；东盟以外客商比上届增长12.60%。参会采购商团组31个，其中东盟19个。除中国和东盟10国的采购商外，还有美国、法国、意大利、西班牙、日本、韩国、阿拉伯联合酋长国、澳大利亚、新西兰等国家和地区采购商参会。印度、哈萨克斯坦首次派采购团参会。会期举办国内外商贸促进活动86场，其中大型采购对接会15场。累计商品贸易成交总额16.54亿美元，比上届增长3.80%。东盟国家贸易成交额与上届基本持平，订单数大幅增加。国内贸易额3.50亿元人民币，在扩大内需，促进经济发展方面发挥了平台作用。举行44场投资推介活动。共签订国际经济合作项目136个，总投资64.40亿美元，比上届增长1.19%；国内经济合作项目204个，总投资618.45亿元，比上届增长1.05%。在国际合作项目中，中国与东盟合作项目有59个，总金额31.78亿美元，分别占国际合作项目总数及签约金额的43.40%和49.40%。“走出去”项目48个，总投资额18.92亿美元，分别占国际合作项目总数和总投资额的35.30%和29.40%。广西签署国际合作项目84个，总投资额43.10亿美元，比上届增长11.20%。中国其他省（区、市）共签订国际合作项目52个，签约金额21.30亿美元。

南宁市充分借助中国—东盟博览会平台，发挥核心城市优势，组织参加博览会，参加广西壮族自治区组织的国际、国内合作签约仪式，举行“2009南宁投资贸易洽谈会暨重大项目签约仪式”，组织各县区、开发区、市直有关单位推介投资环境和开展项目签约，举办重大项目开竣工仪式，开展区域经济技术合作等经贸活动，成果丰硕。共签约内外资项目160个，总投资427.31亿元，引进资金418.07亿元。其中，合同项目138个，总投资275.91亿元，引进资金269.45亿元；“走出去”项目7个，总投资1.23亿美元。签订商品（产品）购销合同817份，合同金额151.90亿元。其中，内贸合同金额147.10亿元；外贸合同金额7004万美元。南宁铝业公司、南南铝箔公司、五菱桂花车辆公司、南宁糖业股份公司等26家市属重点企业、进出口企业参加了博览会展览展示活动，参展企业贸易成交额10071万美元，比上届增长22.50%。期间，全市开竣工重大项目153个，总投资220.68亿元。其中，开工项目92个，总投资188.53亿元；竣工项目61个，总投资32.15亿元。南宁市与长春市签署了《关于加强区域经济技术合作的框架协议》，并进行了经验交流，就今后加强和推动交流合作达成共识。此外，南宁市还与哈尔滨市就结为友好城市的相关事宜进行了积极协商和推进。

【中国—东盟博览会高官会议】 2009年10月24日下午，第六届中国—东盟博览会高官会议暨第七届中国—东盟博览会国家专题展区抽签仪式在南宁荔园山庄举行。中国、东盟10国、东盟秘书处的30名高级官员出席会议。此次高官会暨抽签仪式由中国商务部亚洲司副司长梁文洮、东盟秘书处服务与投资署署长叶丽萍共同主持。中国—东盟博览会秘书处秘书长郑军健在总结总体情况时说，虽然受到国际金融危机的影响，但在中国和东盟各国的共同努力下，第六届中国—东盟博览会取得了丰硕成果。成功举办了主题国活动，共办共赢机制进一步加强；经贸实效进一步提高，办展水平进一步提升；促进了本地区的信息交流，重点领域合作进一步推进；展会的品牌特色得到进一步提升。梁文洮对办好第七届博览会提出两点建议：一是进一步深化共同主办博览会的长效机制，更加突出共办共赢实际效果。二是共同办好第七届中国—东盟博览会，充分利用中国—东盟自贸区2010年如期建成的机遇，早策划，早准备，进一步促进互利共赢。与会东盟各国高官在发言中对第六届博览会和商务与投资峰会的成功举办给予高度评价。大家表示将一如既往地参与、支持博览会，并组织推动更多的本国商家企业参展参会，希望第七届乃至今后每届博览会越办越好。经过协商，会议确定第七届博览会重点主题为“自贸区与新机遇”，主题国为印度尼西亚。通过抽签，确定第七届博览会“国家专题”展区展位顺序，依次为：马来西亚、缅甸、新加坡、老挝、越南、印度尼西亚、柬埔寨、中国、文莱、泰国、菲律宾。梁文洮、叶丽萍、郑军健分别为博览会共办方颁发中国—东盟博览会组委会评选出的第六届中国—东盟博览会各奖项。老挝获主题国纪念奖；东盟秘书处获重大贡献及支持奖；泰国获最佳贸易配对奖；文莱、柬埔寨、马来西亚、缅甸、新加坡获最佳展示奖；印度尼西亚、老挝、马来西亚、泰国、越南获最佳参展组织奖；缅甸、菲律宾、新加坡、越南获最佳采购商组织奖；柬埔寨、老挝、菲律宾获最佳投资合作推介奖。

第六届中国—东盟商务与投资峰会

【概　况】 2009年10月20~21日，第六届中国—东盟商务与投资峰会在南宁市举办。由中国商务部、中国国际贸易促进委员会、广西壮族自治区人民政府主办，东盟工商会、中国—东盟商务理事会和东盟10国国家工商会协办。主题为“中国—东盟自由贸易区与东盟一体化：合作共进”。举办开幕式、越南政府领导人与中国企业CEO圆桌对话会、2场专题论坛和2场“10+1”工商领袖访谈会、商务早餐会、欢迎宴会等8场活动。10月20日上午，在广西人民会堂举行开幕式。中共中央政治局常委、国务院副总理李克强，老挝总理波松·布帕万，菲律宾众议长诺格拉雷斯，缅甸国家和平与发展委员会第一秘书长丁昂敏乌，越南常务副总理阮生雄，东盟秘书长素林，中国商务部部长陈德铭，中国国际贸易促进委员会会长万季飞，广西壮族自治区党委书记郭声琨，广西壮族自治区主席马飚，中国国务院副秘书长尤权，中国、东盟以及世界10多个国家和地区的政府高官、商界领袖、企业精英、区域组织代表、知名专家学者和媒体代表约1500人出席。开幕式由广西壮族自治区主席马飚主持。李克强在发表题为《立足长远　着眼长远　在新的起点上合作共进》的主旨演讲时提出三点战略性建议：一是全面深化贸易合作。进一步探讨和完善有利于贸易便利化自由化的政策措施，提供更为充分的法律保护，让企业获得更多商机，求得更大的发展，从而繁荣经济、造福人民。二是突出加强投资合作。中国与东盟国家经济互补性强，与贸易往来相比，双方之间的投资合作还显不足，有必要也有潜力扩大合作规模。三是进一步发展次区域合作。中方积极支持东盟经济一体化建设，鼓励企业参与东盟东部增长区、大湄公河、泛北部湾等次区域经济合作，使其成为经济合作的新亮点。波松·布帕万在演讲中认为，本届峰会主题符合中国和东盟合作的现状，把世界经济、金融危机所带来的挑战和影响，变成东盟和中国之间加强商务、投资合作的机会。他表示相信，峰会将继续为政府和企业之间的沟通、增强东盟和中国之间的商务合作提供有效的平台，东盟和中国将在取得成果的基础上继续合作并不断得到加强，在"双赢"的基础上，把该区域建设成为一个富饶和文明的区域。万季飞在致辞中说，在中国与东盟各国政府的共同推动下，在双方商会和企业的积极参与下，自贸区带来的贸易和投资便利化、自由化和市场开放，以及东盟经济的一体化，必将推动双方企业界发挥各自优势，给双方人民带来实惠。郭声琨在致辞中提出，广西一直致力于发挥自身优势，着力深化与东盟的务实合作，加快推进与东盟连接的水陆空国际交通通道建设，加快拓展泛北部湾经济合作、大湄公河次区域合作和南宁—新加坡经济走廊建设，加快推进广西北部湾经济区开放开发，加快构筑国际区域经济合作新高地，中国沿海经济发展新一极。2010年1月，中国—东盟自贸区的建设，必将使广西在中国—东盟合作中扮演更为重要的角色，发挥更为重要的作用。这是广西和东盟各国共同面临和共同享有的重大合作和发展机遇。

2009年10月20日下午，第六届中国—东盟商务与投资峰会在广西人民会堂举行越南政府领导人与中国企业CEO圆桌对话会。同日下午，在明园饭店分别举行2场专题论坛。论坛结束后，又接着举行2场"10+1"工商领袖访谈会，有16位中国与东盟工商界领袖分别出席2场访谈会，并就其时的经贸热点问题接受记者提问。近60家中国与东盟新闻媒体进行现场采访、提问。10月21日上午，在明园新都酒店举行商务早餐会。至此，第六届中国—东盟商务与投资峰会各项议程圆满结束。

【圆桌对话会】 2009年10月20日下午，第六届中国—东盟商务与投资峰会越南政府领导人与中国企业CEO圆桌对话会在广西人民会堂举行。由中国国际贸易促进委员会和越南贸易促进局联合主办，中国—东盟商务与投资峰会秘书处承办。越南常务副总理阮生雄、中国国际贸易促进委员会会长万季飞、广西壮族自治区副主席杨道喜、广西壮族自治区政协副主席李达球，中国和越南政府高官、工商会负责人、企业家、专家学者以及国际组织和区域组织代表等250多人出席。议题为："携手应对危机，促进共同发展"。会议由越南贸易促进局局长杜胜海主持。阮生雄在致辞中说，越南和中国的关系已经成为全面战略合作伙伴关系，不仅是经济投资、贸易，还包括其他的领域，双边合作的前景非常灿烂和广阔。万季飞在致辞中指出，即将建成的中国—东盟自贸区将为中越企业带来更多的经贸合作新商机。希望两国政府及相关经贸部门能够继续为中越双方企业家在政策、机制、环境等方面创造有利的条件，希望中越企业能够把握机会，开拓潜力，深化合作，促进中越经贸关系进一步发展，实现互利共赢。越南国家银行副行长阮文平、越南石油天然气集团副总经理武广南、越南电力公司副总经理杨广清、越南国家煤炭矿业集团副总经理阮战成、越南国家化学公司副总经理范清皇、越南高速公路公司副总经理陈玉皇、中国建设银行股份有限公司董事长郭树清、中国进出口银行副行长诸鑫强、中国机械进出口集团总裁唐毅、中国寰球工程公司总裁汪世宏、华为技术有限公司副总裁杨蜀、中国技术进出口集团副总裁吴多誉、中国路桥工程有限责任公司副总裁刘弘等中国和越南两国13家大型企业的领导，就中越合作如何以坚定的信心应对国际金融危机，加快推进中越企业合作的实施进程等问题进行深入的交流和探讨。与会的中国大型企业领导，就如何进一步推进中越双方合作，与阮生雄进行了对话，阮生雄一一回答了中国企业领导人提出的问题。杨道喜在总结发言中说，今天的会议对进一步推动中越双方睦邻友好和互利合作关系的发展意义重大。广西同越南政府有关部门的交流频繁，企业界合作机制不断扩大。随着中国—东盟自由贸易区和中越两国发展合作的不断深化，广西同越南各省、各部门和企业之间的合作将会有更加丰硕的成果和更广阔的前景。会议于当天下午结束。

【商务与投资峰会专题论坛一】 2009年10月20日下午，第六届中国—东盟商务与投资峰会专题论坛一在南宁明园饭店举行。中国和东盟各国国家工商会领袖、企业家、商务精英、专家学者、国际组织和区域组织代表等180人出席。议题为："市场开放与新商机"。论坛由越南工商会副会长黄文勇主持。缅甸工商联合会会长温敏特、新加坡工商联合总会总裁邓腾达、老挝国家工商会会长翁塞、文莱国家工商会副会长卡玛鲁汀、柬埔寨总商会副会长韩强畴勋爵、中国有色矿业集团有限公司总经理罗涛、印度尼西亚工商会中国会馆会长俞雨龄、泰国工业联盟副会长李锡龙分别发表演讲，中国国际贸易促进委员会会长万季飞作闭幕演讲。黄文勇说，中国与东盟之间的经贸合作还具有很大的商机和潜力，希望中国—东盟商务与投资峰会能够对此给予支持，使得中国各个层次在贸易经济和投资方面进一步增强与东盟的合作。温敏特认为，自贸区和经济共同体将会推动区域合作，减少贸易壁垒，促进贸易经济发展。邓腾达指出，今后中国与东盟应进一步密切关系，除了打开门户之外，更重要的是把物流搞起来，没有物流就没有商流。翁寒认为，东盟和主要的东亚国家，已经能较好应对全球金融危机，亚洲经济已经实现恢复。卡玛鲁汀指出，要想在自贸区建成中抓住机会，政府应该提供更多的支持，帮助中小企业创新。韩强畴勋爵说，中国—东盟自由贸易区建成不仅对本地经济和地区具有深远的意义，而且也将推动贸易和投资方面的合作，以及整个东亚一体化都发生作用，对于促进全球经济稳定和经济复苏也是至关重要的。罗涛认为，中国企业和东盟企业可借助自贸区大舞台在广大范围和深层次上进行合作。俞雨龄说，印度尼西亚将大力改善投资环境，降低生产制约，加强现有的企业竞争能力，同时提高能源利用能力和可持续发展的良性生产，积极应对全球危机和气候的挑战。李锡龙指出，中国和东盟之间应扩大市场合作，通过中国—东盟商务与投资峰会重要平台，让中国和东盟企业家获得更多的发展。万季飞说，面对新的形势和挑战，应该用科学发展观来指导，通过创新和合作来解决中国与东盟合作中已经发生的问题。为此，要共同发展互利共赢，我们和东盟应进行全局性、协调性、互利性、务实性的合作。论坛于当天下午结束。

【商务与投资峰会专题论坛二】 2009年10月20日下午，第六届中国—东盟商务与投资峰会专题论坛二在南宁明园饭店举行。中国和东盟各国重要商协会领袖、企业家、商务精英、专家学者、国际组织和区域组织代表等200人出席。议题为："市场开放与新商机"。论坛由中国—东盟商务理事会中方秘书处常务副秘书长许宁宁主持。文中友好协会秘书长陈家福、广西投资集团有限公司董事长管跃庆、老挝中国商会会长孙磊、老挝中国和平统一会会长张贵龙、马来西亚中国经贸总商会会长拿督杨天培、马中友好协会会长拿督马吉德、马来西亚制造商联盟会长拿督斯里穆斯培法·马苏尔、泰国泰中商务委员会副秘书长洪钧涛、印度尼西亚中华总商会总主席纪辉琦、菲华商联总会理事长黄祯潭，新加坡制造联合会副会长傅春安分别发表演讲，中国国际贸易促进委员会联络部部长隋建民作闭幕演讲。陈家福说，要借助中国—东盟商务与投资峰会这个平台寻求平衡的共赢，同时，需要把交流从理论化变为真实化，只有交换意见，然后找出新的思路，才能找出新的商机。管跃庆表示，企业本身就是市场开放、创造新商机的主体，而促进共同发展，实现互利共赢同时也是与东盟企业合作的出发点和最终的归宿。孙磊指出，随着全球经济一体化和区域一体化的发展，经济发展的相互依存和相互促进日益体现，开放的市场显得更为重要。张贵龙说，中国—东盟自由贸易区不仅是扩大中国和东盟市场而已，还具有凝聚中国与东盟各国经济的作用，应共同寻找贸易和投资的便利条件，共同发展稳固的区域经济，共同冲向世界。杨天培指出，中马经贸互补性强、互通有无、唇齿相依、互惠互利，有着广阔的发展前景。马吉德表示，自贸区的成立会对东盟和中国经济框架未来的发展方向起到重要和积极的影响。斯里穆斯塔法·马苏尔说，通过世贸组织和东盟这样的地区组织，以及双边的安排，中国与马来西亚进一步推动了经济贸易的一体化，并且双方在很多的领域都享有投资机会，这对于双方的私有企业具有很大的吸引力。洪钧涛指出，中国—东盟自由贸易区将会更好地促进区域内各国的物流、资金流、人才流和信息流，更加有效促进区域内各国的经济发展，创造更多的财富。纪辉琦说，靠单一的力量很难面对世界复杂的经济状况的挑战，合作才是硬道理。黄祯潭表示，市场的开放成为当前国际社会的当务之急，而中国主张市场开放，不但有助于中国工商各业的精益求精，更可以为东盟各国提供一种有力的鼓励。傅春安说，希望广西在自由贸易区形成以后，和东盟国家的企业携手共创双赢并重视物流的发展，尤其是物流供应链的发展。随建民表示，中国和东盟携手共同迎接新的挑战，继续完善合作机制，不断扩大合作规模，为帮助企业在金融危机中寻找新的机遇是很有必要的。论坛于当天下午结束。

南宁国际民歌艺术节

【概　况】 2009年，第六届中国—东盟博览会、第六届中国—东盟商务与投资峰会举办期间及其前后，由南宁市人民政府主办的南宁国际民歌艺术节在南宁市举行。10月20~21日晚，举行"大地飞歌·2009"和"大地飞歌·激情之夜"晚会；10月17~25日，举办2009南宁·东南亚国际旅游美食节；10月18~29日晚，举行12场广西民族歌舞秀《绣球飞》晚会；10月21~22日，举办"绿城歌台"广场文化活动；10月23日，举行《和谐南宁·欢乐绿城》巡游活动；10月16日至11月6日，举办卢权智红陶艺术精品展；10月23日晚，举办外国艺术家专场演出；9~10月，举办中国—东盟国际摄影节；9~12月，举办广西本地民歌歌曲创作大赛。2009年的南宁国际民歌艺术节，各项活动均有所创新，使民歌节节味更浓、活动更丰富、群众参与性更强。

【大地飞歌·2009】 2009年10月20日晚，"大地飞歌·2009"第六届中国—东盟博览会暨南宁国际民歌艺术节开幕晚会在南宁民歌广场举行。由南宁市人民政府、中央电视台主办。东盟各国代表团，中央、国家机关有关部门负责人，各省（自治区、市）代表团，参加"两会一节"的部分代表、重要客商、参展商，广西壮族自治区和南宁市有关领导出席。观众约2.80万人。开幕晚会仪式由南宁市市长、南宁国际民歌艺术节组委会主任黄方方主持。广西壮族自治区党委常委、南宁市委书记、南宁国际民歌艺术节组委会主任车荣福致开幕辞。广西壮族自治区主席马飚宣布"大地飞歌·2009"第六届中国—东盟博览会暨南宁国际民歌艺术节开幕！

晚会以"新十年·新民歌"为主题。分为序《欢聚》和《向大地致敬》、《向经典致敬》、《向祖国致敬》3个篇章。中央电视台著名导演夏雨任总导演，中央电视台著名主持人董卿、任鲁豫、欧阳夏丹联袂主持。舞台主体为卷轴式的壮锦，寓意着南宁国际民歌艺术节新十年前程似锦。马山会鼓的欢快节奏及身着壮族等少数民族服饰演员的表演拉开了序《欢聚》的开场演出。雪莲三姐妹、呼斯楞等用汉语、藏语等6种民族语言共同演绎主题曲《大地飞歌》。周华健领衔的纵贯线组合以民歌《虹彩妹妹》和《青春舞曲》唱响了《向大地致敬》篇章。广西籍歌手陈春燕、著名歌手毛阿敏分别演唱歌曲《飘飘瑶》、《拔根芦紫花》；李玉刚一人分饰两角，用男女对唱形式演唱《北京一夜》；赵传（中国台湾），老挝国家艺术团，王菲菲，Kratae（泰国）和东南亚10国歌手分别演唱《心想唱歌就唱歌》、《芦笙颂》、《阿依莎娜妮娅》；孙楠用蒙语与五彩呼伦贝尔儿童合唱团共同演唱《梦中的额吉》。李锦鹏、王向荣、王宏伟和百色老红军合唱团等共同演绎的《东方红》唱开了《向经典致敬》篇章。韩红与母亲雍西共同演唱《归来》；布拉格之春合唱团（捷克）、广西武鸣县尼达妮少年合唱团、布拉格之春合唱团与广西武鸣县尼达妮少年合唱团分别演唱《舞起来》、《迎客歌》和《猜调》；金美儿和扎西顿珠、陈笠笠、李卫红与廖鸿飞分别演唱《抛绣球》、《思情鬼歌》、《拦路酒歌》；王力宏（中国台湾）演唱了《在那遥远的地方》和《心中的月亮》。吴娜、刘秉义、李光曦、李谷一演唱的音乐情景歌曲《我的祖国》、《我为祖国献石油》、《祝酒歌》和《年轻的朋友来相会》，将晚会带入《向祖国致敬》篇章。郁钧剑、罗宁娜和丁晓红，成龙（中国香港）与美和，成龙和林鹏分别演唱《我们握紧手》、《国家》、《在我生命中的每一天》。晚会尾声，著名歌唱家宋祖英一曲《唱起来》，唱出了壮乡人民的热情，将晚会推向高潮。吉林市歌舞团、广西艺术学院、陕北安塞腰鼓团等13个群众演员团体共1100多人参与演出。

10月21日晚，"大地飞歌·激情之夜"晚会在南宁民歌广场举行。由南宁国际民歌艺术节组委会主办。南宁市有关领导出席，观众约2.80万人。蒿炬任总导演，著名电视节目主持人戴军、阿雅和南宁电视台节目主持人夏颖、张泉联袂主持。晚会以"欢迎激情"为主题，在保留开幕式晚会舞美灯光效果、烟火效果、舞台动态等基础上，注入更多现代的、时尚的、新潮的元素，形式和内容更趋大众性、娱乐性及时尚性。参演阵容影响力跨越两代人，"老将"纵贯线组合等和李宇春、张杰、江映蓉、黄英、谈莉娜、郁可唯等"快乐女生"、"快乐男声" 新秀纷纷登场，共演出22个节目，使晚会成为一场激情四射魅力无限的青春歌会。

【和谐南宁·欢乐绿城大巡游】 2009年10月23日，2009年南宁国际民歌艺术节"和谐南宁·欢乐绿城" 大巡游活动在南宁市举行。由南宁国际民歌艺术节组委会主办。南宁市有关领导，老挝驻南宁总领事馆官员，南宁市劳动模范和市级先进工作者、商界人士、各界群众，来自世界27个国家的艺术家及国内外朋友上万人在南宁民族广场参加大巡游活动。上午10时，南宁市市长黄方方宣布：2009年南宁国际民歌艺术节"和谐南宁·欢乐绿城"大巡游活动开始！大巡游活动在民族大道上进行。起点设在民族大道新民立交桥下，由西向东行进，至民族大道园湖路口为终点，全程1.50公里。活动分为表演方队巡游和花车巡游2个部分。"和谐南宁"——表演方队巡游有32支方队。各方队演员沿路线一路行进表演。共分3个篇章。第一篇章为绿城神韵。有邕州傩乐方队、良庆区香火龙方队、邕宁壮族八音方队、宾阳彩架方队等13支方队。主要展现南宁非物质文化遗产内容，表演丰富独特的民俗风情和民间艺术，展示南宁的历史文化底蕴和精髓。第二篇章为四海欢歌。有老挝、越南、墨西哥、俄罗斯、德国、泰国、哈萨克斯坦等国艺术家组成的10支方队。表演充满浓厚的异域风情。第三篇章为大地之约。有9支方队。表演健美操、太极、街舞、锣鼓和卡通形象展示等内容，展现南宁的现代时尚魅力及青春炫彩吸引力。"满载辉煌"——花车巡游有22辆花车参加。首辆是曾参加在北京举行的新中国成立60周年庆典活动的广西彩车"壮乡欢歌"。其设计汇集了铜鼓、吊脚楼、绣球等元素，展现壮乡的山水特色与文化品位。随后的21辆花车分别由南宁市的部分企业和单位精心设计，形象各异、构思精巧，集中展示了广西各行各业取得的辉煌成就和首府南宁的发展新貌。花车队巡游到达终点后，又经双拥路、桃源路、北大桥、永和大桥、白沙大道、沙井大道、大学路、外环等绕城一周，最后停放在民族广场供市民参观至10月25日。有约3000名人员（包括27个国家的200多名外国演员）参加巡游表演。约有10多万人现场观看了巡游表演。

【绿城歌台】 2009年10月21~22日，2009南宁国际民歌艺术节"绿城歌台"广场文化活动在南宁市举行。由南宁国际民歌艺术节组委会主办。分别在全市各大广场、社区、学校、企业设置歌台18个。来自亚洲、欧洲、非洲、美洲、大洋洲等5大洲26个国家27个团体近200名外国艺术家，与南宁市艺术剧院及业余艺术表演团队的演员一道，在各个歌台进行了19场演出。阿根廷操戈舞表演、美国乡村音乐、匈牙利大提琴演奏、韩国果川市器乐奏等充满了异域风情。马山县三声部民歌《恩情广过天》、江南区壮族舞蹈《峰鼓神韵》、金蓓蕾艺术培训学校歌舞《小小刘三姐》、南宁三声部嘹歌《桃花夕阳红》等本土节目体现了浓郁的广西民族特色。活动歌舞结合，中外通融，绿城歌台成为一片欢腾的歌海。期间，有观众20多万人次到现场参与活动。

【2009南宁·东南亚国际旅游美食节】 2009年10月17~25日，2009南宁·东南亚国际旅游美食节在南宁市举行。由广西壮族自治区商务厅、南宁市人民政府主办。10月17日上午在南宁东南亚美食城举行开幕式。南宁市和中国烹饪协会有关领导，广西烹饪协会及相关单位负责人，各参展参赛单位和市民代表等出席。南宁市副市长黄焕升主持开幕式。南宁市市长黄方方致辞。中国烹饪协会副会长李铁流宣布2009南宁·东南亚国际旅游美食节开幕。与开幕式同时进行的是号称"世界第一"的超长绿叶糍粑品尝会。现场展示60米长的东南亚绿色美食——绿叶糍粑王，为特别设计烹制模具，沿用传统的纯手工制作工艺，采用几十种各类绿色可食绿叶缝接而成，使用100多公斤纯糯米粉及花生、芝麻、白糖等馅料。绿叶糍粑象征团团圆圆、和和睦睦，60米长度则寓意广西各族人民共祝新中国成立60周年的心声。上万人到场观赏并分享绿叶糍粑。

此届旅游美食节以"品美食、观美景、赏文化"为主题。在东南亚美食城设中国—东南亚美食区、中华美食区、民族特色美食区、广西地方特色美食区、南宁餐饮名菜名点特区及商品展区等6大展区243个展位。有250家国内外参展商参加，展销100多种不同风味的美食与小吃。同时开展了美食寻宝乐园、儿童游乐场、东南亚民族风情表演、广西厨师大赛、绿城美食形象使者比赛等一系列活动；举办"桂菜战略方向和品牌连锁经营"美食论坛，邀请知名专家和品牌餐饮企业负责人共同探讨广西菜的创新发展方向及品牌连锁经营的管理模式；向60余家国际、国内旅行社推介美食节旅游线路，把美食节活动内容纳入旅行社市内观光一日游线路中，有超过2万人次参加。在10月25日举行的闭幕式上，有10个名点名小吃、12家名店、50道名菜、56名烹饪高手及10位美食形象使者，分别获得旅游美食节组委会设置并颁发的100多个奖项。期间，约有27万人次到现场参与旅游美食节的活动。

其他重要活动

【中国—东盟海关与商界合作主题论坛】 2009年10月20~21日，中国—东盟海关与商界合作主题论坛在南宁市举行。由中国海关总署、广西壮族自治区人民政府主办。主题为：推进贸易便利化。10月20日，中共中央政治局常委、国务院副总理李克强会见了出席论坛的部分代表，并在发表讲话时指出，中国和东盟各国应加强合作，坚定不移地推进贸易和投资便利化，使各国企业得到更多商机，使本地区人民得到更多实惠。中国海关总署署长盛光祖、广西壮族自治区党委书记郭声琨、东盟秘书长素林、老挝财政部副部长斯芬丹、文莱财政部副常任秘书哈吉希沙姆、马来西亚财政部副部长曹智雄、缅甸财政与税收部副部长克罗奈，中国海关总署副署长李克农、中国商务部副部长高虎城，中国国家质检总局认监委主任孙大伟、广西壮族自治区副主席陈武、中国国际贸易促进委员会副会长于平，中国和东盟国家政府有关部门负责人,东盟各国海关有关负责人,中国有关地方政府、直属海关单位、口岸办和海关特殊监管区管委会负责人，有关研究机构和学会、协会、商会负责人,中国与东盟企业代表等共260余人出席。中国海关总署副署长鲁培军主持开幕式。盛光祖致开幕词;郭声琨、素林分别致辞;李克农、高虎城、于平分别作主旨演讲;老挝、文莱、马来西亚、缅甸等东盟国家代表和中国苏州工业园区综合保税区管委会代表分别在专题论坛发言。世界海关组织秘书长御厨邦雄发来贺信说，此次论坛作为区域内的一项重要举措，将对推进中国—东盟在贸易便利化领域内的合作、携手应对国际金融危机产生积极而重大的影响。盛光祖指出,推进贸易便利化已成为世界各国海关和商界共同关注的重要话题。郭声琨说,本届博览会、本次论坛的举办，对于进一步巩固中国与东盟各国已经取得的合作成果、共同商讨积极应对当前国际金融危机、警惕和防止贸易保护主义抬头，加快中国—东盟各国贸易便利化进程都将发挥积极的促进作用。素林强调,中国—东盟海关与商界合作是一个非常关键的活动。东盟国家代表在发言中表明了加强沟通与务实合作的意愿。企业代表华为技术有限公司副总裁彭智平在发言中称，近年来，华为见证和享受了贸易便利化带来的好处。盛光祖作了闭幕致辞。论坛一致通过了《中国—东盟贸易便利化南宁倡议》。

【中国—东盟金融合作与发展领袖论坛】 2009年10月20~21日,中国—东盟金融合作与发展领袖论坛在南宁市举行。由中国人民银行、中国银行业监督管理委员会、中国证券监督管理委员会、中国保险监督管理委员会、广西壮族自治区人民政府主办。主题为“深化交流与合作,建立中国—东盟金融服务平台”。分设“在金融危机下如何推动中国—东盟区域内金融合作与金融创新服务”、“金融机构如何为企业提供更全面的金融支持”、“如何推动区域内投融资合作”3个议题。中国及东盟、欧美等国家驻亚太区域商业金融机构高层管理人员和其他各类银行代表，金融界知名专家学者、企业代表、媒体人员等500多人出席论坛及相关重要活动。10月20日下午举行开幕式,广西壮族自治区副主席李金早主持，广西壮族自治区主席马飚致辞。中国人民银行副行长苏宁、中国证券监督管理委员会主席助理朱从玖、中国银行业监督管理委员会广西监管局局长熊良俊、中国保险监督管理委员会办公厅主任陈方磊、联合国贸发会议副秘书长佩特科·德拉甘诺夫、老挝中央银行行长普佩·坎普冯分别作主旨演讲。参会嘉宾围绕主题和议题全面探讨分析当前和今后中国—东盟金融合作与发展面临的机遇和挑战,就深化金融领域的务实合作,共同抵御国际金融危机、建立有利于中国—东盟经贸合作的金融服务体系，促进中国与东盟间的贸易和投资的便利化深入交换意见,达成广泛共识。期间,配套以企业金融为主要展览内容，重点突出与东盟合作特色的金融服务展；举办中国银行服务“走出去”企业业务对接会,香港上市及融资研讨会、中国—东盟投资合作基金推介会等系列金融与企业对接会；举行广西壮族自治区人民政府与交通银行股份有限公司的战略合作框架协议签约仪式;讨论通过《中国—东盟金融合作与发展领袖论坛共同宣言》。

【中国—东盟电视交流论坛】 2009年10月24日，中国—东盟电视交流论坛在南宁市举行。由中国广播电影电视总局、广西壮族自治区人民政府主办。主题为“深化合作,共创未来”,分设“电视业政策和现状”、“媒体融合与电视发展”和“深化合作,互利共赢”3个议题。中共中央宣传部副部长、中国广播电影电视总局局长王太华，广西壮族自治区党委书记郭声琨,广西壮族自治区主席马飚,中国广播电影电视总局副局长田进，中国和东盟国家政府主管部门高级官员及双方电视媒体机构的负责人、节目制片人、编辑，东盟秘书处、东盟国家驻中国使领馆官员和亚太广播发展机构负责人出席。王太华在致辞中说，中国与东盟电视媒体的合作与交流，已经成为中国与东盟关系发展的重要组成部分和强大推动力。马飚在致辞中介绍了广西经济社会发展情况及广西与东盟合作的情况和前景。东盟秘书处文化新闻部主任李如珍在致辞中指出,2008年,东盟和中国在南宁签署了新闻和媒体合作谅解备忘录，这为加强东盟—中国对话伙伴关系搭建了一座桥梁。亚太广播发展机构主任贾瓦德·孟塔基表示，中国—东盟电视交流论坛是一个极好的机会，为广大受众的利益打开了一扇窗户。经过论坛与会代表的发言和深入讨论，中国与东盟10国取得诸多方面共识,在经济全球化、科学技术发展日新月异和全球金融危机的背景下，中国与东盟国家政府主管部门应进一步加强政策交流与沟通，相互借鉴管理经验，努力为媒体业的交流合作与发展创造良好的政策环境；配合中国—东盟自由贸易区建设，加强电视媒体间的交流与合作,相互借鉴有益经验,深化内容产业和服务贸易领域的合作关系,推动本地区电视业的共同发展；进一步加强节目交流合作;加强技术交流合作,分享各自发展数字化、新媒体技术等方面的经验,促进共同发展;加强人力资源建设。期间,举办了“中国—东盟电视节目展播周”活动;中国广播电影电视总局、中央电视台及广西、广东、云南、海南、上海等省(市、自治区)政府主管部门和电视媒体的代表，与东盟各国代表进行了对口交流,并签署相关合作协议。广西电视台与老挝国家电视台和越南数字电视台分别签署《中国广西电视台与老挝国家电视台电视节目交流协议》、《中国广西电视台与越南数字电视台合作意向书》。

【中国—东盟农业产业发展高端论坛】 2009年10月19日，中国—东盟农业产业发展高端论坛在南宁市举行。由广西壮族自治区人民政府、中国农业大学主办。主题为:“中国泛珠区域与东盟农业产业合作”;分设“中国泛珠区域与东盟农业产业合作的战略意义、机遇与条件”,“中国泛珠区域与东盟农业产业合作的机制构建与路径选择”,“广西北部湾经济区在中国泛珠区域与东盟农业产业合作中的地位与作用”,“中国农业大省参与泛珠区域与东盟农业产业合作的战略构想”等4个重点议题。东盟各国(除新加坡外)、俄罗斯、以色列,中国台湾,以及中国农业部、中国农业科学院,江西、陕西、广东、四川、宁夏、云南等省(自治区),广西14个市农业系统的280名嘉宾、代表出席。广西壮族自治区人大常委会副主任覃瑞祥、中国农业大学党委书记瞿振元、老挝农林部部长H.E.Rasphone Sitahen分别致辞。广西壮族自治区副主席陈章良作主题演讲。论坛与会人员围绕主题,就中国—东盟农业产业发展面临的机遇与挑战进行了多领域和多视角的广泛而深入的探讨，达成《南宁共识》：加强各方在农业产业领域的交流与合作；明确各方交流与合作的重点领域；建立农业产业交流与合作的长效机制；致力于推动各方农业产业互动升级；继续加强农业人力资源开发合作；进一步加大农业投资合作的力度；加强各方农产品质量安全监督和农业标准化生产合作。各方代表提交论坛的论文，经组委会编审，结集成30余万字的《论坛文集》。

【亚洲商品发展圆桌会议】 2009年8月17~20日，亚洲商品发展圆桌会议在南宁市举行。由商品共同基金（CFC）主办，中国商务部协办，广西壮族自治区人民政府承办。中国商务部和广西壮族自治区有关领导、CFC总裁、巴基斯坦商务部副部长，亚洲各国相关政府部委、机构的官员，商品生产商、加工商、贸易商及相关商协会代表、金融界代表，相关研究机构和大学代表，商品组织和非政府组织代表等120多人出席。会议分为开幕式、全体会议、专项商品工作小组会议/跨商品类别会议、会议总结和考察5个部分。CFC总裁慕秋莫大使，广西壮族自治区副主席杨道喜，CFC中国区理事、中国商务部国际司副司长朱洪，中国—东盟博览会秘书处秘书长郑军健出席开幕式并致辞。联合国亚洲及太平洋经济社会委员会贸易投资处贸易政策科科长Joong-Wan Cho、联合国开发计划署驻华代表处环境与能源处处长孙学兵、中国商务部援外司国际合作处处长卢峰、亚太渔业资讯中心主任S.Subasinghe、CFC首席运营官Guy Sneyers在会议中分别介绍了各主管领域的投资环境相关情况。会议就全球金融危机形势下，区域内各国如何稳定初级产品国际市场价格、如何开展相互技术援助及如何借助博览会的平台作用深化合作等问题进行深入探讨和磋商，并通过相关倡议和行动计划。会后，部分代表前往广西现代农业科技示范园进行参观考察。此次会议，进一步充实商品共同基金资助的项目建议内容，促进广西进一步发挥区位优势，丰富和增强了中国—东盟博览会的平台作用。

【第六届中国—东盟自由贸易区法律事务论坛】 2009年10月21~23日，第六届中国—东盟自由贸易区法律事务论坛在南宁市举行。由中国—东盟博览会秘书处、新加坡国际仲裁中心、柬埔寨王国律师协会、法制日报社、广西检察官协会和广西社会新阶层知识界联谊会主办。主题为“金融危机下的——国际贸易与投资风险规避”；分设“如何运用法律手段保障中国—东盟自由贸易区区域经济可持续发展”，“自贸区双边与多边经贸、投资新机遇下的企业法务与法律服务”，“柬埔寨王国投资、经贸政策与法律规范、法律服务状况解读”、“中国—东盟自由贸易区法制环境建设及合作新前景”，“中国—东盟自由贸易区双边、多边合作项目联合服务运行机制”等5个分论题。中国、印度尼西亚、越南、新加坡、美国、加拿大、马来西亚、香港等自由贸易区各成员国及其他国家与地区的法律、金融机构、著名企业家、法务负责人、法官、法律研究专家和法律服务机构代表出席。中国—东盟自由贸易区法律事务论坛组委会主任张树国主持开幕式。广西壮族自治区人大常委会副主任罗黎明、广西壮族自治区人民检察院检察长张少康、中国—东盟博览会秘书处副秘书长李文杰、广西法学会会长彭祖意、越南法学会副会长陈大兴分别发表贺词。越南法学会副会长陈大兴、深圳律师协会彭云霞、南宁市兴宁区检察院检察长郭魏、中国—东盟法律事务论坛组委会主任张树国、中国科学院亚太研究所教授陆建人分别发表演讲。直面席卷全球的金融危机和背景下的贸易与投资风险的国际问题，重点对金融危机给发展中的中国—东盟自由贸易区经贸与投资的影响进行深入和广泛地解读；倡议各方协调利益，携手抗击金融危机给中国—东盟自由贸易区各成员国带来的影响，进一步深化法律交流，促进司法合作，提出规避、防范、抵御措施。期间，论坛邀请中国—东盟自由贸易区成员方部分法学会和律师协会等机构人员，进一步促进和落实中国—东盟联合法律服务项目，讨论和完善《中国—东盟联合服务南宁宣言》文本；与印度尼西亚、越南就建立联合服务机制达成一致意见，并部分签署《中国—东盟联合服务南宁宣言》和《中国—东盟联合服务理事机构承诺书》，推进中国—东盟自由贸易区联合服务机制的正常运行。

【2009海外华商相聚中国—东盟博览会暨广西北部湾经济区项目推介会】 2009年10月20-24日，2009海外华商相聚中国—东盟博览会暨广西北部湾经济区项目推介会在南宁市举行。由中国国务院侨务办公室经济科技司和广西壮族自治区侨务办公室主办。主题为“机遇·合作·发展·共赢”。美国、加拿大、新西兰、马来西亚、泰国、新加坡、柬埔寨、越南、阿根廷、西班牙、匈牙利、瓦努阿图、香港、澳门和中国台湾等26个国家和地区的华商，以及中国广东、江苏、深圳等省（市）侨商会的华商近200人出席。大会由广西壮族自治区侨务办公室主任李汉金主持。广西壮族自治区人大常委会副主任刘新文、中国国务院侨务办公室经济科技司副司长张毅分别致辞。推介会上，北部湾广西经济区管委会对广西北部湾经济区的开放开发作整体推介。南宁—东盟经济开发区（南宁华侨投资区）、北海电子工业园区、钦州港经济开发区、防城港市大西南I工业园区、玉林龙潭经济开发区、凭祥市边境经济合作区等作重点推介。南宁、北海、钦州、防城港、崇左、玉林等广西北部湾经济区所在市分别作项目推介。大会举行了项目签约仪式，南宁—东盟经济开发区、崇左凭祥边境经济合作区、玉林龙潭产业区、钦州港经济开发区、防城港大西南临港工业园分别与参会华商签订11个合作项目，总投资额24.89亿元。期间，与会华商分赴北海、钦州、玉林等广西北部湾经济区有关市进行实地考察，在园区、企业与政府及相关部门交流，了解情况，寻找商机、洽谈投资合作项目；部分参会华商参加了玉林中小企业商机博览会、百色现代农业展示交易会等系列活动。

【中国—东盟智库战略对话·2009】 2009年10月17~18日，中国—东盟智库战略对话·2009在南宁市举行。由中国社会科学院国际研究学部、东盟智库网络、广西社会科学院和广西国际博览事务局主办。主题为：全球环境变化中的中国与东南亚，分设“应对金融危机：经济调整与新战略”、“新东亚地区合作倡议”、“加强中国—东盟战略伙伴合作”和“次区域合作的作用”4个分议题，以及“泛北部湾合作”1个专题议题。中国、新加坡、泰国、马来西亚、印度尼西亚、菲律宾、越南、老挝、柬埔寨、文莱、美国、韩国等国家的130多位专家学者出席。广西社会科学院副院长古小松主持开幕式。广西壮族自治区党委常委黄道伟、中国社会科学院国际研究学部主任张蕴岭、广西社会科学院院长吕余生、中国—东盟博览会秘书处副秘书长宫起君、老挝社会科学院副院长科高·索萨亚、印度尼西亚战略与国际问题研究中心副主席尤素夫·瓦南迪先后致辞。经过研讨，会议达成广泛共识，取得积极成果：认为只要中国与东盟各自就本国国情进行经济调整，并进行经验交流、彼此学习，就一定能够在本地区找到具体措施来进一步加强合作；发出新东亚地区合作倡议，进一步促进东亚区域合作，增强区域联系，完善区域主义；认为中国—东盟须进一步加强战略伙伴关系；认为中国与东盟应更务实地推进中国—东盟自由贸易区框架下的次区域合作，支持南宁—新加坡经济走廊建设。

【2009中国—东盟传统医药高峰论坛】 2009年10月28~29日，2009中国—东盟传统医药高峰论坛在南宁市举行。由中国中医药管理局、中国民族事务委员会、广西壮族自治区人民政府主办。主题为“传统医药可及性与国家卫生体系建设”；分设“传统医药人力资源开发合作”、“传统医药健康保健体系”、“传统药物可持续发展”3个专题。来自中国、东盟10国、世界卫生组织、东盟秘书处、香港特别行政区、澳门特别行政区和台湾的官员、专家学者、行业及企业代表共260余人出席。中国中医药管理局局长王国强、中国民族事务委员会副主任丹珠昂奔、广西壮族自治区副主席陈章良、老挝卫生部部长本梅·达拉洛、缅甸卫生部副部长斑梭、柬埔寨卫生部国务秘书欧库·摩那、东盟秘书处金塔那·丝丽旺萨、世界卫生组织西太区传统医学顾问那然图亚·杉丹等出席开幕式并致辞。中国中医药管理局、东盟10国传统医药机构，以及香港、澳门、广西壮族自治区卫生行政部门和传统医药机构的14位嘉宾在论坛上作主旨发言。29位传统医药专家在论坛的3个专题研讨会上分别发表演讲。论坛取得了积极成果：确定了开展合作的基本原则(即论坛提出的“求同存异、优势互补、循序渐进、互利共赢”原则)；通过《南宁宣言》，形成中国和东盟传统医药合作、发展传统医药的共识，重申建立协调机制的必要性和今后合作的主要领域；中国广西中医学院等4个单位分别与泰国庄甲盛叻察帕大学等7个传统医药机构签署了7个项目合作协议；交流经验，增进相互间的了解。期间，论坛举办了传统医药展，展示中国建国60年来的传统医药优秀成果和广西中医药、民族医药的建设成就。

【中国与东盟打击跨国犯罪执法合作研讨会】 2009年10月14~15日，中国与东盟打击跨国犯罪执法合作研讨会在南宁市举行。由中国公安部主办，东盟秘书处安全合作部、广西壮族自治区公安厅协办。主题为“加强打击跨国犯罪的更深层次、更宽领域的执法合作”。中国、文莱、柬埔寨、印度尼西亚、老挝、马来西亚、缅甸、菲律宾、新加坡、泰国、越南等国执法部门负责官员及东盟秘书处安全合作部的代表共60余人出席。广西壮族自治区副主席梁胜利出席研讨会的相关活动并致辞。他说，多年来，中国与东盟国家和平共处，警方之间友好合作，共同打击跨国犯罪，双方合作共赢，为维护社会和谐稳定做出了积极的贡献。与会各方代表分别在会上作了发言，介绍各自打击跨国犯罪的刑事司法体制及成功经验，重点就加强打击跨国犯罪的务实合作进行了研讨。通过交流，与会各方进一步增进了彼此间的理解与信任，在巩固和完善中国与东盟框架下执法合作机制、加大执法培训力度等方面达成广泛共识。与会各方表示，今后将进一步加强深层次、宽领域的执法合作，共同打击跨国犯罪，为中国—东盟自由贸易区的发展提供保障。

【中国广西与越南部分地方法院法官研讨会】 2009年10月10~12日，中国广西与越南部分地方法院法官研讨会在广西凭祥市举行。会议活动主要有开幕式、专题研讨、闭幕式等。主题为“司法与中越边境贸易的繁荣发展”；分设“司法在促进中国广西与越南经贸活动中的作用”、“边境贸易纠纷的预防和解决途径”、“调解制度在解决边境贸易纠纷中的作用”等议题。中国和越南的100多名资深法官及司法界代表出席。广西壮族自治区党委常委、政法委书记温卡华，广西壮族自治区副主席梁胜利，广西壮族自治区高级人民法院院长罗殿龙，中国最高人民法院审判委员会委员、民四庭庭长刘贵祥，越南最高人民法院副院长徐文儒等出席开幕式，徐文儒、刘贵祥、梁胜利、罗殿龙分别致辞。与会代表就中国广西与越南边境贸易及商贸纠纷的预防和解决办法，发挥司法保障作用，促进经贸繁荣发展等问题进行交流与研讨。期间，广西高级人民法院分别与越南高平、广宁、谅山、河江省人民法院签署“中国广西与越南地方法院法官研讨会议纪要”，明确会议所达成的共识。广西壮族自治区人大常委会副主任罗黎明出席闭幕式并讲话。中国广西法官和越南法官进行了资料互换。越南法官到广西高级人民法院参观了法院设施和法庭庭审活动。会后，越南法官还到广西桂林市参观考察。

服务保障

【概 况】 2009年，南宁市各级各部门各单位统筹兼顾、合理安排、协调推进，精心打造亮点，扎实提供保障，高标准、高质量地完成服务“两会一节”的各项工作任务。一是建立健全机制体制，夯实服务工作基础。二是营造热烈浓厚氛围，打造整洁优美环境。三是全面加强安全保障工作，确保活动顺利开展。四是提高服务水平，完善服务细节。五是扎实推进精神文明创建工作，努力提高市民文明程度。六是加强监察督促，确保各项筹备工作落到实处。

【城市基础设施与环境改善】 2009年，南宁市抓好服务“两会一节”市政设施项目的建设，做好市容环境保障工作，以优美、整洁、有序的市容环境迎接“两会一节”。确保双拥路、民族大道、东盟商务区周边道路、滨湖北路改造、长湖立交、南宁大桥等一批服务“两会一节”的项目按计划实施，完善服务“两会一节”的基础配套设施。深入实施“城乡清洁工程”。至“两会一节”开幕前，共查处各类违章行为102.12万起，下发督办函495份，督办问题4784个。出动6350多人次，对全市3100多个在建工地进行安全文明施工等方面的检查，确保工地及其周边环境的整体整洁。10月13~24日，全市建成区的建筑工地一律停止建筑渣土的运输；10月18~24日，对南宁国际会展中心、民歌广场等重点地段建筑工地停工整治。投资4670多万元，全面实施“穿衣戴帽”工程和楼宇亮化工程。完成工程总量41.55万平方米，对94栋楼宇实施亮化，对11栋楼宇的亮化进行改造，对95栋楼宇亮化设施进行维修，使城市风貌焕然一新。设置发布大型宣传广告和标语80多幅；布置大型景观造型82组；摆放鲜花300万盆，鲜花造型景观40余个；张挂宣传吊旗、过街彩旗1200余面，宣传彩旗1万多杆；更换民族锦柱画面524杆；设置升空气球100多只；悬挂星星灯和灯笼10多万盏。同时，在市区户外电子屏和楼宇电视联播系统播放“两会一节”宣传片及宣传广告；组织全市高大建筑物、沿街商店开放霓虹灯、轮廓灯、彩灯等。

【会展中心场馆服务保障】 2009年，南宁市周密安排，落实责任，强化管理，积极工作，实现了南宁国际会展中心安全生产和消防安全零事故、设备运行零故障、服务质量及效率大提高，圆满完成了第六届中国—东盟博览会中心场馆服务保障工作任务。有关工作机构层层签订责任状，明确目标和责任，高标准，严要求，抓细节，制定具体详细的工作原则（“30个不放过”），对南宁国际会展中心土建、电梯、智能化、空调、给排水、强电等专业设备设施进行检查、维修和保养，并进行各种强制性检测，完善设备运行应急处理预案，配备专业技术人员，确保所有设备设施处于安全运行的正常状态。成立专门工作组，突出工作重点，实施项目分解，落实专人管理，按时完成展厅门楼、入口门楼、主会标、形象墙、指示牌等共计7600多平方米的第六届中国—东盟博览会整体形象设计和搭建、展馆公共空间装饰、室外功能区搭建工程。同时，全面加强对各类会议服务人员的岗前培训，为在南宁国际会展中心举行的37场会议活动提供全面周到的服务。针对会议活动的特点，充分进行准备、反复检查，做好各场会议及博览会开幕式场地服务。

【招商引资】 2009年，南宁市有关部门齐心协力，精诚合作，认真抓好招商招展工作，取得实效。2009年5月以来，南宁市领导亲自带队，国外以日本、韩国等国家为重点，兼顾欧美国家；国内以深圳、广州、厦门、杭州等珠三角和长三角地区沿海发达城市为重点，并兼顾香港、澳门、台湾地区，组织前往开展一系列重大招商洽谈、投资推介的活动。同时，先后组织参加了中国国际投资贸易洽谈会、2009年中国宁夏投资贸易洽谈会、第二十届哈尔滨投资贸易洽谈会、2009年湖南经济合作洽谈会暨第三届湘商大会、第十八届中国乌鲁木齐对外经济贸易洽谈会、第五届中国吉林·东北亚投资贸易博览会等国内重要会展活动。积极组织开展招商项目和经贸合作的前期洽谈、国内外知名企业和重要客商邀请工作，抓好已有初步意向的在谈项目及在批项目的跟踪落实工作。全市各县区、开发区和有关部门做好做细、做实做深招商项目的前期工作，重点推出符合产业政策、市场前景好、投资回报率高、吸引力强的优质项目对外招商。推出的每一个项目，都精心设计包装，进行可行性论证，以提升竞争力，提高签约率。在招商项目的组织上坚持把制造业、高新技术产业作为重点，既注重对具有产业带动作用的重大项目，也突出对中小民营企业招商，既突出符合南宁产业发展重点，也注重与南宁产业优势、资源优势相结合。此次“两会一节”，南宁市共邀请1100多名国内外客商前来参加各项经贸活动，参会客商具有针对性强，层次提高，来源更趋多元化，欧美、日韩等发达国家和东盟国家客商大幅度提高等特点；签约内外资项目160个，总投资427.31亿元；签订商品（产品）购销合同817份，合同金额151.90亿元。

【安全保卫】 2009年，南宁市投入警力1.39万人，出动警力20.40万多人次，精心组织，周密部署，整体作战，确保“两会一节”各项安全保卫和维护稳定措施有效落实。一是启动“两会一节”情报信息收集研制机制，全方位多渠道开展情报信息的搜集和研制，对发现的不稳定因素和各类矛盾纠纷有针对性地开展维护稳定控制工作和排查调处工作。二是开展系列社会治安综合整治行动，加强社会面控制。“两会一节”开幕前，组织巡警和武警采取联勤、联巡、联防措施，加强社会面武装巡逻防范，并在全市范围内开展3次社会治安综合整治集中统一行动，有力地震慑各类违法犯罪活动。共收缴并销毁非法炸药4.67公斤、雷管400枚、黑火药3000公斤、导火索1000米、各类非法枪支800多支、废旧炮弹390枚，抓获处理涉爆涉枪犯罪嫌疑人7人，及时消除安全隐患。三是重点加强“两会一节”活动场点、宾馆住地、线路的安全保卫工作。“两会一节”开幕前，对涉及的24个宾馆住地、85个现场、38条（段）道路，围绕“人、事、地、物”开展警卫基础调查工作，收集大量信息，制定安全保卫工作方案和预案160多个，有针对性地加强对各类安全保卫问题的防控。对重要的活动现场，均设置3层控制区进行严密控制，在人员物品安检、证件管控和查验、视频监控、制高点控制等方面做了严密部署，不留盲点。四是做好人员政审和证件管理工作。共对3.81万人进行背景审查，及时甄别有前科记录的人员；监印“两会”证件13万张，受理、制作民歌节证件3万多张；查缴各类假冒证件1304个。五是精心组织，确保“两会一节”警卫车队与面上交通双畅通。

【医疗卫生与食品安全保障】 2009年，南宁市统一部署，多部门联合，互相配合，落实各项工作措施，圆满完成“两会一节”活动期间的医疗卫生和食品安全保障任务。“两会一节”举办前，对5000多名一线工作人员和青年志愿者进行卫生知识培训，提高服务人群应对突发公共卫生事件的能力。“两会一节”期间，共派出112个现场应急医疗保障组、15个驻点医疗保健小组、264名医护人员和231辆次救护车开展现场及驻点医疗保障工作。累计对15场超过2万人（每场）和30多场超过4千人（每场）的大型活动现场，以及15个宾客、演员驻点实施医疗保障，妥善医治各类患者695人。组织协调南宁市食品药品监督管理、卫生、农业、商务、水产畜牧兽医、质量监督、工商行政管理等部门，对食品安全开展从源头到餐桌的全程监测，全面落实食品安全责任制和责任追究制，及时解决全市食品安全保障工作中出现的问题。重点加强对各接待宾馆饭店、供餐单位在食品安全保障方面的督查及指导。共检查160餐次、9个宴会的食品安全和3万多份快餐、1000多份糕点的卫生质量，确保参加“两会一节”活动人员的饮食安全。同时，做好甲型H1N1流感的各项防控工作。积极开展突发公共卫生事件应急处置业务培训和各类应急演练，加强对各医疗传染病防控能力督查，为可能出现的甲型H1N1流感疫情做好应急处置准备；积极争取甲型H1N1疫苗配额，为服务“两会一节”且与人群密切接触的重点人群共2.87万人进行疫苗接种；紧急采购一批红外体温枪，对“两会一节”期间进入各大活动场所的人员共10万余人次进行体温检测；对出现甲型H1N1流感聚集性暴发的学校，及时派出专家指导并参加现场防治，建立现场临时隔离治疗点，合理安排病例转送，加强定点医疗接治工作。由于措施有力，处置得当，较好地控制了甲型H1N1流感等传染病的暴发流行。

【通信保障与信息服务】 2009年，南宁市统一部署，有关部门加强沟通和协调，狠抓各项工作落实，顺利完成“两会一节”各项通信保障和信息服务工作任务。“两会一节”期间，加强南宁市政府门户网站和中国—东盟博览会专题网站的应用建设力度，更新信息1190多条，计100多万字，为国内外客商及广大市民提供及时、全面的“两会一节”信息。进一步完善中国—东盟博览会客户服务中心，使用多种语言为国内外客商和嘉宾提供热线咨询服务。共开设20个坐席，受理咨询1.05万通。加强政务网络平台和短信平台的维护管理工作。共使用平台发送会议通知及各类相关短信3.60万多条，极大地提高信息传递时效性和便利性。配发对讲机400多台次，满足现场通信指挥的需求。协调各通信运营商为会展中心、民歌广场、荔园山庄、展览馆等重要活动场所出动应急通信车70多台次，其他各种通信保障车辆650多台次，信号覆盖率达到99%以上。为满足各网络媒体和广播电台对“两会一节”相关活动的直播需求，在会展中心博览会开幕式现场为新华网、凤凰网及各广播电台铺设1条100M光纤；在民歌广场民歌节开幕晚会现场铺设2条100对电缆，开通6条ISDN线路、18条ADSL宽带及21部电话，确保网络媒体和广播电台现场直播顺利。

【供电与供水保障】 2009年，南宁市有关部门早部署、早安排，以细致的要求、严格的标准做好各项工作，确保“两会一节”期间供电与供水保障工作万无一失。“两会一节”举办前及举办期间，对全市供电和供水设备、管线进行全面检修，对重点设备安置场点安排24小时值班，并定期进行巡视。供电部门投资2000万元完成广西壮族自治区政府等重要用户外电源改造工程建设；完成64个重要供电用户第二轮复检及广西展览馆、民歌广场等4个特级保供电场所48个挂接客户的专项供电安全检查；为各重要活动场所出动保供电人员1100多人次、保供电车辆212台次、UPS不间断电源10台。供水部门出动人员200多人次、车辆50多台次，安装DN50水管200多米，保证“两会一节”活动期间供电与供水的安全。

【气象服务】 2009年，南宁市气象部门精心组织，多措并举，做好对天气的严密监测和预报，圆满完成“两会一节”的气象服务工作。8月，成立气象服务领导小组及技术小组、应急人工消云减雨小组、通信网络装备小组等机构；制定《2009年“两会一节”气象保障服务工作方案》等预案和方案，并对高空加密观测及应急人工消雨工作进行部署。9月始，各小组着手进行各项技术准备工作。整理和分析历史气象资料，对10月20~24日气候背景和历史降水概率进行统计，并进行预报技术交流；对市区内的自动气象站进行巡检，对通信网络进行预防性检修，对新一代多普勒天气雷达和高空探空设备进行系统维护；举行业务技能竞赛，提升监测服务能力。“两会一节”筹办和举办期间，围绕活动需要，及时提供18份专项气象服务材料及35条气象服务信息，发送手机气象信息25条，对天气形势和演变作出较及时准确的预报。10月13~14日，成功实施人工增雨，改善空气质量，确保森林防火，展现城市魅力。同时，在南宁市各大宾馆酒店和博览会电子信息屏上，用中英文双语的形式发布南宁、桂林等广西6个主要旅游城市的天气预报信息，为参加“两会一节”的中外来宾提供全面周到的气象服务。此外，还对庆典活动施放气球的场地进行全面安全检查，妥善处理5起违法施放空飘气球问题，消除隐患。

【志愿者服务】 2009年，南宁市共招募志愿者15000人。有关部门分走进盛会、情系盛会、奉献盛会3个阶段，做好志愿者的招募、培训、管理、后勤保障、各项服务等工作，圆满完成“两会一节”志愿服务任务。组织1000多名志愿者为各工作部门提供语言翻译、礼仪接待、体温检测等各类专业志愿服务；组织3000多名志愿者为“两会一节”场馆提供维护秩序、票务协助、清理场馆等志愿服务；组织1000多名志愿者在全市主要场所、路口设置30个服务点，为嘉宾和市民提供“两会一节”活动介绍，导游导购、信息咨询、交通指引、应急医疗等城市志愿服务；组织全市100多个窗口行业、青年文明号集体及各类服务行业10000多名团员青年、志愿者立足岗位，开展青年文明号志愿服务，以文明、优质、高效的服务迎接八方来客。通过丰富多彩的系列志愿服务活动，打响爱心名片、微笑名片、素质名片等志愿服务名片，展示南宁的良好形象。

【精神文明创建】 2009年“两会一节”筹办和举办期间，南宁市积极构建文明和谐家园，扎实推进精神文明创建工作。做好和谐南宁·欢乐绿城大巡游活动观礼台群众组织工作；广泛组织开展走访慰问道德模范活动、军警民共建气排球比赛活动、首府南宁“歌颂祖国·唱响文明”文艺晚会、“爱国歌曲大家唱”歌咏活动、“我们的节日·绿城南宁中秋诗咏会”、南宁市“百家企业践行道德承诺活动”等一系列文明创建活动，唱响共产党好、社会主义好、改革开放好、伟大祖国好、各族人民好的时代主旋律。通过开展创建工作，进一步提高市民素质和城市文明程度，营造了全市喜迎新中国成立60周年及“两会一节”的浓郁氛围。

【宣传服务】 2009年“两会一节”筹办和举办期间，南宁市组织市属新闻媒体和邀请广西壮族自治区内外知名媒体开展宣传报道工作。重点宣传南宁的区位优势及良好的投资环境，“两会一节”的特点、筹备进展情况、重要活动的盛况和取得的丰硕成果，各方人士对“两会一节”及南宁市的积极评价等，进一步扩大“两会一节”的社会影响，充分展示南宁市经济社会全面发展的伟大成就和加快建设区域性国际城市、广西“首善之区”的美好前景，极大地提升南宁在国内外的形象和影响力。市属媒体共刊播稿件4000多篇(幅)。邀请新华社广西分社对自治区党委常委、南宁市委书记车荣福，南宁市市长黄方方进行专访；邀请《人民日报》社、《求是》杂志社、中央电视台、《中国日报》等中央主流媒体宣传报道“两会一节”；在《人民日报》、《光明日报》、《经济日报》、《新华每日电讯》各做1个整版的宣传，在中央电视台投放南宁城市形象宣传片；在新加坡《联合早报》、越南《西贡解放日报》等11家国(境)外媒体各做1/2版的宣传。编辑出版发行《中华儿女·魅力之城南宁》专刊30万份，发放《中国绿城南宁》、《南宁概览(中文)》、《南宁概览（英文)》、《中国绿城南宁》(宣传光盘)1.22万份。协调新浪网、凤凰网、搜狐网、腾讯网、网易等10多家网络媒体对“两会一节”进行报道。组织广西电视台、广西电台、南宁电视台、南宁电台及新浪网、凤凰网等10多家网络媒体对南宁国际民歌艺术节开幕晚会等重要活动进行直播，并做好协调服务和保障工作。

（龙　树）

责任编辑　李志楠

南宁与东盟

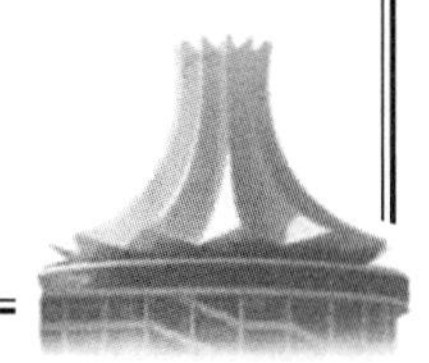

政治交往

【老挝驻南宁总领事馆开馆】 2009年10月19日上午,老挝人民民主共和国驻南宁总领事馆在南宁领事馆区开馆。老挝总理波松·布帕万率领工业贸易部部长南·维亚吉、总理府部长征·宋本坎、财政部部长宋迪·荣迪、老挝外交部副部长蓬沙瓦·布帕、老挝驻华大使维吉·欣达翁、老挝驻南宁总领馆领事通沙万·皮亚帖前来参加开馆仪式。广西壮族自治区党委书记、自治区人大常委会主任郭声琨,中国驻老挝大使潘广学,自治区党委常委、自治区常务副主席李金早,广西壮族自治区党委常委、南宁市委书记车荣福,自治区党委常委、秘书长余远辉参加开馆仪式并与老挝方面的嘉宾一起为老挝驻南宁总领事馆剪彩。开馆仪式上,郭声琨代表自治区党委和政府向老挝驻南宁总领事馆赠送一辆别克小轿车作为领事馆的公务用车。之后,出席开馆仪式的领导和嘉宾参观总领事馆。

【缅甸联邦驻南宁总领事馆开馆】 2009年10月20日,缅甸联邦驻南宁总领事馆在南宁领事管开馆。缅甸和平与发展领事馆委员会第一秘书长丁昂敏乌上将,缅甸外交部部长吴年温,广西壮族自治区主席马飚,自治区党委常委、政法委书记温卡华及缅甸计划与经济发展部部长吴梭达,缅甸商务部部长丁乃登准将,仰光市市长昂登林准将、缅甸联邦驻华大使吴登伦等共同为缅甸联邦驻南宁总领事馆开馆剪彩。开馆仪式上,马飚代表自治区政府向缅甸联邦驻南宁总领事馆赠送一辆别克小轿车。随后,马飚、温卡华与丁昂敏乌、吴年温、吴登伦共同为缅甸驻南宁总领事馆揭牌、泼洒吉祥水并参观馆区。自治区政府秘书长王跃飞、南宁市市长黄方方等参加开馆仪式。

（黄艳阳）

【东盟国家人员南宁出入境情况】 2009年,南宁市公安局出入境管理支队为东盟国家人员办理出入境签证537人次,居留许可2302人次。在中国—东盟博览会举办期间,市公安局在机场开通口岸签证工作。开通东盟客商办证“绿色通道”,以最快速度受理签证等证件申请。

（市公安局）

**2009年南宁市
办理东盟国家人员出入境证件情况**

单位:人次

国家	签证量	居留许可量	口岸签证量
印度尼西亚	28	85	
柬埔寨	4	11	
老挝	13	153	
缅甸	10	17	
马来西亚	64	14	
菲律宾	10	5	
新加坡	19	16	
泰国	45	244	
越南	344	1757	
文莱			2
合计	537	2302	2

（市公安局）

经济交往

【南宁企业进入东盟】 2009年,面对全球经济危机的影响,南宁市国有企业通过中国—东盟博览会这个平台,积极实施“走出去”战略,加强与东盟国家的经贸合作。

南宁五菱桂花车辆有限公司　该公司生产的手扶拖拉机和农用汽车对东盟各国自然条件及经济条件的适应性很强。“桂花”牌手扶拖拉机在东盟市场的分销、营销网络遍及越南、马来西亚、泰国、印度尼西亚、缅甸、柬埔寨等国。全年出口各种型号手扶拖拉机8700台(出口越南7000台)、重型专用汽车近300辆(全部出口越南),出口创汇1500万美元。

南宁机械厂　该厂生产的“高峰”牌柴油机销往越南、老挝、柬埔寨、缅甸、印度尼西亚等国,全年共出口980台,出口金额26.22万美元。1993~2009年,累计出口柴油机23万多台,创汇5650.20万美元。

南宁凤凰纸业有限公司　该公司生产的生活用纸出口部分东盟国家和香港,创汇合计16.49万美元。分别为:菲律宾6.68万美元、新加坡3.19万美元、香港6.62万美元。

南宁广发重工集团有限公司　该公司生产的发电机组、破碎机出口越南、缅甸、印度尼西亚等东盟国家,出口金额共4286.42万元。　（黄道琪）

【南宁产品进入东盟】 2009年,南宁市对东盟国家出口额2000万美元以上的有：越南(1.50亿美元),马来西亚(7665万美元),新加坡(5084万美元),印度尼西亚(2523万美元),泰国(2326万美元),菲律宾(2008万美元)。主要出口商品为：柴油货车,塑料或纺织材料作面的提箱,棉质针织或钩编的女式便服套装,机动车辆零附件,硝酸铵,三氯异氰尿酸,化纤制胸罩,多磷酸等。 (梁 明 冯立芳)

【东盟国家企业在南宁投资】 2009年,新加坡、马来西亚、越南、泰国、印度尼西亚、柬埔寨、菲律宾、文莱、缅甸等东盟国家的70多家企业在南宁投资，涉及农业、房地产、建筑、制造、商贸、服务、娱乐、餐饮等行业。投资总额3.19亿美元。,注册资本2.19亿美元。

【中国—东盟女企业家商会(南宁)论坛】 2009年5月17日在南宁开幕。由南宁市政府、广西壮族自治区工商联、广西总商会共同举办。来自东盟各国、港澳台地区、全国18个省(自治区)的女企业家(商会)代表120多人出席论坛。主题是“凝聚力量、共克时艰”。旨在通过研讨，探索发挥女企业家商会和女企业家的作用，凝聚中国—东盟女企业家的智慧和力量,共同应对国际金融危机,实现互利

2009年南宁市对东盟进出口200万美元以上商品情况

单位:万美元

商品名称	出口金额	进口金额	进出口金额
HS商品	35514.69	4105.77	39620.46
其他柴油货车,车总重≤5吨	4072.19	0	4072.19
其他柴油货车,5吨<车总重<14吨	3986.02	0	3986.02
其他柴油货车,车总重>20吨	3542.15	0	3542.15
硅锰铁	2466.88	0	2466.88
化纤制针织或钩编套头衫、开襟衫、马甲等	1679.80	0	1679.80
蒸汽及过热水锅炉零件	1165.69	0	1165.69
其他非合金铝矩形板、片,厚>0.2毫米	1092.99	0	1092.99
棉制男式运动服	966.34	0	966.34
8701所列车辆用未列名零件、附件	954.35	0	954.35
半挂车用的公路牵引车	784.88	0	784.88
电镀、电解或电泳设备及装置	517.51	0	517.51
三氯异氰尿酸	492.22	0	492.22
其他多磷酸	437.51	0	437.51
机动混凝土搅拌车	417.19	0	417.19
装有发动机的座位≥30的机动客车底盘	404.94	0	404.94
蒸发量超过45吨/时的其他水管锅炉	369.16	0	369.16
其他编号未列名的化工产品	342.77	0	342.77
硝酸铵(不论是否水溶液)	278.25	0	278.25
非零售包装的除草剂成药	274.19	0	274.19
未列名有机硫化合物	266.44	0	266.44
其他橡胶或塑料及其产品加工	257.98	0	257.98
8471所列其他机器的零件、附件	242.39	0	242.39
其他钢铁结构体、钢结构体用部件	234.93	0	234.93
未命名	211.93	0	211.93
未列名发电机组	206.93	0	206.93
棕榈液油(熔点19℃~24℃,未经化学改性)	0	1030.36	1030.36
铬矿砂及其精矿	0	601.23	601.23
木薯淀粉	0	380.33	380.33
锰矿砂及其精矿	0	318.51	318.51
冶炼钢铁所产生的熔渣、浮渣、氧化皮等废料	0	234.87	234.87
其他滚珠轴承	0	222.60	222.60

(阮兆剑)

2009年东盟各国企业在南宁投资主要情况

单位：万美元

企业名称	行业	主要经营范围	投资者名称	投资总额	注册资本	外商出资额	实际利用外资
新加坡				13357	11348	5772	4478
主要企业：							
阳光新业地产股份有限公司	房地产业	房地产开发经营	Reco Shine Pte Ltd	7248	7248	2111	1493
广西巨星科技有限公司	制造业	未曝光彩色胶卷和未曝光彩色感光相纸的生产和销售	Feng San Pte Ltd	2500	1400	1300	780
荣宝华(南宁)建设发展有限公司	建筑业	平整土地、筑路、造桥、修排水道、房屋土建等	荣宝华控股私营有限公司	420	210	210	210
广西南宁大地物业发展有限公司	房地产业	房地产开发经营等	新加坡维新海外私营有限公司	354	248	248	248
南宁百利物业开发有限公司	房地产业	成片土地开发、物业管理	百利控股(私人)有限公司等	300	210	210	210
益嘉信(广西)置业有限公司	房地产业	房地产开发、经营及租赁咨询服务	益嘉诚集团有限公司	280	200	170	78
南宁丰大塑料制品有限公司	制造业	生产销售塑料管材、管件及其塑料制品	新加坡丰达资源私人有限公司	180	126	64	64
南宁开通塑管有限公司	制造业	生产销售工程塑料、通用塑料	新加坡丰达资源私人有限公司	151	151	42	42
广西巨星医疗器械有限公司	制造业	医用干式胶片的加工生产与销售	丰山私人有限公司	150	105	105	
南宁市江景房地产开发有限公司	房地产业	普通住宅开发建设经营	陈新养等人	142	100	100	100
广西屏山旅游开发有限公司	商务服务业	旅游景区景点的开发、建设、经营等	陈昆明	100	70	70	
南宁康福德高汽车租赁有限公司	商贸业	汽车出租租赁业务与汽车零配件等零售	康福德高(中国)私人有限公司	93	66	60	62
南宁达庆水上娱乐有限责任公司	娱乐业	水上列车游湖观景、风味小吃制售及提供相关服务	联源行国际(新加坡)私人有限公司	69	69	53	52
佛山市顺德区宏伟装饰材料有限公司	制造业	加工、生产水晶、石英石地砖及水晶工艺品	李万	30	22	22	
广西南宁恒康黑色食品有限公司	制造业	生产、销售经营各类健康食品、速溶冲剂及饮料	新加坡恒毅食品私人有限公司	21	15	9	
南宁东诚制衣有限公司	制造业	生产销售服装、鞋子、帽子、袋子、床上用品、家居布艺、彩旗和刺绣品	吴桂萍	20	15	7	10
广西广和印刷实业有限公司	制造业	电脑照排、书籍报刊印刷及装订	新加坡明立出版私人有限公司	18	18	9	
广西万达电脑制版有限公司	其他	电脑制版	新加坡维新海外私营有限公司	12	12	7	
广西新升彩印有限公司	制造业	彩色印刷系列制品生产、加工、销售业务	新加坡新城有限公司	12	9	3	
南宁柯斯顿佳芳生物科技有限公司	制造业	销售植物助长剂、废水处理液系列产品及售后服务	梁家莱	11	11	11	3
南宁坤峰行商贸有限公司	商贸业	粗锡和其他有色金属等进口及批发，木材的进口，精锡、建筑用石出口	李栋香等	9	6	6	
南宁大食代餐饮有限公司	商贸业	中西式餐饮、烧烤、各式料理、外卖外送、酒吧、风味食品的加工销售	新加坡 TOPWIN 投资有限公司	6	6	6	6
南宁山力电子有限公司	商贸业	计算机网络设备、电脑软件及周边设备、通讯产品等批发及产品售后服务	郑庆兴	4	4	2	
南宁好族意咨询有限公司	其他	企业经营管理、信息技术及中国民族语言文化咨询服务	陈金峰	3	3	3	
南宁丙林渔业养殖开发有限公司	农业	鱼虾养殖、开发	程帅文	2	2	2	18

续表

企业名称	行业	主要经营范围	投资者名称	投资总额	注册资本	外商出资额	实际利用外资
马来西亚				6828	4263	4077	1626
主要企业:							
广西南宁文永卓基础建设有限公司	建筑业	公路、桥梁建设经营	马来西亚大洲国际贸易有限公司	2600	1300	1300	303
和昌(广西)化工有限公司	制造业	生产和销售无水硫酸钠、硫酸钾、日用洗涤用品、纯碱、普通货物运输	和昌父子有限公司	1208	966	966	824
广西佰富罐头食品有限公司	制造业	食品研发	詹友和	1000	500	500	
南宁诚兴农业科技有限责任公司	农业	生产与销售鸡蛋、肉鸡及有机肥料、有机瓜果蔬菜、绿色食品等	诚兴农业有限公司	1000	750	750	250
广西百万能电力开发有限公司	制造业	太阳能小型发电机设备生产与销售、城市基础设施建设、宾馆饭店管理	马来西亚百万能有限公司	300	210	210	
宏科置业(广西)有限公司	房地产业	房地产项目开发、建设和经营等	Auto Terminal Tratning Sdn. Bhd	200	150	45	63
南宁市江景房地产开发有限公司	房地产业	普通住宅开发建设经营	陈献芙	142	100	100	100
南宁通发机动车综合服务有限公司	商贸服务业	驾驶员培训、车辆维修保养、机动车检测等	马来西亚吉利资源有限公司	125	88	29	
广西邕宁金泉食品有限公司	制造业	加工销售果蔬及其制品等	马来西亚摩登食品工业有限公司	108	76	76	71
南宁甲必丹餐饮有限公司	餐饮业	中西式餐饮、酒吧、风味食品加工销售	克里斯托福林连财	29	29	29	15
广西联合招商有限公司	商贸服务业	招商引资中介服务及投资咨询与管理咨询业务	马来西亚 C.S.HUI 控股有限公司	24	24	10	
南宁拉沙玛娜餐饮娱乐有限公司	餐饮业	餐饮、酒吧、KTV、桑拿、保健推拿	Christopher Lim Lean Chai 等	18	13	12	
南宁力捷机械设备有限责任公司	制造业	机械设备生产制造、销售、出口及维修	Tan Chee Wah	14	14	7	
南宁市特浓商贸有限公司	商贸服务业	饼干、点心、糖果等休闲食品和饮料批发及进出口业务	Lim Ssim Soon	7	5	5	
大马食品工业(南宁)有限公司	商贸服务业	肉类、豆、蔬果、粮食、功能饮料等及农副土特产品加工生产销售	马来西亚大洲国际贸易有限公司	6	4	4	
南宁爵格服装有限责任公司	制造业	零售国内、国外品牌服装	何华舜等	5	4	4	
越南				61	61	31	31
主要企业:							
广西南宁市新明星机电有限公司	制造业	机电产品等制造与销售	越南中部食品公司	50	50	20	20
南宁越美商贸有限公司	商贸业	木制品、机电产品、百货等批发及进出口	越南越庄进出口股份公司	10	10	10	10
南宁科信得意咨询服务有限公司	商务服务业	国际经济、科技、环保信息咨询服务	范国江等	1	1	1	1
泰国				3003	1850	1323	1097
主要企业:							
南宁正大畜牧有限公司	制造业	配合饲料、浓缩饲料的制造、销售等	正大(中国)投资有限公司	1332	677	398	398
南宁泰联淀粉有限公司	制造业	生产和销售饲料添加剂及变性淀粉	Charn Taemkongka 等	1000	600	600	600
广西泰华房地产开发有限公司	房地产业	普通住宅开发、建设和销售	大华国际贸易有限公司	248	186	56	99
广西南泰房地产开发有限公司	房地产业	房地产开发建设经营	南泰有限公司	124	99	51	
广西南宁新天兆房地产开发有限公司	房地产业	房地产开发经营、室内外装修工程	泰国达丰有限公司	121	121	109	
广西泰商商贸有限公司	商贸业	日用百货、五金交电、化妆品、农副土特产等批发、代理、进出口	封祖超	62	62	50	

续表

企业名称	行业	主要经营范围	投资者名称	投资总额	注册资本	外商出资额	实际利用外资
南宁金海畜牧饲料有限公司	制造业	生产销售各类畜禽、水产类系列饲料和浓缩料、预混料	泰国金海集团	48	36	30	
广西华泰同益环保技术有限公司	技术服务业	环境污染治理及监测技术服务、环保设备产品进出口贸易	帕力米尔产品有限责任公司	44	44	19	
广西联合招商有限公司	商务服务业	招商引资中介服务及投资咨询与管理咨询业务	泰国隆发盛企业有限公司	24	24	10	
印度尼西亚				2513	1344	1159	575
主要企业：							
广西金印房地产有限公司	房地产业	普通住宅的开发建设、经营	Candrasetiawan Lily 等	2000	1000	1000	500
广西长城房地产开发有限公司	房地产业	住宅、商用楼、写字楼等房地产开发、建设与销售	PT.Gemilang Energindo Sentosa	124	124	31	32
南宁市星昌仓储有限责任公司	仓储业	仓储	Arifin Paparang	40	40	40	40
广西南宁圣杰威达瓷业有限公司	制造业	陶瓷制品、玻璃制品、陶瓷用花纸生产经营销售	杨如胜	12	11	3	3
柬埔寨				850	596	281	122
主要企业：							
广西锦兴房地产开发有限公司	房地产业	普通住宅开发建设	Cambodia Oversea China Investment CO.,Ltd.	531	372	190	
广西中柬丰裕房地产开发有限公司	房地产业	普通住宅开发、建设和销售	Cambodia Oversea Chian Investment CO.,Ltd.	177	124	31	66
广西福铨房地产开发有限公司	房地产业	普通住宅开发、建设与销售	Thai Yim.Thai Van	142	99	60	56
菲律宾				665	665	665	
文莱				4465	1619	1566	114
主要企业：							
南宁汶中房地产开发有限公司	房地产业	房地产开发建设经营	洪瑞泉等人	229	160	107	112
南宁大贸材料科技有限公司	制造业	松脂、松香、松节油、合成树脂等的批发及相关进出口业务	Hong Ta CO., Ltd.	50	50	50	
南宁国联木业有限公司	制造业	生产销售镜框及工艺美术品	Global Connectton Ltd.	14	14	4	
南宁汶中物业管理有限公司	房地产业	物业管理服务	洪瑞泉等人	6	6	6	2
缅甸				181	139	39	33
主要企业：							
广西南宁统贸电池有限公司	制造业	生产销售摩托车配件及电池产品	缅甸国 YCC 国际公司	14	10	7	

（廖一春）

共赢发展。中华全国工商联副主席沈建国、广西壮族自治区党委副书记陈际瓦致辞。中国民族贸易促进会执行会长刘延宁和中华全国工商联女企业家商会、菲律宾华商联合会、印尼中小企业商会、四川省女企业家商会、中国台湾妇女工商企业协会、广西工商联女企业家商会等负责人在论坛上作主旨演讲。18 日，与会代表对南宁市工业园区投资环境进行考察，考察了横县六景工业园区、南宁高新技术产业开发区及位于园区内的中国—东盟企业总部基地。同日，广西壮族自治区党委常委、南宁市委书记车荣福会见参会的女企业家代表。

【第二届中国—东盟（南宁）国际汽车展览会】 2009 年 12 月 4~8 日在南宁国际会展中心开幕。由市政府、广西壮族自治区商务厅、中国汽车工业国际合作总公司联合主办，南宁国际会展中心、广西机电设备有限责任公司、中汽博览·南宁尚格会展服务有限公司共同承办。此届车展室内外展览规模4.50万多平方米，60多家汽车品牌的500多款豪车、新车参加展出。

【印度尼西亚农业专家到横县参观考察】 2009年11月24日，印度尼西亚国家谷物研究所所长墨汗莫德·亚希博士、玉米专家墨汗莫德·阿升拉依博士等一行6人，在广西玉米研究所所长程伟东及横县科技局有关人员的陪同下，先后到横县校椅镇竹花村甜玉米标准化生产示范基地、横县金山食品有限公司加工基地参观考察，并就甜玉米标准化生产和深加工等有关问题进行探讨。

【越南农业专家到横县参观考察】 2009年6月18日，越南玉米研究所副所长潘春好博士、杜文玉博士、武唯殿博士、黎文海博士一行4人，在广西玉米研究所所长程伟东和横县科技部门有关领导的陪同下到横县参观考察。越南农业专家先后参观横县社会主义新农村示范村——校椅镇竹花村甜玉米合作社示范基地和广西横县金山食品有限公司，并与横县科技局、广西横县金山食品有限公司就加强技术交流与合作进行洽谈。

（黄艳阳）

【南宁与东盟旅游开发】

概　况　2009年，南宁市作为中国与东盟的旅游通道，把“桂林山水之旅”、“绿色山地民族风情”、“蓝色海滨风光之旅”、“东盟异国风情” 4种旅游资源整合一体，在多区域合作的大背景下，开展与东盟各国的旅游合作，打造区域性国际旅游目的地和旅游集散中心，形成区域网络化、特色化、数字化的合作体系，构筑南宁旅游业发展的广阔空间。

市场开发　为推进开通南宁至东盟国家的国际航线，市政府于8月18日成立南宁市国际航线开发工作领导小组，下设办公室(设在市旅游局)。市旅游局作为责任工作部门，分别与澳门航空公司就开通南宁—澳门—台北航线、与东航云南分公司就开通南宁—万象、南宁—仰光航线进行对接和洽谈，并争取自治区机场管理集团、南宁海关、自治区外办等部门的支持。10月19日正式开通南宁—澳门—台北航线，采用空客319执飞，每周3个往返班次。

旅游交通开发　2009年南宁市利用自身在中国与东盟各国合作的地理位置优势，加强与东盟各国的旅游开发和合作。9月27日，广西运德集团与越南同德公司开通南宁—宁平—顺化中越跨国旅游班线，这是中国首条深入越南中部的陆路旅游班线，也是该集团继开通河内、海防、下龙湾后的第四条中越跨国旅游班线。该班线每天1班，全程1280公里，运行时间约27小时。

旅游推介　市旅游局组织旅游企业参加越南下龙湾国际旅游节、印度尼西亚航线踩线团，在越南胡志明市举办南宁旅游推介会，向越南旅行商、新闻媒体宣传推介南宁旅游资源和特色，不断加强南宁与越南旅游界的交流合作。赴新加坡参加新加坡—南宁定期航班的首航仪式，拜会新加坡民航局、航空公司、旅游企业，增进南宁与新加坡之间的旅游往来。

（周思伶）

文化交往

【2009第五届中国—东盟礼仪形象大使选拔赛】 2009年6月下旬开始，至10月结束。由中国—东盟博览会秘书处和共青团广西区委联合主办，广西礼仪文化交流协会承办。主题为“礼仪、素质、爱心、和谐”。比赛分海选(初赛)、半决赛、总决赛3个阶段。比赛内容有综合素质测试、仪表形象展示和个人才艺展示三大部分。全国各地各大专院校的在校男女学生(含外国留学生)，社会各界16~26岁的男女青年，女士身高在163厘米以上、男士175厘米以上的均可报名参赛。7月，第一阶段海选在南宁拉开序幕。广西政法管理干部学院、广西艺术学校、广西物资学校、邕江大学、广西民族大学、广西民族大学相思湖学院、广西国际商务职业技术学院、广西财经学院、广西体育高等专科学校、广西理工学校、广西经贸职业技术学院、广西农业职业技术学院等院校参与选拔大赛海选。9月21~22日晚，在五象广场举行半决赛。共有120名来自全国12个省市自治区30多个地市的选手参加角逐。比赛分活力装表演，包括啦啦操和瑜伽的表演；晚装展示，包括晚礼服、婚纱和西装的展示；常规知识问答和才艺表演3个环节。10月13日晚8点，在广西电视台演播大厅举行选拔赛总决赛，分“礼之源”、“礼之用”“礼之赞”3个篇章，“礼之源” 追溯礼仪文化的起源，展示中国作为礼仪之邦，礼仪文化的源远流长；“礼之用” 通过社交生活中运用礼仪方式，从日常的交往来传递和表达人与人之间的友爱和谐；“礼之赞”以最隆重，最热烈的方式迎接四方宾朋。来自全国各省市及泰国、越南、老挝等东盟国家的47名选手，通过情景短剧的方式，换上端庄优雅职业装、独具特色的民族服装和时尚华丽的晚装，分别扮演空姐、乘务员、职场白领、志愿者的角色，在各个社交场合中，展示自身的素质和礼仪文化的魅力。经评选，女子组冠军为深圳航空有限责任公司刘静，男子组冠军为泰国川登喜皇家大学的宁柯宇。同时，女子组还评出最佳才艺奖、最佳舞蹈奖、最佳人气奖、最佳仪表奖、最佳气质奖、最上镜奖、最具智慧奖、最佳友谊奖8个单项奖，男子组评出最佳风度奖。参加总决赛的选手全部作为东盟礼仪形象大使，为第六届中国—东盟博览会服务。大赛还组织优秀选手开展一系列的社会公益性活动，其中包括八一建军节前到贵港市举行“庆祝建国60周年、八一建军节军民共建活动”；在五象广场举行“树形象、献爱心、展风采”系列公益活动启动仪式；在广西融水县举行希望工程慈善捐助活动等。

【第五届中国—东盟青少年艺术盛典总决选】 2009年2~6月在各省、市进行初选，7月19~21日在南宁举行艺术盛典总决选。第五届中国—东盟青少年艺术盛典由世界文化艺术交流协会、中国—东盟青少年文化艺术交流协会、中国—东盟青少年艺术培训基地、世界爱心联盟机构、广西中华民族文化促进会等主办，中国—东盟青少年艺术盛典手拉手艺术团、手拉手青少年文化艺术交流有限公司、蓝天文化传播交流发展中心承办。主题为“和谐、友谊、交流、共享、繁荣”。全国80多个代表队700多名青少年参加选拔。选拔项目包括声乐、舞蹈、器乐、表演、书法、绘画、武术等。其中，声乐分美声唱法、民族唱法、通俗唱法、童声唱法；舞蹈分民族舞、古典舞、现代舞、芭蕾舞、国际标准舞、舞蹈组合等；器乐分为民乐、西洋乐；表演分为戏剧、小品、相声、讲故事、模特秀、朗诵、主持、杂技等。选手按年龄大小，分儿童组、少年组、青年组进行角逐。经选拔，8个省代表队的30多名青少年选手及12名中老年书画家获奖，并于8月15日赴新加坡、马来西亚开展“走进东盟”文化艺术交流及演出，向东盟国家推介中国民族艺术。

【首届中国—东盟国际摄影节】 2009年10月18日在南宁五象广场举行开幕仪式。由中国—东盟博览会秘书处、南宁国际民歌艺术节组委会主办，广西布兰卡文化传媒有限公司、南宁大地飞歌文化传播公司承办，马来西亚国家摄影协会主席冯标干，2009荷赛华人桂冠获得者吴晓凌、陈庆港，全国各省摄影协会和东盟10国摄影协会代表及广西有关领导出席开幕式。开幕式当天还展出2009中国—东盟魅力大师摄影展和全民自由影展。主题为“魅力城市，互动东盟”。主要活动有：中国—东盟国际摄影大赛，魅力南宁、魅力南宁人像、魅力广西人体3项国际摄影采风，中国—东盟魅力城市（国际）摄影展、中国—东盟魅力大师摄影展、2009世界新闻摄影大赛华人桂冠摄影作品展、中国—东盟欢乐自由摄影展4个系列的摄影展。同时，马来西亚国家摄影协会主席冯标干，2009荷赛华人桂冠获得者吴晓凌、陈庆港等摄影名家通过讲座的形式与各国摄影爱好者交流。活动期间，百名特约摄影师与摄影爱好者围绕中国—东盟博览会、中国—东盟商务与投资峰会、南宁国际民歌艺术节开展中国—东盟魅力城市（国际）摄影展、中国—东盟国际摄影大赛两大主题活动进行纪实性作品创作及评选收藏。10月24日闭幕。

【中国—东盟工艺美术大师精品展】 2009年10月21~25日在市邕江湾美术馆举行。由中国工艺美术协会、中国收藏协会与中国—东盟博览会秘书处联合主办。精品展设3个大展厅、110个展位，展示全国工艺美术大师及民间工艺美术爱好者创作的木雕、牙雕、刺绣、陶艺等20多类5000多件作品。展品类型丰富，包括木雕、玉雕、寿山石雕、根雕、古典工艺家具、艺术陶瓷、紫砂壶、刺绣、古玩、字画等，其中既具有体现时代感和创新意识的工艺美术作品，也包括濒临失传的传统手工艺作品，是广西规模最大的一次工艺品专业展会。

10月18~24日，首届中国—东盟国际摄影节在南宁五象广场举行　　黄强 摄

【第十一届泰国教育展暨学术研讨会】 2009年6月13~14日在广西科技馆举行。由泰国教育部高等教育委员会办公室、泰国教育部、泰王国驻南宁总领事馆和广西壮族自治区教育厅联合主办。来自泰国的甘乍武里皇家大学、圣类思学院、清迈大学、卡色萨大学、博仁大学、曼谷大学、孔敬大学、易三仓大学、华侨崇圣大学、苏南拉里理工大学等40多所大学和200多名教育人士参加活动，同时吸引广西高校的老师、学生、家长和市民前往观展。展览期间召开中泰高校高层领导人圆桌会议，主题为“中泰学术交流与合作：国际舞台上具有挑战意义的角色”。来自泰国33所著名高等院校的领导人和广西11所高等院校领导人出席。与会领导人就中泰两国在语言教育、科研攻关、职业培训、课程开发、专业设置、学分转换、教师互派、学者互访、交换生现状、留学生就业方向及发展趋势等领域交换意见并达成共识。14日上午，在广西科技馆举行泰语知识竞赛，自治区高校共派出20个队参加，广西民族大学代表队获第一名，广西大学和钦州学院分获第二、三名。同期举行的广西第三届泰语演讲比赛总决赛，广西民族大学代表队包揽前三名。14日，泰国教育部长朱林·拉萨那威西还专门为广西民族大学“诗琳通泰文资料中心”捐赠泰文资料书籍一批。

【第二届泰国风情节】 2009年9月11~13日在广西科技馆举行。由泰国驻南宁总领事馆主办，南宁市外事办公室、中国—东盟博览会秘书处、广西科技馆协办。活动期间，泰国艺术团体向观众展示了泰国精彩舞蹈表演、民间歌舞艺术、职业泰拳艺术表演，近50家泰国参展商展示和销售泰国茉莉香米、热带水果、零食、手工艺品和天然中草药制品等商品。

（黄艳阳）

责任编辑　余朝霞　方　明

党政机关

中共南宁市委员会

重要会议

【中共南宁市第十届委员会会议】 2009年共召开3次全体会议。

第六次全体会议　3月27日下午在市政府会议中心召开,会期半天。市委委员、候补委员出席会议。市纪委委员列席会议。根据中央纪委、中央组织部《关于深入整治用人上不正之风进一步提高选人用人公信度的意见》和自治区党委组织部《关于开展市、县(市、区)干部选拔任用工作"一报告两评议"工作的通知》精神,市委常委会向全委会报告2008年南宁市干部选拔任用工作情况,并由全委会委员对全市2008年干部选拔任用工作进行民主评议。

第七次全体(扩大)会议　7月30~31日在市政府会议中心召开,会期一天半。市委委员、候补委员出席会议。市纪委常委和不是市委委员、候补委员的市人大、政府、政协中共党员领导干部,以及各县区、开发区、市直各部门党政主要领导列席会议。自治区党委常委、市委书记车荣福受市委常委会委托向全会报告了常委会2009年上半年主要工作,全面分析了全市经济社会发展面临的形势,对下半年全市工作作了总体部署。市委副书记、市长黄方方就全市经济工作作了专题报告。市委副书记岑可成就《中共南宁市委关于加快建设区域性国际城市和广西"首善之区"的决定》作了起草说明。市委常委、常务副市长刘长林就全市"项目建设年"和"服务企业年"工作情况作了专题报告。会议传达学习了自治区年中工作会议精神,审议通过了《中共南宁市委关于加快建设区域性国际城市和广西"首善之区"的决定》和《中国共产党南宁市第十届委员会第七次全体(扩大)会议公报》。

第八次全体会议　11月12日在市政府会议中心召开,会期一天。市委委员、候补委员出席会议。市纪委委员和不是市委委员、候补委员、纪委委员的市在职厅级党员领导干部、市政府顾问、市四家班子党员正副秘书长、市长助理,县区委书记、县区长,市直有关部门主要负责人、县区纪委书记列席会议。市第十次党代会部分代表和党建专家学者代表也列席会议。自治区党委常委、市委书记车荣福作讲话。会议学习党的十七届四中全会和自治区党委九届十次全会精神;审议通过《中共南宁市委关于贯彻落实〈中共中央关于加强和改进新形势下党的建设若干重大问题的决定〉的意见》、《中国共产党南宁市第十届委员会第八次全体会议关于汤晓斌等6名候补委员递补为委员的决定》和《中国共产党南宁市第十届委员会第八次全体会议公报》。

重要决策

【建设创新型城市】 2009年3月21日,市委、市政府作出关于南宁市建设创新型城市的决定。

指导思想:坚持以邓小平理论和"三个代表"重要思想为指导,全面落实科学发展观和中央关于建设创新型国家的战略部署,围绕建设区域性国际城市和广西"首善之区"、在自治区率先实现全面建设小康社会的发展战略目标,抓住广西北部湾经济区开放开发上升为国家发展战略的机遇,充分发挥南宁市的地位和作用,夯实创新基础,增强创新活力,推进自主创新,突出发展创新型产业、建设科技创新基地、建设创新型政府、优化创新环境,形成重点产业支撑、重点区域示范、重点企业引领、重点项目带动、创新环境优越,各层面、各领域全面推进的全方位创新格局,以创新增强城市竞争力、提升城市价值,充分依靠创新要素驱动城市发展,以全方位创新促进全方位开放,走开放型经济发展道路,推进经济社会实现又好又快发展。

工作目标:创新投入明显增长;创新能力显著增强;创新型产业取得长足发展;行政管理体制改革进一步深化;创新环境进一步优化。

工作任务:推进发展模式创新,促进产业结构优化升级;推进科技进步,增强自主创新能力;推进区域合作创新,提高开放合作水平;推进体制机制创新,促进形成更具活力和开放的体制机制;推进文化创新,提升首府文化软实力;推进社会管理创新,促进社会和谐稳定;推进党建创新,提高各级党组织领导科学发展的能力和水平。

保障措施:充分发挥企业在自主创新中的主体作用;加强创新型人才培育;建立完善促进全方位创新的多元化投融资体系;营造鼓励创新的环境;加强组织领导。

【加快建设区域性国际城市和广西"首善之区"】 2009年7月31日,市委十届七次全会作出加快建设区域性国际城市和广西"首善之区"的重要决定。

总体思路:以邓小平理论和"三个代表"重要思想为指导,深入贯彻落实科学发展观,以科学发展、加快发展、率先发展、和谐发展为主线,以提升城市国际化程度和广西城市首位度为核心,以解放思想、改革创新为动力,以工业化、城镇化、国际化为主导,以改善民生、促进社会和谐为根本,坚持高起点、高标准、高质量,着力壮产业、建宜居、促开放、兴文化、重民生、保生态、聚人才、强党建,大力推进经济国际化、金融国际化、信息国际化、科技文化国际化和开放国际化,推动各项工作走在自治区前列,全面增强城市发展力、承载力、辐射力和凝聚力,加快建设高水平的区域性国际城市和广西“首善之区”。

总体目标：近期打基础(2009~2010年)，到“十一五”期末全面实现“十一五”规划和科学发展三年计划目标；中期显成效(2011~2015年)，经过“十二五”期的建设，城市综合实力显著增强，力争经济总量占自治区的比重有较大提升，在全国五个自治区首府城市排位居首，在西部省会(首府)城市排位居前，在全国大中城市排位前移，“三基地三中心”(中国—东盟区域性物流基地、加工制造基地、商贸基地、中国—东盟区域性信息交流中心、交通枢纽中心、金融中心)建设成效显著，现代宜居城市建设水平大幅提高，中国—东盟开放合作中心城市作用明显增强，城市国际魅力进一步彰显，经济建设、政治建设、社会建设、文化建设、生态建设各方面成为自治区的排头兵；远期上水平(2016~2030年)，从2016年起，经过两到三个五年规划的实施，城市综合实力更强、宜居水平更高、国际影响力更大，成为经济繁荣、交通便捷、功能完善、科技进步、环境优美、社会和谐，秀丽山水与璀璨人文交相辉映，民族风情与国际文化共放异彩的高水平的区域性国际城市和广西“首善之区”。

工作重点：推进“三基地三中心”建设，增强城市经济实力；提高城镇化水平，建设现代宜居城市；推进城乡一体化，统筹城乡协调发展；推进开放合作，加快城市国际化进程；深化改革创新，激发城市发展活力；发展时代的民族的开放的城市文化，彰显城市魅力；以改善民生为重点，实现社会持续和谐稳定；加强党的建设和人才队伍建设，强化组织保障和人才支撑；制定建设规划，强化组织实施，加大宣传力度，真抓实干，扎实推进区域性国际城市和广西“首善之区”建设。

【加快建设国家高技术生物产业基地】 2009年8月29日，市委、市政府作出关于加快建设国家高技术生物产业基地的决定。

指导思想：以邓小平理论和“三个代表”重要思想为指导，深入贯彻落实科学发展观，坚持以市场为导向，以地区经济结构调整为主线，以体制和机制创新为动力，以高技术为支撑，以经济、社会和生态效益为中心，充分发挥南宁作为广西北部湾经济区核心城市的作用，按照产业化、集聚化、标准化、国际化的要求，做大做强生物能源、生物医药、生物制造、生物农业等四大领域生物产业，把生物产业培育成为南宁市支柱产业和新的经济增长点，推动全市科学发展、加快发展、率先发展、和谐发展。

基本原则：坚持市场导向、政府引导的原则；坚持自主创新、开放合作的原则；坚持统筹规划、集聚发展的原则；坚持合理开发、生态保护的原则。

主要目标：用10年左右的时间，将生物基地建设成为中国南方最重要的非粮生物能源产业基地，成为生物能源、生物医药、生物制造、生物农业协调发展的中国区域性生物产业基地，成为具有规模效应、集群效应、辐射效应和带动效应的国家高技术生物产业基地，成为吸纳生物产业项目、资金、技术、人才、信息的重要平台和产业聚集、技术服务、政策创新基地；培养和集聚一批具有创新精神和能力的高层次生物科技人才和管理人才，有效地促进生物技术与特色生物资源的有机结合，形成优势资源链、科技链、产业链，技术化、工程化和产业化能力明显提升，关键技术和重要产品研制实现新突破；保护和开发并重，实现生物产业的可持续发展。具体发展目标是：到2010年，南宁市的生物产业总产值达到180亿元，培育10家以上年产值超亿元的龙头企业。到2020年，生物产业总产值达到1000亿元以上，其中生物能源产值占生物产业总产值超过38%。培育100家以上年产值超亿元的生物企业，其中培育3~5家年产值超10亿元以上特大生物企业集团。

发展方向：生物能源。重点发展非粮能源植物、燃料乙醇、生物柴油、农村及工业化沼气、生物质气化供气系统、生物质燃气、生物燃油、生物质致密成型燃料、生物质发电等产业。生物医药。重点发展生物创新药物、疫苗与诊断试剂、现代中药、生物医学工程等。生物制造。重点发展生物基材料、生物化工产品、生物环保、微生物制造等。生物农业。重点发展与生物能源、生物医药、生物制造产业相配套及南方特色的农业良种、农林业新品种、中草药材良种与品种保护、绿色农用生物产品、水生物产品开发等。

主要任务：加快编制综合实施规划和专项实施规划；明确产业区域布局，优化生物基地空间规划；推进自主创新，构建专业化服务平台；狠抓项目建设，促进产业聚集和延伸；培育龙头企业，实施品牌战略。

保障措施：加强组织领导，创新管理体制机制；增加财政投入，拓宽融资渠道；重视人力资源开发，加强产业发展人才支撑；加大招商引资力度，推进生物产业对外开放；落实完善政策法规，建立健全激励机制；落实加快推进国家高技术生物产业基地建设的协同工作机制。

【建设健康城市】 2009年9月9日，市委、市政府作出关于开展建设健康城市活动的决定。

指导思想：以邓小平理论和“三个代表”重要思想为指导，贯彻落实党的十七大精神，深入学习实践科学发展观，以保障人的健康为出发点，以提高全民卫生意识、培养健康生活方式为着力点，以提升城市宜居水平和竞争力为落脚点，通过政府组织、部门共建、行业促进、群众参与，营造健康环境，优化健康服务，构建健康社会，扩大健康人群，提高市民的健康水平和生活品质，让老百姓寿命更长、生活品质更高，把南宁建成创业者向往、投资者留恋、居住者舒心的区域性国际城市和广西“首善之区”。

总体目标：按照世界卫生组织(WHO)的健康城市10条标准和建设健康城市准则的基本要求，把首府南宁建成一个城市基础设施配套齐全；环境污染有效控制，生态建设稳步发展；市容整洁、市貌优美、社会文明、风尚良好；科技、教育、文化、体育相应发展；医疗、预防、保健服务和公共安全体系健全高效；社会保障制度全面完善；城市经济持续、快速、健康发展，具有高效能基础设施、高质量生态环境、高水平健康人群的健康城市，各项健康指标达到国内先进水平。

主要目标：到2013年，人均期望寿命达到76.86岁以上；婴儿死亡率控制在6‰以下；5岁以下儿童死亡率控制在8‰以下；孕产妇死亡率控制在20‰以下；社区卫生服务机构覆盖率达到95%以上，实现城市居民步行15分钟，即可获得规范的医疗保健服务；城镇居民基本医疗保险率达到90%以上；新型农村合作医疗农民参合率达90%以上；建成区人均体育场所面积达到1.50平方米；建成区绿化覆盖率达到42%；空气质量(API)达到和优于二级天数占全年比例96%以上。

工作措施：实施五项健康工程，即营造健康环境、完善健康服务、强化健康管理与培育健康人群、建设健康社区单位、健康食品药品安全等工程。重点推进15项健康促进活动，分别为创建国家卫生城市、继续推进城乡清洁工程、保护邕江、清洁空气、爱绿护绿、医疗卫生惠民系列、婚育新风进万家、人人运动、让虫害远离生活、健康校园、全民控烟、人人掌握控油控盐、人人学会应急自救、大力倡导并推行无偿献血、“三讲一树”(讲文明、讲卫生、讲科学、树新风)等活动。

实施步骤:第一阶段(2009年1月至2010年12月):建立健全组织网络,明确具体目标任务,全面启动创建国家卫生城市活动。第二阶段(2011年1月至2012年12月):开展中期评估,总结经验试点,夯实工作基础。第三阶段(2013年1月至2013年12月):完善长效管理机制,提高工作质量和效率,进一步提升城市健康水平。

重要活动

【深入学习实践科学发展观活动】 2009年,市委决定在全市开展深入学习实践科学发展观活动。学习对象为全体党员,重点是县处级以上领导班子和党员领导干部。参加学习实践活动的单位共有5460个,参加的党员干部共有22.53万人。学习时间从2009年3月开始,到2010年2月基本结束。学习分两批进行,每批时间半年左右。学习实践活动分为学习调研、分析检查、整改落实3个阶段。学习实践活动以全面贯彻党的十七大精神,高举中国特色社会主义伟大旗帜,以邓小平理论和“三个代表”重要思想为指导,以“推动科学发展,加快建设区域性国际城市和广西‘首善之区’”为主题,以“实施科学发展三年计划,着力打造‘三基地三中心’”为载体,围绕“党员干部受教育、科学发展上水平、人民群众得实惠”的总要求,坚持解放思想、突出实践特色、贯彻群众路线、正面教育为主的原则。通过学习实践活动,进一步树立科学发展的理念,增强推动科学发展的紧迫感、责任感和使命感;全市上下凝聚发展共识,理清科学发展的思路;经济保持平稳较快增长,科学发展实现新突破;市本级财政安排民生资金33.90亿元,完成20项为民办实事项目,降低城市公交票价,提高困难群众最低生活保障标准,解决一批民生问题,人民群众得到新实惠;全市新制定政策文件和规章制度2831个,修改政策文件和规章制度4696个,废除政策文件和规章制度1696个,进一步创新体制机制,优化政策制度环境;解决一批党性党风党纪方面群众反映强烈的突出问题,市机关公众满意度86.25%,连续两年获得公众的“高度评价”,各级领导班子和党员队伍建设得到新的增强;解决一批基层党建工作面临的难点、热点问题,建立健全基层党建的领导体制和工作机制,加强了党的基层组织建设。

【“服务企业年”活动】 2009年2月8日,市委、市政府决定在全市开展“服务企业年”活动。

指导思想:以邓小平理论和“三个代表”重要思想为指导,深入贯彻落实科学发展观,全面贯彻落实党的十七大、十七届三中全会以及中央经济工作会议、自治区经济工作会议、市委十届五次全会精神,围绕实施科学发展三年计划,围绕服务企业、提高效能、保持经济平稳较快增长的主题,按照“动作要快、出拳要重、措施要准、工作要实”的要求,准确把握企业发展态势,及时帮助解决企业发展突出困难,研究理顺加快南宁市经济发展的思路措施,建立服务企业工作长效机制,确保2009年各项经济社会发展指标的完成。

服务对象:在南宁市注册经营的工业、农业、商贸服务、建筑和房地产、交通等行业企业。其中市级层面重点抓大中型企业和亿元企业,各县区、开发区重点抓辖区范围内的企业。

总体目标:以切实帮助解决企业经营发展中存在的实际困难和问题为重点,调动全社会力量,关注、关爱、支持企业,帮助企业应对当前国际国内复杂多变的经济形势,坚定信心、抢抓机遇、营造环境、化解困难、加快发展。通过开展“服务企业年”活动,达到转变机关作风、提高工作效率、创新发展思路、解决实际问题、改善投资环境、增强企业素质、提高企业核心竞争力、促进企业发展,形成长效机制,实现“保增长、保民生、保稳定”的目标,促进南宁市经济社会全面协调可持续发展,努力完成南宁市2009年经济社会发展工作各项任务,其中,全部工业总产值达到1300亿元、增长25%,新增亿元工业企业30家。

服务内容:准确把握企业发展态势;着力解决企业发展突出困难;建立健全有利于企业发展的服务机制;加强企业融资服务。

工作成效:出台一系列扶持企业政策,收集企业提出的问题和建议1267项,已办结1248项,办结率98.5%,有效缓解企业融资难题,调解企业经济纠纷,解决企业经营难问题。

【“项目建设年”活动】 2009年2月8日,市委、市政府决定在全市开展“项目建设年”活动。

指导思想:以邓小平理论和“三个代表”重要思想为指导,深入贯彻落实科学发展观,全面贯彻落实党的十七大、十七届三中全会以及中央经济工作会议、自治区经济工作会议、市委十届五次全会精神,围绕实施科学发展三年计划,以扩大内需和保持经济平稳较快增长为首要任务,以“保增长、保民生、保稳定”为目标,以科学发展、加快发展、率先发展、和谐发展为主题,按照“快、重、准、实”四字方针要求,积极统筹城乡发展,强力推进投资项目建设,不断扩大投资规模,推动全市经济结构改善、布局优化、总量增加、发展后劲增强,为把南宁市建设成为区域性国际城市和广西“首善之区”、在自治区率先实现全面建设小康社会打下坚实基础和提供强大动力。

工作目标:进一步完善投资项目工作机制,全面强化投资项目工作责任,努力创新投资项目前期工作、投资项目投融资机制、投资项目建设工作、投资项目管理方式,突出重大投资项目建设,形成大、中、小投资项目一起上的格局,着力营造良好的投资环境,积极拓展投资领域和投资空间,加快调整和优化投资结构,不断提高投资效益,全力保持投资规模和投资需求对经济增长的拉动,积极落实、安排和推动全社会固定资产投资各项工作,力争实现2009年1180亿元全社会固定资产投资工作目标。

工作要求:加强领导,落实责任;强化督查,实行问责;进一步加强投资项目工作协调机制建设;按照中央要求实行投资重点倾斜;搞好投资项目建设用地工作;加强征地拆迁工作;加大力度解决项目建设资金问题;积极做好项目前期工作;加快完善和形成科学合理的政府投资项目管理机制;切实提高招商引资成效;积极做好投资项目储备工作;加强项目建设对策和政策研究;营造项目建设良好氛围;正确处理好大力开展“项目建设年”工作与其他工作的关系;解放思想,真抓实干。

工作成效:实现固定资产投资1043.91亿元,首次实现年度固定资产投资突破千亿元,在基数较高的情况下投资增速创14年来新高,比上年提高26.76个百分点,比预期目标高30.54个百分点,提前一年达到“十一五”规划和科学发展三年计划投资目标。施工项目4691个,新开工项目3713个,续建项目

978个。其中,推进自治区层面统筹重大项目65个,完成投资97.85亿元;获国家下达四批扩大内需中央投资项目774个,开工项目772个,竣工项目301个,完成投资17.63亿元。

【"党组织服务年"活动】 2009年3月,市委决定在全市开展"党组织服务年"活动。这次活动结合深入学习实践科学发展观和"项目建设年"、"服务企业年"活动,以"攻坚克难先锋行"活动为总载体,深入开展"党员奉献·能帮就帮"、"党旗飘扬·引凤还巢"等主题活动。

主要做法:强化组织领导,统筹谋划全市"党组织服务年"活动;突出服务重点,真正服务企业、项目、"三农"、基层、群众;创新活动载体,开展"党员奉献·能帮就帮"、"党旗飘扬·引凤还巢"、"攻坚克难先锋行"主题活动,打造南宁市"党组织服务年"品牌。

主要成效:全市有13.49万个党组织共123万名党员参加"党组织服务年"活动,共组织开展活动8.70万次,机关事业单位党组织参与率93%以上,在职党员参与率超过95%。

【宣讲党的十七届三中全会精神掀起春季农业生产高潮活动】 2009年,市委、市政府决定从2月上旬到4月下旬,重点利用春节前后农民工返乡过节和干部返乡探亲的有利时机,结合开展"兴水利、察民情、送温暖、促发展"活动,开展万名工作队员深入农村宣讲党的十七届三中全会精神掀起春季农业生产高潮活动。

活动内容:全力抓好党的十七届三中全会和自治区党委九届七次全会以及市委十届五次全会精神的宣讲工作;全力抓好支农项目和惠农政策的落实工作、春播春种工作、农田水利建设和防灾抗灾工作、春季重大动物疫病防控工作、植树造林和森林防火工作、农民培训和就业创业服务工作、农资市场管理工作、农村困难群众生产生活工作。

工作措施:领导高度重视,及时部署安排;部门密切协作,形成整体合力;突出活动重点,务求取得实效;采取多种形式,宣讲服务齐抓;加强宣传鼓动,营造良好氛围。

主要成效:全市组织宣讲队198个,工作队员1.96万人次,深入1.12万个村屯开展宣讲服务活动。共举办7962场次宣讲报告会,听宣讲农民200.74万人次,培训农民115.77万人次,发放资料268.10万份,赠送支农物资2.60万吨,落实项目资金28832.50万元,帮助农民办实事、解决问题1.13万件。

【秋冬季助农增收大行动】 2009年,市委、市政府决定从8月中旬到12月中旬,在全市开展万名工作队员深入农村开展秋冬季助农增收大行动。活动分动员计划、行动服务、检查总结3个阶段。

总体要求:活动以"稳基础,抓产业,强服务,促增收"为主题,通过组织全市万名工作队员深入农村开展秋冬季助农增收,力争实现全市全年第一产业增加值增长6%以上、农民人均纯收入增长11%以上的年初既定工作目标。

活动内容:活动突出抓好"十大重点助农增收项目"和"六个助农增收活动"。十大重点助农增收项目:超级稻产业项目、马铃薯产业项目、食用菌产业项目、秋冬菜产业项目、瓜果产业项目、农作物间套种植技术项目、短平快养殖产业项目、农村沼气建设及综合利用项目、灌区节水改造项目、产业基地建设项目;六大助农增收活动:落实政策助增收活动、科技推广助增收活动、就业创业助增收活动、产销对接助增收活动、防病减灾助增收活动、和谐发展助增收活动。

工作措施:领导高度重视,明确目标责任;部门通力协作,形成整体合力;创新活动形式,力求突出主题;积极培育典型,加强宣传推广;加强检查指导,确保活动效果。

主要成效:全市共组织349个工作队、1.67万名工作队员深入4103个村屯开展秋冬季助农增收大行动,为农民办实事好事1027件。(陈晓东 吕 吉)

组 织

【概 况】 2009年,南宁市共有基层党组织13656个,其中:基层党委410个,党总支部1183个,党支部12063个;地方党委13个,党组245个,工委46个。全市党员总数22.98万人,其中:女党员5.74万人,占24.96%;农民党员7.69万人,占33.47%;非公有制经济单位党员9462人,占4.12%;在岗职工党员8.73万人,占38.01%;离退休党员4.90万人,占21.34%。新发展党员4934人,其中:女党员1740人,占35.27%;少数民族党员2805人,占56.85%。年内,全市各级党组织深入学习贯彻党的十七届四中全会精神,坚持以邓小平理论和"三个代表"重要思想为指导,深入贯彻落实科学发展观,以加强党的执政能力建设和先进性建设为主线,以开展深入学习实践科学发展观活动为重点,以让党和人民满意为目标,统筹推进领导班子建设、干部队伍建设、人才队伍建设、党的基层组织和党员队伍建设各项工作。各级组织部门深化拓展"讲党性、重品行、作表率,树组工干部新形象"主题实践活动,努力提高组织工作满意度和公信度,着力打造"模范部门"和"过硬队伍"。

【各级领导班子调配】 2009年,市委根据领导班子建设和工作的需要,按照《党政领导干部选拔任用工作条例》的规定,科学调配选好配强各级领导班子。调整充实处级干部中,提拔人数占70.50%,交流人数占29.50%,注重从基层一线选拔任用干部,全年从基层选拔的处级领导干部占39.90%,解决一批任职时间较长、工作表现较好、群众普遍认可的干部晋升非领导职务问题,同时做好各县区、市直单位科级干部选拔配备的指导工作。根据自治区党委和市委的提名,依法分别提请市人大和市政协审议通过3名副市长、1名人大副主任、1名政协副主席的人事任免事项。指导市工商联、市总工会、市文联、团市委、市残联等群团做好领导班子换届工作,指导市科协、市红十字会等群团做好领导班子换届准备工作。对市管国有企业16个领导班子成员进行全面考察,调整充实部分市管企业领导班子,提出南宁百货大楼股份有限公司董事会、监事会换届拟任人选,完成新组建的南宁城市建设投资集团有限责任公司等4家投融资平台公司的班子配备。选派2名处级领导干部到中央直属机关、经济发达省市挂职锻炼,选派3名副处级领导干部到自治区直属单位挂职锻炼,并从市直单位选派10名副处级领导干部(不含自治区下派人选)分别担任10个县区新农村建设工作队队长,并担任县区委常委、副县区长。配合自治区完成对市级5个副处级领导干部、15个科级岗位面向企业公选工作以及选拔村支书到乡镇班子任职工作。做好全市面向全国公开选拔领导干部笔试、面试工作,拿出10个职位(其中企业正职2个、副职4个,副处长级4个)面向全国全自治区公开选拔。

【干部教育培训】 2009年,南宁市根据中央和自治区党委的统一部署,结合实际,大力推进干部教育培训,累计投入培训经费约2000万元,共举办各类培训班3000多期，培训党员干部近40万人次，配合上级组织部门调训干部260多人次，选送800多名各级干部到自治区级以上其他培训机构学习。课程改革方面，坚持把十七大、十七届四中全会精神和加强党性锻炼列为必修课，结合南宁实际,多形式、多渠道举办突发事件应对和应急管理培训班、旅游产业开发专题班、特色文化专题培训班、改造旧城区提升城市建设形象与房屋拆迁政策培训班、城市环境景观建设管理人才研修班等14个专题培训班。邀请中央党校、自治区纪委、吉林大学、陕西省委党校等单位的知名专家教授和领导授课。创新培训形式方面,探索年轻干部培养选拔新模式,通过单位推荐,主管部门党组织审察,座谈会观察,组织辩论比赛等形式,从各单位遴选出106名优秀年轻干部，采用军事化管理、市委党校+名校的模式,分赴清华大学、北京大学、浙江大学、复旦大学、同济大学、上海交通大学、延安、井冈山等地，开展为期两个月的形式多样的培训学习。组织经济部门、市管企业的90名学员，先后与浙江大学117名浙商总裁班学员，举办两次招商引资会,双方对接洽谈项目40多个。组织领导干部1300多人，举办学习实践科学发展观专题培训班。9月,举办学习贯彻党的十七届四中全会精神专题培训班，组织全市组工干部600多人参训。

【人才工作】 2009年，南宁市坚持党管人才原则，充分发挥组织部门牵头抓总作用,实施“人才强市”战略,以高层次人才、高技能人才为重点统筹抓好各类人才队伍建设。加强人才工作宏观指导,及时调整充实人才工作协调小组成员,健全完善人才工作组织体系。深化人才工作调研，组织对人才队伍现状及建设情况进行19个课题调研并形成调研报告。引进15名高层次人才到南宁市挂（任）职,其中清华大学、中国人民大学3名博士、1名硕士挂职期满后留任。组织开展南宁市第七批专业技术拔尖人才和第六批优秀青年专业技术人才评选,开展“西部之光”访问学者、广西“十百千人才工程”人选、广西第十届青年科技奖人选推荐工作。提升人才小高地层次和建设水平，抓好第三批自治区级人才小高地和第二批市级人才小高地新载体的推荐申报工作，有5家单位被评为市级第二批人才小高地，全市共有2个自治区级人才小高地和10个市级人才小高地。人才小高地共引进(含柔性引进)高层次人才726人,其中引进院士4人、博士56人、硕士95人、高级职称481人,选送自治区内外培养的各类人才2374人。组织开展“人才活动月”系列活动。贯彻实施《关于实施市领导联系关护科技人才制度的实施意见》,组织开展慰问各类优秀人才活动。

【基层组织建设】 2009年，全市各级党组织以“绿城党旗红”为总载体,以“党员奉献日”活动为总抓手,以“党员奉献·能帮就帮”为主题,开展“八桂先锋行”及一系列党建创新活动。

农村党建工作 组建85个农村协会及“产业链”党支部。拓展“领头雁”工程,投入培训经费152.80万元,培训农村党员7.66万人次、培训返乡农民工11.80万人次,培养“党员乡土人才”6675人。继续开展“党旗飘扬·引凤还巢”、“六大惠民工程”、“先锋连万家、三情促和谐”等主题活动。共有4名乡镇党委、村党支部书记被评为自治区级优秀党务工作者，206名乡镇、村党支部书记被评为市级优秀共产党员或优秀党务工作者,17个乡镇党委和26个村党支部被评为市级先进基层党组织。选派2953名机关干部进驻1395个行政村担任新农村建设指导员,选聘47名高校毕业生担任村干部。

社区党建工作 开展党员义工、“爱心小分队”等社区党员服务活动,直接受益群众26万人次。在各城区社区建设党员服务中心（站)290个，服务群众5.34万人次。推行“社区联合党委”、“楼栋党员服务站”,指导兴宁区在条件成熟的北宁、中华两个社区成立社区联合党委,并开展“发挥共建优势,构筑和谐社区”主题活动，探索社区党组织共驻共建新途径。企业党建及非公有制经济组织、新社会组织党建方面,开展国企“四好”(政治素质好、经营业绩好、团结协作好、作风形象好)领导班子和“党员先锋岗”创建活动，探索非公有制经济组织和新社会组织“网格化管理”、“支部建在产业链上”等创新做法,在经济技术开发区建立非公有制企业党员培训基地，为非公有制企业党员提供专门的学习培训场所。研究下发《关于进一步加强和改进非公有制企业党建工作的意见》,实现在全市396家规模以上非公有制企业全部建立党组织目标。

机关党建工作 开展“机关党员大行动,三项服务促发展”活动,全市近5万名机关党员深入256个社区、75家企业开展现场服务活动，直接服务党员群众1.20万名，为困难群众解决实际问题2500多件，为企业解决突出问题500多个。统筹城乡基层党建方面，深入开展“支部联建促和谐，城乡互动建新村”、“支部联建促发展，南网情深谱和谐”、“百企农村行,建设新农村”等主题实践活动,引导各机关、企事业单位党组织与行政村（农村社区）党组织签署联建协议,开展“班子帮建、队伍帮带、经济帮扶、扶贫帮困、稳定帮筑”等互助联建活动,促进城乡党建资源的双向流动。

【组织部门自身建设】 2009年，全市组织系统围绕提高组织工作满意度，扎实开展“以我温和的作风、给人温暖的感受、营造温馨的氛围”主题实践活动,大力加强组织部门政治、能力和作风建设。以树立公道正派形象为主题，加强思想政治建设。深化“讲党性、重品行、作表率,树组工干部新形象”主题实践活动,开展“下基层、访民意、解难题、树形象”活动,帮助基层群众、党员协调解决生产生活难题。以创建学习型组织部门为载体,实施“素质工程”。深化“组工干部书架”,创建组工干部“网上书库”、“网上论坛”,开展“网上学习”,组织全市100多名组工干部赴清华大学等知名院校开展学习培训。以学习实践活动为载体,加强机关作风效能建设。进一步规范工作程序,完善“组织工作流程图”。组织组工干部下农村、进工厂、访兵营,倾听民声民意,开展生产实践,学习部队作风。围绕组织工作难点、重点，深入200多个部门、单位和企业,105个乡镇、90个社区、80多个村屯开展调研活动，完成130多项调研课题。（市委组织部编写组）

宣　　传

【理论武装工作】

理论学习 2009年，市委宣传部坚持以县处级以上领导干部为重点，以市委中心组学习带动全市理论学习。贯彻落实《中共南宁市委关于进一步加强和改进党委（党组）中心组学习的实施意见》,进一步健全各级党委(党组)中心组学习制度。认真做好市委中心组学习秘书工作，协助市委中心组围绕学习贯彻党的十七届四中全会精神、深入学习实践科学发展观等方面内容，先后召开6次专题学习会。创新市委中心组学习形式，邀请自治区有关专家为领导干部作

专题学习辅导。安排好全市党员干部的理论学习，代市委起草《中共南宁市委关于2009年全市理论学习的通知》等文件，对全市理论学习提出要求并作具体部署。通过召开全市理论工作会议、开展专题学习辅导和专项督查等，促进全市理论学习的深入开展。

理论研究　加强理论队伍制度建设。7月，组建南宁市签约理论专家和南宁市社会科学理论特约研究员队伍，至年末，在《广西日报》、《当代广西》、《南宁日报》等报刊发表理论文章30多篇。先后组织举办理论骨干培训班2期、全市党委（党组）中心组学习秘书培训班1期、理论文章写作培训班1期，提高理论队伍素质。组织举办理论沙龙5期，围绕如何做好新时期理论武装工作等有关内容展开座谈研讨，并在《南宁日报》开辟两个专版刊发座谈发言摘要。组织理论调研和征文活动，完成综合性党建调研材料《南宁市思想理论工作报告》；开展“项目建设年”、“服务企业年”理论征文和庆祝中华人民共和国成立60周年理论征文活动，收到理论文章350多篇。编辑出版《南宁市纪念改革开放30周年优秀论文集》。完成《南宁宣传》和宣传理论工作参考（内刊）的编辑出版工作。

理论宣传　围绕重大理论问题、现实问题和市委、市政府中心工作，协调指导《南宁日报》编发理论文章，先后开设“学习贯彻十七届四中全会精神”、“深入学习实践科学发展观”、“扎实推进‘项目建设年’、‘服务企业年’”、“精神文明建设理论文章选登”等理论专栏，刊载相关理论文章290多篇。理论宣讲方面，先后组织学习贯彻党的十七届四中全会精神宣讲团、深入学习实践科学发展观宣讲团，走进农村、社区和机关单位为广大干部群众宣传政策。市宣讲团先后举办宣讲报告250多场，现场听众近10万人次。此外，还为全市领导干部举办“加强党性修养、弘扬良好作风”、六个“为什么”、中国—东盟自贸区知识等专题辅导讲座。

舆情信息　全年上报信息725条，其中：向自治区党委宣传部报送324条，向市委办公厅报送305条，向中央宣传部网站报送96条，被采用信息246条，其中，中央宣传部采用33条，自治区党委宣传部采用85条，市委办公厅采用128条。

【舆论宣传】　2009年，市委宣传部共组织召开新闻通气会47次，制订专项宣传报道方案102个，组织采访报道1440多次。组织和指导市属新闻媒体开辟专栏、专刊，刊播相关稿件2000多篇（幅），宣传南宁市开展深入学习实践科学发展观活动。组织市属新闻媒体开设相关专题10多个、刊播相关稿件280多篇（幅），突出报道各县区、各部门、各单位党组织学习贯彻党的十七届四中全会精神的具体措施。组织协调自治区和市属媒体在重要时段和重要版面统一开设专栏、专版、专题，集中力量对“三个年”（项目建设年、服务企业年和党组织服务年）活动进行宣传报道，重点推出江南区、横县、宾阳、隆安4个县区典型经验，市属媒体共刊播相关稿件近1110篇（幅），自治区主要媒体共刊播相关稿件300余篇（幅）。自治区、市属媒体共刊播相关稿件4000多篇（幅），全面报道南宁市迎接“两会一节”各项工作筹备情况、各项重大活动盛况及取得的成果。组织南宁电台、南宁电视台、南宁新闻网对第六届中国—东盟博览会开幕式、第六届中国—东盟博览会暨南宁国际民歌艺术节开幕晚会、2009南宁·东南亚国际旅游美食节和广西大型民族歌舞秀“绣球飞”晚会等活动进行现场直播（录播）。南宁电台与北京音乐广播电台合作，在全国卫星音乐广播协作网的26个省区市电台同步直播2009南宁国际民歌艺术节开幕晚会。组织市属新闻媒体刊播相关稿件近600篇（幅），报道第五届泛珠三角区域合作与发展论坛暨经贸洽谈会开幕式文艺晚会、高层论坛、行政首长联席会议、市长论坛、“9+2”各方经贸代表团团长与记者见面会、投资合作项目集体签约仪式等重要会议及重要活动。还完成南宁市获全国文明城市庆祝大会及奖牌巡游、整治超标助力自行车、深入实施“城乡清洁工程”、甲型H1N1流感防控等重大活动的宣传报道工作。组织开展第二届南宁新闻奖评选活动，共评出40件获奖作品。创办市新闻工作者协会会刊《新闻眼》并编印2期。

【思想政治工作】

思想政治和党员教育工作　2009年，市委宣传部组织考评组对2008年全市各单位完成思想政治工作目标管理责任制情况进行检查考核。修改完善《思想政治工作目标管理责任制考评细则》并印发各县区和市直各有关单位。组织开展南宁市2008年思想政治工作“十佳”先进单位（集体）表彰活动。发挥市思想政治工作研究会作用，组织编印《深入学习实践科学发展观——2009年南宁市思想政治工作优秀论文集》。通过报刊、广播、电视、图书、互联网、宣传栏等载体，以举办报告会、组织党课、制作电教片和演讲比赛、知识竞赛等多种方式开展思想政治工作。

先进典型选树工作　组建黄胜新先进事迹报告团到县区和市直机关、学校、企业、部队举办报告会30多场，直接听众6万多人。经报纸、广播、电视、网络宣传报道后，报告会观众和听众达500万人以上。自治区将黄胜新先进事迹作为重大典型在全自治区宣传推出。配合组织开展“100位为新中国成立做出突出贡献的英雄模范人物”和“100位新中国成立以来感动中国人物”评选活动，由南宁市推荐的好军嫂韩素云当选“100位新中国成立以来感动中国人物”，并组织协调好自治区、市领导慰问韩素云等活动，在全市再次掀起向韩素云学习的热潮。

爱国主义教育和国防教育活动　组织开展以“改革开放三十年”为主题的全市青少年爱国主义读书教育活动，发行相关图书60多万册，参加读书教育活动人数60多万。组织选手参加全国、自治区青少年“改革开放三十年”爱国主义读书教育活动演讲和讲故事比赛，获全国总决赛一等奖1名、三等奖2名，广西赛区中学组演讲比赛和小学组讲故事比赛特等奖、一等奖各1名。加强对爱国主义教育基地的审批、指导和维护工作，确定邓颖超纪念馆、横县革命烈士纪念碑等7个基地为市级爱国主义教育基地，并在邓颖超纪念馆举行“南宁市爱国主义教育基地”命名挂牌仪式。南宁市昆仑关战役旧址获首批国家国防教育示范基地，成为自治区3个国家国防教育示范基地之一。组织召开全市2009年国防教育工作会议，部署全年国防教育工作。与南宁警备区政治部联合举办“首府南宁庆祝中国人民解放军建军82周年文艺晚会”。

社会氛围营造　重大节庆期间，组织在全市各单位门口、建筑物和市区主要道路、精品道路沿线悬挂宣传标语一批、灯笼30多万只，发布大型公益宣传广告200多块，摆放鲜花300多万盆，设置大型造型景观60多个，宣传彩旗8000多杆、升空气球200多只，在阅报栏灯箱广告、LED电子屏幕和楼宇电视联播系统上播发相关宣传标语和宣传片10万多条（次）。审批各种社会宣传活动330多次。

【文化南宁建设】 2009年，市委宣传部制定《南宁市文化体制改革试点方案》，起草印发《中共南宁市委　南宁市人民政府关于兴起南宁文化建设新高潮的决定》、《中共南宁市委　南宁市人民政府关于深化文化体制改革的实施意见》、《中共南宁市委办公厅　南宁市人民政府办公厅关于进一步加强农村文化建设的实施意见》、《南宁市人民政府关于兴起南宁文化建设新高潮若干政策的规定》等建设文化南宁系列文件。指导和组织召开南宁市文学艺术界联合会第八次代表大会。推动南宁市新华书店有限责任公司等单位的改制工作，做好南宁天恒电影有限责任公司申报“文化体制改革试点地区文化单位”相关工作。抓好新春文化活动月活动，开展“新年广场音乐会”、“南宁市欢度元宵佳节大型广场舞会”两大品牌文化活动，举办“百年帅门艺风——帅立志、帅立国、帅立功、帅民风作品联展”。抓好“五一”节庆文化活动，推出新会书院粤剧《邕州神韵》天天演项目，举办“唐人文化园·唐人艺术节”、南宁市农民工文化艺术节、庆五一“劳动者之歌”广场文艺演出。结合中国共产党成立88周年，特别是学习实践科学发展观活动，开展“为党旗增辉”等系列群众性文化活动，举办2009年南宁市“庆七一”社区文艺展演活动。组织创作、推荐上报一批优秀文艺作品参加中央宣传部第十一届精神文明建设“五个一工程”申报推荐工作。开展南宁市第六届“五象工程奖”评奖活动，评出文艺、新闻、社科3个门类共19件获奖作品。协调支持电视连续剧《人民利益》的拍摄工作，支持南宁市文艺作品创作。

【对外宣传】

新闻发布工作　2009年，市委宣传部组织、指导、协调召开“南宁市整治超标助力电动自行车专项行动”等20多个新闻发布会。加强培训，不断提高新闻发言人整体素质。组织南宁市有关领导、新闻发言人参加由中央外宣办、自治区党委外宣办联合举办的“增强新闻舆论意识，提高与媒体打交道能力专题培训班”。组织南宁市各级新闻发言人约40人，赴京参加清华大学——南宁市新闻发言人高级研修班，提高各级新闻发言人的理论水平和实践操作能力。

重点主题对外宣传　突出抓好南宁市建设区域性国际城市和广西“首善之区”这一主题的宣传。邀请新华社广西分社、《光明日报》、《经济日报》、《中国经济时报》等中央驻桂媒体就该主题对南宁市主要领导及有关部委办局领导进行采访，并发表一系列相关文章。邀请《香港文汇报》、《澳门商报》分别对市长黄方方进行专访，全面介绍南宁市建设区域性国际城市和广西“首善之区”的新举措。

重大活动对外宣传　围绕南宁市获全国文明城市、全国“两会”召开、中华人民共和国成立60周年、第五届泛珠三角区域合作与发展论坛暨经贸洽谈会、北京科技博览会、第六届中国—东盟博览会等重大活动，借助主流媒体的力量，加大对外宣传力度。全年中央及香港主流媒体共刊播有关南宁市稿件5800多篇(幅)，其中《人民日报》刊发稿122篇(幅)，新华社发稿4001条，《光明日报》刊发稿71篇(幅)，《经济日报》刊发稿49篇(幅)，中国新闻社发稿619篇(幅)。

城市形象宣传　围绕南宁市6张城市名片在中央电视台投放城市形象宣传片(15秒版)，总时长5235秒。围绕南宁旅游美食文化主题，联合中央电视台拍摄“南宁旅游文化”专题片，时长60分钟，在中央电视台第九套节目《旅游指南》栏目播出3次。制作《绿城南宁宣传片(8分钟)》光盘1万张、《南宁概览(中文)》1.5万本、《南宁概览(英文)》1万本，应用于南宁市对外招商、对外交流、来宾接待等重要活动。充分利用重庆、云南、四川、海南等多批新闻采访团到南宁市采访的机会，协调他们在当地媒体刊发宣传南宁市的系列报道文章。

英文报《今日南宁》正式创刊　10月，南宁市与《中国日报》联合创办的英文报《今日南宁》正式创刊。此份英文报发放到中国驻外各领事馆、大使馆并随《中国日报》在北京、广西各大星级宾馆及涉外企业发行。

【网络宣传管理】 2009年1月，南宁市成立网络宣传管理办公室，作为南宁市归口管理、综合协调新兴媒体的工作机构。举办第二届“新媒体·新南宁”城市形象网络作品大赛颁奖晚会，启动第三届“新媒体·新南宁”城市形象网络作品大赛，大赛被中央外宣办作为工作典型案例向全国外宣系统推介。协调新浪网、凤凰网等10多家网络媒体分别对第六届中国—东盟博览会各项工作进行报道，制作网络宣传专题14个，网络媒体点击量达4000多万次，百度搜索“2009南宁国际民歌艺术节”共有相关网页约6.70万个。组织网络评论员对本地网站进行排查，共排查网站近4000家，整理出一批需重点关注的网站。开展网站低俗之风清理整治活动，关闭6家违规网站和8个违规栏目，删除违规图片1万多张，删除违规帖子7万余条，删除违规博文12万余篇，锁定会员用户近6000个，删除互动评论2万多条。印发《南宁市整治商业网站违规发布新闻工作方案》和《关于对南宁市互联网宣传管理实行属地管理的通知》，对本地商业网站发布新闻工作进行规范管理。围绕南宁市创建全国文明城市等中心工作、整治超标助力自行车等热点难点问题、甲型H1N1流感等突发事件、中国—东盟博览会等重大节庆活动，开展网上舆情监控，及时发现和处理违规信息。加强舆情研判，组织网络评论员在本地网站主动跟帖、撰写正面文章引导舆论。先后组织网络评论员发帖、跟帖2.60万多条(篇)。

【中华人民共和国成立60周年庆祝活动】 2009年，南宁市庆祝中华人民共和国成立60周年活动领导小组办公室设在市委宣传部。先后印发《中共南宁市委　南宁市人民政府关于南宁市庆祝中华人民共和国成立60周年活动的安排意见》、《中共南宁市委　南宁市人民政府关于成立南宁市庆祝中华人民共和国成立60周年活动领导小组的通知》，统一部署将庆祝活动各项任务细化分解到有关县区、部门和单位；组织召开领导小组成员会议，听取全市19项庆祝活动牵头单位的情况汇报，协调解决筹备工作中存在的困难和问题。在“爱国歌曲大家唱”活动中，12个县区的123个乡镇、街道共举办歌咏比赛(活动)680多场次，参与群众超过290万人次。

(朱球香)

统一战线

【调研与宣传】 2009年，市委统战部根据“党委出题、党派调研、政府采纳、部门落实”的有关精神，确定各民主党派、工商联、无党派人士联络组开展的9个重点课题。确立并完成《关于构建中国—东盟商会合作组织的思考》、《统一战线推动非公有制经济发展风险防范机制建设的调查与思考》2个重点调研课题的撰写工作，组织市统战系统各单位撰写统战调研论文383篇，其中，选送7篇参加自治区党委统战部统战理论优秀论文评选，获二、三等奖各2篇，优秀奖1篇。编印《南宁市各民主党派、工商联、无党派人士联络组2009年度重点课题调研成果汇编》150册和《2008年度南宁市统战理论研究优秀论文汇编》150本等。在新华社广西分社、《广西日报》、《南宁日报》、南宁电视台等新闻媒体刊播统战理论文章及新闻100多条次，编印和出版《南宁统一战线》4期，刊发各类统战要闻、理论研讨文章等200多篇。先后制作庆祝中国共产党成立88周年、庆祝中华人民共和国成立60周年等各种宣传板报共10期。撰写的统战信息被中央统战部采用100多条，自治区党委统战部采用132条，市委办公厅采用89条。编印出版《南宁统战信息》24期，累计采用各种统战信息850多条。

【多党合作】 2009年，市委、市政府先后召开民主党派、无党派人士政治协商会和情况通报会4次，就全市国民经济、社会发展的大政方针和重大问题的决策以及市委、市政府工作报告和人事安排等与民主党派、无党派人士进行协商，听取意见；市委邀请各民主党派市委会主委参加市委学习实践科学发展观活动等，阅读党内有关文件，安排参加视察、考察等重大活动；市委统战部坚持每月向民主党派通报工作进展情况，并定期召开民主党派工作联席会。在思想建设方面，支持各民主党派开展"三个结合"政治交接教育实践活动，即坚持政治交接教育实践活动与学习实践科学发展观相结合，在各民主党派市委会、市工商联、无党派人士中举办学习实践科学发展观辅导报告会；坚持政治交接教育实践活动与社会服务相结合，各民主党派建立市委会、总支、支部政治交接教育实践基地21个，依托实践基地，发挥各党派优势开展社会调研、送医送药、送科技、农业技术培训、扶贫助学等教育实践活动；坚持政治交接教育实践活动与重大纪念活动相结合，开展庆祝中华人民共和国成立60周年、中国共产党领导的多党合作和政治协商制度确立60周年和中国人民政治协商会议成立60周年等系列活动。在组织建设方面，指导和帮助各民主党派开展基层组织建设年活动，评选和表彰"十佳突出贡献奖"和"十佳老年党员"，发展83名新成员，建立民主党派新成员数据库。在制度建设方面，帮助各民主党派进一步充实和完善了机关工作公示制度、办事办结登记制度、工作讲评制度、民主生活会制度、联络员工作制度、年度考核制度等。支持各民主党派成员积极参与参政议政、民主监督工作。各民主党派成员中的各级人大代表、政协委员在"两会"上提交议案、提案307件。健全民主党派信息"直通车"机制和民主党派、新的社会阶层人士向市政府建言"绿色通道"机制，各民主党派报送各类信息384条；向市政府报送"绿色通道"建言13篇，领导批示4篇。组织各民主党派做好社会服务工作。各民主党派市委会、总支、支部开展社会服务活动91次，服务群众1.75万人次，捐款捐物129.90万元，捐赠物品3954件。

【经济统战工作】 2009年，南宁市先后完成南宁市总商会驻英国曼彻斯特、德国莱比锡、泰国曼谷、印度尼西亚雅加达、马来西亚吉隆坡等5个海外联络处的挂牌工作。依托市总商会海外联络处，市经贸代表团一行出访英国、西班牙、德国。市委统战部发挥统一战线的优势和作用，配合市委、市政府到北京、珠三角地区开展招商活动，组织统战系统有关人员到福建厦门、泉州，广东汕头等沿海发达城市开展招商引资工作。先后依托广西潮人商会、福建泉州市海外联谊会、广东省中山海外联谊会，开展"潮商南宁行"、"闽商南宁行"、"中山海外联谊会理事南宁行"等活动，共组织近200名自治区外的企业家到南宁进行商务考察，并和市部分非公企业代表进行项目配对磋商。市统战系统共参与41个项目的招商引资工作，投资总额53.18亿元，实际到位资金11.81亿元。增强服务意识，在全市统战系统开展"走近企业、服务企业、温暖企业"活动，参与活动单位30个，走访企业531家；送去《非公有制经济政策选编》700多本，为企业献良策111条，为企业解决难题98个，召开各类服务企业座谈会65次，参加人员1782人；举办企业培训班26班次，参加人员1541人。先后召开广西北部湾银行与南宁市非公企业座谈会，促成该银行与南宁市的非公企业现场贷款签约1亿多元，并向良庆区的庆海建设发展有限公司发放5000万元贷款用于城区基础建设；中国工商银行广西分行与市非公企业举行融资座谈会，16家会员企业与工行新城支行达成2000多万元贷款意向。共协助举办各类银企座谈会5次，完成贷款签约近5亿元，达成贷款授信额度近30亿元。充分利用民主党派、新的社会阶层人士向市政府建言献策的"绿色通道"，及时反映企业发展中存在的困难和问题。加强市工商业联合会(总商会)机构建设。支持(总商会)履行职能，配合市工商联完成南宁市工商业联合会(总商会)第十二次会员代表大会换届工作；指导工商联(总商会)推进成立异地商会南宁市工商联贵港商会；配合市工商联承办第五届泛珠三角省会(首府)城市工商联和港澳商会合作交流会、中国—东盟女企业家商会(南宁)论坛暨知名女企业家南宁行活动。组织新的社会阶层人士开展学习实践科学发展观活动。通过举办各种谈心会、培训班、座谈会等形式，引导新的社会阶层人士学习实践科学发展观，增强应对危机能力。通过统战系统开展的

3月31日，市委统战部召开"走进企业、服务企业、温暖企业"活动联络员工作会议

市委统战部提供

“邕江论坛”活动，邀请自治区内知名专家、学者先后举办讲座3期。配合自治区统战部，组织全市近300名非公经济人士参加自治区党外统战部与北京大学民营经济研究所联合举办的“助企工程”培训班、新的社会阶层人士培训班、“联合国—气候变化与企业契约”培训班的学习等。

【港澳台工作】 2009年，市委统战部加大邕台交流交往力度，先后接待来邕团组30多个400多人次，赴台考察团组26个101人；借助“两岸产业高峰会议——2009年桂台经贸合作论坛”首次在台北召开这一平台，在台湾举办一系列经贸合作交流活动，先后与台湾各界人士及企业家近190人进行沟通交流，完成总金额4036.50万美元的台湾商品采购任务，达成有意向或在谈台资项目18个。2月，市民盟盟员、国画大师李顺成应澳大利亚黄金海岸邦德大学学生会邀请，在邦德大学举办个人中国国画展，展出花鸟山水等作品共56幅。4月，澳门濠信中学校长李焯坚一行18人到南宁市与市第三中学、南宁英华学校进行观摩交流，并与南宁英华学校达成互访协议，建立友好关系。以昆仑关战役旧址、程思远故居等爱国主义教育基地作为联络海外港澳台同胞及海外侨胞的载体，弘扬中华民族的爱国主义精神。引导爱心同胞人士扶贫助弱，先后在隆安、马山县兴建8所村级海联卫生所；引荐香港著名慈善家、香港善学基金会主席赵曾学韫太平绅士到南宁市举办“善学彩虹耀南宁”活动，共募捐到爱心款180多万元，用于开展“善学儿童弱势工程”，救助弱势儿童，帮助农村贫困学生入学，帮助建设农村希望小学及乡村幼儿园等慈善公益事业。牵线搭桥，联系香港爱心人士在南宁市实施帮助贫困大学生圆就大学梦的“摘星计划”，资助六县69名大学生上大学，资助金额42万元。

【党外干部培训】 2009年，南宁市在全市开展非公经济组织和新的社会阶层人才队伍建设调研工作，提出具有可操作性的促进市非公有制经济组织及新的社会阶层人士人才成长和发挥作用的对策措施。及时召开全市党外干部培养选拔工作会议，作出专门部署和要求。全市县区政府班子中配备党外副职领导12名。先后推荐党外副处职后备干部建议人选200多人，调整充实市党外代表人士人才库。在无党派人士联络组成员中开展“深入学习贯彻科学发展观，积极展现当代无党派人士风采”为主题的“四个一”（开展一次专题调研、召开一次座谈会、组织一次社会服务、举办一个学习培训班）活动。市无党派人士联络组确定的《提升南宁市工业企业竞争力的问题研究》被列为市委重点调研课题，并获得市财政专项拨款，成为南宁市首个由无党派人士集中策划开展的重点调研课题。

（李丹妮）

市直机关党的建设

【概　况】 2009年，中共南宁市直属机关工作委员会有直属机关党组织103个。其中：机关党委46个、党总支部15个、党支部42个。党员15217人。市直工委指导13个基层工会组织换届，新组建工会1个，发展新会员35名。理顺市建筑科学研究设计院、人民公园等10个单位团组织关系，指导市社会福利院等9个单位的团组织完成换届选举工作，指导市城市管理监督中心、财政局组建基层团委。建立健全机关妇委会，指导市城市管理局、粮食局等5个单位妇委会新成立和换届工作，妇委会基层妇女组织的覆盖面95%。南宁高新技术产业开发区地方税务局获全国“巾帼文明岗”称号。

【思想建设】 2009年，市直工委先后举办党务干部培训班5期、报告会1次，参加培训1700人次。其中，组织举办市直机关学习实践科学发展观专题报告会1次，党务干部理论骨干培训班1期，市直机关党组织书记培训班4期。加强群团组织干部思想工作。市直属机关工会工委举办深入学习贯彻科学发展观学习班，市直工会工委委员、经审委员共200多人参加；组织市直工会工委委员、部分工会主席参加全国城市第十八次机关工会工作理论研讨会；举办机关党建带工建理论研讨会。妇工委组织市直机关80多名妇女干部参加自治区直机关妇工委举办《读万卷书，行万里路》专题报告，并举办机关妇女形象礼仪知识讲座、“珍爱生命，智慧生活”专题座谈会，开展“百万妇女学法律、家庭平安促和谐”法律知识竞赛活动等。团工委举办市直机关共青团干部团务知识培训班暨2009年市直机关共青团工作会议、纪念“五四”运动90周年座谈会，选派基层团干参加各类团组织培训班。加强宣传文化阵地建设。出版《南宁机关党建》4期，编印《南宁市直机关工委深入学习实践科学发展观活动简报》6期。编辑《绿城先锋赞》，宣传市直机关党组织在创先争优中涌现出来的先进集体、优秀党务工作者，收录先进集体18个、先进个人33人；开通“南宁机关党建”网站。举办市直机关庆祝新中国成立60周年“祖国万岁”诵读·歌咏晚会，组织市直机关党员干部观看《天安门》和《突发事件》两部爱国主义教育电影、参观“辉煌历程　壮丽画卷”广西壮族自治区庆祝新中国成立60周年大型图片展。动员市直机关干部职工参与全国“100位为新中国成立作出突出贡献的英雄模范人物”和“100位新中国成立以来感动中国人物”投票评选活动。

【组织建设】 2009年，市直工委制定《2009年度南宁市直属机关党建工作目标责任书》并与98个市直机关党组织签订责任书。表彰2008年度市直机关党建目标管理工作“十佳”单位10个、优胜单位22个、优秀党务工作者32名。指导所辖机关党组织完成换届16个，审批市直属机关党总支部所辖的13个党支部换届，届中任免7位机关党组织书记，审批新建党组织1个，撤并机关党组织1个。加强流动党员管理，做好发展党员工作。发展党员237人，预备党员转正309人，入党积极分子553人，列为培养对象154人。评选表彰市直机关先进基层党组织28个、先进党支部58个、优秀共产党员468人和优秀党务工作者195人。

【党员奉献日活动】 2009年，市直工委组织开展“机关党员大行动，三项服务促发展”党员奉献日活动。6月20日，组织部分机关党组织参加在民族广场举办的主会场启动仪式，组织市直101个机关党组织分赴6个县参加分会场仪式并开展形式多样的服务活动，党员自愿向“党内互助金”捐款，“党员义工”和“爱心小分队”开展科技、法律、医疗、卫生、文化、教育等义务服务活动。开展新党员入党誓词宣誓和党员重温入党誓词活动，“七一”前，市直机关87个单位501名新党员、202名入党积极分子、100名机关党组织书记和副书记等共计803人，在南湖公园韦拔群烈士纪念碑前集体宣誓。开展慰问活动，慰问困难党员和老党员共1121人次，发放慰问金额22.42万元、慰问品折款3600多元。

6月20日，市直机关工委组织各机关党组织参加自治区直属机关工委和市委联合举办的“机关党员大行动，三项服务促发展”党员奉献日启动仪式 梁敏聪 摄

【党风廉政建设】 2009年，市直工委以“教育在前，预防为主，防患未然”为指导思想，强化党员干部的廉政教育。开展“加强党性修养，弘扬良好的作风教育活动”，观看反腐倡廉正反两面电教片。起草并组织实施市直机关工委关于贯彻落实《建立健全惩治和预防腐败体系2008~2012年工作规划》的具体意见，开展“廉政文化进机关”活动。做好《纪检监察机关受理群众来信、来访、电话举报统计表》、《纪检监察机关初步核实违纪线索统计表》、党风工作建设情况统计、信访工作情况3项制度统计等报表的统计工作。做好群众的来访工作，接待来访群众5次12人。对违纪党员材料进行审理，先后给予7名党员纪律处分，其中给予开除党籍5人，党内严重警告2人。

（林　涛）

政策研究

【概　况】 2009年，市委政策研究室围绕建设区域性国际城市和广西“首善之区”战略目标，努力发挥智囊参谋和决策咨询职能作用。研究起草市领导牵头开展的重点课题研究项目4个，与其他部门、城区合作开展的课题研究和专题调研项目8个；起草修改市委、市政府政策文件10份；完成起草修改市领导重要讲话（演讲）稿4篇，参与修改市领导重要讲话（演讲）稿7篇，牵头起草市领导署名理论文章4篇、采访稿6篇；完成起草修改市委、市政府重要汇报材料和交流材料6篇，参与修改汇报材料26篇；完成《南宁调研》刊物编辑出版12期，编辑出版政策文件、调研报告汇编2本；向市委办公厅以及自治区党委政研室报送信息15篇；组织编印《南宁市重大政策文件选篇（2007~2008）》、《谋事之基（2007~2008年南宁市重点调研课题汇编）》。

【课题研究】 2009年，市委政研室做好学习实践科学发展观活动市领导牵头课题的研究工作。根据市委统一部署，负责自治区党委常委、市委书记车荣福牵头的《深入学习实践科学发展观　推进区域性国际城市建设》和《推动南宁科学发展　建设广西“首善之区”》两个课题，市委常委、市委秘书长周红波牵头的《提升首府朝阳商圈发展水平　推进区域性商贸基地建设的思路与对策》课题以及配合农业局开展市委副书记岑可成牵头的《推进农村土地流转的对策措施》课题的研究工作。这4个课题印发全市各级党员领导干部学习，其中车荣福的两个课题报告被编入《2010年南宁市社会发展蓝皮书》专题篇。与有关部门、城区合作共同开展课题研究。主要有：与兴宁区共同开展“发展昆仑片区特色产业，建设城乡一体化示范区”课题研究，提出“把昆仑片区建设成为首府南宁城乡一体化示范区”的建议，该建议被市政府采纳，同意将兴宁区作为统筹城乡改革试点城区。联合市应急管理中心开展“完善应急管理体制机制　提高城市公共危机管理水平”课题研究，课题报告被编入《2010年南宁市社会发展蓝皮书》专题篇。与市发展改革委联合开展《南宁市建设区域性国际城市和广西“首善之区”在“十二五”期重点任务和发展对策研究》和《南宁市“十二五”规划期统筹城乡改革发展研究》两个课题研究，为南宁市完成“十二五”规划提供良好的基础。此外，还对副市长黄焕升牵头的《扩大首府消费需求研究》提出修改意见，并形成《扩大首府消费需求的对策措施》；协助市城市管理局完成“2009年南宁市基本建设前期工作计划”的《南宁市数字城管建设及区域性国际城市市容市貌指标研究》课题研究。

【专题调研】 2009年，市委政研室围绕市领导关心的重点突出问题和人民群众关心的热点问题，开展各项专题调研，为领导决策提供重要的参考。主要有：根据市委常委、市委秘书长周红波的指示要求，深入隆安县金穗公司开展专题调研，总结“金穗模式”的两种具体运作方式，提出加快推进南宁市农地流转的对策建议。在此基础上，协助周红波撰写《金穗模式：南宁市农地流转的实践与创新》调研报告，该报告于7月获广西农村土地承包经营权流转征文活动一等奖（第一名）。根据市委领导对《中共南宁市委督查室关于我市出租车行业维稳工作的情况报告》的批示要求，与市交通局成立联合课题组开展相关调研，形成《进一步加强南宁市出租汽车行业管理的对策研究》专题报告，提出“尽快实施出租汽车运价结构调整”等8条建议。

【政策文件起草修改】 2009年，市委政研室负责起草完成两次市委全会的主文件，分别是市委十届七次全会上审议通过的《中共南宁市委关于加快建设区域性国际城市和广西“首善之区”的决定》和市委十届八次全会审议通过的《中共南宁市委关于贯彻落实〈中共中共关于加强和改进新形势下党的建设若干重大问题的决定〉的意见》。起草重要政策文件。主要有《中共南宁市委　南宁市人民政府关于开展“项目建设年”和“服务企业年”活动的决定》、《中共南宁市委　南宁市人民政府关于提升朝阳商圈发展水平的意见》、《中共南宁市委　南宁市人民政府关于加快发展总部经济的决定》、关于鼓励商务区步行街发展的政策文件、《南宁市建设创新型城市工作实施方案》。协助有关部门制定与修改政策文件和相关规划，其中协助有关部门、城区制定政策文件5份，修改政策文件20多份，主要有：协助市人大起草修改《中共南宁市委关于进一步加强人大工作的决定》；配合市发展改革委起草完成《中共南宁市委、南宁市人民政府关于加快建设南宁生物国家高技术产业基地的决定》；配合市发展改革委参与起草《自治区人民政府关于进一步促进南宁市经济社会发展的若干意见》南宁市建议稿；配合市委督查室起草《中共南宁市委办公厅 南宁市人民政府办公厅关于落实〈中共南宁市委加快建设区域性国际城市和广西“首善之区”的决定〉责任分解表的通知》；协助市供销社等部门制定关于加快推进乡镇供销合作社改造重组的实施意见；协助江南区修改完善加快征地拆迁工作政策文件；配合市经委研究出台《南宁市人民政府关于支持工业企业应对当前国际金融危机的若干意见》。对自治区起草的《自治区党委、自治区人民政府关于加快农业产业化的决定（征求意见稿）》、市林业局起草的《关于全面推进集体林权制度改革的实施意见》、《关于创建国家森林城市的决定》等提出修改意见，对市发展改革委起草的南宁国家高技术产业基地四个规划、市经委牵头起草的《南宁市区域性加工制造基地规划》、市商务局牵头起草的《南宁市区域性商贸基地规划》、市规划局牵头的《南宁市区域性国际城市建设规划》等专项规划提出书面修改意见。

（李耿民）

机构编制

【概　况】 2009年，南宁市加强和完善机构编制管理工作，提高行政效能。市长、市机构编制委员会主任黄方方主持召开市机构编制委员会委员会议5次，审议机构编制事项103项。市机构编制委员会办公室围绕“加强农村基层政权建设，提高三农服务水平”的要求，分别组织人员到横县、宾阳、上林、隆安等县及所辖部分乡镇调研，了解乡镇履行职责的现状、现有事业站所及涉农事业单位运转情况、农村土地经营权流转的监管和争议仲裁机构设置问题，并对控制乡镇机构编制和实有人员情况开展督促检查。完成高峰林场学校和南化集团职工医院移交管理涉及的机构编制工作。将武鸣华侨农场所属福利院、医院、保育院企业办社会职能单位列入机构编制管理范围。将机构编制管理责任制考核纳入市委、市政府年度目标绩效考核范畴，权重为4%。组织对列入机构编制管理范围的县区和部门单位实施考核，各县区、各部门单位落实机构编制管理责任制总体情况良好，没有发现严重违反机构编制纪律的情况。

【政府机构改革】 2009年，南宁市围绕“转变职能，优化结构，强化责任，严控编制”的改革任务，开展地方政府机构改革调研。拟定南宁市政府机构改革方案报批。12月27日，自治区党委办公厅、自治区政府办公厅批准《南宁市人民政府机构改革方案》。改革的主要任务：转变政府职能，理顺职责关系，明确和强化责任，调整优化组织结构，规范机构设置，积极稳妥地探索推进实行职能有机统一的大部门体制。1.组建市工业和信息化委员会。将市经济委员会的职责，市信息化工作办公室承担的编制并组织实施信息化建设固定资产投资年度计划、会同有关部门组织实施有关信息行业的技术标准、软件产业的协调管理等职责，市开发区工作领导小组办公室的职责，整合划入市工业和信息化委员会，加强对工业的统筹协调，推进信息化和工业化的相互融合，加快走新型工业化道路。市工业和信息化委员会增挂糖业发展局的牌子。不再保留市经济委员会。2.组建市人力资源和社会保障局。将市人事局的职责、市劳动和社会保障局的职责，整合划入市人力资源和社会保障局。组建市公务员局，由市人力资源和社会保障局管理。不再保留市人事局、市劳动和社会保障局。3.组建市城乡建设委员会。将市建设委员会除房地产开发企业资质管理、房地产市场监管、房地产秩序综合整治、指导住宅产业化管理、指导商品房销售情况统计以外的职责，整合划入市城乡建设委员会。不再保留市建设委员会。4.组建市住房保障和房产管理局。将市房产管理局的职责，市建设委员会承担的房地产开发企业资质管理、房地产市场监管、房地产秩序综合整治、指导住宅产业化管理、指导商品房销售情况统计的职责，以及首府南宁住房制度改革委员会办公室的职责，整合划入市住房保障和房产管理局。市住房保障和房产管理局挂首府南宁住房制度改革委员会办公室牌子。不再保留市房产管理局、首府南宁住房制度改革委员会办公室。5.组建市交通运输局。将市交通局的职责划入市交通运输局。不再保留市交通局。6.组建市文化新闻出版局。将市文化局、市新闻出版局的职责，整合划入市文化新闻出版局。不再保留市文化局、市新闻出版局。7.组建市广播电影电视局。将市广播电视局的职责划入市广播电影电视局。不再保留市广播电视局。8.组建市投资促进局。将市招商促进局的职责划入市投资促进局，不再保留市招商促进局。9.组建市外事侨务办公室。将市外事办公室的职责、市侨务办公室的职责划入市外事侨务办公室。不再保留市外事办公室、市侨务办公室。10.组建市城乡数字化建设办公室。将市信息化工作办公室除编制并组织实施信息化建设固定资产投资年度计划、会同有关部门组织实施有关信息行业的技术标准、软件产业的协调管理以外的职责，整合划入市城乡数字化建设办公室。不再保留市信息化工作办公室。11.市食品药品监督管理局为市政府工作部门。市食品药品监督管理局业务上接受上级主管部门和同级卫生部门的组织指导和监督，保证其相对独立地依法履行职责，保证其对消费环节食品安全和药品研究、生产、流通、使用全过程的有效监管。12.市人民防空办公室由议事协调机构的常设办事机构调整为市政府工作部门。13.市扶贫开发领导小组办公室更名为市扶贫开发办公室，由议事协调机构的常设办事机构调整为市政府工作部门。14.市水产畜牧兽医局由市政府工作部门调整为由市农业局管理。15.市财政局挂市金融工作办公室牌子。将设在市政府办公厅的市金融工作领导小组办公室（市政府金融工作办公室）的职责整合划入市财政局。不再保留市金融工作领导小组办公室（市政府金融工作办公室）。16.市城市管理指挥中心不再与市城市管理局合署办公。17.清理议事协调机构及其办事机构。对市政府现有的议事协调机构进行清理和规范，能够由部门承担的事项，不再设置议事协调机构；确需设立的，严格按规定程序报批。议事协调机构不设实体性办事机构。改革后，市政府设置工作机构41个。其中，工作部门40个，直属特设机构1个。另设置部门管理机构（规格为副处级）2个。

这次市政府机构改革工作在市委、市政府的统一领导下，由市编委负责组织实施，市编办承担具体工作。机构调整按自治区党委、自治区政府批准的方案进行，人员编制不突破自治区核定的行政编制总数。

【事业单位改革】 2009年，南宁市按照“政事分开、事企分开、管办分离”的要求，研究和开展事业单位分类，清理和规范事业单位管理，推进事业单位改革。核定新成立的市荔园滨水公园、市体育休闲公园、市凤岭儿童公园等单位管理层面的机构和人员编制，对作业层面实行政府向社会购买服务的方式予以解决，不再核定事业编制。进一步规范开发区事业单位机构设置，将南宁高新技术产业开发区、南宁经济技术开发区管委会所属的14个履行公共事务管理职能的自收自支事业单位的经费管理形式改为财政全额拨款。推进事业单位后勤服务人员岗位用编和用人制度的改革工作，完成市本级所属89个参照公务员法管理事业单位的后勤服务人员控制数核定、置换等工作。

【机构调整完善】 2009年，南宁市调整五象新区开发建设管理体制，在市北部湾(广西)经济区规划建设管理委员会办公室加挂南宁五象新区开发建设指挥部牌子，履行统筹协调市北部湾经济区和五象新区项目开发、建设、管理等工作。设立南宁保税物流中心管理委员会，为市政府派出机构，与市北部湾(广西)经济区规划建设管理委员会办公室（南宁五象新区开发建设指挥部)合署办公，构建与广西北部湾经济区保税物流体系相适应的管理体制。调整设立市固定资产投资工作领导小组办公室；设立市铁路建设办公室；调整完善市应急办和市应急联动中心的职责，在市应急办增设应急管理协调科，相应增加人员编制和领导职数。推进公安刑侦管理体制改革，调整市公安局各级刑侦部门机构设置和人员编制；调整市委政法委的内设机构和职能；完善市信访局的内设机构，进一步明确县区信访工作机构编制设置；撤销江南片疾病预防控制中心，批复组建六城区疾病预防控制中心，为隶属各城区卫生局管理的相当副科级事业单位，并相应调整市疾病预防控制中心的人员编制，实行市和城区分级负责的疾病预防控制管理体制；调整和完善数字化城市管理综合行政执法管理体制，将市城市管理综合行政执法支队、各城区（开发区)城市管理综合行政执法大队、市城市管理综合行政执法支队规划管理监察大队调整为事业单位管理；将市劳动保障监察支队、市劳动争议仲裁院、市环境监察支队、南宁仲裁委员会秘书处等事业单位机构规格确定为相当副处级，并相应调整完善上述单位内设机构和领导职数。

【机构编制资源盘活】 2009年，南宁市研究下达2009年度机关事业单位编制使用计划3696名，办理机关事业单位入减编手续5675人次。调整增加南宁高新技术产业开发区、南宁经济技术开发区、市委政法委、市委统战部、市财政局、共青团南宁市委机关、市贸促会等部门和单位内设机构和领导职数；批复设立南宁市法学会。根据经济社会发展的需要，适时对事业单位机构编制进行调整，批复设立市人大代表活动中心会堂管理处等45个事业单位；分别调整市委党校等179个事业单位涉及的机构称谓、业务范围、规格、经费管理形式、内设机构、人员编制和领导职数。

【事业单位法人登记管理】 2009年，南宁市完成事业单位设立登记66个、变更登记810个、注销登记30个；完成4306个事业单位年检工作，年检率99.90%，合格率100%。 （黄振生　陈　宏）

老干部工作

【概　况】 2009年，南宁市有离休干部1300人。其中：市区（六城区、南宁—东盟经济开发区)914人，武鸣县87人，横县82人，宾阳县63人，上林县48人，马山县73人，隆安县33人。行政机关401人，事业单位308人，企业单位591人。享受副省级单项医疗待遇4人、正副厅(局)级(含享受)66人、正副处(县)级(含享受)947人、正副乡(科)级待遇278人、其他待遇5人。第二次国内革命战争时期入伍的3人，抗日战争时期入伍的138人，解放战争入伍的1159人。70~79岁425人，80~89岁830人，90岁以上45人。年内，青秀区离退休党工委第一支部获“全国先进离退休干部党支部”称号；市老年大学获“全国先进老年大学”称号，校长洪中信获“全国先进老年教育工作者”称号。

【政治学习】 2009年，南宁市市委老干部局坚持组织离退休干部开展政治理论学习，通过宣讲会、报告会、辅导会、支部学习会等形式，帮助老干部加强对党的十七大和十七届三中、四中全会等重大会议精神以及科学发展观的学习，加深对党中央重大的理论观点、战略思想和工作部署的理解和认识；每月组织部分副厅以上离休干部阅文2次，让老干部及时了解和掌握党和国家的方针政策；坚持给老干部订阅党报党刊，做到离休干部人手一份报纸、一份杂志，为老干部提供学习资源；组织部分离退休党支部书记参加自治区党委老干部局举办的离退休干部党支部书记培训班学习。4月，举办一场全市老干部政治形势报告会，近500名老干部到场听取专家教授作“深入学习实践科学发展观”的报告。

【文体活动】 2009年，南宁市在元旦、春节期间举办全市离退休干部迎春游园活动，1500多名老干部参加夹玻璃球、钓鱼、套圈等7个项目活动。举办元旦、“七一”、国庆老干部电影招待会，有1万多人观看。举行全市离退休干部麻将比赛、地掷球赛、门球赛等，参赛的有2000人。组织市老干部代表队参加广西第六届离退休干部门球赛、自治区离退休干部庆祝中华人民共和国成立60周年文艺会演等。市老干部活动中心组织老干部开展健身、棋牌、桌球、乒乓球、门球、跳舞等活动，参加活动的有8万多人次。市老年大学开设26个专业、60个班，有老年学员近2000人。全市各级各单位根据老干部的爱好和特点，组织开展丰富多彩的文体活动，参加活动的有10万多人次。

【慰问活动】 2009年，元旦、春节期间，市四家班子领导分别走访慰问曾任过南宁市领导的自治区副省级以上离退休老同志和自治区正省级离退休老领导共15人，登门慰问二战时期入伍的老红军、老干部和市四家班子离退休老领导40人以及到自治区、市各医院看望因病住院的老干部和处级退休干部420人；组织登门慰问困难离休干部及离休干部遗孀23人。庆祝中华人民共和国成立60周年期间，对全市1400多名离休干部和离休干部遗孀进行走访慰问，给开国老功臣们送去慰问金及纪念品，其中自治区领导登门慰问3人、市领导登门慰问16人。百色起义、龙州起义80周年之际，市领导分别登门慰问老红军、老红军遗孀和老干部10人。全年共给38名80岁以上的市四家班子离退休老领导和二战时期的老干部、老红军以及90岁以上离休干部进行生日祝寿，到医院看望住院老干部510人。

9月21日，自治区党委书记、自治区人大常委会主任郭声琨（右二）在自治区党委常委、市委书记车荣福（左一），市长黄方方（右一）陪同下走访慰问南宁市老干部　　黄　飚提供

【为老干部办实事】 2009年，南宁市市属企业分为原国有改制企业（含关闭停产、破产、产权整体出售企业）、困难企业、非困难企业三类。从当年起，第一类企业离休人员的生活性补贴全部由财政负担；第二类企业负担离休人员原来的“三项补贴”，超出的部分由财政负担；第三类企业离休人员生活性补贴由企业和财政各负担50%，从2010年起企业负担逐年递减10%；到2013年市属企业离休人员的生活性补贴全部由财政负担。同时，市委老干部局协调有关部门、单位为老干部办好事实事20件。主要有：继续推进企业离休干部城区属地服务管理工作，至年末，全市6个城区共接收85家市属破产、非国有或非国有控股企业移交的离休干部236名，实行城区统一服务管理；协助市财政审核补助发放南宁市73家破产、关闭、困难企业共323名离休干部的生活补贴，涉及金额2500万元；多方协调解决广西红水河水泥股份有限公司、广西运德汽车运输集团宾阳汽车站共14名离休干部参加医疗统筹问题；协调落实原南宁地区木材公司2名离休干部生活性补贴15万元；协调解决南宁华侨印务有限公司1名离休干部2006年以来一次性生活补助等老大难问题。此外，还组织全市离休干部和市四家班子退休老领导895人进行健康体检；全年市财政为离休干部支付医药费用6350万元；为500多户离休干部安装使用“援通呼叫器”，方便老干部居家养老。　　（黄　飚）

党校工作

【概　况】 中共南宁市委党校（南宁市经济干部学院、南宁市行政学院、南宁市社会主义学院）实行校务委员会领导体制，下设机关党委、办公室、教务科、学员工作科、行政科、业务指导科、财务科、离退休人员工作科、信息技术工作科、马列教研室、基础教研室、管理学教研室、计财教研室、法学教研室、行政学教研室、统战教研室、科研室、图书馆共18个科（室）。2009年，有在编人员113人，其中，具有中、高级专业技术职务任职资格38人。年内，分别在横县、上林县创设教师（干部）挂职学习基地。

【教育培训】 2009年，市委党校根据市委、市政府的工作要求，加大对党员干部的培训力度，主要举办新任县处级领导干部、中青年干部、党外人士、少数民族干部等培训班，还承接各类计划外的培训班和会议，共完成培训130期，培训2.45万人次，其中主体班29期3465人次，计划外的培训班和会议101期2.10万人次。首次在优秀青年干部班实行“准军事化管理”，组织市中青年干部、优秀青年干部、县处级干部、乡镇长等培训班分赴清华大学、北京大学、浙江大学、复旦大学等高等院校进行培训。中央党校函授学历教育继续开展，至年末，中央党校函授学院南宁分院的学历教育培养大专生7915人、本科生8180人、研究生94人。

【科研工作】 2009年，市委党校突出加强对全面落实科学发展观和市情的研究。在省、市级以上公开刊物和出版社发表论文50篇，完成课题20项。在市情研究方面，参与由自治区党委主要领导点题，自治区党校领导指导的《文明城市长效机制研究》课题研究；开展建设全国少数民族干部培训基地可行性的研究；承担市发展改革委《南宁市经济社会发展与人才需求研究》、市委宣传部《南宁市宣传队伍人才建设研究》等课题研究。举办全市党校系统学习实践科学发展观理论研讨会。

10月29日，2009年南宁市秋季干部培训主体班开学典礼在市委党校大礼堂举行　　李显英　摄

【县乡党校教学管理体制改革指导】 2009年，市委党校组成两个评估工作指导小组，分别对县级党校进行分类指导，将6个县委党校分为成熟、较成熟、不太成熟3个类型，每个工作指导组分别指导3个县委党校。宾阳县、武鸣县和上林县党校通过自治区党校办学水平达标评估，经验材料被收录入自治区典型材料汇编。市委党校的评估经验材料被自治区委党校编制的典型材料汇编收录作为自治区评估经验推广。（农 瑛）

南宁市人民代表大会

重要会议

【市第十二届人民代表大会第七次会议】 2009年2月17~20日在南宁人民会堂召开。17日上午开幕，应出席代表497名，实到代表468名。南宁市选出的自治区第十一届人大代表，不是市人大代表的市委副书记，副市长，市委、市人大常委会、市政府副秘书长，市委各部、委、办、局主要负责人，市各人民团体主要负责人，市级双管及有关单位主要负责人，市人大及其常委会各部门处级干部，市政府各委、办、局主要负责人，市中级法院副院长，市检察院副检察长共169人列席，大会主席团由67人组成。主席团第一次会议推定车荣福、谢寿堂、岑可成、翟宗华、秦敬德、胡建华、周红波、雷应敏、刘南生、陈瑞深、卢丽芬、赖贵寿、邓其新为大会主席团常务主席。大会秘书长由刘南生兼任。会议听取和审议市政府工作报告；审查和批准市2008年国民经济和社会发展计划执行情况的报告与2009年国民经济和社会发展计划；审查市和市本级2008年预算执行情况的报告与2009年预算，批准市本级2008年预算执行情况的报告与2009年预算；听取和审议市人大常委会工作报告、市中级法院工作报告、市检察院工作报告。会议作出《关于政府工作报告的决议》、《关于南宁市2008年国民经济和社会发展计划执行情况与2009年国民经济和社会发展计划的决议》、《关于南宁市和市本级2008年预算执行情况和2009年预算的决议》、《关于南宁市人大常委会工作报告的决议》、《关于南宁市中级人民法院工作报告的决议》、《关于南宁市人民检察院工作报告的决议》。会议期间，代表提出议案90件；市政府领导及有关部门负责人到各代表团听取了意见。大会依照法律程序，以无记名投票方式，补选卫自光为市人大常委会副主任。市人大常委会主任谢寿堂致闭幕词。自治区党委常委、市委书记车荣福在闭幕式上讲话。

【市第十二届人民代表大会常务委员会会议】 2009年共召开8次会议。

第22次会议 2月12~13日在市人大常委会会议厅召开。市人大常委会主任谢寿堂主持。会议听取和审议市人大常委会秘书长周如斯作的关于召开市十二届人大七次会议的有关事项的说明和市人大常委会代表资格审查委员会关于代表出缺情况和补选代表的代表资格审查报告；市政府作的《关于我市实施百村脱贫建设工程专项工作情况》的报告和市人大常委会专项工作评议调查组的调查报告；审议主任会议关于评选和表彰2007~2008年度好议案、好建议和先进人大代表小组、代表履职积极分子暨办理代表建议先进单位和个人的报告，《南宁市城乡容貌和环境卫生管理条例》和市人大法制委员会的审议结果的报告；审议通过市人大常委会2008年工作报告；作出《关于我市实施百村脱贫建设工程专项工作评议的决议》、《关于表彰2007~2008年度好议案、好建议和先进人大代表小组、代表履职积极分子暨办理代表建议先进单位和个人的决定》、《关于通过〈南宁市城乡容貌和环境卫生管理条例〉的决定》、《关于许可南宁市人民检察院对方新琪采取强制措施的决定》、《关于接受封家骧同志辞去南宁市第十二届人大常委会副主任职务的请求的决定》；通过有关人事任免事项。

第23次会议 2月20日在市人大常委会会议厅召开。市人大常委会主任谢寿堂主持。会议听取和审议市政府关于对提请审议南宁建宁水务投资集团有限责任公司以投资建设与转让收购模式建设南宁市水环境综合整治工程项目的议案及市人大常委会议案调查组的调查报告；作出《关于同意市人民政府委托南宁建宁水务投资集团有限责任公司以投资建设与转让收购模式建设南宁市水环境综合整治工程项目的决定》。

第24会议 3月25~26日在市人大常委会会议厅召开。市人大常委会主任谢寿堂主持。会议听取和审议市政府关于市农业生产安排和当前春耕生产情况的报告以及市人大常委会调查组的调查报告，市政府关于提请授予吴国光教授南宁市荣誉市民称号的议案及市人大民族华侨外事宗教委员会的审议结果报告；作出《关于今年我市农业生产安排和抓好当前春耕生产的决议》、《关于批准授予吴国光教授南宁市荣誉市民的决定》；审议通过市人大常委会2009年工作要点和2009年立法工作计划；通过有关人事任免事项。

第25次会议 5月20~22日在市人大常委会会议厅召开。市人大常委会主任谢寿堂主持。会议审议市政府《关于提请审议调整忻城周安至宾阳新桥二级公路等三个工程项目贷款承贷银行的议案》；听取和审议市人大有关专门委员会关于市十二届人大七次会议《关于从根本上解决我市看守所超量关押问题的议案》、《关于要求制定〈南宁市城乡养老机构管理办法〉的议案》、《关于加强扬美古镇旅游资源保护的议案》、《关于制定〈南宁市民办幼儿园管理办法〉的议案》、《关于增加投入加快贫困地区新农村建设步伐的议案》、《关于加大大石山区旅游基础设施建设力度的议案》、《关于加快建设南宁市体育运动学校的议案》、《关于提高我市乡村医生补助标准的议案》8件代表议案的审议结果报告，同意市人大有关专门委员会在审议结果报告中提出的意见和建议，并对这8件代表议案分别作出相关的决定；听取和审议市政府关于贯彻实施《南宁市青秀山风景名胜管理区条例》的情况报告及市人大常委会执法检查组的检查报告，市政府关于《南宁市户外广告设置管理条例(修订草案)》的议案和市人大城建环保委的审议意见报告；审议市人大法制委员会关于《南宁市会展业管理条例(草案)》审议意见的报告、市人大常委会法制工作委员会《南宁市人民代表大会常委会规范性文件备案审查办法(草案)》；作出《关于同意市政府调整忻城周安至宾阳新桥二级公路等三个工程项目贷款承贷银行的决定》、《关于许可南宁市人民检察院对张福高采取强制措施的决定》、《关于接受陈瑞深同志辞去南宁市第十二届人大常委会副主任职务的请求的决定》；通过有关人事任免事项。

第 26 次会议　7 月 28~30 日在市人大常委会会议厅召开。市人大常委会主任谢寿堂主持。会议听取和审议市发展改革委关于南宁市 2009 年上半年国民经济和社会发展计划执行情况的报告、关于南宁市 2009 年上半年预算执行情况的报告、2008 年南宁市本级决算草案的报告、2008 年南宁市本级预算执行和其他财政收支情况审计工作的报告,以及市人大财经委关于 2008 年南宁市本级决算草案的审查报告；听取和审议市政府关于贯彻实施《中华人民共和国人民防空法》、《国务院住房公积金管理条例》、《南宁市公益林条例》的情况报告及市人大常委会 3 个执法检查组的检查报告；审议市政府关于提请审议《南宁市水土保持规划(2009~2020 年)的议案》,《南宁市河道与堤防建设管理条例（草案)》和市人大法制委员会的审议结果报告，市人大常委会法制工作委员会《南宁市人大常委会规范性文件备案审查办法(草案二次审议稿)》和市人大代表各调研组 2009 年年中专题调研报告；审议通过市人大常委会代表资格审查委员会关于个别代表出缺和代表资格审查情况的报告；作出《关于批准 2008 年南宁市本级决算的决议》、《关于通过南宁市水土保持规划(2009~2020 年)的决定》、《关于通过〈南宁市河道与堤防建设管理条例〉的决定》、《关于通过〈南宁市人大常委会规范性文件备案审查办法〉的决定》；通过有关人事任命事项。

第 27 次会议　9 月 27~29 日在市人大常委会会议厅召开。市人大常委会主任谢寿堂主持。会议听取和审议市政府《关于提请将 36 个项目贷款偿还资金列入市本级同期财政预算的议案》和《关于提请将部分城建项目贷款偿还资金列入市本级同期财政预算的议案》、《关于提请审议授予余仁国等 6 位国(境)外友好人士南宁市荣誉市民称号的议案》及市人大常委会议案调查组的调查报告和市人大民族华侨外事宗教委的审议结果报告；听取市政府关于贯彻实施《中华人民共和国中小企业促进法》的情况报告和市中级法院关于贯彻实施《中华人民共和国民事诉讼法》的情况报告及市人大常委会两个执法检查组的检查报告；听取和审议市政府关于市农村学校饮用水安全及工程建设情况报告及市人大教科文卫委的调查报告；市政府关于《南宁市特种行业治安管理条例(草案)》的议案和市人大内司委的审议意见的报告；听取市人大法制委关于《南宁市展会管理条例(草案)》的审议结果报告；市人大常委会主任会议关于《南宁市应急联动条例(草案)》暂不付表决的报告；作出《关于同意市政府将 36 个项目贷款偿还资金列入市本级同期财政预算的决定》、《关于同意市政府将部分城建项目贷款偿还资金列入市本级同期财政预算的决定》、《关于批准授予余仁国等 6 位国(境)外友好人士南宁市荣誉市民称号的决定》、《关于通过〈南宁市展会管理条例〉的决定》；通过有关人事任免事项。

第 28 次会议　11 月 18~20 日在市人大常委会会议厅召开。市人大常委会主任谢寿堂主持。会议听取和审议市中级法院关于开展司法调解工作情况的报告和市人大常委会专项工作评议调查组的调查报告，并对该项工作进行了满意度测评；市政府关于提请审议南宁市城市建设投资发展总公司发行企业债券的议案和关于 2009 年市本级预算调整方案的报告及市人大财经委的审议结果报告；市政府关于开展“项目建设年”和“服务企业年”活动情况报告、关于执行市人大常委会有关决议决定和办理市人大常委会审议意见情况的报告、关于办理市十二届人大七次会议以来代表建议、批评和意见的情况报告和市人大常委会检查组关于市十二届人大会议以来市人大代表建议办理情况的检查报告；市政府关于贯彻实施《中华人民共和国体育法》的情况报告及市人大常委会执法检查组的检查报告；市政府关于提请审议《南宁市城市桥梁管理条例(草案)》的议案和市人大城建环保委的审议意见报告。审议《南宁市户外广告设置管理条例(修订草案)》和市人大法制委的审议意见报告。作出《关于市中级人民法院司法调解工作评议的决议》、《关于同意南宁市城市建设投资发展总公司发行企业债券的决定》、《关于批准 2009 年市本级预算调整方案的决定》、《关于接受黄焕升同志辞去南宁市人民政府副市长职务的请求的决定》。通过有关人事任免事项。

第 29 次会议　12 月 17~19 日在市人大常委会会议厅召开。市人大常委会主任谢寿堂主持。会议听取和审议市政府关于实施“就业再就业工程”情况的报告和市人大常委会专项工作评议调查组的调查报告，并对该项工作进行了满意度测评；市人大常委会法工委关于《南宁市制定地方性法规规定（修订草案)》的说明、市政府关于《南宁市城市园林绿化条例(修订草案)》的议案、市人大内司委关于《南宁市志愿者服务条例(草案)》的议案。审议市人大法制委《南宁市志愿者服务条例（草案)》、《南宁华侨投资区条例（草案)》、《南宁市农村集体资产管理条例(草案)》审议意见的报告；市人大常委会立法后评估工作组关于《南宁经济技术开发区条例》立法后评估报告；6 个区、市人大代表联合视察组关于“一府两院”2009 年工作情况的视察报告。作出《关于市政府实施“就业再就业工程”情况的决议》、《关于通过〈南宁市人大常委会 2020 年立法工作计划〉的决定》、《关于通过将〈南宁市制定地方性法规规定(修订草案)〉提请南宁市第十二届人民代表会议审议的决定》、《关于接受吴炜同志辞去南宁市人民政府副市长职务的请求的决定》、《关于接受文海兴同志辞去南宁市人民政府副市长职务的请求的决定》。通过有关人事任免事项。

重大活动

【执法检查】 2009 年，市人大常委会共组织开展执法检查 7 次。

《南宁市青秀山风景名胜管理条例》实施检查　3 月 31 日至 4 月 1 日，市人大常委会副主任卫自光带领执法检查组,对南宁市贯彻实施《南宁市青秀山风景名胜管理条例》的情况进行检查。检查组在听取了市政府及有关部门贯彻实施《条例》的情况汇报,实地检查广西军区后勤部汽车训练大队住宅楼施工现场、广州军区 75707 部队建筑工地、青山园艺场拆迁建筑等现场。检查组认为,市各级政府认真贯彻实施条例的有关规定，切实加强领导，青秀山风景名胜资源得到有效保护和科学利用，基础设施不断完善,管理水平不断提升,社会经济效益不断提高，旅游业为主导的第三产业持续健康发展,取得显著的成效。但存在对条例宣传的氛围不够浓、风景区的发展和建设缺乏资金支持、风景区详细规划严重滞后、农民占地违法建设现象没有得到根治、部队的建设难以监管到位等问题。检查组提出改进意见和建议,并将检查情况向常委会第 25 次会议报告。

《住房公积金管理条例》实施检查　4 月 9~10 日，市人大常委会副主任卫自光带领执法检查组，对南宁市贯彻实施《住房公积金管理条例》的情况进行检查。检查组听取市公积金管理中心、市财政局、南宁市经济技术开发区和南宁—东盟经济开发区管委会、上林和马山县政府关于贯彻实施《住房公积金管理条例》工作情况的汇报，召开有关人员的座谈会。检查组认为，市政府认真贯彻实施条例，积极做好住房公积金管理的各项工作，使住房公积金事业得到了快速的发展。但存在对公积金管理条例的宣传广度和深度不够、住房公积金缴存情况不平衡、对非公企业公积金归集措施不力等问题。检查组提出改进意见和建议，并将检查情况向常委会第26次会议报告。

《南宁市公益林条例》实施检查 5月25~27日，市人大常委会副主任赖贵寿带领执法检查组，对南宁市贯彻实施《南宁市公益林条例》的情况进行检查。检查组听取市林业局、发展改革委、财政局的汇报，并深入横县镇龙林场、隆安县古潭乡龙虎山、良庆区南州林场国家公益林区进行实地检查。检查组认为，市政府及相关部门认真贯彻条例，切实加强领导，采取了有效措施，加大公益林管理，取得良好效果。但存在公益林补偿偏低、经费投入不足、补偿兑现率低、盗砍滥伐公益林案件时有发生等问题。检查组提出了改进意见和建议，并将检查情况向常委会第26次会议报告。

《人民防空法》实施检查 7月8~10日，市人大常委会副主任卫自光带领执法检查组，对南宁市贯彻实施《人民防空法》的情况进行检查。检查组听取市政府及有关部门关于实施《人民防空法》情况的工作汇报，实地视察市人防指挥所、江南区人防指挥所建设、新华街人防工程、蓝山上城、文景园小区和青秀区、宾阳县开展人防教育及防空地下室建设和管理情况。检查组认为，市政府及有关部门认真贯彻实施《人民防空法》，把人民防空建设纳入了全市国民经济、社会发展计划和市本级财政预算，在促进人民防空事业发展方面，做了大量工作，取得较好成绩。但存在对人防工作法律宣传教育深度和广度不够、人防事业发展的工作不够平衡、人防工程竣工后的产权不明晰使维护人防工程的矛盾日益突出、防空地下室建设项目审批和监管机制不够完善、实施法律的效果存在差异等问题。检查组提出改进意见和建议，并将检查情况向常委会第26次会议报告。

《民事诉讼法》实施检查 7月上旬至8月上旬，市人大常委会副主任刘南生带领执法检查组，对南宁市贯彻实施《民事诉讼法》"审判监督程序"规定的情况进行检查。检查组在各级法院自查的基础上，听取市中级法院、兴宁区法院、武鸣县法院的汇报，召开座谈会听取意见建议，并走访了有关单位和企业。检查组认为，市各级法院认真贯彻实施民事诉讼法，积极开展民事审判、执行、司法援助和救助活动，不断更新执法观念，采取各种积极的措施，为确保民事诉讼法的各项原则和制度全面正确贯彻执行做了大量工作，取得较好成绩。但存在对民事诉讼法学习宣传未完全到位、再审发回重审制度不健全、申诉案件进入再审程序比较难、检察机关对民事案件的监督工作较为艰难等问题。检查组提出改进意见和建议，并将检查情况向常委会第27次会议报告。

《中小企业促进法》实施检查 8月10~28日，市人大常委会副主任赖贵寿带领执法检查组，对南宁市贯彻实施《中小企业促进法》的情况进行检查，检查采取市、县区两级人大上下联动的形式进行。检查组听取市政府关于贯彻实施《中小企业促进法》的情况汇报，召开工业、建筑业、批发和零售业、交通运输业、餐饮业等17个中小企业代表座谈会，深入宾阳、武鸣、马山县和西乡塘区、南宁—东盟经济开发区、南宁经济技术开发区进行实地检查，到10个中小企业实地考察，召开座谈会了解单位和群众的意见和建议。检查组认为，市各级政府认真贯彻实施《中小企业促进法》，推动全市中小企业快速发展，取得明显成效。但也存在宣传贯彻《中小企业促进法》的力度和深度不够、中小企业在发展中存在着融资难和用地难、投资环境有待进一步加强和改善等问题。检查组提出改进意见和建议，并向常委会第27次会议报告。

《体育法》实施检查 10月中旬，市人大常委会副主任卢丽芬带领执法检查组，对南宁市贯彻实施《体育法》的情况进行检查。检查组听取市政府及有关部门的汇报，召开有关单位负责人和代表的座谈会，深入横县、武鸣县听取汇报，实地检查学校体育设施和群众活动场所。检查组认为，市各级政府认真贯彻实施体育法，加大投入、依法开展学校体育和民族体育工作，大力开展群众性体育活动和竞技体育运动，加强体育产业和对外体育交流活动，取得较好成效。但也存在个别县区未将体育事业纳入本区域发展计划、财政投入结构欠合理、公共体育设施仍较落后、部分农村学校体育专业人员不足和体育课质量不高等问题。检查组提出改进的意见和建议，并将检查情况向常委会第28次会议报告。

【代表视察】 2009年11月30日至12月4日，市人大常委会组织自治区、市人大代表对市"一府两院"2009年工作进行视察。视察团团长由市人大常委会主任谢寿堂担任，副团长由副主任刘南生、卢丽芬、赖贵寿、邓其新、卫自光担任；参加视察的自治区、市人大代表158人，组成6个视察组开展视察活动。各视察组对视察情况作出视察报告，向市人大常委会第29次会议做书面报告。

项目建设年"1180亿元"投资情况视察 第一视察组在主任谢寿堂带领下，听取"一府两院"关于2009年的工作汇报和关于南宁市项目建设年"1180亿元"投资完成情况汇报，深入兴宁区、青秀区、相思湖新区和六景工业园区召开座谈会；实地考察广西体育中心、保税物流中心、东葛路延长线、南宁电厂、南化集团、东盟—川桂物流园、嘉汇商贸城、金桥农产品批发市场、兴宁区工业园动力源等23个建设项目。通过视察，代表们了解了市项目建设年"1180亿元"投资完成情况，同时对存在问题提出改进工作的意见和建议。

内务司法工作和为民办实事建设项目视察 第二视察组在副主任刘南生的带领下，对市内务司法有关工作和2009年市政府为民办实事有关项目的落实情况进行视察。视察组就整治超标助力电动车和助力电动车管理、民事检察、残疾人康复、法院和检察院基础设施建设、低保和敬老院建设情况，听取市政府、市中级法院、市检察院、市残联和市民政局的汇报，召开座谈会，了解各项工作取得的成效及存在问题，探讨解决问题的途径；走访那马精神病医院，市残疾儿童康复中心，昆仑镇、四塘敬老院。通过视察，代表们了解了市内务司法有关工作和2009年市政府为民办实事有关项目的落实情况，同时对存在问题提出了改进工作的意见和建议。

教科文卫工作和为民办实事建设项目视察 第三视察组在副主任卢丽芬带

领下，对市2009年教科文卫有关工作、市政府2009年为民办实事有关建设项目完成情况和市人大常委会所作的决议决定办理情况进行了视察。视察组听取“一府两院”和相关部门的报告，深入武鸣、上林、马山县和良庆区召开座谈会，实地视察部分县区计生站建设工地、大塘镇中心学校、那马镇中心学校、市中医院工地等。通过视察，代表们了解了市教科文卫方面工作、市政府2009年为民办实事建设项目完成情况和市人大常委会所作的决议决定办理情况，同时对存在问题提出了改进工作的意见和建议。

大中型水库移民基础设施建设工程项目视察　第四视察组在副主任赖贵寿带领下，对市政府2009年为民办实事之一的大中型水库移民基础设施建设工程项目完成情况进行视察。视察组听取了市政府和有关县区的汇报，深入宾阳县、横县、江南区、良庆区，召开座谈会，实地视察江南区吴圩镇、苏圩镇，宾阳县新桥镇，横县校椅镇、横州镇，良庆区那马镇的工程项目点和人饮点工地。通过视察，代表们进一步了解了市政府2009年为民办实事大中型水库移民基础设施建设工程项目实施情况，并对存在问题提出改进工作的意见和建议。

“扶侨安居工程”和华侨农林场归(难)侨危旧房改造项目视察　第五视察组在副主任邓其新带领下，对市政府为民办实事“扶侨安居工程”和市华侨农林场归难侨职工危旧房改造项目情况进行视察。视察组先后听取市政府和市发展改革委、侨办、财政局、规划局、国土资源局有关工作情况的汇报，深入隆安县、武鸣县和邕宁区召开座谈会，实地视察了浪湾、白合、五合华侨农林场归(难)侨职工危旧房改造施工现场和归侨职工家庭。通过视察，代表们进一步了解了市政府2009年为民办实事项目“扶侨安居工程”和归(难)侨职工危旧房改造项目情况，并对存在问题提出改进工作的意见和建议。

城建口各单位负责实施为民办实事项目视察　第六视察组在副主任卫自光的带领下，对市城建口各单位牵头负责组织实施的为民办实事项目工程建设完成情况进行视察。视察组听取市建委、城管局、园林局、房产局、房改办及横县、宾阳县政府的工作汇报，实地视察廉租房和经济适用房、小绿地(广场)、内涝整治和公厕、人行过街设施、市政道路等为民办实事项目和横县、宾阳县污水处理和生活垃圾处理设施项目完成情况。通过视察，代表们进一步了解了市城建口各单位牵头负责组织实施的为民办实事项目工程建设完成情况，并对存在问题提出改进工作的意见和建议。

【专项工作评议】　2009年，市人大常委会共组织开展专项工作评议3次。

实施百村脱贫建设工程专项工作评议　2月12日，市人大常委会第22次会议在2008年末对市政府实施百村脱贫建设工程专项工作调查的基础上，对南宁市实施百村脱贫建设工程开展评议，在听取市政府关于对南宁市实施百村脱贫建设工程专项工作的报告以及评议调查组的调查报告后，对南宁市实施百村脱贫建设工程进行了满意度测评，作出关于南宁市实施百村脱贫建设工程专项工作评议的决议。

司法调解工作专项工作评议　10月13日，市人大常委会召开专项工作评议动员会，并成立专项工作评议调查组，对市中级法院司法调解工作进行评议。评议前评议调查组进行调查，走访自治区高级法院相关庭室负责人、部分人民调解员；委托各县区人大常委会协助开展调查活动；召开有关人员座谈会；开展问卷测评等，全面开展专项工作评议调查。市人大常委会第28次会议在听取市中级法院的汇报和评议调查组的调查报告，进行了评议和民主测评，作出关于对市中级法院司法调解工作的专项工作评议的决议。

南宁市“就业再就业工程”的专项工作评议　11月17日，市人大常委会召开专项工作评议动员会，并成立专项工作评议调查组，对市政府为民办实事之一的“就业再就业工程”开展专项工作评议。评议调查组听取市政府和有关部门的汇报，实地视察南宁市12333就业援助呼叫系统、市人力资源市场；深入上林、宾阳县及江南、青秀区听取汇报，召开座谈会，开展问卷测评等，全面开展专项工作评议调查。市人大常委会第29次会议在听取市政府的汇报及评议调查组的调查报告，进行评议和民主测评，并作出关于市政府实施“就业再就业工程”情况的决议。

【专题调研】　2009年，市人大常委会向“一府两院”提交专题调研报告12份。6月22~26日，市人大常委会组织市人大各专门委员会、常委会工作部门负责人及部分市人大代表参加，组成6个专题调研组，开展年中专题调研活动。各调研组就南宁市开展“项目建设年”、“服务企业年”活动、基层政法机关基础设施建设、住宅小区配套中小学校及幼儿园建设、农产品质量安全、民族旅游资源开发和利用、实施城乡清洁工程等6个专题开展调研，形成各项专题调研报告，并向

6月24日，市人大常委会副主任刘南生(前左二)带队对市政府为民办实事项目中有关政法机关基础建设项目的完成情况进行调研　市人大办公厅提供

常委会第26次会议做书面报告。此外,市人大教科文卫委还就市农村学校饮用水安全及工程建设问题,组织部分市人大代表开展专题调研,深入到隆安、马山、西乡塘、良庆等县区,听取汇报,召开座谈会,实地视察农村学校饮用水安全及工程建设。形成专题调研报告,并向常委会第27次会议做报告。各专门委员会结合工作实际进行专题调研,形成调研报告,及时反映群众关心的热点难点问题,为“一府两院”改进工作提供参考依据。

【代表议案与建议办理】 2009年,自市十二届人大七次会议以来,经市人大常委会审议作出决定的代表议案有8件,分别为《关于从根本上解决我市看守所超量关押问题的议案》、《关于要求制定〈南宁市城乡养老机构管理办法〉的议案》、《关于加强扬美古镇旅游资源保护的议案》、《关于制定〈南宁市民办幼儿园管理办法〉的议案》、《关于增加投入加快贫困地区新农村建设步伐的议案》、《关于加大大石山区旅游基础设施建设力度的议案》、《关于加快建设南宁市体育运动学校的议案》、《关于提高我市乡村医生补助标准的议案》。收到市人大代表对南宁市各方面工作提出的建议287件。其中市十二届人大七次会议期间253件(由议案转作建议处理87件),闭会期间34件;常委会重点督办的代表建议有4件。交由市人大及其常委会有关部门办理6件、市政府系统办理263件、市中级人民法院办理3件、其他机关和组织办理15件。至10月31日,287件代表建议全部处理完毕并答复提出建议的代表,所提问题已经解决或基本解决的有55件,正在解决或已列入计划逐步解决的有172件,因条件限制或其他原因需待以后解决的有60件。从收到市人大代表的211份反馈意见卡看,对办理结果表示满意或基本满意的有201份、不满意的有10份。

【人事任免】 2009年,市人大常委会依法任免国家机关工作人员61人次。其中人大机关15人次(任命6人,接受辞职2人,免职7人);政府系统31人次(任命15人,接受辞职3人,免职13人);法院系统9人次(任命2人,免职7人);检察系统6人次(任命2人,免职4人)。

(黄世昆)

2009年市人大常委会任免人员情况

时　间	会　议	姓名(少数民族)	任、免、辞职务
2月13日	第22次会议	封家骧	辞市人大常委会副主任
2月13日	第22次会议	阮兆丰	任市人民政府秘书长
2月13日	第22次会议	苏志刚(壮)	任市民族事务委员会主任
2月13日	第22次会议	刘志烈(壮)	任市财政局局长
2月13日	第22次会议	李　耕	任市交通局局长
2月13日	第22次会议	周异助(壮)	任市商务局局长
2月13日	第22次会议	张伦书	任市新闻出版局局长
2月13日	第22次会议	卫自光	免市人民政府秘书长
2月13日	第22次会议	韦藤贤(壮)	免市民族事务委员会主任
2月13日	第22次会议	秦赣江	免市财政局局长
2月13日	第22次会议	雷德贵	免市交通局局长
2月13日	第22次会议	唐志喜(瑶)	免市商务局局长
2月13日	第22次会议	唐本开	免市新闻出版局局长
3月26日	第24次会议	刘五四	免市人大常委会副秘书长
3月26日	第24次会议	高方芳	免市人大常委会副秘书长
3月26日	第24次会议	梁北承	免市人大常委会副秘书长
3月26日	第24次会议	邓从胜	免市人大常委会副秘书长
3月26日	第24次会议	龙长明	免市第十二届人民代表大会教育科学文化卫生委员会副主任委员
3月26日	第24次会议	苏绍荣	任市民政局局长
3月26日	第24次会议	徐邦兴	免市民政局局长
3月26日	第24次会议	陈德勇	免市中级法院审判员
3月26日	第24次会议	曲　平	免市中级法院审判员
3月26日	第24次会议	李荣孟(壮)	免市中级法院审判员
5月22日	第25次会议	陈瑞深	辞市人大常委会副主任
5月22日	第25次会议	范善齐(壮)	任市人大常委会副秘书长
5月22日	第25次会议	韦秉中(壮)	任市人大常委会副秘书长 免市广播电视局局长
5月22日	第25次会议	何玉琴	任市人大常委会办公厅副主任
5月22日	第25次会议	魏永泉	任市广播电视局局长
5月22日	第25次会议	施小申	免市中级法院副院长
5月22日	第25次会议	林少平	免市检察院副检察长
7月30日	第26次会议	钟畅姿(水)	任市检察院副检察长 检察委员会委员、检察员
9月29日	第27次会议	庞国文	任市人大常委会选举联络工委副主任 免市人大常委会调查研究室副主任
9月29日	第27次会议	玉朝章(壮)	任市人大常委会选举联络工委副主任
9月29日	第27次会议	覃兰芳(壮)	免市人大常委会选举联络工委副主任
9月29日	第27次会议	边作新	任市审计局局长
9月29日	第27次会议	朱林玉	免市审计局局长
9月29日	第27次会议	王怀明	任市中级法院审判委员会委员
9月29日	第27次会议	莫大我(壮)	任市中级法院审判委员会委员
9月29日	第27次会议	唐伟杰	免市中级法院审判员、执行庭副庭长
9月29日	第27次会议	周启生	任市检察院副检察长
11月20日	第28次会议	李志勇	任市政府副市长
11月20日	第28次会议	石文怀	任市政府副市长
11月20日	第28次会议	黄焕升(壮)	辞市政府副市长

续表

时　间	会　议	姓名(少数民族)	任、免、辞职务
11月20日	第28次会议	廖洪涛	任市公安局局长
11月20日	第28次会议	赵　波	免市公安局局长
11月20日	第28次会议	梁燕玲	免市检察院检察员
11月20日	第28次会议	朱　敏	免市检察院检察员
11月20日	第28次会议	农　晨	免市茅桥地区检察院检察员
12月19日	第29次会议	吴　炜	辞市政府副市长
12月19日	第29次会议	文海兴	辞市政府副市长
12月19日	第29次会议	熊可范	任市人大常委会副秘书长
12月19日	第29次会议	尹　纯	任市政府副市长
12月19日	第29次会议	叶　盛	任市水利局局长
12月19日	第29次会议	黄永久	任市旅游局局长
12月19日	第29次会议	黄礼新(壮)	免市水利局局长
12月19日	第29次会议	韦志鹏(壮)	免市林业局局长
12月19日	第29次会议	贾玉成	免市旅游局局长
12月19日	第29次会议	包福光	免市中级法院审判员、审判委员会委员
12月19日	第29次会议	李寿林	免市中级法院审判员

南宁市人民政府

重要会议

【政府常务会议】 2009年，市政府召开常务会议25次，共审议议题235个，确定事项235项。主要有：审定调整市土地增值税预征率，启动南宁警用航空项目，《南宁市人民政府关于进一步拉动内需促进房地产市场平稳较快发展的若干措施》，《南宁市主要污染物总量减排目标责任考核实施办法》，《南宁市工业用地储备资金使用管理办法》，《南宁市安全生产监督管理办法》，《南宁市单位GDP能耗考核体系实施方案》，《南宁市单位GDP能耗考核和主要污染物总量减排考核工作方案》，《南宁市政务地理信息共享服务平台建设方案》，《南宁市市区内涝综合整治工作方案（2009~2010年）》，《南宁市孤儿就学管理暂行办法》，南宁市特警基地建设项目问题，《广西南宁凤凰纸业有限公司债转股实施方案》，《相思湖新区路名方案》，《关于加快推进乡镇供销合作社改造重组的实施意见》，《南宁市贯彻实施〈中华人民共和国禁毒法〉戒毒措施暂行办法》，《南宁市粮食流通管理办法（草案）》，《南宁市城市道路投资建设管理规定》，《南宁市出让土地使用权地块提高容积率管理办法》，《市人民政府关于我市办理已购公有住房等划拨土地地上房屋上市交易有关问题的通知》，《南宁市限价普通商品住房管理暂行办法》，《南宁市人民政府2009年立法工作计划》，南宁市2009年举办系列国际邀请赛问题，《2009年南宁市加快项目前期工作方案》，第二批南宁市级非物质文化遗产代表作名录及第一批非物质文化遗产项目代表性传承人名单，南宁市2009年帮扶民族乡工程项目有关问题，《南宁市创建全国无障碍建设城市工作实施方案》，公布市2008年下半年不同土地级别存量房(住房)平均交易价格问题，《南宁市人民政府应急管理工作规则》，《南宁市人民政府关于切实加强应急管理工作的意见》，《南宁市人民政府办公厅关于南宁市本级贯彻落实〈公共机构节能条例〉的意见》，河南水厂取水口迁移改造方案，《关于处理南宁市五象新区核心区蟠龙片区土地的若干意见》，《南宁市2008年已实施或正在实施的工业重点项目用地储备资金计划安排方案》，《〈南宁市已出让工业仓储用地改变为经营性用地若干规定〉修改意见》，《南宁市人民政府关于开展创建国家级创业型城市有关工作的通知》，《南宁市城市防洪应急预案》和《南宁市洪涝灾害应急预案》，《南宁市发展服务业引导资金管理办法》，2009年南宁市科学研究与技术开发计划、创新计划重大专项问题，《关于贯彻落实〈广西壮族自治区危旧房改住房改造暂行办法〉的实施意见》，《南宁市经济适用住房管理办法》，《南宁市人民政府关于支持工业企业应对当前国际金融危机的若干意见》，《南宁市加快发展加工贸易的若干措施》，《南宁市城镇生活垃圾处理费征收与使用管理办法》，《南宁地区印刷厂等49户特困企业职工分流安置方案》，《南宁市电子商务建设与发展专项规划(2009~2012年)》，《南宁市政府采购信用管理体系建设实施意见》，《南宁市住宅专项维修资金管理办法》，《南宁市民用建筑节能管理规定(草案)》，《南宁市经济适用住房货币补贴实施方案》，《全市食品安全整顿工作实施方案》，《南宁市人民政府关于进一步支持中小企业融资的实施意见》，《南宁市旅游发展专项资金管理办法》，《南宁市人民政府关于利用社会资金投资建设拆迁安置房项目有关事项的通知》，《南宁市市政设施建设项目竣工移交管理暂行规定》，《五象新区蟠龙片区一期项目A统筹拨用土地拆迁补偿安置实施方案》，《良庆镇良庆社区思贤塘整体搬迁征地拆迁补偿安置实施方案》，南宁市2009年中国—东盟博览会通信保障与综合信息服务系统工程项目投资计划（第一批），国家高技术生物产业基地生物能源、生物医药、生物制造、生物农业四个产业专项规划，《南宁市政府信息公开工作考核暂行办法》、《南宁市政府信息公开责任追究办法》、《南宁市实施技术标准发展战略方案(2009~2012年)》，《南宁市实施“优果工程”升级行动五年规划(2009~2013年)》，《南宁市利用社会资金建设市政基础设施项目工作方案》，东盟国际工业原料产品物流城项目用地问题，《南宁市义务教育学校绩效工资实施办法》，南宁市农村危房改造项目规划(2009~2014年)，南宁市2009年度城市家庭低收入标准和住房困难标准，《南宁市城市房屋拆迁估价机构备选制度》和《南宁市政府投资项目房屋拆迁估价费用支付标准及支付方式》，那莲戏台等五处文物保护单位核定公布为南宁市级文物保护单位，《南宁市粮食生产责任目标年度考核办法(试行)》，南宁市城市供水价格改革问题，《南宁市创建国家森林城市工作方案》，举办2010年系列体育比赛问题，关于调整《南宁市城镇职工基本医疗保险医疗互助暂行办法》支付待遇问题，《2010年南宁市城市建设项目投资计划(第一批)》，采用BOT模式建设南宁市江北生活垃圾焚烧发电厂，提高市孤儿最低养育标准问题，《南宁市毛毯总厂职工安置方案》，《南宁市廉租住房保障货币补贴发放管理若干规定（修订稿）》，《南宁市三个民族乡农村基础设施建设实施方案》,《南宁市人民政府关于建立健全自然灾害预警和应急机制的实施意见》,市政府2010年立法工作计划,《南宁市养犬登记办法(试行)》。

审议《南宁市户外广告设置管理条例(修订草案)》,《南宁市人民政府工作规则(修订建议稿)》,拟提请市十二届人大七次会议审议的《政府工作报告(送审稿)》和《南宁市2008年国民经济和社会发展计划执行情况与2009年国民经济和社会发展计划草案报告》及《关于南宁市与市本级2008年预算执行情况和2009年预算草案的报告》,《南宁市2009年“企业服务年”活动实施方案》,《南宁市人民政府常务会议工作规则》,《南宁市人民政府全体会议工作规则》,《关于全面开展人口和计划生育层级动态管理的实施意见》,《信息化战略合作框架协议》,《关于推进被征地拆迁农民补偿安置工作指导意见》,《南宁交通水利投资有限责任公司组建方案》,《南宁市城市建设投资集团有限责任公司组建方案》,《南宁产业投资有限责任公司组建方案》,《关于全面推进我市城镇污水生活垃圾处理设施建设工作实施方案》,《南宁市人民政府关于文化南宁建设若干政策的规定》,《2009年南宁市招商引资工作和活动指导意见》,《关于全面推进集体林权制度改革的实施意见》,《关于掀起水利建设新高潮的实施意见》,给予首府南宁争创“联合国人居奖”突出贡献单位、个人记功、嘉奖和给予突出贡献个人奖励问题,《南宁市“项目建设年”统筹推进城市房屋拆迁工作方案》,《南宁市“项目建设年”统筹推进征地拆迁工作方案》及配套文件,《南宁市城市管理综合行政执法体制调整方案(修订稿)》,举办南宁市第六届老年人运动会问题,《南宁市水土保持规划(2009~2020年)》,《南宁市人民政府 广西桂冠电力股份有限公司老口、邕宁梯级项目合作开发洽谈会备忘录》,《关于加快建设南宁生物国家高技术产业基地的决定》),《关于建设健康城市的决定》,《关于进一步推进企业工资集体协商工作的意见》,《顶蛳山遗址保护规划》,《南宁港总体规划》,《南宁市鼓励和促进企业上市若干规定》。

讨论修建人民路地下人防工程项目问题,南宁市烟花爆竹产业发展规划(2009~2012年)》,给予侦破“2·16”特大杀人案有功人员记功的问题,《南宁市特种行业治安管理条例(草案审查稿)》,将邓颖超纪念馆等7个单位确定为市级爱国主义教育基地问题,《南宁市人民政府关于进一步促进南宁市超高层建筑建设的意见》,《南宁市城市桥梁管理条例(草案)》,《南宁市加油(加气)站行业发展规划》,《关于提升朝阳商圈发展水平的意见》,《南宁市区域性信息交流中心建设规划》,《南宁市特邀监察员管理办法》(草案),《关于创建国家森林城市的意见》,给予优惠政策支持盘活开发崇左市留邕国有资产问题,提请市人大常委会审议设置南宁市城市建设投资发展总公司企业债券专项偿债资金并列入市本级同期年度财政预算的议案,给予南宁国际民歌艺术节杰出贡献奖和贡献奖获奖人员记功问题,《南宁市城市园林绿化条例(修订稿)》,《关于对在南宁市创建全国文明城市工作中有突出贡献的先进单位和个人给予记功嘉奖的评选方案》,《关于加强南宁市政府投资工程审核监管的实施方案》,《关于加快发展总部经济的决定》,《市国资委与五丰行合作重组南宁肉联厂项目总体方案》,扶持市产业发展的主要思路及2010年工作建议,《关于贯彻落实〈自治区人民政府关于进一步理顺市与城区权责关系的意见〉的工作方案》,《南宁市工业发展布局规划(2002~2030)(2008年修编)》,《关于鼓励南宁·中国—东盟国际商务区步行街发展的若干意见》,《关于城市一卡通促进数字广西建设的报告》,《南宁市生态功能区划》和《南宁市生态市建设规划》,《2009年度南宁市社科研究重点课题及课题研究方案》,《南宁市突发性地质灾害应急预案》等专项应急预案,《南宁市邕江河道环境综合整治实施方案》,《南宁市招商引资目标任务考核评比奖励工作方案》,《关于调整城市房屋拆迁补偿安置标准有关问题的指导意见》,《引资修建南宁市人民路地下人防工程项目方案》。

【市长例会】 2009年,市政府召开市长例会18次,共研究议题81个,确定事项81项;听取专题汇报14次。会议研究了扩增消费品价格调查网点和品种所需经费等有关事项、南宁市森林城市总体规划(2006~2020年)、纪念南宁兵变80周年等有关事项、相思湖新区投资建设发展有限责任公司作为市项目建设融资平台问题、保护开发利用新会书院问题、2009年审计项目计划和南宁市电影行政管理职能调整划转问题、南宁市人民群众来访接待中心项目选址和公共自行车项目问题。市政府与中房集团签订建设征地拆迁农民安置房框架协议、关于广西钢铁集团有限公司有关税收问题的处理意见和被征地拆迁农民补偿安置工作指导意见相关配套政策、南宁百货大楼股份有限公司办理五象广场地下购物中心土地使用权证、多媒体音乐歌舞剧《绣球飞》与《大地飞歌》晚会捆绑运营问题、大王滩水库归属南宁市管理等事项、市公交总公司申请减免残疾人就业保障金问题、实施2008年度财政收入奖励问题、加强办文等事项、中国—东盟区域台商(华商)网建设工作方案、兑现重大项目业主责任制奖励问题、超标电动自行车改装费认定等事项、警用航空项目直升机及配套设备采购竞争性谈判实施方案、建设外来投资企业服务大厦问题、政府投资城建项目工作目标责任书和下半年的重点工作等事项、成立政府公共投资事务署问题、企业上市问题、天主教爱国会主教府回建用地项目清坟处理费用问题、补助忻城周安至宾阳新桥二级公路建设资金问题、联合国工业发展组织生态工业园项目有关问题、下达2009年第二批城建项目资金筹措任务问题、举办第八届运动会相关问题、城区所辖乡镇规划管理机构设置问题、改革和完善国际商会组织机构方案等事项、养犬管理收费标准、利用社会资金投资建设广西体育中心二期项目问题、“五馆合一”项目建设、《建设大型粮食交易市场项目工作方案》、《开展2009年邕江饮用水源地保护区专项整治行动工作方案》、2010年主要污染物总量减排计划、合作建设中国—东盟(南宁)林业产业物流项目等问题。听取了职业教育攻坚工作、城市内河综合整治工作、广西体育中心和市民中心等项目进展情况、威宁资产经营有限责任公司情况、应急管理及应急联动工作情况、广西东方航洋实业集团拟投资建设航洋新城项目情况、统计主要业务知识及统计工作、城市轨道交通与南宁铁路客运站衔接方案及线网调整思路、城镇污水生活垃圾处理情况、大交通建设、快速公交项目前期工作、加快超高层建筑建设的意见、粮食工作、市卫生局对艾滋病疫情及对策建议等的情况汇报。学习贯彻并研究落实自治区党委、市委主要领导对《当前南宁市经济发展存在的突出问题》的重要批示,传达学习中共中央政治局委员、书记处书记、中组部部长李源潮5月31日在南宁视察时的重要指示精神;通报防控甲型H1N1流感疫情工作情况,7月15~18日市委书记车荣福率领市党政代表团、经贸代表团赴广州和惠州考察学习情况,落实年休假制度和民族政策等情况。

【全市发展和改革工作会议】 2009年1月6日在市政府会议中心召开。会议传达学习中央和自治区经济工作会议、全国和自治区发展改革工作会议精神，贯彻落实市委十届五次全会精神，总结2008年全市发展和改革工作，研究部署2009年工作任务。会议肯定了全市发展改革部门的工作成绩，分析了南宁市经济发展的主要有利条件和不利条件，指出必须正确判断当前经济发展形势，增强加快发展的信心和决心。会议要求，要认真学习领会中央和自治区经济工作会议、全国和自治区发展和改革工作会议、市委十届五次全会精神，把思想和行动统一到中央、自治区和市委、市政府的决策部署上来。要把保持经济平稳较快发展作为当前工作的首要任务；把扩大内需作为促进经济增长的主要着力点；把推进结构调整和自主创新作为转变发展方式的主攻方向；把深化改革、扩大开放作为促进科学发展的动力源泉；把保障和改善民生作为经济工作的出发点和落脚点。会议指出，要明确工作思路和重点，切实做好2009年发展和改革工作：一是要着力扩大内需，保持经济平稳较快增长。要努力扩大投资规模，着力扩大消费需求，加强对经济运行的监测。二是要积极推进经济结构调整，促进产业优化升级。三是要加强规划和重大政策的制定和组织实施。四是要抓好节能减排，提高可持续发展能力。五是要着力抓好重点领域和关键环节的改革工作。会议还对全市发展和改革部门提出要求。

【全民科学素质工作会议】 2009年1月8日在市政府会议室召开。会议总结2008年南宁市全民科学素质工作，部署2009年工作。会议指出，近年来，南宁市启动四大科学素质行动，以重点人群带动全民科学素质的整体提高，行动内容包括未成年人科学素质行动、农民科学素质行动、城镇劳动人口科学素质行动、领导干部和公务员科学素质行动。此外，全市全民科学素质工作领导小组35个成员单位积极行动，以“三下乡”、社区讲座、农民培训、科普作品展、科技进校园等活动全面展开科普宣传活动，为提高公民科学素质起了积极推进作用。会议强调，要进一步贯彻落实科学发展观，结合市委、市政府中心工作，加大《全民科学素质行动计划纲要》的实施力度，加大投入力度，进一步完善全民科学素质行动计划提出的大联合大协作工作格局。针对不同的社会群体开展富有特色的宣传活动，尤其是重点提高农民的科学文化素质，推动全市农民科学素质建设工作的深入开展，力争在“十一五”末期将全体市民具备科学素质的比例提高到2.50%的水平。

【全市工业工作会议】 2009年1月17日在市政府会议中心召开。会议传达自治区工业工作会议精神，总结2008年工业工作，提出2009年工业工作的目标和任务。会议指出，2008年全市工业呈现出“一个突破、两个领先、三个快速和一个降低”的运行特点：一个突破即工业总产值突破1000亿元；两个领先即开发区和县域工业发展速度领先全市；三个快速一是工业投资、技改投资快速增长，二是重点产业实现快速增长，三是亿元企业快速成长；一个降低即工业能耗大幅降低。会议提出2009年工业发展预期目标：全部工业总产值实现1290亿元，增长23%；奋斗目标：全部工业总产值实现1300亿元，增长25%。会议要求，必须以开展“项目建设年”和“企业服务年”活动为载体，以培育重点产业引导工业，以强力推进项目建设拉动工业，以做大做强优势企业和扶持中小企业快速成长壮大工业，以加快特色工业园区建设集聚工业，以招商引资承接产业转移扩充工业，以增强企业自主创新能力强健工业，以加强节能减排提升工业，加大服务和扶持力度，营造良好的工业发展氛围。具体的是要着重抓好调整优化工业布局促进重点产业加快发展等13项重点工作。会议强调，要重点抓好11个方面的工作，要围绕“项目建设年”，突出重点，落实责任，强力推进重大工业项目建设。要围绕“企业服务年”，培育强优企业，扶持中小企业加快发展。要加大项目前期工作力度，增加工业项目储备。要加强产业招商和大企业招商。要加大财政对工业扶持力度，加强工业用地储备工作。要推进投融资体制改革，加快工业产业投融资平台建设。要进一步完善开发区和工业集中区管理。要加强对征地拆迁政策的研究，大力推动有条件的工业企业实施搬迁改造。要加强节能减排和环境保护。要加强工业管理人才的培养和企业家队伍的建设。要抓好安全生产管理工作，提高监管水平。会议要求：各级党委、政府要把加快推进工业化摆在经济发展的突出位置，切实加强组织领导；各级各部门、各单位要增强全市一盘棋的意识，形成齐心协力推进工业化的强大工作合力；加强督查与考核，强化目标管理，对主要工业经济指标和项目建设、服务企业等主要任务进行层层分解落实，建立和完善目标奖惩机制。会议还对2007年度南宁市明星企业家、优秀企业家、先进企业家、优秀技术改造项目、“建设工业百家亿元企业工程”产值超亿元工业企业和实施“实力工程”工业企业进行表彰奖励。

【全市科技表彰奖励大会暨2009年科技工作会议】 2009年2月23日在市政府会议中心召开。会议对全市科技事业发展总体情况作总结回顾，对全年的科技工作作了部署，明确了目标任务和总体要求。会议认为，2008年，南宁市围绕“提高自主创新能力，建设创新型城市”发展战略，以“全民创新全民创业”活动为总抓手，以提高科技创新能力为核心，突出“兴产业、增平台、强支撑、促创新”四大重点，组织实施第四轮创新计划、产业重大科技专项、五大科技工程和五大科技行动，科技综合实力明显提升，连续四次获“全国科技进步先进市”称号，科技创新能力显著增强，入围中国城市综合创新力五十强。会议提出，2009年全市科技工作的总体要求：坚持以党的十七大、十七届三中全会精神为指导，认真贯彻落实自治区党委九届七次全会和市委十届五次全会精神，深入学习实践科学发展观，紧紧围绕“项目建设年”和“服务企业年”活动和提高自主创新能力、建设创新型城市发展战略，突出“抓项目、兴产业、促创新、强能力”四大重点，抓好第四轮创新计划项目、产业重大科技专项、科学研究与技术开发三大项目，实施工业产业科技创新、农业产业科技创新、民生科技服务支撑、节能减排科技攻关、知识产权战略实施等5个工程，开展企业自主创新能力服务、新农村建设科技服务、技术转移促进服务、科技进步惠民服务、科技素质提升服务等5项行动，加快推进科技进步与创新，促进全市经济社会科学发展、加快发展、率先发展、和谐发展。会议要求，要提高自主创新能力，加快创新型城市建设。要加大产业技术创新，促进产业结构调整。要突出企业主体地位，增强企业创新能力。要加快体制机制创新，优化创新发展环境。要推进科技惠民富民，强化科技服务功能。要切实加强领导，形成发展科技合力。全市科技工作要力争实现10个主要目标：一是组织申报2009~2011年国家科技进步示范市，力争进入“国家科技进步示范市”建设行列；二是争创2007~2008年全国科技进步先进市，力争实现连续五次获奖；三是大力推进第四轮创新计划(2008~2010年)，完成自治区下达给南宁市三年总任务指标的2/3以上；四是实施产业重大科技专项10项、市本级科学研究与技术开发项目100个以上；五是组织开发新增工业新技术、新产品100项(个)；六是扶持培育国家高新技术企业30家，重点培育孵化中小型科技企业50家；七是专利申请量和授权量增长10%以上，专利申请量突破1000件；八是引进试验示范推广农业先进适用技术、农业新品种100项(个)；九是重点提升10家工业企业工程技术研究中心和10家农业龙头企业技术创新中心的创新能力；十是加快推进区域创新基地和创新体系建设，提升铝加工、制糖与造纸、生物工程与制药等优势特色产业的科技创新服务能力。会议还对获2008年度南宁市科技进步奖的“铝合金电子工业材料暨CPU散热器产品开发”等38项科技成果单位、黄雄等5名“科技种养大王”和苏星满等15名“科技种养能手”颁奖。

【全市住房保障与房产管理工作会议】 2009年3月18日在市政府会议室召开。会议总结2008年度市住房保障与房产管理取得的成绩，部署2009年工作。会议传达自治区、南宁市城建工作会议精神，部署2009年工作任务。要求重点要抓好5点：一是在固定资产投资工作上下工夫，完成廉租住房项目投资3.80亿元、经济适用住房项目投资11亿元的目标任务。同时，要认真做好相关服务跟踪工作，确保全年房地产固定资产投资235亿元任务的完成。二是在为民办实事项目建设上下工夫，按时保质完成“续建1000套、新开工1100套廉租房，竣工4000套经济适用房”的为民办实事项目建设任务。三是在构建多层次住房保障体系上下工夫。强化保障性住房建设，增加廉租住房和经济适用住房的供应，发展公共租赁住房，加快解决新就业职工等“夹心层”群体住房困难，落实普通商品住房消费和供给政策，满足居民多层次的住房需要。同时，完成全市廉租住房保障16476户，实现“应保尽保”的目标。四是在促进房地产市场平稳发展上下工夫，认真贯彻《南宁市人民政府关于进一步拉动内需促进房地产市场平稳较快发展的若干措施》的有关规定，采取更加积极有效的政策措施，推动房地产业平稳有序发展。五是在维护社会和谐稳定上下工夫，坚持以人为本，建立健全信访接待处理机制，全面落实矛盾纠纷“大调处”“大排查”“大化解”工作制度，认真做好住房保障、房地产交易、物业管理、落实私房政策等各项工作，全力维护社会稳定。会上，市政府与各县区(开发区)签订2009年住房保障目标责任状。市解住办、市房产局分别对2008年度住房保障和房产管理工作表现突出的单位、集体和个人进行颁奖。

【全市劳动保障工作会议暨创建国家级创业型城市动员大会】 2009年3月31日在市政府会议中心召开。会议总结2008年全市劳动保障工作，并对2009年工作进行部署。会议要求，2009年劳动保障工作重点要突出“四个力保”：一要力保增长；二要力保就业；三要力保民生；四是要力保稳定。会议就如何创建国家级创业型城市，强调突出“五个体系”建设：建立组织领导体系是重要保障；完善创业政策体系是核心任务；健全创业培训体系是关键措施；构建创业服务体系是主要依托；制定工作考核体系是重要推手。会上，各县区(开发区)和有关部门负责人向市长黄方方递交了2009年劳动保障目标责任状和创建国家级创业型城市工作目标责任状。

【全市环境保护工作会议】 2009年4月30日在市政府会议中心召开。会议传达全国、自治区环保工作会议精神，总结南宁市2008年环保工作，部署2009年环保工作任务。会议强调，各级各部门要深入贯彻落实科学发展观，着力实施可持续发展和“建设生态南宁”战略，努力开创全市环境保护工作新局面，为建设“天蓝、地绿、水清、人和、业兴”的生态和谐南宁做出新的更大的贡献。要着力做到5个坚持：即坚持服务与把关相统一，积极推动扩大内需重大项目的落实；坚持减排与节能相统一，大力促进经济结构调整和产业升级；坚持预防与整治相统一，认真解决事关民生的环境突出问题；坚持开发与保护相统一，全面推进生态南宁建设；坚持事业与产业相统一，不断增强环保发展能力。要以开展深入学习实践科学发展观活动为契机，把环境保护工作摆在更加突出的位置，强化措施，落实责任，为全市经济社会又好又快发展提供坚实的环境保障。一要以科学发展观为统领，进一步加强组织领导。二要以狠抓落实为目标，进一步建立健全工作体系。三要以环保基础建设为主体，进一步加大资金投入。四要以环境保护专项工作为契机，进一步加大执法力度。五要以提高公共参与意识为目标，加强环境宣传教育。会上，市政府接受了28个责任单位递交的2009年度环保目标责任书，对2008年度南宁市环保目标责任制考评优秀单位进行表彰。

【部分总部企业高管座谈会】 2009年10月29日在市政府会议室召开。为加强与南宁市总部企业的交流和沟通，共同推动南宁市总部经济的发展壮大，市政府召集工商银行广西分行、招商银行南宁分行、国海证券南宁分公司、中国移动广西分公司、广西电网公司、广西机场集团公司、南宁铁路局、运德汽运集团、中国石油广西分公司、广西保利房地产、广西南城百货、南宁大商汇、南宁肯德基、广西华劲集团、华厦建设集团、广西农垦集团等总部企业高管参加座谈。会议通报了南宁市经济社会发展情况，着重介绍南宁市打造总部基地以及鼓励总部企业发展的有关优惠政策，并征询和了解总部企业经营中需要政府协助解决的问题。与会企业代表对南宁市积极发展总部经济的重大决策和战略思路表示赞赏，对南宁市及各有关部门对企业发展所作的支持和服务给予肯定。同时为南宁市总部经济的打造提出很多有价值的建议。会议强调，随着中国—东盟自贸区明年正式建成，作为中国—东盟博览会举办地的南宁，提出建成区域性国际城市和广西“首善之区”的宏伟目标以及打造“三基地三中心”的要求，通过大力发展总部经济，带动南宁市综合实力和城市品质的提高，以适应南宁市作为广西北部湾经济区核心城市和自贸区重要桥头堡的地位，已经成为一个必然趋势。南宁市将规划和建设好总部基地，进一步加强城市基础设施配套和功能完善，进一步做好企业服务，采取一系列优惠和扶持措施，主动对接，积极为企业排忧解难，从而为总部企业在南宁落户和做大做强提供最优良的环境、最优惠的政策、最优质服务和最高的办事效率，把总部经济打造成为南宁市新的增长点。

重大决定

【加快项目前期工作的若干意见】 2009年1月19日，市政府出台《南宁市人民政府关于加快项目前期工作的若干意见》。

基本原则：项目前期工作包括项目审批、核准或备案，以及土地、林地、环保、规划、建设、水利等与项目建设有关的行政审批工作。政府各职能部门要以最快的速度、最优质的服务、最简明的流程为项目提供便捷的审批服务。在依法行政的前提下，整合工作流程，进一步简化手续，减少环节，提高效率，压缩审批时限，加快项目前期工作进程。

下放审批权限：1.原属于自治区审批的申请中央补助地方的易地扶贫、农村饮水安全工程、农村沼气建设、退耕还林工程、农村小水电工程、天然林资源保护工程、石漠化综合治理试点工程、农村卫生基础设施、农村基层计划生育服务体系建设、中西部农村初中改造工程、广播电视村村通工程、乡镇综合文化站、农村电影放映、农民体育健身工程、中西部地方残疾人综合服务设施、社区服务体系建设、扶持人口较少民族发展、中西部廉租房建设等项目，已授权市政府投资主管部门审批。2.对自治区下放到市政府投资主管部门审批的申请中央补助地方的县区基层“两所一庭”（派出所、司法所、法庭）建设项目，除专项规定外，将项目审批权限授权项目所在地县区政府投资主管部门。3.除《国务院关于投资体制改革的决定》规定由上级部门核准的项目、建设地点跨市的（含跨市的河流利用开发）项目以及国家有特殊规定的项目外，属政府或企业投资项目的，自治区已经授权市政府投资主管部门审批或核准。其中在县区（开发区）内的企业投资项目，授权县区（开发区）投资主管部门核准。4.项目规划、土地、林地、环保、水利等审批手续，除明文规定必须由上级部门审批外，全部授权给项目审批、核准、备案机关同级的相关部门审批。5.授权后，市直各有关部门、各县区（开发区）有关职能部门应加强对项目审批的监管和服务工作，制定和完善项目审批操作规范，明确项目审批的申报条件、审批标准以及项目审批监管措施等，确保项目审批质量。

【拉动内需促进房地产市场平稳较快发展的若干措施】 2009年1月22日，市政府出台《南宁市人民政府关于进一步拉动内需促进房地产市场平稳较快发展的若干措施》。主要内容：一是进一步营造良好的市场环境，鼓励合理住房消费。放宽对首次购房和自住型购房的界定标准；加大对普通自住房和改善型普通自住房消费的信贷支持力度；放宽住房公积金贷款政策；减免交易费用，活跃市场交易；放宽购房入户政策。二是进一步营造良好的开发企业发展环境，促进开发项目开工建设。调整土地增值税预征率，按下限按季度预征企业所得税；缓征项目报建费用；放宽新出让的经营性用地地价款支付期限；简化办事程序，提高服务水平；优先安排开发项目配套设施建设。三是进一步改革住房保障方式，拓宽住房保障渠道。改革经济适用住房保障方式；扩大保障性住房房源。四是加强统筹协调力度，营造健康的舆论环境，确保房地产市场稳定发展。充分发挥政府对房地产市场的宏观调控和统筹协调作用；建立房地产市场信息发布制度；营造良好的社会舆论环境。

【做好稳定和扩大就业有关工作】 2009年2月6日，市政府出台《南宁市人民政府关于应对当前经济形势努力做好稳定和扩大就业有关工作的通知》。工作要求：1.统一思想，切实增强做好当前就业工作的紧迫性。2.落实积极的就业培训政策，努力扩大和稳定就业，一是实施特别的职业培训计划，提升劳动者就业技能；二是落实好鼓励企业吸纳返乡农民工就业的扶持政策；三是扶持职介机构加大职业介绍力度；四是落实农民工返乡创业政策。3.为企业提供政策支持，帮助企业渡过困难期，一是对暂时无力缴纳社会保险费的困难企业给予缓缴养老、医疗、失业、工伤和生育五项社会保险费；二是阶段性降低三项社会保险费率强化公共就业服务；三是给予企业和失业人员补贴或补助；四是妥善协商解决困难企业支付经济补偿问题；五是提高社会保险待遇水平；六是实行工资保障金适度放宽政策，减轻企业压力；七是完善医疗保险多平台政策，以适应不同经济状况的企业职工参加医疗保险。4.积极做好返乡农民工就业服务工作，建立健全返乡农民工动态信息报告制度，积极拓宽农民工转移就业渠道。5.强化公共就业服务，促进劳动关系和谐稳定，一是统筹做好各类群体的就业服务工作；二是切实加强失业预警调控；三是进一步促进劳动关系和谐稳定。6.切实加强组织领导，确保各项措施落到实处促进劳动关系和谐稳定。

【建立南宁市政产学研合作机制的意见】 2009年3月2日，市政府出台《南宁市人民政府关于建立南宁市政产学研合作机制的意见》。

指导思想：以党的十七大精神和科学发展观为指导，以建设创新型城市、提升自主创新能力为抓手，以科技成果转化和产业化为目的，以应用技术的研发和先进技术应用为重点，把握南宁市高新技术产业和支柱产业的关键技术、核心技术和传统产业升级的共性技术，积极探索政产学研合作机制的有效途径和运行机制，促进政府、企业、高校和科研院所的紧密合作和优势互补。

基本原则：政府引导、企业主体、产业化、合作联动。

目标任务：以产业化为核心，以科技成果转化为重点，建立以政府为导向、企业为主体、高等院校和科研院所为依托的政产学研合作的科技创新体系。到2015年，要完成：培育50家产值超亿元以上的政产学研合作重点企业；转化50项具有自主知识产权、产值超1000万元以上的科技成果；建设完善50家企业研发中心（包括国家级、省级和市级工程中心、技术中心、重点实验室和博士后工作站）；建设完善5个科技企业孵化基地，培育和孵化科技型企业100家；形成10家高校政产学研合作的战略伙伴；建成5个对重点产业有强大支撑作用的技术公共服务平台；建成3个以高新技术开发区为基础、政产学研合作为支撑的专业示范园区；建成5家高等院校或科研单位技术成果中试基地和产业化基地；建成10个以政产学研合作为依托的功能明显的产业集群和专业乡镇；新增创新产品100个，创新技术100项。同时，明确要探索合作模式，拓展政产学研合作的途径；构筑政产学研合作平台；加强人才队伍建设，打造政产学研合作人才高地；建立健全政产研合作服务体系；加强政府引导和政策支持，营造政产学研合作的良好发展环境。

【切实加强应急管理工作的意见】 2009年4月27日，市政府出台了《南宁市人民政府关于切实加强应急管理工作的意见》。

指导思想：以邓小平理论和“三个代表”重要思想为指导，以贯彻落实科学发展观和《突发事件应对法》为统领，建立和完善应急联动机制以保障公众身体健康和生命财产安全为根本，以落实和完善应急预案为基础，以提高预防和处置突发公共事件能力为重点，坚持以人为本、预防为主、科学应对，充分依靠科技、法制和人民群众，全面加强应急管理工作，最大限度减少突发公共事件及其造成的人员伤亡和财产损失等危害，促进首府经济社会全面、协调、可持续发展。

工作目标：全面加强应急管理工作，力争用2~3年时间，在南宁市建成“横向到边，纵向到底”的覆盖城乡基层较为完善的应急预案体系；建立健全统一领导、综合协调、分类管理、分级负责、条块结合、属地为主的应急管理体制；落实党委领导下的行政领导责任制，推进资源整合，加强应急管理机构和应急救援队伍、专家咨询队伍建设；全面推进应急联动体系建设，构建统一指挥、反应灵敏、协调有序、运转高效的应急联动机制；配套完善应急管理法规和政策措施；进一步加强统一高效的突发公共事件应急联动平台建设，推进应急信息化建设，建设完善“一网六库”（应急管理工作联络网、救援专业队伍库、救援物资库、应急管理专家信息库、应急管理法规库、突发公共事件典型案例库、突发公共事件预防和应对处置基础知识库），建设和完善突发公共事件预警预报信息系统和专业化、社会化相结合的突发公共事件应急处置保障体系，形成党委领导、政府负责、部门联动、军地结合、全社会共同参与的应急管理工作格局。

工作措施：一是加强应急管理规划和制度建设。编制并实施全市突发公共事件应急体系建设规划；建立健全应急管理法规规章和政策措施；深化应急预案体系建设和管理；加强应急管理体制和应急联动机制建设；加强完善县区、基层应急管理体制；建立和完善应急联动机制。二是进一步做好各类突发公共事件防范工作。开展对各类突发公共事件风险隐患普查和监控；强化信息报告和预警工作；落实各项安全防范措施；开展应急管理培训。三是进一步加强应对突发公共事件能力建设。加强突发公共事件预警发布系统、应急平台体系和“一网六库”建设；强化应急救援队伍建设和应急资源管理；做好应急处置、善后重建和评估统计工作；加强信息发布和舆论引导工作。四是构建全社会共同参与的应急管理工作格局。进一步加强对应急管理工作的领导；努力形成应急管理工作合力；加大资金投入力度，完善补偿机制；大力宣传普及公共安全和应急防护知识，营造良好的社会环境；重视科技开发工作，发挥区域合作与交流作用。

【开展创建国家级创业型城市有关工作】 2009年6月9日，市政府出台《南宁市人民政府关于开展创建国家级创业型城市有关工作的通知》。主要措施：一是支持创业主体和创业载体发展。培育和壮大创业主体；着力打造创业载体。二是完善创业扶持政策体系。放宽市场准入和经营准予；切实改善行政管理和办证手续；完善税费减免政策；强化再就业扶持政策；落实农民工返乡创业扶持政策；扶持高校毕业生创业；拓宽融资渠道。三是健全创业培训体系。扩大创业培训范围，整合培训资源；提高培训质量，创新培训模式；建立创业孵化基地；建立创业实训制度。四是构建创业服务体系。完善创业服务机构；建立创业项目的引进机制和创业项目库；加强创业专家队伍建设；加强跟踪扶持，提高创业者的经营能力；完善“小额担保贷款+信用社区建设+创业培训”的联动工作机制。同时，要加强领导，为创建国家级创业型城市提供保障。切实加强组织领导；坚持部门协调联动；发挥社会团体的积极作用；落实专项资金；建立促进创业带动就业工作目标考评体系；营造良好宣传氛围。

【支持工业企业应对当前国际金融危机的若干意见】 2009年7月22日，市政府出台《关于支持工业企业应对当前国际金融危机的若干意见》。主要内容：一是加大财政支持力度。二是给予社会保障政策支持。三是切实减轻企业负担，进一步清理、规范涉企行政事业性收费。规范行业协会、中介组织服务和收费行为。从2008年1月1日至2012年12月31日，对石油化工、林浆纸、冶金、轻工食品、高新技术、海洋等工业企业，免征自用土地的城镇土地使用税和自用房产的房产税或城市房地产税。海关、国税等部门要落实出口退税政策。及时办理出口退税手续，出口退税即征即退。四是推进本市工业品的销售消费。五是拓宽企业融资渠道。促进银行加大信贷投放力度；鼓励工业企业上市融资；在市工业发展资金中安排5000万元工业企业流动资金贷款贴息补助，降低企业融资成本。六是加强经济运行监测与协调。突出抓好重点企业、重要工业产品的运行监控，实行上下联动的定点定人负责制和企业运行情况周报制度。七是加快推进企业技术改造、技术创新。鼓励工业企业实施设备租赁；鼓励企业加大技改投资；完善项目“绿色通道”审批机制；引导扶持工业企业加强自主创新能力建设，提高企业核心竞争力。八是推动中小企业加快发展。加快中小企业担保体系建设；建设中小企业信用体系，建立诚信中小企业融资机制。九是鼓励企业节能减排。十是推动工业园区加快发展，实行“市统贷县用县还”政策，加快工业园区基础设施建设。十一是加强中小企业管理提升和职工技能培训。加快企业专业人才培养体系建设。充分运用就业专项资金和失业保险基金，推进城乡劳动者职业培训工作，继续组织下岗失业人员参加职业技能培训。十二是降低物流运输成本。十三是支持企业兼并重组。十四是推行新办企业试生产制度。十五是加强宣传引导增强发展信心。十六是加强部门协调狠抓落实。

重大活动

【20件为民办实事项目实施】 2009年，南宁市把为民办20件实事46个子项目列为重点项目，跟踪督办，明确职责，抓好落实，取得成效。

1. 为企业减少社保支出9636万元，累计对39家困难企业发放社保补贴和岗位补贴3135万元；企业退休人员人均月增养老金108.73元；市伤残津贴、生活护理费、供养亲属抚恤金调整工作完成，调整后的伤残津贴、生活护理费、供养亲属抚恤金月人均增加额分别为199.08元、85.46元、76.11元，按时完成目标任务。4月1日起，市城市低保标准提高到每人每月280元，共发放城市低保资金8105.92万元，人均月补差157元，高于自治区规定的人均月补差145元的标准；农村低保标准提高到每人每年1000元，发放农村低保资金7915.10万元，人均月补差为56元，高于自治区规定的人均月补差45元的标准，按时超额完成目标任务。4月1日起，市五保户供养定补金标准每人月增20元，全年共下拨农村五保供养补助资金660万元，给予五保对象发放款物（折合人民币）3836万元，按时完成目标任务。90~99周岁老人寿星津贴由各县区财政安排，标准为每人每月50元，累计向10476名寿星发放津贴414.28万元；100周岁以上寿星津贴由市财政安排，标准为每人每月200元，累计向518名百岁老人发放津贴88.65万元，按时完成目标任务。新建或扩建乡镇敬老院20个，按时完成目标任务。

2. 为每个县中学配备10间媒体教室、1间电子阅览室，完成投资390万元，提前完成目标任务。资助2008~2009年学年普通高中贫困生1500人，资助金额

150万元。根据自治区有关规定,市财政再拨出352万元设立南宁市普通高中助学金,资助家庭经济困难学生5426人,超额完成目标任务。全年共资助中职学生等特定人员3.97万人,累计发放资助款2544.48万元,按时完成目标任务。安排资助经费284.33万元资助全市3806名中职特定专业学生第三学年生活费,按时完成目标任务。全市有3395名家庭经济困难大学新生获得自治区财政资助,累计发放资助金156.80万元;有1000名家庭经济困难大学新生获得市财政资助,累计发放资助金200万元,按时完成目标任务。

3. 市一医院门诊综合楼扩建项目(在建项目,项目总投资概算2.91亿元,总建筑面积4.98万平方米)累计完成投资9123万元,基本完成当年目标任务。12月29日,市疾控中心举行搬迁仪式,累计完成投资2434万元,占计划121.60%。6个城区疾控中心已完成组建工作,并根据职责要求开展传染病防控、公共卫生突发事件、免疫规划、疫情监测报告等相关工作,按时完成目标任务。9月18日,4个捐血屋全部建成启用,累计完成投资990多万元。2.40万人参加免费婚检,投入资金192.20万元。截至12月20日,共为1.01万对农村新婚夫妇免费进行地中海贫血筛查,占年度任务101.41%,完成投资200万元。全年发现贫困肺结核患者1657名,为计划110.5%,所有项目病人均享受市政府提供的免费检查和治疗。救治贫困高危孕产妇92人。7个城市社区卫生服务中心项目全部开工,基本完成目标任务。改造8个乡镇卫生院工程项目基本完成,累计投入资金443万元。在各县区广场、绿地及符合条件的住宅小区安装60套健身路径器材作为老年健身及儿童游乐设施,在各县区建设120个村屯篮球场,累计投入资金687.86万元。

4. "百戏进乡村"项目累计完成演出102场,完成目标任务;"扶持百个业余文艺队"项目累计完成演出3494场,占任务123%;累计送12684场电影到农村,占任务126.84%,超额完成目标任务。完成100个边远行政村"农村书屋"建设工作,累计投入资金200万元。

5. 3月1日起,市公共汽车票价从每人每次1.20元降为每人每次1元,市财政拨付补贴资金3000万元,按时完成目标任务。在民族大道、民生—东葛路、人民路、朝阳路、古城路5条道路内增设出租车停靠站点工作全部完成,累计施划站点148个、泊位标线158个,共安装148块标志牌及64块引导标志牌,按时完成目标任务。

6. 全市参加新型农村合作医疗462.10万人,参合率92.54%,基金使用率81.39%,平均住院补偿率42.10%,按时完成目标任务。全市资助农村五保户、残疾人、低保对象及农村独生子女户约24.59万人参加新农合,资助金额共计491.80万元,按时完成目标任务。

7. 50个村的村庄规划、屯内绿化、沼气池建设、农村环境卫生综合整治、绿化美化等工作完工,累计投入资金2011.85万元,占计划115%,按时完成目标任务。

8. 104项农村饮水安全工程完工,投资6046.46万元,累计解决13.08万农村人口安全饮水问题,按时完成目标任务。

9. 建成村屯道路528.20公里、独立桥7座、人饮工程201处,受益群众15.50万人,累计投入资金6998.30万元,按时完成目标任务。

10. 50个建制村通公路项目建成,累计投资1.32亿元,10个便民候车亭全部建成并投入使用,按时完成目标任务。完成3088个20户以上自然村通广播电视工程,发放安装9.26万套直播卫星设备,46.30万群众受益,按时完成目标任务。

11. 民族乡帮扶工程计划实施的23个项目(20个屯级道路项目,1个水利项目,1个教育项目,1个乡卫生院病房扩建项目)建成,累计投资462万元,按时完成目标任务。

12. 家畜定点屠宰厂技术改造项目46个顺利实施,累计投入资金597.15万元,按时完成目标任务。在6个县新建和改造农贸市场13个,投入资金360万元,超额完成目标任务。审核通过备案销售网点907个,家电下乡产品销售量19.03万台,销售额3.65亿元,向农民发放补贴3935.15万元,超额完成目标任务。

13. 1000户农村特困户危房改造工程完成,投资1674.30万元,其中市本级财政投入500万元,县区配套153.70万元,农户自筹1020.60万元,按时完成目标任务。

14. 72个标准化规范化乡镇计生服务所建设项目完成,累计投入资金3821万元,完成目标任务。

15. 续建友谊路1000套廉租房项目,累计完成投资8196万元,占计划163.92%;新开工的相思湖1100套廉租房项目,累计完成投资1.07亿万元,占计划213.96%,超额完成目标任务。经济适用住房和全额集资建房累计竣工6731套,占计划168.28%,超额完成目标任务。实际开工建设扶侨安居房325套,超额完成目标任务。建成48套乡镇教师周转房。隆安县屏山镇、上林县镇圩乡、马山县加方乡等3个试点乡镇卫生院医护人员住房解困项目已完成主体建设,累计投入资金175万元,完成目标任务。

16. 全市城镇新增就业岗位7.38万个,占计划123.05%;实现农村劳动力转移就业10.02万人,占计划111.28%;完成农村劳动力职业技能培训5.20万人,占计划104.04%;完成创业培训5545人,占计划110.90%,超额完成目标任务。

17. 在6个城区各建成1个小广场、设置6处法制宣传标志。

18. 市财政安排739万元,完成41个易涝点排水管渠改造及清淤疏通工作。在县城、乡镇建设9座公共厕所,投入资金130万元,按时完成目标任务。在城区、开发区建成10座移动公厕,提前完成目标任务。

19. 建成8座人行过街设施。月湾路已于11月竣工验收并通车,完成投资2900万元;长湖东路机动车道已基本贯通,完成投资3968.54万元,占计划198%,超额完成目标任务。

20. 82项大中型水库库区移民基础设施建设工程项目完成,共有4.84万名移民受益,总投入2028.20万元,按时完成目标任务。（伍光清）

人　　事

【毕业生就业】 2009年,南宁市针对高校毕业生严峻的就业形势,制定出台加强普通高校毕业生就业工作的政策措施,采取岗位补贴、创业补贴、见习补贴等措施,强化公共服务。依托高校毕业生就业服务站,开展公共就业服务进高校活动,举行就业讲座19场、政策咨询活动10场;配合驻邕各高校举办校园招聘会18场,组织208家单位进入校园招聘,提供就业岗位3629个。联合开展毕业生招聘活动,采取网络招聘、专场招聘、送岗位进校园等方式,加大毕业生就业招聘会密度,共举办高校毕业生专场招聘会15场,提供1.30万多个就业岗位。启动毕业生就业见习基地建设,首次评审确定10家市级就业见习基地,接收200名南宁市生源高校毕业生参加就业见习。开展SYB(创办你的企业)创业培训,培训毕业生123名,其中参加考核83

人，获得 SYB 创业培训合格证书 80 人。加强未就业和困难家庭毕业生的帮扶援助，开展“毕业生公共服务百日攻坚行动”，对未就业和困难家庭毕业生免费提供就业信息、进场求职、人事代理、岗位技能培训、推荐就业等服务，为 43 名贫困家庭高校毕业生提供就业援助，招募高校毕业生面向基层就业服务 172 人，其中选聘高校毕业生到村任职 47 人、招募“大学生西部志愿者”59 人、“三支一扶”（支农、支教、支医和扶贫工作）高校毕业生 18 人、“农村义务教育阶段学校教师特设岗位”48 人。2009 届高校毕业生回邕报到 1.23 万人，落实就业 1.09 万人，就业率 88.56%，比上年度提高 11 个百分点。

【人才市场建设】 2009 年，南宁市通过建立企业人才服务站，开展人事服务外包、人事代理、人才引进、委托招聘等服务，帮助企业稳定人才队伍。新增代理单位 49 家，新增人事代理 5797 人，累计代理人员 4.74 万人；新增档案 1.43 万份，现库存档案 8.76 万份，人事档案利用 1.55 万册。创新招聘模式，围绕企业需求拓宽就业渠道，推出特色突出的人才专场招聘会，共举办各类招聘会 113 场，进场招聘单位 6116 家，提供工作岗位 10 万多个。开展国际人才交流业务，新增人才派遣单位 18 家，开展中高级人才招聘推荐 2638 人次，向国际人才交流及境外岗位成功推荐人才 126 人。加大无形人才市场建设，推进县区人才公共信息网络建设。加强区域人才市场合作，举办第五届西南城市联盟网上人才交流大会。

【职称工作】 2009 年，南宁市进一步拓展人事考试职称网的网络功能，开通服务“直通车”，开展“职称进社区”活动，主动提供职称服务。健全完善公示、服务承诺、监督举报和责任追究制度，强化评审环节的监督，提高职称评审的透明度。开发专业技术资格证书网上验证注册登记系统。进一步规范和完善人才评价标准，探索考评结合的评价方式。开展职称注册验证工作共 3.80 万多人（本）。组织经济专业、二级建造师、职称外语、注册设备监理师、价格鉴证师、注册资产评估师等各类执（职）业资格考试和各类人事考试共 36 项，参加考试 21.65 万人。

【人才小高地建设】 2009 年，南宁市建设人才小高地 12 家。引进（含柔性引进）高层次人才 726 人，其中院士 4 人，博士 56 人，硕士 95 人，高级职称 481 人，选送自治区内外培养的各类骨干人才 2374 人。开展科研项目 140 个，完成科研项目 80 个，获省部级奖 17 项，市级奖 23 项。申请国家专利 48 项，其中获批准 9 项。以项目为载体加快形成与产业发展相适应的多层次创新团队，促进人才优势向科技优势和产业优势转变。

【高层次创新型人才培养工程】 2009 年，南宁市组织实施高层次创新型人才培养工程，突出项目载体，开展重点人才培养项目选拔评审工作，对重点人才培养项目进行选拔资助，给予 28 个学术和技术带头人培养项目资助 96 万元；给予 32 个人才小高地重点项目资助 485 万元；给予 101 个专业化人才培养项目资助 383 万元，重点培养一批领军人才、紧缺人才和县域经济重点人才。组织 287 名各行业专业技术骨干参加各类高级研修班共 27 期。组织实施专业技术人员知识更新工程，开展专业技术人员公共科目和专业课程的培训，全市专业技术人员继续教育面 100%。

【人才开发合作】 2009 年，南宁市加强与东部省市、高校院所人才合作。与苏州市签订人才开发合作协议，建立起优势互补东西部人才共建工程，实现跨区域高层次人才培训教育资源优势共享。邀请“中国科学院土壤环境修复院士专家广西行”、北大研究生会、北京大学和美国斯坦福大学教授、博士访问团等到邕进行项目考察和学术技术交流，重点围绕环保、电子信息、生物制药、城市建设等项目进行技术交流与指导。先后邀请新加坡著名物流专家陈绍祥教授、TNT 中国区企业战略发展总监陈大年到邕举办“现代物流管理培训班”，为物流管理和技术人才提供现场培训。

【出国（境）培训】 2009 年，南宁市组织完成生态环境建设、公务员创新管理和团队建设、基础教育管理培训、物权制度下的行政管理模式建设 4 个出国培训项目的实施工作，培训管理和技术人员 80 人。

【人才智力引进】 2009 年，南宁市积极开展引进国外智力指导工作，重点组织实施国家外专局批复的“基于 MESH 技术的高速无线宽带系统的研发”、“高浓度有机废水浓缩燃烧处理系统”、“WebDesk 企业协作平台”、“改进碱回收炉的操作办法、提高碱回收率”、“金属粉末注射成型项目”、“中药产品国际化研究”6 个引智项目。开展引智示范推广基地建设，横县科技情报所和南南铝箔有限责任公司两家单位被广西外国专家局确定为自治区引智成果示范推广基地单位；“茉莉花病虫害防止”和“新增年产 8000 吨铝箔技改项目”被确定为自治区引智成果示范推广项目。聘请 220 多名国（境）外专家和管理技术人员到邕开展交流和指导。做好留学回国人员和博士后工作站服务和管理，引进 10 名高层次留学回国人员到高新区创办企业，引进博士后黎展荣进站工作。组织 19 家单位参加第十二届中国留学人员广州科技交流会，与 36 名留学人员就项目合作、技术转让、项目投资和人才招聘进行洽谈。组织 12 家用人单位分赴武汉等市招聘各类高层次紧缺人才。

【公务员管理】 2009 年，南宁市计划招考公务员 629 名。面试实行“三统一”（统一面试地点，统一面试时间，统一面试试题）办法，“双抽签”、“全封闭”、“全程监督”等制度，所有考生集中在自治区党校统一进行面试，共面试考生 1732 人。抓好 2009 年参照公务员法管理事业单位申报和登记工作，完成公务员和参公管理人员登记 1316 人。完善竞争上岗制度，加强职务任免备案管理，规范公务员奖励程序，指导开展竞争上岗职位 84 个，办理公务员交流审核备案 145 人，开展奖励表彰近 20 项。

【事业单位公开考试招聘】 2009 年，南宁市共有 43 个系统 443 个单位，招聘工作人员 1245 人。通过改进网上报名系统，突出重点内容审核；强化监督，建立网上复核制度，严格把好资格关口，报考人数 1.26 万人。在笔试、面试工作中，突出专业技能的考核和重点环节监管，确保整个考试招聘工作的公平、公正。

【义务教育学校绩效工资】 2009 年，南宁市拟定《南宁市义务教育学校绩效工资工作方案》，制定出台《南宁市义务教育学校绩效工资实施办法》。组织召开全市义务教育学校实施绩效工资会议，布置实施绩效工资工作。在实施过程中，严格执行政策，认真进行市本级义务教育学校绩效工资的审核工作。加强对县区指导，并组织督查小组，深入县区督促检查义务教育学校教师绩效工资兑现工作。义务教育学校 9 月 30 日前在规定时间内预发了绩效工资基础性部分。截至年底，市本级和城区义务教育学校教师绩效工资已全部兑现到位，6个县也基本兑现到位。

【军转安置】 2009年，南宁市采取“双向选择”与“指令安置”相结合的办法，抓好计划分配军转干部的安置。对团职干部，由市委组织部通盘考虑，指令性安置；对营职（含文职科级）以下和专业技术转业干部，按照“供需见面、双向选择、政府保底”的办法进行安置，按时完成年度军转安置任务，共接收安置军转干部250名，其中计划分配干部220名。加强自主择业军转干部管理服务工作，实施自主择业军转干部年度登记报告制度，做好退役金核定工作，完成了882名自主择业军转干部年度增资工作，完成913名自主择业军转干部规范津贴补贴核算工作。组织开展适应性培训和就业推荐工作，共向用人单位推荐自主择业军转干部70多名。

【人事争议仲裁】 2009年，南宁市坚持仲裁“关口前移”，将人事纠纷处理从事后监督纠错转为事前预防，从源头上有效化解人事纠纷隐患11起。坚持以调解为主，妥善处理人事纠纷2起。畅通维权渠道，严守办案程序、时效和期限，在查明事实的基础上，分清责任，严格把握政策法规尺度。共依法处理人事纠纷6起，其中：受理人事纠纷4起，调解处理2起；结案6起。 （韦火清）

外　　事

【概　况】 2009年，南宁市外事办公室审批因公出访团组256批754人次。其中：经贸任务团组324人次，培训类团组164人次，文化体育类团组29人次，友好城市团组70人次，其他类团组167人次。分别出访美国、英国、法国、德国、荷兰、西班牙、葡萄牙、瑞士、巴西、智利、加拿大、日本、韩国、埃及、阿联酋、澳大利亚、新西兰、南非、摩洛哥、墨西哥、秘鲁、越南、泰国、马来西亚、新加坡、菲律宾、印度尼西亚、缅甸、柬埔寨、老挝等国家和中国香港、澳门特别行政区。出具来访批件12批54人次；签发签证通知函电107批158人次，办理市领导出访团组17批103人次。全年共接待境外来访团组174批3438人次，其中：政府类团组99批1121人次；经济贸易类团组31批385人次；其他类团组44批1932人次。这些团组分别来自美国、法国、瑞士、德国、古巴、奥地利、英国、加拿大、日本、巴西、南非、韩国、智利、喀麦隆、澳大利亚、越南、泰国、马来西亚、菲律宾、缅甸、文莱、柬埔寨、老挝、印度等国家和中国香港、澳门特别行政区。市外事办公室拥有英、法、德、日、俄、泰、越、柬、韩、印尼10个语种翻译，新增二层机构南宁市外事服务中心。南宁市参加世界城市和地方政府联合会，首次加入大型的国际城市组织。

2009年南宁市主要出访团组情况

时间	出访团组负责人	出访国家（地区）	出访任务	出访人数
5月	副市长潘和钧	加拿大	赴加拿大维多利亚市进行友好访问	6
6月	自治区党委常委、市委书记车荣福	法国、瑞士	友好访问，签订交流项目	6
	市委常委、统战部部长胡建华	英国、德国、西班牙	招商推介，推进项目落实，与英国特拉福德市开展友好交往	6
7月	市长黄方方	缅甸、香港	与缅甸仰光市缔结友好城市，赴香港进行项目对接	6
8月	副市长黄焕升	德国、荷兰、巴西	招商推介，开展友好访问	6
9月	副市长周家斌	日本	参加现代城市建设与防震减灾研究班培训	1
	市政协副主席袁曼虹	日本、韩国	友好访问，深化交流与合作	6
10月	市人大常委会主任谢寿堂	南非、摩洛哥	加强与南非、摩洛哥的友好交往，学习借鉴非洲发展中国家议会制度的先进经验，拓展国际友好交流	6
	市人大常委会副主任卫自光	越南、老挝、柬埔寨、泰国、马来西亚、新加坡	参加2009年中国—东盟汽车拉力赛工作组工作	1
	副市长李国忠	英国	参加2009年国际田联世界半程马拉松接旗仪式并对赛事进行考察	6
12月	市政协副主席颜石廉	埃及、阿联酋	学习国外先进水利和农业灌溉技术	6

2009年南宁市主要来访团组情况

时间	来访团组	来访任务	来访人数
1月	日本（日立）有限公司代表团	商贸考察	8
	缅甸外交部副部长一行	外交访问	4
	新丝路集团	经贸考察	10
2月	菲律宾裕景集团	经贸考察	5
	奥地利克拉根福市民代表团	友好交流	6
3月	马来西亚怡保市代表团	友好交流	10
	法国安万特公司	经贸考察	9
	马来西亚招商团	经贸访问	8
	泰国正大集团	商贸考察	15
	古巴国家医疗团	考察	10
	加拿大维多利亚市代表团	友好交流	7
	加拿大那莫奈市教育代表团	友好交流	4
	加拿大BC省教育代表团	友好交流	10
4月	缅甸内比都市代表	友好交流	5
	香港启正公司	商贸考察	4
	日本TNP株式会社	商贸考察	10
	美中商会考察团	商贸考察	25
	越南谅山省代表团	参观考察	26
	香港公务员考察团	参观考察	17

续表

时间	来访团组	来访任务	来访人数
5月	香港五丰行	经贸考察	10
	越南谅山、高平、广南三省代表团	友好交流	25
	美国华商会	经贸考察	6
	德国勃林格集团	经贸考察	15
6月	法国驻广州总领事馆	外交访问	6
	世界银行贷款评估团	经贸考察	7
	老挝外交部领事一行	外交访问	4
	泰国大学教育代表团	参观考察	5
	亚行贷款代表团	经贸考察	4
	加拿大 BC 省纳奈市代表团	经贸考察	3
7月	澳门广西总商会代表团	经贸考察	10
	驻越南武官代表团	外交访问	18
	南部非洲侨领代表团	经贸考察	7
	日本大赛璐公司	经贸考察	5
	日本大川协会	经贸考察	12
	日本熊本县政府代表团	友好交流	5
	日本宇城市代表团	友好交流	15
	中国驻多伦多总领事一行	外交访问	6
8月	南非华联集团	经贸考察	5
	香港中科融资有限公司	经贸考察	3
	欧盟官员一行	经贸考察	4
	日本读卖新闻记者团	参观考察	8
	香港花旗银行	经贸考察	19
	日本富士(中国)投资有限公司	经贸考察	7
9月	俄罗斯新闻代表团	参观考察	9
	老挝外交部代表团	外交访问	6
	世界银行专家代表团	经贸考察	4
	泰国代表团	经贸考察	6
	日本友果蔬株式会社代表团	经贸考察	8
	日本友好代表团	友好交流	50
	缅甸代表团	外交访问	4
	越南高平省代表团	参观考察	14
	国际田联官员考察团	参观考察	6
	越南高平省代表团	参观考察	15
10月	香港医疗队代表团	参观考察	24
	刮利伊基克市代表团	友好交流	9
11月	缅甸仰光市代表团	友好交流	3
	美国驻广州总领事代表团	外交访问	5
	香港公务员研习班	参观考察	28
	墨西哥劳动党代表团	参观考察	10
	德国考察团	参观考察	10
	泰国孔敬大学代表团	友好交流	4
	澳大利亚驻广州总领事代表团	外交访问	4
12月	老挝国会副主席代表团	参观考察	10
	伊拉克库尔德斯干部考察团	参观考察	8
	韩国 SK 集团	经贸考察	8
	喀麦隆人民民主联盟	参观考察	12
	世界华商领袖年会代表团	商贸考察	50
	印度共产党干部考察团	友好交流	7

【国外友好城市交往】

缅甸仰光市　2009年1月8~10日，缅甸外交部副部长吴貌敏率团访问广西和南宁市。代表团在南宁期间，市长黄方方与吴貌敏进行友好交谈。吴貌敏推荐仰光市与南宁市结为友好城市。南宁市邀请仰光市市长昂登林率领仰光市代表团访问南宁市。4月，仰光市城市发展委员会生产部部长吴凯文随缅甸代表团访问南宁。黄方方会见代表团一行。7月，黄方方率南宁市代表团对缅甸进行友好访问；11日，黄方方与仰光市副市长芒帕进行友好交谈，并共同签署两市《建立友好城市关系备忘录》。10月，仰光市市长昂登林应邀出席“两会一节”有关活动；20日，两市市长在市滨湖广场种植了象征友谊的“友谊树”；21日，两市市长代表两市签署建立友好城市协议书。

澳大利亚班达伯格市　年初，应澳大利亚班达伯格市邀请，市委副秘书长黄丽娟率领南宁市演出代表团一行8人到该市参加由当地政府举办的中国春节庆祝活动。2月6日下午，南宁市代表团到达班达伯格地区政府办公室，受到市长洛林·派芬奇和政府议员的接待，双方合影并互赠礼物。当晚代表团参加晚宴，并与班达伯格市姐妹城市委员会委员见面。2月7日下午，在班达伯格市市 Lions 公园，市演出代表团为当地群众演出具有广西民族特色的舞蹈节目3个。期间，班达伯格市特别为南宁市开设城市形象展示台，展示具有浓厚年味和中国文化韵味的对联、中国结、金元宝、小牛挂饰以及印刷精美的图片、旅游宣传册和介绍南宁城市发展的 DVD 等。10月20~24日，班达伯格市副市长托尼·里西雅迪率团一行5人访问南宁，参加“大地飞歌·2009”第六届中国—东盟博览会暨南宁国际民歌艺术节开幕晚会和境外嘉宾招待酒会；21日上午，市长黄方方等市领导会见代表团一行。

奥地利克拉根福市　2月18~20日，克拉根福市市民茨维兹一家及其朋友一行5人来南宁访问。2月19日上午，副市长肖莺子在市政府会见代表团一行。之后，代表团一行参观南宁国际交流展厅、滨湖广场友谊林和青秀山国际友谊园。应南宁市民李秋妹的邀请，代表团一行到其家中作客，并学做中国菜和中国茶艺。10月“两会一节”期间，南宁市荣誉市民、克拉根福市前市政厅办公厅主任林德纳率领克拉根福市市民一行18人访问南宁市，市长黄方方会见代表团一行，代表团在南宁期间参加了南宁市主办的相关活动。

韩国果川市　4月11日，南宁市派遣市外事办公室国际交流科科员周怡飞赴韩国；5月11日，韩国果川市交通课系长朴钟和抵达南宁市，正式开展2009~2010年度南宁市与果川市公务员交流活动。9月25日，应果川市邀请，市政协副主席袁曼虹率南宁市妇女代表团、杂技艺术代表团和美食代表团参加果川全民同乐节(露天艺术节)。10月19~22日，果川市副市长代表团一行5人应邀访问南宁。10月20日上午，市长黄方方在市政府1号楼会议室会见代表团一行，签订2010年友好交流计划书。果川市厨师代表团一行7人和艺术团一行8人随后抵达南宁，并在南宁市举行了系列才艺表演活动。

法国马恩河谷省　5月3日，由市教育局、外事办公室、第三十三中学和东葛路小学的负责人组成的南宁市教育交流团访问法国马恩河谷省。马恩河谷省安排代表团考察了该省的中小学和教育文献中心。5月5日，代表团与该省政府签署双边教育交流工作备忘录，一致决定推进在双方的中小学开展建立友好学校活动，并互开语言课程；轮流举办网上青少年艺术作品展；逐步开展互派语言教师的活动；把交流合作的范围逐步扩大到职业技术教育领域。6月下旬，自治区党委常委、市委书记车荣福率友好代表团访问法国马恩河谷省，并在当地举办南宁市投资环境介绍会。10月“两会一节”期间，法国马恩河谷省议会副主席罗汉·加尼尔率政府和工商代表团访问南宁，在会展中心举办马恩河谷省和巴黎大区工商会推介会和举招待酒会。推介会上，随团来访的法国汉吉斯食品批发市场总裁马克·斯皮尔汉与江南区代表签署合作协议。

智利伊基克市　10月26~29日，应市长黄方方的邀请，智利伊基克市市长米尔塔·杜波斯特·希梅内斯率领政府代表团访问南宁市。10月27日，黄方方在市政府会见代表团一行，会见后两市市长在市政府前的滨湖广场种植了“友谊树”。10月28日上午，米尔塔访问广西大学，并就智利伊基克市向中国驻智利大使馆申请两名伊基克市大学生奖学金到南宁市留学事宜进行会谈，达成初步意向。

美国商业市　10月，应市长黄方方邀请，美国商业市市长保罗·纳塔尔访问南宁，出席“两会一节”有关活动，黄方方会见了保罗·纳塔尔。10月21日，两市市长代表各自城市签署了建立友好城市协议书，双方同意，在平等互利的基础上，共同促进两市人民之间的友好交往和经济、贸易往来，积极开展在商业、投资、旅游、科技、文化、教育、体育以及卫生等各个领域的交流与合作。

【荣誉市民评选】　2009年，南宁市授予包括韩国果川市市长余仁国、印度尼西亚的何震发、韩国的崔栋烈、澳大利亚的龙凤翔、法国的邱爱华、香港的陈炳强6名友好人士以“南宁市荣誉市民”的称号。至此，南宁市有荣誉市民65人。

【南宁领事馆区一期工程竣工】　2009年10月，南宁领事馆区一期工程竣工，5个单体馆舍和外事服务中心大楼建成。12日，南宁领事馆区(一期)工程竣工暨领事馆馆舍移交仪式在南宁领事馆区举行。自治区主席马飚、市长黄方方等自治区、南宁市领导，柬埔寨驻南宁总领事英洪、越南驻南宁总领事阮英勇、泰国驻南宁代总领事安特蓬、老挝外交部官员等出席，并在领事馆区内种下“友谊树”。柬埔寨、老挝驻南宁总领事馆正式进驻领事馆区，成为进驻领事馆区办公的第一批领事馆。同月12日和17日，柬埔寨驻南宁总领事馆和缅甸联邦驻南宁总领事

10月21日，南宁市荣誉市民授予仪式在邕江宾馆举行　　市外事办提供

南宁市荣誉市民评选的对象及条件

一、南宁市荣誉市民评选的对象：外籍人士、海外侨胞和港澳台同胞。

二、南宁市荣誉市民评选的条件：凡承认一个中国的原则，遵守中华人民共和国法律、法规，热心支持南宁市经济社会发展，本人自愿并具备下列条件之一的，可评选为“南宁市荣誉市民”。(一)为推进其所在国家或者地区与本市友好关系的发展发挥重要作用的；(二)对推进本市对外交往，建立友好城市关系，开展交流与合作贡献突出的；(三)积极为本市引进资金、人才、先进技术和设备，促进本市经济建设和高新技术发展贡献突出的；(四)为本市开拓国内外市场，促进经贸合作贡献突出的；(五)对发展本市科技、教育、文化、卫生、体育事业贡献突出的；(六)为本市经济发展、社会进步提供战略咨询，传递重要信息，提出有重要理论价值和现实意义的建议，被采纳后产生重大经济和社会效益的；(七)资助本市发展社会公益事业和慈善事业贡献突出的；(八)其他方面贡献突出的。

南宁市荣誉市民待遇

荣誉市民在南宁可免费乘坐公共汽车；在南宁市投资享受“绿色通道”待遇；就医时，享受优先挂号、就诊；免费参观南宁市由政府投资并管理的景区、景点和公园；应邀出席南宁市委、市政府举行的各重大庆典活动，享受贵宾待遇；其子女在南宁市公办学校接受义务教育阶段的教育，可与南宁市居民子女享受同等待遇；需在南宁市长期居留的外籍“荣誉市民”，相关部门可依据相关法律法规为其办理长期居留许可等。

馆分别与南宁市外事服务中心签订《南宁领馆区馆舍租赁协议》和《南宁领馆区馆舍租用管理与服务协议》;19日，老挝人民民主共和国驻南宁总领事馆在南宁开馆,自治区党委书记、自治区人大常委会主任郭声琨代表自治区政府向老挝驻南宁总领事馆赠送小汽车1辆;20日,缅甸联邦驻南宁总领事馆在南宁开馆,自治区主席马飚代表自治区政府向缅甸驻南宁总领事馆赠送小汽车1辆。至年末,共有越南、泰国、柬埔寨、老挝、缅甸5个国家在南宁设立总领事馆。(张 艳)

信访工作

【概 况】 2009年，南宁市信访工作的重点是处理好群众来信来访来电，加强对重大信访事项的督查督办，深入推进“公开大接访暨与民沟通日”活动,妥善处理集体上访和信访突出问题与群体性事件，做好劝返和处置“进京非正常上访”人员等,从2009年下半年开始,市信访局组成派驻自治区驻京信访维稳工作组，由1名局领导率4名工作人员在北京开展信访维稳工作，加大劝返接回工作力度，全年共劝返接回进京上访群众115批423人次。4月1日,市信访部门正式启用信访信息系统，成为自治区率先启用信访信息系统的信访单位，全年共办理来信2691件。同时,12个县区全部实现与当地机要网联通。县级与市级的联通也已完成。市信访局被定为南宁市“干部锻炼基地”。

【群众来信来访来电受理】 2009年,市信访局受理群众来信来访来电7.43万件次,同比减少3.90%;接待群众来访2284批7673人次,同比批次上升5.90%、人次减少2.50%；其中集体上访278批4034人次;“市长公开电话”共接听市民来电14.19万个，受理有效来电5.98万个,受理有效来电同比减少10.30%。5月1日，在全市开通“信访绿色邮政”。人民群众给市委、市政府和市信访局及其领导的来信,只要在信封上写上“人民来信”字样,可免费投递。“信访绿色邮政”共收到人民来信502封。7月17日,《人民日报》对此做法进行专题报道。

【领导接待日】 2009年，南宁市始终坚持领导公开接待日制度，每月10日有1名市委、市政府领导公开接待群众来访。共有11名市领导先后接待来访群众60批439人次。下半年,针对市领导接待日群众来访量大的情况,组织18个重点部门的领导参与群众来访接待和分流工作，共接待来访群众378批1093人次。市委、市政府群众接待室共接待群众来访2438件次8256人次，集体访332件次4475人次,做出批示件41件;开展县区委书记“大接访”活动,参与接访的县委书记、县长共有136人次,接访上访群众505批2109人。

【公开大接访】 2009年，南宁市先后4次开展“公开大接访暨与民沟通日”活动，参加活动的各县区、市直部门累计325个次，参加活动的干部累计6123人次,接待群众2242批5785人次,听取群众反映信访事项1878件,当场解决或答复906件,当场办结率64%。

【督查督办与复查复核】 2009年，市信访局共办理上级机关和市领导批示交办信访案件344件,其中国家信访局交办9件,自治区信访局交办50件,市领导批示交办199件,其他交办86件,到期结案率100%。共受理群众向市信访事项复查复核委员会办公室申请信访事项复查、复核案件62件,到期办结率100%。

(市信访局办公室)

行政审批

南宁市有行政审批职能的部门52个,行政审批事项610项,其中许可事项262项,非许可事项348项。2009年,市本级纳入政务服务中心办事窗口受理的行政审批事项428项,其中许可事项195项,非许可事项233项;纳入政务服务中心受理的行政审批事项数占市本级事项总数的70.20%，其中许可事项占74.40%。有40个职能部门进驻政务服务中心设立办事窗口（自治区直单位6个),461项行政审批事项在政务服务中心办事窗口受理(自治区直单位23项),有130多名工作人员在窗口直接为办事群众、企事业和投资者提供行政服务。年内，政务服务中心收费窗口依法代财政收费2.03亿元，各办事窗口接收办理行政审批事项约58万件,当场办结的事项约42万件，发出的批文和证照有效率100%,群众评价满意率99%以上。

(吴宝树)

机关事务管理

【概 况】 2009年，市机关事务管理局（市直机关后勤服务中心）主要负责市委、人大、政府、政协办公区和宿舍区的水电、绿化、环境卫生、基建维修、安全保卫、社会综合治理、会场管理和服务工作。完成市直机关办公用房调整,配合市委机关搬迁到新址办公，市委2号院大门改造、旧办公楼翻新及生态停车场工程，南湖公务员住宅小区公寓楼分房工作;对市委、市政府办公大院,市委2号院，市政协办公大院等办公区和宿舍进一步完善物业服务社会化管理；为宿舍区住户办理各种房产证件；保障辖区内各项后勤工作服务及时到位，维护办公区和宿舍区正常工作生活秩序。对市机关车队和市直机关保育院进行业务指导和人事管理。

【维修工程项目建设】 2009年，市直机关事务管理局开展基建工程项目和房管业务工作，进一步改善辖区内的工作生活设施,提高服务水平。加强对各办公区和宿舍区日常的巡查和维护，完成四家班子办公区和宿舍区进行日常的房屋维修维护工作,各种设备运转正常。增强对宿舍区的服务内容和综合管理，切实为干部职工解决实际困难，完成市委大门装修、改建生态停车场和市委南五楼装修等工程。完成市委泗濠塘宿舍等市四家班子宿舍区天面漏水维修工程和南湖公务员住宅小区公寓房维修工程等。

【市四家班子后勤服务保障】 2009年,市机关事务管理局进一步加强对水电设施的维修检查，确保了市四家班子办公区、宿舍区水电设施的正常运转。一是完成市委泗壕塘宿舍区和市政府星光大道西二里宿舍区水电户表改造工程，为群众办实事。二是更换市四家班子办公区公共场所节能灯具，完成节能灯改造任务。三是完成市委市政府2号楼以及市委市政府会议中心附楼(机关食堂)供电增容工作。四是改造市委、市人大宿舍区的供水加压设备，其中改造市委宿舍区二次供水系统,使用无负压供水设备。五是完成辖区内建筑年度防雷安全检测，消除建筑物遭受雷击的安全隐患。对市委、市政府办公大院的中央空调机组和分体空调进行夏季开机前的全面保养工作，对楼内办公室的空调风机进行清洗和保养，保证空调的正常使用。为市委市政府会议中心和市人大会堂等召开市级重要会议提供花卉摆设服务。完成“自治区成立50周年庆典”、“两会一节”等重大节假日和在市委、市政府大院开展重要活动的环境布置工作。配合城乡清洁工程制定相应措施，建立长效机制，维护辖区的卫生环境，在办公区和宿舍区开展爱国卫生运动，清理垃圾和沉沙井，组织实施灭蟑和灭鼠活动。做好会议场所的管理和服务工作，对会议中心的音响设备进行检查维修并增加部分设备，为市四家班子和市直有关单位提供会议服务480多场次，为市领导提供美容美发服务390多人次。

【公共机构节能工作】 2009年，南宁市全面启动公共机构节能工作，重点抓好耗水、耗电、耗油设备的管理。成立南宁市公共机构节能工作领导小组，领导小组组长由市政府秘书长担任。在市机关事务管理局增设公共机构节能监督管理科，负责公共机构节能的日常工作。制定和颁发《南宁市“十一五”后两年公共机构节能工作计划》和《南宁市公共机构节能工作指导意见》。向全市公共机构印发《南宁市本级公共机构节能及消耗状况调查工作方案的通知》，收集和掌握2005~2008年本市公共机构能耗基本情况，为各单位能耗定额提供可靠依据。建立健全市公共机构节能工作管理体系，明确各级公共机构节能工作管理职责，明确节能工作的主管领导、工作部门和联络员等，形成“有人具体抓，具体有人办”的有效机制。对能耗统计工作人员进行业务培训，开展能源短缺体验日活动等形式，引导和教育机关广大干部职工树立节能意识。6月19日，全市近千个各级公共机构(包括县区)，3万多名干部职工参加能源短缺体验日活动，广西电视台、《南国早报》、《南宁日报》、南宁电视台等媒体进行专题或现场报道10余次(篇)。在市委市政府大院试点安装2台电梯节能回馈装置，安装使用后电梯节电率可达20%~40%。在市委市政府大院内建立废水循环利用系统，通过水池收集空调水、地下水、雨水，通过抽水泵循环再利用于大院绿化灌溉。对市四家班子办公区公共场所更换节能灯具。

【辖区综合治理和安全管理】 2009年，市机关事务管理局进一步健全各项规章制度，加强了检查督促和重点防范工作，确保辖区的安全稳定。一是抓好社会治安综合治理工作。严格落实安全责任制，层层签订责任状，年初与城区综治办签订责任书，并根据本局职责管辖范围将综治责任分解到各部门，分别与市委、市政府机关大院24家单位签订综治责任书。二是进一步规范市四家班子机关大院车辆管理。对出入市四家班子机关大院的车辆进行审核，重新更换汽车通行证。三是认真布置安保防控工作。按照安全部门要求，制定消防和安全预案，切实做好各家班子办公大院、宿舍区的安全保卫工作，着重加强庆祝“自治区成立50周年庆典”和“两会一节”期间的安全保卫工作。全年协助公安、信访机关妥善处理群体上访事件20多起，较好地维护了辖区的安全和稳定。四是增加安全技防投入，投入30多万元进行技防改造项目。主要有：完成市委、市政府机关大院火灾自动报警系统与南宁城市火灾消防网络管理中心的联网工作；在市政协办公大院安装一套视频监控系统，更换市委2号院南楼市档案局楼层老化的消防水带；更换市四家班子各办公区、宿舍区灭火器药剂，保证灭火器有效使用。更换市委市政府机关大院224具不能正常工作的疏散指示灯；在市政府办公楼地下车库出口安装不锈钢栏栅，市政府2号、3号门岗哨安装防撞桩和防撞栏等。五是强化安全生产管理。组织开展“安全生产月”活动。悬挂宣传横幅和征订安全生产读本、套图，发放宣传资料等，开展形式多样的宣传活动，发动干部职工积极参与安全生产竞赛活动。

【市直机关保育院工作】 2009年，市直机关保育院继续引进“黄金早教”、“思维游戏”等特色课程，开展广西教育学会“十一五”规划课题和南宁市教科所“十一五”规划课题的研究工作。完成国家社会科学基金“十一五”规划教育学项目《幼儿园小学中学非物质文化遗产启蒙教育研究》子课题和广西幼研会“十一五”课题《幼儿适应性发展课程与幼儿园个性化发展研究》子课题，实施《实施幼儿适应性发展课程中的环境创设研究》课题工作。加强师资队伍建设，发挥“院内研讨，院外参赛”的重要作用，先后组织24名教师到上海、广州等先进省市幼儿园学习取经。同时鼓励教职员工参加各类教育评比活动。其中大班教研组获“南宁市优秀教研组”称号。幼儿园坚持保教并重与结合的原则，为入园儿童创造优美环境和活动场地。严格监督、督促新建综合保教楼的质量、进度和安全施工。通过政府采购为教师办公和幼儿生活需要提供便利，分别添置了一批电脑、打印机、照相器材和幼儿书包柜等办公用品和设备。根据厨房安全卫生和保障需要，完善消毒用具及其他厨房设施。开展升国旗、为灾区献爱心捐赠以及自制玩具评比活动，丰富教师和幼儿园内生活，并与自治区内多个幼儿园教师进行交流研讨，新闻媒体先后对该活动进行报道。出版发行该院首席院刊。

【市机关车队工作】 2009年，市机关车队下属各公司通过继续采取经济承包责任制，车队与各部门签订年度目标任务责任书，进一步明确车队和各部门之间的责权利关系，生产经营实现利润增长。加强与各大保险公司的定点合作，赢得招标机会。修理事故车3895台，比上年增加841台次，超额完成年度目标任务。下半年，在国家政策刺激下，销售公司推出的新车型汽车销售量大幅度增加，几个月来销量同比创历史新高。坚持“谁主管，谁负责”的安全生产责任制，将安全、质量责任层层落实，责任到人，进一步完善企业内部质量监督体系。车队实现维修和汽车销售收入比上年增长20%。

（市机关事务管理局办公室）

中国人民政治协商会议南宁市委员会

重要会议

【政协第九届南宁市委员会第四次会议】 2009年2月16~19日在南宁饭店召开，开、闭幕大会在南宁人民会堂举行。市政协委员459人出席。市政协副主席张国环主持开幕大会。会议听取并赞同市长黄方方在市十二届人大七次会议上所作的政府工作报告，赞同市中级法院工作报告、市检察院工作报告以及其他报告。审议通过市政协主席黄家仁代表常务委员会所作的工作报告和副主席崔建国代表常务委员会所作的提案工作情况的报告。补选黎四龙为政协南宁市第九届委员会副主席。会议期间，委员围绕市经济社会发展的重大问题进行协商讨论，并提出许多建设性的意见和建议，一致赞同政府工作报告提出保增长、保民生、保稳定的一系列重大举措。收到大会发言材料

2月19日，政协第九届南宁市委员会第四次会议闭幕大会在南宁人民会堂召开

梁基欢　摄

13份(8名委员作大会发言)、以提案形式提出的意见建议448件，编印会议简报4期。自治区党委常委、市委书记车荣福在开幕大会上作讲话，市委、市政府的领导应邀出席开幕式和闭幕式，参加小组讨论，听取大会发言。

【政协第九届南宁市委员会常务委员会会议】 2009年共召开6次会议。

第十四次会议　1月14日在市政协常委会议室召开。协商通过政协第九届南宁市委员会常务委员会工作报告（草案），第三次会议以来提案工作情况的报告(草案)，第四次会议补充议程(草案)，第四次会议日程(草案)，第四次会议秘书长、副秘书长名单(草案)，第四次会议编组名单及各组召集人名单（草案)，第四次会议列席人员名单(草案)，第四次会议各次会议主持人的建议（草案)，常务委员会工作报告报告人的建议（草案)，市政协九届三次会议以来提案工作情况报告报告人的建议(草案)，市政协九届四次会议提案审查情况报告报告人的建议(草案)。

第十五次会议　2月18日上午在市政协常委会议室召开，提出并同意提名黎四龙为政协第九届南宁市委员会副主席候选人、九届四次会议大会选举办法（草案)。

第十六次会议　2月18日下午在市政协常委会议室召开。听取并审议九届四次会议各小组讨论大会政治决议（草案)、常委会工作报告决议(草案)、提案工作报告决议(草案)情况，各小组讨论九届四次会议大会选举办法（草案)，酝酿候选人，推选总监票人、监票人(草案)等情况；协商确定总计票人、计票人名单。

第十七次会议　7月22日在市政协常委会议室召开。听取副市长吴炜通报南宁市2009年上半年经济社会发展情况和下半年主要工作安排，2009年上半年市政协常委和部分委员各视察组的视察情况汇报，市政协秘书长侯小兵书面通报第九届委员会常务委员会第十六次会议以来的主要工作情况，市政协办公厅和各专门委员会书面通报2009年上半年工作情况及下半年主要工作安排；协商同意黎四龙不再兼任政协南宁市第九届委员会副秘书长职务、覃婵娥不再担任政协南宁市第九届委员会副秘书长职务。

第十八次会议　9月25日在市政协常委会议室召开。学习中共十七届四中全会精神及中共中央总书记胡锦涛在庆祝中国人民政治协商会议成立60周年大会上的讲话精神；听取市委常委、市委统战部部长胡建华应邀到会传达庆祝人民政协成立60周年暨自治区政协工作会议精神并讲话，秘书长侯小兵书面通报第九届委员会常务委员会第十七次会议以来的主要工作情况。市政协主席黄家仁就学习贯彻庆祝人民政协成立60周年暨自治区政协工作会议精神作讲话，提出具体要求，并部署近期工作。

第十九次会议　12月29日在市政协常委会议室召开。市政协主席黄家仁在会上作讲话，对2009年市政协工作进行简要总结，提出2010年市政协工作的总体思路，并对开好此次常委会提出要求。听取市委常委、副市长肖莺子通报南宁市2009年经济社会发展情况和2010年主要工作安排，2009年下半年市政协委员各视察分团的视察情况汇报，市政协秘书长侯小兵书面通报第九届委员会常务委员会第十八次会议以来的主要工作情况，市政协办公厅和各专门委员会书面通报2009年工作情况及2010年主要工作安排；协商同意黄诚不再担任政协南宁市第九届委员会副秘书长职务。

重大活动

【协商监督】 2009年，市政协利用全体会议、常委会议和主席会议等形式，组织各界人士就全市大政方针的制定和事关改革发展稳定的全局性工作进行协商。在市"两会"召开前，组织各民主党派、工商联、人民团体负责人以及部分委员对《政府工作报告》进行协商、讨论、修改，提出意见建议。市政协九届四次会议期间，组织全体委员认真听取和讨论《政府工作报告》以及其他报告，就2009年全市经济社会发展目标、重大项目建设、为民办实事等重大问题建言献策。先后向市政府有关部门和政法系统推荐近100名政协委员担任特邀监督员，开展民主监督工作。组织委员参与市中级法院百案庭审观摩活动，参加劳动争议、合同纠纷等案件的庭审监督；对《南宁市财政项目支出评审管理办法》、《南宁市收回国有土地使用管理规定》、《南宁市特种行业治安管理条例》等10多部法规、规章进行协商论证。组织委员对一些"窗口"部门的工作作风、规范化管理进行评议，对户外广告管理立法、征地拆迁补偿等群众关心的问题进行听证。

【调研视察】 2009年，市政协组织委员围绕全市中心工作，选定发展总部经济、中国—东盟自由贸易区建成运行、生态文明建设、基层治安网络建设、返乡农民工就业等20多个课题，先后深入200多家企业和60多个街道社区、乡镇农村调研，形成调研报告或建议案20多篇，报送市委、市政府及有关职能部门。其中，关于《加快发展总部经济》、《推进生态文明建设》、《对邕江沿岸开发建设用地实行控制性保护》和《与民革广西区委会合办邕江大学，提升我市高等教育办学层次和城市综合竞争力》共15份调研报告或建议案得到市领导的批示；《关于南宁市发展总部经济的建议》、《关于提升南宁市生态园林景观绿化水平的建议》等调研报告作为市委《参阅文件》印发各县区、各单位，不少调研成果已转化为推动工作的政策措施。组织市政协委员围绕重大项目建设、支柱产业发展、生态文明建设、民族地区经济发展、为民办实事项目建设等事关全市经济社会发展大局以及与人民群众生产、生活密切相关的问题进行视察。根据自治区政协的部署，组织驻邕自治区政协委员赴百色对铝加工产业发展和旅游资源开发利用进行视察。全年，共形成有情况、有分析、有建议的视察报告20多篇。此外，组织专家学者对南宁市创建全国历史文化名城的可行性进行调研，形成《南宁市申报全国历史文化名城的可行性研究报告》。视察智城城址、雷家大屋、广西省土改工作第二团团部旧址等文化遗产保护单位，形成《关于加强保护和利用"智城城址"的建议》以及提出《以项目推动文化遗产保护与利用向前发展》、《物质文化遗产与非物质文化遗产相互结合保护》等建设性意见，得到市委、市政府领导的重视和采纳。注重搜集各县区有关资料，编写了《申报全国历史文化名城资料汇编》。

【海外联谊】 2009年，市政协充分发挥港澳政协委员、海外联谊顾问和特邀嘉宾的作用，加强与海外华侨、华人、工商社团交往，协助日本广西同乡会组团到南宁开展纪念中日文化交流节活动和越南华侨、华人组团到南宁考察投资活动的相关工作，引进台湾广西景皇房地产有限公司到南宁—东盟经济开发区投资置业；积极参加"五侨"部门组织的各种联谊活动，主动与台办、外事、侨务办等涉外单位联系沟通，促进合作。接待港澳台地区和海内外客商及友好人士600多人次。

【提案工作】 2009年，市政协加大政协提案管理系统开发力度，增设提案办理公开查询、公众评价等功能，让市民在网上既可以看到政协提案目录、提案内容和办理结果，又可以对提案及办理工作提出评价意见。制定《提案办理工作考评试行办法》，推进提案办理考评工作规范化、制度化、程序化建设。加强提案办理理论研究，先后两次召开县区政协提案工作座谈会，探讨提案办理工作新方法，编印《南宁市政协提案工作探索与实践》。采取市政协领导牵头督办重点提案、会同职能部门现场督办热点提案等方式，提高提案办理效果。市政协委员共提交提案453件，经审查立案448件，提案办复率100%，满意率98.87%。

【文史资料征集】 2009年，市政协组织开展解放后南宁市"三反"（反贪污、反浪费、反官僚主义）、"五反"（反行贿、反偷税漏税、反盗骗国家财产、反偷工减料、反盗窃国家经济情报）、"反右"（反对资产阶级右派）、"文化大革命"和改革开放以来南宁市民营企业、商业发展等有关史料的征集工作。编辑出版《南宁风物志》、《南宁知识青年上山下乡》、《文史集萃话南宁》等文史专辑。对历年出版的5万余册《文史专辑》、《学习参考》、《心桥》等文史刊物分类整理、建立档案。

（眭国庆　农凌云）

纪律检查与行政监察

【概　况】 2009年，南宁市乡镇以上纪检监察机构有418个，其中县区纪委监察局12个，市直属机关事业单位纪检监察机构62个，市管企业纪检监察机构21个；县区直属机关单位纪检监察机构186个，县管企业纪检监察机构14个；乡镇纪委102个，街道纪工委21个。市纪律检查委员会、市监察局合署办公。市委、市政府坚持和不断完善党委统一领导、党政齐抓共管、纪委组织协调、部门各负其责、依靠群众支持和参与的反腐败领导体制和工作机制，市委书记代表市委与各县区党委书记签订党风廉政建设目标管理责任状，进一步推动党风廉政建设责任制的落实。

【执法监察】 2009年，市纪委监察局认真贯彻落实《自治区纪委自治区监察厅关于印发执法监察四大战役实施方案的通知》精神，打好"四大战役"。

扩大内需促进经济增长攻坚战　主要抓好对新增中央投资项目和市"1180"项目建设的监督检查。新增中央投资项目建设监督检查方面：共牵头组织相关部门开展各类监督检查活动1705人次，9次配合协调中央和自治区扩大内需检查组到南宁市检查指导，组织召开80多次协调会，发出《督办通知书》87份，对5类16个新增中央投资项目建设存在的突出问题进行挂牌督办。"1180"项目建设的监督检查方面：2009年自治区下达南宁市固定资产投资任务1180亿元，落实到项目总计2987个。市委、市政府在市纪委监察局设立"1180"项目建设督查组，抽调7人专门负责日常工作；整合全市纪检监察力量，组成31个特派监察员小组和6个巡查小组，对"1180"项目建设实施特派监察员和巡查制度。共开展特派监察活动1000多人次，巡查监督活动近200人次，发放"三书一表"（《督查建议书》、《督查通知书》、《督办通知书》和《督查整改反馈表》）138份，监督协调解决问题105个。

耕地保护和节约集约用地保卫战　会同市国土、规划等部门深入开展治理整顿土地市场秩序工作，监督检查各级政府和有关部门依法履行土地保护职责情况。配合市国土部门巡查发现和制止土地违法行为128宗，涉及土地面积57.12公顷，协调市国土部门出动人员3073人次，打击非法采矿行动60起。为市政府出台《征地拆迁意见》建言献策，对涉及合伙贪污征地补偿款案件快查快结。

节能减排和环境保护持久战　督促政府职能部门落实《南宁市节能减排实施方案》，重点监督职能部门在新上项目上严把环境保护关，对340多个市级审批项目、14个自治区级审批项目开展监督检查，将278个完成"三同时"（同时设计、同时施工、同时投入生产和使用）验收的工业类项目纳入日常监管或对口县区督查范围，对223个房地产项目进行"三同时"现场核查验收工作。

安全生产防御战　加强对安全生产法律法规和安全生产责任制落实情况的监督检查，重点对建筑行业和商贸等服务行业安全生产落实情况的监督检查，对在事故查处和监督检查中发现的安全生产监管方面的漏洞，督促有关部门及时进行整改。配合各级安监部门查处各种安全生产非法违法行为291起，参加调查处理安全生产事故案件55件，处罚单位59个，处罚责任人员55人。

【服务中国—东盟博览会】 2009年，市纪委监察局对办会办节有关工程建设（采购）项目招投标、工程进度、竣工验收全程跟踪监督，督促财政、审计、建设等部门加强管理。对"大地飞歌·2009"晚会承办、舞台搭建、节庆花卉采购等招投标合同进行审核把关3次，现场督查中国—东盟博览会、中国—东盟商务与投资峰会、南宁国际民歌艺术节（简称"两会一节"）开竣工项目153次（个），努力确保财政资金使用安全和工程建设安全。会同有关部门对“两会一节”重大签约项目开展联动驻场监察和指导服务。对各单位服务设施完善情况、建设工地安全施工情况、食品卫生安全、票证安全等开展监督检查。对民歌节舞台搭建、消防设施设置等工作进行监督检查2次，提出整改建议9条，排查安全隐患6个；会同农业、质监、工商、卫生及食品药品等部门开展专项检查24人次，对会展中心、民歌广场等重点场所防控甲型流感工作进行专项督查64人次；对前期各种工作证件发放情况监督检查120多人次，现场把关核减压缩票证发放399张，节约财政资金40多万元，查扣冒用、借用证件62份。

【保障民生】 2009年，市纪委按照自治区纪委的部署，重点打造保障民生的安农、安康、安心、安保、安教“五安工程”。

安农工程 督促有关部门大力推进集体林权制度改革工作，配合开展农资打假专项治理，协调组织有关部门对全市152个集市农资产品进行清理检查，查缴高毒农药32吨。查处哄抬农资价格、制售假劣农资坑农害农行为629起，涉及金额465.31万元。配合开展减轻农民负担专项检查，农民人均减轻负担6.95元，全市没有涉农负担案(事)件发生。

安康工程 推进市医疗机构药品集中采购工作，全市132家医院中131家参加以自治区为单位的网上集中采购药品，集中采购药品金额12.84亿元，医院用药总金额13.60亿元，省级定价药品降价品种853个，总金额2620万元。加大打击力度，严肃查处一批发生在医药卫生行业的商业贿赂案件。协调有关部门规范医疗收费行为，开设“惠民”病房和门诊。加强对药品生产企业和医疗机构使用药品情况的监管。配合开展食品药品安全专项整治工作，查处药品安全事件128件，涉及金额387.99万元；开展打击违法添加非食用物质和滥用食品添加剂专项整治，查处案件52起，涉及货值金额21.06万元。

安心工程 重点对市本级下拨给各县区民政救灾专项资金、灾民生活救助资金、灾民新村建设资金的管理使用进行监督检查，确保政府救助资金切实为困难群众所用。按照自治区纪委监察厅的要求，实行救灾款物备案制度，救灾款物的分配使用均抄送同级纪检监察、审计机关备案。

安保工程 社保基金监管方面。共稽查医疗病历及处方共2.92万例，涉及金额3346.30万元，拒付违规金额34.90万元；对52家定点医疗机构的1081张城镇居民医保门诊严重慢性病处方进行检查，查出涉及违规及不合理收费5910元；督促38家用人单位办理社会保险，下达责令改正决定书33件。住房公积金监管方面，督促各单位及时足额为职工缴存住房公积金，严格执行“控高保低”的缴存政策，将2009年单位和个人住房公积金月缴存额控制在上限1469元和下限33元之内，纠正和查处违规问题1件，涉及金额29.83万元。扶贫资金监管方面，会同有关部门对12个县区2008年度的财政扶贫资金进行绩效考评，纠正和查处违纪违规问题2个，涉及金额18.24万元。新农合基金监管方面，重点抽查市级13家定点医疗机构和7家县区人民医院，纠正和查处违纪违规问题1件，涉及金额4.69万元。

安教工程 组织开展春季、秋季学期教育收费检查，示范性普通高中招生、收费及资金管理专项检查等工作，对部分学校严重超“三限”问题和收取捐资助学与入学挂钩的行为责令限期整改。督促落实农村义务教育经费保障机制。2009年春季学期，全市共有65.52万名农村义务教育阶段学生享受国家免费教育及提供免费教科书政策，秋季学期有15.12万名农村义务教育阶段学生享受贫困寄宿学生国家补助生活费政策。加强对公办普通高中招生情况的管理和监督，严格实行招收择校生备案制，进一步加大纠正和治理教育乱收费行为的力度，清理有关部门和学校违规收费3项，涉及金额15.20万元，查处各级各类学校乱收费问题涉及金额41.25万元，已清退违规收费金额8.95万元。

【违纪违法案件查处】 2009年，南宁市各级纪检监察机关接受群众来信来访电话举报2730件次，比上年下降2.36%；初核线索939件，下降18.45%；新立案379件(县处级干部6件，乡科级干部93件，一般干部97件，其他人员183件)，上升2.16%；结案358件，处分338人(县处级干部5人，乡科级干部88人，一般干部79人，其他人员166人)，刑事处理47人，组织处理26人，责任追究40人。通过查办案件挽回直接经济损失3345.40万元。市纪委本级接受群众来信来访电话举报1648件次，初核40件，立案21件(县处级干部6件)，结案17件，处分16人，挽回直接经济损失2552.60万元。在开展查办案件的同时，注重为受到诬告、错告的党员干部澄清事实，保护党员干部干事创业的积极性。全市各级纪检监察机关共为253名党员干部澄清事实，对307名有轻微违纪苗头的党员干部通过诫勉谈话等方式进行提醒、打招呼。注重发挥案件的治本功能，切实保护违纪人员合法权益。抽调11人次到自治区纪委协助办案，锻炼办案人员。

【反腐倡廉教育】 2009年，南宁市结合开展深入学习实践科学发展观活动，开展学习全国纪检监察系统先进工作者标兵、四川省巴中市南江县原县委常委、纪委书记王瑛同志先进事迹活动。组织全市党员干部开展“加强党性修养、弘扬良好作风”主题教育活动，重点是做到“九个一”，即开展一次党性党风党纪读书活动、组织观看一批反腐倡廉电教片、组织一次专题学习会、组织讲一次专题党课、开展一次向先进典型学习活动、组织观看一次廉政电影、组织一次作风建设巡回宣讲活动、组织创作评选一批“共产党员的好作风”摄影作品和反腐倡廉小小说、组织举办一期新任领导干部廉洁从政班。继续加强邓颖超纪念馆和市工商局廉政文化教育基地建设，发挥示范教育的作用。发挥《南宁日报》、南宁电视台、南宁电台、南宁纪检监察网站、南宁风纪的舆论阵地作用，不断加大反腐倡廉建设宣传力度。与《南宁日报》联合创办《廉政视角》栏目，在南宁电视台新闻综合频道黄金时段滚动播放廉政公益广告等多种形式加大宣传力度。开展“每月廉政短信”活动，市纪委和市信息办合作，每月向全市领导干部发送2条手机廉政短信。各县区、各单位全面推进廉政文化“六进”(进机关、进社区、进家庭、进学校、进企业和进农村)活动，如横县探索出“城乡共建、村校共建、村企共建”的农村廉政文化建设路子；宾阳县广泛开展“一县一单位一品牌”的廉政文化品牌创建活动，打造廉政文化融入全县文明建设的典型；马山县11个乡151个行政村全部建立党风廉政建设活动室；上林县依托《明山清风》电视栏目，制作农村基层干部行为规范宣传片；青秀区组织开展廉政文化进非公企业活动，培养社会廉政环境。

【领导干部廉洁自律】 2009年，南宁市继续开展制止公款出国(境)旅游和奢侈浪费等工作。全市因公出国(境)费用、公务车辆购置及运行费用、公务接待费及用电、用油、用水费用支出均比上年有所降低。开展“小金库”专项治理工作。制定下发工作实施方案，成立专项治理工作领导小组和办公室。加强对市公务员津贴补贴发放工作纪律规定情况的监督检查。做好县处级领导干部配偶子女经商办企业等有关规定的自查工作，没有发现市县处级领导干部配偶子女有违规经商办企业的情况。对县处级以上领导干部辞去公职或者退(离)休后担任上市公司、基金管理公司独立董事、独立监事的有关情况进行调查了解，完成向自治区纪委、自治区党委组织部报送工作。

【党内监督】 2009年，南宁市执行中央《关于党员领导干部报告个人有关事项的规定》，共有1562名在职副处级以上党员领导干部和市委管理的企业党员领导人员按要求填写《报告表》。在职副处级以上非中共党员领导干部和市委管理的企业非中共党员领导人员有30人主动填报个人有关事项。加强对拟提拔任用(交流)的领导干部、及各类评优评先的单位和个人的廉政审核，市纪委本级共对622个单位和1802名个人进行廉政鉴定和廉政审查，有效防止“带病上岗”、“带病提拔”和“带病评优”的事件发生。全市共对新提拔任用的284名县处级领导干部、772名科级领导干部进行廉政谈话。各级纪委负责人同下级党政主要负责人谈话共667人次，进行诫勉谈话250人次，函询196件，共有1077名县处级领导班子成员进行述职述廉。严格实行党风廉政建设责任制执行情况报告制度，抓好县处级以上领导班子及其成员报告年度落实党风廉政建设责任制情况的工作。并组织12个县区和90个市直单位签订党风廉政建设责任状，抓好年度党风廉政建设责任制的目标分解，对全市2009年反腐倡廉工作在内容、目标、方法、步骤等方面作出了整体布置和提出明确要求，确保反腐倡廉各项任务落实到位。

【农村党风廉政建设】 2009年，南宁市深入开展农村基层党员干部的反腐倡廉教育，进一步完善农村基层干部具体行为规范，推行村级事务规范化管理。深化基层站所办事公开工作，实行村干部勤廉双述、村民询问质询和定期评议村干部制度，探索建立村级监督组织等监督形式。在武鸣县召开全市农村基层党风廉政建设现场会，部署农村基层党风廉政建设工作，通过以点带面促进农村基层党风廉政建设工作的深入开展。组织6个检查考核组对12个县区农村党风廉政建设情况进行检查考核。自治区检查组到横县、宾阳、隆安、上林等县实地检查农村党风廉政建设工作，并给予好评。

【源头治理】 2009年，南宁市编印出版《南宁市惩治和预防腐败体系制度汇编》，进一步健全反腐倡廉制度建设。深化干部人事制度改革，加强对公开考试录用公务员、机关事业单位录用工作人员、机关事业单位工资制度改革及人事考试考风考纪、职称评定、干部调动、军转安置等工作的监督检查。深化司法体制和工作机制改革，人民陪审员、人民监督员制度得到较好的落实。深化行政审批制度改革，对已经调整或取消的许可事项，全部通过中心局域网、办事指南、触摸屏等平台公布。深化财政管理制度改革。试行定点供应商成交价格网上公示制，节约了财政资金。定点协议采购项目的平均节约率15%以上，其中公务用车定点商业保险的节约率曾达62%，定点监理的节约率27.11%。在全市实行国库制度改革的预算单位中全面推广使用公务卡。加强对建设工程招标投标、经营性土地使用权出让、产权交易和政府采购等四项制度落实情况的监督检查。开展工程建设领域突出问题专项治理工作。全市经营性土地招拍挂25期，涉及出让土地面积348.95公顷，成交额65.25亿元。市本级政府采购预算55.25亿元，实际完成38.79亿元，节约资金16.46亿元，节约率29.79%。

【行政效能监察】 2009年，南宁市运用电子监察这一监督平台，加大对市本级纳入电子监察系统接受监督的40个单位和410个审批事项进行监督检查。对全市2008年至2009年4月30日电子监察系统显示红灯超时办结的审批事项进行全面调查核实，分析存在问题的主要原因，提出整改措施意见和建议，并在全市进行通报。对纳入电子监察系统接受监督的323个单位和3585个审批事项进行监督检查。安排专人负责每天查看电子监察实时监控过程中反映出来的相关审批数据和视频画面，并认真做好记录，进行综合分析和比对。对发现异常问题，及时通过电话和派员深入到政务服务中心窗口单位进行了解核实，做到及时发现问题，及时查处和整改。全年，全市各级政务服务中心共接到各类咨询件1.31万件，申请32.11万件，受理32.09万件，办结32.07万件，平均日结率78.10%，月办结率93.60%，承诺提速41.10%，实际办理提速73%。其中承诺件平均受理时间仅为0.39天，平均办结时间3.86天，群众评价满意率99.90%。加大政府信息公开力度，增强政府门户网站服务功能。在2008年全国政府门户网站评比中，市政府门户网站在全国333个地市级政府网站中排名38位，较上年提升11位，位居西部城市第二名、省会城市第十五名、自治区第一名。按照“有诉必理，有理必果”的原则，认真受理效能投诉。各级行政效能投诉中心共受理各类效能投诉235件，已办结214件，解决群众实际困难129件。其中，市行政效能投诉中心机关共受理各类效能投诉107件，办结100件，解决群众实际困难129件，完成自治区转办和督办的投诉件5件。开展民主评议政风行风活动，“政风行风热线”节目播出234期，上线单位100个，其中单位“一把手”上线24名，受理问题3065个，解决反映问题2969个，办结率97%。

【中共南宁市第十届纪委全会】

第五次全会　2009年2月24日在市政府会议中心召开。会议传达学习和贯彻中共中央总书记胡锦涛在十七届中央纪委三次全会的重要讲话和十七届中央纪委三次全会、自治区第九届纪委第六次全会精神，总结2008年全市党风廉政建设和反腐败工作，对全年的工作进行部署。自治区党委常委、市委书记车荣福出席会议并作重要讲话。市四家班子领导出席会议。市委常委、纪委书记秦敬德主持会议并代表市纪委常委会作题为《深入贯彻落实科学发展观　扎实推进南宁市党风廉政建设和反腐败斗争》的工作报告。会上，车荣福代表市委与各县区党委签订2009年度党政廉政建设目标管理责任状。会议讨论并审议通过秦敬德作的工作报告和全会公报。市纪委委员出席会议。市委、市政府分管副秘书长，各县区四家班子主要领导，市直各部委办局、各开发区、各人民团体、市级各双管单位、市直各企事业单位党政主要领导，以及各县区监察局局长，市直机关各部委办局、各开发区、各人民团体、市级各双管单位、市直各企事业单位纪委(纪工委)书记、纪检组长、监察室主任，市纪委监察局机关各室副主任以上干部以及各乡镇(街道)纪委(纪工委)书记列席会议。

第六次全会　11月12日下午在市政府会议中心召开。全会学习贯彻党的十七届四中全会、十七届中央纪委四次全会、自治区九届纪委七次全会和市委十届八次全会精神，研究部署深入推进党风廉政建设和反腐败斗争。中共南宁市纪委常委会主持会议。市委常委、纪委书记邓金玉作题为《认真学习贯彻党的十七届四中全会精神不断开创党风廉政建设和反腐败斗争新局面》的报告。全会审议通过《中国共产党南宁市第十届纪律检查委员会第六次全体会议公报》。出席会议的市纪委委员33人。不是市纪委委员的县区纪委书记、市直机关各部委办局、各开发区、各人民团体、市直各企事业单位纪委(纪工委)、纪检组长，市监察局副局长、市纪委监察局机关各室主任以上干部，各县区、南宁—东盟经济开发区监察局局长列席会议。（廖　军）

12月18日，民革中央主席周铁农在纪念昆仑关大捷70周年公祭仪式上宣读祭文

雷协培　摄

民主党派与工商联

中国国民党革命委员会南宁市委员会

【概　况】 2009年，中国国民党革命委员会南宁市委员会有青秀区、江南区、兴宁区、西乡塘区4个总支部、19个支部，党员329人(新发展13人)。其中：具有高、中级专业技术职务任职资格204人，经济界120人，科技、教育界87人，医卫界53人，行政机关47人，其他22人。党员中任民革中央委员1人，民革广西区委会副主委1人，自治区人大代表1人，市人大代表5人(常委1人)，城区人大代表5人(副主任1人)；自治区政协委员1人（常委1人），市政协委员19人(副主席1人、常委2人)，城区政协委员21人(副主席1人、常委3人)；担任副区长1人。受聘担任自治区、南宁市、城区及有关单位特邀监察员、执法监督员、行风评议员9人。编印会刊《南宁民革》4期，内部学习参考资料4期。

【参政议政】 2009年，民革市委会领导多次参加中共南宁市委、市政府召开的协商会、座谈会、情况通报会、提案工作征求意见座谈会，就南宁市的一些重大决策、重大工作部署、重大人事任免事项进行协商、讨论，充分发表意见和建议，不少意见和建议得到中共南宁市委、市政府的重视和采纳。在市人大、政协“两会”期间，民革市委会提交各类议案、建议提案36件，大会发言提案2篇。其中，集体提案5件，个人提案31件。关于《加快发展服务贸易的建议》的大会发言被市主要新闻媒体报道；关于《扎实推进节能减排工作，促进南宁市经济又快又好发展》的大会发言，被市政协选为2009年重点调研课题；关于《以创新精神打造以国际民歌艺术节为品牌的首府文化产业》被评为市政协九届三次会议优秀集体提案。党员的8件个人提案被评为市政协九届三次会议个人优秀提案。由主委唐济武牵头，市委会参政议政工作专委会开展调研撰写的《关于发展总部经济，建设总部基地的建议》和《关于积极应对中国—东盟自贸区建成运行的对策建议》得到中共南宁市委、市政府的高度重视。由主委唐济武撰写的《关于切实改善我市农村乡镇卫生院软、硬条件的建议》被市政协列为重点提案，市委会《关于建设南宁壮族特色街区的建议》、《关于发展首府民办高等教育事业的建议》、《关于举办昆仑关战役70周年纪念活动的建议》得到中共南宁市委、市政府的采纳，《关于扎实推进广西新型农村合作医疗事业的建议》获广西区民革参政议政成果讲评会一等奖。民革市委会党员中的各级人大代表、政协委员通过中共市委统战部党派建言信息“直通车”，提交各类社情民意信息、建议提案54件。其中，被中共中央统战部、自治区党委统战部各采用2件，中共南宁市委办公厅、市政府办公厅采用5件，民革中央内参采用8件，中共南宁市委统战部采用28件。特邀监察员班桂新、周学锋、陈栋财、雷协培获市政府第四届（2005~2008年）优秀特邀监察员称号。

【社会服务】 2009年，民革市委会参加中共市委统战部、城区统战部组织的统战系统“三下乡”(科技、文化、医疗卫生下乡)活动。分别两次组织民革党员中的各类型专家参加市统战系统、城区统战系统赴隆安县那桐镇、西乡塘区坛洛镇下楞村科技“三下乡”服务活动，为村民提供科学种养咨询、推广农业科技新产品展销、医疗义诊、家电维修，并为西乡塘区坛洛镇下楞村小学捐赠电脑2台。参加市民主党派扶贫点帮扶活动，为民主党派帮扶点——上林县塘红乡龙祥村申请到资金60万元，用于修建村级公路2条和人畜饮水工程3处；落实春耕抗旱资金2000元，为该村委办公地点地面硬化捐助水泥20吨、捐赠电脑打印机1台。开展扶贫献爱心活动，民革市委会争取到市亚太体育用品有限公司为民革青秀区总支帮扶点——青秀区长塘镇洞江村委会捐赠价值5000元的乒乓球桌、篮球、气排球和羽毛球拍等一批体育用品，民革青秀区总支和青秀一、二支部也分别为该村图书室、爱心超市捐赠价值1600多元的农业科技图书、4台电风扇和一批生活用品。民革青秀区总支还为百色市田林县浪平乡央村、村河坝小学贫困生捐赠一批价值1.40万元的羽绒服、鞋子、食用面条、肉食品及学习用具等物品。民革江南区总支向良庆区那马镇坛良村坛良小学捐赠价值3500元的全新课桌椅47套。民革青秀区三支部参加中共市环保监测站支部委员会组织的赴隆安县“帮扶困”女童活动，并参与捐赠。民革机关支部、兴宁综合支部组织党员到西乡塘区坛洛镇认购价值2600元的“爱心香蕉”120件。

（雷协培）

中国民主同盟南宁市委员会

【概 况】 2009年，中国民主同盟南宁市委员会辖兴宁区、江南区、青秀区、西乡塘区、邕宁区5个总支部、29个支部、1个小组，盟员562人(新发展11人)。其中：从事高等教育17人，普通教育354人，科技文化卫生101人，其他90人。盟员中有全国人大代表1人，自治区人大代表1人，市人大代表10人，城区人大代表5人(副主任1人)；自治区政协委员2人，市政协委员20人(副主席1人)，城区政协委员34人(副主席3人、常委5人)。受聘担任自治区、市、城区政府及有关单位特邀监察员、执法监督员、行风评议员11人。进一步完善民盟市委会网站，网上发稿100多篇，被民盟中央网站采用5篇，市政府网采用10篇，《南宁统一战线》采用30多篇；编印内部刊物两期《南宁盟讯》和《南宁民盟参政议政文集》等。民盟市委会获民盟中央授予全国盟务工作先进集体称号。

【参政议政】 2009年，民盟市委会领导多次参加中共南宁市委、市政府召开的协商会、座谈会、情况通报会、提案工作征求意见会等，就南宁市的一些重大性决策、重大工作部署、重大人事任免事项进行协商、讨论、发表意见和建议。民盟市委会向市政协大会提交集体提案7件，盟员政协委员提交个人提案30件；人大代表向人大会议提交议案、建议10件；在市政协九届四次会议上作题为《促进南宁市生物产业发展的若干建议》大会发言，提交《关于我市职业教育与北部湾经济区产业发展相适应的建议》和《关于积极应对金融危机挑战加大企业扶持力度的建议》2件书面提案，3件民盟集体提案中的多条建议被市政府及有关部门采纳。盟员人大代表在市十二届人大七次会议上提出《关于加快建设南宁市体育运动学校的议案》，立案后交市政府办理，将其列入2010年市建设项目计划，启动了市体育运动学校项目建设。完成“党委出题、党派调研”重点调研课题《关于解决农村教师住房问题的对策》，形成调研报告报送中共南宁市委；完成《关于加快南宁城市文化建设的思考及对策》、《关于加快我市农村节能减排的对策和建议》两个调研报告。通过中共南宁市委直通车和政府绿色通道，报送《关于园湖路花鸟市场搬迁的建议》、《关于在“两会一节”前尽快为南湖名树博览园内名树做标注的建议》、《关于南宁市H1N1防控的几点建议》、《关于改变企业税收征收管理办法的建议》、《关于南宁废旧汽车回收公司影响英华学校教学环境的情况反映》等。

【社会服务】 2009年，民盟市委会发挥教育的优势，继续开展“农村教育烛光行动”。民盟“农村教育烛光行动”讲师团与那楼中学教师开展“一帮一、一帮二”结对活动，组织优秀教师到那楼中学为学区中学教师作“班主任工作方法与管理”以及“青少年心理健康与教育”两场讲座；邀请心理辅导教师到那楼中学为全校中考、高考学生作考前心理辅导；为那楼中学送去示范中学中考复习题；组织乡村学校10名教师参加自治区教育厅举办的2009年海内外基础教育研讨会；组织农村学校30多位教师到南宁市优秀的示范性学校听课学习等。组织文化、科技、医疗卫生“三下乡”活动，开展为群众义诊、义务写春联、农业技术培训讲座、法律咨询、美容美发、家电维修等为民服务活动10多次。先后组织10多名书法家到兴宁区望州南社区、广西军区东葛路干休所、江南区沙井街道、西乡塘区百惠社区、横县、上林县义务写春联、义诊，为市民书写春联1200多幅，义诊1000多人次。组织两名农技专家教授到马山县白山镇立星村在田间地头为当地80多名村民讲授水稻玉米栽培技术。兴宁总支与中共兴宁区委统战部一起到三塘镇壮族新村开展“三下乡”活动；民盟兴宁综合支部和广西日报社“少年之家”向黄宣村希望小学捐赠学习及文体用具；江南区总支多次到社区开展义诊、组织发动盟员捐款扶助贫困家庭学生；西乡塘区总支联合中共西乡塘区委机关五支部，到西乡塘区坛洛镇下楞村开展农业技术咨询、医疗服务、法律咨询便民服务活动；西乡塘区综合二支部与中共南宁市红十字会医院临床一支部联合到西乡塘区坛洛镇下楞村小学给在校学生免费常规检查。 (李德仁)

中国民主建国会南宁市委员会

【概 况】 2009年，中国民主建国会南宁市委员会有直属、青秀区、兴宁区、西乡塘区和江南区5个总支部、17个支部，会员419人(新发展13人)。其中：经济界262人，新的社会阶层人士142人，其他15人；具有高、中级专业技术职务任职的资格有250人。会员中有全国人大代表1人，自治区人大代表1人，市人大代表10人，城区人大代表5人(副主任1人)，自治区政协委员2人，市政协委员20人(副主席1人)，城区政协委员34人(副主席3人、常委5人)。受聘担任自治区、市、城区政府及有关单位特邀监察员、执法监督员、行风评议员11人。编印《南宁民建》4期。

【参政议政】 2009年，民建市委会领导参加中共南宁市委、市政府召开的座谈会、征求意见会10余次，就南宁市经济发展和人民群众关心的问题提出意见和建议。在市政协九届四次会议上，市委会

2月28日，民盟市委“烛光行动”讲师团与那楼中学教师帮扶结对仪式举行 尤 扬提供

8月15日，“民建思源工程·百万元爱心月饼慰问城市环卫工人”捐赠仪式在五象广场举行
民建市委会提供

提交集体提案7件，其中《关于抓住机遇出台政策加快保障性住房建设的建议》被列为2009年市政协主席重点督办提案；提交个人提案20件，所有提案均得到相关承办单位的答复。在市人大十二届七次会议上，民建会员人大代表提交议案建议13件，其中罗山宁等提交的关于要求制定《南宁城乡养老机构管理办法》的议案作为提交法制委员会审议的议案，其余12件作为批评、建议提交给相关机构处理。完成“党委出题、党派调研”重点课题《南宁市保障性住房政策研究》调研，调研报告上报中共南宁市委。会员撰写统战理论文章17篇，其中在自治区党委统战部的评比中获奖2篇，在中共南宁市委统战部评比中获奖5篇。利用“信息直通车”和“绿色信封”渠道，积极反映社情民意，推动建言献策常态化，共反映社情民意17条。

【社会服务】 2009年，民建市委会坚持服务会员企业和服务社会两手抓，扎实推进社会服务工作。开展“走进企业、服务企业、温暖企业”活动，共走访会员企业10多家，为企业送政策书籍16册、献良策6条、解难题2件。组织民建会员企业家举行“我为应对国际金融危机影响献一策”座谈会；举办2期南宁“民建讲坛”和组织会员参加邕江论坛、建华课堂等，培训会员200多人次。在服务社会方面。8月15日，由市委会主办，民建会员企业南宁事业红食品有限责任公司承办的“民建思源工程·百万元爱心月饼慰问城市环卫工人”活动在南宁五象广场举行捐赠仪式，向近9000名环卫工人赠送价值120万元的爱心月饼。11月，市委会组织70多名会员赴百色参加民建自治区委举办的“思源工程”百色行活动，并捐款7万元认捐家庭水柜。市委会还在会员中开展送温暖活动，慰问家庭困难、生病住院及年龄在70岁以上的老会员60多人，到宾阳县大桥镇大程村开展送温暖慰问活动，为2户贫困户送上慰问金；组织部分农技专家、医生、律师、职教教师赴青秀区长塘镇天堂村开展“三下乡”活动，为该村村民送去种养知识、医疗服务、法律咨询、劳务指导等服务；组织部分骨干会员15人赴钦州参加钦州市大垌镇“宝资通歌标希望小学”的竣工仪式，并向该校捐赠一批音响器材用品；组织10多家会员企业在广西大学举行促进大学生就业活动专场招聘会，向大学生提供近百个就业岗位；到新竹街道办鲤湾社区开展中秋慰问活动，向8户困难家庭送上慰问金和爱心月饼。

（黄凤敏）

中国民主促进会南宁市委员会

【概　况】 2009年，中国民主促进会南宁市委员会有兴宁区、青秀区、江南区、西乡塘区、邕宁区总支部5个、支部41个，会员443人（新发展15人）。其中：教育界308人，经济界42人，政府、党派机关41人，科学技术、医药卫生、文化艺术、新闻出版等界别40人，其他12人；具有高、中级专业技术职务任职资格的385人。会员中有自治区人大代表1人，市人大代表7人，县区人大代表9人（副主任2人，常委2人）；自治区政协委员1人，市政协委员24人（常委4人），城区政协委员33人（常委8人）；有全国优秀教师1人，自治区特级教师5人，自治区劳动模范1人，市劳动模范2人。受聘担任自治区、市、城区政府和其他部门效能监察员、特邀监察员17人。担任政府部门副处级实职和事业单位副处级实职的共3人。编印会刊《南宁民进》4期。开展纪念中华人民共和国成立60周年、人民政协和中国共产党领导的多党合作制度确立60周年纪念活动。组织会员参加自治区党委、市委统战部举办的纪念征文

8月27日，民进市委会到武鸣县杨李村开展“情系乡亲共建新村”教育实践活动
民进市委会提供

活动,向民进自治区委会、市委统战部推荐论文20篇,其中获自治区统战理论研究调研论文优秀奖1篇,获南宁市优秀统战调研论文一等奖1篇、二等奖2篇、三等奖3篇。举办庆祝中国民主促进会成立64周年暨《新中国60年与民进》迎新诗咏会。

【参政议政】 2009年,民进市委会主委参加中共南宁市委、市人大、市政府、市政协组织召开的有关会议和活动,先后就南宁市经济工作、贯彻落实科学发展观、反腐倡廉、政府工作报告以及市农村职业教育发展等提出意见建议。民进市委会在市人大、政协“两会”上,提交集体提案12件、大会发言1件,代表和委员个人议案、提案及意见、建议44件。其中市委会的集体提案《关于制定南宁市传统村落及其传统保护法规建议》和委员莫太学提交的《建立我市农民工公共信息服务中心的建议》获市政协优秀提案奖。完成“党委出题、党派调研”重点课题《南宁市农村职业教育发展的对策研究》上报中共南宁市委;与市政协社会法制专委联合开展“我市基层治安网络建设”的专题调研活动,并提交调研报告。各工委和总支结合实际开展调研活动,海外联谊工委与律师直属支部到武鸣县人民法院及武鸣太平镇开展“南宁市农村土地流转的法律适用”专题调研,提交《制定南宁市农村土地流转条例》的提案;妇女工委就城市消防工作开展专项调研并提交调研报告和提案;青秀区总支完成《建设南宁市特色公园》的调研报告;兴宁区总支提交《关于南宁市餐厨垃圾处理的现状与建议对策》,西乡塘区总支提交《改革创新,走好教育强区之路》,江南区总支提交《南宁市文艺演出要通过旅游渠道走向市场》,邕宁区总支提交《关于邕宁区义务教育阶段投入现状及相关问题的思考》等调研报告。担任城区级人大代表、政协委员的会员认真履行职责,发挥参政议政作用。青秀区政协委员李孔敏提交的《关于加强农田水利管理的几点建议》和杜月宁、刘媛梅等提交的《关于在凤岭片区设立中小学的建议》等提案获青秀区政协优秀提案奖;西乡塘区总支的汤敏和邕宁区总支的黄震东分别被评为城区优秀政协委员;广西瑞康医院主任医师罗志娟主持的民进广西区委会调研课题《中医、中西医结合事业发展的调查与思考》,获民进中央调研成果二等奖。4名会员获南宁市第四届优秀特邀监察员称号。

【社会服务】 2009年,民进市委会做好服务企业工作。4~5月,组织相关人员调研走访会员企业及广西利源有限责任公司、广西安宁淀粉有限责任公司等6家农业产业化重点龙头企业。11月,组织相关人员到南宁宝驼工贸有限责任公司调研,了解和掌握企业在当前经济形势下的生产经营状况,帮助企业反映生产经营中的实际困难,其中将广西利源公司的调研情况以“绿色通道”的形式及时上报市政府。开展农民就业技能培训,组织会内专家到武鸣县双桥镇杨李村开展主题为“情系乡亲共建新村”的教育实践活动,对60多名返乡农民工和该村文艺演出队成员分别进行烹饪和化妆技巧培训。组织武鸣县福江村和邕宁区华康村实践基地的部分种养户及返乡农民工到广西农科院进行食用菌栽培技术培训。多次组织农业技术人员深入武鸣县福江村开展种桑养蚕技术培训指导,提供市场购销信息。加强组织领导,持续推进政治交接教育活动及实践基地建设。青秀区总支在刘圩镇禄强村实践基地开展为孤寡老人和贫困生“送温暖”活动;律师直属支部在南湖街道办事处建立政治交接教育实践基地;五一支部在江南区五一中路社区继续开展未成年人思想道德建设及和谐社区建设等系列活动,与五一中路党工委、广合五金交电城联合举办庆祝建国60周年文艺晚会;西乡塘区总支在华强街道办事处教育实践基地开展科普进社区等活动。良庆区直属支部和天桃实验学校支部联合开展送温暖活动,为良庆区大塘镇那团村敬老院的孤寡老人送去价值3000多元的新棉被、电视机等一批物品。 (刘瀚钟)

中国农工民主党南宁市委员会

【概 况】 2009年,中国农工民主党南宁市委员会有青秀区、兴宁区、江南区、西乡塘区4个总支部,支部30个;党员458人(新发展22人)。其中:医卫界247人,教育界69人,财税界37人,国有经济23人,科技界19人,机关36人,其他27人;具有高、中级专业技术职务任职资格357人。党员中有自治区人大代表2人,市人大代表5人,城区人大代表3人(常委1人);自治区政协委员3人(常委1人),市政协委员17人(副主席1人、常委1人),城区政协委员16人(副主席2人、常委5人);担任副区长1人,担任政府部门处级实职2人;受聘任自治区、市、城区政府各类特邀监察员12人。编印内刊《南宁农工》4期。农工党市委会被农工党中央评为组织建设工作先进市级组织,市三医院支部被评为全国先进基层组织,唐江华被评全国优秀党务工作先进个人,吴德秋获全国组织工作贡献奖。

【参政议政】 2009年,农工党市委会领导应邀参加中共南宁市委、市政府和市政协召开的征求意见座谈会、协调会和通报会等会议,就南宁市经济社会发展

3月30日,农工党市委会组织医疗专家到西乡塘区环卫站开展“环卫女工健康与自我保健”专题讲座 扈 倩提供

和民生等重大问题提出意见和建议。市委会在年初人大、政协“两会”期间,党员中的各级人大代表和政协委员共提交了人大议案、建议和政协提案64件。其中,市委会在市政协九届四次全会所作的《关于拓展南宁市养老服务渠道的建议》的大会发言,受到参会人员的热议和新闻媒体的极大关注,该提案作为2009年市政协重点提案由市政协主要领导督办。市委会在市政协九届三次会议提交的集体提案《关于加快我市现代中药产业发展的建议》获得优秀集体提案奖;市人大代表黄德保、黄建顺和孟双玉等党员的1件议案和6件建议被市人大评为好议案和好建议。市委会开展了2个重点课题调研活动。其中:与市人口计生委联合完成的《关于我市计划生育奖扶政策落实情况调研》,与市劳动争议仲裁院联合完成的《关于南宁市劳动关系状况的调研》,两个调研报告已报送中共南宁市委。参与由中共南宁市委领导牵头组织开展的“加快土地流转,科学开发利用,统筹城乡发展”和市政协教科文卫体委员会组织的“加快南宁市乡村旅游发展”的课题调研活动。发挥基层组织和骨干党员作用,丰富参政议政内容。继续开展“一总支、一专委一课题,一支部一提案”活动,共收到4个城区总支和二医院、疾控中心支部等提交的调研报告和提案建议16件。市委会向农工党广西区委、市政协和市委统战部等报送社情民意信息48篇。

【社会服务】 2009年,农工党市委会继续开展进社区搞咨询、进单位搞讲座、进农村搞义诊为主要内容的“三进”社会服务活动。结合政治交接教育实践活动,把“百会、永和社区科普健康讲堂”确立为市委会政治交接教育实践示范基地。组织医疗卫生专家定期到基地开展活动,共开展健康知识讲座13次、专家义诊咨询1次、出版板报2期、派发宣传册近800份。还协调基层组织分别在青秀区王京村、江南区永红村、邕宁区公曹村建立政治交接教育实践基地。市委会围绕南宁市开展的“项目建设年”和“企业服务年”活动,召开党员中的经济界人士座谈会,倾听企业发展中遇到的困难和问题,为其排忧解难;成立财税咨询服务组,义务为市非公企业经营和发展提供咨询服务;分别走访党员所在企业,送去政策资料汇编。在开展“国际科学与和平周”活动中,组织党员中的医疗专家到广西体育中心建筑工地,为一线工人开展医疗义诊和健康宣传活动,义诊300多人次,发放健康宣传资料2000余份。联合致公党南宁市委、市亚太体育用品有限公司,向马山县白山镇城南小学捐赠价值7960元的体育器材。组织医疗专家到西乡塘区环卫站开展题为“环卫女工健康与自我保健”专题讲座,到市公安局经济侦查支队开展健康知识讲座,赴江西镇智信村雷寨坡开展送医疗卫生下乡活动等共计21次,服务群众3000余人次。

(扈 倩)

中国致公党南宁市委员会

【概 况】 2009年,中国致公党南宁市委员会有兴宁区、江南区、西乡塘区、青秀区4个总支部和良庆区、邕宁区、华侨投资区3个直属支部,各总支下辖2个支部;有党员327人(新发展11人),其中侨海关系(含港澳台属)211名;具有中级以上专业技术职务任职资格272人。党员中任自治区人大代表1人,市人大代表8人(常委1人),县区人大代表9人(副主任1人、常委3人);担任自治区政协委员3人(常委2人),市政协委员20人(常委4人),县区政协委员27人(副主席2人、常委8人);在政府、民主党派、人民团体任副处级以上实职安排的5人;担任市级特邀监察员2人。编印会刊《南宁致公》4期。

【参政议政】 2009年,致公党市委会在南宁市人大、政协“两会”期间提交集体提案12件,委员个人提案20件,作题为《加大农资价格调控力度,有效提高我市农业生产绩效》的大会发言。市委会集体提案《对南宁市香蕉产业发展的建议》获市政协九届四次会议优秀集体提案,党员陈雄的《做大做强青秀山生态文化旅游,促进我市旅游业的发展》提案、庞海燕的《关于加强邕江水资源环境保护的建议》提案、马君早的《关于我市申请“联合国公共服务奖——电子政务类”的建议》提案获优秀委员提案奖。完成“党委出题、党派调研”重点课题“加快农村节能减排步伐的对策措施”调研;与市政协人口资源环境与城乡建设委员会开展联合调研,形成《关于推进征地和房屋拆迁安置工作专题调研报告》,并报市政府实施;开展一支部一调研活动,收到基层各总支支部的调研报告和材料18篇。市委会向有关部门提交反映各类情况的信息共76篇。报送“绿色通道”党派建言2篇,得到市领导批示2篇,市委会陈维宁撰写的《建议市委、市政府组织慰问在我市就读的地震灾区学生》、《建议整合我市农业生态观光游资源,促进我市新农村建设发展水平》信息获市领导批示。多条信息在《团结报》、《南宁统战信息》、《政协信息》等上发表。

【社会服务】 2009年,致公党市委会将对武鸣华侨农场的帮扶活动有意识的与政治交接教育实践活动、学习贯彻科学发展观活动结合,将武鸣华侨农场团结分场定为社会服务基地。党员陈雄、邓菊莲、华侨投资区支部与市委会共出资5500元帮扶建设,捐赠价值1.19万元的体育用品、篮球架等建设完善农场的体育场所。参加南宁北大附属实验学校四川灾区学生回家乡欢送仪式,主委张渊代表致公党市委会向汶川学子赠送价值5000多元的慰问金和礼品。青秀区总支为青秀区刘圩镇筹划安装路灯项目进行帮扶。博汇汽车租赁有限公司总经理、党员庞博文出资为那文小学捐赠价值5000元的篮球架,亚太体育用品有限公司总经理、致公党员陈雄2007~2009年共为8所贫困山区中小学捐赠价值11.05万元的体育器材,为华侨农场建设“和谐侨居”捐赠文化体育器材2万多元。帮扶上林县塘红乡龙祥村,选派市委会秘书长董俊荣为驻村指导员,申请资金65万修建3条村内道路和1个人畜饮水工程,落实资金2000元帮助春耕抗旱,1000元支持村委林改;资助水泥20吨、打印机1台。

(蔡涓涓)

九三学社南宁市委员会

【概 况】 2009年,九三学社南宁市委员会有基层委员会1个、支社7个,在册社员250人(新发展10人)。其中:工程技术界109人、医药卫生界55人、政府机关30人、教育界18人、财政经济14人、其他24人;具有高、中级以上专业技术职务任职资格241人。社员中有全国人大代表1人,自治区人大代表1人,市人大代表6人(副主任1人),城区人大代表5人(常委1人);自治区政协委员5人,市政协委员14人(常委4人),城区政协委员18人(副主席1人、常委5

5月12日，九三学社广西区委、社市委武鸣县唐历村政治交接教育实践活动实践基地举行挂牌仪式　　九三学社市委会提供

人）；受聘担任市政府特邀监察员、执法监督员、行风评议员5人。

【参政议政】 2009年，九三学社市委会领导参加中共南宁市委、市政府召开的协商会、征求意见会、情况通报会和座谈会14次。社市委各级人大代表、政协委员共提交议案、建议、提案31件，基本得到采纳。在市政协九届四次会议上，社市委提交大会发言材料1件和集体提案7件、委员提案14件。集体提案《关于提高南宁市农业应对重大灾害天气能力的建议》，引起社会的关注和共鸣。社市委有4件代表议案、建议被市人大常委会评为好议案好建议一、二等奖和优秀奖，2名代表被评为代表履职积极分子；社市委有5件集体、委员提案获市政协表彰。完成“党委出题、党派调研”重点课题《严格控制环境污染，加强环境保护对策》的调研报告。九三学社广西区委与社市委在武鸣县唐历村共同建设政治交接教育实践活动实践基地。组织社员撰写统战理论文章26篇，其中，获九三学社中央二、三等奖2篇，获中共自治区党委统战部三等奖1篇，获九三学社广西区委奖10篇，获中共市委统战系统奖4篇。多样化收集社情民意信息，被中共中央统战部、九三学社中央、九三学社广西区委、中共自治区党委统战部、中共南宁市委和市政府办公厅采用41条。4名党员获第四届优秀特邀监察员称号。

【社会服务】 2009年，九三学社市委会组织、参与送医送药下乡、科技帮扶和扶贫助学活动13次。组织医疗、农业、养殖专家前往武鸣县马头镇小陆社区、唐历村、横县平马镇、隆安县那桐镇、青秀区南阳镇施厚村等地开展送医药、送科技下乡活动，共诊治群众近700人次，赠送药品价值2300多元，免费发放科普书籍645册。开展帮困助学活动3次，“六一”前夕，社市委前往马山县白山镇玉业村小学开展扶贫助学活动，捐赠价值3260元助学款、食品和书包等。在汶川地震一周年之际，组织社员向四川灾区捐款4300元、爱心书籍127册。为纪念百色起义80周年，组织24名社员前往百色参加九三学社广西区委开展向邓小平手迹碑林捐建仪式，捐款3853元。社市委开展以“走近企业、服务企业、温暖企业”为宗旨的走访服务社员企业调研活动，分别走访市建业房地产开发有限公司、广西金算子建设工程有限公司、南宁润邦富牧有限公司等多家企业，将走访调研中发现的问题及解决对策形成调研报告送交有关部门，为社员企业的发展提供帮助和支持。　（刘潇潇）

南宁市工商业联合会

【概　况】 南宁市工商业联合会（南宁市总商会）有县区商会12个，乡镇商会110个，行业商会9个，异地商会24个，其他商会3个；会员12762名。其中：企业会员2451户，团体会员82个，个人会员10229名（原工商业者老会员597名）。会员中有自治区人大代表4人，市人大代表36人，县区人大代表32人；自治区政协委员9人，市政协委员51人，县区政协委员342人。

【参政议政】 2009年初，市工商联参与市政府工作报告草案的讨论并提出意见和建议。在市政协九届四次会议上，市工商联作《关于建设中国（南宁）—东盟国际性物流基地的建议》的大会发言，并提交集体提案3个，其中《关于建设南宁商会总部基地的建议》的集体提案被评为优秀提案。市工商联各级人大代表、政协委员提交议案96件，提案202件。开展“充分利用民间资本参与地方经济建设”、“建议政府制订促进民营企业扩大就业的鼓励政策”、“2008年南宁市销售额亿元以上的企业情况”、“民营企业就业状况调查”、“南宁市民营企业自主创新调查”、“南宁市市内物流交通情况调查”、“南宁市非公有制经济组织人才队伍状况调查”等多个调研活动，调研报告报送自治区、南宁市等职能部门。其中，《南宁市民营企业自主创新调查报告》、《南宁市市内物流交通情况报告》作为市工商联2010年政协大会的集体提案内容。参与完成《2008年南宁市非公有制经济发展报告》的编写工作。

【招商引资】 2009年，市工商联先后随市党政代表团赴广州、深圳、顺德、中山、厦门、泉州、湖南湘潭等发达地区以及英国、德国开展招商引资和经贸洽谈活动，走访恒大房地产、格力电器、美的电器、志高空调、盼盼、恒安等知名企业，邀请当地知名企业参加南宁市的投资环境推介会。继续推进成立市总商会驻国外联络处的工作。先后委托有关人员筹备市总商会驻澳大利亚悉尼和墨尔本、德国柏林等3个海外联络处，使市总商会委托筹备的驻海外联络处达13个。至年底，市总商会正式挂牌成立海外联络处6个。邀请国内外15名客商参加第六届中国—东盟博览会，参观考察南宁市的投资环境。为会员办理专业观众证和嘉宾证356份，组织非公企业界人士参加博览会举办的经济论坛和推介会、研讨会6场。市工商联各级商会及会员企业“百企入桂”招商引资项目44个，总投资733.08亿元，到位资金201.96亿元。

【服务会员】 2009年，市工商联推动并正式建立南宁市促进非公有制经济发展联席会议制度。为广西银泉化工有限责任公司、广西东方外语职业学院、三月花国际大酒店、广西盛世通电讯器材有限公司等开展维权服务，并向市交通局、市交警支队反映会员企业市区内运货难问题。组织10家企业参加了自治区工商联组织的国内外“两个市场”和“新型工业化”经济官员与民企对话座谈会。组织90名企业家参加自治区党委统战部和自治区工商联联合举办的两期“助企工程”培训班；组织7名企业家参加浙江大学举办的提高民营企业核心竞争培训班。与市国税局联合举办税收优惠政策培训班，24家会员企业参加培训。开展“走近企业、服务企业、温暖企业”活动，对100家会员企业进行大走访，协调相关部门为企业解决发展中遇到的困难和问题。市工商联先后与广西北部湾银行、工商银行南宁市新城支行等金融机构合作，为非公企业提供融资贷款服务。共为40家企业提供1.15亿元贷款。做好为非公企业专业技术人员首次定级、职称评审材料审核工作，为2222人提供材料审核的服务。

【光彩事业】 2009年，市工商联为企业招收新农村建设点和扶贫点返乡农民工牵线搭桥，帮助74名返乡农民工实现就业。组织有关商会及企业到上林县木山乡白境村和塘红乡龙祥村开展支援新农村建设和扶贫捐赠活动，为两村基础设施建设捐款6万元，并资助白境村3名贫困大学新生学费1.5万元。组织自治区畜牧局山羊养殖专家赴上林县木山乡白境村举办山羊养殖技术培训班1期，培训村民62人。组织33家民营企业参加2009年广西高校毕业生春季“双向选择”洽谈会，为高校毕业生提供就业岗位1194个；组织21家民营企业参加2009年民营企业招聘周活动，提供就业岗位430个。组织14家企业(商会)参加由香港善学慈善基金、南宁市慈善总会主办的“善学彩虹耀南宁·广西南宁慈善募捐答谢晚宴2009”活动，市工商联直属商会及企业为晚会捐款25.30万元。

（李增群）

华侨与台湾事务

华侨事务

【以侨引资引智】 2009年，南宁市各级侨务部门充分发挥侨的优势，多渠道开展引资、引智工作。“两会一节”期间，来自美国、马来西亚、阿根廷、西班牙等世界五大洲的26个国家和地区的200多名侨领及华商应邀参会。在2009海外华商相聚中国—东盟博览会暨广西北部湾经济区项目推介会上，签约合作项目11个，投资规模24.89亿元。签约项目涉及合金钢铸锻、再生资源、现代化养殖场、有机肥料生产、车辆制造和信息系统研发等10多个领域。邀请加拿大纳奈莫市教育代表团到南宁市开展教育交流活动，达成初步的教育合作意向；为主动返乡并建立起现代农业示范基地的加拿大华人邓日波博士做好服务工作，邓日波博士在西乡塘区坛洛镇建设的43.33公顷现代农业示范基地，已经成为展示现代农业的窗口。继续邀请西班牙北京同乡会到马山县开展一年一度的“让爱心走进南宁——西班牙北京同乡会捐资助学活动”，捐资5万元资助马山县周鹿镇三星小学100名学生完成小学学业。市侨办引进合同资金6500万元，实际到位资金4000万元。

【对外联谊】 2009年，南宁市各级侨务部门以“两会一节”活动为平台，发挥侨的优势，开展对外交流。针对广西与越南日益紧密的经贸往来，市侨办联系越南法律界，促成越南投资环境和法律法规介绍会在南宁召开；为推动市各县区的招商引资工作，组织有关县区(开发区)参加第九届华侨华人创业发展洽谈会；牵头组织首次以侨务为主题的海外代表团出访澳大利亚、新西兰，先后与澳大利亚钦廉商会、澳中集团、新西兰广西同乡会等海外侨团、侨胞开展海外联谊工作。市侨办推荐马来西亚侨商柯来发为南宁市代表获“全国人民友谊贡献奖”。全市各级侨务部门共接待50余批480多人次华侨华人和侨团，组团或随团5批42人次赴广东、海南及梧州、柳州、来宾等省市考察。

【华侨农林场改革】 2009年，南宁市把推进华侨农林场体制改革纳入农村改革发展规划，市政府与各县区政府签订为民办实事项目开工建设扶侨安居房责任书，完成华侨农林场扶侨安居房257户改造任务。南宁—东盟经济开发区为民办实事工程和惠侨工程项目之一的兴侨小区经济适用房首批560套住房落成；为21个归侨危旧房改造户解决住房问题。抓好华侨农林场基础设施建设和社会保障工作。市本级财政在华侨农场基础设施建设投入由原来每年的330万元提高到350万元，重点安排华侨农林场道路建设6条共21公里，排污管网及配套改造工程4项、建设排污沟14公里。南宁—东盟经济开发区开工建设村级道路13条，有效解决华侨农场4650名归侨的交通出行问题。隆安华侨管理区投入4.70亿元，推进园区二期主干道和分场道路建设，完成3.50万伏变电站至高压线架设。此外，各华侨农林场结合当地侨情，重点解决医疗保障、养老保险问题。南宁—东盟经济开发区争取上级补助资金4000多万元，本级财政配套600多万元，解决690名“4050”归难侨职工和1388名退休归侨职工的基本养老保险和医疗保险问题。各华侨农林场依托招商引资项目落户带来的就业机遇，加大培训力度。南宁—东盟经济开发区鼓励归侨侨眷参加广西印支难民培训中心举办的各类技能培训，选送15名归侨子女参加印尼语、越南语短训班，推荐2名侨眷“4050”下岗人员就业。隆安华侨管理区通过吸收为管理区管理人员、农场工人和推荐到非公企业等办法，安排401人到企业和服务产业就业。全面推动农业致富。武鸣华侨农场为归侨侨眷发展现代农业大棚种植出台一系列优惠政策。隆安浪湾华侨农场推广农业先进适用技术，使红光橙等优质水果品种种植得到推广。针对五合华侨林场由于华劲集团项目退出耕地至今停种3年的情况，组织归侨职工复耕复种自救，全场90%的耕地重新种上作物，并引导职工发展网箱养鱼100多个，增加职工收入。年内，南宁—东盟经济开发区工业总产值完成29.83亿元，其中规划以上工业总产值完成28.66亿元；全社会固定资产投资完成24.67亿元；财政收入完成1.19亿元；合同引进内资28.86亿元，新批合同外资6203万美元，直接利用外资1547万美元。各项主要经济指标增速连续多年排在南宁市各县区(开发区)前列。隆安华侨管理区新开工项目18个，新投产项目8个，完成固定资产投资13.50亿元；成功引进润滑油、胶粘剂等工业项目11个，合同金额2.50亿元。

【为侨服务】 2009年，南宁市侨务部门开展为侨服务活动。一是组织精干力量深入市各县区、21个街道办事处、26个社区、93家企事业单位以及归侨侨眷家庭走访调查，掌握南宁市散居归侨侨眷的人数、分布以及从业等方面的详细情况，摸清散居贫困归侨侨眷的现状以及致贫原因。向市政府、市人大提出“制定优惠政策扶持涉侨企业”、“解决零就业归侨侨眷家庭的就业问题”、“落实特困归侨侨眷基本生活保障”、“解决散居归侨侨眷住房问题”和“组织互帮互助活动”等合理化建议。二是推进侨界困难群体帮扶工作。春节期间，由市四家班子领导带队慰问特困归侨侨眷活动，走访慰问特困归侨侨眷共648人（户），发放慰问金及慰问品20.93万元。建立特困归侨侨眷扶助机制，主动上门送温暖。反映曾经为抗日战争做出贡献的南侨机工遗孀目前的生活情况，争取上级侨务部门的关注和支持，国务院侨办及自治区侨办决定从2009年1月1日起对南宁市罗君里等5名南侨机工遗孀每月给予一定的专项生活补助。组织开展归侨子女助学励志活动，对年内考上各类大中专院校的13名归侨子女发放一次性奖学金。三是重视做好侨务信访工作，充分利用“公开大接访暨与民沟通日”平台开展市侨办领导接待日活动，受理归侨侨眷、华侨华人、港澳同胞来信来访300多件次，答复率100%，办结率98%，信访案件同比下降16%。出具身份证明53件，出具“三侨生”（归侨青年、归侨子女、华侨在国内的子女）证明40件，认定归侨侨眷身份19人。（何　俊）

台湾事务

【概　况】 2009年，南宁市组织赴台考察团组33个149人；接待来邕考察交流、业务洽谈和媒体采访的台湾团组40个560人。市委、市政府台湾工作（事务）办公室完成合同引进内资、到位内资各3000万元。为台资企业协调解决台商在生产经营、经济纠纷、工作生活等系列问题18个。重点推动入岛宣传，台湾新闻媒体东森电视台、三立电视台、TVBS电视台、《联合报》、《中国时报》等先后多次专题采访报道南宁市经济发展、风土人情和投资环境。

【台商经贸考察】 2009年，南宁市共有台商经贸考察团前来考察了解投资环境共15批次。先后有全国台资企业联合会会长张汉文一行、台南市建筑开发商业同业公会常务理事陈国珍一行4人、中国国民党副主席蒋孝严一行、台湾知名人士林沧敏率领台湾璨园公司和东巨集团一行18人、台湾工业总会理事长陈武雄为团长的台湾工业总会经贸考察团一行10人、台北市广西同乡会一行32人、台北县国民党党部主委蔡家福一行26人、台湾知名人士金介寿一行21人、亚洲台湾商会联合总会总会长赖灿贤率领的台商考察团27人、台湾旺业机构总裁李厚业率领高雄经贸考察团一行12人、台湾工业总会理事长陈武雄率领台湾工业总会经贸考察团一行25人、台湾川流能源科技股份有限公司董事长游燕飞率领的一行18人到南宁考察。中国—东盟博览会期间，台湾的乡林集团、璨园光电集团、台湾肥料集团公司分别组团来到南宁参观考察。

【对台招商引资】 2009年，南宁市重点把对台招商引资工作做到岛内。4月，第五届桂台经贸论坛活动南宁市前期筹备工作组一行10人赴台开展考察和筹备工作。5月，市长黄方方一行14人赴台参加2009年桂台经贸合作论坛。期间，举办“2009年桂台经贸合作论坛·南宁（台北）联谊会”，先后与台湾各界人士及企业家198人进行沟通交流，参观考察知名企业5家，完成总金额4036.50万美元的台湾商品采购任务，达成意向项目18个。10月，南宁市各县区赴台开展招商引资工作。年内，市台办先后派人随团到上海、江苏、浙江、福建一带开展对台招商引资活动，引进台商投资项目7个，合同投资金额6000万美元。

【邕台交流交往】 2009年，邕台交流交往向宽领域、高层次方向发展。市台办接待来邕台湾团组40个560人，办理赴台考察交流团组33个149人。中国国民党副主席蒋孝严，中常委洪玉钦、林沧敏，台北县国民党党部主委蔡家福、台湾中国工业总会理事长陈武雄等先后到南宁考察交流。6月，台湾桃园县知名人士邱创良一行5人到南宁交流；原台湾新党主席谢启大一行5人到南宁与法律界人士进行交流。7月，由国民党台北县议会党部主委蔡家福率领的台北县参访交流团一行26人到南宁，与相关部门进交流。10月，台湾澹宁书法学会理事长孙莹莹率领澹宁书法学会25人到南宁，与广西、南宁市书法界人士进行交流，并现场进行两岸书法家书画表演。12月7~14日，自治区党委常委、市委书记车荣福，副市长潘和钧率领南宁市经贸代表团一行16人赴台开展经贸合作交流和考察、访问活动。先后拜会中国国民党荣誉主席吴伯雄，中国国民党中央评议委员会主席团主席王金平，中国国民党副主席蒋孝严、詹春柏，中国国民党中常委洪玉钦、林沧敏，台湾海基会董事长江丙坤，台湾知名人士韦伯韬、钟荣吉等。分别考察台湾璨园光电股份有限公司、统一企业集团总部和欣客运公司以及食品加工、运输物流、商贸旅游业等一批中小企业，详细了解企业生产经营和管理工作，考察企业新产品研发、市场开发情况。同时与台湾康那香企业、台湾肥料公司、台湾烟酒公司、东阳实业公司、大亿关系企业、耐斯集团等16家大公司的负责人进行座谈交流，与台湾部分企业达成一批项目合作意向。

【对台宣传】 2009年，南宁市结合中国—东盟博览会、桂台经贸合作交流会等活动，依据中央对台宣传口径，进一步加强对台宣传和涉台教育工作。4月，台湾年代网际事业股份有限公司一行5人在赖玉蓉书记带领下到南宁采访民俗和饮食文化。5月，南宁市组成的赴台经贸考察团参加2009年桂台经贸合作论坛的各项活动，并举办“2009年桂台经贸合作·南宁（台北）联谊会”，邀请台湾政商界知名人士及台湾各界客商代表116人参加。其中，有中国国民党中央委员2人，台湾商、协会13家，上市上柜企业10家。联谊会向台湾客商介绍了南宁的区域优势，投资环境和风土人情，台湾东森电视、三立电视台及《联合报》《中国时报》等主流媒体分别进行专题报道。借助桂台经贸论坛在台北举办的机会，南宁市在台湾各地开展一系列的宣传活动，播放南宁市形象宣传短片、发放《南宁概览》等宣传资料。10月，台湾三立电视台记者金汝鑫、徐家康等2人到南宁采访投资环境、民俗民情、市容市貌和第六届中国—东盟博览会筹备情况，并在台湾作了专题报道。年内，对台湾高层政、商界人士频繁来南宁市参观考察和交流，南宁市主流媒体都进行采访报道。

（张居松）

责任编辑　周　红

人民团体

南宁市总工会

【概 况】 2009年，南宁市总工会辖县区(开发区)总工会13个，工会工作委员会3个，驻会产业工会2个，乡镇、街道总工会33个，乡镇、街道工会工作委员会79个，基层工会8748个，工会会员82.36万人。市总工会实施建功立业、社会化维权覆盖、职工能力素质提升和工会吸引力凝聚力强化等工程，进一步调动各级工会组织和工会干部及职工的积极性和创造性，全面推进工会组织标准化规范化考评体系建设，开展市、县区、乡镇(街道)、基层工会“四级联创”活动，以“南宁市十佳乡镇(街道)工会”、“广西十佳乡镇(街道)工会”评选和争创工作为契机，推进乡镇(街道)工会标准化创建工作；深化“合格职工之家”、“合格职工小家”载体建设，把基层工会建设成为维护型、学习型、服务型、务实型、创新型的职工之家。年内，市总工会在自治区工会年度工作考核中获特等奖。

【组织建设】 2009年，市总工会以“增强凝聚力、扩大覆盖面”为工会组织建设的总体要求，坚持“党建带工建，工建服务党建”，创新建立职业化工会主席队伍，全市共聘任职业化工会主席65人。不断建立完善工会组织和运行体系，推进全市工会组建和会员发展工作。进一步加强乡镇(街道)工会、村(社区)工会及非公企业工会等“小三级”工会组织网络建设，构建城乡一体化的工会组织体系。大力推进区域性、行业性工会建设，重点加强中小型企业工会联合会组建工作，全市已建立各类区域性、行业性工会联合会160个，覆盖企业2964家；新建基层工会组织722个，新发展工会会员5.39万人；12家出租车公司全部组建工会组织。

【劳动竞赛】 2009年，市总工会围绕“项目建设年”、“服务企业年”和“党组织服务年”，指导各级工会针对不同行业特点及重大工程、重点项目中的难点、焦点、重点，组织职工开展“降低成本、创新技术、苦练内功、提高效益”，“创三优一满意”等形式的劳动竞赛，参赛单位2186家，参赛职工超过31万人次。评选表彰2008年度“创新·经济效益杯”劳动竞赛金杯奖企业22家、银杯奖企业13家、铜杯奖企业5家、南宁市明星企业1家。评选表彰市级“工人先锋号”100家，推荐评选全国“工人先锋号”4家、广西“工人先锋号”10家。

【群众性经济技术创新】 2009年，市总工会发挥工会职工技术协会技术和人才优势，建立合理化建议征集平台，组织职工开展“小革新、小发明、小设计、小创新、小窍门”等“五小竞赛”活动，推广新技术、新知识、新设备、新工艺，推动企业自主创新，促进资源节约型、环境友好型社会建设。完善市、县区、企业三级职工节能减排义务监督网络，90名职工义务监督员通过培训持证上岗，对重污染、高排放企业实施群众性监督。各级工会共组织职工提出合理化建议3.30万条，已实施8977条，开展职工群众性技术革新、发明创造、推广先进操作法项目532个，产生经济效益7031万元。

【职业技能大赛】 2009年6~12月，市总工会与市委宣传部、市劳动和社会保障局等15个单位共同组织举办2009年南宁市职工职业技能大赛，设置竞赛区6个，参赛单位1610家，参赛职工7.40万人。比赛包括工业制造、机械、建筑、服务、供电、卫生、教育、邮政8个行业14个工种。经过历时7个多月1130多场次的比赛，有483人进入市级决赛。最后，经选拔和考评，共评选出技术能手68人、优秀选手415人、直接晋升高级工52人、破格申报技师31人，团体奖29个、优秀组织单位7个。

【评先活动】 2009年，市总工会会同有关部门组织评选表彰2008年度市级劳动模范30人，最佳员工14人，先进单位130个，先进集体500个，先进生产(工作)者2000人；全国、广西“五一”劳动奖章获得者14名。加大先进模范人物的宣传力度，全年组织劳模参加各种重要活动316人次。

【社会化维权】 2009年，市总工会进一步推动市委、市政府主导的职工社会化维权网络建设，结合开展深入学习实践科学发展观活动，分别对职工社会化维权工作“六项机制” 实施情况进行专题调研，健全维权平台和维权信息网络、法律援助帮扶网络。以市政府批转实施《南宁市工会劳动法律监督实施意见》为契机，重点加强工会劳动法律监督员队伍建设，市、县区、乡镇(街道)、社区和基层工会劳动法律监督网络初步形成。继续深化“劳动关系和谐企业”、“劳动人事关系和谐学校”创建活动，推进劳动关系和谐园区创建活动，评选表彰2007~2008年度劳动关系和谐企业67家。

【共同约定行动】 2009年，市总工会发挥协调劳动关系三方作用，开展工会、企业和职工“共同约定行动”，为稳定非常时期劳动关系创造良好环境。与市劳动和社会保障局、企业联合会、企业家协会共同制定下发《关于开展“共度难关、共谋发展、共创和谐” 共同约定行动的通知》，向各企业和职工发出倡议书，引导企业承担社会责任，稳定工作岗位，稳定劳动关系。为了引导职工发扬“识大体、顾大局”的优良传统，与企业同舟共济、共谋发展，市总工会组织开展以“坚定不移地走中国特色社会主义工会发展道路，坚定信心应对国际金融危机冲击理论与实践”为主题的征文活动，共收到征文56篇。其中23篇在自治区工会研讨会上发言或书面交流。全市签订共同约定行动的企业达2100家，覆盖职工超过22万人。

【“送温暖”活动】 2009年，市总工会深入实施“送温暖工程”。元旦、春节期间，各级工会共筹集慰问款722万元，慰问

1月15日，市政协副主席、市总工会主席梁峰林(左一)等领导到宾阳县慰问困难职工　　市总工会提供

困难职工（农民工)9151户、困难劳模250户。开展农民工平安返乡活动,会同运德集团等单位包车60辆,帮助农民工购买车(船)票1385张,帮助农民工平安返乡4148人次。慰问因遭受各类自然灾害造成家庭生活困难的职工家庭582户,发放临时救助款物73.91万元。筹措工会"金秋助学"助学资金139.60万元,资助困难职工子女780人，其中农民工子女481人。

【就业服务】 2009年，市总工会网站与市人才市场、人力资源市场建立联网招聘信息发布系统,实现人才、劳动用工信息与工会帮扶网络联动服务，全年有1000家企业通过就业信息联动系统发布岗位信息4000多条。会同有关部门组织开展"就业援助周"、"春风送岗位"、"民营企业招聘周"系列活动,累计举办各类招聘会59场，进场招聘企业超过2000家,提供就业岗位8.90万个,进场求职的返乡农民工3.08万人次，达成用工意向1.08万人。

【职工帮扶】 2009年,市总工会加大市、县区、乡镇(街道)三级帮扶维权中心建设力度,建立与政府有关部门的协调、会商、转办机制,健全帮扶工作的快速反应和联动机制，实行即时帮扶和跨区域协作帮扶。增强困难职工帮扶中心的综合功能,把工会信访接待、就业帮助、困难救助、医疗帮扶、子女助学等帮扶职能与劳动争议调解、职工法律援助、农民工维权等维权职能进行整合，构建困难职工帮扶、劳动争议调解、农民工维权服务、职工法律援助等中心的维权帮扶体系。同时，督促国有改制企业和破产企业在资产处置过程中落实职工社会保障权利，帮助符合条件的困难职工纳入最低生活保障范围。各级帮扶中心共接待信访、求助2675件;帮扶职工1.67万人次;职工参加医疗互助保障计划19.07万份，给付和慰问职工287人，发放给付和慰问金457.60万元。

【民主管理】 2009年，市总工会创新职工民主管理制度，促进基层民主政治建设,重点选树南宁供电局、建宁水务集团公司等典型,以点带面,推进企业履行社会责任向职代会报告制度，促进企业在非常时期认真履行社会责任。全面加强区域性、行业性职代会制度建设,继续完善厂务公开民主管理责任追究、巡视巡查制度，不断丰富职工民主管理的形式和内容,提高运行质量。进一步推动职工董事、职工监事制度建设。国有、集体及其控股企业职代会和厂务公开民主管理制度建制率100%，非公企业职代会、厂务公开民主管理制度建制率83%；区域性、行业性职代会涵盖企业2264家,覆盖职工人数14.30万。

【工资集体协商】 2009年，经市政府常务会议和市委常委会批准，市总工会与市劳动和社会保障局共同制定印发《关于进一步推进企业工资集体协商工作的意见》，推进企业工资集体协商工作,建立职工工资共决机制。全市签订集体合同2788份,覆盖企业3216家,覆盖职工人数24.60万人;签订工资专项集体合同1233份,覆盖企业1743家,覆盖职工人数21.70万;聘请工会工资集体协商指导员234人。

【职工技能培训工程】

技能培训基地建设　2009年，市总工会根据在岗职工、返乡农民工、农村富余劳动力、失地农民的需求,在乡镇建立就业创业培训基地，同时联合社会培训机构，依托职业学校拓展市总工会职工技能培训网络,在县区、开发区新建成职工技能培训基地18个。全市共建立农民工流动夜校23所,职工技能培训基地61个。其中,全国总工会创业就业技能培训示范基地1个，广西总工会职工就业培训基地14个。共筹集培训经费273万元,各类技能培训基地累计培训职工、农民工5.50万人次,其中技术工人1.28万人，通过培训获得职业技能等级证书1860人。

农民工援助行动　结合全市农民工就业的形势和特点,开展"农民工援助行动"。利用乡镇、街道各类培训机构,对返乡农民工、失地农民实施就业创业培训;会同劳动部门和行业、企业联合对已就业的农民工，根据企业发展需要进行岗位技能培训，帮助他们获得相应技术等级证书；按照农民工群体中的不同情况和需求，通过农民工夜校、工会培训基地,对农民工进行法律知识、职业道德、安全生产知识等综合素质培训。累计完成农民工培训2.53万人、帮助就业1.24万人。

【安全生产】 2009年，市总工会切实履行工会劳动保护监督职责，开展"安康杯"安全生产劳动竞赛,全面推行事故隐患和职业危害监控法,安全检查提示卡、有毒有害化学物质信息卡、危险源头警示卡的"一法三卡"制度,参与安全生产检查642起,参与"三同时"(新建、扩建、技术改造和引进的工程项目，其劳动安全卫生设施必须与主体工程同时设计、同时施工、同时投产使用)建设审查验收324项,提出事故隐患和职业危害整改意见1005条,依法参加各类伤亡事故调查处理60起。继续实施农民工平安度夏专项行动,发放慰问款物10万元,慰问农民工9000多人。参与市委、市政府关于就业培训政策的论证及受金融危机影响的困难企业认定工作，督促用人单位为职工缴纳养老、医疗、失业、工伤、生育保险和住房公积金，督促企业依法为被裁人员支付经济补偿金、工伤待遇、接续社会保险关系。

【职工书屋】 2009年，市总工会进一步加强“职工书屋”标准化、规范化、制度化建设，整合城区图书馆，街道、乡镇社区图书站、阅览室的资源，实行书籍共享。统一制作全市通用的“一卡通”阅览卡，方便职工、农民工就地、就近学习。制定印发《关于加强职工书屋建设和管理的实施意见》，明确职工书屋建设的基本目标、标准、管理机制和考评制度。以职工书屋建设为载体，开展群众性读书征文活动和图书捐赠活动，增强职工学习读书意识，组织职工捐书7334册、刊物4241本。至年末，全市有各级职工书屋155个、流动图书站12个，总藏书量90万册。

【职工文化活动】 2009年，市总工会会同市文化局、建委举办第五届农民工艺术节，到39个建筑工地送戏演出14场，放电影26场，举办知识讲座2场，农民工参与5万人次。以“祖国颂”为主题，开展“电影进基层”巡播活动，把243场反映祖国建设成就的电影送到企业社区、建设工地。举办“辉煌60年放歌新中国”职工广场综合性文艺汇演5场，承办自治区职工爱国歌曲大家唱文艺调演晚会两个篇章节目，获优秀组织奖和最佳演唱奖。组织职工2万多人次观看电影《铁人》，引导职工学习和弘扬“铁人精神”。

【市工会第十七次代表大会】 2009年8月26~28日在市委党校召开。出席大会的代表446人、特邀代表48人。会议总结市工会十六次代表大会以来的工作，确定今后五年的奋斗目标，选举产生新一届工会领导机构。自治区党委常委、市委书记车荣福发表讲话，自治区总工会党组书记、副主席吴玉斌致辞，市政协副主席、市总工会十六届委员会主席李秋明代表市总工会十六届委员会作题为《坚持以科学发展观为统领，团结动员广大职工为推进区域性国际城市和广西“首善之区”建设而努力奋斗》的工作报告，市总工会十六届委员会常务副主席蔡霓虹和经费审查委员会主任庄丽珠分别作财务工作报告和经审工作报告。大会以差额无记名投票方式选举产生市总工会第十七届委员会委员64人，经费审查委员会委员13人。在十七届一次全委会和经费审查委员会上，分别选举产生市总工会第十七届常务委员会委员17人，主席、副主席5人，经审会主任1人。梁峰林当选为主席，副主席4人。市政协副主席、市总工会十七届委员会主席梁峰林在闭幕大会上致闭幕词。

（刘缅熙　蒋建坤）

共青团南宁市委员会

【概　况】 2009年，南宁市有基层团委516个，团总支519个，团支部7795个；专职团干185人，团员33.96万人。各级团组织开展服务大局、教育引导和服务青年活动，实施“永远跟党走·青春献祖国”主题教育行动、南宁青年就业创业行动、强基固本工程、为了明天工程，加强青少年思想政治教育，服务经济社会建设，全面优化青少年成长发展环境，巩固和完善团组织的自身建设，开创工作新局面。共青团南宁市委员会获自治区共青团系统年度工作综合评比一等奖。

【农村青年培训行动】 2009年，团市委专题部署农村青年培训行动，组织各级团组织有针对性地开展青年农民技能培训和职业培训，做好返乡青年农民工等困难群体的就业创业帮扶工作。全市共举办创业培训班60多期，为2841名水产养殖户和畜禽养殖户、200名农副产品加工专业户提供技术培训，促进更多的返乡农民工和失业人员实现就业再就业。

【青年就业创业工作】 2009年，南宁市各级团组织做好促进大中专毕业生、农村青年和城镇失业青年的就业创业工作。一是开展青年就业创业观念引导活动。先后举办18场“创业之星进校园”、“青年就业与成长”讲座活动和泛珠城市青年营青年创业论坛、两岸四地大学生营销创业体验活动，引导青年和在校大学生更新观念，为实现就业创业打下基础。二是为青年就业创业提供信息服务。联合人事、教育、劳动和社会保障等部门，面向农村进城务工青年、返乡青年、城市失业青年和大中专学生，共举办专场招聘会155场，提供有效岗位14.32万个，达成用工意向约4.62万人。举办南宁大学生创业设计大赛，收集创业项目465个，建立南宁市青年创业项目库。三是开展青年就业创业能力提升行动。联合市劳动和社会保障局，利用南宁青年职业技能培训中心、市丽竹职业培训学校等培训机构，免费为1.62万名进城务工青年、返乡青年、大中专学生、城市失业青年提供技能培训，举办“SYB创业培训班”81期，培训创业青年4256人。四是推进南宁市共青团“青年就业创业见习基地”建设。建立见习基地68个，为全市应届大中专毕业生、已毕业未就业大中专毕业生和农村青年提供见习岗位4336个，对接上岗见习3053人。五是推进农村小额信贷工作。与中国农业银行广西区分行营业部、广西区农村信用社联合社南宁办事处等金融机构对接，印发《关于实施“南宁市青年创业信贷扶持计划”的通知》等指导性文件，指导各县区团委做好青年创业信贷工作，共发放贷款3.31亿元，9049名青年获小额信贷支持。各县区团委采取措施推动青年就业创业行动的实施。横县团委组建花都创业QQ群，搭建信息平台，宣传就业创业信息，开展青年创业金点子征集活动；隆安县团委会同县工商联策划“江景青年创业园”计划；西乡塘区团委继续推进优秀在校大学生担任社区、企业助理，提高学生社会化能力和职业技能；良庆区团委注重加强与见习基地企业的沟通对接，选派毕业新生到企业见习，有41名见习青年与企业签订正式合同，实现就业。

【青年志愿服务行动】 2009年，团市委围绕巩固创建全国文明城市成果、构建和谐南宁、建设广西“首善之区”的奋斗目标，组织开展一系列志愿服务活动。一是组织动员各行业青年积极参与志愿服务。在医疗、卫生、教育等行业中，开展“三下乡”活动；在企业，为下岗特困职工服务；在大中专院校，开展大学生社会援助活动，到老少边山穷地区开展科技扶贫、支教扫盲等活动；在农村，开展“青年志愿者进‘百村千户’，科技兴农增效增收”活动。全市共有3万人次青年志愿者参加行业志愿服务活动。二是服务全市大型节会活动。在泛珠区域省会（首府）城市市长论坛和泛北部湾经济合作论坛中，市青年志愿者协会共组织8000多人次的青年志愿者提供外语翻译、礼仪、清理场馆、讲解咨询、维持秩序等30多项志愿服务；中国—东盟博览会期间，近4000名专业志愿者和场馆志愿者服务于组委会各工作组及民歌节开幕式等场馆，1100名志愿者驻守“微笑驿站”城市志愿者服务站，为市民和来宾提供服务，1万多名志愿者作为窗口服务志愿者为中国—东盟博览会提供优质服务，营造良好的社会氛围，赢得中外来宾和社会各界的高度评价。在马山县第三届文化旅游美食节活动上，600多名志愿者提供服务17项；在第六届全国茉莉花茶交易会、2009年广西横县“茉莉花节”和市第九届少数民族传统体育运动会期间，横县团委共组织1700多名志愿者为赛会提供热情周到的服务。三是组织爱心小分队深入基层开展志愿帮扶活动。全市各级团组织通过开展“我为社区作贡献”、“志愿者假日活动”、“情暖社区青春行”、文化科技“三下乡”等主题活动，组织近3万名青年志愿者进社区入庭院开展为民服务活动，并以“一助一”、“多助一”的形式为残疾人、下岗特困职工、进城务工青年、“五保”户、困难户等提供各项志愿服务。

【希望工程圆梦行动】 2009年，团市委与《南宁晚报》、《南国早报》等媒体及王老吉、跨世纪大酒店等企业合作、宣传，设立公益岗位，组织志愿者在全市各大商场、广场设立流动捐款箱，为贫困学生劝募，各级团组织共筹集捐款113万元，资助贫困学生615人。

【共青团南宁市第十七次代表大会】 2009年12月28~30日在自治区党校召开。来自全市各行业团员代表300人出席会议。自治区党委常委、市委书记车荣福，共青团广西区委书记李泽，市长黄方方，市人大常委会主任谢寿堂，市政协主席黄家仁等领导出席开幕式。车荣福作题为《开拓创新 锐意进取 在加快建设区域性国际城市和广西“首善之区”伟大实践中谱写青春华章》的讲话；市总工会党组书记、常务副主席伦建代表人民团体向大会致贺词；团市委副书记邓娟娟代表共青团南宁市第十六届委员会作题为《全面贯彻落实科学发展观，团结带领全市广大青年为加快建设区域性国际城市和广西“首善之区”而努力奋斗》的工作报告。大会审议并通过共青团南宁市第十六届委员会工作报告，选举产生共青团南宁市第十七届委员会委员39名、候补委员21名和团市委新一届领导班子，邓娟娟当选为团市委书记。

“五四”红旗团委创建活动 团市委开展“五四”红旗团委（总支、支部）创建活动，做好动态考核管理，规范创建程序和条件，形成以创促建、创建并举的良好运行机制和格局。“五四”青年节期间，表彰南宁市“五四”红旗团委59个、团（总）支部54个、团委（总支、支部）创建工作优秀先进集体5个；有宾阳县露圩镇委获广西“五四”红旗团委标兵称号，青秀区南湖街道团工委、市第三中学团委、南宁凤凰纸业有限公司团委3个基层团委获广西“五四”红旗团委称号，兴宁区民生街道办事处北二里社区团支部获广西“五四”红旗团支部（总支）标兵，马山县地方税务局团支部、宾阳县露圩镇浪利村团支部、隆安县那桐镇那门村团总支部、江南区五一西路社区团支部、青秀区人民检察院团支部、市公安局特警支队五大队团支部、南宁化工股份有限公司氯碱厂团总支部7个团（总）支部获广西“五四”红旗团（总）支部称号，宾阳县获广西团建先进县称号，宾阳县芦圩镇团委获全国“五四”红旗团委称号。

【共青团干部培养】 2009年，团市委选派5名县团委书记到中央团校参加全国县级团委书记培训班，选派2名机关干部到市委党校分别参加市中青年干部培训班和科级妇女干部培训班。抓好乡镇以上新任职团干部的上岗培训教育工作，在3月5日召开的共青团南宁市十六届六次全委（扩大）会上，通过以会代训的形式，对全市102个乡镇和21个街道的团（工）委书记进行集中培训。分别举办基层团干部培训班和基层团委书记培训班，培训基层团干206人。8月，有8名团干部参加市委组织部组织的为期1个半月的百名优秀年轻干部培训班。全年各县区共组织村级团干部培训9期775人，镇级团干部培训10期158人，县级团干部培训7期460人。团市委举办2期团干部培训班300人参加。同时，从基层选派6名基层团干部到团市委机关进行为期半年的挂职锻炼，选派2名基层团干部到团区委机关挂职锻炼，选派1名机关团干部到市学习实践科学发展观活动领导小组办公室工作。

【共青团主题活动】 2009年，团市委按照团中央关于派驻县级团委干部有关要求，选派6名机关干部分别到6个县区团委开展为期半年的驻点指导工作，带领基层团干部重点推进农村团建、返乡青年就业创业培训和农村小额信贷工作。开展“团干下支部”与“农村团支书帮扶温暖行动”，开展“攻坚克难·团员争先锋”服务小分队活动，动员学校、机关、企事业单位团组织，组建8支服务队到基层开展调研和服务活动，结对帮扶农村团支书提高致富本领和工作能力，帮助基层理清工作思路和解决实际问题。其中：西乡塘区每个镇（街道）团（工）委书记至少联系1名社区（村）团支书、1名困难青年、1名创业青年、1所学校和1家企业，通过民情联络员了解和把握基层热切关注的热点和难点问题，掌握社情民意，拉近与基层群众的距离，有效推动工作开展。马山县通过结对帮扶平台，引导和帮助青年农民找准路子，发展现代农业产业。全市有近300个团组织、青年文明号集体与300个村团支部开展结对帮扶工作，投入帮扶资金和物资15万多元。开展系统行业主题活动，重点在公交系统、朝阳商圈等行业集中开展“公交青年争先锋·文明服务促和谐”、“团员争先锋·商圈展风采”等主题实践活动。

【青年交流活动】

泛珠城市青年营活动 2009年6月9~13日，团市委、市青年联合会于第五届泛珠区域省会（首府）城市市长论坛期间举办“泛珠城市青年营”活动。此次活动以“青年合作发展”为主题，以南宁面向东盟，并处于泛珠三角区域与泛北部湾区域叠加的特殊优势为出发点和联结点，提出“泛珠青年汇聚北部湾，共享机遇携手创未来”的口号，共有来自泛珠三角省会（首府）9个城市、香港特别行政区和北部湾（广西）经济区4个城市的60名优秀青年代表参加。6月9日下午，团中央书记处书记贺军科在西园饭店接见各市代表团团长，并与团长们进行会谈。当晚，市委、市政府宴请参加活动的各位代表和嘉宾，市委副书记岑可成、团广西区委副书记廖立勇出席宴会并致辞。6月10日下午3点，在南宁电视台8号演播厅举行泛珠城市青年营开营仪式。市委常委、组织部长雷应敏致辞，团广西区委副书记罗日新发表讲话，副市长周家斌为营长邓娟娟授营旗。活动推出壮族民俗风情体验、青年创业论坛、共植泛珠城市青年林等内容，组织青年营代表参加市长论坛、参观展会、考察北部湾开放开发等，进一步增进区域城市青年的交流与合作。

两岸四地大学生创业文化交流活动 8月，团市委承办“龙愿—广西·香港两岸四地大学生创业文化交流”活动，共有182名来自内地及港、澳、台等四地55所高校的大学生参加。交流营营员参加2009泛北部湾经济合作论坛，参观考察南宁—东盟经济园区、南宁高新技术产业开发区、广西民族博物馆、青秀山风景名胜旅游区和南湖名树博览园等，并分别在梦之岛（民族店）、五象广场及电子科技广场参加创业体验活动。

【青少年思想道德建设】 2009年，全市各级团组织以纪念五四运动90周年、国庆60周年为契机，开展“永远跟党走·青春献祖国”主题教育行动，采取学习交流、演讲比赛、主题团日、纪念大会、红歌传唱、青春歌会等形式，开展青少年爱国主义教育活动，增强热爱祖国、民族团结的意识，坚定走中国特色社会主义道路的理想信念，推动青少年思想道德建设。

青少年思想道德教育 团市委借助全市学习实践科学发展观活动和纪念五四运动90周年的时机，组织全市团员青年回顾中国青年运动的历史，学习《毛泽东邓小平江泽民论科学发展》和《科学发展观重要论述摘编》等，形成“学理论、强思想、我争先”的良好氛围，引导青少年投身南宁建设区域性国际城市和广西“首善之区”的进程上来。各级团组织举办学习实践科学发展观报告会52场，组织入团入队宣誓仪式、重温入团誓词活

动165场；围绕当前青年关注的热点问题，以现场观摩、课堂讲座、实地体验等多种形式，为近10万名团员青年上团课6000多节，提高团员对团组织的认同感和归属感，增强共青团员的政治、组织和模范意识。

青少年道德实践活动　2009年3月，各级团组织带领近10万名青少年参与学雷锋志愿服务活动，让青少年在服务他人、服务社会的实践中得到自我教育，提升思想道德水平；引导青少年参与生态南宁建设体验活动，开展植绿护绿、鱼苗放生、美化家园等活动30场次，增强青少年的生态建设理念和环保意识；5月，在广西大学附属中学启动“迈入青春门·走好成人路”主题活动，并在全市各高中、职校中全面深化主题教育活动，进一步扩大活动覆盖面，引导广大中学生增强社会责任感。“六一”儿童节期间，全市各级团组织和少先队组织在全市各小学开展500多场“歌唱祖国庆六一”系列活动。5月31日，自治区党委常委、市委书记车荣福出席南宁市少年儿童庆祝“六一”儿童节活动并讲话。国庆节前后，在全市青少年中开展以“与祖国共奋进，与首府同发展”为主题的庆祝新中国成立60周年系列活动，激发青少年的爱国情怀。以10月13日少先队建队60周年纪念日为契机，在全市组织开展以“队旗飘扬60年·壮乡少年爱祖国”为主题的庆祝活动。此外，各级团组织开拓思路，策划开展颇具特色的活动推动青少年思想政治教育，如横县开展青少年感恩教育活动；隆安县开展“举团旗、学团章、交团费、唱团歌、过团日”团员意识教育活动等。

青少年典型选树宣传　“五四”青年节期间，评选表彰南宁市优秀少先队员，激励少年儿童快乐学习，健康成长；组织评选第七届“南宁市十大杰出青年”。通过评选先进，树立典型，宣传造势，使全市青少年学有目标、行有榜样，为引导青少年的成长营造浓厚的社会氛围。

【青少年维权】　2009年，团市委以实施“为了明天——预防青少年违法犯罪工程”为统揽，围绕重点群体，深化重点项目，强化基层基础，加强教育服务管理工作，切实维护青少年合法权益，开创预防青少年违法犯罪工作新局面。由于近年来南宁市各级团组织在预防青少年违法犯罪、维护青少年合法权益工作取得了丰硕成果，5月，中央社会治安综合治理委员会、人力资源和社会保障部授予团市委“2005~2008年度全国社会治安综合治理工作先进集体”称号。

青少年事务社会工作者试行工作　团市委依托各合作高校资源，发挥社工督导主任积极性，组织试点城区开展辖区情况调研，对服务对象进行摸底调查。组织社工培训5次，开展团体活动3次，指导四个试点城区确定试点社区、学校9个，派驻学校2个，成立志愿者队伍4支共100多人，为辖区青少年提供权益保护、社区教育、劳动就业、社会交往、个案辅导等服务。先后组织启动江南天蓝计划、兴宁中华社区小型舞蹈培训班、青秀中山南小聊天室、西乡塘安吉街道以“希望起点”为主题的青少年事务“亲情家教”志愿小组等活动项目，有针对性地为重点青少年群体提供服务。

12355青少年服务台建设　12355青少年服务台通过电话问答、网络交流、面对面咨询解答和主动深入学校、社区、招聘会等方式，为青少年提供法律援助、心理疏导、网瘾戒除、青春期性健康教育、就业辅导等方面的服务。全年共接待来电725个、来访56人，面对面个案跟踪帮助32个，举办12355讲坛11期、“让孩子快乐成长”系列团队活动4期，受益青少年和家长共4500多人次。拓展服务范围，与法院等青少年维权岗集体在审理未成年人犯罪案件中引入“心理专家介入审判”工作，发挥心理专家在未成年犯罪案件中的“庭前介入、形成心理评估报告、对家长进行团辅和宣判前后的帮教”等“四步干预”，使未成年犯得到更好的教育和改造。组织12355心理专家介入在校吸毒学生开展“励志成才·共享阳光”帮教行动，给吸毒学生所在学校教师进行心理疏导技巧培训，防止毒品向校园渗透，预防和教育青少年特别是在校学生远离毒品、抵制毒品、净化校园环境。依托服务台的联动网络和专业优势，先后在青秀区、西乡塘区开展服务“返乡务工青年”、“进城务工青年”、“为了明天工程——流动少年宫关爱直通车”系列活动。

青少年法制教育　以开展专题法律宣传月、周、日活动为契机，指导各县区有关部门先后开展“法律六进”宣传月、“学雷锋”宣传周、“3·15”法制宣传日活动，开展《中华人民共和国劳动合同法》、《中华人民共和国未成年人保护法》、《中华人民共和国禁毒法》等法律法规宣传活动169次。　（陈佳璐）

10月，举行庆祝少先队建队60周年主题队会活动　团市委提供

南宁市妇女联合会

【概　况】　2009年，南宁市妇女联合会下辖县区妇联12个、开发区妇联（妇委会）4个，乡镇（街道）妇联123个，社区妇联336个，村妇代会1395个；县级以上党政机关、科教文卫等事业单位妇委会449个；妇联团体会员27个；非公有制经济组织妇委会57个；妇女联谊会、协会127个；工会女职工委员会5299个；有市、县区、乡镇（街道）专职妇联干部176人。年内，市妇联全面实施妇女创业就业促进行动、妇女成才支持行动、和谐家庭创建行动和妇女儿童权益维护行动，团结动员妇女投身南宁建设区域性国际城市和广西“首善之区”的实践，各项工作取得新进展，市妇联获全国争创巾帼文明岗优质服务迎奥运活动优秀组织奖、广西节能减排家庭和示范社区创建活动优秀组织奖、广西“平安家庭”创建活动先进集体等称号。青秀区环境卫生管理站、南

宁锦虹棉纺织有限责任公司获全国“三八”红旗集体。

【基层妇女组织建设】 2009年，市妇联全面实施“强基固本”工程，加强妇联组织和妇联干部“双五能力”(妇联组织动员妇女、代表和维护妇女合法权益、宣传教育妇女、推动妇女儿童事业发展和妇联组织自身创新发展等五能力；妇联干部服务大局、服务妇女、学习、创新、协调等五能力)建设，制定《南宁市妇联系统实施强基固本工程　开展基层组织“示范”创建活动实施方案》，指导基层开展妇联基层组织建设示范点创建活动，对首批2个基层组织建设示范县区、23个示范乡镇(街道)、231个村(社区)进行表彰。指导任期届满的武鸣、横县、上林、马山、隆安县和兴宁区开展换届选举工作，指导社会团体绍兴商会建立妇委会。全市各级妇联在非公经济组织中建立妇联组织57个。

【女性素质工程实施】 2009年，市妇联实施女性素质工程，把妇联干部的培训纳入全市干部教育培训规划，在妇联系统开展岗位读书活动，选派组织人员参加自治区党校及各级妇联的培训，与市委组织部联合举办2009年科级妇女干部培训班，机关事业单位45岁以下正科级女干部和35岁以下优秀副科级女干部共55人参训。建立“南宁市妇女人才数据库”，构筑覆盖市、县区、乡镇(街道)、村(社区)四级妇联干部人才信息网络。开展妇女人才队伍建设专题调研，综合梳理全市各类妇女人才队伍建设的现状、特点，探索女性成才的培养规律。

【“三八”妇女节纪念活动】 2009年3月5日上午，市妇联举办南宁市2009庆“三八”缤纷欢乐节暨首届妇女运动会开幕式，表彰南宁市“巾帼文明岗”60个、十佳巾帼文明岗10个、巾帼建功标兵20名和十佳巾帼返乡创业带头人10名，并授予武鸣县法院等17个单位“南宁市妇女儿童维权岗”称号。同时，开展健康咨询服务、大型游园、趣味竞技、大型单身交友派对和连续三天的歌舞联欢等活动，3万多名各界妇女参与。3月31日上午，举办“相约春天”2009年南宁市女领导干部·女企业家联谊会，300多名全市各部门女领导干部、女企业家参加，通过赏音乐、析诗文、鉴宝物、解心结等活动，增进友谊，提升素质。期间，启动“健康生活·魅力女性——南宁市妇女健康生活宣传大行动”，联合卫生局、计生委组织发动15个地段医院、29个社区卫生服务中心开展妇女健康普查活动，为万名妇女免费体检；邀请医疗专家分赴基层，普及健康知识，举办大型专题讲座6场。

【南宁市首届妇女运动会】 2009年3月5~7日，市妇联、市体育局联合举办。运动会共设羽毛球、气排球、跳绳、健美操、拔河5个项目，进行157个场次的比赛。来自12个县区及卫生、教育、公安、国资委系统和市直机关的22个代表团近千名妇女参加比赛，其中青秀区代表队分别获羽毛球、气排球比赛冠军，市公安系统代表队获跳绳比赛第一名，江南区代表队获健美操规定动作、自选动作比赛第一名，隆安县代表队获拔河比赛冠军。此外，5个单位获优秀组织奖，16个单位获组织奖，22个代表团获体育道德风尚奖。

【“六一”儿童节庆祝活动】 2009年，市妇联开展一系列庆祝“六一”国际儿童节活动。5月22日，与妇儿工委办、信访局、妇幼保健院联合到马山县加方乡中心小学开展城乡儿童“手拉手、共颂祖国、同享蓝天”联欢活动，给贫困留守儿童代表和学校赠送慰问金、电风扇、文体器材和医疗药品价值1.50万元。5月27日，与自治区妇联、广西儿童基金会等在西乡塘区裕兴学校建立广西首家专门为流动儿童设立的“阳光图书馆”。6月1日上午，与市妇儿工委到市大沙田小学、阳光新城学校开展慰问活动，分别参观学校教育成果展，与学生们一起开展书法、绘画、手工编织等特色活动。

【免费婚检项目实施】 自2003年国家取消强制性婚检后，南宁市婚检率骤降、出生人口素质问题凸显，2009年，市妇联先后向市四家班子提交《关于政府为新婚夫妇提供免费婚前医学检查的建议》，分别争取将该项内容列入人大执法调研重要内容，列入市妇儿工委议事会重点议题，列入政协重点提案视察活动，推动市委、市政府将此项目纳入2009年为民办实事项目。全年市本级财政投入450万元为新婚夫妇提供免费婚检。

【妇女维权】

“三八”维权周　2009年2~3月，市妇联围绕“百万妇女学法律，家庭平安促和谐”的主题，开展系列法制宣传，维护妇女权益活动。2月26日，与市综治办、司法局、劳动保障局等部门在宾阳县联合举办2009年“三八”妇女维权周活动暨“情系姐妹·春风送岗位援助行动”启动仪式，启动“百区(社区)千村万户学法”妇女法制宣传行动，通过开展维权志愿者与社区妇女儿童维权服务站、农村“巾帼示范村”结对帮扶活动，组织大型广场法律宣传咨询等活动，开展法制宣传教育，引导妇女群众培养依法行使权利、履行义务的法治理念。3月1~8日，与《南宁晚报》联合开通“三八”维权电话热线，每天推出一个主题，在读者中展开讨论，热线安排律师志愿者接听、解答咨询，为妇女群众提供服务，共受理投诉电话32个。

来信来访接待处理　市妇联制定印发《南宁市妇联办理群众来信工作规则(试行)》、《南宁市妇联接待群众来访规则(试行)》、《关于做好2009年信访和维护稳定工作的通知》和《关于开展“大排查、大接访、大调处”活动的工作方案》，规范和理顺信访工作。建立健全领导信访接待日制度、律师接待日制度、律师值守热线电话、维稳值班制度，开展公开大接访暨与民沟通日活动，畅通妇女群众信访渠道。共接待处理来电来访来信1197件，结案1182件，处理率98.70%。

妇女儿童维权岗创建　市妇联继续在公安、检察、法院、司法等部门开展创建妇女儿童维权岗活动，在法院系统推广创岗活动，对妇女儿童实行优先受理、办理、审理、执行的便捷措施，全市有18个单位、部门被授予“妇女儿童维权岗”称号。市妇联率先在全国创建妇女儿童维权岗的经验，在全国妇联维权工作会议上得到推广，列为2010年全国妇联系统维权重点工作。

【“双学双比”竞赛活动】

技术技能培训　2009年，全市各级妇联组织与有关部门联合举办农村妇女培训学校307所，举办各类妇女实用技术培训班237期，培训农村妇女1.98万人；联合农业、扶贫等部门举办妇女实用技能培训班167期，培训妇女7967人，参训妇女90%以上掌握1~2门实用技术。

母亲水窖工程　市妇联为横县新福镇瓦灶村，上林县塘红乡那君村那君庄、下烈庄、上烈庄，隆安县南圩镇銮正村争取到中国妇女发展基金会“母亲水窖”项目资金60万元，解决2200名贫困妇女儿童饮水难问题。

特色品牌项目　全市各级妇联结合当地实际，发动农村妇女发展优势品牌项目，增收致富。共有26.24万名妇女参加“蚕娘兴业”活动，种桑2.49万公顷，养蚕61.66万张，种桑养蚕纯收入超万元的有2.35万户；有1235名妇女开展“渔娘庭院兴业”活动，养殖各类渔业产量1973.90吨，产值3198.20万元。培育“妇”字号龙头企业、科技示范基地和以妇女为主的农村经济合作组织(协会)，发展妇女新会员，引导妇女参与农业产业化经营，各县区累计建立合作经济组织151个，参加人数2.53万。

【妇女就业招聘会】 2009年2月26日，市妇联与市劳动保障局、南宁女企业家协会等有关部门，在宾阳县联合举办“情系姐妹·春风送岗位援助行动”女性就业专场招聘会，来自南宁市、宾阳县的71家企业为当地返乡妇女、失业妇女提供就业岗位2134个，当天达成就业意向706人。年内，各级妇联联合有关部门举办各类就业招聘会104场次，提供就业岗位6.69万个，帮助1.07万名妇女实现就业再就业。

【城乡妇女小额信贷扶持项目】 2009年，市妇联推广小额信贷服务，帮助妇女创业就业。联合农业银行广西区分行开展“三农”金融服务农村“妇”字号基地业务合作项目，为1700名农村妇女发放小额贷款3000多万元；争取小额信贷政策扶持，向自治区妇联申请240万元小额信贷贴息贷款和30万元妇女发展基金，帮助城乡妇女再创业。

【女性创业之旅】 2009年，市妇联充分发挥女企业家协会作用，开展“女性创业之旅”系列活动。举办南宁女企业家协会成立2周年庆典暨南宁、柳州、北海、玉林四市女企业家创业创新发展论坛，成立“南宁女企业家扶助金”，助推女企业家做大做强企业；组织发动女企业家到隆安县、南宁高新技术产业开发区参观创业项目成果展示、实地考察项目，为女企业家推介企业、寻求商机、拓展事业牵线搭桥；组织女企业家参加“舞动魅力—2009南宁品牌女性论坛”、“第三届中华杰出女性论坛”，为女性创业提供交流平台；邀请女企业家到横县举办“平等才能促和谐”女性创业报告会，激励女职工提升技能，岗位建功；组织女企业家和创业女性代表参加女性创业大讲堂活动，举办“当前金融经济形势与广西区域经济发展”、“应对金融危机、促进企业发展”等创业讲座，为女性创业就业开启思路。

【“巾帼文明岗”创建活动】 2009年，全市有202个“巾帼文明岗”、1.97万人次参与岗村联动，结对岗和岗员为结对村建设投入资金25.40万元，捐衣物2464件，办实事211件；221个“巾帼文明岗”开展岗内活动，参加人数6797人；132个“巾帼文明岗”开展岗间互动活动，互动人数769人。

【妇女创业就业技能培训】 2009年，市妇联率先在全自治区挂牌成立首批3个妇女服务产业就业创业孵化基地和南宁市妇女创业就业定点培训机构。开展“巾帼争创业，阿姐惠万家”活动，打造“南宁阿姐”巾帼家政服务品牌，全年举办家政服务员、月嫂、育婴员培训班151期，培训妇女7506人，帮助4645名妇女找到新的就业岗位。与农业、扶贫办等部门利用培训基地采取独办或联办形式举办各类培训班198期，培训城镇妇女1.06万人，妇女参训率40%以上。

【女大学生导师行动】 2009年4月24日，市妇联、市劳动保障局、南宁女企业家协会联合在金源CBD现代城举行“女大学生创业基地挂牌暨扶持女大学生创业就业推介会”，9家驻邕高校130名女大学生代表参加首场创业就业推介会，现场签订创业协议21份，就业协议10份，实习协议30份，并授予金源CBD现代城为首个女大学生创业基地。5月，市妇联联合市劳动保障局成立南宁市女大学生创业基地推进工作办公室，为女大学生开业前创业培训、后续结对帮扶等提供服务。全年共建立金源CBD现代商场等女大学生创业实践基地11个，其中被全国妇联命名为“女大学生创业实践基地”9个。

【“新生活·新女性”大讲堂】 2009年7月31日，由全国妇联宣传部、新生活实业有限公司主办，市妇联承办，青秀区委组织部和青秀区妇联协办的南宁市2009年度“新生活·新女性大讲堂”正式启动。北京大学特聘教授、心理学博士叶舟作了应对特殊时期心理调适的主题讲座，全市600多名机关事业单位女干部、女企业家、社区工作者参加。还根据不同层次妇女发展的需求，组织宣讲队伍开展以社会礼仪、家庭教育、卫生健康、技能培训等为主要内容的讲座8场，引导妇女树立应对国际金融危机的信心。

【单亲特困母亲专项救助基金】 2009年9月27日，市妇联与莉薇美业成立单亲特困母亲专项救助基金，莉薇美业捐赠首批救助基金1万元，并承诺每年以5000元的标准继续向专项基金注入新的救助经费，为处于低保边缘困难家庭的单亲母亲提供生活救助、健康保障、心理疏导、就业帮扶等救助项目。当日，有5名单亲特困母亲受到救助，每人获赠500元生活救助金和中秋礼品。

【家庭文明建设】

“温馨五月·感恩母爱”主题活动　2009年5月，市妇联面向市民群众征集“感恩母爱”信件和祝福短信，激发人们爱母亲、爱祖国的情怀，共收到祝福短信近1000条，感恩信件328封，其中评选出30条获奖短信和30封获奖感恩信件；联合南宁电视台开展“种一株绿色，植一片母子林”、“我为母亲洗洗脚，妈妈辛苦忙碌我记心间”、“学做感恩菜，回报母亲养育恩”、“打扮漂亮母亲”等活动，铸造爱母敬母、孝老爱亲的社会风尚，倡扬家庭美德。

市“十大杰出母亲”评选　5月母亲节期间，市妇联开展南宁市“十大杰出母亲”评选表彰活动，表彰陆少娥、禤双英、覃爱兰、封红群、韦秀珍、韦琍、雷超萍、李秀兰、周知宁、李鲜妹10位优秀母亲，树立新时代新母亲的形象，并在《南宁日报》《南宁晚报》《南国早报》和《当代生活报》等媒体宣传她们的先进事迹，推动全社会营造尊母爱母的良好社会风尚。

第二届“十大阳光女孩”评选　6月中旬开始，由市人口计生委、市妇联、团市委、南宁日报社、市广播电视局联合开展，通过单位推选、社会推荐、自我推荐、网络投票、社区群众和学校学生投票等方式，最后由评审小组审定，12月27日

4月24日，南宁女大学生创业基地挂牌暨扶持女大学生创业就业推介会召开

张杏摄

晚举行颁奖晚会，甘晓华、黄川夏、莫琳琳、覃倩琼、黄陈丹蕾、郑棹方、曾盛梓、龚紫嫣、覃雨薇、岑京容10名女孩获2009第二届“南宁十大阳光女孩”称号。

首届民歌广场儿童文化艺术节 6月，市妇联联合大地飞歌公司开展“我爱我的祖国”2009南宁首届民歌广场儿童文化艺术节活动，近万名家长和儿童参加。艺术节运用现实、具体、生动的爱国主义教育素材，紧密联系未成年人的学习生活实际，开展各具特色、生动活泼、丰富多彩的娱乐活动，让孩子们在娱乐的同时了解祖国历史文明，激发对祖国对家乡的热爱之情。

【“春蕾计划”实施】 2009年4~6月，市妇联开展“春蕾计划”实施20周年系列活动。开展“春蕾与我共成长”征文活动，由“春蕾”女生、捐助者、学校老师、妇联干部及社会热心人士等从不同角度反映“春蕾计划”的成果、感受及思考，共收集征文51篇；开展“春蕾计划”爱心回访活动，5月，中国著名教育家、南宁籍人士雷沛鸿的外孙女史丽莎夫妇资助的“春蕾计划”项目官员王林夫妇，到马山县周鹿镇中心学校和镇初中考察回访史丽莎夫妇资助的两个春蕾女童班，并决定继续资助这两个春蕾女童班及所在学校，还捐助周鹿镇初中31台电脑。

（李永清 谭静宇）

南宁市文学艺术界联合会

【概 况】 2009年，南宁市文学艺术界联合会下辖《红豆》杂志社、南宁文学院两个事业单位和作家、戏剧曲艺家、音乐家、舞蹈家、美术家、书法家、摄影家、电视艺术家及民间文艺家9个协会，新发展会员114人，会员累计1898人。其中，全国、自治区各专业协会会员分别为62人、465人。年内，市文联围绕打造精品、打造名人和打造名刊的目标，继续实施精品战略，出版书籍38部，一批作品获自治区级以上奖励，其中：戏剧13个，音乐25个，舞蹈7个，美术12个，书法6个，摄影9个，电视艺术10个；民俗表演作品获国家级奖励2个。

【文艺活动】 2009年，市文联及市各文艺家协会发挥文艺人才优势，开展系列文艺活动。

百年帅门艺风——帅立志、帅立国、帅立功、帅民风作品展 1月1~5日在广西博物馆举办。由市委宣传部、广西书法家协会、广西美术家协会共同主办，市文联等协办。展出帅氏家族四代人书画、竹刻、陶艺作品的代表作共300多件。

两广粤剧创作交流会 3月26~27日，广东省东莞市长安镇粤剧团在南宁剧场分别上演大型神话粤剧《繁华梦》和大型现代粤剧《呼唤》；27日在市文联会议室，长安镇粤剧团的代表应邀与市粤剧界的同仁举行两广粤剧创作交流会。会上，两地粤剧精英就作品创作、粤剧改良和剧团发展等问题进行探讨。

长塘民俗旅游品牌研讨会 5月2日在青秀区长塘镇召开，与会的民间文艺家们就如何开发长塘镇的旅游文化资源提出建议。期间，民间文艺家参加长塘镇军山庙会，参与民间文艺节的芭蕉香火龙游行、麒麟舞、天琴等民俗表演。

“情系学子·世纪圆梦”邕城书画界爱心助学笔会 8月1日在跨世纪书画艺术馆举办。书法美术家们共创作书法、美术作品20多幅用于现场公益拍卖，所得款项全部用于资助40名成绩优秀、品德端正、家境贫寒的广西籍大学新生，帮助他们完成学业。

第三届《红豆》全国精短散文大赛 2008年6月至2009年8月举行，共收到来自北京、天津、上海、湖南、广东、江苏、山东等11个省市自治区及海外的来稿1000多篇。大赛在来宾市设立分赛区，并得到广西散文创作与研究会和散文家、评论家周涛、胡殷红，作家白桦、张贤亮的支持。最终评选出获奖作品12篇，其中：内蒙古达斡尔族作家萨娜的《喀秋莎姨妈》获一等奖；二等奖3篇，三等奖8篇。白桦的《我的河南老乡》、张贤亮的《玉缘》获特别成就奖。

文艺下乡、下社区、进军营活动 元旦春节期间，市文联先后组织书法家60余人次分别进村屯和社区，开展“送新春祝福”活动，义务书写春联3000多幅；组织书法艺术家慰问空军指战员，现场挥毫并赠送书法作品、书籍、音乐光碟等。

【国庆60周年活动】 围绕国庆60周年这个主题，市文联组织开展一系列文艺庆祝活动。

祖国万岁——诗歌朗诵大赛 9月23日在市交通局多功能厅举行，各县区和各行业的17支代表队、近百位选手参赛。市国税局代表队的配乐诗朗诵《春天的记忆》、市公安局代表队的《共和国警察》获一等奖；二等奖4名，三等奖6名，优秀奖5名。

“盛世龙腾——文明城市风采”摄影美术书法作品展 9月25~27日在市图书馆举行。共展出全市美术、书法、摄影家的作品近200幅，反映新中国成立60年来特别是改革开放以来南宁市在各方面所取得的成就，展示南宁市作为全国文明城市的风采。

“歌舞乐韵庆华诞”南宁市民间文艺精品展演 9月29日在埌东小学举行。分为“欢歌乐舞”、“盛世和韵”两个篇章，是南宁首次集中展示民间文艺成果，集合了大南宁的200多名民间文艺家近年来挖掘出的17个民间艺术精品，具有浓郁的民族风情和乡土气息。在展演上，为表彰埌东小学近年来大力开展富有特色的民间艺术活动，市文联授予其“南宁市民间文艺传承基地”牌匾。

“辉煌60年——庆祝祖国六十华诞”有奖征文活动 7~10月举行，共征集作品2000多篇，其中17篇作品获奖，120篇作品在《南宁晚报》发表。

大型组歌《祖国永远年轻》专辑 7月下旬出版。由《祖国永远年轻》、《放眼祖国》、《与祖国一起成长》、《大船驶向远方》、《报答祖国》、《情满中国 爱满大地》、《祝福世界》、《共享美好》、《走向大海》、《放歌大明山飞》、《天下民歌眷恋的地方》、《青春作伴》12首歌曲组成，全部由陆坚作词，广西、南宁市知名作曲家傅磬、何超立、莫军生、杨诗咏、唐力、傅滔、苏以淑等谱曲，危瑛、唐佩珠、陈春燕、常安、程露影、潘世明、潘傲峰、刘国钰演

9月29日，歌舞乐韵庆华诞——南宁市民间文艺精品展演现场 农 敏 摄

唱。组歌形式多样，有合唱、组合演唱、对唱、独唱等，演唱风格涵盖美声、民族和流行唱法。

【南宁市文学艺术界联合会第八次代表大会】 2009年11月15~18日在市委党校召开，有368名文艺家代表参加，其中特邀代表30名。自治区文联和市四家班子领导出席开幕式。自治区党委常委、市委书记车荣福，自治区文联主席潘琦，自治区文联党组副书记、副主席黄德昌，市委常委、常务副市长刘长林，市委常委、宣传部长、副市长肖莺子出席会议并讲话。大会审议通过第七届文联委员会所作的工作报告；讨论并通过修改后的《南宁市文学艺术界联合会章程》；向全市文艺工作者发出倡议书；通过文代会的各项决议。大会依照民主程序，选举产生新一届市文联委员会委员54名，鲁利当选为市文联主席，副主席8人。

【《红豆》杂志】 2009年，《红豆》出版“超人青春长篇小说专号”，推出国内著名青年作家章元、“80”后作家水格、马中才的青春长篇小说。出版的12期《红豆》中，共有40多篇(首)小说、散文、诗歌被《小说选刊》、《散文选刊》、《诗选刊》等全国著名刊物转载和编入各种年选。社长林万里获第七届全国当代少数民族文学研究园丁奖，主编常海军获第二届广西期刊优秀管理工作者称号，《红豆》杂志获第二届广西期刊优秀装帧设计奖。

（陆雅婷）

南宁市归国华侨联合会

【概　况】 2009年，南宁市有归侨、侨眷约12万人，其中新老归侨约2万人；在海外的南宁籍华侨华人9万多人，分布于世界35个国家和地区。南宁市归国华侨联合会有武鸣县、邕宁区和南宁—东盟经济开发区（武鸣华侨农场）3个县级侨联组织、4个华侨农林场侨联、2个企业侨联、12个联谊(校友)会和市侨联“侨心”艺术团等团体会员。市侨联按照《中国侨联章程》和市“三定”方案的规定，履行思想教育、为经济建设服务、参政议政、法律宣传和教育、海外联谊、爱国主义教育和精神文明建设、自身建设等工作职能，全年完成招商引资(内资)合同额6500万元，实际到位资金4200万元。在3月31日至4月1日召开的第八次自治区归侨侨眷代表大会上，被自治区侨联授予先进集体；西乡塘区委统战部副部长秦红珍，市侨联副主席、武鸣县侨联主席侯嘉康，隆安浪湾华侨管理区副场长利泽茂被评为自治区侨联系统先进个人。在7月14~17日召开的第八次全国归侨侨眷代表大会上，市侨联主席谭漓当选为中国侨联新一届委员，南宁—东盟经济开发区侨联获全国侨联系统先进基层组织，侯嘉康、秦红珍、利泽茂获全国归侨侨眷先进个人等称号。

【海内外联谊】

来访接待　2009年，市侨联接待菲华金丘·港澳台侨华商考察团到南宁—东盟经济开发区和江南区考察房地产投资项目，内蒙古自治区侨联考察团一行40多人参观考察等来访客人16批150多人次。中国—东盟博览会期间，邀请世界华人华侨华商联合总会执行主席兼秘书长、联合国世界和平文化大使梁海洋等美国、澳大利亚、韩国等15名国内外嘉宾和客商到南宁参加活动，并做好各种服务。

组团出访　9月，市侨联派员参加南宁市侨务代表团出访新西兰、澳大利亚等国家，拜会重点海外侨社团的侨领，加强与海外侨社团的联络，向海外华侨华人宣传推介南宁。

对外联络　5月，市侨联举办南宁市首场越南投资环境与法律法规介绍会，越南法学家协会、越南—中国—东盟法律信息咨询中心副主任周文诚，越南—中国—东盟法律信息咨询中心法学家阮世英应邀出席介绍会。自治区侨联副主席刘汉祥和有关领导及广西华商会、驻邕部分企业家代表等出席会议。会议增进了驻邕企业家对越南投资环境、法律环境的了解，为促进南宁与越南各地的经贸往来、文化交流提供平台。

【依法护侨】 2009年，市侨联发挥侨联法律顾问的作用，主动为侨界群众提供法律服务。法律顾问成功帮助巴布亚新几内亚驻澳门代表部该荣解决其在南宁市的房产纠纷问题。做好侨界群众的上访接待工作，维护侨界社会稳定。共接待归侨、侨眷和海外侨胞来访20人次，处理来信8封，对来访、来信中反映要求解决的问题，都及时转办和督办，处理率和满意率为98%以上。

【为侨服务】 2009年春节前夕，市侨联参与中国侨联、自治区侨联、市委、市政府组织开展的“献爱心、送温暖”活动，到各县区、南宁—东盟经济开发区等单位，慰问困难归侨侨眷和困难群众662户，送去慰问金14.38万元及一批米、花生油等慰问品。受自治区侨联和广西华侨爱心基金会委托，为南宁—东盟经济开发区、西乡塘区、邕宁区和武鸣县、宾阳县的34名归侨侨眷贫困学生送去助学金4.95万元。受世界越南华侨华人及其社团的委托，为武鸣百合华侨小学越南归侨侨眷贫困学生送去助学金2.20万元，受助学生55人；广西华商会和市侨联为隆安浪湾华侨管理区在冰雹灾害中受灾的归侨职工送去4000元化肥，帮助他们恢复生产。

【参政议政】 2009年，市侨联深入调查研究，为侨界人大代表、政协委员履行职能服务。先后到华侨农林场、侨属企业、中外合资企业、街道社区等调研，将调研结果提供给侨界相关人大代表、政协委员参政议政参考。在年内召开的人大、政协“两会”上，侨界各级人大代表、政协委员积极建言献策，共提出议案、提案20多件，内容涉及经济建设、科教文卫、社会政法等方面。其中提案《关于涉侨案件情况通报侨联组织的建议》，分别被市公安局、市检察院和市中院采纳。市中院还出台《南宁市中级人民法院关于加强与侨联组织联系，进一步做好涉侨案件审判工作的意见》，为切实维护归侨侨眷和海外侨胞的合法权利创造必要条件，也为侨联履行依法维护侨益的法律职责提供工作平台。

【2009世界(南宁)越南各侨校校友联谊恳亲大会】 2009年11月17日在南宁国际会展中心举办。来自全国和世界各地的越南各侨校校友约1000人参加。中国侨联副主席乔卫，自治区党委常委、自治区副主席陈武，市委常委、常务副市长刘长林出席大会并发表讲话。自治区侨办副主任钟志英、自治区侨联副主席王永朗及市委常委、市委统战部部长胡建华也出席大会并同代表合影留念。会议期间，市侨联还协助世界越南华人华侨联合会在广西博物馆举办世界越南各侨校校友书画联展。会前，世界越南华侨华人联合会组织海内外越南华侨华人向南宁市“侨心工程”捐款，至2010年1月22日，市侨联共收到世界越南华侨华人联合会会员“侨心”工程捐款83.55万元，将用于资助武鸣县百合华侨小学学生宿舍楼建设等项目。

【全国省会城市暨部分大中城市侨联工作经验交流会】 2009年6月16~18日在南宁召开，由市侨联承办。会议主题是“团结、交流、创新”，宗旨是“解放思想、

6月16~18日,全国省会城市暨部分大中城市侨联工作经验交流会在南宁召开
市侨联提供

改革创新、科学发展"。来自58个城市100多个侨联组织的250多名代表参加会议,40多个侨联组织向会议提交经验交流材料51篇,有7个城市侨联在会上作交流发言。中国侨联副主席李雪莹、市委副书记岑可成出席会议并发表讲话。市四家班子领导、自治区侨联副主席王永朗等出席开幕式并与代表合影留念。南宁市侨联、北京市侨联、南昌市侨联、福州市侨联等分别介绍各自城市的工作经验,各地代表还就应对当前国际金融危机进行商讨。会议期间,市侨联与长春市侨联、福州市侨联等8个侨联组织签订缔结友好侨联协议,实现侨资源共享,搭建合作平台。 (廖嗣松)

南宁市科学技术协会

【概　况】 2009年,南宁市科学技术协会下辖事业单位市科学技术咨询服务中心,所属基层科协组织有县区科协12个,市级学会(协会)43个,企业科协22个。科普教育基地18个,科普示范学校70个,青少年科学工作室34个,青少年创新实践工作站10个,科普示范社区42个,科普示范乡镇28个,科普示范街道18个,壁挂式科技馆3个,科学素质建设示范村36个,农技协服务大院22个。年内,新增学会组织1个,企业科协4个。市科协深入实施《科普法》和《全民科学素质行动计划纲要》,面向农村、社区街道乡镇、学校开展群众性、社会性、经常性科普活动。先后获2006~2008年广西实施全民科学素质工作先进单位,广西青少年科技创新大赛优秀组织奖,全国青少年科技创新大赛优秀组织单位,自治区"爱科学月"活动先进集体,广西"快乐科普校园行"活动优秀组织单位二等奖。

【科普活动】

春季科普惠农"三下乡"活动　2009年2月,市科协与良庆区委、区政府联合在那陈镇启动"春季科普惠农'三下乡'"活动,发放科普宣传资料1万多份,有3000多人参加。年内,横县桑蚕蘑菇行业协会、马山县古零镇石丰村黑山羊协会、隆安县丁当镇养鸡专业协会3个农技协和武鸣县太平镇新联木薯高产示范基地、南宁市龙源肉鸽养殖示范基地2个农村科普示范基地获全国"科普惠农兴村"项目的优秀单位奖,共获奖金100万元;兴宁区三塘镇山地鸡养殖协会和1个带头人(宾阳县黎塘镇莲藕协会会长雷奉桂)获广西级奖励共10万元。市科协用于市级奖励经费16万元。

"科学·气象"主题科普活动　4月开始,市科协与市气象局合作,开展为期一年的主题科普活动,宣传气象科普知识。4月26日,在广西科技馆广场举行启动仪式,各科普教育基地到现场开展动植物标本展览、地质化石矿石展等科普挂图展、专家咨询活动。全年参与活动的市民近10万人次,印发"科学·气象"科普宣传手册8万份。

全国科普日活动暨南宁市"十月科普大行动"　9月28日,在宾阳县黎塘镇举行启动仪式。市属各学会、协会、企业科协和科普教育基地、宾阳县各相关部门和科技企业、南宁市36个科学素质建设示范村到现场进行宣传展示。自治区科协及南宁、北海、钦州、防城四市科协科普大篷车也开进黎塘镇的中小学校。活动当天发放科普资料1.50万份、科普书籍500册。

青少年爱科学实践活动　市科协作为市青少年科技教育活动领导小组组长单位,协调组织市教育局、团市委、体育局、文化局和广电局等部门开展青少年机器人竞赛、航模、四驱车比赛及无线电测向、科学DV、科普动漫等系列科普活动。联合市文明办、教育局、科技局和中小学校开展2009年广西"快乐科普校园行"南宁市活动,组织开展"节约能源资源,保护生态环境,保障安全健康"的"大手拉小手科技传播行动"、"百名专家进校园"活动。共有5所中小学校邀请专家到校举办科普报告会,听众近4000人,49所学校发放《节约纸张、保护环境——2009年青少年科学调查体验活动手册》2683本,1万多名中小学生参与活动。11月,组织举办南宁市青少年科技创新大赛,各县区选送市级参赛作品1097件,从中选拔的94件作品和4名优秀科技辅导员及其设计方案在广西青少年科技创新大赛上全部获奖,市科协获优秀组织奖。选送作品项目参加第二十四届全国青少年科技创新大赛,参赛作品31个,获奖29个,名列广西各市之首。其中:一等奖10个,二等奖11个,三等奖6个,专项奖2个。市科协获该赛事优秀基层赛事组织奖。

"携手建设和谐南宁·科学普及进寺观教堂"活动　市科协与市宗教事务局联合在全市12个县区举办科学知识讲座、播放科普宣传片、出版墙报板报等科普活动,以多种方式向信教群众普及科学知识,促进信教群众文明生活、科学生产。

【学术交流活动】

市自然科学优秀学术论文评审　2009年,市科协组织2007~2008年度南宁市自然科学优秀学术论文评审工作。共收到参评论文286篇,内容涵盖理工、农业、医药、化学化工、环境科学、文化教育、现代通信等领域的研究成果,共评出一等奖8篇、二等奖40篇、三等奖113篇。

节能减排和循环经济交流活动　4月29日,由市科协主办,市环境学会、市甘蔗学会、崇左市环境学会、广西兴农济世腐植酸肥业有限公司协办的节能减排和循环经济新技术推广交流会在上林县白圩象山工业区广西兴农济世腐植酸肥业有限公司召开。南宁、崇左的制糖公司、企业代表和两市环境科学学会100多人参加并参观工厂生产线。10月27日,由市科协主办,市环境科学学会、崇左市环境科学学会承办,武鸣县环保局协办的"节能减排,科学发展,淀粉行业节能减排和循环经济新模式论坛"在武鸣县召开,来自南宁市、崇左市淀粉企业

代表等150多人参加。

【科技培训】

科技辅导员培训　2009年5~7月，市科协分别组织专家到横县、马山县和良庆区举办科幻画、科学DV和发明创造技法培训班，100多所学校近300名科技教师参加培训。全年各县区、学校共举办各类科技辅导员培训班260期，培训人数1.06万人次。

创新方法培训　6月开始，市科协联合市发展改革委、科技局、国资委等部门，先后举办南宁市创新方法培训讲座1期，组织专家进企业科协的创新方法培训3期，广西首期创新方法师资深度培训班1期，各企业、学会（协会）、科普教育基地、学校科技辅导员、企业科协负责人、公司领导和技术人员等400多人参训。

农技协负责人培训　8月，市科协举办全市农技协负责人培训班，就“科普惠农兴村”项目及科学素质示范村建设工作，对12个县区科协主席及农技协负责人100多人进行培训。

院士专题报告会　9月9日，市科协与市北部湾办联合举办太阳能光伏发电专题报告会，邀请中国工程院闻立时院士主讲，全市领导干部、公务员和科技工作者500多人参加。

【科技创新活动】

“讲理想、比贡献”活动　2009年3月5日，市科协召开2008年南宁市企业“讲、比”活动总结表彰暨2009年南宁市企业科协秘书长会议，表彰2008年南宁市学会（协会）、企业科协工作先进集体13个、先进个人125人，“讲、比”活动优秀项目20个、先进集体10个、优秀组织者10人、科技标兵10人。根据《南宁市“讲理想、比贡献”活动表彰奖励办法（试行）》，本年度为优秀项目奖评选年份，将企业“新产品开发”列入优秀项目奖的评奖内容，并对优秀项目进行评选表彰，共收到企业科协推荐申报年度优秀项目78个，获表彰项目34个。

科学素质示范村建设　市科协结合文化惠民工程和生态文明村建设，启动“百村科学素质建设示范工程”建设工作。每年选择30个左右的行政村，按照设定的标准分别建设1个科普工作站、1个科普宣传栏、1名科普宣传员、1个农村专业技术协会、1个农村产业技术示范基地。每个村投入经费1万元，市级和县区按1:1配套投入经费。年内，市科协与各县区政府合作建成“科学素质示范村”36个。

挂壁式科技馆建设　挂壁式科技馆是中国科协和中国青少年科技辅导员协会为实施《科普法》、贯彻《全民科学素质行动计划纲要》，针对我国科普资源相对缺乏的状况，专门开发的一套适合各县区基层使用的科普资源。挂壁式科技馆集文字说明和探究体验于一体，让参观者通过观察和自己动手操作，在操作和玩中对科学产生兴趣，从而培养基层群众，特别是青少年爱科学、学科学、用科学的热情。市科协和县政府按1:1的比例配套投入资金，年内共投入资金8万元，分别在宾阳、隆安县各建成1个挂壁式科技馆。　（莫秋碧）

南宁市社会科学界联合会

【概　况】　2009年，南宁市社会科学界联合会有所属学会12个、研究会10个、协会6个，团体会员28个，个人会员71万人。组织全市社科界举办各类研讨会132次、学术交流活动113次，召开各种形式的座谈会、报告会、讲座及培训班1640次期，参加人数27万人。组织社科专家、学者完成课题或专题研究850项，在各级刊物上发表论文368篇（国家级62篇，省部级115篇，地市级191篇）。组织召开全国性的理论研讨会1次。组织开展大型广场社会科学普及活动2次。开展全市社科优秀成果评选活动。审批新建南宁市税务学会，指导南宁市监察学会换届选举。收到科研申报项目96项，立项资助51项，年末基本通过评审。编辑出版《南宁市哲学社会科学发展研究》、《南宁发展论坛》（第一卷）。在10月11~13日召开的全国大中城市社科联第二十次工作会议上，市社科联被评为全国大中城市先进社科联，市社科联办公室主任赵天宝、秘书长兼学会部主任莫善宁被评为全国大中城市社科联先进工作者。

【南宁市第十次社会科学优秀成果评奖】

南宁市社会科学研究优秀成果奖是市委、市政府设立的全市哲学社会科学研究成果的最高奖。评奖活动每两年举行一次。2009年，对2007~2008年全市社科成果开展评奖，共收到申报成果103项，其中：著作类5项，研究报告类42项，论文类56项。按照公开、公平、公正的原则，经过初审、专家评审、市社会科学研究优秀成果评选委员会审定、媒体公示并经市委、市政府批准，评出获奖成果59项，其中一等奖4项（研究报告类2项、论文类2项）、二等奖15项（著作类1项、研究报告类6项、论文类8项）、三等奖20项（著作类1项、研究报告类8项、论文类11项）、优秀奖20项（著作类1项、研究报告类8项、论文类11项）。2010年1月29日，在市军供服务大厦召开颁奖大会。　（李国燕）

中国国际贸易促进委员会南宁市支会

【概　况】　2009年，中国国际贸易促进委员会南宁市支会有会员135家。市贸促会开展“项目建设年”和“服务企业年”活动，发挥贸促会的桥梁和纽带作用，履行服务职能，创新服务手段，先后接待来自泰国、柬埔寨、老挝、巴西、法国、马来西亚、新加坡、加拿大、美国、土耳其、中国台湾等国家和地区的宾客120多人，及中国贸促会和广东、浙江、福建及河北等省贸促系统的40多人来访。正式开通采用中英文两种文字版本的南宁贸促网（www.nnccpit.org），为企业会员提供产品、会展信息、图文、经贸动态等信息。

【经贸活动】

组织会员单位参加中—巴经济合作推介会　2009年3月4日，巴西国际合作局在南宁明园新都酒店举办中国—巴西经济合作推介会，市贸促会组织市商务局、招商局、广西桂花机械有限公司、南宁浮法玻璃有限公司、南宁银杉实业有限公司、南宁唯美纸业设备有限公司等15家会员单位20多人参会。推介会上，巴西国际合作局主讲人桑德拉通过播放中文DVD纪录片、演讲等形式，向参会企业展示和介绍巴西的政治、经济、文化与自然等概况及巴西政府为加速经济发展而制定交通、能源、基础设施等领域的投资计划，巴西的进出口贸易情况及近年巴中双边贸易情况，还就巴西的农业畜牧、基础建设、矿产能源、食品、生物能源、医疗健康设备等领域有针对性地向到会的企业推介项目。

组团参加“宁洽会”　8月18~23日，南宁市代表团参加由商务部、中国贸促会和宁夏回族自治区政府共同主办的2009中国（宁夏）国际投资贸易洽谈会。来自世界80多个国家500多名外宾、国内外客商等6000多人出席。洽谈会期间，代表团在银川举办南宁—银川合作共赢经贸座谈会，与银川市政府部门的工信局、经合局、商务局、民委、贸促会等单位的领导和20多名知名企业代表进行座谈，双方在介绍城市经济社会发展情况的基础上，就如何优势互补、加强经贸合作进行交流。会后，代表团还参观考察宁东能源化工基地等大型项目。

组织企业参加法国马恩河谷省推介会　10月21日，以马恩河谷省副省长罗汉·卡尼尔为团长的经贸代表团来南宁参加中国—东盟博览会，并在南宁国际会展中心举办推介会，并举行由中法合资经营在江南区设立的翰吉斯国际批发市场项目的签字仪式。自治区党委常委、市委书记车荣福，市政府常务副市长刘长林出席项目签字仪式。应法国马恩河谷省代表团的邀请，市贸促会组织10家外贸公司、生产企业和市招商部门的代表出席这次推介会，并与到会的法方企业家进行交流。

国际商事仲裁及风险防范培训班　为了帮助企业应对国际金融危机，妥善处理和依法解决合同争议，在中国国际经济贸易仲裁委员会的协助下，市贸促会于6月16~17日在南宁桃源饭店会议厅举办“2009年国际贸易风险防范及国际商事仲裁培训班”，邀请来自北京国际贸易的专家及中国国际经济贸易仲裁委员会专家前来授课。广西贸促会法律部领导、贵港贸促会领导、广西部分外贸企业及南宁高新技术产业开发区、南宁经济技术开发区及县区的70多家外经贸企业代表共150多人参加培训。

企业出口退税培训班　8月26日在南宁桃源饭店举行，由市贸促会主办。全市105家出口企业的156名相关人员参加培训。由市国税局进出口税收管理科和市商务局相关人员分别授课，讲授企业出口退税基础知识、办理税务事项的一般程序、最近出台的进出口税收政策、分析解决企业办税存在的实际问题；国家扶持出口企业的各项优惠政策，进口先进技术和设备、国内短缺资源产品的扶持政策及如何申请和使用中小企业国际市场开拓资金等。

8月26日，市贸促会举办“2009南宁市企业出口退税培训班”　彭国光　摄

【对外联系与交流】

来访接待　2009年，市贸促会接待国内外各界考察团共20多批次120多人。1月14日，接待由中国贸促会副会长张伟率领的中国贸促会驻外首席代表考察团一行25人，并陪同参观考察南宁高新技术产业开发区、中国—东盟企业总部基地，还参观考察园区内的八菱科技公司。1月19日，接待柬埔寨兴旺国际贸易公司总经理李约翰。2月16日，接待巴西—中国工商总会发展事业部部长潘伟新一行4人，并向客人介绍南宁市开展“项目建设年”和“服务企业年”活动的基本内容。3月3日，接待巴西国际合作局办公室主任桑德拉和巴西国际合作局市场调查员拉莉萨一行6人，并陪同参观考察南宁化工股份有限公司和南宁广发重工集团发电设备公司。4月16日，接待法国里昂阳光股份有限公司董事长孙正治一行4人。6月3~4日，巴中工商总会会长唐凯千首次来南宁进行考察访问，并先后到南宁唯美造纸设备有限公司、南宁五菱桂花车辆有限公司、南宁广发重工集团有限公司等进行考察。6月9~13日第五届泛珠三角区域合作与发展论坛暨经贸合作洽谈会在南宁举行，同期举行第五届泛珠三角区域贸促机构协作会议，市贸促会接待与会的香港贸易发展局、澳门贸易投资促进局及厦门、广州、深圳、珠海、汕头、成都市贸促分会负责人，并陪同参观考察南宁—东盟商务区。6月12日，接待海南省海口市贸促会会长吴家宏一行。6月18日，接待福建省漳浦县国际商会会务部主任林定国一行。7月27~28日，接待再次到访的唐凯千一行，与南宁唯美造纸设备有限公司、南宁五菱桂花车辆有限公司和南宁广发重工集团就产品代理细节进行洽谈，并与市外办、市招商局洽谈友好城市、经贸合作等相关事宜。7月30日，接待来南宁进行投资环境考察的秦皇岛市贸促会会长郭占鑫率领考察团一行8人。8月20日上午，接待台北贸易中心驻香港主任刘锡威率领的台北贸易中心驻南宁代表处代表张熙贤一行3人。8月20日下午，接待广州雅江光电设备有限公司董事长陈家强一行6人。10月19日，接待应邀来南宁参加第六届中国—东盟博览会的东莞市贸促会会长李文峰、温州市贸促会会长詹元武、嘉兴市贸促会会长沈丽萍及福州市贸促会会长孙健所率领的代表团一行12人。10月21日，接待出席第六届中国—东盟商务与投资峰会商务早餐会的柬埔寨工商会总干事农明德、柬埔寨中国商会副会长胡金林、老挝中国商会秘书长丁国江，印尼华商总会西爪哇省分会副主席沈德民；接待加拿大华商会副会长黄永杭及华加美教育科技协会会长郑恩，并分别与他们进行交流和座谈，探讨商会间合作的途径和方式。10月22日，接待巴黎工商会马恩河谷省分会副会长DELMAS和巴黎工商会驻北京商务代表杨晓曼。10月23日，接待马来西亚优良企业发展协会会长陈宥全、马来西亚《商天下》杂志总编辑Adam Tan及马来西亚亚太国际集团执行董事Robert　Tan一行。11月5日，接待美国驻广州总领事高来恩及随同来访的商务处官员葛安、政治官艾福奎、新闻文化官何达礼和经济政治专员李志峰一行。还组织南宁广发重工集团有限公司、南宁化工股份有限公司、南宁唯美造纸设备有限公司等行业代表与美国客人进行交流和座谈。11月11日，接待巴西圣保罗医疗器械进出口公司总经理安娜·玛利亚一行6人，联系和安排会员企业与巴西客商见面交流，并提供翻译支持。还陪同客人参观南宁国际会展中心、南湖名树博览园、青秀山风景名胜旅游区等。11月19日，接待以台湾宜兰县进出口商业同业公会理事长王文福为团长的经贸代表团一行27人。12月16日，接待前来南宁出席上海世博会广西专题论坛的中国贸促会副会长、上海世博会组委会委员、上海世博会组委会联络小组常务副组长、中国驻国际展览局首席代表王锦珍、上海世博会中国馆副总代表李小兵及上海世博会组委会联络小组办公室高级主管王慧琳一行3人。

对外交流　4月18日，市贸促会赴上海拜会到中国考察访问的巴中工商总

会会长唐凯千，并签署南宁国际商会与巴中工商总会友好合作备忘录。双方愿意为巴西和南宁的企业开展商贸洽谈、项目推介、科技交流、经贸合作、展览展会和采购供货等提供支持，为双方的商务交流考察提供资讯服务和组织保障。5月18日，第十一届海峡两岸经贸交易会、第六届中国福建商品交易会在福州市展览城开幕，市贸促会一行3人出席开幕式，并拜访福州市、泉州市、晋江市、石狮市、漳州市及厦门市贸促会，实地考察就商贸流通、贸易加工、信息交流、产业转移、会展合作等方面进行洽谈与交流，参观考察当地的部分知名企业和市场，并与有关的企业代表进行座谈交流。7月3日上午，市贸促会拜会泰国驻南宁总领事馆，与新任代总领事谊可吉、商务领事甘查娜·彭帕尼就中国—东盟自由贸易区的建成，如何进一步加强合作与交流，促进南宁与泰国间的经贸合作进行交流，并就推荐泰国清迈商会与南宁国际商会的合作、邀请贸促会代表团到泰国访问、在南宁举行“泰国风情节”、推荐双方的企业开展经贸合作等达成共识。9月6~12日，为落实上年在长三角地区的招商项目和做好跟踪、对接、服务工作，市贸促会与市招商局、市台办等单位人员组成的第三工作小组前往上海、昆山、嘉兴、温州开展回访活动，继续推介南宁市的投资环境和重点招商项目及邀请客商参加第六届中国—东盟博览会。工作小组先后拜访上海市贸促会、上海长宁区台协会、昆山台商协会、嘉兴市贸促会、温州市贸促会、百脑汇电子信息有限公司、鼎邦置地(上海)有限公司等当地知名企业，并进行座谈交流。9月8日，还在上海华亭宾馆举行“南宁投资环境座谈会”，邀请上海的部分企业代表及美国、日本、台湾地区一些公司驻上海代表处的客商共28人举行座谈。11月8~15日，市贸促会一行3人赴山东省学习考察，先后拜访济南市贸促会、青岛市贸促会、烟台市贸促会、威海市贸促会、日照市贸促会及青岛市崂山区贸促会，并与上述贸促会的领导和相关部门及部分企业代表进行座谈，同时就出国参展办展、法律服务、对外联络、国际商会及招商引资等方面进行交流与沟通。12月21日，市贸促会一行6人参加由自治区贸促会在南宁主办的中国—东盟自由贸易区培训班暨广西与东盟经济合作座谈会，并与柬埔寨驻南宁总领事馆总领事本·萨瑞斯、老挝驻南宁总领事馆代理总领事沙万·皮亚帖、泰国驻南宁总领馆商务领事甘查娜·蓬帕尼等进行交流。12月25日，市贸促会与部分驻邕商协会在桃源饭店召开2009年工作座谈会，17家市县级驻邕商协会的26名代表出席会议。

【企业服务】 2009年，市贸促会围绕市委、市政府提出的关于开展“项目建设年”和“服务企业年”等一系列活动，结合贸促工作的特点和实际，创新服务方式，走访各会员企业，开展以“发展桥梁和纽带作用，帮助企业从容应对当前金融危机”为主题的调研活动。先后走访平南商会、六景工业园和南北动力公司等30多家会员企业，及时了解企业的生产经营情况，倾听企业的需求和意见，为做好服务工作掌握第一手资料。5月14日，召开“问计于企业”座谈会，邀请自治区贸促会、市工商联、南宁高新区、南宁经开区和部分驻邕商协会及15家企业的25名代表到会。7月9日，与市企业家协会在广西沃顿国际大酒店联合主办“大南国·3G东盟商务网启动仪式暨新闻发布会，泰国驻南宁总领事馆商务领事，柬埔寨驻南宁总领事馆商务领事，市相关部门领导，开发区、企业、驻邕商协会代表及新闻媒体记者共260多人出席。会上，承办单位广西腾迅网络科技有限公司与广东国际投资商会及富安居、广西惠佳信、北京百家居装饰集团、广西新社会新阶层联谊会签订“战略合作伙伴”协议书。泰国商务领事甘查娜·彭帕尼、柬埔寨总领事本·萨瑞斯应邀参加“东盟商务网”揭牌仪式。 （彭国光）

南宁市残疾人联合会

【概　况】 2009年，南宁市有残疾人48.58万人。全市建有乡镇街道残联组织123个、社区村级残疾人协会1660个。市残疾人联合会全面贯彻落实《中共中央国务院关于促进残疾人事业发展的意见》和《自治区党委自治区人民政府关于促进残疾人事业发展的意见》精神，召开南宁市残疾人联合会第五次代表大会；参与南宁市创建全国无障碍城市建设，使南宁市无障碍环境得到改善；开展第十九次“全国助残日”活动，加大残疾人事业的宣传力度；开展放发第二代残疾人证的工作，规范对残疾人的管理。年内，获2009年度全国“两刊”(《中国残疾人》、《三月风》)宣传工作先进单位。横县创全国白内障无障碍县区已通过自治区的检查验收。

【南宁市残疾人联合会第五次代表大会】 2009年3月28~30日在南宁饭店召开。会议代表207名，其中残疾人及残疾人亲友代表124名，占代表总数60%。大会审议并通过第四届主席团工作报告；选举产生第五届主席团委员53名。自治区党委常委、市委书记车荣福，市长黄方方等四家班子领导出席开幕式并接见全体代表。车荣福代表四家班子作讲话。自治区残联理事长谭和平到会指导。会议选举产生市残联第五届主席团委员、主席、副主席。聘请车荣福担任市残联第五届主席团名誉主席，市委副书记岑可成、市人大常委会副主任陈瑞深、市政协副主席唐济武担任名誉副主席。推举李永华为第五届执行理事会理事长，副理事长4人。会议还选举产生肢残人协会、盲人协会、聋人协会、精神残疾人及亲友协会、智力残疾人及亲友协会5个专门协会的主席、副主席和委员。

3月28~30日，市残联第五次代表大会召开　　市残联提供

【第十九次"全国助残日"活动】 2009年5月17日为第十九次"全国助残日",市残联在朝阳花园举办以"关爱残疾孩子,发展特殊教育"为主题的广场宣传活动,残疾学生、残疾人协管员、TA9青年志愿团、残疾人工作者及各界群众共2500余人参加。自治区副主席陈章良、自治区残联理事长谭和平、副市长温守荣等参加活动。市盲聋哑学校、市培智学校、市残疾人业余艺术团、TA9助残志愿者等为市民表演文艺节目,TA9青年志愿团的爱心人士为20名贫困残疾儿童每人发放助学款300元;现场收到各界群众捐款7408元。当天还举行残疾人维权、就业、康复、生活保障、法律等咨询活动,领导前往并在市培智学校举行广西教育学院特殊教育实训基地和南宁市智力残疾人托养中心揭牌仪式。

【残疾人康复】 2009年,市残联多渠道开展残疾人康复工作。完成白内障复明手术1718例,为2781名精神病患者提供常规免费服药;为133名贫困精神病患者住院给予医疗救助;结合全国第十四次"爱眼日",与南宁亨得利钟表眼镜有限公司合作为白内障复明者免费赠送太阳镜500副;开展社区康复服务站康复训练器具和辅助器具受助接收协调工作,有25个社区康复站得到自治区资助的康复器材749件。与广西残疾人福利基金会和台北曹仲植基金会合作开展"爱心轮椅助行"活动,共为经济困难的下肢残疾人免费赠送轮椅1028辆。推进全国白内障无障碍县区创建工作,横县首批创建工作已通过自治区检查验收。兴宁区被确定为第二批候选县区,创建活动通过市级检查验收。建立市智力残疾人托养中心和江南区南建社区残疾人康复家园,为智力残疾人和精神病患者提供培训、教育、托养、日间照料和娱疗、工疗等服务,已开办5个班,接收智力残疾人全日托养86人。开展对全市农村残疾人参加新型农村合作医疗情况的调查,全市共有农村残疾人41.37万人,参合人数28.16万,参合率68.07%,比农村健全人参合率低28.19个百分点。农村残疾人参合费用均由政府全额支付。

【残疾人就业】 2009年,市残联对2189名残疾人进行职业技能培训,其中城镇常规技能培训113人,盲人按摩培训47人,农村种养技能培训1441人,高科技培训588人。共安置残疾人就业1210人,其中分散按比例就业608人,集中就业135人,个体就业130人,劳务输出127,高科技岗位就业210人。

【残疾人教育】 2009年,市残联继续开展爱心助学活动,对171名残疾儿童少年每人资助500元,资助总额8.55万元;开展"六一"儿童节慰问残疾儿童活动,慰问7所特教学校及市区的11个特教班共1500名残疾儿童,发放慰问金7.50万元、教学设备经费18万元;教师节期间,慰问全市特教老师,发放慰问金6.56万元;与广西广播电视大学合作开办面向城区肢体残疾人远程高等教育的首届残疾人阳光班,残疾人学员通过电脑视频学完规定科目且考试成绩合格即可获得由中央电大颁发的大专毕业证书,经过资格认定和入学测试,录取残疾学员63人,9月21日在广西电大举行开学典礼,市残联拨款18万元,资助每名学员3000元。举办盲人电脑培训班2期,培训学员36人。

【残疾人文体活动】 2009年,市残联组织市盲聋哑学校、市南国之光残疾人业余艺术团参加第七届自治区残疾人艺术汇演。其中女声三重唱《砌咧咧》、男声小组合唱《虫虫飞》、舞蹈《呐喊》3个节目获自治区文艺汇演一等奖;女声独唱《红旗颂》、钢琴独奏《悲怆》、盲生小组唱《生命的骄傲》获二等奖;爵士舞《采槟榔》、小品《残爱》获三等奖。7月中旬,前往郑州参加第七届全国残疾人文艺汇演,其中男声小组合唱《虫虫飞》、舞蹈《呐喊》获第七届全国残疾人文艺汇演三等奖、女声三重唱《砌咧咧》获优秀奖。开展残疾人运动员选拔和集训工作,组织30名残疾人运动员开展为期1个月的集训。第26个盲人节,组织50多名盲人到广西科技馆开展以"触摸、感悟、探索、科技"为主题的参观体验活动。

【残疾人扶贫解困】 2009年,市残联建立残疾人扶贫示范基地,共扶持1488户农村贫困残疾人发展生产,使残疾人实现增长增收。协调落实残疾人生活保障政策,基本解决残疾人生活保障问题。协助做好全市城镇居民基本医疗保险试点和全额资助农村残疾人参加新型农村合作医疗工作。农村贫困残疾人危房改造工作常规化管理,实施农村贫困残疾人危房改造90户。开展春节慰问贫困残疾人活动,共走访慰问贫困残疾人3818户,发放慰问金、慰问品共83.15万元。

【基层残疾人组织建设】 2009年,南宁市、县、乡残联全面完成换届工作,123个乡镇(街道)全部成立残疾人联合会,325个社区、1335个村委会成立残疾人协会,基本建立和健全以县区残联为主导、乡镇(街道)残联为骨干、村(社区)残协为基础的残疾人组织网络。有9个县区基层残疾人组织规范化建设达标工作通过中残联验收,期间中残联基层残疾人组织规范化验收组重点抽查马山县白山镇、同富社区及西乡塘区壮锦社区的基层残疾人组织建设工作,对基层残疾人组织建设有人员、有阵地、有制度、有资料给予好评。11月,隆安县、横县向自治区残联、中残联上报基层残疾人组织规范化建设工作验收申请。南宁市基层残疾人组织建设得到进一步规范。

【参与南宁市创建全国无障碍城市建设】 2009年,市残联加强与建设局等相关职能部门沟通,配合职能部门对全市大型商场、超市、广场、公共场所、道路、居住小区等进行实地检查,反映残疾人对无障碍设施的需求意见。探讨残疾人家庭无障碍改造工作,组织各县区对全市残疾人家庭进行无障碍需求调查摸底工作。争取自治区残联"无障碍进家庭"项目试点经费4万元,落实市本级财政配套经费4万元,分别在西乡塘、兴宁、青秀、江南、邕宁5个城区20户残疾人家庭开展改造试点工作。印发《南宁市残疾人家庭无障碍改造工作方案》,指导各城区按"一户一策"制定具体的改造方案。至10月底,江南区率先完成项目改造任务。

【第二代残疾人证核发】 2009年,市残联成立换发第二代残疾人证工作领导小组,召开办证工作会议进行业务培训,联合市卫生局、民政局明确残疾人证评定机构。3月16日开始核发第二代残疾人证,6月15日起进行第一代残疾人证换领第二代残疾人证工作。至12月底,完成对39967本第二代残疾人证的审核发放。

【盲人按摩行业规范化管理】 2009年,市残联开展按摩机构申领从业许可证和在册盲人按摩机构从业资格许可证年度审核、核准和发证换证工作,共年审在册登记机构57家,新办证6家。开展盲人按摩机构执法检查,对不符合条件的业主下达整改通知。开办盲人初级按摩技能培训班2期,保健按摩中级班1期,培训盲人按摩师及学员共47人,就业率98%。组织开展南宁市首届盲人保健按摩技能竞赛活动,各县区及按摩机构共14个代表队46人参加比赛,西乡塘区代表队获团体第一名。组织参加自治区首届盲人按摩理论知识竞赛,获优秀奖。

（袁建萍）

南宁市红十字会

【概　况】 2009年,南宁市红十字会新发展基层红十字会组织82个,累计有基层红十字会组织306个,团体会员单位217个,个人会员3.70万人,志愿者699人。开展无偿献血和造血干细胞劝募工作,完成造血干细胞血样抽检2412例,年内配对成功7例,7名白血病患者获得救治,有11.50万人参加无偿献血,2月18日南宁市获“无偿献血先进市”奖。接收自治区红十字会下拨救灾救助物资7批价值40万元,并及时下拨。开展社会募捐、人道救助和项目建设工作,募捐善款约126万元及救灾物资一批。完成现场救护普及培训1.50万人。接待香港慈善协会60人来访,互通两地工作信息。11月在北京召开的中国红十字会第九次全国会员代表大会上,市红十字会被评为中国红十字会先进集体。

【社会募捐】

“红十字博爱周” 2009年5月12日是四川汶川特大地震一周年纪念日,市红十字会根据中国红十字会的部署,在5月7~14日的“红十字博爱周”里,组织各县区红十字会开展一系列募捐纪念活动。5月12日在五象广场开展以“凝聚人道力量,构建和谐社会”为主题的文艺演出,拉开纪念四川汶川地震一周年募捐活动的序幕。同期,组织各县区红十字会悬挂宣传横额170多条、标语2600条、出板报130期、张贴宣传画1500份、发放倡议书等各种宣传资料10万多份。青秀区红十字会组织辖区各镇、街道、开发区、学校红十字会及医疗卫生团体会员单位和市青年志愿者协会、广西电视网、青年志愿者合唱团等单位,分别在青秀大厦一楼礼堂、新竹社区万锦电脑城广场、南湖小区、王府井门前广场等地点举办大型文艺演出、书画义卖、现场救护模拟表演及现场募捐等宣传活动共80多场次。兴宁区红十字会联合文明办举办兴宁区“凝聚人道力量,构建和谐家园”板报比赛,有26个单位参赛。良庆区红十字会发动城区政府办、教育局、民政局、卫生局、总工会、工商联、残联、市二医院大沙田分院、崇左复退军人医院、广西水电医院等单位的干部职工和医护人员到大沙田客运站广场开展纪念“5·8”世界红十字日宣传募捐活动。隆安县红十字会会同县卫生局、地震局、团县委等部门在旧政府门前小广场,开展义诊、无偿献血、“博爱一日捐”等活动。活动期间共筹集捐款12.80万元、救灾物资价值约15万元。7月22日,市红十字会及志愿者代表等组成救灾款物转送组,将所得募捐款物及从市红十字会仓库调拨的价值2.88万元的蚊帐、毛巾被送往四川省绵阳市红十字会,支援当地灾后重建。

“情系台湾”救灾募捐 8月台湾地区遭受“莫拉克”台风袭击致灾,全市各级红十字会组织迅速开展救灾募捐活动。通过新闻媒体公布《关于向受灾台湾同胞捐助善款的倡议书》和捐款账号、地址、热线电话,向全市各机关、企事业单位发放募捐倡议书10万多份。各城区红十字会发动城区各镇(街道、开发区)红十字会、各医疗卫生团体会员单位及学校红十字会组织开展募捐活动,把宣传发动工作做到辖区各机关、企事业单位、社区(村、坡)和民办工商组织及个体工商户,动员市民发扬“一方有难,八方支援”的精神,积极参与募捐活动,其中台湾同胞企业家协会捐款23万元,马山灵阳寺捐款10万元。8个县区红十字会共收到善款38.52万元,其中:青秀区12万多元,兴宁区4.44万元,西乡塘区4.36万元,江南区6.07万元,邕宁区0.67万元,上林县9.65万元,横县0.43万元,武鸣县0.90万元。全市共筹集善款106万多元,全部上解自治区红十字会并通过台湾红十字会组织用于台湾灾区灾后救助与重建。

其他募捐活动 市红十字会在下半年与市邮政局联合,在全市发行博爱公益明信片。明信片体现红十字精神内涵和红十字会开展无偿献血、造血干细胞捐献、救灾救助等工作,每套5枚,售价23元,其中含爱心捐款8元,共售出爱心明信片1万多套,筹到爱心款8000多元。常年在商场、宾馆等地放置红十字公众募捐箱,年内新增募捐箱73个,收到捐款6.21万元,全部用于市、县区“红十字博爱送万家”慰问活动。

【人道救助】

“红十字博爱送万家”活动 2009年元旦、春节期间,在全市继续开展“红十字博爱送万家”活动,市和县区红十字会共筹措资金和慰问物资70多万元,在全市12个区县同时开展送温暖慰问活动,其中市红十字会慰问510户贫困家庭。青秀区红十字会筹集5万元,慰问困难户160户。西乡塘区筹集价值1.50万元慰问金和价值5000元的生活用品一批,慰问衡阳、北湖、安吉、新阳、华强、上尧、安宁、石埠、西乡塘等街道办事处和金陵、双定、坛洛镇等60户孤、寡、残特困家庭。江南区走访慰问先天性心脏病患儿、“零就业家庭”和生活困难的群众40户。宾阳县红十字会到中华镇李实村、五灵镇王灵村、古辣镇马界新村、大桥镇红花村和陈撰村、新桥镇务本村走访慰问,给40个贫困农户各赠送家庭包1个,148人受益。隆安县红十字会筹措款物3.19万元,到那桐、都结、城厢、雁江、丁当、布泉6个乡镇和浪湾农场等27个村进行慰问,111个贫困户500多人受益。横县红十字会开展送温暖活动,向峦城镇、马岭镇、平朗乡镇30户特困家庭发放家庭温暖箱30箱价值共6000元。上林县红十字会筹集1.25万元慰问款发放50户困难家庭。武鸣县红十字会筹措慰问款3000元发放30户困难家庭,每户100元,另给府城镇和两江镇共20个特困户各送去一个家庭包价值共4000元。马山县红十字会向25户贫困家庭发放慰问金5000元,每户200元,并把广东爱心人士捐赠的冬鞋送给县社会福利院的孤寡老人们。

火灾救济 3月10日凌晨,隆安县雁江镇隆靖街一民房火灾,造成死亡1人、重度烧伤3人,烧毁民房3间,受灾人口21人,直接经济损失数十万元。市红十字会迅速会同当地红十字会组织相关部门进行救助,妥善安置灾民,并在全县范围内开展募捐活动以抢救烧伤严重的患者,驻邕隆安老乡会及社会各界共募集款物4.16万元。4月25日,兴宁路176~204号房产局直管公房发生火灾,过火面积456平方米,致28户68名居民受灾,直接财产损失约14.40万元。市红十字会会同兴宁区红十字工作人员赶到灾区,视察灾情,安抚灾民,并从备灾物资中调拨急需的棉被、蚊帐等安置灾民,发放毛巾被11床、蚊帐10张。

救心行动 市红十字会继续协助自治区红十字会开展“救心行动”,为0~14岁贫困先天性心脏病患儿募集手术费用。发动各区红十字会结合纪念“世界红十字日”宣传活动,继续向社会发出“救心行动”募捐倡议,所收捐款直接汇入广西红十字会“救心行动”专门账户。各县区红十字会做好先天性心脏病患儿的申请审核上报等工作,年内向自治区红十字会申报手术患儿38例,27名先天性心脏病儿童获得手术救治,各获5000元手术费减免。同时,各基层红十字会还配合定点医院做好先天性心脏病儿童手术前

后的健康咨询、免费体检、义诊等服务，并引导他们申请民政大额医疗费用二次补助。

致残性骨病扶贫救助活动 根据自治区红十字会部署开展救助行动，发动6个城区红十字会配合捐资方广西成林骨科医院开展社区宣传及调查，并为致残性骨病患者做好核实申报救助工作，两位患者获最高资助额4000元的救助。

支农项目 市红十字会拨出专款11.50万元，用于隆安县雁江镇潭坡屯公路、马山县龙印村龙岩屯公路及横县六昌村小学篮球场灾后重建工程，三个项目均按期竣工交付使用，解决村民出行难和小学学生缺乏体育课场地的问题。

牵线搭桥捐资助学 市红十字会热心为爱心企业和慈善人士捐资助学牵线搭桥5宗。其中继续执行桂嘉汇青少年儿童救助基金会捐款20万救助川籍在邕贫困大学生的协议，根据毕业生及新生入学的情况，及时调整受助学生，调整后受助学生数从上学年的19人增加到23人，每人每月发放助学款300元；接受广东省汕头市时佳实业有限公司奥斯兰黛助学项目，其中上林县2名学生每年各获500元至小学毕业；奥斯兰黛南宁经销商赖涴娟捐款2400元，资助江南区苏圩镇6名贫困小学生；市民徐丽、祝燕每年捐赠2400元资助邕宁区4名贫困女童至小学毕业；市民汪紫芸每年捐赠1300元资助青秀区仙葫开发区莫村小学1名学生和刘圩镇1名学生至小学毕业。全年共签署扶贫协议发放助学款8.99万元，37人获得助学金，其中大学生23人、小学生14人，并建立长期资助关系，直至完成学业。继续协助自治区红十字会开展市一中民族教育助学班招生工作，选拔品学兼优的贫困生进入该助学班就读。

特别困难救助 市红十字会给身患重症的市第三中学1名退休教师提供特困医疗救助款2万元；马山县红十字会为身患白血病的古零镇古零村1名19岁的贫困患者开展爱心募捐，收到善款7000元，全部转给患者补充医疗费用；兴宁区红十字会给白血病、急性胰腺炎和慢性骨髓炎等5个特困家庭提供大病医疗救助金5.30万元;青秀区红十字会为3人提供特困救助共6770元; 西乡塘区红十字会资助社区4名贫困病人大病救助款5600元，给双定镇秀山村1名贫困老党员送去7810元帮助修缮危房。武鸣县红十字会自筹资金1.20万元资助4名身患大病的红十字会会员。年内，市、县区红十字会用于个别特困救助的资金共11.22万元，19人获得特别救助。

【应急救护培训】 2009年，南宁市及县区两级红十字会按照卫生部等《关于广泛深入开展救护工作的意见》要求，组织营运性机动车辆驾驶员参加广西红十字救护培训中心学习应急救护技能，共有10891名司机参加培训。市红十字会为水上娱乐场所救生员及市直机关驾驶员举办急救培训班共8期受训295人，培训班向学员传授现场急救的止血、伤口包扎、骨折固定、伤病员搬运四大技术和对心跳呼吸停止者进行心肺复苏技术等。西乡塘区、青秀区应急救护知识普及进学校、入社区，隆安县、马山县自然灾害自救培训到农村，进农户，青秀区对全体机关事业单位工作人员进行急救培训。邕宁区把现场救护与安全生产、职业培训相结合，先后向街道干部、环卫工人、学生传授小伤小病防治、火灾、地震灾害、意外事故等应急救护常识，受训700人。武鸣县开办食品卫生、妇幼保健、服务行业培训班共24期，受训768人；西乡塘区红十字会与西乡塘公安分局联合开展救护培训，把红十字现场救护培训和民警业务培训结合起来进行，举办培训班9期，有360名民警受训并获红十字救护员证。全年共完成现场救护普及培训1.50万人，其中初级培训1.10万人。

【南宁市被评为全国无偿献血先进市】 2009年，市红十字会配合市中心血站做好无偿献血的宣传发动工作。7月，由于天气酷热和学生放假，无偿献血人数锐减，血液采集量不足，市中心血站血液库存告急，直接影响医院的正常运转。为缓解南宁市各医院临床用血紧急状况，8月14日市红十字会召开紧急会议，部署各级红十字会在辖区范围内开展无偿献血宣传与组织发动工作。各基层红十字会通过发传单、出板报等形式在机关、企事业单位、社会团体、社区(村坡)广泛开展无偿献血知识宣传，发放宣传资料12万份，协助中心血站做好上门集中采血组织工作。全年有11.50万人参加无偿献血。2月18日，南宁市获中华人民共和国卫生部、中国红十字会、中国人民解放军总后勤部卫生部授予“无偿献血先进市”奖。

【造血干细胞捐献】 2009年，自治区红十字会给市红十字会下达造血干细胞捐献者资料采集入库2000人份的任务。7~9月，市红十字会组织30名大中学校的志愿工作者进驻朝阳捐血屋，开展造血干细胞捐献志愿者招募和血样采集工作，同时联合主流媒体进行造血干细胞知识的宣传教育活动，倡导移风易俗，捐献爱心，完成造血干细胞血检2412人，入库1916人。南宁市造血干细胞累计血检1.06万人，累计入库9414人，年内配对成功7例，7名白血病患者获得救治，累计配对成功14例。

【项目建设】

灾后重建项目 2009年，市红十字会争取到北京市红十字会和上汽五菱集团公司冰冻灾害灾后重建项目资金40万元，用以重建8个农村卫生所(站)(青秀区南阳镇留凤村、长塘镇枫木村、刘圩镇潭村，兴宁区昆仑镇黄宣村，江南区苏圩镇镇宁村，良庆区那马镇一致村，隆安县丁当镇白马村，上林县澄泰乡安宁村)，每个给予援助资金5万元。市红十字会还为8个卫生所(站)各拨基本设备配套经费3000元，常用药品一批价值共2.70万多元，青秀区红十字会增加配套资金15万元。至年末，8个卫生所(站)建设已全部完成，验收合格并投入使用。

澳大利亚红十字会第三期广西社区备灾项目 市红十字会继续执行澳大利亚红十字会第三期广西社区备灾项目，项目点放在隆安县龙庄村和马山县大球村，项目投入资金12.96万元。通过在当地招募并培训志愿者、再由志愿者在村民中开展社区防灾备灾知识的宣传、培训工作，向农民传授饮水卫生、传染病防治等知识，提高农民健康意识。同时，在上述两个项目县分别建设一条长400米和314米，宽3.50米,厚20公分的乡村道路，隆安县还建20×20平方米的村级停车道(可作为紧急避险场地用)，该项目给两县207家农户1111名农民改善了生活工作环境。澳大利亚及广西红十字会联合审查组到项目点进行项目投资和评估，两个项目点都获得通过。

中英路虎艾滋病项目 该项目是中国红十字会和英国红十字会合作项目，主要支持艾滋病高发地区的红十字会开展艾滋病预防和干预工作，市红十字会是南宁项目的执行单位。年内，市红十字会继续执行此项目，开展大众宣传、针对不同高危人群的同伴教育、关爱艾滋病感染者及病人、反对歧视等，10月，项目资金到位3万元；12月1日，在五象广场举行第22个世界艾滋病日大型广场宣传活动，通过文艺演出、有奖问答、悬挂横幅、展示宣传板、设立咨询台、发放宣传材料等形式宣传艾滋病防治知识和国

12月1日，市红十字会举办防治艾滋病知识广场宣传活动　　市红十字会提供

家有关政策，向市民传播“预防艾滋、全民参与、相互关爱、共享生命”的理念。活动共悬挂宣传横幅4条、出示展板20块、发放宣传资料和安全套各5000余份，约有8000多人参加活动；15~16日，在桂华苑酒店举行同伴教育员培训班，参训21人；17~20日，在红会医院美沙酮门诊、西乡塘区大方街社区、永宁社区进行艾滋病外展宣传活动，向社会宣传艾滋病防控知识。在项目县隆安县开展防治艾滋病知识普及活动，1200名学生受教育。邕宁区红十字会组织医院、学校和农民工开展预防艾滋病同伴教育3场次，1000人参加活动。　　（陈　菁）

南宁市关心下一代工作委员会

【概　况】2009年，南宁市有关心下一代工作委员会组织3450个、成员1.90万人。其中：各县区街道乡镇110个，社区（村委）1672个，大中专、中小学和幼儿园1354个，机关和企事业314个，各级关工委“志愿服务团”志愿者3.60万人。全市各级关工委组织坚持以社会主义核心价值体系教育为根本，关心爱护少年儿童的健康成长。3月，中国关工委在南宁召开全国关心下一代工作会议。市关工委及9个所辖县区获全国关心下一代宣传工作先进单位。

【未成年人思想道德教育】2009年，市关工委充分利用媒体宣传典型人物：老红军郝毅、马山县加方乡关工委覃日光、武鸣县关工委樊健仁、老战士田沛霖、少年英模谢芳秋。以国庆60周年等重大事件的宣传教育为契机，加强指导力度，各级关工委组织开展不同形式的教育活动。西乡塘区关工委的“学校放假，社区开学，快乐在社区，欢乐度假期”、兴宁区关工委“体念亲情、回报亲情”、青秀区关工委“邻里守望、共建和谐、争创文明城”、宾阳县“育新人、学科技、奔小康”和“建设新农村、培养新农民”、马山县关工委“五老”志愿者担任留守儿童“代理监护人”等活动，把关心下一代工作延伸到社区村屯。全年市关工委系统共开展思想道德教育会4771场，教育未成年人256.30万人次。其中，八荣八耻教育1791场，听众119.40万人次；法制教育1954场，听众117.50万人次；科学教育1954场，听众71.30万人次；预防艾滋病宣传509场，听众23.70万人次。

【家庭教育】2009年，市关工委继续与市电台办好空中家长学校，为家长搭建新的学习平台，全年播讲50场，占据同时段节目收听率的前三甲，听众近百万人次。与《亲子教育》杂志面向全市家长创办公益性质的《孔孟学堂》，由专家定期向家长讲授《弟子规》、《三字经》等儒家经典中家教知识，打造国学家教学习平台。与中央教科所合办“为了明天远离网瘾”系列家庭教育义务培训44期，邀请中央教科所家庭教育专家刘秀华教授和广西教育研究会副会长潘照主讲，培训教师、学生、家长3万多人次。

【合众助学】2009年，全市、县区各级关工委组织1453名“五老”（老干部、老战士、老专家、老劳模、老教师）志愿者组成网吧义务监督员队伍，有效地让青少年远离“黑网吧”、抵制涉黄和涉暴等不健康的内容对青少年的侵害，营造良好文化环境。做好农村留守儿童的教育、帮扶工作。马山县关工委实施“三情促和谐、先锋连万家”关爱工程，即情系农民工、情注留守儿童、情暖空巢老人，每个党员联系一户贫困家庭，并负责帮扶工作，成为全市精神文明建设、构建和谐社会的先进典型。关心农村中失去父母双亲的孤儿（特困儿童），对各县区2135名孤儿，由县区、乡镇关工委对每一位孤儿安排有“五老”志愿者作为他们代理监护人。开展“合众助学”大型公益活动，每季度分别在马山、上林、隆安、宾阳县开展，数百名贫困学子得到13万元的现金和物资资助。关注流动儿童（农民工子女）的学习、生活，各级关工委主动与各有关部门联系，专门安排一些公办学校招收农民工子女入学并享受与市民子女一样待遇，营造有利于流动儿童生活、学习的社会环境。加强对失足青少年的教育帮助工作，组织“五老”志愿者以帮教专题演出、谈心等形式帮助他们重塑自我，出狱后帮助他们联系就业。　　（雷　纪）

责任编辑　余朝霞　方　明

7月，“合众助学行”大型公益活动隆安资助仪式上部分爱心人士合影　　雷　纪　摄

法　　制

地方立法

【法规颁布实施】 2009年，南宁市颁布实施的地方性法规有4部，审议法规草案10件。其中：《南宁市社会急救医疗管理条例》，2008年6月20日市第十二届人民代表大会常务委员会第17次会议通过，2008年11月28日自治区第十一届人大常委会第5次会议批准；《南宁市饮用水水源保护条例》，2007年8月11日市第十二届人大常委会第10次会议通过，2009年1月8日自治区第十一届人大常委会第6次会议通过；《南宁市养犬管理条例》，2008年10月30日市第十二届人大常委会第20次会议通过，2009年5月27日自治区第十一届人大常委会第8次会议批准；《南宁市城乡容貌和环境卫生管理条例》，2009年2月13日市第十二届人大常委会第22次会议通过，2009年7月31日自治区第十一届人大常委会第9次会议批准。

【法规草案审议与调研】 2009年，南宁市人大常委会审议通过并报自治区人大常委会审批的有《南宁市展会管理条例》、《南宁市河道与堤防建设管理条例》；完成一审的有《南宁市特种行业治安管理条例》、《南宁市城市桥梁管理条例》、《南宁市城市园林绿化条例》、《南宁市志愿服务条例》、《南宁市华侨投资区条例》；完成二审的有《南宁市户外广告设置管理条例》；完成三审的有《南宁市农村集体资产管理条例》、《南宁市应急联动条例》，其中《南宁市应急联动条例》经市人大常委会主任会议研究决定暂不付表决。先后组织对《人民调解条例》、《农产品质量安全条例》、《征用集体土地条例》、《爱国卫生管理条例》、《机动车排气污染防治条例》、《城市公共客运管理条例》、《房地产开发项目配套设施建设管理条例》7个立法项目进行调研。　　（黄世邕）

政府法制

【政府立法】 2009年，南宁市法制办公室根据市政府年度立法工作计划，审查完成并协助市政府报请市人大常委会审议《南宁市特种行业治安管理条例（草案）》、《南宁市城市桥梁管理条例（草案）》、《南宁市城市园林绿化条例（草案）》3件地方性法规草案；审查完成并由市政府颁布《南宁市市政设施管理条例实施办法》、《南宁市安全生产监督管理办法》、《南宁市粮食流通管理办法》、《南宁市民用建筑节能管理办法》、《南宁市物业专项维修资金管理办法》、《南宁市政府信息资源管理办法》、《南宁市人民政府关于废止部分南宁市政府规章的决定》7件政府规章；组织对《南宁市停车场管理办法》、《南宁市餐饮服务业环境保护管理办法》等政府规章草案进行征求意见、专家论证以及修改完善。牵头组织市直部门对征用集体土地、道路交通安全设施、爱国卫生等领域开展立法调研15次。完善立法工作机制和程序。共组织召开立法论证会9次、立法听证会3次，将与群众利益密切相关的立法草案以及2010年立法建议项目通过新闻媒体征求社会各界意见，充分采纳群众提出的合理意见和建议。实行委托广西大学法学院开展《南宁市政府规章立法评估规定（草案）》、《南宁市中介组织促进办法》、《南宁市罚没财物、赃款赃物及办案经费管理暂行办法》、《地方政府立法评估研究项目》等项目的立法调研、起草、修订或理论研究工作。

【文件清理】 2009年，市法制办牵头开展以“优化政策法制环境、为南宁科学发展建立长效机制”为主要目的文件清理工作，对南宁市现行的38件法规、54件规章和500多件规范性文件进行全面清理，清理过程中公开向社会各界征求对文件清理的意见和建议。根据清理结果，市政府决定规范性文件继续有效242件，停止执行或失效181件，修改90件；废止政府规章3件，修改15件；对38件地方性法规提出清理意见，报市人大常委会，其中《南宁市公共食（饮）具卫生管理条例（修订草案）》、《南宁市燃气管理条例（修订草案）》、《南宁市献血条例（修订草案）》、《南宁市青秀山风景名胜区管理条例（修订草案）》、《南宁市道路货物运输管理条例》已列入市人大常委会2010年立法工作计划。

【行政复议应诉】 2009年，市法制办共接待申请行政复议的群众1500多人，收到行政复议申请206件，受理179件，审结140件。其中：决定维持104件，确认违法1件，驳回复议申请2件，撤销1件，调解32件。下乡对行政纠纷进行现场勘查16次，利用行政复议庭召开行政复议听证会9次，经调解结案32件，占案件审结总数的23%。到全市12个县区开展行政复议工作专项检查，对行政复议法律法规的学习宣传、受理和办理行政复议案件、行政复议机构建设、行政复议程序和法律文书规范化、行政复议信息管理系统的建立和启用、案卷立卷和归档、案件信息填写规范化、行政复议和行政应诉统计分析、行政复议人员培训等行政复议工作进行检查，帮助县区逐步解决行政复议工作中存在的突出问题，促进县区行政复议工作的规范化，提升全市行政复议工作的整体水平。9月，依法履行行政复议被申请人职责，市政府作为行政复议被申请人参与自治区行政复议案件共4件。依法开展行政应诉工作，直接代市政府出庭应诉5次，协助和指导市政府部门代市政府出庭应诉15次，参与自治区行政复议案件4件（审结3件，其中维持2件、终止1件），未出现不应诉现象。贯彻落实与法院的联席会议制度，3月组织开展第二次全市行政执法与审判工作联席会议，为全市行政执法机关探讨研究证据使用、法律适用、疑难案件的解决提供平台，促进行政执法行为的规范化。健全与信访部门的协调机制，12月组织召开行政复议与信访工作协调会议，就如何通过行政复议、信访、法制监督等多种方式促进依法行政、化解社会矛盾进行研讨，力求形成预防和化解行政争议的合力。

【行政法制监督】 2009年，市法制办引导全市各部门开展行政执法自由裁量权的细化、量化工作，参与农民减负、计划生育、环境保护等执法监督检查。协助市信访局及有关部门对10件信访复查复核案件进行审查并提出书面意见。11月部署开展全市行政执法案卷评查工作，全市共有48个行政执法单位开展案卷评查工作并提交案卷评查报告。全面加强规范性文件的合法性审查和备案工作，对市政府转办及有关部门报送的规范性文件出具合法性审查意见210件次；报请市政府审定并下发《关于做好规范性文件备案有关事项的通知》，举办规范性文件备案专题培训会。将市政府发布的规范性文件按规定向自治区政府报送备案45件，对各县区政府及市政府各部门报送的25件规范性文件进行备案审查。4月29日，应市金钢水泥有限公司请求，根据《广西壮族自治区行政执行程序规定》代表市政府举行行政处罚听证会。市金钢水泥有限公司作为听证申请人派出代表2人、委托律师1人，市环保局派2名工作人员参加听证会。此次听证会为近年来市政府举行的首次行政处罚听证会，保障当事人陈述权和申辩权的行使，赋予当事人申辩和提出意见的机会和平台。

【政府法律事务】 2009年，市法制办为政府的行政合同、重大投资、征地拆迁等出具书面法律意见69件次。市政府召开25次常务会议审议议题231项，本办列席会议并参与讨论议题103项。参与市政府召开的协调会议、工作会议及其各部门召开的涉法事务会议100余次，所提意见和建议普遍得到市领导的重视和采纳。

【依法行政】 2009年，市法制办整体推进全市依法行政工作。起草并报市政府印发《南宁市人民政府办公厅关于做好2009年依法行政工作的通知》，组织召开南宁市全面推进依法行政工作领导小组会议。落实依法行政报告制度，代市政府起草《南宁市人民政府2008年度依法行政工作报告》，向市人大常委会及自治区政府报告南宁市2008年度推进依法行政的进展情况、主要成效、突出问题和下一步工作安排。贯彻执行《广西壮族自治区依法行政考核办法》，组织开展2008、2009年度依法行政工作考评，并以市政府名义通报2008年度依法行政考核结果，其中考核结果为优秀的单位28个，良好的29个，合格的2个；市政府按从优原则评选南宁市依法行政先进单位15个、依法行政先进集体20个、依法行政先进个人59人，以及南宁市推进依法行政先进单位15个。全面清理全市行政许可项目和非行政许可审批项目，报请市政府审定并印发清理结果。确认市政府及市直部门实施的行政许可项目262项、非行政许可审批项目348项，其中，提速的行政许可项目161项目、非行政许可审批项目61项，有效避免行政审批不作为、乱作为和滥用行政审批权现象的发生。5~6月，组织举办行政执法人员培训班8期，参加培训3000多人。12月28日，市政府举办首次常务会议学法讲座，邀请自治区法制办副主任陈伟雄讲授加强和推进市县政府依法行政相关知识。市长、副市长、秘书长出席旁听；市政府顾问、市长助理、副秘书长、办公厅及30个市直部门主要负责人、各城区法制办主任列席旁听。

【仲裁指导】 2009年，市法制办健全仲裁日常办事机构，南宁仲裁委员会办公室更名为南宁仲裁委员会秘书处，定为副处级事业单位，内设立案部、审理部、综合部、发展联络部4个部门。组织完成对新一届仲裁员的选聘工作，续聘、新聘仲裁员237人，聘任4名台湾籍专业人士担任仲裁员，组织召开仲裁员座谈会及华南片区仲裁工作会议。组织成立市建设仲裁中心，全年立案2件，涉案标的额6000多万元。组织南宁仲裁委员会受理各类仲裁案件194起，涉案标的9346万元。（黄　玲）

政法工作

【概　况】 2009年，南宁市设市、县两级政法委机关13个，其中地级市政法委1个；县级以上人民法院13个，人民法庭17个，其中中级人民法院1个；县级以上人民检察院14个，其中地级市人民检察院1个；市、县两级公安机关18个，派出所189个，其中地级市公安局1个；市、县两级司法行政机关13个，司法所123个，其中地级市司法局1个。全市政法系统在职人员1万多人。全市政法机关围绕“保增长、保民生、保稳定”，构建开放南宁、和谐南宁，建设区域性国际城市和广西“首善之区”的目标，结合开展项目建设年和服务企业年活动，扎实推进平安南宁建设，解决影响社会稳定的突出问题，维护了首府社会和谐稳定。全市政法系统共有8个单位、集体和个人获国家级荣誉称号。

【维护社会稳定】 2009年，全市政法各部门做好维护社会稳定工作。加强情报信息工作，市财政拨款10万元用于信息员队伍建设。对重大社会决策、重大工程项目、重大强制执行实行稳定风险评估，从源头上预防和消除隐患。在建筑领域实行劳务市场准入名录登记制度、建筑劳务分包企业信用档案制度等；在劳动保障领域建立劳动保障检查网络、乡镇建立劳动保障事务所、村级劳动保障工作站等；在交通运输领域实行层层负责制的行业维稳机制。妥善处理群体性事件。及时处理网瘾少年“邓森山死亡事件”等重大不稳定问题和突发事件，实现“大事不出、中事不出、小事少出”的目标，确保第五届泛珠三角区域合作与发展论坛暨经贸洽谈会、中华人民共和国成立60周年庆祝活动、第六届中国—东盟博览会、中国—东盟商务与投资峰会和2009南宁国际民歌艺术节等重大活动的顺利进行。

【矛盾纠纷排查调处】 2009年，全市政法各部门持续开展矛盾纠纷“大排查”、“大调处”、“大化解”、“大接访”活动，共排查民间纠纷1.70万件，调解成功1.65万件，调处成功率96.90%。实行重点矛盾纠纷领导包案制度。市、县级领导和具体责任单位领导共包案调处144件。开展“公开大接访”和“干部下访”活动。全市各级党政领导干部1.42万人次参加，接待上访群众3066批7746人次，受理信访事项2018件，当场办结1411件，占70%，其余问题事后立案交办督办，结案率90%以上；下基层访问6024人次，解决各类矛盾纠纷问题1191件。

【创建“平安南宁”活动】 2009年，南宁市加大经费投入，市、县两级财政投入平安建设工作经费2.35亿元。健全综治基层组织,全市12个县区、5个开发区、124个乡镇(街道)全部成立综治维稳办公室,配备35名综治办正副主任,497名乡镇(街道)综治专(兼)职干部,村(社区)综治组织覆盖率上升到97.09%;各级人民调解组织2081个,人民调解员2.12万名。提升科技防控水平,筑牢社会治安打、防、控、管理、服务"天网"体系。各县区、开发区共投入2669万元,新增视频监控探头257个。至年末,全市视频监控探头近2万个。全市平安村达99.40%,平安社区96.18%,平安单位88.87%。

【开展"严打"斗争】 2009年,全市政法各部门重点开展打黑除恶、打击传销、打击"黄、赌、毒"和社会混乱地区整治等专项活动。公安机关破获刑事案18222件,查处治安案64575件。检察机关受理提请逮捕案件4527件7290人,批准逮捕4077件6310人;受理审查起诉案件4379件6960人,起诉3801件5940人。审判机关审结各类刑事案4364件,判处罪犯7067人。

【开展"服务企业年"活动】 2009年,全市政法各部门开展"服务企业年"活动,为企业生产经营排忧解难,依法维护企业合法权益。领导带头深入企业调查研究。市委常委、政法委书记赵波、市中级人民法院院长莫建芳、市人民检察院检察长马日梧等先后到南宁化工集团有限公司、广西运德集团等企业以及宾阳县、马山县、邕宁区等开展调查,研究企业发展中遇到的困难和问题,探索为企业摆脱经济危机、解困减负、发展壮大的措施和方法。市政法各部门共走访企业105家,收集企业问题274个,建议1000多条,并全部办结或者答复,成功处理南化集团与天键物流公司、马山县供电局与钟某某等人的债务纠纷案,南宁重型机器厂等14家企业与信达资产公司的债权资产回购问题等经济纠纷。开展法制进企业宣传活动,为企业提供法律服务。司法行政机关开展百名律师进百企活动,挑选20名优秀律师组成法律服务团,先后到南宁化工集团有限公司、广西盈康药业有限公司、南宁—东盟经济开发区、南宁华侨印务有限责任公司等企业开展法律维权服务。

【"五色"群防队伍组建】 2009年,南宁市加强社会治安群防群治队伍建设,通过整合社会力量,把公安巡警和社区单位保安人员、"4050"人员(男性50岁、女性40岁以上的大龄下岗失业人员)、低保人员、环卫工人、出租车司机、公交车司机组织起来,建立以"金色"、"银色"、"绿色"、"蓝色"、"红色" 等不同颜色着装和佩戴标志为区分的"五色"群防队伍,配合公安民警开展治安巡逻,参与重大活动期间社会面及重点地区的治安防范工作。年内,"五色"群防队伍发展到近3万人。有4万多人次参与第五届泛珠三角区域合作与发展论坛暨经贸洽谈会、中华人民共和国成立60周年活动和中国—东盟博览会期间的"万人义务巡逻",加强对全市131条"两抢"(抢劫、抢夺)等案件多发街道、100多个重点场所和重点部位的治安防范,确保首府社会治安的稳定。

【流动人口与出租屋管理】 2009年,南宁市针对流动人口和出租屋总量快速增长的特点,加强对流动人口及出租屋的管理。建立流动人口及出租屋信息网络化系统,完善市、县区、乡镇(街道)、村(社区)"三级管理、四级网络"。年内,全市登记在册流动人口106.26万,其中流入人口58万,登记在册出租屋6.68万户25.10万间。健全街道(乡镇)"一站式"流动人口和出租屋服务管理模式,落实出租人治安、安全责任制,抓好协管员队伍建设。建立流动人口管理服务中心41个,比上年增加10.80%;流动人口管理服务站484个,比上年增加37.50%;配备专职协管员786名,比上年增长11.30%。全市出租屋综合管理责任书签约率94.80%,比上年提高24.12个百分点。

【重大活动安全保卫】 2009年,南宁市坚持"预防为主"、"以面带点"的安保策略,构建"大安保"工作体系。严密社会面防控,对存在发生群体性事件、集体上访、非正常上访、极端事件隐患及矛盾纠纷问题,制定措施,及时化解,消除安全隐患。在主要入城路口设立治安检查站,建立起环绕全城的查控防线;在城区按社区、单位划定治安防范和稳控工作组织网格,建立起区域性稳控防线;在主要街道、繁华场所组织开展"万名市民义务治安大巡防"活动,建立社会面治安控制防线。严格落实各项安保工作措施,依次启动常规、临战、实战工作措施,抽调3700名民兵和预备役人员协助一线工作,切实做好重要场所安全保卫,中华人民共和国成立60周年庆祝活动、中国—东盟博览会等重大活动安全顺利举行。 (市委政法委)

审　　判

【概　况】 2009年,南宁市中级人民法院辖基层人民法院12个、人民法庭17个。全市法院系统共有在编人员1282人,其中法官828人。市中级法院有在编人员236人,其中法官168人。共受理各类案件(含一审、二审、再审、执行、国家赔偿、减刑和假释案件)46007件,审(执)结44586件,结案率96.91%。其中:市基层法院受理案件35327件,审(执)结34469件;市中级法院受理案件10680件,审(执)结10117件。有3个单位和个人受到国家级表彰,34个单位和个人受到自治区级表彰,164个单位和个人受到市级表彰。

【刑事审判】 2009年,南宁市两级法院依法打击各类危害国家安全和社会治安秩序的刑事犯罪,积极参与社会治安综合治理和平安南宁建设活动;开展打黑除恶、禁毒和打击传销犯罪等专项斗争,严厉打击黑恶势力犯罪、严重暴力犯罪、多发性侵财犯罪、毒品犯罪和涉众型经济犯罪。共受理刑事案4389件7140人,审结4364件7067人。其中:一审3907件6144人,二审457件923人。判决发生法律效力5202人,其中判处5年以上有期徒刑直至死刑672人,重刑率12.99% 。市中级法院受理刑事案635件1337人,审结619件793人。其中,故意杀人、故意伤害、绑架、强奸等暴力犯罪案84件168人,抢劫、抢夺、盗窃等多发性犯罪案21件72人,毒品、赌博案39件88人,走私、合同诈骗等犯罪案7件8人,贪污、受贿、挪用公款和渎职等职务犯罪案4件4人 (原县处级以上国家工作人员1人)。贯彻宽严相济的刑事政策,采取惩教结合的方式审理未成年人犯罪案件,依法从轻、减轻或免除处罚15人,减刑4792人,假释62人。

【民事审判】 2009年,市两级法院妥善化解矛盾纠纷,服务经济发展大局。面对金融危机,慎用活用诉讼保全措施和强制措施,保障涉案企业渡过危机,持续发展;强化能动司法,建立涉企业、项目和社会稳定案件摸底排查、逐级报告和跟踪督办制度,确保审判取得良好的法律效果、社会效果和政治效果。以调解的方式审结"利海·亚洲国际"房地产项目建设工程施工合同纠纷案、金湾花城逾期办证交房纠纷案等一批涉重大项目和群体性纠纷案件。共受理民商事案 27767 件,审结 26942 件(一审 23993 件,二审 2949 件),诉讼标的金额 53.65 亿元。市中级法院受理民商事案 3611 件,审结 3434 件(含上年积案 172 件,一审 485 件, 二审 2949 件), 标的金额 31.53 亿元。其中,农村土地承包合同纠纷等涉农纠纷案 16 件,劳动争议案 323 件,房地产纠纷案 837 件,金融、借款纠纷案 271 件,婚姻家庭案 144 件,知识产权案 264 件,涉外民商事案 8 件。

【行政审判与国家赔偿】 2009 年,市两级法院共受理行政案 526 件, 审结 522 件。其中:一审 335 件,判决维持行政机关处理决定 72 件, 撤销行政机关处理决定 15 件,撤诉 148 件,其他 100 件;二审 187 件,维持 83 件,改判 7 件,撤诉 17 件,发回重审 1 件,其他 79 件。审查非诉行政案 1557 件,准予执行 1523 件,不准予执行 34 件。受理国家赔偿案 4 件,审结 4 件; 受理确认国家赔偿案 6 件,审结确认国家赔偿案 6 件,决定赔偿金额 38.79 万元。市中院受理行政案 204 件,审结 203 件。其中,土地确权与登记案 94 件,房屋拆迁案 1 件,公安管理案 15 件。

【案件执行】 2009 年,市两级法院在最高人民法院的统一部署下,开展集中清理执行积案活动。对重大疑难和特殊主体案件进行重点清理,对有财产可供执行的案件穷尽执行措施,最大限度地保护当事人的合法权益,并在党委的领导下建立执行联动威慑机制,形成综合治理执行难的合力和氛围。共受理执行案 8015 件, 标的金额 89.24 亿元, 执结 7476 件,标的金额 41.61 亿元。其中,市中级法院执结 641 件, 标的金额 34.58 亿元。清理有财产可供执行案 2526 件、无财产可供执行案 15438 件。

【审判监督】 2009 年,市两级法院开展涉诉信访“大排查、大接访、大调处”活动,采取院长公开接访、领导包案、法官下访等方式,依法处理人民群众来信来访。对信访人员的申诉和申请再审请求进行认真审查,维持正确的裁判,纠正确有错误的判决。共接待人民来访 7733 人次, 处理人民来信 1249 件次。其中,市中级法院接待人民来访 966 人次,处理人民来信 552 件次。立案再审 247 件,审结 235 件, 维持原判 76 件, 改判 50 件,发回重审 7 件,调解 52 件,撤诉 6 件,其他 44 件。市中级法院受理再审案件 184 件,审结 178 件。

【服务“大局年”活动】 2009 年,市两级法院为应对金融危机对南宁市经济建设的冲击,及时作出开展服务“大局年”活动的决定,市中级法院制订《关于应对金融危机服务南宁市经济社会平稳较快发展的意见》, 为审理金融危机引发的各类纠纷案件提出司法应对意见 62 条。市中级法院各业务部门和各基层法院也根据审判执行工作的实际情况提出了慎用活用强制措施、建立涉企业及社会稳定案件摸底排查跟踪督办制度和开展“进千村、入千企、访万家”等活动,将服务大局的要求落实到各项工作中。成功调解“利海·亚洲国际”房地产项目建设工程施工合同纠纷案、中国银行广西区分行诉广西昌弘制药有限公司借款纠纷案等大案要案,排查督办涉企案 5689 件, 深入企业和农家 2000 多家。

【建立便民利民诉讼机制】 2009 年,市两级法院加强法院“立案信访窗口”建设,在立案窗口实行诉讼引导、立案审查、立案调解、查询咨询、材料收转、判后答疑、信访接待等“一站式”服务。建立首问负责、服务承诺、办案公开、文明接待、岗位责任等工作制度,推行预约立案、上门立案、远程立案等便民措施。市中级法院、江南区法院等在立案大厅设立银行刷卡机, 切实方便群众诉讼。建立诉前调解、立案调解等工作机制,各基层法院设立巡回法庭、农时法庭、圩日法庭、假日法庭等便民审判组织。推行人民调解进院入庭工作制度,武鸣县法院、江南区法院等在公安交警部门设立调解室,加强诉讼与非诉调解的配合和衔接,方便群众诉讼,提高审判效率。市中级法院和西乡塘区法院推行量刑规范化试点工作, 共开试点庭 134 个。

【案例选介】

“利海·亚洲国际”案件 2009 年 1 月 20 日, 原告中天建设集团有限公司以建设工程合同纠纷为由起诉被告广西利海房地产开发有限公司,要求被告支付工程进度款、逾期利息及违约金共 5500 万元。经审理查明:原告承建被告开发的南宁市重点工程 “利海·亚洲国际”项目,因受国际金融危机影响,被告未能按合同约定按期支付工程款,双方当事人因此产生纠纷,工程停工。此案的审理周期直接影响到该重点项目的施工进度,关系到 1000 多户购房者能否按期收房、部分农民工的工资能否及时得到支付的问题。为此,合议庭拟定尽快恢复项目工程施工为重点的调解原则, 紧紧抓住双方的利益平衡点,多次召集双方做调解工作。同年 3 月 31 日, 原被告双方达成和解协议;4 月 3 日,被告按协议约定支付第一笔工程进度款,原告方施工人员也进场复工。

广东中凯文化发展有限公司诉南宁市金凤凰网吧、黄铭信息网络传播权纠纷案 2009 年 3 月 11 日, 市中级法院受理此案;6 月 11 日, 庭审在中国法院网全程进行图文直播。经审理查明:2007 年 3 月,原告从著作权人的代表机构香港明威影业有限公司处受让取得电影《功夫无敌》的复制、发行、出租、信息网络传播权,期限 5 年。被告未经原告许可,在其经营的网吧向不特定公众提供该电影的播放欣赏服务,其行为侵犯了原告对该电影享有的信息网络传播权。判决被告立即停止对原告享有的电影《功夫无敌》的信息网络传播权的侵害,删除其影视服务网站的《功夫无敌》影片;赔偿原告经济损失 5000 元以及原告为制止侵权行为所支付的合理开支 1450 元。这是广西法院系统首次运用网络将庭审现场延伸到互联网,中国法院网法治论坛专门开辟网友讨论区,有 4.80 万网民在线“旁听”此次庭审。此外,南宁市 12 名人大代表和政协委员、邕江大学 40 名学生和南宁市 40 多个网吧的业主到庭旁听案件审理,广西电视台、南宁电视台和《南国早报》等媒体的记者在庭审现场进行采访。

(周 军)

检 察

【概 况】 2009 年,南宁市人民检察院管辖 6 个县、6 个城区检察院和 1 个派出机关茅桥地区人民检察院。在编人员 744 人,其中高级检察官 147 人;检察员以上法律职务(含检察员、检察委员会委员、副检察长和检察长)415 人,助理检察员 105 人; 市检察院在编人员 153 人,其中检察员以上人员 75 人,助理检察员 38 人。年内,市检察机关依法履行法律监督职能,围绕保增长、保民生、保稳定、保持首府经济社会发展良好势头的任务,提供司法保障。开展“检察长服务企业集中行动月”活动，建立检察长服务企业联系点，到94家企业调研和收集建议和意见，快速办理涉及企业的刑事、民事、行政诉讼案件，运用法律机制帮助企业解决影响发展的突出问题。突出查办职务犯罪大案要案和民生领域的职务犯罪案件，查处发生在城镇建设、医疗卫生等领域的贪污贿赂案67人；共立案侦查贪污贿赂犯罪117件155人，其中大案105件、要案6人；提起公诉85人，法院审结作有罪判决99人（含上年积存）。开展查处危害能源资源和生态环境渎职犯罪、涉农渎职犯罪专项工作，立案侦查渎职侵权案24件26人，提起公诉14人，法院审结作有罪判决11人。通过查办职务犯罪案件为国家挽回经济损失1102.42万元。配合公安机关依法打击各类刑事犯罪，共受理提请批准逮捕7225人，批准逮捕6252人；受理审查起诉6765人，提起公诉5841人，法院作有罪判决5695人。加强刑事诉讼法律监督，保障公正执法，不批准逮捕900人，不起诉152人，建议侦查机关撤案42人；要求公安机关说明不立案理由103件187人；追加批捕365人，追诉漏犯138人；提出刑事抗诉11件，法院审结6件，采纳抗诉意见4件。加强监管场所执法监督，对一般违法行为提出纠正意见68条，对严重违法行为发出纠正违法通知书15份，均得到纠正；处理看守所内有“牢头狱霸”特征16人，全面检察羁押期限并纠正超期羁押5件5人；立案查办监管机关职务犯罪1件1人；审查起诉被监管人员又犯罪6件6人，法院均作有罪判决。加强民事行政诉讼活动监督，维护司法公正，立案审查民事行政申诉627件，提出抗诉26件，法院再审审结22件，改判15件、调解结案2件、维持原判5件；提请抗诉141件，自治区检察院采纳44件，法院再审审结59件（含上年积存），改判13件、调解结案11件、撤销原判发回重审6件、维持原判29件。推进检察改革，促进司法文明。实施省级以下检察院逮捕职务犯罪嫌疑人由上一级检察院审查批准的改革；开展逮捕双向说理试点，加强逮捕必要性审查；未成年人检察工作一体化试点从筹备进入实践，深化人民监督员制度试点成果；民事行政检察的督促起诉、支持起诉取得新进展；市检察院案件管理中心开始正式运行。年内，市两级检察院获最高人民检察院表彰先进单位1个，获自治区级表彰的先进单位6个、先进集体8个、先进个人29人次。其中，青秀区检察院获全国先进基层检察院称号和全国“十佳”检察院提名奖。

【刑事检察】 2009年，市检察机关强化刑事诉讼活动监督。受理刑事立案监督116件，要求公安机关说明不立案理由103件187人，公安机关直接立案102件186人，通知公安机关立案1件1人，公安机关接到通知后立案1件1人；经刑事立案监督的案件，批捕118人，提起公诉49件73人，法院判刑55件78人（其中判处10年以上有期徒刑1人，判处3~10年有期徒刑14人，判处3年以下有期徒刑44人，判处管制、拘役、单处附加刑、免予刑事责任19人）。监督并纠正公安机关不应当立案而立案13件19人。在审查逮捕中，向公安机关发出纠正违法的检察建议26份，通知纠正侦查活动违法109件；追加逮捕犯罪嫌疑人365人，其中法院审结作有罪判决188人；依法不批准逮捕410件907人，建议侦查机关撤案21件42人。在审查起诉中，提前介入侦查引导取证12件，与公安机关召开联席会议10次，提出侦查意见32条；提前介入公安机关命案现场勘查活动11件，提出建议或意见40条，均被采纳；向公安机关发出纠正违法的检察建议5份、纠正侦查违法通知书7份；追诉漏犯138人，其中法院审结作出有罪判决122人；追诉遗漏犯罪事实或罪名40起（个），法院审结确认33起（个）；审结公安机关侦查的刑事案件并作不起诉决定67件126人。向法院提出刑事审判程序方面的检察建议271件，通知法院纠正审判违法3件。检察长列席同级审判委员会讨论刑事案2件，提出意见被采纳1件。6月西乡塘区检察院确定为量刑建议试点单位后，至年末，提出具体的量刑建议362件441人，法院采纳398人的量刑建议并作出判决；年内市检察机关提出量刑建议470件735人，法院审结采纳453件710人。市检察机关提出刑事抗诉11件（二审程序提出抗诉9件，再审程序提出抗诉2件）；撤回抗诉1件；法院审结6件，采纳抗诉意见4件（改判3件、发回重审1件）。

【监所检察】 2009年，市检察机关加强监狱、看守所、劳动教养所等监管场所的执法监督。在开展看守所监管执法专项检查中，处理有“牢头狱霸”特征16人，纠正个别看守所存在高价加餐、高价销售日用品等问题；检察市审判机关裁定减刑6774人、假释64人、决定暂予监外执行1人，发现法院4份裁定书内容错误，均得到纠正。加强刑罚执行的法律监督，对监狱、看守所、劳教所等存在的一般违法行为提出纠正意见68条，纠正68条；对监管机关严重违法行为发出纠正违法通知书15份，纠正违法事项15项；对可能导致执法不公、重大事故等问题，提出书面检察建议49份，得到改进55项；实施年度监外执行考察2次，检察办理暂予监外执行82人次，发现批准不当1人，并得到纠正；检察办理减刑共6287人次、办理假释52人次，未发现违法和执法不当的情况。强化羁押期限检察，预防和纠正超期羁押，纠正法院超期羁押5件5人。审查起诉被监管人又犯罪6件6人；初查监管干警涉嫌职务犯罪3件3人，立案侦查1件1人。检察监管场所安全防范，维护监管场所安全稳定，参加狱情分析会172次，参加安全检查903次，发现事故隐患70起，提出纠正建议72条，消除事故隐患69项。

【控告申诉检察】 2009年，市检察机关以建设文明接待室为载体，文明接待，依法办案，确保重要节假日和节庆活动无重大涉检信访、进京上访案件的发生。开展“涉检信访积案排查化解年”活动，确定涉检信访积案17件，采取因案施策方法，办结息诉13件，审结未息诉4件。在开展刑事审判法律监督专项检查中，检查上年度受理不服法院判决的刑事申诉案37件，办结37件。在开展检察机关直接立案侦查扣押、冻结处理涉案款物专项检查中，检查不服检察机关扣押冻结款物的刑事申诉案2件，其中审结并纠正暂扣款项处理决定1件，退回申诉人4.30万元。开展“公开大接访暨与民沟通日”活动4次，接待群众来访46批次70人，受理信访7件，全部办结。开展“举报宣传周”活动，设点宣传37个，接受咨询群众1300人次，受理举报线索93件、控告106件、刑事申诉16件、民事申诉34件；奖励举报人3人，共支付奖金3000元。共受理来信1221件、来访912件；受理各类申诉案55件，审结33件，决定立案复查刑事申诉27件（其中不服检察机关决定8件，不服法院刑事判决裁定19件），复查终结27件，维持检察机关原决定8件，维持法院刑事判决裁定并答复申诉人18件，提出刑事抗诉1件。办理上级机关和领导交办案80件；办理检察长接待日批办案88件，妥善处理集体访17批。

受理刑事赔偿申请4件，立案审查2件，办结2件，决定赔偿2件，累计决定赔偿金额6.93万元，支付赔偿金4.68万元（含上年积存金额）。

【民事行政检察】 2009年，市检察机关加强民事行政诉讼活动的法律监督，把开展督促起诉、支持起诉、执行监督、执行和解等纳入创新目标管理机制，开拓新型的民事行政检察业务。开展督促起诉、支持起诉71件，防止国家和集体利益受到侵害，保护弱势群体利益。对确有错误但又不适合抗诉的法院判决，提出再审检察建议20件，法院采纳10件。市检察院主持2件损害赔偿纠纷案执行和解，双方当事人签订和解协议，通过执行和解促进社会和谐稳定。共受理民事行政申诉案627件，提出抗诉26件，法院再审审结22件，改判15件，调解结案2件，维持原判5件；提请抗诉141件，建议提请抗诉77件，自治区检察院审结采纳44件，不采纳16件；法院再审审结市检察院提请抗诉、自治区检察院抗诉案59件，法院改判13件、调解结案11件、撤销原判发回重审6件，维持原判29件。其中，受理行政申诉案110件，提请抗诉6件，建议提请抗诉7件；市检察院提请行政抗诉案被自治区检察院采纳5件；法院再审审结市检察院抗诉案1件（上年积存案），其中改判1件；法院再审审结由市检察院提请、自治区检察院采纳的行政抗诉案2件，维持原判2件。继续坚持抗诉和息诉两手抓，对不立案、不抗诉、不提请抗诉、终止审查的案件，均给予书面说明理由，疏导申诉人服判息诉140件。

【贪污贿赂案件查办】 2009年，市检察机关结合“企业服务年”、“项目建设年”活动开展反贪工作，服务民生，突出办理热点领域和群众反映强烈的职务犯罪，重点查办大案要案，配合党委和政府开展党风廉政和反腐败建设。举办反贪部门全员业务培训活动1次，参加培训120多人。开展查办涉农职务犯罪、治理商业贿赂等专项行动，保障惠农政策落实到位。以城镇建设为重点，查办在房地产开发、规划建设等领域商业贿赂犯罪11人。针对农民看病贵的热点问题，摸清乡镇卫生院在新型农村合作医疗政策下采购医药用品的“潜规则”，启动侦查一体化机制，先后侦破宾阳县人民医院院长张某、宾阳县中医院院长马某、横县人民医院院长农某等在医药购销领域发生的商业贿赂犯罪案60件66人；跟踪国家为开拓农村消费市场实施的“万村千乡市场工程”项目的资金扶持政策落实情况，发现并立案侦查贪污犯罪2件6人；立案侦查涉农职务犯罪75件93人。采取上级交办、异地办理、上级提办等方式避免干扰和阻力，加强侦查一体化机制作用，市检察院将武鸣县建设工程公司原总经理黄某涉嫌受贿、武鸣县林业局原局长莫某涉嫌受贿等大案实施异地办理；市检察院提办武鸣县规划建设局原局长梁某、武鸣县教育局原局长方某涉嫌受贿等7件大案。办案中服务大局，不轻易查封、冻结涉案单位的银行账户和存款，不轻易扣押其财务账册，不影响企业正常业务往来和经营秩序，促进企业健康发展，保障职工利益。共立案侦查贪污贿赂等职务犯罪116件154人（含大案104件、要案6人），其中贿赂案90件107人（含受贿案78件88人，行贿10件15人，单位行贿2件4人），贪污13件31人，挪用公款11件13人，巨额财产来源不明1件1人，私分国有资产1件2人。侦查终结94件125人（含上年积存），移送审查起诉86件116人，移送审查不起诉6件7人，撤销案件5件5人；决定不起诉15人，提起公诉66件85人，法院作有罪判决57件99人（含上年积存），未出现无罪判决的案件。通过查办贪污贿赂案件为国家挽回直接经济损失1096.42万元。

【渎职侵权案件查处】 2009年，市检察机关继续开展查处危害能源资源和生态环境渎职犯罪、涉农渎职犯罪专项工作，查办司法机关工作人员渎职犯罪，深挖渎职犯罪背后的经济问题，为南宁市经济社会平稳较快发展保驾护航。立案侦查危害能源资源和生态环境的渎职犯罪8件8人（滥用职权1件1人、玩忽职守4件4人、违法发放林木采伐许可证3件3人）；查处涉及林业资源渎职犯罪案7件7人，其中新罪名案3件3人。介入重大安全生产事故调查26件，立案侦查1件1人。立案侦查司法人员渎职侵权犯罪6件7人。深挖渎职犯罪案件背后的经济问题甚至经济犯罪，侦破横县公路管理所所长姚某涉嫌玩忽职守背后收受滥伐林木犯罪嫌疑人11万元而放弃公路的路树砍伐监管、广西福利企业服务中心原主任刘某滥用职权案背后挪用公款42万元、那洪派出所原所长欧某充当赌场“保护伞”收受赌场老板“好处费”5000元等渎职犯罪背后经济犯罪7件10人，涉案金额100多万元。全年共受理渎职侵权犯罪案件线索49件，初查39件，立案侦查24件26人（玩忽职守11件11人、滥用职权7件9人、违法发放林木采伐许可证3件3人、故意泄露国家秘密1件1人、徇私枉法1件1人、执行判决裁定滥用职权1件1人；其中行政执法人员10人、司法人员8人，其他9人），其中重大案件2件、特大案件8件，要案1件2人；侦查终结25件26人（含上年积存），移送起诉22人，移送不起诉3人，撤案7人。决定不起诉11人，提起公诉13件14人，法院作有罪判决10件11人（含上年积存）。通过查办渎职侵权案为国家挽回直接经济损失6万元。

【审查逮捕】 2009年，市检察机关在审查逮捕环节进一步落实宽严相济刑事司法政策，改进审查逮捕工作方式，把打击犯罪与保障人权两个目标统一起来。改进疑难案件提请批准逮捕前的预先审查工作，制定《关于侦查监督部门引导侦查取证的规定》，加强引导侦查规范化建设。确定江南区检察院作为逮捕必要性双向说理制度试点单位，加强逮捕必要性的分析与双向说理，减少不必要的逮捕羁押。市检察院继续实行审查逮捕“案卷证据数字化”操作，应用该技术方法办理审查逮捕案127件250人。在审查逮捕中贯彻宽严相济刑事政策和司法保护理念，共受理公安、监狱、安全机关提请批准逮捕4475件7225人，批准逮捕4032件6252人，不批准逮捕403件900人（其中因嫌疑人无罪不批准逮捕115件266人，因证据不足不批准逮捕217件470人，因无逮捕必要不批准逮捕71件164人；因不符合逮捕条件，侦查机关撤回提请批准逮捕21件42人）。共审查检察机关侦查的职务犯罪逮捕案52件65人，决定逮捕45件58人，决定不逮捕7件7人（其中因证据不足不逮捕3件3人，因无逮捕必要不逮捕4件4人）。9月，根据最高人民检察院的统一部署，开始实施省级以下人民检察院逮捕职务犯罪嫌疑人由上一级人民检察院审查批准的改革。9~12月，市检察院审查县区检察院提请批准逮捕职务犯罪2件2人，批准逮捕1件1人；市检察院提请自治区检察院批准逮捕1件1人，自治区检察院批准逮捕1件1人。

【审查起诉】 2009年，市检察机关依法审查刑事犯罪、经济犯罪、职务犯罪案件，维护司法公正和社会正义。坚持严厉打击严重刑事犯罪的方针，依法办理严重刑事犯罪案件。共受理公安机关移送审查4224件6765人，决定提起公诉3722件5841人，法院作出有罪判决3768件5695人。其中涉黑案1件30人，故意杀人、故意伤害、绑架等暴力犯罪案710件1114人，走私、贩卖、运输、制作毒品等严重妨碍社会管理秩序犯罪案429件545人，抢劫、抢夺、盗窃等严重侵犯公民财产犯罪案1597件2454人。参加整顿和规范市场经济秩序等专项行动，起诉非法经营案34件54人、赌博犯罪案12件34人。办理10人以上团伙犯罪18件218人。受理审查国家工作人员职务犯罪155件195人（贪污贿赂案127件165人、渎职侵权类案28件30人），起诉79件99人，不起诉26人。组织审查自治区原副主席孙瑜贪污受贿案、兰新诚故意杀人案、黄静团等30人涉黑案、黎四初等24人贩卖毒品和非法持有枪支案等热点敏感案件，取得审查法律效果和社会效果相统一。坚持教育挽救为主，由专门小组或专人办理未成年人涉嫌犯罪483人；7月兴宁区检察院组建“未成年人案件刑事检察科”，成为广西首个成立未成年人检察专门机构的检察院。推进轻微刑事案件及未成年人犯罪案件刑事和解，推行轻微刑事案快速办理机制的10个检察院审查起诉轻微刑事案996件，每案平均用时16天；其中适用普通程序简化审理程序606件，提高了效率、节约了诉讼成本。坚持重大案件、敏感案件由检察长出庭支持公诉，检察长出庭支持公诉17件，检察长列席同级法院审判委员会2次。共受理各类刑事案4379件6960人，其中受理公安机关侦查案件4224件6765人，受理检察机关侦查155件195人。审结各类刑事案3892件6092人，提起公诉3801件5940人，不起诉91件152人。撤回起诉9件12人，其中公安机关侦查案件撤回起诉5件8人，检察机关侦查案件撤回起诉4件4人。

【职务犯罪预防】 2009年，市检察机关立足检察职能服务于经济大局，帮助企业应对金融危机，为保民生、保增长、保稳定和促进南宁市经济社会又好又快发展提供司法保障与法律服务。市两级检察院检察长共75次到94家企业开展调研和服务活动，征集建议和意见196条，回答企业法律咨询176条。两级检察机关推动社会预防，共开展预防宣传和咨询38次，上预防教育讲座103次、受众8600余人，开展预防警示活动14次，与30个部门共建预防机制，召开联席会议8次（其中市检察院组织召开14个共建预防单位、6个有关单位参加的预防工作联席会议），总结工作情况，交流工作经验；开展工程建设领域的专项预防32项，其中重大工程建设项目1项，涉及资金15亿元；参加工程建设招投标环节专项预防31项；市检察院和6个县区检察院购买和使用新版档案查询系统软件，接受行贿档案查询共4批15人次，其中被查询单位4个，被查询个人11人次，均是无行贿档案纪录；开展职务犯罪分析和预防调查48次，向预防对象提出防范对策27份；结合侦破的职务犯罪案件，分析职务犯罪发生特点和规律，向各级党委、政府及相关部门提出犯罪预防建议90件，被采纳89件，上升为同级党委、政府决策29件。

12月1日，最高人民检察院检察委员会专职委员童建明（左二）在南宁市检察院考察案件管理创新工作模式　市检察院提供

【人民监督员制度试点】 2009年，市检察机关继续试行人民监督员制度。在直接办理的职务犯罪案件中，犯罪嫌疑人不服逮捕、拟不起诉、拟撤案的“三类案件”共36件（其中犯罪嫌疑人不服逮捕决定1件，拟不起诉26件，拟撤销案件9件），均进入人民监督员的监督程序，监督终结37件（含上年积存）；人民监督员同意检察院承办部门拟处理意见37件。市检察院收到下一级检察院报批职务犯罪拟不起诉案件19件25人（含上年积存，其中拟作酌定不起诉处理22人，拟作存疑不起诉处理2人），审结批复15件18人，同意下级检察院拟不起诉意见11人（含上年积存），不同意下级检察院拟不起诉意见但认为应撤案1人；收到下一级检察院撤销职务犯罪案备案审查5件，同意撤案5件。市检察机关未接收和受理相关人员反映“应当立案而不立案或者不应当立案而立案，超期羁押，违法搜查扣押冻结，应当给予刑事赔偿而不依法予以确认或者不执行刑事赔偿决定，检察人员在办案中有徇私舞弊、贪赃枉法、刑讯逼供、暴力取证”等情形的案件。9月职务犯罪案件逮捕权上提一级，职务犯罪嫌疑人不服逮捕的，仍由决定逮捕的检察院启动人民监督员监督程序。9~12月，市检察机关未接到职务犯罪嫌疑人不服逮捕而要求人民监督员实施监督的申请。

【检察技术】 2009年，市检察机关加强办公办案软件应用，创新信息化工作发展模式，加快检察信息化发展步伐。在自治区检察系统首创“数据大集中”模式，建立市检察系统“数据中心”，整合两级检察院的信息化资源，实现两级检察院硬件设备和软件资源共享。升级改造案件管理中心系统软件，实现办案情况收集、传输、存储、处理的计算机网络化及流程管理、预警提示、跟踪监督、质量评估等目标。更新市检察院网络数字图书馆的内容，新增电子图书3万多册。市检察院外网网站的网页防篡改系统安装调试完毕，投入正常运行。扩充检察干警网络社区交流平台内容，增加“南检播客”栏目，在市检察院网络社区注册的各地检察干警会员5800多人。江南区检察院制作以警示格言和廉政漫画为主要内容的廉政电脑屏保，这在自治区检察系统尚属首次；宾阳县检察院在市检察系统率先推出QQ网络举报受理服务平台。市检察院与兴宁区检察院、上林县检察院的文检技术人员，改变原有鉴定模式，通过RTX桌面网络视频会议系统，对7起案件进行计算机远程异地文检鉴定并出具鉴定报告，在自治区检察系统首创网上司法鉴定和文证审查的复检、会检等工作模式。在市检察院驻市第一看守所特审室和市检察院警务区，安装审讯监控全程同步录音录像系统。市两级检察院在专线网上流转公文1066份，公文、法律文书和各类检察信息在网上流转签发，初步实现公文无纸化；录入案件1051件，基本实现网上办案。至年末，市两级检察机关受理各类技术鉴定83件，其中法医13件，文件检验7件，司法会计鉴定2件，均办结；没有实施文证审查；制作讯问职务犯罪嫌疑人全程同步录音录像56件，提供技术支持服务956件。

【案例选介】

孙瑜贪污受贿案　孙瑜，壮族，广西南宁人，研究生学历，2003年1月至2007年11月担任广西壮族自治区副主席。2004年下半年，与桂林瑞成生态发展有限公司实际控制人贺某共谋利用其担任自治区副主席的职务便利，套取国家资金用于其住宅装修及个人消费；指使贺某5次虚构建设项目，通过桂林市政府向自治区政府申报建设项目扶持资金，经孙瑜批示同意下拨国家资金400万元，相关部门共下拨320万元到桂林瑞成生态发展有限公司账户。2003年12月至2007年8月，利用职务的便利，帮助他人在原材料供应、木材采伐指标、职务晋升、项目建设国家补助经费等事项上谋取利益，索取张某等4人的财物折合人民币158万元。2007年5月，得知中央纪委调查其问题后，让其妻刘某将以其女儿“法律顾问费”名义索取的100万元分别退回张某和林某。在检察机关侦查期间主动坦白，经与北海高升农业科技开发有限公司董事长雷某商议，由雷某于2007年3~8月出资170万元并通过他人交给请托人陈某、黄某（均为无业人员），作为“摆平”中央纪委调查的活动经费。因涉嫌贪污和受贿犯罪，由最高人民检察院决定，孙瑜于2008年10月8日被逮捕。经最高人民检察院侦查终结，2009年7月20日市人民检察院向市中级人民法院提起公诉；8月30日，市中级人民法院以孙瑜犯贪污罪、受贿罪判处有期徒刑18年，并处没收个人财产100万元。

（蒙　旗）

公　　安

【概　况】　2009年，南宁市公安局下设兴宁、青秀、西乡塘、江南、邕宁、良庆、南湖、高新、青秀山、华侨投资10个分局，下辖武鸣、宾阳、横县、上林、马山、隆安6个县局，协管森林公安分局，共193个派出所，在编民警7406人。全市各级公安机关围绕“保增长、保民生、保稳定”的大局，以“三项建设”（公安信息化、执法规范化、构建和谐警民关系）为抓手，以回应人民群众的新期待、满足人民群众的新要求为着力点，立足本职，真抓实干，全力维护首府社会政治和治安秩序稳定，为全市经济快速发展做出了积极贡献。共有39个单位立集体三等功，342名民警立三等功，19个集体和593个人分别获集体、个人嘉奖。

【指挥中心】　2009年，市公安局指挥中心加强信息化工作，提高中心工作能力，在维护首府社会治安稳定、预防和打击犯罪、服务救助群众方面发挥积极作用。110报警服务台共受理有效接警190532件（刑事案35629件、治安案37215件、其他117688件）。调解矛盾纠纷约8000多件，帮助迷路、走失群众求助44724件，处理有害短信144件。

【刑事案件侦查】　2009年，市公安局强化侦查破案，保持对刑事犯罪的高压态势，组织开展好各项专项斗争。共立刑事案52068件，破案18222件；逮捕6199人，刑事拘留8459人，劳动教养158人。

“打黑除恶”专项斗争　坚持“打早打小，露头就打”的原则，探索建立打黑除恶长效机制，采取措施在全市范围内强化对黑恶势力犯罪凌厉攻势。共打掉恶势力犯罪团伙34个，破案215件，抓获犯罪嫌疑人244人，一审判决224人。其中打掉隆安县卢克湖恶势力团伙，被公安部作为典型案例推广。

“侦破命案”专项斗争　坚持“命案必破”的工作理念，保持对命案的强大攻坚力。共立命案159件，破154件，破案率96.86%，为历年最好成绩，命案立案比上年下降7.02%，破案率比上年上升2.12%。4月25日，破获覃氏三姐妹被碎尸、抛尸特大杀人案，将凶手兰新诚缉拿归案。

打击“涉枪涉爆”专项斗争　组织开展打击防范涉枪涉爆犯罪专项斗争，有效遏制了案件高发势头。共破获涉枪涉爆案94件，端掉制爆窝点1个，打掉涉枪涉爆犯罪团伙2个，整治涉枪涉爆治安乱点3个，抓获涉枪涉爆犯罪嫌疑人138人，逮捕38人，刑事拘留40人；收缴枪支188支、子弹1200多发。7月，破获宾阳县高某、蒙某、何某3人为首的涉枪抢劫犯罪团伙。

打击“拐卖妇女儿童”专项斗争　根据公安部、自治区公安厅部署，在全市范围内开展“打拐”专项行动。共破获拐卖妇女儿童案28件，解救被拐卖儿童20人，解救被拐妇女6人，抓获犯罪嫌疑人32人，打掉公安部督办的陈西肯为首组织越南妇女卖淫犯罪团伙，抓获团伙成员5人。

打击“盗抢机动车”专项斗争　4~12月，针对本市盗窃汽车案件高发的情况，由刑侦支队牵头在全市范围内开展打击盗抢机动车犯罪专项行动。各警种相互配合，打防并举，共出动警力10701人次、警车2652辆次，设卡589个，检查过往车辆3.13万辆，检查相关人员4.04万人次，查获被盗汽车31辆、被盗摩托车32辆、其他车辆816辆；查获涉车犯罪嫌疑人30名、其他人员1197名，刑事拘留60人，行政拘留25人。

【经济犯罪侦查】　2009年，市公安局破获由公安部交办、自治区公安厅督办的肖卫等人组织领导代号“7·3”传销案；打击取缔了爱富信通讯技术有限公司涉嫌经营案和5起利用签订租赁合同诈骗租赁公司汽车案。共受理经济犯罪案550件，立案439件，涉案金额9亿多元，破案313件，抓获犯罪嫌疑人633人，刑事拘留589人，取保候审176人，逮捕228人，起诉176人，共追缴涉案款3671.20万元，涉案物品折款2098.80万元，挽回经济损失1亿多元。

【经济文化保卫】　2009年，市公安局贯彻《企事业单位内部治安保卫条例》，落实各单位的安全保卫工作责任制，围绕单位内部各类不安定事端以及第六届中国—东盟博览会暨2009年南宁国际民歌艺术节、中国—东盟商务与投资峰会、中华人民共和国成立60周年庆祝活动期间单位内部稳定，加大情报信息工作力度，深入各单位内部获取内幕性、预警性、深层次信息146条，整理上报79条；开展全市金融重点单位进行安全监督检查，发现安全隐患 197 处，整改 138 处；在企事业单位开展“服务企业年”活动，走访供水、供电、供气、供油、通讯、化工、大型商场、交通运输部门等企业单位 43 个，收到群众工作建议 15 条；先后组织民警在建设银行、南洋银行举办安全保卫知识讲座，提高金融部门的安全保卫工作和防范能力。

【社会治安防控体系建设】 2009 年，市公安局制定《南宁市公安局治安系统信息化建设大会战工作实施方案》，集中精力，突出重点，分步实施。搭建市公安局警务信息综合应用平台，完善安全防范、警务管理等功能模块，将派出所综合信息管理、人口信息管理、流动人口治安管理信息、出租房屋治安管理信息、市公安局网上行政执法办案暨监督考评、刑侦综合信息管理、旅馆业治安管理、枪支信息管理、民用爆炸物品管理信息、剧毒化学品管理信息等已建成的系统纳入警务信息综合应用平台；同时组织全局民警进行培训，落实信息采集制度，各分县局、派出所按信息采集制度开展治安信息采集工作，至年末，共采集人口信息、群防群治人员、出租房屋管理、相片采集、境外人员、行业场所从业人员等各类治安信息 1169.38 万条，在全自治区名列第一。

【巡逻防范】 2009 年，市公安局继续推行以指挥中心为龙头的“网格化”巡防，严格实行 24 小时巡逻勤务模式，在市区 27 条主干道合理布控警力，重点将警力投入在案件高发地段、高发部位，突出重点易发案部位的巡逻盘查，落实治安乱点必查、必巡点工作制，提高路面巡警“见警率”、“盘查率”、“现场抓获率”，增强社会面治安管控能力。同时，巡警支队探索具有巡警特色的“专群结合”工作新模式，在警区内开展“巡百家店、知百家情、保百家安”爱民实践走访活动和建立“社会治安信息员网络”。通过组织巡逻民警走访沿街商铺和单位群众，及时收集、录入和使用有价值的治安信息，并向群众征求治安工作意见，宣传安全防范知识，把日常巡逻走访变成联系群众和收集信息的重点渠道，实现了信息工作基础化、基础工作信息化、警务工作效能化。巡警支队共投入“网格化”巡防警力 32536 人次，接指挥中心处警 4688 件，查处“两抢”（抢劫、抢夺）案 457 件，盘查可疑人员 56688 人次（其中通过盘查抓获嫌疑人 549 人），检查车辆 11066 辆次（其中查扣车辆 34 辆），接受群众报警求助 1131 起，成功处置群众受伤、交通事故等各类警情 45 起；走访警区群众 3 万多人，向群众发放宣传资料 8960 份，收集意见和建议 822 条，为民做好事 1670 件，收到群众送来锦旗 52 面、感谢信 26 封。

【禁毒斗争】 2009 年，市公安局贯彻落实全国全区禁毒工作会议精神，组织开展禁毒严打整治行动，加强禁毒宣传教育，全面推行社区戒毒和社区康复工作，认真清查收戒吸毒人员。共查破毒品案 4381 件。其中：破获毒品刑事案 609 件，查处毒品治安案 3772 件；抓获各类毒品违法犯罪嫌疑人 4926 人，逮捕 566 人，强制隔离戒毒 1671 人，社区戒毒 906 人；缴获各种毒品 89.30 千克，缴获毒资 90.50 万元；整治毒品问题公共娱乐场所 668 家次，停业整顿娱乐场所 3 家；破获“5·15”跨省区贩卖毒品氯胺酮 33.40 千克等特大贩毒案；组织开展禁毒宣传教育活动，召开禁毒新闻发布会 3 次，在各种新闻媒体发表禁毒宣传文章和图片 300 多篇（幅）。

【人口管理】 2009 年，市公安局按政策审批办理入户 10768 人。其中：工作调动 2656 人，随军家属 322 人，大学毕业生落户 263 人，录用公务员 146 人，招工招干 598 人，部队转业落户 15 人。购房入户 5545 人，投资纳税入户 302 人，受聘人员入户 18 人，弃婴落户 126 人，办理原红茂矿务局职工异地安置入户 48 人，回国定居入户 4 人，单位建制迁入 725 人。完成二代身份证 32.22 万张，至年末共换发身份证 531.23 万张。暂住人口 389048 人。组织集中统一治安检查活动 23 次，出动警力 10288 人次。发放宣传资料 50 万份，查获形迹可疑人员 1639 人。破获刑事案 71 起，查处治安案件 422 起。逮捕 48 人，劳动教养 9 人，收容戒毒 11 人，治安处罚 602 人。年末统计全市人口为 6978957 人（其中男 3647913 人、女 3331044 人）。

【出入境管理】 2009 年，市公安局出入境管理支队接待来访群众 18 万多人，受理出国（境）申请 141268 人，批准出国（境）申请 141058 人（批准出国护照申请 37527 人，批准赴港澳申请 101040 人，批准赴台湾申请 2491 人）。接待境外人员来访 4438 人，办理外国人居留证 2289 本，开具中华人民共和国出入境通行证件 60 本，签发外国人签证 1594 份，办理外国人入境通行证 35 本，办理台胞签证 648 份、一次性台胞证 18 本，办理华侨、港澳同胞暂住证 133 本，出具护照报失证明 15 份，出具财物报失证明 3 份；共参与处置各类涉外案（事）件 195 起，直接处置外国人非法居留案 107 件，处理 107 人；外国人非法就业案 5 件，处理 5 人；非法雇佣案 3 件；查获非法入境外国人 91 人，遣送出境 50 人。

【交通安全管理】 2009 年，公安部交通管理安全局将南宁市公安局交警支队列为全国交通警察系统规范执法示范单位。市公安局交通警察支队以构建“畅通南宁、绿色交通”为主题，抓好道路交通安全管理。对全支队民警举办岗位培训 8 期，共培训民警 1200 人次，提高民警执行交通法规素质，并制定内部规章制度 23 个，推出“绿色交警之星”创建活动，在南宁交警网、广西新闻网、《南宁晚报》等媒体上开辟“绿色交警之星”评比专栏，组织广大市民参与投票，共评出示范标准岗 30 个，岗位能手 167 人；编制《南宁市推进交警管理信息化建设应用三年规划》，基层单位网络化 100%，推广智能交警技术应用，重点搞好市区交通管理指挥分中心，全市共有交通信号控制路口 235 个，设交通视频监控点 156 个，基本覆盖快环以内城市道路，设置“警务通”终端设备 450 台，支队公安网络计算机 904 台；共更新交

2009 年南宁市特大交通事故情况

时间	地点	原因	伤亡人数
2 月 3 日	隆安县国道 324 线那桐镇侧井路段	在同车道行驶中，不按规定与前车保持必要的安全距离	死亡 4 人，受伤 15 人
2 月 9 日	青秀区伶俐镇王京村汶水坡村道	未取得驾驶证驾驶机动车	死亡 3 人，受伤 5 人
3 月 16 日	上林县省道 209 线 121 公里 +70 米	不按规定会车	死亡 3 人，受伤 5 人
6 月 16 日	上林县道 488 线 60 公里 +625.3 米	驾驶机件不符合技术标准的机动车	死亡 5 人，受伤 23 人
8 月 16 日	兴宁区五塘镇国道 322 线 749 公里 +300 米	不按规定会车	死亡 4 人
11 月 28 日	武鸣县国道 210 线 2922 公里 +780 米	与对面来车有会车可能时超车	死亡 3 人，受伤 1 人

通标志700多套，修改完善交通标线1.76万平方米。共组织开展全市性大规模交通秩序整治行动98次，8月15日至12月底，开展整治酒后驾驶车专项行动，共查处交通违法行为为357起，行政拘留42人。全年共查处交通违法行为45.65万起，依法行政拘留严重违法者132人。

市公安局交警支队车辆管理所共办进机动车注册登记129442辆（汽车70519辆、摩托车58524辆、其他车辆399辆）。机动车年度检验387619辆，受理初学驾驶证申请143041人，增驾24843人，开展科目一考试193330人次、科目二考试246222人次、科目三考试140865人次，换发驾驶证142390人次；受理提交体检证明225815人次。至年末，全市机动车保有量为1116463辆（汽车340835辆、摩托车773040辆、其他车辆2588辆）。持机动车驾证有1093113人。共发生立案道路交通事故1292起，死亡408人，受伤1762人，直接财产损失478.40万元。

【消防管理】 2009年，市公安消防支队（武警南宁市消防支队）以“科学强警”、“科学施训”打造“消防铁军”。支队、大队、中队分别对高层、地下建筑以及人员密集场所开展演习、训练1500次，出动人员19986人次、车辆4522辆次，提高了实战能力。8月25~27日，举办业务技能大比武竞赛，参赛官兵160多人。年度考核中机关干部体能达标率91.40%，业务理论达标率100%。基层大队、中队官兵体能达标率92%，业务理论达标率91%。在常规练兵的同时，注重科技练兵，推广第一出动力量编成操、火情侦察操、火场排烟操、高层建筑分层登高垂直铺设水带操、高层建筑一次性登高垂直铺设水带操、干线水带利用引绳施放操、干线水带原地吊升操7类操的实用训练；制定数字电子水源管理档案，依托信息化建设平台，全程跟踪道路水源的管理，开展消防重大危险源调查及评估工作，完成重点单位调查及评估965个，在科学评估基础上修订总体预案8个，完善各类灾害事故的应处置机制，改良手抬机动泵，使手抬机动泵与泵浦车形成串联，进一步提高高层供水能力。年内，共排查单位11068个，发现火灾隐患11691起，整改火灾隐患10995处，发出整改法律文书1521份，实施处罚169起，责令停业整改108个，行政拘留32人。加强科技强装备建设，市政府拨款7003万元，购置对讲机150台和车载对讲机50台，建设无线常规转信台1台，建设火场无线视频和音频传输系统，购进78米云梯车1台；同时建设柳沙、良庆、黎塘、蒲庙消防站。全年共参加灭火和抢险救援1849起（灭火出动232起、抢险救援1617起），派出人员15698人次、车辆2791辆次，抢救人员599人，抢救和保护财产价值7000多万元。全市发生火灾173起，死亡5人，伤5人，财产损失321.40万元。消防支队被评为“国庆60周年全国消防部队消防安全保卫先进支队”，获自治区公安厅记集体嘉奖一次，立二等功2人、三等功14人。

【基层警务建设】 2009年，市公安局继续搞好基层警务建设，获公安部命名为一级派出所22个，自治区公安厅命名为二级派出所52个，市公安局评审认定为三级派出所110个。1~3月，组织全市公安派出所民警投入“全国公安民警大走访”爱民活动实践，投入警力3141人次，走访机关单位、工厂、学校共1.33万人次，新闻媒体宣传158次，张贴公告2695张，社会宣传1059张，印发宣传资料74334份，召开座谈会444次。各派出所建立调解室、各警区选有人民调解员1283人，共调解治安纠纷、民事纠纷案7057件。各警区共建立帮教小组1.08万个、帮教力量1.08万人，帮教失足青少年8851人，发现、侦查案件线索129条，破案81起，打击处理371人。

【案例选介】

“2·16”特大杀人碎尸案 2009年2月12日上午7时许，西乡塘分局五里亭派出所接到覃女士报案，称其3个妹妹（化名覃二妹、覃三妹、覃四妹）失踪。2月16日，市公安局接到群众报案，在良庆区阳光新城小区后山发现一批可疑袋状物。经检验，确定此袋内尸块所属尸源即为2月12日覃女士报失踪的覃氏三姐妹。4月25日在南宁市大学东路嘉州华都小区将犯罪嫌疑人兰新诚抓获。经审讯兰新诚对杀害覃氏三姐妹并分尸、抛尸的犯罪事实供认不讳。居住在嘉州华都小区的兰新诚（男，1985年6月1日出生，广西大新人，大专文化，案发前在南宁市古城路某橱柜公司工作，案发后辞职）发现其邻居覃氏姐妹年轻貌美，产生了宣泄个人欲望的邪念。2月10日晚8时许，守候家中的兰新诚听到对面房两个女孩回家的声音，制造一个故障引诱覃氏三妹出门查看，乘着三妹出门之机，通过虚掩的房门兰新诚迅速进入房内，持刀捅伤坐在家中的四妹并进行了控制。几分钟后，三妹回家敲门，兰再次持刀将三妹挟持进屋并对两人进行了控制。正当兰在房内对覃氏三妹、四妹进行捆绑时，二妹回家敲门，兰又如法炮制将二妹劫持进屋。因遭遇兰持刀伤害，覃氏三姐妹未敢做太大的反抗，当晚，兰将三人一一杀死，并将尸体拖回其住处，对现场进行蓄意破坏。随后3天，兰新诚在家中将三姐妹碎尸后抛弃于良庆区阳光新城小区后山。6月5日，市检察院以故意杀人罪对兰新诚提起公诉。7月3日，市中院一审以故意杀人罪对被告兰新诚判处死刑。

“7·3”传销专案 2009年12月4日，市公安局经侦支队破获由公安部2009年7月3日交办、自治区公安厅督办的“7·3”传销专案。2005年5月至2009年4月，中国人民银行反洗钱部门发现以肖卫（男，41岁，新疆石河子市人）、梅丽丽（女，39岁，广西南宁人）、田明（男，42岁，新疆石河子市人）、房向荣（男，42岁，新疆乌鲁木齐市人）等8人的银行账户在广西南宁、北海两地存在大量异常交易情况，交易总额约7亿元，肖卫等人有重大传销犯罪嫌疑，中国人民银行即向市公安局报案。2009年8月5日，市公安局经侦支队以涉嫌组织领导传销罪对该案进行立案侦查。经侦查，掌握了该组织大量的犯罪证据。同年12月4日经侦支队、巡警支队、网警支队等多警种联合，在市东皇商务酒店分别抓获肖卫、付瑞芳、梅丽丽、房向荣、田明等主要组织者、骨干成员在内的犯罪嫌疑人82人（其中抓获8名塔尖级人物和20名主要骨干人员），扣押汽车12辆、涉案电脑9台、申购单等涉案物品一批，冻结银行账户款项2000多万元，经审查肖卫、付瑞芳、梅丽丽等犯罪嫌疑人对涉嫌传销的犯罪事实供认不讳。2010年1月7~11日，经青秀区检察院批准先后对其中41人执行逮捕，3人被取保候审。

（黎　柱　李泽泰　李　金　杨　梅）

司法行政

【概　况】 2009年，南宁市司法局内设8个科室和市法律援助中心、市公证处2个直属单位，辖12个县区司法局、123个乡镇（街道）司法所，有在编人员533人。

各级司法行政机关以“保增长，保民生，保稳定”为工作中心，切实履行法制宣传、法律服务、人民调解等各项工作职能，继续组织实施南宁市“五五”普法规划，配合全市各项中心工作，有针对性地开展多种形式的法制宣传教育活动；加强司法所规范化建设，扎实有效地开展人民调解工作和刑释解教人员安置帮教工作，13个司法所获自治区授予“五好”司法所，12个司法所获评“一级”司法所；立足于服务南宁市“项目建设年”、“服务企业年”活动，各法律服务机构积极拓展业务，提升服务水平，全市律师办理案件6878件、担任法律顾问308家，公证处办理公证事项15750件、公证收入433.14余万元，基层法律服务所办理法律事务3236件、担任法律顾问450家，法律援助机构办理法律援助案件970件，“12348”热线接听并解答来电咨询7909人次；组织实施年度国家司法考试，南宁考区共设标准考场104个，3523人报名应试，540人考试合格并取得法律职业资格证。年内，全市司法行政系统有1人立二等功；5个单位、17人立集体、个人三等功；2个单位、2人获部级表彰；8个单位、14人获自治区级表彰；25个单位、84人获市级表彰。其中，市司法局获全国“五五”普法工作先进集体，市法律援助中心获司法部“法律服务和法律援助工作为构建社会主义和谐社会服务”主题实践活动先进集体。

【普法宣传教育】 2009年，市各级司法行政机关和依法治理办公室继续组织实施“五五”普法规划，在全市开展普法教育和法制宣传活动。编印新颁布实施的法律法规系列丛书12期15万本、普法教材1.60万册、宣传专栏等有关资料284.30万份，免费发放到县区、乡镇（街道）、村（居）委会，并组织各县区、各单位征订普法教材，举办各种普法讲座和培训班，层层抓好普法辅导员培训和重点普法对象学法。共举办各级领导干部、公务员法制讲座153期，培训1.36万人次；举办普法辅导员培训班160期，培训8251人次；举办企业经营管理人员法制培训班68期，培训3264人次；举办法制副校长培训班33期，培训1463人次；法制副校长给中小学生上法制课520次；组织青少年参加全国网络法制知识竞赛；举办村干部、党员法律知识培训班以及就业前培训280期，培训1.52万人次；举办社区居委会干部法律知识培训班250期，培训1.35万人次。同时，配合全市中心工作，结合群众关心的现实问题，开展主题法制宣传活动。先后组织开展“保春耕服务农民工”法制宣传活动、“能帮就帮人人都是志愿者”新春送法进社区活动、“三八”妇女节妇女权益保障法宣传、“学雷锋日”送法下乡活动，以及知识产权宣传周、防范和打击非法集资法制宣传周、打击非法传销宣传月、维护中华人民共和国成立60周年庆祝活动和中国—东盟博览会期间社会治安稳定法制宣传周、禁毒宣传周、防灾减灾宣传周、预防甲型流感法制宣传周、预防艾滋病宣传周、民族团结法律法规宣传周等活动。共组织开展广场宣传活动752次，送法进乡村1380次，送法进社区523次，送法进学校630次，送法进工厂、工地250次，开展文艺演出184场，编辑法制板（墙）报3968期，发放宣传资料284.30万份，接待群众咨询36.20万人次。

【广场法制标识建设】 2009年，市政府根据“五五”普法工作方案，在市内6个城区各建设1个以上小广场、小绿地，在广场设置法制标识，并作为市政府2009年为民办实事项目之一。至年末，青秀、兴宁、西乡塘、江南、邕宁、良庆区全部完成广场法制标识建设项目。其中：青秀区投资10万元，在东方广场及新竹社区各建设电子滚动法制宣传栏1个；兴宁区投资25万元，在朝阳广场设置法制宣传电子显示屏及宣传栏一体化设施；西乡塘区投资15万元，在友爱广场和南棉社区各设立永久性法制宣传广告牌1个，在友爱广场设置法制宣传橱窗长廊；江南区投资1.30万元，在永和大桥桥底新建公共绿地及吴圩镇政府大院各设置永久性法制宣传广告牌1个；邕宁区投资10万元，在新兴广场建设法制宣传石景；良庆区投资5万元，在玉洞商贸城绿地设立法制宣传固定标语和小石景。

【人民调解】 2009年，全市建立乡镇（街道）、村（社区）、企事业单位和区域性、行业性人民调解委员会2081个，配备调解员2.12万人。建立和完善人民调解工作制度16项，共创建规范化调委会1333个，其中乡镇（街道）人民调解委员会100%达到规范化标准，村（社区）等各类人民调解规范化建设创建面达70%。各级司法行政机关和人民调解委员会继续组织“大排查、大接访、大调处”活动，重点排查可能引发集体上访和群体性事件的矛盾纠纷，在抓好预防的同时，明确职责，落实责任，促进各类矛盾纠纷及时有效化解，共排查调解民间纠纷17039件，调解成功16523件，成功率96.90%，防止民间纠纷引起自杀49件61人，防止民转刑案件190件1937人，制止群众性械斗404件，防止群众性上访445件。

【公证事务】 2009年，市司法局宣传贯彻《中华人民共和国公证法》，规范公证管理和公证执业活动，加强公证执业监

8月30日，广西法制电影进万村（社区）主题宣传活动启动仪式暨南宁首映式举行

市司法局提供

督，促进公证管理规范化和制度化，不断提高公证社会公信力。全市有桂南、德芳、邕江、武鸣、横县、宾阳、马山、上林、隆安9个公证处、注册公证员31人。共办理各类公证事项15750件。其中：国内民事事项公证6629件，国内经济事项公证1756件，涉港澳台公证934件，涉外公证6431件。公证收入433万元。

【律师事务】 2009年，市司法局和律师协会庆祝律师制度恢复30周年，召开纪念大会，给44名执业20年以上的律师颁发纪念奖牌。至年末，全市有注册律师事务所69个，律师702人，担任公民和组织法律顾问308家。办理各类法律事务6878件。其中：刑事辩护及代理1866件，民事诉讼代理3222件，经济诉讼代理852件，行政诉讼代理276件；非诉讼法律事务代理662件。

【基层法律服务】 2009年，南宁市有注册基层法律服务所81个、法律服务工作者344人，担任公民和组织法律顾问450家，办理法律事务3236件，其中代理诉讼1670件、非诉讼法律事务1566件，调解纠纷1255件，法律咨询3.87万人次，为单位和当事人避免或挽回经济损失4663.20万元。

【法律援助】 2009年，南宁市有市、县区法律援助中心13个，乡镇（街道）、开发区、村（社区）、社团组织法律援助工作站（联络点）208个。市法律援助中心推行法律援助便民措施，在国务院颁布的《法律援助条例》和《广西壮族自治区法律援助条例》规定的受案范围基础上，对老、残、妇、特困职工等弱势群体提出的自诉案件、人身损害赔偿案件、家庭暴力案件等法律援助申请，降低经济困难标准；对于农民工追讨工资、工伤事故赔偿和其他人身损害赔偿等事项，开辟“法律援助绿色通道”，简化审批程序，努力做到应援尽援，解决困难群众和弱势群体无钱打官司及打官司难的问题。提高办案补贴标准，鼓励律师多办案、办好案，并抓好案件质量管理，连续多年案件质量零投诉。各法律援助中心接待来访咨询8287件，办理法律援助案970件。其中：民事案371件，刑事案599件。12348法律服务咨询热线接听并解答群众法律咨询7909件。

【调解道路交通事故民事损害赔偿试点】 2009年6月1日至11月30日，公安部、司法部在包括南宁市在内的5个城市组织开展人民调解委员会调解道路交通事故民事损害赔偿试点工作。7月29日和7月30日，南宁市分别在市交警支队二大队和一大队成立青秀区道路交通事故人民调解委员会和西乡塘区道路交通事故人民调解委员会，有4名具有交通事故处理、法学等方面资质的专职工作人员负责日常调解工作，并建立38名乡镇（街道）、社区调委会人员组成的人才库。人民调解委员会调解道路交通事故民事损害赔偿主要适用于公安交通管理部门按照一般程序处理的道路交通事故。道路交通事故认定书生效后，各方当事人自愿请求人民调解委员会调解的，可以不经过交通民警调解，由人民调解委员会直接组织调解。经调解达成协议的，制作具有法律效力的书面调解协议；当事人未达成协议或达成协议不履行的，当事人可以请求公安交通管理部门调解，也可以直接向法院提起民事诉讼。全年共受理调解纠纷219件，调解成功209件，成功率95%。

【安置帮教】 2009年，南宁市组织开展监狱劳教与基层司法行政单位“结对子”工程（监狱劳教单位派工作人员到基层司法行政单位挂职；司法行政单位经常组织人员到监狱和劳教所开展帮教活动）。有1个监狱（柳城监狱）和2个劳教单位（广西第一劳教所、广西女子劳教所）分别与马山县司法局、宾阳县司法局、良庆区司法局“结对子”，共派出7名监狱、劳教干警到乡镇司法所挂职锻炼1年，指导司法所开展刑释解教人员安置帮教工作。各司法所进一步建立完善衔接、登记、档案、回访、动态管理等制度，做好刑释解教人员衔接工作。全面推广使用安置帮教工作管理软件，实现对刑释解教人员的信息化管理，逐步降低脱管失控率。各级司法行政机关加大安置帮教力度，组织帮教团到监狱和劳教所对服刑在教人员开展面对面帮教活动，协调指导有关部门解决刑释解教人员在生产生活中遇到的困难和问题。全年全市刑释解教人员2123人，帮教率100%，安置2093人，安置率98.60%，其中原单位安置181人、落实责任田1405人、社会救济45人、从事个体经营243人、创建安置基地1个安置6人、其他方式安置213人，刑释解教人员重新犯罪率0.40%。

【司法鉴定】 2009年，南宁市管理有市金盾道路事故司法鉴定所（市第一人民医院）、市第五人民医院司法鉴定所、市阳光法医物证司法鉴定所（南宁中心血站）、市建筑质量检测中心、市建设工程造价管理站司法鉴定中心5家司法鉴定机构，鉴定人员50名。共办理鉴定业务1777件，其中公检法部门委托1509件、企事业单位委托1件、个人委托267件；鉴定业务属于法医临床鉴定93件、法医精神病鉴定610件、法医物证鉴定58件、法医毒物鉴定1016件。

（王琦汕）

责任编辑　梁笑飞

2009年南宁市注册律师事务所名录

桂三力律师事务所（44人）　信德嘉律师事务所（7人）　金卡律师事务所（32人）　桂通律师事务所（5人）　宝士成律师事务所（13人）　广西永翰律师事务所（11人）　桂京律师事务所（7人）　和社律师事务所（5人）　广西广为律师事务所（20人）　南国雄鹰律师事务所（25人）　鼎峰律师事务所（8人）　金中大律师事务所（13人）　国海律师事务所（46人）　桂兴律师事务所（13人）　辰亿律师事务所（6人）　胜涛律师事务所（15人）　东舰律师事务所（8人）　佳丰律师事务所（6人）　天华阳光律师事务所（14人）　桂恒丰律师事务所（9人）　元兴律师事务所（11人）　百举鸣律师事务所（23人）　吉兴律师事务所（8人）　程和程律师事务所（12人）　灿星律师事务所（5人）　伟宁律师事务所（9人）　昭盛律师事务所（5人）　天承律师事务所（4人）　智森律师事务所（9人）　崇泰律师事务所（12人）　锦康律师事务所（17人）　天鹰律师事务所（4人）　横原律师事务所（5人）　志明律师事务所（12人）　诚通律师事务所（3人）　林山律师事务所（6人）　飞马律师事务所（5人）　新鸣律师事务所（11人）　桂星律师事务所（4人）　益佳律师事务所（12人）　至善律师事务所（27人）　万合律师事务所（12人）　中均律师事务所（9人）　衡诺律师事务所（1人）　明峻律师事务所（9人）　金益律师事务所（16人）　法严律师事务所（15人）　友宁律师事务所（7人）　桂成律师事务所（14人）　宏凯律师事务所（21人）　钰锦律师事务所（19人）　建开律师事务所（10人）　中龙律师事务所（5人）　星汉律师事务所（6人）　文灿律师事务所（1人）　胜开律师事务所（10人）　吉强律师事务所（4人）　广盟律师事务所（7人）　科豪律师事务所（2人）　奕华律师事务所（1人）　梁栋律师事务所（3人）　航洋律师事务所（2人）　元胜律师事务所（4人）　北京市大成律师事务所广西分所（3人）　北京市中鸿律师事务所广西分所（3人）　君桂律师事务所（3人）　君港律师事务所（1人）　广宾律师事务所（1人）　思盛律师事务所（2人）

军　事

中国人民解放军广西南宁警备区

【概　况】 2009年，中国人民解放军广西南宁警备区部队和民兵预备役按照军委、总部和两级军区党委的部署要求，落实以军事斗争准备为龙头的各项工作，完成年度各项任务。警备区被评为广州军区财务管理先进单位、广西军区民兵军事训练教案编写先进单位和新闻报道先进单位；横县人民武装部被评为广西军区全面建设先进团级单位和先进团级单位党委，青秀区人民武装部被评为全国维权工作先进单位、广西军区先进团级单位党委，江南区人民武装部被评为自治区维权工作先进单位、广西军区勤政廉政建设先进单位，上林县人民武装部被评为广西军区预防职务犯罪工作先进单位。警备区先后有22人被军以上单位表彰为先进，9人立三等功，26人被评为优秀士兵。

【思想政治建设】 2009年，警备区开展"培育当代革命军人核心价值观"主题教育活动，抓好理论灌输中心环节，引导官兵自觉践行核心价值观。加强党委班子建设，对2个相对薄弱的团级党委班子进行重点帮建。强化干部的管理监督，深入开展"从严治干、遵规守纪"专项教育整顿活动，干部队伍表率意识、法规意识明显增强。结合新疆"7·5"事件和中华人民共和国成立60周年大庆，抓好形势战备和时事政策教育，统一官兵思想认识。协调市委、市政府召开武委会、国防动员委员会和议军会，专题讨论解决党管武装工作的重点难点问题。10月，组织开展南宁市首届武装工作"六个十佳"评选表彰活动，充分调动各级领导、基层专武干部和民兵干部抓好国防后备力量建设的积极性。

【战备训练】 2009年，警备区立足平时应急需要，结合辖区内可能发生的突发事件，修订各种处置突发事件应急预案，初步建立警备区系统的"处突"应急机制。采取集中授课，先后3次组织团以上首长机关进行非战争军事行动理论研讨及作战要素、指挥自动化系统和基本业务知识的学习训练。抓好民兵高炮分队训练和民兵航模分队训练，做好参加军区组织的高炮实弹射击的准备。组织南宁市城市联合防空作战演习，参加军区组织的指挥所演习，提高警备区首长机关的组织指挥能力。协调完善防汛抗旱、森林防火、反恐维稳等组织指挥机构，建立联席会议、情况通报、信息共享等制度，调整组建抗洪抢险、森林灭火、交通保障、应急通信、医疗防疫、防化救援、反恐维稳等7支应急队伍。指导横县人武部完成人武部首长机关带民兵分队应急处突行动演练，规范民兵参与处置突发事件行动的组织指挥、行动程序、方法要求。指导兴宁区人武部参加广西军区组织的人武部应急能力考核，兴宁区人武部被广西军区评为应急能力达标单位。

【部队管理】 2009年，警备区各级始终把确保部队安全稳定作为部队一项经常性、基础性、全局性的工作常抓不懈。开展"安全宣传教育月"活动，落实《安全条例》学习和规章制度。依据条令条例，修订完善人员、车辆、营院等管理规定，规范日常管理秩序。组织队列会操和军容风纪检查，强化首长机关作风纪律建设。先后进行4次作风纪律教育整顿和安全管理教育整顿、3次隐患排查和清理整治，整治规章制度不落实、"八小时以外"人员管理不严、对外乱交往、干部开车、酒后驾驶、"两个经常性"（经常性思想工作和经常性管理工作）工作不落实等问题。建立健全军地信息定期互通、紧急情况随时通报制度，协助地方有关部门做好退役人员的稳定工作，妥善处理上访事件12起。

【民兵预备役工作】 2009年，警备区按照"平时服务、急时应急、战时应战"的目标要求，落实民兵预备役工作。抓好年度民兵整组，对作战(应急)分队、勤务保障分队进行调整充实，对7支应急专业队伍进行调整组建，对1支航模分队进行抽编组建。组织开展动员潜力调查，指导市国动委各专业办公室落实新增通用装备、物资器材和民用运力的储备与预征。完成征集各级各类院校应届毕业生试点任务和年度征集新兵任务。加强民兵预备役基层建设，提高基层武装部和民兵营（连）建设水平。按照《南宁市两级人武部二年建设规划》要求，抓好基层规范化建设，达到基本队伍强素质、基本教育重效果、基本设施建完善、基本制度抓落实的要求。

【城市警备纠察】 2009年，警备区落实广州军区《警备工作"九条禁令"》和《加强警备队伍风气建设的意见》，抓好警备人员的教育管理和业务培训。加大检查纠察力度，检查纠正违章违纪外出军人军车321人次，查处假冒军车72辆次，收缴假冒军车车号牌230余副，处理涉军纠纷、事故10起，查获假冒军人9名，维护军队的良好形象和军人的合法权益。发挥警备司令部的职能作用，为首府南宁创造和谐、团结、稳定的军政军民环境。组织警备纠察分队到中国—东盟博览会现场执勤，维持秩序。

【拥政爱民】 2009年，警备区坚持以"同呼吸、共命运、心连心"为目标，扎实开展拥政爱民工作。先后组织民兵参加抢险救灾和维护社会治安等急难险重任务18次，动用民兵8600人次，转移群众635人、物资82吨，扑灭山火10余处，排除各类险情8次。10月，组织动员民兵1700人参加中国—东盟博览会安保执勤。先后派出官兵234人次，完成56所中小学学生军训任务。开展捐助活动，共向红十字会捐款10万余元。

【综合保障】 2009年，警备区稳步推进后勤装备建设。抓好南宁地区部队物资区域联合采购工作试点，年度采购经费节约12%。率先在广西军区部队实施公务卡消费结算，在干休所推行经费预算与资金收付相分离改革，强化资金安全管理。深入开展治理“小金库”和打击发票违法犯罪活动，提高财务管理效益。推进住房保障制度改革，完成干休所老干部住房货币补差方案的编报和发放。落实住房清理工作，共清退违规住房42套，在职干部违规住房清退率100%。加大对基础设施建设经费投入，警备区本级投入经费102万元，完成电线下地铺设、下水道改造、体育球馆、生活区营院整治等工程建设。稳步推进上林县、江南区、邕宁区人武部新营院和友爱路干休所综合楼建设。抓好武器装备正规化管理，警备区本级、马山县、横县民兵武器装备仓库分别被评为广西军区“达标建设先进单位”和“红旗库房”。

南宁警备区领导人

司令员	周 平	大校
政治委员	翟宗华	大校
副司令员	江 湛	大校
副司令员兼参谋长	潘水兴	大校
政治部主任	刘社鹏	大校
后勤部部长	黎 林	上校

（杨爱平）

中国人民武装警察部队南宁市支队

【思想政治建设】 2009年，中国人民武装警察部队南宁市支队精心组织党委机关和指导基层党委、支部学习实践活动，注重突出实践特色，建立健全党委首长现场办公机制，解决基层无力解决的问题。开展“培育当代革命军人核心价值观，永远做党和人民的忠诚卫士”主题教育和“加强党性修养、振奋革命精神”、“深知兵、真爱兵”专题教育，编印下发《学习实践科学发展观活动110问》小册子、《践行当代革命军人核心价值观先进人物故事集》和《好兵的100个细节》，突出抓好警营文化环境建设，开展“互帮、互学、互管”活动和队训宣传、队歌演唱、队史育人活动，完善各类勤务政治工作预案，强化官兵革命意志和战斗精神。

【执勤与训练】 2009年，支队全面落实新的组勤模式，完善执勤配套设施，逐步形成人防、物防、技防和联防“四防一体化”格局。加强勤务分类指导，抓好执勤基础科目、形象训练及勤训轮换，开展专勤专训、专哨专训，每季度组织部队会操暨干部军事技能考核，督促落实训练内容。全年警卫目标实现绝对安全；守卫、看守勤务分队和执行押（卸）钞等临时勤务实现了万无一失。机动分队先后4次圆满完成中央首长在南宁视察、住地警卫和抵离南宁吴圩国际机场时的机场路线警卫执勤任务，“2·16”打黑除恶武装抓捕和“两会一节”安保任务。

【安全管理】 2009年，支队设立安全发展基金，重奖消除、举报事故隐患有功人员，每年给履职认真的基层大、中队安全员发放岗位津贴。建立健全安全委员会、政法委员会，在基层大、中队设立安全领导小组、班设立安全员等群防联控机制。重新修订《安全隐患报告监督奖惩措施》，在机关和基层设置“安全发展同心箱”，在局域网上开设“‘两个确保’监督岗”，层层签订责任状，抓好有关规定学习，和“每周一课”安全教育，实行安全员先训后用、挂牌上岗，深入基层分析形势、查找问题、研究对策，为高标准实现确保内部安全、目标安全的要求打下了坚实基础。

【后勤保障】 2009年，支队扎实抓好后勤战备建设，持续改善基层物质生活条件，进一步完善基层设施建设，充实支队机关和基层的后勤战备物资，提升后勤服务保障质量，强化科学管理，实行公务卡结算管理制度。加强枪弹、车辆、营具设施和空余房地产管理，组织基层司务长、炊事员、军械员、驾驶员、营房维修工、卫生员和心里骨干培训。抓好防控甲型H1N1流感工作，实现不传入目标。

【基层建设】 2009年，支队坚持抓经营，打基础不动摇，把《纲要》作为落实工作的基本准则和科学依据，制定《党委机关挂点帮建实施办法》，党委常委和机关科室与基层结成帮建对子，明确帮建责任。坚持“抓两头，促中间”，在固强补弱中推动工作落实，所属中队正规化管理水平得到提升。通过各种会议搞好应用培训，修改完善中队主官、正副班长、司务长工作《明白卡》，每季度对各级干部集中进行素质考核，评选按纲建队红旗单位、红星个人，讲评干部履职尽责情况，正确处理任务和建设的关系，在完成重大任务中不断提高干部能力和工作质量，确保了经常性、基础性工作落实。

武警南宁市支队领导人

支队长	陈 冬（副师）	大校
第一政治委员	赵 波	三级警监
	（南宁市公安局长兼）	
政治委员	龙文成（副师）	大校
副支队长	李义斌（正团）	上校
	焦振国（正团）	上校
副政治委员	王炳文（正团）	上校
	覃佩泉（正团）	上校
参谋长	陈学兵（正团）	上校
政治部主任	徐茂林（正团）	上校

6月4日，武警南宁市支队组织抗洪抢险实兵演练　　武警南宁市支队提供

后勤部部长　钟文武(副团)　中校

（李小权）

人民防空

【概　况】 2009年，南宁市人民防空办公室认真贯彻落实《中华人民共和国人民防空法》和第五次全国人防会议精神，坚持“长期准备、重点建设、平战结合”的工作方针，以抓好结合民用建筑修建防空地下室和完善指挥工程为重点开展人防工程建设；以防灾、防涝为重点开展人防工程维护工作；以落实制度和设备维护为重点开展通信警报建设；以提高工事的战备效益、社会效益和经济效益为重点开展平战结合工作；以普及人防知识、提高教学质量为重点开展人防宣传教育工作。2009年，获全国人防宣传报道先进单位和自治区人防工作年度目标管理先进单位、人防宣传月活动特等奖等荣誉。

【人防工程建设与维护】 2009年，市人防办结合开展“项目建设年”、“服务企业年”活动，共完成结合新建民用建筑修建防空地下室项目审批63项、人防工程易地建设审批140项，还完成某中学旧人防工程的加固改造。加强对人防工程内部防护设施的维护，对各种设备的运行使用情况进行检查维修。坚持每月进行一次常规检查、每季进行一次重点检查、半年进行一次全面检查、每逢天气突变和重大节假日加强检查的制度。完善维护检查的记录、备案制度。对容易遭到洪水侵袭威胁的人防地下工事采取加固措施；对部分工事漏水、裂缝进行封堵、维修；对过期的消防器材及时更换；对一些可能发生事故隐患的因素及时检查、整改，确保全市人防工事的安全使用。

【通信警报建设】

通信值勤　2009年，市人防办根据国家人防办和广州军区的要求，坚持每天24小时战备值班制度，值班员做到处置情况及时，交接班有记录。年内未出现误班误事的情况。

专业训练　按照《人防通信训练大纲》和自治区人防办下达的训练指标，组织专业学习和训练。先后组织通信技术干部训练128小时、通信技工及其他专业人员训练215小时。采取了集中上课与自学相结合的训练方法，以值勤带训练，先基础科目训练、后综合课题训练，提高应急处理情况的能力。

防空警报建设　加强全市防空警报的维护管理，市人防办与各县区人防办，各县区人防办与各防空警报安装单位层层签订管理责任书。同时，加大对干部职工的业务培训，不断提高业务技能，建章立制，修订完善管理制度。落实警报器维护管理经费，强化防空警报管理网络，对上年新安装的电声警报器进行维护；对原有的警报器进行全面的检查保养和测试，使全市防空警报处于良好的技术状态，统控率和音响覆盖率都达到100%，确保8月30日全市防空警报试鸣的成功举行。

【人防指挥建设】 2009年，市人防办完成市人防机动指挥所的建设，并投入使用。全市建立县级战时人口疏散指挥部、乡镇级指挥所以及村级接收站。在此基础上，各中心城区与对口的5个县完成10多个点的人口疏散基地结对子活动，9月，顺利通过自治区人防办对市战时人口疏散基地建设工作的专项检查。会同南宁警备区司令部联合下发《群众防空组织专业队在岗训练的通知》和训练计划，并进行检查、督促，确保训练的人员、时间、内容、效果的落实。对全市7支人防专业队进行整组，提高各个专业队遂行任务的能力。

【平战结合】 2009年，南宁市以市直管人防工程开发利用为重点，以平战管理处、新华公司为依托，加大平战结合管理力度，通过调整工作思路、拓宽利用渠道，完善规章制度，实行量化管理，提高服务水平等措施，获取开发利用效益。平战结合收入1100万元，超额完成年度目标任务。

【执法监察】 2009年，市人防办依据国家《人民防空行政执法规定》和《自治区人民防空行政执法办法》，健全执法制度，落实执法责任制，规范执法行为。执法人员深入各个工地、工事，依法行政，公平、公开、公正执法，年内未发生错案投诉现象。组织市人防执法队伍对报批结建防空地下室项目进行了督促监察，发现问题及时纠正。

【防空警报试鸣与演习】 2009年8月30日为第10个南宁市人民防空警报统一试鸣日。在试鸣日的前5天，每天都在广播、电视、报纸等新闻媒体发布市政府、南宁警备区《关于进行防空警报试鸣的公告》。警报试鸣日当天，自治区党委常委、广西军区司令员刘晓琨少将，自治区党委常委、市委书记车荣福，市长黄方方在市人防指挥所指挥了警报试鸣和演练活动，自治区、南宁市党政军有关领导以及市国动委成员单位在市指挥所通过视频会议系统观摩了试鸣和演练活动。各县区党政军主要领导分别率本区域人员在分指挥部组织指挥试鸣和演练活动。为了配合警报试鸣，市所辖六县六城区共1.46万人参加疏散隐蔽演练活动。

【人防教育展示厅建成开放】 2009年3月，市人防教育展示厅作为广西第一个以人民防空为主题的国防教育基地正式对外开放。展示厅面积400多平方米，由展板、模型和影视厅3个部分组成，共展出图片800多幅，各类防空兵器模型50多套，防空袭战争影视资料片30多套，展现南宁市人民防空建设走过的50多年历程和辉煌成就。同时，制作了“筑起新的长城”专题片，配合宣传教育。共接待各中小学校、自治区内外各兄弟单位42批3600多人次参观学习。

【人防宣传月活动】 2009年8月14日上午8时，市人防办与自治区人防办共同在民族广场举行以“关注人民防空，建设平安广西”为主题的全自治区人防宣传月活动的启动仪式。自治区副主席高雄、广西军区副司令员肖石桥少将、市长黄方方等党政军领导和自治区国防动员委员会成员单位、市四家班子、警备区领导、市国动委成员单位和各专业办公室主任、广西各地级市人防办领导以及自治区、市人防系统干部职工、驻邕部队、南宁市各城区领导、社区群众共1000多人参加。共发放人防宣传品近1万份，开设法律法规咨询、宣传台4个，在民族广场设置人防宣传一条街，摆放宣传展板90版，安排一台文艺节目演出，各级领导还观摩人防机动指挥系统的演示。宣传月期间，南宁电台、电视台、新闻网共12次对人防建设进行专题报道，多次播放市人防办制作的人防科学发展专题片《筑起新的长城》。《广西日报》、《南宁日报》、《南宁晚报》等报刊共刊登反映人防建设的文章共11篇、照片16幅。

（邓　谦）

责任编辑　李敬江

开发区·新区

综　　述

【概　况】 2009年，南宁市有开发区、工业集中区18家。其中：国家级开发区有南宁高新技术产业开发区、南宁经济技术开发区2家；自治区级开发区有南宁—东盟经济开发区、广西良庆经济开发区、南宁六景工业园区、南宁江南工业园区和南宁仙葫经济开发区5家；依法享受自治区级经济开发区政策的开发区有隆安华侨管理区1家；县、城区工业集中区有宾阳黎塘工业集中区、宾阳芦圩工业集中区、隆安宝塔工业集中区、南宁伊岭工业集中区、上林象山工业集中区、马山苏博工业集中区、兴宁三塘工业集中区、邕宁东部工业集中区、青秀伶俐工业集中区和西乡塘工业集中区10家。被确认为广西A类产业园区10家、B类产业园区1家。南宁市工业园区规划面积460.08平方公里（含托管区），已开发面积78.79平方公里。南宁市工业园区主要沿邕江两侧、沿交通干道分布，中心城区外的工业园区结合重点镇布局，主要分布在城市的南部、北部和西部。每个县、城区都有一个工业集中区，少数县有2个工业集中区。基本形成了比较合理的工业园区布局体系。共有入园企业6268家，其中工业企业1384家。完成规模以上工业总产值506.58亿元，规模以上工业增加值170.07亿元。基础设施投资44.68亿元，工业项目实际投资额133.07亿元。新开工工业项目138个，投资总额53.68亿元；在建工业项目270个，投资总额168.51亿元；竣工投产工业项目76个，完成投资总额30.08亿元。

【政策扶持】 2009年，南宁市各开发区、工业集中区克服工业土地储备少、项目审批手续时间长、基础设施建设资金严重短缺等实际困难，加快推进园区建设。一是做好园区工业用地储备资金和用地指标申请工作，推动政府出台《南宁市工业用地储备资金使用管理办法》和《南宁市2008年已实施或正在实施的工业重点项目用地储备方案》；二是创新融资方式，采取市贷县还、统贷统还的资金筹措方式，加快推进园区基础设施建设；三是推动园区申报自治区A类工业园区。宾阳黎塘工业集中区和隆安宝塔工业集中区获得自治区A类产业园区确认；四是开展园区项目审批权限、收费调研，进一步理顺南宁市工业园区的管理体制、财政体制和运营机制；五是推进园区土地的集约利用，扶持园区建设工业标准厂房。

【招商引资】 2009年，南宁市各开发区、工业集中区共签订工业投资项目合同149个，合同投资总额153.06亿元；工业项目到位资金133.07亿元，比上年增长58.08%；外商实际投资额1.47亿美元，比上年增长48.67%。 （朱丹江）

南宁高新技术产业开发区

【概　况】 2009年，南宁高新技术产业开发区范围东至秀灵路，西至可利江，南至西乡塘路，北至外环高速公路，东西最大横距6.83公里，南北最大纵距6.04公里，面积19.51平方公里。代管心圩街道19平方公里。所在区域属外向型、开放性高新产业密集区，实行特区式封闭管理。高新区管委会在规划范围内行使市级经济管理权限和部分行政管理权限。驻区企业4000多家，其中规模口企业156家（新增14家）、亿元产值工业企业56家（新增21家）。亿元企业实现产值130.11亿元，占规模以上工业总产值的71%。实现政策区营业总收入572亿元；工业总产值438亿元，其中规模以上工业总产值183.23亿元，规模以上工业产值约占全市工业总产值18.90%；全社会固定资产投资68.75亿元，社会消费品零售总额22.73亿元，出口总额2.20亿美元；财政收入12.05亿元。园区三大特色主导产业——生物工程制药及食品加工、汽车零配件及机电产品制造和电子信息产品制造累计实现产值138.61亿元，占规模工业产值总量的75%，拉动工业增长22.20个百分点。其中：生物工程制药及食品加工业完成产值64.90亿元，占规模工业产值总量35.42%；汽车零配件及机电产品制造业完成产值54.01亿元，占规模工业产值总量29.48%；电子信息产品制造业完成产值19.70亿元，占规模工业产值总量10.75%。

【投资环境建设】 2009年，高新区园区配套基本建设项目顺利推进，完成配套基础设施建设项目40个，完成投资32.23亿元，其中完成基本建设投资18.72亿元。列入南宁市本年度城建计划项目17个，完成投资4.24亿元。共有施工项目230个，其中新开工项目164个，竣工投产项目158个。新开工项目完成投资24.93亿元，占全社会固定资产投资总额36.26%；基本建设项目完成投资21.68亿元，占全社会固投的31.53%；技术更新改造完成投资33.57亿元，占全社会固投的48.83%；房地产开发完成投资8.82亿元，占全社会固投的4.35%。全年累计完成全社会固定资产投资68.75亿元，比上年新增23.90亿元，增长53%，增幅提高22.15个百分点。总部基地三期厂房首期6栋标准厂房竣工通过验收，总建筑面积10万平方米。

【招商引资】 2009年，高新区实施招商选资、招强引大招商策略取得新突破。在生物医药产业方面，引进中国九州通集团、广东普宁康维医疗器械有限公司的医疗器械生产项目、维润肾透析及医疗水机设备项目、新方向生物制品生产基地等制药企业；在汽车零配件制造方面，引进广西玉柴机器股份公司工程研究院南宁基地项目；在IT软件及通信信息产业方面，引进中国移动广西分公司广西移动通信信息产业园、总部位于美国硅谷的著名软件研发企业群硕软件公司广西软件外包基地、国内排名第一的汽车维修智能解码仪生产企业——北京金奔腾电子科技公司生产基地项目。完成合同引进内资63.20亿元，实际到位内资39.62亿元；合同引进外资9200万美元，实际利用外资（全广西口径）400万美元，直接利用外资3127万美元。

【科技创新】 2009年，高新区创新型园区建设取得三项突破：培力（南宁）药业有限公司检测中心被认定为国家认可实验室，实现南宁市国家认可实验室零的突破；灵康赛诺科公司投资2500万元建成的国际灵长类动物模型与医药产业化示范基地，是国内首家获得美国动物实验机构认证，实现南宁市国际认证实验室零的突破；灵康赛诺科公司与美国威斯康星州立大学国家灵长类动物研究中心、美国帕金森研究所、美国斯坦福大学、美国加州大学旧金山分校等建立长期的合作关系，承接技术服务和合作项目，具有广泛的国际影响力，实现南宁市开展国际技术合作新突破。围绕国家火炬计划软件产业基地、国家863生物产业基地和南宁市国家生物高科技产业基地3个国家级科技创新示范基地，加大公共技术平台建设。其中南宁生物工程中心累计完成投资1800万元，建成可为生物类中小企业提供小试和中试服务生物公共技术平台。与国家软件标准化推广中心共同建成南宁软件测试平台，并获3项国家标准立项。以企业为科技创新主体，加快企业研发中心和工程技术中心建设。新增市级企业技术中心2家，累计达18家，占全市69%；新增自治区级企业技术中心2家，累计达17家，占全市45%。自治区级工程技术研究中心累计达18家，占全市75%；新增市级专利试点企业3家，累计达9家，占全市56.30%。新认定高新技术企业21家，高新技术企业累计认定40家，占全市72%，居广西首位。共组织申报各级各类科技计划项目90项，其中国家级17项、省一级20项、市一级52项，累计获立项46项，获立项金额2393万元。其中：11项科研成果获市级科技进步奖，占全市26.20%；9项科研成果获自治区科技进步奖，占全市60%。

【产业孵化】 2009年，高新区鼓励企业积极与科研院所、高等院校合作，新增15对产学研结合体。与广西科学院建立战略合作关系，共同促进创建国家级技术中心，共享公共技术平台服务。新建产业孵化示范园即孵化加速器，占地面积4.67公顷，投入使用后引进中型生产企业10多家；12月，与市科技局合作兴建投资3000万元、建筑面积3.5万平方米的科技企业孵化器主体工程竣工。建立“南宁高新区大学生科技创业见习基地”，4月基地首期面积2000平方米竣工投入使用，至年末有12家科技创业型企业入驻。设立大学生科技创业孵化资金，首期注入300万元。与广西大学签订合作框架协议，每年安排200万元资金用于广西大学等高校的科技成果转化。与清华大学、广西大学和广西财经学院在全自治区范围内联合举办首届“南宁高新杯”全民创新创业项目大赛。新增孵化企业64家、孵化项目65项，毕业企业13家，其中有8家企业产值超过500万元，进入了规模口企业行列。（李绍华）

位于南宁高新技术产业开发区的国家863产业化基地　　李绍华　摄

南宁经济技术开发区

【概　况】 2009年，南宁经济技术开发区首期规划面积10.796平方公里，总体规划面积110.70平方公里。托管那洪街道办事处，下辖槎路金凯、银凯社区。经开区管委会是市政府派出机构，行使市级管理权限。驻区企业1423家，其中规模口企业70家（新增1家）、亿元产值工业企业18家（新增2家）。完成地区生产总值45.72亿元；工业总产值85.73亿元，其中规模以上工业总产值84.10亿元；全社会固定资产投资42.81亿元；社会消费品零售总额21.97亿元；出口总额5147万美元；财政收入5.91亿元。

【投资环境建设】 2009年，经开区继续完善金凯、银凯2个工业园区的水、电、路等基础配套设施，扎实推进标准厂房建设。开工建设投资1000万元以上的基础设施项目93个，竣工13个；开工建设标准厂房10.03万平方米，至年末完成建设7.25万平方米；完成道路建设4000米，绿化面积6.92万平方米。建设项目涵盖道路、标准厂房、水利整治、新农村建设、农贸市场、中小学校舍等园区配套设施建设。其中，自治区统筹推进的重大项目五象大道延长线项目壮锦大道至友谊路段11月底通车，银凯工业园孵化产业园标准厂房1期（3.50万平方米）完工。同时，加强服务体系建设，打造以在建项目推进办公室为主的服务平台，统筹协调开发区的招商、建设、办证、人力资源、安监、质监等部门，为入区项目提供全程保姆式服务；加强机关行政效能建设，开展招商引资服务活动，推行和完善管委会领导现场办公、管委会领导联系项目、机关干部下企业等服务机制和措施，重点帮助企业解决项目报建报批手续办理、建设资金短缺、抵御金融风暴、煤电油运、招工及项目建设过程中遇到的困难和问题，推动项目开工和建成投产。

【招商引资】 2009年，经开区积极走出去，请进来，充分利用外出活动招商。通过产业招商、园区招商、以商招商、委托招商等方式，全力构建多形式、多层次、全方位的招商引资新体系，主动融入北部湾经济区的开放开发。同时，加大项目的筛选力度，由“引”资向“选”资转变，突出重点招商项目，推动园区产业化发展。共引进项目130个，合同投资额56.46亿元。其中引进外资项目9个，合同投资额8617万美元。实际到位资金33.14亿元，其中实际到位外资3383万美元，直接利用外资2846万美元。

【项目建设】 2009年，经开区开工建设工业项目22个，总投资12.02亿元，其中总投资超亿元的2个；竣工投产22个，完成投资11.04亿元。新增规模口工业企业1家，工业总产值超亿元企业2家；完成技术创新项目33项，技术创新投入596.80万元。 （冯梅丽）

南宁—东盟经济开发区

【概 况】 南宁—东盟经济开发区总面积180平方公里，人口3.50万，是全国归侨侨眷最集中的聚居地之一，先后安置印度尼西亚、越南、柬埔寨、老挝、缅甸、泰国、马来西亚、新加坡、菲律宾等东南亚9个国家的归难侨1.20万多人。开发区实行三块牌子（南宁—东盟经济开发区、南宁华侨投资区、武鸣华侨农场）一套人员管理模式，行使市级经济社会管理职能。2009年，驻区企业220家，其中规模口企业57家（新增6家）、亿元产值工业企业12家（新增3家）。亿元企业实现产值26.25亿元，占规模以上工业总产值的60.54%。完成地区生产总值19.48亿元；工业总产值44.52亿元，其中规模以上工业总产值43.36亿元；全社会固定资产投资35.10亿元；社会消费品零售总额1.38亿元；财政收入1.62亿元；出口总额1532万美元。

【投资环境建设】 2009年，东盟经济开发区开工建设基础设施项目58个，累计完成投资5.74亿元，修建市政道路5.90公里、农场道路32公里，完成路基2.60公里，架设供电线路16公里，铺设给排水管道29公里。引导社会资金加快投入房地产、宾馆、客运站等基础配套，引进成立公交公司，6辆公交车正式投入运营；开发商品房面积20万平方米；引进广西帝恒集团、广西桂之杰公司、广西铭基投资有限公司、广西汇业科技公司等企业投资2亿多元建设标准厂房10多万平方米；7月30日，建成广西首座110千伏数字化变电站并投入使用，总投资3123万元；6月30日，日处理污水10万立方米的污水处理厂一期工程开工建设；推动南宁至金城江铁路项目建设，配合推进武鸣至安吉一级路项目、里建至府城公路、武鸣至平果二级路项目建设，基础设施和企业生产配套逐步完善。在完善基础设施建设的同时，进一步提升服务功能，不断优化投资软环境。8月21日，成立质量技术监督分局，开发区的体制、机制进一步理顺，公安、工商、消防、医院、学校等功能配套服务水平进一步提高。加快人力资源平台建设，加快推进广西水利电力职业学院新校区、广西经济职业学院二期工程建设，投入近500万元建设人力资源大厦，加快人力资源市场建设，为入园企业提供人力支撑。进一步完善开发区政务中心服务功能，为企业提供一站式、保姆式的全程服务。

【招商引资】 2009年，东盟经济开发区把“招大商、引巨资”作为主攻方向，围绕现有资源突出产业链招商，加快形成产业聚集。共引进项目39个，合同投资总额54.18亿元，其中投资亿元项目13个，投资总额43亿元；投资超5000万元项目25个，占引进项目数的64%。全年合同引进内资45.04亿元，实际到位内资24.63亿元；合同引进外资7543万美元，直接利用外资2009万美元。

【项目建设】 2009年，东盟经济开发区新开工项目22个，涉及总投资20.77亿元；竣工、投产项目8个，涉及总投资2.20亿元。其中：工业项目有广西晨康力食品股份有限公司冷鲜优质风味猪肉加工和销售项目、广西苏宁科技发展有限公司PE管材加工项目、广西南宁景雅轩茶业有限公司茶叶加工经营项目、广西国泰人防防护设备有限公司人防防护设备制造项目、南宁美年食品机械有限公司扩建项目、广西金皇品食品有限公司快速食品与特色饮料生产与销售项目、广西住友公共安全科技有限公司消防安全设备生产与销售项目7个，农业项目有南宁诚兴农业科技有限责任公司现代化蛋鸡养殖场及有机肥料生产1个。至年末，在建项目50个，涉及总投资64亿元。

【台湾（南宁）轻纺产业园】 是以台湾麦斯集团鞋业及其关联配套项目为基础设立的产业园。2007年12月，东盟经济开发区引进台湾麦斯集团鞋业事业部鞋业项目及5个关联企业项目，项目计划总投资10.36亿元，其中固定资产投资6.80亿多元，2008年开工建设，2009年末一期建成投产。2009年9月，台湾（南宁）轻纺产业园规划通过自治区政府常务会议审批，正式纳入广西北部湾经济区重点产业发展规划，并获得发展专项资金60万元作为前期工作经费。产业园控制性详细规划通过专家评审。园区基础设施及配套

2月22日，自治区党委常委、市委书记车荣福（中）出席在南宁—东盟经济开发区举办的南宁市春季招商引资重大项目集中开竣工仪式 张向新 摄

设施建设全面展开，其中建成道路6条（总长11公里）以及一批水、电、通讯等配套工程，完成投资3亿元。至年末，入园企业有麦斯鞋业、楠熙鞋业、贯铨鞋业、飞力达鞋业、新联盟劳保鞋等制鞋服装加工企业12家，总投资额13.40亿元，其中南宁麦斯鞋业有限公司、南宁贯铨鞋业有限公司2家已投产。通过台湾麦斯集团的示范和带动作用，开发区储备在谈的东部产业转移制鞋及服装生产项目27个，总投资额34亿元，预计年产值64亿元。

【服务企业】 2009年，东盟经济开发区深入开展“服务企业年”活动，一是搭建融资平台，有效缓解企业资金困难。共举办服务银企合作座谈会3次，组织区内40多家企业与10多家驻邕金融机构进行现场对接，促成广西田园生化公司等多家企业与银行签订贷款合同近4亿元；引进成立小额贷款公司1家，解决企业融资难问题的渠道增多。二是加大扶持引导力度。协调解决企业生产经营方面的突出问题，共为10家企业申请上级财政扶持资金358万元，帮助广西珠江啤酒项目获自治区经委扶持资金4000万元的承诺；设立中小企业扶持资金，投入资金700多万元支持企业进行改造升级，促进一批强优企业迅速发展壮大。全年新增规模口企业6家、亿元产值企业3家，亿元企业实现产值26.25亿元，占规模以上工业总产值的60.54%，成为拉动开发区工业经济发展的主力。13家企业实现增资扩股，增资总额4.30亿元。三是创新发展思路，着力解决“资金筹措、土地报批、征地拆迁”等瓶颈问题。落实建设资金7.16亿元，与中国银行、建设银行签订总额达40亿元的战略合作框架协议；积极推动第二轮土地利用总体规划修编工作，争取到城镇建设用地指标规模20平方公里，推进重大项目用地报批，已获批复项目1个、面积28.80公顷，已上报待批项目2个、面积73公顷；完成征地86.67公顷，拆迁面积1.60万平方米。

【农业发展】 2009年，东盟经济开发区一是引导农业企业发展特色农业项目，提高各农业单位的生产积极性。引导支持职工建成农业大棚2000多个，其中武帽大棚基地获自治区无公害西甜瓜生产基地和无公害农产品称号，大棚种植实现产值1700万元；团结农场、茶叶公司与广西农科院合作推广种植双季葡萄13.33多公顷、蔬菜基地6.67多公顷项目，至年末种植双季葡萄10.33公顷，蔬菜基地基本完成土地平整；宁武农场200公顷蔬菜基地等项目加快推进，已完成项目用地选址等前期工作。马来西亚诚兴农业有限公司现代化蛋鸡养殖、森景园等一批农业及农产品深加工项目相继竣工投产，农业产业化迈出了新步伐。二是全面落实支农惠农政策，落实粮食直补、农机补贴等支农惠农资金820万元。三是加大农业基础设施投入，修建农业基础设施项目26个，至年末共有13个水利设施项目和农村道路项目竣工，完成投资3028.20万元。四是开展防灾、防疫工作，有效应对强对流天气灾害、香蕉滞销等，全年没有出现重大动物疫情，确保农业正常生产，农业经济保持稳定增长，农业总产值完成3.05亿元。 （张向新）

广西良庆经济开发区

【概　况】 广西良庆经济开发区是由原南宁市大沙田经济开发区和原邕宁沿海经济走廊开发区于2007年3月整合成立的自治区级开发区，是广西北部湾经济区重点建设的园区和“南北钦防”经济开放带及南宁市“南部工业区”的重要组成部分，国务院发展研究中心的研究基地，曾获全国乡镇企业东西合作示范区、全国乡镇科技园区、广西乡镇企业示范园等称号。2009年，园区范围54平方公里，主要包括国家发展改革委核准的A、B、C地块面积共2.65平方公里、市中国—东盟国际物流基地20.05平方公里、原市大沙田经济开发区和南宁沿海经济走廊开发区规模以上工业企业集中区约10平方公里、玉洞平乐西片区工业集中区8.5平方公里、太安龙象工业集中区13平方公里。累计引进项目538个，实际到位资金159亿元。驻区企业203家，其中规模口企业75家、亿元产值工业企业22家。完成地区生产总值41.3亿元；工业总产值77.96亿元，其中规模以上工业总产值70.88亿元；全社会固定资产投资52.80亿元；财政收入1.33亿元；出口总额6334万美元；完成土地挂牌出让收益2808.85万元，国有资产运营收益6000万元。

【投资环境建设】 2009年，良庆开发区按照“基础设施适度超前，配套工程随项目推进”的工作思路，完成征地片区的“三通一平”（水通、电通、路通和场地平整）工作，并配合城区有关部门对片区的小街小巷进行改造；及时组织一批基础设施建设项目列入南宁市城建计划，申请市政府的资金支持，对未能列入计划的，继续加强前期工作，争取列入2010年城建计划，确保能够随时动工建设。共开展道路基础设施项目前期工作12个。其中：完成2个，投资2亿元；动工建设1个，投资1.20亿元。与上级规划部门对接，对开发区管理的区域开展规划编制工作。共完成大沙田、玉洞片区及中国—东盟国际物流基地及太安龙象工业集中区的分区规划等13个规划的编制。

【招商引资】 2009年，良庆开发区进一步充实和完善项目库，把真正有实力的项目引进开发区。共引进项目16个，合同总投资额22.75亿元；新批合同内资37.30亿元，实际到位内资21.10亿元；实际利用外资额（广西全口径）2200万美元，直接利用外资额（商务部口径）2200万美元。同时，盘活空闲的土地资源，拓宽引进新项目的渠道。共盘活空闲土地13.67公顷、厂房1.79万平方米，新引进项目9个，总投资额6.54亿元。

【经济结构】 2009年，良庆开发区大力培育和发展个体私营经济，私营经济特色突出，建成广西最大的私营企业工业园，私营企业个数、产值、财政收入等在开发区经济总量中均占90%以上的比重。同时，外商和港澳台投资经济发展进一步加快，至年末，驻区外商和港澳台企业共34家。其中：工业企业26家，房地产企业7家，物流企业1家。规模以上外商和港澳台投资经济工业总产值22.38亿元，比上年增长17.60%。

【服务企业】 2009年，良庆开发区建立并不断完善项目推进工作机制，制订“项目建设年”和“服务企业年”活动实施方案，成立开发区项目前期工作领导小组和项目推进工作办公室，协助有关部门做好项目的推进工作，并采取项目推进时间倒排公示制度，接受社会各界的监督。共负责或参与35个项目的前期工作（工业项目19个、道路基础设施项目16个）；服务在建、新建、续建项目31个。扶持企业发展壮大，全力培育亿元企业。年内有银杉公司等10家企业进入规模口，

2月12日，广西良庆经济开发区管委会组织召开银企座谈会，促成广西北部湾银行为辖区企业贷款　　良庆经开区管委会提供

开发区规模口企业达75家；有市兴大饲料新技术有限公司等5家企业进入亿元企业行列，开发区产值超亿元的企业达22家。推动企业进行技改扩能和产业升级，共有60家企业进行技改扩能和产业升级。全力协助企业争取扶持资金，切实为企业排忧解难。共召开银企座谈会5次，促成广西北部湾银行等商业银行为辖区企业贷款14.60亿元。

【产业发展】 2009年，良庆开发区形成轻工、有色金属深加工、建材、制药、机械制造、饲料等特色产业群。轻工产业主要以日用品生产、包装印刷、制衣等企业为主，有规模口企业21家，完成工业总产值5.09亿元，占开发区规模口企业总产值的7.18%。有色金属深加工产业主要以氧化锑及关联产品生产企业为主，有规模口企业4家，完成工业总产值6.58亿元，占开发区规模口企业总产值的9.28%。建材产业主要以钢材深加工、林产品加工、水泥制品生产、建材化工产品生产企业为主，有规模口企业18家，完成工业总产值15.87亿元，占开发区规模口企业总产值的22.39%。制药产业主要以中成药提取、中药深加工、西药生产企业为主，有规模口企业12家，完成工业总产值12亿元，占开发区规模口企业总产值的16.93%。机械制造产业主要以糖机设备生产、汽车零部件生产企业为主，有规模口企业11家，完成工业总产值7.22亿元，占开发区规模口企业总产值的10.19%；饲料产业主要以饲料生产企业为主，有规模口企业9家，完成工业总产值23.76亿元，占开发区规模口企业总产值的33.52%。

【征地拆迁】 2009年，良庆开发区管委会采取分片包干，定人、定职、定责的方式来推进征地拆迁工作，就地化解征地拆迁发生的矛盾纠纷，做到和谐征地拆迁。至年末，累计完成征地签约面积304.30公顷（线内271公顷，线外33.30公顷），拆迁面积2.05万平方米。其中，玉洞、大沙田片区完成签订征地协议面积106.20公顷，完成拆迁面积1.72万平方米；平乐、那平片区完成签订征地协议面积198.10公顷，完成拆迁面积3348.14平方米。使南宁保税物流中心、银海大道、玉洞大道等30个项目的用地得以落实，涉及项目总投资35亿元。共完成土地收储122.33公顷，涉及项目19个，其中：成功挂牌出让工业项目3个，出让面积7.28公顷，取得土地收益2808.85万元；完成土地收储前期工作项目16个约115.05公顷。取得机械加工等3个项目的农转用批复，土地面积17.33公顷；完成7个批次新增建设用地指标的报批工作，涉及项目12个，面积82.87公顷；落实4个批次8个项目的新增建设用地指标，面积42.18公顷。为开发区的开发建设打下坚实的基础。

（良庆经开区管委会）

南宁六景工业园区

【概　况】 2009年12月，经自治区政府批准，南宁六景工业园区被列入广西北部湾经济区重点产业园区。园区规划面积32平方公里。重点发展化工、制浆、造纸、茧丝绸加工及农副产品加工等产业。年内，驻区企业50家，其中规模口企业17家、亿元产值工业企业10家。地区生产总值12.84亿元；工业总产值25.92亿元；全社会固定资产投资22.52亿元；财政收入1.34亿元；出口总额2240万美元。

【投资环境建设】 2009年，六景工业园区投入基础设施建设资金3490万元，累计投入4亿元；开工项目13个，竣工7个，完成投资4410万元。园区的水、电、路、通信等基础设施配套日趋完善。其中：日供水能力1.50万吨，能满足入园企业的用水需求；电力供应由园区110千伏变电站和六景35千伏变电站提供，电源供给充足稳定；园区主干道路投入使用，一期路网基本完善；电信宽带、移动电话网络全面覆盖。

【招商引资】 2009年，六景工业园区共落户项目20个，合同投资总额42.93亿元，实际到位资金19.80亿元；新开工项目16个，投资总额8.33亿元；竣工项目10个。累计签订项目投资合同61个，合同投资额300亿元。引进的项目涉及农产品加工、茧丝绸、钢结构、制药、造船、饲料生产、制浆造纸、精制糖生产、电力、化工等行业。特别是引进的国电南宁发电有限公司发电项目、南宁绿洲氯碱项目、广西劲达兴纸浆项目、南宁永凯糖浆纸项目等重大项目，为园区打造循环经济产业园区，增强发展后劲打下了良好的基础。

【产业发展】 2009年，六景工业园区根据园区产业定位和横县资源状况以及入园项目的情况，从做强做大产业和打造循环经济考虑，规划实施造纸产业园、丝绸产业园、化工产业园、港口经济带的“三园一带”项目建设。依托横县丰富的甘蔗渣资源和以广西劲达兴纸业集团有限公司100万吨浆纸项目、南宁永凯糖业有限公司一期9.50万吨浆及15万吨高级文化纸项目，规划466.67公顷土地用于建设年产浆纸300万吨以上的造纸产业园，同时依托渐成规模的造纸产业园，规划33.33公顷土地用于建设纸品流通市场，通过市场的作用，引进机械加工、造纸设备生产、化工原料供应、物流配送、印刷包装等项目，形成比较完整的产业链；依托横县丰富的桑蚕茧丝资源和5家缫丝企业，规划100公顷土地建设丝绸产业园，重点引进织造、制衣、印染项目；依托南宁绿洲公司年产30万吨离子膜烧碱和年产32万吨聚氯乙烯项目，在园区南部的二期规划范围内，规划面积约11平方公里土地建设化工产业园，主要发展能源、冶炼、化工及其相关的上下游产业；依托南宁港六景港区的建设，在沿江一带规划建设以仓储、物流为主的港口经济带，带动和辐射园区经济发展。实施工业项目建设27个，其中竣工项目10个、在建项目15个、前期项目2个，完成工业投资19.38亿元。（李清俏）

南宁江南工业园区

【概　况】南宁江南工业园区由市政府授权江南区政府进行开发建设并负责管理。园区规划面积12.14平方公里，远景规划面积49.13平方公里，经国家发展改革委核准公告面积为5.12平方公里。园区由石柱岭铝加工产业园、富宁经济园、沙井分区和杨村工业集中区四个部分组成。南以白沙大道南站大道为界，北至亭洪路、富达路，东面为石柱岭一路，西至江南大道。为完善园区功能，江南区政府在工业园区的基础上规划建设园中园：光电产业园（占地面积200公顷，主要建设电子产品等加工和制造）、中小企业园（占地面积117.33公顷，主要安置用地规模在0.67~2.67公顷的工业、仓储等企业）及科技创业园（占地面积102.67公顷，主要建设软件、电子、环保类等高科技产品的研发项目）。2009年，驻区企业68家，其中规模口企业41家（新增13家）、亿元产值工业企业5家（新增4家）。完成地区生产总值22.79亿元；工业总产值22.79亿元，其中规模以上工业总产值20.93亿元；工业产品销售产值20.18亿元；全社会固定资产投资9.94亿元；社会消费品零售总额23.51亿元；出口总额5132万美元；税收7576万元。

【投资环境建设】2009年，江南工业园区加大基础设施建设力度，开展河道整理、污水管网、道路等工程的项目施工建设，以及一批道路、电力线路等项目设计等前期工作，完成固定资产投资2.10亿元。开工建设沙井大道城市公园、定津路一期、富园路（新村大道—兴源路）等道路工程；进一步完善园区道路路网的设计，完成亭洪路延长线（壮锦大道—规划七路）、亭洪路延长线（规划四路—壮锦大道）、亭洪路西延长线、富园路（罗文大道—新村大道）、富景路、富达路、景达路、富园南路、富乐西路三期9条道路的设计等前期工作；推进园区内凤凰江水系改造、富园路（新村大道—兴源路）、沙井大道污水管网、兴源路等工程建设。其中：定津路（新村大道—沙井大道）长1650米，总投资5600万元，10月开工建设；沙井大道城市公园（旺达段绿化带）工程占地面积7.50万平方米，总投资6500万元，3月开工建设。

【招商引资】2009年，江南工业园区深入开展承接产业转移招商活动，坚持内引外联并举，充分利用中国—东盟博览会平台，开展招商工作，江南区签约内资合同额12亿元，外资意向投资额2059万美元。其中在南宁—广州经贸合作共赢暨南宁投资环境介绍会期间引进广东江门豪爵摩托项目，总投资1.20亿元。全年合同引进内资39.20亿元，实际到位内资17.70亿元，实际利用外资（全广西口径）1070万美元。

【项目建设】2009年，江南工业园区根据发展定位——以铝加工、IT电子加工制造、商贸物流、生物制药为主导发展产业，房地产及传统工业“退二进三”、“退二进二”为辅助，重点服务在中国—东盟博览会签约、承接东部产业转移等重大项目，项目服务范围包括园区项目、江南区辖区新建工业、商贸等项目。跟踪服务项目34个，其中汽车物流园、宝马汽车维修服务中心、精炼油脂厂技改、预应力高强砼管桩项目、丰浩仓储项目5个建成投产，总投资2.46亿元；在建项目10个，计划总投资79.73亿元；储备地块14块，地块面积85.65公顷；其他项目3个，包括年产20万吨高精度铝板带、南宁广发重工集团有限公司20万千瓦贯流机组项目以及茂功集团住宅项目。同时，打造一批房地产项目和商业项目聚集人气，以沙井大道为中轴，以西打造商贸物流业、高科技环保型工业；以东建设房地产开发和商业性项目，做到人流、物流、商流的平衡。其中融晟公园大地项目是沙井大道第一个房地产项目，占地26.53公顷，计划总投资10亿元。江南区以南南铝业、国凯铝业等公司及其优势产品为依托，继续推进年产20万吨铝板带生产线建设项目，项目占地面积87.33公顷，计划总投资45亿元。至年末，完成土地储备，项目用地获农转用批复工作。

南宁华南城项目　由南宁华南城有限公司投资建设。占地面积227.07公顷，计划总投资120亿元，其中一期用地112.27公顷，建筑面积255万平方米，投资超过60亿元。2009年10月18日开工建设，累计完成固定资产投资1.69亿元。

广西海吉星农产品国际物流中心项目　由深圳农产品有限责任公司投资建设，占地面积40.43公顷，总投资15亿元。2008年12月开工建设，2009年6月完成一期用地平整；9月，临时水果交易市场竣工并投入试运营，当年完成投资2.33亿元。与欧洲最大的农产品批发市场法国汉吉斯公司签订战略合作协议。

（江南工业园区管委会）

南宁仙葫经济开发区

【概　况】2009年，南宁仙葫经济开发区行政辖区面积75.03平方公里，辖区总人口4万多人，被列为广西北部湾经济区重点经济建设集中区之一，产业发展方向是印刷、食品精细加工，开发面积11.30平方公里。驻区企业136家，其中规模口企业7家（新增2家）、亿元产值工业企业7家。地区生产总值3.28亿元。社会固定资产投资27.73亿元；工业总产值7.35亿元，其中规模以上工业总产值3.99亿元；社会消费品零售总额2.18亿元；财政收入1.42亿元。

【投资环境建设】2009年，仙葫开发区投入基础设施建设资金690万元，累计完成投资13.8亿元，基本完成园区“七通一平”（水通、电通、路通、通讯通、排污通、热力管线通、燃气管线通和场地平整）及各类市政工程建设。深入实施城乡清洁工程，对投资者和群众最为关心的交通、环境卫生、施工安全等问题进行全面清理和整治。加大辖区道路、绿化等基础设施的建设力度，使开发区的投资环境提高到新的水平。开展“项目建设年”、“企业服务年”活动，累计走访企业110余次，听取调研企业83个，收集各类问题75个，其中解决问题40余个，涉及用地手续、规划手续、工商税务手续、市政道路路灯公共设施建设、交通站点设置等等各类问题。切实解决企业在生产经营和项目实施中的困难，构建开发区优质的投资软环境。

【招商引资】 2009年，仙葫开发区引入项目12个，合同投资额14.70亿元，实际到位资金8.29亿元。其中较大的项目有广西合诚房地产开发有限公司二期项目，合同投资额3.50亿元；广西中医学院赛恩斯医药学院项目，合同投资额1.20亿元。至年末，累计引进项目221个，合同投资额195.60亿元，累计实际投资140多亿元，其中计划投资超过亿元项目18个。

【项目建设】 2009年，仙葫开发区共引进项目6个，项目合同投资额6.20亿元。开工建设项目11个，竣工项目12个，分别为广西富缘房地产开发有限责任公司东城美景项目、南宁百花园物业有限公司丽景花园、广西南宁泽福房地产开发公司龙湾华府、市昌泰置业投资有限责任公司御景苑、广西万正房地产开发有限公司万正假日风景、广西金铁士制衣有限责任公司技术改造工程等项目。

（杨贵甜）

南宁市相思湖新区

【概　况】 2009年，南宁市相思湖新区总面积127平方公里，管辖面积40平方公里。相思湖新区管委会以南宁市开展“项目建设年”、“服务企业年”、“党组织服务年”为契机，按照年初制定的“1180”项目建设工作思路，相思湖城市副中心建设实现又好又快发展。全社会固定资产投资18.96亿元；财政收入1.30亿元。完成征地面积302.07公顷，拆迁24.18万平方米。种植树木1.68万株。新开工项目25个，续建项目15个，开工率93%。其中，高教职教基地北区12个入区项目累计完成投资3.40亿元；6条内河水环境综合整治工程累计完成产值4.16亿元，可利江生态环境综合整治一期工程基本完工。

【基础设施建设】 2009年，相思湖新区江北大道（江北西堤）、清川大道、大学西路、罗文大道、相思湖西路、可利大道、相思湖东路南段、西宁路北段、鹏飞路1标段、树人路北段10条道路完成建设；相思湖东路北段、相思湖北路、新村大道、银华路、相贤路、鹏飞路2标段等道路开工建设，并相继建成城西消防站、3座垃圾转运站和1座移动公厕；总投资6799万元的110千伏相思湖变电站开工建设。新区供水、燃气、通讯等基础设施与道路建设保持同步，7.50公里新区供电地下管廊工程开工建设。

【招商引资】 2009年，相思湖新区按照重点发展高职教产业、配套发展房地产及休闲旅游业的产业定位，新开工建设主要项目有石埠河生态环境综合整治工程财经学院段、凤凰路南段和北段、鹏飞路（江北大道—新区经济适用房800米）、相思湖东路北段、紫荆路、市政供电地下管廊工程等城市基础设施项目8个，水岸华府二期、相思湖廉租房、桂成相思湖花园、华储百合苑房地产项目4个，广西南宁高级技工学校实训楼、广西民族大学国际教育综合楼、蚕业总站宿舍楼、港航公司宿舍楼等驻区项目4个，广西财经学院相思湖校区、广西农业职业技术学院相思湖校区、广西南宁高级技工学校实验楼、广西工商职业技术学校相思湖校区、广西方志馆、广西水环境监测中心暨南宁水文巡测基地、南宁妇女儿童活动中心等社会公益建设项目13个，总投资约56.80亿元，完成固定资产投资14.20亿元。围绕解决重点项目在实施推进过程中存在的困难，通过组织召开重点项目协调会议、召开现场办公会等方式，调查了解企业（项目）当前面临的主要困难和突出问题，共召开专题办公会、协调会、现场对接服务200次，及时解决问题和困难280个。全年合同引进内资17.45亿元，实际到位内资8.65亿元；合同引进外资500万美元，实际到位外资300万美元，直接利用外资300万美元。

【水环境综合整治】 2009年，相思湖新区按照市委、市政府《关于加快城市水环境综合整治的决定》精神，加快推进辖区可利江、西明江、石埠河、石灵河、凤凰江5条内河的环境综合整治工程以及环相思湖水系连通工程等水环境综合整治工程项目。可利江环境综合整治工程总投资13亿元的河道整治子工程4个标段进入全面施工阶段，水环境综合治理项目累计完成产值4.16亿元。其中：可利江生态环境综合整治工程年内完成投资2.33亿元，累计完成投资7.20亿元，占工程总投资79%；凤凰江沙井大道段生态环境综合整治工程完成投资8640万元；石埠河生态环境综合整治工程完成投资6830万元；中央投资项目石埠堤工程完成投资8494万元。

相思湖西路　　唐欣也提供

【城乡清洁工程】 2009年，根据南宁市创建国家卫生城市的需要，相思湖新区大力推进城乡清洁工程，加强城市管理执法。共出动执法人员3900余人次、执法车1200余辆次，开展联合执法18次，拆除违章户外广告面积1862平方米，清理流动摊点890处，查处车辆乱停放行为126起、工地乱象行为187起、占道经营1584处。同时，组织开展城乡风貌改造工程，投入资金300万元，改造农户214户，改造外墙面积6.54万平方米，屋顶改造面积4100平方米，城乡面貌得到显著改善。

【筹融资】 2009年，相思湖新区以整合储备经营性土地，出让成熟土地和进行土地融资相结合的方式，突破了以土地储备贷款筹集开发资金的单一渠道，公开拍卖经营性用地约7公顷，成交总价3.40亿元。同时，支持相思湖投资公司积极向外拓展业务，开展多元经营，做大做强融资平台。凤凰江沙井大道段生态环境综合整治工程完成投资5902万元，项目开工至今累计完成投资6702万元；邕武路扩建工程完成投资2413万元。全年筹融资12.58亿元，实际到位7.75亿元。

【项目建设】 2009年，相思湖新区通过建立健全项目建设工作机制，落实项目推进责任，开展"支部联建，党员联手"等服务活动，加强协调服务，推进中央投资项目、自治区统筹推进项目及市"1180"项目建设，加快高教基地建设步伐，共召开"项目建设年"、"服务企业年"例会28次，各类专题协调会88次，走访企业43家次，及时解决项目建设遇到的土地报批、征地拆迁、立项审批、资金拨付及管线迁移、水电配套等问题。新开工项目25个，续建项目15个，开工率93%。其中石埠堤工程、市妇女儿童活动中心、广西艺术学院相思湖校区等重大项目相继开工；中央投资项目广西南宁高级技工学校实训楼以及廉租房项目完成主体工程建设。

（唐欣也）

南宁五象新区

【概　况】 南宁五象新区位于邕江以南、环五象岭区域，总面积175平方公里，其中核心区面积23平方公里。总规划人口150万，其中核心区规划人口规模24万。其功能定位为中国—东盟自由贸易区的区域性贸易中心；泛北部湾的总部基地；区域性的物流、高新产业和加工业基地；南宁市行政、信息、文体、商业商务中心。2009年，南宁五象新区开发建设指挥部重点推进核心区、龙岗片区、中国—东盟国际物流基地3个片区的开发建设，主要是道路及公共基础设施建设；牵头推进南宁市"三基地三中心"建设规划的编制工作，编制《南宁市五象新区总部基地建设工作方案》。

【基础设施建设】 2009年，五象新区重点推进核心区、龙岗片区、中国—东盟国际物流基地3个片区的开发建设。按照当年南宁市第一、二批城建计划，五象新区项目有29个，总投资266.53亿元，年度投资46.26亿元，主要为道路及公共基础设施。其中"三纵三横"框架主干路网（三纵指银海大道、平乐大道、龙岗大道；三横指堤园路大道、五象大道、玉洞大道，包括商业大道、核心区1、3、6号路及南宁大桥、八尺江大桥等10路2桥重点道路工程）建设快速推进，南宁大桥于9月21日建成通车，广西体育中心主体育场基本建成。

南宁保税物流中心　位于银海大道，规划总面积53.55公顷，一期建设封关面积29.29公顷，总投资约10亿元，包括海关卡口区、办公服务区、海关查验区、保税物流区4个功能区。涵盖保税仓储、转口贸易与国际中转、简单增值加工、物流信息平台、配套服务五大功能，在中心开展业务可享受保税、退税、免税等优惠政策。2009年2月11日，海关总署、财政部、国家税务总局和国家外汇管理局联合批准设立；5月28日开工建设，9月8日实现主楼正式封顶；12月4日，通过预验收；12月22日，通过国务院联合验收组验收。南宁保税物流中心的设立，将沿海港口的功能延伸到南宁，与钦州保税港区、凭祥综合保税区和北海出口加工区拓展的保税物流功能一起，共享"一港"待遇，形成"区港联动"的物流新格局及"口岸分拨、多点申报、一次放行"的大通关模式。

广西体育中心　位于五象大道南面，总用地76.20公顷，总投资30.18亿元，包括可容纳6万名观众的体育场、容纳1万名观众的体育馆、3000座的游泳跳水馆、3000座的网球中心各1个和新闻中心以及运动员村、体育宾馆等配套设施，是集体育比赛、文艺演出、集会展览、健身娱乐等多功能为一体的标志性体育建筑综合体。项目按照能承办全国性运动会、区域性国际运动会和部分国际、国内重大单项赛事的标准规划设计，兼顾举办大型文艺演出、大型庆典和集会。2007年10月28日开工建设，至2009年末，主体育场完成封顶。

【征地拆迁】 2009年，五象新区进一步协调解决在征地拆迁、被征地（失地）农民参加基本养老保险和统筹征用安置柳沙企业公司蟠龙片区、思贤塘村、原五象岭园艺场等工作中存在的主要难题和瓶颈问题；研究实施统筹征地拆迁补偿安置新办法，建立重点项目征地拆迁工作进度督查公示制度，推进征地拆迁和建设工作。共完成征地面积1006.93公顷，完成拆迁面积21.40万平方米；涉及重点路桥工程项目共完成325.80公顷的征地签约，完成20.80万平方米房屋及构建筑物拆迁签约及拆除。11月13日，举行五象新区首次统筹征（拨用）地协议书签约仪式—市柳沙企业有限责任公司五象新区蟠龙片区一期项目A项目和市五象岭园艺场签订统筹征（拨用）地协议书签约仪式，现场签约土地面积276.93公顷。同时，完成总部基地100公顷土地农转用手续。

（南宁五象新区开发建设指挥部）

责任编辑　梁笑飞

南宁保税物流中心　　周家志　摄

城市建设与管理

城市建设工程

【概　况】 2009年，南宁市城市建设安排建设项目334个，其中已开工212个，城市建设工程完成投资132.81亿元，增长69.30%。建设项目涵盖五象新区、东盟商务区及凤岭新区、城市交通路网、桥梁、拆迁回建及安置房、廉租房及经济适用住房、水环境及内涝整治、市政公用配套设施、风景旅游和园林绿化、骑楼旧城改造项目10个方面。其中为民办实事的城建工程有：人行过街设施和市政道路工程、公厕建设工程、公交惠民工程、住房解困工程等。南宁大桥、长湖立交桥建成通车。

五象新区项目　共29个，年度计划投资49.52亿元，实际完成28.53亿元。开工的项目有：银海大道拓宽工程、广西体育中心主体育场、五象新区堤园路（五象大道—外环高速路）和玉洞大道（银海大道—平乐大道）市政道路工程、南宁国际物流基地基础设施项目、东盟物流园区排水暗渠等18个。

东盟商务区及凤岭新区项目　共27个，年度计划投资10.83亿元，实际完成7.53亿元。开工的项目有：凤岭儿童公园、南宁体育休闲公园、领事馆区西侧空地绿化工程、凤岭南路（青山路—青秀路）等19个。完工的有：枫林路、长湖东路（凤翔路—月湾路）、南宁市服务中国—东盟博览会环境监测项目（一期）、南宁领馆区等6个。

城市交通路网项目　共135个，年度计划投资55.87亿元，实际完成27.94亿元。开工的项目有：大学路—明秀路口综合交通工程、科园东十一路（科园大道—滨河路）、东葛路延长线（长湖路—佛子岭路）、植物路（桃源路—江北东堤）等80个。完工的有：市区沥青混凝土路面罩面减噪工程、机场高速公路维修工程、青环路扩建、邕宁区小街小巷改造工程，滨河路（高新大道—科园东十一路）、长湖东路、月湾路（白云路—长湖东路）等路段维修以及分别位于五象大道银海路口、五一路淡村市场前、五一路新屋市场前、明秀东路明秀市场附近和友爱路秀田小学门前等快环内的市区道路上的6座人行天桥建设等16个。

桥梁建设项目　共19个，年度计划投资13.18亿元，实际完成10.69亿元。开工的项目有：凌铁大桥、葫芦鼎大桥桥底与地面景观工程、白沙大桥北岸节点交通整治工程、永和大桥北岸匝道等13个。完工的有：南宁大桥、邕江大桥和中兴大桥维修加固、蒲庙大桥桥体亮化维修、长湖—厢竹立交桥工程等5个。

拆迁回建及安置房项目　共18个，年度计划投资19.73亿元，实际完成5.33亿元。开工的项目有：兴宁区拆迁安置小区、江南区富乐新城拆迁安置小区、西乡塘区拆迁安置小区等10个。其中：兴宁区拆迁安置小区一期工程已施工至第八层；西乡塘区拆迁安置小区11号、20号楼主体已封顶；江南区富乐新城拆迁安置小区已完成一期工程（10栋）住宅楼；江南堤路园项目（中兴大桥—三津村）富德村农民回建房已基本完工；白沙馨园农民回建房一期工程已通过验收。

廉租房和经济适用住房项目　共17个，年度计划投资10.53亿元，实际完成11.59亿元。开工的项目有：相思湖和友谊路廉租房建设工程，凤岭北路南面廉租房一、二期工程，昌泰清华园、安吉路西侧项目等13个（市级3个、县区级10个）。友谊路和相思湖廉租房项目续建1056套、新开工1147套。其中：相思湖廉租房建设工程1~7号已进行电气工程及外墙涂料的施工；友谊路廉租房1~3号、5~12号、14~16号楼已完成主体工程；富宁新兴苑项目已全部封顶并竣工8.40万平方米。全市经济适用住房（含全额集资建房）超额完成原计划竣工4000套的指标。累计完成：开工面积50.12万平方米，为全年任务数的129.80%；竣工面积68.65万平方米，为全年任务数的114%；竣工6731套，为全年任务数的168.30%；投资额13.96亿元，为全年任务数的118.30%。

市政排水设施项目　共23个，年度计划投资15.83亿元，实际完成13.27亿元。开工的项目有：心圩江环境综合整治工程（一、二期）、南湖竹排冲补水工程、凤岭冲沟改造二期工程、民族大道三岸片雨水渠一期工程、大学西路延长线污水管道工程等16个。完工的有：竹排冲环境综合整治工程主体工程，竹排冲上游、朝阳溪、心圩江支流、凤凰江等河道10个瓶颈点的整治和应急清淤改造工程2个。

市政公用配套设施项目　共41个，年度计划投资31.18亿元，实际完成28.62亿元。开工的项目有：相思湖新区市政给水工程、城市道路路灯改造、市政管廊工程、市电网建设项目、竹排冲改造配套完善工程等24个。完工的有：市区10座移动公厕、三塘天然气站储备站以及民族大道、民生—东葛路、人民路、朝阳路、古城路5条道路内增设的出租车停靠站点建设等5个。

风景旅游和园林绿化项目　共23个，年度计划投资13.51亿元，实际完成5.75亿元。开工的项目有：增种20万株大树工程、大明山旅游名胜风景区项目、精品路线增花添彩工程等18个。完工的有：荔园滨水公园、街道绿地黄土裸露专项整治、南湖亲水步道、节庆花卉采购及景点工程等8个。

骑楼和旧城改造项目　共2个，年度计划投资1.80亿元，完成投资2.57亿元。其中，台湾街一期旧城改造1号、3号、5号、8号楼封顶；西关路片区骑楼建设已完成地上附着物的拆除工作。

（刘　倩）

【南宁大桥】 南宁市“136”重点工程之

一，既是南宁实施“重点向南、加快五象新区建设、再造一个新南宁”战略的一项重点工程，也是推进北部湾建设，建设区域性国际城市的重要交通枢纽。位于青秀山旅游风景区与体现生态园林特色的荔园山庄交汇处，北起青山路延长线，南接良庆区的蟠龙新区，辖接良庆区的五象新区与邕宁区的龙岗新区，是南宁市东南地区进入市区和快速环道的主要通道。2004 年 12 月 16 日开工建设，2009 年 9 月 21 日建成通车。投资约 6 亿元。全长 1314.77 米，其中主桥长 734.50 米，两岸引道 580.27 米，最大跨度 300 米，桥面及路基宽度均为 35 米。主桥和引桥均为双向六车道，设计行车速度每小时 50 公里。大桥在结构设计上，为大跨度非对称肋拱桥，南北两岸均为半苜蓿叶形立交，桥身两边圆曲状的拱形，以不同的倾角向外倾斜，各用 10 根拉索相连，远看像两个对接的竖琴横跨邕江两岸。

【长湖—厢竹立交桥】 位于长湖东路与厢竹大道交叉路口，是城市快速环道的重要组成部分。2009 年 5 月 20 日开工建设，9 月 21 日建成通车。总投资 6707 万元。全长 1080 米，其中道路长 734.12 米、桥梁长 345.88 米；红线宽度 60 米，桥梁宽度 26 米。道路工程按城市快速路设计，行车速度每小时 80 公里。立交桥路面铺沥青，桥上安装隔音墙，每当汽车经过时，隔音墙能反射和吸收部分噪音，将噪音降低到可接受的范围之内，以减少噪音对周边居民生活的影响。工程建成通车后，厢竹大道的直行车直接跨桥通过，长湖东路直行车和路口向左转车需通过信号灯控制出入，能够较好地解决长湖东路的交通瓶颈问题，提高厢竹大道的通行能力，保证快速环道的畅通，进一步推动凤岭北片区的开发与建设。

（黄　加）

建筑管理

【概　况】 2009 年，南宁市有建筑企业 1238 家（本地企业 814 家），监理企业 106 家（本地企业 64 家），劳务企业 175 家（本地企业 157 家），检测机构 59 家。由市建委直接监管的房建项目 836 个，年度计划投资 404.60 亿元；新开工项目 745 个，开工率 60.32%。共办理工程安全报监登记 446 个（单体工程 1129 个），建筑面积 102.26 万平方米，投资额 141.13 亿元，存入安全文明措施费 2.16 亿元；办理工程项目质量报监手续 840 个，面积 1031.09 万平方米，造价 138.20 亿元，造价同比增长 65%；办理竣工验收备案工程 1033 个，面积 711.69 万平方米，造价 79.91 亿元，造价同比增长 41%。工程质量总体情况良好，工程施工安全与质量明显好转，竣工的工程合格率 100%，未发生主体结构质量安全事故。

长湖—厢竹立交桥　　　黄　加提供

【建筑市场秩序整顿规范】

规范施工管理制度　2009 年，南宁市制订《关于规范我市建筑劳务分包管理的通知》、《关于进一步加强工程监理工作的通知》、《关于加强预应力混凝土管桩质量的通知》、《建设工程质量监督登记材料申报标准》、《建设工程质量监督登记材料审查标准》、《房屋建筑工程质量监督工作要点》、《房屋建筑工程监督档案目录》、《房屋建筑工程监督抽测工作要点》等 30 多个管理制度，对各项制度的执行实行定期检查。随机抽查 110 个在建房屋建筑工程项目，涉及 50 家施工单位和 48 家监理单位，签发责令整改通知书共 38 份，涉及工程项目 35 个，占受检工程总数的 34.50%；签发责令停工改正通知书 2 份，涉及施工单位 2 家；签发执法检查责令通知书 26 份，涉及施工单位 22 家、建设单位 1 家。开展在建住宅工程质量专项检查，共检查市区住宅工程 39 个，涉及建设单位 23 家、设计单位 22 家、勘察单位 13 家、监理企业 23 家、施工企业 33 家。

实行差别化监督　针对南宁市建设工程质量管理工作形势，对有限的监督资源进行倾斜。一是在工程类别型方面，重点检查住宅、大型公建和大型建筑群等。二是重点到位检查地基基础、主体、建筑节能、竣工验收等关键部位和环节。三是全面加强质量风险源管理，把商品混凝土厂商、工程检测机构、施工图审查机构等单位的质量行为及建筑劳务用工、建材使用等纳入质量监督检查范围。四是对质量责任制未落实、实体质量缺陷较多的项目，实行重点监督，加大检查频次和深度。五是进一步加快监督工作信息化，提高行政效能。对监督机构信息管理系统进行升级改版，强化管理功能，对监督到位率、整改回复时限等工作情况实现电子监察，对建设行业主管部门实现建筑业企业基本信息、企业不良行为记录等资源共享，对建设、施工、监理等单位则实现网上报监、报验、领取文件等功能，监督工作效率明显提高。

劳务市场管理　在全市建筑劳务企业通过劳务市场准入登记，劳务准入登记的分包企业名录通过南宁市工程建设信息网向社会公布。实行建筑劳务分包合同备案制度，对 5 月 1 日后中标的工程项目，在办理建设工程质量监督登记前要办理建筑劳务分包合同备案手续。

由于实行了建筑劳务分包合同备案制度，建筑劳务分包不得超越建筑业企业资质证书限定的类别和等级承接，无相应资质不能承接相关工程项目。实施建筑劳务分包企业月查制度，建筑劳务分包企业每月对建筑劳务分包项目的劳务人员的持证上岗、工资发放、清欠公示制度等情况进行自查，并于每月5日前将上月自查情况上报。开展建筑劳务市场专项检查，根据年度建筑行政管理部门的工作目标，对已办理建筑劳务分包合同登记备案的237个工程项目开展专项检查，抽查在建备案项目59个，下发整改通知书22份。

建筑材料监管 市建设管理部门对项目建筑工程所使用的建筑材料进行监管，分种类、分批次实行名录登记管理制度，对供应商所提供的技术资料进行全面检查，审查结果向社会公布。对预拌混凝土生产企业进行随机监督抽测，对存在问题的下发《责令改正通知书》，并监督生产企业对不达标的原材料进行退场处理。会同安监、质检、工商等部门对所有预拌混凝土生产企业的生产情况和质量控制体系等方面进行全面的检查，对在建工程使用的建筑材料进行送样监检，不合格的进行封样，不达标的混凝土不能灌浇；检验预应力混凝土管桩的抗弯性、配筋直径、配筋率、尺寸偏差等。

质量通病治理 市建管部门针对施工中普遍存在的施工作业不规范、建筑材料不合格、赶工图快不求好、隐蔽工艺不求实等影响工程质量的通病，开展治理。具体做法是：规范施工工艺标准。组织驻市主要施工企业技术骨干，分头到84个存在质量通病较多的工地现场调查，掌握最突出和最普遍的质量问题，然后编写出《南宁市建设工程施工工艺标准指导手册》，列出施工通病的存在问题和案例分析，提出预防的办法和施工人员操作所必须不折不扣执行的要件。手册作为施工人员上岗必学的教材，并利用工地夜校授课，或召开工地现场会，实行面对面的质量分析，使工程质量通病得到了有力的遏制。因施工质量不合格造成返工的现象大幅度减少，全年未出现较大的工程项目质量事故。在竣工验收的176个项目中，工程合格率100%，工程优良品率80%，同比提高两个百分点。

施工现场远程监控 年初，市建委下发《关于对建设工程施工现场实施远程视频监控的通知》，对全市建设工程施工现场实施远程视频监控工作做出进一步的明确规定，即在市区范围内建设的政府重点工程、10层以上高层建筑、单体工程建筑面积在1万平方米以上的和创建市“安全文明工地”的工程项目，必须在规定期限内安装使用南宁市建设工程施工现场远程视频监控系统，将工程施工相关信息实时向设在市建管处的监控中心传输，接受建设行政管理部门及监督机构对工程质量、安全生产、文明施工实施的远程监控。根据安装要求，施工现场在塔吊安装完毕后15天内必须确定现场远程监控系统监控点并安装摄像头。监控点要求设置在塔吊顶端、材料加工场、材料堆放场、生活区、大门口等处，建筑工程的内外装修结束后方可拆除远程监控系统。对于未按要求安装使用及自行拆除监控设备的施工单位，将按照建筑市场主体管理诚信考评办法予以相应处理；对已评为“安全文明工地”的工程，将撤销其称号。

【项目施工竞赛活动】 2009年，市建管部门继续开展以讲质量、讲安全、争创文明工地为重点的项目施工竞赛活动。对参与竞赛的项目进行严格的评审和核对，出现质量和安全事故的项目，无论造成经济损失多少都一票否决，不得进入竞赛参评。全年共受理年度申报“优质结构奖”项目176个，其中评审入围拟进行公示的有90个，经评选年度选出市级安全文明工地48个。推荐上报自治区建设工程现场安全工地76个。

【工程招投标】 2009年，南宁市建设工程交易中心共监督办理单项交易732个，建筑面积1696.86万平方米，造价204.13亿元。其中：公开招标357个，建筑面积546.62万平方米，工程造价82.96亿元，占40.64%；邀请招标45个，建筑面积115.28万平方米，工程造价11.52亿元，占5.64%；直接发包330个，建筑面积1034.96万平方米，工程造价109.65亿元，占53.72%。年内，市招投标管理部门应用电子标书和计算机辅助评标系统，制定和实施《南宁市政府投资工程预选承包商制度及合理定价评审随机抽取定标法试行方案》。会同市建设工程造价站、建设监察支队等单位，首次对全市招标代理机构和工程造价咨询企业进行全面的专项检查；强化查处职能，落实相关部门责任，严厉打击招投标弄虚作假、串标、陪标等行为，妥善处理各种违规行为，处理率100%。开展工程造价、招标代理企业资质的初审工作，初审工程招标代理新申报企业19家，工程造价咨询新申报企业14家。

【建筑墙体材料改革】 2009年，南宁市继续执行墙体材料企业工艺设备登记备案管理制度，淘汰落后产能砖瓦企业。全市新型墙材生产企业累计有167家，新型墙材产量年度达27.44亿块标砖。加强对已淘汰关停项目的检查，防止非法恢复生产，鼓励支持非粘黏土制品新型墙材生产项目的建设和技术改造，指导发展当地的主导产品。同时，通过实行建筑节能设计专项审查备案制度，提高新建民用建筑执行建筑节能强制性标准执行率，新建民用建筑执行建筑节能设计标准共320个，建筑面积1050.80万平方米。对施工、竣工环节建筑节能标准进行严格监管，对未达到建筑节能设计标准或违反建筑节能管理规定的建设项目，提出整改要求，直至合格后才能组织工程的竣工验收。完成建筑节能专项验收备案282个，建筑面积296.60万平方米。推动可再生能源建筑应用规模化应用工作，对新建和在建的建筑项目可再生能源应用情况进行普查，采取鼓励和强制使用相结合的政策，进一步加快可再生能源建筑规模化应用进程。

【职业技能培训】 2009年，南宁市从事建筑业的人数12.50万人，其中大部分为农民工。为了从根本上提高建筑职工的思想和业务素质，提高岗位操作技能，市建委和市建筑管理部门继续抓好建筑业职工队伍的培训工作。并对在建项目建筑面积超过1万平方米以上的建筑工地规定要开办建筑工地农民工业余学校。共开办农民工业余学校64所，开展建筑工地农民工业余学校培训86期，引导性培训施工人员3.80万人次，岗位技能培训896人；李兆基基金温暖工程培训农民工5000人；开展专业技术人员继续教育7个班次900人，特殊工种继续教育6个班次420人，建筑施工安全人员再教育2800人；举办房屋拆迁政策及实务培训班1期280人，建筑工程质量通病防治知识培训班1期763人，建管联席会及建安劳保费管理工作培训班1期70人，建筑节能技术培训班2期560人。培训方式有：通过工地板报、多媒体直观教学、现场讲解等。培训内容按照实际、实用、实效的原则，合理设置课程，注重对建筑业基本技能、安全知识、维权知识和职业道德等方面的教育。参培人员经过课堂的理论知识学习和口试考评，以及各建筑企业进行实际操作的技能考核和测评,不合格者进行集中现场补考。选拔技术尖子参加全市建筑职工职业技能大赛,在砌筑工、钢筋工两个工种的比赛中,有6家建筑施工企业共30人组队参加年度总决赛,其中18人获“南宁市技术能手”称号。

【工程造价管理】 2009年,市建设工程管理部门创新施工过程中工程造价管理模式,变工程造价事后管理为事前和事中管理,并开展工程造价全过程的管理试点。开展编制南宁市轨道交通定额,针对轨道交通建设新技术、新材料、新工艺,对轨道交通建设、安装新材料进行跟踪、调查,进行新材料补充定额测定,参照国内部分城市的先进经验,完成项目分类、工程人工、机械材料设备等市场参考价格和工程技术经济指标、造价指数收集等工作。开展电话咨询、网上解答、信函答复等活动解决各种工程造价难题。电话解答难题30个,日均接待咨询5~10人;走访招标代理和造价咨询企业111家,协助解决企业生产经营、项目建设方面困难和问题14个,为企业和建设单位解决各类工程造价技术难题320个。完成五一路铁路立交桥、广西体育中心主体育场装饰、中国—东盟商务区道路、五象大道、邕江大桥加固、南宁剧场地面改造、自治区人防办办公室燃气并网改造等项目的工程造价审核工作。开展工程造价纠纷仲裁和司法鉴定工作,完成云星城市春天13号、14号住宅楼,世贸商城2号、3号住宅楼等一批建设工程的结算纠纷造价审核。坚持每月在南宁工程造价信息网发布1期工程造价信息,每期发行量3000多册,材料信息4400种。

【工程款清欠】 2009年,市建设行政主管部门继续加大工程款清欠执法力度和惩处力度。规定凡因处理拖欠建筑农民工工资不作为、不得力而导致农民工聚集闹事、阻塞交通、聚众扰乱单位工作秩序、影响公共安全的,一律严肃追究企业责任。属建设单位拖欠施工企业工程款的,责令限期付清工程款;限期不改、情节严重的,停止办理该建设单位所有新开工项目施工许可证、商品房预售许可证、竣工验收等手续。属施工企业拖欠农民工工资的,责令其及时支付,必要时启动农民工工资保障金;由于施工单位责任发生严重影响社会稳定事件的,停止该单位参与招投标承揽新的业务。对本市建筑企业,一律取消评优资格并依照有关规定处理。处理结果与企业资质增项、升级、外出施工等事项的审查直接挂钩;对相关外地来邕企业,一律取消参加在邕优秀施工企业综合考评的资格,情节严重者清除出南宁建筑市场;对相关总包、分包和劳务企业,还将追究工程项目经理责任。对于少数劳务队涉嫌欺诈或以合同纠纷为由恶意讨薪的,市建设、劳动等部门将根据建筑市场从业人员信用评价制度,通报批评恶意追讨人员,依法限制或禁止其参与南宁市建筑市场活动。对于因恶意追讨引发社会治安事件的,公安部门将采取有力措施坚决打击,依法处置。政府各清欠管理部门也将密切联动,将那些恶意拖欠农民工工资的且屡教不改的不法企业和个人清出南宁市建筑市场。还明确规定项目业主不得要求施工方垫资,并严格按照合同约定及时足额支付工程进度款。项目的总承包企业和项目经理必须承担按时支付建筑业农民工工资的职责,并督促相关项目部、分包企业和劳务企业按时发放建筑工人的工资。开展农民工权益维护服务行动。开辟农民工劳动争议仲裁“绿色通道”,快立、快调、快审、快结,及时处理重大劳务纠纷和集体劳动争议。运用农民工工资保障金解决拖欠问题,对项目无法解决的欠薪问题要责成企业动用工资保障金。免费为农民工提供法律援助服务,简化程序,快速办理,做到应援尽援。经过强制性清欠措施,南宁市建筑业建筑施工工程款拖欠行为得到有效遏制,同时清欠工作取得较好成效。全年协调解决拖欠涉及工程款和农民工工资数额4.60亿元,其中农民工工资0.36亿元,涉及农民工3.70万人。

【工人保额保险】 2009年,南宁市实施《关于加强和规范建筑意外伤害保险工作的意见(暂行)》。规定从8月起,新上马的工程项目必须按要求办理建筑意外伤害保险。每名被保险人的意外伤害保险金额不得低于20万元,附加意外伤害医疗保险金额不得低于2万元。凡在南宁市从事建筑施工活动的施工企业,必须为施工现场从事施工作业和管理的人员在施工活动过程中发生人身意外伤害事故提供保障,办理建筑意外伤害保险,支付保险费。实行不记名和不计人数的方式,保险费列入建筑安装工程费用,由施工企业支付,不得向从业人员摊派。建筑意外险以工程项目为单位进行投保,手续要求在工程项目办理安全监督手续前办理,保险期限从工程项目开工之日起至工程竣工验收合格日止。投保有关信息必须告知被保险人,并以公告形式在施工现场张贴,公告时间不得少于30天。至年末,南宁市区新上马的104个建筑工程项目的1.86万人参加了意外伤害保险,保险金额39.06亿元。(陈　琳)

村镇建设

【概　况】 2009年,南宁市村镇建设按照城市总体规划的要求,重点是继续完善和提高村镇规划、建设和管理水平,加强对全国重点镇、自治区小康示范镇、社会主义新农村建设和县域经济发展的指导及帮助;对部分城镇规划及基础设施进行完善。在相关县镇推进4个拆迁安置小区建设,完成投资4.64亿元;加快9个农民回建房项目建设,完成投资1575万元。实施农村农户危房改造试点工作。一期工程已按计划实施:隆安县990户、马山县2500户、新增加4个县和6个城区130户,共3620户。

【基础设施建设】 2009年,南宁市按照县镇和乡村的总体规划,将村镇基础设施建设作为推进城镇化进程的主要内容。各县区建设部门按照规划进行道路、排水、绿化等基础设施的建设。共完成农村住宅建设、村镇公共建筑及生产建筑、公共设施建设投资31亿元。其中:乡村住宅建设(包括危房改造)完成投资21.50亿元,超额完成自治区下达的19.47亿元的任务;完成公共建筑及生产建筑、公共设施建设投资9.50亿元。

【风貌改造工程】 2009年,南宁市开展市辖区内南百高速公路沿线和机场高速公路高岭收费站至环城高速公路石埠收费站沿线村屯城乡风貌改造工程。一期工程已按计划完成房屋外立面和坡屋顶改造任务,其中房屋外立面改造完成202.73万平方米;坡屋顶改造完成10.52万平方米。完成的各类综合整治配套项目有:村屯规划编制13个,建制村通村道路项目1个,道路硬化和排水工程14个,造林绿化工程12个,远程教育终端

城乡风貌改造工程初见成效。图为南百高速公路沿线村屯房屋经过外立面及坡屋顶改造后新貌　　唐欣也　摄

站点13个,村级篮球场项目11个(在建2个),改厕212户,垃圾池项目36个,县级沼气池项目2个,村级卫生室2个(在建1个),乡镇计生站3个(在建3个),五保村项目7个,农村饮水安全项目1个,小型农用水利设施项目4个。

【危房改造试点】 2009年,根据自治区政府召开的自治区保障性安居工程与农村危房改造试点工作会议计划安排,南宁市第一批农村危房改造试点为隆安县和马山县,全年改造一期工程共3490户,改造面积20.94万平方米。其中:隆安县990户,改造面积5.94万平方米;马山县2500户,改造面积15万平方米。按照自治区扩大农村危房改造试点实施方案的通知精神,武鸣县、横县、宾阳县、上林县和青秀区、西乡塘区、兴宁区、邕宁区、良庆区、江南区共增加130户农村危房改造工作任务,改造面积0.78万平方米,在两县试点的基础上全面推升。为启动隆安、马山两县的危房改造试点工作,南宁市成立了以市长任组长,市建委、市发改委等21个部门组成的南宁市农村危房改造工作领导小组。并按照国家有关规定,每户国家补助5000元、自治区补助5000元,市级补助4000元,县级补助1000元发放到各改造的农户手中。在危房改造的实施过程中,首先结合城乡风貌改造工程,做好前期准备工作,于5月对危房改造现状进行调查摸底以及危房等级技术评定;其次,根据摸底和评定情况,对列入改造的危房逐个作出改造计划,并作出规划设计;再次抓好改造资金落实。到年末,隆安县和马山县的危房改造试点的前期工作已取得阶段性的成果。与此同时,两县完成各乡镇参与危房改造的技术人员以及对危房等级技术评定和农户档案管理工作的培训,促使危房改造的各项工作迅速的开展。至年末共完成计划改造任务3600户,累计完成投资1.08亿元。　(陈　琳)

城市规划

【概　况】 2009年,南宁市规划管理局加强城乡规划编制和管理工作,完成《南宁市城市总体规划》(2008~2020年版)的编制和上报;开展《南宁·中国水城建设规划》、《南宁市南湖—竹排冲水系环境综合整治总体规划》、《城市内河水系补水工程专项规划》、《南宁市民歌广场综合改造规划方案》等推进"中国水城"建设规划和《南宁铁路专项规划》、《南宁火车东站地区调整规划》、《城市东西向城市快速路规划研究》、《新外环高速公路与城市路网衔接规划》、《南宁市公共交通规划(2008~2020)》、《南宁市快速公交线网规划》、《南宁市快速路系统规划》、《南宁市地下空间利用规划》、《南宁市轨道交通线网规划和建设规划》等城市交通系列规划以及《南宁市电网专项规划》、《南宁市城区暴雨强度公式修正》、《南宁市环卫规划》、《南宁市户外广告规划》、《城市防震减灾专项规划》、《朝阳商圈空中走廊规划》等8项专项规划还有《南宁市屯里片区发展控制性规划》《凤岭片区规划修编》、《南宁市物流基地控制性详细规划》、《南宁市北部山脉水源地保护与旅游规划研究》等详细规划及规划研究项目的编制工作;重新启动《五象岭森林公园规划》编制;完成《南宁市城市综合交通规划》、《南宁市中心城行人过街设施规划》、《中心城分区控详规划》、《南宁市支路网规划》、《五象新区核心区总部基地控规调整》、《五象新区核心区总部基地修建性详细规划》、《危险品仓储区布局规划》、《邕江两岸城市设计(北大路—心圩江)》、《机场路—白沙大道两侧城市设计》、《城市防震减灾专项规划(含南宁市应急避难场所体系规划)》、《南宁市生态园林城市规划》、《南湖西岸控制性详细规划》、《南宁区域性国际城市研究》、《南宁火车站交通枢纽规划研究》、《南宁市城市风貌研究》、《南宁市建筑风貌研究》、《大明山风貌研究》、《南宁城市交通白皮书研究》、《南宁市城区建筑物地下空间综合利用规划研究—以朝阳商圈为例》、《中外"水城"规划研究》等20项规划及规划研究的编制,已通过评审并上报市政府或自治区建设厅审批中;编制完成《南宁市综合交通年度报告(2007年)》、《中心广场修建性详细规划》、《五象新区核心区蟠龙组团控规》、《南宁市大沙田片区控规》、《南宁市物流基地分区规划的调整》、《南宁市城市南向发展轴向规划研究》、《民歌广场综合利用策划研究》、《南湖西岸旧城更新策划》、《南宁市南湖—竹排冲水系环境综合整治总体规划》、《南宁市传统村庄建筑风貌保护性研究》10个项目已获市政府批复实施。

此外,做好为民办实事项目,完成的项目有:5座人行天桥选址审批以及在5条道路上设置出租车停靠站的规划审批,10座垃圾中转站和10个移动公厕,一批南宁电网建设项目、加油站、城市垃圾综合处理场规划选址,市城建年度计划安排的453个项目规划审批,配合铁路部门开展的6条高速铁路引入南宁的相关工作,自治区2009年度重大公益性项目的规划选址及其他自治区、市21个重点工程项目选址及用地审批服务,市城市规划工作委员会共15期会议的日常会务工作。成功承办中南、西南片区房地产开发领域违规变更规划调整容积率问题专项治理工作座谈会、中英学者城市发展(南宁)WORKSHOP学术论坛和畅通南宁规划国际论坛。

【城市交通系列规划编制】

南宁市城市综合交通规划(2008~2009) 2007年1月,市规划管理局委托上海市城市综合交通规划研究所作为规划主编单位、南宁市城市规划设计院作为当地配合部门共同开展编制,2008年11月7日完成该项目最终成果评审,2009年上报市政府审批。该规划详细分析了南宁现状交通问题,提出综合交通发展战略为:服务枢纽型城市和区域国际性城市发展目标,建立与南宁城市社会经济发展相协调的一体化的和谐交通体系,实现人、自然环境和交通的和谐,社会、经济发展与交通的和谐,交通规划、建设和管理运营的和谐。提出对外交通系统规划总体发展目标为:建立与区域综合交通运输体系布局,南宁市域城镇体系及产业布局相适应,运输方式齐全、运输结构均衡、运行高效的区域枢纽型的对外交通体系。至规划期末,南宁将形成集航空、铁路、公路、水运和管道的综合运输体系,对外出行将更为便捷,至各周边省会城市出行时间控制在4.50小时以内,相邻地级市控制在2小时以内,北部湾经济区形成1.50小时经济圈。

城市交通系统规划的道路系统规划形成以"一环两纵五放射"("一环"即为快速环道;"两纵"指贯穿城市核心区和现有高环改造的南北快速通道;"五射"主要是城市各个方向的对外放射线)的快速路和"四纵四横"(一纵为蓉茉大道—龙岗大道,二纵为凤凰岭路—铜鼓岭路,三纵为邕武路—园湖路—青山路—平乐大道,四纵为南梧大道—明秀路—壮锦大道,五纵为罗文大道;一横指可利大道,二横指凤岭北路—长堽路—中华路—延铁路线规划主干路,三横指仙葫大道—民族大道,四横指五象大道,五横指规划高环南侧东西向主干路)的一级主干路为骨架的道路网络;力争在2015年形成常规公共汽车为主体,快速公交、出租车为补充的城市公共交通系统。2020年后形成以轨道交通为骨架,快速公交、常规公交、出租车多种方式相互补充、良好衔接的多种交通方式协调发展的一体化公共交通体系。同时还提出物流系统及停车系统规划。

南宁铁路枢纽专项规划 根据国家铁路部门2008年8月调整完成的国家中长期铁路网规划,南宁铁路枢纽定位为区域性国际城市及交通枢纽。市政府于当年10月31日研究部署推进南宁城市铁路规划工作,规划编制单位为中铁二院工程集团有限责任公司。2009年4月28日上报自治区首府规划委员会审议原则通过。规划南宁铁路枢纽范围东起湘桂线邕宁站,西至南昆线扬美站,南至南防线吴圩站。枢纽共有车站13个,其中南宁站、凤岭站、五象站为客运站,南宁南站为编组站。枢纽总图格局为北环线为客运通道,南环线为货运通道,形成南宁站、南宁东站、五象站3个枢纽客站格局的客运系统;货运系统为枢纽内南环线增建二线,规划建设南站南侧路集装箱办理站、扩建南宁南货场,在南站南侧路、玉洞、沙井大道规划3处物流园区。调整后的南宁铁路枢纽将在现衔接湘桂(湖南—广西)、南昆(南宁—昆明)、南防(南宁—防城港)3条干线及南环线(南宁南部铁路线)等铁路线的基础上,近期新建柳南线(柳州—南宁客运专线)、南广线(南宁—广州)、云桂线(云南—广西)、金南线(贵阳—金城江—南宁线)、南钦新建双线(南宁至钦州、北海、防城港),规划增建南宁至凭祥二线等6条高速铁路线引入南宁铁路枢纽。

南宁市城市轨道交通线网与建设规划(2008~2015) 南宁市于2005年开展该规划编制工作。2008年6月通过国家发展改革委组织的专家评估会评估;2009年1月通过住房和城乡建设部组织的专家审查会审查,4月24日通过国家环保部的环评审查,并上报国家发展改革委审批。规划远景方案:南宁市城市轨道交通线网由6条线组成环加放射形线网,其中骨干线2条、辅助线4条;轨道交通线网全长173.50公里;核心区内全长36.20公里;市区线网密度每平方公里0.55公里,核心区线网密度每平方公里1.31公里。全线网共设车站108座,其中换乘站17座。规划南宁市轨道交通2015年前修建一号线一期工程和二号线,线路总长约47.50公里,总投资约191.50亿元。一号线为东西向骨干线,一期工程由罗文站至三屋村;二号线为南北向骨干线。

【"中国水城"建设规划编制】

南宁市南湖—竹排冲水系环境综合整治总体规划 2009年7月,市规划管理局与市建宁水务集团共同委托市规划设计院编制,11月23日获市政府批复实施。南湖—竹排冲连通水系是城市水系总体结构"一江、两库、两渠;六环、十八河、八十湖"中重要的核心环,规划范围为竹排冲上游沙江河、药用植物园两支流汇合口至竹排冲邕江出水口段,长约9.20公里。根据规划,南湖—竹排冲水系全线将建设南湖与竹排冲连通明渠,通过设置青竹湖、民歌湖、贤宾湖及茅桥湖等湖泊和增设3座拦河坝形成三级水面,依托南湖—竹排冲连通渠实现城市水体连通,运河中将通行小型游船,实现南湖—竹排冲水上精品旅游线路布设和加强水体连通流动功能。结合南宁特有的自然生态环境和水资源条件基础,以挖潜和提升城市"水文化"为主要线索,以构建"人与自然和谐"和城市水网体系为目标,提出"生态水城"、"文化水城"的核心主题。通过水系规划、游线设计和功能分区,着重强调河岸景观设计中的生态理念,体现集文化、休闲、游乐、科教、生态、艺术展示于一体的城市核心水网体系的设计思想。其目标定位为"生态水城、文化水城、活力水城、魅力水城"。主题形象定位为"绿城新明珠、魅力南湖环"。旅游品牌策划为"以水亮景、以景促游、以游兴商、以商活城"的开发建设和经营思路,重点打"两张牌——生态牌和文化牌"、唱"三台戏——科技创新戏、民俗文化与民族风情戏、现代都市生活戏"。景观规划设计主题为都市·水韵。景观分区分为生态科普游憩区、时尚休闲区、居住休憩区3个区。规划结构形成"一轴两带三段七节点"(一轴指蓝色水系轴,两带指河道两侧特色景观带,三段指生态科普游憩区、时尚休闲区、居住休憩区,七节点指茅桥晨影、绿屿迷踪、水岸情怀、繁灯夜雨、汇歌唱游、假日都市、竹影余辉)。建设项目北起长堽路,南至邕江出河口,项目全长约10公里,其中竹排冲冲河道长度约9.19公里,南湖—竹排冲连通明渠752米,规划用地面积约2.01平方公里,总投资约19.80亿元。

南宁市民歌广场综合改造工程方案 2009年7月,开展民歌广场综合改造方案的征集工作。经过专家评审会和规划工作委员会审议,原则确定了由南宁市城市规划设计院设计的民歌湖综合改造工程方案。2009年12月1日,将征求及采纳市民意见的相关情况向市政府作出书面汇报,12月底方案交市规划工作委员会审议。民歌广场是南湖—竹排冲核心环的重要节点,方案设计范围北至民族大道,南至规划路,西至金浦路,东至

竹排冲东侧景观控制线，总面积24.30公顷，其中水面面积约10.20公顷。规划目标是将新的民歌广场打造成为以“都市水岸，音乐生活”为主题的现代大型城市滨水公园，倡导时尚、休闲的生活方式，弘扬民歌文化。设计中运用弧形台地、岸线、声光塔等元素将水和音乐构图成一个抽象的音乐符号，在场地每一个重要的功能区域和设计细节中，都着重打造水和音乐的文章，让人感受到水的美、音乐的美、生活的美。入口广场中心的是一个环状的大型景观跌水，暗示整个公园的“水”的主题。中心舞台区是演绎中心，可以开展各种歌舞演出活动。原民歌广场看台分为上中下三层，各层标高分别为81米、77米、74米。以原地形为依托设计的台阶式大看台面积983.5平方米，可同时容纳观众约900人。公园的中心位置设酒吧娱乐区，憩观赏区穿插在整个公园区内，滨水活动区在整个民歌湖沿岸以各种形式分布，10公顷的宽阔湖面为公园的水上活动区。

【规划调整方案】

南宁市中国—东盟国际物流基地分区规划调整方案　原《南宁市中国—东盟国际物流基地的分区规划》于2008年10月28日获市政府批复。随着形势变化，新项目建设及城市路网格局的调整，原分区规划确定的功能定位需要进一步的提升。2009年，市规划管理局对该规划进行调整，7月23日调整方案获市政府批复。调整的主要内容包括功能定位、用地范围、土地使用规划、公共设施和市政配套、道路系统规划、规划控制指标6个方面的调整。规划范围北至湘桂铁路复线，西南至银海大道，东至平乐大道，由原来的18.60平方公里调整为20.24平方公里。功能定位调整为：南宁市中国—东盟国际物流基地是广西北部湾经济区开放开发的重要组成部分，是服务于中国—东盟自由贸易区的贸易往来和大西南出海通道的贸易往来的出口加工、物流配送、保税物流、商贸、仓储、产品展示等功能于一体的设施一流、环境一流、管理一流的综合保税区和国际现代综合物流区。规划结构可概括为“四横、四纵、三心”。四横指三条东西向发展轴及一条东西向交通轴（银海大道东段），四纵指三条南北向发展轴及一条南北向交通轴（平乐大道），三心指南宁保税物流中心、商贸中心、绿心（公园）。功能分区增加配套工业园区，形成九大分区：保税物流园区、出口加工区、配套工业园区、铁公联运区、商贸物流区、仓储物流园区、商务园区、居住区、公园。

南宁市五象新区核心区（蟠龙组团）控制性规划调整方案　2007年10月10日，《五象新区核心区控制性详细规划》获市政府批复，但由于其中部分用地原邕宁县已规划定点并办理用地手续，这部分用地与原规划有较大出入，因此在实际的征地拆迁等工作中存在较大困难。为进一步推进五象新区核心区的开发建设，根据市政府指示精神，市规划管理局于2008年12月委托市城市规划设计院对原规划进行调整，调整的主要内容之一为蟠龙组团。2009年5月5日，调整后《南宁五象新区核心区（蟠龙组团）控制性详细规划》获市政府批复实施。本次规划调整范围为五象大道以北，1号路以西所围合的区域，规划面积约390.50公顷。调整后的规划结构为“一带、五区”。一带指沿邕江生态控制带；五区指居住兼商业综合区（本次规划调整范围）、总部基地区、体育区、居住区和休闲区。用地布局调整思路为：保留广西文化艺术中心、南宁艺术博物馆等大型公建用地；保留市民中心与青秀山、核心区与青秀山的龙象塔、体育中心与青秀山之间的景观视觉通廊。调整后的用地性质以商业和居住开发为主，并进行相应的公共服务和市政设施配套。

【南宁市地区发展战略规划研究】

南宁市外东环地区发展战略规划研究　2008年5月，市规划管理局委托市城市规划设计院和市城市规划研究中心开展研究工作。2009年10月完成并批复实施。同年获广西优秀城乡规划设计三等奖。该规划研究的范围为：西面以现状环城高速公路为界，北面、东面和南面以规划外移环城高速公路为界，所围合而成的区域，用地总面积约451.17平方公里。研究的期限分为近期和远期两期进行，其中2008~2015年为近期，2015年以后为远期，远景至2040年。研究主要围绕性质与功能定位、空间与结构布局、基础设施布局、生态环境控制、制度政策导引等5个方面展开，分背景篇、理论篇、思路篇、定位篇、空间篇、基础篇、策略篇7个篇章内容阐述。明确外东环地区的城市功能定位为：南宁市跨越发展的新的综合居住地带，南宁市旅游休闲、物流等现代服务业拓展区，南宁市发展现代加工制造业的重要基地。规划研究将外东环地区的总体空间结构确立为“一带两轴、两楔三片”。一带指沿邕江及邕江两岸发展带，两轴指沿民族大道和五象大道为发展轴，两楔指外东环地区中沿邕江南北两岸分布的两条大型绿色丘陵山体为城市绿楔，三片指北部片区（延续城市用地功能）、中部片区（建设滨水居住新区、职业教育中心）、南部片区（外东环地区的新兴产业园区）的空间结构模式。

南宁市南部地区发展战略规划研究　南宁市南部地区位于邕江以南，地处广西北部湾经济区的核心位置，是南北钦防城市辐射腹地的交汇区。市规划管理局于2008年委托市城市规划设计院与市城市规划研究中心联合开展研究工作。立足于城市和区域发展的现实基础、发展条件和内外发展环境，统筹南部五象新区与南宁至沿海各市这一城镇密集发展区的整体空间布局，制定南宁南部地区的空间发展策略与布局方案，提出规划实施与管理相关措施，为南部地区的规划建设提供科学合理的依据。2009年完成该项目研究工作并获广西优秀城乡规划设计二等奖。南宁市南部地区发展规划研究范围北起邕江，南至南宁与钦州、防城港交界处，东、西以南北二级公路（325国道）及桂海高速公路为中心，向两侧纵深延伸一定距离的区域，总面积约2621.70平方公里。主要包括两个层次：城镇密集发展区和行政区划地域。规划研究范围为江南区、良庆区和邕宁区行政区划范围内的9个乡镇（吴圩镇、良庆镇、那马镇、大塘镇、南晓镇、那陈镇、蒲庙镇、新江镇、百济乡）。规划期限划分主要为：近远期为2008~2020年；远景为2020年以后。

【南宁市五象新区大沙田片区控制性详细规划】　2008年6月，市规划管理局委托市城市规划设计院编制。2009年1月15日编制完成并获市政府批复同意实施。规划范围确定为：北面以良凤江北侧已出让的景和公司的用地为界，南边、东边以规划部门划定的五象岭山体绿地控制线为界，西面以相关水系规划所确定的良凤江河道蓝线为界，其他局部地段根据现状和规划控制道路中心线、单位用地界、现状自然地形地貌进行适当调整。调整后的规划范围为547.74公顷，其中规划区内保留用地面积133.82公顷。规划人口规模8万人。规划定位为：以良好的滨江景观和人居环境为特色，营造居住功能为主体，配备综合商业、文化、娱乐、休闲等功能的综合性城市片区，规划的整体定位是城市居住片区。规划结构可概括为“一心、两轴、四片区”(一心指片区综合服务中心，两轴指南北向的银海大道和东西向的五象大道，四片区指沿五象大道南北两侧的4个综合居住片区)。规划区用地以居住用地、公共设施用地为主。居住用地以多层住宅为主，局部地段配套建设小高层建筑。

【项目审批】 2009年，市规划局共核发规划设计条件311份,核发规划总平192份;核发设计红线216份,设计方案150份；办理新开工建筑工程审批业务1352件,业务审批新开工面积2233.79万平方米,投资总额151.63亿元;审批竣工项目649个,面积542.99万平方米,投资总额56.26亿元;受理建设用地规划定点申请材料590份，上报市土地储备经营管理委员会审批的规划定点材料316份,核发建设用地规划许可证334份，审批建设用地约4081.80公顷(新增建设用地约1879.33公顷，存量用地2202.47公顷)；核发《建设项目选址意见书》123份,面积1578.20公顷。开展185个建筑方案、172个市政工程的技术审查工作，审批工程方案(含市政类、建筑类)建设投资总额406.94亿元。代政府收取城建配套费6300万元,完成目标300%。

【违法案件处理】 2009年，市规划局共处理各类违法案件1141件(公建49件，私房1092件),下发行政处罚告知书999份,行政处罚决定书983份;受理各城区申请拆除盖章案件595件，违法建设面积约82万平方米，实际拆除约62.70万平方米。向各城区发出《关于请按职责制止、拆除违法建设的函》197件,《关于请按职责拆除违法建设的函》77件;发现正在建设需拆除转城区处理案件205件，违法建设面积约12万平方米,实际得到制止、拆除的约0.50万平方米。下达拆除决定后依职责转城区组织拆除案件90件,违法建设面积约47万平方米,实际得到拆除的约19.20万平方米。全年共收缴罚没款831万元。

【城市规划信息化建设】 2009年，南宁市城市规划信息系统开发及应用方面，初步完成城市规划审批与动态规划监察图文一体化系统(二期)建设。对图文一体化办公系统的业务功能进行调整和定制开发，包括平台、CAD模块功能、GIS数据调用的升级，并新增会议会审功能模块。完成城市形态控制与规划方案比较评估系统(二期)建设,继续进行100平方公里的三维模型建设，完成50%的模型制作及系统升级并通过初步验收；完成并正式推广使用南宁城市规划市民互动平台的开发与部署，该平台是集城市规划展示、规划审批业务查询等功能于一体的信息发布平台；完成南宁市规划信息港改版升级及指标校验系统的开发和培训工作，以规范规划方案成果和报建材料的电子数据标准，从8月1日起在市规划局报建服务窗口推广；完成电子报批信息系统的开发建设和审批窗口推广使用，文件传输系统的全面安装部署;完善基础资料数据库的建设,主要是完成了基础地形图数据库的更新和维护,对南宁市新建、改扩建道路进行修补测，完成地形图测量58.80平方公里;初步建成高分辨率卫星影像图数据库,范围覆盖南宁市域范围；完成市政审批档案数据库的整理建库,对2000年以来的市政审批档案进行整理,进行边界、属性的入库,共入库记录约3400条,为今后调用市政历史数据及查询相关信息提供方便;完成用地档案数据库的建设,进行了与城市规划用地相关的国土批文文件的电子化扫描、地块边界范围提取及附件关联入库建设;完成规划成果数据库、控制指标数据库的维护与更新，其中规划成果数据库总共完成27个规划成果1950个文件记录的入库工作，控制指标数据库共完成37个控规约5868条地块指标的入库工作。

【信访与提案办理】 2009年，市规划局共接收来文4692份,办复市第十二届人民代表大会第七次会议代表议案35件，市第九届政协第四次会议委员提案57件,根据市人大代表、政协委员寄回的41份回执单显示,满意率100%。编辑整理上报市委、市政府的信息共85条。共接收、处理群众来信175件,办理市长热线78件,接待来访群众约2000批次。

乡镇规划

【概　况】 2009年，市规划管理局指导开展的乡镇总体规划修编任务共有42个（历年已安排但尚未完成编制任务的有25个)，其中完成总规编制初步成果的有18个,完成技术审查正在或即将报批12个。隆安县县城、雁江镇,横县县城(总规局部调整)、南乡镇，上林县白圩镇、乔贤镇、巷贤镇、西燕镇,宾阳县县城、武陵镇、古辣镇、露圩镇,邕宁区蒲庙镇,青秀区南阳镇以及西乡塘区双定镇、金陵镇等16个乡镇总体规划获得批复实施，伶俐工业集中区核心区控规通过市政府审批。重点安排开展兴宁区三塘镇、西乡塘区金陵镇、横县六景镇以及良庆区太安龙象新区等4个控规项目,社会主义新农村示范村屯规划编制中,选定青秀区长塘镇定西村加踏外坡、兴宁区三塘镇路东村留肖坡、良庆区大塘镇那团村那团新村、江南区吴圩镇坛白村那助坡、西乡塘区安宁办路西村老直坡以及横县云表镇大良村新仲屯、隆安县那桐镇定江村定典屯7个村屯作为示范村屯开展村庄规划编制工作。对南百高速公路沿线（涉及西乡塘区和隆安县）1000米可视范围内的67个村屯进行综合整治和立面改造（综合整治37个、立面改造30个),11月4日全部完成建筑方案设计和规划设计。

【邕宁蒲庙镇总体规划（2007~2015)】 青秀区政府于2007年委托广西城乡规划设计院开始编制,2009年获市政府批复实施。规划年限近期为2007~2015年，远期为2016~2025年。规划镇域范围为蒲庙镇行政辖区范围，包括行政村17个,社区居委会4个,总面积245平方公里。规划区范围包括现镇区所在辖区,张村、仁福村、公曹村行政范围,新新村、良信村、新生村、梁村的部分区域,面积约49.6平方公里；镇域人口2015年21.05万,2025年33.32万；城镇化水平2015年55%,2025年70%。镇域发展空间布局沿邕宁至灵山二级公路作为发展主要轴线,将沿蒲庙至那楼、蒲庙至新江公路一带作为发展副轴，沿邕江及八尺江作为沿江发展带,由主、副两条发展轴及沿江发展带为构架,通过主、次发展轴上重点村的优先建设，最终辐射和带动其他各村,促进整个镇村体系的发展。规划将镇域划分为东部、中部、西部3个经济区。镇区总体发展规划镇区性质定为邕宁区的经济和交通中心、工业基地,依托南宁市中心城区,促进农业产业化,大力发展工业和商贸物流，协调发展旅游业的综合型中心城市边缘城镇。镇区人口规模近期2015年为9.50万，远期2025年为22万。至2015年，镇区建设用地面积1140公顷，人均用地120平方米;2025年,镇区建设用地面积2623公顷,人均用地119.23平方米。确定镇区发展方向“南拓东延”。镇区未来的发展形态结构规划为“一心一带四轴五区”的空间形态(一心指在旧镇区基础上形成的商贸中心；一带指沿着邕江和八尺江构建一条滨水绿化景观带；四轴指根据发展方向及道路结构形成的四条发展轴线；五区指旧城综合居住区、西部综合居住区、东部综合居住区、工业区的八鲤工业区、五合工业集中区)。

【南宁市西乡塘区双定镇总体规划(2008-2025)】 西乡塘区双定镇政府于2008年委托广西城乡规划设计院编制,2009年9月获市政府批复同意实施。规划年限近期为2008~2015年,远期为2016~2025年。至2015年,双定镇总人口3.50万,镇区人口0.80万,城镇化水平23%;至2025年,总人口4.30万,镇区人口1.50万,城镇化水平35%。镇域范围指双定镇现所辖6个行政村(即兴平、义平、秀山、英龙、和强、武陵行政村),31个自然坡、145个村民小组,总平面187.7平方公里。规划区范围东至214省道、金龙水泥厂,东北部至古典坡,西北部至雷明耀工业区,南部至坛立工业区,规划范围约20平方公里。规划发展目标是把双定镇建设成为经济实力较强、服务设施完善、生态环境优良的新型工业城镇,西乡塘区水泥建材及农副产品加工基地。镇村空间布局构成"一核两轴"对外的镇村结构(一核指中心镇区,作为双定镇域的核心;两轴指一级发展轴依托214省道发展,该发展轴上分布秀山、英龙、和强中心村,二级发展轴依托014县道,加强双定与金陵镇的合作与协调发展)。村镇按职能划分为中心镇区、中心村、基层村3种类型。性质拟定为:全镇经济、政治、文化中心,西乡塘区工业基地,重点发展水泥建材、化工及农副产品加工业。规划近期至2015年建设用地规模控制在108公顷以内;远期至2025年建设用地规模控制在180公顷以内。镇区发展的总体布局规划按"一心两组团"结构布局(一心指中心镇区、两组团指坛立及雷明耀工业组团)。

【南宁市伶俐镇工业集中区控制性详细规划】 青秀区政府于2007年委托广西城乡规划设计院编制,2009年获市政府批复实施。本次规划范围北至邕江,东至石桥村,南至王京村,西至伶俐与长塘的交界处,规划总用地21.64平方公里,总建设用地19.70平方公里。规划期限近期至2010年,远期至2020年。至2010年,人口7.50万,用地规模9.35平方公里,人均建设用地124.61平方米;2020年,人口16.50万,用地规模19.70平方公里,人均建设用地119.39平方米。伶俐工业集中区作为青秀区主导开发的工业集中区,性质定性为:是南宁市东部工业区的重要组成部分,以发展化学原料及化学品加工业、精细化工业、非金属矿物制品加工业、建材业、石油加工业、蔗糖深加工业、食品饮料业、农副产品加工业、通讯、计算机及电子设备制造业、交通运输设备及制造业、印刷包装业及高新技术产业等为主,第三产业积极发展的新型特色工业集中区。本次规划建议在规划区内设置四类用地:规划保护区、规划建设用地、发展备用地和生态绿地,分别实行不同的开发策略。形成"一心、一轴、二区、多组团"的规划结构(一心指商贸行政中心;一轴指邕江,以水为主题,形成工业集中区的发展轴;二区指高速公路将工业集中区自然分割形成北、南两大片区;多组团指规划区由工业、公共设施及居住分片形成的多组团,包括3个工业组团和3个居住组团)。(雷泽识)

勘　　测

【概　况】 2009年,南宁市勘测院完成工程项目2168个,生产收入4500多万元。勘测成果合格率100%,勘测资料归档率100%,勘测产品数字化成图率100%。12月7日,南宁市勘测院岩土工程分院正式成立。全院有一批项目获奖,其中《南宁市高精度三维GPS控制网的建立及似大地水准面精化》项目获南宁市2009年度科技进步二等奖;南宁市1:1000地形图测量服务项目B标测区项目获2009年度广西优秀工程勘察二等奖;良庆区旧城区地下排水管网普查探测工程项目获2009年度广西优秀工程勘察二等奖;南宁市五象大道良庆上河桥岩土工程详细勘察项目获2009年度广西优秀工程勘察二等奖;《工程测量电子手簿数据管理软件》、《城市规划测量数据处理系统》、《土地征用调查数据处理技术》、《市政工程纵横断面图数据处理技术》、《场地平整土石方计算》、《综合地下管线数据处理系统》六项自主开发软件在国家版权局版权保护中心登记备案。

【城市测量】 2009年,市勘测院共承担测量工程项目2103个,包括控制测量、地形测量、工程测量、地下管线测量。重点工程有:南宁市白沙—星光大道立交桥工程测量、南宁市商业大道工程测量、新阳路扩建工程测量、堤园路(一、二期)测量工程等。

【基础测绘】 2009年,市勘测院主要采用航空摄影测量和遥感的方法更新大比例尺的地形图和影像图。完成基础测绘业务有:218平方公里1:500(1:1000)数字地形图(DLG)生产;南宁市范围1000平方公里1:1000正射影像图(DOM)生产;330平方公里1:5000比例尺地形图生产;253平方公里1:2000比例尺地形图生产。

【地理信息数据建库】 2009年,市勘测院利用各种比例尺、多源空间数据,融合"4D"(DLG、DEM、DOM、DRG)产品与"3S"(GPS、GIS、RS)技术,建立专业GIS系统,为城市建设提供城市基础空间地理数据、专题空间数据、空间地理数据等。完成南宁市1:1000基础地理数据库建设,历史地形图的扫描和整理,六城区6900平方公里数字高程模型(DEM)制作,南宁市现代测绘基准搭建的研究,南宁市城建项目投资分布图的编制等工作。

【工程地质勘察】 2009年,市勘测院勘察专业共完成岩土工程勘察项目65个,地质灾害危险性评估2个,土工试验37个。市勘测院取得地质灾害危险性评估单位丙级资质,土工试验室通过审核获资质认定计量认证证书。(莫惠荃)

国土资源管理

【概　况】 2009年,南宁市国土资源局完成审查批次和单独选址项目105个,面积3304公顷;征地5700.45公顷;拆迁面积137.82万平方米;供地手续的土地面积1087公顷。招标、拍卖、挂牌公开出让成交土地面积368.61公顷,实现土地出让收入70.41亿元。10月,《南宁市土地利用总体规划(2006年—2020年)》修编正式成果由自治区政府上报国土资源部;7月,市辖六县的规划大纲获自治区国土资源厅批复;11月全面启动市本级所辖乡镇土地利用总体规划修编工作。市国土资源局获自治区耕地保护优秀单位称号。

【建设项目用地管理】 2009年,市国土资源局审查上报105个批次和单独选址项目、面积3304公顷,获批准72个、面积2303公顷。完成建设用地审批1086.96公顷,重点保障中央扩大内需项目、自治区统筹推进项目、自治区重大技改项目、重大民生项目和自治区下达南宁市的1180亿元固定资产投资项目。在建设用地供应总量中，划拨方式供地面积738.14公顷，占68%；公开出让土地面积232.33公顷，占21.37%；协议出让土地面积116.49公顷，占10.71%；安排中低价位、中小套型住房、经济适用住房和廉租房用地49.82公顷，占0.45%。

【土地公开出让】 2009年，市国土资源局组织国有建设用地使用权“招、拍、挂”出让27期，成交宗地76宗，总面积368.61公顷，总成交金额71.15亿元，平均成交单价每亩128.40万元（每公顷1926.06万元）。其中，工业用地48宗，面积262.98公顷，金额10.02亿元；住宅用地19宗，面积92.05公顷，金额58.73亿元，平均成交单价每亩425.35万元（每公顷6380.19万元），平均成交楼面地价每平方米2041元；办公、文体用地2宗，面积2.28公顷，金额1.56亿元；旧城改造项目用地7宗，面积12.12公顷，金额8441万元，平均成交单价每亩46.45万元（每公顷696.68万元）。

【征地拆迁】 2009年，市国土资源局根据市政府颁布实施的《关于南宁市“项目建设年”实施集体土地上房屋拆迁补偿安置工作有关问题的通知》、《南宁市“项目建设年”统筹推进征地拆迁工作方案》和《南宁市征地拆迁补偿费及工作经费包干使用管理办法》，与市财政局、市建委联合下发《关于南宁市征地拆迁补偿安置费用预算编制、评审、资金拨付及成本核算工作有关问题的通知》、《关于进一步改进我市征地拆迁补偿安置费用拨付和审核工作有关问题的通知》，进一步明确征地拆迁工作职责、目标和任务，规范征地拆迁费用预算编制、审核及资金拨付工作，为征地拆迁工作的开展提供了政策依据和组织机构保障。共完成征地5700.45公顷（含高速公路和铁路项目用地）。其中：市本级4020.05公顷（青秀区1073.40公顷、兴宁区380.20公顷、西乡塘区313.20公顷、良庆区923.50公顷、江南区566.25公顷、邕宁区213.40公顷、高新区91.96公顷、经开区156.04公顷、相思湖区302.10公顷）；市辖六县1680.45公顷（上林县251.67公顷、隆安县38.91公顷、宾阳县397.83公顷、武鸣县230公顷、马山县150.64公顷、横县611.44公顷）。市本级完成拆迁面积137万平方米。

【耕地保护】 2009年3月27日，市政府与自治区政府签订耕地保护责任状，确定南宁市2009年度耕地保护目标：耕地面积不少于61.79万公顷，基本农田保护面积52.62万公顷。5月，市政府与各县区政府签订《2009年南宁市耕地保护责任状》，要求各县区政府将耕地保护任务层次分解，签订责任状，落实耕地保护责任。市国土资源局组织各县区国土资源管理部门落实上级关于在全国统一设立基本农田保护标志牌和要求，建立乡镇基本农田保护标志牌24块，建立健全基本农田保护监管体系。落实耕地“占一补一”和“先补后占”制度。南宁市上报建设项目95个批次，涉及占用新增耕地指标917.56公顷；获批复76个批次，涉及新增耕地721.89公顷。所有经批准的非农建设用地项目均采用“先补后占”形式，完成补充耕地项目挂靠，实现耕地占补平衡。保证耕地总量和建设用地报批。年度耕地保有量69.19万公顷，基本农田53.77万公顷，完成自治区下达的保护任务。开展城乡风貌改造，实施整村推进土地整理项目，结合对小型病险水库除险加固开展土地整理，加大土地开发整理力度。向自治区申报土地整理项目获批21个，规模1.11万公顷，涉及投资4.15亿元，可新增耕地354公顷。

【地籍管理】 2009年，南宁市全面完成第二次土地调查工作，数据成果通过国土资源部核查，图件成果和文字成果通过自治区检查验收。完成日常土地登记8336宗，变更登记6266宗，抵押登记1011宗，房改房、商品房土地登记3152宗；完成土地总登记258宗，完成集体土地所有权登记发证232本。协助各级人民法院查解封土地1522宗，协助执行法律文书提出审查建议46件，协助执行土地权属变更登记20宗。完成南宁市四塘、大塘、金陵、蒲庙、那陈、百济、新江7个城镇、村庄11.27平方公里共7164宗地的地籍调查，填写地籍调查表3929份，绘制宗地草图5017宗。开辟“绿色通道”，与相关部门密切配合，特事特办，做到同时地籍调查、同时办理土地登记、同时审批、同时打证；按照土地登记业务规程规定，土地使用权初始登记的办理时限为20个工作日。

【土地开垦整理】 2009年，南宁市76个土地开垦项目通过自治区国土资源厅验收，总实施面积216.93公顷，新增耕地212.76公顷，总投资488.09万元；正在实施项目7个，面积317公顷，预计新增耕地250公顷，投资616.73万元；立项土地开垦项目5755个（单个项目小于4公顷），实施总面积5294.42公顷，预计新增耕地5200公顷。向自治区国土资源厅申请立项项目283个（单个项目大于4公顷），实施面积2014.53公顷。通过自治区国土资源厅组织验收的土地整理项目4个，实施总面积2430.24公顷，新增耕地251.98公顷，总投资4973.77万元；正在实施的土地整理项目3个，面积1973.23公顷；新增耕地面积160.87公顷，总投资3099.45万元。南宁市获自治区国土资源厅和财政厅批准和下达预算的南宁至百色高速公路沿线城乡风貌改造区土地整治项目6个，整治面积2985.34公顷，新增耕地85.80公顷，总投资1.05亿元；邕宁区百济乡红星村小型病险水库除险加固工程土地整理项目1个，实施面积461.20公顷，新增耕地14.05公顷，投资1740万元。

2008年与2009年南宁市建设用地供地情况比较

指标类别	单位	2008年	2009年	同比增长(%)
建设用地供应量	公顷	579.09	1086.96	88
公开出让	公顷	206.56	232.33	13
协议出让	公顷	56.62	116.49	106
划拨	公顷	315.91	738.14	137
其中：中低价位、中小套型住房、经济适用房和廉租房用地	公顷	38.58	49.82	29

2008年与2009年南宁市土地出让收入情况对比

指标类别	单位	2008年	2009年	同比增长(%)
出让总收入(入库数)	亿元	37.76	67.83	80
①公开出让收入	亿元	26.56	55.90	111
其中：工业用地	亿元	4.09	7.16	75
②变更补交出让金收入	亿元	5.83	7.51	29
③协议出让收入	亿元	0.76	1.61	112
④划拨土地成本收入	亿元	3.72	2.39	−36
⑤其他出让收入(含土地收益金等)	亿元	0.89	0.43	−51

【土地储备】 2009年，市国土资源局完成组织编制《南宁市2009年度土地收购储备计划》,并经市土地储备经营管理委员会第五十三次会议审议通过实施。完成规划定点纳入政府土地储备库的土地56宗757.72公顷,其中国有存量土地22宗49.98公顷、新增建设用地34宗707.74公顷；农用地转用批复手续的储备土地496.41公顷；完成企业存量土地收购储备33公顷,新增规划蓝线储备国有存量土地13.65公顷。以融资方式筹措城建项目资金29.39亿元。完成储备用地前期开发项目6个81.27公顷,投资1.50亿元。出租储备土地15.20公顷,铺面35间,房屋16间。上缴市财政租金0.02亿元。

【矿产资源管理】 2009年，市国土资源局根据《广西壮族自治区新型墙体材料促进条例》和《广西壮族自治区人民政府办公厅关于加快发展新型墙体材料和节能建筑的通知》有关规定,对粘土矿砖厂采矿许可证到期后，原则上不再给予办理采矿权延续登记。为了做好资源接替，推广新型墙体建筑材料，组织有关专家对符合新型墙体的矿产资源进行调研，摸清符合新型墙体要求的砂岩、页岩等矿种的分布情况进行评估，有计划地进行挂牌出让采矿权，保障新型墙体材料及建筑材料的资源供给。出让采矿权20宗(其中延续4宗,变更16宗),收取采矿权价款188.68万元。年检矿山475个。其中:自治区级发证矿山41个,抽检矿山33个，合格率100%；市级发证矿山140个,抽检矿山70个,合格率99%;县级发证矿山294个,抽检矿山185个,合格率90%。纠正越层起界开采矿山2个,追缴矿产资源补偿费91.79万元。完成矿产资源补偿费征收475万元。

【土地执法监察】 2009年，市国土资源局组织动态巡查6264次,派出人员2.63万人次、巡查车7846辆次,发现违法用地269宗。其中:县级机关3宗21.93公顷;乡级机关3宗2.39公顷;企事业单位36宗121.04公顷;村(组)集体个人7宗1.61公顷;个人220宗42.95公顷。立案查处140宗128.84公顷，结案91宗66.78公顷,收缴各类罚款1163.74万元。查处各种举报案件56件,答复各种举报信件81件。对第九次卫片南宁市涉嫌违法的56个图斑、91宗用地进行清查,发现分布于市城郊结合部违法用地4宗14.70公顷,属于未批先用性质,对此作出了处罚，拆除地面建筑物共计1.56万平方米,处以罚款35.70万元。其中1宗已向法院申请强制执行，并移交公安机关追究当事人刑事责任。自治区国土资源厅督办违法用地案件4件,其中结案3件,处以罚款33.76万元;西乡塘区的1件木材加工厂违法用地案移交法院强制执行。清查闲置土地37宗,收缴土地闲置费454.77万元。派出打击非法采矿7039人次、车辆1703辆次；封填煤窑2539井次，遣散违法采矿人员3129人次,查扣挖掘机90台、车辆82辆、推土机7台，收缴其他机械78件，罚款507.28万元。

【地质灾害防治】 2009年，市国土资源局修改完善《南宁市突发地质灾害应急预案》、《2009年度南宁市汛期地质灾害防治工作方案》和《2009年度南宁市地质灾害防治方案》，并由市政府下发执行。建立以县区、乡政府(镇、街道办)有负责人、村(屯、单位)有责任人为一体的群测群防体系。各级国土部门发放“明白卡”和“避险卡”并指导和监督群测群防工作。建立健全预报预警总指挥系统数据库。共办结地质灾害危险性评估备案业务316宗，办结建设项目配套地质灾害治理工程验收合格备案登记业务63宗，及时发现并责成治理地质灾害隐患14处。良庆区金沙大道北二里三巷崩塌隐患点治理工程已竣工验收，兴宁区四塘小学滑坡地质灾害治理工程施工已完成。完成上林县塘马锰矿矿区矿山地质环境治理项目招标工作；自治区批准的横县六景泥盆系剖面保护区治理已完成第一期建设施工。完成南宁市范围应检矿泉水、天然矿泉水水源地24处,检测结果各项指标均达到国际和地方标准,合格率100%。探矿权年检39宗,办理探矿权变更、新设、转让初审核查86宗。

【国土资源信息化管理】 2009年，市国土资源局进一步完善国土资源综合电子政务系统建设,增加新土地业务登记、储备项目补偿信息管理、报批软件、邕宁供地档管理等新功能。完成电子报件系统推广、金土地工程六县国土资源管理系统部署,并通过专家组验收。完成影像、地籍、土地利用现状、基本农田、土地利用规划、建设用地报批、集体土地所有权、供地红线等数据库的建立。实现国土资源管理科学化和精细化,“以图管地”的国土资源管理新体制。完成2005~2007年间8000卷地籍档案整理和2.70万卷地籍档案扫描、建库工作,更新南宁市地籍电子档案数据库，实现档案管理规范化、现代化、数字化的目标。

【依法行政】 2009年，市国土资源局根据《广西区人民政府关于进一步清理行政审批项目的通知》要求,共清理出市、县两级国土资源行政许可项目18个,非行政许可项目25个，并上报市法制办。对2006~2009年以来市政府和市国土资源局发布的规范性文件进行清理，清理市国土资源局发布的文件39件、保留21件、废止18件;清理市政府及市政府办公厅发布的文件27件、保留26件、废止1件。清理结果报市法制办。开展“4·22地球日”、“6·25”土地日、“12·4全国法制宣传日”、“行政复议宣传周”等活动。通过编制样板、挂宣传标语、印发宣传材料、组成专家服务队等方式，深入到县区、乡镇(街道),接受群众咨询,宣传国土政策法律。处理行政诉讼案件35件,行政复议7件,主要涉及土地登记发证,土地出让金追缴,地质灾害责任认定,行政执法监察等业务；召开听证会23次,涉及土地利用总体规划局部调整、行政处罚、撤销土地证等业务;接受办理审批事项1564件,其中承诺件425件,即办件855件,催办件264件,退件20件。到期办结业务率100%，服务对象满意率100%。接待来人询问5880人次,电话咨询7135人次,工作人员均能给予满意答复,无投诉现象。

【土地权属纠纷调处】 2009年，市国土资源局与各城区和相关部门密切配合，成功调处土地权属纠纷案件16件。圆满协商解决白沙村与麻纺厂、虎邱村与自治区路桥公司两宗土地纠纷案及争议时间长达18年、面积17.8公顷的南宁铁路局与南宁农工商集团有限责任公司的土地权属纠纷案。 (谭世明)

房屋管理

【廉租住房管理】 2009年，南宁市出台《南宁市城镇廉租住房租赁住房补贴发放管理若干规定》,上报《南宁市公共租赁住房管理办法》、起草修改《南宁市城镇廉租住房资金管理办法》。根据规定调整廉租住房低收入标准和低保家庭的补贴标准，形成不同低收入阶层有区别的补贴标准,扩大住房保障的覆盖面。即廉租住房低收入标准由原来的7500元调整到8900元,低保家庭廉租住房租赁住房补贴标准从每人每月每平方米建筑面积补贴7元提高到10元。市辖六县也做了相应的调整。全市累计落实廉租住房保障资金14.18亿元。其中:市县财政预算落实资金0.60亿元，省级预算补助资金0.37亿元，通过土地出让提取廉租住房资金 7.78 亿元，公积金增值收益余额用于廉租住房保障资金 0.80 亿元，中央补助资金 1.74 亿元，地方政府债券 2.48 亿元，通过其他渠道筹集资金 0.41 亿元。完善廉租住房保障准入退出管理机制，利用房屋权属登记信息系统的有利平台，开展了对廉租住房保障申请家庭在南宁市是否拥有它处房屋产权的核实工作，确保廉租住房保障的公平、公正。建立抽查清退制度，通过开展廉租住房年审工作，确保受保障家庭应保尽保，不该保的不保。共受理廉租住房保障申请 9612 户，经审核，退回不符合条件申请的 234 户；通过“回头看”和抽查，清退 70 户已获得保障的申请家庭。启用廉租住房信息管理系统，实现动态管理网络化，推进住房保障的动态管理。累计实施廉租住房保障 2.05 万户（货币补贴 1.72 万户，含各县货币补贴 3067 户；实物配租 3338 户，含各县实物配租 817 户），超额完成自治区政府与南宁市签订的累计实施廉租住房保障 1.90 万户年度任务的 107.90%。

【物业管理】 2009 年，南宁市从事物业服务的企业有 534 家，其中一级资质 13 家、二级资质 32 家，从业 6 万多人。有 225 个物业管理区域实行业主大会制度、成立业主委员会。颁发《南宁市业主大会和业主委员会指导规则》、《南宁市物业服务企业退出物业项目管理指导意见》、《南宁市业主大会议事规则（示范文本）》、《南宁市物业专项维修资金管理办法》，推进物业服务规模化、规范化。11 月 18 日，南宁市住宅专项维修资金管理中心（后更名为南宁市物业专项维修资金管理中心）挂牌成立，年内共归集物业专项维修资金 1.09 多亿元，为各类房屋“老有所养”提供基础保障。引导物业服务企业开展树典型树品牌活动，有 11 个物业小区获得自治区物业管理优秀小区，3 个物业管理项目获国家级物业管理示范小区（大厦）称号。

【直管公房经营管理】 2009 年，市房产管理局抓好直管公房租金收缴工作，实收租金 3362.61 万元（住宅租金 1375.98 万元，非住宅租金 1986.63 万元），租金收缴率 99.92%。共投入维修经费 856.69 万元，对存在安全隐患的砖木结构房进行腾空和巡查，完成砖木结构直管公房租户腾空 1020 户。完成永宁片区、西关路片区、台湾街和边阳街 4 个项目的动迁任务，其中，永宁片区、西关路片区和台湾街3 个项目共拆迁直管公房 14 栋，腾空租户 397 户；边阳街腾空安置 300 户。查处承租户违规违约行为，收回房屋 426 套（户）。其中：通过协商和法律诉讼途径收回 239 套；用于即时安置符合大清理申请廉租住房政策的租户直系亲属的 187 套。完成 4.22 万宗房屋产籍档案的分类、整理，建立科学、准确的档案总目录和分类目录；1.61 万卷历年拆迁档案资料的整理、装订、案卷流水号编排、盖页码工作；新接收的 1667 份业务档案资料的归档、建档工作。全年共接待查档人员 161 人次，查阅档案资料 512 卷（册），为处理大量的起诉、复查、房屋拆迁等工作提供及时的服务和可靠的依据。

【白蚁防治】 2009 年，市房产局加强对新建房屋白蚁预防工程的监督检查，抓好施工和回访检查，承接房屋白蚁防治工程项目 320 个，面积 861.26 万平方米，完成新建预防工程施工面积 940.91 万平方米。

【房屋安全监管】 2009 年，市房产局把南宁市的直管公房、私人自建住房，以及人员聚集的商场、酒店、娱乐场所、工业厂房等社会公共场所的房屋纳入监管范围。开展直管公房安全大检查及大板结构房屋普查，实施砖木结构房屋电线维修专项整治活动。完成房屋安全鉴定 400 栋，建筑面积 41.30 万平方米；完成民用建筑工程设计和加固维修设计 51 项，建筑面积 1 万平方米。（丁昌峰）

【市住宅专项维修资金管理中心成立】 2009 年 11 月 18 日，南宁市住宅专项维修资金管理中心挂牌成立仪式在市房产大厦举行，这标志着南宁市物业专项维修资金管理工作正式启动，标志着南宁市物业专项维修资金进入法制化、规范化、专业化、信息化管理的新轨道。物业专项维修资金，是专项用于物业共用部位、共用设施设备保修期满后的维修和更新、改造的资金，也被称为房屋的“养老金”。2009 年 9 月 23 日，市政府颁布《南宁市物业专项维修资金管理办法》，并于 11 月 1 日起实施。该办法明确规定交存、使用和管理物业专项维修资金的具体要求，还规定市房产主管部门会同市财政部门负责本市物业专项维修资金归集与使用的监督、指导工作，由市房产主管部门设立物业专项维修资金管理机构具体负责本市物业专项维修资金归集与使用的监督、指导的日常工作。市住宅专项维修资金管理中心就是根据办法规定成立的专设事业单位。挂牌仪式当天，广西天路房地产开发有限责任公司到管理中心，按照法规的规定和程序预交了其新建的现代国度综合楼项目的首期物业专项维修资金，交存的物业总建筑面积 1.81 万平方米，共交存资金 139.80 万元。（黄　加）

11 月 18 日，南宁市住宅专项维修资金管理中心挂牌成立　　余德海　摄

房地产市场

【土地供应市场】 2009 年，南宁市经营性房地产住宅国有土地使用权招拍挂出让合计 92.05 公顷，同比增长 110.52%；成交价款 58.73 亿元，增长 432.37%；平均楼面地价每平方米 2041.30 元，增长 147.12%。

【房地产开发】 2009 年，南宁市房地产开发投资额完成 226.73 亿元，同比增长 13.76%。商品房施工面积 2620.22 万平方米，增长 19.64%，其中住宅施工面积 1952.83 万平方米，增长 16.95%。商品房竣工面积 439.71 万平方米，增长 0.72%。商品房销售面积 731.74 万平方米，增长 50.90%，其中住宅销售面积 685.08 万平方米，增长 54.44%。经济适用房销售面积 33.13 万平方米，增长 20.88%。商品房销售额 333.45 亿元，增长 74.26%。全市商品房平均销售价格每平方米 4557 元，同比上涨 15.48%，其中住宅平均销售价格每平方米 4463 元，同比上涨 19.99%。年末，商品房空置面积 78.62 万平方米，同比增加 1.76 万平方米，其中住宅 23.56 万平方米，增加 9.39 万平方米。

相思湖新区房地产开发初具规模　　唐欣也　摄

【商品房市场运行】 2009年，南宁市商品房批准预售面积599.05万平方米，下降0.27%，其中新建商品住房批准预售面积470.14万平方米，下降0.90%。经济适用房批准预售面积37.39万平方米，增长50.34%。商业营业用房批准预售面积38.91万平方米，下降42.29%。办公楼批准预售面积5.66万平方米，下降62.29%。新建商品房登记销售面积855.53万平方米，增长84.80%；销售套数8.54万套，增长72.29%。其中新建商品住房登记销售面积747.16万平方米，增长89.63%；销售套数6.98万套，增长88.61%。经济适用房登记销售面积41.62万平方米，增长93.13%；销售套数4448套，增长87.76%。商业营业用房登记销售面积42.28万平方米，增长37.45%；销售套数5882套，增长29.27%。办公楼登记销售面积5.83万平方米，下降25.73%；销售套数709套，增长6.46%。新建商品房、经济适用房、办公楼等成交价均呈现上升趋势。新建商品房成交额427.93亿元，增长125.29%，其中新建商品住房成交额347.88亿元，增长131.40%。新建商品房成交均价每平方米5001.93元（含经济适用房），增长21.91%。其中商品住房成交均价每平方米4656.02元（含经济适用房），增长22.03%；经济适用房成交均价每平方米2107.16元，增长6.85%；商业营业用房成交均价每平方米10553.45元，增长17.36%；办公楼成交均价每平方米4408.23元，下降5.71%。商品住房累计可售面积224.56万平方米，下降43.95%。本市购房者总成交4.43万套，占63.44%，总成交面积498.75万平方米，占66.75%；外地购房者总成交2.55万套，占36.56%；总成交面积248.41万平方米，占33.25%。不同套型成交情况：60平方米以下套型成交9648套，占13.83%；60~80平方米套型成交6604套，占9.47%；80~90平方米套型成交1.02万套，占14.58%；90~100平方米套型成交6745套，占9.67%；100~120平方米套型成交1.23万套，占17.60%；120~144平方米套型成交1.46万套，占20.98%；144~180平方米套型成交6563套，占9.41%；180平方米以上的套型成交3116套，占4.47%。120~144平方米套型的成交量较大。

【二手房市场运行】 2009年，南宁市二手房成交面积128.04万平方米，同比增长115.66%；成交套数1.32万套，增长111.19%。其中住房成交面积117.36万平方米，增长130.57%；成交套数12137套，增长119.75%。商业营业用房成交面积1.51万平方米，增长20.80%；成交套数326套，增长87.36%。办公楼成交面积2.31万平方米，增长15.5%；成交套数125套，下降18.30%。成交均价每平方米3479.38元，增长32.33%。其中住房成交均价每平方米3504.60元，增长34.43%；商业营业用房成交均价每平方米9438.27元，增长98.49%；办公楼成交均价每平方米2529.11元，下降2.79%。不同套型的成交套数情况：60平方米以下套型成交3011套，占24.81%；60~80平方米套型成交2192套，占18.06%；80~90平方米套型成交1306套，占10.76%；90~100平方米套型成交1009套，占8.31%；100~120平方米套型成交1930套，占15.90%；120~144平方米套型成交1510套，占12.44%；144~180平方米套型成交615套，占5.07%；180平方米以上的套型成交564套，占4.65%。60平方米以下套型的成交量较大。　（黄　加）

【房地产市场管理】 2009年，南宁市针对2008年房地产市场低迷的形势，根据《国务院办公厅关于促进房地产市场健康发展的若干意见》的要求，出台《关于进一步拉动内需促进房地产市场平稳较快发展若干措施的通知》及其补充通知，通过采取放宽对首次购房和自住型购房的界定标准；减半收取相关房产交易手续费，为购房者提供首次购房证明查询业务，共办理首次购房证明查询业务2.26万件次；将住房公积金最高贷款额度由原来的25万元调整到40万元；放宽购房入户政策，购房者可带非直系亲属2人入南宁市户口；为开发企业减少费用，采取缓征项目报建费用等措施，推动房地产市场的发展。颁布《关于加强商品房销售管理的通知》，加强商品房预售许可项目的日常监管，规范房地产交易销售环节秩序；开展对房地产市场秩序的监督检查，共检查商品房预售项目106个、房地产经纪公司86家，对存在违法违规行为开发企业、经纪机构依法进行处罚，查处中立案22件。加强市场监测力度，向社会公布上半年不同土地级别存量房（住房）平均交易价格，引导市民理性住房消费。召开专题新闻发布会，向社会通报前三季度房地产市场发展情况，并明确今后形成惯例，每季度定期召开发布会，提高房地产交易信息透明度。编制月份、季度、年度房地产市场分析报告，给政府提供决策依据。　（丁昌峰）

【廉租住房建设】 2009年，南宁市落实廉租住房项目用地15.18万平方米，住房用地供应量与上年相比，增加758.71%。建设项目13个（市本级3个，县、开发区10个），其中竣工项目有3个。在市本级，友谊路西侧廉租住房计划建设的17栋房屋已有15栋房屋主体封顶，累计完成投资7554万元，占年度计划总投资的151.08%。相思湖廉租住房项目完成投资9843万元，占年度计划总投资196.86%，计划建设的14栋房屋主体已全部封顶。以上两个项目预计在2010年6月竣工，届时共建成廉租住房2203套。凤岭北路南面一期廉租住房建设项目于11月开工，已完成项目的征地及一期工程场地平整，累计完成投资605万元，占年度计划总投资100.83%。县、开发区已竣工的项目有华侨投资区廉租住房建设项目，建成廉租住房120套；横县一期廉租住房项目，建成廉租住房 108 套；马山县一期廉租住房项目，建成廉租住房 120 套。其余 7 个在建项目正在稳步推进，累计完成投资 6881 万元。廉租住房保障资金累计落实 14.18 亿元。其中：市县财政预算落实资金 0.60 亿元，省级预算补助资金 0.37 亿元，通过土地出让提取廉租住房资金 7.78 亿元，公积金增值收益余额用于廉租住房保障资金 0.80 亿元，中央补助资金 1.74 亿元，地方政府债券 2.48 亿元，通过其他渠道筹集资金 0.41 亿元。累计实现保障 2.05 万户，完成住房保障目标任务 107.90%；新增廉租住房 4618 套，完成全年目标任务 268.49%；新增廉租住房建筑面积 23.28 万平方米，完成全年目标任务 264.55%；完成投资 2.53 亿元，完成全年目标任务 190.23%。

【经济适用住房建设】 2009 年，落实南宁市经济适用住房项目用地 28.66 万平方米。用地供应量与上年相比增加 21.83%。建设项目 66 个，施工面积 135.45 万平方米；竣工 6731 套，建筑面积 68.65 万平方米，实际投资 13.96 亿元。其中市本级建设项目有康岭花城、泰金华园、富宁新兴苑（五期）等 41 个，施工面积 126.88 万平方米；竣工 5462 套，建筑面积 55.35 万平方米。市辖县建设项目有隆安县天泰和居小区、武鸣工商小区、横县大竹新区小区等 25 个，施工面积 8.57 万平方米，竣工 1269 套，建筑面积 13.30 万平方米。累计实现保障 5.94 万户，新增经济适用住房 6731 套，建筑面积 68.65 万平方米，完成年度任务 114.42%；实际投资 13.96 亿元，完成投资任务 118.30%。 （黄 加）

2009 年南宁市保障性住房建设计划

序号	项目 / 地块名称	地理位置	用地面积（公顷）	拟建建筑面积（万平方米）	拟建套数（套）	套型控制（%）
西乡塘区						
1	西乡塘区廉租住房项目※	相思湖新区大学西路北面、梧桐路西侧	1.33	2.65	530	100
2	昌泰清华园	相思湖新区高教基地内，石埠路北面，鹏飞路东侧	2.91	6.89	558	100
3	北湖安居北地块	西乡塘区北湖北片区北湖安居小区北面	4.27	8.00	1004	100
4	安吉西地块※	西乡塘区安吉大道西侧	1.84	6.00	800	100
5	安吉新城	西乡塘区安吉大道东侧	3.00	6.00	850	100
小计			13.35	29.54	3742	
兴宁区						
6	东沟岭新区地块	兴宁区东沟岭新区	6.20	12.00	1440	100
小计			6.20	12.00	1440	
青秀区						
7	在水一方北面地块※	凤岭新区凤凰岭路与凤岭北路交叉口	4.99	10.00	1228	100
8	全额集资建房	青秀区凤岭新区	1.50	3.00	333	100
小计			6.49	13.00	1561	
江南区						
9	江南区廉租住房项目	经开区友谊路西面	2.00	4.00	800	100
10	机场高速路东面地块	经开区机场高速路东面	5.43	9.00	1172	100
小计			7.43	13.00	1972	
合计			33.48	67.54	8715	

2010 年度南宁市城市住房供地计划汇总情况

单位：公顷

		存量	增量	其中								比2009年实际增减数
				保障房用地		棚改用地		中小套型商品房		三类用地占总量%	其他	
				廉租房	经济适用房	保障房	中小套型	普通	限价			
总计		171.60	269.46	13.57	97.50	4.47	8.00	180.07	10	71.10	127.39	167.32
南宁市	本级市	41.77	180.57	7.00	78.47	4.47		55.70	10	70.00	66.70	51.28
	县级合计	129.83	88.89	6.57	19.03		8.00	124.37		72.22	60.69	116.04
	武鸣县	63.01		0.57	4.69		8.00	31.18		70.53	18.57	31.57
	宾阳县		41.00	0.60	4.00			24.10		70.00	12.30	−2.03
	横县	10.39	2.33		2.33			10.39		100	0.00	4.41
	隆安县	28.83	30.56	4.00	5.00			32.50		70.00	17.82	53.39
	上林县	25.00	15.00	1.00	2.00			25.50		71.00	11.50	32.30
	马山县	2.60		0.40	1.00			0.70		80.80	0.50	−3.60

旧区改造开发

【概 况】 2009 年，南宁市城市旧区改建管理部门坚持“优化工作程序、规范旧改行为、加紧招商引资、推动和谐项目”的工作思路，加强行政执法力度，推进征地拆迁工作，着力解决安置房和异地安置补偿等问题，推动了旧区改造的稳步发展。完成旧区改建住宅面积 103.50 万平方米，完成率 74.39%；其他房屋 15.38 万平方米，完成率 52.93%。涉及被拆迁户数 3.80 万户，完成率 94.14%；拆迁补偿金额 16.45 亿元，完成率 42.99%。发放拆迁许可证 30 份，发布拆迁公告 30 份，受理行政裁决 66 户，申请行政强拆 14 户，均依法予以办理。接待和妥善处理群众来电来访 1430 人次，减少了在征地拆迁过程中的纠纷，促进了社会稳定。

【旧城改造项目】 2009 年，南宁市建设行政主管部门会同市国土资源管理部门以捆绑形式，通过挂牌出让市酱料厂片区、五里亭四街、中尧路片区旧改项目，实现合同引进资金 20.50 亿元。新增拆迁旧改项目 3 个，新开工旧改项目 4 个，竣工旧改项目 3 个，完成固定资产投资 14.10 亿元。已竣工的项目有：皇龙新城（东沟岭一组团）、联邦盛世广场（上海路围合片区）、澳门街、纬武路 C 区、广西机电公司一期工程。已开工改造的项目有：永宁片区、台湾街一期工程、凤凰宾馆宿舍片区、纬武路 B、D 区项目、西关路片区、原市委党校片区。开展前期征地拆迁的项目有：东沟岭四组团工程、广西机电公司片区二期工程、雅里下坡项目、区工商片区项目。

【片区改造项目】

永宁片区 永宁片区改造项目位于朝阳商圈核心要点，人民西路、永宁路、江滨路 3 条次干道交汇处，介于邕江大桥与北大桥之间。总用地面积约 3 万平方米，分三期开发。项目规划商业面积约 6 万平方米，住宅面积约 9 万平方米，需要拆除危旧房屋面积约 7 万平方米，新建10多栋20层以上的高层建筑群。新建建筑面积17万平方米,其中商业广场4万平方米,项目总投资6亿元。2009年7月10日一期工程举行开工奠基仪式,投资额3.50亿元。工程范围是壮志路—永宁路—云亭街—人民西路—中兴路围合部分。预计2012年建成,届时将建成集办公、商务、住宅、餐饮、文化休闲、娱乐于一体的多业态综合区。另外,还将规划建设一个南宁市规模最大、档次最高、经营品种最全的专业灯具市场和一个专业性、集约化、高档次的家纺市场。

西关路片区　位于人民路以南、西关路以东、新华路以北、百货大楼以西。该片区内的房屋大多普遍建于20世纪六、七十年代,陈旧老化,安全隐患多,且附近区域商场云集,人流、车流、物流混杂,停车位缺乏。市委、市政府将这个片区列为危旧房重点改造项目,也是南宁市为民办实事和城市建设重点项目之一。其建成后能够为朝阳商圈的中心区新增停车位400个以上,缓解该片区停车难问题,同时也可改造该商圈的区域环境,解决危房带来的消防等安全隐患问题。预计投资3.50亿元,2009年5月完成拆迁工作,至年末完成改造工作量的25%。

五里亭四街区　位于西乡塘区五里亭新兴的居住和商业中心区。该片区房屋建筑布局凌乱,道路狭窄,没有公共绿地和开放空间,生产性企业和居民住宅区混杂其中,居住环境较差。按照规划,整个五里亭四街改造项目总投资25亿元,范围包括大学路以北,明秀路以南,东至南铁宿舍区,南临大学东路、北大客运站,西邻南宁职业大学校区,北至明秀路,片区范围内总建筑面积10.69万平方米,涉及拆迁户463户。一期工程总投资10亿元,用地4.73公顷,于11月初开工建设。该项目是南宁市旧城改造的重点工程之一。规划分为文教居住区和商贸区。改造的居住区由6幢点状塔楼围合成一个中心大花园。主入口设置入口广场,以及大尺度台阶,并配以高低错落、富有层次感的绿化景观小品,居住区中设置住宅底层商铺以及特色商业街。在商贸区中设置集中商业,其中地下一层为大型超市。绿地率在25%~30%之间,力求生态良好、景观独特、经济适用、各类公用设施完备,体现城市生态环境的商业住宅的大型社区。

【澳门香港台湾街建设项目】　2009年,南宁市继续推进澳门街、香港街和台湾街建设项目。

澳门街项目　位于人民路与友爱路交叉口,是栋综合楼,因其项目内有一条步行街而命名为澳门街。项目用地面积7086.46平方米,总建筑面积5.81万平方米,整个建筑物由32层高的主楼、2个广场以及1个高达130米的标志塔组成。计划总投资1.50亿元。一期项目于2007年2月破土动工,2009年全部项目基本完成,完成计划的94%。累计完成总投资1.40亿元。设计特点:澳门街裙楼的4楼为一个大型的会展中心,主要为"9+2"泛珠三角区域合作和CEPA("关于建立更紧密经贸关系的安排英文简称")、澳门贸促局、澳门的各类型商务办事处等活动机构场地。

香港街项目　位于中山路西侧,临江路(江北大道)东侧,有部分临江。中山路北段即"美食一条街"一带,将重点保留骑楼风格,沿街沿袭原有的骑楼建筑形式,形成几条立体、活泼的骑楼街。按照规划,香港街项目的南侧重建基督教堂,中山路北段和南段之间建设以古南门历史文化为主题的广场,原来的南门菜市迁移进入商场内。临江路一边原有建筑后退30米,以保证临江路的大量绿地和空间。改造后,中山路和共和路都按原来的位置不变,保留南环路;中山路与共和路之间的改造按骑楼的形式来进行,以保持原有的风格,包括中山路的西侧(即香港街项目所在地)。建成后的香港街沿街的铺面仍会做成骑楼形式。该项目于2007年被列入南宁市骑楼改造的重大项目,总面积8万多平方米,房屋拆迁总面积8万多平方米,计划总投资10亿元。至2009年末,进入实质性的开发阶段。完成拆迁量20%,完成投资1.04亿元。

台湾街项目　位于西乡塘区的龙腾路(新阳路江北大道段)西侧,总占地面积33.67公顷,总投资30亿元。项目分两期进行:一期建设用地18.47公顷,投资20亿元,主要建设台湾文史馆、商业骑楼街、台北中心、小商业中心、学校和住宅等;二期建设用地15.20公顷,投资10亿元,主要建设配套商业和住宅。通过融合台湾建筑、民俗、历史、工艺、文化、园林等因素,营造出一个极具强烈形象的台湾风情街,从而增进两岸同胞互相了解,建立广西和台湾同胞沟通交流合作平台。项目全称为南宁市龙腾路片区旧城改造建设项目,于2008年6月27日破土动工,至2009年末,一期工程全面展开,沿街的部分项目均顺利推进,并按计划完成计划进度,完成投资45%。

(陈　琳)

住房制度改革

【房改政策】　2009年,南宁市出台《南宁市经济适用住房管理办法》、《南宁市经济适用住房货币补贴实施方案》、《关于贯彻落实〈广西壮族自治区危旧房改住房改造暂行办法〉的实施意见》等房改政策,为推进南宁市住房保障工作,提供政策依据。(南宁房改办)

《南宁市经济适用住房管理办法》　2009年9月1日实施,2004年12月2日市政府印发的《南宁市经济适用住房管理暂行办法》同时废止。办法规定:1.申请购买经济适用住房条件,必须具有南宁市城镇常住非农业户口并在本市工作或居住(含符合安置条件的军队人员);必须是已婚家庭或年龄在30周岁及以上单身人员;必须家庭年人均收入低于市统计局向社会公布的上年度城市居民人均可支配收入的80%,即低收入标准由原来的7500元调整到11995元。2.建立二级审核、审批机制,实行二公示。即街道办事处或乡镇人民政府通过审核材料、入户调查、邻里访问、信函索证等方式对申请家庭的人口、收入、住房等情况进行初审,符合购房条件的,街道办事处或乡镇人民政府将申请家庭的人口、住房状况、家庭收入等情况在申请人所居住的社区进行公示,人户分离家庭在户口所在地和实际居住地进行公示,市经济适用住房主管部门对上报的申请材料进行复审。3.经济适用住房购房人拥有有限产权,只能自住,不得用于出租经营;申请家庭自取得房屋所有权证之日起5年内,不得直接上市交易;5年内因特殊原因确需出售的,或购买经济适用住房后又购买其他住房的,其经济适用住房由市经济适用住房主管部门按照规定及合同约定回购。加强对经济适用住房的后续管理,对已购得经济适用住房的家庭的居住人员、房屋的使用情况进行定期检查,发现违规行为及时纠正;对已骗购经济适用住户,按原购房价格,从购房之日起每年扣减1%作价收回,对出具虚假证明的,依法追究相关责任人的责任;对擅自将未取得完全产权的经济适用住房出租、出借的,情节严重的,由管理部门按原购房价格,从购之日起每年扣减1%计算作价收回其住房。4.外来人员不再列入购买经济适用住房范围。因为外来人员有较强的流动性，经常变换工作地点，使得其申购得经济适用住房后将会用于出租、出借或出售，使有限的保障性用房房源不能充分利用。所以外来务工人员主要通过租赁房途径解决，即通过个人租赁房、用人单位提供集体宿舍、政府引导或组织开发建设的公寓式住房来解决。

《南宁市经济适用住房货币补贴实施方案》 2009年10月1日至2011年12月31日实施。方案规定：申请手续与申请经济适用住房相同。有资格购买经济适用住房的人员，且已婚家庭或年龄在35周岁的单身人员，就有资格拿货币补贴。补贴标准，结合南宁市商品房与经济适用住房的差价，以及国家规定的经济适用住房保障面积来确定。具体为补贴面积60平方米，补贴的标准为6万元，并且只能购买90平方米以下的户型面积；购买50平方米的房子，补贴的标准为5万元。申请人可以根据自己的工作和生活情况，自由地选择楼盘去购买，同时，考虑到小孩上学或老人就医的方便，申请人也可以买二手房。但不管购一手房还是二手房，建筑面积均不得超过90平方米。拿到《补贴证》的保障对象，必须在一年之内凭证购房，一年之内没有买房的，《补贴证》自动作废。如果以后再想享受经济适用住房货币补贴，必须重新申请审批。拿补贴买的房可以卖，但必须全额退回当时的补贴款。对于那些弄虚作假、隐瞒家庭收入和住房条件骗取补贴的个人，房改部门追回补贴款后，还将提请申请人所在单位对申请人进行行政处分。如果是单位出具了虚假证明，房改部门将提请有关部门追究该单位有关人员和主要领导责任。同时，对于房改部门工作人员在审查和监督管理中玩忽职守、滥用职权、徇私舞弊，也将追究行政责任。

《关于贯彻落实〈广西壮族自治区危旧房改住房改造暂行办法〉的实施意见》 2009年8月6日南宁市颁布实施。意见规定改造原则：危旧房改住房改造应按照城市总体规划进行，并与全市整体旧城改造工作和住房保障体系相结合，作为整体旧城改造和住房保障的一个部分和补充。危旧房改住房改造应执行城市总体规划，优先"成片改造，综合开发"。在符合城市总体规划的前提下且满足改造条件的，鼓励土地使用权单位和房屋产权人进行危旧房改住房改造。危旧房改住房改造按照"政府引导、业主自愿、市场运作、综合整治、配套建设"的原则实施。改造方式：已列入成片旧区改建规划范围和项目计划的危旧房改住房改造，原则上按照南宁市现有成片旧区改建方式和工作程序实施，具体按《进一步加快南宁市危旧房改造总体实施方案》等有关规定执行。改造管理工作由市建委、市旧改办、市房改办牵头组织实施，参照经济适用住房方式、以限价住房方式进行改造，符合国家、自治区集资建房相关政策的，可采取全额集资建房方式进行改造。 （黄 加）

【住房补贴与住房资金管理】 2009年，南宁市审核发放住房补贴单位57个5684人，应一次性发放住房（含工龄）补贴金额3624万元，实际发放1702万元。归集其他住房资金2.18亿元（售房款2896万元，集资款1.77亿元，维修款1151万元）；审核回拨其他住房资金2.14亿元（售房款2053万元，集资款1.84亿元，维修款978万元）。（南宁房改办）

住房公积金管理

【概 况】 2009年，南宁市新增归集住房公积金25.28亿元，同比增长22.67%。参加缴存的职工人数约36万，发放公积金个人贷款16.25亿元，增长94.38%。支取住房公积金15.16亿元，增长37.69%。

年内，由市城建委、部分人大代表、市财政局、市总工会、公积金中心等部门的领导和工作人员组成检查组，对马山县、上林县、武鸣华侨投资区、南宁经济技术开发区等开展贯彻落实《住房公积金管理条例》执法检查，检查住房公积金制度建立情况，督促受检单位严格按照《条例》建立住房公积金制度。与商业银行合作，在广西率先研发住房公积金联名卡。公积金联名卡是职工缴存住房公积金的有效凭证，集查询、提取、还贷等住房公积金业务与个人储蓄、结算、消费等金融业务功能于一体。发放联名卡14.80万张。在市中心按城区划分设置江南、兴宁、西乡塘3个住房公积金营业网点，相关城区的单位和职工可就近办理公积金业务。

【公积金归集】 2009年，南宁市新增归集住房公积金25.28亿元，完成年计划126.10%，同比增长22.67%，累计归集总额117.33亿元，在广西率先突破100亿元大关。新增开展单位245家，新增缴存人数2.27万人，全市住房公积金覆盖面87.77%（含铁路），其中市本级覆盖率99.31%。县区覆盖率74.31%。

7月20日，南宁市住房公积金联名卡首发仪式　　南宁住房公积金管理中心提供

【公积金贷款】 2009年，南宁市适时调整住房公积金贷款政策，拓宽贷款对象和贷款业务范围，简化贷款手续，提高放贷效率，同时通过延长贷款期限、发放异地贷款、开设组合贷款业务、开办商业贷款转换为公积金贷款等，满足不同层次的贷款需求。共向9380户职工发放公积金贷款16.25亿元，完成年计划193.45%，同比增长94.38%，累计发放个人贷款50.60亿元。

【公积金支取】 2009年，南宁市规范公积金支取使用，在确保资金专款专用的前提下对支取业务做了部分调整。一是职工以分期付款的形式购买自住住房时，每年均可按当年的实际住房消费额支取住房公积金；二是职工自建住房时，在《建设工程规划许可证》有效期内，可分两次支取住房公积金；三是对职工购、建住房的套数进行限制，属第三套住房的不再给予提取住房公积金。四是允许有低保、重疾等特殊困难的家庭提取住房公积金，特事特办，为困难职工解决实际问题。全年支取住房公积金15.16亿元，完成年度任务137.82%，同比增长37.69%。累计提取公积金57.20亿元。

【住房公积金缴存额度设定】 2009年，南宁市住房公积金缴存上下限额，严格按“控高保低”设定。根据统计部门公布的2008年南宁市在岗职工年平均工资2.94万元，设定2009年单位和个人月住房公积金缴存额上限各为1469元，合计不高于2938元。根据国务院《住房公积金管理条例》住房公积金最低缴存比例为5%的规定和南宁市2008年职工最低工资670元的标准，设定单位和职工住房公积金月缴存额下限各为33元，合计不低于66元。

（南宁住房公积金管理中心）

城市防洪

【河道管理】 2009年，南宁市邕江防洪防涝工程管理处（原名为南宁市邕江防洪大堤修建管理处。2009年10月改为现名）投入河道堤防巡查3870人次，集体巡查及处理水事件60人次，制止违法行为30多起，拆除违章搭盖2000多平方米。配合市水利局和青秀区拆除非法搭盖，共出动90多人次，参加较大规模的拆除行动2次。宣传教育和严厉打击相结合，规范邕江河道的采砂作业。向在邕江河道从事采砂的各种采砂船只发放《南宁市采砂管理办法》等资料，宣传有关法律知识，同时加强巡查，及时制止非法采砂的行为。通过整治，非法采砂的现象得到有效遏制。全年共开展水政执法17次，纠正和处理违章采砂行为38起。做好河道清障工作，积极配合市水利局对江北3座砂场进行清障，共出动50人次到现场督促拆除砂场。对邕江环境和邕江水面漂浮物的有关情况进行调查，共派出人员400多人次、船只100多艘次参加邕江水面漂浮物打捞工作。严格审批临河建设项目。对申报的建设项目，严格依据法律、法规进行预审和上报，先后完成临河建设项目预审10个。对临河在建项目的建设情况进行跟踪检查，对施工存在的问题及时提出整改要求。

【防洪工程建设】 2009年，南宁市防洪工程建设项目主要有江南堤路园（三津村—南站南侧路段）、防洪体系完善和富德村回建安置3个。累计完成投资3213万元，占全年计划投资93.50%。其中江南堤路园项目全线11个道路标段中的9个及1个绿化标段已通过竣工验收，1、2、3、7、9标段通过竣工验收备案，累计完成投资550万元，占年度计划61%。富德村回建安置项目工程全部完工，并通过市工程质量监督部门组织的主体验收，累计完成投资700万元，占年度计划117%。防洪体系项目年度累计完成投资2023万元，占年度计划101%。

【防洪排涝】 2009年，市邕江防洪排涝工程管理处落实各项防汛抗洪任务。结合近年来防洪工作的新情况、新要求和存在的问题，组织修订和完善《二〇〇九年防洪预案》，并按市防汛指挥部的要求，及时落实管理处防汛指挥机构和防汛抢险队伍，并在主汛期前及时完成防洪物资的储备。开展防汛安全检查，先后分班组、科室（队）和处3个不同层次进行汛前、汛中、汛后及台风前后安全检查30多次，及时查处各种影响防汛问题及防洪隐患100多个。对检查出的问题和隐患，及时研究应对措施，将责任逐项对口落实到各科室（队），分类进行整改。维护防洪设施设备，对17座排涝泵站的电气设备先后检测5次，检测维护变压器设备120台次、高低压配电屏496面次。完成排涝泵站、防洪闸等机械设备检测、维修、上油漆保养228台次；完成16座泵站、19座防洪闸、7座排水闸、29座交通闸、39处穿堤管拍门等金属设备设施的除锈、上油漆保养，金属上油漆面积共计1.20万多平方米。清理泵站集水池、防洪闸、交通闸闸口流道及堤防淤泥、垃圾共2676多立方米，清除各泵站内杂草8.50万多平方米。完成堤防和泵站垂直沉降、水平位移观测46公里及泵站定点观测17座，共观测沉降点330个次，位移观测点198个次。举办防汛业务培训班2期，培训125人；冲锋舟驾驶员培训班4期，培训150人次。完成水位遥测系统升级，升级后的系统具备对雨情、水位、水库、流量、水情及气象的收集与分析能力。完成大坑口旧泵站水位遥测仪设备移装和PDA防洪调度移动指挥系统软件与水情分析系统同步升级改造的工作。做好在建工程的防洪工作，督促3个施工单位制订和完善在建工程防汛预案和安全度汛应急方案，确保工程建设和防汛两不误。自4月起，安排专人24小时防汛值班和258人次防洪总值班，密切关注天气、水情变化及汛情变化，发现问题及时报告，迅速处理。共有7座排涝泵站投入运行，累计运行机组28台次，总排水量123.92万立方米；关闭防洪闸11座、交通闸2座、穿堤管8处。

（吴明全）

公共事业

【概　况】 2009年，南宁市自来水供水总量3.56亿立方米，比上年增长7.62%，水质综合合格率99.99%。供水和排水固定资产投资累计完成3.34亿元。其中供水1.32亿元，排水2.02亿元。实有天然气供气管道长度2048公里，新增433公里；管道燃气用户13.05万户，新增3.86万户，增长41.94%；天然气供气总量2849万立方米，增加883万立方米，增长44.91%；液化石油气用户59.98万户，新增1.03万户，增长1.74%；液化石油气供气总量8.41万吨，增加0.21万吨，增长2.52%。燃气年度实现主管业务收入2.13亿元，增长27.01%；销售管道燃气2926.29万立方米，增长36.59%；瓶装液化气销售及利润增长5.59%。发展居民用户8.02万户。其中：开发新改扩用户7.38

万户,完成年目标的 184.60%;现房和散户用户 6141 户,完成年目标的 153.53%;发展工商用户 247 家,完成年目标的 123.50%。全年完成市政煤气管网建设 4.45 万米,其中市政干管 4 万米、市政支管 4533 米;完成小区庭院管建设 38.89 万米。

【内河(湖)整治工程】 2009 年,南宁市城区内河整治计划投资 5.80 亿元,完成 98.42%。其中:南湖—竹排冲水系工程于 11 月开工建设,工程总投资 19.80 亿元,河道整治范围从竹排冲与沙江河汇合口至竹排冲邕江出水口,全长 9.20 公里。项目建设内容包括:南湖—竹排冲水系沿岸景观改造,民歌湖改造、竹排冲河道改造及泵站,南湖—竹排冲连通明渠、南湖—竹排冲排水管改造、市政道路跨连通渠明渠桥梁等工程,计划 2010 年 9 月竣工。南湖补水工程于 5 月开工,工程建设补水管道总长 2600 米,从凌铁水厂原有取水泵房沿江北大道至复康路敷设到南湖上湖南端,最大补水量达到每天 14 万吨,补水后的南湖水体与竹排冲形成一个流动水系,从根本上改善南湖水体环境,至年末对水体的测定,水质稳定达到国家地表水环境质量 4 类景观用水标准。二坑溪综合整治工程于 4 月动工,河道整治总长 2.80 公里,建设雨污水管线 4.25 公里,防洪道路 3.52 公里,新、改建桥梁 5 座,总景观绿化面积 16 万平方米,建设污水主干管引排污水到江南污水处理厂进行处理,计划总投资 7.10 亿元,至年末工程全面展开,进展顺利。朝阳溪综合整治工程第三期动工,起点为南宁重型机械厂铁路涵洞下游,终点为市二十八中学,全长 2.40 公里,总投资 5.28 亿元,整治内容包括河道清淤、河床砌筑、沿溪截污和景观绿化等,将与中下游的景观连成一体,彻底完成朝阳溪全线的河道环境综合整治。此外,凤岭冲沟改造一、二期和三岸片雨水渠一期工程均已开工;竹排冲上游沙江河段综合整治一期工程已完成部分征地拆迁工作;三岸片雨水渠二期已开展环境影响报告表的编制、地形修测、地质钻探单位的选定、设计红线及用地红线的上报;老口—南宁引水干渠工程已取得规划红线。

【污水处理设施建设】 2009 年,江南污水处理厂二期工程开工建设,完成投资 3325 万元,建设规模每日 24 万立方米;埌东污水处理厂三期工程建设规模每日 10 万立方米,于 12 月末开工建设;五象污水处理厂一期工程取得用地预批复,完成新增建设用地手续;对污水管网部分陈旧管道进行更新改造,完成投资 1.5 亿元。5 个县污水处理厂建设工程先后动工。其中马山县污水处理厂一期工程总投资 3909 万元,建设规模为每日 0.60 万立方米;武鸣县污水处理一期工程总投资 1.62 亿元,建设规模为每日 5 万立方米;宾阳县污水处理一期工程总投资 7355 万元,建设规模为每日 2 万立方米;横县污水处理一期工程总投资 7650 万元,建设规模每日 2 万立方米;上林县污水处理一期工程总投资 3744 万元,建设规模每日 0.60 万立方米。所有这些污水处理厂均采用 SBR(序列间歇式活性污泥法)的改良型工艺进行到污水生化二级处理,出水水质设计为一级 B 标准。至年末,这批工程陆续完工并投入使用,污水处理能力每日 44 万立方米,处理率 80%以上。

【内河与内涝整治规划】 2009 年 5 月 6 日,《南宁市城市水系整体规划》原则上通过专家评审,按照规划,南宁市城市水系进入了较系统的整治时期。整治范围从邕江上游老口水库至下游邕宁梯级的邕江河段及江北片的石灵河、石埠河、西明江、可利江、心圩江、二坑溪、朝阳溪、竹排冲、那平江、四塘江和江南片的大岸冲、马巢河、凤凰江、亭子冲、良凤江(水塘江)、良庆河、楞塘冲(良庆下河)、八尺江等 18 条内河,还有大王滩、天雹、老虎岭、龙门等城市周边水库、湖泊、污水厂达标排放水体等水系,整治投资额将逾 300 亿元,至 2020 年将全部完成。其中 18 条内河整治将形成 24 个湖泊,结合城市防洪要求,采取改造扩建上游源头水库、河道中下游挖湖滞洪、河道疏浚、护岸建造等措施,保证河道行洪能力。同时通过修河绿岸、结合市政管网进行污水截流、引水补水、生态恢复、景观设置等措施,使内河变成防洪蓄水、自然生态、水质达标、环境优美的河道。所形成的湖泊是水和水景的汇聚点。

【内涝应急治理】 2009 年,南宁市投入 500 万元对朝阳溪、竹排冲、凤凰江、心圩江 4 条内河的 9 个阻洪点进行应急清淤,清除淤泥 60 万立方米。在南宁汛期到来前各城区、开发区、职能部门成立相应的专业队伍,对市区内路幅宽 20 米以上的城市道路、立交桥的排水管道和排水总渠进行全面清淤疏通,并着重对易受淹地段、排水管径小和管道堵塞严重的地段,以及市区各主干道、主干渠以及干渠出水口进行清淤疏通,完成民族大道、观音阁总渠、五一总渠、北大路干渠等 13 条主干渠的清淤疏浚,共清除淤泥、垃圾 52 万立方米。投资 547 万元,对市区排水骨干网和阻碍行洪及排涝的“瓶颈”实施有效整治,主要有桃源路中段、江北大道中山路临江路交叉口、东葛望园路口等 21 处易产生内涝点的排水系统改造以及观音阁渠、纬武路渠、财经学院排水渠、十八中渠、明秀路北三里排水渠、明秀路虎邱钢材市场排水渠等改造工程,对桂雅路、中柬路、古城路等 9 条道路雨水管清淤,缓解了市区内涝严重程度。投资 20 万元改造建政路延长线排水渠,分流铁路以上鸳鸯楼片区、燕子岭片区、军民水库、金牛桥片区等流域的排水量,减少东葛路排水渠及七一总渠的排水压力;整治唐山路排水渠、拆除排水渠上的临时建筑,增设检查井。完善龙腾、南建路内禽蛋市场、长堽、雅里村、石巷口、纬武、安北等 7 大内涝片区的整治。

【无障碍设施建设】 2009 年,南宁市按照“目标明确、责任清晰、上下联动、齐抓共管”的要求,市、城区、部门和单位齐动员,推进无障碍设施建设、改造工作。把无障碍设施建设纳入《房地产开发项目建设条件意见书》中,在土地出让前就约定在房地产开发中确保无障碍配套设施建设同时设计、同时施工、同时投入使用。城市新建、改建道路均按国家无障碍设计标准进行了相关设施建设,在交叉路口、单位出入口及人行横道均设置缘石坡道,城市主要道路、公园、广场的人行道均建设有盲道系统,公交停靠站设置轮椅坡道。至上半年,基本完成全年的无障碍设施的建设任务,全市路宽 20 米以上道路铺设盲道 571 公里,建坡道 5865 条,10 座人行天桥和 3 座地下通道均设置轮椅坡道。同时对市区 23 条城市主干道和 14 条商业大街无障碍设施进行建设完善,累计完成盲道砖铺设 3.34 万平方米。

【管道燃气管理】 2009 年,南宁市燃气管理部门以“服务企业年”为抓手,深入开展安全生产的培训教育、执法检查、治理“三项行动”。一是层层签订安全生产目标责任书，将安全生产责任落实到人。先后制订《南宁市燃气管理处安全工作制度》、《南宁市燃气管理处安全生产工作职责》等规章制度，进一步规范行业管理。为规范燃气运输车辆进站充气行为，建立燃气运输车辆进厂（站）及装卸登记制度，并规定任何车辆不得给违法经营站点配送燃气。对涉嫌无证燃气供应点进行执法检查103次，出动人员585人次，检查涉嫌违法经营网点698个，对其中确存在违法经营行为的147个站点进行暂扣钢瓶1348个。完成安吉气站厂房防水改造，PLC（可编程控制器）系统补充安全栅、浪涌保证器技改、充装台防雷改造等。完成DN300阀井防水技改1座，DN150以下阀井技改20座，出地管防腐整改106条；对户外管进行有针对性的维护，更换超限期的燃气表等，确保正常安全供气。二是做好管道燃气工程建设的设计审查、督察与燃气管网相邻的施工监护。为了保证燃气管网的安全运行，市燃气管理处督促管道燃气公司与相关施工单位在施工前签订《管道燃气设施相邻施工技术交底书》、《燃气管网相邻施工监护协议》；制定放线记录标准、样板房施工、精装修房施工标准；加强竣工图核对及开挖坑检查；调整完成验收、动火、接口等作业流程。共完成市政管网建设4.45万米，其中干管4万米、支管4533米；完成小区庭院管建设38.89万米。道路工程项目验收92个，一次性合格率100%；小区工程项目验收404个，一次性合格率95.54%。三是深入开展燃气安全生产大检查。组织对全市（含辖县）的储配站、供应网点、管道燃气工程、管道燃气小区的拉网式安全大检查6次，共检查储配站102个次，燃气管道小区78个次，下发整改通知书27份，整改率100%。每月对全市所有的燃气供应网点进行检查，共检查供应网点3500个次。举办燃气企业送气人员、营业员培训班8期，培训464人，从业人员持证上岗率95%以上。四是举办燃气具安装维修从业人员培训班，培训192人。根据国家对危险源安全要求，组织南宁市燃气重大危险源监控系统二期工程建设，使全市12个燃气储配站纳入实时现场监控。

【城市节水】 2009年，南宁市开展创建节水型城市、节水型企业（单位）活动，大力开展节水技术、器具、产品的推广应用工作。继续对用水量在1000立方米以上的用水户纳入计划管理范围，计划用水管理2363户，全市计划供水量1.92亿立方米。其中：工业企业191户，计划供水量2824万立方米；其他计划2172户，计划供水量为1.64亿立方米。非居民生活用水计划率95.10%，符合国家对城市实行计划用水的要求。

节水宣传　围绕“加强节水减排，促进科学发展”的主题，以多种形式连续一个月开展一系列的宣传活动。发放节水警示牌5000张；编印《节水法律法规文件汇编》及张贴节水条例宣传资料；举办节水宣传日，设点咨询，举行节水产品展示，推广使用节水器具；开设宣传专栏，宣传依法节水、用水，营造良好的舆论环境，增强“节约一滴水要从我做起”，“创建节水型城市要全社会参与”的意识；开展节水宣传进高校、进社区，组织大专院校师生参观水厂，了解抽水、供水、排水的全过程，使之认识节约一滴水的重要性。同时在市中心部分社区举行大型公益性节水宣传活动，推广市民家庭使用节水装置和节水的经验，并给节水的模范者予以奖励等。

节水型企业（单位）创建活动　根据国家规定的节水型企业（单位）的标准，组织和指导企业（单位）进行竞赛和评比。年末按照评比条件对提出评选申报的31个基础管理较好的企业（单位）、180名个人进行考核验收，通过听取企业（单位）开展创建节水型企业（单位）活动情况汇报、查阅申报材料及原始资料、现场考核检查，评选出南宁市“节水型企业（单位）”11个、节水先进个人150人。

节水器具推广使用　对全市宾馆饭店、中小学校用水器具情况进行调查，对仍使用国家明令淘汰用水器具的单位要求整改，更换使用节水器具，年末进行复查。全市纳入用水大户的单位基本使用节水器具，因使用旧器具而造成水浪费的现象大为减少。（陈　琳）

市政市容管理

【城乡清洁工程】 2009年，南宁市继续实施“城乡清洁工程”，逐步建立健全长效管理机制。一是进一步推进绩效考评机制，每个季度开展“城乡清洁工程”市容市貌“流动红（黄）旗”检查评比活动，将检查结果纳入年度绩效考评范围。二是进一步加强对各有关部门和各城区（开发区）实施“城乡清洁工程”的督办力度。三是进一步完善评估机制，确保治理“五乱”做到“及时发现、及时整改、及时反馈”，逐步实现推进“城乡清洁工程”的制度化、规范化、长效化。四是进一步完善“数字化城管”系统建设，推进数字化城市综合管理与指挥系统工作规范化进程，不断完善数字化城市管理机制，强化“数字化城管”“软件”建设。五是推进“城乡清洁工程”向乡镇延伸拓展。结合新农村建设，加强村屯道路建设，整治村庄环境，推动改水、改厕、改厨、硬化道路、植树绿化、人畜分居、处理垃圾及排水建设，特别是加强城镇污水和垃圾处理设施建设治本性工程，提高城乡基础设施水平。六是不断加大实施“城乡清洁工程”各项投入。协调财政部门逐年增加经费，各城区（开发区）及相关单位统筹兼顾、科学安排经费，为“城乡清洁工程”持久深入地开展提供资金保障。七是进一步加大宣传工作力度，营造良性舆论氛围。继续开展“问计于民”活动，对“城乡清洁工程”工作中的热点、难点问题，充分利用报纸、网络等媒体平台，积极宣传城市管理的重要意义和有关法律法规，采取公开开展征求意见或市民大讨论等方式，寻求解决方案。同时，不断开辟“城乡清洁工程”宣传阵地，积极营造“齐抓共管”的社会氛围。年内，市城管局下发有关城乡清洁工程的督办函共560份（青秀区116份、兴宁区110份、西乡塘区92份、江南区84份、邕宁区9份、良庆区46份、高新技术产业开发区13份、经济技术开发区28份、相思湖新区21份、东盟经济开发区2份、武鸣县1份，其他单位38份），督办问题4250个；查处各类违章行为149.01万起，其中摊点乱摆（含跨门槛经营）行为42.07万起、车辆乱停放行为17.52万起、垃圾乱扔行为为20.77万起、广告乱贴行66.77万起、工地乱象行为9422起、其他违章行为9422起。（蒋舒建）

【“五乱”集中整治行动】 2009年，南宁市针对万达商业广场、新华街西关路口、朝阳广场等市内部分重点路段、区域的“五乱”（摊点乱摆、车辆乱停、垃圾乱扔、工地乱象、广告乱贴）回潮较为严重的现象，市“城乡清洁工程”领导小组办公室根据市委、市政府部署，及时下发《关于开展全市市容环境综合整治的紧急通知》,要求各城区、开发区、各有关单位集中整治,全面打响“城乡清洁工程”成果保卫战。采取有力措施,确保市区市容环境在短期内取得明显成效。一是克服懈怠思想、厌战情绪,强化责任意识,对于不作为的单位和责任人实行严格问责。二是以城区(开发区)为主体,以属地管理为原则,各部门积极配合,常抓不懈,重点对城区内的主要路段、重要节点和区域的“五乱”现象,尤其是菜市场、农贸市场、商场周边的脏乱现象,车辆乱停放、“三车”(残疾人助力车、人力三轮车、两轮摩托车)违章现象以及工地乱象进行全面的综合整治。7月22日起,各城区(开发区)、市直各职能部门按照“短期突击,中期整治,长效管理”的原则,分别制定专项整治工作方案,开展一系列专项整治行动。市城市管理局对深化拓展“城乡清洁工程”进行专题研究和部署:一是进一步统一思想,提高认识,不断增强推进“城乡清洁工程”的责任感、使命感和紧迫感。二是进一步突出重点、克难攻艰,做到“三个坚持”(坚持每日督察制度、领导带班制度、合理配置和整合督察资源),力求“四个进一步”(进一步加强督察、加强统筹、加强研究、强化宣传),以“五个更”(更大的整治力度,更高的要求,更实的成效,更细的检查督察,更高的曝光率)推动“城乡清洁工程”。同时,做好协调组织“五乱”、“三车”整治和临时摆卖摊区的设置工作,配合做好创建国家卫生城市、全国文明城市公共指数测评相关工作,推进“城乡清洁工程”绩效考评和系统信息整合工作。三是进一步明细责任,扎实推进“城乡清洁工程”。兴宁区针对朝阳商圈“五乱”现象反弹较为严重的情况,组织公安、交警、城管、街道办事处等部门的工作人员5880人次开展集中整治活动,对西关路、新华街、朝阳路等主要道路和重点区域实行定岗、定责、定路段的严格管理,对“五乱”多发地段严防死守。并建立“三查”制度,一是组建由城区纪委、监察局组成的“城乡清洁工程”督查工作小组,对各单位进行监督、检查、考核,奖勤罚懒;二是查是否作为,对消极怠工、不积极作为的,一律给予严肃处理;三是查“门前三包”责任制落实情况。江南区实施清理马路市场的“夏雷”行动。坚持宣传开路、疏导先行的原则,对富德凤凰农贸市场进行全面清理整治,集中清理淡村路、五一路等占道经营的马路市场3个,整治富德、亭洪、菠萝岭、白沙等农贸市场周边市容环境,对五一路、星光大道、“10+1”商业大道等街道的市容秩序实行重点整顿。8月6~7日,共出动1307人次、车辆517辆次,共清运垃圾65车约600吨,出动水车36辆冲洗路面,维修果皮箱15个、公厕8座(处),清理非法小广告142处、流动摊点142处,跨门槛经营44处、夜市和早市摊点74处,查处人行道车辆乱停78辆、车行道车辆乱停放30辆、违法“三车”56辆、乱扔垃圾51起、工地乱象案件6起、车辆拉泥撒漏案件1起。青秀区重点对新竹片区、津头片区的园湖路北一里、星湖路南一里、麻村一街、麻村二街、埌西村八组夜市违章占道经营现象进行集中清理整治。8月3日晚,青秀区城管等相关部门工作人员26人,组成两个执法组,重点整治民族大道、星湖路、古城路、园湖路、七一总渠等重点路段的夜市摊点以及流动摊点,共查处流动摊点12个,违法占道经营烧烤店、夜宵店5家。西乡塘区组织相关职能部门组成联合整治组,对秀厢市场周边、北湖市场至北湖路西三里路口的路段进行了6次突击整治行动,共清理违章占道流动摊点约800摊次,现场教育617人次。8月2~7日组织街道办事处、城管大队、交警一大队等部门对北湖、秀厢农贸市场的早市进行综合整治,共疏导清理乱摆卖摊位205摊次、乱停放车辆66辆,暂扣违章物品一批,清理的摊位大部分被疏导进入周边规范管理的市场经营。良庆区8月6~7日组织开展市容环境整治行动,主要对农贸市场及其周边、主干道和重要节点部位的清理整治,对阻挠、扰乱、暴力抗法的人员坚决予以打击。共出动城管、公安、交警、交通、工商、街道办、城乡清洁办等单位的人员312人次,执法车68辆次;清理流动摊点311处、广告乱贴367处;查处跨门槛经营店铺245家、车辆乱停放152起、“三车”69辆、行人及非机动车违法案件34起、垃圾乱扔198起、车辆带泥和撒漏污染路面2处、建筑材料乱堆放9处。环卫站对辖区内的永兴路,银海大道大沙田段,金象三区的金城路、花园路、秀和路,银沙大道、建设路等路段进行清理整治,共出动环卫工人59人次、车辆5车次,共清理建筑垃圾20吨。邕宁区8月6~7日共整治违章摊点130处,教育经营户137户;修复新兴街人行道六角砖和彩虹南路人行道广场砖两处等。高新技术产业开发区8月6~7日出动工商执法队员369人次、执法车辆56车次,整治工业园区的违章夜市,重点治理违章摆卖早点、乱摆卖的流动摊点,查处乱摆卖摊点(含跨门槛经营)行为36起,清理非法广告5起。出动环卫保洁员321人次、车辆4车次,清除非法张贴、涂写小广告1571条,清运日常生活垃圾6吨。出动交通执法队员8人次,查处机动车乱停乱放等交通违法行为121起,教育违章驾驶员67人次,查扣处罚6人次。至8月7日,全市各县区(开发区)、市直各职能部门共查处各类违章行为11.85万起,其中摊点乱摆(含跨门槛经营)行为8.50万起、车辆乱停放3210起、垃圾乱扔1.06万起、广告乱贴1.38万起、工地乱象行为1050起、违法营运“三车”4800辆次,救助流浪乞讨人员105人次。经过集中综合整治,全市“五乱”回潮现象得到遏制,城市形象得到较大提升。

(黄　加)

【邕江河道环境整治】 2009年,南宁市把邕江河道环境整治作为实施“城乡清洁工程”工作内容之一,多次修改完善《南宁市邕江河道环境综合整治工作方案》报市领导审定。确定邕江整治河段流域的功能区,对河道城市段停泊的船只、浮动设施进行清理,确保船舶美观和停放有序。其中重点对渔业船舶未在码头、泊位或规定的锚地停泊或从事经营活动的船只进行清理。对河道规划红线范围内阻碍内河行洪的违法建(构)筑物进行拆除,整治沿岸的沙石场和砖场。加强河堤周边绿化整治和管理;加强网箱养鱼、污染排放、水面漂浮物和各码头停靠船只的卫生管理。

【流浪乞讨人员救助】 2009年,《南宁市开展流浪乞讨人员救助管理专项行动实施方案》颁布实施。市城市管理局联合公安、卫生等部门开展流浪乞讨人员整治、救助管理专项行动。一是各城区(开发区)按照属地管理的原则,负责在辖区范围内对流浪乞讨人员进行拉网式巡查,做好对流浪乞讨人员告知、引导及护送工作,将确需救助的街头流浪乞讨人员及时护送到市救助站和各福利、医疗机构。二是市救助管理站、市社会福利院、市社会福利医院等部门做好对流浪乞讨人员的接收、返乡工作。各城区和相关部门救助流浪乞讨人员105人次。三是公安部门对进入机动车道、非机动车道向机动车车主乞讨影响交通秩序的,胁迫、诱骗、组织未成年人、残疾人、老年人进行乞讨以及纠集流浪乞讨人员对过路群众进行强讨硬要的,依法予以打击;对组织策划者,追究法律责任。

【施工工地及建筑渣土运输车辆整治】2009年,市城管局协调各城区(开发区)城管执法队伍加大执法力度,进一步遏制建筑渣土运输车辆轮胎带泥、撒漏污染城市道路等违章现象。组织市城管支队每天晚上8点至次日凌晨2点对主要施工工地进行专项整治,打击未按相关证件规定进行运输、未按指定消纳场地消纳和在运输过程中渣土撒漏、车轮带泥污染城市道路的违章行为。向市建委下发督办函,督促其监督施工工地做好中国东盟商务区51个工地出入口的硬化工作。

【内涝防治】 2009年,市城管局将内涝整治工作纳入2009年为民办实事项目。实施市区易涝点整治工程,主要对排水管(渠)进行改造、清淤。原计划为20个。通过再次组织各城区、市市政工程管理处对市区易涝点进行普查,新增市区易涝点整治工程21个,共计41个,工程计划总投资800万元。年末累计完工38个,完成投资约690万元。

【"穿衣戴帽"工程】 2009年,由市城管局及各城区负责实施,于9月30日完成。完成立面清洗5.36万平方米,立面装饰29.98万平方米,围墙美化彩化1.21万平方米,拆除女儿墙2573平方米,坡屋顶2.76万平方米,坡屋顶喷涂5230平方米,拆除防盗网3493平方米,绿化整治7637平方米。除户外广告整治项目以外,完成工程总量41.55万平方米,完成率100%;完成投资2614万元,完成投资比例100%。

【亮化工程建设与管理】 2009年,由市城管局及各城区(开发区)负责实施200栋楼宇亮化项目建设(新建亮化楼宇94栋、改造11栋、维修95栋),以及机场高速公路灯箱变增容及线路改造、快环路口增亮(快环大学路口、心圩立交匝道、秀灵立交匝道、南梧立交匝道)及新民路路灯改造3个项目,同时于9月30日全部完成。市城市照明管理处完成路灯维修9200盏次,景观设施1150套;完成照明设施维护量2.19万盏次,为任务180.90%;路灯亮灯率98.70%,景观亮化灯亮灯率95.7%,设施完好率95%以上。

【市政设施维护与建设】 2009年,市城管局累计完成路面维修9.58万平方米,完成年任务83.43%;人行道维修4.32万平方米,完成年任务102.01%;下水道维修6177井次;下水道疏通10.75万米,完成年任务110.94%;清掏沙井8.61万井次,完成年任务115.14%。组织各城区(开发区)、市市政工程管理处对市区存在安全隐患的占道电杆进行排查清理整治,共完成拆除废弃电杆161杆,张贴安全警示标识(标志)3107杆,迁移在用占道电杆5杆。其中,供电部门拆除废弃电杆98杆,张贴安全警示标识(标志)2063杆;电信部门拆除废弃电杆63杆,张贴安全警示标识(标志)645杆;广电部门张贴安全警示标识(标志)399杆;市城市照明管理处迁移在用占道电杆5杆。市区沥青混凝土路面罩面降噪工程,7月10日开工,9月25日完工,完成投资约6351万元;邕宁区等部分市政道路维修工程,6月5日开工,9月24日完工,完成投资约1325万元;机场高速公路维修加固工程,6月5日开工,9月17日完工,完成投资约360万元;节庆花卉采购及景点工程,10月前完工,投资约220万元。在市区设置移动公厕10座,部分县城新建公共卫生厕所9座。10座移动公厕于9月20日前完成,分布在兴宁区、青秀区、西乡塘区各2座,邕宁区、良庆区、高新区、经开区各1座。新建9座公厕于5月正式动工,12月20日前完成。分布在:武鸣县1座、宾阳县2座、横县3座、上林县2座、隆安县1座。完成南湖大桥、七一总渠桥、友爱桥、新民立交桥安全检测评估工作。

【环境卫生管理】 2009年,市环境卫生管理处开展城乡环境卫生检查,协调处理各种环卫问题。共外出检查2734人次,检查道路和小街小巷8290条次、公厕和垃圾中转站2369座次、果皮箱1.19万个次,发现并督促整改环境卫生问题355个;处理生活垃圾约58.20万吨(城南场填埋处理生活垃圾约55.90万吨,石西厂处理生活垃圾约2.30万吨),平均日处理约1594吨,较上年同期增加10.80%;处置建筑垃圾约203.90万吨;处理医疗废弃物约4782吨,平均日处理15.90吨。完成对15个单位、院校疑似甲型H1N1流感疑似疫情隔离疫区产生的185吨生活垃圾及医疗废弃物的收运处置工作。进行生活垃圾处理费收费模式改革。出台《南宁市人民政府办公厅关于印发〈委托供水企业代收城市生活垃圾处理费具体实施方案〉的通知》;建立委托供水企业收费系统、市环卫处与各城区环卫站收费网络;派出3851人次,对市区13万余户(个)对象进行全面调查,完成调查数据输入28万余条;组织供水企业和银行、各城区(开发区)环卫站等相关单位召开协调会13次,及时研究解决收费模式改革过程中出现的问题;建立群众投诉热线,接待群众热线投诉353人次;印发宣传资料13万份。

【桥梁维修与管理】 2009年,大桥管理部门清理桥管区小广告1.65万份,疏散流动摊点8112摊次,劝阻不规范停放车辆1.85万辆次,制止在桥区晾晒衣物864人次,清理桥区盲流人员1590人次,冲洗桥区尿渍462处,疏导交通87次,救助跳江人员22人。开展路桥收费宣传活动6次,发放宣传资料1600份,对驾驶员做解释工作185人次,查处伪造、冒用他人通行票证31起,挽回经济损失1.66万元,完成大桥收费723.92万元。桥梁维修工作有序开展,其中邕江大桥维修加固工程,2008年12月28日开工,2009年8月30日完工,完成投资2200万元;中兴大桥维修加固工程,9月21日开工,12月30日前完工,完成投资约635万元。完成清川大桥的安全、抗震检测评估工作。

【城市广场管理】 2009年,市城市广场管理处实施标准化规范化管理,坚持每月一次考评。维修各种灯具9730盏(杆)、水管209次、水泵131台次,更换老化电缆2000多米,修复破损绿化护栏50多处,粘贴脱落大理石4100平方米;坚持每月检修设施情况2次,确保广场设施设备的完好率;制作各种警示牌、导向牌和制度牌150块。各广场坚持每日清扫地面、清洗公厕、清理绿化带垃圾及卫生死角;广场喷泉定期清理和换水;绿化养护每季度打草1次,每月乔木勾干枯枝1次,定期对乔木灌木进行修枝剪形和施肥。换花11次,换种鲜花25.30万盆,补种灌木20.60万株,修剪灌木20多万平方米。完成民生广场滩涂绿化补种工程，补种乔木445株、灌木28.38万株、草皮2000平方米，及时恢复受淹部分的绿化景观。7月29日，市城管局从市城市管理综合执法支队、市大桥管理处抽调24名城管执法人员组成专项整治小组，开展为期两个月的整治广场“五乱”行动。同时联系兴宁区综治办、公安分局派出执法队伍，从7月30日起开展一个月的突击整治活动，做好朝阳广场治安的整治工作，重点整治“六合彩”等非法活动。实行24小时广场巡查，制止广场范围内乱发广告和传单、垃圾乱扔、乱摆卖等违章行为。共没收“六合彩”资料6000余份，清理乱停放车辆5000余辆，劝阻乱摆卖摊点300多个次，收缴非法广告传单约50多万份。对广场内的晨(暮)练点、自娱自乐点的音响播放音量进行规范，整治成效明显。

【数字化城管】 2009年，数字城管按照“天天发现问题、天天处理问题、天天解决问题”的要求，快速、高效、精准地处置了城市管理中存在的各类问题。数字城管”系统立案29.07万件，派遣处理案件27.19万件，其中部件9274件、事件26.26万件，处理完结25.86万件，完结率95.10%。城市管理服务热线“12319”受理群众投诉1.32万件，处理完结1.24万件，处理中的案件764件，组织处理率100%、完结率94.20%。其中在7月21至8月6日集中整治“五乱”中，数字城管指挥中心共派遣案件1.67万起，日均处理案件984起；已处理完结案件1.43万起，完结率85.50%。青秀区、兴宁区、西乡塘区、江南区4个城区共发生“五乱”案件9937起，完结9232起，完结率92.90%。其中，江南区案件完结率99.20%；西乡塘区发生“五乱”案件最多，为4165起；江南区发生“五乱”案件最少，为1166起。

【和谐城管建设】 2009年，南宁市全面实施“和谐南宁城管”建设。一是启动实施“168”工程，即“建好1个平台(抓好城市管理监督与指挥中心的建设)、完善6个工作体系(城区执法队伍工作考评、法律法规、全民齐抓共管、与民便捷高效沟通、社会监督、执法队员执法保障等体系)、实施8个工程”(队伍亲民执法培训塑造素质、城管“六个”进宣传、千名市民“当一天城管”体验、百名市民监督、亲民服务、队伍亲情执法、事前教育、全民参与城市管理等工程)，做到“刚性管理，人本执法”，提高了执法效果。开展“城市管理公众参与日”，城市管理工作“进社区、进街道、进商家、进工地、进校园、进乡镇”活动，畅通城管队员与群众沟通渠道，进一步缩短城管队员与群众的距离。二是开展“问计于民、问需于民、服务于民”活动。进一步促进城管法律法规规章和城管基本知识的普及。三是合理设置临时摆卖摊区。市政府颁布实施《南宁市临时摆卖摊区规范设置方案》，市城管部门组织各城区(开发区)有条件、有步骤地推进临时摆卖摊区的设置工作。对上报的临时摆卖摊区设置申请进行实地勘察和评估，综合周边居民的需求、地理环境、交通、市容、环保、卫生等各方面条件，选择相对开阔的空间和不影响交通及市容环境的次、支路，作为临时摆卖摊区的设置地点，规定时间，划定范围，合理疏导占道摊点进入经营。对于社会关注的焦点、群众投诉的热点、市容整治的难点，按照“疏堵结合”的思路，在整治的同时，逐步推进临时摆卖摊区的设置工作。如针对西关路周边市容“五乱”现象容易反复的情况，经兴宁区委、区政府研究后，选择规范设置西关路西巷和高峰路作为临时便民服务点，解决了部分下岗、失业困难人员的生计问题，疏导一部分原在西关路占道摆卖的摊贩，一定程度缓解了因集中整治而日益加深的执法矛盾。同时全面展开西关路下段、西耐路、安北下、农院路等处临时摆卖摊区设置试点工作。2月16日，西耐路临时摆卖摊区试点一期工程开工，2月28日完工，3月19日投入运营。3月20日，西关路下段摆卖摊区开工，4月20日完工，4月26日投入运营。安北下摆卖摊区已经完成一期工程建设，设置摊点35个。

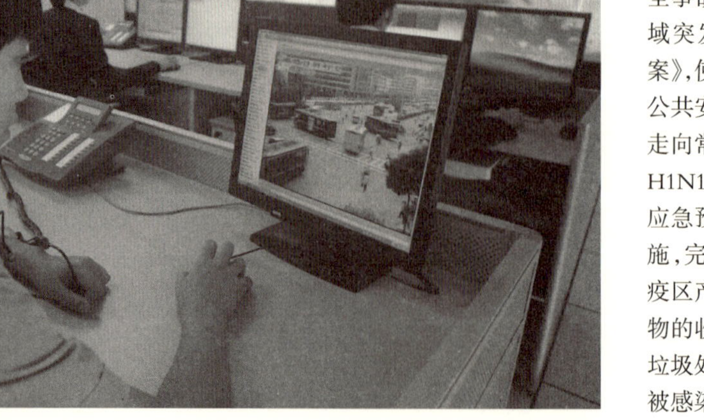

数字城管指挥中心工作现场　　周家志　摄

【城市管理应急预案】 2009年，南宁市对城市管理领域预防和应对突发性公共安全事故预案进行全面的梳理，修改完善《南宁市城市管理系统安全生产事故应急指挥机构网络图》、《南宁市城市管理系统地震应急预案》、《南宁市市区应急抢险工作预案》、《南宁市城市管理系统燃放烟花爆竹“禁改限”安全事故应急预案》、《南宁市城市管理系统防台风应急预案》、《南宁市市政工程安全生产事故应急预案》、《南宁市市政工程防洪排涝事故应急预案》、《南宁市市政建设工程重大质量安全事故应急预案》、《南宁市环境卫生管理生活垃圾处理突发事件应急预案》，新建立《南宁市城市管理综合行政执法突发公共安全事故应急预案》、《南宁市市政、环卫设施突发公共安全事故应急预案》、《南宁市城市管理领域突发公共安全事故信息报告应急预案》，使城市管理领域预防和应对突发性公共安全事故从无序走向有序，从应急走向常态，从凌乱走向系统。在发生甲型H1N1流感疑似疫情期间，城管局按照应急预案要求，严格落实了各项防护措施，完成了对15个单位、院校疑似隔离疫区产生的185吨生活垃圾及医疗废弃物的收运处置工作。由于措施到位，3个垃圾处理场(厂)100多名一线工人无一被感染。　（蒋舒建）

责任编辑　黄善秋

环境保护·园林绿化

环境保护

【概　况】 2009年，南宁市各级环保机构有37个。其中，市本级环保机构7个，县级30个。完成环境监测数据7.50万个，各类报告900多期。各级环保部门实施环境行政处罚案件260件，行政处罚听证3起。1322个项目建成并通过环保“三同时”（建设项目中防治污染的设施，必须与主体工程同时设计、同时施工、同时投产使用）验收。发生一般环境污染事件1起，直接经济损失231万元。市环保局网站各栏目更新信息1.15万条，在全市各部委办局中排名第一，比上年增加24.78%。网站访问量33.77万人次，增长78.20%；网站点击率37.79万人次，增长33.70%，访问量及点击率均创历史新高。环保部采用市环保局政府信息9条；自治区环保局采用市环保局政务信息738条，在全自治区14个地级市中排名第一。南宁市水环境质量较上年度有进一步的改善，市辖境内主要河流监测的8个断面保持二类至三类水质，邕江5个集中式地表饮用水源水质各项监测指标全部达标。市区空气环境质量优良天数较上年有所提高，全年空气质量优良率99.18%，其中空气质量优的天数224天，两项均为十多年来最高水平；市区空气环境中3项主要污染物二氧化硫、二氧化氮、可吸入颗粒物浓度均降至十多年来最低水平，环境空气质量在全国省会（首府）城市中排名第三。南宁市获中国环境保护领域最高社会奖——第六届中华宝钢环境奖（城市类）。

【环境空气质量】 2009年，南宁市区环境空气质量继续保持国家环境空气质量二级标准，空气质量各项指标均比上年好转，市区中主要污染物二氧化硫、二氧化氮、可吸入颗粒物浓度比上年分别下降20%、36.40%、10.70%。空气质量达到优良以上（API≤100）天数362天，占全年天数99.18%；空气质量为优的天数224天，比上年增加41天；轻微污染（API>100）以上天数3天，减少11天；轻微污染天气主要分布在1月和4月，季节特征明显。武鸣、横县、宾阳、上林、马山、隆安县城环境空气质量良好，二氧化硫、二氧化氮年均值优于环境空气质量一级标准，可吸入颗粒物达到国家二级标准。南宁市区酸雨频率29.90%，降低8个百分点，降水平均PH值5.51，酸雨污染得到明显改善。武鸣和隆安县城未出现酸雨。横县、宾阳、上林县城酸雨频率分别为6.06%、6.67%、13.04%，比上年有所下降。

【水环境质量】

主要江河水质　2009年，南宁市境内主要江河水质整体良好，按全年监测平均值评价，均能达到国家标准二至三类水质。其中左江入境的上中、邕江上游的老口、右江支流武鸣河叮当断面总体满足二类水质，右江入境的雁江、邕江下游的水塘江和蒲庙、郁江上游的六景和郁江出境的南岸断面达到三类水质。但在各水期评价中，雁江断面丰水期和平水期均为四类水质。全年南宁市主要河流监测断面三类水质达标率100%，比上年上升12.50个百分点，整体水质有所改善。其中右江雁江断面由上年四类水质上升至三类水质，水质有所改善；郁江的六景和南岸断面均由去年的二类下降至三类水质；其余断面水质无明显变化。南宁市地面水2个国家控制断面按国家考核功能区达标率100%。

邕江支流水质　共开展了13条主要城市内河的水质监测。其中八尺江属轻度污染，马巢河、可利江、凤凰江、心圩江、二坑、朝阳溪、亭子冲、竹排冲、水塘江、蓉茉江、良庆河和楞塘冲等12条内河均属重度污染。影响水质的主要污染指标为氨氮、五日生化需氧量、总磷、溶解氧和化学需氧量。综合污染指数评价各内河水质，与上年相比：马巢河明显好转，可利江、八尺江、二坑和蓉茉江有所好转，朝阳溪、亭子冲和水塘江有所下降，凤凰江和心圩江明显下降，竹排冲水质无明显变化。

主要湖泊与水库水质　南湖综合营养状态指数61.40，属中度富营养状态。从9月开始每天补充14万吨邕江水，下湖水

2009年南宁市内河综合污染指数评价情况

项　目	马巢河	可利江	凤凰江	心圩江	竹排冲	朝阳溪	二坑	亭子冲	水塘江	八尺江	蓉茉江	良庆河	楞塘冲
平均综合污染指数	0.24	0.30	1.44	1.68	0.89	1.35	2.57	1.91	0.76	0.14	0.61	0.98	0.32
评价分级	尚清洁	尚清洁	重污染	重污染	中污染	重污染	严重污染	重污染	中污染	清洁	轻污染	中污染	尚清洁

2008~2009年南宁市内河水质平均综合指数评价情况

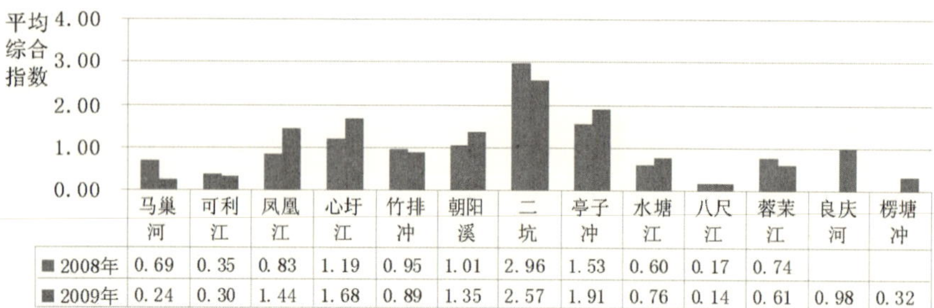

2008～2009年南湖、相思湖水质评价情况

点位名称	2009年		2008年	
	综合营养状态指数	级别	综合营养状态指数	级别
南湖	61.40	中度富营养	63.10	中度富营养
相思湖	76.40	重度富营养	72.30	重度富营养
大王滩水库	44.20	中营养	49.80	中营养
仙湖水库	34.20	中营养	37.70	中营养

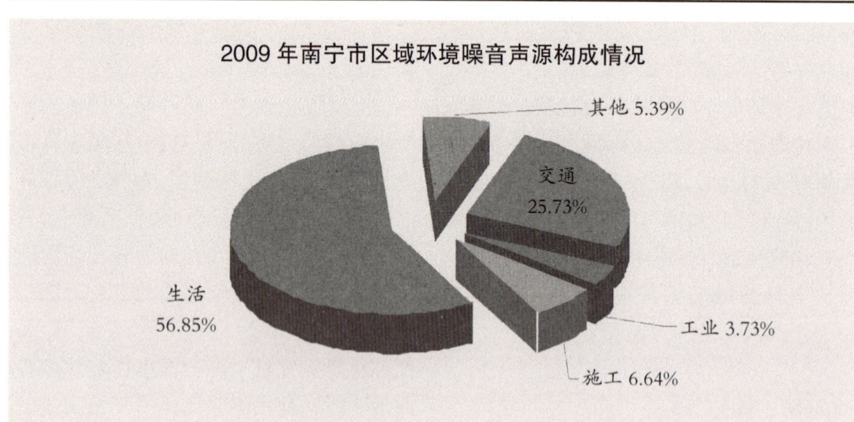

2009年南宁市区域环境噪音声源构成情况

质比上年略有好转。相思湖的综合营养状态指数76.40，比上年有所下降，仍属重度富营养状态。氮、磷仍然是湖泊的主要污染指标。大王滩水库和仙湖水库的综合营养状态指数分别为44.20和34.20，与上年持平。

地下水水质　南宁市地下水质良好级39%，较差级61%；地下水污染总指数比上年度有所上升，PH值、铁、氨氮等项目是影响地下水水质的主要指标。

饮用水源水质　市区6个自来水厂分别以邕江的三津、陈村、西郊、中尧、河南为取水水源地，邕宁区蒲庙镇以清水泉为水源地。邕江地表水源水质总体良好，主要指标达标率100%。清水泉地下水源地水质主要受总大肠菌群指标超标影响。全年市区集中式饮用水源地水质达标率96.59%，与上年相比变化不大。分别作为县城饮用水源地的横县郁江、上林县北仓河和东春河、马山县那朝水库、隆安县那降水库等地表水源为饮用水源取水点的水质均属优良。武鸣县灵水取水点、宾阳县供水公司第三抽水站水质主要受总大肠菌群指标超标影响。

【声环境质量】　2009年，南宁市区域环境噪声平均值54.10分贝，噪声质量等级为较好，较上年下降0.40分贝；道路交通噪声平均值69.30分贝，噪声质量等级为较好，与上年持平。市区声环境质量达到国家考核指标要求。社会生活噪声和交通噪声占声源构成82.60%，是市区噪声污染的主要来源。武鸣、横县、宾阳、上林、马山、隆安等县城区域环境噪声为54.30~58.80分贝，达到国家考核要求（小于60.00分贝）；县城道路交通噪声为64.70~69.00分贝，均达到国家考核要求（小于70.00分贝）。

【自然生态环境】　2009年，南宁市有自然保护区7个，其中：国家级1个，省级5个，市级1个。自然保护区面积5.17万公顷，占全市总面积2.33%，与上年持平；有森林公园5个，面积1.07万公顷，与上年持平。全市森林面积92.13万公顷，森林覆盖率43.15%，比上年上升1%。

【污染物排放】

废水污染物排放　2009年，南宁市废水排放总量3.50亿吨，比上年减少0.80%，其中工业废水排放量1.23亿吨，生活污水排放量2.27亿吨，所占比重分别为35.26%、64.74%；废水中化学需氧量（COD）排放量12.82万吨，减少0.20%，其中工业废水中排放7.20万吨，生活污水中排放5.62万吨，所占比重分别为56.16%、43.84%；废水中氨氮排放量0.50万吨，减少13.20%，其中工业废水中排放0.13万吨，生活污水中排放0.37万吨，所占比重分别为26.79%、73.21%。工业污染物中，化学需氧量排放量的85.70%和氨氮排放量的61.70%均来源于农副食品加工业和造纸及纸制品业。全年全市城市污水集中处理量为1.40亿吨，污水集中处理率61.88%，其中市区污染水集中处理率80.32%。污水处理厂污泥产生量5.32万吨，全部实现安全填埋和综合利用。

废气污染物排放　全市工业废气排放总量885.29亿标立方米。废气中二氧化硫（SO_2）排放量6.47万吨，比上年增加1.50%，其中工业排放5.85万吨，生活排放0.62万吨，所占比重分别为90.42%、9.58%；废气中烟尘排放量2.88万吨，减少7.70%，其中工业排放2.68万吨，生活来源排放0.21万吨，所占比重分别为92.83%、7.17%；废气中工业粉尘排放量0.84万吨，减少5.60%。工业污染物中，二氧化硫排放量的67.90%来源于非金属矿物制造业、造纸及纸制品业、农副食品加工业，烟尘排放量的59%和工业粉尘排放量的81%来源于非金属矿物制造业。

工业固体废物排放　全市工业固体废弃物产生量379.72万吨，减少7.50%；综合利用量344.48万吨，减少7%；处置量32.32万吨，减少10.80%；贮存量3.07万吨，减少16.30%；排放量0.16万吨，减少15.80%。综合利用率90.67%，增加0.43个百分点。工业固体废物产生量的47.10%来源于农副食品加工业。工业危险废物产生量515.29吨，下降99.70%。其中综合利用量401.78吨，下降99.80%；处置量111.51吨（集中处置14.51吨，分散处置97

吨);贮存量2吨。

【污染控制与减排】 2009年，南宁市污染控制与减排工作得到进一步加强，城镇生活污水处理厂建设取得重大进展，共审批发放市级工业(水)企业排污许可证79项。生态环境不断优化，环境空气质量大幅度改善。经自治区环保厅核定，2009年南宁市化学需氧量削减量扣除按GDP增长的新增量后，比上年减排2.10%，二氧化硫削减量扣除新增量后，保持零增长，按进度完成"十一五"减排任务。

工业废水工程治理推进 市政府《关于下达南宁市2009年主要污染物总量减排计划的通知》中工程减排COD项目58个、SO_2减排项目3个全部完成验收。

造纸废水管理减排初见成效 根据新出台《制浆造纸工业水污染物排放标准》，从5月1日开始，所有制浆造纸企业全面实行国家制浆造纸行业污水排放新标准，提升污水治理水平。南宁市通过抓好行业污染排放标准的提高，实施管理减排工作，6个制浆造纸企业全部按时完成造纸污水的深度处理，COD排放从每升450毫克降到每升150~200毫克以下，全年削减COD4900吨，制浆造纸行业治污水平迈向新台阶。

城镇生活污水处理厂建设取得进展 生活污水处理率由原来的20%提高至80%。隆安县城镇生活污水人工湿地处理设施已基本建成并投入试运行，由南宁建宁水务投资集团有限责任公司投资建设的横县、武鸣、宾阳、上林、马山5个县污水处理厂已于2008年6月开工建设，在市建委污水垃圾处理建设办公室统一协调下加紧建设。

国控重点污染源监督性监测工作 全年完成82家国控重点污染源的企业和占全市污染负荷65%的市控重点污染源监督性监测。

污染减排现场核查工作规范 制定《重点企业污染减排现场监察工作要点》。辖区内国控重点源和污染总量减排项目的现场监察，每月不少于1次，监测每季度不少于1次，对监察中发现的隐患问题及时要求企业进行整改，全部污染治理设施每月运行正常。

清洁生产工作组织开展 南宁糖业股份有限公司东江糖厂、南宁糖业股份有限公司蒲庙造纸厂、广西冠桂糖业有限公司谢圩分公司、南宁良庆冠桂糖业有限公司、南宁天然纸业有限公司5家企业清洁生产审核通过自治区级验收。

水煤浆锅炉技术推广 南宁青岛啤酒有限公司、市维威制药有限公司、南宁海宝路水产饲料有限公司、市金银谷饲料公司4家企业更换水煤浆锅炉，并通过市经委、市环保局、市财政局组成的联合验收组的核查验收，根据《南宁市推广应用水煤浆专项资金管理办法》有关规定，获得政府一定的资金补助。

各城区噪声达标区创建工作组织实施 共建成城市噪声达标区面积210.98平方公里，其中西乡塘区建成59.02平方公里，良庆区建成19.45平方公里，兴宁区建成26.60平方公里，青秀区建成55.23平方公里，江南区建成33.70平方公里，邕宁区建成16.99平方公里。全市噪声达标覆盖率97.76%，市区声环境质量进一步提高。

【城市生活垃圾无害化处理】 2009年，南宁市有垃圾转运站40座、生活垃圾处理场2个、垃圾卫生填埋场1个、垃圾堆肥厂1家。生活垃圾日产日清，全年共处理垃圾57.64万吨，同比增长10.24%，日平均清运1579吨，城市生活垃圾无害化处理率100%。

【环保整治专项行动】 2009年，南宁市环保专项行动共出动6244人次，检查企业2677家次，立案处罚企业79家，结案70个，处罚金额64.50万元；停产整治企业28家，关闭取缔企业(项目)67家(个)；挂牌督办项目22个，完成验收17个，完成整改待验收5个。专项行动期间接到信访投诉6706件，处理率99.99%，办结率97.05%，严厉打击了环境违法行为。出动600多人次，巡查建筑工地400多处，立案处罚违法施工单位38家，使施工噪声扰民行为得到有效控制。市环保部门对25个饮用水取水点涵盖的水源保护区进行了后督察；市环保、水利、海事等部门开展邕江保护执法检查，在邕江水源保护区共检查船舶955艘，对船舶没有配备垃圾桶、油污桶，油水分离器没有污水收集装置等不符合环保要求的行为，责令整改；重新制作邕江5个集中式饮用水源保护区边界的地理界标和警示标志，替换原有的标志牌。

【医疗废弃物集中处置】 2009年，南宁市列入集中收运处置医疗垃圾范围的医疗机构905家(点)，比上年增长2.80%，覆盖面达到市辖六县六城区。共收运医疗废弃物5829.65吨，与上年持平，日均收运15.93吨，全部规范集中无害化处置，全部执行危险废物转移联单制度，集中处置率100%。有医疗废物集中处置单位1家，即南宁市兆洁特种垃圾处理有限公司，处理能力为每日16吨。

【核与辐射安全监督管理】 2009年，南宁市有放射源及射线装置应用单位301家，密封放射源355枚，非密封放射源33枚，无闲置放射源；射线装置在用370台；各类电磁辐射污染源1200多个；有16万居里的辐照装置1家(远期将扩建至50万居里)。收贮闲置密封放射源33枚，持有辐射安全许可证的单位47家。组织开展对57家放射源应用单位的监督检查，强化南宁市的核与辐射安全监管，开展核与辐射安全监管能力建设工作。

【生态南宁建设】 2009年，在国家级生态示范区建设的基础上，南宁市全面推进生态市、生态县建设，完成《南宁市生态市建设规划》和《南宁市生态功能区划》。隆安县城厢镇全国环境优美乡镇创建工作及西乡塘区金陵镇金陵村等11个生态村创建工作通过自治区环保局验收。全市所辖6个县的生态县建设规划均通过了专家论证，上林县、横县生态县建设规划分别经上林县、横县人民代表大会常务委员会审议批准实施。南宁—东盟经济开发区生态工业示范园区规划已编制完成并通过自治区环保厅的评审。

【排污申报登记与收费】 2009年，南宁市申报登记水污染物排放企业218家，申报登记大气污染物排放企业460家，申报登记固废污染物排放企业95家，申报登记建筑噪声污染物排放企业200家。全市各级环境保护主管部门核准颁发排污许可证1443份，共征收排污费3089.43万元。

【信访与建议提案办理】 2009年，南宁市各级环保部门共受理各级人大建议、政协提案39件，全部如期办理完毕；受理群众转办等环境污染投诉1.24万件次，处理数1.23万件次，处理率99%。其中通过12369环保举报投诉热线反映的1.16万件，直接来信、市信访局和自治区环保局等上级部门转办来信共102件，接待来访42批390人次。督办县区政府解决辖区环境问题督办函4件，信访处理复函38件，书面答复12345转办案件299件，处理市数字化城市管理系统72件、网上信访140

件，对市环境保护局网站市民心声的192条咨询投诉信息给予回复。

【环保科研】 2009年，南宁市环保科研所完成9项课题研究，分别是《南宁市创建环保模范城市规划》、《都安瑶族自治县澄江河集中式饮用水水源保护区划分》、《木薯废渣生物质能源利用技术研究示范工程》、《南宁市“十二五”环保规划前期研究》、《南宁市交通噪声污染现状及防治对策研究》、《南宁市污染源现状及其排污特征专题研究》、《南宁市典型乡镇饮用水水源地基础环境调查》、《南宁市市区饮用水水源地环境保护规划》、《饮用水水源地保护区划分方案及技术报告》。另有2个科研课题正在开展中，分别是《南宁市环保产业现状及发展研究》、《南宁市建设生态文明城市研究》。《南宁市区域环境容量与工业发展布局研究》课题获得第二届广西壮族自治区政府决策咨询成果三等奖、《南宁市区饮用水水源地环境基础调查及评估报告》获得南宁市第十次社会科学研究优秀成果一等奖。全年完成新建、扩建、改建建设项目环境影响评价报告书(表)65个，其中环境影响报告书23项，环境影响报告表42项。

【环境宣传教育】 2009年，市环保局重点对“污染减排”、“项目服务年”、“服务企业年”的环保举措、生态环境保护和建设、环境质量改善及公共参与环保等方面进行系列宣传。组织开展纪念“六·五”世界环境日和以“节能减排、科学发展”为主题的环境宣传月活动。6月5日，在江南污水处理厂举行纪念“六·五”世界环境日暨“节能减排、科学发展宣传月”启动仪式，市领导为获得市第二批“绿色环保企业”称号的广西皇氏甲天下乳业股份有限公司等4家企业颁发牌匾和证书。与南宁晚报社联合举办“南宁人看南宁环境变化”活动。6月7日，有100名市民代表参观了市区部分内河环境、污水处理厂处理设施运行情况、市区空气自动监测点和邕江水质自动检测站等。采取各种形式广泛开展环保宣传教育，组织媒体开展节能减排成果专题报道和环保公益广告宣传；向各县区（开发区）及部分机关、企事业单位、社区、学校等发放“六·五”主题宣传挂图500套和宣传资料20万份；组织驻邕高校环保社团开展“节能减排、科学发展”进社区进学校活动；编发环保公益广告短信，发送到1万个移动、联通手机用户；继续开展环保科普知识进社区、下乡镇活动；编印《南宁环境》内部宣传刊物12期，编印《节能减排与家庭生活》及环境日主题，农村环保、防辐射污染等宣传资料30多万份(套)，订购一批环保宣传挂图，全部免费向市民和单位发放。首次开展“绿色机关”创建工作，自治区党委机关事务管理局、邕宁区国税局等14个单位获南宁市和自治区级“绿色机关”称号；开展市第二批“绿色环保企业”、第三批“绿色环保医院”、第五批“绿色学校(幼儿园)”创建工作，其中，市第三人民医院获第三批“绿色环保医院”称号，武鸣民族中学、兴宁区翠峰幼儿园等31所中小学、幼儿园获市第五批“绿色学校(幼儿园)”称号。

（市环境保护局）

6月5日，南宁市纪念“六·五”世界环境日暨“节能减排科学发展”宣传月启动仪式在江南污水处理厂举行　　李好那　摄

园林绿化

【概　况】 2009年，南宁市启动园林绿化建设项目94个，总投资约28亿元，年度投资约12亿元，创南宁市城市园林绿化建设的历史之最。市园林系统单位承担的城建项目共24个（续建项目3个、新建项目14个、前期工作项目7个），总投资7.13亿元，年投资4.20亿元。有增种210万株树木工程、荔园滨水公园（更名为邕江滨水公园）、南宁领事馆区园林绿化工程、南湖亲水步道工程等9个项目竣工，凤岭儿童公园、体育休闲公园、青秀山生态林保护工程等6个项目开工，7个前期项目推进顺利，完成投资4.05亿元，占年度总投资96.43%。市园林局完成招商引资实际到位内资3591万元，完成预算外收入8232万元，市园林绿化建设、更新改造及维护投入1.18亿元，生产苗木317.50万株（袋）、盆花555万盆，动物园保持正常展出动物205种2563头（只），繁殖动物24种267头（只），引进动物34种533头（只），成功捕捉10头海豚并饲养成活。市建成区绿化覆盖面积7530公顷，园林绿化面积4491公顷，公园绿地面积2103公顷，建成区绿化覆盖率39.65%，比上年上升0.67%，绿地率34.18%，人均公园绿地面积12.73平方米。10月30日，南宁市荔园滨水公园、南宁市体育休闲公园、南宁市凤岭儿童公园成立。

【“中国绿城”创建活动】

种植210万株树木工程　2009年，南宁市共投入1.95亿元，完成乔木种植212.37万株，占总任务210万的101.12%。其中：大规格乔木20.62万株，中规格乔木1.28万株，小规格乔木190.47万株。

城区中小型公共绿地建设　各城区各新建1块中小型公共绿地，是2009年南宁市20件为民办实事项目之一。西乡塘区绿地位于北湖路柏涛湾小区门前，占地面积1566平方米；兴宁区绿地位于邕武路5号运德加油站前，占地面积1450平方米；江南区绿地位于五一路永和立交桥左侧，占地面积7601平方米；青秀区绿地位于仙葫大道邕江边，占地面积8000平方米；良庆区绿地位于玉洞商贸城旁和建源路两处，占地面积分别为1450平方米和6000平方米；邕宁区绿地位于八尺江路特教学校旁，占地面积700平方米。6块绿地总面积为2.68公顷，总投资248.50万元，种植小叶榄仁和盆架子等乔木792株、非洲茉莉和七彩朱槿等灌木405株，片植灌木3423.50平方米，铺种草坪1.02万平方米，铺设园路、小广场2385平方米，建设亭子、园椅等园林小品一批。

永和大桥北岸小游园景观工程　位于永和大桥北岸与江北大道交汇处，占地面积2.68万平方米，计划投资375.16万元。7月3日动工建设，已完成地形堆土8222立方米，配置景石642.32吨，种植乔木254株(特大乔木88株)、灌木162株、色块925.18平方米、草坪3074.26平方米，场地铺装1473.73平方米，配套公厕1座，停车场1个、健身器械13套、垃圾箱13个、路灯11盏、休闲坐椅13张。

南宁领事馆区西侧空地绿化工程　位于南宁领事馆区西侧，占地面积4.04万平方米，总投资344.68万元。6月15日动工建设，9月30日竣工。种植乔木2215株、灌木405株、竹类997株，片植灌木1073平方米，铺种马尼拉草9251平方米、喷草(狗牙根)2.75万平方米，完成景石配置213吨，修建园路2000平方米、三个入口小广场350平方米，配套坐凳14张、果皮箱14个等一批园林小品。

江北大道心圩泵站小游园景观工程　位于江北大道心圩泵站旧址，占地面积8000平方米，总投资194万元。7月3日动工建设，10月10日竣工。完成景观长廊和休憩亭子各1座、花岗岩铺装1100平方米，铺设透水砖200平方米，安装路缘石850米，回填种植土9000立方米，种植乔木286株(大规格乔木26株)、灌木269株、竹类512株，种植地被920平方米、草坪6000平方米。

街道绿地黄土裸露专项整治(二期)工程　对秀厢大道、大学路五里亭、民族大道延长线、明秀路等4条道路进行黄土裸露专项治理，完成道路砌筑花池6200平方米，安装护栏6723米，硬化铺装3683平方米，种植片灌、草本苗木1.24万平方米，孤植灌木1.89万株，完成工程投资303.67万元。

城市内河绿化种植工程　继续开展5条内河绿化整治，绿化面积7.74万平方米，种植树木1.46万株。

花卉布置　第五届泛珠三角区域合作与发展论坛、“泛北部湾”论坛和“两会一节”期间，市园林局组织系统单位在城市主干道、精品线路、重要节点、公园、公共绿地上布置鲜花560万盆，主要品种有万寿菊、一串红、百日草、矮牵牛、波斯菊、凤仙、孔雀草、海棠等，配合布置有铜鼓、绣球、木屋、雕塑、图腾柱等造型小品。

【街道绿化建设】　2009年，南宁市进一步加大街道绿化建设，启动实施主干道“增花添彩”工程，成功打造滨湖路“月季花街”、青山路“龙船花街”、民族大道延长线“紫薇街”等特色花卉路；进一步推广道路绿化生态理念，在民族大道后排20米绿地上推行多品种、多层次、立体化的绿化结构，打造生态大道；进一步完善城市道路绿化基础设施建设，启动实施街道绿地黄土裸露专项整治工程和主干道绿化给水管网建设，对49条道路进行改造建设，新增道路绿地面积约80.04公顷。

【街道绿化养护】　2009年，市绿化工程管理处采取多项措施，实现机场高速路、壮锦大道、荔滨大道等主要重点路段开花植物三角梅、黄槐、朱槿等在“两会一节”期间都能适时开放。进行植物生长调节剂使用技术及化学除草剂的试验研究并逐步推广，完成桃源路、壮锦大道等5条道路的大花紫薇适时开花试验。引进了新机械用于改进矮壮素喷施方法，促使机场高速路绿化植物呈现出层次分明、花开成片的景观效果，成为2009年“两会一节”期间南宁市城市景观的又一个亮点。加大道路绿化安全隐患整治工作，对处于绿化带、绿化带端部、渠化岛等位置的绿化植物进行修剪、移植、更换品种等方式，进行通透式处理，对遮挡交通标志牌的绿化植物进行移植或修剪处理，投入各类机械9471台班，进行道路绿化洒水、喷药、修整树枝、死危树处理等工作。适时做好道路和游园绿地的植物补种工作，共完成街道补种乔木1552株、孤植灌木5.79万株，片植灌木2.38万平方米、草本地被1.57万平方米、草皮1.22万平方米，成活率90%以上。完成对精品线路植物三次水肥的施用，使用水溶性复合肥8712公斤。对江南大道（中兴大桥——三津段）绿化养护工作实施了社会化、市场化运作。

【公园建设】　2009年，市园林局组织各公园开展“三优一满意”即“优美环境、优良秩序、优质服务、游人满意”评比活动，公园的服务和管理水平得到了较大提高，加大公园建设力度，新增公园绿地面积73.04公顷。

南湖公园　完成南湖亲水步道工程，完成投资额1626万元。累计完成工程量：开挖土方5500立方米；铺设园路1.55万平方米；建亲水木平台1220平方米；浇注平台混凝土2450立方米；完成挡土墙2450米，木圆(方)柱结合铁索护栏342米，木栈道护栏207米，风帆花岗岩护栏、圆石柱结合铁索栏杆1050米，圆石柱栏杆910米，木方柱栏杆200米，圆木柱栏杆150米，花池40米，树池131米，台阶1258平方米；安装坐凳197张，干挂风包石1000平方米；安装花岗岩路缘石4750米，卵石600平方米，风景石(柳州黑石)3000吨；完成亭廊5组；安装庭院灯234套。种植乔木947株，灌木2154株，棕榈类植物370株，竹类植物8797株；片植地被2.35万平方米，草皮810平方米；清运土方2893立方米。完成投资额为698万元的盆景园改造工程。种植大型盆景137株、乔木135株、灌木450株、竹类植物2500株，片植地被4500平方米、草皮1.05万平方米；铺装混凝土道路3000平方米；完成水池2000平方米，给排水管道1116米；建四角亭1座；置石1000多吨。完成“护老扶幼”为民办实事项目建设，安装双人肩部活动器、高低单杠、三联压腿器、双人漫步机、仰卧起坐平台、儿童攀岩墙、儿童组合滑梯、双人跷跷板各1台，三人转腰器、双人秋千各2台，儿童摇摇马4台。

人民公园　推进白龙塘水体治理工程、荫生园湿地景观改造、游乐设备技术升级和安全管理3个创新项目，完成荫生园湿地景观改造项目一期工程，沿岸种植600平方米的水生植物，景观效果初显；完成东门雨林景观工程，打造烈士碑东侧植物景观，美化保护山体，种植特色热带植物品种100多个，设置民族特色的木结构长廊和休息长廊各2座、叠石1500吨，停车场铺装4000平方米、安装路灯37盏，改建木结构商业长廊5座、休息廊2座，增设健身器材186组；实施第二批公园免费开放设施工程，扩建和新建公厕2座，铺装青石板950平方米，增设花岗岩园凳100套，新增分类垃圾箱80套、玻璃钢有盖大容量垃圾箱60套，确保公园环境清洁美观。

动物园　市动物园正式挂牌为国家4A级旅游景区。7月10日，市物价部门批复市动物园门票调整为50元，实行“一票制”，游客凭票当天可游玩公园内欢乐主题乐园、梦幻动物表演、珍奇动物世界三大乐园。9月22日，加勒比水上游乐园剪彩开放，至年末，入园游客量105万人次。完成主题游乐园二期的建设，新增激浪旋艇、海豚跳、儿童观光车、儿童爬山车、自控飞机、摇头飞椅、碰碰车、城堡、电瓶车等9组游乐项目。加勒比水上世界一期建设，引进四组合螺旋滑道、六并列滑道、海啸海浪区、飞天梭、飞碟滑道、欢乐儿童池、超级浪摆、SPA(水疗美容)疗养区等8项水上娱乐项目。完成涉禽馆、熊山、大象表演馆、狮虎山、黑猩猩馆、黑白疣猴馆、狒狒馆、两爬馆的改造和建设工作。按4A级景区标准改造全园厕所9座，新建厕所2座，新建主题游乐场公园大门1个。成功繁殖动物24种267头(只、条)。主要有大象1头、河马1头、海狮2只、白颊长臂猿7只、节尾狐猴2只、黑叶猴3只、鳄鱼115条、猕猴8只、冠斑犀鸟1只、花冠雏盔犀鸟2只、海南虎斑鳽2只，其中海南虎斑鳽是世界上首例由人工饲养、人工孵化。引进动物34种533头(只)，有黑猩猩、火烈鸟、黑白疣猴、赤大袋鼠、强壮大袋鼠、白袋鼠等。借展动物3种6头(只)。完成主题乐园一、二期景观绿化改造工程，水上世界一期环境绿化工程。以“模拟动物生态环境，构建开放式场馆”为景观设计理念，对园内黑白疣猴馆、涉禽馆进行绿化改造，对大门区景观进行局部改造。共种(移)植乔、灌木3.26万株(袋)，种植白蝴蝶、肾蕨、春羽等荫生地被植物5206平方米、草皮1.86万平方米。引进中东海枣、布迪椰子、油棕等亚热带树种266株。园内共摆花3.05万盆，品种有郁金香、矮牵牛、非洲凤仙、一品红、孔雀草、鸡冠花等。完成主题乐园一、二期景观亮化工程，面积6000平方米。

金花茶公园　投入建设资金160万元。完成园区水质改造、园区路缘石改造、无忧山园林景观等工程；完成古磨水情、金花茶故乡、北门溜冰场、科普长廊等景点的建设；新增设86组健身器械，治理公园黄土裸露2460平方米，栽种观花、观叶灌木5000多株；调整园内种植结构，完成移植乔木68株，补种乔木35株，栽种观花、观叶灌木5000多株，花坛换种5次用花1.62万盆。扦插繁殖金花茶4200株，繁殖金花茶实生苗4000株，嫁接繁殖名贵茶花130盆，用油茶树桩嫁接山茶、金花茶11株，完成引种、栽植福建永福山茶16个品种122株、宁波茶梅5个品种81株、山茶16个品种119株、山茶红露珍砧木100株、广西岑溪红花巨果油茶12株、越南黄花抱茎茶4株及越南金花茶3个品种的枝条、广东杜鹃红山茶6株、大规格山茶10株，基因库移植茶梅80株，为历年来茶科植物引种最多的一年。

石门森林公园　投入建设资金24万元进行园容整治，完成公园林木修枝整形1.64万株，清理林区杂草3次，清除枯枝死树385株，修剪草坪3.80万平方米、绿篱2.50万平方米。实施明湖环湖景观工程，完成投资669万元，种植乔木3967株、灌木1085株、草皮9200平方米。铺装路缘石340米、步行道572.75平方米、广场272平方米、卵石步道60米，布置景石2000吨。完成公园基础设施建设投资102.5万元，铺设道路432米，布设电缆1800米，安装照明路灯30盏，新建凉亭2座，布设消防管道8510米、消防栓16个、抽水设施3套，安装康体设施44套。种植大花紫薇110株、桂花45株、扩坎树木520株。完善园内警示牌和警示标志，在林区、湖区和陡坡等危险地带翻新防火警示牌11块，增设安全警示牌60块、警示标志100多处、道路安全减速带1处。维护修缮园内设施，修复损坏石凳36张、桌椅5套，维修厕所5座、凉亭2座。

狮山公园　新建公园主干道1200米、公厕2座及西侧门区服务房等设施。完成公共绿地增设健身设施工程，增设健身器材60套，建成西侧门停车场，完成场地铺装4969平方米，安装路缘石1453米。财政投资197.40万元，完成水域周边基础设施维修及改造(二期)，建成竹舞桥、观景平台、荷韵广场、掬秀小径、迎风木栈道、码头周边广场、舞蹈广场等设施。财政投资137.63万元，进行西侧门乔木增种及绿化改造，共种植特大树木60株、乔木(含竹子)871株；完成园内绿化改造5.50万平方米，其中铺种面积7600平方米，种植色块4.50万平方米，共种植植物品种28个、乔木300株、灌木2000株、袋苗14万袋，硬化铺装改造1万平方米。实施公园二期工程，建设内容主要分为园林建筑、园林景观两部分。园林景观部分于9月9日开工，完成投资额约700万元，共布置景石680吨，建设驳岸、水池、小平桥及铺装1.26万平方米，安装给水管5195米。12月20日，竹影桥工程开工建设，计划投资439.62万元，建筑面积约1200平方米。

滨江公园　对公园内基础设施、健身器材进行维修、更换。安装健身器材49件(套)，更换秋千横梁，确保游客安全使用。进行栏杆灯线路改造，完成张拉膜中心广场灯具检修更换40多盏次，维修园区内路灯、栏杆灯等200多盏次，进一步提高公园亮化景观。完成广场砖、路缘石、花岗岩铺装改造修复，翻新安装垃圾桶65个，清理公园母子湖多年沿积的淤泥约100立方米，修建公园生活区围墙80多米，公园环境得到较大改善。

新秀公园　投资417万元，完成儿童游乐园建设，修建儿童戏沙池4个，新引进旋转木马、小火车、水战车等游乐设施3组，安装健身器械50余套；完善公园的基础设施建设，完成园路修缮2475平方米，铺装沿湖道路路缘石860米；打造以多种植物艺术造型为主体的雕塑园，回填种植泥3500立方米，堆砌红景石700吨，共种植灌木160株、特大规格乔木6个品种36株、中小规格苗木10个品种485株，铺设草皮5000多平方米，修建休息长凳160米。

安吉花卉公园(原河北苗圃)　位于南宁高新技术产业开发区，地处城市西北部，东面是规划建设中的秀灵路延长线，西临屯渌村，南濒秀厢大道，北接苏卢村。规划用地总面积59.01公顷，一期建设面积30.02公顷。5月，经市政府批准同意，河北苗圃改建为安吉花卉公园，并列入南宁市2009年第二批城市建设项目投资计划。公园建设项目于9月9日举行开工仪式，9月28日正式动工建设，先后进行土方回填、土方挖方、花卉生产展示区的场地回填平整及道路铺装、锦湖驳岸挡土墙砌筑、景石布置及绿化种植等工作。至年底，公园锦湖驳岸挡土墙砌筑已全面完成，土方回填及地形整理完成80%，花卉生产展示区配套建设完成95%，景石布置完成2500吨，占总安装量60%，种植乔木500株、灌木5000株，完成投资额1000万元。

邕江滨水公园(原荔园滨水公园)　东起南宁大桥，西至柳沙路口，全长约2.70公里，一期建设占地面积26.11公顷，计划投资5461万元。2008年9月17日开工，2009年6月30日已基本完工(南宁大桥项目段除外)，并免费开放。公园以营造生态优良、环境幽雅、景观优美的开放性滨水带状公园为宗旨。通过“廊桥观山水，翠竹映红荔”的景观主题，以原有的三级平台为依托，烘托出自然山水园林的滨水公园景观。景点设置分为两点，第一点是人文游览系统“如之韵”，共分3处景点，分别为天琴演绎、廊桥传情、雅乐

邕江滨水公园一景　　市园林局提供

同庆；第二点为生态浏览系统“山水之韵”共分4处景点，分别为风之韵、石之韵、水之韵、花之韵。通过人文景观与自然景观创造出集观光、休闲、生态景观于一体的公共景观空间。公园共种植乔木60多种、竹类植物10多种、棕榈科植物20多种、草本灌木类植物50多种。

体育休闲公园　位于中国—东盟国际商务区东南部，北起桂花路，南至凤岭南路，西与领事馆区相邻，东靠李宁体育公园，占地面积48.89公顷，其中绿地面积38.29公顷，建筑用地面积1.25万平方米，道路面积1.30万平方米，水体7000平方米，绿地率74.57%。是自治区内惟一以体育休闲运动为主题的专类公园。规划设计上分A、B、C3个区：A区毗邻凤岭南路，占地29.89公顷，是公园的主要形象入口，集中有网球场、羽毛球场、篮球场、足球场、门球场和青少年轮滑场等10种球类和竞技活动场所；B区北接桂岭和桂花路，占地面积11.05公顷，地形主要为山地，结合地形设有1.30万平方米的疏林草地运动区、野外登山道和3.55公里长的自行车专业道，可开展丰富多彩的休闲健身和团队竞技运动；C区是公园与领事馆区的绿化衔接带，占地面积7.94公顷，以绿化景观为主，并设有休闲步道和室外小型运动器械。公园建设项目总投资8795万元，计划分两期建设，一期为公园景观及配套，二期为体育场馆建设。一期建设于2月25日开工，土建工程于9月7日正式动工，现已建成景观木桥10座、景观旱溪3条、旱溪水池5座、大型假山叠泉1座，完成景观园路2400米，铺设广场和休息平台2000平方米、给排水和供电管线5.34万米，种植大规格乔木283株、乔木1.44万株，布置景石5330吨、塑假景石2700平方米，完成投资额约2170万元。

【苗圃建设】 2009年，南宁市有8个苗圃（原市河北苗圃于5月经市政府批准同意，改建为市安吉花卉公园），包括金花茶公园、人民公园、南湖公园、绿化处、江滨公园、南宁花花大世界园林、林业中心、烈士陵园等苗圃，生产绿地总面积384.27公顷。安吉花卉公园苗圃完成袋苗生产10.30万株(袋)、造型灌木6263株、三角梅造型4500株、乔木容器苗4200株，完成盆花生产198万盆，其中草本花192.30万盆、木本花5.80万盆；培育阴生植物和中高档花卉20.70万株。狮山公园苗圃生产袋苗34.67万袋，引进乔木1979株、灌木674株及袋苗2.01万袋，销售乔、灌木5000株、袋苗30万袋，生产花卉80万盆。花花大世界园林苗圃新增加种植红花羊蹄甲、大叶杜英、银海枣、胭脂木等1.60万株，生产袋苗61.30万袋（三角梅15.30万株，各色扶桑、棕竹12.31万袋，其他植物33.69万袋）、绿化小乔木7.30万株、容器苗5.17万株（竹子2.32万株、乔木2.84万株）、花卉150万盆。绿化处苗圃积极为街道苗木补种及树木种植工程等提供苗源，扩大对外苗木销售，出圃乔木750株、孤植灌木1411株、袋苗10.81万袋、生产花卉20万盆。滨江公园苗圃完成元旦、春节、“五一”、国庆、“两会一节”等重大节庆日摆花和花卉下地种植等任务，生产花卉6.73万盆。金花茶公园苗圃生产管理苗木15万株，种植苗木1.30万株。

【义务植树活动】 2009年2月25日，广西掀起全民植树造林高潮启动仪式暨2009年自治区党政军领导义务植树活动在南宁市体育休闲公园举行。自治区领导郭声琨、马飚等参加启动仪式，并与在邕的全国人大代表、全国政协委员、中直和区直机关事业单位干部、驻邕部队官兵、南宁市领导及学校师生代表1500多人一起义务植树。活动当天共种植扁桃、红花羊蹄甲等大树4500株，面积约20公顷。同日上午，市四家班子领导和市直属机关、武鸣县机关单位干部职工约2000人到南宁花花大世界园林产业园区参加义务植树活动，掀起了市直机关义务植树活动热潮，共种植扁桃、红花羊蹄甲、南洋楹、秋枫、萍婆、人面果等景观树种3500多株。全年全市参加义务植树活动313.74万人次，义务植树尽责率90.06%，义务植树折合1503.27万株。

【古树名木保护】 2009年，对城市建成区内的225株古树名木的旧牌全部进行更换。新牌以电脑制版印刷，增加古树名木的学名、拉丁名、科属名、树龄、管护单位、制牌时间等内容，字迹更清晰，更利于市民自觉参与保护古树名木活动，对管护责任单位起到监督作用。年内，园林绿化部门对建成区内的古树名木重新进行拍照存档，对60株古树重点实施救治、复壮等治理保护措施。

【南宁园亮相中国（济南）国际花博会】 2009年，南宁市应邀参加由国家住房和城乡建设部与济南市政府共同主办的第七届中国(济南)国际园林花卉博览会，南宁展园具体承建工作由市园林局负责。南宁展园以独特的山水田园景观、民族建筑物为主景，通过山水、花木、建筑的灵活搭配，形成“山水人情”多层次的景观体系，充满了独特的亚热带风情和浓郁的现代气息，展示了南宁宜居城市的魅力和民族和谐的主题。9月22日，博览会开幕，南宁展园的景观效果得到博览会组委会、专家学者、社会各界的好评。

（黄品文）

责任编辑　梁　坤

国有资产监管与运营

国有资产监督管理

【概　况】 2009年，南宁市国有资产监督管理委员会贯彻落实中央和自治区应对国际金融危机、保持经济平稳较快发展的决策部署，实施“项目建设年、服务企业年、党组织服务年”活动，切实履行出资人职责，突出抓好改革调整，进一步完善国有资产监管制度，先后出台《南宁市企业国有产权转让监督管理暂行办法》、《南宁市国资委监管企业工资总额管理暂行办法》等规范性文件。以《企业国有资产法》的颁布实施为重点，组织企业领导和机关干部进行学习培训，并在《南宁日报》上开设专栏进行宣传。收集整理国家、自治区、南宁市在国资监管方面的政策法规，出版《南宁市国资监管政策法规文件汇编》。推进企业法律顾问制度建设，确保企业法律事务机构、职责和人员“三到位”。全面推进国有企业改革发展，充分发挥国有经济的引领带动作用。市国资委监管企业销售收入完成148亿元，比上年增长3.89%；工业总产值完成109亿元，增长1.93%；完成利税总额15.14亿元，增长1.05%；完成国有资产收益8.92亿元，国有资产保值增值率103.85%。

【国企改革与发展】 2009年，市国资委加快推进资产经营公司向实体化转型，按照行业相近和有利于资源整合的原则，对振宁、壮宁、沛宁、创宁、农工商、中房集团等6家公司进行重新授权调整，进一步明确授权公司的管理职能和功能定位，完善授权职责，促进企业的改革与发展。推进授权沛宁公司管理的37家企业的改革工作，将沛宁公司打造为不良资产处置、困难企业退出、资产运营和盘活等多项功能的企业改革平台。引入战略投资者，对南宁肉联厂进行资产重组，实现做大做强。推进市水泥厂破产清算工作，制定该厂依法实施破产的工作方案。完成柳沙公司控股的南宁宝丰达药业有限责任公司的兼并重组。推动南宁地区印刷厂等49家特困国有企业职工安置工作，采取先分流安置职工，再择机对企业实行关闭破产或撤销出售的方式推进企业改革。推进粮食企业改制工作，指导金谷隆公司开展职工分流安置，协调解决关于计发下岗职工生活费的问题。

【“服务企业年”实施活动】 2009年，市国资委围绕服务企业、提高效能、保持经济平稳较快发展的主题，全面实施“服务企业年”活动。共走访企业105家，其中对市领导联系重点企业走访在6次以上；走访163批次，参加人数381人次；收集到企业反映的问题179个、建议94条，解决问题158个。协调南宁化工集团有限公司、南宁广发重工集团公司、广西金牛股份有限公司等企业的法律纠纷案件，解决金浪浆业项目8500万元的资金缺口。帮助南宁百货股份有限公司办理五象广场地下使用权证，协调解决市新华书店有限责任公司申请所得税减免、市房产建设开发公司退领工程竣工档案保证金、南宁肉类联合加工厂改制重组中2300多万元无证房产的办证等具体问题。加强与各金融资产管理公司的沟通和协调，采取多种方式处理好企业各类不良债务。完成回购信达公司持有的南宁康乐食品股份有限公司、南宁机械厂、市皮鞋厂等16家企业的债权包，本息合计2.11亿元；与长城公司就南宁化工集团有限公司为广西赖氨酸公司提供担保的5705万元的债权达成回购协议。

【“项目建设年”实施活动】 2009年，市国资委围绕“项目建设年”活动，组织实施涉及全市经济结构调整重点产业发展的一批重大项目，推进南化公司搬迁改造、市轨道交通有限责任公司轻轨、威宁公司市民中心、南宁建宁水务投资集团有限责任公司内河整治和县区污水处理、市储备粮管理有限责任公司搬迁改造等项目。南宁锦虹棉纺织有限责任公司搬迁改造项目、南宁广发重工集团公司提高制造能力项目按进度完成；威宁公司的广西体育中心项目一期主体育场即将竣工，二期工程网球中心、游泳跳水馆和体育馆等3个场馆已开工建设。南宁糖业股份有限公司一批结构调整项目和南宁凤凰有限纸业公司生活用纸项目通过加强管理，实现达产、满产。成立督查小组，定期对项目进展情况进行督查，强力推进项目建设，确保各重点项目建设按进度进行。

【投融资平台建设】 2009年，市国资委完成城建投资集团公司、交通水利投资公司、产业投资公司、五象投资公司4个投融资平台的组建工作。起草大地飞歌文化产业集团有限责任公司组建、会展公司经营管理体制、威宁投资集团有限公司组建3个方案。指导企业通过招商引资、引进战略资本、加强银企合作等方式，完善银企、银项合作机制，破解资金难题。做好城建投资集团公司、轨道交通公司、高新投资公司、威宁公司、建宁水务投资集团等城建企业项目融资工作，累计融资项目30个，融资金额121.53亿元。威宁公司与光大银行合作，为广西体育中心融资7亿元，有力地支持了体育中心的建设。南宁建宁水务投资集团有限责任公司充分发挥作为市政府实施供水、污水处理和内河整治项目建设投融资平台的重要作用，最大限度地提高融资能力，成功发行8.50亿元企业债券，获国内商业银行贷款的授信额度超过80亿元，到位贷款10多亿元，为建设“中国水城”筹措建设资金。顺利推进城建投资集团公司发行15亿元债券的工作。

4月29日，市国资委召开"我为国资国企献一策"恳谈会　　市国资委提供

【产权管理】 2009年，市国资委制订出台《南宁市企业国有产权转让监督管理暂行办法》、《南宁市企业不良资产核销工作暂行规定》，对国资监管部门、直管企业、授权监管企业的国有产权转让职责、权限和申报程序作了明确规定，进一步规范企业产权转让行为。为企业办理国有资产产权登记业务共60项，其中占有产权登记业务7项，变动产权登记业务37项，注销产权登记业务16项。收缴企业国家股股红以及已改制企业岗位股提留和担保债务提留，共收缴国家股股红2169.96万元，已改制企业岗位股和担保债务提留658.56万元。对北海威宁房地产开发有限责任公司整体转让、广西绿城水务增资扩股等项目进行核准，对南宁凤凰纸业有限公司转让持有的鑫凤公司18%股权、南宁威宁租赁公司转让持有的申威物流公司10%股权、威宁公司持有的原市政府驻北海办固定资产等10个项目办理备案手续。

【国资统计评价】 2009年，市国资委建立和完善业绩考核相关配套规章制度、评价办法和工作程序，制定考核机制和管理办法，不断完善激励约束机制。加强监管企业的工资总额管理，起草制订《南宁市监管企业工资总额管理暂行办法》，要求企业原则上实行工效挂钩，不具备实行工效挂钩条件的企业实行工资总额预算管理或工资总额包干。对业绩考核办法进行修订，完善薪酬管理中的特别奖励制度。做好企业负责人经营业绩考核工作，根据《南宁市企业负责人经营业绩考核暂行办法》，结合财务决算报告，对企业完成考核指标情况逐一进行核实，确保考核结果客观公正。按照《南宁市企业负责人薪酬管理暂行办法》，根据企业负责人经营业绩考核完成情况，完成企业负责人年度薪酬的兑现工作。根据《关于规范监管企业领导人员职务消费的意见》精神，对企业上报的领导人员职务消费方案进行审核，结合企业实际提出核定方案。强化财务管理，加强财务信息化管理，建立网络快报系统。建立全市企业的财务绩效定量评价体系，不断提升财务监督水平。

【国企监事会工作】 2009年，市国资委抓好企业法定代表人任期经济责任审计和监事会建设工作。共完成南宁建宁水务集团有限责任公司、中房集团南宁房地产开发公司、南宁肉类联合加工厂等18家企业的经济责任审计工作，对审计发现问题较多的企业下发整改通知。会同市审计局和中介机构，对2007~2008年度企业法人任期经济责任审计发现问题的整改落实情况进行专项检查，不断提高企业法人依法经营的意识，督促企业加强财务管理，完善内部激励机制和监督管理办法。指导企业建立和完善监事会工作制度，进一步规范监事会的日常监督。抓好人员培训，不断加强监事会队伍素质建设。

【国企党建】 2009年，市国资委进一步推行目标管理责任制，创新企业党建工作。依照《党建目标管理责任书》，对102家企业党组织进行检查考核，给予农工商集团有限责任公司党委等47家党建工作优胜单位表彰奖励。开展"奉献促和谐——和谐建设在企业"活动，在企业员工中深入开展爱岗敬业教育、岗位练兵、技能竞赛、提合理化建议、文体表演、企业文化建设等活动。举办376名入党积极分子参加的企业入党积极分子培训班，各监管企业发展新党员近200名。深化企业"四好"（政治素质好、经营业绩好、团结协作好、作风形象好）班子创建活动，加强企业领导班子思想、能力、作风和制度建设。开展企业领导班子的年度考核工作，班子评为"好"的20家，占38.50%；评为"较好"的29家，占55.80%；评为"一般"的3家，占5.80%。做好企业领导班子调整配备工作，进一步优化企业领导班子结构，完成南宁城市建投资集团、市交通水利投资有限责任公司、南宁产业投资责任公司、南宁五象新区建设投资有限责任公司4家投融资平台企业的班子组建工作，完成广西华宏水泥股份有限公司、市储备粮管理有限责任公司、地产业总公司等14家企业领导班子的调整充实工作，涉及64人，其中提拔为企业领导的11人，交流25人。

【国企党风廉政建设】 2009年，市国资委抓好企业的党风廉政建设，加强对企业领导人员特别是主要负责人的监督。贯彻落实《建立健全惩治和预防腐败体系2008~2012年工作规划》，加大办案工作力度，深化效能监察工作。不断完善"谁主管、谁负责，一级抓一级、层层抓落实"的企业党风廉政建设责任制工作机制，明确主要领导要履行第一责任人的政治责任。继续推进廉政文化进企业活动，通过南宁糖业、南化集团等5家试点企业以点带面，把党风廉政建设与弘扬企业精神结合起来。通过开展"三抓三促"（抓团结，以和谐互助促廉；抓勤政，以优质服务促廉；抓发展，以良好业绩促廉）活动和"党性党风党纪读书"活动，把党风廉政建设与弘扬企业精神结合起来，将廉洁文化渗透、充实到企业文化之中。推进全市国有企业工程建设领域突出问题专项治理工作，查办违纪违法案件，共收到来信来访27件次，初核23件。

（黄道琪）

南宁振宁资产经营有限责任公司

【概　况】 2009年，南宁振宁资产经营有限责任公司拥有子公司5家，分别为南宁振宁工业投资管理有限责任公司、南宁振宁开发有限责任公司、南宁振宁物业管理有限责任公司、南宁振宁商贸投资有限责任公司和南宁锦虹棉纺织有限责任公司；授权企业1家，为市自行车总厂；参股子公司5家，分别为南宁振宁西南薄板钢管有限公司、南宁美恒安兴纸业有限责任公司、南宁美时纸业有限责任公司、南宁金浪浆业有限公司、百会集团公司软袋分公司。总资产20.93亿元，负债总额17.18亿元，所有者权益3.75亿元，资产负债率82.09%；从业3012人。主要经营国有资产投资参股、产权经营、房地产开发、物业管理、租赁业务、国内贸易和咨询服务等。全年完成工业总产值12.21亿元、销售收入15.88亿元，实现利润1055万元、利税6626万元，净资产收益率0.78%。完成技改投资1.80亿元，完成招商引资3100万元。没有发生死亡和重特大安全事故。

【企业改革改制】 2009年，振宁公司继续推进市自行车总厂搬迁重组工作，完成历年债权债务和近两年财务来往明细情况的调查和分析；通过公司法律顾问，对该厂土地、房产和其他固定资产的查封、抵押和登记等情况进行的详细的调查和分析，提出利用厂区土地在发展工业项目上做文章的工作思路；加强与广东高士达、深圳尚德公司、中微光电子（潍坊）有限公司的联系，加紧对厂区发展成为企业园区的建设规划和设计的研究，多次走访南宁高新技术产业开发区、南宁经济技术开发区和市信息办，对项目的筛选和产业方向进行分析和调研，进行项目的可行性研究工作。同时按照“一厂一策”的工作设想，分别对市一轻供销公司、市化医供销公司和市包装装潢研究所3家授权企业进行调研，掌握企业的基本情况、资产债务情况、人员结构和安置情况、存在的问题和急需解决的困难，进而完成整合管理。在南宁市国资委的支持下，托管单位市城区集体工业联社按照市政府的职能划分，于6月23日正式移交给市二轻集体工业联社管理。

【经营管理】 2009年，振宁公司结合学习实践科学发展观活动，提出“建立效益型振宁，打造发展型振宁，实现自强型振宁”的总体目标，明确“以学习实践科学发展观为动力，将公司打造成为广西最大的新材料、新能源科研产业基地和西南最大的纺织龙头集团公司”的活动主题。进一步明确公司经济实体的发展方向，提出向以资本为纽带，工业为主体，房地产、商贸和物业协调发展，有较强竞争力的投资实体方向迈进的目标。

工业投资　围绕南宁锦虹棉纺织有限责任公司易地搬迁项目，周密部署，强化措施，将目标任务具体落实到部门和责任人，保证该公司搬迁顺利开展，做到搬迁和生产两不误。全年完成棉纱产量2.89万吨，比上年增加5088吨，增长26.10%；实现工业产值（现价）6.49亿元，增长18.80%；销售收入6.53亿元，增长21%；税金2347万元，增长39.70%；完成投资额1.40亿元。先后获中国纺织服装企业竞争力500强、中国棉纺织行业经济效益指标排序中“社会贡献率”为前50名、2009中国纺织品牌文化创新奖、2009年度全国纺织行业实施卓越绩效模式提名奖等荣誉。

房地产开发　抓住市政府针对房地产市场的12点意见出台后带来的商机，不断充实振宁房地产品牌，11月12日，获全国房地产开发行业最高荣誉奖——“广厦奖”。全年完成6次开盘销售工作，累计销售住宅1037套，销售面积10.03万平方米，实现销售资金回笼3.50亿元。

商贸流通　振宁阳光康城小区引进商家27户，完成经营收入3599万元，比上年增长21.10%。

物业管理　开展“挖潜力，提高服务质量”，“控成本，讲贡献”等形式多种的开源节流活动，逐步提高物业服务收费的标准。开展多种形式的物业有偿服务，拓宽增收渠道，全年完成收入800万元，节约开支24万元。　（黄正斌）

南宁壮宁资产经营有限责任公司

【概　况】 2009年，南宁壮宁资产经营有限责任公司所属企业共19家。其中：全资子公司4家，分别为南宁壮宁工贸园有限责任公司、南宁壮宁物业发展有限责任公司、南宁七彩虹印刷机械有限责任公司、南宁天就置业有限责任公司；控股子公司5家，分别为南宁同达盛混凝土有限公司、广西建和新型建材有限公司、南宁康诺生化制药有限责任公司、南宁南机动力有限公司、广西金牛股份有限公司；参股子公司4家，分别为南宁五菱桂花车辆有限公司、广西玉柴专用汽车有限公司、广西南南铝加工有限责任公司、南宁绿洲化工有限责任公司；授权企业6家，分别为南宁肉类联合加工厂、南宁机械厂、南宁筑路机械厂、市水泥厂、市伞厂、市皮鞋厂。

【运行管理】 2009年，壮宁公司采取有效措施，遏制因国际金融危机造成经济总量下降的趋势，促进经济平稳发展。一是分解年度经济指标到各所属企业并签订2009年度经济指标责任书，到企业生产第一线进行调研，帮助解决实际问题。定期召开经济运行分析会，全面掌握企业经济运行状况。二是加强协调指导力度，帮助企业抓好内部管理和加快结构调整步伐，开发适应市场需求、有竞争力的产品，培育新的经济增长点，扩大市场占有率；指导企业加大资金回笼和融资力度，缓解资金周转困难；节能降耗降低成本、提高效益。三是抓好企业技改和创新工作，提高企业核心竞争力，增强抵御市场风险的能力。组织企业人员到上汽通用五菱公司进行参观学习，改进和完善生产经营管理，更新经营理念，拓宽经营思路，提高经营管理水平，促进经济快速健康发展。完成工业总产值8.23亿元，比上年下降1.01%；营业收入8.98亿元，下降0.94%；利润总额负793万元，比上年减亏1954万元；实现税金2050万元，增长17.48%。

【安全生产】 2009年，壮宁公司以“安全第一、预防为主、综合治理”为工作方针，与企业签订2009年安全生产责任书，签约率100%,构建预防性监督管理机制。事故发生率及伤亡人数控制在指标之内,各级安全管理人员培训率均达标。制订《安全生产应急方案》、《防汛防涝应急救助预案》,开展“安全生产年”和“安全生产月”等系列安全检查活动,发现隐患及时整改,确保企业安全稳定。

【技术改造与新项目建设】 2009年,壮宁公司固定资产投资累计完成2635万元,其中技改投资累计完成2552万元。七彩虹公司新生产基地项目投资230万元,累计完成投资5731万元,已进入竣工验收阶段。新型建材公司加气混凝土砌块项目完成投资898万元,项目累计完成投资2137万元,已进入试产阶段。肉联厂拆迁铺面回建及冷库改造项目投资281万元,累计投资782万元。借款322万元帮助工贸园公司解决“白马商城”纠纷,出租中心区7.33公顷土地给百益公司建设“东盟新天地”项目;完成工贸园原污水站土地开发设计等工作。增加投资凤凰纸业公司3.86亿元。借款600万元支持南机厂生产经营。

【企业改革发展】 2009年,壮宁公司制订并完善《壮宁公司2009~2011年发展规划》,以“加快改革、加快发展”为重点,以“机械制造、药品生产、新型建材、物业发展”为主业,加强管理,稳健经营,加快公司实体化转型步伐,为公司今后经济发展奠定基础。稳步推进资产重组、破产工作,根据市政府、市国资委有关国有企业改革重组的战略部署,制定肉联厂资产重组方案、水泥厂破产方案以及肉联厂、水泥厂、伞厂和皮鞋厂4家企业的职工分流安置方案。伞厂职工分流安置已通过职工大会,水泥厂破产工作已完成预审计,进入法院程序。整顿原南宁钢铁厂生活区管理秩序并推进与西乡塘区政府移交工作,协助办理原中艺家具公司、原模具中心职工办理续交养老金手续。做好创宁公司持有的广西金牛股份有限公司股权划转至壮宁公司及广西金牛股份有限公司剩余股权清理工作。办理移交改制企业非经营性资产并加强管理、开发的工作。盘活土地存量资产,对同达盛2.33公顷闲置土地和木材公司宿舍等土地进行开发前可行性研究,同时寻找新的投资项目。

【资产与财务管理】 2009年,壮宁公司制定《壮宁公司清收账款奖励办法》,加大公司对外债权催收力度,降低国有资产损失。收回对外债权1560万元,其中现金1170万元;处理金美丰公司两台加工设备,评估价值336万元后转投资到七彩虹公司。以2300万元收购信达公司2.11亿元债权包。争取到民主路广西金牛股份有限公司土地增值收益返还款1.35亿元,对推进公司工业投资提供了资金保障。帮助金牛公司与安和公司谈判,以1500万元折抵所欠安和公司的807.28万美元和33.38万元债务。 (董良胜)

南宁沛宁资产经营有限责任公司

【概　况】 2009年,南宁沛宁资产经营有限责任公司有控股、独资企业共36家。主要经营范围:资产投资经营、产权交易、商品和物资经营、市场开发、商贸科技、商贸信息、房屋租赁、物业管理等业务。企业总资产10.72亿元,固定资产3.18亿元,上缴税金1864万元。全年签约引进内资9300万元,实际到位内资3100万元;技改项目投入资金435万元。

【调整授权企业】 2009年,市国资委为了加快国有企业改革改制步伐,明确沛宁公司作为推动国有企业改革平台,重新调整授权企业。将南宁恒升世华物业管理有限责任公司、南宁银濠企业管理有限责任公司、南宁银河有限责任公司、南宁天恒电影有限责任公司4家股份制企业,授权沛宁公司持有国有产权并依法行使股东职责。将市商业装饰公司、南宁国际经济技术合作公司、市对外经济贸易公司、市蔬菜公司、南宁民族影业文化娱乐有限责任公司、市乡镇企业供销公司、广西医疗器械工业公司、南宁地区印刷厂、市四海糖业有限责任公司、南宁地区乡镇企业供销公司、市新阳造纸厂、市工业供销总公司、广西南宁视力E制药厂、南宁地区经济技术协作公司、南宁地区青山工业公司、市油毡厂、市装饰涂料厂、市华园建筑安装工程总公司、市皮件厂、市建筑材料科学研究所、南宁壮宁砂石有限责任公司、广西医疗器械研究所、南宁地区信息服务中心服务部、南宁地区林业汽车运输公司、市乡镇企业红砖质量检测站、市基础工程总公司、市木材公司、市洗车公司等32家国有独资企业授权沛宁公司管理并履行出资人职责。

【企业改革】 2009年,沛宁公司继续推进国有企业改革改制工作,对所属企业按现状进行分类,依照“一企一策”的改革原则,推进企业改制、重组工作。一是指导南宁银河有限责任公司通过增资扩股的方式进行股权重组,在进行股权重组的同时,依照市政府《关于进一步深化已改制国有及国有控股工业和商贸流通企业改革问题的通知》精神,对银河公司进行公司制的完善规范,该公司正在进行股权清理、规范工作。二是推动市蔬菜公司依照市政府关于印发《加快国有中小企业改制实施产权制度改革的规定》的通知进行企业改制,利用该公司国有划拨土地较多的优势,吸引外部投资者来投资以改善企业的资本结构,并利用国有土地出让金安置企业职工。该公司正在做改制前的准备工作。

【职工安置】 2009年,沛宁公司根据市政府常务会议纪要精神和市国资委印发的《南宁地区印刷厂等49户特困企业职工分流安置方案》的要求,依照“轻、重、缓、急”的原则,严格按政策、按职工意愿、按程序操作市四海糖业有限责任公司、南宁地区印刷厂、广西南宁视力E制药厂等14家特困企业职工分流安置工作。其中,完成市外贸公司、市工业供销总公司、市林业局木材公司3家企业离退休人员安置。南宁国际经济技术合作公司职工分流安置的操作程序,经市改革办联审会议通过,已报市财政局核拨安置费用;南宁地区印刷厂、南宁地区林业车队、市四海糖业有限责任公司、广西医疗器械研究所4家企业正在进行内债清理、审核、起草企业职工分流安置方案阶段。根据市政府关于征收市皮件厂国有划拨土地,用于建设年产20万吨大规模高性能铝合金板带型材项目有关会议精神和市国资委的要求,经过调查研究,结合该厂的实际情况,起草《南宁市皮件厂征地搬迁方案(草案)》和《南宁市皮件厂职工分流安置方案(草案)》。

【资产管理】 2009年,沛宁公司接收洗车公司、市木材公司等资产并建立固定资产报废、损失台账以及歇业晒壳企业的土地、房屋资产的台账,进行规范管理。按规定做好国有资产管理和国有产权转让，办理市装饰涂料厂、市商业装饰公司、市工业供销总公司、市康乐股份公司、南宁壮宁砂石公司等单位的资产报废（报损）、资产转让审批、报备工作；推动装饰涂料厂转变发展方式，抓好物业管理，增加营业性收入。

【资产盘活】 2009年，沛宁公司清理公司历年代垫“南宁百货”股权转让中介费用及改制前退休人员非统筹部分补贴费用365万元。通过诉讼途径，将2003年与南宁百货大楼股份有限公司进行资产置换时的部分有瑕疵的债务执行回转给该公司，收回资金300多万元。落实市洗车公司国有资产对外租赁收益资金专户的移交，收回52万元；将闲置的华西路42号部分房产成功拍卖，取得133.30万元资产收益。

【国有股份增持】 2009年，南宁百货大楼股份有限公司的国有股份转让工作，由于国家股份转让的定价发生了根本变化，沛宁公司与受让方深圳亚奥数码公司就国家股转让价格经多次协商仍不能达成一致，因此双方签订《南宁百货国家股转让终止合同》。为了巩固沛宁公司作为南宁百货大楼股份有限公司国家股第一大股东地位，经市政府和市国资委批复同意，沛宁公司通过证券交易系统将“南宁百货”股份增持4.90%，使沛宁公司持有“南宁百货”股份至23.79%，确保对“南宁百货”国有股的控制权，顺利完成南宁百货大楼股份有限公司新一届董事会、监事会的换届工作。

【新民族影城开工】 “新民族影城”前身是南宁市民族影城。因城市建设需要，于2003年5月将民族影城拆迁，由市政府重新划拨土地回建新民族影城。2009年11月5日正式动工建设，建设单位为南宁民族影业文化娱乐有限责任公司。按五星级标准建设，配备国际一流数码视听设备。坐落于市东盟商务区中越路北面。规划用地2.27公顷，建筑总面积4.01万平方米。一期投资约1.80亿元，建筑楼层为3层，建筑高度40米，预计2011年建成投入使用。新影城的地下室设2层停车场。一层层高5米，拟规划为影剧文体娱乐大堂、酷玩动漫城、侏罗纪儿童电影主题乐园、电影休闲吧、电影会员专区、电影后产品开发经营部等。二层层高10米，拟规划为8个中小型影厅：其中包括2个300座的杜比3D（三维图形）数字影厅；2个160座的专门放映艺术片和国产电影的DTS（立体声）数码影厅；1个50座的黄金VIP（贵宾）厅；1个120座的DTS数字景影厅；1个220座的豪华厅；1个250座的杜比3D数字影厅。三层层高15米，拟规划为1个550座的IMAX（超大荧幕）巨幕放映厅，1个600座的天天演出歌舞演艺厅。

（龙文原　卢永恒）

南宁威宁资产经营有限责任公司

【概　况】 2009年，南宁威宁资产经营有限责任公司继续探索政府资产管理运营的新模式，以打造社会公共设施投融资平台为目标，推进广西体育中心、高坡岭路等重点项目建设，进一步夯实资产管理基础，确保国有资产保值增值。拥有控股（含参股）公司及授权管理单位12个，分别为市国立房地产开发公司、北海威宁房地产开发有限责任公司、市正成开发总公司、南宁威宁租赁实业有限责任公司、南宁威宁生态园有限责任公司、南宁威润工贸有限公司、市市场开发服务中心、南宁科瑞房地产市场开发有限公司、南宁金桥农产品有限公司（参股）、南宁技术交流站、市演出公司、市政源印刷厂。总资产40.16亿元，净资产25.38亿元，固定资产11.27亿元，从业1080人。全年营业收入2.90亿元，实现利润4000万元，完成固定资产投资18亿元，实现国有资产保值增值率100.61%；实现引进内资实际到位6033.58万元，完成任务140.32%。

【工程建设】 威宁公司是广西体育中心、凤岭北路、高坡岭路、南宁市图书馆、市档案馆、青少年活动中心、市城建档案馆、市规划成就展示馆、市政维护基地及金桥农产品批发市场等项目建设的业主。2009年，威宁公司抓好项目的前期工作，加强项目协调，确保各项目在进度、质量、安全生产等方面都达到了上级的要求。其中，广西体育中心项目一期项目进入收尾阶段，二期项目力争年底前开工；市民中心项目因五象新区总规方案调整，现已停工；其他城建项目正有序推进。8月，参与西乡塘区大林坡乡风貌改造工作，至11月底完成大林坡乡风貌改造及隆安县屏山乡万岭村、雅梨村和上孟村等农村危房改造工作；承担并完成市委搬迁的翻修、装修工程和南宁人民会堂无线表决系统改造工程，更新会堂桌椅，改造地面、表决系统、大型显示屏和中央控制系统等。

【资产管理】 2009年，威宁公司新接收房产1800平方米；完成土地变更手续6宗及住宅产权变更手续20套，面积8405.75平方米；办理7宗土地分割手续、地籍测绘及出图工作；完成62宗房产证的变更，面积2.55万平方米；完成房产评估22宗，面积2.25万平方米，价值2186万元；配合市政府办公厅分三批调整安置10家单位办公用房，并对新调整的办公用房进行简单装修、养护。

【资产运营】 2009年，威宁公司举办8期国有商铺“阳光竞租”，成交月租金比竞租前增长55%，实现国有资产受益的最大化；置地广场负一层市场以农改超的形式加以盘活；与南宁梦之岛谈判，盘活闲置办公资源，促成技术创新综合楼项目与梦之岛的合作开发；代市政府草拟与民革广西区委合作共办邕江大学相关协议，并根据《协议》授权行使出资人的权利和义务，承担起建设新校区、盘活老校区的工作。

（苏益林　陈　岚）

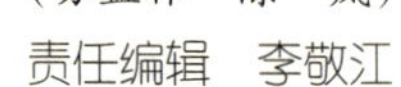

责任编辑　李敬江

建设中的广西体育中心主体育场　　威宁公司提供

工　　业

综　　述

【概　况】 2009年，南宁市工业按照市委、市政府“保增长、保民生、保稳定、保持良好发展势头”的工作部署和要求，开展“项目建设年”、“服务企业年”和“党组织服务年”活动，采取措施，攻坚克难，加强经济运行调控，推进重大项目技术改造投资，加快工业布局调整和工业园区建设，实施重点产业成长计划，重视工业技术创新，加强工业节能减排，帮助扶持企业平稳渡过危机，在上半年扭转年初工业产值、投资、效益增速大幅下滑的基础上，下半年巩固持续向好的势头，实现平稳较快发展。全市工业经济呈以下主要特点：1.工业生产持续回升，规模以上工业总产值、增加值增长基本呈逐月回升趋势，12月达年度最高累计增速。2.工业经济效益平稳回升，利润连续9个月负增长后，10月开始止降回升，12月实现两位数增长。3.工业投资、技改投资保持快速增长，完成工业投资241.54亿元，比上年增长48.37%；完成技改投资265.58亿元，增长86.44%，增幅创历史新高。4.轻、重工业均衡发展，规模以上轻重工业产值比例50.20:49.80，轻工业产值增速比重工业快3.61个百分点；非公经济快速发展，规模以上非公经济工业企业实现工业总产值657.55亿元，增长20.47%；拉动规模以上工业增长12.98个百分点，实现利税40.79亿元，增长33.23%，高于全市平均水平14.56个百分点。5.重点产业增长贡献大，农产品加工、机械制造、铝加工、生物工程与制药、电子信息、化工、建材、造纸8个重点产业共完成产值842.34亿元，占规模以上工业总产值86.22%，增长16.03%，拉动规模以上工业增长13.52个百分点。6.亿元企业快速成长，工业总产值超亿元的企业有224家，增加31家（产值10亿元以上的企业6家，5亿~10亿元的企业21家），亿元企业完成工业总产值692.06亿元，增长13.48%，占规模以上工业总产值70.84%，拉动工业增长9.55个百分点。7.开发区领跑全市工业增长，南宁高新技术产业开发区、南宁经济技术开发区、南宁—东盟经济开发区共完成规模以上工业总产值310.69亿元，增长27.16%，高于全市增速13.67个百分点。8.工业节能降耗成效显著，规模以上工业万元工业增加值能耗1.1432吨标准煤，下降12.80%，规模以上工业企业全年节能量54.10万吨标煤。

2009 年南宁市主要工业产品产量情况

产品名称	计量单位	产量	比上年增长(%)
发电设备	千瓦	305000	−2.6
小型拖拉机	台	116430	15.2
铝材	吨	56195	−14.2
平板玻璃	重量箱	4539249	−14.8
水泥	吨	10079667	26.0
商品混凝土	立方米	7667679	20.2
烧碱(折 100%)	吨	215942	2.6
聚氯乙烯树脂	吨	99999	7.5
中成药	吨	22682	37.7
成品糖	吨	1278970	−23 .0
卷烟	万支	3462445	19.1
啤酒	千升	109735	0.7
罐头	吨	151630	49.3
淀粉	吨	814452	27.3
饲料	吨	2772346	17.8
纸浆	吨	383555	5.9
机制纸及纸板	吨	609690	26.3
人造板	立方米	1250934	33.6
纱	吨	28918	26.1
生丝	吨	3801	−0.5
电力电缆	千米	662449	52.9

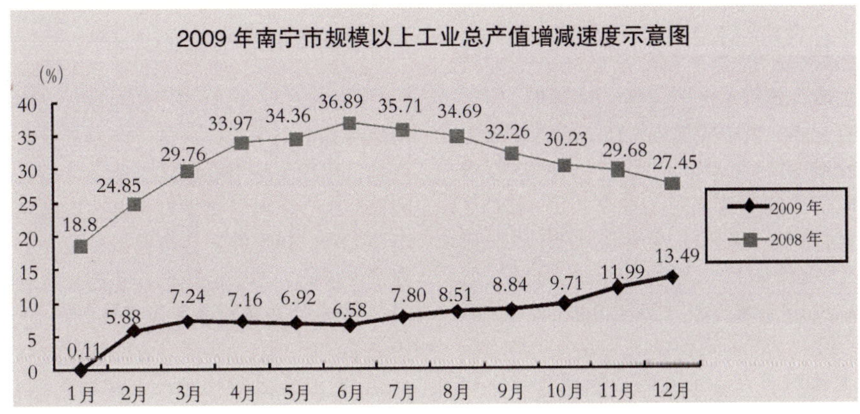

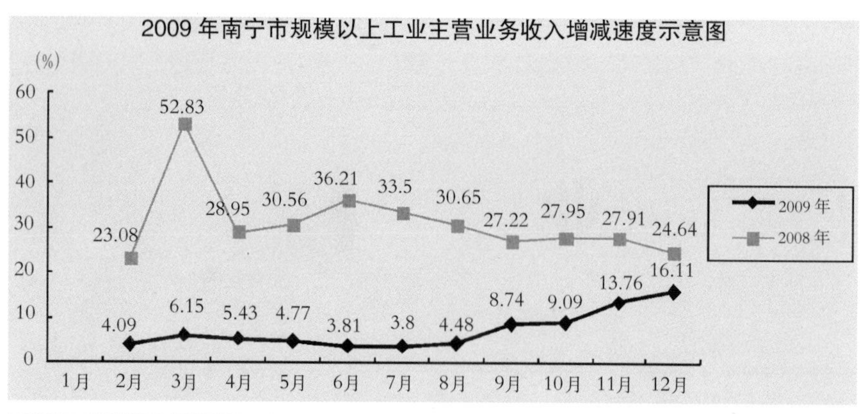

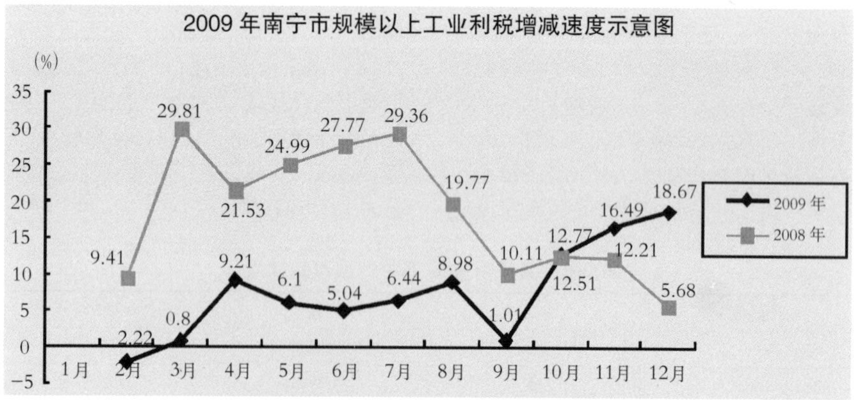

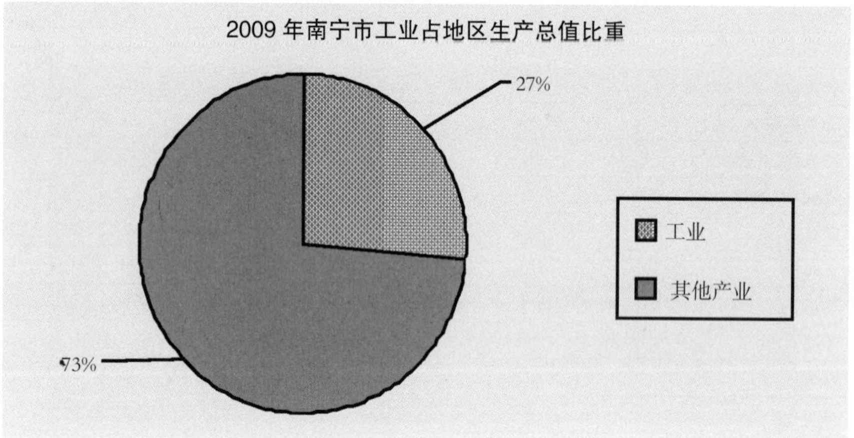

【**主要经济指标**】 2009年，南宁市规模以上工业企业有1121家。按企业规模划分：大中型企业75家，小型企业1046家；按企业经济类型划分：国有企业61家，集体企业25家，股份制企业749家，外商及港澳台商投资企业97家，其他企业189家；按轻重工业划分：轻工业企业581家，重工业企业540家。全市实现工业增加值395.80亿元，比上年增长13.58%，工业增加值占地区生产总值26.52%，下降0.11个百分点，其中规模以上工业企业实现工业增加值320.61亿元，增长14.58%。规模以上工业企业实现工业总产值976.97亿元，增长13.49%；主营业务收入845.53亿元，增长16.11%；利税总额89.70亿元，增长18.67%；盈亏相抵实现利润33.99亿元，下降14.29%。规模以上工业企业平均从业16.84万人。工业经济效益综合指数228.85%，下降1.76个百分点；总资产贡献率13.87%，下降0.10个百分点；资本保值增值率119.18%，下降11.45个百分点；资产负债率58.85%，下降0.99个百分点；流动资产周转率2.65次，减慢0.21次；成本费用利润率4.68%，下降0.07个百分点；劳动生产率195128元/人，提高1.62%；产品销售率92.76%，提高0.95个百分点。

【**工业布局与规划研究**】 2009年，南宁市经济委员会为推进全市工业布局优化调整，继续实施中心城区工业企业搬迁改造，指导协调企业做好搬迁改造前期准备工作，研究并下达市储备粮管理有限责任公司、南宁南箱彩印包装有限公司、南宁邦克电力设备有限责任公司、广西康华药业有限公司等企业的搬迁改造批复。组织编制的《南宁市区域性加工制造基地建设规划》先后通过规划中期成果评审和终期成果评审并报政府审批。启动“十二五”工业发展规划编制前期研究工作，针对工业发展10多个重大问题及重点产业开展前瞻性研究。组织编制完成《南宁市烟花爆竹产业发展规划》及良庆太安龙象工业集中区一、二期控规，隆安宝塔工业集中区总体规划以及宾阳黎塘粮食产业园规划编制工作。开展南宁市“十一五”工业发展规划中期评估工作，研究提出工业总部经济发展规划框架内容；开展六景工业园区石化产业园及横县那阳工业园区茉莉花茶产业园规划编制前期工作。

【**工业区建设**】 2009年，南宁市加快推进园区各项建设，做好园区工业用地储备资金和用地指标申请工作，出台《南宁市工业用地储备资金使用管理办法》和《南宁市2008年已实施或正在实施的工业重点项目用地储备方案》；加强重大项目招商，深化区域合作，创新工作方式方法和融资方式，采取“市带县”（市统贷，县区用县区还）的方式将园区基础设施建设项目捆绑向国家开发银行贷款。全年“市带县”基础设施建设项目19个，项目总投资14.26亿元，其中地方配套及业主自筹3.81亿元，申请贷款10.45亿元。工业园区基础设施建设完成投资44.68亿元，比上年增长116.04%；新开发土地面积226公顷，增加80公顷。全年全市14个开发区、工业集中区完成规模以上工业总产值506.58亿元，占全市规模以上工业总产值51.85%。

【**工业投资**】 2009年，南宁市工业企业累计完成技术改造投资265.58亿元，比上年增长86.44%。在建技术改造项目2005个（新开项目1674个，续建项目331个）。累计完成工业投资241.54亿元，增长48.37%。工业投资中，技术改造投资191.02亿元，增长54.84%，占全部工业投资79.08%；工业基建投资50.52亿元，占全部工业投资20.92%。以铝加工为主的有色金属工业、农产品加工业、化工工业、机械制造业、建材工业、生物工程与制药、电子信息、造纸八大产业累计完成投资176.88亿元，增长33.51%，占全市工业投资73.23%，占全市制造业投资94.35%。

【**技术创新**】 2009年，南宁市工业企业完成技术开发项目301个，其中通过市级以上技术鉴定39个；全部项目完成投资7.61亿元，比上年增长5%。列为广西技术创新计划项目有广西中烟工业有限责任公司“真龙”卷烟风格特征剖析研究，市精祥仪表有限责任公司工程机械工况及GPS测控一体化监控仪，广西明阳生化科技股份有限公司方便面专用木薯变性淀粉，广西华锑化工有限公司新型多功能三氧化二锑复配燃剂等33个；列入市经委编制下达的南宁市技术创新项目计划的有南南铝业股份有限公司太阳能热水器铝质零组件产品开发生产，南宁锦虹棉纺织有限责任公司桑蚕丝短纤混纺纱开发，广西大象信息科技有限公司EOC视频电缆调制解调器，南宁中诺生物工程有限责任公司海藻糖国家标准的研制等79个(机械与装备制造、铝加工及有色金属加工产业21个，生物工程与制药产业20个，农产品加工产业11个，电子信息产业5个，建材、化工、制糖、造纸及其他22个)，项目计划总投资3.65亿元，其中市技术创新资金补助1655万元。全市工业企业取得科技成果36个，其中达到国内先进水平以上的34个。南宁中诺生物工程有限责任公司的海藻糖行业标准的编制项目达到国际先进水平。有13个工业科技项目获2009年度广西科学技术进步奖，其中“利用亚氨基二乙腈IDA法生产双甘膦工艺技术创新”、“桂能智能化CAD综合设计平台——OneCAD”、“糖厂澄清、蒸发工段自动控制系统”、“制药新技术在广西特色中药、壮药开发研究中应用与示范”4个项目获二等奖。24个工业科技项目获市科学技术进步奖。其中：一等奖5个，二等奖9个，三等奖10个。广西地凯科技有限公司“DK组合式电涌保护器”和“DK-DSX/m、DK-DS/m安防监控系列电涌保护器”两个产品获2009年度自治区新产品优秀成果奖三等奖。

【技术中心】 2009年，南宁市加强企业技术中心建设，实现南宁市企业国家级认可实验室“零的突破”。3月，广西中烟工业有限责任公司检测站通过中国合格评定国家认可委员会(CNAS)的实验室认可，可以在卷烟和烟用香精香料领域开展27个项目的检测。7月，培力(南宁)药业有限公司检测中心正式通过CNAS实验室认可，成为广西首家通过CNAS实验室认可的药品生产企业。通过认可后，培力(南宁)药业有限公司检测中心可以在药品化学和微生物领域（包括微生物限度、重金属、农药残留等32个项目)出具具有CNAS国家实验室认可标志和I-LAC(国际实验室认可合作组织)国际互认联合标志的检验报告。出具的检验报告在包括中国在内的世界40多个国家具有法定效力，将有效促进该企业“农本方”配方颗粒剂的推广应用，并给南宁市其他制药企业产品检测提供快捷服务。年内，新增自治区认定企业技术中心4家(横县桂华茧丝绸有限责任公司技术中心、广西地凯科技有限公司企业技术中心、广西金茶王油脂有限公司技术中心、广西博世科环保科技有限公司技术中心)，南宁市认定企业技术中心2家(广西百大丝绸集团有限公司技术中心、南宁邦尔克生物技术有限责任公司技术中心)。全市累计有自治区认定企业技术中心36家、市认定企业技术中心26家。横县桂华茧丝绸有限责任公司技术中心是广西茧丝绸行业第一家自治区级企业技术中心，其在彩色丝、双宫丝等开发领域保持全国先进水平。

【工业招商引资】 2009年，南宁市做好重大招商项目的策划和包装，利用重大节会等平台开展招商宣传工作，承接产业转移共签订投资项目合同106个，合同投资总额60.80亿元；项目实际投资额37.28亿元，比上年增长78.94%。其中，工业签订投资项目合同40个，合同投资额42.56亿元；项目实际投资额25.84亿元，增长81.07%。承接产业转移企业212家，其中工业企业119家；有7家企业获申请自治区承接产业转移专项资金共324.21万元。

【“项目建设年”活动落实】 2009年，市经委围绕“项目建设年”活动，组织实施“百项工业项目建设工程”，将289.50亿元技改任务分解到各县区(开发区)和相关单位；继续实施市领导、部门领导以及项目业主联系重点项目的三级目标责任制；加强项目协调和管理，建立重大项目定期协调、情况通报和督查等制度，解决项目建设存在的突出问题，建立项目审批“绿色通道”，促进一批项目新开工。“百项工业项目建设工程”在建项目140个(新开项目90个，续建项目50个)，建成投产46个。当年完成投资78.05亿元。

【“服务企业年”活动落实】 2009年，市经委组织开展“服务企业年”活动，成立南宁市“服务企业年”工业企业服务组，确定由市四家班子领导定点联系服务194家重点工业企业以及150个工业重点项目。建立健全协调例会、联席会议、问题处理反馈等制度。市“服务企业年”工业企业服务组18个小组分别到联系的重点企业开展调研服务，各县区(开发区)共对1200多家企业进行服务。市级层面共收集工业企业在项目建设和生产经营中遇到的问题331条、工作建议180多条。收集到的问题和建议经梳理分为四大类287个问题，年内办结或解决的问题超过90%。

【“亿元工业企业建设”工程】 2009年，南宁市继续实施“亿元工业企业建设”工程，选择产值在8000万元以上的重点企业进行培育发展，加大资金扶持，重点在落实扶持政策、缓解要素制约等方面开展强优企业培育扶持工作。产值超亿元的工业企业有224家，比上年增加31家；亿元企业共完成工业产值692.06亿元，占全市规模以上工业总产值70.84%，增速同比增长13.48%，拉动全市产值增长9.55个百分点。（潘彩献）

【“东桑西移”工程】 2008年11月至2009年6月，广西丝绸(集团)有限公司承担在邕宁区蒲庙镇、那楼镇实施的2008年度国家“东桑西移”工程蚕茧生产基地巩固提高建设项目。共巩固建设桑园面积800公顷(1.20万亩)；巩固建设蚕房422间，面积3.14万平方米；巩固建设小蚕共育室47个；新增推广方格簇30万片；建设农村桑蚕专业技术协会5个；开展种桑养蚕技术培训，培训蚕农1.04万人次。通过实施“东桑西移”工程，在项目区内平均单张蚕种产鲜茧45.24公斤，张增蚕茧7.38公斤，平均公顷桑产茧2678.40公斤，公顷桑平均增收4611.16元，蚕农共增收378万元。2009年6月，项目通过自治区茧丝办组织的验收，获“东桑西移”配套资金的支持110万元(国家80万元、南宁市30万元)。

（彭远利）

【中小企业扶持】 2009年，南宁市进一步加大对工业中小企业的扶持，强化融资服务，加强与金融、担保机构的沟通和联系，努力缓解中小企业融资难的问题。与国家开发银行广西分行加强沟通和合作，共同搭建“两台一会”中小企业融资平台（即以市中小企业服务中心作为融资平台、市南方担保公司为担保平台、市企业信用协会作为项目推介平台)，共同组织项目向开发银行广西分行申请项目贷款。全年以“两台一会”中小企业发展贷款项目为中小企业发放两批贷款1.49亿元，比上年增加6.77倍。搭建政银企合作发展平台，与农业银行广西营业部、广西北部湾银行城北支行、浦发银行、光大银行等金融机构分别召开银企座谈会5次，参加座谈会的企业700多家，通过银企座谈会、洽谈会，南宁市中小企业获得银行贷款3亿多元。先后组织129家企业申报国家、自治区中小企业发展资金，至年末有26家企业获国家、自治区中小企业扶持资金2220万元。加强中小企业信用体系建设，拟定《南宁市向金融机构推荐诚信中小企业管理办法》，向自治区经委、人民银行南宁中心支行推荐诚信小企业(第一批)89家。（潘彩献）

化学工业

【概　况】 2009年，南宁市规模以上化学工业企业有158家。按工业行业分类标准主要有化学原料及化学制品制造、塑料制品、橡胶制品、石油化工4大类。其中：化学原料及化学制品制造99家，塑料制品53家，橡胶制品3家，石油化工3家。从业2.63万人。生产的产品涉及烧碱、盐酸、液氯、聚氯乙烯树脂、碳铵、化学及生物农药、氮肥、复合肥、磷肥、橡胶、燃料油、润滑油、林化产品、各种橡胶制品、各种塑料制品等。主要产品产量：塑料制品15.99万吨，烧碱21.59万吨，聚氯乙烯树脂9.99万吨，化肥9.28万吨，合成氨11.38万吨，松香9.16万吨，盐酸8.75万吨，化学农药3817吨，冰醋酸7632吨，硫酸3万吨。年主要产品产能：隔膜烧碱10万吨，离子膜烧碱16万吨，液氯10万吨，盐酸14万吨(普通工业盐酸8万吨、无色工业盐酸6万吨)，硫酸5万吨，聚氯乙烯树脂16万吨，敌百虫4000吨，氯乙酸6000吨，氯代异氰尿酸类产品1.50万吨，磷酸6万吨，冰醋酸2.50万吨，聚合氯化铝3万吨，润滑油1.60万吨等。实现工业总产值116.02亿元，比上年增长16.29%；占全市规模以上工业总产值11.88%，增加0.29个百分点。其中：化工行业中化学原料及化学制品制造业81.79亿元，增长14.15%；塑料制品业32.24亿元，增长25.37%；橡胶制品业1.15亿元，下降15.10%；石油加工、炼焦及核燃料加工业0.85亿元，下降19.64%。实现工业增加值23.45亿元，增长5.73%，占全市规模以上工业增加值10.53%；主营业务收入97.89亿元，增长20.36%，占全市规模以上工业主营业务收入11.58%；利税总额2.38亿元，下降34.21%，占全市规模以上工业利税总额2.66%(利润1725万元，下降89.85%，占全市规模以上工业利润0.51%)。有亿元产值企业24家，比上年增加1家(化学原料及化学制品制造业15家，塑料制品业9家)，完成工业总产值73.44亿元，占全行业工业总产值63.30%。亏损企业53家，比上年增加3家，亏损面33.54%。

【技术改造】 2009年，南宁市化工及精细化工企业实施技术改造项目88个（新建32个、续建10个），当年建成投产62个。项目总投资70.25亿元，当年投资37.71亿元。主要有：南宁绿洲化工有限责任公司年产30万吨烧碱及32万吨聚氯乙烯项目，是南宁化工股份有限公司的“再造南化行动”重点项目之一，与南宁高新技术开发投资公司共同投资建设，南化股份持股比例51%，项目总投资31亿元，计划于2010年初投产；项目同期配套建设年产8万吨环氧氯丙烷装置、年产4万吨液氯、100兆瓦热电联产装置及年产80万吨电石渣制水泥装置。市英德肥业有限公司投资9200万元的厂房及复合肥生产线改造项目；广西日丰塑料制品有限公司聚丙烯偏织袋及聚烯烃缝线技改项目；广西天凯钒业投资有限公司年产复合化学活性剂1万吨、年产碳酸钙2500吨生产技改项目；广西贝嘉尔生物化工制品有限公司高效低毒农药生产项目。9月9日，广西金龙钛业股份有限公司年产10万吨金红石钛白粉项目第一期5万吨工程竣工投产仪式在南宁六景工业园区举行，项目总投资2亿元。

【技术创新】 2009年，南宁市化工及精细化工企业完成新技术、新工艺及开发应用的技术创新项目13个。主要项目有：南宁化工股份有限公司PVC(聚氯乙烯)聚合反应采用DCS(分布式控制系统)自动化控制生产新技术、南宁飞日润滑油有限公司信息化客户管理系统(CRM)及广西易多收生物科技有限公司利用亚氨基二乙腈IDA法（亚氨基二乙酸法）生产双甘膦工艺技术创新等项目。列入自治区和市技术创新计划项目9个，即：南宁化工股份有限公司聚氯乙烯生产采用盐酸脱析新技术回收氯化氢气体和烧碱蒸发优化控制技术应用；广西华凯精细化工有限公司微波加热法制备高活性乙二醇锑；南宁亚多制漆有限公司高性能太阳光反射型水性隔热保温涂料的开发；广西映红绿日用化妆品有限公司营养补水眼霜的标准化研究及产业化；南宁中诺生物工程有限责任公司海藻糖国家标准的研制；广西投资集团维科特生物技术有限公司应用模拟移动床技术以蔗糖为原料生产结晶果糖小试；广西田园生化股份有限公司30%毒氟磷可湿性粉剂开发及产业化；广西日星金属化工有限公司利用富氧压缩空气生产催化剂级氧化锑产品方法。列入2009年市国家科技型技术创新基金项目1个，即广西华凯精细化工有限公司微波加热法制备高活性乙二醇锑项目。广西华锑化工有限公司和广西华锑科技有限公司研制的新型多功能三氧化二锑复配阻燃剂项目，南宁化工股份有限公司采用全自动大型聚合釜新技术生产的年产6万吨聚氯乙烯项目，广西易多收生物科技有限公司和广西生物化工工程技术研究中心合作承担的利用亚氨基二乙腈IDA法生产双甘膦工艺技术创新项目获市科学技术进步二等奖；广西华锑化工有限公司和广西华锑科技有限公司研制的新型多功能三氧化二锑复配阻燃剂项目获广西科学技术进步奖二等奖；南宁化工股份有限公司采用全自动大型聚合釜新技术生产的年产6万吨聚氯乙烯项目获广西科学技术进步奖三等奖。

【新产品开发】 2009年，南宁市化学工

2009年南宁市化学工业实现利税前10位企业情况

企业名称	工业总产值（万元）	主营业务收入(万元)	利税总额（万元）	从业（人）
广西武鸣金峰化工建材有限公司	14569	12400	1100.00	320
隆安县丰登化工有限责任公司	11769	10766	262.00	600
市恩典塑业有限责任公司	10051	9244	136.50	346
南宁苍鹰工贸有限责任公司武鸣氮肥厂	18324	17955	101.00	400
南宁雨龙新发塑业有限公司	12639	12400	99.20	3000
南宁化工股份有限公司	136548	135784	82.30	2648
广西南宁德源胶粘剂有限公司	4303	4102	45.60	25
市英德肥业有限责任公司	4269	4372	20.20	28
南宁粤茂石化有限公司	1037	745	18.00	38
南宁化工集团有限公司	16452	14430	−1642.00	948

业企业完成新产品开发项目30个，主要项目有：广西田园生化股份有限公司虫酰肼复配制剂的研制开发，南宁飞日润滑油有限公司绿色多效有色金属切削油及广西明阳生化科技股份有限公司超细淀粉的研制生产与应用开发项目等。列入市技术创新计划的新产品开发项目4个，项目总投资1850万元，其中获得补助85万元，主要有：广西佳利工贸有限公司投资800万元开发改性超高分子燃气用埋地聚乙烯管材；广西易多收生物科技有限公司投资800万元建设特色农产品桂圆发酵酒的中试等；广西南宁德源胶粘剂有限公司投资150万元开发的E0级尿醛树脂改性环保胶项目。（朱政军）

2009年南宁市铝加工工业实现利税前10位企业情况

企业名称	工业总产值（万元）	主营业务收入（万元）	利税总额（万元）	从业(人)
南宁八菱科技股份有限公司	52787	42621	8723	678
南南铝业股份有限公司	72875	71385	7487	1465
广西纵览线缆有限责任公司	39683	38347	2710	80
广西澳宁电线电缆有限责任公司	34501	11098	529	90
南宁国凯铝材有限责任公司	7867	7752	405	180
市家友电线电缆厂	30000	5113	129	61
广西阳工电线电缆有限公司	53000	7314	120	120
市南昌电缆有限责任公司	9562	8522	107	95
广西网联电线电缆有限公司	3299	456	11	48
南宁郑星电线电缆有限公司	2583	1654	−29	130

铝加工业

【概　况】 2009年，南宁市规模以上铝加工工业企业有17家（不含铝箔印刷企业）。其中：电解铝生产1家，铝板带箔生产1家，铝型材生产2家，电线电缆生产11家，工业铝制品加工生产2家。从业4331人。年电解铝生产能力1.50万吨；铝板带箔生产能力3.50万吨；铝型材生产能力9.30万吨，其中建筑型材3.50万吨、工业电子铝型材1.20万吨。主要产品有铝型材、电线电缆、日用铝制品、包装4大类，其中“南南”商标为中国驰名商标，“南南”牌、“国凯”牌、“八菱”牌为广西名牌产品，“银杉”电线电缆为国家重点电力工程输电导线定点产品。主要产品产量：电力电缆66.25万千米，电解铝7435吨，铝型材产量5.62万吨。规模以上铝加工企业完成工业总产值39.85亿元，比上年下降3.86%。其中：电解铝及铝加工总产值17.46亿元，电线、电缆、光缆及电工器材制造总产值22.39亿元。主营业务收入24.96亿元，下降15.36%，占全市规模以上工业主营业务收入4.49%；利税总额1.76亿元，增长1.46%，占全市规模以上工业利税总额3.30%（利润1.12亿元，增长4.59%）。有亿元产值企业10家，实现总产值35.27亿元，下降2.30%，占全市规模以上工业产值4.08%。亏损企业8家，比上年增加3家；亏损面47.06%，增加27.65个百分点。

【技术改造】 2009年，南宁市铝加工投资项目有12个（新建6个、续建6个），当年建成投产2个。项目计划固定资产投资共12.25亿元，当年计划固定资产投资5.52亿元（当年完成投资2.80亿元）。主要项目有：南南铝业股份有限公司2亿套/a芯片散热模组技改项目和铝合金高倍数盒装散热器深加工及组装生产线技改等，广西南南铝箔有限责任公司投资4580万元建设的铝箔深加工技改，广西上林县南南实业有限责任公司脱硫、净化环保技改，广西黑猫铝加工有限责任公司投资5600万元的铝天花板、铝制品深加工技改等项目。11月23日，南南铝业股份有限公司年产20万吨铝加工项目正式启动，至年末，已完成项目的征地拆迁方案制订、主要设备选型等工作。

南南铝业股份有限公司铝加工生产线　　周家志　摄

【技术创新与新产品开发】 2009年，南宁市铝加工企业列入市技术创新计划项目3个，即：南南铝业股份有限公司太阳能热水器铝质零组件产品开发生产、高档铝合金家电零组件新产品开发、扁挤压技术研究及GD-001产品研制项目。完成新产品开发项目6个，其中新产品3个，新产品产业化1个，技术中心建设2个。主要项目有：南南铝业股份有限公司“双零箔”高效能晶粒细化铝—钛—硼丝线材技术研制及新产品开发、CK020铝合金冰箱拉手产品研究与开发、铝合金电子工业工艺研究及新产品开发，广西铝合金成型及表面处理工程技术研究中心建设，铝及铝合金精深加工产业化基地建设等。（陈岳龙）

建材工业

【概　况】 2009年，南宁市规模以上建材工业企业有178家。其中：非金属矿物制品业97家，木材加工及木、竹、藤、棕、草制品业81家。从业2.63万人。主要产品涉及水泥、水泥制品、平板玻璃、镀膜玻璃、玻璃纤维、砖、砂、石材、粘土矿、排水管、水泥压力管、水泥电杆、水泥枕轨、商品混凝土、建筑陶瓷、高温耐火材料、木材人造板等。主要产品产量：水泥1007.96万吨，商品混凝土766.77万立方米，瓷质砖5669.83万平方米，人造板125.09万立方米，水泥混凝土电杆24.83万根，钢化玻璃82.69万平方米，卫生陶瓷制品335.73万件，平板玻璃453.92万重量箱，耐火材料制品3.28万吨。规模以上建材工业企业工业总产值106.95亿元，比上年增长20.70%，占全市规模以上工业总产值11.35%。其中：非金属矿物制品业工业总产值66.77亿元，增长19.12%；木材加工及木、竹、藤、棕、草制品业总产值40.18亿元，增长23.41%。主营业务收入92.51亿元，增长23.99%，占全市规模以上工业主营业务收入10.94%，增加0.85个百分点。其中：非金属矿物制品业63.20亿元，占全部建材工业68.32%；木材加工及木、竹、藤、棕、草制品业29.31亿元，占全部建材工业企业31.68%。利税总额9.49亿元，增长71.60%，占全市规模以上工业利税总额10.58%，提高3.34个百分点（利润5.22亿元，增长131.05%，占全市规模以上工业利润15.36%，提高7.46个百分点）。有亿元产值企业26家。其中：非金属矿物制品业18家，木材加工及木、竹、藤、棕、草制品业8家。亿元产值企业完成工业总产值60.82亿元，增长23.45%，占全行业工业总产值56.78%。亏损企业47家，减少1家，亏损面25.13%。

2009年南宁市建材工业企业实现利税情况

企业名称	工业总产值（万元）	主营业务收入（万元）	利税总额（万元）	从业（人）
广西丰林林业开发有限公司	24374	24653	7740	304
南宁浮法玻璃有限责任公司	41669	37462	1922	1037
广西华宏水泥股份有限公司	20108	20029	1768	751
华润混凝土（南宁）有限公司	11758	11127	917	280
市富裕达混凝土有限公司	10697	10697	721	87
南宁兴典混凝土有限责任公司	10002	8423	656	52
广西金汇通混凝土有限公司	8732	8083	250	216

【技术改造】 2009年，南宁市建材工业投资项目有149个（新建117个、续建32个），当年建成投产113个。项目固定资产投资计划43.73亿元，当年投资计划23.65亿元，实际完成16.33亿元。列入市百项工业项目大会战项目13个，计划总投资13.04亿元，当年完成投资6.33亿元。主要项目有：广西南宁明源木业有限公司建筑装饰板材深加工项目，计划总投资5000万元，当年完成投资4560万元；广西华科环保砖有限公司环保砖生产项目，计划总投资9800万元，当年完成投资4428万元；广西旺勃木业有限公司高密度板生产项目，计划总投资2320万元，当年完成投资2600万元；南宁大明山水泥有限公司年产60万吨水泥粉末生产线扩建项目，项目投资5000万元。3月，华润水泥（南宁）有限公司年产400万吨新型干法水泥生产线项目竣工投产，项目总投资14亿元；9月8日，广西四合工贸有限责任公司总投资4.10亿元的日产4000吨新型干法旋窑水泥熟料技改项目举行开工仪式。

2009年，华润混凝土（南宁）有限公司工业总产值和销售收入双双超亿元。图为该公司厂房
潘彩献　摄

【技术创新】 2009年，南宁市建材工业完成技术创新项目13个。其中：新产品开发项目5个，新技术、新工艺及开发应用项目8个。列入市技术创新计划项目8个（新产品开发5个），总投资1280万元，其中获得补助145万元。主要项目有：南宁浮法玻璃有限责任公司投资320万元开发的黑色浮法玻璃新产品，南宁亚多制漆有限公司投资400万开发的元高性能太阳光反射型水性隔热保温涂料，华润水泥（南宁）有限公司投资450万元引进的集散型控制系统（DCS），南宁鸿基水泥制品有限责任公司投资150万开发的内衬改性PVC防腐钢筋混凝土排水管研究等。列入自治区技术创新计划项目2个，即南宁浮法玻璃有限责任公司投资320万元开发的黑色浮法玻璃新产品、南宁鸿基水泥制品有限责任公司投资150万开发的内衬改性PVC防腐钢筋混凝土排水管研究。（朱政军）

【水泥生产】 2009年9月，南宁市根据国务院《批转发展改革委等部门关于抑制部分行业产能过剩和重复建设引导产业健康发展若干意见的通知》精神，淘汰落后水泥生产能力92万吨，淘汰水泥生产企业3家，完成当年自治区经委下达的淘汰落后水泥生产能力任务。至年末，全市水泥生产企业有36家，能力1363.60万吨。其中：旋窑水泥企业5家，生产能力805万吨，占全市水泥生产能力59.04%；立窑企业22家，生产能力435.20万吨，占全市水泥生产总能力31.92%；水泥粉磨站9家，生产能力123.40万吨，占全市水泥生产能力9.05%。同年，市散装水泥办公室根据《广西壮族自治区预拌砂浆推广工作实施方案》（草案）的要求，制定南宁市预拌砂浆实施方案和实施细则。协调解决水泥企业在农村推广散装水泥和供应散装水泥方面遇到的难点、疑问，协助水泥企

业做好农村推广散装水泥工作。组织开展散装水泥行政执法检查661次。全市有散装水泥生产供应企业29家，产量339万吨。散装水泥供应量339万吨，比上年增长37.80%；有预拌混凝土生产企业14家，预拌混凝土供应661万立方米，增长12.80%。征收散装水泥专项资金1436.09万元；受理建设工程缴纳散装水泥专项资金678项，核退49项。

（朱政军　市散装水泥办）

南宁糖业股份有限公司明阳糖厂　　潘彩献提供

制糖工业

【概　况】 2009年，南宁市制糖企业（集团、公司）有10家，下属17家糖厂设计日榨甘蔗能力9.63万吨。其中：南宁糖业股份有限公司4家糖厂日榨能力3.48万吨（明阳糖厂1.40万吨、伶俐糖厂6800吨、香山糖厂8000吨、东江糖厂6000吨）；隆安南华糖业有限责任公司2家糖厂日榨能力8000吨（那桐糖厂4000吨、南圩糖厂4000吨）；上林南华糖业有限责任公司日榨能力4000吨；马山南华糖业有限责任公司日榨能力1500吨；横县冠桂糖业有限公司2家糖厂日榨能力8000吨（谢圩糖厂4000吨、石塘糖厂4000吨）；南宁良庆冠桂糖业有限公司日榨能力6000吨；广西永凯糖业有限责任公司宾阳大桥分公司日榨能力1万吨；广西永凯糖业有限责任公司宾阳黎塘分公司日榨能力2000吨；农垦糖业集团金光制糖有限公司日榨能力8000吨；农垦糖业集团良圻制糖有限公司日榨能力4000吨；横县新凯糖业有限责任公司日榨能力5000吨；华盛集团廖平糖业有限公司日榨能力5000吨。从业1.49万人。主要产品有白砂糖、赤砂糖、酒精、蔗渣浆、机制纸、纤维板、碎粒板、复合肥等。2008~2009年榨季（162天），糖厂入榨原料蔗977.52万吨，比上榨季减少407.47万吨，减幅29.42%。全市13个种蔗县区（含南宁—东盟经济开发区）原料蔗种植面积17.45万公顷，主要品种有：新台糖22号、25号、28号，粤糖93/159，台优，新糖16号，粤糖00236，桂糖21号等。各县区（开发区）原料蔗产量因长时间受干旱的影响均有不同程度减产，其中减幅30%以上的县区8个，减幅最小的是金光农场，其次是马山县和青秀区。平均每公顷产原料蔗（工业单产）56.85吨，比上榨季减少26.55吨；单产最高的是金光农场，每公顷产原料蔗94.20吨。实际榨蔗量977.52万吨，机制糖产量123.82万吨（白砂糖121.13万吨，赤砂糖2.69万吨），比上榨季减少46.91万吨，下降27.48%；甘蔗含糖分14.50%，平均总收回率86.98%，提高0.70个百分点，平均吨糖耗蔗7.89吨，减少0.22吨，平均混合产糖率12.67%，提高0.33个百分点。白砂糖平均生产成本每吨2408.8元，下降2.03%；白砂糖不含税销售成本每吨2831.42元，增加36.55元。制糖企业实现工业总产值43.48亿元，下降20.82%；工业增加值11.96亿元，下降43.45%；利税总额4.62亿元，下降36.28%（利润2.04亿元，下降44.26%）。

【技术改造】 2009年，南宁市制糖工业企业共投入技术改造资金28.83亿元，重点对节能降耗、污染减排、扩大产能、综合治理等方面进行技改。其中，南宁糖业股份有限公司技改总投资2.01亿元，对香山糖厂进行产能扩建，从日榨6000吨扩建到日榨8000吨，并对明阳糖厂、伶俐糖厂进行技术改造，提升制糖技术水平；对蒲庙造纸厂进行漂白新工艺及节能减排技改和9.80万吨漂白蔗渣浆技改。广西永凯糖业有限公司大桥分公司完成投资5.30亿元建设制糖综合利用年产20万吨高档文化用纸项目；广西永凯糖业有限责任公司在南宁六景工业园投资10亿元建设以蔗渣为主要原料的纸浆厂，当年完成投资4.26亿元建设年产12万吨高档文化纸项目。横县冠桂糖业有限公司总投资2.98亿元的年产6.80万吨漂白蔗渣浆技改项目建成投产。

【制糖综合利用】 2009年，南宁市制糖企业进行综合利用的有南宁糖业股份有限公司、广西冠桂糖业有限公司、广西永凯糖业有限公司宾阳大桥分公司、农垦糖业集团良圻制糖有限公司4家企业，综合利用种类有造纸和生产酒精、肥料。其中，南宁糖业股份有限公司综合利用种类包括造纸、酒精、肥料。全市用蔗渣制纸浆21.09万吨，纸制品0.69万吨，机制纸6.47万吨，酒精2.72万吨，复混肥7.17万吨，纤维板2万立方米。

【糖料蔗收购价格】 2008~2009年榨季，南宁市糖料蔗收购价格继续采取蔗糖价格挂钩联动、二次结算的管理方式，统一糖料蔗收购首付价和二次结算办法。糖

2008~2009年榨季南宁市制糖工业实现利税前10位企业情况

企业名称	日榨能力（吨/日）	产糖量（万吨）	工业产值（万元）	利税总额（万元）	从业（人）
南宁糖业股份有限公司	34800	55.51	174648	13579	6621
广西永凯糖业有限责任公司宾阳大桥分公司	10000	9.29	35533	8040	1258
横县冠桂糖业有限公司	8000	7.40	41890	5754	1698
隆安南华糖业有限责任公司	8000	9.32	35055	4651	1264
农垦糖业集团金光制糖有限公司	8000	9.06	38605	4145	829
上林南华糖业有限责任公司	4000	6.20	24418	3390	609
南宁良庆冠桂糖业有限公司	6000	7.49	19657	2460	454
广西永凯糖业有限责任公司宾阳黎塘分公司	2000	2.54	9981	1797	542
农垦糖业集团良圻制糖有限公司	4000	4.75	15790	1305	704
马山南华糖业有限责任公司	1500	1.95	6960	1077	375

料蔗普通品种(桂糖11号、16号、17号,桂引选5号,23号等)收购首付价每吨260元(不含税费)与制糖企业一级白砂糖平均含税销售价格每吨3800元实行挂钩联动。食糖销售价格超过每吨3800元时,在糖料蔗收购首付价的基础上,蔗糖挂钩联动价格按6%的联动系数进行二次结算;食糖销售价格低于每吨3800元时,蔗价不再进行二次结算。糖料蔗品种实行优质加价、劣质减价。全市核定制糖企业亚法一级白砂糖平均销售价格为每吨3566.82元,确定2008~2009年榨季糖料蔗普通品种最终收购价格为每吨260元,不再进行二次结算。（黄春霞）

造纸工业

【概　况】 2009年,南宁市规模以上制浆造纸及纸制品企业有81家。其中:纸浆制造6家,造纸59家,纸制品16家。从业1.05万人。主要产品有漂白化学木浆、漂白蔗渣浆、新闻纸、书写纸、胶印纸、有光纸、生活用纸、瓦楞原纸、包装纸、卫生用品等。共生产纸浆38.36万吨,比上年增长5.90%;机制纸及纸板60.97万吨,增长26.30%;纸制品12.54万吨,增长4.70%。实现工业总产值47.35亿元,增长5.41%。其中:纸浆制造工业总产值10.78亿元,下降11.08%;造纸工业总产值25.42亿元,增长10.77%;纸制品工业总产值11.15亿元,增长13.23%。主营业务收入35.95亿元,增长13.44%;利税总额1.38亿元,下降47.12%(利润2070万元,下降86.94%)。亏损企业10家,亏损面12.35%,亏损额1.47亿元。

【技术改造】 2009年,南宁市造纸工业完成投资额22.9亿元,比上年增长33.53%,占全市工业投资9.48%。通过技术改造,纸浆制造生产能力49万吨,增加7万吨;纸及纸板制造生产能力66万吨,增加22万吨。主要项目有:广西永凯糖业有限责任公司宾阳大桥分公司投资5.30亿元建设的制糖综合利用年产20万吨高档文化用纸项目,横县冠桂糖业有限公司总投资2.98亿元的年产6.80万吨漂白蔗渣浆技改项目(年内建成投产),广西凤凰纸业有限公司的2万吨高级生活用纸项目,市双江纸业公司年产1200吨机制纸项目等。

【技术创新】 2009年,南宁市造纸工业获得立项的科技项目5个,总投资2.25亿元。具体是:宾阳县中原纸业有限公司的节能减排和循环经济关键技术应用与设备研发,南宁金浪浆业有限公司的速生桉化机浆生产技术研究开发,广西明阳环保纸模制品有限公司的木薯渣、酒糟渣生产瓦楞纸、纱管纸的研制与开发,广西乐达包装有限公司的食品专用复合膜高温蒸煮包装袋和食品专用复合膜充气包装袋开发。完成技术开发项目10个,其中引进国内先进技术3个,自主开发7个;达到国内先进水平项目6个,自治区内先进水平项目4个。项目总投资2081万元。（程　雁）

列入2009年南宁市重点开工项目的横县冠桂糖业有限公司年产6.80万吨漂白蔗渣浆技改项目建成投产　潘彩献　摄

食品工业

【概　况】 2009年,南宁市食品工业共有规模以上企业275家。其中:农副食品加工181家,食品制造46家,饮料制造46家,烟草制品2家。从业年平均4.28万人。已形成制糖、烟草、罐头、酿酒、淀粉、饮料、乳制品等门类较为齐全、具有一定规模的工业体系。主要产品有机制糖、卷烟、碳酸饮料、啤酒、罐头、乳制品等。共生产成品糖127.90万吨,比上年减少23%;卷烟346.24亿支,增长19.10%;乳制品5.90万吨,增长10.40%;淀粉81.45万吨,增长27.30%;啤酒10.97万千升,增加0.70%。规模以上食品工业企业实现工业总产值308.95亿元,增长11.81%;主营业务收入299.68亿元,增长17.06%;利税总额54.91亿元,增长16.93%(利润18.17亿元,增长3.01%)。其中:农副食品加工业实现工业总产值199.61亿元,增长10.15%;主营业务收入191.32亿元,增长13.69%;利税总额14.94亿元,增长14%(利润8.29亿元,增长6.51%)。食品制造业实现工业总产值30.87亿元,增长13.31%;主营业务收入25.33亿元,增长32.83%;利税总额2.35亿元,增长62.25%(利润1.53亿元,增长71.26%)。饮料制造业实现工业总产值33.49亿元,增长25.37%;主营业务收入30.89亿元,增长31.23%;利税总额3.28亿元,增长30.15%(利润1.66亿元,增长55.16%)。烟草制品业实现工业总产值44.98亿元,增长9.35%;主营业务收入52.13亿元,增长15.60%;利税总额34.33亿元,增长14.91%(利润6.69亿元,减少15.23%)。

【技术改造】 2009年,南宁市农产品加工业技术改造项目有148个,完成技改投资51.30亿元,比上年增长18.97%,占全市工业技改投资比重21.24%。主要项目有:总投资5.16亿元的广西珠江啤酒有限公司首期年产20万千升啤酒工程;总投资3.10亿元的广西国泰粮食集团有限公司29万吨粮油食品精深加工搬迁;总投资2.40亿元的广西汇华食品有限公司畜禽产品深加工基地厂房建设及设备投资等。投产项目有:市晋江福源食品有限公司投资1亿元建设的盼盼食品生产,年新增产值1.50亿元;广西胜本科工贸有限公司投资9040万元建设的膳食纤维、水果高分离原汁生产,年新增加工鲜果蔬生产能力20万吨、产值1.52亿元。

广西汇华食品有限责任公司高档土鸡保鲜新技术项目　　潘彩献　摄

2009年南宁市食品工业实现利税前10位企业情况

企业名称	工业总产值（万元）	主营业务收入（万元）
广西中烟工业有限责任公司南宁卷烟分厂	441793	512959
南宁糖业股份有限公司	264436	293507
可口可乐（广西）饮料有限公司	59238	53949
广西集盛食品有限公司	68443	41895
广西皇氏甲天下乳业股份有限公司	37469	36614
南宁青岛啤酒有限公司	37254	29571
广西五丰粮食集团有限公司	22113	28045
广西南宁百洋食品有限公司	22984	19117
广西东润食品有限责任公司	15925	15620
广西金茶王油脂有限公司	13011	13364

【技术创新与新产品开发】 2009年，市一锋生物科技有限公司桃金娘多糖新产品开发、南宁中诺生物工程有限责任公司海藻糖国家标准的研制、广西投资集团维科特生物技术有限公司应用模拟移动床技术以蔗糖为原料生产结晶果糖小试、广西皇氏甲天下乳业股份有限公司双蛋白牛奶饮品的研制与开发、广西恩度高科技股份有限公司亚热带果蔬（出口）深加工等10个项目列入市技术创新项目计划；广西中烟工业有限责任公司调香技术在提升低焦油真龙（天韵）卷烟内在品质上的应用研究、广西明阳生化科技股份有限公司方便面专用木薯变性淀粉研制开发、广西汇华食品有限责任公司高档土鸡保鲜新技术项目、广西易多收生物科技有限公司桂圆酒的加工关键技术研究与中试等8个项目列入自治区技术创新项目计划表。南宁中诺生物工程有限责任公司、广西南宁百洋食品有限公司、广西南宁百洋饲料集团有限公司“海藻糖在罗非鱼高值化方面的安全保鲜技术产业化项目”获市科学技术进步奖二等奖；广西中烟工业有限责任公司“一种新型丙嘴添加剂的开发研究项目”获市科学技术进步奖三等奖；南宁中诺生物工程有限责任公司、广西南宁百洋食品有限公司“罗非鱼高值化加工关键技术研究及产业化项目”获广西科学技术进步奖三等奖。　（唐亚亚）

机械工业

【概　况】 2009年，南宁市规模以上机械工业主要有金属制品、通用设备制造、专用设备制造、交通运输设备制造、电力机械及器材制造、仪器仪表及文化办公用机械制造、通信设备计算机及其他电子设备制造共7大类198家企业。其中：金属制品39家，通用设备制造25家，专用设备制造43家，交通运输设备制造24家，电气机械及器材制造43家，仪器仪表及文化办公用机械制造7家，通信设备计算机及其他电子设备制造17家。从业3.33万人。工业产值在亿元以上的企业48家。其中：金属制品8家，通用设备制造1家，专用设备制造9家，交通运输设备制造5家，电气机械及器材制造19家，通信设备计算机及其他电子设备制造6家。主要产品涉及手扶拖拉机、低速载货车、摩托车及零配件、柴油机、矿山机械、建筑机械、水泥生产设备、制糖成套设备、水轮发电机组、导线、立体仓库、搅拌机、印刷机、减速机、压缩式垃圾专用运输车、压缩式垃圾中转站、垃圾处理设备、电动机、各种仪器仪表设备、汽车零部件等。主要产品产量：采矿设备3259吨，起重设备7.72万吨，发电设备30.50万千瓦，改装汽车1662辆，摩托车12.10万辆，小型拖拉机11.64万台，变压器122.10万千伏安，电力线缆66.24万千米。实现工业总产值173.53亿元，比上年增长28.48%。其中：金属制品27.41亿元，通用设备制造14.11亿元，专用设备制造28.17亿元，交通运输设备制造24.34亿元，电气机械及器材制造50亿元，通信设备计算机及其他电子设备制造26.55亿元，仪器仪表及文化、办公用机械制造2.96亿元。主营业务收入119.28亿元，增长37.56%。其中：金属制品18.43亿元，通用设备制造业11.81亿元，专用设备制造业22.54亿元，交通运输设备制造业19.33亿元，电气机械及器材制造业26.84亿元，通信设备计算机及其他电子设备制造业18.46亿元，仪器仪表及文化、办公用机械制造业1.85亿元。上缴税金2.91亿元，增长60.79%；实现利润5.50亿元，增长101.08%。盈利企业156家，亏损企业42家，亏损面21.20%。

【技术改造】 2009年，南宁市机械装备制造业技改投资项目有147个，完成投资17.22亿元，累计完成总投资27.69亿元。其中，新投产项目96个，完成投资7.59亿元，累计完成总投资12.38亿元，新增产值17.25亿元，新增利税2.34亿元。当年实际完成投资额前5位的项目有：广西伟昌钢管有限公司厂房扩建，完成投资8990万元；南宁凯源铁塔有限公司年产3万吨钢结构产品加工，完成投资8500万元；广西纵览科技有限公司新建生产线，完成投资7000万元；广西凯斯博电器设备制造有限公司节能变压器及配电，完成投资6400万元；广西飞捷不锈钢有限公司金达不锈钢生产，完成投资6090万元。当年投产的机械工业项目固定资产投资累计总额前5位的项目有：广西凯威电力通信工程安装有限公司通信电力铁件及浸锌，累计完成投资1.53亿元；广西建机建筑机械制造有限公司新建厂房和生产线，累计完成投资9548万元；广西伟昌钢

南宁广发重工集团有限公司生产的起重机　　潘彩献　摄

管有限公司厂房扩建，累计完成投资8990万元；南宁金大道车辆配件制造厂机动车配件生产加工，累计完成投资8300万元；南宁燎旺车灯有限公司年产100万套车灯搬迁改造，累计完成投资6900万元。

【技术创新】 2009年，南宁市新立项的机械工业技术创新项目20个（自治区技术创新立项项目6个），总投资4215万元；市技术创新立项项目19个，总投资6710万元。主要项目有：广西荣泰钢结构建设有限公司高效可适变截面H型钢自动焊接生产线引进开发与应用，总投资1300万元；市共利钢管制造有限责任公司螺旋钢管多点式辊轮自动成型新技术，总投资1000万元；广西盛誉糖机制造有限责任公司年产100台XG型系列全自动刮刀卸料上悬式离心机，总投资560万元；南宁广发重工集团有限公司开放式CNC与网络制造应用，总投资500万元；广西申能达智能技术有限公司高效节能热泵智能控制系统，总投资400万元。完成技术创新项目92个，主要有：南宁广发重工集团有限公司快速水轮机参数化设计能力建设、核心加工能力信息化改造及3D设计技术应用，南宁八菱科技股份有限公司深度真空脱水检测新工艺、水箱半自动正负压试水检测机、水箱链式自动试水检测机，南宁一举医疗电子有限公司200毫安数字化高频X射线机、单相20千瓦医用诊断高频X射线机等。

【新产品开发】 2009年，南宁市机械工业完成新产品开发项目65个。主要有：南宁五菱桂花车辆有限公司的农用机械、低速车、专用车等12个新产品；南宁广发重工集团的起重机、破碎机等10个新产品；南宁八菱科技股份有限公司汽车散热器、中冷器等12个新产品；广西地凯科技有限公司的电器保护器等5个新产品；市精祥仪表有限责任公司的专用仪器等6个新产品；广西盛誉糖机制造有限责任公司的糖机新产品；广西银钢南益制造有限公司的双燃料三轮摩托车、三轮摩托车新产品；广西申能达公司高效节能热泵智能控制系统等。　（农　钢）

通信设备与计算机及其他电子设备

【概　况】 2009年，南宁市规模以上通信设备、计算机及其他电子设备制造业企业有16家。从业1.20万人。实现工业总产值26.55亿元，比上年增长75.97%；主营业务收入18.46亿元，增长92.16%；利税总额2.06亿元，增长234.28%（利润1.77亿元，增长319.82%）。有亿元产值企业7家。

【技术改造与技术创新】 2009年，南宁市电子信息产业开展技术改造项目29个，完成技术改造投资4.83亿元。其中，天翌（广西）通信发展有限公司完成投资1.30亿元，广西恒汇隆五金电子工业有限公司完成投资8840万元，丰达电机（南宁）有限公司完成投资7900万元，广西汇业科技电子有限公司完成投资3591万元。电子信息产业有4个技术创新项目获技术创新补助资金85万元，包括广西大象信息科技有限公司EOC视频电缆调制解调器、广西申能达智能技术有限公司高效节能热泵智能控制系统、市精祥仪表有限责任公司工程机械工况及GPS测控一体化监控仪、南宁强国科技有限公司船用智能测流测沙设备的研制。南宁超创信息工程有限公司基于TMS320DM644xSoC的低成本普及型便捷电脑、广西南宁高硕电子科技有限责

南宁新技术创业者中心、南宁留学人员创业园办公楼　　潘彩献提供

任公司3G手机三维数字城市系统等6个项目列为国家科技型技术创新基金项目。广西桂能软件有限公司桂能智能化CAD综合设计平台—— OneCAD，广西宏智科技有限公司糖厂澄清、蒸发工段自动控制系统获2009年度广西科学技术进步二等奖。南宁海蓝图文高科有限公司图文资料数字化生产全程自动化监控管理软件获2009年度市科学技术进步一等奖；广西桂能软件有限公司桂能智能化CAD综合设计平台——OneCAD、市合辰科技有限公司开放式网络化三轴联动数控系统研发、广西精宇软件有限责任公司智能化多级别可信安全服务平台、广西德意数码股份有限公司税务数据交换中间件研制开发4个项目获市科学技术进步二等奖；市公安局交通警察支队和南宁海蓝数据有限公司合作开发的基于图文数字化的机动车与驾驶员管理系统模型开发研究、市平方软件新技术有限责任公司基于AMD技术的嵌入式无纸化考试系统和大容量智能信息检索系统、南宁创能科技开发有限责任公司电机监护系统的研制与应用4个项目获市科学技术进步获三等奖。

（马祥琼）

生物工程与制药工业

【概　况】 2009年，南宁市列入统计口径的生物与制药生产企业有61家。从业9075人。生产中药2.27万吨，比上年增长37.73%；化学原料药2756吨，下降42.61%。实现工业总产值44.23亿元，增长22.01%。其中：化学药6.42亿元，增长19.33%；中药30.20亿元，增长20.51%；生物、生化制品制造业4.53亿元，增长21.11%；兽用药2.30亿元，增长37.99%。销售收入32.51亿元，增长15.15%；利税总额2.51亿元，增长33.86%（利润1.06亿元，增长39.78%）。亿元产值企业19家，完成工业总产值30亿元，占生物工程与制药工业总产值比重67.82%。产品销售收入超亿元的企业有广西圣保堂药业有限公司、广西德致药业有限公司、广西广明药业有限公司、广西桂西制药有限公司、广西金海堂药业有限公司、广西博科药业有限公司、培力（南宁）药业有限公司、广西康华药业有限公司、恒拓集团广西圣康药业有限公司。

【技术改造】 2009年，南宁市生物与制药工业技术改造项目有60个，完成投资8.01亿元，增长51.01%，占全市工业技术改造投资3.32%。建成投产项目25个。主要有：南宁赢创美诗药业有限公司氨基酸衍生物生产，广西南宁化学制药有限责任公司年产1.20万吨六元醇，广西南宁德致药业有限公司中药饮片生产线技改，广西千珍制药有限公司护肝宁片产业化开发，广西昌弘制造有限公司提取车间技改，南宁中诺生物工程有限公司年产5000吨海藻糖，培力（南宁）药业有限公司新增600吨中药颗粒剂生产扩建，市一锋生物科技有限公司亚热带植物有效成分提取物生产基地，市冠峰制药有限公司医药生产基地，广西源安堂药业有限公司药品生产，广西健丰药业有限公司年产片剂10亿片、制剂150吨等。

【技术创新】 2009年，南宁市生物工程与制药行业完成创新项目46个，占全市技术创新项目完成数15.28%，共投入资金7560万元。其中，新技术项目17个，产品产业化6个，技术创新能力建设3个。完成的主要创新项目有：广西万寿堂药业有限公司玉叶清火胶囊技术改进及产业化、复肝宁胶囊产业化，广西南宁百会药业集团有限公司菠萝蛋白酶，广西健丰药业有限公司中药新药益心健脾颗粒产业化的开发，南宁邦尔克生物技术有限责任公司固体a-乙酰乳酸脱羧酶的研制，市维威制药有限公司维C包膜工艺技术研究、中药四类新药消炎灵胶囊的研究开发，培力（南宁）药业有限公司企业技术中心实验认可建设项目。其中培力（南宁）药业有限公司检测中心正式通过中国合格评定国家认可委员会认可，成为广西首家通过CNAS认可的药品生产企业。

【新产品开发】 2009年，南宁市生物工程与制药企业完成新产品开发20个。主要有：广西万寿堂药业有限公司罗汉果止咳胶囊研发、鼻渊片薄膜衣片研发；广西桂西制药有限公司败酱胶囊新药研究；市维威制药有限公司橘红痰咳颗粒的研究开发；培力（南宁）药业有限公司中药配方颗粒研究开发；广西北斗星动物保健品有限公司红花生化颗粒的研究、华蟾毒精免疫佐剂研制、厚朴酚合成的优化研究；广西南宁诺惠动物药业有限公司缓释微囊产品开发等。由广西医科大学、广西医科大学制药厂、广西中医学院制药厂等单位完成的制药新技术在广西特色中药、壮药开发研究中应用与示范项目获2009年度广西科学技术进步奖二等奖；广西博科药业有限公司完成的氯雷他定胶囊研究与产业化项目、滴通鼻炎水喷雾剂开发与产业化项目，广西中医学院和广西桂西制药有限公司完成的山银花及其提取物质量控制技术与质量标准研究项目获2009年度广西科学

广西万寿堂药业有限公司生产车间　　潘彩献提供

技术进步奖三等奖。广西万寿堂药业有限公司完成的中药新药伊血安颗粒的研究开发项目获2009年度市科学技术进步奖一等奖；广西禾力药业有限公司和广西南宁允上医药科技开发有限公司完成的益脉康胶囊的研制开发项目、广西健丰药业有限公司完成的中药新药益心健脾颗粒产业化的开发项目获2009年度市科学技术进步奖三等奖。年内，经广西著名商标评审委员会评审，广西博科药业有限公司的“博科”、南宁名露医疗保健品有限公司的“名露”、广西万寿堂药业有限公司的“玉屏山及图”获广西著名商标。（彭远利）

纺织工业

【概　况】 2009年，南宁市列入统计口径的纺织生产企业有20家。从业6466人。生产范围包括棉纺织加工，缫丝加工，绳、索、缆制造，纺织服装制造。其中，缫丝生产企业14家，共生产桑茧丝3801吨，下降0.50%，占广西桑茧丝产量22%；生产绢纺丝334吨，增长25.60%；实现工业总产值11.30亿元，增长11.34%。棉纺生产企业3家，生产棉纱2.89万吨，增长26.10%；生产布670万米，下降6.00%；实现工业总产值6.72亿元，增长19.88%；销售收入6.53万元，增长21.42%；利税总额2638万元，增长15.17%。实现工业总产值18.65亿元，比上年增长14.86%；销售收入15.32亿元，增长18.15%；利税总额5621万元，增长31.21%（利润1021万元，下降3.31%）。有亿元产值企业6家，完成工业总产值14亿元，占全市纺织工业总产值75%。部分缫丝生产企业因市场需求减少和原材料价格上涨运行困难，亏损面占45%。

【技术改造】 2009年，南宁市纺织工业企业完成技术改造投资2.64亿元，增长116.39%。主要项目有：南宁锦虹棉纺织有限责任公司生产基地搬迁改造，广西上林大染坊茧丝绸有限公司丝绸及缫丝技改，上林县海润丝业有限公司扩建6组缫丝机年产180吨白厂丝，宾阳县嘉利丝有限公司生产线改建，宾阳县茧丝工贸有限责任公司生产线改建，横县昌华茧丝绸有限公司年产600吨绢纺原料等。广西百大丝绸集团有限公司投资建设节能减排项目，应用山东泰安百川水业科技有限公司研发的达到国家先进水平的专利“工业有机污水回用装置”，对缫丝厂废水进行回收利用，年回收利用废水100万吨，实现废水零排放；4月，项目通过验收，获国家支持补助资金50万元。

【技术创新】 2009年，南宁市纺织工业企业主要技术创新项目有：广西立盛茧丝绸有限公司和横县科学技术局的Na_2SiO_3（硅酸钠）解舒剂新工艺生产高品位白厂丝技术研发，技术水平达到国内先进；横县桂华茧丝绸有限责任公司提高广西桑蚕茧缫丝加工产品质量关键技术研究，技术水平为自治区内先进；横县桂华茧丝绸有限责任公司和广西大学提高广西蚕茧缫丝加工产品质量关键技术研究与开发，技术水平为自治区内先进；南宁锦虹棉纺织有限责任公司棉纺新产品快速开发及新型纺织技术开发能力建设等。横县桂华茧丝绸有限责任公司完成的南宁市蚕桑高效种养技术研究、集成及示范推广项目获2009年度市科学技术进步奖一等奖；广西立盛茧丝绸有限公司完成的Na_2SiO_3解舒剂新工艺生产高品位白厂丝技术研发项目获2009年度市科学技术进步奖二等奖；横县桂华茧丝绸有限责任公司和广西大学完成的提高广西蚕茧缫丝加工产品质量关键技术研究与开发项目获2009年度广西科学技术进步奖三等奖、市科学技术进步奖三等奖。横县桂华茧丝绸有限责任公司技术中心升级为自治区级技术中心，广西百大丝绸集团有限公司技术中心通过市级技术中心认定。

广西鸿达茧丝绸有限公司生产车间　　潘彩献　摄

【产品开发】 2009年，南宁市纺织工业企业以调整产品结构为目的，根据市场变化，加强对新产品开发。南宁锦虹棉纺织有限责任公司开发的负压集聚式赛络紧密纺纱线、桑蚕丝短纤混纺纱线、针织仿麻风格系列纱线产品、锦纶与棉粘混纺纱线等品种技术水平达到国内先进，开发的天丝与长绒棉混纺竹节纱、竹纤维与精梳棉混纺纱等品种技术水平达到自治区内领先。（彭远利）

包装印刷工业

【概　况】 2009年，南宁市列入统计口径的包装印刷生产企业78家。其中：包装41家，印刷37家。从业9380人。主要产品产量：各种规格、颜色塑料编织袋及丝、绳12.30万吨，比上年增长36.40%；塑料膜1334吨，增长36.70%；瓦楞纸箱4.82万吨，下降24.60%。实现工业总产值44.54亿元，增长34.81%；销售收入37.02亿元，增长23.33%；利税总额2.60亿元，增长83.13%（利润1.70亿元，下降120.50%）。其中：包装工业企业实现工业总产值27.75亿元，增长27%；销售收入24.30亿元，增长25.90%；利税总额1.98亿元，增长141%（利润1.45亿元，增长228%）。印刷工业企业实现工业总产值16.79亿元，增长49.98%；销售收入12.67亿元，增长17.79%；利税总额6053万元，增长0.05%（利润2392万元，下降26.71%）。有亿元产值企业9家，其中广西国华塑业有限公司工业总产值突破3亿元、南宁中富包装有限公司工业总产值2.60亿元。

广西南国印刷有限责任公司彩色印刷设备
潘彩献提供

【技术改造与技术创新】 2009年，南宁市包装印刷工业完成技术改造投资3.84亿元，比上年增长65%。主要项目有：广西中塑包装有限公司塑料包装袋生产，广西美源印务有限责任公司购买海德堡CD102对开印刷机，南宁鲜迪印业有限公司印刷设备购置及车间建设，市恒邦彩色印刷有限公司引进德国曼罗兰700对开4色彩色胶印机，武鸣县圣皇包装有限公司塑料包装袋项目生产基地厂房建设及设备投资，宾阳县华星塑料彩印厂厂房及生产线扩建，广西南宁友萃商贸有限责任公司宾阳印刷厂改建和技术改造，宾阳县新阳吹膜塑料彩印厂生产线扩建，广西飞翔特种印务有限公司二期扩建工程，广西南国印刷有限责任公司生产线改建，广西南宁方正天力彩色制版印刷有限责任公司改建生产线等。完成的技术创新项目有广西中塑包装有限公司用称量拉丝重量控制产品质量技术新工艺，技术水平达到国内先进；宾阳县永发包装有限公司引进先进设备，技术水平达到国内先进。 （彭远利）

卷烟工业

【概 况】 2009年，广西中烟工业有限责任公司内设南宁制造部、柳州制造部（对外分别称广西中烟工业有限责任公司南宁卷烟分厂和柳州卷烟分厂）等19个部、室、中心，辖广西甲天下纸品包装有限责任公司、广西甲天下化纤有限责任公司、广西真龙国际大酒店有限责任公司3家全资子公司和广西真龙彩印包装有限公司、广西甲天下水松纸有限公司2家控股子公司。在岗员工2541人（聘用445人）。总资产84亿元，其中固定资产23.04亿元、流动资产44.30亿元。资产负债率28.35%。实现工业总产值100亿元，比上年增长8.83%；销售收入104.68亿元，增长15.64%；利税总额69.69亿元，增长15.69%（利润13.62亿元，减少15.14%）。被中国设备管理协会评为第八届全国设备管理优秀单位，获中国质量协会颁发的全国质量奖鼓励奖和全国实施卓越绩效模式先进企业特别奖，广西2008年度十佳企业称号；入选2009年度中国制造业企业500强（排第341名）。公司技术中心被评为全国烟草行业先进集体。员工潘安岳被评为全国烟草行业劳动模范。

【卷烟生产经营】 2009年，广西中烟工业有限责任公司生产卷烟686.25亿支（137.25万箱），比上年增长4.97%，其中联营加工卷烟产量277.58亿支（55.52万箱）。按类别分：一类烟3.75亿支（0.75万箱），占生产总量0.55%；二类烟20.06亿支（4.01万箱），占2.92%；三类烟190.25亿支（38.05万箱），占27.72%；四类烟310.29亿支（62.06万箱），占45.22%；五类烟161.90亿支（32.38万箱），占23.59%。销售卷烟686.71亿支（137.34万箱），增长6.05%。万支卷烟平均消耗烟叶7.26公斤，增加0.03公斤；盘纸629.36米，增加0.86米；嘴棒1843.96支，减少14.41支；万元产值综合能耗23.20公斤标准煤，万支卷烟综合能耗3.66公斤标准煤。卷烟产品有“真龙”、“甲天下”2个牌号共19个规格。“真龙”系列卷烟主要面向高档和中档卷烟市场，“甲天下”系列卷烟主要面向低档卷烟市场。全年生产“真龙”系列卷烟102.58亿支（20.52万箱），销售103.90亿支（20.78万箱）；生产“甲天下”系列卷烟306.09亿支（61.22万箱），销售302.42亿支（60.48万箱）。“真龙”系列卷烟市场覆盖全国31个省（自治区）、直辖市，206个地市级烟草公司。

【烟叶基地建设】 2009年，广西中烟工业有限责任公司响应国家烟草专卖局烟叶资源配置方式改革，主动参与、介入基地单元建设，建立品牌导向型的原料基地；创建基地烟叶质量数据库。与贵州、重庆、湖南、湖北、广西、云南6个烟叶省、自治区，10个市（州）烟草专卖公司签订中长期基地发展协议。投入基地科研经费1130万元，实施“产、学、研、企”四位一体的项目联合攻关，依托郑州烟草研究院、青州烟草研究所、广西大学、河南农业大学等科研机构，采取联合攻关、成果转让等多种形式的合作，有针对性地开展科研项目。“贺州特色烟叶生产技术研究与推广”等16个基地烟叶科研合作项目，有12个完成项目总结，顺利结题。有针对性地开展烟叶配套栽培技术、现代烟草农业建设及特色优质烟叶开发等技术研究，及时将科研成果转化为生产力，举办室内培训与现场培训260多场次，培训8.10万人次。全年烟叶基地化供应率75.94%，基本达到国家烟草专卖局提出的要求。

【技术改造】 2009年，广西中烟工业有限责任公司配合国家烟草专卖局“减害降焦”工程，以行业工程投资项目专项治理和检查工作为契机，理顺项目管理组织流程，运用项目管理信息化手段，规范

广西中烟工业有限责任公司与郑州烟草研究所签署科技合作项目协议 赵云勃 摄

完善公司投资项目管理体系，提高工程项目管理水平。实施固定资产投资项目132个，完成固定资产投资3.54亿元。重点工程项目有：柳州制造部新建干冰膨胀烟丝生产线，规划新建1条每小时1140公斤干冰膨胀烟丝生产线，建设独立工房及配套空调、照明、消防和供油、汽、气、水、电等设施；南宁卷烟分厂"十一五"期间完善提高项目，已完成施工图设计、施工监理招标、烟草专用主机设备购置计划申报、征地拆迁、工程报建、施工预算审核和分项工程招标文件编制等工作；武鸣红岭烟叶醇化库B区建设（建设烟叶醇化库5栋约4.10万平方米）基本完工并陆续交付使用；公司研发楼内部装修等。先后完成"真龙（珍品）"、"真龙（天翔）"、"真龙（娇子）"、"真龙（祥云）"4个产品的改造，新开发有生物薄片成分、能有效降低焦油含量的"真龙（轩云）"及采用分组加工工艺和生物补偿技术的"真龙（佳韵）"两个新产品。

【科技创新】 2009年，广西中烟工业有限责任公司投入科研活动经费8745万元，实施项目课题式的技术创新管理模式，开展营养元素对烟叶致香物质及其香气品质影响的研究，建立植烟土壤中钾、钙、镁、铜、锰、锌、铁等营养元素的微波消解—原子吸收光谱测定分析法，对公司主要烟叶基地的植烟土壤中的营养元素含量进行全面分析；开展烟叶浸膏、中草药等有效成分的分析及其在烟丝、烟气中转移率的研究，建立中草药中甘草酸、甘草苷、人参皂苷、麦冬皂苷、黄芪甲苷、淫羊藿苷、五味子醇甲、葛根素等有效成分的高效液相测定法，完成其在烟丝和烟气中转移率的测定，并评价其在减害降焦中的效果。共完成"滤棒发射信号系统的改造"等44个科研项目研究并通过鉴定，科研成果项目得到推广应用。完成"一种卷烟包装机自检提醒执行系统"等6个专利项目的申报并获受理，另有5个专利获得授权。年末，有授权国家专利31个。其中：发明专利7个，实用新型专利24个。

【企业管理】 2009年，广西中烟工业有限责任公司围绕"安全生产年"主题，组织开展安全生产宣传教育、安全生产执法、安全生产治理三项行动，开展各类专项检查8次，接受职工提出各类安全合理化建议21条（项）。完成《卷烟工业企业6S管理规范》、《卷烟生产企业QC小组活动成果现场评价准则》行业标准的编制并通过全国烟草标准化技术委员会企业分技术委员会技术审查，经国家烟草专卖局批准，分别于1月1日和5月1日实施。加强设备的维护和检修，将"四标体系"（质量、环境、职业健康安全、测量）、"6S"（整理、整顿、清扫、清洁、素养、安全）、"TPM"（指公司在包括生产、开发、设计、销售及管理部门在内的所有部门，从最高管理层到一线员工全员参与和开展重复小团队活动，以追求生产系统的极限为目标，构筑能预防所有浪费的体系，挑战故障为零、浪费为零、不良为零的高效率企业，以及部门、班组自主改善活动的活力型企业）现代化管理项目等先进管理理念应用到设备管理中，在设备管理流程优化、精细化、设备管理信息化建设、设备人员培养等方面进行探索，设备效率稳步提高。全年制丝设备故障率1.14%，比上年降低0.32%；卷包设备有效作业率90.71%，优于行业平均水平，提高2.33%；动力保障率99.90%；设备完好率100%。加强对卷烟生产过程及卷烟成品的质量监督与管理，卷烟成品一级站、二级站、三级站检验合格率100%。3月，广西中烟工业工业有限责任公司检测站获国家级实验室认可，实现企业级实验室向国家级实验室的升级，卷烟检测和烟用香精香料检测领域的实验室检测水平得到提高。

【信息化建设】 2009年，广西中烟工业有限责任公司根据《中国烟草总公司统一会计核算软件基础数据》要求，完成公用基础数据和辅料系统的基础数据的重新梳理和系统调整工作，建立ERP辅料预警测算体系，实现辅料的全程跟踪、监控、数据共享和分层管理，8月，经优化改造的系统正式上线运行。完成MES生产动态管理系统的需求调研、程序开发、前期培训等工作，并上线试运行；完成柳州卷烟分厂片烟高架库物流信息系统改造项目，全面实现ERP/MES/WMS（物流系统）系统的联动。开发应用CRM（客户关系管理）工商协同营销管理平台项目，项目主要包含需求计划、网上配货、合同管理、发货管理、基础数据，以及和国家烟草专卖局（公司）接口等功能，9月完成CRM一期建设并通过验收测试。

【广西中烟工业有限责任公司南宁卷烟分厂】 广西中烟工业有限责任公司南宁卷烟分厂占地面积9.33公顷，年生产能力250亿支（50万箱）；有每小时生产4500公斤、1500公斤的叶丝生产线各1条，每小时生产1500公斤的梗丝生产线1条，用于研发的每小时500公斤试验的小线1条，卷接机组21台套，包装机组22台套（其中有2台套B1机为淘汰机组，已封存）；滤棒成型机6组，堆垛机10台。2009年在岗员工821人（聘用工80人）。全年生产卷烟346.24亿支（69.25万箱），比上年增加19.09%。其中：一类烟3.75亿支（0.75万箱），占生产总量1.08%；二类烟300万支（60箱），占0.01%；三类烟38.96亿支（7.79万箱），占11.25%；四类烟185.89亿支（37.18万箱），占53.69%；五类烟117.61亿支（23.52万箱），占33.97%。烟叶、盘纸、嘴棒三大物耗：每万支卷烟消耗烟叶7.23公斤，比上年减少0.01公斤；盘纸629.38米，减少1.86米；嘴棒1840.96支，增加0.03支；综合能耗3.55公斤标煤，减少0.57公斤。获2008年度南宁市超额完成节能目标的重点耗能企业称号。组建工艺质量管理科，完善工艺质量管理组织机构，逐步形成一套从设备到工艺、从工艺到质量的较完整的质量控制保障体系，汇编《制造一部操作工质量检验手册》作为作业指导书。首创推出设备准入制度，完成对车间各类机型和工段共计13个方面的设备日保基准进行审定和现场诊断。健全和完善安全管理制度，加强安全检查，发现安全隐患158个，安全隐患整改率100%；举办安全教育培训71场3895人次，新员工三级安全培训率100%，特种作业上岗证有效率100%；全年无重大安全事故发生。有17个课题成果参加发布，获行业一等奖（国优）1个。

（周丽霞）

供 电 业

【概　况】 南宁供电局是南方电网公司

2010年1月6日，广西电网公司南宁供电局青秀供电分局揭牌仪式举行　　苏维富提供

直辖、广西电网公司所属特大型供电企业。2009年，南宁供电局负责南宁市六县六城区以及百色市平果县、隆林县（4月1日起划归百色供电局管理），河池市大化瑶族自治县等区域的电力供应和电网运行维护工作。年末有客户45.10万户。有500千伏变电站1座，220千伏变电站12座（无人值守变电站6座），110千伏变电站41座（无人值守变电站23座），35千伏变电站10座；输电线路总长度2504公里，配电线路长度2528公里；输电变压器总容量836.64万千伏安，配电变压器总容量43.68万千伏安；固定资产原值72.86亿元，净值50.85亿元。市区实现220千伏环网及110千伏手拉手城市电网结构。全年完成供电量157.96亿千瓦时，售电量148.78亿千瓦时，主营业务收入61.74亿元，是南宁市首家年收入超60亿的企业。南宁供电局被评为中央企业先进集体、全国电力行业用户满意服务单位、南方电网公司迎峰度夏暨国庆60周年保供电先进集体、广西优秀企业等。12月10日，根据广西电网公司《关于南宁供电局二层机构优化调整及分局设置方案的批复》，南宁供电局撤销配电管理所、客服中心和城郊供电所，成立青秀、兴宁、城西、江南、五象5个供电分局和计量中心。

【电网规划与建设】 2009年，南宁供电局与南宁市规划局合作编制完成《南宁2009~2013年电网专题规划》和《南宁市电力专项规划（2009~2020年）》，并分别于6月和12月获得南方电网公司和南宁市政府的批复，电网规划正式纳入到南宁市城市总体规划和土地利用规划。全年开工建设电网工程29个（220千伏新建变电站4个，110千伏新建变电站16个，配套送出线路9个）。其中：新建工程22个，扩建工程7个。竣工投产项目30个，竣工新改扩建变电站18座，其中220千伏新建变电站3座（青秀变2、科园变、定忠变），改、扩建变电站3座（安城变改造、林村变扩建、埌东变扩建）；110千伏新建变电站6座，改扩建变电站8座。共增加主变容量236万千伏安，投产输电线路527公里。投资4.40亿元，新改扩建35千伏变电站5座，投运35千伏线路4.50公里，新建10千伏电缆线路181公里，新建、改造10千伏架空线路584公里、低压线路583公里，开闭所58座，柱上开关243台，变压器429台，其中更换S7型高耗能配变305台。全年完成电网投资23.63亿元，投资完成率100.27%。其中：主电网基建项目完成投资16.14亿元，配网完成投资4.42亿元，县城网完成投资3.07亿元。新建10千伏线路110条，完善7座变电站的10千伏配套送出，10千伏线路N-1全负荷转移率由上年的53%提高至65%，绝缘化率由上年的66%提高至72%。高压配网容载比由1.8上升到2.0。11月30日，南宁220千伏科园变电站投产运行。该变电站一期装设主变2台，容量24万千伏安，工程总投资2.90亿元，是目前南宁市投资规模最大的220千伏电网工程项目。

【电网技改与维修】 2009年，广西电网公司下达南宁供电局电网技改项目33个，计划投资7798.47万元，实际安排资金5273.47万元，年度完成投资4859.78万元，资金完成率92.15%，扣除广西电网公司同意结转项目，资金完成率和项目完成率均100%。南宁供电局安排自筹技改项目43个，计划安排资金1650万元，项目和资金完成率均100%。广西电网公司批复修理项目34个，安排资金5683万元，项目和资金完成率均100%。南宁供电局自行安排修理项目78个，资金2000万元，项目和资金完成率均100%。

【供电保障】 2009年，南宁供电局通过制定典型工作标准停电时间和加强停送电过程精细化管理，将停电户时数分为计划停电、故障停电两大类，按分类时户数的责任主体不同分解各部门，实现责任分解到位、传递到位、管理到位。年度故障损失时户数1.02万个，比上年下降39.70%；计划停电损失时户数2.68万个，下降12.80%。共减少停电时间2.25小时/户。加强客户端设备的管理，安装“看门狗”等分界点设备280组，减少客户故障96次，减幅23.70%。推广带电作业，年度带电作业696次，带电作业项目748个，减少客户平均停电时间7.80小时/户。推进变电站无人值班进程，成立武鸣、沙田、坛洛3个巡维中心。广西首座数字化变电站110千伏杨丁变电站投运。推进生产MIS应用，主要生产业务实现信息化管理。完成第五届泛珠三角区域合作与发展论坛、泛北部湾经济合作论坛、中华人民共和国成立60周年庆典和第六届中国—东盟博览会、中国—东盟商务与投资峰会、南宁国际民歌艺术节等保供电任务202项，出动保供电人员1000多人次，保供电车数百辆次。12月20日，南宁电网最高负荷255.30万千瓦，比上年提高24.93%。

【电费电价管理】 2009年，南宁供电局贯彻执行自治区物价局《关于延长执行广西部分工业企业枯水期供电方案问题的通知》、《关于调整广西电价有关问题的通知》、《转发广西壮族自治区人民政府办公厅关于试行广西部分工业企业执行临时峰谷分时电价方案批复的通知》精神，对符合国家产业政策、具有调整负荷能力，同时安装有分时计量装置的电解铝、铁合金、钢铁、电解金属锰、电解二氧化锰等五类大工业客户，实施临时峰谷分时电价，鼓励高耗能企业用电移峰填谷，4~10月优惠电费1.34亿元。修订《南宁供电局2009年电费回收风险抵押金奖励考核办法》，坚持每月的电费回收分析例会制度，完成市区一户一表居民小区隔月抄表收费模式的推广工作。4月1日，市区供电营业厅正式推出电费充值卡业务。

【营销稽查】 2009年，南宁供电局制定《南宁供电局营销稽查工作管理规定》，完善各环节的样本误差率，实行对营销业务各关键环节检查的常态化管理，发布《营销稽查月报》28期，营销抽样误差率从2008年6月的15%下降到2009年11月的0.50%。查处违约用电134起，补收电费90.15万元、违约金169.38万元；窃电18起，补收电费60.79万元、违约金182.39万元。处理计量装置故障、计量装置烧坏等146起，补收电费192.73万元。

【安全生产】 2009年，南宁供电局制定《确保实现2009年安全生产目标控制措施要点》、《2009年安全生产重点工作》，共签订安全生产责任书1417份。严格执行广西电网公司《防止发生人身伤亡事故十大禁令》和《防止发生恶性误操作事故十大禁令》，建立工程建设施工安全管理规定等4个规定，进行现场安全监督检查1.37万人次，发现违章182起，纠正不规范行为129起。完成《南宁电网安全风险预警管理标准》等27个安全管理标准的修编工作，完善25个生产管理流程和45个标准。开展交通安全风险评估，完成变电站的“最佳安全行车路线”方案及路线图编制。修订局级应急综合预案和16个专项预案，编制局级保供电应急预案18个、现场应急处置预案1058个。编制风险评估与控制等59个标准，对1800多个作业任务进行危害辨识，辨识危害7000多个，发布45个电网风险评估和应急处置预案，化解二星级以上风险43次。开展“争当啄木鸟”活动，收到建议1126条，评审并采纳建议636条，完成整改391条。开展安全生产月、百日安全无事故等活动，开展道路交通、电力建筑施工、特种设备等专项整治活动，共排查和消除一般隐患80项；整治“线—树”、“线—房”重大安全隐患6处。全年发生一般设备事故4起（变电设备2起、输电设备事故2起），比上年下降20%，发生一类障碍20起，均为设备一类障碍。实现安全生产365天，跨年度安全生产1672天历史最好纪录。综合电压合格率99.56%，提高0.01个百分点；城市供电可靠率99.929%，提高0.026个百分点；220千伏、110千伏继电保护正确动作率100%。安全生产考核得分连续两年在广西电网公司系统名列前茅。

【供电服务】 2009年，南宁供电局围绕南宁市“项目建设年”和“企业服务年”，对南宁高新技术产业开发区、三塘工业集中区、南宁经济技术开发区等36个（容量63.06万千伏安）重点客户工程进行跟踪服务，提供上门服务357人次。为南宁市实施“百项工业重点项目”提供全天候受理，全过程跟踪，全方位服务。实施用电业务提速工程，高压新装流程可控环节由原来的17个标准环节减少至10个，办理时间由原来的25日减少至13日；高压供电方案平均答复时间为8.48日，比供电服务承诺的15日，缩短6.52日。全年用电报装增加容量68.50万千伏安，新增客户6.60万户。开展“南网情深系农家”主题活动，解决62个一户一表改造项目和56个“卡脖子”村屯的线路改造，受益群众3.20万人，全市农村居民用电量比上年增长25.30%。率先在南方电网系统启动电力“一卡通”服务项目，开设广西首家24小时自助服务的电力营业厅，走访客户210人次，提供上门服务357人次，开展优质服务活动188次，出动移动服务车12辆次，上门收费3.18万元，接受现场咨询300余次，办理电费短信业务112件，发放宣传资料5000余份。重要客户、大客户、专变客户及大型居民住宅区停电提前告知率100%；设立节能“坐诊大夫”，提供免费咨询，为16家企业提供节能套餐，累计节约电量1632万千瓦时。供电服务满意率99.96%，比上年提高0.05个百分点，获2009年全国电力行业用户满意服务企业称号。

（苏维富）

二轻集体工业

【概　况】 2009年，南宁市二轻集体工业联社管理的集体所有制工业企业有市手表厂、南宁汽车配件总厂、市制鞋厂3家；成员单位有28个，其中挂靠联社管理的城区联社1个；辖县级联社6个；改制后组织关系转入属地城区党委管理的集体企业21个。纳入联社管理的企业只有市手表厂生产经营正常。

【企业改革改制】 2009年，市二轻联社继续帮助3家直属集体企业和城区联社实现改制和脱困。市手表厂被1987~1994年为市自行车总厂担保贷款的连带偿还责任7000多万元（连本带息）的巨额债务问题困扰，至今一直无法顺利实施改制为公司制的运作。为解除该厂原为市自行车总厂担保贷款的连带偿还责任问题，市二轻联社多次与自治区高级法院、市经委、市振宁公司进行协调，在市政府的帮助和市国资委的协调下，由振宁公司出资1500万向长城公司购买市手表厂为市自行车总厂担保贷款的连带偿还债务，解决了市手表厂因担保贷款的连带偿还责任而被法院拍卖优良资产问题。南宁汽车配件总厂自2002年初停产以来，职工一直停薪整体下岗。企业挖掘闲置资产潜力，租赁厂房和厂区场地、车间，下岗职工从2008年起人均每月可发生活费300元。但由于企业的租赁经营收入难于满足退休职工提出发放生活补贴的要求，2009年出现退休职工牵头并要求按退休职工提出的年租赁收入指标民主选举厂长的问题。市二轻联社依照《中华人民共和国城镇集体所有制企业条例》、《广西壮族自治区企业职工代表大会工作规范》等法规以及有关事例，宣传和引导退休职工正确认识公民选举权和被选举权与企业职工民主选举权的区别，从而保证了企业的稳定。市制鞋厂于1996年5月停产，市二轻联社通过各种渠道寻找合作方、承包方、兼并方，并希望通过改革改制来摆脱企业困境，但由于该企业债务沉重，空亏大，土地面积小，厂房基本为危房，职工人数多等原因，至今无法摆脱困境，只靠出租厂房来缴纳

2009年南宁市主要饲料加工企业情况

企业名称	主要产品	产量（吨）	工业总产值（万元）	销售收入（万元）	从业（人）
南宁正大畜牧有限公司	配合、浓缩饲料	178576	115526	65186	367
广西双胞胎饲料有限公司	配合、浓缩饲料	223614	86001	84693	235
南宁漓源粮油饲料有限公司	配合、浓缩饲料	334986	72414	82161	133
广西富丰集团有限公司	配合、浓缩饲料	163603	31223	32866	102
广西南宁康佳龙饲料有限公司	配合、浓缩饲料	134000	37885	37707	159
广西南宁百洋饲料集团有限公司	配合饲料	74998	39479	37036	120
市华港农牧发展有限公司	配合、浓缩饲料	94903	32560	22570	147
南宁国雄科技有限公司	配合、浓缩饲料	73550	24856	21310	103
广西辽大饲料集团有限公司	配合、浓缩饲料	97408	24352	25328	250
南宁大大饮料有限公司	配合、浓缩饲料	75893	20024	22812	114
南宁通威饲料有限公司	配合、浓缩饲料	92537	27521	25011	74
广西正邦饲料有限公司	配合、浓缩饲料	30898	7222	6884	111
广西彼得汉预混饲料有限公司	预混、浓缩饲料	9823	7222	6884	111
南宁大北农饲料科技有限责任公司	预混、浓缩饲料	13805	6000	6000	130

注：饲料工业免征增值税，不统计利税。

职工的各种社保费，待岗职工没有任何生活费。年内，及时向市政府上报《请求解决市制鞋厂职工住宅危房问题的意见》，得到市政府的关注和重视，市政府有关部门同意给予该厂住危房职工执行廉租房、经济适用房及货币补贴的住房政策，并和该厂领导与市房产局进行工作对接，疏通了解决该厂危房居住职工搬迁问题多种渠道。

【市手表厂生产经营】 2009年初，市手表厂努力克服国际金融危机影响，与职工开展“共渡难关、共谋发展、共创和谐”共同约定行动的活动，挖掘企业生产经营潜力，在拓宽销售渠道力求保证生产经营稳定的同时，加强企业物业租赁管理，企业生产开始回升，生产手表（机芯）78.53万只，比上年减少18.30%；实现工业总产值2438万元，主营业务收入2450.80万元，上缴税金561.76万元，实现利润433.55万元。 （李晓琳）

饲料工业

【概 况】 2009年，南宁市饲料加工获证企业有171家。其中：配合、浓缩料企业121家，添加剂预混料企业50家。主要分布在江南区、西乡塘区、兴宁区、良庆区和武鸣县、横县。从业近6600人。产业逐渐形成包括饲料原料、饲料加工、饲料机械、饲料添加剂等。品种有猪、鸡、鸭、牛、羊、兔、鱼等一般畜、禽、水产系列饲料及甲鱼、牛蛙、鹌鹑、对虾、鳗鱼、宠物等特种饲料共100多种。饲料生产277.23万吨，比上年增长9.80%。其中：配合饲料252.63万吨，占91.10%；浓缩饲料20.10万吨，占7.25%；添加剂预混合饲料4.50万吨，占1.62%。实现工业总产值81.10亿元，增长7.41%，在全市工业门类中排第二。饲料产品质量合格率95.30%。

【饲料安全监管】 2009年，南宁市根据农业部、自治区水产畜牧兽医局《农产品质量安全整治暨农产品质量安全执法年活动实施方案》，组织开展饲料质量专项整治行动、产品质量安全执法年活动和打击添加非食用物质活动，印发《饲料和饲料添加剂管理条例》等宣传材料5.88万份，出动执法人员1.26万人次，检查生产经营企业8200家次，其中规模畜禽养殖场（户）3900家次、水产养殖场（户）314家次，兽药、饲料生产经营企业（店）3200家次，奶牛养殖场和生鲜乳收购站156家次。抽检样品2.22万批次，其中水产品139批次，饲料产品1200批次，兽药产品245批次，平均合格率99.90%。查处问题162起，取缔无证经营企业1个；查获违法饲料340公斤，其他产品1700公斤。

（张 超 黄剑峰 黄 琦 曾绍军 韦兰锋）

民政工业

【概 况】 2009年，南宁市民政工业企业有28家，从业1524人（残疾职工701人）。民政工业企业在激烈的市场竞争中，加强内部管理，开展技术改造和创新，开发新的产品，发挥福利企业自身优势，开拓市场，大部分企业实现年度生产经营目标。共完成工业总产值4.34亿元，销售收入4.34亿元，利税总额1832.90万元。 （黄 伟）

2009年南宁市主要民政企业情况

企业名称	主要产品	工业总产值（万元）	销售收入（万元）	退税（万元）	从业（人）
广西合信精煤加工有限责任公司	原煤悍选加工	13982	13982	465.50	133
市五龙车桥有限责任公司	农用车桥	3863	3863	73.50	21
广西佳利工贸有限公司	PAP管材生产	6500	6500	29.00	26
市家友电线电缆厂	电线电缆	5321	5321	192.50	35

责任编辑 孙贵寿

农 业

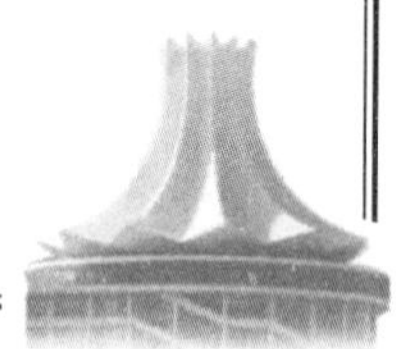

农业综述

【概 况】 2009年，南宁市实现农林牧渔业总产值351.20亿元，比上年增长5.80%。其中：农业182.64亿元，增长4.40%；林业13.21亿元，增长11.72%；畜牧业124.07亿元，增长5.47%；渔业14.50亿元，增长8.70%；农业服务业16.77亿元，增长18.30%。产业结构中，农业、林业、农业服务业比重上升，渔业、畜牧业比重下降。各业占农林牧渔业的比重分别为：农业52.01%，提高1.68个百分点；林业3.76%，提高0.35个百分点；畜牧业35.33%，降低2.43个百分点；渔业4.13%，降低0.09个百分点；农业服务业4.77%，提高0.49个百分点。

农作物播种面积91.52万公顷，比上年增加0.58万公顷，增长0.63%。其中：粮食种植面积43.56万公顷，增加0.36万公顷，增长1.91%；经济作物种植面积27.26万公顷，减少1.03万公顷，下降3.64%；其他农作物种植面积20.70万公顷，增加0.79万公顷，增长3.96%。各类经济作物（含其他农作物）种植面积占农作物总播种面积52.40%，降低0.60个百分点；粮食作物和经济作物的种植面积比例为1:1.10。

粮食总产量209.11万吨，比上年增产3.62%，粮食生产连续5年增产；蔬菜产量332.86万吨，增产3.71%；水果产量104.52万吨，增产42.96%；甘蔗产量1226.30万吨，减产18.59%；花生产量9.98万吨，增产11.57%；木薯产量53.32万吨，增产9.83%。

肉类总产量58.31万吨，比上年增长6.36%。其中：猪肉34.55万吨，增长7.10%；生猪出栏470.83万头，增长6.87%；生猪存栏325.24万头，增长3.70%；禽蛋产量1.96万吨，增长11.29%；牛奶产量4.38万吨，增长8.45%；水产品产量18.02万吨，增长8.84%。

木材产量193.42万立方米，比上年增长24.85%。共造林9274公顷。其中：用材林9217公顷，下降24.05%；经济林57公顷，增长1.04倍。幼林抚育作业面积7.50万公顷，增长8.18%。育苗面积487公顷，增长0.21%。全市森林覆盖率43.15%。

农村用电量7.34亿千瓦时，比上年增长10.43%。化肥使用量（折纯）41.37万吨，增长2.04%。1395个行政村，通汽车1392个，占99.78%；通电话1386个，增加3个，占99.35%；通自来水1242个，增加23个，占89.03%。

农民人均纯收入4521元，增长13%。农民人均纯收入增幅超过城镇居民人均可支配收入增幅0.47个百分点，实现历史性突破。农民人均纯收入增幅连续4年超过全国平均数，进一步拉近与全国农民纯收入平均值的差距。

【为民办实事项目】 2009年，市委、市政府决定在全市50个自然村进行生态家园建设，并列入为民办实事项目。农村生态家园建设主要内容包括：村庄规划、屯内道路硬化、沼气池、农民住房立面装修、农村环境卫生综合整治、绿化美化等。计划投资1755.90万元，其中市财政补助750万元，县区财政配套262.30万元，群众自筹743.60万元。至年末，实际到位资金2011.85万元，到位率118%。其中：市财政补助750万元，到位率100%；县区配套385.20万元，到位率147%；群众自筹876.65万元，到位率118%。完成投资2011.85万元，占计划投资115%。农村生态家园建设取得明显成效：一是村容村貌明显改观。50个生态家园村都建有文化活动室、灯光球场，实现屯内道路水泥硬化，进行改厨、改厕、改圈，适应建设沼气池入户率80%以上。部分村还开发农业观光、乡村民俗文化、休闲度假、自然生态旅游等项目。二是农民收入明显增加。生态家园建设以产业发展为主攻方向，大力发展生态农业和优势特色产业，打造“一村一品”，实现产业富村，50个开展生态家园村建设的农民收入普遍都高于全市平均水平。其中，宾阳县9个生态家园村大多数被定为县级“六村”（专业、信息、信用、规划、协会、文化）建设的专业村和协会村。三是乡村文明明显提升。通过文化体育设施建设，促进农村文体活动发展和精神文明建设，同时深入开展宣传党的政策进家、促进先进文化进家、传递致富信息进家、倡导文明习惯进家和“和谐建设在基层”活动，基本实现文明和谐新农村。四是农民参与新农村建设意识明显增强。建立健全屯组织、村民民主管理机构和村规民约，实行民主管理；农村生态家园建设坚持以“一事一议”方式进行，对项目的申报、筹资方式、项目实施、管理方式、资金管理等工作由村民代表大会、村民会议等充分酝酿、讨论表决，全村户代表签字按手印形成决议，由村委组织实施申报、筹资、管理，使民主管理制度得到落实，农民参与新农村建设意识明显增强。 （李富益）

【香蕉促销】 2009年末，全市重种的香蕉成熟集中上市，恰逢寒潮来得早，低温冻害影响时间持续，北方道路结冰封路，香蕉无法北上运输造成积压，秋冬香蕉上市高峰期出现了前所未有的销售困难。中共中央和国务院高度关注南宁香蕉滞销问题，中共中央总书记胡锦涛亲自批示广西要搞好香蕉销售工作，确保农民收入。南宁市各级党政领导及时采取一系列促销措施：一是领导高度重视，把香蕉促销作为当前执政为民、关注民生、为民解忧的重要工作来抓，做好主产区香蕉外销协调服务工作。二是实行运输补贴，促进香蕉销售。首次启动香蕉外销运输补贴和蕉农销售直补应急措施，2009年11月22日至12月31日，市财政拨

南宁香蕉丰收　　周家志　摄

出专项资金补贴香蕉运输业主和种蕉户，在自治区对20吨以上（含20吨）的运输车辆每辆补贴500元的基础上，再补贴300元，并对交售香蕉给采购商的种蕉户按每公斤0.04元给予补贴，两项共补贴800多万元。三是倡议市民购买“爱心香蕉”，动员全市各级机关、企事业单位购买本地香蕉，开展“情系蕉农”系列活动。四是做好产销对接，扩大香蕉外销。五是加强技术指导，延缓香蕉上市。及时组织技术人员到西乡塘、隆安、武鸣等香蕉主产县区，对未能采收的香蕉采取覆膜防寒、果实套袋和采用延期上市技术，避开销售高峰期。（粟继军）

【农产品质量安全】　2009年，南宁市组织开展农产品质量安全年暨农产品质量安全执法年活动、农产品质量和安全年等专项整治行动，将“放心菜”工程作为为民办实事的一项工作，组织全市农业干部职工开展《农产品质量安全法》学习培训。建立例会、通报、告知、曝光、举报追溯5项工作制度。联合工商、质监、安监、公安等部门，深入村屯开展高毒高残留农药专项整治行动，建立一批农业标准化示范基地，由180多名专业农技人员组成农产品生产质量安全检测队对生产进行监管。全年市各级农业部门对160万批次的蔬菜、水果、粮油等农产品农药残留进行监测，结果表明，农产品质量安全合格率98%以上。没收销毁农药残留超标蔬菜近13万公斤，有效地防止蔬菜等农产品农药中毒事件的发生。

（黄兰芳）

【农业执法】　2009年，市农业局履行市农资打假办公室工作职责，制定并组织实施《2009年农资打假工作方案》，联合工商、技术监督、水产畜牧、农机等成员单位，开展“放心农资下乡进村”、“打假护农保春耕”、“农资打假秋季行动”、“高毒农药专项整治”等专项行动，共出动执法人员2.07万人次，检查种子生产面积333.33公顷、农资市场2620个次、生产企业6445个次，立案查处案件392件，捣毁制假窝点2个，罚款250多万元。市农业执法支队进行市场农药质量抽检100个样品、肥料抽检50个样品，对8家肥料生产企业质量保证和质量控制条件进行考核，对35家次肥料生产企业82个肥料产品转正、续展登记进行抽样送检。共立案查处案件20件，罚款10万元，销毁高毒农药7.50吨。（甘保杰）

【农业招商引资】　2009年，南宁市利用桂港、桂澳、桂台和泛珠三角省会城市经贸合作及自治区农业系统开展的“农业南北合作活动”平台，与泛珠三角、长三角及台湾等区域的农业合作，成功引进湛江腾飞农业、福建格霖农业、深圳馨海农业、山东大染坊丝绸等一批项目落户南宁。利用中国—东盟博览会平台，推动与东盟国家的农业交流合作，赴老挝、缅甸、菲律宾、泰国、越南等东盟国家开展农业交流和考察访问活动，农业对外合作和资金引进取得新进展，农业合同引进内资5.30亿元，实际到位内资2.45亿元，实际利用外资200万美元。其中种植业（不含养殖业和县区数）新签项目4个，合同引进资金3.80亿元，完成市下达任务108.57%；新增内资到位项目5个，金额1.22亿元，完成任务174.29%；实际利用外资200万美元，完成任务100%。

（马　战）

【农业抗灾】

春　旱　2008年冬至2009年春，南宁市气温偏高、降水量偏少（与常年同期比偏少8~10成），各县区不同程度出现旱情。至3月9日，全市共有4.55万公顷农作物受旱，其中轻旱3.07万公顷，重旱1.11万公顷，干枯0.47万公顷；水田缺水1.71万公顷，因旱造成18.96万人、9.14万头牲畜饮水困难。3月2日，南宁市及时召开全市春耕生产现场会，突出“抗旱促春耕”主题，提出“科学抗旱、分类指导、水肥并进、早促早发、防控病虫”抗旱促春耕的五条措施，指导各县区群众开展抗旱促春耕生产工作。第一季度抗旱投入25万多人、机具设备2.26万台套、经费1114万元、用电378万度、用油888吨，累计完成抗旱浇灌面积4.40万公顷。

局部冰雹　4月12日下午，隆安县在强对流天气影响下，局部遭受罕见暴雨冰雹袭击，造成大面积农作物受损。受灾乡镇4个，其中雁江镇、城厢镇最为严重，其次是南圩镇和那桐镇。农作物受灾面积2906.67公顷，其中春玉米因灾绝收760公顷，直接经济损失1630万元。受灾严重的地方大片玉米全部倒地断杆断叶；甘蔗、瓜类、蔬菜叶片全被打烂；早稻新抛秧苗被大风吹散，部分秧苗被冰雹打断打伤，造成严重缺苗缺秧；果树花、果、叶几乎落光，芭蕉整块断茎，损失严重。灾情发生后，副市长温守荣实地察看灾情、指挥抗灾救灾。农业部门和县直各相关单位，调查核实受灾情况，分类指导受灾农作物的管理，组织灾民开展生产自救和灾后重建各项工作，努力把因灾损失降至最低。

强降雨　受高空槽、切变线和地面弱冷空气共同影响，从5月16日晚至20日，南宁市部分县区出现大雨、部分暴雨、局部大暴雨的天气过程，主要集中在宾阳、横县、武鸣、上林、马山等县。由于降雨范围大，部分县不同程度受灾。至5月20日，有5个县区30个乡镇180个村屯受灾，受灾人口2.41万，农作物受灾面积1706.67公顷，其中粮食作物1400公顷，经济作物306.67公顷；成灾面积860公顷，其中粮食作物673.33公顷，经济作物186.67公顷，绝收面积13.33公顷。因灾毁坏水利渠道0.35公里、损失鱼类32.14吨、减少粮食647.02吨，造成农业直接经济损失153.85万元，其中种植业直接经济损失99.85万元。由于4月下旬以来没有一场大的降雨，气温偏高，部分县区已出现不同程度的旱情，因此此次强降雨也有缓解旱情的一面。降雨使部分地势低洼田块的农作物受淹，主要是玉米、早稻、甘蔗等作物受灾。各县区政府针对降雨趋于结束，部分被淹稻田水已退尽的情况，及时组织群众对涝渍田块抢排积水，扶起倒伏稻株；同时加强病虫害防治。

水稻两迁虫害　进入6月后，全市水稻已逐步进入抽穗期，也是病虫害防治的关键时期。上半年，水稻病虫害发生程度为中等（3级），发生面积37.67万公顷次，水稻“两迁”害虫（稻飞虱、稻纵卷叶螟）发生略轻于上年同期。主要病虫害包括：属局部中等偏重发生的病虫害主要有稻飞虱、稻纵卷叶螟和稻纹枯病；病虫害属中等偏轻发生的有三化螟、稻瘟病；上林、宾阳、横县等部分县鼠害较往年偏重发生。第三代稻飞虱后期（6月下旬至7月上旬）有一明显迁入高峰，危害迟熟早稻及中稻稻田。针对水稻病虫害特点，农业部门高度重视，并采取积极措施进行有效防治。至6月19日，全市水稻病虫害开展防治面积34.67万公顷，占应防治面积92%以上。灾情发生后，南宁市采取有效措施应对虫害，一是继续抓好监测预警。要求各级农业（植保）部门针对局部偏重发生的特点，进一步扩大监测区域、普查范围和调查田块数量，更加准确地掌握各种病虫害的发生动态，并及时发布病虫情报，为上级有关部门提供决策参考。二是深入田间地头，指导农户防治。按照自治区和南宁市2009年水稻重大病虫害防控工作方案的要求，进一步落实防控责任，各级农业技术人员集中精力，投入到早稻后期病虫防控工作中去，做到每一个大的片（区）都要有1名以上的农技人员负责指导，不留监测死角。三是抓好统防统治，增强应对能力。要求各县区充分认识机械化专业防治和统防统治“快速、准确、高效”的标准化防控示范、带动作用，充分利用好自治区和南宁市配发的防控专业机械和防控资金，把早稻后期的防控战作为应急工作的实战演习，扩大防治宣传，带动防控工作深入开展。四是加强督查，促进防控工作全面开展。各级农业部门组织工作组，分头到各县区和乡镇、村屯督查指导病虫害防治工作。

强对流天气　8月25日中午，地处南宁—东盟经济开发区的正安农场遭受强对流天气（龙卷风、冰雹、暴雨）灾害。强对流天气自13时25分左右开始，至13时45分左右结束，持续约20分钟。受灾人口2650人，无人员伤亡；房屋倒塌4间、损坏82间；农业温室大棚损坏12座；农作物损毁面积654.20公顷，其中香蕉绝收面积328.53公顷；直接经济损失3208.06万元（农作物损失3200.32万元、农业温室大棚损失5万元、受灾房屋损失2.74万元）。灾情发生后，开发区管委会迅速成立救灾工作服务指导组，到受灾现场核查灾情，组织指导灾民开展救灾及灾后复产工作。自治区水果总站、市农业局相关领导和专业技术人员也及时赶到受灾现场进一步检查核实灾情，指导生产自救工作。

夏秋旱　进入8月，由于持续高温少雨天气，南宁市出现不同程度的旱情，加上部分水库正在除险加固施工中，无法蓄水。至8月下旬，全市水库有效蓄水量9.30亿立方米，占有效库容56%，比上一旬少0.81亿立方米，比历年同期少0.15亿立方米，比上年同期少2.89亿立方米，造成7座水库干涸，48眼机电井出水不足。据9月10日统计，全市有12个县区107个乡镇、1703个村屯出现旱情，受旱人口180万；其中9.78万人、3.42万头大牲畜饮水发生困难，农作物受灾面积13.39万公顷，其中粮食作物5.58万公顷，经济作物7.81万公顷；农作物成灾面积4.11万公顷，绝收面积1880公顷。市各级农业部门根据作物受旱程度、生育进程和旱情发展趋势，按照因地制宜、突出重点的原则，进一步加强与气象、水利、民政等有关部门的联系与合作，通过加强旱情监测、广辟抗旱水源、推广旱作节水技术、挖掘抗旱潜力、加强病虫害防治、搞好田间技术指导和服务等措施，全力做好农业抗旱救灾工作，减轻旱灾造成的损失。至9月10日，全市投入抗旱人数71.92万人，投入的抗旱设施有：机电井1216眼，泵站1798处，机动抗旱设备5.65万台套，总装机容量18.19万千瓦，运水车3394辆。投入抗旱经费3032万元，其中财政拨款106.50万元，群众自筹2925.50万元。抗旱用电1407万度，用油2378吨。抗旱浇灌面积8.88万公顷；解决人、畜饮水困难14.33万人和7.28万头。

（杜　勇）

农业产业化

【龙头企业】　2009年，南宁市共有农业产业化重点龙头企业103家，比上年增加19家。其中年销售收入亿元以上33家，10亿元以上5家；年产值500万元以上农产品加工型龙头企业67家；自治区级以上重点龙头企业30家。其中，国家级和自治区级重点农业产业化龙头企业落户南宁市的数量和实力列居全自治区第一。以南糖、黑五类、国泰粮食、金穗农业、明阳生化、丰林木业、华劲林纸、百洋渔业、富丰畜牧、皇氏乳业、农垦糖业等一大批农业产业化龙头企业位居全自治区乃至全国行业前列，通过龙头企业和农民专业合作经济组织带动，优质粮、甘蔗、桑蚕、木薯、香蕉、花茶、甜玉米、林木、畜牧、水产等优势特色产业加快了聚集，形成以南糖集团等为主导的蔗糖产业龙头企业群、市储备粮等公司为主导的优质粮食产业龙头企业群、明阳生化等公司为主导的木薯产业龙头企业群、杜华茧丝绸等公司为主导的桑蚕龙头企业群、广西金花茶业等公司为主导的花茶产业龙头企业群、广西集盛食品等公司为主导的甜玉米和食用菌产业龙头企业群、华劲林纸和丰林木业等公司为主导的林纸产业龙头企业群、皇氏乳业等公司为主导的乳业龙头企业群。广西万利来食品、广西金穗农业和振企农业等龙头企业的水果产业集群化特点突显。

【种养基地】　2009年，南宁市各类产业化经营组织带动粮食、甘蔗、蔬菜、桑蚕、水果、木薯、用材林等种植基地面积66.66万公顷以上，猪、牛、羊等牲畜出栏近500万头（只），鸡、鸭、鹅等家禽出栏近1亿羽，罗非鱼养殖面积5333.33公顷以上，产业化基地专业化、规模化、标准化和质量安全水平不断提升。“一村一品”、“一乡一业”不断发展。“一乡一业”发展比较明显的有横县横州镇等3个，“一村一品”发展比较明显的村有横县石井村（茉莉花）、云表社区（食用菌）、旺庄村（种桑养蚕），宾阳县大罗村（小五金），西乡塘区金陵村（香蕉）等25个。2月，横县横州镇获2008年广西“一乡一业”发展示范乡镇称号，被自治区政府办公厅命名为广西茉莉花之乡。

【农民合作社】　2009年，南宁市有农民专业合作经济组织480个，其中农民专业合作社380个。会员约7万户，辐射带动263万人，会员增收1.40亿元，户均增收2000元。获自治区认定“合作之星”7家。农民专业合作组织涵盖种、养、加、销等领域，涉及水果、蔬菜、桑蚕、食用菌、畜牧、水产、林产等20多个产业。其中，横县围绕优质粮、桑蚕、茉莉花、甜玉米、食用菌、水产、畜牧、农机等产业，引导农民大力发展农民专业合作社，组织开展标准化生产，提高各类农产品的质量水平，全县共有农民专业合作社154个，占全市农民专业合作社40.50%。

【产业联结机制】 2009年，南宁市农业产业化组织采取订单、合作、股份合作等较为稳定的利益联结形式，占所有合作方式的比重80%。产业化经营组织共辐射带动农户250万户发展农业生产，比上年增长8%。农业产业化主要经营模式有价格联动、公司+农户、公司+基地+农户、公司+合作组织+农户、合作社+农户和专业市场+农户等6种。

（刘永秀 廖 勤 梁玉珍）

农业科技

【概 况】 2009年，南宁市引进超级稻组合等农业新品种80多个，种养业主要品种良种率95%以上，超级稻大面积推广、“三免三避”（水稻免耕抛秧、玉米免耕栽培、马铃薯稻草覆盖免耕栽培，避雨、避寒、避晒）和间套栽培技术等推广成效显著。其中，超级稻引进示范推广和蚕桑高效种养技术研究、集成及示范推广项目分别获市科技进步一、二等奖，杂交玉米新品种瑞恒269号等大面积示范推广和迟熟龙眼优良品种选育及示范推广项目同获市科技进步三等奖。

【种子工程】 2009年，南宁市在武鸣县、上林县、马山县、横县、宾阳县建立水稻新品种试验点5个，引进新品种51个（超级稻新品种12个）进行试验示范。试验展示面积20公顷，参试单位14个。通过试验展示，全面、客观、科学地评价引进的新品种，筛选出天优3301、特优639、Z优272、鑫赣688等高产优质、商品性好、有市场潜力的新品种。 （黄荣芳）

【“三免”技术推广】 2009年，南宁市推广水稻免耕抛秧技术10.46万公顷。其中，上半年3.36万公顷，下半年7.09万公顷。平均公顷产6333公斤，比常规抛秧每公顷增产130.50公斤，增幅2%，总增产1364.40万公斤，每公顷节本增收600元，总节本增收6273万元。推广玉米免耕栽培技术3.33万公顷。其中，上半年2.09万公顷，下半年1.24万公顷。平均公顷产4924.50公斤，比常规栽培平均公顷增产375公斤，增幅8%，公顷节本增收900元，总增产1500万公斤，总节本增收2994.60万元。2008年冬至2009年春推广稻田马铃薯免耕栽培技术1.05万公顷，平均公顷产鲜薯2.16万公斤，总产鲜薯2.27亿公斤，比常耕平均公顷增产3030公斤，公顷增产15.90%，总增产3191.60万公斤，总增收2480万元以上。推广的品种主要有费乌瑞它、紫花K3、东农303、中薯213、大西洋、合作88、早大白等。

【水稻好气栽培技术推广】 2009年，南宁市共推广水稻好气栽培技术1903.33万公顷，最高公顷产8707.50公斤，全年平均公顷产7974.75公斤，总产1517.86万公斤，总产值2428.58万元，比对照公顷增产765.45公斤，比对照公顷增收1224.75元。

【间套种植技术推广】 2009年，南宁市农作物间套种推广面积共6万公顷，比上年增加1.67万公顷。间套种主要包括甘蔗地、木薯地和幼龄果园等间套种豆类、瓜类以及其他经济作物。

【超级稻新品种试验】 2009年，南宁市引进籼粳杂交甬优系列水稻新品种21个，初步筛选出E446等品种（组合）2~3个，加强对甬优6号、11号、12号、13号、17号、22号等示范推广种植，示范种植最高公顷产1.11万公斤。进行超级稻甬优6号、博Ⅱ优859不同钾肥施放方式、不同种植模式、不同秧龄对比等试验，为大面积推广甬优系列及超级稻品种提供理论依据。 （邝伟生）

【蔬菜新品种引种】 2009年，南宁市从各地引进蔬菜新品种9个。其中，引进产量高、品质好、硬度强、耐贮运的荷兰大果型番茄；引进结果多、甜度高、抗病性强的台湾水果小番茄。在武鸣县、青秀区等地大面积连片推广种植番茄良种333.33公顷。示范推广粗生易长、产量高桂蔬一号黑皮人冬瓜，公顷产506.67公斤。推广适合大棚种植天绿甜瓜以及各式食用野菜，在上林县、武鸣县建立蔬菜良繁基地3.33公顷，繁制211丝瓜、毛节瓜、豆角、苦瓜等良种2500公斤，引进各类蔬菜良种1000公斤，推广面积1066.67公顷。试种日本甘蓝与大白菜杂交的“白蓝”08种。 （陈喜平）

【甜瓜新品种示范推广】 2009年，南宁市继续抓好“薄皮甜瓜新品种选育与大面积推广应用”项目的实施。从2007年1月至2009年6月，选育出具有广西自主创新、自主产权的含多元基因薄皮甜瓜组合（品种）——“广蜜一号”，累计推广面积6000多公顷，建立中心示范样板片8个，示范面积173.33公顷。其中2009年推广“广蜜一号”1733.33公顷，公顷产1.95万公斤，比丰甜一号公顷增收2050公斤，增产11.75%。；建立邕宁区蒲庙镇、青秀区长塘镇2个示范片，示范面积83.33公顷，其中，邕宁区蒲庙镇示范片36.67公顷，青秀区长塘镇示范片46.67公顷。

（邝伟生）

【蔬菜基地建设】 2009年，南宁市、城区两级财政共投入建设资金540万元（其中市财政投入440万元，城区财政配套100万元），基地自筹560万元，在西乡塘、江南、青秀、良庆区和武鸣县开发建设5个无公害蔬菜生产基地，面积160公顷，建成自动喷灌、滴灌面积67公顷，育苗及栽培大棚250个4.50万平方米，打机井1口，建水塔2座、高位蓄水池2座，铺设PUC输水管道1.36万米，架设输电线路3条，安装变压器2台、水泵5台、频振式杀虫灯50盏，建三面光排灌渠道4500米，修建机耕道3500米，平整土地90公顷，建农民技术培训室、蔬菜检测室各1间。 （周冠群）

【病虫害防治】 2009年，南宁市农作物主要有害生物总体发生程度为中等偏轻局部中等，发生总面积180.17万公顷，其中水稻病虫害64.02万公顷，玉米病虫害9.07万公顷，甘蔗病虫害19.53万公顷，蔬菜病虫害26万公顷，农田鼠害25.41万公顷。实施防治总面积159.05万公顷，共挽回粮食作物损失61.70万吨，挽回经济作物损失120万吨，总体防效90.30%。组建重大病虫应急防治专业化队伍57个，配备专业防治器械495台，共投入统防统治经费33万元，实施示范防治面积1.91万公顷。开展以农业防治、生态控害为基础，以频振式杀虫灯、性诱剂、黄板等物理防治为核心，以科学安全用药为辅的病虫无害化治理集成技术示范工作，共推广应用频振式杀虫灯480台、果蝇性诱捕瓶3000个、粘虫黄板3500片，实施应用面积2286.67公顷。实施种子产地检疫1224公顷，复检种子327.20万公斤，签发种子调运检疫249.75万公斤；苗木产地检疫357.60公顷，复检苗木149万株，签发苗木调运检疫129.27万株；农产品调运检疫2980万公斤。发现新植物疫情疫点3个，出动疫情防控人员327人次，投入防控经费25.70万元，投放防控物资27吨，有效减缓外来有害生物重大疫情的扩散蔓延。

（黄树生）

【测土配方施肥】 南宁市从2006年开始实施国家测土配方施肥资金补贴项目以来，至2009年，全市12个县区都参与实施国家测土配方施肥资金补贴项目，累计完成测土配方施肥面积32.97万公顷。其中，主要作物水稻18.86万公顷，玉米5.62万公顷，甘蔗4.41万公顷，经验收，应用测土配方施肥后水稻平均公顷增收稻谷300公斤，总增产5.66万吨，增幅4.87%；玉米公顷增产484.50公斤，总增产2.73万吨，增幅7.87%；甘蔗公顷增产4927.50公斤，总增产21.73万吨，增幅7.89%。项目实施过程中共建立中心示范点76个，示范面积2.23万公顷；完成各类肥料试验165个，其中“3414”类小区试验（指研究氮、磷、钾3个元素，每个元素设置4个研究水平，14个小区）90个，对比示范试验75个；共采集化验土壤、植株样品1.11万个；6县土肥站已完成化验室建设并投入使用，3个城区化验室正在建设中，已完成化验4.03万项次。配合百万亩超级稻项目的实施，在武鸣、宾阳、横县、马山、隆安、良庆、青秀等县区布置实施肥料小区试验7个、对比试验21个，主要有不同土壤类型施肥量的试验、不同造别施肥量的试验、不同超级稻组合施肥量的研究、不同施肥时期的试验等内容，以进一步探索和推广超级稻的施肥技术。

【沃土工程】 2009年，南宁市继续实施以提高耕地综合生产能力和肥料利用率为目标的沃土工程，以“增”（增施有机肥）、“提”（提高肥料利用率）、“改”（改良土壤）、“防”（防止土壤退化）手段，重点推广有机肥资源综合利用、绿肥种植、改土培肥等技术，创建安全、肥沃、协调的土壤环境条件，完成2.85万公顷，占自治区农业厅下达任务的101.74%。此外，推广以水稻、玉米、甘蔗、香蕉、大豆、花生等作物秸秆为主的秸秆还田面积32.20万公顷，占自治区农业厅下达任务的100.64%。引进推广农化抗旱技术、产品，进一步发展微喷灌、滴灌技术，发展节水农业9.15万公顷，占自治区农业厅下达任务105.63%。还针对耕层浅瘦、潜育、干旱灌溉型等中低产田类型，分别采取增施有机肥、逐年加深耕作层、开沟治潜、节水灌溉等不同改良措施，实施中低田改良2.14万公顷，占自治区农业厅下达任务的103.58%。全市化肥用量日趋合理，化肥利用率逐年提高。全年农业化肥用量为83.53万吨。其中，氮肥26.62万吨，磷肥17.51万吨，钾肥11.93万吨，复合肥27.47万吨。按全市年播种面积178.67万公顷（含复种面积）计算，每公顷用肥量468公斤。其中，每公顷施用氮肥149公斤，磷肥98公斤，钾肥66公斤，复合肥155.50公斤。

（黄武杰）

【农业技术培训】

转移就业培训 2009年，南宁市继续实施国家农业部农村劳动力转移就业培训阳光工程项目，开设汽车驾驶、农机驾驶与维修、微机操作、计算机应用、电工、焊工、沼气工、村级动物防疫员、机防手、乡村旅游服务员、农村建筑工匠和农民专业合作社负责人等专业，培训学员5200人，完成任务100%。

农业实用技术培训 全市派出专家、农技人员2.50万人次组成各种服务队、辅导团深入村屯开展实用技术培训4740期，发放书籍5.60万本、实用技术资料明白纸119.80万份、光盘2650盘。开展“三免三避”技术、间套种技术、测土配方施肥技术、种桑养蚕技术、超级稻栽培技术、病虫害无害化防治技术等农业实用技术培训，培训29.70万人，完成全年任务105.38%。开展安全生产知识、城市生活常识、求职应聘知识、艾滋病防治知识、电工、计算机、保健、电子、建筑等方面的引导性培训和职业技能培训，培训农村劳动力19.80万人，完成全年任务148.30%。新增外出务工人员11万人。

返乡农民工创业培训 在武鸣、宾阳、横县、上林4个县各选择10个自然村为项目重点村，每个村20个重点农户，共扶持800个重点农户分别开展创业培训14个学时。全市申请参加农业部门利用广西就业创业基金开展农业实用技术培训的返乡农民工560人，使用资金11.20万元（南宁市补助标准为每人200元）；申请从事规模种植创业有710人，其中武鸣县230人、横县280人、上林县140人、宾阳县60人。

农村中等专业实用人才培养学历教育 2005~2009年共招收农村中专学员4009人，超额完成自治区下达南宁市5年招收培养3000名学员任务。其中，2009年招生1016人，超额完成自治区下达960人的任务。年内，全市农村中等专业实用人才培养在校生2171人，开设桑蚕、农业经济管理、种植、畜牧兽医4个专业，学员主要是村委干部、农民技术员、村动物疫病防治员、种养大户等。其中，党员村干786人，占36.20%。2007级的907名学员中，已有836人完成两年学业，于7月毕业，毕业率92.20%，为农村培养了一批不离乡、不离土、留得住、用得上的实用人才。

粮食种植业

【粮食生产】 2009年，南宁市抓好粮食生产良种良法推广和支农惠农政策落实。粮食播种面积完成43.56万公顷，比上年增加0.82万公顷，增长1.91%，其中超级稻推广8.42万公顷，增加1.60万多公顷；粮食总产量209.11万吨，增产7.30万吨，增长3.62%；粮食公顷单产4800公斤，增产75公斤，实现面积、总产、单产同步增长目标，首次连续3年获粮食总产增产7500万公斤以上，在自治区政府2009年粮食生产目标责任考评中，总评分名列广西第一名，被自治区粮食生产联席会议办公室评为广西粮食生产先进市。

【优质谷生产】 2009年，南宁市优质谷播种面积减少，单产、总产增加。播种面积29.03万公顷，比上年减少1.97%；公顷单产3726公斤，增长3.04%；总产量151.70万吨，增长1.01%。

【玉米生产】 2009年，南宁市玉米生产推广应用农作物间套种技术，播种面积、单产、总产量增长幅度大。播种面积10.53万公顷，比上年增长6.65%；公顷单产4656公斤，增长1.26%；总产量49.03万吨，增长8%。推广应用模式有玉米套种大豆、玉米套种木薯。

【豆类生产】 2009年，南宁市推广木薯套种大豆种植技术，播种面积、单产、总产量大幅增长。播种面积2.33万公顷，比上年增长14.16%；公顷单产1549.50公斤，增长1.34%；总产量3.61万吨，增长15.71%。

【薯类生产】 2009年，南宁市薯类播种面积1.63万公顷，公顷单产2886公斤，总产量4.71万吨，比上年增长8%。

【油料生产】 2009年，南宁市油料播种面积4.03万公顷，油料总产量首次突破10万吨大关，为10.02万吨。 （田乙凤）

经济作物种植业

【糖料蔗生产】 2009年，南宁市糖料蔗种植面积15.49万公顷，平均公顷产67.50吨。当家品种主要为新台糖22号，占糖料蔗种植面积50%以上。新的高产高糖品种如台优、粤糖00236、桂糖21号、桂糖02/901、桂糖97/69、赣蔗18号、福农15号等种植正在进一步示范推广。

【木薯生产】 2009年，南宁市木薯种植面积5.49万公顷，总产量53.32万吨（干片），面积与产量分别比上年增长6.30%、9.80%。主要产区分布在武鸣县，面积2.55万公顷；其次是隆安县和西乡塘区。当家品种为华南205，占总面积90%。此外，重点推广华南5号、南植199；品试观察与繁育的品种有桂热3号、华南8号、新选048。主要实施加大钾肥、深耕整地等高产配套技术和覆盖、间套种、测土配方施肥等节本增效技术。全市共有木薯淀粉生产企业56家，年产木薯淀粉81.50万吨，其中武鸣县有中小淀粉企业33家。受金融危机影响，年初淀粉滞销价低，年中有所回升，年末升至每吨2500元，木薯干片价每吨1300元，农民种植木薯收入6.93亿元。 （曾建国）

【桑蚕生产】 2009年，南宁市桑园面积有2.68万公顷，比上年减少4.20%；桑蚕茧产量5.52万吨，增长1.30%；蚕茧产值11.90亿元，增长23.40%，为全市农业人口人均创收243元、人均增收56元。主要蚕区分布在横县、宾阳县、上林县、武鸣县、邕宁区、良庆区。重点推广两广二号、桂蚕一号蚕品种；桑品种为桂桑系列。小蚕共育率超过60%；方格簇应用率接近40%。有桑蚕专业合作组织40个，蚕种生产场（站）5家，年产桑蚕普种31万张。茧丝加工主要以缫丝出口为主，有茧丝加工企业14家，自身消化茧量约占全市总量的三分之一，年生丝产量3801吨，缫丝工业产值4.50亿元。年内，完成“南宁市桑蚕业发展关键技术研究与产业化示范推广”重大科技项目的验收与鉴定工作，并获市科学技术进步一等奖。

（曾建国 宋桂荣）

【茶叶生产】 2009年，南宁市茶园面积有2098公顷，比上年增加248公顷，增长13.40%；采摘面积1904公顷，增长7.30%。茶叶总产量2628吨，增长9%，其中绿毛茶2377吨，占茶叶总量90%以上。茶叶主要产区集中在横县、武鸣县和上林县，其中横县茶园面积1531公顷，茶叶产量1828吨，面积和产量分别占全市的73%和70%。

【茉莉花生产】 2009年，南宁市茉莉花种植面积4023公顷，产量5.32万吨。横县为茉莉花主要生产区，种植面积3969公顷，产量5.26万吨，是全国最大的茉莉花生产基地和花茶重要集散地。其中，种植面积较大的有横州镇、那阳镇、云表镇。2月20日，横州镇被自治区政府办公厅命名为广西茉莉花之乡。位于横县校椅镇石井村的中华茉莉园，集生产、加工、科研、推广、示范、文化、观光、旅游于一体，推动全市茉莉花标准化生产，全市有50公顷基地获有机茉莉花生产基地认证。花茶加工企业有110多家，主要品牌有“金花”、“郁江”、“石乳”、“南方”等。8月15~16日，第六届全国茉莉花茶交易会暨2009年广西横县“茉莉花节”在横县举行。

【西（甜）瓜生产】 2009年，南宁市西（甜）瓜种植面积3.61万公顷，产量85.72万吨，其中西瓜面积3.22万公顷，产量79.31万吨。主要产区为江南区、西乡塘区、兴宁区、良庆区、邕宁区、青秀区、横县和武鸣县，主要品种有花田王、黑美人、小麒麟、无籽瓜等。推广西瓜套种甘蔗、西瓜套种木薯等栽培技术1.50万公顷以上，90%以上的西瓜采用地膜覆盖等“三避”技术和嫁接栽培技术。5月9~10

2009年南宁市获广西有效期绿色食品获证产品情况

生产单位	产品名称	注册商标	绿色食品编号	产量(吨)
横县陶圩精米厂	大米	西津	LB-03-0710202643A	30000
市储备粮管理有限责任公司	金泰银针米	桂井	LB-03-0805201780A	2100
广西农垦糖业集团金光制糖有限公司	白砂糖	三冠	LB-12-0705201188A	72878
广西农垦糖业集团良圻制糖有限公司	白砂糖	涌泉	LB-12-0903200780A	60000
广西横县新凯糖业有限责任公司	白砂糖	蜜蜂	LB-12-0904201185A	80000
广西现代农业科技示范园	农科院葡萄	双熟	LB-18-0805201829A	600
广西农垦国有金光农场	红心橙	金光	LB-18-0904201219A	3500
	椪柑	金光	LB-18-0904201220A	1500
广西横县西津矿泉水有限公司	西津饮用天然矿泉水	西津	LB-38-0803200820A	5000
广西石乳茶业有限公司	茉莉花茶	石乳	LB-44-0809203331A	180
市聚银酒店公司莲蓉食品厂	纯正白莲蓉馅	聚盈	LB-51-0810203643A	50
	纯正红莲蓉馅	聚盈	LB-51-0810203644A	30
市金嘟来食品有限责任公司	红莲月饼（莲蓉类馅）	五心	LB-51-0906201990A	1
	五仁月饼	五心	LB-51-0906201991A	1
	金桂枸杞月饼（哈密瓜）	五心	LB-51-0906201992A	1
	紫米月饼（莲蓉类馅）	五心	LB-51-0906201993A	1

2009年南宁市获全国统一标志无公害农产品情况

产品名称	申请人全称	年产量(吨)
"八桂"牌青瓜	广西八桂农业科技有限公司	100
"八桂"牌番茄	广西八桂农业科技有限公司	100
"八桂"牌菜心	广西八桂农业科技有限公司	100
"十万大山"牌黄瓜	广西农垦企业总公司	825
荔枝	广西汇珍农业有限责任公司	20000
苦瓜	南宁桂乐农业综合开发有限责任公司	350
丝瓜	南宁桂乐农业综合开发有限责任公司	300
节瓜	南宁桂乐农业综合开发有限责任公司	350
茄子	南宁桂乐农业综合开发有限责任公司	150
菜心	南宁桂乐农业综合开发有限责任公司	1400
韭菜	南宁桂乐农业综合开发有限责任公司	50
辣椒	南宁桂乐农业综合开发有限责任公司	150
番茄	南宁桂乐农业综合开发有限责任公司	180
豆角	南宁桂乐农业综合开发有限责任公司	100
菜心	市蔬菜研究所	10
"鸿渐"牌茶叶	广西亚热带作物研究所试验站名优茶厂	200
黄瓜	兴宁区三塘镇农业服务中心	2400
豆角	兴宁区三塘镇农业服务中心	3300
毛节瓜	兴宁区三塘镇农业服务中心	2700
甜玉米	兴宁区三塘镇农业服务中心	540
菜心	兴宁区三塘镇农业服务中心	4320
"八桂"牌卷筒青	广西八桂农业科技有限公司	3600
"八桂"牌芥菜	广西八桂农业科技有限公司	3600
"八桂"牌芥蓝	广西八桂农业科技有限公司	3000
菜心	良庆区那马昌盛无公害蔬菜经济协会	126
豆角	良庆区那马昌盛无公害蔬菜经济协会	3000
黄瓜	良庆区那马昌盛无公害蔬菜经济协会	7200
苦瓜	良庆区那马昌盛无公害蔬菜经济协会	7200
辣椒	良庆区那马昌盛无公害蔬菜经济协会	3600
节瓜	良庆区那马昌盛无公害蔬菜经济协会	3150
茄瓜	良庆区那马昌盛无公害蔬菜经济协会	4200
空心菜	良庆区那马昌盛无公害蔬菜经济协会	100
小白菜	良庆区那马昌盛无公害蔬菜经济协会	900
大白菜	良庆区那马昌盛无公害蔬菜经济协会	1875
韭菜	良庆区那马昌盛无公害蔬菜经济协会	150
萝卜	良庆区那马昌盛无公害蔬菜经济协会	7200
玉米	良庆区那马昌盛无公害蔬菜经济协会	6000
辣椒	横县经济作物工作站	6000
甜玉米	横县经济作物工作站	18000
香蕉	隆安县农业技术推广站	65657
板栗	隆安县农业技术推广站	3318
豆角	武鸣县农业技术推广中心	1500
菜心	武鸣县陆斡镇桥东村蔬菜协会	2000
南瓜	武鸣县陆斡镇桥东村蔬菜协会	3000
番茄	武鸣县太平镇农业服务中心	36000
芥菜	良庆区那马昌盛无公害蔬菜经济协会	1500
叶用莴苣	良庆区那马昌盛无公害蔬菜经济协会	1500
豌豆	良庆区那马昌盛无公害蔬菜经济协会	500
结球甘蓝	良庆区那马昌盛无公害蔬菜经济协会	6000
大蒜	良庆区那马昌盛无公害蔬菜经济协会	750
马铃薯	良庆区那马昌盛无公害蔬菜经济协会	3000
"绿棉"牌黄瓜	市蔬菜研究所	36
"绿棉"牌芥菜	市蔬菜研究所	75
"绿棉"牌生菜	市蔬菜研究所	36
"绿棉"牌菜心	市蔬菜研究所	18
西甜瓜	南宁华侨投资区武帽实业公司	2100
菠萝	良庆区农业服务中心	16792
黄瓜	市尚农农业科技有限责任公司	315
番茄	市尚农农业科技有限责任公司	600

日，江南区举办首届"吴圩西瓜节"，吸引自治区内外客商前来参加。年内西(甜)瓜销售顺畅，春西(甜)瓜平均每公斤1.20元。 (兰张红)

【水果种植】 2009年是南宁市实施优果工程的第一年，经加大结构调整力度，优势特色凸显，水果产量创历史新高。水果种植面积9万公顷，产量104.50万吨，比上年增产31.40万吨，增长42.96%，产值18.77亿元。

香蕉生产 全市香蕉种植面积2.76万公顷，产量62.99万吨，比上年增产33.60万吨，增长114.10%，产值8.62亿元，首次名列广西第一。隆安县广西金穗农业投资有限公司建成全国最大的万亩以上香蕉标准化示范园区。南宁承接香蕉产业转移，成为国家"东蕉西移"的最大基地，有广东、福建等省的100多名业主来南宁市租地种香蕉，66.67公顷以上的种植龙头企业和大户有20多家，带动10万农户种植香蕉。香蕉产业初步形成规模化、基地化、产业化生产经营格局。香蕉主产区集中在西乡塘区、隆安县、武鸣县，常年香蕉种植面积和产量分别占全市香蕉总面积和总产量的83.44%和91.13%，集中连片、规模化、基地化的格局凸显。

荔枝生产 全市荔枝种植面积1.28万公顷，产量4.63万吨，比上年增长42.90%。

龙眼生产 全市龙眼种植面积1.90万公顷；产量9.56万吨，比上年减7.98%。 (粟继军)

【蔬菜生产】 2009年，南宁市蔬菜播种面积16.10万公顷，比上年增加0.60万公顷，增长3.90%；产量332.86万吨，增加12万吨，增长3.70%；实现产值52.10亿元，增加4.30亿元，增长9%。继续利用当地秋冬季温光、土地和劳力资源，大力发展以"南菜北运"、"西菜东运"为主的秋冬季蔬菜生产，产品主要销往北方地区和粤港澳地区，为优化农业种植结构，增加农民收入发挥了较大的作用。全市秋冬菜种植面积10.67万公顷，产量210万吨，产值28亿元。

【食用菌生产】 2009年，南宁市食用菌生产面积1380万平方米，总产量9.58万吨，产值5.28亿元。食用菌种植规模最大的是双孢蘑菇，面积1230万平方米，占总种植面积90%，其他品种生产面积分别为：平菇38万平方米，凤尾菇26万平方米，袖珍菇7万平方米，鸡腿菇3平方米，金福菇3万平方米。全市种菇农户4.29万户，从业8.74万人。规模食用菌加工企业有4家，年加工食用菌2.90万吨。

（周冠群）

水产畜牧业

【概　况】　2009年，南宁市畜牧业在克服困难中稳步增长，养殖方式进一步转变，结构调整步伐加快，畜禽养殖效益逐步提高，呈现出生产、需求和效益协调发展的良好局面。水产品养殖面积2.67万公顷，比上年增长11.93%；总产量18.02万吨，增长8.84%。其中，淡水养殖产量16.39万吨，增长7.96%；内陆捕捞产量1.58万吨，增长14.59%。肉类总产量58.31万吨，增长6.36%；禽蛋产量1.96万吨，增长11.29%；牛奶产量4.38万吨，增长8.45%。生猪出栏470.83万头，增长6.87%；家禽出栏1.27亿羽，增长7.60%；牛出栏19.97万头，增长7.69%；羊出栏18.39万只，增长9.40%；生猪存栏325.24万头，增长3.70%；牛存栏63.06万头，减少3.99%；家禽存栏4827.30万羽，增长6.30%；畜牧业产值124.07亿元，增长5.47%。

年内，市财政安排206万元扶持养殖户对生产基地进行标准化改建，扶持改造标准化池塘148.60公顷，新建龟鳖养殖池7000平方米，扶持建设生态网箱5000平方米。

【产业结构调整】　2009年，南宁市按照国家农村经济发展战略，根据水产畜牧业行业特点，加快产业结构调整，促进水产畜牧业规模化、标准化、产业化、现代化发展。一是加快标准化规模养殖场（小区）建设，按照养殖场达到"六化"标准，即品种良种化、养殖设施化、生产规模化、防疫制度化、粪污处理无害化和监管常态化的标准，增加投入，加大改造力度，以国家生猪标准项目和市本级养殖业基础设施建设项目为契机，建设了一批标准化规模场示范（场）点。二是大力推进龙头企业带动"公司+农户+基地"养殖模式，引导农户参与产业化经营。温氏、金陵、正大、富丰、凤翔、利源、富凤、良凤等专业养禽龙头企业，带动养殖农户1.50万户，全年养殖出栏家禽7000多万羽。凤翔集团以"公司+农户+基地"形式养殖叮当鸡，并负责回收冷鲜深加工，由50多家"叮当"牌鸡专卖店统一销售；皇氏、石埠、壮牛、金光、童乐等乳业龙头企业，带动养殖农户350多户，养殖奶牛8200多头；百洋、江海罗非鱼养殖加工龙头企业，带动养殖农户1300多户。生猪、家禽标准化规模场（小区）出栏量分别占全市生猪、家禽出栏量的65%、90%以上。

【养殖产品加工】　2009年，南宁市水产畜牧业着力开发市场旺销的肉类系列加工食品，延长产业链。养殖产品加工企业有：南宁百洋罗非鱼加工厂、广西皇氏乳业、广西富丰畜禽加工厂等。其中，南宁百洋加工罗非鱼2.40万吨，加工量占全市罗非鱼产量的50%以上；广西皇氏乳业乳品产销量4.70万吨，产值3亿元。

【罗非鱼产业化生产】　2009年，南宁市市级财政投入发展罗非鱼产业化生产资金200万元。全市罗非鱼产量3.60万吨，比上年增长3%，产量继续位居全广西第一位。南宁百洋罗非鱼加工厂加工罗非鱼原料鱼2.40万吨，出口罗非鱼片7700吨，增长20%，创汇2300万美元。其中，南宁市养殖户向加工企业出售罗非鱼原料鱼1.40万吨，占南宁百洋加工厂加工量58%。

【生态循环养殖】　2009年，南宁市发展和推广生态循环养殖模式。一是推行规模化标准化养殖场建设，规模猪、牛场绝大部分都建有沼气池等粪便处理设施。共改造1000多家规模养殖场，建设沼气池6万多立方米、化粪池10万立方米。二是推广发酵床零排放养猪技术。建好发酵床猪舍4万平方米，发酵床养殖出栏生猪5万多头。三是推广无公害标准化生产技术。全市共有无公害农产品产地认定69个和产品认证企业22家。

【庭院养殖】　2009年，南宁市财政安排70万元专门用于扶持新建7000平方米标准化龟鳖养殖示范基地。全市庭院养殖户比上年增加237户，增长19%。特别是黄沙鳖、黄喉拟水龟的养殖势头很好，养殖基地以西乡塘区、兴宁区为中心，覆盖到各县区。全市庭园养殖产值超4亿元。

【人工增殖放流】　2009年，南宁市在邕江市区段、武鸣县武鸣河、横县郁江、宾阳县清水河、隆安县右江、马山县姑娘江、上林县清水河等地共组织人工增殖放流鱼苗8次，投放草鱼、鲢鱼和鳙鱼鱼苗共135万尾，价值20.25万元。

【畜禽品种改良】　2009年，南宁市加大品种改良和新技术推广力度，牛品改完成杂交配种6.10万头，生产杂交牛犊3.20万头；新引进良种羊60只，存栏良种公羊2597只，本交配种8.09万窝次，生产杂交羊8.23万只。

【生鲜乳管理】　2009年，南宁市有奶站17家、规模奶牛养殖场19家，奶牛存栏1.32万头，乳品加工企业7家。为了保障市民喝上"放心奶"，南宁市开展生鲜乳收购站专项整治行动，制定并严格落实《南宁市生鲜乳收购站专项整治行动方案》，大力宣传《乳品质量安全管理条例》等法律法规，禁止使用、添加违禁药物和有毒有害物质。经过整改，全市17家奶站全部取得生鲜乳收购许可证，发证率100%。

【生猪养殖】　2009年，南宁市生猪出栏470.83万头，比上年增长6.87%；生猪存栏325.24万头，增长3.70%。继续实施生猪标准化项目，完成项目34个，完成投资2441万元；新建粪便污水处理沼气池3299立方米，化粪池7282立方米、消毒池2140平方米，猪舍标准化改造5.96万平方米。落实国家奖励生猪调出大县政策，发放生猪调出大县奖励资金1377万元，其中：武鸣县970万元，横县407万元。实施生猪良种补贴项目，供应良种补贴猪精24万瓶，配种能繁母猪7.43万头，受益农户5.06万户。

【家禽养殖】　2009年，南宁市家禽出栏1.27亿羽，比上年增长7.60%；家禽存栏4827.30万羽，增长6.30%。新建一批规模大的养殖场，以"公司+基地+农户"的养殖方式，形成以江南区、兴宁区、隆安县为中心的规模化养殖小区产业带，覆盖六县六区。

【草食动物养殖】　2009年，南宁市草食动物养殖快速发展，牛、羊、兔、鹅等草食动物养殖比重上升。黑山羊圈养技术在隆安、武鸣县得到大力发展，羊出栏18.39万只，比上年增长9.40%；牛出栏19.97万头，增长7.69%；牛奶产量1.47万吨，增长10.68%，但鲜奶需求量增加，鲜奶价格上涨，黑白花牛奶每公斤3.10元，增长6.90%，水牛奶每公斤7元，增长16.60%。本地鲜奶有“甲天下”、“石埠”、“金光”、“壮牛”、“农大”等10多个品牌。肉兔养殖量7.31万只，增长33.36%。

【禽蛋生产】 2009年，南宁市蛋鸡存栏792.31万羽，其中专用型蛋鸡26.29万羽；兼用型（农村散养肉蛋兼用）鸡766.01万羽；禽蛋产量2.07万吨，比上年增长13.98%。

【畜禽免疫】 2009年，南宁市强化畜禽免疫工作，春、秋季集中强制免疫期间，共出动1.15万人次参与动物防疫工作，其中防疫人员0.72万人次，有组织有计划地开展重大动物疫病免疫活动。在口蹄疫免疫工作中，共免疫生猪625.25万头、牛111.71万头、羊26.02万只；在猪瘟免疫工作中，免疫生猪671.40万头；在猪蓝耳病免疫工作中，免疫生猪325.92万头；在禽流感免疫工作中，共免疫鸡8585.89万羽、鸭2990.80万羽、鹅75.59万羽、其他禽46.28万羽；在新城疫免疫工作中共免疫鸡8452.79万羽、其他禽22.77万羽；在牛出败免疫工作中，免疫牛900多头；在狂犬病免疫工作中，共免疫犬46.48万只、猫0.69万只。春防期间，禽流感免疫密度99.10%，口蹄疫免疫密度98.32%，猪瘟免疫密度98.97%，新城疫免疫密度98.53%；秋防期间，以上4项重大动物疫病免疫率均为100%。

全年累计发放猪O型口蹄疫疫苗1168.5万毫升、牛羊O-I型W双价苗276万毫升、高致病性禽流感疫苗5502.55万毫升（其中H5N1疫苗3790.3万毫升、H5+H9疫苗1712.25万毫升）、高致病性猪蓝耳病疫苗550.10万毫升、猪瘟疫苗926.12万头份、猪三联苗6.90万头份、狂犬疫苗50.55万头份、鸡新城疫疫苗2582.80万羽份、禽出败活苗83万羽份、牛羊出败苗27万毫升，动物免疫档案2.70万本，家犬免疫证0.39万本，规模猪场免疫档案0.20万本，禽流感免疫证0.92万本，保证了防疫需求。

【动物疫病监控】 2009年，南宁市制定免疫抗体检测工作方案，采取常年与春秋防相结合的办法，对各大养殖企业饲养场及规模养殖场实行常年检测，对农村散养户则在春、秋防后开展免疫效果检测。鱼病监测品种有罗非鱼、叉尾鮰、草鱼、鲢鳙鱼、鲤鱼、鲫鱼、鲮鱼、鲳鱼共8种，全市各测报点监测到的病害品种出血病、烂鳃病、肠炎病、出血性败血症、赤皮病、水霉病、锚头蚤病。总发病率1.21%、死亡率1.15%，与上年相比，增加污染中毒监测。除出血性败血病有逐年升高的趋势外，其他常规病害发病与经济损失同往年同期相比，无明显差异。全市没有大的鱼流行病害发生。完成高致病性禽流感免疫抗体检测6.30万羽份，平均抗体合格率83.18%；口蹄疫免疫抗体检测0.50万头份，平均抗体合格率73.46%；猪瘟免疫抗体检测0.40万头份，免疫合格率80.11%；新城疫免疫抗体检测5.90万羽份，平均抗体合格率81.24%，抗体合格率均达到国家农业部70%以上的要求。通过收集数据并整理分析，对免疫抗体不合格的规模养殖场及村屯，即派调查组到场查明免疫抗体不合格的原因，并指导开展重新免疫工作。

年内，针对重点养殖场、屠宰场、交易市场等开展O型口蹄疫、A型口蹄疫、猪瘟、高致病型禽流感、高致病性猪蓝耳病等重大动物疫情监测，共采集样品0.68万头份。协助国家、自治区农业部门开展疯牛病、羊痒病、蓝舌病的监测，共采集样品340头份，同时完成奶牛结核病、布鲁氏菌病、狂犬病、甲型H1N1流感、耕牛血吸虫病等人畜共患病的监测任务，共采集牛、猪、犬样品0.61万头份，检出布鲁氏菌病阳性奶牛4头，结核病阳性牛1头，对检出的阳性奶牛按照国家有关规定扑杀并进行无害化处理。

【畜禽产品检疫】 2009年，南宁市累计建立检疫报检点320个，全年共产地检疫生猪198.96万头、牛13.98万头，羊4.02万只，家禽5047.19万羽，其他家畜1.21万羽，检出病畜176头、病害家禽0.32万羽，均已按规定进行无害化处理；共屠宰检疫生猪206.85万头，牛、羊13.97万头（只），家禽130.25万羽，其他0.40万头（只），检出并无害化处理生猪609头、家禽0.90万羽、动物产品1.66吨；核发检疫专用章4枚，屠宰场用的检疫滚筒印章28枚，发放《动物产地检疫合格证明》0.83万本、《县境内动物产品检疫合格证明》1.78万本、《出县境动物产品检疫合格证明》291本、《出县境动物检疫合格证明》0.20万本、《运载工具消毒证明》0.19万本。

【养殖产品质量安全管理与专项整治】 2009年，南宁市组织开展全市联合执法的水产苗种专项整治行动2次，共检查苗种生产场25家，均未发现有违法用药行为。水产品药残抽检214例，比上年增长35.40%，抽检指标合格率保持在99%以上。新增无公害水产品养殖基地4个，广西南宁百洋养殖有限公司获国家农业部授予的“健康养殖示范场”称号。根据国家农业部、自治区水产畜牧兽医局颁发的《农产品质量安全整治暨农产品质量安全执法年活动实施方案》及南宁市产品质量安全执法年活动和打击添加非食用物质活动的要求，对辖区内饲料、兽药生产与经营企业，规模养殖企业（养殖场）、生鲜乳收购站、经营市场开展专项整治，累计发放宣传材料5.88万份，出动执法人员1.26万人次，检查生产经营企业0.82万家次，其中规模畜禽养殖场0.39万家次、水产养殖场314家次，兽药、饲料经营企业（店）0.32万家次，奶牛养殖场和生鲜乳收购站156家次，无公害农产品202家次，整治重点区域330个，共抽检样品2.22万批次（水产品139批次，饲料产品0.12万批次，生鲜乳95批次，兽药产品245批次，莱克多巴胺0.65万批次，瘦肉精1.31万批次，其他样品878批次），平均合格率99.9%，查处问题162起，责令整改162起，取缔无证经营企业1家，查获假劣兽药产品注射剂0.29万支（瓶）、违法饲料340公斤，其他产品0.17万公斤，货值金额5.60万元，罚没金额3.10万元。

【规模养殖场监管】 2009年，南宁市登记备案的养殖场共有3215家，其中存栏1000羽以上的规模养禽场1650家，存栏50头以上规模养猪场1500家，存栏50头以上的规模牛场65家。继续推广应用无公害标准化生产技术，组织、引导养殖生产者积极申报无公害养殖产地认定和产品认证，指导各级认证机构进一步建立完善管理制度，组织开展市、县区级业务人员无公害认证业务学习培训，组织对部分获证企业生产的抽检，没有发现非标生产行为。出动人员644人次，开展对市场销售无公害产品抽查监测60多批次，检查无公害生产企业202家次，对是否规范无公害产品包装标志，伪造、冒用、超范围使用标志，严格无公害生产流程等情况进行检查。

【养殖业药物残留监测】 2009年，南宁市组织对全市定点屠宰场、规模养殖场、重点交易市场进行常规抽检及元旦、春节、"五一"、国庆60周年、中秋、"两会一节"等节假日和重大活动期间的专项抽检,检查猪/牛尿、猪/牛/羊/禽肉、猪/鸡肝、牛奶、鸡蛋、饲料等产品中盐酸克伦特罗、莱克多巴胺、三聚氰胺、磺胺、氯霉素、四环素、地美硝唑/甲硝唑、氟喹诺酮类等药物的残留。其中进入屠宰场的生猪每批次按照1%~2%的抽检率进行盐酸克伦特罗等违禁药物残留的初筛。共完成动物产品兽药残留监测2.05万批次,其中:监测克伦特罗1.31万批次、莱克多巴胺0.65万批次,其他样品878批次,平均合格率99.90%以上。对禁用药物超标的产品,按规定进行处理并追踪源头,杜绝养殖环节中使用违禁药物的违法行为,保障人民群众的动物性食品安全。年内,国家农业部组织的3次例行抽检中,共抽检猪尿、猪/牛/羊/禽肉、猪肝、鸡蛋180批次,检验项目为盐酸克伦特罗、莱克多巴胺、磺胺、喹乙醇、氟喹诺酮类等,检验结果全部为阴性。

【渔业船舶检验】 2009年,南宁市首次在全市范围开展渔业船舶检验工作,共检验渔船2942艘,检验合格的渔船2627艘,合格率89.29%。

(张　超　黄剑峰　黄　琦　曾绍军　韦兰锋)

农业综合开发

【概　况】 2009年,南宁市农业综合开发项目总投资实际支出1.59亿元。其中,中央财政资金4630万元,自治区财政资金2909万元,市本级财政资金4590.79万元,县区财政配套资金564万元,业主自筹资金3212.54万元。按项目类别分,土地治理项目14个,投资1.34亿元;产业化经营项目97个,投资2568.79万元。

【中央和自治区立项项目】 2009年,南宁市取得国家和自治区立项项目20个。其中:国家立项土地治理中低产田改造项目7个,分别位于武鸣县、宾阳县、横县、上林县、隆安县、邕宁区、西乡塘区,项目总投资4932万元;国家立项高标准农田项目1个,项目总投资1700万元;国家产业化项目4个,分别为邕宁红龙果、武鸣玉米新品繁育、宾阳油梨、横县良种猪繁育,项目总投资2440.54万元;国家部门产业化项目2个,分别为横县叉尾回鱼繁殖和隆安秸秆养羊项目,项目总投资330万元;国家立项产业化贴息项目3个,项目地点都在横县,分别为春江鸭加工、蘑菇生产线扩建、茧丝加工厂扩建,项目总投资320万元。自治区立项甘蔗良种项目3个,项目地点分别位于武鸣县、宾阳县、横县,项目总投资840万元。

年内,上级财政拨付的国家立项农业综合开发项目无偿资金7539万元。其中:国家立项项目无偿资金6399万元(土地治理项目5281万元,产业化项目1118万元);自治区财政拨付的自治区立项农业综合开发项目1140万元。

【南宁市级立项项目】 2009年,市级土地治理项目8个,分别在马山县古零镇,江南区江西镇镇江村,兴宁区三塘镇路东村留肖坡、五塘镇沙平村,武鸣县罗波镇凤林村、甘圩镇唐历、定黎3个村,横县峦城镇高村,宾阳县甘棠镇甘棠社区、高棠五合村,上林县西燕镇江卢、北村实施8个中低产田改造项目,总投资2495万元。其中:市本级财政2000万元,县区财政配套资金200万元,自筹资金295万元,开发改造中低产田2073.33公顷。

年内,南宁市继续安排3000万元财政资金扶持农业产业化龙头企业,实际落实2568.79万元。各县区和农业企业按照市政府行文的申报指南逐级申报扶持项目,经产业化联席会议讨论,报分管市领导签批,分两批扶持的桑蚕、粮食、糖料、果蔬、木薯、禽畜、水产等优势特色产业。

【项目验收】 2009年,南宁市各级立项的农业综合开发项目按照《国家农业综合开发资金和项目管理办法》和《国家农业综合开发竣工项目验收考核评分试行标准》进行竣工验收考评。3月1日开始,市农发办与市财政局督查办、稽查大队一起组成联合检查组,分成两个小组深入各县区,对2006~2008年的市级土治项目的工程建设进程、计划任务完成情况和资金到位、拨付使用、审计结算、竣工验收以及账册凭证和档案资料归集等各项工作的落实情况开展全面的督促检查,没有发现重大违纪违规事件。11月20日开始,国家审计署广州特派办审计组对南宁市7个国家项目县区年实施国家立项的农业综合开发土地治理和产业化经营项目进行为期3个月的专项审计,被审计项目县区完全由广州特派办任选,结果邕宁区和宾阳县被审计。审计结果表明:南宁市2009年各级农业综合开发项目实施情况较好,各项建设任务和主要技术经济指标基本完成,资金管理和使用较为规范,工程质量和管护达到有关要求,成效显著。没有发现县级财政配套资金不足额到位、滞留财政有偿资金、挤占、挪用、抵顶项目资金现象,但工程施工和项目实施进度缓慢、不按时竣工结算的比较普遍,尾欠工程较多。

【项目管理】 2009年,南宁市推行执行项目法人制、工程招投标制、工程监理制、资金和项目公示制。市、县区农发办作为农业综合开发项目的法人,负责项目的全面管理。对土地治理项目的主要单项工程的勘察设计、施工、监理、主要设备和材料的采购,实行公开招标。除武鸣、邕宁、隆安、横县、宾阳、上林、西乡塘7个是国家农业综合开发项目县区外,市级的土地治理项目向这些非国家开发项目县区顷斜,安排市级土地治理项目8个,实现各县区均衡开发、和谐发展。继续支持发展优质谷、糖料蔗、果蔬、桑蚕、木薯、商品林、花卉、畜禽、牛奶、罗非鱼等十大优势特色产业,培育壮大一批成长性好、带动力强的产业化龙头企业,建设一批规模较大、具有区域特色的农业产业基地,大力发展订单农业。

【资金管理】 2009年,南宁市县区农发办设立农业综合开发资金财政专户,指定专人管理,专账核算。项目实施完成并通过验收以后,按照规定的程序和手续办理报账和资金结算。无偿资金实行县级财政报账制。执行限时办结制度,国家和自治区财政资金到达市农发专户之日起,10个工作日内拨给项目实施的县区财政农发专户,市级项目的财政资金是自批复之起5个工作日内拨出。项目建设完工后,经验收办理竣工手续,依照审计报告、监理报告和其他相关资料进行工程资金结算。明确工程管护主体,办理移交手续。管护主体建立运行管护制度,明确职责,管好用好建成项目,长期发挥效益。

(李燕妮)

扶贫开发

【概　况】 2009年,南宁市扶贫开发工作继续以国家扶贫开发重点县和贫困村为重点扶持区域，采取整村推进工作方式，启动和实施为期两年（2009~2010年）的第三批91个贫困村整村推进扶贫开发，重点抓贫困地区基础设施建设、产业开发和劳动力技能培训工作。投入各项扶贫资金3.22亿元，其中扶贫贴息贷款发放1.74亿元（中央发放6300万元，自治区、市级发放1.11亿元）、中央财政扶贫资金3420.20万元，以工代赈资金1696万元，地方（自治区、市、县和城区）财政资金5024.38万元，部门和社会帮扶等资金4645.38万元。以上各项扶贫资金（不含地方贴息贷款1.11亿元）用于种植业3217.30万元，养殖业1628.05万元、加工业2266万元，基础设施9982.35万元，其他3992.26万元。各项扶贫资金（不含地方贴息贷款1.11亿元）投入贫困村总额1.07亿元（投入实施第三批整村推进扶贫开发工作的91个贫困村9793.61万元）。扶贫资金项目扶持农户7.17万户、受益30.98万人，其中贫困村5.36万户23.39万人。得到扶贫贷款的农户1.12万户。扶贫项目吸收劳动力8.19万人。由于全国农村扶贫标准（扶贫对象）由上年的家庭人口年人均纯收入1067元上调到1196元，再加上受金融危机、旱灾和洪涝灾害等影响，全市农村贫困人口由年初的26.59万人到年末上升至27.45万人。其中，当年享受农村最低生活保障的人口有7.08万人，有劳动能力的人口13.39万人，当年返贫的人口1.90万人。

全市317个贫困村，年末总人口83.97万人，其中劳动力48.27万人，贫困人口（农村低收入人口，即扶贫对象）17.88万人（当年享受农村低保3.48万人，有劳动能力8.38万人）；有耕地面积4.73万公顷，其中基本农田2.55万公顷（高产稳产农田1.31万公顷）、经济园林（桑、茶、林、果园）8866.40公顷；大牲畜存栏1.74万头，羊存栏6.72万只，猪存栏38.07万头，家禽存栏311.32万羽；粮食作物播种面积4.72万公顷，经济作物播种面积1.99万公顷；粮食总产2.60亿公斤；外出务工14.79万人，务工总收入9.58亿元。全年得到扶贫资金总额1.66亿元，其中用于种植业2809.64万元，养殖业1464.22万元，农产品加工2321.45万元，基础设施8274.85万元，其他1680.60万元。扶贫资金项目直接覆盖农户5.36万户23.40万人，其中种植业项目覆盖1.47万户63.31万人，养殖业项目覆盖8325户3.92万人，扶贫企业吸收贫困户劳动力5239人。新、扩、改建贫困村村屯道路366条678.85公里（四级及以上道路31条138.10公里）；新建饮水工程130处、水柜119个，解决饮水困难人数5.34万人、牲畜数3.07万头；新建沼气池1645座。参加劳动力转移就业培训1.03万人，参加农业实用技术培训3.36万人。贫困村农民全年人均纯收入2908元，比上年增加317元，增长12.23%。年末，全市317个贫困村中，有307个村委所在地的村通四级砂石路（或水泥路、柏油路），通达率96.85%；317个贫困村的3104个20户以上自然屯中，有2852个屯通村级道路，通达率91.88%。在贫困村，还有8.50万人饮水困难，占贫困村总人口数10.12%；未通电的自然屯（指20户及以上的自然屯，下同）2个，未通邮的自然屯16个，未通电话的自然屯25个；没有计生室、卫生室、培训用房的村委分别有3个、8个、5个。贫困村校舍有危房的村小学校数有16所；居住在简易住房的农户有7077户，无房户有187户；缺粮的农户有1.28万户。

【基础设施建设项目】

沼气池建设项目　为自治区政府2009年为民办实事项目之一。自治区项目补助资金43.20万元，建设任务为288座。该项目已按计划于年末前全面完成。

自治区2009年第一批贫困地区基础设施建设项目　项目于同年5月由市扶贫办和市财政局联合下达各县区。项目计划总投资2649.20万元，其中中央和自治区财政1948万元、县区配套61.80万元、群众自筹639.40万元。主要建设内容：村级道路（通屯道路）141条222.90公里、独立桥及隧道4座18延米（另加修复1座桥）、小码头3处、人饮工程58处。受益农户1.57万户7.15万人（革命老区村1.07万户4.94万人）。项目按要求于年末前全面完成，安排到贫困村的投资2254.90万元（自治区财政1775万元、县区配套53.80万元、群众自筹426.10万元），建设村级（通屯）道路122条195.60公里、独立桥（隧道）2座8延米、小码头3处、人饮工程52处，受益1.23万户5.53万人。

自治区2009年第二批贫困地区基础设施建设项目　项目由市扶贫办和市财政局于2009年12月下达各县区。项目计划总投资2745.10万元，其中中央和自治区财政1574万元、县区配套248.80万元、群众自筹922.30万元。主要建设内容：村级（通屯）道路122条197.60公里、独立桥11座181延米、道路挡土墙1处、人饮工程53处、小码头2处。要求于2010年6月底前全面完成建设任务。项目受益2.04万户8.98万人（革命老区村1.44万户6.44万人）。项目安排到贫困村的总投资有1843.60万元（中央和自治区财政1294.30万元、县区配套169.40万元、群众自筹379.90万元），建设通屯道路84条138.10公里、独立桥10座171延米、人饮工程47处、挡土墙修复1处、小码头2处，受益1.40万户6.09万人。

南宁市2009年市本级财政减贫脱困工程项目　项目由市发改委于2009年4月下达各县区，列为市政府是年20件为民办实事项目之一。项目计划总投资4132.80万元，其中市财政2646万元、县区配套928.50万元、群众自筹558.30万元。主要建设内容：通屯道路165条305.30公里（通屯水泥路15条18.90公里，通屯砂石路150条286.40公里）、独立桥2座、人饮工程117处。此外，市财政还安排项目工作预算经费64万元。项目于2009年底前全面完成，安排到实施第三批整村推进贫困村的投资3486.50万元（市财政2297.10万元、县区配套761.70万元、群众自筹427.70万元），建设通屯道路141条269.60公里、人饮工程108处、独立桥1座。

跨地区异地安置移民村屯基础设施建设项目　2009年，自治区安排南宁市跨地区异地安置村屯建设资金127万元，实施项目16个，要求2010年6月底前全面竣工。至年末，完成项目建设任务80%。

【国家试点建设项目】　2009年，南宁市为马山县争取到国家实施的“县为单位、整合资金、整村推进、连片开发”试点建设项目。项目实施年限为两年（2009~2010年）。项目计划总投资1.01亿元，其中中央财政1000万元、自治区专项资金509.13万元、整合各部门资金5518万元，农户自筹1362.43万元和投工投劳折款1753.47万元。主要建设内容：修建道路18条23.20公里、沼气池1000座、独立桥2座、人饮工程1处，扶持种植蚕桑334.53公顷、旱藕266.67公顷，饲养黑山羊种羊1000只、杜东母猪3364头、马山土鸡10万羽，建设学校5所、单户型卫星地面接收站100座、文明卫生屯2个。

【贫困村重点产业开发项目】　该项目由

自治区下达南宁市。市扶贫办和市财政局于2009年6月下达各县区，要求于2010年6月底前全面完成建设任务。项目计划总投资2567.96万元，其中自治区财政846万元、自筹资金1721.69万元。共实施19个子项目（种植业12个、养殖业7个），计划种植超级稻546.67公顷、甜玉米180公顷、良种香蕉133.33公顷、良种甘蔗66.67公顷、蚕桑100公顷、金银花200公顷、松树133.33公顷、速生桉533.33公顷（100万株），养殖肉猪2490头、母猪2400头、肉鸡约9.50万羽。项目覆盖77个贫困村1.45万户农户。至年末，完成项目建设任务90%。

【扶贫贴息贷款项目】

扶贫贴息到户贷款项目　2009年，南宁市在马山县、隆安县、上林县、武鸣县、横县、邕宁区、良庆区、西乡塘区、江南区实施扶贫贴息到户贷款项目，贷款发放8035万元，贷款期限1年，年贴息率5%。获贷农户1.12万户。

扶贫龙头企业贴息贷款项目　2009年，南宁市有11家扶贫龙头企业获得扶贫贴息贷款，贷款规模9400万元，带动3万多农户发展生产。该项贷款期限1年，年贴息率3%。

【扶贫培训】

农民农业实用技术培训　2009年，南宁市、县区扶贫部门以第三批整村推进贫困村群众为主要对象，采取农户课堂培训、异地培训和现场培训等方式，根据生产发展、农民需求和农时需求，举办各类农业实用技术培训班167期（次），培训农民2.20万人次，发放培训资料5万多份。

贫困劳动力转移就业职业技能培训　2009年，市扶贫部门组织本市农村贫困劳动力1750人到市级指定的3个培训基地参加转移就业职业技能培训，其中短期（1个月）培训1550人，学历班（中专，两年）培训200人。

【定点帮扶贫困村】　2009年，南宁市安排138个市直机关、企事业单位和驻邕部队定点帮扶91个实施第三批整村推进扶贫开发的贫困村。市直单位（企事业、部队）干部有1476人次（处级以上干部336人次）到帮扶村开展工作，投入或引进资金1537.04万元，资助修建村屯道路493公里、人饮水工程77处；修缮学校29所；举办各类科技培训班184期，培训农民1.35万人次，资助家庭经济困难学生531人；慰问农村五保户、困难户936户。

【整村推进扶贫开发】　2009年，南宁市从2007~2008年历时两年的市第二批91个贫困村整村推进扶贫开发工作于2009年6月顺利通过自治区验收。共投入资金3.15亿元。其中：中央和自治区专项扶贫资金1.02亿元（含以工代赈796万元），市财政资金3377.84万元，县区配套1288.42万元，各部门整合资金7746.22万元，单位定点帮扶1507.88万元，社会捐资920.16万元，农民自筹6437.83万元。农民投工投劳67.89万个工日。基础设施建设方面：新修四级路44条267.35公里、通屯道路562条1161.40公里，新建人饮工程497处，新通电农户3981户，改造茅草房和危房农户805户。91个贫困村村委会四级路通达率由49.30%上升至98.30%，20户以上自然屯村级路通达率由53%上升至99.20%。贫困村产业开发方面：实施40个产业开发项目，扶持发展特色种植业面积4546.67公顷，改造中低产田地3000公顷，发展草食动物3.30万头（只）、生猪6.80万头、家禽65.74万羽，水产养殖141.27万尾。项目覆盖91个贫困村3.68万户次。社会事业发展方面：修建村委办公用房3825平方米、计生室1150平方米、卫生室1510平方米，改造村级小学危房9271平方米，新通广电自然屯343个、通电话村委12个，培训农民6.84万人次，劳务输出6.87万人次。农民收入和减贫方面：2007年和2008年第二批91个整村推进贫困村农民人均纯收入分别为2246元和2707元，同比分别增长18.50%和20.50%，均高于同期全市农民人均纯收入增长水平。两年间，共解决温饱人口（年人均纯收入高于785元）1.62万，减少低收入人口（年人均纯收入低于1067元）5.36万。

第三批91个贫困村整村推进扶贫开发工作正式启动和实施，从2009年初开始至2010年末结束。主要工作计划：计划总投资2.20亿元，修建四级路120公里、通屯路880公里、沼气池570座、村委办公楼8栋、卫生室40间、计生室26间，村级小学危房改造2000平方米，解决10万人饮水困难或未达安全卫生饮水问题，改良基本农田333.33公顷，发展经济林、果666.67公顷，新增绿化面积666.67公顷，实施产业开发项目40个，培训农民4.30万人次（农业实用技术培训4万人，转移就业职业技能培训3000人），扶持8个扶贫龙头企业等。（陆仁健）

农业机械化

【概　况】　2009年，南宁市有市、县区农业机械化管理局（中心）13个，人员146人。下辖市农机安全监理所、农业机械化技术学校、农业机械化技术推广服务站、农业机耕队、市农机化服务公司、丰腾农机有限责任公司、南宁奔腾农机有限责任公司，有职工131人。有农机机构53个，职工521人，教师62人。8月24日，撤销邕宁区农业机械化技术学校事业单位建制，将其全额拨款事业编制9人，在职在编人员6人及退休人员12人一并划入邕宁区农机化技术推广服务站管理，该单位原承担的相关职能划入邕宁区农机化技术推广服务站。

全市农机总动力352万千瓦，比上年增长10%。各类拖拉机拥有量12.59万台，增长8.50%；新增水稻联合收割机768台，共有1809台，增长73.90%；新增水稻插秧机632台，共有976台，增长1.84倍；新增甘蔗收获类机械246台，共有348台（甘蔗联合收割机5台），增长2.40倍；其他小型适用农机具增加5万多台。完成农机作业总值27.14亿元，增长23%，农机户从事农机作业服务增加纯收入7.60亿元；水稻、甘蔗、玉米、花生等作物生产机耕作业面积39.94万公顷，增长8.70%。主要农业生产耕、种、收综合机械化水平32.78%，提高5.29个百分点，其中水稻生产耕、种、收综合机械化水平44.47%，提高3.50个百分点。水稻机械插秧面积1.36万公顷（含机播），增加3.05倍，机插水平4.69%，提高2.92个百分点；水稻机收面积12.21万公顷，机收水平42.06%，提高10个百分点。水稻跨区机收作业1.03万公顷，增长26%。化肥深施21.33万公顷，蔗地深耕深松面积4.13万公顷。培训各类农机技术1.85万人，增长21%。

【农机购置补贴】　2009年，自治区两次共安排给南宁市农机购机补贴资金指标6048万元，其中：中央指标5100万元，自治区指标648万元，市财政安排300万元。全市实际使用各级农机购置补贴资金

6308.73万元(中央5230.61万元,自治区659.17万元,市384.57万元),各县区农机购置补贴资金34.38万元),补贴农民购置农机具13546台。其中:补贴联合收割机768台,插秧机632台(乘坐式5台),大中型拖拉机500台(履带式23台),甘蔗中耕培土机228台,手扶拖拉机6257台,耕整机1067台,甘蔗收获机具246台,小型多功能收割机1002台,其他机具2846台。直接受益农户1.24万户,拉动农民投入购机资金1.18亿元,超额完成全年农机购置补贴任务。

【农机下乡补贴】 2009年,为应对国际金融危机的影响,进一步调动农民购置农业机械发展生产的积极性,拉动农村消费需求,加快推进农业机械化进程,促进经济持续稳定发展,自治区政府十一届第32次常务会议决定,从6月1日起到11月30日实施"农机下乡"补贴,对农民购买广西壮族自治区行政区域内企业生产的耕整机、水稻收割机、手扶拖拉机、小型多功能拖拉机、小型方向盘拖拉机进行补贴,共安排"农机下乡"补贴资金3700万元,其中安排给南宁市450万元,到11月30日,南宁市使用自治区"农机下乡"补贴资金330.18万元,占任务73.37%,补贴农民购买广西生产的农业机械3962台。其中:耕整机339台,手扶拖拉机1638台,全喂入联合收割机155台,半喂入联合收割机31台,科丰收割机431台,小型多功能拖拉机1008台,小型方向盘拖拉机360台。武鸣县补贴385台35.47万元;马山县补贴469台40万元;上林县补贴533台35万元;宾阳县补贴289台40万元;隆安县补贴238台19.12万元;西乡塘区补贴520台34.38万元;兴宁区补贴55台3.59万元;青秀区补贴265台10.90万元;江南区补贴218台19.09万元;邕宁区补贴408台29.50万元;良庆区补贴232台33.13万元;横县补贴350台40万元。

【农机服务】 2009年2~5月,南宁市农机局抽调局机关和下属单位干部50人组成7个宣讲工作队,由局党组7名成员分别率队,组织百家农机供应商,开展"万台农机补贴下乡"、"万名农机手创业培训"、"十万农机闹春耕"活动。2月7日,全市万名干部下乡宣讲中共十七届三中全会精神、掀起春季农业生产高潮举启动仪式在武鸣县罗波镇展开,市农机局组织工作队员、农机企业100多人参加,当天农民选购小型多功能收割机113台,插秧机18台,耕整机35台和大型拖拉机3台,商家让利10万元,农民享受国家惠农政策购机补贴费3万元,拉动农民投资24多万元。整个春耕生产期间,组织干部科技人员下乡1.46万人次,开展"送农机、送技术"下乡和新机具新技术技术推广演示活动51次,组织农民购置国家补贴插秧机282台、耕作类机械2778台、其他机具246台,投入春耕生产的拖拉机8.25万台、插秧机548台、排灌机械4.73万台套。组织农机机耕服务组织1264个,共检修保养各类农机具7万多台套,春耕农机化生产顺利开展。

下半年,市农机部门以"稳基础,抓产业,强服务,促增收"为主题,围绕秋冬季农业生产和农民增收目标,层层组织工作队,贯彻落实中央和自治区以及南宁市关于"三农"(农村、农业、农民)的文件精神,进一步调动农民发展农业机械化的积极性;结合开展深入学习实践科学发展观活动,进一步理清农机化发展思路,转变作风,提高效能,提升农机依法行政能力和服务水平;结合全市"项目建设年"、"服务企业年"和"党组织服务年"活动,提高为企业和农机使用者提供优质服务能力。组织实施农机购置及"农机下乡"补贴政策、推广农机化新技术新机具、加强农机化技术培训、组织农机作业服务、扶持发展农机专业合作社、开展农机安全生产专项整治等活动。全市组织1700多台水稻联合收割机投入机收作业,完成水稻机收面积10.67万公顷,实现水稻机收作业节本增效9600万元。秋冬种期间,组织各类拖拉机6.20万台投入耕整地作业,完成耕整地作业面积8万公顷,机耕作业收入1.40亿元;组织2万台拖拉机开展农业运输服务,运输作业2亿吨公里,运输作业服务收入1亿元。组织高性能水稻联合收割机370台外出跨区作业创收1600万元,组织667台大中型拖拉机外出跨区作业创收1100万元。农机户通过农机作业获得纯收入1.50亿元。

【农机专业合作社】 2009年,南宁市农机部门扶持、引导农机户成立农机专业合作社133个,总数139个,超过自治区下达"千乡万村现代农机装备推进工程"34个的任务,提前一年超额完成"千乡万村现代农机装备推进工程"任务。新发展农机大户1037个,总数超过2000个,农机专业服务组织促进土地流转、农业集约化、规模化、标准化、市场化生产经营。马山县白山镇大同村六村屯黄云周承包28户本屯进城打工农户稻田7.13公顷,加本户责任田0.23公顷,总种植稻田7.36公顷,购有拖拉机及插秧机、联合收割机、烘干机各1台,水稻生产耕种收3个环节全部实行机械化作业,年种两造产粮8万公斤。宾阳县和上林县涌现一批承包3.33~10公顷的种粮大户,其中宾阳有10多户,上林明亮、白圩、三里镇各有1户承包超过6.67公顷。还有一批种甘蔗大户,如武鸣县宁武镇潘村潘培斌承包18.67公顷;江南区江西镇智信村黄丽冬承包8.67公顷,安平村吴民学承包9.33公顷;横县云表镇周璞村的邓显稳、李斯意各承包80公顷;宾阳县和吉镇新安村黎其斌、陈健恩分别承包12公顷亩和8公顷等,全部依靠大型拖拉机进行耕整地作业来种植,机耕土层深35~40厘米,甘蔗耐旱抗倒伏,产量比牛耕种植每公顷增产15~30吨。

【农机技术推广应用】 2009年,南宁市推广谷物收获类机械2016台,收获后处理机械399台、栽插机械632台、深耕机械804台、甘蔗中耕培土机228台,适应丘陵山区的小型特色农业机械1938台。全年完成甘蔗中耕培土面积1.65万公顷,化肥深施等机械化技术21.33万公顷,稻秆、甘蔗叶、木薯杆等秸秆机械化粉碎还田面积10.33万公顷。推广甘蔗机械化收获3.50万吨,甘蔗收获机械化推广应用取得初步进展。武鸣县完成节能微型冷库的查定验收工作,获县科技进步三等奖;成功研制4UM-160型木薯收获机,通过自治区级鉴定;完善1JHM-45型木薯杆粉碎还田机,通过自治区级签定。

水稻生产机械化技术推广 市、县区农机局对购置插秧机的农民实行先培训后发机一条龙服务,确保购机农民会使用,共举办机械化育插秧技术培训13次,培训农民技术员3275人,召开机插秧现场演示会56次,观摩群众1.90万多人次。在12个县区建立机插秧示范点25个,示范面积350公顷。市农机局下属企业南宁奔腾农机有限公司除了让利供应插秧机(每台让利1500~2000元)外,每台机还免费配送价值120元的200个育秧盘,全年该公司让利供应429台插秧机共80多万元。全市组织购进育秧盘30万个,分头安排机插育秧技术人员下乡指导农民育插秧。新推广插秧机632台,共有976台,增长1.84倍，完成水稻机插秧面积1.36万公顷，增长3.05倍；新增水稻联合收割机768台，共有1809台，增长73.90%，完成水稻机收面积12.21万公顷，机收水平42.06%，提高10个百分点；水稻跨区机收作业1.03万公顷，增长26%。

年内，市农机技术推广站承担市科技局下达市财政拨款科研项目，分别在青秀区长塘镇和马山县白山镇建立13.33公顷和4公顷的超级稻全程机械化生产技术示范基地，在示范基地内实施超级稻机插秧、收割、秸秆还田及谷物烘干等机械化技术的应用示范。进行机插水稻拌浆育秧技术、机插秧、机收现场演示暨技术培训会等5场次，组织培训机手、农户1400多人，经有关专家测产验收，马山县白山镇示范点机插区平均公顷产干谷6688.95公斤，手抛区平均公顷产干谷6171.45公斤，机插比手抛平均增产517.50公斤，增幅8.30%。3月9日，市农机局和武鸣县农机局在双桥镇双桥社区13队开展水稻生产适度规模经营暨机插连片作业育秧示范，统一品种、统一秧田、统一育秧、统一机插，涉及农户30户，面积5.13公顷。武鸣县在7个镇的18个村，每个村推进一片3.33~13.33公顷的机械育插秧连片作业示范，全县插秧机户每户（机）推进一片0.33公顷以上连片作业示范片，农机技术人员从育秧、插秧技术到连片作业全程跟踪服务，农机专业合作社开展机耙、机插、机收一条龙订单作业，武鸣县农机局给予每个镇示范片补助经费从3000元到5000元不等。经验收，在同品种、同管理的条件下，机械育插秧亩产比常规抛秧增产8%~12%。隆安县农机局在雁江镇福颜村和红良村建设13.33多公顷水稻生产的机耙机犁机插机收示范点，水稻机插试验示范比人工手插秧每公顷增产810公斤，机插机收示范同比每公顷节约成本1800元。

甘蔗生产机械化技术推广　市农机局分别在武鸣县、横县建立26.67公顷甘蔗生产机械化技术示范推广基地，示范内容有甘蔗深耕深松技术、节水技术、中耕机械化技术、收获机械化技术。举办培训会7次，培训5000人次，发放宣传资料2万份。经专家验收，实施微喷技术区的甘蔗公顷产115.50吨，常规对比区公顷产66吨，公顷增49.50吨，增幅75%。开展甘蔗装载机械演示会15场，培训农民1000多人，印发资料3000份，新增推广应用7TS-15型甘蔗提升机126台、昊特甘蔗装载机120台。其中，7TS-15型甘蔗装载机由市农机技术推广站研制生产，2009年被列入国家农机具购置补贴目录。在西乡塘区坛洛镇动员29个农民集约13.33公顷耕地面积，连片统一全程机械化作业，通过现场演示培训，带动当地农民购买甘蔗中耕机16台、甘蔗装载机4台、水稻插秧机3台，并在同富村建起了农机合作社。

3月8日，南宁糖业集团出资198万元，进口日本产HC—50NN切段式甘蔗联合收割机（时为全市单价最高的农业机械）落户南宁蔗区。11月19日，由广西柳州云马汉升机械制造有限公司制造、总价62.20万元的SSZ1800整杆式甘蔗收割机首次落户武鸣县。

耕水机的示范推广　该项目是广西农机推广总站下达南宁市农机技术推广站的试验推广项目，耕水机是农业部主推的并列入国家农机具购置补贴目录的机具。市农机推广站分别在西乡塘区石埠街道和兴宁区三塘镇建立两处标准养殖示范场，投放两台耕水机具进行渔业养殖水体净化技术试验。

市农机推广站与横县新凯糖业公司联合举办甘蔗生产全程机械化示范推广暨微喷节水技术培训现场会　　周家志　摄

【农机产品质量监管】　2009年，市农机局受理农机投诉案6件且全部进行成功调解。2月27日至3月4日，对全市范围内140多个农机补贴供应商进行检查审核，防止坑农害农事件发生。市、县区农机部门组织农机执法检查人员390人次，出动车辆87辆次，检查农机销售店、维修网点和生产企业共480个，查获有问题农机产品3200台件，货值20万元。

【农机安全生产】　2009年，市、县区农机部门与市、县区政府签订农机安全生产责任状共13份，市、县区、乡镇农机部门逐级签订责任状124份，农机部门与农机户签订责任书2.93万份，明确各级农机部门的农机安全职责，形成层层有人抓、处处有人管的责任制。市农机局与市交警支队共同制定《南宁市公安交警、农机道路交通联合执法实施方案》，各县区农机部门与当地公安交警制定联合执法工作方案，建立联合执法警务机制。农机部门与公安交警开展联合上路执法检查98次，消除道路农机事故隐患，严厉查处上路行驶拖拉机无牌无证、无故不参加年度检验、违法载人、超载超速、私自改装拼装等严重违法行为。巩固完善平安农机示范县2个、示范乡镇9个，示范村102个，示范户1000户。开展宣传教育活动171次，出动宣传车501辆次，发放宣传资料7.10万份，完成拖拉机年检3.22万台；出动农机检查人员1.15万人次，检查各类拖拉机2.53万台次，处理违法行为4120人次。全年发生农机事故2起，死亡2人，受伤4人，直接经济损失2500元，农机事故死亡人数超过自治区农机局下达的控制指标1人，农机事故率、伤亡率均控制在农业部规定的0.10%以内。

【技术培训】　2009年，南宁市农机部门完成各类农机技术培训1.85万人，比上年增长21%。其中：农机管理人员培训699人，农机技术人员培训1088人，拖拉机驾驶员培训3517人，联合收割机驾驶员培训904人，插秧机技术培训991人，其他农村实用技术培训1.13万人。武鸣县和上林县实施阳光工程农机培训，共培训1188人，补助资金51.93万元。其中：武鸣县培训4种专业18期共850人，补助金额35.65万元（农用车驾驶员5期共450人，每人补助450元；农机使用与维修5期共200人，每人补助350元；电工作业4期共91人、焊工4期共119人，每人补助400元）；上林县培训拖拉机驾驶员338人，共补助金额16.28万元（258人每人补助600元，80人每人补助500元）。9月26～28日，全自治区拖拉机驾驶员资格培训班在武鸣县举办，各地拖拉机驾驶教练员和理论教员共71人参加培训。（陆凤婵）

农工商企业

【概　况】 2009年，南宁农工商集团有限责任公司继续深化企业改革，实施“大招商、大项目、大发展”战略，大力招商引资，推进项目建设，加快结构调整，市场化运作物业资产，较好地完成了各项任务。完成工农业总产值3.90亿元，商品零售额3.20亿元，房地产销售4.10亿元，实现利润7997万元，企业总资产22.98亿元。获2009年南宁市“劳动和谐企业”、自治区军（警）民共建精神文明先进单位称号。

【生产经营管理】 2009年，集团公司按照“稳步发展农业”的经营方针，培养和建立种养基地5个，即红星、石埠奶牛养殖基地；北湖、红星家禽养殖基地，年产家禽500万羽；红星、石埠、北湖水产养殖基地，年产水产品3600吨；北湖、路东两个万头猪场，年出栏生猪4.60万头；红星、北湖、路东、石埠花卉苗木种植基地，规模约166.67公顷。投入290万元，完成集团公司总部12个水、电、路改造的小型项目建设，完成北湖工业集中区、路东、石埠等单位的4台变压器配电安装及线路改造工程，改造生产用水管网和作业区内道路，解决外来企业生产经营用水、用电及行车难问题。发展第三产业，形成罗文、北湖、红星、柳沙产业带，建设柳沙、凤岭、罗文、石埠等农贸市场，形成多个第三产业开发群。总部经营性物业面积13.25万平方米，物业出租率99.76%，物业收入比上年增长12.54%。制定和修订完善招投标、资金资产管理、人事任免、职务消费、效能监察、责任追究等制度，组织教育培训356期，百分之百签订用工劳动合同。解决罗文管理区、东风管理区土地纠纷问题，收回被占用的国有土地38.87公顷。

【招商引资与项目建设】 2009年，集团公司推进罗文农贸市场、云景路3.27公顷产业用地合作、“东方皇城”、云景路7.27公顷大鹏、红星集资房、红星老年公寓、罗文经济适用房等项目建设，完成青湖中心农工商集团公司总部办公新址项目并交付使用，新签约项目5个。完成固定资产投资5.04亿元，同比增长73.32%。整合招商项目库，采取“广告招商”、“以商招商”、“产业招商” 等多种招商方式，打造“南宁农工商集团”企业品牌，构建多形式、多层次、全方位的招商引资新模式，完成枫林路4.13公顷产业地开发、山水花都二期、罗文4.67公顷合作、红星云景路0.78公顷合作、上东国际酒店等项目的招商签约工作。全年招商引资到位资金2.23亿元，同比增长9.43%。

【企业改制】 2009年，集团公司采取一企一策，完成柳沙宝丰达药业公司兼并重组工作和柳沙公司整体改制草案，金谷隆公司下属5个粮所（粮贸中心）职工分流安置方案报批工作并获市国资委批复同意。推进罗文坡集体林权制度改革及北湖工业集中区的开发建设，共引进及改扩建工业项目7个，壮大集团公司工业经济规模。筹集12万元资金，完成扶贫点村屯的帮扶开发及责任联系点村屯的城乡风貌改造和农村危房改造工作。（黄励勤）

林　　业

【概　况】 南宁市森林资源以1999年二类调查结果和2001年林业分类经营区划结果统计：全市林业用地面积93.19万公顷，有林地面积64.20万公顷。森林覆盖率39.47%，森林蓄积量1857.86万立方米。至2009年，南宁市自治区级以上重点公益林面积33.01万公顷。全市森林覆盖率43.15%。商品木材生产175万立方米（蓄积量）。南宁市林业局内设办公室、林政资源管理科、营林科、森林利用科4个科室，森林公安分局1个（含森林公安6个大队和大明山派出所）和议事协调机构2个（南宁市森林防火指挥部办公室和南宁市人民政府山林权属纠纷调解处理办公室），下辖市林业技术推广站、市林业中心苗圃、市造林管理站、市林政稽查大队、市农村能源（生态文明村建设）工作站、市森林病虫害防治站、市林业局种苗站、市林业科学研究所、市丁当林场和市五象岭森林公园等直属事业单位10个，共有员工495人。完成植树造林面积1.59万公顷，实现林业总产值105亿元。4月15日，五象森林公园由自治区林业局正式移交南宁市管理，由林业局行使管理职能，占地面积561.80公顷。全面开展集体林权制度改革，完成外业勘界44.59万公顷，勘界公示42.73万公顷，发证前公示40.67万公顷，发证30.01万公顷。继续开展林业生态环境建设，全面实施退耕还林、速生丰产林、封山育林和沼气池建设等林业重点工程，调整林业产业结构，提升林业生产力，实现森林增长量、蓄积量和森林覆盖率三增长，森林覆盖率达43.15%。投资6432.15万元，建成沼气池12951座，累计建成沼气池47.80万座，适宜建池农户入户率67.30%。南宁市被评为2008年自治区林业产业先进市，市林业局被评为自治区林业产业先进单位。（林志武　韦丽娟）

【植树造林】 2009年，南宁市已完成造林1.93万公顷（含荒山0.80万公顷、迹地更新1.12万公顷和低改13.30公顷），占全年计划任务1.33万公顷的144.50%，其中营造以速丰桉为主的速丰林1.87万公顷。按工程分：完成退耕还林工程的配套荒山1078公顷，珠防林工程人工造林46.67公顷。全民义务植树完成665.20万株，占计划任务590万株的112.70%；本年新育苗完成面积64.88公顷，占计划任务54公顷的120.10%；中幼林抚育完成面积3.37万公顷，占计划任务2.13万公顷的157.80%。

【国有林场】 2009年，南宁市有丁当、石塘、镇龙、黎塘、龙山、永州、朝燕、礼智和南州9个国有林场。经营管理面积4.38万公顷，其中有林地3.26万公顷，有林地占林地经营总面积的74.30%，林木总蓄积量192.25万立方米。荒山造林面积20公顷，迹地更新1273公顷，幼林抚育面积6680公顷，成林抚育面积1082公顷，木材产量6.46万立方米，松脂产量631吨，八角产量9吨，玉桂产量2吨，松香产量1.36万吨，木片产量1684立方米，刨花板产量3692立方米。新增固定资产154万元，实现林业产业总产值2.17亿元。全市国有林场中经济建设发展最好的是武鸣朝燕林场，木材产量3.68万立方米，占全市国有林场总量的56.95%；松脂产量331吨，占52.46%；松香产量3692吨，占27.11%；木片产量1020立方米，占60.57%；林业产业总产值1.65亿元，占75.74%。 （梁月芳）

【自然保护区建设】 2009年，南宁市已建成的森林自然保护区有5个，保护小区1个。其中：广西大明山国家级自然保护区经营面积1.70万公顷，主要保护南亚热带天然常绿阔叶林及其生态系统和珍稀濒危野生动植物物种；广西龙虎山自治区级自然保护区经营面积2255.70公顷，主要保护以岩溶地区的珍贵药用植物和自然景观，是自治区级森林和野生动物类型综合性自然保护区；广西龙山自治区级自然保护区总面积1.07万公顷，主要保护南亚热带天然常绿阔叶林及其生态系统和珍稀濒危野生动植物物种；广西三十六弄-陇均自治区级自然保护区总面积1.28万公顷，主要保护生长在石灰岩上的蚬木、金丝李、任豆树等国家级重点保护野生植物和属广西珍贵的树种；广西弄拉自治区级自然保护区面积8481公顷，主要保护南亚热带岩溶森林生态系统、珍稀濒危野生动植物及其生态环境、喀斯特地貌独特的自然景观；市良庆区那兰鹭鸟自然保护区面积346.70公顷，由良庆区南晓镇林业站管理，无编制和管理机构。保护区的经费来源主要是每年自治区林业局补助3万~5万元，市林业局补助3万~5万元。 （林志武）

【森林治安管理】 2009年，南宁市森林公安共受理各类森林案件488件。其中：立刑事案件立案164件，破获101件，查破率61.60%，刑事拘留118人，逮捕83人；受理林业行政案件324件，查处320件，查处率98.80%。收缴林木树木2427立方米、野生动物1194只（条），挽回经济损失260余万元。

【野生动物保护】

绿盾三号专项行动 2009年6月5日至8月31日，在南宁市开展严厉打击破坏森林资源违法犯罪活动专项行动（代号“绿盾三号”）。共出动森林公安民警1121人次、车辆690辆次，立刑事案件57件，查破48件，刑事拘留83人，逮捕56人，侦破自治区督办案件5件，打掉犯罪团伙6个，查处林业行政案件296件，清理木材交易市场和木材经营加工厂108处，收缴违法木材263立方米，林政处罚款10.09万元，收缴野生动物252头（条/只），其中：国家一、二级保护野生动物252头（条/只），涉案价值53.10万元，并严厉查处一批破坏森林资源违法犯罪案件。南宁市森林公安分局被国家林业局等部门评为“绿盾三号专项行动”先进集体。 （吴金阳）

野生动物养殖管理 全市辖区内获核发换发《野生动物驯养繁殖许可证》53家，主要驯养繁殖虎纹蛙、梅花鹿、食蟹猴、野猪、蓝孔雀、环颈雉、竹鼠等；获《野生动物经营利用许可证》71家。灵长类养殖场6家，食蟹猴存栏量2万多只；蛇类养殖场6家，蛇存笼量8万多条；野猪养殖场7家，野猪存栏量1万头；虎纹蛙养殖场14个，年养商品蛙6万公斤。全年野生动物驯养繁殖产业产值1.61亿元。

（苏 萍）

【山林纠纷调处】 2009年，南宁市山林权属纠纷个案存量共527件，其中跨市46件，跨县区46件，县区内435件。全年共调结山林权属纠纷案件432件，调结率81%，调查处理率达100%。 （陆安俊）

【森林防火】 2009年，南宁市各级政府、林业主管部门和森林防火部门，切实加强森林防火工作，层层落实森林防火责任制，层层签订森林防火目标管理责任状；加强宣传教育，大力宣传新《森林防火条例》和《广西森林防火实施办法》，共出动宣传车734辆次，印发各种宣传资料65.02万份，举办培训班139期；强化林区野外火源管理，在“三月三”、清明节和中国—东盟博览会等重要时段，对重点林区、景区和和墓区加强巡逻监控，对危险地段采取死看死守；加强设施设备建设，营造生物防火林带52公里；开设防火阻隔带236.30公里；购买风力灭火机445台、无线对讲机104部；扩建青秀山、五象和吴圩等林火监控点。全市发生林火35件，其中一般火灾9件；较大火灾26件。过火面积408.19公顷，其中受害森林面积111.27公顷，森林受害率控制在0.15‰以下。 （覃 标）

【森林病虫害防治】 2009年，南宁市共有森防检疫站8个，主要从事森防工作的人员54人，专职检疫员43人，兼职检疫员8人。有测报站点8个，其中国家级中心测报点4个，基层测报员205人。共有机动喷药机械83台，其中喷雾喷粉机72台，喷烟机6台，其他5台。汽车9辆，摩托车4辆，电脑22台。全市林业有害生物发生总面积8172.40公顷，其中以松毛虫、松茸毒蛾、油桐尺蠖、桉树枝瘿姬小蜂、八角尺蠖为主的虫害实际发生总面积7512.40公顷；以桉树青枯病为主的病害实际发生总面积660公顷。林业有害生物实际成灾面积378公顷，成灾率0.55‰。其中松毛虫成灾面积66.67公顷，主要分布在上林县三里镇和宾阳县甘棠镇、古辣镇、露圩镇；桉青枯病成灾面积4公顷，主要分布在西乡塘区双定镇；油桐尺蠖成灾面积240公顷，主要分布在武鸣县朝燕林场、锣圩镇、仙湖镇；松毒蛾成灾面积23.33公顷，主要分布在邕宁区中和乡和隆安县丁当镇、都结乡、屏山镇；桉树枝瘿姬小蜂成灾面积17.33公顷，主要分布在西乡塘区，邕宁区蒲庙镇、百济镇、中和乡，良庆区那马镇、南晓镇；其他害虫（桉夜蛾等）成灾面积29.33公顷。共投入林业有害生物防治经费149万元，实施防治作业面积8381.60公顷次。实际防治面积7381.60公顷，预防面积480公顷，重复防治面积520

2009年南宁市中国保护动物名录

中国一级：黑叶猴 熊猴 金钱豹 苏门羚 蟒蛇 黑鹳 鼋 梅花鹿（主要是人工养殖）

中国二级：虎纹蛙 大鲵 原鸡 林麝 黑熊 凤头鹃隼 雀雕 猛隼 小鸦鹃 草鸮 雕鸮 海南鳽 白琵鹭 鸳鸯 黑翅鸢 黑冠鹃隼 苍鹰 黑鸢 赤腹鹰 凤头鹰 松雀鹰 雀鹰 鹰雕 普通鵟 秃鹫 白尾鹞 草原鹞 鹊鹞 白腹鹞 鹗 白腿小隼 红隼 灰背隼 燕隼 灰鹤 褐翅鸦鹃 领角鸮 红角鸮 鹰鸮 领鸺鹠 斑鸺鹠 仙八色鸫 冠斑犀鸟 白鹇 蛇雕 大壁虎 山瑞鳖 猕猴 短尾猴 小灵猫 大灵猫 斑林狸 细痣疣螈 穿山甲

2009年南宁市中国保护植物名录

中国一级：钟萼木 石山苏铁 云南苏铁

中国二级：格木 桫椤 水蕨 金毛狗 福建柏 白豆杉 香樟 花榈木 红椿 紫荆木 锯叶竹节树 马蹄参 木瓜红 蚬木 金丝李 苏木 顶果木 青檀 火麻树 地枫皮 海南风吹楠 海南大风子 海南椴 任豆 榉树 半枫荷 蒜头果

极危树种：龙州锥

（林志武）

公顷。5月和9月开展松材线虫病和松墨天牛监测普查工作，共调查监测松林面积67.79万公顷次，调查发现各种原因导致枯死的松木2770株，经抽样对其中264株679个样本进行检验，均未发现有松材线虫。共实施木材调运检疫161万立方米，复检木材2914立方米；种苗调运检疫442万株，实施种苗产地检疫564.8公顷，复检苗木87万株。（雷秀峰）

【林业产业】 2009年，南宁市木材经营加工单位（个人）及其他林业企业累计有2983家（木材销售企业780家、加工企业2203家）。其中人造板加工企业167家；锯材、木片、旋切单板加工企业1397家；木、竹家具企业404家；其他木、竹制品制造209家；林化产品加工企业23家（其中松香厂22家，栲胶厂1家）；制浆造纸业3家。林业总产值104.96亿元。其中第一产业产值28.29亿元；第二产业产值76.37亿元（加工业产值32.20亿元、造纸业产值22.10亿元、其他产值22.07亿元）；第三产业产值0.30亿元。其中：工业总产值上亿元的林业企业有5家：南宁凤凰纸业有限公司，生产纸浆11.2万吨，年生产消耗木材54.50万立方米，年产值4.85亿元，销售收入5.18亿元，上缴税金3127万元，实现利润-1.03亿元，从业1099人。广西丰林木业集团股份有限公司（南宁），生产中密度纤维板15万立方米，年生产消耗木材24.65万吨，年产值2.36亿元，销售收入2.10亿元，上缴税金1511万元，实现利润961.60万元，从业345人。广西高峰人造板有限公司，生产中密度纤维板14.22万立方米，年生产消耗木材26.03万吨，年产值1.72亿元，年销售收入1.67亿元，上缴税金1074万元，实现利润1089万元，从业251人。广西华劲集团股份有限公司南宁纸业分公司，竹浆造纸5.84万吨，其中外销浆0.78万吨，年生产消耗木材16万吨，产值2.34亿元，销售收入2.37亿元，上缴税金2607.41万元，实现利润4883.77万元，从业1015人。南宁利通树脂有限公司，生产歧化松香1.40万吨，年生产消耗松脂1.30万吨，年产值1.50亿元，年销售收入1.28亿元，年上缴税金271万元，实现利润9386万元，从业45人。（李青兰）

【农村能源建设】

农村沼气池 2009年，南宁市农村沼气建设项目列入自治区2009年为民办实事项目之一。新建农村沼气池1.21万座（非贫困村1.18万座、贫困村288座），完成投资6432.15万元。其中：中央投资1764.45万元，自治区林业部门投资529.34万元，自治区财政扶贫资金51.84万元，市财政投资235万元，县区财政投资130.51万元，农民自筹3721.01万元。至年末，全市累计建成农村户用沼气47.80万座，适宜建池农户入户率67.30%。每年可减少二氧化碳（CO_2）排放730万吨，减少甲烷（CH_4）排放0.60万吨。年可节约96万多吨薪柴，保护3.13万多公顷林地。

农村生态家园 农村生态家园建设工程列入市新农村建设项目之一。新建50个生态家园，完成投资2184万元（市财政补助750万元、县区配套535万元、群众自筹899万元）。生态家园村都建有文化活动室、灯光球场，实现通屯水泥路、屯内硬化，进行改厨、改厕、改圈，沼气池适宜入户率达80%以上。基本实现“生产发展、生活宽裕、乡风文明、村容整洁、管理民主”的新农村建设目标。（张海琳）

【古树名木保护】 2009年核查，南宁市古树名木保存（不含建成区部分）4998株。其中：武鸣县527株，宾阳县486株，横县390株，上林县491株，马山县324株，隆安县100株，邕宁区586株，西乡塘区568株，良庆区452株，兴宁区142株，青秀区294株，江南区638株。

【林地管理】 2009年，南宁市实行定额管理林地。自治区下达南宁市定额500公顷。年度内，国家林业局和自治区林业厅共审批审核南宁市工程建设征占用林地49宗，其中临时占用林地1宗，直接为林业生产服务设施用地2宗，长期用地46宗。共征占用林地面积307.95公顷，其中长期用地300.11公顷，临时占用林地0.15公顷，直接为林业生产服务设施用地7.70公顷。市林业局审批临时占用林地1宗，面积9.68公顷。（林志武）

水　　利

【概　况】 2009年，南宁市水利局下辖事业单位14个和企业7家，共有在岗职工757人，其中企业员工30人。全市水利总投入10.54亿元。实施871项水利项目建设，完工688项，累计完成投资7.52亿元。新增节水灌溉面积2026.67公顷，恢复灌溉面积1193.33公顷，改善灌溉面积1.07万公顷；新增渠道防渗109公里，清淤渠道574.20公里；完成水土流失治理50.55平方公里，累计解决36.27万农村人口饮水不安全问题。市为民办实事项目的大中水库移民基础设施工程项目共82项，总投资2028.20万元（其中移民资金1441万元，其他资金587.20万元）；累计完成招商引资合同签约1.20亿元，实际到位资金4341万元。

【水利工程项目建设】 2009年，市水利局实施民生水利工程建设，组织开展“水利建设年”活动，全力推进全市水利基础设施建设。其中：中央专项病险水库除险加固工程项目完工10个，完成总投资3.72亿元。中央预算内投资农村饮水安全工程项目完工294个，完成总投资1.79亿元。大型灌区节水改造工程项目完工3个，完成总投资5000万元。大型泵站更新改造工程项目完成总投资1194万元；堤防工程项目累计完成总投资2450万元。其他小型农田水利工程项目完工343个，完成总投资11347万元。为民办实事项目累计到位资金6046.46万元，完工104个；完成投资6046.46万元，累计解决13.08万人的饮水安全问题。年内，市水利局负责实施堤防工程及相关的城建项目，包括江南堤路园项目（三津村—南站南侧路段）、防洪体系完善和富德村回建安置等3个城建项目投资计划。完成投资3273万元，江南堤路园项目（三津村—南站南侧路段）全线11个道路标段累计完成投资550万元，全线11个道路标段中的8个及1个绿化标段通过竣工验收，沙江泵站水泵机组已经完成安装。8标段部分工作面、10标、11标由于受征地拆迁影响无法施工。江南堤路园（中兴大桥—三津村）工程完成江南西堤路园（中兴大桥—三津村）段景观工程1、3、4、5、6标的移交工作。富德村回建安置项目累计完成投资700万元，项目工程全部完工，并通过了市质监站组织的主体验收。防洪体系项目累计完成投资2023万元，沙江排涝泵站项目通过市质监站组织的主体验收。

围绕建设区域性国际城市和建设广西“首善之区”，强化城市功能，显示绿城、水城魅力，配合各有关城区（开发区），稳步推进城市内河综合整治工作。城市内河综合整治工程年度投资额完成8.03亿元，其中已开工建设的内河项目完成投资6.56亿元，正在开展前期工作的内河项目年度投资额完成1.48亿元。

【抗洪救灾】 2009年，南宁市邕江水势基本维持在62~64米（85高程，下同）之间。年初，邕江南宁水文站水位62.39米，至5月10日出现年内最低水位61.17米；5月16~20日受强降雨影响，出现年内第一次明显涨水过程，最高水位65.69米（5月22日）；7月3~6日受入汛以来强度最强、范围最大、持续时间最长的一次强降雨影响，水位最高69.83米（7月7日），为年内第一次超设防水位，也是年内最高洪水水位；7月27~28日受强降雨影响，邕江最高至66.39米（7月30日）。之后水位回落至62.20米左右维持。汛期共出现14次强降雨天气过程，其中5次（4月12~13日、5月16~20日、6月7~10日、7月3~6日、7月19~20日）影响较大并造成洪涝灾害。全市共有6个县区49个乡镇受灾，累计受灾人口34.64万；死亡1人，失踪1人，倒塌房屋887间；农作物受灾面积1.68万公顷，成灾面积1.06万公顷，绝收面积0.23万公顷，因灾减收粮食0.88万吨；水产养殖受灾面积80公顷，损失0.02万吨；停产工矿企业4家；损坏小型水库2座、堤防2处、护岸4处、水闸10座、灌溉设施134处、水电站2座，洪涝灾害造成直接经济损失1.31亿元。面对灾情市水利局贯彻落实市委、市政府的工作部署，按照“早谋划、早布置、早落实”的原则，健全预报预警和决策指挥体系，及时开展汛前、汛中、汛末检查，在全面排查安全隐患的基础上，利用多种形式加强防汛避险知识的宣传普及，制定防洪预案，落实防洪责任，完善防洪措施，全力做好防汛工作，使洪涝灾害造成的损失降低到最低程度。据不完全统计，全年减少受灾人口1.32万人，减淹农作物面积4493.33公顷，减少直接经济损失1.27亿元。

【抗旱救灾】 2009年，南宁市受降雨时空分布不均影响，在春耕生产时节，横县、宾阳县、隆安县、邕宁区、江南区、良庆区等地出现明显春旱；而自8月以后，由于持续少雨，造成夏种时期发生较为严重的伏旱。农作物受旱面积20.92万公顷，受灾面积12.71万公顷，成灾面积5.90万公顷，绝收0.67万公顷，因旱少种面积0.83万公顷；共有11.22万公顷作物受旱，其中轻旱8万公顷，重旱2.93万公顷，干枯0.28万公顷，水田缺水0.51万公顷，旱地缺墒1.36万公顷；因旱造成粮食损失6.48万吨、经济作物损失2.13亿元。面对灾情，市水利局做好河、湖、水库及塘（坝）的蓄保水工作，保障生活饮用水、农业灌溉和水产养殖等用水需要。全市共投入抗旱人员86.82万，投入抗旱机电井1489眼、泵站1588处、机动抗旱设备10.51万台（套）/40.12万千瓦、机动运水车1.75万台次；累计抗旱浇灌面积26.41万公顷，临时解决人畜饮水困难16.97万人/16.15万头。

【库区移民】

为民办实事项目建设　2009年，南宁市列入自治区为民办实事项目的大中型水库移民基础设施工程项目240个。其中：交通工程179个，移民新村21个，安全饮水工程40个。总投资5600万元，任务已经全部分解到各县区。已开工建设项目240个，占总数的100%，完成项目投资3360万元（占总投资60%）。列入南宁市为民办实事项目的大中水库移民基础设施工程项目82个，涉及13个县区、48个乡镇、76个村委会、82个村民小组。其中：人饮工程22个，供电工程1个，交通工程51个，农田水利3个，移民新村4个，文化教育1个。总投资2028.20万元，其中移民资金1441万元，其他资金587.20万元。已全面完工项目有77个（占总项目的93.90%），完成项目投资1878万元（占总投资的92.59%），受益移民4.84万人。于2009年底全部完成任务。

移民后期扶持规划　年初，根据自治区水库移民工作管理局的统一部署和要求，市水利局组织各县区编制《南宁市大中型水库移民后期扶持2008~2012年规划》，规划编制村屯道路179条，移民新村建设21个，人饮工程40个，总投资5600万元；编制《南宁市大中型水库库区和移民安置区基础设施建设和经济发展2008~2012规划》，扶持项目1448个，总投资3.73亿元。制定《南宁市库区移民基础设施建设示范点方案》并上报自治区移民局，形成特色和亮点，打造新农村建设示范点。水库移民后期扶持人口核定工作完成13个县区、完成高新区大中型水库移民后期扶持人口核定登记上报工作，共核对大中型水库移民后期扶持人数39.97万，其中登记到户到人9.83万户36.70万人，登记到村民小组3.27万人。

【水土保持】 2009年，市水利局开展水土保持监督执法工作，建立完善重大开发建设项目督察制度，开展大中型开发建设项目督察，共深入各开发建设区、商务园区、工业园区对320个项目开展执法检查769次，查处水保违法违规案件16件。对2005~2009年1000多个开发建设项目进行全面调查，对违反水土保持法的隆安县白马煤矿、横县芒硝矿、宾阳县的毁田采沙点等6个项目进行查处，实行跟踪监控和常态化管理。在全市范围内组织开展水土保持法规的学习宣传，共制作发布大型高杆宣传广告牌5块约600平方米，发放宣传小册子2000册、标语600条、宣传物品68箱，利用政风行风热线、召开座谈会、散发张贴宣传图片标语。开展水土流失综合治理，共投入水土保持治理资金14.62亿元，完成治理水土流失面积50.55平方公里，完成小流域项目32个、坡耕地治理工程8处605.33公顷、崩岗治理工程184座等一批水保工程项目前期初设方案的审查，使横县、上林、马山、隆安4个县和良庆、青秀、邕宁等3个城区的水土保持工程建设顺利进入2009~2011年中央和自治区的总体实施规划。实施水土保持“三同时”制度，把好水土保持方案审批关，完成市政府组织的联合审批活动6次，完成规费征收入库500多万元，完成任务500%。《南宁市水土保持规划》通过市人大常委会审议，并于7月30日实施。

【水政水资源管理】 2009年，市水利局坚持“依法治水，依法管水”原则，开展水法规宣传、水政水资源执法工作，保障城市供水安全。一是配合自治区水利厅水资源管理处、政策法规处和水政监察总队，开展水法规系列宣传活动，完成第十七届“世界水日”和第二十二届“中国水周”的宣传工作。做好砂场环保责任确定的整治工作，组织河道堤防巡查共3870人次，集体巡查及处理水事件60人次，发放违法、违章通知书28份，制止违法行为30多起。下发关于规范采砂管理工作的材料360多份，对违规问题限期进行整改。同时加大城市内河违章行为的查处，全年共调查处理案件12件；处理群众举报案件18件；责令拆除内河行洪排涝围堰3座，拆除违法沙场1处。对违法违规人员警告、劝阻、教育108人次。定期发布水质旬报，加强城市供水水源地保护和监测，确保各类供水水源地水质安全。完成征收水资源费376万元。由市水利局起草的《南宁市饮用水水源保护条例》经市及自治区人大常委会审议同意实施；完成《南宁市河道与堤防建设管理条例》修订起草工作，并于7月30日获市十二届人大常委会第二十六次会议通过。

（傅美湖）

责任编辑　卢景林

交通运输业

铁路运输

【概 况】 2009年，南宁市境内国家营业铁路有湘桂线和吉村至维罗（含南环天潭、玉洞）、南昆线扬美至雁江，线路总长（包括复线）406.15公里，营业里程298.95公里。铁路职能机构设有：南宁铁路局机关行政部门28个，党群部门8个，政法部门4个（公安局、公安处、运输检察院、运输法院）；局机关附属单位驻地在南宁22个，局属基层单位驻地在南宁20个（运输单位11个、非运输单位9个）；车站25个（湘桂线17个、南昆线8个），南宁站为特等站，南宁南、黎塘站为一等站，和吉村至维罗、扬美至雁江等22个站为四等站。铁路经济吸引区范围为市区和市辖的宾阳、横县、隆安3个县。南宁、黎塘、金鸡村、隆安4个站发送旅客932.90万人，比上年增加84.30万人；南宁南、黎塘、南宁、屯里、长堽岭、六景、邕宁、隆安8个站发送货物624.90万吨；南宁南、南宁、黎塘、屯里、六景、隆安、长堽岭、金鸡村9个站到达货物862.80万吨；完成运输收入16.50亿元，增收2.02亿元。12月27日，云桂铁路广西段开工建设。在2008年度全国铁路站、车客运工作竞赛评比中，南宁站再次被评为文明车站，南宁客运段T5/6次、K21/22次、T39/40次、K537/538次、2571/2572次被评为红旗列车。

中国—东盟博览会召开期间，南宁火车站在会场开设多个车票销售点，为中外客商提供火车票返程服务

南宁铁路局史志办提供

2009年南宁市境内火车站运输任务完成情况

车站	旅客发送量（万人）	货物发送量（万吨）	货物到达量（万吨）	运输收入（万元）
黎　塘	77.70	169.50	83.40	14028.70
六　景		16.30	32.20	1771.20
邕　宁		7.30	7.30	1138.50
屯　里		31.40	57.00	2283.70
长堽岭		20.10	9.30	2643.30
南　宁	854.20	147.40	286.70	105851.50
南宁南		229.50	369.80	36937.70
金鸡村	0.10		1.80	1.30
隆　安	0.90	3.40	15.30	381.60

【运输生产】 2009年，南宁铁路各运输生产单位，坚持“高标准、讲科学、不懈怠”精神，努力完成运输和建设两大任务，保持又好又快的发展态势。

客货发送　南宁车站继续实施“两万工程”（日均发送旅客2万人次）的营销目标，发送旅客854.20万人，日均2.34万人，完成年计划的92.30%，比上年增运74.30万人，增长9.50%。其中4月3日发送旅客6.15万人，创单日发送旅客历史新高。发送货物147.35万吨，超额完成年计划的0.20%，增长1.60%；运输收入10.58亿元，完成年计划的97%，增长14.80%，其中客运收入7.95亿元、货运收入2.63亿元；旅客列车出发正点率98.20%。南宁客运段全面完成运输经营任务，全段担当图定旅客列车41对，比上年增加9.50对、增长30.10%；增开直通列车5.50对、管内列车7对，增开列车对数超过近10年的总和；完成乘务工作量4.24亿千车公里，增长21.80%，创历史纪录；运送旅客3845万人次，增运385万人次，增长11.10%；加挂车1.50万多辆；值乘临时旅客列车和专列774列；完成车补收入1.17亿元、旅行服务收入7906万元，后者创历史最好成绩，其中餐营收入4850万元、售货收入3056万元。南宁车务段发送旅客352.40万人，超额完成年计划的6.20%，增运39.80万人、增长12.70%；发送货物800.70万吨，装车13.70万辆，分别完成年计划的95.90%和97.40%，分别下降3.50%和2.20%；到达货物1221.20万吨、卸车21.10万辆，分别下降11.40%和7%；运输收入10.81亿元，超额完成年计划的1.40%，增长9%，其中客运收入1.22亿元、货运收入9.59亿元；保价收入839.40万元，超额完成年计划的3.60%，下降8.70%；实现运输利润8.71万元。

机车牵引　南宁机务段担当湘桂线南宁至衡阳间旅客列车、南宁至凭祥间客货列车及南昆线南宁至威舍间客货列车，黎湛、河茂线黎塘至湛江、茂名间客货列车，益湛新线玉林至贺州间客货列车牵引任务，并担当中越国际旅客列车和货物列车的过境任务。牵引客运里程2368公里、货运里程1560公里。配属机车181台，其中电力机车137台、内燃机车44台，完成机车牵引总重723.20亿吨公里，比上年增长165%；机车总走行5.04万千机车公里，增长55.10%；货运机车平均牵引总重每列3163吨，技术速度每小时48.80公里，日每台474公里，机车日产量120.30万吨。完成电力机车中修47台、小修208台、辅修238台，内燃机车小修516台、辅修309台。完成电力机车单耗103.05千瓦时/万吨公里，下降2.90%；节约电力694.60万千瓦时，按价折算节约642万元；内燃机车燃油单耗21.90千克/万吨公里，节油2499吨1440万元。

工电维修　南宁工务段管辖正线851.48公里、站特线473.83公里、道岔1392组、桥梁271座、隧道9座、涵渠2257座、道口202个。全年完成线路维修保养528.17公里，其中优良374.67公里、合格137.86公里，合格率97%。维修道岔698组，优良523组，合格159组，合格率97.70%；维修桥梁63座6333.56米、涵渠50座919.32米，全部优良；轨检车检查线路1.30公里，优良1.21公里，优良率93.30%；更换伤损钢轨722处、伤损叉心113处、伤损尖轨69处；更换钢轨46公里、混凝土枕1.87万根、失效木枕4152根，其中更换的钢轨比前两年更换总和增加4.56公里，更换的混凝土枕比前两年更换总和增加1285根、失效木枕比上年完成增加2980根；抽换岔枕2584根，铝热焊1186头。南宁电务段管辖铁路正线、支线3222.80公里(含复线539.20公里)，连锁车站(场)291个、驼峰场6个、无连锁站2个，道岔换算总数4.12万组、信号机8787架、信号微机监测271个站、轨道电路8482个区段、机车信号733台。全年“天窗”修申请1.52万次，列入计划1.40万次，申请兑现率71.90%，完成1.39万次，完成率99.30%；完成53个站、7个区间、8个道口、6个驼峰场中修任务；完成电动转辙机入所修651台、电空转辙机入所修61台、继电器入所修1.81万台、地面移频设备入所修1098台；完成列车运行监控装置(LKJ)17个新版本的数据换装任务。电务设备大修、中修、维修兑现率、信号设备综合质量合格率均为100%，与上年持平。全员劳动生产率达到20.70换算道岔组人/年。

客车检修　南宁车辆段配属客车1421辆，其中空调客车1150辆(含单节空调客车70辆)、普通客车(绿皮车)271辆；代管邮政车12辆、行李车73辆。开行图定客车41对87组，比上年增加8对19组，其中空调客车32对67组，增加9.50对22组。全年完成客车辅修1840辆、库检修25.50万辆、客列检修90.40万辆。空调客车走行44万千辆公里，分别增长7.20%、7.80%、10%和24%。整编开行临时旅客列车636列9560辆次，扩编加挂客车1.68万辆次。完成客车段修757辆(含邮政、行李车)，增长0.30%，计划交车兑现率90%，一次交车合格率100%；整修客车2536辆，加装改造客车149辆，发现并修复各类故障6.90万件。空调车燃油单耗控制在34.80公斤/千辆公里内，下降1.04公斤，降幅2.90%。直接生产费用节支1193.80万元，修旧利废2624万元，首度实现成本节支。全员劳动生产率达到23.10辆/人年，提高3.98个百分点。

货车检修　南宁南车辆段的前身系柳州车辆段。2009年6月1日，柳州车辆段迁至南宁南，更名为南宁南车辆段，担负湘桂、黔桂、焦柳、黎湛、南昆、河茂、益湛等7条干线的车辆检修工作，管辖区段4339公里，安全保证区段5289公里。全年完成路内货车厂修319辆、段修1.47万辆，比上年分别增长309%和7.80%，辅修4000辆，下降48.70%；完成自备车厂修294辆，增长47.80%，段修1415辆，下降8.10%。货车厂、段、辅修一次交验合格率分别为98%、97.60%、99%，均高于部颁标准。列检通过修1103.40万辆。全员劳动生产率达到20.45辆/人年，提高1.10个百分点。

水电物资　供应南宁供电段管辖范围横跨桂(广西)、贵(贵州)、粤(广东)3省(自治区)11个地市，担负南昆、南凭、黎南、黎湛、河茂、益湛线1523运营公里的牵引供电及生产、生活供水供电任务。全年完成牵引供电受电量4.23亿千瓦时，供电量4.05亿千瓦时，比上年分别增长3.40%和2.70%；牵引供电损失率3.90%，提高0.96个百分点。功率因素0.93，提高2个百分点；完成电力受电量1.41亿千瓦时，提高3.91个百分点；完成供电量1.28亿千瓦时，提高3.74个百分点；力率0.99，提高0.30个百分点；负荷率54.20%，提高1.40个百分点；变压器利用率23.70%，提高1个百分点；电损率9.60%，下降0.41个百分点；供水量1905.23万吨，下降4.04个百分点；供水损失率20.40%，下降3.47个百分点；净水、消毒水合格率均为100%，与上年持平；扬水耗电量635.73万千瓦时，下降7.08个百分点；水电费回收率99.20%，提高0.21个百分点。基建、大修、更新改造工程竣工44项，完成投资1882.80万元。南宁铁路局物资供应段，成立于2009年2月19日。全年完成物资供应额4.40亿元(不含柴油、钢轨)；受理物资需求计划9.15万笔，供应兑现8.95万笔，兑现率97.90%。完成重点物资专用柴油供应29.40万吨，供应钢轨24.60万吨、一级道砟34.10万立方米、防洪料7661立方米。完成招标采购申请1.86亿元，超计划1555万元。主业代办创收539万元。采购节支降低成本3018万元，超计划1018万元；采购成本平均降低率11%，超计划1.20%；物资质量合格率100%。

【安全生产】　2009年，南宁铁路运输生产单位贯彻落实“安全第一、预防为主”方针，坚持安全发展理念，不断强化安全基础建设，努力提高安全管理水平，确保客货运输生产安全。除工务段、客运段发生一般性事故外，其他8个单位实现安全年。各单位无责任事故天数分别为：南宁站6412天，供电段3143天，车辆段2314天，电务段2189天，机务段2148天，车务段1854天，南宁南车辆段1106天，物资供应段315天，客运段249天，工务段182天。

【铁路建设】　2009年，南宁铁路局贯彻1月15日自治区主席马飚在听取广西铁路建设情况汇报时指出的加大铁路建设力度，造福广西5000万人民的指示。密切配合自治区铁路建设办公室和有关部门开展工作，按照程序紧凑、分工负责的原则，形成项目推进建设，得到国家铁道部的大力支持，广西铁路建设步伐加快。6月23日，沿海铁路扩能改造工程钦州至北海段、钦州至防城港段以及南广铁路南宁至黎塘、德保至靖西4条铁路同时开工。12月27日，南宁东站、云桂铁路广西段、玉林至铁山港铁路、沿海铁路黎塘至钦州段扩能改造工程暨钦州临海工业园区铁路大榄坪至保税港区段等5个铁路项目亦同时开工。全年新开工广西铁路建设项目9个，完成投资260亿元(含贵广铁路和地方配套资金)，是上年的10.70倍，超过前10年广西铁路建设投资的总和，也是铁路局历史上投资规模最大、开工项目最多、投产里程最长的一年。

【信息化建设】 2009年6月，南宁铁路局益湛铁路信息系统建设正式实施，9月完成客票和TMIS信息系统建设任务，在梧州、容县等12个车站应用客票发售预订系统和补票系统，配备微机114台、制票机78台、网络设备76台、汉卡66个；在贺州、岑溪、北流东等车站应用TMIS现车系统、十八点统计、货票、货调系统、货运营销系统，配备微机77台、宽行打印机58台、UPS电源87台、网络设备46台、加密卡45个。计算机网络覆盖全局300多个信息点，完成一期工程100多个信息点实施。完成17个主要运输生产、安全、经营、管理的信息系统研发、实施、推广和26个应用系统、计算机网络管理、设备运行维护任务，保障铁路局调度、客票、TMIS其他系统、办公自动化等运输生产信息系统和网络系统稳定运行。

【南宁至越南河内国际列车开行】 2009年1月1日上午，T871次南宁至越南河内国际列车在南宁站站台举行首发仪式。这使南宁成为除北京外中国第二个国际列车始发站城市。标志着广西连接越南、连接东盟各国的通道越来越广，成为中国—东盟自由贸易区的经济大动脉。该趟列车行程396公里；共有8节车厢，其中，硬卧1节，软卧6节、餐车1节；载客定员249人。运行时间13小时以内，其中通关时间4小时。

【南宁至柳州城际列车延至融安】 2009年4月1日，南宁铁路局决定将南宁至柳州的T8726/8725次城际列车延至融安。从此结束焦柳线上没有"子弹头"双层动车组列车的历史，为山区少数民族群众带来更多方便。南宁至融安铁路总里程为408公里，城际列车每天对开一趟，运行时间为4小时58分。南宁开往融安的T8726次列车南宁发车时间为上午8时41分，11时39分至11时51分经停柳州火车站，到达融安站的时间为下午1时40分。

【南宁铁路局接管广西地方铁路】 2009年6月25日，广西地方铁路移交南宁铁路局工作会议在南宁召开，根据2月25日南宁铁路局和自治区国资委签订的《广西地方铁路移交南宁铁路局协议书》，双方在广西地方铁路资产、人员移交等具体问题上达成共识。南宁铁路局成立支线综合管理段，加强对广西地方铁路运输经营管理，确保运输生产安全和移交工作两不误，同时为加强组织领导，成立资产移交组和人员移交组。细化移交措施，确保国有资产安全和职工队伍稳定，实现移交工作无缝化衔接，至此，广西地方铁路正式移交铁路局管理，这对整合广西路网资源，实现运输组织统一调度指挥，提高运输效率具有重要意义。

【梧州至南宁首趟客车开行】 2009年9月9日，梧州至南宁K9325次载着1100多名旅客，从梧州站开往南宁，本次列车每日上午9时29分发车，沿途在岑溪、北流、玉林、贵港和黎塘5个车站停靠。线路全长433公里，时速80公里，全程6个半小时。从此结束桂东区域不通火车的历史，极大地方便当地民族地区与各地的人员往来、物资交流和经贸合作。

【中越柬"文化交流号"国际列车开行】 2009年11月26日，南宁铁路局开行的"文化交流号"国际专列搭载中国出版代表团一行119人从南宁站启程，赴越南、柬埔寨开展文化交流活动。这是继7月26日开行"中越青年企业家创业号"专列之后，铁路局开行的又一国际专列。

（桑开焕）

1月1日，中国南宁至越南河内(嘉林)国际旅客列车正式开行

南宁铁路局史志办提供

道路运输

【概　况】 2009年，南宁市公路总里程10373.32公里。其中：等级公路8963.46公里，比上年增加650.70公里（高速公路524.97公里）；一级公路里程39.59公里；二级公路里程955.45公里，增加53.37公里；三级公路里程901.20公里，增加9.50公里；四级公路里程6542.26公里，增加587.84公里；等外公路里程1409.86公里，减少675.93公里。市交通局公路管理部门负责管养公路7648.07公里。其中：国道30.80公里，县道1264.24公里，乡道2350.36公里，专用道82.07公里，村道3920.60公里。全市拥有营运班线客车4217辆、营运货车7.04万辆，全年完成客运量7801万人、客运周转量147亿人公里，货运量1.33亿吨、货运周转量198亿吨公里，分别比上年增长11.95%、20.35%、20.30%和15.80%。有出租汽车4420辆；公共汽车3217.10标台辆，营运线路136条，完成客运5.68亿人次。市交通局完成为民办实事项目3个。一是组织实施公交车票价下调，6家公交企业于3月1日零时起将全市122条公交线路的2385辆公交车票价全部由1.20元/人次降低至1元/人次；二是组织实施的50个行政村通水泥路项目全部完工，完成投资1.32亿元，为目标的100%；三是组织实施的10个便民候车亭项目全部完工并投入使用，完成投资40万元，为目标的100%。

【交通基础设施建设】 2009年，由市交通局负责实施的公路、水路、运输站场、渡改桥、渡口改造等交通基础设施建设项目目标投资26.59亿元，完成投资28.76亿元，为目标的110.50%。其中：协建高速公路项目3个，已全部开工，完成投资5.97亿元，为目标的72.30%；路网项目5个，已全部开工，完成投资3.12亿元，为目标的86.30%；农村公路项目94个，完成投资3.80亿元（其中新建项目2.40亿元，续建项目1.40亿元），为目标的127%；农村公路客运站项目15个，完成投资405.13万元。水运协建项目2个（郁江老口航运枢纽工程和邕宁梯级水利枢纽工程），完成前期工作投资3000万元；社会交通投资完成15.54亿元，为目标的141%。

【公路建设】 2009年，南宁市农村公路建设投资责任目标3亿元，项目全部开工建设，完成投资3.08亿元，占目标的102.70%，其中农村公路建设计划项目完成投资2.40亿元，占目标2.29亿元的102.80%。

通乡油路项目 4个共85公里，投资责任目标3920万元，完成投资4040万元，占目标的103%。其中：那马至大王滩公路项目完成投资350万元；里建至府城公路项目完成投资1510万元；永州至平果县旧城公路项目完成投资1130万元；芦村至良圻公路项目完成投资1050万元。

通达工程项目 18个共92公里，投资责任目标3704万元，完成投资3808万元，占目标的102.80%。

农村公路渡口改造、渡改桥项目 9个共360延米，投资责任目标381万元。累计完成投资541万元，占目标的142%。

通建制村沥青或水泥路项目 63个共388.70公里，投资责任目标1.49亿元。累计完成投资1.52亿元，占责任目标的101.80%。

【路政管理】 2009年，南宁市各级路政管理机构依法行政，维护公路路产路权。坚持每月不少于三分之二时间的上路巡查制度，确保国道每月巡查不少于5次、县道不少于3次、乡道不少于1次，发现公路安全隐患及时排除，发现涉路违法行为迅速制止和处理。特别是在元旦、春节、国庆黄金周、"两会一节"及国庆60周年活动期间，路政执法人员，增加上路巡查频率，确保重大节日和重要时期辖区公路特别是旅游公路的安全畅通。全年全市共办理路政涉路案件510件，查处率和结案率均100%，收取公路赔(补)偿费及罚款共计126.16万元。其中：查处赔偿案件19件，追回路产损失3.40万元；办理路政许可项目69件，收取路产补偿费25.35万元；行政处罚案件422件97.41万元；拆除辖区违法建筑3处240平方米；清理非公路标志79块、堆积物167处3338平方米、临时搭棚37处232平方米；疏通人为堵塞水沟851米。严厉查处车辆超限运输，共查处超限车辆412辆，罚款96.06万元(不含其他处罚)。

【公路养护】 2009年，南宁市管养的农村公路里程7616.60公里，其中县道1264公里、乡道2350公里、专用道82公里、村道3920.60公里。完成农村公路养护目标任务。其中：县道良等路里程746公里，好路率72%，差路率3%；乡道良等路1148公里，好路率46.90%，差路率7.90%，晴雨通车率100%；重保养护示范路里程18公里，好路率82.20%，差路率为0。完成大中修工程，其中：水泥路面11.09万平方米、沥青路面16.28万平方米、砂土路面19.65万平方米。完成公路绿化(补种路树)11.95万株，水沟标准化898公里、路肩标准化943公里，浆砌片石挡土墙2.47万立方米。完成公路水毁抢修工程，其中：清理上边坡塌方4.30万立方米/177处、回填路基(扩宽路基)6.24万立方米/102处、路面抢修40.29万平方米、抢修桥梁6座、修复涵洞740米/137道。

【春运旅客运输】 2009年春运期间，南宁市日均投入客车3612辆，共完成32.34万班次，其中加班1.53万班次、包车1178班次；旅客运输量677.36万人次，客运周转量7.46亿人公里，分别比上年春运增长4.70%和5.20%；客运收入2.28亿元，增长28.90%。共办理营运客车报停业务1500余件，发放春运加班(包车)牌3033块，其中广东春运加班牌1020块、其他跨省加班(包车)牌193块、自治区内春运加班(包车)牌1790块；检测合格车辆3493辆，发放春检合格证3493张，春运客车合格率100%。

【行业安全监管】 2009年，市交通局开展安全生产隐患排查治理和安全专项整治，先后组织开展春节、全国"两会"、"五一"、第五届泛珠大会、泛北部湾论坛和国庆60周年等节庆活动期间的行业安全生产大检查7次，检查行业各类企业606家次，查出一般隐患476项，完成整改469项，整改率98.50%；检查管辖公路和在建工程施工现场111处，查出一般隐患129项，完成整改129项，整改率100%。还组织开展道路运输、公交、水运港口企业的应急救援演练活动。

【道路运输监管与专项整治】 2009年，市交通局完成春运、清明、"五一"、端午、国庆等节假日运输组织保障任务，实现节假日运输"安全、优质、规范、有序"的总体目标。开展道路客运企业、汽车客运站、危险货物运输企业和驾培、维修企业的质量信誉考核等工作。抓好道路运输市场专项整治，共查处车辆违法违章营运行为9476辆次，其中客车2219辆次，货车5727辆次，出租汽车273辆次，面包车1257辆次。配合各城区政法委开展非法营运"三车"(残疾车、二轮摩托车、人力三轮车)综合整治，查扣非法营运"三车"5245辆次。其中：二轮摩托车1626辆次，残疾车（含三轮摩托车、电动三轮车）2805辆次，人力三轮车(含机头人力三轮车)814辆次；出动运政执法人员1.63万多人次，及时办结数字城管投诉信息1.42万条。

【城市公交管理】 2009年，市交通局一是不断优化调整公交线路，完善公交线网布局，新开行公交线路5条，新增和更新公共汽车196辆，调整和优化公交线路18条，调整或增设公交站点59个，取消公交站点18个。二是加大对公交车不规范、不文明行车行为的查处力度，组织稽查人员随机跟车检查公交车1686辆次，到公交站点、车场进行检查1600辆次。三是对改进老年人等特殊群体免费乘车服务方式进行调研，组织人员到武汉、成都、青岛、广州等地学习考察，结合南宁市实际，制定关于为老年人等特殊群体提供免费乘坐公交车优待服务方式、公交资源整合和公共交通财政补贴机制的考察报告及建议措施报市政府。四是稳妥做好2008年中标、2009年初分期逐步投放的400辆出租车报废指标重新投放市场的工作，保证行业的平稳健康发展。

【抢险救灾】 2009年，市交通局根据市防洪指挥部的部署，按照抗大洪防大灾的要求，制定印发《南宁市交通局2009年防洪应急预案》，成立防洪工作领导小组和组织机构，落实好应急车船和物资、抢险突击队，安排人员在4~9月汛期进行24小时防洪值班，确保人民群众生命财产安全。按照防洪预案，市交通局准备机动船10艘及拖船2艘、5~7吨汽车20辆、5吨平板车5辆待命。7月受连续强降雨影响，广西部分地区出现严重洪涝灾害。按照市委、市政府的指示，迅速启动应急保障运输工作预案，组织广西超大货运有限公司共9辆货车，分赴桂林、柳州、河池市运送食品、帐篷等救灾物资近100吨，支援抗洪救灾工作。7月10日按照市委、市政府的要求协助共青团南宁市委紧急运送来南宁市参加"龙愿-两岸四地大学生文化交流营"活动的香港、澳门、中国台湾等地的学生前往深圳、珠海。在时间紧任务重的情况下，迅速连夜组织广西运德集团6台空调大巴到达指定地点，并于11日早晨8点准时发车运送该批120多名学生安全、顺利到达深圳、珠海。

【公交行业文明使者评比活动】 2009年，市交通局组织公交、出租汽车行业开展以"文明行车、和谐交通"为主题的公共交通行业文明使者评比优质服务竞赛活动。在高考期间，各出租汽车企业为考生提供免费服务的系有黄丝带的“爱心送考车”,得到社会各界好评。评选表彰2008年度交通窗口行业服务优质的公交车、出租汽车和客运班线车各100辆,带动和促进全市交通行业特别是窗口行业的文明创建工作。

水路运输

【概　况】 2009年，南宁市水路运输企业43家,有港口(码头)73个,服务企业12家,管理企业4家;运输船舶1570艘、46.89万吨位、1.10万客位。完成全社会货运量1582.50万吨,同比上升15.03%;货物周转量43.57亿吨公里,增长45%;集装箱运输量1.51万标箱,增长26倍;完成港口吞吐量433.75万吨,增长86%。完成水运项目建设投资5385万元，其中郁江老口前期工作2800万元,三津码头150万元,良庆港口570万元,广西金鲤水泥有限公司专用码头1085万元，联盛公司新造一艘船舶280万元,海泰公司船舶购置500万元。完成招商引资工作任务2.40亿元,超额完成任务的20%。

【南宁港一期工程项目】 2009年，市交通局根据市委、市政府关于加快推进南宁市西江黄金水道建设指示精神，结合建设区域性国际综合交通枢纽中心的规划要求，做好南宁港基础设施建设的前期工作。11月19日成立南宁市西江黄金水道建设工作领导小组办公室。由市交通局直属单位市港航管理处作为南宁港六景港区一期工程和中心城港区牛湾作业区一期工程的项目前期工作业主,组织开展项目前期工作，完成新港区一期工程地形测量、地质勘探、地质灾害评估报告以及压矿分析报告编制工作；通航条件、通航安全、水土保持评估项目的编制工作已完成初稿;行洪论证评估、环境影响评估外业工作进入编制阶段。工程可行性研究报告获自治区发展改革委员会组织评估。根据自治区黄金水道办和市委、市政府对项目建设的时间要求,进一步细化南宁港一期工程的各阶段建设工作,科学合理地安排好建设进度计划,确保南宁港建设项目能有序推进。开展有意向参与建设南宁港一期工程建设的企业以及未来将被搬迁的市区老码头企业的摸底调查工作，并结合南宁港一期工程建设制定老码头搬迁方案。经与市发展改革委员会对接落实，将南宁港及配套建设项目共5项纳入2010年全市城市建设项目投资计划报市政府审定。组织相关企业开展由企业自行建设的港口工程项目前期工作，广西金鲤水泥有限公司5个2000吨级泊位工程项目已进入初步设计阶段;南宁化工股份有限公司3个1000吨级泊位工程项目已完成工程可行性研究报告编制初稿工作，正进行修改完善,预计2010年1月完成送审稿。

【水运行业监管】 2009年，市交通局加大行业监管力度，建设和谐的水上交通环境。成立安全生产管理领导机构,与全市水运企业均签订安全目标管理责任书。重点开展节假日、国庆60周年及“两会一节”期间的安全生产大排查,开展危险品、装卸机械、砂场等18项水上交通安全专项整治活动，确保全市水上交通安全形势的稳定。共开展安全检查18次,出动检查人员512人次，检查水运企业40家、港口码头73个、渡口26处、船舶322艘,排查安全隐患38处,纠正违章船舶67艘,发放整改通知书10份。开展安全教育活动36次,参加人数585人次,与良庆码头联合开展应急救援演练1次。组织两期港航企业负责人和安全管理人员安全知识培训班,共117人参训,发放企业负责人资格证37本、安全员上岗证80本。

（鲁晓凡）

民用航空

【概　况】 2009年，南宁吴圩国际机场共执行航线63条,其中国内航线56条、地区航线2条、国际航线5条。通航城市44个,其中国内城市37个、地区城市2个、国际城市5个。平均每日起降航班120班次。全年共保障本场起降4.46万架次,其中运输起降4.40万架次，分别比上年增长24.86%和25.19%。完成旅客吞吐量452万人次,增长33.14%;货邮吞吐量4.63万吨,增长22.93%。南宁机场以总体符合率97.64%的成绩，实现了民航安全审计的阶段性目标(2010年3月复审)。同时,开展安全专项整治活动,重点抓好飞行区、停机坪、行车安全、危险品运输、鸟害防治等安全管理工作的落实。推进安全管理体系(SMS)建设,编制完成《南宁吴圩国际机场安全管理体系手册》和《南宁吴圩国际机场安全管理体系运行手册》初稿,并开始试运行。对《南宁吴圩国际机场应急救援预案》和《南宁吴圩国际机场专机保障工作方案》进行修订,并组织实战演练，进一步提升机场公司安全生产综合保障能力。按要求做好甲型H1N1流感防控工作,成立防控领导小组,制定防控预案；加强与联检单位和航空公司的配合,做好信息通报,做到上下联动,左右互动。

【中国—东盟博览会服务保障】 2009年，南宁机场承担第六届中国—东盟博览会、中国—东盟商务与投资峰会、南宁国际民歌艺术节期间专、包机的保障任务和中外与会代表、参展商以及国内外嘉宾的机场迎送服务保障任务，共保障起降航班1015架次，进出港旅客10.91万人次。10月18日高峰日,保障航班150架次,进出港旅客1.61万人次,其中保障重要旅客航班61架次(国内航班59架次、国际航班2架次)、保障专机4架次。

【新航线开通】 2009年，南宁机场共新增航线20条，分别为：宁波—南宁—昆明,厦门—南宁—昆明,南宁—杭州—天津,南宁—三亚,南宁—福州,南宁—厦门,南宁—贵阳—郑州,南宁—长沙—哈尔滨,南宁—长沙—大连,南宁—武汉—宁波,南宁—长沙—合肥,南宁—天津—哈尔滨，南宁—包头—长春，南宁—长沙—温州,南宁—桂林—成都,南宁—武汉—天津,合肥—南宁—昆明,南宁—澳门,南宁—重庆—太原,桂林—南宁—三亚。还增加南宁至北京、上海、昆明、长沙、武汉、福州、厦门等城市航班密度。引进澳门、春秋、吉祥、鹰联航空公司进入南宁航空市场，分别开通南宁—澳门航线及南宁至上海、三亚、成都、温州、宁波等航线。

【机场基本建设】 2009年，南宁机场投入专项资金1000多万元,对涉及飞行区、停机坪、应急救援等6大类28个项目的设施设备进行更新改造。新建候机楼过夜停车场和生活区一期业务用房，已完工并投入使用。原跑道改平行滑道的“盖被”工程全部完工并投入使用。为满足航班密度的增长，投入72.30亿元新增大巴车12辆、中巴车3辆。航站区(候机楼、货运库、停机坪)扩建工程逐步实施;新航站区扩建工程于12月29日正式启动。

（许　康）

责任编辑　卢景林

南宁市国家税务局

2009年，南宁市国家税务局紧紧围绕“服务科学发展、共建和谐税收”主题，深入开展“项目建设年”、“服务企业年”和“党组织服务年”活动，突出抓好学习实践科学发展观活动、争当“四个模范”活动、组织收入、纳税服务、队伍建设“五个重点”，力推干部管理、税收管理、税源管理、稽查管理、行政管理“五个创新”。全年累计组织市政府考核口径税收收入88.74亿元，同比增收6.01亿元，增长7.27%；入库总量创历史新高，如果不计结构性减税政策所导致的税收减收，2009年全市国税收入比上年实际增长18.92%，为南宁市成为广西第一个财政收入突破200亿元城市做出了积极的贡献。

市国税局局长周元卫（左一）陪同自治区国税局党组书记、局长王柳德（前左三）到南宁凤凰纸业有限公司开展税收调研

市国税局在坚持依法治税的同时，不断创新纳税服务方式，整合办公服务区域，扩大纳税人自助服务区，配备自助电脑等设备，增加网上申报、数据采集、电脑发票打印等服务功能；推行延时服务和预约服务，方便纳税人购买发票；为重点企业和重大投资项目开辟办税绿色通道，实施“一对一”、“点对点”的全程跟踪服务，纳税人满意度不断提高；全面贯彻落实各项增值税转型、小规模纳税人征收率下调、个体增值税起征点提高等一系列“惠民生、保增长”税收优惠政策，累计为全市纳税人办理结构性减税10.67亿元，办理出口退税5.68亿元，免抵调库1.10亿元。年内，市局获南宁市32个窗口服务行业“创城达标竞赛”第一名，首府南宁创建全国文明城先进单位；学习实践科学发展观活动经验在全市153个单位推广，被市政府授予优秀服务单位称号；有1个基层局获全国精神文明创建工作先进单位称号，3个基层局获自治区文明单位称号，8个办税服务厅被评为南宁市文明窗口示范单位；计划征收科被评为全国税务系统先进集体。市局还被市委、市政府评为南宁市计算机及电子信息技术推广应用成果奖三等奖、政务信息工作先进单位、新农村建设指导员工作先进后盾单位。

局领导班子成员对基层队伍建设和征管基础工作开展调研

局领导班子成员分别带队到企业开展“服务企业年”活动

党组书记、局长周元卫（右一）为社会特邀监察员颁发证书

开展“税收宣传板报一条街”活动

表彰诚信纳税 A 级企业

科级正职后备干部选拔笔试考场

获广西国税系统“困难中我们携手同行”税企演讲比赛第一名

南宁市财政局

① 2009年9月23日，自治区党委书记、自治区人大常委会主任郭声琨(左)慰问获“100位新中国成立以来感动中国人物”的好军嫂、市财政局干部韩素云(右)

② 局领导班子成员。左起：纪检组长梁庆，副局长黄志红，局长刘志烈，副局长李宁、苏道勇

③ 2009年7月10日，全市财政工作汇报会召开

南宁市财政局是市政府主管全市财政工作的综合部门，主要工作职责：贯彻实施国家的财政法律、法规，履行财政预算内外资金的筹集、分配、管理、监督职能，管理全市会计工作。局机关内设科室20个、二层机构13个，拥有一支“政治强、业务精、作风硬、纪律严”的财政干部队伍。

2009年，市财政局贯彻落实科学发展观，深入实施“项目建设年”、“服务企业年”及“党组织服务年”等各项活动，充分发挥财政生财、聚财、用财的职能作用，大力支持经济社会发展，依法强化税收征管，不断优化支出结构，稳步推进各项财政改革，在国际金融危机影响下，依靠南宁市委、市政府的坚强领导以及各部门各单位的支持配合，全市财政收入突破231亿元，达到231.37亿元，增长21.03%，有力促进全市经济社会事业全面、协调、可持续发展。一是投向重点项目建设283.30亿元。南宁市除通过财政预算安排外，还充分利用政府公共资源采取各种方式、各种渠道筹措项目建设资金283.30亿元，主要用于五象新区项目、凤岭片区项目、拆迁回建房项目和廉租房、经济适用房等项目建设，为全市完成固定资产投资1040亿元做出贡献。二是投入扶持重点产业7亿多元。市财政实际支出7.47亿元支持重点产业“越冬”，扶持重点产业、园区经济发展，建立风险投资和担保机制，激励企业上台阶、创名牌、上市融资、技术创新、节能降耗，确保全市工业各项经

④ 2009 年 9 月 16 日，市财政局党组中心组学习韩素云同志先进事迹座谈会召开

⑤ 2009 年 3 月2 日，市委常委、常务副市长刘长林（左二）到市财政局检查工作

⑥ 2009 年 9 月 14 日，市委常委、纪委书记邓金玉（前中）到市财政局调研

⑦ 2009 年 5 月 7 日，局长刘志烈（前左一）到企业调研

济指标的完成。三是 20 件为民办实事项目支出 12.27 亿元。全市各级财政安排为民办实事财政资金 11.34 亿元，各级财政实际拨付财政性资金 12.27 亿元，完成年初财政计划投入总额的 108.20%。四是全市全面推行预算单位日常开支实行“公务卡”结算制度改革。市财政局在总结前两批 118 家试点单位日常开支实行公务卡改革的基础上，于年末前在市本级预算单位全面推行公务卡结算制度。五是首次实施对局内科室部门实行绩效考核。市财政局出台《南宁市财政局行政效能考评实施办法》，并于 11 月初首次对局内设 31 个科室部门进行绩效预考核。

南宁市发展和改革

①

南宁市发展和改革委员会是市政府综合研究拟订全市经济和社会发展政策，进行经济总量平衡，指导全市总体经济体制改革的管理部门。主要职责是：研究提出全市国民经济和社会发展战略、中长期规划、重点专项规划、年度发展计划。衔接、平衡各主要行业的行业发展规划。研究提出总量平衡、发展速度和结构调整的调控目标及政策。开展全市社会总需求和总供给等重要经济总量的综合平衡和重大比例关系的协调，研究提出资源开发、生产力布局和生态环境建设规划，引导和促进全市经济结构合理化和区域经济协调发展。提出全市固定资产投资总规模，安排全市财政性基本建设资金和国家、自治区下拨的专项投资；对政府性基金基本建设使用实行计划管理；指导和监督国外贷款建设资金的使用，向政策性银行推荐贷款项目。负责全市重大基本建设项目的布局和前期工作的组织、协调、管理。安排国家和自治区及本市拨款建设项目、本市大中型基本建设项目，确定年度市重点基本建设项目以及重大利用外资项目和境外投资项目。组织全市重大项目稽查；对重大项目建设进行行政性监管。开展全市科学技术、教育、旅游、文体、卫生等社会事业以及国防建设与经济和社会发展的衔接平衡；研究提出经济与社会协调发展、相互促进的政策，协调各项社会事业发展中的重大问题。研究提出高技术产业发展规划及其方向、重点和布局，推进重大科技成果产业化。

2009 年，市发展改革委内设 18 个科室；并设有政府投资项目代建办、南宁生物国家高技术产业基地办、循环经济发展办、节能减排办、市“十二五”规划办、区域性国际城市和广西“首善之区”规划办、南宁空港经济圈规划办、医药卫生体改办、县域经济发展办、推广乙醇汽油办、日元贷款办、防城港钢铁项目南宁总部基地办、邕宁梯级办、华侨农林场改革发展办等市级非常设机构；有市经济信息中心、市工程规划咨询事务所两个下属单位，其中市经济信息中心主要承担经济信息资源开发利用、市场情况调查研究、电脑网络技术开发与应用等业务。市工程规划咨询事务所主要承接建设项目可行性研究、设计和工程预决算编制、技术监理等业务。

②

③

委员会

① 2009年4月24日,在南宁市项目对接协调会上,自治区党委常委、市委书记车荣福(前右一)与主任(现任市人大常委会副主任)刘雄(前右二)亲切交谈

② 2009年4月8日,参加市开展深入学习实践科学发展观活动"攻坚克难先锋行"主题实践活动启动仪式,主任(现任市人大常委会副主任)刘雄(前右三)接受市领导授予的"项目推进服务队"红旗

③ 2009年4月24日,主任(现任市人大常委会副主任)刘雄(前左一)在南宁市项目对接协调会上现场办公

④ 2009年6月4日,召开领导班子学习实践活动征求建设项目业主意见座谈会

⑤ 2009年5月20日,主任(现任市人大常委会副主任)刘雄(右一)在南宁政务信息网参加首期"政府部门主要领导科学发展网上谈"活动

⑥ 2009年4月29日,在朝阳广场开展问计于民和宣传服务活动,广泛听取市民的意见建议

⑦ 2009年6月7日,召开建设广西"首善之区"座谈会

⑧ 2009年5月12日,开展深入学习实践科学发展观活动演讲比赛暨知识竞赛

南宁市劳动和社会保障局

2009年6月4日，国家人力资源和社会保障部副部长张小建（右四）在副市长吴炜（左一）的陪同下，视察武鸣县村级劳动保障工作平台建设情况

2009年，南宁市劳动和社会保障局坚持以科学发展观为统领，认真落实市委、市政府应对宏观经济形势的系列政策措施，紧紧围绕保增长、保民生、保稳定、保发展良好势头这一主线，加大工作创新力度，积极改善和保障首府民生，为首府南宁经济社会又好又快发展和构建“广西首善之区”做出积极贡献。

服务发展大局，积极稳定和扩大就业。一是坚持在发展中拉动就业，扩大就业容量。为民办实事项目城镇新增就业7.38万人，城镇登记失业率3.86%。二是突出三大重点群体就业援助就业。通过组织实施“春风送岗”行动，帮助25.05万名返乡农民工外出务工和就近就地创业就业，占当年全市返乡农民工总数96.76%。通过开展“大学生就业服务月”和“民营企业招聘周”等活动，帮助大中专毕业生与企业签订就业意向5161人次。通过政府购买公益性岗位、落实积极就业政策、实施“12333”就业援助呼叫系统援助等，帮助1.73万名就业困难人员实现稳定就业。三是创建国家级创业型城市带动就业。全市新建

局领导班子成员

局领导带队到南宁广发重工集团有限公司开展帮扶活动

2009年2月8日，南宁市2009年“春风行动”专项活动在南宁—东盟经济开发区举行

创业孵化基地 10 个、青年创业见习基地 56 个、创业示范街 12 条、返乡农民工创业品牌基地 20 个，采集创业项目 3000 多个。四是实施特别职业培训计划促进就业。开展农村劳动力转移就业职业技能培训 5.20 万人，开展创业培训 5545 人，开展职业技能培训鉴定 5.51 万人。五是加强公共就业服务平台建设服务就业。1392 个行政村全部建立了劳动保障工作站，该项工作走在全国前列。

突出保障民生，不断完善城乡社会保障体系建设。一是社会保险覆盖面实现新拓展。将在校大学生纳入医疗保险覆盖范围，组织 19 万名在校大学生参加了医疗保险。武鸣县被纳入全国新型农村养老保险工作试点县。二是稳企保岗工作取得明显成效。落实“五缓三降三补”政策，为企业减少社保支出 9636 万元，对 39 家困难企业发放社保补贴和岗位补贴 3135 万元。三是特殊群体民生工作得到改善。完成全市 13 万企业退休人员养老保险待遇的调整工作，帮助 4.25 万名超过法定退休年龄的老人办理参保缴费和申领养老待遇。完成为民办实事项目提高工伤职工和工亡职工供养亲属的工伤保险待遇工作。同时，将参加城镇职工基本养老保险的非公企业、个体工商户和灵活就业人员中实行计划生育的退休人员，纳入计生退休人员增加待遇政策范围，7333 名退休人员享受了增发待遇。四是被征地农民社会保障工作取得新进展。出具被征地农民社会保障实施意见 123 批次，核实参保人数 1.40 万。全年全市养老、失业、医疗、工伤、生育保险参保人数分别为 55.70 万、37.25 万、151.95 万、34.72 万、33.72 万，各项社会保险费征收分别为 35.25 亿元、1.41 亿元、8.54 亿元、2366 万元、3117 万元。

突出确保民安，积极构建和谐稳定的劳动关系。一是维权机构和队伍建设进一步健全完善。城区和 3 个开发区组建了劳动保障监察大队，街道劳动保障事务所增加了劳动保障监察职能，社区配备了劳动保障协查员；6 个县全部成立劳动争议仲裁院，劳动争议仲裁实体化建设工作走在全自治区前列。二是劳动保障监察专项执法成效明显。开展整顿人力资源市场秩序、整治非法用工、解决农民工工资拖欠问题等专项检查，及时处理各类劳资纠纷，为劳动者追回工资待遇 5839 万元。三是“两网化”（劳动保障监察网格化、网络化）建设初见成效。完成城区 260 个网格的划分，对 6 万家用人单位 33 万名劳动者的用工信息进行了采集，搭建市、县区、街道（乡镇）三级监管体系。四是争议仲裁得到有效调解。受理争议案件 3358 起，其中通过调解方式处理 1020 起，占结案数 58.60%。五是开展和谐园区（单位）评选创建活动。组织 2000 多家企业参加评选活动，16 家企业获“劳动关系和谐优秀企业”、51 家企业获“劳动关系和谐先进企业”称号，为南宁市稳定就业营造良好氛围。

2009 年 12 月 15 日，举行 2009 年南宁市技师、高级技师颁证仪式

2009 年 8 月 27 日，南宁市被征地农民参加养老保险暨享受养老保险待遇资格证发放仪式在西乡塘区皂角村举行。图为达到退休年龄的农民代表领取基本养老保险待遇资格证

2009 年 6 月 5 日，南宁市“邕城创业行”主题实践活动暨 2009 年大型创业项目推介会在南宁国际会展中心举行

2009 年 10 月 13 日，南宁市协调劳动关系三方机制工作暨 2007-2008 年度创建“劳动关系和谐企业”表彰大会在市政府会议中心召开

2009 年 12 月 22 日，就调整职工医疗互助支付待遇等问题召开听证会

南宁市散装水泥

主任肖子奇(右一)在凤岭名园工地指导工作

南宁市散装水泥办公室于1997年8月南宁市政府分解市建材总会职能后，划由市经济委员会管理，属事业单位。主要负责散装水泥的推广应用。多年来，在各有关部门的大力支持下，南宁市散装水泥事业得到迅速发展，连续多年跃于广西前列，取得显著经济、社会和环境效益，对打造“绿城”品牌和建设资源节约型社会做出了重要贡献。2009年，继续超额完成自治区经委下达给南宁市的散装水泥供应260万吨和预拌混凝土

2009年2月20日，散装水泥统计工作会召开

办公室

供应620万立方米的任务目标。实现了散装水泥供应339万吨，同比增长37.80%；预拌混凝土供应661万立方米，同比增长12.80%。全年共征收散装水泥专项资金1436.09万元；受理建设工程缴纳散装水泥专项资金678项，核退49项，群众满意度优，无信访投诉事件发生；共开展散装水泥行政执法检查661次。由于成绩突出，连续9年获南宁市先进单位称号。

使用散装水泥典型工地

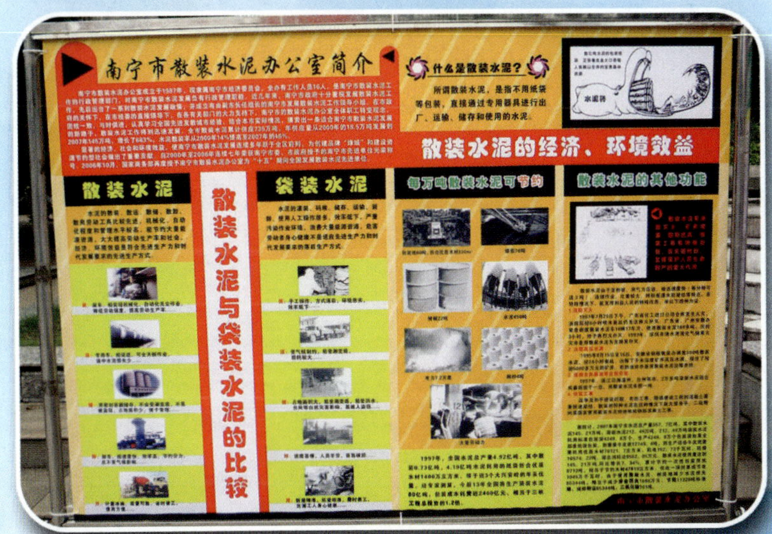

宣传板报

执法人员在现场检查散装水泥使用情况

里建站执法现场检查

南宁市建筑管理处

南宁市建筑管理处自1985年成立以来，在各级党委、政府及建设行政主管部门的领导下，已发展成为拥有8个职能站室（市建设工程质量监督站、市建筑安全监督站、市建筑业职工培训站、市建筑工程质量检测中心、市建筑管理站、市劳务管理站、市建筑材料管理站、处办公室）的副处级事业单位。历届党政领导班子本着务实创新、讲求效率、科学管理的原则，带领全体干部职工团结奋斗、锐意进取，对南宁市的建设工程质量、安全生产、文明施工及工程检测等提供全面、快捷、高效的管理服务，为城市建设作出了重大贡献，多次被评为先进单位、安全生产先进单位等称号。2009年，市建管处积极推动市委市政府开展的“项目建设年”、“服务企业年”活动，把服务“1180”重点工程项目建设作为全年的工作重点来抓，对重大项目、重点项目、为民办实事项目等“1180”工程采取主动介入、关口前移、全程跟进服务等措施。全面完成全社会固定资产投资1180亿元的任务目标。在项目工期紧任务重的情况下，为重点建设项目开通绿色通道，提供提前介入监管的优质服务。年初以来共对204个工程实施提前介入监督，投资额超过100亿元，又好又快地完成南宁市1180亿元固定资产投资项目的监督工作。

2009年5月，处领导在检查建筑工地

工程质量管理成绩显著。市建管处质量监督站所监督的工程竣工合格率从1985年的19.75%提高到1997年的100%。至2009年底，所监督的南宁明园新都酒店等10个工程获国家质量最高荣誉奖——“鲁班奖”，南宁国际会展中心工程获中国土木工程“詹天佑”奖，6个工程获全国市政工程“金杯示范奖”，1个工程获建设部优质样板工程奖，207个工程获广西优质工程奖。

2008年10月，国家建设部专家检查南宁建筑工地

建筑安全管理水平不断提升。市建管处安全监督站尽职尽责把好安全生产、文明施工关。2002年，安监站在广西率先建立和实施了建设工程安全报监、复工核准、达标验收和竣工备案制度，不断完善建设工程安全生产、文明施工管理体系；2006年，在广西率先推行建筑工地施工现场远程监控系统，打造数字化管理平台，扎实推进安全管理各项工作，多次获“全国建筑安全生产先进集体”称号。

工程质量检测技术先进。1992年，市建管处检测中心首批取得一级试验室资格；1997年，获得桩基动测国家资质证书；2007年上半年，1200吨重高应变锤及承载能力为1200吨的钢梁系统(含配重块)通过验收。至此,检测中心已具备了20个大类91个项目的试验检测能力,涵盖了广西所有的试验检测项目,检测水平走在广西前列。

职工培训促进“人才兴建”。市建管处注重加强建设施工管理人员和农民工的教育培训工作,致力于一线工程管理人员及建筑工人的综合素质的整体提高。2009年共举办项目经理、监理及相关管理人员安全教育培训班15期,累计培训7920人;进行职业技能岗位培训工人3100人;在13个建筑工地开展“李兆基基金温暖工程农民工培训项目”培训农民工5000人,转移就业5000人;全年创建农民工业余学校120所,培训农民工5万余人。

此外,市建管处严格按照国家和自治区建设厅的有关规定和标准,对施工、监理等企业资质和二级建造师注册初审工作进行严格把关。2009年累计完成416家(次)本地企业资质、684家企业2927名二级建造师注册、135家企业845名小型项目施工员岗位证书的初审工作;同时,实行建筑劳务市场准入名录登记制度、建筑劳务分包合同备案制度、建筑劳务分包企业月查制度,逐步规范建筑劳务市场秩序;实施建筑材料名录登记管理制度,进一步加强建筑材料的监督管理。

2009年7月15日,农民工建设职业技能岗位培训班开班

2009年12月,组织市民视察南宁市重点工程

2009年4月,建筑工地职工业余学校开学典礼文艺演出

2010年1月17日,组织“爱心伴归途”活动,给农民工送春节返乡车票

南宁市房产管理局

2009年11月28日，自治区党委常委、市委书记车荣福（前左四），市长黄方方（前左三），市人大常委会主任谢寿堂（前左二），市政协主席黄家仁（前左一）等市领导出席凤岭北路南面廉租住房工程开工仪式

2009年5月4日，自治区副主席高雄（左三）在副市长周家斌（左二）、自治区建设厅副厅长唐标文（右一）陪同下到边阳街危旧直管公房项目点视察危旧房改造情况

2009 年 10 月 10 日，自治区副主席高雄（前左二）视察南宁市廉租住房建设情况

2009 年 7 月 16 日，自治区政协副主席李彬（前左二）到南宁市调研廉租住房项目建设情况

南宁市房产管理局是主管全市廉租住房保障和房产管理工作的市人民政府工作部门，正处级单位。主要职责是：根据国家有关法律、法规和政策的规定，拟定房地产地方性法规和行政规章，依法查处房地产领域的各种违章行为；主管房屋产权产籍管理工作，确认房屋权属、颁发房屋所有权证；主管房地产市场交易管理；指导直管公房经营管理工作，制定住宅建设发展规划；负责全市物业服务公司的资质审查、登记；主管房屋安全鉴定工作，对危房管理、房屋修缮和白蚁防治进行监督指导；负责本市物业专项维修资金归集与使用的管理、监督、指导的日常工作；负责落实私房改造遗留问题等。下设南宁市房屋产权交易中心、房产物业管理处、房屋安全鉴定所、房产管理局设计室、房产管理局白蚁防治所、房产信息管理服务中心、房地产监察支队、住宅专项维修资金管理中心等二层机构。同时挂南宁市解决城市低收入家庭住房困难工作领导小组办公室牌子。2009 年，该局紧紧围绕市委、市政府的决策与部署，以科学发展观为指导，贯彻党的十七大精神，充分发挥住房保障与房产管理职能，努力解决城市低收入家庭住房困难问题，为住房保障与房产事业新发展做出了贡献。

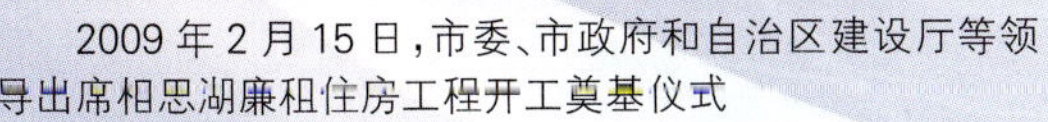
2009 年 2 月 15 日，市委、市政府和自治区建设厅等领导出席相思湖廉租住房工程开工奠基仪式

2009 年 7 月 13 日，副市长周家斌（右二）到市房产局房产档案服务部了解房产档案查询业务的开展情况

首府南宁住房制度改革委员会办公室

2009 年 8 月，主任周井光在南宁房改办学习实践科学发展观活动学习调研阶段总结暨分析检查阶段动员会上作工作总结和动员讲话

2009 年 8 月 12 日，召开全市经济适用住房建设管理工作恳谈会

1988 年 5 月，南宁市住房改革领导小组办公室成立，后更名为首府南宁住房制度改革委员会办公室。负责全市住房制度改革政策制定、公有住房出售、公有住房租金调整、经济适用住房的建设管理、住房补贴的发放、单位全额集资建房的审核、职工住房档案管理和其他住房资金的管理等工作。2005～2008 年连续四年被评为南宁市先进单位、2001 年被评为自治区房改先进单位，2006 年获自治区住房制度改革委员会实施城镇安居工程一等奖，2007 年被评为首府南宁争创“联合国人居奖”突出贡献单位，2009 年被评为首府南宁创建全国城市活动先进单位。

2009 年，首府南宁房改办一是出台了《南宁市经济适用住房管理办法》、《南宁市经济适用住房货币补贴实施方案》、《关于贯彻落实〈广西壮族自治区危旧房改住房改造暂行办法〉的实施意见》。二是认真落实市政府为民办实事之经济适用住房竣工 4000 套任务，全年累计完成经济适用住房（含全额集资建房）开工面积 50.12 万平方米，完成年任务 129.80%；竣工面积 68.65 万平方米，完成年任务 114.42%；竣工套数 6731 套，完成年任务 168.28%；投资额 13.96 亿元，完成年任务 118.29%。三是受理 99 个单位出售公有住房，住房 743 套；办结出售公有住房 639 套，建筑面积 2.44 万平方米；受理出售底层架空层业务 6 个单位，架空层 929 间；办结架空层出售业务 1045 间；为 41 户职工办理被拆迁已购公房公摊面积计算房款业务。四是审核发放住房补贴单位 57 个 5684 人，应一次性发放住房（含工龄）补贴金额 3624 万元，实际已一次性发放金额 1702 万元。五是归集其他住房资金 2.18 亿元（售房款 2896 万元，集资款 1.77 亿元，维修款 1151 万元）；审核回拨其他住房资金 2.14 亿元（售房款 2053 万元，集资款 1.84 亿元，维修款 978 万元）。六是录入经济适用住房档案 6500 份；为部队军人、市民申购经济适用住房、单位公有住房、参加集资建房和领取补贴查档 3500 人次；为 53 个单位的 2902 户职工领取住房补贴进行了档案查询。

2009 年 10 月，举办市经济适用住房申购审核工作培训班

2009 年 9 月，参加自治区房改与住房公积金管理系统献礼祖国 60 华诞歌咏比赛

2009 年 7 月 10 日，南宁—东盟经济开发区经济适用住房“兴侨小区”首批 560 套住房落成。图为抽房仪式现场

南宁市邮政局

南宁市邮政局是从事邮政通信业务的公用性企业，承担着国家赋予的普遍服务义务。全局(含南宁所辖六县邮政局)共辖邮政营业、储蓄网点 231 处，邮路 90 条，邮路单程总长 1.56 万公里。主要经营国内和国际邮件寄递、邮政金融、报刊出版物发行、邮政汇兑、邮政物流、邮票发行、代购航空客票、保险、“自邮一族”汽车管家服务等业务。全局营业网点实现了电子化、网络化，已形成一张覆盖城乡、连接全国、沟通世界，集实物传递、信息交流、金融融通为一体的邮政综合服务网。2009 年，市邮政局以服务“三农”(农业、农村、农民)为己任，以服务“家电农机汽车下乡”项目、发放小额信用贷款和扩大农资配送业务规模为抓手，引导资金回流农村，扩大农村内需，在有力的促进社会主义新农村建设的同时，实现了邮务、代理金融和速递物流业务的平稳较快发展，全年邮政业务收入 2.62 亿元。

①

②

① 2009 年 1 月 26~27 日（大年初一、初二)，中国邮政集团公司党组书记、总经理刘安东(前右一)在广西区邮政公司党组书记、总经理韦胜光(前左一)的陪同下，视察南宁邮件处理中心，慰问节日期间坚守岗位的干部员工

② 2009 年 7 月 29 日，副市长吴炜(前右一)视察南宁邮件处理中心

③ 邮政营业场所

④ 金浦路邮政综合营业厅

③

④

南宁警备区

2009 年 9 月，召开市委常委议军会，研究解决武装工作难题

2009 年，南宁警备区大力加强警备区部队全面建设，圆满完成年度各项任务，部队的民兵预备役建设有新的进步。思想政治建设成效明显，学习实践科学发展观和主题教育活动深入扎实；军事斗争准备扎实推进，狠抓部队军事训练，训练演练开展卓有成效；部队安全发展局面不断巩固，正规化管理进一步加强，警备工作职能发挥明显；国防动员和后备力量建设有新的突破，党管武装工作进一步加强，后备力量建设不断加强，多样化军事任务出色完成；后勤装备保障能力有新的跃升。在抓好部队建设的同时，先后组织部队官兵和民兵 2 万余人次执行各种抢险救灾、维护社会治安等急难险重任务 25 次；组织动员民兵 1700 人圆满完成“两会一节”安保执勤任务。经常开展双拥共建活动，涌现出一大批双拥先进集体和先进个人，民兵军事训练、征兵工作、维权工作、财务管理工作等 20 多项工作先后被总部、广州军区、广西军区和自治区表彰。

2009 年 9 月 28 日，由广西军区、南宁警备区等 26 家驻南宁部队组成的区域联合采购委员会考察市场药品供应商

开展双拥共建活动

协调地方各级开展全民国防教育活动

组织部队官兵外出参观学习

组织开展“六个十佳”评选活动

定期组织开展军事日活动

警备纠察连战士进行旗语训练

组织军事训练

组织民兵高炮分队开展战术训练

中国人民武装警察

2009年，中国人民武装警察部队南宁市支队在市委、市政府和武警广西总队党委的正确领导下，以开展深入学习实践科学发展观活动为牵引，以高标准实现“两个确保”、奋力争创先进支队为目标，坚持抓党委机关风气建设不动摇，抓经常性基础性工作落实不懈怠，抓群防联控的安全工作不折腾，确保了年度工作有序展开，稳步推进，较好地实现了“两个确保”。在圆满完成经常性警卫、守卫、看守等固定目标执勤任务的同时，出色完成了中国—东盟博览会、中国—东盟商务与投资峰会、南宁国际民歌艺术节场馆守卫、现场警卫、专机警卫，党和国家领导人来桂视察住地警卫，重大节日烟花燃放现场警戒和“2·16”打黑除恶武装抓捕等重大临时勤务，为建设富裕、文明、和谐、平安南宁作出了积极贡献，充分展示了武警部队威武之师、文明之师、忠诚之师的良好形象。支队被武警部队表彰为“安全工作先进单位”，被总队评为“先进支队”，政治委员龙文成被武警党委表彰为“优秀师旅团单位党委书记”。

2009年10月1日，自治区党委书记、自治区人大常委会主任郭声琨（前右）看望支队执勤官兵

2009年10月15日，武警部队副司令员刘红军中将（前右）到支队检查中国—东盟博览会勤务部署工作

2009年3月29日，武警广西总队政委邱能扬少将（左三）到支队机关检查指导

2009年9月29日，时任武警广西总队总队长赖建安少将（右一）到支队检查指导勤务工作

部队南宁市支队

2009 年 10 月 19 日，自治区党委常委、市委书记车荣福（中）看望中国—东盟博览会执勤官兵

2009 年 9 月 5 日，市长黄方方（前右一）看望支队十三中队官兵

2010 年 3 月 15 日，支队进行第三批学习实践科学发展观活动总结

2009 年 10 月 23 日，支队官兵担负第六届中国—东盟博览会警卫执勤任务

广西壮族自治区南宁监狱

监狱领导班子成员在研究工作

2009年，南宁监狱坚持以邓小平理论和"三个代表"重要思想为指导，全面贯彻落实科学发展观，坚持"从严治警建一流队伍；与时俱进创一流业绩"的发展理念，以打造平安监狱和文化监狱为目标，认真贯彻落实司法部关于"把刑释解教人员重新违法犯罪率作为衡量监管工作的首要标准"的决定，加强警察队伍的建设，规范执法行为，狠抓安全稳定工作，努力提高教育改造质量，不断巩固、发展部级现代化文明监狱成果，各项工作取得了较好的成绩，队伍整体素质不断提高，凝聚力、战斗力不断增强；监狱持续保持安全稳定，连续7年实现无罪犯脱逃、无狱内重大案件、无重大疫情、无重大安全生产事故的"四无"工作目标；罪犯改造质量进一步提高，为构建社会主义和谐社会做出了积极的贡献。

2009年12月22日，自治区司法厅厅长赵波（前左二）到南宁监狱检查指导工作

2009 年 3 月 24 日，越南检察官代表团参观服刑人员娱乐设施

监狱长接待日现场

监狱深入开展“规范执法行为　提高执法水平”活动

2009 年 5 月 27 日，与北京市监狱联合举办“南北论坛”

监狱综合档案室在全区监狱系统率先晋升为自治区特级综合档案室

广西陆军预备役步兵师高炮团

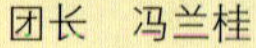

团长 冯兰桂

政治委员 吴丕远

广西陆军预备役步兵师高炮团，成立于1999年4月8日。位于安吉大道。兵员分布在南宁市三县五区。是南宁市一支新型的国防后备力量，主要担负平时支援地方建设、抢险救灾、社会维稳等急难险重任务及战时遂行作战任务。

该团组建10年多来，坚持以《军队基层建设纲要》为指导，全面贯彻落实科学发展观，结合团队发展实际，瞄准“一流窗口团队”标准，围绕三个“三年规划”，创造性地开展各项工作，全面塑造团队威武之师、文明之师的光辉形象，为确保地方平安发挥了重大作用。目前，团队党委班子坚强、组织落实、政治合格、制度健全、设施完善、关系顺畅、完成任务突出、参加地方经济建设作用显著。先后被评为全国民兵预备役政治工作先进单位、全面建设先进团、从严治军先进单位、军事训练先进单位、保密工作先进单位、国防教育先进单位、花园式单位，有17个单位立功受奖，其中1个单位立集体二等功、4个单位立集体三等功。

开展政治教育

举行军事训练

南宁海事局

2009 年 8 月 10 日，南宁海事局联合横县政府在县辖区启动为期 3 个月的水上交通安全知识"五进"(进机关、进社区、进学校、进企业、进乡村)宣传教育活动。图中左二为局长雷炳伦

2009 年 7 月 28 日，市政府召开首次南宁市水上搜救工作会议，副市长兼水上搜救中心指挥长吴炜(主席台中)在会上讲话

2009 年，南宁海事局继续以安全监管工作为中心，通过开展"安全生产年"、安全生产"三项行动"、水上交通安全隐患排查治理和水上交通安全专项整治等活动，有效维护辖区水上交通安全形势稳定。辖区全年发生等级以上水上交通事故 1 起，死亡 1 人，沉船 1 艘，经济损失 16 万元，与上年相比，一般以上事故次数下降 50%，直接经济损失、沉船数和死亡人数与上年同期持平，实现了水监体制改革以来连续 10 年未发生一次死亡 3 人以上的重特大水上交通安全事故和重大船舶污染事故。圆满承办由南宁市政府、广西海事局和自治区政府应急管理办公室共同主办的"2009 年首府南宁水上突发事件应急反应演习"，救助直升机在广西内河搜救演习中首次亮相，得到社会各界的广泛关注和一致好评。成功推动市政府召开南宁市首次水上搜救工作会议，制定《南宁市水上搜救应急预案》在市政府专项应急预案会议审议通过并正式印发执行。成功处置"5·2"横县鹿鸣桥水域小机船沉船溢油险情、"安吉 287"船搁浅事故和"6·23""平安 513"船舶触礁遇险事故等 3 起船舶遇险事故。广西内河目前最大的 30 米级海事巡逻船"海巡 1959"正式入编服役。在横县辖区开展水上交通安全知识"五进"(进机关、进社区、进学校、进企业、进乡村)宣传教育活动，使水上交通安全知识在水网地区得到广泛普及。采取多项措施为第五届泛珠三角区域合作与发展论坛暨经贸洽谈会、"2009 泛北部湾经济合作论坛"及第七届中国—东盟博览会等首府多项大型活动提供安全有序的水上交通安全环境。为辖区水运经济发展提供了强有力的支持和安全保障。

2009 年 6 月 23 日，成功处置"平安 513"船舶触礁遇险事故，为船运公司挽回经济损失 300 多万元。图为航运公司给海事局赠送锦旗

2009 年 9 月 21 日，在邕江民生广场对开水域举办"2009 年首府南宁水上突发事件应急反应演习"

南宁市中级人民法院

①

南宁市中级人民法院始终坚持"三个至上"指导思想，努力践行"为大局服务，为人民司法"工作主题，充分发挥审判职能作用，服务改革发展稳定大局。2009年全市法院审结各类案件44586件，其中，市中级法院审结10117件。深入开展"人民法官为人民"主题实践活动，积极推进司法改革，创新各种便民利民诉讼机制，不断满足人民群众的新要求新期待。以开展学习实践科学发展观活动为载体，全面加强队伍的政治建设、业务建设和廉政建设，着力打造一支政治坚定、业务精通、作风优良、司法廉洁的法官队伍。加强基层基础建设，提高基层司法水平，全面推进信息化网络建设，完成科技法庭和区内法院三级联网建设，逐步实现审判、政务、事务管理网上运行，在规范管理中努力提升审判质量与效率。

②

2006年以来，全市法院涌现出一大批先进典型，有167个单位(集体)受到国家、自治区、南宁市等各级表彰奖励，有246名法官和工作人员立一、二、三等功和被授予各种荣誉称号。市中级法院先后获全国法院文化建设先进集体、全国法院调研工作先进集体等9项全国法院先进集体荣誉，有11人被评为最高法院以上先进个人；2000~2008年连续获得广西法院系统目标管理一等奖"九连冠"，2010年2月，市中级法院被自治区高级法院记集体二等功一次。

市中级法院正朝"规范建院、科技强院、人才兴院、文化育院"的方向迈进，努力打造"效能型、学习型、创新型、竞争型、科技型"法院。

③

④

① 2009年3月23日，最高人民法院院长王胜俊（前右）到市中级人民法院视察
② 2008年8月14日，自治区党委常委、市委书记车荣福（前右），市长黄方方（左四）到市中级人民法院调研
③ 2010年1月16日，自治区高级人民法院院长罗殿龙（右）在市中级人民法院院长周腾（左）的陪同下，看望和慰问"全区十佳法官"陈玉萍
④ 2010年4月26日，市长黄方方（前右二），市委常委、市政法委书记朱育兆（右四）到市中级人民法院调研
⑤ 2010年4月16日，市中级人民法院举行首府法官"读书与思考"学习活动启动暨广西新华书店集团有限公司赠书仪式。院长周腾在启动仪式上致辞
⑥ 2009年10月11日，时任院长莫建芳（右二）参加广西法院与越南部分法院法官研讨会
⑦ 2008年12月25日，召开南宁市集中清理执行积案债务人大会
⑧ 2009年6月11日，中国法院网南宁频道对市中级法院公开开庭审理的案件进行网络直播
⑨ 2010年5月14日，市中级人民法院民三庭法官在副院长黄芳（右二）的带领下到企业进行回访
⑩ 2010年3月23日，市中级人民法院到校园开设"预防未成年人犯罪"法制教育讲座，为千名师生作法制宣传报告
⑪ 2009年9月25日，举办全市法院系统庆祝中华人民共和国成立60周年文艺晚会
⑫ 自办机关刊物《南宁法官》
⑬ 审判办公大楼

南宁市法制办公室

2009 年 4 月 29 日，牵头举行全市首次行政处罚听证会

2009 年 6 月 5 日，召开学习实践活动征求意见座谈会

2009 年 6 月，全自治区行政执法人员资格闭卷考试期间，市法制办加强对市县各考场巡考

南宁市法制办公室为市政府工作部门之一，核定人员编制 20 名，内设综合科、行政法制科、经济法制科、法制监督科、行政复议应诉科。主要承担推进南宁市依法行政、政府立法、规范性文件审查与备案、行政复议与应诉、行政执法监督、为政府提供法律服务等职责。近几年来，该办以牵头推进南宁市依法行政、建设法治政府为己任，不断加强南宁市的制度建设、规范行政执法行为、创新行政管理方式，努力为推进南宁科学发展营造良好的法治环境。

2009 年 6 月 11 日，举办南宁市文件清理工作培训班

在市政府行政复议庭依法审理行政复议案件，为当事人提供举证质证的平台

2009 年 12 月 22 日，召开《南宁市停车场管理办法（草案）》立法听证会

2009 年 12 月 28 日，牵头举办首次南宁市人民政府常务会议学法讲座

2009 年 12 月，牵头开展南宁市 2009 年度依法行政工作考核

南宁市工业和

① 2009年3月10日，自治区党委常委、市委书记车荣福（右三）到南宁糖业股份有限公司明阳糖厂调研

② 2010年3月，自治区工业和信息化委员会副主任李万富（左三）到南宁市开展推进千亿元产业发展和技改投资等专题调研

③ 2009年3月4日，市人大常委会主任谢寿堂（左二）、副主任卫自光（右一）在市经委主任陈世平（左一）陪同下视察南宁锦虹棉纺织有限责任公司项目新址

2009年，南宁市经济委员会围绕市委、市政府“保增长、保民生、保稳定、保持良好发展势头”的工作部署和要求，开展“项目建设年”、“服务企业年”和“党组织服务年”活动，采取有效措施，夯实经济回升基础，巩固持续向好势头，工业经济发展呈现出“增速持续回升、投资高速增长、效益恢复增长，结构继续优化”的积极向好趋势。

一、加强经济运行保障，全力营造应对危机的良好环境。围绕积极应对金融危机的冲击，研究出台一系列政策措施，重点抓好企业煤电油运、资金保障，加强安全生产监管，抑制工业下滑势头，促进工业平稳运行。与上年相比，全年规模以上工业总产值增长13.49%、工业增加值增长14.58%、利税总额增长18.67%。工业品产销率逐月上升，累计产销率92.76%，提高0.95个百分点。

二、深入开展“项目建设年”活动，重大产业化项目加快实施。强化项目管理，加强项目指导、服务、审批协调，建立项目审批“绿色通道”，促进一批项目新开工。与上年相比，全年累计工业投资增长48%；技改投资增长86.45%，增幅提高48.85个百分点。全市在建技术改造项目2005个，其中新开项目1674个，续建项目331个。“百项工业项目建设工程”在建项目134个，当年完成投资65.57亿元。

三、深入开展“服务企业年”活动，全力帮助企业平稳渡过危机。完善工作机构，健全工作机制，成立南宁市“服务企业年”工业企业服务组。工业服务组18个小组分别到联系的194家重点企业开展调研服务，各县区（开发区）共对1200多家企业进行服务。市级层面共收集企业在项目建设和生产经营中遇到的问题约331条、工作建议180多条，并梳理为四大类287个问题，对能当场解决的及时予以办理和答复,至年底已办结或解决的问题超过90%。

四、大力实施产业成长计划，主导产业发展实现新突破。推进实施机械与装备制造产业、铝加工产业、农产品加工业成

信息化委员会

长计划。抓好核心项目建设和龙头企业发展，积极培育新的经济增长点，做长做粗产业链,南宁化工股份有限公司搬迁技改项目进展顺利，已完成全部供地。围绕重点发展产业，帮助和指导企业制定和实施产业结构调整规划，加大行业整合力度，研究提出财政注资广发重工发展、支持南南铝业股份有限公司年产 20 万吨大规模高精度铝板带型材项目等方案。

五、全面推进“亿元工业企业建设工程”和中小企业成长计划，中小企业培育取得新进展。重点在落实扶持政策、缓解要素制约等方面深入开展强优企业培育扶持工作。全年产值超亿元的企业有 224 家，比上年增加 31 家。新办工业企业 313 家。加强中小企业信用体系建设，拟定《南宁市向金融机构推荐诚信中小企业管理办法》，已向自治区经委、人民银行南宁中心支行推荐诚信（第一批）中小企业 89 家。

六、加快企业技术创新和节能减排步伐，工业结构调整取得新成效。做好技术创新项目组织工作，完成技术创新项目 301 个，同比增加 11 个，完成总投资 7.61 亿元。加强企业技术中心建设，培力（南宁）药业、广西中烟的检测中心正式通过中国合格评定国家认可委员会（CNAS）的实验室认可，实现南宁市企业国家级认可实验室“零的突破”。继续开展节能降耗、淘汰落后产能、清洁生产、推广应用水煤浆技术以及再生资源体系试点建设等工作，规模以上工业万元工业增加值能耗比上年下降 12.80%。

七、加快规划调整和园区建设，工业集中集约发展不断深化。编制《南宁市区域性加工制造基地建设规划》，继续修编《南宁市工业发展布局规划》，研究提出工业总部经济发展规划框架内容。做好园区工业用地储备资金和用地指标申请工作，出台《南宁市工业用地储备资金使用管理办法》和《南宁市 2008 年已实施或正在实施的工业重点项目用地储备方案》。全年全市 14 个开发区、工业集中区完成规模以上工业总产值 506.58 亿元，占全市规模以上工业总产值 51.85%。

2010 年，根据《中共南宁市委　南宁市人民政府关于南宁市人民政府机构改革的实施意见》精神，组建南宁市工业和信息化委员会，为市政府工作部门，原市经济委员会、市信息化工作办公室的部分职责、市开发区办工作领导小组办公室整合划入市工业和信息化委员会。

④ 2009 年 8 月 28 日，副市长吴炜（左一）在广西沃顿国际大酒店主持召开南宁市区域性加工制造业基地建设规划终期评审会

⑤ 2009 年 8 月 28 日，召开 2009 年上半年工业节能分析会

⑥ 2009 年 9 月 2 日，与南宁供电局建立沟通协调机制合作协议签约仪式举行

南宁市质量技术

① 局领导班子成员在研究工作

② 2009年5月8日，国家质检总局党组成员、国家标准化管理委员会主任纪正昆（中）在自治区质监局局长邓于仁（右二）、副市长吴炜（左一）陪同下，到市质监局视察指导

③ 2009年11月2日，自治区质监局局长邓于仁（右三）在市质监局局长覃家源（左二）的陪同下，考察广西光电及精密机械产品质量监督检验中心项目建设用地选址

2009年，南宁市质量技术监督局(简称"市质监局")内设办公室、监察室、法规科、机关党委、标准化科、计量科、质量科、安全监察科、食品生产监管科9个职能科室，设有稽查支队1个专门执法机构，下辖武鸣、宾阳、横县、上林、隆安、马山6个县质量技术监督局。全市质监系统共有在职人员216人，其中公务员143人(理工科大专以上学历80人)；各县技术机构共60人(理工科大专以上学历36人)。8月，南宁—东盟经济开发区质监分局成立，填补了市质监局在城区（开发区）无质监分局的空白。年内，积极谋划和推进广西光电及精密机械产品质量检验中心项目建设；在隆安、马山这两个国家级贫困县建成食品安全质检中心隆安分中心、马山分中心，填补了两个县长期以来没有产品质量安全检验检测平台的空白；宾阳检测中心扩项通过国家认证。8月，广西茉莉花(茶)产品质量监督检验中心二期工程建设顺利完成。9月，市质监局建成了以反映质监发展史、激励质监事业科学发展为主题的南宁质监展厅，广西(武鸣)淀粉产品质量监督中心建设项目获得筹建批复。

年内，该局以推进"质量和安全年"、"服务企业年"和"项目建设年"活动为载体，以贯彻落实"保增长、保民生、保稳定"为落脚点，以质监系统实行省以下垂直管理10周年为契机，突出重点，狠抓落实。定检工业产品1103批次，合格率85%。抽检食品产品1418批次，合格率89.14%，比上年提高1个百分点。列入工业产品生产许可目录或3C目录的产品获证率100%。15家食品企业通过HACCP体系认证，规模以上食品生产加工企业100%建立ISO22000或HACCP认证。新装特种设备2356台(件)，新装设备注册登记率100%，定检锅炉、三类压力容器、电梯、大型游乐设施共1.84万台（件），定检率100%；其他特种设备检

验率 98.60%以上；万台特种设备死亡人数控制在 0.88 人以下，全年无重特大食品和特种设备责任安全事故发生。全市千亿元产业和规模以上工业企业的主导产品采标率分别为 95%以上和 75%以上；检定计量器具 1.61 万台（件），检定率 87%；定量包装商品净含量合格率 91.30%。全市质监系统行政执法立案 876 件，结案 849 件，结案率 97%；行政相对人满意率 99.90%；质量技术监督行政服务工作及时率 99.90%；年度工作目标完成率 100%；行政执法结案率 97%；行政服务工作差错率和行政行为在行政复议或诉讼中的撤销、变更率均为零。

市质监局和武鸣、宾阳、横县质监局、横县质检所、武鸣县质检所分别被评为自治区质监系统垂直管理 10 周年先进集体；市质监局被市委、市政府评为首府南宁创建“全国文明城市”活动先进单位和信息化建设先进单位；武鸣县质监局被评为市级文明单位；横县质监局、武鸣县质监局被评为广西质量技术监督工作八强县局。

④ 2009 年 4 月 14 日，国家质检总局“质量和安全年”活动督查组在自治区质监局副局长闭俊东（左三）和市质监局局长覃家源（右二）的陪同下，到横县食品生产企业检查指导

⑤ 2009 年 12 月 29 日，自治区质监局副局长闭俊东（右二）、副市长石文怀（左二）一行到市质监局展厅检查指导

⑥ 2009 年 5 月 25~27 日，市质监局举办主题为“提高质量安全，促进科学发展”的“质量和安全年”暨《食品安全法》宣传贯彻现场互动活动

⑦ 2009 年，市质监局在广西皇氏甲天下乳业股份有限公司开展“项目建设年”、“服务企业年”现场办公活动

南宁市残疾人联合会

残联领导班子成员在研究工作

南宁市残疾人联合会是中国残疾人联合会的地方组织，归口市政府管理，具有代表、服务、管理三种职能，主要职责是：协助市政府管理残疾人事业，承担市政府委托的行政职能和市政府残工委的日常工作，贯彻执行中央、自治区、南宁市关于残疾人工作的方针、政策和规定；研究、制定和实施残疾人事业的法规、政策、规划和计划；协调安排残疾人就业，开展残疾人康复、教育、文化、体育、扶贫、用品用具供应和残疾预防工作；组织募集和管理残疾人福利资金；协调落实对残疾人的各种优惠政策；沟通政府、社会与残疾人之间的联系，维护残疾人的合法权益；组织开展残疾人事业的对外交流和合作。执行理事会为其常设机构。下属单位有市残疾人劳动就业服务指导中心、市盲人按摩指导中心。

党组书记、理事长　李永华

2009年9月21日，开展资助首届残疾人远程教育阳光班学员活动

2009年，南宁市有各类残疾人48.58万，占全市总人口7.23%。年内，召开南宁市残疾人联合会第五次代表大会，使残联组织建设得到进一步加强。积极推进全国、全自治区残疾人社区康复示范区活动，残疾人获得不同程度的康复。残疾人培训就业工作稳步推进，为残疾人平等、参与、共享社会生活提供更多的机会。通过组织开展以“关爱残疾孩子发展特殊教育”为主题的第十九次“全国助残日”活动、开办残疾人远程教育阳光班等，使残疾人接受教育的环境得到极大的改善。抓好残疾人文艺体育活动，丰富残疾人的文化生活，残疾人文体工作再创佳绩。创建残疾人扶贫基地，不断扩大残疾人受助面，使农村贫困残疾人实现增长增收。实行农村贫困残疾人危房改造工作，使残疾人摆脱无房住、住危房的困境。加强基层残疾人组织建设、综合服务设施建设、无障碍建设，为基层残疾人服务的能力进一步提高。

2009年3月28～30日，南宁市残疾人联合会第五次代表大会召开

2009年5月17日，在朝阳花园开展第十九个"全国助残日"活动

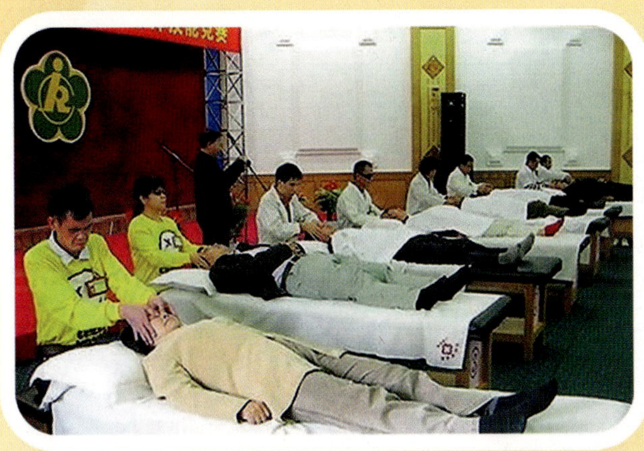

2009年12月3日“国际残疾人日”，举办首届盲人按摩技能比赛

2009年7月6日，在五象广场开展“爱心轮椅助行”捐赠仪式

南宁市农业局

2009 年 9 月 29 日，自治区党委书记、自治区人大常委会主任郭声琨（前右二）在局长唐波文（右五）等领导陪同下视察金穗农业公司

2009 年 11 月 24 日，自治区主席马飚（前中）视察南宁市香蕉销售工作

2009 年，南宁市农业部门和广大农民群众克服重重困难，全面完成各项工作任务，推动农业农村经济发展成效显著。全年全市农业增加值和农林牧渔业总产值分别达到 211.34 亿元和 349.48 亿元，比上年分别增长 5.75% 和 5.82%。

全市粮食连续 5 年增产丰收，粮食种植面积、粮食总产、超级稻均排在广西第一。粮食年总产量 207.60 万吨，增长 2.87%。粮食增产得益于大力推广超级稻种植，推广面积达到 8.42 万公顷。同时，油料产量 10.12 万吨，增长 11.54%；蔬菜产量 337.96 万吨，增长 5.30%；水果产量 104.52 万吨，增长 42.96%；肉类总产量 58.36 万吨，增长 6.46%；生猪标准化规模化养殖、家禽养殖、草食动物养殖都有较大增长。农业产业化龙头企业达到 103 家，其中国家级 9 家、自治区级 30 家。形成了皇氏乳业、百洋、金穗等一批产值超亿元的企业，打造了一批农业产业化龙头企业和规模化、标准化优势产业基地。蔬菜产品、养殖产品质量安全抽检平均合格率分别达到 96.25% 和 99.50% 以上，总体合格率居于全国前列。50 个农村生态家园项目完成投资 2163 万元，占计划投资的 123%；8 个新农村示范村建设完成投资 1870 万元。基础设施明显改善，村容村貌明显改观。引进超级稻组合等农业新品种 80 多个，种养业主要品种良种率达到 95% 以上，超级稻大面积种植、"三免三避"和间套栽培技术、生猪发酵床零排放生态养殖技术等推广成效显著。超级稻引进示范推广项目和蚕桑高效技术研究集成及示范推广项目获市科技进步一等奖，广西实施千万亩农作物间套种技术示范推广行动计划标兵单位称号；迟熟龙眼品种选育及示范推广项目获市科技进步三等奖。积极落实各项支农惠农强农政策，各级财政农业生产投入 6.56 亿元，为历年之最。调动各方面力量解决香蕉等农产品销售难问题；出台支持返乡农民工创业就业扶持政策，农民职业技培训 5.20 万人，转移就业新增 9.90 万人。全年农民人均纯收入达到 4521 元，增长 13%；农民人均纯收入增幅连续 4 年超过全国平均数。农业多区域合作进一步发展，与泛珠三角、长三角及台湾等区域的农业合作进一步加强，成功引进了湛江腾飞农业、福建格霖农业、深圳馨海农业、山东大染坊丝绸等一批项目落户南宁，务实推进与东盟农业合作。

2009 年 5 月 7 日，自治区党委常委、市委书记车荣福（前左二）在青秀区调研现代农业生产情况

2009 年 10 月 19 日，市长黄方方（前右）与缅甸仰光市市长昂登林（前左）签订农业合作协议

2009 年 6 月 4 日，国家香蕉产业首席科学家张锡炎博士（中）与局长唐波文（右）签订香蕉种植合作协议书

南宁市总工会

市总工会第十七届领导班子成员(右起：欧卫东、伦建、梁峰林、李浓光、刘东方、张德生)

2009年，市总工会坚持以深入开展劳动竞赛和群众性技术创新活动为抓手，以推进平等协商签订集体合同和帮扶工作为重点，以提升职工队伍整体素质和加强基层组织建设为目标，大力实施建功立业工程、社会化维权覆盖工程、职工能力素质提升工程和工会吸引力凝聚力强化工程，进一步调动了各级工会干部和广大职工的积极性和创造性，为推动全市经济平稳较快发展，促进社会和谐稳定，巩固壮大党的阶级队伍做出新的贡献。全市新建工会组织722个，发展新会员53882人；参加劳动竞赛的单位2816家，参赛职工31万人次，提合理化建议3.30万条，推广新技术532项；签订集体合同2788份，覆盖职工24.60万人；厂务公开、民主管理制度建制率涉及国有、集体及其控股企业100%，非公企业83%；建立农民工培训夜校23个，职工技能培训基地61个，培训职工、农民工5.50万人次，帮助就业1.24万人；建成职工书屋155个，流动图书站12个，总藏书量90万册；举办职工文化体育活动307场次；筹集送温暖慰问金722.54万元，慰问困难职工、农民工9151户，帮助农民工平安返乡4148人；发放“金秋助学”资金139.60万元，资助困难职工子女上学780人；发动职工参加医疗互助保障计划19.07万份，给付和慰问职工362人，发放给付慰问金600.66万元，发放困难职工帮扶优惠证1780本。

2009年12月30日，市政协副主席、市总工会主席梁峰林(右一)在2009年南宁市职工职业技能大赛总结表彰大会上颁奖

2009年8月12日，自治区党委副书记陈际瓦(左三)在南宁市检查指导工会工作

2009年11月17日，市总工会党组书记、常务副主席伦建(右一)等到隆安县调研

南宁市地震局

2009 年 1 月 20 日，自治区地震局副局长李伟琦（前右三）、副市长李国忠（前左三）到市地震局慰问

2009 年 8 月，工作人员到中小学校开展校舍安全工程检查

2009 年，南宁市地震局在编人员 17 人，其中，参照公务员管理 15 人，机关后勤服务编制 2 人。是市政府直属的相当正处级事业单位，承担本行政区域内防震减灾工作政府管理职能，依法履行防震减灾机构的各项职责。并承担市政府防震减灾指挥部的日常工作，是市防震减灾工作领导小组的常设办事机构。

年内，该局根据新修订实施的《中华人民共和国防震减灾法》，不断加强地震监测预报工作，逐步提高地震监测预报水平。做到对市属地震监测台站统一规划，分级、分类管理。依法保护地震监测设施和地震监测环境。确保地震信息检测、传递、分析、处理、存贮、报送的规范化，保证地震监测信息的质量和安全。加强地震群测群防活动，运用现代科技手段开展多方位的地震监测和预防。加强地震灾害预防工作。推进地震应急避难场所建设；开展地震危险性研究工作；加强对重要工程地震安全性评价工作的管理和监督；加强对农村公共设施和民居抗震设防管理的指导协调，逐步提高农村公共设施和民居的抗震设防水平；配合开展中小学校舍安全工作的实施，提高中小学校舍的抗震设防要求；加强防震减灾规划的实施力度和深度；有计划、有针对性地深入开展防震减灾法律科技知识宣传工作，提高人民群众的防震减灾意识和应对地震灾害的能力和信心。加强震灾紧急救援建设。完善破坏性地震应急预案；推动重要企事业单位地震应急预案的制定和完善；组织开展综合性地震应急演练；推动地震灾害抢险救灾专业队伍和自愿者队伍的组建和培训；及时有效地处置有感地震事件。加快防震减灾基础设施建设。重点推进市防震减灾指挥中心、地震信息监测中心、防震减灾科普教育基地、地震科研基地项目建设进程。实施预防为主、防御与救助相结合的方针，全面推动加强地震监测预报、地震灾害预防、地震应急救援、地震灾后过渡性安置和恢复重建等防震减灾活动。最大限度地保护人民生命和财产安全，促进首府经济社会的可持续发展。

2009 年 4 月，工作人员在市第五中学开展防震减灾法律科技知识宣传

石埠地震观测点工作现场

南宁建宁水务投资集团有限责任公司

2009 年 11 月 28 日，南湖——竹排冲水系环境综合整治工程启动仪式举行

2009 年 4 月 20 日，二坑溪综合整治工程启动仪式举行

2009 年，南宁建宁水务投资集团有限责任公司实现营业收入 6 亿元，完成年计划的 102.60%，同比增长 5.52%；实现工业总产值 4.90 亿元，完成年计划的 108.80%，增长 9.83%；完成固定资产投资 11.30 亿元，增长 461.11%；新增化学需氧量减排（COD）1500 多吨；至年末，总资产 65 亿元、净资产 28 亿元。在构建南宁水务建设投融资平台方面，成功发行 8.50 亿元企业债券，开创南宁市国有投融资平台利用债券市场融资的先河；获得国内商业银行贷款的授信额度超过 80 亿元，到位贷款达 31.60 亿元。在水务项目建设方面，中国水城一期工程南湖——竹排冲水系环境综合整治工程、武鸣等市辖五县污水处理一期工程、埌东污水处理厂三期工程等一批自治区南宁市重点工程项目相继开工建设，江南污水处理厂二期工程、西乡塘拆迁安置小区一期工程、二坑溪综合整治工程以及朝阳溪三期工程等重大项目稳步推进，较好地完成了市发展改革委下达的城建投资目标任务。同时，注重抓好企业精神文明建设等各方面工作，获全国文明单位、广西优秀企业、广西企业 100 强、广西“安康杯”竞赛优胜企业、南宁市安全生产工作先进单位、首府南宁创建全国文明城市工作先进单位、2008 年度振兴南宁“创新·经济效益杯”劳动竞赛金杯奖等称号。

2009 年 6 月 28 日，上林县污水处理厂一期工程开工仪式举行

2009 年 6 月 25 日，横县污水处理厂一期工程开工仪式举行

南宁鸿基水泥制品有限责任公司

公司党委书记、董事长　陶伯强

预应力高强混凝土管桩配料搅拌全电脑控制

南宁鸿基水泥制品有限责任公司于 2000 年 8 月由原南宁水泥制品总厂整体改制成立，始建于 1964 年，是广西水泥制品企业中投产最早、生产规模最大、品种规格最全、技术力量最雄厚的原国家大型二档企业，1993 年进入中国 500 家最大的建材工业行列(按利税)。现担任中国混凝土与水泥制品协会副会长单位，是南宁市百家亿元企业之一。

2009 年，该公司有员工 600 多人，拥有初、中、高级职称的各类技术管理人员近 100 人，占地面积 20 多公顷。主要产品有：自应力混凝土输水管、预应力混凝土输水管、预应力钢筒混凝土管、钢筋混凝土排水管（包括顶推管、公路涵洞管）、预应力混凝土电杆、预应力高强混凝土管桩，多次获自治区优质、名牌产品称号。产品畅销广西各地及广东、云南、海南等地，大量应用于城市、城镇给排水、供电、通信、房地产等行业。公司连续多年被评为广西建材行业先进企业，2002 年获南宁市工业经济发展“十佳企业”称号，2004 年获南宁经济技术开发区技术进步“先进企业”称号，连续多年获南宁市振兴南宁“创新经济效益杯”劳动竞赛金杯奖和银杯奖，连续 19 年被自治区工商行政管理局评为“重合同、守信用”企业。

DN1800 预应力钢筒混凝土管

DN2800 立式内膜振动排水管

预应力高强混凝土管桩

南宁市相思湖新区

2009年6月23日，自治区党委书记、自治区人大常委会主任郭声琨（左一）一行到可利江环境综合整治工程项目工地调研

2009年11月26日，自治区党委常委、市委书记车荣福（左一）一行考察新区开发建设情况，听取新区管委会主任胡书文（前右一）关于新区建设情况的汇报

南宁市相思湖新区成立于2004年，位于南宁市西部、邕江上游，总规划面积127平方公里，行使市级管理权限。

新区建区以来，根据南宁市实施“以邕江为轴线，西建东扩，完善江北，提升江南，重点向南”城市发展战略，建设区域性国际城市和广西“首善之区”的要求，扎实推进“项目建设年”、“服务企业年”、“党组织服务年”活动开展。5年来，累计投入基础设施建设40多亿元，新建清川大道、大学西路、罗文大道等10条道路通车里程46公里，形成“三线横贯”、“三环围圈”的交通网络，进一步拉开了城市框架。同时，着力打造高教职教园区，引进广西民族大学西校区、广西财经学院相思湖新校区、市委党校等项目12个，总投资60亿元，总建筑面积197.40万平方米，完成投资22亿元，形成以广西民族大学为代表的东南亚小语种人才培养摇篮。拥有医药、机电、汽修等12个实训基地的现代职业人才培养基地，人才洼地效益明显。在南宁市“一江两库六环十八内河”水城建设格局中，相思湖新区拥有大相思湖环、石灵湖环两大水系及可利江、凤凰江、石埠河等6条内河，水环境综合整治项目总投资40亿元，整治河道总长16公里。全长59.60公里的江北片区污水管网工程已完成大部分主干管建设，建成投产后将改变以往高校生活污水直排江河的现象。以湖畔商住商业开发和沿邕江经济带建设为重点，建区以来引进项目175个，除教育、内河环境综合整治与配套设施项目外，还引进市妇女儿童活动中心、相思湖图书配送中心、广西方志馆、市公安局办公大楼等大批城建项目和骋望骊都、相思湖花园、经济适用房等房地产项目，总投资24亿元，总建筑面积95万平方米。目前，已有79个项目竣工投入使用，建筑面积约30万平方米。以骋望骊都、西湖东郡、水岸华府为代表的相思湖东商业街面积达4.10万平方米，南宁职业技术学院以及广西财经学院相思湖新校区文化和商贸街建设也初显雏形，商贸文化市场的氛围愈显浓厚。

① 完成第一期河道整治工程后的可利江一景

② 新区日趋成熟的交通网络

③ 新区房地产开发初具规模

大唐岩滩水力发电

大唐岩滩水力发电有限责任公司位于红水河中游的广西大化瑶族自治县境内，是红水河流域十个梯级水电站开发的第五级，是全国百万千瓦级以上大型水力发电厂之一，也是目前广西境内和中国大唐集团公司在役的最大水力发电企业。

岩滩水电站是国家“八五”期间重点工程建设项目之一。一期主体工程始建于1985年3月，1987年11月较计划工期提前一年成功截流，1992年9月第一台机组比国家审定工期提前9个半月投产发电，第二、第三、第四台机组于1993年8月、1994年6月、1995年6月相继投入运行。岩滩水电站一期工程安装4台单机容量为30.25万千瓦混流式水轮发电机组，总装机容量121万千瓦，年设计发电量56.60亿千瓦时，装机利用小时达4678小时。二期扩建工程计划安装2台30万千瓦发电机组，建成后总装机容量将达181万千瓦，年设计发电量达74～76亿千瓦时。

大唐岩滩水力发电有限责任公司投产发电17年来，以电力报国、服务人民为企业宗旨，发扬“务实和谐，同心跨越”的企业精神，团结同心，追求卓越，竭力为社会提供更多的清洁能源。克服主设备先天不足、机组带病长时间高负荷运行等诸多困难，完成全国“两会”、中国—东盟博览会、抗击雨雪冰冻灾害、北京奥运会等重大活动的保电工作。截至2010年1月20日24时，实现连续安全生产2000天，创投产发电以来历史最高纪录，并连续3年实现机组“零非停”目标；累计向社会安全发电800多亿千瓦时，为广西国民经济和工农业生产作出积极贡献。

有限责任公司

① 2004年8月24日，时任自治区主席陆兵（前左一）、副主席杨道喜（左二）在副总经理钟俊（前右一）的陪同下到发电厂检查工作

② 2004年11月20日，全国政协副主席陈奎元（前右二）视察发电厂

③ 2005年4月6日，时任自治区党委书记曹伯纯（左二）视察发电厂

④ 2008年6月29日，自治区副主席陈章良（前左三）到发电公司调研

⑤ 2009年6月18日，副总经理刘顺达（左三）到发电公司视察

⑥ 2010年1月20日，发电公司连续安全生产突破2000天见证仪式

⑦ 2010年1月4日，发电公司在2号机组扩大性大修中，将直径17米、重达900多吨的发电机转子吊出机坑

地　　址：广西大化县岩滩镇

邮政编码：530811

移动电话：13877895880

系统电话：97412-1223

　　　　　97429-2275

联系电话：0771-5691223

　　　　　0778-5612275

大唐广源水力发电

大唐广源水力发电有限公司于2009年2月18日在南宁注册，主要管理由龙滩水电开发有限公司出资收购的原广西广能水电有限责任公司控股的11家水力发电公司，包括西津、山秀、金鸡滩、金牛坪、大七孔、草头坪、厘金滩、龙兴、龙溪、里定、江口、西岸、鲤鱼滩、下六甲、中平、廷岭、百花滩、宝坛（一、二、三级）、茶坪（二、三级）等22个电厂（站），总装机55台，总容量706.26兆瓦。22个电厂（站）分布在黔桂两省区19个县市11条大小河流上，目前运行的水库有17座，其中总库容1亿立方米以上的4座，总库容1000万立方米以上的15座。被列为自治区级重点工程的电站分别是西津水电站、山秀水电站、金鸡滩水利枢纽、金牛坪水电站、宝坛水利枢纽、下六甲水利枢纽、贵州大七孔电站。

西津水电站位于横县郁江干流，是国内第一座河床径流式水电站，机组规模分别为1×65兆瓦，1×57.20兆瓦，2×60兆瓦。1964年6月投产，累计发电370多亿千瓦·时，为广西的经济建设做出了重要贡献，被誉为“壮乡明珠”和“广西水电的摇篮”。先后曾有9名党和国家领导人到西津水电站视察和指导工作。其所属的运维公司立足广西，走进东盟，与越南昆江水电股份公司开展科技合作。

扶绥县山秀水电站位于左江下游河段，以发电为主，兼有航运、电灌、养殖、旅游等综合效益，电站装机容量3×26兆瓦，是左江干流综合利用的第三个梯级，也是崇左市的骨干电站之一。

隆安县金鸡滩水利枢纽是郁江干流综合利用的第六个梯级，以发电、航运为主，兼有灌溉、养殖和旅游等综合利用效益，装机容量3×24兆瓦，通航建筑物为Ⅲ级航道。金鸡滩水利枢纽的建设，对促进当地社会经济发展、改善郁江航运能力发挥重要作用。

金牛坪水电站是桂江干流综合利用的第四个梯级，以发电为主，兼顾航运、养殖、旅游等综合效益，装机容量3×20兆瓦，采用河床式厂房，安装灯泡贯流式机组。多年平均

有限公司

①　2009 年 9 月 28 日，大唐广西分公司总经理戴波（前中）在大七孔电厂调研
②　2008 年 1 月 22 日，召开深入学习实践科学发展观活动动员大会
③　首届职工气排球比赛现场
④　金牛坪电厂
⑤　西津电厂
⑥　山秀电厂
⑦　金鸡滩电厂
⑧　大七孔电厂

发电量 2.42 亿千瓦·时。

大七孔水电站位于贵州省黔南州荔波县境内，是樟江支流方村河规划中的最后一个梯级电站，装机容量 3×16 兆瓦，通过河池变电站并入广西电网运行。

位于永福县境内的鲤鱼滩、龙溪两个水电站和位于鹿寨县境内的江口、里定、龙兴、西岸 4 个电站是柳江支流洛清江的 6 个梯级电站，均为低水头径流式电站，总装机 87.10 兆瓦，通过李家寨、黄冕 110 千伏变电站汇入广西电网，对桂中地区的工农业发展发挥着重要作用。

位于三江县古宜河的厘金滩和草头坪两个梯级水电站，均以发电为主，兼顾灌溉、航运及旅游等综合效益，厘金滩电站装机 4×3.60 兆瓦，草头坪电站装机 2×14 兆瓦。

罗城县宝坛水利枢纽位于河池市东小江源头新华河、宝坛河上游河段，是以引水发电为主，兼顾灌溉供水、旅游的综合利用工程。该枢纽由陇或水库和坡甲水库和一、二、三级电站组成，总装机容量 37.66 兆瓦（其中一级 2×3.20 兆瓦，二级 2×0.63 兆瓦，三级 2×15 兆瓦）。

下六甲水利枢纽是滴水河规划梯级开发的最末一级，由下六甲（一级）、廷岭（二级）、中平（三级）三个梯级水电站组成，总装机 29.60 兆瓦，具有灌溉、发电、旅游、养殖等综合利用功能，是桂中治旱的重要工程之一。电站位于金秀、象州两县交界处，对调节来宾市 2.21 万公顷农田的灌区用水及 11.50 万城乡居民的生产生活用水发挥着重要作用。

百花滩水电站位于昭平县富群河中游富罗镇和樟木林乡相邻处的砂子江河谷中，总装机 3×1.60 兆瓦。

资源县的茶坪水电站（含二级和三级），位于洞庭湖水系的 4 大河流之一的资江支流茶坪河上，总装机 4.50 兆瓦。

大唐广源水力发电有限公司秉承大唐集团“务实和谐，同心跨越”的企业精神，致力为广西社会经济又好又快发展作出应有的贡献。

石门森林公园

石门森林公园座落在南宁市以行政办公、金融、商贸、居住、旅游服务和涉外事务为主要功能的凤岭开发区内，北为民族大道，东邻东盟商务区，西与南宁国际会展中心接壤，交通便利，地理位置优越。于 1995 年获准立项，1997 年动工兴建，1999 年 10 月正式开放，总面积 68.20 公顷，森林覆盖率 85%。是以森林景观为主体，以热带、南亚热带风光为特色，以森林游憩、休闲娱乐为主要功能的城市森林公园。园内林木葱郁，环境幽静，有 30 多年树龄的马尾松林和马尾林与台湾相思混交林，森林植被丰富，层次分明，轮廓圆浑优美，曲折优美的山峦构成了公园自然风景的骨架。已建成对外开放的景点有：森林保健区、明湖垂钓、休闲活动区、野营烧烤城和樱花观赏区，其中以 3 月的樱花观赏最负盛名，每年都会吸引大批的游客前往观赏。

主任黄建平(左三)、书记罗昌伟(右二)在现场办公

2008 年 5 月 1 日公园正式免费向市民开放后，加强安全管理，制定安全应急预案和落实安全保障措施，完善道路、凉亭、垃圾桶、路灯、游览提示牌、安全警示牌等基础设施建设，服务管理能力进一步提升。2008 年，市政府决定对石门森林公园重新规划，旨在营造一个主题鲜明，具有现代园林特色和历史文化内涵的以“康体、健身、游戏、乐活”为主题的综合性市级公园。

2009 年 9 月，组队参加市园林系统庆国庆迎中秋文艺晚会演出获优秀奖

公园大门

百米花带

花木葱茏

公园一隅

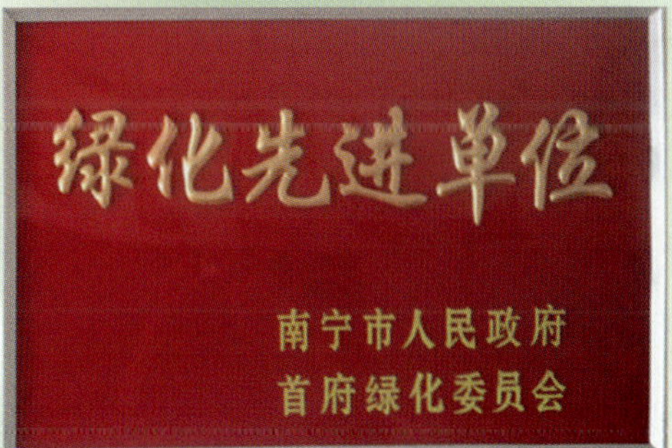

荣誉牌匾

兴宁区民生街道办事处

2009年12月29日，举办兴宁区民生街道办事处成立20周年座谈会。图为办事处全体人员和城区领导合影

2008年5月，为辖区百岁老人举行长龙宴

兴宁区民生街道办事处成立于1989年12月29日，是兴宁区政府的派出机构。地处南宁市商业和文化娱乐繁华中心，是广西最大、最成熟的传统商业圈和商贸中心，是南宁市人流、物流、车流最为密集的区域，是南宁乃至广西家电、服装、小商品的集散地，日均人流量最高在30万以上，总面积近10平方公里。办事处内设党政办、经贸办、计生办、清洁办、综治办、社会事务办、安管办、武装部；下辖15个社区和1个城中村，总人口约11万人。2005年获2001~2004年度全国群众体育先进单位；2009年获全国和谐社区建设示范街道、全国社区共建共享先进街道等荣誉。

2009年9月28日，参加兴宁区庆祝新中国成立六十周年"爱国歌曲大家唱"歌咏比赛

南宁市房屋产权交易中心

2009年11月14日，住房和城乡建设部创建全国文明行业检查组到交易中心指导工作

2009年7月13日，副市长周家斌（前左二）到交易中心调研指导工作

南宁市房屋产权交易中心位于园湖北路，是隶属于市房产管理局的事业单位，具体负责市国有土地上房屋权属登记（备案）和市场交易管理等工作。设登记管理科、产权管理科、商品房管理科、交易管理科、抵押管理科、租赁管理科等13个科室。中心设置2300多平方米的房产办证大厅，设有咨询台、群众休息区和填表区，配备办证导办员、大屏幕电子显示屏、电子叫号机、触摸式查询电脑等便民服务设施，实行政务公开，将办事流程、表格、收费、服务承诺、便民措施及政务信息等内容上墙公示，实现房地产交易与权属登记管理"一体化"办公，即一个窗口收件、一个窗口发证、统一受理、统一收费，内部流水操作的管理模式，全面实施房地产交易与权属登记的计算机网络化管理，比较规范地建立了南宁市房地产交易与权属登记管理体系。中心房产档案馆2009年被评为科技事业单位档案管理自治区级。收藏有全市159万多宗房产档案，全部采用电脑查询，单位、群众查阅利用房产档案方便快捷。该中心被建设部评为全国建设系统文明服务示范窗口单位，被自治区建设厅评为全国住房城乡建设系统创建文明行业示范点，被市委、市政府评为市文明服务窗口单位，市住房保障和房产管理局被评为局系统先进单位；登记管理科被评为全国"青年文明号"。

2009年4月，交易中心副科以上中层干部在学习实践科学发展观活动中集中学习讨论

中国银行南宁市邕州支行

2009 年 11 月，中行国寿企业年金、金融理财推介会召开

2009 年，中国银行南宁市邕州支行在总行“追求卓越”核心价值观的指引下，贯彻执行总行党委“扩规模、调结构、做品牌、练内功、降成本、上水平”的战略方针，以科学发展观为指导，以提高市场竞争力为主题，以“打造当地最好商业银行”为己任，深入推进业务发展模式和盈利模式战略转变。围绕存款战略核心的实施，全力推进存款、授信和内控“一把手”工程，全面完善主动风险管理和内部控制体系建设。年末，人民币各项存款余额 70.26 亿元，比上年增加 23.06 亿元；人民币各项贷款余额 78.58 亿元，比上年增加 16.45 亿元；外币各项存款余额 7205 万美元。

进行网点标准化改造。图为 2009 年 3 月 17 日东葛支行迁址开业

员工为客户热情服务

南宁市柳沙企业有限责任公司

公司董事长　许志纯

企业总部办公大楼——柳沙大厦

南宁市柳沙企业有限责任公司，由成立于 1963 年 4 月的南宁市柳沙园艺场改制而成，是集农业、工业、第三产业于一体的集团式国有中型企业。拥有下属独立法人公司 9 个、股份制公司 1 个，有职工 1500 人。生产经营业务涉及建筑施工、装修业、房地产业、公墓、租赁、建筑材料等行业，年产值上亿元，年税利上千万元。

该公司地属邕江两岸的青秀区和良庆区，随着柳沙半岛和五象新区的建设开发，其所属的上万亩农业用地全部被征用，原居民和职工的住房全部被拆迁，为南宁市的城市建设作出了重大贡献。近年来在市委和市政府各级部门的关怀下，居民和职工的安置住房得到了妥善的解决，大多数的居民和职工都住进了别墅式花园小区。公司的主营业务也将由农业产业向城市物业和第三产业转移。从 2010 年起，公司将着力建设政府划拨给安置职工的三产用地，完成企业国有职工身份置换，进行企业股份制改造等，使企业不断发展壮大。

职工住宅区——柳沙三兴花园

广西玉柴物流集团有限公司

2007 年，公司董事长李志荣（中右）陪同广西泛北部湾办公室主任李延强（中左）到公司视察

广西玉柴物流集团有限公司总部于 2009 年 9 月从玉林市迁至南宁市经营办公。注册资金 6700 万元，为国有法人独资企业，首批获得国家一级道路货物运输资质的 20 家企业之一，是中国交通运输部重点联系的道路运输企业和中国道路运输协会会员及中国物流与采购联合会常务理事会员单位。拥有多家汽车品牌的广西总代理和 3 家轿车品牌的 4S 店以及各种货运汽车 6000 多辆，在全国各省市设立分（子）公司 40 家，为客户提供“门到门”的优质配送服务。

该公司走“以运联贸，以贸促运”的多种经营道路，以四大经营业务板块为企业的坚实支柱。物流业务板块以道路货运专线、零担快运、集装箱运输、跨国运输、物流服务和无船承运等为主要业务；汽车销售板块以汽车销售、二手车交易市场、汽车租赁，机电产品销售、金融按揭等主要业务，为汽车信贷消费或现款购买车辆的客户提供委托管理的服务；车队管理板块是通过公司的 GPS 卫星跟踪系统，为以广西为中心，辐射华东、华南、华北、东北、华中、云贵川的物流专线运输网络体系和广大客户进行实时查询货物运行轨迹提供优质、快捷的服务，为客户实行代收货款（现金、支票）、代垫运费、代办货物运输保险等增值延伸的售后服务；汽车维修板块是公司在玉林、南宁设立专业综合汽车维修服务，并在全广西区域提供汽车维修、配件销售和其他售后服务。

该公司以“让客户满意，让社会满意，让自己满意”为服务宗旨，率先在道路运输行业内通过了 ISO9001：2000 标准的质量管理体系认证。在行业方面：2005 年被评为“中国道路货物运输企业 50 强”第一名，2006～2008 年连续 3 年被评为“中国道路运输企业 100 强”第二名；在客户服务方面：2005 年被评为“中国用户最满意十大物流品牌”，2006 年被评为“中国物流用户十佳满意品牌”，2007 年被评为“中国道路运输市场客户满意第一品牌”，2009 年获“中国物流专线十大品牌”称号。同时，充分发挥获得自治区交通厅运管局批准为广西首家国际道路货物运输企业资格，通过道路营运车辆可直达越南、老挝、缅甸、泰国、柬埔寨、马来西亚、新加坡等东南亚各国进行道路货物运输优势，积极开发煤炭、矿石砂、整车、机械配件进出口贸易和无船承运业务。在南宁市投资建设大型物流基地 20 公顷，为大力推进国际商贸物流一体化进程奠定了基础。

法人代表：李志荣

总 经 理：陈旭南

业务咨询：0771-2370018

客户服务：0771-2370033

传　　真：0771-3813442

地　　址：厢竹大道 63 号兴宁区政府服务中心大楼三楼

邮政编码：530000

南宁市玉柴物流基地鸟瞰图

南宁市玉柴物流基地大门示意图

南宁市城市建设投资发展总公司

① 公司办公楼

② 南宁机场高速公路

③ 南宁大桥工程。该桥由美国工程院士、曾获美国总统里根颁发的美国总统奖、被誉为"预应力之父"的美籍华人林同炎设计，是世界上首座大跨径斜吊拱曲线桥梁

④ 南宁竹溪立交桥。该桥仅用7个月时间就建成通车，是广西最大的立交桥

南宁市城市建设投资发展总公司是南宁市属重点企业，于1995年7月成立，为隶属市国资委领导的国有独资企业。注册资本1.60亿元，现总资产215亿元。15年来，该公司以打造"广西示范性城建企业"为发展目标，致力于城市基础设施建设，提高城市交通效率，促进社会公用事业的发展，为南宁市的城市基础设施建设作出了突出贡献。至2009年，先后建成南宁机场高速公路、葫芦鼎大桥、南宁大桥、北大桥、桃源桥、长湖厢竹立交桥、青竹立交桥、竹溪立交桥、五象大道等60多个重点工程项目，道路总长140多公里。其中机场高速公路和鲁班路先后获中国市政建设最高奖"市政示范工程金杯奖"和国家级最高荣誉之一的"国家工程质量奖银奖"。机场高速公路还被誉为"南疆国门第一路"。2008年得到了来广西视察的中共中央领导高度赞赏。其他项目90%以上被评为南宁市优质工程。目前，公司在建的有平乐大道、凌铁大桥、五象新区核心区1、3、6号路、商业大道、八尺江桥、东葛路延长线、凤岭南路、长口路二期扩建工程等80多个城建项目。

南宁市储备粮管理有限责任公司

南宁市储备粮管理有限责任公司成立于 1998 年 11 月，是一家集粮油及农副产品收购、储藏、加工、销售、物流为一体的国有控股粮食企业。系广西农业产业化重点龙头企业、广西农产品加工重点龙头企业、南宁市“十佳”农业产业化重点龙头企业。位于竹溪大道 36 号，下辖沙井、高棠、白苍岭 3 个粮库。有铁路专用线 3 条，粮油检测中心 1 个和年加工能力 5 万吨的大米加工生产线 1 条。现有员工 243 人。

该公司坚持“以质量求生存，以管理创效益，以信誉树形象；为耕者谋利，为食者造福”的经营宗旨，深化企业改革和创新，建立现代企业管理制度，先后通过 ISO 9001:2000 质量管理体系认证和食品安全管理体系（HACCP)认证。开展粮食产业化经营,打造“桂井”品牌,优质大米、花生油获“广西名牌产品”称号，部分优质大米通过国家绿色食品、有机食品认证。公司曾获自治区人事厅、自治区粮食局记集体二等功和振兴南宁“创新•经济效益杯”劳动竞赛铜杯、银杯奖，南宁市先进单位、文明单位、劳动关系和谐优秀企业、粮油仓储工作先进单位等荣誉，2008 年、2009 年被评为广西优秀企业和广西诚信企业。

公司董事长梁恒现(左一)、总经理周丽洁(左二)、党委副书记黄俏仟(右三)、副总经理向武帮(右四)、卢德杰(右五)参加中心组学习

2008 年 7 月 4 日，总经理周丽洁(左二)和副总经理卢德杰(左一)到优质稻粮源基地查看稻谷长势

公司“桂井”牌系列粮油产品

沙井粮库一角

大米加工厂生产车间

南宁锦虹棉纺织有限责任公司

公司党委书记、董事长　杨远立

南宁锦虹棉纺织有限责任公司是国有控股大型棉纺织企业。资产总额 4.37 亿元，生产占地面积 17 万平方米，有棉纺纱锭 15 万锭、线锭 5 万锭，具有年产纱 2 万吨、线 4000 吨的生产能力。

2008～2009 年，该公司棉纱产量超过 2.20 万吨，工业总产值和销售收入均超过 5 亿元，完成税收 2500 万元，实现利润超 700 万元。曾获全国纺织工业先进单位称号，多次获广西百强企业、自治区市两级优秀企业、南宁市工业发展十佳企业称号，连续 3 年获南宁市经济效益杯劳动竞赛金杯奖，2008～2009 年获全国纺织和谐企业建设先进单位、全国“三八”红旗集体、南宁市明星企业、广西“五一”劳动奖状、广西诚信企业等称号，2009 年获中国纺织服装企业竞争力 500 强、

公司装备的进口自动络筒机

挡车工在操作新倍捻机

细纱挡车工在操作

公司生产的部分产品

公司新厂工艺设计中心（办公楼）

搬迁改造的新厂全景（设计图）

中国纺织品牌文化创新奖、全国纺织劳动关系和谐企业等称号。

2010 年，该公司正在实施搬迁改造工程，总体规划设想为：环锭纺纱生产规模增至 24 万锭，新增气流纺纱 2000 头，引进进口织布机 200 台，配套进口联合浆纱线 2 条。建成后形成年产优质棉纱 3.60 万吨，高档面料 1500 万米，年销售收入 8 亿元，利税 8000 万元的棉纺织企业，远期实现年销售额达 10 亿元，创利税 1 亿元的规模。

对员工进行全员素质培训

荣誉证书

公司业余演出队在公司成立周年庆典晚会上表演

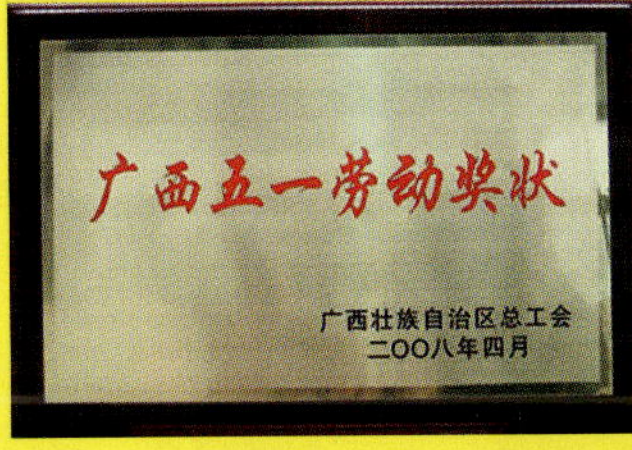

所获荣誉牌匾

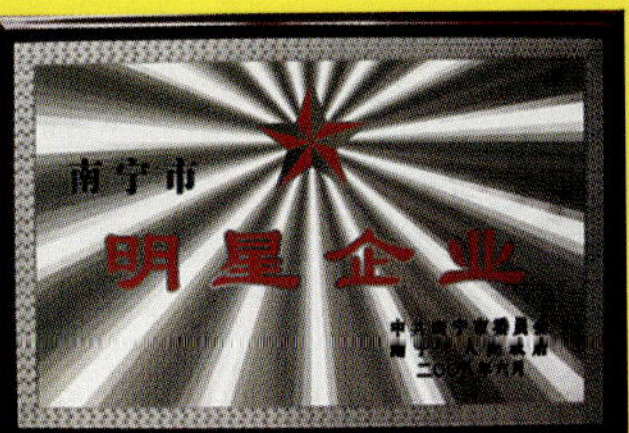

宾阳县人口和计划生育委员会

2009 年 10 月 13 日，宾阳县举行首批农村独生子女爱心保险发放仪式

2010 年春节前后，宾阳县开展关爱女孩行动，到各村屯对孤女家庭进行慰问

2009 年，宾阳县面对新形势，围绕构建和谐计划生育目标，通过大力实施“阳光计生行动”，以“四抓”推动人口计生工作上水平。

一是抓认识，理思路。县、乡把实施阳光计生行动列为年度人口计生目标管理考核的重要指标；加强学习，提高思想认识；组织人员赴全国先进单位学习借鉴先进经验。二是抓示范，树典型。采取典型引路、示范带动、分类指导的方法，全面推进阳光计生行动，发动干部群众积极参与阳光计生行动；做到“三个到位”(即政务公开到位、民主评议和民主监督到位、开展便民服务到位)。三是抓投入，建阵地。投入大量资金抓好计生服务站所标准化建设，随时为群众提供优质服务，对施行节育手术的群众免费送 30 个鸡蛋；做好宣传阵地建设，每年都更新标语、婚育新风“村名石”、婚育新风漫画长廊。四是抓行风，塑形象，行动出效果。把实施阳光计生行动作为行风建设的突破口，层层签订“阳光计生责任状”，人口计生干部主动服务。11 月 6 日，露圩镇的周树名从深圳回到计生服务所办理户口迁移手续，由于疏忽将户口簿落在班车上，发现的时候班车已开出 15 分钟，镇服务所所长听说后，马上驱车追赶班车，一个小时后赶上班车且找到了户口簿。

2010 年 2 月 3 日，国家人口计生委到宾阳县开展人口计生调研活动

2010 年 3 月 31 日，县计生局召开抗旱捐款动员会

宾阳县教育局

局　长　施灿章

党委书记　覃　彬

2009 年 9 月 11 日，国家教育部副部长鲁昕（左四）、自治区副主席李康（左五）等领导到东黎小学检查校舍安全工程工作

2009 年，宾阳县教育局坚持以科学发展观为指导，全面贯彻落实党的教育方针政策，加大教育改革与创新，全县教育事业蒸蒸日上：全年义务教育阶段小学学额巩固率 100%，初中学额巩固率 98.24%，“两基”成果进一步巩固提高。实施基础设施建设项目 92 个，面积 4.28 万平方米，投资总额 4128.66 万元，学校办学条件不断改善优化。教师队伍整体能力显著提高。有 1 人被评为全国优秀教师，1 人被评为自治区优秀教师，211 人被评为市、县优秀教师（先进教育工作者），117 人分别被评为南宁市教坛明星、学科带头人、教学骨干。高考成绩继续保持自治区各县（区）前列。当年高考，考上清华大学、北京大学线 2 人；考上 600 分以上 16 人，比上年增加 14 人；考上一本线 446 人，比上年增加 9 人；二本线 1242 人，比上年增加 6 人。职业教育攻坚扎实推进，累计投入经费 4379 万元，项目建设顺利实施，招生送生任务顺利完成。成功举办宾阳中学百年校庆活动，展现了百年宾中的良好风貌。

2009 年，宾阳县教育局先后被评为南宁市 2008 年度安全生产工作先进单位、首府南宁创建全国文明城市活动先进集体等。

2009 年 11 月 15 日，宾阳中学举行百年校庆活动

开展捐资助学活动

宾阳高中

学生宿舍楼

学生在做课间操

校园一角

2009 年，宾阳高中以科学发展观为指导，以努力提高教育教学质量为中心，深化课程改革，促进学校可持续发展，建设和谐校园，办好人民满意的教育，各项工作均上了一个新台阶。

高考继续实现大面积丰收，考上三本以上 869 人，升学率位居自治区同类学校前列。在 2009 年全国中学生英语竞赛中，程冰、黄道圆等 8 人获国家级优秀辅导教师称号。林晓浩撰写的《浅谈青少年网络成瘾的心理特点和教育对策》、陈惠英撰写的《给点阳光，我就会灿烂——浅谈学困生的转化》、王顺德撰写的《2009 年高考理综模拟试题》、《几道典型例题赏析》、《生物的进化》、《一道综合题解析》等论文在省级刊物上发表。年内，学校获南宁市中小学常规管理示范学校、自治区卫生优秀学校等称号，校长蒙贵来获自治区“五一”劳动奖章，阮清进获南宁市 2009 年学科带头人称号，梁坚、谭风燕等 6 人获南宁市教学骨干，王顺德获南宁市优秀青年专业技术人才称号，甘友朝获宾阳县科技拔尖人才称号。

教学大楼一角

学校中层以上领导定期召开例会研究教学工作

宾阳县疾病预防控制中心

① 2009年7月，越南卫生部考察团到疾控中心参观考察后合影

② 在“强化免疫日”当天，到幼儿园开展预防接种工作

③ 开展“关注农民工，共享健康”宣传活动

④ 指导基层防保人员开展业务工作

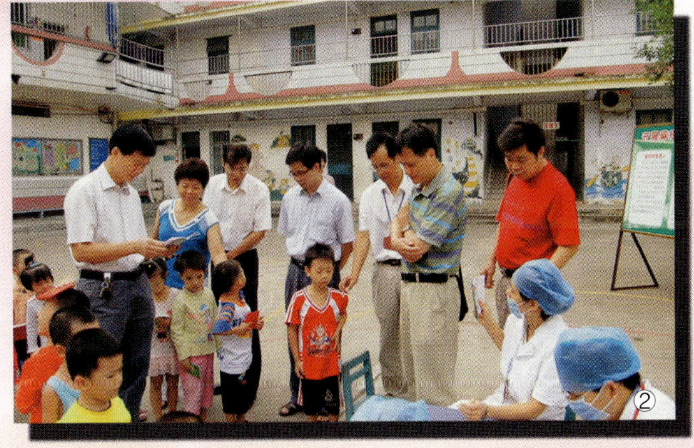

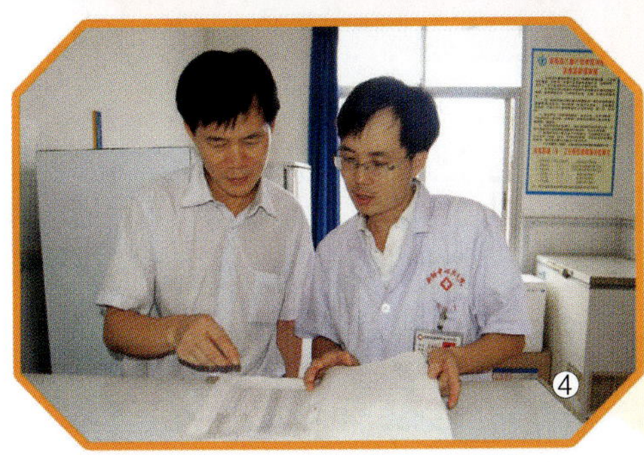

宾阳县疾病预防控制中心位于宾阳县宾州镇建设路12号，属正科级事业单位。占地面积7126平方米，总建筑面积8774.50平方米，其中业务用房建筑面积2563.45平方米。有在职干部职工81人，其中专业技术人员76人(高级职称4人，中级职称27人)，设有中心办公室、财务科、综合防治科、总务科4个职能科室和免疫规划科、传染病防制科、艾滋病防制科、结核病防治科、慢性病防治科、预防医学门诊、检验科、公共卫生科8个业务科室。

2009年，该中心以科学化管理的理念指导各项业务工作，扩大免疫规划工作顺利开展，适龄儿童上卡率得到提高，免疫规划疫苗报告接种率均达95%以上；结核病及艾滋病项目防控工作按项目要求顺利完成；法定传染病报告及突发公共卫生事件的处理有序进行，全年传染病总发病率641.96/10万，接到或监测到突发公共卫生事件报告107起，达到突发公共卫生事件报告要求有39起，均按规定程序及时进行调查处理，及时上报疫情，尤其是年底在宾阳县出现的甲型H1N1流感聚集性暴发疫情时，积极做好政府部门的参谋，采取果断措施，沉着冷静应对，及时有效的遏制了疫情，疫情工作的处理能力得到了本级政府及上级业务部门的肯定和赞扬，其他各项业务工作按既定工作计划完成。党支部2005～2009年连续5年被评为宾阳县十星级党支部，疾控中心卫生工作综合目标考核在宾阳县卫生系统中名列前茅。

南宁市妇幼保健院

2009年5月1日，院长黎君君(右一)给儿童喂服脊髓灰质炎疫苗

2009年8月，广西首家助产士门诊开业

南宁市妇幼保健院是国家二级甲等妇幼保健院，广西首批国家级爱婴医院，承担着全市妇女儿童的医疗保健任务。率先在广西开展孕期保健运动、产后保健运动、助产士门诊、婴儿泳疗、婴儿抚触、儿童早教、脑瘫康复治疗,有广西最大的婴儿智能泳疗馆、孕产妇健身馆；与国家铅防治专家指导委员会合作在广西率先开展儿童铅防治检测技术；与广西心理协会合作开展妇女儿童心理专科。在西南地区较早开展水中分娩、无痛分娩、镇痛分娩、导乐分娩。治疗和护理早产极低体重儿技术达到广西先进水平；治疗小儿上呼吸道感染、儿童腹泻、小儿哮喘、内分泌疾病、肥胖、矮小症独具特色；借助腹腔镜治疗小儿腹部疾病、先天畸形、无疤痕手术有特色。治疗乳腺疾病、外科疾病经验丰富。治疗妇科疾病、肿瘤、癌前病变独树一帜；在广西率先引进美国宫颈癌前病变检测技术；开展夫精人工助孕、优生优育、生殖保健等项目；微创手术治疗生殖系统疾病和外科无疤痕手术临床经验丰富，借助腔镜成功治疗不孕不育。至2009年共获市、自治区和国家级科研成果奖近30项。

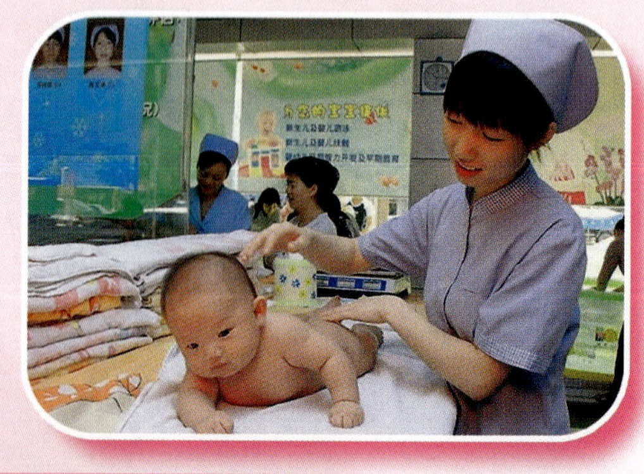

婴儿智能游泳馆护士在为婴儿做抚触

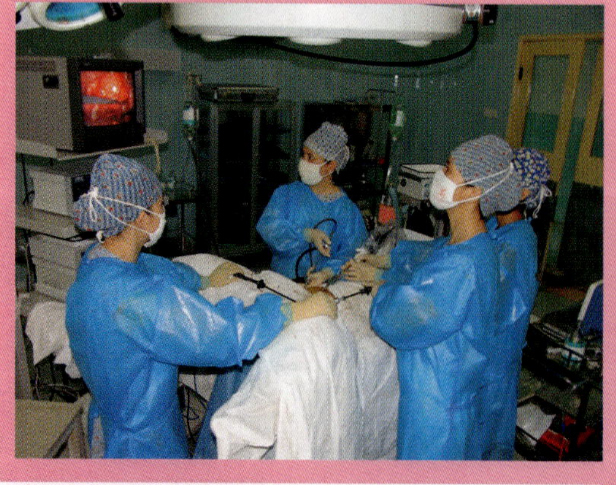

开展微创手术治疗不孕不育等生殖系统疾病

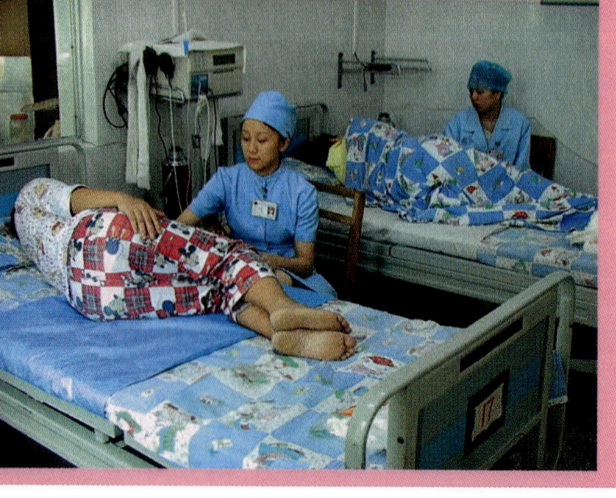

产科率先在广西开展一对一“导乐”分娩。图为助产士在一对一陪护待产孕妇

信 息 业

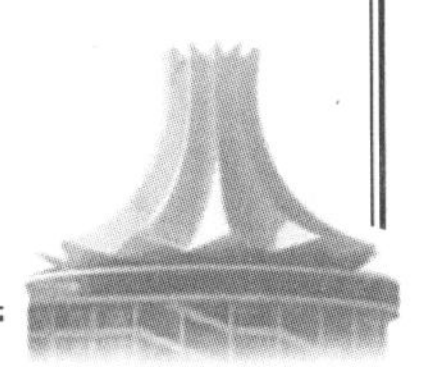

信息化建设

【概　况】 2009年，南宁市信息化工作办公室实施“信息化带动”战略，推进“数字南宁”建设。加快推进信息交流中心建设，加快信息产业和信息服务业发展；进一步加强全市信息化项目的规划、建设、管理、应用，重大信息化项目进展顺利，完成信息化重点项目建设、信息传输、计算机服务和软件业固定资产投资16.35亿元，下达全市信息化投资项目计划16个，项目总投资1.17亿元，其中市财政年度投资4550万元。加快推进电子政务建设与应用，进一步升级完善电子政务网络平台，出台《南宁市政府信息资源管理办法》，逐步提升政府资源整合共享力度。城市网格化管理平台向县区、部分专业领域拓展应用，地理信息系统在公安、环保等领域试点应用。推进企业信息化，拓展物流、商贸等服务业信息化，拓展农村信息化综合信息服务试点，加强信息技术对农业、农村的支撑。调查和分析全市信息化运维服务现状，编制《南宁市信息化IT服务管理现状评估报告》；编纂《南宁市信息化发展报告2008》，编制《南宁市信息安全总体规划》和《南宁市互联网安全应急预案》，为保障南宁市网络信息安全起到基础性指导作用。

【信息基础设施建设】 2009年，南宁市作为国家工业和信息化部确定的28个TD-SCDMA（时分同步码分多址）二期试验网建设城市之一，加快第三代通信网络建设。5月16日，电信南宁分公司正式启动无线城域网一期工程建设，并升级原有网络；移动南宁分公司完成对市区约435公里道路的管道施工及市区网络线路敷设、基站布点等工作，6月30日，南宁市TD-SCDMA网络开通运行；联通南宁市分公司加快3G网络建设，完成原有网络的升级。至年末，全市各大运营商第三代通信网络全部开通运行，市内主要地段3G业务应用正常。

【经济与社会领域信息化】 2009年，市信息办推广普及已建成的信息化项目在党政机关各部门的应用，增强政府业务协同和服务能力，通过信息化改造和提升传统行业，提高经济社会各层次各领域的信息化水平。全市党政机关100多个部门广泛应用政府内网数据传输平台、政府办公自动化系统、企业法人基础信息共享平台、人口基础信息共享平台、防汛应急指挥决策支持系统二期等公共信息化系统；网上政务服务平台和政府信息公开平台服务功能进一步增强，使市民获取政务信息更加便利和及时；应急联动系统升级和无线集群通信系统模转数稳步推进，提高城市危机预警和管理、灾害应急指挥和应对能力；推进建设行业业务管理平台、市政府采购管理信息系统建设，强化对工程建设领域的监督管理；开展企业信息化示范项目应用，促进企业生产节能减排。

电子政务网络　全市基础网络共建共享，各政府部门不再独立新建业务传输骨干网络。整合数字化城管系统传输网、防汛应急指挥决策支持系统传输网和电子政务网络，实现全市电子政务网络的统一建设与管理，节约政府行政支出。完成市城管局、旅游局、新闻出版局、安监局、国资委、信访局、食品药品监管局、人防办等单位网络迁移和接入工作；电子政务外网平台新增水库移民局等3个单位接入，全面完成电子政务外网覆盖全市各部门的建设任务，为全市各部门电子政务系统的推广应用和协同办公奠定基础；内网网络平台二期项目新增接入市直机关事业单位和市管重点企业单位55家。5月，市电子政务网络平台及相关各应用系统等由市信息办全面移交市信息网络管理中心进行运维管理。

政务网站　3月，完成市政府门户网站（www.nanning.gov.cn）升级改造，为市民提供政策法规、空气质量、医保社保、旅游交通、医疗卫生、就业考试等各类信息；提供办事事项1152个、便民服务986项、办事表格下载903个，加强政府网站在政务服务、社会保障、医疗卫生、就业服务、教育文化、民政救助等方面的服务，构建“一站式”政务服务平台。全年，市政务网站群102个单位政务网站运行正常，市政府门户网站更新信息3.12万条，用户访问量1530.96万人次，页面浏览超过1.69亿次；各县区、开发区、各部门网站信息更新21.52万条，用户访问396.06万人次，页面浏览超过1.55亿次。英文版网站全年更新信息1493条；越南语版网站更新信息140条。政府门户网站名列省会及计划单列市政府门户网站绩效第八名；在2009年第三届中国政府网站国际化评测中，再次获优秀外文版奖，在全国省会及副省级城市国际化程度名列第三；在2009年第八届中国政府网站绩效评估中，在全国333个地市级政府网站中排名第32位，较上年上升6位，连续5年全国排名上升，连续3年名列自治区第一。

数字化城市管理　全市进行数字化城市管理系统扩容与完善；加快武鸣县、横县县级数字城管建设试点工作进程。做好数字化城市综合管理信息收集和总体数据分析，依托考核评价系统对责任单位案件处置情况进行综合、科学、量化的评价。全年数字城管系统有效案件立案34.94万件，办结34.83万件，结案率97.90%，城市管理能力得到提升。市数字化城市综合管理与指挥系统案例获由国务院办公厅秘书局颁发的“十佳电子政务效能管理优秀应用案例（地市级）”称号。

网上政民互动　2月，市长黄方方参加“科学发展观网上谈”首期在线访谈活动。全年有市发展改革委、建委、经委、卫生局、劳保局、工商局、教育局、规划局、城管局和房产局10个政府主要部门领导参加在线访谈活动，参与网民4.69万

2009年南宁市政民互动平台来信办理情况

项目	来信类型			
	办事咨询	效能投诉	建议意见	申请公开
问题总数(件)	3960	825	2664	388
占总来信数百分比(%)	50.53	10.53	33.99	4.95
回复总数(件)	3525	725	2405	338
平均回复百分比(%)	89.01	87.88	90.28	87.11
回复信件公开数(件)	2459	521	1178	112
回复公开百分比(%)	69.76	71.86	48.98	33.14

人次、页面浏览量36.61万个，在线提交各类相关问题498个，现场回复网民提出的问题352个。政民互动平台提高了市民咨询、投诉的处理效率，至12月底，共接到市民咨询投诉信件7837封，县区、部门回复6993封，在规定时间内信件回复率88.65%，总回复率89.23%，回复件公开4270件，回复公开率60.99%，月平均受理653件，月平均受理率较上年提高89.27%；网上信访系统收信1144件，办结回复997件，回复率87.15%。

政府公共服务呼叫中心　市政府公共服务呼叫中心共接听市民来电2.93万个，受理有效来电2.48万个；市长公开电话共接听市民来电14.19万个，受理有效来电5.98万个，为民办实事6378件。与市长热线共用一个操作系统，使用同一硬件平台，9月对系统后台服务器等硬件设备和软件系统进行升级改造，11月中旬正式上线运行。新系统解决了系统没有应急工作模式的问题；坐席可以扩充到100个以上；日话务量处理能力由600通扩充为2000通以上；可连续运行时间由200小时扩充为1000小时以上；在线数据保存年限由6个月提高到3年；离线数据保存年限由2年提高到10年；新增应急(离线)工作功能、在线热备功能、在线地图功能，支持模拟话机坐席、支持二次开发的全面功能接口，同时，实现双系统无缝切换、互相备份，为市长热线及政府公共服务呼叫中心提供了双保险，提高系统运行的可靠性和稳定性。

中国—东盟博览会客户服务中心　共开设座席20个，使用中、英、越、泰、老挝、缅甸、柬埔寨、印尼等多种语言为国内外客商和嘉宾提供热线咨询服务，全年累计处理公众及客商咨询2.51万通，比上年增长约20%。中国—东盟博览会期间受理咨询1.05万通，其中电话受理4706通，网上在线客服受理5796通，通过中文座席为国内客商解决咨询1.01万通，通过英语、东盟小语种座席为客商解决咨询336通。客服中心自创立以来，累计接受客商和社会公众咨询40多万人次，其中国内咨询量约占75%，国外咨询量约占25%，每年咨询量递增约20%。年内，中国—东盟博览会客服系统进行升级扩容，客服中心运行维护工作由南宁亚奥数码公司移交给市广文信息科技有限公司。

城市生活垃圾处理费征收管理系统　2009年，市城市生活垃圾处理费征收管理系统升级改造，系统功能包括系统管理、参数设置、票据管理、缴费管理、供水企业代收管理、计量管理、查询、统计报表等。建立全市范围内城镇生活垃圾处理费缴费对象的档案；对收费专用票据、缴费对象信息及进入垃圾处理场的车辆进行严格控制和管理；利用数据挖掘工具，把各项业务统计数据生成图表信息；通过与各供水企业收费系统的数据对接，及时获得通过供水企业代收垃圾处理费的情况及各类收费报表，并通过费源收入分析表了解费源分布情况，供领导决策。系统的建成确保委托供水企业代收城镇生活垃圾处理费工作顺利推进，实现与各自来水供水企业的收费系统进行数据交换、共享，使垃圾处理费收费工作科学化、系统化、规范化，提高垃圾费收费率。

桥梁健康预警监测系统　5月，南宁永和大桥在自治区率先建成桥梁健康预警监测系统。系统主要由环境监测、弦式应变及变形监测、中心系统、视频系统等组成，安装在桥上的传感器能采集温度、结构振动、吊杆力、钢管应变、主梁混凝土应变和风况等各类数据，同时配合桥面、桥底视频监测系统，对大桥车辆的数量、类型、行车速度和荷载分布等交通荷载情况和桥下河流的通航及排洪情况进行实时监测，通过分析监测数据，迅速评价桥梁的结构整体状态或重大损伤情况，及时采取相应措施消除桥梁结构各种安全隐患。系统建成后，日常检测桥梁健康状况不再需要封桥及交通管制，可以减少常规桥梁例行检查和定期检测的工作强度和费用。

城市规划市民互动平台　10月19日，南宁城市规划市民互动平台正式面向公众推广使用。平台投资110万元，集城市规划展示、规划审批业务查询等功能于一体，通过触摸进行人机交互，以视听多媒体展示城市规划信息。通过专线接入规划部门，做到信息实时更新。至年末，平台终端在市政府、市行政审批大厅、市规划局和市房产交易中心安装运行。

农产品防伪税控开票系统　通过筛选发票信息，分析存在疑点，并进行实地查验，提高数据采集的准确性，以票控税，堵塞管理漏洞；通过设置监控指标控制企业开票限额和范围，实时监控企业违规开具和使用收购发票。在上年推广使用的基础上，根据不同行业的特点及监控侧重点不同对软件进行定制开发，完成系统两个行业版本的开发和测试工作，并选择部分纳税人试点运行，共完成112个企业的软、硬件安装和系统测试应用。

生产型企业税收管理信息系统（糖类）　2008年在横县冠桂糖业有限公司石塘分公司、谢圩分公司，横县新凯糖业有限公司，广西农垦糖业集团良圻制糖有限公司4家糖厂顺利推行；2009年对地磅、出糖口监控点进行技术改造，进一步提高计数准确率，并结合业务需求完善软件数据采集、统计分析功能。系统的推广应用加强进、产两个环节的监控，防止企业虚增收购数量或虚减生产数量（不作库存产品入账直接对外销售）；配套应用农产品收购发票防伪开具系统，加强对制糖企业原料蔗收购进项税的抵扣管理，规范原料蔗进项税抵扣行为；提高制糖企业的整体投入产出率（出糖率）。上榨季4家制糖企业整体投入产出率11.99%，比上年提高0.24个百分点；2008/2009榨季12月、1月和2月连续3个月纳税申报的同期对比显示，每吨食糖价格比上年下降570~750元；由于增值税转型而多抵扣进项税额26万元，应纳税额比上年增长144.81%，平均税负比上年增长64.39%。该系统获2009年南宁市计算机及电子信息技术推广应用成果奖三等奖。

金保工程　2009年末，以隆安县居民医疗保险子系统的上线为标志，南宁市金保工程一期建设任务全面结束，基本建成能够覆盖社会保险、就业培训、劳动执法、劳动争议仲裁等经办业务，并支持一个数据中心、多个统筹区联网的应用系统，各项社会保险资金的流入和流出全程实现计算机管理，各项劳动力资源的管理、劳动力市场服务、劳动保障监察执法以及劳动者维权业务管理全部纳入金保工程业务专网。系统承担着全市2.70万个单位、47.50万名城镇职工、

17.80 万名灵活就业人员、7671 名农民工、1642 名被征地农民、73 万城镇居民的参保信息采集和动态管理。市属和各县区社会保险、劳动就业服务、劳动执法及劳动维权等经办机构 19 个，街道事务所和社区工作站 120 个，市、县医保定点服务机构 496 个以及中、农、工、建、交、北部湾、光大银行等金融机构 7 个已与市社会保险和就业服务网络平台实现业务连接。投入资金 446.90 万元建设的金保工程二期就业维权系统建设项目基本完成，其中，人力资源管理信息系统 3 月正式上线运行；劳动争议仲裁管理信息系统 10 月正式上线运行；劳动保障监察管理信息系统 12 月底正式上线运行。以上 3 个系统的业务专网依托金保工程数据中心平台，延伸至全市各县区、街道、社区。

防汛应急指挥决策支持系统 防汛应急指挥决策支持系统二期工程一期项目是 2009 年市信息办“项目建设年”的重点项目，4 月 7 日正式启动建设，至年末基本建成并投入使用，项目投资 1140 万元。系统一期项目建成覆盖市防汛办、水利局、气象局等 7 个相关单位的防汛应急系统网络，实现市气象局、自治区水文水资源南宁分局等单位防汛基础数据的实时交换与整合，完成视频监控系统、水雨情信息接收、水雨情信息查询显示、综合管理平台、信息服务系统、数据共享交换系统、防汛数据库系统等主体框架建设。建成前端视频监视点 24 个、水雨情信息采集点 50 个，覆盖兴宁区、武鸣县、马山县、上林县、宾阳县等，覆盖总面积约 2.23 万平方公里；整合水库水电站 1108 个、泵站 22 个、河道 94 条、堤防 10 条、水闸 18 个和大坝 1025 个记录；在实时水雨情数据方面，整合市气象局提供的 148 个气象站点的雨量数据，以及水文局提供的河道水文站 35 个、水库水文站 19 个的水情数据和水文雨量站点 118 个的雨量数据。

公安视频指挥系统 新建市公安局指挥中心、市属 6 个县公安局指挥中心以及青秀分局中山派出所、青秀分局新城派出所、江南分局福建园派出所、江南分局五一派出所、高新分局心圩派出所、良庆分局良庆派出所、邕宁分局蒲庙派出所等 17 个点的视频指挥系统；新建南宁国际会展中心、南宁荔园山庄、广西展览馆 3 个重点场所视频监控系统；初步建成图像传输及汇聚中心，整合分散的图像视频资源，实现集中管理、统一调度。

警用地理信息系统 南宁市是全国 100 个城市开展警用地理信息基础平台建设和规模应用示范工作首批 8 个应用示范试点城市之一。9 月 26 日，签署《警用地理信息平台建设专题任务书》，一期任务将完成市区的地址采集和业务数据上图工作，实现综合信息查询、案件分析、技术报警、实景拍摄等 4 个功能模块的建设和应用。12 月 28 日，警用地理信息平台实景采集任务全面完成。至 12 月 31 日，共采集录入警用地理信息数据 20.34 万条。

污染源普查信息查询系统 11 月 5 日，市污染源普查信息查询系统项目通过验收，系统通过将普查信息与数据库、GIS 地理信息系统、计算机网络等技术结合，查询显示各区域、各流域、各行业排污企业状况，按区域、流域、行业和普查性质汇总分析企业的污染源普查数据指标，为排污总量的削减、企业环评规划、污染治理和政策法规的制定提供依据。市污染源普查工作自 2008 年 1 月正式进入入户调查阶段以来，确定普查对象 3.13 万个，其中工业源 3053 个、农业源 2.29 万个、生活源 5347 个、集中式污染治理设施 13 座。

人口基础信息共享平台 3 月完成卫生、人事、工商、税务等 11 个部门硬件系统的安装调试；4 月完成软件系统开发；12 月完成与数据资源中心一期数据整合。平台整合了人口户籍信息、普查信息、公务员信息、社会保障和人事关系信息，以各部门人口信息为基础，整合全市人口数据，统一管理全市人口信息资源，实现全市法人、人口等基础信息整合与共享。至年末，共整合市人事局公务员人口基础信息 1664 条，专业技术人口基础信息 1.95 万条；市房产局房屋产权登记信息 13.75 万条；市劳保局社保登记信息 174.71 万条；市民政局城乡低保信息 4.68 万条；市公积金中心住房公积金账户信息 17.97 万条。

领导决策支持与分析系统二期 2008 年 10 月建成投入试运行，2009 年正式开始推广使用，在全市逐步推开联网直报工作。至年末，市统计局农业、工业、贸易、固定资产投资、房地产、建筑业等专业全部实现网上直报统计数据，服务业和劳动工资专业开始试报。系统数据采集点覆盖贸易专业用户约 1000 家，农业用户 200 家，工业用户 1000 家，投资、房地产和建筑业用户 5000 家，共 9000 个项目通过系统进行数据直报。

电子政务内网 OA 系统 新增内网 OA(办公自动化)用户 70 家，使用单位 206 家，注册用户 2378 人，单位内部处理公文 24.16 万份、单位间公文文换 7222 份，实现市级各部门的联网协同办公，缩短公文传输周期，提高政府办文效率；重点企事业单位首次纳入全市电子公文交换系统，移动、电信等 9 个单位接入内网 OA 系统，为扩大全市 OA 应用范围奠定基础。各县区加强推广 OA 系统，宾阳县开通县乡商用密码通信系统实现对公文交换加密，80 多个县直部委办局和 16 个乡镇推广使用，提高办事效率及安全性；隆安县投资 40 多万建设县乡会议视频系统，已连接到各乡镇。

信息交流中心 3 月 30 日，承担区域性信息交流中心行政管理、网络传输、数据交换、数据存储、服务器托管、数据资源整合、重大实践和活动指挥、培训展示等功能的南宁市信息化大楼封顶，主体工程通过验收，安装工程完成 70%，完成大楼综合布线。加强与本地电信企业的合作，发挥电信企业在通信网络技术、信息化人才等方面的优势，推动区域性信息交流中心建设。5 月 16 日，市政府与中国电信广西分公司签署《信息化战略合作框架协议》，双方将在无线南宁、移动政务、应急联动整合、数字城管、平安南宁等领域密切合作；7 月 21 日，市政府与中国移动广西分公司签署战略合作框架协议，双方将在无线政务、无线应用、无线生活、无线新村等领域开展深度合作，共同促进“信息惠民”和“信息兴市”，打造南宁特色的“无线城市”。6 月 25 日，《南宁市区域性信息交流中心建设规划》通过评审；9 月 30 日，通过市十二届人民政府第七十四次常务会议审议。《南宁市区域性信息交流中心建设规划分年度实施项目计划框架表》编制完成，2009~2015 年，分批推进交流中心各项工程建设，首批列入信息交流中心工程的 32 个项目，内容涵盖经济、商贸、企业、服务等方面。

【信息整合共享】 2009 年，南宁市开展城市公共服务信息整合工作，将全市的政务机构和各社区及社会服务业提供商提供的分散的政务、商务、民生等服务信息整合到城市公共信息服务中心，通过电话、传真、短信、电子邮件、语音与网页同步浏览等方式免费向来邕客商和市民提供政务、商务和社会服务信息。同时，强化政务信息资源整合共享，依靠市企业基础信息交换平台建设基础信息库并集中存储，实现工商、税务等 4 个部门间信息的横向交换和在线服务。依靠 CA 数字证书建立全市统一的电子政务身份认证和授权管理机制，保证政务信息资源整合共享的安全可靠。政务基础信息共享平台建设初具规模，完成人口基础信息共享平台建设，实现公安、民政、卫生、劳动、人事、计生、公积金管理中心等部门人口基础信息的交换和传递；建立市人口基础信息数据库，统一分散在各个政府部门的市民基础资料，系统累计整合各单位人口基础信息155万条；政务地理信息共享服务平台和企业、个人信用信息基础数据库进入建设阶段。

【政务网络信息安全保障】 2009年，市信息办研究编制《南宁市信息安全总体规划》；编制南宁市电子政务网络及系统运行维护工作方案；升级改造电子政务网络与中心机房，进一步提高机房容量与负载能力；开展电子政务网络安全生产大检查活动，排查安全隐患和制度疏漏。组织制定《南宁市通信保障应急预案》、《南宁市互联网安全应急预案》，健全通信保障、互联网安全应急能力。处理电子政务网络各类故障及应急事件800多起。

【农村信息化】 2009年，南宁市开展信息助农兴农工作，利用现代信息技术服务农村经济发展。加快“光缆进村”基础网络覆盖工程，农村光缆覆盖率96%；初步建成新农村基础数据库系统，整合涉农的各类农村信息资源，构建面向“三农”（农业、农村、农民）服务的信息资源共享、交换和服务平台，实现南宁市农村网格化管理新模式；推进农村信息化示范工程，通过武鸣农村综合信息服务站、广西农村致富信息网、农村党员远程教育网的建设，树立一批信息化示范村。各县区加大对信息化基础设施的投入，推进市—县区—乡镇的光纤骨干政务专网建设；通过建设农村信息服务站、加大农业科技培训、推广农业信息服务等方式推进农村信息服务应用。上林县实现全县政府机关接通网络，121个行政村全面开通电话，宽带入村率98%；建设科技信息网农村网络，建立由市、县区延伸到乡镇、村、示范户三级科技信息服务网络体系；开辟农业技术网络平台，开展农业生产销售网络技术和信息服务；应用农业电脑专家系统服务农业生产。横县继续推进“信息田园”工程，推进偏远山区农村基站的建设使用；投入159万元打造“花都百事通”特色信息套餐服务，新发展农村信息用户3.60万户；搭建中国茉莉花电子商务平台，产生交易400多笔。西乡塘区组织实施“信息入乡”工程，在30个行政村建立信息服务站点，扩大农村信息化覆盖范围，加大信息面向“三农”的服务力度。江南区的宽带和电话网络覆盖城区所有镇（街道）和行政村，基本建立起城区、镇（街道）、村三级农业信息网络平台；在7个镇（街道）和43个行政村建立基层信息服务站（点）。兴宁区结合国家“村通工程”和“三农网”建设，推进农村信息化基础设施建设，城区37个行政村全部实现光纤进村；与南宁电信企业合作，建立信息化应用示范村18个。

【企业信息化】 2009年，南宁市企业应用信息化技术和网络，改造相对落后的生产技术，提高生产效率，27个企业信息化示范项目应用取得新进展。广西永凯糖业有限责任公司宾阳黎塘分公司应用离心机分蜜全自动控制系统建成，生产日均耗电量降低2.52万千瓦时，年节能降耗500万元；上林南南实业有限责任公司在生产过程使用实时数据集成与管理平台，实现生产管理精细化，减少企业用电；南宁飞日润滑油有限公司采用生产现场信息化技术改造，包括建设车间生产管理系统的资源整合管理、基于信息反馈的生成计划控制系统、基础数据管理与集成接口、车间数据中心等4个系统建设，实现降低库存35%以上，缩短产品交货时间30%，减负增效23%。至年末，南宁—东盟经济开发区57个规模以上工业企业上网率100%，田园生化、维科特、广西舒雅护理用品有限公司等8家企业建立网站，70%的企业建立网页，但利用互联网进行交易的比例不到10%；大部分企业采用了财务管理等基本管理软件，天然纸业等5家企业逐步建立以财务管理为核心，以企业资源计划管理（ERP）为平台，支撑客户链、供应链、制造链的管理系统；广明药业建设OA和ERP系统，使企业信息化管理由财务核算扩大到全部业务流程，实现整体计划控制与协同工作，降低管理成本5%，实现内部物流、资金流、信息流的综合控制，形成ERP系统的基本框架。

【电子商务】 2008年，南宁市大宗商品电子商务平台建成投入应用，提供食糖、咖啡、钢材、有色金属、酒精、橡胶、煤炭等大宗商品的电子交易及相关配套服务，这是广西贸易行业在电子商务领域的一次突破，也是全国首家惟一的食用酒精电子中远期交易市场；2009年，南宁保税物流中心电子信息平台建成，为驻区海关、查验单位、物流企业和相关管理部门提供包括电子政务、电子物流、电子监管等功能，并通过扩展的数据接口与各沿海、沿江、沿边口岸进行信息流交换。8月31日，《南宁市电子商务建设与发展专项规划（2009-2012）》印发实施。武鸣县以本地优势产品木薯淀粉为主，建设木薯淀粉电子商务平台（www.china-mushu.com），形成地区特色产品电子交易市场；横县完善中国茉莉花茶电子商务平台建设，推进信息英文版建设和信息视频发布，引进商家134家；市农业局组织全市50多个名优农产品参加网上展销会，同时在各农业信息网发布全市100多个品种名特优农产品的展销信息，通过网上展销促成农产品交易额超过10亿元。南宁时空网商城、南宁众品网、城市来了网等一批本地的信息服务企业不断发展壮大，提供餐饮、住宿、购物等信息服务，区域性信息市场体系初步形成。（钟　冰）

【南宁软件园】 位于南宁高新技术产业开发区工业园区，占地面积29万平方米，建筑面积8.90万平方米。2009年，入园软件企业300多家，软件企业认定60多家，主要涉及软件研发、软件与信息服务外包、文化创意等产业领域。依托《南宁高新技术产业开发区管理条例》为园区的建设和管理提供法规保障，高新区规划15公顷土地建设南宁国家火炬计划软件产业基地，重点扶持软件与信息服务外包、文化创意等产业。通过《南宁高新区关于高层次专业人才享受待遇的暂行规定》、《关于鼓励留学人员和科技人员创业的若干规定》、《关于南宁软件园优惠政策的规定》、《关于科技企业孵化园管理暂行办法》、《关于应对国际金融危机扶持第三产业发展的奖励办法》，为高层次人才创业提供政策支持。园区科技人才约5200人，其中硕士以上学历260人，本科4200人。建成公共软件开发平台、软件质量保证平台和软件测试共享平台，形成一个综合的开发实验平台，为软件企业提供专业化服务。设立专项经费扶持小高地子项目建设，扶持企业技术创新，推动软件研发人才小高地的建设。新增国家级科技和产业化项目11个、新增地方级科技和产业化项目24个，其中：国家级火炬计划项目2个。新增获国家和省市级科技奖27个、新增软件著作权登记23个、授权专利数4个、软件产品登记32个。实现技工贸总收入24亿元，软件收入15.70亿元，利税3.60亿元，软件出口320万美元。

通　信　业

【概　况】 2009年，南宁市有中国电信股份有限公司南宁分公司、中国移动通信集团广西有限公司南宁分公司、中国联合网络通信有限公司南宁市分公司3家电信运营商，电信业务总量142.57亿元，比上年增长13.08%。市话交换机总容量1022.18万门；固定电话用户（含小灵通）115.92万户，下降29.75%；移动电话用户400.22万户，增长23.97%；互联网用户67.94万户。（梁一家）

【中国电信股份有限公司南宁分公司】

概　况　成立于2003年12月25日。下辖南宁市西、南、东3个营销中心及武鸣、上林、宾阳、马山、横县、隆安6个县分公司。2005年起，中国电信南宁分公司按照集团公司的部署，实施从传统基础网络运营商向现代综合信息服务提供商转变，推出商务领航、我的e家、号码百事通、长途电话、本地电话、无线市话(小灵通)、移动电话、IP直拨电话、电话卡、公用电话、宽带互联网接入、互联星空、全球眼、新视通、电路出租、网元出租等业务品牌。2009年，实现业务收入13.95亿元，移动通信业务收入1.26亿元，净利润3.20亿元；固网业务收入比上年增长1.39%；非话音收入占主营收入53.55%，全面完成自治区公司下达的各项考核指标。年内，全市电信宽带用户50多万户，天翼互联网手机用户20多万户。

网络建设　2009年，电信分公司重点建设移动电话网络、宽带接入网、无线网络；新建CDMA（码分多址）基站478个，并完成配套机房、传输、电源、光缆线路工程；室内分布系统230个，并完成信源配套传输设备及光缆线路建设。至6月30日，全面完成2009年一期移动网络建设，3G网络覆盖所有县城以上区域以及部分重要乡镇。8月13日，天翼3G手机用户实现全国县以上城市自动漫游。在建设3G网络的同时，在热点区域同步建设网速更快的WLAN无线局域网，供3G用户在人口密度大、用户集中的机场、酒店、商业楼宇、学校等特定场所切换使用，满足3G用户高速上网的需要。至年末共建成AP商用941个，完成AP覆盖1011个。宽带接入网完成ADSL（非对称数字用户线路）扩容6.50万线；提速改造原宽带8.70万线、窄带7.90万线。全市宽带4兆接入速率覆盖面95%。城市FTTB（光纤到楼道）、FTTH（光纤到户）建设，完成131个小区的FTTB覆盖，宽带容量4.40万线；城市商务光纤到达率100%，宽带网络覆盖全部乡镇。新建市城域网B平面6×10G+21×2.5G、本地网县、乡镇CWDM（稀疏波分复用器）传输环22×8×2.5G、本地网DWDM（密集波分复用器）扩容7×10G+66×1G。

“无线南宁”建设　2008年7月，电信分公司启动无线宽带——“无线南宁”项目建设，主要内容：在室外与室内建立基站，使无线宽带信号覆盖全南宁；至12月，实现市区范围内党政机关、大企业所在地和各大宾馆酒店信号全覆盖。2009年，加大“无线南宁”项目建设的投入，新建室外基站367个，室内分布系统230个。全市室外基站931个，室内分布系统522个；1X容量4217载扇，城区EVDO（3G上网）覆盖率97.43%。

信息化建设　2009年，电信分公司按南宁市委、市政府关于加快推进中国—东盟国际区域信息交流中心建立、推进信息化与工业化融合的部署，推进信息技术和互联网在经济社会各领域的应用，全面提升政府信息化、企业信息化、农业信息化、社会公共领域信息化水平。投入资金2.38亿元，构建便捷高效的信息网络体系。发展宽带用户12.10万户，累计50.22万户。无线宽带接入用户3.33万户；建设全球眼459个。全网2540个；专网视频监控点84个；宾馆酒店数码e房新增1049间。完成信息化应用项目2435个。

农村通信　2006年电信分公司开始“农村农业信息化”建设，当年末，完成武鸣县大皇后村、青秀区独岭村等40个信息村建设，南宁市郊及各县实现村村通固定电话，走在了全国前列。2008年末，全市行政村通宽带率80%。2009年，把农村通信建设的重点确定为发展移动电话，增加宽带接入能力，增设信息服务站，普及信息技术与互联网应用。在各县城、乡镇、村庄增设移动电话基站，天翼手机信号覆盖所有县城、乡镇、村庄。新建南宁本地网各县到乡镇CWDM传输环；新建PON（无源光网络）—综合接入点70个，改造宽带0.26万线、窄带1.47万线，进一步提高农村的通信水平。

互联网和手机色情低俗信息整治　2009年，电信分公司按中国电信集团整治色情低俗信息要求，开展互联网和手机媒体色情低俗信息整治。通过自营互联网移动网及合作SP（服务提供商）的清查整改，抓好IDC（数据交换中心）、ISP（互联网服务提供商）接入整治，提高管理水平，降低接入风险等手段，努力营造安全健康的网络环境。一是加强对网站的监控管理，发现不健康内容立即删除。二是针对性加强对声信、短信、彩铃的拨测检查力度和深度，对业务量突然增大的业务进行重点拨测，发现内容不健康的SP一律下线。三是开展IDC接入清查工作。四是要求服务提供商在业务内容中严禁出现不良信息，业务名称要确保与提供的业务内容一致，不得利用不健康、低俗业务名称诱导用户使用业务。五是进一步加强互联网接入合同规范。六是加强技术手段，提高支撑能力。组建备案系统专业运营小组，对内容提供商、服务提供商进行实时监控管理。七是建立10000号受理用户举报色情网站的处理通道。

“3G世界”揭牌　5月1日，电信分公司集3G手机售卖商场、业务办理营业大厅、业务体验中心于一体的“3G世界”在□东信息广场一楼正式营业。建筑面积800多平方米，分3G业务办理、手机售卖、业务体验3个区域。

114号码百事通优先报号行业竞标　2006年3月30日，电信分公司首次举行114号码百事通优先报号行业竞标会，开始信息有偿服务，有6个查询服务行业参加竞拍，拍卖成交金额36万元。此后，每隔半年举行一期竞标会。随着中标者服务价值的提升，信息服务的价值效益逐步显现，竞标会的影响力不断扩大，参与查询服务行业逐步增加，至2009年3月26日，分公司第五期114号码百事通优先报号行业竞标会举行，参加竞标企业80多家，涉及开锁、家政服务、搬家、专业清洁等25个行业的19项服务，拍卖成交金额110多万元。

“天翼3G”手机实行单向收费　2009年初，“天翼3G手机”开始商用。10月1日起，中国电信推出“天翼手机”全国接听免费的优惠，对加入“商务领航”、“我的e家”和天翼商旅（189/133/153）的“天翼3G”手机客户实行单向收费，即接听零收费，至年末，用户数约8000万。

客户服务　2009年，电信分公司继续向社会推出市话详单查询、固定电话与宽带安装预约服务、网上营业厅、建立重要客户和VIP（贵宾）客户的服务体系等措施提升客户服务水平。同时，开展跨越式服务提升活动，以此提高用户满意度。年内，10000号人工接通率一直维持在85%以上；“我的E家”业务客户满意率93%；“商务领航”业务客户满意率95%；装移机一次预约成功率79%；故障申告量比上年下降38%，品牌客户故障修复及时率89.10%；客户基础资料管理100%达标；装移机用户回访满意度100%；客户有理由服务投诉为零。（农荣生）

【中国移动通信集团广西有限公司南宁分公司】

概　况　中国移动通信集团广西有限公司南宁分公司作为中国移动广西公

司的分公司，是成长并服务于南宁的移动通信主导运营企业。2009年5月19日，原南宁市崇左分公司升格为中国移动广西公司二级分支机构，南宁分公司管辖范围变更为西区、东区、南区、邕宁、宾阳、横县、武鸣、隆安、上林、马山10个分公司。全年公司主营业务收入保持平稳增长，客户规模超过300万户；新增GSM（全球移动通讯系统）基站843个，城镇市区管道管程增长330公里，实现移动通信网络乡镇覆盖率100%，行政村覆盖率99.50%以上，自然村基本覆盖。

业务经营　2009年，移动分公司有自营服务厅166个、指定专营店345个、特约代理点2918个。拥有全球通、神州行、动感地带等品牌的移动信息业务，与1300多家企业合作建设企业信息网。服务网号139、138、137、136、135、134、159、158、152、151、150、188、187。主要经营移动话音、数据、IP电话和多媒体业务，并具有计算机互联网国际联网单位经营权和国际出入口局业务经营权。除提供基本话音业务外，还提供短信、彩信、随E行、飞信、手机报、GPRS（通用分组无线服务）行业应用、无线局域、139手机邮箱、号簿管家等增值业务。同时还开通24小时网上服务厅，移动客户可在线享受话费查询、缴费记录查询、积分查询、业务办理、短信天地、服务厅导航、手机归属地查询等服务。此外，在集团信息化应用方面还为客户提供MAS（移动代理服务器）、ADC（如企信通、移动OA、移动CRM客户关系管理、集团通讯录等）、集团彩铃、校讯通、农信通、甜蜜通、互联网专线、数据专线、无线商话、综合VPMN（虚拟专用移动网）等业务。

网络建设　移动分公司致力于2G网络建设优化和TD-SCDMA（时分同步码分多址）建设运营，全面开展工程建设、网络优化、运营支撑工作，开展网络建设劳动竞赛，加强区域网络深度覆盖，快速响应市、县各类大型活动通信保障需求，满足市场运营的需要。至年末，3G（TD）网工程共在南宁建成站点1000多个。6月30日，广西首批精品区域G3网络正式商用，188号段在南宁正式放号，埌东区域各服务厅开始放号。公司G3除提供2G业务外，可向用户提供增强数据卡业务、手机电视、手机上网、视频点播与可视电话等6类TD（中国第二代移动通信标准）特色业务在内的45类业务。

集团信息化应用　移动分公司推行首席客户代表制度，落实集团客户保有和信息化挖掘工作，加快集团专线建设。与市政府签署战略合作框架协议，承担南宁“无线城市”发展规划建设任务，与政府部门联合推广电子政务、“城管通”、“孕育通”等信息化产品，并规模发展校讯通、农信通等收入支柱型产品。加强与铁通公司的协同发展，建立专线建设电子流程，专线业务呈快速发展趋势，制定小区宽带发展规划，全面进驻小区宽带市场。与市交警支队联合打造的移动警务信息系统建成，运用现代移动通信技术和智能手机强大的处理能力，整合交通管理与交通信息服务数据资源，集成各智能交通管理系统（全球定位、地理信息、计算机网络、交通指挥硬件等系统），通过移动终端设备上网，为基层外业工作人员及单位户外办公、现场执法、事故处理、保卫（警卫）任务实施、巡逻等提供实时的信息数据支撑和即时查询服务。落实新农村扶贫建设工作的各项要求，建成农村信息化示范村42个、示范镇5个。　（黄　英）

6月30日，南宁首家G3旗舰店在园湖路移动营业厅正式运营　黄　英　摄

【中国联合网络通信有限公司南宁市分公司】

概　况　2009年，中国联合网络通信有限公司南宁市分公司紧紧抓住网通、联通强强融合的历史机遇，以“融合创造新优势，3G实现新发展”为抓手，把年末岁初放号、基站建设、员工关怀三大工程作为工作的起点和重点，通过创新管理体制，充分利用融合的资源优势，对团队、人事配置、组织架构、薪酬制度的重新搭建，加快市场拓展，网络能力显著增强。中国联通、网通融合后，将原两个公司客户服务平台10010和10060统一为10010，实现统一接入热线、接入平台、业务管理、投诉管控和服务支撑，为客户提供7×24小时的全业务信息查询、业务办理、在线营销、投诉处理、障碍申告等一站式服务。

3G业务经营　1月7日，联通公司获得WCDMA（宽频分码多重存取）经营牌照。5月17日在全国56个城市开展3G友好体验试商用，10月1日在全国285个城市开通3G正式商用，至12月31日，WCDMA网络覆盖全国335个大中城市。中国联通3G商用，坚持“网络领先、业务领先、服务领先”，主要推出手机上网、手机电视、手机音乐、视频通话、手机邮箱、手机报、无线上网卡等业务，形成“沃·3G”的业务品牌。同时，实行“长途、市话、漫游一体”的3G资费体系，在营销上，实行统一品牌、业务、包装、资费、终端政策和服务标准，并引入苹果iPhone智能手机，在强化3G产业链优势的同时，为用户选择高性能的3G终端创造新的、更好的条件。　（曾建强）

邮　政　业

【概　况】　2009年，南宁市邮政局辖邮政支局所196个，电子化邮所177个。设邮政储蓄（含邮政储蓄银行）网点155个、集邮门市部3个、信筒信箱735个。有邮路90条，单程总长度1.56万公里（其中一级干线邮路6条，单程长度7755

公里；二级干线邮路9条，单程长度3373公里）。邮运汽车82辆。固定资产原价4.74亿元，邮政生产用房面积13.87万平方米。实现邮政业务收入2.55亿元。全员劳动生产率人均8.35万元。邮政服务质量用户评价综合满意度为95.98分。

【邮政金融代理】 2009年，市邮政局按照集团公司的总体部署，进一步深化邮政金融体制改革，组建南宁邮政代理业务局，完善邮政代理金融业务的管理组织架构；进一步健全邮银协调机制和联席会议制度，开展合规管理工作，防范经营风险。响应中央扩大内需的政策，开办“绿卡通”、“商易通”和提供个人商务贷款、二手房贷款、对公存款、小额贷款等业务，在满足城乡居民生产生活需要的同时，拓宽金融危机下中小企业融资的渠道，促进资金回流农村，支持地方经济的发展。同时加大对邮政储蓄（银行）网点的装修改造力度和硬件设备的投入力度，完善各项规章制度，提升服务能力。全市共有邮政储蓄（含邮政储蓄银行）网点155个，服务350多万客户；邮政储蓄余额（含邮政储蓄银行自营余额）86.59亿元，市场占有率7.76%，在南宁金融机构中居第5名。设置自动取款机（ATM）116台，成为南宁城乡居民资金结算的主要渠道之一。

【函　件】 2009年，市邮政局深入开展“服务企业年”和服务“汽车、家电、农机下乡”等活动，进一步宣传和打造邮政数据库商函、邮资封片卡、账单等业务品牌。邮政函件业务规模不断扩大，函件业务量2041.54万件（国内2038万件、国际3.54万件），业务收入4579.78万元。揽收邮资封片卡157.60万枚。建立健全大客户企业相关的个性化数据库，完成名址上传43.21万条，建立行业营销精品数据库18个。

【集　邮】 2009年，市邮政局深化邮政集邮体制改革，接收友爱、新城2个集邮零售网点。加强集邮品销售和开发，重点做好国庆60周年、中秋集邮等主题营销工作。同时做好相关题材的集邮品开发工作，主要定向开发邮册1500册、邮资封157.60万枚、个性化邮票7600版。

【速递物流】 2009年，市邮政局完成代理特快专递邮件77.55万件，其中国际0.64万件。农资分销2763吨。速递物流业务收入2399.16万元。在代理速递业务方面，依托网络优势，继续打造“EMS”（邮政特快专递服务）品牌，开办经济快递业务，做好“思乡月”、“五节联送”、“证到付款”身份证绿色通道速递业务等项目营销工作；在物流业务方面，贯彻落实国务院办公厅转发交通运输部、国家发展改革委、财政部、农业部、商务部、国家工商总局六部门联合下发的《关于推动农村邮政物流发展的意见》和全国推广山东邮政发展农村物流经验现场会的精神，进一步加强农村邮政基础设施建设，扩大农资分销业务规模，在做好服务“三农”（农业、农村、农民）工作的同时，拉动物流业务的增长，邮政农资分销配送收入278.60万元。

【邮政信息网】 2009年，市邮政局开发信息系统2套、上线信息系统10套，推动南宁邮政信息化的发展。开发“自邮一族”项目的各项配套软件和广西机要邮件处理系统。4月完成全国邮政航空票务业务系统工程的上线工作；5月完成全国邮政投递信息系统工程的上线工作；6月完成农资配送全国统版和全国统版OA系统工程的上线工作；7月完成世博会门票代理业务系统的上线工作；10月完成11185集中系统和综合物流信息系统工程的上线工作；11月完成广西网运信息系统三期工程的升级上线工作。

【邮政实物传递网】 2009年，市邮政局继续深化“三化”（生产管理扁平化、生产流程标准化、生产操作规范化）改革，配合做好流程优化，试行封发清单无纸化改革，邮件内部处理能力进一步增强。完成STAR机和理信机的搬迁工作及STAR分拣系统的升级改造工作，信件分拣速度明显加快。完成报刊分发系统的升级改造工作，为实施新的报刊分拣作业方式，实现报刊投递到段提供有力支撑。组织开展新车辆管理系统使用和应用的学习培训，完善基础数据，逐步推广单车费用考核，促进了降本增效。加强邮铁合作，开通南宁至西安火车邮路，扩大运邮规模。（方　平）

无线电管理

【概　况】 2009年，南宁市辖区依法设置的各类无线电台站共1.13万个。其中，广播电台（电视台）4个，高频电台4个，甚高频、特高频电台2472个，船舶电台18个，集群基站5个，集群移动台1403个，蜂窝移动基站5523个，无线接入基站2968个，无线数据电台10个，卫星地球站7个，微波接力站163个，业余电台160个。各类无线电用户单位150多家。

年内，南宁市无线电管理处加强业务管理，管好频率台站，维护电波秩序，服务经济建设。一是严格行政许可制度。采取单位自查和专项检查核实等方式，开展清理违法使用对讲机专项行政执法活动。6~10月，对住宅小区密集的埌东、柳沙半岛、江南区和高新区等区域进行摸底调查，共走访物业小区71个，涉及物业公司52家，掌握全市对讲机使用的基本情况。清理违法设置对讲机单位61家，发出限期整改通知书45份，补办手续的对讲机432台，收回频率1个，注销设台单位8家。二是做好船舶电台管理工作。全市登记船舶电台用户有7家公司15艘船舶，所有的船舶挂靠南宁港，在外海运行。三是坚持有偿使用原则，严格执行收费规定。全市应纳费用户单位170个，征收率99.60%。四是规范业余无线电台的管理。通过实地调研，了解南宁市业余无线电活动的状况及存在问题，加强与业余无线电爱好者的沟通交流，规范管理。

【无线电监测】 2009年，无线电管理处继续使用固定站、小型站、移动监测车等无线电技术设施，开展日常监测工作，对调频广播、航空无线电通信导航、集群、常规对讲、移动通信等业务频段进行重点监测，实时掌握电磁频谱使用情况，做好监测数据分析比较、辨别查找、记录存档、归纳上报等工作。共进行日常无线电监测4339小时，上报月监测报告10份。在国庆60周年、中国—东盟博览会的无线电安全保障，以及全国司法考试、高考等5个国家级考试的“防范和打击各类重大考试的无线电作弊工作”中，根据无线电应急保障预案，共出动保障人员80多人次、移动监测车20多辆次，对保障频率固定监测650小时、移动监测160小时，查明并排除干扰信号3个，监测核实各类保障频点（段）45个。查找并消除集中在电信、公安、广播电视和民航等重要频段的无线电有害干扰，受理市公安局、交警支队、联通南宁分公司、广西空管分局等干扰投诉15起，查排率100%。（覃　巍）

责任编辑　梁笑飞

商业贸易

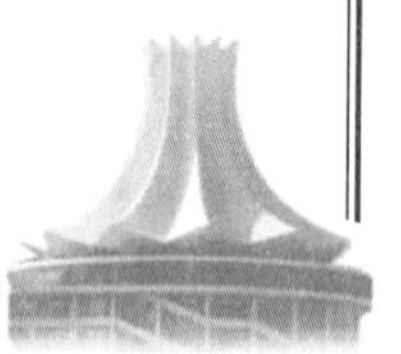

综　　述

【社会消费品零售】 2009年是近年来南宁市商务发展形势最为严峻的一年。全市各级商务部门贯彻国家、自治区和南宁市扩内需、保增长的一系列政策措施，加强市场运行监测，改善市场消费环境，扩大城乡居民消费，努力克服国际金融危机带来的不利影响，在逆境中全市城乡消费品市场仍然保持平稳较快增长势头。全市实现社会消费品零售总额757.01亿元，比上年增长19.84%，扣除价格因素，实际增长21.64%，比上年提高7.53个百分点，增速高于全国平均水平4.74个百分点。在全国27个省会城市中，总量排名第16位；在西部11个省会城市中，总量排名第4位；在自治区14个市中，总量排名第1位，占广西四分之一强。消费品市场运行主要呈现以下特点：

1.城乡市场共同繁荣。在国家扩大内需以及各项惠农、强农等政策的推动下，全市城乡市场得到快速增长，呈现出共同发展、共同繁荣的局面。特别是推广"家电下乡"、"汽车下乡"、"农机下乡"、"万村千乡"等一系列惠农工程，使农村流通基础设施不断完善，消费环境不断优化，有效地拉动农村消费。城市市场累计零售额619.90亿元，比上年增长21.94%；县及县以下市场累计零售额137.12亿元，增长19.74%。家电下乡产品销售19.37万台，销售总金额3.71亿元，向农民发放补贴金额4102万元，家电下乡产品销售及发放补贴均名列全自治区第一。

2."节会经济"拉动效应明显。组织开展"2009南宁消费购物节"、南宁市家电家居建材促消费活动、扩大居民消费510活动等一系列全市性的大型促销活动，各大商家还抓住春节、国庆黄金周，端午节、中秋节等传统节日以及圣诞节、情人节等西方节日的时机，开展丰富多彩的促销活动，掀起消费热潮，促进消费品市场繁荣兴旺。同时，组织各县区及相关部门继续开展各具特色的"月月美食节"、"月月有车展"及各类专业会展活动，共举办美食节11场、汽车展12场以及各类专业会展63场次。节日、会展消费成为拉动全市市场消费的重要力量。

3.住宿餐饮市场持续活跃。全市住宿餐饮市场持续活跃，呈现出以大众化消费为主流，节假日消费为亮点，快餐、家庭聚餐市场逐渐走俏的餐饮消费特点，实现住宿餐饮业零售额86.60亿元，比上年增长20.73%，高于批零贸易业增速0.79个百分点，高于全市社会消费品零售总额增速0.89个百分点，对社会消费品零售总额增长贡献率11.87%。

4.限额以上批零企业发展势头不减。全市批发零售业实现商品零售额669.09亿元，比上年增长19.94%，占全市社会消费品零售总额88.39%，对全市社会消费品零售总额增长贡献率88.77%，是消费品市场增长的主力军。其中，限额以上批发零售企业实现商品零售额271.01亿元，增长18.75%。市商务局对重点流通企业的监测数据显示，部分大型商贸零售企业销售保持较高的增幅，其中广西南宁梦之岛商业管理有限公司全年零售额比上年增长24%，市人人乐连锁商业有限公司零售额增长25.96%，广西南城百货股份有限公司零售额增长21.60%，南宁百盛购物中心零售额增长19.81%，南宁百货大楼股份有限公司零售额增长12.80%。

5.结构升级消费热点集中。全市消费结构升级进一步加快，家电、汽车和住房等成为居民消费热点。在全市限额以上批发零售贸易中，家电类商品零售额20.76亿元，比上年增长19.46%；汽车类商品零售11.57万辆，增长88.06%，零售额114.56亿元，增长31.18%；商品房销售面积731.74万平方米，销售额333.45亿元，分别增长50.90%和74.26%，拉动与之相关的五金电科类和家具类产品分别增长34.25%和26.63%。

6.消费价格指数下降。全市居民消费价格总指数比上年下降1.80%，涨幅比全国低1.10个百分点。分类别看，八大类商品价格三涨五落：烟酒及用品、衣着、医疗保健及个人用品分别上涨3.00%、3.90%和1.70%；食品、家庭设备及服务、交通及通信、娱乐教育文化用品及服务、居住类分别下降1.40%、1.40%、1.90%、0.10%和9.50%。　　（杨户芬）

"家电下乡"政策

主要内容是：顺应农民消费升级的新趋势，运用财政、贸易政策，引导和组织工商联手，开发、生产适合农村消费特点、性能可靠、质量保证、物美价廉的家电产品，并提供满足农民需求的流通和售后服务；对农民购买纳入补贴范围的家电产品给予一定比例的财政补贴，以激活农民购买能力，扩大农村消费，促进内需和外需协调发展。为稳妥推进，自2007年12月起，山东、河南、四川、青岛进行了试点，对彩电、冰箱（含冰柜）、手机三大类产品给予产品销售价格13%的财政资金直补。2008年12月1日起，内蒙古、辽宁、黑龙江、安徽、湖北、湖南、广西、重庆、陕西、大连开始推广家电下乡工作。试点的三省一市执行到2011年11月底，其他省、自治区、直辖市及计划单列市执行到2012年11月底。从2009年2月1日起，其余的省、自治区、直辖市及计划单列市以及新疆生产建设兵团开展家电下乡工作。

【农贸市场建设】 2009年，南宁市把农贸市场的建设和改造列入20件为民办实事项目之一。安排资金360万元，在六县新建、改造13个县乡农贸市场，其中新建(重建)5个，升级改造8个。至年末，新建(重建)、升级改造的县乡农贸市场全部通过验收并投入使用。全市累计有农贸市场438个。其中：各城区、开发区(含乡镇)有农贸市场209个，6个县(含乡镇)有农贸市场229个。（黄小蓉）

【酒类市场经营管理】 2009年，南宁市根据自治区商务厅相关要求以及《广西壮族自治区酒类管理条例》和商务部《酒类流通管理办法》，继续推行酒类备案制度和随附单制度，依法核发酒类经营许可证，按经营业态分类编号，做好随附单的发放、领取、登记、保管、核销等各环节的工作，杜绝随附单转让、买卖、租赁、涂改等非法行为的发生。通过开展酒类市场专项整治以及节假日期间酒类市场大检查，查处一批违法经营户和"三无"(无厂名、无厂址、无生产日期)酒、散装酒，进一步规范酒类流通秩序。市区共开展酒类执法检查64次，出动执法人员385人次，查处无证经营户98户；新办理酒类批发许可证147个、酒类零售许可证257个(零售经营商230个、餐饮经营商23个、娱乐场所经营商4个)。

【成品油市场经营管理】 2009年，南宁市有成品油批发企业10家，成品油零售企业348家。其中：管理性公司11家，加油站337座（中石化南宁分公司加油站165座、中石油南宁分公司加油站26座、其他国有控股成品油企业加油站24座，社会办加油站122座）。成品油销售82.16万吨(汽油32.94万吨、柴油49.22万吨)，比上年增长6.58%。获自治区规划确认批复加油站项目68个，成品油零售批准证书变更的加油站31座，申报获批成品油零售经营批准证书的加油站5座。9月，编制的《南宁市加油(加气)站行业发展规划(2009~2020)》获市政府常务会议通过。（唐宇雯　梁　槟）

【市场运行监控】 2009年，市商务局加强市场运行监测，确保市场运行平稳。1.扩大监测范围，优化样本结构。为了做好甲型H1N1流感联防联控工作，根据商务部、自治区商务厅关于增加应急商品数据库重点联系企业的要求，新增9个生产和流通企业列入商务部应急商品数据库重点联系企业名单，并做好八角等相关商品的监测工作。结合南宁市实际，新增一批在区域、行业、业态等方面具有代表性企业列入商务部监测样本企业。至年末，全市城乡市场信息服务体系监测样本企业共158个。其中：城市生活必需品市场监测系统36个，重要生产资料市场监测系统11个，重点流通企业监测系统97个，应急商品数据库系统14个。监测样本企业数占自治区监测样本企业总数的三分之一。2.加强对生活必需品的监测。针对年内国内出现大范围雨雪天气、甲型H1N1流感疫情等带来生活必需品市场供应不确定性增加的情况，制定《南宁市生活必需品应急预案》，加大对粮、油、肉、禽、蛋、蔬菜等生活必需品市场的监控，到蔬菜生产基地、养殖场、屠宰厂(场)、批发市场、超市等生产经营一线开展调查研究，摸清生活必需品市场供求情况，并对重要及敏感商品供求情况实行日报制度，密切关注市场供应和价格变动情况，提高市场应急保障供应能力。3.建立市级冻肉和活体储备制度，全年计划储备冻猪肉250吨，实际完成260吨，生猪活体储备计划5.10万头，在储量1.70万头。4.加强市场运行分析。针对市场运行出现的新情况，及时组织各县区召开市场运行分析会，坚持按月、季、年度开展市场运行分析，加强肉、菜、成品油等关系国计民生的重要商品的市场供需形势分析，及时反映市场需求动态、价格变动等情况，有效地引导消费。5.做好重大节日市场监测。在春节、国庆黄金周等重大节假日期间，组织和部署市场供应及调控，启动生活必需品日报制度，每天安排人员监测市场运行动态，及时向自治区商务厅、市委和市政府报告当天市场运行情况，确保节日市场供应充足，品种丰富，价格平稳，满足群众需要。（杨户芬）

【"万村千乡"市场工程】 2009年，南宁市继续采取政策扶持、资金补助、企业为主、改建结合的方法，组织承办企业推进"万村千乡市场工程"建设。至年末，全市共建设改造农家店100家（日用消费品农家店60家，农资农家店40家），配送中心2家。累计已建设改造农家店1241家(日用消费品农家店806家、农资农家店435家)。全市以连锁经营、物流配送为代表的现代流通方式在农村市场快速发展，以城区店为龙头、乡镇店为骨干、村级店为基础的农村现代流通网络正在逐步形成。

【"双百"市场工程】 南宁市自2006年实施国家商务部为构建农产品现代流通体系，解决农产品卖难问题，促进农业增效、农民增收、农村发展而启动的"双百"市场工程（即重点改造100家大型农产品批发市场，着力培育100家大型农产品流通企业）以来，至2009年，累计支持大型农产品批发市场冷链和大型农产品流通企业冷链共7个项目的建设和改造。2009年获国家农产品批发市场和农贸市场建设扶持资金200万元，直接带动企业投资超过410万元。纳入"双百"市场工程建设和改造的市五里亭蔬菜批发市场，全年市场交易额34.38亿元。

南宁柏联百盛商业有限公司　　黄小蓉提供

【市场体系建设】 2009年，深圳百佳华百货、华润万家、屈臣氏等商贸企业入驻南宁市并开张营业，加上在此之前入驻南宁的北京华联、深圳南城百货、沃尔玛、马来西亚百盛集团、国美电器、苏宁电器、人人乐超市等商贸企业，给南宁商贸业发展注入新的生机和活力，流通企业由单一的商品批发零售经营向一业为主多种经营发展，各类超市、便利店、专卖店、仓储式商场、购物中心、电子商务、物流配送、连锁经营等新型商业业态不断发展壮大，并迅速成为南宁商贸经济发展新的增长点。至年末，全市有专业市场、农副产品批发市场以及各类农贸市场650个，其中年成交额超过亿元的市场26个。 （黄小蓉）

【商贸招商引资】 2009年，市商务局出台《南宁市加快发展加工贸易的若干措施》、《南宁市服务业发展引导资金管理办法》、《南宁市会展发展补助资金使用管理办法》等政策文件，优化南宁市商务发展软环境。以承接产业转移为重点，做好赴长三角承接产业转移招商活动，并协调组织各县区政府、经贸部门及商贸企业到长三角、珠三角等地开展招商引资活动。同时利用中国—东盟博览会和“百企入桂”、“央企入桂”活动搭建的平台，有针对性地引进重大商贸物流项目，做好服务工作。全年实际完成合同引进内资7.50亿元，实际到位资金4.10亿元，合同引进外资565万美元，实际利用外资300万美元，直接利用外资300万美元。 （刘　军　何发枝）

【南宁（中国—东盟）商品交易所】 南宁（中国—东盟）商品交易所（中文简称“东盟交易所”，英文简称NCCE），是由南宁市政府领导组建，并在国家商务部备案，于2006年6月在南宁市工商局登记注册的大宗商品现货电子交易市场，注册资本金1亿元，2007年10月26日正式开业。作为国内首创的新型现货电子交易市场，是一个专门为中国—东盟自由贸易区配套服务，从事各类工业品、农产品、能源产品、大型机械设备、技术产品、文化产品和进出口商品等大宗物资的现货即期、中远期电子交易，并集交易、结算、信息、融资、物流、商品展示和国际采购等全程式服务于一体的、现代化功能配套齐全的特大型交易场所。有场内交易台位320个、远程交易台位1万个，可接纳海内外1万余家大中型企业同时交易。运用最新交易技术——“集合竞价”方式来实现交易，采取“要约交易”、“回购交易”、“格式交易”三大交易模式，实行“交易会员制”、“交易押金制”、“集中竞价交易制”、“统一结算制”、“第三方资金存管制”等。2009年上市交易的商品12种，国内的商品主要有白砂糖、大豆、玉米、稻谷、毛豆油、豆粕、糖蜜、化肥、废钢等。完成交易额3116.80亿元。

（欧阳玮　阳　柳）

2009年南宁市大型商业零售网点（55个）

南宁百货大楼（朝阳路） 梦之岛购物中心（古城路） 梦之岛百货（民族大道） 梦之岛水晶城百货（金湖路） 梦之岛金朝阳折扣店（人民东路） 梦之岛优购超市（金湖路） 南宁五象购物中心（民族大道） 广州友谊南宁店（金湖路） 巴黎春天百货（民族大道） 新朝阳商业广场（民生路） 民族商场（人民东路） 裕丰商厦（西关路） 搜品廊（西关路） 沃尔玛购物广场朝阳路店（青云街） 沃尔玛购物广场民族大道店（民族大道） 广西华联综合超市民族宫店（民族大道） 广西华联综合超市江南店（亭洪路） 广西华联综合超市碧园店（明秀西路） 深南城百货城北店（友爱南路） 深南城百货新阳店（新阳路） 深南城百货新城店（东葛路） 深南城百货良庆店（金沙大道） 人人乐超市五象店（民族大道） 人人乐超市江南店（星光大道） 人人乐超市仙葫店（蓉茉大道） 利客隆超市华西店（华西路） 利客隆超市桃源店（桃源路） 利客隆超市相思湖店（大学路） 利客隆超市广园店（东葛路） 利客隆超市滨湖店（滨湖路） 利客隆超市秀灵店（秀灵路） 利客隆超市中华店（中华路） 利客隆超市新民店（新民路） 利客隆超市友爱店（友爱北路） 利客隆超市竹溪店（竹溪南路） 利客隆超市陈东店（大学路） 利客隆超市江南店（星光大道） 利客隆超市北湖店（北湖路） 利客隆超市竹溪2店（竹溪南路） 利客隆超市五一店（五一中路） 利客隆超市衡阳店（衡阳东路） 国美电器金朝阳店（人民东路） 国美电器西大店（明秀西路） 国美电器万达店（青云街） 国美电器民族宫店（民族大道） 国美电器航洋店（民族大道） 苏宁电器朝阳店（人民中路） 苏宁电器江南店（星光大道） 苏宁电器南棉店（友爱南路） 苏宁电器友爱店（衡阳西路） 富安居[国际]家居建材广场（长湖路） 广西南宁电子科技广场（星湖路） 南宁文化综合市场（新民路） 春城家居广场（安吉路） 众乐家私城（安吉路）

社会服务业

【概　况】 2009年，南宁市社会服务业新增企业、经营户5330户，注册资金23.63亿元，外资投资3434万美元。按行业分：从事住宿和餐饮业新增企业、经营户1039户，注册资金5.66亿元，外资投资60万美元；从事卫生、社会保障和社会福利业新开业企业、经营户161户，注册资金2121.20万元；从事文化、体育和娱乐业新开业企业、经营户363户，注册资金8770.90万元，外资投资3366万美元；从事居民服务业新增企业、经营户1690户，注册资金1.02亿元；从事租赁与商务服务新增企业、经营户1510户，注册资金14.22亿元，外资投资8万美元；从事信息传输、计算机服务与软件业新增企业、经营户292户，注册资金5780万元；从事广告业新开业企业、经营户268户，注册资金1.06亿元；从事其他服务业新开业企业、经营户7户（均为个体经营户），注册资金4万元。其中：个体经营户3559户，从业7998人，注册资金6.54亿元；私营企业1633户，投资者958人，雇工1.17万人，注册资金14.98亿元；内资企业130户，注册资金2.09亿元。外商投资企业7户，投资总额68万美元。至年末，累计从事社会服务业的各类企业、经营户4.70万户，注册资金110.54亿元，外资投资2.27亿美元。按行业分：从事住宿和餐饮业企业、经营户1.49万户，注册资金18亿元，外资企业投资总投资金额1119万美元；从事卫生、社会保障和社会福利业企业、经营户1325户，注册资金1.95亿元；从事文化、体育和娱乐业企业、经营户1598户，注册资金5.42亿元，外资投资5934万美元；从事居民服务业企业、经营户1.79万户，注册资金10.31亿元，外资注册资金90万美元；从事租赁和商务服务业企业、经营户7472户，注册资金51.26亿元、外资投资1.36亿美元；从事信息传输、计算机服务与软件业企业、经营户1927户，注册资金11.43亿元，外资投资1952万美元；从事广告业企业、经营户1272户，注册资金7.42亿元；从事其他服务业企业、经营户622户，注册资金5.79亿元。其中：个体经营户3.40万户，从业7.66万人，注册资金16.40亿元；私营企业1.07万户，投资者4.04万人，雇工19.10万人，注册资金54.80亿元；内资企业2131户，注册资金39.30亿元；外资企业

92户，投资总额2.27亿美元。

【居民服务业】 2009年，南宁市居民服务业新增企业、经营户1690户，注册资金1.02亿元。其中：个体经营户1309户，从业2424人，注册资金2785.94万元；私营企业364户，投资者181人，雇工2286人，注册资金7071万元；内资企业17户，注册资金330万元。累计居民服务业各类企业、经营户1.79万户，注册资金10.31亿元，外资注册资金90万美元。其中：个体经营户1.53万户，从业2.85万人，注册资金2.29亿元；私营企业2289户，投资者1.10万人，雇工3.59万人，注册资金3.36亿元；内资企业292户，注册资金4.66亿元；外资居民服务业5户，投资总额90万美元(外方48万美元)。

【租赁与商务服务业】 2009年，南宁市租赁与商务服务新增企业、经营户1510户，注册资金14.22亿元、8万美元。其中：个体经营户716户，从业1718人，注册资金7100万元；私营企业708户，投资者579人，雇工8139人，注册资金11.66亿元；内资企业83户，注册资金1.85亿元；外资企业3户，投资总额8万美元(外方7万美元)。累计租赁和商务服务业企业、经营户7472户，注册资金51.27亿元、1.36亿美元。其中：个体经营户2082户，从业3408人，注册资金1.37亿元；私营企业4606户，投资者9981人，雇工3.79万人，注册资金27.30亿元；内资企业744户，注册资金22.60亿元；外资企业40户，投资总额1.36亿美元(外方6156万美元)。

【信息传输计算机服务与软件业】 2009年，南宁市信息传输、计算机服务与软件业新增企业、经营户292户，注册资金5780.05万元。其中：个体经营户134户，从业302人，注册资金770.50万元；私营企业152户，投资者45人，雇工571人，注册资金4930万元；内资企业6户，注册资金80万元。累计信息传输、计算机服务与软件业企业、经营户1927户，注册资金11.37亿元，外资投资1952万美元。其中：个体经营户275户，从业495人，注册资金549.70万元；私营企业1180户，投资者5012人，雇工1.57万人，注册资金8.15亿元；内资企业459户，注册资金3.17亿元；外资企业13户，注册资金1952万美元（外方1275万美元）。

【广告业】 2009年，南宁市广告业新增企业、经营户268户，注册资金1.06亿元。其中：个体经营户8户，从业18人，注册资金8万元；私营企业250户，投资者64人，雇工1911人，注册资金9538万元；内资企业10户，注册资金1050万元。累计从事广告业各类企业、经营户1272户，注册资金7.42亿元。其中：个体经营户82户，从业195人，注册资金214万元；私营企业1079户，投资者1170人，雇工5997人，注册资金5.80亿元；内资企业111户，注册资金1.60亿元。

【卫生社会保障与社会福利业】 2009年，南宁市卫生、社会保障与社会福利业新增企业、经营户161户，注册资金2121.20万元。其中：个体经营户150户，从业342人，注册资金918.20万元；私营企业11户，投资者8人，雇工130人，注册资金1203万元。累计从事卫生、社会保障与社会福利业企业、经营户1325户，注册资金1.95亿元。其中：个体经营户1224户，从业2731人，注册资金4942.54万元；私营企业47户，投资者2166人，雇工6625人，注册资金3813万元；内资企业54户，注册资金1.07亿元。

【文化体育与娱乐业】 2009年，南宁市文化、体育与娱乐业新开业的企业、经营户363户，注册资金8770.90万元，外资投资3366万美元。其中：个体经营户286户，从业390人，注册资金627.90万元；私营企业73户，投资者35人，雇工525人，注册资金8112万元；内资企业3户，注册资金31万元。外资企业1户，投资额3366万美元(外方3366万美元)。累计从事文化、体育与娱乐业企业、经营户1598户，注册资金5.42亿元，外资投资5934万美元。其中：个体经营户1049户，从业2126人，注册资金7317.27万元；私营企业398户，投资者4850人，雇工1.60万人，注册资金2.13亿元；内资企业140户，注册资金2.56亿元；外资企业11户，投资总额5934万美元(外方5203万美元)。 （李凤玲）

【拍卖业】 2009年，南宁市辖区合法拍卖企业有89家，比上年增加8家。主要经营项目有工商行政管理、海关和司法机关等罚没的物品，抵债物品、无主物品、闲置物品、积压物品、生活资料、艺术品、房地产、无形资产、银行不良资产、土地使用权、生产经营权、股权、市政设施广告经营权等。全年拍卖企业举行拍卖970场次，成交总额67亿元，上缴税金179.76万元。经营业绩超2亿元的有：广西华盛拍卖有限公司(15.87亿元)、广西大西拍卖有限公司(10.09亿元)、广西嘉佳拍卖有限公司(6.77亿元)、广西正槌拍卖有限公司(5亿元)、广西公物拍卖行有限公司(3.08亿元)、广西东伦拍卖有限责任公司(2.78亿元)、广西诚诚拍卖有限责任公司(2.59亿元)、广西南方拍卖有限责任公司(2.37亿元)、广西桂资拍卖有限公司(2.35亿元)。

【典当业】 2009年，南宁市辖区内合法典当企业有21家，资产总额1.57亿元，典当总额1.52亿元，业务经营1884笔，典当余额6481万元，上缴税金52.30万元。16家盈利，5家亏损。典当业作为一种辅助性的融资渠道，在南宁市逐步得到规范，呈现出健康有序、适度快速发展的势头，但也有一些寄卖行、信息公司及个人在媒体刊登广告非法从事典当业务经营活动，严重扰乱了经济秩序。

（唐宇雯　梁　槟）

住宿与餐饮业

【概　况】 2009年，南宁市住宿与餐饮业新增企业、经营户1039户，注册资金5.66亿元，外商投资总额60万美元。其中：个体经营户949户，从业2572人，注册资金5.32亿元；私营企业75户，投资者46人，雇工448人，注册资金2439万元；内资企业11户，注册资金930万元；外资企业4户，投资总额60万美元(外方42万美元)。累计住宿与餐饮业各类企业、经营户1.49万户，注册资金17.01亿元，外资企业投资总投资金额1119万美元。其中：个体经营户1.40万户，从业3.89万人，注册资金11.42亿元；私营企业556户，投资者5158人，雇工6.86万人，注册资金2.32亿元；内资企业314户，注册资金3.27亿元；外资企业23户，投资总额1119万美元（外资870万美元）。实现零售额86.60亿元，比上年增长20.73%。 （李凤玲）

【桂菜经营】 2009年，南宁市餐饮业经营的桂菜系列主要由桂北风味菜、桂东南风味菜、桂西风味菜、滨海风味菜和少数民族风味菜，以及各种风味小吃组成，从而形成桂菜微辣、带甜、有酸、新鲜的特色，风味独特，别具一格。南宁、梧州、玉林等地方风味菜讲究鲜嫩爽滑、用料多样，如玉林三宝(牛巴、牛腩、牛肉丸)、菠萝焗饭、梧州纸包鸡、南宁腰卷、邕州鱼角、猪肚鸡、荔浦芋头鸭等;少数民族风味菜多就地取材，讲究实惠，制法独特，具有浓郁的乡土气息，如客家皇蒸鸡、壮乡田螺猪手等;桂北风味(桂林、柳州等地)品味醇厚、色泽浓重，擅长以山珍野味入菜，如桂林黄焖鸡、酿三宝等。桂菜原料采用鱼、鸡、虾、蟹、猪、牛、羊等，素料有芋头、马蹄、莲藕、竹笋等，在佐料上采用豆腐乳、辣椒酱、白酒、黄皮酱、柠檬等，烹调方式采用扣、蒸、炖、酿、焖、炒、炸，形成清甜、鲜香、脆嫩的风味特色。成菜讲究粗物细作，形量协调，香气蕴藉，色彩清丽的广西风味菜。代表菜有巴马烤整猪、苗家竹板鱼、侗乡竹笋肉、瑶山泥巴鸡、壮家粉芭肉、毛南烤香猪、京族花衣蜇皮、脆皮扣肉、脆皮狗肉、白切狗肉、纸包鸡等。以南宁明园新都酒店、西园饭店、荔园山庄、南宁饭店为代表的饭店、酒店经营桂菜。

【桂菜品评】 2009年5月8日，由自治区商务厅、旅游局联合主办的2008“树桂菜品牌　促餐饮消费”桂菜品评总结会在南宁西园饭店举行，对广西众多精品桂菜进行品评，并举行《桂菜春秋》新书首发仪式，来自自治区内的200多名美食专家、媒体代表、相关部门领导及嘉宾出席品评总结会。总结会以推广桂菜精品，弘扬广西桂菜文化为宗旨，现场集中展示从自治区内各地33个餐饮企业选送的123个地地道道的广西风味的热菜、面点、小吃品种，参加品评的专业评委及嘉宾对参评的作品进行品尝、品鉴、品评，分别评选出桂菜传统风味奖41个、桂菜特色风味奖47个、桂菜创新风味奖18个。南宁荔园山庄等17个餐饮企业制作的17个品种获桂菜特色风味、传统风味、创新风味金奖，其中南宁有9家餐饮企业制作的参评品种获金牌。具体是：南宁荔园山庄制作的“香茅怀春鸭”(热菜)、南宁肥仔饭店制作的“味菜千层肉”(热菜)、广西大学西苑餐厅制作的“夏日荷塘”(面点)获特色风味金奖;广西凤凰宾馆制作的“木瓜桂鱼片”(热菜)、市鸿运山庄制作的“鸿运山庄地炉烤猪”(热菜)、南宁安铺大酒店制作的“马打滚”(小吃)获传统风味金奖;南宁金禾宫大酒店制作的“葫芦珍菌肚”(热菜)、广西华南(烹饪)职业技能培训学校制作的“荔浦菊花鱼”(热菜)、南宁味道制造餐饮文化有限公司制作的“绿茶糯米蒸香猪”(小吃)获创新风味金奖。

【传统食品】

老友面(粉)　南宁传统小吃。关于它的来历，民间众说纷纭。据说，在20世纪30年代，有一个食客经常去中山路一间小吃店就餐，久而久之，客主成了朋友。有一次，食客外感风寒卧床不起，店师傅听说后便给食客做了一碗面，放上酸笋、辣椒、豆豉、姜、葱等，食客吃完后大汗淋漓，全身感觉舒畅放松，连打一串喷嚏后风寒全好了，高兴之下给小吃店送去一块上书“老友常来”牌匾。“老友面”从此得名。制作方法：先将精面粉加鸡蛋和面，反复搓揉，用竹杠反复压打，切成细面条，再以爆香的蒜泥、豆豉、酸辣椒、酸笋、碎牛肉、醋、骨头汤等配料与之烹煮而成。其特点是酸、辣、咸、香兼备，有祛风散寒、通窍醒食和兴奋精神的作用。主料用米粉的，称“老友粉”。五六十年代起，一直由市第二饮食公司(1993年2月更名为南宁亚光实业总公司)主营老友面(粉)，其中以位于中山路的中山饮食店最为著名，老友面又称“中山老友面”，香港《文汇报》、广东《羊城晚报》和《南宁晚报》等媒体曾对其进行专题介绍。该公司制作的老友面1997年12月在首届全国烹饪协会举办的中华名小吃比赛中被认定为“中华名小吃”，同年在广西传统美食比赛中被评为广西大众化优良风味小吃。2008年11月，南宁老友粉被列入第二批自治区级非物质文化遗产名录。南宁市制作经营正宗老友面(粉)的饮食店有：南宁亚光实业总公司大同饮食店、共一饮食店、共东饮食店、杏花村饮食店、建政饮食店、亭子饮食店等。

米　粉　南宁传统食品。清末民初，粤商来邕兴办餐饮业时从广东引进，时称沙河粉。此前，本地虽有民间蒸制，但质量不及沙河粉。制作方法：选用大米淘净浸透加水磨浆，掺入用开水冲兑的适量熟浆拌匀(或用适量米饭与米一同磨浆)，放入金属托盘(米浆仅铺过盘底)，蒸成薄片，折叠切成条，叫做切粉;在舀米浆入托盘后加入碎肉、葱花、香菇末、碎虾米等配料，蒸煮后卷成筒状则叫卷筒粉，在梧州及广东一带叫肠粉;将用布滤干成粉团的米浆煮至五成熟，放在石臼中舂成软硬适度有韧性的稠浆(现代多用机械搅拌)，用粉榨器就着沸水锅压榨入锅煮熟成线的叫生榨粉，因从桂林引进，又称桂林米粉。切粉、生榨粉在食用时用沸水烫热加入骨头汤称汤粉，配以肉类的称肉粉，不配肉的称素粉。肉粉又依据不同肉类称为猪肉粉、牛肉粉、鸡肉粉、牛腩粉、鸡杂粉、杂烩粉。用油炒的称炒粉，配以叉烧、卤水相拌的称干捞粉。

干捞粉　南宁传统小吃。兴于清末民初。因其食用时不加入汤水仅以叉烧、卤水凉拌而得名。制作方法：取切粉(见米粉)置于捞篱内放入开水锅中汆一下，装碗后加入叉烧(或牛锅烧)、焯过水的绿豆芽、炸黄豆(或炸花生仁)，淋上用10多种配料熬成的酸甜卤水及少许熟花生油拌匀即可食用。其特点是味道鲜美、清滑可口。

炖　粉　两广传统小吃。南宁流行于水上居民和沿江居民间。制作方法：将大米淘净，兑水磨成米浆，分成几盆调入可食用的红、黄色素，用浅陶盆置锅中分层勺入米浆，先蒸一层原色米浆，待第一层蒸熟后，再依次分别加入黄色、红色米浆，反复依次加入各色米浆，每层约0.2厘米厚直至蒸满盆，在面上洒入些碎肉、花生碎、葱花之类，称夹层炖粉糕。如在蒸煮各色米浆至中间层加入绿豆沙再依次加入各色米浆蒸煮，则称夹心绿豆炖粉糕。中间加入芋头碎粒，则称芋头炖粉糕。其特点是色泽美观、软滑可口、老少皆宜。

宾阳酸粉　宾阳传统小吃。制作方法：精选上好的晚稻大米，经24小时浸泡并淘洗，用土制的石磨磨浆。经过7天时间反复的漂浆，漂浆期间要根据气温的不同进行不定时的换水。蒸制时采用大铛木盖浮托蒸法蒸米粉，蒸熟一条折叠一条并抹上一层花生油。配菜有叉烧、炸波肉、炸牛肉巴、炸灌风肠、炸花生或黄豆和腌制的新鲜酸黄瓜。调味品主要是将陈皮、八角、葱条等10多种香料用纱布包好，加水、盐、蚝油、味精等加温煮制卤水。再用糖、盐、米醋调制糖醋至酸甜适口。切好米粉放在碗内，将切好的叉烧等配料平摊在米粉上，再放些鲜红的生辣椒和蒜茸、香菜，浇上卤水以及糖醋，加些花生油即成。其特点是爽滑可口、酸甜适中、柔嫩香脆。

凉　粉　南宁传统消暑小吃。制作方法：将凉粉果中的白色粉粒加工榨出液体，加热冷却后形成晶莹透明的晶体，将熬过的红糖水加入，捣碎晶体作凉拌吃。其特点是清凉甜爽。

粉　虫　南宁传统小吃。始于清代。制作方法：用黏米洗净浸透、磨成稀稠适宜的米浆，滤成湿粉团置锅内煮至半熟，起锅揉搓至软硬适度有韧性的粉团，然后搓成条状，扯下小段在专用竹箕背搓几下，成虫状，置于蒸笼蒸熟。如搓粉时加入少许可食用色素，如花米红、姜黄等，则做出的粉虫色彩好看又诱食欲。可配以猪肉、牛肉或杂烩做成“炒粉虫”、“粉虫汤”。其特点是形似虫草，食之韧软。

粉　饺　南宁传统小吃。清末民初时已面市。解放前，以“粉角九”的粉饺最出名。制作方法：选用黏米浸透磨成稀稠适度的米浆，滤成湿粉团置沸水中煮至半熟，加入适量薯粉（生粉），将粉团反复搓揉至有韧性，搓成条状擀成薄片饺皮，包入拌食盐、香油、味精、五香粉的碎猪肉、虾米、香菇、马蹄或凉薯末合成的馅心，置托盒蒸熟。食用时配以黄皮酱、海鲜酱、熟豉油及少许葱花、芫荽之类的佐料。其特点是饺皮韧软、爽滑，馅料鲜甜味美。

粉　利　南宁季节性传统食品。始于明末清初。民间以其寓意“吉利”，故在冬至、春节期间最为旺销。制作方法：将浸透的大米加水磨成浆，滤成湿米粉，搓揉成团，放入沸水锅蒸至半熟，置于案板揉搓至有韧性，搓成直径4.50厘米的圆条状，切成段，置笼屉蒸熟。蒸熟的粉利须入水保存，以防干裂。食用时切成片，配以各种肉类制成“炒粉利”、“粉利汤”，亦可打火锅“烫粉利”。其特点是粉韧爽口，味道鲜美。

油炸粽　南宁传统小吃。始于清末民初。尤以亭子雷四婆的油炸粽最出名。制作方法：将糯米淘洗浸透，捞起沥干，取100~150克糯米，少许绿豆，用粽叶包成长12厘米、宽7厘米、厚5厘米扁形粽子，置锅中煮熟，然后捞起晾干，剥去粽叶，放到烧滚180度的油锅内炸至外皮色泽金黄即可。其特色是外皮酥脆、色泽金黄、内部松软、香脆可口。

蕉叶糍　南宁传统小吃。相传始于宋朝。民间多在中元节制作。制作方法：选用糯米淘净浸透磨浆，用布袋滤干成湿粉团，经搓揉捏成长条状，经热水烫软洗干净并刷上食油的芭蕉叶，把粉团包好，置蒸笼蒸约20分钟即可食用。可制成咸甜两种。做甜味的方法是：将糖煮成浓浆，加入猪油与湿米粉搓匀；咸味的即在湿粉中加入些许盐搓匀，或包入炒干的横县头菜末、碎猪肉、花生之类的咸馅。其特点是蕉叶清香、糍粑软韧、清甜可口。

艾　糍　南宁传统小吃。也称艾粑粑。多在清明前制作。民间有“吃了野艾糍，春耕倍添劲”的说法。艾糍是由艾草或白头翁草制作而成。用白头翁草做出来的艾糍，颜色比艾草做的浅些，味道更为清香、有韧性。制作方法：彩摘野生的艾叶或白头翁草嫩叶部分备用，并在果园里摘下新鲜的柚子叶或芭蕉叶后剪成巴掌大小的小片洗净待用；将嫩艾叶拿石灰和水泡浸两三天以去污（白头翁草洗净即可），然后洗净捞起剁碎（越碎越好），加入赤砂糖和水，煮艾叶或白头翁草碎成糊，将其和入糯米粉中，制成艾糍皮；将炒花生舂碎后拌入赤砂糖和炒过的白芝麻作馅；将馅包入已和好的艾叶糊的面团中（像包汤圆一样），压扁，给每个包好的艾糍附上一小片柚子叶或芭蕉叶，环状放入蒸笼蒸15~20分钟（若蒸时间过长，艾糍表面会像冒泡泡似的）即可食用。艾草味辛，气味特别，具有较多功效，被称为“医草”。《本草纲目》记载：艾草性味苦、辛、温，入脾、肝、肾。艾以叶入药，性温、味苦、无毒、纯阳之性、通十二经、具回阳、理气血、逐湿寒、止血安胎等功效。因此常吃艾糍，有利健康，尤其适合女性食用。白头翁草具有清热凉血、解毒的功效，且气味比艾草清香，用白头翁做的艾糍，适合肠胃湿热的人。

凉　粽　中国传统夏令小吃。古称角黍，《初学记》引晋周处《风土记》载：“仲夏端午，烹鹜角黍。”“进筒粽，一名角黍，一名粽。”《续齐谐记》载：“屈原五月五日自投汨罗而死，楚人哀之，每逢至日，以竹筒贮米，投水祭之。”说明最迟在晋代，民间已有端午节包角黍之俗。大约在清代传入南宁一带并从角锥体改为圆柱体，从角黍改称凉粽。现仍流传于南宁市各地。制作方法：将糯米浸透，拌入少许枧油，用几张竹叶包成条状，用细线捆扎牢，置沸水锅煮熟。食用时除去竹叶，蘸以糖浆。其特点是粽身晶透，入口脆滑有竹叶清香。

猪肉绿豆粽　南宁传统风味食品。始于唐宋时期。制作方法：将去皮肥猪肉洗净切条，加入佐料腌制半天待用；绿豆磨碎淘洗去皮，选用大糯米淘净沥干，将粽叶若干张摊开，放上适量糯米，在中间开一沟，放入绿豆和一条经腌制猪肉，再加一次绿豆，加一次糯米覆盖好豆、肉，然后包起，中部微突隆，用粽绳扎牢，置沸水锅中煮半天左右即可。其特点是软、沙、香。民间在春节吃用的粽子称大粽，品种多，一般每个重0.25公斤，大的重达几公斤甚至十几公斤，称枕头粽；品种根据所包裹配料的不同，有板栗肉粽、绿豆肉粽、饭豆肉粽、虾米粽、蟹肉粽、腊肠粽、牛肉粽等。

五色糯米饭　壮族传统食品。南宁流传“壮家五色饭”的传说。传说壮族小姑娘小莲与妈妈相依为命。一天，妈妈摔断了腿，不能劳动。小莲给妈妈煮好了饭菜才上山放羊。但小莲去后饭菜被猴子吃掉了。怎样才能防止猴子偷吃饭菜呢？小莲上山采集枫树叶、黄花草、红蓝草等几种植物，捣烂后和白米蒸煮，制成红、黄、蓝、紫、黑五色饭。猴子再来就不敢吃了。壮家人因此爱上了五色饭。每年农历三月初三，每家都蒸五色糯米饭。制作方法：分别将旱米果、香饭花或姜葱、枫叶或枫树皮、红蓝草捣烂加水加热制成大红色、黄色、黑色和紫红色液体，将糯米分别浸泡在各色液体中，待米粒通体染上颜色后滗去余汁，分别入甑蒸煮，出甑后再将各色熟饭放入大铁锅中搅匀，便呈黑、红、黄、紫、白五种色彩。饭色油光鲜亮，互不沾染。其特点是饭质嫩软，气味清香。

黄花饭　南宁壮族食俗。一般在农历二三月，特别是二月初二春社节祭社时制作。制作方法：先将黄花树的花朵置锅中加水煮沸，水变黄水，滤去渣，留水蒸饭，便得黄花饭。此时天气回暖，细菌繁殖，易得病，吃黄花饭，对预防肠胃疾病有一定作用。

豆蓉糯饭　南宁传统食品。民国初年，南宁早市常见卖糯米饭的小摊设在街头，供人们“食过早”（即吃早餐）。制作方法：摊档主将大口陶盆放在箩中，盆内盛满糯米饭，饭旁放着绿豆蓉；不论冬夏，瓮底均置一炭炉，盆上放着一钵油炸糯米锅巴，另一钵则放着一块块卤熟的半肥瘦肉或腊肠。出售时档主用双手将糯饭捏好，夹入绿豆蓉、油炸锅巴或猪肉或腊肠在糯饭中间，捏成饼状，沾上香酥芝麻、葱花、生晒豉油，放在一块清洁的荷叶上，顾客即可拿着食用；愿吃“锅巴”者则另夹肉块。其特点是味清淡可口，柔软香甜，油而不腻，可谓色香味俱全。

瓦煲饭　南宁传统食品。相传由广东传入，但已形成南宁特色。制作方法：选优质米入沙煲，采用转炉煮饭，炉的一半有火，一半无火。先用猛火烧沸，然后转到无火焗饭。由于瓦煲较厚受热散热较慢，受热均匀，故煮出来的饭不硬、不烂、不焦，饭香纯正。焗饭时，将配好佐料的肉类菜蔬，铺陈于饭面，饭熟菜熟，味道鲜美。有香菇瘦肉饭、鱿鱼猪肉饭、猪肝饭、排骨饭、腊味饭、虾仁米饭等10余种。其特点是饭热菜香。

卷筒粉　南宁风味小吃。制作方法：用上等的白米经浸泡淘洗磨成浆，将米浆放入托盘摊匀，撒上半肥瘦碎猪肉、上好的大头菜末、花生末、葱等佐料蒸熟，出托时卷成圆筒状。其特点是入口柔韧、香滑、清爽。

八仙粉　南宁风味小吃。制作方法：

选用带有韧性的新鲜切粉，煮粉前先在热锅里盛入大半碗猪骨熬成的上汤，汤沸后放入鱼饺、肉片、熟鹌鹑蛋、香菇、黄花菜、鱿鱼、鸡肉丝、瘦猪肉片、鱼片、新鲜嫩蔬菜等各两三件，猛火煮沸片刻，再倒入200克切粉，待锅中汤水再沸后加少许香葱、香油、盐、味精等调味，即可装碗食用。其特点是配料多、营养丰富、合理搭配、粉韧爽口、味道鲜美。

八宝饭　南宁风味小吃。制作方法：选用优质的香糯浸洗后用竹箕滤干水，置蒸笼或饭甑蒸熟，倒在盘里加些猪油、白糖拌匀，然后将少许蜜枣、杏仁、莲子、冬瓜糖、桂圆肉、葡萄干、蜜饯等干果放入碗内摆好，再将一些干果拌入饭中，盛入碗里压实，中间压成窝状，放些豆蓉馅，再用糯饭盖住压平，重新置蒸笼内蒸三四十分钟即可。食用时把碗里的八宝饭扣于碟中，浇上少许用糖和菱粉调制的芡汁。其特点是饭软味甜，食之不腻。

酿苦瓜　南宁特色家常菜。制作方法：选用中粗直的青嫩苦瓜，洗净切成每节2寸长的瓜筒，掏出瓜瓤，将猪肉与炒花生仁剁成肉泥，与浸透的糯米、盐、猪油、香葱、香料拌匀作馅，填入瓜筒中，置锅中蒸熟即可上碟食用。其特点是既有苦瓜的清香，又有肉馅的鲜美，味道甘甜可口。

炒田螺　两广传统风味小吃。流行于南宁城乡。制作方法：将田螺置清水盘中养数日，常换水，让田螺吐尽泥污，然后洗净外壳的泥苔，用刀敲碎螺尾顶尖，剥去螺盖后入锅，加入少许食油、盐、姜、酒等配料爆炒片刻，以除去腥味，再加些水煮至熟透，最后加入紫苏、假蒌、香葱、蒜苗、酸笋、啤酒及适量油、盐调味拌匀，便可上桌食用。多在夜市小吃档供应，食客享用时用口吸吮，嗞嗞有声，别有情趣，民间谓之吮田螺。其特点是螺肉滑脆，汤味鲜美，诱人食欲，并有滋阴降火的功效。

粥　品　南宁传统食品。南宁人喜欢吃粥，而料粥相传于清末民初从下江（梧州以下）引进。过去，常有商人用小船游弋在河面上兜售用河鲜为主料烹制的粥品，称“艇仔粥”。在市面上则以“谟觞粥”店最出名。制作方法：选用上好大米，明炉微火煮至米烂待用。食用时可根据口味，明火现煮配制成猪肉粥、牛肉粥、鸡肉粥、鱼片粥、猪杂粥、鸡杂粥、皮蛋瘦肉粥、三鲜粥、猪红粥等，上碗时加入姜丝、葱花、胡椒粉即成为美味粥品。其特点是粥品稠滑、味道鲜美。

鱼　扣　邕宁区蒲庙镇那路村等地的一道传统的特色菜肴。制作方法：选择0.50公斤左右的鲮鱼作原料。将活鱼洗净，去头、去皮，取鱼肉，把鱼肉剁成肉泥（也可用绞肉机绞）后，倒入盆里摔打20分钟（以把一小块鱼泥投入水中能浮上来即可），然后加入适量的食盐、胡椒粉，拌均匀后待用（用作包鱼扣的皮）。接着制作鱼扣的馅。鱼扣的馅使用瘦猪肉、虾米、香菇、马蹄、花生、芝麻、头菜、葱等8种材料。把花生、芝麻用文火炒香，把其他馅料剁碎，加入适量的生粉和少许鱼肉泥（使蒸熟的鱼扣切开时馅不容易散开）及舂碎的花生、芝麻，搅拌均匀后即成鱼扣馅，把馅包入先前制作好的鱼肉泥中即制成鱼扣（包好的鱼扣形状像只大包子），再把鱼扣放入烧开的锅里水煮30分钟，待鱼扣从锅底浮到水面即可捞起，趁热滴上几滴老抽抹匀，冷却后，将鱼扣放入油锅里炸至表面金黄后捞起冷却，切成片状装盘，再放入蒸笼蒸20分钟即可以上桌（蒸得越软越好吃）。因鱼扣采用鱼做主料，有着“年年有余”的寓意，又因它的形状是圆形的，有“团团圆圆”的象征，因此是该村逢年过节必备的菜肴。

脆皮扣　良庆区一带的特色菜肴。制作方法：选上好皮薄的五花肉10公斤，清洗干净，改刀切成0.50公斤一块的大块，取干净的锅，放入改刀后的五花肉，加入冷水，放入姜块葱条和酒，猛火烧开，改小火煮20分钟，捞出放在盘中，然后在肉皮上均匀地抹上盐和大红浙醋；取炒锅，垫上锅箅，将抹好醋的肉皮向下放到锅中箅子上。然后倒入花生油，至泡到猪皮但不超过猪皮为好，盖上锅盖，大火烧制，待油发出爆炸声后，关至中小火，炸40分钟，待皮炸到金黄时即可捞出。脆皮扣的特点是脆而有韧性，肥而不腻，遇汤皮亦不变软。（书　弄）

高峰柠檬鸭　起源于武鸣县一带的一道特色菜，尤以武鸣县高峰境内酒家饭店最优故得名。制作方法：将鸭宰后洗净、去内脏切成块，入锅用猛火炒至六成热，再将切成丝的酸辣椒、酸姜、酸柠檬、醋藠头、酸梅、生姜、蒜泥等佐料入锅同炒，拌匀后改文火焗至八成熟后加入豆瓣酱同炒至熟透，淋上适量香油即可出锅上碟。其特点是味道酸辣适度，肉质鲜嫩入味爽口。（余朝霞）

横县鱼生　横县传统食俗。制作方法：将1.50~2.50公斤重的活鲩鱼杀死去皮，把鱼两侧面的肉削除出来，用卫生纸包好吸干水分，将鱼肉切成“双飞”薄片，摆在盘里。然后用冷开水将生姜、紫苏、鱼腥草、柠檬叶、大头菜、洋葱等佐料洗干净，甩干水分后切成细丝，指天椒、蒜瓣、酸藠头等切成片。将酱油、花生油、酸醋、胡椒粉等放入小碗搅匀作调料。食用时各取少许青料、姜丝、花生米和酸藠头，连同蘸了调料的鱼生片一起吃。其特点是味鲜可口。卫生部门检查发现，鱼生片有生虫，食者易患肝吸虫病，提倡不食鱼生。但横县不少群众食鱼生已成习惯。（书　弄）

酸　肉　南宁壮族传统食品。流行于隆安县邕天（南宁至天等）公路南面的都结、同乐、普权、新风、达利、平养、平荣、荣朋等村屯壮族聚居区。制作方法：把猪肉（最好是五花肉）的皮面置锅中煮成金黄色，加入蒸熟的玉米粉（小米粉更好）、精熟盐（每公斤猪肉掺60~70克，以不太咸为宜），经反复搓揉，至肉变软后置瓷罐中密封，两个星期后肉即变酸，便可吃用。开罐后，要在三五天内吃完，否则时间长了，酸肉会变质发虫。放装罐时，用小罐为好，也可用小食品袋来装，装量以一餐吃完为宜，用绳子绑好袋口密封。可把若干袋一起放进一个大罐里腌制，吃用时按量取出即可。酸肉有两种吃法：一是切片后即吃，这种吃法能保持原味，稍酸，多吃不腻；二是把黄豆或玉米炒熟和酸肉一起吃，这种吃法香味可口，食欲倍增。用酸肉下酒或佐玉米粥，风味独特。一般家庭逢年过节时宰一头肥猪，把猪肉全部腌酸，作为常备肉食。如有贵客光临，就用酸肉来招待。（黄永清）

羊　酱　又叫“羊精”、“羊瘪”。马山县东部山区瑶族的一道特色菜肴。制作方法：羊杀好后，将羊的一段细嫩的小肠割下，分绑两头，入锅用油煎至小肠爆裂、黄熟，内溶物溢出后，加水煮10分钟，将小肠捞起滴水沥干，切成小块，再放入锅中，配以适量的羊血和剁碎的羊肉、羊杂以及盐、姜、辣椒等佐料制成。羊酱汤，汤色幽绿，其味甘苦。因羊吃百草，小肠内溶物为羊分解草料后尚未吸收的养分，据说有健胃的功效，民间称之为医治疾病的“百草药”、“长寿药”。

羊　红　相传此菜肴为环大明山地区周边各土司的宴席菜。制作方法：用刚宰杀的黑山羊鲜血和炒好的羊内脏（俗称“羊下水”、“羊杂”），加上香菜、花生等佐料制成，装盘后样子像一盘红“豆腐”。其特点是味鲜美异常。

清水羊肉汤　马山特色菜。制作方法：将黑山羊羊肉砍块，放入有清水的锅中烧开去除血水，沥水后用清水洗净，再倒进放有枸杞、花菇、红枣、生姜等开沸的清水锅中煮熟后，蘸料汁即可吃。蘸料配方是羊肉店独特配制的秘方，并以新鲜香椿嫩芽为主料，使蘸料具有山野清香的风味。其特点是肉香浓郁，无膻味。

腊　肉　南宁传统风味食品。制作方法：冬天腊月时人们把买来的猪肉搓适量的盐巴放在盘里腌到二月份，用菜叶清洗除去肉表里油腻盐质，然后串挂起来，风干即成腊肉。人们选择腊月做腊肉是因为天气比较寒冷干燥，猪肉不易变质腐烂。

糯米血肠　壮族普遍喜爱的传统食品，壮语称为“楞棒”。制作方法：把蒸到半熟的大米或糯米趁热拌上鲜猪血以及各种香料，紧紧灌入洗干净的猪肠内封口蒸熟即成。食用时可切成片，或用油煎炸，或用甑蒸热。其特点是色泽油亮。异香扑鼻，味道鲜美，脍炙人口。

（书　弄）

茶　　业

【10+1 商业大道茶叶批发市场】　又称广西南宁茶叶批发市场，位于亭洪路10+1 商业大道 B、C 区，占 15 栋楼的一、二层商铺，其中首层经营与茶叶有关的商品的商铺 465 间，经营面积 2.65 万平方米；二层大开间商场建筑面积 2.76 万平方米。是自治区内最大的成品茶批发零售专业市场，以经营成品茶叶的批零为主，同时经营茶具及与茶相关的工艺品和茶叶包装设备等。市场汇集了茶叶六大系列近百个品种，包括中国茶王——大红袍、福建安溪铁观音茶、云南普洱茶、浙江龙井茶、台湾红茶、乌龙茶、信阳毛尖茶、湖南黑茶和广西本地的六堡茶、横县茉莉花茶、凌云白毫茶、昭平将军峰茶、西山茶、三江茶、灵山茶、西林茶、覃塘毛尖茶及越南茶、斯里兰卡红茶等，还有来自全国各地的著名紫砂制品乃至东南亚锡制品、瓷器和玻璃器皿等茶具以及茶床、茶台等木制根雕工艺品。2009 年，有茶叶经营户 415 户，茶叶成交量约 510 吨，成交额 1.28 亿元。

【横县西南茶城】　又称横县城北市场，位于“中国茉莉花之乡”——横县县城内。是目前国内最大的花茶专业市场。由茉莉花交易市场、原料茶市场和成品茶市场组成，占地面积近 5 万平方米，建筑面积 2.50 万平方米。成品茶市场于 2004 年 9 月 3 日开业，占地面积 1.30 万平方米，共有门店 84 间，由原产地茶商入场经营，直销横县茉莉花茶、安溪铁观音茶、云南普洱茶和全国各地名茶。2009 年成交量 156 吨，成交额 6800 万元。原料茶市场建成于 1997 年 5 月，占地面积 1.30 万平方米，共有店铺 118 间，经营户 300 多个，主要进行绿茶茶坯交易，为横县茉莉花茶加工基地供应花茶茶坯，市场内有来自福建、云南、贵州、湖北、浙江等全国各地的茶商，茶叶品种繁多，已成为买卖全国茶的市场。2009 年，成交量 2.63 万吨，比上年减少 3.66%；成交额 5.76 亿元，减少 17.83%。茉莉花交易市场于 1993 年 6 月开市，占地面积 1.30 万平方米，共有摊位 120 个，200 多个经纪人。该市场主要用于交易新鲜的茉莉花、玉兰花，交易期为每年的 4~10 月。2009 年成交量 4.03 万吨，增长 27.53%；成交额 4.12 亿元，减少 4.19%；平均每公斤单价 10.23 元，下降 24.78%。日最高成交量 430 吨，最高成交价每公斤 16 元。

（黄小蓉）

【第六届全国茉莉花茶交易会】　2009 年 8 月 15~16 日，第六届全国茉莉花茶交易会暨 2009 年广西横县茉莉花节在横县中国茉莉花茶交易中心举行。由中国茶叶流通协会、南宁市政府联合主办，横县政府承办。交易会继续秉承“标准化·国际化”这一主题。以产品展销、产业交流、项目推介、文艺展演、文化展示、学术研讨等为载体，共组织茉莉花茶产品展销、茉莉花（茶）产业国际论坛、投资贸易洽谈会、茉莉之旅·乡村美食节、汽车展销、百佳茶馆走进横县、冠桂之夜——“茉莉花开·情韵飞扬”文艺晚会等活动。应邀前来参加交易会的中外客商 2000 多人，其中有泰国、马来西亚、印度尼西亚、菲律宾、越南等国官员、商家 87 人；台湾茶业界人士 45 人，以及北京、山东、云南等地的茶业协会、茶文化协会代表，中国广州美国商会、广东省广西商会、南宁成都商会、横县闽东商会等各地的商会代表，全国各地的茶叶生产商、经销商代表等。参与的群众 10 多万人次。新华社、中新社、中央电视台二套、中央电视台七套、香港凤凰卫视、《香港大公报》、山东电视台、广西电视台、南宁电视台及中央驻桂媒体等 50 多家媒体的近 100 名记者到会采访报道。交易会签约项目 21 个，项目总投资 36.39 亿元。其中：投资协议项目 15 个，项目投资 22.39 亿元；意向协议项目 6 个，意向投资 14 亿元。全部签约项目中，工业项目 15 个，投资额 20.46 亿元。茉莉花茶展销活动设展位 139 个，参展企业 93 家，达成交易 2315 笔，金额 2 亿多元。在 15 日的开幕式上，还举行中国茉莉花茶十大品牌企业、十大优秀花茶、优秀加工企业、茉莉花（茶）产业年度贡献奖、优质茉莉花茶金奖等项的颁奖仪式；国家质量监督检验检疫总局科技司司长武津生为中国茉莉花质量检测中心授牌。（李清俏　书　弄）

【全国百佳茶馆评选颁奖仪式在南宁举行】　2009 年 8 月 14 日，2007~2008 年度全国百佳茶馆评选颁奖仪式在南宁市东春大酒店举行。由中国茶叶流通协会、中华合作时报社和南宁市政府联合主办。有近 200 名全国茶馆经理人参加。副市长吴炜出席颁奖典礼。北京老舍茶馆、北京明慧茶院、上海湖心亭茶楼、广州茶艺乐园等 100 家茶馆获“全国百佳茶馆”称号，其中南宁的长顺园、长裕川、古鼎香 3 家茶馆榜上有名。在颁奖典礼上，中国茶叶流通协会与中华合作时报社首次联合发布《2007~2008 年度全国百佳茶馆消费手册》与《中国茶馆发展 30 年白皮书》。15 日，参会代表走进中国茉莉花之乡横县，参加第六届全国茉莉花茶交易会，参观花茶标准化加工企业和中华茉莉园，实现产区与一线销售平台的面对面沟通。

【第六届茉莉花茶评比】　2009 年 8 月 11~12 日，中国茶叶流通协会在横县举办第六届全国茉莉花茶交易会优质茉莉花茶评比活动。旨在进一步推进茉莉花茶的科技创新与进步，促进茉莉花茶生产的标准化、规范化，提升茉莉花茶品质，推动茉莉花茶产业的发展。在参评的茶样中评选出金奖 10 个、银奖 20 个、铜奖 30 个。其中，横县天晨茶厂生产的“碧芽”牌茉莉花茶、福建品品香茶业有限公司生产的“一品茶王”茉莉花茶、广西金花茶业有限公司生产的“人间第一香”花茶、福建省福鼎市茗春茶业有限公司生产的“茉莉花茶王”、福建省宁德市天泉茶叶有限公司生产的“大龙毫”茉莉花茶、横县四通茶厂生产的“香龙毫”茉莉花茶、北京元顺达商贸责任有限公司生产的“茉莉碧螺春”茉莉花茶、北京连江长龙茶叶有限公司生产的“银毫”茉莉花茶、北京更香茶业有限公司生产的“白玉兔”茉莉花茶、四川省成都市光荣茶业有限公司生产的“毛峰”茉莉花茶获金奖。

（书　弄）

肉食品商业

【家畜屠宰加工】　2009 年，南宁市有依法设定的家畜定点屠宰厂（场、点）153

个，其中机械化家畜屠宰厂56个、半机械化家畜屠宰场23个；从业1310人。全市生猪进点屠宰量197.50万头，比上年增长13.20%。其中：市城区生猪进点屠宰量112.57万头，增长9.75%；六县生猪进点屠宰量84.93万头，增长18.10%。供应市中心区猪肉的大中型机械化家畜屠宰厂有南宁肉类联合加工厂屠宰分厂、市江南肉类联合加工厂，日宰生猪分别为1000头、900头左右；供应市中心区猪肉的小型家畜定点屠宰场有市邕宾、石埠、城关、大沙田、仙葫、沿海6个家畜定点屠宰场。年内，南宁市把乡镇家畜定点屠宰厂(场)的技术改造列入为民办实事项目，投入技术改造资金606.40万元。其中：自治区财政扶持资金75万元、市财政扶持资金300万元、企业自筹资金231.40万元。完成对47个家畜定点屠宰厂(场)技术改造。其中：改造成机械化屠宰厂21个，改造半机械化屠宰厂19个，改造手工屠宰场7个。

【家畜屠宰管理】 2009年，市商务局委托市商务综合行政执法支队具体实施对市区家畜定点屠宰厂(场)屠宰活动的监督管理行政执法权，对市区家畜定点屠宰厂(场)进行监督和检查，共出动执法人员2.37万人次，查处各类违法案件96件，打击、取缔私宰窝点49个(次)；没收私宰生猪68头、私宰牛5头，没收并无害化处理私宰肉3.24吨。 (黎 剑)

【商务综合执法试点】 2009年5月，国家商务部将南宁市纳入商务综合行政执法试点城市。11月，市商务综合行政执法支队（前身是市家畜屠宰管理处）、市12312商务举报投诉服务中心正式成立，实行一套人员、挂两块牌子的工作机制。市商务综合行政执法支队的主要职能是代表南宁市商务主管部门统一行使生猪屠宰、酒类流通等法律、法规赋予的行政执法职能；市12312商务举报投诉服务中心主要承担商务综合行政执法举报、投诉、咨询服务以及有关数据统计汇总等工作。12月中旬，南宁市商务综合行政执法试点工作通过自治区验收。

(何发枝)

食盐商业

【概　况】 2009年，南宁盐业分公司下辖黎塘盐业支公司，在职职工90人。主要从事盐品购、销经营活动，负责全市12个县区的食用碘盐以及各类食品加工用盐和小工业用盐的供应和管理工作。全年购进盐品4.15万吨，比上年减少45.25%；总销量5.38万吨，减少7.19%。其中，销售小包装盐2.57万吨，增长9.29%(铝塑小包装盐2.29万吨，增长7.14%)；多品种盐2382吨，增长277.49%；饲料用盐1.23万吨，增长1.52%。销售收入7483万元，增长3.60%。

【盐政管理】 2009年，南宁盐业分公司将专题宣传和日常检查宣传有机结合，除充分利用“3·15”消费者权益日、“5·15”食用合格碘盐宣传日外，还结合市场检查等开展宣传教育活动。加强与公安、工商、卫生、质量技术监督、食品药品安全监督等执法部门的协调沟通和合作联动，形成日常检查与重点专项检查相结合的市场监管机制。共查处涉盐违法案件57件，查获各类违法盐品180.79吨，罚没款6517.50元；捣毁制售假盐窝点1个、私盐贩销团伙1个。

【新型配送网络构建】 2009年，南宁盐业分公司开始组织实施食盐终端配送工作。上半年，对终端客户进行走访登记、分类造册，共实地走访登记超市、零售店、饮食店等终端零售商和用盐户2763家。在此基础上，按照以市区为重点、六县分步推行的原则，实行市区、县城以一级配送为主、二级配送为辅，乡镇农村地区以二级配送为主、一级配送为辅的终端配送模式，建立新型配送网络，设立一级配送点164个。其中：南宁片104个，黎塘片60个。实行终端配送模式后，销区内食盐市场平稳，价格稳定，实现新旧营销模式的有序衔接。 (崔玉善)

烟草商业

【概　况】 2009年，南宁市烟草专卖局(公司）内设11个职能科室和机关后勤服务中心、卷烟访销中心、卷烟物流中心，下辖青秀、西乡塘、兴宁、江南、邕宁、良庆6个城区烟草专卖局(营销部)和武鸣、横县、宾阳、上林、马山、隆安6个县烟草专卖局(营销部)。从业972人，其中聘用在岗员工216人。总资产9.45亿元。资产负债率40.56%。卷烟销售103.63亿支(20.73万箱)，比上年增长6.19%；实现卷烟销售收入26.21亿元，增长14.91%；税利总额5.80亿元，增长18.11%(利润3.50亿元，下降7.86%；税金2.30亿元，增长106.41%)。

【卷烟营销】 2009年，市烟草专卖局(公司)以打牢农网基础为重点，合理规划农网布局；加强城网服务，完善城网服务标准和水平，发挥城网在“卷烟上水平”中的作用；推进卷烟网上订货试点工作，至年末，有571个零售客户纳入网上订货系统，占客户总数2.30%。加强工商协同营销，发挥商业企业在市场营销的主体作用；围绕国家烟草专卖局公布的“20+10”品牌目录，实现重点骨干品牌销量11.85万箱，比上年增长7.80%。全年卷烟销售总量首次突破20万箱大关，达到20.73万箱，增加1.21万箱，增长6.19%；卷烟单箱销售额（不含税)1.26万元，增加1050.04元，增长9.10%。

【烟草专卖管理】 2009年，市烟草专卖局与公安机关等紧密配合，建立联合打假机制，共查处涉烟违法案件4819件，查获非法卷烟3606万支、非法烟叶248.09吨，破获制假窝点18个、贩藏假烟窝点10个；案件移送公安机关处理27件，追究刑事责任46人（刑事拘留12人、逮捕11人、判刑23人)，罚没金额335万元。其中，侦破“3·06”、“4·28”网络案件，查获假烟630件，收缴制假设备14台，案值420万元。3月12日，在五象岭一空地集中销毁案值1100多万元的假冒伪劣烟草，其中假烟1140多箱(每箱50条)、烟叶烟丝60多吨。8月21日，联合公安机关查处一个位于西乡塘区江北大道雅里下坡的小型非法烟草交易市场，查获假烟900多条、烟丝500多公斤，抓获涉假嫌疑人5人。12月11日晚，与公安机关联合，破获一起非法经营烟草制品案件，查获被不法分子欲私自运往外省市倒卖以牟取暴利的“中华”、“真龙”、“芙蓉王”、“玉溪”等品牌高档卷烟600多条，案值近30万元。 (黄健超)

石油商业

中国石油化工股份有限公司广西南宁石油分公司

【概　况】 中国石油化工股份有限公司广西南宁石油分公司隶属中国石油化工

股份有限公司广西石油分公司，为国有控股企业，主要经营汽油、柴油、润滑油等，下辖南宁市、崇左市的14个县级石油分公司，是两市成品油供应的主渠道。其中，南宁市辖区内有南宁市本部及邕宁、马山、上林、武鸣、隆安、横县、宾阳7个县级石油分公司。2009年，有在营加油站151座，在用油库2座（均可通过西南管线下载油品；在南宁市辖区销售成品油62.31万吨，实现销售收入45.56亿元，利税总额2.79亿元（上缴税金9358万元）。名列"广西企业100强"第19位。

【成品油市场供应】 2009年，受国际金融危机、成品油价税改革等多重因素影响，国内成品油市场竞争激烈，价格调整频繁。面对复杂多变的市场形势和激烈竞争，中石化南宁石油分公司抓住北部湾经济区建立、中国—东盟自由贸易区以及广西石油分公司与南宁市政府签订战略合作框架协议的机遇，以保量增效为主导，全力应对严峻的市场考验。一是抓好资源一、二次物流的衔接，确保加油站不脱销、不断档，确保油品供应。二是结合全员销售竞赛，整合直销、批发和零售配送的客户经理队伍，加大对交通运输、制造企业、建筑业客户的维护与开发力度。三是在零售市场上将辖区各个片区划分为多条战线，实行专人负责成片成线管理，采取多样化竞争策略以及加油站零售、配送相结合，对各条战线进行差异化动态调整。四是着力开拓集团大客户，与多个糖业集团签订IC卡榨季供油项目协议，为榨季用油提供保证和便利。五是严格按照国家发改委规定的成品油批发零售价格供应，自觉维护市场秩序。全年成品油批发零售价格进行8次调整，时间分别为1月15日、3月25日、6月1日、6月30日、7月29日、9月2日、9月30日、11月10日。年末，每升油品零售价格：E90号汽油5.96元、E93号汽油6.39元、E97号汽油6.90元、0号柴油6.20元。

【中石化加油IC卡发行】 2009年，中石化南宁石油分公司IC卡联网加油站增至160座，联网站覆盖率90.87%。在营发卡充值点53座，并为发卡网点全面增配POS机（配有条码或光字符码的终端阅读器）、打印机、验钞机、候车椅等服务设施，改善服务环境和提高服务水平。全年共发行IC卡5.47万张，比上年增加3.38%。

【经营管理】 2009年，中石化南宁石油分公司以"服务经营，强化监督"为重心，细化管理，强化执行。一是执行内控，强化预算管理和资金管理。年内的内控工作，除了继续强化过程监控，以检查促落实外，还注重对销售货款回笼、发票管理等高风险流程及控制点进行差别化管理和重点监控。降低货款缴存风险，在营业厅和发卡充值网点安装银行POS机，减少现金结算量，实现银行上门收款或专业队伍押运货款加油站达到85%。二是开展"我要安全"主题活动以及"安全生产月"、"油库创优达标"等活动，组织全员学习并签订《安全承诺书》、《数质量承诺书》，签订率100%。组织安全技能培训、岗前培训、外来施工人员施工前安全教育等各类培训班169期，培训8409人次，培训合格率100%，持证上岗率100%。强化安全检查和隐患治理，组织开展各类库站安全大检查16次，承运车辆大检查6次，油罐车铅封督查11次。三是加快信息化建设，以资产条形码PM系统上线为契机，推动固定资产规范化管理。四是开展定员贯标工作，同步推动第三批小站改革和后勤管理改革，规范用工管理，优化人员结构。实施加油站员工薪酬分配制度改革，统一岗位工资标准，增设技能津贴、管理津贴，强化联量计酬。 （陈启慧）

药品商业

【概　况】 2009年，南宁市辖区有药品经营法人批发企业76家，非法人批发企业17家，药品零售企业1701家。在药品零售企业中，药品零售连锁企业（总部）26家；药品零售连锁门店864家（市区752家、武鸣县56家、横县10家、宾阳县17家、上林县11家、马山县3家、隆安县12家）；药品零售个店837家（市区243家、武鸣县97家、横县151家、宾阳县154家、上林县58家、马山县68家、隆安县63家）。

【药品经营管理】

药品零售许可　2009年，市食品药品监督管理局重新修改《南宁市药品零售企业设置暂行规定》，对新开办的药品零售企业在人员、场地等方面作出相应规定。共审批新开办药店筹建221家、验收163家、变更444家；换发《药品经营许可证》456家、依法取消经营资格4家；对药品经营企业进行再认证323家；受自治区食品药品监督管理局的委托进行现场验收药品经营企业56家。

药品营销人员登记备案　为提高药品经营企业及药品营销人员的自律行为，实现对药品营销人员的诚信稽查，进一步规范药品市场秩序，对辖区内从事药品销售的业务员实行登记备案。累计备案3600多人，涉及药品生产、经营企业约1775多家。分期分批向社会公布并更新42期。

药品进口备案　药品进口备案办共发出《药品进口通关单》15份，其中进口原料药4980公斤，价值110.36万美元；进口药材1000吨，价值8.60万美元。

药品市场秩序整治　根据国务院以及自治区食品药品监督管理局等六厅局关于深入开展药品安全专项整治的工作部署，市政府办公厅印发《南宁市药品安全专项整治工作实施方案》，成立由市政府分管领导和宣传、食品药品监督、公安、卫生、经委、工商、物价等部门负责人组成的领导小组，开展重点整治中尧路非药品冒充药品行动，检查保健品经营店16家，依法查扣未标示文号冒充药品以及标示"食字号"、"消字号"、"健字号"、"妆字号"等产品价值约50万元。同时，对药品经营门店开展非药品冒充药品整治，共检查药品批发、连锁企业、药店96家，查封未标示文号冒充药品等产品25个，价值30余万元。开展对六城区24个乡镇药品市场秩序整治，共出动156人次，检查药品经营企业139家、医疗机构24家，给予行政处罚（警告）和责令改正13家。整治城区乡镇集贸市场里违法经营药品行为，取缔违法经营药品地摊15个，依法扣缴蛇粉风湿王、张氏复方咳喘灵胶囊、张氏风湿关节炎胶囊等假药共47个品种460瓶（包）。 （韦永敏）

粮食流通

【概　况】 2009年，南宁市归口粮食部门管理的独立核算的国有粮食企业109家，从业1383人；有粮食仓库1172间，仓容42.49万吨；总资产8.38亿元，总负债7.48亿元，资产负债率89.21%；粮食总购进28.54万吨（原粮，下同），销售26.74万吨，年末粮食库存21.21万吨。实现粮油商品（产品）销售收入4.90亿元，利润1161万元。非国有粮食经营（含加工）企业7763家（纳入粮食局日常统计范围的有155家，占非国有粮食经营企业总数20.31%)，粮食总购进量28.21万吨，销售28.11万吨，年末粮食库存1.37万吨。粮食转化企业1005家。其中：饲料生产企业324家，养殖用粮企业9家，工业转化用粮企业243家（酒精企业15家、制酒企业228家），食品及副食品酿造企业383家，其他转化用粮企业46家。纳入日常统计范围的重点粮食转化企业148家(饲料生产企业42家、养殖用粮企业5家、酒精企业5家、制酒企业34家、食品及副食品酿造企业59家)，占转化企业总数14.71%。粮食转化企业粮食总购进量198.77万吨，粮食转化量197.63万吨，年末粮食库存7.63万吨。市粮食局被评为全国粮食流通监督检查先进单位，市储备粮管理有限责任公司被评为广西诚信企业。

【粮食安全保障】 2009年，市粮食局做好粮源的筹措、调拨、运输、加工和供应工作，增加市场粮食投放量，适时轮换销售储备粮，平抑市场粮价，全市国有和重点非国有粮食经营企业、重点转化企业粮食总购进255.53万吨，销售252.48万吨。通过加强粮食的内购外采，满足市场需求，全市粮食实现总量、购销、品种供求平衡，市场供应和粮食价格基本稳定；加强市本级储备成品粮、成品食用油储备安全管理工作，在全市开展粮油仓储企业规范化管理活动，投资1630.30万元，新建仓容2.65万吨，维修改造粮食仓储设施库容11.77万吨，重点解决粮仓隔热、防潮、密闭性能，安装电子测温、环流熏蒸、机械通风设备等，保证储粮安全，年内科学保粮率98%。10月中旬至11月中旬，组织344名粮油科技人员在全市开展拉网式的秋季粮油安全大普查，共检查粮食储备库、粮所(站、点)82个，仓库1070间，仓容31.87万吨，库存粮油21.43万吨。经秋季粮油安全大普查鉴定：全市粮食部门的库存粮油，实现“一符四无”(账实相符，无虫、无霉变、无鼠雀、无事故)的粮食储备库、粮所(站、点)100%。武鸣县、宾阳县、横县、隆安县、马山县、上林县和邕宁区粮食局、市储备粮管理有限责任公司、市金谷隆粮油购销有限责任公司实现“一符四无”粮仓县区、公司。

【粮食清仓查库】 2009年，南宁市政府根据《国务院办公厅关于开展全国粮食清仓查库工作的通知》和《关于印发2009年广西粮食清仓查库工作实施方案的通知》等文件精神，制定《2009年南宁市粮食清仓查库工作实施方案》，成立南宁市粮食清仓查库工作领导小组，组织开展对辖区内国有及国有控股粮食企业（包括中央直属、自治区直属以及市属和县属粮食企业）进行清仓查库。3月26日至4月5日为县区粮食企业自查阶段。4月6日至4月20日为全市正式实施清仓查库阶段，按清仓查库方案规定的程序、方法和要求，从发改委、审计局、财政局、监察局、农业局、统计局、粮食局、农发行等抽调163人，按照“统一抽调、混合编组、集中培训、综合交叉、本地回避”的原则进行编组，按照“有仓必到，有粮必查，有账必核，查必彻底”的要求，对辖区内国有及国有控股粮食企业的粮食库存进行全面普查，共检查存粮点111个、仓库747间。检查时点统计粮食库存为525159吨，比实际库存数525162吨少3吨，差率-0.001%，在规定的误差率±3%以内。经过对全市粮食库存进行全面普查和自治区复查认定：南宁市辖区内国有粮食企业的粮食库存数与保管账、统计账、会计账相符，库存数量真实准确；辖区内粮食品质良好，中央储备粮和地方储备粮的质量合格率100%，品质宜存率100%，粮情稳定，储存安全；辖区内中央储备粮和地方储备粮的轮换均按上级相关部门批文进行，轮入粮食的生产年限和质量符合要求；辖区内粮食企业占用农业发展银行的各项粮食信贷资金流向清楚，库贷挂钩一致，没有挪用农发行贷款现象；辖区内申报财政补贴款项计算合理，依据正确，数据真实，没有发现套取财政补贴资金现象。

【粮食直接补贴政策实施】 2009年，自治区下达南宁市对种粮农民实行直接补贴与储备粮订单收购挂钩的收购任务13.60万吨(武鸣县2.10万吨、横县3.05万吨、宾阳县4.05万吨、上林县2.25万吨、隆安县0.50万吨、邕宁区1.65万吨)。收购任务由县区政府将计划分解到乡镇。乡镇政府再分解到村，由村委会根据农户的种粮面积、粮食产量、商品量等情况，将订单计划分配落实到农户并进行张榜公示。落实到农户的粮食数量每户不少于500公斤，对一些有订单计划的村屯单户售粮不足500公斤的，允许周边户联合推选一户代表与村委会签订售粮计划。落实到农户的储备粮订单粮食收购计划经公示无异议后，由村委会造成册并经户主签字认可，然后由村委会根据底册填写《粮食直补农户售粮证》，送乡政府加盖公章后生效。粮食直接补贴标准：对列入直补订单收购计划的粮食(不分品种)，在自治区公布的收购价格的基础上，统一按每公斤0.24元进行补贴。收购粮食品种为普通稻(包括早、中、晚籼稻)、专用稻(指珍桂稻品种，下同)、优质稻(包括早、晚籼优质稻)。收购粮食的质量必须达到国家标准中等以上要求。由承担粮食直补与储备粮订单收购的国有粮食购销企业，负责与种粮农户签订粮食订单收购合同，并按照订单粮食入库成本价格向县农业发展银行申请贷款。粮食部门将自治区规定的粮食质量标准、收购价格、补贴标准一并挂牌公告，接受群众监督。至年末，粮食部门累计收购农民订单粮食13.60万吨，完成任务100%。全市11.90万户签订粮食直补订单收购合同的农民领到国家粮食直接补贴款3286万元。

【粮食产业化经营】 2009年，南宁市粮食企业参与社会主义新农村建设，发展粮食产业化经营，开展粮油精加工、深加工，实施创品牌战略，通过创名优品牌来提高企业经济效益。参与粮食产业化经营种植面积11.05万公顷(签订“订单”面积3.17万公顷)，收购优质稻12.17万吨，加工销售优质米5.69万吨。国有粮食购销企业实现利润1161万元，比上年增长17.63%。市储备粮管理有限责任公司与广西农科院水稻研究所合作，投入10万元，开展“桂井1号”、“桂井丝苗”等新品种种植试验和推广工作，在青秀区建立13.33公顷(200亩)优质种子基地和36.67公顷(550亩)新品种示范基地，在良庆区建立3333.33公顷(5万亩)绿色食品优质稻基地，在象州县建立有机稻种植基地；采取“公司+科研+基地+农户”的经营模式，实行产、供、销、加的粮食产业化经营链，生产加工的“桂井”牌系列优质米市场销路好，实现利润868万元；武鸣县国有粮食购销企业以市场为导向，实行生产、收购、加工、销售一体化的粮食产业链的做法，生产加工的“伊岭”牌系列优质米、优质花生油市场销路广，实现利润79万元；横县国有粮食购销企业参与粮食产业化经营，实现利润76万元；上林县国有粮食购销企业通过发展优质稻产业化经营，开展粮油精加工、深加工，创优质粮油品牌，加工生产的“明山”牌系列优质米，市场销路好，实现利润74万元；宾阳县国有粮食购销企业把开展粮油精加工、深加工和实施粮油品牌战略结合起来，实现利润45万元；隆安县国有粮食购销企业搞好多种经营，实现利润31万元；南宁军粮供应站通过开展粮油精加工、深加工，实现利润18万元。

【粮食政策法规宣传】 2009年4月30日，市政府颁布《南宁市粮食流通管理办法》，自2009年6月1日起实施。年内，市粮食局为加强对《南宁市粮食流通管理办法》的宣传，结合国务院《粮食流通管理条例》颁布实施5周年宣传活动，采取多种形式开展宣传。共投入宣传经费20.50万元，组织召开宣传《南宁市粮食流通管理办法》座谈会24次，有420家粮食经营户参加；组织开展各类研讨活动7次；发放《南宁市粮食流通管理办法》、《粮食收购许可证的办证指南》和《粮食经营者报送粮食统计报表告知书》等宣传资料1.27万份，悬挂宣传横幅120条，张贴宣传画224幅，出宣传板报44版。

【粮食专项执法检查】 2009年，市粮食局加强粮食收购资格审批和粮食流通监督检查行政执法，将全市318家具备粮食收购资格的经营企业名单在《南宁日报》上予以公告，让全社会参与监督。夏粮收购期间，组织粮油质检技术员从收购的粮食中抽取样品进行检查，对出库的粮食质量进行全程跟踪监控，防止不符合质量要求的粮食流入市场。全市粮食流通监督检查行政执法共出动1200人次，查处粮食经营违法案件78起，罚款0.20万元，协助工商行政管理部门处理违法经营粮食73吨。

（董红兵　陆兆强）

供销合作社

【概　况】 2009年，南宁市供销合作联社下设市桂果香果品有限公司、南宁冠昌资产经营有限责任公司、市国欢日用杂品有限公司、市鸣欢烟花爆竹有限公司、市冠腾综合贸易公司、市万拓再生资源有限责任公司、市农业生产资料公司、市供达贸易有限责任公司、市土产公司、市第二日用杂品公司、市第二物资回收公司11个直属企业；管辖武鸣、横县、宾阳、上林、马山、隆安6个县供销合作联社和邕宁、良庆2个区供销合作联社。有县属企业28个，乡镇基层供销合作社108个。全系统在职职工1881人。共完成商品总购进22.13亿元，比上年增长11.80%，其中农副产品购进2.17亿元，增长16.90%。商品总销售24.62亿元，增长14.20%，其中销售化肥41.14万吨，增长3.05%。盈亏相抵后实现利润520万元，增长24.70%。新建各类农民专业合作社（协会）8个；招商引资实际到位资金5180万元；“新网工程”建设完成200个经营网点的更新改造任务。市供销社获自治区供销社系统综合业绩考核评比一等奖。7月15日，南宁市供销合作网（www.nncoop.com）开通。

【乡镇基层社改造重组】 2009年，市供销社继续贯彻落实《广西壮族自治区人民政府关于加快推进乡镇供销合作社改造重组的意见》精神，争取政府的支持，代拟的《南宁市人民政府关于加快推进乡镇供销合作社改造重组的实施意见》获市政府常务会议通过，并于3月以市政府文件印发。全系统以“一网三社”建设为工作着力点，加快乡镇基层供销社改造重组。市供销社继续举办乡镇基层供销社改造重组及“新网工程”建设培训班，邀请自治区供销联社相关职能处室负责人进行专题授课，帮助各县区供销社和各乡镇基层供销社主任进一步理解、熟悉相关文件，理清工作思路，提高实际操作能力。至年末，完成基层供销社改造重组40个，累计完成83个，占基层供销社总数77%。其中，武鸣、横县、马山3个县完成基层社改造重组任务。

【农资商品供应】 2009年，南宁市和县区两级供销社结合抗冻救灾恢复生产工作实际，努力筹措资金，联系货源，做好淡季化肥储备，保证全市农业生产用肥、用药、用膜的需求；配合工商、质监等部门开展农资商品打假活动，指导系统内的农资市场和各个农资经营单位依法经营。全系统供应化肥41.14万吨，比上年增长3.05%；农膜495.20吨，增长2.65%；农药1943.30吨，减少26.39%。没有出现销售假冒伪劣化肥、农药等农资商品的现象。

【农副产品购销】 2009年，南宁市和县区两级供销社以专业合作社（协会）为载体，组织开展农副产品的购销工作。共收购马铃薯、西红柿、辣椒等农产品2.17亿元，较好地帮助农民解决卖难问题，促进农民增收。市五里亭蔬菜批发市场加强经营管理，完善市场各类硬件设施，提升服务水平，继续发挥农副产品交易重要平台的作用，市场交易额34.38亿元。

【烟花爆竹经营管理】 2009年，市供销社以南宁市烟花爆竹流通行业协会管理和经营管理制度建设为突破口，进一步规范和协调烟花爆竹经营行为，减少市场的无序竞争，烟花爆竹市场逐步转向规范、安全经营。全系统销售烟花爆竹1308万元，比上年减少9.92%。4月，完成对市鸣欢烟花爆竹有限公司的改革重组，调整了公司股权结构，同时充实公司的经营管理人员和扩大经营网络。

【再生资源回收】 2009年，南宁市供销社系统内各再生资源回收单位充分利用所属经营场地、网点开展各类废旧物资的购销工作，参与报废设备、物资等的招投标，共完成收购各类废钢铁、有色金属

市供销合作社人员检查农资供应情况　　蓝　蔚提供

等再生物资和其他废旧物资3300万元。市供销合作联社履行南宁市再生资源回收体系建设项目管理办公室职责，指导市万拓再生资源公司推进全市再生资源回收体系建设项目工作，完成建设、改造街道社区再生资源回收站点40个，校园绿色回收亭4个，新建、改造集散交易市场3个，合作加盟废钢铁货场1个。再生资源回收经营场所面积扩至7万平方米，配套有机械打包机、金属剪切机、氧割机、塑料破碎机、加工设备、电子地磅、叉车、装载机、运输汽车等，年回收各类再生资源能力10万吨以上，回收业务辐射到百色、崇左、钦州、防城港等市。4月，市万拓再生资源公司投资近200万元，在西乡塘区屯禄村木材市场后侧租用场地3公顷建设废钢铁市场，该市场建设分两期进行，一期工程占地面积1.67公顷，7月8日建成并开张营业。

【"新网工程"建设】 2009年，市供销社继续抓好传统经营网络的更新改造和乡镇所在地社属百货大楼或仓库等的改造升级及村级农家店的建设工作，更新改造经营网点200个，累计完成改造建设的经营网点724个；新建市农资、武鸣农资、横县烟花爆竹3个农资、烟花爆竹配送中心。通过招商引资完成15个乡镇供销社百货大楼的改造升级，使之更新建成15家新超市。市供销合作联社获自治区供销社系统"新网工程"建设考核评比一等奖，市桂果香果品有限公司获企业（连锁配送中心）先进单位。

【农业产业化经营】 2009年，南宁市供销社系统新建各类农民专业合作社（协会）8个，累计成立专业合作社（协会）76个，入会会员4.30万户。各专业合作社（协会）参与和推进农业产业化经营，创办各类商品生产示范基地，带动入社农户调整农业产业结构，种植优质高效的经济作物，并组织好农产品收购，解决农民增产后的卖难问题。全系统通过农民专业合作社（协会）巩固和创办优质杂交水稻、桑苗、马铃薯、辣椒、西红柿、金银花、板栗和木薯等商品示范种植基地14个，示范种植面积4100多公顷，带动24万户农民种植相关经济作物，帮助农民实现收入33.40亿元。

【社有资产管理】 2009年，市供销合作联社贯彻执行《南宁市供销合作联社社有资产监督管理暂行实施办法》，确保社有资产的监管工作制度化、规范化。各县区供销社根据本县区实际，建立起相关的社有资产监督管理制度，进一步整合优化社有资源，提高社有资产的经营管理效益。各社属企业通过强化内部管理、拓展经营业务和完善各类奖励、激励机制，调动企业员工的工作积极性，企业经济效益得到了较大的提高。全系统盈亏相抵后实现利润520万元，比上年增长24.70%。其中，市桂果香果品有限公司实现利润690万元。全系统固定资产投资完成1950万元，主要投入项目有宾阳君苑广场、人民商厦地下室改造、武鸣剑麻加工厂和良庆餐具消毒中心。

【社员股金】 2009年末，宾阳县供销社兑付社员股金244.06万元，涉及股民6356户。至此，南宁市供销社系统社员股金兑付工作全面完成。

【家电下乡活动】 2009年，南宁市供销系统参与家电下乡活动。根据自身的经营特色，加快推进"新网工程"建设，全面恢复农村消费市场经营网点，采取灵活多变的经营方式，组织家电下乡，丰富和扩大农村消费市场的需求。通过家电下乡共销售电视机5192台、家用洗衣机1058台、电冰箱1342台、空调机311台、摩托车12辆。全年全系统实现消费品零售总额9.58亿元，比上年增长6.97%。

（蓝　蔚）

物　流　业

【概　况】 2009年，南宁市有物流企业160多家。货运总量1.55亿吨，比上年增长45.90%，其中：铁路货运量633.73万吨，下降0.20%；公路货运量1.33亿吨，增长54.47%，货物周转量197.56亿吨公里；水运货运量1582.50万吨，增长15%，货物周转量43.57亿吨；航空货运量3.80万吨，增长22.58%。至年末，市商务局完成《南宁市区域性国际现代物流基地建设规划》（初稿）的编制及评审工作。

【物流园区】

中国—东盟国际物流基地　位于良庆区。规划用地面积约19.02平方公里。为综合型物流园区。2009年，加快完成了园区内道路、排水暗渠等配套基础设施建设，累计完成投资3.37亿元，已入园的重点建设项目有南宁保税物流中心。

安吉物流园区　位于西乡塘区。规划用地面积约6平方公里，园区往东扩至北湖路，往西扩至安吉大道，比原规划扩大3.60平方公里。为贸易服务型和货运服务型物流园区。至2009年有超过40家各类物流企业入驻园区。2009年园内重点建设项目有南宁大商汇商贸物流中心和广西东盟工业产品贸易中心项目。南宁大商汇商贸物流中心占地面积78.67公顷，总投资25亿元，由全国500强企业之一的新希望集团投资兴建，为集商品交易、现代物流、展览展示、电子商务、办公居住、文化娱乐等诸多功能为一体的商贸物流中心；广西东盟工业产品贸易中心项目占地54公顷，建筑面积68万平方米，预计总投资21亿元，到年末已完成一期征地工作。

江南物流园　位于江南区。规划用地面积约5.40平方公里（不包括沙井分区），是以各类大型专业批发市场、运输配送、代理分销、连锁配送为优势业务的

10月18日，南宁华南城开工仪式举行　　何发枝提供

组合式物流园区，集合了仓储、运输、第三方物流等企业。2009年园内重点建设项目有南宁华南城和广西海吉星农产品国际物流中心。南宁华南城于10月18日开工建设，计划用地227.07公顷，总建筑面积488万平方米，总投资120亿元，分两期建设，项目为集交易、展示、资讯交流、仓储、配送、货运以及金融结算等功能于一体的工业原料及商品交易中心；广西海吉星农产品国际物流中心项目于2008年12月开工建设，计划用地46.67公顷，总投资15亿元，总建筑面积约60万平方米，建成后将由集散交易、物流仓储、商业服务三大功能区组成，成为经营品种包括食糖、茧丝绸、粮油、水果、蔬菜、副食品、花卉等商品，集批发交易、加工、配送、进出口贸易及电子商务为一体的大型物流中心。

金桥物流园 位于兴宁区东沟岭新区。规划用地面积3.46平方公里。设计建设成为农资、农副产品、建材等其他产品（商品）贸易集散地。至2009年，已有玉柴南宁国际物流中心、金源国际汽车城等物流项目入驻。园内建设项目有东盟—川桂商贸物流一期项目的东盟国际商贸港和南宁金桥农产品批发市场。东盟国际商贸港由广西桂嘉汇房地产集团有限公司投资，2008年开工建设，2009年12月底正式营业，占地面积28.67公顷，建筑面积43万平方米，投资额9.50亿元，建设内容为酒店用品、小商品专业市场等商业设施、计算机管理信息系统、商务配套设施等。南宁金桥农产品批发市场项目于2007年11月9日开工建设，由广西五洲交通股份有限公司与南宁威宁资产经营有限责任公司共同出资，规划占地面积100公顷，总建筑面积76万平方米，计划投资总额12.30亿元，主要建设有交易服务大楼、信息网络中心、电子结算中心及农产品信息中心、交易行、台湾农产品交易区。

【南宁保税物流中心】 公用型保税仓库，中国西南地区最大的"无水港"。位于良庆区，设在中国—东盟国际物流基地的保税物流区内。2009年2月11日，中国海关总署、国家财政部、国家税务总局和国家外汇局联合发文批准设立南宁保税物流中心。5月28日，南宁保税物流中心正式开工建设，规划用地面积1.61平方公里，是中国—东盟国际物流基地的核心及首期建设项目，是广西北部湾经济区保税物流体系的重要组成部分，是南宁建设"无水港"的重点项目。一期项目占地面积0.54平方公里，总投资约10亿元，包括海关卡口区、办公服务区、海关查验区、保税物流区4个功能区。已建成保税仓库面积2.50万平方米，查验仓库2400平方米，集装箱堆场和仓库堆场面积约9万平方米。12月22日，通过国家联合验收组的正式验收。2010年1月7日，南宁保税物流中心正式揭牌。封关运作后的南宁保税物流中心，将港口的保税功能区延伸到内陆南宁，并与钦州保税港区、凭祥综合保税区和北海出口加工区拓展的保税物流功能一起，构建起较为完善的广西北部湾经济区保税物流体系，成为联系中国西南地区和东南亚地区间的核心枢纽和连接海港、空港和边境口岸的大型物流商贸基地。

【现代物流企业】

广西超大运输有限责任公司 是一家由市第二运输有限责任公司和市中转联运公司于2000年10月合并组成的民营运输企业，至2009年末，发展成为一家以客、货运输为主的大型综合运输企业。有员工1426人。产业有：客运（除普通旅客运输外，还有快速客运、旅游客运、国际运输、公交、出租车客运）、货运（集货运业务、信息服务、国际货代、货物配载、零担快运、集装箱运输、危险品货物运输、装卸搬运、仓储、物流配送为一体的物流运输业务）和兼营产业（汽车销售、汽车维修、汽车租赁、机动车驾驶员培训、宾馆、广告、房地产等）。注册资本5500万元，资产总额16亿元，生产占地面积55.56万平方米。有一级货运站2个、二级货运站3个，各类营运车辆5000多辆（客车2000多辆、专业运输货车3000多辆），吨位超过4万吨。有联盟企业60多家，业务网络覆盖全广西，通达全国各省。全年货运量453.60万吨。

广西运德汽车运输集团有限公司 前身是成立于1952年的国营南宁汽车运输总公司，2002年改制为民营企业并称现名。具有交通部一级客运资质，系国家大型二类企业。2005年、2007年公司连续成功收购北海汽车运输总公司、北海市客运中心，投资控股越南山德汽车联营公司、柬埔寨运德国际旅游有限公司、香港运德运贸有限公司、澳门运德运贸有限公司后，拓展成为横跨南宁、北海、崇左3个市13个县，延伸到越南、柬埔寨、香港、澳门的大型跨国跨境运输集团。2009年末有员工6132人。总资产18亿元，下辖26家汽车客货服务总站和34个直属单位，有A级汽车检测站5个、甲类保修厂6个、乙类保修厂14个；独资经营广西运德集团北海汽车运输有限公司、北海和信客运中心有限公司，控股广西运德集团南宁凤之岭汽车运输有限公司等33家企业，参股经营广西通港旅运有限公司、桂龙国际运输有限责任公司等7家企业。业务经营有跨国客货运输、国内道路客运、旅游客运、城市公交、的士出租，各类货物运输，大型仓储、装卸、物流配载信息，运输服务、国际货运代理、人身意外保险代理、机动车辆保险代理、货物运输保险代理，各类汽车、摩托车施救、检测、修理，汽车、燃油料、零配件销售，汽车技术培训，商贸，旅游，宾馆餐饮，广告，装潢，房地产开发，物业管理，煤炭销售等。有各类营运客货车2627辆。其中：客运汽车2039辆，货运汽车588辆。客运汽车以豪华大巴及舒适型卧铺车为主；货运汽车主要为大型载重车及零担快车，零担运输网络辐射华南及中南各省市并办理中转28个省市的零担业务和货物快递业务。全年货运量117万吨。

（王永红 韦 敏）

责任编辑 孙贵寿

南宁保税物流中心　　王永红提供

对外经济贸易

对外贸易

【概 况】 2009年，南宁市进出口贸易总额27.88亿美元，比上年增长49.30%。其中：出口23.84亿美元，增长50.30%；进口4.04亿美元，增长44%。进出口顺差19.80亿美元。市属企业进出口贸易总额24.78亿美元。其中：出口21.10亿美元，增长83.71%；进口3.68亿美元，增长60.18%。有进出口业绩的企业共682家，其中：有出口业绩的563家，出口500万美元以上的企业108家；有进口业绩的191家，进口500万美元以上的企业18家。全市共有外贸企业1234家，按企业性质分，私营企业924家，占74.88%；国有企业129家，占10.45%；三资企业181家，占14.67%。

【出口贸易】 2009年，南宁市出口贸易23.84亿美元，其中市属企业出口21.10亿美元。出口额较大的商品有耳机、耳塞、提箱、鞋靴、棉制服装、机器零附件、木衣架、柴油货车、灯具零件、金属家具及架座附件、松香、手提包、冻罗非鱼片、圣诞节用品、松香精、小白蘑菇(洋蘑菇)罐头、塑料制品等。主要出口东盟、欧盟、美国、吉尔吉斯斯坦、德国、日本、香港等国家和地区。

【进口贸易】 2009年，南宁市进口贸易4.04亿美元，其中市属企业进口3.68亿美元。进口额较大的商品有锰矿砂及其精矿、履带式挖掘机、钢铁废碎料、木薯淀粉、研光机等滚压机器、冶炼钢铁废料、木浆、未锻轧非合金铝、电器扩音设备附件、未锻轧锌等。主要进口于澳大利亚、日本、法国、韩国、美国、东盟、台湾等国家和地区。

2009年南宁市主要出口商品企业情况

单位：万美元

企业名称	主要出口商品	累计金额
市运盛纺织贸易有限公司	服装及衣着附件	12757
丰达电机(南宁)有限公司	耳机、耳塞	11490
市恒威纺织品有限公司	服装及衣着附件	10587
广西南宁市聪聚进出口贸易有限公司	玻璃塑像、金属家具、提箱、手提式电灯	7832
南宁富宁精密电子有限公司	电脑零附件	4316
广西南宁怡凯进出口贸易有限公司	木衣架、铁制品、木制品	3687
市柏灵科技有限公司	提箱、塑料雕塑品、家具用金属附件	3303
市旺优多贸易有限公司	服装及衣着附件	3100
市鸿之兴贸易有限公司	内衣、提箱、家具用架座	3095
市飞耀同贸易有限公司	服装及衣着附件	2571
广西南宁奥迪特货运代理有限公司	服装、箱包、塑料制品	2382
市启鹏进出口贸易有限公司	提箱、塑料制鞋跟、电动手表	2286
广西南宁百洋食品有限公司	保鲜鱼	2250
广西南宁威球贸易有限公司	提箱、塑料雕塑品、纸浆	2076
市丰生富贸易有限责任公司	服装及衣着附件	2035
市贸斯顿贸易有限公司	服装及衣着附件、提箱	1771
广西集盛食品有限公司	蘑菇罐头、甜玉米罐头、马蹄罐头	1689
广西南宁本瑞贸易有限公司	提箱、塑料雕塑品、棉制纺织品	1676
市美欧进出口贸易有限公司	提箱、塑料雕塑品、家具用金属附件	1615
广西南宁优贵进出口贸易有限公司	提箱、塑料雕塑品、毛皮制品	1611

2009年南宁市进出口商品国家(地区)总值

单位：万美元

国家(地区)	进出口额	出口额	进口额	比上年同期增减%		
				进出口	出口	进口
亚 洲	141364	121741	19623	73.20	77.14	52.20
欧 洲	41834	36854	4980	74.57	76.13	63.86
北美洲	36465	33250	3215	113.26	153.38	−19.15
非 洲	11778	8827	2951	153.21	105.85	712.23
拉丁美洲	9730	7509	2221	69.80	49.23	218.14
大洋洲	6670	2861	3809	39.65	2.76	91.43
东南亚国家联盟	42879	34924	7956	8.20	−1.66	93.76
欧洲联盟	35331	30837	4494	77.23	82.23	49.16
亚太经济合作组织	137567	110911	26656	53.98	57.08	42.30

（梁 明 冯立芳）

【来(进)料加工贸易】 2009年,南宁市加工贸易进口6001万美元,比上年增长69%,出口1.91亿美元,增长131%。加工贸易进出口总值在上年首次突破1亿美元的基础上,再次成倍增长,达2.51亿美元。加工贸易进口商品主要有电子元器件、木浆、聚丙烯、氨基酸、布料等;出口商品主要有耳塞、CPU散热器、电脑连接线、牙刷、塑料制品、氨基酸、服装等。加工贸易总量进一步扩大,提供更多的就业岗位,带动机电产品和高新技术产品出口,加快产业升级和技术进步。

(李 锋)

【机电产品进出口】 2009年,南宁市市属机电产品进出口总额8.68亿美元,比上年增长61.58%。其中:机电产品出口7.16亿美元,占总额33.92%,增长58.76%;机电产品进口1.52亿美元,增长76.28%。主要的机电类出口产品有电器电子配件、柴油货车、金属制品、钢结构体等。主要出口东盟、日本、欧盟、印度、美国、香港等国家和地区。 (贺 晖)

【化工与相关工业产品出口】 2009年,南宁市市属化工产品出口1.53亿美元,占市属出口额7.25%,比上年下降7.05%。主要的化工类出口产品有碳、硅、硒、氯、氮、磷酸、二氧化硅、氨等。主要出口越南、美国、韩国、比利时、日本等国家。

【轻工业品与工艺品出口】 2009年,南宁市市属轻工业品与工艺品出口9.09亿美元,占市属出口额43.08%,比上年增长239.06%。主要的轻工业品与工艺品类出口产品有提箱、木衣架、塑料雕塑品及其他装饰品、圣诞节用品、陶瓷制品、溜冰鞋等。主要出口吉尔吉斯斯坦、美国、西班牙、德国、香港等国家和地区。

【纺织品与服装出口】 2009年,南宁市市属纺织品与服装出口4.68亿美元,占市属出口额22.18%,比上年增长87.08%。主要纺织品与服装类出口产品有棉制针织男女裤、棉制针织女式便服套装、化纤制针织衬衫、针织男衬衫等。主要出口吉尔吉斯斯坦、美国、东盟、阿联酋、德国等国家和地区。

【食品与土畜产品出口】 2009年,南宁市市属食品与土畜产品出口3.20亿美元,占市属出口额15.17%,比上年增长66.46%。主要的食品与土畜类出口产品有果蔬罐头、冷冻食品、活动物等。主要出口美国、越南、墨西哥、香港、澳门等国家和地区。

【五金矿产品与建材出口】 2009年,南宁市市属五金矿产品与建材出口2.23亿美元,占市属出口额10.57%,比上年增长43.79%。主要的五金矿产品与建材类出口产品有家具金属制附件及架座、钢铁结构体、铝箔、铝制品、钢铁制品等。主要出口美国、印度、马来西亚、日本、香港等国家和地区。 (梁 明 冯立芳)

对外经济合作

【概 况】 2009年,由于全球金融危机,外贸外经工作受到严重冲击,南宁市积极引导鼓励企业到境外投资建厂办实业,推动有能力、具备条件的企业走向国际市场,重点扶持具有一定规模实力、品牌优势和市场基础的企业到境外设立贸易机构,投资办厂,同时开展其他形式的国际经济技术合作。共有6家市属企业到境外投资办厂或创立办事处,投资总额2020万美元。在第六届中国—东盟博览会期间,南宁市推出"走出去"项目7个,投资总额1.23亿美元。

【对外承包工程与外派劳务】 2009年,南宁市累计完成境外承包工程合同额2.85亿美元,先后派出工程劳务人员3000人次。其中广西桂能咨询有限公司与广西电力工业勘察设计研究院所组成的联营体承担越南宝路水电站机电工程设计、采购及安装总承包工作,该项目总装机量24.50兆瓦,合同总额796.65万美元;独立承担越南嘉兴水电站工程机械设备、材料采购和技术服务,项目装机容量30兆瓦,合同总额676.67万美元;作为项目分包商为越南胡志明市芹耶区龙和乡"芹耶海洋旅游城"项目提供建设监理服务和技术服务,合同金额200万美元。

【境外直接投资】 2009年末,南宁市累计有44家企业走出国门到十余个国家和地区投资办企业、成立分公司和驻国外办事处,从事境外加工贸易和贸易合作,其中境外投资企业36家、办事处8家,投资总额1.22亿美元。在44家企业中,合资企业19家,投资总额1.02亿美元,独资企业17家,投资总额2017万美元;到东盟国家投资的有27家,成立办事处8家,投资总额1.12亿美元,占总投资额91.43%。投资领域主要有汽车运输、畜禽预混饲料、药品生产、茶叶种植加工、蔬菜、水果罐头生产、木薯和农产品种植加工、矿产开采加工、金属冶炼等,投资的国家和地区主要有越南、老挝、印度尼西亚、日本、安哥拉和香港、澳门等。

(阮兆剑)

1995~2009年南宁市境外投资企业情况

单位:万美元、家

年度	境外投资企业	投资国别	投资类型	投资金额	承包工程完成额
1995	1	越南	合资	40.00	
1999	1	越南	独资	100.00	
2000	2	越南	独资1、合资1	206.40	
2001	1	越南	独资	120.00	
2003	3	越南、老挝、尼日利亚	独资1、合资2	383.32	
2004	2	越南、美国	独资	200.00	
2005	3	香港、越南	独资1、合资1、办事处1	26.88	
2006	8	越南、印度尼西亚、安哥拉	独资3、合资3、办事处2	3012.00	16763.00
2007	8	越南、日本、孟加拉、澳门	独资4、合资1、办事处3	346.27	
2008	9	越南、印度尼西亚、香港	独资1、合资6、办事处2	5717.25	4768.68
2009	6	越南、安哥拉、香港	合资4、独资2	2020 .00	

注:1996~1998年、2002年无企业到境外投资

(阮兆剑)

利用外资

【概　况】 南宁市自1981年批准设立第一家外商投资企业以来，至2009年末，累计吸收外商直接投资合同金额55.83亿美元，实际利用外资35.89亿美元，项目1695个。吸引来自美国、英国、德国、法国、加拿大、瑞典、澳大利亚、日本、韩国、泰国、新加坡、马来西亚、印度尼西亚及香港、澳门、中国台湾等30多个国家和地区，包括美国可口可乐、沃尔玛、德国赢创、日本富士及丰达、泰国正大、香港华润、台湾富士康及麦斯集团等知名大企业来南宁投资。按外资实际到位排前15位的国家和地区是：香港、维尔京群岛、新加坡、泰国、台湾、日本、美国、法国、澳大利亚、德国、马来西亚、英国、韩国、澳门、西萨摩亚。　　　　（张　旭　刘　玲）

【外资审批与管理】

外资审批　2009年，南宁市批准外商投资企业56家，合同利用外资额5.23亿美元，在全自治区14个地市中排名第一，新批合同外资额和新批项目数分别占全自治区总数32.60%和33.90%。其中，新批合同外资额4.06亿美元，企业增、减资及股权转让涉及合同外资额1.17亿美元。全年新批或新增投资总额1000万美元以上的外资企业26家，合同利用外资额4.89亿美元，占全年合同利用外资93.49%。其中：广西航洋万豪酒店管理有限公司合同外资额5854万美元、华润置地（南宁）有限公司新增合同外资额5678万美元、南宁富光星体育娱乐有限公司合同外资额3367万美元、广西祥桂实业有限公司合同外资额3337万美元、广西庆泰实业开发有限责任公司合同外资额3000万美元、广西中港汉泰商贸有限公司合同外资额3000万美元、广西英美特生物技术有限公司合同外资额2510万美元、广西大行新能源开发有限公司合同外资额1980万美元、广西华隆农业技术发展有限公司合同外资额1979万美元、南宁东成邦电子有限公司合同外资额1800万美元、南宁浚朗科技有限公司新增合同外资额1800万美元、广西南宁荣荣大酒店有限公司合同外资额1793万美元、南宁泰盛铨电子有限公司合同外资额1500万美元、南宁宝信发软件有限公司合同外资额1500万美元、嘉汉板业（南宁）发展有限公司新增合同外资额1400万美元、广西汶桂国际经贸发展有限公司合同外资额1389万美元。

外资审批管理　南宁市招商促进局围绕“转变工作作风、提高审批工作效率、规范外资审批与管理、提高利用外资水平”的工作目标，采取有效措施推进外资审批工作创新与提高。一是贯彻执行国家法律法规、产业政策和外资准入政策，将自主创新、节能环保、资源综合集约利用、保障和促进就业等纳入外资审批管理重点范畴，在批准文件中体现相关要求，提高外资审批效率和管理水平。二是推进外商投资企业设立审批工作提速，严格遵守首问负责制、限时办结制、责任追究制三项制度，所有办理事项对外承诺办结时限为3个工作日，实际办结时限为2.17天，为全自治区办结时限最短，承诺提速达到95.18%。加强对外资重大项目的协调与服务，建立绿色通道，改进审批代办服务工作，为外国投资者代办项目核准、合同章程审批、公司登记注册、开工报建等行政审批事项。三是加强在市政务中心审批窗口的建设与管理，制订窗口接待办事工作规范，窗口办事人员在工作时必须做到主动热情、服务周到、言行规范、文明礼貌、诚信守诺，年内两次被评为优质服务岗，办理事项满意率100%。四是加强和规范基层招商部门的外资审批管理工作，组织编印《南宁市外商投资企业审批工作手册》，对审批

2009年南宁市外商投资企业情况

单位：万美元

		项目数	投资总额	注册资本	合同外资额
按投资方式分	合资	13	13307	13838	5141
	合作	5	33168	12534	11701
	外资	38	43988	36161	35491
	股份				
按国民经济行业门类分	农业	1	4742	3188	2513
	采掘业	1	1900	1200	1200
	制造业	18	28336	19346	15841
	交通运输、仓储和邮政业	0	4000	3780	799
	应用软件服务	3	5645	7445	5886
	批发零售业	15	18300	6529	6073
	餐饮业	6	11802	8969	8969
	房地产	2	10697	7432	6598
	租赁商务服务、社会经济咨询、企业管理机构	5	562	368	187
	工程管理服务、技术服务、地质勘察	4	1112	909	900
	文化、体育和娱乐业	1	3367	3367	3367
按投资国别地区分	中国	1	210	210	-465
	中国香港	35	66014	46961	41398
	中国澳门	1	205	146	72
	中国台湾	6	580	374	93
	韩国	3	3369	3369	3369
	新加坡	1	150	105	75
	马来西亚	0	0	250	250
	英国	0	3743	1119	309
	加拿大	1	150	97	38
	美国	2	5176	5176	2528
	英属维尔京群岛	2	2771	1191	1191
	瑞典	0	2800	1051	1051
	萨摩亚	0	1000	1000	1000
	比利时	1	7	7	7
	开曼群岛	1	102	73	13
	塞舌尔	1	20	15	15
	文莱	1	4166	1389	1389

（张　旭　徐春伟）

事项、审批权限、设立流程、办事指南、工作流程、注册资本与投资总额比例规定、出资期限管理进行认真梳理。五是加强招商网站建设,大力推进政务公开,落实行政许可"十公开"(即许可依据、事项、申办材料、程序、办事时限、办理部门、办理人身份、办理进度、收费标准、投诉)等制度,除了涉密和特殊要求的事项外,相关招商引资政策、重点招商引资项目、外资企业设立办事指南、合同章程等申请材料范本,都通过"南宁市招商引资网站"及时在网上公开并及时更新。六是加强网上审批与利用外资统计工作,推进电子政务建设,开通外商投资企业联网审批和利用外资统计系统,实现与自治区商务厅、国家商务部外资企业审批管理系统的互联互通,便于商务部、自治区商务厅加强对市级外资审批工作的监督与管理。（张　旭　徐春伟）

【外企管理与服务】 2009年,南宁市招商促进局结合开展"服务企业年"活动,改进和优化外商投资企业服务工作,营造"亲商、爱商、扶商"的良好氛围,使外商投资企业安心南宁投资、生活生产经营正常运转。成立综合组、服务企业宣传组以及建筑与房地产业、工业、商贸物流业、农业企业、法制等5个服务组,把各服务组的工作分解到每个局领导和每个科室,形成局一把手亲自抓,副职领导具体抓,各科室都担负服务企业任务的格局。有针对性地开展各项协调服务企业的工作,为金皇品食品公司协调解决临时卫生许可证、工商变更问题;为航洋万豪酒店协调市烟草专卖局,解决其酒店经营烟草专卖问题,同时协调市工商局为其办理营业执照变更问题;主动联系市污水处理分公司,为中达丰田公司协调地面下沉问题;调研三一重工机械项目未落地原因,并向市政府拟写《关于广西三一机械公司项目用地调查情况的汇报》,以便市领导主持召开协调会;协助南宁桂宝汽车服务公司了解新建厂房验收办证和有关部门收费政策问题;跟踪了解和昌化工公司有关采矿权、探矿权问题的解决渠道;与市监察局对接并参加上林县龙口水泥厂问题的联合调查组工作;先后为广西香港街房地产有限公司、可口可乐(广西)饮料有限公司、华润置地(南宁)有限公司、华润五丰行、台湾街、广西斯道拉恩索林业公司、南宁赢创美诗药业有限公司、广西汇杰科技饲料有限公司等30多家外来投资企业,协调解决在生产和建设过程中存在的实际困难和问题,加快推进项目的落地建设与实施;先后与市劳动保障局、市外商投资企业协会联合举办南宁市外商投资企业劳动用工专场招聘会,组织20多家外商投资企业参加招聘,向社会提供520多个就业岗位;与市国税局、外企协会共同举办外商投资企业所得税年度纳税申报实物专题培训,组织380多名外商投资企业财会人员参加培训;联合市外办收集了解南宁市外商投资企业中的外籍人士、海外侨胞和港澳台同胞情况,推荐符合条件的人选参加南宁市荣誉市民评选活动。做好外企联合年检工作,与市财政局、国税局、地税局、工商局、统计局和自治区外汇管理局等部门每年对外商投资企业联合年检,及通过对新批项目资金到位的督办,强化企业管理,促进南宁市企业健康发展。（李　兴）

【外企协会活动】 2009年,南宁市外商企业协会先后到武鸣县、南宁—东盟经济园区、南宁高新技术产业开发区、南宁经济技术开发区、广西良庆区沿海开发区等外资企业进行调研。走访部分会员企业,听取企业对南宁市投资政策、环境的意见和建议,帮助会员企业启仲化工(广西)有限公司董事长的子女解决入学就读问题,帮助理事企业信昌机器公司外籍人士协调解决与广西东方航洋商业管理有限公司的租赁合同纠纷问题。通过与市交警支队沟通,方便外企外籍高管人员报考申领驾驶证,先后在11月和12月两次组织20多名外企外籍高管人员集中到市车管所进行考试申领驾驶证。举办外商投资企业春、秋两季劳动用工专场招聘会,向社会提供500多个就业岗位。组织会员企业参加中国—东盟博览会活动,为会员企业办理参会证件80多张,并推介招商项目。继续开展外商医疗优诊服务活动,为在南宁市工作的外商投资企业管理人员办理医疗优诊卡40多张,累计办理300多张,方便外商就诊。举办2009年经济发展与形势分析会,为30多家外商投资企业高管人员分析当前经济形势。举办外商投资企业所得税年度纳税申报专题培训班,培训360多家外商投资企业财会人员。在国庆60周年、中国—东盟博览会期间,先后接待并安排中央电视台、广西电视台、南宁电视台、《南宁日报》等媒体采访南宁培力药业、和昌化工、荣宝昌房地产、广西巨星科技等企业。开展外企之间互访交流活动,通过互访交流互相学习,互通信息。举办外商投资企业迎春茶话会和迎中秋庆国庆茶话会等活动,组织会员企业与政府各部门进行沟通、交流。（文建宁）

9月29日,南宁市外来投资者迎中秋、庆国庆茶话会召开　　闭耕毓　摄

2009年南宁市主要外商投资企业情况

企业名称	行业	投资总额（万美元）	注册资本（万美元）	外商出资额（万美元）	销售（营业）收入（万元）	纳税总额（万元）	利润总额（万元）	从业人数
广西来宾法资发电有限公司	电力生产供应业	15400	15400	15400	228779	34085	69658	15
丰达电机（南宁）有限公司	制造业	1300	1300	1300	78459	27045	10715	5000
广西永凯糖业有限责任公司	制造业	14535	4849	4849	109910	11962	21496	3550
华润水泥（南宁）有限公司	制造业	15690	5520	5520	88794	7020		850
南宁青岛啤酒有限公司	制造业	14457	8795	2198	29570	5329	1320	395
南宁澳华房地产有限公司	房地产业	725	423	135	57143	4539		47
可口可乐（广西）饮料有限公司	制造业	2300	1520	1520	56477	3826	4947	1207
南宁柏联百盛商业有限公司	商贸业	362	242	242	54708	2733	5477	1800
南宁肯德基有限公司	餐饮服务业	386	270	270	31750	2709	4160	2100
阳光新业地产股份有限公司	房地产业	7248	7248	2111		2695	80720	424
南宁中达丰田汽车销售服务有限公司	批发零售业	796	398	398	49251	1923	2851	143
广西丰林木业集团股份有限公司	制造业	2515	2515	2053	24765	1574	3090	500
南宁中达桂宝汽车服务有限公司	批发零售业	600	300	300	39366	1312	1805	95
广西巨星科技有限公司	制造业	2500	1400	1300	3600	1200	500	250
南宁冠星汽车服务有限公司	批发零售业	264	185	111	35527	1153	918	109
广西南南铝箔有限责任公司	制造业	5538	2850	1044	28649	1117	20	317
广西南宁嘉泰水泥制品有限公司	制造业	500	500	500	13379	918	324	240
南宁美时纸业有限责任公司	制造业	2404	2265	566	26027	897	680	246
南宁富宁精密电子有限公司	制造业	2450	980	980	50235	796	3731	2185
广西彼得汉预混饲料有限公司	制造业	223	223	187	6965	520	1443	119
培力（南宁）药业有限公司	制造业	779	389	389	5552	519	1204	215
南宁利通树脂有限公司	制造业	389	344	344	12820	511	1046	45
市嘉大混凝土有限公司	制造业	180	180	180	7665	470	829	72
南宁康福交通有限公司	交通运输业	600	400	320	3667	466	1430	22
南宁正大畜牧有限公司	制造业	1332	677	677	64472	451	1372	376
南宁中富包装有限公司	制造业	391	338	85	8245	444	875	128
南宁泰格金属制品有限公司	制造业	761	381	381	5210	400	73	300
广西澳宁电线电缆有限公司	制造业	497	304	149	8298	399	601	93
广西汇杰科技饲料有限公司	制造业	2223	2223	2223	12845	382	1453	122
南宁金龙实业有限公司	制造业	1053	754	68	7374	364	25	238

（廖一春）

2009年南宁市招商引资情况

统计项目名称	外资（万美元）				
	新批合同外资项目个数	新批合同外资总投资额	新批合同外资	实际利用外资（自治区全口径）	直接利用外资（商务部口径）
按产业划分				30278	27845
第一产业	1	4742	2513	110	110
第二产业	19	30236	17041	12033	10420
第三产业	36	55485	32776	18135	17315
三产合计	56	90463	52330		
工业项目	19	30236	17041		
东盟10国	2	4316	1714	966	460
按投资和引进规模划分					
投资1千万元以上项目				42	40
合同外资1千万元以上项目				12	10
投资额1千万美元以上项目				26	24
按行业划分				30278	27845
农、林、牧、渔业	1	4742	2513	110	110
采掘业	1	1900	1200	27	27
制造业	18	28336	15841	11757	10144
电力、煤气及水的生产和供应业				249	249
交通运输、仓储和邮政业	0	4000	799	20	20
信息传输、计算机服务和软件业	3	5645	5886	3165	3165
批发和零售业	15	18300	6070	844	762
住宿和餐饮业	6	11802	8969	162	112
房地产业	2	10697	6598	13539	12855
租赁和商务服务业	5	562	187	386	382
科学研究、技术服务和地质勘查业	4	1112	900	19	19
文化、体育和娱乐业	1	3367	3367		
按国家和地区划分					
香港	35	66014	41398	17354	16485
澳门	1	205	72	256	256
台湾	6	580	93	264	260
日本				135	135
韩国	3	3369	3369	446	412
柬埔寨				6	6
文莱	1	4166	1389	53	53
美国	2	5176	2528		
加拿大	1	150	38	17	2
英国	0	3743	309	18	
法国				3	
德国				816	
英属维尔京群岛	2	2771	1191	9495	9331
泰国				119	119
新加坡	1	150	75	634	128
马来西亚	0		250	154	154
瑞典	0	2800	1051	8	4
萨摩亚	0	1000	1000	199	199
比利时	1	7	7	180	180
开曼群岛	1	102	13	121	121
塞舌尔	1	20	15		
中国	1	210	−465		

（刘　玲）

责任编辑　余朝霞　方　明

旅 游 业

综 述

【概 况】 2009年，南宁市有旅行社79家，其中出境旅行社13家，一般旅行社56家，分社10家。有英、日、法、越、朝鲜、泰等国语种及中文普通话持证导游员2450人。星级饭店84家。其中：五星级6家，四星级12家，三星级29家，二星级37家（含县区5家）。总客房1.50万间，床位2.57万张。接待国内旅游者3071万人次，同比增长20.05%；国内旅游收入179.03亿元，同比增长26.78%；接待入境旅游者12.27万人次，旅游外汇收入2.69亿元；旅游总人数3083万人次，同比增长19.87%；旅游总收入181.72亿元，同比增长26.13%。旅游总人数、总收入均居自治区第一。无重大旅游投诉事件、重大旅游安全责任事故发生。

【招商引资】 2009年，第六届中国—东盟博览会期间，南宁市旅游局邀请香港紫荆湾游艇发展有限公司、绿源（亚太）控股有限公司、澳门航空股份有限公司、广西金沙选矿机械有限公司来南宁进行旅游项目的投资考察。客商对邕宁、大明山、马山等地的旅游项目开发产生了浓厚兴趣。南宁市与广西金沙选矿机械有限公司签订投资1.70亿元建设东盟旅游集散中心的意向书、与广西国悦九曲湾温泉旅游有限公司签订投资2000万元建设九曲湾温泉水上乐园的协议。

（周思伶）

【森林旅游营运】 2009年，南宁市开展森林旅游业务的有南宁石门森林公园、大明山国家级自然保护区、广西南宁龙虎山自然保护区、广西九龙瀑布群森林公园4家，经营收入962.40万元。其中：门票收入536.80万元，食宿收入193.20万元，其他收入222.40万元。旅游接待92.03万人次。其中：南宁石门森林公园职工60人，经营收入196.40万元，旅游接待78.20万人次；广西九龙瀑布群森林公园职工20人，经营收入60万元（门票收入54万元，其他收入6万元），旅游接待2万人次；大明山国家级自然保护区管理局职工287人，导游人员7人，经营收入356万元（门票收入172.80万元，食宿收入183.20万元），旅游接待5.50万人次；广西南宁龙虎山自然保护区职工65人，导游人员9人，旅游收入350万元（门票收入310万元，食宿收入10万元，娱乐收入10万元，其他收入20万元），旅游接待6.33万人次。

（李青兰）

【南宁被评为中国青年喜爱的旅游目的地城市】 2010年7月，由《中国青年报》、中国旅游协会联合举办的“2009年中国青年喜爱的旅游目的地”评选活动在威海市揭晓。南宁市凭借独特的旅游地理位置、快速发展的旅游产业、丰富的旅游资源、良好的旅游环境、环境优美的城市旅游形象和优良的旅游产品，通过层层筛选，与青岛、洛阳、苏州、南京、昆明、上海、雅安、威海、西安等城市共同获“中国青年喜爱的旅游目的地城市”称号，这是继南宁市获中国优秀旅游城市之后的又一殊荣。该评选活动每年进行一次，自2006年启动以来，已成功举办4届。活动以公众通过网络和报纸投票，邀请全国青年任意提名自己喜爱的、符合评选规则的城市和景区景点，再由主办方联合旅游专业人士，从提名位列前30名的城市中，根据“自然、人文环境是否友好，休闲及舒适度是否让人满意，居民是否友好，交通是否便捷，社会治安是否良好，是否重视环保和生态建设”等十几个方面，对入围城市进行集中投票和综合评审，并通过相关媒体进行公示，最终选出10个中国青年喜爱的旅游目的地城市和景区景点。

（梁 坤）

旅游资源

【概 况】 南宁市旅游资源丰富，分布广，种类齐，数量多，相对集中在市区和各县城附近，具有浓郁的壮族风情和亚热带风光特色。2009年，全市共有旅游景区景点100多个，主要旅游景区景点35个。其中：国家4A级旅游景区8个，3A级旅游景区10个，全国工农业旅游示范点6个，广西工农业旅游示范点12个。其中新增大明山风景区、广西科技馆2家国家4A级旅游景区。

河流湖泊与水景 有邕江、左江、右江、红水河四大江河，两岸风光秀丽，部分河段具有开发潜力和开发价值。许多短小溪流因山地落差较大，形成瀑布景观，以大明山龙尾瀑布、广西九龙瀑布群较有名。人工水库遍布南宁市，具有丰富的湖泊景观资源，如南湖、凤凰湖、金沙湖、大龙湖、西津湖、龙潭等。其中大龙湖水库是世界十大岩溶水库之一，湖边奇峰突兀，造型各异，14个岛屿点缀湖中，景色秀丽。

流水侵蚀地貌与岩浆侵蚀喀斯特地貌景观 流水作用所形成的侵蚀剥蚀低山丘陵，主要有青秀山、五象岭、昆仑关等，多栽种松树、杉树及绿阔乔木林，形成绿色森林植被景观。喀斯特地貌主要有伊岭岩、金伦洞等溶洞。其中金伦洞是广西喀斯特地貌最长、最大、最深的原始石漠山洞，穿越12座山腹，河穿岩中过，水自洞中流，游程10公里，洞内石钟乳、石柱、石幔千姿百态。

温 泉 主要有九曲湾温泉、嘉和城温泉和那马温泉。九曲湾温泉和嘉和

城温泉均位于兴宁区，距市区12公里左右，交通便捷，泉水水温常年在53℃~69℃之间，来自地下1200~1300米深处的地层，含多种微量元素矿物质，对人体有良好的保健作用。那马温泉位于良庆区，距市区20公里，泉水来自1200米地下的深层地热，温度最高38℃，是一种淡温型医疗矿水。

动植物景观　南宁气候温和，适于动植物繁衍生息。广西药用植物园现存植物3000多种，其物种比明代李时珍的《本草纲目》记载的中草药多出1000多种；金花茶公园拥有全国乃至世界最大的金花茶基因库，种植着国家一级重点保护植物金花茶。大明山自然保护区有植物2023种，包括国家一级保护的珍稀濒危树种钟萼木；国家保护动物如黑叶猴、飞虎(鼯鼠)、苏门羚、原鸡、大小灵猫等36种。还有广西南宁龙虎山自然保护区、良凤江国家森林公园、老虎岭森林公园、五象岭森林公园、广西九龙瀑布群森林公园。共有森林植物180科600多属3000多种；哺乳动物60多种，爬行及两栖类动物60多种，鸟类150多种。

古遗址与文物　主要有新石器时代的顶蛳山贝丘遗址、豹子头贝丘遗址、灰窖田贝丘遗址，唐智城垌古城垌遗址，明清伏波庙，以及始建于南明的兴陵、清代的新会书院、两湖会馆、粤东会馆、思恩府试院、邕江防洪古堤等。

宗教庙寺建筑与古塔　庙寺主要有青秀山观音禅寺、水月庵；明清伏波庙，宋代的应天寺，清代的五圣宫、北帝庙等保存完好或已修复。还有天主教堂、基督教堂、清真寺等。古塔有始建于明代的龙象塔(20世纪80年代重修)，清代的秀峰塔、文江塔、承露塔等。

近现代文物遗址与当代城市建筑　主要有中共广西省"一大"旧址、共青团南宁地委旧址、昆仑关战役旧址、桂南战役阵亡将士纪念亭等，这些文物遗址既有旅游价值，又是爱国主义教育、革命传统教育的基地。南宁国际会展中心、南湖水幕电影综合水景、埌东新区、广西人民会堂、民族广场、邕江堤路园、民族大道、朝阳路万达商业广场、地王大厦等充满现代都市气息。其中：南宁国际会展中心已成为南宁市标志性建筑；民族大道全长12公里，栽种各树种5万多株，为广西最长、最宽、最亮丽的园林生态大道。

古代摩崖石刻与古碑石刻　主要有唐代智城碑和六合坚固大宅颂碑石刻、青秀山摩崖石刻、青龙崖石刻、明代灵水石刻、清代起凤山石刻、凿字山石刻、六公祠碑刻、雷婆岭摩崖石刻等，具有较高的文化历史与观赏价值。其中被誉为岭南第一碑的唐代六合坚固大宅颂碑，从侧面反映了当时少数民族地区政治、经济、文化状况以及激烈的阶级斗争，是广西较早用汉文记载少数民族文化生活事件的碑刻，对研究壮族历史、文化具有十分重要的意义。

壮族风情与地方文化习俗　南宁是一个以壮族为主、多民族聚居的首府城市，广西博物馆素有"壮乡辞典"之誉，壮族的风土人情、生活习俗、服饰装束、文化艺术等均保留着本民族的特色。"三月三"歌圩、炮龙节、春牛舞、师公戏、抢花炮、打扁担舞、农具节、达努节、邕州老街庙会、蒲庙开圩纪念日、关公磨刀诞、壮族三声部民歌等具有鲜明的地方民族文化特点。此外，南宁的杧果、菠萝蜜、菠萝、荔枝、龙眼、红龙果、西瓜等各色水果，横县茉莉花茶、上林香米、马山黑山羊、隆安板栗以及南宁老友面、绿豆粽、粉虫、粉饺、蒲庙生榨米粉、吴圩牛杂、灵马鲶鱼、高峰柠檬鸭、宾阳酸粉等特产与地方小吃吸引众多游客。　(梁一家)

旅游景区开发建设

【青秀山风景名胜旅游区】

概　况　2009年，青秀山风景名胜旅游区新征收土地197.03公顷，用于营造林工程、森林植物园工程建设，使景区面积扩大了30%。景区入园游客157万人次，其中购票入园游客137万人次，比上年增长16.06%。旅游经营收入2500多万元，完成目标任务125%。加强花卉苗木生产，生产花卉苗木246.46万袋(盆)。丰富景区物种多样性，引进植物新种雪松、樱花、黄金香柳、紫穗槐等1215种，使景区原有植物品种由1116种提高至2331种。

(戚　浩)

景区建设　以重点项目建设为突破口，加快推进青秀山森林公园建设。青秀山生态保护工程、营造林工程、森林植物园、3万株大树种植工程和北门区工程等5个项目列入南宁市城建计划，核心景区改造提升工程列为风景区重点建设项目，全年完成固定资产投资6.33亿元。其中，营造林工程年内基本完成所有前期手续，进入施工招投标阶段；森林植物园工程一期完成初步设计编制阶段，项目重新立项；北门区工程完成规划设计方案并经专家评审会及规工会评审通过。按照市委、市政府"建设生态南宁年内种植20万株大树工程"的要求，种植扁桃、苹婆、人面果、榕树、木棉等大树(胸径大于10厘米)3.14万株。新建和改造提升核心景区拓展乐园、长廊、壮元泉文化园、东盟友谊园、苏铁园、洞虚馆、天池等一批精品景点景观；完善3.90公里边界围墙、3.20公里人车分流步行道、遮风挡雨设施、烧烤场、售票房、生态公厕、视频监控系统、LED显示屏等旅游基础设施和配套设施。　(戚　浩　张令佳)

青秀山塔影天池　　夏海平提供

景区管理　青秀山管委会下属公司按照分区分级养护管理的模式，加强核心景区，生态工程一期、二期共601.83公顷的绿化养护。完善激励机制和目标考核管理，完成新一轮竞聘上岗工作。加强员工素质培训，提高宣传品服务人员和导游员的“微笑服务、优质服务”水平。加大对商业网点文明守法经营的定期检查。景区无森林火灾、林木盗伐案件发生，成功扑灭火警1起；无刑事案件发生，治安案件发生3起，比上年下降50%；无责任交通事故，一般交通事故发生2次，下降30%；无安全责任事故。

生态保护工程　2007年3月开工建设。计划总投资4.72亿元，累计完成投资4.52亿元，2009年完成投资1.02亿元。一期工程种植灌木136.27万株、乔木10.50万株，修建道路1.60公里，铺设灌溉管道1.50万米及完成种苗基地工程前期工作等；二期工程基本完成环湖滨水景观带环境建设。

风景名胜资源保护　青秀山管委会按照《南宁市青秀山风景名胜区条例》，对文物、重点景观、古树名木实施专项保护，做到对文化古迹有保护机构、保护范围、保护标志、记录档案。大力抓好生态示范区建设，提高森林覆盖率，古建筑、古树名木保护率和可绿化率均100%。森林植被保护率98%。进一步提高工程固定废弃物综合利用率，生活垃圾无害化处理率80%以上，景区废水、废气、粉尘得到妥善处置并达标排放；景区内环境噪声、交通干线噪声平均值达标。

（戚　浩）

招商引资　青秀山管委会新签订投资合同2份，合同引进内资3.92亿元，实际到位资金累计6.08亿元；实际利用外资累计210万美元。辖区盛天华府项目列为南宁市招商引资“大兑现”项目，到位资金1.06亿元。（覃　华）

新春系列活动　以“新春祈福、登高眺远、牛年行大运”为主题。春节期间推出登高祈福之路、健康之路、爱情之路3条登高祈福行运路线和Q版国际“斗牛”大赛、牛人牛饮挑战赛、QQ牛乐园、龙狮闹春、新春花展等活动。

桃花艺术节　活动时间为2月13日至3月15日，有芦笙踩堂、卡通牛乐队、古装Cosplay秀、“囍”字桃花阵、生肖姻缘交友、挂“缘分卡”等活动。截至3月15日桃花节结束，春季购票游客数比上年同期增长19%。

拓展活动　4月18日，与广西电视台综艺频道合办“广西电视台综艺频率10周年庆典”，以《夺宝奇兵》大型娱乐竞技为主，穿插青春热舞、绝技绝活、魔术、家庭X行动等节目，向全自治区直播近5个小时。“五一”假期利用景区新建成的水上拓展乐园、陆上拓展基地开展主题活动。8月底至9月，利用周末开展“南宁铁人挑战赛”活动，近千名拓展好手参与竞技，活动期间游客数同比增长14%。

国庆系列活动　以“收获喜庆、团圆快乐”为主题。包括大型花展、中秋夜“团圆”灯会、南宁铁人冠军总决赛、“森林氧吧”健身游等活动内容。活动期间购票游客数同比增长30%。

（戚　浩　张余佳）

【大明山风景旅游区】

概　况　大明山位于武鸣县东北部，横跨武鸣、上林、马山、宾阳4个县，平均海拔1200米，主峰龙头山海拔1760米，为桂中第一峰。2002年7月，经国务院批准成为国家级自然保护区。保护区总面积约1.70万公顷，有林面积约1.50万公顷，森林覆盖率93.80%，负氧离子平均每立方厘米含量10万个以上，最高30万个以上，以多样性山地森林生态系统及珍稀濒危特有动植物资源为主要保护对象。动植物资源丰富。有维管束植物209科764属2023种，分别占广西植物区系列科、属、种的73.90%、43%和28%。野生脊椎动物31目90科208属294种。其中：鸟类151种，哺乳类动物60种，爬行类动物42种，两栖类动物19种，鱼类动物22种。294种野生脊椎动物中，有中国一级保护动物黑叶猴、蟒蛇2种，中国二级保护动物34种，中国保护的有益动物196种。2023种植物中，有中国一级保护植物钟萼木1种；中国二级保护植物桫椤、格木、白豆杉、福建柏、观光木、马蹄参、紫荆木等19种；中国三级保护植物9种，特有种88种，只局限于大明山的特有种30多种。大明山旅游景区主要景点有：龙头山，橄榄幽谷（深沟峡谷长35公里、深约500米、最宽处1200米），锦绣峡谷，望兵山（海拔1506米），水陈峰（海拔1451米），迎客奇峰，傧鄊神女峰（海拔100米以上），将军峰（海拔200米），夕照石林，层峦叠翠，仙女下凡，仙人台，莲花台，金龟戏水，壮乡田园，龙尾第一、第二、第三瀑布，龙腾半岛，绿色林海，原始森林，大明山不老松，老苞铁杉，灯笼花苑，杜鹃泛艳，高山草甸，红花荷廊，地龙，高山矮林，大板根，杨梅王，南疆冰雪，云雾烟雨，明山佛光，望兵日出，天际怪声，古道，六毛屯，天坪仙圩，何旺堡，黄忠立故宅，那克护林碑等。大明山风景旅游区是中国野生动物保护科普教育基地、中国—东盟博览会接待基地、中国东盟形象大使培训基地、中国少数民族宗教研究基地、中国少数民族文学研究基地、广西生态学教学基

大明山草亭观雪　　冯汝君　摄

地、广西最好玩的十个地方之一和南宁最具休闲养生特色景区；“大明山夏至养生旅游节”被中国国家旅游局列入2009年生态旅游年的主要节庆活动之一。4月18~19日，大明山管委会举办“南国壮都”古骆越文化项目论证会。广西大明山开发有限责任公司与广西东懋集团有限公司签订了合作开发大明山骆越古都文化旅游项目的协议，协议约定将先后投资60亿元，在大明山脚6.63平方公里规划区内建设骆越古都文化旅游景观和相关旅游服务配套设施，打造广西壮族文化旅游名片。骆越古都文化旅游项目的建成，将对大明山的原始自然生态起到积极保护的作用，并将有效地促进东南亚各国的旅游互动。9月，国家旅游局《北部湾旅游发展规划》明确将南宁大明山国际山地生态度假旅游区列入2009~2012年北部湾旅游发展重点突破阶段的重点地区。12月，经国家旅游局评审，大明山被评为国家4A级旅游景区。同时，大明山景区被国际生态合作组织命名为“国际生态安全旅游示范基地”。森林覆盖率与绿化率由1990年的93.20%上升到2009年的98.90%。保护区连续保持第21个无火灾安全生产事故年。

旅游基础设施建设　大明山风景旅游区拥有旅游专用线府雷二级公路，由都南高速公路府城出口处至大明山入口服务区，全长约19公里，从南宁市区到大明山的车程由原来的2个多小时缩短至1小时；有入口处、灯笼花苑、观雪亭、冰凌雾凇、龙亭、云龙佛光、天坪服务区、养生之旅、爱心草坪、龙母文化园、飞鹰峰11个停车场，可停放车辆1000多辆；设置生态厕所34座；有可容纳5000~6000人活动的天坪广场，内有一个露天大舞台，可供歌舞、风情表演之用，设有各种特色小吃和独具特色的旅游商品出售点，是景区内最大的饮食、游乐、购物场所。建有气象观测站、自来水净化、高压变电等设施，开通了程控电话、移动电话。有可供游客食宿的大明山专家楼、培训中心、龙腾楼、大明山宾馆、观日山庄等，床位600多个，餐厅可容纳2000多人同时就餐。年内，大明山旅游区向游客开放的游道有揽胜之旅、神奇之旅、养生之旅、休闲之旅、仙境之旅5条线路，正在建设完善的有朝圣之旅、探秘之旅、临崖之旅3条游道；主要有橄榄大峡谷、不老松、飞鹰峰、金龟瀑布等主打景点和163个景点，形成比较完善的旅游基础设施和配套设施。初步建成为一个以观光休闲为基础，以度假疗养为核心，以民族文化旅游为品牌，以科考教育和户外运动为特色的全年度综合性旅游目的地。

（南宁大明山风景旅游区管委会）

【昆仑关风景区】

概　况　昆仑关位于兴宁区与宾阳县交界处，距昆仑镇约3公里的暗探山和领兵山的山隘上，距市区56公里、宾阳县城30.50公里，是中国十大名关之一，具有险要的地理位置和深厚的历史文化资源。以昆仑关定名的昆仑关景区融自然资源和历史人文景观为一体，成为不可多得的混合文化遗产、名胜古迹和旅游景点。昆仑关景区以昆仑关为中心，由昆仑山、抵宝山、领兵山、之堪山、大象山和草帽山围合而成，面积约70公顷。昆仑关战役旧址文物保护范围：以纪念塔为中心，北、西、南三面至旧邕宾公路外侧，东面以昆仑古道为基线外延50米范围内。包括抵宝山和暗探山，面积约17.75公顷，主要有南牌坊、北牌坊、纪念塔、将士墓、纪念碑亭、古关楼、古驿道、中村正雄墓等文物建筑。旧址内的文物建筑保存良好，是南宁市为数不多的有关抗战题材的大战旧址，具有较高的历史文化价值。发生在1939年末的昆仑关战役，享誉海内外，是抗日战争期间中国军民抗击日本侵略军的首次攻坚大捷。昆仑关战役和现存的昆仑关战役遗址是中华民族的精神财富，也是南宁人民的骄傲。2006年6月，昆仑关战役旧址被国务院公布为全国重点文物保护单位。2007年4月，昆仑关景区旅游正式纳入《环大明山旅游带总体规划》，规划将昆仑关景区定位为抗战文化旅游区。2008年，昆仑关战役博物馆建成并对外开放，昆仑关景区被评为国家3A级景区。昆仑关战役旧址也是全国首批国家国防教育示范基地、自治区级爱国主义教育基地和南宁市最具历史纪念意义景区。

景区项目建设　2009年，南宁市重修千年古关昆仑关关楼；完成景区南牌坊区道路路口和停车场改造工程；南北门区建设用地开展征地拆迁，绿化工作完成2008年冰冻灾害补种任务。修建20平方米的广场公厕1座，整改了博物馆公厕。规范景区经营秩序，新建经营铺面20个，更换新型环保果皮箱70个，新设景区景点宣传简介说明牌和指示牌8个，方便游客在景区内的参观游览。

旅游主题活动　管委会做好一年一度的农历五月十三日“关公节”民俗文化活动引导和安全保卫工作，确保活动期间安全稳定有序。有近10万人到昆仑关景区开展参观、祭拜抗日英烈等。清明节期间配合市文明办、市教育局等单位开展清明祭扫活动。3月12日，与广西机电公司、市广电局在昆仑关景区开展种植“爱心林”活动；21日，与南宁晚报社、广西盛天集团开展种植“南宁晚报读者林”活动。接待全国人大常委会原副委员长盛华仁及国家相关部门领导和部分省、市以及部队领导人，自治区、民革南宁市委会组织的参观团，还接待了抗战将领和老兵及亲属。累计接待游客逾50万人次。广西财经学院和民革南宁市委会在昆仑关战役博物馆挂牌设立爱国主义教育基地。11月，昆仑关战役旧址被中宣部、教育部、解放军总政治部和国家国防教育办公室命名为全国首批国家国防教育示范基地。

文物史料征集　通过各种渠道充实昆仑关战役博物馆馆藏内容，征集近200件（套）文物史料。其中日本侵略中国的内容刊物史料有5种共140本，为研究日本侵华战争、桂南会战、昆仑关战役提供珍贵的历史资料。征集一批日军和中国军队的武器装备实物，有日军出征图、军服、照相机、望远镜等。抗日将领戴安澜之子戴澄东向昆仑关战役博物馆捐献了一批从中国第二档案馆复印的文物史料。

《昆仑关文化丛书》出版　公开出版发行《昆仑关历代诗词联选》、《烽火昆仑—昆仑关军民抗战纪实》、《魂系昆仑关》及电影剧本《昆仑关大战》。制作参加西班牙影展获得金童奖的原版电影《铁血》故事片光碟5000张，及一批以昆仑关旅游保护开发的系列纪念品，有纪念徽章、帽子、奖章等。

12月18日，全国人大常委会副委员长、民革中央主席周铁农(中)在纪念昆仑关大捷70周年公祭抗战民族忠烈大典上宣读祭文　　周家志　摄

纪念昆仑关大捷70周年活动　民革中央、民革广西区委和南宁市政府联合举办纪念昆仑关大捷70周年活动。市委、市政府成立开展纪念昆仑关大捷70周年活动领导小组，领导小组下设办公室。昆仑关管委会配合做好学术研讨会、电影晚会、公祭活动、执行宴会和书画展活动的组织实施。12月17日，举办纪念昆仑关大捷70周年学术研讨会，以重温抗战历史、追忆先辈光辉业绩，缅怀抗日将士英勇事迹，共同探讨昆仑关战役的历史功绩和现实意义为主题，共收到学术论文40多篇。全国人大常委会副委员长、民革中央主席周铁农，海协会副会长王在希，全国侨联原主席庄炎林，民革中央副主席修福金，湖北省政协副主席郑心穗；自治区党委常委、市委书记车荣福，自治区人大常委会副主任刘新文，自治区台办主任刘侃；市领导胡建华、肖莺子、吴炜、唐济武等出席。同日晚，在市政府会议中心举行“纪念昆仑关大捷70周年电影晚会”。12月18日，在昆仑关战役阵亡将士墓园举行纪念昆仑关大捷70周年公祭抗战民族忠烈大典。周铁农、中国国民党副主席蒋孝严、自治区政协主席马铁山以及民革中央、民革广西区委有关领导，民革南宁市委成员、南宁市机关干部、学校师生、群众代表等上千人参加公祭大典。12月19日，举行纪念昆仑关大捷70周年书画展，共征集到书画作品500幅，展出300多幅，其中有上将、中将、少将等两岸将军作品150幅。　（徐晓芳）

旅游市场开发

【市场交流合作】 2009年，市旅游局组织旅游企业参加各种交易会、博览会、联谊会、旅游节等各类境内外旅游专业会展活动，推广、促销南宁旅游产品及精品线路；加大区域旅游联合营销力度，联合北部湾4+2城市旅游联盟成员单位开展旅游宣传促销，巩固、开拓国内旅游客源市场；做好各种境内外旅游考察团到南宁市考察旅游资源和旅游线路的各项工作，不断提高境内外旅游客源地的旅游买家对南宁市旅游资源的认知度和认同度；主动邀请北方城市来邕参加南宁城市冬季旅游推介会，着力开辟北方客源市场。

【旅游促销】 2009年，南宁市开展“广西人游广西”旅游宣传促销系列活动。配合自治区旅游局在市民族广场举行“广西人游广西”活动启动仪式，派发各种免费或优惠票券，受到公众的欢迎；配合国家旅游局开展“全国百城旅游宣传周”活动；推出“绿城畅游卡”，进一步刺激旅游消费需求，丰富“广西人游广西”活动的内容。加大旅游宣传力度，营造旅游消费良好舆论氛围，参与自治区旅游局在中央电视台一套“朝闻天下”、四套“大好河山”等栏目展播“天下风景，美在广西”广西旅游整体形象广告宣传，展示绿城南宁旅游整体形象，提升南宁市的旅游知名度；在《广西日报》、《南国早报》、南宁电视台等首府新闻媒体开辟旅游宣传专栏，对2009南宁月月旅游节、首府旅游黄金周主题活动、国际航线开通等开展系列专题、专栏宣传。推进旅游信息网建设，增加网上视频内容，通过旅游信息网对外发布各类通知、消息，进一步提升南宁旅游的知名度。完成《环大明山养生旅游实用手册》、《南宁旅游实用手册》(简体中文、繁体中文、英文3个版本)、《奇山秀水绿南宁》宣传光碟等宣传品的制作。加大广西旅游信息屏在全市星级饭店、景区、旅行社、机场和公共场所的布放密度，共布放85台。同时加大对旅游信息屏上架宣传资料投放的日常常态管理，确保做到上架旅游宣传品不缺货、不断货，保持广西旅游信息屏良好的资讯服务面貌，提高公共旅游咨询服务的广度。

【主要旅游活动】

举办南宁月月旅游节活动　2009年，市旅游局为活跃南宁旅游市场，加大对全市旅游节庆资源的整合、宣传和市场培育推广力度，推出精彩纷呈、特色各异的2009南宁月月旅游节系列活动，主要有：1月，“2009中国生态旅游年”广西开年仪式暨绿城生态一日游活动；2月，“百龙舞宾州”宾阳炮龙节；3月，第二届南宁赏花旅游节；4月，第三届嘉和城温泉泼水节；5月，“五一”旅游主题活动；6月，第二届环大明山养生旅游节；7月，科普旅游节、首届隆安亲水旅游节暨2009绿水江·广西山地户外运动公开赛；10月，西乡塘区香蕉旅游美食节石埠美丽南方分会场活动、青秀区伶俐镇渌口坡百家宴农家乐旅游节；11月，九曲湾温泉养生旅游节；12月，马山旅游美食节。培育、塑造一批市场吸引力较强的节庆旅游产品，提升南宁旅游的吸引力。

“南宁城市旅游名片”评选　评出南宁十大城市旅游名片及17个南宁城市旅

游名片单项奖，举办颁奖典礼，及时开展推广宣传。在第六届中国—东盟博览会召开前夕，制作《南宁城市旅游名片宣传手册》，发放到全市旅游星级饭店。运德集团等旅游企业开通多条旅游专线车辆，丰富了线路产品供给。

南宁饭店　　良　志提供

旅游行业管理

【旅游饭店管理】 2009年，南宁市加强星级饭店管理，推动星级饭店建设。开展年度星级饭店复核验收以及对三星级以下(含三星级)旅游星级饭店开展年度复核工作，促使星级饭店加强了对硬件设施的维护与更新，提高经营管理和服务质量，在硬件和软件上达标。推动饭店评定星级工作，环球国际大酒店、湘桂国际大酒店按照四星级标准进行酒店建设装修；世纪君悦大酒店、天妃商务酒店参评四星级，世纪君悦大酒店已通过四星级旅游饭店评审；嘉年华大酒店通过三星级旅游饭店评审。全市星级旅游饭店已达84家。广西沃顿国际大酒店、南宁饭店营业收入超亿元。

【旅行社管理】 2009年，南宁市做好《旅行社条例》的宣传贯彻及旅行社质量等级划分与评定工作。通过召开学习新条例培训班、组织旅行社召开座谈会等，在全行业大力宣传贯彻新的《旅行社条例》，促进旅游市场规范有序发展。组织开展旅行社质量等级评定工作，全市参评旅行社44家，其中评为五星级旅行社7家，四星级旅行社14家，三星级旅行社19家，二星级旅行社4家。因申请注销、歇业、无法联系、未做评定准备等原因列入黄榜的旅行社12家，被处以停业整顿列入黑榜的旅行社5家。广西中国国际旅行社、广西南宁中国旅行社产值超亿元。

【安全管理】 2009年，南宁市旅游业坚持“安全第一，预防为主”的方针，强化安全生产责任制，落实各项安全防范措施。开展安全生产培训教育，先后组织开展旅游安全知识培训教育、旅游企业负责人参加自治区旅游局举办的旅游安全培训班等，共培训2550人次。加强安全生产检查和安全隐患排查，开展春节、国庆等黄金周和“两会一节”安全生产大检查、旅游设施设备安全大检查、“平安行车旅游”等活动。先后制定下发安全生产大检查工作方案，组织有安监、卫生检疫、质监、消防、供电等相关部门共同参与的旅游景区(点)、旅游饭店等安全生产大检查5次，累计检查旅游饭店、旅行社、景区(点)企业813家次，出动检查人员160多人次，下达安全隐患整改通知及建议25份。二是结合旅游景区(点)等级评定和“两会一节”等重大节庆活动，加强对景区(点)道路交通安全隐患排查工作。督促景区严格按照标准做好安全设施、道路安全标志牌、停车场地、景区企业景区交通堵塞的处置预案，制定疏堵、分流措施。结合南宁市旅游行业特点，开展“安全生产三项行动”(执法行动、治理行动、宣传教育行动)活动，成立领导小组，制定下发工作方案，要求各旅游企业和相关单位认真组织学习，并结合6月开展的安全生产月活动认真开展旅游安全隐患自查排查活动，确保全年无重大旅游安全责任事故发生。

【旅游教育培训】 2009年，南宁市开展年度导游人员岗前培训，共举办四期培训班4期，参训1088人；导游人员岗前培训班2期，参训380人。还分别举办导游救护师培训班1期，参训40人；导游资格考试培训班1期，参训108人；协助自治区旅游局举办东盟旅游人才培训班，参训20人。

(周思伶)

责任编辑　梁　坤

2009年南宁市景区(点)

国家4A级旅游景区(8家)：南宁青秀山风景名胜旅游区　南宁嘉和城温泉谷　广西现代农业技术展示中心(八桂田园)　广西药用植物园　南宁动物园　南宁九曲湾温泉景区　大明山风景旅游区　广西科技馆

国家3A级旅游景区(10家)：南宁良凤江国家森林公园　南宁武鸣伊岭岩风景区　南宁人民公园　南宁金花茶公园　南宁乡村大世界　横县西津湖景区　昆仑关风景区　广西南宁龙虎山自然保护区　广西九龙瀑布群森林公园　宾阳古辣镇蔡氏书香古宅

全国农业旅游示范点(5家)：广西现代农业科技示范园(希望田野)　广西现代农业技术展示中心(八桂田园)　南宁乡村大世界　南宁扬美古镇　南宁坛洛镇金满园休闲观光果园

全国工业旅游示范点(1家)：南宁西津水力发电厂

广西农业旅游示范点(11家)：南宁上林三里·洋渡生态农业旅游点　南宁上林不孤村生态农业旅游点　南宁横县石井生态农业旅游点　西乡塘区石埠“美丽南方”忠良村　武鸣纳天山庄　横县木祥生态园　宾阳古辣镇蔡氏书香古宅　武鸣下渌村　青秀区伶俐镇渌口坡村　广西药用植物园　绿水江仙缘谷景区

广西工业旅游示范点(1家)：南宁青岛啤酒有限公司

其他景区(15家)：马山金伦洞景区　武鸣灵水风景区　广西民族文物苑　狮山公园　南湖公园　大王滩风景区　广西亚热带作物研究所植物园　南宁圣天宝风景区　上林大龙湖景区　马山红水河百龙滩风景区　宾阳白鹤观度假区　宾阳程思远故居　广西民族博物馆　凤凰谷生态旅游景区　南宁海底世界

会 展 业

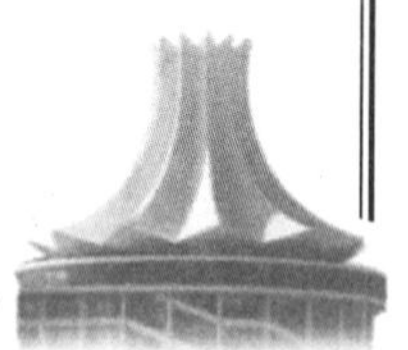

综 述

【概 况】 2009年，南宁市有南宁国际会展中心、广西展览馆、广西博物馆、广西科技馆、广西民族博物馆5个可供展览的专业场馆，总面积约21多万平方米。除每年定期举办的中国—东盟博览会、中国—东盟商务与投资峰会、南宁国际学生用品交易会外，"两会一节"期间，国家有关部委在南宁举办高层次论坛11个，涉及海关、金融、电视、农业、法律、商业等领域，推动中国—东盟自由贸易区建设，扩大多领域交流。全年共组织举办美食节11场、汽车展12场以及各类专业会展50场(次)。会展消费成为拉动全市市场消费的重要力量。随着中国—东盟博览会的成功举办，南宁市的办展能力，服务水平大幅提高，涌现出一批专业化、市场化、高水平的会展组织。如南宁国际会议展览有限责任公司拥有南宁国际会展中心等大型办展会所及一批专业办展人才，经营范围包括会议、展览、信息咨询、中介服务等，并承办南宁国际学生用品交易会等展会；南宁大地飞歌文化传播有限责任公司是直属于南宁市政府的国有独资企业，承办南宁国际民歌艺术节等展会。 （梁一家）

【南宁国际会展中心经营管理】 2009年，南宁国际会展中心由南宁国际会议展览有限责任公司负责运营和管理。公司进一步优化整合人力资源，强化目标管理、岗位管理和服务意识，注重服务细节，不断提升软件服务水平；继续丰富场馆营销手段，以服务中国—东盟博览会为平台，以自办、合办展会作为拓展市场的着力点，开展多样化的物业经营，争取更多大型品牌展会落户南宁；提高场地利用率，以市场为导向，广开招商招展渠道，成为中国—东盟博览会举办六年来唯一的整体形象设计和搭建、展馆公共空间装饰、室外功能区搭建工程中标单位。实现全年安全生产和消防安全零事故，设备运行零故障。经营总收入比上年增长31%。共举办展会活动387场。其中：展览有第六届中国—东盟博览会、2009中国·东盟(南宁)国际教育展览会暨第十三届南宁国际学生用品交易会、第十六届中国国际广告节、广西房地产博览会、高级人才交流会、2009第二届中国—东盟(南宁)国际汽车展览会等57场；会议及其他活动有第五届泛珠三角区域合作与发展论坛暨经贸洽谈会、2009泛北部湾论坛、2009世界华商领袖年会、2009可持续畅通南宁规划国际论坛等330场。在第七届中国会展高峰论坛上，中国—东盟博览会被评为2009年度十大国家级品牌展会，中国—东盟商务与投资峰会被评为2009年度中国十大国际性会议，南宁国际会展中心被评为2009年度中国最佳展览场馆。此外，南宁国际会展中心入选新中国成立60周年百项经典暨精品工程，获新中国成立60周年建筑创作大奖。 （韦 珍）

【广西科技馆】 位于民族大道。以"探索·科技·创新"为主题。2006年12月28日新馆在原址开工建设，2008年12月竣工开馆。占地面积1.47万平方米，总建筑面积3.90万平方米，总投资约2.50亿元。其中：常设科普展厅面积约9200平方米，共设展项展品243件(套)，体现科学探秘、生存环境、生命健康、信息世界等主题；展览中心展馆占地面积2万平方米，标准展厅面积3800平方米，可搭建国际标准展位近200个。2009年，常设科普展厅累计接待观众约50万人次，其中免费接待观众30万人次；高科技影院接待观众5万人次，举办临时展览30个，观众约20万人次；青少年科学工作室全面免费开放，接待青少年学生4万人次；开办培训班400多个，培训学员1万多人次；承接各类科技、学术会议150场，参会人员3万人次。

【广西民族博物馆】 位于青环路。主体建筑外形取材于富有广西地域特色和民族特色的铜鼓，整个建筑如一只展翅的鲲鹏，遨游于青山绿水之间。占地面积8.67公顷。其中：主体大楼总建筑面积2.83万平方米(展厅面积约8000平方米)，广西传统民居文化生态展示园占地面积4公顷。其社会职能定位为以广西12个世居为主的民族繁衍生存、融合发展的社会发展物证、文化与艺术遗存、典籍及无形文化遗产及研究成果的调查收集、收藏保护、研究展示和教育宣传的专业性民族文化博物馆。馆区设有公共服务区、露天展示区、文物保护研究中心、业务与行政管理区、后勤服务区5个功能区。内部设有高科技电影厅、多功能会议厅、文物标本观摩室、专题图书馆、网上博物馆等。有馆藏民族文物近8000件。馆藏民族文物包括广西12个世居民族的古籍文献、土司文物、生活用具、生产工具、宗教信仰类、科技用品类、文化艺术类、民间工艺品、革命历史文物、碑刻、交通文物、建筑文物、铜鼓和部分民族文物复制品以及其他民族资料。设有"五彩八桂—广西民族文化陈列"、"穿越时空的鼓声—铜鼓文化展"、"中国与东盟"、"西部记忆—西部五省(区)民族历史瑰宝联展"4个专题展览。2009年5月1日正式免费对外开放，可满足年接待观众100万人次的需要。

商业展览

【广西第15届汽车交易会】 2009年4月16~19日在安吉大道广西汽车市场举行。由西乡塘区政府、广西日报社、广西机电设备有限责任公司主办，广西机电设备有限责任公司承办。以“新梦想·车生活”为主题。展会面积1万多平方米，共设专业展位57个，来自南宁市37家汽车商家的38个品牌190多款车型参展。观展群众18万多人次，成交汽车2413辆。

【南宁首届计划生育生殖保健博览会暨性健康文化节】 2009年4月30日至5月4日在南宁国际会展中心举行。由市人口和计划生育委员会、市计划生育协会主办，南宁亚东会展服务有限公司承办。以“关爱与健康”为主题。活动内容包括：计划生育、生殖保健、性健康新产品新技术展，古今中外性文化展，计划生育、生殖健康、防艾滋病科普展3个展览；现场义诊咨询、避孕药具发放、情趣内衣模特秀3项活动和性健康性文化专题讲座。设有“生殖健康专题讲座”、“生殖健康产品展销”、“中外古今性文化展示”等内容。展区面积5000平方米。共展出与性有关的文物和图片300多件，全面介绍了中国的性文化。观众3万多人次。

【2009年广西（南宁）房地产博览会】 2009年5月1~3日在南宁国际会展中心举行。由广西日报社主办，《广西日报》、《南国早报》、《当代生活报》、《南国今报》、《健报》、《南国城报》、广西新闻网承办。主要活动有房地产、家装建材及相关行业现场展示，房博会颁奖晚会、中央生活区价值高峰论坛等。展会共设室内房地产、家装建材展厅1.30万多平方米，室外汽车展区约2万平方米。有50多个楼盘和100多个家装企业、建材品牌以及约30个汽车品牌100多款新车参展。组委会增加特别观展公交专线，设立朝阳广场、广西大学、大沙田、江南香格里拉（西园饭店大转盘）4个上下客点，免费接送市民到会展中心参观房博会；开通凤岭东和仙葫、凤岭南、城南、市中心、城北、城西、鲁班路、柳沙和凤岭北等板块看房车线路8条。参观市民26万多人次，发送看房直通车300多辆次，运送市民前往参展楼盘看房2万多人次，共达成购房意向成交额14亿多元。另外汽车展区成交310辆车，成交金额约3300万元。期间，在会展中心北面场馆（3600平方米）还举办“五一”特别相亲活动。

【首届广西—北部湾（南宁）汽车展】 2009年5月1~3日在南宁民歌广场主会场举行。由自治区商务厅、青秀区政府、广西汽车经销商协会主办，广西金源国际汽车城开发有限公司、南宁大地飞歌文化传播有限责任公司协办。以“魅力广西·驾驭梦想”为主题。展会面积1.50万平方米。共有30多个汽车厂商、50个汽车品牌参展。观展群众10万人次，成交汽车1500辆。

【2009中国·东盟（南宁）国际教育展览会暨第13届南宁国际学生用品交易会】 2009年9月18~20日在南宁国际会展中心举行。由市政府、自治区教育厅、中国国际贸易促进委员会广西分会主办，市教育局、市文化局、南宁国际会议展览有限责任公司、南宁国际学生用品交易展览有限责任公司承办。展会面积3.50万平方米，分为学生用品、国际教育和配套活动三大主题，共设展厅11个，展示内容包括数码通讯产品、文体用品、电子出版物、教学仪器设备、学生服饰、学生保健品、动漫作品、动漫周边产品、国内外院校展示、教育交流等。同期举办第五届广西动漫节、“南宁市中小学生装”展评会、仰韶文物展、“世界风”大型文化科普展和“我是小小调查员”等活动。参展商及专业观众3000多人。来自英国、加拿大、澳大利亚等10多所国外院校设展开展招生咨询。20日，展会现场的南宁市中小学生装展评向公众开放。现场学生装T台走秀，由教师、学生、家长及有关人士组成的专家组对服装进行打分，评选出南宁市中小学新校服。

【2009年全国少儿图书交易会】 2009年9月16日在南宁举行。由中国版协少读工委主办，接力出版社承办。以“提升、创新、拓展、超越”为主题。来自全国32家专业少儿出版社的3000多种各类童书产品、500多家经销商、出版社代表参加了交易会。期间，举行“向全国未成年人思想道德建设先进城市柳州市图书捐赠仪式”，有29家出版社向柳州市的希望小学捐赠了价值29万元的图书。捐赠仪式结束后还举办了以“少儿图书市场的现状及新机遇与新可能”为主题的2009年少儿图书市场信息报告会。

【第16届中国国际广告节】 2009年10月30日至11月1日在南宁国际会展中心举行。由中国广告协会、市政府主办，中广协广告信息文化传播有限责任公司、市工商局承办。以“推进产业升级、推广创意成果、推动商务合作”为主题。开展8个专业奖项评比、9场高峰论坛、8项商务展示展览、2场专题商务交流会和6场大型活动。其中，素有广告业界“广告赛事泰山”之称的中国广告长城奖，通过16名评委网上初评和集中评审，共有2349件作品入围，最后评出全场大奖作品1件、金奖作品23件、银奖作品78件、铜奖作品118件和入围奖作品516件。展区面积3万平方米，参展企业248家，其中媒介、广告企业88家，共展出平面作品3050幅。国家工商总局副局长刘凡、自治区副主席高雄、市长黄方方以及国际广告协会主席英迪拉·阿比丁出席开幕式并致辞，国内

10月30日，第16届中国国际广告节开幕式举行　　韦 珍 摄

外广告业界3万多人参加活动。

大型会议

【世界三欧企业家经济文化交流研讨会】 2009年5月9日上午在市锦华大酒店举行。由世界"三欧"(欧、欧阳、区)联谊会主办，广西南宁永明珍珠宫珠宝有限公司协办。旨在促进世界"三欧"企业家的友好交流，促进各地经济文化交流与合作，推动广西北部湾经济区建设，推动中国与东盟、泛北部湾区域经济合作的发展。约200名来自泰国、新加坡、澳大利亚等国家和香港、广东、广西、福建、海南、四川等地的"三欧"企业家参会。9日下午至10日，与会企业家分别参观了南宁东盟国际商务区、南宁永明珍珠宫和广西北部湾经济区。

【第五届泛珠三角区域合作与发展论坛暨经贸洽谈会】 2009年6月9~13日在南宁举行。由福建、江西、湖南、广东、广西、海南、四川、贵州、云南九省(自治区)政府和香港、澳门特别行政区政府主办，广西壮族自治区政府承办。以"合作发展，共创未来"为主题。举办高层论坛和行政首长联席会议，召开泛珠论坛五周年纪念会，开展泛珠区域省会(首府)城市市长论坛、合作磋商会议和对话交流等一系列活动，各方行政首长共同种植"泛珠合作之树"。出席论坛暨洽谈会的人数超过1万人。180多家境内外新闻媒体近700名记者对大会进行了报道。参会的各合作省签约项目累计超过600个，签约金额2261亿元；各省区与港澳的合作项目有19个，投资总额104.90亿元。项目涉及制造业、交通、物流、基础设施、旅游开发、新农村建设、农业和农产品深加工等领域。

【第五届泛珠三角省会(首府)城市市长论坛】 2009年6月11日在南宁举行。由泛珠三角区域省会(首府)城市南宁、广州、福州、南昌、长沙、海口、成都、贵阳、昆明9个城市政府以及香港、澳门特别行政区政府、中国市长协会联合主办，南宁市政府承办。以"泛珠与北部湾，我们共同的家园"为主题。自治区党委常委、南宁市委书记车荣福在开幕式上致辞，中国市长协会秘书长崔衡德出席论坛并致辞，市长黄方方在会上代表南宁市政府发表题为"推进区域应急管理合作　共同建设美好家园"的主题发言。广州市市长张广宁、福州市副市长徐铁骏、南昌市市长胡宪、长沙市副市长姚永春、海口市市长徐唐先、成都市副市长刘家强、贵阳市市长袁周、昆明市市长张祖林、香港特区政府政制及内地事务局常任秘书长罗智光、澳门特区贸易投资促进局主席李炳康也先后发表主题演讲。来自泛珠三角区域9个省会(首府)城市的市长和香港、澳门特别行政区的代表出席论坛。

【第五届泛珠三角省会市暨副省级市警务协作会议】 2009年6月23日在南宁举行。由市公安局承办。以"学习实践科学发展观，促进区域警务协作，推动公安三项建设"为主题。会议围绕公安警务信息化应用及合作战略，以规范执法为突破口、推动交通管理工作上台阶，构建和谐警民关系促进公安形象建设3个议题进行讨论。来自长沙、成都、福州、广州、贵阳、海口、昆明、南昌、深圳、厦门、南宁11个城市的公安局局长，共同签署《泛珠三角省会市暨副省级市警务信息化合作协议》；各市交警支队支队长共同签署《泛珠三角"9+2"城市公安交警部门联合查处机动车伪造、变造、挪用牌证违法行为协作协议》、《泛珠三角"9+2"城市公安交警部门开展交通工程技术交流协作协议》，标志着泛珠三角省会市暨副省级市警务协作进一步紧密。公安部领导以及南宁、长沙、成都、重庆渝中、福州、广州、贵阳、海口、昆明、乐山、南昌、深圳、三亚、武汉、西安、厦门、郑州等城市(区)的公安局局长、相关负责人约150人参会。同期还举行第三届泛珠三角"9+2"城市公安交警警务协作会议、第二十四届全国部分城市公安理论与实践研讨会议。

6月11日，第五届泛珠三角省会(首府)城市市长论坛在南宁举行　　周家志　摄

【全国各地潮汕商会会长(2009)南宁会议】 2009年6月26~29日在南宁召开，为全国首届潮汕商会会长会议。由市政府主办，广西潮人商会承办，市工商业联合会协办。以"在商言商、商机互动、交流合作、共谋发展"为主题。会上，来自全国各地的潮汕商会会长对《潮商大会章程(草案)》、《潮商大会相关制度(草案)》进行审议，并就如何完善潮商大会组织架构提出意见和建议；市政府召开项目投资推介会，介绍南宁市投资环境、推介重点投资项目。同时，与会嘉宾实地参观考察五象新区、广西良庆经济开发区和南宁经济技术开发区。来自全国各地的潮汕商会会长、常务会长、秘书长以及特邀各地潮汕籍的著名企业家、在桂的异地商会领导等约300人参会。

【2009泛北部湾经济合作论坛】 2009年8月6~7日在南宁举行。由国家发展和改革委员会、交通运输部、商务部、海关总署、国家旅游局、中国人民银行、国务院发展研究中心、人民日报社、国家开发银行、泰国商务部、广西壮族自治区政府、海南省政府、广东省政府13家单位联合主办。以"共建中国—东盟新增长极——拓展合作、化危为机"为主题。设有全球金融危机与泛北部湾经济合作、泛北部湾区域基础设施项目建设与合作、北部湾地区与东盟各次区域的合作发展3个议题。来自国家有关部委、广西壮族自治区主要领导，泰国商务部、菲律宾财务部和越南交通部副部长，中国驻东盟大使，国内外著名研究机构的专家学者，国内外知名企业、金融机构、国际组织代表等近400名中外嘉宾出席论坛。

【2009年全国省(区)、市社科联中国—东盟博览会观摩会暨中国—东盟经济发展研讨会】 2009年10月22日在南宁召开。由市社会科学界联合会承办。以"充分发挥社科理论作用，促进中国—东盟经济发展"为主题。主要议题是中国—东盟博览会与深化中国—东盟国家经济合作；南宁发展与中国—东盟博览会；金融危机与中国—东盟自由贸易区建设；中国—东盟博览会与北部湾经济区建设；中国—东盟自由贸易区建设与欧美市场。共收到论文69篇，评出获奖论文26篇,其中:一等奖10篇,二等奖16篇。河南省、黑龙江省、海南省、福建省厦门市、内蒙古自治区呼和浩特市等20多个省（自治区)市社科联、高校社科联、理论专家及学者150多人参会。

【2009可持续畅通南宁规划国际论坛】 2009年12月12~14日在南宁召开。由市政府主办,市规划管理局承办。以"畅通南宁·绿色交通"为主题。会议邀请了美国国家工程院院士邓文中博士，国务院享受政府特殊津贴专家、中国规划设计院院长李晓江教授，美国都会区规划组织协会技术委员会主席焦国安，同济大学原副校长杨东援教授,美国Fehr & Peers交通咨询公司的principal Mr.Rashid,伦敦大学国王学院的研究员傅瑞德博士，解放军理工大学国防(人防)工程系主任陈志龙教授等7名知名专家作为演讲嘉宾;郑纯莽(美)、吴建平、蒋中贵、戴舜松、周同雷、张定一等10多名自治区内外专家作为特邀嘉宾，共同为南宁市城市交通出谋献策。市长黄方方、自治区建设厅常务副厅长韦力平、原副厅长戴舜松、副市长周家斌、市政府秘书长阮兆丰等出席会议,各协办单位领导及代表、自治区内各有关单位领导及代表、广西大学土木工程学院学生共500多人参会。会后,结集出版了《畅通南宁·绿色交通—2009可持续畅通南宁规划国际论坛论文集》及《南宁市城市交通规划成果汇编》。

【纪念昆仑关大捷70周年学术研讨会】 2009年12月17日在南宁举行。由民革中央、民革广西区委、市政府主办,由市社会科学院、南宁昆仑关战役遗址保护管理委员会、广西抗战文化研究会承办。研讨会拉开了纪念昆仑关大捷70周年系列活动的序幕。以"重温抗战历史,追忆先辈光辉业绩,缅怀抗日将士英勇事迹,共同探讨昆仑关战役的历史功绩和现实意义"为主题。来自中国社会科学院、广西社会科学院、广西师范大学、广西抗战文化研究会等中央及地方的专家学者,中央及自治区、市民革党员代表、著名抗日将领的亲属代表、参加过昆仑关战役的老战士和各方嘉宾等120多人参会。共收到论文40多篇。期间,还举办纪念昆仑关大捷七十周年公祭抗战民族忠烈大典、昆仑关大捷七十周年书画展、《铁血昆仑关》影片放映等系列活动。

公益展览

【全国青少年科技创新作品巡展】 2009年12月5日至2010年2月在广西科技馆举行。南宁市为全国地方巡展首站,免费向观众开放。由中国科学技术协会、广西科学技术协会主办,广西科技馆、广西青少年科技中心承办。围绕着中国科协和教育部、团中央等部委举办的系列青少年科技创新活动，如全国青少年科技创新大赛、"明天小科学家" 奖励活动等而展出的青少年科技创新成果。整个展览分为"青少年科技创新活动30年"、"我的创新故事"、"创新就在身边"3个展区,共有展品52件,分为"污水处理实验研究"、"技术挑战"、"奉献爱心"、"安全避险"、"新能源新材料"、"创意新生活" 六大展品专区。其中南宁作品有两件:南宁市第一中学崔冬禹、周渝惠和南宁市第二中学的甘季骁3名同学发明的遥控救援潜水艇及心肺复苏救援游戏;南宁市第一中学邓俊基发明的海浪发电器（曾获第21届全国青少年科技创新大赛一等奖)。在"我的创新故事"展区展示了广西青少年科技创新优秀作品展板14幅，载有广西青少年创意成果21个，其中包括在第24届全国青少年科技创新大赛获英特尔英才奖和北京理工大学青少年科技创新奖的作品《适合残疾人和老人使用的AAEO插座的研究与设计》等。

【2009飞天壮歌—中国首次太空漫步航天展】 2009年12月12~27日在南宁国际会展中心举行。为中国首次太空漫步航天展第八站。由市政府、自治区科学技术厅和共青团广西区委共同主办，市科学技术局、市科学技术协会、广西印象广视文化传媒有限公司、南宁牡丹花开文化传播有限公司联合承办。以"宣传神舟七号载人航天飞行圆满成功"为主题,通过实物展览、仿真模型展示、摄影图片展示、声像资料展播等形式展示中国在载人航天技术领域取得的成果。展出长征二号捆绑式航天运载火箭模型及星球秤、模拟发射、太空吧等展品,神七宇宙飞船返回舱、航天英雄翟志刚出舱时戴的手套、航天员通讯头盔、飞行日志、航天食品等实物以及神舟七号航天员乘组受命出征、飞船遨游太空、翟志刚漫步太空等摄影作品。12日上午,航天英雄翟志刚和英雄航天员刘伯明、景海鹏莅临现场并为展览开幕式剪彩;下午,在市政府会议中心举办航天科普报告会，中国载人航天工程副总设计师赵宇棋作专场报告。市委、市人大、市政府、市政协副处级以上领导,全市大、中学生代表1000多人参会,神七航天员翟志刚、刘伯明、景海鹏出席报告会并回答观众提问。

（梁一家）

责任编辑　梁笑飞

2009飞天壮歌——中国首次太空漫步航天展　　周家志　摄

个体私营经济

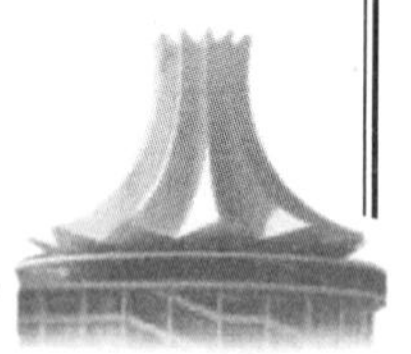

个体经济

【概　况】 2009年，南宁市新发展个体工商户1.74万户，从业人员3.16万人，注册资金21.27亿元。主要集中在制造业、交通运输仓储和邮政业、批发和零售业、住宿餐饮业、居民服务和租赁与商务服务业6个行业，共1.65万户，从业2.99万人，注册资金20.69亿元，分别占新开户数的95.17%、94.45%、97.27%。至年末，全市个体工商户有18.19万户，从业32.32万人，注册资金54.18亿元。共办理注销个体工商户1.72万户(城镇1.03万户)，安置下岗失业人员50人。

年内，南宁市个体经济呈以下发展特点：1.个体经济逆势创新高。在连续两年全球金融危机影响下，个体工商户户数和注册资金仍然连续两年上升，2009年又比上年度分别增长5.91%和73.43%，突显出市个体经济抵御风险的能力增强。2.个体工商户经营效益显著。全市个体工商户实现销售总额或营业收入113.17亿元，社会消费品零售额72.87亿元，比上年分别增长71.54%和162%。3.农村农民专业合作社发展增速。全市新增196户比上年增加91.10%，累计农民专业合作社411户，出资总额为1.32亿元，成员总数为4403人。

【个体工商户分布状况】 2009年，南宁市个体工商户呈以下分布状况：按产业划分：第一产业有1696户（比上年增长6.50倍），从业3806人(增长5.46倍)，注册资金2090.80万元(增长6.65倍)，分别占总数的0.93%、1.17%和0.38%；第二产业有1.06万户（增长10.89%），从业2.79万人(增长30.39%)，注册资金5.91亿元(增长74.85%)，分别占总数的5.80%、8.64%和10.91%；第三产业有16.96万户（增长4.76%)，从业29.15万人(增长6.89%)，注册资金48.06亿元(增长73.81%)，分别占总数的93.23%、90.16%和88.7%。按地域分：城镇14.19万户，从业22.58万人，注册资金49.91亿元，分别占总数78%、69.86%和92.11%；农村4.03万户，从业9.74万人，注册资金4.27亿元，分别占总数的22%、30.13%和7.88%。共办理注销个体工商户1.72万户(城镇1.03万户)，安置下岗失业人员50人。

【个体贸易业】 2009年，南宁市新发展个体贸易业1.08万户，从业1.81万人，注册资金13.46亿元。至年末，全市从事贸易经营的个体工商户有10.56万户、从业18.23万人、注册资金23.48亿元。按地域分：城镇个体贸易业户10.19万户，从业13.41万人，注册资金22.77亿元；农村个体贸易业户3718户，从业8.05万人，注册资金7102.88万元。全市个体贸易销售总额89.76亿元，社会消费品零售额53.89亿元，比上年分别增长1.27倍和1.94倍。

【个体社会服务业】 2009年，南宁市新发展个体社会服务业3551户，从业人员7755人，注册资金6.54亿元。至年末，全市个体社会服务业共有3.40万户，从业7.64万人，注册资金17.37亿元。其中：城镇2.44万户，从业6.11万人，注册资金16.01亿元；农村9599户，从业1.53万人，注册资金1.35亿元。按行业划分：居民服务和其他服务业户1.53万户，从业2.85万人，注册资金2.29亿元。其中：城镇1.05万户、从业2.18万人、注册资金1.80亿元，农村4805户、从业6726人、注册资金4850.73万元；租赁和商务服务业有2082户，从业3408人，注册资金1.37亿元；住宿和餐饮业1.40万户，从业3.89万人，注册资金

2009年南宁市个体经济行业分布情况

行业分类	个体工商户		
	户数	从业人数	注册资金（万元）
合计	181905	323203	541844.01
农、林、牧、渔业	1955	4502	15998.27
采矿业	251	987	14657.41
制造业	9958	26248	42428.67
电力、燃气及水的生产和供应业	39	102	1148.25
建筑业	313	588	4886.35
交通运输、仓储和邮政业	29663	31807	57647.25
信息传输、计算机服务和软件业	275	495	549.71
批发和零售业	105599	182304	234822.46
住宿和餐饮业	14039	38885	124224.45
金融业	2	3	1.50
房地产业	21	44	45.08
租赁和商务服务	2082	3408	13679.09
广告业	82	195	214.05
科学研究，技术服务和地质勘查业	60	153	241.81
水利、环境和公共设施管理业	8	31	52.50
居民服务和其他服务业	15291	28517	22851.06
教育	12	40	225.51
卫生、社会保障和社会福利业	1224	2731	4942.54
文化、体育和娱乐业	1049	2126	7317.27
其他行业	64	232	124.11

12.42亿元；文化、体育和娱乐业1049户，从业2126人，注册资金7317.27万元；卫生、社会保障和社会福利业1224户，从业2731人，注册资金4942.54万元；信息传输、计算机服务275户，从业495人，注册资金549.71万元；其他服务业64户，从业232人，注册资金124.11万元。年内，全市个体社会服务业营业收入12.59亿元（城镇8.72亿元、农村3.87亿元），社会消费品零售额12.42亿元（城镇6.39亿元、农村6.04亿元），分别占全市个体工商户总数的11.12%、17.04%。（麻加宁）

私营经济

【概　况】 2009年，南宁市新开业私营企业5311户，投资者4583人，雇工4.75万人，注册资金52.26亿元。至年末，全市私营企业有3.55万户，投资者12.41万人，雇工37.93万人，注册资金365.15亿元，比上年分别增加1.60倍、3.41%、2.58倍和2.03倍。私营企业总产值33.04亿元，销售总额或营业收入53.03亿元，社会消费品零售额28.17亿元，分别增长10.02%、12.02%、12.01%。

2009年，南宁市私营企业发展呈以下特点：1.私营经济在经历两年国际金融危机中企稳、翘首。新增私营企业的户数、雇工人数、注册资金分别是上年的1.60倍、2.58倍和2.03倍，出现了多年未见的快速发展势头。2.私营经济在国际金融危机和市场优胜劣汰环境中审时度势完成自我调整改造。自行注销经济效益差的私营企业有1003户，新增私营企业5311户，呈现出注销多，开业多的新现象，私营企业这种理性关闭与科学扩展，顺市发展，增强了后市发展的强势。

【私营企业分布状况】 2009年，南宁市私营企业呈以下分布状况：按行业划分：第一产业有948户（比上年增长93.46%），投资者3867人，雇工1.28万人，注册资金76.47亿元（增长9.45倍），分别占总数的2.77%、2.96%、3.36%和20.94%；第二产业有5548户（增长52%），投资者21811人，雇工7.64万人，注册资金84.51亿元（增长1.42倍），分别占总数的15.63%、17.56%、20.14%和23.14%；第三产业有2.90万户（增长15.53%），投资者9.85万人，雇工29.01万人，注册资金204.17亿元（减少15.73%），分别占总数的81.69%、79.37%、76.50%和55.91%。按地域划分：城镇有2.78万户，投资者6.02万人，雇工18.59万人，注册资金278.67亿元，分别占总数的78.40%、48.48%、49.01%和76.31%；农村有0.77万户，投资者6.40万人，雇工19.34万人，注册资金86.48亿元，分别占总数的21.60%、51.51%、51%和23.68%。按企业组成形式划分：独资企业3024户，投资者2921人，雇工1.71万人，注册资金87.06亿元，分别占总数的8.52%、2.35%、4.50%和23.84%；合伙企业697户，投资者1933人，雇工0.63万人，注册资金42.09亿元，分别占总数的1.96%、1.56%、1.67%和11.53%；有限责任公司3.12万户，投资者（股东）11.84万人，雇工35.34万人，注册资金272.37亿元，分别占总数的88%、95.39%、93.16%和74.59%；股份有限公司573户，投资者857人，雇工0.25万人，注册资金1.50亿元，分别占总数的1.61%、0.69%、0.67%和0.41%。有限责任公司分布情况：第一产业770户，第二产业4579户，第三产业2.59万户。

2009年南宁市私营企业行业分布情况

行业分类	私营企业			
	户数	投资者人数	雇工人数	注册资金（万元）
合计	35486	124140	379293	3651463.90
农、林、牧、渔业	948	3671	12757	764677.60
采矿业	211	931	4699	26742.00
制造业	3924	10734	52131	625407.00
电力、燃气及水的生产和供应业	156	1659	3177	24461.00
建筑业	1257	4816	16384	168454.00
交通运输、仓储和邮政业	677	3115	9509	56579.00
信息传输、计算机服务和软件业	1180	5012	15724	81514.00
批发和零售业	16077	50028	60688	909792.40
住宿和餐饮业	556	5158	68627	23193.00
金融业	71	128	451	43191.00
房地产业	1266	7900	24671	415898.00
租赁和商务服务	4605	9981	37854	273046.10
广告业	1079	1170	5997	57682.10
科学研究，技术服务和地质勘查业	1143	1681	6643	111573.80
水利、环境和公共设施管理业	79	203	2797	9305.00
居民服务和其他服务业	2280	10982	35855	33603.00
教育	61	98	391	5243.00
卫生、社会保障和社会福利业	47	2166	6625	3813.00
文化、体育和娱乐业	398	4850	15906	21264.00
其他行业	541	1027	4404	53707.00

2009年南宁市私营企业生产经营情况

单位：万元

分类	总产值	销售总额或营业收入	社会消费品零售额	其中					
				城镇			农村业户		
				总产值	销售总额或营业收入	社会消费品零售额	总产值	销售总额或营业收入	社会消费品零售额
合计	330436	530276	281693	264349	450735	239439	66087	79541	42254
第一产业	83512	37023	18624	63888	31470	15830	19624	5553	2794
第二产业	246924	89158	53893	200461	75785	45809	46463	13373	8084
第三产业		404095	209176		343480	177800		60615	31376

（麻加宁）

责任编辑　李敬江

财政·税务

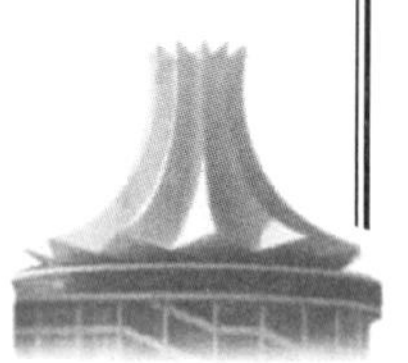

财　　政

【财政收入】 2009年，受国际金融危机的影响，南宁市经济发展受到巨大挑战，财政收入形势严峻。市财政局采取非常措施，确保财政收入的快速稳定增长。

全市财政收入　完成231.37亿元，完成市十二届人大第七次会议批准的预算收入的102.56%，完成自治区人民政府下达全年目标任务101.70%。其中：一般预算收入120.46亿元，上划中央“两税”（增值税、消费税）收入55.61亿元，上划中央所得税收入28.64亿元，上划自治区“四税”（增值税、营业税、企业所得税、个人所得税）收入26.65亿元。

全市财政总收入　完成246.16亿元。其中：一般预算收入120.46亿元，转移性收入125.70亿元（上级补助收入104.48亿元，上年各项专款及结余收入21.22亿元）。

市本级财政收入　完成119.13亿元，完成预算任务105.65%。其中：一般预算收入76.08亿元，上划中央“两税”收入30.96亿元，上划中央所得税收入8.87亿元，上划自治区“四税”收入3.23亿元。

市本级财政总收入　完成198.44亿元。其中：一般预算收入（含分享城区收入）76.08亿元，转移性收入122.36亿元（上级补助收入104.48亿元，下级上解收入6.20亿元，上年各项专款及结余收入11.69亿元）。

全市一般预算收入构成　在全市一般预算收入中，主要项目完成情况：税收收入完成90.71亿元，完成预算的108.07%。其中：增值税（市分成17%）收入7.92亿元，完成83.26%；营业税（市分成60%）收入26.67亿元，完成108.78%；企业所得税（市分成30%）收入7.86亿元，完成72.59%；个人所得税（市分成25%）收入4.20亿元，完成95.76%；城市维护建设税收入7.27亿元，完成100.27%；房产税收入3.57亿元，完成79.79%；城镇土地使用税收入1.92亿元，完成79.94%；土地增值税收入7.17亿元，完成98.41%；车船税收入0.92亿元，完成118.17%；耕地占用税收入6.98亿元，完成186.23%；契税收入14.48亿元，完成215.71%。非税收入完成29.75亿元，完成预算的126.77%。其中：专项收入3.54亿元，完成91.14%；行政性收费收入10.75亿元，完成263.98%；罚没收入2.97亿元，完成121.43%；国有资本经营收入8.94亿元，完成93.86%；国有资源（资产）有偿使用收入2.19亿元，完成164.58%；其他收入1.37亿元，完成61.73%。

【财政支出】 2009年，市财政部门在全年增收难度加大、增支因素较多的情况下，贯彻落实积极财政政策，加强预算执行管理，严格控制行政事业单位运行成本，优化支出结构，加强资金监管，财政支出持续保持高位增长，各项重点支出得到较好保障。

全市财政总支出　完成216.30亿元。其中：一般预算支出204.52亿元，转移性支出11.78亿元（体制上解支出3.79亿元，专项上解支出3.08亿元，调出资金3亿元，增设预算周转金2亿元）。收入和支出相抵，年终滚存结余29.87亿元，扣除结转下年继续使用的专款24.51亿元，当年财政收大于支5.36亿元。

市本级财政总支出　完成184.85亿元。其中：一般预算支出98.50亿元，转移性支出86.35亿元（体制上解支出3.79亿元，专项上解支出2.99亿元，补助下级支出74.57亿元，调出资金3亿元，增设预算周转金2亿元）。收入和支出相抵，年终滚存结余13.59亿元，扣除结转下年继续使用的专款10.60亿元，市本级当年财政收大于支2.99亿元。

全市一般预算支出构成　全市一般预算支出204.52亿元，完成年度调整预算（支出的年度调整预算包括年初预算、上年专款结转、上级追加、超收收入安排等）的95.49%。主要支出项目完成情况：一般公共服务支出28.18亿元，完成95.94%；公共安全支出13亿元，完成95.40%；教育支出32.11亿元，完成97.38%；科学技术支出2.42亿元，完成96.30%；文化体育与传媒支出3.17亿元，完成88.08%；社会保障和就业支出2.56亿元，完成95.85%；医疗卫生支出14.60亿元，完成95.06%；环境保护支出4.38亿元，完成88.14%；城乡社区事务支出27.47亿元，完成99.13%；农林水事务支出18.20亿元，完成94.10%；交通运输支出4.05亿元，完成91.84%；采掘电力信息等事务支出18.68亿元，完成97.80%；粮油物资储备支出2.29亿元，完成68.35%；其他支出9.59亿元，完成93.48%。

【财政监督】 2009年，市财政局贯彻落实《中共中央办公厅　国务院办公厅关于党政机关厉行节约若干问题的通知》精神，全面落实经费压缩各项工作，对部门预算安排的专项公务接待费指标实行冻结，建立外事审批联动机制，推行经费先行审核制度，严格控制因公出国（境）的各项支出，节约财政资金。切实抓好“小金库”专项治理工作，成立“小金库”专项治理工作领导小组，组织督查组到各部门单位进行督促指导，完成对全市3208个行政事业单位自查自纠工作的督查指导，自查自纠面100%；针对自查自纠阶段存在的突出问题，督促相关单位限期进行整改；全市共抽调238人组成59个检查组对426个行政事业单位进行重点检查，重点检查面占纳入治理范围总数的13.28%，其中市本级抽调38人组成7个检查组对42个行政事业单位进行重点检查,重点检查面占纳入治理范围总数的12.40%。加强对重大建设项目和民生项目资金使用的检查,重点对2009年安排的扩内需、保增长资金、为民办实事资金以及涉及“三农”(农业、农村、农民)、教育、就业、社保、住房、医疗卫生、公共文化等民生投入的资金进行检查。对成品油价格和税费改革、增值税全面转型等重大财税政策实施情况,安排专项检查调研,切实履行监管职责,推进税制改革;开展农村财务培训,提高基层干部财务水平,把农村集体经济组织财务管理工作提高到一个新的水平;开展财政收入质量和财政收入征缴情况的专项检查,督促相关单位和部门纠正擅自减、免、缓非税收入等违规行为,确保非税收入及时足额入库和“收支两条线”政策的贯彻落实。

【财政改革】 2009年,市财政局继续推进和深化部门预算、“公务卡”、“乡财县管”、政府采购制度、国库集中支付、财政投资评审等各项改革。通过完善预算编审机制,实行预算编审集体研究,公开决策,加强预算编审的科学性,使预算编审更公开、公平、公正;全面推行预算单位日常开支实行“公务卡”结算制度改革,规范各行政事业单位的开支;“乡财县管”财政管理方式改革在全市12个县区全面推开,进一步规范乡镇财政管理,巩固农村税费改革成果;市本级完成政府采购预算金额57.06亿元,实际采购金额40.51亿元,节约采购资金16.55亿元,资金节约率29%;对市本级418个预算单位通过国库集中支付47亿元,其中:通过财政支付系统支付资金44.53亿元,比原核定计划数48.67亿元减少支付和结余资金4.14亿元,资金结存率8.50%。通过预算外资金专户发放工资0.54亿元,通过政府采购专户支付政府采购资金1.93亿元。财政投资评审累计受理报审项目4196项,审结项目3727项,审结率89%,比上年提高8个百分点,全年受理各类项目总金额110亿元,审结项目金额89亿元,净核减金额21亿元,核减率19.09%。

【经济发展拨款】 2009年,市财政局本着优先安排重点、集中财力办大事的原则,市财政实际支出7.47亿元支持产业发展,落实南方担保公司1亿元的增加资本金。针对企业资金周转困难的问题,配合有关部门组织南宁市企业向自治区申请“中小企业流动资金贷款贴息补助资金”和“千亿元产业和重点产业发展资金”,及时将自治区下达南宁市的流动资金贷款贴息补助资金和第一批千亿元产业和重点产业发展资金下拨到企业,支持企业项目建设和长远发展。努力筹措县区工业土地储备资金和基础设施建设资金,为项目落地创造良好条件,共落实县区工业园区土地储备资金2.80亿元,落实“市带县”基础设施项目资金19.06亿元。

【社会事业拨款】 2009年,南宁市财政支出进一步向农业、社会保障、义务教育和科技文化等社会事业倾斜,加大财政对公共产品、公共服务及公益性事业的保障能力。

农林水务事业　加大支农资金投入,全面落实各项支农惠农政策,市本级农林水事务预算支出8.69亿元,比上年增长26.68%;增加对农民的补贴,共落实粮食直补、农资综合补贴、良种补贴、农机具购置补贴4.16亿元。

社会保障事业　4月1日起,南宁市城市居民最低生活保障标准由每人每月260元提高至每人每月280元,农村居民最低生活保障标准由每人每年700元提高到每人每年1000元;资助农村五保户、残疾人、低保对象及农村独生子女户参加新型农村合作医疗(简称“新农合”),全市农村参合农民461.80万人,参合率92.54%;给公益性岗位人员增加岗位补贴,每人每月110元;继续安排农村危房改造资金0.54亿元并已全部拨付到位,支持4490户农户进行危房改造。市本级全年共安排廉租住房保障建设资金4.14亿元。

教育科技文化体育事业　全年共拨付专项资金1.14亿元,确保市本级和城区义务教育教师工资如期兑现;安排2.60亿元资金专项用于全市职业教育攻坚建设经费,完成自治区下达任务的126%;及时下拨国家、自治区“一免一补”(免除学杂费和补助贫困家庭寄宿生生活费)的补助经费1.30亿元,全市共有62.73万名农村义务教育阶段学校学生享受国家免除学杂费政策和补助贫困家庭寄宿生生活费政策;核拨科技应用技术研究与开发经费0.98亿元,用于支持科学研究和应用,提高科技水平;拨付教育基础设施建设资金2.59亿元,主要用于支持南宁仙葫学校、市一职校和广西高级技工学校建设等项目;安排1.05亿元资金支持“绣球飞”多媒体音乐歌舞剧演出以及举办2009年泛珠三角城市合作论坛、泛北部湾论坛和“两会一节”、国际体育赛事等大型活动。

20件为民办实事项目　各级财政安排为民办实事财政资金12.27亿元,实施教育、卫生健康、社会保障、新农合、就业再就业、公共交通、农村生态家园建设、农村饮水安全、减贫脱贫、村村通广播电视、民族乡帮扶、商贸、千户农村特困户危房改造、乡镇计生设施标准化规范化、住房解困、小广场小绿地建设、内涝整治和公厕建设、人行过街设施和市政道路建设、库区移民基础设施建设20项惠民工程。

中央扩内需项目　全市共下达各县区家电、汽车、摩托车下乡补贴资金1.25亿元落实中央先后出台家电下乡和汽车摩托车下乡、小排量车购置税减半、节能产品惠民工程、“以旧换新”等直接刺激消费的政策。

城乡风貌改造工作　全年共筹措、拨付自治区级、市本级补助资金1.22亿元,并制定相关的资金管理制度,确保项目的顺利完成。

【城建项目资金筹集与管理】 2009年,市财政局在继续与金融机构保持良好沟通和协调,以银行贷款作为主筹资渠道的基础上,通过探索新的融资模式,争取自治区财政转贷资金的支持、推进企业债券发行、“市带县”(市级统贷,县区用县区还,贷款资金用于县区工业园区基础设施及城镇基础设施建设)、银团贷款等多种方式筹措资金,共落实城建项目财政性资金283.30亿元,完成年度计划112.29%;贯彻落实国家扩大内需政策,及时拨付扩内需资金,全年获得4批扩大内需项目中央资金9.09亿元,同时,做好资金配套保障,共落实4批新增中央扩大内需实现配套资金4.11亿元,并及时将资金全额拨付到相关县区财政局;参与征地拆迁攻坚战,做好项目征地拆迁资金筹措、协议签订、城区账户开设等资金支付工作以及相关政策的制定研究,全力破解征地拆迁瓶颈问题。全年累计拨付各城区及项目征地拆迁补偿款19.18亿元，工作经费0.69亿元。优化资金拨付程序，简化审批手续。为切实落实国家扩大内需的各项要求，专门研究出台《关于印发〈南宁市财政局"项目建设年"城建项目工程款支付暂行办法〉的通知》，实行按形象进度拨款，加快资金的拨付，以利于尽早形成实物工程量。（曾肄业 庞 照）

国家税务

【概　况】 2009年9月，南宁市国家税务局进行机构调整，调整后局机关设办公室、政策法规科、货物和劳物税科、货物和劳务税科、收入核算科、纳税服务科（纳税服务中心）、征收管理科、财务管理科、人事科、教育科、监察室、大企业和国际税务管理科、进出口税收管理科等13个职能科室；设稽查局、车辆购置税征收管理分局等直属机构2个，其中稽查局定为副处级局，车辆购置税征收管理分局定为正科级分局。跨行政区划设置第一稽查局、第二稽查局、第三稽查局，均定为正科级局。下设信息中心、机关服务中心、票证中心等事业单位3个。下辖城区国税局6个、县国税局6个、开发区国税局3个。年末，全系统在职人员1606人。负责增值税、消费税、企业所得税、外商投资企业和外国企业所得税、储蓄存款利息所得个人所得税、车辆购置税的征管工作，管辖纳税户10.74万户，其中一般纳税人7907户，小规模企业3.18万户，个体户6.39万户（达到起征点的有3.26万户）。市局获南宁市32个窗口服务行业"创城达标竞赛"第一名，并被评为南宁市先进单位；获首府南宁创建全国文明城先进单位；青秀区国税局、第一稽查局、南宁经济技术开发区国税局被评为自治区文明单位；市局计划征收科被评为全国税务系统先进集体。纳税金额前10名的单位有广西中烟工业有限责任公司（54.18亿元，其中在南宁市入库26.55亿元，在柳州市入库27.63亿元）、广西电网公司（3.63亿元）、中国移动通信集团广西有限公司（3.23亿元）、自治区烟草公司南宁市公司（2.41亿元）、广西电网公司南宁供电局（2.07亿元）、南宁糖业股份有限公司（1.83亿元）、中国移动通信集团广西有限公司南宁分公司（1.41亿元）、国海证券有限责任公司（1.13亿元）中国石油化工股份有限公司广西南宁石油分公司（6441万元）、广西北部湾银行股份有限公司（5613万元）。

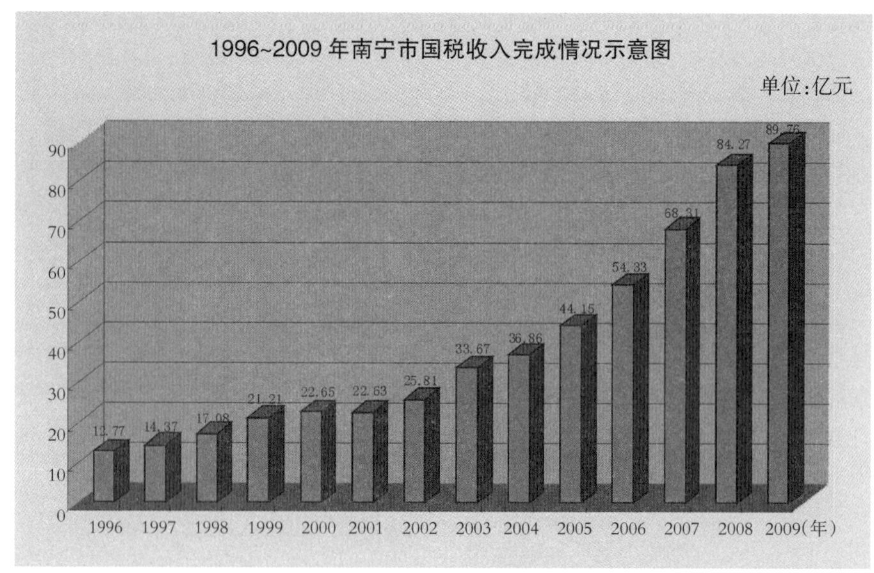

【国税收入】 2009年，市国税局面对经济增速减缓和国家结构性减税以及收入任务增幅较大的多重压力，切实抓好组织收入工作。一是深入调研，把握税源情况，及时分解收入任务，扩大重点税源监控范围，对1072户重点税源企业实施重点管理服务。每月对各重点行业如卷烟、机糖、电力、商业税源状况进行统计分析，编制收入趋势图线，动态掌握重点行业税收趋势，重点监控企业年内纳税额占全局总收入的84%。二是完善税收收入分析模型，结合南宁市GDP（国内生产总值）、工业增加值、商品批发零售贸易额等经济指标开展税收分析工作，提高税收分析质量。对国家新出台的增值税转型、小规模纳税人税率下调、个体工商户起征点提高、所得税政策调整、北部湾税收优惠等系列减免税政策开展调查分析，定期召开收入预测分析会，及时掌握组织收入工作面临形势，采取应对措施，税收预测准确率98%以上。三是完善落实收入目标考核办法，制定税收收入质量管理办法，加大对计划差距率考核力度，对各征收单位收入进度、增长率等指标进行综合预警通报。先后于7月、10月、11月召开3次组织收入动员会，要求全系统上下做到坚持"组织收入是第一工作任务"的理念、坚持严格管理与优质服务并重的理念、坚持组织收入原则"三个坚持"，突出认识、领导、考核、宣传等"四个强化"，做到税收分析更加翔实、税源监控更加严密、征收管理更加精细、纳税评估更加深入、税务稽查更加有效等"五个更加"，努力实现应收尽收，应退尽退目标。全年组织各项税收入库97.74亿元（不含海关代征数），比上年增收7.10亿元，增长7.82%。其中，自治区国税局口径税收收入89.76亿元，增收5.49亿元，增长6.52%；市政府口径税收收入88.74亿元，增收6.01亿元，增长7.26%。

【税收征管】 2009年，市国税局围绕提高税收征管质量和效率这一中心，积极推进税源管理创新，完善征管质量考核办法，组织开展漏征漏管户清理，加强欠税管理，深化征管数据分析，开展重点税源企业专项纳税评估，对重点行业进行发票清查，向强化税收分析要收入，向加强税收政策管理要收入，向提高征管质量要收入。全年征管质量主要指标稳中有升，其中准期申报率为99.28%，逾期申报处罚率为100%，逾期申报责令限改率100%，税种登记率100%，非正常户解除处罚率100%，申报率考核达到全自治区国税系统优秀等次；平均当月税款入库率99.85%，按户次计算滞纳金加收率100%，按金额计算滞纳金加收率100%，不含稽查查补税款，年末新增欠税率为零。

结构性减税　落实增值税转型政策，全年为企业抵扣固定资产进项税额1.71亿元，有效降低了企业设备投资的税收负担，鼓励企业技术进步和促进产业结构调整。落实新企业所得税优惠政策，减征税款3.38亿元。落实工业和商业小规模纳税人增值税征收率统一降至3%的税收优惠政策，受惠纳税人3.50万户，减征增值税1.36亿元。落实北部湾税收优惠政策，减征税款1.90亿元。落实个人储蓄利息所得税免税政策，减收利息税6900万元。落实车购税减半征收（由10%减为5%）政策，减征车购税1.16亿元，调动了消费者购车积极性，在税率下调的情况下，2009年申报缴纳车购税车辆7.46万辆，比上年增长37.66%，其中减半征收的1.60升以下小排量车占45%，征收车购税7.17亿元，增长14.50%。落实增值税起征点提高的税收优惠政策（销售货物的小规模纳税人起征点由原来的月销售额2000元上调至5000元；销售应税劳务的起征点由月销售额1500元上调至3000元；按次纳税的起征点由原来的每次150元上调至每次销售额200元），全市1.45万户个体工商户受惠，累计减征增值税2500万元。此外，派出宣传小组参加各级政府组织开展的家电下乡大篷车宣传活动，督促家电下乡经销户向农民开具发票，确保农民利益不受侵害，确保家电下乡财政补贴发放工作顺利实施，拉动农村消费，扩大内需。

个体税收管理　加强户籍管理，由城区政府牵头，财政、国税、地税、代征处、街道办事处等部门组成检查组一起对辖区内的街道、部分商场税收进行检查，对全市311户停业户实行跟踪管理，清理无证经营户4908户，补征税款120万元。对部分定额偏低行业的个体工商户，如砂石生产、米粉加工、木材加工、淀粉生产等多个行业实行专业化管理，对行业关键指标进行控管，同时对医药、家电等行业采取同行业比对，进货源头调查等办法进行堵漏，对定额偏低的4951户个体户进行定额调整，共调高核定销售额3511万元。加强对未达起征点业户的动态管理，将定额从不达起征点调整为起征点以上的个体户共145户，调增核定销售额188万元。

发票管理　开展整顿和规范税务机关代开发票工作。针对代开发票存在的问题，按照自治区国税局的工作部署和要求，对全市六城区和六县税务机关代开普通发票工作进行专项检查，并对购货方或销货方属市国税局管户的纳税人进行纳税评估，及时查找问题、分析原因，从思想和行动上实施整改，防范和规避税收执法风险，基本杜绝了对政策理解不透造成不按规定代开普通发票的现象。做好普通发票真伪鉴定工作。对纳税人和有关部门提请的有疑问或嫌疑的普通发票进行鉴定，发现假发票和违法发票436份，涉及金额8464万元。以发票鉴定为线索，移送给稽查及管理等有关部门查处的涉案发票金额6514万元。完善普通发票审批管理。召开普通发票管理现场经验交流会，正确处理管理与服务的关系，改进千元版以上发票审批管理办法，实行分类管理，为纳税人免费提供自助打印服务。

纳税评估　对775户企业进行增值税纳税评估和专项核查，补征税款3591万元。其中：对327户一般纳税人开展日常增值税纳税评估，补税145万元，移送稽查4户。针对商业企业销售购物卡开具发票纳税义务发生时间滞后的情况，召集全市13家较大规模的商业零售企业财务负责人召开税收政策座谈会，宣传新税收政策法规，组织征管、稽查人员联合开展核查，补税3032万元。对178户增值税一般纳税人按简易办法征收情况进行核查，发现问题18户，补税220万元。对防伪税控系统有关数据进行核查，发现涉及未核销的红字通知单共92户一般纳税人299份，17户一般纳税人的61份认证后失控发票。对涉及税额1091万元的45份海关完税凭证开展评估清查，发现11份海关完税凭证比对不符，涉税46万元。对49户水泥生产企业进行专项评估，补税118万元。根据国家税务总局公布的全国行业税负情况，对服装批发、家用电器批发、五交交电批发、医疗用品及器械批发、饮料及茶业批发等行业的149户低税负企业进行增值税纳税评估工作，发现问题23户，补税138万元，将涉嫌偷税226万元的1户企业移送稽查查处。

货物和劳务税管理　加强政策调研，对465户一般纳税人进行农产品进项税额核定测算，为国家税务总局出台新农产品进项税额抵扣政策提供依据。制定《增值税专用发票预警监控管理办法》，合理设置预警指标，筛选增值税专用发票供应和使用管理中的预警企业，杜绝虚开行为，防范执法风险。出台《纳税人销售二手机动车及代开发票问题的通知》，规范销售二手车纳税及代开发票行为，制定《蔗糖生产企业税控管理系统指导意见》、《汽车行业管理指导意见》、《钢铁行业管理指导意见》。完成全市税收政策执行情况检查工作。

所得税管理　加强企业所得税信息化建设，研发企业所得税综合信息监控管理平台软件，整合2003~2008年企业所得税年度申报数据，包括税务登记、增值税申报收入、营业税申报收入等资料，提高了工作效率。加强与地方税务的沟通协作，按季度将与地税局的营业收入申报信息与所得税申报信息进行比对分析，查找出341户国税地税差异10万元以上预警名单，提高管理针对性。抓好所得税与增值税、营业税等其他税种联动综合管理，全年实现企业所得税入库22.04亿元。规范简并业务流程，落实内资企业所得税税收优惠政策，为109户企业减免企业所得税10.06亿元。加强优惠政策管理，对享受新旧税法过渡期优惠政策到期的企业是否按规定恢复征税的检查，取消3户企业2008年享受西部大开发鼓励类优惠的资格，补缴税款449万元。严把税前扣除项目审批关，为16户企业资产损失办理审核审批手续，准予税前扣除资产损失9066万元。按期优质完成全市2008年度内资企业所得税汇算清缴工作，盈利纳税人由原来的794户增加到873户，弥补以前年度亏损减少1124万元，应纳所得税增加1350万元，汇算清缴入库2亿元。加强储蓄存款利息所得个人所得税管理工作，抓好全市45户利息税扣缴单位教育储蓄存款备案工作，开展利息税纳税检查，严格执行存款实名制度。加强汇总纳税成员企业所得税管理，清分出159户汇总纳税分支机构。

出口退税管理　优化外贸企业“征退合一”管理模式，将原侧重于税收管理员个体的管理模式，调整为注重工作组整体运作管理的模式，有效解决了管理员征管和退税审核工作时间冲突问题，使征退税工作更加专业化、精细化，工作效率明显提高。全面推广商贸出口企业按属地征退税合一管理模式，推行免抵退税“清单报批”管理制度。加强出口退税预警评估，对已确定的重点行业、敏感产品加强评估。落实出口货物税收函调管理制度，规范函调系统操作，全年发出货源调查函412份，涉及出口货物计税金额2.67亿元。针对部分商贸企业短期内出口数额巨大，但不申报出口货物退(免)税手续、不申请开具代理出口货物证明，也不申报缴纳增值税的情况，加强与南宁海关、自治区外汇管理局、自治区商务厅和市商务局沟通联系，对商贸企业出口情况开展税收专项检查，对问题企业取消其出口退税资格。全年共为415户出口企业办理出口退（免）税额6.78亿元。其中，退税5.68亿元，免抵税1.10亿元。办理退调库（专用术语）总额约占全自治区已办退调库税额的三分之一。

【依法治税】 2009年，市国税局做好防范和化解税收执法风险工作，制定实施重大执法事项专报制度和重大执法过错通报制度，初步形成以税收执法管理信息系统为支撑的执法风险综合治理模式；对基层领导和业务骨干127人开展执法风险培训，组织中层领导参加法院庭审旁听，提升各级领导和基层依法行政意识和能力。在全系统开展执法检查"回头看"活动，避免出现"屡查屡犯"现象。扎实开展重大税务案件审理、税务行政复议和应诉工作，化解3起涉税纠纷案件。开展专项检查和区域税收专项整治，对连锁超市、建筑安装业等9个行业进行税收检查，查补税款9126万元。查处医疗器械领域的"太华医药"偷税案，查补入库税款、滞纳金、罚款296万元；查处"鹏达制衣"、"亿美雨具"等大案要案，入库税款总额660万元。完善税警协作机制，与公安机关联合查获涉税发票案5起，捣毁制售发票窝点1个，缴获假增值税普通发票266份、假空白南宁市货物销售统一发票350多份、假公章52枚，查获用于代开假发票的材料、资料一批。配合全国打击制售假发票和非法代开发票专项整治行动，在全市范围内开展打击非法接受、购买假发票的专项整治行动，共检查纳税户177户，检查货物销售统一发票1.93万份，查出非法接受、购买假的货物销售统一发票797份，查补税款、罚款、滞纳金437万元。受理举报案件352件，查处84件，查补金额119万元。对欠税企业进行分类、分级和动态跟踪管理，采取定期公告、上门约谈等多项措施，共清理陈欠税款907万元。全年共查补入库总额1.98亿元，比上年增加7700万元，增长64%。

【税收信息化建设】 2009年，市国税局推广应用农产品防伪税控开票软件，通过筛选发票信息，查找疑点，提高了数据采集的准确性，通过设置监控指标控制企业开票限额和范围，实时监控企业违规开具和使用收购发票。在广西农垦

2009年南宁市国税收入分项目情况

单位：万元

项目	2009年	2008年	比上年增减(%)
收入总计	990032	918188	7.82
税收合计(总局口径)	977347	906351	7.83
税收合计(自治区局口径)	897630	842703	6.52
税收合计(市口径)	887377	827277	7.26
一、国内两税	679043	608290	11.63
1.国内增值税	472386	453915	4.07
(1)工业增值税	284643	290972	-2.18
卷烟	55813	50377	10.79
啤酒	2243	1626	37.95
机糖	32684	34995	-6.60
纺织	3824	2721	40.54
造纸	9669	11345	-14.77
化工	12929	16927	-23.62
医药	6305	6292	0.21
建材	27806	26148	6.34
其中：水泥	12906	12966	-0.46
有色金属	4169	6920	-39.75
机械	7944	4924	61.33
电力	67331	69058	-2.50
其中：发电	6140	6718	-8.60
供电	61191	62340	-1.84
(2)商业	187743	162943	15.22
2.国内消费税	206657	154375	33.87
卷烟	194163	148740	30.54
啤酒	2631	2548	3.26
二、二小税(总局口径)	226075	237343	-4.75
二小税(自治区局口径)	218587	234413	-6.75
1.企业所得税(总局口径)	222259	226637	-1.93
企业所得税(自治区局口径)	214771	223707	-3.99
其中：批发零售业(含中央固定)	42948	32690	31.38
批发零售业(不含中央固定)	35460	29760	19.15
制造业	30235	40092	-24.59
金融业	35547	32442	9.57
其中：银行业	12157	13078	-7.04
证券业	16775	13293	26.19
其他金融业	4371	5007	-12.70
信息传输业	50143	65357	-23.28
广西移动	46383	60106	-22.83
房地产业	33179	30531	8.67
(1)内资企业所得税(总局口径)	138114	130084	6.17
内资企业所得税(自治区局口径)	130626	127154	2.73
(2)外商所得税	84145	96553	-12.85
3.利息所得税	3816	10706	-64.36
三、车辆购置税	72229	60718	18.96
四、海关代征两税	11720	10858	7.94
五、其他收入(行政性收费收入、罚没收入)	965	979	-1.43
六、专员办退税	-6437	-4720	36.38
附：1.涉外税收	135860	142586	-4.72
2.个体税收	18013	25375	-29.01
3.出口退税	-67764	-80745	-16.08
其中：(1)出口退增值税(中央和地方共享)	-56522	-66991	-15.63
(2)免抵调库	-11000	-13546	-18.80
4.中央企业所得税固定收入	7488	2930	155.56
5.防洪保安费	20472	18880	8.43
6.已办理退税(不含出口退税)	-12438	-12810	-2.90
7.在途税金(专业行扣款未到国库)	0	0	
8.卷烟两税	249976	199117	25.54
9.啤酒两税	4874	4174	16.77

注：1.收入总计＝税收合计(总局口径)＋海关代征两税＋其他收入
2.税收合计(总局口径)＝国内两税＋三小税(总局口径)＋车辆购置税
3.税收合计(自治区局口径)＝税收合计(总局口径)－中央企业所得税固定收入－车辆购置税
4.企业所得税(自治区局口径)＝企业所得税(总局口径)－中央企业所得税固定收入

糖业集团良圻制糖有限公司、广西横县新凯糖业有限责任公司、横县冠桂糖业有限公司石塘分公司、横县冠桂糖业有限公司谢圩分公司4家糖厂推行生产型企业税收管理信息系统，对地磅、出糖口监控点进行技术改造，进一步提高计数准确率，并结合业务需求完善软件数据采集、统计分析功能。推广应用车购税数据采集系统，实现车购税二维条码扫描申报征收管理，通过对车购税申报数据和销售发票数据的监控，形成对机动车销售企业销售情况的链条式管理。完善远程抄报税系统和“一窗式”比对流程，解决作废发票的审核问题、运输发票的远程认证问题、海关完税凭证及铁路运输发票的远程报送问题。在税收监控数据分析软件中启用增值税专用发票预警监控模块，可及时发现专用发票供应审批及发票使用问题，防止企业大量虚开专用发票。强化代开发票的信息化管理，通过与各城区代征处开通内网专线，全市所有的发票代开网点都使用综合征管系统开具，遏制超范围代开发票的行为。开通12366纳税服务平台查询发票流向功能，建立包括广西国税系统普通发票、增值税专用发票、代开普通发票等发票数据库。持票人只需提供发票代码、发票号码、发票专用章上的纳税人识别号、发票金额等，通过电话自动语音、手机短信及互联网站等方式发送至税务机关即可查询自2005年7月1日以来的发票信息。开发电脑销售发票网上开具系统及相关预警比对系统并在市内各城区试点运行，有效解决向小规模纳税人提供大额发票难以监管的问题。加强数据采集管理和数据质量监控，每旬发布数据质量监控结果。加强各项数据的交换与比对，利用数据发布网站数据发布自动更新、时效性强的特点，协助业务部门完成各类专项工作的预警和监督，提高数据应用水平，有效规避税收执法风险。搭建统一的内外部信息交流平台，利用南宁市企业基础信息交换平台进行信息交换，采集工商企业登记信息4.42万条，市质监局企业登记信息4.50万条，市地税局企业登记信息15.68万条。通过与市地税局外部信息交换平台采集国税地税共管户信息22万条。还开发和推广海关完税凭证及运输发票比对系统，防止数据漏采集；开发和推广增值税专用发票作废管理系统，在纳税人进行专用发票的验旧、交旧时自动进行核销作废专用发票；开发和推广后勤管理软件、财务预算监控软件、工资查询系统等系列软件，提升行政管理水平。

【纳税服务】 2009年，市国税局组织开展“服务企业年”、“项目建设年”和“攻坚克难先锋行”主题实践活动，全面开展“大调研”、“大走访”、“大排难”活动，召开企业座谈会32次，到企业现场解决涉税问题130多个，形成8篇服务性调研报告。为重点企业和重大投资项目开辟办税绿色通道，实施“一对一”、“点对点”的全程跟踪服务。全面贯彻落实各项增值税转型、小规模纳税人征收率下调、个体增值税起征点提高等一系列“惠民生、保增长”税收优惠政策，累计为全市纳税人办理结构性减税10.45亿元，办理出口退税5.68亿元，免抵调库1.10亿元。整合办公服务区域，扩大纳税人自助服务区，配备自助电脑等设备，增加网上申报、数据采集、电脑发票打印等服务功能。推出“五字”(多、快、好、省、准五字，即：提供多种形式的纳税服务，提供方便、快捷的纳税服务，干部精神面貌好、服务态度好、业务技能好，为纳税人提供低成本服务，提供准确的税收咨询服务和征收数据)、“五零”(特色服务实现税企沟通零距离，贴心服务实现办税服务零距离，严格制度实现执法流程零障碍，落实责任实现办税质量零差错，文明办税实现服务对象零投诉)、“五心”(接待纳税人热心，审查资料细心，解答问题耐心，服务承诺诚心，接受意见虚心)的纳税服务新举措，纳税人满意度不断提高。推行延时服务和预约服务，方便纳税人购买发票。纳税人之家和首问岗提供咨询服务5.94万人次，12366纳税服务热线处理话务12.62万件，日均513件，答复率98%。

【税收宣传】 2009年，市国税局为确保国家出台的一系列结构性减税政策以及燃油税费改革等新税收政策落实到位，编制政策宣传手册，发放增值税转型改革文件汇编7000册，分36批次培训纳税人3500多人，对电力、烟草等13个行业的重点企业进行专项辅导。各区、县国税局采取培训、出版板报，发送短信，发放电子光盘、宣传资料等形式对纳税人进行专项宣传和辅导。针对新增值税政策实施后，政策过渡过程中出现的申报表填写等问题到企业开展调研，送政策上门，听取纳税人意见和建议，解决涉税问题。组织开展第18个全国税收宣传月活动，联合市地税局举办税收宣传月启动仪式暨表彰A级纳税信誉等级纳税人活动，组织举办“税企同舟共济”座谈会、“困难中我们携手同行”税企演讲比赛，举办纳税人培训辅导班，开展“百个税法宣传小分队送政策进千户企业”、“税收宣传板报一条街”等一系列大型税收宣传活动，利用短信平台发送宣传短信28万条，曝光涉税案件11件。

(邓有侃)

4月1日，市国税、地税局联合表彰纳税信用等级A级企业　　孙炳清提供

地方税务

【概　况】 2009年，南宁市地方税务局内设职能科室(中心)14个、直属机构4个(稽查局3个、税务服务中心1个)，下辖城区地税局6个、县地税局6个、开发区地税局5个，税务所(税务分局)41个，全系统有在编职工1246人，助征员195人。负责12.87万户纳税人的地方税收征管工作。其中：单位纳税人4.89万户，个人纳税人7.98万户。地税收入84.04亿元，占全自治区地税收入23.68%。其中：市区收入74.55亿元，占全市总额88.64%；六县收入9.49亿元，占全市总额11.36%。市地税局被评为全国精神文明建设工作先进单位、自治区第三批文明行业；市地税局税务服务中心被评为全国税务系统先进集体，南宁高新技术产业开发区地税局获全国巾帼文明岗称号。纳税金额前10名的单位有广西中烟工业有限责任公司(3.08亿元)、市土地储备中心(2.28亿元)、中房集团南宁房地产开发公司(1.79亿元)、市柳沙企业有限责任公司(1.03亿元)、市龙光房地产开发有限公司(7790万元)、广西荣和有限责任公司(7613万元)、广西盛天房地产开发有限公司(7224万元)、广西勤建置业有限公司(6996万元)、广西保利房地产有限责任公司(6301万元)、广西电网公司南宁供电局(6295万元)。

【地税收入】 2009年，市地税局共组织各项地税收入（自治区局口径)84.04亿元，比上年增收16.02亿元，增长23.56%。其中，市本级收入83.55亿元，增收16.08亿元，增长23.83%。

全市地税收入呈以下特点：一是地方税收增长与经济发展基本一致，组织收入工作实现多项重大突破。全市地税收入总体上保持较快增长，收入规模首次突破80亿元大关，达到83.55亿元，比上年增收16.08亿元。二是地税部门加强征管工作措施有力，政府部门护税协税工作成效显著。年初，受国际金融危机影响，市地税收入曾连续3个月出现收入与增长水平“双低”，任务缺口逐月增大的严峻形势。面对诸多不利因素，市地税局落实组织收入工作目标责任制，加强征管，增加收入9.83亿元，占全市地税增收总额61.13%，拉动全市地税收入增长14.57个百分点。其中各级政府部门综合治税工作取得历史性突破，实现税收收入近6亿元，为完成全年收入任务奠定基础。三是重点工程项目和建安、房地产企业税收对地方税收贡献上升。全市加大对建筑企业特别是对具体的重点工程项目和房地产业税收的分析监控和纳税评估工作，两个行业税收收入和增收分别达到40.66亿元和11.06亿元，分别占全市地税收入总额和增收总额的48.38%和69.01%，比上年分别提高4.86个百分点和17.93个百分点。其中列入监控的重大工程项目实现收入10.53亿元，占全年税收收入12.53%。四是重点税源企业对地方税收增长拉动作用明显。全市列入自治区地税局重点监控的2211户重点税源企业共缴纳各项地税收入54.50亿元，占全市地方税收总收入64.85%，比上年增收8.20亿元，增长17.71%，拉动全市地税收入增长12.06个百分点，剔除一般税源各种一次性收入因素和由于固定资产投资拉动增加的收入，重点税源企业税收收入增长明显快于一般税源的实际增长水平，重点税源企业对整个地税收入的支撑和拉动作用不断增强。五是县域税收增长明显快于各城区、开发区。六县地税收入共9.49亿元，比上年增收2.41亿元，增长34.12%，快于全市平均水平10.29个百分点，快于各城区、开发区平均水平11.50个百分点。六县地税收入占全市总收入11.36%，比上年提高0.88个百分点。

【税收管理】 2009年，市地税局积极应对国际金融危机的影响，采取有效措施，全力支持首府经济社会的发展，将18个重点工作项目逐级分解落实到各级各部门，确保领导到位、责任到位、目标到位、征管到位、措施到位。同时加强重点税源户管理和重大工程项目的监控，把税源监控的重点放在重点税源户、重大工程项目、房地产业、耕地占用税和小税种管理五大块，提出“向十个方面要税收”的措施(即向一线、向信息、向征管、向稽查、向时间、向制度、向政策、向协调、向服务、向督查要税收)，

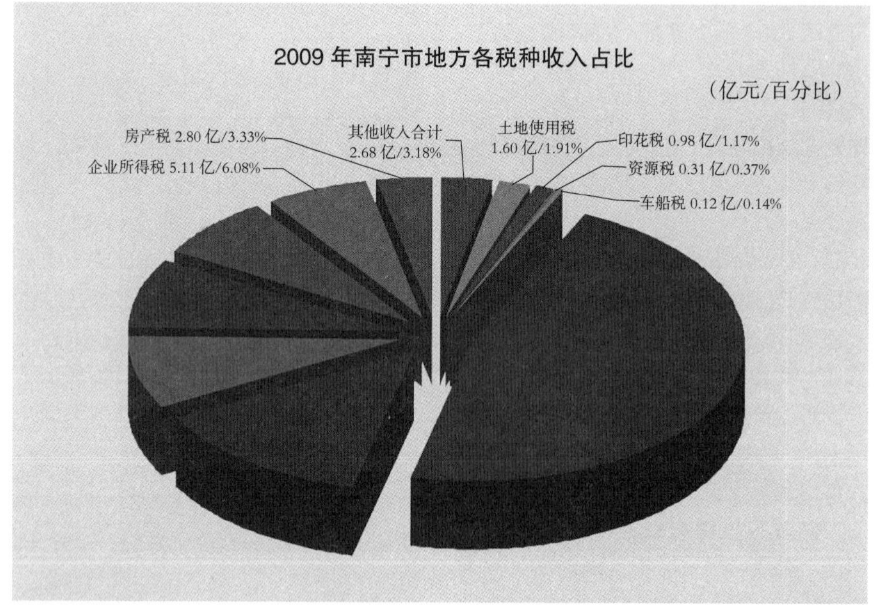

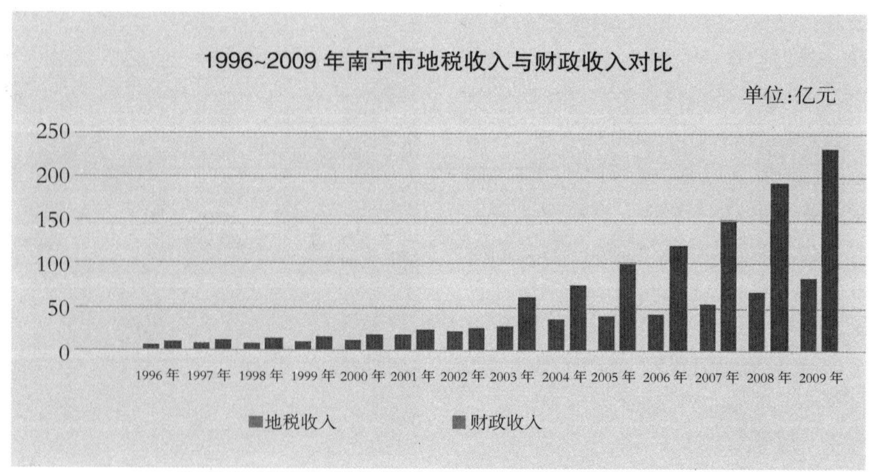

深挖税收潜力，弥补收入缺口，确保全年收入任务的完成。在重大工程项目管理方面，以控管全市固定资产投资1180亿元为目标，以建筑业、不动产行业管理为主线，建立"分级采集、分片监控、属地管理、定期考核"的管理机制，推进重大工程项目税收的监控管理，监控的2897个重大工程项目实现税收收入10.53亿元，占全年税收收入12.53%。在社会综合治税方面，草拟《综合治税考核办法》、《社会综合治税信息管理办法》提交市政府研究，逐步建立与25个社会综合治税成员单位政务协作交换机制，全年实现税收收入超6亿元，实现由地税部门单一治税的税收征管模式向政府领导下多部门综合治税的协作监控管理模式的转变。在征管运行方面，投入200多万元进行中心机房和电教室的改造和扩建，先后开发出数据质量、入库质量监控考核平台和税收任务进度完成情况监控平台系统，依靠信息化技术手段解决海量的分析数据与人工核查效率低、数据不准的问题，税收收入平均预测误差率低于全自治区平均水平，分析预测能力在全自治区排名第二。全面推行远程申报系统、财税库行横向联网系统和门征POS机刷卡缴税方式，远程申报纳税户有1.53万户，申报入库金额12.31亿元，占入库数14.65%，电子化申报入库税款比上年提高5个百分点。扩大重点税源监控管理范围，将应纳税款在10万元以上的2211户重点税源户全部纳入系统监控，全年实现收入54.50亿元，占各项地税收入64.85%。在税收征管方面，全系统实行税源分类差别管理，开展房地产业、建筑业、物流业等重点行业以及重点税源户企业的纳税评估，共评估978户，评估税款1.25亿元。组织开发的"房地产经营开发业纳税评估模型"被国家税务总局评为"全国'百佳'行业评估模型"。共为4574户纳税人办理年所得12万元以上自行申报。有序开展发票换版工作，清缴欠税清欠50户，涉及税款及滞纳金6620万元。

2009 年南宁市地税各税种收入情况

税种	收入(亿元)
营业税	39.47
企业所得税	5.11
个人所得税	11.12
资源税	0.31
城建税	5.92
房产税	2.80
印花税	0.98
土地增值税	6.96
土地使用税	1.60
耕地占用税	6.98
车船税	0.12
教育费附加	2.66

2009 年，市地税局被评为全国精神文明建设工作先进集体，并被授予自治区文明行业称号
孙炳清提供

企业自然人股权转让清理查实应纳税款6073万元。

【依法治税】 2009年，市地税局3个稽查局组织对房地产、建筑业、股权转让、土地二级市场交易等9个重点行业实施专项检查，共检查319户，入库税款2.58亿元，比上年增长48%。与公安部门联合查处贩假、用假发票案件11起，捣毁制售假发票窝点6个，抓获犯罪嫌疑人18人，起诉8人；缴获制假印刷设备6台、假公章184枚、制假发票模板547块、制板胶片48张等工具；收缴各种假发票33万份，可开票金额110亿元。

【纳税服务】 2009年，结合"服务企业年"和"纳税服务年"活动的开展，持续优化首府税收环境，规范税收执法，提升税收执法质量，共清理出规范性文件337份。落实各项税收优惠政策，支持企业发展。帮助企业积极应对金融危机，落实西部大开发政策、广西北部湾经济区税收政策以及扩内需保增长等一系列政策，及时为符合优惠政策条件的纳税人办理减免税手续。共审批申请各类减免税1.40万户，减免金额4.65亿元，为642户纳税人办理税收退税0.97亿元。建立首次违法教育警示机制，发布《税情预警》、《纳税服务改进意见书》，组织纳税人满意度调查，针对规范执法口径、加强税法辅导宣传等方面出台17条整改措施，形成持续完善服务体系的工作机制。构建固定的税企沟通平台，建立纳税人培训学校，免费向纳税人提供培训辅导。建立重点税源企业定点联系制度，到重大工程项目现场开展纳税辅导咨询，全年共接待和走访纳税户752户次，实地排查、解决纳税人涉税问题1132件。加强办税服务厅软硬件建设，投入150万元对列入自治区规范化建设的西乡塘区地税局、邕宁区地税局办税服务厅进行改造，统一服务标志，完善服务功能。试点办税服务厅绩效考评体系，实时监控办税服务厅的业务质量与流量，科学量化考评工作质效，有效提升办税服务工作效率，办税服务厅的规范管理办法入选《全国税务系统办税服务厅规范手册》。加强ETS(电子缴税入库系统）多元化电子税务服务体系建设，逐步满足纳税人日益增长的服务需求，全年为纳税人提供电子化涉税服务60多万次，12366人工坐席服务11.36万次，比上年增长36.20%。ETS多元化电子税务服务体系获全国1999~2009年优秀电子政务案例。

【税收宣传】 2009年，市地税局围绕"税收、发展、民生"的主题深入开展第18个税收宣传月活动，全系统共组织大型宣传活动86个。完善办税指南，构建12366办税指南库，收集整理各类税收业务问题，为全系统各岗位税务人员准确快速实施涉税解答、办税指引提供了切实可靠的依据。定期组织公开大接访，现场接待来访者52人次，解决税收问题63个。组织18个政策服务队开展千名税官下企业送政策送服务活动，到205家企业进行税法宣传、政策咨询辅导，解决涉税难题155个。在各类媒体宣传税收政策1560篇次，其中中央及自治区级采用356篇次，信息工作获自治区地税信息评比第一名、市党委系统信息评比一等奖。 （李玉露 孙炳清）

责任编辑 孙贵寿

金　　融

银　　行

【概　况】

各项存款　2009年，南宁市金融运行总体平稳，各项存款余额保持较快增长态势。年末，全市金融机构人民币各项存款余额3231.36亿元，比年初增加910.47亿元，增长39.21%，增幅同比提高15.22个百分点。人民币储蓄存款余额1116.20亿元，比年初增加227.41亿元，增长25.59%，储蓄存款增幅同比提高1.32个百分点，其中活期、定期储蓄存款分别增加162.28亿元和65.13亿元，与上年存款定期化趋势相反，新增存款中活期占比71.36%，同比上升32.49个百分点，储蓄存款呈活期化态势。居民储蓄存款继续稳步增长主要原因是城乡居民可支配收入增加，同时由于受股市等投资渠道风险较大，以及通胀预期上升、南宁房地产市场回暖的影响，居民储蓄存款流动性明显增强。金融机构人民币企业存款余额1420.46亿元，比年初增加486.46亿元，增长52.08%，增幅同比提高15.33个百分点，其中新增企业活期、定期存款占比分别为68.46%、31.54%，企业存款呈活期化态势。企业存款快速增长，主要是银行贷款量大产生大量派生存款，以及经济环境企稳向好，企业资金充裕等因素带动。财政存款余额比年初增加22.72亿元，增长28.53%，同比上升47.69个百分点；机关团体存款余额比年初增加64.47亿元，增长28.74%，同比上升26.99个百分点。财政存款、机关团体存款同比增幅大，主要源于各类财政性资金来源增加，如上级财政部门加大对南宁市经济建设的支持力度，拨付的财政性、机关团体存款增加。

各项贷款　2009年，南宁市各金融机构贯彻落实国家适度宽松的货币政策，通过信贷投放呈现高速增长的方式推动实现经济快速发展。年末，全市金融机构人民币各项贷款余额3278.12亿元，比年初增加961.44亿元，增长41.50%，贷款增幅同比提高19.90个百分点。信贷期限结构呈明显中长期化态势。年末，全市金融机构人民币中长期贷款余额2713.14亿元，比年初增加859.76亿元，增长46.40%，增幅同比提高26.95个百分点；新增中长期贷款占全部新增贷款额89.42%，增幅同比上升16.51个百分点。短期贷款余额538.26亿元，比年初增加131.28亿元，增长32.25%，增幅同比上升11.33个百分点。票据融资余额26.70亿元，比年初减少29.60亿元，下降52.58%，票据融资大幅下降，主要是企业临时资金需求减少，商业银行适时收缩流动性较强的票据融资业务。贷款投向结构重点集中。新增贷款主要投向基建、重点项目、个人消费、私营企业等领域。年内，南宁市通过加大项目建设力度来“扩内需、保增长”，固定资产投资项目进展加快，对银行信贷资金的需求明显增强。年末，全市金融机构基本建设贷款比年初增加481.60亿元，增长45.70%，贷款增幅同比上升32.92个百分点。其他中长期贷款比年初增加370.74亿元，增长47.49%，其中个人中长期消费贷款比年初增加173.07亿元，增长55.66%，比上年同期上升37.11个百分点，主要源于房地产、汽车消费市场回暖推高个人消费贷款需求。私营企业及个体贷款增长218.27%，有利于提高私人部门的投资积极性。工业企业信贷投放增幅较低。工业贷款比年初增加6.28亿元，增长3.70%，增幅同比下降28.68个百分点。在全年各类贷款大幅增长的背景下，工业贷款增长乏力，折射出金融机构对工业企业信贷支持力度减弱，企业有效资金需求仍较低迷的现状，基本建设投资项目对中小企业的信贷“挤出效应”显现。

现金收支　现金保持回笼态势，全市金融机构累计现金收入4119.78亿元，

2009年南宁市金融机构人民币信贷收支情况

单位:亿元

项目	余额	项目	余额
各项存款	3231.36	建筑业贷款	12.84
企业存款	1420.46	农业贷款	73.72
财政存款	102.36	三资企业贷款	3.47
机关团体存款	288.79	其他短期贷款	210.19
储蓄存款	1116.20	中长期贷款	2713.14
活期存款	634.37	基本建设贷款	1535.51
定期存款	481.83	技术改造贷款	25.20
农业存款	63.61	其他中长期贷款	1152.43
委托存款	42.10	个人中长期消费贷款	484.01
其他存款	197.85	票据融资	26.70
各项贷款	3278.12	各项垫款	0.02
短期贷款	538.26	现金投放(+)回笼(−)	−99.75
工业贷款	175.83	现金收入	4119.78
商业贷款	46.01	现金支出	4020.03

累计现金支出 4020.03 亿元，收支轧差，年累计净回笼现金 99.75 亿元，同比多回笼现金 45.66 亿元。

【中国人民银行南宁中心支行】 2009 年，中国人民银行在南宁市的分支机构有 7 个，员工 593 人。其中省会中心支行 1 个，员工 468 人；宾阳、横县、武鸣、马山、上林、隆安 6 个县各有县支行 1 个，员工 125 人。该行按季召开货币信贷窗口指导与经济金融形势分析会议，联合广西银监局发布信贷指导意见，引导金融机构加大对保增长、扩内需重点领域和薄弱环节的信贷支持，自治区信贷投放实现历史性突破。加强利率监测分析，合理投放再贷款，全年全自治区累计发放再贷款、再贴现 29 亿元，运用有区别的准备金政策减少辖区法人金融机构需缴法定准备金约 107 亿元。以落实民贸民品优惠政策及扶持人口较少民族发展为切入点，开展支持人口较少民族发展、民贸民品、就业、助学、林权改革等金融服务工作，成为人民银行系统惟一获得全国民族团结进步模范集体称号的省级分支机构。加强地方法人金融机构流动性监测，重点关注地方政府投融资平台信贷风险。依托自主研发的法人金融机构风险监测评估系统，完成广西区域金融稳定报告以及银行、证券、保险业风险监测报告。成功收回金融稳定再贷款 375 万元，及时发放“两会一部”政府借款 2.60 亿元。取得博白县支行原融资中心借款纠纷案、陆川县城区信用社清算组存款纠纷案的终审胜诉。以资产与负债一起移交的新方式，成功将柳州莲花城土地项目整体移交汇达公司，有效解决三江县支行历史违规挂账问题。落实总行将田东县列入全国改善农村支付服务环境工作试点县的要求，推进农村金融服务体系改革，使田东县率先实现支付系统“乡乡通”，设立广西首个村级 24 小时自助银行，每万人拥有 ATM 自动取款机水平超过全国农村平均水平。加强协调沟通，跨境贸易人民币结算试点准备工作基本就绪。制定和完善《广西跨境贸易人民币结算试点操作指引》，会商海关、税务部门并由其出台相关报关、退税指引等一揽子办法。配合自治区政府推进新型农村金融机构的组建与发展，自治区成立 4 家村镇银行、1 家资金互助社、24 家小额贷款公司。创新服务手段，全面提升金融服务质量和管理水平。在全国率先建立金融机构存、贷款“周报快报”制度，第一时间向地方党委、政府报送金融统计数据。推广中央银行会计核算电子对账系统，强化会计核算及同城票据交换内控管理，实现业务处理零差错、资金汇划零风险、客户服务零投诉的“三零”管理目标。完成存量单位账户联网核查，落实账户实名制。将系统性的物流管理理念引入货币发行业务，推广应用发行基金物流管理系统，实现发行基金电子网络一体化管理。配合公安机关开展打击制贩假币犯罪“09”行动，推进反假货币宣传网络建设。完善财税库行横向联网系统，率先实现工会经费收支纳入国库汇缴清算。提请自治区政府同意并发文明确将广西社会信用体系建设领导小组办公室改设到南宁中心支行。推进中小企业信用体系建设，245 家被推荐诚信中小企业获银行 162 亿元贷款支持。稳步推进电子商业汇票系统等重要应用系统，省级数据中心基础建设取得实质进展，建成广西人民银行系统电视电话会议系统。建立越南经济金融运行跟踪调查机制，逐步打造对越分析品牌。加强边境地区货币兑换研究，广西获总局批准成为西部地区 3 个开展个人本外币兑换特许业务试点的地区之一，并获准实施边境贸易银行结算账户结售汇管理新政策。放宽境外投资外汇限制，首次实行外商投资企业网上外汇年检，提高投资便利化程度。全年，广西境外投资中方投资额 1.84 亿美元，同比增长 1.30 倍。（陈恒升）

【中国工商银行广西区分行营业部】 2009 年，中国工商银行广西区分行营业部各项存款余额 583 亿元，比年初增加 110.63 亿元，余额和增量均在广西四大国有商业银行中排第 2 位；各项贷款余额 508 亿元，比年初增加 107.50 亿元；中间业务收入 2.64 亿元，在广西四大国有商业银行中排第 1 位。资产业务方面，加大对铁路、电力、交通、城市基础设施等重点行业和优质项目的营销，与南宁市政府、各大投资平台签订累计 900 亿元金融战略合作协议。支持有开发实力、受市场欢迎的楼盘，推动区域国际化都市建设步伐；调整个人贷款业务受理模式，优化业务流程，突破重点产品领域，实现个人贷款余额、增量同业市场双第一，奠定南宁“第一个贷银行”的优势地位。着力发展贸易融资和中小企业贷款，有效缓解中小企业融资难的问题。探索清收不良资产新途径，不良贷款率连续 11 年低于 1%，风险评价指标排在工商银行全国一级分行营业部第 2 位。负债业务方面，在资本市场低迷的形势下，以“灵通快线”、“存贷通”等优势产品满足客户资金增值的需求。推进网点升级改造和功能提升，增强网点服务供给能力，根据市场情况向社会公众提供标准化服务和差异化服务，满足不同的金融需求；通过举办形式多样的客户活动，向客户传递最新金融资讯，提升网点形象和客户满意度。各项中间业务发展迅速，信用卡囊括卡量、签购额等核心指标同业第一，市场占比均过半；企业年金业务凭借全牌照优势，累计为近 200 家企业提供企业年金管理服务。（王圆圆）

【中国农业银行广西区分行营业部】 2009 年，中国农业银行股份有限公司广西区分行营业部辖支行 14 个，员工 2300 多人；对外营业网点 154 个，其中：城区网点 90 个，县域网点（含乡镇）64 个；自助服务设备 542 台。年末，人民币存款余额 471.27 亿元，比年初增加 106.38 亿元；各项贷款余额 345.91 亿元，比年初增加 70.91 亿元，同比多增 59.30 亿元；实现拨备后利润 11.44 亿元。

存款业务 农行广西区分行营业部进一步完善考核办法、整合内部资源、强化网点建设等，发挥营业网点的营销平台作用和电子渠道的分销作用，零售业务对全辖业务的贡献度提高。其中，储蓄存款比年初增加 39.42 亿元，增量跃升南宁金融同行业第一；银行卡、基金、电子银行收入占该部中间业务收入 60%以上。跟进重点领域的新进企业和重点项目，抓好系统性、集团性、行业大户和优质中小企业客户的优质服务，推进对公存款发展。对公存款比年初增加 54 亿元。

贷款业务 抓好中国农业银行总行与自治区政府战略合作备忘录签约项目的重大客户（项目）的营销工作；有序推进第一批、第二批自治区重大项目推进计划的营销工作；牵头承办农行广西区分行与南宁市政府 800 亿战略合作备忘录。共对战略合作备忘录下的 70 个项目（客户）进行积极营销，已确定介入项目（客户）42 个，涉及贷款金额 341 亿元。加大对中小企业信贷支持力度，共有 4478 户中小企业在营业部开办业务。加强个人优质客户贷款的营销，成立个贷集中经营中心，个人贷款余额 59 亿元，比年初增加 20 亿元。

中间业务 发展保险代理业务，营销企事业单位团险和公务员、学生、个体工商户、普通市民个人意外险。加强对企

业年金业务的营销，为企业量身定做企业年金服务方案。年末，托管养老金规模为3.13亿元，比年初增加1.77亿元，完成年度计划130.21%。签订企业年金正式协议6份。发展第三方存管业务。年末，银期转账业务签约客户777户，比年初增加677户，有业务合作的期货公司32家。

金融服务“三农” 在6个县域支行设有营业网点51个，新投放转账电话4652台，POS自助终端机312台，ATM自动取款机17台等，惠农卡发卡总量34.96万张，比年初增加27.93万张，农户小额贷款授信总户数比年初增加2.44万户，用信比年初增加4.80亿元。累计发放糖业企业贷款6.90亿元，重点支持农垦糖业、冠桂糖业和南华糖业等制糖龙头企业的发展。同时，围绕现代农业产业发展的趋势，加大对家禽饲养业、种植业、林业等优质农业龙头企业的信贷支持，重点支持广西农垦永新畜牧、广西金陵养殖、横县桂华蚕茧丝公司等国家级和自治区级农业龙头企业，累计发放贷款4.60亿元。（曾 敬）

【中国建设银行股份有限公司广西区分行】 2009年，中国建设银行股份有限公司广西区分行在南宁市区有机构102个，员工2322人。年末，各项存款余额544.38亿元，各项贷款余额451.48亿元。对公存款方面，以账户营销和升级为重点，进一步扩大客户群体，优化账户结构。储蓄存款方面，实行差别化、立体式营销。结合不同时期的市场热点开展各种个人业务主题营销活动，围绕存款、银行卡、个人理财等重点产品，注重交叉销售和关系营销，加大宣传力度，打造储蓄存款的“蓄水池”。加大信贷结构调整力度，贷款投放继续向重点行业、重点区域、重点客户、重点产品和优质中小客户倾斜。以个人住房按揭贷款为重点，大力发展个人信贷业务，个贷余额255.31亿元。加强中间业务的理念传导和组织领导，设立专门的中间业务发展委员会，统筹中间业务发展全局。以资产业务为基础和依托，加强联动营销和捆绑销售，促进财务顾问、造价咨询、百易安等信贷关联业务以及公务卡、联名卡等批量产品实现超常规发展。坚持产品创新，制定企业年金、财务顾问、IPO(首次公开募股)等重点产品发展规划，推广外汇业务新产品，成功营销广西农垦糖业集团股份有限公司并购财务顾问业务。深化渠道建设和转型工作。90%以上网点实现“蓝色银行”改造，新增自助设备70台，完成网点二代转型31个，实现全部网点电视机联网。开展文明行业创建活动，被评为自治区文明行业。（杨 茜）

【中国银行南宁市邕州支行】 2009年，中国银行南宁市邕州支行管辖营业部1家，城区经营性支行16家，分理处11家，员工400多人。年末，人民币各项存款余额70.26亿元，比上年增加23.06亿元，人民币各项贷款余额78.58亿元，比上年增加16.45亿元，外币各项存款余额7205万美元。公司金融方面，实施重点区域、重点行业为核心的双重点战略，确定将政府主导的城市基础设施、民生工程等建设项目作为重点争取和支持对象，贷款重点投向交通、能源、高校、医院、优质房地产项目等领域，全年新增授信投放7.34亿元。作为自治区首家担任广西原有企业年金基金托管人和账户管理人的管理机构，大力拓展企业年金业务，跟进已签订企业年金框架协议的客户，扩大企业年金框架协议的覆盖面。个人金融方面，发展个人消费类贷款和银行卡业务，完善中银理财三级财富管理体系，利用中国银行国际化、多元化的业务平台优势，为客户提供全方位的金融服务方案。加大“直客式”贷款模式营销力度及宣传资源投入，提高零售贷款“理想之家”等品牌知名度。加强与房地产商和中介机构合作，联合市房产管理局及52家房地产中介召开业务联动会。有针对性地对中高档汽车经销商进行全力攻关，提供上门收单、客户换签等“一站式”服务，与自治区机电设备有限责任公司等20多家汽车经销商达成合作协议，举办以“银企携手，共建汽车服务之家”为主题的自治区内主要汽车商银企座谈会；参加广西第十五届汽车交易会和首届北部湾(南宁)国际汽车文化节，开展“缤纷车展，中行有礼”等一系列优惠活动。作为广西独家2007~2011年国家助学贷款经办银行，承办广西21所主要院校的助学贷款工作，全年为家庭经济困难且符合贷款条件的学生发放国家助学贷款1181笔，共计438万元。与南宁职业技术学院等高校签订国家助学贷款银校合作协议，为高校提供包括银行融资授信、直接融资、个人金融业务等金融服务。优化网点布局，加快网点转型，完成8家网点(含自助银行1家)的标准化改造工作。（岑晓曦）

【交通银行广西区分行本部（南宁市）】 2009年，交通银行广西区分行本部(南宁市)有机构网点37个，员工812人。年末，人民币各项存款余额244.67亿元，比年初增加72.18亿元，增幅41.84%，其中对公存款余额193.61亿元，比年初增加61.45亿元，增幅46.49%；储蓄存款余额51.06亿元，比年初增加10.73亿元，增幅26.60%。人民币各项贷款余额210.07亿元，比年初增加91.65亿元，增幅77.40%。年末，外汇各项存款余额5997万美元，比年初减少1088万美元，减幅15.36%；外汇各项贷款余额9467万美元，比年初减少1782万美元，减幅15.84%。交通银行广西区分行本部坚持以客户为中心的发展策略，通过公私联动、体验式营销、客户互荐等方式，巩固和扩大基本客户群体，推动个人存款增长。做好世博门票销售系统的上线及门票销售。成功开发太平洋联名卡业务，扩大了用卡范围和个人金融业务品种。以住房和商铺按揭业务为重点，大力发展消费贷款。零售贷款新增16.56亿元，增长129.25%。加大对政府市场、交通、港口、水利、电力、水泥等重点行业以及广西支柱产业发展力度。向铁路、公路、基础设施等重大项目累计投放实质性贷款78.24亿元，授信余额90.18亿元。分别与广西交通投资集团、广西铁路投资集团签订授信合作意向书，总金额180亿元。采取信托、票据、保函及其他多种金融工具，加大对地方经济的支持，银行承兑汇票、保函、信用证等表外授信业务累计办理17.50亿元。实施“绿色信贷”工程建设，与自治区农业厅签署合作协议，投入50亿元的资金贷款，支持化肥生产和贸易、农用机械、农产品生产和深加工等产业，带动农户脱贫致富。成立中小企业专营机构，开辟审批绿色通道。以产品创新和海内外联动为主要手段，创新业务品种，开发理财型外汇融资产品。成功办理首笔四方协议业务，为企业提供一系列业务跨境服务，成功办理第一笔报关一点通担保业务，拓宽国际业务品种。调整相适应的机构布局，新增自助区(点)14个，ATM自动取款机20台，CRS存取款机25台，完成搬迁人工网点2个，功能区调整1个。（潘 闻）

【中国光大银行南宁分行】 2009年，中国光大银行南宁分行管辖支行8个，二级分行1个。年末，全行总资产228.69亿元，比年初增加93.91亿元，增幅69.68%；存款余额198.15亿元，比年初增加74.29亿元，增幅60%；贷款余额210.65亿元，比年初增加94.57亿元，增

光大银行南宁分行营业部获 2009 年广西银行业文明规范服务百佳示范单位称号

刘　杨提供

幅 81.50%；实现中间业务收入 5640 万元，同比增长 1272 万元，增幅 29.12%；实现利润 3.48 亿元；不良贷款 4897 万元，比年初下降 504 万元，不良率 0.23%。年内，该行积极支持自治区重点项目建设，通过短债产品、信托产品在自治区内外融资，累计投放贷款 379 亿元，超额完成自治区政府下达的 80 亿元新增贷款任务，支持地方经济建设，获自治区政府颁发的"金融机构支持广西经济发展贡献奖"。南宁分行营业部获 2009 年广西银行业文明规范服务百佳示范单位。

（刘　杨）

【广西北部湾银行】 2009 年，广西北部湾银行有一级分支机构 7 个、二级分支机构 58 个，员工 1140 人。年末，资产总额 272.05 亿元，各项存款余额 234.22 亿元，各项贷款余额 133.35 亿元。营业收入 7.71 亿元，利润总额 2.64 亿元。7 月，成立中小企业信贷中心，推出"微小贷"、"快捷贷"、"联保通"等一系列针对中小企业的信贷品种，全年发放中小企业贷款 55 亿元，占全行贷款总额 40%以上。争取并获得银监部门和外汇管理机关批准的各项外汇业务经营资格，完成国际结算业务处理系统开发和外汇金宏系统上线，于 8 月首次正式开办外汇业务。与境内外 45 家银行建立代理行关系，完成国际结算量 4913 万美元。通过加强产品研发和创新，实现中间业务收入 5840 万元。全面完成网上银行、国际结算、事后监督与影像平台、办公自动化、信贷管理、绩效考核等 6 大系统建设，完成自助终端、短信银行、电子验印、转账电话等 4 个附加系统建设，相继开发电子商业汇票系统和贷记卡系统；内部网站正式上线运行，内部信息共享进一步便捷化。先后获金融机构支持广西经济发展突出贡献奖、2009 年广西诚信企业、2009 中国杰出企业社会贡献成就奖、2009 年度亚洲十大最具成长性银行等荣誉。

（范桂桃）

【招商银行南宁分行开业】 2009 年 2 月 26 日，招商银行南宁分行正式开业。自治区副主席高雄、招商银行行长马蔚华出席当天开业仪式并致辞。招商银行于 1987 年 4 月在深圳蛇口成立，是中国境内第一家完全由企业法人持股的股份制商业银行，也是国家从体制外推动中国银行业改革的第一家试点银行。以创新著称的招商银行经过 20 多年的发展，已成为资本净额超过 1000 亿、资产总额近 1.50 万亿元、机构网点超过 620 家、在上海和香港两地上市的全国性股份制商业银行。招商银行南宁分行是招商银行第 35 家一级分行。

（周　红）

【南宁市辖区农村信用社】 2009 年，南宁市辖区农村信用社有县级农村合作金融机构 8 家，营业网点 263 个，员工 2600 多人。年末，各项存款余额 250.38 亿元，同比增加 68.64 亿元，增长 38%。其中：储蓄存款余额 154.50 亿元，增加 3.46 亿元，增长 29%；对公存款余额 95.86 亿元，增加 34.08 亿元，增长 55%。各项贷款余额 175.09 亿元，增加 62.36 亿元，增长 55%。累计发放各项贷款 133.98 亿元，同比增加 62.29 亿元，增长 87%。其中：发放农业贷款 42.17 亿元，增加 11.73 亿元。不良贷款比年初下降 2.83 亿元。不良贷款余额占比为 6.02%，同比下降 5.84 个百分点。实现经营利润 5.30 亿元，完成全年任务 132.06%，同比增加 1.79 亿元。全年无重大经济案件和安全责任事故。年内，南宁市辖区各县级农合机构股权进一步优化，法人治理结构进一步完善。南宁市区、邕宁、武鸣 3 家组建农村合作银行目标联社按计划推进增资扩股，自有房产、土地办证等各项基础工作。把服务"三农"、增加农民收入作为信贷工作的出发点和立足点调整和优化信贷结构，参与支持南宁市城市基础设施建设，为首府重点项目提供信贷服务。组织发放社团贷款 3.88 亿元，给市城市建设投资发展总公司开展基础设施建设，1.25 亿元给南宁建宁水务集团有限责任公司进行基础设施建设，3.19 亿元给自治区公路管理局进行路网建设；发放贷款 1.37 亿元给南宁交通水利投资有限公司进行堤岸建设等。全年农村信用社在南宁市城区的贷款余额 67 亿元，比年初净增 33 亿元。支持多家农业产业化龙头企业，带动农村经济的发展。南宁市区联社组织发放社团贷款 2500 万元支持广西国泰粮食集团有限公司粮食收储；邕宁联社发放贷款 3000 万元给广西广中耘农业投资有限公司种植桉树；宾阳联社组织发放社团贷款 2 亿元支持广西永凯糖业有限责任公司等。投放甘蔗生产贷款 2.96 亿元，支持农民种植甘蔗；发放流动资金贷款 3 亿元给辖区制糖企业，促进企业效益提高，农民收入增加。发放贷款近 16 亿元支持新农村建设，为农民发展生产、改善交通、生活条件和居住条件。发放小额信用贷款 5.51 亿元，支持约 3.29 万户农户发展种植、禽畜养殖、水产养殖业生产，发放 7.02 亿元贷款支持农户解决生活困难。

（李继宁）

证　券

【证券经营】 2009 年，南宁市有证券公司 1 家（国海证券有限责任公司）；基金管理公司 1 家（国海富兰克林基金管理有限公司）；证券营业部 23 家，比上年增加 3 家。南宁市证券营业部全年代理上海证券交易所、深圳证券交易所证券交易总额 5239.69 亿元，占广西证券交易总

2009年南宁上市公司情况

公司名称	总股本（万股）	总资产（万元）	净资产（万元）	营业收入（万元）	净利润（万元）	每股收益（元）	净资产收益率(%)	总市值（万元）
广西桂冠电力股份有限公司	147989.25	1505859.19	494655.71	307609.90	32817.59	0.22	8.06	1164675.41
南宁化工股份有限公司	23514.81	252567.82	87377.16	141893.75	−29729.03	−1.26	−50.11	216336.29
广西五洲交通股份有限公司	55586.77	399793.04	240154.72	24050.59	14268.10	0.28	7.38	422459.44
南宁百货大楼股份有限公司	17360.64	89052.61	24981.28	147272.08	2875.15	0.18	12.00	158502.64
阳光新业地产股份有限公司	53565.24	776084.50	231850.60	98812.10	26709.00	0.50	14.34	597788.04
南宁糖业股份有限公司	28664.00	391192.81	152402.88	353190.83	12187.72	0.43	9.52	673317.36
广西南方食品集团股份有限公司	17825.95	80408.81	13852.97	34095.80	−629.89	−0.04	−4.47	162750.96

2009年南宁市证券营业部(23家)

国海证券有限责任公司南宁教育路证券营业部　国海证券有限责任公司南宁友爱路证券营业部　国海证券有限责任公司南宁东葛路证券营业部　国海证券有限责任公司南宁民族大道证券营业部　国海证券有限责任公司南宁公园路证券营业部　国海证券有限责任公司南宁滨湖路证券营业部　东方证券股份有限公司南宁民主路证券营业部　招商证券股份有限公司南宁古城路证券营业部　华泰证券股份有限公司南宁双拥路营业部　东兴证券股份有限公司南宁祥宾路证券营业部　宏源证券股份有限公司南宁桃源路证券营业部　长城证券有限公责任司南宁民族大道证券营业部　光大证券有限责任公司南宁桃源路证券营业部　广发证券股份有限公司南宁星湖路证券营业部　国泰君安股份有限公司南宁汇春路营业部　招商证券股份有限公司南宁金湖路证券营业部　申银万国证券股份有限公司南宁古城路证券营业部　中国银河证券有限责任公司南宁园湖南路证券营业部　海通证券股份有限公司南宁人民东路证券营业部　国海证券有限责任公司南宁星光大道证券营业部　国海证券有限责任公司宾阳县临浦街营业部　兴业证券股份有限公司南宁金浦路营业部　国信证券股份有限公司南宁金浦路营业部

2009年南宁市期货营业部(18家)

银建期货经纪有限责任公司南宁营业部　广晟期货有限公司南宁营业部　万达期货有限公司南宁营业部　广发期货有限公司南宁营业部　长城伟业期货有限公司南宁营业部　国联期货有限责任公司南宁营业部　重庆先融期货经纪有限公司南宁营业部　民生期货有限公司南宁营业部　成都倍特期货经纪有限公司南宁营业部　宝城期货有限责任公司南宁营业部　大连良运期货经纪有限公司南宁营业部　宏源期货有限公司南宁营业部　珠江期货有限公司南宁营业部　江苏弘业期货经纪有限公司南宁营业部　中粮期货经纪有限公司南宁营业部　海航东银期货有限公司南宁营业部　国海良时期货有限公司南宁营业部　海通期货有限公司南宁营业部

额45%，比上年增加2174.08亿元，增长70.92%。其中，A股4713.47亿元，B股6.86亿元，基金26.23亿元，债券4.74亿元，权证488.26亿元，其他证券0.61亿元。投资者开户数55.34万户，增加5.77万户，增长11.64%。证券营业部托管市值423.90亿元，增加276.70亿元，增长187.96%。23家证券营业部实现净利润5.47亿元，占广西证券营业部净利润总额36.64%，增加2.14亿元，增长64.26%。至年末，国海证券总资产118.85亿元，同比增长11.93%；实现营业收入18.16亿元，增长68.46%；实现净利润6.78亿元，增长123.76%。基金管理公司总资产4.67亿元，比上年增长16.10%；净利润1.01亿元，增长6.32%；旗下有7只基金产品，其中6只股票型基金，1只债券型基金；7只基金总份额145.87亿份，总净值183.48亿元。

【期货经营】 2009年，南宁市有期货营业部18家，比上年增加5家。代理期货交易量5636.90万手，增长68%；累计成交额12445.08亿元，增长102%；投资者开户数9796户，增长158%；实现手续费收入5636.90万元，增长68%；实现净利润1580.57万元，增长3%。

【上市公司】 2009年，注册地在南宁市的上市公司有7家，分别是南宁百货大楼股份有限公司、南宁糖业股份有限公司、南宁化工股份有限公司、广西桂冠电力股份有限公司、广西五洲交通股份有限公司、广西南方食品集团股份有限公司、阳光新业地产股份有限公司。总资产349.50亿元，总股本34.45亿股，年末总市值339.58亿元，分别占广西26家上市公司总资产、总股本及总市值的41.11%、30.42%、26.65%。5家公司实现盈利，2家亏损，实现净利润合计5.85亿元，平均每股收益0.175元。　　（高瑞启）

保　　险

【概　况】 2009年，南宁市保险市场主体增多，机构网络进一步健全。其中：鼎和财产保险股份有限公司1家财产险公司在南宁设立自治区级分公司，中国太平洋财产保险股份有限公司、中国平安财产保险股份有限公司、永诚财产保险股份有限公司3家财产险公司在南宁设立中心支公司，南宁鼎信保险代理有限责任公司、广西南宁和诚保险代理有限责任公司、广西桂保保险代理有限公司3家保险专业代理公司在南宁注册成立。至年末，全市共有自治区级保险分公司26家，地市级分公司和中心支公司8家，支公司及营业部60家，营销服务部227家；保险代理公司法人机构13家、分支机构8家，保险经纪公司分公司10家，保险公估公司法人机构2家、分支机构4

家，保险兼业代理机构392家。各保险公司共实现原保险保费收入40.15亿元，同比增长19%。其中，财产险公司保费收入14.71亿元，增长23.30%；人身险公司保费收入25.44亿元，增长16.63%。人身险公司由于普遍进行业务结构调整，大力发展以风险保障为主的保险产品，各险种发展明显分化。分红寿险、普通寿险、健康险、意外险保费收入分别为16.09、2.81、2.43、0.84亿元，同比增幅均在20%以上，其中分红寿险保费增幅52.85%，成为拉动人身险公司保费收入增长的主要动力。投连险、万能险保费收入同比分别下降66.68%、42.89%。财产险公司车险业务在新车销售激增的带动下保持较快增长，保费收入11.17亿元，同比增长25.55%，是拉动财产险公司保费收入增长的主要力量。此外，财产险公司船舶保险、意外险也较快增长，同比增幅分别为42.38%、18.97%。南宁保险业全年累计支付保险赔款和给付保险金11.41亿元，同比增长10.14%。其中，人身险公司支付赔款和给付保险金4.42亿元，增长11.35%；财产险公司支付赔款6.99亿元，增长9.41%。

【保险监管】　2009年，广西保监局注重风险防范，有效应对金融危机。对机构准入实施差异化审批；加强投连险退保风险的跟踪监测；做好万能险清零账户的风险排查；关注分红险分红动态，采取差异化监管措施；向辖内银行机构印发《银行代理保险业务监管指引》。推进结构调整，增强持续发展能力。加强窗口指导和市场调控，积极引导发展转型，推动行业发展由“重规模、重份额”向“重质量、重效益”转变。围绕重点业务领域，开展财务业务数据真实性、银保业务、保险中介业务专项检查，加大短意险市场规范力度，综合治理销售误导问题。共对48家保险机构进行现场检查，对11家保险分支机构和2家保险中介机构进行处罚，其中责令停止接受新业务4家，罚款77万元，责令撤换高管人员2人，警告8人。强化服务质量，保护消费者合法权益。开展理赔积案专项清理工作；推广道路交通事故快处快赔机制，推动行业在自治区14个地市设立19个“一站式”理赔服务中心；建立车险理赔信息客户自主查询机制；开展人身险理赔服务质量调研，规范客户回访内容。加强协调沟通，营造发展外部环境。协调建立广西农业保险工作联席会议制度；与自治区教育厅、公安厅、财政厅、高级法院、工商局等部门建立协作机制，在校方责任险发展、打击保险违法犯罪、保险合同案件审理、保险机构联合监管等方面开展合作。

（吴年冬）

3月13日，2009年广西农业保险工作联席会议在南宁召开　　谢立华　摄

2009年驻市保险公司

财产保险公司(21家)

中国人民财产保险股份有限公司广西分公司　中国太平洋财产保险股份有限公司广西分公司　中国平安财产保险股份有限公司广西分公司　华安财产保险股份有限公司广西分公司　天安保险股份有限公司广西分公司　中国大地财产保险股份有限公司广西分公司　安邦财产保险股份有限公司广西分公司　都邦财产保险股份有限公司广西分公司　阳光财产保险股份有限公司广西分公司　渤海财产保险股份有限公司广西分公司　太平财产保险有限公司广西分公司　永诚财产保险股份有限公司广西分公司　华泰财产保险股份有限公司广西分公司　鼎和财产保险股份有限公司广西分公司　中国出口信用保险公司南宁营业管理部　中国人民财产保险股份有限公司南宁市分公司　安邦财产保险股份有限公司南宁中心支公司　中国大地财产保险股份有限公司南宁中心支公司　中国太平洋财产保险股份有限公司南宁中心支公司　中国平安财产保险股份有限公司南宁中心支公司　永诚财产保险股份有限公司南宁中心支公司

人寿保险公司(13家)

中国人寿保险股份有限公司广西分公司　中国太平洋人寿保险股份有限公司广西分公司　中国平安人寿保险股份有限公司广西分公司　新华人寿保险股份有限公司广西分公司　泰康人寿保险股份有限公司广西分公司　平安养老保险股份有限公司广西分公司　太平人寿保险有限公司广西分公司　中国人民人寿保险股份有限公司广西分公司　信诚人寿保险有限公司广西分公司　民生人寿保险股份有限公司广西分公司　合众人寿保险股份有限公司广西分公司　中国人寿保险股份有限公司南宁分公司　中国人民人寿保险股份有限公司南宁分公司

2009年驻市各人身保险公司保险业务情况

单位：百万元

保险机构	保费收入							赔付支出			
	人寿保险					意外伤害险	健康险	赔款	死伤医疗给付	满期给付	年金给付
	小计	普通寿险	分红寿险	投资连接保险	万能保险						
中国人寿保险股份有限公司广西分公司(含集团业务)	93506	20466	72772		269	2669	4325	2898	1604	17695	3601
中国太平洋人寿保险股份有限公司广西分公司	19561	2298	16935		328	998	1205	291	257	2154	550
中国平安人寿保险股份有限公司广西分公司	52321	4490	25063	4092	18677	1031	11298	1772	1701	3899	2517
新华人寿保险股份有限公司广西分公司	18297	224	18072			579	1277	185	169	1637	400
泰康人寿保险股份有限公司广西分公司	10935	186	7426	361	2962	1431	2208	194	98	291	70
平安养老保险股份有限公司广西分公司	252		252			561	1719	55			2
太平人寿保险有限公司广西分公司	6015	97	5464	3	452	128	730	535	6		21
中国人民人寿保险股份有限公司广西分公司	14720	276	10579		3866	908	985	263	65	6	1213
信诚人寿保险有限公司广西分公司	2659	83	1060	1516		70	333	28	20		
民生人寿保险股份有限公司广西分公司	690	10	681			21	167	9	11		
合众人寿保险股份有限公司广西分公司	2677	3	2551		123	23	84	2			6

注：平安养老保险股份有限公司广西分公司成立后，其原归属中国平安人寿保险股份有限公司广西分公司经营的业务仍未分离核算和统计

2009年驻市各财产保险公司保险业务情况

单位：百万元

保险机构		中国人民财产保险股份有限公司广西分公司	中国太平洋财产保险股份有限公司广西分公司	中国平安财产保险股份有限公司广西分公司	华安财产保险股份有限公司广西分公司	天安保险股份有限公司广西分公司	中国大地财产保险股份有限公司广西分公司	安邦财产保险股份有限公司广西分公司	都邦财产保险股份有限公司广西分公司	阳光财产保险股份有限公司广西分公司	渤海财产保险股份有限公司广西分公司	太平财产保险有限公司广西分公司	永诚财产保险股份有限公司广西分公司	华泰财产保险股份有限公司广西分公司	鼎和财产保险股份有限公司广西分公司	中国出口信用保险公司南宁营业管理部
保费收入	企业财产保险	4328	2220	1571	989	109	77	20	135	41		86	773	29	1782	
	家庭财产保险	300	30	−16	−42	−11	10	−1	1	20				2		
	机动车辆保险	43164	17446	21782	15022	2136	3243	750	2117	1319	158	2046	1033	481	971	
	工程保险	133	243	170	51				17			17		280	696	
	责任保险	1310	637	1371	108	16	578	8	27	36	1	3	4	8	71	
	保证保险	−79	−2	−97	−71	−82										
	船舶保险	315	74	147			30					184				
	货物运输保险	1443	312	377	66	1	395		14			4	3	4	2	
	农业保险	1627	37				37									
	其他财产保险		26	609												2073
	短期健康保险	635	1815	202	1	27	155		53	82	5		36			
	意外伤害保险	1334	939	2543	653	66	195	6	89	636	5	52	104	34	123	
赔款支出	企业财产保险	1369	924	1596	869	4	1143		20	39	1		38	19	99	
	家庭财产保险	73	2	2	1		1			1						
	机动车辆保险	24713	7650	9063	4647	725	1239	422	1174	1613	157	370	286	35	42	
	工程保险	399	5	558		108	5							2	34	
	责任保险	366	475	384	44	2	85		58	2					8	
	保证保险	24		124	50											
	船舶保险	127	18	3								12				
	货物运输保险	298	74	79	−31		53		31							
	农业保险	1394														
	其他财产保险	3	1													969
	短期健康保险	592	2474	143	21	12	104		18	40	17		2			
	意外伤害保险	660	318	837	287	1	68	9	60	72	6	16	1		1	

责任编辑　周　红

经济管理与监督

宏观经济管理

【经济调节】 2009年，南宁市发展和改革委员会发挥职能作用。组织编制本年度全市经济和社会发展计划，制定、下达并组织实施城市建设投资、农村建设投资、基本建设项目前期工作等专项计划，提出确保完成计划目标的工作建议，并将具体目标分解给各县区（开发区）和各有关部门及单位。加强对国家宏观调控政策实施效果的跟踪分析，研究提出南宁市保增长、扩内需、调结构、促进经济平稳较快发展的措施建议。加强经济社会发展计划执行情况跟踪检查和经济预测监测，强化信息收集反馈上报，编发《发展改革要报》12期。加强对2010年经济环境和发展条件的分析，研究提出全市经济社会发展目标的初步考虑，为市委、市政府提供决策参考。

【扩大投资规模】 2009年，市发展改革委抓住国家实施积极财政政策和适度宽松货币政策的机遇，扩大投资规模，促进经济平稳较快增长。年初及时研究提出“项目建设年”方案，报市委、市政府转发实施，并把投资任务具体分解到各县区（开发区）和各有关部门，采取15条措施狠抓工作落实。抓住国家大规模增加中央投资的有利时机，按照中央扩大内需投资方向和重点，筛选项目，落实申报条件，组织上报项目，争取新增中央投资，并及时将中央投资计划转发下达。共获得国家下达计划4批774个项目，年度计划投资23.30亿元，其中中央资金9.11亿元。开工项目772个，竣工项目301个，完成投资17.63亿元。做好投资项目融资工作，指导南宁建宁水务集团、南宁城建投资集团开展发行企业债券的各项工作。南宁建宁水务集团成功发行企业债券8.50亿元，南宁城建投资集团发行企业债券申请材料上报国家发展改革委。同时，配合财政部门开展“市带县”争取银行贷款支持的工作。建立投资项目信息分析制度，坚持每月进行投资分析，及时协调解决突出问题，研究提出对策建议。坚持收集分析投资信息，编印投资快报，上报市委、市政府和自治区发展改革委。坚持调查研究，深入项目现场、施工工地，帮助项目业主解决实际困难。

【重大问题研究】 2009年，市发展改革委强化形势跟踪分析工作。对贯彻落实中央扩大内需一揽子计划情况，跟踪分析，及时报告进度，反映突出问题，提出工作建议。组织制定年度经济社会发展计划，对计划执行情况的检查，跟踪国家宏观调控政策动态，坚持和完善经济形势分析制度，按月按季分析经济走势，研究提出工作措施建议。会同有关部门研究提出年度经济工作思路，供市委、市政府决策参考。完善充实《发展改革要报》内容。配合自治区发展改革委研究起草支持南宁市经济社会发展的政策性文件，完成《自治区关于进一步促进南宁市经济社会发展的若干意见》上报市政府。组织开展“十二五”课题研究，完成《国内外经济形势及其对南宁市的影响和“十二五”时期政策取向研究》等课题研究报告16个。

【产业结构调整】 2009年，市发展改革委加快结构调整，促进产业结构优化升级。按照市委、市政府提出的打造支柱产业和特色优势产业的战略部署，围绕影响全市发展全局的重大产业项目建设组织和实施投资项目。把保增长与调结构紧密结合起来，推动经济增长建立在结构调整优化的基础上。支持高技术产业发展。推进南宁国家高技术生物产业基地建设，加快推进燃料乙醇木薯原料产业基地、油梨新品种繁育示范等26个高技术产业化重大专项工程建设。研究编制生物能源、生物医药、生物农业、生物制造4个专项规划和相关配套政策措施。争取南宁百洋水产品生物育种产业化等一批项目列入国家高技术产业化重大专项发展计划，获得国家补助资金。支持加强“三农”（农业、农村、农民）工作。加强农业和农村基础设施建设，安排农林水等项目专项投资计划9亿多元，支持农村交通设施、病险水库除险加固、“菜篮子”工程等项目。支持扩大消费和促进服务业发展，贯彻落实国家支持服务业发展的政策措施，争取到自治区服务业引导资金150万元。

【重大项目建设】 2009年，市发展改革委及时筛选提出重点建设项目并推进实施。“项目建设年”重点建设项目100个，新建项目52个，续建项目48个，年度计划投资215.81亿元。实际开工建设项目70个，完成投资135.19亿元，为年度计划62.64%。重点前期工作项目151个，其中新建项目149个、改扩建项目2个，年度计划投资49.98亿元。开工项目46个，完成投资20.89亿元，为年度计划41.79%。南宁市推进的自治区层面新开工、预备开工、续建重大项目共65个，计划总投资775.71亿元，年度计划投资70.30亿元。完成投资97.85亿元，为年度计划1.40倍。其中，18个计划新开工项目全部开工。创新前期工作机制和方法，建立项目联合审批制度，先后8次组织开展、5次配合自治区开展南宁市投资项目对接协调与集中审批，其中组织开展的市项目集中审批，现场给予审批、核准、备案、批复及提供解答等服务的投资项目807个，计划总投资1483亿元；办理事项815项，其中现场办结743项，现场承诺会后办结18项，现场答复43项，现场承诺会后答复11项。着力推进项目建设。组织开展项目前期工作攻坚战，开设重大项目审批“绿色通道”。每月组织项目集中开竣工活动，共组织项目开竣工活动12次，项目共1089个，计划总投资1038亿元。其中：开工项目790

个，计划总投资922亿元；竣工项目299个，完成投资116亿元。加强和改进项目管理，牵头组织8次重大项目专项督查和联合督查，确保多完成实物工作量。推进城市轨道交通、老口和邕宁梯级、世行贷款城乡环境综合整治工程等一批重大项目前期工作。

【节能减排】 2009年，市发展改革委研究提出《2009年全市节能减排工作方案》，报市政府印发实施。进一步完善节能减排指标、监测和考核体系。加强节能减排和生态建设。争取到中央专项资金用于南糖、上林南南实业有限责任公司等企业实施节能项目。分解下达县区（开发区）万元生产总值能耗目标。制定《2009年推动落实节能减排工作分工方案》，开展对各县区（开发区）节能目标责任评价考核。组织开展“节能减排百日行动”后督查工作。支持5个县县城污水垃圾处理设施建设。节能减排目标顺利完成，万元生产总值能耗下降2.42%，化学需氧量排放量削减4.10%，二氧化硫排放量不增加，均达到预期目标。

【经济体制改革】 2009年，市发展改革委继续开展深化经济体制改革的有关工作，不断增强经济发展的活力和动力。研究建立投资项目审批并联制，起草完成并出台《南宁市重大建设项目报建和其他项目并联审批实施细则》。会同或协调有关部门进一步下放审批核准权限。会同有关部门制定《南宁市深化医药卫生体制改革工作2009~2011年实施方案》。启动统筹城乡改革试点工作。按照自治区、南宁市关于推进华侨农林场改革和发展实施意见的要求，抓好华侨农林场体制改革、危旧房改造、土地确权、债务清理等各项改革和推进工作。完成《南宁市政府特许经营管理条例》前期调研，并组织开展立法工作。推动完成市政府回购信达资产公司持有南宁市部分企业债权的工作。彻底解决了涉及原市瓶盖厂贷款担保纠纷的问题。

【开放合作】 2009年，市发展改革委进一步推动对外开放和区域合作。积极贯彻实施《广西北部湾经济区发展规划》，按照规划中南宁市确定的功能定位和发展目标，推进城市发展布局、重大产业项目布局、重大基础设施建设布局等规划调整，参与组织编制完成“三基地三中心”（中国—东盟区域性物流基地、加工制造基地、商贸基地和国际综合交通枢

2009年南宁市重点建设项目名录

“项目建设年”重点建设项目 共100个，包括：(一)基础设施方面，计划总投资539亿元，年度计划投资85亿元。新建城市轨道交通、大学路—明秀路口综合交通、老口航运枢纽、邕宁梯级水利枢纽、南宁生物国家高技术产业基地宝塔医药产业园、5万农村居民人畜饮水安全、100座小型病险水库除险加固、2009年农村公路、高坡岭路、邕宁区防洪、沙江河环境综合整治、利用世行贷款南宁市城乡环境综合整治、朝阳溪(重机厂—28中段)环境综合整治、葫芦鼎大桥桥底与地面景观、白沙大桥北岸节点交通整治，续建南宁国际物流基地基础设施、凌铁大桥、南宁大桥、北湖北路延长线、18.40万农村居民人畜饮水安全、46座中型病险水库除险加固、五象大道八尺江桥、五象新区核心区3号路、五象新区堤园路(五象大道—外环高速公路)市政道路、五象大道延长线(银海大道—壮锦大道)、五象大道、五象新区核心区商业大道、平乐大道(南宁大桥—银海大道)、银海大道拓宽、玉洞大道(银海大道—平乐大道)、凤岭南路(青环路—开泰路)、二坑溪环境综合整治、可利江环境综合整治一期、凤凰江沙井大道段河道整治、心圩江环境综合整治一期和二期。(二)产业方面，计划总投资695亿元，年度计划投资111亿元。工业领域，新建南宁电厂一期2台66万千瓦机组、广西永凯糖业有限责任公司宾阳大桥分公司制糖综合利用、广西永凯糖业有限责任公司宾阳黎塘分公司制糖生产线搬迁技改、广西天昌投资有限公司年产100万吨乙二醇生产线及相关产品、武柳集团防城港钢铁基地南宁钢材深加工、中国海洋石油总公司广西年产15万吨木薯燃料乙醇、广西中烟工业有限责任公司南宁制造部年产50万箱卷烟扩建至80万箱技改、上林南华糖有限责任公司日榨7000吨原料蔗生产线技改、广西金鲤水泥有限公司横县干法转窑水泥生产线带纯低温余热发电、双汇实业集团有限责任公司年屠宰生猪150万头冷库3万吨日产100~150吨肉类食品加工、广西玉柴专用汽车有限公司(矿用)重型作业车生产、南宁麦斯鞋业有限公司综合鞋业制造、广西有色金属集团锡钨深加工、广西国泰粮食集团粮油食品精深加工搬迁技改、广西金孟锰业有限公司锰矿加工、广西华劲纸业集团有限公司竹浆纸一体化，续建恒安(广西)纸业有限公司年产3.40万吨高档生活用纸、南宁劲达兴纸业有限公司年产9.80万吨桑枝浆和年产20万吨高级文化纸、广西金龙钛业股份有限公司年产10万吨金红石钛白粉生产、广西松日有色金属有限公司深加工扩能一期、广西田园生化股份有限公司农药加工分装基地、中电钒业上林县钒矿综合利用、上林南南实业有限责任公司煤电铝二期年产3.5万吨铝锭、南宁锦虹棉纺织有限责任公司异地搬迁技改、南宁绿洲化工有限责任公司年产32万吨聚氯乙烯、南宁绿洲化工有限责任公司年产30万吨离子膜法烧碱、广西珠江啤酒有限公司一期年产20万吨啤酒、天津扫地王专用汽车有限公司环保科技车辆装备生产。商贸物流领域，新建南宁国际综合物流园、南宁东盟国际工业原料产品物流城，续建梦之岛江南店、东盟新天地综合旅游文化商业街区、大嘉汇国际商贸城一期、金桥国际物流商区(玉柴国际物流基地)、金桥农产品批发市场、大商汇商贸物流中心、广西工业器材物流、南宁工业科技物流；房地产开发领域，新建壮韵洞天、华润万象城、南铁住宅小区，续建中铁凤岭山语城。(三)社会公益和民生方面，计划总投资52亿元，年度计划投资20亿元。新建市妇女儿童活动中心、西乡塘区拆迁安置小区、兴宁区家园拆迁安置小区、青秀山营造林、建设生态园林城市增种20万株大树、五象新区农民回建房4个新区，续建市一职校五象校区、南宁职业技术学院二期一组团、市青少年活动中心、市一医院新门诊综合大楼、广西体育中心主体育场、青秀山森林植物园、青秀山生态保护、江南区富乐新城拆迁安置小区、青秀区凤岭北和林里桥拆迁安置小区、昌泰清华园经济适用房、桃花源经济适用房、鑫利华花城经济适用房、凤岭在水一方经济适用房。

配合推进中直和区直重点建设项目 共21个，包括：南宁机场新航站区一期工程、南广快速铁路、广西沿海铁路扩能改造南钦段、柳南铁路客运专线、云桂铁路、六景至钦州高速公路、南宁外环高速公路改扩建、南宁城市电网建设改造、广西大学“211”三期工程、广西医科大学药学和基础综合楼工程、广西师范学院师园学院明阳校区二期工程、广西中医学院仙葫校区工程、广西艺术学院相思湖新校区、广西财经学院相思湖新校区、广西农业职业技术学院新校区、广西水利电力职业技术学院新校区、广西银行学校相思湖新校区、广西妇女儿童医院、广西博物馆、广西自然博物馆、广西文化艺术中心。

自治区层面重大项目 共65个，包括新开工项目、预备开工项目、续建项目，计划总投资775.71亿元，年度计划投资70.30亿元。其中，新开工项目18个：南宁电厂一期、郁江老口航运枢纽、大学路—明秀路口综合交通工程、五象大道八尺江桥、广西工业器材物流城、南宁麦斯鞋业有限公司综合鞋业制造、广西田园生化股份有限公司农药加工分装、广西永凯糖业有限责任公司宾阳大桥分公司制糖综合利用、利用世界银行贷款南宁市城乡环境综合整治工程、市生态环境综合整治工程、广西东盟工业产品物流城、广西经济职业学院二期工程、广西丝绸(集团)有限公司丝绸加工基地、广西平铝集团有限公司特种电线电缆生产、邕武路(快环—规划新外环高速公路)扩建工程、广西永凯糖纸有限责任公司年产9.50万吨漂白蔗渣浆、广西永凯糖纸有限责任公司年产20万吨中高档文化用纸、广西四合工贸有限责任公司日产4000吨新型干法旋窑水泥熟料生产线技改。预备开工项目11个：广西金鲤水泥有限公司4500吨/日熟料新型干法水泥生产线并配套带纯低温余热发电工程、广西马山集新水泥有限公司日产2500吨熟料新型干法生产线、五象大道延长线工程壮锦大道至友谊路路段、凤岭南路(青环路—开泰路)、市防洪工程石埠堤、沙江河环境综合整治工程、高坡岭路、五象新区核心区商业大道、南宁工业科技物流城、广西永凯糖业有限责任公司宾阳黎塘分公司1万吨/日技改、广西国泰粮食集团粮油食品精深加工搬迁技改。续建项目31个：北湖路北延长线、五象新区堤园路(五象大道—外环高速公路)、银海大道拓宽工程(龟背桥—平乐大道)、平乐大道、玉洞大道(银海大道—平乐大道)、凌铁大桥、亚行贷款南宁市城市环境改善工程、南宁城市水环境综合治理、南宁绿洲化工有限责任公司采用先进工艺技术建设年产32万吨聚氯乙烯生产、南宁绿洲化工有限责任公司采用清洁生产技术建设年产30万吨离子膜法烧碱生产、广西珠江啤酒有限公司啤酒生产、南宁锦虹棉纺织有限责任公司易地搬迁技术改造、南宁富士康电子产业、南宁劲达兴纸业有限公司年产20万吨高级文化纸、南宁劲达兴纸浆有限公司年产9.80万吨桑枝浆、南宁航盛新型建材有限公司加气混凝土砌块生产、广西上林县钒矿综合利用、南宁市肉类食品加工一期、广西南宁再生资源产业、南宁国际综合物流园、南宁东盟国际工业原料产品物流城(华南城)、东盟—川桂商贸物流、市农副产品物流中心、南宁大商汇商贸物流中心、南宁金桥农产品批发市场、玉柴南宁国际物流中心、广西亚太科技职业学院、南宁市民中心、广西民族文化开发(壮韵洞天)、南宁昆仑关景区、市一级强制隔离戒毒所。

市级层面重大项目 共16个，包括新开工项目、续建项目。其中，新开工项目9个：东盟商务区8—15号工程、月湾路(长湖路—云景路)、东盟国际商务区各国联络部基地园区道路、木塘里与鲁班南路连接东西向道路、壮宁工业园配套道路、滨湖北路延长线(长湖路—贤宾路)、仙葫大道维修工程、南宁体育休闲公园、凤岭儿童公园。续建项目7个：五象污水管网一期工程、市艺术博物馆、市国际物流基地基础设施、凤岭南路(青山路—青秀路)、鲁班南路(大学路—江北大道)、市科技馆、桂雅路—翡翠园2号路隧道及道路工程。

纽中心、信息交流中心、金融中心)建设规划。加强基础设施、产业对接。配合有关部门加快建设五象新区，加快中心城市建设，进一步加强以交通为重点的基础设施对接，推进建设区域性综合交通枢纽。重点推进南宁国际物流基地基础设施建设。配合推进南宁保税物流中心建设。研究加快发展总部经济政策，配合推进武柳集团防城港钢铁南宁总部基地建设。配合做好第六届中国—东盟博览会、2009南宁投资贸易洽谈会暨招商引资项目签约、第六届泛珠三角省会城市市长论坛等重大活动有关工作。

【社会事业发展】 2009年，市发展改革委推动社会事业建设投入，推进民生改善。启动3个民族乡基础设施建设前期工作。加强以工代赈和易地安置扶贫。安排以工代赈资金1590万元，主要用于贫困地区基础设施建设。安排易地扶贫搬迁投资1677万元，安置贫困人口1140人。落实国家水库移民后期扶持政策，安排投资7628万元用于建设和完善一批水库基础设施，投入2.40亿元用于库区移民生活补助，使40多万库区农村移民从中受益。改善城乡居民生活条件。投入1.22亿元，其中中央扩大内需投资0.74亿元，建成农村饮水工程353处，解决13万人的饮水安全问题。会同市有关部门和县区开展工作，农村公路建成566公里，病险水库除险加固工程动工66座，农村饮水工程完成182项，完成50个生态家园和8个新农村示范村建设。争取到中央资金0.82亿元，建设廉租房4469套，建筑面积21.57万平方米。投入1146万元，其中中央资金689万元，改造华侨农林场危旧房325户。加强公共服务设施建设。争取到中央资金3.42亿元，建设一批基层社会事业基础设施，主要用于新建农村初中校舍、重建或加固改造中小学校舍和中等职业学校建设、新增一批教学实训设备。加快推进县级医院、中心乡镇卫生院、社区卫生服务中心等项目建设，实施县乡计生服务站建设和设备采购，实现一批自然村通广播电视，支持乡镇综合文化站等项目建设。会同或配合市有关部门，落实自治区促进就业的各项政策，完成国家农村劳动力就业服务体系基础设施项目试点工作。

【新增中央投资项目】 2009年，市发展改革委开展争取新增中央投资和抓好扩大内需新增中央投资项目工作，成立由市发展改革委承担主要工作的南宁市扩大内需中央投资工作领导小组和落实配套资金工作协调小组，多次召开会议听取汇报并研究部署，两次组织开展由发展改革部门具体负责的全市性中央投资项目专项联合检查活动。为落实中央提出新增中央投资项目要实现全部开工、地方配套资金要落实全部到位、整改问题要做到全部解决的要求，组织多批次项目开工督促检查，主动商请财政部门衔接落实地方配套资金，配合审计部门开展中央投资资金审计，会同监察部门积极配合中央检查组开展工作。南宁市新增中央投资项目建设进展情况总体良好，第一批、第三批、第四批项目全部开工，第二批项目开工率99.38%，地方配套资金落实率超过100%，下达整改通知的问题项目全部整改到位，部分项目建成投入使用。 (杨华伟)

西乡塘区新农村示范村——大林新村　　周家志　摄

统　　计

【概　况】 2009年，南宁市统计局围绕市委、市政府中心工作和全市经济建设大局及自治区统计工作部署，完成基本单位统计、城镇住户调查、群众安全感抽样调查等统计调查工作30项及南宁市第二次全国经济普查工作，开展第六次全国人口普查前期工作。连续10年获自治区统计工作综合评比一等奖。

【专项统计调查】 2009年，市统计局一是做好2007年投入产出编表工作。分阶段完成对专业和部门基础数据收集、整理，结合现有投入产出调查数据，进行编表的数据程序导入工作。二是做好2008年私营单位劳动工资抽样调查。调查企业2090个、8.69万人，取得私营企业工资收入的基本数据资料。三是开展月度劳动力调查。从3月开始，根据多层次分阶段按比例的抽样方法，国家统计局在南宁市抽取10个县区、15个乡镇街道办、30个社区居委会(村委会)，6000户城乡居民，2万多人进行月度劳动力调查。四是开展全市城乡居民住户调查，真实反映全市城乡居民收入情况。五是开展农村调查。继续开展农业相关抽样调查，丰富农业统计调查的内容。坚持开展稻谷和玉米等主要农产品产量抽样调查、乡镇级农村住户调查、每月农副产品收购价格抽样调查等，为把握南宁市农民收入及农业产值的核算提供了重要依据。同时开展农村能源调查、农村劳动力外出情况调查工作。六是做好国内旅游抽样调查。完成当年国内旅游抽样调查，调查推算结果基本反映了南宁市旅游业发展实际情况。七是组织开展对重点耗能行业和企业节能降耗情况统计及跟踪监测，对能源产品生产、能源商品销售和能源消费进行调查，加强交通运输业能源消费调查统计工作，为建立能源消费统计指标、监测和考核体系提供依据。八是开展第二次R&D(研究与试验发展)资源清查。根据国家和自治区的统一部署，市政府下发《关于做好我市第二次全国R&D资源清查工作的通知》，并于9月21日~10月10日开展摸底清查工作。九是做好中国—东盟博览会调查。与自治区统计局东盟博览会统计组分工合作，在博览会期间对南宁市客货运输、公共交通、住宿、商业、餐饮、旅游景点等主要行业开展重点调查工作。10月19~25日，每天通过对市区交通、宾馆、商业、餐馆、景点等100多个单位进行调查，将调查资料及时反馈给自治区统计局东盟博览会统计组，每天编发《中国—东盟博览会南宁统计快讯》1期。

【全国经济普查】 2009年，南宁市第二次全国经济普查工作进展顺利。共印制并发至普查对象《南宁市人民政府关于开展南宁市第二次全国经济普查的公告》1.10万份、《致普查对象一封信》35万份，录制经济普查宣传录音带150盒；制作大型宣传广告牌9块，pop宣传5000杆，并通过报刊、电视、电台、手机短信、广场宣传日、文艺演出和宣传车等进行广泛宣传。至7月底，各报刊宣传报道经济普查工作103篇，电视宣传298次，电台广播260次。悬挂宣传横幅864条、张贴标语1.94万条、宣传画2427幅，制作板报74块，发放宣传手册4262册。使普查工作做到电视有影、电台（广播）有音、报刊有报道、街道（村、社区）有标语、公共场所有板报。全市12个县区、4个开发区、138个乡镇、街道办事处（含乡镇级农林场）、1392个行政村、335个社区全部成立经济普查领导机构和工作机构。共组织普查工作人员4.22万人，配置计算机285台、服务器16台、激光打印机160台进行数据处理工作，形成市、县区（开发区）、乡镇（街道办）、社区（村委）、单位五级联动的经济普查工作网络，保证了全市经济普查工作政令畅通，有序推进。至年末，完成现场调查登记、报表收报审核录入、查遗补漏、登记复核、数据联审、质量验收、汇总上报等主要工作任务，经国家、自治区经济普查办公室普查质量验收，南宁市经济普查数据质量达到国家有关规定和要求。据普查，2008年末，全市共拥有单位41418个（法人单位31577个、产业活动单位9841个），个体经营户321305户。与2004年第一次全国经济普查工作比较，增加单位9718个，其中法人单位增加9575个，个体经营户增加75266户。

【统计咨询服务】 2009年，市统计局围绕全市开展“项目建设年”、“服务企业年”活动，在全局广泛开展“三个零”（统计调查对象“零”投诉、统计服务“零”距离、统计数据“零”差错）和“四个一”（每人撰写一篇高质量的统计分析报告，每人搞好一次统计调研活动，每人为促进经济又好又快发展提一条好建议，每人为深化统计改革出一个好点子）统计服务系列活动，对“提高统计数据质量，提升统计服务水平的对策研究”、“当前我市固定资产投资存在的问题及对策”等重点调研课题进行深入调研。及时向市四家班子及有关部门报送南宁市月度、季度主要经济指标完成情况及经济发展纵向（历史年度）与横向（广西各市、全国重点城市、省会城市等）比较情况。加强月度、季度全市各项经济指标的审核评估和统计分析工作，为市委、市政府提供决策参考。及时向市委、市政府报告经济运行中出现的新情况、新特点、新问题，特别是围绕应对国际金融危机冲击、保持经济平稳较快发展中的重大问题，每月对全市主要经济指标进行统计分析监控，每季度召开经济分析会议，对全市经济运行情况进行预警预测，并召开新闻发布会，向社会公布。以编发好各种统计资料为载体，通过各种新闻媒体公开发布统计信息，满足社会公众的信息需求，向市委、政府提供各种统计信息和统计分析，共编发统计资料424期，其中《统计分析》78期、《统计报告》42期、《统计信息》153期、《统计动态》105期、《统计参阅》11期、《科学发展观简报》35期。同时编《经济动态》、《投资动态》、《工业动态》共1.02万册、《广西区辖各市信息交流月报》1500册。编辑出版《数字见证辉煌——数说南宁市60年发展成就》，并成为市政府驻京办事处新址揭牌的宣传资料。对人大代表廖萍提出涉及统计工作的《关于减少市级与城区办事机构重复行使职能的建议》的提案、政协委员王美算提出《抓住政策机遇，尽快开展新农村建设情况调查工作》的提案进行了答复。

【统计法制建设】 2009年，市统计局充分利用新《中华人民共和国统计法》和《统计违法违纪行为处分规定》颁布契机，加大宣传力度。印发新《统计法》及《统计违法违纪行为处分规定》合订本4.38万册、学习试卷4.38万份，发至县区、乡镇（街道）、村（社区）、基层调查单位进行学习宣传。12月12日，在朝阳广场开展新《统计法》暨第六次全国人口普查宣传日大型普法宣传教育活动，宣传人口普查和统计法律法规。进一步规范开展统计管理工作，科学整合统计资源。一是严格执行国家统计制度和统计标准，加强调查项目管理，严格执行部门统计调查项目的审批备案和定期公布制度。共规范审批部门统计调查项目7个，并适时依法予以公布。二是规范行政区划清查工作。10月，根据国家及自治区的统一部署，市统计局在与市、县区民政部门核实的基础上，对南宁市、县区所属1700多个行政区划及其性质进行清查和更新，并按时上报，确保全市行政区划代码编制工作的全面、及时与准确，为南宁市第六次全国人口普查工作的顺利开展奠定了坚实的基础。三是开展统计管理登记及其年检工作。共向上级领取统计管理登记证650套，依法免费办理统计管理登记证388套、年检统计管理登记证3265本。至年末，全市累计办理统计管理登记证1.34万套，为基本单位统计名录的维护和更新提供了依据。四是开展统计从业资格的培训认定工作。同时，根据国家统计局制定的统计违法案件评查标准，严格执行案件评查制度，规范统计行政执法行为。进一步推行行政执法责任制，合理分解、科学制定执法目标，执法效率和质量大大提高。全市各级统计部门共对602个检查对象进行现场重点检查，立案查处有统计违法行为的单位109个。全年立案查处有统计违法行为的单位112个（经济处罚18个、警告94个），责令改正并通报批评45个。

【统计信息化建设】 2009年，市统计局推进联网直报工作，使全市联网直报稳步推进。统计联网直报系统项目于2008年5月由市信息办招标采购，年内在全市范围内推广使用，至年末，各专业科室的部分统计基层单位使用该系统上网报送统计报表数据，并铺开至乡镇一级。争取国家统计局为南宁市各乡镇配备台式电脑171台、激光打印机135台、专业服务器12台。组织举办县区统计信息自动化基础建设培训班、乡镇统计人员计算机处理数据的专业培训班，提高基层统计员的电脑操作技能。开展市、县区、乡三级统计信息网络联网建设，已获市政府立项批准。建立统计信息内网、外网和南宁政务信息网统计局3个网站。建立完善网站管理、维护、更新制度，更新内容分板块落实到科室，责任具体落实到人，做到有内容、有信息并及时更新。

（市统计局提供）

审　计

【概　况】 2009年，南宁市审计局重点对本级财政和部门预算单位预算执行情况审计、市2008年新增中央预算内投资项目建设和资金管理情况审计及审计调查、政府投资工程审计，以及领导干部任期经济责任审计。共完成审计项目48个，审计查出违规金额2310万元，管理不规范金额6.95亿元，核减工程投资6437万元，应上缴财政996万元。移送有关部门处理案件2件，涉及金额30万元。

【县区审计】 2009年，南宁市13个县区审计机关共完成审计项目141个。其中：预算执行情况审计14个，专项资金审计59个，行政事业审计61个，固定资产投资审计7个。审计查出违规金额4102万元，管理不规范金额6.03亿元，应上缴财政373万元，核减工程投资金额62万元。审计移送处理1件，涉及金额16万元。

【本级预算执行审计】 2009年，市审计局继续加强对市本级预算执行和其他财政收支的审计工作，主要审计市财政局具体组织的市本级预算执行情况和市交通局、市人民防空办公室2008年度预算执行及决算(草案)审计。重点审计本级财政预算执行和其他财政收支的管理情况，发现和纠正预算管理、具体执行中存在的问题，促进财政部门依法履行预算管理职能，规范预算管理，降低和防范财政风险，硬化预算约束力，提高财政资金使用效益，推进公共财政体制的建立。审计查出违规金额18万元，管理不规范金额3.58亿元。

【政府投资工程审计】 2009年，市审计局采取审计和审计调查方式，加大对政府投资工程项目审计力度。对南宁市2008年新增中央预算内投资项目建设和资金管理情况进行审计调查，共审计调查新增中央预算内投资项目252个，总投资额11.30亿元。对广西体育中心、凤岭片区储备用地场地平整及周边道路、凤岭南路、江南堤路园市政、江南堤路园沙江段道路防护、江南堤路园市政(三津村—南站南侧路段)绿化景观、江南污水处理厂一期、鲁班南路、友谊路和相思湖廉租住房、江南污水处理厂二期、龙潭水库除险加固、南宁医药技工学校实训楼、广西思源农业发展有限公司高产高糖甘蔗新品种繁育高技术产业化示范项目、市五化灌区节水改造等工程进行审计。审计查出管理不规范金额6510万元，核减工程投资6437万元。

【行政事业审计】 2009年，市审计局对南宁市2008年度职业教育攻坚经费，2008年南宁市养老保险事业管理所企业职工基本养老、工伤、生育保险基金，市失业保险事业管理所失业保险基金，市社会医疗保险管理中心医疗保险基金等进行审计，审计调查横县和青秀区2008年农村义务教育经费保障机制专项资金。审计查出违规金额2292万元，管理不规范金额3124万元。2009年为南宁市对职工基本养老保险、工伤保险、生育保险、失业保险和社会医疗保险基金连续审计的第三年，全部完成审计工作，审计查出违纪违规和管理不规范金额9946.85万元。

【外资运用审计】 2009年，市审计局受上级审计机关委托，完成外资审计项目7个。其中：利用银行贷款综合林业发展和保护项目1个，利用世行贷款第九个卫生发展项目艾滋病性病预防与控制项目1个，利用世行贷款和英国政府赠款广西结核病项目3个，利用日本国际协力银行贷款高等教育项目2个。报送审计报告7篇。

【农业与资源环保审计】 2009年，市审计局对2008年南宁市种粮农民农资综合直补资金和能繁母猪补贴资金进行审计调查，对市埌东污水处理厂三期工程、江南污水处理厂二期工程、三塘污水处理厂一期工程、六景工业园污水处理厂一期工程4个项目以及市珠江流域水资源环境审计调查和市城镇污水垃圾处理设施建设项目进行跟踪审计调查。审计查出管理不规范金额220.77万元、违规金额5.33万元。

【经济责任审计】 2009年，市审计局完成经济责任审计项目11个，审计经济责任人11人。其中：县长1人，部门领导9人，企业领导1人。此外，委托社会审计机构实施国有企业领导经济责任审计21人，委托内部审计单位实施事业单位领导干部经济责任审计4人。审计查出违规金额2452万元，管理不规范金额9.66亿元，上缴财政金额1107万元。有关部门根据审计结果调整交流领导干部6人，移交司法机关查处1人。

【内部审计】 2009年，南宁市内部审计完成项目357个。其中：财务收支审计192个，工程项目审计106个，经济责任审计29个，专项审计调查30个。审计总金额3.89亿元，纠正违规行为金额2363.12万元，核减工程投资148万元。经过审计，提出合理化建议250条，被采纳250条。

(张启杰)

物价管理

【概　况】 2009年，南宁市物价局以保持价格总水平基本稳定为目标，加强价格调控和监管，积极稳妥推进价格改革，开展价格公共服务，整顿规范市场价格秩序，共查处价格违法金额1962.73万元。市价格监督检查分局、市价格成本调查队由参公事业单位转为行政单位，市价格成本调查队更名为市价格成本调查监审分局。市物价局被评为2009年度全国价格监管服务先进集体，市价格监测中心被评为2009年度全国价格监测工作优秀单位，市价格成本调查监审分局被评为2009年度全国农产品成本调查先进集体。

【价格调控】 2009年，受国际金融危机和国内宏观调控政策的影响，南宁市居民消费价格总水平一直处于低迷状态，据国家统计局南宁调查队调查显示，南宁市居民消费价格指数累计下降1.80%，降幅比全国平均水平大1.20个百分点，比自治区平均水平小0.30个百分点。市场价格运行呈现出以下特点：一是价格总水平基本平稳。新涨价因素仅影响价格总水平下降0.16个百分点，重要商品价格未出现大起大落现象，居民消费环比价格指数除5月下降1.20%外，其他月份波动幅度均在1%以内。二是居民消费价格呈结构性下降。与上年同期相比，构成居民消费价格指数的八大类商品及服务价格呈现"三升五降"格局。三是居民消费价格总水平下降主要受翘尾因素影响。全市因上年涨价对当年的负翘尾影响约为1.90个百分点，占价格总水平降幅的105.60%。四是服务类价格拉低是影响居民消费价格总水平下降的主要因素，工业消费品价格和食品类价格拉低是影响居民消费价格总水平的重要因素。年内，服务类价格下降2.90%，工业品价格下降1.10%，食品类价格下降1.40%，分别影响居民消费价格总水平下降约为0.80个百分点、0.70个百分点、0.60个百分点。

价格监测体系建立健全　扩大价格监测品种和价格监测点，其中，价格监测品种由原来的342个增加到364个，价格监测点由29个增加到31个。对可能引发价格波动的倾向性、苗头性问题及时预警预报，共向国家监测中心上报分析材料70多篇监测数据2万多条，在国家价格监测中心的季度考评中，全年均为100分；向市委、市政府报送政务信息被采用90条（被中共中央办公厅采用7条、自治区物价厅采用10条），《我市生猪出栏价格持续下跌应引起重视》、《南宁市生猪价格受甲型H1N1流感影响持续下跌》等信息得到市领导的批示。针对6月成品油价格连续两次上调的情况，市物价局立即开展成品油价格调整对相关行业生产经营发展影响的调研，并形成调研报告上报市政府，市长黄方方在调研报告上作了批示。

价格形势分析　7月，在南宁市各项经济指标缓慢回升、经济走势尚未明朗的情况下，组织召开有专家学者、政府部门和企业代表参加的南宁市2009年下半年价格形势分析座谈会，共同对国际国内价格形势、各相关行业的未来价格走势进行分析，并紧紧围绕价格总水平对经济影响的关系进行深入研究，形成分析报告上报市委、市政府，作为准确判断全年价格总水平走势及价格因素对经济增长影响的依据。坚持月度价格形势分析制度和例会制度，对春节、国庆等重大节日期间的主要商品和服务价格走势进行分析预测，提出意见和建议，为党委、政府决策当好参谋助手。全年共召开价格形势分析会13次，编写价格形势分析报告13期。

价格信息公示　定期在报纸、电视、电子显示屏等媒体公示市内5个大型农贸市场主要农产品批发和零售价格，共公示价格信息3.80万多条次，引导经营者合理定价。开通手机短信服务，8月起，定期为乡村干部、种养大户、经营专业户、村民发送涉农价格信息，共发送手机短信5.20万多条次，引导农民合理种养和销售。开展农产品价格信息送下乡活动，分别两次到青秀区长塘镇、上林县明亮镇与农民面对面进行交流，提供价格咨询服务。

【价格改革】

推进资源性产品价格改革　2009年，市物价局按照国家水价改革的总体思路，在认真调研、严格成本测算、做好水价调整对社会影响的评估以及征求相关部门意见、召开听证会的基础上，对南宁市城市供水价格进行改革，实现同城同网同价、工商用水同价，简化水价分类，调整了自来水价格。调整后，居民生活用水，第一阶梯（月用水量≤32立方米/户）为1.45元/立方米；第二阶梯（32立方米/户<月用水量≤48立方米/户）为2.18元/立方米；第三阶梯（月用水量>48立方米/户）为2.90元/立方米；非居民生活用水为1.49元/立方米（包括行政事业、工业、经营服务用水）；建筑用水为2.20元/立方米；特种用水为4.97元/立方米（以上价格均不包含水资源费、污水处理费）。在调整水价过程中充分考虑低收入群体的利益，“五保户”用水价格不做调整，仍是原水价0.81元/立方米；符合《南宁市城市居民最低生活保障办法》规定的低收入困难户的用水价格是调整价格的85%。同时，加强南宁市趸售电价管理和审核，核定上年度10县区（含代管县）趸售电基准价格为0.37786元/千瓦时，比2007年低0.00154元/千瓦时，企业可减少趸购成本563万元；调整管道天然气价格，从1月4日起，市区居民用管道天然气销售价格由4.19元/立方米调整为4.60元/立方米，保证了企业正常经营和发展；改进城镇垃圾处理费征收方式，由原来上门征收改为委托供水企业代收。

促进项目投资和建设　2009年，市物价局开展调查研究，组织审价委员会全体成员在南宁动物园召开现场办公会，听取景区经营单位的意见，同时召开征求意见会，邀请人大代表、政协委员、专家学者、消费者代表、政府相关部门人员建言献策，广泛听取社会各方面意见，并开展成本监审，制定南宁动物园门票价格50元/人·次。新的门票价格既得到市民的认可，又促进企业的发展。新门票价格执行后，门票收入比上年增长47%，客流量增长18%。

2009年南宁市居民消费价格变化情况

单位：%

月份	1月	2月	3月	4月	5月	6月	7月	8月	9月	10月	11月	12月
环比	100.00	99.90	100.50	100.10	98.80	99.70	100.10	100.50	100.50	100.10	100.90	100.70
同比	99.70	96.00	98.20	97.20	97.50	97.30	96.60	97.80	98.30	98.30	100.20	101.90

2009年南宁市居民消费价格指数

类　别	与上年比(%)	类　别	与上年比(%)
居民消费价格总指数	98.20	耐用消费品	98.00
食品类	98.60	家庭日用杂品	102.00
粮食	108.30	医疗保健和个人用品类	101.70
油脂	84.30	医疗保健	101.50
肉禽及其制品	91.90	个人用品及服务	102.10
水产品	96.20	交通和通信类	98.10
菜	102.80	交通	98.40
干鲜瓜果	106.70	通信	97.60
烟酒及用品类	103.00	娱乐教育文化用品及服务类	99.90
烟草	100.00	文娱用耐用消费品及服务	90.80
酒	106.50	教育	100.20
衣着类	103.90	居住类	90.50
服装	108.60	建房及装修材料	102.00
衣着材料	102.00	自有住房	62.20
家庭设备用品及维修服务类	98.60	水、电、燃料	92.10

【价格管理】

涉农价格管理　2009年，市物价局严格执行糖料蔗收购保护价格政策，实行2009/2010年榨季糖料蔗收购价284元/吨与食糖销售价格3900元/吨挂钩联动，并在开展糖料蔗收购价格执行情况和种植成本调查的基础上，制定糖料蔗良种加价水平为5元/吨；开展2008/2009年榨季糖料蔗收购价格二次结算工作，引导农民合理种植、发展生产。严格执行粮食最低收购价格政策和茧蚕收购指导价格政策，有效地保护农民利益。整顿规范农资市场价格秩序，向300多家农资经营户发放价格自律提醒告诫函，规范明码标价，确保农资市场价格基本稳定。加强农村收费管理。对涉及返乡农民工初次创业进行工商、税务、卫生等部门登记时免收相关的行政事业性收费；对农民专业合作社免收注册费和工本费，对农民季节性从事农产品流通中介服务和经纪活动的，免收工商行政管理各项收费；经营服务性收费项目按最低收费标准执行。开展涉农收费检查。派出检查人员36人次，对全市计生、教育、公安、工商、殡葬、村委会等涉农收费执行进行检查，共查出违规收费单位6个，涉嫌违法金额80多万元，清退多收款3.51万元。

家电下乡工程价格监管　在全自治区率先开展“家电下乡工程”价格监管服务工作，做到四个主动（主动把此项工作列入价格监管重点；主动与商务部门联系，共同监管；主动做好价格政策宣传，积极参加市政府组织的“家电下乡大篷车”活动；主动开展家电下乡商品中标价格和最高限价监管），确保支农惠农政策落到实处。4月起，对家电下乡中标企业、销售网点及农村消费者进行价格监督检查和专项调研。先后检查、调查走访中标企业4家，6个县2个城区的60个销售网点，2个乡镇的24个农户，督促各中标企业和销售网点严格执行最高限价，做好明码标价。

房地产市场价格管理　市物价局在从严审核开发成本的基础上，兼顾社会各方面的利益，组织审价委员会成员深入房地产开发企业和项目建设工地进行调查研究，确定建设成本和合理利润，合理制定总建筑面积41.42万平方米的经济适用房价格。至年末，全市经济适用房平均销售基准价格为1800元/平方米左右，在全国处于中下水平。进一步规范物业管理服务收费，共审批193个物业小区的物业收费；从10月1日起，南宁市正式实施普通住宅小区物业服务等级的收费标准，不同物业等级实行不同的收费标准，维护业主和物业服务企业的合法权益。

交通运输价格管理　落实南宁市为民办实事项目，做好公交运营成本审核、公交票价调整的调查测算及上报审批等工作，公交票价由1.20元/人·次降至1.00元/人·次，年减轻群众出行负担近1亿元。在调整出租车运价结构、制定电动自行车停放保管收费标准方面也开展前期基础性工作。

教育收费管理　从2009年春季学期起，南宁市农村义务教育阶段公办学校全部停止向寄宿生收取住宿费，城市义务教育阶段公办学校全部停止向借读生收取借读费。停止收取住宿费后，年均减轻学生家长负担2239.94万元，受益学生25.78万人；停止收取借读费后，年均减轻学生家长负担约3709.43万元。

医疗收费管理　继续试行单病种限价工作，凡选择单病种限价治疗的患者，治愈出院费用未达到限价的，按实际治疗费用结算；实际费用超过限价的，按最高限价结算，控制医疗费用的过度增长，减轻患者的医疗费用负担。

【收费管理】

开展清费治乱减负　2009年，市物价局围绕市委、市政府关于开展“项目建设年”、“服务企业年”活动目标，开展清费治乱减负工作。一是清理涉企收费。取消或停止不合理收费，降低偏高收费标准，减轻企业和群众负担。通过清理，保留涉企收费项目91个、收费标准946个、涉企收费部门24个，并通过南宁价格信息网进行公示。对保留的涉企收费项目、收费标准和收费依据编发《涉企收费目录》或通过南宁价格信息网向社会公布，增加收费政策透明度，接受社会监督。二是清理涉及交通、车辆的行政事业性收费。取消收费项目32个，降低收费标准4个，保留收费项目55个，涉及收费金额122.85万元。对属于重复设置或不能适应经济社会发展要求的不合理收费以及收费标准过高、社会负担过重的收费提出取消或降低收费标准的意见或建议。三是清理涉房收费。共涉及行政事业性收费项目11个，收费标准35个；涉及服务性收费项目19个，收费标准210个。四是开展行政事业性收费年审工作。共审验收费单位135个，基本合格率92.65%；审验收费许可证正本134个、副本478个，责令整改单位7个。五是进一步完善城镇生活垃圾处理费收费政策。代市政府起草《南宁市城镇生活垃圾处理费征收与使用管理办法》，10月起，改进垃圾处理征收方式，由原来上门征收改为委托供水企业代收。六是出台养犬管理费收费标准。在重点管理区内的单位和个人养犬每年应当交纳管理费，第一年征收标准为每只300元，第二年起每年每只200元。

控制涉企收费项目出台　一是停止或取消部分行政事业性收费。落实国家、自治区关于取消和停止征收100项行政事业性收费项目政策，自1月1日起，南宁市取消行政事业性收费项目36个，停止行政事业性收费项目6个，共涉及减免金额6.62亿元。二是减免涉及房地产项目的部分服务性收费。降低城市规划综合技术服务费、征地劳务费、部分环境监测收费；对企业改革、改组、改造涉及房屋所有权等级和房改房首次上市交易办理房屋所有权登记的，减半收取房产交易手续费；90平方米以下（含90平方米）的二手房交易，减半收取房产交易手续费。三是对从事个体经营的有关人员收费实行减免政策。为鼓励自主创业和自谋职业，促进失业人员再就业，对全市登记失业人员、残疾人、退役士兵以及毕业2年以内的普通高校毕业生，凡从事个体经营的3年内免收管理类、登记类和证照类等有关行政事业性收费。

【价格秩序整顿】　2009年，市物价局以“促进增长、维护秩序、保障改革、安定民生、注重服务、畅通诉求”为重点，开展涉农收费、教育收费、电价、化肥价格、涉企收费、成品油价格等专项检查，加强节假日和重大活动期间市场价格监管和明码标价管理。共查出价格违法金额1962.73万元，实行经济制裁253.66万元，其中退款171.67万元，罚款0.11万元，没收违法所得81.88万元，维护了市场价格秩序。继续完善12358价格举报电话，共受理价格举报投诉咨询2763件，查处举报价格违法案37件。

【价格服务】

开展成本监审（调查）　2009年，市物价局对城市供水、经济适用房、公交客运、生猪屠宰、旅游景点等成本进行监审，共核增（减）成本金额1.08亿元。开展农产品价格成本调查服务工作，积极搭建农民调查户结对子平台，调查66户，其中11家农户结成互帮对子，共同解决农业生产过程中遇到的难题。

开展价格认证　拓展价格认证工作范围，为政府经济活动决策提供价格认证服务。5月，根据市政府的工作安排，对超标助力自行车车速技术改装费进行认定，认定结果远远低于企业自行申报价格，有效地保护当事人和国家的利益。10月，受地税部门的委托，对某商场部分商铺租赁价格进行鉴证，鉴证金额与业主申报的最高税基相比，税额增收380%，有效地解决市场上房产租赁价格申报虚低、影响税收顺利进行的瓶颈问题。共办理价格鉴定认证业务2898宗，鉴定标的总金额2.11亿元。

依法治价　坚持价格听证制度和集体审议制度，共召开价格听证会2次、审价会6次、审案会1次；完善行政审批制度，在行政审批大厅办理审批事项263项，在承诺时限内办结率100%；进一步提高价格决策的民主性、科学性，先后召开南宁动物园欢乐世界门票价格、出租车燃油附加费、制定养犬管理费收费标准、电动自行车停放保管收费标准等征求意见会，邀请人大、政协、政府部门相关人员和专家参加，广泛听取社会各界意见，实行科学定(调)价。办理人大议案2件、政协提案10件，其中基本满意或满意率89%。

【价格听证】 2009年8月6日、11月20日，根据《中华人民共和国价格法》和《政府制定价格听证办法》的有关规定，受自治区物价局的委托，市物价局分别召开隆安县城市供水价格听证会和南宁市城市供水价格改革听证会。其中南宁市城市供水价格改革涉及的内容多，引起社会的广泛关注，该听证会设3名听证人和22名听证会参加人(消费者12名、经营者3名、政府部门代表5名、专家2名)。消费者采取自愿报名、随机选取和委托市消费者协会推荐两种形式产生；经营者由市物价局委托行业组织推荐产生；专家、政府部门人员由市价格主管部门聘请。

(王荣姣)

工商行政管理

【概　况】 2009年，南宁市工商行政管理局继续以树立监管与发展统一、监管与服务统一、监管与执法统一、监管与维权统一"四个统一"为目标，推进工商行政管理工作制度化、规范化、程序化、法治化建设，完成服务发展、食品安全监管、消费维权、商标广告管理、打击传销、队伍建设、法制建设、廉政建设、基层建设等各方面工作。共查处各类经济案件3219起，案件总案值1707.39万元，罚没总额487.33万元，受理消费者申诉举报3.45万起，为消费者挽回经济损失183.49万元。全局获自治区级以上奖励13项、南宁市级奖励16项。

【企业登记管理】 2009年，市工商局以应对国际金融危机为主线，以非常办法、非常措施、非常力度、非常政策"四个非常"举措，服务地方经济社会发展。通过开辟"绿色通道"，特事特办，放宽市场准入，下放管理权限，简化办事程序，压缩审批时间等措施，促进南宁市经济健康快速地发展。新登记注册企业6856户，注册资金65.85亿元。其中：国有300户，集体500户，私营5311户，股份合作47户，有限责任公司690户，其他8户。办理注销登记企业1679户。其中：国有63户，集体146户，私营1003户，股份合作4户，有限责任公司393户，其他70户。至年末，全市累计共有企业4.93万户。其中：内资1.38万户(国有1660户，集体2200户，股份合作238户，有限责任公司9158户，其他572户)，注册资金334.34亿元；私营35486户(个人独资3024户，合伙697户，有限责任公司3.12万户，股份有限公司537户)，注册资金325.15亿元；投资者12.41万人，雇工37.93万人。内资企业按行业结构划分：第一产业335户，注册资金11.02亿元；第二产业2540户，注册资金112.29亿元；第三产业10953户，注册资金211.04亿元。按企业类型划分：国有1660户(法人765户)，注册资金43.24亿元；集体2200户（法人939户)，注册资金9.91亿元；股份合作制238户(法人44户)，注册资金3.61亿元；公司制9158户（法人4499户)，注册资金277.47亿元；其他572户(法人8户)，注册资金1008万元。

【企业年检】 2009年，市工商局改变工作作风，创新年检监管方式，主动放宽年检条件，延长年检时限，提供集中年检、上门年检、预约年检等为企业实行"零距离"办理年检方式。应检企业4.22万户(包括宾阳县、横县、上林县、马山县、隆安县、武鸣县、高新区、经开区)，其中公司2.80万户、非公司企业法人2502户、个人独资企业2801户、合伙企业575户、分支机构和其他经营单位8265户。实检企业3.67万户，通过年检3.66万户。其中：公司2.50万户，非公司企业法人1982户，个人独资企业1986户，合伙企业472户，其他企业7109户。年检率99.70%，比上年提高4.60个百分点，年检合格率100%。

【个体登记管理】 2009年，市工商局拓宽创业就业渠道，促进个体经济发展。通过开辟"绿色通道"、举办"联合招聘会"等形式搭建创业就业平台，为高校毕业生、下岗职工、返乡农民工、复退军人提供各种咨询3万多人次，免费办理个体工商户营业执照135份，减免登记规费5904元。南宁交易场工商所落实有关规定，允许个体工商户在同一辖区内开设3个以下同类业务经营门店，增加了就业岗位；横县、宾阳县工商局通过大力扶持非公经济发展，为返乡农民工搭建就业平台；武鸣县，上林县、隆安县、马山县各乡镇工商所和服务点主动为农民专业合作社提供预约服务、延时服务、回访服务、重点服务和全程跟踪服务，促进农村个体非公经济的发展。全市新发展个体工商户1.74万户，从业3.16万人，注册资金21.27亿元。至年末，全市个体工商户总数18.19万户，从业32.32万人，注册资金54.18亿元。其中：第一产业1696户，注册资金2090.80万元；第二产业1.06万户，注册资金5.91亿元；第三产业16.96万户，注册资金48.06亿元。完成生产总值7.05亿元，销售总值或营业收入113.17亿元，社会消费品零售额72.87亿元。其中城镇个体户完成生产总值2.43亿元，销售总值或营业收入80.85亿元，社会商品零售额58.14亿元。

【红盾护农】 2009年，市工商局扎实开展红盾护农工作，服务社会主义新农村建设。一是维权益。3月10~20日，各县局、分局结合"3·15"消费者权益保护宣传活动组织"支农护农惠农"红盾护农宣传活动，重点开展真假农资识别、进乡进村到田间地头发放政策法规和农资实用知识等宣传资料。共出动人员3950多人次、执法车870多辆次，开展宣传咨询活动59次，制作宣传横幅102条，发放农资宣传资料2.72万份，接受群众咨询620多次。如横县工商局于3月13~14日在横州镇交易场广场、峦城镇分别举办大型现场宣传咨询及文艺晚会表演活动，向农民宣传如何识别真假农资常识，增强农民自我保护意识。二是防伪劣，开展农资商品质量监测工作。为加强南宁市流通领域肥料商品质量的监控，确保农民群众"施上放心肥"，以实际行动切实做好"保粮食安全、促农业增产和农民增收"的服务工作，分别于3月5日和6月30日组织各单位开展2009年第一、二阶段流通领域肥料商品质量定向监测工作，按照各城区、县农资经营户的分布情况，有针对性地进行抽查工作，共抽检农药15个批次、钾肥、复混(合)肥、磷肥等肥料样品45个批次。同时，各县局、分局对91个农资样品进行抽检。共立案查处涉嫌不合格的农资商品5个。三是严打击，严厉查处假冒伪劣农资违法违规行为。在春、夏、秋三季分别组织各单位开展3次全局性的农资打假专项整治集中行动，重点对种子、肥料、农药、农膜进行检查。共出动执法人员8350多人次、执法车970多辆次，检查农资企业166家、农资经营户6830多户次，立案查处制售假冒伪劣农资案件125起，案值144.69万元，查获假冒伪劣化肥56.75吨、种子50公斤、农药893瓶，受理农民消费者申诉举报47件，为农民消费者挽回经济损失3.96万元。

【"双培双促"活动】 2009年，市工商局在武鸣县、横县、良庆区试点地区的基础上，以点带面，全面铺开"双培双促"(把农村优秀经纪人培养成为党员，促进农村党员队伍建设；把农村党员骨干培养成为经纪人,促进农村经纪人队伍建设）活动。投入培训经费20多万元,共举办各类培训班25期，参加培训农村经纪人7400多名,发放学习资料1.02万份。同时,按照农村党员经纪人培训的文件要求，共投入经费26.50万多元，与市委组织部于1月12~17日在市委党校联合举办农村党员经纪人培训班2期,来自六县六城区的1395名农村党员经纪人参加培训。横县工商局与县委组织部于11月13日举行“争当经纪先锋服务经济发展”主题实践活动启动仪式,召开经纪人培训班,并进行商品基本知识和签订合同方式方法等内容的授课，全县农产品经纪人行业协会全体成员、甜玉米合作社全体成员、各乡镇农村经纪人代表共150多人参加培训。

【市场监管】

不合格助力自行车整治　2009年，南宁市在用助力自行车共有40多万辆，其中80%以上涉嫌超标。4月1日,市委、市政府发布《关于开展整治超标助力自行车专项行动的通告》，规定从5月1日起，禁止生产、销售超标的助力自行车,对在用的超标助力自行车也进行了限制性规定。《通告》一经发布,引起社会强烈反响,网站点击率70多万次,跟帖量7000多人,其中一半以上的人反对,甚至部分群众计划在5月1日到朝阳广场集会抗议。为此,市委及时召开扩大会议,研究解决办法;市工商局连续召开多次专题会议,研究工商解决之策,同时要求“依法、人性、严格、规范”地做好此项工作。1.抓源头治理,严格规范市场准入。一是暂缓新审批销售助力自行车经营主体；二是进一步规范营业执照经营范围表述；三是减轻经营户负担，一律免收更换执照工本费。2.抓消费维权,积极调处各种纠纷。一是统一制定消费投诉解释规范；二是组织受理人员进行专项培训；三是制定《消费提示》，在各助力自行车经销点张贴。期间,共张贴消费提示1826份,受理消费者关于超标车的咨询、申诉5300多件,成功调解消费纠纷10件,为消费者挽回经济损失1.67万元。3.抓长效管理,不断规范经营行为。一是在全市推行承诺制度;二是建立购销台账制度;三是建立定期巡查制度。开展专项检查行动,共查获涉嫌超标的助力自行车322辆,稳定了助力自行车销售市场秩序。4. 抓质量检测,建立合格目录公布制度,将流通环节部分销售的助力自行车送法定检测机构检测。6月17日,在《南宁晚报》上对南宁市5家公司销售的6个批次电动自行车整车抽检的结果进行公告,起草《流通环节电动自行车市场管理办法》,为进一步规范市场销售行为打下基础。

商品交易市场分类监管　市工商局根据自治区工商局实行商品交易市场分类监管的要求和工作部署，成立领导小组,下发《南宁市工商局商品交易市场信用分类监管试点工作方案》,要求各单位一把手对试点工作负总责，试点工商所对辖区试点市场负责,层层落实责任制，切实保证该项工作的落实到位。配合自治区工商局做好红盾系统升级工作,对红盾系统软件和数据库进行为期4天的升级、安装、调试,为开展市场信用分类监管试点工作奠定基础。确定试点单位，遵循“以点带面、逐步推开”的原则,逐步建立全市市场分类监管系统。根据《南宁市工商局商品交易市场信用分类监管试点工作方案》中商品交易市场分类监管市场分类监管的适用范围和标准，选定符合要求和硬件较好的埌东工商所、富安居国际家居建材市场等10个工商所和市场,横县、宾阳县工商所各1个作为试点单位,并明确青秀分局埌东工商所、富安居国际家居建材市场和江南分局福建工商所、南宁海鲜批发市场作为试点的重点示范单位。各试点单位已完成以下工作:一是基础数据采集和录入工作;二是市场相关制度上墙；三是按照市场信用等级要求进行巡查和监管，指导市场开办方履行其管理和服务的职能；四是加强对各试点单位人员的业务培训,市局组织基层一线执法人员的电脑数据录入培训班2次,共培训人员120多人次,并与信息中心联合到每个试点单位进行现场业务指导和督促工作，确保试点工作的顺利开展；五是学习兄弟地市工商局的先进管理经验,6月15~16日,由市场合同科、信息中心等有关人员组成考察组,赴梧州市工商局学习考察商品交易市场信用分类监管工作先进经验，考察组通过座谈会交流、现场观看视频演示及到梧州市鸳江丽港市场实地考察等形式进行学习考察，进一步完善南宁市商品交易市场信用分类监管工作。

甲型H1N1流感防控　4月30日,市工商局接到《自治区工商局关于贯彻落实国家工商总局、自治区政府有关做好猪流感防控工作的紧急通知》后,立即组织召开专门会议传达并部署有关防控工作,启动长效监管机制。各单位充分发挥工商行政管理职能作用，采取多年来应对高致病性禽流感的市场防控监管机制和有效举措,加强节日值班制度。做到三级值班联动,即市局、分局、工商所三级值班,保证24小时在岗在位;加强市场值班监管工作,实行8小时在岗在位;加强12315消费者申诉举报网络工作,严格遵守“五一”节假日期间值班制度,确保电话畅通。对消费者申诉举报信息做好记录,转交分流信息及时到位,落实到人,并做好反馈。同时,部署专项检查工作。对辖区生猪、猪苗交易市场和生猪屠宰场等重点场所进行严密监控，安排执法人员每日进行检查，并确保重点场所有足够的执法力量进行监控。由市局领导带队、各相关科室组成多个督查组对市场防控工作进行督查。加强对市场经营户宣传力度,通过发放宣传资料、广播等形式开展广泛宣传。共制作宣传板报16期，悬挂宣传横幅25条，发放宣传资料3.21万份。督促市场开办者在市场内做好防控知识宣传，提高场内经营者自我保护和防病能力;坚持正确的舆论导向,引导消费者理性对待疫情，增强消费安全感;切实保护和鼓励合法、健康猪肉及其产品的交易，维护各地猪肉消费市场的稳定。全年共出动执法人员3980多人次、执法车597辆次,检查市场438个、商场和超市187个、经营户2.77万户,确保疫情有效防控。

节日市场整治　市工商局按照国家工商总局、自治区工商局和市委、市政府的工作部署,统一行动,加大市场巡查力度，严厉打击流通领域各类违法违章经营行为,重点对节日食品市场进行整治,防止伪劣商品和有毒有害食品进入市场。元旦、春节、“五一”、国庆、“两会一节”、广告节期间,共出动执法人员1.86万人次、执法车3240辆次，检查农贸市场（超市)5738个次，个体经营户7.53万多户,查处无照经营189户,查获“三无”(无产品名称、厂名、厂址,无生产日期和保质期)食品350包,确保节日市场繁荣稳定。

禽流感防控　1月27日,市工商局根据卫生部通报和自治区工商局《关于启动全区工商系统市场防控的紧急通知》精神，加强高致病性禽流感市场监管防控。一是加强领导，明确责任。市工商局接到自治区工商局的通知后，立即下发《关于启动全市工商系统市场监管应急预案继续加强高致病性禽流感市场监管防控的紧急通知》,并迅速启动了市场防控高致病性禽流感三级应急预案，对防控高致病性禽流感的工作职责、防控措施、信息反馈、问题排查、调查处理等进行细化,落实辖区管理责任制,确保防控工作的组织、人员、职责、措施四个到位。二是措施果断,积极防控。按照属地管理的原则,加强巡查,严格监管,清除可能导致市场传播禽流感的隐患,严格落实"3311"监管模式(即"三证三账一牌一卡"。"三证"指免疫证、检疫证和运输工具消毒证须齐全,把好进货凭证关。"三账"指经营户进销货台账、市场开办方检查台账、工商所巡查台账须齐全,对交易活动的全过程实施严密监控。"一牌"指商品来源及检疫情况公示牌,牌上标明禽类产品的名称、产地、供货商、价格、检疫证号、摊位号、业主姓名,工商所和兽医部门的监督电话等事项,统一公示。"一卡"指信誉卡,即把公示牌信息浓缩到一张卡片上,发放给顾客,最大限度地缩短了事故发生后查找源头的过程和时间)。一方面落实索证索票制度。安排专人8小时值班,工商所每天对农贸市场尤其是销售禽类产品的摊点进行检查,凡是上市的活禽或禽类产品都必须具备"三证",对"三证"不齐全的禽类产品一律禁止上市销售。同时,加大对玉林方向来的禽类产品"三证"的检查力度,严防重大动物疫病从市场向外传播。另一方面加强"三账"管理。由各工商所指导、督促市场开办者和禽类产品经营者建立进货、销货台账,工商所做好日常巡查记录,以便及时了解和掌握禽类经营主体的生产、经营情况。三是做好信息报送工作,确保政令畅通。建立禽流感防控工作专报制度,要求各县局、分局、直属所加强市场巡查,完善"3311"监管模式,严把市场准入关,并实行疫情每日一报制度,辖区禽流感防控工作情况每天下午16时前报市工商局;严格按照自治区工商局的通知要求,落实专人收集整理各单位上报的工作情况,实行两天一报制度,及时、准确地上报自治区工商局。1月27日至2月9日,先后出动执法人员4820人次、执法车1030多辆次,巡查各类市场2410个次,检查禽畜经营户7260多户次,市场经营秩序正常,没有发现疫情。

成品油市场整治 市工商局下发《关于开展成品油市场专项整治工作的通知》,严厉查处超范围经营成品油的行为,取缔无照从事成品油生产经营活动;严厉打击倒卖成品油的违法经营行为;严厉打击非法制售成品油、擅自兑制油品或在油品中添加化工原料的掺杂掺假、缺斤少两等违法行为;加大市场巡查力度,加强油品质量监测工作,确保首府成品油市场秩序稳定。同时,配合自治区工商局开展成品油定向监测的工作,共对市区5个加油站的10个成品油样品进行抽检,合格率50%,圆满完成工作任务。

"限塑令"市场监管 市工商局一方面严把市场准入关,加强对市场主体的规范工作。结合年检验照工作,做好登记注册工作,对申请设立或变更登记其经营范围中涉及生产、销售塑料购物袋的当事人,从严把关,确保市场经营主体合法,杜绝无照经营、超范围经营现象。另一方面加大市场日常巡查力度,3月27日至4月15日,集中开展"限塑"专项整治行动。重点对超市、商场、集贸市场等商品零售场所销售、使用塑料购物袋情况进行检查。重点查处以下行为:一是塑料购物袋销售企业无合法经营资格;二是提供、销售不符合国家相关标准的塑料购物袋;三是向非法设立的塑料购物袋生产厂家、批发商或进口商采购塑料购物袋;四是未在销售凭证上单独标明消费者购买塑料购物袋的数量、单价和款项;五是不标明价格或不按规定的内容方式标明价格销售塑料购物袋的行为;六是塑料袋批发商未建立购销台账。共出动执法人员1972人次、执法车410多辆次,检查超市、商场、集贸市场1358家、经营户1.48万户,责令改正53户,下发整改通知书25份,收缴不合格塑料购物袋22.72万个。

【广告监管】 2009年,市工商局按照广告"监测—警示—整治—净化"的工作思路,一是高度重视新闻媒体的广告发布。共召开整治新闻媒体违法广告专题研究会议4次,重点对广播、电视、报纸发布的药品、保健食品、医疗、医疗器械广告违法问题屡禁不止的现状进行专项研究,加大执法力度,做到发现一起、查处一起。二是充分发挥广告监管职能,采取动态监测和定期监测相结合的方式,通过市工商局广告监测中心全天候对电视、广播、期刊、报纸等各种媒体进行监测,并对违法广告实施定期通报处理。共监测各类广告1.22万条次。其中:电视广告3693条次、报纸广告6739条次、期刊广告620条次、广播广告1178条次,共受理户外广告登记及变更登记申请938件,核准879件。三是加大违法广告专项整治力度。针对违法广告发布的重灾区电台、电视台的"非黄金时段"、生活类都市报发布的广告、影响社会文化环境的"滥广告"作为整治重点。共开展7项广告专项整治活动,发出《违法广告警示通知书》19份,查处违法广告案307件,罚没款70.61万元。其中:药品185件,食品45件,医疗55件,房地产22件。四是积极开展《中华人民共和国广告法》宣传,强化广告监管措施。武鸣县工商局以讲座、广播、横幅等多种形式开展《中华人民共和国广告法》宣传活动,在县文化广场举办广告法律法规现场咨询服务活动2期,讲解虚假广告的类型、危害及识别方法,发放宣传资料600余份。

互联网非法"性药品"和性病治疗广告专项整治 根据《自治区工商局转发国家工商总局关于在整治互联网低俗之风专项行动中严厉打击非法"性药品"广告和性病治疗广告的通知》的要求,迅速采取整治措施,于1月19日至2月上旬开展整治互联网低俗之风、非法"性药品"和性病治疗广告工作。重点监控和督促"时空网"等重点网站开展互联网"性药品"和性病治疗广告的自查自纠活动,对市委宣传部提供的103家南宁本地网站进行排查,排查出"时空网·时空健康网"、"39健康网"、"广西热线网·广西通板块"存在的非法性病治疗广告3条,并发出警示通知书,限期整改。

"滥广告"整治 按照《自治区工商局办公室关于印发全区工商系统净化社会文化环境促进未成年人健康成长工作集中整治行动方案的通知》的要求,下发《专项整治工作方案》。召开主要新闻媒体规范广告发布行为的工作会议,提高新闻媒体广告发布的自律意识,规范并净化荧屏声屏和报纸刊物的广告;发出《违法广告警示通知书》3份,及时把可能造成不良影响的广告消除在萌芽状态,防止蔓延或失控;严格把好户外广告发布的审查关,坚决遏制有悖于社会主义精神文明和影响未成年人健康成长的违法广告发布;重点加强对校园内外等重点区域广告的巡查监管,特别是对含有淫秽、暴力、凶杀、恐怖等影响未成年人身心健康内容的广告,共收缴各类违法违规散页印刷品广告110份。

"家电下乡"虚假违法广告专项整治 加强家电市场和农村市场的巡查。注重检查"家电下乡"广告中涉及的商品是否属于"家电下乡"名单,重点检查以"家电下乡"名义坑农害农的虚假违法广告。加大对"家电下乡"虚假违法广告的查办力度,净化家电广告市场,维护国家政策的严肃性和消费者的合法权益。共查处"家电下乡"虚假违法广告5起。

房地产非法集资广告专项检查 贯

彻落实《关于开展房地产非法集资广告专项检查的通知》要求，于4月3~18日开展房地产非法集资广告专项检查。加大巡查监管力度，注重检查是否存在擅自发布的户外房地产广告和房地产非法集资广告，重点检查房地产广告中是否含有“融资、返本销售、售后包租、返租销售、无风险保底回报、原价（增值）回购、升值或投资回报等承诺”的违法内容。共出动执法人员1021人次、执法车235辆次，检查经营户254户，检查新闻媒体单位的报纸及户外、售楼处、店铺等场所的房地产广告247条，发现广西同人置业有限公司的“同人·西湖东郡”房地产项目等9条房地产广告含有“高额潜在收益”、“投资无忧”、“升值和投资回报” 等违法内容，并依法查处；未发现房地产非法集资广告。

食品广告监管　印发《南宁市工商行政管理局关于进一步规范食品广告的通知》159份，落实违法食品广告预警制，在广告监测中心专门设立“食品广告预警点”。对广西皇氏甲天下乳业股份有限公司、福建十方文化传播有限公司广西分公司、自治区盐业公司南宁分公司等发出《违法广告警示通知书》8份，要求其立即停止发布违法食品广告，依法查处违法保健食品广告126条（次），督促自治区盐业公司南宁分公司召回在各超市（商场）销售的外包装上含有“宣传疗效作用”食品广告内容的“自然盐花”、“盐花”产品5.23吨，保护了消费者的合法权益，规范了南宁市食品、保健食品广告市场。

虚假招生广告专项整治　于8月1日至9月1日开展。重点检查环球雅思培训学校、南宁状元廊职业培训学校、市新东方教育培训学校等11起招生广告是否经教育行政管理部门审查批准；对3起缺乏批准文件或手续不齐的，责令其限期补办；对2起无批准文件和无登记备案的，责令其停止发布并予以取缔和查处。

计划生育药械市场专项整治　根据国家人口计生委等七部委《关于开展全国计划生育药械市场专项整治行动联合督察的通知》与南宁市人口计生委《关于做好计划生育药械市场专项整治行动联合督查及迎检材料整理工作的通知》文件要求，进一步净化广告市场环境，向各新闻媒体及广告公司印发《关于禁止发布违法计划生育药械广告的通知》56份，要求各媒体高度重视，依照《中华人民共和国广告法》、《药品广告审查办法》、《医疗广告管理办法》、《医疗器械广告审查办法》的规定，对委托发布的计划生育药械广告进行严格审查。

【商标管理】　2009年，市工商局对商标监管坚持服务与监管并重。加大《中华人民共和国商标法》宣传力度，引导企业商标注册，做好商标帮扶工作；不断探索和完善商标流通领域的商标监管方式，加强注册商标专用权的保护。在监管中，注重发挥基层工商所的前沿阵地作用，全面落实区域商标监管责任制，加强巡查，加大商标行政执法力度，从严打击侵犯食品、农资产品、药品、家电等与群众身体健康、生命安全密切相关的商品的注册商标专用权的违法行为，保护注册商标专用权，充分保障消费者和生产经营者的合法权益，维护良好的市场秩序。共受理商标查询373人次，查处各类商标违法案68件、案值89.36万元，罚款金额28.34万元，查处的案件包括侵犯 “红牛RedBull及图形”（维生素功能饮料）、“红星”、“泸州老窖”、“五粮液”（酒），“徐福记”（糕点、糖果），“柒牌”、“adidas”（服装），“BOSCH”（汽车配件），“绿色食品”等注册商标专用权的案件，切实保护商标注册专用权及消费者的合法权益。主要采取了八项措施：一是于8月成立商标战略实施领导小组，统筹规划全市工商系统商标战略实施工作。二是以开展“2009年知识产权宣传周” 活动为契机，加大《商标法》宣传力度。4月20~26日，联合市知识产权局、市新闻出版局、南宁海关等部门，在各县区的广场、市场以“尊重商标、保护商标”为主题，围绕消费者和企业感兴趣的商标注册、转让及商标侵权问题，开展多种形式的商标法律法规宣传周活动，展示“商标知识宣传”板报12幅，悬挂宣传横幅12条，现场接受隆安县金泰标准有限公司等198家企业咨询商标问题，解答隆安县天源能源科技有限公司等36家企业在生产经营中遇到的商标难点疑点问题，发放商标法律法规宣传资料1290多份；重点加强对农产品商标和地理标志知识的介绍。横县、宾阳、武鸣等县开展多种形式《商标法》宣传和商标帮扶活动，营造了社会关注商标、重视商标、注册商标的氛围。三是开展“商标帮扶”工作与送商标“进乡村，到田头”活动，继续推行商标战略。市工商局把“商标帮扶”工作和“服务企业年”活动结合起来，引导广西金锰业有限公司、广西万山八角有限责任公司、广西紫阳农业发展有限责任公司、市金穗鲜大米有限公司、良庆区那马镇昌盛无公害蔬菜有限公司、市群晟源环保设备有限责任公司等112家企业及时申请商标注册；发放《商标注册建议书》、《商标规范使用建议书》、《争创驰（著）名商标建议书》123份；指导市新希望教育用品有限责任公司等6家企业做好商标续展工作，防止商标专用权流失。深入田间地头，对西乡塘区金陵农民专业合作社种植的三联小葱、隆安县绿保香蕉专业合作社种植的香蕉、宾阳县新桥镇农友水果产销专业合作社种植的春橙、宾阳县武陵镇红利野山椒产业农民专业合作社种植的野山椒、邕宁区那楼、百济等乡村种植的淮山、蚕茧等37种农产品和15家农民专业合作社进行商标注册和商标使用的指导，促进“农民专业合作社+农产品+商标”经营模式的运作，增强农民树立农产品品牌和增产增收的信心。四是积极培育和推荐广西著名商标。市工商局根据《自治区工商局关于做好2009年广西著名商标申请认定工作的通知》的要求，下发通知，把具备条件、有发展潜力、知名度和美誉度高的企业，如广西剑麻集团有限公司（“剑王”商标）、广西南宁邕江药业有限公司（“邕江”商标）、广西南宁轮鹰减速机有限责任公司（“轮鹰”商标）、广西宾阳县民族织锦厂（“壮花”商标）等67件注册商标作为创广西著名商标的重点培育对象，发放《争创驰（著）名商标建议书》28份，做好广西著名商标的培育和推荐工作。共培育广西著名商标67件（农产品商标29件），成功申报市多丽电器有限责任公司的“多丽”、南宁糖业股份有限公司的“大明山”等广西著名商标33件（农产品商标10件）。

【企业动产抵押登记管理】　2009年，市工商局共为企业办理企业动产抵押物登记209件，登记抵押物价值11亿元，实现主债权发放金额8.98亿元。注销抵押登记116件，注销抵押物价值6.80亿元，注销主债权5.63亿元。未发生动产抵押物重复抵押和骗取抵押的事件。

【拍卖市场监管】　2009年，市工商局共审查备案拍卖活动560起，备案拍卖标的委托合同560份，标的金额186亿元，派出执法人员现场监督164人次，监管拍卖活动82场次，监督拍卖成交金额240亿元，处理拍卖纠纷2起。

【经济合同监管】　2009年，市工商局规范企业签约行为，深入企业检查合同，为企业解决经济合同中的疑难问题。派出人员89人次，检查合同276份，发现存在问题的合同26份，并及时给予纠正。引导企业规范使用经济合同文本，发放各类经济合同示范文本350本。

【消费维权】 2009年，市工商局进一步完善硬件设施，升级改造“12315”网络平台。按照“指挥现代化、处置网络化、反映快速化、管理规范化”的要求和“有问必答、有诉必接、有假必打、有案必查”的服务承诺，2月，在原有系统的基础上，投入经费190万元对南宁12315指挥中心、广告监管中心和食品安全监测中心再次进行升级换代。4月24日上午，南宁12315申诉举报指挥中心、南宁食品安全监测中心、南宁广告监管中心正式揭牌投入使用，升级后的12315平台采用最新网络、电视监控设备，多点传输及跟踪技术，专业实验和检测器材、超大彩色电子显示屏等高科技设备，工程质量和配套设备达到国内同行一流水平。同时，进一步完善市局、分局、工商所的三级联动网络建设，实现消费者申诉举报信息受理、分流、反馈整体流程的网络化、数据化管理。指挥调度系统覆盖市局，19个分、县局，117个工商所三个层面。从市局12315指挥中心到各分、县局受理室和工商所受理站，乃至各大卖场商家的售后服务部门，形成了以信息收集、整理、分析、传递、督办和反馈为终点，纵向上下贯通、横向关联互动的“三级联动”快速反应的现代协调指挥体系，凸显科学维权和监管的优势：一是增强工作效率，提高服务质量。12315指挥中心全面推行政务公开，规范受理流程，完善规章制度，严格执行“首问责任制”、“一次性告知制”和“限时办结制”，坐席由原来的5个增加到10个，每台坐席均配置一机双屏，扩容升级电话线路、系统服务器、网络交换机，每日接诉量150人次，接线率比改造前提高40%，缓解群众拨打12315热线难的情况。二是横向联动信息共享。食品安全监测中心和广告监管中心可随时查阅12315指挥中心受理的申诉举报信息，对流通领域商品质量实现动态监控，及时排查和甄别。12315指挥中心每月定期汇总统计与食品安全、广告相关的申诉举报信息，形成书面报告通报两个中心，为其研究制定相关措施提供依据，对紧急重大消费侵权事件可直接应急处置、调度指挥。平台网络联动系统促进信息资源的整合和共享，简化工作流程，提高信息化电子政务的应用水平，大大提高了工作效率。三是强化数据分析，适时发布消费警示(提示)。每月底由专人负责对消费者申诉、举报、咨询信息进行汇总分析，适时对外发布消费警示(提示)，形成全社会共同监管的氛围，全年共发布包括“过年选购家电”、“助力自行车”、“打击传销”等消费警示(提示)6期，引导、规范经营者“诚信经营、合法经营”，引导社会公众科学、合理消费，为工商部门下一步开展监管执法提供数据依据。四是针对服务领域消费申诉，打造消费纠纷和解“绿色通道”。进一步完善“一会两站”(消费者协会基层分会、消费者投诉站和“12315”联络站)工作机制，推进12315进商场、进超市、进市场、进企业、进学校，方便消费者就近申诉。同时，率先在全自治区建立消费纠纷和解“绿色通道”，引导和充分发挥行业自律优势，让一些大品牌、有意愿主动处理消费纠纷的企业从被动调解向主动和解转化。积极搭建畅通消费纠纷的平台，帮扶企业和商家建立消费和解机制，不断改进商品和服务质量，增强企业的品牌和竞争力，进一步推动12315行政执法体系向行业组织和经营主体延伸。至年末，12315申诉举报指挥中心共在行政村和社区设立联络站130个，在商业企业设立联络点243个，在学校设立联络点25个，在旅游区设立联络点3个，设立其他联络点30个。已和23家大型企业、商场建立消费纠纷和解“绿色通道”。五是加强青少年维权教育。针对校园周边未成年人上网、赊账消费严重等问题，4月17日下午，12315指挥中心邀请滨湖路小学58名师生代表来到12315中心青少年维权教育基地，为青少年讲解如何进行消费维权、辨别优劣产品，遇到消费问题如何保存证据、投诉等，通过听课、看实物、录像、参与抢答等形式，开展维权教育，引导青少年正确、理性和科学消费。

全年，12315指挥中心共受理消费者来电、来人、来函等咨询、申诉、举报3.45万条，其中申诉1108件，与上年同期相比基本持平，成功调解1086件，调解成功率98%，为消费者挽回经济损失183.49万元；受理群众举报595件，比上年增长7%，办结571件，办结率96%。消费者申诉的热点商品类首先是家用电子电器类，占整个申诉的31.86%，其次是日用百货类和服装鞋帽类；服务类申诉中通讯行业服务类居榜首，占整个申诉的33.33%，其次是居民服务类。

【消费指导】 2009年，市工商局指导市消费者协会，深入开展“消费与发展”年主题活动，加大消费者协会自我维权和服务工作力度，以开展消费教育、扩大内需保增长、监督商品和服务质量、受理和处理消费纠纷为重点，做好日常受理消费者投诉工作，构建保护消费者权益的长效管理机制。共接受消费者咨询3215次，受理投诉500多起，解决480起，为消费者挽回经济损失40万元。

“3·15”保护消费者权益日活动　3月12日上午，自治区工商局、广西消费者权益保护委员会联合南宁市工商局、市消费者协会等部门，在富安居国际建材广场举行“3·15”国际消费者权益日大型宣传咨询活动。除提供现场咨询、投诉服

在“3·15”国际消费者权益日大型宣传咨询活动中，工商执法人员正向市民传授辨别假冒伪劣商品知识　周家志　摄

务及向市民传授辨别假冒伪劣商品知识外，还围绕保护消费者权益开展了一系列活动。其中，工商部门与家电下乡的中标企业签订责任书，并与一些市场开办方和企业签订先行赔付协议书。此外，在仪式上，10多名消费者维权律师志愿者获得自治区消委会颁发的聘书，为消费者提供维权方面的政策咨询，向有关部门提供立法建议。当天现场共发放宣传资料10万多份，接受消费者投诉100多起，消费者咨询300人次。

消费者代言 市消费者协会参与各类消费听证会向政府和各有关部门建言，为消费者代言。2月27日，参加市物价局举行的“南宁市出租车燃油附加费征求意见会”，提出合理的意见和建议。5月13日，组织消费者参加市物价局举行的“南宁动物园欢乐世界门票价格座谈会”，在协会和各方面的努力和协商下，动物园的门票由原来拟定的每张60元最终定为每张50元。11月16日，派代表参观水厂，查看和记录水厂的运行过程及水价的形成依据，为参加水价调整的听证会作准备；20日，组织消费者参加南宁市水价调整听证会，代表消费者陈述意见，强调水价的形成机制要公开，水的成本要透明、详细，水价的制定要考虑普通居民的承受能力和困难群体的补贴问题、还要考虑居民用水的半公益性质，等等。

“诚信兴商宣传月”活动 5月，市消费者协会组织开展“诚信兴商宣传月”活动，制订活动方案下发各城区分会、县协会，要求在活动期间开展各类相关宣传活动，统一使用“诚信兴商宣传月”活动标识，倡导“诚信兴商”的经营理念。所属各城区分会及县协会利用“一会两站”维权网络，深入广泛地开展宣传活动。在各县区各乡镇市场、经营点悬挂宣传标语，制作“12315”宣传资料5000份，发放到各县各村屯，进一步提高消费者自我维权意识；印刷《良好企业保护消费者利益社会责任导则》1.50万份，发放到各企业。

母乳代用品市场调查 市消费者协会根据中国消费者协会《关于开展母乳代用品市场监督活动的通知》文件要求，在全市开展母乳代用品调查活动。6~8月，共组织监督员17人，对6个城区、4个县各个监测点开展监督，共监督监测点60个，收集调查表312份。监测母乳代用品市场违规行为的有效证据262份。调查发现，母乳代用品在包装、广告宣传、推销渠道、质量等方面存在违法违规问题。对存在的问题一方面向中消协汇报，另一方面对经营者进行规劝和通过传单、短信、媒体对消费者进行消费提示和教育。10月，中消协授予南宁市消费者协会开展母乳代用品市场监督活动单项工作优秀奖。

【公平交易执法】 2009年，市工商局各级经济检查和职能部门继续做好食品安全监管、打击非法传销，扎实开展各项公平交易执法工作。共立案查处公平交易执法案件3219件。其中：一般程序案件1675件，简易处罚案件1544件，案件总值1707.39万元，罚没总额487.33万元。违法案件的主要主体分类：国有企业163件，集体企业48件，公司134件，私营企业50件，个体工商户910件，自然人466件，其他1448件。案件违反的主要法律法规类型：违反《反不正当竞争法》23件，违反《商标法》119件，违反《消费者权益保护法》6件，违反《产品质量法》117件，违反《广告法》347件，违反企业登记法规类46件，违反其他法规类2561件。案件涉及的主要商品（物品）类型：化肥145.22吨，农药1225公斤，种子309公斤，汽车配件5907件，酒3548瓶，饮料1630瓶，食品1346公斤，服装3554件，化妆品111瓶，非法出版物55册，计算机97台，非法音像制品103盘，通讯器材16套，卫星接收设备18套。（麻加宁）

劳动与社会保障

【概　况】 2009年，南宁市劳动和社会保障局落实中央、自治区和南宁市应对宏观经济形势的一系列政策措施，围绕促发展、保增长、保民生、保稳定的主线开展工作，全市劳动保障事业得到全面协调发展。为民办实事项目城镇新增就业7.38万人，下岗失业人员实现再就业1.98万人，帮助就业困难人员实现再就业5420人，城镇登记失业率3.86%，农村劳动力转移就业新增9.98万人，农村劳动力转移就业职业技能培训5.20万人，创业培训5545人，职业资格证核发5.51万人，局属技工学校毕业生推荐就业率98%以上；养老、失业、医疗、工伤、生育保险参保人数分别为55.70万人、37.25万人、151.95万人、34.72万人、33.72万人，社会保险费征收分别为35.25亿元、1.41亿元、8.54亿元、2366万元、3117万元；各类企业劳动合同签订45.82万人，个体工商户劳动合同签订7.49万人，劳动保障监察案件立案827件，结案807件，结案率96%；劳动争议仲裁立案3731件，结案3433件，结案率92.01%。

【就业与再就业】 2009年，南宁市以“项目建设年”、“服务企业年” 活动为契机，依靠项目带动、投资拉动、消费促动、政策推动，努力实现经济发展与促进就业的良性互动。受国际金融危机的影响，全市返乡农民工25.89万人。南宁市及时出台《南宁市人民政府关于应对当前经济形势努力做好稳定和扩大就业有关工作的通知》，并以返乡农民工、高校毕业生、就业困难人员“三大群体”为重点，通过举办“就业援助”、“春风行动”、“民营企业招聘周”、“大学生就业服务月”系列就

2月3日，邕宁区农村劳动力转移就业现场招聘会举行　　周家志　摄

业服务活动，确保全市就业局势基本稳定，其中帮助25.05万名返乡农民工实现外出就业和就地就近就业，占当年全市返乡农民工总数96.76%。加大就业政策落实力度，共安排使用再就业资金1.08亿元，其中公益性岗位补贴2314.88万元，支付社会保险补贴6186.13万元、再就业培训和职业介绍补贴887.22万元；为3412名从事个体经营的下岗失业人员免缴行政事业性收费6.82万元、减免各项税金96.16万元；各类企业吸纳598名下岗失业人员享受税收减免56.83万元；为40名下岗失业人员和返乡农民工发放小额担保贷款101万元；动态消除“零就业家庭”654户。市人大常委会对南宁市“就业再就业工程”进行专项工作评议，评议结果满意率100%。年内，南宁市在1392个行政村全部建立劳动保障工作站，落实工作人员，同时协调落实每名村级劳动保障协管员每月100元的岗位补贴，为应对返乡农民工就业压力，稳定就业局势发挥了重要作用。引导返乡农民工就近就地转移就业创业。共发放《返乡农民工优惠证》5.03万本，受理申请规模以上种养业和第二、第三产业的企业、单位吸纳返乡农民工就业以奖代补210家5310人，对返乡农民工进行职业培训3.88万人，新认定“返乡创业基地”12个，引导农民工返乡创业8225人。

【创建国家级创业型城市】 2009年2月，南宁市被列为全国首批82家创建国家级创业型城市后，市政府成立工作领导小组，出台《南宁市人民政府关于开展创建创业型城市有关工作的通知》和《南宁市人民政府办公厅关于印发南宁市创建国家级创业型城市工作方案的通知》，明确创建措施和具体目标。3月31日，召开全市创建国家级创业型城市动员大会，市长黄方方到会作动员讲话，市政府分别与各县区、各有关部门签订创建创业型城市目标责任状。12个县区全部成立了创业指导服务中心，组织创业专家指导队伍170多人，建立创业孵化基地10个、青年创业见习基地56个、创业示范街12条、返乡农民创业品牌基地20个，搭建良好的创业平台。6月5日，由市政府主办的南宁市“邕城创业行”主题实践活动暨南宁市大型创业项目推介会在南宁国际会展中心举行，共向城乡劳动者推介创业项目500多个，接待咨询人数4256人，达成创业意向875人次，推荐成功205人。各县区先后举办创业项目推介会14场，推介项目3000多个次。

【职业技能培训与鉴定】 2009年，南宁市加大培训工作力度，整合各类培训资源，扩大培训覆盖面，扩宽培训专业，提高补贴标准，加强培训基金的管理，开展农村劳动力转移就业职业技能培训、创业培训、再就业培训和订单培训，提升劳动者的职业素质和技能水平。下岗失业人员再就业培训1.68万人，农村劳动力转移职业技能培训5.20万人；组织创业培训5545人，促进创业带动就业工作；组织技能大赛7场，举办高技能人才技能大赛技艺展示、高技能人才队伍建设论坛等高技能人才系列活动；在高职院校和各类企业开展鉴定工作，推进技师社会化考评工作，通过职业技能鉴定5.51万人，其中技师和高级技师543人。

【技工教育】 2009年，市劳动和社会保障局贯彻落实国家职业教育政策，加快广西南宁高级技工学校建设步伐。广西南宁高级技工学校医药实训楼建设纳入国家拉动内需项目，完成学校领导班子的组建工作。专业设置主要有会计、电子商务、计算机应用与维修、机械加工与数控技术应用、汽作与焊接技术、模具钳工、药物制剂、制药设备与维修技术、旅游与宾馆服务、服装设计与制作工艺、电工与电器维修等。年内广西南宁高级技工学校专任教师319人，在校生8289人；招收新生2724人，毕业生2869人，推荐就业率98%。

【失业调控】 2009年，市劳动保障部门进一步加强失业调控工作。切实把好失业源头，做好破产、关闭、改制企业职工安置方案审核，规范企业裁员行为，监督裁员企业及时补缴。下发《关于加强失业预警切实做好就业稳定工作的通知》，建立健全失业预警机制，规范企业裁员行为。加强对企业岗位流失的监测，建立企业岗位增减情况动态监测统计、失业动态监测、企业减员统计等制度，并实行月报告工作措施。全市领取失业金新增人数8306人，在领失业金总人数9373人，分别比上年减少21%和12%。通过抓好失业预警，落实帮扶机制，努力做好就业再就业，有效缩短失业周期，减少失业存量。年内，城镇登记失业率3.86%。

【基本养老保险】 2009年，南宁市继续以灵活就业人员和非公有制企业作为养老保险扩面重点，社会保险覆盖面进一步扩大。养老保险参保人数55.70万人，养老保险基金收入35.25亿元。贯彻落实《广西壮族自治区劳动和社会保障厅关于做好我区企业职工基本养老保险工作有关问题的补充通知》文件精神，对因历史遗留问题退保、断保、保龄不足等人员在政策上开通、服务上创新，帮助4.25万名已超过法定退休年龄的老人办理了参保缴费和申领养老待遇业务。为13万名企业退休人员调整养老金，调整后人均月增加养老金108.73元。此外，做好被征地农民社会保障工作。8月27日，在西乡塘区皂角村举办被征地农民办理参加养老保险暨享受养老保险待遇资格证发放仪式，为165名参加养老保险的被征地农民代表发放基本养老保险手册和养老保险待遇证。武鸣县纳入全国农村新型养老保险试点县。

【困难企业政策落实】 2009年，为帮助困难企业降低用工成本，南宁市制定“五缓三降”（“五缓”指暂时无力缴纳社会保险费的困难企业，在一定条件下允许缓缴养老、医疗、失业、工伤和生育5项社会保险费；“三降”指阶段性降低医疗、失业、工伤3项社会保险费费率）政策。城镇职工基本医疗保险单位缴费比例由8%降低为7.50%；失业保险单位缴费比例由2%降低为1%；工伤保险单位缴费比例由0.50%~1.30%降低为0.40%~1.20%。为贯彻落实好政策，市劳动和社会保障局组织召开了1200多家企业参加的大型政策解读宣讲会，组织服务队深入企业，发放政策解读宣传资料和服务指南20多万份。全市1.40万家参保单位享受城镇职工基本医疗保险单位缴费比例降低的政策，2.20万家参保单位享受失业保险单位缴费比例降低政策，1.29万家参保单位享受工伤保险单位缴费比例降低政策。通过降低费率，共为企业减少社保支出9636万元，对39家困难企业发放社保和岗位补贴3135万元。

【失业保险】 2009年，南宁市以非公有制经济企业及其从业人员作为失业保险扩面征缴的重点，各类参保人员37.25万人，失业保险费征缴收入1.41亿元，失业保险基金支出1.07亿元。发挥失业保险“保生活、促就业、防失业”的功能，加大失业人员培训力度。市本级培训失业人员5667人，拨付培训费448.69万元，失业人员再就业2379人。

【城镇职工基本医疗保险】 2009年，南宁市城镇职工基本医疗保险以非公企业、合资企业职工和灵活就业人员为扩面重点，通过继续拓宽宣传渠道，加大宣传力度，不断扩大医疗保险覆盖面。全市基本医疗保险参保人数60.39万人，医疗保险基金收入8.97亿元；基本医疗保险统筹基金开支3.78亿元，基本医疗保险个人账户基金开支2.42亿元，医保基金实现收支平衡、略有节余的目标。通过不断规范审批程序，做好医疗保险定点单位的审批、监控和服务，建立医、保、患三方良性互动机制。制定《解决关闭破产国有企业退休人员等医疗保障问题工作方案》，按规定将依法破产国有企业退休人员全部纳入城镇职工基本医疗保险。修订完善《定点零售药店服务协议》，与定点零售药店全部签订服务协议。

【城镇居民基本医疗保险】 2009年，南宁市出台《南宁市人民政府办公厅关于做好将大学生纳入城镇居民基本医疗保险试点范围有关工作的通知》，把在校大学生纳入社会保险覆盖范围，并开展门诊统筹试点工作。城镇居民基本医疗保险参保91.56万人，其中在校大学生19万人，大学生参保率80%。

【工伤保险】 2009年，南宁市工伤保险以建筑等高风险行业和农民工为扩面重点。参加工伤保险的各类参保人员34.72万人，工伤保险费征缴收入2366万元。加大工伤保险市级统筹工作力度，出台《南宁市人民政府办公厅关于印发南宁市工伤保险基金市级统筹实施方案的通知》，工伤保险实现市级统筹。同时，调整工伤职工伤残津贴被列入市20件为民办实事项目，市劳动和社会保障局对全市30名享受伤残津贴、16名享受生活护理费、112名享受供养直系亲属抚恤金的工伤1~4级人员和因工死亡人员供养直系亲属待遇进行调整，待遇调整后，伤残津贴、生活护理费、供养亲属抚恤金月人均增加额分别为199.08元、85.46元、76.11元。共有10070名职工享受工伤保险待遇，拨付工伤保险待遇1391.75万元，拨付率100%。

【生育保险】 2009年，南宁市完善生育保险相关配套措施，生育保险参保人员33.89万人，生育保险费征缴收入3137万元。出台《南宁市人民政府办公厅转发市劳动保障局等部门贯彻自治区劳动保障厅等部门关于对非财政拨款企事业单位实行计划生育人员退休后依法享受增加待遇管理办法有关工作的通知》，将享受优惠政策增加待遇的人员范围扩大到参加城镇企业职工基本养老保险的国家机关（编外人员）、全额拨款的事业单位、非国有企业、民办非企业单位、个体工商户及其雇工和灵活就业人员等13类人员中实行计划生育的退休人员。市财政支出资金608.40万元，为全市6195名实行计划生育的退休人员增加工资待遇。严格按照规定的标准和范围审核及支付生育保险待遇，共有7619名职工享受生育保险待遇，拨付生育保险待遇3131万元，拨付率100%。

【劳动保障监察】 2009年，市劳动保障监察机构围绕“服务企业年”活动，在执法工作中坚持原则性和灵活性相结合，在加强劳动保障监察执法和日常巡查的同时，突出事前监察和事后服务，尽可能通过协商的途径解决劳资矛盾和劳务纠纷，努力把矛盾化解在基层。共立案827件，结案807件，结案率96%；处理突发事件249件；为劳动者追回工资待遇5839万元。9月，市政府办公厅下发《南宁市人民政府办公厅关于印发南宁市劳动保障监察网格化、网络化管理试点工作方案的通知》，在全自治区率先开展劳动保障监察“网格化”、“网络化”建设工作。完成城区260个网格的划分，配备协查员126人。完成对6万家单位33万名劳动者的用工信息采集，搭建市、县区、街道（乡镇）三级劳动保障监管体系。劳动保障监察信息管理系统开发完成，于12月底正式上线试运行。

【劳动关系协调】 2009年，南宁市继续开展“创建和谐劳动关系工业园区”和“创建劳动关系和谐单位”活动，努力建立协调劳动关系长效机制。组织开展“南宁市2008~2009年度劳动关系和谐企业评选”活动，近2000家企业申报参加评选活动，其中被评为“劳动关系和谐优秀企业”16家，被评为“劳动关系和谐先进企业”51家。市劳动和社会保障局会同市总工会、市企业联合会、市企业家协会共同举办“共同约定行动”，引导476家企业参与旨在“不降薪、不裁员”的共同约定行动，维护劳动关系稳定。全市用人单位与劳动者签订劳动合同45.82万人。

【劳动争议仲裁】 2009年，市劳动争议仲裁机构坚持“调为先、调为主、调裁结合”的原则，妥善处理各类劳动争议案件，有效预防和化解企业和职工之间的纠纷，维护劳动争议双方当事人的合法权益。全市6个县均成立劳动争议仲裁院，劳动争议仲裁机构实体化建设工作走在自治区前列。共立案处理劳动争议案件3731件，结案3433件，当期结案率92%。其中，市本级劳动争议仲裁机构共立案处理劳动争议案件3169件，结案3250件，当期结案率92%。

【劳动工资管理】 2009年，市政府公布2009年企业工资指导线，基准线为7.50%，上线（预警线）为13.50%，下线为1.50%。市劳动保障部门对9大行业532家企业职工工资收入情况进行调查和整理，对689家企业的平均人工成本、人工成本占总成本比例进行调查、整理，按时公布2009年南宁市部分行业人工成本信息，发布2009年工资指导价位。审批76家企业实行特殊工时制度，涉及企业在岗职工人数2.56万人，其中实行特殊工时职工1.55万人。审核批复25家企业工资集体协议。

（陈玲 陆焕 彭涛 曾丹）

质量技术监督

【概　况】 2009年，南宁市质量技术监督系统推进“质量和安全年”、“服务企业年”和“项目建设年”活动，以质监系统实行省以下垂直管理十周年为契机，强化监管服务机制，整体工作水平有了新的提升。8月，成立南宁—东盟经济开发区质监分局，填补市质监局在城区（开发区）质监分局的空白。同时，加强质监技术机构建设。8月，广西茉莉花（茶）产品质量监督检验中心二期工程建设完成，累计投入建设资金650多万元，至年底开展检验检测项目300多个；9月，广西（武鸣）淀粉产品质量监督中心建设项目获筹建批复；推进广西光电及精密机械产品质量检验中心项目建设，市政府承诺支持建设资金1000万元，划拨建设用地3.33公顷；在隆安、马山县建立食品安全质检中心隆安分中心、马山分中心，可开展检验检测项目近60个，基本满足日常产品（食品）质量安全监管的技术保障需要。其中：马山分中心投入建设资金48万元，获县政府支持25万元；隆安分中心投入70万元，获县政府支持10万元。此外，宾阳检测中心扩项通过国家认证。至年末，全市产品实物监督抽查合格率比上年提高5个百分点以上；规模以上工业企业建立质量管理体系认证提高8个百分点；千亿元产业的主导产品采用国际标准组织生产达85%以上；规模以上食品生产加工企业100%建立ISO 22000或HACCP认证；列入工业产品生产许可目录或3C目录的产品获证率100%。

【质量监管】

工业产品生产许可证管理 2009年，市质监局完成对全市农资、水泥产品等企业生产许可证的组织申报工作。审核工业产品生产许可证申报材料210份；向广西生产许可证办公室上报申证、变更、换证材料156份。完成辖区203家获证工业企业的生产许可证年审工作，并按10%的比例进行现场检查。先后召开质量和安全年推进会、生产许可证年审工作会议、肥料企业物料平衡系统宣贯会议、认证认可宣贯推进会、水泥生产企业产品质量责任保险试点工作会议等8次，参会359人，发放资料近1000份。

工业产品质量定期监查 对工业产品质量进行监督检查，共定检工业产品1103批次，合格率85%。推进"三抓手"(指督促指导企业建立质量管理体系，以此作为产品质量的基础保障；建立以网络互联索证索票索表和现场检查相结合的查验制度，建立企业质量档案报送溯源信息系统；建立分类识别管理、定期媒体通报、市场化质量保险相结合的社会大监督机制，促进企业诚信体系建设）监管模式，制定市质监局年度"三抓手"工作方案，完善程序文件、工作规范，组织制订监督抽查、日常巡查工作计划，加强以索证索票、物料平衡为重点的日常巡查工作，深入生产企业指导、帮扶建立企业产品质量溯源信息化监管系统。至年末，市辖县区共有复混肥料获证企业52家，全部登录及填报《广西复混肥料生产企业溯源信息系统》。在自治区质监局监督处对各市的溯源系统录入情况的两次通报中，均对市质监局溯源系统使用情况给予肯定。同时，选取水泥、人造板、危险化学品、电线电缆、铝型材等重点行业中1~2家企业试点推行，并按要求开展巡查工作。

超标助力自行车专项整治 为规范助力自行车的管理，保障道路交通安全畅通，市质监局和市公安局、工商局先后联合发出《关于开展整治超标助力自行车专项行动的通告》、《关于开展整治超标助力自行车专项行动的补充通告》。通过组织辖区厂家研究分析及协商对在市区使用不符合国家标准的助力自行车限速改装有关技术问题，提出解决方法，召开专家会议、改装方案论证会、开展改装点资质招投标等一系列工作，拟定《超标助力自行车限速改装工作方案》，为政府开展整治超标助力自行车专项活动提供技术保证。同时，从生产源头加强监管，开展助力自行车获证企业的后续监管工作，主要采取定期抽样检验、日常巡查、检查企业质量体系运行有效性等手段确保获证企业严格按照国家标准组织生产。对超标、超范围生产的企业从严从快依法处理，责成企业召回在市区已售出的超标产品进行无偿限速改装。此外，加大对国家强制技术标准GB17761-1999《电动自行车通用技术条件》的宣传解读，为市民解答技术标准疑问。公布合格目录和咨询电话，方便市民了解助力自行车产品质量情况。

认证认可 自治区、市质监局联合组成检查组，对纳入重点产品专项整治的产品、强制认证的农机产品、9类纳入电子监管的中国产品强制认证（CCC认证)家用电器产品、重点食品和农产品生产企业进行认证有效性检查，共抽查获得认证认可的企业单位30家，重点检查生产企业的CCC认证、质量管理体系（QMS）和食品安全管理体系（FMS/HACCP)等取得证书的合法性、认证过程的规范性、体系运行的有效性。此外，对建材站等单位的2个实验室开展资质实验室公正性检查。至年末，列入工业产品生产许可目录或3C目录的产品获证率100%。

【食品质量安全监管】 2009年，市质监局制定《南宁市质量技术监督局食品安全专项整顿方案》，对重点行业、重点产品、重点区域开展食品质量安全专项整治。在乳制品、白糖、淀粉、化妆品、蜂产品、儿童食品、米粉、桶装水、月饼等各类专项整治工作，共出动执法人员1860多人次、执法车910多辆次，检查企业920家次。共抽检食品产品1418批次，合格率89.14%，比上年提高1个百分点。其中：监督抽查食品产品753批次，合格率92.03%；定检食品产品665批次，合格率85.86%。运用"三抓手"监管模式，加强食品质量安全监管。制定《南宁市质监局落实重点产品获证企业"三抓手"试点工作方案》，专题培训市局和县局相关人员共78人。从上年末开始，分3期召开南宁市重点食品企业质量监管工作会议，对市本级的乳制品、肉制品、饮料、白酒、米粉等93家生产企业负责人传达开展"三抓手"工作的有关要求，各县也积极对食品生产企业开展培训工作，共培训企业724家871人。确定26家食品生产企业作为试点企业推行，按要求开展巡查工作。指导37家规模以上食品企业建立ISO 22000食品安全管理体系，指导7家规模以上食品企业通过HACCP体系认证。至年末，共有15家食品企业通过HACCP体系认证。同时，加大对无证生产行为的查处力度，共出动执法人员1953人次、执法车824辆次，查处无《食品生产许可证》生产食品的违法单位157家。

食品质量安全市场准入 按照《食品质量安全市场准入审查通则》的相关要求，从环境卫生、生产资源、原辅材料、生产加工、产品、人员、检验、包装及标签标识、贮运、质量管理十个方面要求严把食品质量安全市场准入关，确保获证企业建立健全企业质量管理制度，实施从原材料到最终产品的全过程质量管理。共受理企业食品生产许可申报材料143份；向自治区质监局上报符合发证条件企业材料87份，符合期满条件企业材料33份，符合变更条件企业材料8份，不予许可材料15份。

打击违法添加非食用物质和滥用食品添加剂专项整治 制定《南宁市质监系统打击违法添加非食用物质和滥用食品添加剂专项整治方案》和《关于进一步规范食品添加剂生产和使用的通知》。1月起，组织375家南宁市生产和使用食品添加剂企业共420多人分期分批召开专项整治工作培训会议，要求企业严格开展自查自纠，建立健全相关制度。所有生产和使用食品添加剂的企业均在市质监局建档备案。加大对相关生产企业的检查力度，共出动执法人员1221人次、执法车476辆次，检查食品添加剂生产企业和使用食品添加剂食品加工企业610家，查获滥用食品添加剂案件13起。

食品小作坊专项整治 根据自治区质监局关于开展食品生产加工小作坊整顿工作的部署要求，制定《小作坊专项整治方案》，分3个阶段（清查、集中整顿、总结验收）进行食品生产加工小作坊整顿工作。至年末，全市共有食品加工小作坊594家，依法取缔食品生产加工小作坊339家，小作坊升级获证64家。继续深入推进米粉小作坊整治工作，至年末，全市米粉生产加工小作坊数量由原有的157家减少到81家，其中达到基本卫生条件的33家，证照齐全的43家，有"一证一照"(《食品生产许可证》、《工商营业执照》)的5家，无证无照的33家。经整治，获得《食品生产许可证》的米粉加工小作坊32家，淘汰关闭生产条件未达到要求的米

粉小作坊约50家。至年末，正常生产的28家企业均已获得《食品生产许可证》。

【标准化监管】 2009年，为贯彻落实5月初召开的自治区标准化工作会议精神，市质监局代拟《南宁市实施技术标准发展战略方案》，于9月中旬通过市政府常务会议审议，10月12日由市政府印发各相关部门贯彻执行。组织开展节能减排国家标准、行业标准及地方标准的宣传贯彻工作，通过企业标准备案、执法检查、开展“服务企业年”等形式，加强对GB 7718《预包装食品标签通则》、GB 2760《食品添加剂使用卫生标准》、GB 18382《肥料标识内容和要求》等食品、农资重要强制性标准的宣传贯彻工作，共向65家食品、塑料袋、肥料等生产企业宣传贯彻相关标准。10月底，组织召开节能减排标准宣传贯彻暨能源计量工作会议，向45家重点耗能企业宣传贯彻《工业企业能源消耗的量化管理及节能评定》、《用能单位能源计量器具配备和管理通则》等标准，部署南宁市重点耗能企业能源计量工作。按照自治区质监局下达的当年广西地方标准制修订项目计划，市质监局组织相关县质监局按项目实施计划开展《无公害产品甜玉米》、《无公害产品甜玉米生产技术规程》两项广西地方标准的制订工作，并报自治区质监局审定，11月底完成标准的审定、报批工作。同时组织开展其他广西地方标准制订项目的申报工作。至年末，共完成企业标准备案247个，标准修改32个，为155家企业免费提供标准信息咨询服务。其中：市局本级完成企业标准备案178个，县局完成企业标准备案69个。

农业标准化示范区建设 2009年是国家级第六批农业标准化示范区项目建设的第二年，市质监局通过加强业务联系和指导，督促南宁市5个农业标准化示范区的项目承担单位，按照国家标准委、自治区质监局文件和《示范区任务书》要求，及时推进示范区建设工作，确保按期完成示范区年度考核工作。5月19日，国家标准委组织的全国农业标准化示范区抽查工作组到横县对瘦肉型猪养殖、茉莉花两个国家级标准化示范区进行检查。检查组通过听取汇报、查看文件、记录材料、实地检查等，对该两个示范区项目阶段任务完成情况及示范效果进行检查，并给予较高的评价。

标准化良好行为企业及GAP试点 按照国家标准委和自治区质监局文件要求，推进国家第二批GAP（良好农业规范）试点工作，督促试点企业广西农垦永新畜牧集团有限公司良圻原种猪场做好相关工作，7月通过GAP认证及完成试点验收工作。组织发动广西纵览线缆有限责任公司、南宁邦克电力设备有限责任公司2家企业申请开展“标准化良好行为”试点工作，已获自治区级试点立项并开展相关工作。

国际标准及国外先进标准采用 鼓励南宁市列入“千亿元产业”及规模以上工业企业的主要工业产品开展采用国际标准及国外先进标准工作，至年末，有4家企业完成采用国际标准产品标志申报备案并获准使用采标标志。铝加工、制糖等千亿元产业的主导产品采标率88.9%；规模以上工业企业的主导产品采标率75%以上。

标准化专项监查 开展肥料产品执行标准专项监督检查，共检查农资生产企业35家，查处无标生产、不符合国家强制性标准、无证生产等各类违法案件11件。同时，通过检查，对全市肥料生产企业的产品标准再次进行清理，共收回作废的企业产品标准4份。继续加强对南宁市塑料购物袋生产企业的监管，宣传贯彻GB 21660－2008《塑料购物袋的环保、安全和标识通用技术要求》等国家标准。在对市区塑料购物袋生产企业的专项检查中，共出动执法人员97人次、执法车36辆次，检查生产企业16家，抽样送检塑料购物袋产品12批次，其中合格2批次、不合格10批次。此外，做好《食品安全法》实施工作，对市质监局已备案且在有效期内的食品企业标准进行清理，共清理上报标准1058份。

【计量监管】

计量器具监管 2009年，南宁市质监系统通过采取形式多样的监督检查和计量惠民活动，建立健全辖区集贸市场、加油站、医疗卫生单位和眼镜店在用强制检定计量器具档案，加强对计量技术机构开展检定情况的督促检查。至年末，全市计量检定机构共检定强制检定计量器具10.23万台件。其中：属贸易结算类的7.31万台件，安全防护类2.26万台件，医疗卫生类3526台件，环境监测类3070台件。同时，强化计量惠民工作，组织计量检定机构开展集贸市场、乡镇卫生院计量器具检定减免收费活动，对市区76家城区主要集贸市场7300多台衡器全部实行免费检定，免收检定费约120万元；对市区6家乡镇社区卫生院医用计量器具35台件实行免费检定，免收检定费1.70万元；6个县对辖区内89家集贸市场的1490台衡器实行免费检定，共减免检定费15万余元。组织开展衡器等民用计量器具监管和防作弊加油机监督检查工作，与市工商局、商务局联合制定《2009年南宁市电子计价秤、弹簧度盘秤及杆秤专项整治方案》，部署全市电子计价秤、弹簧度盘秤和杆秤专项整治工作；对市区淡村市场、飞凤市场、麻村市场、福建路海鲜批发市场等主要集贸市场进行衡器检定及使用情况进行检查，共检查经营摊点447个，检查衡器650台，当场没收具有作弊功能的电子秤15台；大力整治车站周边固定摊点短斤少两违法行为，对市□东、金桥、安吉、北大、江南等客运站以及南宁火车站的固定摊点进行专项监督检查，共检查销售水果、分装食品等固定摊点25个，站内超市4家，检查电子计价秤、弹簧度盘秤等计量器具27台，当场没收不合格计量器具6台；组织开展加油机专项计量监督检查和防作弊加油机开启防作弊功能检查工作，强化对加油站在用加油机的日常监管，共检查加油站266家，检查燃油加油机915台（枪），查处计量违法案件11起。

商品量计量监管 强化商品量计量监管，组织实施日常监督检查。共抽查企业32家，抽查液化石油气、大米、水泥、种子等产（商）品45批次，合格29批次，合格率64%。对于抽查不合格的企业，帮助其查找原因，督促整改，不断提高全市定量包装商品净含量抽查合格率。完成国家质检总局和自治区质监局部署的国庆节前“十类”定量包装商品净含量和月饼包装国家监督抽查任务，共抽查小食品、果汁饮料、涂料等定量包装商品生产企业83家，抽取样品115批次，商品净含量检验合格率91.3%；共检查16家月饼生产和销售企业96个批次产品，抽取20个批次样品送检验机构检验，抽检结果月饼包装容积率合格率75%，月饼包装成本合格率95%。

能源计量监管 对南宁糖业股份有限公司等5家企业开展能源计量重点帮扶工作，指导和督促企业合理配备和管理能源计量器具，提高能源计量器具的受检率和检定合格率。县质监局按要求对本县辖区内1~2家重点耗能企业开展帮扶工作。市质监局指导南宁凤凰纸业有限公司、广西中烟工业公司南宁卷烟分厂运用能源计量数据进行分析，形成能源数据审计分析报告，加强对能源计量检测数据的运用，用科学、准确的计量数据指导生产，提高节能减排中能源计量工作的实效性。10月底，组织召开年度南宁市重点耗能企业节能减排标准宣传贯彻暨能源计量工作会议，45家重点耗能企业参会。从10月中旬起，对市区17家重点耗能企业的能源计量器具配备和管理情况实施检查，并指导和督促6个县局对各辖区内的重点耗能企业开展检查工作。至11月初，市质监系统完成对全市45家重点耗能企业的检查。

计量行政许可　组织计量标准现场考核和复评审18次，核发计量标准考核证书18本，组织计量检定员培训学习97人次，核发新计量检定员证42本，复查换证20本。为群众和企业提供计量业务免费咨询服务140多次。

【特种设备安全监察】　2009年，南宁市拥有特种设备21961台件。其中：锅炉2750台，压力容器6632台，电梯8898台，起重机械2973台，大型游乐设施125台件，厂（场）内专用机动车辆583台；在用压力管道596千米；各类气瓶130多万只。新装特种设备共2356台件，新装设备注册登记率100%，定检锅炉、三类压力容器、电梯、大型游乐设施定检率均100%；其他特种设备检验率98.60%以上；万台特种设备死亡人数控制在0.88人以下，全市无重特大食品和特种设备责任安全事故发生。市质监局共办理日常业务6224件，复审作业人员证1608人。办理特种设备告知业务2239台件。其中：锅炉253台、压力容器462台件、电梯1218台、起重机械295台、大型游乐设施11台件；压力管道195个单位。发放特种设备使用证3985台件。其中：锅炉205台、压力容器778台件、电梯2452台、起重机械457台、厂（场）内专用机动车辆84台、大型游乐设施9台件；压力管道805条。加强特种设备安全现场监察，出动检查人员1102人次，共对357家特种设备使用单位、38家特种设备资质单位的在用特种设备开展现场监察；发出《特种设备安全监察指令书》123份。

【打假治劣】　2009年，市质监局开展区域性复混肥料专项整治行动，进行肥料产品专项打假课题研究；运用现场快速检测方法，开展烟花爆竹技术执法。完善“阳光审案“制度，立案的339起案件全部登录电子监察系统。全市质监系统共出动执法人员5640人次、执法车1250多辆次，检查企业2760多家次，立案920件，结案885件，结案率96%，行政执法工作差错率为0。

农资专项执法打假　全市质监系统共出动执法人员952人次、执法车355辆次，检查农资生产企业277家次，整顿农资市场74个次，查处农资违法案件175起，查获假冒伪劣农资900多吨，涉案货值350万元，受理农资举报投诉26件，为群众挽回经济损失约280万元。

制糖企业及甘蔗专用肥料专项执法检查　对南宁市4家大型制糖企业所使用的硫磺、絮凝剂、消泡剂等食品添加剂和所生产的成品糖加强证照、登记备案、质量状况等方面的检查，确保原辅料及成品糖质量，杜绝了滥用食品添加剂及二级糖用一级糖袋包装的违法行为。此外，对量大面广、农民投诉较多的甘蔗专用肥料质量进行监督检查，查处不合格专用肥料生产企业2家。

“清新居室”专项执法检查　针对室内装饰装修材料存在的问题，市质监局与自治区质监局、市工商局等部门组成联合检查组，对全市室内装饰装修材料生产、经销企业组织开展“清新居室”专项执法检查行动，实现室内装饰装修材料生产、流通环节的全过程监管。共出动执法人员156人次、执法车65辆次，检查人造板、木地板、木家具、涂料、脲醛树脂胶粘剂等产品生产企业50家，抽检样品51批次。

计划生育药械专项整治行动　对全市流通环节销售橡胶避孕套产品的强制性认证情况开展专项整治行动。共出动执法人员150人次，检查超市、商场、药店、成人用品店等44家，检查范围包括华联超市、人人乐超市、南城百货超市、利客隆超市、梦之岛百货商场等大中型综合超市，检查各类国内生产、原装进口的橡胶避孕套产品约30多种。（唐向荣）

食品药品监督管理

【概　况】　2009年，南宁市辖区有药品生产企业61家。其中：制剂生产47家，中药饮片生产8家，医用氧生产2家，药用辅料生产4家。药品经营法人批发企业76家，非法人批发企业17家。药品零售企业1721家。其中：连锁企业（总部）26家，连锁门店861家（市区752家、武鸣县56家、横县10家、宾阳县17家、上林县11家、马山县3家、隆安县12家），个店834家（市区243家、武鸣县97家、横县151家、宾阳县154家、上林县58家、马山县68家、隆安县63家）。医疗器械生产企业71家。其中：一类12家、二类51家、三类8家。医疗器械经营企业715家。

【食品安全综合监督】　2009年，南宁市食品药品监督管理局建立从“源头”到“餐桌”的食品安全保障体系。组织协调各成员单位开展食品安全各项专项检查，确保元旦、春节以及“第五届泛珠论坛暨经贸洽谈会”等重大节庆活动期间的食品安全。5月27日，市政府召集有关部门召开紧急协调会议，根据《中华人民共和国食品安全法》和自治区、市政府关于在政府机构改革期间加强食品安全监管的有关精神，决定将食品安全综合协调职能移交卫生行政部门，由市食品药品监管局履行机构改革过渡期间餐饮服务活动的监管职责。6月1日起，市食品药品监管局履行餐饮服务食品安全许可和监管职责。6月4日正式受理餐饮服务许可的申请。至年末，共受理《餐饮服务许可证》开办、变更、延续、补发和注销申请1500多家；现场看点、验收1400多家次，派出检查人员2800多人次、执法车1400多辆次；办结发放《餐饮服务许可证》1013家；出动执法人员5216人次，检查餐饮服务单位2060家次、学校食堂26个，处理市长热线交办的餐饮服务食品安全举报投诉26件、群众举报投诉150多件，下发《餐饮服务食品安全监督意见书》162份，立案查处餐饮服务食品安全违法案件5起。同时，为了切实保障“两会一节”等重大节日活动期间餐饮服务食品安全，共出动驻点执法人员300多人次，驻点检查餐饮服务单位100多家次。年内，市食品药品监管局被卫生部评为卫生系统先进集体。

【农村食品安全监督】　2009年，市食品药品监管局进一步推进农村50人集体聚餐报告指导工作。在协调好各级政府与乡镇及相关部门层层签订食品安全责任书的同时，每一名市局领导联系一个县（区），指导农村50人以上聚餐报告工作的开展，全市建立了县、乡镇、村三级食品安全供应网络、监督网络和责任网络，设立工作领导小组和信息工作站，全年没有发生农村集体聚餐食品安全事故。

【药械安全监管机制创新】　2009年，市食品药品监管局一是创新药品评价检验新方法。市化学制药有限责任公司为中法合资制药企业，主要生产甘露醇原料，为国内较大生产资料供应基地。经市食品药品监管局现场检查中发现，该企业生产的甘露醇初始原料发生改变，企业也反映甘露醇的原料问题。经过反复的探讨，提出对该品种在原基础上采用英国药典及其他补充办法进行评价，并购置相应检测色谱柱，在自治区食品药品检验所协助下，开展对甘露醇注射液的专项评价抽验，先后对辖区1家企业、辖区外6家企业生产的9个批次甘露醇注射液进行了山梨醇、钙盐、铁盐以及黄曲霉素等检验。这一办法，提高了药品质量控制，为企业解决了所用原料安全问题，杜绝药品安全隐患。二是创新医疗器械生产“质量管理规范”。为保障上市医疗器械产品的安全有效，制定并实施《南宁市医疗器械生产质量管理规范实施细则》，填补医疗器械生产质量管理的空白，同时，帮助企业建立较为完善的生产质量管理体系，有效推进企业质量安全信用建设。三是创新企业信用体系管理机制。如在医疗器械管理方面，在进一步实施《南宁市医疗器械生产、经营企业质量安全信用评定及分级监管暂行规定》的基础上，将该信用评定与年度告知登记及责任状签订等工作相结合，建立企业质量安全信用管理平台，并首次引入企业每年开展自评办法，同时签订质量安全责任状，建立对企业的长效监管机制。

【药品安全管理】

药品生产监管　2009年，市食品药品监管局强化药品生产企业监管。一是以落实《药品生产质量管理规范》为重点，采取模拟飞行检查、重点监督抽查等方式，开展对药品生产企业是否按核定的处方工艺进行生产的专项检查，并按照信用等级对评定为失信、严重失信的生产企业强化监管。共检查药品生产企业115家次，出动252人次，对12家未严格按照GMP(药品生产质量管理规范)生产的企业下达责令整改通知书；查封1家未按核定工艺进行生产的企业成品。二是对高风险品种企业生产过程进行动态监督。对辖区7家注射剂生产企业、兴奋剂生产企业均派出驻厂监督员，驻厂监督员对企业检查198次，对企业存在的问题及时提出，督促和指导企业把隐患消除在生产一线。三是严格药品再注册品种生产情况的核查。通过采取材料审查和现场核查相结合的方式，共核查再注册药品品种1031个。四是全面推行药品生产企业质量受权人制度。辖区的原料药、化学药品和中药制剂的生产企业均实施质量受权人制度。五是实施药品生产企业负责人约谈制度。对检查中发现问题较多、质量负责人变更的企业法定代表人进行约谈，共约谈6家企业的法人及质量负责人，做到了监管重点前移，防止药害事件发生。

药品经营监管　一是严把市场准入标准，抓好换证、再认证工作。重新修改《南宁市药品零售企业设置暂行规定》，对新开办的药品零售企业在人员、场地等方面作了相应规定，促进药品流通市场趋向于良性竞争。全年共审批新开办药店筹建221家、验收163家、变更444家；换发《药品经营许可证》456家、依法取消企业经营资格4家；对药品经营企业进行再认证323家；受自治区食品药品监管局的委托进行现场验收药品经营企业56家。二是加强GSP(药品经营质量管理规范)认证跟踪检查，提升药品日常监管效能。坚持开展GSP认证跟踪检查，规范药品经营企业行为，对已通过认证的经营企业，重点检查其药品购进、验收、养护等情况，营造规范有序的药品市场环境。三是开展城区乡镇药品市场秩序整治工作。组织对市辖区的24个乡镇药品经营企业进行全面检查。共出动检查人员156人次、执法车57辆次，检查城区乡镇药品经营企业139家、医疗机构24家，给予当场行政处罚(警告)和责令改正13家。同时，严厉打击城区乡镇集贸市场里违法经营药品行为，取缔违法经营药品地摊15个，依法扣缴蛇粉风湿王、张氏复方咳喘灵胶囊、张氏风湿关节炎胶囊等假药共47个品种460瓶(包)。四是以药品广告整治为重点，加强广告监测。共监测发现违法药品、医疗器械、保健食品广告265件，全部移送工商行政管理部门处理。

医疗器械生产经营监管　一是严格执行审批流程，把好准入关。制定《南宁市医疗器械经营企业现场检查验收工作指南》，并对自治区食品药品监管局重新修改的《广西实施〈医疗器械经营企业许可证管理办法〉细则(试行)》进一步细化，制定南宁市医疗器械经营企业许可证新开办、变更、换证、补发、注销等5个申办程序。依法对重点监控医疗器械生产企业及义齿生产企业进行监督检查，检查率100%；对新开办企业提交的材料真实性进行严格核查，打击企业虚假申报的行为，稳步开展行政许可事项审批工作。共收到医疗器械经营企业申请许可事项287家，不予许可34家；审批发放一类医疗器械产品注册证19个；协助自治区食品药品监管局发放医疗器械生产企业许可证及进行医疗器械生产企业质量体系考核等现场检查21家次、对经营企业许可证发证检查32家次。二是加强医疗器械生产、经营企业日常监督检查，有效打击违法违规行为。对兴宁区官塘市场一带医疗器械体验点无证经营等违法经营行为进行突击检查，查处涉嫌无证经营的违法经营企业5家。并开展对助听器企业的专项检查，立案查处无证经营助听器的经营企业1家。同时加强对生产企业的监督检查，规范医疗器械生产秩序。三是制定工作手册，提高工作效率。制定《南宁市医疗器械监管工作手册》，将涉及医疗器械监管工作的办事程序、工作指南、各项规定等汇集成册，使监管人员明确各项工作标准及要求，保证正确有效地行使岗位职责，提高监管人员的工作能力和效率。强化药品医疗器械投诉受理工作，共接待群众来电、来访380多人次，受理投诉59起，回复59起。

医院制剂监管　为规范医院制剂生产和药品的购进渠道行为，共出动32人次，先后16次检查辖区内有《医疗机构制剂许可证》的医疗机构10家，检查其配制的制剂是否有批准文号、是否按规定的工艺处方配制、原料及成品的检验、是否按规定进行调剂使用、是否有外销行为，有效促进药品安全使用。

药品营销人员登记备案　进一步规范药品市场秩序，对辖区从事药品销售的业务员实行登记备案。累计备案人数3600多人，涉及药品生产、经营企业约1775家。分期分批向社会公布并更新42期。

从业人员教育培训　先后组织药品、医疗器械生产经营从业人员、企业负责人、质量负责人以及餐饮服务从业人员进行培训。分别举办药品、医疗器械企业从业人员培训班4期，参训2400人；药学技术人员培训班7期，参训695人；餐饮服务许可知识培训班15期，参训1200人。

【药品专项整治】　2009年，南宁市根据国务院以及自治区食品药品监管局等6厅局关于深入开展药品安全专项整治的工作部署和市委、市政府年初确定的2009年重点工作目标任务，为进一步解决影响药品安全的深层次问题，全面提升药品安全水平，维护群众切身利益，全面开展为期两年的药品安全专项整治行动。市政府办公厅印发《南宁市药品安全专项整治工作实施方案》，明确工作目标、整治任务、整治措施、工作步骤，成立由市政府分管领导，食品药品监督、宣传部、公安、卫生、经委、工商、物价等部门负责人组成的领导小组。市食品药品监管局牵头组织了卫生、工商、公安局等部门重点整治中尧路非药品冒充药品行动,出动执法人员40多人、执法车10辆,检查保健品经营店16家,依法查扣未标示文号冒充药品以及标示“食字号”、“消字号”、“健字号”、“妆字号” 等产品约50万元。同时,对药品经营门店开展非药品冒充药品整治。共检查药品批发、连锁企业、药店96家,查封未标示文号冒充药品等产品25个,价值30余万元。先后组织开展非法药品冒充药品、疫苗及生物制品、中成药非法添加西药、化学原料药、手足口病和甲型H1N1流感用药、药品宣传广告、计生药械以及医疗器械体验点、助听器经营企业等专项检查10多项,共出动执法人员1760人次、执法车590多辆次,检查涉药(械)企业2510多家次。通过专项检查、日常监督、抽验、举报投诉等,全市共立案查处各类药械案件226件,其中,市局立案129件,6个县分局立案97件。严厉打击了制售假劣药械违法行为。

【药品进口备案】 2009年,市食品药品监管局履行药品进口备案职责,严格审核备案申请。药品进口备案办公室共发出《药品进口通关单》15份,其中进口原料药4980公斤,价值110.36万美元;进口药材1000吨,价值8.60万美元。

【特殊药品监管】 2009年,市食品药品监管局实行联合执法,形成监管联动机制,规范麻黄碱的监管。针对内蒙古鄂尔多斯市金驼药业有限公司麻黄素仓库被抢案件的情况,与市公安局,成立联合检查组,对辖区内所有经营和使用麻黄碱的企业进行检查。同时,严格执行日常巡查制度,监管特殊管理药品的正常流向。每季度对特殊管理药品经营企业进行巡查,共检查企业112家次,各企业均能按要求进行管理,每月上报月购进销售报表,有效防止特殊管理药品流弊事件的发生。

【药品监督抽验】 2009年,市食品药品监管局从实际出发,改革药品抽验方式,实行“有因抽样、有效检查”,共抽检药品342批次,不合格率39.76%。其中:市局抽检192批,不合格率29.16%;6个县分局抽检150批,不合格率53.33%。同时,改革药品检测车运行机制,把检测车下放到各县分局,采取市局指导,各县分局派人参与药品筛查、抽验和记录,使药品快检车与分局全年工作安排结合起来运作,并与南宁药检所协同开展。快检车分别在6个县运行60天,行程6108公里,出动212人次,筛查342批次药品,对57批次可疑药品进行抽检,不合格率66.67%。

【药品不良反应监测】 2009年,市食品药品监管局强化药品和医疗器械不良反应监测工作,加强与各相关单位的沟通,提高了药品和医疗器械生产、经营和使用单位对不良反应报告制度的理解和认识。全市上报药品不良反应2016例、药物滥用138例、可疑医疗器械不良事件71例。

【农村药品“两网”建设】 2009年,市食品药品监管局建立健全农村药品监督协管员、信息员队伍,有农村药品监督协管员227人、信息员1237人,县、乡镇、村三级农村药品监督网基本形成。以乡镇为单位零售药店覆盖率100%。

【食品药品安全宣传活动】 2009年,市食品药品监管局加强与自治区、市主流媒体的联系和沟通,充分利用新闻媒体、政府网站搭建宣传平台,策划各项宣传活动。组织召开新闻通气会2次,主动提供新闻采写线索。先后组织各主流媒体记者对开展“3·15”系列活动、非药品冒充药品专项整治、发放首批《餐饮服务许可证》仪式、餐饮食品安全广场宣传等进行8次集中采访报道。分别在《中国医药报》、《广西日报》、《南国早报》、《南宁日报》、《南宁晚报》以及广西和南宁电视台、网站等发新闻稿96篇;向自治区食品药品监管局网站发稿65篇,及时更新南宁政务信息网政务动态89篇。共开展食品药品安全宣传活动125场次,发放宣传资料6.90万份,接受群众咨询或服务6.50万人次;设立固定宣传牌160块。

(韦永敏)

安全生产监督管理

【概　况】 2009年,南宁市安全生产监督管理局贯彻国务院开展“安全生产年”活动的部署,确保全市各重点时期、重要节日实现“大事不出,中事不出,小事少出”的目标,安全生产形势总体稳定好转。全市共发生各类安全事故1583起,死亡508人,受伤1810人,直接经济损失1412.95万元。事故起数、死亡人数、重伤人数和直接经济损失分别比上年下降13.07%、7.47%、12.90%和32.97%。南宁市在自治区年度安全生产目标管理考核中被评为优秀等级。

【专项整治】 2009年,根据国务院、国家安监总局、自治区政府及有关部门的工作部署和要求,南宁市安全生产委员会下发《关于印发2009年南宁市煤矿等9项安全专项整治方案的通知》,由市安监局、公安消防支队、公安局交警支队、质量技术监督局、建设委员会和南宁海事局等部门牵头,对煤矿、非煤矿山、道路和水上交通、危险化学品、烟花爆竹、人员密集场所消防安全、建筑施工、特种设备等9个重点行业和领域开展安全生产专项整治。

煤　矿　对取得安全生产许可证的9处井工煤矿和1处露天煤矿进行生产系统的完善和改进,推进煤矿安全标准化达标活动,督促企业建立健全“一通三防”(矿井通风,瓦斯防治、煤尘防治和防灭火)管理机构、责任制和管理制度。对计划整合的煤矿上报自治区政府审批,对未经审批的煤矿加强监管,不许动工。加强对同意改扩建煤矿的安全监管工作,从产出、经销、运输和使用四个环节加强综合治理,各级各部门累计出动人员2800人次、车辆850辆次,取缔非法盗采煤炭资源违场点750处,收缴各种非法采煤工具2800件、煤炭300多吨,遣散参与非法盗采民工680人次,抓获涉及非法盗采煤炭资源不法分子57人,刑事拘留5人,行政拘留32人。

非煤矿山　继续针对非煤矿山“规模小、技术水平低、安全基础差、安全管理水平低下”等突出问题,以贯彻执行非煤矿山安全生产许可证制度和推进非煤矿山安全标准化为重点,把专项整治、安全生产许可证发放和安全标准化工作有机结合起来,进一步健全非煤矿山安全生产监督管理体制和机制,建立健全安全生产管理机构和管理制度,完善非煤矿山安全生产基本条件,使非煤矿山企业安全管理能力得到提升,事故防范措施和能力得到加强,重大以上事故隐患得到有效监控;严厉打击非法违法生产行为,坚决依法关停、取缔非法生产、无证无照、违反安全生产规定的矿山企业。全年累计出动人员1207人次、车辆687辆次,取缔无证无照的非煤矿山287处,遣散违法人员1614人次,查扣大型采掘设备28台(挖掘机13台、车辆12辆、推土机3台),收缴其他机械4套;立案6件,提起刑事诉讼1人,刑事拘留2人,移送司法机关

1人，收缴罚没款109万元。

化工与危险化学品　完成21个危险化学品建设项目的设立审查、安全设施设计审查、竣工验收审查；督促47家《安全生产许可证》到期的危险化学品生产企业换证，督促53家企业完成危险化学品登记工作；对153家办理《危险化学品经营许可证》（甲种）企业组织初审；新办《危险化学品经营许可证》（乙种）438本，换发《危险化学品经营许可证》（乙种）518本，变更《危险化学品经营许可证》（乙种）156本，对113家生产经营单位出具危险化学品行政审批不予受理通知书。开展联合执法，会同市经委、国资委等部门对南化股份有限公司、市自来水公司、南宁糖业股份有限公司等生产、使用剧毒危险化学品的单位进行检查4次；联合公安、水利、二轻等部门对部分液氯、氰化钠（钾）的经营、使用单位进行检查2次，并采取综合治理措施，促使存在的问题得以解决。全市安监部门共出动人员1216人次、车辆216辆次，督查、检查、抽查生产、经营、储存、使用危险化学品企业632家，查处安全隐患1356处，下发检查记录332份、整改通知135份，完成整改1323处，其余33处按照“五落实”（落实隐患治理项目、措施、资金、时间、责任）的要求继续组织整改。对存在重大隐患的5家生产、使用企业依法下达了责令暂时停产整顿的强制措施。积极推动危险化学品生产（储存）企业开展安全标准化达标活动，提高企业的基础安全水平。至年末，危险化学品生产企业通过三级安全标准化达标考核2家，提出复评申请12家。

烟花爆竹　引导宾阳县宾州烟花炮竹有限责任公司、宾阳县龙宾烟花炮竹厂2家生产企业开展安全标准化达标活动，对企业的基础台账、安全管理制度、基础设施建设等进行规范，提高企业本质安全。加强烟花爆竹企业复工及产销旺季的安全监管，排查生产安全隐患，重点查处生产企业“三违”（违章指挥、违章操作、违反劳动纪律）、“三超一改”（超定员、超药量、超范围，改变工房用途）的行为和批发企业超量、超品种范围储存的违规行为。共督查烟花爆竹生产经营单位731家次（生产企业58家次），排查安全生产隐患97条，已整改93条，整改率95.80%。取缔非法生产窝点202个，收缴销毁非法制作爆竹成品、半成品1.70亿头，销毁引线5200扎，拘留12人。取缔非法经营窝点9个，收缴非法经营的烟花爆竹460件（捆）。

道路交通　组织开展为期50天的“集中整治严重交通违法行为，遏制重特大道路交通事故统一行动”，共查处各类交通违法行为为6万多起，依法行政拘留23人；组织开展市辖高速公路交通秩序统一行动，查处各类交通违法行为2385起，其中超速行驶1564起；开展超标助力自行车、酒后驾驶交通违法行为等专项整治，查处酒后驾驶交通违法行为297起（饮酒后驾车223起、醉酒后驾车74起），行政拘留42人；组织开展全市性大规模交通秩序整治行动31次，查处交通违法行为16.46万起，依法对124名严重违法人员实行行政拘留。农机管理部门组织开展重点时段、重点路段农机安全专项执法检查，共出动执法人员6056人次，检查各类拖拉机1.27万台次，处理违法行为2600台次。交通部门组织开展航运、各类运输安全专项执法检查，共查处违法违规经营行为8707起、超载超限车辆199起、非法经营船舶18艘。

交警在南湖桥头一带设点检查酒后驾车行为　　潘　浩　摄

水上交通　海事部门组织开展渡口、渡船专项整治行动、沙石运输施工船舶专项整治行动，查处一批冒用船舶假证书的违法行为，对擅自改变船舶用途的行为实施行政处罚。水产畜牧兽医管理部门组织开展渔业船舶专项执法检查，共检查渔船4458艘，纠正缺失适航条件渔船85艘，发出整改通知420份；检查水面养殖户1500多家，排查治理隐患600多处。

消防安全　组织开展“60剿患攻坚战”消防安全专项行动。对公众聚集场所、高层与地下建筑、易燃易爆场所以及由旧建筑改造成商业、仓储场所等重要单位和火灾高发场所进行专项执法检查，实施消防安全“夜袭”行动，共检查单位1178个，行政拘留5人，责令“三停”（停止施工、停止使用、停产停业）单位11个，罚款23.90万元；组织开展公众聚集场所使用不合格装修材料的专项整治，全市歌舞娱乐场所采用的聚氨酯泡沫塑料等可燃材料已全部拆除，共拆除各类可燃装修材料1.20万多平方米；组织开展消防安全联合执法专项督查，由市公安局、安监局、文化局、工商局组成5个联合督查组，对15个县区（开发区）和286个社会单位以及高层和地下建筑消防安全情况进行督查、验收。

建筑施工　重点开展施工现场脚手架和“三宝、四口、五临边”（“三宝”指安全帽、安全带、安全网，“四口”指楼梯口、电梯口、预留洞口、通道口，“五临边”指沟、坑、槽和深基础周边，楼层周边，楼梯侧边，平台或阳台边，屋面周边），模板支撑系统，钢管扣件，深基坑、高切坡，施工机械尤其是塔吊、物料提升和施工吊篮装拆，安全教育培训和特种作业人员持证上岗，落实安全生产管理制度，企业承包、劳务分包，燃气储配站及供应网点等安全专项整治工作。

特种设备　重点开展压力容器、压

力管道、锅炉、电梯、起重机以及场(厂)内机动车辆和大型游乐设施等特种设备的专项整治工作，加大对非法制造、安装、使用特种设备单位和压力管道使用单位及气瓶充装单位的检查力度，对不具备安全条件，非法制造、安装、使用特种设备，违法充装(倒装)气瓶的单位，依法严厉查处。

【重大隐患整改】 2009年，南宁市进一步完善市、县区、乡镇(街道)、社区(村)四级重大事故隐患督促整改机制，强化事故隐患整改工作。建立重大事故隐患排查、确认、上报、治理、验收、建档制度，对所有重大隐患实施分级挂牌跟踪督办，逐项限期整改消号措施。年初，以市政府名义向全市公布市级重点督促整改的重大事故隐患15项，按照属地管理和“谁主管、谁负责”的原则，明确整改责任单位、督促整改责任单位和相关责任人、整改内容、整改期限，要求相关责任单位制定整改方案，落实整改资金，加快整改进度。加强四级重点督促整改的重大事故隐患整改完成情况的督促检查。市安全生产委员会办公室组织开展专项督查4次，先后5次向相关单位、政府和部门下发督办函；定期公布各项市级重点督促整改的重大事故隐患整改完成情况。至年末，15项市级重大事故隐患完成整改12项，其余3项也按市政府文件要求的进度完成相关整治工作；526项县、乡、村三级重大事故隐患按期整改，完成率97%以上。

【应急救援】 2009年，南宁市依托市城市应急联动中心，计划投入1100万元建设的安全生产应急救援指挥中心二级平台项目，完成立项及初步设计的编制工作。开通市应急救援指挥系统视频平台，实现与国家安全生产监管总局和自治区安监局的互联互通。加大安全生产专业应急队伍建设力度，争取财政投入77万元，专项用于补充和完善上林南南矿山应急救援中队、南化危化品应急救援中队两支安全生产专业应急救援队伍装备和人员培训。组织开展2009年全市重大事故应急演练活动，9月25日在南宁梦之岛水晶城举行有300多人参加演练和观摩的大型公共聚集场所突发火灾事故应急救援演练。

【安全生产检查】 2009年，市安监局结合各阶段工作特点和不同时期的事故控制重点，加强重点行业(领域)的安全监管和安全生产大检查，组织开展道路交通、水上交通、矿山、烟花爆竹、人员聚集场所消防、建筑施工、特种设备、旅游、危险化学品、食品卫生、渔业、地质灾害、防汛等方面的专项治理，分别于春节、“五一”，全国、自治区“两会”期间，“泛珠大会”，国庆60周年，中国—东盟博览会期间组织开展安全生产大检查和督查活动6次，共排查治理隐患4.60万处。

【重大危险源监控】 2009年，市安监局开展对全市584家非煤矿山企业、2593家危险化学品企业、2家烟花爆竹生产企业和15家批发企业的222处重大危险源重新登记建档。组织开展重大危险源安全状况评估工作，使排查登记建档的重大危险源配备相应的监控报警系统和应急设备、设施，完善监控制度。组织开展重大危险源监控制度落实情况专项督查，督促、指导生产经营单位建立健全重大危险源档案，做好监控记录，按照国家规定进行规范管理，确保监控到位。

【安全生产宣传教育】 2009年，南宁市推进安全生产宣传教育行动，开展安全生产宣传教育大型公众活动12次，参与人数95万人次。6月，以“关爱生命、安全发展”为主题，组织开展“安全生产月”活动启动仪式暨咨询日活动、安全生产网上知识竞赛、安全生产明信片有奖知识竞赛、安全伴我行演讲比赛、安全生产文艺汇演等宣教活动。期间，有1529个单位共33.14万人参与，发放宣传资料20.13万份。此外，在《南宁日报》专门开设《安全生产之窗》，每月刊登1期。加强企业安全管理人员培训工作，共组织培训企业负责人、企业安全管理人员和特种作业人员1.61万人。 (龚德定)

口岸管理

【立体口岸建设】 2009年，南宁市抓好口岸的规划建设，按布局合理、功能齐全、设施一流的要求，打造南宁水陆空立体口岸体系。同时，加强口岸的协调管理，完善口岸的通关流程，提高口岸通关效率，实现通关便利化；继续实施口岸部门季度联席会议制度，做好国际(地区)航班的保障工作，依法打击走私贩毒、偷渡等非法活动。

水运口岸 根据自治区党委、政府关于打造西江亿吨“黄金水道”的要求，按照南宁港总体规划及国家口岸“十一五”规划，做好南宁水运口岸转新开的前期工作。

陆路口岸 2月11日，海关总署、财政部、国家税务总局和国家外汇管理局联合批准设立南宁保税物流中心；南宁保税物流中心于5月28日开工建设，9月8日实现主楼正式封顶，12月4日通过预验收，12月22日通过国务院联合验收组验收。南宁保税物流中心的建成将成为中国西南地区最大的“无水港”。依托南宁保税物流中心，做好南宁陆路口岸的前期调研工作。

空港口岸 按国际标准，做好南宁机场新的空港口岸规划建设工作。南宁吴圩国际机场年旅客吞吐量在全国民用机场排名第31位，飞行区等级由原来的4D级上升为4E级，机场定位由原来的干线机场上升为“面向东盟的国际门户枢纽机场”。

铁路口岸 以开通南宁—越南河内直达客运列车和南宁新东站建设为契机，做好南宁铁路口岸规划的前期准备工作。

【口岸通关】 2009年，南宁空港口岸出入境人数16.15万人次，比上年下降0.60%。其中：入境7.71万人次，出境8.45万人次。出入境飞机2308架次，下降0.20%。其中：入境1157架次，出境1101架次。南宁空港口岸出入境人数和出入境飞机同比出现一定幅度的下跌，主要是由于国际金融危机的影响及甲型流感疫情在全球蔓延，但是南宁至越南胡志明市、柬埔寨金边、马来西亚吉隆坡、印度尼西亚雅加达等主要国际航线的运行维持平衡态势。南宁口岸进出口货运量17.31万吨，下降61%；进出口货值1.36亿美元。进出口货运量出现较大幅度下滑，主要是由于国际金融危机影响以及南宁水运口岸因北大码头拆迁而暂停业务。

(黄曼妮)

2009年南宁口岸出入境动植物及其产品、食品及化妆品检验检疫情况

类别	合计		出境		入境	
	批次	金额（万美元）	批次	金额（万美元）	批次	金额（万美元）
动物及动物产品	167	507	160	467	7	40
植物及植物产品	23	48	13	27	10	21
食品及化妆品	27	45	20	44	7	1

2009年南宁口岸出入境交通工具检疫情况

类别	出境	入境			
	检疫数量	检疫数量	检出问题交通工具数量	卫生处理数量	除害处理数量
船舶(艘)					
中籍					
外籍					
飞机(架)	1086	1083		627	422
中籍	1081	1079		625	420
外籍	5	4		2	2

【出入境检验检疫】 2009年，广西出入境检验检疫局共检验检疫出入境货物14万批次，总值103亿美元。其中检出不合格批次1069批，总值25.90亿美元。检疫出入境交通工具31万辆(艘、架)次；出入境人员606万人次，发现病例3570例，检出艾滋病毒感染者16例；检疫入境集装箱19万个标准箱。

甲型H1N1流感疫情防控 自4月下旬全球甲型H1N1流感疫情暴发流行以来，广西检验检疫局及时召开联席会议，组织制定完善口岸把关、信息通报、可疑病人移送、相关信息资料移交、对密切接触者的追踪随访等口岸联防联控部门的工作机制。向自治区政府提出联防联控建议，争取有关部门积极支持口岸防控工作；请示解决东兴口岸通道防控条件差以及边民通道无检验检疫人员执法的问题，使政府临时关闭边民通道8个，配设备并派员到10个边民通道开展防控工作。争取国家质检总局和地方支持防控经费2740多万元，购置和更新口岸防控设备和物品。从系统内抽调20多名医学专业人员和聘请120多名社会人员支援重点口岸一线防控工作。至年末，广西各口岸累计查验入境人员216万人次，共发现入境发热症状者407例，及时转交地方卫生部门进行医学观察248例，其中13例被确诊为输入性甲流确诊病例。累计查验入境飞机、船舶、汽车等交通工具10.60万辆次，查验旅客携带物53.80万件次，销毁或退回处理旅客携带禁止进境物8000多公斤。

禽流感、霍乱、登革热疫情防控 5月中旬和10月上旬，将越南发生的霍乱疫情和凭祥口岸发现的输入性登革热病例情况上报国家质检总局发布警示通报，对出入境人员开展血清学检测，有效防止霍乱、登革热等疫情在广西口岸传播。加强中越边境口岸禽流感、口蹄疫、猪甲型H1N1流感等重大动物疫情防控工作和边境口岸防疫消毒设施建设，防止国外动物疫情疫病的传入。加强外来有害生物监测，全年从进境植物及其产品中截获有害生物238种2186次。

“质量和安全年”活动 结合自治区开展的“服务企业年”、“项目建设年”活动，将“质量和安全年”整顿工作与服务企业相结合、阶段性整顿工作与建立健全长效机制相结合、整顿工作与规范内部执法行为相结合，加强与相关职能部门联合协作，开展“质量宣传年、质量整治年、质量服务年、质量提升年、质量建设年”各项活动。在各种新闻媒体开辟专栏专题17个，发表宣传稿280多篇。参与“质量和安全年”宣传活动2.70万人，发放各类宣传资料3.70万份。组织开展3项专项整治行动，保证全广西进出口商品的质量安全。开展进出口食品安全整顿，重点部署开展打击进出口食品违法添加非食用物质和滥用食品添加剂的专项整治、进出口食品安全整顿工作。对204家出口食品生产企业和244家出口食品原料种植养殖基地开展清查，清查率100%，取消35家种植养殖基地的备案资格。推动出口食品安全示范区建设，在南宁市建立出口水产养殖基地安全示范区。加强中越边民互市食品检验检疫监管。制定边贸进出境水产品检验检疫监管要求，规范边贸进出口水产品检验检疫工作。开展进出口高风险农产品质量安全专项整治，与地方政府协商落实专用查验场地；密切与越方检验检疫机构的定期会晤或信息交流，互相通报进境水果检验检疫情况和存在问题，保证边贸进境水果的质量安全。重点开展供港活猪、出口实验猴、出口饲料和饲料添加剂、出境木质包装、进境大豆和木薯、进出境水果和种苗、动植物检疫除害处理8个方面的专项整治。全年出口实验猴120批9574只，供港活猪293批3万头，合格率100%。与越方磋商并妥善解决滞留在越方边境口岸1367吨木薯淀粉的检验和入境问题。配合国家质检总局与泰国开展会谈并签署议定书，解决泰国水果自7月起过境老挝和越南经凭祥口岸出口中国的检验检疫问题。开展进出口商品集中整治行动，加大对进出口重点敏感产品有毒有害物质的抽查检测，完成玩具、服装、纸制品、油漆涂料、仿真饰品5类商品的监督抽查。针对近年来进口矿产品不合格率偏高的情况，加强重点进口矿产品的检验监管。组织开展出口木制品、陶瓷和进口铁矿、铜矿、锰矿等重点敏感商品检验监管技术规范的修订，加强对进口旧机电、入境废料检验和重点敏感企业监管，提高检验监管水平。

检验检疫服务 配合做好钦州保税港区、南宁保税物流中心和凭祥综合保税区的规划建设及验收、封关运作；配合自治区政府完善友谊关口岸电子平台和建设防城港口岸电子平台。对北部湾经济区重大项目提前介入，做好跟踪服务。加快钦州油品和防城港化矿金属重点实验室建设，做好钦州千万吨炼油、防城港钢铁和核电项目进口大型仪器设备、进口生产原料的检验把关工作。继续推动检验检疫适应10+1的对策研究成果的落实，加强与东盟国家检验检疫机构的合作交流。受国家质检总局委托，与越南植物检疫代表团就“中越边境地区联合开展实蝇监测合作”举行会谈，举办实蝇监测合作技术培训，向越方赠送实蝇监测器具一批；与越南卫生检疫机构协商建立共同应对甲型H1N1流感疫情的合作机制；12月分别与越南卫生检疫、植物检

疫代表团在南宁举行会谈，就双方联合开展中越边境地区实蝇监测、加强国境卫生检疫业务交流进行磋商并达成合作协议。承办第三届泛珠三角区域检验检疫合作论坛，探索利用“9+2”推动“10+1”的举措，在加强与东盟国家的合作交流、推进泛珠区域检验检疫合作、做好甲型H1N1流感疫情防控工作以及加强泛珠区域检验检疫通关合作、实验室协作、建立疫病疫情防范快速反应机制尤其是建立泛珠与东盟相关国家口岸疫病疫情监控体系和快速反应机制等达成共识。服务好第六届中国—东盟博览会，共受理来自东盟10国及日本、韩国、法国等国家和地区的展品共270批，总值82万美元，检出检疫性有害生物——咖啡果小蠹、双钩异翅长蠹等8种70头。查验入出境飞机100架次6000余人次。对参展食品现场快速检测和实验室检测86批117项次，检出不合格食品7批，保证参展食品的质量和安全。检验检疫服务工作连续六年保持“零投诉”。（谭业军　包拥军）

海　关

【概　况】南宁海关是广西口岸进出关境监督管理机关，业务管辖范围为广西全境，面积23.67万平方公里。关区共监管口岸26个(一类口岸14个、二类口岸8个、边地贸口岸4个)，监管边民互市贸易点25个。2009年，南宁海关下设隶属处级海关和缉私分局11个、负责南宁口岸的业务处2个、办事处筹备组1个，总关机关内设局、处、室18个，事业单位2个。关区干部职工1860人，其中关员1320人、缉私警察540人。共监管进出口货物6126万吨，货值153.29亿美元。监管进出境运输工具29.26万辆(艘)次，人员636.46万人次、监管邮、快递总数40.50万件，查获违禁音像印制品2.34万份件。税收入库109.62亿元，税收额列全国海关第15位；审批减免税1.74亿元。加工贸易合同备案268份，备案金额6.38亿美元。稽查企业232家，稽查补税入库(含罚款)4406.73万元。立案查处各类走私案件1203件，案值3.40亿元；查处违规案件320件，案值3.27亿元，上缴罚没收入3612.4万元，抓获走私犯罪嫌疑人160人。南宁海关被国务院授予全国民族团结进步模范集体。

【监管通关】

物流监控　2009年，南宁海关推进监管场所达标建设，以《海关监管场所管理办法》实施为契机，督请自治区政府下文规范口岸管理工作，推动地方各级政府加大口岸建设的投入，督促经营业主全面整改，监管场所软硬件设施进一步完善，共批准设立监管场所30家，通过验收6家，各监管场所达标建设任务进度在85%以上。实行车辆备案、途中加封、区间数重量核对制度，边境口岸货场后置中途运输监管风险得到有效控制。加大监管场所卡口值守、监管区巡查和运输工具监装监卸力度，关区登轮、机、车检查率分别为36%、100%、20.40%，运输工具监装监卸率22.30%。推进分类通关改革，推广应用新舱单管理系统，开展集装箱、散货业务卡口控制系统试点，通关监管进一步优化。加大进出口货物申报数据规范性、有效性的审核把关和批量复审，加强对报关员规范申报的培训力度，建立健全进出口货物申报不实违规案件处置机制，申报规范水平进一步提高，人工退单率3.10%，报关单修改率6.66%，报关单撤销率0.19%，分别比上年减少41.29%、28.39%、38.71%。探索建立科学的业务运行管理综合评价指标体系，加强对业务运行的分析监控，坚持季度业务形势分析制度，执法质量各项考核指标稳步提升。关区共监管进出口货物6126万吨，货值153.29亿美元，分别比上年增长33.60%和下降8.90%。发挥协勤武警的作用，出动执勤武警兵力8.33万人次，协助海关检查运输工具27.42万辆(艘)、集装箱6.88万个，协助查获各类案件682件，案值8009.39万元。

行李邮递物品监管　年初在监管通关处设立行邮监管科，夯实行邮监管业务基础：一是开展为期半年行邮工作专题调研，形成关区行邮工作长期发展规划。二是规范行邮业务执法，就落实凭祥国际旅客列车监管工作到一线调研或走访相关部门10余次，积极调整、优化监管措施；与湛江海关签订协议，规范跨关区保税润滑油供应业务；开展免税品监管业务清理核查，消除存在的风险隐患。三

2009年南宁海关主要业务情况

项目	单位	业务量	比上年增减%
进出口货运量	万吨	6126	33.60
进口	万吨	5258	52.70
出口	万吨	868	-24.00
进出口总值	亿美元	153.29	-8.90
进口	亿美元	88.35	-7.30
出口	亿美元	64.94	-10.90
监管运输工具	辆艘架	292582	5.60
集装箱(标准)总数	箱次	193894	-4.70
进出境人员	万人次	636.46	-9.70
邮、快递总数	万件	40.50	-41.70
备案加工贸易合同	份	268	-23.00
合同备案金额	万美元	63809.20	-1.20
查获走私案件	起	1203	35.80
走私案件案值	万元	34024.40	-24.10
税收入库	亿元	109.62	0.20
关税	亿元	16.25	-59.00
进口环节税	亿元	93.37	34.00
上缴罚没收入	万元	3612.40	22.70
审批减免税	万元	17398.80	-89.10

是通过定期下发风险信息、召开联席会议、编印缉毒案例、专项技能培训等措施，提升打击行邮渠道违法违规活动的能力。四是做好第六届中国—东盟博览会监管服务工作，修订通关指南，调整随身携带入境展品监管方式，对货运渠道展品实施入库监管，确保“管得住、通得快”。全年共监管邮、快递总数40.50万件，查获违禁音印制品2.34万件；行邮现场查获毒品31.02千克。

加工贸易监管　支持广西承接东部地区加工贸易产业转移，推动产业结构转型升级。以建设承接产业转移示范基地为目标，落实支持服务广西承接东部地区加工贸易产业转移12条措施和相关税收优惠政策，促进东部地区加工贸易产业向广西梯度转移，扶持广西加工贸易产业做大做强。审批加工贸易合同268份、备案金额6.38亿美元、加工贸易实际进出口值13.20亿美元。

边境贸易监管　落实国家边境贸易管理新政策，组织专题调研，向自治区政府提出边贸发展相关建议，推动边贸规范管理；加强边地贸口岸实际监管，进一步解决边地贸口岸船舶、货物管理问题；按照“分类管理、重点突破、示范效应、整体推进”的思路，推进边贸监管场所建设取得进展，广西边境贸易稳定健康发展。全年边贸进出口货运量1002.52万吨，货值31.19亿美元。

中国—东盟博览会进口展品监管　10月20~23日第六届中国—东盟博览会期间，严格落实《南宁海关对中国—东盟博览会进口展品监管实施细则》和《南宁海关服务中国—东盟博览会十项长期便利措施》各项规定和措施。对货运渠道进境展品实行口岸转关、展出地集中验放和海关、检验检疫局“一站式”通关作业模式；对携带入境的展品监管模式实行口岸验放，驻点报备，核对入馆的监管模式；扩大南宁国际会展中心临时监管仓库面积，对进境展品一律实施入库监管，凭海关核准单办理出库进馆手续；加强巡馆，确保进境展品按规定展览；运用集中教育、网络培训、现场讲解、交流座谈等形式，强化对现场工作人员及口岸执法关员的培训，重点提高业务技能和外语水平。共受理申报进境展品328票、总重121.10吨、货值81.50万美元；监管进境航班93架次，其中专机8架次、包机22架次，进境旅客3.37万人次，给予重要外宾以通关礼遇141人次。

稽查与企业后续管理　推行联合稽查工作新模式，落实企业稽查绩效考核实施办法，加大对进口价格明显偏离正常值或同类商品价格差异大的企业、易出现归类差错商品的稽查力度，提高稽查有效性，共稽查企业232家，查获企业各类问题54起，移交缉私处理26起，稽查补税入库（含罚款）4406.73万元。建立联合税收专项核查工作新模式，加大减免税审批自查和后续核查力度，审价补税2.21亿元，归类纠错补税1263.73万元，减免税后续补税711.30万元。完成清理注册登记企业信息核查和数据，完善企业分类评定流程，开展报关有效期超期的企业和报关员的整顿，建立诚信便利化的企业分类管理措施，开展诚信守法宣传活动，建立海关与重点纳税大户企业的专人联系制度，企业守法自律意识进一步加强，共受理企业AA类和A类类别申请49家，通过审核41家。组建风险情报布控中心，围绕综合治税加大对易伪瞒报价格或归类的涉税商品、企业的布控力度，风险布控有效率18.71%，移交税收核查风险线索68条，涉及高风险企业约90家，共补税1590万元。

【征收税款】　2009年，南宁海关采取有效措施提升综合监管效能，统筹各方力量，形成综合治税的合力，提升税收征管质量，建立健全综合治税协调和督办机制，开创联合税收专项核查新模式，加强税源调研，强化税收监控，巩固归类、审价、减免税管理等税收基础，衡量税收征管水平的主要指标进一步提高。优化审单作业模式，建立健全进出口货物申报不实违规案件处置机制，申报管理进一步规范，完成税收任务。累计入库税款109.62亿元。其中：关税16.25亿元，进口环节税93.37亿元，税收额列全国海关第15位。将进口减免税优惠政策落到实处，审批减免税1.74亿元。

【打击走私】　2009年，南宁海关落实以打促税措施，坚决打击监管区域偷装、偷卸等各种“体外循环”走私违法行为。共立案查处各类走私案件1203件，案值3.40亿元，抓获走私犯罪嫌疑人160人；查处违规案件320件，案值3.28亿元。其中，立案查处涉税走私案件1046件，涉嫌偷逃税额1.51亿元，通过办理行政案件、联合调查等方式补税1861.12万元。组织开展“两北”（北部湾以及广西与越南交界的北仑河地区）联合行动、打击铝出口走私专项核查行动和走私进口旧服装专项行动，在“两北”联合行动中，共查获走私案件381件，案值约7370万元，抓获走私嫌疑人448人，查扣涉案运输工具447辆（艘）；在打击旧服装等固体废物走私专项行动中，共查获废旧轮胎、废塑料、废旧电脑显示器等2600多吨，全年查获走私废旧物品4800多吨。集中力量重点打击幕后走私犯罪团伙，侦破“2·10”特大走私汽车专案，案值2.04亿元，偷逃税款7100万元，抓获走私犯罪嫌疑人43人；成功将“10.09”快件渠道走私手机配件案移送起诉，案值6000万元，偷逃税款1000万元，移送起诉15人。全年查获毒品走私案15件，缴获毒品27857.40克。推进反走私综合治理，协调自治区下文配合海关开展“两北”等专项打私行动，促使防（城）东（兴）地区反走私综合治理出现新局面。制定关警融合方案，在总结推行隶属单位“大党组”制、稳步实施关警业务融合、健全关警保障机制、整合关警监督力量、实行大政工的管理模式等5个方面进行实践探索，抽调94名警员充实到海关一线监管和后续管理岗位，对风险、选查和公开情报岗位人员实行合署办公，实现信息共享。

【风险管理】　2009年，南宁海关组建风险情报布控中心，健全关区风险参数管理机制，推广应用选查三期系统，完善关区业务风险预警监控系统功能，建立隶属海关片区协作管理机制，围绕综合治税加大对易伪瞒报价格或归类的涉税商品、企业的布控力度，关区风险处置整体效能不断提高，风险布控有效率18.71%，比上年提高6.71个百分点，风险布控移交税收核查线索68条，补税1590万元。

（黄伟文）

海事管理

【概　况】　南宁海事局隶属广西海事局垂直管理，下设邕宁、横县、左江3个海事处，负责南宁、崇左两个地级市行政区域内的水上交通安全监督管理工作。南宁辖区河流隶属珠江水域，主要河流有左江、右江、郁江，有船县区15个、有船乡镇80个、有船行政村223个。2009年，辖区有通航河流12条，通航里程1111公里，其中干流784公里、支流327公里。有船水库13座，渡口148个，圩渡点30个，装卸客货的码头（含自然坡岸）79个；航道上有桥梁31座，过江管线129条。从事水运生产的企业52家，登记在册的船舶2535艘、46.80万载重吨、1.65万客位，持有船员职务适任证书的船员3226人。南宁辖区主要港口有南宁港、邕宁港、横县港，其中南宁港于1987年被批准为国家二类开放港口，有航行于港澳地区的船舶21艘。南宁辖区港口吞吐量1947.80万吨，其中散装化学危险品14万吨，砂石1712.40万吨，其他221.40万吨。

年内，南宁海事局承办由南宁市政府、广西海事局、自治区政府应急管理办公室共同主办的2009年首府南宁水上突发事件应急反应演习；推动南宁市水上搜救中心各项工作，建立相应机制；成功处置“5·2”横县鹿鸣桥水域小机船沉船溢油事故、“安吉287”船搁浅事故和“6·23”“平安513”船舶触礁遇险事故等3起船舶遇险事故；在地处水网地区的横县开展水上交通安全知识“五进”活动；完成第五届泛珠三角区域合作与发展论坛暨经贸洽谈会、“2009泛北部湾经济合作论坛”及第六届中国—东盟博览会等大型活动的水上交通安全监管工作。至年末，辖区未发生死亡3人以上的重特大水上交通安全事故和重大船舶污染事故，实现水监体制改革以来保持连续10年未发生死亡3人以上的重特大事故和重大船舶污染事故。发生等级以上水上交通事故1起，死亡1人，沉船1艘，经济损失16万元，直接经济损失、沉船数和死亡人数与上年同期持平，一般以上事故次数下降50%。

【通航监管】 2009年，南宁海事局加强对辖区的巡航检查，利用巡查车及车载橡皮艇的方式对边远地区水域（武鸣、马山、上林、宾阳县）进行监督检查；对于干流水域则是利用巡航船舶，结合月度、季度巡航以及跨辖区联合巡航检查工作进行，同时辅以“弹性”巡航。联合贵港海事局、百色海事处对交界水域开展跨辖区续航检查，对通航环境进行整治，打击各种违法行动，消除安全隐患。制止影响通航安全的养殖、采砂、采金作业；加强对水上水下施工作业的安全监管；维护险滩、浅滩、事故多发航段水域的航行秩序，及时发现并制止各类违法行为，加大对船舶超载、长航船配员不足的整治力度，确保辖区水上交通安全形势的稳定。累计巡航228次，巡航里程1.86万公里，巡航时间1109小时；检查船舶2234艘次，行政处罚187起，行政强制158起；审批水上水下施工作业14项次，发布航行通告20次。

9月11日，2009年首府南宁水上突发事件应急反应演习举行 周家志 摄

【船舶监管】

船舶安全检查 2009年，南宁海事局组织对船舶进行各项安全检查，完成船舶安全检查1608艘，完成广西海事局下达全年计划的107%，查出并督促船舶整改缺陷数7000项，船舶安检单船缺陷率4.46%。

船舶登记 共实施船舶登记审批1295项次。其中：船舶所有权登记339项次，船舶国籍登记570项次，船舶抵押权登记57项次，船舶光船租赁登记19项次，船舶注销登记310项次。发放船舶IC卡318张，核发船舶最低配员证书349份。

船舶进出港签证 共办理船舶进出港签证42.62万艘次。其中：船舶进港签证18.07万艘次，货物到达量1646万吨；船舶出港签证17.88万艘次，货物发送量301.70万吨。完成船舶定期签证审批41.20万艘次。

【船舶防污与危险品管理】 2009年，南宁海事局强化船载危险货物管理各个环节的监督检查，落实服务企业举措；加强船舶“垃圾公告牌”和防污文书的发放工作。除横渡船外，辖区船舶的“垃圾公告牌”和防污文书持证率均100%；强化对船舶载运危险货物的现场督管，船舶载运危险品进出港口300艘，装卸危险品14万吨，没有发生事故。

【船员管理】 2009年，南宁海事局按照《中华人民共和国船员注册管理办法》对南宁辖区近8000名船员进行重新注册，并签发《船员基本安全培训合格证》和更换新版船员服务簿，严把船员证书签发和船员考试资格审查关，实现100%不违规签发船员证书。共签发适任证书及再有效签注1395本；新版船员服务簿3611本，违法记分附页3611张；船员特殊培训合格证书98本；船员基本安全培训合格证3497本；船员适任考试核准315人次。

（黄荣丹）

责任编辑 梁笑飞

教　育

综　述

【概　况】 2009年，南宁市各级各类中小学幼儿园共有2805所，在校生113.80万人；教职工7.06万余人，其中专任教师5.83万人。校园面积和生均校园面积：小学1329.57万平方米和25.25平方米，普通初中627.10万平方米和23.48平方米，普通高中592.06万平方米和50.05平方米，中等职业学校242.99万平方米和38.06平方米。校舍面积和生均校舍面积：小学353.43万平方米和6.71平方米，普通初中231.23万平方米和8.65平方米，普通高中237.17万平方米和20.04平方米，中等职业学校95.62万平方米和14.98平方米。少数民族在校生比例：小学56.03%，普通初中56.04%，普通高中53.24%。义务教育普及程度：小学学龄儿童净入学率99.88%，辍学率0.02%，毕业升学率100%；初中毛入学率115.92%，辍学率0.53%，毕业升学率89%。

全市各级各类民办学校有877所，在校生17.59万人，专任教师7738人。其中：小学45所，在校生4.98万人，专任教师2009人；初中47所，在校生2.16万人，专任教师1128人；高中13所，在校生0.84万人，专任教师553人；中等职业学校45所，在校生2.65万人，专任教师921人；幼儿园727所，在校生6.95万人，专任教师3127人；民办文化教育培训学校142所。

自治区驻南宁市中等职业学校36所，在校生11.06万人，毕业生3.12万人。全市辖区范围内有高等院校36所，在校生31.40万人，全日制在校生29万人。其中普通高等院校30所（本科院校7所，高职高专院校19所，独立学院4所），在校生26.89万人；成人高等院校6所，在校生8.21万人。获得博士授予权院校2所；获得硕士学位授予权院校6所；在校研究生1.12万人。

全市教育经费总收入45.64亿元，比上年增加6.95亿元。其中财政拨款收入33.79亿元，增加7.08亿元；预算外资金收入7.58亿元，减少0.20亿元。教育经费总支出45.02亿元，增加6.57亿元，其中财政拨款支出27.87亿元，增加2.65亿元。总支出中，人员经费支出29.26亿元，公用经费支出15.35亿元，基建支出0.41亿元。在建项目有：市第十九中学教学综合楼、学生公寓及食堂，市第三十六中学学生公寓，兴宁区兴宁实验学校，青秀区仙葫学校，市第二十四中学教学楼，市第一中学学生公寓，江南区五一路学校（小学部）教学综合楼，邕宁区城关中学综合楼、蒲庙镇朝阳中学综合楼，西乡塘区北湖北路学校扩建，市三职校实训大楼及设备购置、1号学生公寓，广西南宁高级技工学校实训楼，市一职校五象校区项目、本部实训综合楼、本部学生公寓、本部学生食堂，市四职校本部实训综合大楼、本部汽修厂、学生公寓、学生食堂，市六职校仙葫校区一期工程、本部实训楼，市卫生学校新校区（一期），6个县职业教育中心基础设施建设等一批市本级财政投资的工程项目正在抓紧建设中。全市教育固定资产投资29.10亿元。

【义务教育免交学杂费】 2009年，南宁市继续实施对农村义务教育阶段中小学生全部免除学杂费、免费提供教科书以及补助公用经费政策。同时继续实施免除城市义务教育阶段学生学杂费政策，对享受城市居民最低生活保障政策家庭的义务教育阶段学生免费提供教科书。共有62.73万名农村学生受益，国家、自治区共补助公用经费2.47亿元；有14.60万名农村义务教育阶段贫困寄宿学生享受国家适当补助生活费政策，国家、自治区共补助资金1亿多元。有18.83万名城市学生受益，各级政府提供专项补助资金4944.01万元。

【中小学校舍安全排查】 2009年，全市中小学校舍安全工程的排查鉴定、规划制定工作基本完成。逐步建立完善校舍安全信息档案系统及校舍安全工作机制。共排查鉴定学校1946所，校舍11954栋，面积802.79万平方米。其中达到安全要求的校舍2352栋，面积193.52万平方米，占排查校舍面积24.10%；不安全的校舍（含B、C、D级危房和抗震设防烈度达不到要求的校舍）9602栋，面积609.27万平方米，占排查校舍面积75.90%。对排查鉴定不安全的校舍需加固5751栋，面积440.05万平方米；需重建3851栋，面积169.22万平方米。中央、自治区共安排重建和加固维修资金1.50亿元，面积13.92万平方米。

【语言文字工作】

外文使用情况调查　2009年，南宁市被教育部语用司确定为全国开展外文使用情况全面调查10个城市之一。为做好调查工作，市语言文字委员会办公室制定《南宁市外文使用情况调查具体实施方案》，组建由26名省级测试员和国家级测试员组成的调查队伍，对党政机关、广播电视、报纸期刊、学校、街道、商场、旅游景点、宾馆、餐馆、火车站、机场、公交车站等27个单位的外文使用情况进行调查，按时完成调查任务。调查结果：大部分单位外文使用规范。对使用不规范的进行了改正。

语言文字规范化示范校建设　市教育局按照自治区语言文字委员会关于开展语言文字规范化示范校创建活动的要求，组织市级语言文字规范化示范校开展创建自治区语言文字示范校活动。经自治区语委办和教育厅汉语言文字工作处检查评估，市衡阳路小学、滨湖路小学、星湖路小学、园湖路小学、朝阳路小学、江南路小学、第十四中学、第三十七中学、武鸣县城厢镇第三小学、横县横州镇柳明小学、隆安县第二小学、上林县中学12所学校被评为自治区级示范校。其中衡阳路小学被评为国家级示范校。

中小学生规范汉字书写大赛　组织全市中小学参加“首届全国大中小学生规范汉字书写大赛”。从获得市级奖的1014件作品中，选出65件参加自治区级的比赛，获优秀奖（只设优秀奖和鼓励奖）28件；选送10件作品参加全国比赛，获二等奖1人、三等奖2人、优秀奖7人。获奖人数为广西第一。市语委办获优秀组织奖。

中华经典诵读大赛　组织选拔市小学生组、中学生组、教师组、公务员组、社会综合组中13名优秀选手参加广西第二届中华经典诵读大赛，有9名进入决赛，获一等奖1名、二等奖1名、三等奖7名。

武鸣县语言文字工作通过评估　12月24~25日，市语委组织评估团对武鸣县语言文字工作进行评估，该县成为广西第一个接受国家三类城市（县城）语言文字工作评估的县。自治区语委办组织13个市语委办主任和部分县管理人员到现场观摩学习。

公共场所社会用字检查　市语委办与广西大学外语学院联合组织有外教参与的检查组对南湖公园名树博览园和梦之岛水晶城商厦的中英文社会用字进行检查。检查结果：梦之岛除个别地方的英文使用有点问题外，其他用字比较规范；名树博览园英文使用存在一些错误。对这两个单位英文出现的问题专家当场给予指正。

【特级教师工作室设立】　2009年，市教育局为特级教师设立工作室，利用现代信息技术为特级教师与广大教师的交流提供平台，传播特级教师先进的教育理念和教学方法，实现优质资源共享。首批特级教师工作室设60个、成员356人，参加的县级及乡镇学校38所、农村教师60人。广西师范大学作为技术支撑单位，派出导师团队和助手团队加入到每一个特级教师工作室。

【先进评比】　2009年，市教育局组织开展评先评优工作10多项。在全市中小学校中，市第十四中学获全国教育系统先进集体，石鹏（市第二中学）、滕大韶（武鸣县太平镇上江希望小学）、蓝金威（上林县木山乡厂圩小学）、杜小鹭（市人民路东段小学）4人获全国模范教师，方洁玲（市第三中学）获全国教育系统先进工作者，靳林（市六职校）、邹蓓（市第四中学）、韦均艺（宾阳中学）、杨茂武（蒲庙镇朝阳初级中学）、张立（市红星小学）、韦春革（马山县白山镇合作初中）、邱爱华（市第十八中学）、梁红霞（市天桃实验学校）、邱蕾（市沛鸿民族中学）、李晓翎（市第三中学）10人获全国优秀教师，张立（市红星小学）、邱爱华（市第十八中学）获全国中小学优秀班主任，李晓翎（市第三中学）获全国中小学优秀德育课教师；评出自治区特级教师29名、优秀班主任12名、优秀教师18名、优秀教育工作者5名、“八桂”优秀乡村教师34名；市优秀教师212名、优秀教育工作者37名、“我

2009年南宁市教师获自治区荣誉称号名录

自治区优秀班主任12名：夏宏（市第一中学）　庞新（市第十九中学）　谭柳云（市四职校）　庞毅（市第三十六中学）　陈武树（西乡塘区兴贤小学）　卢翠玲（市星湖小学）　黄河（良庆区南晓中学）　黄德森（西乡塘区心圩中心小学）　覃兆彬（横县本和完全中学）　余琦（马山县林圩镇中心小学）　蓝志煌（上林县镇圩瑶族乡佛子小学）　王强（北京大学南宁附属实验学校）

自治区优秀教师18名：靳林（市六职校）　毛永幸（市一职校）　何家成（市第二中学）　陈美娜（市第三中学）　莫彬（市第二十六中学）　邓敏带（市盲聋哑学校）　李立新（市教科所）　李维屏（市英华学校）　许必丰（市衡阳路小学）　邱爱华（市第十八中学）　梁晓红（市东葛路小学）　覃自令（江南区苏圩中学）　覃丽青（武鸣城厢镇第三小学）　张焕治（横县中学）　苏俊全（隆安县乔建镇初级中学）　韦春革（马山县合作初中）　潘黎明（宾阳县芦圩镇第一初级中学）　冯秀萍（市天桃实验学校）

自治区优秀教育工作者5名：冯燕宁（西乡塘区教育局）　李智宁（市四职校）　雷登献（横县横州镇上淇村小学）　张焰（市第十七中学）　李敬军（市卫生学校）

自治区特级教师29名：石鹏（市第二中学）　黄奕（市第二中学）　戴丽萍（市第二中学）　李江泳（市盲聋哑学校）　张红（宾阳县芦圩完全小学）　黄献英（市秀田小学）　覃琼（马山县白山镇同富小学）　张丽霞（宾阳县新桥镇中心学校）　陈爱芳（邕宁区新江镇中心学校）　钟雪梅（横县陶圩镇中心学校）　吴冰（良庆区那陈镇中心学校）　梁惠红（市第三中学）　杨泰全（市第三中学）　靳林（市六职校）　陆峰林（市第二中学）　黄俊珍（市第三中学）　梁兰香（隆安县那桐镇中心小学）　李春明（马山县林圩镇中心小学）　潘彩亮（武鸣县双桥镇中心学校）　陶雪清（武鸣县实验学校）　耿春华（市教科所）　马芸青（市天桃实验学校中学部）　韦维（市第十八中学）　詹卫红（市第十四中学）　马天青（北京大学南宁附属实验学校）　黄世忠（市天桃实验学校）　李盼月（市第二中学）　唐光明（市第二中学）

自治区“八桂”优秀乡村教师34名：贤志莲（兴宁区三塘镇四塘小学）　邓逊邦（西乡塘区和安小学）　陈志斌（西乡塘区金陵中学）　卢荫朝（西乡塘区坛洛镇第二中学）　蓝德（西乡塘区双定中学）　李加良（青秀区长塘镇初级中学）　黄华巧（青秀区伶俐中学）　慕丽娟（江南区苏圩镇中心学校）　方琪（江南区延安镇中心学校）　黄赤（邕宁区百济乡初级中学）　陈学兆（良庆区良庆镇中心小学）　胡桂银（高新区心圩中学）　莫翠华（邕宁区百济乡中心学校）　梁校开（武鸣县仙湖镇那溪小学）　韦学良（武鸣县府城镇第二初级中学）　黄天景（武鸣县罗波高级中学）　马燕荣（武鸣县锣圩镇中心学校）　马雪溶（横县校椅完全中学）　刘桂仙（横县平朗乡中心学校）　王秀芳（横县陶圩镇第一初级中学）　韦洪芳（横县六景镇民族初级中学）　罗素玲（横县校椅镇中心学校）　陈君明（宾阳县武陵镇初级中学）　张小兰（宾阳县古辣中学）　彭明新（宾阳县古辣镇联泉完全小学）　卢国锽（隆安县乔建镇中心小学）　赵英红（隆安县布泉乡中心小学）　韦海瑛（隆安县古潭乡中心小学）　韦志杰（马山县古零中心小学）　陈义林（马山县林圩镇第三初级中学）　李天勇（马山县永州镇五弄小学）　严云欢（上林县大丰镇尖岭初级中学）　覃春兰（上林县三里镇黄础小学）　韦珍（上林县西燕中学）

最喜爱的老师”20名；南宁市十一·五期间教坛明星7名、学科带头人108名、教学骨干1470名。

【“我最喜爱的老师”颁奖大会】 2009年11月20日，南宁市召开第十届“李国伟、荣慕蕴教育园丁奖”暨第十届“我最喜爱的老师”颁奖大会，对年度“我最喜爱的老师”进行表彰。该奖项为南宁市荣誉市民、香港居民李元俊夫妇于1997年12月捐资设立，每年奖励20名“我最喜爱老师”，每人奖金5000元。10年来，共有200名教师获奖。

【教育技术装备】 2009年，南宁市财政共投入教育技术装备经费1670万元。全市中小学校增补配备计算机网络教室17间、多媒体教室88间、班班通50套、电子阅览室11间；购置计算机1774台、服务器30套、校园网防火墙31套、城域网接入路由器8套、初中信息技术教学用机器人200套、数码显微镜多媒体互动系统12套、数字化实验室成套设备1套、天文台望远镜1套、功能室用电脑及打印机65套、实验室成套设备6套、仪器柜267个、实验准备台15张；购置图书3.61万册，图书馆防盗门18个，图书架、工具书柜244个。其中，为6个县的中学各配备多媒体教室10间、电子阅览室1间。组织举办农村中小学现代远程教育工程管理和维修技术培训班4期，培训农村项目学校教师240人；举办教师现代教育技术应用能力培训班29期，培训教师2005人次；举办各种教学仪器设备、图书管理和应用培训班9期，培训教师813人次。

【家庭经济困难学生资助】 2009年，南宁市落实教育惠民工程各项任务，主要有：中等职业学校学费资助、中等职业学校特定专业学生第三学年生活费资助、资助家庭经济困难大中小学生项目；中等职业学校国家助学金政策，帮助家庭经济困难学生接受中等职业教育；全面启动生源地信用助学贷款工作，利用财政金融手段，对高校家庭经济困难学生进行资助。根据自治区要求每年安排专项经费，新增设立广西普通高中助学金，资助标准为每人每学年1000元，填补高中阶段没有财政性资助项目的空白。全年发放各类资助款1.36亿元，资助学生15万人次。其中：发放中职国家助学金5255.67万元，资助学生7.04万人次；中职在校一、二年级学费资助款2544.48万元，资助学生3.97万人次；中职特定专业学生第三年生活费284.32万元，受助学生3806人；中职奖学金95万元，奖励475人；初中、小学生资助款304万元，资助5500人；高中助学金1025.20万元，资助1.94万人次；贫困大学新生入学补助资金645.29万元，资助4990人；生源地信用助学贷款3442.86万元，放贷对象5824人。

11月20日，市委常委、宣传部长、副市长肖莺子（前排左六）参加2009年南宁市“李国伟、荣慕蕴教育园丁奖”暨第十届“我最喜爱的老师”颁奖大会，并与获奖老师合影

市教育局提供

2009年南宁市“我最喜爱的老师”名录（20名）

覃珲琳（横县横州镇第二初级中学） 韦金小（武鸣县马头镇中心学校） 韦征（市第二中学） 蒋晓荣（高新小学） 李为定（大沙田小学） 叶秀娟（隆安县南圩镇中心小学） 钟新香（马山县周鹿镇南邦小学） 陆兵（市第十三中学） 张英（市第一中学） 罗海燕（市民主路小学） 韦琼珍（三塘镇中心小学） 黄萍（市第十四中学） 李长林（市四职校） 何涛（市天桃实验学校） 康艳（上林县大丰镇中心学校） 方钟瑞（广西大学附属中学） 邱爱华（市第十八中学） 杜艳妮（邕宁区城关第四小学） 黄婷（江南区亭子小学） 李海斌（宾阳县芦圩完全小学）

【教育收费规范】 2009年，南宁市召开治理教育乱收费局际联席会议3次，研究规范中小学教育收费、创建规范教育收费示范县区和中考招生等问题，对中小学教育收费工作进行监督、检查和指导。市、县区共组织联合检查组96个，在春、秋季开学时分别对2000多所中小学校教育收费情况进行检查，并不定期开展教育收费检查工作。同时，通过新闻媒体和“政风行风热线”节目、“公开大接访暨与民沟通日”、“局长接待日” 等渠道，加大规范教育收费和招生政策宣传力度，广泛接受社会和群众的监督。11月起，配合全国治理教育乱收费专项督查组做好检查工作，并就存在的问题进行整改。全年共清退违规收费金额1.31万元。西乡塘区、青秀区、邕宁区、马山县、隆安县获自治区规范教育收费示范县区称号。

【招生考试】 2009年，南宁市接纳各类招生考试考生报考共20万人次，按照招生考试“严格管理、优化服务、公平公正”的工作目标，完成各类招生考试任务。

普通高考 全市报名参加考试4.85万人（含普高统考及中职对口、“3+2”中职中师考试、保送单招生），其中市区2.29万人，6个县2.56万人；参加统考4.60万人。录取情况：全市参加高考4.60万人，录取2.92万人（本科1.19万人、专科1.73万人）。其中：市区报考2.06万人，录取1.35万人（本科6236人、专科7274人）；横县报考5098人，录取2968人（本科914人、专科2054人）；武鸣县报考5451人，录取3744人（本科1820

人、专科1924人);隆安县报考2188人,录取1154人(本科410人、专科744人);马山县报考2502人,录取1358人(本科412人、专科946人);宾阳县报考7425人,录取4829人(本科1610人、专科3219人);上林县报考2770人,录取1631人(本科520人、专科1111人)。南宁市囊括2009年高考文科、理科总分状元,并获得多个学科单科"状元",在广西文科理科总分前三名的6人中南宁市占5人。此外,还有5人获数学、语文、英语及理科综合4个单科"状元",理科综合单科"状元"连续3年都出自市第三中学。

成人高考 全市报名参加考试3.12万人,占广西考生三分之一。其中:市区报名2.74万人,6个县报名3804人。

中 考 全市报考7.14万人。其中:市区2.56万人,武鸣县6127人,横县1.44万人,宾阳县1.15万人,马山县4827人,上林县5451人,隆安县3455人。

高等教育自学考试 全市分别在1月、4月、10月共组织3次高等教育自学考试,报考1.74万人,报考科数3.44万科。

【教育科研】 2009年,市教育科学研究所深入44所学校开展学校教育科研工作调研,了解中小学教育科研的现状与问题,完成自治区教育科学规划A类课题《新课程背景下教师心理健康现状及其维护对策研究》的研究任务;参与完成市委2010~2015年南宁市发展规划项目课题"教育在人才培养中的基础性作用的研究"和南宁市2010年社会发展蓝皮书项目"南宁市进城务工子女教育的研究"的研究任务;完成《南宁市基础教育人才小高地》的项目申报及调研工作。全国教育科学规划课题《新时期壮族地区教师心理健康状况的调查及维护对策的研究》及市级教育科学规划课题《南宁市基础教育教育科研现状调查》取得阶段成果。年内,申报市级课题211个,批准立项174个;申报自治区规划课题121个。市级"十一五"规划课题通过鉴定验收47个。

【教育督导】 2009年,南宁市政府教育督导团办公室扎实开展教育督导工作。一是对县区党政主要领导干部进行教育工作督导考核。6~7月,先后两次派出考核组对六县六城区党政主要领导干部教育工作进行督导考核,重点考核义务教育"以县为主"管理体制贯彻、教育经费保障制度、提高普及程度、改善办学条件、教师队伍管理、职业教育攻坚任务的落实情况六项内容,采取县区政府自查、市级专题督查、督导考核反馈等程序进行。促进县区教育事业发展。二是对职业教育攻坚工作进行专项督导检查。与市教育局职业教育与成人教育科组成督查组,于4月、7月、10月3次对全市各级中等职业学校职业教育攻坚工作进行督查,重点督查落实自治区职业教育攻坚各项工作情况,特别是基建项目建设进展情况,为市政府职业教育攻坚工作提供决策依据。三是对开展义务教育学校教学质量进行监测。11月,与市教科所联合在各县区集中对小学四年级语文、数学学科学习水平和学习素质进行测试,把握小学教育质量状况,科学诊断存在的问题和原因,为教育决策提供信息、依据和建议。四是对各级现代教育技术实验学校进行检查评估。12月,与市现代教育技术中心组成检查评估组,对全市19所国家、自治区级现代教育技术实验学校进行评估,通过听汇报、查阅材料、实地考察学校现代教育技术运用与推广等手段,了解各级现代教育技术实验学工作现状。

基础教育

【概 况】 2009年,南宁市有基础教育学校2805所,在校生113.80万人,专任教师5.86万人。其中:小学1548所,在校生52.66万人,专任教师2.89万人;初中270所,在校生26.70万人,专任教师1.58万人;普通高中85所,在校生11.83万人,专任教师6723人;特殊教育学校10所,在校生2240人,专任教师253人;幼儿园828所,在园幼儿16万人,专任教师4502人。全市有初中毕业生8.91万人;高中阶段学校计划招生7.90万人,实际招生7.93万人。其中:普通高中招4.03万人,中等职业类学校招3.90万人。初中毕业升学率89%,其中市区初中毕业升学率94%;小学毕业生8.97万人,初中学校招生8.99万人,比原计划多0.06万人,小学毕业升学率100%。小学招生8.34万人,比原计划多0.38万人。年内,高峰林场中学改名为市第四十九中学,正式移交市政府管理。

【中考招生改革】 2009年,南宁市在市区首次实行中考无纸化阅卷,实行双评分、计算机统分,提高阅卷效率,降低评卷误差。扩大定向生的名额,将自治区示范性普通高中指令性计划定向名额分配比例提高到30%。

【义务教育学校常规管理】 2009年,市教育局以开展争创中小学校常规管理示范校为切入点,鼓励各中小学校争先创优。共评出常规管理示范校342所,其中市直属学校和民办学校21所,县区(开发区)学校321所。11月6~7日,在全国推进义务教育均衡发展经验交流会上,武鸣县获全国推进义务教育均衡发展工作先进地区称号。

【教育资助】 2009年,南宁市各中小学校为家庭困难学生、残疾儿童、军烈属子女开辟入学"绿色通道",确保中小学生不因贫困而辍学。减免各项费用727.20万元,受益学生1.42万人。其中为家庭困难学生减免费用275.40万元,照顾残疾儿童入学7.98万元,照顾军烈属子女9.14万元,其他照顾434.70万元。年内,财政安排1025.20万元,用于设立普通高中资助金。其中自治区财政安排523.20万元,市级财政安排502万元。11月20日前助学金全部发放到受助学生手中,共资助家庭经济困难高中生1.74万人次,受助覆盖面占在校生10%以上。

【课程改革】 2009年,南宁市继续深化课程改革,抓好课改实验工作。举办各种培训班21期,培训教师近4000人次。小学组建以骨干教师为主体的校本教研指导小组,深入横县云表镇、上林县白圩镇、马山县古零镇、西乡塘区金陵镇、青秀区伶俐镇等乡镇中心小学,与当地教师开展"同课异构"的校本教研活动。指导乡镇学校建立和完善校本教研制度,规范学校教学管理,巩固和提高课改成果;举办语文、数学课改优秀课例展示交流暨专家讲学活动,有4000多名老师参加。年内,市督导办对全市小学四年级(上)语文、数学的学业水平进行抽样检测，市教科所对小学语文、数学、英语，中学语文、数学、英语、物理、化学、思想品德、历史、地理、生物等学科进行课改教学质量抽样检测，检测表明：全市中小学校的师生树立了新课程理念，改变教与学的方式，课堂教学实效性得到提高。

【学科竞赛】 2009年，南宁市举办中学语文、数学、英语、物理、化学、思想品德（政治）、历史、地理、生物9个学科优质课比赛和乡镇初中教师教学基本功评比活动；小学语文、数学优质课比赛，小学科学、品德与生活·社会、心理健康教育录像课比赛，小学音乐、美术教师教学技能大赛，共有1440多名老师参加，评出一等奖124名、二等奖180名、三等奖135名，有10名教师获“南宁市技能能手”称号。青年教师参加全国、自治区各类优质课比赛和教学技能比赛，获全国一等奖2名，二、三等奖各1名；自治区特等奖5名、一等奖41名、二等奖21名、三等奖4名。学生参加全国高中学科竞赛，获一等奖38名、二等奖256名、三等奖231名，其中数学科获全国一等奖19名（自治区获奖28名，在前10名中南宁市占7名），获奖人数超过自治区的三分之二。

【素质教育】 2009年，南宁市各级各类学校积极构建学校、家庭、社会“三位一体”的德育教育网络，通过举办“家长学校”，成立各级家长委员会，开展家访活动，完善学校和社区的双向沟通制度等，共同做好学生的思想教育工作。开展“学雷锋”、“寻觅邕城足迹”礼仪知识竞赛、“4·23世界读书日—我阅读，我快乐”、“弘扬生态文明，共建绿色校园”、广西第五个“未成年人思想道德建设宣传日”、“全国科技活动周”、第十九次“全国助残日”等实践活动，引导学生在活动中养成良好行为习惯。市教育局组织近70万名学生参加第十六届“改革开放三十年”全国青少年爱国主义教育读书活动，1万多人次中小学生参观南宁市未成年人思想道德建设成果展。90支代表队270名选手参加广西机器人比赛，获得一等奖22个；参加广西科技创新大赛获得一等奖47个。共评选出市三好学生4.95万名、优秀学生干部4398名、特长生175名、“三好”学生标兵25名、学雷锋标兵24名、优秀班集体1070个。

【进城务工人员随迁子女就学】 2009年，全市各级教育行政部门贯彻《南宁市人民政府办公厅关于进一步做好进城务工人员随迁子女接受义务教育工作的通知》精神，统筹协调城区各中小学校，根据进城务工人员随迁子女流入的数量、分布和变化趋势等情况，合理调配现有的教育资源。安排在中小学就读的进城务工人员随迁子女与本市学生享有同等权利，有正式学籍，同样参与各种活动和评优评先，完成学业后，发给义务教育证书。春、秋季两学期，市义务教育阶段中小学共接收进城务工人员随迁子女到校就读10.02万人次，其中初中7.53万人次、小学2.49万人次。

5月31日，自治区党委常委、市委书记车荣福等领导到兴宁区虎邱小学与农民工子弟庆祝“六一”活动。图为车荣福在庆祝会上讲话 市教育局提供

【中小学生机器人比赛活动】 2009年3月20日，由市教育局主办的南宁市第八届中小学生机器人竞赛在市滨湖路小学举行。31所学校92个代表队参赛，设常规赛、工程赛、FLL竞赛、机器人足球赛等19个项目，评出一等奖22个、二等奖31个、三等奖29个。4月18日，市中小学校外教育活动中心组织25所学校90支代表队参加广西机器人竞赛，分别参加VEX机器人工程挑战赛等8个项目的小学组、初中组和高中组的竞赛，获一等奖22个、二等奖20个、三等奖37个。5月1~10日，南宁沛鸿民族中学机器人代表队参加在美国达拉斯举办的VEX机器人世界锦标赛，获最佳判断奖（“最高评判奖”）金奖。8月3~8日，全市11个代表队参加在青海省西宁市举办的第九届“中国青少年机器人竞赛”，获一等奖（季军）1个、二等奖6个、三等奖4个。8月11日，全市10所学校16支代表队参加第六届WRO世界奥林匹克机器人竞赛中国区选拔赛，获一等奖4个、二等奖6个、三等奖1个。11月4日，全市4支队伍代表中国参加在韩国首尔举行的第六届WRO世界奥林匹克机器人竞赛，市滨湖路小学获小学常规寨第四名，市第二中学获高中组创意第五名。12月1日，市民主路小学组队参加在美国夏威夷州举行的VEX机器人工程挑战赛，获第六名。

【中小学体育竞赛活动】 2009年，南宁市组队参加全国各类中小学体育竞赛，取得好成绩。4月，市第二十六中学啦啦操代表队夺得国家杯世界啦啦操女子五人赛冠军。8月16~21日，由教育部、国家体育总局、共青团中央联合举办的全国第十届中学生运动会在湖南长沙市举行，市第二十六中学啦啦操代表队获啦啦操比赛冠军，实现广西中学生参加全国中学生运动会集体项目金牌零的突破；广西大学附中健美操代表队获健美操比赛亚军。10月，市民主路小学参加在

7月21~24日，市民主路小学“金色摇篮合唱团”在北京参加“祝福祖国——庆祝新中国成立60周年暨魅力校园合唱比赛”，在比赛中演唱的《山歌好比春江水》获全国小学组合唱及小组唱一等奖。图为比赛现场　　黄　加提供

广东省广州市举行的全国啦啦操锦标赛、活力健身操比赛，获啦啦操锦标赛小学组冠军、活力健身操比赛亚军。

（苏　静）

【民主路小学获全国校园合唱一等奖】 2009年7月21~24日，南宁市民主路小学“金色摇篮合唱团”参加中国合唱协会、中国教育学会、全国校园春节联欢晚会组委会在北京举办的“祝福祖国—庆祝新中国成立60周年暨魅力校园合唱比赛”，获小学组合唱及小组唱一等奖。合唱团同时获中国合唱协会、中国教育学会授予的“全国优秀合唱团”称号。比赛结束后，合唱团受组委会特邀到北京大学百年讲堂，参加由中宣部、教育部等国家七部委主办的校园歌曲合唱会演。

（黄　加）

特殊教育

【概　况】 2009年，南宁市有7~15周岁适龄“盲、聋哑、弱智”三类残疾儿童3027人，入学2691人，入学率88.90%。其中“盲、聋哑、弱智”三类残疾儿童的入学率分别为84.17%、88.95%、90.48%。有特殊教育学校10所，另在市区10所小学内附设弱智儿童辅读班10个，在校生共2240人。已初步形成以特殊教育学校为骨干，以普通学校附设的弱智儿童辅读班为补充，以随班就读为主体的“三位一体”的特殊教育体系，构建以市区为中心、辐射各县的特殊教育网络，在自治区率先实现“县县有特殊教育学校”的目标。

【教育教学活动】 2009年，南宁市加强对特殊教育骨干教师的专业化培养力度，依托桂林市培智学校和深圳元平特殊教育学校举办特殊教育师资高级研修班3期。在广西的地级市中率先成立特殊教育专业委员会，完善特殊教育的学术研究机构。4月，组织首届特殊教育教师基本功大赛，49名教师获奖。组织2次特殊教育课堂教学优质课展示活动，并组织市级特殊教育专家组深入6个县和邕宁区进行巡回指导，提高特殊教育学校和随班就读教学点的教育教学水平。

中等职业教育与成人教育

【概　况】 2009年，南宁市有中等职业学校100所，其中市一职校、市六职校、横县职业教育中心、市卫生学校为自治区级示范性中等职业学校；市三职校、市四职校和广西南宁高级技校为自治区级立项建设示范性中等职业学校。专任教师5704人；在校生17.45万人。设置有饭店服务与管理、计算机及应用、生物制药和模具加工技术等60个专业，全年招生7.05万人。年内，毕业生就业率96.50%，毕业生“双证”（学历证书、职业资格证书）率85.40%。大力推进职业教育攻坚工作，制定职教攻坚工作例会制度、信息通报制度和攻坚工作督查制度。职教攻坚财政经费投入2.68亿元，完成年度财政投资计划124.70%。

【教育基础设施建设】 2009年，南宁市加快中等职业学校新校区和各学校原址

3月22日，南宁市中小学生参加全国气象日活动　　周家志　摄

基础设施建设，市一职校五象校区实训A楼等10个单体建设项目全面进入主体施工；市六职校仙葫校区一期工程于8月实施保护性开工，9个单体建设项目全部进入主体施工；市一职校校本部、市四职校校本部和市六职校校本部单体建设项目大部分进入主体施工；市三职校的单体建设项目竣工并投入使用。市本级财政给予6个县每年500万元的专项资金，推进各县职业教育中心项目建设。中等职业学校办学条件攻坚生均四项指标不断提高，其中学生人均校园面积63.71平方米、建筑面积14.13平方米、设备价值3120.13元、图书册数25.98册。

【示范性职业学校与实训基地建设】 2009年4月，南宁市一职校、六职校、卫生学校和横县职业教育中心被自治区教育厅确定为自治区首批示范性中等职业学校；市三职校、四职校和广西南宁高级技校（南宁技校）被确定为立项建设的自治区示范性中等职业学校。11月，市一职校和市三职校的旅游服务专业实训基地、市四职校和横县职教中心的汽车维修技术专业实训基地、市六职校计算机应用技术专业实训基地以及市卫校的护理专业实训基地被评为自治区首批示范性中等职业学校校内实训基地，市一职校的校外实训基地——南宁西园饭店餐旅服务实训基地被评为自治区首批示范性中等职业学校校外实训基地。

【教育专业集团组建】 2009年5月13日，南宁市成立由市六职校牵头的信息技术专业教育集团。旨在建设南宁市高水平、有特色的中等职业学校信息技术专业群，提高中等职业教育信息技术专业的办学水平，促进职业教育特色化、品牌化发展，满足南宁市电子信息行业对技能型人才的需求。该专业集团的组建有利于加强校校合作，实现资源共享；加强校企合作，推动产教结合，实现校企互利共赢。集团成员共有30个。其中：市属中等职业学校10所，行业代表性的企业20家。

【中等职业教育技能比赛】 2009年3月，南宁市组队参加自治区教育厅、劳动和社会保障厅联合举办的2009年度广西中等职业教育技能暨广西中职选拔赛，在计算机应用技术（动画片制作、园区网互联及网站建设、企业网络搭建及应用）、电工电子（电子产品装配与调试、机电一体化设备组装与调试、机电与维修电工安装与调试）、烹饪（热菜、面点、冷拼、果蔬雕）、数控技术（数控车、数控铣）、汽车运用与维修（汽车维修基本技能、汽车二级维护）、服装设计制作与模特表演（服装设计制作、中职学生模特表演）、美容美发（新娘化妆、男士有缝推剪吹风造型、女士长发晚宴造型、教习模特卷杠）7大专业门类20个比赛项目中，获一等奖11个、二等奖22个、三等奖19个；6月，随广西代表队参加全国职业院校技能大赛，参赛项目11个，获二等奖2个、三等奖4个、优胜奖3个。

【返乡农民工教育培训】 2009年，南宁市中等职业学校贯彻落实国家、自治区和南宁市关于做好返乡农民工培训工作的精神，发挥职业教育培训资源的优势，参与返乡农民工教育培训工作。与市、县相关部门联合开展“阳光工程”、“就业再就业培训工程”、“贫困村劳动力转移就业培训工程”、“雨露计划培训工程”和农村劳动力转移就业培训，培训项目有电工、焊工、制冷、机电、电子技术、通信网络综合业务维护、针织技术、金石加工、酒店服务等，共培训农村劳动力和返乡农民工57.18万人。 （苏 静）

高 等 教 育

南宁职业技术学院

【概 况】 2009年，南宁职业技术学院有新、旧校区6个，占地面积134.59公顷，其中罗文本部新校区124.33公顷。可容纳全日制在校生2万人，已入住学生1.20万多人。有全日制在校专科生1.35万人，非全日制在校生4040人，到东盟国家留学的学生1130人，生源来自18个省（市）、自治区。有教职工771人，其中专任教师634人（具有高级专业技术职务任职资格147人、“双师型”教师369人、硕士研究生教师115人）；聘请校外教师253人（具有高级专业技术职务任职资格的教师125人、“双师型”教师151人、硕士研究生教师97人）。校舍总面积40.90万平方米，教学行政用房面积21.56万平方米。建有实训基地6个（含实验实训室69个），设教学部门11个，开设专业80多个（高职高专专业63个）。固定资产总值9.53亿元，教学科研仪器设备总值1.09亿元，信息化设备资产377万元；图书馆藏书纸质图书64万册，电子图书500GB，数字资源量2080GB。

【教育教学成果】 2009年，南宁职业技术学院教育教学成果显著。先后被评为第六届中国—东盟博览会志愿服务先进集体、广西就业工作先进集体、自治区高校学生资助工作先进单位。二级学院的艺术工程学院被评为全国教育系统先进集体，服装设计专业教学团队被评为2009年广西高校自治区级教学团队，开放教育学院（南宁市电大）被评为广西广播电视大学先进办学单位。《高职校企合作、工学结合的课程体系改革与实践》和《室内设计技术专业“工教结合先导工学结合”人才培养模式的创新与实践》两项教学成果被教育部评为第六届高等教育国家级教学成果奖二等奖。获广西高等教育自治区级教学成果奖7项，其中特等奖1项、一等奖1项、二等奖2项、三等奖3项。首次获全国教育科学“十一五”规划教育部重点课题立项1个；获广西哲学社会科学研究项目1个，广西新世纪教育教学改革工程“十一五”第五批立项项目（含委托立项）18个、市2009年度社会科学研究项目11个以及市政府委托立项1个。获市“五象工程奖”论文3篇。《南宁职业技术学院学报》被评为首届中国高职高专核心期刊。组织学生代表队参加首届全国高职高专院校物流技能大赛，获全国总决赛二等奖、广西赛区一等奖。获2009全国高校市场营销大赛总决赛二等奖、2009年全国职业院校技能大赛高职组电子产品设计及制作技能比赛二等奖、首届全国高职高专院校秘书职业技能大赛团体二等奖、2009“健力宝”亚运啦啦队全国选拔赛南方赛区决赛第三名和第五届“正保教育杯”全国I-TAT教育工程就业技能大赛优秀组织奖等。160多名学生在广西、全国技能竞赛中获奖，其中特等奖2名、一等奖28名、二等奖36名。

【国家示范性高职院校建设】 2009年11月，南宁职业技术学院完成国家示范性建设任务并顺利通过国家教育部、财政部验收，成为全国首批28所国家示范性高等职业院校。自2006年学院被确定为全国首批、广西惟一进入28所国家示范性高等职业院校立项建设单位之一后，3年来，学院在办学条件、工学结合、人才培养模式改革、专业建设与课程改革、师资队伍建设、实训基地建设、招生和就业质量、社会服务和管理制度创新等方面取得显著成效，拥有国家级教学团队、国家级高校教学名师、国家级优秀专业、国家级精品课程、国家级教育教学成果奖等。累计获得中央财政和地方政府配套的建设资金5.80亿元，初步形成“校企互动、校政互融、产学研创四位一体”的人才培养模式。

【精品课程建设】 2009年，南宁职业技术学院《策划创意》、《旅游泰语》获2009年度国家精品课程，至此学院拥有国家级精品课程9个，是广西拥有国家级精品课程最多的高校。《营销技能》、《旅游泰语》、《三维动画》、《模具选材与热处理技术》4门课程获广西高校自治区级精品课程。修订完善2009级53个专业培养方案，制定学校60门核心课程的课程标准。完成6个重点专业30门优质专业核心课程示范建设。出版发行立体化特色教材15套，其中3套教材获自治区优秀教材和重点教材建设立项。

【北部湾经济区实训基地项目】 2009年9月，南宁职业技术学院借用北欧投资银行贷款建设北部湾经济区实训基地项目。学院将在拟定的两年项目建设期内，借用北欧投资银行贷款3200万美元（折合人民币约2.24亿元），以及通过校企合作、社会引资、盘活资产等市场化多元融资模式，实现国内配套资金4.45亿元，总投资6.69亿元，建设集“教学实训、职业培训、技术服务、科研生产”于一体、设备与性能国内一流、生产与管理全国示范的北部湾铝加工实训中心、石油化工实训中心、现代物流实训中心、动漫产业实训中心等7个北部湾经济区高职教育实训中心（基地）。

【招　生】 2009年4月，经国家教育部批准，南宁职业技术学院成为广西首个国家示范性高等职业院校单独招生改革试点院校。通过“单独确定入学标准，单独组织入学测试，单独进行招生录取”的方式，择优录取。入学测试主要对学生的就读意愿、学习能力、职业潜能以及对学校、试点专业的了解等进行综合考核，不设文化科目考试。已获单独招生录取的考生不再参加普通高校招生全国统一考试及录取，待遇与普通高校招生全国统一考试录取的考生完全相同。年内，面向广西单独招生200人，其中酒店管理专业100人、物流管理专业50人、机电一体化技术专业50人，涉及的3个专业均为国家示范建设重点专业。全日制普通高等教育招生5003人，超额完成年度招生计划，位居广西高职院校当年招生数首位。全日制普通高等教育在校生1.35万多人，比上年增加18%，成为广西学生规模最大的高职院校。

【毕业生就业推荐】 2009年，南宁职业技术学院向毕业生提供有效用人单位741个、有效用人岗位7478个的需求信息，有效供需比1:2.42（平均每位学生可使用2.42个有效需求信息），超额完成有效供需比1:1.8的目标。成功推荐全日制毕业生就业2493人，初次就业率92.20%。从2007年开始学院连续3年被评为自治区就业工作先进单位，教师王永宁被评为2009年全国就业工作先进个人。

【扶贫助困】 2009年，南宁职业技术学院3699名学生获国家奖学金、国家励志奖学金、国家助学金、自治区政府奖学金等资金926.10万元；319名学生获得国家助学贷款384.16万元；为1409名学生办理生源地信用助学贷款842.28万元。划拨学校2009年学费收入的5%作为家庭经济困难学生资助专项经费，对1400名家庭经济困难学生发放伙食补助，安排家庭经济困难学生280人在150个岗位勤工助学，为家庭突发困难和身患疾病的学生提供特殊困难补助，对家庭经济困难学生、孤儿发放爱心慰问品及慰问金。承担国家助学贷款风险补偿金等资金共376.32万元。有1493名新生通过“绿色通道”注册入学并缓交学费，累计缓交学费787.07万元。对生源地来自四川重灾区的学生、孤儿大学新生给予减免学费共计15万多元。

【校园大学生自主创业实践基地】 2009年5月4日，首府青少年纪念“五四”运动90周年暨2009年南宁市青年就业创业行动推进会系列活动在南宁职业技术学院举行，随后学院组织一系列创业教育活动。11月25日，成立学院校园大学生自主创业实践基地工作指导委员会。12月15日，校园大学生自主创业实践基地揭牌暨首批创业项目进驻仪式在罗文本部商业街举行，首批进驻创业实践基地的项目有2个，分别是征宇传媒文化公司和新生活化妆品校园形象店。

（周树芳）

12月15日，南宁职业技术学院校园大学生自主创业实践基地揭牌暨首批创业项目进驻仪式在罗文本部商业街举行。图为揭牌仪式现场　　南职院提供

责任编辑　黄善秋

科学

科学技术

综述

【概况】2009年，南宁市科技工作突出抓项目、兴产业、促创新、强能力四大重点，组织实施第四轮创新计划项目、产业重大科技专项、科学研究与技术开发项目，实施工业产业科技创新、农业产业科技创新、民生科技服务支撑、节能减排科技攻关、知识产权战略等工程，开展企业自主创新能力服务、新农村建设科技服务、技术转移促进服务、科技进步惠民服务、科技素质提升服务等行动。第四轮创新计划累计实施创新计划项目773个，实施产业重大科技专项10个，重点立项实施市本级科学研究与技术开发计划项目132个，被列为国家科学研究与技术开发计划项目51个、自治区科学研究与技术开发计划项目105个。培育开发新增工业新产品77个、新技术35项。培育中小科技型企业54家，被认定为南宁市创新型企业16家、广西创新型企业8家。被认定为高新技术企业33家，累计达到56家。拥有国家重点实验室1家、自治区重点实验室9家、自治区重点实验室培育基地9家。重点推进南宁市科技企业孵化基地、南宁发酵与酶工程技术研究中心、广西阻燃工程技术研究中心等科技创新平台建设，拥有工程技术研究中心27家，其中自治区级15家，被确定为广西千亿元产业工程技术中心建设试点5家。拥有自治区级企业技术中心35家、制造业信息化示范企业26家，市级企业技术中心11家、信息化示范企业48家。引进、选育、试验示范推广农业新品种64个、农业先进适用技术56项。扶持培育龙头企业技术创新中心10个、科技型农产品加工企业14家，培育开发农产品加工新技术13项、新产品20个。建立农业新品种、新技术示范基地35个。重点提升18个农业科技创新示范基地创新能力，建设新农村科技示范县区5个、示范乡镇6个、示范村26个。专利申请量1199件、授权量624件，分别比上年增长25.81%和27.87%。被确定为实施国家知识产权强县工程1个，自治区级企业知识产权工作试点单位12个、企业知识产权工作示范单位2个、知识产权（专利）工作试点县1个。科技“一招三引”（招商引资、引技、引智）活动签约项目32个，金额8.47亿元。全市取得科技成果692项，比上年增长29.59%。通过自治区级科技成果登记68项、市级以上科技成果鉴定68项。获国家科学技术进步奖1项、广西科学技术进步奖15项、南宁市科学技术进步奖42项。登记、鉴定、获奖的194项科技成果，技术水平达到国际先进水平的12项、国内领先或先进水平的158项，自治区内领先水平的13项，其他11项。建立青少年科技教育基地累计达44个，其中国家级4个、自治区级26个。连续五次被评为全国科技进步先进市，被确定为国家科技进步示范市。

【南宁市被确定为国家科技进步示范市】2009年10月26日，南宁市被国家科技部确定为第三批国家科技进步示范市，建设期3年（2009~2011年），是广西惟一入围的地级市、中国西部地区惟一入围的省会城市，也是国家科技部确定国家科技进步示范市建设以来的6个省会城市之一。

【南宁市连续五次被评为全国科技进步先进市】2009年12月28日，国家科技部、中央编办、人力资源和社会保障部在北京联合召开全国基层科技工作座谈会。南宁市被评为2007~2008年度全国科技进步先进市，所辖12个县区再次全部通过全国县（市）科技进步考核，其中武鸣县、良庆区、横县、青秀区、西乡塘区被评为2007~2008年度全国科技进步先进县区，黄方方、岑可成、黄焕升、傅隆政、杨维超、曾丽珍、黄鸣安、储朝晖、孙志

12月28日，南宁市被授予2007~2008年度全国科技进步先进市称号　　市科技局提供

强、甘树美、黄国健、甘英姿、施来贵、吕洁、廖伟福、梁英浩、赵禹鹏、龚选林、陈真等19人获全国科技进步工作先进个人称号。南宁市自1999年参加两年一度的全国科技进步考核以来，连续五次被评为全国科技进步先进市。西乡塘区科技局、青秀区科技局、武鸣县科技局、横县科技局、宾阳县科技局被评为2009年广西县(市)科技进步考核优秀单位。

【创新计划实施】 2009年，南宁市继续推进第四轮创新计划(2008~2010年)，两年累计组织实施创新计划项目773个，总投资44.62亿元，其中市财政科技拨款2.60亿元；项目实施完成后，预计新增产值27.61亿元、利税11.02亿元、节创汇2958万美元，完成自治区第四轮创新计划下达给南宁市31项创新计划目标任务的96%。两年累计开发工业新产品186个，规模以上工业企业新产品产值年均增长23.25%，引进、开发工业先进技术71项，建立制造业信息化示范企业26家，培育建立创新型企业16家，开发应用节能减排新技术12项，建立节能减排技术集成应用示范企业7家，引进、培育和推广应用面在千万头(亩)以上的标准化种养农业新品种24个，引进、开发、推广标准化种养新技术44项，开发应用农产品加工新技术21项、新产品36个，建立新农村建设示范县区10个、乡镇16个、村41个，所辖12个县区全部通过科技进步考核，新增高新技术企业56家，高新技术产业工业增加值年均增长21.50%，南宁高新技术产业开发区(园区)高新技术企业总产值占园区工业总产值51%，建立工业技术研究中心7家、企业技术中心22家、中小企业创新科技服务网服务示范企业36家、企业专利试点14家。组织大型科普活动9场次，组织科技下乡活动78场次，开展种养实用技术培训26.24万人次，“三农”(农业、农村、农民)科技信息服务网覆盖12个县区。

【工业科技创新】 2009年，南宁市实施工业产业科技创新工程，围绕铝加工、生物工程与制药、机械装备与制造、化工等工业产业，组织实施工业科学研究与计划开发计划项目112个，开发YCN3400重型自卸汽车、亚微米级超细氧化锑、XJ-08型智能桑蚕自动煮茧机等工业新产品77个，开发铝合金精密钣金数控冲床技术、超低容量静电喷雾技术等工业先进技术35项。培育中小科技型企业54家、创新型企业16家，其中南南铝业股份有限公司、南宁八菱科技股份有限公司、培力(南宁)药业有限公司、南宁飞日润滑油有限公司、南宁海蓝数据有限公司、广西南宁百洋饲料集团有限公司、广西皇氏甲天下乳业股份有限公司、广西田园生化股份有限公司8家企业被列入广西首批创新型试点企业单位。智能化多级别可信安全服务平台、制糖生产过程质量分析管理系统研发、固体α-乙酰乳酸脱羧酶研制、电机监护系统研制与应用等一批拥有自主知识产权、技术达到国内领先或国际先进水平的工业新产品、新技术研制成功。南宁中诺生物工程有限责任公司、中国食品发酵工业研究院联合制定的海藻糖国家标准(GB/T23529-2009)获国家计量监督检验检疫总局、国家标准化管理委员会批准发布实施。形成以铝加工、制糖与造纸、生物工程与制药、电子信息产业、生物产业、先进制造等为主导和重点的传统工业产业和高新技术产业相结合的产业集群，规模以上工业企业新产品产值比上年增长20.50%，主导和重点产业工业总产值占全市80%以上。

【农业科技创新】 2009年，南宁市实施农业产业科技创新工程，围绕水稻、甘蔗、香蕉、桑蚕等特色优势产业，开展新品种选育、先进适用技术试验示范推广，组织实施农业科学研究与技术开发计划项目66个，引进、选育、试验示范推广墨西哥红龙果、雁鹅等农业新品种64个和蚕蛹虫草菌、香蕉水肥一体化等农业先进适用技术56项。桑蚕高效种养技术研究集成及示范推广、蔬菜高效栽培模式示范推广、肉鹅新品种健康养殖新技术示范、香蕉叶部病害发生规律及防治技术研究与应用等一批农业技术达到国内领先水平。扶持培育龙头企业技术创新中心10个、科技型农产品加工企业14家，开发有机茶、机制丝棉、冻干米葱等农产品加工新技术13项、新产品20个；建立赣蔗18号、无公害香葱等新品种、新技术示范基地35个。广西金陵养殖有限责任公司选育的金陵黄鸡、金陵麻鸡新品种(配套系)通过国家畜禽遗传资源委员会的审定，获新品种(配套系)证书。

【民生科技创新】 2009年，南宁市实施民生科技服务支撑工程和科技进步惠民服务行动，重点支持分子免疫血液和遗传重点实验室、人胚胎干细胞研究平台、儿童心脏病治疗中心建设，扶持建立具有国际领先水平的广西南宁国际灵长类动物模型与医药产业化示范基地和中国—东盟(广西)灵长类实验动物与生物科技研发中心。灵康赛诺科公司投资2500万元建成的国际灵长类动物模型与医药产业化示范基地，是国内首家通过美国动物实验机构认证的灵长类动物实验室，实现南宁市国际认证实验室零的突破。培力(南宁)药业有限公司检测中心暨CNAS实验室建设通过CNAS认可，成为广西首家通过CNAS认可的药品生产企业。消化性溃疡发病与气象因子关系研究、基于智能手机的交通管理移动办公系统、食蟹猴月经周期雌激素与血脂关系研究、一次性新型小便采样器使用性研究、多语种驾驶人学科无纸化考试系统开发等一批民生技术达到国际先进或国内领先水平。

【科技节能减排】 2009年，南宁市实施节能减排科技攻关工程，组织实施节能减排与循环经济关键技术研究与集成应用示范重大科技专项共7个课题，总投资6578.29万元，其中市财政科技拨款365万元，项目实施完成后预计年增产值3.05亿元、利税5340.86万元。加大淀粉、制糖、造纸、化工等高能耗、高污染企业的节能减排和循环经济关键技术应用与设备研发力度，重点支持南宁化工股份有限公司、广西银泉化工有限责任公司、广西青龙化学建材有限公司、广西百大丝绸集团有限公司、上林海润丝业有限公司、广西红豪淀粉开发有限公司、马山远洋工贸有限公司、广西武鸣金峰化工科技有限公司、宾阳县中原纸业有限公司、广西武鸣县蛟龙能源有限公司、武鸣县木薯产业发展办公室等11家企业节能减排项目建设，总投资4646万元，其中市财政科技拨款200万元，南宁化工股份有限公司、广西银泉化工有限责任公司、广西青龙化学建材有限公司、广西百大丝绸集团有限公司、上林海润丝业有限公司、广西红豪淀粉开发有限公司、广西武鸣金峰化工科技有限公司等7家企业被列为节能减排技术集成应用示范企业，组织开发应用节能减排新技术12项。全市万元生产总值能耗降低2.42%,化学需氧量排放量削减4.10%,二氧化硫排放量实现零增长。

【高新技术产业】 2009年,南宁市被认定为高新技术企业33家,累计56家,占全自治区的五分之二。累计建立自治区级制造业信息化示范企业26家、市级信息化示范企业48家。组织实施电子信息、生物技术等高新技术产业科学研究与技术开发计划项目17项,总投入3095万元。南宁高新技术产业开发区实现工业总产值438亿元,比上年增长17.50%,其中高新技术产业工业增加值比上年增长21%,占园区工业总产值51%;三大特色主导产业生物工程制药及食品加工、汽车零配件及机电产品制造和电子信息产品制造共计实现产值138.61亿元,比上年增长28.95%;新增规模口企业14家,规模口企业总数为156家;新增亿元工业企业21家,亿元企业总数为56家,亿元企业实现产值130.11亿元;入区企业490家,其中科技型企业占40%;新入区孵化项目(含成果转化)65个,在孵企业数64家,毕业中小型科技企业13家;获国家、自治区及市级科技计划立项145项,科技拨款3243万元。

2009年南宁市被国家科技部、财政部、税务总局认证的高新技术企业

名称	高新技术范围
南宁西岸枫谷商务数据有限公司	电子与信息技术
广西南宁奇网计算有限公司	
天翌(广西)通讯发展有限公司	
广西集结号科技有限公司	
南宁超创信息工程有限公司	
广西宏智科技有限公司	
广西精宇软件有限责任公司	
市勘测院	
广西申能达智能技术有限公司	
广西达科建筑智能工程有限公司	
广西耀明科技有限公司	
广西田园生化股份有限公司	生物工程和新医药技术
广西皇氏甲天下乳业股份有限公司	
广西方略药业集团有限公司	
广西禾力药业有限公司	
广西万寿堂药业有限公司	
广西昌弘制药有限公司	生物工程和新医药技术
培力(南宁)药业有限公司	
南宁邦尔克生物技术有限责任公司	
市科康生物科技有限责任公司	
广西盈康药业有限责任公司	
广西武鸣县安宁淀粉有限责任公司	
市维威制药有限公司	
广西圣保堂药业有限公司	
广西南宁灵康赛诺科生物科技有限公司	
广西玉柴专用汽车有限公司	传统产业改造中应用的新工艺、新技术
广西华锑科技有限公司	
广西华凯精细化工有限公司	
广西冶金研究院	
广西丰林木业股份有限公司	
广西地博矿业集团股份有限公司	
广西中电新源电气有限公司	
广西绿洲热能设备有限公司	

【科技创新基地建设】 2009年,南宁市围绕构建区域性创新基地,继续推进一批具有区域特色优势和核心竞争力的科技创新基地建设。

工业园区创新基地　南宁开发区(其中国家级2个、自治区级5个、市级7个)和工业园区(集中区)基地建设加快推进,初步建立起以铝加工、电子及IT产业、汽配及机电等为重点的现代工业体系,以工业为主、多层次、宽领域的园区发展新格局,共完成规模以上工业总产值506.58亿元,增长28.71%,占全市规模以上工业总产值52%。

铝加工产业创新基地　拥有规模铝加工企业16家、中国名牌产品2个,涵盖铝型材、电线电缆、日用铝制品、包装4大类,铝型材年产能力10万吨以上,形成以南南铝业股份有限公司为龙头的铝深加工企业群,成立广西铝及铝合金精深加工产业化基地及广西铝及铝加工产业技术创新战略联盟。广西铝及铝合金精深加工产业化基地建成5万吨铝型材生产能力、年产5万吨板带箔材生产线,研发的散热器达到国内先进水平,启动20万吨大规模高性能铝合金板带型材项目建设和CNAS实验室认可工作。采用"铝业之星集团版"管理系统,全年为行业提供铸造等技术指导服务25次,组织相关培训56次,培训700多人次。

生物产业创新基地　拥有国内最大的木薯淀粉、变性淀粉生产企业——广西明阳生化科技股份有限公司等一批生物企业,广西南宁国家高技术产业基地(生物产业)建设加快推进,出台《中共南宁市委、南宁市人民政府关于加快推进南宁生物国家高技术产业基地建设的决定》、《南宁生物国家高技术产业基地工作计划与措施方案》,建设生物质能源酶解技术国家重点实验室,成为国家重要的非粮食生物能源生产基地和生物制造、生物农业等主要生物产业协调发展的综合性生物产业基地。实施生物产业关键技术研究应用及产业化产业重大科技专项,总投资3650万元,其中科技拨款100万元,项目实施完成后预计年增产值

1亿元、利税3000万元。实施谷氨酰胺转胺专用酶(TG酶)的研制、海藻糖国家标准的编制、生产木薯多孔淀粉的新工艺研究及设备开发、利用木薯淀粉渣转化为生物饲料的研究与开发、肉桂油氢化制苯丙醛中试研究、荔枝冰酒加工品种筛选及工艺技术研究、新型饲料添加剂——低聚果糖在畜牧水产养殖中的应用研究、山苍子油分子蒸馏纯化工艺研究等生物产业关键技术研究应用及产业化科技计划项目8个，总投资1160.80万元，其中科技拨款185万元；项目实施完成后预计年增产值2725万元、利税1015万元。

制糖与造纸创新基地　拥有规模以上制糖企业(集团)10家、造纸及纸制品企业45家和中国名牌产品2个，制糖和造纸企业先进信息化技术的研究应用及技术改造和新产品开发促进了大型制浆造纸集团的培育。实施改性木薯渣生产高附加值微纳米橡胶补强材料技术研究、上流式高效芬顿氧化塔的研制及其处理难生化降解工业废水的产业化、木质素基和蔗糖基木材胶粘剂/改性剂及其应用的技术开发、速生桉化机浆生产技术研究开发、高速稳定的中和汁快速沉降系统的研制、配用蔗渣浆开发生产轻型纸等制糖与造纸产业高新技术应用与研究科技计划项目6个，总投资2.16亿元，其中科技拨款160万元；项目实施完成后预计年增产值1.59亿元、利税1804万元。

生物工程与制药创新基地　拥有生物与制药企业63家，其中工业总产值超亿元的11家，年产中成药2.50万吨以上、化学原料5000多吨。国内先进的发酵、分离、提取、干燥等中试条件及全面开放的生物工程技术中心、天然药物工程技术中心、发酵与酶工程技术中心建设加快推进，成立广西中药产业技术创新战略联盟。实施中药资源保护和中药新产品开发与产业化产业重大科技专项，总投资1620万元，其中科技拨款110万元，项目实施完成后预计年增产值8500万元、利税1350万元。实施中药抗感解毒颗粒试制与质量标准研究、特色壮药蹼趾壁虎良种繁育养殖技术研究、“宫颈炎康栓”中药保护品种开发研究、野木瓜胶囊的研制与开发、风湿灵薄膜衣片的开发及质量控制研究、痛肿灵贴膏研制、汉桃叶滴丸开发等中药资源保护和中药新产品开发与产业化科技计划项目7个，总投资1508万元，其中科技拨款155万元；项目实施完成后预计年增产值1.17亿元、利税3071.50万元。

电子信息产业创新基地　拥有规模以上的通信设备、计算机等电子设备制造企业15家，以国家火炬计划软件产业基地——南宁软件园为平台，继续推进“数字南宁”和软件产业“广西人才小高地”建设，形成软件与信息服务、电子元器件与材料、数字整机三大产业链的电子信息产业集群。实施WebDesk中间件——支持任意文档的在线编辑控件开发、南宁市测绘基准体系现代化研究、基于GIS/GPS/GPRS技术的高速公路定位和应急救援管理系统研制与应用、数字化图文数据信息管理平台的开发、变电一次标准化设计系统——OneEPS的开发、基于Linux的企业即时通讯工具研制、城市交通路况信息拓展服务技术研究与系统建设、甘蔗煮糖过程的检测和控制关键技术研究与应用等电子信息产业关键技术攻关及产业化科技计划项目9个，总投资1934.50万元，其中科技拨款190万元，项目实施完成后预计年增产值7060万元、利税2969.82万元。

农产品深加工创新基地　拥有广西百洋集团有限公司、广西富丰集团有限公司、广西金陵养殖公司、横县桂华茧丝绸有限公司等一批优势特色出口型农业深加工企业，成立蚕茧丝产业化、木薯产业技术创新战略联盟，成为国家重点罗非鱼养殖和桑蚕产业基地。广西百洋集团有限公司日均加工能力罗非鱼120吨以上、斑点叉尾鱼50吨以上、对虾30吨以上，年出口节创汇3000多万美元。实施农业优势特色产业关键技术研究及产业化示范产业重大科技专项，总投资3150万元，其中科技拨款160万元，项目实施完成后预计年增产值1.05亿元、利税6970万元。实施蚕蛹虫草生产关键技术研究与示范、香蕉高产高效创新技术集成与示范推广、两性株型番木瓜组培快繁研究与种植示范、亚热带桑蚕优质原料茧产业化技术集成与示范推广、农桑14号引种推广等农业优势特色产业关键技术研究及产业化示范科技计划项目5个，总投资437万元，其中科技拨款110万元，项目实施完成后预计年增产值6130万元、利税3395万元。

【科技创新平台建设】　2009年，南宁市技术创新研究开发、科技创新创业服务、科技资源信息共享三大科技创新平台建设取得新突破。

技术创新研究开发平台建设　2009年，南宁市重点推进南宁发酵与酶工程技术研究中心、广西阻燃工程技术研究中心等一批工程技术中心建设，工程技术研究中心累计达27家，其中自治区级15家，广西淀粉化工工程技术研究中心、广西铝合金成型及表面处理工程技术研究中心、广西数字化工程技术研究中心、广西生物化工工程技术研究中心、广西农药剂型工程技术研究中心被确定为广西千亿元产业工程技术中心建设试点。拥有自治区级企业技术中心35家、市级企业技术中心11家，铝及铝加工、中药、木薯、蚕茧丝等一批产业技术创新战略联盟相继成立。拥有国家重点实验室1家(生物质能源酶解技术国家重点实验室)、自治区重点实验室9家、自治区重点实验室培育基地9家。广西首家通过CNAS认可的培力(南宁)药业有限公司检测中心暨CNAS实验室，在美国、加拿大、新加坡、香港等54个协议国家和地区实现互认。新增中小企业创新科技服务网示范企业36家，依托26家自治区(省)级信息化示范企业、48家市级信息化示范企业、13家省(部)级重点实验室或科技创新开发机构，开展产学研结合科技项目28个，实施市校与校企科技合作项目22个。

科技创新创业服务平台建设　2009年，南宁市实施科技创新创业服务平台建设产业重大科技专项，总投资1.01亿元，其中科技拨款1100万元，项目实施完成后预计年增产值2.07亿元、利税5553万元。南宁市科技孵化基地完成综合孵化大楼、生物实验中心、标准厂房等主体工程建设，建成2.20万平方米的科技孵化器。市生物工程技术中心在投入资金、设备近900万元的基础上，获自治区80万元科技经费支持。南宁发酵与酶工程技术研究中心建成酶工程技术创新服务平台，年内服务企业10家。市天然药物工程中心完成设备装配和天然肉桂醛的提纯试验，肉桂醛提纯含量96.58%。拥有中国—东盟企业总部基地、市科技企业孵化基地、南宁高新区创业者服务中心、留学人员创业园、大学创业园、生物产业孵化园、软件园、信息产业孵化园、产业示范孵化园等一批专业孵化器，形成投资多元化、形式多样化、专业性较强、适应各类科技创新创业需求的科技企业孵化集群。南宁市新技术创业者中心被列为国家级科技企业孵化器，南宁留学人员创业园、南宁软件园、南宁生物工程技术中心被列为自治区级科技企业孵化器。南宁新技术创业者中心唐杰被评为国家科技型中小企业技术创新基金十周年先进个人。

科技资源信息共享平台建设　南宁科技网、科技信息服务网、中小企业创新科技服务网、科技文献共享平台、生产力促进中心联动服务平台、"三农"科技服务网、南宁专利信息服务平台的服务功能不断完善。中小企业创新科技服务网通过加强数据库建设及对网络功能模块进行升级，开办栏目24个，新增数据量2400G，数据总量4000G，近千家中小企业网页入网或链接。科技文献共享平台运行一年多来，培训企业应用人员300多人次，发展单位和个人会员300多个，为企业提供信息查询1300余条次，利用文献500多篇，下载技术应用论文和专利文献600余篇，解决生产、技术、项目难题33项，直接产生经济效益9210万元，利税2100万元。"三农"科技网络服务覆盖全市12个县区和54个乡镇、24个示范村、885户示范户及960家企业。

【制造业信息化服务体系建设】　2009年，南宁市实施广西制造业信息化科技工程，建立示范企业累计51家，其中自治区级制造业信息化示范企业26家，100%的骨干机械制造企业、70%以上的骨干制药企业和重点铝加工企业、物流企业应用一个单元以上的信息化技术。广西建工集团建筑机械制造有限责任公司、南宁广发重工发电设备有限公司、广西南宁凤凰纸业有限公司、广西皇氏甲天下乳业股份有限公司、广西玉柴专用汽车有限公司5家企业被确定为自治区首批制造业信息化科技工程"甩图纸"、"甩账表"试点企业。

【科技中介服务体系建设】　2009年，南宁市以创新、整合、服务为主线，推进市、县区生产力促进中心联动服务体系建设，建立各类资源数据库56个，示范服务企业90家，科技信息服务节点239个，为企业和社会各界提供信息和咨询服务5312条次；包装国家、自治区及市级科技项目26个，实施科技计划项目18个；组织各类培训134期，培训人员4200人次。引进新技术、新产品36个，促进企业新增产值1.90亿元、农民增收9605万元。市技术市场服务中心被列为广西技术转移联盟首批成员单位，与广西德意数码科技股份公司联合成立市金盟科技服务咨询有限公司，建立中国—绿城技术转移网，完成数据收集、加工，收录各类信息数据2300条，发布各类信息数据1100条，发展会员企业30多家。

【南宁软件园建设】　2009年，广西惟一的国家级软件产业基地——南宁国家火炬计划软件产业基地建设稳步推进。2005年被国家科技部认定至2009年，入园企业增加51%，经济总量增长180%，人才总量增长34%，汇聚广西60%以上的软件企业和80%以上的软件开发管理人才，185项软件产品通过认定，拥有国家级骨干企业5家、软件企业63家，打造以电子政务、软件服务外包和创意产业为特色的产业集群。广西软件研发人才小高地是广西首批13家人才小高地之一，肩负集聚IT人才、引领广西IT人才战略走向的重任，至2009年，获自治区级科技进步二等奖5项、柔性引进9名院士及知名专家，软件企业从业人员6500人，其中博士51人、硕士245人、高级职称人员267人。南宁软件公共技术平台2005年建设以来，累计投入500万元，已建成公共软件开发平台、软件质量保证平台和软件测试共享平台的综合性开发实验平台，软件测试平台建设获国家火炬计划立项，与国际软件标准化组织签订合作框架协议，与国家软件标准化中心一同制订3项"软件自动化能力水平测试"国家标准。软件服务外包产业初步建立以天翌（广西）通信发展有限公司、南宁海蓝数据有限公司、广西南宁奇网计算机有限公司、市平方软件新技术有限责任公司、南宁晟欧软件有限公司、广西南博国际信息有限公司、广西思维教育有限公司为代表的服务外包产业及培训体系。创意产业形成以南宁九金娃娃动漫有限公司、广西桂能软件有限公司、市平方软件新技术有限责任公司、广西天高影视文化有限公司为龙头的创意产业链，主要代表项目及产品有互动式动漫游产品引擎技术平台、动漫影视项目池、社区游戏、智能化CAD协同设计平台等。

【科技示范试点建设】　2009年，南宁市继续推进武鸣县、横县、宾阳县、西乡塘区、江南区5个新农村科技示范县区建设，武鸣县双桥镇（蔬菜）、横县云表镇（桑蚕）、宾阳县黎塘镇（蔬菜）、西乡塘金陵镇（香蕉）、江南区吴圩镇（西瓜）、马山县古零镇（黑山羊）6个新农村科技示范乡镇建设；武鸣县双桥镇下渌村（龙眼）、太平镇林渌村（西红柿），横县平马镇三叉村（桑蚕、穿心莲）、校椅镇陆村（果菜），宾阳县甘棠镇冯村（养鸡）、黎塘镇超常村（蔬菜），上林县太平镇拥军村（桑蚕）、明亮镇万古村（养猪），马山县古零镇乐平村（水稻）、古零镇上级村（蔬菜、黑山羊）、周鹿镇拔翠村（水稻），隆安县乔建镇廷罗村（板栗）、南圩镇光明村（黑山羊），邕宁区蒲庙镇华康村（桑蚕、食用菌）、蒲庙镇孟连村（香葱），良庆区南晓镇团东村（黑皮西瓜）、那马镇那马村（养鸡），青秀区刘圩镇麓阳村（优质稻）、伶俐镇独岭村（瓜果）、长塘镇定西村（大棚蔬菜），江南区延安镇那齐村（蔬菜）、吴圩镇坛白村（西瓜），西乡塘区石埠办乐州村（甜瓜）、安宁办路西村（花卉），兴宁区王塘镇沙坪村（蔬菜）、王塘镇五塘社区（苦瓜）26个新农村科技示范村；下渌村与武鸣县水果办，林渌村与广西农科院蔬菜研究所，三叉村与广西蚕业技术推广总站，拥军村与广西大学农学院，万古村与广西大学动物学院，上级村与广西大学动物学院，廷罗村与广西大学农学院，光明村与广西大学动物学院，华康村与广西蚕业技术推广总站，团东村与广西农科院、市蔬菜研究所，那马村与广西大学农学院，麓阳村与广西农科院，独岭村与广西农科院，定西村与广西农科院蔬菜研究所，坛白村与广西农科院，乐州村与广西农科院园艺所，路西村与广西林科院结成特色产业发展联盟；示范村围绕特色产业推广应用农业新品种57个、农业新技术26项，建设农业科技示范基地26个，帮扶成立农村专业技术协会11个，农民累计年增收1870万元。西乡塘区、马山县古零镇、上林县大丰镇拥军村、青秀区长塘镇定西村被列为第三批广西新农村建设科技示范县区、乡镇、村（试点）。

【知识产权战略实施】　2009年，南宁市专利申请量1199件（发明专利467件，实用新型553件，外观设计179件），比上年增长25.81%;专利授权量624件(发明专利84件,实用新型320件,外观设计220件),比上年增长27.87%。专利申请资助和授权奖励474件(发明136件,实用新型269件,外观设计50件,发明专利授权19件),资助奖励金额56.46万元。实施专利技术开发与产业化科技计划项目3个,总投资792万元,其中科技拨款65万元,项目实施完成后预计年增产值8225万元、利税1337万元。横县被确定为国家知识产权强县工程实施单位和自治区知识产权(专利)工作试点县,南南铝业股份有限公司、南宁化工股份有限公司、广西桂西制药有限公司、南宁微控高技术有限责任公司、广西南宁专用汽车厂、广西博科药业有限公司、市汽车配件一厂、广西万寿堂药业有限公司、广西南宁地凯科技有限责任公司、广西南宁化工制药有限责任公司、南宁手扶拖拉机厂、广西华锑化工有限公司被确定为自治区级企业知识产权工作试点单位,南南铝业股份有限公司、广西万寿堂药业有限公司被列为自治区级企业知识产权工作示范单位。4月18~26日全国知识产权宣传周期间,南宁市以“实施知识产权战略,建设创新型南宁”为主题,组织开展知识产权宣传服务广场日、知识产权战略知识讲座、县区知识产权现场咨询服务、知识产权知识有奖竞猜等一系列活动,展出宣传画板132块、发放资料5100多份,培训企业事业单位89家、500多人次。

【科技交流与合作】 2009年,南宁市组团参加2009年广西科技活动周暨广西新技术新产品交流交易会、第十二届北京国际科技产业博览会、第十一届中国国际高新技术成果交易会、第九届中国(合肥)自主创新要素对接会等科技交流交易活动,共组织参展参会企事业单位225家,展出科技创新成果和专利产品144个、高新技术产品476个,推介重点招商项目150个,签约项目(意向、协议、合同)32个,签约金额8.47亿元。1月科技活动周期间,市灵康赛诺科生物科技有限公司与柬埔寨嵘德集团签订的“中国·东盟灵长类动物生物研发中心建设”合作项目,投入资金2.80亿元,创历年签约项目成交金额之最。4月21日,国家科技支撑项目“地中海贫血的人群干预模式”横县示范点建设启动,项目工作组专家实地观摩指导横县云表镇计生服务所开展的免费地中海贫血筛查活动。6月1日,市科技局举办企业技术创新管理实务培训班,台湾知识与战略决策管理专家、台湾国立高雄师范大学事业经营学系主任谭大纯博士和台湾人力资源管理专家、台湾国立高雄师范大学人力与知识管理研究所刘廷扬博士应邀为全市200多名科技型企业领导、技术负责人和人力资源管理负责人讲学。8月28日,中国热带农业科学院热带作物品种资源研究所木薯专家叶剑秋副研究员一行10人,到武鸣县检查指导木薯生产情况,对木薯新品种抗旱性进行综合评定,桂热3号、ZM9781、ZM99247新品种具有较强的抗旱性。10月20日,市科技局组织企业参加第六届中国—东盟博览会农村先进适用技术暨高新技术展,参展高新技术项目6个,签约项目1个,签约金额1000万元。10月28~30日,南宁市组团参加第九届中国(合肥)自主创新要素对接会,参加对接会成果展及金融资本项目对接、2009中国(中部)科技金融高级人才对接会、2009中国(中部)创新经济与企业融资论坛、中国(合肥)咨询产业发展论坛等4个主题论坛活动。11月3日,国家木薯产业技术体系木薯种植与加工经验交流会在武鸣县召开,全国木薯综合试验站、木薯种植户、加工企业、技术推广、科研人员代表与专家出席并考察太平镇庆乐村木薯新品种(系)引进试种示范基地和广西安宁淀粉有限责任公司。11月24日,印度尼西亚国家谷物研究所所长墨汗莫德·亚希博士与玉米专家墨汗莫德·阿升拉依博士一行6人,到横县校椅镇竹花村甜玉米标准化生产示范基地、横县金山食品有限公司参观考察。

【市校与校企合作】 2009年,南宁市与广西科学院建立战略合作关系,共同促进创建国家级技术中心,共享公共技术平台。根据与《南宁市政府—广西大学产学研合作框架协议》,组织实施市校科技合作产业重大科技专项共14个校企科技合作课题,总投资1.04亿元,其中科技拨款295万元,项目实施完成后预计年增产值2.20亿元、利税5497.50万元、节创汇230万美元。这14个课题是广西大学与南南铝业股份有限公司签订“模具热处理关键技术研究及模具产业化开发”合作项目(总投资1700万元),与广西华锑化工有限公司签订“粒度可控型气相结晶设备研制及氧化锑粉体改性的研究与应用”合作项目(总投资140万元),与广西润建通信发展有限公司签订“智能远程通信基站图像监控系统的研制与生产”合作项目(总投资160万元),与广西申能达智能技术有限公司“中国—东盟多国互译系统研制开发”合作项目(总投资50万元),与南宁永凯实业集团有限责任公司签订“基于加密数据库系统的信息化安全支撑平台的研究与开发”合作项目(总投资70万元),与广西金驰商贸有限公司签订“环保型汽车零部件防锈油的研制及产业化”合作项目(总投资60万元),与广西红枫淀粉有限公司签订“改性木薯渣生产高附加值微纳米橡胶补强材料技术研究”合作项目(总投资300万元);与南宁广发重工集团有限公司签订“破碎机性能提高与轻量化关键技术研究及产业化应用”合作项目(总投资220万元),与广西博士科环保科技有限公司、南宁糖业股份有限公司蒲庙造纸厂签订“上流式高效芬顿氧化塔的研制及其处理难生化降解工业废水的产业化”合作项目(总投资1000万元),与广西震铄木业有限公司签订“木质素基和蔗糖基木材胶粘剂/改性剂及其应用的技术开发”合作项目(总投资40万元)、与广西桂西制药有限公司签订“医药级蔗糖制备新技术研究”合作项目(总投资200万元),与广西武鸣利源科技养殖有限责任公司签订“规模化养鸡主要疾病防控技术研究及示范应用”合作项目(总投资200万元),与广西帝恒投资有限公司签订“能源型甜杆高粱优良品种已近筛选示范”合作项目(总投资40万元),与南宁沃森生态生物科技有限公司、广西优质农产品开发服务中心签订“山豆根种质资源评价与种子繁育技术研究与示范”合作项目(总投资40万元)。9月6~16日,市科技局组织部分企业高管及科技管理系统干部35人赴浙江大学“科技管理与创新”高级研修班学习,并赴义乌、绍兴的一些企业和出口商品交易市场进行实地考察学习。10月28日,南南铝业股份有限公司联合广西投资集团、广西百色银海铝业有限责任公司、南宁国凯铝材有限责任公司、广西有色金属学会、广西大学、广西冶金产品质量监督检验站等15家企业、高校、科研院所成立广西铝及铝加工产业技术创新战略联盟。灵康赛诺科生物科技有限公司与美国威斯康辛州立大学国家灵长类动物研究中心、美国帕金森研究所、美国斯坦福大学、美国加州大学旧金山分校建立长期合作关系。

【自主创新环境建设】 2009年，南宁市修改完善《南宁市专利申请资助及奖励暂行办法》、《南宁市科技项目绩效管理暂行办法》等一批促进科技成果转化、增强企业创新能力、加快科技发展的政策法规。颁布实施《南宁市关于实施重大科技创新专项计划的意见》、《南宁市关于加快推进科技成果转化的实施办法》、《关于建立我市政产研合作机制的意见》。12月29日，市科技局制定出台《南宁市科技局重大行政决策程序暂行规定》，进一步规范重大行政决策行为，提高行政决策质量和效能。

自然科学研究与技术开发

【概 况】 2009年，南宁市实施产业重大科技专项10个，市财政科技拨款4329万元。实施国家、自治区及市三级科学研究与技术开发计划项目288个，三级财政科技拨款1.04亿元。被列为国家科学研究与技术开发计划项目51个，国家财政科技拨款1909万元。被列为自治区科学研究与技术开发计划项目105个，自治区财政科技拨款2962.50万元。重点立项实施市本级科学研究与技术开发计划项目132个，市财政科技拨款5500万元。实施工业科学研究与技术开发计划项目142个，国家、自治区及市三级财政科技拨款5634.50万元。实施农业科学研究与技术开发计划项目76个，国家、自治区及市三级财政科技拨款2738万元。实施社会发展科学研究与技术开发计划项目63个，国家、自治区及市三级财政科技拨款1601万元。实施软科学研究及其他科学研究与技术开发项目7个，市财政科技拨款398万元。开发工业新产品77个、新技术35项。开发农产品加工新技术13项、新产品20个。建立新品种、新技术示范基地35个，引进、选育、试验示范推广农业新品种64个、农业先进适用技术56项，其中推广应用面在千亩万头标准化种养新品种15个，重点扶持农业科技创新示范基地18个、农村专业技术协会11个。

【科学研究与技术开发计划项目实施】 2009年，南宁市实施国家、自治区及市三级科学研究与技术开发计划项目288个，三级财政科技拨款1.04亿元。

2009年南宁市获国家科学研究与技术开发计划立项情况

类别	项目名称	承担单位	支持经费（万元）
火炬计划	广西6A生丝关键技术的研究与开发	横县桂华蚕丝绸有限责任公司	15
	保鲜材料专用变性淀粉的产业化研究	广西红豪淀粉开发有限公司	15
	大獭哈规模化人工养殖技术示范	广西红榄科技有限公司	25
新产品计划	CIGS薄膜太阳能电池产品开发	广西地凯科技有限公司	25
	基于高速文档数字化技术的电子政务系列产品开发	南宁海蓝数据有限公司	25
	高热扩散率铝合金LED热传产品开发	南南铝业股份有限公司	25
	外用型精细茶油产品的研发	广西金茶王油脂有限公司	15
	有机杀螺肥的开发与产业化	广西乐土生物科技有限公司	15
	伊血安胶囊的研制开发	广西万寿堂药业有限公司	15
	左旋多巴甲酯原料药的开发研究	广西禾力药业有限公司	20
	桂圆酒生产的关键技术攻关	广西易多收生物科技有限公司	20
科技型中小企业技术创新基金	Li02高性能三元正极材料的研制	南宁智博材料科技有限公司	21
	1300毫米木薯酒精废料连续分离机	南宁邦克电力设备有限公司	49
	基于TMS320DM644XSOC的低成本普及型便捷电脑	南宁超创信息工程有限公司	35
	双床双管宜用诊断X射线高频高压发生器	南宁一举医疗电子有限公司	56
	罗非鱼深加工新产品开发	广西南宁百洋饲料集团有限公司	30
	生猪	广西桂宁种猪有限公司	30
	微波加热法制备高活性乙二醇锑	广西华凯精细化工有限公司	42
	水上等离子和新技术及设备研发	南宁新超等环境工程技术有限公司	28
	3G手机三维数字城市系统	广西南宁高硕电子科技有限公司	21
	蔗渣微晶纤维素的制备	南宁创新科技医药技术有限公司	21
	基于高可靠性封装技术的平面光波导分光器的开发与生产	市科毅光通信科技有限公司	21
	互助式动漫游产品引擎技术平台	南宁九金娃娃动漫有限公司	21
	手机看家系统（基于3G）	广西金中软件有限公司	14
	TDMOIP仿真通信产品研究与试制	南宁网博信息科技有限责任公司	21
	集成VOIP功能的政府公共服务呼叫中心系统	南宁亚奥数码有限公司	8
	广西中小企业技术成果熟化服务	市科航金桥创业咨询有限公司	60
	维生素C钠胶囊	广西圣保堂药业有限公司	15
	南宁高新区生物工程公共技术服务平台	南宁新技术创业者中心	70
	速通祛瘀散结胶囊	广西圣康制药有限公司	11
	中药新药妇血康颗粒的研究开发	广西万寿堂药业有限公司	10
农业科技成果转化基金	新型环保农药12%咪鲜胺微乳剂中试	广西田园生化股份有限公司	100
	高维生素B_3酸奶加工技术中试	广西皇氏甲天下乳业股份有限公司	70
	外向型罗非鱼加工集成技术示范	广西南宁百洋饲料集团有限公司	300
	优质肉鸡新品种"金陵鸡"的试验示范	广西金陵养殖有限公司	50
科技人员服务企业行动	基于糖厂澄清系统优化以提高糖品质量的工程应用研究	广西东门南华糖业有限责任公司	50
	CIGS薄膜太阳能电池产品开发	广西地凯科技有限公司	50
	基于高速文档数字化技术的电子政务系列产品开发	南宁海蓝数据有限公司	50
	汽车智能尾灯的研制和开发	广西远航科技有限公司	40
	锡锌铟无铅焊料的开发与产业化	广西堂汉锌铟股份有限公司	30
	高热扩散率铝合金LED热传产品开发	南南铝业股份有限公司	50
	保鲜材料专用变性淀粉的产业化研究	广西红豪淀粉开发有限公司	30
	有机杀螺肥的开发与产业化	广西乐土生物科技有限公司	30
	畜禽养殖技物配送示范与推广	广西巨东种养集团有限公司	30
	广西6A生丝关键技术的研究与开发	横县桂华茧丝绸有限责任公司	30
	珍稀濒危植物金花茶种苗繁殖技术的推广应用	广西桂人堂金花茶产业集团股份有限公司	30
	桂圆酒生产的关键技术攻关	广西易多收生物科技有限公司	40
	外用型精细茶油产品的研发	广西金茶王油脂有限公司	30
	伊血安胶囊的研制开发	广西万寿堂药业有限公司	30
	左旋多巴甲酯原料药的开发研究	广西禾力药业有限公司	40
	复方黄松凝胶临床试验研究及产业化开发	广西源安堂药业有限公司	30

国家项目　被列为国家科学研究与技术开发计划项目51个，国家财政科技拨款1909万元。按行业分：工业30个（997万元）、农业10个（595万元）、社会发展11个（317万元）。按计划类别分：火炬计划3个（55万元）、新产品计划8个（170万元）、科技型中小企业创新基金20个（584万元）、农业科技成果转化4个（520万元）、科技人员服务企业行动16个（580万元）。

自治区项目　被列为自治区科学研究与技术开发计划项目105个，自治区财政科技拨款2962.50万元。按行业分：工业51个（1692.50万元）、农业24个（683万元）、社会发展30个（587万元）；按计划类别分：科技攻关与新产品试制69个（1367.50万元）、科技合作与交流2个（50万元）、科技创新能力与条件建设11个（1180万元）、自然科学基金2个（8万元）、应用基础研究4个（80万元）、科技成果转化与应用17个（277万元）。

市本级项目　实施市本级科学研究与技术开发计划项目132个，市财政科技拨款5500万元，带动社会科研经费总投入7.63亿元，项目实施完成后，预计年增产值25.51亿元、利税6.60亿元。其中：工业61个（2945万元），总投入6.03亿元；农业42个（1460万元），总投入8993.80万元；社会发展22个（697万元），总投入5886万元；软科学及其他7个（398万元）。

【星火计划】　2009年，南宁市实施农业优势特色产业关键技术研究及产业化示范项目7个，总投资3722万元，市财政科技拨款310万元。实施新型农村科技服务体系建设与能力提升项目11个，总投资1960万元，其中市财政科技拨款255万元。实施农业新品引进、选育、繁育及示范推广项目11个，总投资1317万元，其中市财政科技拨款235万元。实施动植物重大疫病（害虫）防控体系、防治技术研究及安全动植物产品生产技术研究与应用项目3个，总投资228万元，其中市财政科技拨款55万元。实施农产品高值化和标准化技术研究与开发、种植（养殖）业高效省力化生产设备及技术的研究及引进示范推广项目6个，总投资689.80万元，其中市财政科技拨款165万元。引进、选育、试验示范推广农业新品种64个、农业先进适用技术56项，其中应用面在千头万亩以上的标准化种养农业新品种15个。扶持培育龙头企业技术创新中心10个、科技型农产品加工企业14家，开发农产品加工新技术13项、新产品20个，建立新品种、新技术示范基地35个。全市主要农作物良种覆盖率93.50%，农业先进适用技术覆盖率89%。帮扶成立农村专业技术协会11个，新增“三农”科技信息服务网节点5个，“三农”科技服务网新增信息数据1100多条，提供技术答疑、咨询、诊断服务500多人次，在横县、宾阳县、青秀区建立“三网通（广电网、电话/移动通信网、互联网）”示范点。宾阳县黎塘镇农业服务中心主任徐中昌被评为全国优秀特派员。

【工业科技项目实施】　2009年，南宁市实施工业科学研究与技术开发计划项目142个，国家、自治区及市三级财政科技拨款5634.50万元。其中：国家30个（997万元）；自治区51个（1692.50万元）；市本级61个（2945万元）。市本级重点立项实施的61个，带动社会科研经费总投入6.03亿元，主要围绕传统制造业高新技术应用与研究、生物产业关键技术研究应用及产业化、电子信息产业关键技术攻关及产业化、节能减排与循环经济关键技术研究与集成应用示范、科技中小企业创新能力建设、特色新产品新技术新材料研究开发及产业化等组织实施，项目实施完成后预计年增产值15亿元，利税3.10亿元，创汇1998万美元。

【农业科技项目实施】　2009年，南宁市实施农业科学研究与技术开发计划项目76个，国家、自治区及市三级财政科技拨款2738万元。其中：国家10个（595万元），自治区24个（683万元），市本级42个（1460万元）。市本级重点立项实施的42个，带动社会科研经费总投入8993.80亿元，主要围绕农业优势特色产业关键技术研究及产业化示范、新型农村科技服务体系建设与能力提升、新农村建设科技试点示范、农产品高值化和标准化技术研究与开发、种植（养殖）业高效省力化生产设备及技术的研究及引进示范推广以及农业新品引进、选育、繁育及示范推广等组织实施，项目实施完成后预计年增产值7.62亿元、利税2.90亿元、创汇350万美元。

【社会发展科技项目实施】　2009年，南宁市实施社会发展科学研究与技术开发计划项目63个，国家、自治区及市三级财政科技拨款1601万元。其中：国家11个（317万元），自治区30个（587万元），市本级22个（697万元）。市本级重点立项实施的22个，带动社会科研经费总投入5886.10万元，主要围绕人口健康与公共卫生安全关键技术研究开发、中药资源保护和中药新产品开发与产业化以及中药标准、中药品质提升及质量控制技术研究等组织实施，项目实施完成后预计年增产值2.10亿元、利税4786.80万元。

【软科学研究项目实施】　2009年，南宁市实施南宁市科技资源现状调查与利用研究、南宁市经济科技发展战略及政策研究2个软科学研究计划项目，总投资68万元，其中市财政科技拨款58万元。

【产业重大科技专项实施】　2009年，南宁市实施产业重大科技专项10个，市财政科技拨款4329万元，带动全社会科研经费总投入3.39亿元，项目实施完成后预计年增产值8505万元、利税1350万元。其中，优势特色金属精深加工技术研究开发、科技创新创业平台建设、传统制造业高新技术应用与研究、生物产业关键技术研究应用及产业化、节能减排与循环经济关键技术研究与集成应用示范5个工业重大科技专项，市财政科技拨款2100万元，带动全社会科研经费总投入2.35亿元，项目实施完成后预计年增产值6.72亿元、利税1.52亿元、创汇1720万美元；农业优势特色产业关键技术研究及产业化示范、新型农村科技服务体系建设与能力提升2个农业重大科技专项，市财政科技拨款600万元，带动全社会科研经费总投入4057万元，项目实施完成后预计年增产值2.91亿元、利税7780万元、创汇350万美元；人口健康与公共卫生安全关键技术研究开发、中药资源保护和中药新产品开发与产业化2个社会发展重大科技专项，市财政科技拨款110万元，带动全社会科研经费总投入1850万元，项目实施完成后预计年增产值8500万元、利税1350万元；市校、校企合作重大科技专项市财政科技拨款295万元，带动全社会科研经费总投入1.04万元，项目实施完成后预计年增产值2.20亿元、利税5497.50万元、创汇230万美元。

【科学技术支出】　2009年，南宁市财政科技拨款2.42亿元。其中,市本级财政科技拨款1.35亿元,占一般预算支出的1.37%。市本级财政科技拨款中,科学研究与技术开发经费9829万元,重点立项实施产业重大科技专项10个(4329万元),科技成果推广与产业化示范13个(355万元),科技成果转化与应用17个(794万元),科技创新能力与条件建设20个(1985万元),科技攻关与新产品试制78个(2033万元),软科学及其他4个(333万元),带动全社会科研经费投入7.63亿元。实施创新计划项目773个(2008~2009年),地方财政拨款2.60亿元,总投入44.62亿元。被列为国家科学研究与技术开发计划项目51个,国家财政科技拨款1909万元;被列为自治区科学研究与技术开发计划项目105个,自治区财政科技拨款2962.50万元。

科学技术普及

【概　况】 2009年,南宁市开展科技素质提升服务行动,以1月广西(南宁)科技活动周、4月保护知识产权宣传周、5月全国科技活动周、10月科普大行动为载体,开展科普进社区、进学校、进农村、进企业、进工地、进商场科普活动120场次,举办“2009飞天壮歌—中国首次太空漫步航天展(南宁站)”等大型科普活动,发放科技书籍11.50万册、科技宣传资料51万份、科技光盘1438盘,举办科技培训1680期,培训技术骨干、农民16万人次,市民参与50万人次。开展优秀科普知识短信征集评选大赛,征集科普知识短信440条,评出一等奖10条、二等奖20条、三等奖30条,通过移动、联通、电信、网络以全国科技活动周南宁市人民政府宣的形式将获一等奖的短信发送到62.10万用户。开展科普知识网上有奖竞答大赛,设置科普知识题目1026题,涵盖防灾减灾、农业、天文、气象、卫生保健等各个方面,访问人数1.06万人次,评出一等奖50名、二等奖100名、三等奖200名。开展以节能减排为主要内容的小革新、小发明、小设计、小建议、小窍门“五小”竞赛活动,500多家企业23万名职工参与,收到合理化建议13.70万多条,为企业创收1.70亿元,技术创新1250项、技术发明639项、申请专利235件,创收6500万元,评出优胜奖18个,其中一等奖1项、二等奖2项、三等奖3项、鼓励奖12项。开展“关爱农民工,科普进工地”活动,设立工地宣传点8个,赠送图书3000册,专场文艺演出4场,播放电影7场。开展女大学生创业就业培训活动,成立广西首个女大学生创业基地,30多位优秀女企业家代表应邀成为创业就业指导老师,与广西民族大学等9所驻邕高校的61名女大学生签订创业就业实习协议。开展“与鹤同行,和谐发展”科普活动,邀请“聚彩画”世界首创人、中国现代艺术家王民生在南宁动物园宣传鹤类保护知识。开展“科学·气象”主题科普活动,参与人数2000人。在南宁电视台新闻综合频道开展《科技探索》栏目,播出科普知识节目170多期。开展南宁市第三届青少年动漫系列活动,主要包括动漫设计免费培训、第二届个人原创科普FLASH作品竞赛、国产动漫片展播、动漫书刊展阅、手绘动漫画作品大赛、COPLAY动漫秀展演等六大内容。“血型的奥秘”主题活动参加首届广西“科普长廊”展示竞赛获一等奖;“飞信传万家,科学进万户——南宁市优秀科普短信征集评选大赛”获全国科技活动周广西活动优秀项目奖。南宁青岛啤酒有限公司、市第一中学、市蔬菜研究所、市星湖小学、市五里亭第一小学、市滨湖小学、市五一中路学校、市五一路小学、市江南区江西镇安平小学、市秀田小学10个单位被评为南宁市优秀青少年科技教育基地。南宁市横县桑蚕蘑菇行业协会、隆安县丁当镇养鸡专业协会、马山县古零镇石丰村黑山羊协会、江南区龙源肉鸽养殖示范基地、武鸣县太平镇新联木薯高产示范基地被中国科协和财政部评为2009年“科普惠农兴村计划”先进集体,获奖金100万元。获2009年广西青少年科技创新大赛一等奖25个、二等奖45个、三等奖28个;获第二十四届全国青少年科技创新大赛一等奖10个、二等奖11个、三等奖6个、专项奖2个,获奖数名列广西各市首位。建立全市青少年科技教育基地44个,其中国家级4个、自治区级26个。

【科技下乡活动】 2009年,南宁市科普工作联席会议组成部门和单位,以1月广西(南宁)科技活动周、5月全国科技活动周、10月科普大行动为载体,开展农业专家送科技、农民党员信息技术培训、小康之光科技致富培训、农业先进适用技术示范推广、科技特派员与农村党员结对帮扶、农村科普行动六大行动下乡活动,赠送《农村养殖实用新技术精选》、《农村种植实用新技术精选》等科技丛书10.30万册,发放科技宣传资料23.20万份、种养实用技术光盘1438盘,举办种养技术培训263期次、实用技术培训1417期,培训技术骨干、农民16万人次。

【科技培训】 2009年,南宁市举办农民党员信息技术培训、小康之光科技致富培训、种养技术培训263期次,实用技术培训1417期,培训技术骨干、农民16万人次。举办企业技术创新管理实务培训班,邀请台湾知识与战略决策管理专家、台湾国立高雄师范大学事业经营学系主任谭大纯博士和台湾人力资源管理专家、台湾国立高雄师范大学人力与知识管理研究所刘廷扬博士授课,培训科技型企业领导、技术负责人和人力资源管理负责人200多人。组织部分企业高管及科技管理系统干部35人赴浙江大学“科技管理与创新”高级研修班学习。组织国家科技型中小企业技术创新基金申报培训,培训100家企业研发人员或项目管理人员。组织国家高新技术企业认定申报培训,邀请广西财经学院黄刚教授就《国家高新技术企业认定管理办法》和《国家高新技术企业认定管理工作指引》及国家高新技术企业认定工作管理与认定流程进行授课。举办2010年度南宁市科技计划项目申报培训班,培训市属企事业单位、部分自治区直科研院所、高校的领导和科研负责人300人。组织知识产权战略知识培训,培训企事业单位89家、500多人。

重要科技活动

【南宁市科技活动周】 2009年1月11~15日,2009年南宁市科技活动周与第十八届广西科技活动周暨广西新技术新产品交流交易会同期举行。南宁市围绕“创新跨越,科学发展”主题,组织开展科技创新成就展、科技人才交流大会、科普长廊展示竞赛、科技合作项目洽谈签约、“三下乡”科普活动及科技创新产品、名特优农副产品展销等系列活动。组织参会企事业单位155家、参展产品405个,签约项目17个，签约金额4.12亿元，参与民众8万人次。以"践行科学发展，加强自主创新，强化科技引领，服务南宁建设"为主题，举办南宁市科技创新成就展，参展企业93家、科技成果122项、产品325个，重点展示有色金属深加工、生物化工、电子信息、汽车配件、中药现代化、节能减排、桑蚕、农产品深加工、种植养殖、医疗卫生等领域的新产品、新技术，达成合作10项，签约金额760万元。组织参加专利集市，展出专利产品42个，占自治区的55%。组织横县茉莉花、证明商标产品横县茉莉花茶、原产地标记产品马山黑山羊3个地理标志产品参加广西地理标志产品参展长廊。开展"血型的奥秘"主题展示活动，吸引8000多名市民参与，发放科普资料2万多份，接受市民咨询1.20万多人次，获首届广西"科普长廊"展示竞赛活动一等奖。举办科技活动周人才交流大会，参加招聘单位217家，提供岗位4700多个，求职人员6万多人。开展科技、文化、卫生"三下乡"及科普进城镇、进社区活动。南宁市获第十八届广西科技活动周优秀组织奖。

【参加全国科技活动周】 2009年5月16~22日，南宁市围绕"加强民生科技，建设首善之区"主题，开展全国科技活动周南宁市活动。5月15~17日，在南宁科技网与南宁市"三农"科技服务网上举办2009年全国科技活动周南宁市网上科普知识有奖竞答活动，350名参赛者获奖。17日，举行南宁市2009年全国科技活动周科技服务企业暨科普工作先进表彰奖励活动，通报表彰2007~2008年度南宁市科普工作先进集体60个、先进个人200名及2007~2008年度南宁市优秀青少年科技教育基地10个、优秀科普作品37件，向12个县区赠送新农村技术培训丛书18万册。19日，全国科技活动周南宁市科技、文化、卫生"三下乡"活动启动仪式在青秀区刘圩镇刘圩村举行，开展科技咨询、科普知识有奖问答、医疗卫生、科学健身、文艺演出等科普活动，发放资料9000多份，群众咨询3000多人次，赠送农村科技实用技术书籍及大众科普刊物3000多册。市科技局组织优秀科普短信征集评选大赛活动，评出优秀科普短信60条，发送公益短信62.10万条。市总工会组织500多家企业23万名职工开展以节能减排为主要内容的小革新、小发明、小设计、小建议、小窍门等"五小"竞赛活动，评选出优胜奖18项，其中南宁化工集团的聚氯乙烯生产线转化岗位热水自循环获一等奖，广西武鸣金蜂化工公司的纳米碳酸钙生产节能减排技术等2个项目获二等奖，市绿化管理处的液体输送转动装置等3个项目获三等奖，市环卫处的环卫作业自动报警器等12个项目获鼓励奖。市科技局、广西大学团委、广西德意数码股份有限公司联合举办南宁市科普知识网上有奖竞答大赛，访问人数1.06万人次，评出一等奖50名、二等奖100名、三等奖300名。市文化局、建委、总工会联合举行"2009年南宁市农民工文化艺术节"活动，开展"关爱农民工，科普进工地"、"图书展阅"、"科普知识竞猜" 等系列活动，送知识送科技进工地，建立8个"图书流动站"，向农民工赠送图书2000多册，为农民工专场文艺演出4场，放映电影7场。市科技局、市科协、青秀区联合举行"体验科学，快乐成长——2009年全国科技活动周南宁市青秀区青少年科普展示活动"，开展"地质专家讲座、地质与我们的生活知识展、走进机器人世界、争当小实验家"科学体验活动及太阳能小车比赛、南湖名树园听证会等系列活动，参与师生4200多人。市教育局、文化局、图书馆、青少年图书馆组织开展2009年南宁市中学生阅读辩论大赛、为祖国喝彩——南宁市第二届"我阅读、我快乐"少儿故事大王大赛活动，20所幼儿园、58所小学的500多名选手参加幼儿组、儿童组、少儿组、少年组比赛。市北湖路小学、市明秀路小学、市滨湖小学等33所中小学校举办科技节活动，参与师生5万人次。市劳动保障局举办南宁技工学校、民办职业培训学校职业技能竞赛，15所学校5350名学生参加焊工、计算机操作员、美容工等8个职业(工种)比赛。南宁动物园举办"与鹤同行，和谐发展"科普活动，向10万游客宣传国家将2009年确定为"鹤类保护年"的目的和意义。市卫生局举办常见精神疾病的症状表现健康知识讲座，市环保局开展爱祖国、爱家园、节能减排科普传播进社会主体实践活动等。

【参加北京科博会】 2009年5月20~24日，南宁市组团参加第十二届中国北京国际科技产业博览会。参会企业15家，开展高新技术成果展示交易、广西千亿元产业重大科技攻关工程技术协同攻关需求发布、项目配对洽谈、合作项目签约、项目采集、走访驻京高等院校与科研院所及世界500强企业等系列活动，展出高新技术项目12个、产品21个，组织广西千亿元产业重大科技攻关工程技术协同攻关需求发布项目3个，推介招商项目150个，签订科技合作项目7个，签约金额2.90亿元，涉及节能建材、生物化工、新材料等技术领域新产品的研究开发、新技术应用及规模生产和产品的国外市场开发等。参观考察全国食品发酵标准化中心、中国农业大学、IBM中国总部及研发与创新中心等，就共建IT技术服务公共平台等进行磋商并达成初步意向，与驻京高等院校与科研院所洽谈技术需求项目13个。市代表团获第十二届中国北京国际科技产业博览会最佳组织奖。

11月，组团参加第十一届中国深圳国际高新技术成果交易会　　市科技局提供

【参加深圳高交会】 2009年11月16~21日，南宁市组团参加第十一届中国深圳国际高新技术成果交易会。参会企业20家，围绕“宣传投资环境，吸引产业转移”主题，开展高新技术成果展示交易、专题招商推介洽谈、项目配对洽谈、项目采集及走访深圳企业等系列活动，展出生物制药领域具有产业化和市场前景的高新技术项目20个、产品50个，专题展示南宁国家生物产业基地、南宁科技企业孵化基地建设情况，组织广西南宁百洋集团有限公司、广西恩度高科技股份有限公司参加广西北部湾经济区招商推介暨广西千亿元产业科技项目发布会。推介招商项目150个，签订科技合作项目8个，签约金额1.40亿元，涉及生物制药、电子信息等具有自主知识产权和产业基础的项目。参观考察深圳华烨集团、深圳市技术转移促进中心。

科学技术成果

【科技成果登记】 2009年，南宁市获自治区级科技成果登记68项（工业24项，农业13项，社会发展31项）。其中：自治区（省）级计划15项，市级计划48项，其他（计划外）5项，技术水平达国际先进水平的5项，国内领先水平的20项，国内先进水平的34项，自治区（省）内领先水平5项，其他4项。

【科技成果鉴定】 2009年，南宁市通过市级以上科技成果鉴定的项目68项（含计划外4项）。其中：工业24项，农业23项，社会发展21项，技术水平达国际先进水平的3项，国内领先水平的18项，国内先进水平的40项，自治区（省）内领先水平的5项，其他2项。

【科技成果获奖】 2009年，南宁市有58项科技成果获国家、自治区、市科技进步奖。木薯品种选育及产业化关键技术研发集成与应用获2009年度国家科学技术进步二等奖。获2009年度广西科学技术进步奖15项（二等奖3项、三等奖12项），其中工业8项、农业4项、社会发展3项，技术水平达到国内领先水平的6项，国内先进水平的6项，自治区（省）内领先水平1项，其他2项。获2009年度南宁市科学技术进步奖42项（一等奖6项、二等奖14项、三等奖22项），其中工业21项、农业8项、社会发展13项，技术水平达到国际领先或先进水平的4项、国内领先或先进水平的33项、自治区（省）内领先或先进水平的2项、其他3项。据可统计经济效益的32项科技成果中，2006~2008年，已创新增产值38.21亿万元，新增利润6.43亿元，出口节创汇5.54亿美元，节支8040万元。2008年实现收入超千万元的成果14项，其中超亿元的7项。

【科技表彰奖励】 2010年1月12日，自治区党委、政府在南宁举行2010年广西科技活动周开幕式暨科技表彰奖励大会，南宁市获广西科学技术进步奖二等奖3项、三等奖12项，授予西乡塘区黄雄（无公害鸡肉养殖）为2009年度广西“科技种养大王”称号，授予横县李有鉴（养猪）、宾阳县陆育甄（女，胡萝卜种植）、邕宁区马占兴（养蚕）、青秀区黄增群（大棚甜瓜种植）、兴宁区李非（养鸡）为2009年度广西“科技种养能手”称号。1月14日，市委、市政府召开科学技术表彰奖励大会，表彰2009年度南宁市科学技术进步奖一等奖6项、二等奖14项、三等奖22项，授予隆安县卢义贞（香蕉种植）、宾阳县韦向新

2009年南宁市获广西科学技术进步奖的科技成果项目情况

等级	项目名称	承担单位
二等奖	利用亚氨基二乙腈IDA法生产双甘膦工艺技术创新	广西易多收生物科技有限公司、广西生物化工工程技术研究中心
	桂能智能化CAD综合设计平台——OneCAD	广西桂能软件有限公司、广西电力工业勘察设计研究院
	糖厂澄清、蒸发工段自动控制系统	广西宏智科技有限公司、广西永鑫华糖集团有限公司、南宁霍尼韦尔电气有限公司
三等奖	采用全自动大型聚合釜新技术生产6万吨/年聚氯乙烯	南宁化工股份有限公司
	罗非鱼高值化加工关键技术研究及产业化	南宁中诺生物工程有限责任公司、广东海洋大学、广西大学、广西南宁百洋食品有限公司、北海钦国冷冻食品有限公司等
	提高广西桑蚕茧缫丝加工产品质量关键技术研究	横县桂华茧丝绸有限责任公司、广西大学
	氯雷他定胶囊研究与产业化	广西博科药业有限公司
	滴通鼻炎水喷雾剂开发与产业化	广西博科药业有限公司
	山银花及其提取物质量控制技术与质量标准研究	广西中医学院、广西桂西制药有限公司
	蔬菜全程无害化生产及快速检测技术集成配套及示范应用	广西大学、自治区农业科学院蔬菜研究中心、桂林市坤达农业科技有限公司、市植保植检站、田阳县科技开发中心
	玉米免耕栽培技术研究与示范推广	自治区农业技术推广总站、河池市农业技术推广站、百色市粮食作物栽培技术推广站、市农业技术推广站、崇左市农业技术推广站等
	奶水牛体内胚胎生产技术的研究与示范	广西大学、南宁培元基因科技有限公司、广西农垦金光乳业有限公司、广西东园生态农业科技有限公司、南宁康平明和生物科技工程有限公司
	养猪企业标准体系研究与应用	广西农垦永新畜牧集团有限公司、广西农垦永新畜牧集团有限公司良圻原种猪场、农业部饲料质量监督检验测试中心（南宁）、广西贵港市格林饲料有限公司
	工业现场实时数据集成系统	广西大学、广西农垦糖业集团股份有限公司、南宁全宇信息工程有限公司
	PS系列造纸工业用新型多元变性淀粉的研制生产和推广应用	广西明阳生化科技股份有限公司

2009年获南宁市科学技术进步奖的科技成果项目情况

等级	项目名称	完成单位
一等奖	南宁市百万亩超级杂交水稻示范推广	市农业局
	糖厂澄清、蒸发工段自动控制系统	广西宏智科技有限公司、广西永鑫华糖集团有限公司、南宁霍尼韦尔电气有限公司
	基于密文的全通网络企业信息管理系统	南宁永凯实业集团有限责任公司、广西大学
	南宁市蚕桑高效种养技术研究、集成及示范推广	市科学技术局、市农业局、横县桂华茧丝绸有限责任公司
	中药新药伊血安颗粒的研究开发	广西万寿堂药业有限公司
	图文资料数字化生产全程自动化监控管理软件	南宁海蓝图文高科有限公司
二等奖	海藻糖在罗非鱼高值化安全保鲜技术产业化	南宁中诺生物工程有限责任公司、广东海洋大学、广西大学、广西南宁百洋食品有限公司、广西南宁百洋饲料集团有限公司
	蔬菜高效栽培模式示范推广	宾阳县科学技术局、宾阳县黎塘镇农业服务中心
	红水河流域家鼠鼠疫防制策略研究	市疾病预防控制中心、自治区疾病预防控制中心
	改良森田疗法对康复期精神病患者变态人格的影响	市第五人民医院
	利用亚氨基二乙腈IDA法生产双甘膦工艺技术创新	广西易多收生物科技有限公司、广西生物化工工程技术研究中心
	Na2Sio3解舒剂新工艺生产高品位白厂丝技术研发	广西立盛茧丝绸有限公司、横县科学技术局
	桂能智能化CAD综合设计平台——OneCAD	广西桂能软件有限公司、广西电力工业勘察设计研究院
	开放式网络化三轴联动数控系统研发	市合辰科技有限公司、广西大学
	复配原料(湿法)酯化变性淀粉的生产新工艺	广西武鸣县安宁淀粉有限责任公司、广西大学
	采用全自动大型聚合釜新技术生产6万吨/年聚氯乙烯	南宁化工股份有限公司
	南宁市高精度三维GPS控制网的建立及似大地水准面精化	市勘测院
	消化性溃疡发病与气象因子关系研究	市第一人民医院
	智能化多级别可信安全服务平台	广西精宇软件有限责任公司、广西师范学院
	税务数据交换中间件研制开发	广西德意数码股份有限公司、自治区国家税务局
三等奖	利用糖厂废物料生产生物有机肥环保新技术的开发	广西鸿生源环保科技有限公司、中国科技开发院广西分院
	滴通鼻炎水喷雾剂开发与产业化	广西博科药业有限公司
	益脉康胶囊的研制开发	广西禾力药业有限公司、广西南宁允上医药科技开发有限公司
	横县科技富民强县示范试点	横县科学技术局
	杂交玉米新品种瑞恒269号等大面积示范推广	市农业技术推广站
	板栗综合增产技术推广应用	隆安县科学技术情报研究所
	迟熟龙眼优良品种选育及示范推广	市水果生产技术指导站
	木薯高产低耗种植示范	武鸣县科学技术局
	提高广西蚕茧缫丝加工产品质量关键技术研究与开发	横县桂华茧丝绸有限责任公司、广西大学
	安全边界接入和数据采集及交换共享平台的技术研究与应用	市公安局
	低出生体重儿血清GH、IGF-1、IGFBP-3和瘦素水平临床意义研究	市第二人民医院
	一种新型丙嘴添加剂的开发研究	广西中烟工业有限责任公司
	基于图文数字化的机动车与驾驶员管理系统模型开发研究	市公安局交通警察支队、南宁海蓝数据有限公司
	基于AMD技术的嵌入式无纸化考试系统	市平方软件新技术有限责任公司
	慢性咳嗽患者T淋巴细胞亚群、红细胞免疫与临床的关系	市第一人民医院
	实时四维彩超在胎儿体表畸形诊断中的应用研究	市妇幼保健院
	大容量智能信息检索系统	市平方软件新技术有限责任公司
	人未成熟卵母细胞体外成熟培养的研究	市第二人民医院
	立其丁干预一期压疮的研究	市第九人民医院
	鞘内不同剂量舒芬太尼复合罗哌卡因在分娩镇痛中的临床应用研究	市妇幼保健院
	中药新药益心健脾颗粒产业化的开发	广西健丰药业有限公司
	电机监护系统的研制与应用	南宁创能科技开发有限责任公司

（水产养殖）、上林县陆愈忠（养猪）、西乡塘区黄雄（养鸡）、西乡塘区梁洁言（香蕉种植）为2009年度南宁市“科技种养大王”称号，授予横县李有鉴（养猪）、蒙世俭（水稻种植）、黄健（养鸡、养猪），邕宁区林汉文（火龙果种植）、马战兴（养蚕）、蓝凯（养猪），宾阳县陆育甄（胡萝卜种植），青秀区周桂华（蜜蜂养殖）、孙立威（西瓜、蔬菜种植）、黄增群（大棚甜瓜种植），武鸣县梁永武（甘蔗种植），江南区梁洁珍（西瓜、甜瓜种植），兴宁区李非（养鸡）、陆培坚（水产养殖），上林县韦华生（养鸡）为2009年南宁市“科技种养能手”称号。

【科技成果转化与应用推广】 2009年，南宁市实施节能减排与循环经济关键技术研究与集成应用示范重大科技专项1个、科学研究与技术开发计划项目7个，市财政科技拨款365万元，总投资6578.29万元，项目实施完成后预计年增产值3.05亿元、利税5340.86万元。实施智能远程通信基站图像监控系统的生产、上流式高效芬顿氧化塔的研制及其处理难生化降解工业废水的产业化、木质素基和蔗糖基木材胶粘/改性剂及其应用3个科技成果转化与应用项目，市财政科技拨款60万元，总投资1200万元，项目实施完成后预计年增产值2200万元、利税120万元。实施农业优势特色产业关键技术研究及产业化示范项目5个，市财政科技拨款110万元，总投资572万元，项目实施完成后预计年增产值6130万元、利税3395万元。实施农业新品引进、选育、繁育及示范推广11个，市财政科技拨款235万元，总投资1317万元，项目实施完成后预计年增产值1.33亿元、利税7170万元。实施种植（养殖）业高效省力化生产设备及技术的研究及引进示范推广项目1个，市财政科技拨款15万元，总投资45万元，项目实施完成后预计年增产值90万元、利税55万元。引进、选育、试验示范推广农业新品种64个、农业先进适用技术56项，其中应用面在千头万亩以上的标准化种养农业新品种15个。实施肉鸡产业化关键技术研究及示范应用重大科技专项，市财政科技拨款140万元，总投资2400万元，项目实施完成后预计年增产值9800万元、利税2870万元，选育出2个肉鸡新品种，推广2000万羽，制定种鸡及规模化养鸡主要疾病防控技术企业标准2项、广西地方标准1项，建立三个层级的疫病与诊断技术体系。实施罗非鱼标准化生产体系建设及产业化重大科技专项，市财政科技拨款60万元，总投资750万元，项目实施完成后预计年增产值1.05亿元、利税4100万元、节创汇350万美元，制定罗非鱼苗种大规模越冬、均衡上市、标准化养殖技术规程各1套，建立出口养殖示范面积333公顷，示范推广面积1000公顷，总产罗非鱼1500万公斤以上，选育出罗非鱼“佳吉”新品系2个，建立11.73公顷中试养殖示范基地，扶持养殖示范户233户，农民增加养殖收入5900多万元。蚕桑业高效种养技术研究、集成及示范推广科技专项通过科技成果鉴定，技术达到国内领先水平，获2009年南宁市科学技术进步奖一等奖，实施两年来推广应用桑树高效栽培技术4.06公顷、桑蚕高效饲养集成技术234.34万张、小蚕育种技术187.10万张、方格簇营茧技术130.66万张、蚕病综合防治技术234.34万张，占全市养蚕总量71.82%，新增产茧量1120.62万公斤，农民新增总收入3.88亿元。实施人口健康与公共卫生安全关键技术研究开发科技成果转化与应用项目3个，市财政科技拨款274万元，总投资802.10万元。实施专利技术开发与产业化科技成果推广与产业化示范项目2个，市财政科技拨款45万元，总投资712万元，项目实施完成后预计年增产值8010万元、利税1229万元。广西武鸣县安宁淀粉有限责任公司废水处理循环利用工程项目通过科技成果鉴定，技术水平达到国内领先水平，废水年处理规模80万吨，生产木薯淀粉吨耗水量14.87吨，耗电量129.14千瓦时，耗标煤量0.09吨，年回收沼气量443万立方米，年节约标煤3546吨，年减排经济效益378.98万元。

（伍美新　谢倚宁　覃　燕）

气象工作

【概　况】 南宁市气象局是受自治区气象局、市政府双重领导的公益性事业单位，集业务、科研、管理于一体，承担南宁市气象监测、预报服务和雷电监测的业务工作，还履行气象法赋予的社会行政管理职能。辖武鸣、横县、宾阳、上林、马山、隆安县气象局及邕宁区气象局。下属市气象台、地面观测站、高空探测站、城区观测站、生态与农业气象观测站、信息与技术保障中心、财务核算中心及人工影响天气办公室。2009年，市气象局围绕市委、市政府中心工作，建立健全各项规章制度，强化依法行政意识，履行基础业务、气象服务、人工影响天气、现代化建设及防雷减灾等职责。

【气象决策服务】 2009年，市气象局共为市委、市政府及防汛办、农业局等相关部门提供气象服务信息149份，内容包括气候预测及评价，强对流、暴雨、台风、低温等重大天气过程预报，春播夏收服务、干旱预报和监测、重大活动气象服务等。向社会发布暴雨、雷电、大风、冰雹、大雾、高温等各类预警信号共177次。市委、市政府领导在服务信息上批示共22份。其中，市领导在市局提供的决策服务材料上作出批示7次。

在年内的灾害性天气过程中，除利用新闻媒体及时向外发布灾害性天气预警信息外，还及时向各级党政、部门领导、乡村气象信息员发送气象预警短信。全年在南宁电视台、南宁电台、《南宁晚报》、《南宁日报》、《南国早报》等新闻媒体发布气象预警信息258次，向各级党政机关和部门领导、乡村气象信息员4000多人发送气象预警短信共104条11.92万人次。在7月台风“莫拉菲”、9月台风“巨爵”、10月台风“芭玛”影响期间，还向所有手机用户发送加密台风预警信息，使市民及时了解台风进展情况，以减少人员和财产损失。

【人工增雨作业】 2009年，由于降雨量时空分布不均，南宁市发生较严重的春旱和夏秋连旱，给人民群众的生产生活造成较严重的影响。市人工影响天气办公室积极组织各级气象及人影部门实施人工增雨防雹作业，至12月18日，各级气象及人影部门抓住有利天气时机，共成功组织实施地面火箭高炮人工增雨作业86次，防雹作业1次。发射火箭弹246枚，37高炮弹40发，全市累计增加降水约6532万吨，经济效益约2050万元，得到各级领导和市民的好评。年内，市政府决定由市财政出资37万元，增购2套车载式火箭发射设备用于六城区人工增雨作业。此外，市气象局还拓展服务领域，继续与南宁糖业股份有限公司开展合作，在该

人工影响天气作业现场　　周剑波　摄

公司所属蔗区实施人工增雨作业。

【重大社会活动气象保障服务】 2009年，市气象局为第五届泛珠论坛、自治区人防宣传月活动启动仪式、全运会火炬传递活动、建国六十周年大庆、第六届中国—东盟博览会召开等重大社会活动提供气象保障服务，圆满完成重大社会活动气象保障任务，共提供专题服务材料42份，特殊短信44条，为决策服务中心提供10期材料，并为市旅游局提供中英文双语天气预报。在中国—东盟博览会召开期间，市气象局充分发挥多普勒雷达的作用，加强短时临近预报服务，24小时密切监测天气变化，向市领导及民歌节组委会领导发送手机气象信息25条，对民歌节期间的天气形势和演变作出较为及时准确的预报。

【气象现代化建设】 2009年，市气象局完成南宁市气象灾害监测预警中心建设，并于12月6日搬迁至凤岭新址办公。横县气象局与水利局联合开发的“横县水库防汛指挥平台”一期通过验收。5月中旬在横县云表镇新仲村安装“新农村气象综合信息服务屏”，至年底横县已安装电子显示屏4块。气象预警信息数字音频广播（DAB）已完成布点并投入运行。完成邕宁局自动站和马山县局雷电监测定位系统基础工程建设。

【气象科普宣传】 2009年，市气象局与市科协联合举办“科学·气象”主题科普宣传年活动，派人到隆安、马山、横县等县参加科普宣传活动，利用“3·23世界气象日”、“科技文化周”等多次开放气象台，迎接市民和南宁晚报小记者团的参观和咨询，参加南宁电台“政风行风热线”节目，扩大灾害性天气的防减灾知识的覆盖面。为促进气象科普知识传播，投入资金3万余元，专门组织气象科技人员编印“科学·气象”科普知识手册8万册，在各次科普活动中免费发送给社会公众。组织青年团员到北湖安居小区开展“弘扬雷锋精神，服务进社区”气象科普宣传活动。　（江　雪）

水文工作

【概　况】 广西水文水资源南宁分局与南宁水环境监测中心合署办公，管辖龙州、宁明、崇左、那岸、那岸（二）、大新、下颜、南宁、武鸣、扶绥、上林、邹圩、镇龙、露圩、平而、新和、鸭水滩、水口、那堪等水文（位）站19个、雨量站88个、水质监测站14个、泥沙站6个和蒸发站11个，拥有《水文、水资源调查评价乙级证书》、《建设项目水资源论证乙级证书》和《水土保持监测资格乙级证书》及水质分析化验国家计量认证合格证书，主要承担南宁市、崇左市辖区范围内的江河湖库的水文测验、水文情报预报、水文分析计算、水质监测以及水资源调查评价、建设项目防洪评价及建设项目水资源论证等工作。2009年，南宁分局发挥国家防汛指挥系统水情分中心遥测设备的作用，加快水文新技术应用步伐，加强水文信息化建设，做好重点防洪城市（镇）水文监测站网建设和中小河流山洪易发区雨量站的建设，密切监测辖区江河湖库的雨情、水情变化情况，及时(30分钟内)向各级防汛抗旱指挥部门直至国家防总报送水文信息。根据自治区水文水资源局的要求和部署，成立水文应急测报小分队，并进行演练。从后汛期9月1日开始编写南宁市和崇左市辖区内的旱情专报，向自治区水文水资源局及两个市防汛抗旱指挥部等有关单位和领导发送。由水利部统一规划建设、总投资为137万元的水口水文站（跨界河流水文站）工程于1月1日正式投入使用。由水利部统一规划建设、总投资为138万元的硕龙水文站（跨界河流水文站）的主体建设项目于12月建成，并于2010年1月1日投入试运行。分局工作在自治区水文系统年度综合评比中获优秀奖。

【水文测验与水文资料整编】 2009年，南宁分局立足“防大汛、抗大灾”的指导思想，开展汛前准备，为确保在汛期顺利开展水文测报工作打下坚实基础；开展水位、流量、泥沙、降雨等项目的测验，资料工作做到“四随”（随测算、随发报、随整理、随分析）；完成2008年度水文资料整编工作，计有水位资料19站年、流量资料15站年、泥沙资料6站年、降雨量资料88站年、水温资料8站年、蒸发量资料11站年、岸温资料6站年，向自治区水文水资源局提交完整的水文资料成果，资料质量为优良等级。完成2008年度水资源公（简）报资料统计、上报工作。进一步做好南宁水文站泥沙分析试验工作。完成各水文站《测站任务书》的修订，完成自治区水文水资源局主持的2008年度水文年鉴刊印成果审查。完成各水文站简介、位置图及有关资料的上墙张挂；继续做好《南方片整编软件》的应用。

【水文情报预报服务】 2009年，南宁分局辖区内各江河洪水均较小，大部分洪水均在高洪水位级以下。只有东班江的露圩水文站和清水河的邹圩水文站各出现一次超警戒水位的洪水。全年各测站的水情电报绝大部分是通过遥测和电话语音、网络报汛系统进行自动转发，基本上能在15分钟之内传到自治区水文水资源局。全年18个水文（位）站共收、发水雨情报6.78万份。越南自5月1日至9月30日

12月18日，举行水口水文站成立揭牌仪式　　广西水文水资源南宁分局提供

通过互联网向南宁分局拍发谅山、高平两水文站的水情、雨情报共295份，做到资源共享。分局还负责本区域内西津、左江、大王滩、仙湖等8座大型水库(电站)及天雹、龙潭等11座重点中型水库的水、雨情电报的上网转发任务。整个洪水期期间，共发布洪水预报4场次，按照《水文情报预报规范》进行误差评定，全部合格，平均准确率92.50%。

【水质监测调查】 2009年，南宁水环境监测中心完成左、右江及邕江河段全年水质常规监测，完成南宁市水源地水质监测和国际河流入境水体水质监测，共布设断面19个。每月末与市水利局共同在《南宁晚报》上发布《南宁市供水水源地水资源质量公报》。每两个月发布一期《水质通报》，报送南宁市、崇左市政府和有关部门参阅。完成2008年度水质资料整编任务。继续开展取水许可水质检测工作。根据上级要求配合南宁市、崇左市做好农村饮水安全规划调查工作。6月14~24日，右江隆安县城河段突发水污染事故，严重影响隆安县城的自来水供应，并威胁到南宁市饮用水水源地的取水安全。监测中心按照水利部有关规定和相关预案，连续11天对右江的雁江至南宁水文站河段进行动态监测，及时上报监测结果，并通报南宁市水行政主管部门。继续做好南宁市、崇左市饮用水源地水质自动监测站点的维护工作，保证水质信息不中断。受南宁市、崇左市水利局的委托，负责编制南宁市、崇左市突发性水污染事件水利系统应急预案报告。

【新建4个水位台】 2009年4月，南宁分局分别在横县、邕宁、峦城、宁明县城4个重要防洪城镇建成简易水位台，安装行动遥测设备，开展对以上4个河段的水位观测，满足当地政府防洪决策的需要。

（黄召生）

防震减灾

【概　况】 2009年，南宁市地震局贯彻落实预防为主、防御与救助相结合的防震减灾工作方针，突出抓好提高地震流动监测能力建设、抗震设防要求管理、地震应急演练和应急避难场所建设、防震减灾法律科普知识宣传教育4项工作。获2009年度广西防震减灾工作综合评比一等奖；被自治区人力资源和社会保障厅、地震局记集体二等功1次。

【监测预报】 2009年，市地震监测信息中心测震台网由5个子台增设至7个子台，增设2台地震流动监测仪，为升级台网中心地震速报软件，集成新增子台、流动台数据，拓宽测震范围，提高测震精度和现场流动监测能力提供技术保障。继续加强和完善地震宏观观测点建设，开展对动物异常现象的收集、整理研究和分析，为最大限度地准确捕捉地震宏观异常现象提供依据。市地震监测信息中心测震台网运行率平均达95%以上，市测震观测项目(数字化)获广西2009年度地震观测质量三等奖，其中，九塘、石埠前兆站运行率均达98%以上，其地下流体观测项目(数字化)分别获广西2009年度地震观测质量一等奖和二等奖。

【抗震设防】 2009年，市地震局加强对新建、扩建、改建建设工程抗震设防要求的管理和监督。共有59个抗震设防要求高于国家现行地震烈度区划图或地震动参数区划图标定设防标准的重要工程、特殊工程、生命线工程和可能产生严重次生灾害的工程，建设单位依法开展地震安全性评价，并按照经审定的地震安全性评价报告所确定的抗震设防要求进行抗震设防。对无需进行地震安全性评价的城市一般工业与民用建设项目，按照国家现行的地震烈度区划图或地震动参数区划图、地震动参数复核结果或地震小区划成果所确定的抗震设防要求和工程建设强制性标准进行抗震设防，市本级共办理一般工程“建设工程抗震设防要求的确定”行政许可130项。配合市中小学校舍安全工程领导小组开展中小学校舍安全工程排查工作，完成675所学校的校舍安全工程鉴定，规划加固及新建543所学校，已落实35所学校，还有500多个学校待加固、新建或避险迁移。对全市中小学校舍(包括教学用房、学生宿舍和食堂等主要建筑)抗震设防要求按照高于本市房屋建筑的抗震设防要求进行抗震设计，采取有效措施，增强抗震设防能力。8月，根据自治区政府办公厅《关于开展全区防震减灾工作检查的通知》，按照《南宁市人民政府办公厅关于开展全市防震减灾工作检查的通知》，在检查《南宁市防震减灾工作领导小组关于印发2009年南宁市防震减灾工作实施方案的通知》布置的各项工作落实情况的基础上，对南宁市2008年7月1日以来，执行新修订的《防震减灾法》，新建、扩建、改建建设工程抗震设防要求管理，地震应急体系建设，农村民居防震保安工作建设，地震次生灾害源排查处置，地震重点监视防御区(城市)防震减灾工作等方面开展行政检查。

【宣传教育】 2009年，市地震局开展全

工作人员对校舍安全工程进行检查　　庞小立　摄

国首个"防灾减灾日"防震减灾法律科技知识宣传活动，在新闻媒体开设宣传专题、专栏，刊播有关防震减灾工作的新闻、防震减灾法律法规和案例、防震减灾科普知识的文章、信息约30篇(条)。制作《汶川地震纪念图片》、《防震减灾法》宣传板报，在乡村、学校、企业巡回展览。组织参与首届全国家庭防震减灾知识竞赛，选拔两个家庭参加自治区初赛，分别获三等奖和优秀奖。开展"常备不懈、警钟长鸣"——南宁市中小学校防震减灾主题教育活动，在东葛路小学、五里亭第一小学、市第一中学、隆安县南圩镇中学、武鸣县城镇一小、横县二中和百合中学等中小学校开展防震减灾知识讲座和地震应急疏散演练。与广西财经学院共同举办"5·12周年祭——地震知识图片展"活动。组织防震科普知识宣传小组进学校、进机关、进企业、进街道、下乡村活动，举办防震减灾科普知识讲座60场次，听众5万人次。编印发放《地震应急预防手册》2万册、地震科普知识宣传单3万份、《防震减灾知识问答》4万份、《农村居民防震保安知识读本》4万册。

【应急救援】 2009年，市地震局继续推进地震应急预案体系建设，编制实施《南宁市地震应急预案(简本)》。加强应急避难场所建设，至12月，总投资400多万元的南湖公园应急避难场所建设基本竣工，进入验收准备阶段。加强地震应急演练，3~11月，共组织24所中小学校师生和13个社区的单位及市民，开展地震应急演练37次。12月，为做好全市首次地震综合性应急演习工作，编制市地震综合应急演习方案，演习各项前期准备工作在12月底前完成。　　（庞小立）

社会科学

社会科学研究

【概　况】 2009年，南宁市社会科学院以服务决策和服务社会为主要目标，围绕市委、市政府中心工作和全市经济社会发展重大问题，开展课题研究、科研管理、学术交流、决策咨询、编书办刊等各项工作。共完成13项市社科重点课题的研究，牵头完成2项市委重大调研课题；编纂出版广西首部城市蓝皮书《2009年南宁市蓝皮书》和《南宁历史文化丛书》(第一辑)；1项成果获省部级奖励；2项成果被评为南宁市第六届"五象工程社科奖"；获市第十次社科优秀成果一等奖1项、二等奖2项、三等奖5项、优秀奖2项；被市委、市政府授予创建全国文明城市先进单位；成功申办2010年全国城市社科院院长联席会；2人被聘为南宁市第一届签约理论专家，10人被聘为南宁市第一届社科理论特约研究员。年内，科研人员在《广西日报》和《南宁日报》等报刊上公开发表理论文章160多篇，在各种研讨会交流论文30多篇。

【课题研究】 2009年，市社科院牵头完成市四家班子党员领导干部开展深入学习实践科学发展观活动调研课题2项，即《提升南宁在中国—东盟自由贸易区中地位和作用的对策措施》和《建立和完善农村投融资体制的对策措施》；完成2008年度市社科重大课题1项，即《南宁市加快北部湾经济区核心城市建设战略研究》；完成2008年度市社科重点课题10项，即《南宁市农村基层组织建设对策研究》、《南宁市建设印刷产业基地可行性研究》、《南宁市房地产业发展研究》、《南宁市文化产业发展研究》、《南宁市与越南优势产业合作对策研究》、《南宁市建设生态文明城市对策研究》、《南宁与东盟各国人力资源开发合作对策研究》、《南宁市社会治安综合治理对策研究》、《南宁市建设信息交流中心对策研究》、《南宁市与泰国产业合作研究》；立项并组织研究2009年度市社科重点课题5项，即《南宁市加快工业结构优化升级对策研究》、《南宁市促进返乡农民工就业对策研究》、《南宁市创建"健康城市"对策研究》、《郑州、南昌、昆明、南宁四城市项目审批情况对比分析》、《南宁市建设"中国水城"对策研究》；立项并组织研究2009年度市社科重大课题2项，即《南宁市统筹城乡发展战略研究》和《南宁市建设区域性国际城市战略研究》；还承担完成多项其他课题：《关于南宁市和城区两级政府在城市管理中的责权利关系问题的调研报告》、《南宁市城市管理体制改革研究》、《南宁市"十二五"统筹城乡改革发展研究》、《南宁市深化全国文明城市工作规划(2009~2011年)》、《南宁市中长期人才发展规划纲要(2009~2020年)》、《南宁市党政人才队伍建设研究》、《南宁市人才强市战略研究》、《南宁市民族关系状况监测研究》、《区域民生科技需求与发展战略研究》、《广西流动人口研究》等。《南宁市房地产业发展研究》、《关于加快发展我市总部经济的建议》、《关于南宁市和城区两级政府在城市管理中的责权利关系问题的调研报告》、《南宁市发展现代服务业对策研究》4项课题研究成果得到市领导的肯定性批示。

【获奖成果】 2009年，市社科院有2项成果获南宁市第六届"五象工程社科奖"，即《完善朝阳商圈功能的对策研究》和《构建新时期农村党员保持先进性的三大保障体系》。在南宁市第十次社科优秀成果评奖活动中，《关于社会科学技术的几点思考》获一等奖，《我国环境法学界的环境伦理价值审视》、《广西北部湾经济区产业组织结构与城镇空间模式的协同性分析》、《发展和完善南宁市新型农村合作医疗制度研究》、《南宁市发展总部经济研究》获二等奖,《加快发展南宁市现代服务业对策研究》、《南宁市专业技术人才队伍建设对策研究》、《南宁市建设区域性国际城市对策研究》获三等奖,《南宁市承接东部产业转移对策研究》等获优秀奖。

【编书办刊】 2009年,市社科院继续抓好书刊编纂工作。《创新》由双月刊改为单月刊,共出版12期,发表文章285篇,约230万字,3篇文章被国内权威文摘媒体转载;成立由中国工程院院士李京文为主任的学术委员会,聘请中国社科院学部委员张蕴岭、中国人民大学教授郑杭生等14名国内著名专家学者为委员。2月初,编撰出版广西首部城市蓝皮书——《2009年南宁市蓝皮书》,并于2月13日举行首发式。3月,编纂出版《南宁历史文化丛书》(第一辑)的《街市风情——南宁街道文化寻踪》、《旧梦新月——南宁古镇古村寻踪》、《四季飘香——南宁饮食文化寻踪》3册。11月,编辑出版《咨询与决策——南宁市2008年度哲学社会科学重点课题研究成果选》。参与《爱我中华 建设广西》等书的编撰。编发内部刊物《领导参阅》13期。

【人才培养】 2009年,市社科院组织实施3项2008年度南宁市专业化人才培养项目,即南宁与东盟经贸合作机制与环境研究专业紧缺人才培养、区域开放开发模式紧缺人才培养、南宁市农业社会服务体系应用对策研究紧缺人才培养,先后派出8名科研人员到天津滨海新区、广西大学、广西民族大学、广西社科院等高校和科研机构进行培训。 (黄浩邦)

地方志工作

【概 况】 2009年,南宁市人民政府地方志编纂办公室加大宣传贯彻《地方志工作条例》力度,加快地情书编纂工作。编纂出版《南宁年鉴·2009卷》和南宁古籍文献丛书·旧志系列之《南宁府志》明嘉靖十七年版、四十三年版,清乾隆八年版、宣统元年版4个版本;举办《南宁百科全书》首发式;组织开展对第二部《南宁市志》46个专志和《南宁市城北区志》三级评审会;完成《南宁市邕江大堤志》、《南宁市第四人民医院志》、《南宁市新城区志》(1991~2005)的编修指导工作,其中《南宁市邕江大堤志》、《南宁市新城区志》年内已出版发行;完成第一部《南宁市志》(政治卷、文化卷)上载广西地情信息网的校对工作。积极开拓读志用志途径,《南宁年鉴》全文录入南宁政务信息网,年点击率10多万人次;为南宁市历史文化保护规划、南宁市申报国家卫生城、南宁市申报国家科技进步示范市、《西江经济带发展总体规划》、南宁兵变80周年纪念展、《南宁市地名规划方案》、南宁水城建设规划等编制调研工作提供市情资料;为《中国地方志年鉴》、《广西社科年鉴》、《北部湾广西区域简志》、《广西市县概况》等书籍撰写南宁市地情稿件;为《南宁日报》、《南宁晚报》、《南国早报》及广西电视台、南宁电视台等媒体提供市情资料,并配合其做好宣传南宁的各种专题报道工作;为《南宁市广播电视报》撰写南宁市解放60周年大事记。加强对县区志办和市志承修单位的调研和指导,年内,向分管地方志工作的市委常委、宣传部长、副市长肖莺子汇报部分县区志办办公设备欠缺的问题,得到她的大力支持,下拨专款8万元购买办公设备,其中购买每台价值1.12万元的多功能复印机3台,分别送给横县、上林、马山3个县县志办,促进了基层修志工作的开展。抓好培训,提高修志队伍的素质,12月在广西巴马县举办南宁市地方志书、年鉴工作编修人员培训班,与会人员100多人。

【第二部《南宁市志》三级评稿会召开】 2009年9月27~28日,第二部《南宁市志》三级评稿会在广西军区桂华苑饭店召开。自治区方志界的专家、学者,市政府分管领导,市地方志办公室全体人员以及承编单位的主要撰稿人员、县区地方志办公室主任120多人参加。

第二部《南宁市志》编修工作自2001年4月6日召开的全市第二届地方志编纂工作会议后正式启动。第二部《南宁市志》主要记载1991~2005年南宁市的自然、政治、经济、文化、社会等方面的情况。全书由86个专志和总述、大事记、附录、索引组成,分综合、政治、经济(上、下册)、文化四卷五册的格局。根据国务院《地方志工作条例》的有关规定以及自治区地方志办公室有关会议精神,市地方志办公室组织力量对专志篇幅进行反复修改、压缩,至2009年9月,共完成46个专志文字稿件的修改压缩工作,并上报自治区评审,其余42个专志及总述、附录将于2010年完成评审工作。

【《南宁年鉴》(2009年卷)编纂出版】 2009年9月,由市政府主办、市地方志办公室主持编纂的《南宁年鉴》(2009年卷)由广西人民出版社公开出版发行。《南宁年鉴》(2009年卷)为大16开精装本,全面系统地记录了2008年南宁市经济和社会发展的基本情况,汇集了年度内南宁市自然、政治、经济、文化、科技、社会等领域的各类信息,全书约200万字,内分37个类目、97个统计图表,随文配818幅照片。基本内容分综合情况、动态信息、辅助资料三个部分。综合情况部分设特载、南宁概貌两个专栏;动态信息部分设特辑、两会一节(中国—东盟博览会、中国—东盟商务与投资峰会、南宁国际民歌艺术节)、党政机关、群众团体、法制、军事、开发区·新区、城市建设与管理、环境保护·园林绿化、国有资产监管与运营、工业、农林·水利、交通运输业、信息业、商业贸易、对外经济贸易、南宁与东盟、旅游业、会展业、个体私营经济、财政·税务、金融、经济管理与监督、教育、科学、文化、新闻出版、卫生、体育、社会生活、区县、人物32个部类;辅助资料有大事记、城市竞争力、附录3个部类。综合情况及动态信息各部类的内容均作条目化处理,以方便读者检索。部类和条目之间设有分目层次。政治、科学、人物等部类的分目下设次分目层次。全书配备目录、索引双重检索系统。内容结构上重点设置了"两会一节"、南宁与东盟等凸显南宁特色与年度特点的类目,详细记录了"两会一节"在南宁召开的盛况、全市各界为服务"两会一节"所做的大量工作及南宁与东盟在经济、文化等方面的交流与合作,还增设了南宁市庆祝广西壮族自治区成立50周年、获全国文明城市称号、六大新突破和三大新成效等彩页专版,全面展现南宁在加快建设区域性国际城市和广西"首善之区"所取得的新成就。

【《南宁府志》(影印本)出版发行】 2008年8月,由市政府主办、市地方志办公室主持编纂的《南宁府志》(影印本)由广西人民出版社公开出版发行。《南宁府志》(影印本)是一部记述古代南宁社会情况

3月27日，举行《南宁百科全书》首发式　　李敬江　摄

的资料性文献，全书四部共八册。其中：明嘉靖十七年版一部一册，为明嘉靖十七年(1538)郭楠纂修，共设10卷约10多万字；明嘉靖四十三年版一部一册，为明嘉靖四十三年(1564)方瑜纂修，共设11卷约20万字；清乾隆八年版一部三册，为清乾隆八年(1743)苏士俊纂修，共设56卷约53多万字；清宣统元年版一部三册，为清宣统元年(1909)纪堪谨、方培纪、吴永治纂修，是乾隆八年(1743)苏士俊纂修的增补本，共设56卷约50多万字。该书的编纂坚持抢救、保存和传承古代优秀历史文化的原则，依据原书影印出版，同时，为方便读者查阅，重新编排了目录及其页码。

【《南宁百科全书》首发式举行】 2009年2月，由市政府主办、市地方志办公室主持编纂的《南宁百科全书》由广西人民出版社公开出版发行。3月27日，该书首发式在南宁新闻中心举行。南宁市领导肖莺子、卢丽芬、黎四龙出席首发仪式，与会人员100多人。会上，市领导向与会代表赠书。7月2日上午，市地方志办公室给全市中小学赠送《南宁百科全书》的仪式在市中小学生校外教育活动中心举行，共向市属1700多所中小学赠书。

【自治区地方志编委会督查组到南宁市督查】 2009年2月25~26日，自治区地方志编纂委员会派出督查组，对南宁市贯彻《地方志工作条例》和自治区《实施〈条例〉办法》以及第二轮编修地方志工作进行检查。市委常委、宣传部长、副市长肖莺子参加了南宁市地方志工作汇报会，对南宁市地方志系统存在的办公设备不足的问题，现场表示从政府专项经费解决的意见。督查组随后到兴宁区、马山县进行检查。督查组对全市地方志工作给予了肯定，对工作发展不平衡问题给予了指导。

【2007~2009年度南宁市地方志先进集体、先进个人表彰会议】 2010年1月29日，为进一步贯彻落实国务院《地方志工作条例》和《广西壮族自治区实施〈地方志工作条例〉办法》，总结修志经验，表彰先进，南宁市在市交通局二楼会议室召开2007~2009年度南宁市地方志先进集体、先进个人表彰会议，副市长李国忠、市委副秘书长彭健、市政协副秘书长眭国庆出席会议。会上，李国忠就增强地方志工作的责任感和使命感、坚持志书质量第一的原则、加强领导营造地方志工作的良好环境等方面作了重要讲话，并对南宁市广播电视局等55个先进集体、马恩宁等95名先进个人进行表彰。与会人员200多人。　（梁笑飞）

党史资料征集与研究

【概　况】 2009年，中共南宁市委党史研究室编纂、出版《南宁党史人物传略》第一辑，共收录南宁市党史人物85人，全书约40万字；《南宁市大事记》2008年卷，全书约35万字、配图309余幅。经过主编的统稿，完成《中国共产党南宁历史》第一卷(民主革命时期)定稿，同时着手《中国共产党南宁历史》第二卷(社会主义时期)编写，其中对第二卷写作提纲作了论证，举办编写人员培训班和全市35个单位派员参加的第二卷专题写作培训班。作为全国性的党史课题，由8人组成工作组开展革命遗址遗迹普查工作，共完成市级22个、全市161个革命遗址遗迹普查工作任务，并报自治区党史研究室。11月27日，由市委党史研究室牵头，与市委党校共同建成中共南宁历史教育室，展示图片150余幅，自治区党委党史研究室主任王福琨、市委副书记岑可成出席揭牌仪式并讲话，教育室完整地展示了中共南宁历史(民主革命时期)。年内共撰写论文2篇，其中一篇获中央党史研究室、中央文献研究室、自治区党委联合召开的纪念百色起义80年征文三等奖，与南宁电视台联合拍摄记录南宁解放60周年访谈片《烽火岁月》6集，在南宁电视台播出。12月4日，在南宁饭店承办"南宁解放60年老同志座谈会"，市长黄方方主持会议，自治区党委常委、市委书记车荣福发表重要讲话，自治区原主席韦纯束代表老同志发言，在邕市委常委，市人大、市政府、市政协各1名领导，历届市四大班子在邕离退休老领导，二战时期参加革命的老同志、老红军，在邕原地下党老党员、团员、爱青会、原解放军解放南宁守备部队、革命烈士家属代表，共约150人出席座谈会。12月10日上午，在西园饭店承办南宁兵变80周年座谈会，市委常委、宣传部长、副市长肖莺子主持会议，岑可成副书记作了讲话，全市相关单位50多名代表出席会议。12月22日，在邕江宾馆召开《纪念雷经天文集》(该书分传略、文献、缅怀、附录四大部分，共50万字)出版发行座谈会，自治区原主席韦纯束、市委副书记岑可成、雷经天儿子雷炳坚等在会上讲话，各方面代表50人出席会议。

【辖区党史资料征集与研究】 2009年，横县编纂出版《横县抗美援朝风采录》一书，共25万字；宾阳县编纂出版《宾阳县大事记(2004~2008)》；隆安县编纂出版《中共隆安县历史资料汇编》(新民主主义革命时期)，该书共5辑、240万字，《蝶城风采——隆安改革开放30年》，收录110多篇文章、368幅图片，共120万字。

（蒋运华）

责任编辑　余朝霞

文　　化

综　　述

【概　况】 2009年，南宁市有艺术表演团体17个（专业艺术表演团体9个），网吧794家，娱乐场所286家，其他经营场所868家；市艺术创作研究所1个；市级群众艺术馆1个，县区文化馆12个；辖区内社区文化活动室237家、村文化室672家；文物管理机构10个，市博物馆1个，县区文物管理所7个，文物保护单位154个（国家级3个、省级22个、市县级129个）；县级以上公共图书馆16个，图书总藏量4662.20千册件；国家综合档案馆13个，城建档案馆1个，档案全宗1310个，馆藏总量45.08万卷（盒），资料8.37万册。全年文艺演出2412场，观众247.10万人次。成功地举办第十一届南宁国际民歌艺术节、和谐南宁·欢乐绿城大巡游、外国艺术家专场演出、南宁·泛北部湾之夜晚会、中华人民共和国成立60周年"激情广场—爱国歌曲大家唱·南宁篇"等一系列国内外大型文化交流活动。全市各类艺术创作的作品获国际奖3项、国家级奖12项、自治区级奖86项。

【获奖成果】 2009年，南宁市各类艺术创作的作品获国际奖3项、国家级奖12项、自治区级奖86项。其中推出的广西民族歌舞秀《绣球飞》首演12场，场场满座；市粤剧团创作的大型古装粤剧《目连救母》参加第七届广西戏剧展览会大型剧目展演获团体桂花银奖和9个单项奖，邕剧小戏《歪打正着》参加第七届广西戏剧小戏小品展演获优秀导演奖、优秀表演奖等8个单项奖；市艺术剧院创作的小品《旅店夜话》获第三届中国戏剧奖·小戏小品大赛优秀剧目奖、第七届广西戏剧小戏小品展桂花金奖、南宁市第六届五象工程文艺奖，《真情》、《小白杨》获第七届广西戏剧小戏小品展桂花金奖。一批新创作的音乐舞蹈作品也获得自治区级以上的各类奖项，其中三人舞《孝》、群舞《奋斗》、双人舞《向前·向前》分别获第五届广西音乐舞蹈比赛节目一、二、三等奖。武鸣县歌舞团创作的民间舞蹈《鼓乐铿锵》，在首届中国女娲文化节暨'女娲杯'全国民间歌舞精品展演活动中获银奖。推出粤剧"天天演"项目——《邕州神韵》，共演出250多场，打破了文化演艺产业在南宁的"缺席"状态。

5月1日，市文化局推出的粤剧"天天演"项目——《邕州神韵》在南宁新会书院上演。图为演出片段　　周家志　摄

【文化遗产保护】 2009年，南宁市继续开展第三次文物普查工作，新发现各类不可移动文物76处，其中有15处列为新的文物点。完成广西孔庙专项普查工作。对南宁商会礼堂、广西省土改工作团第二团团部旧址、北帝庙、那莲戏台、邕江壁画5处文物点进行维修，一些濒临倒塌的重点文物得到有效的保护。收集非物质文化遗产线索1.24万条，建立非物质文化遗产资源各种类型档案，编纂文字资料24卷计766.50万字。公布市第二批非物质文化遗产保护项目及非物质文化遗产项目传承人，并做好了各类级别非遗项目及传承人的申报工作。市级以上非物质文化遗产保护项目37个，其中国家级4个、自治区级18个；市级以上传承人24人，其中国家级4人、自治区级20人。建立各级名录传承基地33个。

【文化产业】 2009年，南宁市文化市场经营单位有1965家，从业1.63万人，实现收入10.63亿元。国有文化单位向市场发展，成功运作新会书院"邕州神韵天天演"项目，使艺术院团走向市场的步伐向前跨了一大步。重视发展民营文化企业，举办首届唐人文化节，提出了印刷产业园、顶蛳山文化公园项目、民族工艺（红陶艺术）创意产业园等重大文化产业项目构想，配合自治区开展南宁动漫城的策划与创意，逐步形成文化新闻出版系统文化产业项目体系。各县区也积极打造产业平台，搞活节庆产业，促进文化旅游发展。

【文化设施建设】 2009年，南宁市第二批的10个乡镇综合文化站全部竣工,22个正在建设中;建成3个文化信息资源共享工程县级支中心;推进"农村书屋"100个建设工作。继续抓好孔庙回建项目;南宁艺术博物馆、南宁民族艺术基地2个项目的筹建已完成前期工作;顶蛳山文化公园已立项;市社会艺术培训中心、市中心图书馆、民歌博物馆项目正在进行前期立项准备工作。 (黎彦彤)

群众文化

【概　况】 2009年,南宁市有市级群众艺术馆1个,县区级文化馆12个,乡镇文化站102个。全市群众文化内容丰富多彩。"一地一节"全面铺开,西乡塘区的香蕉节、武鸣县的"三月三"歌圩、宾阳县的炮龙节、横县的茉莉花节、马山县的文化旅游美食节等各具特色。文艺演出呈现纵深发展趋势,演出近5000场,观众100多万人次。各项活动有效拉动了县区的经济发展。武鸣县尼达妮合唱团参加在北京国家大剧院举办的中国原生态民族民间歌舞展演、南宁国际民歌艺术节开幕式演出。横县文化馆周国森创作的歌曲《壮乡有朵茉莉花》、《壮乡最爱茉莉花》参加第十届《祖国之春》中国民歌赛分别获创作金奖和银奖,周国森同时获得十佳演唱家金奖、中国民歌演唱功勋歌唱家奖;孙金萍的摄影作品《红叶片片》、《金丝猴》获得文化部全国群文系统优秀作品奖,并在《全国群文系统优秀作品选集》刊登,其摄影作品《涠洲岛晨曦》、《牧》分别获自治区群众艺术馆举办的魅力北部湾美术摄影展金奖和银奖;陆世欢美术作品《硕果图》获银奖。宾阳县创作的小品《相认》获"广西八桂群星奖"银奖。上林县文化馆创作的歌曲《你说我的家乡美不美》在"感动中国——2009年全国第三届新创歌曲、歌词大赛"中获二等奖。隆安县文化馆创作的小品《做好事》获得"广西八桂群星奖"剧展优秀奖;美术作品《山翠居牧乐》、《小屋依然》、《玉液飘香》、《深山的新声》获"广西统一战线庆祝中华人民共和国成立60周年暨多党合作制度确立60周年书画摄影展"优秀奖;摄影作品《学》获"全国佳能摄影大赛"入围奖;散文《壮乡的山路》获中国散文家协会征文比赛二等奖;诗歌《国庆颂》获中国词诗画研究会征文创作第二名。 (黎彦彤　姚　彧　刘钦荣　韦贵雄　张六瑞　蒙显初　农宜陟　何生德)

【非物质文化遗产普查】 南宁市自2005年开展非物质文化遗产普查工作以来,至2009年5月下旬,共普查非物质文化遗产资源线索(项目)1.24万条,并汇编成766万字共24卷汇编资料。其中,编撰市级普查精粹汇编3卷,县级21卷。内容涉及民间文学、民间舞、民间音乐、戏曲、民间信仰、民间手工艺、民俗、岁时节令、人生礼俗、消费27俗、游艺及竞技体育等16个门类。汇编成果于6月13日在第四个"文化遗产日"的宣传活动上展示。7月7日,汇编工作经自治区文化厅非物质文化遗产普查验收工作小组评估验收。完成第一批南宁市级非物质文化遗产名录项目代表性传承人的认证工作,确认传承人12人。 (姚　彧)

【邕宁区"壮族八音"传承保护基地成立】 2009年6月26日,南宁市非物质文化遗产邕宁区"壮族八音"传承保护基地正式成立。壮族八音——自治区级非物质文化遗产,清末民初时随广东粤剧班频繁进入广西而传入邕宁。八音原指金(如钟)、石(如磬)、竹(如管)、匏(如笙)、土(如埙)、革(如鼓)、丝(如琴)、木(如祝)八类古代吹打乐器的统称。壮族八音在邕宁有广泛的群众基础,每个行政村都有八音队,长年开展演奏活动。基地里除了定期给学员开展上课传授技艺,还将基地的"壮族八音"转移到邕宁区城关小学音乐课堂里。计划在小学里开设一个60人的学习班,专门利用孩子的课外活动时间,一个周末里安排上一节"八音"音乐课。

【首届南宁唐人文化节】 2009年4月25~28日,由南宁市文化局、市旅游局、西乡塘区政府联合主办,唐人文化园承办。文化节主要由文化活动三大方阵(唐人文化大舞台、唐人文化大讲坛、唐人文化大展台)和经贸活动两大板块构成。在唐人文化大舞台中,表演具有南宁特色的傩面舞、八音、芭蕉龙、宾阳彩架等,展示民族世代相传积淀下来的文化理念和思想精髓。唐人文化大讲坛中,举行国学、瓷器、字画、摄影、葡萄酒等各类文化讲座共9场,广西30多位书画名家现场作画,义卖作品,将所得善款全部捐献给自治区妇联的"春蕾计划",为失学女童奉献爱心。经贸活动有文化艺术品展销会和唐人创意集市。活动期间的非物质文化遗产展示、唐人文化节开幕式文艺晚会、原创音乐会、粤剧节等丰富多彩的文化活动,满足市民对不同文化艺术的需要。唐人文化园是南宁市文化产业重点扶持项目,具有传统古典韵味十足的建筑布局与风格,有300多间各种艺术品经营商铺和休闲吧。文化园的建设借鉴了老北京四合院落式的建筑布局,并借鉴和融合了北京798艺术区、北京潘家园旧货市场等全国闻名的艺术文化区的特色,成为一个多元文化融合的文博园。 (黄　加)

【群众文艺活动】

新年广场音乐会　2009年1月1日,由市委宣传部、市文化局主办,市群众艺术馆等单位承办的新年广场音乐会在朝阳广场举行。主要形式有男女声独唱、大合唱、舞蹈、交响乐等;曲目有管弦乐《红旗颂》、《刘三姐》,大合唱

4月25日,首届唐人文化节在南宁唐人文化园开幕　　周家志　摄

《我的祖国》、《永远跟党走》等13个。市爱乐合唱团、南国之光残疾人艺术团等10个业余团队参加了演出，观众约2万人次。

元宵节广场舞会 2月9日，由市委宣传部、市文化局主办，市群众艺术馆承办。在民族广场举行。南宁市12个县区各代表队参加了活动。活动人数约3000人次。

庆“七一”社区文艺展演 6月30日，由市委宣传部、市文化局主办，市群众艺术馆承办。在民族广场举行。展演形式有歌舞、曲艺、器乐演奏、时装表演等，主要曲目有《没有共产党就没有新中国》、《你来了》、《爱在绿城》等，观众约2000人。

“爱国歌曲大家唱”歌咏大赛 由市委宣传部等九部门共同主办，12个县区委宣传部、市群众艺术馆共同承办。7月10日，各县区、市直机关组织经过初赛、复赛后评选出15支优秀队伍，于7月23~24日在广西艺术学院会演中心举行决赛，8月22日在五象广场参加中央电视台《激情广场》栏目“爱国歌曲大家唱·南宁篇”走进南宁演出活动。梁秋冬、刘斌、八只眼组合、郁钧剑等演员在活动中演唱了《我的祖国》、《共和国之恋》、《英雄赞歌》等优秀曲目，本土歌手演唱了《壮锦献给毛主席》、《大地飞歌》、《多谢了》等民歌。参加活动的演职人员及观众约5000人。

“歌颂祖国、唱响文明”文艺晚会 9月27日，由市文明办、市群众艺术馆承办，12个县区文明办协办。在民族广场举行。市辖县区文明单位选送12个优秀节目参加演出。广西石化技校表演《中华武术》，上林中学表演舞蹈《国风》，西乡塘公安分局表演《祖国不会忘记》，横县横洲洪德社区大家乐艺术团、邕宁县红星社区老年艺术团、隆安县那桐社区文艺队以及马山县古零村农民演出队等分别表演舞蹈《欢聚一堂》、《丰收时节》、《那之韵》、《扁担舞》等，展现了南宁创建全国文明城和文明单位的风采。

【“华联杯”系列文艺活动】 2009年4~12月，由市群众艺术馆和北京华联有限公司共同举办。项目有青春艺术大赛、少年儿童艺术节、社区艺术节、夕阳秀文化艺术节4个。

青春艺术大赛 4月17~25日在大学路华联店联合举行。内容有声乐、舞蹈、形象展示3项，主题为“展示青春风采·打造青年文化·构建和谐绿城”。有700多名青年选手参加了比赛，观众约5万人次。26日，举行优秀节目展演及颁奖仪式，有150名选手获奖。

少年儿童艺术节 6月20~28日举行，近百所中小学、幼儿园的700多名选手参加比赛。项目有：卡拉OK、电子琴、故事、相声、器乐、舞蹈、美术、书法等。28日在民族宫华联店进行颁奖仪式并进行优秀节目展演，约有200名选手获奖。

社区艺术节 11月25日至12月5日举行。项目有歌手大赛、舞蹈大赛。有80余个社区的业余团队1000余人参加。参演节目400多个，观众约5万人。

夕阳秀文化艺术节 12月19~27日在大沙田荣宝华华联店联合举行。演出8场，演出形式有舞蹈、演唱、小品、魔术、器乐演奏等。市新歌合唱团、青秀区黑山羊艺术团、新竹艺术团、枫叶艺术团、群星艺术团、南国之光艺术团、绿城之声老人艺术团、铜鼓艺术团、群星艺术团等20支业余队伍参加了演出，观众约4000人。

【农民工文化艺术节】 2009年，由市文化局、市建委、市总工会联合举办，市群众艺术馆、南宁建筑管理处等单位承办。5月16日和5月21日分别在东盟商务区领世郡和振宁·现代鲁班工地演出。主题为“劳动者之歌”。市群众艺术馆和虎邱村文艺队、新时代乡村艺术团、夕阳红艺术团、绿城之声艺术团等业余团队分别表演了节目。演出曲目有：舞蹈《玫瑰花》、《呼唤绿茵》、《红灯笼》，独唱《美丽心情》、《欢天喜地》、快板《闯红灯》器乐独奏《欢快的舞曲》等，观众3000多人。

【“绿城歌台”广场文化活动】 2009年，由市群众艺术馆、12个县区文体局共同承办的2009年南宁国际民歌艺术节“绿城歌台”广场文化活动，于10月21~22日在各县区大广场、社区、学校、企业举行。共设18个歌台19场演出，有国内的演职人员和来自5大洲27个国家27个团体200多名外国艺术家参加。各歌台既有特色浓郁的本土节目，又有充满异域风情的表演，受到群众的喜爱，观众约20万人次。

（姚 彧）

专业艺术

【概 况】 2009年，南宁市有专业艺术表演团体9个，其中市属2个（市艺术剧院、市粤剧团）、县区级7个。市艺术剧院在编人数189人，设有歌舞一团、歌舞二团、话剧团、青秀民族艺术学校。全年演出396场。其中：指令性演出114场，公益性演出19场，商业性演出251场，文化交流演出12场。观众约39万人，演出收入73.06万元。市粤剧团、市邕剧团为“两块牌子、一套人员”，在职人员78人，设有演员队、乐队、舞美队等。全年演出317场（农村演出63场）。其中：商业性演出17场，公益性254场，指令性46场。观众约10万人。 （黎彦彤）

【演出活动】

南宁国际民歌艺术节 2009年9~10月，南宁市组织开展一系列南宁国际民歌艺术节演出活动。具体内容有《大地飞歌·2009》晚会（10月20~21日）、广西民族歌舞秀《绣球飞》晚会（10月18~27日）、“绿城歌台”广场文化活动（10月21~22日）、“和谐南宁·欢乐绿城”巡游活动（10月23日）、外国艺术家专场演出晚会（10月23日）等。 （黎彦彤）

市艺术剧院 1月19至2月4日，赴阿曼参加阿曼国家艺术节文化交流演出；5月6日在广西电视台参加2009年纪念“五·八”世界红十字日公益晚会——《大爱无边》演出；6、7、11、12月，分别赴武鸣、马山、横县、宾阳、上林等县实施南宁市2009年为民办实事项目文化惠民工程“百戏进乡村”活动，共演出63场；8月6日在国际会展中心参加由自治区政府主办、市政府承办的2009泛北部湾经济合作论坛文艺晚会——南宁·北部湾之夜演出活动； 10月18~29日中国—东盟博览会期间，在市人民会堂为海内外嘉宾演出广西民族歌舞秀《绣球飞》，演出12场。此外，慰问部队6场，进社区、广场演出14场。

市粤剧团 6月，在第五届泛珠三角区域合作与发展论坛暨经贸洽谈会上为嘉宾进行招待演出，表演汇集泛珠区域的民乐精品；8月，参加泛北部湾经济合作论坛开幕式晚会《南宁·泛北部湾之夜》演出，表演南宁传统邕剧小戏《打闭门》的跳台、铲椅、双照镜等南派传统曲目。11月，参加“亲情中华——2009南宁国际华人粤剧文化艺术节”演出，分别在南宁剧场、广西儿童剧场、新会书院与来自英国、法国、瑞士、新加坡、泰国等10多个国家及广东、广西各地区的粤剧社团连演7天9场；引进澳门新桥曲艺坊及广东省粤剧院、东莞长安粤剧团共同参加南宁粤剧演出黄金周的演出。年内，参加南宁市为民办实事项目文化惠民工程“百戏进乡村”演出活动，完成演出42场。同时，推出粤剧“天天演”项目——《邕州神韵》，共演出254场。

（韦思私　陈晓钰）

【亲情中华—2009南宁国际华人粤剧文化节】 2009年11月15日在南宁剧场开幕。由市政府主办，市文化局、市外事办承办。历时7天，分为《粤韵五洲情——华人粤剧大联欢》和粤剧黄金周两部分展演内容，本地粤剧名角与海外粤剧名角同台竞技。15~16日，在南宁剧场《粤韵五洲情——华人粤剧大联欢》的舞台上，广西、广东、香港的粤剧名家与来自英国、法国、德国、比利时、泰国、荷兰等十多个国家的粤剧名角同台献艺，表演多出经典剧目。17~22日，由南宁市粤剧团、北海市粤剧团、钦州市粤剧团、绿城之声艺术团、禅华曲艺团在南宁剧场、广西儿童剧场、新会书院上演的“粤剧演出黄金周”，市粤剧团演出《目连救母》、《乾隆点状元》等。“亲情中华—2009南宁国际华人粤剧文化节”起源于1994年欧洲国际粤剧研究会联合总会联合英、法、新加坡等30余个华人粤剧社团在法国巴黎举办的首届“欧洲粤剧大演”。并在历经数年的发展后，成为欧洲粤剧界声势浩大的文化交流活动之一。

【粤剧“天天演”项目——《邕州神韵》】 2009年，市粤剧团和大地飞歌公司共同打造粤剧“天天演”项目——《邕州神韵》在南宁新会书院上演。南宁新会书院始建于清乾隆初年，是南宁唯一的一座清代会馆，为南宁保存最好的古代建筑，被列为自治区级文物保护单位。市文化局将其开发利用，于5月1日开始推出粤剧“天天演”项目，以打造本土粤剧品牌为目的，汇集了“南派粤剧”的精华，突出民族性和艺术性两大特点；注重专业性、技术性，强调娱乐性和休闲性相结合，达到雅俗共赏的效果。演出以市粤剧团为班底，梁素梅（国家一级演员、中国戏剧“梅花奖”获得者）、黄俊成（国家二级演员）等为代表的南派粤剧名家的表演作为吸引本土观众眼球的卖点，并糅合了充满俗趣的折子戏、古香古色的茶艺表演、精彩迭出的杂技魔术等艺术形式，呈现本土戏剧文化的魅力。5月1日、2日、3日上午9时至11时，周六和周日的白天推出“邕州神韵”传统粤剧版演出；周一到周日晚上推出旅游版，从晚8时到9时，每晚演出约8个节目，每个节目时长为七八分钟，上演时长约1小时，面对不同的观众上演不同的节目。比如对两广的观众就以唱戏为主，对北方或者国外的观众就以动作表演戏为主。同时每隔一段时间，翻新节目，上演“邕州神韵”语言版、综艺版、民族器乐版等演出内容，节目包括南宁平话评书、南宁土话小品、经典戏歌、东南亚风情舞蹈、白话双簧等。

（黄　加）

【文学艺术主要成果】 2009年，市文联继续把打造精品、名人、名刊“三大打造”作为工作目标，文联作家、戏剧曲艺家、音乐家、舞蹈家、美术家、书法家、摄影家、电视艺术家、民间文艺家9个文艺家协会会员创作的成果显著，共有50多项文艺作品在全国、自治区各种文艺大赛中获奖。

文　学　散文《家在路上》（黄劼著）获全军征文比赛优秀奖；散文集《珍藏年华》（潘茜著）获南宁市第六届“五象工程文艺奖”，《幸福是一种简单》（丘晓兰著）内蒙古人民出版社出版；儿童小说“侦探王与魔法师”系列《来自魔怪的邀请》、《藏在光芒里的阴谋》、《逃不脱的魔法咒

市文联作家王勇英著的《新来的淘气女生》一书封面　黄　加提供

境》、《侦探王和魔法师的较量》（王勇英著）童趣出版公司出版，“疯丫头王点点”系列《这个女生的脾气有点坏》、《谢谢某个男生》、《谁的假发在飞》、《十三岁的女生有秘密》、《四只淘气鸟》（王勇英著）安徽少年儿童出版社出版，“淘气小子王小瞧”系列《超级帅哥乡下鸡》、《我们班的QQ事》、《新来的淘气女生》（王勇英著）明天出版社出版；长篇纪实文学《点亮希望—壮族之星周标亮》（扈彦伟、潘茜著）广西人民出版社出版；长篇小说《城里来的女村官》（班继胤著）中国社会出版社出版，《丛林大追踪》（班继胤著）艺海出版社（香港）出版，《龙飞凤舞》（梁耀醒著）广西人民出版社出版，《红箭》（尚晓斌著）广西人民出版社出版，《致命赤道线》（苏彦兰著）安徽文艺出版社出版，《月挂花枝头》（李建军著）广西人民出版社出版，《忘不了》（邱寒著）广西人民出版社出版，《凤凰纪事》（黄莉莉著）珠海出版社出版；小说《辫子》（谢凌洁著）获2009《广西文学》“金嗓子文学奖”；作品集《夏天再见》（武伊璇著）内蒙古人民出版社出版；长篇传记《古笛传》（若舟著）中国文史出版社出版；城市传记《岭南美玉》（徐歌著）广西师范大学出版社出版，

11月15日，在南宁国际华人粤剧文化节表演的粤剧　周家志　摄

《一城浪漫》(谭延桐著)广西师范大学出版社出版,《风雨千年》(李绿江著)广西师范大学出版社出版。

戏剧与曲艺 小品《旅店夜话》(施兴娟、方宁、郝云著)获第三届中国戏剧奖·小戏小品大赛优秀剧目奖、演员潘春竹获小品类优秀演员奖,第七届广西戏剧小戏小品展演桂花金奖、南宁市第六届五象工程文艺奖等;小型广播剧《放飞的鹰》(刘丕展著)获第六届中国戏剧文学奖一等奖;戏剧小品《爸爸的记事本》(郑天雄著)、《别问我是谁》(李凯著)获第六届中国戏剧文学奖二等奖;小戏曲《蛋中情缘》(刘丕展等著)、《麻头戏妻》(伍灵著),戏剧小品《特殊任务》(高树晓著)、《老爸出墙》(卢大任著),诗韵小品《雄关英魂》(纪宝庆著)、小邕剧《接财神》(许光华著)、小型音乐剧《今天是你的生日》(黄勐著)7部作品获第六届中国戏剧文学奖三等奖;大型古装粤剧《目连救母》获第七届广西戏剧展览会大型剧目展演团体桂花银奖,张传强获编剧奖、郝芸获导演奖,黄俊成、梁素梅获优秀表演奖,姚艳获表演奖;小邕剧《歪打正着》获第七届广西戏剧小戏小品展演桂花银奖,梁素梅、黄俊成获优秀表演奖,郝芸获优秀导演奖。

音 乐 歌曲《我们与祖国同行》(郑浩、顶柱词,玉振航曲)获文化部主办的首届民族之声全国声乐作品征集银奖;《伟大旗帜指引中国向前进》(阎小平词曲)、《战友》(朱国清词、阎小平曲)、《赛龙舟》(黄增况、黄晓艳词曲)3首,《人民爱戴你》(范成伦曲)、《问故乡》(梅文曲)和《南珠的传说》(范成伦曲)3首和《南珠的传说》(劳廉先词)分获由中国大众音乐协会、中国音乐文学学会、中国音乐家网等单位联合举办的"万众歌颂新中国全国大型主题音乐活动——2009中国杯共和国六十周年优秀词曲、歌手、乐手展示大赛"总决赛词曲创作金奖、作曲金奖和作词金奖;《会唱歌的幸福鸟》(徐世宁词、刘友平曲)和《清风传情》(张斌词、潘龙江曲)、《和谐是金》(黎耀成词、玉振航曲)分获"感动中国——全国第三届新创歌曲奖"一等奖和优秀奖;《山村教师》(张俊秋词曲)入选《建国六十周年全国优秀词曲·音乐教师人物辞典》,《南宁嘹歌》(李凯词、唐济湘曲)获2009年第五届广西群星汇演铜奖,《榜样》(谭延桐词、戴伟曲)获广西优秀流行歌曲创作选拔赛二等奖,《梦回故乡》(汤松波词、莫军生曲)获第五届广西音乐舞蹈比赛声乐作品二等奖,《让大地永远美丽》(陆坚词、莫军生曲)获南宁市第六届五象工程文艺奖。歌词《飘香的桂花雨》(徐世宁词)获"感动中国——全国第三届新创歌曲奖"二等奖,《澳门之歌》(黄景林词)获中华文化交流协会主办的庆祝澳门回归十周年歌词创作大赛二等奖。歌手危瑛获第七届中国音乐金钟奖声乐比赛优秀奖、第四届广西音乐金钟奖声乐表演荣誉奖、中国声乐孔雀奖首届全国高等艺术院校声乐大品赛教师民族组银奖;陈春燕、朱妮、廖鸿飞获第五届广西音乐舞蹈比赛声乐类演唱一等奖,池一萃、袁泉获二等奖。合唱《洞米竹情韵》(李凯词、唐济湘曲)获文化部举办的2009年全国老年合唱大赛金奖。

舞 蹈 《糯玉香》(覃祉幸、覃福邦编导)获全国第九届"桃李杯"舞蹈大赛优秀剧目奖和表演三等奖,第五届广西音乐舞蹈比赛节目一等奖、表演二等奖、编导二等奖;《孝》(覃祉幸、覃福邦编导)获第五届广西音乐舞蹈比赛节目一等奖、表演一等奖、编导二等奖,《歌催月圆》(覃祉幸、覃福邦编导)获南宁市第六届五象工程文艺奖;群舞《乡村社戏》(覃祉幸编导)获第五届广西音乐舞蹈比赛节目二等奖、表演二等奖、编导二等奖,《奋斗》(王竹、吴振家编导)获第五届广西音乐舞蹈比赛节目二等奖、表演二等奖、编导一等奖,《向前、向前》(刘滨编导)获第五届广西音乐舞蹈比赛节目三等奖、表演三等奖、编导三等奖;双人舞《夫妻哨所》(王竹编导)获第五届广西音乐舞蹈比赛编导二等奖;儿童舞《小小刘三姐》、《响当当》获第五届全国"小荷风采"少儿舞蹈最高殊荣——小荷之星和展演金奖,编导杨国荫、覃薇娟、陈燕婷、周妍、刘慧获"小荷园丁"奖。

美 术 曾邕生以其油画作品入选世界文艺杂志社"庆祝中华人民共和国成立六十周年专刊"出版的《中国艺术大师八人集》;油画《永恒的拥抱》(曾邕生作)、《涛声远去》(覃日群作),水彩画《花甲之年》(曾辉祥作),国画《四季如歌》(黄浦作)、《暖冬》(黄诚文作)均获庆祝中华人民共和国成立六十周年暨广西美术优秀作品展二等奖;油画《故乡的神韵》(曾邕生作)获南宁市第六届五象工程文艺奖;国画《碧云天》(黄高作)、油画《壮家妹》(刘家勤作)获庆祝中华人民共和国成立六十周年暨广西美术优秀作品展三等奖;国画《苗岭金风秋无尽》(滕春任作)获中国书协、中国美协主办的"中国芮城永乐宫第二届书画艺术节"优秀奖,《山隐不知秋》(潘祖英作)获中国文联书画艺术交流中心举办的第六届当代中国山水画展佳作奖并被组委会收藏,《黄河老汉》(耿国华作)获全国第二届《和谐杯》书画摄影展金奖。美术论文《环境与雕塑的关系》(卢喜夫作)获2009年广西艺术论文评比一等奖。

书 法 潘继坦的书法作品入选第三届中国书法兰亭奖"尧山杯"兰亭新人展、入展中国书协主办的"第二届中国西部书法篆刻展";唐少平的书法作品入选"第六届全国楹联展";黄大业、潘继坦、秦胜国、黎健、李洪旺、李达旭、吕维诚、滕民初、韦潇、黄业彬、陶朝东、曾戈、唐少平、韦志端、农宇、梁启机、黄清瑞17人的作品入展中国书协、广西壮族自治区党委宣传部、广西文联主办的"八桂书风"优秀作品晋京展;黄大业、潘继坦、黎健、李洪旺、李达旭、腾民初、韦潇、黄业彬、唐少平、梁春、梁启机、黄清瑞12人的书法作品入展第四届广西中青年书法篆刻展(黎健获二等奖,潘继坦、唐少平获提名奖);唐少平、梁启机、潘继坦、吴进文、梁春、黎健6人的书法作品入展广西"冠亚杯"书法篆刻大奖赛(唐少平获一等奖,梁启机、潘继坦获三等奖);潘继坦、黎健、农宇、梁春4人的书法作品入展广西·江西书法联展。

摄 影 《娃仔背带》(组照,梁汉昌摄)获由联合国教科文组织、中国民俗摄影协会共同主办的第六届国际民俗摄影"人类贡献奖";《壮族三月三千人竹杠阵》(周家志摄)入选第二届西南六省影展;《烈酒》(尹庆南摄)入选2009年广西第八届摄影艺术展;《江南堤路园》、《南宁国际机场航道扩建工程》、《广西大学行建文理学院》(组照,尹庆南摄)入选广西"建行杯"摄影大赛;《鸣锣迎宾》、《水上拔河》(尹庆南摄)获广西芒果节全国摄影大赛优秀奖;《南宁铁路南站》(尹庆南摄)入选"铁路建设新高潮"广西摄影大赛。

电 视 电视剧《没有语言的生活》(南宁电视台出资制作)获全国第十一届"五个一工程"电视剧奖;电视纪录片《韦瑞林》(侯长明编导、徐海彬摄影)获第十一届中国广播电视协会外宣作品"彩桥奖"银奖节目,《绝地突围》(侯长明、曾门新编导,陈敏摄影,郑浩解说)、《天使的心愿》(徐海彬编导、陈敏摄影、郑浩解说)均获第十一届中国广播电视协会外宣作品"彩桥奖"铜牌节目,《葫芦情丝》(徐海彬编导、陈敏摄影、郑浩解说)获第十一届中国广播电视协会外宣作品"彩桥奖"铜牌节目、2008年度"广西广播电视奖"电视文艺优秀作品评比(2009年颁发)电视纪录片类一等奖,《青春圆舞曲》(徐海彬编导、陈敏摄影、郑浩解说)获第十一届中国广播电视协会外宣作品"彩桥奖”优秀节目、2008年度“广西广播电视奖”电视文艺优秀作品评比(2009年颁发)电视纪录片类三等奖,《山村纪事》(侯长明编导、徐海彬摄影)获第十一届中国电视艺术家协会主办的第三届“农村小康电视艺术节目工程”最佳作品一等奖;专题片《中国绿城·南宁》(南宁电视台与中央电视台联合摄制)获中国电视艺术家协会主办的新中国城市发展形象宣传电视片一等奖;音乐电视《爱的阳光》(施娟导演、唐美红编辑)、《成长的烦恼》(赵振宇监制,张玥编导,陈睿摄影,唐美红制作,黎莎娜美编,郭婕、刘钊剧务)分获2008年度“广西广播电视奖”电视文艺优秀作品评比(2009年颁发)音乐电视类二等奖、三等奖;《“融冰化雪献真情”南宁市赈灾义演晚会》(南宁电视台录制)、《2008新媒体新南宁城市形象DV大赛颁奖晚会》(南宁电视台录制)分获2008年度“广西广播电视奖”电视文艺优秀作品评比(2009年颁发)电视综艺节目类二等奖、三等奖。

民间文艺　《龙舟飞欢歌》获中国民间文艺家协会举办的首届中国龙舟文化节展演赛金奖;《鼓乐铿锵》(武鸣县歌舞团创作)获中国民间文艺家协会等主办的首届中国女娲文化节暨“女娲杯”全国民间歌舞精品展演比赛银奖。

(陆雅婷)

【艺术研究】 2009年,南宁市艺术创作研究所在职人员6人。上半年完成编撰大型科研项目、中华人民共和国成立六十周年献礼作品《南宁文艺六十年》(30万字)初稿。该书以写实风格记录,评述南宁文艺从1949~2009年的发展过程和取得的成果。研究课题《骆越文化研究》(2万字)取得初步成果,对南宁市周边骆越文化的遗存、发展和未来研究方向进行了科学性总结。与市民委、广西骆越文化研究会共同策划大型民族民间舞剧《骆越点兵舞》在起凤山首演。创作人员梁肇佐撰写的评论《寻梦者的歌吟》和《性情苏方学》于7月和12月分别在《文艺报》上发表,后被《南宁日报》、《左江日报》、《中国作家网》转载;黄焕峰出版个人专著《人间只有真情在》(45万字)。研究所撰写的散文《南宁,巨变中的美丽之城》、《一套书一辈子》、《约会“情人”莎士比亚》分别在《广西日报》、《左江日报》、《南宁晚报》上发表,广西电台播出;撰写的《广西通志·文化志》(南宁市部分,10余万字)已进行修改审定,《南宁市志·文化志》已经过局、市、自治区三级评审会。

(潘雨茜)

公共图书事业

【概　况】 2009年,南宁市有县级以上的公共图书馆16个,总藏量4662.20千册件。有图书二级批发市场1家,零售书店581家。市图书馆、市少儿图书馆和六城区图书馆的电子图书共有33.40万册接入南宁政务网、南宁文化信息网和市图书馆网供市民在线阅读。

【南宁市图书馆】

概　况　2009年,市图书馆设有采编部、外借部、期刊部、技术部、信息部、读者活动部、业务辅导部等9个部门,在编人员62人,其中业务人员60人。馆内设市民阅读中心、文学借阅室、自然科学借阅室、社会科学借阅室、综合借阅室、特色藏书阅览室、参考文献阅览室、工具书阅览室、电子阅览室、残疾人阅览室、过报过刊阅览室、典藏书库、专家研究室等服务窗口13个,阅览座位1497个;有第一、第二自修室,读者活动室,多功能厅等读者活动场所4处。在5月“图书馆服务宣传周”期间,到青秀区刘圩镇等地开展图书展阅、专家讲座等活动,配合县区图书馆举办“农家书屋”管理员培训班1期,指导县区图书馆举办培训班2期。

藏书建设　全年文献采购经费131万元(纸质图书79万元、期刊16万元、地方文献10万元、视听资料2万元、电子图书18万元、电子期刊6万元)。分编入藏文献5.15万种7.16万册。其中:纸质图书1.43万种3.26万册,报刊合订本1081种2626册,视听文献35种226册件,电子图书3.61万种3.61万册。CNKI电子期刊数据库9个,图书入藏量比上年增长59.88%,馆文献藏总量67.51万册件。分编加工城区图书6047种6734册。

读者服务　在馆内借阅室增添老花镜、放大镜为供读者使用。设有馆外图书流通站34个,其中新增振宁现代鲁班、南宁铁路局凤岭基地2个,为图书流通站送各类图书9123册。年接待借阅读者90.18万人次。其中:书刊阅览读者60.07万人次,书刊外借读者13.78万人次,上网阅览读者9.18万人次,自修室读者7.15万人次。外借文献27.12万册件,解答读者简易咨询4241条。新办借书证2937本、自修证1985本,累计有效借书证2.91万本。8月开展“读者调查”活动,从馆舍环境与设施设备、服务文献和信息资源方面开展调查,200份读者调查表统计表明,读者满意率93%。

网络服务　2月,市图书馆网站全新改版,改版后的网站遵循NET2.0规范,支持XML技术标准、Web services等技术。全年共发布信息1688条,编采照片1000张。其中:市图书馆网站471条,南宁文化信息网572条,南宁政务信息网320条,报送市文化局信息37条,发布新书介绍48期288条。南宁文化信息网年点击率8万多人次,市图书馆网年点击率12万多人次。电子资源下载数量5959次,在线浏览1.63万次,资源检索8.33万次。邕宁区、青秀区和上林县3个共享工程县级支中心的建设于12月底完成调试通过验收,并开始运行。

绿城讲坛　邀请陈学璞、王翔南、林涌泉、胡红一、陈大明等学者专家开展免费公益的专题讲座32场。讲座内容有:甜玉米、木薯的栽培技术,青少年心理健康,企业文化与公文写作,创新思维与孩子学习成长,读书与人生,航空航天发展现状等。听众约1.13万人次。借助“绿城讲坛”平台,于6月成立读者书友会,近百名读者成为书友会会员。

专题展览　举办各种专题展览30次,观众约13.36万人次。其中有在馆内艺术展廊举办的现代人的健康生活、世界八大奇迹——秦始皇兵马俑科普展、江南区青少年科技活动作品展、航空航天知识图片航空航天模型与科普器材展大型科普系列挂图展;与市科协合作举办南宁市青少年创新科技实践活动作品展;与市老科协和老教师分会合作举办迎国庆(庆教师节)老教师书画展、盛世龙腾文明城市风采;组织永远跟党走、我的祖国、历届国庆大阅兵、国庆盛典、光辉的60年、庆祝中华人民共和国成立60周年大阅兵等大型图片展;承办南宁兵变纪念展,推出南宁人著作展(第三期)、非物质文化遗产汇编著作展等。

图书捐赠与接收　按照2009年5月13日市精神文明建设委员会办公室下发的《关于开展南宁市“能帮就帮”百万市民支援地震灾区重建志愿服务行动的通知》有关精神,在馆内设捐赠图书接收站,与市少年儿童图书馆捐赠图书接收站接收50多个单位及个人捐赠的图书1.50万多册。6月19日下午,参加市委宣传部在南宁火车站举行的南宁市支援地震灾区捐赠图书启运仪式。图书捐赠接收点将长期设立，接收市民捐赠的图书。为良庆区那陈镇、那楼镇那良村文化室捐赠图书400多册。在市委宣传部组织的“我阅读、我快乐”读书活动中，为农村未成人校外活动中心和农村中小学捐赠少儿期刊400多册。

政府信息公开工作 8月，市政府在图书馆设立南宁市政府信息公开查阅中心，主要为读者提供两种方式查询政府信息：一是纸质文件查阅，除《南宁政报》外，已征集到南宁市列入公开范围的政府部门、公共企事业单位等近140家单位送来的2008~2009年政府信息公开文件1.50万多份，供市民展阅；二是增配4台计算机和打印机、复印机等设备作为南宁政务信息公开查询的电子互动平台和提供索取文件便利服务。同时在图书馆二楼读者大厅全国文化信息共享展示区内，也提供南宁政务信息网的查询。

（李 霞 周 凝）

【南宁市少年儿童图书馆】

概 况 2009年，市少年儿童图书馆在职职工24人。设有外借处、中学阅览室、教学参考室、儿童求知乐园、电子阅览室和声像服务室等服务窗口，有多功能活动室、自学阅览室等读者活动场所，阅览座位660个。新办读者借书证1047个，有效借书证累计8080个。接待到馆借阅读者67.60万人次，借阅书刊38万册次；分编入藏各种载体文献6488种1.80万册件，其中连环画728种3593册。馆藏累计总量29万册件，电子期刊1400种。开展读者满意率调查，发放调查表400份，读者满意率98%。通过全国公共图书馆第四次定级评估考核，获国家“一级图书馆”称号。

读者活动与服务 组织阅读指导、读者培训、竞赛等各种主题的读者活动、图书馆活动日46次，参加活动的读者约2.50万人次。主要有全国少年儿童阅读年系列活动、南宁市第二届“我阅读、我快乐”少儿故事大王比赛、南宁市中学生阅读辩论大赛、南宁市第三届青少年动漫系列活动、南宁市少年儿童创意漫画大赛；“遨游书海，共享书香”阅读指导讲座、“为祖国喝彩——庆祝中华人民共和国六十华诞”暑期征文、“绿丝带”图书漂流行动；“全国助残日”关爱脑瘫儿童活动、支援地震灾区捐赠图书活动；以及与广西庭艺外国语培训学校共同开展的“儿童双语跳蚤市场”、与广西金太阳教育培训学校合作举办的“童心看南宁”大型户外写作活动等。举办英语、作文、数学、书画等多种内容兴趣班，培训少儿读者1.35万人次。在南宁市“服务三农春风行动”、“农民工艺术节”阅览周、全国图书馆服务宣传周以及全国科技活动周等活动中，组织工作人员开展送书阅览、宣传服务活动；在上林县图书馆、横县横塘小学、邕宁区张村建立新的图书流通站，馆外各流通站全年接待读者16万人次。

（李舒琳）

【南宁市新华书店有限责任公司】

概 况 2009年，有职工274人，总资产3亿多元，经营总面积约5万平方米。经营网点有书城2个、分店2个和教材发行中心1个。即：南宁书城新华大厦、五象大厦，南宁书城科园分店、邕宁分店，物流教材配送中心。销售总额1.70亿元，同比增长13.30%。组织开展南宁市2009年“书香绿城”主题读书活动，外研社“相约作家 与爱同行”校园阅读献爱心活动，儿童文学作家王勇英、漫画家朱斌、十九番、王小洋等名人签名售书及大型魔幻读物《小牛向前冲》南宁首发式等活动；举办“迎春书市”、“书香好礼迎新年”、“世界读书日”、“2009春季教辅读物”、暑假“炫夏南宁飘书香，清凉书城迎学子”、“好书伴我成长”、“一书一碟师生情”教师节、“全民欢庆祖国60华诞”等系列主题书展。其中在“读书月”期间，书城新华大厦和五象大厦销售重点图书《没有任务借口》1.69万册，《中国怎么办》1.26万册。两大书城全年发展会员约4300人，拉动销售800多万元。挖掘重点图书品种，采取重点码堆、专台陈列、主题展销、专人促销等形式，做好重点图书的陈列工作。同时，加强卖场内外的广告宣传，利用广播循环播放新书、重点书简介，有效促进了销售。是全国和南宁市精神文明窗口示范单位、国家常备图书定点销售单位，被评为全国新华书店系统先进集体、广西新华书店系统先进单位、南宁市明星企业、南宁市先进单位，曾获全国青少年读书教育活动先进发行奖。

南宁书城新华大厦 全国第一家由企业自筹资金兴建的大型书城，国内建成的第3座书城。位于新华路15号（民生路80号），1996年6月15日建成开业。是全国新华书店系统中率先全方位使用BIMS图书营销管理系统进行图书的进、销、存、调、退管理的单位。楼高10层，建筑面积1.20万平方米，经营面积约6000平方米。2009年，经营各类中外图书16万多种、音像制品5万多种，总销售6600多万元，同比增长7.40%，完成公司下达销售任务的103.07%，人均劳动生产率约60万元，各项经济指标位居广西区内零售书店之首。其中全年销量在100本以上的图书有4092种，码洋1900多万元；销量在300本以上的图书有961种，码洋960多万元；销量在500本以上的图书有447种，码洋640多万元。对一楼重点展台，二楼社科、艺术、经济类，三楼医学类，四楼科普、素教类进行调整，零售额同比增长400多万元，其中优生优育类图书同比增长8.10%，医学保健类图书同比增长34%，园林艺术类图书同比增长11%，摄影类图书同比增长29.70%，食疗养生类图书同比增长56%，素教类图书同比增长31.30%。批销码洋400多万元，书卡销售码洋800多万元，个人外销净值500多万元。

南宁书城五象大厦 公司自筹资金兴建的南宁市第二座大型书城。位于民族大道98-1号，2006年11月5日落成开业。楼高20层，建筑面积3.30万平方米，其中：1~4层1万多平方米，经营各类中外图书16万多种、音像制品5万多种；5~18层约2万平方米经营宾馆酒店等，19~20层为办公室、会议室和多功能厅。是集读书、休闲、娱乐、四星级酒店为一体的大型综合书城。2009年实现图书总销售4500多万元，完成公司下达销售任务的107.80%，同比增长34.70%，人均劳动生产率约58万元，各项经济指标位居广西零售书店前列。年内对楼层布局进行调整，突出卖场商品展示，以重点商品带动一般图书，以“常销商品带动动销商品，有效拉动了销售。 （谭继来）

文化市场管理与演出经营

【文化市场管理】

概 况 2009年，南宁市继续加大“扫黄打非”工作力度，加强对书报刊、音像制品、电子出版物、印刷、互联网服务、计算机软件等文化市场的监管，打击各种政治性、淫秽色情、凶杀暴力、盗版等非法出版物，规范文化市场秩序。查处“灵丰”盗版案、广西超发音像公司民族分公司涉嫌发行敏感题材及低俗内容音像制品案等大案要案，销毁一批非法出版物。开展整治互联网低俗之风专项行动、网吧专项整治工作、游艺场所整治工作等，同时建立健全长效监管机制，努力净化学校周边文化环境；开展净化社会文化专项行动和文化市场集中整治行动等。各级文化行政部门共出动检查人员2.68万人次，检查演出活动204场次、艺术品市场42家次、网吧1.98万家次，对违规行为责令改正564家次、警告990家次、立案调查474件，罚款120.61万

元,依法责令停业整顿 18 家,吊销《网络文化经营许可证》3 家。检查歌舞娱乐场所 2613 家次,警告 38 家次;检查游艺娱乐场所 1939 家次,取缔黑电子游戏机室 19 家,收缴违禁电子游戏机电脑板 279 块;检查音像制品经营单位 4383 家次,警告 329 家次,没收非法音像制品 12.20 万张。（黎彦彤　吴朝霞）

网吧整治　1 月上旬至 2 月上旬,按照《南宁市整治互联网低俗之风专项行动工作方案》的要求,开展整治互联网低俗之风专项行动。出动车辆 16 辆次、检查人员 50 人次,检查网吧 83 家次。在检查中发现有宣传色情、暴力和不道德的网页及时清除,并向网吧业主通报 13 个方面的低俗内容和容易产生问题的网站,要求业主自觉抵制。2~6 月上旬,根据《南宁市文化局关于印发南宁市开展网吧专项整治工作方案的通知》精神,开展网吧专项整治行动。一是针对学生放寒暑假及节假日网吧违规接纳未成年人突出的情况,集中时间、集中力量对违规网吧进行查处。二是针对网吧利用中午和下午放学时间接纳青少年学生上网的问题,加强中午和下午放学时间对网吧的监管,严罚违规网吧。三是开展校园周边治安环境整治专项行动,对网吧进行规范管理,坚决取缔无照网吧,严禁未成年人进入网吧。整治期间,共出动检查人员 546 人次,检查网吧 639 家次,对未执行入场登记制度的网吧当场处罚 25 家和立案调查 14 家,立案查处涉嫌接纳未成年人网吧 12 家,依法责令停业整顿 1 家,依法吊销《网络文化经营许可证》2 家。

娱乐市场整治　根据市文化局、公安局、工商局联合印发的《关于开展游艺娱乐场所专项整治工作的通知》精神,于 4 月 15 日至 6 月 15 日,开展为期两个月的游艺娱乐场所专项整治工作。重点打击利用游戏、游艺机进行赌博违法犯罪活动,打击游艺娱乐场所在国家法定的时间之外接纳未成年人,清理游艺娱乐场所设置具有赌博功能和含有《娱乐场所管理条例》第十三条禁止内容的游戏、游艺机,取缔"黑电子游戏机室"等无证经营的游艺娱乐场所。整治期间,共取缔黑电子游戏机室 5 家。开展首府南宁创建国家卫生城市歌舞厅专项整治行动,重点检查经营场所是否办理娱乐场所经营许可证;歌曲点播系统是否与境外曲库连接,播放曲目、屏幕画面是否有淫秽、色情等法律法规禁止的内容;是否擅自变更有关事项未按规定办理娱乐经营许可证,发现违规从事歌舞厅等娱乐经营场所的坚决依法取缔;对歌舞厅等娱乐场所接纳未成年人的行为坚决打击。全年共检查歌舞娱乐场所 2613 家次,警告 38 家次。

音像市场整治　开展"扫黄打非"集中行动,查缴侵权盗版音像制品。对文化综合市场、民族商场、银兴商场以及七星路、新民路、新竹路、古城路、新华街等重点区域重点路段的音像制品经营单位进行检查。全年检查音像制品经营单位 4383 家次,警告 329 家次,没收非法音像制品 12.20 万张。

安全生产　对全市的歌舞娱乐场所、网吧、游艺娱乐场所等公众聚集文化经营场所进行检查。出动执法人员 1031 人次,检查网吧 1160 家次,歌舞娱乐场所 71 家次,游艺娱乐场所 51 家。促进安全工作的落实。（吴朝霞）

【演出经营】　2009 年,市演出公司完成的演出活动主要有:2 月,承办市总工会慰问空军 42 师演出活动,市安全监督局安全月宣传活动。4 月,承办"十大台湾歌星演唱会"南宁站、平果县站两场演出的报批和组织接待工作,"菲律宾三人乐队"的演出申报工作。6 月,承办"沈文裕钢琴音乐会"、"东盟小姐选美比赛启动仪式"申报工作及杨丽萍"云南的响声"音乐舞蹈剧的申报工作。9 月,承担香港演员谭咏麟、李克勤"左麟右李演唱会"报批及现场舞美、电力、治安等协调、保障工作。10 月,承担并完成 2009 南宁国际民歌艺术节 28 个外国艺术团的后勤保障排练、演出等工作;民歌节绿城歌台民族广场歌台的舞台、舞美、中外艺术家的演出组织工作。11 月,承担为广西红十字会"艾滋病"宣传活动提供舞台制作、现场布置及音响;完成国家下达的农村电影放映任务 88 场,电影下社区放映任务 26 场。（邵发建）

文物·博物

【概　况】　2009 年,全市文物管理机构有 10 个(市级 3 个、县级 6 个、城区级 1 个)。市级 3 个为:市文化局文物科、市博物馆和市孔庙管理所。市文化局文物科主要负责文物执法、文物保护工作的协调、文物维修、文物保护单位及文物点的管理等;市博物馆主要负责考古发掘,文物调查、征集、展示、研究、宣传、教育;市孔庙管理所主要负责孔庙迁建及迁建后的日常文物保护管理。全市共有文物保护单位 154 个,其中国家级 3 个、省级 22 个、市县级 129 个。年内,市文化局文物科组织维修了部分自治区级、市级文物保护单位,包括:自治区文物保护单位广西省土改工作团团部,市文物保护单位南宁商会旧址、那莲戏台、北帝庙等。

【文物普查】　2009 年,市博物馆完成市辖 5 个城区第三次全国文物普查的实地调查阶段工作,启动率、到达率、覆盖率均 100%。先后对青秀区、西乡塘区、良庆区、江南区、兴宁区的 19 个镇、22 个街道、213 个社区、285 个村委会进行文物普查,新发现具有历史、艺术、科学价值的古遗址、古建筑、石窟寺及石刻、近现代重要史迹及代表性建筑等不可移动文物 88 处;6 个县及邕宁区文物管理所在普查中新发现不可移动文物 165 处。共调查登记不可移动文物 538 处。5 月,公布 14 处为第二批南宁市文物点。其中,在西乡塘区发现的那告坡覃氏民居群,为清代硬山顶砖木结构建筑,占地面积约 1.30 万平方米,有清朝嘉庆十五年的"西教村齐心禁约碑记"石刻、"武魁"、"贡元"等 4 块牌匾,以及土改时田汉等名人居住过的房屋等。该民居对研究南宁市明清时期村寨建设布局、传统民居的变化和发展、当时社会的生产和生活习俗、建国初期土改工作等具有重要价值。义利酱园旧址是至今南宁市发现较早的传统民族工业遗产之一,原为四合院式围合的院落建筑,现存总商铺 1 栋、炮楼 1 座、原料仓库 1 栋、生产车间 1 间,占地面积 3060 平方米,为研究南宁市清代、民国时期的传统民族工业、商业、运输业提供了重要的实物资料。与广西考古所联合进行第二次文物专项调查,对拟建广州至昆明公路南宁外环段 78 公里工程沿线地面文物进行调查,新发现新石器时代遗址 1 处。开展邕江、郁江流域文物调查,完成 274 公里沿江两岸的文物调查,新发现三江口码头、三江坡、沱江口、三岸园艺场窑址群 4 处遗址,复查遗址 10 处。其中位于青秀区伶俐镇的沱江口遗址,东西长约 85 米、南北宽约 62 米,分布面积约 5200 平方米,以螺壳为主要堆积,文化层堆积厚度为 0.80~1.50 米,采集到磨光石斧、石锛,石核,穿孔蚌刀、夹砂陶片,兽骨等标本,是南宁市开展第三次全国文物普查工作以来发现最大的一处新石器时代贝丘遗址。开展广西孔庙专项普查,市孔庙管理所完成对玉林、来宾、贺州、桂林、百色 5 市 12 座孔庙的专项普查任务,拍摄照片 800 多张,拓片 30 余幅,收集相关资料 50 余份,启动整理及数字库录入工作。

【文物保护性开发利用】　2009 年,南宁市文物保护性开发利用的文物保护单位和文物点共有 6 处:一是在自治区级文物保护单位新会书院推出粤剧"天天演"

项目——《邕州神韵》，项目以打造本土的粤剧品牌为目的，呈现本土戏剧文化的魅力；二是在自治区级文物保护单位广西高等法院办公楼旧址的邓颖超纪念馆举办专题陈列展览；三是在市级文物保护单位越南中央学舍区（广西南宁育才学校）总部旧址举办广西南宁育才学校纪念展；四是利用市级文物保护单位黄旭初旧居建成休闲娱乐场所“旭园”；五是利用宾阳县文物保护单位程思远故居举办程思远生平事迹展；六是利用宾阳县文物保护单位老牌楼举办宾阳县传统工艺展览。继续开展文物调查及数据库管理系统建设项目工作，完成馆内242件馆藏珍贵文物拍摄、数据采集、数据的文本录入工作，并赴市辖六县一区文物管理所、博物馆帮助完成289件馆藏珍贵文物拍摄、数据采集、数据文本的录入，拍摄馆藏文物照片近3万张，相关的数据文本汇总后报送自治区文物局。由市文化局、博物馆组织编写的《南宁旧事》出版发行，该书在《南宁史料》七辑单行本基础上编辑而成，内容涉及人文地理、历史事件、文化名胜，地方名人等。由自治区党委常委、市委书记车荣福作序。全书400多页，约15万字，80多张照片。（蒲晓东）

【文物征集与捐赠】 2009年，市博物馆在开展第三次全国文物普查过程中，征集到长1.82米的清代木杆秤1件、牌匾2块；邓颖超生前秘书赵炜捐赠的邓颖超穿过的驼色呢子大衣1件；中国书法家协会会员作品3幅。为纪念“南宁兵变”80周年，组织专业技术人员前往自治区、南宁市的地方志办、党史办、档案馆、博物馆、图书馆等相关部门，以及百色、田东、龙州、北流等地搜集、查找有关“南宁兵变”的文史资料和图片资料，共征集到图片200余张、图书资料30余份，以及“南宁兵变”同时代的农军所用的武器、用品一批。市孔庙管理所共征集到古家具、案台、官帽官服、民族服装及其他杂项等260余件；拍摄文物照片1000多张。并对征集的文物进行基本录入工作，完成登记800余件。（蒲晓东 梅晓光）

【文物宣传】 2009年，市博物馆在进行第三次全国文物普查中，分发文物普查宣传资料2万份。6月，邀请上海海派玉雕协会会长孙敏在唐山路36号唐人文化园举办“和田玉的真伪辨析与收藏技巧”讲座，同时开展中国文化遗产日的宣传活动，宣传《中华人民共和国文物法》和南宁市在开展全国第三次文物普查中的新发现，展出宣传版面30块，参加活动约1000人次。年内，南宁市博物馆网站开通，上传有关文物法律、法规、文物知识、资料近千篇，其中普查动态文章100篇、普查成果文章30篇，网站点击率100多万人次。

2009年5月31日公布的南宁市第二批文物点

名称	文物类别	时代	位置
蕾帽岭摩崖石刻	石窟寺及石刻	清代	良庆区那陈镇那徐村委和平丙坡之间的蕾帽岭顶峰
缸瓦窑遗址	近现代重要史迹及代表性建筑	清末至民国	良庆区良庆镇缸瓦窑村
孔总桥	近现代重要史迹及代表性建筑	20世纪60年代末	良庆区南晓镇团东村平朗坡
棋三古井	古建筑	清道光二十七年	良庆区良庆镇新村伏那村
那告坡覃氏民居群	古建筑	清代	西乡塘区石埠街道老口村那告坡
李氏民居	古建筑	清代	西乡塘区石埠街道老口村建宁坡
驮罕码头及门楼	古建筑	清末民初	西乡塘区金陵镇龙达村龙江街
邕宁县十三区政府旧址	近现代重要史迹及代表性建筑	1965年	西乡塘区石埠街道老口村贤湾街19号
南宁老挝“六七”学校	近现代重要史迹及代表性建筑	20世纪60年代	江南区菠萝岭
周家坡古民居	古建筑	清末至民初	江南区东南村
凌铁水塔	近现代重要史迹及代表性建筑	1934年	青秀区植物路53号凌铁水厂内
刘圩大寨屋	近现代重要史迹及代表性建筑	20世纪70年代	青秀区刘圩镇麓阳村的麓阳坡、新阳坡和启蒙坡
莲江正码头	古建筑	清代	邕宁区蒲庙镇孟莲村
临江街历史建筑群	近现代重要史迹及代表性建筑	20世纪20年代	青秀区明德街西一里9、11、13号，民族路54号

（蒲晓东）

【邓颖超纪念馆】 位于朝阳路4号广西高等法院旧址。2009年，接待参观的省部级领导20多人，自治区、南宁市的机关、企事业单位，部队、大中专院校、旅游团队等团体310多个，观众10万余人。获首府南宁创建全国文明城市活动先进集体称号；在南宁城市游名片评选活动中，获南宁市最具爱国主义教育意义景点奖，并被命名为广西公安机关廉政教育基地。（蒲晓东）

【南宁孔庙迁建工程】 2009年，南宁市孔庙管理所完成孔庙棂星门、大成门、明伦堂的工程建设，状元门的基础及砖砌工程，孔庙库房设计修改方案及报建工作。

【文物维修】 2009年上半年，南宁市成立文物维修队，组织相关人员并邀请广西考古文物专家，对文物点宗圣源祠和文物保护单位金狮巷58号进行实地勘测并做出维修方案，同时维修市级文物保护单位“冬泳亭”石碑。（梅晓光）

档 案

【概 况】 2009年，南宁市有国家综合档案馆13个、城建档案馆1个，拥有档案全宗1310个，馆藏总量45.08万卷（盒），资料8.37万册；全文扫描档案185万页，机检档案案卷级目录33.30万条、文件级目录507.92万条。共开展档案行政执法检查14次，检查单位493个。存在的主要问题：各级国家综合档案馆功能不全，面积狭小，设施陈旧，“涨库”问题突出；档案经费投入、设备配套、人员配备使用需要进一步加大；档案工作服务经济社会发展的能力需要进一步强化；档案资源建设尤其是民生领域档案工作需要进一步加强；农村档案工作基础仍然薄弱。

【档案馆规划编制与建设】 2009年，南宁市档案局会同市发展改革委编制上报《南宁市县级综合档案馆建设规划》。规划县级建设一类馆2个，二类馆5个，三类馆5个，总建筑面积3.65万平方米，其中库房面积1.29万平方米。申请中央预算内投资补助建安工程费9158.78万元，地方政府配套资金1.17亿元（由县区政府承担征地拆迁、市政配套等其他工程费1.10亿元，回建费633.36万元）。各县区陆续开展综合档案馆新馆建设的有关前期工作，其中马山县、横县、武鸣县、江南区已明确用地意向，上林县完成了土地划拨，隆安县完成项目立项和《可行性研究报告》的编制，邕宁区正在编制《项目建议书》。市综合档案馆项目建设于7月完成立项，选址位于五象新区核心区的自治区重大公益性项目规划区内，建设总规模2.24万平方米，估算总投资1.68亿元。县区档案馆设施设备不断完善。其中，兴宁区在城区行政中心建设中投入资金120多万元，建成总面积为1700平方米的新馆并于10月10日迁入，成为广西一流的县级国家综合档案馆；横县投资54万元扩建档案馆，新增馆库面积422平方米，解决了档案馆库房紧张问题；上林县投入经费17万元为档案馆添置了空调、去湿机、档案密集柜等设施设备。

【县区档案目标管理】 2009年，市档案馆继续对县区档案工作实行目标管理。3月26日，市档案局印发《2009年各县（区）档案工作目标管理考核指标》的通知，下达档案馆升级、档案安全管理规章制度的贯彻落实、乡镇机关文件材料归档范围和保管期限表的编制和修订、县区直属机关和乡镇机关（街道办）及村委、社区年度文件归档整理、县区直属事业单位建档、档案行政执法检查、档案信息化建设、档案宣传、档案接收、家庭建档10项工作目标。12月下旬，市档案局组成检查考核组对县区档案工作目标任务的完成情况进行考核验收。经综合评定，兴宁区、隆安县档案局（馆）获得档案工作目标管理一等奖，青秀区、邕宁区、横县、宾阳县档案局（馆）获得档案工作目标管理二等奖，西乡塘区、江南区、良庆区、上林县、武鸣县、马山县获得档案工作目标管理三等奖。

【档案接收与利用】 2009年，南宁市各级档案部门围绕档案资源体系和档案利用体系建设，及时调整档案接收范围，档案征收集工作取得新成效，尤其是重大活动档案和各类民生档案的馆藏量有了明显增加。主要有：武鸣县档案馆接收历年“三月三”歌圩档案，横县档案馆接收1950~1985年复退军人档案1.19万件，上林县档案馆接收15家破产、改制企业档案764卷、1.14万件；各县区和各开发区环保部门完成污染普查档案的归档任务，共收集整理档案497盒、1.10万件。市档案馆接收市委办公厅、市纪委、市发展改革委、市人居办等单位档案1070卷（盒）、光盘314张。全市全年共接收进馆档案1.96万卷。

名人档案征集　市档案局制定了全市名人档案征集方案，会同市教育局联合印发《关于在教育系统开展名人档案征集工作的通知》，在全市教育系统开展名人建档工作；开展市领导公务活动档案资料收集，完成《车荣福书记2008年度重要公务活动照片集》和《车荣福书记2008年度重要公务活动新闻报道资料汇编》的编辑工作，共收集图片1756张、新闻报道资料75篇；协助自治区档案局完成《中国广西模范人物荣誉档案》资料征集工作，共征集市级以上先进个人资料77人、先进集体10个。

重大活动档案收集　市档案局在南宁市获全国文明城迎匾活动、中国—东盟博览会、中国—东盟商务与投资峰会、南宁国际民歌艺术节、泛珠三角省会（首府）城市市长论坛、纪念昆仑关大捷70周年等重大活动中，拍摄、收集图片1853张。

重大建设项目档案收集　市档案局在南宁大桥、广西体育中心、五象新区基础设施、南宁保税物流中心等重大项目建设工地，现场拍摄图片427张，采集视频数据3.50个小时，征集图片2619张。

档案利用　全市各级综合档案馆接待查档人员1.38万人次，提供档案2.66万卷（件）。其中市档案局接待查档人员3223人次，提供档案4530卷、863件，复制档案1.40万页。提供查询的内容有：修史编志、工作查考、宣传教育、学术研究、科研开发、经营管理、技术改造、维护权益、职工办理养老保险、居民购买经济适用房、办理出国公证、婚姻状况和处理“三大纠纷”等方面。

【档案安全管理】 2009年，全市各级档案管理部门根据国家档案局《关于做好档案安全管理工作的通知》精神，开展档案安全大检查活动。对档案馆（室）设施设备、人员配备、制度建设、档案管理和防护措施等方面进行安全自查。市档案局在各级各部门自查的基础上，于7月8~10日组织3个检查组，分别对六县六区档案局（馆）和部分市直机关单位档案室进行档案安全大检查。对在检查中发现的安全问题和安全隐患，现场下发限期整改通知书，杜绝档案安全管理上的漏洞。

各级档案馆组织人员对馆藏档案进行全面大清查，对积存不符合业务规范的案卷进行重新整理、登记造册、完善目录，摸清馆藏存量，为科学管理档案提供依据。其中市档案馆于7~12月对13个库房档案、资料进行全面清查，清查后的库存状况为：共有全宗220个档案8.49万卷，资料6626册。西乡塘区除了对城区馆档案清查外，还对区属各镇、街道办事处，双管单位、农科单位和各社区居委会、村委会共163个单位的档案进行清查。

市档案馆和六县一区（邕宁区）档案馆有计划地开展重点档案抢救与修复工作。重新整理国家重点档案2219卷6.66万件，修复档案1798卷另加5.39万件，复制档案4.40万件，扫描档案1774件5322页，一批国家重点档案得到及时抢救和保护。

【机关档案】 2009年，全市各级机关单位继续落实机关档案年检制度，做好2008年度文件材料归档工作。市档案局对市直机关111个应检单位进行了年检，完成率100%，合格率100%，优秀率30%。其中优秀等级单位34个，合格单位70个，基本合格单位7个。县区直机关单位年检率100%、合格率96%，其中武鸣县、上林县、宾阳县、青秀区、西乡塘区、江南区、邕宁区合格率100%；隆安县创新年检方式，将有二层机构的县直主管机关与所属二层机构的文件材料归档工作捆绑检查，要求主管单位及所属二层机构双方年检均合格，若一方不合格均视同不合格。

继续开展机关档案室定升级工作。有18个市、县区直机关档案室通过了定升级评审，其中市直二级1个，县直一级5个、二级5个、三级7个。抓好专业档案馆业务指导。市档案局会同市国土档案馆研究制定土地档案分类方案，会同市房产局指导房产档案馆开展达标升级工作，促进规范化管理。

【企事业档案】 2009年，南宁市共有13个企事业单位档案室定升级，实现规范化管理。同时，对2006年12月31日前获得档案工作目标管理自治区级以上（含自治区级）的38家企业进行复查，重点复查档案工作的组织管理、设施设备、基础业务和开发利用4个方面。除5家企业因改制、兼并等原因未参加复查外，其余33家经对照标准实地检查，全部确认达到自治区以上等级，其中国家一级1家、国家二级2家、自治区级30家。市档案局对南化集团、国药控股南宁有限公司、中房集团南宁房地产开发公司、华劲集团及其8个子公司、天然纸业有限公司、香山糖厂等骨干企业档案工作进行指导。继续开展企事业单位档案规范化管理达标认定工作。市房屋产权交易中心、市天然纸业有限公司、宾阳供电公司、兴宁区环境卫生管理站、西乡塘区环境卫生管理站5个单位通过了企业和科技事业单位档案管理自治区级达标认定。重点抓好中小学校档案工作。市档案局与市教育局联合下发《关于在全市中小学校开展档案管理达标定级工作的通知》，编制市中小学校档案实体分类方法、归档范围与保管期限表、档案整理办法和档案管理评估表等系列规范性文件，按照分级管理的原则指导各级学校开展档案规范化管理。隆安县民族中学，邕宁区民族中学、朝阳中学，园湖路小学，虎邱小学，民乐路小学，明天学校，华西路小学8所中小学校通过科技事业单位档案管理自治区级考评。引导民营企业开展档案规范化管理。重点对永鑫华糖集团、广西幸福农业科技集团有限公司等民营企业进行建档工作指导，帮助企业制定档案管理制度、档案分类大纲和各类文件归档范围、保管期限等。其中，华劲集团总公司及其子公司实现了档案管理规范化。对列入全市2009年自治区级和市级层面的71个重大建设项目的档案管理工作进行责任分解，各重大项目建设单位及各级有关单位、档案部门，在督促项目业主做好项目建设初、中期和竣工验收期档案管理登记表的填报以及项目档案的收集、整理、归档工作，保证项目档案管理登记的连续性，确保项目档案的完整和齐全等方面起到了监督指导作用。市档案局重点对广西体育中心、南宁大桥、华润水泥、北大桥、桃源桥、南宁轻轨、永凯实业等重大项目建设单位进行检查指导。北大桥、桃源桥于7月16日通过自治区档案局组织的档案专项验收。

【民生档案】 2009年，全市各级档案部门根据国家档案局《关于加强民生档案工作意见》，探索民生档案管理和利用的有效途径，加大对婚姻、工资、工龄、招工、招干、土地、山林、水利、房产、移民、知青、低保、社保、医保、退伍安置等民生档案的接收和整合力度，将民生档案工作列入年检范围。

民生档案检查　市档案局对劳动与社会保障局等51个涉民单位(包括其所属的二层机构）的民生档案开展重点检查，对市医保中心、房产交易中心、社会福利院等单位进行现场指导，帮助其建立规范的档案管理秩序。

干部建档　邕宁区档案局指导乡镇开展村委(社区)建立“干部档案”试点工作，为65个村委、9个社区的335名干部建立了“干部档案”，规范了村(居)干部的档案管理。

蔬菜建档　良庆区档案局指导那马镇昌盛无公害蔬菜基地农民专业合作社建立“蔬菜生产档案”和无公害蔬菜“绿色安全档案”，使合作社的13个无公害蔬菜品种成功通过农业部无公害产品认证。

家庭建档　各城区按照市档案局制定下发的《南宁市家庭档案整理方法》，采取宣传与试点相结合的方法，指导社区居民家庭开展建档试点工作，取得初步经验。兴宁区档案局联合《南宁晚报》等新闻媒体走进社区宣传家庭建档的意义，并在望州南社区、人民北二里社区选择15户居民家庭开展建档试点工作，共收集整理档案110盒2600余件。江南区档案局家庭建档试点工作效果明显，家庭档案收集齐全，户均收集档案20盒，其中有一户家庭收集整理档案46盒。

集体林权制度改革档案工作　会同市林业局深入武鸣县甘圩镇、太平镇农业服务中心对林权档案归档工作进行督查与现场指导，制定下发《南宁市林权制度改革档案整理办法》，对林权档案的收集、整理、归档工作提出了明确要求，要求各单位在林权制度改革工作结束后3个月内，将在林权制度改革过程中形成的文件、方案、图表、记录、声像、数据等各种载体的原始资料进行规范整理，统一移交到当地档案馆保管。

【农业农村档案】 2009年，南宁市各级档案部门进一步完善和规范“三农”档案工作，有针对性地做好农业农村档案指导工作。各县区档案部门指导乡镇机关做好《乡镇机关文件材料归档范围和文书档案保管期限表》的编制上报审批工作，并按照自治区档案局印发的《广西壮族自治区县直机关档案室等级标准》要求，开展创建乡镇机关合格档案室和定升级活动。主要有：横县采取专题培训的方式指导各乡镇开展归档立卷工作；武鸣县以分片包干的办法，指导乡镇做好《乡镇机关文件材料归档范围和文书档案保管期限表》的编制工作；青秀区把乡镇档案工作纳入城区档案工作目标管理，推动了档案各项工作的落实；邕宁区所有乡镇、良庆区南晓镇把村委(社区)的档案集中到乡镇综合档案室统一集中管理，实行“村档镇管村用”，防止村委(社区)档案流失。全市102个乡镇机关档案室年度归档率100%，合格率100%，优秀等级率95%。1379个行政村按照《南宁市村委会文件归档整理方法》的要求，完成了2008年以前各类文件材料的鉴定、分类、编号、归档工作，建档率100%、合格率93.40%，建成示范档案室35个。农科档案工作继续按照《南宁市各县、区农业科技档案归档整理办法》的要求进行规范化、科学化管理。全市农科单位建档率100%、合格率96%，建立市、县区、乡镇三级农科档案信息网络，农科档案信息资源在农村经济发展、农业增产、农民增收中发挥了重要作用。

【社区档案】 2009年，南宁市各社区继续把档案工作纳入社区发展建设计划、社区工作目标管理、创建文明社区考核范围和社区信息化建设总体规划，继续开展社区档案管理优秀单位评选活动，建立文书、会计、基建、照片等各门类档案，做到社区档案工作与社区建设同步发展。全市336个社区全部建档，建档率100%、合格率100%、优秀率92%。

（邓淑华）

【城建档案】 2009年，市城建档案馆接收建筑工程竣工档案2.17万卷，完成全年任务的211%；整理上架1.85万卷，接待来访咨询人员1573人次，办理档案移交证明237份，整理声像专题资料片6部。

（雷泽识）

【档案信息化建设】 2009年，市档案局制定《南宁市档案信息化建设规划》，新增一批信息化设备，建立时长160个小时的多媒体数据库，完善馆藏档案文件级目录数据库和全文数据库，馆藏档案文件级目录已达140多万条，全文数据库由上年135万页增至185万页。各县区也建立并完善了馆藏档案目录数据库，其中青秀区档案馆完成了馆藏全部档案全文数字化处理。进一步优化南宁档案信息网站的栏目设置，实现与六县六城区档案信息网互联互通、信息资源共享的目标。网站开通开放档案目录和政府公开信息网上查询系统，全年公众访问量36万多人次，位居广西市级档案信息网站之首。全市档案信息化工作取得了新成果，南宁市档案目录数据采集报送工作获自治区二等奖，南宁档案信息网站建设获自治区一等奖。

【档案业务培训与职称评定】 2009年，全市各级档案部门举办各种各类培训班56期，培训档案人员2255人次。其中市档案局举办8期，培训人员712人次。同时，以异地培训和考察学习相结合的方式，组织全市各级各部门档案员131人分别到上海市卢湾区档案馆、苏州市档案馆、福州市档案馆和厦门市档案馆参观学习档案信息化、数字化管理。年内，全市获得档案系列馆员职称资格有15人，助理馆员职称资格4人，管理员职称资格2人。

（邓淑华）

责任编辑　黄善秋

新闻出版

报纸

【概　况】 2009年，南宁市有市办报纸3家，驻市各类报纸23家。其中，南宁日报社辖有《南宁日报》、《南宁晚报》、南宁新闻网、南宁日报社印刷厂。《南宁日报》周七刊，对开12版，彩色印刷，平均期发行量8.60万份，总发行量3139万份；《南宁晚报》周七刊，四开40版，彩色印刷，平均期发行量15万份，总发行量4981.80万份。南宁新闻网继续拓宽平台，不断创新，栏目更多，内容更新，网站点击率大幅提升（日点击率2万人次）。至年末，有职工326人（新闻专业人员233人，高级专业技术职务任职资格的13人、中级22人、初级143人）。南宁日报社所属的报纸和网站坚持政治家办报原则，把握正确的舆论导向，围绕市委、市政府的中心工作开展新闻宣传，发挥"当好党的喉舌，反映人民心声"的作用。同时，组织开展一系列主题社会活动，取得良好社会效果。报社所属印刷厂经过多次技术改造和更新设备，印刷能力、印刷质量和经济效益在全市（含驻市）印刷行业中排在前列，评为广西首批印刷行业诚信企业。年内，报社围绕产品质量，推进《南宁日报》、《南宁晚报》改版。优化内容和版式，增强可读性；深化机制体制改革，优化人力资源配置；整合经营资源，业绩逆势上扬。5月23日，报社新闻中心印务中心项目举行开工仪式，8月13日主体工程动工；6月7日，南宁新闻网一期工程通过验收。2008年，南宁日报社获首届南宁新闻奖一等奖1个、二等奖6个、三等奖7个；报社印刷厂作品获"中华印制大奖"优秀奖。

【南宁日报社重要宣传与专题报道】

中共第十七届中央委员会第四次全体会议宣传报道　2009年9月15~18日，中共第十七届中央委员会第四次全体会议在北京举行。会议审议通过《中共中央关于加强和改进新形势下党的建设若干重大问题的决定》。9月20日，《南宁日报》、《南宁晚报》在头版刊载新华社通稿《中共中央关于加强和改进新形势下党的建设若干重大问题的决定》，以及会议的相关消息。会议闭幕后，日报在重要版面刊登南宁市领导和各条战线干部、群众认真学习会议精神的文章。11月23日，南宁日报在头版头条刊登"中共南宁市委关于贯彻落实《中共中央关于加强和改进新形势下党的建设若干重大问题的决定》的意见"，配合市委、市政府的中心工作。

深入学习科学发展观宣传报道　1~3月，《南宁日报》经精心策划，进行"深入学习实践科学发展观试点工作"重要宣传报道。先后对市科技局、横县和江南区等先进单位进行报道，形成强大的宣传声势，不断把学习实践活动引向深入和推向高潮。至年末，日报不断加大对开展深入学习实践科学发展观活动的报道。共刊发通讯、消息3000多篇（幅）。

首府南宁获"全国文明城市"称号专题报道　1月20日，全国精神文明建设工作表彰大会在北京举行，首府南宁获"全国文明城市"称号。同日，自治区党委常委、市委书记车荣福赴京参会，并于当天下午载誉归来，《南宁日报》、《南宁晚报》（简称"两报"）都进行详细报道。21日，《南宁日报》在头版整版刊登"首府南宁荣获'全国文明城市'称号"和"十年磨一剑　今日铸辉煌"等文章，将多年来南宁市民为获此殊荣而付出的努力，作了详细报道。22日，首府南宁举行荣获"全国文明城市"庆祝大会，"两报"进行大量报道。《南宁日报》在头版以整版刊登"珍惜荣誉　总结经验　再接再厉　不断谱写首府文明新篇章"文章。同时，还刊登中共广西壮族自治区委员会、广西壮族自治区人民政府给中共南宁市委员会、南宁市人民政府的贺信，以及相关文章。《南宁日报》还发表"新起点　新高峰"社论，号召广大市民珍惜荣誉，再创新佳绩。

扎实推进"项目建设年"、"服务企业年"宣传报道　2月10日，南宁市召开大力开展"项目建设年"、"服务企业年"工作会议。自治区党委常委、市委书记车荣福在会上强调：全市上下要进一步统一思想，坚定信心，抢抓机遇，迎难而上，举全市之力开展"项目建设年"和"服务企业年"各项工作，确保2009年全社会固定资产投资1180亿元工作目标顺利完成，保持南宁市经济社会又好又快发展的良好势头。对此，"两报"作了详尽报道。11日，《南宁日报》以整个头版刊登"确保完成全社会固定资产投资1180亿元任务，保持全市经济社会又好又快发展的良好势头"等文章。至年末，日报经精心策划，对"项目建设年"、"服务企业年"的开展情况作了连续报道，共刊登相关文章6500篇（幅）。从而推动市委、市政府这一重大决策的贯彻落实。

"党组织服务年"活动宣传报道　4月以来，南宁市以"攻坚克难先锋行"活动为总载体开展"党组织服务年"活动。广大党员干部走进企业，走到基层群众身旁，做好"五服务五帮扶"工作，解决群众最关心、最直接、最现实的利益问题。"两报"精心组织和策划，进行宣传报道。4月始，《南宁日报》刊登"'攻坚克难先锋行'力推'党组织服务年'开展"等文章，对活动开展情况和取得的成果进行大量报道。至年末，日报共刊发相关文章4000多篇（幅）。

"坚定信心　迎接挑战　攻坚克难　科学发展"宣传报道　2008年，南方遇到严重的冰冻灾害、四川汶川遭受特大地震、北京奥运会成功举办等大事相继发生。南宁市民都尽心尽力地作出了无私的奉献，涌现出许多令人感动的人和事。2009年1月始，《南宁日报》对2008年南宁市涌现出的先进单位和先进个人的感人事迹进行了"盘点"。为达到宣传创新目的和效果，经精心策划，连续数月进行"坚定信心　迎接挑战　攻坚克难　科学发展"报道。先后刊登"克难攻坚　破茧化蝶"、"件件关注民生　事事关切民情"等文章。共刊发通讯、消息3000多篇（幅），收到良好的社会效果。

新中国成立60周年连续报道 9月，为迎接新中国60周年华诞，“两报”均推出迎新中国60年华诞专题报道。日报经精心策划，共历时一个多月，用60个版推出“60年惊变南宁”连续报道。将60年来南宁市各条战线的巨变，进行全方位地展现。共刊发各类稿件6000多篇(幅)。

新中国成立60周年国庆专题报道 10月1日，“两报“经精心策划，将新中国成立60周年国庆作专题报道。刊载新华社“庆祝中华人民共和国成立60周年”等重要文章。日报据新华社通稿，精心编排“新中国60周年盛典”特别报道，将中央领导出席国庆庆典活动情况、国庆大阅兵盛况等，作全面详尽报道。“两报“还用大量的版面，报道南宁各族人民庆国庆的盛况，充分体现南宁各族人民与祖国同庆的心情。

“两会一节”专题报道 10月20日，备受世人瞩目的第六届中国—东盟博览会、第六届中国—东盟商务与投资峰会和2009年南宁国际民歌艺术节隆重开幕。“两会一节”期间，“两报”精心策划，创新形式，创新手段作好报道。《南宁日报》发挥党报的权威性，《南宁晚报》发挥都市报的特长，进行大量报道。日报共用近20个特刊版对与会的中国相关领导人和东盟各国相关领导人的活动情况、“两会一节”经贸活动取得的丰硕成果、南宁国际民歌艺术节取得的良好效应、中外客人在南宁共享“两会一节”带来的欢乐，等等，进行详细的报道。“两报”共刊发通讯、消息等5000多篇(幅)。

先进人物报道 2009年，《南宁日报》、《南宁晚报》大力宣传南宁市先进典型人物，对全市人民起到极大的鼓舞作用。

黄胜新先进典型。市消防支队特勤一中队一班班长黄胜新入伍12年来，始终战斗在消防特勤第一线上。参加大大小小的灭火战斗和抢险救援1600多次，成功地救出群众460多人，先后荣立一等功1次、二等功2次、三等功7次。其十几年如一日，尽自己最大的努力保护人民群众的生命财产安全，实现助民脱困、为民解难的光荣使命，践行护佑一方、保家卫国的神圣职责，在平凡的岗位上干出了不平凡的业绩。其在四川汶川大地震抢险救灾危急时刻说出的一句“如果我有事，请照顾好我妈妈，我不会放弃”的话，感动了邕城，感动了世人。2月26日，“爱国为民的好战士”黄胜新事迹报告会在南宁举行，“两报”进行了报道，日报在头版刊登“一名消防员感动整个绿城”文章。2月27日，日报用整个要闻版刊登“奋斗的人生最光荣 奉献的青春最美丽”专题，对黄胜新的先进事迹进行详细报道。此后，“两报”对黄胜新作持续报道，使其先进事迹深入人心。

韩素云先进典型。市财政局干部、好军嫂韩素云入选“100位新中国成立以来感动中国人物”，“两报”做了大量报道。9月15日，《南宁日报》在头版刊载新华社“‘双百’人物代表座谈会在京举行”文章。16日，“两报”刊登“黄方方会见载誉归来的韩素云”、“她是南宁的骄傲，也是广西的骄傲”等文章，对韩素云从京载誉归来，受到市长黄方方等领导亲切接见，作了详细报道。21日上午，自治区党委书记、自治区人大常委会主任郭声琨等领导在黄方方等陪同下，到韩素云的家，看望韩素云。23日，日报在头版刊登“你是广西的骄傲和光荣”文章，将自治区和市领导对韩素云的关爱，以及韩素云表示不负人民的期望继续努力等，进行了详细报道。

此外，“两报”还对南宁市各条战线涌现出的先进人物也做了大量报道。

(苏贤庆)

【南宁广播电视报】 南宁电视台主管主办，周刊，公开发行。2009年，设编辑部，有员工8人。南宁广播电视报社在拥有《南宁广播电视报》的所有权、坚持正确舆论导向的掌控权和编辑出版终审权不变的前提下，由广西优聚企划传播有限公司代理《南宁广播电视报》的出版、印刷、发行和广告业务。合同期5年，风险抵押金20万元，全年经营承包金10万元，而后逐年增加。报纸改版扩充为24版，分《新闻周刊》、《影视娱乐周刊》、《生活周刊》3大板块，开设“一周要闻”、“南宁扫描”、“热点关注”、“焦点网谈”、“社会万象”、“邕城荧屏”、“理财经”、“风尚家居”、“健康益生”、“妈咪沙龙”、“生活故事”等20多个专版。发行量10~15万份之间，全年出版53期(每周一期，逢星期四出版)，覆盖面逐步扩大，影响力逐渐增强。

(侯双穗)

广播电视

【概　况】 2009年，南宁市(含驻市)有省级广播电台1座、地级广播电台1座；省级电视台1座、地级电视台1座；县级广播电视台6座。市属有线电视用户50余万户。市广播电视系统有员工877人(市属655人、县属222人)。年内，市广播电视系统以深入贯彻落实科学发展观为总抓手，把好宣传导向，确保安全播出，深化改革管理，发展事业产业，抓紧经营创收，充分发挥广播电视引导社会、教育人民、维护稳定、促进发展的作用，为构建开放南宁、和谐南宁，把南宁建设成为区域性国际城市和广西“首善之区”提供精神动力和舆论氛围。获“全区广播影视系统目标管理一等奖”、“2009年度全区广播影视系统信息工作一等奖”、“2008~2009年度全区广播影视史志工作先进单位”等自治区级奖项3个；局属各单位获市级以上集体奖项34个，个人奖项29个。南宁电台共播出新闻稿件8.86万篇；南宁电视台自办新闻栏目5档，共播发各类新闻稿件1.82万篇。两台共有91件新闻作品在市级、省级、国家级评比中获奖。南宁电台4个季度平均收听率49.95%，居南宁地区市场收听占有率第一；南宁电视台4个频道17:30~24:00时，当地平均收视率6.77%。电视台安全播出累计3.16万小时，电视发射台安全播出累计2.67万小时，电台3套频率累计安全播出2.05万小时。总收入1.37亿元，其中广告收入9690.15万元，同比增长10.90%。完成固定资产投资目标任务2亿元。完成招商引资合同任务3033万元，超额1.10%；招商引资到位任务4250万元，超额41.67%。党风廉政建设、安全生产、扶贫支教、计划生育等工作也取得一定成绩。

【南宁电视台】 2009年，南宁电视台与市广播电影电视局为局台合一体制。设有新闻综合频道、都市生活频道、影视娱乐频道、公共频道、总编室、节目部、广告部、大型活动部、综合部9个部门，并管辖南宁宣宁电广传媒有限责任公司、南宁广电传播商务发展有限责任公司、南宁广播电视技术开发公司3个公司。有员工324人(具有高级专业技术职务任职资格5人，中级专业技术职务任职资格58人)。共获得各类集体、个人奖项91个。4个频道节目信号覆盖南宁市的大部分区域；收视市场份额22.66%，比上年增长6.43%；市场份额占总市场份额比，在全国31个省会城市台中排名第11位。在南宁地区可接收的100多个频道中，南宁电视台新闻综合频道的市场份额位居第一。坚持正确舆论导向，坚持“贴近性、本土化、特色化、平民化”的节目理念，不断提升自身的公信力与影响力。各频道自办栏目15个，被中央电视台和广西电视台采用的新闻稿件分别为154篇和151篇；被广州电视台为主的城市台新闻交换平台采用的新闻稿件180篇。“南宁新闻”、“新闻夜班”、“新闻多看点”、“帮得行动”、“看法”等一批栏目成为南宁市重要的信息发布和新闻传播平台，在观众中拥有较高的知名度和美誉度。引进电视剧52部(首轮加二轮),新闻综合频道的"钻石剧场"、都市生活频道的"大牌档剧场"、影视娱乐频道的"光影特攻"、"天天好剧场"等都得到观众好评。此外,还在电视直播、创新节目策划、拓展对外合作、举办系列活动等方面取得新进展。同时,充分发挥城市电视台终端销售的优势,不断丰富经营手段、完善服务体系,利用现有平台,做好传统广告,并进一步整合资源、挖掘潜力,适时推出植入式广告、活动营销、会展营销、合作营销等经营方式,完成广告创收8345万元,比上年增长11.33%。按照拓宽经营思路、拓展文化产业的战略,在继续做大原有的电视购物等项目的基础上,着手进行延伸产业、关联产业的多元经营实施,搭建文化产业主体。

【南宁人民广播电台】 2009年,南宁人民广播电台与市广播电视局为局台合一体制。内设总编室、新闻综合广播、交通音乐广播、乡村生活广播、新闻部、播出部、广告信息部7个部门。有员工99人(具有高级技术职务任职资格6人、中级技术职务任职资格35人、初级技术职务任职资格41人)。共播出新闻稿8.20万多篇,其中专题3300多篇。有13篇稿件在中央人民广播电台的"新闻和报纸摘要"、"全国新闻联播"、"央广新闻"、"直播中国"中播出。有"'三月三'武鸣闹歌圩"、"五色糯米甜蜜壮族人家"2篇录音新闻在中国国际广播电台的"在中国旅行"、"中国少数民族"栏目中播出。2009年5月,加入中央人民广播电台发起的"中国广播联盟",与全国120多家广播媒体建立联系,拓宽宣传南宁的渠道。在2009年自治区优秀广播节目评比中,共获得一等奖2个、二等奖5个、三等奖8个,排名全自治区14个地级市之首。广州赛立信媒体研究有限公司提供的广播收听率报告的数据显示:南宁电台3套节目的广播收听占有率第一季度的总和为54.40%,创历史新高,第二季的总和为51.50%,第三季度的总和为46.60%,3个季度在南宁地区的市场收听占有率方面名列第一位。全年创收1200.88万元。年内,充分发挥广播传播迅速、覆盖面广、感染力强的独特优势,做好服务中心工作、新中国成立60周年、"两会一节"等重要宣传报道。增加栏目,加大对未成年人道德思想建设的宣传。"政风行风热线"节目继续以"倾听百姓呼声,接受群众监督,展示部门形象,促进政风行风建设"为宗旨,配合政府各部门进一步转变政府职能,优化经济发展环境,推进依法行政,提高工作效率,化解社会矛盾,解决群众反映的突出问题,树立良好形象。有市教育局、市农业局、市环保局等100多个部门上线,共播出330期。播出的音乐、文学、故事等文艺节目具有较强的时代感和群众喜爱的特点。"供求热线"、"酒店大联盟"、"邕城房地产"、"交通传真"、"交通欢乐颂"、"车迷世界"、"生活百事通"等服务性节目贴近生活、贴近百姓。"百佳汇流行前线"、"潮流周末兴"、"开车快活人"、"唱响K歌迷"、"飞扬189"、"周末66吧"、"大小姐听歌喂" 等娱乐性节目,听众参与互动性强,节目风趣幽默,活泼而不低俗。新闻、交通、生活3个频率先后举办多场户外直播活动,完成20多场转播工作。

【南宁广播电视技术中心】 2009年,南宁广播电视技术中心与市广播电视局为局台(中心)合一体制。内设技术综合部、技术制作部、播出部、发射台4个部门,有

2009年南宁市广播电视系统节目获奖情况

获奖单位、人员、名称(荣誉称号)、等级	授予时间	发奖单位
南宁电台《壮乡的酒》获2008年度国家广电总局广播节目技术质量奖(金鹿奖)音乐类三等奖	2009年1月6日	国家广播电影电视总局
南宁电视台纪录片《葫芦情丝》获2008年度广西电视文艺优秀作品电视纪录片类一等奖	2009年5月	广西广播电影电视局 广西电视艺术家协会
南宁电视台获南宁市第六届"五象工程奖"新闻奖	2009年6月	中共南宁市委 南宁市政府
南宁电视台《南宁与东盟》栏目获2008年度二等创优新闻栏目	2009年8月	中国广播电视协会
南宁电视台《生命如歌》获首届"生命的钥匙——中国家庭纪录片周"铜牌节目	2009年11月	中国人口宣传教育中心 中国广播电视协会纪录片工作委员会
南宁电视台《山村纪事》获第三届"农村小康电视艺术节目工程"最佳作品一等奖	2009年11月	中国电视艺术家协会
南宁电台第一套节目获2009年度广电总局广播节目技术质量(金鹿奖)播出技术质量奖二等奖(蒙献忠、黄健春、罗雪松、黄进、蒙民、杨俊)	2009年12月2日	国家广播电影电视总局科技司
南宁电视台《唯夏》获2009年度广电总局电视节目技术质量奖(金帆奖)专题类三等奖(朱华伟、黄嘉嘉、万婕、王平和)	2009年12月2日	国家广播电影电视总局科技司
南宁电视台"友谊欢歌2008·中泰南宁歌会"获2009年度广电总局电视节目技术质量奖(金帆奖)综合文体类三等奖(沈宏四、李林、吴晓晴、左晓华、曾婉华、黎国华、杨军、罗珂)	2009年12月2日	国家广播电影电视总局科技司

员工88人（具有高级技术职务任职资格5人、中级技术职务任职资格17人）。技术中心对播出系统增大存储容量三分之一，提高工作效率。改进播出系统信号监视，适应直播节目不断增多的需要，并改进播出信号监测报警系统和排班方式。同时，对南宁新闻综合频道高标清同播的技术进行调研和设计，提出切实可行的技术方案。通过进一步完善硬盘播出系统和机房管理制度，至12月31日零时，电视台安全播出累计31616小时，电视发射台安全播出累计26685小时，电台3套频率累计安全播出20470小时。年内，技术中心不断推进技术创新和开展节目创优活动。先后组织员工技术交流和培训69期，培训人员1589人次。技术创新取得明显成效，在自治区广播电影电视局科技创新奖评比中，获二等奖2个，三等奖3个。办理完成20多批次共约955万元的工程设备采购项目，获自治区广播电影电视局标准清晰度电视节目录制技术质量奖一等奖4个、二等奖1个。先后完成“中国—宾阳2009炮龙狂欢节大型文艺晚会”、“2009年第六届中国南宁国际龙舟邀请赛”、“东盟博览会与央视明星足球赛”、“武鸣‘三月三’歌圩”、“2009年横县茉莉花节”、“中央电视台‘激情广场-爱国歌曲大家唱·南宁篇’”、“第六届中国—东盟博览会、投资峰会开幕式”、“南宁国际民歌艺术节开幕式晚会2009”、“2009南宁国际民歌艺术节”、“2009月圆南宁·国际狂欢夜”等近80场电视节目的直播和录制。

【南宁民族影业文化娱乐有限责任公司】前身为“民族影城”。2003年5月8日拆迁，2004年4月组建成立，性质为国有独资。隶属市文化局直接管理。2004年12月，拨归市国有资产监督管理委员会管理，市文化局为业务主管部门。2009年4月，业务主管部门变更为市广播电视局。内设党政办公室、经营部、工程技术部、项目开发部4个职能部门。有员工92人（在岗人员14人，待岗员工71人，内退员工7人）；退休职工40人（划归社区管理）。经过大量的前期工作，10月18日上午在新民族影城建设地块举行项目奠基仪式，并被列入南宁市服务“两会一节”开竣工仪式重大项目之一。11月5日，中标施工单位组织施工队伍进场，开展基坑支护和基础工程开挖工作；项目中标监理单位也同时组织监理人员进场履行项目监理职责。

【驻市广播电视机构】

广西人民广播电台　2009年，播出卫星广播、经济广播、教育生活广播、交通广播、文艺广播、对外广播（用越南语对越南广播和用粤语对东南亚华人华侨广播）等6套节目。其中，卫星转输4套节目（卫星广播、经济广播、文艺广播、交通广播）；对国内播出的5套节目互联网转播。全年公共广播节目播出时间36122小时。其中，新闻资讯类节目6216小时30分；专题服务类节目9078小时；综艺益智类节目3628小时。广播剧类节目489小时；广告类节目1851小时；其他类节目14859小时30分钟。转播中央人民广播电台节目时间1095小时，购买交换节目时间2354小时。播出广播剧50部1157集。

广西电视台　2009年，播出卫视频道、综艺频道、都市频道、体育频道、影视频道、资讯频道、公共频道等7个频道节目。全年公共电视节目播出时间48936小时30分钟。其中，新闻资讯类节目6184小时50分钟；专题服务类节目3781小时13分钟；综艺益智类节目1768小时30分钟；影视剧类节目18443小时10分钟；广告类节目8783小时22分钟；其他类节目9975小时25分钟。转播中央电视台节目时间191小时，购买交换节目时间41188小时27分钟。播出电视剧737部22969集。动画片39部5410集。

中央人民广播电台广西记者站　2009年，配合党的中心工作和广西壮族自治区的重大部署，报道各种先进典型和重大的突发性事件。对“广西桂林市荔浦县袭击运钞车事件”、“河池卡马水库出现险情”、“网瘾少年之死”等，及时赶赴现场采访并报道。同时，注重抓好“广西南宁喜获‘全国文明城’称号”、“失地农民只需交四成保费可上养老保险”、“南宁市民质疑出租车高峰期‘交班’”、“‘十一’期间，广西多数景区票价不涨有优惠”、“南宁电动车‘新政’遇争议”等贴近百姓、关注民生的新闻报道。11月，广西香蕉出现严重滞销，记者多次深入香蕉主产区采访，在中央主流媒体中率先作了报道，采写的内参还得到国务院主要领导和相关部委主要领导的批示，对之后香蕉价格的恢复性上涨起到积极的推动作用。广西记者站管理实行站长负责制。记者的报道任务实行品种和分数相结合的定额管理。办有中国广播网·广西分网。

（侯双穗）

新闻出版（版权）管理

【概　况】2009年，南宁市有图书、电子出版物经营单位1068家。其中：图书二级批发市场1家（广西图书批销市场）；图书、音像、电子出版物零售专业市场3家（南宁市文化综合市场、广西民族商场和广西电子科技广场）；出版物批发单位93家，零售书店581家，书报亭266家；电子出版物经营单位119家。印刷企业410家。其中：出版物印刷企业94家，包装装潢印刷企业146家，其他印刷品印刷企业170家。当年印刷复制工业产值22.99亿元，比上年增长24.13%。其中：出版物印刷产值10.94亿元，包装装潢印刷产值10.74亿元，其他印刷品印刷产值1.31亿元，分别占全市印刷复制业总产值的47.58%、46.71%和5.71%。年内，市新闻出版（版权）局加强新闻出版（版权）执法队伍建设，加大法律法规宣传培训力度和市场监管力度，开展一系列“扫黄打非”专项行动，整顿规范出版物市场和印刷业秩序，新闻出版（版权）社会管理成效显著。市政府使用正版软件工作领导小组办公室获广西推进企业使用正版软件工作组织推进奖一等奖，市化工集团有限公司、南宁化工股份有限公司、南宁百货大楼股份有限公司、南宁糖业股份有限公司、市国立房地产开发公司、南宁国际会议展览有限公司、市创宁资产经营有限责任公司、南宁五菱桂花车辆有限公司、广西丰林木业集团股份有限公司9家企业被评为广西使用正版软件工作优秀单位。

【出版物市场监管】2009年，南宁市、县区新闻出版（版权）管理部门对出版物市场监管继续实行集中整治与建立制度长效监管相结合、条条监管与块块监管相结合、职能部门监管与发动群众监管相结合。市新闻出版（版权）局实行每周3次市场例行检查，严厉打击非法出版活动。与各县区新闻出版管理部门签订年度目标管理责任书，细化分解各项管理任务，实行目标管理考核。全年，市、县区共出动执法检查人员8000余人次，检查印刷企业1500余家次、图书和电子出版物店（摊）5000家次，收缴各类非法图书5万余册、非法报纸1万余份、非法电子出版物8000余张，有效地维护了首府出版物市场正常秩序。

加强对基层的指导　市新闻出版（版权）局经常派员深入县区部门，以及出版物集中市场、出版物发行企业和印刷企业，进行周到的指导、引导和帮助，及时了解掌握基层管理工作与行业、产业发展情况，强化市、县区两级管理合力，确保纵向管理网络发挥更大效果。为加强市、县区两级印刷行政管理队伍的建设，充分发挥对印刷企业的服务、监管作用，市新闻出版局组织举办县区新闻出版管理干部印刷法规暨执法实操培训班，有46人参加培训学习。

举办印刷企业法定代表人培训班 根据市委、市政府开展"服务企业年"的要求，为把学习实践科学发展观活动落到实处，针对印刷企业受世界金融风暴影响，印刷业务和利润空间缩减情况，市新闻出版局组织举办市印刷企业成本控制暨新税法培训班，190余名印刷企业法定代表人或有关管理人员参加培训学习。

印刷企业年度核验 全市参加印刷企业年度核验408家。其中：符合条件通过审核登记的印刷企业387家；暂缓审核登记21家（因违法违规经营予以暂缓审核登记的6家，未按时报送出版物检测或检测不合格14家，筹建过期1家）。未报送年审材料5家；停产注销11家。

出版物发行企业年度核验 南宁市1068家（批发102家，零售966家）出版物经营单位，参加2009年年检的共有881家。其中，经初审合格并上报自治区新闻出版局年检的出版物批发单位82家，暂缓年度核验出版物零售经营单位11家，警告4家，注（吊）销出版物经营许可证的28家。因各种原因未参加年检的出版物零售经营单位205家。

春、秋季中小学进校书刊检查 市新闻出版（版权）局加强对进校书刊的管理，整顿和规范出版物发行市场秩序，开展全市春季、秋季中小学进校书刊检查活动。一是检查辖区内各中小学校"课前到书，人手一册"的要求是否得到贯彻落实；二是检查辖区内各中小学校是否按照自治区教育厅公布的《中小学教学用书目录》征订教材，教材和教辅材料的品种、数量、来源及采购方式是否符合规定，学校是否存在发行盗版图书和强制学生购书的行为；三是检查辖区内各中小学校的出版物发行工作是否实行行政许可制度，是否存在无证经营出版物的行为；四是严厉查处并打击发行非法教材和非法教辅材料的行为。检查结果表明，南宁市各县区中小学校的广大师生对使用正版课本教材的意识明显提高，都统一向新华书店订购正版课本教材。有部分贫困学生享受国家免费提供的课本。全市中小学校进校书刊整体情况良好。

【"扫黄打非"工作】 2009年，南宁市各级"扫黄打非"工作部门按照全国、自治区和南宁市《2009年"扫黄打非"行动方案》的统一部署，加大对书报刊市场、音像制品市场、电子出版物市场、印刷市场、互联网服务市场、计算机软件市场等文化市场的监管力度，有效打击各种政治性非法出版物、淫秽色情、凶杀暴力、盗版等非法出版物，规范文化市场秩序。共出动执法人员1.32万人次，检查出版物经营单位1.39万家次，收缴各类非法出版物101.31万件（政治性非法出版物5册、淫秽色情出版物及低俗音像制品1.64万件、"六合彩"非法资料3.32万件、非法图书39.31万册、盗版音像制品及电子出版物55.17万件、非法报刊1.87万册份），创历史新高；取缔店档摊点218个、印刷复制企业13家；查处盗印、发行非法出版物大案要案2起，刑事拘留5人，行政拘留5人，有效地维护了首府政治稳定、社会安定和文化安全，获国家新闻出版总署的嘉奖。

开展"扫黄打非"集中行动 分3个阶段开展"扫黄打非"集中行动。在第一、第二阶段，先后开展封堵查缴政治性非法出版物、集中整治出版物市场、净化社会文化环境、整治互联网低俗之风、检查印刷复制企业、清缴整治低俗音像制品等专项行动，通过组织高密度的市场检查，采取网络封、道路堵、市场查等措施，全方位防止非法出版物特别是政治性非法出版物流入南宁市市场。在第三阶段，适逢新中国成立60周年大庆和举办"两会一节"等重大活动期间，全市"扫黄打非"各级各部门对出版物市场进行全面整治。组织联合执法行动15次，出动执法人员490余人次，收缴非法图书2658册、报纸230份、音像制品4099件、"六合彩"非法资料2530件，查处了《中港澳国际新闻报》、《半月谈—高层决策内参》和《粤桂赢家》2家非法设立的报刊编辑部。

大案要案查处 1."灵丰"盗版案。1月22日，根据举报线索，查处市灵丰印刷厂盗印图书案，查获灵丰印刷厂盗印接力出版社等6家出版单位100多个品种的图书成品、半成品及散页，当场扣缴已经印刷装订成册的图书331.74万册、半成品1万册、散页501令（出版物合计码洋141.36万元）、PS板1128张、胶版284张，异地封存四开四色机、数控切纸机、自动骑订书机、折页机等各1台及电脑、扫描仪等设备一批。

2."5·22"特大储存销售淫秽盗版光盘窝点案。5月22日，在自治区"扫黄打非"办的直接指挥下，市"扫黄打非"、版权、公安等部门联合行动，采取有力措施，迅速查处民族商场内17家涉嫌发行淫秽色情、盗版光盘的音像制品发行单位（仓库），共查缴各类非法音像制品41.48万件。其中：淫秽色情音像制品1.51万件；盗版音像制品39.97万件。

3. 广西超发音像公司民族分公司涉嫌发行敏感题材及低俗内容音像制品案。7月18日，市"扫黄打非"办会同自治区"扫黄打非"办，组织新闻出版、公安等部门执法人员，对广西超发音像公司民族分公司进行突击检查，当场查获各类非法音像制品905件。其中：《口述历史——1967，我给江青当秘书》等涉及敏感题材的音像制品15件；含有低俗内容的音像制品《动物性爱大全》20件；其他盗版音像制品870件。

4.牙运杰无证经营印刷案。2月27日，市"扫黄打非"办和市工商局执法人员依法对牙运杰在北湖村5队的印刷工厂进行检查，该厂无法出示营业执照，构成无照经营。经查实，牙运杰从2008年11月至2009年2月，在北湖村5队以有偿提供印刷业务的形式为他人印刷产品、装订书籍。其中包括于2009年2月为"南宁市同济医院"、"南宁市三塘卫生院"印制病历本，收取费用380元；为他人印刷《新课程学习与测评》语文、数学、生物各3000册及《2009年会考全程跟踪》3000册。根据违法事实和依照有关法规，对牙运杰非法印刷的非法出版物作出没收处罚，工商部门对牙运杰的无证经营行为作出罚款1.50万元的处罚。

非法出版物销毁活动 4月22日，市"扫黄打非"工作小组和自治区"扫黄打非"工作小组联合在五象广场共同主办"2009年全国集中销毁侵权盗版及非法出版物广西分会场活动"。自治区、市领导出席活动并作重要讲话。市"扫黄打非"工作小组各成员单位相关人员及南宁市部分图书音像经营业主、海关、公安、武警、工商、城管、学生代表等400多人参加活动。共销毁各类盗版、非法出版物、音像制品192万件。

【"农家书屋"工程建设】 为切实做好2009年南宁市20件为民办实事项目"文化惠民工程"项目子项目"开展图书进乡工程"工作，市新闻出版局结合"农村书屋"建设工作实际，将建设100个边远行政村"农村书屋"作为开展图书进乡工程的载体，积极做好工作方案、指导、督促和检查。至11月底，100个"农村书屋"所需价值200万元共计10余万册（张）的农业科技书籍、电子出版物，300组书架，400张阅览桌，2400张折叠椅，100个"农村书屋"金属镀铜标志牌，以及用于上墙公示的100套《"农村书屋"管理员工作细则》、《村民借阅须知》全部配送到位。

（黄小菊）

责任编辑 李志楠

卫　　生

综　　述

【概　况】 2009年，南宁市各类卫生机构共有2305家（含自治区直属、个体，不含村卫生室，下同）。其中，医院、乡镇卫生院202家，门诊部（所、室）1937家，妇幼卫生机构9家，其他卫生机构157家（疾病预防控制中心、卫生监督所、社区卫生服务机构等）。医院、卫生院病床位2.35万张，比上年增加0.24万张。各类卫生专业技术人员3.39万人（含个体），比上年增加0.27万人，其中执业医师1.11万人。卫生保健服务网络进一步完善，城区已建立社区卫生服务机构101家，比上年增加10家；全市有农村卫生室2178家，比上年增加240家，行政村全部建立了卫生室。全市1392个行政村全部建立了新型农村合作医疗体系，参加新型农村合作医疗人数达462.44万人，比上年增长6.71%，占农业人口的91.21%。传染病发病率控制在比较稳定的较低水平，全市无重大传染病疫情暴发流行。卫生防疫取得较好成效，儿童计划免疫接种率保持较高水平，儿童计划免疫接种率市区为98.80%，县区农村为97.36%。公民无偿献血意识增强，全市无偿献血者11.60万人次，献血总量4218.76万毫升，比上年增加530万毫升。年内为1723名城乡生活困难的肺结核病患者提供免费治疗，为92名城乡贫困危重孕产妇提供免费救助。

【医疗服务】 2009年，南宁市辖区医疗机构诊疗2553.87万人次，其中医院诊疗1301.01万人次；医疗机构住院人数81万人次，其中医院住院人数47万人次。市辖区医院病床使用率89.96%，出院者平均住院日12.30日。市辖区卫生部门医院医生人均日担负诊疗7.44人次，日担负住院2.29床日。市辖区卫生部门医院门诊病人人均医疗费用145.33元，住院病人人均住院费7249.89元。市属卫生部门医院门诊病人人均医疗费101.57元，住院病人人均住院费4912.04元。

【农村卫生与重大疾病防治投入】 2009年，南宁市各级财政对农村卫生服务体系建设投入8909万元。其中：县医院建设5899万元，占66.21%；县中医院建设180万元，占2.02%；县妇幼保健机构建设70万元，占0.78%；乡镇卫生院建设2760万元，占30.98%。艾滋病防治专项经费453.24万元。其中：艾滋病监测检测287.65万元，占63.47%；抗病毒治疗费78.70万元，占17.36%；母婴阻断86.89万元，占19.17%。结核病防治专项经费273.63万元。其中：免费提供抗结核药品74.61万元，占27.27%；检验检测跟踪治疗业务费134.02万元，占48.98%；检验检测材料设备55万元，占20.10%；病人督导管理费10万元，占3.65%。计划免疫规划项目费523.40万元，比上年增长12%。其他重点病防治专项费1108.40万元，主要有H1N1流感防控935万元、精神疾病防治139万元等。

【基础项目建设】 2009年，南宁市卫生系统基础项目建设125个，完成投资3.42亿元。其中扩大内需项目42个，完成投资1.38亿元；国债建设项目26个，完成投资2169万元；自筹资金项目57个，完成投资1.82亿元。主要建设项目有：1.市疾控中心新址一期、二期工程，总建筑面积1.78万平方米，总投资6527.22万元，累计完成投资1835万元，年末已投入使用。2.市一医院门诊综合楼扩建工程，总建筑面积4.98万平方米，总投资2.91亿元，2009年1月开工建设，累计投入建设资金9123万元，完成项目总投资31.33%。3.市五医院门诊综合楼，总建筑面积2.33万平方米，总投资8386.90万元，2009年5月开工建设，累计完成投资2400万元。4.市二医院大沙田分院住院楼，总建筑面积1.39万平方米，总投资4818.70万元，2009年5月开工建设，累计完成投资1060万元。5.市四医院肝科住院楼二期工程，总建筑面积3500平方米，总投资1327万元，1~3层主体已封顶，累计完成投资600万元。

（梁晓杨）

【市疾病预防控制中心新址竣工】 2009年12月29日，南宁市疾病预防控制中心新址竣工，是市政府为民办实事健康惠民工程项目之一。位于厢竹大道55号，占地面积2.67公顷，建筑面积1.78万平方米，投资总额6527.22万元。按照不同的功能定位，分成以业务办公及突发公共卫生事件应急指挥中心为主的综合办公楼以及微生物实验楼、门诊培训楼、理化检验楼等。

【卫生监督等级量化分级管理制度实施】 2009年，南宁市率先在民营医院和社区卫生服务机构实施卫生监督等级量化分级管理制度。市卫生监督所医疗机构监督科主要从执业情况、执业环境、硬件设施、人员管理、规范执业及传染病管理6个方面进行考评，将社区卫生服务机构分为A、B、C、D四等级。四等级实行动态管理，拿到A、B级较高等次的单位，凡在评审年度内发现有违法行为受到卫生行政处罚，情节严重的，卫生部门将调整其等级，并予以公告。共有67家社区医疗卫生服务机构及民营医院提交申请量化等级申请，59家符合评审条件要求。经评审，民营医院有7家为A级单位，8家为B级单位；社区卫生服务中心有8家为A级单位，23家为B级单位。（黄　加）

医政管理

【“医院管理年”与“医疗质量万里行”活动】 2009年，南宁市各医院继续深入开展以病人为中心，以提高医疗服务质量为主题的“医院管理年”活动与“医疗质量万里行”活动。4月中旬,市卫生局对市属16家二级医疗机构进行“以病人为中心,医疗安全百日专项”检查工作,完成对中医、中西医结合医院2008年“医院管理年”活动考评检查。7月对局属12家医疗机构开展医院感染管理和血液透析专项督查。重点检查手术室、新生儿室、消毒供应室、血液透析室和重症监护室,排查医院感染重点部门、重点环节在管理中存在的安全隐患。要求医疗机构加强整改,消除安全隐患。8~10月,在全市范围内进行血液安全自查自纠,同时对6个县人民医院输血科、4家单采血浆站和部分乡镇卫生院临床用血和血液安全进行督导检查。主要检查县医院输血科(储血点)基础设施建设、临床输血规范管理、单采血浆站的业务管理等,抽查县、乡13家医疗机构403份输血病历,重点检查输血指征、交叉配血、输血前五项及合理用血等执行情况。各医院在控制医疗费用方面,制定的主要措施有:调整收费项目;开设“惠民”病房、“惠民”门诊;开设绿色通道,执行急救“先抢救、后缴费”规定;减免下岗、低保、残疾等贫困人群挂号费、床位费、检查费;狠抓合理检查、合理用药等。市卫生局属13家医院开放床位3601张,开设“惠民”病床219张,占6.08%,达到并超过5%的规定比例。局属医疗机构累计接待惠民对象945人次,累计减免费用64.04万元。

【医疗机构执业行为规范管理】 2009年,市卫生部门对169家达到医疗机构设置条件的新办医疗单位核发《医疗机构执业许可证》。执业校验检查医疗机构666家,其中有床位24家、无床位642家,对首次校验不合格的88家医疗机构下达限期整改通知书,对经限期整改后仍未通过校验检查的1家医疗机构按规定给予相应处理。严把麻醉药使用准入关,为辖区136家医疗机构换发《麻醉药品和第一类精神药品购用印鉴卡》,给65家医疗机构办理了各类变更手续。上半年基本完成全市医疗机构护理执业人员的护士证换证工作,共审核换发《护士执业证》1.06万人次。办理医师执业首次注册487人次,再次注册100人次,各类执业变更948人次。完成2008~2009年度全市医师定期考核工作。开展医疗机构和医师执业许可审批检查,通过自查和抽查方式,核查许可档案资料、现场查看、审查审批表格等方式检查2005年以来开展的医疗机构设置、登记及校验的审批档案,抽查宾阳县卫生局、江南区卫生局、宾阳县中山医院等医疗机构9家,对存在的问题进行自查自纠,各县区卫生局制定针对医疗机构许可审批制度和工作流程,层层落实责任制度,确保许可审批工作的合法有效。

【医学考试】 2009年,南宁市完成国家医师资格考试3706人次的实践技能考试和2328人的综合笔试考试任务,119人次住院医师规范化考试的报考,113人笔试考务,176名中医民族医医师资格认定。开展传统医术确有专长人员的考试报名工作,完成自治区中医药管理局指定负责的包括南宁、北海、百色、防城、钦州、河池六市在内的首批59名中医传统医术确有专长人员的资格审查、考核考试任务。

【医疗质量管理】 2009年,南宁市贯彻实施《处方管理办法》、《抗菌药物临床应用指导原则》、《关于加强全国合理用药监测工作的通知》和《卫生部办公厅关于抗菌药物临床应用管理有关问题的通知》,加强医疗质量管理。一是推进合理用药工作。落实处方点评制度,对处方实施动态监测及超常预警,公开不合格处方,对不合理用药及时予以干预。建立健全抗菌药物分级管理制度,明确各级医师使用抗菌药物的处方权限,在医院管理年活动中重点检查评估,对存在问题限期完成整改。做好合理用药监测工作,严格控制一类切口手术预防用药,进一步加强围手术期抗菌药物预防性应用的管理。加强临床微生物检测、抗菌药物临床应用和细菌耐药监测,建立抗菌药物临床应用和细菌耐药预警机制。健全和落实毒、麻、精、放等特殊药品的安全管理制度。二是贯彻实施《病原微生物实验室生物安全管理条例》、《人间传染的高致病性病原微生物实验室和实验活动生物安全审批管理办法》、《医疗机构临床实验室管理办法》等有关规定,加强对医疗机构内实验室生物安全、质量控制和管理的全面检查。9月中旬,组织生物实验室检查,重点检查和督促医疗卫生单位做好制度建设、硬件设施、人员管理和应急处置等。三是加强药事管理。持续对26家二级以上医院的药品使用动态进行监测,不断调整和完善药品动态监控及超常预警机制,确保临床用药安全。做好药品不良反应(ADR)监测,及时处置各种药物不良事件,先后处置了“盐酸芬氟拉明制剂”、“糖脂宁胶囊”、“双黄连注射液”、“泮托拉唑钠”等药物不良事件。四是组织开展门诊预约挂号服务。按照上级卫生行政部门要求,全市各三级医院于2009年11月1日开始实施门诊预约挂号服务。五是抓好病历质量,开展综合医院病历质量评比活动。10月10~16日,组织专家对市县13家二级综合医院进行病历质量评比。评比结果:横县人民医院获一等奖,市第三人民医院、市红十字会医院获二等奖,上林县人民医院、隆安县人民医院、马山县人民医院获三等奖。

【护理工作管理】 2009年,市卫生部门加强护理人才队伍的建设,贯彻落实《护士条例》、实施《中国护理事业发展规划纲要(2006-2010)》,建立并实施护理人员岗位培训制度,开展护理人员规范化培训,加强基础护理和护理质量管理,强化“三基”(基础理论、基本知识、基本技能)、“三严”(严格要求、严密组织、严谨态度)训练,提高护理质量。市卫生局与市护理质控中心、市护理学会共同举办培训班3期,各级医院的护理管理人员对护理管理新观念及近期专科发展的新技术有了进一步了解和掌握,提高护理专科知识及技术水平;组织各医疗机构的护理部主任,参加卫生部医院管理研究所护理中心举办的《医院消毒供应中心管理规范》、《消毒供应中心清洗消毒及灭菌技术操作规范》、《医院消毒供应中心清洗消毒及灭菌效果监测标准》、《医院隔离技术规范》、《医院感染监测规范》、《医务人员卫生规范》等六项标准培训班,让护理管理者准确理解、全面掌握六项规范的各项规定。加强护理安全管理,建立南宁市护理不良事件上报系统,对上报信息进行处理分析,根据事件的危险程度发出告警信息,使护理不良事件和安全隐患得到控制。

【医院感染管理】 2009年,市卫生部门举行医院感染管理培训班,对二级以上医疗机构医院感染管理科或专职管理人员进行培训,掌握院感管理新进展、新技术,提高人员的业务水平。建立二级以上医疗机构医院感染监控信息管理系统,加强信息的交流与互通,提高医疗机构院感监控和管理工作水平,逐步实现医院感染流行暴发的预警功能。加强对发热门诊和预检分诊工作的监督检查,组织人员先后3次对辖区二级以上医疗机构发热门诊进行督导,积极应对手足口病、甲型H1N1流感等传染病疫情。

【中医药管理】 2009年,市卫生部门开展中医医院管理年活动,注重和强调中医科普宣传和中医文化建设,提出有关考核指标,具体考评中医医院在中医科普宣传和中医文化建设方面的实施情况。制定全市中医传统医术确有专长人员考核管理措施，做好传统医学师承人员资格考试和确有专长人员医师资格考核考试工作，完成176名中医民族医师资格认定的资格审查、145名考试考核任务。首次开展传统医术确有专长人员的考试报名工作，有20人参加考试考核。提高中医药防治重大疾病和应对突发公共卫生事件能力，继续做好市第四人民医院中医药治疗艾滋病试点项目的实施。组织实施培养基层中医药骨干工作和中医药适宜技术在农村、社区卫生服务机构的推广。开展中医坐堂医诊所试点工作，制定《南宁市中医坐堂医诊所试点工作实施方案》，召开专门会议、通过网络向社会发布信息，按试点工作步骤开展受理工作。组织中医医院实施中医项目建设。有5家县级中医院获得6个2009年度广西中医医院建设项目，即宾阳县中药房建设项目，横县中医院、隆安县中医院急诊急救项目，横县中医院康复科、武鸣县中医院中医脑病科、马山县中医院中医骨伤科等农村医疗机构中医特色专科（专病）建设项目。完成市中医院搬迁发展规划的论证、整体搬迁等工作。加强中医医院临床科室建设，按照《国家中医药管理局关于规范中医医院医院与临床科室名称的通知》及有关规定，进一步规范中医医院临床科室建设，通过检查督导，进一步规范中医医院临床科室名称。合理配置和应用中医诊疗设备。在社区和乡村卫生服务机构中推行和引进中医诊疗技术项目，推行采用非药物中医治疗方法。

【医疗纠纷处理与医疗事故鉴定】 2009年，南宁市共接待医疗纠纷投诉70多起，承办信访信件32件，答复来访100多人次；协调解决信访事件，按《信访条例》规定给予办理，书面答复信访人。7~8月，开展对市区范围内26家自治区、市二级以上公立医院及6家民营一级医院的医疗纠纷情况进行调查和原因分析。对医院发生的因医疗纠纷引发的群体性事件，及早介入并会同有关部门积极协调，引导双方友好协商、走合法途径解决问题等。市医学会接到医疗事故技术鉴定申请88例，受理85例。其中：法院委托41例、卫生行政部门移交41例、医患双方共同委托3例。全年完成鉴定73例，中止鉴定4例，终止鉴定7例。鉴定结论属于医疗事故的9例。其中：一级甲等医疗事故6例（医方负主要责任1例，负次要责任3例，负轻微责任2例）；三级戊等医疗事故2例（医方负主要责任1例，负轻微责任1例）；四级医疗事故医方负轻微责任1例。在中华医学会全国医疗事故鉴定工作研讨会上，市医学会医疗技术事故鉴定办公室被评为2006~2009年度全国优秀单位。

【药品集中招标采购】 2009年，市卫生部门组织全市辖区内所有非营利性医疗机构（包括自治区、市、县区医疗机构及乡镇卫生院、城市社区卫生服务机构）参加以政府为主导、以省为单位的集中采购活动，并加强对医疗机构在集中采购活动中的组织指导和监督管理。县区级以下医疗机构药品集中采购实行统一采购、统一价格、统一配送，取得良好的社会效果。全市48家县级以上医疗机构药品集中采购金额11.02亿元，让利于患者近1亿元；医用耗材采购金额1.31亿元，让利于患者近1000万元。药品和医用耗材集中采购占医院总采购金额95%以上。

【医德医风建设】 2009年，南宁市各级卫生部门抓好信访件处理，落实政风行风热线工作。市卫生局纪委共接到群众来信和上级转办件62件，做到件件有落实。市第一人民医院、第二人民医院、第三人民医院、第四人民医院4家医疗机构和市卫生局相关职能科室分别参加市纪委监察局、市广播电视局联合举办的“政风行风热线”专题节目，通过政风行风热线，向市民介绍南宁市医疗卫生服务工作状况，解答处理对群众提出的问题，了解群众对医疗服务的要求和反映。继续推进治理医药购销领域商业贿赂专项工作，着力加强和落实长效机制建设，加大源头治理力度。把宣传教育工作作为长效机制的一部分，围绕职业道德、纪律法制和正反两方面典型，开展有针对性的宣传教育。针对部分医疗机构与医药公司不正当交易行为，召开专项工作会议，开展学习教育和自查自纠，特别是重点岗位和重点人员，进行对照检查，及时进行纠正和整改。

【卫生科普与义诊活动】 2009年，市卫生局属15家医疗卫生单位组织开展各类科普活动。累计组织科普进广场68次、进社区250次、进校园171次、进农村96次，科普演出7次、讲座523次、报告27次，发放科普宣传书刊6.80万册、资料63万册、音像3万册，宣传网络15个，累计投入科普经费479.70万元，惠及民众累计近60万人。在兴宁区路桥社区联合举办“实践科学发展观、以人为本——精神卫生大讲堂走进社区”科普宣传活动，开展题为“常见精神疾病的症状表现”的专题辅导讲座，组织现场咨询、义诊和发放宣传资料，就社区居民关心的健康问题进行交流和解答。据活动组织监测调查，参加现场活动的群众满意度为98.67%，科普宣传知晓率82%。组织市第四、五人民医院，市卫生监督所、南宁中心血站4个单位11名医务人员到青秀区刘圩镇开展艾滋病、甲型H1N1流感、手足口病、食品卫生安全、医疗政策法规、无偿献血、精神卫生等科普宣传、咨询和义诊等。活动当天接待群众咨询330人次，发放各类科普宣传资料800多份。实施“万名医师支援农村卫生工程”项目管理，组织人员对2005~2009年度“万名医师支援农村卫生工程”进行考评验收。组织市属2家三级医院对口支援6家县级人民医院。做好中央财政扶助项目——2009年中西部地区儿童先天性疾病和贫困白内障患者复明救治项目，完成手术195例。（梁晓杨）

【健康惠民服务活动】 2009年，市卫生局根据市委《关于在全市学习实践活动中开展“攻坚克难先锋行”主题实践活动实施方案》精神，开展健康惠民服务活动。市卫生局牵头，成立以局党委书记、局长为组长的健康惠民服务队工作组，各部门1名领导和1名负责人分别作为健康惠民服务队工作组的副组长和组员，形成多部门共同协作，齐抓共管的工作格局。健康惠民服务队活动由健康知识教育服务队（由市疾病预防控制中心负责）、防治艾滋病宣传服务队（由市第四人民医院负责）、心理咨询服务队（由市第五人民医院负责）、眼科光明工程服务队（由市红会医院负责）组成，将“专长显特色，服务促和谐”作为健康惠民服务队的宗旨，以服务企业、服务基层、服务群众为目标，深入社区、农村、学校、企业开展以健康教育、疾病预防、医疗和心理咨询为主要内容的志愿服务活动。共开展活动18次。开展健康知识教育宣传服务。制作健康知识教育宣传易拉宝51块，先后组织15人次到望州南社区、五象广场开展健康宣传教育活动，将高血压病、糖尿病、结核病等常见、多发的慢性病防治作为宣传重点，共发放宣传资料900份，服务群众300余人。利用4·25计划免疫日的契机，于4月26日在民族广场开展主题为“及时接种疫苗，人人享有健康”的宣传活动，采取板报展示、发放宣传小册子、接受群众咨询、义诊等方式开展宣传活动。开展防治艾滋病宣传服务。利用与国际艾滋联盟合作建立的“红丝带中

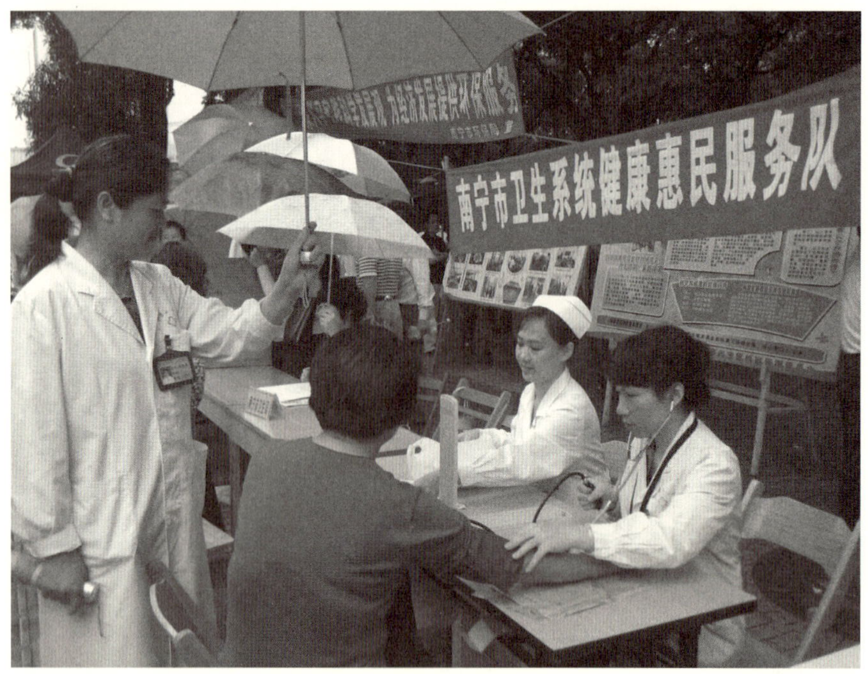

4月29日上午，市卫生局组织卫生系统健康惠民服务队在朝阳广场开展健康惠民义诊活动　　市卫生局提供

心”，组织病人集中聚会2次，进行心理疏导、健康教育及药物依从性教育等活动，有57人参加。艾滋病科医护人员与“红丝带中心”志愿人员一起，免费为艾滋病人送鸡汤等营养食物681份。同时在科室内开展艾滋病防治知识培训2次，有85人参加；同伴教育活动1次，有37人参加。提供心理及抗病毒药治疗等相关知识的咨询服务504人次，发放资料204份、安全套914只。眼科光明工程服务队结合市政府“光明工程”复明手术工作任务和国际奥比斯的“南宁市农村及儿童眼病防治项目”工作，深入社区、农村、学校和厂矿企业，开展眼病的免费筛查、义诊工作和眼保健的宣传教育工作。到教育系统幼儿园、金陵镇金腾小学、市第二幼儿园、市第三幼儿园进行免费眼病筛查2000多人次，发放眼保健宣传资料2200册，接受眼保健宣传教育2500人。配合兴宁区“创建白内障无障碍城区”活动，初步制定实施贫困白内障患者的医疗收费减免政策。心理咨询服务队深入燕子岭、望州南等社区及三塘、四塘等村屯开展送心理知识、心理咨询下社区、下乡活动10次，为当地群众（下岗工人、农民工）免费检查身体，免费测血压100多人次，发放心理知识宣传资料200多份，提供心理咨询服务药费。组织专家、心理咨询服务队员在广西电视台、南宁电视台、健报等多家媒体进行“金融危机对精神心理的影响、心理危机干预、心理咨询”等知识宣教，录制专题电视节目1期，接受南宁日报和健报等记者专题采访3次，出专刊3版，促进群众精神心理健康。

（黄　加）

【突发卫生事件处置】 2009年，南宁市先后开展对甲型H1N1流感、手足口病、三聚氰胺问题奶粉引起泌尿系统结石病等疾病的防控和治疗，取得较好效果。制订应对甲型H1N1流感大流行医疗救治工作方案，成立领导小组，建立专家小组，明确医疗机构的工作职责和有关流程，密切加强甲型H1N1流感监测，严格执行疫情报告制度。组织后备医院制定病房腾空应急预案，随时收治甲型H1N1流感患者，及时、有效地应对。加强应急管理，制定和完善的应急预案和医疗救治方案，加强应急救援物资的配备和维护，组织甲型H1N1流感防控工作应急演练。严格各医院预检分诊制度，加强发热门诊预检会诊和门急诊管理，针对疫情变化，采取针对性防治办法，组织医院做好整体腾空方案和演练，组织2家市级三级医院对口支援6个县。全市定点医院累计收治甲型H1N1流感疑似患者住院162人，其中确诊病例71例、临床诊断病例80例，有重症、危重症41例，除死亡1例外，其余161例全部治愈出院。

5月，针对手足口病暴发流行，卫生部门与相关部门做好手足口病的防控和救治，成立市、县级专家组，加强对临床医师的业务指导，及时组织专家会诊手足口病危重病例的抢救和死亡病例讨论。坚持每天做好手足口病疫情监测，每周收集并上报全市手足口病疫情。

继续做好三聚氰胺问题奶粉引起泌尿系统结石患儿的筛查、医疗救治管理和信息收集报送等工作，进一步调整定点救治医院，做好患儿的随诊工作，落实免费筛查和治疗政策。累计随诊452名患儿，确诊患儿经治疗无重症病例发生，无现症病人死亡现象。

【急救医疗】 2009年，南宁市贯彻实施《南宁市社会急救医疗管理条例》，加强对社会急救医疗网络建设，急救医疗出诊、接诊，伤病员急救医疗费用等工作的管理。医疗急救网络由急救医疗中心3个直属急救分站以及全市21个二甲以上医院急诊科共同构成，整个网络有救护车63辆（不含县级医院及乡镇卫生院），负责城区110平方公里240万市区人口的日常院前急救，急救辐射区域为整个南宁辖区总人口700多万。全市各级医疗机构有救护车250辆。市医疗急救网络急救出车2.88万辆次，平均每天出车量79辆次，救治各类病人2.97万人次，其中交通事故伤5805例，酒精中毒1347例，妊娠病、分娩病及产褥期并发症1126例，心脏病1042例，高血压1015例，神经系统疾病815例，脑血管病710例。“两会一节”期间，急救中心承担多个场地的现场医疗保障任务，先后派出工作人员196人次、急救车48辆次，诊治伤病员216人。

疾病预防控制

【传染病疫情报告】 根据国家疾病报告管理信息系统统计，2009年1月1日零时至12月31日24时，南宁市共报告法定传染病24种5.52万例，死亡191例，发病率、死亡率、病死率分别为835.46/10万、2.89/10万、0.35%，分别比上年上升26.14%、34.20%、6.37%。其中乙类传染病16种3.06万例，死亡89例，发病率、死亡率、病死率分别为463.58/10万、2.86/10万、0.62%，分别比上年上升15.36%、38.69%、20.23%（从2009年4月30日起，国家卫生部将甲型H1N1流感纳入乙类传染病，故发病率有所上升）。丙类传染病8种2.46万例，死亡2例，发病率、死亡率、病死率分别为371.88/10万、0.03/10万、0.01%，分别比上年上升42.76%和下降66.92%、76.99%。2009年度无甲类传染病发生。

乙类传染病发病病种与上年相比增加甲型H1N1流感1个病种，减少人禽流感、出血热、百日咳3个病种。发病率上升的病种有：艾滋病（+45.97%）、肝炎(+

7.92%)、登革热(+2174.51%)、伤寒+副伤寒(+8.36%)、梅毒(+0.82%)、疟疾(+26.07%);发病率下降的病种有:麻疹(-97.45%)、狂犬病(-30.06%)、乙脑(-15.06%)、痢疾(-19.86%)、肺结核(-19.41%)、新生儿破伤风(-45.96%)、猩红热(-9.54%)、淋病(-10.47%)、钩体病(-22.95%)。乙类传染病报告发病率在前五位的病种为:肝炎(123.93/10万)、肺结核(106.75/10万)、甲型H1N1流感(89.41/10万)、梅毒(78.41/10万)、淋病(32.09/10万),发病数占乙类传染病报告发病总数92.88%;乙类传染病死亡数在前三位的病种为:艾滋病(111例)、肺结核(40例)、狂犬病(24例),死亡数占乙类传染病报告死亡总数92.59%。

丙类传染病发病病种与上年相比减少黑热病1个病种。发病率上升的病种有:流行性感冒(+273.99%)、流行性腮腺炎(+17.13%)、急性出血性结膜炎(+12.21%)、斑疹伤寒(+83.57%)、其他感染性腹泻病(+5.89%)、手足口病(+65.07%);发病率下降的病种有:风疹(-71.87%)、麻风病(-50.49%)。丙类传染病报告发病率在前三位的病种为:手足口病(215.11/10万)、其他感染性腹泻(66.20/10万)、流行性腮腺炎(57.68/10万);发病数占丙类传染病报告发病总数91.15%;丙类传染病死亡的病种为手足口病,死亡2例。

【城区疾控中心组建】 2009年,市委、市政府把组建城区疾控中心工作作为为民办实事项目内容。市编制委员会下发《关于调整市和城区疾病预防控制管理体制的通知》,正式实行市和城区分级负责管理体制;市政府办公厅下发《关于组建城区疾病预防控制机构有关工作的通知》,对组建工作进行具体部署;市卫生局制定《南宁市城区疾病预防控制中心主要工作职责(试行)》,明确职责并规范城区疾控中心工作内容。7月市疾控中心分流在职人员30人,原市江南片疾控中心分流在职人员46人、退休人员21人至各城区,各城区政府落实了城区疾控中心临时办公场所,配备日常基本办公设施。8月,市卫生局组织六城区卫生局、疾控中心约75人进行业务工作培训。城区疾控中心组建后开展了甲型H1N1流感防控、食物中毒、免疫规划、疫情监测报告、处理等相关工作。

【突发公共卫生事件监测】 2009年1月1日零时到12月31日24时,全市共报告突发公共卫生事件235起(含甲型H1N1流感),比上年上升351.92%。报告发病2.13万例,上升1037.31%;死亡1人。事件分类和分级:报告235起突发公共卫生事件中传染病事件231起(乙类传染病189起、丙类传染病31起、其他类传染病11起),发病2.12万例,死亡1例;食物中毒4起(动物性1起,食物中毒2起,不明1起),发病100例,无死亡。231起突发公共卫生事件中,一般事件42起,较大事件1起,未分级事件192起,无重大、特别重大事件发生。时间分布:全年各月均有事件报告,以11月最多,为126起,占总报告数53.62%;其次为12月(30起)和10月(29起),分别占12.77%和12.34%。地区分布:各县区均有突发事件报告。学校突发公共卫生事件分布:235起突发公共卫生事件中有225起发生在学校,占95.74%。其中传染病事件224起(甲型H1N1流感疫情184起),食物中毒事件1起。2009年3月,广西民族大学发生一起其他感染性腹泻病局部暴发疫情,报告发病246人,无死亡,罹患率1.34%。

【免疫规划实施】

基础免疫 2009年,全市以乡镇为单位常规免疫运转达到3次以上,适龄儿童建卡共7.60万人,出生上卡率11.05‰。“五苗”基础免疫接种率:卡介苗99.18%;脊灰疫苗97.67%;百白破疫苗97.44%;麻疹疫苗95.31%;新生儿乙肝疫苗98.07%,乙肝疫苗首针24小时及时接种率94.26%。全市共报告AFP(弛缓性瘫痪)病例49例(其中六县14例,六城区35例),发病率2.14/10万,哨点医院AFP报告及时率100%,无脊灰野毒株引起的脊灰病例。为巩固消灭脊髓灰质炎成果,从2008年末至2009年初,在城区及上林县组织开展消灭脊髓灰质炎强化免疫活动。第一轮服苗率96.84%,第二轮服苗率96.08%,均超过95%的标准。

麻疹防控 报告发病7例(市区确诊4例、六县3例),无死亡,发病率0.11/10万,比上年下降97.45/10万。4月1~30日在城区和高新产业技术开发区、经济技术开发区范围内开展针对8月龄至7岁儿童的麻疹疫苗强化免疫活动和后期查漏补种工作,共设立固定接种点109个,临时接种点1381个,完成接种29.84万人,占已登记儿童数的96.35%。其中流动儿童接种7.33万人,占总摸底目标人数23.66%。

【甲型H1N1流感防控】 2009年6月17日,南宁市出现第1例输入性甲流病例,至12月,全市共报告甲型H1N1流感病例5909例,死亡2例。发病率、死亡率、病死率分别为89.41/10万、0.03/10万、0.03%。该病以呼吸道传播为主,发病有明显的季节性,以11月(3471例,占58.74%)报告发病数较高。各县区均有病例报告,以宾阳县(1609例)、马山县(1062例)、武鸣县(841例)报告发病数较多。职业分布主要以学生(5636例,占95.37%)为主,年龄分布以10~19岁(5049例,占85.45%)居多。其中男性3316例,女性2593例,男女之比为1.28:1。疫情特点:绝大多数病例为轻

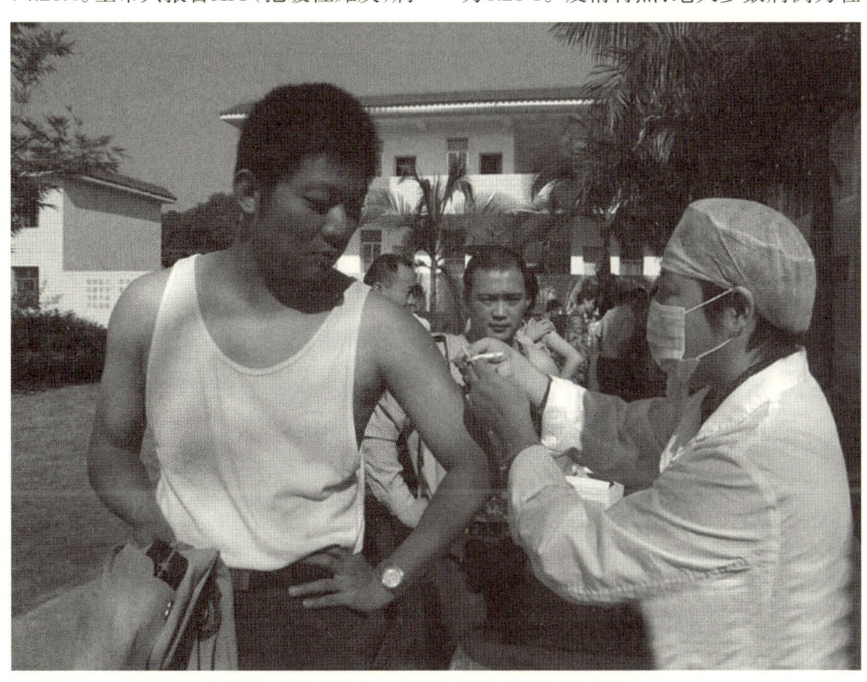

10月,为做好甲型流感防控工作,市卫生部门及时组织疫苗开展预防接种。图为医务人员为部队官兵接种甲流疫苗　　市卫生局提供

症，发病人群分布多样化，以学校暴发疫情为主，病毒未发生变异；从全部病例构成来看，以在校学生为主，约占总病例数95%以上，疫情从城市向农村地区蔓延。疫情发生后，南宁市采取有效措施进行防控，一是加强领导，多次召开防控专题会议，成立领导小组，构建联防联控工作机制；二是及时制定防控工作方案，成立卫生系统甲流防控工作领导小组，从疫情监测报告、医疗救治专家组成立、现场应急处置、实验室检测、临床诊断、防控队伍组建、应急物资储备等各个环节都做了充分的准备；三是加强疫情监测，市政府投入368万元用于购买防控医疗设备，在市疾控中心建成高标准的网络实验室；四是开展消杀灭工作，以开展爱国卫生运动、创建国家卫生城市为契机，坚持对重点区域和重点环节进行严格的消杀灭工作，对发生甲流疫情的学校和单位进行全方位的消毒；五是加强甲流防控知识宣传与培训，利用新闻媒体以及通过发放《甲型H1N1流感防控》宣传单向公众宣传甲流防制知识，举办甲流防控培训班；六是做好疫情防控应急物资储备工作，及时添置口罩、防护服、消毒剂和检验检测试剂等防控物资。

全市共报告甲型H1N1流感突发事件187起，有184起发生在学校和幼托机构。其中比较严重的疫情发生在滨湖小学，共报告发病654人，罹患率25.83%，年龄分布在7~13岁，均为学生，其中男性358人、女性296人。根据患者临床表现、流行病学调查情况、实验室检测结果，该起疫情为甲型H1N1流感局部暴发。通过采取隔离治疗病人、环境消毒、室内通风换气、开展呼吸道传染病防治知识的健康教育、预防接种等措施后，疫情得到了控制。

【结核病防制】 2009年，南宁市继续实施救治贫困肺结核病患者为民办实事项目，共为1723例生活困难的城乡肺结核病患者提供免费治疗，完成任务数114.80%，病人的治愈率93.50%。报告肺结核病例7055例、死亡40例，发病数由连续9年位居南宁市乙类传染病第一位“退居”至第二位。发病率、死亡率、病死率分别为106.75/10万、0.61/10万、0.57%，分别比上年下降19.41%、3.34%和上升19.95%。

【艾滋病防制】

疫　情　2009年，全市报告发病417例、死亡111例。发病率、死亡率、病死率分别为6.31/10万、1.68/10万、26.62%，分别比上年上升45.97%、124.43%、53.74%。全年各月均有病例报告，以6~7月报告发病较高。各县区均有病例报告，以横县(75例)、西乡塘区(68例)、宾阳县(63例)报告发病数较多。报告艾滋病病毒(HIV)感染者992例，死亡162例，感染率、死亡率、病死率分别为15.01/10万、2.45/10万、16.33%，分别比上年下降9.51%和上升214.67%、247.75%。全年各月均有感染者报告，以7~10月报告感染者较高。各县区均有感染者报告，以横县(216例)、西乡塘区(153例)、江南区(126例)报告感染例数较多。

艾滋病监测与检测　对市区32家医疗、卫生保健机构开展性病、艾滋病的监测工作，共做艾滋病抗体监测、检测52.21万人次，检出HIV抗体阳性5718人次，检出率1.10%。驻市医院各类人群性病共检测61.07万人次，检出性病8299例，阳性检出率1.36%。

开展危险行为干预　建立针具交换、美沙酮维持治疗门诊、妇女健康中心、自愿咨询检测、抗病毒治疗中心等五大干预平台。全市7个美沙酮维持治疗门诊累计入组2471人，9月在治1162人；7个针具交换点正常运转，接受针具交换吸毒人员6260人，累计发放针具220.50万支，回收198.84万支，回收率90.17%；8个妇女健康中心运作顺利，接受外展服务和同伴教育的暗娼9204人，发放安全套84.44万只；在18个自愿咨询检测点接受咨询和检测服务的各类人群7982人，其中HIV阳性为481人；在4个抗病毒治疗点中接受“关怀和支持”服务的艾滋病感染者/病人总人数2941人，接受抗机会性感染3447人，接受抗病毒治疗1284人，接受HIV检测的孕产妇9.8万人，HIV阳性为229人，其中210人接受了全程母婴阻断服务。

大众艾滋病知识宣传教育　卫生部门与相关部门联合开展6次社区宣传活动，有2800多名群众参加，发放宣传资料4种共计6400多份册、安全套4300多只。开展3期建筑工地宣传教育活动，接受教育1000多人，先后发放资料2400份、安全套2200只。开展7场骨干培训及112场同伴教育培训，培训学生4556人，培养优秀同伴志愿者30人，完成健康知识问卷3000份。全年累计有182所学校共19.75万名学生接受艾滋病健康教育。12月1日是第22个“世界艾滋病日”，宣传主题是“遏制艾滋，履行承诺”，强调“权益，责任，落实”。11月28日，自治区防艾办与南宁市防艾办共同举办了第22个“世界艾滋病日”广西宣传活动。自治区政府主席马飚和国家预防艾滋病宣传员濮存昕一起，慰问广西防艾医务人员以及艾滋病患者。

【狂犬病】 2009年，市政府继续在全市范围内开展狂犬病强化防控活动，各县区加强民间犬只的预防免疫工作，加大狂犬病防治知识的宣传力度，提高群众特别是农民的自我保护意识与能力，有效地遏制狂犬病发病的上升趋势。全年

11月28日，自治区、南宁市防治艾滋病工作委员会办公室共同举办第22个“世界艾滋病日”广西宣传活动。图为国家预防艾滋病宣传员、著名演员濮存昕(前中)与医务人员进行交谈　　市卫生局提供

共报告发病24例、死亡24例，发病率、死亡率、病死率分别为0.36/10万、0.36/10万、100%，分别比上年下降30.06%、30.06%和持平。

【登革热】 2009年，南宁市报告发病23例(均为输入性病例)，无死亡。其中发生的2例输入性登革热疫情，一例是发生在广西农业职业技术学院，报告发病7人；一例是发生在西乡塘区，报告发病7人，为越南留学交流生。疫情发生后，市疾病预防控制中心、西乡塘区疾病预防控制中心开展了流行病学调查，共采集13名病例血液标本送广西疾病预防控制中心进行血清特异性IgM抗体检测，结果显示11例登革热血清特异性IgM抗体阳性，2例为临床诊断病例。结合临床表现、实验室结果及流行病学调查，诊断为2例输入性登革热疫情。经隔离治疗病人，对与患者共同居住的病人家属进行密切观察，做好防蚊灭蚊工作等控制措施后，疫情得到控制。

【手足口病】 2009年，南宁市共报告发病1.42万例、死亡2例，发病率、死亡率、病死率分别为215.11/10万、0.03/10万、0.01%，分别比上年上升65.07%和下降50.41%、69.94%。报告手足口病突发事件12起，其中发生在幼托机构11起；发病165人，无死亡，罹患率3.57%。该病有明显的季节性，以3~6月的春夏季报告发病较高。年龄分布以0~5岁（1.36万例，占95.58%)居多。

【疾病监测】

SARS、人间禽流感、不明原因肺炎监测 2009年，南宁市各级医疗机构共监测发热病例18.08万例，其中发热呼吸道病例14.91万例，发热肺炎病例638例。排查发热肺炎病例638例。未搜索到人间禽流感病例、SARS病例和不明原因肺炎病例。

鼠疫监测 共捕鼠532只，采鼠血502份，进行F1抗体检测502份，结果全部阴性。指示动物(猫、狗等)50份，用间接血凝试验(IHA)检测鼠疫F1抗体，结果全部阴性。监测检蚤总数9匹，带蚤鼠数7只，鼠体蚤染蚤率1.44%，总蚤指数0.02。游离蚤监测600张，年平均室内游离蚤指数0.02。全年平均鼠密度6.25%。

霍乱监测 共采集并检测各种样品3928份，其中腹泻病人监测2686份，重点人群监测558份，均未发现霍乱病人；水体监测227份，外环境(苍蝇、公厕、污物等)33份，海、水产品监测352份，其他食物72份，均未发现阳性标本。

血吸虫监测 南宁市辖县历史有螺面积676.27万平方米，其中横县239.1万平方米，宾阳县326.23万平方米，武鸣县110.94万平方米。2009年，共查螺面积316.16万平方米。其中：宾阳县52.42万平方米，武鸣县61.61万平方米，均未发现残存钉螺及新螺点；横县202.14万平方米，发现残存螺点有螺面积5万平方米。此次发现的钉螺主要分布于横县陶圩镇龙村、定务村，共捕获钉螺1320只，经解剖镜检均未发现阳性钉螺。对发现的螺点进行药物灭螺16万平方米。血清学监测2530人，阳性30人，阳性率1.19%。血清学阳性30人经病原学检测均未发现阳性病人。对历史病人1130人(横县526人，宾阳427人，武鸣177人)进行随访，未发现复发病例和阳性体征病例。

农村卫生

【新型农村合作医疗制度建设】 2009年，南宁市继续将新型农村合作医疗(简称新农合)列为2009年为民办实事项目，提出参合率90%以上的工作目标。按照上级部署，调整了新农合筹资标准，由原来的每人每年80元提高到100元。各县区党委、政府将新农合列入政府工作目标考核内容，建立督察考核机制；确保经费、人员到位，并列入年度审计内容。各级卫生部门和新农合经办机构加强对新农合的监督管理，制定和完善技术补偿方案，及时调整住院报销比例，落实各项管理制度，确保新农合平衡健康运行。6月下旬，市卫生局抽调人员组成两个工作组，对新农合工作开展督查，重点抽查市级定点医疗机构13家和县区人民医院7家，主要检查各定点医疗机构是否存在虚冒套骗新农合基金、滥检查重复检查、不合理用药等行为，检查相关新农合的管理机构、相关制度、业务培训、优惠政策、便民措施等落实情况。全市参合农民462.44万人，参合率92%。新农合基金到位4.62亿元，其中中央补助基金1.85亿元，自治区补助基金1.06亿元，市级补助资金3690万元，县区财政补助资金4158万元，农民个人缴费9249万元。新农合基金支出4.32亿元，基金使用占应筹集基金总额93.53%。全市有164.30万农民受益，其中住院37.15万人次，门诊93.65万人次，其他补偿33.50万人次。住院补偿3.89亿元，人次均获得住院补偿1047元，比上年提高219元。补偿比例42.21%，比上年上升3.85个百分点。加强新农合信息化硬件建设，从市本级农村卫生经费安排74万元，为县、乡两级新农合经办机构各配置一套电脑及票据打印机。

自治区安排武鸣、横县、马山和邕宁4个县区新农合信息系统建设项目，其中武鸣县和横县建设项目已完成并投入运行，横县基本完成新农合系统与医院管理系统的信息共享。宾阳县投入40多万元资金，完成新农合信息管理系统的建设，同时开发短信记账子系统平台，实现村级定点门诊短信实时记账业务，方便农民在村卫生所就诊的医疗费用报销。

【农村卫生服务体系建设项目】

乡镇卫生院国家项目建设 2009年，中央和自治区共安排南宁市农村卫生服务体系乡镇卫生院建设项目56个，规划投资3720万元，其中国债资金2840万元，地方配套资金880万元；建筑面积3.80万平方米。已竣工项目48个，完成投资3945万元。

乡镇卫生院规范化建设 结合国债及拉动内需乡镇卫生院项目建设，从市本级农村卫生经费安排165万元，扶持上林县、马山县和西乡塘区共13个乡镇卫生院业务用房建设和环境改造。

乡镇卫生院职工周转住房建设试点 市财政投入150万元、县财政配套60万元在上林县镇圩卫生院、隆安县屏山卫生院和马山县加方卫生院开展职工周转住房建设试点，解决乡镇卫生院职工住房困难。

村卫生室建设 安排村卫生室建设项目16个，建筑面积960平方米，规划投资110万元，其中自治区财政投入75万元、市本级农村卫生经费投入35万元。全市有农村卫生室2178个，比上年增加240个。

【农村卫生人员培训】 2009年，市卫生局根据自治区财政厅、卫生厅《2008年中央补助广西农村卫生人员培训项目实施方案》，制定《南宁市2008年中央补助公共卫生专项资金农村卫生人员培训项目实施方案》，明确各有关部门的职责，规范项目资金的管理，确保培训工作的顺利进行。培训的主要任务：组织开展乡镇卫生院管理人员、卫生技术人员、内儿科人员培训，乡村医生内儿科知识培训。5月中旬至9月底，全市乡镇卫生院118名内儿科人员分别到广西瑞康医院和南宁市第一、第二人民医院3个培训基地进行为期130天的临床进修学习。6月24~26日，组织开展乡镇卫生院儿童保健管理培训，161名专业人员参加学习。10月9~12日，举办乡镇卫生院管理培训班，卫生院院长和医务科科长共245人参加培训。各县区基本完成对乡村医生内儿科知识的培训，共培训乡村医生1500多人。

【农村初级卫生保健规划达标评估】2009年，市卫生局根据自治区农村初级卫生保健委员会《关于开展2008和2009年度农村初级卫生保健规划达标考核评估工作的通知》精神，制定《南宁市2008和2009年度农村初级卫生保健规划达标考核评估工作方案》，在各县区自评合格的基础上，分别于2009年5~6月组织专家组对申请2008年度和2009年度初保规划达标的上林、马山、青秀、良庆、江南和西乡塘6个县区进行复核评估，结果6个县区均达到合格标准要求，并向自治区初保委递交了申请验收报告。自治区初保委于10月18~26日组织专家对申报初保规划达标的县区进行考核验收。

【卫生对口支援】 2009年6月1~4日，市卫生局组织开展第四周期城市卫生对口支援农村卫生工作督查。督查结果：24家市县两级支援单位共派出医务人员1100多人次到卫生院进行对口帮扶，帮助卫生院制定规章制度264项，免费接收受援乡镇卫生院66名卫生技术人员到支援单位进修学习，为受援卫生院举办各类培训班、讲座213期，共培训卫生技术人员3710人次，推广适宜新技术49项，专家诊治病人2.36万人次，专家示范手术585例，投入28.50万元用于受援卫生院业务用房建设和美化绿化环境，赠送一批总价值约50万元的医疗设备。

妇幼保健

【孕产妇保健】 2009年，南宁市围绕保障母婴安全的总目标，全面落实孕产妇全程管理和高危分级管理等妇幼卫生各项工作措施，整合危重孕产妇抢救的综合资源，强化高危孕产妇的筛查及转诊，加强对基层的检查指导和各级妇幼人员的业务培训，抓好孕期保健和住院分娩期的母乳喂养知识宣教、母乳喂养技巧指导等，提高6个月内纯母乳喂养率，妇幼卫生各项工作取得新进展。全市孕产妇系统管理率由上年的78.42%上升到83.49%，产前检查率98.74%，产后访视率91.16%（城市87%、农村95%）。住院分娩率99.77%（城市99.85%、农村99.70%）。孕产妇死亡率30.10/10万（城市25.73/10万、农村33.57/10万）。2009年与2005年相比，孕产妇死亡率下降了14.27%，但城乡差距明显，农村孕产妇死亡率是城市的1.30倍。提供免费救助城乡贫困危重孕产妇92人。

【儿童卫生保健】 2009年，市卫生部门制定《南宁市儿童保健门诊建设标准》，大部分妇幼保健院拓展儿童保健技术服务，包括新生儿游泳、口腔保健、高危儿监测和干预、脑瘫早期干预、婴幼儿早期发育迟缓干预等。依法开展新生儿疾病筛查工作，提高出生人口素质，降低残疾儿的发病率。组织城市医院下乡为农村儿童免费体检，开展大型儿童益智活动和保健知识宣传。举办儿童保健培训班、托幼机构保健医生培训班，在“六一”儿童节期间举办儿童保健博览会等。针对手足口病传播状况，制订托幼机构传染病防控工作措施。4月，市卫生局组织市妇幼保健院和市疾控中心专业人员，对城市的12家托幼机构卫生保健和手足口病防控工作进行抽查督导，各县卫生局也组织了督查工作。全市新生儿访视率91.16%，其中城市87%、农村95%。3岁以下系统管理率70.50%，其中城市90.76%、农村59.68%。7岁以下儿童保健管理率74.78%，其中城市93%、农村65%。新生儿死亡率3.34‰，5岁以下儿童死亡率5.18‰，其死亡率主要死因构成：早产和低出生体重、先天异常、肺炎、意外伤害、出生窒息。其中早产和低出生体重、先天异常、出生窒息与孕期保健、围产期保健水平直接相关。儿童计划免疫接种率市区98.80%、县区农村97.36%

【降低孕产妇死亡率与消除新生儿破伤风项目实施】 2009年，南宁市全面铺开“降消”项目工作。市财政投入80万元继续实施贫困危重孕产妇救助项目，卫生部门将两个项目有机结合，以孕产期全程跟踪和高危孕产妇分级管理为重点开展项目活动。市妇幼保健院负责全市的技术指导工作，重点加强孕产期保健管理的督查和新扩展“降消”项目县规范性指导。成立项目办公室和协调领导、技术指导小组，制定城区项目管理方案，根据《农村孕产妇住院分娩补助资金管理方案》，做好资金补助等工作。先后召开两次“降消”项目会商会，统一印制宣传资料下发兴宁区、西乡塘区两个“降消”城区各卫生院。先后举办两区“降消”项目培训班、全市乡村医师培训班，落实“降消”项目月报表的收集、审核和上报工作。每半年组织妇产科专家对“降消”城区所辖14个卫生院普遍进行一次督查，实行指导。完成全市定期和不定期产科质量检查，严格控制无医学指征的剖宫产，利用妇幼卫生管理平台，实行剖宫产统计报告制度，动态监管产科质量，对开展剖宫产术的一级医疗机构进行专项督察一次。举办新生儿窒息复苏师资培训和辖区内医疗机构新生儿培训班、基层产科人员围产保健培训班各1期。

【免费婚检】 2009年，市委、市政府把免费婚前检查列入为民办实事项目内容，于7月1日在全市正式实施。各级妇幼保健院开通婚检绿色通道，重新调整婚前保健业务用房和人员配备，为提供便捷的婚检服务营造良好的氛围。婚检人数1.25万人，婚检率11%，比上年同期提高9个百分点。

【预防艾滋病母婴传播项目管理】 2009年，南宁市卫生部门组织召开全市预防艾滋病母婴传播工作座谈会，举办预防艾滋病母婴传播培训班2期，加强对婚前保健、孕前保健、孕产妇人群的预防艾滋病母婴传播宣教工作，孕产妇预防艾滋病母婴传播知识知晓率80%以上，孕产妇、婚前保健人群艾滋病病毒抗体检测率85%以上，艾滋病病毒感染孕产妇及所生婴儿抗病毒药物应用率90%以上。加强对阳性孕产妇及其所生婴儿的管理和随访，减少艾滋病母婴传播发生率，落实孕产妇艾滋病哨口监测工作，完成400例问卷调查及血标本采集。

社区卫生服务

【概 况】 2009年，市卫生部门切实解决群众看病难、看病贵问题，不断满足群众基本卫生需求，形成以政府为主导、社会力量参与的社区卫生服务网络，服务人口覆盖率86%。加快社区卫生服务机构建设，实行社区卫生服务机构属地化管理，开展社区卫生服务适宜技术培训，强化城区政府对社区卫生服务的监督管理和检查督导，促进社区卫生服务机构能力建设，服务水平得到进一步提高。各社区卫生服务机构积极转变服务模式，完善服务功能，开展居民健康调查、健康咨询、专题讲座、送医送药上门、开设老年人家庭护理等多种便民服务措施，有针对性地为社区居民建立家庭健康档案，对高血压、糖尿病等慢性病患者进行跟踪随访管理等健康服务，为社区内行动不便的患者提供便利。至年末，全市有社区卫生服务机构101家（中心30家、站71家）。其中，由国有医疗机构举办的73家，企事业卫生机构改制为社区卫生服务站的9家，社会团体或个人力量举办的19家，服务人口覆盖率85%。全市有社区卫生服务工作人员1806人，卫技人员1443人，占总人数80%。其中全科医生527人，社区护士486人，预防保健人员209人，其他221人。开工建设江南区福建园、良庆区金象、西乡塘区石埠、西乡塘区南棉、兴宁区长堽、青秀区七星、青秀区津头7个社区卫生服务中心，累计投入建设资金960.88万元。

【卫生服务】 2009年，南宁市把社区卫生服务机构纳入居民医保定点机构，并实行首诊制，政府给定点社区卫生服务机构免费安装网络结算系统，共有93个社区卫生服务机构纳入居民医保定点机构，定点率92%，极大地方便居民就近刷卡就医，体现“低成本、广覆盖、高效益、方便群众”的基本原则，为城镇居民医疗保险全面实施奠定了良好的基础。开展中医药特色服务的社区卫生服务机构有71个，建立健康档案44.34万人，其中60岁以上老年人13.45万人。各社区卫生服务机构开展高血压、糖尿病防控适宜技术服务，共体检24.22万人、高血压患者8.99万人，规范随访管理患者6.74万人，管理率74.92%；糖尿病患者3.20万人，规范随访管理患者2.25万人，管理率70%。举办健教讲座1541次，参加人数10.96万人次；出版宣传板报1562期，印发健康处方46.10万张、宣传资料70万份。

卫生监督

【食品安全综合协调】 2009年6月1日《中华人民共和国食品安全法》实施后，市卫生局根据《南宁市人民政府关于在政府机构改革期间加强食品安全监督管理工作的通知》的规定，承担食品安全综合协调和组织查处食品安全重大事故职责，不再承担食品卫生行政许可和对具体的食品生产经营单位监管职责。市卫生局协调食品安全各监管部门开展食品安全监管、整治工作。全市各成员单位共派出汽车2982辆次、执法人员5.20万人次，检查各类食品生产经营单位3.92万家次，抽检各类食品和农产品144.35万批次，其中合格143.51万批次，合格率99.42%；查处案件991起，涉案金额81.47万元，没收销毁假冒伪劣食品及违禁农资产品143.64万公斤。

【专项整治】 2008年12月10日至2009年4月10日，南宁市开展为期4个月的打击违法添加非食用物质和滥用食品添加剂专项整治工作，市卫生局负责牵头协调该专项整治工作。期间，开展抽检各类食品、农产品和水产畜牧产品，其中抽检各类食品1426批次，合格率89.69%；农产品（蔬菜和食用菌）50.33万批次，合格率99.42%；水产、畜牧、禽畜产品6556批次，合格率99.85%。查处案件52件，涉及总货值金额21.06万元。

【重大活动卫生监督保障】 2009年，市卫生局针对每个重大活动的特点，制定食品安全保障工作实施方案和食品安全事故应急预案，明确工作重点、工作要求、各监管部门的职责和任务。食品安全协调员、餐饮安全监督员、农药残留检测员进驻接待宾馆饭店，开展食品、生活饮用水和公共场所卫生监督保障工作。其中6月8~14日第五届泛珠三角区域合作与发展论坛暨经贸洽谈会期间，派出卫生监督员215人次、汽车35辆次，对11家接待单位进行食品安全保障；8月6~8日在“2009年泛北部湾经济合作论坛”期间，派出卫生监督员35人次、汽车8辆次，对3家接待单位食品安全保障；10月19~24日中国—东盟博览会期间，对20个接待宾馆饭店、4个供餐单位以及承担市委、市政府宴请任务的青秀山高尔夫俱乐部、地王云顶饭店等接待单位派出食品安全协调员，开展食品安全保障督查及指导工作。共派出监督员263人次、汽车103辆次，对接待单位承担的1.31万人次、160餐次、9个宴会（其中包括20日晚好友缘国宴厅的“千人宴”）进行督查及指导；对4个供餐单位提供的1.78万份快餐、1000份糕点的加工过程进行督查及指导。期间未发生任何食物中毒事件及其他公共卫生突发事件。市卫生局根据甲流疫情的特点，按照市指挥部要求，在会展中心、民歌广场以及其他会节活动文艺演出场所设置体温检测点，派出60名卫生监督人员组成体温检测组，对相关人群进行体温检测。

【卫生行政许可】 2009年，市卫生局按照卫生法律法规进行各类卫生行政许可、审核、登记、备案事项的受理、审核和证件发放，把好卫生许可证的新证审查、发放、变更、注销和年审换证关，共受理卫生许可审批事项3125项次，其中即办件611件，无超时办结事项。对需要现场审查的单位现场技术审核率100%，对审查不合格的单位一律发出《卫生监督意见书》指导整改。新发食品卫生许可证271家，公共场所卫生许可证324家，年审240家；医疗机构执业许可证136家，静脉用药登记107家。年审校验医疗机构366家，静脉用药登记230家；年检生活饮用水卫生许可证11家；开展职业危害项目卫生审查认可7家；发放建设项目预防性卫生审查认可书5家，《放射诊疗许可证》11家，《公共用品集中清洗消毒机构备案凭证》4家，《公共食(饮)具集中清洗消毒机构备案凭证》2家，《医师执业证书》

11月28日，在望州南社区举行的“世界艾滋病日”活动现场

市卫生局提供

1189份，健康证明6.93万份。

【卫生行政案件办理】 2009年，市卫生局办结卫生行政处罚案131件，结案金额40万元。向法院申请强制执行14件，已执行10件。市卫生局作出的行政许可、行政处罚决定中，有3件当事人向自治区卫生厅提出复议申请，其中医疗机构1件、职业卫生1件、行政许可1件，市卫生局依法进行复议答辩，经自治区卫生厅审理，均作出维持市卫生局具体行政行为的决定；有2件行政应诉案件当事人不服，向兴宁区法院提起行政诉讼，经审理，兴宁区法院于2009年5月22日作出一审判决，维持市卫生局的行政处罚决定。

【卫生标准宣传】 2009年9月7~13日，市卫生局在全市范围内开展卫生标准宣传周活动。派出卫生监督员93人、宣传车202辆次，发放卫生标准宣传手册3050份，张贴宣传画165张，制作宣传板报2版，现场咨询96场次，接受咨询300人次。组织美容美发场所、公共用品清洗消毒服务机构、化妆品经营单位等行业100多家监管单位负责人就卫生标准知识进行座谈探讨，举办培训班3期培训138人次，进入企业开展宣传174次，深入农村开展宣传2次。同时通过新闻媒体，及时将各项卫生标准向社会公布，提高群众对卫生标准的认识。

【医疗卫生监督】

无证行医整治行动 2009年4月1日起，市卫生监督部门组织开展为期2个月的行动，打击无证医疗机构和非卫生技术人员开展诊疗活动的违法行为。在整治行动中，注重对医疗机构内执业医师超出执业范围行医、使用非卫生技术人员从事诊疗活动等违法行为的检查。依据《执业医师法》、《母婴保健法》等法律法规加强对医疗和采供血卫生监督，共作出卫生行政处罚并结案的案件262件，其中未取得执业许可证擅自执业的63件，诊疗活动超出登记范围33件，使用非卫生技术人员38件。

非法胎儿性别鉴定行为专项整治 5~8月，在全市开展打击非医学需要的胎儿性别鉴定及非法选择胎儿性别人工终止妊娠行为专项行动。共派出人员1326人次、汽车318辆次，对639家单位进行检查。其中检查医疗保健机构523家，计划生育技术服务机构35家，药店81家。

传染病防控检查 共检查辖区医疗卫生机构1042家，对其中30家的消毒效果情况进行抽检，总合格率85.70%，对存在严重问题单位进行立案处罚。

违法医疗广告整治 共监测医疗广告8500多例，其中涉及无证发布医疗广告2800例，篡改审批广告内容2813例，涉及医疗机构29家，立案处罚85起。

【生活饮用水卫生监督】 2009年，南宁市持有生活饮用水卫生许可证的单位270家，从业人员1360人，持健康证人数占90.96%。对生活饮用水经常性卫生监督814户次，合格率82.68%；抽样监测501份，合格率60.88%。依据《生活饮用水卫生监督管理办法》等法规作出卫生行政处罚并结案的案件8件。根据卫生部监督局《关于加强饮用水消毒剂监督管理的通知》要求，市卫生局组织开展全市生活饮用水消毒剂使用情况专项监督检查工作，共检查供水单位368家，其中市政水厂97家、自建水厂92家、二次供水单位179家。经检查，大多数市政集中式供水单位使用饮用水消毒剂基本规范，制定和执行了饮用水消毒卫生管理制度，未发现严重的违法行为。对13家县城的市政集中式供水单位、15家乡镇自建集中式供水单位违规使用三氯异氰尿酸消毒饮用水，依法督促其整改。

【消毒产品卫生监督】 2009年，市卫生监督部门对消毒产品生产企业进行监督。被监督单位33家，从业人员669人，进行消毒产品经常性卫生监督558家次，合格率94.44%。对1727件消毒产品进行监测，合格率95.89%。对辖区27家持有效备案证公共用品消毒服务机构，进行监督检查54家次，监督覆盖率200%。同时对存在问题的单位均下达卫生监督意见书要求其整改，其中立案处罚5家。从6月起，在全市公共用品清洗消毒服务机构中全面推行非一次性公共用品布袋包装制度。为规范全市消毒产品生产经营行为和市场秩序，从4~9月，开展打击消毒产品违法宣传疗效和添加药物的行动。共派出执法人员750人次、汽车206辆次，重点检查抗（抑）菌制剂的生产企业、药店、超市等经营单位。检查结果：8家消毒剂生产企业、20家抗（抑）菌洗剂生产企业，均持有效的卫生许可证，持证率100%；305家销售抗（抑）菌制剂的药店、超市等，经营的药品和消毒产品分类存放，消毒产品有卫生许可证和检验合格证。检查“卫消证字”或“卫消字”的产品112种，合格30种，合格率26.80%。

【公共场所卫生监督】 2009年，南宁市公共场所卫生被监督单位8272户，从业人员6.29万人，持健康证人数占94.27%。对公共场所经营单位进行经常性卫生监督1.80万户次，合格率95.83%。对公共场所用品进行抽样监测2650件，合格率91.92%。依据《公共场所卫生管理条例》等法规作出卫生行政处罚并结案的案件175件，其中：责令改正50件、警告1件、罚款174件。全市有各类公共场所1016家。市卫生局在市辖区内开展游泳场所、住宿业卫生监督抽检工作。派出监督员1456人次、汽车285辆次，抽检游泳场所27家，采集水样58份，合格率50份，合格率86.20%；抽检住宿场所27家，采集样品765份，合格723份，合格率94.50%。

【学校卫生监督】 2009年，市卫生部门将食品卫生、传染病防治等工作与学校卫生监督相结合，按照南宁市健康相关产品卫生监督抽检工作要求，对14所学校食堂的食品及食品原料、26家二次供水单位水质以及6所学校游泳池水质进行监督抽检，对26所有二次供水学校进行卫生知识培训。针对部分学校陆续发生甲型H1N1流感疫情，组织开展秋季卫生监督专项检查，对50所学校开展学校卫生监督综合评价，对教室人均面积、课桌椅、黑板、采光和照明、噪声、饮用水、食品卫生、传染病管理等进行监督监测，通过检查、测量及记分，进行综合判定。结果表明，全市学校基本符合评价标准。被监督的1703所学校中，已建立学生健康档案72.58%，开设健康教育课77.80%，建立突发公共卫生事件应急预案88.67%。

【职业卫生监督】 2009年，市卫生监督部门加强职业病防治的执法检查，依法查处违法行为。对全市直管的354家用人单位进行监督检查，对存在问题的单位下达卫生监督意见书80多份，责令限期整改。被监督单位共647家，职工9.43万人，其中职业病危害因素接触3.52万人，占37.28%。依据《职业病防治法》等法律法规作出卫生行政处罚并结案的案件3件。

【放射卫生监督】 2009年，市卫生监督部门对市本级101家放射卫生单位开展放射卫生监督，监督覆盖率98%；对市直属74家医疗卫生单位实施放射卫生监督量化分级管理。被监督单位（医用辐射和非医用辐射单位）共227家，职工2.48万人，其中放射工作人员571人，占2.30%，持证上岗率36.95%。依据《职业病防治法》、《放射诊断管理规定》等法规作出卫生行政处罚并结案案件2件。

【化妆品卫生监督】 2009年，市卫生局对市辖区141家化妆品经营单位以及化妆品生产企业8家进行监督检查。对不合格产品和违法违规情况，责令限期整改。5月20日，举办化妆品生产企业和经营单位负责人、业主卫生法规知识培训班，共有150余家企业和经营单位参加。被监督单位342家，经常性卫生监督492家次，合格率99.19%。对化妆品样品进行抽样监测14件，合格率100%。依据《化妆品卫生监督条例》等法规作出卫生行政处罚并结案的案件3件。

【食品卫生监督】 2009年上半年，全市食品卫生被监督单位4.04万户，从业人员11.12万人，持健康证人数占95.03%。对食品生产经营单位进行经常性卫生监督5.40万户次，合格率97.61%。粮食、肉类、蛋等食品抽样监测1426件，合格率86.47%。依据《食品卫生法》等法律法规作出卫生行政处罚并结案的案件229件，其中：责令改正159件、警告23件、罚款207件、取缔41件。下半年，食品卫生监管工作按照《食品安全法》规定移交市食品药品管理局。

医学科研与教育

【医学科研】 2009年，市卫生局受理市属各医疗卫生单位报送当年广西医疗卫生自筹经费科研立项申请24个，获批23个；自治区级继续医学教育项目23个，获批20个；广西中医药管理局中医药科技专项课题16项，广西医药卫生适宜技术推广奖8项；14项科研课题获批列入“2009年南宁市科学研究与技术开发计划”。受理医学课题鉴定申请19个，其中获评国际先进水平1个，国内先进水平11个，国内领先水平5个；自治区内先进水平1个，自治区内领先水平1个。获2009年度广西医药卫生适宜技术推广奖一等奖1个、二等奖2个、三等奖6个；获2009年度南宁市科学技术进步奖二等奖3个、三等奖6个。

【重点学科建设】 2009年，市卫生部门进一步完善医学重点学科建设。遴选出重点学科7个、特色专科7个、重点实验室1个。根据《南宁市医学重点学科建设项目管理办法》规定，投入10万元专项经费扶持重点学科发展。市第四人民医院艾滋病防治项目建设，已完成项目的评估和调研，并得到市科研经费扶持。11月18日，广西医科大学附属南宁市第一人民医院．南宁市第一临床医学院在市第一人民医院挂牌。

【医学科普】 2009年，市卫生局结合卫生部门的特点，开展医疗卫生科学素质和科普宣传工作。先后组织市、县区医疗卫生单位开展甲型H1N1流感防控知识宣传；组织和布置有关医疗卫生单位、疾控机构和人员开展卫生下乡，到部分社区、学校、广场、乡镇所在地等人群密集的地方发放资料、义诊和咨询。会同市第五人民医院、兴宁区残联联合举办“实践科学发展观、以人为本——精神卫生大讲堂走进社区”科普宣传活动。举办题为“常见精神疾病的症状表现”的专题辅导讲座，并进行现场咨询、义诊和发放宣传资料等活动。

【市卫生学校实训基地评估】 2009年12月，南宁市卫生学校通过自治区专家组评估，获首批自治区示范性中等职业教育实训基地称号。学校创新办学模式，开设护理、口腔工艺技术、中医美容、中西医结合、医学检验、药品营销、药剂、助产、卫生保健、医学影像技术、中医推拿按摩技术11个专业。其中护理专业、口腔工艺技术专业于2005年获自治区首批示范专业，2007年通过示范专业复评。有在校生1.05万人，其中中职在校生8189人（护理专业5412人，占中职在校生人数66.09%）。

血液采供

【概 况】 2009年，南宁市参加无偿献血有11.60万人次，比上年上升12.61%；采血量21.09万单位，上升14.36%。城市献血占91.43%，农村献血占8.57%；街头献血率88.77%，下降3.23%；重复献血率58.70%，一次献400毫升率50.47%。全市二级以上27家医疗单位提供各种血液39.09万单位，增长13.60%。其中：全血296单位，下降48.43%；各种成分血39.06万单位，增长13.70%；成分输血率99.92%，与上年持平。对11.57万份血液标本进行检测，合格率96.16%。新建盛天名都、五象、南湖国际广场、宾阳县4个捐血屋，总建筑面积519.07平方米，总投资857.51万元。

【无偿献血宣传】 2009年，南宁中心血站组织人员深入16个社区、125多个单位开展无偿献血宣传。通过张贴海报、知识问答、调查问卷、宣传折页等形式向居民普及无偿献血知识，组织动员111个单位集体献血。发放各种宣传资料约10万份，张贴宣传画报1500多张。举办校园“社会公益奖”颁奖活动、无偿献血知识竞赛、交响音乐会等形式宣传献血知识。利用重大节日的庆祝活动，策划有特色、有针对性的献血活动，解决临床用血来源和需求。在自治区、南宁市各主要报纸发表无偿献血宣传文章102篇次，各类网站上发表无偿献血宣传文章87篇次，电视台、电台播报无偿献血新闻稿件276篇次。每周在《南国早报》公布一次血液库存信息，使广大市民及时了解血站血液库存状况。在6个县的固定献血点以及中等学校、乡镇开展宣传，发放宣传资料3.66万

11月16日，上林县妇幼保健院开展卫生医务“义务献血挽救生命”主题实践活动，有127名医务人员参与献血。图为献血现场 市卫生局提供

份，张贴宣传画110多套。

【血液库存管理】 2009年，南宁市临床用血增幅虽然达到15%，但临床供血仍面临很大压力，特别是4月份以来，O型血液处于告急状态，处在黄色和橙色预警之中。南宁中心血站抓好血液采集计划编制，保持适当的血液库存量，尽可能满足临床用血需求。加强血液出入库管理，控制和减少血液库存过期报废。要求二甲以上的医院要做好用血计划，严格实行用血预约制度。加强与医院输血科之间的沟通，对用血量较大的医院要求适量库存血液，保证院内临床应急用血。全市急救送血、常规送血的情况有了一定改善，比上年同期分别下降32.80%和29.70%。调出部分血液支援北海、钦州、防城、河池、百色等中心血站以及三O三医院应急之用，调出的各种血液比上年同期增加。其中：悬浮红细胞增加76.30%，机采血小板增加44.80%，浓缩血小板增加96.60%，冷沉淀增加147.80%。开展6个县储血点的督促检查和人员培训工作。 （梁晓杨）

爱国卫生运动

【城乡清洁工程】 2009年，市爱国卫生运动委员会办公室于4月、5月和10月相继开展第二十二个全国爱国卫生月、重点预防甲型H1N1流感和手足口病等肠道传染病、迎接新中国成立60周年为主题的系列“城乡清洁工程”运动。共有各级领导干部、各界群众约180万人次参加，清扫道路地面约194万平方米，清除卫生死角6372处、垃圾2134吨，铲除杂草约6万平方米，清理“四害”（鼠、蝇、蚊、蟑螂）孳生地6858处。同时，组织开展卫生创建系列工作，创建自治区级卫生先进单位（村）31个，市卫生先进单位（村）56个。

【病媒生物防制】 2009年，市爱卫办组织实施市政府确定的每年每季度第一个月第二周为全市除“四害”统一行动周活动。组织全市12家病媒生物防制专业公司对召开中国—东盟博览会和迎中华人民共和国成立60周年大庆重要活动场所、部分重点公共场所以及老居民区提供公益除“四害”工作，投放敌鼠钠盐、溴敌隆毒谷1757箱（20公斤/箱），磷化铝1.65万支（5颗/支）、粘鼠板364张、家庭灭害套装8.05万套、5%奋斗呐可湿性粉剂398公斤、50%高效氯氰菊酯热烟剂母液155瓶（500克/瓶）、气雾杀虫剂1560支（760毫升/支）、灭害烟雾弹6.22万只。累计完成安装户外灭蚊灯149盏、下水道防蚊闸676个、灭鼠毒饵盒9000个。举办各级、不同层面、行业的病媒生物防制工作技术培训班、现场会23期（次），接受培训4600人次。

【农村厕所改造】 2009年，市爱卫办组织各县区申报2008年中央和自治区补助地方农村改造厕所项目，经审核，自治区下达南宁市的改厕任务共7000座（中央项目4000座、自治区项目3000座）。其中：执行中央项目宾阳县2000座，上林县、马山县各1000座；执行自治区项目横县、隆安县、武鸣县各1000座。分布在36个乡镇、77个行政村、129个自然村屯。10月全部完成改厕建设任务。11月，市爱卫办组织人员对改厕项目县开展终期督导工作。12月，南宁市执行改厕项目县全部通过自治区爱卫办的终期验收，其中上林县、宾阳县被评为优秀等级，马山县、隆安县、横县、武鸣县被评为良好等级。全市农村卫生厕所普及率60.19%，无害化卫生厕所普及率59.30%。全市共制作和印发了改厕宣传资料6.23万份，举办各级培训班190期，其中县区级39期、乡镇级65期、村屯级86期，共培训技术指导员及农民约3900人次。市爱卫办获自治区改厕工作组织奖，横县、上林县、马山县、宾阳县获自治区改厕工作先进集体三等奖。

【国家卫生城市创建】 2009年5月19日，市委、市政府下发《关于调整首府南宁创建国家卫生城市总指挥部成员的通知》，对总指挥部成员进行了调整。总指挥长由自治区党委常委、市委书记车荣福，市长黄方方担任，负责创卫总指挥部全面工作；常务副总指挥长由副书记覃孟征、副市长肖莺子担任，负责协调总指挥部的日常工作；副总指挥长由自治区党委办公厅、政府办公厅、直属机关工委有关领导、市四家班子10名领导担任，成员84名，成员单位涵盖全市主要部委办局。总指挥部由市创卫办、爱国卫生组织管理部、健康教育部、市容环境卫生部、环境保护部、公共卫生部、病媒防制部7个工作部门组成，分工协作开展工作。5月20日，市委、市政府召开文明城表彰大会暨创建国家卫生城再动员大会，车荣福在会上对全市创建工作进行再动员。8月，制定下发开展集贸市场专项整治行动等8个工作方案，由相关职能部门负责牵头，各城区（开发区）负责组织工商、城管、公安、交通、卫生、工商、商务、食品药品监督等部门，结合实施城乡清洁工程，联合执法，开展集贸市场、“五小”（小餐饮店、小美容美发店、小公共娱乐场所、小洗浴室、小旅馆）服务行业、城中村、城乡结合部、背街背巷、社区和单位、铁路沿线及沟渠河道和病媒生物防制专项整治行动。市创卫办8次组织专家76人次，分别深入各城区（开发区）、市交通系统、教育系统、房产局等单位，对分管创卫领导、创卫办、城乡清洁办全体人员以及各街道办、社区及其辖区单位分管创卫领导和负责创卫档案、除四害、健康教育等人员开展创卫工作督查指导及培训，培训人员约3000人。9月21~23日，经自治区创卫考核组采取听取汇报、现场检查、查阅资料和走访群众等方式对南宁创建国家卫生城市工作进行检查，认为：南宁市各项指标已基本达到《国家卫生城市标准》的要求，城市卫生长效管理机制基本形成，建议自治区爱卫会向全国爱卫会提出申请，进入下一阶段考核工作。10月16日，自治区爱卫办正式向全国爱卫办递交自治区爱卫会关于推荐南宁市创建国家卫生城市工作申报材料。10月29日，全国爱卫办正式受理申请。

【健康市场项目实施】 2009年5月，全国爱卫办与世界卫生组织协商后，决定全国以南宁市、杭州市、大连市为试点，启动健康市场项目，世界卫生组织资助南宁市6.50万美元，主要包括防止人感染禽流感的卫生知识宣传、活禽销售从业人员卫生知识培训和活禽销售示范店建设及其垃圾无害化处理等，从源头上防控禽流感等传染病的发生流行。5月底，成立项目工作领导小组，组长由市政府副秘书长担任，副组长由市卫生局局长、爱卫办主任担任，成员由市卫生监督所、疾病预防控制中心、工商局、水产畜牧局等14个部门分管领导组成，项目办设在市爱卫办。以埌东农贸市场作为项目试点，对活禽销售场所进行改造：一是展示、宰杀、销售分区隔离；二是对排污系统进行升级改造，新建2个标准化的三格化粪池，对所有污水经过无害化后再排放入城市排污系统；三是对活禽粪便、羽毛、内脏均实现密闭式收集运输；四是设计使用盛血桶、破膛池、漂洗池等防护措施，规范操作流程，按照“选禽—抓禽—放血—盛血—除毛—破膛—漂洗—包装—交付”流程一体化操作。期间，举办专题讲座2期，培训经营户、市场举办方、居委会、街道办等64人，为经营户配备工作服以及口罩、帽子、袖套、围裙、水鞋、手套等个人防护用品。在项目市场设计制作健康教育宣传栏2个，同时印制宣传画、宣传折页2万份发放、张贴。项目于12月31日完成。 （覃 丹）

责任编辑 黄善秋

体　　育

竞技体育

【概　况】 2009年是南宁市备战自治区第十二届运动会和全国第七届城市运动会(以下简称“两会”)的第二年。为做好各项备战工作，南宁市竞技体育工作继续以实施《奥运争光计划》为目标，根据自治区竞技体育“短、小、灵、水”的发展思路，积极构建市县级业余训练网络，以优势项目为突破口，努力提高竞技体育运动水平。年内，南宁市籍运动员参加国际体育比赛，获金牌2枚、银牌2枚，2次打破世界纪录；参加全国体育比赛，获金牌33枚、银牌12枚、铜牌15枚；参加全自治区常规赛，获金牌187枚、银牌142枚、铜牌116枚。南宁市的游泳、田径、举重、羽毛球、网球、体操、跳水等项目在自治区处于领先水平。南宁市共向自治区体育局各训练中心和自治区体校输送26名运动员。

【备战“两会”】 2009年，为积极做好备战“两会”工作，市体育局专门召开自治区第十二届运动会南宁市代表团各项目召集人确认会，将训练任务细分到人。同时，不断完善项目设置和布局。年初，组织田径、摔跤、跆拳道、拳击、散打、柔道、射击、射箭等部分项目进行选才集训。根据项目选才渠道特点，要求田径、蹼泳、水球、跆拳道、散打、拳击、摔跤、柔道、射箭等项目到县区非网点学校选才，其余项目到6个城区学校进行选才，进一步拓宽选才面。组织教练员参加国家体育总局和北京体育大学教授专家在江南训练基地举办的讲座；组织田径教练员参加在南宁市体育职业中学举办的全国青少年田径训练大纲培训，并赴玉林观摩第十一届全运会田径预赛，进一步丰富教练员的执教经验，拓宽视野。组织优秀运动员进行体质检测，对田径、柔道等26名自治区第十二届运动会适龄优秀运动员进行科研生化指标体测，为教练员带队训练提供指导依据。举办跆拳道、摔跤、乒乓球、游泳、篮球等项目比赛，共有751名运动员参加，提高了县区发展项目的积极性和运动员训练的热情，同时为教练员提供选才的机会。组织市体中、举重学校及各县体校和训练点参加自治区举重、手球、篮球、跆拳道、武术散打、田径、游泳、乒乓球等项目锦标赛，通过以赛促训，进一步提高运动员竞技体育水平。

【竞赛成绩】 2009年，南宁市籍运动员参加国内外体育比赛，共获得金牌222枚、银牌156枚、铜牌131枚。其中，在全国第十一届运动会上，黄绍华获男子100米自由泳冠军、50米自由泳季军，何颖获田径比赛女子4×100米接力金牌；许艺川参加2009年全国青年蹼泳锦标赛获7枚金牌；梁耀月代表中国参加在土耳其伊斯坦布尔举行的2009年世界杯蹼泳赛土耳其站比赛，获女子100米蹼泳金牌、50米蹼泳银牌，并与队友合作获4×100米蹼泳第二名。

群众体育

【概　况】 2009年，南宁市举办各级各类群众体育运动会、单项比赛和健身活动850项次，参与人数350万人次。市体育局、兴宁区文化和体育局、市体育管理培训中心、市老年人体协、市第十四中学、广西南宁跨世纪大酒店、宾阳县黎塘镇、武鸣县太平镇等被国家体育总局评为全国群众体育先进单位；井穗军、赖清玲、谭立勇、韦梦飞、卢逵等被评为全国群众体育先进个人。

【群众体育比赛活动】

冬泳邕江活动　2009年1月1日，由市政府主办，市体育局、市体育总会、广西游泳协会、市冬泳协会承办的2009年南宁冬泳邕江活动在南宁邕江举行。来自南宁市及香港、澳门、广州等外地的冬泳爱好者共2500多人参加。活动自上午10时开始，到11时结束。数十家新闻媒体

广西体育节启动仪式乒乓球操表演　　谭柳军　摄

对活动进行宣传报道。

广西体育节　8月8日，为配合全国首个“全民健身日”活动，南宁市协同自治区体育局在南宁国际会展中心举办“2009广西体育节”南宁主会场启动仪式。现场有1.30万多人参与。活动包括乒乓操展示、轮滑和自行车运动表演、老年体育活动展示、乒乓球操表演、民族体育打扁担表演、各界人士健步走等。其中“打扁担”和“乒乓球操”成为南宁市群众体育活动新亮点。体育节期间，全市参与活动人员达10万余人，各项活动隆重、热烈，富有民族性和趣味性。

未成年人传统健身游戏大赛　5月，为促进未成年人全面健康发展，为未成年人健康成长营造良好的社会氛围，市精神文明建设委员会办公室、市体育局、市教育局共同举办的“2009年南宁市未成年人传统健身游戏大赛”正式启动。首先，在各县区学校开展预选赛，12月19日在市南湖广场名树博览园举行总决赛。比赛设扔沙包、滚铁环、三人板鞋竞速、踢毽子、六人板鞋竞速、跳大绳等6个项目，决赛共有12个代表队864人参加。

三人篮球赛　8月15~16日，由市体育局主办，市体育管理培训中心承办的2009年“中国体育彩票杯”南宁市三人篮球赛在江南区香格里拉商业广场举行。来自6县6城区的75支队伍375名运动员参赛。

体育活动“黄金周”　11月23~29日，由市体育局、市体育总会主办，市体育管理培训中心承办的“2009年‘中国体育彩票杯’南宁体育活动黄金周启动仪式”在江南区新屋球馆举行。活动设有篮球联赛、乒乓球公开赛、气排球赛、网球公开赛等4项体育赛事，共有28支队伍351人报名参赛。各项赛事于2009年11月23~29日分别在市体育场和各城区的球馆举行。

气排球联赛　2009年，南宁市气排球联赛在南宁举行。由市体育局、市体育总会主办，市社会体育发展中心、市气排球协会承办。联赛包括南宁市气排球甲级联赛和乙级联赛。共有男子甲级16支队伍、女子甲级11支队伍、男子乙级18支队伍、女子乙级21支队伍报名参赛。为近年来南宁市举办的高水平、规模大、参赛队伍较多的气排球联赛。

【职工体育】　2009年3月30日至4月3日，由自治区残疾人联合会主办，市体育局承办的自治区残联系统运动会在市体育场举行。运动会设乒乓球、羽毛球、气排球、扑克拖拉机和中国象棋等，共17支队伍499人参赛。5月8~10日，首届南宁市新闻工作者运动会在市体育场举行。运动会设乒乓球、羽毛球、气排球、趣味接力等，共10个单位361人参加比赛。7月1~4日，由广西水利电业集团有限公司主办，市体育管理培训中心承办的广西水利电业集团有限公司第二届“电业杯”乒乓球、羽毛球比赛在市体育场举行。共47支队伍920人参加比赛。7月24~29日，由市国土资源局承办的全自治区国土资源系统第一届干部职工运动会，分别在市第三中学逸夫体育馆、市体育场、柳沙足球训练基地半岛球馆、南宁国际会展中心羽毛球馆举行。设篮球、乒乓球、羽毛球、气排球和定向越野等，共17支队伍1498人参赛。8月17~19日，由自治区政府机关事务管理局主办，市体育管理培训中心承办的全自治区机关事务管理系统迎“国庆”气排球比赛在市体育场举行，共31支队伍288人参赛。8月25~27日，由自治区人民检察院主办，市人民检察院承办的广西检察机关庆祝新中国成立60周年体育运动会在市体育场举行。设篮球、乒乓球、气排球等项目，共15支队伍248人参赛。9月16~20日，市直属机关干部职工气排球比赛在乡村大世界举行。共133支队伍（男队70个，女队63个）1600人参赛。10月29~31日，市直属机关干部职工扑克牌（拖拉机）团体赛在星夜蜜大酒楼举行。共58支队伍522人参赛。10月31日至11月28日，“红牛杯”南宁市行政机关单位篮球赛在市体育场及有关县区球场举行。来自各县区和市直属机关单位共31支队伍370人参赛。12月19~20日，南宁市纪检监察系统第六届运动会在市体育场举行。设乒乓球、羽毛球、气排球等项目，共20支队伍304人参赛。

【学校体育】　2009年，南宁市学校体育工作积极贯彻落实《全民健身条例》、《学校体育工作条例》和《中共中央　国务院关于加强青少年体育增强青少年体质的意见》，市体育局积极配合市教育局深入各学校指导开展各项体育活动。发动600多名师生参加冬泳邕江活动，1000多名师生参加广西全民健身日启动仪式，3000多名中小学生参加田径、篮球、乒乓球比赛；配合市教育局举办全市第二届中小学少数民族传统体育运动会和第三届中小学残疾学生运动会暨特奥运动会。市第二十六中学啦啦操队赴美国参赛，获国家杯世界啦啦操女子五人赛冠军；代表广西中学生参加全国第十届中学生运动会获得冠军，实现广西中学生参加全国中学生运动会集体项目金牌零的突破。此外，根据自治区体育局统一部署，市体育局对辖区内16所国家级及自治区级体育传统项目学校开展检查，对市第三中学等10所自治区级体育传统项目学校进行现场抽检。检查结果表明，绝大部分学校能坚持体育传统项目训练并积极参加自治区举办的体育传统项目学校系列赛事，取得较好成绩。

【老年人体育】　2009年，南宁市共有各级老年体协组织872个，晨晚练点340个，老年体协会员20万人。比上年新增老体协组织60个，晨练站10个。市老年人体育协会全年开展各类活动共26项次，参与人数1.25万人次；举办培训班4期，培训213人次。重点抓好年初的“迎春秧歌”、春夏时节的老年排球、重阳节门球赛、秋冬时节的太极比赛和冬季的老年慢步走5个传统赛事；举办南宁市第六届老年人运动会；组团参加自治区第五届老年人运动会、全国十城市老年人网球比赛、中南协会区老年人网球比赛等。3~5月，由市政府主办的南宁市第六届老年人运动会在南宁市举行。运动会共设中国象棋等10个比赛项目，有12个代表团5000名运动员参加。此外，还组织4500名会员参加广西体育节（南宁主会场）启动仪式、全国运动会火炬接力、广西第四届妇女运动开幕式、自治区政协运动会开幕式、市第六届老年人运动会开幕式和民歌节等活动。青秀区95岁的廖富荪等4名老年人获“第七届全国健康老人”称号；上林县、武鸣县、横县、兴宁区等老年体协荣获“全民健身与奥运同行·全国亿万老年人健步走先进地区”称号。

【农村体育】　2009年，南宁市各县区的乡镇、农村利用元旦、春节、元宵节、“三八”节、“五一”节、国庆节和双休日时间，开展一系列群众喜闻乐见、形式多样、内容丰富的群众体育活动与竞赛。如：武鸣县“三月三”民族体育竞技展演活动及武术散打擂台赛、宾阳县气排球比赛、横县第一届运动会、上林县迎春篮球和气排球赛、马山县迎春体育活动、隆安县纪念“五一”节男女气排球比赛、兴宁区第七届老年人运动会、西乡塘区第四届职工气排球比赛、江南区首届“移动杯”农村青年篮球赛、邕宁区第一届运动会、良庆区扑克拖拉机比赛、高新区首届农民运动会等。年内，市辖县区乡镇农村建设(含新建、扩建)各类体育设施371个，建设面积23.30万平方米，实际投入使用资金仅中央、自治区和南宁市级就达1278.59万元(其中中央、自治区支持建设资金588万元)。

广西第二届万村农民篮球大赛南宁市赛区比赛 2008年12月至2009年10月，组织开展广西第二届万村农民篮球大赛南宁市赛区比赛。全市1358个行政村有979个村参赛，参赛率72.09%。经费投入163.66万元，有力地推动了全民健身活动的深入开展。选派横县云表镇宿龙村男子篮球队、青秀区刘圩镇刘圩村女子篮球队代表南宁市，参加2009年9月25~28日在玉林市举行的广西第二届万村农民篮球大赛总决赛，获男子比赛第二名。

南宁市第二届农民趣味体育运动会 2009年6月25~26日，南宁市第二届农民趣味体育运动会在武鸣县举行。所设个人项目有：搬运“粮食”、赶“猪”入栏；集体项目有过“水田”、勇挑重担。市辖6县6城区，以及市属各开发区派队参赛，

【民族体育】 2009年11月17~21日，南宁市第九届少数民族传统体育运动会在横县举行。由市政府主办，市民族事务委员会、市体育局和横县政府承办，为历届规模最大、参赛人数最多、民族特色最浓的民族体育盛会。设珍珠球、陀螺、投绣球、毽球、三人板鞋、高脚竞速、射弩、武术等8个竞赛项目和表演项目。市辖12个县区和3个开发区组团参加，参赛运动员971人，领队、教练员159人，团部工作人员87人。运动会共产生金牌39枚。武鸣县代表团、青秀区代表团和邕宁区代表团分别以240分、118分、100分获此届民运会团体总分前三名。运动会展示了南宁市少数民族传统体育的风采，为弘扬民族文化，振奋民族精神，进一步开展全民健身运动，促进民族平等和民族团结发挥了示范和推动作用。

【社团体育】 2009年，南宁市共有足球、篮球、羽毛球、乒乓球、健身、信鸽、老年人武术学会、门球协会、汽车运动俱乐部等34个体育俱乐部和17个单项体育协会，为开展群众体育活动起到重要的推动作用。年内，各协会利用节假日先后开展足球、篮球、网球、羽毛球、健身、桥牌、门球、信鸽放飞活动等50多项赛事。此外，还举办篮球、气排球、救生员、社会体育指导员等项目裁判员和社会体育指导员培训班，提高裁判员及社会体育指导员的业务水平。共审批二级社会体育指导员14人，备案一级社会体育指导员1人；核准二级运动员109人，二级裁判员151人。至年末，全市共有社会体育指导员9901人，占全市总人口的万分之十三。

体 育 产 业

【概　况】 2009年，南宁市体育产业有体育场馆、设施8134个。体育服务业经营单位约300家，年销售收入近2亿元。社会办体育项目50多个，经营户250多家，涉及溜冰、游泳、乒乓球、羽毛球、高尔夫球、保龄球、桌球、棋牌、竞技麻将、康体、健身、技能培训等项目，全年营业收入约8750万元。单项体育协会17家，体育俱乐部34家，注册资金近千万元。体育彩票销售额为1.16亿元(含6个县)。

【体育彩票业】 2009年，市体育彩票管理中心围绕乐透型玩法和数字型玩法，抓好“超级大乐透”和足球彩票销量，通过开展各类宣传、营销、培训工作，推动排列玩法继续保持市场主体销量。同时，通过自治区体彩中心、各分中心、网点、彩民层层落实的方式，积极做好营销、保障、服务工作，使体彩市场发展态势和彩民群体稳中有升，体彩销售业绩喜人。年内，全市体育彩票销售额1.16亿元（含6县）。其中，电脑体育彩票9651万元，占全自治区销量的40%，增长8%；即开型彩票销售1942万元，占全自治区销量的50%；体彩公益金收入483万元，上缴个人偶然所得税552万元，超额完成全年销售任务。

【本体产业开发】 2009年，市体育场、南宁手球训练基地等局属体育经营实体积极探索多种经营渠道，开辟新的经营项目，努力提高服务水平，认真做好服务保障工作，增收节支，取得了良好的经济效益和社会效益。接待竞技体育训练比赛、群众体育锻炼等72万人次，场馆和宾馆收入600多万元，创历史新高。

【社会体育产业】 2009年，南宁市体育服务业共有各类经营单位约300家(健身娱乐业数量250家)，年销售收入9000余万元，从业人数2700余人。健身娱乐业的经营项目主要有羽毛球、乒乓球、保龄球、气排球、棋牌、游泳、体操(包括各类健身、健美操)、高尔夫球和网球等。

体育赛事承办

【概　况】 2009年，为服务中国—东盟博览会，南宁市以承办体育赛事为平台，不断提高办赛能力，打造体育竞赛品牌，先后承办国际赛事6项。分别是：5月30~31日举行的第六届南宁国际龙舟邀请赛，9月23~29日举行的第五届南宁国际围棋邀请赛及第四届南宁国际桥牌邀请赛，9月5~10日举行的首届南宁象棋国际邀请赛，10月24~25日举行的2009年南宁国际乒乓球邀请赛，12月12日举行的第四届南宁国际半程马拉松比赛暨27届南宁解放日长跑活动，进一步扩大了南宁市在国内外的知名度及影响力。

【南宁国际龙舟邀请赛】 2009年5月30~31日，由自治区体育局、市政府主办，市体育局承办的第六届南宁国际龙舟邀请赛在南湖水域举行。自治区党委书记、自治区人大常委会主任郭声琨，自治区党委常委、南宁市市委书记车荣福，自治区党委常委、自治区党委秘书长余远辉，自治区体育局局长容小宁，南宁市市长黄方方，南宁市市委常委、市委秘书长周红波，南宁市人大常委会副主任赖贵寿，南宁市政协副主席袁曼虹，南宁市人民政府秘书长阮兆丰，中国香港特别行政区龙舟联合会主席陈镜清以及自治区体育局和南宁市有关部门的领导出席开赛仪式。赛事设国际公开组标准龙舟500米、800米直道竞速，国际公开组12人龙舟500米、800米直道竞速，国际混合组标准龙舟500米、800米直道竞速，国际混合组12人龙舟500米、800米直道竞速，绿城组标准龙舟500米、800米直道竞速，绿城组12人龙舟500米、800米直道竞速等12项竞赛项目。共有来自澳大利亚、英国、加拿大、菲律宾、越南、香港、澳门、国际联队、广东湛江、广西贝江及南宁市的49支

代表队1342人参加各项目的比赛。2天比赛共产生18个第一名。其中：菲律宾队获得12个第一名；广西民族大学相思湖学院队获得4个第一名；广西民族大学队、隆安县队各获得1个第一名。

【南宁国际围棋邀请赛】 2009年9月23~29日，由中国体育总局棋牌运动管理中心、自治区体育局、市政府主办，市体育局、市体育总会、广西围棋协会承办的第五届南宁国际围棋邀请赛在南宁市邕江宾馆举行。设公开团体赛、公开个人赛、围棋名人赛3个竞赛项目。共有来自澳大利亚、文莱、柬埔寨、印度尼西亚、日本、老挝、马来西亚、菲律宾、新加坡、泰国、美国、越南、香港、澳门、中华台北及南宁市的18支队伍62名运动员、教练员参加。中华台北代表队、南宁市代表队分别获团体赛冠军和亚军；澳大利亚代表队郭以明获个人赛冠军；陈灿远获围棋名人赛冠军。

【南宁国际桥牌邀请赛】 2009年9月23~29日，由中国体育总局棋牌运动管理中心、自治区体育局、市政府主办，市体育局、市体育总会、广西桥牌协会、市桥牌协会承办的第四届中国—东盟南宁国际桥牌邀请赛在南宁市广西发展大厦举行。设公开队式赛、瑞士移位赛、公开双人赛、东盟国家单冠军双人赛等4个竞赛项目。来自印度尼西亚、菲律宾、新马联队(新加坡和马来西亚)、越南，香港、中华台北，中国发展和改革委员会、住房和城乡建设部、水利部、深圳市、南宁市的16支队伍106人参赛。越南润丰木业、中国住房和城乡建设部代表队分别获桥牌公开队式赛冠、亚军；中国水利部代表队的吴戈堂和刘建平获桥牌公开双人赛南北方向冠军，中国发展和改革委员会2队的曾斌、覃革新获东北方向冠军；香港代表队陈耀、谭明光获东盟国家单冠军双人赛冠军。

【首届南宁象棋国际邀请赛】 2009年9月5~10日，由中国体育总局棋牌运动管理中心、自治区体育局、市政府主办，市体育局、市体育总会、广西象棋协会承办的首届南宁象棋国际邀请赛在南宁市大明山景兴山庄举行。来自澳大利亚、文莱、加拿大、菲律宾、美国、越南、中华台北及南宁等地代表队27名运动员参赛。设公开团体赛及公开个人赛2个项目。广西南宁、越南、广西华蓝代表队分获公开团体赛前三名；越南队陈俊玉、广西南宁队秦劲松、广西南宁队陆安京分获公开个人赛前三名。

【南宁国际乒乓球邀请赛】 2009年10月24~25日，由自治区体育局、市政府主办，市体育局、广西乒乓球联合会、市体育总会承办的2009年南宁国际乒乓球邀请赛在市体育场举行。设男、女团体赛及友城组男子单打、女子单打比赛3个项目。来自柬埔寨、老挝、越南、广西、南宁市代表队等5支队伍47人参赛。广西队、越南队分获男子团体赛冠、亚军；广西队、越南队、老挝队分获女子团体赛前三名；广西队的何涛、林博圣、范绪东分获友城组男子单打比赛前三名；广西队的殷洁、侯胜、熊欣芸分获友城组女子单打比赛前三名。

【南宁国际半程马拉松比赛】 2009年12月12日，由中国田径协会、市政府主办，自治区体育局、市体育局、市体育总会承办的第四届南宁国际半程马拉松比赛暨第27届南宁解放日长跑活动在南宁市民族大道举行。来自肯尼亚、加拿大、日本，中国澳门、北京、上海、天津、广东、南宁等国内外9182名运动员参加，其中境外运动员62人、自治区外运动员84人，是历届境外、自治区外参赛人数最多的一次。设男女半程马拉松(21.0975公里)，男女10公里比赛和男女4公里(14岁以上组)、男女4公里(13岁以下组)及老年人慢步走(3公里)等4个项目。上届的半程马拉松男子组冠军肯尼亚选手John Wambua Musypki再度获得半程马拉松男子组第一名，北京市金玲玲获半程马拉松女子组第一名；徐州师范大学石吉林获10公里男子组第一名，广西师范学院刘晓静获10公里女子组第一名；南宁市第二十八中学黄世旺获4公里14岁以上男子组第一名，南宁市第二十八中学王丽芳获4公里14岁以上女子组第一名；南宁市苏卢小学段方毅获4公里13岁以下男子组第一名，武鸣县第五小学梁婉佳获4公里13岁以下女子组第一名。

体育交流

【概　况】 2009年，南宁市积极创造条件，通过"请进来、走出去"、承办赛事等方式，积极发展体育文化对外交流合作，拓展体育文化对外交流合作的层次和领域，不断提升和扩大南宁市的知名度和影响力，推动南宁市体育事业快速发展。除举办大型国际体育赛事活动外，市体育局全年共接待自治区内外来访600多人次，接待越南、泰国、马来西亚等国家来访100多人次；组织到自治区内外学习考察5次，赴国外学习考察3次；承办国际体育赛事6次，促进了南宁市与东盟乃至世界各国的体育文化交流，实现了增进了解、促进合作、推动发展的目标。

【出访交流】 2009年3月中旬，市体育局副局长梁桦中率市体育职业中学武术队赴香港特别行政区，参加第七届香港武术节比赛活动。7月初，由市政府副秘书长邓卫民带队，市体育局常务副局长陆兴南等共4人组成先期工作组，赴英国伯明翰市，就2010年世界田联半程马拉松锦标赛接旗仪式筹备工作进行对接。10月中旬，由副市长李国忠率市体育、外事、宣传等部门一行8人，赴英国伯明翰市全程考察2009年国际田联世界半程马拉松锦标赛，并在闭幕式上参加赛会会旗交接仪式。9月20日至10月11日，派出由市体育局调研员王鼎三担任领队的南宁市车队，参加由自治区体育局组织的2009年中国—东盟国际汽车拉力赛，途经越南、泰国、马来西亚、新加坡、柬埔寨、老挝等6个国家共13个城市，行程11000公里，获柬埔寨站定时赛第一名、全程总成绩第四名的成绩。

【来访交流】 2009年，市体育局与越南河内市文化、体育、旅游局继续广泛开展合作交流。河内市文化、体育、旅游局派出田径、体操、蹼泳、手球、羽毛球等8支队伍共103人到南宁市进行长期集训。5月30~31日，香港、澳门，澳大利亚、加拿大、菲律宾、哥伦比亚，英国的苏格兰、威尔士等国家和地区的12支龙舟队约300多人到南宁，参加第六届南宁国际龙舟赛并开展交流活动。9月7~11日，越南、菲律宾、文莱、美国、澳大利亚、加拿大、中华台北等国家和地区9支代表队共30名运动员到南宁参加首届南宁象棋国际邀请赛的比赛和交流。9月24~26日，国际田联副主席达兰阿尔·哈迈德等国际田联考察团一行6人，在中国体育总局田径运动管理中心副主任王大卫、王楠的陪同下，到南宁市考察筹备2010年国际半程马拉松赛的工作情况。12月12日，第四届南宁国际半程马拉松比赛暨第27届南宁解放日长跑活动举办期间，肯尼亚、加拿大、日本、澳门等国家和地区的62名境外运动员到南宁参赛交流。

（市体育局编写组）

责任编辑　李志楠

社会生活

城市应急联动服务

【概 况】 南宁市城市应急联动中心是在市政府应急管理办公室领导下，通过城市应急联动指挥系统进行突发公共事件接报和处置，具体承担市政府应急管理日常事务的机构。2009年，累计接听报警求助电话131.92万个，月平均接听10.90万个，共处理各类有效事件30.59万件。其中：110事件19.07万个、119事件4834个、120事件3.57万个、122事件7.47万个。向市委、市政府办公厅上报各类应急信息287条，出版简报《应急信息》11期、《应急信息汇编》4期、《应急信息周报》23期。接待国内外宾客137批次共3353人次。

【应急预案体系建设】 2009年，市应急联动中心编制《南宁市突发公共事件专项应急预案编制要求》、《南宁市突发公共事件专项应急预案简本编制要求》。审核专项应急预案20个、专项应急预案简本29个。编制完成适合南宁市所辖的社区、街道、企业和学校等基层单位通用的应急预案范本，使应急预案建设纵向延伸，推进基层应急预案建设"四进"（进社区、街道、企业和学校），六县六区及35个相关部门参照范本共编制基层应急预案4786个。

【城市公共安全管理系统】 2009年3月，南宁市城市应急联动系统升级改造项目获市发展改革委的立项批复，并列入市"1180"工程，6月成立项目领导小组，年内完成应急联动系统升级初步设计合同签订及应急联动单位应急系统需求调研和系统升级布局方案。完成2008年度电子地图数据更新，道路监控光平台联网，通信基站空调、UPS电池更换和安装等工程；完成应急管理"一网六库"（"一网"即建设以城市应急联动中心为节点，以市应急管理委员会办公室和各应急委专项指挥部、县区应急办及相关应急管理职能部门为端点的一个应急管理联络网。"六库"即应急预案数据库、救援专业队伍和救援物资库、应急管理专家信息库、应急管理法规库、典型案例库、基础知识库等六个数据库）建设考察，形成调研报告，并就市"一网六库"与升级后的应急联动系统互联提出实施方案。完成《城市公共安全应急联动系统基本功能要求》（征求意见稿）的编写。

【应急知识普及】 2009年，市应急联动中心先后派出人员对宾阳、上林县干部、全市法制副校长、基层司法所普法人员、科技领导干部、新招录公务员、部分青少年等不同层次人员讲授应急管理相关知识，受教育人数超过1000人次。

【应急指挥体系完善】 2009年，市应急联动中心通过对市直有关部门应急管理工作进行摸底调查，代政府草拟《关于成立南宁市人民政府突发公共事件应急管理委员会工作方案》，于6月由市政府办公厅印发实施。依据方案成立下设23个专项应急指挥部的市应急管理委员会。

（黄呈华）

7月2日，市应急联动中心、团市委联合在市青少年活动中心开展应急知识进校园活动。图为暑期培训班开学动员大会现场　　市应急联动中心提供

婚姻·家庭

【婚姻登记】 2009年，南宁市开展婚姻登记规范化建设，落实婚姻登记场所、办公设备和人员，加强制度建设，搞好优质服务，实行政策、办事程序、收费标准、监督电话"四公开"，接受群众监督。"免费意愿婚检"列入市政府为民办实事项目，免费意愿婚检12012.50对24025人。为有效应对9月9日结婚登记高峰，提前制订应急预案，实行提前预约，全天候登记，全方位服务，9月9日当天，全市结婚登记2868对。全年共办理结婚登记75960对，离婚登记8222对，登记合格率100%。上林县、马山县、隆安县婚姻登记处被评为全国婚姻登记规范化单位。

（王其辉）

【"平安家庭"创建活动】 2009年，市妇联与有关部门联合开展平安家庭创建活动。2 月 20 日，与市综治办等成员单位联合召开 2005~2008 年度南宁市“平安家庭”创建工作总结表彰会，对 18 个先进集体和 32 名先进个人进行表彰。6 月 1 日，参与在朝阳广场举办的全市性的禁毒板报比赛及大型禁毒宣传活动，现场解答 63 名群众禁毒法律咨询，发放禁绝毒品宣传手册、禁毒扑克牌、禁毒环保袋和《中华人民共和国预防未成年人犯罪法》等宣传品 1000 余份。6 月 26 日，分别在横县百合镇、兴宁区鸡村开展以“创无毒家庭　建和谐社会”为主题的禁毒文艺宣传晚会，举办拒毒签名仪式，开展有奖问答。同时，与市综治办和市禁毒办联合兴宁区妇联、禁毒办、朝阳街道办在鸡村开展禁毒宣传帮教活动进村屯、进家庭活动，看望、帮教 6 名吸毒人员。

【第二届“十百千户”先进家庭创建活动】 2009 年 5 月，市妇联以“家和万事兴”为主题，开展南宁市第二届“十百千户”先进家庭创建评选活动，评选表彰“五好文明家庭”、“学习型家庭”、“廉洁家庭”、“绿色家庭”、“清洁家庭”、“美德之家”、“双合格家庭”、“平安家庭”、“禁毒家庭”、“致富家庭”十类各 100 户共 1000 户先进家庭，联合市文明办在《南宁日报》、《南宁晚报》、南宁电台等报刊媒体开展特色家庭宣传系列报道。

【孝道文化月活动】 2009 年 9 月，市妇联启动“孝道文化月”系列活动，倡扬中华民族传统美德。9~10 月，举办父母送给子女一本书，子女给父母发送一条温馨短信，家庭成员给亲人精心制作一道菜肴等“孝老爱亲从我做起”、“三个一”活动，弘扬孝老爱亲传统美德，活动共发送短信 252 条，赠送《中华百孝故事》书籍 444 本。9 月 26 日，在东葛路小学举行“孝老爱亲和谐情、健康饮食生活美”家庭厨艺比赛，各城区的 12 户家庭参加比赛，评出一等奖 2 名、二等奖 4 名、三等奖 6 名，评出最富爱意的菜肴 3 道和健康菜肴 10 道；9 月 13 日，举办“孝老爱亲在我家、平安出行促和谐”家庭朗诵比赛，来自各城区的 13 户家庭参加比赛，评出一等奖 1 名、二等奖 2 名、三等奖 4 名、优秀奖 6 名。通过评选表彰“十佳玫瑰平安使者”、向 3 万名市民群众发放倡议书、发动 1.52 万个家庭签订承诺书、征集 252 条“文明交通·平安叮咛”短信、组织家庭 3 次开展“守护红绿灯·关注斑马线”行动日系列活动，提高家庭成员的道德文明素养，促进家庭养成文明出行、守序在先的习惯。　（李永清　谭静宇）

人口与计划生育

【概　况】 2009 年，南宁市围绕稳定低生育水平的工作目标，全面建立和完善人口和计划生育工作管理新机制，切实解决存在的突出问题和困难，完成年度人口计划及人口和计划生育各项工作任务。全市出生 81296 人，符合政策生育率 91.08%。市委、市政府被授予 2009 年广西人口和计划生育工作先进奖；市人口计生领导小组办公室被授予 2009 年广西人口和计划生育工作先进单位奖。青秀区、西乡塘区、江南区分别获自治区人口计生工作先进奖、进步奖和创新奖。兴宁区被评为全国优质服务先进单位，武鸣县、宾阳县、西乡塘区被评为自治区优质服务先进单位。横县石塘镇等 23 个乡镇（街道办）、440 个村，被确定为 2009 年度“两无一提高”（无政策外多孩出生乡镇（街道）、无政策外出生村（居），提高符合政策生育率）先进单位。

【目标管理】 2009 年，南宁市进一步完善和落实人口和计划生育工作目标责任制。年初，市委书记和市长与各县区党政主要负责人及 35 个相关职能部门的主要领导签订《人口和计划生育目标管理责任状》；各级党委、政府和有关部门及村（居）层层签订人口计生工作目标责任状，实行计划生育“一票否决”。11 月 25 日，市人口计生领导小组召开 2009 年人口和计划生育目标管理责任制（部门线）履职述评会。市直签状单位一把手汇报履职情况，并现场测评。年末，组织市人口和计划生育领导小组成员单位副处以上负责人，对上述县区和部门进行党政线、计生线、部门线考核，结果全部合格，并经自治区考核验收达标。青秀区、兴宁区获全市人口与计划生育工作目标管理（党政线）特别先进奖；武鸣县、宾阳县、江南区、横县、西乡塘区获先进奖；邕宁区、良庆区、隆安县、上林县获进步奖；宾阳县、青秀区、横县、兴宁区、上林县获创新奖；马山县获达标奖。市委办公厅、市政府办公厅等 26 个单位获全市人口与计划生育工作目标管理（部门线）先进奖；市检察院、市建委等 9 个单位获进步奖。青秀区、武鸣县等 7 个县区人口与计划生育领导小组办公室获全市人口与计划生育工作目标管理（计生线）先进奖；邕宁区、良庆区等 4 个县区获进步奖；马山县获达标奖。

【人口计生宣传教育】 2009 年，南宁市加强新型生育文化建设，营造有利于人口计生工作的氛围。在环境宣传方面，投入 375 万元，在主要路口和商住小区等群众聚集场所树立各种户外宣传牌（高杆 T 型广告牌、大型喷绘广告牌）615 块；书写固定宣传标语 1687 条。在社会宣传方面，举办人口计生三十周年成就图片展、南宁首届性文化节和“喜迎建国六十周·讴歌国策颂辉煌”人口计生文艺汇演等一系列活动。开展各种人口计生文化宣传活动 156 场，发放宣传资料 134 多万份，受教育群众 150 多万人次。在关爱女孩行动方面，市委宣传部、人口计生委、市妇联、团市委、广播电视局、南宁日报社、青秀区党委政府联合举办 2009 年“南宁市十大阳光女孩”评选活动和电视颁奖晚会，各级各部门为 325 名贫困女童提供扶助，推动婚育新风进万家活动

9 月，市妇联开展“平安出行，孝老爱亲在我家”孝道文化月系列活动。图为“孝老爱亲在我家，平安出行促和谐”家庭朗诵比赛　　张　杏　摄

深入开展。

【流动人口计划生育服务管理】 2009年,南宁市强化区域协作,建立完善流动人口计划生育服务管理新机制。加强流动人口计划生育区域协作。先后和昆明市、成都市、广州市白云区等市(区)签订流动人口计划生育服务管理区域协作协议。指导县区与化州市、佛山市顺德区建立业务协作关系,核实南宁市年内流出到佛山市顺德区629名、广州市白云区4126名流动育龄妇女信息,并反馈通报给现居住地,做好登记建档工作。创新流动人口计划生育管理机制,在自治区实现七个率先,即:率先在自治区建立流动人口网络化管理"一盘棋"工作格局,实现"双向"服务管理和考核;西乡塘区率先成立广西首个流动人口"一盘棋"工作站;兴宁区率先成立村民自治"一站式"管理服务站;江南区率先成立部门配合、信息共享的"多证协管一证"服务管理模式;青秀区率先成立社区流动人口健康服务站;良庆区率先成立"少数民族流动人口服务管理站";马山县率先建立流动人口(农民工)计划生育培训基地,流动人口计划生育服务管理工作得到切实加强。加强流动人口信息化管理,做好国家流动人口管理信息系统录入,全市在现居住地累计登记流动育龄妇女信息5.04万条,在户籍地累计登记流动育龄妇女信息8.45万条;现居住地核实反馈户籍地信息2265条,反馈核实率86.84%;户籍地核实反馈现居住地信息3.42万条,反馈核实率89.88%。

【计划生育奖励扶助】 2009年,南宁市出台一系列计划生育优先优惠政策。一是出台《关于对〈非财政拨款企事业单位实行计划生育人员退休后依法享受增加待遇管理办法〉有关工作的通知》,将"参加企业职工基本养老保险的民办非企业单位、个体工商户及其雇工、灵活就业人员中实行计划生育的退休人员"纳入到享受退休职工增加待遇范围,市财政落实1136万元,解决3.16万名非财政拨款企事业单位实行计划生育人员退休后依法享受增加待遇问题。二是出台《南宁市征收集体土地及房屋拆迁补偿安置办法》,规定"已领取独生子女父母光荣证的家庭,在征地拆迁房屋补偿安置中,可以增加一个安置人口"。三是出台《南宁市廉租住房保障办法》,在同等条件下,对无政策外生育家庭优先予以实物配租,优先保障计生家庭。

【南宁首届性文化节】 2009年4月30日至5月4日在南宁国际会展中心举行,由市人口计生委主办。自治区人口计生委和市领导、市人口计生领导小组成员单位的领导及桂林、钦州等市的人口计生委领导,广东省和广西性学会的领导和专家出席开幕式活动。3万多市民到现场参加活动。以"关爱与健康"为主题,内容主要包括:3个展览(计划生育、生殖保健、性健康新产品新技术展;古今中外性文化展;计划生育、生殖健康、防艾滋病科普展),3项活动(现场义诊咨询活动,避孕药具发放活动,情趣内衣模特秀活动)和1场讲座(性健康性文化专题讲座)。共有观众3万人次。

【地中海贫血免费筛查】 2009年,南宁市连续5年将"免费为农村新婚夫妇开展地贫筛查"纳入市政府为民办实事项目。全年完成10141对筛查任务,占总任务101.41%。筛查出地贫高风险夫妇337对,并对他们给予随访跟踪服务。11月,市人口计生服务中心通过自治区临床检验中心的验收,获临床基因扩增检验技术验收合格实验室资格,成为自治区惟一具备开展地贫基因诊断业务能力的市级计划生育服务机构。至此,南宁市初步建立"开展地贫预防知识宣传、组织筛查检测、孕前优生指导、产前监测服务"具有人口计生特色的地中海贫血出生缺陷干预模式,形成以市人口计生服务中心为主导,县计生服务站为主体,中心乡镇计生服务所为基础,医疗机构为依托的出生缺陷一级预防和二级干预服务网络。

【人口计生信息化建设】 2009年,南宁市人口计生网络化管理在自治区实现3个率先,信息化建设水平居于全国前列。一是率先在全自治区实现全员人口计生信息的网络化管理,成为广西惟一使用网络管理替代人工管理台账的城市。二是率先建成"条、块"结合的网络化管理模式。社区居委会和辖区单位之间建立操作简单、数据共享、便于监督到位的管理模块,解决市区单位宿舍和职工居住分散,人员迁移频繁造成交叉管理不顺等问题。三是率先构建流动人口计划生育网络化管理模式。利用人口计生广域专网和人口计生管理信息共享平台实现全市横向和纵向迁移流动人口计划生育信息的点对点信息审核和交流,做到进入系统人员任一记录准确定位定点的实时传递,全市实现市县乡社区信息共享717万人,其中31.43万流入人口(包括市内迁移16万人,省内流入8.73万人,省外流入3.70万人,县区内乡镇之间流动人口3万人)信息录入系统,实现网络化管理,占流入人口总数98.22%,为构建流动人口计划生育"一盘棋"管理格局奠定坚实基础。

【阳光计生行动】 2009年,南宁市在全自治区率先启动阳光计生行动,并在宾阳县召开试点工作现场会。至12月全市各县区共建立阳光计生示范点132个,投入资金1066万元。8月6日,自治区人口计生工作年中座谈会暨创新计生工作现场会学习观摩宾阳县黎塘镇和大陈村的阳光计生工作。年内自治区各地人口计生部门到宾阳县参观学习共28批560人次。 (林建耀)

城市居民生活

【概 况】 2009年,南宁市城市居民人均可支配收入16531元,比上年增加1548元,增长10.30%;人均消费性支出11120元,增加852元,增长8.30%。在居民八大类消费支出中,增长的有:食品人均消费、衣着人均消费、家庭设备用品及服务人均消费、交通和通讯人均消费、教育文化娱乐服务人均消费、居住人均消费、其他商品和服务人均消费,其中,家庭设备用品及服务增长幅度最大,为78%。下降的有医疗保健类人均消费。

【收入构成】 2009年,南宁市城市居民家庭人均总收入19181元。其中:工资性收入14245元,占74.30%;经营净收入924元,占4.80%;财产性收入(包括利息、红利、股息、保险收益、出租房屋、其他投资收入等)425元,占2.20%;转移性收入(包括离退休金、社会救济、赔偿收入、保险收入、赡养收入、捐赠收入等)3587元,占18.70%。

【实际支出及消费结构】 2009年,南宁市城市居民家庭人均总支出15834元。其中:消费性支出11120元,占70.20%;财产性支出19元;转移性支出(包括交纳的个人收入税、捐赠支出、购买彩票、赡养支出、非储蓄性保险等)1284元,占8.10%;社会保障支出(包括养老基金、住房公积金、医疗保险、失业基金)2349元,占14.80%;购房与建房支出1062元,占6.70%。在消费性支出中,用于服务性消费2926元,占消费性支出比重26.30%。

消费性支出构成分别为:食品消费人均支出4317元,比上年增长2.50%,占消费性支出比重(恩格尔系数)38.80%;衣着人均消费支出793元,增长10.90%,占消费性支出比重7.10%;家庭设备用品及服务人均消费支出909元,增长78%,

占消费性支出比重 8.20%；医疗保健类人均消费支出 565 元，下降 0.60%，占消费性支出比重 5.10%；交通和通讯人均消费支出 1815 元，增长 2%，占消费性支出比重 16.30%；教育文化娱乐服务人均消费支出 1362 元，增长 9.90%，占消费性支出比重 12.30%；居住人均消费支出 993 元，增长 13.10%，占消费性支出比重 8.90%；其他商品和服务人均消费支出 366 元，增长 0.20%，占消费性支出比重 3.30%。

【主要耐用消费品购买量及年末拥有量】 2009 年，南宁市城市居民平均每百户购买洗衣机 3 台、电冰箱 5 台、空调器 9.50 台、淋浴热水器 9 台、微波炉 2 台、消毒碗柜 2.50 台、助力车 6 辆、家用汽车 1.50 辆、普通电话机 4 台、移动电话 20 部、彩色电视机 8.50 台、家用电脑 7.50 台、照相机 1 架。年末，平均每百户拥有摩托车 43 辆、助力车 42 辆、家用汽车 11 辆、洗衣机 94 台、电冰箱 101.50 台、彩色电视机 139 台、家用电脑 92 台、组合音响 32.50 套、摄像机 6 架、照相机 56 架、钢琴 1.50 架、其他中高档乐器 5 件、健身器材 8 套、微波炉 80 台、空调器 150.50 台、淋浴热水器 99 台、消毒碗柜 70.50 台、固定电话机 72.50 部、移动电话 213 部、接入有线电视机网络的电视机 95.50 台、接入互联网计算机 64 台。

【居　住】 2009 年，南宁市城市居民人均拥有住房建筑面积 27.30 平方米。房屋产权状况：租赁公房占 5.45%，租赁私房占 1.49%，原有私房占 5.45%，房改私房占 78.71%，商品房占 5.94%，其他占 2.97%。住宅建筑式样：单栋住宅占 2.97%，四居室占 4.95%，三居室占 33.66%，二居室占 49.01%，一居室占 3.96%，普通楼房占 5.45%。独用自来水 99.50%，公用自来水 0.50%。住房内有浴室厕所的占 98.51%。使用管道煤气和罐装液化气的居民户分别占 10.90% 和 82.18%。

【不同阶层收入消费及差异状况】 2009 年，南宁市城市居民中占总体 10%的最高收入户人均可支配收入 4.36 万元；占总体 10%的高收入户人均可支配收入 2.67 万元；占总体 20%的较高收入户人均可支配收入 1.95 万元；占总体 20%的中间收入户人均可支配收入 1.42 万元；占总体 20%的较低收入户人均可支配收入 1.03 万元；占总体 10%的低收入户人均可支配收入 7832 元；占总体 10%的最低收入户人均可支配收入 5064 元。最高收入户与最低收入户人均可支配收入之比达到 8.6:1。城市居民中占总体 10%的最高收入户人均消费性支出 3.14 万元；占总体 10%的高收入户人均消费支出 1.32 万元；占总体 20%的较高收入户人均消费支出 1.31 万元；占总体 20%的中间收入户人均消费支出 9525 元；占总体 20%的较低收入户人均消费支出 7122 元；占总体 10%的低收入户人均消费支出 5755 元；占总体 10%的最低收入户人均消费支出 5281 元。最高收入户与最低收入户人均消费性支出之比达到 5.9:1。其中，最高收入户人均食品消费支出 6237 元，占消费性支出比重 19.90%；最低收入户人均食品消费支出 2920 元，占消费性支出比重 55.30%。　（章宏珍）

时尚习俗

【择　偶】

网络征婚　随着互联网的普及，现代生活已进入网络时代。通过网络各种聊天工具如 QQ、MSN、发 Email 等寻找另一半，成为很多人乐于接受且行之有效的征婚、交友新模式。网上因而专门开设许多征婚交友俱乐部，为寻找爱情的男女提供方便快捷的服务。只要将自己理想爱人的条件输入电脑，就可获得对方的详细资料，进而再进一步的联系加深了解。在较大的网站还设有“同城约会”，如网易、南宁时空网等，也使人们能了解与自己同地的其他人的情况。在南宁，有很多人通过网络找到自己的另一半，有的甚至通过国际性的交友征婚网站，在异国他乡找到知己。有些通过网络相知相爱的年轻人，在结婚时，也会选择网络来举办婚礼。

大型交友会　为帮助都市单身男女扩大交友范围，2009 年，《南宁晚报》、南宁时空网等媒体及部分单位联合举办多次交友活动，全市各职业男女青年踊跃参加，扩大了交往，加深了沟通和了解。4 月 18 日，由市直属机关工会工作委员会主办的南宁市第九届“寻爱之旅”单身干部职工联谊会在乡村大世界举行，800 多名单身男女参加活动。11 月 22 日，娃哈哈与嫁我网、时空网联合在南宁唐人文化园举办“营养快线才子佳人相亲盛会”，近百名青年男女报名参加。11 月 29 日，在人民公园举行“让爱温暖这个冬季——帮助单身青年成家立业”首届六大城区团委青年交友联谊活动首场兴宁站活动，500 多名单身男女参加活动，其中 50 对男女速配成功，携手踏上爱的旅程。12 月 14 日，江南站活动在普罗旺斯小区举行，300 多名单身男女参加活动。12 月 25 日圣诞夜举行第三场交友活动。《南国早报》、南国早报网相亲频道也经常组织大型交友相亲活动。

父母相亲活动　南宁市许多青年男女因工作忙、生活圈子小或其他一些原因，暂时找不到对象。因此，希望子女幸福的父母采取绝迹多年的“相亲”活动，替代过于忙碌、消极应对婚姻的子女去相亲。在 2009 年各媒体、单位举办的相亲交友活动现场，都可看到许多父母带着子女的资料照片，为子女选择合适的对象。

【婚　俗】 与传统的婚俗相比，现代南宁人的婚礼呈现出多样化、个性化的趋势。主要分为 3 种方式：一是自筹方式，即由新人自主安排举办婚礼的方式，如旅游、户外、舞会等。二是半委托方式。即由新人决定举办婚礼的地点及规模后，委托婚庆公司提供婚礼主持、设备等服务。三是全委托方式，即请婚庆公司全权操办婚礼。婚庆公司应新人的要求来设计特色的婚宴，有热闹喜庆的轿子婚宴，有到郊外山清水秀的度假村举办的绿色婚宴，有在欧式庭院进行的室外自助餐婚宴。并将婚礼的全过程拍摄下来，刻录成光盘，作永久纪念。

五星式婚宴　有些新人选择在五星级饭店筹办婚宴，豪华体面。由饭店全方位包办，包括提供司仪、婚宴策划、免费蜜月套房等，并有多项优惠，喜宴的菜色和服务均一流水准，令宾主尽欢。

舞会式婚宴　有些新人选择办一场舞会，和宾客一起为婚礼狂欢，洋化、优雅、随兴。婚宴的方式大都采用自助式。酒足饭饱后，随着音乐轻歌曼舞、尽情欢乐。

下午茶式喜宴　有些新人选择西式的下午茶式婚宴。在户外的草坪上，备上一些精致的糕点、水果、饮料，使双方的亲友相互认识和聊天，气氛轻松、自由。有的还设计一些小游戏或畅谈新人的趣闻逸事，然后由新人切蛋糕、丢鲜花、将香槟倒入香槟塔，把宴会气氛推向高潮。

餐厅式喜宴　为大众化方式，费用较低廉。新人一般选择经济比较实惠的餐厅宴请亲朋好友。这类餐厅酒楼都开设有为新人提供婚庆服务的项目。

自办式喜酒　即采取在家庭办酒席的方式。一般在农村多见。新人自请厨师到场承办酒席，利用家里的饭厅及房前屋后的公共场地大摆宴席。花较少的费用，让客人吃上丰盛的菜。具有典型的乡土味，由于邀请的宾客大都是邻居和亲朋好友，主宾可以不拘礼节，场面亲切热闹。

自娱自乐式婚礼　有些新人喜欢用优美的歌声、轻盈的舞姿为婚礼增辉添

色，既朴实又华贵，既简单又热闹。主要采取对歌、拉歌、打擂台（一般卡拉OK机都具备打分功能）等形式。选定一家场地面积较大的歌舞餐厅，摆放一些供休息的小型桌椅，备上适量的果盘、冷盘、饮料、香槟、啤酒等。朋友们手挽手、肩并肩簇拥着新郎、新娘共同引吭高歌，来庆祝婚礼。

集体式婚礼　有些新人选择参加由机构团体举办的集体婚礼。一般有来自各地的几十对、甚至上百对新人，欢聚一堂。是最经济、最可取的婚式。集体婚礼安排周到，隆重典雅，抛弃俗套，文明健康，气氛欢乐，让新人觉得光彩又不穷酸，参加者觉得热烈又不庸俗，达到家属满意、新人高兴、来宾尽兴的效果。

旅行式结婚　有些新人选择蜜月旅行结婚，经济条件富裕的新人还选择出国旅行，游览名胜古迹、名山大川，既开阔眼界，又留下美好回忆。

自然式婚礼　有些新人选择郊外林地、公园或田园举行婚礼。把婚礼与郊（户）外游玩结合起来，将大自然的美和生活的美融为一体，优美宜人的环境与喜庆热烈的婚礼完美结合在一起，使来宾心情更加愉悦和轻松。有的新人还在郊外或公园举办烧烤婚礼。

车辆迎亲　有些新郎还喜欢驾驶摩托车、电动车或乘坐公共汽车或由车友会组织车队前往新娘家迎亲。有的新人都是摩托车爱好者，喜用摩托车迎亲；在电动车公司工作的新人则租用公司的电动车迎亲；有的新人利用车友会组织同一品牌的几十辆车一起出动前往迎亲；有的新人租用公共汽车作为迎亲领头车前往，婚礼热闹非凡。在倡导环保、低碳生活的今天，更有一些新人举行自行车婚礼，用自行车组成迎亲车队伴新郎接亲。2009年3月3日，南宁一对新人因在旅游大巴上结缘，故选择6辆大巴组成迎亲队伍接亲。

水上婚礼　原为南宁水上船民独有的婚礼形式。随着时代的发展，原居住在邕江上、世代以水为伴、靠水为生的水上人家，逐渐舍船到岸上定居，其传统的水上婚礼也日渐为人遗忘。而一些水上人家的后代，仍选择以水上人家传统的结婚形式如绕台围、迎亲、对歌等举办婚礼。（黄艳阳）

【过　年】

逆向探亲　家长从老家来到子女工作的城市，和子女一起过年。为新兴的过年形式，对传统回父母家过年方式的补充。

分居式过年　中国人过春节，最看重的就是团圆。对于独生子女家庭来说，团圆很难。如夫妇都到一方父母家过年，另一方父母就要单独过年。于是，有些夫妇就在春节期间分开几天，各自回家过年，让双方父母都能过上个团圆年。

休闲过年　很多人都持花钱买轻松、健康过大年的理念。春节期间，除了传统的走亲访友、旅游购物外，很多人选择运动健身、美容泡吧等休闲活动。春节期间，南宁市不少羽毛球馆依然有许多人跟朋友或家人在打球，用健康的生活方式迎接新的一年。

理财红包　按照传统习俗，过年时要给小孩子红包。现在一些人则是给小辈们送上几张少儿理财卡。还有家长为已经上小学的孩子选择免征个人所得税、收益相对较高的教育储蓄作为“压岁钱”。

自驾车出游　随着人们生活水平的提高，春节长假外出选择自驾车的游人越来越多，自驾车游成为春节旅游的新亮点。随着经济的发展、人们观念的变化和私家车增多，自驾车游客数量保持逐年增长的势头。

短信拜年　随着生活节奏的加快、移动通讯设备的普及，短信交流已经成为人们沟通的重要方式。春节期间，短信拜年成为时尚。

在外吃年饭　春节在酒楼饭店吃年饭已是一种时尚。初一到初七，或三五成群的朋友，或一家老少，在酒楼饭店订席吃团圆饭，既省事又温馨。过年照常营业的酒楼饭馆几乎是家家满座，一般都需要顾客预定。

【城市雕塑】　南宁的城市雕塑承载了这座城市的历史、文化、传统。至2009年，全市有城市雕塑80余座，既有纪念性的，也有装饰性和主题性的。较具特点的有：步行街口的《跑堂工》，泰安大厦门口的《行进》，五象广场的《五象泉》，民生广场的《戏水》，埌东高速公路路口的《朱槿花》等。广西艺术学院内设有雕塑一条街，摆设雕塑学院雕塑系的同学和老师的创作作品。

【健　身】

概　况　2009年，南宁市群众体育活动蓬勃发展，共举办各级各类群众体育运动会、单项比赛和健身活动850项次，参与人数350万人次。学校体育严格做好两课一操的实施工作，积极开展课外体育活动；职工体育由各级工会牵头，开展经常性气排球、篮球、羽毛球、乒乓球及趣味竞赛等活动；老年人则由老年体协组织拳、剑、舞、棋等各种竞赛；还有群众自发组织的自行车协会、冬泳协会、轮滑协会、信鸽协会、登山协会等，群众体育正形成自愿、多样、潮流化的全民健身模式。早晨，公园成为民俗健身的重要场所，全市晨（晚）练点340个，人们或舞着扇子功，或打着太极拳耍着太极剑，或踢着健身球。傍晚，在民族广场、朝阳广场、南湖广场、金花茶公园等处，许多市民自带音响设备，自由组合，跳着民族舞和交谊舞。一些年轻人喜欢玩街舞、滑板、自行车特技和赛车，或租场地踢5人制足球。群众性游泳活动甚为活跃，夏季以自发为主；冬季在邕江开展冬泳已成为南宁市传统体育活动之一。健身路径也在南宁悄然兴起，市区各个广场、公园、住宅小区的健身路径处设有单杠、双杠、仰卧起坐台、梅花桩、平衡木、天梯、扭腰器、太空漫步机等健身器材供市民使用。在健身路径样板工程所在地的新秀公园，有3块面积约100平方米的大理石上陈列着各式室外训练器材，每种器械旁都标着功能、训练方法和评分标准。至年末，全市有体育场馆、设施8134个；体育服务业经营单位约300家，年销售收入近2亿元；社会办体育项目50多个，经营户250多家，涉及溜冰、游泳、乒乓球、羽毛球、高尔夫球、保龄球、桌球、棋牌、竞技麻将、康体、健身、技能培训等项目，营业收入近8750万元。

游　泳　由于南宁地处亚热带，常年气温偏高，群众性游泳活动甚为活跃，每年到游泳场馆游泳的群众均超过20万人次。游泳活动以自发为主，游泳场馆是活动的主要场所，邕江两岸也是群众游泳的去处。2009年，全市有游泳馆（池）30多个。冬泳邕江已成为南宁市传统体育项目之一。1958年1月，毛泽东主席冒着严寒在邕江畅泳，激发了市民的冬泳热情，冬泳运动也受到越来越多人的青睐。2009年1月1日，由市政府主办，市体育局、市体育总会、广西游泳协会、市冬泳协会承办的2009年南宁冬泳邕江活动在邕江大桥河段举行。来自全市各行各业以及香港、澳门、广州等外地冬泳爱好者2000多人参加，数十家自治区内外新闻媒体对活动进行了跟踪报道，观众数万人。邕江的冬泳点由原来的仅邕江大桥两个点增加到包括西园、淡村、中兴大桥等5个冬泳点。

长　跑　早晨和傍晚，在公园、广场有很多跑步的群众。每年12月4日举行的南宁解放日长跑已形成群众体育品牌。南宁市群众性长跑运动兴起于20世纪30年代，1933年广西省立第一中学率先举行环城赛跑，是南宁最早出现的长跑比赛。2009年12月11日，第四届南宁国际半程马拉松比赛暨27届南宁解放日长跑活动在五象广场开跑，共设男子、女子半程马拉松，10公里、4公里（14岁以上组)、4公里(13岁以下组),老年人健步走等项目。来自肯尼亚、日本、加拿大、越南、澳门等国家和地区以及国内各省市运动员和长跑爱好者参赛,参赛人数1万多人。

羽毛球　南宁市民喜爱的体育项目之一。从20世纪80年代的露天水泥场地到如今的室内木板球馆,从三五成群茶余饭后的路边玩耍到有组织的大批业余爱好者,羽毛球运动在南宁市开展得越来越活跃。尤其是场馆向大众开放后,南宁掀起了羽毛球热,群众性比赛不断,参与者一般都在三五百人左右,多时近千人。1999年,南宁市对外开放的羽毛球馆仅有5个;2009年,有羽毛球场地1000多个,羽毛球馆30多个。蓝天、飞羽、天空等由羽毛球爱好者自发组织的俱乐部10多个。城区120万常住人口中大约有10万人经常参与羽毛球运动。每年广西业余羽毛球赛均定期在南宁市举行。

街头篮球　又称三人篮球。2000年以后出现并悄然兴起,偶尔会在室外街边篮球场上看见星星点点的三两个人在练习,玩耍着这项前卫、时尚、新潮的运动。至2009年,已从开始的星星点点发展到正规街头篮球的比赛,大型的街球聚会及商业演出等,深受市民尤其是青少年的喜爱。在广场、大型商场超市门口也兴起投币式街头篮球机,供行人休闲娱乐。街头三人篮球赛在南宁市已成为传统体育赛事之一。2002年起,街头三人篮球赛每年均在南宁市各广场举行,2009年8月15~16日,由市体育局主办、市体育管理培训中心承办的2009年“中国体育彩票杯”南宁市三人篮球赛在江南区香格里拉商业广场举行,共有来自12个县区的75支队伍375名运动员参赛。

健美塑身　南宁的大众健身事业始于20世纪80年代末90年代初。1998年后,设备齐全、项目繁多的健身俱乐部和与住宅小区配套的健身馆逐步兴起。2009年,全市有超越健身馆、五象健身馆等综合型健身馆10多家,有众多国家舞蹈协会会员、广西资深教练担任健美操和形体训练的教练;客流量在全国名列前茅;装修、设备等硬件处于中上水平。许多市民开始到健身馆锻炼形体、练健美操和瑜伽等。11月6~8日,第二届全区健美操比赛暨2009年“浩沙杯”全国万人健美操大众锻炼标准大赛广西分区赛在南宁市举行

马　术　被西方称为第一贵族运动的马术运动在南宁始于21世纪初,大部分马场没有正规的跑马场和驯马师,大部分骑马者也只是把骑马作为一种休闲旅游方式。2009年,南宁市有跑马场8家。除赛马外,马场设有餐馆、烧烤场、休闲屋、拓展区等为顾客提供各种娱乐活动和便利饮食服务的场所。3月28日,由市体育局、市体育总会主办,以“迎奥运,全民健身”为主题的南宁马术公开赛在良庆区乘风寨马术俱乐部举行,除业余组与专业组的竞速赛马外,还举办了趣味竞技项目与奥运马术知识讲解,普及推广马术知识。

【着　装】穿着类商品中,南宁市一直引领广西服装时尚潮流。2009年,全市城镇住户衣着人均消费支出793元,比上年增长10.90%,占消费性支出比重7.10%。南宁人在着装上爱追求潮流时尚,流行休闲装时,便买休闲装;流行西服套装时,又转去买西服套装,大部分人不爱定做衣服,喜欢买来就穿,所以南宁制衣店不多。近年来,许多国内外的品牌服饰纷纷进驻南宁,品牌店较为集中的是南宁百货大楼、梦之岛购物中心、永嘉名店广场、万达购物广场、百盛购物中心、广州友谊南宁店、巴黎春天、七星路服饰一条街等,许多外地人也来此购物。

休闲装　南宁人衣着较随意。夏天,男子多选择穿短裤短袖衣,但在约朋会友、赴宴请客等正式场合,都会穿得较正规。中青年男子的夏装以圆领和反领T恤为主,文静的男子则比较喜欢衬衫,外加薄料西裤或棉质休闲裤,脚踏皮鞋或休闲鞋。冬天外穿一件夹克、短身风衣,内加件毛背心。现时男士比较流行一种式样笔挺、宽腰、西服袖、夹克领的便装。女孩衣着比较时尚前卫,夏天喜欢穿背心、T恤、紧身衫、低腰裤、吊带裙等,或下着淡黄色帆布裤,上穿净色低领纶衫,外加一件方格短袖红衬衫,斜挎一大布包,极富青春气息;冬天着紧身的牛仔短裤,脚蹬高统皮靴,白色贴身棉背心,皱皮褐色大背包休闲地搭在背后,无拘无束;或黑色平跟小皮鞋,下着短裙,上穿粗线条的浅蓝牛仔衫,略带点孩童稚气的暖纶帽,包含了清纯、狂野、可爱三种完全不同的风格。近年来,许多青少年的服饰深受港台剧或日韩剧的影响,经常追逐剧中当红明星的穿着。

职业装　南宁的白领阶层及在大的机关企事业单位任职的人员,工作时穿着多为正统的职业装。男子为长或短袖衬衣、扎领带,冬季外加西服套装。女子着暗间深灰色的中领套装,宽袖设计的纯白亚麻衬衫,但不作翻领,不扣顶钮,显得更为成熟和内敛,整个人散发浓浓的职业女性味道。而在许多窗口服务行业,如饭店、酒楼、购物中心、超市、通信、美容美发等行业,则着各具特色的职业装束。

运动装　青春多彩、宽松舒适的感觉和健身运动的需要,使南宁各个层次的人群普遍接受运动装。而青少年群体,更是运动装的主要消费群体,并有追逐耐克、阿迪达斯、彪马、李宁等品牌的要求。近年来,随着体育事业的发展和南宁市有组织的群众业余赛事不断增多,对运动装的需求不断增加。　(梁一家)

【饮食习惯】

无鸡不成宴　南宁人的节日食品和宴客菜肴首选白斩鸡(又称白切鸡),有“无鸡不成宴”之说。做法是将肥嫩的本地项鸡(未下过蛋的母鸡)或线鸡(阉鸡)宰杀,掏出内脏后,沥干,在腹腔内抹适量盐及少许切成片的沙姜,放入已烧开的锅内浸泡(水量以浸过整鸡为宜),待水再沸腾后熄火,20分钟后将鸡捞起,待凉后切块上碟,蘸上用沙姜、香葱、香菜、酱油、香油等调制的配料佐食,皮爽肉滑,味道鲜美。

饭前一啖(口)汤　南宁人素来喜欢饮汤。无论是丰盛的宴席或是家庭便饭,汤一般不可缺少,习惯先饮汤后进食,有“食饭先饮汤,胜过开药方”之说。汤依四季变化而不同,冬天为滋补抗寒,一般饮用带温补的汤,并多在汤中配少许姜片或补品;夏季为清暑解热,则放些海带、绿豆或清补凉(一般由沙参、淮山、枸杞、玉竹、红枣、桂圆肉等组成)等寒凉性食物。有的汤略呈糊状,俗称“羹”。20世纪90年代后,酒家、茶楼推出随时向顾客提供各式汤水的服务项目,有的还设电话预约煲汤。

早餐一碗粉　清末民初,粤商来邕兴办餐饮业时从广东引进,时称沙河粉。此前,本地虽有民间蒸制,但质量不及沙河粉。人们选用大米淘净浸透加水磨浆,掺入用开水冲兑的适量熟浆拌匀(或用适量米饭与米一同磨浆),放入金属托盘(米浆仅铺过盘底),蒸成薄片,折叠切成条,叫做切粉;配上叉烧等配料,淋上调制好的糖醋叫酸粉;在舀米浆入托盘后加入碎肉、葱花、香菇末、碎虾米等配料,蒸煮后卷成筒状则叫卷筒粉(梧州及广东一带叫肠粉);将用布滤干成粉团的米浆煮至五成熟,放在石臼中舂成软硬适度有韧性的稠浆(现代多用机械搅拌),用粉榨工具压榨入沸水锅成线煮熟的叫生榨粉。切粉、生榨粉在食用时用沸水烫热加入骨头汤称汤粉,配以肉类的称肉粉,不配肉的称素粉。肉粉又依据不同肉类称为猪肉粉、牛肉粉、鸡肉粉、牛腩粉、鸡杂粉、杂烩粉。用油炒的称炒粉,配以叉烧、卤水相拌的称干捞粉。米粉成为南宁人常用的一种食品,特别是习惯于早餐吃一碗粉。

热毒饮凉茶　南宁气候比较湿热，每逢季节变换或偶食煎炸食物，人们比较容易上火(即热气)，而凉茶清热祛湿，平时喝些凉茶也能起到防病的作用。南宁的凉茶多用中草药配制而成，成分有金银花、野菊花、雷公根、茵陈、木棉花、地胆头、槐花、桑叶、夏枯草、水翁花、板蓝根、半边莲、淡竹叶、山芝麻、两面针等。不同的药材配方煲出不同的功效和味道。品种主要有王老吉、生地、雷公根、菊花茶、罗汉果、茅根竹蔗水等。其中生冲雷公根是南宁的特色凉茶，做法是将黑墨草、雷公根、一点红、车前草这几味药用人工臼溶，再用凉开水勾兑，尽可能保持原汁原味。南宁的凉茶文化历史悠久，最初是一些中草药铺里的药师在店里摆个小凉茶摊，根据药理搭配出不同功效的凉茶，后来发展为一辆小推车、几个凉茶煲的流动摊。原永宁街万昌堂的老牌凉茶、南环路的南环凉茶是老南宁人熟悉的老牌凉茶铺。此外，一些家庭主妇也常常去中药铺买回凉茶的原料或到市场买些如雷公根、茅根、一点红之类的新鲜中草药回家自己煲凉茶。20 世纪 80 年代以后，南宁的凉茶店遍布市区，郑记本草堂等连锁凉茶店也开进大街小巷，加上各种凉茶冲剂及软包装凉茶的问世，给喜欢饮凉茶的南宁人带来很多方便。

闲时一杯茶　饮茶在南宁不仅是一种生活习惯，也是一种文化传统。南宁人喜爱饮茶，也习惯以茶待客。有的在闲暇时间，自己或是约上几位亲朋好友，泡上一壶清茶慢慢品尝和聊天，有的习惯在餐后喝上一杯茶，藉以清理口腔与肠胃。南宁人喜欢饮早茶。茶多为清茶和红茶。20 世纪 80 年代以后，南宁茶市得到发展，人们也开始习惯去茶楼饮早茶，并由饮早茶进而发展为饮下午茶、夜茶。茶有花茶、普洱、铁观音、乌龙、龙井、香片等等，茶点有马蹄糕、糯米鸡、肠粉、冬菇滑鸡、烧鸭、烧鹅、凤爪、叉烧包、小笼包、水晶包、饺子、排骨、肚片和粥、粉等几十种。人们上茶楼饮早茶、夜茶，或是叙说友情，或是合家共聚，或是洽谈生意。90 年代中后期，南宁开始出现充满闲情逸致、文化内涵丰富的茶艺馆，喝茶、品茗已经成为时尚。

瓜果蔬菜烤着卖　这是南宁最常见也是南宁人最喜爱的吃法。除了烤羊肉串、 牛肉串、烤鱼、炭烤生蚝、青口螺等丰富的肉类烧烤外，韭菜、茄子、辣椒、玉米、韭黄、空心菜、菜心、凤尾菇等蔬菜瓜果也成了烧烤之物。蔬果烧烤大受欢迎，不仅因为其价位比肉类烧烤便宜，而且经过炭烤和烧烤酱料渗诱的蔬菜味道更爽口、美味，可说是吃肉吃烧烤之余的开胃菜。南宁人对烧烤的热衷程度非同一般，除品种花样繁多，南宁人吃烧烤还不分寒暑昼夜，部分烧烤店如小福楼、阿里妈妈、O 记烤鱼等已实行连锁经营、全天候经营的模式，从过去单纯夜间经营改为 24 小时营业。在烧烤食客中尤以年轻人群体最为庞大，从中还诞生了许多“觅食高手”，他们很清楚南宁哪个角落有最好吃的烤生蚝和烤排骨等等。只要在网上搜索“南宁哪里有好吃的烧烤”，就有诸如“南宁烧烤精选推荐”、“南宁特色烧烤指南”众多帖子和博客文章。中山路夜市、建政小巷、石巷口夜市、中华路、南铁夜市等，是南宁烧烤的集中地。

行人难过酸嘢(品)摊　酸嘢，即腌(泡)酸食品。南宁人有吃酸嘢的嗜好，故有“行人难过酸嘢摊”之说。针对妇女对酸嘢的偏爱，又有“女人难过酸嘢摊”说法。选用本地所产木瓜、萝卜、黄瓜、莲藕、椰菜、芥菜、菠萝、杧果、凉薯、刀豆等时令果蔬，配以酸醋、辣椒、白糖等腌制而成。吃起来酸、甜、香、辣，味味俱到，脆爽可口，生津开胃。家庭可制作，街头有摆卖。 (黄艳阳)

吃夜宵　许多南宁市民喜欢夜晚到开设在一些路边的饮食摊(店)吃夜宵。其中，中山路夜市是南宁传统的美食一条街，云集南宁各老字号餐馆、饮食店，汇聚了南宁人爱吃的老友粉(面)、八珍粉(面)、粉饺、鸭红(血)、酸品、甜品和烧烤等食品。每晚九点以后，美食街上灯火通明，人声鼎沸，热闹非凡，成为南宁市一道独特的风景线。许多外地游客也前来品尝南宁特色食品。曾在中央电视台展播。

【休闲娱乐】

品　茗　20 世纪 90 年代中后期，随着人们生活水平的提高，充满闲情逸致、文化内涵丰富的茶艺馆开始出现。1998 年，南宁市第一家茶艺馆在新竹路开业，主要有普洱、乌龙、铁观音、龙井茶等，消费较高，仍很受欢迎。至 2009 年，茶艺馆发展到 500 多家，其环境、品质也发生了较大变化，装饰、音乐更突出文化品位，茶艺更精更专业，价格步向大众化。此外，随着茶叶类型的多样化，茶艺馆也越来越细化，出现了以专营某种茶为主的茶艺馆。以前，茶庄的顾客以中老年人居多；如今，越来越多年轻人的休闲娱乐方式也选择了喝茶。喝茶、品茗已经成为时尚，在装点清雅的环境里，听着音乐，闻着茶香，或叙家常，或侃趣事，或谈生意。葛村路、鲤湾路、新竹路、碧湖路成为茶楼、茶庄密集地。

饮咖啡　喝咖啡是如今许多南宁人生活必不可少的休闲方式之一。同茶道相比，咖啡文化逐渐受到重视。咖啡店主要集中在东葛路一带，有千寻咖啡、上岛咖啡、捷佳咖啡等。分布在市区的咖啡馆或具欧陆情怀，或富英式韵味，大都环境优美、摆设得体、席位舒适。南宁的小咖啡店往往注重专业的咖啡研磨和蒸煮，调制出较有特色的咖啡。规模大的咖啡店更像茶餐厅，兼卖中西式套餐。

泡酒吧　南宁的酒吧出现于 20 世纪 90 年代中后期。最早出现时，人们只是在里面喝酒聊天和跳 disco（迪斯科），地方较窄，座位拥挤，舞池很小，装修随意，却很受人欢迎。21 世纪初，酒吧文化成为一种急速发展的亚文化现象，开始受到社会的关注，并吸引不同年龄、不同阶层的人去尝试和参与。南宁酒吧也飞速发展，酒吧经营出现多元化，主要有校园酒吧、音乐酒吧和商业酒吧三种。多分布在民族大道、桃源路一带，如好时娱乐城、乐巢酒吧、66 酒吧等。近年来，随着城市建设步伐的加快和政府部门的扶持，“酒吧一条街” 开始出现并趋于兴盛，主要分布在南湖、邕州古街、河堤路一带。

唱 KTV　由最早的卡拉 OK 演变而来。南宁的卡拉 OK 始于 20 世纪 80 年代末 90 年代初，兴于 90 年代中后期。如今唱 KTV 是最为时尚的休闲活动之一，成为现代人在紧张都市生活中放松体验的一种选择。KTV 娱乐有专门经营 KTV 的卡拉 OK 厅，有设 KTV 包厢的酒吧、咖啡厅，一些西餐厅、宾馆、酒楼也增设了 KTV 设备。每家 KTV 都有一定的优惠时段或优惠制度。主要分布在桃源路、东葛路、金湖广场一带。消费方式主要分两种，一种是按小时收包厢费，酒水另算；另一种是套餐消费制，消费达到最低消费额即免包厢费。大多数 KTV 娱乐场所均采用进口音响设备及卡拉 OK 电脑点播系统(VOD)，操作简便。近年来，量贩式 KTV 迅速走红，其最大特点是内设食品超市，供应的饮料和自助餐价格低廉，包间费依每日时段、节假日的不同浮动，从几十元到几百元不等。如佰迪乐 KTV、大歌星 KTV 等。

泡温泉　20 世纪后期，南宁市周边距市区二三十公里的地方相继发现了 3 处地热(温泉)。温度和矿化度均达到国家医疗热矿水标准。21 世纪初，泡温泉的假日休闲方式已经悄然在南宁市民中升温。温泉这种不分季节的休闲、不分地域的健康、不分时空的文化已经成为生活的时尚元素。由于路程不远，花费不高，设施也较完善，对一些没有选择远足旅行但又想放松身心的都市人很有吸引力。2009 年，南宁市提供泡温泉服务的有位于三塘镇的嘉和城温泉谷和九曲湾温泉度假村及位于那马镇的绿都温泉度假酒店3处。

跳街舞　2000年以来，南宁市的街舞爱好者呈发散式发展。以前，练习街舞的主要是十六七岁的中学生，现在不仅初中低年级、高中高年级的学生参与进来，连大学生、社会人士也热爱街舞。在大学校园，学生街舞队已经有了竞争，至2009年，南宁市有街舞队二三十支，每支队伍少则三四人，多则三四十人。在步行街、各个大学校园附近、住宅小区的空地上。其中广西大学御所人形街舞队成立于2003年9月，全部由广西大学的热爱街舞的学生组成，共有成员300多人，是广西最大的街舞社团之一。

【旅　游】　随着人们物质生活水平的提高和信息化时代的到来，"走马观花"式的观光游时代，已不知不觉开始走向休闲游时代。同时，旅游形式从程式化的团队包价向个性化旅游方向发展，旅游内容则从单纯观光向传统观光、休闲度假和商务会展等多样化转变。有自助旅游、随团旅游和预约旅游3种方式。随团旅游，游览行程由旅行社安排，一般较为科学合理，选择景点以最具有代表性部分或精华部分为基础，适当增减次要景点，基本上能满足大多数游客的要求。优点是省钱省心，是目前外出旅游的首选方式。自助旅游是一种时尚的旅游方式，"驴友"通过网络和熟人等，自主选择和安排旅游活动，且没有全程导游陪同，主要以休闲、度假、娱乐、健身、求知、探险和满足个人特殊爱好等消遣性目的为主。其中自驾车旅游是比较流行的出游方式。自驾车旅游多为亲朋好友结伴同行的休闲型家庭旅游，目的地主要是居住城市周边的景区（点）。双休日和公休假日是自驾车短途旅行的出游高峰。预约旅游，将个人的假期、旅游目的地提前做好安排，提早向旅行社报名，从而享受到提前预订的优惠价格。因其具有较强的计划性，未能被广泛接受，目前主要在国外旅游线路中推介。

【美容美发】　从20世纪80年代起，南宁的美容美发业逐步兴起。美容美发店一般规模较小，多数是个体户经营。大部分美发店均提供修剪发、洗发、吹烫发、染发、焗油、电离子美发及简单的头部保健按摩等服务。近年来，开始出现一批连锁美发机构，如尚艺等美发店等，为客户提供发型设计、头发保养等服务。美容院则主要开展皮肤护理及保养、化妆美容、香熏美容护理、足疗保健按摩等专项服务，并按使用的设备、技艺、用料的品牌，划分消费档次和收费标准，满足各层次消费者的需求。传统美容院多以女士美容为主，随着生活质量的提高和社交活动的增多，部分男士也加入美容的行列。为了适应男士的消费需求，一些女子美容院特设男宾部。2004年12月，位于星湖路的悠兰男士理容院开业，为南宁市首家专业男士特色保健美容院。随着人们对美发要求的增加，此外，还出现了一批以治愈白发、脱发为主的护发店，一般以连锁店的方式经营，如"黑童"、"章光101"、"全草堂"等。　　（梁一家）

【网上购物】　随着互联网的普及，现代生活已进入网络时代，人们的购物方式也有了很大的改变，除了传统的购物方式，网上购物也逐渐深入人们的生活当中。国内知名的购物网如淘宝、易趣、阿里巴巴等成为人们休闲购物的新去处。同时，在网上开店出售各类商品，也成为一种时尚。南宁时空网商城是南宁较具规模的网购平台，已有注册商家近2万个，会员5万多人。网购的人群中，男性以电脑数码类为主，多为同城交易；女性以化妆品、服装等为主，交易范围除同城交易外，还有国内、国际交易，方便快捷。

【过洋节】　南宁的年轻人流行过情人节、愚人节、母亲节、父亲节、万圣节、圣诞节等。随着对外开放的扩大，年轻人不再局限于过中国的传统节日。每当各种"洋节"来临，都会不同程度地带动消费。

情人节　每年的2月14日为情人节。过此节的主要是年轻人。节前1周左右，南宁的商家开始营造节日氛围，街上到处都摆放着玫瑰、巧克力，供情人之间赠送。当晚，年轻的情侣们会到餐馆欢聚。西餐馆生意特别火爆，必须提前预订。一些青年或中老年夫妇也过此节，互相给配偶买节日礼物，在家中或外出共享二人世界，体验年轻人的浪漫。

愚人节　每年的4月1日为愚人节。过此节的主要是学生和年轻人。在这天，人们通过手机和QQ等网络交流手段，发送一些古灵精怪的短信，互相开着善意的玩笑。也有的会送一些整人的小礼物给朋友。

母亲节和父亲节　每年5月的第二个星期天为母亲节。6月的第三个星期天为父亲节。近年来，由于媒体的宣传，越来越多的人开始重视这两个节日。在节日里，人们会为自己的父母送去节日的祝福和礼物，感谢父母的养育之恩。并成为人们家庭团圆聚会的日子。

万圣节　每年的10月31日为万圣节。过此节的主要是年轻人。当晚，他们聚集在酒吧、夜总会，头戴鬼怪的面具，在阴暗的灯光下做出吓人的举动，然后兴奋的喊叫，彻夜狂欢。

圣诞节　每年的12月25日是圣诞节。是许多南宁人特别是年轻人都喜欢的节日。南宁人将圣诞节进行了改良，圣诞节只剩下了一个名称而已——没有宗教色彩却增添了许多喜庆成分。在南宁，在离圣诞节还有1个月左右的时间，无论在兴宁商业步行街，还是各大商场，商家都装饰着圣诞树，播放圣诞歌曲，还有圣诞装饰贴图、彩旗飘带等，到处洋溢着节日的气氛。圣诞礼品卖得非常火，如圣诞树、圣诞装饰品、圣诞帽等。消费对象主要是学生的圣诞卡片也很畅销，其势头甚至超过新年贺卡。很多酒店从节日一周前就开始预售圣诞大餐，知名的四、五星级酒店自助餐票价格从280元到980元甚至1688元不等，顾客多是年轻情侣和带小孩的年轻家庭。尽管票价高昂，但订餐票仍早早被抢购一空。

南洋节　随着2004年南宁成为中国—东盟博览会举办地后，南宁与东盟各国的交往日益加深，在南宁工作和学习的东盟人士越来越多，在南宁开办的东盟风情餐馆、酒店也日益增多。这些东盟人士会邀上一些朋友、同事，参照家乡的习俗欢度本土节日。2009年4月10日，由市旅游局、泰国驻南宁领事办公室、嘉和城温泉谷及广西民族大学共同举办第三届南宁嘉和城温泉泼水节，中泰宾客共同欢度泼水节及泰国新年。

【宠物饲养】　随着人们生活水平的日益提高，城市里宠物饲养已成为部分人的一种时尚。犬、猫、龟、兔、鼠、鸟类等成为人们饲养的宠物，有的时尚青少年甚至饲养蜥蜴等爬行类动物。在饲养宠物的人群中，以饲养犬类者为最多。在公园、小区绿地，常可见到遛狗的人们。在南宁市花鸟市场，还有专门的宠物交易区。由此而衍生一批宠物医院、宠物美容、宠物用品专卖店。据不完全统计，南宁市区有犬6万只。　　（黄艳阳）

民政事业

【概　况】　2009年，南宁市民政工作坚持"以民为本，为民解困，为民服务"的理念，着力解决民生问题，提高困难群众的生活保障水平。在全市民政系统开展"四个民政建设年"（民政基础建设年、民政项目建设年、民政法制建设年、民政信息建设年）活动，市、县区出台加强民政工作规范性文件，为民政事业发展提供人力和物资保障。2009年市政府为民办实事项目中，由民政部门牵头组织实施的有5个：1000户农村特困户危房改造，提

2009年南宁市区道路命名情况

城区	标准地名	起止	长(米)	宽(米)	路况	命名时间
西乡塘区	相思湖西路	南起江北大道,北至可利大道	3419	30	已建	2009.2
	相思湖东路	南起江北大道,北至高新大道	3334	40	在建	2009.2
	银华路	南起江北大道,北至大学东路	1100	18	待建	2009.2
	新村大道	南起江北大道,北至外环高速路	3084	60	在建	2009.2
	相思湖北路	西起罗文大道,东至秀厢大道	3292	40	待建	2009.2
	罗文大道	南起江北大道,北至可利大道	4259	60	在建	2009.2
	可利大道	西起新村大道,东至拟命名高新七路	1500	60	已建	2009.2
	相贤路	西起罗文大道,东至西宁路	1358	30	待建	2009.2
	思圣路	南起江北大道,北至相思湖北路	2276	40	在建	2009.2
	西宁路	南起江北大道,北至相思湖北路	2181	40	在建	2009.2
	鹏飞路	南起江北大道,北至学苑路	1819	40	在建	2009.2
	树人路	南起江北大道,北至学苑路	1875	50	在建	2009.2
	航西路	南起江北大道,北至大学西路	858	30	待建	2009.2
	思德路	南起江北大道,北至相思湖北路	2197	20	待建	2009.2
	军安路	南起大学西路,北至相贤路	603	20	待建	2009.2
	甘岭路	南起相贤路,北至相思湖北路	966	20	待建	2009.2
	滨西路	南起江北大道,北至学苑路	1553	25	待建	2009.2
	育才路	南起江北大道,北至大学西路	1206	30	待建	2009.2
	学苑路	西起大学西路,东至滨西路	2604	25	待建	2009.2
江南区	南站大道(西段)	东起沙井大道,西至高速公路口	2300	40	已建	2009.7
	洪胜路	东起那历路,西至洪运路	1233	22	在建	2009.7
	金凯路(西段)	东起友谊路,西至洪运路	1316	30	在建	2009.7
	龙锦路	东起那历路,西至洪进路	1165	22	在建	2009.7
	洪历路	东起那历路,西至那江路	1926	22	已建	2009.7
	国凯大道	东起星光大道,西至南站大道	4949	40	在建	2009.7
	高岭路	东起朋展路,西至友谊路那洪村	3500	16	在建	2009.7
	朋展路(南段)	南起高岭路,北至迎凯路	1520	22	在建	2009.7
	国凯二支路	北起国凯大道,南至高岭村南侧规划路	1200	22	在建	2009.7
	国凯一支路	北起国凯大道,南至高岭村南侧规划路	900	22	在建	2009.7
	金阳路	南起高岭路,北至白沙大道	2610	30	在建	2009.7
	那历路	南起国凯大道,北至南站大道	1985	30	已建	2009.7
	同德路	南起国凯大道,北至南站大道	1460	22	在建	2009.7
	同兴路	南起国凯大道,北至南站大道	1287	30	在建	2009.7
	洪进路	南起南站大道,北至洪胜路	850	22	在建	2009.7
	洪运路	南起国凯大道,北至南站大道	950	30	在建	2009.7
	那江路	南起国凯大道,北至南站大道	650	22	在建	2009.7
兴宁区	东州路	南起东沟岭南侧规划路,北至南梧路	1030	30	已建	2009.3
	兴东路	西起原东沟岭正街,东至厢竹大道	2610	24	已建	2009.3
	龙腾路(南段)	北起新阳路,南至江北大道	2000	30	已建	2009.3
青秀区	盘古路西五巷	仙葫开发区盘古路中段青秀区法院宿舍区对面	100	8	沙石路面	2009.6
	盘古路西六巷	仙葫开发区盘古路中段青秀区法院宿舍区对面	100	8	沙石路面	2009.6
	金汇巷	东起金洲路,西转南至汇春路	200	8	沥青路面	2009.8
	柳园路西一里	东起柳园路,西转北至竹溪大道	200	8	沥青路面	2009.8
	柳园路西二里	东起柳园路,西转北至竹溪大道	400	10	沥青路面	2009.8
	柳园路东一里	西起柳园路,东至新兴苑南区	230	8	沥青路面	2009.8
	柳园路东二里	西起柳园路,东至英华路	350	8	沥青路面	2009.8
	柳园路南巷	北起柳园路,南至英华路	200	6	沙石路面	2009.8
	航景巷	位于航洋大厦和广西人寿保险公司大厦之间,南起民族大道,北至云景路	300	8	沥青路面	2009.9
	桂岭路	东盟商务区东侧,北起铜鼓岭路,南至凤岭南路	600	10	沙石路面	2009.11
	金湖路西一巷	东起金湖南路,西至金洲路,沿路有广西妇女大厦	200	10	水泥路面	2009.12
	桂春路北一巷	南起桂春路,北至金湖路西一巷,沿路有自治区总工会宿舍	150	8	水泥路面	2009.12
	金洲路东一巷	西起金洲路,东至金湖南路,沿路有埌西市场	150	8	水泥路面	2009.12

(胡小民)

高城乡低保标准和提高农村五保供养标准，落实提高寿星津贴，新建或扩建乡镇敬老院20个，免费意愿婚前医学检查。全市民政部门将牵头实施的市政府为民办实事项目，列入工作的重要议事日程，加强组织领导，强化具体措施，全力推进项目建设，全面完成各项任务。年内，市民政局先后获全国“万家社区图书援建和万家社区读书活动组织奖”、“贯彻落实《城市居民委员会组织法》先进单位”称号；自治区基层低保规范化建设优秀组织奖、2009年广西民政政策理论研究工作组织奖和自治区维护国防利益和军人军属合法权益工作先进单位称号。

（申广富）

【地名管理】 2009年，南宁市继续实施地名公共服务工程，开展地名法规建设、地名规划、地名标志设置、地名信息化服务四项地名公共服务工程专项事务工作。组织研讨《南宁市地名管理办法》（草案），并提交市人大立法审议。编纂出版《南宁市城区地名图集》，开展《南宁市地名规划》编制工作。做好地名标志设置，市区新设置路名标志62座，完善市区道路标牌设置体系。开展城区地名、街道及社区界线的调查更新并进行数字化处理，市区地名数据库新补充地名1万多个，增绘街道和社区界线，更新地名数据库，丰富“南宁地名网”网站要素，推进地名信息化服务。加强地名文化建设，将宾阳县芦圩镇更名为宾州镇，新命名相思湖新区和经济技术开发区37条规划及在建道路、市区其他16条新建未命名道路。全年共命名市区53条道路49个新路名。

（胡小民）

【救灾救济】 2009年，南宁市发生不同程度的风雹、洪涝、干旱、山体滑坡等自然灾害，受灾人口252.61万人次，因灾死亡7人，因灾伤病26人，紧急转移安置2029人，饮水困难人口12.05万人；农作物受灾面积243.32千公顷，其中，成灾面积89.07千公顷，绝收面积15.15千公顷；倒塌房屋1579间，其中居民住房803户1528间，损坏房屋7616间；直接经济损失2.88亿元，其中农业损失2.61亿元，工矿企业损失100万元，基础设施损失837.2万元，公共设施损失217万元，家庭财产损失1496万元。灾情发生后，南宁市采取措施，做好救灾救济工作。一是做好冬春灾民生活困难救助工作。下拨各县区的中央、自治区级和市本级救灾资金共2621.20万元。冬春期间，各级民政部门开展冬春荒救助调查摸底，掌握灾民群众生活困难情况，建立灾民救助台账，分阶段、按计划、有重点地抓好荒情跟踪救助，发放大米150.20万公斤、衣被11.09万套（床），救助灾民12.09万人次。二是实施农村特困户危房改造工作。市政府继续把“1000户农村特困户危房改造”列为为民办20件实事之一，抓开工、抓进度，全部完成危房改造，共投入资金1674.30万元，其中农户自筹1020.60万元，县级财政投入153.70万元，市本级财政投入500万元。三是开展灾后灾民倒房重建工作。帮助灾民恢复重建住房646户1565间，全市共投入重建资金1490.46万元，其中倒损房户自筹资金957.16万元，保险赔偿金投入10.70万元，县级财政投入66万元，市本级财政投入83.60万元，中央、自治区财政投入373万元。四是开展国家综合减灾示范社区创建活动。邕宁区蒲庙镇红星社区、良庆区大沙田街道金象社区被评为第三批全国综合减灾示范社区。五是实施“安心”工程项目。民政救灾专项资金的监管工作列入全市民政工作及党风廉政建设目标管理的重要内容；实行救灾款物分配使用抄送纪检监察机关备案制度，公开透明，接受社会监督；加强对救灾款物管理使用情况督查，牵头组织实施全市“安心”工程项目，确保救灾款物使用符合规定，发放符合程序。

（梁玉军）

【城乡低保】 2009年，市民政局贯彻落实市政府关于“提高城乡居民最低生活保障标准和农村五保供养标准”为民办实事项目。3月，印发《2009年南宁市提高城乡居民最低生活保障标准和农村五保供养标准工作实施方案》和《关于提高城乡居民最低生活保障标准和农村五保供养标准的通知》。从4月1日起，城区（含开发区）城市居民最低生活保障标准从每人每月260元提高到每人280元；农村低保标准由每人每年700元提高到每人1000元；五保户供养标准定补金标准每人月增20元。6个县分别提高城市低保标准：武鸣县从200元提到230元，横县从220元提到230元，宾阳县从220元提到260元，上林县从180元提到220元，马山县从180元提到220元，隆安县从200元提到220元。同时，将农村低保标准由每人每年700元提到每人1000元，武鸣县从原来的750元提到1100元；全市农村五保定补金从原来的每人每月50元提到每人每月70元，超过自治区规定的每人每月定补金50元的要求。全年全市共筹集低保资金2.24亿元，其中城市低保资金1.10亿元，农村低保资金1.14亿元。全年全市城市低保对象有3.05万户5.97万人，低保发放31.82万户次61.12万人次共9519万元，人均每月补差156元，超过自治区规定的人均补差150元的要求；农村低保对象有5.38万户14.71万人，低保发放65.95万户次170.14万人次共9414.93万元，人均每月补差55元，超过自治区规定的人均补差45元的要求。

（李群峰）

【医疗救助】 2009年，南宁市享受城市医疗救助2.93万人次，救助资金累计支出962.07万元，其中资助城市低保对象参加居民医疗保险2.68万人，资金支出479万元；农村医疗救助20.38万人次，资金支出1668.58万元，其中资助农村低保对象、五保供养对象19.34万人参加新型农村合作医疗，资金支出410.86万元，有效缓解城乡困难群众看病难、看病贵的问题。同时，市民政局实施贫困家庭残疾儿童救助行动，组织对全市先天性心脏病和其他类型残疾儿童进行筛查，安排入院康复手术，治愈患儿98人；按照自治区民政厅的安排，组织实施“重生行动”，为贫困家庭的唇腭裂儿童实施康复矫治手术，治愈患儿112人。

（李群峰　黄　伟）

【居家养老服务试点】 2009年，南宁市为适应人口老龄化的需要，推进居家养老服务工作，在青秀区大板二社区、西乡塘区壮锦社区开展居家养老服务试点工作，投入资金30万元，为全面实施全市居家养老服务工作夯实基础。主要内容和服务：一是按照政府主导、社会化推动、政府负责和社会负责相结合的原则，积极推进居家养老的社会化服务，实现资源共享，提高居家养老覆盖面。二是开展全面的调查摸底，确定好需要实施居家养老的服务对象。三是为符合条件的“三无老人”、低保老人、优抚对象、困难残疾、空巢及高龄老年人群体提供居家养老服务。四是为实施居家养老服务的老人开设服务热线“一键通”紧急呼叫系统，提供方便、快捷的服务。五是建好居家养老服务中心（站、点）。充分发挥居家养老服务站、点的作用，整合社区服务资源，开展送餐、洗衣、医疗卫生、精神慰藉、托老等不同类型的服务，提高服务水平。

【救助管理】 2009年5月22日，市民政局、公安局、财政局、人力资源和劳动保障局、市政管理局、卫生局出台《关于做好〈南宁市社会急救医疗管理条例〉第30条规定落实工作的意见》，对《南宁市社会急救医疗管理条例》规定的城市生活无着落的流浪乞讨人员、身份不明人员突发急、危、重病对象的具体救治作出明确规定；出台《南宁市人民政府办公厅关于印发南宁市开展流浪乞讨人员救助管理专项行动实施方案的通知》,理顺和规范救助管理工作的领导体制和各相关部门的职责与分工。做好创建国家卫生城市、国庆60周年、中国—东盟博览会等重大节庆活动期间救助管理工作。市流浪未成年人救助保护中心建设项目获得批准并开始组织实施。全年依法依规对流浪乞讨人员实施救助8024人次。

（黄　伟）

【社区建设】 2009年,南宁市开展“以加强社区党组织和社区居委会建设为龙头,以推进基层民主政治建设,健全基层社会管理体制,完善社区服务体系为重点,以改善居民生活、治安良好、文化繁荣、环境优美为目的”和谐社区创建活动。各城区成立创建工作领导小组,按照《全国和谐社区建设示范单位指导标准》逐项抓落实,涌现一批和谐社区建设的典型。青秀区、新竹街道办事处、民生街道办事处、望州南社区、大板二社区被评为全国和谐社区建设示范单位。

（王其辉）

【优抚工作】 2009年10月1日起,南宁市根据民政部、财政部《关于调整部分优抚对象等人员抚恤和生活补助标准的通知》,提高重点优抚对象抚恤和生活补助标准,发放城镇义务兵优待金987人1183.7万元、农村义务兵优待金2597人795.40万元;在乡老复员军人生活补助金4888人1358.70万元;带病回乡退伍军人241人生活补助金21.60万元;“三属”人员(烈士家属、因公牺牲军人家属、病故军人家属)定期抚恤金817人298.80万元,参战、参核退役人员生活补助金7654人1354.70万元;参战民兵生活补助金2.13万人1533万元。市、县两级共慰问优抚对象1.62万人次,发放慰问品和慰问金合计金额308.20万元;国庆60周年期间发放一次性补助金5185人219.10万元;市本级慰问特困重点优抚对象156人4.68万元;慰问三级以上伤残军人32人1.92万元;慰问光荣院7个7万元。解决重点优抚对象实际困难,给予重点优抚对象临时救助2779人次72.10万元。全市完成重点优抚对象新建住房25户64间,投入建房资金14.44万元,维修21户40间,投入维修房资金7.55万元;贯彻落实国家民政部、财政部、劳动和社会保障部关于《一至六级残疾军人医疗保障办法》,全市1~6级残疾军人参加医保救助332人46.37万元,重大疾病补助44人10.67万元;已纳入新型农村合作医疗的重点优抚对象1.36万人,发放优抚对象医疗重大疾病补助655人175.65万元。

（韦　琨）

【城镇退役士兵安置】 2009年,市民政局做好退伍安置工作,采取以自谋职业为主,安置就业为辅的安置办法,共接收城镇退役士兵2151人。市本级应安置451人(至年末安置退役士兵430人,其中政府安置51人);办理自谋职业手续379人,发放一次性补助金700多万元,安置率95.30%。落实军休干部政治待遇和生活待遇,组织军休干部健康检查,帮助解决实际困难。组织老干部开展门球、气排球、书画、摄影、征文比赛等文体活动,丰富军休干部生活。

（崔建国）

【双拥工作】 2009年,南宁市贯彻落实全国、自治区拥军优属拥政爱民工作会议的总体部署,开展双拥共创活动。南宁市被评为全国军队转业干部安置工作先进单位,市双拥办公室、南宁警备区江南区武装部和南宁警备区青秀区武装部分别被自治区和全国评为维护国防利益和军人军属合法权益工作先进单位;自治区党委常委、市委书记、市双拥工作领导小组组长车荣福和市委组织部副部长、市人事局局长马南萍被广州军区评为第四届“国防之星”,好军嫂韩素云当选“100位新中国成立以来感动中国人物”,全国模范军转干部、市殡葬管理处张燕“矢志干好这一行”事迹被《人民日报》刊发。开展拥军优属活动,春节、“八一”建军节期间,市领导带队慰问驻邕14个师以上部队和海军“南宁舰”官兵,赠送慰问金146万元。5月11日,市委副书记岑可成和副市长温守荣受邀参加驻邕空军某部的轮战誓师动员大会,代表市委、市政府赠送慰问金5万元。全年为496名未就业随军家属申请保障安置,共发放生活补贴62万元。举办随军家属专场招聘会1次,安排75名随军家属上岗就业。

（康超辰）

【社会组织管理】 2009年,南宁市社会组织登记管理工作规范,依法登记,依法年检,社会组织品牌培育和城乡基层社会组织培育发展工作扎实有效。成立登记社会组织146个,其中社会团体46个,民办非企业单位100个。至年末,全市注册登记的社会组织共1984个,其中社会团体982个,民办非企业单位1002个;备案社区社会组织133个,其中社会团体64个,民办非企业单位69个。

（何　文）

【慈善事业】 2009年,南宁市慈善总会坚持“扶贫济困、敬老助残”的宗旨,开展形式多样的慈善救助活动。一是开展“慈善情暖万家”新春慰问救助活动。1月21~22日,组成6个慰问小组,分别对五保户、特困家庭开展慰问救助活动,慰问255户7.65万元。二是开展“慈善温馨年夜饭·让特困家庭和五保老人过好年”新春关爱活动。春节期间,与《南宁晚报》、南宁电视台联合举办此次活动,参加活动的爱心酒家10家,认捐年夜饭99份;热心市民100人捐款2.39万元,共认捐年夜饭300份。活动惠及市福利院、10个敬老院、18个五保村,贫困户120户758人。2月9日元宵节,为城区的6个敬老院、2个五保村、特困家庭131人送上汤圆、饺子、猪肉、花生油、麦片等慰问品。三是开展“能帮就帮·慈善温暖人间”慈

12月11日,市慈善总会“2009·慈善福彩救助贫困肿瘤患者活动”救助金发放仪式

徐海芳　摄

善公益活动。5月12日,为纪念四川汶川大地震一周年,在东葛路利客隆超市门前广场举办“能帮就帮·慈善温暖人间”书画作品、商品义卖、医院义诊慈善公益活动,共募捐爱心善款1.38万元,市房产业开发总公司赞助6000元,现场资助特困家庭12户6000元。四是开展“善学彩虹耀南宁”2009广西南宁慈善募捐答谢晚宴。7月8日晚,与香港善学慈善基金在广西沃顿国际大酒店联合举办。市四家班子有关领导出席晚宴活动。中国扶贫基金会副会长、原广州市政协主席陈开枝作为特邀嘉宾出席晚宴。来自北京、杭州、成都、香港、澳门、中山的社会名人及慈善家,广西爱心企业、爱心人士,知名书画家,新闻媒体等约400人参加晚宴,特别邀请中国著名小提琴演奏家盛中国及夫人濑田裕子、香港著名影星关之琳、凤凰卫视主持人金玲、善学慈善基金大使杨宇、菲律宾音乐家Ferhendez参加。晚宴共募捐善款164.90万元,现场资助上林县乡村幼儿园教育30万元、马山县洪涝灾区人民10万元、武鸣县洪涝灾区人民10万元。晚宴所募捐的善款设立“善学彩虹耀南宁”专项基金用于帮助南宁农村贫困大学生入学,帮助农村希望小学及乡村幼儿园的建设、开展“善学儿童弱视工程”等慈善公益项目。五是开展“慈善助学”活动。9月,为帮助贫困家庭高考学生解决上大学学费困难的问题,开展“慈善助学”活动,救助贫困家庭学生72人24.30万元。六是开展2009·慈善福彩救助贫困肿瘤患者活动。至12月,救助贫困肿瘤患者50人250万元。

（徐海芳）

【殡葬管理】 2009年,南宁市殡葬管理处做好清明节祭祀安全工作,共接待祭扫群众75.50万人,疏导机动车辆2.50万辆,发放宣传资料6000多份,挂横幅宣传标语50多条,新闻媒体报道30多篇次,送鲜花2500多束。全年火化尸体13343具。其中:市殡葬管理处8130具,武鸣县殡葬管理所2030具,宾阳县殡葬管理所1475具,横县殡葬管理所1708具。火化率60%以上。（黄　伟）

【老龄工作】

概　况　2009年,南宁市老龄委办公室处理自治区政协十届二次会议提案1个、市政协九届四次会议提案5个,答复市长热线1个,接待老年人来信来访120人;办理、年审《高龄老人优待证》2.77万本。立足基层、服务基层,开展老年文体、慰问活动,提高老年优待水平,营造尊老、敬老、爱老的和谐社会氛围。12月,市老年人活动中心正式施工建设。

基层老龄工作　3月起,在全市范围内开展争先创优、推选老龄工作先进单位、先进个人的活动,修订完善《老年协会章程》,督促老年协会章程上墙,下拨5万元创建经费打造基层示范性协会。重点将西乡塘区衡阳南社区老协和兴宁区水电工程社区老协打造成市基层老协示范点。向自治区推荐3个市老龄工作先进单位、6名市老龄工作先进个人,参加自治区、全国老龄工作先进单位、先进个人的评选。

高龄老年人优待　4月,市政府办公厅印发《2009年南宁市“寿星津贴”工作实施方案》,将“寿星津贴”的发放范围由100岁起降低到由90周岁起,首次统一各县区寿星津贴的发放标准:90~99岁为每人每月50元,100岁以上为每人每月200元,并将“寿星津贴”发放工作列入年度市政府为民办实事项目,百岁老人寿星津贴由市财政统筹支付,90~99周岁老人“寿星津贴”由各县区财政支付。市老龄办组织审批、发放百岁老人寿星津贴,并定期检查各县区90~99周岁老人寿星津贴发放工作,每月按时向市政府上报为民办实事进度月报,使符合条件的高龄老人享受优待。全年全市共有10994名高龄老人享受优待,补助金额503万元。为符合条件的高龄老年人办理、年审《高龄老人优待证》2.77万本。

敬老慰问活动　1月底至2月上旬,开展百岁老人春节慰问活动,陪同副市长李国忠、市政协副主席张国环慰问西乡塘区的颜佳平、梁福英、谢芦馨、李云高4名百岁老人,并发放慰问金和慰问品。期间,全市共慰问百岁老人503人,慰问金额10.50万元。重阳节期间,陪同自治区老龄办领导慰问横县、宾阳县的20多名特困老人,并给西乡塘区及兴宁区两个老年协会点送上大彩电,丰富协会老人的生活。此外,市老龄办还慰问县区及华侨投资区的特困老人,慰问金额累计2.80万元。

银龄行动　与市老科协合作,组织老科技工作者到基层开展“服务三农”活动,其中,到横县考察茶叶生产情况,赴江浙调研茧丝绸产业情况,到上海等地进行“光伏产业”项目调研,对马山县金银花情况进行调研、考察凉粉草种植及加工情况,形成有价值的调研材料,为领导决策提供依据。同时将科学技术传送给基层群众。组织老科技工作者到社区开展老年健康和学生心理健康宣讲40场,受教育人数约1.20万人;组织老教师开办书画展、到少管所进行爱国主义教育、到工厂大学联欢、到民办学校和乡镇学校培训教师。

老年文体活动　4~5月,与市体育局等相关单位共同举办南宁市第六届老年人运动会。5月,在第二届中国—东盟中老年艺术盛典总决赛中,南宁市“绿城之声”老年艺术团的两个节目分获金奖和银奖。组织市“绿城之声”老年艺术团在节假日开展慰问、专题宣传演出。全年共演出50多场次,观众10万余人次。组织舞蹈《壮乡行》代表南宁市赴京参加全国老龄办举办的2009年重阳节《红叶风采》文艺晚会演出。主办和联合举办系列老年文体活动:6月,联合市慈善总会共同举办“庆祝建国六十周年——雷鸣东书画作品巡回展”,期间举行慈善捐赠仪式;8月,配合市委宣传部,组织600名老年人方块队,参加中央电视台在南宁拍摄的“激情广场·南宁篇”;9月,联合市委宣传部举办“与共和国同龄”主题广场老年人文艺展演活动,600多名老年演员参加演出。10月,在南宁剧场举办2009年全市老年人文艺汇演,来自各县区13个代表队的25个节目进行角逐,评选出团体一等奖3个(兴宁区、青秀区、邕宁区)、二等奖4个、三等奖6个,并挑选部分优秀节目参加晚会演出。11月,在自治区第五届老年人运动会上,由市老龄办及体育局组织的市代表队获第一名3个、第二名3个和第三名1个。

配合开展“居家养老”工作　指导青秀区老龄办拟定《青秀区开展居家养老服务方案》,并向自治区老龄办申请10万元开办经费下拨试点城区;多次到大板二区检查办公用房落实情况,协助城区老龄办引进社区呼叫系统,为居家养老服务;指导试点社区开展居家养老服务的前期筹备工作。在市政协组织下,为拓展市养老服务业渠道、开展居家养老服务调研工作提出建议。

全国41城市第21次老龄工作联席会议　11月在南宁召开,市老龄办主办,来自全国大、中城市的150多名代表参加,市老龄委成员单位及县区老龄办的领导列席。会议主题为“加强老年人优待工作,促进老年人共享发展成果”,各与会城市交流工作经验,推动各市老年优待工作水平的提高。（甘丹妮）

民族事务

【概　况】 2009年,南宁市贯彻落实党和国家的民族政策,以国庆60周年为契机,把握“各民族共同团结奋斗、共同繁荣发展,保障少数民族合法权益,巩固和发展平等团结互助和谐的社会主义民族关系”的工作方向,积极协调民族关系,保障少数民族合法权益,维护民族团结。

9 月 25 日，银海社区“民族之家”、“少数民族流动人口服务站”正式挂牌成立

市民委提供

市委、市政府成立南宁市民族工作领导小组，由市委分管副书记担任组长，成员为 32 个市直相关部门主要负责人，形成民族工作社会化的格局。完善民族工作网络，形成市、县区、乡镇（街道）、社区（村）四级民族工作网络，强化涉及民族关系矛盾和纠纷的预警和防范机制。同时，修改完善《南宁市涉及民族关系群体性事件应急预案》，成立市处置涉及民族方面群体性事件应急指挥部，县区也成立相应工作领导小组，定期召开协调分析会，研究解决民族关系中出现的新情况、新问题。全市形成市委、市政府领导下部门主动、社会联动、各方互动、齐抓共管的民族工作新机制，进一步促进民族工作规范化、制度化、社会化。10 月，中共南宁市委、市民族事务委员会、武鸣县政府被评为全国民族团结进步模范集体，市长黄方方、马山县县长张光廷、西乡塘区中华中社区居委会党支部书记谢华娟、上林县镇圩瑶族乡东罗村党支部书记韦东海被评为全国民族团结进步模范个人。

【民族关系状况监测评价】 2009 年 3 月，市民委在自治区率先启动民族关系监测评价工作，印发《南宁市民委开展民族关系状况监测评价工作方案》，成立工作小组，建立“三支队伍”（即信息员队伍、知名人士队伍和专家顾问队伍）。监测和评价的内容是：各级民委（民族局）要根据科学发展观的要求，以发展为第一要务，以促进民族团结为第一职责，从民族平等度、民族团结度、民族互助度、民族和谐度、民族发展度这五个方面，监测评价本地的民族关系。监测和评价的主要方式是：各级民委（民族局）要采取日常单项监测评价和定期综合监测评价两种方式，对本地区民族关系进行监测和评价。评价标准是：各级民委（民族局）对民族关系进行综合评价时，可按优、良、中、差四个基本档次给予评定。至年末共提供 30 条有价值的民族关系状况监测信息。

【社区“民族之家”建设】 2009 年，市民委在重点抓好西乡塘区中华中路社区示范点建设的基础上，新建西乡塘区华强、兴宁区华东、青秀区金葫、良庆区银海 4 个社区民族团结示范点，引导和促进全市社区民族工作。其中，中华中路社区“少数民族之家”项目建设因为来自西北和自治区内的少数民族流动人员在南宁安居乐业创造良好居住和工作环境条件之故，社区党总支书记谢华娟当选为国务院第五次全国民族团结进步模范个人，并作为模范个人代表赴北京出席表彰大会；9 月启用的银海社区 “少数民族流动人员服务站”，是广西第一家少数民族流动人员服务站，至年末为少数民族群众安排就业 300 多人。

【清真饮食管理与服务】 2009 年，市民委贯彻落实《南宁市清真食品管理条例》，实施清真标识牌管理，遏制“清真不清”问题发生，保障清真食品安全，确保回族等少数民族群众吃上“放心肉”。为服务好中国—东盟博览会，7 月 25 日至 8 月 4 日，组织考察组赴印度尼西亚、马来西亚、文莱等东盟国家考察清真食品管理服务工作，了解东盟国家穆斯林清真饮食习俗，加强与有关国家清真食品管理部门的沟通与联系，学习当地清真食品管理服务工作的先进经验。继续推进南宁伊斯兰商务文化中心项目建设，市城市规划工作委员会 2009 年第十二次会议确定南宁伊斯兰国际大饭店项目规划选址方案。

【公民民族成分管理】 2009 年，市民委与市公安局、教育局及时调整变更民族成分审核审批程序，规范工作流程，指导各县区做好本辖区公民民族成分变更审核工作。同时，做好群众来信来访和政策咨询工作，维护民族政策的严肃性，确保政策落实不走样。办理公民民族成分变更审批（审核）692 人次，提供咨询 800 多人次。

【民族团结宣传教育】 2009 年 10 月，根据《中共中央办公厅、国务院办公厅印发〈关于深入开展民族团结宣传教育活动的意见〉的通知》和自治区民委《关于开展 2009 年民族团结宣传月活动的通知》精神，市委宣传部、市民委共同组织开展“民族团结宣传月”活动。10 月 12 日，市政府与自治区民委共同在全国民族团结进步教育基地——南湖公园李明瑞、韦拔群烈士纪念馆广场举行 2009 年首府南宁民族团结宣传月活动启动仪式。自治区副主席高雄，自治区民委领导、市四家班子领导出席，自治区民委机关和南宁市、城区有关部门及首府各族各界群

10 月 12 日，举行“民族团结宣传月”活动启动仪式

市民委提供

众和学校师生等共700多人参加。宣传月期间,通过成立民族团结宣传小分队、举办首府南宁民族团结成就摄影比赛、民族团结宣传板报比赛、拍摄制作《首府南宁民族团结60年》专题片、编印民族知识手册等形式,做到“电视有影、广播有声、报纸有文”。中央、自治区级新闻媒体还对市长黄方方深入瑶乡慰问及全国民族团结进步模范个人——中华中路社区党总支书记谢华娟的先进事迹进行宣传报道。各县区都设置宣传点,现场提供咨询服务,共接待群众现场咨询6000多人次;发放宣传品及宣传资料11.60万份;悬挂宣传横幅296条,张贴宣传标语405条,制作宣传栏、墙报及板报200多张,展出摄影作品82幅;举行文艺演出36场,举办民族团结座谈会10场、民族知识竞赛9次。市委、市政府还注重把宣传民族政策与解决民族地区群众生产生活问题结合起来。11月5日,市长黄方方到马山县古寨瑶族乡就民族乡经济和社会事业发展情况进行调研,到古寨瑶族乡民族初中进行慰问,给学校师生送去20台价值8万元的电脑,并初步确定从2010年起,连续2年从财政拿出1亿元基本解决民族乡基础设施建设和经济、教育等问题,民族乡帮扶工程继续列入市政府为民办实事项目之中。12月17日,市委宣传部、市民委召开总结表彰会,对在宣传月活动中表现突出的武鸣县民族局、青秀区民族局等15个单位和部门进行表彰。

【少数民族与民族地区帮扶】

民族乡帮扶工程　2009年,民族乡帮扶工程列为市20件为民办实事项目之一。从2009年起连续3年,市财政每年安排300万元用于3个民族乡改善基础设施。2009年度实施项目23个,包括屯级道路项目20个,防洪排灌工程、教育、乡卫生院病房扩建等项目各1个。项目总投资462万元,其中市财政投入300万元。4月15日,市民委与上林县政府在上林县镇圩瑶族乡三冬至北怀防洪排灌工程现场举行民族乡帮扶工程项目开工启动仪式。至12月20日,民族乡帮扶工程全部完成。

民族专项资金帮扶　全年落实国家、自治区、市级民族专项资金672万元,其中国家级、自治区级民族专项资金372万元,市本级少数民族发展资金300万元,实施项目31个。其中,国家级少数民族发展资金202万元惠及:民族特色村寨保护与发展建设试点——兴宁区三塘镇留肖坡44栋壮族特色民居改造设计与建设;兴宁区三塘镇留肖坡壮族新村壮族文化展示中心、青秀区伶俐镇渌口坡民族活动长廊等2个市级民族工作示范点建设;村屯道路、人饮、桥梁、危房改造、文化教育项目16个。年末竣工项目15个,在建4个。

城市流动少数民族困难群众帮扶　市民委帮助少数民族流动人员解决优生优育、租房、就业经营、子女上学等问题。仅社区一级,为少数民族流动人员提供优生优育服务5500多人次,提供就业帮助6330人次,帮助少数民族流动人员解决住房问题1.47万人次、安排就业经营2100多人次。从2009年春季学期起,南宁市执行免除城市义务教育阶段学生学杂费政策,其中对4.78万名少数民族流动人员随迁子女免除学杂费和借读费。市民委发动机关党员干部职工捐款,给予兴宁区的新疆籍维吾尔族残疾人艾尼玩2500元的生活困难补助。

整村推进贫困村定点帮扶　市民委多次组织人员到上林县镇圩瑶族乡正浪村、古登村定点帮扶点进行帮扶指导,安排资金25万元修建屯级水泥路,改善正浪村内珠庄、古登村弄良庄群众生产生活条件。

【“服务企业年”实践活动】　2009年,市民委按照市委、市政府的统一部署和要求,开展“项目建设年”、“企业服务年”活动,指导企业用好用足用活民贸民品生产优惠政策。4月,利用“十一五”时期全国民品企业中期调整时机,组织6家企业申报全国民族特需商品定点生产企业,其中,广西皇氏甲天下乳业股份有限公司、广西容县南方食品股份有限公司、广西万通制药有限公司3家企业被批准为全国定点民品企业。14家民品企业获优惠利率贷款2.20亿元、中央财政贴息633.40万元;组织3家民品企业申报技改贷款贴息300多万元,组织2家企业申报民品生产扶持资金。全市27家民品企业完成工业总产值34.60亿元,实现销售收入28.70亿元,上缴税金1.35亿元,实现利润1.81亿元,为社会提供就业岗位1.13万个。

【民族文化传承与发展】　2009年,市民委做好民族文化传承与发展工作。完成兴宁区留肖坡、青秀区渌口坡、宾阳县库利村、横县下江村、邕宁区那蒙坡4个县区村屯申报国家级“民族特色村寨保护与发展项目”试点项目工作。留肖坡已被国家民委作为全国“民族特色村寨保护与发展”建设试点进行扶持。组织开展对南宁市地方民族特色风貌建设问题进行研究,形成《南宁市城市特色风貌建设调研报告》,提出南宁市城市特色风貌建设构想。邕宁区民族局会同文体局做好壮族八音、壮族抢花炮、壮族嘹啰山歌、舞春牛等非物质文化遗产的保护和传承发扬,在嘹罗山歌文化村建设完善基础上,又相继在中和村孙头坡、蒲庙镇良信村分别挂牌成立壮族抢花炮培训传承基地、壮族八音培训传承基地;横县民族局会同县文体局举办横县非物质文化遗产保护工作——横县西北区壮歌剧汇演,全县有11支壮歌剧团参加汇演;宾阳县民族局协同有关部门参与和支持少数民族乡村开展节日活动,举办“四月八”传统节庆等活动,并以五言壮欢为载体创建原生态文化村;武鸣县民族局配合县委、县政府做好“三月三”歌圩和新创民歌大赛等50多场民族文化表演活动,新建两江龙母文化活动室,搭建民族文化活动平台;马山壮族三声部民歌《生活美如霞》代表广西参加“中国非物质文化遗产展演少数民族传统音乐舞蹈专场”展演活动;上林县民族局参与举办“首届上林弘扬民族文化暨石寨灯酒节”,积极扶持打造上林民族文化品牌;隆安县民族局组织实施“排歌”收集整理项目,会同县文体局打造“那文化”民族文化品牌,并举办迎春山歌会、协办“四月八”农具节等民族节庆活动;青秀区指导并支持新兴学校打造校园民族文化。市民委还组织人员对少数民族讲唱类古籍——武鸣县锣圩镇《骆垌舞》进行系统整理和创新,创新提升的骆越民族风格舞蹈《骆越点兵舞》全部用壮语演唱,专家认为该舞蹈为广西文化市场提供了全新的、具有壮族气派和风格的文艺节目。宾阳县露圩镇库利村实施“五言壮欢”山歌文化示范项目建设,打造壮语山歌文化品牌,为民族文化旅游服务。

【首府壮族示范村项目建设】　2009年,南宁市累计安排民族专项资金82万元扶持壮族示范村建设,完成村委办公楼装饰示范工程及留肖坡农民新居壮族建筑风格装饰设计。兴宁区将示范村纳入城区新农村建设试点村坡统一规划,落实项目资金。国家民委将留肖坡作为全国“民族特色村寨保护与发展”建设试点进行扶持,年内安排扶持资金40万元。至年末,44栋88户壮族特色民居已开工建设,其中建成10栋。

【南宁市第九届少数民族传统体育运动会】　2009年11月17~21日在横县举行,由市政府主办,市民委、市体育局、横县政府承办。共设珍珠球、毽球、投绣球、板鞋竞速、高脚竞速、射弩、打陀螺、武术等8个竞赛项目和表演项目,12个县区和3个开发区组团参赛,参赛运动队191

个、运动员971名。经过四天的比赛，武鸣县代表团、邕宁区代表团、青秀代表团分别获总团体分前三名；武鸣县、横县、宾阳县分别获珍珠球男、女子队前三名；青秀区、隆安县、邕宁区分别获毽球男子队前三名；青秀区、西乡塘区、马山县分别获毽球女子队前三名；武鸣县的罗仁进、潘民洲、唐海思、黄颂华、潘艳玲、谢忧秀分别获投绣球男、女子个人前三名；武鸣县、上林县、邕宁区分别获投绣球团体前三名；横县梁汝健、邕宁区林培少、良庆区李明蔚分别获高脚竞速男子100米前三名；邕宁区黄为岳、良庆区李明蔚、邕宁区梁飞辉分别获高脚竞速男子200米前三名；邕宁区、上林县、横县分别获高脚竞速男子4×100米接力前三名；武鸣县莫轶、良庆区李新发、武鸣县陆毅分别获射弩男子标准立姿前三名，武鸣县莫轶、武鸣县陆毅、马山县韦奇峰分别获射弩男子标准跪姿前三名，武鸣县陆毅、良庆区李新发、班正文分别获射弩男子民族立姿前三名，武鸣县陆毅、良庆区罗程文、李新发分别获射弩男子民族跪姿前三名，武鸣县、良庆区、横县分别获射弩男子团体前三名，良庆区宁婷、武鸣县邓艳群、横县林玲敏分别获射弩女子标准立姿前三名，武鸣县邓艳群、良庆区宁婷、良庆区黄壬旧分别获射弩女子标准跪姿前三名，良庆区宁婷、横县覃焕萍、陆爱金分别获射弩女子民族立姿前三名，良庆区宁婷、武鸣县潘思妹、良庆区黄壬旧分别获射弩女子民族跪姿前三名；良庆区、横县、武鸣县分别获射弩女子团体前三名；江南区韦初光、隆安县赵玉珍、武鸣县李卫分别获陀螺男子个人前三名，上林县、武鸣县、隆安县分别获陀螺男子团体前三名，兴宁区蓝丽、江南区覃英亮、邓秋艳分别获陀螺女子个人前三名；兴宁区、江南区、宾阳县分别获陀螺女子团体前三名；上林县、横县、宾阳县分别获三人板鞋男子单组前三名，上林县、武鸣县、高新区分别获三人板鞋女子单组前三名，上林县、武鸣县、邕宁区分别获三人板鞋团体前三名；青秀区覃宇、西乡塘区覃俊琦、武鸣县潘政任分别获武术男子南拳前三名，青秀区韦剑桥、西乡塘区覃俊琦、横县韦轩勇分别获武术男子刀术前三名，青秀区韦剑桥、青秀区覃宇、马山县蒙涯分别获武术男子棍术前三名，青秀区韦剑桥、覃宇、横县黄铭、邓中礼、隆安县邓子豪、牙桂秉分别获武术男子对练前三名，青秀区黄滢妮、武鸣县韦柳霞、宾阳县黄思思分别获武术女子南拳前三名，青秀区黄滢妮、赵宝妮、武鸣县陆翾分别获武术女子棍术前三名，武鸣县陆翾、韦柳霞、青秀区黄滢妮、赵宝妮分别获武术女子对练前两名。

【少数民族教育】

寄宿制民族班　2009年，南宁市有武鸣高中、宾阳中学、沛鸿民族中学、市三职高、马山县中学、隆安县中学、上林县民族中学、马山县民族中学、隆安县民族中学9个学校开设有自治区级寄宿制民族高中班和民族初中班，在校生民族高中(职高)生1500人，民族初中生750人，每人每年享受生活补助费600元。

少数民族特困生入学专项补助　市民委落实特困少数民族优秀学生入学资助政策，会同市财政局及时下达年度广西特困少数民族优秀学生入学专项补助经费指标，并对上一年度补助资金的发放工作进行跟踪检查，全市有大学生、高中生各73名获2008年度广西特困少数民族优秀学生入学专项经费补助29.20万元，其中大学生入学补助每人3000元、高中生入学补助每人1000元。同时，会同市财政局、教育局下达2009年少数民族教育中央补助资金20万元，其中马山县里当瑶族乡瑶族中学、上林县民族中学各10万元，用于购置民族特色教学仪器和语音室设备。

【市级民族体育训练基地授牌仪式】2009年9月11日，市民委、教育局、体育局在邕宁区举行南宁市第四十一中学(高脚竞速)、南宁沛鸿民族中学(毽球、射弩)、武鸣县民族中学(投绣球)3个市级民族体育训练基地授牌(挂牌)仪式。南宁市第四十一中学开展少数民族传统体育项目主要有高脚竞速、毽球、珍珠球、板鞋、投绣球等，平时组织训练比较正常，参与学生达50人左右。其中，高脚竞速最为出色，每个年级都有1支男、女运动队，每周有3个下午训练高脚竞速，高脚竞速运动队2009年11月代表邕宁区参加全市第九届少数民族传统体育运动会比赛，取得男子200米、4×100米接力、女子100米、200米、4×100米接力和男女混合4×100米接力等6个比赛项目第一名。南宁沛鸿民族中学开展少数民族传统体育项目主要有毽球、射弩、珍珠球、板鞋、投绣球等，是广西少数民族传统体育项目——毽球训练基地。每个年级都有1支男、女毽球运动队，每周1~5组织训练1个多小时，参与运动的学生达七八十人。毽球运动队2009年11月代表青秀区参加全市第九届少数民族传统体育运动会比赛，取得男、女子第一名。射弩项目每周组织训练3~4次，每次训练1~2小时，参与训练的学生10人。2009年11月代表良庆区参加全市第九届少数民族传统体育运动会比赛，取得男子标准立姿第一名、民族立姿、民族跪姿第二、三名、男子团体第二名，女子标准立姿第一名、标准跪姿第二、三名、民族立姿第一名、民族跪姿第一、三名、女子团体第一名。

【壮语言文字工作】2009年，市政府将《南宁市壮汉两种文字社会使用管理办法》列入2009年立法工作计划。市民委草拟和修改完善的《南宁市壮汉两种文字社会使用管理办法》报市法制办审定。还就广西壮文学校发展情况和南宁市壮语言文字发展现状进行调研和探究，形成《南宁市壮语言文字推行使用工作情况汇报》呈报市委；协助中国民族语文翻译局关于民族语文翻译工作的调研、配合自治区民语委关于全自治区民语工作机构及壮文进校情况的调研，提出政策性意见和建议，为上级领导和业务指导部门提供决策参考的资料；开展壮语文社会宣传和应用服务工作。通过组织开展壮语科技电影下乡、尝试在壮族聚居县区利用电视网络进行壮语科技宣传、做好首府南宁壮文社会使用翻译服务等工作，发挥民族语言文字在壮族地区政治文明、物质文明和精神文明建设的社会功能作用。全年为各单位翻译和联系制作壮文公章、牌匾、路名牌、科室牌160块(条)，市区公共场所设置的挂牌、标志牌大都冠上壮文。南宁市第九届少数民族传统体育运动会期间，壮文在会场赛场布置、街道环境布置、公益性广告、各类牌证和会徽设计等都得到广泛应用。年内，武鸣县民族局对全县259个法定单位使用壮文书写单位名称牌匾进行督查，搜集编目登录少数民族古籍976个词条；马山县民族局搜集整理壮族古籍4本共23万字，收集古壮字、词213个；宾阳县组织上报铭刻类古籍14篇。

【少数民族干部培训】2009年，南宁市少数民族干部培训工程继续纳入全市干部教育"十二大工程"重点培训计划，由市民委牵头组织实施。4月，市民委在市委党校举办科级少数民族干部培训班，对来自市直及县区57名科级少数民族干部进行培训；6月，会同市妇联选送11名县区、乡镇少数民族妇女干部参加广西少数民族妇女干部培训班；选送市、县区民族工作部门领导干部及工作人员27人参加国家民委及自治区民(语)委举办的7个班次学习。

【民族工作调查研究】2009年，市民委围绕市委、市政府提出的保民生、保稳定、保增长和"科学发展、加快发展、率先发展、和谐发展"的总体要求及少数民族群众关心的热点、难点问题，重点组织实施首府民族关系状况监测评价调研、城市民族工作调研和首府城市民族特色建筑风格问题、少数民族干部和人才培养问题等4个专题的调查研究。配合做好市人大年中专题调研和市政协委员民族工作视察活动，完成3篇调查报告及多篇工作汇报和考察报告，向市委、市政府提出工作意见和政策建议，为各级党委、政府领导民族工作和决策提供依据和参考。9月14日，市长黄方方主持召开专题会议，听取南宁市民族工作情况汇报，研究和解决一些瓶颈问题。调研成果的质量不断上升，其中，《提升"民族团结"品牌 扩大民族开放合作 建设"全国民族团结模范城市"和"中国—东盟民族友谊城市"——新形势下加强南宁市城市民族工作调研报告》、《南宁市民族关系状况监测研究报告》、《南宁市城市特色风貌建设调研报告》被评为自治区民委系统调研报告一等奖，《南宁市少数民族人才队伍建设问题研究》入选'2009南宁市人才队伍建设研究优秀课题集《绿城党旗红》。各县区民族局也结合本县区实际开展专题调研。武鸣县民族局形成《武鸣壮文调查》、《武鸣县壮文进校情况调研汇报调查》、《保护和挖掘民族文化 促进民族旅游业发展》等调研文章；横县形成《横县壮文进校实验工作调研报告》；宾阳县民族局完成壮文教学及社会应用等调研报告3篇；上林县完成调研报告2篇；隆安县民族局形成《隆安县壮文进校状况》调研报告，并在深入民族贫困地区调研基础上建立少数民族贫困地区项目数据库；西乡塘区民族局在调查基础上建立城区少数民族生产生活困难项目目库。

年内，市民委还接待国家民委民族乐器、民族体育项目两个课题组到南宁调研。3月24~26日，中央民族大学体育学院院长韦晓康教授、赵昌毅等一行6人进行地方民族体育工作调研，先后观看邕宁区的舞春牛、嘹罗山歌、壮族八音表演，武鸣县的绣球制作和投绣球、三人板鞋、30人板鞋、花样跳绳表演，马山县的打扁担表演，与当地民族、体育及文化管理部门领导和专家进行座谈交流。8月21~22日，受国家民委经济发展司委托，由北京师范大学管理学院党总支副书记章文光副教授率领的"中国少数民族特需商品传统生产工艺和技术保护工程第三期工程(少数民族乐器)项目课题组一行4人，到南宁市调研考察天琴、岳鼓(又称蜂鼓)、无孔笛等少数民族乐器生产制作过程，座谈了解少数民族乐器发展历史。（刘建安）

5月8日，南宁市举行宗教界人士"科学发展与和谐宗教"演讲会　李军武　摄

宗教事务

【和谐寺观教堂活动】 2009年，市宗教局按照国家宗教局下发《关于开展创建"和谐寺观教堂"活动的意见》，根据"创建活动与推进整体工作相结合、政府主导与发挥宗教界主体作用相结合、创建活动与推动宗教界自身建设相结合、突出重点与统筹兼顾相结合"的要求，联合市科协，在宗教活动场所开展"携手建设和谐南宁，科学普及进寺观教堂"活动。举办宗教界人士"科学发展与和谐宗教"系列讲座，帮助宗教界人士正确理解社会和谐发展和宗教的关系。全市各教堂开展"科普知识进教堂"活动，协调科协等有关单位在伊斯兰教清真寺及基督教共和堂分别举办"科普知识进教堂"活动，参加活动的信教群众有8000多人，为信众送去有关科普知识读物5000多份、科普知识宣传挂图500张，出版科普知识板报60版，同时，还邀请有关专家为信教群众讲授有关疾病防治的卫生保健课；邀请农业专家到武鸣、上林、宾阳等部分县区宗教活动场所为信教群众讲授养殖和种养技术，引导当地信徒发展生产，掌握致富技术。武鸣县宗教局在信徒中开展每个信徒努力做到"提一个好建议、掌握一门致富技术、做一件好事"的"三个一"活动，引导和教育信徒共同为促进武鸣的发展献计出力；上林县宗教局开展创建和谐宗教场所活动，引导信徒为创建和谐上林作贡献。

【宗教依法管理】 2009年，市宗教局协调解决市天主教主教府补偿建设用地迁坟问题，保证清坟工作的顺利开展；指导、支持县区宗教部门和宗教团体做好宗教活动场所在建工程的管理工作；对马山县灵阳寺进行检查，对该场所改建过程中存在的问题提出整改意见；到宾阳县龙岩寺、横县应天寿佛寺及上林县三教寺等佛教场所进行调研，对场所建设、改建过程中的安全问题提出具体的要求。支持各宗教团体开展宗教节庆活动，依法保护宗教合法权益。依法制止和打击10多起外来人员到南宁市进行非法传教活动及打着宗教旗号的非法活动；依法制止乱建庙宇行为。开展查处非法宗教用品经销点活动，对涉及宗教用品的商店、工艺文化用品店、素餐馆等场点进行全面检查，对违法经销的宗教用品、内部印刷品及违法摆放的功德箱查处没收；制止一起涉及宗教的"千人传福"非法活动。

【宗教接待服务】 2009年，市宗教局指导全市各宗教团体和宗教活动场所做好中国—东盟博览会期间国内外信仰宗教宾客的接待服务。指导市伊斯兰教清真寺、青秀山佛教观音禅寺、天主教主教府和康乐路天主堂、基督教中山堂和共和堂等宗教活动场所做好场所环境整洁、食品卫生、美化亮化等方面工作，迎接国内外信仰宗教宾客的到来，并为国内外信教宾客过好宗教生活做好服务工作。期间全市共接待国内外信仰宗教宾客和信教群众1万人次。（李军武）

责任编辑　余朝霞　方　明

区　　县

兴　宁　区

【概　况】 兴宁区位于南宁市区东北部。东起民族大道与青秀区交界,南临邕江与江南区相望,西接解放路、华强路及铁路沿线与西乡塘区毗邻,北至广西林科院、广西高峰林场与武鸣县接壤。土地面积751平方公里。辖区内有南宁火车站、金桥汽车客运站等交通枢纽站点,朝阳路、中华路、友爱南路、人民路、民主路、望州路、厢竹大道、昆仑大道等128条20米以上的主要道路纵横交错,形成贯穿南北东西的交通路网。主要旅游景区景点有昆仑关风景区、广西药用植物园、九曲湾温泉度假村、嘉和城温泉谷、人民公园、狮山公园、乡村大世界休闲娱乐中心等。主要矿产资源有煤、金、花岗岩、黏土、矿泉水、石英、地热等。有三塘工业集中区。2009年,辖3个镇、2个街道、37个行政村、38个社区、330个自然村(屯)。年末总人口29.79万(农业人口13.17万)。壮族人口18.14万,占总人口60.87%。人口自然增长率6.54‰。耕地面积1.03万公顷(水田7458公顷),有林面积2.33万公顷,森林覆盖率43.23%。地区生产总值75.16亿元;全部财政收入14.50亿元(地方财政一般预算收入3.09亿元),一般预算支出5.25亿元;城镇居民人均可支配收入18075元,农民人均纯收入4965元。被评为全国群众体育先进单位、全民健身与奥运同行·全国亿万老年人健步走活动先进地区、全国计划生育优质服务先进单位。民生街道被评为全国和谐社区建设示范街道;望州南社区获全国和谐社区建设示范社区称号。昆仑镇获2009年度南宁市乡镇经济发展进步奖。

【经济发展概况】

第一产业　2009年,兴宁区实现农林牧渔业总产值8.78亿元。其中:农业4.11亿元,林业7351万元,畜牧业3.35亿元,渔业4485万元,农林牧渔服务业1365万元。第一产业增加值5.36亿元。粮食作物种植面积1.16万公顷,总产量5.35万吨。其中,水稻0.96万公顷,产量4.65万吨;玉米1618公顷,产量0.54万吨。经济作物种植面积0.47万公顷。其中:甘蔗0.24万公顷,产量15.19万吨;木薯967公顷,产量1.01万吨;果园812.60公顷,水果产量6051吨;蔬菜0.77万公顷,产量14.80万吨。肉类总产量1.77万吨,水产品总产量5571吨。完成人工造林面积147公顷。水利建设投入3886万元,其中基础设施投入547万元,完成渠道清淤108处210公里、病险水库除险加固任务4座和农村人饮水工程项目15个。投入147万元扶助贫困村的基础设施建设。落实支农惠农政策,投入农机购机补贴约188万元,购买各种农机具594台套;农机作业补贴26万元,农机下乡补贴3.59万元。

第二产业　工业企业有323家,实现工业总产值42.03亿元。其中,规模以上工业企业59家,实现工业总产值23.20亿元,利税总额6362万元(利润2161万元)。第二产业增加值19.19亿元(工业增加值14.28亿元)。工业对经济增长的贡献率12.48%,拉动经济增长1.98个百分点。完成工业投资7.93亿元,技术改造投资9.50亿元。工业主要产品产量:自来水(生产量)1422.09万立方米,配混合饲料3.79万吨,乳制品3798吨,罐头1898吨,家具2.86万件,中成药830.12吨,商品混凝土147.90万立方米,钢材13.99万吨。投入1.30亿元用于工业区基础设施开发建设,三塘工业集中区一期入区企业有广西嘉捷科技发展有限公司、广西动力源科技发展有限公司、广西博迅机械有限公司、南宁兴典混凝土有限责任公司、广西金恒丰投资有限公司等5家,已全部开工,其中南宁兴典混凝土有限责任公司、广西金恒丰投资有限公司两家企业已建成投产,共投资约6亿元,用地约17.33公顷。二期入区项目7个,项目总投资8亿元,用地约30公顷。已完成28.60公顷的征收工作,正在向市国土交易中心移交其中4个项目共约14.67公顷土地“招拍挂”出让,实现固定资产投资2.42亿元。

第三产业　国有企业有67家,集体企业40家,股份合作企业13家;私营企业1248家,从业1.27万人;有个体工商户3.03万户,从业7.72万人。完成社会消费品零售总额149.57亿元。第三产业增加值50.61亿元。以朝阳路为轴线的1.78平方公里范围内形成首府第一商圈——朝阳商圈,汇集南宁万达商业广场、兴宁路·民生路步行街、南宁百货大楼、民族商场、和平商场、交易场、新和平等商家。澳门街、西南商都、西关路旧改、凤凰宾馆职工宿舍楼旧改等商贸重点推进项目顺利建设,大和平、盛世·联邦广场开业运营。开展扩大内需、拉动消费系列活动及推进家电下乡工作,辖区内备案销售网点共41个,销售家电下乡产品3.19万台,销售额6116万元,发放补贴450万元。加快金源国际汽车城的培育发展,累计完成投资3亿元,有13家汽车4S店投入运营,19个汽车品牌入驻;与广西汽车经销商协会共同举办两届北部湾(南宁)汽车展,销售汽车约1万辆,成交额11.79亿元,比上年增长164.85%。进驻金桥物流区的大嘉汇·东盟国际商贸港项目累计完成投资2.80亿元,实现项目年内开工、年内竣工开业;金桥农产品批发市场项目累计完成投资4.56亿元,一期已完成销售,二期完成57.99公顷土地的征地工作。接待游客167万人次,旅游综合收入8700万元。

招商引资　做好项目引进和跟踪服务工作,及时掌握企业和项目的动态,加强对项目建设进度、资金到位的督促检查,组织队伍参加自治区、南宁市组织的各类经贸活动,拓展招商引资渠道,利用好各种渠道和线索,开展东部产业转移系列活动和东盟国家招商引资经贸交流工作，做好新项目尤其是外资项目的引进工作。共引进企业(项目)27个(内资企业、项目24个，外资企业3个)；合同引进内资53.08亿元，实际到位内资32.10亿元，比上年增长49.50%；新批合同外资3377万美元，直接利用外资1500万美元，实际利用外资(自治区全口径)1514万美元。

城乡建设　投入1723万元，完成小街小巷改造10条；推进街道“穿衣戴帽”和亮化工程，对13处建筑和节点进行立面装饰、清洗改造，对澳门街的楼宇亮化、长堽路三里等50盏路灯进行改造；对辖区市第九中学片区内涝进行整治、建设移动公厕2座和乡镇公厕5座；对镇北桥、银兴铁桥、银兴桥、鸡村沙江桥等4座桥梁进行维修、加固。探索和创新城市管理体制模式，城管执法中队派驻街道办事处指挥和管理，发挥街道属地管理的作用。对朝阳路、西关路、新华路周边市容卫生进行全面整治，规范设置西关路西巷、高峰路、西关路下段临时摊位200个。组织拆违23次，拆除违法建(构)筑物12.50万多平方米。创新征地拆迁工作机制，建立项目包干负责制，共完成征地面积380.22公顷，完成集体土地房屋拆迁面积13.03万平方米、国有土地房屋拆迁面积3.78万平方米。济南西路、南京路、杭州路扩建工程于11月底完成项目招标工作；完成龙湖蓝湾、金桥小区B地块内市政道路的项目方案评审和规划设计红线等前期工作。投入资金1101.07万元，完成小规格乔木种植32万株、大规格乔木6379株；投资14万元，新建一个1405平方米的中小型公共绿地。在全市率先开展并完成26.60平方公里噪声达标区的创建工作。投入1500多万元建设社会主义新农村，其中236万元用于路东村留肖坡壮族文化新村及三塘村蒙村坡“生态家园”两个试点项目建设。

【社会事业发展概况】

文明创建活动　2009年，兴宁区以巩固全国文明城创建成果为龙头，以拓展“能帮就帮”精神为动力，推进创建国家卫生城活动，逐步建立文明村镇(社区)、文明单位(机关)、文明小区(庭院)、文明窗口(行业)、文明学校等五大创建系列，促进全社会精神文明建设。

科教文卫体事业　投入科技事业经费526万元，引导和扶持科技创新，组织实施“超级稻推广”、“三农信息化网络平台建设”等17个项目，做好年度的“苦瓜大棚连作技术”、“发酵床养猪技术应用”等22个科技计划项目的申报立项工作。辖区有小学54所(社会办10所)，在校生2.55万人；初中14所(社会办4所)，在校生8068人；高中2所(社会办1所)，在校生879人。有教职工1450人。小学适龄儿童入学率及小学毕业生升学率均100%，辍学率为零；初中阶段入学率113.80%，辍学率0.35%；初中毕业生升高中毛入学率86%。实施教育惠民工程，资助家庭经济困难的学生646人(大学生163人，中小学生483人；女学生252人)。投入5594.70万元，完成辖区内校舍加固改造建筑面积29.37万平方米，其中用于教育基础设施建设投资1424.48万元，拆除危房面积5698平方米，华强路小学综合楼等16个项目开工建设，新建校舍面积1.36万平方米。抓好特色办学，虎邱小学乐遥遥农民工子女乐团、燕子岭小学燕之灵腰鼓艺术团、华佳学校艺术团等多次受邀出国、赴京演出。广泛开展非物质文化遗产普查工作，收集非物质文化遗产条目530条；组织对市级重点文物保护单位“南宁商会旧址”进行维修；为6个社区安装健身器材138件。有医疗卫生机构87个。其中：国有医疗卫生机构4个，村卫生所47个，个体医疗诊所37个；卫生技术人员(含乡村医生和保健员)322人，其中卫生院186人；病床118张。参加新型农村合作医疗农民11.86万人，参合率92.50%，筹集资金1320万元(农民个人缴纳237.12万元)，为农民报销医药费5.84万人次1135.61万元；实施“降低孕产妇死亡，消灭新生儿破伤风”项目，实际救助农村产妇467人，救助金额16.50万元；完善卫生基础建设，成立城区疾控中心，投入300多万元改扩建长堽社区卫生服务中心、各镇卫生院儿保室和增购救护车1辆。年度人口出生3243人，人口出生率9.45‰。

民政工作　审批城镇最低生活保障对象6.10万人次，发放低保金878.53万元；审批农村低保对象2.82万人次，发放保障金171万元；发放各类优抚对象抚恤金、定补金、工资154.52万元，退伍义务兵家属优待金33.24万元；临时救济3768人次，发放救济金95.94万元；给特困户、重灾民发放救济粮228.60吨，救济2775户9062人；安排倒房重建2户；发放冬令救灾物资2481件套。确定五保供养老人422人，发放五保供养定补金84万元。农村医疗救助3560人，发放医疗救助金42.28万元。办理结婚登记4241对，离婚登记974对。

劳动与社会保障　新增城镇就业8728人，下岗失业人员再就业1459人，帮助大龄就业困难人员再就业312人，城区消除零就业家庭。城镇登记失业率控制在3.50%。培训农村劳动力1300人，农村劳动力转移就业新增4028人。劳动保障监察立案25件，结案25件，涉及劳动者32人，为劳动者追回服装费、押金及工资5.40万元。参与突发事件处理12件，涉及农民工1.30万人，为农民工追回工资160多万元。

(徐曼春)

2009年兴宁区国民经济主要指标情况

项目	单位	实绩	比上年增长(%)
地区生产总值	万元	751622	15.88
第一产业	万元	53608	5.53
第二产业	万元	191922	16.38
工业	万元	142822	11.85
第三产业	万元	506092	17.03
农林牧渔业总产值	万元	87800	5.60
粮食总产量	吨	53493	0.18
全社会固定资产投资	万元	558342	53.51
实际利用外资	万美元	1514	31.65
社会消费品零售总额	万元	1495698	23.63
全部财政收入	万元	145025	15.47
地方财政一般预算收入	万元	30937	16.57
一般预算支出	万元	52488	29.44
城镇居民人均可支配收入	元	18075	11.37
农民人均纯收入	元	4965	10.80

2009 年兴宁区各镇、街道情况

名称	土地面积（平方公里）	村民委员会（个）	社区居民委员会（个）	自然屯（个）	年末人口（人）	耕地面积（公顷）	农林牧渔业总产值（万元）	粮食产量（吨）	农民人均纯收入（元）
三塘镇	192	13	4	79	54786	3660	35432	19082	4743
五塘镇	280	13	1	125	65280	4733	40638	24043	4645
昆仑镇	133	8	1	126	28079	1743	9095	9526	3910
民生街道	10	1	15		106728				8101
朝阳街道	45	2	17		105175	191	4298		3800

江 南 区

【概 况】 江南区位于南宁市区西南部，邕江南岸。东邻南宁经济技术开发区和良庆区；南连钦州市上思县；西接崇左市扶绥县；北与兴宁区、青秀区、西乡塘区隔邕江相望。土地面积 1154 平方公里。湘桂铁路、黔桂铁路、南防铁路和桂柳高速公路、南宁至友谊关高速公路、机场高速公路及邕江航道过境，南宁吴圩国际机场、南宁铁路南站坐落辖区内，区域内有江南港、西江港、金鸡港等港口，邕江大桥、中兴大桥、白沙大桥、清川大桥、永和大桥、葫芦鼎大桥、北大桥、桃源桥横跨邕江两岸。主要旅游景区景点有良凤江国家森林公园、大王滩风景区、扬美古镇、广西省土改工作团第二团团部旧址。主要矿产资源有煤、石灰石。主要地方特产有西瓜、扬美“三宝”（豆豉、梅菜、沙糕）。2009 年，辖 4 个镇、4 个街道（那洪街道由南宁经济开发区托管）、28 个社区、68 个行政村、780 个自然村（屯）。年末总人口 44.07 万（农业人口 24.19 万）。壮族人口 21.83 万，占总人口 49.33%。人口自然增长率 8.41‰。耕地面积 2.81 万公顷（水田 0.92 万公顷）；有林面积 1.67 万公顷，森林覆盖率 27%。地区生产总值 58.52 亿元；全部财政收入 9.20 亿元（地方财政一般预算收入 2.23 亿元），一般预算支出 4.50 亿元；城镇居民人均可支配收入 14870 元，农民人均纯收入 5018 元。获自治区人口和计划生育工作创新奖。吴圩镇获 2009 年度南宁市“十佳乡镇”称号。

【经济发展概况】

第一产业 2009 年，江南区实现农林牧渔业总产值 21.74 亿元。其中：农业 15.59 亿元，林业 6660 万元，畜牧业 3.85 亿元，渔业 8184 万元，农林牧渔服务业 8271 万元。第一产业增加值 13.71 亿元。粮食作物种植面积 1.80 万公顷，总产量 9.21 万吨。其中：水稻 1.18 万公顷，产量 6.85 万吨；玉米 5246 公顷，产量 2.37 万吨。经济作物种植面积 2.04 万公顷。其中：甘蔗 1.49 万公顷，产量 131.08 万吨；木薯 1906 公顷，产量 1.89 万吨；果园 2570 公顷，水果产量 3.15 万吨；蔬菜 1.97 万公顷，产量 40.90 万吨。肉类总产量 2.06 万吨，水产品产量 1.01 万吨。有农业产业化重点龙头企业 12 家，其中自治区级 6 家；农民专业合作经济组织 15 家，建设各类农业示范基地 23 处。建设高产优质粮食生产基地，完成超级稻种植 2900 多公顷；建立秋冬菜生产示范基地 8200 公顷；推进标准化规模养殖场建设，实施标准化养殖棚舍 10 个和生猪标准化规模养殖场建设项目 3 个，标准化规模养殖占畜禽饲养总量 70%以上。完成人工造林面积 463 公顷，新增造林面积 1033 公顷。推进集体林权制度改革，完成勘界面积 9060 多公顷，发证前公示面积 9060 多公顷，发证面积 7013.33 公顷。农村水利建设投入 2158.48 万元，完成水库除险加固 6 座，水毁工程修复 7 处，农村人饮水工程 14 处，渠道防渗工程 1.80 公里，沼气池 2411 座，土地整理 1 项，改善灌溉面积 9300 多公顷，解决 1.80 万人饮水安全问题。

第二产业 工业企业有 423 家，实现工业总产值 76.19 亿元。其中，规模以上工业企业 73 家，实现工业总产值 63.54 亿元，利税总额 3.96 亿元（利润 1.85 亿元）。第二产业增加值 27.29 亿元（工业增加值 22.89 亿元），工业对经济增长贡献率 33.51%，拉动经济增长 5.08 个百分点。完成工业投资 7.19 亿元，技术改造投资 15.66 亿元。工业主要产品产量：饲料 95 万吨，平板玻璃 453.90 万重量箱，塑料制品 3.21 万吨，中成药 5468 吨，大米 7.96 万吨，水泥 43.95 万吨，铝材 4383 吨，电力电缆 4.87 万千米，商品混凝土 71.59 万立方米，预应力混凝土桩 42 万米。江南区工业园区已建成投产的企业有 68 家，其中工业企业 55 家（规模以上工业企业 41 家，产值达亿元以上企业 5 家），商贸、仓储企业 13 家；园区工业总产值 22.79 亿元，比上年增长 47.99%，产品销售额 20.18 亿元，增长 44.88%，上缴税金 7576 万元，增长 50.26%。

第三产业 国有企业有 20 家，集体企业 93 家，股份合作企业 4 家；私营企业 1015 家，从业 2889 人，注册资金 2.84 亿元；个体工商户 9617 户，从业 1.74 万人，注册资金 1.63 亿元。实现社会消费品零售总额 66.42 亿元。第三产业增加值 17.52 亿元。继续抓好商圈培育和特色商业街打造提升，3 月 20~22 日在江南区汽车绿化休闲广场举办南宁市江南区 2009 年春季汽车展示会；5 月 9~10 日举办首届吴圩西瓜节；9 月 12~17 日在亭洪路 10+1 商业大道举办南宁第四届茶文化周活动。组织开展家电下乡活动，全年家电下乡销售额 1245.20 万元，发放财政补贴 126.50 万元。外贸出口额 11.41 亿美元。完成房地产开发建设投资 6.56 亿元，房屋施工面积 65.97 万平方米（新开工面积 26.31 万平方米），商品房销售 18.44 万平方米，销售额 6.81 亿元。接待游客 12 万人次，营业收入 46 万元，旅游综合收入 450 万元。

招商引资 拓宽招商渠道，利用中国—东盟博览会平台，开展承接东部产业转移招商活动，多次组织到北京、上海、台湾、广州、深圳等地考察招商，全年出访和接待重大企业客商 23 批次，引进邕江明珠房地产项目、南城百货购物中心（白沙店）等，合同引进内资 39.20 亿元，实际到位内资 17.66 亿元，实际利用外资 1070 万美元，直接利用外资 1000 万美元。

城乡建设 完成菠萝岭正街改造工程，白沙大道南侧道路完善工程，园林绿化种植树木 33.20 万株；完成永和大桥旁一块公共休闲小绿地建设。完成苏圩镇总体规划编制和江西镇智信村巷吞坡的村屯规划编制。加强城市管理执法工作和网络化科学管理，继续实施“城乡清洁工程”，拆除违法建筑 17.60 万平方米。完成建成区小街小巷改造 10 条，易涝点整治工程2个。农村危房改造14户，建筑面积800平方米。实施江西镇智信村巷吞坡、延安镇那齐村么表坡生态家园和吴圩镇坛白村那助坡示范村建设。完成城乡风貌改造（一期）工程，对南百高速公路沿线杨村、乐贤村、金鸡村111户房屋进行“穿衣戴帽”。建设通建制村水泥路10.86公里、社会主义新农村通屯道路3.20公里。实施贫困地区基础设施建设项目道路工程5个、人饮工程6个、独立桥梁1座，受益3757户1.44万人。

【社会事业发展概况】

文明创建活动 2009年，江南区开展“能帮就帮，服务三农”、“小手拉大手，社区献爱心”等形式多样的群众性精神文明创建活动，推进文明县区、文明社区、文明单位、文明村、军（警）民共建先进（标兵）单位创建活动，配合南宁市圆满完成全国文明城市公共文明指数测评迎检工作，获南宁市第六轮（2006~2008年）创建文明县区活动文明县区，辖区内被评为首府南宁创建全国文明城市先进单位20个、先进集体30个、先进个人100名。

科教文卫体事业 投入科技经费555万元，组织实施科技项目10个。实施到期通过验收的科技项目5个，其中市级科技项目5个。推广农业实用新技术，举办各种科技培训班85期，培训1.39万人次；推广蔬菜无公害栽培、节水灌溉新技术2项，种植面积1333.33公顷；示范推广西瓜大棚立式高效栽培技术，面积133.33公顷；推广间套种专用型西瓜品种配套栽培技术，面积533.33公顷。有小学78所（社会办10所），在校生3.69万人；初中26所（社会办10所），在校生1.22万人。小学适龄儿童入学率100%，辍学率为零，小学毕业生升学率100%；初中阶段入学率100%，辍学率为零；初中毕业生升高中毛入学率100%。推进教育“两基”（基本普及九年义务教育、基本扫除青壮年文盲）巩固提高工作，开展优质学校帮扶薄弱学校活动，促进城区教育加快均衡发展。通过财政划拨、学校自筹等方式共投入经费280万，完善中小学校教学设备。10月16日举办“五一路中国—东盟教育文化交流一条街”阶段性成果展示活动，富德小学与缅甸富庆市富庆学校共建姐妹友好学校。实施教育惠民工程，资助普通高中家庭经济困难的学生113人11.30万元；资助家庭经济困难大学新生51人5.40万元；资助初中、小学家庭经济困难学生569人8万元。实施文化惠民工程，开展百戏进乡村、扶持业余文艺队和电影下农村活动。有医疗卫生机构202个。其中：国有医疗卫生机构8个，乡镇卫生院7个，村卫生所118个，个体医疗诊所76个；卫生技术人员1896人（含市第二人民医院）；病床874张（市第二人民医院638张，乡镇卫生院236张）。农户自筹投资184.50万元，完成农村卫生户厕建造1715座。加强基层医疗卫生设施建设，通过广西农村初级卫生保健十年规划达标验收。参加新型农村合作医疗农民21.69万人，参合率90.20%，缴费433.77万元。开展卫生下乡活动22次，发放宣传资料3.60万份，为2700多人提供咨询服务，为2000多人提供免费健康体检服务。年度人口出生5454人、人口出生率10.76‰。新建篮球场41个，村级户外体育活动场地（乒乓球台）68个，健身路径7条；组织开展各项群众体育比赛活动62项1466场次。

10月16日，江南区“五一路中国—东盟教育文化交流一条街”阶段成果展在江南路小学举行
江南区宣传部提供

2009年江南区国民经济主要指标情况

项目	单位	实绩	比上年增长(%)
地区生产总值	万元	585235	15.20
第一产业	万元	137111	8.00
第二产业	万元	272940	17.60
工业	万元	228852	14.50
第三产业	万元	175184	17.60
农林牧渔业总产值	万元	217442	9.53
粮食总产量	吨	94269	1.79
全社会固定资产投资	万元	429219	50.99
实际利用外资	万美元	1070	-9.32
社会消费品零售总额	万元	664192	22.68
全部财政收入	万元	92048	9.93
地方财政一般预算收入	万元	22299	41.06
一般预算支出	万元	45027	20.07
城镇居民人均可支配收入	元	14870	12.80
农民人均纯收入	元	5018	9.88

2009年江南区各镇、街道情况

名称	土地面积（平方公里）	村民委员会（个）	社区居民委员会（个）	自然屯（个）	年末人口（人）	耕地面积（公顷）	农林牧渔业总产值（万元）	粮食产量（吨）	农民人均纯收入（元）
江西镇	214	10		103	45474	5672	43567	24515	5016
吴圩镇	394	10	2	133	82356	8213	62586	22560	5110
苏圩镇	223	15	1	118	64000	10033	63853	34713	4644
延安镇	132	5	1	69	25827	3501	28993	10035	5267
福建园街道	16.6	4	13	27	137503		62		
江南街道	24.9	3	6	23	85602		361		
沙井街道	46.3	9	2	49	37805	661	17990	2446	
那洪街道	68.5	12		50	11373	810		2833	3497

民政工作　审批城镇最低生活保障对象3.56万人次，发放低保金584.35万元；审批农村低保对象2.06万人次，发放保障金123.92万元。发放优待金、定补金、抚恤金142.78万元，重点优抚对象、参战退役人员、参战民兵生活补助金94.42万元，退伍义务兵家属优待金44.42万元；安置军转干部9人、随军家属就业3人，优先照顾部队子女就读149人。发放临时救济17人次3.05万元。给特困户、重灾民发放救济粮181.75吨（折款54.53万元），救济1855户2856人。发放救济衣被5376件套（折款24.07万元），救济困难群众1521户2470人。为680名五保户发放五保供养定补金68.06万元、救济粮122.40吨。农村医疗救助172人34.50万元，城市医疗救助168人45.34万元。免费为530对新婚夫妇进行地中海贫血筛查，为105名生活困难的城乡肺结核患者提供治疗，为1名贫困高危孕产妇提供救治。办理结婚登记4858对，离婚登记588对；办理收养登记8例。

劳动与社会保障　城镇新增就业1.09万人，下岗失业人员再就业人数3657人，城镇登记失业率3.13%。培训农村劳动力2888人，新增转移就业6100人。扶持、引导返乡农民工就近就地就业、创业1559人，新增规模以上返乡创业经济实体49家、返乡农民工创业品牌基地1家。劳动保障违法案件立案22件，结案率100%。公开考试录用劳动保障监察协查员14名并分配到各镇（街道）。完成辖区用人单位信息采集6312户。　（韦艳玲）

青　秀　区

【概　况】　青秀区位于南宁市区东南部。东邻横县、宾阳县；南连邕宁区，与良庆区隔邕江相望；西接西乡塘区，与江南区隔邕江相望；北与兴宁区接壤。土地面积872平方公里。是自治区和南宁市党、政、军机关及中国—东盟博览会会址所在地。有街道218条。郁江航道、湘桂铁路、桂海高速公路过境，设有长堽岭、屯里、五合、长塘、伶俐火车站和埌东客运站，三岸、伶俐、五合、独岭高速公路互通，城区中心道路网络四通八达。主要旅游景区景点有青秀山旅游风景名胜区、南湖公园、南湖名树博览园、南湖水幕电影综合水景、石门森林公园、金花茶公园、南宁国际会展中心、地王云顶观光、五象广场、民族广场、广西民族博物馆、广西民族文物苑、广西博物馆、广西科技馆、邓颖超出生地石刻和邓颖超纪念馆、雷沛鸿故居、洋关码头、伶俐镇横龙景区沱江漂流等。主要矿产资源有煤、石英砂、重晶石、石灰石。主要地方特产有甜竹笋。有仙葫经济开发区。2009年末，辖4个镇、5个街道、1个经济开发区、46个行政村、58个社区、276个自然村（屯）。年末总人口58.98万（农业人口18.05万）。壮族人口15.56万，占总人口26.39%。人口自然增长率6.76‰。耕地面积1.26万公顷（水田6850公顷）；有林面积3.39万公顷，森林覆盖率48.30%。地区生产总值105.33亿元；全部财政收入41.68亿元（地方财政一般预算收入9.27亿元），一般预算支出9.38亿元；城镇居民人均可支配收入21005元，农民人均纯收入4982元。被评为全国平安县区、全国科技进步先进县区，获全国和谐社区建设示范城区和自治区人口和计划生育工作先进奖。伶俐镇渌口坡被命名为广西农业旅游示范点。长塘镇、伶俐镇获2009年度南宁市"十佳乡镇"称号。

【经济发展概况】

第一产业　2009年，青秀区实现农林牧渔业总产值16.57亿元。其中：农业6.59亿元，林业9165万元，畜牧业6.44亿元，渔业3653万元，农林牧渔服务业2.26亿元。第一产业增加值9.42亿元。粮食作物种植面积1.57万公顷，总产量8.73万吨。其中：水稻1.18万公顷，产量6.67万吨；玉米3208公顷，产量1.86万吨。经济作物种植面积9234公顷。其中：甘蔗0.62万公顷，产量52.05万吨；花生2314公顷，产量5742吨；木薯734公顷，产量7187吨；蔬菜4985公顷，产量10.22万吨；果园1537公顷，水果产量1.09万吨。肉类总产量3.02万吨，水产品总产量4235吨。抓好农业产业结构调整，推广粮食高产优质品种，超级稻种植6800多公顷；按照"一村一品"的要求，发展刘圩镇的"食用菌村"、"桑蚕村"、"香芋村"，长塘镇的"甜瓜村"、伶俐镇的"水果村"、仙葫经济开发区的"蔬菜村"等"一村一品"经济项目，刘圩镇团黄村被自治区农业厅命名为"香芋村"。水利建设投入2651.37万元，完成水库除险加固4座，水毁工程修复10处，农村人饮工程12处，渠道防渗10.80公里。完成人工造林面积 873 公顷。

第二产业　工业企业有 104 家，实现工业总产值 21.35 亿元。其中，规模以上工业企业 28 家，实现工业总产值 8.24 亿元，利税总额 4022 万元（利润 1643 万元）。第二产业增加值 16.13 亿元（工业增加值 8.03 亿元），工业对经济增长贡献率 6.24%，拉动经济增长 1.15 个百分点。完成工业投资 8.42 亿元，技术改造投资 18.11 亿元。工业主要产品有化学农药、单色印刷、多色印刷、松香、服装商品、混凝土、塑料制品、香精及其他香料混合物（香精）、大气污染防治设备。伶俐工业集中区完成总规及核心区控制性详细规划，并通过市政府的审批；完成集中区约 73 公顷土地的规划红线定点及 12.40 公顷土地的预审工作。出台《南宁市青秀区中小工业企业扶持资金管理暂行办法》，安排 30 万元专项资金扶持市和昇香料香精有限公司、盛鸿混凝土有限公司等 8 家工业企业发展。仙葫开发区东区工业区引进总投资 3.10 亿元的广西国泰粮油食品精深加工搬迁技改项目。投入 1856.92 万元，重点推进南宁糖业股份有限公司伶俐糖厂蔗渣打包间（二次除髓）工程、沱江纸厂节能减排改造等技改项目建设。

第三产业　个体工商户有 2.40 万户，从业 7.59 万人。实现社会消费品零售总额 153.54 亿元。第三产业增加值 79.78 亿元。房地产开发建设完成投资 59.48 亿元，商住房地产开发建设施工面积 718.92 万平方米（新开工面积 192.08 万平方米），竣工面积 51.73 万平方米，商品房销售 181.16 万平方米，销售额 91.49 亿元。房地产税收 11.50 亿元，占城区财政总收入 27.59%。实施"服务企业年"活动，组织开展"法律服务进企业，百名律师进百企"、"和谐青秀居住榜样"房地产企业服务月、"美食天堂娱乐天地" 餐饮娱乐企业服务月、"数字青秀时尚生活" IT 企业服务月、"购物中心商贸基地"商贸企业服务月等专项服务活动；建立城区领导联系企业和走访企业制度，对辖区企业实行"一对一"、"一盯一"贴身服务，共走访企业 662 家，帮助企业解决实际困难和问题 315 个。华润置地有限公司、南宁国贸中心、九一天地百货、百佳华百货、华润万家超市和苏宁电器等大型商业企业入驻城区。发展旅游产业，推出"魅力青秀，都市观光一日游"精品旅游线路，重点发展"商务会展游"、"乡村休闲游"、"红色旅游"和"科普旅游"，伶俐镇渌口坡被命名为广西农业旅游示范点，青秀区被评为南宁市旅游工作先进县区。开展"商贸惠民工程"，投入专项资金 154.72 万元，新建柳沙农贸市场，改造新竹、华园、埌东六组、金葫 4 个农贸市场和伶俐、南阳、刘圩 3 个定点屠宰场；推进"家电下乡"、"农机下乡"活动，共销售"家电下乡"产品 1.10 万台，补贴金额 203.20 万元；销售农机具 1093 台（套），补贴金额 221.76 万元。

招商引资　坚持把招商引资作为扩大经济增量的主要抓手，采取引进来和走出去相结合，开展多渠道、多形式的全方位招商引资活动，合同引进内资 76.61 亿元，比上年增长 32.22%，实际到位内资 40.05 亿元，增长 30.15%；实际利用外资（广西全口径）2300 万美元，增长 47.63%；直接利用外资 2300 万美元。

城乡建设　配合南宁市抓好南宁火车东站的规划和建设，进一步完善道路交通、市政公共设施，仙葫大道改造工程基本完成；完成征地任务 33 宗，正在实施征地的 99 宗，已征用土地 766.71 公顷，完成国有房屋拆迁 13.27 万平方米。投入 3800 万元，完成剪刀路、桂春路北一里支巷路、航洋国际东侧路延长线、鸳鸯里小区道路小街小巷改造 16 条；投入 4664 万元实施"穿衣戴帽"、楼宇亮化工程和市政设施维护工程。建成通村屯道路 60.59 公里、便民候车亭 7 处。加强环卫清扫保洁工作，新招环卫工人 213 人，购置环卫人力车 300 辆、机械化作业车 8 辆，更换果皮箱 987 只。受理私房报建 581 宗，面积 20.50 万平方米，工程造价 1.17 亿元。继续实施"城乡清洁工程"，建立健全长效管理制度，制定《集中整治百日行动工作方案》、《巩固提高、拓展延伸、深入实施城乡清洁工程工作方案》、《清理整治小广告行为专项行动实施方案》、《集中整治施工运输车辆撒漏污染工作方案》、《整治流浪乞讨人员妨害交通、影响市容问题工作方案》等方案和措施，调动城管、环卫、市容协管员等专业队伍的积极性，加强管理整治，共清理流动摊点 4.42 万个次、跨门槛经营 4.46 万个次、夜市摊 5892 个次、非法小广告 16.52 万多处；城市管理指挥中心接收市指挥中心派发案件 5.50 万件，案件完结率 81.53%；长塘镇被列为南宁市城乡清洁工程示范镇。在 2009 年南宁市城乡清洁办组织的季度考评中，青秀区获第一、二、三季度南宁市市容市貌流动红（黄）旗评比第一名。

【社会事业发展概况】

文明创建活动　2009 年，青秀区以南宁市获得全国文明城市为契机，扎实开展公共文明指数测评活动和文明城区、文明社区、文明单位、文明行业创建活动；开展"能帮就帮，人人都是志愿者"、"能帮就帮，城乡联动共建文明"、"能帮就帮，诚实守信促和谐"活动，以"做一个有道德的人"系列活动为主线，加强未成年人思想道德建设，获市 2009 年文明县区达标竞赛活动评比总分第一名、2009 年未成年人思想道德建设测评总分第一名；辖区内南宁市国家税务局被评为全国文明单位；新竹社区获全国文明社区称号；被评为市级文明单位 4 个、文明社区 2 个、军（警）民共建先进（标兵）单位 2 对，绿色学校 5 所；被评为城区文明单位 2 个、文明村2 个、军（警）

2009 年青秀区国民经济主要指标情况

项目	单位	实绩	比上年增长(%)
地区生产总值	万元	1053303	18.45
第一产业	万元	94189	13.35
第二产业	万元	161294	24.05
工业	万元	80294	14.94
第三产业	万元	797820	17.90
农林牧渔业总产值	万元	165730	13.49
粮食总产量	吨	87311	5.81
全社会固定资产投资	万元	1940532	68.23
实际利用外资	万美元	2300	47.44
社会消费品零售总额	万元	1535368	18.89
全部财政收入	万元	416816	44.20
地方财政一般预算收入	万元	92725	40.63
一般预算支出	万元	93811	21.89
城镇居民人均可支配收入	元	21005	9.02
农民人均纯收入	元	4982	10.20

民共建先进单位2对。

科教文卫体事业　投入科技经费437万元,组织实施科技项目26个。实施到期通过验收的科技项目4个，其中市级科技项目2个、自治区级科技项目2个。实用新技术推广应用51项。举办各种科技培训班22期,培训6530人次。获2009年度自治区及南宁市科学技术进步奖励项目47个。其中:一等奖4个,二等奖18个,三等奖25个。有小学75所(社会办8所)，在校生3.62万人；初中10所,在校生6.35万人。有教职工2232人。小学适龄儿童入学率、毕业生升学率均100%,辍学率零;初中阶段入学率100%,辍学率零;初中毕业生升高中(含中等职业学校)入学率93.60%。组织开展“点亮希望·圆梦大学”捐资助学活动,共收到资助捐款10万元，资助50名大学新生每人2000元。根据自治区和南宁市《关于开展生源地信用助学贷款工作的通知》精神,实施大学生生源地信用助学贷款政策，城区内申请助学贷款的家庭经济困难大学生有78人,全部通过国家开发银行审核并获取贷款44.75万元。投资80万元,为长塘镇、南阳镇的10所小学和刘圩中学解决安全饮水问题。投资3109万元,新建校舍9栋,面积9330平方米;建成电脑室2间、校园网络系统2套,配置多媒体教学设备10套、学生课桌椅和讲台4508套及各种教学仪器设备(价值32万元)、图书9册(价值122万元)。开展文化市场和“扫黄打非”专项整治行动，共出动执法人员2400多人次,检查文化、新闻出版物经营单位(摊点)1400多家次，立案查处79件，罚款18.80万元；对30家娱乐场所下达整改通知书；收缴各类盗版音像制品8.60万余张(淫秽音像制品410张)、电子出版物4000多张(盒)、非法报纸(书刊)4000份(本),查扣游戏机主板140多块。举办2009年迎新年文艺演出、农民工艺术节、学习实践科学发展观宣传文艺晚会、庆祝中国共产党建党88周年合唱比赛;完成6个村级文化活动室、1个城区级信息资源共享支中心等文体基础设施建设，并为30个村级文化活动室配备文体设施,发放安装广播电视“村村通”卫星接收设备4793套。有医疗卫生机构236个。其中:国有医疗卫生机构24个(自治区、市属19个,乡镇5个),村卫生所46个,个体医疗诊所166个;区属卫生技术人员237人;病床860张(市级医院695张,乡镇卫生院165张)。开展社区卫生服务,设置社区卫生服务机构32个(服务中心11个,服务站21个)。成立城区疾病预防控制中心。新型农村合作医疗筹资每人每年从80元提高到100元,参加新型农村合作医疗农民17.02万人,参合率95.41%,缴费1701万元。年度人口出生5320人,人口出生率9.09‰;组织开展并参与大型的群众性体育活动400多场次,组队参加广西万村篮球赛、市农民趣味体育运动会、市第七届老年人运动会、第八届少数民族体育运动会;投资42万元，建设6条健身路径和8个村级(含社区)篮球场。春节期间,在镇、街道和开发区开展篮球、拔河、象棋、扑克牌、趣味体育竞赛等项活动232场次。

民政工作　审批城镇最低生活保障对象4.15万人次,发放低保金689.39万元;审批农村低保对象3.61万人次,发放保障金214.36万元。发放抚恤金、定补金414.68万元，退伍义务兵家属优待金64.65万元;安置退役士兵4人。临时救济17人次1.79万元。救济特困户、重灾民5806户1.83万人。投入资金2.20万元,重建水毁民房2户8间。发放冬令救灾床单1000张、鞋1000双、毛巾1000条、衣服3000件。确定五保老人999名,发放五保供养定补金189万元。新建长塘镇、伶俐镇、刘圩镇3所敬老院;为846名90周岁以上的寿星发放津贴17.28万元。农村医疗救助106人14.19万元。免费为1772对新婚夫妇开展地中海贫血筛查。办理结婚登记8247对,离婚登记1260对。

劳动与社会保障　新增就业1.63万人，城镇下岗失业人员实现再就业3833人，帮助大龄困难人员再就业1263人。城镇登记失业率2.86%。继续实施农民就业培训工程,培训农村劳动力1.24万人,组织劳务输出0.54万人，农村劳动力转移就业新增5385人。接待群众来电来访234人次,立案查处19件,结案19件,为74名员工追讨工资22.5万元;检查用人单位457个，督促个体用人单位与员工签订劳动合同2.13万份。

(蔡光焱)

2009年青秀区各镇、街道、开发区情况

名称	土地面积(平方公里)	村民委员会(个)	社区居民委员会(个)	自然屯(个)	年末人口(人)	耕地面积(公顷)	农林牧渔业总产值(万元)	粮食产量(吨)	农民人均纯收入(元)
长塘镇	190	8	1	254	29636	2502	27153	14679	4366
伶俐镇	264	8	1	64	34457	2439	25221	17641	4553
南阳镇	97	7	1	45	31823	2387	30471	19972	4673
刘圩镇	158.9	14	1	46	54285	4208	53385	29463	4417
新竹街道	8.5	1	15		141826		18271		7680
中山街道	10.1	2	14		99297	8	480		4982
建政街道	10.1	1	6		46818	7	234		4300
南湖街道	36.4	2	5		107800	118	5074	364	6580
津头街道	65	6(园艺场3个)	9	村民小组60个	94416	62	1259	625	7868
仙葫开发区	75	3	2	35	12930	800	4554	4717	4865

西乡塘区

【概　况】 西乡塘区位于南宁市区西北部。东邻兴宁区，南与江南区隔邕江相望，西连扶绥县、隆安县，北与武鸣县接壤。土地面积1298平方公里(含驻地中直、自治区直、市直单位占地)。南宁至昆明、南宁至贵阳两条高速公路于石埠、安吉街道和坛洛镇设有出入口；南宁市快速环道和高速外环道路贯通辖区；南宁铁路局及南宁火车站、南宁港、南宁高新技术产业开发区、南宁市相思湖新区坐落在境内。辖区内有大中专院校50多所和科研院所20多所以及高、中级教学、科研、推广人员3万多人。主要旅游景区景点有南宁动物园、广西八桂田园(广西现代农业技术展示中心)、南宁希望田野(广西现代农业科技示范园)、坛洛金满园(广西甘蔗果树良种繁育中心)、心圩天雹水库(南宁圣天宝风景区)、石埠"美丽南方"景区、下楞民俗文化村、心圩越南中央学舍区(广西南宁育才学校)总部旧址、中尧黄氏家族民居、四联林氏古祠、陈东老屋、粤东会馆等。矿产资源主要有煤、石灰岩、高岭土等。主要地方特产有"洛洛香"牌香蕉和花卉、甜瓜等。2009年，辖3个镇、10个街道(心圩街道由南宁高新技术产业开发区托管)、69个行政村、76个社区、372个自然村（坡、屯)。年末总人口77.97万（农业人口26.21万)。壮族人口28.89万，占总人口37.14%。人口自然增长率7.16‰。耕地面积1.84万公顷(水田5222公顷)；有林面积1.78万公顷，森林覆盖率17.25%。地区生产总值90.35亿元；全部财政收入16.50亿元(地方财政一般预算收入3.44亿元)，一般预算支出7.61亿元；城镇居民人均可支配收入14426元，农民人均纯收入4647元。西乡塘区被定为自治区社会主义新农村建设科技示范区，获国家科技部授予2007~2008年度全国科技进步考核先进县区；被自治区评为2008年度广西招商引资工作先进县区（一等奖)，计划生育优质服务先进县区，人口和计划生育工作进步奖；西乡塘区政府征兵办公室被国防部评为全国征兵工作先进单位，双定镇和强村那淡坡被评为自治区级文明村屯。金陵镇金陵香蕉协会被评为全国科普惠农兴村计划先进单位，金陵镇获2009年度南宁市"十佳乡镇"称号。

【经济发展概况】

第一产业　2009年，西乡塘区实现农林牧渔业总产值20.68亿元。其中:农业11.99亿元，林业1477万元，畜牧业6.98亿元，渔业8916万元，农林牧渔服务业6600万元。第一产业增加值12.69亿元。粮食作物播种面积1.29万公顷，总产量6.50万吨。其中:水稻7926公顷，产量4.44万吨；玉米4180公顷，产量1.90万吨。经济作物种植面积1.13万公顷。其中:花生3095公顷，产量0.71万吨；甘蔗4410公顷，产量27.30万吨；木薯3767公顷，产量3.55万吨；果园1.50万公顷，水果产量33.20万吨(香蕉1.34万公顷，产量30.38万吨)；蔬菜1.11万公顷，产量21.16万吨。肉类总产量3.63万吨，牛奶产量1142吨，水产品产量1.11万吨。完成人工造林77公顷。投资9000多万元，实施新农村基础设施建设项目81个，其中完成农田水利项目48个(含水库除险加固6座和硬化渠道工程5.10公里)。巩固超级稻、香蕉、甜瓜、木薯、甘蔗、蔬菜等高产优质农产品万亩规模种植示范基地6个，畜、禽、鱼、虾、龟(鳖)等标准化养殖小区16个，扶持"一村一品"种植养殖专业村30个。市政府拨给财政资金100万元，扶持坛洛千亩现代农业示范园建设。发放农业"三项"财政补贴资金1346.04万元，其中良种补贴235.25万元，农资综合补贴773.31万元，农机购置补贴337.48万元。有农民专业合作经济组织29个。其中：种植业14个，渔业8个，畜牧业1个，农机6个。投入集体林权制度改革经费77.73万元，完成调查摸底林改面积1.72万公顷，占林地总面积90.11%；完成林地勘界面积1.02万公顷；完成发证林地面积6240公顷，占61.41%。

第二产业　工业企业有650多家，实现工业总产值70.16亿元。其中，规模以上工业企业72家(产值达亿元企业13家)，总产值48.56亿元，利税总额5.14亿元(利润3.05亿元)。第二产业增加值28.67亿元(工业增加值24.43亿元)。工业对经济增长贡献率20.70%，拉动经济增长3.52个百分点。完成规模以上工业企业投资16.24亿元，技术改造投资19.50亿元。工业主要产品产量：水泥395.22万吨，商品混凝土130万立方米，人造板23.77万立方米，木薯淀粉3.03万吨，啤酒10.97万千升，配混合饲料20.70万吨。南宁再生资源产业基地和南宁锦虹棉纺织有限责任公司生产基地异地搬迁改造项目入住北湖工业集中区；三星复合肥料厂、金道海锰业公司、南宁航盛新型建材有限公司落户金坛工业基地。3月，华润水泥(南宁)项目二期工程竣工投产，两条生产线具有年产熟料310万吨和水泥400万吨的生产能力，年销售收入10亿元，上缴税金超亿元。

第三产业　国有企业有582家，集体企业62家，股份合作企业29家；私营企业2028家，注册资金41.70亿元；个体工商户2.30万户，从业6.74万人，注册资金223亿元。实现社会消费品零售总额151.46亿元。第三产业增加值48.98亿元。辖区"一园一带一中心六商圈"(安吉物流园、邕江北岸沿江经济开发带、城北餐饮娱乐中心、安吉商业圈、秀灵中路商业圈、大学路—北大路商业圈、南棉街商业圈、人民西路商业圈、"三华" 商业圈)的商贸流通产业格局已成规模，并逐步升级。分布有各类大中型市场50多家。其中:建筑、装饰材料4家，机电五金6家，家具4家，超市、综合10多家，农产品批发和农贸20多家，小商品、副食品批发3家，医药批发3家。完成房地产开发建设投资16.39亿元，房屋施工面积438.65万平方米，竣工面积212.94万平方米，商品房销售面积30.40万平方米，销售额15.07亿元。广西东盟工业产品贸易中心项目和广西工业器材城项目落户安吉物流园。接待游客90.50万人次，旅游综合收入1500多万元。利用自治区、南宁市旅游发展补助资金30万元，投入建设石埠"美丽南方"景区基础设施。开展家电、汽车、农机下乡活动，共销售各类下乡家电1.62万台件，销售金额3264.36万元，发放补贴资金424.37万元；销售下乡汽车、摩托车447辆，销售金额1228.84万元，发放补贴资金115.29万元；销售农机952台套，发放补贴资金337.48万元。4月16~19日和9月25~27日，与广西日报社、广西机电设备有限公司联合举办广西第十五届汽车交易会和2009年国庆广西汽车展销会，成交汽车2413辆和2009辆；4月25日至5月3日，举办唐人文化节和水街美食节；10月15~28日，举办2009年西乡塘区香蕉旅游美食节。

招商引资　抓住承接东部产业转移的机遇，以发展现代商贸物流业为重头戏，多渠道开展招商活动，利用重要出访及节会进行招商。新引进企业(项目)55个(外资2个、内资53个)，合同引进内

资 74.23 亿元，实际到位内资 37.86 亿元；新批合同利用外资 3959 万美元，实际利用外资 2739 万美元。

城乡建设　北湖北路延长线工程累计完成投资 3860 万元；新阳路北三里西段市政道路建设项目，计划投资 4738 万元，已到位资金 1000 万元。拆迁安置小区（金水湾花园）建设项目，一期工程完成征地面积 8 公顷，完成动迁面积约 9800 平方米，在建住宅楼 2 栋。投资 290 万元，完成小街小巷改造 11 条、内涝整治 2 处、设置移动公厕 2 座。建成柏涛湾小广场，占地面积 1566 平方米，绿地面积 1095 平方米。城乡风貌改造一期工程（项目点分布在南百高速公路沿线两侧和右江河谷走廊两岸 500~1000 米范围）和新增项目（新增城乡风貌改造项目点位于环城高速乐洲大桥至石埠收费站道路沿线两侧）共投资 6700 万元，完成民宅外立面装饰面积 53 万平方米、坡屋顶改造面积 3 万平方米以及 5 个村坡环境综合整治，工程涉及 2 个镇、1 个街道、9 个村、30 个坡（组）和 2 个单位共 2030 多户。完成种植大、小乔木 25 万株。继续实施城乡风貌清洁工程，城市道路全日保洁总面积 716 万平方米，日清运垃圾约 52 吨、粪便约 15 吨，依法拆除违法建筑 24 处 13.53 万平方米。实施新农村基础设施建设项目 81 个，其中建成路西村老直坡新农村示范村和金陵村大林坡、群南村定力坡、兴贤村言屋坡、中北村公交坡 5 个新农村生态家园村（坡）；通村通屯水泥路 30 条 105 公里、沼气池 200 座；农村人饮卫生安全工程 14 个，受益 2.50 万人。

【社会事业发展概况】

文明创建活动　2009 年，西乡塘区抓好思想道德建设，构建核心价值体系，包括：推进公民道德建设、抓好各种志愿服务活动、开展树典型与学道德模范活动。以群众性精神文明建设创建为主体，全面开展创建文明城区、文明行业、文明单位、文明社区、文明村镇以及军警民共建等一系列活动。打造特色文明，巩固创新成果，包括：巩固未成年人思想道德建设创新成果、突出“文明四园”（富裕田园、文化乐园、生态家园、平安庄园）建设、在城区农村集贸市场开展创建“文明集市”活动等。双定镇和强村那淡坡被评为自治区级文明村屯；获市级文明单位 1 个、文明村（社区）2 个、军（警）民共建先进单位 4 个。

科教文卫体事业　投入科技经费 1042 万元。组织实施科技项目 9 个，实施到期通过验收的科技项目 7 个。其中：市级科技项目 8 个、国家级科技项目 1 个（国家级星火计划——“香蕉专业型科技新农村建设关键技术开发与应用”项目）。新建广西大学与南宁青岛啤酒有限公司科企联合工作站，城区科企工作站增至 3 个。实施“西乡塘区香蕉产业发展科技支撑体系建设示范”、“金陵镇刚德村‘黄沙鳖专家大院’建设”、“西乡塘区主导产业——香蕉生产标准化应用与推广示范”、“石埠奶牛品种改良推广示范”、“石埠百合花法人式科技特派员制度试点”、“金陵肉鸡优良品种繁育创新示范”、“双定四季蜜杧反季节丰产栽培示范”、“金光淀粉厂污水处理、节能减排和更新产品综合技术开发”、“虎邱钢材市场信息化管理系统平台构建”等实用新技术示范推广项目。举办各类种植养殖技术培训班 32 期，培训 7200 多人次。路西村花木协会、金陵镇刚德村黄沙鳖养殖协会被评为南宁市优秀农村专业技术协会。城区管理的小学 98 所（社会办 8 所），在校学生 5.64 万人；初中 12 所，在校生 1.54 万人；九年一贯制公办、民办学校 31 所，在校生 8053 人；特殊教育班 4 个，学生 40 人。有教职工 5192 人。城区适龄儿童入学率 100%，辍学率为零，小学生毕业升学率 100%；初中阶段毛入学率 121%，辍学率 0.51%。实施教育惠民工程，资助小学、初中家庭经济困难的学生 532 人 27.70 万元；资助家庭经济困难的大学生 40 多人 9 万多元。投资 4771 万元，新建小学教学楼 11 栋和小学宿舍楼 1 栋，总建筑面积 4.09 万平方米。组织 230 名小学生参加“广西小学华罗庚金杯”赛，获一等奖 21 人；新阳路小学代表广西参加在长沙举办的全国品德与生活（社会）课教学观摩展示活动，获一等奖；北湖路小学与隆安县丁当镇中心小学合作完成的作品《鸡宝宝孵出来了》获全国一等奖，并被中央电教馆选送巴西代表中国参加“英特尔全球教师创新”大赛。举办首届唐人文化节活动；实施文化惠民工程，组织百戏进乡村演出；组织 200 多人参加中央电视台等多部门联合举办的“激情广场大家唱”南宁专场演出活动。继续实施南宁市为民办实事“电视村村通”项目，完成 25 个村点 750 户卫星电视信号接收设备安装。辖区有自治区、南宁市、武警直属等级医疗机构 13 个，民营医疗机构 10 多个；城区直属医疗机构 8 个，在职人员 183 人，病床 178 张，社区医疗服务机构 36 个，村卫生所（站）96 个（不含农村个体诊所和社区个体诊所）。参加新型农村合作医疗农民 23.48 万人，参合率 91.16%，新农合医疗基金 2348.02 万元（个人缴款 469.60 万元，国家财政补贴 1878.42 万元），获新农合补偿 1.55 万人次 1348.33 万元。辖区内有 3 所中小学校出现甲型 H1N1 流感病人散发病例，有 11 所高等院校发生甲型 H1N1 流感局部暴发疫情，累计被隔离治疗发热学生 701 人，被留校进行医学观察的密切接触学生 1452 名。完成农村卫生户厕建造 200 多座。年度人口出生 8932 人，人口出生率 9.52‰；组队参加南宁市首届妇女运动会，获拔河比赛第二名；参加南宁市第九届少数民族运动会，获银牌 3 枚。组织金陵镇陆平村公鸡坡 5 队、流江 2 队，坛洛镇下楞村 8 队，金陵镇陆平村公鸡坡 14 队、7 队等 22 支龙舟队参加市端午节国际龙舟邀请赛，分别获第四名至第六名。承办“唐人文化园”杯业余篮球联赛，有 24 支球队 200 多名运动员参赛。新建村级篮球场 25 个。

民政工作　审批城镇最低生活保障对象 10.54 万人次，发放低保金 1565.24 万元；审批农村低保对象 3.77 万人次，发放保障金 212.80 万元。发放抚恤金 117 万元、优待金 67 万元；给优抚对象发放定期抚恤金 47.10 万元；安置军属 18 名。发放冬令春荒救济衣被 3435 件套，折款 24.30 万元，救济 1654 户 3162 人；发放救济粮食 205.50 吨，折款 65.80 万元，救济 2134 户 4340 人（含五保户）。投入 14.50 万元，完成 10 户农村特困户危旧房改造。确定五保老人 310 名，发放五保供养定补金 24.21 万元。投入资金 150 万元，新建西乡塘区福利院，扩建金陵镇敬老院。医疗救助 413 人 100.75 万元。免费为 600 对新婚夫妇进行地中海贫血筛查，为 110 名生活困难的肺结核患者提供治疗，为 4 名贫困高危孕妇提供救治。办理结婚登记 9000 多对，离婚登记 1500 多对。

劳动与社会保障　新增就业 1.78 万人，城镇下岗失业人员再就业 6536 人，帮助大龄就业困难人员再就业 1969 人，帮助“零就业家庭”实现就业和再就业 5 户，城镇登记失业率控制在 3.52%。培训农村劳动力 4251 人，组织劳务输出 2163 人，农村劳动力转移就业新增 4846 人。成立村级劳动保障工作站 70 个。举办招聘会 16 场次，提供就业岗位 3500 个，解决 2623 名返乡农民工重新就业问题。举办职业技能培训班 9 期，培训 709 人次。

12月1日，中国电信集团从西乡塘区坛洛镇援购500吨“爱心香蕉”发往黑龙江、河北、湖南等省，自治区副主席陈章良（左五）出席发车仪式　　李如卿　摄

受理投诉案件17件，立、结案率均100%。协调处理因拖欠农民工工资而引起的群体性突发事件19件，涉及农民工1372人，追回拖欠工资共644万元。督促辖区内的国有、集体、私营企业签订用工劳动合同分别为2.04万人、3.70万人、4.24万人，签订率分别为99.80%、99.60%、98.10%。

【西乡塘区香蕉旅游美食节】 2009年10月15~28日，由西乡塘区委、区政府、南宁市旅游局联合举办的2009西乡塘区香蕉旅游美食节先后在民生广场主会场和唐人街文化园、坛洛镇、石埠“美丽南方”分会场隆重举行。主题为“以瓜会友、以情待人”。活动内容主要有开幕式、“蕉王争霸”擂台赛、“蕉香天下”主题文艺表演和包括香蕉美食产品展卖的美食街等四大类，其中美食街设展位200多个。21日，在主会场举行的“蕉王争霸”擂台赛上，来自坛洛镇珠湖村的蕉农马标孝和孟宜家送来参赛的香蕉分别被评为“香蕉王”和“质量王”。前者参赛的单弓香蕉重87.50公斤。22日，在坛洛镇分会场上，坛洛镇表彰奖励“十大能人”、“十大重量蕉王”、“十大质量蕉王”，并正式挂牌成立“洛洛香”供求信息中心。唐人文化园分会场节庆活动于15~28日举行，参与商家300多家，参与销售的各种字画、古董、旅游、生活用品等商品5000多件个，期间还举办奇花异石、古董字画，“蕉园风采”摄影比赛，“美丽南方”画展等各类文化艺术活动。21~28日，石埠“美丽南方”分会场开展以瓜乡听戏、瓜间情缘、瓜果美食、瓜田趣事等为主体的一系列乡村旅游美食活动。

【香蕉应急促销】 2009年，西乡塘区香蕉种植面积1.34万公顷，总产量30.38万吨，属香蕉大丰收之年。但是，由于受2008年早春冻雨灾害和2009年夏秋高温干旱灾害的影响，香蕉成熟期与广东、海南、福建、云南等省及自治区内其他市县产地香蕉成熟期趋同，市场饱和而滞销；加上11月上、中旬受冷空气侵袭，南方降温，北方早雪，交通受阻，香蕉无法北运。11月初，西乡塘区坛洛、金陵、双定镇香蕉低价滞销现象开始显现，至中旬，香蕉价格由11月2日的每公斤0.90~1.00元降到每公斤0.40~0.60元，比上年同期的每公斤1.20~1.40元降低一半多。11月19日，中共中央总书记胡锦涛对广西香蕉销售问题作出重要指示后，21日晚，城区党委、政府召开紧急工作会议，成立以四家班子主要领导担任组长的西乡塘区香蕉销售服务工作领导小组，并于次日印发《南宁市西乡塘区贯彻落实胡锦涛总书记关于广西香蕉销售问题的重要指示精神实施方案》的通知，加强组织、协调、指导和市场营销等工作；组织发动辖区机关干部职工、青年志愿者和爱心小分队、支部联建单位等购买“爱心香蕉”，同时在坛洛、金陵、双定镇设立“爱心香蕉”供应点，并在城区机关和3个镇开通“爱心香蕉”采购热线电话，落实自治区、南宁市香蕉专项财政补贴政策，在3个镇设立香蕉专项财政补贴发放点，实行24小时值班制度；加强香蕉主产区道路交通管理和社会治安管理，维护正常交通秩序和社会稳定；组织足够的劳动力服务于香蕉处理、包装、装车等；组织农业专家、科技人员到香蕉生产基地进行留树、保鲜、延熟技术指导。26日，在南宁举行广西香蕉产销对接暨鉴赏活动中，西乡塘区与客商签订香蕉购销合同5000吨，金额700万元。从11月25日起，在政策措施的作用下，加上天气逐步回暖，城区香蕉销售量和价格亦逐渐回升，到30日，香蕉销售难的问题得到初步缓解。至12月底，香蕉价格回升到每公斤1.50元左右。11月22日至12月31日，城区累计应急促销外运香蕉16.36万吨，助销“爱心香蕉”693吨(12月1日，中国电信集团从西乡塘区坛洛镇援购“爱心香蕉”500吨)；累计发放香蕉专项财政补贴547.04万元，其中发放香蕉外销运费补贴109.64万元，蕉农售销香蕉补贴437.40万元。蕉农减少经济损失约1.22亿元。

（陆永龙　陆寿成）

2009年西乡塘区国民经济主要指标情况

项目	单位	实绩	比上年增长(%)
地区生产总值	万元	903490	17.00
第一产业	万元	126913	18.90
第二产业	万元	286745	18.30
工业	万元	244289	15.60
第三产业	万元	489832	15.90
农林牧渔业总产值	万元	206800	17.80
粮食总产量	吨	64985	1.20
全社会固定资产投资	万元	707651	61.99
实际利用外资	万美元	2739	61.69
社会消费品零售总额	万元	1514613	19.36
全部财政收入	万元	165040	25.71
地方财政一般预算收入	万元	34359	21.13
一般预算支出	万元	76100	27.90
城镇居民人均可支配收入	元	14426	11.43
农民年均纯收入	元	4647	9.90

2009 年西乡塘区各镇、街道情况

名称	土地面积（平方公里）	村民委员会（个）	社区居民委员会（个）	自然屯（个）	年末人口（人）	耕地面积（公顷）	农林牧渔业总产值（万元）	粮食产量（吨）	农民人均纯收入（元）
金陵镇	197	13	1	57	64502	3581	51554	15632	5298
坛洛镇	335	19		160	74886	3351	73880	29037	5109
双定镇	187	6		32	29598	8835	35996	10243	5160
西乡塘街道	20	1	13	1	132822				
北湖街道	14.50	2	16	2	124405				
衡阳街道	4.50	2	13	2	89693				
华强街道	2.30		5		23364				
新阳街道	4.50	2	13	2	89693				
上尧街道	10	3	4	3	61627				
安吉街道	16	4	7	7	87706	144	5441	733	4993
安宁街道	28	6	2	37	26146	463	12935	471	4729
石埠街道	128	11	2	69	39673	1990	27004	8869	4021
心圩街道	19	8	1	39	42981				

邕 宁 区

【概　况】 邕宁区位于南宁市区东南部。东邻青秀区、横县，东南连灵山县，南接钦州市钦北区，西和西南连良庆区，北邻邕江与青秀区相望。蒲庙镇为城区所在地。土地面积 1255 平方公里。黎塘至南宁铁路南环线、国道 050 线、省道 101 线和邕江航道过境。五象大道延长至蒲庙镇，蒲庙大桥、仙葫大桥横跨邕江连接青秀区。有邕宁至浦北二级公路（在建）。主要旅游景区景点有蒲津公园、五圣宫、那莲戏台、北帝庙、新江桥（皇赐桥）、雷婆岭摩崖石刻、徐汉林烈士陵园、清水泉、顶蛳山贝丘遗址、英雄水库。主要矿产资源有铜、铅锌、重晶石、石灰石、泥岩、黏土、河砂等。主要地方特产有甘蔗、水果、淮山、肉鸡、瘦肉型猪、芝麻鸭。2009 年，辖 3 个镇、2 个乡、65 个行政村、9 个社区、455 个自然村（屯）。年末总人口 33.14 万（农业人口 28.50 万）。壮族人口 30.66 万，占总人口 92.50%。人口自然增长率 10‰。耕地面积 3.41 万公顷（水田 1.38 万公顷）；有林面积 4.76 万公顷，森林覆盖率 30.80%。地区生产总值 32.94 亿元；全部财政收入 1.91 亿元（地方财政一般预算收入 4948 万元），一般预算支出 4.77 亿元；城镇居民人均可支配收入 14158 元，农民人均纯收入 4377 元。蒲庙镇红星社区获国家减灾委员会、国家民政部授予全国综合减灾示范社区称号。

【经济发展概况】

第一产业　2009 年，邕宁区实现农林牧渔业总产值 24.10 亿元。其中：农业 11.98 亿元，林业 4350 万元，畜牧业 10.75 亿元，渔业 6914 万元，农林牧渔服务业 2432 万元。第一产业增加值 14.40 亿元。粮食作物种植面积 2.72 万公顷，总产量 14.18 万吨。其中：水稻 2.23 万公顷，产量 1.66 万吨；玉米 3318 公顷，产量 1.66 万吨。经济作物种植面积 2.51 万公顷。其中：甘蔗 1.84 万公顷，产量 119.67 万吨；木薯 1397 公顷，产量 1.46 万吨；果园 5882 公顷，水果产量 2.27 万吨；蔬菜 0.85 万公顷，产量 16.25 万吨。肉类总产量 5.11 万吨，水产品产量 8590 吨。完成人工造林面积 260 公顷。水利建设投入 2293.78 万元（中央资金 1003 万元，地方配套资金 1290.78 万元），完成水库除险加固 6 座、防洪堤维修加固 2 处、渠道防渗工程 1 处、水坝建设工程 1 处，建成人饮水工程 10 处，解决 1.20 万人农村饮水困难问题。实施新农村建设科技示范（试点）项目，推进蒲庙镇孟连村香葱、新江镇屯亮村韭菜、那楼镇罗马村桑蚕、百济乡仁里村芝麻鸭、中和乡那才村菠萝等五大特色产业的发展，逐步形成"一村一品"的产业格局。在新江镇建立高产高效韭菜生产示范基地 33.33 公顷，引进韭菜"顶丰 5 号"、"顶丰 9 号"、"平韭 4 号"等新品种进行示范推广，并在中心示范片装三盏频振性诱虫灯，推广应用无公害蔬菜生产技术；在蒲庙镇孟连村建立以香葱为主的高产高效香料蔬菜生产中心示范片 53.33 公顷，成立邕蒲香葱专业合作社组织，发展会员 652 户，辐射带动蒲庙镇 333.33 公顷香葱产业发展。实施《桑蚕优质高产高效技术集成示范与推广》和《桑杆开发食用菌示范推广》项目，建立 66.67 公顷高产高效种桑养蚕示范区 1 个、中心示范片 2 个，推广面积 2653.33 公顷，推动城区 3333.33 公顷种桑养蚕产业发展；在蒲庙镇华康村稔床坡建立桑杆食用菌示范基地，培育桑杆培育食用菌新兴农业产业。实施"红龙果新品种引进与大面积栽培高产技术示范推广"专项，以南宁振企农业科技开发有限公司为龙头，在蒲庙镇联团村建立 333.33 公顷红龙果高产栽培技术示范基地，建成广西面积最大的红龙果科技示范园，带动红龙果特色产业发展。实施"十里养殖长廊专家大院建设"专项，建立 2 个家禽标准化养殖小区和 2 个生猪标准化养殖示范场，建立新江镇团阳村十里养殖长廊专家大院，推动蒲庙至新江养殖产业带发展。

第二产业　工业企业有 78 家，实现工业总产值 19.70 亿元。其中，规模以上工业企业 18 家，实现工业总产值 13.76 亿元，利税总额 3530 万元（利润-1274 万元）。第二产业增加值 10.40 亿元（工业增加值8.86亿元)。工业对经济增长贡献率19.30%，拉动经济增长1.74个百分点。完成工业投资3.24亿元,技术改造投资4.04亿元。工业主要产品产量:水泥产量101.61万吨,水泥熟料77.37万吨,机制纸7.70万吨,硫酸3万吨,商业混凝土12.90万立方米,精制茶3338吨。5月,年吞吐量60万吨的银泉码头开始营运。

第三产业　国有企业有68家,集体企业88家,股份合作企业18家;私营企业185家，从业581人，注册资金8222万元；个体工商户4513户，从业5590人,注册资金6.24亿元。实现社会消费品零售总额7.64亿元。第三产业增加值8.15亿元。外贸出口额259万美元。完成房地产开发建设投资9550万元,商住房地产开发建设施工面积2.13万平方米(新开工面积3358平方米)，竣工面积1.80万平方米，商品房销售面积1.80万平方米,销售额3757万元。境内旅游景点景区几乎免费开放，接待游客5万人次。

招商引资　组织招商分队参加南宁市赴奥地利、日本、韩国和国内的珠三角地区、长三角地区、厦门等地开展招商活动,走访企业60多家,邀请海内外的100多批客商到邕宁区考察洽谈投资项目。全年洽谈引资项目132个，签约项目16个，总投资额73亿元；合同引进内资15.20亿元，实际到位内资7.20亿元;实际利用外资550万美元，直接利用外资430万美元。

城乡建设　投资671.30万元，对红星路、康岭路等20条小街小巷进行路面、人行道改造和路灯改造;投资70万元,整治那元二巷等7个易涝点;投资20万元,在八鲤路建设移动公厕1座;投资10万元，在八尺江路进行公共小绿地建设,面积700平方米;投资15万元,改造蒲津公园大门及园区指示标志牌等。继续实施“城乡清洁工程”,出动执法车辆4895辆次,清理乱摆卖摊点1万多处、各种生活垃圾1.32多万吨，取缔1个马路市场,查处车辆乱停放4364辆次、垃圾乱扔1046起、乱贴小广告2000多处、工地乱象299处。在建蒲庙至那楼镇龙公路,全长29.30公里,累计完成投资1034万元。投资174.90万元,完成蒲庙镇良信村至广良村村道水泥路5.50公里；投资556万元,完成辖区内未通水泥路村屯道路6条12.95公里。4月,动工重建八尺江大桥,预算投资1.57亿元。

【社会事业发展概况】

文明创建活动　2009年，邕宁区以参与南宁市迎接中央文明办公共文明指数测评和市第七轮文明县区创建活动为抓手，突出庆祝中华人民共和国成立60周年和“两会一节”等主题,组织开展城区文明创建活动。以整治“脏乱差”为重点，开展每周星期五大清扫活动日和流动红(黄)旗检查评比。辖区单位邕宁区财政局、邕宁区检察院、市第四十一中学被评为自治区文明单位，武警南宁市支队十五中队、邕宁区国家税务局被评为自治区军(警)民共建先进单位;被评为南宁市文明单位1个；城区表彰的文明单位2个、文明村1个。至年末,累计有自治区级文明单位15个,市级文明单位(村)37个、文明社区7个,城区级文明单位(村)158个、文明社区1个。

科教文卫体事业　投入科技经费580.50万元，组织实施科技项目40个。实施到期通过验收的科技项目13个,其中城区级科技项目11个、市级科技项目2个。举办农村实用技术和致富技能等科技培训班276期,培训2.83万人次。有小学72所,在校生2.51万人;初中10所,在校生1.42万人;特殊教育学校1所,在校生60人;教师进修学校1所,在校生678人。有教职工2526人。小学适龄儿童入学率100%,辍学率为零;小学毕业生升学率100%;初中阶段辍学率0.80%,初中毕业生升高中毛入学率92%。实施教育惠民工程，资助家庭经济困难大学新生46人5.20万元,社会各界爱心人士资助中小学家庭经济困难学生30人1.15万元。受理158名生源地大学生助学贷款,有149名大学生获得助学贷款84.19万元。投资10万元,建成边远农村图书屋5间;投资1万元,组建村屯社区业余文艺队5个;投资68万元,建成全国文化信息资源共享邕宁支中心;投资40万元，建成新江镇徐汉林烈士陵园邕宁革命烈士纪念馆;完成农村广播电视“村村通”工程27个村点、810户电视卫星接收设备安装;投入56万元,为5个乡镇文化站及10多个村屯社区文艺队配送电脑、投影机、灯光、音响、乐器等文化设备;建立中和乡“壮族抢花炮”和蒲庙镇“壮族八音”非物质文化遗产保护、传承、培训基地;投入经费70.20万元,举办各种群众文化活动250场次，参加活动2.93万人次,观众20.79万人次;开展“百戏进乡村”活动,下乡送戏5场、送电影123场次。有医疗卫生机构141个。其中:国有医疗卫生机构9个(城区3个,乡镇6个),村卫生所70个,单位内部服务卫生所(室)4个,社区卫生服务站4个,个体医疗诊所54个;卫生技术人员709人(城区304人)；病床576张(城区365张,乡镇211张)。参加新型农村合作医疗农民25.45万人,参合率90.35%,缴费2545万元。年度人口出生3745人,人口出生率11.29‰。投资40万元,新建8个

2009年邕宁区国民经济主要指标情况

项目	单位	实绩	比上年增长(%)
地区生产总值	万元	329419	9.04
第一产业	万元	143989	7.15
第二产业	万元	103958	7.22
工业	万元	88605	5.80
第三产业	万元	81472	14.91
人均地区生产总值	元	9939	7.42
农林牧渔业总产值	万元	240965	6.76
粮食总产量	吨	141770	4.88
全社会固定资产投资	万元	144468	36.52
实际利用外资	万美元	550	37.50
社会消费品零售总额	万元	76404	18.03
全部财政收入	万元	19065	-21.01
地方财政一般预算收入	万元	4948	-4.02
一般预算支出	万元	47745	32.75
城镇居民人均可支配收入	元	14158	11.79
农民人均纯收入	元	4377	10.80

2009年邕宁区各镇乡情况

名称	土地面积(平方公里)	村民委员会(个)	社区居民委员会(个)	自然屯(个)	年末人口(人)	耕地面积(公顷)	农林牧渔业总产值(万元)	粮食产量(吨)	农民人均纯收入(元)
蒲庙镇	250	17	4	160	131532	14312	60115	33363	4525
那楼镇	354	20	2	92	90284	18945	84134	45359	4476
新江镇	165	8	1	61	30918	8024	30052	12568	4198
百济乡	310	13	1	105	45057	14431	36028	31382	4451
中和乡	176	7	1	37	33634	7046	30621	19088	4066

村级标准水泥篮球场；投资48万元，建成6条健身路径。组队参加南宁市第九届少数民族运动会，获金牌6枚、团体总分第二名；举办邕宁区第一届运动会，项目有篮球、气排球、羽毛球、乒乓球、门球、象棋、拔河、健美操等。

民政工作　审批城镇最低生活保障对象2.10万人次，发放低保金35.86万元；审批农村低保对象5.94万人次，发放保障金356.34万元。发放抚恤金、定补金、工资277.86万元，退伍义务兵家属优待金54.82万元。临时救济2032人次32万元。重建水毁民房30户75间。发放救助衣被等物1.33万床(件、套)。确定五保老人1866名，发放五保供养定补金300.70万元，发放五保户救济粮35.15万公斤、食用油补助款22.39万元。城乡医疗救助累计519人次119万元，其中城市医疗救助102人次23万元，农村医疗救助417人次96万元。为“低保人群”、“农村特困户”、“五保户”提供医疗费用全免或减免等救助，共医疗救助89人1.70万元。免费为94名生活困难的城乡肺结核患者提供治疗，为3010名贫困高危孕产妇提供救助，为251对新婚夫妇进行地中海贫血筛查。办理结婚登记3472对，离婚登记267对。

劳动与社会保障　新增就业1336人，城镇下岗失业人员实现再就业281人，帮助大龄困难人员再就业76人。城镇登记失业率3.70%。培训农村劳动力9726人，农村劳动力转移就业(即劳务输出)新增4054人。辖区各类企业与劳动者普遍依法签订劳动合同，签订率98%以上。各类企业劳动合同签订人数9016人；个体工商户劳动合同签订人数1845人。受理举报投诉的案件9件，立案4件，结案4件，撤诉4件。立案查处的案件全部涉及拖欠农民工工资，涉及劳动者50人，共追发劳动工资待遇金额5.42万元。　（奚少婷）

良 庆 区

【概　况】良庆区位于南宁市区南部。东邻邕宁区，南接上思县、钦州市钦北区，西连江南区，北隔邕江与青秀区相望。土地面积1379平方公里。南宁至北海高速公路、市外环高速公路、南宁至北海二级公路、南宁至防城铁路、湘桂铁路过境，有良庆、那马、玉洞3个高速公路出入口，宁村、那铺、大拟、百浪4个火车站。主要旅游景区景点有五象岭森林公园、大王滩风景区、凤亭湖、绿温泉、竹泉岛、那兰生态自然村(白鹭村)、蕾帽岭摩崖石刻。主要矿产资源有铁、铅、锌、铜、钛、重晶石、花岗岩、石灰石。地方土特产有南晓土鸡、芝麻鸭、龙眼、荔枝、杧果、西瓜、红龙果、菠萝、柠檬、淮山、彩色蚕茧等。有广西最大的私营企业工业园——良庆经济开发区。2009年，辖5个镇、1个街道、12个社区、57个行政村、436个自然村(屯)。年末总人口23.19万(农业人口20.13万)。壮族人口20.97万，占总人口90.42%。人口自然增长率13.42‰。耕地面积1.74万公顷(水田1.10万公顷)；有林面积5.80万公顷，森林覆盖率42.10%。地区生产总值58.54亿元；全部财政收入3.88亿元(地方财政一般预算收入1.43亿元)，一般预算支出4.08亿元；城镇居民人均可支配收入13813元。农村居民人均纯收入4799元。被评为全国科技先进县区、广西科学发展进步县区。大塘镇南荣村获全国民主法治示范村称号；南晓镇获2009年度南宁市“十佳乡镇”称号，那陈镇获2009年度南宁市乡镇经济进步奖。

【经济发展概况】

第一产业　2009年，良庆区实现农林牧渔业总产值20.60亿元。其中：农业12.27亿元，林业1亿元，畜牧业6.50亿元，渔业6500万元，农林牧渔服务业1800万元。第一产业增加值12.46亿元。粮食作物种植面积2.05万公顷，总产量9.67万吨。其中：水稻1.63万公顷，产量1.76万吨；玉米2671公顷，产量1.26万吨。经济作物种植面积4.83万公顷。其中：甘蔗1.73万公顷，产量124.98万吨；木薯1692公顷，产量1.79万吨；果园1.15万公顷，水果产量5.45万吨；蔬菜0.99万公顷，产量23.60万吨。肉类总产量3.29万吨，水产品总产量8630吨。完成人工造林面积897公顷。水利建设投入1287.55万元，完成水库除险加固2座、水毁工程修复9处、农村人饮水工程6处、渠道防渗工程2.20公里。良庆区思灵江小流域水土保持综合治理工程完成投资143万元。有农业产业化组织69个，从业8320人，资产总额48.93亿元，固定资产总额13.29亿元，销售收入36.24亿元，利润3.57亿元，税金1.36亿元；年内，获农业产业化财政扶持资金160万元，农户参与产业化经营获得的总收入约3.50亿元，年履约订单成交总额约1.30亿元；共培训1.27万人次，带动基地农户3.70万户。有农业产业化龙头企业15家。其中：国家级1家，自治区级4家，市级10家。从业7236人。龙头企业产品销售收入35.89亿元，上缴税金1.35亿元，直接带动农户3.20万户，已登记的农民专业合作经济组织25个，会员4158人；专业合作经济组织会员农产品总产量11.40万吨，协会统一收购会员农产品总量7.20万吨，产品销售收入约1.30亿元。通过自治区农业厅无公害产地认定2800公顷，那马镇菠萝获国家农业部无公害农产品认证1.68万吨。实施水稻免耕抛秧示范推广1500公顷，推广无公害优质稻生产3333.33公顷，西瓜“三避”栽培技术推广5000公顷，菠萝无公害标准化生产推广1000公顷，建设无公害荔枝基地800公顷，水果套袋推广应用1200公顷、频振灯杀虫和黄板诱杀虫技术推广1260多公顷,测土配方施肥推广覆盖面积1.80万公顷。引进超级稻新组合品种1个、瓜菜新品种16个,农民实用技术培训1.52万人次。

第二产业 全部工业实现工业总产值86.23亿元。其中,规模以上工业企业有83家,实现工业总产值78.02亿元,利税总额4.21亿元(利润2.60亿元)。第二产业增加值36.20亿元(工业增加值27.96亿元)。完成工业投资10亿元,技术改造投资11.50亿元。工业主要产品产量:饲料54.98万吨,机制纸4.70万吨;成品糖8.03万吨,水泥4.51万吨,纤维板13.42万立方米,中成药3070吨。广西良庆经济开发区管理面积54平方公里,累计引进项目538个,实际投入159亿元;入园的工业企业203家,其中:年产值超亿元企业22家,规模口企业75家,是广西最大的私营企业工业园;重点建设国际综合保税物流园、太安龙象工业集中区、电子信息(IT)产业园、生物制药园、有色金属加工园、建材工业园、机械工业园等园区经济,形成有色金属深加工、建材、食品、医药、饲料、机械制造等产业群;入园的外商和港澳台企业34家。其中:工业企业26家,房地产企业7家,物流企业1家。规模以上外商和港澳台投资经济工业总产值22.38亿元。

第三产业 有企业903家,注册资金为1.67亿元,从业2500人;个体工商户8789户,从业1.42万人,注册资金1.41亿元。实现社会消费品零售总额13.95亿元。第三产业增加值9.88亿元。外贸出口额5849万美元。房地产开发建设投资2.66亿元,商住房地产开发建设施工面积78.92万平方米(新开工12.41万平方米),竣工面积22.45万平方米,商品房销售14.20万平方米,销售额4.44亿元。接待游客24.80万人次,旅游综合收入2480万元。

招商引资 抓住南宁市实施重点向南发展的历史机遇,依托五象新区重点项目的建设,坚持走出去与请进来相结合,邀请客商参加“两会一节”,召开专场推介会,实行新闻媒体推介与党政组织招商相结合、经营主体介绍与乡友联络相结合,形成纵向联动、横向联合的招商格局。共引进企业(项目)51个,其中内资项目48个,外资项目3个。全年共有83个项目资金到位(含历年引进项目),总投资额47.95亿元,合同引进资金42.15亿元,实际到位资金22.60亿元。直接利用外资(广西全口径)2200万美元。其中,工业集中区引进企业(项目)16个,总投资22.75亿元。

城乡建设 投资25万元,完成南宁市为民办实事的项目之一的玉洞商贸城1400平方米公共绿地建设。投资833万元,推进种植大树木工程,共种植树木50.90万株。五象大道景观改造项目所有铺装和绿化工程基本完工,并进行初步验收。银海大道拓宽工程列入广西北部湾经济区重点产业园区基础设施3年规划,总长12.80公里。投资850万元,完成金象大道、银沙大道、前进路、百灵路等街道“穿衣戴帽”立面改造和40条小街小巷改造。投资20万元,建成移动公厕1座。开展规模以上环境卫生整治98次,累计出动3.77万人次,清理流动摊点7126处、跨门槛经营6572处、车辆乱停放2513起、非法营运“三车”(人力三轮车、残疾车、二轮摩托车)2541辆次、广告乱贴3.27万处,查处散发小卡片235起、违章广告横(条)幅312条、垃圾乱扔4521起、工地乱象275处。抓好新农村试点工作,大塘镇那团新村列为市2009年度社会主义新农村建设示范村,那陈镇邕乐村那蕾坡列为市生态家园建设示范点。

2009年良庆区招商推介会举行　　广西良庆经济开发区管委会提供

【社会事业发展概况】

文明创建活动 2009年,良庆区继续开展“三基”(增强基础文明、提升基本素质、健全基层组织)建设,举办文明礼仪培训班10期,培训5000多人次;开展市民素质培训班50多期,培训5000多人次。组织开展“文化活动进广场”活动20多场次,参与群众2万多人次。开展“迎国庆讲文明树新风”、“能帮就帮·志愿服务”、“遵守公民道德,构建和谐良庆”等系列活动20场次;开展理想信念和社会主义荣辱观教育等活动10多场次,参与活动3万多人次。组织10多个文明单位捐赠书籍5000多册给“农村书屋”。开展公共文明指数测评工作,印发问卷调查表5万份、致市民一封信5万多份。开展“爱国歌曲大家唱”歌咏比赛20多场次、“我们的节日”主题系列群众文化活动100多场次,参与群众5万多人次。举办良庆区首届“香火龙”民俗文化旅游节暨国庆中秋文艺晚会。开展“五情五心”(体验亲情、为父母献孝心;加深友情,为伙伴献真心;了解社情,为社区献热心;奉献真情,为社会献爱心;关注国情,为祖国献忠心)教育活动300多场,受教育中小学生3万多人次。辖区单位广西水电工程局基础工程公司、广西万寿堂药业有限公司、大塘中学被评为自治区文明单位;良庆镇良庆社区一队、大塘镇大塘社区写书村坡崇坡被评为自治区文明村;大塘中心小学、广西千珍制药有限公司被评为市级文明单位。南北二级公路大塘收费站、广西武警崇左市支队被评为市级军(警)民共建标兵单位。共有全国文明村镇1个,自治区级文明单位、文明庭院、文明村镇23个。

科教文卫体事业　投入科技经费342.40万元，组织实施科技项目37个，其中自治区、市级13个，城区级24个。实施到期通过验收的科技项目9个，其中市级6个。辖区企业实施科技创新项目15个，开发应用“环保E1型阻燃中纤板专利开发技术”等工业专利技术2项，研发“伊血安颗粒”等工业新产品5个；新增“柴黄胶囊”等高新技术产品4个，建立广西万寿堂药业有限公司“南宁市心血管和妇科中药新药研发工程技术研究中心”等企业工程技术研究中心2家。实施农业科技创新项目12个，引进推广农业种养新品种7个，其中推广应用面达到千头万亩以上的品种2个，推广应用先进农业种养技术6项；建立农业科技示范基地3个，新建村级“三农”科技信息服务点1个。举办各种科技培训班152期，培训1.35万人次。获市2009年科技进步奖一等奖1个、二等奖1个、三等奖1个。有直属小学5所，公办中心学校5所、村完小28所、教学点46个，民办九年一贯制学校5所、小学6所。在校小学生3.02万人，其中公办2.16万人，民办8516人。公办初中5所、完全中学2所、在校初中生1.01万人。有教职工1806人。小学适龄儿童入学率100%，残疾适龄儿童少年入学率96.58%；小学毕业升学率100%，初中阶段入学率107.32%；初中毕业生升高中入学率85.50%。小学辍学率零，初中辍学率1.17%。实施教育惠民工程，资助家庭经济困难的大、中小学生336名22.13万元。大塘镇中心校和那马镇中心校建设24套教师管理用房项目竣工并交付使用，总建设面积2400平方米，总投资300万元。有医疗卫生机构235个。其中：国有医疗卫生机构14个（城区属6个，乡镇5个），集体医疗卫生机构9个，村卫生所120个，个体医疗诊所90个；卫生技术人员1030人（城区529人）；病床718张（市级516张，乡镇202张）。参加新型农村合作医疗农民18.16万人，参合率92%，缴费363.2万元。大病救助720人次329.25万元。年度人口出生3516人，人口出生率13.42‰。开展体育活动38次，参加市级比赛5次。举办社会体育指导员培训班1期，培训32人；参加市级以上竞技体育比赛3次。

民政工作　审批城镇最低生活保障对象8822人次，发放低保金175.59万元；审批农村低保对象6315人次，发放保障金462.62万元。发放抚恤金、定补金173万元，退伍义务兵家属优待金47.80万元。发放重灾民救济粮162.50吨（折款56.80万元），救济3100户0.45万人。投资11万元，重建水毁民房15户15间。发放冬令救灾棉被900床、衣服2200件套。确定五保老人1223人，发放五保供养定补金156万元。农村医疗救助720人329.25万元。免费为302对新婚夫妇进行地中海贫血筛查，为53名生活困难的城乡肺结核患者提供治疗，为2名贫困高危孕妇提供救治。办理结婚登记2712对，离婚登记205对，补领结婚证84对。

劳动与社会保障　新增就业4334人，城镇下岗失业人员实现再就业150人，帮助大龄困难人员再就业40人，城镇登记失业率3.65%。培训农村劳动力3100多人，农村劳动力转移就业新增3339人。督促企业签订劳动合同1.75万人，个体工商户签订劳动合同885人。接待职工群众来访270人次，处理群体性事件2起，涉及人员400多人，立案查处劳动保障监察案件14起，结案率100%。依法为劳动者追回工资、押金、经济补偿金等4.52万元，涉及劳动者66人。

（潘艳明）

2009年良庆区国民经济主要指标情况

项目	单位	实绩	比上年增长(%)
地区生产总值	万元	585406	14.51
第一产业	万元	124600	7.18
第二产业	万元	361998	17.96
工业	万元	279578	13.09
第三产业	万元	98808	11.17
人均地区生产总值	元	25517	12.07
农林牧渔业总产值	万元	202621	8.25
粮食总产量	吨	96626	1.53
全社会固定资产投资	万元	612251	69.25
实际利用外资	万美元	2200	4.76
社会消费品零售总额	万元	138390	20.00
全部财政收入	万元	38798	5.19
地方财政一般预算收入	万元	14342	65.88
一般预算支出	万元	40789	39.08
城镇居民人均可支配收入	元	13813	12.60
农民人均纯收入	元	4799	9.20

2009年良庆区各镇、街道情况

名称	土地面积（平方公里）	村民委员会（个）	社区居民委员会（个）	自然屯（个）	年末人口（人）	耕地面积（公顷）	农林牧渔业总产值（万元）	粮食产量（万吨）	农民人均纯收入（元）
良庆镇	87.10	6	1	26	41269	1793		1.14	4641
那马镇	168	7	1	68	26220	2313	27403	0.95	4803
那陈镇	297.30	15	1	104	33388	7638	37687	1.42	5074
大塘镇	498	13	1	111	48000	9000	50942	3.10	4960
南晓镇	294	13	1	110					
大沙田街道	63	3	7	17	132769	584		0.14	4363

武 鸣 县

【概 况】 武鸣县位于广西中南部、南宁市北部。东与上林县、宾阳县交界,西邻平果县、隆安县,南靠南宁市兴宁区,北连马山县。土地面积3378.36平方公里。县政府驻城厢镇。都南高速公路、国道210线和省道20321线过境,有武鸣至南宁二级公路。主要旅游景区(点)有伊岭岩旅游区、灵水、大明山自然保护区、明秀园、春霞园、黄道山、起凤山、三十六弄自然保护区和花花大世界园林区等。其中伊岭岩旅游区、大明山自然保护区入选南宁十大景区。主要矿产资源有铜、锰、钨、金、铁、铅、锌、煤、磷等20多种,其中已探明铜矿储量2600万吨,占广西蕴藏总量30%。地方特产主要有"灵水"牌龙眼、"伊岭"牌香米、"浉阳"牌红橙、"石牛"牌干笋、"旋力威"牌辣椒、"锣 皎"牌木薯淀粉和玉泉土鸡、灵马鲶鱼等。南宁—东盟经济开发区(南宁华侨投资区、武鸣华侨农场)、东风农场驻县内。2009年,辖13个镇、198个行政村、20个社区、1796个自然村(屯)。年末总人口68.66万(农业人口56.74万)。壮族人口59.46万,占总人口86.60%。人口自然增长率9.71‰。耕地面积6.29万公顷(水田2.40万公顷);有林面积8.97万公顷,森林覆盖率45.90%。地区生产总值129.07亿元;全部财政收入6.63亿元(地方财政一般预算收入4.04亿元),一般预算支出11.47亿元;城镇居民人均可支配收入15600元,农民人均纯收入5359元。连续9年入选中国西部百强县,连续3年获"全国生猪调出大县"奖励,获全国民族团结进步模范集体、推进义务教育均衡发展先进地区、科技进步先进县和自治区科技进步考核优秀单位、招商引资工作先进县、粮食生产先进单位、发展农业新兴优势产业先进单位、人口和计划生育工作进步奖、集体林权制度改革突出贡献奖。太平镇被评为全国群众体育先进单位,城厢镇濑琶村被评为国家级生态村;锣圩镇、陆斡镇、府城镇、太平镇获2009年度南宁市"十佳乡镇"称号。

【经济发展概况】

第一产业 2009年,武鸣县实现农林牧渔业总产值69.50亿元。其中:农业36.67亿元,林业2.48亿元,畜牧业26.11亿元,渔业2.71亿元,农林牧渔服务业1.54亿元。第一产业增加值42.19亿元。粮食作物种植面积6.94万公顷,总产量34.51万吨。其中:水稻3.79万公顷,产量20.29万吨;玉米2.09万公顷,产量11.08万吨。经济作物种植面积6.20万公顷。其中:油料作物1.06万公顷,产量3万吨;甘蔗2.32万公顷,产量189.40万吨;木薯2.77万公顷,产量(按40%折干)28.08万吨;果园1.89万公顷,水果产量35.86万吨;蔬菜3.52万公顷,产量82.60万吨。肉类总产量13.84万吨,水产品总产量3.37万吨。水利建设投入4898.04万元,完成水库除险加固8座、水毁工程修复15处、农村人饮工程34处、渠道防渗工程7.20公里。有滴水喷灌设施面积4600公顷,其中香蕉喷灌设施面积3600公顷、甘蔗与水果喷灌设施面积1000公顷。继续实施全国农业机械化示范县建设,主要农作物综合机械化作业率50%。继续落实国家支农惠农政策,发放粮食直补、农作物良种补贴、农机具购置补贴、生猪良种补贴等支农惠农资金共7772.50万元。经自治区农业厅认定为无公害生产基地面积1.50万公顷,其中粮食无公害生产基地1.37万公顷、蔬菜1300公顷。实施马铃薯、西红柿、瓜菜三大秋冬种生产基地开发与建设,秋冬种面积1.90万公顷,其中秋种0.67万公顷、冬种1.23万公顷。年末,林改工作进展顺利,林改涉及的行政村210个、林改单位(即村民小组)2273个,全部完成林权现状的调查摸底和林改方案的制订;完成林地外业勘界面积、发证前公示林权面积均为10.48万公顷;均山到户林地面积8.63万公顷,占林地外业勘界面积82.39%;登记发证面积10.47万公顷,发证率99.90%。全县集体林权制度改革工作的主体任务已基本完成,实现集体林业"山有其主,主有其权,权有其责,责有其利"的改革目标。

第二产业 工业企业有6127家,实现工业总产值141.90亿元。其中,规模以上工业企业204家,实现工业产值109.26亿元,利税总额3.80亿元(利润1.70亿元)。第二产业增加值58.92亿元(工业增加值52.81亿元);工业对经济增长贡献率57%,拉动经济增长9.70个百分点。完成工业投资23.81亿元、技术改造投资21.45亿元。主要工业产品产量:机制糖21.36万吨,淀粉38.99万吨(变性淀粉5.90万吨),水泥50.11万吨,酒精8498.20万升,农用氮肥5.43万吨,人造板29.09万立方米,混合饲料17.23万吨。继续抓好伊岭工业集中区建设,完成基础设施建设投资1.18亿元和固定资产投资17.50亿元,工业集中区的集聚效应增强,建材、陶瓷、制药、机械制造等优势产业群初具规模,累计引进企业(项目)143个(新引进12个),投产企业108家(规模以上工业企业投产72家),实现工业总产值32.50亿元(规模以上工业企业完成31.06亿元),财政收入4115.78万元。

第三产业 有国有企业175家,集体企业206家,股份合作企业40家;私营企业649家,从业1.31万人,注册资金6.60亿元;个体工商户1.56万户,从业2.44万人,注册资金2.83亿元。实现社会消费品零售总额31.85亿元。第三产业增加值27.97亿元。外贸出口额472万美

花花大世界园林区风雨长廊　　市园林局提供

元。房地产开发建设完成投资8.42亿元，商住房地产开发建设施工面积85.83万平方米(新开工面积37.36万平方米),竣工面积22.35万平方米,商品房销售面积36.46万平方米,销售额6.85亿元。接待游客204万人次，旅游综合收入2.47亿元。

招商引资 继续实施招商引资工作目标管理责任制和招商引资奖励办法，加强和完善投资的软、硬环境建设,制定出台《中共武鸣县委 武鸣县人民政府关于鼓励投资的若干规定》和《项目建设县领导联系工作机制》、《项目建设工作首问责任制度》、《项目建设工作责任追究制度》等;加强对外招商引资宣传,结合新的税收与投资优惠政策，重新编印《武鸣投资指南》5000多册、《武鸣县重点招商项目册》3000多册,刻录反映县情的DVD招商光盘1000张，并通过招商推介会、博览会等形式发放和宣传。同时,采取走出去和请进来相结合的办法,组织招商队伍分赴珠三角地区、长三角地区以及北京、黑龙江等地开展承接产业转移招商考察活动，共走访当地知名企业和商(协)会18家,实施招商和项目对接洽谈20多批次；邀请国内外客商320多人，参加武鸣县组织召开的各种招商推介会12场次。以武鸣“三月三”歌圩投资贸易洽谈活动、“两会一节”经贸活动和开展承接东部产业转移招商活动等为契机,加强招商引资工作,共引进自治区内外企业合同项目35个（外资项目3个)，合同引进资金33.91亿元（内资32.54亿元、外资1958万美元),实际到位资金17.72亿元（内资17.18亿元、外资770万美元)。其中,伊岭工业集中区引进企业合同项目18个，总投资额12.80亿元，年内完成建设投资2.80亿元。

城乡建设 完成南宁至武鸣城市大道的项目规划设计和立项等前期工作,基本完成武鸣至宁武二级公路、里建至府城三级公路改建工程的路基铺设以及小陆至马头、锣圩至玉泉等公路的改建和武鸣至府城、武鸣至陆斡等公路的维修。继续实施城市“1236”工程(即县城建设1条环城公路、2个新区，美化改造3段河流,景观改造6条主要街道工程)和街道美化亮化工程建设。投资2000多万元,完成县城灵水路、定罗路、标营路的景观亮化工程和春霞路（县广电局至县党校路段)改造工程、香山大道人大支线美化亮化工程、交通标志信号工程、香山大道市政设施道路安全隔离栏工程、定罗路大转盘至双桥一级路路灯改造工程、兴武大道与东鸣路交叉路口交通渠化道路改造工程等。实施县城小街小巷改造，先后完成红岭开发区的支路一与支路二、城东大市场的支路一与支路二以及城西支路的水泥硬化建设；投资1860万元，完成污水处理厂一期工程建设和将生活垃圾无害化处理场项目并入南宁市江北垃圾焚烧发电项目建设。继续实施“城乡清洁工程”,将流动红（黄）旗检查评比活动向镇村延伸与推进,在县城建设街与永宁路交汇处设置限时便民蔬果市场，以解决菜农、果农进城卖菜、卖果难问题;重点整治南门菜市十字路口、渡头市场周边街道的“五乱”现象，共查处摊点乱摆6116起、车辆乱停4657辆次、垃圾乱扔3848起、广告乱贴5052起、工地乱象457起。继续开展社会主义新农村建设，创建市级新农村生态家园建设屯(组)示范点5个,实施建设项目32个,完成投资130万元;建设通屯道路5条5.70公里,完成投资91.20万元。建成廉租住房66套共4542平方米，投资495万元。

【社会事业发展概况】

文明创建活动 2009年，武鸣县继续抓好公民道德建设，举办文明礼仪知识培训班319期,培训1.68万人次;以抓好文明县城、文明村镇、文明行业“三大创建”活动为载体,推进“文明出行”、“文明待客”、“文明过节”、“文明乘车”、“文明礼让”等文明细节活动;继续开展“文明新风满绿城”、“我推荐、我评议身边好人”活动、“能帮就帮”和“做一个有道德的人”等一系列主题与实践活动,不断提升群众性精神文明创建水平。获市级以上表彰的文明单位2个(武鸣县委党校、太平镇中心学校)、文明村3个(府城镇德灵村覃颂自然村、锣圩镇邑勋村兰李自然村、太平镇凤阳村大本自然村);县本级表彰的文明单位13个（累计438个)、文明社区1个(累计12个)、文明村1个(累计140个)等。

科教文卫体事业 投入科技经费1752万元,组织实施科技项目52个。成功承办第十届广西科技大集暨2009年度科普惠农“家电下乡”信息交流大会。实施到期通过上级验收的科技项目5个;取得科技成果项目9个,其中市级科技项目7个、自治区科技项目2个。推广农业新技术5项，先进农业实用技术普及率93%;引进农业新品种95个,示范和推广优良品种15个,全县良种覆盖率超过95%。举办各种科技培训班1906期,培训20多万人次。获市科技项目进步奖3个(二等奖1个、三等奖2个)。有小学158所(社会办1所),在校生3.70万人;初中26所,在校生2.15万人;高中5所,在校生0.97万人;特殊教育学校1所，在校生85人；中等职业技术学校1所,在校生561人;教师进修学校1所,在校生214人。有教职工5711人,其中专任教师5093人。小学适龄儿童入学率99.99%,辍学率0.01%;小学毕业生升学率99.80%。初中阶段学生入学率99.80%,辍学率1.20%;初中毕业生升高中入学率85%。继续实施“春蕾计划”,资助家庭经济困难女童264人15.10万元。实施教育惠民工程，给家庭经济困难的中等职业学校学生586人减免学费及其资助生活困难的学生918人，累计减免学费28.83万元、发放生活补助金68.85万元；获市财政扶助义务教育阶段家庭经济困难的中小学生485人，发放补助金27.35万元;为生源地家庭经济困难大学生1019人办理信用助学贷款601.90万元;通过社会捐赠、部门救助、结对救助等方式筹措贫困大学生资助金92.50万元，资助家庭经济困难的大学新生1058人。先后获中央彩票公益金项目、自治区财政依次补助全县高中在校生600人和913人，分别资助助学金60万元、45.65万元。投资200万元,为武鸣高中配备多媒体教室10个、电子阅览室1个和农村中小学现代远程教育模式二设备21套;投资2761万元,完成义务教育阶段全县中小学校舍(子项目15个)、中西部初中校舍的维修与改造工程，总面积2.56万平方米;投资1300万元,完成县职业技术学校教学楼、实习培训基地及其设施设备项目工程的购置与建设;投资350万元,建成宁武镇梁新小学、府城镇中心学校、两江镇中心学校的教师周转房共100套，总面积3300平方米;投资3811万元,完成甘圩初中等学校危房改造项目，面积3.53万平方米；投资1100万元，完成教师新村住房及其基础设施工程建设；争取到国家和自治区专项资金2065.98万元,清理与化解全县农村义务教育债务。举办2009年度“三月三”歌圩和新创民歌大赛、庆祝中华人民共和国成立60周年大型歌咏比赛,组团参加南宁国际民歌艺术节“和谐南宁·欢乐绿城”大巡游活动,举办全县摄影照片优秀作品展;武鸣“尼达妮”合唱团应邀进京参加国家大剧院举办的中国原生态民族民间歌舞国庆献礼展演和参加南宁

国际民歌艺术节开幕式演出，县歌舞剧团创作的歌曲《亲亲的中国红》获庆祝中华人民共和国成立60周年原创歌曲大赛二等奖、民间舞蹈《古岳铿锵》获首届中国女娲文化节暨“女娲杯”全国民间歌舞精品展演银奖，壮族骆垌舞入选市第二批非物质文化遗产代表作名录，武鸣“三月三”歌圩呈送申报国家级非物质文化遗产名录。实施文化惠民工程，通过牵线搭桥邀请市级文艺团体进乡村演出13场，观众9200多人次；扶持业余文艺队12个，演出360场，观众10万人次；开展新创民歌演唱比赛、歌咏比赛和中外文艺联合演出5场，观众2.30万多人次；协同相关部门和组织13镇开展的群众文化活动154场次，观众45万人次；开展文艺下乡演出85场，观众10万人次。有医疗卫生机构394个。其中：国有医疗卫生机构21个(县属8个、乡镇13个)，集体医疗卫生机构27个，村卫生所217个，个体医疗诊所129个；卫生技术人员1810人(县属855人)；病床1211张，(县级626张、乡镇585张)。投资289.50万元，完成农村卫生户厕建造1630座。实施农村人饮卫生安全解困工程38处，受益1.82万人。参加新型农村合作医疗农民52.86万人，参合率95.68%，缴费1057.14万元；为参加新农合病患者报销医药费10.31万人次4510.40万元；施行新农合大病救助1993人次，支出573.33万元。年度人口出生7241人，人口出生率11.10‰；开展全民健身运动，投入资金约20万元，组织篮球、气排球、门球、老年人迎春环城健身走、民族体育竞技等群体竞赛活动8次，参加活动近2万人次。组团参加在宾阳县举行的广西第二届万村农民篮球大赛南宁市赛区总决赛，获女队团体总分第二名；组团参加在横县举行的南宁市第九届少数民族传统体育运动会，获金牌13枚，团体总分第一名。

民政工作　审批城镇最低生活保障对象3.61万人次，发放低保金576.42万元；审批农村低保对象1.23万人次，发放保障金799万元。发放抚恤金、定补金455.17万元，退伍义务兵家属优待金188.86万元；安置退役士兵53人，发放一次性经济补偿金110.09万元。给特困户、重灾民发放救济粮584.25吨(折款181.10万元)，救济7161户1.61万人。投资19.70万元，重建水毁民房34户102间。发放冬令救灾棉被1784床、蚊帐1830床、衣服6615件套、鞋子2995双。确定五保老人1791人，发放五保供养定补金347万元。农村医疗救助1.50万人(补助农村孕产妇住院分娩4342人)76.89万元。免费为1526对新婚夫妇进行婚检兼地中海性贫血筛查，为195名家庭生活困难的城乡肺结核患者提供治疗，为263名家庭贫困危重孕产妇和普通家庭危重孕产妇提供救治。办理结婚登记7979对，离婚登记723对。

劳动与社会保障　城镇新增就业3098人，城镇下岗失业人员实现再就业872人，帮助大龄困难人员再就业149人。城镇登记失业率3.92%。落实就业政策，引导返乡农民工自主创业；设立返乡农民工创业就业基金335万元，帮助返乡农民工实现再就业2.70万人。继续实施农民就业培训工程，培训农村劳动力5900人(返乡农民工技能培训2100多人)，组织劳务输出1.26万人，农村劳动力转移就业新增1.27万人。参加社会基本养老保险企业324个2.01万人，征缴保险费2.46亿元，支出1.05亿元；参加失业保险1.83万人，征缴保险费615万元，支出836万元；参加基本医疗保险5.29万人，征缴保险费3710万元，支出2980万元；参加工伤保险1.62万人，征缴保险费166.60万元，支出82万元；参加生育保险1.48万人，征缴保险费101.60万元，支出67万元。各类企业劳动合同签订2.85万人，个体工商户劳动合同签订4133人。劳动争议仲裁立案67件，结案64件，结案率95.52%；劳动保障监察立案76件，结案75件起，案率98.68%；帮助追回农民工工资165.40万元。

【第七届中国壮乡武鸣“三月三”歌圩】2009年3月27日至4月4日在武鸣县城举行。分文体、经贸两大活动，分别在兴武大道、城东大草坪、东鸣路、江滨路、文化广场、灵水风景区等分场地开展。其中，文体活动主要项目有开幕式大型歌舞表演、千人竹杠表演及竞赛、广西第三届歌王大赛、广场文艺表演(《壮乡欢歌》文艺晚会、县外艺术团专场演出)、三月三文学笔会、书画摄影作品展，以及民间传统斗鸡、斗鸟、斗狗、斗牛比赛和民族体育竞技展演(武术散打、抢花炮、抛绣球、板鞋等竞技比赛)；投资经贸洽谈活动主要项目有广西淀粉(变性淀粉)与酒精产品暨新技术交易洽谈会、商品展销交易会、旅游美食节、汽车农机展销会、房地产交易会、投资环境说明会暨项目签约仪式、投资经贸洽谈活动与重大项目开竣工剪彩仪式等。期间，共邀请自治区内外客商191人(自治区外客商65人、自治区内客商126人)，招商签约项目(房地产综合开发、处理有色金属冶炼废渣料生产线、广西交通高级技校伊岭校区项目建设等)10个，总投资(协议引资)15.36亿元。商品展销交易会、旅游美食节、汽车农机展销会等产品销售总额3000多万元。　(潘致岗)

2009年武鸣县国民经济主要指标情况

项目	单位	实绩	比上年增长(%)
地区生产总值	万元	1290773	17.51
第一产业	万元	421852	7.02
第二产业	万元	589214	29.41
工业	万元	528133	27.80
第三产业	万元	279707	13.46
人均地区生产总值	元	18905	16.03
农林牧渔业总产值	万元	695036	7.08
粮食总产量	吨	340615	9.37
全社会固定资产投资	万元	869017	73.57
实际利用外资	万美元	770	28.30
社会消费品零售总额	万元	318512	18.83
全部财政收入	万元	66317	24.09
地方财政一般预算收入	万元	40396	40.61
一般预算支出	万元	114749	17.97
城镇居民人均可支配收入	元	15600	14.58
农民人均纯收入	元	5359	9.61

2009年武鸣县各镇情况

名称	土地面积（平方公里）	村民委员会（个）	社区居民委员会（个）	自然屯（个）	年末人口（人）	耕地面积（公顷）	农林牧渔业总产值（万元）	粮食产量（吨）	农民人均纯收入（元）
城厢镇	244.77	21	8	147	102572	5136	81845	29481	5976
太平镇	359.95	12	1	155	39466	5049	44401	23547	5608
双桥镇	204.18	15	1	129	56893	4684	60238	34557	5804
甘圩镇	89.68	4	1	20	24147	2231	27954	10052	4753
宁武镇	225.37	13	1	93	39081	5764	62499	21305	4907
锣圩镇	379.11	25	1	228	65868	9458	86091	36131	5632
灵马镇	191.37	13	1	135	48868	2429	30080	19069	5058
仙湖镇	188.82	10	1	164	40695	4680	44849	29632	5096
府城镇	264.62	23	1	215	58872	5207	58559	27070	4994
陆斡镇	235.17	23	1	185	63610	5755	69949	36773	5029
两江镇	198.75	14	1	133	43168	3125	29821	27525	4922
罗波镇	161.42	13	1	101	37707	2517	25539	19008	4977
马头镇	164.11	12	1	91	24343	1761	25660	12117	4353

横　县

【概　况】 横县位于广西东南部，南宁市东部。东邻贵港市覃塘区，南接钦州市灵山县、浦北县，西界邕宁区，北与宾阳县接壤。土地面积3464平方公里。县政府驻横州镇。湘桂铁路、黎塘至钦州铁路、南宁至柳州高速公路、粤桂高速公路六景至兴业段、国道209线、省道101线和郁江河道过境。有六景、沙江、横州、大崇、飞龙、玉岭火车站6个；六景、校椅、云表高速公路出入口3个；郁江河道流经县内乡镇14个。主要旅游景区景点有中国茉莉之乡、九龙瀑布群国家森林公园（入选南宁十大景区）、西津湖风景区（国家3A级）、宝华山应天寺、伏波庙旅游区、海棠公园、清江公园、霞霓山旅游区、岭脚木祥新仲生态旅游村、那阳五公井、钵岭春晓等，是广西35个旅游发展重点县之一。主要矿产资源有金、钛、铜、锌、铅、锑、贡、铁、铀、芒硝、煤、膨润土、石灰石、三水铝等20多种，尤以黄金、芒硝、膨润土、石灰石、三水铝藏量最为丰富，其中芒硝储量10亿吨，居全国第二，膨润土、三水铝储量居广西前列。中国第一座低水头河床式径流水电站——广西西津水力发电厂坐落在县城郁江上游5公里的西津村。主要地方特产有优质谷、果蔗、茉莉花茶、甜玉米、桑蚕、蘑菇、三月红荔枝、蜜梨、大头菜、大粽、木瓜丁、芝麻饼等，是“中国茉莉之乡”；“横县茉莉花”获地理标志产品，并成功注册证明商标。有南宁六景工业园区（自治区级开发区）和那阳工业集中区、横州工业基地。2009年，辖14个镇、3个乡、276个行政村、26个社区、1404个自然村（屯）。年末总人口116万（农业人口104.22万）。壮族人口44.07万，占总人口37.99%。人口自然增长率8.97‰。耕地面积5.61万公顷（水田3.89万公顷）；有林面积15.24万公顷，森林覆盖率46.30%。地区生产总值113.10亿元；全部财政收入7.10亿元（地方财政一般预算收入4.60亿元），一般预算支出15.51亿元；城镇居民人均可支配收入14927元，农民人均纯收入4441元。获全国科技进步先进县、基本农田保护工作先进单位、粮食生产先进县、特色产茶县称号。县水库移民工作管理局被评为全国水库移民后期扶持工作先进集体；六景镇获2009年度南宁市“十佳乡镇”称号；镇龙乡、新福镇获2009年度南宁市乡镇经济发展进步奖。

【经济发展概况】

第一产业　2009年，横县实现农林牧渔业总产值58.37亿元。其中：农业33.55亿元，林业1.79亿元，畜牧业19.07亿元，渔业2.63亿元，农林牧渔服务业1.33亿元。第一产业增加值3.59亿元。粮食作物种植面积7.99万公顷，总产量39.80万吨。其中：水稻5.81万公顷，产量30.13万吨；玉米1.79万公顷，产量8.30万吨。经济作物种植面积3.32万公顷。其中：甘蔗2.28万公顷，产量193.56万吨；木薯2934公顷，产量2.32万吨；果园8160公顷，水果产量4.36万吨；蔬菜2.04万公顷，产量39.50万吨。肉类总产量7.49万吨，水产品总产量3.26万吨。完成人工造林面积1151公顷。水利设施建设投入1.69亿元，完成水库除险加固12座，水毁工程修复11处，农村人饮水工程49处、渠道防渗工程16公里。投入资金311万元（中央财政资金300万元，群众自筹11万元），利用现代农业生产发展资金（水稻项目）在陶圩镇那良村建设核心示范区面积100公顷。其中：修建机耕路1650米、机耕桥1座、干支渠9000米。在发展茉莉花、桑蚕、蘑菇、甜玉米、水果、优质水稻、糖料蔗、畜牧养殖等特色优势产业的同时，推行“龙头企业+农民专业合作组织+基地+农户”的产业化经营模式，有农业产业化经营组织2669个，产业化组织固定资产11.43亿元（龙头企业固定资产10.94亿元），带动农户25.72万户。建立种植业生产基地3.30万公顷，牲畜饲养8.97万头，禽类饲养162.55万只，养殖水产面积630多公顷。产业化从业3.40万人。有15个产业化经营组织获市农业产业化经营项目扶持资金330万元，农户从事产业化经营增加收入8.97万元。有省级农业产业化重点龙头企业3个，市级农业产业化重点龙头企业14个。成立农民专业合作经济组织193个，成员1.20万人，统一组织

1月1日,国电南宁电厂项目启动仪式在南宁六景工业园区举行　　横县地方志办提供

销售农产品总值4.13亿元,成员销售产品人均纯收入1267元,带动农户11.15万户,农民人均增收210元。

第二产业　工业企业有423家,实现工业总产值94.12亿元。其中,规模以上工业企业90家,实现工业总产值69.10亿元,利税总额4.11亿元(利润1.98亿元)。第二产业增加值40.52亿元(工业增加值31.93亿元),工业对经济增长贡献率32.53%,拉动经济增长5.20个百分点。完成工业投资36.45亿元,技术改造投资30.42亿元。工业主要产品产量:配混合饲料15.18万吨,成品糖17.07万吨,淀粉2.84万吨,生丝1931吨,罐头1.35万吨,机制纸及纸板2.27万吨,精制茶210.11万吨,人造板22.90万立方米,水泥90.34万吨,钢材1.18万吨,中成药8273吨,轻革68.77万平方米,发电量107882万千瓦小时,纸浆12.02万吨。花茶加工年产值超过10亿元,蘑菇加工年产值1.80亿元,甜玉米深加工年产值2亿元,桑蚕加工年产值1.30多亿元。年销售收入500万元以上的农产品加工龙头企业有41个,销售收入24.08亿元,净利润2.58亿元,创汇1979万美元,上缴税金8646万元。其中销售收入1亿元以上的龙头企业有横县冠桂糖业有限公司、广西农垦永新畜牧集团有限公司、广西集盛食品有限公司、广西横县新凯糖业有限责任公司、横县桂华茧丝绸有限公司5个。1月1日,国电南宁电厂项目启动仪式在南宁六景工业园区举行。

第三产业　有国有企业7家,集体企业50家,股份合作企业41家;私营企业323家,从业2.16万人;个体工商户3.05万户,从业4.93万人,注册资金4.50亿元。实现社会消费品零售总额37.73亿元。第三产业增加值37.44亿元。外贸出口额3400万美元。完成房地产开发建设投资6.04亿元,商住房地产开发建设施工面积65.69万平方米(新开工面积48.85万平方米),竣工面积7.47万平方米,商品房销售8.67万平方米,销售额1.71亿元。接待游客51.10万人次,旅游营业收入2000万元,旅游综合收入7154万元。

招商引资　以实施“项目建设年”、“服务企业年”活动为载体,以六景工业园区和那阳工业集中区为龙头,以珠三角和长三角为招商重点,以举办第六届全国茉莉花茶交易会暨首届广西横县茉莉花节为契机,抓好招商引资工作。组团赴珠三角开展招商引资活动20多次,引进佛山冠华公司年产40万立方米刨花板等8个1000万元以上的项目,引进资金19.33亿元,其中亿元以上项目有年产40万立方米刨花板、龙池新城、御江华庭等5个;与20多家有意到横县投资的企业进行前期接洽,与广东省广西商会、广东省商业联合会等商(协)会进行对接联系,指导横县籍广东地区客商成立广东省横县商会,搭建珠三角招商新平台。组织赴长三角开展招商引资活动和项目对接及后续服务活动10多次,引进江苏华机集团制浆造纸设备生产等3个1000万元以上的项目,引进资金1.86亿元。全年共引进内资合同项目95个,合同引进内资金53.38亿元,实际到位资金23.82亿元;直接利用外资1548万美元。六景工业园区落户项目20个,合同投资总额42.93亿元,实际到位资金19.80亿元;新开工项目16个,投资总额8.33亿元,竣工项目10个。

城乡建设　投入资金300万元,完成《横县县城总体规划(2005~2020)》的局部修改,县城公交网络及停车场专项规划设计和侯塘新区控制性详细规划的编制,龙池新城、御江华庭、贵源国际新城等房地产开发小区的规划设计方案的审批和市民活动中心、县妇幼保健院母婴保健大楼等公共建筑项目的规划设计方案的审批;完成南乡镇和陶圩镇总体规划编制;云表镇大良村委龙殿村等34个新农村建设规划的编制;百合镇等11个乡镇总体规划设计编制基本完成。投资1.08亿元,完成茉莉花大道一期、二期工程,槎江路礼堂段,中山南路,宝华中路东段,迎宣门至海棠桥,一号大道(即江北大道南段)7条县城中心道路的改造建设,以及6条小街小巷硬化工程的建设,面积8600平方米。茉莉花检测中心7月底主体工程全部完工,并于第六届全国茉莉花茶交易会前投入使用。国泰综合大楼项目占地面积1.47万平方米,总建筑面积3.31万平方米,总投资概算1.40亿元。其中1号楼(会议中心,1.59万平方米)于7月建成并投入使用;2号楼(政务中心,1.72万平方米)进入装修阶段。6月,由广西绿城水务股份有限公司投资的县城污水处理厂一期工程开工建设。12月,位于那阳镇那阳村委辖地“牛屎峡”,距县城中心区14公里,占地面积16.17公顷,总投资概算1.13亿元的横县县城生活垃圾卫生填埋场开工建设,是国家第二批新增投资1300亿元的国债项目之一。继续实施社会主义新农村建设,市级示范村—云表镇新仲村竣工项目7个,完成投资189.20万元,占投资计划80.70%;县级示范村建设30个,规划建设项目90个,已全部竣工,完成投资2393.21万元。

【社会事业发展概况】

文明创建活动　2009年,横县深入开展文明创建活动,组织开展形式多样的未成年人思想道德建设实践活动。加强文明素质礼仪教育,举办文明素质培训班20期,培训2000多人次。被评为南宁市第六轮文明县区达标竞赛活动优胜单位。县公安局、县法院、横州镇柳明小学、云表镇镇兴村、校椅镇龙省村、那阳镇上茶村分别被评为自治区第二十三批文明单位(村);地税局校椅分局、人民银行横县支行、校椅镇平山村、平马镇荷叶

江村被评为市级文明单位(村);县表彰的文明村10个,文明单位12个,文明家庭385户,文明经营户94户。全县累计有全国精神文明建设工作先进单位1个,自治区级文明单位20个,市级文明单位54个,县级文明单位295个;有全国文明村1个、创建文明村镇工作先进单位1个,自治区级文明村12个,市级文明村21个,县级文明村181个。

科教文卫体事业 县投入科技经费1728万元。组织实施科技项目46个,其中自治区级3个,市级15个。到期通过上级验收的科技项目9个(国家级1个,自治区级2个,市级6个)。引进推广桂桑优62、桂蚕二号、新台糖28,超级稻、三元杂交猪等18个新品种,推广应用"标准化茉莉花、标准化甜玉米、标准化蘑菇"等15项特色优势产业技术。举办各种科技培训班84期,培训1.05万人次。"养猪企业标准化体系研究与应用(广西农垦永新畜牧集团有限公司良圻原种猪场)"、"提高广西桑蚕茧丝加工产品质量关键技术研究"(横县桂华茧丝绸有限责任公司)2个项目获广西科学技术进步奖三等奖;4个项目获市科学技术进步奖,其中"桑蚕高效种养技术研究集成及示范推广"(横县桂华茧丝绸有限责任公司)获一等奖,"Na_2Sio_3解舒剂新工艺生产高品位白厂丝技术研发"(广西立盛茧丝绸有限公司、横县科技局)获二等奖,"横县科技富民强县示范试点"(横县科技局)和"提高广西茧丝绸加工产品质量关键技术研究与开发"(横县桂华茧丝绸有限责任公司)获三等奖。有小学292所(社会办2所),在校生7.62万人;初中37所,在校生4.52万人;高中8所,在校生1.46万人;特殊教育学校1所,在校生66人;中等职业学校1所,在校生5053人。有教职工8511人。小学适龄儿童入学率99.98%,辍学率0.01%,小学毕业生升学率100%;初中阶段入学率101.89%,辍学率1.63%;初中毕业生升高中毛入学率83.37%。实施教育惠民工程,资助家庭经济困难的学生入学4154人,金额389.63万元;资助家庭经济困难的大学新生入学906人;获中央、自治区、市资助的家庭经济困难的女孩上学共2540人。投资425.10万元,购买中小学远程教育设备和软件、教学仪器等,安装多媒体教室40间、电子阅览室1间、计算机教室1间、"班班通"教室12间;农村中小学现代远程教育设备有"模式一"665套、"模式二"202套、"模式三"27套,初中基本具备计算机教室,小学基本具备卫星教学收视点。实施文化惠民工程,重点扶持那阳镇群联曲艺社、云表镇邓圩龙楼壮歌剧团、云表镇邓圩威德宫壮歌剧团、百合镇百合社区鳌山艺术团等12个村屯、社区文艺队(艺术团)。送戏下乡演出26场,观众超过3万人次;送电影下乡放映2650场,观众92.50万人次;县图书馆、县新华书店组织送农业科技书籍等图书下乡1.17万册次(配送或捐赠4993册,流通6710册),给边远山村农村图书室免费配送图书1.80万册,价值23万元。建成6个乡镇综合文化站。周国森创作的歌曲《壮乡有朵茉莉花》、《壮乡最爱茉莉花》参加第十届《祖国之春》中国民歌赛获创作金奖和银奖,周国森同时获得十佳演唱家金奖、中国民歌演唱功勋歌唱家奖。孙金萍摄影作品《红叶片片》、《金丝猴》获文化部全国群文系统优秀作品奖,并在《全国群文系统优秀作品选集》刊登。有医疗卫生机构1168个。其中:国有医疗卫生机构25个(县属7个、乡镇18个),集体医疗卫生机构851个,村卫生所851个,个体医疗诊所249个;卫生技术人员3090人(县属748人);病床1888张(县级891张、乡镇997张)。投资50万元,完成农村卫生户厕建造1000座。参加新型农村合作医疗农民96.92万人,参合率93.94%,缴费193.86万元。农村医疗救助孕产妇3971人169.30万元。年度人口出生14761人,人口出生率12.58‰。县少年体育运动学校向自治区体校、自治区体工队等输送运动员22人。组队参加跆拳道、举重、田径等项目的全自治区单项锦标赛,共获金牌17枚、银牌9枚、铜牌15枚。8月8~10日,在河南开封举行的2009年全国青少年举重分龄赛中,县少年体育运动学校学生蒙姗姗代表广西队参赛,获女子53公斤级抓举、挺举、总成绩金牌3枚;8月下旬,在山东济南举行的2009年全国青少年蹼泳锦标赛中,县少年体育运动学校学生莫振灯代表广西队参赛,获男子4×50米接力项目金牌。10月30日至11月12日,举办横县第一届运动会(综合运动会),设篮球、足球、气排球、乒乓球、羽毛球、中国象棋、围棋、田径、跳大绳、拔河、三人板鞋、投绣球等12个大项51个小项比赛,共有34个代表团3000多名运动员参加。

民政工作 审批城镇最低生活保障对象5292人次,发放低保金996万元;审批农村低保对象3.23万人次,发放保障金1936万元。发放抚恤金、定补金86.81万元,退伍义务兵家属优待金129.65万元;安置退役士兵57人,发放一次性经济补偿金59.40万元。临时救济18人次1.30万元。给特困户、重灾民发放救济粮412.28吨(折款146万元),救济1.20万户2.01万人。投入资金108万元,重建水毁民房73户179间。发放冬令救灾棉被3387床、蚊帐2887床、毛巾被2387床、衣服6900件(套)。确定五保老人6897名,发放五保供养定补金563万元、食油补助款50万元。免费为297对新婚夫妇进行地中海贫血复查,为349名生活困难的城乡肺结核患者提供治疗,为12名贫困高危孕产妇提供救治。办理结婚登记11380对,离婚登记1135对。

2009年横县国民经济主要指标情况

项目	单位	实绩	比上年增长(%)
地区生产总值	万元	1131123	15.20
第一产业	万元	351521	4.00
第二产业	万元	405184	23.90
工业	万元	319272	19.20
第三产业	万元	374418	18.10
人均地区生产总值	元	9657	14.79
农林牧渔业总产值	万元	583690	3.93
粮食总产量	吨	398576	3.16
全社会固定资产投资	万元	777091	86.70
实际利用外资	万美元	1200	-1.48
社会消费品零售总额	万元	377326	22.40
全部财政收入	万元	70985	22.18
地方财政一般预算收入	万元	46013	40.97
一般预算支出	万元	155060	42.69
城镇居民人均可支配收入	元	14927	15.31
农民人均纯收入	元	4441	9.20

2009 年横县各镇乡情况

名称	土地面积（平方公里）	村民委员会（个）	社区居民委员会（个）	自然屯（个）	年末人口（人）	耕地面积（公顷）	农林牧渔业总产值（万元）	粮食产量（吨）	农民人均纯收入（元）
横州镇	178.96	21	6	120	163859	5432	48280	31631	5036
校椅镇	236.61	21	1	113	101642	6194	70001	49133	5206
马岭镇	92.43	12	1	93	29109	2682	30540	11194	4750
新福镇	343.39	16	2	131	54666	2857	13402	19113	2319
莲塘镇	132.96	11	1	45	42128	1651	16787	12765	3929
百合镇	189.83	27	1	96	100751	3898	38470	31595	4211
陶圩镇	179.25	18	1	90	84784	4897	45375	46024	4205
云表镇	251.39	13	1	97	77571	3597	73737	23141	4783
石塘镇	203.84	15	2	84	70118	4987	35689	30210	4665
六景镇	317.96	27	2	100	101347	5647	50156	31314	4814
平马镇	134.55	8	1	53	35533	2492	23058	12119	3164
那阳镇	138.17	15	1	65	61339	2403	25858	23407	3551
峦城镇	78.59	15	1	35	56449	2262	14807	18535	3243
南乡镇	328.33	18	2	145	89861	4088	31315	29284	3115
马山乡	130.84	16	1	75	60662	1604	11362	14504	2948
平朗乡	125.34	13	1	52	28790	1509	8626	10534	2770
镇龙乡	210.34	10	1	83	18358	646	6141	4053	2660

劳动与社会保障　新增就业 4863 人，城镇下岗失业人员实现再就业 628 人，帮助大龄困难人员再就业 167 人。城镇登记失业率 3%。培训农村劳动力 5900 多人，农村劳动力转移就业新增 1.50 万人。参加社会基本养老保险企业 277 个 1.91 万人，征缴保险费 2.83 亿元，支出 1.28 亿元；参加失业保险 1.82 万人，征缴保险费 487 万元，支出 485 万元；参加基本医疗保险 6.88 万人，征缴保险费 3917 万元，支出 2883 万元；参加工伤保险 1.21 万人，征缴保险费 159 万元，支出 150 万元；参加生育保险 1.19 万人，征缴保险费 84 万元，支出 12 万元。受理投诉、举报案件 75 件，结案 73 件，结案率 97.30%。

【移民工作】 2009 年，横县有水库库区和安置区移民 35 万多人，涉及乡镇 17 个。共投入项目资金 2446 万元，建设项目 152 个（乡村道路 122 条 172.33 多公里，码头 9 处，人饮工程 16 处，移民新村 4 个，用电项目 1 个），受益移民 9.50 万人。及时、足额发放 1.59 亿元后期扶持补助资金；继续对大中型水库一部分移民后期扶持的复核工作，促进扶持政策的有效推进，维护政策的权威性，做好扶持人口调查登记、审查、审核和核定资料的整理归档工作；做好移民信访突出问题稳定工作，保持库区和移民安置区社会大局稳定。此外，还完成 6 年规划年度项目的实施扫尾工作，并对下一步大、中、小型水库库区和移民安置区基础设施与经济发展规划进行修订、修编，为在一定时期内做好水库和移民安置区基础设施建设项目提供准备。（李清俏）

宾　阳　县

【概　况】 宾阳县位于广西中南部、南宁市东北部。东邻贵港市覃塘区，南连横县、青秀区，西接兴宁区、武鸣县，北与上林县、来宾市兴宾区接壤。土地面积 2308 平方公里。县政府驻宾州镇（2009 年 10 月 13 日，芦圩镇改名宾州镇）。为桂中南重要交通枢纽，湘桂铁路、黎塘至湛江铁路、黎塘至钦州铁路在县内黎塘镇交汇，黎塘火车站是广西第二大货运编组站和一级客运站；桂海高速公路、南梧二级公路（国道 324 线）、南柳公路（国道 322 线）过境，有宾阳至上林二级公路、宾阳至横县二级公路。主要旅游景区景点有昆仑关战役旧址、古辣蔡氏书香古宅、程思远故居和陈列馆、陈平金坑峡漂流、宾州古城文化景区、白鹤观竹海旅游度假区、情人谷相思潭景区等。宾阳炮龙节被列为第二批国家级非物质文化遗产名录，每年农历正月十一举办的炮龙节活动吸引众多游客前来观光旅游；游彩架、丝弦戏被列为自治区级非物质文化遗产名录。主要矿产资源有钨、钼、铋、铜、铅、锌、三水铝、铁、金和石灰石、毒砂、花岗岩等。主要地方特产有瓷器、皮革、小五金、壮锦、莲藕、香米等。是全国商品粮生产基地县、广西"小五金之乡"。有黎塘、宾州两个工业集中区。2009 年，辖 15 个镇、1 个乡、193 个行政村、40 个社区、1892 个自然村（屯）。年末总人口 103.25 万（农业人口 88.28 万）；壮族人口 20.12 万，占总人口 19.10%。人口自然增长率 9.89‰。耕地面积 5.56 万公顷（水田 3.37 万公顷）；有林面积 8.39 万公顷，森林覆盖率 35.90%。地区生产总值 90.54 亿元；全部财政收入 6.03 亿元（地方财政一般预算收入 3.56 亿元），一般预算支出 11.76 亿元；城镇居民人均可支配收入 14320 元，农民人均纯收入 4519 元。被评为自治区计划生育优质服务先进县、南宁市平安建设先进县，获自治区 2009 年计划生育工作进步奖。甘棠镇获全国精神文明创建工作先进镇称号。县城获第六届广西市容环境综合整治"南珠杯"竞赛特等奖，黎塘镇获乡镇类特等奖。新圩镇、甘棠镇获 2009 年度南宁市乡镇经济发展进步奖。

【经济发展概况】

第一产业　2009 年，宾阳县实现农林牧渔业总产值 38.28 亿元。其中：农业 21.45 亿元，林业 9565 万元，畜牧业 13.22 亿元，渔业 2.18 亿元，农林牧渔服务业 4735 万元。第一产业增加值 23.43 亿元。粮食作物种植面积 6.82 万公顷，总产量 33.76 万吨。其中：水稻 5.62 万公顷，产量 29.53 万吨；玉米 0.70 万公顷，产量 2.94 万吨。经济作物种植面积 5.92 万公顷。其中：甘蔗 2.54 万公顷（糖料蔗 2.07 万公顷），产量 177.99 万吨；果园 3400 公顷，水果产量 1.09 万吨；蔬菜 1.18 万公顷，产量 55 万吨；桑园 8066 公顷，鲜茧产量 1.60 万吨。肉类总产量 5.62 万吨，水产品总产量 2.71 万吨。推广超级稻种植 1.27 万公顷，优质谷种植 4.88 万公顷；推广水稻抛秧栽培技术 5.25 万公顷，其中免耕抛秧 1.80 万公顷。推广蔬菜新品种 5 个，无公害蔬菜面积 7333 公顷。完成植树造林面积 2008 公顷。推进集体林权制度改革，完成调查摸底和宗地勘界任务；涉及林改的村委会 174 个，村民小组 3017 个，完成宗地勘界面积 5.58 万公顷、宗地勘界公示 4.34 万公顷、发证 4.21 万公顷。水利建设完成投资 1.06 亿元，建设水利工程 104 处，完成 78 处，其中对清平、桃源、六佑、百合、那洪、塘来、客路 7 座水库进行除险加固，完成投资 6860 万元。宾阳县被列入自治区 13 个全国小型农田水利建设重点县之一。

第二产业　工业企业有 437 家，实现工业总产值 93.74 亿元，其中规模以上工业企业 109 家，实现工业总产值 43.61 亿元，利税总额 4.91 亿元（利润 3.35 亿元）。产值亿元以上工业企业 7 家，实现工业总产值 23.36 亿元。第二产业增加值 35.19 亿元（工业增加值 30.92 亿元）。工业对经济增长贡献率 40.08%，拉动经济增长 3.85 个百分点。完成工业投资 21.40 亿元，技术改造投资 19.47 亿元。主要工业产品量（规模以上企业）：火电 13470 万千瓦时，小麦粉 2.14 万吨，成品糖 22.08 万吨，发酵酒精 0.55 万千升，丝 385 吨，人造板 9.96 万平方米，机制纸及纸板 24.27 万吨，水泥 179.99 万吨，水泥电杆 9.19 万根，卫生陶瓷 335.73 万件，日用陶瓷 1329 万件，钢材 14.11 万吨。实施对县矿贸公司、黎塘糖果厂、黎塘电石厂、黎塘粉丝厂等 17 家企业进行改制，其中完成改制 3 家，处置土地 17.47 公顷，资产 2633.41 万元。投入 4000 万元，抓好宾州、黎塘两个工业集中区基础设施建设，新开工项目 48 个，投资额 22.89 亿元。4 月 9 日，黎塘工业集中区晋升为广西 A 类产业园区。

第三产业　有国有企业 50 家，集体企业 66 家，股份合作企业 36 家；私营企业 836 户，从业 6386 人，注册资金 6.73 亿元；个体工商户 2.77 万户，从业 3.56 万人，注册资金 5.97 亿元。实现社会消费品零售总额 41.30 亿元，完成外贸出口（含供货）额 3090 万美元。第三产业增加值 35.25 亿元。投入 156.26 万元，改造建设枫江、永武、中华 3 个农贸市场和新桥、商贸城、新宾、武陵、黎东、黎西等 18 个市场；投入 108.10 万元，改造 7 家列入南宁市“为民办实事惠民工程”的家畜定点屠宰场；家畜进点屠宰 22.54 万头。开展“家电下乡”活动，设销售网点 67 家，销售家电下乡产品 2.27 万台（部），销售额 4413.02 万元，发放家电下乡补贴 510.41 万元。房地产开发完成投资 6.26 亿元，总建筑面积 62.86 万平方米，销售面积 19.89 万平方米，销售额 3.58 亿元。接待游客 54.47 万人次，旅游综合收入 1.50 亿元。

招商引资　争取到国家、自治区和南宁市扩大内需项目 109 个，计划总投资 5.22 亿元，年内完成投资 1.40 亿元。利用各种形式开展招商引资活动，在第六届中国—东盟博览会上，与客商签约项目 12 个，总投资 15.70 亿元；在广西民营企业投融资（宾阳）洽谈会暨宾阳制造商品展销会上签约项目 10 个，总投资 14.26 亿元。通过招商引资，引进五丰粮油深加工、永凯物流园等重点项目。全年新签项目 70 个，合同引进资金 41.77 亿元，实际到位资金 23.65 亿元。新批合同外资 2667 万美元，直接利用外资 983 万美元。

城乡建设　按照中等城市规划建设的目标要求，抓好城乡规划建设工作，完成《宾阳县城总体规划》（2005~2025）调整修编并通过自治区政府审批。武陵、古辣、露圩 3 个中心集镇总体规划修编通过县政府审批。以县城城东新区建设为重点，开展新区建设，动工建设新区主干道。继续推进实施城镇建设“213”（抓好宾州、黎塘两个全国重点镇建设，抓好 10 项重点工程建设，用 3 年时间实现以上城镇建设工作目标）工程，实施项目 23 个，完成 15 个，总投资 9235.33 万元。开工建设县城污水处理厂、燃气管道工程等城市基础设施。县城的建设社区、同仁社区、仁爱社区外东街等路面工程竣工。安装路灯 200 杆，县城共有路灯 8000 多盏，路灯线路总长 92 公里，总功率 1015 千瓦。种植绿化树 2000 株，草坪花木 7 万平方米。宾州古城保护开发建设完成投资 600 万元，铺设青石板 7500 平方米，小青石地面 6000 平方米，完成南街里面装饰工程；引资 450 万元重建二铺庙。市容整治清理占道经营行为 2200 多起，安排和规范夜市摊点 2000 多个，查处车辆乱停乱放 3600 多辆次、工地乱象 120 起、违规牌匾、广告横幅 660 多块（条）、小广告 4.50 万多处。投资 55.79 万元，购置垃圾吊装车、摇臂车、电瓶清扫车、电瓶垃圾清运车各 1 辆和垃圾中转箱一批。县城辖区垃圾清运 5.80 万吨，日清扫保洁面积约 126 万平方米。继续实施社会主义新农村建设，完成“村村通”水泥路建设 15 条 98 公里、整村推进贫困村扶贫通屯道路建设 24 条 35.70 公里。投入 4000 多万元，完成农村人饮水安全工程建设 74 处，受益 5 万多人。财政补助 135 万元，组织实施 9 个市级生态家园示范村建设，新建农村沼气池 1300 座。投入 500 万元，继续抓好 50 个县级“六村”（专业、信息、信用、规划、协会、文化）示范村建设，其中专业村 10 个、信息村 8 个、信用村 6 个、规划村 6 个、协会村 10 个、文化村 10 个。

【社会事业发展概况】

文明创建活动　2009 年，宾阳县推进公民思想道德建设，开展“能帮就帮，人人都是志愿者”活动，扶贫助残，关心和帮助社区困难群体；开展“以城带乡，城乡共建”共创文明新家园活动，确定武陵镇白沙村、和吉镇六角村为“能帮就帮，城乡联动共建文明”示范点；开展“我们的节日”系列群众文化活动。推进文明县区创建活动，获南宁市第六轮文明县区创建活动优胜县区。开展文明单位、文明社区、文明村镇、文明家庭的群众性精神文明创建活动，县建设局、地税局新桥分局、检察院和露圩镇、黎塘镇三和村委朱山圩获自治区第十二批文明单位、文明村（镇）称号；获县级表彰的文明社区、文明单位、文明村镇 16 个；评出县级文明先进家庭 1000 户。

科教文卫体事业　县财政投入科技经费 1.24 亿元。组织实施县本级科技项目 29 个，通过项目验收 10 个。实施到期科技计划项目 16 个，通过鉴定 1 个。引进、开发工业先进技术 4 项，科技成果 7 个，开发工业新产品 3 个，新增高新技术产品 2 个。企业研制新产品、引进新技术投入 5156 万元，新增产值 7000 万元。规模以上工业企业新产品产值 5346 万元。农业引进新品种 18 个，推广新技术 6 项。莲藕套种水稻技术推广 1000 公顷。“蔬菜高效栽培模式示范推广”项目获 2009 年度市科学技术进步奖二等奖。新增“三农”（农业、农村、农民）科技信息服务点3个。组织大型农业科技下乡活动6次。举办科技培训班12期，培训4.63万人次。有小学244所(社会办1所)，在校生7.64万人；初中42所(社会办4所)，在校生4.36人；高中9所(社会办2所)，在校生1.96万人；特殊教育学校1所，在校生65人；中等职业学校1所，在校生257人；教师进修学校1所。小学适龄儿童入学率100%，辍学率0.03%；初中阶段入学率110.80%，辍学率2.15%；初中毕业生升高中毛入学率79.20%。组织教师参加第七届全国中小学信息技术与课程整合优质课大赛，获一等奖1人、二等奖7人。实施教育惠民工程，资助家庭经济困难学生上学。自治区财政资助贫困高中生1292人，县财政资助150人(每人每学期500元)，市财政资助秋季学期高中生助学金每人500元；中央彩票公益金资助公办普通高中家庭经济困难的学生1000人(每人每学期500元)；市财政资助家庭经济困难的大学生125人，县财政配套给75人40万元；资助初中家庭经济困难的学生495人34.65万元；资助小学家庭经济困难学生430人17.2万元。为1372名家庭经济困难的大学新生办理信用助学贷款。开展自治区示范性高中宾阳中学百年校庆系列活动，筹资2000多万元建设新校门、地下通道、塑胶跑道运动场、校史馆、教学楼、电教中心等。实施校舍安全工程，县职教中心两幢学生公寓楼、洋桥镇东黎小学综合教学楼、宾州五中教学楼、古辣中心校教学楼等建设项目竣工。县职业教育中心(县职校)搬迁新址。修缮思恩府试院，古城文物展馆接待游客5万多人。古城南桥被确定为自治区级文物保护单位；陈良佐故居、施氏宗庙等被公布为县第五批文物保护单位。举办迎春团拜文艺晚会、炮龙节文艺晚会、中秋文艺晚会和迎国庆60周年红歌比赛等活动。露圩镇开展四月八蓬圩节歌圩比赛，邹圩镇举办端午节龙舟赛。实施文化惠民工程，电影下乡放映5120场，县文工团下乡演出70多场，市艺术馆送戏下乡16场。县文工团创编戏剧《相认》参加自治区八桂群星奖演出获二等奖，创编小品及舞蹈参加市级比赛获一等奖1个。有医疗卫生机构432个。其中：国有医疗卫生机构24个，村卫生所208家，个体医疗诊所200家；卫生技术人员2607人(县属1132人)；病床2233张(市级360张、县级697张、乡镇1046张)。参加新型农村合作医疗农民79.67万人，参合率91.49%。年度人口出生11783人，人口出生率12.03‰；阳光计划生育工作经验在自治区推广。完成村级农民体育健身工程19个，建设篮球场19个，在文化广场、县体育馆、县体校、县政府大院等配备露天全民健身路径。承办广西青少年乒乓球锦标赛、广西万村农民篮球赛南宁赛区决赛。县体校为体育专业院校输送体育苗子20人。宾阳县籍运动员参加全国第十一届运动会获田径跨栏项目第二名1个和第三名1个，参加全自治区青少年锦标赛获第一名1个、第二名5个和第三名10个。

民政工作　审批城镇低保对象4.37万人次，发放低保金814.80万元；审批农村低保对象6.23万人次，发放保障金1267.46万元。发放抚恤金和定补金880万元，安置城镇退役士兵、转业士官7人，办理自谋职业77人，发放自谋职业一次性补助金112.76万元。临时救济发放59.89万元，救济4346户1.16万人。发放春冬救灾衣服6200件套、棉被700床、蚊帐4500床、毛巾被5000床，救济灾民1.12万户1.72万人。实施农村特困户住房改造工程，改造特困户危房100户，补助每户6800元。审批农村五保户1.34万户次、1.43万人次，发放供养定补金529.74万元。农村医疗救助1135人次228万元；城镇医疗救助61人次18.41万元。新增建设大桥镇、和吉镇、古辣镇、新圩镇4所敬老院。发放百岁以上"寿星老人"津贴65人15.6万元，发放90~99岁"寿星老人"津贴1602人96.12万元。免费为28名"兔唇"儿童患者进行矫正康复手术。办理结婚登记9612对，离婚登记918对。

劳动与社会保障　城镇新增就业2948人，下岗失业人员再就业605人(就业困难人员再就业182人)。城镇失业登记率3.11%。开展就业培训工作，再就业培训400人，创业培训300人，返乡农民工培训2606人，农村劳动力转移就业技能培训5208人。农村劳动力转移就业新增1.28万人。城镇企业职工参加基本养老保险2.58万人，征缴保险费2.02万元；参加失业保险2万人，征缴保险费405万元；参加城镇基本医疗保险7.88万人，征缴保险费4046万元；参加工伤保险1.51万人，征缴保险费129.10万元；参加生育保险1.45万人，征缴保险费144.10万元。各类企业与劳动者签订劳动合同人数2.35万人；个体工商户签订劳动合同4765人。劳动争议仲裁立案受理7件，结案率100%。

【广西民营企业投融资(宾阳)洽谈会暨宾阳制造商品展销会】　2009年11月7~11日在宾阳县城举行。由自治区经委、自治区金融工作办公室与宾阳县委、县政府联合举办。主要活动有中小企业融资洽谈、商品展销、专题报告会、项目推介签约、文化旅游等。商品展销会分设宾阳制造商品展示展销，汽车、农机具、家电下乡展销，自治区内外商品展销以及

2009年宾阳县国民经济主要指标情况

项目	单位	实绩	比上年增长(%)
地区生产总值	万元	905395	9.40
第一产业	万元	234294	2.70
第二产业	万元	351918	12.50
工业	万元	309200	10.80
第三产业	万元	319183	10.90
人均地区生产总值	元	8749	8.90
农林牧渔业总产值	万元	382765	3.06
粮食总产量	吨	337600	3.54
全社会固定资产投资	万元	520754	72.44
实际利用外资	万美元	550	14.58
社会消费品零售总额	万元	413043	19.70
全部财政收入	万元	60339	20.13
地方财政一般预算收入	万元	35551	28.10
一般预算支出	万元	117633	21.17
城镇居民人均可支配收入	元	14320	12.25
农民人均纯收入	元	4519	10.03

2009 年宾阳县各镇乡情况

名称	土地面积（平方公里）	村民委员会（个）	社区居民委员会（个）	自然屯（个）	年末人口（人）	耕地面积（公顷）	农林牧渔业总产值（万元）	粮食产量（吨）	农民人均纯收入（元）
宾州镇	228.61	33	15	285	219364	103312	47279	54019	5084
黎塘镇	202.70	14	9	86	125955	79784	42340	24562	5053
甘棠镇	188.24	14	1	99	52589	45310	20101	20739	3927
思陇镇	173.74	15	2	274	62968	18665	9978	12275	3916
新桥镇	97.93	15	1	146	88148	38581	14598	23832	4271
新圩镇	65.78	6	1	54	29900	37699	17001	11675	3860
邹圩镇	143.77	14	1	118	48055	67166	26678	22083	3915
大桥镇	115.31	16	1	134	74909	80410	35720	30773	4396
武陵镇	146.90	13	1	109	60466	37818	24967	26415	3858
中华镇	74.70	6		81	34908	27807	14403	17315	4127
古辣镇	109.09	9	2	88	55863	45258	21659	18394	3646
露圩镇	127.59	5	1	52	36661	27329	16040	16653	4036
王灵镇	148.52	9	1	76	41941	55607	21692	16766	3901
和吉镇	115.44	8	1	55	39725	59957	22469	12638	3964
洋桥镇	105.75	8	1	88	386082	63187	20420	10607	3912
陈平乡	153.50	8	2	147	27087	13278	6540	7419	3558

房博会 4 个展区，共 500 多个展位。有国内 332 家厂商和县内 18 家企业参展。签订内引外联项目 18 个(合同 7 个、意向协议 11 个)，计划投资额 15.70 亿元；商品展销会成交额 1260 万元。

【宾阳炮龙节】 2009 年 2 月 3~5 日(农历正月初九至十一日)在县城举行。由宾阳县委、县政府和南宁市旅游局主办。3 日，在 8 条主要街道举行灯彩比赛活动；举办炮龙书画、摄影展；游客到县内旅游景区观光游览。4 日中午，在县体校开展龙队表演赛活动；晚上，在县文化广场举行大型文艺晚会和烟花燃放活动。5 日，白天在县文化广场和城北文化广场举行宾阳非物质文化（含八音、丝弦戏、师公戏等）展演及游行活动，在各街举行炮龙展示、灯酒会百家宴活动；19 时，在主会场商贸城、芦圩老庙、新宾三联街"城隍庙"及各街开光点举行开光仪式后，开始举行舞炮龙活动，110 条龙同时在各街舞动，鞭炮齐鸣。来自自治区内外的 50 多万名游客与当地居民一齐观赏和参与，狂欢活动持续至凌晨结束。炮龙节期间旅游收入 8000 多万元。

（唐瑞龙）

上 林 县

【概 况】 上林县位于广西中南部，大明山东麓，南宁市东北部。东邻来宾市兴宾区，南连宾阳县，西南毗武鸣县，西北交马山县，北与忻城县接壤。土地面积 1869.64 平方公里。县政府驻大丰镇。有宾阳至上林、上林至马山两条二级公路。主要旅游景区景点有大明山国家级自然保护区、大龙湖风景区、三里·洋渡风景区、不孤村人文风景区、唐智城垌古城垌遗址。主要矿产资源有金、铁、锌、锑、煤、滑石、石英石、大理石、方解石等 31 种，其中矾矿储量 3000 万吨。主要地方特产有优质米、茶叶、果蔗、八角。2009 年，辖 7 个镇、4 个乡(1 个瑶族乡)、131 个行政村、16 个社区、1355 个自然村(屯)。年末总人口 48.26 万(农业人口 43.01 万)。人口自然增长率 11.93‰。耕地面积 2.62 万公顷(水田 1.50 万公顷)；有林面积 9.83 万公顷，森林覆盖率 49.70%。地区生产总值 26.16 亿元；全部财政收入 1.79 亿元(地方财政一般预算收入 1.27 亿元)，一般预算支出 6.55 亿元，城镇居民人均可支配收入 12509 元，农民人均纯收入 3485 元。县民政局婚姻登记处被评为全国婚姻登记规范化建设单位。乔贤镇、镇圩瑶族乡获 2009 年度南宁市乡镇经济发展进步奖。

【经济发展概况】

第一产业 2009 年，上林县实现农林牧渔业总产值 18.20 亿元。其中：农业 7.72 亿元，林业 5605 万元，畜牧业 8.68 亿元，渔业 1.19 亿元，农林牧渔服务业 565 万元。第一产业增加值 11.04 亿元。粮食作物种植面积 3.92 万公顷，总产量 16.52 万吨。其中：水稻 2.66 万公顷，产量 12.42 万吨；玉米 7952 公顷、产量 3.37 万吨。经济作物种植面积 1.36 万公顷。其中，甘蔗 1.02 万公顷、产量 57.44 万吨；木薯 1000 公顷、产量 6200 吨；果园 600 公顷，水果产量 3000 吨；蔬菜 5200 公顷、产量 9.31 万吨。肉类总产量 3.39 万吨，水产品总产量 1.50 万吨。人工造林 1211 公顷。农业基础设施建设投入 1.32 亿元，完成水库除险加固 9 座、水毁工程修复 14 处、农村人饮水工程 107 处、渠道防渗工程 14.3 公里。按照"高产、优质、高效、生态、安全"要求，加大产业结构调整，加快发展特色农业优势产业和多元化种植，在保持粮食种植面积的同时，发展优质稻、西瓜种植和养蛙、鳖、野猪、兔等特色养殖业，油葵、油菜、绿肥、冬菜等秋冬作物种植面积8400多公顷，食用菌3.30万筒。8月11日，开始实施集体林权制度改革，至年末，完成勘界面积4万多公顷、发证面积2.81万公顷。

第二产业 工业企业有1058家，完成工业总产值15.31亿元。其中，规模以上工业企业26家(新增10家)，完成工业总产值12.26亿元，利税总额8336万元（利润2704万元)。第二产业增加值6.91亿元(工业增加值5.66亿元)。完成工业投资8.30亿元，技术改造投资8.25亿元。工业主要产品产量:滑石32.60万吨，硅锰5738吨，供电量15889万千瓦时，发电量9229万千瓦时，水泥6.10万吨，铁合金0.66万吨，铝锭0.74万吨。年产10万立方米胶合板厂和大型精米加工企业落户上林。6月28日，上林县首座污水处理厂一期工程开工建设。

第三产业 有国有企业54家，集体企业42家，股份合作企业17家；私营企业345家，投资人数899人，从业2472人，注册资金2.90亿元；个体工商户1.14万户，从业1.53万人，注册资金2.31亿元。实现社会消费品零售总额8.55亿元。第三产业增加值8.20亿元。完成房地产开发建设投资8128万元，商住房地产开发建设施工面积7.10万平方米（新开工面积2.30万平方米)，竣工面积2万平方米，商品房销售6.67万平方米，销售额9765万元。接待游客64.32万人次，旅游总收入1810.30万元。

招商引资 继续实行走出去请进来的招商办法，组织招商小分队赴珠三角、长三角地区开展招商引资活动，同时借助第六届中国—东盟博览会平台开展招商引资。共引进企业(项目)8个，合同总投资20.30亿元，实际到位内资6.14亿元、外资200万美元。工业集中区引进企业(项目)3个，总投资4.40亿元，完成建设投资1.49亿元。

城乡建设 投资2.86亿元，完成县行政中心、明亮至县城进城大道发展控制性详细规划、澄江河城西桥至上(林)马(山)二级公路那洪桥约1.50公里的河堤规划方案调整、皇周片区规划和澄泰、木山、塘红、镇圩4个乡集镇总规修编。投资665万元，完成丰岭路、澄州路、明山路等主要街道景观亮化改造和县城内涝整治工程；县城污水处理厂和县城垃圾无害化填埋场开工建设，完成一期工程投资557.50万元。投资504万元，建设城北小区、街二小学、法院至上中侧门、寨柳新区检察院办公楼新址至财政局办公楼新址等5条市政道路。新植三区公园大榕树、街道路树176棵。投资89.63万元，改造县城、乔贤、三里、白圩农贸市场圩亭。继续实施“城乡清洁工程”，清理乱摆卖摊点384处(个)、乱停乱放车辆325辆、垃圾乱扔296人次、工地乱象101处、广告乱贴872处；依法拆除澄州路南路尾违章建筑1100平方米；投资34万元购置垃圾压缩运输车1辆，县城日清扫保洁面积52万平方米；西燕镇公厕建成投入使用；投资4783万元，配套建设生活垃圾卫生填埋场。社会主义新农村建设投入资金316万元（市级152万元，县财政配套166万元)，建设13个示范点，建成沼气池1029座、排污水沟6702米、通村通屯水泥路13条23.73公里，改厨812户，改厕754户，改水1379户，人畜分离1382户，生态家园改造515户，新建篮球场11个，文体活动室7个，庄内绿化美化9680米。扶贫建设总投资2296.80万元(财政扶贫资金1541万元，县财政配套65万元，群众自筹690.80万元)，建设通村通屯公路85条175.90公里(水泥路77条146.90公里，其余为砂石路)、独立桥梁5座69米、人饮水安全工程36处、沼气池220座，受益8.31万人。实施“母亲水窖”光彩工程，由自治区妇联协调广西梧州中恒集团股份有限公司投资18万元，在塘红乡那君村那君庄建设水窖，解决48户168人的饮水难问题，2008年开工，2009年12月8日竣工。

【社会事业发展概况】

文明创建活动 2009年，上林县以“欢乐·稳定·和谐”为主题，开展“扶贫济困送温暖，文明新风满上林”、“学雷锋，能帮就帮，人人都是志愿者”等活动；以获自治区“孝爱爱亲”模范称号的县民覃秀城和获自治区“见义勇为”提名奖蓝栋华为榜样，开展学习道德模范活动，促进公民道德建设；围绕中华人民共和国成立60周年大庆，举办“书香上林”读书活动和各种形式的文化活动，倡导多读书、读好书的文明风尚；广泛开展城乡清洁卫生素质教育、“婚育新风进万家”宣传教育活动，强化群众文明卫生意识和婚育新观念。开展创建文明县区、文明社区、文明单位、文明村镇、小康生态文明示范村等群众性精神文明创建活动。县国税局被评为全国精神文明创建先进单位；县地税局、气象局被评为自治区文明单位，大丰镇、白圩镇文岭村龙家庄被评为自治区文明镇村；评为市级文明单位5个、文明社区1个、文明村镇3个、军(警)共建先进(标兵)单位6个；县表彰的文明单位5个、文明村镇5个、文明社区1个、小康生态文明示范村11个。

科教文卫体事业 投入科技经费485万元，组织实施科技项目19个，其中市级12个、自治区级2个。实施到期通过验收的科技项目6个。举办各种科技培训班92期，培训2.30万人次。参与“南宁市桑蚕重大科技专项”项目研究，获市2009年度科技进步一等奖。有小学117所，在校生3.03万人；初中17所，在校生1.77万人；高中3所，在校生6746人；特殊教育学校1所，在校生172人；中等职业学校1所，在校生298人；教师进修学校1所。有教职工4154人（专任教师3675人)。小学适龄儿童入学率99.90%，小学毕业生升学率99.90%、辍学率0.02%；初中阶段入学率108.60%、辍学率2.60%，初中毕业生升高中毛入学率78.20%。实施教育惠民工程，资助家庭经济困难的大学新生入学473人69.65万元；资助家庭经济困难的女孩上学8048人529.88万元。实施中小学校舍安全工程项目31个，总投资3050.78万元，建筑面积2.85万平方米。实施文化惠民工程，扶持发展村屯文艺队伍11个，送戏下乡演出420场次、放电影830场次。完成大丰、明亮、巷贤、塘红4个乡镇文化站建设。韦汉创作的歌曲《你说我的家乡美不美》获全国音协举办的“感动中国—2009年全国第三届新创歌、歌词大赛”二等奖、南宁国际民歌艺术节“和谐南宁欢乐绿城”大巡游方块队表演一等奖、南宁市纪念地方人大设立常委会30周年文艺会演第一名。有医疗卫生机构359个。其中：国有医疗卫生机构17个，村卫生所245个，个体医疗诊所97个；卫生技术人员1200人（县属526人)；病床542张(县级362张、乡镇180张)。投资150万元，完成农村卫生户厕建造1000座。参加新型农村合作医疗农民38.47万人，参合率90.46%，缴费768.96万元。年度人口出生5347人，人口出生率11.43‰。9月30日，县人民医院门诊综合楼工程开工建设。县青少年女子手球队代表广西青少年女子手球队参加全国青少年女子手球比赛获第四名，参加广西青少年女

子手球赛获第三名；组队参加市第九届少数民族运动会获金牌4枚、银牌2枚、铜牌1枚。

民政工作　共审批城镇最低生活保障对象7.40万人次，发放低保金921.60万元；审批农村低保对象25.90万人次，发放保障金1285.20万元。发放抚恤金、定补金699.80万元，退伍义务兵家属优待金42.81万元；安置退役士兵23人，发放一次性经济补偿金47万元。临时救济1032人次45.70万元。给特困户、重灾民发放救济粮80吨（折款25.70万元），救济5.30万人次。投入资金105万元，重建水毁民房101户200间。发放冬令救灾棉被4000床、蚊帐2000床、毛巾2000床、衣服4500件（套）。发放五保供养定补金295万，其中发放五保户救济粮332吨（折款79.80万元）、食油补助款13.30万元。农村医疗救助2178人150.20万元。免费为418对新婚夫妇进行地中海贫血筛查，为290名生活困难的城乡肺结核患者提供治疗，为127名贫困高危孕妇提供救治。办理结婚登记4520对，离婚登记403对。

劳动与社会保障　城镇新增就业1717人，下岗失业人员实现再就业311人，帮助大龄困难人员再就业95人。城镇登记失业率4%。培训农村劳动力7520人，组织劳务输出9876人，农村劳动力转移就业新增9876人。参加基本养老保险企业82个8184人，征缴养老保险费6127.94万元，支出3039.42万元；参加失业保险0.91万人，征缴失业保险费271.70万元，支出505.40万元；参加基本医疗保险3.32万人，征缴保险费征缴1256万元，支出935万元；参加工伤保险6119人，征缴保险费60.80万元，支出23.19万元；参加生育保险4106万人，征缴保险费42.93万元，支出2.85万元。办理各类企业劳动合同签订6906人，个体工商户劳动合同签订1477人；立案处理劳动监察案件21件，涉案标的77.10万元，结案21件；为农民工追回被拖欠的工资1.10万元。

【第二届上林旅游文化美食节】　2009年12月18日~20日在县城举行。主题是展现上林民族文化和民族风情，推介上林旅游文化品牌景点。主要活动内容有开幕式暨文艺演出、文化惠民电影周、清水河畔赏葵花、旅游景点摄影作品大赛、旅游风情展、旅游线路推介、特色农副产品及商品展销、美食展等。18日上午，自治区内外的嘉宾1000多人出席开幕式。节庆期间，除了举行本地民族舞、名人书画摄影展外，还举行美食与商品展销一条街，设置展位250个，吸引河南、湖南、新疆、内蒙古、四川等省（自治区）及自治区内的客商参加美食小吃及商贸活动。展销的商品有惠农农机产品、工艺美术品、农产品、品牌服装、生活用品、家用电器、生产资料、保健品、医疗器材、干杂特产等商品1000多个，商品零售额500多万元。（林　春）

2009年上林县国民经济主要指标情况

项目	单位	实绩	比上年增长(%)
地区生产总值	万元	261558	5.70
第一产业	万元	110442	1.90
第二产业	万元	69108	－0.60
工业	万元	56580	−6.70
第三产业	万元	82008	16.80
人均地区生产总值	元	5451	4.33
农林牧渔业总产值	万元	181999	0.10
粮食总产量	吨	165156	0.24
全社会固定资产投资	万元	174380	50.89
实际利用外资	万美元	200	
社会消费品零售总额	万元	85542	18.24
全部财政收入	万元	17900	1.51
地方财政一般预算收入	万元	12727	22.82
一般预算支出	万元	65509	36.22
城镇居民人均可支配收入	元	12509	13.71
农民人均纯收入	元	3485	9.45

2009年上林县各镇乡情况

名称	土地面积（平方公里）	村民委员会（个）	社区居民委员会（个）	自然屯（个）	年末人口（人）	耕地面积（公顷）	农林牧渔业总产值（万元）	粮食产量（吨）	农民人均纯收入（元）
大丰镇	176	9	4	72	61354	1652	17943	2894	3852
明亮镇	120	8	1	75	31041	1981	16535	2895	3352
巷贤镇	172	12	1	92	46073	3031	25230	5019	3479
白圩镇	234	17	2	172	79505	4639	26628	7682	3382
三里镇	192	14	1	156	55043	2970	21219	6282	3476
乔贤镇	126	7	1	92	36658	1663	10638	2099	3416
西燕镇	292	11	1	131	44125	2200	15088	2959	3608
木山乡	124	6	1	72	20325	1373	10694	914	3318
澄泰乡	112	11	1	119	41588	2451	14821	3027	3809
塘红乡	181	10	2	242	43033	2069	15986	2941	3284
镇圩瑶族乡	113	10	1	162	23855	1137	4960	1554	3372

马 山 县

【概 况】马山县位于广西中部略偏西,居红水河中段南岸,大明山北麓,南宁市北部。东邻上林县、忻城县,南连武鸣县,西接大化瑶族自治县、平果县相连,北隔红水河与都安瑶族自治县相望。土地面积2345平方公里。县政府驻白山镇。水任(河池)—南宁高速公路、国道210线过境,有马山—大化二级公路,马山—上林—宾阳二级公路。主要旅游景区景点有金伦洞、大明山自然保护区、弄拉自然保护区、百龙滩红水河风光、灵阳寺。主要矿产资源有煤、锰、铁、钨、铜、滑石、重晶石、方解石、叶蜡石、石灰石、高岭土等23种。主要地方特产有黑山羊、里当香鸡、金银花、旱藕粉、八角。是中国黑山羊之乡,中国民间文化艺术之乡。有苏博工业集中区。2009年,辖7个镇、4个乡(2个瑶族乡)、145个行政村、6个社区、3001个自然村(屯)。年末总人口53.36万(农业人口49.17万)。壮族人口40.02万人,占总人口75%。人口自然增长率9‰。耕地面积2.27万公顷(水田1.03万公顷);有林面积8.55万公顷,森林覆盖率60.30%。地区生产总值28.16亿元;全部财政收入1.74亿元(地方财政一般预算收入1.04亿元),一般预算支出7.13亿元;城镇居民人均可支配收入12936元,农民人均纯收入3386元。永州镇获2009年度南宁市乡镇经济发展进步奖。

【经济发展概况】

第一产业 2009年,马山县实现农林牧渔业总产值15.14亿元。其中:农业6.70亿元,林业5899万元,畜牧业7.11亿元,渔业6972万元,农林牧渔服务业424万元。第一产业增加值9.06亿元。粮食作物种植面积3.83万公顷,总产量15.70万吨。其中:水稻0.84万公顷,产量7.63万吨;玉米1.70万公顷,产量7.34万吨。经济作物种植面积0.76万公顷。其中:甘蔗3677公顷,产量16万吨;木薯2060公顷,产量2.20万吨;果园1841公顷,水果产量0.85万吨;蔬菜6769公顷,产量14.52万吨。肉类总产量3.61万吨,水产品总产量0.86万吨。完成营林造林面积1506公顷。投入3996万元,实施水库除险加固工程14座;投入4219万元,实施10个大石山区土地整理项目,面积1960公顷;投入1555万元,在白山镇上龙、新汉、大同3个村建设高标准农田面积793.33公顷;落实支农惠农政策,共安排支农资金9000多万元,累计发放各类涉农补贴资金7200多万元。推广超级稻6100公顷。以古零镇六合旱藕、弄拉生态旅游等专业合作社为示范,发展25个新型农村合作经济组织,成立以马山山里人、山大妈、壮鼓等为代表的10多家集加工、包装、营销为一体的农特产品加工企业。投入700万元,帮助贫困村发展杜东母猪、土鸡、竹子、剑麻、指天椒等特色产业;投放扶贫贴息贷款1200万元,解决贫困户发展种养项目资金投入不足问题。

第二产业 工业企业有1130家,实现工业总产值15.84亿元。其中,规模以上工业企业24家,实现工业总产值11.36亿元,利税总额1.32亿元(利润6681万元)。第二产业增加值8.93亿元(工业增加值7.28亿元)。工业对经济增长贡献率44.57%,拉动经济增长2.30个百分点。完成工业投资2.10亿元,技术改造投资6.78亿元。规模以上工业主要产品产量:成品糖2.12吨,发电量8.70亿千瓦小时,水泥21.10万吨,纸浆(原生浆及废纸浆)2.65万吨,发酵酒精(折96度,商品量)3.01万吨,铁合金1.35万吨,淀粉3830吨,松香1583吨。工业集中区基础设施建设加快,平整土地33.33公顷,建设标准厂房、宿舍楼、食堂共2万多平方米。广西马山集新水泥有限公司投资2.90亿元建设的日产2500吨水泥生产线项目、广西广丰新材料公司投资5200万元建设的非金属新材料精细加工项目,正式落户苏博工业集中区并开工建设。年末,苏博工业集中区已入驻并开工建设的企业有5家,投资总额8.98亿元。

第三产业 有国有企业48家,集体企业155家,股份合作企业21家;私营企业186家,从业1660人,注册资金2.43亿元;个体工商户1.20万户,从业1.40万人,注册资金1.99亿元。实现社会消费品零售总额9亿元。第三产业增加值10.17亿元。完成房地产开发建设投资7725万元,商住房地产开发建设施工面积13.86万平方米(新开工面积5.78万平方米),竣工面积11万平方米,商品房销售7.98万平方米,销售额1.32亿元。接待游客25.30万人次,旅游总收入3000万元。县美誉食品公司出口创汇40万美元,实现马山县外汇贸易额零的突破。

招商引资 继续开展对外项目推介活动,以旅游资源、工业集中区、特色农产品深加工等项目为推介重点,充分发挥马山土地价格便宜、劳动力丰富、水电资源充沛和交通便利的优势,做好承接发达地区产业转移、老企业转型改造和新兴资源型工业项目的招商工作;继续完善招商引资机制,建立和落实招商引资奖励办法,调动社会各界参与招商引资的积极性;继续组织开展专业招商活动,注重文化旅游美食节等节会招商工作。共引进企业(项目)5个,总投资额7.62亿元,实际到位资金3.30亿元(外资130万美元)。

城乡建设 加快城市设施维护、给排水系统改造、新道路桥梁建设、园林绿化、市容环卫等项目建设,共完成投资2847万元。完成县城姑娘江两岸、县体育馆等美化、绿化、亮化工程,规划完善县城停车带40多处220多个停车泊位。继续开展"城乡清洁工程",制定《马山县实施"城乡清洁工程"问责办法》等,把市容环境综合整治工作纳入年度目标管理,共清理流动摊点58处、跨门槛经营89处、马路市场2处、车辆乱停放118辆次、非法小广告40处、宣传条幅29条、各类工地乱象和违章建筑行为15处,拆除违章灯箱17只。投入1175.22万元,实施人饮工程项目39处,解决2.20万名群众饮水难问题;投入3406万元,建成通村水泥路11条79.26公里。投入534万元,实施自治区级社会主义新农村建设示范点1个、南宁市生态家园建设6个和市级新农村通屯道路建设25条。第二批26个"整村推进"贫困村扶贫开发工作通过自治区检查验收。第三批26个"整村推进"贫困村扶贫开发工作全面实施,利用中央财政扶贫试点资金1000万元,实施"县为单位、整合资金、整村推进、连片开发”扶贫试点项目，完成金钗镇独秀村那石屯二期易地扶贫搬迁80户示范点建设。全县贫困人口从上年末的5.28万下降到年末的4.99万，减少2900人。

【社会事业发展概况】

文明创建活动　2009年，马山县坚持以人为本，以提高公民的文明素质为目的，以贴近生活、贴近实际、贴近群众的活动为载体，广泛开展公民道德建设、群众性精神文明创建活动、未成年人思想道德建设。被评为自治区级文明单位2个，市级文明单位1个、文明村屯2个。

科教文卫体事业　投入科技经费522万元，组织实施科技项目12个。实施到期通过验收的市级科技项目6个。先后邀请广西大学、广西农业科学院、广西专家中心、广西药物研究所、广西畜牧研究所的专家学者121人次到马山为企业、基层经济合作组织传授科学技术，提供技术服务和进行技术培训，解决县远洋公贸有限公司酒精生产过程中废水、废渣、废气难处理的技术难题等，以及对实施的“桑蚕副产品综合利用技术开发”、“新农村科技建设示范乡镇试点(古零黑山羊)”、“广西道地中药材金银花药源基地培育建设”、“马山县里当鸡优良种质资源保护利用及高品质养殖技术集成与示范推广”等13个项目进行协同管理，解决项目实施过程中遇到的技术难题。举办各种科技培训班10期，培训680人次。有小学144所，在校生3.94万人；初中21所，在校生2.01万人；高中5所，在校生6592人；特殊教育学校1所，在校生74人；中等职业学校1所，在校生650人；教师进修学校1所，在校生430人。有教职工4853人。小学适龄儿童入学率99.98%，辍学率0.04%，小学毕业生升学率97.32%；初中阶段（毛）入学率101.30%，辍学率1.89%，初中毕业生升高中毛入学率66.50%。国家、自治区、市在马山县实施资助大、中、小学生等教育惠民工程，资助金额1365.78万元。新建校舍面积9224.50平方米。投资900多万元，启动县图书馆、县文化馆和县体育馆三期建设工程；投资30万元，建成边远山区农村书屋15间；投入2.20万元，扶持农村业余文艺队11个；投入100万元，为10个乡镇文化站添置设备；投资735万元，实施广播电视“村村通”直播卫星覆盖项目，解决全县130多个行政村、544个自然屯听广播、看电视难的问题。有医疗卫生机构457个。其中：国有医疗卫生机构18个(县属7个、乡镇11个)，集体医疗卫生机构4个，村卫生所149个，村卫生室诊疗点205个，个体医疗诊所81个；卫生技术人员1631人（县属596人)；病床944张(县级470张、乡镇474张)。投资40万元，完成农村卫生户厕建造1000座。参加新型农村合作医疗农民44.23万人，参合率90.73%，缴费1326.86万元。年度人口出生9614人，人口出生率17.71‰。投资122万元，新建和改建篮球场31个、健身路径4条、国家级农民健身工程1个；举办各类群众文体活动338场次。

民政工作　审批城镇最低生活保障对象3.69万人次，发放低保金534.21万元；审批农村低保对象23.19万人次，发放保障金1349.14万元。发放抚恤金、定补金、工资524.63万元，义务兵家属优待金49.68万元；安置退役士兵28人，发放一次性经济补偿金48.70万元。临时救济54人次0.95万元。给特困户、重灾民发放救济粮275吨（折款87万元），救济1.10万户次3.48万人次。发放冬令救灾棉被4100床、蚊帐8279床、毛巾被2846床、衣服1万件(套)，救助1.31万户次3.03万人次。确定五保老人2212名，发放五保供养定补金185.80万元、五保救济粮398.16吨(折款125.96万元)、食油补助款4.42万元。农村医疗救助4.98万人次359.06万元。免费为150例白内障患者实施复明手术，为175名生活困难的城乡肺结核患者提供治疗，为227名矽肺病人提供住院治疗；救助贫困孕产妇5250人212.45万元。办理结婚登记5704对，离婚登记358对。

劳动与社会保障　新增就业1883人，城镇下岗失业人员实现再就业426人，帮助大龄困难人员再就业118人。城镇登记失业率3.52%。培训农村劳动力3400多人，组织劳务输出2500多人，农村劳动力专业就业新增9968人。参加基本养老保险企业173个0.65万人，征缴保险费9647.41万元，支出1.53亿元；参加失业保险0.78万人，征缴保险费207.77万元，支出360.59万元；参加基本医疗保险1.49万人，征缴保险费1118.45万元，支出915.57万元；参加工伤保险0.50万人，征缴保险费42.96万元，支出26.67万元；参加生育保险0.40万人，征缴保险费40.10万元，支出3.70万元。劳动监察立案25件，结案24件，定期开展劳动监察巡查工作，督促企业与劳动者签订劳动合同6560人，个体工商户劳动合同签订374人；追回拖欠农民工劳动工资55.50万元。　（蓝振福）

2009年马山县国民经济主要指标情况

项目	单位	实绩	比上年增长(%)
地区生产总值	万元	281615	11.70
第一产业	万元	90565	-4.20
第二产业	万元	89335	14.80
工业	万元	72777	13.50
第三产业	万元	101715	15.20
人均地区生产总值	元	5297	7.42
农林牧渔业总产值	万元	151410	-1.43
粮食总产量	吨	157209	1.62
全社会固定资产投资	万元	209067	48.64
实际利用外资	万美元	130	-23.53
社会消费品零售总额	万元	90022	15.37
全部财政收入	万元	17398	15.01
地方财政一般预算收入	万元	10374	23.05
一般预算支出	万元	71294	21.56
城镇居民人均可支配收入	元	12936	11.85
农民人均纯收入	元	3386	9.09

2009 年马山县各镇乡情况

名称	土地面积(平方公里)	村民委员会(个)	社区居民委员会(个)	自然屯(个)	年末人口(人)	耕地面积(公顷)	农林牧渔业总产值(万元)	粮食产量(吨)	农民人均纯收入(元)
白山镇	223.36	15	6	240	80749	2350	12276	17655	3741
古零镇	255.49	14		192	55577	2617	18678	18898	3277
金钗镇	126.03	8		253	30470	1560	7714	8024	3143
百龙滩镇	87.83	6		105	21382	1114	6218	6820	3624
林圩镇	306.24	19		246	89704	3242	32821	23951	3486
周鹿镇	336.62	19		218	89990	3802	24006	28224	3415
永州镇	302.45	18		176	54244	2396	10368	17042	3574
乔利乡	172.75	10		111	38615	2112	7819	15987	3928
加方乡	204.69	17		443	30490	1491	8802	9400	3085
里当瑶族乡	145.85	10		451	21035	895	7256	5369	2085
古寨瑶族乡	152.61	9		320	21330	1047	4781	5421	2517

隆安县

【概　况】 隆安县位于广西中部偏西南，右江下游两岸，南宁市西北部。东邻武鸣县和西乡塘区，南连崇左市江州区和扶绥县，西接大新县、天等县，北与平果县接壤。土地面积 2277 平方公里。县政府驻城厢镇。南宁至昆明铁路、南宁至百色二级公路、南宁至百色高速公路及右江航道过境。主要旅游景区景点有龙虎山自然保护区(南宁十大景区)、渌水江漂流、峨山生态旅游区、榜山文塔。主要矿产资源有金、银、煤和水晶石，其中凤凰山银矿藏量居全国第三、自治区第一。主要地方特产有板栗、荔枝、龙眼、香蕉、红瓜子、果蔗、叮当鸡等，有“中国板栗之乡”之称。2009 年，辖 6 个镇、4 个乡、118 个行政村、13 个社区、1240 个自然村(屯)。年末总人口 39.53 万(农业人口 35.36 万)。壮族人口 37.95 万，占总人口 95.99%。人口自然增长率 7.52‰。耕地面积 3.44 万公顷(水田 9205 公顷)；有林面积 13.68 万公顷，森林覆盖率 57.53%。地区生产总值 33.36 亿元；全部财政收入 2.23 亿元（地方财政一般预算收入 1.24 亿元)，一般预算支出 7.03 亿元；城镇居民人均可支配收入 12930 元，农民人均纯收入 3496 元。获全国创建平安畅通县区先进单位、食品安全示范县和南宁市第六轮(2006~2008 年)文明县区创建优胜奖等称号。乔建镇鹭鸶村山泽屯被评为全国创建文明村镇工作先进村镇。

【经济发展概况】

第一产业　2009 年，隆安县实现农林牧渔业总产值 21.67 亿元。其中：农业 12.06 亿元，林业 9784 万元，畜牧业 7.27 亿元，渔业 8154 万元，农林牧渔服务业 5490 万元。第一产业增加值 13.42 亿元。粮食作物种植面积 3.53 万公顷，总产量 14.82 万吨。其中：水稻 1.51 万公顷，产量 7.92 万吨；玉米 1.31 万公顷，产量 5.99 万吨。经济作物种植面积 2.54 万公顷。其中：甘蔗 1.61 万公顷，产量 94.18 万吨；木薯 7584 公顷，产量 6.79 万吨；果园 9227 公顷，水果产量 15.43 万吨；板栗 1.18 万公顷，产量 1.42 万吨；蔬菜 8988 公顷，产量 19.37 万吨。肉类总产量 3.88 万吨，水产品总产量 1.02 万吨。完成人工造林面积 494 公顷。水利建设投入 6737.57 万元，完成水库除险加固 5 座、水毁工程修复 6 处，农村人饮水工程 32 处、渠道防渗工程 8 公里。

第二产业　工业企业有 137 家，实现工业总产值 23.23 亿元。其中，规模以上工业企业 44 家，实现工业总产值 20.86 亿元，利税总额 1.59 亿元（利润 9193 万元)。第二产业增加值 10.63 亿元(工业增加值 8.67 亿元)。完成工业投资 11.05 亿元，技术改造投资 8.07 亿元。工业主要产品产量：机制糖 7.36 万吨，氮肥 1.29 万吨、磷肥 1.25 万吨、水泥 65.52 万吨。开展“项目建设年”活动，把投资额达 200 万元以上的 164 个项目列为重点建设对象，并筛选出 17 个重点推进项目进行全程跟踪服务，力促项目早落地、早开工、早投产、早见效，年内总投资 8 亿元的南宁生物国家高新技术产业基地宝塔医药产业园项目和总投资 4.10 亿元的广西四合工贸有限责任公司日产 4000 吨新型干法旋窑水泥熟料生产线项目开工建设。

第三产业　商贸流通有国有企业 2 家，股份合作企业 2 家；私营企业 404 家，从业 6750 人，注册资金 6.83 亿元；个体工商户 1.03 万户，从业 1.19 万人，注册资金 5.59 亿元。实现社会消费品零售总额 8.69 亿元。第三产业增加值 9.31 亿元。完成房地产开发建设投资 7292 万元，商住房地产开发建设施工面积 12.44 万平方米（新开工面积 9.21 万平方米)，竣工面积 3.24 万平方米，商品房销售 10 万平方米，销售额 1.76 亿元。接待游客 10.62 万人次，旅游营业收入 650 万元。

招商引资 以华侨管理区和宝塔工业集中区为重要载体和平台，多管齐下扩大招商引资。组织小分队外出招商，以珠三角、长三角、环勃海湾地区为重点，面向港澳台，有重点、有针对性地走访有投资意向的企业，引导企业到隆安县投资；利用“两会一节”的契机，向客商宣传介绍隆安的区位优势、优惠政策和洽谈项目，邀请 60 多名中外客商到隆安投资考察。共引进企业（项目）30 个，合同总金额 28.40 亿元，实际到位资金 14.14 亿元（内资 13.61 亿元，外资 780 万美元）。其中，工业集中区引进企业（项目）23 个，总投资 12.60 亿元，完成建设投资 4.70 亿元。

城乡建设 完成新民街道路硬化改造、富兴巷道路硬化改造、城南路街道改造、康吉路延长线路面硬化及人行道铺设、安宁街延长线路面改造等 5 条市政道路建设工程，硬化面积 8509 平方米，总投资 145.65 万元。完成江滨路一期挡土墙维修工程，总投资 68.29 万元。完成天泰和居小区外市政工程、城小小区排污沟改造工程、天华路和文塔路雨水口维修工程等 3 个排水排污项目，总投资 91.71 万元，埋设排污管总计 520 米，雨水口维修 64 座。完成榕华街、国泰街铁路桥至天泰和居小区、华强街、县城至宝塔工业集中区等街道的路灯新安装，总投资 237 万元。继续实施城乡清洁工程，实行长效机制管理，取缔摊点乱摆占道经营 123 处，征收城市道路临时占道费 3.16 万元；查处违章乱停乱放车辆 300 辆次、临街饮食店门前乱扔纸屑及果皮等杂物 30 家，非法散发、张贴小广告 100 人次、工地乱象 274 处，隆安县获南宁市实施城乡清洁工程市容市貌流动红（黄）旗第一名。以市级社会主义新农村建设示范点——那桐镇定江村定典屯为带动，实施 6 个村屯生态家园建设。以农村“水、电、路”为工作重心，不断完善农村基础设施建设，共完成危房改造 1014 户、沼气池建设 1500 座、村级沼气池服务网点建设 27 座、通村水泥路 16 条、便民候车亭 4 个。投资 339.30 万元，实施自治区第一批贫困地区基础设施建设项目屯级道路 25 条 51.10 公里，受益群众 986 户 4498 人。投资 814 万元，完成南宁市减贫脱困项目工程通屯道路 35 条、人饮工程 3 处，受益 1712 户 7763 人。6 月 30 日，位于县城原玻璃厂附近的邕江水源地上游人工湿地处理污水示范工程项目（2007 年 12 月开工建设，列入 2009 年第一批新增中央预算内投资项目）——县城污水处理厂竣工投入试运行。9~12 月，结合自治区关于完成南宁—百色高速公路沿线和右江河谷二级路沿线乡镇风貌改造的要求，实施城乡风貌改造一期工程，项目建设涉及那桐、城厢、雁江 3 个乡镇的 11 个行政村、52 个自然屯，按照“环境生态化”、“村庄果园化”的要求，结合新农村建设，将村民生活区整治与农村垃圾整治、村容村貌整治、生活污水整治相结合，共完成投资 1.70 亿元，完成立面改造 5359 户，涂刷面积 145 万平方米，坡屋顶改造面积 12 万平方米，造林绿化 8.72 万平方米，硬化道路 4.31 万平方米，建设排水沟 1.59 万米，人畜分离 188 间，农村改厕 180 座，建设垃圾池 24 座，受益 3 万多人。

【社会事业发展概况】

文明创建活动 2009 年，隆安县以“能帮就帮，城乡共建文明促和谐”为主题，开展“迎新春送温暖”志愿服务、“能帮就帮，人人都是志愿者”学雷锋、“书香蝶城”读书月、百万市民学礼仪守礼仪、庆祝中华人民共和国成立 60 周年、“能帮就帮 城乡联动共建文明”文明示范村、讲诚信促和谐等活动，推进全县公民道德建设。加强未成年人思想道德建设，开展“向国旗敬礼、做一个有道德的人”网上签名寄语、“快乐暑期大行动”、“祖国发展我成长”、“文明上网从我做起”、“做一个有道德的人”、“阳光·健康·快乐”等教育活动，丰富精神文化生活。县级表彰第三批文明机关 1 个，第十六批文明单位 7 个、文明村屯 4 个、军（警）民共建先进单位 2 对；被评为南宁市文明单位 5 个。全县累计有全国、自治区、市和县级文明单位 142 个、文明村屯（社区）82 个、文明乡镇 4 个、军（警）民共建先进单位 10 对、文明庭院 25 个。

科教文卫体事业 投入科技经费 500 万元，组织实施科技项目 23 个。实施到期通过上级验收的科技项目 4 个，其中市级 3 个、自治区级 1 个。推广应用牛体外胚胎移植、黑山羊秸秆饲料配制圈养、板栗综合增产新技术。举办各种科技培训班 18 期，培训 6200 人次。县科技局承担的板栗综合增产技术推广应用项目通过市级科技成果鉴定，其研究成果达到国内先进水平，获市科技进步奖三等奖。7 月 1 日，县乡视频会议系统开通使用，成为南宁市首个投入使用县乡视频会议系统的县区。有小学 128 所（社会办 1 所），在校生 2.25 万人；初中 15 所（社会办 1 所），在校生 2.24 万人；高中 1 所，在校生 0.27 万人；特殊教育学校 1 所，在校生 54 人；中等职业学校 1 所，在校生 888 人；教师进修学校 1 所，在校生 25 人。有教职工 3288 人。小学适龄儿童入学率 99.94%，辍学率 0.03%；初中阶段入学率 111.30%，辍学率 1.92%，高中阶段入学率 74.80%；残疾儿童少年入学率 80.16%。实施教育惠民工程，资助家庭经济困难大学新生入学 512 人（贫困女生 292 人），资助 70 名中职学生学费 5.56 万元，资助普、高中家庭经济困难学生 664 名 33.20 万元。投资 1080 万元，完成县中等职业学校实验楼和学校的排污工程、校园道路工程建设；投资 65 万元（市投资），建成隆安中学多媒体教室 10 间、电子阅览室 1 间。全年学校项目开工建设 19 个，建设面积 1.86 万平方米，完成投资 1400 万元，竣工验收交付使用的项目 10 个。投入资金（含实物折款）132.05 万元，完成 10 个乡镇文化站、15 个乡村图书室、23 个农家书屋和扶持 11 个村屯业余文艺队建设。村屯业余文艺队利用节假日到各乡镇举行文艺演出 130 多场，观众 20 万人次。有医疗卫生机构 194 个，其中国有医疗卫生机构 18 个（县属 6 个、乡镇 12 个），村卫生所 130 个，个体医疗诊所 46 个；卫生技术人员 1190 人（县属 700 人）；病床 1076 张（县级 602 张、乡镇 474 张）。投资 5 万元，完成农村卫生户厕建造 1000 座。参加新型农村合作医疗农民 32.59 万人，参合率93.61%。城市医疗救助 39 人 91.55 万元。年度人口出生 4671 人，人口出生率 11.93‰；获南宁市 2009 年度计划生育目标管理责任制进步奖。完成南宁市体育局“为民办实事”项目村级篮球场建设 12 个，总投资 36 万元；“以奖代补”村级篮球场建设 4 个，总投资 12 万元；社会主义新农村建设村级篮球场建设 7 个，总投资 25 万元；乡镇农民体育建设试点工程(健身路径)4 个，总投资 80 万元。举办春节拔河赛、迎春男女气排球混合赛、“三八”妇女节女子气排球赛、“五一”国际劳动节男女气排球比赛、“金域篮湾杯”篮球赛、“中域杯”门球联赛、“九九”重阳节门球比赛、“园丁杯”教工篮球赛等各项体育比赛活动近 400 场，共有 224 个队参加比赛。

民政工作　审批城镇最低生活保障对象 6.59 万人次，发放低保金 760 万元；审批农村低保对象 21.26 万人次，发放保障金 975 万元。发放抚恤金、定补金 403.20 万元，退伍义务兵家属优待金 50.07 万元；安置退役士兵 26 人，发放一次性经济补偿金 48.40 万元。给特困户、重灾民发放救济粮 225 吨（折款 74 万元），救济 3650 户 1.34 万人。投入资金 45.95 万元，重建水毁民房 46 户 118 间。发放夏荒和冬令救灾棉被 1000 床、蚊帐 1300 床、毛巾被 1100 床、衣服 9700 件(套)。确定五保老人 2047 人，发放五保供养定补金 286 万元、救济粮 764 吨(折款 129 万元)。农村医疗救助 661 人 112.56 万元。免费为 351 对新婚夫妇进行地中海贫血筛查，为 174 名生活困难的城乡肺结核患者提供治疗，为 6 名贫困高危孕妇提供救治。办理结婚登记 3942 对，离婚登记 240 对。

劳动与社会保障　新增就业 1630 人，城镇下岗失业人员实现再就业 258 人，帮助大龄困难人员再就业 133 人，帮助“零就业家庭”实现就业和再就业 23 户。城镇登记失业率 3.80%。培训农村劳动力 2200 多人，组织劳务输出 8300 多人，农村劳动力转移就业新增 8310 人。参加社会基本养老保险企业 200 个 0.93 万人，征缴保险费 1.11 亿元，支出 4091 万元；参加失业保险 0.96 万人，征缴保险费 316 万元，支出 210 万元；参加基本医疗保险 1.84 万人，征缴保险费 1210 万元，支出 1112 万元；参加工伤保险 0.64 万人，征缴保险费 72 万元，支出 59 万元；参加生育保险 0.50 万人，征缴保险费 37 万元，支出 19 万元。受理劳动保障监察立案 18 件，结案 18 件。督促各类企业签订劳动合同 185 户，签订合同人数 9615 人；个体工商户签订劳动合同人数 1521 人。追回劳动工资 278 人共 20.93 万元。（黄永清）

2009 年隆安县国民经济主要指标情况

项目	单位	实绩	比上年增长(%)
地区生产总值	万元	333623	4.78
第一产业	万元	134206	4.26
第二产业	万元	106277	5.25
工业	万元	86724	0.93
第三产业	万元	93140	4.95
人均地区生产总值	元	8502	3.32
农林牧渔业总产值	万元	216727	-1.64
粮食总产量	吨	148167	-0.05
全社会固定资产投资	万元	295568	49.72
实际利用外资	万美元	780	73.33
社会消费品零售总额	万元	86853	17.43
全部财政收入	万元	22268	0.45
地方财政一般预算收入	万元	12440	2.44
一般预算支出	万元	70296	24.03
城镇居民人均可支配收入	元	12930	13.28
农民人均纯收入	元	3496	8.00

2009 年隆安县各镇乡情况

名称	土地面积(平方公里)	村民委员会(个)	社区居民委员会(个)	自然屯(个)	年末人口(人)	耕地面积(公顷)	农林牧渔业总产值(万元)	粮食产量(吨)	农民人均纯收入(元)
城厢镇	386	14	3	192	67021	3195	33154	25588	3877
南圩镇	311	18	2	190	64992	3699	26373	21719	3290
雁江镇	128	9	1	86	27316	2425	16677	14748	3053
那桐镇	187	11	1	124	54892	6609	36842	25805	4083
乔建镇	217	14	1	70	40865	4878	23618	16636	3399
丁当镇	269	10	1	107	35006	8125	37329	12776	3940
古潭乡	108	6	1	56	25168	1060	14569	4529	3628
都结乡	215	19	1	201	39095	2031	11478	11732	2652
布泉乡	174	8	1	112	23758	1067	6723	9213	2369
屏山乡	234	9	1	102	17208	970	5300	5159	2416

责任编辑　孙贵寿

人　　物

名人简介

100位新中国成立以来感动中国人物

韩素云　市预算外资金管理局副主任科员。女，1961年生，山东梁山人。中共党员。长期以来积极支持丈夫为国戍边，被誉为“好军嫂”。1983年，在家务农的韩素云为了支持参军戍边的未婚夫倪效武安心服役，未过门就主动搬进未婚夫的家，毅然挑起了一家9口人的生活重担。她既要照料多病的祖母、公婆，又要照顾双目几乎失明的小叔和上学的双胞胎小姑，还辛勤耕种0.80公顷责任田。10年来，她含辛茹苦，任劳任怨，孝敬公婆，和睦邻里。由于长期劳累过度，不幸患上“股骨头缺血性坏死症”。在重病缠身的情况下，她每次给丈夫去信也从不透露任何难处，总是宽慰丈夫要安心在部队工作。在她的支持鼓励下，其丈夫10多次受嘉奖并立二等功。1997年3月，她随军被安排到市财政局工作。她爱岗敬业，工作从未出过差错。每逢春节或老兵退伍、新兵入伍，她都到部队看望。先后为11名大龄军官做“红娘”，并帮助8名待业军嫂找到了工作，还资助辍学孩子重返校园，多家企业想请她做产品广告或当企业形象代理人，都被她婉言谢绝。她被授予全国劳动模范、2009年全国“三八”红旗手等称号。2009年9月当选“100位新中国成立以来感动中国人物”。　　（黄艳阳）

全国劳动模范

李统彦　南宁五菱桂花车辆有限公司工修车间铣工班班长，高级技师。1972年5月生，广西岑溪人。大专学历，中共党员。积极钻研铣工技术，设计制作各种工模夹具400多台套、刀具100多种用于生产，取得好效益。公司多种型号的手扶拖拉机分离杠杆按过去老工艺，都是在卧式铣床上加工，装夹校正时间长，工艺复杂，杠杆的螺丝面精度达不到要求。他经过多次观察尝试，改用分度头装夹工件在立铣床上加工，在分度头和工作台上挂上传动系统，加工的分离杠杆完全达到设计要求，且质量稳定，班产由原来的80件，提高到400多件，工效提高5倍，单件加工成本降低80%。在2005~2010年相继推出的新产品XGN61等型号的手扶拖拉机和甘蔗收割机、重型汽车等新产品中，解决技术难题200多个。对JZ-31型手拖变速箱体生产工艺进行改造，形成流水线加工，提高工效15倍。2005年被评为自治区劳动模范，2006年被全国总工会授予全国“五一“劳动奖章，2010年被国务院授予全国劳动模范称号。

李远燕　江南区环境卫生管理站清扫班班长。女，1967年10月生，广西横县人。初中学历。作为一名农民工，12年来，每天凌晨4点起床开始清扫工作，起早贪黑，晴天一身灰，雨天一身泥，哪里环境脏，哪里有群众的呼声，她就带领班组出现在哪里。2007年在城乡清洁工程中，每天从早上4点到晚上8点，清除路边、沟边的垃圾污物，一周的时间里共清除垃圾20多吨；有时为了清除地上的建筑石膏，蹲在地上用盐酸清洗，一蹲就是三四个小时。以身作则、言传身教，毫无保留地将经验传授给新人，引导他们树立正确的择业观、人生观，增强自信心，在班组里形成了良好的“比、学、赶、帮、超“的工作氛围，引导、教育了大批环卫新人。2009年被评为南宁市劳动模范，2010年被国务院授予全国劳动模范称号。

韦良斌　广西凤凰纸业有限公司制浆分厂厂长，工程师，自治区十三届人大代表。壮族，1975年12月生，广西河池人。大学学历，中共党员。所在的分厂，生产设备均为进口产品，为了熟练掌握这套先进设备，利用节假日和休息时间跑遍各大图书馆，查资料找答案，针对生产过程中的技术难题，召集大家一起研究分析，向公司的工程技术人员和学校的教师请教，攻克难关。在此基础上，对设备进行技术改造革新，调节工艺参数，改变流量和控制程序，使木浆产量由设计的日产330吨提高到400吨。大胆提出采用蒸煮助剂蒸煮，降低用碱量的建议，公司采纳后，一次试用获得成功，每年节省碱折合人民币300万元。同时通过工艺控制改造，回收蒸煮尾渣，浆得率提高0.50%，每年为公司多创利近百万元。2007年被评为全国轻工行业劳动模范，2010年被国务院授予全国劳动模范称号。

卢义贞 广西金穗农业投资有限责任公司董事长。壮族，1969年2月生，广西隆安人。初中学历，中共党员。在全国农村率先实行“公司+基地+合作社+农户”现代农业企业化经营模式，通过推行反哺式土地流转，与农民建立利益联结机制，创造性地解决了长期以来制约中国农业发展中遇到的土地、劳动力、资金、技术及农民利益保障等问题，共流转土地面积0.24万公顷，年产值1.50亿元，年支付土地流转租金2500万元、支付农民工工资2200万元、创造劳动就业30万人次，形成了“一个农民‘养’三千个农民，造亿元产业”的良好效应。注重引入科技新成果，打造香蕉品牌优势。投入5000多万元引进以色列节水滴灌技术设备，实现水、肥、农药，灌、施、喷一体化。通过实施“特早、特迟、特优”和标准化种植、管理、采收及香蕉索道无伤采收、冷藏保鲜技术，公司主打的绿水江香蕉价格坚挺，订单稳步上升。深化企业社会责任，热心开展社会公益事业。每年为当地农民提供3000个工作岗位，使农民年人均增收1.20万元；出资150多万元建设那元、那门、定江等3个新村；捐献200多万元用于当地慈善福利事业。每年为2000多名职工缴纳社会保险共792万元。先后被评为全国农村优秀人才、全国优秀青年乡镇企业家、全国农村青年创业致富带头人标兵，2005年被评为自治区劳动模范，2010年被国务院授予全国劳动模范称号。

全国先进工作者

杨家荣 市公安局刑事科学技术研究所教导员，痕迹检验高级工程师。1971年5月生，广西玉林人。大学学历，中共党员。技术精湛，用创新的科技手段侦查破案。几年来，指挥、参与勘查各类重特大案件现场300多起，出具鉴定书300多份；利用技术手段直接认定犯罪嫌疑人60多人次，特别是在“2005.2.20”系列抢劫杀人案、影响恶劣的“2005.5.31”入室抢劫杀人案、“2006.10.30” 特大系列杀人案、“2007.3.12”入室抢劫杀人案、“2009.2.16”特大杀人案等大要案的成功破获中发挥了关键作用。身体力行传帮带，通过各种形式传授自身知识给年轻同志。清正廉洁，淡泊名利，从不办理人情案、关系案。曾立二等功1次、三等功3次，先后被评为自治区、全国优秀人民警察，2007年被全国总工会授予全国“五一”劳动奖章，2010年被国务院授予全国先进工作者称号。

滕大韶 武鸣县太平镇上江希望小学教师。壮族，1972年3月生，广西武鸣人。大专学历。1992年到上江希望小学有13名学生的安吉教学点任代课老师。在孩子们上学、放学时，他是船夫，每天划着自家的小船，由近及远过4个渡口，接送孩子们上学、放学。在学校生活中，他是照顾孩子们的男保姆。孩子们年龄小，中午不回家，他就自己动手用砖头砌灶，上山打柴，搭建“小饭堂”；学生生病了，他就背学生爬山路去看病，给学生喂药；孩子们衣服破了，他就利用课间和晚上缝补；他背着患有先天性关节炎的学生韦富山上学，一背就是5年。他用微薄的工资为家庭经济拮据的20多名学生垫付学费近万元。上山下坡，动员有重男轻女思想的家长送小孩读书，教学点没有一个孩子辍学、失学。结合实际运用教学材料和自制的教学用品，高质量完成教学任务。所带班的教学成绩在全镇11个小学里名列前茅，曾被评为武鸣县优秀班集体，有10多名学生考入大中专院校。2007年9月，安吉小学教学点撤并到希望小学，滕大韶调到该校任教，每到周末放学后继续爱心摆渡。先后获八桂优秀乡村教师、自治区道德模范、全国模范老师、全国道德模范提名奖、全国三农人物奉献奖，并入围“2009感动中国候选人物”。2010年被国务院授予全国先进工作者称号。

（刘缅熙）

全国民族团结进步模范个人

黄方方 市委副书记、市长，高级工程师。壮族，1958年10月生，广西天等人。理学博士，中共党员。自2008年6月任职以来，关注少数民族的民生问题、民族地区经济社会发展、首府城市的社会稳定，不仅每年定期不定期专题研究民族工作事宜，主持市政府常务会，研究出台有关加快少数民族和民族地区经济社会发展的政策措施，还在各种场合强调正确处理民族问题、做好民族工作的重要性，并经常对民族工作作出指示、批示，为首府民族工作开展起到重要作用。团结和带领市政府班子深入壮乡瑶寨、工厂企业、街道社区，倾听民意，改善民生，采取一系列政策措施，促进少数民族和民族地区经济社会发展，全力维护民族团结和民族地区的社会稳定。深入民族地区调查研究，倾听少数民族群众的呼声，在工作中严格执行党和国家的民族政策，善于发挥民委部门的职能作用，帮助解决民族工作存在的困难和问题，不断完善民族工作机制，使首府城市民族工作不断创新发展。“十一五”期间，南宁市共表彰民族团结进步先进集体80个、先进个人221人；受自治区党委和政府表彰的民族团结进步先进集体21个、先进个人27人；南湖公园李明瑞、韦拔群烈士纪念馆被命名为全国民族团结进步教育基地；加快少数民族地区人才和干部队伍建设，为民族地区经济社会发展提供人才支撑，2006~2008年，南宁市共录用公务员995人，其中少数民族547人，占54.97%。进一步提升少数民族首府城市功能建设，加快建设广西“首善之区”。全面推进工业化发展，增强南宁市作为北部湾经济区核心城市的功能和作用。2009年10月，被国务院授予全国民族团结进步模范个人。

张光廷 马山县委书记。1963年1月生，广西宾阳人。大学本科学历，中共党员。自2004年10月任马山县委书记以来，贯彻落实《民族区域自治法》等民族政策法规，积极发展少数民族贫困地区的经济、教育、文化、卫生事业，促进该县经济社会的全面进步。一是开展民族政策法规宣传。几年来，全县共出版宣传墙报、板报251期，张挂贴横幅、标语5000多条，图片展览21次，《马山时讯》宣传5次；进行电视讲座5次，广播宣传50次；举办民族政策法规知识学习培训班

15期次，文艺演出23场，发放宣传资料2.65万份。培养、选拔和使用少数民族干部，少数民族干部人数占全县干部总人数85%左右。努力发展民族地区经济，2008年，全县地区生产总值25.97亿元，同比增长11%；财政收入1.51亿元，同比增长20.06%；全社会固定资产投资14.06亿元，同比增长31.92%；全社会消费品零售总额7.80亿元，同比增长24.18%；城镇居民人均可支配收入11560元，同比增长25.28%；农民人均纯收入3071元，同比增长15.41%。开展民族地区扶贫攻坚工作。从2005年起，开始实施扶贫"整村推进"工作，全县贫困人口从2003年9.63万人降至2008年5.28万人。抓好民族地区基础设施建设，修建公路，实现乡乡通柏油路的目标。实施大石山区基础设施建设大会战，项目涉及交通、水利、能源、教育、卫生等，有效改善各族群众的生产和生活条件。注重发展民族地区文化教育卫生事业。2009年10月，被国务院授予全国民族团结进步模范个人。

谢华娟 西乡塘区衡阳街道中华中路社区党支部书记。女，壮族，1965年6月生，广西崇左人。大专学历，中共党员。在其原担任社区居委会主任期间，坚持为民族地区和少数民族服务，积极开展民族政策宣传教育，及时妥善处理民族关系中出现的各种问题，为维护民族团结，社会稳定，团结奋斗、共同繁荣发展民族地区经济和促进各民族的全面进步事业作出贡献。2004年，社区入住大批新疆维吾尔族人和甘肃回族人，她以搞好民族团结为己任，走访他们，关心他们的生活住宿问题；及时组织社区居民骨干召开会议，宣传民族政策，发动居民群众帮助解决住宿问题；留下联系电话，告诉他们遇到困难随时联系；搞好少数民族群众生育、生活服务，经常走访，了解他们的民族习俗，帮助解决生活中遇到的困难；每逢节日，走访慰问困难少数民族家庭人员。充分发挥本社区民族众多的优势，经常以多种形式开展少数民族文体活动和精神文明宣传活动，弘扬民族文化。社区每年都与市民委在辖区开展民族政策法规宣传月和党员义工活动。2009年10月，被国务院授予全国民族团结进步模范个人。

韦东海 上林县镇圩瑶族乡古登村党支部书记、村委会主任。瑶族，1966年8月生，广西上林人。中共党员。几年来，带领村民大力发展种桑养蚕和黑山羊养殖，创办滑石矿厂，发展农村经济，群众生活水平不断得到提高。急群众之所急，积极联系上级有关部门争取资金解决群众饮水难、行路难问题。善于处理各种矛盾纠纷，把矛盾消除在萌芽状态，维护社会稳定。古登村养蚕基地种植桑树发展到27公顷，黑山羊养殖2000多只。村里还办起滑石矿厂、滑石碚烧厂等10多家。2007年，全村人均纯收入2790元。2005年，争取扶贫款2万元，完成4000多米的引水工程，饮水问题得到解决。2007年，发动全村党员和群众自筹资金10多万元，修建东罗至古登道路。在抓好经济工作的同时，经常组织全村的党员群众开展文明创建活动。在2006年文明庄创建工作中，他带领古登村水含庄群众，自筹资金80多万元，硬化道路2000多米，修建灯光球场，建起文化室，美化、绿化庄容庄貌；组织当地群众开展篮球、乒乓球、舞狮、壮山歌比赛等文体活动。2006年，水含庄获县生态文明村一等奖。2008年，获自治区第六次民族团结进步先进个人；2009年10月，被国务院授予全国民族团结进步模范个人。

（刘建安）

全国"三八"红旗手

高 虹 市妇女联合会党组书记、主席。女，1966年9月生，广西宾阳人，研究生学历，中共党员。自2006年到市妇联任职以来，锐意进取，开拓创新，使全市妇女儿童工作获得突破性进展，各项工作均走在广西乃至全国前列，不少工作在全国有位次、有影响，多次获全国妇联领导的高度评价。市妇联先后获全国妇联系统先进妇联组织、"三八"红旗集体、"争创巾帼文明岗、优质服务迎奥运"活动优秀组织奖、"双合格"家庭教育工作先进集体、学习型家庭创建示范城市等11项全国荣誉、20项自治区荣誉、43项市级荣誉；先后被评为全国社区万家图书室援建工作先进个人、广西"双合格"家庭教育工作先进个人、第七届广西"春蕾计划"活动先进个人等。2009年9月，被全国妇联授予全国"三八"红旗手。

董秀银 市劳动和社会保障局局长、党组书记。女，1955年4月生，辽宁台安人。研究生学历，中共党员。自1999年起任市劳动局、市劳动和社会保障局局长，党组书记。多年来，在推进南宁市劳动保障体系建设中，勇于实践，大胆创新，不少工作在全国有位次、有影响，南宁市先后8次被纳入国家级试点城市。2002年被国家劳动和社会保障部特记一等功；2003年被自治区政府授予自治区再就业工作先进个人；2005年撰写的课题获2001~2003年度自治区政府决策咨询成果三等奖；2008年当选第29届北京奥运会火炬传递南宁站火炬手；2009年9月被全国妇联授予全国"三八"红旗手。

梁素梅 市粤剧团副团长。女，1963年3月生，广西百色人。高中学历。担纲主演传统剧目《紫金锤》、《龙象塔奇缘》、《西河会妻》、《皎皎明月金锁情》等30多部，并获得多项奖项。1995、2004年参加广西第四、六届剧展均获"表演奖"；1997年参加第五届中国戏剧节以《月到中秋》饰"方玉"一角获优秀表演（主角）奖；2001年参加第七届中国戏剧节以《紫金锤》饰"果娘"一角获优秀表演奖；2002年凭借《紫金锤》一剧的表演获中国戏剧演员最高奖——第十九届中国戏剧梅花奖；2005年参加中国首届小戏小品大赛以小戏《枣树搬家》获参演剧目"入围奖"等；2007年，主演的小邕剧《歪打正着》获第二届"中国奖·小戏小品奖"优秀剧目奖及观众最喜爱剧目奖；2009年，主演的《目连救母》获第七届广西戏剧展览会大型剧目展演优秀表演奖；主演的《歪打正着》获第七届

广西戏剧展览会小戏小品展演优秀表演奖。2003年获南宁市第四届“十大杰出青年”称号；同年被评为广西文学艺术家十三年成果展会“文艺家”称号；2006年获南宁市第六届专业技术拔尖人才称号及广西文联系统个人二等功。2009年9月，被全国妇联授予全国“三八”红旗手。

阮桂芳 宾阳县妇联主席。女，1964年8月生，广西宾阳人。大学本科学历，中共党员。2004年4月以来，克服重重困难，在资金缺、人员少的情况下，不辞辛苦，深入基层，调查研究，认真倾听不同层面妇女的呼声，及时掌握开创妇联工作新局面的第一手资料，使妇联的工作取得了突破性的发展，各项活动成效显著，赢得了上级领导及各界妇女的充分肯定。县妇联先后被评为全国实施“两纲”示范县，全国、自治区“双学双比”先进集体，第六届自治区“五好文明家庭”创建先进协调组织，广西母婴安全工程先进单位，市实施妇女儿童两个规划先进集体等。2009年9月，被全国妇联授予全国“三八”红旗手。

黄少新 市绿化工程管理处中心养护管理站站长、绿化高级工。女，壮族，1962年3月生，广西横县人。高中学历，从事园林绿化工作29年，勤勤恳恳，任劳任怨。在种植“150万株树木”、“170万株树木”、“200万株树木”等重大项目中，严格抓好工程质量；出色地完成所管兴宁区、青秀区等60条道路近160万平方米绿地的日常养护、改造提高市政施工涉及的树木移植、绿化恢复等工作；虚心好学，不断学习和掌握新的技术管理技能，凭着丰富的城市绿化管护经验和敢于创新、不断进取的胆略，开展科学管理养护工作，培养了一支近150名聘用工组成的团结的队伍。在为单位的绿化工作赢得诸多荣誉的同时，个人曾获首府绿化先进个人、南宁市先进工作者等称号。2009年3月被全国绿化委员会授予全国绿化奖章；9月，被全国妇联授予全国“三八”红旗手。

张佩珍 宾阳县古辣镇刘村村委文书。女，壮族，1963年4月生，广西宾阳人。高中学历，中共党员。2003年参加种桑养蚕科技培训学习后，大胆引进高产桂桑优12号、桂蚕1号等新品种，采用“小蚕共育技术”，突破每万只小蚕产鲜茧60公斤，经济效益比上年提高2倍，从此走上致富路。同年，登记成立古辣镇桑蚕专业协会，带领古辣镇桑蚕专业协会及种桑养蚕基地不断发展壮大，至2008年，会员由63户发展到2000多户，基地种植面积1340公顷，中心示范面积267公顷。使种桑养蚕业成为古辣镇主要农业支柱产业，有力地促进了宾阳县种桑养蚕产业的发展。2009年9月，被全国妇联授予全国“三八”红旗手。（李永清 谭静宇）

全国“巾帼建功”标兵

蒙 臻 青秀区环境卫生管理站站长。女，壮族，1962年8月生，广西巴马人。大学本科学历，中共党员。充分发扬“脏了我一人，换来万家洁”的环卫精神，带领全站职工以饱满的热情投入到市容环境卫生工作中。积极改进以往环卫收费工作不足之处，创新收费工作方式，为单位创造良好的经济效益，使单位连续3年获南宁市城市生活垃圾处理费征收工作先进集体，其本人也连续3年获南宁市城市生活垃圾处理费征收工作先进个人。刻苦钻研城市管理、市容环境卫生管理等知识，熟练掌握环卫工作的各项业务，在清扫保洁道路上，不断细分工作，成立专门的综合执法队，积极协助清扫保洁队开展各种道路清扫保洁工作，为南宁市创建全国文明城市、“两会一节”和自治区成立50周年大庆做出积极贡献。被评为广西第六届“南珠杯”竞赛先进个人。2009年2月，被全国妇联授予全国“巾帼建功”标兵。

（李永清 谭静宇）

百岁老人

（2009年，南宁市新增百岁老人117人。其中：男性14人，女性103人）。

李贵芳 村民。女，1909年1月3日生，广西隆安人。有8个子女、28个孙子女、27个外孙、2个曾孙。住在隆安县屏山乡团结村。生活健康状况：一日4餐，主食为米饭、玉米粥、青菜等；每天睡眠正常，行动方便，无重大疾病；靠儿子赡养。

罗荣美 村民。女，1909年1月6日生，广西隆安人。有1个儿子、1个孙、1个曾孙。住在隆安县屏山乡群力村。生活健康状况：一日4餐，每餐适量，主食为米饭、蔬菜、肉类；每天睡眠正常，行动方便，无重大疾病；靠儿子赡养。

蒙立生 居民。1909年1月7日生，广西宾阳人。有6个子女、6个孙子女、12个外孙、2个曾孙。住在宾阳县永武街96号。生活健康状况：一日3餐，每餐适量，主食为米饭、玉米粥、少量肉类、青菜；每天睡眠正常，行动方便，无重大疾病；靠儿子赡养。

莫月芳 村民。女，1909年1月8日生，广西上林人。有2个子女、5个孙子女、9个外孙、7个曾孙。住在上林县塘红乡塘红社区上进庄。生活健康状况：每天多餐适量，主食为米饭、粥，每天睡眠正常，行动较方便，无重大疾病；靠儿子赡养。

罗月光 村民。女，1909年1月12日生，广西上林人。有4个子女、2个孙子女、5个外孙。住在上林县塘红乡弄陈村树威庄。生活健康状况：一日多餐，每餐适量，主食为粥、米饭；每天睡眠正常，行动不方便，无重大疾病；靠儿子赡养。

莫玉桂 村民。女，1909年1月12日生，广西上林人。有3个女儿、5个外孙。住在上林县西燕镇北林太平庄。生活健康状况：一日3餐，每餐适量，主食为粥、玉米、米饭、青菜；行动较方便，腰痛，每周打吊针一次；靠堂侄供养。

王汝桂 村民。女，1909年1月15日生，广西宾阳人。有4个子女、13个孙子女、13个外孙、12个曾孙。住在宾阳县甘棠镇邓村。生活健康状况：一日4餐，每餐适量，主食为米饭、粥、肉类；每天睡眠正常，行动方便，无重大疾病；靠儿子赡养。

黄文辉 村民。女，1909年1月16日生，广西南宁人。有2个子女、3个孙子女、3个曾孙。住在良庆区良庆镇新团村新庄坡36号。生活健康状况：一日3餐，主食为粥、米饭、青菜；每天睡眠8小时，行动方便，无疾病；靠孙子供养。

梁秀珍 村民。女，1909年1月24日生，广西宾阳人。有5个子女、10个孙子女、14个外孙、2个曾孙。住在宾阳县甘棠镇新宁村。生活健康状况：一日3餐，每餐150克，主食为米饭、粥；每天睡眠正常，行动不方便，无重大疾病；靠儿子赡养。

韦翠莲 村民。女，1909年2月3日生，广西马山人。有6个子女、11个孙子女、9个外孙、2个曾孙。住在马山县乔利乡三乐村。生活健康状况：一日3餐，每餐150克，主食为米饭、粥、肉；每天睡眠正常，行动方便；靠堂叔供养。

刘亚妹 居民。女，1909年2月4日生，广西南宁人。有7个子女、8个孙子女、3个外孙。住在江南区白沙路南三里21号。生活健康状况：一日多餐，每餐适量，主食为粥，少量肉类；每天睡眠13~14小时，行动不方便，有头晕、胃病等疾病；靠子女赡养。

蒙兆辉 村民。女，1909年2月4日生，广西马山人。有1个女儿、3个外孙。住在马山县永州镇德育村。生活健康状况：一日3餐，每餐适量，主食为米饭、粥、青菜；每天睡眠正常，行动不方便，有关节炎；靠女儿赡养。

叶少英 村民。女，1909年2月5日生，广西宾阳人。有5个子女、1个孙子、10个外孙、1个曾孙。住在宾阳县王灵乡黄头村。生活健康状况：一日4餐，主食为米饭、粥；每天睡眠正常，行动方便，无重大疾病；靠子女赡养。

罗春花 村民。女，1909年2月5日生，广西马山人。有3个子女。住在马山县永州镇永久村。生活健康状况：一日多餐，每餐适量，主食为米饭、蔬菜、肉类；每天睡眠正常，行动不太方便，有关节炎，无重大疾病；靠儿子赡养。

宋　氏 村民。女，1909年2月6日生，广西宾阳人。有4个子女、14个孙子女、6个外孙、10个曾孙。住在宾阳县芦圩镇黄卢丙子村。生活健康状况：一日3餐，每餐适量，主食为米饭、青菜；每天睡眠正常，行动方便，无疾病；靠子孙供养。

林连桂 村民。女，1909年2月7日生，广西南宁人。有4个子女、10个孙子女、11个外孙、3个曾孙。住在西乡塘区双定镇兴平村兴隆街。生活健康状况：一日3餐，每餐100克，主食为米饭、粥、肉类、蔬菜；每天睡眠10小时，行动较为方便，有头疮、肿瘤块等疾病；靠儿子赡养。

吕秀芬 村民。女，1909年2月8日生，广西宾阳人。有1个儿子、3个孙子女。住在宾阳县古辣镇新兴村。生活健康状况：一日3餐，每餐适量，主食为米粥、牛奶、青菜；每天睡眠正常，行动方便，无重大疾病；靠儿子赡养。

邓春元 村民。1909年2月12日生，广西武鸣人。有7个子女、17个孙子女、22个外孙、5个曾孙。住在武鸣县灵马镇滕村那堂屯。生活健康状况：一日4餐，每餐适量，主食为米饭、粥；每天睡眠10小时，行动一般，无重大疾病；靠孙子供养。

韦秀月 村民。女，1909年2月15日生，广西马山人。有5个子女、17个孙子女、3个外孙、6个曾孙。住在马山县周鹿镇周水村。生活健康状况：一日3餐，每餐适量，主食为米饭、粥；每天睡眠8小时，行动靠拐杖，有高血压疾病；靠儿子赡养。

甘桂兰 居民。女，1909年2月15日生，广西宾阳人。有3个子女、6个孙子女、8个外孙。住在宾阳县武陵镇定安街150号。生活健康状况：一日3餐，主食为大米、粥；每天睡眠正常，行动方便，无重大疾病；靠儿子赡养。

农春金 村民。女，1909年2月15日生，广西宾阳人。有4个儿女、17个孙子女、4个外孙、7个曾孙。住在隆安县布泉乡兴隆村。生活健康状况：一日3餐，每餐适量，主食为米饭、粥；每天睡眠正常，行动方便，无重大疾病；靠儿子赡养。

封秀兰 村民。女，1909年2月16日生，广西宾阳人。有3个子女、9个孙子女、4个外孙。住在宾阳县芦圩镇展志村。生活健康状况：一日4餐，主食为米饭、玉米粥、青菜；每天睡眠正常，行动不方便，无重大疾病；靠子孙供养。

危方莲 村民。女，1909年2月26日生，广西武鸣人。有6个子女、11个孙子女、8个外孙、6个曾孙。住在武鸣县罗波镇石梁村4组。生活健康状况：一日3餐，每餐100克，主食为米饭；每天睡眠8小时，行动基本正常，有听力差、骨质疏松等疾病；靠儿子赡养。

雷秀娟 村民。女，1909年2月29日生，广西横县人。有5个子女、7个孙子女、10个外孙、18个曾孙。住在横县平朗乡黄强村。生活健康状况：一日4~5餐，每餐适量，主食为米饭、青菜；每天睡眠正常，行动不太方便，无重大疾病；靠孙子女供养。

李　氏 村民。女，1909年3月5日生，广西武鸣人。有2个子女、4个孙子女、4个外孙、2个曾孙。住在武鸣县马头镇玉元村15组。生活健康状况：一日3餐，每餐100克，主食为米饭、肉类、蔬菜；每天睡眠8小时，靠拐杖行走；靠子孙供养。

潘彩明 村民。女，1909年3月6日生，广西武鸣人。有2个子女、2个孙子女。住在武鸣县锣圩镇高二村塘楼屯8号。生活健康状况：一日3餐，主食为粥；每天睡眠10小时，行动较为方便，无重大疾病；靠政府救济和儿子赡养。

韦美明 村民。女，1909年3月14日生，广西隆安人。有4个子女、2个孙子女、4个外孙、2个曾孙。住在隆安县南圩镇光明村。生活健康状况：一日3餐，每餐适量，主食为米饭、粥、青菜等；每天睡眠正常，行动不方便，有眼盲、耳聋等疾病；靠孙子供养。

韦忠兰 村民。女，1909年3月16日生，广西宾阳人。有2个子女、3个孙子女、5个外孙。住在宾阳县黎塘镇吴江村。生活健康状况：一日3餐，每餐适量，主食为米饭、玉米粥；每天睡眠正常，行动方便，无重大疾病，靠儿子赡养。

谭淑明 村民。女，1909年3月16日生，广西马山人。有2个女儿、4个外孙、3个曾孙。住在马山县周鹿镇坊利村。生活健康状况：一日3餐，主食为面条、米饭、粥；每天睡眠正常，行动方便；靠政府救济。

马秀文 村民。女，1909年3月18日生，广西横县人。有1个儿子、2个孙子女。住在横县云表镇周环村。生活健康状况：一日3餐，每餐适量，主食为米饭、粥；每天睡眠正常，行动不方便，双目失明；靠儿子赡养。

黄玉兰 村民。女，1909年3月18日生，广西马山人。有4个子女、13个孙子女、6个外孙、1个曾孙。住在马山县周鹿镇坛沙村。生活健康状况:一日3餐,每餐适量,主食为粥、米饭、肉类;每天睡眠正常,行动不方便,有脚疼、哮喘病;靠儿子赡养。

何秀珍 村民。女,1909年3月20日生,广西马山人。有2个子女、4个孙子女、5个外孙、8个曾孙。住在马山县周鹿镇石塘村。生活健康状况:一日3餐,主食为米饭、粥、青菜、肉类;每天睡眠正常,行动方便,无重大疾病;由儿子赡养。

蓝凤林 村民。女,1909年3月28日生,广西马山人。有1个女儿。住在马山县里当乡加荣村。生活健康状况:一日3餐,每餐100克,主食为米饭、玉米粥、青菜;每天睡眠正常,行动方便;靠女儿赡养。

黄善华 居民。女,1909年4月1日生,广西钦州人。有2个子女、5个孙子女、1个外孙、6个曾孙。住在江南区五一路44号。生活健康状况:一日3餐,每餐适量,主食米饭;每天睡眠10小时,行动方便,无重大疾病;靠政府救济及孙女供养。

黄文华 村民。女,1909年4月3日生,广西横县人。有6个子女、7个孙子女、2个外孙、2个曾孙。住在横县云表镇甲俭村委甲俭村4队。生活健康状况:一日3餐,每餐适量,主食为米饭、肉类、青菜;每天睡眠正常,行动不太方便,靠拐杖行走;靠子女赡养。

莫如均 村民。女,1909年4月4日生,广西宾阳人。有4个子女、8个孙子女、13个外孙、3个曾孙。住在宾阳县思陇镇兰田村六河二队。生活健康状况:一日3~4餐,每餐适量,主食为米饭、玉米粥;每天睡眠正常,行动不方便,有风湿骨痛等病;靠儿女赡养。

樊　氏 村民。女,1909年4月9日生,广西上林人,有7个子女、9个孙子女、12个外孙、12个曾孙。住在上林县西燕镇大龙洞村。生活健康状况:一日3餐,每餐适量,主食为米饭、玉米粥;每天睡眠8小时,行动方便,无重大疾病;靠儿子赡养。

刘桂花 退休职工。女,1909年4月10日生,广西武鸣人。有3个子女、6个孙子女、3个外孙、2个曾孙。住在南宁华侨投资区团结农场那宗队32号。生活健康状况:一日3餐,每餐适量,主食为米饭;每天睡眠8小时,行动方便,无疾病;有退休金领。

林有贤 村民。女,1909年4月11日生,广西隆安人。有5个子女、13个孙子女、10个外孙、14个曾孙。住在隆安县南圩镇连安村。生活健康状况:一日3餐,每餐200克,主食为米饭、粥、肉类、青菜等;每天睡眠正常,行动不方便,无重大疾病;靠子孙供养。

罗秀展 居民。女,1909年4月15日生,广西武鸣人。有2个女儿、7个外孙。住在武鸣县城厢镇一小。生活健康状况:一日4餐,每餐适量,主食为米饭、粥、素菜;每天8小时,行动不太方便,无重大疾病;靠女儿赡养。

陆彩明 村民。女,1909年4月15日生,广西宾阳人。有3个子女、3个孙子女、2个外孙。住在宾阳县宾州镇宝水闭村6队。生活健康状况:一日3餐,每餐适量,主食为米饭、粥;每天睡眠正常,生活能自理,无重大疾病;靠儿子赡养。

邓莲开 村民。女,1909年4月16日生,广西马山人。有7个子女、17个孙子女、12个外孙、23个曾孙。住在马山县白山镇立星村。生活健康状况:一日2餐,每餐适量,主食为米饭、粥、面条;每天睡眠正常,行动方便,靠儿子赡养。

黄桂琴 村民。女,1909年4月20日生,广西武鸣人。有2个女儿、7个外孙。住在武鸣县双桥镇平稳村3队。生活健康状况:一日3餐,每餐适量,主食为米饭、粥;每天睡眠10小时,行动方便,有高血压、头昏疾病;靠政府救济和女儿赡养。

李玉娟 村民。女,1909年4月21日生,广西横县人。有4个女儿、5个孙子女、5个外孙、1个外孙。住在横县横州镇学明村。生活健康状况:一日3餐,主食为米饭、粥、青菜;每天睡眠正常,行动方便,无重大疾病;靠子女赡养。

李桂珍 村民。女,1909年4月24日生,广西武鸣人。有5个子女、6个孙子女、6个外孙、2个曾孙。住在武鸣县城厢镇西厢村九组。生活健康状况:一日3餐,每餐适量,主食为米饭;每天睡眠14小时,靠双拐行走,有胃病;靠子女赡养。

刘金喜 村民。女,1909年4月27日生,广西南宁人。有3个子女、13个孙子女、10个外孙、10个曾孙。住在邕宁区新江镇汉林村汉林坡。生活健康状况:一日3餐,每餐100克,主食为米饭;每天睡眠12小时,行动方便,无重大疾病;靠子女赡养。

陆兰心 村民。女,1909年4月27日生,广西隆安人。住在隆安县城厢镇西宁村。生活健康状况:一日3餐,每餐适量,主食为米饭、青菜、粥;每天睡眠正常,行动不方便,无重大疾病;靠儿子赡养。

麦秀云 村民。女,1909年4月30日生,广西横县人。有4个子女,6个孙子女、6个外孙、4个曾孙。住在横县那阳镇那市村委住燕村。生活健康状况:一日3餐,每餐适量,主食为粥、肉类;每天睡眠正常,行动方便;靠儿子赡养。

陆莲明 退休职工。女,1909年5月5日生,广西武鸣人,有4个子女、13个孙子女、5个外孙。住在武鸣县广西农垦国有东风农场。生活健康状况:一日3餐,主食为粥、米饭;每天睡眠8小时,行动不方便,有眼盲、耳聋、风湿痛等疾病;有退休金。

季启堂 村民。1909年5月6日生,广西横县人。有3个子女、13个孙子女、5个曾孙。住在横县陶圩镇龙门村委全信村。生活健康状况:一日3餐,每餐适量,主食为米饭、粥、青菜;每天睡眠正常,行动方便,无重大疾病;靠儿子赡养。

罗凤英 村民。女,1909年5月7日生,广西南宁人。有2个儿子、3个孙子女。住在兴宁区三塘镇四塘街6队。生活健康状况:一日3餐,主食为米饭、粥;每天睡眠8小时,行动不方便,能做点小买卖维持生活,靠儿子赡养。

张美连 村民。女,1909年5月7日生,广西南宁人。有4个子女、12个孙子女、4个外孙、2个曾孙。住在兴宁区昆仑镇联光村古桐坡。生活健康状况:一日3餐,主食为粥、米饭;每天睡眠12小时,行动方便,有哮喘等疾病;靠子女赡养。

陈芳华 村民。女,1909年5月9日生,广西横县人。有4个子女、14个孙子女、4个外孙、15个曾孙。住在横县镇龙乡凤丹村。生活健康状况:一日3餐,每餐适量,主食为米饭;每天睡眠正常,行动方便,无重大疾病;靠儿子赡养。

陆秀英 村民。女,1909年5月10日生,广西横县人。有7个子女儿、12个孙子女、13个外孙、3个曾孙。住在横县横州镇龙池村红宜11队。生活健康状况:一日3餐,每餐适量，主食为米饭、粥、青菜；每天睡眠正常，行动方便，脚有风湿；靠儿子赡养。

温月结 村民。女，1909年5月12日生，广西宾阳人。有1个儿子、6个孙子女、5个曾孙。住在宾阳县芦圩镇六明村六料2队。生活健康状况：一日3餐，每餐适量，主食为米饭、青菜、肉类；每天睡眠10小时，行动较为方便，有高血压等疾病；靠子女赡养。

潘镜华 居民。女，1909年5月14日生，广西宾阳人。有2个子女、2个孙子女、5个外孙、4个曾孙。住在宾阳县芦圩镇中和街381号。生活健康状况：一日3餐，主食为粥、蔬菜、肉类；每天睡眠正常，行动一般，靠拐杖行走，无重大疾病；靠孙子女供养。

谭日来 村民。1909年5月20日生，广西宾阳人。有3个子女、11个孙子女、6个外孙、8个曾孙。住在宾阳县新桥镇民范村。生活健康状况：一日4餐，每餐适量，主食为米饭、粥、青菜；每天睡眠正常，行动方便，无重大疾病；靠孙子女供养。

韦鸿彰 村民。1909年5月22日生，广西上林人。有2个子女、6个孙子女、5个外孙8个曾孙。住在上林县塘红乡古春村东乐庄。生活健康状况：一日多餐，主食为粥、米饭；每天睡眠正常，行动方便，无重大疾病；靠子孙供养。

玉少辉 居民。女，1909年5月23日生，广西南宁人。有5个子女、9个孙子女、7个外孙、4个曾孙。住在邕宁区蒲庙街道汉林街3号。生活健康状况：一日3餐，每餐100克，主食为米饭、粥等；每天睡眠9小时，行动不方便，有头痛、脚痛等疾病；靠子女赡养。

韦廷娟 村民。女，1909年6月5日生，广西上林人。有8个子女、28个子孙、9个外孙、15个曾孙。住在上林县三里镇黄楚村东莫庄。生活健康状况：一日3餐，每餐一碗米饭，主食为米类、青菜；每天睡眠较少，有风湿，行动不太方便；靠儿子赡养。

陆玉兰 村民。女，1909年6月6日生，广西宾阳人。有5个子女、4个孙子女、6个外孙、6个曾孙。住在宾阳县新桥镇尚武街。生活健康状况：一日3餐，每餐适量，主食为米饭；每天睡眠8小时，行动方便，无重大疾病；靠儿子赡养。

高　自 退休职工。1909年6月8日生，广西玉林人。有2个子女、3个孙子女、1个曾孙。住在西乡塘区华兴里18号。生活健康状况：一日3餐，每餐100克，主食为米饭、粥、青菜；每天睡眠6小时，行动方便，无重大疾病；有退休金。

李安仕 村民。女，1909年6月12日生，广西南宁人。有1个女儿、2个外孙、3个曾孙。住在良庆区那陈镇美悟村。生活健康状况：一日3餐，主食为粥、青菜，行动方便，有精神失常等疾病；靠女儿一家供养。

农桃英 村民。女，1909年6月13日生，广西隆安人。有1个儿子。住在上林县巷贤镇大山村大山庄。生活健康状况：一日3餐，每餐适量，主食为米类、肉类、青菜；每天睡眠正常，行动不方便，无疾病；靠儿媳、孙子供养。

潘金莲 退休职工。女，1909年6月16日生，广西上林人。有5个子女、2个孙子女、6个外孙。住在上林县大丰街8号。生活健康状况：一日4餐，每餐适量，主食为粥、米饭；每天睡眠8小时，行动方便，有高血压疾病；靠儿子赡养。

许秀凤 村民。女，1909年6月16日生，广西南宁人。有1个儿子、8个孙子女、20个曾孙。住在西乡塘区石埠街道和安村1队。生活健康状况：一日2餐，每餐约150克，主食为米饭、粥；每天睡眠8小时，行动不方便，有风湿骨痛疾病；靠孙子供养。

黄荣侦 村民。1909年6月18日生，广西马山人。有4个子女、4个外孙、4个孙子女。住在马山县永州镇大旺村。生活健康状况：一日3餐，主食为米饭、粥、玉米、青菜；每天睡眠正常，行动不方便，瘫痪在床；靠儿子赡养。

李金菊 村民。女，1909年6月19日生，广西隆安人。有4个子女、2个孙子女、6个外孙、2个曾孙。住在隆安县布泉乡高峰村。生活健康状况：一日4餐，每餐2碗，主食为玉米粥、青菜、肉类；每天睡眠正常，行动方便，无重大疾病；靠子孙供养。

蒙立锦 村民。女，1909年6月24日生，广西横县人。有8个子女、19个孙子女、2个外孙、8个曾孙。住在横县横州镇龙池村委里竹20小组。生活健康状况：一日3餐，每餐适量，主食为米饭；每天睡眠正常，行动方便，无重大疾病；靠儿子赡养。

韦国兰 村民。女，1909年7月5日生，广西宾阳人。有3个子女、14个孙子女、5个外孙、8个曾孙。住在宾阳县大桥镇大程村。生活健康状况：一日4餐，主食为米饭、粥、青菜、肉类等；每天睡眠正常，行动方便，无重大疾病；靠子女赡养。

陈二姨 村民。女，1909年7月7日生，广西南宁人。有2个子女、5个孙子女、2个外孙、9个曾孙。住在江南区沙井街道同乐村33队。生活健康状况：一日3餐，每餐适量，主食为米饭、青菜；每天睡眠时间长，行动不方便，有老年痴呆症疾病；靠孙子供养。

韦家和 村民。女，1909年7月9日生，广西上林人，有5个子女、6个孙子女、5个外孙、1个曾孙。住在上林县塘红乡万福村。生活健康状况：一日多餐，每餐适量，主食为米饭、粥；每天睡眠正常，行动较为方便，无重大疾病；靠子孙供养。

蓝寿吉 村民。女，1909年7月15日生，广西马山人。有2个子女、6个孙子女、4个外孙、2个曾孙。住在马山县白山镇合作村。生活健康状况：一日3餐，主食为玉米粥、青菜；每天睡眠正常，行动方便，无重大疾病；靠子孙供养。

蒙达民 退休职工。1909年7月18日生，广西南宁人。有4个子女、2个孙子女、3个外孙、1个曾孙。住在西乡塘区78号。生活健康状况：一日4餐，每餐100克，主食为米粉、米饭；每天睡眠10小时，行动方便，有气管炎疾病；有退休金。

李恒芳 村民。女，1909年7月18日生，广西隆安人。有3个子女、9个孙子女、4个外孙、4个曾孙。住在隆安县雁江镇仁良村。生活健康状况：一日3餐，每餐适量，主食为米饭、青菜、粥；每天睡眠正常，行动不太方便，右腿骨折，无重大疾病；靠子女赡养。

韦秀芬 村民。女，1909年7月20日生，广西宾阳人。有4个子女、10个孙子女、7个外孙、6个曾孙。住在宾阳县古辣镇新良村。生活健康状况：一日3餐，每餐适量，主食为米饭、粥、青菜、肉类；每天睡眠正常，行动方便，无重大疾病；靠子女赡养。

韦美清 村民。女，1909年7月21日生，广西马山人。有3个儿女、4个孙子女、2个外孙。住在马山县白山镇中学街106号。生活健康状况:一日3餐,主食为米饭、粥、青菜、肉类;每天睡眠正常,行动不方便,有风湿;靠儿子赡养。

韦锦秀 村民。女,1909年7月21日生,广西宾阳人。有2个儿子、6个孙子女、4个外孙。住在宾阳县王灵镇黄兴村。生活健康状况:一日3餐,主食为米饭、青菜;每天睡眠正常,行动不太方便,无重大疾病;靠儿子赡养。

蓝乃桂 村民。女,1909年7月30日生,广西马山人。有6个子女、10个孙子女、10个外孙、6个曾孙。住在马山县加方乡内双村。生活健康状况:一日3餐,每餐100克,主食为粥、青菜、少量肉类;每天睡眠正常,行动方便;靠儿子赡养。

潘月花 村民。女,1909年8月10日生,广西上林人。有1个儿子。住在上林县镇圩乡古登村。生活健康状况:一日2餐,每餐适量,主食为米饭、玉米粥、面制品;每天睡眠正常,行动方便,无重大疾病;靠儿子赡养。

杨玉英 居民。女,1909年8月10日生,广西贺州人。有2个子女、7个孙子女、2个外孙、18个曾孙。住在青秀区桃源路22-1号。生活健康状况:一日2餐,主食为米饭;每天睡眠8小时,行动较为方便,有高血压疾病;靠女儿赡养。

李显中 村民。女,1909年8月10日生,广西横县人。有5个子女、11个孙子女、7个外孙、7个曾孙。住在横县云表镇踏路村。生活健康状况:一日3餐,每餐适量,主食为粥、米饭;每天睡眠正常,行动方便,无疾病;靠子孙供养。

丁四妹 居民。女,1909年8月11日生,广东云浮人。有1个儿子、3个孙子女。住在青秀区东葛路33号。生活健康状况:一日3餐,主食米饭、青菜;每天睡眠8小时,行动一般,有风湿骨痛疾病;靠儿子赡养。

雷荣芳 居民。女,1909年8月12日生,广西南宁人。有2个女儿、4个外孙。住在江南区那洪街道办苏盆村3队。生活健康状况:一日3餐,每餐适量,主食为米饭、粥;每天睡眠10小时,行动方便,有耳聋等疾病;靠女儿赡养。

黄月光 村民。女,1909年8月12日生,广西南宁人。有2个子女、4个孙子女。住在西乡塘区双定镇秀山村岽利坡。生活健康状况:一日3餐,每餐100克,主食为米饭、粥、肉类、青菜;每天睡眠8小时,行动不太方便,无重大疾病;靠儿子赡养。

黄桂香 村民。女,1909年8月18日生,广西武鸣人。有4个子女、4个孙子女、16个外孙、3个曾孙。住在武鸣县太平镇庆乐村上下律屯106号。生活健康状况:一日3餐,每餐适量,主食为米饭;每天睡眠12小时,行动方便,有头昏眼花等症状;靠子孙供养。

韦庭宽 村民。1909年8月21日生,广西马山人。有4个子女、3个孙子女、11个外孙、5个曾孙。住在马山县林圩镇苏仪村。生活健康状况:一日3餐,每餐适量,主食为米饭;每天睡眠8小时,行动方便,无重大疾病;靠儿子赡养。

孙郁芬 村民。女,1909年8月27日生,广西南宁人。有1个女儿。住在邕宁区中和乡中和社区孙头坡。生活健康状况:一日3餐,每餐150克,主食为米饭、青菜、粥;每天睡眠8小时,行动一般,无重大疾病;靠女儿赡养。

龙彩芬 退休职工。女,1909年9月6日生,广西横县人。有4子女、3个孙子女、3个外孙、4个曾孙。住在西乡塘区唐山路4栋410号。生活健康状况:一日3餐,每餐适量,主食为米饭、肉类、蔬菜;每天睡眠10小时,行动方便,无病状;有退休金。

王保莲 退休职工。女,1909年9月8日生,广西南宁人。有1个儿子、4个孙子女、3个曾孙。住在西乡塘区那龙镇农具社。生活健康状况:一日3餐,每餐适量,主食为米饭、粥、一些肉蔬类;每天睡眠11小时,行动不太方便,无疾病;靠儿子赡养。

陈光连 村民。女,1909年9月8日生,广西武鸣人。有1个儿子、4个孙子女、6个曾孙。住在武鸣县锣圩镇旧圩5组。生活健康状况:一日3餐,每餐适量,主食为米饭、粥;每天睡眠正常,行动不太方便;靠儿子赡养。

邓秀昌 村民。女,1909年9月9日生,广西隆安人。有3个子女、5个孙子女、1个外孙、7个曾孙。住在隆安县那桐镇那重村。生活健康状况:一日3餐,每餐适量,主食为米饭、青菜;每天睡眠正常,行动不方便,无重大疾病;靠子孙供养。

赵群英 村民。女,1909年9月18日生,广西横县人。有3个子女、7个孙子女、4个外孙。住在横县横州镇槎江路297号。生活健康状况:一日3餐,每餐适量,主食为米饭、青菜;每天睡眠正常,行动方便,无重大疾病;靠儿子赡养。

胡永华 退休职工。1909年10月1日生,广西梧州人。有4个子女、6个外孙、3个外孙女、8个曾孙。住在西乡塘区大化路1号。生活健康状况:一日3餐,每餐适量,主食为粥、米饭、面制品、青菜、肉类;每天睡眠8小时,行动不方便,有高血压等疾病;有退休金。

蓝乃荣 村民。女,1909年10月2日生,广西马山人。有4个子女、4个孙子女、4个外孙,2个曾孙。住在马山县古寨乡加显村。生活健康状况:一日4餐,每餐适量,主食为粥、少量肉类、青菜;每天睡眠正常,行动方便,无重大疾病;靠子孙供养。

陆大妈 村民。女,1908年10月4日生,广西马山人。有2个子女、5个孙子女、4个外孙。住在马山县周鹿镇三星村。生活健康状况:一日3餐,每餐适量,主食为粥、米饭;每天睡眠正常,行动不方便,右肢骨断,双眼失明;靠儿子赡养。

蓝秀仕 村民。女,1909年10月10日生,广西马山人。有7个子女、9个孙子女、6个外孙、10个曾孙。住在马山县周鹿镇上荣村。生活健康状况:一日3餐,每餐一小碗,主食为米饭、粥;每天睡眠正常,行动方便,无重大疾病;靠儿子赡养。

张玉兰 居民。女,1909年10月10日生,广西横县人。有5个子女、12个孙子女、7个外孙、6个曾孙。住在横县横州镇谢圩航运公司。生活健康状况:一日4餐,每餐适量,主食为米粥;每天睡眠正常,行动不方便,无重大疾病;靠子女赡养。

农秀华 村民。女,1909年10月12日生,广西马山人。有5个子女、8个孙子女、6个外孙、1个曾孙。住在马山县永州镇州圩村。生活健康状况:一日4餐,主食为米饭、肉类、青菜;每天睡眠正常,行动方便,无重大疾病;靠儿子赡养。

李滋根 村民。1909年10月13日生,广西隆安人。有8个儿女、6个孙子女、22个外孙。住在隆安县雁江镇福颜村。生活健康状况:一日4餐,每餐适量,主食为粥、青菜;每天睡眠正常,行动方便,无重大疾病;靠子孙供养。

杭秀辉 居民。女,1909年10月14日生,广西南宁人。有3个子女、6个孙子女、5个外孙、3个曾孙。住在江南区市群益园艺场4队。生活健康状况:一日3餐,主食为米饭、粥;每天睡眠8小时,行动方便,无重大疾病;靠子女赡养。

苏秀云　村民。女,1909年10月14日生,广西武鸣人。有6个子女、5个孙子女、20个外孙、2个曾孙。住在武鸣县仙湖镇那溪村8组。生活健康状况:一日3餐,每餐适量,主食为米饭、粥;每天睡眠8~12小时,行动较方便,眼睛已盲;靠子女赡养。

苏美珍　村民。女,1909年12月15日生,广西南宁人。有6个子女、4个孙子女、7个外孙、4个曾孙。住在邕宁区那楼镇那盆村那盆坡。生活健康状况:一日3~4餐,主食为米饭、粥;每天睡眠12小时,行动较为方便,无疾病;靠子孙供养。

李爱芳　居民。女,1909年10月16日生,广西马山人。有7个子女、2个孙子女、15个外孙、10个曾孙。住在马山县白山镇西华街90号。生活健康状况:一日3餐,每餐适量,主食为粥、米饭、青菜;每天睡眠8小时,行动不方便;靠儿子赡养。

袁桂超　村民。女,1909年10月25日生,广西横县人。有5个子女、8个孙子女、18个外孙、9个曾孙。住在横县陶圩镇福岭村。生活健康状况:一日3餐,主食为米类、粥、青菜、肉类;每天睡眠正常,行动方便,无重大疾病;靠孙子供养。

陆恒求　村民。1909年11月1日生,广西南宁人。有5个子女、9个孙子女、3个外孙、7个曾孙。住在兴宁区昆仑镇黄宣村六王坡8号。生活健康状况:一日3餐,每餐适量,主食为米饭、杂粮、肉类;每天睡眠8小时,行动方便,生活能自理,有痛风、前列腺疾病;靠子女赡养。

黎希英　村民。女,1909年11月8日生,广西宾阳人。有2个子女、4个孙子女、2个外孙、3个曾孙。住在宾阳县大桥镇石壁村。生活健康状况:一日3餐,主食为玉米粥、肉类、面条;每天睡眠正常,行动不方便,无重大疾病;靠孙子供养。

方月兰　村民。女,1909年11月10日生,广西横县人。有4个子女、4个孙子女、12个外孙、9个曾孙。住在横县平朗乡平朗社区至蕴村94号。生活健康状况:一日3餐,每餐适量,主食为米饭;每天睡眠正常,行动不方便,无重大疾病;靠儿子赡养。

覃玉珍　居民。女,1909年11月15日生,广西马山人。有1个儿子、2个孙子、7个曾孙。住在马山县白山镇中学街665号。生活健康状况:一日3餐,主食为米饭、玉米粥、青菜,每天睡眠正常,行动不方便;靠儿子赡养。

陈善光　村民。1909年11月15日生,广西马山人。有2个子女、4个孙子女、3个外孙、2个曾孙。住在马山县永州镇胜利村。生活健康状况:一日3餐,主食为玉米粥、米饭;每天睡眠正常,行动方便,无重大疾病;靠儿子赡养。

班少芬　村民。女,1909年11月15日生,广西横县人。有2个子女、2个孙子女、5个外孙。住在横县马山乡罗板村委茅田村。生活健康状况:一日3餐,每餐适量,主食为米饭、粥;每天睡眠正常,行动方便,双目失明;靠儿子赡养。

李保泰　退休干部。1909年11月22日生,湖南新化人。有2个儿子、3个孙子女、2个曾孙。住在青秀区民主路7号。生活健康状况:一日3餐,主食为米饭、面制品;每天睡眠15小时,行动不方便,无疾病,有退休金。

覃有兰　村民。女,1909年11月25日生,广西横县人。有5个子女、8个孙子女、7个外孙、10个曾孙。住在横县平朗乡笔山村。生活健康状况:一日3餐,每餐适量,主食为粥、青菜;每天睡眠正常,行动方便,靠子女赡养。

郭超华　村民。女,1909年11月26日生,广西横县人。有3子女、7个孙子女、4个外孙、7个曾孙。住在横县百合镇武留村。生活健康状况:一日3餐,每餐适量,主食为米饭、青菜、少量肉类;每天睡眠正常,行动方便,无重大疾病;靠儿子赡养。

潘美珍　居民。女,1909年12月2日生,广西隆安人。有3个子女、8个孙子、5个外孙、9个曾孙。住在武鸣县城厢镇兴武大道187号。生活健康状况:一日3餐,每餐100克,主食为米饭;每天睡眠9小时,行动不太方便,无重大疾病;靠儿子赡养。

闭有瑞　村民。女,1909年12月2日生,广西横县人。有4个子女、6个孙子女、9个外孙、9个曾孙。住在横县云表镇飘竹村15队。生活健康状况:一日3餐,每餐适量,主食为米饭、青菜、肉类;每天睡眠正常,行动不太方便,偶有感冒、腹泻,无重大疾病;靠儿子赡养。

谢松秀　村民。女,1909年12月18日生,广西宾阳人。有1个儿子、6个孙子女。住在宾阳县芦圩镇新模村。生活健康状况:一日3餐,主食为米类、玉米粥、青菜;每天睡眠正常,行动方便,无重大疾病;靠儿子赡养。　　(谭邕生)

新闻人物

张　雯　28岁,女,广西南宁人,乙肝病毒携带者。因为一次偶然的机会最终选择乙肝公益活动。2009年1月4日,她和浙江大学学生雷闯在郑州二七广场上演国内首个乙肝"抱抱团"行为艺术(鼓励普通市民与乙肝病毒携带者拥抱的活动)。雷闯举着"消除乙肝歧视,共建和谐社会"的牌子,张雯举着"乙肝不会通过拥抱等日常接触传播,我是乙肝病毒感染者,你愿意给我个拥抱吗?"的牌子,从当天下午2时15分至3时56分,共向101名市民索取拥抱,有82人接受,19人拒绝。11月17日到12月12日,张雯从南宁出发行走9个省区市,开展"翡翠丝带"公益宣传。2010年1月,在北京一乙肝公益机构支持下,张雯开始筹备广西第一家专门做公益乙肝宣传的工作室。其事迹在《南宁晚报》及国内较大网站上刊发。

(黄艳阳)

逝世名人

(享受副厅级以上待遇人物)

黄昌义　(1927.09~2009.01.17)　广西钦州人。1949年9月参加革命工作,1955年4月加入中国共产党。历任南宁市公安局政保科侦察员、科员、副科长、科长,市革委会社会清队办公室干部、副主任,市公安局治安科科长、内保科科长,市中级人民法院副院长,市纪律检查委员会专职委员。1986年8月定为正处级,1988年11月离休,1999年3月起享受地厅级医疗待遇。

黄梅如　(1928.11~2009.08.10)　壮族,广西崇左人。1949年9月参加革命工作,1952年9月加入中国共产党。历任南宁市近郊土改工作队组长,市第二区人民政府秘书、代副区长,华中钢铁公司工程技术处秘书、副科长,武汉冶金化学建筑总公司干部处副科长,武汉钢铁工业学校党委办公室秘书、主任,武汉钢铁建设公司党委组织部干部科科长,冶金工业部第一冶金公司干部部科长,第十九冶金公司干部部代副部长,“五七”干校学员,冶金工业部第十九冶金公司审干组、组干组负责人、副组长,干部处副处长、党委组织部部长(正处级),南宁市革委会重工业局党委副书记、副局长,市委组织部副部长,市委老干部局局长。是南宁市第五次党代会代表,市第七届人大代表,市第八届人大常委会委员、财经委员会副主任。1990年4月离休。享受地厅级医疗待遇。

蒙　威　(1920.05~2009.08.15)　壮族,广西崇左人。1947年2月参加革命工作,1949年4月加入中国共产党。历任华东军政大学一大队学员,两广纵队二团战士、副班长、副排长,广东军区珠江分区独立十五团排长、副连长,河南省郑州第四炮兵学校副区队长,海南军区炮团副连长、连长、副营长,广西军区邕宁县兵役局科长,广州军区第46速中二队副区队长,广西桂平糖厂车间副主任,广西宁明糖厂科长、工会主席,宁明炼油厂筹备处副主任,南宁市农业局副科长、科长,市郊区公所办公室主任,市水电局科长、副局长,市郊区革委会工业组组长,市农机管理局副局长,市建工局副局长。1987年1月离休,同年7月定为正处级干部。享受地厅级医疗待遇。

麦振国　(1933.04~2009.10.19)　广西荔浦人。1953年8月参加工作,1983年10月加入中国民主同盟,大学学历。历任广西平乐师范学校附属小学教师,广西钦县二中教师,广西钦州师范学校教师,广西钦州县劳动大学教师,广西钦州中学教师,钦州105干校学员,钦州新堂中学教师,南宁市教育学院副教务长、副教授,中国人民政治协商会议南宁市第六届、第七届委员会副主席。是民盟第七次全国代表大会代表,政协广西区第八届委员会委员,民盟广西区委会第七届、第八届、第九届常委,民盟市委员会主任委员。2000年11月退休。

(市委组织部编写组)

名　人　录

自治区劳动模范

(2010年4月自治区党委、自治区政府授予,36名)

黄　甄　壮族,广西电网公司南宁供电局变电运行管理所班长
李　燕　女,市邮政局城中营业局主任
韦　卫　壮族,市中鹿出租汽车有限公司驾驶员
何育勇　市建筑安装工程有限责任公司队长
黄　钊　广西建工集团第一安装有限公司第二分公司施工队长
牙庭科　壮族,广西绿城水务股份有限公司营业处抄表一班班长
陈庆赋　广西电力线路器材厂金具车间车工班班长
黄翠娥　女,市公共交通总公司一公司望州车队驾驶员
李志丁　壮族,市良凤农牧有限责任公司养鸡厂班长
韦新林　广西南南铝箔有限责任公司副部长
梁志宾　南宁广发重工集团有限公司发电设备公司冷锻车间工锻长
荆小兰　女,市九州出租汽车有限公司驾驶员
赵　华　女,南宁五菱桂花车辆有限公司出口部总经理
舒志强　广西运德汽车运输集团有限公司南宁汽车客运总站驾驶员
蓝艳娥　女,瑶族,马山县里当瑶族乡龙那村党支部副书记
李星葵　壮族,青秀区长塘镇天堂村党支部书记、村委会主任
黄贤菲　壮族,隆安县那桐镇那门村党总支书记
施焕新　女,壮族,宾阳县露圩镇新新幼儿园园长
马彰然　壮族,西乡塘区坛洛镇中北村村民
张炳芬　上林县明亮镇万古村党支部书记、村委会主任
黎家楣　壮族,良庆区南晓镇晓元村党支部书记
潘庆标　壮族,武鸣县城厢镇平等村党支部书记、村委会主任
陈绍阳　壮族,广西桂乡建设集团有限责任公司施工员
陆荣艳　女,壮族,马山县古寨瑶族乡古寨村党支部副书记、村委会副主任
朱建成　南南铝业有限公司技术部部长
潘少莉　女,壮族,广西德意数码股份有限公司副总裁
伍志滨　广西大都混凝土有限公司业务处经理
罗桂军　中国建筑第五工程局广西分公司项目经理
乔南湘　女,南宁化工股份有限公司项目办主任
陈小宾　南宁凤凰纸业公司车间副总工程师
卢肇雄　广西现代运输集团南宁哈威尔紧固件有限公司副总经理
杨远立　南宁锦虹棉纺织有限责任公司党委书记、董事长
揣小勇　广西电网公司南宁供电局局长
黄嘉棣　广西皇氏甲天下乳业股份有限公司董事长
钟永利　广西南城百货股份有限公司董事长
蒙广全　南宁糖业股份有限公司副董事长、总经理

自治区先进工作者

(2010年4月自治区党委、自治区政府授予,13名)

黄伟玲　女,兴宁区朝阳街道望州南社区居委会主任
陈海安　市政府办公厅行政处驾驶员
韦洁萍　女,壮族,横县公路局横州养护站片长
唐洪芳　市殡葬管理处殡仪馆火化车间班长
何永结　壮族,良庆区农业技术服务中心主任
谭　璇　女,青秀区人民检察院副检察长
吴崇艺　南宁人民广播电台新闻部记者
农克县　壮族,横县职业教育中学校长
丁　伟　市卫生局副局长
梁月勤　女,壮族,武鸣县信访办公室副主任
李伟文　市公安局西乡塘分局禁毒大队大队长
刘德宁　市社会劳动保险事业管理所所长
蓝　彬　女,瑶族,江南区人民法院审判员

(刘缅熙)

自治区“巾帼建功”标兵

(2009年3月自治区妇联授予)

许卫阳　女,市审计局农业与资源环

广西“三八”红旗手标兵

（2009年3月自治区妇联授予）

胡金莲　女，广西百大丝绸集团有限公司董事长

李秋妹　女，南宁东博国际五金机电城有限公司总经理

（李永清　谭静宇）

2009年度南宁市劳动模范

（2010年5月市委、市政府授予，50名）

唐运吉　南宁城市建设集团有限责任公司征地拆迁部经理

施永荣　壮族，南宁美恒安兴纸业有限公司生产车间抄纸工段丙班班长

宣　驰　南宁凤凰纸业有限公司制浆分厂工段长

蒋天就　广西超大运输集团有限责任公司南宁泰昌客运车队队长、党支部书记

卜汝国　广西玉柴专用汽车有限公司生产车间焊工

卢川海　广西诚真置业投资有限公司施工员

陆桂英　女，壮族，广西运德集团埌东汽车站客运服务站站长

肖勇东　南宁安途出租汽车有限公司驾驶员

黄剑明　壮族，市手表厂夹板车间副主任

许凤桃　女，壮族，隆安县布泉乡绿泉幼儿园园长

陈群娟　女，南宁高新市政环卫有限责任公司绿化队队长

龙珠宝　苗族，南宁管道燃气有限责任公司管网所巡线班长

周少萍　女，广西农垦国有良圻农场十分场农业工人

韩佳朋　壮族，广西飞翔特种印务股份有限公司生产车间轮转机班班长

张廷胜　广西双胞胎饲料有限责任公司品管部现场品控员

黄义丰　壮族，宾阳县供电公司用电稽查班班长

莫善正　广西大都混凝土集团有限公司车队搅拌车司机

王庆光　壮族，南宁五菱桂花车辆有限公司冷焊车间油漆工段工段长

何　江　壮族，隆安供电公司变电检修班副班长

梁志宾　南宁广发重工集团有限公司发电设备公司冷锻车间工段长

张佩珍　女，壮族，宾阳县古辣镇刘村村委文书

吴香妹　女，壮族，武鸣县太平镇林渌村党支部书记、村委会主任

雷金城　壮族，江南区延安镇那齐村么表坡农民

麻广林　壮族，横县校椅镇韦村村委三清村农民

李祖平　市雄牛牧业有限责任公司总经理

林汉文　女，南宁振企农业科技开发有限公司董事长

马龙集　壮族，广西金穗农业投资有限责任公司生产技术部香蕉管理总场长

梁洁言　壮族，广西桂洁农业开发有限公司总经理

韦东海　瑶族，上林县镇圩瑶族乡古登村党支书记、村委会主任

蓝莉芬　女，壮族，马山县金钗镇东屏村那怀屯农民

刘　宏　壮族，广西华蓝设计（集团）有限公司总工程师

梁　智　广西南宁化学制药有限责任公司副总经理

陈仁章　广西盛誉糖机制造有限责任公司总工程师

李光生　广西电网公司南宁供电局变电维护管理所主任

孙　磊　中建八局广西体育中心一期工程项目经理

何　刚　广西绿城水务股份有限公司管网管理处主任

邓　伟　广西送变电建设公司第二分公司经理

陈　秋　南宁品正建设咨询有限责任公司总工程师、总监理工程师

梁寿坤　广西黎塘工业瓷厂生产部设备主管

全嘉新　仫佬族，广西投资集团维科特生物技术有限公司技术部副经理

旷林昌　南宁桂格精工科技有限公司董事长、总经理

王东生　广西地凯科技有限公司董事长

钟逢颂　广西建工集团第一建筑工程有限责任公司董事长、总经理

梁桂安　市桂果香果品有限公司董事长、党总支书记

周丽洁　女，壮族，市储备粮管理有限责任公司总经理、副董事长、党委副书记

班兆林　壮族，中国电信股份有限公司南宁分公司党委书记、总经理

黄卫东　广西西津电厂厂长、党委书记

钟　群　女，广西南宁梦之岛百货有限公司总经理

丁学斌　南宁振宁资产经营有限责任公司党委书记、董事长

张仕达　壮族，广西华劲集团股份有限公司南宁纸业分公司总经理

2009年度南宁市先进工作者

（2010年5月市委、市政府授予，50名）

覃东立　壮族，武鸣县环境卫生管理站队长

李兆贵　壮族，武鸣县科学技术局副局长

梁广秀　壮族，横县信访局局长

颜荣楠　横县国土资源局党委书记、局长

卢丽君　女，宾阳公路管理局新宾养护站站长

阮清进　宾阳县高级中学教师

韦高妹　女，壮族，马山县妇幼保健院院长

施继锋　市港航管理处主任

黄秀明　女，隆安县屏山乡农业服务中心干部

黄立豪　壮族，兴宁区纪委副书记

梁　燊　兴宁区房屋和征地拆迁办公室主任、党支部书记

潘石生　江南区环境卫生管理站车队维修班班长

彭　新　江南区房屋和征地拆迁办公室主任

蒙　臻　女，壮族，青秀区环境卫生管理站站长

银焕能　壮族，青秀区民政局局长

陶仕珍　壮族，西乡塘区人口和计划生育局局长

许必丰　壮族，衡阳路小学校长

慕　群　女，壮族，邕宁区卫生局副局长

陈爱芳　女，壮族，邕宁区新江镇中心学校副校长

莫莎莎　女，市阳光新城学校副校长

梁建光　壮族，西乡塘区心圩街道办事处建设和经济贸易站站长
陈　菁　女，南宁—东盟经济开发区党政办公室副主任
刘　鲁　南宁青秀山风景名胜旅游区管理委员会党政办公室主任
宁世朝　相思湖新区建设房产局局长
杨少峰　南宁日报社经营中心、《南宁晚报》总经理、副总编辑
彭安明　瑶族，市人民检察院公诉二处处长
孔繁星　壮族，市公安局西乡塘分局刑侦二大队大队长
邓琼冬　女，壮族，市司法局法制宣传科科长
陈玉萍　女，兴宁区人民法院民事审判第一庭副庭长
吴云刚　市规划管理局城市规划办主任
周　伟　市委办公厅会务值班科科长
莫江宾　市体育职业中学教练员
张　茹　女，满族，市中级人民法院行政审判庭助理审判员
赵志忠　壮族，市地税局税务服务中心主任
傅慧珍　女，市第二中学政教处副主任
黄艳贞　女，市教育局党委办公室主任
吴少琴　女，市社会福利医院供养科护士长
李春生　壮族，市殡葬管理处殡仪馆业务班班长
尹志超　壮族，市人力资源和社会保障局公务员管理科科长
蓝建威　壮族，广西大明山国家级自然保护区管理局西燕保护站党支部书记
黄泽传　市纪委综合室副主任
邱　林　市建筑设计院总建筑师
蔡　祥　市大桥管理处主任
韦　戈　壮族，市住房保障和房产管理局白蚁防治所所长
蒋建华　市绿化工程管理处党总支书记
刘海燕　女，市疾病预防控制中心副主任
叶　宁　市第一人民医院心胸外科主任
马德冠　壮族，市人力资源和社会保障局党办（人事教育科）主任（科长）
徐晓芳　南宁昆仑关战役遗址保护管理委员会办公室副主任
李周安　瑶族，上林县农业局副局长

（刘缅熙）

南宁市第六批优秀青年专业技术人才

（2010年5月市委、市政府授予，91名）

黄福宝　南宁邦尔克生物技术有限责任公司生产部副总经理，工程师
唐晓晖　市平方软件公司技术总监，高级工程师
余　戈　市环保局环境信息中心技术员，高级工程师
潘善初　广西华锑化工有限公司总经理助理，工程师
宁　娜　女，广西田园生化股份有限公司产品经理，工程师
邱连峰　广西华蓝设计（集团）有限公司规划研究所副所长，规划师
韦廖军　市勘测院测量所副所长，工程师
刘　英　女，市平方软件公司部门经理，工程师
张　红　女，宾阳县芦圩完全小学政教处副主任，小学高级教师
王　刚　市第十四中学副校长，中学一级教师
钟　蕙　女，市滨湖路小学语文教研组组长，小学高级教师
黄升标　武鸣县双桥镇中心学校校长、党支部书记，中学高级教师
杨筱玲　女，市第四职业技术学校校长，高级讲师
潘冠年　武鸣县锣圩高中校长、党支部书记，小学高级教师
梁晓红　女，市东葛路小学德育处副主任，小学高级教师
王海云　南宁沛鸿民族中学副校长，中学一级教师
吴鸿丽　女，市新兴学校副校长，中学高级教师
黄　赤　邕宁区百济乡初级中学政教处主任，中学一级教师
神彩霞　女，横县横州镇城东小学副校长，小学高级教师
梁　凯　市第二中学副校长，中学高级教师
梁兰香　女，隆安县那桐镇中心小学教师，小学高级教师
傅慧珍　女，市第二中学政教处副主任，中学高级教师
赵迪琼　女，南宁职业技术学院党委组织部（统战部、学院人事处）副部长（副处长），副教授
周　梅　女，市第二十九中学科研室主任，中学高级教师
王凤岭　南宁职业技术学院院长办公室（国际交流处）副主任（副处长），副教授
朱小勤　女，宾阳县芦圩镇第四初级中学教导处副主任，中学一级教师
李　薇　女，上林县教师进修学校教师，小学高级教师
甘志莲　女，宾阳县芦圩完全小学教导处副主任，小学高级教师
李桂红　女，武鸣县教育局教研室教研员，小学高级教师
劳　耘　女，市第三中学教师，中学高级教师
杨利瑛　女，武鸣县城厢镇第三小学副校长，小学高级教师
欧阳琪　女，市衡阳路小学副校长，小学高级教师
李海斌　宾阳县芦圩完全小学副校长，小学高级教师
曾健静　女，市第十四中学年级组长，中学一级教师
姚树华　市第三中学教师，中学一级教师
梁惠红　女，市第三中学语文学科教研组长，中学高级教师
韦立宪　南宁职业技术学院教务科研处科研管理科科长，副研究员
黄桂香　女，上林县大丰镇皇周小学教师，小学高级教师
李肖莉　女，市园湖路小学科研室主任，小学高级教师
黎　红　女，市第五幼儿园副园长，幼儿园高级教师
陶雪清　女，武鸣县实验学校副校长，中学高级教师
许庆全　隆安县隆安中学教务处主任，中学高级教师
韦良森　武鸣高中教师，中学高级教师
梁梅芬　邕宁区教育研究室党支部书记，中学高级教师
叶炳兰　横县横州中学副校长，中学一级教师
陈　爽　女，市第十四中学政教处主任，中学高级教师
尹凤媛　女，南宁外国语学校教师，中学高级教师
黄婧薇　女，市民主路小学教研组长，小学高级教师
陆雪梅　女，市第五幼儿园园长，幼儿园高级教师

朱碧红　女，市师范学校附属小学副校长，小学高级教师
王顺德　宾阳县高级中学团委书记，中学一级教师
谢小燕　女，市滨湖路小学党支部副书记，中学高级教师
曾　湄　女，市盲聋哑学校副校长，小学高级教师
农时锋　市蔬菜研究所（市农产品质量安全检测中心）副主任，工程师
姚冬美　女，市蔬菜研究所技术员，助理农艺师
韦晓毅　市农业技术推广站技术员，农艺师
李锦伟　市农业技术推广站副站长，农艺师
梁启新　市农业技术推广站技术员，农艺师
彭荣锋　市蔬菜研究所生产科副科长，农艺师
甘文林　市水产畜牧兽医技术推广站副站长，水产工程师
覃培松　横县农业科教站站长，高级农艺师
方业源　广西南宁水利电力设计院主任工程师，高级工程师
陈　殷　横县茉莉花产业管理局茉莉花研究所副所长，农艺师
潘志文　市动物园副主任，兽医师
阙腾程　市动物园饲养班班长，兽医师
秦培钊　市农业技术推广站技术员，助理农艺师
郭志强　市植保植检站技术员，农艺师
莫凯琳　女，市水果生产技术指导站技术员，助理农艺师
徐盛刚　市植保植检站技术员，农艺师
汪　莉　女，市第一人民医院副护士长，副主任护师
何二宁　市第二人民医院麻醉科副主任，麻醉副主任医师
潘冬莲　女，市第一人民医院医务人员，主管护师
卢　珊　女，市第一人民医院医生，副主任医师
张荻华　女，市妇幼保健院科教科科长，副主任医师
黄思光　市第二人民医院外科教研室秘书，副主任医师
湛永滋　市第二人民医院医生，副主任医师
农全兴　市疾病预防控制中心艾滋病与慢性非传染疾病科副科长，副主任医师
曾宪国　市第八人民医院应急办主任，副主任医师
韦向东　横县人民医院骨科主任，外科副主任医师
林昆勇　市社会科学院助理研究员
姚　艳　女，市粤剧团演员队副队长，二级演员
蒋鹏程　南宁广播电视技术中心制作部主任，高级工程师
黄传英　女，市委党校法学教研室副主任，副教授
陈洪毅　市社会科学院东盟研究所副所长，助理研究员
谭和坚　宾阳县广播电视局（台）新闻专题部主任，助理编辑
周　玲　女，市委党校管理教研室副主任，副教授
刘　燕　女，上林县文化馆辅导老师，助理馆员
李　林　南宁广播电视技术中心综合部主任，高级工程师
郑　敏　女，市委党校计财教研室副主任，讲师
陈　磊　市委党校教师，讲师
马峰峰　女，南宁电视台制片人，助理记者

（黄艳阳）

南宁市“三八”红旗手

（2009年3月市妇联授予，11名）

吴香妹　女，武鸣县太平镇林渌村党支部书书记、村委会主任
覃小松　女，隆安县南圩镇銮正村党支部书记、村委会主任
覃燕青　女，青秀区新竹社区居委会党委书记
玉燕玲　女，西乡塘区环卫站清扫保洁公司质检员
黄　芳　女，江南区人民法院党组书记、院长
毛爱民　女，南宁新西洋商业有限责任公司总经理
陈　杰　女，邕宁电业公司党委书记
何伟萍　女，市第二中学校长
刘海燕　女，市疾病预防控制中心科长、主任技师
李咏梅　女，南宁供电局营销稽查大队主任工程师
陆少玲　女，良庆区妇联主席

（李永清　谭静宇）

2009年度邕城勇士

（2010年8月市委、市政府授予，5名）

丁祖兰　女，大沙田街道玉洞村计生专干
周瑞雄　江南区江南街道东南村村民
方经明　武鸣县那马镇那龙村村民（追认）
卢建昌　市万茂物业管理有限责任公司保安（追认）
陈　强　市万茂物业管理有限责任公司（追认）

（黄艳阳）

2009年南宁市“十大杰出母亲”

（2009年5月市妇联授予）

陆少娥　女，宾阳县甘棠镇那宁村党支部书记、主任
禤双英　女，西乡塘区环卫站清扫保洁公司工人
覃爱兰　女，武鸣县府城镇中心学校教师
封红群　女，市五一中路学校教师
韦秀珍　女，上林县澄泰乡下江村下金庄村委文书、妇女主任
韦　琍　女，市信访局市长公开电话受理办公室副主任
雷超萍　女，青秀区津头街道党工委副书记
李秀兰　女，宾阳县邹圩镇卫生院退休职工
周知宁　女，兴宁区朝阳街道办事处劳动保障事务所所长
李鲜妹　女，市第三中学教师

（李永清　谭静宇）

2009年“感动南宁文明和谐十佳市民”

（2010年5月市委、市政府授予）

丁祖兰　女，良庆区大沙田街道玉洞村计生专干
韦进裕　横县云表镇六河村踏路自然村村民
刘　珂　市公安局江南分局民警
农喜耀　壮族，隆安县都结乡天隆村小

学教师
周知宁　兴宁区朝阳劳动保障事务所所长
周瑞雄　江南区江南街道东南村周家坡六组村民
封红群　女，市五一中路学校教师
黄捷飞　武鸣县供电公司职工
梁士河　邕宁区环卫站工人
蓝金星　女，上林县大丰镇皇周村温边庄村民

第七届 南宁“十大杰出青年”

（2009年12月，市委组织部、市委宣传部、市委统战部、共青团市委、市人事局、市广播电视局、南宁日报社、市青年联合会授予）

黄冬生　广西电网南宁供电局办公室主任
黄　陈　武警广西总队某部作战勤务训练科科长
李周安　瑶族，上林县农业局副局长
农喜耀　壮族，隆安县都结乡天隆村小学教师
文学军　南宁日报总编助理、新闻部主任
李仕坚　壮族，广西皇氏甲天下乳业股份有限公司畜牧管理公司总经理
陈　革　市公安局衡阳派出所民警
杨　兰　女，市第八人民医院妇产科护士
蓝栋华　瑶族，自由职业
李玉梅　女，宾阳县嘉利丝业有限公司副总经理，宾阳县茧丝工贸有限公司副总经理、生产厂长

首届 南宁“杰出青年志愿者”

（2009年1月，共青团市委、共青团广西高校工委、共青团广西区直属机关工委、市广播电视局、市青年志愿者协会授予，10名）

王　琨　市人口和计划生育委员会信息员
唐　帅　广西医科大学学生
黄　焰　横县职业教育中心团委书记
隆　华　青秀区茅桥社区居民
羊建明　广西新长江高速公路有限责任公司工程师
林玉琼　女，瑶族，广西职业技术学院心理教研室主任
张启烈　壮族，市大沙田小学政教处主任
周海船　南国雄鹰律师事务所主任
朱北胜　壮族，广西中医学院学生
陈　思　女，广西师范学院学生

2009年度 南宁市“十佳团干之星”

（2010年3月共青团市委授予）

伍　春　宾阳县团委书记
徐飞雨　西乡塘区团委书记
蒋宝宁　良庆区团委书记
邓小秋　横县校椅镇团委书记
黄军鑫　江南区江南街道团工委书记
梁　霄　青秀区新竹街道新竹社区团工委书记
黄　换　马山县乔利乡乔利村团支部书记
叶保芽　横县百合镇果蔗种植流通协会会长、团支部书记
杨良平　南宁化工集团(股份)有限公司团委书记
欧莲秀　女，市卫生学校团委书记

2009年度 南宁市“十佳团员之星”

（2010年3月共青团市委授予）

郑李宁　武鸣县人民法院双桥人民法庭书记员
蓝　冰　上林供电公司线路班安全员
许凤桃　女，隆安县布泉乡绿泉育苗幼儿园园长
玉　敏　女，西乡塘区华强街道团工委书记
曾维梁　宾阳县宾州镇顾明村团总支书记
王　艳　女，市邮政局城中营业局客户中心团支部书记
张慧敏　女，市财政局团委文艺委员
杨青林　邕宁区农村信用合作联社团委书记
黄春花　女，市第三十六中团委书记
莫佳丽　女，市邕武路学校学生

（黄艳阳）

2009年 南宁“十大阳光女孩”

（2009年6月，市人口计生委、市妇联、共青团市委、南宁日报社、市广播电视局评选表彰）

黄川夏　女，武鸣县城厢镇第一小学学生
莫琳琳　女，武鸣县城厢镇第一中学学生
覃倩琼　女，宾阳县王灵镇中心学校学生
甘晓华　女，市白沙路学校学生
黄陈丹蕾　女，市三美中学学生
郑棹方　女，市第十四中学学生
曾盛梓　女，市第三十七中学学生
龚紫嫣　女，邕宁区第一小学学生
覃雨薇　女，良庆区良庆镇中心学校学生
岑京容　女，市大联小学学生

（李永清　谭静宇）

南宁市荣誉市民

（2009年3月，市十二届人大常委会第二十四次会议通过，市政府授予，1名）

姓　名	国籍(地区)	工作单位及职务
吴国光	中国上海	南宁输血医学研究所教授

（2009年9月，市十二届人大常委会第二十七次会议通过，市政府授予，6名）

姓　名	国籍	工作单位及职务
余仁国	韩国	韩国果川市市长
何震发	印度尼西亚	广西巨星科技有限公司董事长
崔栋烈	韩国	广西大象信息科技有限公司董事长
龙凤翔	澳大利亚	退休教师
邱爱华(女)	法国	欧洲华人华侨妇女联合总会会长
陈炳强	中国香港	广西畅旺房地产开发有限公司董事长兼总经理

（黄艳阳）

责任编辑　余朝霞　方　明

专题调研与经济分析

南宁市建设区域性国际城市研究

车荣福

广西区党委在新的发展阶段和新的形势下，立足于多区域合作，立足于现有优势，立足于未来发展，认真审视首府南宁，提出要把南宁建设成为区域性国际城市。南宁市第十次党代会确定了建设区域性国际城市的战略目标，市委十届四次全会再次明确要加快推进区域性国际城市建设。开展推进区域性国际城市建设的研究，是为了贯彻落实广西区党委对南宁市的新要求，贯彻落实南宁市第十次党代会、市委十届四次全会精神，准确把握区域性国际城市的内涵，使南宁市建设区域性国际城市的战略目标更加具体化，任务措施更具可操作性。

一、区域性国际城市的内涵和基本特征

国内外有关区域性国际城市的研究普遍认为，区域性国际城市是指在国际社会的某一领域中发挥特定而重要的功能和作用，具有广泛的国际经济、文化、人员的联系与交流，具备区域中心地位和影响能力的现代化城市，是区域性的经济、贸易、金融中心之一，在区域经济中有较强的竞争力和影响力。区域性国际城市包括五个方面的特征：一是经济国际化，经济快速发展，具有良好的产业基础，地区生产总值增速快，财政实力雄厚。具有很高的经济开放度，在参与国际产业分工和合作中形成具有特色优势的工业体系。通行国际惯例和国际法规，形成完整的统一大市场，具有国际影响的商交会、博览会、招商会、洽谈会定期召开。商贸、会计、广告、法律等行业比较发达，交通、运输、网络等设施齐全。二是金融国际化，按金融国际惯例和基本程序实施公平竞争，保险、证券等金融行业同步发展，集中了较多的跨国公司和国际金融机构以及国际经济与政治组织，是国际资本集散中心，在某种程度上能够控制和影响区域性经济活动；三是信息国际化，实现信息资源的存储、转换、加工、反馈的现代化和迅捷化。信息化项目建设和应用双促进，信息化项目产生巨大的经济效益和社会效益。四是科技文化国际化，是国际性新思想、新技术、新体制创新基地，科技成果完全商品化，知识产权得到法律保障和社会尊重，实现科学技术国际水平上的分工和合作开发；文化得到繁荣发展，国际交流日益密切，形成具有时代气息、开放包容的城市文化。五是开放国际化，是国际性商品、资本、技术、信息和劳动力集散中心，对外贸易和资本国际往来在城市GDP中占较大比重，城市文化有较强的兼容性，其经济体制和运行机制与国际经济体系兼容，是国际政治、经济、文化、旅游等活动的优选场所。

根据美国社会学家英克尔斯以及国内杭州、上海、广州、武汉、深圳等城市的研究成果，区域性国际城市指标体系由11大类27小项指标组成：①经济综合力指标，包括人均GDP、第三产业占GDP比重、金融保险业增加值占GDP比重。②产业发展力指标，包括外资金融保险机构数占总金融保险机构数比重、工业增加值占GDP比重。③科技竞争力指标，包括每万人拥有科技人员数、科技进步贡献率。④经济开发力指标，包括外贸进出口额占GDP比重、引进世界著名跨国公司数、入境旅游人数占城市人口比重。⑤居民生活质量指标，包括恩格尔系数（城市）、人均住房使用面积（城市）、社会保障覆盖率、平均预期寿命。⑥文化卫生教育指标，包括高等教育毛入学率、每万人拥有医生人数。⑦社会文化交流国际化指标，包括每年举办区域性及国际性会议和文化活动次数、每年举办有影响的大型展览会次数。⑧城市生态化实现度指标，包括人均绿地面积、城市生活污水排放率、垃圾无害化处理率。⑨城市设施功能度指标，包括人均道路面积、国际航线。⑩信息化度指标，千人拥有互联网用户。 国际性人口构成指标，包括常住外籍人员占总常住人口比重、城市人口占总人口比重、外语人口占城市人口比重。

二、推进区域性国际城市建设是南宁市深入学习实践科学发展观的根本要求和具体实践

科学发展观是我国经济社会发展的重要指导方针，是发展中国特色社会主义必须坚持和贯彻的重大战略思想。科学发展观的第一要义是发展，核心是以人为本，基本要求是全面协调可持续，根本方法是统筹兼顾。当今世界区域合作及区域经济一体化日益加强，国内以区域经济合作为特色的新一轮经济竞争格局正在形成，南宁市在新一轮的区域经济竞争格局中，处在多个区域合作交汇叠加的核心，这要求我们必须以世界的眼光、战略的思维重新谋划南宁的发展。2006年，广西区党委要求在更大的空间范围规划南宁，提出了把南宁建设成为区域性国际城市的战略目标。建设区域性国际城市，是广西区党委对南宁市的新定位、新要求，是南宁市实现科学发展、加快发展、率先发展、和谐发展的战略选择。建设区域性国际城市，是南宁市深入贯彻落实科学发展观的具体实践，必须按科学发展观的要求，把发展放在第一位，牢牢把握千载难逢的历史机遇，聚精会神搞建设，一心一意谋发展，大力发展先进制造业、高新技术产业、现代服务业，构建现代产业体系，加快推进城镇化进程，建设现代宜居城市；必须坚持以人为本，始终把实现好、维护好、发展好最广大人民的根本利益作为一切工作的出发点和落脚点，以改善民生为重点，全面推进和谐南宁建设，建设广西"首善之区"；必须坚持全面协调可持续发展，推进全方位开放和全方位创新，走生产发展、生活富裕、生态良好的文明发展道路；必须坚持统筹兼顾，正确认识和妥善处理区域性国际城市建设中重大关系，统筹兼顾推进"三基地三中心"建设、现代化宜居城市建设、城市文化建设、农村改革发展和社会事业建设。

三、建设区域性国际城市的现实基础和机遇挑战

（一）建设区域性国际城市的现实基础

1.经济实力不断增强，为推进区域性国际城市建设奠定了

良好的基础

改革开放30年来，南宁市经济持续快速发展，三次产业结构日趋合理，城市综合实力不断增强。从1978年到2007年，全市经济总量增长了20.42倍，年均增长11.14%。财政收入增长了64.02倍，年均增长15.48%；全社会固定资产增长了274.97倍，年均增长21.39%；农业总产值增长了30.30倍，年均增长12.61%；工业总产值增长了59.69倍，年均增长15.21%；社会消费品零售总额增长了93.78倍，年均增长16.99%。“十一五”规划期前两年，南宁市经济出现了加速发展的良好态势，经济发展步入了快车道。2007年实现生产总值1069.01亿元，年均增长16.80%，比全国、全区分别高5个百分点和2.50个百分点；人均生产总值达15774元，首次突破2000美元，这是南宁市全面建设小康社会进程中的一个重要里程碑，南宁市经济实力跃上新台阶，经济发展进入新阶段，为建设区域性国际城市奠定了良好的基础。

2.城市功能日趋完善，区域影响力逐步提升

进入新世纪以来，南宁市着眼于完善城市功能，提高承载能力和区域影响力，推进“中国绿城”建设，开展了大规模的城市基础设施建设和改造。截至2007年末，全市共安排城市建设项目747项，累计完成投资450多亿元，已有389个项目建成并投入使用。打通了一批断头路，改造了市区大部分城市主干道路，完成4座越江大桥和9座大型城市立交桥的建设，初步形成“五横三纵四环”的城市路网格局，城市交通状况明显改善；建成了南宁国际会展中心、邕江堤路园等标志性工程；开展了小街小巷、城市内河、市容景观等方面的整治改造；推进了五象新区、凤岭新区、东盟商务区和相思湖新区等新区的基础设施建设。加强生态城市建设和环境保护工作，促进了经济社会可持续发展。深入开展“城乡清洁工程”，市容市貌明显改善。建立全国第一套城市应急联动管理体系，建成数字化城市管理系统，城市现代化管理水平不断提高。近年来，南宁市先后荣获国家“园林城市”、“首届中国人居环境奖”、“全国生态环境建设十佳城市”、“全国绿化模范城市”、“中国人居环境范例奖”、“中国人居环境奖·水环境治理优秀范例城市”等称号，2007年荣获全球人居领域最高奖——“联合国人居奖”。城市功能进一步完善，城市形象进一步提升，区域影响力进一步增强，一座配套完善、功能齐全、环境优美的区域性国际城市框架初步显现。

3.城市国际化要素正逐渐显现，国际性功能初步得到国内外认可

近年来，南宁市大力实施开放带动战略，推进全方位开放，主动融入多区域合作，积极开展区域交流与合作，对外开放不断取得新进展，城市国际化水平明显提高。连续五年成功举办中国—东盟博览会，中国与东盟各国的重要交流途径——“南宁渠道”初步形成。区域国际交流合作机制逐步建立完善，中国—东盟青少年培养基地、中国—东盟妇女培训中心、中国—东盟投资旅游中心等中国与东盟合作机制先后落户南宁，已有12个国外城市与南宁建立国际友好城市关系。区域国际经贸往来日趋密切，对外贸易不断发展，进出口规模逐步扩大，2008年，实现外贸进出口总值达15.86亿美元，增长56.54%。2009年上半年南宁市外贸进出口达9亿美元，比2008年同期增长6%。第五届中国—东盟博览会期间，南宁市签订投资内外资项目127个，总投资额达323.98亿元人民币。驻邕国际机构不断增加，几年来越南、泰国、柬埔寨三国先后在南宁设立了领事机构，菲律宾在南宁设立了商务代表机构；已有5个领事馆在东盟商务区动工建设；越南西贡商信银行、香港华润集团华润中心项目、新加坡星展银行南宁分行、南洋商业银行南宁分行等一批重大外资项目落户南宁。教育文化旅游等方面的交往日益频繁。大批东盟学子来邕求学，目前在南宁就读的东盟留学生人数已超过3000名；南宁国际民歌艺术节、风情东南亚、南宁国际龙舟赛等文化活动日益受到关注；南宁政务信息网增开了越语频道；南宁育才学校遗址得到妥善保护；开通了9条直达东盟主要城市的国际航线和数条直达河内等越南重要城市的公路班线。南宁的战略地位和作用越来越得到重视，城市国际知名度、影响力和凝聚力不断提升，开放的、包容的、国际化的城市形象正逐步得到世界认同。

4.社会事业繁荣发展，和谐南宁建设取得明显成效

近年来，南宁市坚持统筹经济社会发展，推动社会事业全面进步，着力解决民生问题，加快发展社会主义民主法治，推进和谐社会建设，为建设区域性国际城市营造良好社会环境。深入实施了科教兴市战略，科技支撑作用明显增强，初步构建起区域科技创新体系。“人才小高地”建设取得明显成效，引进、培养了一批具有国际眼光、通晓国际知识的高层次人才。教育成果进一步巩固，规模和质量不断提升，初步形成了“学在南宁”品牌。坚持先进文化前进方向，大力弘扬民族文化，加快发展文化事业和文化产业，打响了南宁国际民歌艺术节、风情东南亚等国际文化品牌。城乡卫生事业协调发展，基本建立起城乡医疗卫生服务体系和科学完善的全民公共卫生体系。广播电视国际化进程加快，在全国率先举办中越春节跨国直播晚会并连续两年获得成功。着力增加城乡居民收入，人民生活水平不断提高。就业再就业和社会保障工作取得较好成效，城乡困难群体基本生活得到保障。深入开展群众性精神文明创建活动及“和谐在基层”活动，市民整体素质明显增强，城市文明水平显著提升。加强民主法治建设，坚持依法行政，推进政务公开，政府工作透明度不断增强。积极推进“平安南宁”建设，强化“网格化”治安巡逻防控，形成了“大调解”、“大接访”长效工作机制。市民安居乐业，社会保持稳定，初步形成了区域性国际城市建设的良好社会环境。

（二）建设区域性国际城市面临的机遇

南宁市建设区域性国际城市不仅具有区位优势和良好的基础条件，而且面临诸多难得的历史性机遇。

1.中国—东盟自由贸易区建设加快和中国—东盟博览会交流平台不断完善，为南宁市走向国际化提供了最便捷的途径

目前，中国—东盟自由贸易区建设步伐加快，并于2010年建成。南宁市地处中国与东盟经济圈的几何中心地带，是中国—东盟自由贸易区的前沿中心城市，正在发挥越来越重要的作用。特别是中国—东盟博览会长期落户南宁，更有利于南宁借助博览会这一平台加快走向世界的步伐。中国—东盟博览会是中国与东盟乃至世界各国进行交流合作的重要平台，南宁市服务这一博览会，有利于加强与东盟国家及其他国家和地区的交流与合作；有利于吸引更多的跨国集团、国际机构进驻南宁，使南宁市更多地参与国际分工，更快地融入国际经济体系；有利于南宁在经济运行的机制体制上更快地与国际接轨，加快国际化进程。

2.广西北部湾经济区开放开发上升为国家战略，南宁市将成为中国沿海发展新一极的核心城市

2008年初，国家批准实施《广西北部湾经济区发展规划》，标志着广西北部湾经济区的开放开发纳入国家发展战略。该规划明确经济区的功能定位是：立足北部湾、面向东南亚，充分发挥连接多区域的国际通道、交流桥梁和合作平台作用，以开放合作促开发建设，努力建成中国—东盟开放合作的物流基地、商贸基地、加工制造基地和信息交流中心，成为带动、支撑西部大开发的战略高地和开放度高、辐射力强、经济繁荣、社会和谐、生态良好的主要国际区域经济合作区。作为广西北部湾经济区中心城市的首府南宁，经济总量、人口规模、土地面积、城市建设水平

等均居经济区前列，具有较为完善的交通枢纽功能以及相对发达的信息、金融、商贸物流、会展旅游等现代服务业，无疑将成为北部湾经济区这一中国沿海经济增长未来新一极的核心城市，在北部湾经济区开放开发过程中将被赋予更多的国际性功能，国际化步伐也将进一步加快。

3.多区域合作的加快推进，为南宁市成为区域性国际城市提供有力依托

当前，多区域合作方兴未艾，区域经济一体化加速推进。广西处在中国—东盟自由贸易区、大湄公河次区域合作、泛珠三角区域合作、南贵昆经济带等多个区域合作的交汇点，南宁是这个交汇点的核心，是多区域合作地缘经济的中心，同时也是“一轴两翼”格局中“南宁—新加坡”一轴的起点，是“两廊一圈”经济区中“南宁—河内—广宁”经济走廊的一端，这为推进南宁的国际化进程提供了良好的条件和新的契机。南宁市通过加强与这些区域的经济技术合作和文化交流，有利于获取更多的人才、资金、技术等要素资源以及自然资源，进一步夯实建设区域性国际城市的经济基础；有利于吸收区域内的优秀文明成果，营造浓厚的多元文化交融氛围，从而进一步提高国际交往能力，提升城市国际化水平。

4.国家积极应对目前国际金融危机，有利于南宁市在新一轮经济增长周期中抢得先机加快发展

为最大限度降低目前金融危机给本国经济带来的损害，世界各国纷纷采取积极的应对措施以遏制经济下滑势头，我国也已采取扩大投资、降息减税、补贴消费等一系列刺激投资消费、扩大内需的政策措施，以保持经济稳定增长。通过认真分析南宁市产业基础、产业结构和发展现状，从某种意义来说，这次金融危机对于南宁市可能是机遇大于挑战。从产业结构来看，南宁市主要工业产品为蔗糖、铝材、化工等原材料产品，主要市场在国内和东南亚，经济对外依存度不高，受金融危机冲击不大，宏观经济形势对南宁市经济运行基本面的影响总体不会太大；同时，南宁市基础设施特别是农村的基础设施还相对薄弱，在国家实施扩大内需政策中可以争取国家更多的政策倾斜和资金支持项目建设，从而有利于南宁市在新一轮经济增长周期中抢得先机加快发展。

（三）建设区域性国际城市面临的挑战

1.金融危机波及全球，经济发展面临不确定因素增多

当前国际国内经济形势严峻、复杂，特别是由美国次贷危机深度蔓延引发的金融危机，波及全球金融市场，实体经济开始下滑，全球经济发展减缓。2008 年我国 GDP 同比增长 9.00%，比 2007 年回落 2.40 个百分点，GDP 增速已连续 6 个季度下降，经济下滑趋势明显。目前，南宁市经济虽然还保持平稳增长态势，但未来影响经济发展的不确定性、不可控因素增多。

2.与建设区域性国际城市要求相比还有较大差距

与建设区域性国际城市通用指标体系标准值比较，目前，南宁市各项指标值差距还比较大。对照 27 项指标，2007 年南宁市还没有一项指标达到标准，比较接近的指标主要有第三产业占 GDP 比重、科技进步贡献率、人均住房面积、平均预期寿命等，其他指标均与标准值差距较大。

一是综合经济实力还不够强，工业化水平不高。2007 年，南宁市人均 GDP 仅为 2161 美元，实现程度仅有 21.61%。南宁市工业企业规模较小，集中度较低，产业链不长，缺乏大型支柱企业，缺少知名品牌。2007 年全市工业增加值占 GDP 比重仅有 26.58%，与通用指标达到 35%以上的标准还有一定差距。

二是城市的国际化程度较低。主要表现在：对外贸易依存度较低，经济开发力指标普遍偏低，实现程度均在 18%以下，其中引进世界著名跨国公司数与入境旅游人数分别占城市人口比重明显偏少，外贸进出口总额占 GDP 比重仅有 8.78%；外资金融保险机构数占总金融保险机构数比重明显偏低，比重仅为 0.80%，实现现代化标准程度的 1.70%；在国际性人口构成指标和社会文化交流国际化程度指标都普遍偏低。

三是城市管理水平不够高，综合服务功能还不够健全。南宁城镇化水平较低，农业人口比重大，2007 年城镇化率为 41.50%，低于全国平均水平。城市综合服务功能还不够完善，与区域性国际城市建设要求相比差距较大，仅有人均绿地面积、社会保障覆盖率、人均道路面积、垃圾无害化处理率等指标实现程度超过 50%，文化卫生教育指标、城市生态化实现度指标、城市设施功能度指标、信息化度指标等中的其他指标实现程度也普遍比较低，大部分指标实现不足 30%。

四是推进国际化建设的体制机制尚未健全。构建国际化动力体制机制方面还比较薄弱，国际交流合作机制、高层联席会议制度、媒体交流与合作机制、促进国内外企业与南宁市企业合作的机制、专业化国际化人才交流机制等，都还有待建立健全。

3.在竞相发展大格局中，南宁市差距还较明显

近年来，在区域经济发展新一轮竞争中，南宁市经济增长速度较快，在全国 27 个省会城市及全区 14 市中位居前列，但与先进的省会城市比，差距还相当大，与区内沿海城市相比也有一定差距。

与 27 个省会城市比较，一是经济规模总量偏小。2007 年，南宁市 GDP 为 1069.01 亿元，财政收入为 150.84 亿元，社会消费品零售总额 515.62 亿元，全社会固定资产投资为 560.22 亿元，在 27 个省会城市中分别排第 20 位、22 位、17 位、20 位，主要经济指标排位均处于中下游。二是人均水平不高。2007 年，南宁市人均 GDP 为 15774 元、人均财政收入为 2226 元、人均规模以上工业总产值为 9873 元、人均全社会固定资产投资为 8266 元、人均社会消费品零售总额为 7608 元、城市居民人均可支配收入为 12597 元、农民人均纯收入为 3462 元，在 27 个省会城市中，分别排 27 位、25 位、26 位、26 位、26 位、20 位和 24 位，处于末位水平。

与区内 14 个城市比较，南宁市经济总量虽排位居前，但增长速度不占优势，特别是增速低于区内几个沿海城市。从 2008 年 1~3 季度看，南宁市 GDP 增长 15.30%，增幅在 14 城市中居第 4 位，而防城港、北海、钦州 GDP 增长分别为 21.30%、17.60%和 16.30%，均快于南宁市；南宁市财政收入同比增长 20.76%，增幅在 14 城市中，居第 6 位，落后于防城港（38.02%）、钦州（27.41%）、北海（27.36%）三个沿海城市，也落后于玉林（27%）、百色（22.17%）两市；南宁市规模以上工业总产值同比增长 32.26%，增幅在 14 城市中居第 10 位，增幅排位靠后。

与周边的广州、长沙、贵阳、昆明及海口等 5 个省会城市比较，南宁市国土面积最大，人口总量排第二，地区生产总值排第四，人均 GDP 排最后，特别是与区位条件相似的省会城市昆明相比，南宁市产业发展明显滞后。2007 年，昆明规模以上工业产值达 1614.50 亿元，是南宁市的 2.40 倍；第三产业增加值 664.55 亿元，比南宁市多 125.75 亿元。此外，目前昆明国际化进程较快，连通昆明与曼谷、老挝公路的跨湄公河大桥已经建成，昆明—曼谷经济走廊初步形成，昆明与中南半岛国家的交流与合作成效明显。

四、建设区域性国际城市的总体思路与主要目标

（一）总体思路

以邓小平理论和“三个代表”重要思想为指导，深入贯彻落实科学发展观，实施国际化战略，把握多区域合作的重要机遇，

以中国—东盟博览会为平台，以广西北部湾经济区开放开发上升为国家战略为契机，主动融入多区域合作，推进全方位开放合作，走开放型经济发展道路，加快城市现代化进程，突出提升城市国际地位，着力增强国际城市魅力，扩大国际影响力，建设区域性物流基地、商贸基地、加工制造基地和国际综合交通枢纽中心、信息交流中心、金融中心，推进经济国际化、金融国际化、信息国际化、开放国际化、科技文化国际化，建设面向中国—东盟开放合作的区域性国际城市。

（二）主要目标

建设区域性国际城市，就是要把南宁建设成为主要面向东盟开放合作的国际城市，具体来说，就是要提高南宁国际化、现代化水平，建设成为面向东盟的区域性物流基地、商贸基地、加工制造基地和国际综合交通枢纽中心、信息交流中心、金融中心，确立中国—东盟开放合作的中心城市地位，成为中国连接东南亚的海、陆、空交通枢纽，中国走向东南亚、东南亚进入中国的门户城市，华南地区进入中南半岛的重要陆路通道口，中国—东盟政治、经济、文化交流合作的重要平台，中国与东盟尤其是与越南交往最便利、最重要的城市，成为经济发达、文化繁荣、交通便捷、科技进步、环境优美、社会和谐的现代化城市。

实现建设区域性国际城市的宏伟目标，需要较长时间的努力奋斗，分近期、中期、远期三个阶段推进（具体目标见附表）。

近期，2008 至 2010 年，为建成区域性国际城市雏形奠定良好的基础，人均 GDP 达到 3300 美元。经济发展步伐加快，区域性加工制造基地、物流基地、商贸基地、国际综合交通枢纽中心、信息交流中心、金融中心建设加快推进，城镇化水平提高，城市功能和服务水平不断提升，科技文化进步，城乡差距缩小，生态文明城市、和谐社会建设不断推进，开放合作水平进一步提高，与东盟各国区域协作进一步密切，城市综合竞争力进一步增强，城市国际化要素日渐显现。

中期，2011 年至 2015 年，建成区域性国际城市雏形，主要指标达到一般国际化城市 20 世纪 90 年代初的平均水平，其中，人均 GDP 达到 6600 美元。城市国际地位明显提升，城市综合经济实力显著增强，参与国际经济的程度较高，对外经济合作规模明显扩大；城市规模扩大，城市布局基本适应区域性国际城市的要求，国际化、现代化城市框架基本形成，城市功能进一步完善，城市服务水平进一步提高；国际城市魅力提升，国际性科技文化元素增多，城乡一体化进程加快，社会事业持续快速健康发展，生态环境良好，初步建成现代化宜居城市；区域国际集聚和辐射力较强，国际影响力扩大，开放合作体制机制基本完善，全方位开放格局基本形成，国际交往较为频繁，区域合作的范围进一步扩大。

远期，从 2016 年起，用 2~3 个 5 年规划时间，基本实现经济国际化、金融国际化、信息国际化、科技文化国际化和开放国际化，建成区域性国际城市，主要指标全面达到区域性国际城市水平，其中，到 2020 年人均 GDP 达到 11600 美元。城市国际地位显著提升，经济实力较雄厚，城市竞争力全面增强，开放型经济水平全面提升，区域性加工制造基地、物流基地、商贸基地、国际综合交通枢纽中心、信息交流中心、金融中心建成，城市知名度较高；国际化、现代化城市框架形成，国际化、现代化城市基础设施和综合服务网络系统完善，城市服务水平与国际接轨；国际城市魅力彰显，时代的、民族的、开放的城市文化形成，城乡发展协调，社会和谐，生态环境优良，成为具有秀丽岭南风光、浓郁民族风情、鲜明时代风貌的现代化宜居城市；国际影响力较强，全方位开放格局形成，开放合作体制机制完善，国际交往频繁，与东盟各国区域协作程度较强，城市市场化、国际化程度高，区域性国际化服务总部基地建成，城市开放度较高。

五、建设区域性国际城市的主要任务

建设区域性国际城市，就是要推进经济国际化、金融国际化、信息国际化、开放国际化和科技文化国际化，着力推进“三基地三中心”建设，打造现代化宜居城市，加强多区域合作，推进农村改革发展，发展时代的、开放的城市文化和各项社会事业，提升城市国际地位，增强城市魅力，扩大国际城市影响力。

（一）推进“三基地三中心”建设，全面提升经济综合实力和国际地位

经济国际化是城市国际化的重要特征之一，建设区域性物流基地、商贸基地、加工制造基地、国际综合交通枢纽中心、信息中心、金融中心是推进经济国际化的重要支撑。要优化产业结构，促进产业功能外向化，积极参与国际产业分工与合作，发展先进制造业、高新技术产业和现代服务业，提升开放型经济水平，加强区域性交通基础设施建设，增强对国际生产要素的吸引力，增强城市综合经济实力，提升在国际城市体系中的地位和作用。

1.建设区域性物流基地

物流是国民经济发展的动脉和基础产业，发达的物流业能更好地推动物资合理流动，加速资金的周转，有利于增强区域性中心城市的资源聚集和辐射功能。要加快物流园区和重点物流项目的建设，完善基础设施、信息网络、物流配送三大平台，建立现代物流配送体系，发展公共物流服务，推进综合物流信息平台建设，发展为广西北部湾经济区和更大区域服务的现代物流业，推进建设区域性物流基地。一是发展现代物流业。培育引进一批国内外知名物流企业，发展新型物流业态，鼓励国内外物流企业在南宁设立分公司、区域分拨中心、配送中心，鼓励开展国际采购、国际中转、国际分拨以及国际配送业务；鼓励大型连锁企业和制造业的配送中心为社会提供物流服务；积极发展第三方物流，鼓励工商企业将运输、仓储、配送等物流业务分离出来，交给第三方物流企业承担；积极引进或规划建设大型物流项目；开发建设面向东盟的保税仓储服务区，提高货物通关效率和物流效率。二是加快建设重点物流园区。整合南宁航空、铁路、公路和内河口岸等综合资源，加快中国—东盟物流基地建设，继续推进江南物流园、玉洞物流园、金桥物流园、安吉物流园等四大物流园区建设，规划建设南宁区域性国际物流基地和对接防城港钢铁项目的现代化钢材物流园等重点物流园区，推进园区内外运输通道、交通枢纽、电力、通讯以及物流信息平台等配套设施的建设，促进现代物流企业向园区集中。三是打造“无水之港”。依托广西钦州保税港区，加快发展南宁加工出口贸易；加快推进南宁保税物流中心的规划建设，加强与区内港口的联系与合作，争取把港口的海关、检验检疫等服务功能内移、延伸到南宁市，建设大型“无水港”。

2.建设区域性商贸基地

加快商贸业发展，是旺人气、聚财气，繁荣城市经济、拉动经济增长的有效途径，有利于增强区域中心城市的集聚功能。加快商贸业基础设施建设，优化布局，建设特色商圈，努力构建多元化、国际化、现代化的商贸流通市场体系，提高城市消费层次和水平，将南宁打造成为集购物、餐饮、休闲、娱乐、商务、旅游等为一体的面向东盟的区域性商贸基地。一是突出特色，打造亮点，培育建设“两带三圈四街”。加快建设邕江沿岸商贸带、快速环道沿线商贸带，打造朝阳商圈、凤岭商圈、五象商圈，重点提升朝阳商圈，完善凤岭商圈，培育五象新区商圈，推进建设香港街、澳门街、台湾街、广东街等特色商业街。二是鼓励发展新型商业业态。创新营销技术和手段，改造传统商贸产业，积极发展物流配送、

连锁经营等新型营销方式，推广超市、专卖、仓储式商场和购物中心、电子商务等商业业态；发展各具特色的休闲商业、网络商业、景观商业、生态商业等多样化的商业形式。三是培育大型商贸品牌。吸引国内外大型连锁企业、国际国内知名品牌进入，培育一批具有国际竞争力的企业集团；加快南宁·中国—东盟国际商务区商业街、南宁大商汇等一批大型商业项目建设。四是建设一批较大规模、有较强辐射力的专业市场，重点建设一批服务广西北部湾经济区开放开发、服务东盟国家、具有较强辐射功能的大型专业市场，打造区域性大宗消费品集散地和交易中心，为推进区域性商贸基地的建设提供有力的支撑。

3.建设区域性加工制造基地

工业是国民经济的主导，是衡量地区竞争力的标志，是城市经济发展的“脊梁”，只有做大做强工业，才能为区域性国际城市建设提供强有力的经济支撑。把握经济全球化加速、国际国内产业转移步伐加快、新一轮产业分工调整加快的新形势，在参与国际分工和承接产业转移、融入东盟、对接广西北部湾临海大工业的大格局中定位南宁工业，走具有首府特色的新型工业化道路，打造面向东盟的区域性加工制造基地。一是优化工业布局，提升产业水平。做大南部工业区，做强北部工业区，建设东部工业区，开发西部工业区，发展中心城区都市型工业。优化产业结构，加强产业规划，以项目为中心，着力培育主导产业，突出发展特色优势产业，优先发展重点产业，着重培育铝加工、机械与装备制造业，培育与“北钦防”石化、钢铁等重大项目配套的相关产业，引进发展电子信息、生物工程与制药等高新技术产业，改造提升农产品加工、化工、建材、造纸等传统产业，形成强大的产业集群。二是发展园区经济，促进产业集聚。加强工业园区规划建设，加强园区基础设施建设，建立精简高效的园区管理体制和运行机制，积极承接东部产业转移，吸引内外资企业落户园区发展，建设特色园区，发展园区经济，推进工业发展向园区集聚。进一步加快南宁高新技术产业开发区、南宁经济技术开发区以及南宁—东盟经济开发区等开发区建设，完善和强化对工业园区发展质量的考核。积极探索以企业为主体的园区开发机制，激发和增强园区自主创新和自我发展的能力。三是改造提升传统优势产业，发展高新技术产业。按照产业化、集聚化、国际化的方向，以自主创新为中心环节，以信息化带动工业化，提升高新技术产业的自主创新能力和竞争力，以获得国家批准建设南宁生物国家高新技术产业基地为契机，加快利用高新技术改造和提升传统产业，大力发展高新技术产业。加快企业技术创新体系和公共技术平台建设，建立多层次多形式的高新技术产业投融资体系，提高技术引进、消化吸收水平，加快产品更新换代步伐，大力发展电子信息、生物工程与制药、新材料、新能源、环保产业等领域的高新技术产业，改造提升农产品加工、化工、建材、造纸等传统产业，提高加工制造业竞争力。四是培育壮大支柱企业。深入实施“建设工业百家亿元企业工程”，充分利用市场手段，以资产为纽带，采取兼并收购、战略联盟、相互持股等多种形式，支持鼓励中央企业与地方国有企业及其他所有制企业之间的联合重组，实现产业资源的优化配置，着力引进、培育和发展一批大企业、大集团。到2010年，形成产值50亿元以上企业2~3家，产值超亿元企业250家以上。大力扶持发展中小企业，建立健全中小企业服务体系，培育一批“专精特新”的中小企业，鼓励中小企业为国内外大企业配套，鼓励支持出口型、科技型中小企业。

4.建设区域性国际综合交通枢纽中心

交通基础设施是城市现代化和国际化程度的重要标志之一，是城市发挥国际功能的重要基础条件。要加强区域性基础设施建设，完善服务功能，把南宁建设成为广西综合性运输中心、大西南出海通道枢纽城市、面向东盟的区域性国际综合交通枢纽中心。一是全面推进面向东盟国家、通往周边省市综合交通运输通道及南宁市辖区交通基础设施建设，构建以高速公路、铁路和空港、内河港口为主干的现代化交通网络。全力推进高等级公路网络建设，做好南宁市环城高速公路调整、六景至钦州港高速公路建设，加快建设通往云贵方向的南宁—百色—昆明、南宁—河池—贵阳和通往珠三角方向的南宁—梧州—广州等国家高速公路网项目，推进国道、省道干线路网建设改造，提高技术等级和路网整体效率。配合做好铁路通道建设，重点做好南宁—广州、湘桂铁路复线和南宁—柳州城际铁路、南昆铁路复线和黔桂铁路扩能工程、南宁—防城港铁路复线扩能工程建设，争取开通南宁—桂林、南宁—钦州—北海的高速铁路，开通南宁到越南河内的直通列车，基本建成通往越南的高标准、大能力铁路通道，形成连通西南、华南及东盟较为完善的铁路通道网络。配合做好航空通道建设，做好南宁机场飞行区扩建工程、航站区扩建工程，完善配套设施，增加通向国内主要城市的干线航班，开通并增加连接东盟、日韩、欧美等国家的国际航班。打造连通东盟、辐射世界、服务全国的区域性综合交通枢纽，提升出海出边国际大通道能力。二是全面放开交通建设市场，多渠道筹措交通建设资金，大力培育交通投资主体，打造投融资平台，调动社会各方投资交通的积极性，形成政府引导、市场运作、社会参与、多元投资的交通建设新格局。三是加快推进交通项目前期工作，完善各项交通发展规划，全面落实工作责任制，确保交通项目顺利实施。

5.建设区域性信息交流中心

信息化平台的完善程度是城市国际化程度的重要标志和基础条件。要加快信息化建设，完善信息化平台，推进政务、产业、商务、生活数字化和网络化，构建信息化社会框架，形成服务全区、辐射全国、东盟的信息市场体系，形成重要的电子信息产业基地，成为区域性国际信息汇集和传播中心。进一步完善信息基础设施，抓好电子商务、物流信息等信息平台建设，深度开发和整合应用各种信息资源，培育和发展信息市场。建设和完善宽带通信网、数字电视网和互联网，积极推进“三网融合”。利用国家公共通信资源，形成统一的电子政务传输骨干网，积极推进电子政务、电子商务、远程教育和医疗等信息综合应用。深化与“北钦防”的信息合作，建立企业信息网、商务信息网、综合信息库及旅游信息服务系统，加强各类业务信息平台的合作；开设城市信息窗口，及时发布关于投资、贸易、旅游、政策等方面的信息，加强各方信息链接；积极参与“电子北部湾”建设，全面推进“数字南宁”建设步伐，将南宁打造成为区域性信息交流中心。

6.建设区域性金融中心

金融国际化是经济国际化的重要组成部分，是与世界市场经济接轨的有效途径，能更好地为国际贸易、生产国际化的迅速发展提供金融服务。要加快发展现代金融业，培育金融市场，构建金融业发展平台，促进金融业对外开放，建立多层次、多元化的金融体系，把南宁建设成为区域性金融中心。推进金融创新，发展现代金融业，鼓励支持做大做强银行、保险、证券、期货等金融业；深化金融合作，完善金融机构体系，实施引金入邕战略，鼓励和吸引国际国内各类金融机构到南宁拓展业务、设立分支机构；争取国家支持广西在南宁市设立信托经营机构，同时大力引进国内外的信托机构，发展南宁市的信托业；加强金融信息网络建设，与国内著名金融中心信息对接，实现联网；支持广西北部湾银行尽快做大做强，创新经营理念，争取早日上市，发展成为具有现代经营理念和水平、较强竞争力、在国内和中国—东盟区域内有影响力的现代股份制商业银行，加强与区内外和东盟各国金融机构的联系与合作，争取早日实现跨区、跨境经营，更好地服务中国—东盟自由贸易区的建设；加大地方金融资源整合力度，推进南宁金融机构加快发展；探索建立产业投资基金，积极发展创业投资企业，利用资本市场直接投资；完善和发展包括证券市场、货币市场和外汇市场在内的金融专业市场，积极引入国际资本；鼓励建设区域性基金中心、资产管理中心、创业投资中心等，提高南宁在国际资本市场中的地位；高标准、高水平在五象新区规划建设金融街，加快金融中心区和金融产业服务基地建设，提高金融服务水平。

（二）建设现代宜居城市，提升城市影响力

较高的城市化和现代化水平，是国际性城市的重要特征和表现。加快城镇化进程，推进现代宜居城市建设，可以增强城镇的聚集效应和辐射效应。要以国内外先进区域性国际城市为标杆，高起点、高标准规划建设和管理城市，提升城市宜居水平，提高城市国际影响力。

1.加快城镇化进程，建设宜居城市

按照区域性国际城市要求，合理布局城市空间，完善城市功能，建设良好的生态环境。继续按照“以邕江为轴线，西建东扩，完善江北，提升江南，重点向南”的城市发展方向，拉开城市框架，扩大城市规模，提高城市化水平，力争到2020年城市人口规模达到300万，建成区规模达到300平方公里，与区域性国际城市规模要求相适应。创新规划理念，立足高起点，从广西北部湾经济区、广西、全国的发展以及中国—东盟自由贸易区的建设考虑，以其他先进的区域性国际城市作为参照系，重点考虑城市功能的完善和城市承载力、辐射带动力的提高，并注重把握城市特色、凸显城市魅力，突出南宁面向全国、服务东盟的鲜明特征，以科学的理念高水平地做好区域性国际城市规划。按照循序渐进、节约土地、集约发展、合理布局的原则，突出发展中心城市，加快发展县城和中心镇（重点镇），协调发展一般小城镇，构建由中心城市—副中心城市—重点镇—小城镇组成的城镇体系，提高城镇化水平。按照《广西北部湾经济区发展规划》，积极投入“南北钦防”城市群建设；推进宾阳、横县、武鸣、上林、马山、隆安六县县城三级城镇建设区建设，将宾阳、横县、武鸣建设成为中等城市；积极推进吴圩、六景、黎塘、那桐等四级城镇建设区建设，形成独具特色的城镇化格局。注重人与自然和谐，注重山体、森林、水系的保护和利用，提高土地和水资源的承载能力，巩固“联合国人居奖”成果，推进“中国绿城”和生态园林城市建设，着力改善城市人居环境，打造“住在南宁”品牌。按照“林在城中，城在林中；树要成林，花要成片，植树成景”的要求，继续做好“树的文章”；深入开展城市水环境综合整治，做好“水的文章”；加强环境保护和污染防治，营造良好的居住条件。加强城市管理，深化城市管理体制改革，完善数字化城市综合管理与指挥系统；深入持久有效地推进“城乡清洁工程”，建立长效管理机制，保持市容环境优美整洁；进一步完善城市应急管理体系，提高应对各类紧急突发事件的能力，提升城市现代化管理水平。

2.实施重点向南战略，加快建设五象新区

按照《广西北部湾经济区发展规划》的要求，主动对接“南北钦防”城市群建设，推进城市建设重点向南，加快建设五象新区，再造一个新南宁，为建设区域性国际城市拓展发展空间。按照高起点规划、高品位设计、高质量建设、高水平管理的要求，不断完善五象新区核心区、龙岗片区等分区规划、控制性详细规划和专项规划。坚持科学建设，统筹安排，分步实施，加快功能区建设，优化功能区设置，不断提升综合服务功能。加快市民中心、商业商务中心、物流园区、文化体育中心、生态休闲区等功能区建设。加快基础设施和公共服务设施建设，突出抓好五象新区堤园路、平乐大道、广西体育中心、广西艺术中心等一批重大项目建设。兼顾当前发展和长远发展，坚持人与自然相和谐，把新区建设与合理利用资源、保护生态环境结合起来，切实做好绿化美化，建设资源节约型和环境友好型新区。强化产业支撑，坚持新区开发与南宁保税物流中心建设相结合，与建设北部湾经济区企业总部基地相结合，与培育发展高端第三产业相结合，与推进区域性金融中心建设相结合，更好地发挥集聚效应。切实提高工程质量，把新区内的项目、建筑打造成精品之作、经典之作。经过10~15年的努力，逐步把五象新区建设成为特色鲜明、功能突出、环境优美、带动力强的现代化新区，成为广西北部湾经济区的总部基地、广西的先进制造业基地和南宁新的行政、文体、商业中心和物流、制造业基地。

3.加快完善区域性基础设施，提升综合服务水平

现代化的城市基础设施既是国际化城市的特征，也体现了国际化城市的外向功能。完善的区域性基础设施，较好的城市服务功能，既是满足人民群众物质和文化生活需要的重要保证，也是建设区域性国际城市的迫切需要。要加快城市基础设施建设，重点做好城市道路、桥梁、市政、轻轨、电力、供水等的建设，不断完善城市基础设施和公共设施网络。推进城市道路建设和改造，加快快速环道与高速环道间道路子系统建设，加强快速联络线的建设。适应形势需要，加快运输场站建设，增强站场容纳和运输能力，支持配合埌东高速公路收费站向东搬迁。市中心区要重点推进中华路、园湖路、长堽路的改造扩宽，加快民主园湖铁路立交、南湖隧道、星光白沙立交桥、北湖北路延长线建设；加快启动建设凤岭北路、银海大道延长线、物流大道、邕武路等主干道路；建设罗文大桥、新村大桥、五合大桥等桥梁，推进跨邕江桥梁与堤路园衔接引桥的建设，使南北交通更加方便快捷。推进城市轨道交通建设，争取在2012年前完成1号线一期工程，开工建设2号线工程。坚持公交优先原则，加快快速公交建设，在改扩建道路时要预留专用公车道，构建城市现代化公共交通体系。大力推进内河港口建设，推进建设老口、邕宁梯级枢纽以及南宁港六景作业区。加强城市饮用净水及城市水利工程建设，改造延伸城市供水管网，提高供水普及率和供水质量。加快市区及县城生活污水处理和垃圾无害化处理设施建设，提高垃圾处理率。完善城乡电力供应系统和能源保障体系，加大天然气利用，加强燃气源点、储配站和管网建设，提高供气质量。统筹安排新农村建设村镇规划和重大基础设施布局，加强农村道路、水利、通讯、广播、供电、燃气等基础设施建设，实现全市所有乡镇和行政村通水泥或沥青路，农村交通等各项基础设施进一步完善。发展小水电、沼气、太阳能等洁净能源和可再生能源，提高农村能源供给能力和设施完善程度。

（三）主动融入多区域合作，全面提高开放合作水平

国际开放交流程度是城市国际化的重要体现。要积极主动融入多区域合作，加强国际交往，深化合作内容，拓展合作空间，完善开放合作体制机制，积极与国际接轨，参与国际经济分工与合作，在中国与东盟交流合作中发挥更大作用。

1.积极融入多区域合作，拓展对外开放广度和深度

区域合作是区域内成员实现优势互补和共同发展的重要手段，积极开展区域合作，有利于提高国际化经营水平，增强国际竞争力。南宁要充分发挥多区域合作地缘经济中心的优势，在更大范围、更广领域、更高层次参与国际分工和国际经济合作，走开放合作之路。一是创新合作机制。推进政府间、部门间、商会协会间、企业间、媒体间多样性、深层次的合作，促进优势互补、互利共赢；完善市场机制，推进区域内市场一体化，促进区域内商品和生产要素的自由流动，营造公平、开放、规范的市场环境。二是拓展合作内容。深化与世界各国特别是东盟国家、日本、韩国、

以及珠三角、长三角、港澳台等的合作，重点加强在投资、贸易、产业、交通物流、旅游、文化、教育、人才等各领域的合作。加强国际友好城市交流合作，以开放促合作，以合作促发展。三是加大招商引资力度。推进南宁市国家加工贸易梯度转移重点承接地建设，加大招商引资力度，创新招商方式，扩大利用外资规模，主动承接东部产业转移，推进形成区域产业协作战略联盟。四是扩大对外经济合作规模。调整优化出口产业和产品结构，发展外贸出口和转口贸易，发展加工贸易和境外承包工程；鼓励各类企业参与区域性的国际合作、分工和竞争，拓展国际市场。五是加强与国际接轨。学习运用国际通行规则，更紧密与国际经济接轨，促进营商标准与做事规则国际化，提高灵活运用国际贸易准则参与国际经济事务的能力；加强与国外金融保险、投资并购、会计、审计、律师、信息咨询等行业组织的联系与沟通，以国际通行的行业规范、办事准则推进各类专业性行业组织及机构建设。

2.充分利用“两会一节”平台，推进与东盟各国的开放合作

中国—东盟博览会、中国—东盟商务与投资峰会和南宁国际民歌艺术节是中国—东盟开放合作的重要平台，要充分发挥“两会一节”的重要作用，服务国家周边外交战略，加强与东盟国家政治、经济、文化的交流与合作，提高南宁对外开放水平。一是以“两会一节”为平台，积极参与和推动中国—东盟自由贸易区建设，推进南宁—新加坡经济走廊建设，举办南宁—新加坡经济走廊沿线城市合作发展论坛，积极参与泛北部湾及大湄公河次区域合作等地区性国际合作，全面深化与东盟各国的合作，把南宁建设成为中国与东盟交流合作的平台。二是加快南宁·中国—东盟国际商务区建设步伐，建设具有东盟各国特色的联络部(办事处)基地，为东盟各国和其他国家、地区政府、商务机构提供商务、办公和生活服务。加快南宁领事馆区建设，加强与世界各国的对外合作与交流。三是加强与东盟各主要城市的友好往来，积极开展政府间的互访交流。在加强与泰国孔敬市、越南海防市、柬埔寨西哈努克市和菲律宾达沃市等现有友好城市在经济、文化、技术等方面的交流与合作的基础上，大力开展缔结友好城市工作，选择与南宁市经济互补性较强的东盟城市如河内市、胡志明市、金边市等与南宁结为友好城市，扩大南宁在东盟国家的国际友好城市数量。四是深化与东盟各国的交流与合作。加强与东盟各国经济合作，积极开展优质水果等农业产业合作，扩大以项目为基础的工业合作，加强与东盟在商贸、物流等服务业的合作；加强跨国旅游合作，推进南宁与东盟各国无障碍旅游区建设，把南宁建设成为东南亚来华游客和中国到中南半岛游客最多的城市之一；开展农业技术交流，加强工业技术合作，加大服务业合作开发力度，推进与东盟各国的技术交流与合作；发展面向东盟国家的进出口贸易，扩大边境贸易和国际贸易规模，加强与东盟企业的贸易往来，提高对东盟各国的进出口总量；推进与东盟各国的文化艺术交流；加强与东盟各国教育合作，支持和推进东盟国家公务员培训基地、东盟青少年培养基地等项目建设，吸引更多的东盟学子来南宁学习，建设面向东盟的区域性培训高地，打造“学在南宁”品牌。

3.全面投入广西北部湾经济区开放开发，发挥区域中心城市作用

按照《广西北部湾经济区发展规划》，结合南宁实际，加快研究南宁市重大产业项目布局、重大基础设施建设布局等规划，筛选一批事关南宁市长远发展的重大项目，制订工作方案，明确工作重点，强化工作措施，加大推进力度。积极配合开展广西北部湾经济区行政管理体制、市场体系、土地管理制度等综合配套改革，探索开展区域经济合作新途径、新办法。主动对接“北钦防”沿海城市群建设，加快中心城市建设，优化城市布局，不断完善区域中心城市功能。加强与广西北部湾经济区各城市的交通与公共基础设施合作，协调推进跨区域交通基础设施的建设，推动区域基础设施对接。依托首府南宁区位、人才、技术、信息和现有的产业等优势，推动区域产业对接，做好“北钦防”石化、钢铁、造纸、能源等产业链的延伸和服务，争取发展上游配套产业，积极发展下游产业，稳妥发展横向配套产业，全面发展服务配套产业，争取在南宁布局一批为“北钦防”重大产业配套的项目及延伸产业项目，提高产业配套协作能力，拉长产业链；发展为广西北部湾经济区重大产业服务的物流业、商贸业、信息业、金融业、要素市场等现代服务业。

4.发展总部经济，打造区域性国际化服务总部基地

跨国公司总部数是衡量国际集散能力的重要指标。充分利用南宁市基础设施和交通、市场体系、营商环境、人才等方面的优势，重点吸引大型企业和企业集团，特别是跨国公司、国际组织在南宁设立企业总部、研发机构、营销机构、采购中心、培训中心等，利用总部基地积极引进和发展符合南宁市产业发展方向的相关产业。坚持政府引导和市场主导相结合，充分调动市、开发区(城区)和企业三方共建的积极性，鼓励有条件的开发区和城区规划建设总部基地，形成若干总部经济集聚区。加快五象新区广西北部湾经济区大型企业总部基地建设，将南宁打造成为“北钦防”重大产业发展的经济腹地。推进南宁高新技术产业开发区中国—东盟企业总部基地建设。制定发展总部经济的优惠政策，加大总部经济发展的扶持力度。

(四)发展时代的、开放的城市文化，增强国际化城市文化底蕴

国际化城市都具有独特的城市文化，发展时代的、开放的城市文化能有效地提升城市软实力，扩大城市的国际影响力。

1.建设文化交流平台，推进文化国际合作

要加强对外文化交流特别是与东盟国家的交流与合作，搭建东盟特色文化载体，开展东盟主题文化活动，举办东盟专题会展，推动南宁文化走向东盟、走向世界。举办各种区域性和国际性的专业论坛、学术研讨、文艺团体互访演出等活动，加强与泛珠区域城市、东盟国家城市乃至世界知名城市之间的文化交流，把南宁打造成为面向东盟、面向世界的国际文化交流平台。在弘扬南宁文化、提高南宁知名度的同时，吸收国内外先进的思想观念、文化理念，并将其内化为南宁的文化特质，使南宁文化更具民族性、国际性。把中国—东盟博览会和南宁国际民歌艺术节作为文化交流的重要平台，拓展民歌节的功能，不仅把开幕晚会打造成文化精品，更要重视各县(区)、各单位、各社区歌台作用和影响力的发挥，吸引东盟国家及世界各国的艺术家参演献艺，增强交流，扩大影响力，把南宁国际民歌艺术节打造成为文化盛宴。积极“走出去”，到国内外城市举办文化节，把壮乡文化特色发扬光大，不断推向全国乃至全世界。

2.发展民族文化，突出国际化城市特色

越是民族的就越是世界的，要以把南宁建设成为“内涵丰富、魅力无穷”的文化城市为目标，大力发展以壮民族文化为主体的多民族、多样性文化。保护和发扬民族民间特色文化，发展社区文化、企业文化、村镇文化、校园文化、节庆文化，丰富人民群众精神文化生活。要搭建民歌舞台，办好民族节庆，挖掘民间民俗文化，展示南宁文化特色。要立足于少数民族特别是壮民族的文化特点，从南宁市的文化资源出发，培育南宁文化品牌，办好、办精、办特“大地飞歌”和“风情东南亚”，扩大品牌效应，提升品牌国际影响力；支持做强做大“武鸣三月三”、“宾阳炮龙节”等一批文化品牌。要抓好文化名人培育工程，着力为南宁的文化建设和发展造就一批德艺双馨的文化名人，精心打造文学、影视、

音乐等精品力作。提升文化品牌的影响力，发展节庆文化业、演出娱乐业、广播电视业、文化旅游业、艺术培训业、知识服务业、民间工艺品业等。深化文化体制改革，重点培育一批文化企业集团。完善文化设施，建设一批标志性文化基础设施。继续做好昆仑关战役旧址的恢复工作，使之成为爱国教育的圣地，成为展现历史文化的宝库。

3.塑造独特的城市精神，彰显城市魅力

建设区域性国际城市，必须塑造独特的城市精神，彰显城市魅力。坚持把社会主义核心价值体系融入精神文明建设全过程，用马克思主义中国化的最新成果武装头脑、指导实践、推动工作，用中国特色社会主义共同理想凝聚各方力量。加强国情和形势政策宣传，在全社会倡导爱国主义、集体主义、社会主义思想，使全市人民始终保持昂扬向上的精神状态。深入开展和谐建设在基层、文明建设在基层等活动，广泛开展社会公德、职业道德和家庭美德教育。大力弘扬“能帮就帮”的城市精神，建立完善各种帮扶机制，充分展示南宁的良好精神风貌。在全社会大力倡导“创业有功，合法致富光荣”的价值观念，大力培育“吃苦耐劳、诚信至上、尊重规则”的商业精神，形成重商崇商的良好氛围。加强“诚信南宁”建设，建立健全企业、单位、个人信用体系。

（五）推进城乡区域协调发展，加快城乡一体化进程

统筹城乡发展，缩小城乡差距，促进城乡互动、协调发展，是建设区域性国际城市的重要任务之一。要贯彻落实十七届三中、四中全会精神，大力推进农村改革发展，加快城乡一体化进程。

1.建立统筹城乡发展的体制机制

加快建立健全统筹城乡协调发展的体制机制，破除城乡分割的体制性障碍，促进公共资源在城乡之间均衡配置、生产要素在城乡之间自由流动，推动城乡经济社会发展融合。一是统筹土地利用和城乡规划。优化城乡空间布局，统一规划安排重大产业发展项目、重大公共事业项目、重大社会发展项目，合理布局居住建设空间、产业发展空间、农田保护空间、生态保护空间和公共基础设施配置，提高资源配置效率和设施共享程度。二是统筹城乡产业发展。优化农村产业结构，加快发展现代农业和工业、服务业，引导城市资金、技术、人才、管理等生产要素向农村流动，形成城乡协调、优势互补的产业发展格局。三是统筹城乡基础设施建设。加快推进城镇化进程，推进建设城乡一体的交通网络、市政设施，促进公共设施向农村延伸，公共服务向农村覆盖，提高农村生活水平。四是统筹城乡社会事业发展。统筹城乡就业，加强城乡公共就业服务机构建设，健全城乡就业服务体系，推动城乡就业一体化；统筹城乡社会保障，加快推进农民工参加基本养老保险、大病医疗保险、工伤保险、失业保险工作，建立完善农村最低生活保障、救灾救济、医疗救助、五保供养制度，探索建立农村养老保险制度，推进农村社会保障体系建设；统筹城乡教育、卫生、文化、科技等社会事业发展，促进城乡社会和谐。五是统筹城乡社会管理，推进户籍制度改革，推行城乡统一的以实际居住地登记的户籍制度，创新流动人口服务和管理体制；选择工业基础较好的乡镇，开展城乡一体化试点。

2.大力发展县域经济

充分发挥各县（区）资源、区位等比较优势，调整优化县（区）产业布局，培育和发展县域经济主导产业、支柱产业和特色产业，形成特色经济，增强县域经济发展的聚合力、辐射力和核心竞争力。做大做强县域农业、工业、服务业，因地制宜发展资源经济、劳务经济、生态经济，加快发展乡镇企业，促进各县工业由小到大转变、农业由大到强转变、服务业水平由低向高转变。工业基础较好的县，要以提高产业层次为重点，加快县域工业转型，努力发展成为在广西有影响的工业强县；工业基础薄弱的县要坚持扩大规模和优化结构并重，加大招商引资力度，有选择地承接产业转移，培育优势产业，使工业成为县域经济发展的重要支撑。积极发展服务业，加快以新业态、新技术改造传统服务业，有重点地发展现代服务业，围绕农业生产的产前、产中、产后，积极发展农业技术服务、农村物流服务、生产销售服务、信息服务和金融服务等农村服务业，培育县域经济新的增长点，提高农村服务业水平。大力发展非公有制经济，培育成为县域经济发展的生力军。

3.着力推进农村改革

推进农村改革创新，着力解决农村发展深层次的矛盾，激发农村经济社会发展活力。稳定和完善农村基本经营制度。坚持以家庭承包经营为基础、统分结合的双层经营体制，赋予农民更加充分而有保障的土地承包经营权，保持现有的土地承包关系稳定并长久不变。按照依法自愿有偿的原则，推进土地承包经营权多渠道流转，发展适度规模经营；推进集体林权制度改革。健全严格规范的农村土地管理制度。坚持最严格的耕地保护政策，划定永久基本农田，建立保护补偿机制，做好农村土地的确权、登记、颁证工作，强化土地利用总体规划的整体控制作用，改革征地制度，完善征地补偿机制，加强土地承包经营权流转管理和服务。完善农业支持保护制度。整合各项支农资金，建立健全财政支农资金稳定投入机制；逐年加大财政对农村、农业的投入，提高支农资金的使用效率；鼓励和引导社会各类资金投向农村、农业；调整支出结构，将支农财政资金重点投向农田水利、村屯道路的建设及养护，以及良种补贴、农机补贴、农业保险补贴等；创新农村金融体制，放宽农村金融准入政策；建立政府扶持、多方参与、市场运作的农村信贷担保机制；发展农村保险事业，健全政策性农业保险制度。健全农村民主管理制度，保障农民依法享有更多更切实的民主权利。

（六）以改善民生为重点，建设和谐南宁

建设区域性国际城市要坚持以人为本，推进以改善民生为重点的各项社会事业建设，使全市人民学有所教、劳有所得、病有所医、老有所养、住有所居，共享改革发展的成果，实现社会和谐。

1.坚持以人为本，加快发展各项社会事业

加强与区域性国际城市要求相适应的社会事业建设。大力发展科技事业，提升自主创新能力。坚持育人为本，推进义务教育均衡发展，大力发展职业教育，提高教育现代化水平，实现教育与国际城市接轨。实施积极的就业政策，拓宽就业渠道，推进建立城乡统筹的就业制度，切实解决城市家庭“零就业”和农村家庭“零转移”问题，千方百计扩大就业。要不断提高人民生活水平，建立与经济发展相适应的收入增长机制，努力增加城乡居民收入；加大调节收入分配力度，更加注重社会公平。进一步完善社会保障体系，推动和完善失业、医疗、养老、工伤、生育等基本保险，积极发展社会福利、社会救济、优抚安置和社会互助等社会保障事业，进一步提高社会保障覆盖面。构建科学完善的全民公共卫生体系，完善城乡医疗救助，促进城乡卫生事业协调发展。强化食品、药品、餐饮卫生等安全监管，保障人民群众的健康。大力发展社会主义民主政治，推进民主法制建设。妥善协调社会各方利益关系，正确处理人民内部矛盾，维护和实现社会公平正义。

2.加强平安南宁建设，争创社会治安一流城市

安定、和谐的社会治安环境是区域性国际城市的基本条件。要统筹规划，突出重点，切实抓好平安南宁建设的各项工作，深入开展建设平安县（区）、平安乡镇、平安街道、平安社区、平安村屯、平安单位活动。建立健全社会矛盾纠纷调处机制，完善党政

领导干部和党代表、人大代表、政协委员联系群众制度，主动深入基层、深入群众，及时发现和解决各类矛盾纠纷。定期开展市、县(区)党政主要领导接访活动，集中解决一批信访突出问题。落实矛盾纠纷调处工作制度，把问题解决在当地，把矛盾化解在基层。积极引导群众运用合法形式表达利益要求，畅通群众诉求渠道。推进社会治安综合治理，加强治安防控体系建设，严厉打击违法犯罪活动。加强流动人口管理。坚持安全发展，强化安全生产监督和管理，预防和减少事故发生。

六、推进区域性国际城市建设的对策措施

(一)坚持科学发展观，继续解放思想，全面提高领导干部组织推进建设区域性国际城市的能力

建设区域性国际城市是一项长期、复杂、艰巨的系统工程，全市各级领导干部必须坚持以科学发展观为指导，始终保持清醒头脑，科学分析南宁市参与经济全球化的新机遇、新挑战，全面认识工业化、城镇化、国际化、市场化、信息化和农业产业化深入发展的新形势、新任务，深刻把握南宁市发展的新问题、新矛盾，更加自觉地走科学发展道路，科学组织、扎实推进区域性国际城市建设。继续解放思想，冲破一切阻碍科学发展、加快发展、率先发展、和谐发展的思想观念和体制机制，始终保持开放开拓的思想、勇于创新的锐气、勤勉学习的意识和求真务实的作风，不断提高组织推进区域性国际城市建设的能力和水平，以时不我待、只争朝夕的精神状态，加快推进区域性国际城市建设步伐。

(二)制订发展规划，分步骤"有计划"推进区域性国际城市建设

建设区域性国际城市是南宁未来较长时期的战略目标，实现这一奋斗目标，必须制定好总体规划和相关专项规划，进一步明确南宁建设区域性国际城市的思路、目标、任务和措施，特别是重大项目布局。要抓紧制定"三基地"、"三中心"等相关分规划，根据规划制定好分步实施计划和工作方案，把建设区域性国际城市目标转化为可考核的具体工作任务，层层分解到全市各级各部门，并列入年度目标考核内容。

(三)推进体制机制创新，加快建立有利于提高城市国际化水平的体制机制

体制机制创新是不断推动经济发展和社会进步的强大动力，建设区域性国际城市，就必须按国际规则办事，建立与国际性城市相适应的体制机制环境。一是进一步转变政府职能，建设服务型政府。强化政府的社会管理和公共服务职能，健全科学民主决策机制和行政监督机制，树立廉洁高效、公正为民的形象。二是深化经济体制改革。以市场化、国际化为取向，推进各项改革，完善市场体系，使体制机制尽快与国际接轨，为各种经济成分的发展创造平等、宽松的环境。三是建立和完善国际交流合作机制，加快建立开展区域合作与发展论坛机制，高层联席会议制度，媒体交流与合作机制，促进国内外企业与南宁市企业合作机制，国际会展市场运作机制、专业化国际化人才交流机制等。

(四)大力推进一批具有战略性、全局性影响的重大项目工作，以重大项目推动区域性国际城市建设

建设区域性国际城市需要扎扎实实从项目抓起，尤其要着力抓好一批具有战略性、全局性影响的能够推动区域性国际城市建设的重大关键项目，如城市轻轨、南宁机场扩建、南宁城际快速客运站、邕宁和老口两个梯级水利枢纽工程、南宁通往广西区内外城市的高速铁路等重大基础设施项目，采取一个项目一个工作方案，落实一套专门班子组织推进。抓住中央出台进一步扩大内需促进经济平稳较快发展政策措施的契机，选准选好项目，抓紧组织开展项目前期工作，千方百计争取国家的项目安排和资金支持。

(五)策划交流活动，进一步提高南宁国际影响力

策划实施一系列国际交流活动是提高城市国际影响力的有效途径。文化交流方面，除了每年坚持办好南宁国际民歌艺术节、东南亚美食节外，还可以策划开展国际文化学术论坛、国际电影周、国际科技周等活动，邀请周边省市与东盟国家文化界机构和人士前来参加；教育交流方面，坚持开展与东盟国家互派留学生、互派教师、互派访问学者活动；体育交流方面，坚持每年举办国际龙舟赛，举办好中国—东盟国际汽车拉力赛，策划开展其他国际体育赛事；会展交流方面，在服务好中国—东盟博览会的同时，策划举办各类专业性会展，重点吸引东盟国家参加；经济发展交流方面，积极争取世界性、区域性论坛落户南宁，策划举办南宁—新加坡经济走廊论坛等，不断提高南宁国际影响力。

(六)加强人力资源开发，大力培养与建设区域性国际城市相符合的人才队伍

南宁建设区域性国际城市迫切需要更强有力的人才支撑。加强高层次人才开发，重点培养德才兼备、具有战略眼光的党政人才，擅长经营、具有市场开拓能力的企业经营管理人才，勇于创新的高科技人才。实行引进资金、项目与引进技术、人才相结合，培养和吸引一批适应国际竞争的专门型、综合型、国际型的高级人才。加大国际性人才的培育力度，以驻邕大中专院校为依托，加快建设适应国际产业发展需要的人才培训基地。创办南宁大学，建设以面向东盟的特色专业为主的全区一流综合性高等本科院校，重点培养通晓东盟国家语言、掌握中国—东盟自由贸易规则，了解国际法律、国际金融、国际投资、国际经贸合作等知识的高级复合人才。推进人才资源整体开发，培育建立统一开放的人力资源市场。优化人才开发体制环境，建立健全吸引、留住、用好人才的机制。

(七)广借外力，积极争取国家、自治区支持南宁建设区域性国际城市

建设区域性国际城市任务繁重，必须用足内力，广借外力，尤其要争取国家和自治区的大力支持。要积极争取国家对南宁建设区域性国际城市定位和发展规划的认可支持；争取国家和自治区支持南宁扩大与东盟交流合作，并给予更宽松的对外交流政策，包括给予出入境管理优惠政策，如实现落地签证、通关便利化等；争取国家和自治区加大对南宁市重大基础设施建设的支持力度，支持城市轻轨、机场、电力、能源、水运基础设施等重大项目建设。

(八)加强政策研究，全方位推进区域性国际城市建设

围绕推进区域性国际城市建设，积极开展相关政策研究工作。要对照区域性国际城市的内涵特征、基本要求和标准，结合南宁市的实际情况，对南宁市的各项薄弱环节，有针对性地研究制定相关政策措施。重点研究制定如何促进跨国公司入驻南宁、提高外籍人口在南宁的比例、鼓励市民学习外语等一系列政策措施，推进南宁区域性国际城市建设。

(九)提升宣传效应，营造建设区域性国际城市浓厚氛围

推进区域性国际城市建设，必须要发挥宣传效应，充分利用各种媒体的舆论引导作用。在南宁市区域性国际城市建设的宣传上要打好五张"牌"，一是打好"东盟牌"，把南宁区域性国际城市形象与中国—东盟自由贸易区、中国—东盟博览会等进行捆绑宣传，突出宣传南宁作为面向东盟的区域性国际城市的区位优势和政策优势；二是打好"中国牌"，主要面向东南亚国家和地区宣传南宁是中国—东盟自由贸易区的前沿中心城市，是中国走向东南亚、东南亚进入中国的门户城市；三是打好"泛珠牌"，宣传南宁作为泛珠三角经济合作区的主要城市之一，具有连接泛珠区域内东、中、西部地区的突出区位优势；四是打好"西部

牌”，主要宣传南宁作为“南贵昆”经济带的核心城市，具有西南出海大通道枢纽城市的地位和作用，同时还享受西部大开发、沿海开放城市、民族区域自治等诸多优惠政策；五是打好“广西北部湾牌”，宣传南宁作为广西北部湾经济区中心城市的带动作用，特别是广西北部湾经济区开放开发上升为国家战略后南宁所具有的优势和面临的机遇。同时还要大力宣传中国—东盟博览会长期举办地、天下民歌眷恋的地方（国际民歌艺术节举办地）、联合国人居奖获奖城市等城市品牌，营造有利于南宁建设区域性国际城市的浓厚舆论氛围。

附:《南宁市建设区域性国际城市主要指标预测表》

南宁市建设区域性国际城市主要指标预测表

指标	类别	单位	区域性国际城市标准值	2007年实际情况	实现程度(%)	2010年预计	2015年预计	2020年预计	2025年预计	2030年预计
经济综合力指标	人均GDP	美元	10000	2161	21.61	3300（按16%增长）	6600（按15%增长）	11600（按12%增长）	18700（按10%增长）	27500（按8%增长）
	第三产业占GDP比重	%	>60	50.40	84	51.30	53	55	60	62
	金融保险业增加值占GDP比重	%	≥15	5.23	35	8	10	12	15	18
产业发展力指标	外资金融保险机构数占总金融保险机构数比重	%	>15	0.80	1.70	3	5	8	10	15
	工业增加值占GDP比重	%	>35	26.58	75.94	27.50	29	29.50	30	31
科技竞争力指标	每万人拥有科技人员数	人	≥1000	287	28.70	350	550	700	1000	1200
	科技进步贡献率	%	50	47	94.00	58	65	68	70	75
经济开发力指标	外贸进出口总额占GDP比重	%	≥50	8.78	17.56	15	20	25	40	70
	引进世界著名跨国公司数	家	200	–	–	10	40	60	100	200
	入境旅游人数占城市人口比重	%	40	5.43	13.58	7	12	14	20	40
居民生活质量指标	恩格尔系数(城市)	%	≤35	42.53	–	40	37	36	34	20
	人均住房使用面积(城市)	平方米	>30	25.30	84.33	27	32.20	32.80	33	35
	社会保障覆盖率	%	100	60	60.00	80	85	90	95	100
	平均预期寿命	岁	>85	75.76	89.10	78	80	82	85	88
文化卫生教育指标	高等教育毛入学率	%	>50	25	50.00	28	30	35	40	50
	每万人拥有医生人数	人/万人	>50	17.38	34.76	20	35	40	50	55
社会文化交流国际化程度指标	年举办区域性及国际性会议和文化活动次数	次	>25	3	12	15	18	20	25	30
	每年举办有影响的大型展览会	次	≥10	2	20.00	5	10	12	15	20
城市生态化实现度指标	人均绿地面积	平方米	20	10.86	54.30	13.50	15	16	20	22
	城市生活污水排放处理达标率	%	100	35	35.00	70	95	100	100	100
	垃圾无害化处理率	%	100	69.97	69.97	80	95	98	100	100
城市设施功能度指标	人均道路面积	平方米	>20	11.89	59.45	15	20	21	22	25
	国际航线	条	>50	16	32.00	20	35	38	45	50
信息化度指标	千人拥有互联网用户	户	≥500	109	21.80	200	400	450	500	600
国际性人口构成指标	常住外籍人占总常住人口比重	%	≥2	–	–	0.20	0.50	2	2.20	2.50
	城市人口占总人口比重	%	>60	38.00	63.33	45	52.50	55	60	70
	外籍人口占城市人口比重	%	≥5	–	–	2	5	6	7	8

（本文来源于南宁市社会科学院编、广西人民出版社出版的2010年《南宁市社会发展蓝皮书》）

南宁市发展循环经济研究

联合课题组

倡导并寻求经济发展方式的全面转变，推进节能减排，走节约型发展道路，大力发展"循环经济"是落实科学发展观具体体现。近年来，随着经济的快速发展，资源能源日益短缺，生产要素制约日趋突出，环境压力不断加大，南宁发展循环经济已成为推动经济社会又好又快发展必然的选择。

一、循环经济的内涵及国内外发展态势

(一)循环经济的内涵

循环经济是指在生产、流通和消费等过程中进行的减量化、再利用、资源化活动的总称。减量化是指在生产、流通和消费等过程中减少资源消耗和废物产生；再利用是指将废物直接作为产品或者经修复、翻新、再制造后继续作为产品使用，或者将废物的全部或者部分作为其他产品的部件予以使用；资源化是指将废物直接作为原料进行利用或者对废物进行再生利用。循环经济又是一种善待地球经济模式，且有别于传统经济发展模式的新型的、先进的经济形态。可见，循环经济是以最小的资源和环境成本，换取最大的经济社会效益，是经济发展与环境保护的有机结合，从而实现资源、环境、经济"共赢"，所以它是一种集约型的发展方式，本质上是一种生态经济。循环经济包括小循环、中循环、大循环三个层次。这三个层次是依次递进的，前者是后者的基础，后者是前者的平台。所谓小循环，就是在企业内部的循环。通过在企业内部建立生态产业链，一个产品的副产品成为另一个产品的投入，使得企业资源有效利用，废物排放最小。所谓中循环，就是在工业园区(产业园区)的循环。园区内一个企业产生的副产品或废物作为另一个企业的投入或原材料，实现物质闭路循环和能量多级利用，形成相互依存、类似自然生态系统食物链的工业生态系统，实现资源有效利用、废物排放最小。所谓大循环，就是在整个区域内或地区内的循环，它是发展循环经济的目的和方向。

循环经济不但要求建立"自然资源—产品和用品—再生资源"的经济新思维，而且要求在从生产到消费的各个领域倡导新的经济规范和行为准则。循环经济以"3R 原则"为主要表现形式，即"减量化原则"(reduce)、"再使用原则"(reuse)、"资源化原则"(recycle)。循环经济的主要特征为：第一，物质流动多重循环性，循环经济的模式表现为资源—产品—再生资源的物质反复循环流动的过程。第二，科学技术先导性，循环经济的实现是以科技进步为先决条件的，依靠科技进步，积极采用无害或低害新工艺、新技术，大力降低原材料和能源的消耗，实现少投入、高产出、低污染。第三，综合利益的一致性，循环经济的目标是向自然界索取的资源最小化、向社会提供的效用最大化，向生态环境排放的废弃物趋零化，使经济效益、社会效益和生态效益相统一。第四，全社会参与性，循环经济是集经济、技术和社会于一体的系统过程，需要企业、政府、社会的共同努力，才能使循环经济得到充分发展，使社会整体利益最大化。

(二)国内外发展循环经济对南宁的启示

自上世纪 70 年代以来，世界各地相继意识到了发展循环经济的重要性与必要性，制定出台了与循环经济有关的政策法规，开展了有关循环经济发展的研究，取得了一定的成效。这些理论与实践，对于指导南宁今后发展循环经济具有一定的指导意义。

1.国外情况。在发达国家，循环经济已经成为一股潮流和趋势，不仅得到了政府的推动，也得到了企业界的积极响应。西方许多企业在微观层次上，运用循环经济的思想，进行了有益的探索，形成了一些良好的运行模式。一是政府重视立法。德国是欧洲国家中循环经济发展水平最高的国家之一，先后颁布了《垃圾处理法》、《避免废弃物产生及废物处理法》、《关于容器包装废弃物的政令》、《循环经济与废弃物管理法》等法律，要求生产者必须生产出垃圾尽可能少的产品，即耐用、多用途、易修理或方便再利用的产品。美国在 1976 年制定了《固体废弃物处置法》，目前已有半数以上的州制定了不同形式的关于废弃物再生循环利用的法规。欧洲其他发达国家也正在着手制定相关的法规。日本从 1991 开始先后制定了《促进利用再生资源法》、《家电回收利用法》等，2000 年日本通过和修改了多项环保法规，是建设循环型经济社会史上关键的一年。二是建立高效管理和监督机构。法国政府成立了环境与能源控制署，每年拿出两至三亿欧元的预算资金，组织和协调政府、企业及公民在行政管理、科技投入等方面采取措施。韩国成立了一家名为"资源再生公社"的公营企业，专门负责管理和监督"废弃物再利用责任制"的实施，生产者回收和循环利用的废旧品达不到一定比例，韩国政府对相关环保违规企业处以严厉罚款。

日本、德国等国家政府对产生废弃物的企业和个人征收废弃物处理费用，集中起来设立专项基金，补贴给处理废弃物的企业。三是企业和社会积极参与。跨国企业重视循环利用，形成全社会广泛而积极参与的良好机制和氛围。如，世界 500 强企业中的美国沃尔玛百货重视回收循环废旧物资，将其作为公司日常经营管理的基本思路。沃尔玛公司都对纸箱纸板、塑料购物袋等进行回收，在商店的顾客服务中心设立了废旧电池回收箱，一年回收的废旧电池高达 1800 万节，利用再生的镉制造新电池。德国的宝马公司生产的汽车，从设计阶段就贯彻"循环经济"理念，从零部件的可拆性、互换性和装配性进行研发，即使报废了的汽车，还有 70%的零件可以返用。在日本，消费者必须为废弃家电的回收利用承担部分费用，家电经销商将废弃家电集中起来，并送到主要由家电生产厂家出资设立的"废弃家电处理中心"，将其分解，并按资源类别进行循环利用。

2.国内情况。我国循环经济发展总体上是一个思路逐步清晰、内涵不断扩大、重点有所调整的过程，表现为国家不仅出台环境保护法律法规和标准，而且也制定一系列的优惠政策，约束和激励企业开展资源节约和工业"三废"利用，从 1993 年起开始倡导清洁生产，现在又推进循环经济发展，加大了以节约降耗为主要内容的结构调整和技术改造力度，开发推广先进适用的技术、工艺和设备，资源利用率有了较大提高。有关统计数字显示：2007 年我国每万元 GDP 能耗比 1980 年下降了 75.50%；每万元 GDP 取水量比 1980 年下降了 90.70%；工业"三废"综合利用产值为 1985 年的 15.60 倍；废旧物资回收利用总值为 1985 年的 13.40 倍，取得了经济效益、社会效益和环境效益的有机统一。

我国与其他国家一样，在发展循环经济方面采取了一些有力的措施，制定了一些政策法规，特别是一些城市如贵阳、重庆、鄂尔多斯等，开展了循环经济发展的试点工作，所取得的经验和做法对南宁发展循环经济有很好的帮助。我国发展循环经济主要表现几个方面：一是政策法规不断完善。改革开放以来，我国一直注意在工业生产中预防环境污染。国务院先后颁布了《关于结合技术改造防治工业污染的决定》、《清洁生产促进法》、《固体废物污染环境防治法》，出台了《关于进一步开展资源综合利用的意见》(国发［1996]36 号)，《国务院关于加快发展循环经济的若干意见》(国发[2005]22 号)等一系列政策性意见。

各地也出台了地方性法规，到2003年，陕西、辽宁、江苏等省及沈阳、太原等城市先后制定了地方清洁生产政策和法规。贵阳市颁布并实施了《贵阳市建设循环经济生态城市条例》。二是开展理论和实践研究。中央财经领导小组办公室在2004年重大课题研究中，设立了"循环经济在我国资源战略中的地位与举措"研究。国家发改委委托国务院发展研究中心开展循环经济政策、发展循环经济和建设节约型社会的"十一五"规划思路研究。中国环境与发展国际合作委员会开展了"清洁生产和循环经济"的专项研究。国家中长期科技发展规划战略研究中，将生态建设、环境保护与循环经济科技问题列为专题。科技部立项支持原国家环保总局开展了循环经济的技术支撑体系软科学研究等。中国发展循环经济引起了国际社会的高度重视，循环经济成为国际合作项目的优先领域，如世界银行支持全国人大开展循环经济的立法框架研究、支持原国家环保总局开展循环经济的政策研究；德国支持贵阳循环经济的实践等。三是循环经济发展相继推进。为推进循环经济发展，我国在全国各地选择条件较好的地区开展试点，对试点地区进行统一部署，做好规划，一些地方已经形成特色。如辽宁省在老工业基地的结构调整中，通过制定和实施循环经济的法规和政策措施，建设一批循环型企业、生态工业园区、若干循环型城市和城市再生资源回收及再生产业体系，充分发挥当地的资源优势和技术优势，优化产业结构和产业布局，以创造更多的就业机会，振兴工业基地。山东从点（企业层面）、线（行业层面）、面（社会层面）多层次、全方位推动循环经济的发展，组织实施"613工程"，即抓好煤炭、建材、发电、轻工、化工和冶金等6个重点行业，10个循环型企业，300个循环经济骨干企业。原国家环保总局批准了14个各种类型的生态工业示范园区。江苏的园区建设各具特色，上海的废饭盒回收利用形成了产业链，天津开发区基本形成无废物排放园区。特别是贵阳市发展循环经济走在了全国城市的前列，2002年5月，国家环保总局批准确定贵阳市为我国首个循环经济生态城市建设试点城市。自2002年起，贵阳市相继委托清华大学、中国环境科学研究院编制完成了《贵阳市循环经济生态城市建设总体规划》，并于2003年被国家环保总局评审通过。这是我国第一部循环经济方面的城市规划。同时，该市还制定了《贵阳磷化工生态工业园规划》、《贵阳市开阳磷煤化工（国家）生态工业示范基地规划》、《金阳新区零排放系统及第一批子项目建议书》、《贵阳市循环经济首批试点项目方案》等一批规划，通过这些规划的研究和编制，为该市循环经济生态城市建设提供了科学合理的依据。2005年10月，惟一被列为第一批国家级循环经济试点单位的省会城市。

二、南宁市发展循环经济的必要性和紧迫性

要以实施《广西北部湾经济区规划》，把南宁建设成为广西北部湾经济区龙头和核心城市为契机，更加彰显"中国绿城"的魅力，充分认识发展循环经济的重要意义，进一步增强发展循环经济的紧迫感和责任感。

（一）发展循环经济是坚持科学发展观，实现可持续发展的需要

发展循环经济，可以提高资源和能源的利用率，最大程度地减少废物排放，保护生态环境，实现社会、经济和环境的"共赢"发展。循环经济要求我们在追求经济发展与经济效益的同时，进一步增强资源意识、能源意识、环境意识和忧患意识，不断用高新技术和先进适用技术改造传统工艺，带动产业结构优化升级，遏止环境恶化，提高资源利用与循环，缓解生态压力，使社会生产由片面追求数量和速度转向注重质量、经济与社会、人与自然等各方面协调发展，实现经济增长方式的根本转变。同时，发展循环经济有力促进结构调整，使产业结构向绿色化转型，推动环保、生态等产业的发展和新兴产业的开发，扩大劳动就业。总之，循环经济是可持续发展模式，能够更好地协调经济与社会、人与自然之间和谐发展，从而促使我们把科学发展观真正落到实处。

（二）发展循环经济是走新型工业化道路，提高经济效益的迫切需要

南宁市现阶段加快实现工业化面临的挑战和制约较以往任何时候都多。一方面，我市正处于加快发展的重要战略机遇期，全市人均GDP已于2007年跨上2000美元发展平台，正朝着人均GDP3000美元的目标迈进。根据世界经济发展的一般规律，这一发展阶段，往往是资源、环境等瓶颈约束最为明显的时期，特别是随着工业化、城市化进程加快推进，居民消费结构逐步升级，资源需求持续扩大，资源供需矛盾越来越大；另一方面，南宁市工业结构中，建材、化工、铝工业、汽配等高投入、高消耗、高污染行业比重较大，经济增长的粗放型特征仍较明显。这种粗放型增长模式越来越受到资源和环境的制约，受到国家产业政策和市场的制约，企业面临更加激烈的市场竞争。企业要生存和发展，必须转变增长方式，进一步调整产业结构，节约生产成本，尽量实现资源的再利用，如果还是主要依靠外延扩大形式，以牺牲资源与环境为代价追求数量上的增长，成本高、效率低、效益差，企业毫无竞争力可言，将面临淘汰的局面。在这种形势下推进工业化，必须走新型工业化道路，必须走科技含量高、经济效益好、资源消耗低、环境污染少、人力资源优势得到充分发挥的道路。

（三）发展循环经济是解决资源能源匮乏，防止生态环境污染破坏的需要

当前，无论从国内还是市内形势来看，所面临的环境形势十分严峻，资源能源日益匮乏，环境污染状况日益严重。南宁市生态环境污染状况还比较突出，水环境质量不高，大气环境不容乐观，固体废物污染日益增加，城市生活垃圾无害化处理率较低、农村环境问题较为严重。大量事实表明，水、大气、固体废弃物污染的大量产生，与资源利用水平密切相关，与粗放型经济增长方式存在内在联系。因此，转变经济增长方式，缓解生态压力，遏止环境恶化刻不容缓，必须大力发展循环经济，推行清洁生产，转变生产方式，从源头上减少污染物的产生，提高资源利用水平，从根本上解决经济发展与环境保护之间的矛盾，将经济活动对自然资源的需求和生态环境的影响降低到最小程度，以最少的资源消耗、最小的环境代价实现经济的持续增长。

（四）发展循环经济是发展开放型经济，应对新贸易保护主义的需要

长期以来环境与贸易并非协同发展，贸易的迅猛发展，往往对环境造成严重破坏，贸易与环境的矛盾日益突出。在经济全球化的发展过程中，关税壁垒作用日趋削弱，包括"绿色壁垒"在内的非关税壁垒日益凸显。近年来，一些发达国家为保护本国利益，在资源、环境等方面，设置了不少自己容易达到而发展中国家目前还难以达到的技术标准，不仅要求末端产品符合环保要求，而且规定从产品的研制、开发、生产到包装、运输、使用、循环利用等各环节都要符合环保要求。这对全国以及南宁市发展对外贸易特别是扩大出口产生日益严重的影响，对多年来出口乏力的南宁市来说，大力开拓国际市场，发展外向型经济已成为我市重要战略选择之一。特别是随着中国—东盟自由贸易区构建的推进、广西北部湾经济区开放开发上升为国家战略，已经把南宁市推到了对外开放的最前沿，我们必须高度重视，积极应对，尤其需要全面推进清洁生产，大力发展循环经

济,逐步使我市产品在生产过程中符合资源、环保等方面的国际标准,推进外向型经济水平提高,不断扩大对外贸易。

三、南宁市发展循环经济的现状

近年来,南宁市坚持走科学发展的道路,按照发展循环经济及节能减排的要求,立足于南宁市实际,着眼于经济增长方式的转变和生态城市的创建,大力开展资源节约型和环境友好型社会建设,突出发展高科技、节能型、环保型的企业,努力探索低投入、低消耗、少污染、高产出、高效益,资源综合利用率高的发展路子,在发展循环经济上取得了一定的成效。2007年,南宁市实现万元国内生产总值能耗1.56吨标准煤。万元工业增加值能耗1.55吨标准煤,工业固体废物综合利用率96.06%,工业用水循环利用率83.81%,工业固体废物排放(含处置)降低15.30%,水资源产出率为65.50%,减排二氧化硫5093吨,减排COD6780吨。南宁市循环经济发展水平在全国处于中等水平,离国家发改委和原国家环保总局的指标要求仍有一定的差距。

(一)循环经济产业发展模式取得新突破

经过近年来的发展,南宁市循环经济产业发展取得了较好的成效。尤其是糖业、木薯、茉莉花、桑蚕等产业已经具备了一定的循环经济规模。糖业方面,主要以甘蔗制糖工业为核心,以上游企业废弃物作为下游企业的生产原料,克服废弃物进入环境造成的污染和破坏,开发建设甘蔗—制糖—废糖蜜制酒精—酒精废液制复合肥(或酒精废液浓缩燃烧—钾灰制复合肥)和甘蔗—制糖—蔗渣—制浆—造纸—制浆黑液碱回收的工业产业链,以及制糖滤泥、造纸白泥—制水泥、肥料或鱼饲料,造纸中段废水—锅炉除尘—脱硫、冲灰,粉煤灰—混凝土承重空心砌块等若干副线工业产业链,在这个生态型工业产业链中,相互利用生产过程产生的废弃物作为原材料,形成单元工艺的工业产业链,甘蔗原料甘蔗的物质能量和信息逐级传递利用,生产过程初步实现了良性的生态循环,资源得到最大程度的节约,污染物产生实现最小化,废物得到充分的再利用。木薯产业方面,南宁木薯各种深加工技术日趋成熟,以木薯为原料可生产出2000多种新产品,每吨附加值可增加几倍甚至十几倍,木薯深加工产品主要有三大类:一是变性淀粉,广泛用于纺织、造纸、医药、食品、建材、铸造、轻工、石油、能源、饲料等行业;二是化工产品,用木薯淀粉生产的有机化工产品主要有酒精、聚乙烯、醋酸、环氧乙烷、山梨醇、乙醇胺、柠檬酸等,是生产橡胶、农药、油脂、包装品、化妆品、军用品的重要原料,特别是酒精已成为汽油中的添加燃料;三是淀粉糖,木薯淀粉可生产葡萄糖、果糖、麦芽糖、低聚糖、海藻糖等数十种不同甜度的糖,作为新兴的保健食品,已成为国际糖果市场上的新宠。茉莉花方面,全市有茉莉花面积达15万亩,其中横县是全国有名的“茉莉花之都”,为全国最大的茉莉花基地,茉莉花加工为茉莉花茶,秸秆是作为重要的有机肥料的原料。桑蚕方面,桑杆是绿色植物,是一种保健的中药材,是食用菌最好的基料,收菇后的食用菌菌筒还田是很好的有机肥;蚕沙回收后,通过灭菌,可以提取蚕沙中的叶绿素、铜钠盐、果胶等高附加值的产品。目前,全市桑园面积已达45万亩,缫丝加工企业已发展到12家,生丝年总产量达到1985吨,占全区年生丝产量的五分之一。

(二)规模化资源综合利用取得较好成效

南宁市十分重视资源的综合利用,特别是作为全国24个再生资源回收体系建设试点城市之一后,制定了《南宁市再生资源回收体系建设试点实施方案》,再生资源回收体系建设试点项目列为自治区重点项目,建立了废旧物资回收利用平台,完善了废旧物资回收和再生利用体系,突出抓好了废钢铁、废纸的回收利用,重点扶持一批废旧物资回收、加工和利用的企业,提高了全社会的资源循环利用水平。2007年,南宁市再生资源回收体系建设总体框架已经建立,体系建设三个环节的前期工作全面组织实施,建材、化工综合利用企业综合利用资源总量达到128万吨,综合利用产品产值8.06亿元;再生资源回收经营企业回收再生资源总量14.57万吨;回收报废汽车总量4751辆,大大促进了我市“三废”资源的再生利用。除在工业领域推广综合利用技术外,还在农业领域推广,大力发展推广稻草综合利用,稻草切碎后直接抛撒田间,堆沤后还田、覆盖(作物)还田、稻秆种蘑菇—蘑菇肥种水稻、稻秆—沼气、沼气发酵肥—沼气发酵肥种水稻等,改良了土壤,增加了农民经济收入。

(三)清洁生产得到有效开展

南宁市坚持以节能、降耗、减污、增效为目标,以技术、管理为手段,加强对企业生产全过程的排污审计、筛选,实施污染预防措施,大力推进清洁生产。按照《广西重点行业及流域企业清洁生产推行规划》,制定了南宁市推行清洁生产工作实施方案,在制糖、造纸、建材、化工等高耗能高污染行业企业大力推行清洁生产。经过市相关职能部门的认真研究,结合南宁市企业的实际情况,经市政府审批,南宁市糖业股份有限公司明阳糖厂、香山糖厂、伶俐糖厂、南宁市化工股份有限公司、南宁市凤凰纸业有限公司、广西农垦糖业集团良圻制糖有限公司、南宁市青岛啤酒有限公司等7家企业开展清洁生产试点工作。南宁市糖业股份有限公司香山糖厂、伶俐糖厂于2007年4月通过自治区级审核验收,广西农垦糖业集团良圻制糖有限公司、南宁市青岛啤酒有限公司于2007年底通过验收。在开展清洁生产过程中,各企业高度重视,狠抓工作落实,如广西农垦糖业集团良圻制糖有限公司的清洁生产取得了可喜的成绩,企业生产的等折白砂糖产率、水重复利用率、吨蔗废水产生量、产品指标均达一级水平(国际清洁生产先进水平);总回收率、吨蔗耗新鲜水、百吨蔗耗标煤量、吨蔗化学需氧量产生量、废物回收利用指标均达二级水平(国内清洁生产先进水平);吨耗电量指标达三级水平,所实施清洁生产项目节水、治污工程使得企业水重复利用率从原来的55.70%提高到94.50%,每吨蔗耗水量从03/04榨季的14.14下降到05/06榨季的1.07,达到国内清洁生产先进水平。

(四)节能减排降耗工作取得良好成效

近年来,南宁市认真贯彻落实全国节能减排工作会议精神及国务院的相关部署,将节能减排作为全市经济工作的重要内容来抓。我市制定了“十一五”期间全市节能减排总体目标,于2006年制定了《南宁市节能减排工作初步方案》和《关于南宁市工业节能降耗实施的意见》,统一部署、指导和协调全市开展工业节能降耗工作。严格实行工业节能降耗问责制,市政府与各县区、开发区签订了工业能耗降低目标责任书,把能耗降低目标纳入各县区、开发区经济社会发展综合评价和年度考核体系,与全市45家重点耗能企业签订了“十一五”和2007年的工业节能减排目标责任书,将工业节能降耗目标分解到各企业。2007年我市综合能源消费量为150.68万吨标准煤,产值单耗0.49吨标准煤,产值单耗比2005年降低21.21%;全市规模以上万元工业增加值能耗为1.55吨标准煤,比2005年降低18.25%;全市45家重点耗能企业完成工业总产值73.44亿元,能源消费量108.74万吨标准煤,万元产值综合能耗1.48吨标准煤,节能率为18.93%,节超相抵比2005年节能22.41万吨标准煤;全市45家重点耗能企业全年节约11.30万吨标准煤。在全市企业中组织开展了“节能大夫”义诊活动,在重点耗能企业中大力推动电机系统节能改造,如广西农垦糖业集团良圻制糖有限公司、南宁市糖业股份有限公司等企业通过实施变频节能技术改造项目，取得了良好的节能降耗实效。通过不断淘汰高耗能、重污染的生产设备和落后生产技术与工艺，持续削减了能源消耗总量和主要污染物排放总量。如南宁市化工有限股份公司实施无/低费方案81个和高/中费方案2个，顺利通过自治区的验收，共产生经济效益2220多万元，年减少废水外排350多万吨，2005年在公司产能翻了一番的前提下，废水排放量由2002年的810万吨降至2007年的450万吨。南宁市还出台了《关于南宁市推广应用水煤浆实施的意见》，积极组织实施将燃煤锅炉改为燃水煤浆等洁净能源锅炉的工程，引导和推动经开区、高新区、南宁市—东盟经济开发区等开发区企业采用水煤浆锅炉集中供热生产模式，逐步减少园区内燃煤(油)锅炉，大幅度提高用蒸汽企业的节能量、削减燃煤锅炉二氧化硫的排放量。根据自治区2007年环保专项行动的具体部署，对全市涉铅、造纸等行业进行了核查整治，对列入国家取缔关闭范围的企业坚决予以关闭淘汰。宾阳县对该县承华造纸有限公司等101家主要污染物排放不达标且年产1万吨以下的落后造纸企业实行了关停；针对南宁市电石厂的落后生产能力和空气污染问题，通过执行差别电价政策，南宁市有关部门对该厂实行了关停；隆安县丰登公司2007年投入300多万元，建设了吹风气回收系统，加装汽水分离器，降低燃料煤耗，制订严格的安全操作规程，每月的燃料煤与同比上年下降400吨标准煤。2002年以来，我市先后关闭广西华润红水河水泥股份公司、南宁市丰塔建材公司等6条水泥湿法窑生产线，淘汰湿法窑水泥生产能力135万吨；关停5家立窑水泥厂，淘汰立窑水泥生产能力44万吨。

（五）产业布局和资源配置实现新突破

由于历史问题，我市部分生产布局和资源配置不合理导致了企业内部潜力和自身产业优势无法得到充分挖掘和提升，工业污染源排放污染物分散治理费用高，达不到国家规定的要求，直接影响企业的生存和发展，“以环保治污求生存，以调整结构求发展”成为南宁市面对严峻的现实。近年来，我市重点在糖业生产上狠抓产业结构调整和资源配置，正确分析国内国际制糖业发展走势和国家关于“集中制浆、分散造纸”的产业政策，从转变经济增长方式的角度出发，做出“依托自身优势，调整内部结构，优化资源配置，发展循环经济”的战略决策。2000年，将南宁市糖业公司的蒲庙糖厂退出制糖生产，实施“以退为进、退糖转浆”的产业结构调整，投资1.90亿元组建具有年产3.40万吨漂白蔗渣浆生产线的蒲庙造纸厂，2001年，该生产线正式投产便实现开门红，年新增销售收入1.04亿元，利税4565万元，蒲庙造纸厂投资项目成为该公司完成第一步产业结构调整标志性工程，年产3.40万吨的漂白蔗渣浆生产线有效地将公司所属其他五家糖厂的蔗渣由过去的分散利用变为集中生产纸浆，成为公司蔗渣制浆生产基地，其原厂的甘蔗原料则有效的分流到公司所属的明阳糖厂，从而实现了公司原料蔗和蔗渣资源优化配置，不仅提高了其他糖厂的生产规模，而且达到集中制浆、集中治污，消除分散制浆带来的环保治理费用高、环境污染面积大的问题，形成了甘蔗—蔗渣—蔗渣商品湿浆的良性循环工业产业链，成为广西企业结构调整中一个典范。

（六）新能源和技术产品开发呈现新亮点

近年来，南宁市加快新能源的利用和技术产品开发，不断呈现新的亮点。第一，加强新能源的应用。南宁市大力加强新能源的应用，初步建立了生物质能、太阳能、中小水电、地热能和工业余热等新兴能源的研发和利用体系。在开发利用生物质能方面，主要是开发乙醇和垃圾焚烧发电，据统计，到2007年止，南宁市具有万吨规模生产能力以上的乙醇企业12家，规模最大的是广西杨森酒精有限公司，承担着广西良种木薯繁育高技术产业化示范工程项目的前期工作，项目已列入国家高新技术产业化计划，并获得国家发改委1000万元资金支持；生活垃圾发电方面，已启动城南生活垃圾填埋场利用垃圾填埋气发电项目建设，可以满足2×1.20万千瓦垃圾焚烧发电对燃料的要求，广西洁通有限公司已表示出投资垃圾发电项目的意向。太阳能方面，在太阳能光电技术转化领域主要是在太阳能水泵、太阳房光伏发电、太阳能路灯及庭院灯方面开展推广示范工作，在市区许多家庭、生活小区、学校和宾馆得到广泛应用。水电方面，南宁市现有西津水电站、百龙滩水电站及一批中小水电，总装机容量46万千瓦，正在建设的能利用大江大河的水利工程为老口航运枢纽，将有效利用尚未开发的水资源。地热能和工业余热方面，已开发的地热源主要有位于昆仑大道嘉和城、九曲湾等2处，为旅游、淋浴、疗养提供服务，同时南宁市已有20多万平方米民用建筑实施了10多项地源热泵空调一热水系统，其技术主要采用广西大学开发的地源热泵系统。第二，加强技术产品的开发。加强政策引导和部门推动，推动企业开展技术创新，重点支持铝加工、化工、生物制药、农产品加工等行业开展新技术、新工艺、新产品研究，在优势企业形成核心竞争力，带动重点产业产品结构优化，为产业化提供技术支撑，培育出新的经济增长点。2003~2007年，市财政共投入技术创新引导资金2829万元，组织开展重点技术创新项目210项；2003~2007年，全市工业企业完成技术开发项目1163项，实际完成技术开发经费投入17亿多元，分别同比增长20.02%和149.80%，新产品产值率从25.60%提高到31.01%，其中2007年全市完成技术开发项目258项，完成技术开发经费投入5.13亿元，一批新产品新技术达到了国内先进水平，南宁市工业的整体竞争力有了较大提高。2007年研究出台了《关于加强工业企业自主创新的若干规定》，加大财政对企业技术中心建设的扶持力度，规定每年安排不低于1500万元的技术创新资金，对企业自主创新项目给予大力支持，保证出成果、出效益。2007年全市工业企业技术开发投入7亿多元，完成技术开发项目296项，新产品开发和新技术应用呈现良好局面。

（七）生态农业生产模式稳步推进

近年来，南宁市在抓工业化、城镇化建设的同时，立足实际，大力推广和发展农业循环经济，用循环经济的理念指导农业及相关产业发展，延长和拓宽农业及相关产业的产业链，以农村新能源建设为切入点发展农业循环经济，推进社会主义新农村建设。大力实施沼气池项目建设，开展生态家园建设，把沼气池建设与改圈、改厕、改厨结合起来，促进农户生产与生活、农田与庭院的紧密联系和良性循环，原来污染环境的猪粪便变成沼气池的原料，沼气池的渣料又成了发展林果业、种植业最好的无公害优质有机肥料。截止2007年底，全市1474个行政村都推广实施了沼气，全市累计建成沼气池44.24万多座，大中型沼气工程5处，总容积353.93万立方米，年产沼气1.84亿立方米，使南宁市182.50万农民告别了不卫生的生活方式，全市每年可产沼液、沼渣486.65万吨，节约薪材88.48万吨，每年为农民节支增收9.64亿元。在饲草种植业、畜禽养殖业、水产养殖业、果树种植业、花卉种植业等生产中开展生物化处理，所使用的有机肥料及饲料、饲料添加剂剩余物变废为宝，推进了“畜禽→粪便→沼气液有机肥→饲草(林果、水产、花卉)→畜禽”的良性循环发展。全市农村初步形成“猪—沼—粮”、“猪—沼—果”、“猪—沼—菜”等农业循环经济发展模式，减少了化肥农药的使用量，保护了森林资源，降低了空气、水和土壤的污染程度，促进了生态平衡，改善了农业生态环境，实现了南宁市农村能源、经济、生态和社会效益的统一。南宁市以“沼气池、改厨、改厕、改圈”为主要内容的农村沼气建设项目，多次受到了自治区的表彰，有关领导给予了很高的评价。

(八)绿城南宁建设成效明显

几年来，南宁市按照“绿树、碧水、蓝天、宁静”工程建设思路推进“中国绿城”建设，创建生态南宁市，努力营造最佳人居环境。建成邕江两岸“堤路园”生态工程、启动和实施内河治理改造的碧水工程、旧城改造的绿色人居工程、快环内工厂拆搬迁的蓝天工程、城市道路园林绿化改造工程等。着力打造城乡园林绿化系统，建成了占地面积为93公顷的市中心森林公园及“名树博览园”，深化“绿色社区”创建活动，推进城市绿化美化亮化，中心城市形成“林在城中，城在林中，树要成林，花要成片”、具有亚热带特色的园林绿化格局。2005年至2007年连续在市区每年种植170万株树木，目前城市建成区绿地率、绿化覆盖率、人均公共绿地面积分别达到35.61%、46.01%和12.12平方米，全市森林覆盖率41.34%。2008年又开展“百里环城森林生态圈”，中国绿城建设和国家生态示范试点城市建设初见成效。加快市区水系建设，彻底整治了南湖及其周边环境，城市排涝、内河整治等工程建设正在加快推进，目前已基本完成市中心内河朝阳溪的综合整治，竹排冲、二坑溪、心圩江、可利江等四条内河整治正在进行中。加强环境保护和污染防治，市区空气质量优良率常年保持在97%以上，排在全国省会城市前5名；加强城市垃圾处理，建设了2个处理厂和38个垃圾中转站，2006年城市生活垃圾无害化处理率达100%；加强污水处理，1999年和2007年分别建成日处理污水10万吨的埌东污水处理厂一期工程和34万吨的江南污水处理厂一期工程，市区污水处理率达到60%以上，大大促进城市污水化学需氧量(COD)减排，改善了南宁市的水环境和人居环境，并还在抓紧建设规模为10万立方米/日的埌东污水处理厂二期工程，届时南宁市污水处理率将达到80%以上，从而迈入全国污水处理先进城市的行列。邕江干流水质保持国家地面水三类标准，饮用水源水质达标率2007年达到98.51%，市区水环境处于上个世纪90年代以来最好水平。连续两年分别荣获国家“园林城市”、“全国生态环境建设十佳城市”称号，2005年又荣获“全国绿化模范城市”称号，2006年荣获“中国人居环境奖·水环境治理优秀范例城市”，2007年荣获全球人居领域最高规格奖项—“联合国人居奖”殊荣。

四、南宁市发展循环经济的主要任务

(一)大力发展工业、农业、服务业三产业循环经济

1.发展循环型工业。坚持“3R”原则，加大技改投入，促进产业结构、产品结构优化升级，实现清洁生产。形成闭合式循环型产业链，推动南宁市工业向生态工业系统演进，打造循环型工业。当前及今后较长一段时期，要在继续巩固和发展已形成一定的循环经济规模的产业的基础上，重点培育发展以下产业的循环经济。制糖行业。逐步淘汰低吨位锅炉，提高热电联产效率。回收利用低热值煮糖汁汽和热能，提高糖厂蒸汽复用指数，加强生产过程中水的处理与循环使用。采用降膜蒸发罐、强制循环煮糖罐、全自动分蜜机等先进设备，实现制糖生产热能集中控制。促进企业从资源型向综合效益型转变，最终形成生态农业产业，新型制糖产业、综合利用和深加工产业及现代物流产业为一体的制糖工业生态体系。以甘蔗制糖工业为核心，以上游企业废弃物作为下游企业的生产原料，克服废弃物进入环境造成的污染和破坏，主要开发建设三条产业链：甘蔗—制糖—废糖蜜制酒精—酒精废液制复合肥（或酒精废液浓缩燃烧—钾灰制复合肥）；甘蔗—制糖—蔗渣—制浆—造纸—制浆黑液碱回收两条主线的工业产业链；制糖滤泥、造纸白泥—制水泥、肥料或鱼饲料，造纸中段废水—锅炉除尘—脱硫，冲灰，粉煤灰—混凝土承重空心砌块等若干副线工业产业链。

食品加工业。利用我市丰富的食品加工原料资源，与精细化工结合，加快高新技术在食品工业中的应用，加强食品安全系统工程建设，增强企业食品安全和环保意识，注重原料的深加工与综合利用，扩大产业规模和提升产业水平。卷烟产业要抓好技术改造和创新，走内涵式发展道路，不断提高“真龙”品牌国内市场占有率。果蔬精深加工产业重点发展以南方亚热带果蔬为原料，发展茉莉花茶、蘑菇罐头、果汁原浆和饮料等特色加工产品以及原浆饮料分装，利用速冻和冻干技术，带动荔枝、龙眼、香蕉、杧果等水果保鲜、储运。乳制品业依托丰富的优质水牛奶资源，强化奶水牛养殖基地和水牛奶加工基地，形成养殖—配送—生产—销售产业化，依托广西皇氏生物工程乳业有限公司等龙头企业，建立标准化、规模化，生态化、集约化和科学化的乳业产业体系。粮油食品加工产业重点推广面制食品工业化、标准化生产。

化工行业。加快技术升级步伐，采用合成氨生产高效粉煤气化、变压吸附回收、合成氨驰放气回收利用等先进工艺技术和节能设备；淘汰石墨阳极隔膜法的烧碱生产工艺，提高离子膜法烧碱比重。采用三效逆流蒸发改造传统的顺流蒸发工艺和大型化、自动化设备等措施，综合治理和利用生产中排放的废渣、废液，实现烧碱工业的清洁生产。引进国际先进水平的离子膜烧碱生产技术替代隔膜生产线，带动聚氯乙烯、液氯、盐酸等产品的技术创新，实现产品结构的优化和传统工艺技术的改进。加强污染物源头治理，实现生产过程中的污水进行收集和源头处理。

造纸行业。进一步加大结构调整力度，增加木浆竹浆应用比例，推进林纸一体化。充分利用国际技术和资本优势，发展以原生竹木浆为主的高档次纸品，促进以废纸为主要原料的中低档纸品的发展。要积极推进凤凰纸业和南宁市糖业有限公司纸厂的提质改造，把这两个造纸企业打造成为南宁市造纸行业的龙头和循环型经济的典范。

建材行业。加大建材行业的总量控制、结构调整、产业重组力度。淘汰污染重、生产效率低的小水泥企业。重点发展散装水泥、新型墙体材料、装饰装修材料、无机非金属新材料、非金属矿深加工制品等绿色建材产品。重点发展铝加工产业，建设集铝资源开发、铝冶炼、铝加工及相关配套产业于一体的铝加工产业集群。重点加快建材企业的结构调整步伐，淘汰落后水泥生产能力，开展节能、环保与节约资源等新技术的应用。

机械装备行业。以专用汽车和关键机械设备制造为重点，大力推进生态设计的研制和开发。重点建设环保型专用车、农业机械、工程建设机械、电站及输变电设备、机器基础元件等关键零部件生产基地，提升制造业的技术装备水平和知识产权的自主比例，加快淘汰落后设备。重点发展压缩式垃圾专用运输车、农用运输车、散热器、车灯、车用仪表及汽车配件等优势产品。

电子信息产业。重点围绕电子会议系统、电子商务系统，推进区域同步信息交换信息化技术的发展，减少对实体物质的消耗。抓紧实施“数控化”工程，大力开发机电一体化智能设备，加快建设中药现代化关键技术平台，积极推进电子商务，建立资源动态管理系统、技术集成信息系统、分销管理和客户管理系统、物流管理系统等，提升企业资金、物流和信息等方面的管理水平。

环保产业。世界经济发展趋势和世界经合组织研究均表明，建立在循环经济理念基础之上的环境产业作为新的经济增

长点与信息技术、生物技术并列为当代最具发展潜力的三大领域,将成为21世纪世界性的主导产业之一。南宁市应大力发展污水处理、废物处理、环境咨询、环境影响评估、环境监测及环境工程设计等行业,为循环经济发展提供物质保障。加快烟气脱硫技术设备、城市垃圾资源利用、太阳能等关键技术设备的开发与生产,提高产品质量水平和成套能力。采用信息生物和新材料等新技术,改进和提升污水处理、垃圾处理等环保技术和产品档次。

2.发展循环型农业。结合南宁市不同生态区域特点,可在南宁市生态良好及一般地区重点推广恭城模式和"三高"农业模式,在生态条件恶劣质地区推广经过改进完善的"弄拉模式",在较为封闭的区域重点推广有机农业模式,逐步建立南宁市农业循环经济基础框架,真正推进农业循环经济在南宁市的发展。

(1)推广恭城模式。恭城模式是以广西桂林市恭城县命名的生态农业示范模式,该模式以沼气为纽带,开展种养等多种综合利用与再生能源的农业循环经济模式。可在武鸣县、横县、宾阳县以及原邕宁县等生态良好及一般区域主要推广恭城模式,全面推进以沼气为纽带的有机废物综合利用与再生能源的生态农业模式,解决农村能源问题,改善农村生态环境。同时调整农业产业结构,大力推广高功能、高效益的立体种植、立体种养、立体养殖使单位耕地面积产量比传统种养方法增加20%~30%,产值和收入提高50%以上。

(2)推广"三高"农业模式。"三高"农业模式以高投入为基础,以高产出、高效益、高质量为主要特征,是高度集约化的生态农业模式。可在生态良好地区的重点区域如武鸣县、上林县及原邕宁辖区、西乡塘、江南等南宁市近郊地带大力发展"三高"农业。推进规模化、产业化农产品生产基地建设,大力推广无公害、绿色、有机农产品的生产技术,大力推广生物农药、生物肥料等的使用,初步形成无公害、绿色农产品的生产体系。逐步建设5万亩无公害蔬菜生产基地,建设1万亩的现代化无公害、绿色水果生产基地,并引进、推广一批适合本地种植条件的水果使农业种植走向高产高效。

(3)推广弄拉模式。弄拉模式是以南宁市马山县弄拉村命名的生态农业示范模式。该模式在岩溶地貌地区以封山育林为主要手段,采用较高经济价值的金银花、苦丁茶等作为先锋植物,配合地头水柜、沼气池建设等其他手段,在恢复石山地区植被、改善生态环境的同时,使经济得到较快发展。南宁市生态脆弱的喀斯特地貌面积达4328平方公里,占南宁市总面积的19.41%。这些喀斯特地貌地区是南宁市甚至全球最难从事农业生产的生态脆弱区域之一,经济发展与生态保护的矛盾极为尖锐。为此,建议在隆安、武鸣、马山、上林等县生态脆弱的喀斯特地貌地区重点推广弄拉模式,推进当地的生态重建与经济发展。

(4)推广有机农业模式。在相对封闭、受外界影响较小的区域如:横县那阳镇莫大村北平屯等有机茉莉花生产基地以及宾阳县的陈平河流域开展有机农业产业建设,将作物秸秆、畜禽粪肥、豆科作物、绿肥和有机废弃物作为土壤肥力的主要来源,以作物轮作、间作、套作以及各种物理、生物和生态措施作为控制杂草和病虫害的主要手段,逐步发展有机农业。

3.发展循环型服务业。服务业是我市国民经济结构中的优势产业,发展循环型服务业对于全市循环经济的形成具有举足轻重的地位。结合南宁市服务业发展特点,应重点推进旅游业、会展业、餐饮业、物流业、零售业、房地产业等领域的循环经济发展。在推进这些领域发展循环经济过程中,要在规划建设、提供服务、回收利用三个阶段充分引入循环经济的理念。

(1)规划建设阶段。在对产业进行规划建设时,一是要处理好开发与保护的关系,强调开发要以保护为前提,以开发促保护。如对大明山、昆仑关等旅游风景区进行规划设计时,应坚持旅游风景区首先是自然保护区,其次才是旅游区的理念,必须把保护放在第一位,切忌因为开发而使原有动植物资源、人文资源遭到人为破坏。二是要处理好节约资源和提高生活品质的关系,提高生活品质要以节约资源为前提,不可为了贪大求洋造成不必要的资源浪费。在建筑行业要大力推广使用节能型环保型建筑材料,逐步淘汰黏土砖等对资源环境损害大的建筑材料。三是有条件的行业如物流业、会展业等要着力构建闭合式循环型的工作流程,使各工作环节衔接紧密、环环相扣,人力、技术、设施乃至时间资源得到充分而高效利用。

(2)提供服务阶段。一是倡导绿色消费。服务产品提供者如饭店、宾馆、商场等要向顾客提供符合安全、健康、环保要求的绿色客房、绿色餐饮、绿色商品,引导顾客进行绿色消费。二是倡导保护性消费。这主要是针对旅游业而言。就是要倡导生态旅游方式,不在景区乱丢废弃物,不损坏景区任何资源和设施,"除了脚印,什么都不留下;除了照片,什么都不带走";实行景区休眠制度,在淡季景区实行休眠,对景区进行维修保养,在旺季对游客人数实行限制,防止景区超负荷运转,解决环境容量和游客数量之间的矛盾。三是倡导节约消费。改变过去那种为了赢利而诱导顾客进行奢侈消费的做法,倡导实用、适度的消费观念;限制以不可再生资源为原料的一次性产品的生产与消费(如饭店的一次性用品、餐馆的一次性餐具和商品的豪华包装),促进一次性产品和包装容器的再利用。

(3)回收利用阶段。回收利用阶段属于静脉产业(资源再生利用产业)范畴,包括两个方面:一是对服务行业本身在提供服务过程中产生的废弃物的回收利用。如市内各大宾馆、饭店、酒楼、商场等应利用相关技术,配备相关设施,对空调机组运行时热交换器产生的含热量的凝结水进行回收,在经过水质优化处理后用于锅炉回水;洗衣房蒸汽冷凝水也可直接回收到锅炉房的软水箱。又如对农贸市场上的家禽屠宰行产生的禽毛、家禽内脏、污水,应采用相关技术进行回收再利用或作无害化处理。二是对全体社会成员消费生产资料和生活资料后产生的废弃物的回收利用。建立再生资源回收体系的管理机制,力争到2010年建成完善的废旧物资回收体系,在市区建立350个回收网点,建成10个集散交易市场,培育形成1个产业基地。重点围绕南宁市再生资源产业基地项目建设,在西乡塘区建成我市具有一定规模的,以资源回收再利用为重点,集废旧电子电器、金属、车船拆解回收,塑料回收加工,纸品回收利用等为一体的南宁市大型再生资源加工利用中心。

(二)构建小、中、大三层次循环经济

南宁市发展循环经济,应以企业(单位)的小循环为基础,园区的中循环为主体,全市区域的大循环为目标,形成完整的循环经济范围层次架构。

1.以清洁生产为主要手段推进企业小循环。以制糖、啤酒、淀粉、建材、造纸、制药等行业为重点,建设一批循环经济示范企业,组织实施强制性清洁生产审核工作,推动企业开展清洁生产,使企业内部建立起生态产业链,一个产品的副产品成为另一个产品的投入,使企业资源得以有效利用,废物排放最小,从而实现企业层次的小循环。一方面,企业作为投资和收益的主体,要积极开发和利用清洁生产技术,生产清洁产品;另一方面有关部门要加强信息引导,建立清洁生产信息系统,及时向社会提供有关清洁生产政策、技术、管理等方面的信息,不定期公布清洁生产咨询服务的名单，制定符合实际的清洁生产工艺技术、设备名录，加快清洁生产技术服务的建设，为企业开展清洁生产审核、技术推广、信息咨询、宣传培训提供全方位服务。

2.以产业集聚为主要途径推进园区中循环。对全市 17 个县级以上工业园区(开发区)逐步按循环经济理念进行改造，优化产业结构，推进工业园区产业集聚，建立完善生态工业共生网络，强化园区与外界的交流合作。实现产业链延伸、资源综合利用、土地集约使用、废物集中处理、热电能源共享，制止打破区域封锁和地方保护，促进人才、技术、资金等各种要素自由流动和优化组合，加强园区和外界的交流合作，保持园区的开放性；借鉴国内外发展循环经济的成功经验，引进高新技术、关键链接技术和资金，取长补短，将区内循环经济向高层次、纵深处发展。第一，运用工业生态学原理等对工业园区进行生态化布局和规划，一方面使区域内彼此靠近的工业企业形成一个相互依存、类似于生态食物链过程的“工业生态共生系统”；另一方面设计多条生态工业链条，通过核心企业带动，把产业链条拉长，提高资源利用率。增加价值，同时从废物的减量化入手，进行废物综合利用。第二，设置企业入园门槛，以清洁生产为基本要求，重点引进可以完善工业园区循环经济体系的补链项目，同时建立企业清洁生产的动力机制和约束机制。第三，根据生态工业园各企业的能源需求，集中建设供电、供热、供气为一体的工程岛，实行统一供给。第四，园区建设中水回用管网，推广中水回用，鼓励水资源耗量大的企业推广使用中水回用计划，将中水回用于绿化、清洁卫生等方面。第五，加强园区内静脉产业的引进和建设。积极引进旧物调剂和资源回收产业(静脉产业)入园，在整个园区内形成“自然资源—产品—再生资源”的循环经济闭合环路。第六，建立企业生产废弃物信息共享系统，有利于废弃物的回收利用率。

3.以节能降耗减排为主要任务推进大循环。当前的主要任务是要加强节能减排工作。要全面落实执行市政府制定的《南宁市节能减排实施方案》，依法严格控制新建高耗能，高污染项目；加快淘汰落后生产能力的步伐，使用节能节水节材新工艺和新设备；加大投入，加快水污染治理工程建设，六县要尽快规划建设污水处理厂；加强公共设施、生活小区、住宅节能设施建设，设计时要有利用可再生能源的专项设计；大力推广节水设备和器具，依法在城市强制推广使用节水器具，建立城市中水回用系统，对新建和已建的住宅小区制定相应的中水回用政策和比率，发展景观用水循环利用；以南宁市被列为全国再生资源回收体系建设试点城市为契机，紧紧围绕建设资源节约型和环境友好型社会的要求，利用、整合和规范现有再生资源回收渠道，建立废旧物品回收再利用系统，拓宽废旧物品资源化利用途径，建立城市生活垃圾分选、湿解制肥，焚烧供热发电等多方式资源利用系统。

(三)开发利用生物质能、水能、太阳能、地热能、风能五种可再生能源和新能源

针对我市缺油缺煤缺气的实际，充分利用南宁市地处亚热带的气候和资源优势，重点建立生物质能、水能、太阳能、地热能、风能等新兴能源以及可再生能源的研发和利用体系。在开发利用生物质能方面，充分利用南宁市被批准为国家生物产业基地的机遇，大力争取国家和自治区在政策、资金等各方面的支持，继续巩固发展农村沼气能源的建设和利用，到 2010 年全市农村 70%农户使用沼气能源；以丰富的木薯、甘蔗原料为依托，实施燃料乙醇项目，在全市机动车推广使用燃料乙醇汽油；将新能源开发与扶贫开发相结合、鼓励耕地资源少、不宜种植农作物的荒山荒坡多的贫困地区，尤其是石山地区种植小桐树(麻风树)、黄连木、石栗等木本油料，并以此为依托，建设中型生物柴油企业，在未来 5~10 年形成 8~10 万吨的年生产能力，促进生物柴油的开发利用。

在利用水能方面，重点推进老口水电站及上莫抽水蓄能电站项目的实施。同时加强对武鸣龙庆水电站、渌兆水电站、山瑶水电站，邕宁(良庆)五一水电站、宾阳百合水电站、清平水电站、上林大庙水电站、北仓河水电站、甘栏河三级水电站等，总装机容量为 1.67 万千瓦的小水电项目的招商引资力度和开发建设力度。在开发新的水电站的同时，南宁市应把水电的深度开发和老水电站的技术改造作为水电开发的一个重点，提高水资源利用能力。

在利用太阳能方面，在城市推广普及建筑太阳能一体化和太阳能集中供热水工程，推广应用与建筑物一体化的屋顶太阳能并网光伏发电设施，并建设太阳能采暖和制冷示范工程。同时在道路、公园、车站等公共设施照明中推广使用光伏电源，为太阳能发电技术的发展提供必要的市场规模，使太阳能发电达到 1 兆瓦；在农村和小城镇推广产用太阳能热水器，推广应用总集热面积达到 15~20 万平方米。发挥太阳能光伏发电适宜分散供电的优势，在边远地区推广应用户用光伏发电系统或建设小型光伏电站，解决无电人口的供电问题。

在利用地热能方面，大力开发利用和推广浅层地热能在建筑中的应用，使南宁市应用浅层地热能供热制冷的建筑面积占居住总面积 9%左右。加强地热回灌技术的研究，加快地热利用设备生产和成套设备技术开发。加快地热源相关技术的引进和消化吸收，提高设备的本地化程度。

在利用风能方面，要加大对风力发电设备的研发投资，做好风力发电项目前期工作。当前主要做好大明山、凤凰山，大龙湖以及横县六景镇、兴宁区昆仑镇等地风资源的测试和评价工作，建立相应的风资源观测站。在风能资料建立完整的基础上，选择其中一到二个地点，以招商引资的方式，建立 1 万千瓦以上的风电场。

(四)大力推进各县区、开发区发展循环经济

根据南宁市发展循环经济的总体目标，结合各县区、开发区经济社会和资源环境的不同特点，明确各县区、开发区发展循环经济的重点领域和方向。

武鸣县：根据现有资源基础和产业优势，重点发展农副食品加工、生物工程与制药、钨矿和铜矿冶炼产业，充分利用丰富的木薯资源，整合现有木薯生产企业，通过兼并重组，组建大企业大集团，加大科研投入，大力打造“一主二副”产业链，一主指木薯—酒精(淀粉)—沼气—热、肥料—木薯这一闭环产业链，二副指木薯叶—蚕—蚕丝和木薯杆—纤维板—家俱两条副工业链。

横县：主要围绕制糖、造纸、水泥、农产品加工等四大行业，培育一批循环经济示范型企业，广泛应用循环经济技术，实现资源减量化和循环综合利用。通过科学划分功能区块，合理调整工业布局，优化工业经济结构，大力推进清洁生产、ISO14000 环境管理体系、“绿色化工”新型生产模式，突出循环型化工园区和企业建设，探索一条发展循环型化工产业的路子，将六景工业园区建设成为化工行业循环经济示范区先行区。

宾阳县：努力发展建材、制糖、蚕丝、造纸产业，以发展制糖、蚕丝工业产业链发展为突破口，通过发展制糖工业产业链和蚕丝工业产业链，推进企业间的协作配套，上承下接，延伸产业链，使农业产业链和工业产业链无缝对接，达到工业反哺农业和发展县区循环经济的目的，促进工业、农业、服务业和谐发展，建设生态宾阳。

上林县:积极参与全区全市主导产业链的分工,加快工业结构调整,发展电力、煤炭开采、有色金属冶炼产业。按照循环经济的发展理念,完善和丰富煤炭开采—电力—有色金属冶炼产业链,以火电厂、铝生产建设为核心,采用多行业联合方式,建设循环经济型工业集聚区。积极利用火电企业的粉煤灰,建设建材综合利用企业,利用火电厂产生的二氧化硫废气,推进余热余压的利用。在集聚区打造煤—电—电厂二氧化硫—硫酸—硫酸钾、粉煤灰—水泥等循环经济链条。把象山工业集中区建成集工业、科技研发、工业旅游观光为一体的新型循环型工业园区。

隆安县:按照建设工业循环经济示范县的要求,坚持规模化、集约化的原则,重点发展轻工和农副食品加工产业,着力抓好华侨经济区、宝塔工业集中区建设,通过项目带动集聚生产要素,提升工业园区的产业集聚能力,提高工业园区内的企业耦合度,提高资源利用率,减少废物的排放。

马山县:加快农产品加工、矿物综合开发利用,锰矿开采三个主导产业发展,培育壮大主导产业集群。矿产工业应着重抓好矿产的精深加工产品开发和尾矿、矿渣利用,提高综合开采率。抓住苏博工业集中区建设尚处于起步阶段的有利时机,以市场为导向,统筹规划管理,加强土地资源控制,建立入园企业的经济和资源环境综合控制要求,以产业集群和循环经济的理念推进园区建设。

六城区:依托区位优势和产业基础,按照新型工业化发展要求,加快发展都市型工业,形成特色的工业产业链、企业群、产品类,提高工业经济整体素质和市场竞争能力。兴宁区重点打造长堽岭印刷工业园,使之形成绿色环保、科技带动、产业延伸的循环型工业园区。江南区重点支持辖区内南糖、南化、南南铝业等企业加快技术改造,带动全市循环经济发展。邕宁区重点发展农副食品加工、造纸及纸制品工业,主动承接沿海等发达地区产业转移加快循环型工业发展,培育若干个循环经济示范企业和工业功能区块。良庆区重点培育发展制药、有色金属深加工、建材三大产业集群,按照就近利用的原则,鼓励建材水泥行业积极利用粉煤灰和各种工业废渣,提高资源综合利用率,减少废物的排放。青秀区、西乡塘区可利用城区发达的服务业,重点构建再生资源回收体系回收网络和集散交易市场,紧抓再生资源回收、处理、利用三个环节,做到全面回收、科学处理、有效利用,其中西乡塘区要大力建设集废旧电子电器、金属、车船拆解回收,塑料回收加工,纸品回收利用等为一体的南宁市大型再生资源基地,并以其为龙头,打通上下游产业链,引导目前城区的中小型废旧回收、处理企业向集中生产、规模经营和深加工延伸,大力提高资源综合开发和回收利用率。

高新区:以把南宁高新技术产业开发区建设成为全区高新技术的研发中心、全区高新技术产业化的重要基地的战略目标,重点发展生物工程及制药、电子信息及动漫产业、汽车零部件及机电产业。着力构筑以特色高新技术产业为主导、现代创业服务业为依托、都市型特色产业为辅助的新型产业体系,充分发挥高新技术企业的示范带动作用,进一步鼓励现有企业向高新技术企业发展,研制开发更多的高新技术产品,向科技含量高、能耗低的产品发展。大力促进"产、学、研"一体化进程。鼓励大企业、大集团与高校和科研院所联姻,增强工业企业技术创新能力,积极扶持工业企业引进高科技人才,建立专家队伍,成立技术研发中心。以提高资源利用率为目标,大力引进一批高科技含量、高附加值、低能耗的工业大项目。积极运用清洁生产技术改造能耗高、污染重的传统工业。注重资源节约型、环境友好型科技研发中心建设和科技成果的推广应用。

经开区:以精细化工、纸制品、电线电缆产业为核心,促进金凯工业园区和银凯工业园区两个园区的联动,带动钟表、游戏机、自行车、玩具等消费品工业产业的全面发展,最终实现南宁经开区循环经济发展的地域空间虚实结合的突破和再制造业研发、生产体系建设的突破。

南宁—东盟经济开发区:立足南宁,放眼广西北部湾经济开发区,面向东盟,依托现有的产业基础、交通区位和侨力资源,重点发展食品及农副产品加工、机电、服装加工及家俱制造产业。使园区成为广西北部湾经济开发区的示范园区,对东盟合作的窗口,辐射周边各县区经济的磁场、支撑起南宁工业发展循环经济的一极。

五、南宁市发展循环经济的对策建议

(一)明确各级职责,形成全社会共促循环经济发展的局面

政府制定产业政策要符合发展循环经济的要求。建立发展循环经济的目标责任制,采取规划、财政、投资、政府采购等措施,促进循环经济发展。企业事业单位要建立健全管理制度,采取措施,降低资源消耗,减少废物的产生量和排放量,提高废物的再利用和资源化水平。公民应当增强节约资源和保护环境意识,合理消费,节约资源。鼓励和引导公民使用节能、节水、节材和有利于保护环境的产品及再生产品,减少废物的产生量和排放量。要鼓励和支持行业协会在循环经济发展中发挥技术指导和服务作用。鼓励和支持中介机构、学会和其他社会组织开展循环经济宣传、技术推广和咨询服务,促进循环经济发展。

(二)加快建立发展循环经济的基本管理制度

由市循环经济发展综合管理部门会同环境保护等有关主管部门编制循环经济发展规划,经人民政府批准后公布施行。各县区人民政府依据市政府下达的本行政区域主要污染物排放、建设用地和用水总量控制指标,规划和调整本行政区域的产业结构,促进循环经济发展。新建、改建、扩建建设项目,必须符合本行政区域主要污染物排放、建设用地和用水总量控制指标的要求。生产列入强制回收名录的产品或者包装物的企业,必须对废弃的产品或者包装物负责回收;对其中可以利用的,由各该生产企业负责利用;对因不具备技术经济条件而不适合利用的,由各该生产企业负责无害化处置。对列入强制回收名录的产品和包装物,消费者应当将废弃的产品或者包装物交给生产者或者其委托回收的销售者或者其他组织。建立健全循环经济统计制度,加强资源消耗、综合利用和废物产生的统计管理,并将主要统计指标定期向社会公布。

(三)以规划为先导,加强对发展循环经济的宏观指导

1.制定完善发展循环经济规划。要结合生态城市建设目标,制订全市专门的循环经济发展总体规划及其配套的节能、节水、清洁生产、资源综合利用等专项规划,确定循环经济发展的目标及推进步骤,并且要将该规划纳入国民经济和社会发展总体规划中,从而做到统筹安排,合理布局。各县区也要以全市循环经济发展规划为指导,制定本县区发展循环经济规划。同时,在城市发展规划、产业发展规划等各类规划中要导入循环经济理念,包含循环经济的内容,让节约资源、保护环境从意识层面转变成各行各业的实际行动。尤其在城市发展规划中,在功能区布局、基础设施建设等方面,要考虑城市产业体系之间的衔接和环境容量的大小。

2.进一步加强循环经济统计核算。相关部门要根据国家发改委、环境保护部、统计局联合编制发布的循环经济评价指标体系,从资源产出、资源消耗、资源综合利用和废物排放四个方面入手,在宏观和工业园区两个层面上着手开展对我市循环经济指标的统计核算,为制定循环经济发展规划提供量化指导。

3.选择一批循环经济项目进行重点示范,通过项目带动,调整区域布局,优化产业结构。在企业层面,主要围绕制糖、木薯

淀粉、造纸、水泥、养殖、食品加工、餐饮服务等行业，培育一批循环经济示范型企业，广泛应用循环经济技术，实现资源减量化和循环综合利用。在园区层面，各开发区、工业集中区要大力发展循环经济，使园区内企业相互依托，互相促进，打造循环经济产业链，最大限度地发挥规模效益。在社会层面，倡导绿色文明消费，加强垃圾分类收集和无害化处理，促进废弃物回收和循环利用，加快建设资源节约型社会；要对引进、培育的项目进行筛选，大力发展生态农业、生态工业、生态眼务业和环保产业，实现经济增长方式转型。

4.构建环境保护污染监控体系。加快环境监测标准化建设，抓好重点排污企业污染源在线监控并与环保部门联网，建设全市生态环境监测系统、辐射环境监测系统和放射源网络监控系统，形成全市统一的环境质量和污染源自动监控网络，提高环境监测预警水平。提高环境应急监测和处置能力，完善政府主导、部门协同参与的环境应急启动、协调联动和快速处理机制，迅速、科学、依法、有效处置重大环境污染突发事件和环境群体性事件，积极防范和化解各类环境矛盾纠纷。

（四）加快科技创新，建立循环经济的技术支撑体系

循环经济的技术体系包括用于消除污染物的环境工程技术，进行废弃物再利用的资源化技术和生产过程的无废弃及生产绿色产品的清洁生产技术等。具体包括共伴生矿产资源和尾矿综合利用技术、能源节约和替代技术、能量梯级利用技术、废物综合利用技术、循环经济发展中延长产业链和相关产业链接技术、“零排放”技术、有毒有害原材料替代技术、可回收利用材料和回收处理技术、绿色再制造技术以及新能源和可再生能源开发利用技术等。在积极引进和消化、吸收国内外先进的循环经济技术的同时，要结合本市实际主动组织研究开发，坚持自主创新，努力掌握适合本市产业需求的循环经济核心、关键技术。重点做好四个方面工作：

第一，科研管理部门要把推动循环经济发展作为科研工作的重要领域，明确科研重点和科研方向，在政策上予以引导，在投入上予以倾斜。

第二，鼓励高校、科研单位与企业积极开展多种形式的产、学、研联合，帮助企业解决资源综合利用和培育新经济增长点中的具体技术问题，并对发达国家发展循环经济的成功做法进行系统的研究，为经济运行向循环经济转化提供可资借鉴的经验和启示。

第三，建立发展循环经济的信息服务系统。循环经济的发展必须建立在发达的信息系统之上，政府要建立公共信息服务平台，及时向社会发布有关循环经济技术，管理和政策等方面的信息，为企业能源综合利用技术的获得，企业与企业间的产业链接、资源整合、再生资源的相互转移和开发等提供信息服务。

第四，加强循环经济人才培养。鼓励高校设置循环经济专业相关课程，选派专业人员到循环经济发展先进地区交流培训。实行校企合作、东西部合作，培养一批循环经济专业技术人才和管理人才。

（五）加强能源利用监督管理，大力推进企业节能改造

1.建立节能项目库。对在建或拟建的节能技改项目进行摸查，并将年节能2000吨标准煤以上的项目列入市节能项目库，根据实际情况对项目库里的项目滚动更新。

2.实施十大重点节能工程。整合全市政策资源，把工业节能作为工业发展资金扶持的重中之重，集中资金实施电机系统节能、能量系统优化、余热余压利用、节约和替代石油、区域热电联产、节能监管体系、建筑节能、绿色照明、政府机构节能、节能技术服务体系建设等十大重点节能工程。按照重点突破、示范带动的原则，争取通过国家、自治区、市三级资金投入带动社会投入。

3. 实行与开发广西北部湾经济区工作联动推进节能工作，并与建设先进制造业基地联动配套，推动自治区、北部湾经济开发区管委会根据节能工作需要与南宁市政府签订联动合作协议，由自治区、市各安排一定资金，共同支持南宁市节能技术改造项目及支柱产业、战略产业共建，区域支柱产业、特色产业或产业转移工业园共建，以及重大工业项目共建。

4.加大节能技术创新。支持企业研究和掌握节能关键技术，集中力量实施一批电机系统、能源系统等重点领域技术创新项目，培育出更多具有自主知识产权的节能新技术、新产品。

（六）完善政策措施，建立促进循环经济发展的激励机制

落实和加快完善促进循环经济发展的政策措施，在土地、资金以及财税等方面予以大力支持。

1.市政府要设立发展循环经济的有关专项资金，支持循环经济的科技研究开发、循环经济技术和产品的示范与推广、重大循环经济项目的实施发展循环经济的信息服务等。市政府及其有关部门要对在循环经济管理、科学技术研究、产品开发，示范和推广工作中做出显著成绩的单位和个人给予表彰和奖励。

2.加大对循环经济投资的支持力度。投资主管部门在制定和实施投资计划时，要加大对发展循环经济的支持。要将节能、节水、节地、节材、资源综合利用等项目列为重点投资领域。对发展循环经济的重大项目和技术开发、产业化示范项目，政府应安排财政性资金以直接投资或资金补助、贷款贴息等方式予以支持，发挥政府投资对社会投资的引导作用。实行有利于循环经济发展的政府采购政策。使用财政性资金进行采购的，应当优先采购节能，节水、节材和有利于保护环境的产品及再生产品，对符合国家产业政策的节能、节水、节地、节材、资源综合利用等项目，金融机构应当给予优先贷款等信贷支持，并积汲提供配套金融服务。企业作为发展循环经济的直接参与者和受益者，应不断提高研发利用循环经济技术的投入比重。

3.落实对发展循环经济的税收优惠政策。对符合国家《资源综合利用目录》范围的产业项目，除了在项目立项，资金筹措、资源配置等方面给予全力支持外，更要对废弃物资源再生利用和节能降耗的相关优惠政策及时落实到位。如南宁市糖业对蔗渣、废糖蜜等进行合理利用，按照国家财政部、国家税务总局《关于企业所得税若干优惠政策的通知》的规定，应尽快兑现给予享受自生产经营之日起免征企业所得税5年的优惠。

4.利用价格杠杆促进循环经济发展。积极调整资源型产品与最终产品的比价关系，完善自然资源价格形成机制，建立资源有偿使用和环境损害补偿机制，建立生产者责任延伸制度和消费者回收付费制度。扩大水资源费征收力度，提高水资源费征收标准；适当提高城市供水价格和农业用水价格；加快实施阶梯式水价和超计划定额加价制度，引导人们节约用水和促进中水利用。加强排污费征收和管理，按照排污费标准略高于污染治理成本原则，逐步提高收费标准，尽快改变廉价购买排污权的不正常状况，从逆向角度激励企业减少污染排放。

（七）健全法规体系，依法推进循环经济发展

循环经济是法制经济，必须加大依法监督管理的力度。一是要认真贯彻落实《中华人民共和国循环经济促进法》、《中华人民共和国节约能源法》、《中华人民共和国可再生能源法》、《中华人民共和国清洁生产促进法》、《中华人民共和国固体废物污染环境防治法》和《中华人民共和国环境影响评价法》等国家有关法律法规，并结合南宁市实际制定实施细则，依法加强对矿产资源集约利用、节能，节水、资源综合利用、再生资源回

收利用的监督管理工作,引导企业树立经济与资源、环境协调发展的意识,建立健全资源节约管理制度。二是借鉴国内外先进经验,尽快制定有关促进南宁市循环经济发展的地方性法规和规章制度,以法律的形式明确政府、企业、公众在发展循环经济中的权利和义务,逐步形成“政府主导、市场引导、公众参与”的工作机制。三是环境保护部门要将发展循环经济与环境保护工作紧密结合,严格执行环境影响评价和“三同时”制度,逐步实行排污许可证制度;要进一步加大环保执法力度,加强对企业废物排放和处置的监督管理,对排污超标等违法行为依法从严查处,降低排放强度;鼓励有条件的企业在自愿的基础上,开展环境管理体系认证。

(八)加强组织领导,形成发展循环经济的合力

目前我市涉及循环经济管理职能的部门有发改委、经委、环保局等,存在一些职能交叉,职责不清、多头管理的问题,不利于全市对循环经济发展实行统一规划、统一部署、统一推进。建议由市发展改革委牵头成立由市环保局、经委、科技局、财政局、国土资源局,建委、水利局、农业局、商务局、地税局、统计局、林业局、质量技术监督局、水产畜牧局等部门组成的市循环经济工作领导小组,负责全市循环经济发展的组织、指导和协调工作。领导小组下设办公室。办公室设在市发展改革委。同时,应建立南宁市循环经济联席会议制度,定期召开会议研究循环经济规划制定和项目推进及发展过程中出现的新情况、新问题,提出解决问题的新思路新举措。要强化和落实相关部门发展循环经济的责任,各成员单位及各县区、开发区要按照职责分工,负责工业循环经济、农业循环经济、服务业循环经济以及社会循环经济发展的组织、指导和推进工作。要根据2007年国务院发布的《主要污染物总量减排考核办法》对循环经济发展情况进行考核监督,严格执行问责制。对在循环经济管理、科学技术研究、产品开发、示范和推广工作中做出显著成绩的单位和个人给予表彰和奖励。

(本文来源于中共南宁市委员会编的《南宁调研》2009年第2期和第3期)

加快南宁市城市水环境综合整治研究

联合课题组

水是城市的灵气所在,水环境建设是城市经济发展的重要载体,是城市可持续发展的重要支撑。南宁市要建设区域性国际城市,改善城市发展环境,必须要做好做足“水”的文章和“树”的文章。近年来,由于对城市发展中的城市水问题认识滞后,我市水环境综合整治管理滞后于城市发展,内河综合整治中仍然存在不少问题。推进城市水环境综合整治,是落实科学发展观、保障我市经济社会可持续发展的需要,是牢固树立以人为本理念、改善人居环境、建设宜居城市的重要举措,是提升南宁市城市品位,构建和谐南宁,建设区域性国际城市和广西“首善之区”,在全区率先实现全面建设小康社会的必然要求。本课题就南宁市加快城市水环境综合整治进行了专题研究,形成了研究报告。

一、南宁市水环境的基本情况

水环境通常指江、河、湖、海、地下水、湿地等自然环境,以及水库、运河、渠系等人工环境。南宁市气候湿润,雨量充沛,多年平均降雨量在1241~1753毫米之间(市区1310毫米),市区内河系发达,河流众多,湖泊、水库、池塘等散布其中,城市水域范围较广,水资源总量约88.66亿立方米,全市人均拥有可利用水量约8000立方米。本课题所指的城市水环境主要包括市区内的邕江、内河、湖泊、水库、湿地等地表水域及周边范围。

(一)南宁市河流的基本情况

南宁市辖区内水系发达,流域集水面积在200平方公里以上的河流有郁江、右江、左江、武鸣河、八尺江,清水河、良凤江、香山河、东班江、沙江、镇龙江等39条。市内最大的河流是郁江,它是珠江流域西江水系最大支流,干流总长1152公里,年均天然径流量375.10亿立方米,是广西境内最大的河流,其中,郁江流经南宁市区的河段被称为邕江。由于本课题主要研究城市水环境,因此,南宁市城区内的河流,主要包括邕江和城市内河。

1、邕江:邕江是南宁的母亲河,它是郁江流经南宁市的河段,上游在市郊区江西乡同江村分为左江、右江两大支流,其中左江河道长523公里,集雨面积32068平方公里;右江河道长629公里,集雨面积40204平方公里。邕江从太阳岛金鸡村至青秀山大岭村段长47公里,中心区段9公里,水域面积1760万平方米,它自西向东贯穿南宁城区,是南宁城市形象的重要景观。此外,邕江沿线地区由于它独特的水体岸线以及丘陵坡地等自然条件,具有构成丰富竖向景观的重要潜质。

2、城市内河:南宁市城区范围内支流水系发达,属邕江一级支流的有18条内河,承载着全市山塘、水库、湖泊、河沟、工业污水、生活污水的汇集、排放任务,是城市生态水环境的重要组成部分。18内河分别为:江北片的朝阳溪、竹排冲、二坑溪、石灵河、石埠河、西明江、可利江、心圩江、那平江、四塘江等共10条;江南片的马巢河、凤凰江、亭子冲、良凤江(水塘江)、良庆冲、楞塘江(良庆下)、八尺江、大岸冲等共8条。18条内河总长约540公里,流域总面积约3413平方公里,涉及人口约100万,与邕江共同组成了南宁市的“水网骨架”。

(二)南宁市湖泊的基本情况

南宁市区内湖泊较多,其中面积较大的是南湖和相思湖。

1、南湖:南湖位于南宁市东南部,是南湖公园主要景区,其前身为南湖渔场,水体面积107公顷。南湖在古时候是茅桥江(邕溪水)旧河道,本与邕江相连通,每逢邕江水涨,洪水倒灌进来,使城南受淹。唐景云年间邕州司马吕仁在此兴建分流蓄洪工程,聚水成湖。新中国成立后,随着城市发展变化,几经疏浚,成为今天的南湖。南湖湖面宽阔,风光秀丽,景色迷人,环境优美,现建有跨湖长堤和七孔拱桥,以及长达8.17公里的环湖游道和宽约三四十米的环湖绿化带,是人们漫步观光的好地方。

2、相思湖:相思湖是可利江(邕江北岸西堤内的次大支流,位于南宁市邕江上游、邕江左岸)的支流之一,在相思湖新区江北大道水文站附近注入邕江,下游河段水面宽阔形成天然小型浅水湖泊,蓄水量为14.80万立方米,面积为20000平方米,平均水深2.50米,平均流速每小时0.05~0.10米,湖水主要来自雨水和流域内生活污水。它位于南宁市西乡塘区,风景优美,景色宜人,是相思湖新区的一个重要组成部分,是新区形象的重要名片。南宁市计划投资9亿多元对相思湖流域进行整治,实施范围北起天雹水库大坝坝脚,南至邕江北岸西堤,东起清川大道,西至外环高速及石埠东侧,工程建设完成后相思湖沿线环境将得到彻底改观,相思湖下游河段将最终形成一座人工湖——相思湖,用于调蓄内涝洪水,湖面面积约1.40平方公里,库容量为998万立方米。

(三)南宁市水库、湿地的基本情况

南宁市水库资源丰富，有大、中、小型水库779座，其中，库容1亿立方米以上的大型水库5座，1000万立方米以上的中型水库25座，小型水库749座，总库容38亿立方米左右。水库的水质基本上符合饮水用水标准，在灌溉、防洪、发电、养殖、水土保持、调节气候等方面发挥了重要作用。据统计，市区内有大中型水库6座及老虎岭水库、大王庙水库、高峰河水库等数十个小型水库，其中，大型水库3座，为凤亭河水库、屯六水库和大王滩水库；中型水库3座，为天雹水库、龙潭水库和西云江水库。

目前，南宁市在近郊以鱼塘或水田形式存在着大量湿地，也是南宁市水环境的组成部分。由于气候湿润、雨量充沛，南宁市地下水资源十分丰富，市辖区多年平均地下水量模数为每平方公里11.10万立方米，全市多年平均浅层地下水资源补给量为25亿立方米，多年平均水资源总量约139.90亿立方米。丰富的水资源使南宁市区形成了大量池塘，尽管随着城市发展，大量池塘或被填埋作为土地开发或被深挖连片形成小型湖泊（如南湖），但在市郊仍然保留了众多鱼塘和水田，在小范围调节气候、蓄养水源等方面发挥了重要作用。

二、南宁市推进水环境综合整治的做法和成效

（一）高度重视，强力推进

良好的城市水环境，是市民赖以生存的资源，也是市容市貌的重要体现。近年来，随着南宁市建设步伐的加快，市委、市政府领导越来越认识到水环境在城市发展中的重要性。2007年，南宁市提出做好“水的文章”，将城市水环境综合整治纳入城市建设的重要日程，整治工作在各级领导的高度重视下如火如荼地开展起来。

成立内河综合整治工作领导小组和工作机构。为了统筹推进内河综合整治工作，南宁市于2007年1月成立了以市四家班子主要领导为组长，以市四家班子有关领导、市人民法院、市人民检察院主要领导为副组长，市相关部委办局、各城区政府、各开发区管委会主要领导为成员的市城市内河综合整治工作领导小组，下设城市内河综合整治工作指挥部，由原市委副书记谢泽宇担任指挥长，市政府分管领导及主要责任部门领导为副指挥长，组织协调和推进全市内河综合整治工作的开展。各城区、开发区也相应成立了城市内河综合整治工作机构，城区领导亲自参与，协调城区各单位各部门广泛参与，全面推进内河综合整治工作的开展。

制定相关工作方案。为了稳步推进内河综合整治工作，我市制定了《南宁市城市内河综合整治工作方案》以及实施方案、宣传方案、拆迁方案、绿化方案等，并发布了《南宁市人民政府关于开展城市内河综合整治的通告》，有效推进了全市内河综合整治工作有计划、有步骤地全面开展，成效显著。各城区、开发区也相应制定了工作方案，组织相关部门对内河沿岸乱搭乱盖建（构）筑物、猪栏、牛栏、简易棚房实施清理拆除，内河环境得到了很大改善。

加强引导和宣传。为了充分发挥指导引导作用，市委、市政府于2008年4月出台了《关于加快城市水环境综合整治的决定》，对全市的城市水环境综合整治进行了系统的指导，并全文刊发在《南宁日报》进行全面宣传。同时，各级宣传部门和有关单位迅速反应，树立良好宣传意识，对全市城市水环境整治尤其是对近两年的城市内河综合整治进行了统一、系统的宣传，即时公布工作进程，引导广大市民积极参与和配合整治工作；报刊、电台、电视等媒体也对城市水环境综合整治进行了系列报道，并对部分重点项目进行跟踪报道，如对朝阳溪和竹排冲的整治工作，按整治前、整治中、整治后分期跟踪报道，让广大市民及时了解工作进程，既营造了良好氛围，又起到了很好的监督作用。

（二）科学规划，分步实施

高起点、高标准、高水平的规划是稳步开展工作的保障。南宁市高度重视规划的指导和引导作用，坚持科学地制定水环境综合整治相关规划，并分阶段、分步骤逐一推进，有效保证了工作成效。

科学制定规划。为了保障整治工作的稳步实施，我市于2005年编制了《广西南宁市城市内河河道整治控制规划》，该规划包括水资源供需分析与评价、防洪治涝规划、河道整治规划、水土保持规划、水质保护规划、旅游景观规划、重要水库规划、环境影响评价、工程管理、投资估算、经济评价等内容，对整个整治工作进行了系统分析，明确了工作步骤和方法，提出了整治方向和要求，在指导南宁市城市水环境综合整治工作全面推进方面发挥了重要作用。

分阶段、分步骤实施。在城市水环境的综合整治中，我市按照先重点、后铺开、分阶段、分步骤的原则统筹推进，优先整治与广大市民切身利益相关的重点河段和湖泊，之后再逐一展开。南湖位于城市中心，邕江关系到城市安全，是城市水环境整治工作的首要任务，早在2001年，我市就开展了南湖湖泊综合治理工程，2003年开展邕江治理并实施了堤路园工程。对于城市内河，早在1997年就开始了朝阳溪综合整治，2005年又进行了竹排冲综合整治，在此基础上，近两年将工作全面铺开，对市区内18条内河进行综合整治。在每一个具体项目、工程中，按规划或方案分阶段、分步骤实施，将每个项目分为几期推进，确保每一阶段都取得成效。朝阳溪综合整治就是从1997年到2003年分一期、二期进行的，整治长度达6公里，完成投资8亿元。

（三）综合整治，打造景观

在城市水环境的综合整治中，南宁市把水质治理与建设优美城市水景观相结合，打造了一批城市景观亮点。

以南湖整治为中心，打造美丽的南湖公园。作为南宁市“136”工程的重要项目之一，南湖治理工程于2002年5月正式开工，2003年8月完工，分为清淤、淤泥库建设、护岸、补水、南湖南广场建设等。在治理过程中，我市以打造美丽水景观为目标，配套实施了护岸工程和环湖绿化改造工程，修葺巩固护岸，并环湖进行绿化改造和园林景观建设，新建护岸5246米，环湖绿化改造面积15.60万平方米，建成了长达8.17公里的环湖游道和宽约三四十米的环湖绿化带，成为人们亲水、近水、漫步观光的好地方。同时，结合治理工程，我市在南湖南面建设南湖南广场（南湖名树博览园），总面积664.50亩，以“大树名树博览”为主题，突出“疏林绿草自然地”风格，种植大量超大规格乔木、名贵树种和邀请名人植树，并进行景观亮化和实施水幕电影综合水景工程等项目。目前，广场内共种植各种大树名树800多株，加上水幕电影、大型喷泉、市政广场和高尔夫景观绿地等设施，已成为市民心目中最为优雅的休闲娱乐场所之一，是南宁市一张亮丽的名片。

结合邕江治理，打造独特的堤路园。在邕江防洪工程建设过程中，我市创造性地将防洪工程、城市道路和园林景观工程有机地结合起来，打造了堤路园工程建设的新模式。首先，我市结合堤岸建设和道路改造，将堤坝与两岸道路融为一体，在堤顶建成一条了双向六车道的交通大道，堤坝坚固，路面宽阔；同时，沿线种植大量花丛树木，并选择两岸较宽阔的地带配套建设了民生广场、凌铁村休闲广场、中兴村广场等10个休闲广场。邕江堤路园工程从2002年8月开工建设到2005年10月完

成,建成了长约21公里的南宁市最长的沿江建筑,堤防达到了50年一遇防洪的标准。堤路园是堤是路也是园,它既是防洪抗洪的一段河堤,也是贯穿南北的最长的交通主干道,更是市民休闲娱乐的公园,是南宁城市建设的标志性工程。

开展城市内河综合整治,建设滨水景观带。在城市内河综合整治中,我市除了进行河道清淤、岸坡整治等,还注重建设滨水景观带,在河道两岸进行分步和动态园林绿化建设,并配套建设了部分观景廊桥、河滨散步道等水岸服务设施,使以前脏乱差的内河成为市民休闲娱乐的好地方。当前,完成整治的朝阳溪、竹排冲等已经绿树成荫、鸟语花香,成为南宁市一道道亮丽的风景线。

依托相思湖,打造城市水景观新亮点。多年来,我市不断加强相思湖生态的恢复与保护,湖区水质和生态良好。作为市区内较大的湖泊之一,我市一直着力将其打造成优美的水景观,在以其为中心的相思湖新区的建设中,充分突出依水、亲水特质,风景十分优美。按照规划,下一步我市将投入1.50亿元建设总面积约为4948亩的相思湖公园,其中陆域面积2762亩,水域面积2186亩,建成后将成为具有自然生态环境、人文历史、民俗风情、水上娱乐、森林度假旅游特色和亚热带地方风格,以生态保护为主题,集旅游、度假、娱乐为一体,景色壮观,环境优美、国内一流的生态旅游区,将成为我市水景观的新亮点。

(四)筹措资金,确保投入

为确保城市水环境综合整治扎实开展并取得成效,南宁市采用了多种方式多方筹措资金,有力推动了整治工作的全面开展。一是市财政加大对城市水环境综合整治有关项目的支持力度,每年保证有一定配套资金投入。二是努力申请中央国债资金,积极争取国家和自治区在重大项目上的更多补助资金。三是加强与各金融机构的联系,尤其是加强与商业性银行的交流与合作,多方申请银行贷款。四是积极与世界银行等国际金融机构洽谈合作,争取国外贷款支持。几年来,南宁市多方筹措内河综合整治资金成效显著,2001年10月以来,南宁市城市防洪体系建设累计投资达到48.25亿元,其中,国债资金2.76亿元,自治区补助资金5.16亿元,银行贷款和财政配套资金40.33亿元。南宁市朝阳溪综合整治投资8亿元,工程包括拆迁安置、截污管工程、河道整治工程等,主要通过世界银行贷款。竹排冲综合整治工程总投资8.73亿元人民币,目前已完成投资5.80亿元,其中利用日本国际协力银行日元贷款712110万日元(折人民币4.70亿元),其余为南宁市自筹心圩江综合整治工程总投资8.84亿元人民币,其中利用亚行贷款3470万美元(折合人民币27760万元),申请国家投资10000万元,申请国内银行贷款25000万元,南宁市财政资金25675.18万元。可利江综合整治工程总投资8.45亿元,由亚行贷款3.82亿元,市财政配套1000万元,其余拟申请商业银行贷款。

(五)截污治污,改善环境

截污治污是城市水环境综合整治的重要组成部分,南宁市把城市污水处理作为整治工作的重点,不断加大污水处理厂建设力度,加强排污、治污管网建设,提高污水处理能力,有效改善了城市水环境。

建设污水处理厂,提高污水处理率。近年来,我市紧紧围绕污水处理设施的规划设计、建设和运行管理三个环节,加大污水处理厂的建设力度,做好以化学需氧量减排为主的节能减排工作,经过努力,目前我市已建成埌东污水处理厂和江南污水处理厂,处理污水能力达到44万立方米,污水处理率达到80%以上,迈入全国污水处理先进城市行列。

同步建设排污、治污管网。为了充分发挥污水处理厂的处理能力,我市加大了污水管网的建设力度,目前已完成大部分主干管网的建设。如在建设埌东污水处理厂时,投资3394万元人民币配套建设了南湖污水截流管、滨湖路污水管、七一总渠污水管等管网(总长约12公里),主要收集流入南湖、七一总渠及埌东片区的生活污水;在朝阳溪环境综合整治工程中,实施世行污水管渠项目,从2001年开始,利用世界银行贷款先后完成了朝阳溪两岸和北湖路、友爱路、秀灵路、明秀路、五一路、秀厢路等污水管线,建设大坑口污水泵站、大坑口排涝泵站、污水低压输送管、污水过江管和江南污水干线等项目,共建设污水主干管道约22.50公里。当前,南宁市正在全面推进水环境综合整治工程污水管网(江北片)工程和五象新区污水管网一期工程,全市排污、治污管网正逐步完善,城市排污、治污、防涝功能得到不断提高。

(六)多方支持,形成合力

为推进整治工作的全面开展,南宁市努力调动各方积极性,鼓励大家齐心协力、共同参与,形成了强大的合力。一是坚持统一领导、分级负责,把整治任务层层落实到相关领导和各个部门,做到每一项工作都有领导负责跟踪落实。二是坚持条块结合,强化属地管理,把具体任务落实到各城区、开发区,以属地为主导,有关主管部门和相关市直部门通力合作、相互配合。三是各城区、开发区切实履行各自职责,积极配合,加强沟通与协调,齐抓共管,充分调动了各级各部门的积极性,形成了合力,有力推进了各项工作的顺利开展。四是坚持城市水环境综合整治与为民办实事相结合,优先治理对市民生活影响大的污染河段,调动了广大市民参与的积极性。五是宣传部门和各媒体通力合作,采用多种方式开展系列宣传活动,整治工作开展期间,在南宁日报、晚报、南宁电台、电视台等媒体上都有相关追踪报道,营造了统筹推进水环境综合整治工作的良好氛围。

三、南宁市水环境综合整治存在的问题

(一)水质污染较严重

我市内河及南湖、相思湖等虽然经过近年来的整治,水质得到了改善,但是从有关监测数据来看,水质污染现象依然较严重。现有的18条内河中除凤凰江、马巢河、西明江、石埠河、石灵河仅有轻度养殖污染外,其他内河均遭受不同程度的污染和侵占,所承载的污水排放超标,尤其是朝阳溪、二坑、亭子冲的污水较为严重。邕江、南湖也有不同程度的污染。污染原因主要有四个方面。一是有机污染。农业、畜禽业、餐饮业、服务业、公厕直排污水。水源污染最大的污染源是生活污水,当前朝阳溪、二坑、亭子冲的水质超过了国家地表水五类水质的标准,CODcr和BOD5超标1~1.60倍,达不到城市景观用水的要求。湖泊富营养化较严重,南湖水中氮、磷含量过大,蓝藻、绿藻繁殖过快,消耗水中氧气,藻类又产生氮、磷等物质,形成恶性循环。特别免费开放后,部分市民的不文明,随意向湖内乱扔垃圾等,进一步造成湖内水质污染。二是雨污混流。市政污水系统建设滞后,污水排放泵站和管网的运行、维护、管理落后,排污能力低下。一些住宅区没有污水管道,污水直接入河,一些住宅区设计或建设时,将生活污水接入内河或通过雨水管排入内河。三是工业污染。内河及邕江沿线有多家企业,大多数为小型企业和工业污染企业,这些企业排污虽然在达标范围之类,但是排污仍对河道造成了较大的污染。四是自净能力弱。从目前已整治的朝阳溪、竹排冲情况看,注重生态河流建设不够,对内河两岸堤防建设多以硬化为主,且对朝阳溪、竹排冲部分流域进行覆盖治理,这对行洪排水来讲是有利的,但由此带来水土隔离,水—土—植物—生物之间形成的物质和能量循环系统遭破坏，水的自净能力大大减弱，内河的生态修复工程和进行生态化改造不够，致使内河的生态功能恢复不够，内河整治的亲水性差。

（二）河道填占较严重

南宁老城区范围内原有密集的河道水网系统，这种河道网络对于交通运输、排洪防涝和改善城市气候及环境等方面均能起到积极的作用。但随着城市经济的发展导致了对城市用地需求的增长，城市干道的拓展与河道的保护产生了严重的矛盾。相当长的时间以来，城市建设以及房地产开发填占河道现象较普遍，且许多内河河道两侧建有不少违章建筑，存在侵占河道现象，河道填埋令内河特色逐渐消失。内河两岸填土和乱扔建筑垃圾，在河道两岸种植养殖情况较严重等，造成河床淤积、水面提高、河道断面变窄，部分原有的过路涵洞无法满足雨水通过要求，形成瓶颈地带，影响行洪，造成下暴雨时内河排涝不畅，内河淤积水位抬高倒灌城市下水道的现象，造成城市内涝。部分周边的居民为了拓宽居住面积，在修建住宅房屋时，随意筑填内河河道，严重占用河床或河堤。有的内河两岸建筑比较密集，治理拆迁量较大，而且拆迁难度大，成本高，被拆迁户对拆迁补偿和安置要求高，影响拆迁工作进行，对内河整治进程影响较大。

（三）沿河景观遭到破坏

我市部分内河沿岸有较多的山体，其形态各异，大多数植被良好，绿树成林，成为沿河风光的重要组成部分。但随着经济的发展，近年来对于内河沿岸山体的人为破坏日益严重，两岸的完整形态及其绿化的连续性不复存在。滨水地带的价值不仅体现在水体本身，其沿岸的自然及人文景观往往才是水上游览的重点。内河沿岸的景观尚未形成连续的路径和观景点，多数地段河道水景观主要通过沿河河岸和桥头进行观赏。很多地段原有的空间特色较丰富的部分由于建筑年久失修而濒临消失，有的地段由于盲目建设已无路可通。许多沿河部分因城市尺度的增大，沿河道路被拓宽或截弯取直，使得很有特色的水系景观观赏点失去特色。在三塘、良凤江一带沿岸更分布着相当密集的砖瓦窑，其烟囱林立、厂房破烂、污染严重，极大地破坏了内河沿岸的自然风貌和生态环境。邕江两岸分布着较多的□家人，他们平时在沿岸种植养殖，对邕江两旁造成了较大的污染和影响景观。同时，规划思想缺乏前瞻性和相应管理工作的滞后，使得一些内河两岸的用地功能安排不尽合理，大量的工厂、仓库临河而建，有的是排污大户，有的建筑形状突兀，与周边环境极不协调。更有比比皆是破旧不堪的临时棚屋、违章建筑，与内河先天的自然幽美环境产生强烈反差，与南宁经济发展水平很不相称。

（四）综合管理执法难

执法难是造成城市水环境整治困难的一个重要方面的原因。城市内河的管理涉及水利、国土、规划、建设、城管、环保、园林、卫生等部门，对涉及的污水排放、乱倒垃圾、沿河违章建筑、违章占用河滩土地等违法行为，需要相关执法部门共同联合执法。而目前我市的执法队伍基本是各自为政，条块执法，综合执法的少，存在多部门交叉管理，造成管理存在脱节环节。虽然有一支内河管理执法队伍，但是人员少，管理的范围又大，管理难以应付，主动执法的现象少，疲于应付群众举报执法。另外，未完成内河管理控制性规划工作，有些内河的管理界定红线还没划定，目前只有可利江、二坑、朝阳溪、竹排冲 4 条内河有管理范围，管理区域不清，造成管理、执法困难。南湖免费向公众开放，已经成为市民平时一个休闲、旅游、健身、娱乐的一个去处，平时人员多，管理较困难，游人时常向湖内投掷废弃的塑料袋、垃圾等，造成湖水污染，公园没有行政处罚权，对乱扔垃圾者只能以批评教育，而不能对其处罚。

（五）资金筹措困难

水环境整治包括的内容多，任务重，资金筹措较困难。根据规划，南宁市今后五年内河整治要投入 100 多亿元，污水处理设施建设需要投入 20 多亿元。目前影响水环境整治的主要问题是资金缺口巨大，当前我市正在治理或计划治理的内河已达 12 条，但是由于许多内河治理所需的资金量很大，目前资金来源渠道不够多，且利用外国银行贷款手续繁琐，时间进度难以保证。进行内河整治和污水处理设施的建设较困难。随着城市内河管理范围的不断扩大，内河日常维护管理经费的投入比例明显不足，日常用于巡逻、清污、河道清淤、清障、疏通、保洁的经费难以满足需要。承担污水处理设施投资、建设、运营的绿城水务公司由于连续多年大量的投入水务基础设施建设及改造，资产负债率已高达 80%，向银行借贷也越来越困难，加之政府财政压力大，财政投入内河综合整治资金较为有限。

四、南宁市加快城市水环境综合整治的总体思路、基本原则及目标

（一）总体思路

全面贯彻落实党的十七大和胡锦涛总书记在广西考察的重要讲话精神，深入贯彻落实科学发展观，坚持以人为本，生态治河；坚持规划先行、分步实施坚持突出重点、统筹兼顾；坚持综合整治、疏导并举；坚持市场化运作，多元投入；坚持创新管理体制、整治与管理并重；坚持属地管理、完善长效管理机制，构建和谐水系，形成独具特色的绿城水环境，建设优美舒适的人居环境，提升城市整体形象，推进城市可持续发展。

（二）基本原则

以人为本、可持续发展的原则。坚持人水和谐，遵循自然规律，注重生态型河流建设，治理和保护好水生态环境，实现水资源的良性循环和经济社会的可持续发展。

统筹规划、分步实施的原则。因地制宜，科学规划，合理利用，标本兼治，从源头实施，系统推进，统筹考虑水资源的利用与保护、现状与未来，制定分期目标，按规划分步实施，务求实效。

突出重点、整体推进的原则。加强重点区域和重点流域治理，突出治理与人民群众生活密切相关和影响城市形象品位的节点。加大综合整治力度，以点带面，点面结合，推动城市水环境的改善。

齐抓共管、综合治理的原则。各有关部门要强化监督管理职能，明确责任、各司其职、依法行政、齐抓共管、形成合力。结合水系特点及分布现状，兼顾生态景观、防洪治污、道路管网、土地利用等方面的要求，多管齐下，分级负责，综合整治。

政府引导、社会参与的原则。采取“政府支持、市场运作、资金整合、目标管理、再建增投、良性循环、滚动发展”的运作方式，推进水环境综合整治。

流域管理与属地管理相结合的原则。各行政管理部门按各自职能依法对城市水环境行使管理各城区、开发区按属地进行管理，形成分级管理、各负其责、上下联动、运转协调、规范高效的管理新格局。

（三）目标要求

总体目标。通过推进城市水环境综合整治，使城市河道的行洪排涝能力明显提高，河道水质明显改善，河道生态环境修复良好，湖泊、湿地、水库恢复保护良好，水系功能完善，水环境承载力提高，生态景观和文化景观彰显，人居环境、城市发展和投资环境明显改善，城市竞争力明显增强，城市品位明显提升，环境与经济社会协调发展。城市水系成为畅通的行洪道、水清岸绿的生态区、风景秀丽的景观带、经济繁荣的产业带、内涵丰富的文化带、人水和谐的休憩园，实现人与水、自然与文化的和谐，城市人居环境质量明显改善和提升，建设生态文明城市。

近期目标。2008年到2010年三年间，城市水环境综合整治初见成效。按“重点突破、打牢基础、全面推进”的思路开展工作，完成城市水环境综合整治与利用规划；邕江河道畅通，堤防建设良好；完成城市中心区内河综合整治，基本改善内河脏、乱、差、乱搭乱建等现象，内河景观面貌焕然一新，河道沿岸基本绿化和生态修复，行洪排涝能力进一步提高；湖泊、湿地、水库生态环境得到基本恢复和保护；饮用水源水质达标城市水环境管理体制、运行机制基本理顺，法律法规进一步健全。

中期目标。2011年到2015年五年内，城市水环境综合整治层次提升。基本完成市区内河综合整治工作，城市内河综合整治管理层次进一步提升；城市建成区内河治污、截污、补水的综合整治工程初步完成，完成综合整治的内河两岸雨污分流，截污率和污水处理率达标，推进建设老口水利枢纽和邕宁梯级枢纽，环城引水渠建成引水，城市内河水质得到改善，城市内河两岸实现美化绿化和生态修复邕江市区河道防洪能力提高，两岸基本美化绿化；湖泊、湿地、水库生态环境得到恢复和保护，城市供水水源实现可替代性的多水源保障，城市水环境明显改善，生态景观和文化景观彰显，滨水产业带初步形成，城市水环境走上长效管理轨道。

远期目标。通过15年左右的努力，实现水系功能的完善。水系水质符合水功能规划要求；完成18条内河综合整治工作，河道两岸全部完成雨污分流，截污率和污水处理率达到90%以上，根据老口水利枢纽和邕宁梯级水坝的建设情况，修建引水渠补水，内河水质得到根本改善，达到Ⅲ至Ⅳ类水标准，18条内河基本实现生态修复和水清岸绿；湿地生态环境恢复和保护良好，恢复水系的原生态，城市水环境良好，水文化突显，实现人与水、自然和文化的和谐，滨水产业带基本形成。

五、加快城市水环境综合整治的对策建议

（一）不断更新城市水环境综合整治理念

加快城市水环境综合整治，打造绿城秀水风光，是落实科学发展观，保障我市经济社会可持续发展的需要；是牢固树立以人为本理念，改善水生态环境和人居环境，提高群众生活质量，建设宜居城市的重要举措；是提高城市行洪排涝能力，保证防洪排涝安全，营造良好的城市发展和投资环境的需要；是增强城市竞争力，提升南宁市城市品位，推进水环境建设与经济发展相协调，构建开放南宁和谐南宁和“中国绿城”，建设区域性国际城市和广西“首善之区”的要求。坚持以人为本，按照生态治河、人水和谐的理念，遵循自然规律，按照“满足、恢复、改善、拓展”的思路，从水环境的实际出发，依靠科学理念和科技进步，统筹考虑水资源的利用与保护、现状与未来，对水环境进行综合治理，促进水生态环境不断改善，水资源的良性循环和经济社会的可持续发展，使城市水系成为河流畅通的行洪道、水清岸绿的生态区、风景秀丽的景观带、经济繁荣的产业带、内涵丰富的文化带、人水和谐的休憩园，提升城市品位，推进城市可持续发展，实现“环境整洁、行洪畅通、风景秀丽、人水和谐”的目标。

（二）科学制定规划，加强公共基础设施建设

1.科学制定城市水环境整治总体规划。规划是龙头，城市水环境综合整治管理是一项长期、艰巨，复杂的系统工程，涉及面广，耗资大。因此，应依据《中华人民共和国城市规划法》和南宁市城市建设总体规划，以科学发展观为统领，科学论证，高起点规划，处理好整体与局部、长远与当前、安全与景观、需要与可能的关系，注重生态，综合考虑水生态、水景观、给水、排水、污水处理、再生利用、排涝和文化、旅游、园林绿化等各种功能的有机结合，划定足够的河道、道路、绿化控制线，促进水环境的良性循环，编制出科学全面的城市水环境综合整治与利用规划，并纳入全市国民经济和社会发展规划与年度计划。在总体规划基础上，按城市建设规划、市政设施规划、内河整治规划“三个规划”相统一的要求，制定完善城市防洪规划、城市供水水源规划、城市水系整治规划、城市排水规划、城市水景观规划、城市节约用水规划、城市水资源保护规划等，明确各阶段和年度整治目标，按规划要求分步实施，确保整治工作取得实效。

2.同步推进公共基础设施建设。根据城市总体规划，在河道整治实施过程中，同步铺设水电气和通讯等地下城市管网，并进行内河沿岸市政道路、桥梁等配套设施建设，城市内河周边道路、桥梁建设与城市路网建设相适应，与建设内河景观带，发展内河产业带相适应，提高城市基础设施的综合服务能力。完善城市污水收集系统和污水处理设施。优化水系网络，不断完善现有污水收集管网系统，加快污水收集管网建设；对没有污水收集管网的地区，采取分散与集中处理相结合的方式；对已建成的污水处理厂进行扩容、工艺升级，在有条件的地方，建立和完善中水收集、处理系统，提高水资源利用率。

（三）推进河道综合整治

1.做好河道综合整治征地拆迁工作。根据城市水环境总体整治规划和河道专项整治规划，加强邕江、内河河道综合整治，做好保护与开发。做好河道整治规划范围内的征地拆迁工作，维护群众的合法权益。各相关部门、各城区、开发区要按职责分工，密切配合，统筹安排，按有关法律法规和政策的规定，开展征地拆迁和补偿工作，确保河道整治征地拆迁工作落实到位，保证河道整治按计划完成。

2.实施河道清淤和岸坡整治工程。实施河道清淤工程。按各阶段和年度整治目标，对城市河道进行疏浚清淤，对河道管理范围内阻碍内河行洪的违法建(构)筑物进行拆除，完善河道与堤防建设，保障河道畅通，扩大蓄水和行洪能力，增强防汛排涝能力。实施岸坡整治工程。对内河管理范围内阻碍内河行洪的物体和违章建(构)筑物进行拆除；对河道进行生态化建设和改造，修建、加固、改造内河两岸河堤，彻底治理内河脏、乱、差。

3.实施截污治污和引水补水工程。实施雨污分流，建设雨水收集管线和截污管线，提高污水收集率。加快污水处理厂建设，提高污水处理能力和污水处理率。进行生态调水，实施雨洪利用增加河道水量。推进邕江老口水利枢纽和邕宁梯级枢纽建设，推进环城引水补水工作，从根本上改善水质。对部分污水进行深度处理，提升出水标准，推进中水的有效回用。采用现代科学技术对相关河段进行水质改善，增强城市水系的自净能力。

4.实施水系水质安全工程。加强水系管理范围内的工业污染源管理，严格执行环境影响评价和“三同时”制度，实行水系排污许可证和污染物排放总量控制制度，取缔无证排污企业，确保排入水体的工业废水达标排放，完善河道沿岸工业企业突发事故环境监管制度，建立健全环境突发事件应急处理预案。加强对生活污水的管理。加快建立沿河医疗机构医疗废水处理设施，加强沿河影响水质的畜牧、家禽、鱼类养殖场清理整治力度，取缔市区范围内无序养殖业。推行清洁生产、合理高效施肥施药、提高污水收集处理率，减少生活污水的排放量，提高水资源利用率。

（四）推进湖泊、湿地、水库的整治、恢复与保护

全面推进我市湖泊、湿地、水库的整治、恢复与保护、生态

旅游建设。制定完善湖泊、湿地、水库保护的相关政策,鼓励并引导人们保护与合理利用。扩大湿地面积,建设湿地保护示范区。提高湖泊、湿地、水库的资源利用效率,实现资源可持续利用。加强湖泊、湿地、水库的污染控制和防治,加大保护执法力度,推进综合统一管理,维护生物多样性及生态系统结构的完整性。采取生物控制、放养滤食鱼类、底栖生物移植等措施修复水域生态系统,加强生态湖滨带和水源涵养林等生态隔离带的建设与保护;加强科技攻关,对重点湖泊富营养化形成和消除机理,水体氮磷污染控制、藻类生长和暴发规律、水体自然修复、沼泽化防治等方面的关键技术研发,增强科技支撑能力。

(五)建设滨水景观带,发展滨水服务业产业带

1.注重延伸绿城秀水内涵,建设独具特色的绿城滨水景观带。一是配套绿化景观。根据南宁市城市建设总体规划及相关专项规划建设生态景观。划定水系“绿线”,对河岸自然生态进行修复和保护。对河道两岸进行分步和动态园林绿化建设,打造园林精品,形成水系绿化带。突出亲水特征,配套建设观景廊桥、亲水平台、河滨散步道、休闲坐椅等水岸服务设施,使绿城南宁“城中有景、城在景中”,凸显绿城南宁滨水生态园林景观特色。二是配套路灯照明进行亮化。配合市政道路、水系绿化景观带建设,在城市重点区域结合景观设置霓虹灯、轮廓灯和射灯,设置彩管、彩串以及各类造型灯,形成水、灯、绿交相辉映的夜景,建设远、中、近和高、中、低立体亮化景观带。三是配套建设水岸服务设施。根据城市内河的河道尺度、所处的区位及周边城市用地的性质,分段进行功能定位,设置观景廊桥、亲水平台、河滨散步道、休闲坐椅等水岸服务设施。四是彰显绿城水文化内涵。挖掘南宁市历史内涵,推进南宁市历史文化、民族风情与现代滨水景观的连接和融合。保护和开发城市奇山秀水景观,凸显“邕城”特色。挖掘壮民族和其他少数民族文化内涵,在重点区域建设具有浓郁民族风情的各种景园。挖掘古今历史名人、历史掌故资源,设计建设各具特色的城市雕塑、建筑小品和亭廊,彰显绿城水文化,体现城市悠久的历史和深厚的文化底蕴。

2.发展滨水服务业产业带。一是发展滨水旅游观光产业。根据城市水系特点,加强邕江、内河、湖泊、湿地、水库的旅游开发,统筹规划发展以邕江为轴、内河为线、周边湿地为点的滨水旅游观光产业,打造滨水旅游观光网络,建设亲水性、生态性的旅游风景区,打造成为南宁市旅游新亮点,推进区域性旅游集散中心和旅游胜地建设。二是发展滨水商贸服务业。根据城市水系所处的区位、水域使用功能及周边城市用地的性质,在河道两岸规划建设若干商业区,规划建设百货店或购物中心、饮食街、旅游产品街等,形成集商贸、购物、餐饮、休闲、娱乐等于一体的具有南国壮乡风情的商贸服务带,推动水系两岸服务业发展。三是发展滨水房地产业。根据水系两岸地形地貌、自然景观特点及水系功能区划,开发建设一批布局合理、功能完善、风格多样的居住小区和商务办公楼宇,以城市水环境综合整治为契机,推动水系周边房地产业发展。

(六)创新管理体制,建立健全水环境长效管理机制

推进我市水务一体化管理改革,归并涉水事务,促进全市水资源的统一协调管理。按属地管理、条块结合、分级负责的原则,加强对辖区河道进行管理。推进河道管理养护社会化改革,实行管养分离,按照属地管理原则,由各城区开发区招标确定养护机构或者人员,对内河进行社会化管理。推进内河管理数字化,充分利用首府南宁数字化城市综合信息服务系统,将内河管理纳入数字化城市管理综合信息服务系统,进行系统的日常管理和维护,提高河道、绿化、卫生、安全等日常管理以及应对防汛、污染等紧急情况的处理,减少管理成本、提高管理效率和水平。

1.改革完善水环境管理职能和机构。根据水环境综合整治和管理的需要,推进涉水职能改革,逐步将全市水资源和开发利用和保护、防洪排涝、供水、节水、排水、水土保护水污染防治、污水回用和中水利用等职能划归水政主管部门进行统一管理。健全完善河道管理部门机构,成为代表市水行政主管部门对市管河道进行水行政业务具体管理。管理范围为:邕江和市属 18 条内河。各城区(开发区)建立健全相应的河道管理机构,按属地管理,条块结合、分级负责的原则,加强对辖区所管河道进行管理。建立健全专职的水行政执法队伍,按水法规的要求代表市水行政主管部门对涉水事务进行水政执法。

2.各相关部门加强城市水环境综合整治。按照流域管理和属地管理相结合、管养分离、权责利相协调、管养社会化、分级管理、重心下移等原则,各相关部门认真履行各自职责,加强协调配合,做好城市水环境综合整治工作。水行政主管部门负责统筹水环境的整治和管理工作,发改、规划、建设、国土、环保、园林等部门根据各自部门职责要求,配合做好水环境的整治和管理工作。明确市、城区(开发区)两级的城市河道管理范围和职责,充分调动城区(开发区)加强城市水环境综合整治和管理的积极性。充分发挥城市管理综合行政执法队伍和水政执法队伍的作用,加大对城市水环境综合整治和管理的执法力度。

3.推进城市水环境数字化管理。充分利用南宁市数字化城市管理综合管理与指挥系统,将城市水环境管理纳入数字化城市管理综合信息服务系统,提高河道、绿化、卫生、安全等日常管理以及应对防汛、污染等紧急情况的处理,推进管理规范化、标准化,提高管理现代化水平。

4.推进水环境管理市场社会化。引入市场竞争机制,市河道管理机构和各城区(开发区)要对河段的日常保洁等工作实行招投标,确定专业机构或专业人员,对水系进行社会化管理,提高管理效率,降低管理成本,形成河道日常化管理的市场化运作机制。

(七)进一步完善政策法规

根据国家、自治区以及我市现有的法规,结合我市内河综合整治管理的实际,补充完善符合我市具体管理需要的河道与堤防建设管理、水资源保护和开发、畜牧水产养殖、供水排水管理等法规体系。制定出台《南宁市城市内河综合整治管理实施方案》和重点项目建设实施方案,明确城市内河综合整治管理工作的具体内容、时间进程和责任单位责任人,推进城市内河综合整治各项工作扎实开展。

制定完善城市内河综合整治和水环境改善管理法规。根据国家、自治区以及我市现有的法规,结合我市水环境综合整治的实际,补充完善符合我市具体管理需要的河道与堤防建设管理、水资源保护和开发、畜牧水产养殖、供水排水管理等法规体系。

制定完善城市内河综合整治和水环境改善的有关规章制度和实施细则。制定出台南宁市城市水环境综合整治实施方案和重点项目建设实施方案等政策文件,明确城市水环境综合整治工作的具体内容、时间进程和责任单位责任人,推进各项工作扎实开展,确保水环境综合整治制度化、规范化、经常化。

(八)加大扶持力度,多渠道筹措水环境整治管理资金

1.加大财政支持力度。根据城市水环境综合整治与利用总体规划,确定综合整治项目,各级财政保障对综合整治和管理、养护的财政资金,并列入财政年度预算。市财政根据财力情况安排年度水环境整治项目建设资金和贷款贴息资金。各城区、

开发区加大对城市水环境综合整治和管理的财政支持力度。对水系整治工程项目凡属市本级收取的建设项目费用给予相应减免,减轻项目业主负担。

2.创新机制,多渠道筹措资金。建立多元化投资体系,为城市水环境综合整治提供资金保障。争取国家和自治区有关部门的支持,解决部分城市水环境综合整治建设资金;通过国内商业银行贷款、政策性银行贷款、国际金融组织和外国政府贷款筹措资金开放基础设施建设和运营市场,引入多元投资主体,引导和鼓励社会力量参与城市水环境综合整治;建立以河养河、以水养水机制,发挥综合整治效果,使其产生经济效益,补充或自给日常维护管理资金,形成治理工程和后续管理资金的持久投入;坚持经营城市的理念,通过建立业主开发建设治理机制,实施河道治理与沿河土地开发相结合的管理模式,走开发与建设并举的市场化筹措资金之路,减轻政府财政投资压力。建立和完善环境资源有偿使用机制,严格按照国家规定收取企事业单位的排污费,并主要用于企业污染治理。完善城市垃圾和污水处理的收费标准,今后城市新建的污水处理厂收取的污水处理费,主要用于城市水环境综合整治和运营。

3.利用融资平台筹措资金。充分整合和利用现有的融资平台,广泛吸引社会资金和外来资金,制定相应的配套措施,筹措城市水环境综合整治资金。根据水环境综合整治的需要,组建水环境综合整治专业公司,通过市场运作方式经营城市水域。通过做好项目促进筹融资,做到水环境综合整治项目有竣工、有施工、有前期、有储备。

4.加强土地储备力度。加强对我市滨水土地储备力度。发改、规划、国土、财政、建设和水利等部门要根据南宁市城市总体规划和土地利用总体规划及城市水环境综合整治的要求,编制南宁市城市水环境综合整治土地利用规划,把在我市水环境综合整治过程中调整出来的土地包括国有存量土地和新增建设用地,统一纳入政府土地储备库,由市土地储备中心进行统一收购储备。

(九)加强领导,健全机构

1.健全机构,落实责任。南宁市城市内河综合整治工作领导小组、城市内河综合整治工作指挥部,要充分发挥职能作用,加强指导和工作协调,推进城市水环境综合整治工作顺利开展。各城区、开发区、各有关单位要高度重视城市水环境综合整治工作,成立相应的组织机构,主要领导要亲自挂帅,加强组织指挥和统筹协调。建立健全城市水环境综合整治工作目标管理与考核制度,确保按时按质按量完成城市水环境综合整治任务。

2.密切配合,形成合力。坚持统一领导、分级负责、条块结合,强化属地管理,加强部门协作。各城区、开发区和市直各相关部门要切实履行各自职责,密切配合,齐抓共管,提高整体工作水平。水利、规划、国土、城管、公安等部门要按照法律程序加大联合执法力度,对破坏水环境的行为进行查处和纠正。坚持城市水环境综合整治与为民办实事相结合,充分调动各级各部门各单位和全市人民的积极性,形成城市水环境综合整治的强大合力。加大对水环境综合整治的宣传力度,营造全社会共同关心、支持、参与城市水环境综合整治的良好氛围。

3.加强督察,确保实效。切实转变干部作风,加强机关行政效能建设,创新工作方式方法,提升服务水平,提高工作效率。建立健全督查督办制度,加大对城市水环境综合整治工作的督查力度。严格实行招投标、审计、市场监督管理等规章制度,从源头上预防和遏制工程建设腐败行为的发生。严把审计监督关,规范资金使用,规范投资行为。

(十)加大宣传,营造氛围

坚持正确的舆论导向,集中力量、突出主题,利用报纸、电视、电台、网络等多种形式,大力宣传我市开展城市水环境综合整治对改善城市水环境和城市居民生活环境的重要意义、政策、措施、先进典型等,提高广大市民环境保护和可持续发展意识,增强公众环境危机感、紧迫感和责任感,激发全民参与热情,营造全社会共同关心、支持、参与城市水环境综合整治的良好氛围,推动城市水环境综合整治工作顺利开展。

(本文来源于中共南宁市委员会编的《南宁调研》2009 年第 6 期和第 7 期)

南宁市 2009 年经济运行情况分析报告

朱 旭

2009 年以来,南宁市积极应对国际金融危机带来的严峻挑战,认真贯彻中央、自治区“保增长、保民生、保稳定、保良好发展势头”的工作目标,全力开展“项目建设年”和“企业服务年”活动,进一步加大政策落实力度,前三季度南宁市经济运行中的积极因素不断增多,工业生产增速逐月加快,市场销售增速持续走强,固定资产投资保持高速增长,财政质量逐步好转,出口贸易回升,居民收入继续增加,南宁市经济运行保持生产平稳、增速加快、结构改善的良好发展态势。但受国际金融危机蔓延的影响,经济增长的外部需求仍不理想,经济内生增长动力还不够强,经济复苏中仍存在不确定因素。

一、2009 年 1~9 月南宁市主要经济指标完成情况

地区生产总值:南宁市 GDP 达 1040.32 亿元,同比增长 14.70%。其中,第一产业增加值 114.20 亿元,同比增长 7.10%;第二产业增加值 343.51 亿元,同比增长 14.30%;第三产业增加值达 582.61 亿元,同比增长 16.30%。

财政收入:南宁市财政收入达 161.62 亿元,同比增长 18.32%。

工业总产值:全部工业总产值 818.02 亿元,同比增长 8.21%;其中,规模以上工业总产值 677.17 亿元,同比增长 8.84%。

农业总产值:农林牧渔业总产值 194.65 亿元,同比增长 7.38%。

固定资产投资:全社会固定资产投资完成 668.57 亿元,同比增长 55.45%;其中城镇固定资产投资 624.35 亿元,同比增长 56.35%;基本建设投资 281.87 亿元,同比增长 80.97%;更新改造投资 171.21 亿元,同比增长 79.37%;房地产开发投资 151.87 亿元,同比增长 12.23%。

社会消费品零售总额:社会消费品零售总额 547.96 亿元,同比增长19.22%。

城乡居民收入:南宁市城镇居民人均可支配收入 12218 元,同比增长 14.33%,其中城市居民人均可支配收入 12631 元,同比增长 13.08%。农民人均现金收入 4576 元,同比增长 9.22%。

二、2009 年 1~9 月南宁市经济运行主要特点

(一)从经济走势看,经济稳中有升,增速持续加快

南宁市经济增长率 2009 年 1~3 月为 12.80%,1~6 月为 14.50%,1~9 月达到 14.70%,创 2008 年 4 季度以来新高,且呈现稳中走强的态势。特别是在消费和工业稳步回升的带动下,2009 年 1~9 月经济运行速度进一步加快,比 2009 年 1~6 月加快 0.20

个百分点。与2009年上半年同期相比，1~9月第一产业的增速下降了1.80个百分点，二、三产业的增速分别加快了1和0.40个百分点。三次产业依次拉动GDP增长0.70、4.70、9.30个百分点。

（二）从供给看，第一产业平稳运行，第二产业速度加快，第三产业继续领跑南宁市经济

1.工业生产稳中有升，增速逐步加快

2009年以来，南宁市委、市政府坚定不移地把工业作为整个经济工作的重点，深入贯彻落实中央、自治区促进发展的新政策，出台了相应的配套扶持措施，切实帮助企业走出困境、加快发展，从而推动了工业经济企稳回升，为南宁市经济的平稳较快发展提供了有力支撑。三季度工业经济运行延续了二季度以来企稳回升态势，呈现出增长加快、产量增加、效益好转的运行特点，连续9个月保持了增长。工业企业整体应对危机影响、适应市场变化能力有所提高，工业运行朝着积极方向发展。2009年1~9月南宁市规模以上工业实现总产值677.17亿元，同比增长8.84%，增速较上年回落23.42个百分点，比上月提高0.33个百分点。实现规模以上工业增加值222.66亿元，同比增长11.36%，增速较上年回落9.03个百分点，比上月提高0.26个百分点。南宁市14种主要工业产品产量中，呈现十增四降的良好态势。但由于外需减少和工业品价格下降，工业产值仅一位数增长，增长还相对缓慢和艰难（见图1）。截至2009年9月末，南宁市有规模以上工业企业1042家，其中亿元企业150家，占14.40%。

轻工业增长率先突起。轻工业在市场消费的拉动下，生产逐月加快，单月增速已经从2009年年初的6.12%跳跃到9月的24.78%，2009年1~9月累计增长已经达到12.76%，累计完成340.93亿元，占规模以上工业总产值的50.35%；作为上游产业的重工业虽然保持增长，但其增长速度缓于规模工业的整体增速，而随着轻工业经济的加速发展，作为下游产业的轻工业经济对重工业经济的传导和刺激作用将逐渐增强。

非公经济支撑了工业经济增长。2009年1~9月南宁市规模以上非公企业累计产值451.12亿元，增长16.63%，比南宁市规模以上工业产值平均增幅高7.79个百分点，占南宁市规模以上工业总产值的66.62%，拉动南宁市规模以上工业增长10.34个百分点，增长贡献率达116.95%。

部分行业生产加快。南宁市36个工业行业中，2009年1~9月累计保持增长的有26个，减产行业比上半年减少3个，其中19个行业增速超过南宁市平均水平并保持了两位数的较快增长，非金属矿采选业、通信设备、计算机及其他电子设备制造业、饮料制造业、家具制造业、金属制品业等行业增速超过30%。农副食品加工业、烟草制品业、饮料制造业和食品制造业等行业也出现恢复性的增长，增幅比二季度分别提高了7.02、4.04、2.86和7.76个百分点。

企业用电量降幅减小。2009年1~9月，南宁市规模以上工业企业累计用电36.83亿千瓦小时，同比下降2.60%，跌幅比1~6月减少2.72个百分点。从电力供应情况看，2009年1~9月，南宁市规模以上电力供应产值为55.61亿元，同比下降4.84%，跌幅比2009年1~6月减少3.41个百分点。作为经济先行指标和经济发展的风向标，工业用电量的逐渐回升传递了工业经济开始逐渐走暖的积极信号。

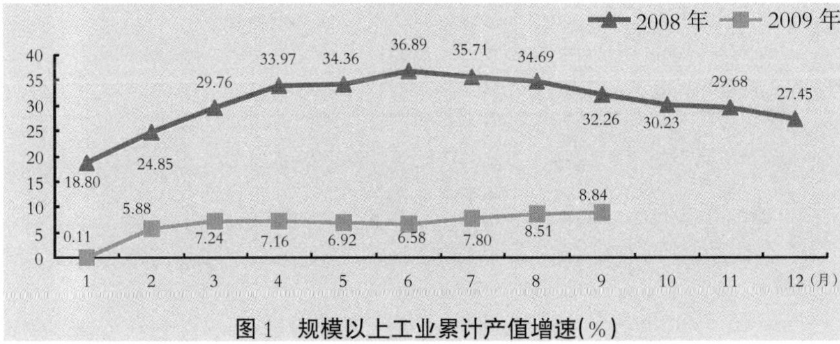

图1 规模以上工业累计产值增速（%）

2.农业经济总量继续扩大，主要产品产量进一步增加

2009年以来，持续的高温、少雨和干燥的异常天气，给南宁市农业生产带来了严峻的挑战。但由于各级领导高度重视，加大了支农惠农力度，强化各项利农措施，积极防灾减灾，认真落实各项强农惠农政策措施，有力地保证了农村经济稳步增长，农业经济形势运行良好。2009年前三季度南宁市农林牧渔业总产值194.65亿元，同比增长7.38%。其中农业产值为85.66亿元，增长9.57%；林业产值为7亿元，增长0.47%；牧业产值为86.61亿元，增长6.81%；渔业产值为7.81亿元，增长8.49%。农业和畜牧业仍然是拉动前3季度农林牧渔业总产值增长的主要动力。

农业种植结构进一步优化。2009年南宁市坚持“稳产业、保增长、促增收”的思路，以保持农作物播种面积平衡为基础，继续加大农业产业结构调整步伐，作物种植结构出现了新变化。前三季度，南宁市共完成农作物种植面积91.08万公顷，同比增长0.15%。其中，完成木薯种植面积5.50万公顷，同比增长6.57%；完成蔬菜种植面积12.05万公顷，同比增长6.05%；完成西瓜种植面积2.45万公顷，同比增长15.27%；完成花生种植面积3.13万公顷，同比增长7.64%。而甘蔗因受到年初气候干旱，成品糖市场不景气和原料蔗收购价格下调等因素的影响，2009年上半年甘蔗种植面积为16.62万公顷，同比减少了1.98万公顷，下降了10.75%，是近年来南宁市甘蔗种植下降幅度最大的一年。

粮食生产实现产、质“双提高”。2009年南宁市夏粮生产呈现出面积、产量双增长的喜人局面。2009年南宁市夏粮播种面积达21.39万公顷，比2008年增加0.12万公顷，增长0.54%，夏粮总产量达到114.65万吨，创2000年以来的最高水平。此外，南宁市还提高了粮食优质化推广种植程度，优质粮食种植比例得到了进一步的提高，据了解，2009年南宁市优质稻种植面积为11.10万公顷，比2008年增加0.54万公顷，占水稻种植面积的比例比2008年提高了5.69个百分点；超级稻种植面积达4万公顷，同比增加0.84万公顷，占水稻种植的面积的比例比2008年提高6.58个百分点，超级稻的推广，将进一步提高早稻的单产，2009年水稻单位产量为5697公斤/公顷，同比增加267公斤/公顷，增长4.92%。

果蔬生产保持增长。2008年受到低温冻害的影响，南宁市水果产量大幅减产，2009年大部分的品种都呈现了恢复性增长。2009年1~3季度南宁市水果产量为51.55万吨，增加14.67万吨，增长39.77%，其中香蕉产量23.75万吨，同比增加13.58万吨，增长133.51%；荔枝产量为4.63万吨，同比增加1.39万吨，增长42.99%；前3季度南宁市龙眼产量仅为9.56万吨，同比减少0.83万吨，减少7.98%。1~3季度累计完成蔬菜播种面积16.26万公顷，同比增加1.28万公顷，增长4.90%；蔬菜产量235.80万吨，同比增加13.01万吨，同比增长5.84%。

畜牧、水产形势看好。2009年初，受到国内猪肉价格波动周期缩短的影响，生猪养殖一度遭遇“寒流”，猪价牵动了农产品价格下行。而进入三季度以来，随着国家防止生猪价格过度下跌调控预案的启动实施，猪价得到了初步的扼制。从目前情况看，南宁市畜牧

水产业生产总体表现平稳，呈现出稳步增长的良好态势，主要畜禽存、出栏及畜牧水产品产量均有不同程度增长，养殖规模逐步扩大。1~3 季度南宁市肉类总产量为 42.20万吨，同比增长 6.54%；牛奶产量 3.21 万吨，同比增长 7.21%；禽蛋产量 1.34 万吨，同比增长 12.38%；蚕茧产量 3.87 万吨，同比下降 2.38%；水产品产量为 11.52 万吨，同比增长 8.44%。

3.第三产业加快增长，成为经济发展“引擎”

2009 年以来，面对全球金融危机和复杂经济环境，南宁市经济发展也遇到了较大困难，但第三产业仍保持较快发展，前三季度的发展规模及贡献率均高于第一产业和第二产业，成为南宁市经济发展的主要动力。

规模扩张，突破新高。前三季度，南宁市第三产业发展再上新台阶，完成增加值 582.60 亿元，超过第一、二产业的增加值接近于 2004 年全年 GDP(588.86 亿元)的总规模。

增速领跑，一马当先。前三季度，南宁市第三产业比上年同期增长 16.30%，分别超过第一产业和第二产业增速 9.20 和 2 个百分点。

比重提高，份额过半。前三季度，南宁市第三产业占 GDP 的比重达到 56%，同比上升了 0.88 个百分点，比第一产业和第二产业比重分别高 45.02 和 21.98 个百分点。

贡献最大，引领全局。前三季度，南宁市经济增长主要由第三产业贡献，在南宁市经济增长 14.70%中，第三产业拉动增长达 9.30 个百分点，贡献率达到 63.50%，成为前三季度南宁市经济增长的主要引擎。

(三)从需求看，消费、投资继续走强，出口形势好转

1.商品消费需求稳中有增，住房消费持续升温

2009 年以来，南宁市在努力促进就业、努力提高居民收入的基础上，加大促进农村消费力度，积极扩大城市消费，努力推动消费升级。2009 年 1~9 月，南宁市累计实现社会消费品零售总额 547.96 亿元，比上年同期增长 19.22%，尽管比上年同期回落 3.16个百分点，但分别比 1~8 月和 1~6 月提高了 0.03 和 0.33 个百分点，南宁市社会消费品市场保持了快速、稳定的增长态势。随着城乡居民收入稳步提高、消费能力增强，加之消费品市场供应充足、价格平稳运行，推动了消费升级，市场消费持续繁荣活跃前景可期。

城乡市场消费共同推动消费快速增长。2009 年 1~9 月，县及县以下农村市场累计实现零售额为 100.52 亿元，同比增长 19.71%，增速比南宁市零售额高出 0.60 个百分点，对社会消费品零售总额增长的贡献率高达 18.74%，拉动社会消费品零售总额增长 3.60 个百分点。城市市场同期累计零售额为 447.45 亿元，同比增长 19.11%，增速比上半年提高了 0.57 个百分点，对社会消费品零售总额增长的贡献率高达 81.26%，拉动社会消费品零售总额增长 15.62 个百分点。从单月情况看，2009 年 9 月南宁市县及县以下农村市场实现零售额 11.50 亿元，同比增长 16.76%；城市市场实现零售额 55.03 亿元，同比增长 20.05%。市场消费呈现了农村市场持续快速增长，城市市场加速回升的良好态势。

汽车消费成为市场消费新热点。2009 年初，汽车销售市场利好消息频出，受到国家实施燃油税改、小排量车购置税减半征收、汽柴油价格实施国际联动机制和汽车产业振兴规划调整等一系列措施的刺激，销售情况不断好转，并成为消费的新热点。市场需求连续保持了高增长的势头，为加快南宁市的消费品零售增长起到了积极的推动作用。9 月南宁市汽车零售同比增长高达 58.10%，创下有史以来的最高单月增幅。2009 年 1~9月累计的汽车零售额达到 81.25 亿元，同比增长 26.40%，增速比上半年提高 9.15 个百分点。

住宿餐饮业零售额高速增长。截至 9 月底，南宁市住宿餐饮业累计实现零售额 63.04 亿元，同比增长 21.91%，增速比社会消费品零售总额高 2.67 个百分点，比批发零售业零售额高 2.82 个百分点。其中限额以下住宿餐饮业零售额 53.26 亿元，同比增长 24.90%。

住房消费持续升温。2009 年初，楼市经历了一段低迷的市场调整期后，随着国家一系列“呵护”政策的出台，特别是在政府宽松的货币政策的推动下，进入二季度后南宁市的房地产消费以“惊人”的速度快速放量上涨，呈现了量价齐升的繁荣景象。1~9 月，南宁市实现商品房销售 206.99 亿元，同比增长 58.19%；商品房销售面积 479.07 万平方米，同比增长 43.96%。

2.投资保持高速增长，但速度略有放缓

2009 年前三季度，南宁市上下紧紧抓住国家刺激经济计划的战略契机，以“项目建设年”为契机，紧紧围绕 1180 亿元投资目标任务，积极采取有效措施，突出重点狠抓招商引资，集中力量推进大项目建设，全力推进固定资产投资，取得了良好成效。南宁市固定资产投资保持较快增长态势，有力地促进了南宁市经济又好又快发展。1~3 季度，南宁市全社会固定资产投资 668.57 亿元，同比增长 55.45%，增速比上半年加快 1.90 个百分点，但比 1~8 月降低 1.09 个百分点。2009 年 1~3 季度，完成城镇固定资产投资 624.35亿元，同比增长 56.35%。其中基本建设投资 281.87 亿元，同比增长 80.97%；更新改造投资171.21 亿元，同比增长 79.37%；房地产开发投资 151.87 亿元，同比增长 12.23%(见图 2)。

国有及国有控股投资继续引领和推动投资高增长。2009 年以来，在主要以政府投资为主的扩大投资政策的带动下，国有投资增长迅速增长。1~9 月南宁市城镇固定资产投资为 624.35 亿元，其中国有及国有控股完成投资 282.58 亿元，占城镇固定资产投资额的 45.26%，同比增长 66.34%，增速比上半年提高了 0.77 个百分点。其中，政策效应和放贷力度的加大是支撑固定资产投资快速增长的重要因素。

项目总规模及数量明显增加。2009 年 1~9 月，南宁市有施工项目 3661 个，比上年增加 307 个，同比增长 55.19%。其中新开工项目 2728 个，比上年增加 299 个，同比增长 77.03%，新开工项目中，5000 万元以上项目 233 个，比上年增加 28 个，同比增长 153.26%；新开工亿元以上项目 37 个，同比增长 117.65%；竣工投产项目 1516 个，同比增长 77.93%。竣工项目中 5000 万元以上项目 60 个，同比增长 328.57%；竣工亿元以上项目 11 个，同比增长 450%。项目的规模和数量均创下历年之最。

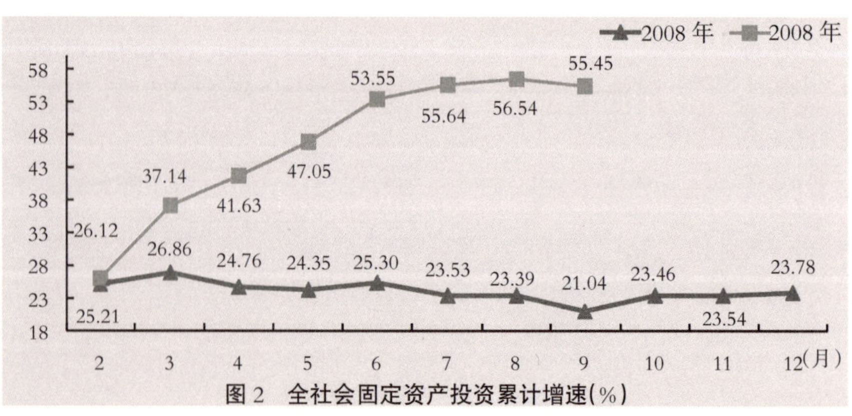

图 2 全社会固定资产投资累计增速(%)

基本建设投资持续快速增长。2009年1~9月,南宁市基础设施建设完成投资281.87亿元,同比增长80.97%,增速高于上年同期51.68个百分点,占固定资产投资的比重为42.16%,较上年同期提高5.95个百分点。

3.对外贸易增势加强,环比大幅增长

据海关统计,2009年1~9月累计进出口总额为15.61亿美元,同比增长7.60%,其中,出口12.87亿美元,进口2.75亿美元,同比分别增长3.85%和29.48%,累计实现贸易顺差10.12亿美元,这是自6月以来,南宁市对外贸易连续4个月实现正增长。从单月贸易情况看,9月南宁市进出口总额为2.43亿美元,同比增长81.78%,创2009年以来单月贸易最高值,环比增长40.44%。其中,出口1.83亿美元,同比增长65.66%,进口0.60亿美元,同比增长158.15%,单月实现贸易顺差1.23亿美元。

(四)从资金供给看,信贷投放稳定增长,招商引资成效显著

2009年9月末,南宁市金融机构各项存款余额3199.39亿元,比年初增长37.85%,金融机构贷款余额3199.15亿元,比年初增长38.09%,其中短期贷款581.68亿元,中长期贷款2563.72亿元,分别增长42.93%和38.29%。从信贷投放时点看,信贷增长在二季度冲高后脚步有所放慢。一、二、三季度贷款分别增长330.50亿元、344.68亿元、207.29亿元,分别占贷款增量的37.45%、39.06%、23.49%,上半年成为银行信贷投放的重点,新增贷款额占前三季度的76.51%。从信贷投向看,金融机构围绕基础建设作为信贷投放重点,前三季度新增贷款中,中长期基本建设贷款达到431.61亿元,占新增贷款总额的48.91%。

1~9月,南宁市引进境内市外合同资金430.95亿元,外资2.66亿美元,分别增长9.05%和20.02%,保持了平稳较快增长的良好态势。

(五)从经济运行质量看,财政和居民增收,物价企稳

财政增量提质。2009年1~9月南宁市实现财政收入161.62亿元,增长18.32%,创下年内财政收入增速新高,其中一般预算收入83.48亿元,增长27.8%,增速较1月和8月分别上升了2.62和0.70个百分点(见图3)。其中,税收收入60.13亿元,增长21.2%,增速比上半年提高了14.64个百分点。税收收入占财政收入的比重由上半年的35.62%上升到前三季度的37.20%,提高了1.58个百分点。随着经济的企稳回升,企业生产逐步向正常水平恢复,税收收入比重不断提高,财政收入质量持续向好发展。

居民增收。2009年1~9月,南宁市城镇居民人均可支配收入12218元,同比增长14.33%,继续保持了两位数的快速增长。其中,人均工资性收入突破万元,达到10640元,同比增长15%,为居民收入增长奠定了坚实的基础。1~3季度南宁市农民人均现金收入4575.50元,同比增加386.30元,增长9.22%。

物价企稳。2009年1~9月居民消费价格指数累计比2008年同期下降2.40%,比1~8月提高0.10个百分点,出现2009年9个月来的首次回升。八大类商品价格指数中,除烟酒及用品、衣着、医疗保健和个人用品外,其他类商品价格同比仍然下降,其中居住类价格下降仍然较大,同比下降达到11.40%。从环比情况看,食品类商品价格指数环比上涨0.80%,上涨幅度为八大类商品之首。

三、经济运行中存在的问题

尽管2009年前三季度经济呈现了企稳回升的明显态势,但由于回升的速度比较温和,增长相对较慢,完成全年目标任务还很艰巨。主要经济指标中除社会消费品零售总额、城镇居民人均可支配收入、农民人均收入这三项指标完成程度超过或接近时间进度外,其余的GDP、财政收入、全部工业总产值、全社会固定资产投资等4项指标的完成程度均仅为60%左右,其中固定资产投资完成程度仅为56.66%,与年度工作目标任务有很大的差距(见表1)。

农业方面:一是气候对农业生产不利影响。下半年以来,农业生产遭遇到高温少雨气候,部分县(区)严重缺水,干旱情况进一步加剧,将对南宁市2009年的秋冬种作物及2010年的春种作物带来不利的影响。二是农资价格持续上涨,农业生产效益下降。一方面农资价格在不断上升。2009年以来,南宁市谷种、玉米种、化肥等农业生产资料价格不断上涨,造成农业生产成本大幅度提高;另一方面农产品出售价格持续下降。据调查,1~9月,在26个主要农产品销售价格中,有17个品种的农产品销售价格同比下降,其中生猪销售价格下降25.02%,香蕉下降8.51%,鸭蛋下降10.63%,鸡蛋下降6.79%,花生下降11.98%,罗非鱼下降19.73%,茉莉花下降11.25%。而同期,农民家庭生产费用支出同比增长1.64%。由于农业生产成本加大,农业生产效益下降,农民收益减少,农民增收难度加大。三是金融风暴对农产品出口、生产造成较大影响。目前,林产品无法出口,价格下跌,收益减少,采伐量减少,影响了全年营林生产。

工业方面:一是大中型企业生产持续下滑。下半年以来,虽然大中型企业生产下降速度有所减缓,但仍处于持续下滑态势,对南宁市工业生产造成较大影响。2009年1~9月,南宁市75家大中型工业企业完成总产值226.49亿元,同比下降

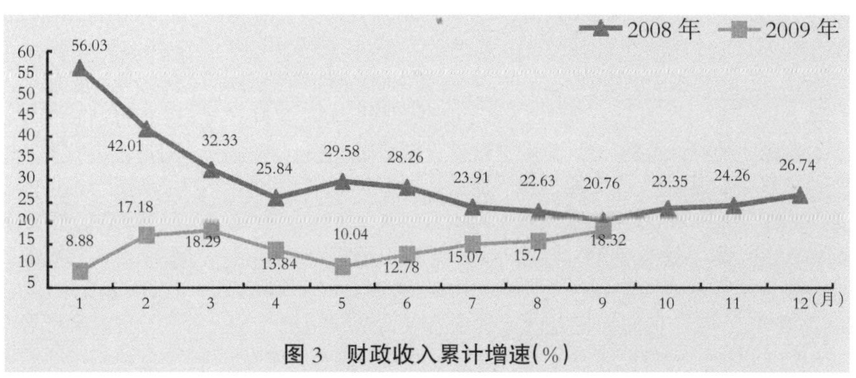

图3 财政收入累计增速(%)

表1 2009年1~3季度南宁市主要经济指标进度完成情况分析表

指标名称	2009年工作目标		1~3季度累计完成		完成程度	与目标差距	上年同期增长速度(%)
	总量	增速	总量	增速			
	(亿元)	(%)	(亿元)	(%)	(%)	(亿元)	15.30
GDP	1550	15	1040.32	14.70	67.12	509.68	20.76
财政收入	240	26	161.62	18.32	67.34	78.38	29.23
全部工业总产值	1313	25	818.02	8.21	62.30	494.98	32.26
规模以上工业产值	1083	26.56	677.17	8.84	62.53	405.83	21.04
全社会固定资产投资	1180	70.17	668.57	55.45	56.66	511.43	22.38
社会消费品零售总额	745.39	18	547.96	19.22	73.51	197.43	20.90
城镇居民人均可支配收入(元)	16180	12	12218	14.33	75.51	3962	20.83
农民人均现金收入(元)			4576	9.22			

9.78%,下降的速度虽比8月减缓1.05个百分点,但仍影响南宁市工业产值下降3.94个百分点。其中,广西横县兴辉食品有限公司、上林南南实业有限责任公司、广西南南铝箔有限责任公司三家企业产值同比降幅均超过60%。二是县(区)、开发区工业发展不平衡。2009年1~9月,南宁市12个县(区)和3个开发区中,有4个县(区)工业产值仅1位数增长,有6个县(区)增速低于南宁市平均水平,上林县和江南区工业生产出现了负增长。三是工业经济效益综合指数下降幅度较大。2009年1~8月,南宁市规模以上工业经济效益综合指数为221.85,比2008年同期低10.65点。在工业经济运行质量七项效益指标中,仅产品销售率情况好于上年同期。四是工业利润下降。2009年1~8月,南宁市规模以上工业企业实现利润总额19.91亿元,同比下降4.38%。其中,制糖业实现利润总额2.46亿元,同比下降31.14%。五是亏损面扩大。1~8月,南宁市规模以上工业亏损企业288家,比上年同期多46家,亏损面达27.64%,同比增加1.78个百分点。亏损企业亏损总额为5.73亿元,同比增长118.16%。南宁市36个工业大类行业中,有12个行业出现亏损。

投资方面:一是投资增速出现回落趋势。2009年上半年,南宁市投资增速上升迅猛,平均每月以6.85个百分点速度上升。进入三季度后,升幅趋缓,平均月升幅仅0.63个百分点,比上半年低6.22个百分点,而且2009年1~9月增速首度出现回落,比1~8月增速下滑1.09个百分点。在时间紧、任务重必须加速冲刺的情况下,投资增速却出现回落迹象,形势相当严峻。特别是进入四季度后,由于2008年同期基数较大(2008年10~12月平均每月的投资为87.78亿元,比1~9月平均投资的47.79亿元83.68%),2009年要在2008年基数上维持高增长,必须加大投资量。二是土地供应不足,制约投资加快增长。由于国家实施了严格的土地审批制度,土地供应量大幅减少,很多签约项目因没有及时交付土地,导致资金无法到位,无法开工,不少开工的项目后续用地无法保证,给南宁市招商引资工作带来较大困难,严重影响了南宁市投资的增长。三是房地产对投资支撑不足。2009年1~9月,南宁市房地产开发投资完成151.87亿元,同比增长12.23%,占全社会投资的22.76%,与2008年同期相比,比重下降了8.70个百分点,仅拉动南宁市投资增长3.85个百分点。房地产投资比重的降低,对南宁市投资拉动作用减小,对全年投资任务的顺利完成影响较大。四是大项目对投资支撑不足。2009年1~9月,南宁市亿元以上的项目个数为196个,同比增加38个,完成投资159.16亿元,同比增长49.01%,增速比全社会投资增长速度低6.44个百分点,比2009年1~8月下降了10.16个百分点。目前,亿元以上的项目仅占南宁市投资的23.81%,由于亿元投资项目无法对南宁市投资形成有力支撑,致使南宁市投资后劲不足。五是部分项目推进缓慢。目前有不少项目只剪彩无开工,有的项目只有土地购置费,没有后续的建设进度,没有形成真正的投资量。2009年1~9月,南宁市2145个在建项目中,7、8、9月连续三个月没有投资进度的项目达646个,占在建项目的30.12%;有750个项目完成投资进度不到本年计划的50%,占在建项目的20.48%。南化搬迁项目本年计划总投资6亿元,但到目前为止仅完成投资1.60亿元;南宁外环高速公路项目本年计划投资5亿元,7~9月均无投资进度,该项目到目前为止仅完成投资0.70亿元。六是资金筹措困难。县(区)自筹资金难度大,对前期工作、项目建设投入的资金不多;中小企业的投资项目贷款难,技改项目资金不足。七是县(区)投资发展不平衡。2009年1~9月,南宁市12个县(区)和3个开发区中,有5个县(区)增速低于南宁市平均水平,尚未有一个县(区)完成目标任务进度达到70%,有2个县(区)目标任务完成进度尚未达到50%。

房地产方面:一是房地产项目前期配套投资持续下滑。2009年1~9月,项目前期费用中土地开发额完成2.98亿元,同比下降26.71%;配套工程投资3.28亿元,同比下降73.58%,房地产前期开发、配套工程不足,将减弱项目投资后劲,影响后期房地产开发投资规模的可持续增长。二是房价持续走高,消费者持币观望。2009年以来,南宁市商品住宅价格在前几年持续上涨的基础上继续攀升,由上半年的4152元/平方米上升到三季度的4321元/平方米,上涨4.07%。三是政策性住房供应仍显不足。2009年以来,尽管南宁市不断加大经济适用房和廉租房的建设投入,供不应求的不合理状况有所改观,但受房地产开发周期较长、前期新批准项目尚未开工建设等因素影响,目前南宁市保障性商品房的比重仍然较低。2009年1~9月,经济适用房和廉租房建设共完成投资额5.17亿元,仅占南宁市住宅开发额的3.23%,完成施工面积107.89万平方米,仅占南宁市住宅开发施工总面积3.77%,市场供应明显不足。

消费市场方面:一是限额以上企业零售额增速仍然偏低。2009年1~9月累计零售额同比仅增长14.96%,比南宁市社会消费品零售总额增速低4.26个百分点。二是石油及制品类商品零售额持续下降,影响南宁市社会消费品零售总额增长。2009年1~9月,石油及制品类商品零售额增速同比下降3.51%。三是服装鞋帽纺织品类商品零售额连续三个月增速出现下滑,将对消费市场产生不利影响。

四、南宁市经济发展环境分析与全年展望

从国际形势看,世界经济仍未走出衰退的困境,实现复苏还是一个缓慢曲折的过程。目前,一些国家消费需求回升,但同时仍存在着高失业率、房价下跌等情况,因此全球经济复苏的时间还难以确定。我国方面,主要经济指标企稳回暖迹象进一步明显。一是工业进一步企稳。2009年8月规模以上工业增加值同比增长12.30%,比7月加快1.50个百分点,为连续四个月同比增速加快。二是投资加速。2009年1~8月,城镇固定资产投资增长33%,继续保持了快速稳定的增长,国家扩大投资的政策效果正进一步显现。三是消费持续向好。2009年1~8月,社会消费品零售总额同比增长15.10%,比2009年1~7月加快0.10%。特别是在家电下乡等政策推动下,农村消费的增速高于城市,农村消费市场正在开始走向活跃。但是,经济回升的基础还不稳固,特别是当前推动复苏的因素还过于单一,经济复苏动力主要来自大规模的政府刺激计划,而复苏不稳定性因素还大量存在,国际金融危机对我国的不利影响仍在持续。

目前南宁市经济运行态势较好。中央宏观经济政策在第四季度将仍保持稳定性和连续性,尽管不排除有局部的微调,但政策主基调不会发生大的变化,为经济的企稳回升提供了强有力的保证,也为南宁市经济发展提供了良好的外部环境,四季度南宁市经济仍有望继续保持平稳较快的增长态势。随着经济发展的积极因素不断增多,2009年南宁市经济发展呈现出低开高走态势。一季度同比增长12.80%,二季度同比增长14.50%,三季度保持14.70%,四季度由于2008年基数相对较低,加上经济处于上升期、积极因素增多,估计增速将继续保持增长。

从与年初预期目标任务比较情况看:GDP、财政收入、工业总产值、农业产值、全社会固定资产投资、社会消费品零售总额、城镇居民人均可支配收入、农民人均纯收入八大主要经济指标中,除工业总产值外,估计其余指标完成年初预期目标的增长速度(市人大审议通过的预期目标)有较大把握。总量方面,估计GDP、工业总产值、农业产值有一定缺口。

与全年工作目标任务比较:八大主要经济指标中,城镇居民人均可支配收入、农民人均纯收入两项指标完成全年目标任务有一定的把握，而 GDP、财政收入、工业总产值、全社会固定资产投资、社会消费品零售总额全年工作目标完成情况不容乐观。

五、有关建议

（一）强抓政策落实，做好长远谋划

一是进一步贯彻落实中央应对国际金融危机的一揽子计划，并根据南宁市经济形势变化和实际情况，加以丰富和完善相关措施；二是加强对经济形势走向的分析和判断，及时发现和解决苗头性问题，进一步增强政策措施的针对性、有效性和可持续性；三是深入分析当前经济面临的发展环境，并积极开展调查研究，着手做好“十二五”规划前期研究和论证工作，为科学编制《南宁市经济社会第十二个五年规划》进一步明确发展方向奠定良好基础。

（二）坚持扩大消费，增强发展活力

一是大力拓展消费领域。继续发挥好家电下乡、汽车下乡、农机下乡和即将推广实施的家电汽车以旧换新等政策机遇的作用，加大农村市场开拓力度，以扩大城乡居民消费来扩大内需，拉动经济增长；二是进一步改善消费环境。抓住国家推进加快市县大中型商品流通市场和大中型商业零售网点的建设等机遇，完善城乡消费设施和服务体系建设，努力营造鼓励消费、适宜消费的良好环境；三是促进房地产的健康发展。要抓住目前房地产市场开始回暖的良好时机，认真落实市政府《关于进一步拉动内需促进房地产市场平稳较快发展若干措施的通知》文件精神和各项优惠政策，进一步鼓励普通商品住房合理消费，促进房地产市场持续健康回暖。

（三）围绕农民增收，强化“三农”工作

一是加大农业结构调整力度，抓好规模化经营，大力发展养殖产业，进一步扩大水产、生猪、牛羊、家禽产品的开发利用；二是进一步强化落实支农、惠农政策，落实好农产品最低收购价和种养补贴，努力保持农产品市场价格的稳定；三是抓住全国经济企稳向好的机遇，加大农民工培训转移就业力度，增加农民工资性收入；四是加强基础设施建设，切实改善农业抗御自然灾害的能力和提高农业综合生产能力，进一步为加快农业发展提供强力支撑；五是进一步深化农村综合配套改革，理顺放活农村发展机制，为农民持续稳定增收提供保障。

（四）突出项目拉动，增强发展后劲

一是扎实做好重点建设项目管理服务工作。围绕年度投资1180 亿元投资目标，加大重点建设项目督查力度，抓紧解决项目签约落地、开工建设、施工组织、资金供应等突出问题，全面推进项目提速；二是切实加大项目储备，对照中央、自治区支持的领域和投向，超前做好项目的储备和对接，加大项目的策划和包装，争取更多的国家和自治区投资；三是优化招商引资思路。加大行政推动力度，注重发挥政府招商和企业招商相结合，按照产业特色，分析选准招商的主攻方向和活动地域，着力招引产业转移项目和优势特色产业项目。

（五）拓宽融资渠道，提高发展质量

积极借助国家放宽商业银行信贷规模限制、加大对中小企业技术改造、兼并重组信贷支持的机遇，全力协调金融机构强化信贷支持，争取通过政府搭建银企交流平台，通过组织召开项目推介会、贷款供需对接会等多种方式，加强银企沟通和彼此诚信，尽可能降低贷款门槛，努力为企业融资生产、技术改造、产业转型提供决策意见，最大限度为企业提供信贷支持。同时，积极向银行推荐符合国家产业政策的项目，寻求与商业银行接洽合作，取得银行的资金支持，努力引导社会资本积极投入经济产业发展项目。

（六）加快产业调整，促进产品升级

一是认真对接产业调整和振兴规划。目前，南宁市已形成食品、铝加工及机械、造纸、精细化工、生物工程与制药和电子信息为重点产业，以建材、纺织等产业为辅的较为完整并具相当规模的现代工业体系，应将这些行业的发展与国家近期出台的《十大产业振兴规划》等产业政策措施结合起来，认真研究和对接，促进相关产业、产品进一步优化，增强发展后劲；二是调整产品结构，推进产业升级。继续帮助南宁市困难企业抓好生产经营，生产适销对路产品，在扩大销售的基础上，加大新产品、新技术开发力度，提高自主创新能力；增强企业的市场竞争力和新兴市场的开拓能力；三是引导和鼓励企业向产业链上下游产业延伸，发展与主导产业相配套的相关产业。同时积极采取多种形式，推动企业与国内外技术成熟的优势企业开展合作和技术交流，加快推进技术改造、科技进步，促进企业的加速发展壮大；四是要支持围绕当前效益好、市场潜力大的核心企业，加快配套能力建设，以核心企业带动相关产业乘势发展，放大增长点，带动全市工业经济迅速升级。

（本文来源于南宁市社会科学院编、广西人民出版社出版的 2010 年《南宁市经济发展蓝皮书》）

2009 年南宁市固定资产投资发展情况分析及 2010 年预测

杨　敏　莫伟华　韩　卉

2009 年，南宁市全面贯彻落实中央和自治区“保增长、保民生、保稳定”的战略部署，以“项目建设年”为契机，围绕全年固定资产投资工作目标，创新工作机制，完善机构，建章立制，克难攻坚，对项目审批、资金筹措、征地拆迁、管线迁移等重、难点问题加强协调，全面突破，掀起了南宁市上下齐抓项目建设的工作热潮，取得了良好成效。

一、2009 年南宁市固定资产投资完成情况

（一）基本情况

1~9 月南宁市固定资产投资保持平稳较快增长，南宁市完成固定资产投资 668.57 亿元，同比增长 55.45%。完成城镇固定资产投资 624.35 亿元，同比增长 56.35%，其中基本建设投资完成 281.87 亿元，同比增长 80.97%；更新改造投资 171.21 亿元，同比增长 79.37%；房地产开发投资 151.87 亿元，同比增长 12.23%。

（二）投资运行的主要特点

1.投资保持增长态势

1~9 月，南宁市累计完成投资 668.57 亿元，同比增长55.45%，投资增速仍保持在 50%以上，9 月单月完成 96.76 亿元。

2.各类资金到位情况良好，但利用外资有所下降

1~9 月，南宁市固定资产投资资金 869.49 亿元，同比增长67.93%。本年度到位资金 803.57 亿元，同比增长 75.28%，其中本年度国家预算内资金 38.07 亿元，同比增长 54.19%；国内贷款109.45 亿元，同比增长 70.12%；自筹资金 422.07 亿元，同比增长96.87%；利用外资 6.27 亿元，同比下降 37.21%（见图 1）。

3.第一产业投资增长迅猛，第三产业仍是拉动投资增长的主力

1~9月,南宁市第一产业累计完成投资11.83亿元,同比增长77.18%;第二产业累计完成投资164.42亿元,同比增长52.99%;第三产业所占比重最大,累计完成投资492.32亿元,占全部投资总额的73.64%,同比增长55.82%(见图2)。

4.各类型经济投资继续保持快速发展态势

1~9月,南宁市国有经济完成投资244.37亿元,同比增长62.63%;集体经济完成投资14.49亿元,同比增长100.76%;私营个体经济完成投资190.66亿元,同比增长39.59%;其他经济完成投资219.05亿元,同比增长61.03%(见图3)。国有经济投资仍然领跑于其他各类投资。

5.建设项目数量逐月增加

1~9月,南宁市共有施工项目3661个,同比增长55.19%。其中5000万元以上项目577个,同比增长51.84%;亿元以上项目196个,同比增长24.05%。新开工项目2728个,同比增长77.03%。其中5000万元以上项目233个,同比增长153.26%;亿元以上项目37个,同比增长117.65%。

6.房地产开发投资缓慢回升

1~9月,南宁市完成房地产开发投资151.87亿元,同比增长12.23%,增速首次达到两位数。其中办公楼投资增长高达109.55%,住宅投资出现小幅增长,由1~8月的负0.26%上升到1~9月的7.44%。商品房销售方面,1~9月完成销售面积479.07万平方米,同比增长43.96%;销售额206.99亿元,同比增长58.19%。

7.南宁市17个县(区)、开发区固定资产投资总体趋好

1~9月南宁市17个县(区)、开发区完成固定资产投资549.14亿元,占南宁市固定资产投资完成额668.57亿元的82.13%,同比增长105.31%(见表1)。

8.行业投资结构不断优化

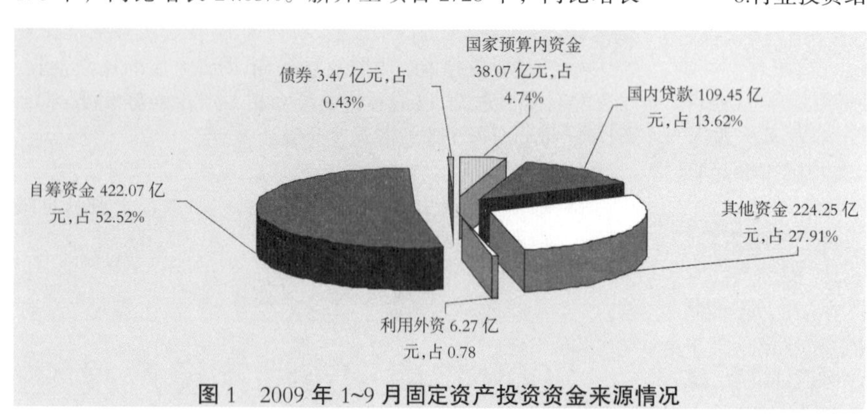

图1　2009年1~9月固定资产投资资金来源情况

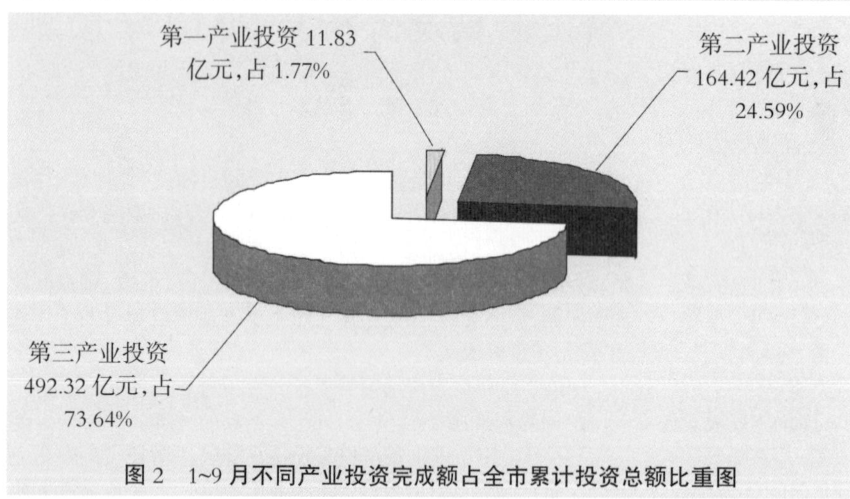

图2　1~9月不同产业投资完成额占全市累计投资总额比重图

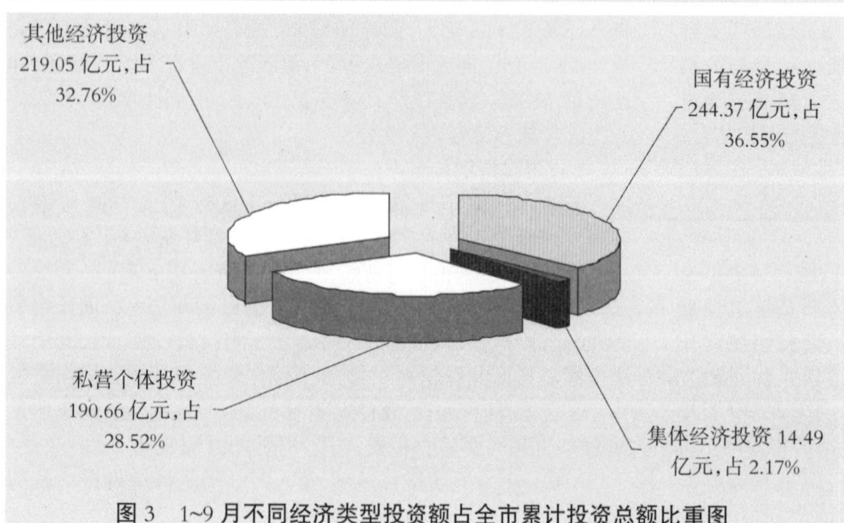

图3　1~9月不同经济类型投资额占全市累计投资总额比重图

1~9月,南宁市除建筑业、科研技术服务及地质勘查、公共管理和社会组织三行业投资呈现下降外,其余行业发展都出现良好态势。其中房地产业完成投资220.26亿元,同比增长31.28%;制造业完成投资118.48亿元,同比增长38.36%;政府重点支持的能源及公共设施投资高速增长,电力、燃气及水的生产和供应业完成投资37.02亿元,同比增长177.92%;交通运输和仓储及邮政业完成投资50.73亿元,同比增长144.72%;水利、环境和公共设施管理业完成投资92.32亿元,同比增长84.34%。这些行业投资的高速发展,将推动南宁市产业结构不断优化升级。

9. 全社会固定资产完成投资总额位列广西第一,投资增速在广西的排名大幅上升

1~9月广西完成全社会固定资产3681.02亿元,同比增长52.10%。南宁市全社会固定完成投资额同比增长55.40%,在广西排第5位。

(三)2009年南宁市全年投资完成情况预计

2009年以来,在南宁市委、市政府的正确领导下,南宁市各级部门着力解决项目建设中大量的困难和问题,有力地推进了南宁市固定资产投资逐月快速增长,为第四季度掀起新一轮的项目建设热潮创造了条件。根据2005~2008年投资完成进度看,前三季度投资完成额分别占全年的63.24%、63.55%、62.02%、63.42%。但2009年原定于四季度开工的郁江老口水利枢纽以及前三季度计划开工的城市轨道交通、南宁电厂等项目尚未通过国家审批,外环高速公路改扩建、双汇、南化搬迁等一批原计划支撑2009年投资的重大项目未能如期开工或形成较大投资量,中区直重大项目完成投资额较少,这些因素预计影响南宁市投资完成额约190亿元。据此,可以预计2009年南宁市将会完成全社会固定资产投资1000亿元。

二、加快南宁市固定资产投资持续增

表1 各县(区)开发区固定资产投资情况

	年度投资目标	1~9月累计完成	投资进度(%)	进度排名	投资增速(%)	增速排名
兴宁区	61.85	34.02	55.01	11	57.68	9
青秀区	198.40	130.48	65.77	3	52.92	14
江南区	47.44	26.20	55.24	10	73.82	5
西乡塘区	74.97	47.34	63.14	4	84.49	2
良庆区	63.31	33.88	53.51	12	36.30	16
邕宁区	18.62	6.88	36.93	17	47.75	15
高新技术开发区	75.63	45.06	59.57	7	54.62	12
经济技术开发区	53.09	31.23	58.82	9	59.80	7
武鸣县	85.61	56.54	66.05	2	79.89	4
#南宁—东盟经济开发区	35.02	21.36	60.99	6	67.57	6
隆安县	33.76	20.03	59.34	8	55.57	10
马山县	23.91	10.88	45.51	16	58.67	8
上林县	21.73	10.97	50.50	14	55.52	11
宾阳县	51.94	31.69	61.02	5	53.01	13
横　县	91.57	48.04	52.47	13	92.05	1
相思湖开发区	12.87	9.94	77.20	1	81.83	3
青秀山管委会	12.86	5.95	46.26	15	33.59	17

长的对策措施

(一)继续加强领导,全力推进“项目建设年”、“服务企业年”活动

“项目建设年”活动领导小组应继续加强对项目建设工作的领导、协调、服务、检查、督促,定期或不定期对投资项目特别是重点投资项目建设、前期工作等各项工作任务的实施与落实情况进行指导和监督,及时协调解决工作中存在的问题,强力推进项目建设和项目前期工作,及时跟进目标完成情况,按季度下达目标任务,并对该季度投资工作提出具体要求。各县(区)开发区的领导小组,也应加强对县(区)开发区项目建设和项目前期工作的领导及协调服务确保实现年度投资工作目标。

(二)加强项目前期工作,着力解决项目推进的瓶颈问题

1.推进项目集中审批常态化

逐月召开项目集中审批会,市直各职能部门,对于需要市级审批的投资项目,在立项、可研、初设、规划选址、环境评估、林地、土地、水土保持、贴息、工程许可、工程竣工验收等方面的审批、核准、备案及其他有关业务,凡是申报材料基本齐备并符合要求,应现场给予批复办理提高项目前期工作效率。

2.严格依法办事,加快推进征地拆迁工作步伐

一是积极组织征地拆迁大会战,全面实施《南宁市“项目建设年”统筹推进征地拆迁工作方案》,实施各县(区)、开发区负责制;二是加快安置房的建设,尽可能做到“先安置后拆迁”,解决征地拆迁居民的住房问题;三是加强征地拆迁工作督查,加强对各县(区)、开发区与市政府签订的征地拆迁工作责任状的落实情况的检查,强化奖惩制度。

3.加大资金筹措力度,确保项目建设资金及时到位

一是积极争取自治区、特别是中央的资金支持;二是加大招商引资力度,争取引进更多的资金;三是加强政银企的合作,不定期组织驻邕金融机构现场与有资金需求的企业进行业务交流和沟通,为银企合作搭建平台、提供便利;四是扩展融资渠道,加快小额贷款公司的组建工作;五是鼓励各种社会资本参与社会事业和其他公益性项目的开发建设。

(三)采取有力措施保持房地产市场平稳较快发展

一是根据《南宁市人民政府关于进一步拉动内需促进房地产市场平稳较快发展若干措施的通知》精神,进一步出台一些优惠政策增强开发商信心,促使房地产市场逐步回暖;二是定期组织召开房地产开发项目推进会,协调解决项目建设中遇到的问题,针对一些项目的特殊情况,在合法合规的范畴内为企业开辟绿色通道;三是做好房地产开发项目前期工作情况的调研工作,对项目在推进过程中需要解决的问题进行收集、汇总,并及时上报,请求上级部门给予支持与协调,为房地产开发创造良好的投资环境;四是加大廉租住房、经济适用房以及拆迁安置房的建设力度;五是做好闲置土地的处置力度,充分发掘现有建设用地的潜力。

三、2010年南宁市固定资产投资发展预测

(一)国内宏观经济形势分析

1.有利条件

(1)我国总体经济发展态势不变,形势企稳向好

针对世界形势的深刻变化和国内经济面临的重大挑战,采取了一系列积极的财政政策和适度宽松的货币政策,有力刺激了我国经济的增长。2009年前三季度,我国经济增速逐步加快,产业结构调整和节能减排积极推进,保障和改善民生工作成效明显,财政状况逐步好转,货币信贷保持快速增长,重点领域改革取得新的进展,经济社会发展情况好于年初的预期,回升向好的趋势得到巩固。国内外机构普遍预计我国经济2009年可实现8%左右的增长目标,2010年可望增长9%左右,这给南宁市2010年经济实现平稳较快发展,提供了良好的宏观环境。

(2)广西经济快速发展面临多重机遇

2010年广西经济发展面临诸多利好条件:首先,中国—东盟自由贸易区将于2010年如期全面建成,广西在国家面向东盟战略中地位日显突出,广西经济社会发展迅速,成为中国面向东盟开放合作的前沿和窗口,进入了历史上最好的发展时期;其次,自从国务院正式批准《广西北部湾经济区发展规划》后,广西已成为各路资本的热土,根据广西北部湾经济区规划建设管理委员会办公室组织的研究小组预测,仅北部湾经济区4市未来12年固定资产投资规模就将达2万亿~2.50万亿元;再次,2009年10月28日,国务院总理温家宝主持召开国务院常务会议,讨论并原则通过《关于进一步促进广西经济社会发展的若干意见》,对于加快广西经济社会发展,培育我国沿海经济发展新的增长极起到了极为重要的作用,广西又一次被推向了国家经济战略布局的前沿。

(3)南宁市地缘优势明显,经济发展迅速

首先,国家实行拉动内需的政策、广西经济保持平稳较快的发展,为南宁市提供了良好的发展环境;其次,《广西北部湾经济区发展规划》的批准实施,进一步提升了南宁市作为北部湾经济区核心城市的地位和作用,使得北部湾经济区开放开发步伐的加快,为南宁市对接“北钦防”重大产业及交通基础设施建设提供了机遇;再次,国务院《关于进一步促进广西经济社会发展的若干意见》原则通过后,自治区党委、政府已经开始着手组织调研,即将针对南宁市出台《促进南宁市经济社会发展的若干意见》,将会在社会经济发展的各个方面给予南宁市一定政策及资金方面的支持。

2.不确定因素

从国际和国内层面看：全球经济复苏将是一个缓慢曲折的过程，虽然目前全球经济逐步回暖，但从国内经济看，经济回升的基础还不稳定、不巩固、不平衡，一些深层次矛盾特别是结构性矛盾仍然突出，主要表现为：外需萎缩的局面及影响还在持续；经济增长的内生动力不足，民间投资意愿不强；产能过剩的问题更加凸显，产业结构调整压力和难度加大；推进节能减排任务仍然艰巨；农业稳定发展和农民持续增收难度较大；财政收支矛盾突出，信贷结构不合理，流动性管理难度增加。

从南宁看，当前南宁市的经济社会发展还存在一些突出矛盾和问题。这些问题有的是长期积累下来的，也有的是近年来由于外部条件变化导致的。南宁市的经济发展水平、产业发展实力、企业和产品的竞争力等方面水平仍然比较低；外来项目、外来投资数量和规模偏小，缺乏大产业带动，增加投资的难度较大；加快经济发展、促进投资和推动产业升级的软硬环境还不够完善；经济增长方式粗放的问题仍然存在；规划调整及征地拆迁等瓶颈因素仍然存在。

综合国内外因素，可以看到，虽然南宁市经济发展面临着许多挑战，但其机遇也是前所未有的，并且机遇大于挑战，经济发展的基本面与全国、全区一致，将保持持续较快发展的良好势头，预计2009年经济增速达到15%左右，2010年南宁市仍将保持良好的增长势头。只要我们清醒认识形势，采取有效的应对措施，就一定能够保持2009年经济发展的良好势头。

（二）南宁市2010年固定资产投资情况初步预测

1.从投资增长形势看

首先，通过建立规章制度，推行内部管理制度化、规范化、科学化，出台一些非常政策，非常办法，南宁市项目建设过程许多难点、瓶颈问题得到解决，南宁市固定资产投资快速增长的局面开始出现，一批项目前期工作时间得以大幅度缩短，有望尽快开工建设；其次，2010年1月，中国—东盟自由贸易区将正式建成，国际综合物流园项目将在2009年底建成并封关运作，南宁市的潜在投资力量将大大增强；再次，自治区《促进南宁市经济社会发展的若干意见》有望在2010年得以实施，在一系列政策的促进下，南宁市固定资产投资的较快增长的态势在2010年将得以持续。

2.从项目支撑情况看

（1）重大项目有望形成较大投资

首先，自治区、南宁市统筹推进的一大批投资规模较大的项目有望在2010年开工或全面建设，仅55个续建项目2010年就计划投资44.90亿；其次，南宁电厂一期、中国海洋石油总公司广西木薯燃料乙醇项目、邕宁梯级水利枢纽工程、郁江老口航运枢纽工程、南宁市城市轨道交通工程等项目，预计将在2010年通过国家批复，全面开工建设。

（2）重点推进的城镇基础设施项目将成为投资增长主力军

2010年南宁市仍将继续完善南宁市交通路网建设，推进五象新区及凤岭片区基础设施建设，建设五象大道、五象新区核心区道路建设等项目；同时进一步加快市民中心、体育中心等重大项目建设，涉及民生的南宁市科技馆、南宁市青少年活动中心五象新区项目、南宁市残疾人活动中心、南宁市老年人活动中心、南宁市妇女儿童活动中心以及廉租房、拆迁安置房等项目都将在2010年形成更大的投资量。

（3）中区直项目将成为南宁市投资增长的主要推动力

中央、自治区属一批重大基础设施项目，如南柳客运专线（南宁段）、广西沿海铁路南宁至钦州段、南宁至广州快速铁路（南宁段）、南宁吴圩国际机场新航站区一期工程等一大批投资超10亿的项目均有望于2010年全面开工建设，将大大拉动南宁市固定资产投资的增长。

（4）南方"水城"建设投资将成为投资增长注入新鲜血液

根据《广西南宁市"中国水城"规划建设指导意见》，南宁市将在邕江市区段、南湖—民歌广场、五象新区规划市民中心湖区、相思湖（可利江）、心圩江这些城市中心区重点水域，大幅度拓展河湖水域与滨水绿地，形成"一江四湖"河湖主题公园。江北环城水系一期工程子项目（可利江——心圩江连通运河）、南湖—竹排冲水系环境综合整治工程、心圩江环境综合整治工程等一系列内河整治及截流排污项目将成为南宁市打造水城的基础性项目，从而得以大力推进，有望较快形成投资量。

3.从资金来源情况看

2010年几大类项目资金来源预计均会稳步增长。主要包括以下几个方面：首先，预计2009年我国财政收入将较2008年有所增加，国家必将继续扩大中央预算内投资规模，四万亿扩大内需新增中央投资资金2010年仍将陆续下达，而国债、中央专项建设资金也将继续下达，由此预计南宁市2010年获得的国家预算内投资将与2009年持平，或有小幅增长；其次，国内银行贷款方面，南宁市投融资体制改革初显成效，轨道交通、水务、城建方面的融资平台逐渐发挥效应，南宁建宁水务投资集团有限责任公司成功发行8.5亿元企业债券，加上近年来各金融机构纷纷在南宁设立分支机构，各类金融产品不断创新，政银企合作已经步入正轨，银行贷款有望在2010年继续保持较快增长；再次，利用外资方面，世行贷款南宁市城乡环境综合整治项目前期工作进展顺利，亚行贷款项目2010年有望实现更大投资，加上中国—东盟自由贸易区的全面建成以及北部湾经济区的开放开发，南宁市将成为外商投资的热土，利用外资将有望扭转2009年负增长的局面。

综上，预计2010年年度资金到位约1248亿元，其中国家预算内资金64亿元，国内贷款162亿元，利用外资20亿元，自筹和其他来源资金1002亿元

4.从各类投资预计完成情况看

从以往固定资产投资的构成看，基本建设投资、更新改造投资及房地产开发投资占据较大的比例，2009年各类投资增长均呈现大幅度增长，预计2010年这三类投资增速将放缓，回到2009年平均增速，呈现平稳增长的势头。

（1）基本建设投资方面

预计2009年基本建设将完成投资410亿元，增长47.32%。对于2010年的预测基于以下几个方面：一是目前初步考虑的2010年城建计划投资规模约为390亿元，以城建项目完成额占计划下达投资65%的比例测算，2010年市本级城建计划项目预计可完成投资253.50亿元，加上部分没有列入城建计划的教育基建计划、预算内计划项目投资，预计市区内基本建设投资可达290亿元左右；二是从县（区）开发区情况看，2009年四季度陆续下达的扩大内需新增中央投资项目带动，基本建设投资将有较大增长，预计完成投资100亿元左右；三是中央、自治区直属的铁路、高速公路、机场扩建等一系列项目陆续开工建设将形成较大投资量，预计投资规模可达到115亿元左右。因此，预计2010年基本建设投资方面完成投资504亿元，增长约23%。

（2）更新改造投资方面

预计2009年更新改造将完成投资240亿元，增长68.48%。近年来，南宁市积极实施工业化与城市化发展战略，产业结构进一步优化，呈现出第一产业比重不断下降、第二产业比重稳步提升、第三产业平稳发展的趋势，更新改造投资在全社会固定资产投资中的比重逐步上升，从2005年的16.40%上升到2008年的

20.54%，到2009年9月这个比例更是增长到了25.60%。2009年，为了帮助企业渡过难关，支持企业发展，南宁市安排了专项资金用于企业技改项目的贴息和补助、工业企业技术创新，企业节能技术改造以及标准厂房建设等方面，增强了企业投资信心，因此南宁市2010年更新改造投资仍有较大的增长空间，预计更新改造方面完成投资300亿元。

(3)房地产开发投资方面

预计2009年房地产开发将完成投资230亿元，增长15.40%。从2008年受国家宏观调控等因素开始，南宁市房地产投资增速明显放缓，2008年及2009年前三季度房地产新开工面积均呈现负增长态势，因此2009年南宁市房地产基本处于消化存货的阶段。随着南宁市实施一系列针对房地产开发的优惠政策，开发商投资热情得到较大的调动，2009年房地产报建情况明显优于2008年，由此预计2010年南宁市房地产开发投资将开始回升，可完成投资约270亿元，增长约17.39%。

上述基本建设投资、更新改造投资、房地产开发投资三类投资共1074亿元，根据这三类投资约占全社会固定资产投资90%左右的比例测算，2010年全社会固定资产投资预计可达到1200亿元左右，增长20%。

(本文来源于南宁市社会科学院编、广西人民出版社出版的2010年《南宁市经济发展蓝皮书》)

2009年南宁市社会发展形势分析与展望

龚山峰　曹小军

2009年是南宁市经济社会发展的重要一年。在面对全球性经济危机的极端困难条件下，南宁市委、市政府在邓小平理论和“三个代表”重要思想的指导下，以深入贯彻落实科学发展观为契机，及时转变发展观念，创新工作方法和思路，努力保持经济社会的协调发展，各项社会事业继续保持良好的发展态势，社会和谐程度有了较为明显的提高，为进一步推进区域性国际城市和广西“首善之区”的建设打下了坚实的基础。

一、教　育

(一)教育发展现状

九年义务教育普及水平不断提高。2005年，南宁市提前两年实现基本普及九年义务教育和基本扫除青壮年文盲的目标。2008年，南宁市有义务教育阶段学校1859所，在校生81.54万人，其中小学净入学率为99.63%，辍学率0.02%；初中阶段毛入学率113.91%；残疾儿童少年入学率87%，初中毕业升学率为82.50%，其中市区为90%，公民平均受教育年限大约9年。

高中教育进一步发展。2008年，南宁市共有高中阶段学校151所，其中普通高中86所，在校生11.61万人；中等职业学校55所，在校生6.80万人；平均每万人口高中在校生数为251人。市二中、三中、三十六中、武鸣高中、横县中学、市八中、十四中、南宁沛鸿民族中学、南宁外国语学校、宾阳中学、邕宁高中、市一中、三十三中、宾阳高中、英华学校、武鸣中学、上林中学、马山中学等18所学校通过自治区示范性普通高中评估验收。普通高中教育教学质量稳步上升，高考连年获大面积丰收，本科上线率及文理尖子生所占比例均列全区前茅。南宁市高等教育毛入学率约为35%，比2007年提高近2个百分点，平均每万人口大学在校生数约为334人。

学前教育和特殊教育健康发展。目前南宁市学前3年幼儿入园率为68%，学前一年入园(班)率为96%。南宁市幼儿园在读人数为15.19万人。近年来南宁市高度重视特殊教育的发展，2008年，南宁市有特殊教育学校10所，另在10所小学内设有11个弱智儿童辅读班在校生85人，盲、聋哑、弱智“三残”儿童入学率达87%。南宁市的盲聋哑学校作为全区盲教资源中心，正在发挥示范、辐射功能；市儿康培智学校的孤独症纠正训练已初显成效，其影响力已达我国西南地区。

职业教育与成人教育继续保持强劲的发展势头。全面开展职业教育攻坚工作，推进中等职业教育发展。目前南宁市有中等职业学校55所，其中，职业中专54所，在校生5.88万人；技工学校1所，在校生0.92万人。有6所学校被评为国家级重点中等职业学校，2所学校被评为省级重点中等职业学校。南宁市中等职业学校设置有饭店服务与管理等专业60个，其中有1个专业被评为国家技能型人才培训示范专业，14个专业列为自治区级示范专业。近年来，南宁市中等职业学校毕业生就业率保持在96%以上。此外，南宁市有高等职业院校两所(南宁职业技术学院和广西东方外语职业学院，后者为民办学校)，全日制在校学生1.90万人，设置有室内设计技术、涉外旅游等专业近90个。2008年，南宁职业技术学院毕业生就业率为95%。

家庭经济困难学生资助体系进一步健全。一是建立内部管理制度。根据《国务院关于建立健全普通本科高校高等职业学校和中等职业学校家庭经济困难学生资助政策体系的意见》，逐步建立学生资助管理配套制度和学生资助管理机构内部管理制度，保证各级各类学校学生助学金发放工作安全、高效运行。二是构建学生资助管理工作网络，全面开展家庭经济困难学生调查工作，在全区率先建立市级中小学校贫困学生档案库，落实以政府为主导的家庭经济困难学生资助政策，2008年完成“资助8000名家庭经济困难大中小学生入学”等为民办实事项目。2009年春季学期国家助学金2787万元、中国教育发展基金会拨给普通高中助学金160.70万元全部按时发放到位。与此同时，积极开辟入学“绿色通道”，全年为家庭困难学生、残疾儿童、军烈属子女减免各项费用2496.90万元，涉及学生5.38万人。其中为家庭困难学生减免费用2471.40万元，照顾残疾儿童入学8.15万元，照顾军烈属子女17.32万元。

农村义务教育经费保障机制运行良好。落实2008年春季学期提高农村中小学公用经费保障水平和免费提供教科书政策。南宁市共有65.12万名农村义务教育阶段学校学生享受国家免除学杂费政策和免费提供教科书政策，国家、自治区补助的公用经费9363.63万元全部下拨到各农村义务教育阶段学校。进一步落实农村义务教育阶段家庭经济困难寄宿生的生活费政策。南宁市有15.12万名农村义务教育阶段贫困寄宿学生享受了国家补助生活费政策，国家、自治区补助的资金5247.62万元全部下拨到相关学校。

进城务工就业人员随迁子女接受义务教育工作进一步加强。2008年春季学期，共为25770名(小学18896名，初中6874名)进城务工就业农民子女办理就读手续并免收借读费。

学校办学条件得到进一步改善。南宁市各县(区)把教育放在优先发展的战略地位，近年来不断加大对教育经费的投入力度，教育经费总量逐年增加，教育事业快速发展，切实达到教育经费法定“三个增长”。2002~2008年义务教育经费累计总投入111.43亿元，其中预算内财政拨款累计投入83.99亿元。在教育投入的保障下，南宁市中小学办学条件不断改善，2002~2008年南宁市用于中小学校基本建设资金总计为21.61亿元，建成各类教学用房201.99万平方米。南宁市小学生均占有校舍面积为6.59平方米,中学生均占有校舍面积为8.09平方米,达到了国家规定标准。

化解"两基"欠债工作取得新进展。2008年自治区在全区范围内全面开展清理化解农村义务教育"普九"债务工作,专门制定了化解债务政策,明确了清理化解债务范围、内容、清理核实的主体、债务及利息认定原则,通过开展清理核实、审计认定、锁定债务等工作,对农村"普九"所有债权、债务进行全面清理、核实,分门别类进行登记造册,清除不实债权债务,清理"三角债",同时制定化债方案,筹集资金化债,争取用两年左右的时间完成全区农村"普九"债务清理化解工作,2008年力争化解农村"普九"债务50%,2009年基本完成此项任务。

教育信息化建设步伐进一步加快。为了促进城乡优质教育资源共享,提高农村教育质量和效益。2003年国家启动"实施农村中小学现代远程教育工程"。南宁市从2004年起开始实施农村中小学远程教育工程,目前已实施项目4303个,总投入6945.20万元,给南宁市3461所农村中小学(其中小学教学点2570所,覆盖南宁市所有农村小学教学点,农村小学864所,农村乡镇初中27所)配备了教学光盘播放系统,为南宁市954所中小学配备了远程教育接收系统,(其中农村小学850所,农村乡镇初中104所)为72所农村乡镇初中配备了计算机教室。三个项目的实施为南宁市农村中小学实施城乡优质教育资源共享、普及信息技术教育、提高教育质量打下了良好的基础。2002~2008年,南宁市教育设备总投入8.16亿元。目前正在筹建南宁教育城域网,建成后各学校将有专用的端口接入教育信息网,实现教育资源共享的目标。

教育体制改革取得明显进展。建立义务教育由地方政府负责,分级管理、以县为主的体制,强化了县(区)人民政府对教育事业的管理职责。在农村,按"一保二控三监管"的原则,正逐步建立起农村义务教育经费保障制度。中小学校人事制度综合改革不断深化,学校管理民主化制度进一步完善,办学活力有所增强。民办教育步入有序健康发展的轨道,至2008年底,南宁市共有民办中小学、幼儿园838所,在校生人数为16.09万人,占南宁市中小学、幼儿园在校生总人数的14.00%。此外,有非学历民办短期文化教育培训学校140所,公办和民办学校共同发展的多元化办学格局正逐步形成。

基础教育课程改革与教育科研成果显著。2001年原新城区(现属青秀区)被列为国家基础教育课程改革实验区,辖区内的义务教育学校(小学一年级和初中七年级)全面参与课改实验,2002年6月武鸣县、宾阳县被列为自治区基础教育课程改革实验区,2003年9月原城北区、永新区(现属西乡塘区)、江南区、兴宁区、原邕宁县被列入实验区,2004年横县、隆安县、上林县、马山县被列入实验区。2004年开始,南宁市在全区率先进行了中考制度改革,以中考科目等级成绩及学生综合素质评价为依据录取高中新生,并将示范性普通高中招生指标分配与初中实施素质教育水平挂钩,以素质教育为导向,鼓励学生德、智、体、美全面发展。至2005年7月,南宁市义务教育课程改革实验进入了全面实施阶段,课程改革向纵深推进,南宁市基础教育阶段教师的教学方法、学生的学习思维方式、教育教学评价等发生了可喜的变化,学校的教学质量得到了提高。

(二)教育发展面临的主要问题

1.城乡教育仍存在较大的差别

由于地域和经济条件不同,不少乡镇学校的基础设施,师资力量、教育环境都无法与城区学校相比,尤其是农村教师的业务素质和教学能力有待进一步提高,教育教学质量不够稳定。

2.城市发展与学校建设不配套

近年来,虽然市区教育资源总量有了一定的增长,但增长速度与城市发展速度不相协调。特别是城市住宅小区建设的不断加快,打破了市区中小学校原有的布局结构,由于不少开发商没有按规定配建学校,造成了区域性入学压力紧张。如相思湖片区、秀厢大道片区、仙葫片区、大沙田片区、江南客运站至机场高速路片区一带上百个住宅开发小区中,只有极少数配套建设学校,导致住户适龄儿童少年难以就近入学接受义务教育。

3.市区普通高中教育资源仍无法满足就学的需求

虽然南宁市市区目前已经有51所普通高中,其中11所为自治区示范性普通高中,但仍满足不了市民的需求,学校只能挖掘潜力增大班额来扩大招生规模,造成很多普通高中已经远远超过原设计的规模标准,大班额现象突出。

4.择校现象突出,热点学校人满为患

不少家长千方百计把孩子送进"名校",造成学校招生秩序混乱,给有序招生、按章招生造成障碍,也使"名校"人满为患,给学校教育教学和管理带来很大的困难。

5.寄宿制学校管理人员编制不足

根据有关规定,实行寄宿制的农村中小学,根据寄宿学生人数,每校可增加核给1~3名后勤管理人员编制。现实中有些寄宿生多的学校,仅有3名管理人员,力量明显不足,寄宿生大多只能依靠班主任来管理,使得寄宿学校的班主任每天工作时间长达15~16个小时,工作量非常大,同时因为精力不足,管理工作也很难确保到位。城市的寄宿制高中一直没有核定内宿生管理人员编制,也给学校管理带来很多困难,为了确保学校对内宿生的安全管理,学校只有用自有经费聘请生活管理教师、保安等后勤服务人员,其费用开支很大。

6.进城务工人员子女人数大量增加,入学安置难度极大

南宁市虽已建立了一套较为规范、符合南宁市实际的农民工子女入学程序,几年来,城区各中小学校也充分挖掘办学潜能,想方设法接收进城务工人员子女入学就读,但随着南宁市城市化进程加快及城市义务教育免杂政策的实施,大量外出务工人员的不断涌入,城区生源剧增,城区公办中小学已基本饱和,接收工作压力极大。据统计,2008年春季南宁市中小学接收进城务工人员子女接受义务教育的人数已达63637人,其中小学48957人,初中14680人。按以上人数测算,相当于建规模为24个班的小学(每班40人)51所,规模为24个班的初中(每班45人)14所。

7.中等职业学校现有的基础设施难以适应再扩招要求

从2005年开始,根据国家和自治区的要求,南宁市中等职业学校连续三年扩大招生,目前,各公办中等职业学校容纳学生已到极限。2008年自治区下达给南宁市招生任务为28800人,比2007年增加6800人,而南宁市中等职业学校的基础设施正在建设和完善过程中,现有的基础设施(教室、宿舍等)不能满足再扩招的要求,一些学校甚至出现内宿学生两人用一铺床的现象。部分公办学校只好采用搭建临时性板房的办法安置学生,虽可暂缓扩招压力,但存在较大安全隐患。

8.农村教师住房困难问题急需进一步解决

根据南宁市各县(区)教育局2008年12月上报的数据统计,目前南宁市农村教师(不含民办)有商品房或自建有住房或购有经济适用房或校内住宅楼房的有17730户,住校内平房有8325户,校内外租房7394户,无房户8883户,即一共有24602户要解决住房问题。

(三)进一步加快教育发展的总体思路

认真学习贯彻党的十七大和十七届三中全会精神,以邓小

平理论和"三个代表"重要思想为指导，全面统筹教育改革与发展，不断提升南宁市教育的整体实力和发展水平。重点抓好以下几个方面工作：

一是认真实施《2007-2010年南宁市中小学教育发展行动计划》，通过实施"义务教育均衡建设工程"、"扩大优质教育资源建设工程"、"素质教育工程"、"职业教育与培训创新工程"、"21世纪人才培养工程"、"民族地区教育信息化示范工程"等六大工程，大力推进教育改革与创新，提升首府南宁教育发展水平。

二是继续巩固扩大"两基"成果，包括依照《义务教育法》的要求，让适龄儿童都能入学，落实国家义务教育经费改革新机制，完善扶贫助学制度，大力支持贫困地区实施义务教育，进一步加强流动人口子女与残疾儿童的义务教育，做好免除城市义务教育杂费的各项前期准备工作，加强和改进未成年人思想道德教育，全面推进素质教育。加大对教师的培训力度，提高教师的师德水平和业务水平，提高教学质量和办学水平，让全体学生进得来，留得住，学得好，真正做到"一个都不会少"。

三是大力推进基础教育均衡协调发展，率先在全区实现高中阶段教育的普及。一是抓同类学校间的均衡发展，加大对薄弱学校的投入和改造力度，不断改善办学条件，缩小同一区域内公办学校之间、城乡学校之间的差距。二是抓普通教育和职业教育的协调发展。把大力发展中等职业教育作为今后一段时期教育发展的重点，通过进一步整合职业教育资源，扩大职业教育规模，力争2010年实现基本普及高中教育的目标。与此同时，职业教育要适应南宁市产业结构调整和现代创造业、服务业、农业产业化以及承接东部产业转移的需要，做好专业调整、设置工作，为南宁市经济建设提供大批"适销对路"的技能型人才。

四是根据邕宁行政区划调整后及未来南宁市中心区建设的需要，加快修订中小学布局调整方案，以解决教育需求与教育资源不足的矛盾。重点对五象新区及原属邕宁县管辖的仙葫、大沙田等开发区的中小学布局进行规划，加大城区学校改扩建及新学校建设力度，以使教育资源配置能适应南宁作为首府和建设区域性国际城市的需要。与此同时，切实加强学校安全管理，推进和谐校园建设，抓好校舍检查及防灾教育演练工作，确保师生安全。

五是进一步加强校长队伍和教师队伍建设。继续实施"高素质校长培训工程"和"高素质教师培训工程"及"356骨干教师培养计划"，通过"六个结合"，即区外培训与区内培训相结合、长期培训与短期培训相结合、全员培训与重点培训相结合、理论学习与岗位实践相结合、内部培训与外部培训相结合、在岗校长培训与后备干部培训相结合，提升管理干部和教师的整体素质，为推动首府教育大发展打下坚实基础。

六是加强教育国际合作与交流。加大教育对外开放力度，加强与国际特别是东盟各国人才教育培养的合作交流，积极开拓以东盟国家为重点的国际教育市场，吸纳东盟国家青少年学生到南宁就学。结合外国学生到南宁市中小学就读人数日益增多的趋势，落实《南宁市中小学接受外国学生暂行管理办法》并做好招生宣传，规范南宁市中小学招收外国留学生工作，提高管理水平。

二、文化产业

近年来，在市委、市政府的正确领导和广西区文化厅的指导下，南宁市紧紧围绕提升传统产业、壮大新兴产业、优化产业布局、加大招商引资力度等中心工作，认真谋划，促进南宁市文化产业科学发展、跨越发展、和谐发展，并荣获文化部授予的"全国文化产业工作先进集体"。

（一）文化产业发展基本情况

1.节庆活动呈现魅力，节庆产业发展势头良好

南宁国际民歌艺术节努力走市场运作的模式，通过经营门票、企业赞助、政府补助等形式扶持这一重大节庆活动，使之成为文化产业的支柱之一。特别是从2002年起，南宁市成立了国有独资的"大地飞歌有限责任公司"，民歌节走上了"政府举办、公司运作、各部门分工协作"的路子。大地飞歌公司除运作民歌节外，注重开展与节庆活动密切相关的会展活动，如举办南宁住宅交易会、南宁国际学生用品交易会等，逐步形成了围绕以民歌节为核心的文化产业链，文化产业开始显示独特的魅力。

2.传统文化产业继续保持快速发展态势，品牌化、规模化水平不断提高

（1）娱乐演艺市场蓬勃发展。以东葛路、桃源路和五象商业圈为核心的娱乐演艺场所数量约占南宁市娱乐演艺场所总数的25%，年营业额占南宁市娱乐演艺场所营业总额60%以上。佰迪乐率先在南宁甚至广西开展量贩式KTV连锁经营，品牌化、规模化经营成为娱乐演艺业的发展趋势。目前，南宁市共有歌舞娱乐场所200家，年营业总收入达6亿元，从业7500人。丰富多彩、魅力无穷的娱乐演艺活动不仅丰富市民的文化生活，同时也推动相关产业的发展。

（2）工艺美术品交易市场日臻完善。由建业房地产公司兴建的东艺中心是西南地区最大的工艺美术品交易市场，目前已有深圳大芬油画村、博白竹藤编等众多的工艺美术品生产企业进驻，东艺中心不仅让艺术走进大众之家，而且也搭建了中国工艺美术品进入东盟各国的桥梁。

3.文化创意产业逐步形成新的业态，成为南宁市新的经济增长点

（1）动漫作品研究能力增强。以广西接力天高动漫影视有限责任公司、广西哈虎网络科技有限公司为核心的动漫企业深度挖掘潜力、整合优势力量，打造了一批动漫作品，如《漫画·刘三姐》、《八桂歌画》、《广西奥运英雄谱》、《小小律师》、《阳光少年》和中国第一部希望工程公益电影《希望》。目前，具有开发制作出3000分钟动漫内容以及周边产品研究能力。

（2）动漫产品交易平台基本构建。广西哈虎网络科技有限公司至今已举办了四届"广西动漫节"，并承办两届南宁市青少年动漫系列活动，目前该公司以哈虎网为依托，建立动漫及创意产品交易平台，为动漫、创意受众提供交易、展示、引导、包装服务。

（3）文化创意产业影响力增强。出现了一批有影响的、具有较好的经济效益和社会效益的文化创意企业，如广西新影响文化传媒公司、广西动力策划广告公司、广西哈虎网络科技有限公司、广西榜样广告有限责任公司等。2007年，南宁市文化局命名了10个文化产业单位为"2007年度南宁市最具影响力文化产业单位"，成为带动南宁市文化产业发展的骨干企业和领军企业。

（4）网络文化业快速发展。作为新兴的文化产业，近几年来，通过规范准入，引导发展，网络文化业产业结构有明显改善，规模化和连锁经营逐步占据市场主流，并产生较好的经济效益和社会效益。据统计，目前南宁市共有网吧896家，计算机7万多台，年营业额约2.30亿元，上缴税费约2000多万元，并提供就业机会6000个。

（二）存在的主要问题

目前，南宁市文化产业快速稳定健康发展，产业结构不断优化，促进了南宁市经济社会科学发展、和谐发展，但是与沿海先进发达地区相比仍有较大的差距。

一是缺乏政策扶持。在文化产业发达的城市如深圳、上海、天津等市，政府专门出台鼓励和扶持发展文化产业的政策，对所

辖地文化产业以及文化产业园区进行一定扶持，如地价优惠、房租补贴、水电优惠等，使文化产业发展有政策保障。

二是政府多头管理。没有建立有效的协调机构和有利于文化产业发展的公共服务平台。文化产业的管理部门分散、职能交叉，多头管理、重复管理、缺位管理现象严重；文化产业项目建设的公共服务平台没有建立，文化产业企业融资难、借贷难仍然存在。

三是规模偏小。文化产业项目规模偏小，而且大多数产业都属于传统文化产业中的劳动密集型产业，知识密集型产业尚未形成规模，产业组织化程度不高、集中度不够，产品科技含量和现代化程度不够理想。

四是产业链不完整。南宁市文化产业系自发状态，文化企业之间没有较为清晰的产业上下游关联性，难以形成规模经济。

三、卫生事业

（一）卫生事业发展现状

近年来，南宁市卫生工作深入开展贯彻落实科学发展观活动，围绕深化医药卫生体制改革，以卫生建设项目为载体，以提高人民健康水平为核心，以满足城乡居民基本医疗卫生服务需求为重点，以实现人人享有基本医疗卫生服务为目标，开展创建“国家卫生城市”活动，巩固和完善新型农村合作医疗制度，健全基层医疗卫生服务体系，落实公共卫生措施，做好重大节庆活动卫生保障工作，加强行业监管，加快卫生项目设施建设，取得了显著的进展。

目前，南宁市已基本建立三级医疗卫生网络，覆盖城乡的医药卫生服务体系基本形成，疾病防治能力进一步增强，医疗保障覆盖人口逐步扩大，医疗服务质量和卫生科技水平不断提高，人民群众健康水平明显改善，居民主要健康指标高于全国平均水平。各级政府投入加大，公共卫生、农村医疗卫生和城市社区卫生发展加快，新型农村合作医疗取得显著成效，为深化医药卫生体制改革打下了良好基础。

统计至2008年底，南宁市辖区（含自治区直属）卫生机构2240个（不含村卫生室）。其中医院83个、乡镇卫生院118个，疾病预防控制机构10个，卫生监督所14个，妇幼保健机构9个，社区卫生服务站中心（站）91个，门诊部28个，诊所、卫生所、医务室1862个，其他卫生机构25个。

2008年南宁市辖区（含自治区直属）医疗机构床位数达22696张，其中医院16727张，卫生院4374张。与2007年相比增加2129张（以县及县以上医院和乡镇卫生院床位增加为主）。南宁市辖区（含自治区直属）每千人口床位数由2007年2.82张增加到2008年3.28张。2008年市属医疗机构床位总数13840张，其中医院8231张，卫生院4374张。

2008年南宁市辖区（含自治区直属）卫生人员38230人，卫生技术人员31210人，其中，执业（助理）医师12413人，注册护士11377人。2008年南宁市辖区每千人口卫生技术人员4.50人，每千人口执业（助理）医师数由2007年1.74人增加到2008年1.79人，每千人口注册护士数由1.56人增加到1.64人。2008年市属卫生人员25427人，比2007年增加1285人（以医院和个体诊所增加为主）；卫生技术人员21124人，其中，执业（助理）医师8853人，注册护士7506人。

（二）存在的主要问题

近年来，尽管南宁市卫生事业发展取得了显著成效，但是，医疗卫生事业发展水平与人民群众健康需求及经济社会协调发展要求不适应的矛盾还比较突出。城乡和区域医疗卫生事业发展不平衡，资源配置不合理，公共卫生和农村、社区医疗卫生工作比较薄弱，医疗保障制度不健全，医院管理体制和运行机制不完善，政府卫生投入不足，医药费用上涨过快，个人负担过重。具体有以下几个方面：

一是城乡卫生资源配置不平衡，城乡差异显著。目前，南宁市卫生事业发展区域规划尚未制定，南宁市医疗卫生资源的整合与共享尚处于探索阶段，未能付诸实施。

二是城区疾控队伍建设有待加强。2009年卫生部门借助政府为民办实事项目，推进了疾控体系改革，在六城区成立疾病预防控制机构，但如何发挥城区一级疾病预防控制机构的作用还有许多工作要做。

三是市级医疗机构应对公立医院改革的准备不足。国家医疗卫生体制改革近期重点实施方案明确提出，公立医院改革2009年开始试点，2011年逐步推开。届时，部分公立医院定位、性质和经营模式将要发生变化。而长期以来，南宁市级医疗机构在发展建设过程中遇到很多困难，基础薄弱、设备设施陈旧，医疗技术水平与区直医院相比存在较大差距。

四是妇幼保健工作面临的形势比较严峻，部分社区卫生服务机构运行仍比较困难。目前，城区一级无妇幼保健机构，保健三级网络不完善，网底运行质量及效率较低。妇幼卫生人才匮乏，60%乡镇卫生院没有专职妇幼人员，孕产妇全程跟踪管理工作不到位，儿童保健工作难以开展。基层妇幼保健工作开展难度较大，妇幼保健工作体制有待调整和加强。社区卫生服务的六大职能中预防、保健、康复、健康教育和计划生育技术指导等社会公共卫生服务基本都是免费或低收费项目，加上补偿机制尚未理顺，部分社区卫生服务机构运行比较困难。

五是农村卫生工作有待进一步加强。新型农村合作医疗管理能力建设不足，办公经费不足，工作人员待遇低。卫生院基本医疗技术人员不足，住房条件差，造成卫生院人才队伍不稳定。部分村屯出现缺医少药现象，农村三级医疗卫生保健网建设有待加强。

六是传染病预防控制工作面临的形势仍比较严峻。传染病局部暴发流行时有发生，预防控制面临新挑战。免疫规划流动人口儿童免疫接种难度大，缺乏多部门协作、完善的行之有效的管理办法，个别免疫规划所针对的传染病存在暴发隐患。艾滋病防制工作中部门合作机制没有很好形成，防艾工作离要求差距较大；落实高危人群干预措施存在较多困难与问题，未能做到长期进行；对流动人口、农民工的艾滋病宣传教育防治缺少办法等。

七是县、区卫生监督工作有待进一步加强。县、区卫生监督机构人员编制偏少，基础设施薄弱，执法装备落后，发展不平衡，市本级与城区的管理权限未完全理顺，影响到南宁市卫生监督工作重心的进一步下移。

八是卫生长效管理机制未健全。环境卫生“脏、乱、差”现象仍不同程度存在，影响深入实施“城乡清洁工程”和创建“国家卫生城市工作”的进程。

九是基本建设项目进展不平衡。部分建设项目进展缓慢，有的工程超过概算，导致建设经费困难，未能如期完工，如市中医院搬迁、市疾控中心建设项目。

十是专科建设和人才培养、引进的机制、渠道有待进一步改进和完善。推动学科建设和科技创新的能力不足。重视卫生管理工作而忽略科研工作的现象仍有发生，在抓人才培养、科技创新和持续发展方面投入的精力不足，缺乏行之有效的具体措施。对专业技术高级人才队伍的培养，无论在数量上、素质上还是在群体结构上，都远远不能适应医疗卫生事业快速发展的需要。

（三）加快南宁市卫生事业发展的总体思路

以邓小平理论和"三个代表"重要思想为指导，深入贯彻落实科学发展观，从南宁市实际情况出发，借鉴先进地区经验，着眼于实现人人享有基本医疗卫生服务的目标，着力解决人民群众最关心、最直接、最现实的利益问题。坚持公共医疗卫生的公益性质，坚持预防为主、以农村为重点、中西医并重的方针，按照上级统一部署，逐步实行政事分开、管办分开、医药分开、营利性和非营利性分开，强化政府责任和投入，完善健康政策，健全制度体系，加强监督管理，创新体制机制，鼓励社会参与，建设覆盖城乡居民的基本医疗卫生制度，不断提高全民健康水平，促进社会和谐，为把首府南宁建设成为区域性国际城市和广西"首善之区"做出积极贡献。

四、劳动和社会保障

（一）基本情况

1.就业方面

（1）依托经济社会发展，推动就业由零星就业向规模就业转变。近年来，南宁市始终坚持经济增长与就业互动，经济增长点放在哪里，就业工作的触角就伸到哪里。开发就业岗位，扩大就业总量。2006 年至 2009 年 9 月，南宁市城镇新增就业 24.99 万人，帮助下岗失业人员实现再就业 6.59 万人，其中帮助大龄就业困难人员实现再就业 1.53 万人，城镇登记失业率均控制在 4%以内。2008 年下半年以来，受国际金融危机持续蔓延的影响，南宁市经济增长放缓，就业压力明显增大。为把经济形势变化带来的就业影响降到最低限度，南宁市迅速采取有效应对措施，今年以来，通过降低失业、医疗、工伤保险三项费率，企业减少支出社会保险费 6866 万元，认定了 18 家困难企业，累计从社保基金中划拨 766.89 万元给予企业社保补贴，帮助企业稳定就业岗位 8479 个，稳定职工队伍 1.15 万人。

（2）着力提升劳动者素质，推动就业由体能型就业向技能型、创业型就业转变。近年来，南宁市相继组织实施了"百万农村劳动力转移就业"、"百万农民就业培训"等重大就业活动，南宁市对 110 万农民进行了职业技能、农业科技和引导性培训等。通过南宁市认定的 37 家定点培训机构，积极为城乡劳动者提供定向培训、见习培训等针对性强的就业培训服务。2006年以来组织 1.52 万人参加了创业培训，并在南宁市认定了22家返乡创业品牌基地，2009 年又开展了创建国家级创业型城市活动。2006 年以来，由劳动保障部门组织开展的职业技能培训已培训各类人员 54.28 万人。

（3）积极构建服务网络，推动就业由无序流动向有序组织转变。南宁市高度重视公共就业服务的基础建设，在南宁市 19 个街道办事处、102 个乡镇、332 个社区和 1392 个行政村建立了基层劳动保障工作机构。同时，建成了 6 县劳动力市场、10 个城区街道劳动保障事务所"一站式"服务大厅和 20 个重点乡镇劳动力市场，初步构建了市、县（区）、乡镇、社区（村）四级公共就业服务平台。村级劳动保障平台建设走在了全国前列。2006 年到 2009 年 9 月，进入南宁市人力资源市场招聘的单位达 5.13 万家次，提供就业岗位信息 79.94 万个次，向各类企业推介就业 58.13 万人次。2009 年以来，南宁市已将 160 场就业招聘会开到园区、乡镇、村屯，组织 3020 家用人单位 15.90 万个（次）就业岗位上门应聘，动员 20.30 万人次进场应聘，帮助 5.50 万人次与企业达成录用意向。

（4）注重困难群体就业，就业援助由阶段性向长效性援助转变。近年来，南宁市通过开发公益性岗位、开发社区岗位等措施，为零就业家庭等就业困难人员实施及时援助。取得了两个"率先"：一方面率先在全区开展创建充分就业社区活动，南宁市从 2005 年开始探索建立"充分就业社区"，目前南宁市累计创建了 296 个充分就业社区。2003 年以来南宁市动态消除"零就业家庭"3900 多户。另一方面率先在全区开通就业援助呼叫系统，2008 年 3 月，南宁市启动了就业援助呼叫系统，对就业困难人员实行承诺服务：只要就业困难人员拨通专线电话，3 个工作日内即给予提供就业岗位，目前通过该系统帮助 1961 名就业困难人员实现了就业。

2.社会保障方面

（1）社会保险实现"整体推进"。2006 年，南宁市创新思路，启动了农民工住院医疗保险；2007 年，启动了农民工基本养老保险和被征地农民养老保险；2007 年底，南宁市被列入全国城镇居民基本医疗保险试点城市。2009 年下半年，又把在校大学生纳入城镇居民基本医疗保险覆盖范围，同时启动了新型农村养老保险试点工作。目前，南宁市的社会保险基本实现了政策上的全覆盖。至 2009 年 9 月底，南宁市五项保险参保总人数达到了 293.64 万人，其中养老保险 53.46 万人、失业保险 36.62 万人、医疗保险 138.99万人、工伤保险 32.74 万人、生育保险 31.83 万人；居民医疗保险 79.39 万人。

（2）征缴机制实现"统一征缴"。近年来，南宁市着力在社会保险体制机制上谋创新、求发展。2007 年，率先启动运行"金保工程"，实现了参保单位、参保人员的信息和数据"同人、同城、同库"。借助"金保工程"启动运行提供的数据平台和技术支撑，把分散征缴整合为定点统一征缴。实现了以"金保工程"为支持的全新意义的社会保险五险统一征缴管理体制。南宁市被劳动保障部授予"金保工程建设示范城市"称号。

（3）社会保险保稳定功能更加突显。一方面，对 13 万名企业离退休人员的基本养老金待遇及时调整和足额发放，做到调整发放不漏一人、不少一分、不拖一日。目前，南宁市人均养老金已达 1056 元/月，南宁市每月支出基本养老金达 1.80 亿元。另一方面，认真贯彻落实有关文件精神，积极为由于历史遗留问题等原因中断参保、保龄不足、从未参保、已办退保等符合规定的人员提供参保、续保、补保服务。从 2006 年至 2009 年 9 月，南宁市劳动和社会保障局共为 14.39 万人办理了补缴手续，使该项政策成为不断增进南宁市社会和谐的重要因素。

（4）社会保险保增长功能有效发挥。2008 年下半年以来，受国际金融危机的影响，南宁市部分企业生产经营出现困难。为帮扶企业渡过困难期，市政府出台了《关于应对当前经济形势努力做好稳定和扩大就业有关问题的通知》，明确了"五缓三降"的社会保险扶持政策，通过采取适当降低和允许缓缴社会保险费的方式，帮助企业降低人工成本。

至 9 月底，南宁市已对 13216 家参保单位降低城镇职工基本医疗保险单位缴费比例，对 23826 家参保单位降低失业保险单位缴费比例，对 12480 家参保单位降低工伤保险单位缴费比例，社保费率的降低共为参保企业减少社保支出 6866 万元。

3.劳动关系方面

（1）劳动保障监察主动稳定的功能有效发挥。2002 年 5 月南宁市开始建设市、城区劳动保障监察工作网络。至 2008 年底，南宁市 10 个县（区）、3 个开发区成立了独立的劳动保障监察机构，南宁市配备专（兼）职劳动保障监察员 313 名。2008 年在全区率先建立了劳动保障监察网格化管理模式，目前已经完成了南宁市城区 260 个网格的划分，配备了首批 126 名劳动保障监察协查员，将在主动稳定方面发挥重要作用。2006 年至 2009 年 9 月，南宁市劳动保障监察办理案件 3344 件，为劳动者追发工资 2 亿多元，处理突发事件 670 件，涉及人员6.80 万人，有力维护了社会的和谐稳定。2005年,市劳动保障监察支队获"全国维护妇女儿童权益贡献奖"先进集体等称号,2006年获得了"全国劳动保障工作一等功集体"殊荣。

(2)实体化建设为劳动争议仲裁事业发展奠定了坚实基础。2001年,南宁市在全国率先建立了劳动争议仲裁院,在6城区成立了劳动争议仲裁所。2008年,根据《劳动争议调解仲裁法》有关规定,南宁市完成了6城区仲裁机构撤销和人员划归市劳动争议仲裁院管理的工作,并拉开县级劳动争议仲裁院建设序幕,目前在横县、武鸣完成了县级劳动争议仲裁院建设。2006年至2009年9月底,南宁市受理劳动争议案件8951件,结案7625件,法定结案率100%。2005年南宁市劳动争议仲裁委员会被授予了"全国先进劳动争议仲裁委员会"荣誉称号。

(3)农民工管理制度化建设工作不断实现新突破。近年来,南宁市高度重视农民工工作,建立了农民工工资支付保障制度、劳动合同制度、劳动安全卫生制度、就业服务和培训制度、农民工社会保障制度、农民工子女教育管理制度、优秀农民工在城市落户制度、农民工信息统计管理制度、社区管理服务制度和农民工公共服务等10项制度。在这些制度的建设中,南宁市农民工工资保障金制度、农民工参加养老保险、农民工大病住院医疗保险等3项工作,都是全区第一个启动的城市,"十项制度"的建立和完善,逐步把南宁市农民工管理工作纳入了制度化、法制化、规范化管理轨道。2008年,南宁市劳动保障局被国务院农民工办授予了"全国农民工工作先进集体"称号。

(二)劳动保障事业发展存在的主要问题

1.就业方面

工业经济不断发展壮大,出现企业用工量增加与城镇富余劳动力、下岗失业人员和农村劳动力技能素质偏低的矛盾,呈现结构性失业,就业结构性矛盾依然突出。

统筹城乡就业的公共服务体系和城乡统一的人力资源市场建设需要进一步完善。在加强公共就业服务,充分发挥"政府促进就业"的积极作用方面还存在诸多困难。

劳动用工组织化程度有待进一步提高。要在短期内满足企业用工,必须配强乡镇、村劳动工作平台,目前南宁市虽然已建立村级劳动保障工作站,但由于经费不足、设备简陋等原因,工作还没有得到正常开展;

职业技能培训投入不足,培训—转移就业—维权三位一体服务体系尚不够健全,对农村劳动力转移就业培训还大多停留在较低层次的引导性培训上,职业技能培训限于培训设施投入不足的影响,实现高素质高技能转移就业工作开展较难。

2.社会保障方面

企业退休人员待遇与机关事业单位退休职工待遇差距较大、关闭破产和改制企业职工"老工伤"待遇问题、华侨农林场的养老保险欠费问题比较突出。

社会保险覆盖范围还不够广,扩面征缴的难度较大。非公有制企业、困难企业、困难人群无力缴纳或不愿缴纳社会保险费现象比较普遍,影响基金收支平衡。

城乡社会保障制度发展失衡。农民的社会保障缺失,新型农村养老保险制度的启动实施尚存在较大难度;社会保险关系跨地区转移机制不健全,转移难度较大;城中村改造工程被征地农民和农民工社会保险问题需要进一步妥善解决。

城镇职工基本医疗保险、城镇居民基本医疗保险和新型农村合作医疗保险三大医疗保险制度的相互衔接,尚存在体制上、制度上和政策上的障碍。

社区卫生服务机构发展状况不能完全满足居民看病就医的医疗需求。南宁市居民基本医疗保险实行参保居民首诊在社区的就医模式。但从目前情况看,社区卫生服务机构存在布局不够合理,硬软件设施缺乏、医护人员配备不足及服务体系仍不够健全等问题。

3.劳动关系方面

(1)机构建设步伐缓慢、人员编制偏少,导致监管力量不足。据统计,目前南宁市共有各类用人单位3.74万户,从业人数99.60万人,而南宁市在劳动保障监察执法一线上的专职监察员才86名。国家劳动保障"十一五"发展规划中确认的劳动保障监察员与从业人员的比例是1:8000。南宁市的比例是1:13997,按照部里规定的每名监察员每年检查用人单位不少于50户的量来计算,南宁市现有劳动保障监察员要将南宁市所有用人单位覆盖一遍,需9年左右才能完成。

(2)中区直企业的劳动执法管辖问题需进一步协调。根据目前南宁市劳动保障监察的管辖范围,驻邕的中区直企业由区劳动和社会保障厅管辖,其他企业由市劳动和社会保障局管辖。在开展劳动保障监察"网格化、网络化"用人单位基本信息及用工信息采集工作中,南宁市按照"属地管理"的原则,对驻邕的中区直企业的用工信息也一并采集,经整理后交区劳动和社会保障厅。但是,部分驻邕的中区直企业不配合信息采集工作,影响了此项工作的开展。

(三)进一步加快发展的总体思路

为推进南宁市劳动就业和社会保障工作,保障广大劳动人民的合法权益,维护其合法利益,南宁市将不断加大工作力度,继续统筹城乡发展,纵深就业再就业,以创业带动就业,举南宁市之力积极创建国家级创业型城市,实现保増长、保民生、保稳定、保持发展良好势头的"四保"目标,为南宁构建"首善之区"和区域性国际城市,实现跨越式发展作出积极努力。主要做好以下三方面工作:

1.推进就业实现"五个转变"

坚持就业是民生之本的理念,加大就业工作力度,努力实现"五个转变"。即,由行政推动就业向依法促进就业转变;就业工作向统筹城乡转变;由分散、灵活就业向稳定、规模就业转变;城乡劳动者就业从数量型向质量型、从体能型向技能型转变;困难群体由生活保障向稳定的就业保障转变。

2.推进社会保障实现"四个覆盖"

以社会保障体系建设为重点,以"人人享有社会保险"为工作目标,不断完善养老、失业、医疗、工伤、生育五大保险,实现城乡社会保障制度全覆盖;以组织参保为核心,实现既定保障人群全覆盖;以制度完善为根本,加强责任体系建设,规范基金收支和监管,实现科学管理过程全覆盖;以强化服务为基础,加强服务网点和服务窗口建设,实现人本服务全覆盖。

3.推进和谐劳动关系实现"三个提升"

坚持依法调处的理念,进一步推进和谐劳动关系实现"三个提升",即,建立企业职工工资正常增长机制,落实最低工资标准,不断提升劳动者的收入水平;完善劳动关系工作体系,强化调解网络建设,提升劳动关系协调能力;加强劳动保障监察,推进劳动争议仲裁实体化、规范化建设,提升依法维权的服务水平。

五、社会救助事业

南宁市在开展社会救助工作中,坚持"以民为本,为民解困,为民服务",贯彻落实科学发展观,认真执行城乡社会救助政策法规,不断完善城乡居民最低生活保障制度,积极调整城乡医疗救助标准,落实农村五保供养政策,保障城乡困难群体的基本生活，确保社会稳定。

（一）社会救助工作的现状

1.城市低保

南宁市基层低保工作规范化建设活动扎实开展，坚持以“个人申请、入户调查、两榜公示”为主要内容的低保操作程序更加严格规范，管理水平进一步得到提高，南宁市城乡低保工作基本达到“健全制度、规范操作、提高素质、改善条件、落实资金、促进公开”的目标。2009 年 7 月广西区民政厅表彰南宁市开展基层低保工作规范化建设活动先进单位、先进个人 87 个。为进一步提高南宁市城市低保家庭生活水平，今年将“提高城乡居民最低生活保障标准和农村五保供养标准”列入市政府为民办实事项目。3 月 24 日以市政府办公厅的名义下发《2009 年南宁市提高城乡居民最低生活保障标准和农村五保供养标准工作实施方案》至县（区），明确了指导思想、实施对象、工作任务、时间要求和工作方法。市政府于 3 月 27 日下发了《关于提高城乡居民最低生活保障标准和农村五保供养标准的通知》，从 2009 年 4 月 1 日起，南宁市各城区（含各开发区）城市居民最低生活保障标准从每人 260 元/月提高到每人 280 元/月。目前，南宁市 6 城区及开发区已按市人民政府的通知从 4 月 1 日起将城市低保标准从每人 260 元/月提高到每人 280 元/月，南宁市 6 县已有 5 个县提高了城市低保标准。为保证南宁市提高城市低保标准为民办实事项目的顺利实施，截至 10 月 19 日，南宁市共筹集城市低保资金 11179.49 万元，其中中央、自治区下拨南宁市 8771.46 万元（含春节补助），市财政配套 1500 万元，县（区）到位 908 万元。目前，南宁市城市低保对象达到 26654 户、50788 人。2009 年 1~9 月，南宁市城市低保对象达到 240192 户次、465356 人次，发放城市低保资金 7363.41 万元，人均补差为 158 元/月。

2.农村低保

为切实保障农村困难群众的基本生活，建设社会主义新农村，2006 年市人民政府制定出台了《南宁市农村居民最低生活保障暂行办法》，对农村低保工作的原则、保障对象、保障标准、家庭人口确定、家庭收入计算、低保申请审批程序、保障资金的管理发放，以及低保对象应享受的优惠政策、低保档案管理等都做出了明确规定，推动南宁市农村低保工作逐步走上规范化的轨道。在实际操作中，着重从以下几个方面加强规范化管理：第一，规范低保申请审批。南宁市各社区居委会或村民委员会必须坚持入户调查，并召开村（区）民代表负责对申请对象进行评定，做到材料样式统一规范。县乡低保工作人员按时办结低保审批手续，对不符合条件的书面告知申报人，对符合救助条件的给予公示；第二，规范资金发放。在低保资金发放过程中，全部实行低保金社会化发放，按月足额发放到低保对象手中。第三，规范动态管理。通过加大对农民的就业培训，引导他们积极外出务工增加收入；加强对农民的技术指导，引导他们引进优良品种，科学种植，提高收入。实行农村低保家庭每半年核查一次，对收入增加、生活水平已高于保障标准的低保对象，按规定排除出低保；对原来的低保边缘户和其他低收入对象，因天灾人祸等特殊情况造成生活困难和符合低保条件的及时纳入低保，切实做到动态管理下的应保尽保。第四，规范报表统计。切实按照有关规定加强农村低保的报表统计工作，统计台账真实、全面、准确地反映农村低保工作的有关情况，低保主管部门与财务统计部门数据保持一致，并按时上报。为逐步提高农村低保对象生活水平，2008 年、2009 年市人民政府把提高农村低保标准列入为民办实事项目，将农村低保标准从原来每人 650 元/年提高到每人 1000 元/年。2009 年武鸣县人民政府将本县农村低保标准从原来的 750 元/年提高 1100 元/年，从 4 月 1 日起施行。目前，南宁市农村低保达到 52394 户、147903 人，2009 年 1~9 月南宁市农村低保达到 499540 户次、1257853 人次，发放低保金 7170.20 万元，人均补差为 57 元/月。

3.城乡医疗救助

市委、市政府始终把城乡医疗救助制度建设摆上重要议事日程，作为“民心工程”来抓，加强领导，强化措施，狠抓落实。2005 年市人民政府出台了《南宁市农村医疗救助实施办法》和《南宁市城市医疗救助办法》，县（区）人民政府也出台了本县（区）的城乡医疗救助实施办法。2008 年，南宁市全面建立了城乡医疗救助制度，原来没建立城市医疗救助制度的宾阳县、横县、上林县、马山县、隆安县，于 2008 年 3 月底前全部建立；城市定点医疗机构从原来的 14 个扩大到 155 个，同时在市社会福利医院建立爱心门诊部，在市慈善总会开展慈善爱心临时救助，不断完善城乡医疗救助制度。为了保证城乡医疗救助的顺利开展，各县（区）根据南宁市城乡医疗救助办法的有关规定配套资金，城市医疗救助在得到上级补助资金后，市、县（区）两级财政各负担 50%；农村医疗救助资金，市本级财政每年安排 500 万元补助，县（区）财政按辖区农业人口每年每人 0.50 元安排农村医疗配套资金。2009 年南宁市共筹集城市医疗救助资金 2565 万元，其中历年结余资金 1164 万元；农村医疗救助资金 4888 万元，其中历年结余资金 1700 万元。2009 年 1~9 月南宁市享受城市医疗救助 1697 人次，救助资金累计支出 316 万元；农村医疗救助 176378 人次，救助资金支出 1193 万元，其中资助农村低保对象、五保供养对象 169405 人参加新型农村合作医疗，资金支出 339 万元，有效缓解了城乡困难群众看病难、看病贵的问题。

4.农村五保供养

一是农村五保供养政策得到落实。2008 年，南宁市农村五保供养供养标准为每人每年不少于 365 斤米、12 斤食用油和 600 元定补金，2009 年市人民政府又将提高五保供养标准列入为民办实事项目，将农村五保定补金从原来的每人每月 50 元提高每人每月 70 元。目前南宁市有五保供养对象 26912 人，其中分散供养 21861 人，集中供养 5051 人，集中供养率为 19%。2009 年 1~9 月以来南宁市共给予五保对象发放款物（折合人民币）3438 万元。二是抓好乡镇敬老院、五保村的管理。为进一步加强乡镇敬老院、五保村的管理，提高入住率，青秀区、武鸣县、上林县、马山县、隆安县先后出台了五保供养具体办法，明确了五保供养的具体标准，明确了敬老院、五保村的管理要求，为乡镇敬老院、五保村配备了管理人员，落实了管理人员经费。三是抓好乡镇敬老院的建设。2008 年，将 24 个乡镇敬老院扩建作为“夕阳红”工程项目，共投入资金 720 万元，当年底所有项目全部竣工。2009 年市人民政府将建设 20 个乡镇敬老院建设列入为民办实事项目，实现南宁市每个乡镇都有敬老院的目标，20 个乡镇敬老院每个投资 100 万元，总投资 2000 万元。

5.临时困难救助

为了帮助解决城市低保家庭、低收入家庭遭遇患重大疾病、子女上学、天灾人祸等特殊困难，市委、市政府坚持“以人为本”，从 2002 年开始启动城市临时困难救助制度，市财政每年预算 200 万元作为城市居民临时困难救助基金，2003 年 10 月市人民政府出台了《南宁市城市居民临时困难救助暂行办法》，对城市低保家庭、低收入家庭遭遇患重大疾病、子女上学、天灾人祸等特殊困难给予 2000 元以下的救助。据统计，实施城市居民临时困难救助制度以来，南宁市有 4000 多人次得到临时困难救助，发放临时困难救助资金 1045 万多元，其中上大学困难救助达到 877 人，发放助学救助资金 179.2 万元，帮助城市困难群众解决了实际困难。

(二)社会救助工作存在的问题

1.城乡低保规范化建设有待进一步加强

目前,南宁市城乡低保规范化建设取得了一定成效,但个别县(区)仍然存在补差达不到自治区规定的要求,工作人员对低保政策理解不透、不深等问题。

2.农村低保标准仍然比较低

2009年提标后,南宁市的农村低保标准是1000元/年,月人均补差58元,该标准在全区来说是最高的,但仍然低于国家公布的贫困线标准(1196元/年)。

3.城乡医疗救助制度有待完善

一是医疗救助程序比较繁琐,从申请到审批发放需要半个月的时间;二是存在救助范围窄、救助标准偏低、宣传不到位等问题;三是有的县(区)历年救助资金结余较多。

4.基层低保工作人员严重不足

目前,各乡镇民政办一般只有3人左右,他们除了做民政工作还要兼顾本乡镇的其他中心工作,身兼数职,工作压力很大,而村级没有低保专职工作人员,容易造成工作脱节。

5.缺少必要的交通工具和工作经费

南宁市城乡低保对象面广量大,居住分散,县(区)低保办及乡镇民政办没有工作用车,入户调查难度大。同时,县(区)配套社会救助工作经费少,村(居)委会召开村(居)代表会议评审低保时,没有误工补助,代表不愿意参加会议,影响了农村社会救助工作的开展。

六、人口和计划生育

(一)人口和计生工作基本情况

2009年南宁市上半年出生32930人,出生率为5.54‰,政策生育率为91.20%,政策外多孩率为1.42%。政策生育率比2008年同期上升4.16个百分点,比自治区下达任务数高4.20个百分点;政策外多孩率比2008年同期下降1.41个百分点,比自治区下达任务数低0.58个百分点。南宁市落实计划生育手术总量44367例。征收社会抚养费6071.28万元。南宁市共投入700多万元,完成了人口计生"条"、"块"结合的网络化管理研发工作,并投入试运行。南宁市700多万人口计生信息的集中管理和自下而上逐级上报报表的统计管理模式日趋完善,建成了南宁市横向到边,纵向到底的信息交流和信息审核的人口计生信息管理平台,真正实现了市内迁移和流动人口及人口计生统计台账的网络化管理目标。

(二)影响南宁市人口和计划生育工作的主要障碍

1.由于政策不够完善,打击"两非"难度大

南宁市出台了一系列重要措施,加大了"两非"的打击力度,但由于国家政策不完善,如对不持有人口计生或者卫生行政部门的证明,擅自实施人工终止妊娠手术的单位和施术人,在法律上没有明确的处置条款;对第一个孩子未经批准擅自引产的对象,也没有任何制约手段和处罚依据,全社会综合整治机制还没有形成,打击"两非"难度大。

2.普惠政策未能优先于计生家庭,利导机制有待于进一步完善

一是根据自治区有关文件规定,民(私)营企业相当部分实行计划生育的职工退休时失去了享受提高退休金计发比例(5%、10%)奖励政策的资格。二是实行计划生育职工退休后提高退休金计发比例的政策规定,客观上造成了谁的工资高计发比例就高,而谁的工资低计发比例就低,没有退休的就没资格享受这一奖励政策的不公平现象。三是实行计划生育的城镇无业居民没有纳入计生家庭奖励扶助的范畴,使这部分人员心感不平。

3.免费计生技术服务基本项目费用结算标准偏低,制约计生优质服务工作的开展

目前,全区沿用《广西免费提供避孕节育技术服务的实施办法》的结算标准。这个标准和当前医疗部门收费标准相比,差距太大。如绝经期取环手术,计生服务机构每例仅为20元,医疗保健机构为200元。由于计生手术免费服务结算标准太低,医疗成本高,各级财政又都按服务项目及人数核拨服务经费,致使计生服务机构运转经费严重不足。

4.流出流入地互动协作不够,流动人口计划生育服务管理难

由于国家、自治区没有统一规范的流动人口计划生育"一盘棋"区域协作机制,流出流入地缺乏互相配合的问题没有根本改变,流动人口政策外生育处罚难,流出流入地在征收社会抚养费方面,抢征、少征、违反程序问题等情况仍然较为突出。

5.待遇偏低,制约人口计生干部队伍建设

各级人口计生事业单位承担了社会性服务管理职责,却没有纳入参公管理,无法享受阳光工资等补贴,广大人口计生工作人员从事"天下第一难"的工作,工作压力大、待遇低,同工不同酬的情况长期不能解决,严重挫伤了干部的工作积极性,造成有的干部工作缺乏激情,不安心工作,影响了干部队伍建设。

七、广播电视

南宁广播电视经历了从无到有、从模拟到数字、从无线到有线的发展道路,发展到今天,南宁电台基本实现了台内数字化改造,从采编到制作均采用数字技术处理,在技术的进步不断提高了收听质量的同时,也提高了采编人员办好精品栏目的热情。多年来,南宁电台新闻综合频率收听率在南宁市处于领先的地位。

南宁电视台也按照国家广电总局推进数字化改造的工作部署,几年来逐步增加购置数字摄像机和编辑系统,在市财政的支持下,目前拥有12讯道数字转播车和卫星上行车,安装了800平方米演播室,成功地与越南国家数字电视台连续两年合作直播两国人民欢庆春节的节庆活动,跨国同步直播异国风情风貌,展示两国人民的欢庆场面和风土人情,受到普遍欢迎。同时,也得到了国家广电总局的肯定和高度赞扬,为进一步扩大与东盟各国开展文化交流合作积累了宝贵的经验。

南宁有线电视经过数字化整体平移,目前拥有近45万户数字电视用户,用户通过数字机顶盒可收看60多套图像艳丽、伴音清楚的电视节目,还有10多套付费频道满足了不同用户的个性化需求,城区乡镇村屯有线电视网也采用数字、模拟信号同传技术,乡镇村屯有线电视用户可选择通过数字机顶盒或模拟方式收看电视。数字技术的普及逐步缩小了城乡差别,进一步推进了南宁市公共文化服务体系的建设。

八、新闻出版

新闻出版业的发展在建设和谐社会,满足城乡人民的文化生活中发挥着重要作用,事关社会民生问题,在思考和制定进一步促进南宁市经济社会发展问题时应着手加以研究和解决。尤其是印刷业的发展已经有一定的基础,有基本的条件,有很好的机遇,经过努力是可以做大做强的。据统计,至2008年底,南宁市印刷企业已发展到411家,其中出版物及专项企业100余家,包装装潢企业140余家,印刷工业总产值达20.12亿元,连续3年平均年增长达26.29%。但是,随着印刷业在数量、规模、印刷能力和产品质量得到快速的发展和提高的同时,一些影响企业和整个行业发展的问题日显突出,甚至成为阻碍其进一步发展的瓶颈。

九、旅游事业

(一)南宁市旅游业快速发展

1.南宁市旅游业主要经济指标

南宁市旅游业保持快速发展的势头,2008年,国内旅游者

2558万人次，同比增长24.30%；国内旅游收入141.21亿元，同比增长23.63%；接待入境旅游者13.85万人次；旅游外汇收入4127万美元；旅游总人数达2571万人次，旅游总收入达144.07亿元人民币，均列居全区第一位。旅游业逐步成为南宁市的新兴产业及第三产业的支柱。

2.南宁市旅游企业基本情况

（1）旅游星级饭店。随着东盟博览会的永久落户南宁，这几年经过南宁市加大对旅游星级饭店改造的扶持力度，南宁市旅游星级饭店数量快速增长。截至2008年底，南宁市旅游星级饭店的数量已增加到83家（其中五星级饭店5家、四星级饭店11家、三星级饭店30家、二星级饭店37家、一星级饭店1家），总共有客房12715间，床位22460张。

（2）旅行社。随着南宁市的旅游市场不断发展壮大，南宁市的旅行社发展经历了从量变到质变的发展过程。中国旅行社、中国国际旅行社、上海春秋旅行社、康辉国旅等国内强社大社陆续进入南宁市场，通过不断的重组兼并，旅行社实力大大增强。到2008年年底，南宁市旅行社有73家，其中国际社达20家，国内旅行社53家，在册各语种导游员2200多人。

（3）旅游景区。在南宁市出台加快旅游业发展的政策支持下，我们加大了对旅游景区点开发建设的力度，以创建国家旅游A级景区、全国工农业旅游示范点为抓手，努力打造南宁市旅游精品景区。南宁市旅游景区建设在积极探索中有新突破，从2005年之前的3家A级景区，发展到2007年的12家A级景区，其中4A级景区6家（青秀山、嘉和城景区、九曲湾温泉度假村、八桂田园、南宁动物园、广西药用植物园），3A级景区10家（伊岭岩、良凤江、人民公园、金花茶公园、西津湖水库风景区、乡村大世界、宾阳蔡氏书香古宅群、昆仑关风景区、隆安县龙虎山风景区、横县九龙瀑布群景区），另外，还有金满园休闲观光果园等6家企业被评为全国工农业旅游示范点，5家企业被评为全区工农业旅游示范点。南宁市现有旅游景区（点）40家。

3.区域旅游城市地位日渐突出

为适应旅游发展的新形势，借助中国—东盟博览会在南宁举办这个契机，近年来，南宁加强探索与周边地区进行旅游协作、合作的新路子，致力发展区域旅游。在国内，先后联合桂林、长沙、贵阳、大连等旅游城市共同开发旅游产品；并与桂林、广州、海口、贵阳、长沙、大连等省市达成捆绑销售协议。在境外，加强与泰国、马来西亚、越南等东盟国家的旅游交流与合作；做好南宁至胡志明等国际航线日常管理和服务工作，组织南宁市主要国际旅行社分别赴新加坡、马来西亚等已开通直航国际航线的旅游客源地中心城市，开展旅游促销活动。开辟国际旅游精品线路30多条，与泰国、西班牙、俄罗斯、加拿大等10多个国家达成旅游合作协议，互推产品，互组客源，还组织开通了马来西亚旅游包机、泰国旅游包机及自驾车团队来邕考察旅游，为招徕大型旅游团队打开了新的通道，提升了南宁市在中西部城市、东盟国家的知名度。为了“深化北部湾旅游合作，共同开拓旅游市场，共同开辟旅游线路，共同推介旅游产品，共同推动无障碍旅游”，经南宁市、北海市、钦州市、防城港市、玉林市、崇左市六市旅游局协商，建立了北部湾经济区4+2城市旅游联盟，牵头组织形式多样的主题宣传活动，并通过广西旅游信息屏及国内外各类旅游展、旅游交易会等平台全面宣传联盟旅游资源、旅游产品，打造联盟品牌。使南宁真正成为广西“北有桂林、南有南宁”的旅游目的地和集散中心。

4旅游综合环境明显改善

近年来，结合城市“136”建设工程，围绕实现“优良秩序、优美环境、优质服务和游客满意”的总体目标，南宁市大力强化旅游基础设施建设，强力整治旅游环境，全力规范旅游市场，使南宁市重点旅游景区基本实现“安全、秩序、效益”的目标；旅游饭店星级划分与评定、旅游厕所标准化及公用信息图形符号规范化的推行，则提升了城市旅游硬件水平。在改善旅游硬件环境的基础上，南宁市又启动了以提高旅游服务质量、服务水平等为内容的创行业“文明窗口”活动，把旅游行业文明创建、旅游宣传促销、旅游市场规范、旅游商品设计等融为一体，开展一系列如服务博览会的宾馆饭店技能大赛、导游员服务大赛、东盟旅游招商、促销等活动，取得了良好的社会宣传效果。为推动南宁市旅游市场健康有序发展，旅游、工商、公安、消防、安全监督、卫生等部门齐抓共管旅游市场的合理机制已逐步形成。

5.政府主导型旅游发展战略日趋成熟

近年来，市党委、政府高度重视南宁市旅游业的发展，实施政府主导型旅游发展战略。2005年，市委、市政府成立了加快南宁市旅游业发展工作领导小组，出台了《关于加快南宁市旅游业发展的决定》、《关于加快南宁市旅游业发展的实施意见》、《关于加快南宁市旅游业发展的若干政策》，这些都为把南宁建设成为旅游目的地城市和旅游集散中心城市，形成“北有桂林，南有南宁”的格局奠定了良好的政策基础，营造了良好的旅游发展环境。

（二）南宁市旅游业存在的问题

1.旅游产品特色不够突出

尽管南宁旅游资源较为丰富，但缺少主题鲜明、有特色的优秀景点，而南宁市作为广西壮族自治区的首府，对壮民族文化的深入挖掘不够也使旅游产品缺乏民族文化内涵，有些景区也注意到了但也没能做成民族文化旅游精品，使民族文化旅游产品没有形成更大的“卖点”，难以吸引更多的游客。南宁国际民歌艺术节可谓成功，但后续的精品却难以形成；武鸣伊岭岩景区的壮族风情长廊虽然对壮民族文化做了一些挖掘和展示，但还未能打造成民族文化的精品。实践证明，只有精品才能带动区域旅游的发展，产生大的联动效应。这也是制约南宁市旅游发展的重要原因。

2.旅游产业层次较低

南宁市旅游业经过多年的发展，虽然取得了一定的成绩，但总体来看，旅游产业规模仍然较低。主要表现在：一是旅游饭店规模较小，南宁市星级饭店还停留在本土化投资、运营和管理，缺少世界级的酒店集团公司及管理公司，使南宁市酒店业在区域性国际城市的发展中没有高品质的服务。二是旅行社管理体制和经营机制还比较滞后，缺乏生产要素集约配置，绝大多数旅游投资经营主体小、散、弱、差。三是旅游商品开发相对滞后。旅游商品挖掘力度不够，游客不能带走满意的旅游商品，造成旅行社、景点、住宿设施没有形成良性循环的产业链。

3.旅游基础设施相对不足

南宁作为省会城市和西南出海大通道，南宁航空建设发展任重道远，是全国省会机场中唯一没有平行滑行道的机场，与广西区首府“空中门户”地位不相称，这也与国际机场应该具备的功能不相符。近年来虽然陆续开辟了南宁至胡志明、金边、曼谷、新加坡、吉隆坡、雅加达、马尼拉、首尔等国际航线，但由于很多制约因素，导致航线经常停飞。火车站规模小、运力不足，在旅游旺季，中远程火车票一票难求的问题还相当突出，离区域性国际旅游城市的标准还有相当远的距离。同时南宁市各旅游景点间交通不便，线少班稀，城市交通拥挤，成为制约南宁市旅游业发展的瓶颈。

4.客源市场结构不尽合理

南宁市国内市场以广西为主，其次是周边的邻近省份广东、湖南、四川、云南等省，占国内客源市场总量的 77.31%，国际一级客源市场港澳台和东盟十国约占国际市场份额总量的 82%，客源结构及分布过于集中，海外游客市场规模远小于国内游客市场规模，游客在市场分布的过分集中性增加了南宁市旅游业发展的风险。

5.现行政策使项目落户难度加大

根据“政府主导、企业主体、社会参与、市场运作”的原则，南宁市绝大部分旅游项目都需要投资商来进行投资、开发和经营。旅游项目存在投资规模大，投资回收期长、用地范围广的特点，而现行的土地、规划政策对于用地范围大的项目都进行诸多的限制，使许多有意在南宁市投资的大型旅游项目只能望“地”兴叹，如“梦幻水都—山水景园”大型主题生态旅游项目、“华厦天竺圣苑”佛教文化旅游项目、“圣名岭”东盟民族文化风情园等旅游项目虽然很早就已筹集到了建设资金，但由于规划土地问题，到目前为止都不能落户。

（三）南宁市旅游业发展的总体框架

南宁应发挥区位优势，重新整合旅游资源，加强与广西区内、西南、华南旅游协作体、泛珠三角旅游机构、东盟各国的旅游合作。

综合分析南宁市的旅游资源和产品分布、城市空间特征以及旅游交通体系等因素，南宁市旅游业总体构架概述为：“一个中心、两大功能、四大片区、六条廊道”，即，一个中心：南宁城市中心；两大功能：区域性国际旅游目的地和旅游集散中心；四大片区：大明山旅游片区、西津湖旅游片区、龙虎山旅游片区、凤凰湖旅游片区；六条廊道（六条辐射旅游线路）：南线（滨海风光、跨国旅游线）、西南线（边关山水、跨国旅游线路）、西北线（岩溶奇观、红色旅游线）、北线（生态旅游、民族文化旅游线）、东北线（山水民俗文化旅游线）、东线（宗教历史文化游线）。

1.南宁区域性国际旅游目的地的建设

以“中国绿城、壮乡歌海、会展之城”为主题整合南宁旅游资源和产品，重点打造旅游吸引物及以旅游吸引物为核心依托的旅游景区点，形成具有竞争力的拳头旅游产品，提高城市的旅游吸引力。

（1）会展商务系列产品。利用中国—东盟博览会落户南宁所带来的人流、物流、资金流、信息流优势和区域经贸合作的平台，发挥首府城市的政治、经济、文化中心作用，大力发展会展旅游，完善国际会展中心及相关项目设施，建立会展旅游目的地接待服务体系和会展组织体系，继续办好南宁国际民歌艺术节，塑造南宁国际旅游美食节品牌，开发设计跨区域旅游精品线路，挖掘专项旅游系列产品。

（2）壮族文化项目的深度开发建设。以南宁国际民歌艺术节举办为突破口，围绕“壮乡歌海”的主题形象开展壮民族文化大采风行动，深度挖掘可开发的文化旅游资源，“动、静”结合，开发壮民族文化旅游；做强、做大、做精壮族文化旅游项目，展现壮族风情文化。完善武鸣壮族文化项目，加快广西民族博物馆、民族文化风情街的建设，建设反映壮族文化的主题文化园。

（3）建设“中国绿城”。规划建设城市游憩商业区，通过美化公园、道路、绿地构建南宁绿城景观框架，对南宁市邕江及内河进行综合整治的同时进行水系景观的规划设计和建设，开发城市水上观光休闲功能的邕江生态旅游休闲带，打造“百里邕江”游览项目，将建设良好的人居环境和生态环境作为南宁旅游的重要组成部分。

2.南宁区域性国际旅游集散中心的建设

南宁旅游集散中心功能建设的主体任务包括旅游交通网络、信息网络、住宿、餐饮、旅游商品等，以及在更大的区域进行旅游联动。

（1）旅游交通网络。加强机场基础设施建设，开通南宁至东南亚主要旅游客源地的航线，增开南宁至国内重点旅游城市和沿海发达城市的直达航线，增加航班密度，积极培育航空市场。升级改造火车客车站设施，提高区内铁路等级，加快区内列车运行速度，争取开通南宁至越南下龙湾的国际专列，增开南宁至国内大中城市及重点旅游城市的车次。增强南宁公路客运站发送能力，规划建设市域内交通站场，整治市区交通环境，加强城市道路基础设施建设，大力发展城市公共交通，进一步建设南宁通往外部的公路网络及直达快运客班。建设旅游码头，与城市水系景观改造配套，开辟水上旅游航线，进一步开发邕江观光水运游道。

（2）旅游信息网络。升级完善南宁旅游信息网，建立覆盖旅行社、星级饭店、主要景区点的旅游行业管理与服务的网络系统，健全行业公共信息披露制度，普及旅游电子商务，汇编导游、商务及城市公共服务的信息资料，在主要交通站场、星级饭店、景区、商业游憩区、会展中心、广场等城市公共场所设立旅游信息咨询服务网点。

（3）旅游住宿、餐饮、旅行社、旅游商品等设施。

提升旅游饭店档次、规模，加强商务饭店和度假型饭店建设，引进国际性品牌酒店及管理公司，推行和加强星级饭店评定。

适当提高旅行社行业的市场集中度，发展集团化、专业化、网络化经营。

突出建设有本地特色的小吃街巷，饮食风味城，满足游客对异地饮食文化的需求，同时，考虑会展节庆旅游活动和国际游客的需求，开设多元化风味主题餐饮体系。

发展土特产品和工艺纪念品商场，营造舒适的购物环境，扶持旅游工艺品和纪念品研发、生产专业机构。

扩大休闲娱乐业的规模，提高品位，丰富内容，注重与地方文化、旅游产品特色相结合，使休闲娱乐业成为地方旅游资源和旅游活动的有效组成部分。

在主要景区、城市商务区、游憩购物区、星级饭店等处设置金融服务网点，增设外币兑换服务项目。

（4）区域旅游合作。南宁旅游的发展融入大区域的旅游圈中，在构建形成南宁都市旅游圈层系统的基础上，积极进行区域旅游联动。区域旅游联动以区域旅游整体营销为载体，以产品结构的差异性、互补性为基础，加强政府组织间的协调合作机制建设，扩大企业间的合作，形成资源共享、客源互引、市场对接，联动发展的格局。主要有三个层面的区域合作：一是广西北部湾经济区层面的旅游合作。不断完善南宁、北海、钦州、防城港、玉林、崇左六城市旅游联盟的合作机制，发挥南宁在广西旅游区的中心作用，通过大区域的经济一体化，促进经济社会与旅游协调发展，以及南宁与广西各旅游城市的旅游交通和旅游产品的无缝对接，在时间、空间上合理组织调度旅游活动；二是加强与西南旅游协作体、泛珠三角旅游机构的旅游合作，推进无障碍旅游区建设；三是与北部湾东盟各国的旅游合作。以中国—东盟博览会的举办为契机，加强与东盟各国的旅游线路组织和旅游活动的合作举办，简化旅游出入境手续，推进建设国际区域性政府旅游协调机制。

（本文来源于南宁市社会科学院编、广西人民出版社出版的 2010 年《南宁市经济发展蓝皮书》）

2010年南宁市投资环境调查报告

国家统计局南宁调查队

(2010年6月22日)

2009年以来，南宁市委、市政府致力于把南宁市建设成为中国—东盟开放合作的区域性国际城市和广西“首善之区”,推动南宁市科学、健康、快速发展，努力创建生态环境最佳、文明程度最高、投资环境最好、社会治安一流的城市，在全区率先开展“项目建设年”活动，扎实推进“服务企业年”和“党组织服务年”等一系列活动，投资环境得到明显改善。为客观反映南宁市投资环境状况，掌握企业对南宁市投资环境的评价和意见，了解南宁投资软、硬环境及各行业企业投资成本和收益状况，近期，国家统计局南宁调查队在全市400家企业中开展了投资环境与成本收益状况监测调查。调查结果显示：企业对南宁市投资环境评价较高，排名由2009年的全区第二位跃居首位。其中，投资硬环境、软环境满意度均达到较好满意区间。表明南宁市完善区域投资环境的多项举措取得明显成效，投资潜力进一步显现。但仍存在融资难、高素质人才紧缺等突出问题，应引起重视。

一、企业对南宁市投资环境的总体评价

本次投资环境满意度调查涉及硬件和软件两个方面的内容，其中，投资硬环境包括自然资源、公共设施、基础建设三个方面，投资软环境包括政策法制、政务、社会、经营和经济五个方面。调查结果显示，企业对南宁市投资环境的整体满意度为80.32(满分为100),处于较高满意区间(75~90为较高满意),比上年提高了0.96,连续3年实现稳步提升。在全区十四个市排名首位，比第二名的柳州市高出0.64,比第三名桂林市也高出1.48,表明南宁市整体投资环境得到企业的高度认可。

企业对包括自然资源环境、基础建设、公共设施、社会环境、政策法制环境、政务环境、经济环境、经营环境在内的八项投资软、硬环境进行评价，满意度达80以上的有六项，而2009年仅有两项。最高的是自然资源环境82.85,其余依次为：基础建设环境80.96、公共设施环境80.73、政务环境80.53、社会环境80.11、经济环境80.01、政策法制环境78.98、经营环境78.4。与上年相比，八大项全面提高，满意度提升超过1的有四项，提高幅度最大的是经济环境，提高了1.39,第二是经营环境，提高1.33,第三是政务环境，提高1.18,第四是自然资源环境，提高1.04,其余的公共设施环境，提高0.89,政策法制环境，提高0.85,基础建设环境，提高0.61,社会环境，提高0.42。

二、企业对南宁市投资硬环境评价较高

近年来，南宁市加快城市基础设施建设，完善城市规划体系，扎实推进生态文明建设，得到了企业广泛认可。从调查的情况看，最近三年企业对南宁市投资硬环境的满意度要高于投资软环境的满意度(见表1)。

(一)对自然资源环境评价最高

2009年，南宁市全年空气优良天数达到362天，优良率达到99.18%,创十年来最好成绩；城市环境噪声达标区覆盖率达到80%以上；水环境质量持续改善，主要河流水质保持二至三类，南宁市环境质量达到了近20年来的最好水平。南宁市良好的自然资源环境受到了企业、投资者的青睐，在整个投资硬环境评价中，企业对自然资源环境的评价最高，达82.85,比上年的81.81提高了1.04,增幅也在评价的三个方面最高。调查资料还显示，企业对当地生态地理环境与企业发展的适合程度、当地电力资源的保障程度、当地煤等燃料能源的保障程度、当地淡水资源的保障程度和当地土地资源的保障程度五项调查指标的满意度评价均有提高，分别为83.08、86.36、81.94、85.46、78.79,分别比上年增加了0.84、1.56、2.18、0.08、1.16。

(二)对基础建设的评价提升

2009年，南宁市加快城市基础设施建设，全年城建投资完成243.93亿元，其中基础设施建设完成132.81亿元，增长69.30%,为历史最好成绩。基础设施的不断完善，得到了企业的普遍认可。调查显示，企业对南宁市基础建设总体评价略有提升，满意度为80.96,比上年提升0.61。其中，企业对南宁市城市规划及配套设施与企业发展的适合程度、污水及废弃物处理设施的完善程度的满意度评价有所提升，分别为79.94、77.56、分别比上年提高0.34和0.02。但企业对评价的其他四个方面满意度虽然较高，却比上年有所降低。企业对南宁市海、陆、空交通运输便利程度、未来总体发展及建设规划与企业发展的适合程度、物流仓储相关商业设施完备程度、电信等通讯条件完善程度满意度分别为81.79、81.82、79.81、82.69,分别比上年下降1.46、0.05、0.22、0.47。

(三)对公共设施的评价三升三降

调查显示，企业对南宁市公共设施的评价进一步提高，对南宁市衣、食、住、行便利程度、学校和教育设施完备程度、城市建设国际化程度给予肯定，满意度分别为84.46、80.44、76.53,比上年提高0.14、0.60、0.04;同时，企业对提高南宁市的医疗、卫生、保健设施完备程度、科研机构完备程度和银行服务、商旅等商务环境便捷程度的愿望强烈，满意度分别为79.99、79.16、79.88,分别比上年下降0.26、0.24、0.27。

三、企业对南宁市投资软环境评价较高

近年来，南宁市投资软环境不断得以提升，连续三年企业对投资软环境都给予了较高评价，特别是2010年的提升幅度更大，调查结果显示，企业对南宁市投资软环境的评价为79.83,高于上年1.02点，也高于2009年0.61的增幅。

(一)对社会环境的评价

2009年以来，南宁市精神文明建设成效显著，荣获“全国文明城市”和“全国未成年人思想道德教育工作先进城市”等称号，文明创建活动不断延伸和拓展，社会保持和谐稳定。企业对南宁市社会环境的评价提高，为80.11,比上年提升0.42。其中，企业对南宁市社会治安状况、社会风气状况、民众的文化素质和文明程度、民众的道德诚信程度的满意度也在提高，分别达76.04、77.55、78.34、79.83,

表1 南宁市总体环境满意度评价表

评价项目	2010年	2009年	2008年
投资环境满意度	80.32	79.36	79.10
硬环境	81.46	80.63	80.07
软环境	79.83	78.81	78.20

表2 南宁市投资软环境评价表

评价项目	2010年	2009年	(+,-)
社会环境	80.11	79.69	0.42
政策法制环境	78.98	78.13	0.85
政务环境	80.53	79.34	1.19
经济环境	80.01	78.62	1.39
经营环境	78.4	77.07	1.33

分别比上年提高0.95、0.13、0.33、0.84。

（二）对政策法制环境的评价较高

良好的政策法制环境是企业健康稳定发展的重要保障，也是政府服务企业的重要内容，更是坚定企业来邕投资的可靠法宝。2009年，企业对南宁市政策法制环境的评价提高，为78.13，比上年提升0.85。企业对南宁市行政法规与国家法律一致性程度、相关投资政策的优惠程度、对外来投资承诺实现的情况、知识产权保护情况比较满意，满意度分别为83.24、81.18、81.54、80.56；对政府与执法机构秉公执法的执法态度、解决纠纷的渠道完善程度和政府政策的透明度情况相对满意，满意度分别为79.88、78.33、79.18；企业对政府政策的稳定性情况、政府落实环保政策法规的情况和企业在投资经营过程中合法权益得到法律保护情况满意度呈现下滑，分别为82.49、81.21、81.01，分别比上年下降0.34、0.19、0.45。虽然企业对南宁市政策法制环境满意度整体评价有所提高，但是，完善政策法制环境、充分保护企业合法权益工作仍不能松懈。

（三）对政务环境的评价全面提升

改善首府政务环境、不断增强行政机关工作行政效能，为企业当好“守夜人”，成为提高南宁市投资环境满意度，吸引优质企业来邕投资的重要突破口。调查结果显示，企业对南宁市政务环境的评价进一步提高，满意度全面提升，政务环境的满意度为80.53，在软环境评价中最高，比上年提高1.19。其中，企业对南宁市政府部门的服务意识、行政机关办事程序公开的情况、行政机关在行政执法中乱摊派、乱收费、乱罚款的情况、各级官员操守清廉程度、行政机关工作效率的满意度评价分别为79.16、79.78、79.58、78.28、77.48，分别较上年增长0.46、3.26、2.02、1.11、0.30。

（四）对经济环境的评价不足主要体现在融资难问题上

随着西部大开发进一步推进以及东盟自贸区的发展，特别是北部湾经济区的开放开发上升到国家战略以及《国务院关于进一步促进广西经济社会发展的若干意见》的出台，南宁市经济环境不断优化，优势进一步凸显。调查显示，企业对南宁市经济环境的满意度为80.01，比上年提升1.39，升幅在整个投资软环境评价方面最大。其中，南宁市的开放程度、城市未来具有经济发展潜力的情况和政府改善投资环境的态度给予了高度评价，满意度分别达81.48、85.25、83.99，分别比上年提高0.48、1.68、0.30。但是，企业对金融体系完善的程度与融资政策满意度较低。企业对南宁市金融体系完善程度和融资政策的满意度为76.48和75.76，企业对资金贷款取得难易程度的满意度仅为66.45，属满意度较低范围，融资难问题成为众多企业关注的焦点，也是投资环境满意度的“短板”。

（五）对经营环境的评价向好，高素质人才短缺问题显现

调查显示，企业对经营环境的评价在整个投资软环境评价的五个方面满意度最低，为78.4，但比上年的77.07有明显的提高，上升1.33。其中，对市场的发展潜力、上下游产业供应链的完整程度、整体产业技术研发水平、同行业公平竞争的情况、政府鼓励企业自主创新情况的满意度评价较好，分别为82.08、76.11、75.23、80.79，分别比上年提高1.27、0.28、0.80、0.71；企业对劳动力供应充裕程度、技术人才供应充裕程度、管理人才供应充裕程度的满意度评价下降，分别为80.46、75.68、75.81，分别比上年下降3.24、0.92、0.80。

四、企业反映南宁市投资环境中存在的主要问题

1. 城市基础设施建设速度难以满足企业发展的需要，海、陆、空交通运输，物流、仓储、流通等相关商业设施及网络通讯设施不够完善。

2.行政审批项目过多，职能部门工作效率有待提高。行政部门如工商、税务等手续太繁琐，各环节机关单位职责不太清晰，经常出现推诿现象，一些部门执行政策不积极，过重强调部门原因，使政策在落实过程中障碍重重。部分工作人员能力及政策理论水平不高，工作方法简单，企业在遇到需要政府部门协调解决问题时无计可施。

3.行业恶性竞争增多，经营环境有待提高。企业反映，有关部门对于假冒伪劣产品的打击没能做到快、准、狠，影响了经营环境的良性发展和企业正常的运营。产品同质化问题严重，市场的严重饱和加剧了同行业企业之间的恶性竞争。货款拖欠现象不断增多，影响企业资金周转，追讨欠款渠道少，通过法院胜诉后依然会面临执行难的问题。

4.企业流动资金紧张，银行融资困难，民间融资风险系数大。企业普遍反映，企业特别是中小企业流动资金紧张，融资困难。由于无固定资产抵押，难以获得第三方担保，很多中小企业无法得到金融机构贷款，尤其是没有在金融部门贷过款的单位，由于缺少诚信记录，贷款手续比较繁杂，贷款难度更大，使企业失去不少投资发展的商机。金融系统规避风险给中小企业贷款造成一定困难，迫使不少企业采取内部集资，民间拆借等高风险手段来融资。

5.专业技术人员匮乏，员工素质难以适应企业发展的需要。经营链条中下游企业普遍面临人才不足的问题，由于优秀的人才大多涌向规模较大效益更好的企业，中小企业很难招到合适的人才。中小企业在人才培养力度的不足更是加大了与上游企业在人力资源方面的差距。特别是专业人才缺乏，直接影响着企业的经济效益，制约企业的长远发展。

五、进一步优化南宁市投资环境的建议

一是进一步加快基础设施建设步伐。以开展“项目建设年”、“服务企业年”、“发展环境建设年”活动为依托，加快城市交通基础网络建设，切实解决城市快速发展扩容的问题。借助南宁作为广西首府这一独特优势和明显的区位优势，确立其作为全区物流中心、仓储配送中心的地位，加快产业链各环节相关配套设施的建设进度。

二是营造良好的政策法制环境、解决企业的后顾之忧。贯彻落实国家各项政策法规和优惠政策，保持政策稳定性，提高政策执行透明度，兑现各项政策承诺，秉公执法，完善解决纠纷的渠道，切实保护企业投资经营的合法权益。

三是进一步优化经济环境，拓宽渠道解决企业融资难问题。加大经济开放力度，探索科学合理的发展模式，提高商业和经济发展水平，建立和完善金融信用体系，大力整顿信用秩序，树立企业诚实守信的道德观念和行为准则，提高中小企业信用度。拓宽融资渠道，政府加大对中小企业扶持力度，对那些发展势头较好的企业，应从资金、税收等方面给予照顾，为企业服务不能停留在口头上，要切实行动起来，帮助企业解决实际困难。

四是加快高素质人才的培养和引进。区域竞争归根结底是人才的竞争，各领域的高端人才引领着行业的发展，要跟上国内各领域的发展步伐，必须有一大批高素质的人才做后盾。区内高校和科研机构肩负着培养各类复合型人才的重任，同时，要结合实际需要，下大力气从全国乃至世界范围内引进相关领域的高素质人才，为南宁的发展注入催化剂。

（本文来源于南办参[2010]5号）

责任编辑　方　明

城市竞争力

南宁市在全国部分城市综合竞争力排位

2009年全国37个大中城市综合竞争力排位

城市	综合增长竞争力	排名	经济规模竞争力	排名	经济效率竞争力	排名	发展成本竞争力	排名	产业层次竞争力	排名	收入水平竞争力	排名	综合竞争力	位次
南宁	0.819	5	0.211	31	0.205	34	0.581	23	0.233	30	0.208	31	0.517	29
深圳	0.739	17	0.679	3	0.558	1	0.613	16	0.608	2	0.499	2	0.760	1
上海	0.626	32	0.907	1	0.468	2	0.622	13	0.601	3	0.507	1	0.759	2
北京	0.613	37	0.786	2	0.351	15	0.573	24	0.970	1	0.462	3	0.749	3
广州	0.707	25	0.667	4	0.419	3	0.670	8	0.308	10	0.329	13	0.666	4
天津	0.797	8	0.585	5	0.355	14	0.610	19	0.304	11	0.355	9	0.652	5
大连	0.813	6	0.389	11	0.412	5	0.662	9	0.283	18	0.349	12	0.644	6
青岛	0.861	3	0.369	14	0.406	6	0.677	7	0.284	16	0.362	8	0.639	7
苏州	0.758	13	0.385	13	0.404	7	0.621	14	0.317	7	0.367	7	0.636	8
杭州	0.674	28	0.461	6	0.380	9	0.519	29	0.387	4	0.350	11	0.636	9
沈阳	0.924	1	0.434	9	0.359	12	0.710	5	0.243	27	0.295	17	0.627	10
长沙	0.762	12	0.310	21	0.392	8	0.725	4	0.284	17	0.315	14	0.615	11
无锡	0.730	20	0.361	15	0.415	4	0.612	18	0.247	26	0.351	10	0.613	12
武汉	0.770	10	0.434	10	0.339	16	0.613	17	0.316	8	0.264	21	0.613	13
厦门	0.768	11	0.282	22	0.362	11	0.618	15	0.269	19	0.418	4	0.610	14
宁波	0.651	30	0.347	17	0.370	10	0.534	27	0.288	15	0.385	5	0.604	15
南京	0.727	21	0.438	8	0.291	25	0.600	20	0.299	12	0.299	15	0.604	16
合肥	0.894	2	0.246	25	0.321	20	0.700	6	0.264	21	0.382	6	0.604	17
成都	0.746	15	0.386	12	0.312	21	0.819	2	0.297	13	0.223	28	0.604	18
济南	0.719	23	0.348	16	0.305	22	0.658	10	0.291	14	0.242	23	0.585	19
长春	0.811	7	0.314	20	0.299	24	0.738	3	0.227	31	0.224	27	0.572	20
呼和浩特	0.832	4	0.207	32	0.331	17	0.586	22	0.248	25	0.281	19	0.561	21
福州	0.695	26	0.232	29	0.303	23	0.600	21	0.260	22	0.287	18	0.558	22
南昌	0.790	9	0.233	28	0.353	13	0.623	12	0.220	32	0.241	24	0.557	23
西安	0.713	24	0.319	19	0.238	29	0.628	11	0.316	9	0.182	34	0.553	24
郑州	0.661	29	0.251	24	0.247	28	0.453	31	0.346	5	0.298	16	0.551	25
重庆	0.735	19	0.451	7	0.322	19	0.493	30	0.174	36	0.188	33	0.546	26
石家庄	0.614	36	0.235	27	0.331	18	0.558	26	0.268	20	0.201	32	0.537	27
哈尔滨	0.737	18	0.330	18	0.253	27	0.525	28	0.194	34	0.218	29	0.533	28

续表

城　市	综合增长竞争力	排名	经济规模竞争力	排名	经济效率竞争力	排名	发展成本竞争力	排名	产业层次竞争力	排名	收入水平竞争力	排名	综合竞争力	位　次
乌鲁木齐	0.741	16	0.219	30	0.210	32	0.415	33	0.259	23	0.253	22	0.513	30
昆　明	0.619	34	0.236	26	0.223	30	0.379	34	0.251	24	0.280	20	0.511	31
太　原	0.679	27	0.252	23	0.276	26	0.308	35	0.237	28	0.231	25	0.506	32
银　川	0.622	33	0.114	36	0.209	33	0.561	25	0.321	6	0.216	30	0.493	33
海　口	0.619	35	0.132	35	0.187	37	0.997	1	0.157	37	0.165	36	0.475	34
兰　州	0.637	31	0.180	33	0.219	31	0.453	32	0.186	35	0.179	35	0.472	35
贵　阳	0.722	22	0.166	34	0.189	36	0.263	36	0.219	33	0.227	26	0.460	36
西　宁	0.754	14	0.100	37	0.202	37	0.262	37	0.236	29	0.078	37	0.404	37

2009年全国部分西部省会城市综合竞争力排位

城　市	综合增长竞争力	排名	经济规模竞争力	排名	经济效率竞争力	排名	发展成本竞争力	排名	产业层次竞争力	排名	收入水平竞争力	排名	综合竞争力	位　次
南　宁	0.819	2	0.211	4	0.205	7	0.581	3	0.233	7	0.208	7	0.517	3
成　都	0.746	4	0.386	1	0.312	2	0.819	1	0.297	2	0.223	5	0.604	1
呼和浩特	0.832	1	0.207	5	0.331	1	0.586	2	0.248	5	0.281	1	0.561	2
乌鲁木齐	0.741	5	0.219	3	0.210	5	0.415	6	0.259	3	0.253	3	0.513	4
昆　明	0.619	9	0.236	2	0.223	3	0.379	7	0.251	4	0.280	2	0.511	5
银　川	0.622	8	0.114	8	0.209	6	0.561	4	0.321	1	0.216	6	0.493	6
兰　州	0.637	7	0.180	6	0.219	4	0.453	5	0.186	9	0.179	8	0.472	7
贵　阳	0.722	6	0.166	7	0.189	9	0.263	8	0.219	8	0.227	4	0.460	8
西　宁	0.754	3	0.100	9	0.202	8	0.262	9	0.236	6	0.078	9	0.404	9

2009年广西部分城市综合竞争力排位

城　市	综合增长竞争力	排名	经济规模竞争力	排名	经济效率竞争力	排名	发展成本竞争力	排名	产业层次竞争力	排名	收入水平竞争力	排名	综合竞争力	位　次
南　宁	0.819	6	0.211	1	0.205	3	0.581	7	0.233	1	0.208	3	0.517	1
柳　州	0.700	11	0.164	2	0.280	1	0.461	9	0.146	3	0.223	1	0.483	2
桂　林	0.651	13	0.098	3	0.235	2	0.586	4	0.190	2	0.221	2	0.472	3
北　海	0.872	4	0.076	4	0.188	5	0.582	5	0.126	5	0.177	4	0.436	4
梧　州	0.660	12	0.056	10	0.170	6	0.647	1	0.146	4	0.170	5	0.419	5
防城港	0.934	1	0.062	8	0.203	4	0.635	2	0.065	11	0.109	8	0.394	6
玉　林	0.747	9	0.075	5	0.146	8	0.439	10	0.097	8	0.131	6	0.387	7
钦　州	0.881	3	0.069	7	0.093	13	0.586	5	0.067	10	0.078	10	0.356	8
百　色	0.919	2	0.043	12	0.161	7	0.212	13	0.084	9	0.123	7	0.348	9
崇　左	0.795	7	0.021	14	0.103	11	0.604	3	0.102	7	0.089	9	0.341	10
贵　港	0.840	5	0.075	6	0.088	14	0.519	8	0.062	12	0.058	12	0.339	11
来　宾	0.748	8	0.058	9	0.114	10	0.393	11	0.053	14	0.036	14	0.311	12
河　池	0.727	10	0.027	13	0.129	9	0.187	14	0.110	6	0.057	13	0.303	13
贺　州	0.586	14	0.055	11	0.103	12	0.241	12	0.054	13	0.066	11	0.302	14

（资料来源于社会科学文献出版社2010年5月出版的《中国城市竞争力报告(2010版)》）

南宁市在全国部分城市地区生产总值排位

2009 年全国 36 个大中城市地区生产总值排位

城　市	地区生产总值(亿元)	位　次	增长速度(%)	位　次
南　宁	1492.38	29	15.0	4
北　京	11865.93	2	10.1	30
上　海	14900.93	1	8.2	34
天　津	7500.80	5	16.5	2
重　庆	6528.72	6	14.9	7
宁　波	4214.60	14	8.6	33
厦　门	1623.21	27	8.0	35
深　圳	8201.23	4	10.7	29
广　州	9112.76	3	11.5	24
大　连	4417.72	11	15.0	4
青　岛	4890.33	8	12.2	21
南　京	4230.26	13	11.5	24
哈尔滨	3258.10	18	13.0	16
石家庄	3114.90	19	11.1	26
太　原	1545.24	28	2.6	36
呼和浩特	1634.83	26	15.6	3
沈　阳	4359.20	12	14.1	11
长　春	2919.20	20	15.0	4
合　肥	2102.12	23	17.3	1
福　州	2524.28	22	12.8	18
南　昌	1837.50	24	13.1	14
济　南	3351.40	16	12.2	21
郑　州	3300.00	17	12.0	23
长　沙	3744.76	15	14.7	8
成　都	4502.60	10	14.7	8
贵　阳	902.61	32	13.3	13
昆　明	1808.65	25	12.8	18
西　安	2719.10	21	14.5	10
兰　州	925.98	31	10.8	27
西　宁	469.42	35	13.1	14
银　川	578.15	33	13.0	16
乌鲁木齐	1095.00	30	9.5	32
武　汉	4560.62	9	13.7	12
海　口	489.55	34	10.8	27
杭　州	5098.66	7	10.0	31
拉　萨	154.27	36	12.7	20

2009年西部省会城市地区生产总值排位

城　市	地区生产总值(亿元)	位　次	增长速度(%)	位　次
南　宁	1492.38	5	15.00	2
呼和浩特	1634.83	4	15.60	1
成　都	4502.60	1	14.70	3
贵　阳	902.61	8	13.30	5
昆　明	1808.65	3	12.80	8
西　安	2719.10	2	14.50	4
兰　州	925.98	7	10.80	10
西　宁	469.42	10	13.10	6
银　川	578.15	9	13.00	7
乌鲁木齐	1095.00	6	9.50	11
拉　萨	154.27	11	12.70	9

2009年广西各市主要指标排位

土地面积与人口

城　市	土地面积(平方公里)	位　次	年末总人口(万人)	位　次
南　宁	22112	4	697.90	1
柳　州	18617	5	367.56	8
桂　林	27809	3	511.63	3
梧　州	12588	9	316.18	9
北　海	3337	14	160.18	13
防城港	6181	13	86.92	14
钦　州	10843	11	371.19	7
贵　港	10606	12	509.69	4
玉　林	12838	8	653.41	2
百　色	36201	1	398.57	6
贺　州	11855	10	223.91	12
河　池	33508	2	409.55	5
来　宾	13411	7	254.98	10
崇　左	17351	6	241.96	11

地区生产总值

城　市	地区生产总值(亿元)	位　次	增长(%)	位　次
南　宁	1492.38	1	15.00	7
柳　州	1031.58	2	16.30	3
桂　林	940.54	3	14.00	10
梧　州	447.39	5	17.50	1
北　海	317.71	10	16.00	4
防城港	243.78	13	17.50	1
钦　州	396.37	8	15.30	5
贵　港	438.59	7	15.20	6
玉　林	682.04	4	14.80	8
百　色	441.77	6	14.60	9
贺　州	243.78	13	12.50	13
河　池	382.83	9	8.20	14
来　宾	299.36	12	12.80	11
崇　左	300.28	11	12.60	12

财政收入

城　市	财政收入(亿元)	位　次	增长(%)	位　次
南　宁	231.21	1	20.93	4
柳　州	157.64	2	12.49	12
桂　林	97.64	3	14.14	9
梧　州	40.06	7	23.60	3
北　海	35.75	10	32.28	1
防城港	27.39	13	24.95	2
钦　州	38.03	8	18.83	5
贵　港	34.03	12	17.10	6
玉　林	54.67	5	14.49	8
百　色	56.85	4	3.17	13
贺　州	18.15	14	13.40	10
河　池	40.32	6	0.20	14
来　宾	34.14	11	12.72	11
崇　左	36.72	9	14.54	7

社会经济主要指标

2009年南宁市社会经济主要指标

指 标 名 称	单 位	2009年	2008年	比上年增长%
人口、土地面积				
土地面积	平方公里	22112	22112	
#建成区面积	平方公里	190	179	6.11
年末户籍总人口	人	6978957	6916874	0.90
#非农业人口	人	1908770	1889351	1.03
农业人口	人	5070187	5027523	0.85
#市区人口	人	2671388	2638873	1.23
市辖县人口	人	4307569	4278001	0.69
#男性	人	3647913	3614759	0.92
女性	人	3331044	3302115	0.88
#18岁以下人口	人	792678	1201878	-34.05
18～60岁人口	人	5083353	4798790	5.93
60岁以上人口	人	1102926	916206	20.38
人口密度	人/平方公里	316	313	0.96
年出生人数	人	96662	98751	-2.12
年死亡人数	人	39771	26880	47.96
年末总户数	户	2062411	2011573	2.53
年平均人口	人	6947916	6875996	1.05
人口结构				
非农业人口比重	%	27.35	27.32	0.03★
农业人口比重	%	72.65	72.68	-0.03★
市区人口比重	%	38.28	38.15	0.13★
市辖县人口比重	%	61.72	61.85	-0.13★
男性人口比重	%	52.27	52.26	
女性人口比重	%	47.73	47.74	
地区生产总值				
地区生产总值(当年价)	万元	14923770	13162137	15.00
第一产业	万元	2112382	2031949	5.80
第二产业	万元	5274575	4561176	17.00
工业	万元	3957991	3504490	13.50
建筑业	万元	1316584	1056686	28.70
第三产业	万元	7536813	6569012	16.30
交通运输仓储邮政业	万元	721641	686464	6.80
批发和零售业	万元	1371492	1170114	19.60
住宿和餐饮业	万元	544639	481153	9.10
金融保险业	万元	906746	677960	36.50
房地产业	万元	534442	436541	23.80
其他服务业	万元	3457853	3116781	12.80

注:1.人口数据由市公安局提供;2."★"为增减百分点(后同)

续表

指　标　名　称	单　位	2009 年	2008 年	比上年增长%
人均地区生产总值(当年价)	元	21479	19142	13.80
地区生产总值构成	%	100	100	
第一产业	%	14.15	15.44	-1.28★
第二产业	%	35.34	34.65	0.69★
工业	%	26.52	26.63	-0.10★
建筑业	%	8.82	8.03	0.79★
第三产业	%	50.50	49.91	0.59★
工农业总产值(当年价)	万元	15269615	13886883	9.96
工业总产值	万元	11757647	10506163	11.91
农业总产值	万元	3511968	3380720	5.80
农业				
农村社会总产值(当年价)	万元	7379132	6738406	9.51
#非农行业总产值	万元	3867164	3357686	15.17
农林牧渔业商品产值	万元	2256648	2174891	3.76
农林牧渔业总产值(当年价)	万元	3511968	3380720	5.80
农业	万元	1826447	1701527	4.40
林业	万元	132117	115182	11.72
牧业	万元	1240689	1276517	5.47
渔业	万元	145047	142871	8.70
服务业	万元	167667	144623	18.30
农林牧渔业总产值(构成)	%	100	100	
农业	%	52.01	50.33	1.68★
林业	%	3.76	3.41	0.35★
牧业	%	35.33	37.76	-2.43★
渔业	%	4.13	4.22	-0.09★
服务业	%	4.77	4.28	0.49★
播种面积				
粮食	公顷	435580	427412	1.91
甘蔗	公顷	169869	191001	-11.06
油料	公顷	40319	36403	10.76
蔬菜	公顷	162025	154971	4.55
乡村从业人员	万人	297.30	291.60	1.95
#农林牧渔业从业人员	万人	203.85	203.62	0.11
年末耕地面积	公项	388507	390093	-0.41
灌溉水田	公项	187390	188048	-0.35
旱地	公项	201117	202045	-0.46
人均耕地面积	亩	0.84	0.85	-1.18
有效灌溉面积	公顷	239560	233236	2.71
粮食总产量	吨	2091145	2018111	3.62
油料产量	吨	100156	89797	11.54
甘蔗产量	吨	12263008	15062914	-18.59
蔬菜产量	吨	3328558	3209555	3.71

注:地区生产总值增长速度按可比价计算,农业总产值增长速度按可比价计算

续表

指 标 名 称	单 位	2009 年	2008 年	比上年增长%
肉类总产量	吨	583071	548185	6.36
#猪肉	吨	345530	322609	7.10
牛羊肉	吨	21622	20138	7.37
禽肉	吨	213227	202642	5.22
猪年末存栏数	万头	325.24	313.63	3.70
当年出栏肉猪	万头	470.83	440.57	6.87
大牲畜年末存栏数	万头	64.85	74.12	-12.51
#牛	万头	63.06	65.68	-3.99
羊年末存栏数	万只	20.26	20.81	-2.64
水产品产量	吨	180216	165581	8.84
禽蛋产量	吨	19562	17578	11.29
牛奶产量	吨	43786	40374	8.45
水果产量	吨	1045158	731100	42.96
农业机械总动力	万千瓦	361.66	345.21	4.77
农村用电量	万千瓦时	73426	66493	10.43
农业主产用化肥(折纯量)	吨	413681	405399	2.04
工业				
全部工业总产值(当年价)	万元	11757647	10598632	10.94
#规模以上工业总产值	万元	9816480	8649563	13.49
规模以下工业总产值	万元	1941167	1949069	-0.41
规模以上工业按登记注册类型分				
国有企业	万元	1654334	1471132	12.45
集体企业	万元	73099	87492	-16.45
股份合作企业	万元	1428	10114	-85.88
联营企业	万元	6892	12050	-42.80
有限责任公司	万元	1796257	1843339	-2.55
股份有限公司	万元	780882	867912	-10.03
私营企业	万元	4061804	3112001	30.52
其他企业	万元	63727	33240	91.72
港澳台商投资企业	万元	737267	500688	47.25
外商投资企业	万元	640790	711596	-9.95
按轻重工业分				
轻工业	万元	4942681	4282234	15.42
重工业	万元	4873799	4367330	11.60
按企业规模分				
大型企业	万元	502532	553208	-9.16
中型企业	万元	3986243	3200819	24.54
小型企业	万元	5327705	4895536	8.83
规模以上工业企业主要经济指标				
企业单位数	个	1117	986	13.29
#产值超亿元企业	个	223	193	15.54
亏损企业	个	249	241	3.32
工业总产值(现价)	万元	9816480	8649563	13.49
工业增加值(现价)	万元	3110526	2802825	14.58

续表

指　标　名　称	单　位	2009 年	2008 年	比上年增长%
资产总计	万元	8320796	6517413	27.67
负债总计	万元	4766204	3904750	22.06
主营业务收入	万元	9051209	7201767	25.68
#主营业务税金及附加	万元	266426	202414	31.62
实现利税总额	万元	1001036	752952	32.95
#利润总额	万元	411423	294356	39.77
亏损企业亏损额	万元	87285	45797	90.59
经济效益综合指数	%	213.42	229.76	-16.34★
资本增值保值率	%	126.64	130.63	-3.99★
总资产贡献率	%	13.07	14.07	-1.00★
资产负债率	%	57.28	59.91	-2.63★
流动资产周转率	%	2.53	2.82	-0.29★
成本费用利润串	%	5.23	4.77	0.46★
全员劳动生产率	元	170499	191035	-10.76
产品销售率	%	93.44	91.69	1.75★
主要工业产品产量				
原煤	万吨	3.84	2.60	47.75
成品糖	万吨	127.90	166.05	-22.97
淀粉	吨	817780	656818	24.51
罐头	吨	152520	105838	44.11
乳制品	吨	59152	53428	10.71
啤酒	千升	109886	108940	0.87
软饮料	吨	659169	193564	240.54
卷烟	万支	3462445	2907481	19.09
配混合饲料	万吨	293.43	254.37	15.36
纱	吨	28918	22933	26.10
布	万米	670	717	-6.56
家用电风扇	万台	36.75	30.98	18.61
塑料制品	吨	191831	124888	53.60
机制纸及纸板	吨	630144	483673	30.28
纸浆	吨	386901	371235	4.22
化学农药原药(折有效成分 100%)	吨	4005	4185	-4.30
烧碱(折 100%)	吨	215942	210546	2.56
电力电缆	千米	662449	692284	-4.31
小型拖拉机	台	116430	99206	17.36
发电设备	万千瓦	30.50	31.30	-2.56
水泥	万吨	1008.64	793.49	27.11
平板玻璃	万重量箱	453.92	533.09	-14.85
铝材	吨	56195	65474	-14.17
发电量	万千瓦时	322441	323971	-0.47

注:工业增加值增长速度按价格指数缩减法计算

续表

指 标 名 称	单 位	2009年	2008年	比上年增长%
交通、邮电、电力				
货运总量	万吨	15492.03	13044.28	18.76
铁路货运量	万吨	633.73	637.48	-0.59
公路货运量	万吨	13272	11028	20.35
水路货运量	万吨	1583	1376	15.03
民用航空货邮运量	万吨	3.80	3.10	22.58
客运总量	万人	8967.13	8066.09	11.17
铁路客运量	万人	935.53	851.99	9.81
公路客运量	万人	7801	6968	11.95
水路客运量	万人		75	
民用航空客运总量	万人	230.60	171.30	34.62
内河港口货物吞吐量	万吨	434	233	85.94
年末邮电局(所)数	处	196	204	-3.92
邮电业务总量(2000年不变价)	万元	1459984	1289710	13.20
年末电话用户数	户	5163466	4980161	5.81
#移动电话用户数	户	4004243	3229960	23.97
年末互联网用户	户	679423	425411	59.71
全年用电量	万千瓦时	1043773	941439	10.87
#工业用电	万千瓦时	529726	525763	0.75
城乡居民生活用电	万千瓦时	244603	197328	23.96
固定资产投资				
全社会固定资产投资	万元	10439120	6934353	50.54
#城镇固定资产投资	万元	9772424	6500237	50.34
#基本建设投资	万元	4514087	2783092	62.20
更新改造投资	万元	2655809	1424461	86.44
其他投资	万元	314943	271655	15.93
房地产开发投资	万元	2267250	1993043	13.76
城镇工矿区私人建房(50万元以上)	万元	20335	27986	-27.34
新增固定资产	万元	4939315	2786431	77.26
房屋施工面积	万平方米	5483.73	3925.40	39.70
#住宅	万平方米	2616.96	2416.84	8.28
房屋竣工面积	万平方米	1025.30	836.85	22.52
#住宅	万平方米	503.13	479.83	4.86
商品房施工面积	万平方米	2620.22	2190.07	19.64
#住宅	万平方米	1952.83	1669.80	16.95
商品房竣工面积	万平方米	439.71	436.57	0.72
#住宅	万下方米	361.03	352.04	2.55
商品房实际销售面积	万平方米	731.74	484.91	50.90
#住宅	万平方米	685.08	443.58	54.44
商品房实际销售额	万元	3334479	1913471	74.26
#住宅	万元	3057481	1649930	85.31

注：公路、水路客货运量由市交通局提供

续表

指 标 名 称	单 位	2009 年	2008 年	比上年增长%
城镇基础设施				
水厂综合生产能力(含自备水源)	万吨/日	161.40	158.70	1.70
年末供水管道总长度	公里	3315	2641	25.52
全年供水总量	万吨	40015	38013	5.27
#居民家庭用水量	万吨	18849	18104	4.12
生活用水人口	万人	248.60	243.71	2.01
年末实有公共汽车营运车辆	辆	3020	2681	12.64
全年公共汽车客运总数	万人次	61704	54191	13.86
年末实有出租汽车数	辆	5175	4477	15.59
液化石油气供气总量	吨	95478	99799	-4.33
#家庭用量	吨	77412	95708	-19.12
家庭用液化石油气人口	万人	209.23	215.29	-2.81
年末实有道路总长度	公里	1679	1503	11.71
年末实有道路总面积	万平方米	3689	3075	19.97
人均道路面积	平方米	13.68	12.10	13.06
排水管道总长度	公里	1042	997	4.51
建成区园林绿地面积	公顷	7465	6945	7.49
人均公共绿地面积	平方米	8.92	9.05	-1.44
建成区绿化覆盖面积	公顷	8888	8295	7.15
国内商业				
批零贸易业商品销售总额	万元	15526320	12144162	27.85
#限额以上批发零售贸易业商品销售总额	万元	9715173	6428651	51.12
社会消费品零售总额	万元	7570122	6316845	19.84
按销售地区分				
市的零售额	万元	6198954	5171720	19.86
县的零售额	万元	626381	524006	19.54
县以下零售额	万元	744787	621119	19.91
按行业分				
批发零售贸易业	万元	6690923	5578329	19.94
住宿餐饮业	万元	866028	717324	20.73
其他行业	万元	13171	21192	-37.85
按经济类型分				
#国有企业	万元	126827	122618	3.43
集体企业	万元	32520	31243	4.09
私营企业	万元	922639	768171	20.11
个体户	万元	4234430	3500325	20.97

注:城市公用事业数据由市建委提供

续表

指标名称	单位	2009年	2008年	比上年增长%
物价				
居民消费价格指数	%	98.20	108.40	-1.80
食品类	%	98.60	121.70	-1.40
#粮食	%	108.30	108.30	8.30
肉禽及其制品	%	91.90	124.70	-8.10
水产品	%	96.20	119.80	-3.80
鲜菜	%	103.20	161.20	3.20
烟酒及用品	%	103.00	101.90	3.00
衣着	%	103.90	101.20	3.90
家庭设备用品及服务	%	98.60	102.30	-1.40
医疗保健和个人用品	%	101.70	102.90	1.70
交通和通讯	%	98.10	98.90	-1.90
娱乐教育文化用品及服务	%	99.90	98.80	-0.10
居住	%	90.50	106.30	-9.50
对外经济				
海关进出口总额	万美元	278764	187063	49.34
出口总额	万美元	238350	158605	50.28
进口总额	万美元	40414	28458	42.01
市属进出口总额	万美元	247840	137837	79.81
出口总额	万美元	211041	114878	83.71
进口总额	万美元	36799	22959	60.28
外商直接投资(商务部口径)	万美元	27845	22573	23.36
对外借款	万美元	2894	4157	-30.38
新签利用外资合同	个	56	73	-23.29
协议(合同)外资金额	万美元	52333	61377	-14.74
期末实有三资企业个数	个	674	619	8.89
#建成投产企业个数	个	455	445	2.25
旅游				
国内外旅游人数	万人次	3083	2572	19.87
#国内旅游人数	万人次	3071	2558	20.05
国际旅游人数	万人次	12.27	13.85	-11.38
#外国人	万人次	9.37	10.38	-9.73
港澳台同胞	万人次	2.90	3.47	-16.42
国内外旅游收入	万元	1817168	1440748	26.13
#国内旅游收入	万元	1790258	1412083	26.78
国际旅游收入	万元	26910	28665	-6.12

续表

指 标 名 称	单 位	2009 年	2008 年	比上年增长%
主要宾馆	个	88	87	1.15
# 星级宾馆	个	84	83	1.20
五星级	个	6	5	20.00
四星级	个	12	11	9.09
三星级	个	29	30	-3.33
二星级	个	37	37	0.00
客房数	间	15023	14458	3.91
床位数	张	25689	24983	2.83
财政、金融、保险				
财政收入	万元	2313664	1911686	21.03
# 一般预算收入	万元	1204628	928812	29.70
地方财政支出	万元	2035519	1660830	22.56
金融机构各项存款余额	亿元	3231.36	2320.48	39.25
# 城乡居民储蓄存款	亿元	1116.20	888.65	25.61
金融机构各项贷款余额	亿元	3278.12	2316.63	41.50
银行现金收入	亿元	4119.78	3527.46	16.79
银行现金支出	亿元	4020.03	3448.26	16.58
保费收入	万元	401328	336762	19.17
# 财产险保费收入	万元	147249	118414	24.35
人寿险保费收入	万元	254078	218349	16.36
劳动工资及就业				
年末单位在岗人数	人	640175	616998	3.76
# 国有经济单位	人	362807	355009	2.20
城镇集体单位	人	13656	17619	-22.49
其他经济单位	人	263712	239651	10.04
在岗职工资总额	万元	2047363	1798691	13.83
在岗职工年平均工资	元/人	32596	29377	10.96
# 国有经济单位	元/人	38599	34417	12.15
城镇集体单位	元/人	20040	17937	11.72
其他经济单位	元/人	24846	22752	9.20
私营企业从业人员	人	503433	312888	60.90
# 城镇私营企业	人	246076	283355	-13.16
个体从业人员	人	323203	294801	9.63
# 城镇个体	人	225826	186237	21.26
城镇登记失业人员数	人	35182	29940	17.51
城镇登记失业率	%	3.86	3.57	0.29★

注:1.城镇私营、城镇个体从业人员数据由市工商局提供;2.城镇登记失业人员、城镇登记失业率数据由市劳动局提供

续表

指　标　名　称	单　位	2009 年	2008 年	比上年增长%
城镇居民家庭基本情况				
平均每户人口	人	3.06	3.05	0.33
平均每户就业人口	人	1.75	1.77	-1.13
每一就业者负担人数	人	1.75	1.72	1.74
城镇住户人均年可支配收入	元	16254	14446	11.90
城镇住户人均年消费性支出	元	11271	10669	5.64
#食品支出	元	4441	4430	0.25
衣着支出	元	888	876	1.37
设备用品及服务支出	元	794	652	21.78
人均住房建筑面积	平方米	32.70	32.57	0.40
主要商品年人均消费量				
大米	公斤	41.36	42.62	-2.96
食用植物油	公斤	7.58	8.54	-11.24
鲜菜	公斤	114.18	109.52	4.25
猪肉	公斤	29.06	26.59	9.29
牛羊肉	公斤	5.23	4.86	7.61
鸡鸭	公斤	20.95	21.18	-1.09
鲜蛋	公斤	6.76	6.50	4.00
城镇每百户居民主要耐用品拥有量				
空调器	台	141	134	5.22
洗衣机	台	98	98	0.00
电冰箱	台	98	97	1.03
摩托车	辆	58	60	-3.33
彩色电视机	台	140	137	2.19
组合音响	套	37	38	-2.63
照相机	架	54	53	1.89
家用电脑	台	93	90	3.33
移动电话	部	220	214	2.80
农村居民家庭基本情况				
平均每户人口	人	4.53	4.55	-0.44
平均每户从业人口	人	3.34	3.33	0.30
平均每一劳动力负担人口数	人	1.41	1.37	2.92
农村居民人均纯收入	元	4385	4001	9.60

注:可支配收入增速按可比口径计算

续表

指 标 名 称	单 位	2009年	2008年	比上年增长%
农村住户人均年消费性支出	元	3004	3115	-3.56
#食品支出	元	1559	1822	-14.43
衣着支出	元	81	74	9.46
家庭设备用品支出	元	170	141	20.57
人均居住面积	平方米	34.38	33.31	3.21
主要商品年人均消费量				
粮食	公斤	177.16	220.08	-19.50
食用油	公斤	3.08	3.62	-14.92
蔬菜	公斤	81.56	96.46	-15.45
猪肉	公斤	13.34	11.48	16.20
牛羊肉	公斤	0.38	0.44	-13.64
家禽	公斤	13.85	15.38	-9.95
鲜蛋	公斤	1.14	1.61	-29.19
农村每百户居民主要耐用品拥有量				
洗衣机	台	16.30	13.20	24.03
电冰箱	台	30.60	24.40	25.59
摩托车	辆	65.70	69.80	-5.85
彩色电视机	台	102.00	99.60	2.39
固定电话	部	56.00	57.90	-3.20
移动电话	部	120.00	109.10	10.01
热水器	台	26.20	24.50	6.89
照相机	台	3.40	3.20	4.64
教育、文化				
学校数				
高等学校	所	30	28	7.10
中等职业学校	所	100	103	-2.91
技工学校	所	13	19	
普通中学	所	355	364	-2.47
小学	所	1548	1571	-1.46
专任教师数				
高等学校	人	13950	12710	9.76
中等职业学校	人	5704	5695	0.16
技工学校	人	1409	1142	23.38
普通中学	人	22482	22150	1.50
小学	人	28949	28804	0.50
在校学生数				
高等学校	人	268865	239223	12.39
中等职业学校	人	174465	162770	7.18
技工学校	人	34273	36002	-4.80

续表

指 标 名 称	单 位	2009 年	2008 年	比上年增长%
普通中学	人	385308	393088	-1.98
小学	人	526624	536465	-1.83
县级以上公共图书馆	个	16	16	
县级以上公共图书馆图书总藏量	千册、件	4662	4325	7.78
# 图书藏量	千册	3513	3243	8.34
图书出版印数	万册	23402	21503.30	8.83
杂志出版印数	万册	3602	3604.85	-0.08
报纸出版印数	万份	52217	54207.10	-3.67
科技、卫生				
专业技术人员数	人	204270	200063	2.10
# 市县属国有企事业单位	人	117628	117084	0.46
# 中级及以上技术职称人员	人	41757	38320	8.97
专利申请数	件	1199	953	25.81
# 发明专利	件	467	337	38.58
授权专利数	件	624	488	27.87
# 发明专利	件	84	64	31.25
卫生机构数(含个体)	个	2305	2240	2.90
# 医院、卫生院	个	202	201	0.50
门诊部	个	1937	1892	2.38
卫生机构床位数	张	25337	22696	11.64
# 医院、卫生院	张	23501	21101	11.37
卫生技术人员数(含个体)	人	33872	31210	8.53
# 执业医师	人	11110	10552	5.29
执业助理医师	人	1797	1861	-3.44
注册护士	人	12740	11377	11.98
福利机构				
社会福利机构数	个	138	779	
社会福利机构床位数	张	5999	11311	
社会治安				
火灾起数	起	171	157	8.92
火灾死伤人数	人	10	1	900.00
火灾损失折款	万元	330.62	756.20	-56.28
交通事故件数	件	1292	1517	-14.83
交通事故死伤人数	人	2170	2436	-10.92
# 死亡人数	人	408	434	-5.99
交通事故损失额	万元	478.37	513.50	-6.84
刑事案件立案数	件	52068	23733	119.39
犯罪人数	人	5174	4950	4.53

注:“社会福利机构数”2009 年口径不含五保村数,与 2008 年口径可比

2009年南宁市区社会经济主要指标

指 标 名 称	单 位	2009年	2008年	比上年增长%
人口、土地面积				
土地面积	平方公里	6479	6479	
#建成区土地面积	平方公里	190	179	
年末户籍总人口	人	2671388	2638873	1.23
#非农业人口	人	1368922	1355444	0.99
农业人口	人	1302466	1283429	1.48
#男性	人	1382523	1365258	1.26
女性	人	1288865	1273615	1.20
#18岁以下人口	人	258304	405758	-36.34
18～60岁人口	人	1991986	1888325	5.49
60岁以上人口	人	421098	344790	22.13
人口密度	人/平方公里	412	407	1.23
年出生人数	人	32743	34563	-5.27
年死亡人数	人	7713	7303	5.61
年末总户数	户	800301	783336	2.17
年平均人口	人	2655131	2618280	1.41
人口结构				
非农业人口比重	%	51.24	51.36	-0.12★
农业人口比重	%	48.76	48.64	0.12★
男性人口比重	%	51.75	51.74	0.01★
女性人口比重	%	48.25	48.26	-0.01★
地区生产总值				
地区生产总值(当年价)	万元	10719751	9414271	16.00
第一产业	万元	772100	719486	8.00
第二产业	万元	3663539	3245466	16.00
工业	万元	2585305	2367830	12.10
建筑业	万元	1078234	877636	26.90
第三产业	万元	6284112	5449318	16.90
交通运输仓储邮政业	万元	471384	447767	7.00
批发和零售业	万元	1177500	1004814	16.40
住宿和餐饮业	万元	465158	412639	8.80
金融保险业	万元	857338	639325	36.80
房地产业	万元	389710	313594	24.80
其他服务业	万元	2623022	2631180	13.00
人均地区生产总值(当年价)	元	40374	35963	14.40
地区生产总值构成	%	100	100	
第一产业	%	7.20	7.64	-0.44★
第二产业	%	34.18	34.47	0.30★
工业	%	24.12	25.15	-1.03★
建筑业	%	10.06	9.32	0.74★
第三产业	%	58.62	57.88	0.74★

注:1.人口数据由市公安局提供;2.“★”为增减百分点(后同);3.地区生产总值增长速度按可比价计算

续表

指 标 名 称	单 位	2009年	2008年	比上年增长%
工农业总产值(当年价)	万元	9018480	8511893	5.95
工业总产值	万元	7718139	7352095	4.98
农业总产值	万元	1300341	1217674	8.28
农业				
农村社会总产值(当年价)	万元	2480431	2181706	13.69
#非农行业总产值	万元	1180090	964032	22.41
农林牧渔业商品产值	万元	789887	717175	10.14
农林牧渔业总产值(当年价)	万元	1300341	1217674	8.28
农业	万元	644975	578245	8.76
林业	万元	58593	59611	-4.72
牧业	万元	426153	430579	6.06
渔业	万元	42906	40765	12.46
服务业	万元	127714	108474	20.14
农林牧渔业总产值(构成)	%	100	100	
农业	%	49.60	47.49	2.11★
林业	%	4.51	4.89	-0.38★
牧业	%	32.77	35.36	-2.59★
渔业	%	3.30	3.35	-0.05★
服务业	%	9.82	8.91	0.91★
乡村从业人员	万人	78.5	77.82	0.87
#农林牧渔业从业人员	万人	55.24	54.67	1.04
年末实有耕地面积	公顷	126540	128153	-1.26
灌溉水田	公顷	58186	58480	-0.50
旱地	公顷	68354	69673	-1.89
人均耕地面积	亩	0.71	0.73	-2.67
有效灌溉面积	公顷	52743	54282	-2.84
粮食总产量	吨	543969	526662	3.29
油料产量	吨	38207	33875	12.79
甘蔗产量	吨	4997366	6223781	-19.71
蔬菜产量	吨	1301612	1232457	5.61
肉类产量	吨	204902	192891	6.23
#猪肉	吨	90863	83426	8.91
牛羊肉	吨	3619	3253	11.25
家禽	吨	109517	105478	3.33
猪年末存栏数	万头	72.99	70.45	3.61
当年出栏肉猪	万头	122.49	111.94	9.43
大牲畜年末存栏数	万头	17.26	17.08	1.01
#牛	万头	17.25	17.07	1.05
羊年末存栏数	只	4168	4300	-3.07

注:农业总产值增长速度按可比价计算

续表

指　标　名　称	单　位	2009年	2008年	比上年增长%
水产品产量	吨	53170	47331	12.34
禽蛋产量	吨	11883	10439	13.83
牛奶产量	吨	41929	38911	7.76
水果产量	吨	466379	268060	73.98
农业机械总动力	万千瓦	112.24	113.79	-1.37
农村用电量	万千瓦时	28196	24038	17.30
农业生产用化肥(折纯量)	吨	153463	149027	2.98
工业				
全部工业总产值(当年价)	万元	7729287	7352095	5.13
#规模以上工业总产值	万元	7146446	6440579	10.96
规模以下工业总产值	万元	582841	911516	-36.06
规模以上工业按登记注册类型分				
国有企业	万元	1401639	1284193	9.15
集体企业	万元	53468	70516	-24.18
股份合作企业	万元		8401	
联营企业	万元	6892	12050	-42.80
有限责任公司	万元	1252210	1432542	-12.59
股份有限公司	万元	692749	821751	-15.70
私营企业	万元	2673913	1880843	42.17
其他企业	万元	21479	32035	-32.95
港澳台商投资企业	万元	585279	356566	64.14
外商投资企业	万元	458818	541685	-15.30
按轻重工业分				
轻工业	万元	3451013	3044446	13.35
重工业	万元	3701836	3396134	9.00
按企业规模分				
大型企业	万元	503466	553208	-8.99
中型企业	万元	3191531	2510261	27.14
小型企业	万元	3464723	3377111	2.59
规模以上工业企业主要经济指标				
企业单位数	个	633	572	10.66
#亏损企业	个	159	165	-3.64
工业总产值(现价)	万元	7146446	6440579	10.96
工业增加值(现价)	万元	2287683	2066347	12.84
资产总计	万元	6391332	4950516	29.10
负债合计	万元	3756440	3047722	23.25
主营业务收入	万元	6589207	5329830	23.63
#主营业务税金及附加	万元	246708	190920	29.22
实现利税总额	万元	778905	600034	29.81
#利润总额	万元	285844	210155	36.02
亏损企业亏损额	万元	63896	34274	86.43
主要工业产品产量				
成品糖	万吨	74.06	94.54	-21.66

注:工业增加值增长速度按价格指数缩减法计算

续表

指 标 名 称	单 位	2009年	2008年	比上年增长%
淀粉	吨	220136	159671	37.87
罐头	吨	14066	12762	10.22
乳制品	吨	59000	53428	10.43
啤酒	千升	109735	108940	0.73
软饮料	吨	232609	163808	42.00
卷烟	万支	3462445	2907481	19.09
配混合饲料	万吨	252.03	235.27	7.12
纱	吨	28918	22933	26.10
布	万米	587	625	-6.08
家用电风扇	万台	36.75	30.98	18.62
塑料制品	吨	139585	99726	39.97
机制纸及纸板	吨	277400	248967	11.42
纸浆	吨	240244	259889	-7.56
化学农药原药(折有效成分100%)	吨	2911	3910	-25.55
烧碱(折100%)	吨	215942	210546	2.56
电力电缆	千米	662449	692284	-4.31
小型拖拉机	台	64539	69386	-6.99
水泥	万吨	595.47	378.44	57.35
平板玻璃	万重量箱	453.92	533.09	-14.85
铝材	吨	56195	65474	-14.17
发电量	万千瓦时	51957	55582	-6.52
交通、邮电、电力				
货运总量	万吨	11962.40	9776.10	22.36
铁路货运量	万吨	444.20	433.40	2.49
公路货运量	万吨	10792.00	8712	23.88
水路货运量	万吨	722.40	627.60	15.11
民用航空货邮运量	万吨	3.80	3.10	22.58
客运总量	万人	6222.47	5429.79	14.60
铁路客运量	万人	857.87	783.39	9.51
公路客运量	万人	5134	4457	15.19
水路客运量	万人		18.10	
民用航空客运总量	万人	230.60	171.30	34.62
内河港口货物吞吐量	万吨	243.28	155.88	56.67
年末邮电局(所)数	处	93	99	-6.06
邮电业务总量(2000年不变价)	万元	1112778	981571	13.37
年末电话用户数	户	3556600	3416187	4.11
#移动电话用户数	户	2782647	2241391	24.15
年末互联网用户	户	574756	354341	62.20
全年用电量	万千瓦时	792994	719178	10.26
#工业用电	万千瓦时	385942	391456	-1.41
城乡居民生活用电	万千瓦时	171173	134021	27.72

注:公路、水路客货运量由市交通局提供

续表

指 标 名 称	单 位	2009年	2008年	比上年增长%
固定资产投资				
全社会固定资产投资	万元	7593243	5261838	44.31
#城镇固定资产投资	万元	7411751	5136647	44.29
#基本建设投资	万元	3573065	2312229	54.53
更新改造投资	万元	1526222	729400	109.24
其他投资	万元	274291	238567	14.97
房地产开发投资	万元	2025636	1831981	10.47
城镇工矿区私人建房	万元	14137	24470	-42.33
新增固定资产	万元	3452526	1919850	79.83
房屋施工面积	万平方米	4628.35	3498.79	32.28
#住宅	万平方米	2252.47	2216.79	1.61
房屋竣工面积	万平方米	797.70	686.75	16.16
#住宅	万平方米	397.11	406.06	-2.20
商品房施工面积	万平方米	2290.91	2010.59	13.94
#住宅	万平方米	1682.15	1524.33	10.35
商品房竣工面积	万平方米	370.54	378.55	-2.12
#住宅	万平方米	300.94	305.50	-1.49
商品房销售面积	万平方米	639.77	436.14	46.69
#住宅	万平方米	596.52	396.48	50.45
商品房销售额	万元	3167320	1832684	72.82
#住宅	万元	2900034	1574987	84.13
城市基础设施				
水厂综合生产能力(含自备水源)	万吨/日	135.20	126.70	6.71
年末供水管道总长度	公里	2596	1929	34.58
全年供水总量	万吨	35576	33058	7.62
#居民家庭用水量	万吨	15717	14704	6.89
生活用水人口	万人	199.41	197.21	1.12
年末实有公共汽车营运车辆	辆	2678	2567	4.32
全年公共汽车客运总数	万人次	59637	53482	11.51
年末实有出租汽车数	辆	4940	4332	14.04
液化石油气供气总量	吨	84135	82065	2.52
#家庭用量	吨	66794	82065	-18.61
家庭用液化石油气人口	万人	166.83	163.80	1.85
年末实有道路总长度	公里	1255	1117	12.35
年末实有道路总面积	万平方米	3013	2489	21.05
人均道路面积	平方米	14.19	12.62	12.44
排水管道长度	公里	705	682	3.37
建成区园林绿地面积	公顷	6491	6029	7.66
人均公共绿地面积	平方米	9.90	10.29	-3.79
建成区绿化覆盖面积	公顷	7530	6979	7.90

注:城市公用事业数据由市建委提供

续表

指 标 名 称	单 位	2009 年	2008 年	比上年增长%
国内商业、对外经济				
批零贸易业商品销售总额	万元	13712276	10570366	29.72
#限额以上批发零售贸易业商品销售总额	万元	9625494	6117910	57.33
社会消费品零售总额	万元	6198824	5171138	19.87
按行业分				
批发零售贸易业	万元	5477036	4568783	19.88
住宿餐饮业	万元	709069	589560	20.27
其他行业	万元	12718	12795	-0.60
按经济类型分				
#国有经济	万元	110211	106045	3.93
集体经济	万元	17639	21934	-19.58
私营经济	万元	879572	774685	13.54
个体经济	万元	3019282	2496482	20.94
海关进出口总额	万美元	238544	179320	33.03
出口总额	万美元	205438	152098	35.07
进口总额	万美元	33106	27222	21.61
市属进出口总额	万美元	207620	130094	59.59
出口总额	万美元	178129	108371	64.37
进口总额	万美元	29491	21723	35.76
外商直接投资	万美元	23085	18295	26.18
对外借款	万美元	2894	4157	-30.38
新签利用外资合同	个	48	59	-18.64
协议(合同)外资金额	万美元	41573	56861	-26.89
旅游				
国内外旅游人数	万人次	2770	2278	21.59
#国内旅游人数	万人次	2757	2265	21.76
国际旅游人数	万人次	12.27	13.66	-10.18
#外国人	万人次	9.37	10.30	-9.03
港澳台同胞	万人次	2.90	3.46	-16.18
国内外旅游收入	万元	1775177	1396586	27.11
#国内旅游收入	万元	1748267	1367939	27.80
国际旅游收入	万元	26910	28647	-6.06
主要宾馆	个	83	82	1.22
#星级宾馆	个	79	78	1.28
五星级	个	6	5	20.00
四星级	个	12	11	9.09
三星级	个	29	30	-3.33
二星级	个	32	32	
客房数	间	14742	14458	1.96
床位数	张	25185	24581	2.46

续表

指　标　名　称	单　位	2009 年	2008 年	比上年增长%
财政、金融、保险				
财政收入	万元	2058456	1694987	21.44
#一般预算收入	万元	1047127	808753	29.47
地方财政支出	万元	1440978	1194402	20.64
金融机构各项存款余额	万元	29267585	20757551	41.00
#城乡居民储蓄存款	万元	8893991	6982483	27.38
金融机构各项贷款余额	万元	31351026	22188704	41.29
银行现金收入	万元	32210674	31502372	2.25
银行现金支出	万元	31518301	30832428	2.22
保费收入	万元	353563	297302	18.92
#财产险保费收入	万元	132449	106315	24.58
人寿险保费收入	万元	221113	190987	15.77
劳动工资及就业				
年末单位在岗人数	人	499843	475730	5.07
#国有经济单位	人	272850	258841	5.41
集体经济单位	人	9433	12285	−23.22
其他经济单位	人	217560	204604	6.32
在岗职工工资总额	万元	1726201	1523987	13.27
在岗职工年平均工资	元/人	35268	32366	8.97
#国有经济单位	元/人	42560	39466	7.84
集体经济单位	元/人	18766	17707	5.98
其他经济单位	元/人	26694	24271	9.98
私营企业从业人员	人	457269	264837	72.66
#城镇私营企业	人	228587	263617	−13.29
城镇个体从业人员	人	137155	154836	−11.42
#城镇个体	人	93428	131190	−28.78
城填登记失业人员数	人	27893	20877	9.98
城镇居民家庭基本情况				
平均每户人口	人	3.06	3.03	0.99
平均每户就业人口	人	1.72	1.75	−1.71
每一就业者负担人数	人	1.78	1.73	2.89
城镇住户人均年可支配收入	元	16813	14994	12.13
城镇住户人均年消费性支出	元	11954	11457	4.34
#食品支出	元	4586	4639	−1.14
衣着支出	元	924	929	−0.54
设备用品及服务支出	元	844	695	21.44
人均住房建筑面积	平方米	27.44	27.22	0.81
主要商品年人均消费量				
大米	公斤	39.63	41.95	−5.53
食用植物油	公斤	7.76	8.69	−10.70

注：1.城镇私营、城镇个体从业人员数据由市工商局提供；2.城镇登记失业人员数据由市劳动局提供

续表

指 标 名 称	单 位	2009年	2008年	比上年增长%
鲜菜	公斤	113.75	110.59	2.86
猪肉	公斤	28.53	26.13	9.18
牛羊肉	公斤	5.58	5.04	10.71
鸡鸭	公斤	19.98	20.21	-1.14
鲜蛋	公斤	7.30	7.03	3.84
城镇每百户居民主要耐用品拥有量				
空调器	台	163	156	4.49
洗衣机	台	98	98	0.00
电冰箱	台	101	101	0.00
摩托车	辆	53	54	-1.85
彩色电视机	台	142	138	2.90
组合音响	套	36	37	-2.70
照相机	架	63	61	3.28
家用电脑	台	101	98	3.06
移动电话	部	224	219	2.28
农村居民家庭基本情况				
平均每户人口	人	4.37	4.40	-0.68
平均每户从业人口	人	3.05	3.14	-2.87
平均每一劳动力负担人口数	人	1.43	1.40	2.14
农村居民人均纯收入	元	4775	4318	10.58
农村住户人均年消费性支出	元	3343	3509	-4.73
#食品支出	元	1693	1931	-12.33
衣着支出	元	99	95	4.21
设备用品及服务支出	元	168	150	12.00
人均居住面积	平方米	31.70	28.86	9.84
主要商品年人均消费量				
粮食	公斤	170	219.46	-22.54
食用油	公斤	3.20	3.80	-15.79
蔬菜	公斤	94	114.40	-17.83
猪肉	公斤	13.89	13.22	5.07
牛羊肉	公斤	0.64	0.69	-7.25
家禽	公斤	16.21	19.87	-18.42
鲜蛋	公斤	1.37	2.75	-50.18
农村每百户居民主要耐用品拥有量				
洗衣机	台	13	12	8.33
电冰箱	台	30	29	3.45
摩托车	辆	66	64	3.13
彩色电视机	台	99	100	-1.00
固定电话	部	45	47	-4.26
移动电话	部	118	114	3.51
热水器	台	27	27	
照相机	台	5	5	

续表

指 标 名 称	单 位	2009年	2008年	比上年增长%
教育、文化				
学校数				
高等学校	所	30	28	7.14
中等职业学校	所	87	88	-1.14
技工学校	所	13	19	-31.58
普通中学	所	167	170	-1.76
小学	所	476	481	-1.04
专任教师数				
高等学校	人	13950	12710	9.76
中等职业学校	人	4884	4777	2.24
技工学校	人	1409	1142	23.38
普通中学	人	9444	9188	2.79
小学	人	11485	11408	0.67
在校学生数				
高等学校	人	268865	239223	12.39
中等职业学校	人	156528	144151	8.59
技工学校	人	34273	36002	-4.80
普通中学	人	160941	159994	0.59
小学	人	240806	237132	1.55
县级以上公共图书馆	个	10	10	
县级以上公共图书馆图书总藏量	千册、件	3927	3631	8.15
#图书藏量	千册	2982	2719	9.67
图书出版印数	万册	23402	21503	8.83
杂志出版印数	万册	3602	3605	-0.08
报纸出版印数	万份	52217	54207	-3.67
科技、卫生				
专业技术人员数	人	147336	140250	5.05
#市县属国有企事业单位专业技术人员数	人	72500	70942	2.20
#中级及以上技术职称人员	人	23202	21232	9.28
卫生机构数(含个体)	个	1416	1400	1.14
#医院、卫生院	个	101	100	1.00
门诊部	个	1173	1173	
卫生机构床位数	张	17374	15875	9.44
#医院,卫生院	张	16119	14818	8.78
卫生技术人员数(含个体)	人	23735	22481	5.58
#执业(含助理)医师	人	9282	8869	4.66
注册护士	人	9122	8398	8.62
社会福利机构数	个	59	211	
社会福利机构床位数	张	4049	5283	
社会治安				
火灾起数	起	107	106	0.94
火灾死伤人数	人		1	
火灾损失折款	万元	211.83	675.10	-68.62
交通事故件数	件	522	714	-26.89
交通事故死伤人数	人	824	1050	-21.52
#死亡人数	人	164	187	-12.30
刑事案件立案数	件	39545	18402	114.90
犯罪人数	人	3381	3460	-2.28

2009年南宁市与全国、全自治区主要经济社会指标对比情况

指 标 名 称	单 位	绝对数			南宁占广西的比重(%)
		全 国	广 西	南 宁	
年末总人口	万人	133474	5092.00	697.90	13.71
国内生产总值	亿元	335353	7700.36	1492.38	19.38
#第一产业	亿元	35477	1458.71	211.24	14.48
第二产业	亿元	156958	3377.72	527.46	15.62
#工业	亿元	134625	2863.84	395.80	13.82
第三产业	亿元	142918	2863.93	753.68	26.32
全社会固定资产投资	亿元	224846	5706.70	1043.91	18.29
#城镇固定资产投资	亿元	194139	5159.34	977.24	18.94
#基本建设	亿元		2614.53	451.41	17.27
更新改造	亿元		1552.55	265.58	17.11
房地产	亿元	36232	813.68	226.73	27.86
邮电业务总量(2000年不变价)	亿元	27313	695.60	146.00	20.99
固定电话用户	万户	31369	787.60	115.92	14.72
#城市电话用户	万户	21178	485.80	80.63	16.60
移动电话用户	万户	74738	1960.10	400.42	20.45
社会消费品零售总额	亿元	125343	2790.70	757.01	27.13
#城市	亿元	85133	1667.15	619.90	37.18
#批发零售贸易	亿元	105413	2417.16	669.09	27.68
进出口总额	亿美元	22072	142.06	27.85	19.60
#出口	亿美元	12017	83.71	23.84	28.48
外商直接投资	亿美元	900	10.35	2.78	26.86
国际旅游人数	万人次	12648	209.85	12.27	5.85
国际旅游外汇收入	亿美元	397	6.43	0.39	6.07
金融机构各项存款余额	亿元	612006	9583.13	3231.36	33.72
#城乡居民储蓄存款	亿元	264761	4686.20	1116.20	25.82
金融机构各项贷款余额	亿元	425597	7268.41	3278.12	45.10
居民消费价格指数(上年=100)	%	99.30	97.90	98.20	

续表

指 标 名 称	单 位	绝对数			南宁占广西的比重(%)
		全 国	广 西	南 宁	
城镇居民人均可支配收入	元	17175	15451	16254	
农民人均纯收入	元	5153	3980	4385	
普通高校在校学生	万人	2144.70	52.80	26.29	49.79
中等职业技术学校在校学生	万人	2178.70	62.89	17.45	27.75
普通高中在校学生	万人	2434.30	75.30	11.83	15.71
初中在校学生	万人	5440.90	206.60	26.70	12.92
普通小学在校学生	万人	10071.50	436.80	52.66	12.06
卫生机构数	个	289000	10654	2305	21.64
#医院、卫生院	个	60000	459	202	44.01
医院、卫生院床位数	万张	396	12.28	2.53	20.60
卫生技术人员	万人	522	16.95	3.39	20.00
#执业医师和助理执业医师	万人	216	6.37	1.11	17.43
农产品产量					
粮食	万吨	53082	1463.20	209.11	14.29
油料	万吨	3100	43.39	10.02	23.09
甘蔗	万吨		7509.44	1226.30	16.33
水果	万吨		771.72	104.52	13.54
肉类总产量	万吨	7642	371	58.31	15.72
水产品	万吨	5120	261.55	18.02	6.89
工业产品产量					
成品糖	万吨	1321.20	824.06	127.90	15.52
发电量	亿千瓦时	37146.50	922.99	32.24	3.49
粗钢	万吨	56803.30	1003.09	1.84	0.18
钢材	万吨	6926.30	1179.79	36.26	3.07
十种有色金属	万吨	2650.10	110.08	0.86	0.78
水泥	万吨	165000	6435.27	1008.64	15.67
化肥(折100%)	万吨	6599.70	94.14	9.28	9.86

注:可支配收入、农民人均纯收入增速,全国、全自治区为扣除价格的实际增长

(资料来源于市统计局编、2010年7月出版的《南宁市情统计手册·2010》)

责任编辑 梁 坤

附　　录

非物质文化遗产

非物质文化遗产代表作保护名录

2007 年南宁市政府公布的第一批市级非物质文化遗产代表作名录

项目名称	申报县、区或单位	项目名称	申报县、区或单位	项目名称	申报县、区或单位
壮族歌圩	市文化局	游彩架	宾阳县	邕剧	市邕剧团
丝弦戏	宾阳县	壮族三声部民歌	马山县	壮族会鼓	马山县
宾阳炮龙节	宾阳县	校椅临江壮歌剧	横县	壮族伏波庙会	横县
百合葛麻村十六炮会	横县	壮族民间故事“百鸟衣”	横县	那马龙狮	良庆区
广西八音	邕宁区	陈东村古傩戏《大酬雷》	西乡塘区	壮族抢花炮	邕宁区
“三月三”歌圩	武鸣县	渡河公	上林县	壮族五色香糯米饭	武鸣县
香火龙舞	良庆区	四六联民歌	上林县	壮族嘹啰山歌	邕宁区
松柏多声部山歌	兴宁区	老友粉	市群众艺术馆	疍家水上婚礼	江南区
香火球	市群众艺术馆、良庆区	春牛舞	江南区		

2009 南宁市政府公布的第二批市级非物质文化遗产代表作名录

项目名称	项目类别	保护单位	项目名称	项目类别	保护单位
壮族打扁担	民间舞蹈	马山县文体局	壮族斗竹马	杂技与竞技	青秀区文体局
宾阳师公戏	传统戏剧	宾阳县文体局	壮族芭蕉香火龙舞	民间舞蹈	青秀区文体局
宾阳八音	民间音乐	宾阳县文体局	军山庙会	民俗	青秀区文体局
甘棠彩凤	民俗	宾阳县文体局	红良壮族打铁技艺	传统手工技艺	市群众艺术馆 隆安县文体局
宾阳关公诞	民俗	宾阳县文体局	壮族骆垌舞	民间舞蹈	市群众艺术馆 武鸣县文体局
那桐壮族农具节	民俗	隆安县文体局			

2010 年南宁市政府公布的第三批市级非物质文化遗产代表作名录

项目名称	项目类别	保护单位	项目名称	项目类别	保护单位
南宁多声部民歌	民间音乐	市群众艺术馆	上林壮族灯酒节	民俗	上林县文化馆
南宁平话民歌	民间音乐	市群众艺术馆	稻神祭	民俗	隆安县文化馆
壮族“九莲灯”花手舞	民间舞蹈	市群众艺术馆 隆安县文化馆	宾阳“老穷”故事	民间文学	宾阳县文化馆
扬美豆豉制作技艺	传统手工技艺	江南区文化馆	马山打榔	民间舞蹈	马山县文化馆
宾阳壮锦编织技艺	传统手工技艺	宾阳县文化馆	百合茅山舞	民间舞蹈	横县文化馆
横县鱼生制作技艺	传统手工技艺	横县文化馆	横县壮族采茶戏	传统戏剧	横县文化馆
横县大粽	传统手工技艺	横县文化馆	壮族采茶戏	传统戏剧	邕宁区文化馆
宾阳酸粉	传统手工技艺	宾阳县文化馆	壮族“亥日”	民俗	市群众艺术馆 隆安县文化馆

非物质文化遗产项目代表性传承人

2009 年南宁市政府公布的第一批市级非物质文化遗产项目代表性传承人

项目名称	姓名	性别	年龄	保护单位	项目名称	姓名	性别	年龄	保护单位
壮族歌圩	刘正诚	男	73 岁	邕宁区文体局	壮族三声部民歌	温桂元	男	74 岁	马山县文体局
邕剧	冯杏元	男	63 岁	市邕剧团	邕剧	洪　淇	女	64 岁	市邕剧团
壮族八音	黄才定	男	54 岁	邕宁区文体局	壮族八音	梁贵加	男	47 岁	邕宁区文体局
壮族嘹啰山歌	李启梧	男	70 岁	邕宁区文体局	壮族会鼓	赖承辉	男	59 岁	马山县文体局
丝弦戏	陈光绍	男	70 岁	宾阳县文体局	宾阳炮龙节(扎龙)	伍学规	男	59 岁	宾阳县文体局
宾阳炮龙节(扎龙)	邹玉特	男	55 岁	宾阳县文体局	游彩架	周宏年	男	64 岁	宾阳县文体局

2010 年南宁市政府公布的第二批市级非物质文化遗产项目代表性传承人

项目名称	姓名	性别	年龄	推荐单位	备注
壮族三声部民歌	莫花美	女	53 岁	马山县文体局	已被列为自治区级传承人,自动成为市级传承人
汉族多声部民歌(松柏汉族多声部平话山歌)	农凤英	女	79 岁	兴宁区文体局	
	潘兆君	男	77 岁		
邕剧	蒋耀鸣	男	66 岁	市邕剧团	
	梁克俭	男	65 岁		
	李传湘	女	69 岁		
	杭　彪	男	80 岁		
丝弦戏	磨长永	男	67 岁	宾阳县文体局	
	关　艳	女	32 岁		
	熊兴亮	男	61 岁		
疍家婚礼	张秀华	女	79 岁	江南区文体局	
宾阳游彩架	覃凤梧	男	73 岁	宾阳县文体局	
	何月健	男	57 岁		
壮族“三月三”歌圩	李超元	男	62 岁	武鸣县文体局	
壮族会鼓	韦建廷	男	57 岁	马山县文体局	
壮族抢花炮	孙子奇	男	54 岁	邕宁区文体局	
壮族骆垌舞	潘腾宗	男	81 岁	武鸣县文体局	
壮族五色香糯米饭	黄硕英	女	58 岁	武鸣县文体局	
红良壮族打铁技艺	林乔万	男	92 岁	隆安县文体局	
	林仁超	男	46 岁		
宾阳炮龙节(组织)	吴荣新	男	54 岁	宾阳县文体局	
百鸟衣	韦其本	男	69 岁	横县文体局	
葛麻村十六炮会(组织)	黄道敬	男	71 岁	横县文体局	
	邓享朝	男	51 岁		

(良　志)

政策·法规·规章

2009年《南宁市人民政府公报》政策·法规·规章目录选

类别	文件名称	发文字号	期数	页码
政府令	南宁市廉租住房保障办法	第21号	1	1
	南宁市国有闲置土地处置办法	第22号	1	5
	南宁市市政设施管理条例实施办法	第23号	4	1
	南宁市安全生产监督管理办法	第24号	9	1
	南宁市粮食流通管理办法	第25号	9	6
	南宁市民用建筑节能管理规定	第26号	15	1
	南宁市物业专项维修资金管理办法	第27号	19	1
南府字	南宁市人民政府关于恢复市区范围内户外商业广告设置审批的通告	[2009]3号	7	1
	南宁市人民政府关于五象岭森林公园规划区范围内禁止葬墓的通告	[2009]7号	19	6
	南宁市人民政府关于2009年度城市家庭低收入标准及住房困难标准的通告	[2009]10号	20	1
南发	中共南宁市委 南宁市人民政府关于开展"项目建设年"和"服务企业年"活动的决定	[2009]2号	3	1
	中共南宁市委 南宁市人民政府关于建设健康城市的决定	[2009]26号	23	7
南府发	南宁市人民政府关于进一步拉动内需促进房地产市场平稳较快发展若干措施的通知	[2009]9号	2	9
	南宁市人民政府关于应对当前经济形势努力做好稳定和扩大就业有关工作的通知	[2009]11号	3	4
	南宁市人民政府转发自治区人民政府关于印发广西壮族自治区小额贷款公司管理暂行办法的通知	[2009]13号	4	10
	南宁市人民政府关于做好第二轮县级行政区域界线联合检查工作的通知	[2009]14号	4	14
	南宁市人民政府关于实施重大科技创新专项计划的意见	[2009]17号	5	8
	南宁市人民政府关于建立南宁市政产学研合作机制的意见	[2009]18号	5	10
	南宁市人民政府关于2008年度环境保护目标责任制考评结果的通报	[2009]19号	5	13
	南宁市人民政府关于印发《南宁市加快推进科技成果转化的实施办法》的通知	[2009]20号	5	14
	南宁市人民政府关于印发《南宁市孤儿就学管理暂行办法》的通知	[2009]25号	6	3
	南宁市人民政府关于提高城乡居民最低生活保障标准和农村五保供养标准的通知	[2009]31号	7	5
	南宁市人民政府关于印发项目建设年统筹推进征地拆迁工作方案的通知	[2009]35号	7	14
	南宁市人民政府关于印发南宁市2009年信贷投放增量目标分解方案的通知	[2009]36号	7	46
	南宁市人民政府关于"项目建设年"集体土地房屋拆迁补偿安置工作有关问题的通知	[2009]37号	7	48
	南宁市人民政府关于印发《南宁市已购公有住房上市交易若干规定》的通知	[2009]40号	8	5
	南宁市人民政府转发广西壮族自治区发展和改革委员会等部门关于做好被征地农民社保方案编制和审核工作有关问题的通知	[2009]44号	9	13
	南宁市人民政府关于印发《南宁市出让土地容积率提高暂行办法》的通知	[2009]49号	10	1
	南宁市人民政府关于公布2009年企业工资指导线的通知	[2009]50号	9	32
	南宁市人民政府关于印发2009年南宁市招商引资工作和活动指导意见的通知	[2009]53号	10	6
	南宁市人民政府关于印发《南宁市城市道路投资建设管理规定》的通知	[2009]54号	11	1
	南宁市人民政府关于进一步明确城市建筑垃圾管理责任的通知	[2009]56号	11	7
	南宁市人民政府关于印发《南宁市人民政府关于修改〈南宁市已出让工业仓储用地改变为经营性用地若干规定〉的决定》的通知	[2009]58号	12	1
	南宁市人民政府关于深入推进集中办理行政审批事项提高机关行政效能的通知	[2009]59号	12	3
	南宁市人民政府关于开展创建国家级创业型城市有关工作的通知	[2009]60号	12	6
	南宁市人民政府关于印发《南宁市限价普通商品住房管理暂行办法》的通知	[2009]61号	12	12
	南宁市人民政府关于推进被征地拆迁农民补偿安置工作的指导意见	[2009]62号	12	17
	南宁市人民政府关于支持工业企业应对当前国际金融危机的若干意见	[2009]66号	14	1
	南宁市人民政府关于进一步拉动内需促进房地产市场平稳较快发展若干措施的补充通知	[2009]68号	15	4
	南宁市人民政府关于印发《南宁市经济适用住房管理办法》的通知	[2009]70号	15	10
	南宁市人民政府印发关于贯彻落实《广西壮族自治区危旧房改住房改造暂行办法》实施意见(试行)的通知	[2009]72号	16	1
	南宁市人民政府关于印发《南宁市城镇生活垃圾处理费征收与使用管理办法》的通知	[2009]74号	17	1
	南宁市人民政府关于印发南宁市加快发展加工贸易若干措施的通知	[2009]75号	17	3
	南宁市人民政府关于进一步支持中小企业融资的实施意见	[2009]77号	17	14
	南宁市人民政府关于印发经济适用住房货币补贴实施方案的通知	[2009]79号	18	1

续表

类别	文件名称	发文字号	期数	页码
南府发	南宁市人民政府关于印发南宁市鼓励和促进企业上市若干规定的通知	[2009]84号	19	8
	南宁市人民政府关于印发南宁市建设健康城市五年行动计划的通知	[2009]85号	20	1
	南宁市人民政府关于印发南宁市行政审批项目清理结果的通知	[2009]90号	21	1
	南宁市人民政府关于加强贷款路桥通行费收费工作的通知	[2009]92号	20	11
	南宁市人民政府关于进一步做好建设领域工程纠纷调处工作的通知	[2009]95号	22	1
	南宁市人民政府关于印发兴起南宁文化建设新高潮若干政策的规定的通知	[2009]105号	22	14
	南宁市人民政府关于建立健全自然灾害预警和应急机制的实施意见	[2009]109号	24	3
	南宁市人民政府关于下达2010年主要污染物总量减排计划的通知	[2009]113号	24	11
	南宁市人民政府关于公布规范性文件清理结果的通知	[2009]114号	24	16
南府办	南宁市人民政府办公厅关于开展南宁市2009年就业服务系列活动的通知	[2009]2号	1	16
	南宁市政府办公厅关于明确《关于调整南宁市国有企业改革职工经济补偿金标准的通知》适用范围的通知	[2009]5号	1	23
	南宁市人民政府办公厅关于调整土地增值税预征率的通知	[2009]6号	1	23
	南宁市人民政府办公厅关于印发委托自来水供水企业代收城市生活垃圾处理费具体实施方案的通知	[2009]9号	2	15
	南宁市人民政府办公厅关于成立南宁市水上搜救中心的通知	[2009]17号	3	18
	南宁市人民政府办公厅关于印发南宁市单位GDP能耗考核和主要污染物总量减排考核工作方案的通知	[2009]21号	3	22
	南宁市人民政府办公厅关于印发南宁市单位GDP能耗考核体系实施方案的通知	[2009]22号	3	25
	南宁市人民政府办公厅关于进一步做好进城务工人员随迁子女接受义务教育工作的通知	[2009]23号	3	29
	南宁市人民政府办公厅转发自治区人民政府办公厅关于印发开展小额贷款公司试点工作的实施意见的通知	[2009]24号	4	16
	南宁市人民政府办公厅转发市发展和改革委员会关于南宁市2009年列入自治区层面统筹推进重大项目建设实施方案的通知	[2009]26号	4	20
	南宁市人民政府办公厅关于印发《南宁市工业用地储备资金使用管理办法》的通知	[2009]27号	4	34
	南宁市人民政府办公厅关于2008年第四季度新增中央水利建设项目情况的通报	[2009]31号	5	21
	南宁市人民政府办公厅关于印发南宁市铁路工程项目征地拆迁工作方案的通知	[2009]33号	5	40
	南宁市人民政府办公厅关于分解落实2009年南宁市20件为民办实事项目目标责任的通知	[2009]34号	5	42
	南宁市人民政府办公厅关于印发开展公众聚集场所易燃可燃装修材料消防安全专项整治工作方案的通知	[2009]39号	5	53
	南宁市人民政府办公厅关于印发南宁市乡镇敬老院建设实施方案的通知	[2009]41号	6	17
	南宁市人民政府办公厅关于印发2009年南宁市提高城乡居民最低生活保障标准和农村五保供养标准工作实施方案的通知	[2009]42号	6	20
	南宁市人民政府办公厅关于印发2009年南宁市麻疹疫苗强化免疫工作方案的通知	[2009]44号	6	30
	南宁市人民政府办公厅关于印发南宁市农村饮水安全工程实施方案的通知	[2009]47号	6	34
	南宁市人民政府办公厅关于印发南宁市农村生态家园建设工程实施方案的通知	[2009]48号	6	36
	南宁市人民政府办公厅关于印发2009年为民办实事项目之人行过街设施及市政设施项目建设实施方案的通知	[2009]52号	6	44
	南宁市人民政府办公厅关于印发2009年为民办实事项目之廉租住房项目实施方案的通知	[2009]53号	6	47
	南宁市人民政府办公厅关于印发南宁市减贫脱困工程实施方案的通知	[2009]56号	7	53
	南宁市人民政府办公厅关于印发南宁市农村特困户危房改造工程实施方案的通知	[2009]57号	7	56
	南宁市人民政府办公厅关于印发南宁市2009年为民办实事项目开发建设310套扶侨安居房实施方案的通知	[2009]58号	7	58
	南宁市人民政府办公厅关于印发南宁市库区移民基础设施建设工程实施方案的通知	[2009]60号	8	16
	南宁市人民政府办公厅关于印发南宁市创建国家级创业型城市工作方案的通知	[2009]64号	8	29
	南宁市人民政府办公厅关于进一步加强政府投资项目建设管理和监督的通知	[2009]66号	8	40
	南宁市人民政府办公厅关于印发南宁市乡镇计划生育服务所建设实施方案的通知	[2009]67号	8	41
	南宁市人民政府办公厅关于印发整治超标助力自行车专项行动实施方案的通知	[2009]69号	8	50
	南宁市人民政府办公厅关于印发南宁市人民政府2009年立法工作计划的通知	[2009]74号	9	37
	南宁市人民政府办公厅关于对2009年南宁市重点督促的重大事故隐患进行整改的通知	[2009]75号	9	39
	南宁市人民政府办公厅关于印发2009年为民办实事环卫项目实施工作方案的通知	[2009]77号	9	45
	南宁市人民政府办公厅关于印发全面推进我市城镇污水生活垃圾处理设施建设工作实施方案的通知	[2009]79号	9	50
	南宁市人民政府办公厅关于印发主要污染物总量减排目标责任考核实施办法的通知	[2009]80号	9	60
	南宁市人民政府办公厅关于印发创建全国无障碍建设城市工作实施方案的通知	[2009]82号	10	22
	南宁市人民政府办公厅关于印发南宁市突发性地质灾害应急预案的通知	[2009]84号	10	38
	南宁市人民政府办公厅关于做好2009年依法行政工作的通知	[2009]86号	10	46

续表

类别	文件名称	发文字号	期数	页码
南府办	南宁市人民政府办公厅关于印发五象新区核心区2007一2010年建设规划的通知	[2009]90号	11	9
	南宁市人民政府办公厅关于印发南宁市2009年民族乡帮扶工程实施方案的通知	[2009]91号	11	26
	南宁市人民政府办公厅关于印发南宁市广场法制标识建设实施方案的通知	[2009]93号	11	33
	南宁市人民政府办公厅关于印发南宁市开展质量和安全年活动方案的通知	[2009]99号	11	50
	南宁市人民政府办公厅关于印发2009年为民办实事项目社会保障惠民工程实施方案的通知	[2009]100号	12	24
	南宁市人民政府办公厅关于印发2009年为民办实事项目就业再就业工程实施方案的通知	[2009]101号	12	25
	南宁市人民政府办公厅关于印发2009年南宁市为民办实事项目商贸惠民工程之新建和改造农贸市场实施方案的通知	[2009]105号	12	30
	南宁市人民政府办公厅关于印发2009年开展整治违法排污企业保障群众健康环保专项行动实施方案的通知	[2009]106号	12	34
	南宁市人民政府办公厅关于印发南宁市为农村新婚夫妇免费开展地中海贫血筛查工作实施方案的通知	[2009]107号	12	37
	南宁市人民政府办公厅关于印发南宁市开展整治超标助力自行车专项行动长效管理工作实施方案的通知	[2009]113号	12	47
	南宁市人民政府办公厅关于印发南宁市2009年为民办实事项目“图书进乡工程”实施方案的通知	[2009]118号	13	2
	南宁市人民政府办公厅关于印发2009年为民办实事卫生健康惠民工程实施方案的通知	[2009]119号	13	8
	南宁市人民政府办公厅关于印发《南宁市水土保持行政审批工作实施方案》的通知	[2009]121号	13	32
	南宁市人民政府办公厅关于贯彻落实《公共机构节能条例》的通知	[2009]134号	14	6
	南宁市人民政府办公厅关于印发2009年南宁市为民办实事项目家畜定点屠宰厂技术改造实施方案的通知	[2009]135号	14	9
	南宁市人民政府办公厅转发市发展和改革委员会等部门关于做好20户以上已通电自然村村村通广播电视工程建设实施意见的通知	[2009]137号	14	14
	南宁市人民政府办公厅关于印发2009年免费意愿婚前医学检查实施方案的通知	[2009]139号	14	18
	南宁市人民政府办公厅关于印发2009年为民办实事“在公园、社区、街头增设一批老年健身设施及儿童游乐设施,在村屯修建篮球场”工作实施方案的通知	[2009]140号	14	20
	南宁市人民政府办公厅关于印发南宁市城市防洪应急预案和南宁市洪涝灾害应急预案的通知	[2009]142号	14	23
	南宁市人民政府办公厅关于印发南宁市2009年为民办实事项目完成3088个20户以上已通电自然村通广播电视工程建设实施方案的通知	[2009]149号	15	18
	南宁市人民政府办公厅关于印发郁江老口枢纽工程移民安置工作方案的通知	[2009]156号	15	31
	南宁市人民政府办公厅关于印发2009年南宁市推广高效照明产品实施方案的通知	[2009]157号	15	33
	南宁市人民政府办公厅关于做好将大学生纳入城镇居民基本医疗保险试点范围有关工作的通知	[2009]159号	15	38
	南宁市人民政府办公厅关于印发南宁市政府采购信用管理体系建设实施意见的通知	[2009]174号	16	13
	南宁市人民政府办公厅关于印发推进南宁市中小企业融资担保工作实施方案的通知	[2009]177号	16	20
	南宁市人民政府办公厅关于印发南宁市大中型水库移民基础设施建设工程实施方案的通知	[2009]178号	16	22
	南宁市人民政府办公厅关于印发《2009年南宁市区建设工地扬尘和燃煤企业二氧化硫、粉尘污染专项整治工作方案》的通知	[2009]183号	16	28
	南宁市人民政府办公厅关于印发南宁市水上搜救应急预案的通知	[2009]187号	17	16
	南宁市人民政府办公厅关于印发南宁市开展流浪乞讨人员救助管理专项行动实施方案的通知	[2009]190号	17	31
	南宁市人民政府办公厅关于印发南百高速公路南宁辖区内沿线村镇城乡风貌改造工作方案的通知	[2009]199号	17	44
	南宁市人民政府办公厅关于印发南宁市食品安全整顿工作实施方案的通知	[2009]202号	17	48
	南宁市人民政府办公厅关于印发南宁市开展清理整治散发小广告行为专项行动实施方案的通知	[2009]205号	18	16
	南宁市人民政府办公厅转发市国土资源局关于南宁市“双保行动”节约集约用地百日大会战工作方案的通知	[2009]207号	18	18
	南宁市人民政府办公厅关于加强普通高校毕业生就业工作的通知	[2009]208号	18	21
	南宁市人民政府办公厅关于印发南宁市全面推进集体林权制度改革工作方案的通知	[2009]209号	18	23
	南宁市人民政府办公厅关于印发南宁市“十一五”后两年公共机构节能工作计划的通知	[2009]210号	18	29
	南宁市人民政府办公厅关于公布2010—2011年南宁市政府集中采购目录及限额标准的通知	[2009]212号	18	36
	南宁市人民政府办公厅关于印发南宁市利用社会资金投资建设拆迁安置房项目试点工作方案的通知	[2009]215号	18	49
	南宁市人民政府办公厅关于印发南宁市农村危房改造试点一期工程工作实施方案的通知	[2009]216号	18	52
	南宁市人民政府办公厅关于切实做好当前农民工工作的通知	[2009]222号	19	16
	南宁市人民政府办公厅关于印发南宁市义务教育学校绩效工资实施办法的通知	[2009]225号	19	19
	南宁市人民政府办公厅关于印发南宁市绿色建筑示范小区建设工作方案的通知	[2009]226号	19	23
	南宁市人民政府办公厅关于印发南宁市进一步加强道路交通安全工作实施方案的通知	[2009]228号	19	27
	南宁市人民政府办公厅关于印发南宁市工伤保险基金市级统筹实施方案的通知	[2009]231号	19	34

续表

类别	文件名称	发文字号	期数	页码
南府办	南宁市人民政府办公厅关于印发南宁市中小学校舍安全工程实施方案的通知	[2009]232号	19	37
	南宁市人民政府办公厅关于印发南宁市15岁以下儿童补种乙肝疫苗项目工作方案的通知	[2009]233号	19	42
	南宁市人民政府办公厅关于印发南宁市实施"优果工程"升级行动五年规划(2009—2013年)的通知	[2009]234号	19	44
	南宁市人民政府办公厅关于印发南宁市实施技术标准发展战略方案(2009—2012年)的通知	[2009]240号	20	17
	南宁市人民政府办公厅关于印发南宁市地名规划工作方案的通知	[2009]242号	20	22
	南宁市人民政府办公厅关于认真做好我市第二次全国R&D资源清查工作的通知	[2009]244号	20	25
	南宁市人民政府办公厅关于印发南宁市五象新区总部基地建设工作方案的通知	[2009]250号	20	30
	南宁市人民政府办公厅关于做好南宁市投资项目就业调查和就业服务工作的通知	[2009]252号	22	18
	南宁市人民政府办公厅关于印发南宁市农村危房改造项目规划(2009—2014年)的通知	[2009]260号	22	21
	南宁市人民政府办公厅关于进一步推进集中办理行政审批事项提高机关行政效能的通知	[2009]266号	22	30
	南宁市人民政府办公厅关于印发利用社会资金建设市政基础设施项目工作方案的通知	[2009]274号	22	35
	南宁市人民政府办公厅关于印发南宁市整合村级社会事业项目建设公共服务中心试点工作实施方案的通知	[2009]291号	23	18
	南宁市人民政府办公厅转发市城市管理局关于进一步加强市区景观照明设施建设与管理工作意见的通知	[2009]296号	23	25

市区主要街道

2009年南宁市区主要街道情况

标准名称	起止
兴宁区	
一类路15条	
朝阳路	南起民族大道,北至中华路(火车站)
中华路	东起望州路,西至北大北南路口
人民路	西起新阳路口,东至新民路口
人民东路	东起新民路口,西至朝阳路
人民中路	东起朝阳路,西至解放路
华东路	西起华强路,东至友爱南路
新华路	西起当阳街北(水塔脚),东至民主路(民族商场)
民生路	东起新民路东葛路口,西至江北大道(民生广场)
公园路	南起人民东路口,北至中华路北湖南路口
望州路	南起中华路东端铁路边,北至明秀东路南梧路交界转盘
邕武路	南起明秀东路南梧路交界口,北至环城高速路
南梧路	西起明秀东路望川路交界口,东至邕宾立交桥
望州南路	北起望州路,南至民主路
长兴路	南起民主路长堽路口,北至望州路
昆仑大道	西起邕宾立交桥,东至三塘镇下丹桥
东州路	北起南梧路,南至规划的燕州路
兴东路	西起东沟岭正街,东至厢竹大道
二类路24条	
解放路	南起民生路,北至解放桥
济南路	西起华强路,东至友爱南路友爱桥北
南京路	南起人民中路(新和平商场对面),北至中华路
上海路	西起华强路解放桥北,东至济南路
杭州路	南起济南路交易场前,北至中华路
苏州路	南起济南路市公证处前,北至中华路
高峰路	东起西关路,西至解放路石巷口路口
西关路	东起新华路(新华旅社旁),西至解放桥西侧路端
关东街	南起西关路,北至朝阳桥南侧
兴宁路	南起民族大道西端,北至新华路西关路口
兴宁西街	东起兴宁路,西至当阳街
民乐路	东起新民路(自治区公安厅前),西至共和路
共和路	南起南环路七星路口,北至新华路朝阳广场
仁爱路	东起民生路,西至石巷口
北宁路	东起民主路(市工人文化宫),西至朝阳路(钻石广场旁)
当阳街	南起民族大道西端,北至新华路西端(水塔脚)
沿溪路	南起朝阳桥,北至人民路北一里(沿溪两侧)
燕子岭路	南起长堽西支路,北至燕子岭上坡路
民主路北二里	南起民主路(广西展览馆东北侧),北至人民公园侧门
民主路北三里	南起民主路,北至人民公园围墙
民主路北四里	南起民主路(自治区电力大厦西侧),北至人民公园围墙
温泉路	南起邕宾路,北至三塘镇九曲湾温泉
九曲湾路	南起昆仑大道,北至围村
东沟岭正街	西起望州路新风岭路口,东至东沟岭兴宁中学
青秀区	
一类路97条	
民族大道	西起江北大道(民生广场东端),东至高速路口
新民路	北起人民东路口,南至桃源路植物路口
东葛路	西起新民路民生路口,东至长湖路
园湖路	南起星湖路口,北止中华路东端
园湖南路	南起星湖路,北至东葛路
园湖北路	南起东葛路,北至中华路
古城路	南起七星路星湖路口,北至民主路
民主路	西起人民东路(民族商场前),东至长堽路一里
桃源路	西起中山路江北大道路口,东至双拥路
临江路	北起邕江大桥北端立交桥,南至桃源路口
双拥路	南起桃源路口,北至民族大道南湖大桥东端
天桃路	东起星湖路教育路口,西至桃源路
鲤湾路	北起东葛路,南至民族大道(广西电视台旁)
教育路	北起星湖路七星路口,南至桃源路
星湖路	西起古城路口,东至园湖路(规划至南湖桥头)
七星路	西起南环路,东至古城路

续表

标准名称	起止	标准名称	起止
思贤路	南起新竹路，北至民主路	林里桥路	位于凤岭南区东部。北起民族大道，南至凤岭南路
长堽路	西起民主路长兴路口，东至广西烈士陵园正门	青林路	西起青秀路，东至林里桥路接仙葫大道
建政路	西起古城路，东至葛村路口	越秀路	西起竹溪大道，东至青秀路
茶花园路	北起长湖路，南至民族大道（南湖大桥西侧）	高坡岭路	北起凤岭北路东端，南至民族大道高速路口
东宝路	西起园湖路，东止金花茶公园西北侧	桂雅路	北起民族大道，南转西至青秀路
葛村路	南起新竹路，北至建政路口	中柬路	北起民族大道，南转西至青秀路
长湖路	西起长堽路六里，东经厢竹大道至凤翔路	中新路	北起民族大道，南转西至青秀路
望园路	北起东葛路，南至茶花园路	桂花路	北起铜鼓岭路，南至凤岭南路
青山路	北起双拥路，南至南宁大桥	中越路	西起中泰路，东至桂雅路
青秀路	北起民族大道（凤岭段），南至青秀山风景区北门	中泰路	北起中越路，南至桂雅路
民权路	南起邕江大桥，北至民族大道	合作路	北起中新路，南至桂花路
青环路	北起青林路（埌东汽车站后），南转西至青山路（南宁大桥）	中马路	西起青秀路，东至桂花路
荔滨大道	东起南宁大桥，西环半岛至柳沙路	中文路	北起中越路，南转西至青秀路
嘉宾路	西起滨湖路，东至金洲路（经市政府南门）	中缅路	北起中柬路，南至桂雅路
迎宾路	西起滨湖路，东至金洲路（经市政府北门）	樱花路	北起中缅路，南至中泰路
滨湖路	南起民族大道双拥路口，北至长竹路	木槿路	西起青秀路，东至中泰路
裕宾路	南起迎宾路，北至祥宾路	紫荆路	北起桂雅路，南至桂花路
厢竹大道	北起邕宾立交桥，南止民族大道	仙葫大道	西起青林路丁字路口，向东转南至环葫南路
竹溪大道	北起民族大道，南止江北大道	蓉茉大道	北起凤起路燕舞路口，南至灵龟路
桂春路	西起双拥路，东止金浦路	五合大道	西起仙葫大道，东至牛湾路口
锦春路	西起双拥路，东止金浦路	开泰路	北起凤起路，南至长福路
汇春路	东起金浦路，西经金洲路至桂春路南一里	盘古路	北起凤起路，南至长福路
金洲路	北起金湖北路，南至锦春路西侧	军堂路	西起盘古路，东至开泰路
金湖路	南起双拥路立交桥，北止贤宾路	通泰路	西起望秀路，东至德贤路
金湖北路	南起民族大道五象广场，北至贤宾路	彩虹路	西起蒲庙大桥，东至环葫东路
金湖南路	北起民族大道五象广场，南至锦春路西侧	莫村路	北起环葫西路，南至环葫南路
金浦路	北起金湖北路，南至锦春路	通福路	西起盘古路，东至燕舞路
祥宾路	西起滨湖路，东至厢竹大道	长福路	西起三岸园艺场，东至仙葫大道
贤宾路	西起东葛路口，东至厢竹大道	开天路	西起凤起路，东至乐业路
悦宾路	北起长湖路，南至金浦一支路	富兴路	东起德贤路，西至本路末
碧湖路	东起滨湖路，西至茶花园路	福宜路	东起通福路南二里，西至盘古路
怡宾路	西起金浦路，东至悦宾路	春晖路	西起环葫西路，东至环葫东路
凤岭北路	位于凤岭北区北部。西起厢竹大道，东至高坡岭路	环葫西路	北起仙葫大道，南至环葫南路
盘龙路	北起凤岭北路，南至月湾路	环葫东路	北起五合大道，南至环葫南路
竹岭路	西起厢竹大道，东至佛子岭路	五岭路	北起环葫西路东一里，南至莫村路东一里
凤凰岭路	位于凤岭北区中部。北起凤岭北路，南至民族大道	秀岛路	北起丽春路，南至环葫南路
吉祥路	北起凤岭北路，南至云景路	长宁路	东起灵龟路，向北转西至雅源阁小区
佛子岭路	位于凤岭北区中北部。西起厢竹大道，东至吉祥路	二类路70条	
凤翔路	北起佛子岭路，南至民族大道	新竹路	西起古城路，东至茶花园路
丹凤路	西起盘龙路，东至月湾路	中山路	北起朝阳民族大道口，南至桃源路
银杉路	北起佛子岭路，南至月湾路	南环路	南起江北大道，北至民生路
月湾路	南起民族大道，北弯曲至云景路	保爱路	西起中山路，东至新民路
云景路	位于凤岭北区南部。西起厢竹大道，东至高坡岭路	康乐路	北起七星路，南至保爱路
白云路	西起月湾路，东至枫林路	河堤路	北起临江路，南至自治区职业病防治所
百花岭路	西起枫林路，东至高坡岭路	柳沙路	南起荔滨大道，北至竹溪大道
铜鼓岭路	位于凤岭南区中部。北起民族大道，南至凤岭南路	柳园路	北起竹溪大道，南至柳沙路
凤岭南路	位于凤岭南区南部。西起青秀山门，东至林里桥路	英华路	东起青山路，西至荔滨大道
枫林路	位于凤凰岭路。北起凤岭北路，南至民族大道	葛园路	西起翠园巷，东至竹塘路东米兰小区
会展路	位于会展中心东侧。北起民族大道，南至凤岭南路	古溪路	北起东葛路（原新城区政府旁），南至本路末
		广园路	南起望园路，北经东葛路至自治区公安学校

续表

标准名称	起止	标准名称	起止
平湖路	北起竹塘路，南至安湖路	莺歌路	南起仙葫大道，北至本路末
安湖路	北起东葛路，南至广园路	人杰路	北起长福路，南至灵龟路
竹塘路	北起东葛路，南至茶花园路	明月路	北起春晖路，南至福兴路
桃村路	北起平湖路，南至竹塘路	永春路	北起丽春路，南至春晖路
茅桥路	北起长堽路茅桥铁路边，南至新岸路	雅宁街	北起莫村路，南至环葫南路
建政南路	南起园湖北路，北至建政路(实验电影院旁)	丽春路	西起环葫西路，东至环葫东路
方园路	西起广园路，东至长园路	金泽路	西起莫村路，东至明月路
竹园路	西起广园路，东至长园路	环葫南路	西起环葫西路，东至环葫东路
长园路	南起茶花园路，北至长湖路	西乡塘区	
金花路	南起茶花园路，北至长园路	一类路 49 条	
南国街	北起七星路，南至中山路	新阳路	东起人民西路云亭街口，西至鲁班路
津头街	北起双拥路口(大树脚)，南至沛鸿小学	北大路	南起江滨路北大码头，北至大学路沈阳路交界口
植物路	北起桃源路新民路口，南至江北大道(原河堤路)	北大南路	南起江北大道，北至中华路
屯里路	北起二塘村口，南至屯里村	北大北路	南起中华路，北至大学路口
柳和路	西起英华路，东至荔滨大道(自治区党校南侧)	华西路	西起北大路，东至华强路
长堽西支路	东起长堽路19中，西至民主路口	中尧路	北起新阳路，南至江北大道(中兴大桥旁)
嘉宾路南一里	北起嘉宾路，南至金洲路	北际路	东起北大南路，西转南至边阳街河堤闸口
桂春路南一里	北起桂春路，南至锦春路	永和路	北起北大北路中华路口，南至永和大桥
桂春路南二里	北起桂春路，南至锦春路	龙腾路	北起北大北路衡阳路口，南至江北大道
汇春路北一里	北起汇春路，北至金洲路南二里	大学东路	东起北大北路口，西至新村大道
金洲路南二里	西起金洲路，东至金湖南路	大学西路	东起新村大道大学东路口，西至外环高速公路口
金洲路南一里	西起金洲路，东至金湖南路	明秀路	西起邕江中兴大桥，东止邕武路望州路转盘
碧湖北路	南起碧湖路，北至长湖路	明秀西路	北起友爱南北路口，南至中兴大桥
文信路	五象广场北外侧，西起文德大厦，东至文浦路	明秀东路	东起南梧路，西至友爱南北路口
华宾路	西起滨湖路，东至金湖北路	北湖路	南起中华路，北止北湖村
向明路	北起凤岭北路，南至竹岭路	北湖北路	南起明秀东西路口，北至园艺路
玉兰路	北起佛子岭路，南至月湾路	北湖南路	南起中华路，北至明秀东西路口
翠竹路	北起佛子岭路，南至月湾路	友爱路	南起南环路七星、中山、共和路口，北止秀厢大道安吉大道界口
金菊路	北起佛子岭路，南至月湾路	友爱南路	南起南环路七星、中山、共和路口，北至明秀东西路口
石园路	北起民族大道，南至石门森林公园	友爱北路	南起明秀东西路口，北至秀厢大道安吉大道界口
景秀路	凤岭春晖花园东侧，南起民族大道，北止云景路	衡阳路	西起北大路，东止明秀小区商业街
莲花路	北起紫荆路，南至桂花路	衡阳西路	西起北大北路，东至友爱南路
中巷路	北起木槿路，南至中马路	衡阳东路	西起友爱南路，东至秀东路(规划至望州路)
中菲路	西起中柬路，东至桂雅路	秀厢大道	西起大学东路清川大道口，东止邕宾立交桥
曾屋路	东起德贤路，西至曾屋旧村	安吉大道	南起友爱北路立交桥，北至西津村
德贤路	北起仙葫大道，南至曾屋路	秀灵路	南起衡阳西路，北至秀厢大道
乐业路	北起通福路，南至仙葫大道	唐山路	西起中华路桥头，东至望州路
德圣路	北起富兴路，南至曾屋路	安园东路	西起安吉大道(安吉街道办附近)，东至连畴村
牛岭路	东起宏福路，西至宏达路	人民西路	东起解放路，西至云亭街口
宏达路	北起牛岭路，南至长福路	江滨路	东起邕江大桥北端，西至北大南路南端
福兴路	西起环葫西路，东至明月路	清川大道	北起大学路，南至沙井大道五一路口
仙临路	西起环葫西路，东至环葫东路	江北大道	东起竹溪大道路口，西经石埠至大学西路
仙安路	西起环葫西路，东至环葫东路	相思湖西路	南起江北大道，北至可利大道
家和路	南起同兴路西二里，北至同兴路西九里	相思湖东路	南起江北大道，北至高新大道
同兴路	南起同兴路西二里，北至同兴路西八里	新村大道	南起江北大道，北至外环高速路
凤起路	西起仙葫大道，东至蓉茉大道北段	相思湖北路	西起罗文大道，东至秀厢大道
灵龟路	南起蓉茉大道，北至仙葫大道	罗文大道	南起江北大道，北至可利大道
永宁路	西起五岭路，东至明月路	可利大道	西起新村大道，东至可利江
宏福路	北起牛岭路，南至长福路	相贤路	西起罗文大道，东至西宁路
燕舞路	北起蓉茉大道，向东转南至通福路	西庄路	西起罗文大道，东至新村大道

续表

标准名称	起止
思圣路	南起江北大道,北至相思湖北路
西宁路	南起江北大道,北至相思湖北路
鹏飞路	南起江北大道,北至学苑路
树人路	南起江北大道,北至学苑路
思德路	南起江北大道,北至相思湖北路
滨西路	南起江北大道,北至学苑路
育才路	南起江北大道,北至大学西路
学苑路	西起大学西路,东至滨西路
鲁班路	北起秀厢大道,南止新阳路
邕隆路	东起大学西路思德路口,西至高速路
科园大道	南起大学东路,北至规划的安福路
科德路	西起秀厢大道,东至规划的农院路
火炬路	西起大学东路(广西大学正门旁),东至农院路
创新路	东起科园大道,西至相思湖东路
高新二路	南起秀厢大道,北至规划的新际路
高新三路	南起秀厢大道,北至规划的新际路
高新四路	南起秀厢大道,北至规划的新康路
科园东十路	西起科园大道,东至规划的发展大道
科园西九路	东起科园大道,西至规划的高华路
科园西十路	科起科园大道,西至规划的高华路
二类路45条	
中华一支路	北起中华路,南至华西路华西饭店对面
中华二支路	北起中华路,南至华西路
中华三支路	北起中华路,南至华西路
华强路	北起中华路,南至解放桥
农院路	南起明秀西路,北经西大农学院止武警广西总队医院
秀安路	南起秀厢大道,北至南宁重型机械厂
白苍岭路	北起衡阳路(白苍岭市场),南止地洞口路
地洞口路	北起衡阳西路,南止中华路
沈阳路	东起秀灵路,西止大学东路北大北路口
南棉街	东起北湖南路,西止友爱南路
衡秀里	北起明秀东路(市少年宫东侧),南止衡阳东路
位子渌路	南起大学东路,北止位子渌村
大岭路	南起大学东路,北至大岭村
天雹路	南起大学东路(甘蔗站南侧),北止天雹水库
风岭路	南起大学东路(可利江东侧),北经区土肥站止风岭
可利路	南起相思湖西路,北至可利村
陈东路	北起大学东路陈村水厂西侧,南至江北大道
陈西路	北起大学东路(清川大桥路口东侧),南至邕江河堤
大化路	北起大学东路(动物园西侧),南至铁路南侧
心圩路	南起科园大道,北至心圩市场
卢仙岭路	西起安吉大道,东至北湖村
园艺路	南起北湖北路口,北至北湖园艺场
灵厢路	北起秀厢大道(市交警三大队对面),南至友爱路东二里
秀平路	南起秀厢大道,北至市三十一中学正门前侧
秀东路	南起衡阳东路,北至明秀东路
银华路	南起江北大道,北至大学东路
军安路	南起大学西路,北至相贤路
甘岭路	南起相贤路,北至相思湖北路
安圩路	东起安吉大道,西至心圩路
石埠路	北起邕隆路,南经石埠圩至老口渡
高新一路	南起秀厢大道,北至创新路
科园东二路	西起科园大道,东至规划的心圩江西路
科园东三路	西起科园大道,东至规划的心圩江西路
科园东四路	西起科园大道,东至规划的心圩江西路
科园东五路	西起科园大道,东至规划的心圩江西路
科园东六路	西起科园大道,东至规划的心圩江西路
科园东七路	西起科园大道,东至本路末
科园东八路	西起科园大道(秀厢大道北侧),东至滨河路
科园东九路	西起科园大道(秀厢大道北侧),东至滨河路
科园西一路	东起科园大道,西至大岭村
科园西二路	东起科园大道,西至大岭村
科园西三路	东起科园大道,西至大岭村
科园西五路	东起科园大道,西至大岭村
科园西七路	东起科园大道,西至高新二路
火炬路支路	北起火炬路,南至明秀西路
江南区	
一类路28条	
星光大道	北起邕江大桥,南至龟背桥
白沙大道	东起白沙大桥,西至壮锦大道
沙井大道	北起清川大道,南至南站大道
南站大道	东起壮锦大道,西至高速路口
五一路	东起星光大道,西至清川大桥南端
福建路	西起星光大道,东至邕江河堤
亭洪路	东起亭子亭江路口,西至南建路
南建路	北起永和大桥南端,南至白沙大道
淡村路	东起星光大道西园转盘,西至五一路北二里
友谊路	北起亭洪路,南至吴圩国际机场
壮锦大道	北起中兴大桥南端,南至机场高速路收费站
那洪大道	东起友谊路,西至铁路线望天冲
富新路	北起五一路(西段),南至富乐路
江南大道	东起亭江路(水塘江),西至沙井街道三津村
福居路	西起星光大道(西园转盘),东至江南大道
盘岭路	北起白沙大道,南至良凤江边
凤江路	西起江南路南段,东至良凤江边
燕敦路	西起江南路南段,东至良江路
圭贝路	北起白沙大道,南至高山塘路
金凯路	东起江南路南段,西至友谊路
长凯路	东起江南路南段,西至友谊路
迎凯路	东起江南路南段,西至友谊路
洪历路	东起那历路,西至那江路
国凯大道	东起星光大道,西至南站大道
金阳路	南起高岭路,北至白沙大道
那历路	南起国凯大道,北至南站大道
同德路	南起国凯大道,北至南站大道
同兴路	南起国凯大道,北至南站大道
二类路26条	
亭江路	北起亭洪路口,南至水塘江桥
平西路	西起星光大道(江南电影院旁),东至江南大道(南宁航道管理处)
体育路	西起星光大道(自治区体工大队),东至平西一支路

续表

标准名称	起止
西园路	南起星光大道(西园转盘),北至西园饭店正门
福建园路	南起福建路,北至平西路
旱塘路	北起五一路,南穿过壮锦大道至沙井粮库(旱塘)
旱塘北支路	南起旱塘路,北经平板玻璃厂至南宁技校
旱塘南支路	北起旱塘路,南至广西二建第八分公司
五一西路	北起五一路(富德村),南至沙井大道
定津路	东起五一西路沙井市场,西至三津村河堤
石柱岭一路	北起亭洪路,南至自治区总工会干校
石柱岭二路	南起广西轻工技校,北止石柱岭一路
亭子正街	南起亭江路,北至江南大道亭子段
白沙村路	西起亭江路,东至白沙村一组
尧头岭正街	南起亭子东三街,北至尧头岭居委会
菠萝岭西正街	北起石柱岭一路(市维威制药有限公司),南至白沙大道
菠萝岭东街	西起菠萝岭西正街,东至本街末端
星光大道西一里	东起星光大道,西至江南居委会
星光大道西二里	东起星光大道,西至西园饭店后门
五一路北一里	南起五一路市第二人民医院旁,北至淡村路
五一路北二里	南起五一路,北至河堤
五一路北三里	南起五一路铁桥旁,北至河堤
五一路南二里	北起五一路,南至亭洪路
五一路南五里	北起五一路,南至邕州油脂化工厂
五一路南六里	北起五一路,南至广西二建四分公司
槎路	北起白沙大道,南经壮锦大道至留村西侧铁路
洪运路	南起国凯大道,北至南站大道
龙锦路	东起那历路,西至洪进路
洪胜路	东起那历路,西至洪运路
洪进路	南起南站大道,北至洪胜路
那江路	南起国凯大道,北至南站大道
国凯二支路	北起国凯大道,南至高岭村南侧规划路
国凯一支路	北起国凯大道,南至高岭村南侧规划路
高岭路	东起朋展路,西至友谊路那洪村
朋云路	北起金凯路,南至迎凯路
朋展路	北起金凯路,南至高岭路
开源路	北起金凯路,南至迎凯路
通源路	北起金凯路,南至洞岭路路
梧桐路	北起白沙大道,南至金凯路
洞岭路	东起通源路,西至友谊路
邕宁区	
一类路8条	
五象大道(东段)	东起邕宁区八尺江桥,西至桂海高速公路桥(全路直至良庆区银海大道)
新兴街	北起彩虹南路(南蒲纸业有限公司生活区门前),南至蒲津路
古榕路	西起蒲津路(汽车站东路口),东环形至蒲津路
蒲津路	西起八尺江桥,东至汉林街
银峰路	北起蒲津路,南至八鲤路
彩虹南路	北起蒲庙大桥,南至银峰路
红星路	北起彩虹南路,南至蒲津路
八鲤路	西起银峰路,东至蒲庙糖厂以东
二类路9条	
金龟路	北起南蒲纸厂,南至八尺江桥头西端路口
仙鹤路	南起和平三街路口(城区医院),北至氮肥厂工会楼
康岭路	北起那元路,南至邕宁二中
那美路	北起那元路,南至那美村
光明路	北起那元路,南至朝阳中学
八尺江路	东起银峰路,西至路末
那元路	北起汉林街,南至那美路
清泉路	北起那元路,南至清水泉
汉林街	北起蒲津路,南至那元路口
良庆区	
一类路19条	
五象大道(西段)	西起银海大道,东至桂海高速公路桥(全路直至邕宁区八尺江桥)
银海大道	北起龟背桥,南接南北二级公路
金象大道	南起建设路,北至银沙大道
银沙大道	南起五象大道,北接水塘江桥连亭江路
团结路	南起建设路,北接五象大道
荣光路	南起建设路,北至五象大道
东风路	南起建设路,北至五象大道
建设路	东起五象大道,西至银海大道
德政路	东起东风路,西至银海大道
锦绣路	东接金象大道,西至良凤江
玉洞大道	西接银海大道,东至广西女子劳教所
环象路	北起凤湖西路,南接龙泉路
五象路	南起祥和路,北接北街
建业路	东起银海大道,西接建源路
凤湖东路	东接环象路,西至银海大道
龙泉路	东起环象路,西接玉洞大道
新晖路	北起乐华街,南接凤凰路
凤凰路	东起玉环路,西接银海大道
景华路	西连北园路,东接怡和路
二类路29条	
永兴路	南起银海大道,西转北暂到102号门牌
五象岭路	西起新坡村路口,东至柳沙六分场
银象路	东起团结路,西转南至建设路
前进路	东接五象大道,西连湾仔街
东风北路	南起五象大道,北至银沙大道
荣光北路	南起五象大道,北止三叠石路
幸福路	东至金象大道,西至春风路
秀林路	南接银海大道,北接金象大道
吉象路	北起五象岭路,南至五象岭森林公园
兴象路	北起五象岭路,南至广西军区教导大队
百灵路	南接银海大道,北至市金钢水泥有限公司
三叠石路	南起五象大道,东至银沙大道
公平街	东接金象大道,西至银海大道
志远街	东接金象大道,西接银海大道,贯穿锦绣银庄
民兴路	南接五象大道,北通锦绣路
玉环路	北起玉洞大道,南接庆丰街
怡和路	南起白鹤街,北接五象南一街
海象路	北起凤湖东路,南接海象五街
秀和路	南接祥和路,北连迎春街

续表

标准名称	起止	标准名称	起止
建源路	西起琼林中学，东接玉洞大道	天湖街	北起凤湖西路，南接文德街
建福街	南起五象南四街，北接北街	大明街	西接银海大道，东至大明二里
亮岭路	东起银海大道(中高糖机设备公司)，西至铁路边	庆丰街	东起玉环路，西接商城二街
亮岭一街	沿海走廊南起南宁索华塑料公司，北至亮岭二街	永和街	北起玉洞大道，南接乐华街
亮岭二街	沿海走廊南起广西昌弘制药公司，北至外环高速公路	金城路	南连五象南一街，北接迎春街

说明：本表收录全市六城区的主要道路名称共418条(其中一类路215条，二类路203条)。为方便路名标志设置与管理，根据路街里巷的长宽、位置、繁华程度等综合情况划分为一、二类路。一般长1000米，宽20米以上的，或位于城区中心、繁华的主要交通商业道路为一类路；一般长500米，宽10米以上，位于城区中心外围的次一级交通商业道路为二类路。

(胡小民　雷元坤　良　志)

旅　游　指　南

旅游线路选介

南宁一日游

青秀山至扬美古镇

上午游览南宁游览国家4A级风景区——青秀山风景名胜旅游区棕榈园、苏铁园、凤凰塔、观音禅寺、龙象塔、中心景区等景点；参观中国—东盟博览会会址——南宁国际会展中心外景、南湖名树博览园。中午游览扬美古镇魁星楼、梁烈亚故居、清代一条街、举人屋、明清古建筑群、黄氏庄园、邕江风光等景点后返回市区。

青秀山至伊岭岩

上午游览国家4A级风景区——青秀山风景名胜旅游区棕榈园、苏铁园、凤凰塔、观音禅寺、龙象塔、中心景区等景点；参观中国—东盟博览会会址——南宁国际会展中心外景、南湖名树博览园。中午游览南方喀斯特地貌的岩洞——伊岭岩双狮迎宾、空中走廊、瑶池盛会、红水河畔、海滨公园、壮乡新貌、江山多娇、北国风光等景点后返回市区。

大明山

上午游览大明山国家自然保护区，沿途观赏鱼跃龙门、大地峰林、壮乡田园、佛光普照、深沟峡谷等形态各异的群山；之后体验“神秘之旅”，观赏有800多年树龄的铁杉和有500多年树龄、造型奇特的不老松，以及天下第一根杨梅树王、仙女下凡、仙人公、天然药河、金龟瀑布、壮乡田园、杨梅王、高山草甸、天坪仙圩、杜鹃泛艳、大明山雪景等景点后返回市区。

南宁至德天瀑布

上午前往大新县，游览位于中国与越南边境的世界第二大跨国瀑布——德天瀑布，它源起广西靖西县归春河，终年有水，流入越南，又流回广西，经大新县德天村处遇断崖跌落而成瀑布；参观中越53号界碑等景点后返回南宁市区。

南宁至北海

上午前往海滨城市——北海，游览北部湾广场——城雕南珠魂、大江埠风景区、南珠文化基地还珠堂；观赏海洋之窗、中国惟一的美人鱼标本“儒艮”；游览北海老街、音乐喷泉、国家4A级景区“银滩”等景点后返回南宁市区。

南宁两日游

南宁至巴马

D1：上午前往中国著名的长寿之乡——巴马县，沿途游览巴马县无污染、河水翠绿纯净的盘阳河，随后乘船游览水波天窗百鸟岩；后前往百魔洞，呼吸洞中浓度每平方厘米高达7万个的负氧离子，游览洞中的暗河、奇石、天坑；之后前往坡月长寿村——巴盘村，走访百岁老人，体验长寿秘诀，感受养生氛围。晚上宿巴马。

D2：上午前往有“大自然的艺术宫殿”、南国的“北国冰雕”之称的长寿水晶宫，观赏洞中中立水沉积形成的鹅管、石笋、石柱、石带、石旗和各类石幔、石瀑布、石盾等钟乳石，游览市容后返回南宁市区。

南宁至钦州三娘湾、八寨沟

D1：上午前往电影《海霞》拍摄地之一——钦州三娘湾，体验踏浪戏水、海边垂钓、海滩拾贝、摇床听涛、三婆石许愿，参与沙滩排球、足球及各种节日活动。下午乘游船出海观看野生海豚，观赏粉红、灰白、黑等各种色彩的海豚。晚上宿钦州。

D2：上午前往位于十万大山腹地贵台镇境内的钦州原生态自然景区——八寨沟，观赏溪流、瀑布、古树藤蔓、奇花异草后返回南宁市区。

旅游精品线路

绿城风情七日游

A线：D1：上午从南宁市区至武鸣县，游览花花大世界，喀斯特地貌溶洞——伊岭岩欣赏民族风情表演；下午游览大明山国家自然保护区，欣赏大峡谷、神笔峰，看万重山，观佛谷与田园风光。宿大明山。

D2：上午观大明山日出，游览不老松、天书草坪、金龟溪、龙尾瀑布等景点；下午从大明山至马山县，前往金伦洞，游览喀斯特地貌溶洞、被誉为世界十大岩洞之一的原始石漠溶洞—金伦洞，之后参观奇石一条街。宿马山县。

D3：上午游览红水河百龙滩风景区；下午从马山县至上林县，游览上林三里·洋渡，乘竹筏沿着明代大旅行家徐霞客足迹漂游，沿途观赏田园风光，奇峰竞姿，翠竹倒影，唐碑古庙，在下金壮乡民族风情园烧烤。宿上林县。

D4：上午前往大龙湖，游览大龙湖，观赏绵羊迎宾、天马相亲、龙脊、神鲤迎宾、龙王鞋等景点；下午从上林县至宾阳县，游览昆仑关景区，到九曲湾温泉度假村泡温泉。宿南宁。

D5：上午游览国家4A级风景区——青秀山风景名胜旅游区龙象塔、泰国园、苏铁园等景点，参观南湖广场、南宁国际会展中心、五象广场；下午参观广西博物馆、广西民族文物苑、广西药用植物园。宿南宁。

D6：上午沿途参观星光大道、民族大道，游览具有明清建筑风格的扬美古镇，参观临江街、梁烈亚故居、明清民居；下午游览良凤江国家森林公园水杉林、阴阳菩提树，参加滑草、野战、卡丁车等娱乐活动。宿南宁。

D7：上午前往中国茉莉花之乡——横县，游览九龙瀑布群龙迎宾、双龙戏珠等景区；下午参观茉莉花基地、全国最大的茉莉花交易市场、茉莉花西南茶城品茶、购茶，游览西津湖景区。宿南宁。

B线：D1：上午游览国家4A级风景区——青秀山风景名胜旅游区龙象塔、泰国园、苏铁园等景点，参观南湖广场、南宁国际会展中心、五象广场；下午参观广西博物馆、广西民族文物苑、广西药用植物园。宿南宁。

D2：上午游览南宁市动物园，观看黑叶猴等珍稀动物以及大象、海豚表演等，参观国家农业旅游示范点——广西现代农业科技示范园；下午游览昆仑关景区、昆仑关战役博物馆，宾阳县程思远故居、古辣蔡村等景点。宿上林县城。

D3：上午游览上林三里·洋渡，乘竹筏沿着明代大旅行家徐霞客足迹漂游，沿途观赏田园风光，奇峰竞姿，翠竹倒影，唐碑古庙，在下金壮乡民族风情园烧烤；下午前往大龙湖，游览大龙湖，观赏绵羊迎宾、天马相亲、龙脊、神鲤迎宾、龙王鞋等景点。宿马山县城。

D4：上午从马山县出发前往大明山国家级自然保护区，游览不老松、天书草坪、金龟溪、龙尾瀑布等景点；下午游览大峡谷、神笔峰、看万亩杜鹃或吊钟花，观佛谷与田园风光。宿大明山。

D5：上午在大明山观日出，从大明山至武鸣县，游览喀斯特地貌溶洞——伊岭岩，民族长廊欣赏民族风情表演；下午游览明秀园、灵水、南宁—东盟经济开发区、花花大世界。宿南宁。

D6：上午从南宁市区出发前往隆安县，游览龙虎山风景区、隆安红七军指挥部旧址；下午返南宁，游览具有明清建筑风格的扬美古镇，参观临江街、梁烈亚故居、明清民居。宿南宁。

D7：上午参观南宁国际会展中心、百色起义革命烈士纪念碑，李明瑞、韦拔群陈列馆，南宁高新技术产业开发区、南宁青岛啤酒有限公司；下午前往九曲湾温泉度假村或绿都温泉度假中心，享受温泉泡浴。宿南宁。

中越跨国游

A线：南宁—凭祥—越南（河内—海防—下龙湾）

B线：南宁—东兴—越南（芒街—下龙湾—海防—河内—西贡）

边关风情游

A线：南宁—大新（德天瀑布）—靖西（通灵大峡谷）—龙州（小连城）

B线：南宁—隆安（龙虎山）—大新（德天瀑布）—崇左（斜塔）—宁明（花山壁画）—凭祥（友谊关）

八桂精华游

A线：南宁—桂林—兴安—资源—龙胜

B线：南宁—北海—钦州—防城—东兴

C线：南宁—大新（德天瀑布）—靖西（通灵大峡谷、古龙河漂流）—百色乐业（天坑群）

绿城寻胜游

A线：南宁—横县（茉莉花之都、九龙瀑布群、伏波庙风景区）—上林（大龙湖风景区、三里·洋渡风景区）—马山（金伦洞、红水河风景区）—大明山风景区—武鸣（伊岭岩、灵水、明秀园）

B线：南宁—邕宁（昆仑关）—宾阳（金坑峡漂流）—上林（大龙湖风景区、三里·洋渡风景区）—马山（金伦洞、红水河风景区）

绿城风光游

A线：朝阳广场—兴宁路步行街—邕江大桥景观带—民族大道—民族广场—南湖景观带—埌东新貌

B线：青秀山风景名胜旅游区—广西博物馆—广西民族文物苑—伊岭岩

C线：广西药用植物园—伊岭岩—扬美古镇—青秀山—良凤江国家森林公园

南宁乡村游

A线：武鸣县双桥镇下渌村

市区—南都高速—伊岭岩出口—双桥镇—下渌村（距市区30公里，行程50分钟）。下渌村为全国精神文明先进村，总人口约850人，以种植龙眼、杧果闻名，四季有水果、野菜采摘，鱼塘可钓鱼，八月有“农家乐龙眼节”。有床位25张，风味小吃有白切土鸡、高峰柠檬鸭、下渌鱼生、上汤野菜、烤红薯等。

B线：武鸣县城厢镇濑琶村七星屯

市区—南都高速—武鸣出口—城厢镇七星屯（距市区40公里，行程65分钟）。七星屯环境优美，生态怡人，香山河傍村而过。2001年改造成集居住、观光、娱乐于一体的具有壮乡民族特色的农家乐生态示范新村，建成19套具有民族特色的别墅式住宅楼，可接待游客120人。可采摘杨桃等新鲜水果，品尝白切土鸡、灵马鲶鱼、灵水鱼生等风味小吃。

C线：马山县白山镇三潮水乡村

市区—南都高速—马山县城—国道210线—三潮水乡村（距市区110公里，行程90分钟）。三潮水因当地有一地下泉眼一日三起三落而得名，环境幽静，民风淳朴，构成人与自然的完美结合。有民族传统节日，游客可在竹林对歌，泉边烧烤，地质探秘，登山体验，有国家标准的游泳池，可品尝黑山羊肉串、陈米酸粉、绿豆饼、艾馍、红薯粽等特色小吃。住宿可回县城（8公里）。

（良 志）

2009年南宁市二星级以上宾馆酒店名录

名称	地址
五星级(6家)	
南宁明园新都酒店	新民路38号
邕江宾馆	江滨东路41号
南宁饭店	民生路38号
广西沃顿国际大酒店	民族大道东段88号
南宁桂景大酒店	文信路(桂景巷)1号桂林大厦
广西红林大酒店	民族大道129号
四星级(12家)	
南宁喜相逢大酒店	长湖路28号
广西南宁恒升大酒店	中华路17号
广西锦华大酒店	东葛路1号
南宁明园饭店	新民路38号
南宁跨世纪大酒店	民族大道东段111号
广西南宁凤凰宾馆	朝阳路63号
广西夏威夷国际大酒店	民族大道81号
东盟国际大酒店	邕武路1号
南宁万锦大酒店	星湖路27号
广西凯宾皇冠大酒店	民族大道98号
南宁圣展酒店	金湖南路49号
南宁市世纪君悦大酒店	金湖路71号
三星级(29家)	
南宁翔云大酒店	新民路59号
广西南宁天湖酒店	杭州路3号
南宁邕州饭店	新民路59号
南宁市银河大酒店	朝阳路76号
南宁万兴酒店	共和路174号
南宁市恒川大酒店	杭州路5号
南宁金禾宫大酒店	桂春路13号
广西三月花大酒店	东葛路119
广西福彩宾馆	东葛路119
南宁市富满地大酒店	桃源路43号
广西新华大酒店	民族大道69号
南宁华星酒店	七星路125号
南宁市凯莱大酒店	中华路48号
广西绿都大酒店	七星路133号
广西华夏大酒店	中华支一路3号
南宁市海浪湾酒店	凤翔路3号
广西发改委培训中心	葛村路1号
南宁大王滩度假村	良庆区那马镇南宁大王滩风景区内
广西博宾大酒店	唐山路54号
广西天妃商务酒店	明秀东路238号
南宁金茶花大酒店	中华路125号
广西满江红大酒店	祥宾路63号
南宁永凯大酒店	友爱南路43－2号
南宁市壮元坡宾馆	秀灵路77－1号
南宁市湄公河大酒店	竹溪大道98号
南宁市钻石海岸海鲜大酒店	双拥路南湖广场旁
南宁振宁大酒店	新阳路286号
南宁嘉年华大酒店	民族大道135号
广西阳光假日酒店	中华路17－1号
二星级(37家)	
南宁市宝临宾馆	东葛路95号
南宁市南华大厦	人民中路1号
南宁市迎宾饭店	朝阳路71号
南宁市铁道饭店	地洞口路10号
南宁市振宁宾馆	新路路3号
南宁市江南宾馆	星光大道40号
南宁市新万通酒店	人民西路80号
广西盐业职工培训中心(桂盐宾馆)	华西路11号
南宁市迎宾楼宾馆	星光大道68号凤凰小区
南宁市银林山庄	邕武路23号
广西科学活动中心科技宾馆	新竹路20号
南宁市教育宾馆	桃源路64号
南宁市现代联华宾馆	安吉大道41号
广西南宁百利佳商贸有限责任公司百利佳宾馆	桃源路57号
南宁市园湖饭店	园湖北路27号
南宁军供服务大厦	中华路54号
广西南宁陆邕酒店	友爱南路42号
广西运招大厦	华东路67号
南宁市蕾雨宾馆	衡秀里30号
南宁糖业大酒店	衡阳东路7号
南宁市海天宾馆	桃源路41－1号
富丽假日酒店	银海大道
南宁市丹鹤宾馆	建政路
南宁香格里大酒店	友爱北路11号
右江大酒店	华东路86号
南宁市圣天宝宾馆	天雹路天雹水库
南宁市圣安宝宾馆	安吉大道
南宁市文丽酒店	青山路15号
广西林苑宾馆	华西路48号
南宁威宁生态园有限责任公司乡村大世界	三塘镇乡村大世界
广西南宁金时代酒店	中华路和北大路交汇处
广西嘉怡旅业开发有限公司菩提山庄	友谊路78号
武鸣宾馆	武鸣县兴武大道107号
宾阳金世纪大酒店	宾阳县城中大道
横县茉莉花宾馆	横县长安路
横县牡丹大酒店	横县宝华中路
隆安电力大厦	隆安县蝶成路

(周转伶　良　志)

南宁市全国经济普查主要数据

南宁市第二次全国经济普查主要数据公报

（第一号）

南宁市人民政府经济普查
领导小组办公室
南宁市统计局
2010年6月2日

为了全面掌握我市第二产业和第三产业的发展规模及布局，了解我市产业组织、产业结构、产业技术的现状以及各生产要素的构成，摸清我市各类企业和单位基本情况，建立健全覆盖国民经济各行业的基本单位名录库、基础信息数据库，为加强和改善宏观调控、科学制定中长期发展规划提供科学准确的统计信息支持，按照全国、全区统一部署，我市于2008年开展了第二次全国经济普查。这次普查的标准时点为2008年12月31日，时期资料为2008年度。普查对象是在我市行政区域范围内从事第二产业和第三产业的全部法人单位、产业活动单位和个体经营户。普查的主要内容包括单位基本属性、从业人员、财务状况、生产经营情况、生产能力、能源消耗、科技活动情况等。

在各级政府的高度重视及有关部门的大力支持下，经过各级普查机构精心组织和广大普查人员近两年的共同努力，我市经济普查工作圆满完成。根据《全国经济普查条例》的有关要求，南宁市人民政府经济普查领导小组办公室和南宁市统计局将向社会发布经济普查公报。现将第一号公报发布如下：

一、单位、个体经营户基本情况

（一）单位数与个体经营户数

2008年末，全市共有从事第二、三产业的法人单位31288个，与2004年第一次经济普查相比，增加9293个，增长42.25%；产业活动单位41143个，增加9467个，增长29.89%；个体经营户321305户，增加75266户，增长30.59%，其中：有证照的个体经营户151622户（详见表1）。

（二）单位、个体经营户变动情况

随着经济的不断发展和经济结构的调整，全市产业活动单位的构成也发生了明显变化。与2004年第一次经济普查数据比较，2008年末全市从事第二、三产业的单位数增加9467个，增长29.89%，其中：法人单位增加9293个，增长42.25%。法人单位中，企业法人单位增加6948个，增长56.11%；机关、事业法人单位减少74个，下降1.19%；社会团体法人单位数增加734个，增长92.68%；其他法人单位数增加1685个，增长64.49%。

与2004年第一次经济普查数据比较，2008年末全市从事第二、第三产业的个体经营户增加75266户，增长30.59%。其中：从事第二产业的个体经营户增加7769户，增长25.52%；从事第三产业的个体经营户增加67497户，增长了31.31%（详见表2）。

（三）企业法人单位的变化及结构情况

2008年末，全市共有企业法人单位19330个，比2004年增加6948个，增长56.11%。其中，国有企业858个，减少397个，下降31.63%；集体企业621个，减少532个，下降46.14%；股份合作企业144个，增加40个，增长38.46%；联营企业、有限责任公司和股份有限公司共2460个，增加593个，增长31.76%；私营企业14377个，增加6824个，增长90.35%；其他内资企业499个，增加369个，增长283.85%；港、澳、台商投资企业174个，增加35个，增长25.18%；外商投资企业197个，增加16个，增长8.84%（详见表3）。

表1　单位数与个体经营户数

	单位数（个）	比重（%）
一、产业活动单位	41143	100.00
第二产业	5392	13.10
第三产业	35751	86.90
#法人单位	31288	100.00
企业法人	19330	61.78
机关、事业法人	6134	19.61
社会团体和其他法人	5824	18.61
二、个体经营户	321305	100.00
#有证照的个体经营户	151622	47.19
#第二产业	38215	11.89
第三产业	283090	88.11

表2　全市单位及个体经营户变动情况

	2008年	2004年	增减	增长（%）
一、法人单位（个）	31288	21995	9293	42.25
企业法人	19330	12382	6948	56.11
机关、事业法人	6134	6208	−74	−1.19
社会团体和其他法人	5824	3405	2419	71.04
二、产业活动单位	41143	31676	9467	29.89
第二产业	5392	4292	1100	25.63
第三产业	35751	27384	8367	30.55
三、个体经营户（户）	321305	246039	75266	30.59
第二产业	38215	30446	7769	25.52
第三产业	283090	215593	67497	31.31

表3　按登记注册类型分组的企业法人单位变动情况

	2008年	2004年	增减	增长（%）
合计	19330	12382	6948	56.11
国有企业	858	1255	−397	−31.63
集体企业	621	1153	−532	−46.14
股份合作企业	144	104	40	38.46
联营、有限责任和股份有限企业	2460	1867	593	31.76
私营企业	14377	7553	6824	90.35
其他内资企业	499	130	369	283.85
港、澳、台商投资企业	174	139	35	25.18
外商投资企业	197	181	16	8.84

随着经济体制改革和对外开放的进一步深化，全市企业法人单位的所有制结构发生了明显变化，私营企业和股份制企业发展迅速。2008年末，全市共有从事第二、三产业的企业法人单位19330个。从登记注册类型看，国有企业法人单位有858个，占全市的4.44%；集体企业法人单位有621个，占全市的3.21%；股份制企业法人单位共有572个，占全市的2.97%；私营企业法人单位有14377个，占全市的74.38%；港澳台商投资企业和外商投资企业法人单位有371个，占全市的1.92%(详见表4)。

（四）单位与个体经营户的地区分布

从单位与个体经营户地区分布情况看，单位、个体经营户主要集中在市区。2008年末，市区拥有从事第二、三产业的全部单位27697个，个体经营户159351户，分别占全市的67.32%和49.59%。各县区中：拥有单位个数最多的县区是青秀区，共有各类单位12199个，占全市的29.65%，拥有个体经营户最多的是西乡塘区，共有个体经营户47520户，占全市的14.79%(详见表5)。

（五）单位、个体经营户行业分布

经济普查结果显示：全市单位主要集中在批发和零售业、公共管理和社会组织、租赁和商务服务业、制造业、教育五个行业。其中：从事批发和零售业的单位10102个，占24.55%；从事公共管理和社会组织的单位6277个，占15.26%；从事租赁和商务服务业的单位4363个，占10.6%；从事制造业的单位3693个，占8.98%；教育2814个，占6.84%。以上五个行业合计占全市产业活动单位的66.23%(详见表6)。

个体经营户较为集中的五个行业是：批发和零售业160615户，占个体经营户总数的49.99%；交通运输业66619户，占20.73%；工业32483户，占10.11%；居民服务和其他服务业24465户，占7.61%；住宿和餐饮业16124户，占5.02%(详见表7)。

表4　按登记注册类型分组的企业法人单位

	单位数(个)	比重(%)
合计	19330	100.00
内资企业	18959	98.08
国有企业	858	4.44
集体企业	621	3.21
股份合作企业	144	0.74
联营企业	42	0.22
国有联营企业	7	0.04
集体联营企业	18	0.09
国有与集体联营企业	4	0.02
其他联营企业	13	0.07
有限责任公司	1845	9.54
国有独资公司	93	0.48
其他有限责任公司	1752	9.06
股份有限公司	573	2.96
私营企业	14377	74.38
其他企业	499	2.58
港、澳、台商投资企业	174	0.90
外商投资企业	197	1.02

表5　单位与个体经营户的地区分布

地区名称	法人单位(个)	比重(%)	多产业法人单位所属产业活动单位数(个)	比重(%)	个体经营户数(户)	比重(%)
全市	31288	100.00	9855	100.00	321305	100.00
市区	21544	68.86	6153	62.40	159351	49.59
兴宁区	2907	9.29	834	8.46	30341	9.44
青秀区	9585	30.63	2614	26.52	24567	7.65
江南区	2159	6.90	683	6.93	29501	9.18
西乡塘区	5346	17.09	1270	12.89	47520	14.79
良庆区	932	2.98	309	3.14	15194	4.73
邕宁区	615	1.97	443	4.5	12228	3.81
武鸣县	1658	5.30	1038	10.53	36137	11.25
隆安县	889	2.84	432	4.38	13849	4.31
马山县	883	2.82	320	3.25	13032	4.06
上林县	875	2.80	294	2.98	13974	4.35
宾阳县	2169	6.93	672	6.82	40894	12.73
横县	3270	10.45	946	9.6	44068	13.72

表6　产业活动单位的行业分布

	单位数(个)	比重(%)
合计	41143	100.00
采矿业	189	0.46
制造业	3693	8.98
电力、燃气及水的生产和供应业	336	0.82
建筑业	1174	2.85
交通运输、仓储和邮政业	1154	2.80
信息传输、计算机服务和软件业	1979	4.81
批发和零售业	10102	24.55
住宿和餐饮业	629	1.53
金融业	1339	3.25
房地产业	2023	4.92
租赁和商务服务业	4363	10.6
科学研究、技术服务和地质勘查业	1539	3.74
水利、环境和公共设施管理业	339	0.82
居民服务和其他服务业	658	1.60
教育	2814	6.84
卫生、社会保障和社会福利业	1907	4.64
文化、体育和娱乐业	628	1.53
公共管理和社会组织	6277	15.26

表7　个体经营户的行业分布

	个体经营户户数(户)	比重(%)
合计	321305	100.00
工业★	32483	10.11
建筑业	5732	1.78
交通运输业	66619	20.73
批发和零售业	160615	49.99
住宿和餐饮业	16124	5.02
房地产业	4040	1.26
租赁和商务服务业	3136	0.98
居民服务和其他服务业	24465	7.61
教育	1182	0.37
卫生和社会福利业	3968	1.23
文化、体育和娱乐业	1998	0.62
其他	943	0.29

★包括采矿业、制造业和电力、燃气及水的生产和供应业。

二、从业人员基本情况

（一）单位、个体经营户从业人员数

2008年末，全市第二、三产业单位从业人员数为1119768人，与2004年第一次经济普查相比，增加273582人，增长32.33%。其中，第二产业的从业人员为486972人，增加148159人，增长43.73%；第三产业的从业人员为632796人，增加125423人，增长24.72%。在单位从业人员中，女性369715人，占单位从业人员的33.02%（详见表8）。个体经营户从业人员810515人，增加361780人，增长80.62%。其中，第二产业从业人员155180人，增加70481人，增长83.21%；第三产业从业人员655335人，增加291299人，增长80.02%。。

（二）从业人员地区分布情况

从从业人员地区分布情况看：我市从业人员主要集中在市区。2008年末，市区第二、三产业单位拥有从业人员910402人，个体经营户从业人员421804人，分别占全市的81.30%和52.04%。各县区中：单位从业人员最多的县区是青秀区，共有349197人，占全市单位从业人数的31.18%，个体经营户从业人员最多的县区是西乡塘区，共有127914人，占全市个体经营户从业人数的15.78%（详见表9）。

（三）单位从业人员行业分布

在单位从业人员中，建筑业209943人，占18.75%；制造业206732人，占18.46%；教育102073人，占9.12%；批发和零售业93001人，占8.31%；公共管理和社会组织85713人，占7.65%（详见表10）。

（四）单位从业人员性别、学历、职称、技术等级构成

在单位从业人员中，具有研究生及以上、大学本科、专科、高中、初中及以下学历的人员分别占2.52%、16.37%、22.83%、29.65%和28.63%。具有技术职称的人员共272878人，占单位从业人员的24.37%；具有技术等级证书的人员共106734人，占单位从业人员的9.53%（详见表11）。

三、企业资产总额

2008年末，全市第二、三产业企业法人单位资产总额为10069.94亿元，比2004年末增加6371亿元，增长172.24%。其中，国有企业资产总额1513.40亿元，比2004年末增加576.78亿元，增长61.58%；集体企业资产总额47.55亿元，减少14.90亿元，下降23.86%；股份合作企业资产总额

表8 全部从业人员变动情况

单位：人

	2008年	2004年	增减	增长（%）
一、单位从业人员人数	1119768	846186	273582	32.33
#女性	369715	308412	61303	19.88
第二产业从业人员	486972	338513	148459	43.73
第三产业从业人员	632796	507373	125423	24.72
二、个体经营户从业人数	810515	448735	361780	80.62
第二产业从业人员	155180	84699	70481	83.21
第三产业从业人员	655335	364036	291299	80.02

表9 全部从业人员地区分布

	单位从业人员（人）	比重%	个体经营户从业人员（人）	比重%
全市总计	1119768	100.00	810515	100.00
市区	910402	81.30	421804	52.04
兴宁区	182197	16.27	77173	9.52
青秀区	349197	31.18	78343	9.67
江南区	118516	10.58	73529	9.07
西乡塘区	211164	18.86	127914	15.78
良庆区	32534	2.91	39606	4.89
邕宁区	16842	1.50	25239	3.11
武鸣县	47026	4.20	89160	11.00
隆安县	20521	1.83	29397	3.63
马山县	16401	1.46	23628	2.92
上林县	17965	1.60	36187	4.46
宾阳县	54455	4.86	114287	14.10
横县	52998	4.73	96052	11.85

表10 单位从业人员的行业分布

	从业人员（人）	比重（%）
合计	1119768	100.00
采矿业	4835	0.43
制造业	206732	18.46
电力、燃气及水的生产和供应业	65462	5.85
建筑业	209943	18.75
交通运输、仓储和邮政业	45380	4.05
信息传输、计算机服务和软件业	32197	2.88
批发和零售业	93001	8.31
住宿和餐饮业	30242	2.70
金融业	40038	3.58
房地产业	43502	3.88
租赁和商务服务业	47633	4.25
科学研究、技术服务和地质勘查业	35659	3.18
水利、环境和公共设施管理业	13737	1.23
居民服务和其他服务业	7377	0.66
教育	102073	9.12
卫生、社会保障和社会福利业	41244	3.68
文化、体育和娱乐业	15000	1.34
公共管理和社会组织	85713	7.65

*此表数据不包括个体经营户从业人员。

表11 单位从业人员学历、职称、技术等级情况

	从业人员（人）	比重（%）
一、从业人员合计	1119768	100 .00
具有研究生及以上学历者	28174	2.52
具有大学本科学历者	183263	16.37
具有大专学历者	255658	22.83
具有高中学历者	332032	29.65
具有初中及以下学历者	320641	28.63
二、具有技术职称的人员合计	272878	100.00
具有高级技术职称者	30434	11.15
具有中级技术职称者	105676	38.73
具有初级技术职称者	136768	50.12
三、具有技术等级证书人员合计	106734	100..00
高级技师	4424	4.14
技师	11609	10.88
高级工	36085	33.81
中级工	54616	51.17

176亿元，增加167.7亿元，增长20.19倍；私营企业资产总额1279亿元，增加911.03亿元，增长247.58%；港、澳、台商投资企业资产总额201.72亿元，增加100.36亿元，增长99.01%(详见表12—13)。

四、企业实收资本

2008年末，我市第二、三产业企业法人单位（不含行政事业单位和个体经营户）的实收资本总额为11147.61亿元，比2004年末增加530.31亿元，增长4.99%。在全部企业法人单位的实收资本总额中，国家资本407.93亿元，增加74.05亿元，增长22.18%；集体资本22.33亿元，减少4.07亿元，下降15.42%；个人资本325.84亿元，增加132.24亿元，增长68.31%；港澳台资本57.84亿元，增加29.54亿元，增长104.38%；外商资本43.08亿元，增加6.98亿元，增长19.34%(详见表14)。

表12　按登记注册类型分组的企业资产总额变动情况

单位：亿元

	2008年	2004年	增减	增长(%)
合计	10069.94	3698.94	6371.00	172.24
内资企业	9668.22	2889.49	6778.73	234.60
国有企业	1513.40	936.62	576.78	61.58
集体企业	47.55	62.45	−14.90	−23.86
股份合作企业	176.00	8.31	167.69	2017.93
联营企业	1.38	2.52	−1.14	−45.24
有限责任公司	2716.34	1109.67	1606.67	144.79
股份有限公司	3917.23	396.30	3520.93	888.45
私营企业	1279	367.97	911.03	247.58
其他企业	17.32	5.65	11.67	206.55
港、澳、台商投资企业	201.72	101.36	100.36	99.01
外商投资企业	200.00	708.09	−508.09	−71.76

表13　按登记注册类型分组的企业资产总额及构成

	资产总额(亿元)	比重(%)
合计	10069.94	100.00
内资企业	9668.22	96.01
国有企业	1513.40	15.03
集体企业	47.55	0.47
股份合作企业	176.00	1.75
联营企业	1.38	0.01
国有联营企业	0.12	
集体联营企业	0.29	
国有与集体联营企业	0.07	
其他联营企业	0.90	0.01
有限责任公司	2716.34	26.97
国有独资公司	933.25	9.27
其他有限责任公司	1783.09	17.71
股份有限公司	3917.23	38.90
私营企业	1279 .00	12.70
其他企业	17.31	0.17
港、澳、台商投资企业	201.72	2.00
外商投资企业	200 .00	1.99

表14　企业法人单位实收资本总额变动情况

单位：亿元

	2008年	2004年	增减	增长(%)
合计	11147.61	10617.30	530.31	4.99
国家资本	407.93	333.88	74.05	22.18
集体资本	22.33	26.40	−4.07	−15.42
个人资本	325.84	193.60	132.24	68.31
港澳台资本	57.84	28.30	29.54	104.38
外商资本	43.08	36.10	6.98	19.34

注释：

[1]三次产业的划分：

第一产业是指农、林、牧、渔业。

第二产业是指采矿业，制造业，电力、燃气及水的生产和供应业，建筑业。

第三产业是指除第一、二产业以外的其他行业，具体包括：交通运输、仓储和邮政业，信息传输、计算机服务和软件业，批发和零售业，住宿和餐饮业，金融业，房地产业，租赁和商务服务业，科学研究、技术服务和地质勘查业，水利、环境和公共设施管理业，居民服务和其他服务业，教育，卫生、社会保障和社会福利业，文化、体育和娱乐业，公共管理和社会组织，国际组织。本次普查未包括国际组织。

[2]单位的划分：

法人单位是指具备以下条件的单位：

(1)依法成立，有自己的名称、组织机构和场所，能够独立承担民事责任；

(2)独立拥有和使用(或授权使用)资产，承担负债，有权与其他单位签订合同；

(3)会计上独立核算，能够编制资产负债表。

法人单位包括企业法人、事业单位法人、机关法人、社会团体法人和其他法人。

产业活动单位是指具备以下条件的单位：

(1)在一个场所从事一种或主要从事一种社会经济活动；

(2)相对独立组织生产经营或业务活动；

(3)能够掌握收入和支出等业务核算资料。

有证照的个体经营户是指除农户外，生产资料归劳动者个人所有，以个体劳动为基础，劳动成果归劳动者个人占有和支配的一种经营单位。即按照《民法通则》和《城乡个体工商户管理暂行条例》规定经各级工商行政管理机关登记注册、领取《营业执照》的个体工商户。具体是指公民在法律允许范围内，依法经核准登记，从事工业、商业、建筑业、运输业、餐饮业、服务业等活动的个体劳动者。

[3]从业人员：是指2008年12月31日在第二、三产业单位和有证照的个体经营户在岗的从业人员。未包括上述范围之外的从业人员。

单位从业人员是指在本单位工作并取得劳动报酬或收入的年末实有人员数。包括：在各单位工作的外方人员、港澳台方工作人员、兼职人员、再从业的离退休人员、借用的外单位人员和第二职业者。但不包括离开本单位仍保留劳动关系的职工。

[4]实收资本：是指投资者按照企业章程，或合同、协议的约定，实际投入企业的资本。企业实收资本按照投资主体划分为国家资本、集体资本、法人资本、个人资本、港澳台资本和外商资本六种。

[5]表中的合计数和部分计算数据因小数取舍而产生的误差，均未作调整。

[6]以上数据(单位个数和从业人员人数)未含铁路运输行业。

[7]本公报数据为按南宁市在地汇总数据。

南宁市第二次全国经济普查主要数据公报

（第二号）

南宁市人民政府经济普查领导小组办公室

南宁市统计局

2010年6月3日

根据南宁市第二次全国经济普查结果，现将南宁市第二产业的主要数据公布如下：

一、工业

（一）企业单位数和从业人员

2008年末，全市共有工业企业法人单位3785个，从业人员277029人，分别比2004年末增长22.41%和48.51%。工业个体经营户32483户，从业人员119278人，分别比2004年末增长13.61%和54.75%。

在工业企业法人单位中，国有企业及国有独资公司179个，占4.76%；集体企业196个，占5.18%；私营企业2673个，占70.62%；港、澳、台商投资企业68个，占1.80%；外商投资企业84个，占2.22%；其余类型企业585个，占15.46%。

在工业企业法人单位从业人员中，国有企业及国有独资公司从业人员77438人，占27.95%；集体企业从业人员6391人，占2.31%；私营企业从业人员98271人，占35.47%；港、澳、台商投资企业从业人员15320人，占5.53%；外商投资企业从业人员12904人，占4.46%；其余类型企业从业人员66705人，占24.08%（详见表1）。

在工业企业法人单位中，采矿业180个，制造业3452个，电力、燃气及水的生产和供应业153个，分别占4.76%、91.20%和4.04%。在工业行业大类中，非金属矿物制品业、农副食品加工业、化学原料及化学制品制造业企业法人单位数位居前三位，分别占11.76%、9.80%和6.76%。

在工业企业法人单位的从业人员中，采矿业从业人员4835人，制造业从业人员206732人，电力、燃气及水的生产和供应业从业人员65462人，分别占1.75%、74.62%和23.63%。在工业行业大类中，电力、热力的生产和供应业、农副食品加工业、非金属矿物制品业从业人员数位居前三位，分别占22.54%、12.53%和10.60%（详见表2）。

（二）主要工业产品产量

表1 按登记注册类型分组的工业企业法人单位和从业人员

	企业法人（个）	从业人员（人）
总计	3785	277029
内资企业	3633	248805
国有企业	175	20055
集体企业	196	6391
股份合作企业	28	921
联营企业	11	254
国有联营企业	1	35
集体联营企业	5	86
国有与集体联营企业	3	41
其他联营企业	2	92
有限责任公司	333	99803
国有独资公司	4	57383
其他有限责任公司	329	42420
股份有限公司	93	19902
私营企业	2673	98271
私营独资企业	1072	23702
私营合伙企业	283	9149
私营有限责任公司	1237	61058
私营股份有限公司	81	4362
其他企业	124	3208
港、澳、台投资企业	68	15320
与港、澳、台合资企业	21	5772
与港、澳、台合作经营企业	4	250
港、澳、台商独资经营企业	42	9266
港、澳、台商投资股份有限公司	1	32
外商投资企业	84	12904
中外合资经营企业	36	3670
中外合作经营企业	5	1205
外资企业	40	7875
外商投资股份有限公司	3	154

表2 工业企业法人单位和从业人员的行业分布

	企业法人（个）	从业人员（人）
合计	3785	277029
采矿业	180	4835
煤炭开采和洗选业	3	282
石油和天然气开采业		
黑色金属矿采选业	50	928
有色金属矿采选业	40	1487
非金属矿采选业	83	2045
其他采矿业	4	93
制造业	3452	206732
农副食品加工业	371	34709
食品制造业	177	9532
饮料制造业	221	7120
烟草制品业	2	1241
纺织业	47	7122
纺织服装、鞋、帽制造业	47	2826
皮革、毛皮、羽毛（绒）及其制品业	48	2458
木材加工及木、竹、藤、棕、草制品业	247	11288
家具制造业	64	1450
造纸及纸制品业	232	12978
印刷业和记录媒介的复制	235	7485
文教体育用品制造业	16	730
石油加工、炼焦及核燃料加工业	7	279
化学原料及化学制品制造业	256	14881
医药制造业	99	9863
化学纤维制造业	2	55
橡胶制品业	11	429
塑料制品业	156	7051
非金属矿物制品业	445	29368
黑色金属冶炼及压延加工业	36	2414
有色金属冶炼及压延加工业	35	3559
金属制品业	178	5122
通用设备制造业	86	4191
专用设备制造业	142	8266
交通运输设备制造业	89	4555
电气机械及器材制造业	93	5441
通信设备、计算机及其他电子设备制造业	33	7012
仪器仪表及文化、办公用机械制造业	17	1059
工艺品及其他制造业	59	4237
废弃资源和废旧材料回收加工业	1	11
电力、燃气及水的生产和供应业	153	65462
电力、热力的生产和供应业	70	62443
燃气生产和供应业	5	351
水的生产和供应业	78	2668

2008年主要工业产品产量（详见表3）。

（三）资产负债和所有者权益

2008年末，工业企业法人单位资产合计750.85亿元，比2004年末增长74.75%；负债合计443.92亿元，比2004年末增长55.82%；所有者权益合计306.93亿元，比2004年末增长112.01%（详见表4）。

工业企业法人单位资产负债率，采矿业为56.26%；制造业为55.54%；电力、燃气及水的生产和供应业为80.30%。在工业行业大类中，负债比重比较大的五大行业是：废弃资源和废旧材料回收加工业100%、燃气生产和供应业97.42%、煤炭开采和洗选业88.89%、电力、热力的生产和供应业82.89%、橡胶制品业80.49%。

（四）主营业务收入和利润总额

2008年，工业企业法人单位主营业务收入836.76亿元，比2004年增长171.62%。其中，采矿业占1.22%，制造业占88.06%，电力、燃气及水的生产和供应业占10.68%。主营业务收入超过50亿元的行业有农副食品加工业180.45亿元、电力、热力的生产和供应业82.22亿元、化学原料及化学制品制造业65.08亿元和非金属矿物制品业62.33亿元。

工业企业法人单位利润总额53.68亿元，比2004年增长344.74%。其中，采矿业占2.05%，制造业占93.42%，电力、燃气及水的生产和供应业占4.53%。利润总额超过5亿元的行业有农副食品加工业9.52亿元和烟草制品业7.95亿元（详见表5）。

2008年，工业企业法人单位主营业

表3 主要工业产品产量

产品名称	计量单位	产量
成品糖	万吨	166.28
配混合饲料	万吨	285.04
卷烟	亿支	290.75
人造板	万立方米	124.50
纸浆	万吨	22.64
机制纸及纸板	万吨	60.23
烧碱（折100%）	万吨	21.05
水泥	万吨	801.60
铝材	万吨	6.56
淀粉	万吨	66.62

表4 工业企业法人单位资产负债和所有者权益的行业分布

单位：亿元

	资产合计	负债合计	所有者权益合计
合计	750.85	443.92	306.93
采矿业	9.10	5.12	3.98
煤炭开采和洗选业	0.90	0.80	0.10
黑色金属矿采选业	1.17	0.74	0.42
有色金属矿采选业	3.01	1.44	1.58
非金属矿采选业	4.00	2.13	1.87
其他采矿业	0.02	0.01	0.01
制造业	633.31	351.76	281.55
农副食品加工业	146.59	84.05	62.53
食品制造业	19.81	15.05	4.76
饮料制造业	21.96	13.52	8.44
烟草制品业	39.58	11.64	27.94
纺织业	9.63	6.09	3.54
纺织服装、鞋、帽制造业	1.77	0.72	1.05
皮革、毛皮、羽毛(绒)及其制品业	2.94	1.88	1.06
木材加工及木、竹、藤、棕、草制品业	24.07	10.64	13.44
家具制造业	1.29	0.68	0.62
造纸及纸制品业	46.46	24.57	21.89
印刷业和记录媒介的复制	13.33	5.11	8.22
文教体育用品制造业	0.43	0.15	0.27
石油加工、炼焦及核燃料加工业	0.82	0.49	0.33
化学原料及化学制品制造业	58.66	32.63	26.03
医药制造业	35.21	17.28	17.94
化学纤维制造业	0.02	0.01	0.02
橡胶制品业	1.23	0.99	0.24
塑料制品业	16.20	8.91	7.28
非金属矿物制品业	72.73	42.99	29.75
黑色金属冶炼及压延加工业	6.74	3.62	3.12
有色金属冶炼及压延加工业	21.11	12.86	8.25
金属制品业	12.08	9.51	2.57
通用设备制造业	7.20	4.77	2.43
专用设备制造业	23.38	14.33	9.05
交通运输设备制造业	19.24	11.34	7.90
电气机械及器材制造业	16.94	10.27	6.67
通信设备、计算机及其他电子设备制造业	7.69	4.62	3.07
仪器仪表及文化、办公用机械制造业	1.43	0.56	0.86
工艺品及其他制造业	4.77	2.48	2.29
废弃资源和废旧材料回收加工业	0.02	0.02	0.01
电力、燃气及水的生产和供应业	108.44	87.08	21.36
电力、热力的生产和供应业	74.46	61.72	12.74
燃气生产和供应业	5.82	5.67	0.15
水的生产和供应业	28.16	19.68	8.48

表5 工业企业法人单位主营业务收入和利润总额的行业分布

单位：亿元

	主营业务收入	利润总额
合计	836.76	53.68
采矿业	10.22	1.10
煤炭开采和洗选业	1.40	0.01
黑色金属矿采选业	2.28	0.22
有色金属矿采选业	2.96	0.62
非金属矿采选业	3.57	0.24
其他采矿业	0.01	0.00
制造业	737.12	50.15
农副食品加工业	180.45	9.52
食品制造业	24.51	1.60
饮料制造业	23.52	1.89
烟草制品业	45.10	7.95
纺织业	14.56	0.27
纺织服装、鞋、帽制造业	1.90	0.05
皮革、毛皮、羽毛(绒)及其制品业	2.57	0.28
木材加工及木、竹、藤、棕、草制品业	35.80	2.66
家具制造业	1.82	0.17
造纸及纸制品业	39.10	2.67
印刷业和记录媒介的复制	14.17	1.06
文教体育用品制造业	1.13	0.11
石油加工、炼焦及核燃料加工业	1.70	0.08
化学原料及化学制品制造业	65.08	3.56
医药制造业	30.52	3.30
化学纤维制造业	0.20	0.01
橡胶制品业	1.20	0.15
塑料制品业	24.00	1.40
非金属矿物制品业	62.33	2.90
黑色金属冶炼及压延加工业	20.78	0.71
有色金属冶炼及压延加工业	25.79	0.76
金属制品业	19.55	0.73
通用设备制造业	11.07	0.48
专用设备制造业	21.80	1.12
交通运输设备制造业	18.03	2.39
电气机械及器材制造业	31.71	2.73
通信设备、计算机及其他电子设备制造业	12.33	0.98
仪器仪表及文化、办公用机械制造业	2.09	0.21
工艺品及其他制造业	4.32	0.41
废弃资源和废旧材料回收加工业	0.02	0.00
电力、燃气及水的生产和供应业	89.42	2.43
电力、热力的生产和供应业	82.22	1.83
燃气生产和供应业	1.74	0.02
水的生产和供应业	5.46	0.58

务收入占全市比重前五位的县区是：江南区30.84%、西乡塘区27.15%、武鸣县9.57%、良庆区7.44%和横县6.74%。工业企业利润总额超过5亿元的县区是西乡塘区和武鸣县。

（五）企业科技活动

2008年末，规模以上工业企业中开展科技活动的企业有187个，比2004年末增长117.44%，占全部规模以上工业企业数的18.07%；开展研究与试验发展(R&D)活动的企业有122个，占全部规模以上工业企业数的11.79%。在大中型企业中，开展科技活动的企业有38家，比2004年末增长5.56%，占大中型企业的比重为44.19%，开展研究与试验发展(R&D)活动的企业有29家，占大中型企业比重为33.72%。

2008年末，全市规模以上工业企业投入科技活动经费10.11亿元，比2004年末增长109.23%。科技活动人员有4777人，比2004年末增长56.52%。

在规模以上工业企业投入的科技活动经费中，代表企业自主创新能力的研究与试验发展（R&D）经费增长较快，2008年为5.07亿元，比2004年增长569.40%；研究与试验发展经费的投入强度为0.65%，高于2004年0.30%的水平。大中型工业企业投入研究与试验发展经费3.47亿元，投入强度为1.01%，高于2004年0.19%的水平。分行业研究与试验发展经费投入情况详见表6。

研究与试验发展经费投入超过亿元的县区是：西乡塘区和江南区。

2008年，规模以上工业企业实现新产品产值75.59亿元，比2004年增长406.25%，新产品产值占同口径工业总产值的比重为8.74%。规模以上工业企业专利申请量为163件，比2004年增长106.33%，其中发明专利申请84件，发明专利申请所占比重为51.53%。

二、建筑业

（一）企业单位数和从业人员

2008年末，全市共有建筑业法人企业单位778个，从业人员209943人，分别比2004年末增长33.45%和37.87%；建筑业个体经营户有5732户，从业人员35902人，分别比2004年末增长209.00%和371.09%。

从法人登记注册类型上看，建筑业企业法人单位中，国有企业及国有独资公司59个，占7.58%；集体企业32个，占4.11%；私营企业622个，占79.95%；港、澳、台商投资企业3个，占0.39%；外商投资企业2个，占0.26%；其余类型企业60个，占7.71%。

建筑业企业法人单位从业人员中，国有企业及国有独资公司有82404人，占39.25%；集体企业有6034人，占2.87%；私营企业有106939人，占50.94%；港、澳、台商投资企业有802人，占0.38%；外商投资企业有10人；其余类型企业有13754人，占6.55%(详见表7)。

从行业分布上看，建筑业企业法人单位中，房屋和土木工程建筑业占36.12%；建筑安装业占16.58%；建筑装饰业占31.62%；其他建筑业占15.68%。

建筑业企业法人单位从业人员中，房屋和土木工程建筑业占62.00%；建筑

表6 规模以上工业企业研究与试验发展经费投入的行业分布

	经费投入（万元）	投入强度（%）
合计	50696.90	0.65
制造业	50671.90	0.74
农副食品加工业	6536.90	0.37
食品制造业	145.80	0.06
烟草制品业	5486.10	1.22
纺织业	733.20	0.52
木材加工及木、竹、藤、棕、草制品业	750.10	0.27
造纸及纸制品业	1268.70	0.36
印刷业和记录媒介的复制	381.20	0.37
石油加工、炼焦及核燃料加工业	218.30	1.38
化学原料及化学制品制造业	7619.80	1.23
医药制造业	5193.10	1.75
塑料制品业	283.50	0.13
非金属矿物制品业	1045.30	0.20
有色金属冶炼及压延加工业	10827.00	4.24
通用设备制造业	644.00	0.73
专用设备制造业	5217.20	2.62
交通运输设备制造业	1483.10	0.88
电气机械及器材制造业	1497.50	0.49
通信设备、计算机及其他电子设备制造业	689.50	0.57
仪器仪表及文化、办公用机械制造业	355.00	1.81
工艺品及其他制造业	296.60	0.95
电力、燃气及水的生产和供应业	25.00	0.003
电力、热力的生产和供应业	25.00	0.003

表7 按登记注册类型分组的建筑业企业法人单位和从业人员

	合计		资质内企业		资质外企业	
	企业法人（个）	从业人员（人）	企业法人（个）	从业人员（人）	企业法人（个）	从业人员（人）
总计	778	209943	470	203479	308	6464
内资企业	773	209131	468	202786	305	6345
国有企业	40	43056	34	42931	6	125
集体企业	32	6034	22	5451	10	583
联营企业	1	230	1	230		
其他联营企业	1	230	1	230		
有限责任公司	72	52007	49	51682	23	325
国有独资公司	19	39348	19	39348		
其他有限责任公司	53	12659	30	12334	23	325
股份有限公司	6	865	5	859	1	6
私营企业	622	106939	357	101633	265	5306
私营独资企业	2	11			2	11
私营合伙企业	1	1	1	1		
私营有限责任公司	615	106475	352	101180	263	5295
私营股份有限公司	4	452	4	452		
港、澳、台投资企业	3	802	2	693	1	109
与港、澳、台合资企业	1	33	1	33		
港、澳、台商独资经营企业	2	769	1	660	1	109
外商投资企业	2	10			2	10
中外合资经营企业	2	10			2	10

安装业占11.00%；建筑装饰业占2.78%；其他建筑业占24.21%(详见表8)。

(二)建筑业总产值

2008年,建筑业企业法人单位(含总承包和专业承包企业、资质外企业)的建筑业总产值281.47亿元。其中,资质内企业完成276.54亿元,资质外企业完成4.93亿元，分别比2004年增长88.87%、90.01%和41.32%。

在建筑业企业法人单位的建筑业总产值中，房屋和土木工程建筑业占79.26%；建筑安装业占16.95%；建筑装饰业占2.18%；其他建筑业占4.03%(详见表9)。

(三)房屋建筑面积及竣工价值

2008年，总承包和专业承包建筑业企业房屋建筑施工面积2441.20万平方米,比2004年末增长62.48%;房屋建筑竣工面积663.90万平方米，竣工价值70.64亿元，分别比2004年增长34.56%和77.80%,其中住宅建筑竣工面积457.15万平方米,竣工价值48.09亿元(详见表10)。

(四)资产负债和所有者权益

2008年末，总承包和专业承包建筑业企业的资产合计为306.22亿元,负债合计为206.90亿元,企业所有者权益合计为99.31亿元，分别比2004年末增长了57.03%、89.07%、16.06%；资产负债率为67.60%,比2004年提高11.50个百分点(详见表11)。

(五)工程结算收入和利润总额

2008年，我市总承包和专业承包建筑业企业法人单位工程结算收入308.71亿元,比2004年增长了105.32%,其中,房屋和土木工程建筑业占77.50%，建筑安装业占19.84%，建筑装饰业占1.82%,其他建筑业占0.83%;利润总额5.25亿元,比2004年增长326.46%,其中,房屋和土木工程建筑业占52.15%，建筑安装业占44.94%,建筑装饰业占1.40%,其他建筑业占1.51%(详见表12)。

表8　建筑业企业法人单位和从业人员的行业分布

	合计		资质内企业		资质外企业	
	企业法人(个)	从业人员(人)	企业法人(个)	从业人员(人)	企业法人(个)	从业人员(人)
合计	778	209943	470	203479	308	6464
房屋和土木工程建筑业	281	130162	201	126984	80	3178
建筑安装业	129	23104	82	22066	47	1038
建筑装饰业	246	5842	110	4545	136	1297
其他建筑业	122	50835	77	49884	45	951

表9　建筑业企业法人单位建筑业总产值的行业分布

单位:亿元

	合计	资质内企业	资质外企业
合计	281.47	276.54	4.93
房屋和土木工程建筑业	223.08	220.78	2.30
建筑安装业	49.23	48.23	1.00
建筑装饰业	6.33	5.40	0.94
其他建筑业	2.83	2.13	0.69

表10　总承包和专业承包建筑业企业房屋建筑完成情况

指标名称	房屋建筑竣工面积(万平方米)	竣工房屋价值(亿元)
合计	663.90	70.64
1.厂房、仓库	91.20	8.62
2.住宅	457.15	48.09
3.办公用房	65.24	8.19
4.批发和零售用房	0.08	0.01
5.住宿和餐饮用房	4.48	0.47
6.居民服务业用房	0.98	0.08
7.教育用房	19.64	2.01
8.文化、体育和娱乐用房	6.63	0.96
9.卫生医疗用房	5.61	0.68
10.科研用房	5.75	1.09
11.其他用房	7.14	0.45

表11　总承包和专业承包建筑业企业法人单位资产负债和所有者权益行业分布

单位:亿元

	资产合计	负债合计	所有者权益合计
合计	306.22	206.90	99.31
房屋和土木工程建筑业	241.69	166.65	75.04
建筑安装业	54.48	34.23	20.25
建筑装饰业	6.72	4.46	2.26
其他建筑业	3.33	1.57	1.76

表12　总承包和专业承包建筑业企业法人单位工程结算收入和利润总额

单位:亿元

	工程结算收入	利润总额
合计	308.71	5.25
房屋和土木工程建筑业	239.26	2.74
建筑安装业	61.26	2.36
建筑装饰业	5.62	0.07
其他建筑业	2.57	0.08

注释:

[1]所有者权益合计:是指所有者在企业资产中享有的经济利益,即企业资产减去负债后的余额。所有者权益包括实收资本(或股本)、资本公积、盈余公积和未分配利润等。

[2]规模以上工业企业:是指全部年主营业务收入500万元及以上的法人工业企业。

[3]开展科技活动的企业:是指有组织地开展科研和技术开发活动,并有相应经费支出的企业。

[4]研究与试验发展经费投入强度:是指研究与试验发展经费支出与主营业务收入之比。

[5]新产品:是指采用新技术原理、新设计构思研制生产的全新产品,或在结构、材质、工艺等某一方面比原有产品有明显改进,从而显著提高了产品性能或扩大了使用功能的产品。包括经政府有关部门认定并在有效期内的新产品，也包括企业自行开发研制,但尚未经政府有关部门认定、投产一年之内的新产品。

[6]资质内建筑业企业:是指依据建设部《建筑业企业资质管理规定》(中华人民共和国建设部令2001年第87号)及《建筑业企业资质等级标准》(建[2001]82号),已经领取《建筑业企业

资质证书》的企业。资质外建筑业企业指虽然没有领取《建筑业企业资质证书》，但实际从事建筑生产经营活动的建筑业企业。

[7]总承包和专业承包企业：总承包企业是指具有施工总承包资质，可以对工程实行施工总承包或者对主体工程实行施工承包的建筑业企业。专业承包企业是指具有专业承包资质，可以承接总承包企业分包的专业工程或者建设单位按照规定发包的专业工程的建筑业企业。不包括资质以外的建筑业企业和个体经营户。

[8]表中的合计数和部分计算数据因小数取舍而产生的误差，均未作调整。

*本公报数据为按南宁市在地汇总数据。

南宁市第二次全国经济普查主要数据公报

（第三号）

南宁市人民政府经济普查领导小组办公室

南宁市统计局

2010年6月4日

根据第二次全国经济普查结果，现将南宁市第三产业的主要数据公布如下：

一、交通运输、仓储和邮政业

（一）单位数和从业人员

2008年末，全市共有交通运输、仓储和邮政业企业法人单位556个，比2004年末增加268个；从业人员39387人，比2004年末增加13908人（详见表1）。交通运输、仓储和邮政业的行政事业及其他法人单位89个，比2004年末增加7个；从业人员2575人，比2004年末增加950人。

在交通运输、仓储和邮政业企业法人单位中，交通运输业占82%，仓储业占15.10%，邮政业占2.90%；在企业法人单位从业人员中，交通运输业占92.20%，仓储业占5.20%，邮政业占2.60%。

（二）资产总计、营业收入和营业利润

2008年末，交通运输、仓储和邮政业企业法人单位资产总计5373421万元，比2004年末增长6.13倍。在资产总计中，交通运输业、仓储业和邮政业分别占94.40%、5.50%和0.10%。

2008年，交通运输、仓储和邮政业企业法人单位营业收入817387万元，比2004年增长204.20%。在营业收入中，交通运输业、仓储业和邮政业分别占84.30%、12.70%和3%。

2008年，交通运输、仓储和邮政业企业法人单位营业利润96240万元，比2004年增长331.30%。在营业利润中，交通运输业、仓储业和邮政业分别占86.30%、6.60%和7.10%（详见表2）。

二、批发和零售业

（一）企业法人单位数和从业人员

2008年末，全市共有批发和零售业企业法人单位7124个，从业人员93001人，分别比2004年末增长66.22%和34%。

在批发和零售业企业法人单位中，批发业4556个，零售业2568个，分别占64%和36%。

在批发和零售业企业法人单位从业人员中，批发业53185人，零售业39816人，分别占57.20%和42.80%（详见表3）。

在批发和零售业企业法人单位中，国有企业188个，占2.60%，集体企业168个，占2.40%，私营企业5739个，占80.50%，港、澳、台商投资企业21个，占0.30%，外商投资企业25个，占0.40%（详见表4）。

在批发和零售业企业法人单位从业

表1 交通运输、仓储和邮政业企业法人单位和从业人员

	企业法人单位（个）	从业人员（人）
合计	556	39387
（一）交通运输业	456	36329
道路运输业	300	20290
城市公共交通业	25	8278
水上运输业	28	1421
航空运输业	13	825
装卸搬运和其他运输服务业	90	5515
（二）仓储业	84	2048
（三）邮政业	16	1010

表2 交通运输、仓储和邮政业企业法人单位资产总计、营业收入和营业利润

单位：万元

	资产总计	营业收入	营业利润
合计	5373421	817387	96240
（一）交通运输业	5072781	689494	83082
道路运输业	4575164	512381	68351
城市公共交通业	106010	75862	−2892
水上运输业	26911	15101	1841
航空运输业	313303	21889	6915
装卸搬运和其他运输服务业	51393	64262	8867
（二）仓储业	295979	103849	6377
（三）邮政业	4661	24044	6781

表3 批发和零售业企业法人单位和从业人员

	法人单位（个）	从业人员（人）
合计	7124	93001
批发业	4556	53185
农畜产品批发	186	1494
食品、饮料及烟草制品批发	443	6593
纺织、服装及日用品批发	351	3991
文化、体育用品及器材批发	167	1909
医药及医疗器材批发	237	3671
矿产品、建材及化工产品批发	1410	16591
机械设备、五金交电及电子产品批发	1382	15707
贸易经纪与代理	55	390
其他批发	325	2839
零售业	2568	39816
综合零售	128	7245
食品、饮料及烟草制品专门零售	184	2602
纺织、服装及日用品专门零售	250	3168
文化、体育用品及器材专门零售	160	1996
医药及医疗器材专门零售	184	4083
汽车、摩托车、燃料及零配件专门零售	397	7257
家用电器及电子产品专门零售	611	7504
五金、家具及室内装修材料专门零售	403	2901
无店铺及其他零售	251	3060

人员中,国有企业占5.10%,集体企业占2.10%,私营企业占60.50%,港、澳、台商投资企业占1%,外商投资企业占0.60%。

(二)资产总计

2008年末,批发和零售业企业法人单位资产总计10277746万元,比2004年末增长222.30%。其中,批发业法人单位资产9051984万元,零售业法人单位资产1225762万元,分别比2004年增长259.30%和40.90%(详见表5)。

(三)主营业务收入

2008年,批发和零售业企业法人单位主营业务收入9655226万元,比2004年增长61.50%。其中,批发业7587505万元,零售业2067721万元,分别比2004年增长52.60%和105%(详见表6)。

三、住宿和餐饮业

(一)法人单位数和从业人员

2008年末,全市共有住宿和餐饮业法人单位453个,从业人员30242人,分别比2004年末增长24.79%和23.03%。

在住宿和餐饮业法人单位中,住宿业269个,餐饮业184个,分别占59.40%和40.60%。在住宿和餐饮业法人单位从业人员中,住宿业占57.10%,餐饮业占42.90%(详见表7)。

在住宿和餐饮业法人单位中,国有企业38个,占8.40%,集体企业35个,占7.70%,私营企业304万个,占67.10%,港、澳、台商投资企业7个,占1.50%,外商投资企业5个,占1.10%。

在住宿和餐饮业法人单位从业人员中,国有企业占14.30%,集体企业占7.50%,私营企业占51.40%,港、澳、台商投资企业占8.70%,外商投资企业占9%(详见表8)。

表4 按登记注册类型分组的批发和零售业企业法人单位和从业人员

	法人单位(个)	从业人员(人)
合计	7124	93001
内资企业	7078	91519
国有企业	188	4743
集体企业	168	1930
股份合作企业	55	627
联营企业	16	187
有限责任公司	602	19159
股份有限公司	204	7780
私营企业	5739	56254
其他内资企业	106	839
港、澳、台商投资企业	21	886
外商投资企业	25	596

表5 批发和零售业企业法人单位资产

	资产总计(万元)
合计	10277746
批发业	9051984
农畜产品批发	62632
食品、饮料及烟草制品批发	5944016
纺织、服装及日用品批发	88696
文化、体育用品及器材批发	142317
医药及医疗器材批发	124991
矿产品、建材及化工产品批发	1678801
机械设备、五金交电及电子产品批发	863790
贸易经纪与代理	23093
其他批发	123650
零售业	1225762
综合零售	271402
食品、饮料及烟草制品专门零售	51731
纺织、服装及日用品专门零售	46536
文化、体育用品及器材专门零售	66585
医药及医疗器材专门零售	97336
汽车、摩托车、燃料及零配件专门零售	427176
家用电器及电子产品专门零售	150919
五金、家具及室内装修材料专门零售	49609
无店铺及其他零售	64468

表6 批发和零售业企业法人单位主营业务收入

	主营业务收入(万元)
合计	9655226
批发业	7587505
农畜产品批发	77945
食品、饮料及烟草制品批发	970144
纺织、服装及日用品批发	188293
文化、体育用品及器材批发	185495
医药及医疗器材批发	225951
矿产品、建材及化工产品批发	4476228
机械设备、五金交电及电子产品批发	1204445
贸易经纪与代理	10405
其他批发	248600
零售业	2067721
综合零售	436221
食品、饮料及烟草制品专门零售	48238
纺织、服装及日用品专门零售	57680
文化、体育用品及器材专门零售	42175
医药及医疗器材专门零售	150697
汽车、摩托车、燃料及零配件专门零售	947152
家用电器及电子产品专门零售	268752
五金、家具及室内装修材料专门零售	48539
无店铺及其他零售	68269

表7 住宿和餐饮业法人单位和从业人员

	法人单位(个)	从业人员(人)
合计	453	30242
住宿业	269	17275
旅游饭店	84	12025
一般旅馆	170	4844
其他住宿服务	15	406
餐饮业	184	12967
正餐服务	142	9050
快餐服务	17	3410
饮料及冷饮服务	7	78
其他餐饮服务	18	429

（二）资产总计

2008年末，住宿和餐饮业企业法人单位资产总计为366869万元，比2004年末增长17.33%（详见表9）。

（三）主营业务收入

2008年，住宿和餐饮业企业法人单位主营业务收入261912万元，比2004年增长71.50%。其中，住宿业154037万元，餐饮业107875万元，分别比2004年增长63.10%和85.10%（详见表10）。

四、房地产业

（一）企业单位数

2008年末，全市共有房地产业企业1618个，比2004年末增加587个。其中，房地产开发业729个，物业管理企业318个，中介服务业257个，其他房地产314个，分别比2004年末增加213个、107个、133个和134个（详见表11）。

（二）从业人员

2008年末，我市房地产业企业的从业人员合计43502人，比2004年末增加14487人。其中，房地产开发业15099人，物业管理企业19310人，中介服务业4255人，其他房地产4838人，分别比2004年末增加2711人、9683人、1664人、429人（详见表12）。

（三）主营业务收入、实收资本和营业利润。

2008年，我市房地产企业的主营业务收入1452753万元，比2004年增长

表8 按登记注册类型分组的住宿和餐饮业法人单位和从业人员

	法人单位（个）	从业人员（人）
合计	453	30242
内资企业	441	24868
国有企业	38	4310
集体企业	35	752
股份合作企业	2	32
联营企业	3	81
有限责任公司	40	3416
股份有限公司	11	395
私营企业	304	15562
其他内资企业	8	320
港、澳、台商投资企业	7	2638
外商投资企业	5	2736

表9 住宿和餐饮业企业法人单位资产总计

	资产总计（万元）
合计	366869
住宿业	295792
旅游饭店	241083
一般旅馆	51196
其他住宿服务	3513
餐饮业	71077
正餐服务	48981
快餐服务	20343
饮料及冷饮服务	162
其他餐饮服务	1591

表10 住宿和餐饮业企业法人单位主营业务收入

	主营业务收入（万元）
合计	261912
住宿业	154037
旅游饭店	111668
一般旅馆	38698
其他住宿服务	3671
餐饮业	107875
正餐服务	64518
快餐服务	41051
饮料及冷饮服务	384
其他餐饮服务	1922

表11 房地产业企业单位地区分布

	房地产业企业（个）	房地产开发	物业管理	中介服务	其他房地产
合计	1618	729	318	257	314
兴宁区	146	66	43	10	27
青秀区	886	402	175	202	104
江南区	105	36	27	12	31
西乡塘区	189	77	45	18	51
良庆区	45	28	9	7	1
邕宁区	14	4	2	2	6
武鸣县	51	39	5	1	6
隆安县	13	8	2		2
马山县	29	7		1	20
上林县	23	13			10
宾阳县	76	34	4	4	35
横县	41	15	6		21

表12 房地产业企业单位从业人员地区分布

	房地产业从业人员（人）	房地产开发	物业管理	中介服务	其他房地产
合计	43502	15099	19310	4255	4838
兴宁区	4829	1224	2494	266	845
青秀区	27275	8644	13092	3658	1881
江南区	2913	1030	1268	95	520
西乡塘区	4202	1602	1587	162	851
良庆区	1106	743	336	26	1
邕宁区	149	65	59	16	9
武鸣县	864	674	145	5	40
隆安县	231	135	82		14
马山县	317	102		13	202
上林县	138	42			96
宾阳县	904	594	34	14	262
横县	574	244	213		117

102.3%，其中，房地产开发业1308648万元，物业管理企业78735万元，中介服务业21631万元，其他房地产43739万元，分别比2004年增长101.80%、205.20%、35%和58.40%(详见表13)。房地产企业实收资本1729799万元，营业利润72499万元，分别比2004年增长83.60%和16倍。

五、其他第三产业

(一)单位数和从业人员

2008年末，全市共有从事其他第三产业法人单位数16878个，比2004年末增加4797个。从业人员420671人，比2004年末增加109107人。其中，企业法人单位4954个，从业人员141349人，行政事业及其他非企业法人单位11924个，从业人员279322人(详见表14)。

(二)企业法人单位的资产总计、营业收入和营业利润

2008年，其他第三产业企业法人单位资产总计11506385万元，营业收入2278869万元，营业利润477850万元。在资产总计中，信息传输及计算机服务和软件业、租赁和商务服务业所占比重分别是14.90%和73.50%，两个行业合计占88.30%。在营业收入中，信息传输及计算机服务和软件业、租赁和商务服务业所占比重分别是39.10%和35.80%，两个行业合计占74.80%。在营业利润中，上述两个行业分别占40.70%和42.40%，合计占83.10%(详见表15)。

(三)行政事业和其他非企业法人单位的资产、收入和支出(或费用)

2008年末，其他第三产业中的行政事业单位和其他非企业法人单位固定资产原价3724188万元，全年收入合计3627592万元，全年支出(或费用)合计3328096万元(详见表16)。

表13　房地产业企业主营业务收入地区分布情况

	房地产业主营业务收入(万元)	房地产开发	物业管理	中介服务	其他房地产
合计	1452752	1308648	78735	21631	43739
兴宁区	210455	183000	15590	2819	9046
青秀区	813397	718784	49984	17265	27364
江南区	134720	126150	5486	454	2630
西乡塘区	174320	165363	4647	893	3417
良庆区	31642	31023	577	42	
邕宁区	2597	2158	258	100	81
武鸣县	39484	38785	651		47
隆安县	8475	8095	376		4
马山县	5003	4798		47	158
上林县	1916	1804			112
宾阳县	14221	13685	56	12	469
横县	16524	15004	1109		410

表14　其他第三产业法人单位和从业人员

	法人单位(个)		从业人员(人)	
	企业	行政事业及其他	企业	行政事业及其他
合计	4954	11924	141349	279322
信息传输、计算机服务和软件业	1206	112	30776	1421
金融业	120	5	39372	666
租赁和商务服务业	2146	1712	37468	10165
科学研究、技术服务和地质勘查业	644	742	18041	17618
水利、环境和公共设施管理业	74	217	1652	12085
居民服务和其他服务业	438	54	6282	1095
教育	76	2635	1208	100865
卫生、社会保障和社会福利业	49	889	1562	39682
文化、体育和娱乐业	201	366	4988	10012
公共管理和社会组织	--	5192	--	85713

表15　其他第三产业企业法人单位资产总计、营业收入和营业利润

单位:万元

	资产总计	营业收入	营业利润
合计	11506385	2278869	477850
信息传输、计算机服务和软件业	1710228	891438	194336
金融业	432534	7128	2595
租赁和商务服务业	8451908	814970	202838
科学研究、技术服务和地质勘查业	405944	303991	46816
水利、环境和公共设施管理业	174867	16049	2412
居民服务和其他服务业	86544	54643	8165
教育	31479	11413	1787
卫生、社会保障和社会福利业	17582	21905	2508
文化、体育和娱乐业	195299	157334	16394

表16　行政事业和其他非企业法人单位固定资产、收入和支出

单位:万元

	固定资产原价	本年收入合计	本年支出(或费用)合计
合计	3724188	3627592	3328096
信息传输、计算机服务和软件业	13766	12358	10938
金融业	3787	8361	8144
租赁和商务服务业	139913	73555	58418
科学研究、技术服务和地质勘查业	148611	240481	208497
水利、环境和公共设施管理业	110308	63951	60245
居民服务和其他服务业	11970	4647	4427
教育	1301424	811564	767775
卫生、社会保障和社会福利业	566513	663330	622704
文化、体育和娱乐业	128795	155169	137906
公共管理和社会组织	1299101	1594178	1449042

注释:

[1]交通运输业:包括道路运输业、城市公共交通业、水上运输业、航空运输业、管道运输业、装卸搬运和其他运输服务业。

[2]邮政业:只包括其他寄递服务，不包括国家邮政。

[3]其他第三产业:包括信息传输、计算机服务和软件业;金融业;租赁和商务服务业;科学研究、技术服务和地质勘查业;水利、环境和公共设施管理业;居民服务和其他服务业;教育;卫生、社会保障和社会福利业;文化、体育和娱乐业;公共管理和社会组织。

*表中的合计数和部分计算数据因小数取舍而产生的误差均未作调整。

*本公报数据为按南宁市在地汇总数据。

注:资料来源于《南宁日报》

(良　志)

责任编辑　梁新莲

索　引

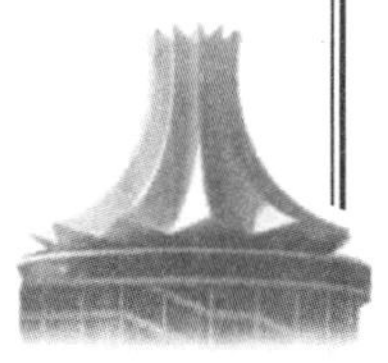

说　明

一、本索引是《南宁年鉴·2010》的内容分析索引。正文(包括条目、文献、资料、图片和表格)中凡具有独立检索意义的完整资料,都可以通过本索引进行检索。

二、本索引按汉语拼音字母(同音字按声调)顺序排列。类目、分目、次分目作索引款目用黑体字排印,其余款目均用宋体字排印。表格、图片、示意图在其款目后分别注明"表"、"图"或"示意图"。

三、索引款目后的数字表示内容所在的页码,数字后的拉丁字母(a、b、c)表示栏别(即版面的1、2、3栏)。空2字起排的款目为上一主题的"附见"。同一主题的"参见",只标页码。内容有交叉的款目,为便于读者检索,在本索引中重复出现。

四、"特载"、""图片专辑"、"附录"在栏目的内容不作索引。

A

B

C

D

E

F

G

H

J

M

N

P

Q

R

S

T

Z